Ulrich Keller

Vergütung und Kosten im Insolvenzverfahren

Vergütung und Kosten im Insolvenzverfahren

6., neu bearbeitete Auflage

von
Professor Ulrich Keller

Hochschule für Wirtschaft und Recht Berlin
Fachbereich Rechtspflege

RWS Verlag Kommunikationsforum GmbH & Co. KG · Köln

Die Deutsche Nationalbibliothek verzeichnet diese Publikation in der Deutschen Nationalbibliografie; detaillierte bibliografische Daten sind im Internet über http://dnb.d-nb.de abrufbar.

Postfach 27 01 25, 50508 Köln
E-Mail: info@rws-verlag.de, Internet: http://www.rws-verlag.de

Satz und Datenverarbeitung: SEUME Publishing Services GmbH, Erfurt
Druck und Verarbeitung: CPI books GmbH, Leck

Vorwort
zur sechsten Auflage

Mit der sechsten Auflage liegt das Kompendium zu Vergütung und Kosten im Insolvenzverfahren in einem neuen und lesefreundlichen Format mit dem Rechtsstand vom Dezember 2025 vor. Seit der fünften Auflage, die aktuell zum Inkrafttreten der Änderungen des Gesetzes zur Fortentwicklung des Sanierungs- und Insolvenzrechts (Sanierungs- und Insolvenzrechtsfortentwicklungsgesetz – SanInsFoG) vom 22.12.2020, BGBl. I 2020, 3256, erschienen ist, haben sich glücklicherweise nur sehr wenige gesetzliche Änderungen ergeben, dafür aber umfangreich Rechtsprechung und Literatur, die einzuarbeiten waren und die teilweise grundlegende Fragen der Vergütungsbestimmung betreffen.

Berücksichtigt sind Änderungen des Gesetzes zur weiteren Digitalisierung der Justiz vom 12.7.2024, BGBl. I 2024, Nr. 234, sowie des noch in der 21. Legislaturperiode des Deutschen Bundestages verabschiedeten Kosten- und Betreuervergütungsrechtsänderungsgesetz 2025 (KostBRÄG 2025) vom 7.4.2025, BGBl. I, 2025, Nr. 109. Änderungen des Betreuungsrechtsreformgesetzes vom 4.5.2021, BGBl. I, 2021, 882, und des Gesetzes zur Modernisierung des Personengesellschaftsrechts (MoPeG) vom 10.8.2021, BGBl. I, 2021, 3436, führten nur zu kleinen Korrekturen bei Verweisungen auf neue Vorschriften.

Aus der seit Anfang 2021 ergangenen Rechtsprechung sind Entscheidungen des Bundesgerichtshofs zur Relation zwischen der Höhe der Insolvenzmasse und der Zuschlagsgewährung, zur sog. mittelbaren Massemehrung bei der Zuschlagsgewährung, zu Aspekten der Querfinanzierung, zur Mindestvergütung in der Unternehmensinsolvenz, zur Berechnung der Vergütung bei Verwertung von Absonderungsrechten, zur erheblichen Befassung bei der Vergütung des vorläufigen Insolvenzverwalters und – last but not least – zum Beschwerdeverfahren, zu nennen. Sie alle sind differenziert berücksichtigt, werden teils aber auch kritisch hinterfragt.

Das insolvenzrechtliche Vergütungsrecht ist ein in der Rechtspraxis, teils auch in der Öffentlichkeit, beachtetes und oftmals umstrittenes Rechtsgebiet. Gerade bei großen Insolvenzverfahren mit hohen Vergütungen steigt das öffentliche Interesse. Es steigt auch die Kritik, die nicht selten undifferenziert und von eigenen Interessen getrieben ist. Leider werden die Autorinnen und Autoren, die sich mit dem Vergütungsrecht befassen, oftmals mit Etiketten wie „verwalterfreundlich“ oder „verwalterfeindlich“ versehen. Solchen Bewertungen ist entschieden entgegenzutreten. Insbesondere ist es seit jeher ein Grundanliegen dieses Buches, das System der Vergütungsgewährung logisch und konsistent darzustellen, ohne Rücksichtnahme auf Interessen einzelner Akteure des Insolvenzrechts. Dazu gehört es auch, Widersprüche der Rechtsprechung zu benennen oder unsachliche Argumente der Literatur zurückzuweisen. Dass dieses Buch dann mitunter als „verwalterfreundlich“ gilt, liegt vielleicht daran, dass es anders als sonstige Handbücher oder Kommentare diesem Ansatz, logisch, widerspruchsfrei und neutral die im Einzelfall zutreffende Vergütung zu bestimmen, stets treu geblieben ist.

Die vorliegende Neuauflage möge daher den Praktikern im Insolvenzverfahren helfen, Grundlagen des Vergütungsrechts sachgerecht zu erfassen und aktuelle Probleme gerecht zu lösen.

Berlin, im Januar 2026 *Ulrich Keller*

Inhaltsübersicht

Inhaltsverzeichnis

Teil C
Anhänge

Literaturverzeichnis

Ahrens
Aktuelles Privatinsolvenzrecht, 3. Aufl. 2019

Ampferl
Der „starke" vorläufige Insolvenzverwalter in der Unternehmensinsolvenz, Beiträge zum Insolvenzrecht Nr. 26, 2002

Arnold/Meyer-Stolte/Rellermeyer/Hintzen/Georg
RPflG, Kommentar, 9. Aufl. 2022
(zit.: Arnold/Meyer-Stolte/*u. a.-Bearbeiter*, RPflG)

Bayerlein/Bleutge/Roeßner
Praxishandbuch Sachverständigenrecht, 6. Aufl. 2021
(zit.: *Bearbeiter* in: Bayerlein/Bleutge/Roßener, Praxishandbuch Sachverständigenrecht)

Beck/Depré
Praxis der Sanierung und Insolvenz, 4. Aufl. 2023
(zit.: *Bearbeiter* in: Beck/Depré, Praxis der Sdanierung und Insolvenz)

Becker
Insolvenzrecht, 3. Aufl. 2010

Blersch/Goetsch/Haas
Berliner Kommentar Insolvenzrecht, Stand: 1/2025
(zit.: Blersch/Goetsch/Haas-*Bearbeiter*, InsO)

Bork/Hölzle
Handbuch Insolvenzrecht, 3. Aufl. 2024
(zit.: *Bearbeiter* in: Bork/Hölzle, Hdb. Insolvenzrecht)

Böttcher
Zwangsversteigerungsgesetz, Kommentar, 7. Aufl. 2022

Braun/Riggert/Kind
Die Neuregelungen der Insolvenzordnung in der Praxis, 1999
(zit.: *Braun/Riggert/Kind*, Neuregelungen der InsO)

Braun/Uhlenbruck
Unternehmensinsolvenz, 1997

Döbereiner
Die Restschuldbefreiung nach der Insolvenzordnung, 1998

Dürig/Herzog/Scholz
Grundgesetz, Kommentar, Stand: 107. EL 2/2025
(zit.: *Bearbeiter* in: Dürig/Herzog/Scholz, GG)

Eickmann
Vergütungsverordnung, Kommentar, 2. Aufl. 1997

Erman
BGB, Handkommentar, 17. Aufl. 2023

Falk
Die Verwirkung der Vergütung des Insolvenzverwalters – de lege lata und de lege ferenda, 2023

Frankfurter Kommentar zur Insolvenzordnung
hrsg. v. Bornemann, 10. Aufl. 2024
(zit.: *Bearbeiter* in: FK-InsO)

Frege
Der Sonderinsolvenzverwalter, 2. Aufl. 2012

Frege/Keller/Riedel
Insolvenzrecht, 9. Aufl. 2022

Frege/Riedel
Schlussbericht und Schlussrechnung, 4. Aufl. 2015

Friedl/Hartwig-Jacob
Frankfurter Kommentar zum Schuldverschreibungsgesetz, 2013
(zit.: *Bearbeiter* in: FK-SchVG)

Gercke/Temming/Zöller
Strafprozessordnung, Kommentar, 7. Aufl. 2023

Gottwald/Haas
Insolvenzrechts-Handbuch, 6. Aufl. 2020
(zit.: *Bearbeiter* in: Gottwald/Haas, Insolvenzrechts-Hdb.)

Graeber
Die Vergütung des vorläufigen Insolvenzverwalters gemäß § 11 InsVV – Eine Analyse der für die Vergütung des vorläufigen Insolvenzverwalters geltenden Regelungen und deren Ausfüllung, 2003

Graeber
Vergütung in Insolvenzverfahren von A–Z, 2005
(zit.: *Graeber*, Vergütung von A–Z)

Graeber, Th./Graeber, A.
InsVV-online, Kommentar, 5. Aufl. 2026

Graf-Schlicker
Insolvenzordnung, Kommentar, 6. Aufl. 2022

Grüneberg
Bürgerliches Gesetzbuch, Kommentar, 85. Aufl. 2026

Hamburger Kommentar zur Insolvenzordnung
hrsg. v. A. Schmidt, 10. Aufl. 2024
(zit.: *Bearbeiter* in: HambKomm-InsO)

Häsemeyer
Insolvenzrecht, 4. Aufl. 2007

Heidelberger Kommentar zur InsO
hrsg. v. Kayser/Thole, 11. Aufl. 2023
(zit.: *Bearbeiter* in: HK-InsO)

Heidelberger Kommentar zur InsVV
hrsg. v. A. Schmidt/Wischemeyxer/Wolgast, 2022
(zit.: *Bearbeiter* in: HK-InsVV)

Henckel/Kreft
Insolvenzrecht 1998, RWS-Forum 14, 1999
(zit.: *Bearbeiter* in: Henckel/Kreft, Insolvenzrecht 1998)

Hess
Insolvenzrecht, Großkommentar, 2. Aufl. 2013
(zit.: *Hess*, InsO)

Hess
Konkursordnung, Kommentar, 6. Aufl. 1998

Hess/Binz/Wienberg
Gesamtvollstreckungsordnung, Kommentar, 4. Aufl. 1998

Hess/Weis/Wienberg
Kommentar zur Insolvenzordnung und EGInsO, 2. Aufl. 2001

Heyn
Vergütungsanträge nach der InsVV, 2. Aufl. 2012

Hirte/Knof/Mock
Das neue Insolvenzrecht nach dem ESUG, 2012

Hommerich/Ebers
Zeitlicher Aufwand von Insolvenzverwaltern/Treuhändern in masselosen Insolvenzverfahren, Studie im Auftrag des BMJ, 2004

Jacoby/Madaus/Sack/Schmidt/Thole
Forschungsbericht zur Evaluierung des Gesetzes zur weiteren Erleichterung der Sanierung von Unternehmen (ESUG) vom 7. Dezember 2011, 2019
(zit.: *Jacoby/Madaus/Sack/Schmidt/Thole*, ESUG-Evaluierung)

Jaeger
Insolvenzordnung, Kommentar, hrsg. v. Henckel/Gerhardt,
Bd. 1: §§ 1–34, 2. Aufl. 2023; Bd. 2: §§ 35–55, 2. Aufl. 2023; Bd. 4: §§ 103–128, 2. Aufl. 2022; Bd. 4: §§ 129–147, 2008; Bd. 5/1: §§ 148–155, 2016; Bd. 5/2: §§ 156–173, 2018; Bd. 7: §§ 174–216, 2. Aufl. 2022; Bd. 7: §§ 217–285, 2019; Bd. 8: §§ 286–334, 2020; Bd. 9: §§ 286–334, 2020; Bd. 10: §§ 335–359, EGInsO, 2020

Jaeger
Konkursordnung, Kommentar, 6., 7. Aufl. 1931, 8. Aufl. 1957

Jaeger
Lehrbuch des Deutschen Konkursrechts, 8. Aufl. 1932

Jarass/Pieroth
Grundgesetz, Kommentar, 18. Aufl. 2024

Keller
Handbuch Zwangsvollstreckungsrecht, 2. Aufl. 2024
(zit.: *Bearbeiter* in: Keller, Hdb. Zwangsvollstreckungsrecht)

Keller
Insolvenzrecht, 3. Aufl. 2025

Keller/Munzig
KEHE-Grundbuchrecht, Kommentar, 9. Aufl. 2024
(zit.: *Bearbeiter* in: KEHE, Grundbuchrecht)

Kilger/Schmidt, K.
Insolvenzgesetze KO/VglO/GesO, 17. Aufl. 1997

Knapp
Die Vergütung des Insolvenzverwalters, 2022

Kölner Kommentar zur Insolvenzordnung
hrsg. v. Hess, 2016-2022
(zit.: *Bearbeiter* in: KölnKomm-InsO)

KPB
Kommentar zur Insolvenzordnung, hrsg. v. Prütting/Bork/Jacoby, Stand: 103. EL 5/2025
(zit.: *Bearbeiter* in: KPB, InsO)

Kübler/Bork/Prütting
HRI I – Handbuch Restrukturierung vor der Insolvenz, 2023
(zit.: *Bearbeiter* in: Kübler/Bork/Prütting, HRI I)
HR II - Handbuch Restrukturierung in der Insolvenz, 4. Aufl. 2023
(zit.: *Bearbeiter* in: Kübler/Bork/Prütting, HRI II)

Kübler/Prütting
Das neue Insolvenzrecht, InsO/EGInsO, RWS-Dok. 18, 2. Aufl. 2000
(zit.: *Kübler/Prütting*, RWS-Dok. 18)

Kuhn/Uhlenbruck
Konkursordnung, Kommentar, 11. Aufl. 1994

Leipold
Insolvenzrecht im Umbruch, KTS-Schriftenreihe 1991
(zit.: *Bearbeiter* in: Leipold, Insolvenzrecht im Umbruch)

Leonhardt/Smid/Zeuner
Insolvenzrechtliche Vergütungsverordnung, Kommentar, 2014

Leonhardt/Smid/Zeuner
Internationales Insolvenzrecht, 2. Aufl. 2012
(zit.: *Bearbeiter* in: Leonhardt/Smid/Zeuner, Internationales Insolvenzrecht)

Lorenz/Klanke
InsVV/GKG/RVG, Kommentar, 3. Aufl. 2017

Lwowski/Tetzlaff
Umweltrisiken und Altlasten in der Insolvenz, 2002

Meikel
Grundbuchrecht, 12. Aufl. 2021

Michalski/Heidinger/Leible/Schmidt
GmbH-Gesetz, Kommentar, 3. Aufl. 2017

Moser-Merdian/Flik/Keller
Besonderheiten des Liegenschaftsrechts in den neuen Bundesländern, 3. Aufl. 1995

Möhlmann
Die Berichterstattung im neuen Insolvenzverfahren, 1999

Mönning, R.-D.
Betriebsfortführung in Restrukturierung und Insolvenz, 4. Aufl. 2023
(zit.: *Bearbeiter* in: R.-D. Mönning, Betriebsfortführung)

Münchener Kommentar zum BGB
hrsg. v. Säcker/Rixecker/Oetker/Limperg, 9. Aufl. 2021 ff.
(zit.: *Bearbeiter* in: MünchKomm-BGB)

Münchener Kommentar zum GmbHG
hrsg. v. Fleischer/Goette, 5. Aufl. 2025 ff.
(zit.: *Bearbeiter* in: MünchKomm-GmbHG)

Münchener Kommentar zur InsO
hrsg. v. Stürner/Eidenmüller/Schoppmeyer, Bd. 1, 2: 5. Aufl. 2025; Bd. 3: 4. Aufl. 2019
(zit.: *Bearbeiter* in: MünchKomm-InsO)

Münchener Kommentar zum StaRUG
hrsg. v. Stürner/Eidenmüller/Schoppmeyer/Madaus, 2023
(zit.: *Bearbeiter* in: MünchKomm-StaRUG)

Musielak/Voit
Zivilprozessordnung, Kommentar, 22. Aufl. 2025

Noack/Servatius/Haas
GmbH-Gesetz, Kommentar, 24. Aufl. 2025

Nomos-Kommentar zum Bürgerlichen Gesetzbuch
hrsg. v. Dauner-Lieb/Langen, Bd. 2: 4. Aufl. 2021
(zit.: *Bearbeiter* in: NK-BGB)

Nomos Kommentar – Gesamtes Kostenrecht
hrsg. v. Schneider/Volpert/Fölsch, 3. Aufl. 2021
(zit.: *Bearbeiter* in: NK-GK)

Pannen
Europäische Insolvenzverordnung, Kommentar, reprint 2011

Paulus
Europäische Insolvenzverordnung – EuInsVO, Kommentar, 6. Aufl. 2021

Pfennig
Das Erbbaurecht in der Insolvenz, 2010

Pohlmann
Befugnisse und Funktionen des vorläufigen Insolvenzverwalters, 1998

Prütting
Insolvenzrecht 1996, RWS-Forum 9, 1997

Rattunde/Smid/Zeuner
Insolvenzordnung, Kommentar, 4. Aufl. 2018

Römermann
Insolvenzordnung, Kommentar, Stand: 47. EL 3/2023

Sahrmann
Praxis der Zu- und Abschläge bei der Vergütung des (vorläufigen) Insolvenzverwalters, 2022

Schiessler
Der Insolvenzplan, 1998

Schmidt, K.
Insolvenzordnung, Kommentar, 20. Aufl. 2023

Schmidt, K.
Wege zum Insolvenzrecht der Unternehmen, 1990

Scholz
GmbH-Gesetz, Kommentar, Bd. 1–3: 13. Aufl. 2022–2025
(zit.: Scholz-*Bearbeiter*, GmbHG)

Schöner/Stöber
Grundbuchrecht, 16. Aufl. 2020

Schröder-Kay
Das Kostenwesen der Gerichtsvollzieher, 15. Aufl. 2023

Seibel/Fechter/Fischer u. a.
Zwangsvollstreckungsrecht aktuell, 3. Aufl. 2016
(zit.: *Bearbeiter* in: Seibel/u. a., Zwangsvollstreckungsrecht aktuell)

Smid/Rattunde/Martini
Der Insolvenzplan, 4. Aufl. 2015

Staudinger
Bürgerliches Gesetzbuch, Kommentar, Neubearb. ab 2012 ff.

Stein/Jonas
Zivilprozessordnung, Kommentar, Bd. 1–4, 6, 7–12: 23. Aufl. 2014, 2016 ff., 2020 ff.

Stephan/Riedel
Insolvenzrechtliche Vergütungsverordnung – InsVV, Kommentar, 2. Aufl. 2021

Stöber
Zwangsversteigerungsgesetz, Kommentar, 24. Aufl. 2026
(zit.: *Bearbeiter* in: Stöber, ZVG)

Toussaint
Kostenrecht, Kommentar, 54. Aufl. 2024

Uhlenbruck
Insolvenzordnung, Kommentar, hrsg. v. Hirte/Vallender, Bd. 1, 2: 16. Aufl. 2023, 2025

Vallender
EuInsVO, Kommentar, 3. Aufl. 2024

Westermann/Gursky/Eickmann
Sachenrecht, 8. Aufl. 2011
(zit.: *Bearbeiter* in: Westermann/Gursky/Eickmann, Sachenrecht)

v. Wilmowski
Reichskonkursordnung, Kommentar, 6. Aufl. 1906

Winkler
Angemessenheit der Vergütung des Insolvenzverwalters, 2017

Zimmer
Insolvenzrechtliche Vergütungsverordnung, Kommentar, 2. Aufl. 2022

Zöller
Zivilprozessordnung, Kommentar, 36. Aufl. 2026

Abkürzungsverzeichnis

a. A.	andere/-er Ansicht
abgedr.	abgedruckt
ABl. (EU)	Amtsblatt der Europäischen Union
Abs.	Absatz
Abschn.	Abschnitt
a. E.	am Ende
AG	Amtsgericht
AktG	Aktiengesetz
AktO	Aktenordnung
Alt.	Alternative
AnfG	Anfechtungsgesetz
Anh.	Anhang
Anl.	Anlage
AO	Abgabenordnung
arg. ex	argumentum ex
Aufl.	Auflage
BAG	Bundesarbeitsgericht
BB	Der Betriebs-Berater (Jahr, Seite)
Bd.	Band
Begr.	Begründung
BerHG	Gesetz über Rechtsberatung und Vertretung für Bürger mit geringem Einkommen (Beratungshilfegesetz)
Beschl.	Beschluss
BetrAVG	Gesetz über die betriebliche Altersversorgung
BetrVG	Betriebsverfassungsgesetz
BFH	Bundesfinanzhof
BGBl.	Bundesgesetzblatt
BGH	Bundesgerichtshof
BGHZ	Entscheidungssammlung des Bundesgerichtshofs in Zivilsachen (Band, Seite)
BMF	Bundesministerium der Finanzen
BMJV	Bundesministerium der Justiz und für Verbraucherschutz
BRAGO	Bundesrechtsanwaltsgebührenordnung
BRAO	Bundesrechtsanwaltsordnung
bspw.	beispielsweise
BT-Drucks.	Bundestags-Drucksache (Legislaturperiode, laufende Nummer)
BVerfGE	Entscheidungssammlung des Bundesverfassungsgerichts (Band, Seite)
bzw.	beziehungsweise

DB-PKH	Durchführungsbestimmungen zur Prozesskostenhilfe
d. h.	das heißt
DStR	Deutsches Steuerrecht (Jahr, Seite)
DZWIR	Deutsche Zeitschrift für Wirtschafts- und Insolvenzrecht (Jahr, Seite)
EFG	Entscheidungen der Finanzgerichte (Jahr, Seite)
EGInsO	Einführungsgesetz zur Insolvenzordnung
EGInsOÄndG	Gesetz zur Änderung des Einführungsgesetzes zur Insolvenzordnung und anderer Gesetze
Einf.	Einführung
EuInsVO	Verordnung des Rates der Europäischen Union über Insolvenzverfahren
EStB	Der Ertrag-Steuerberater (Jahr, Seite)
ESUG	Gesetz zur Erleichterung der weiteren Sanierung von Unternehmen
EWiR	Entscheidungen zum Wirtschaftsrecht (Jahr, Seite)
f./ff.	folgende/fortfolgende
FamFG	Gesetz über das Verfahren in Familiensachen und in den Angelegenheiten der freiwilligen Gerichtsbarkeit
Fn.	Fußnote
GBl.	Gesetzblatt der Deutschen Demokratischen Republik
GBO	Grundbuchordnung
GesO	Gesamtvollstreckungsordnung
GewO	Gewerbeordnung
GG	Grundgesetz
ggf.	gegebenenfalls
GKG	Gerichtskostengesetz
GKG KV	Kostenverzeichnis zum Gerichtskostengesetz
GlRStG	Gesetz zur Verkürzung des Restschuldbefreiungsverfahrens und zur Stärkung der Gläubigerrechte
GmbHR	GmbH-Rundschau (Jahr, Seite)
GNotKG	Gesetz über Kosten der freiwilligen Gerichtsbarkeit für Gerichte und Notare
GVBl.	Gesetz- und Verordnungsblatt
GVGA	Geschäftsanweisung für Gerichtsvollzieher
GvKostG	Gesetz über Kosten der Gerichtsvollzieher
GWB	Gesetz über die Wettbewerbsbeschränkungen
Halbs.	Halbsatz
HGB	Handelsgesetzbuch
h. M.	herrschende Meinung

i. E.	im Einzelnen
i. H.	in Höhe
i. R.	im Rahmen
i. S.	im Sinne
i. Ü.	im Übrigen
i. V. m.	in Verbindung mit
InsbürO	Das Insolvenzrechtliche Büro (Jahr, Seite)
InsStatG	Insolvenzstatistikgesetz
InsO	Insolvenzordnung
InVo	Insolvenz und Vollstreckung (Jahr, Seite)
InsVV	Insolvenzrechtliche Vergütungsverordnung
JBeitrO	Justizbeitreibungsordnung
JurBüro	Das juristische Büro (Jahr, Seite)
JVEG	Justizvergütungs- und -entschädigungsgesetz
JW	Juristische Wochenschrift (Jahr, Seite)
Kap.	Kapitel
KG	Kammergericht
KO	Konkursordnung
KostO	Kostenordnung
KostRÄG 2021	Kostenrechtsänderungsgesetz 2021
KostVfg	Kostenverfügung
KSchG	Kündigungsschutzgesetz
KTS	Zeitschrift für Konkurs, Treuhand, Schiedsgerichtsbarkeit, jetzt: Zeitschrift für das Insolvenzrecht (Jahr, Seite)
LG	Landgericht
lit.	Buchstabe
LwAnpG	Landwirtschaftsanpassungsgesetz
m. abl. Anm.	mit ablehnender Anmerkung
m. Anm.	mit Anmerkung
MDR	Monatsschrift für Deutsches Recht (Jahr, Seite)
MittBayNot	Mitteilungen des Bayerischen Notarvereins, der Notarkasse und der Landesnotarkammer Bayern (Jahr, Seite)
MiZi	Anordnung über Mitteilungen in Zivilsachen
m. w. N.	mit weiteren Nachweisen
NJW	Neue Juristische Wochenschrift (Jahr, Seite)
NJW-RR	NJW-Rechtsprechungs-Report
Nr.	Nummer
n. v.	nicht veröffentlicht

NWB	Neue Wirtschafts-Briefe für Steuer- und Wirtschaftsrecht (Jahr, Seite)
NZI	Neue Zeitschrift für Insolvenz und Sanierung (Jahr, Seite)
OLG	Oberlandesgericht
PKH	Prozesskostenhilfe
RBerG	Rechtsberatungsgesetz
RefE	Referentenentwurf
RegE	Regierungsentwurf
RG	Reichsgericht
RGBl.	Reichsgesetzblatt
RGZ	Entscheidungssammlung des Reichsgerichts in Zivilsachen (Band, Seite)
Rpfleger	Der Deutsche Rechtspfleger (Jahr, Seite)
RPflG	Rechtspflegergesetz
RVG	Gesetz über die Vergütung der Rechtsanwältinnen und Rechtsanwälte
Rz.	Randzahl
S.	Seite/siehe
Sachg.	Sachgebiet
SansInsFoG	Gesetz zur Fortentwicklung des Sanierungs- und Insolvenzrechts
SchwbG	Schwerbehindertengesetz
SGB I	Sozialgesetzbuch I – Allgemeiner Teil
SGB III	Sozialgesetzbuch III – Arbeitsförderung
SGB X	Sozialgesetzbuch X – Verwaltungsverfahren
sog.	so genannt/-e, -er, -es
Sp.	Spalte
SpruchG	Gesetz über das gesellschaftsrechtliche Spruchverfahren
StaRUG	Unternehmensstabilisierungs- und -restrukturierungsgesetz
StBG	Steuerberatergesetz
StuW	Steuer und Wirtschaft (Jahr, Seite)
u. a.	unter anderem
UrhG	Gesetz über Urheberrechte und verwandte Schutzrechte
Urt.	Urteil
UStAE	Umsatzsteuer-Anwendungserlass
UStR	Umsatzsteuer-Rundschau (Jahr, Seite)
UWG	Gesetz über den unlauteren Wettbewerb

v.	vom
VIA	Verbraucherinsolvenz aktuell (Jahr, Seite)
VerglO	Vergleichsordnung
VersR	Versicherungsrecht (Jahr, Seite)
vgl.	vergleiche
VIZ	Zeitschrift für Vermögens- und Immobilienrecht (Jahr, Seite)
Vorb.	Vorbemerkungen
VuR	Verbraucher und Recht (Jahr, Seite)
wistra	Zeitschrift für Wirtschaft, Steuer, Strafrecht (Jahr, Seite)
WM	Wertpapier-Mitteilungen (Jahr, Seite)
WPg	Die Wirtschaftsprüfung (Jahr, Seite)
WPrax	Wettbewerb in Recht und Praxis (Jahr, Seite)
WuM	Wohnungswirtschaft und Mietrecht (Jahr, Seite)
z. B.	zum Beispiel
ZBB	Zeitschrift für Bankrecht und Bankwirtschaft (Jahr, Seite)
ZfIR	Zeitschrift für Immobilienrecht (Jahr, Seite)
ZInsO	Zeitschrift für das gesamte Insolvenzrecht (Jahr, Seite)
ZIP	Zeitschrift für Wirtschaftsrechts (Jahr, Seite)
ZRI	Zeitschrift für Restrukturierung und Insolvenz (Jahr, Seite)
ZSEG	Gesetz über die Entschädigung von Zeugen und Sachverständigen
ZVI	Zeitschrift für Verbraucher- und Privat-Insolvenzrecht (Jahr, Seite)
ZZP	Zeitschrift für Zivilprozess (Band [Jahr], Seite)

Teil A
Vergütung im Insolvenzverfahren

§ 1
Allgemeine Grundlagen zur Vergütung in Insolvenzverfahren

Übersicht

Aufsatzliteratur: *Ampferl/Kilper*, Die Pflicht des Gläubigerausschusses zur Prüfung von Geldverkehr und -bestand, ZIP 2015, 553; *Andres*, Die Vergütung des vorläufigen Insolvenzverwalters – eine Zwischenbemerkung, NZI 2006, 567; *Andres*, Die Vergütung des vorläufigen Insolvenzverwalters, Rpfleger 2006, 517; *Antoniadis*, Kosten und Auslagen des gemeinsamen Vertreters von Anleihegläubigern im Insolvenzverfahren über das Vermögen des Emittenten, NZI 2014, 785; *Berger/Frege*, Business Judgment Rule bei Unternehmensfortführung in der Insolvenz – Haftungsprivileg für den Verwalter?, ZIP 2008, 204; *Berger/Frege/Nicht*, Unternehmerische Ermessensentscheidungen im Insolvenzverfahren – Entscheidungsfindung, Kontrolle und persönliche Haftung, NZI 2010, 321; *Berner/Zimmer*, Nur wenig nachregeln für größeren Effekt, INDat-Report 4/2019, S. 11; *Blersch*, Wind of Change?, INDat-Report 6/2013, S. 24; *Blersch*, Mehr Sanierungsanreize durch ein neues Vergütungssystem?, INDat-Report 2/2010, S. 20; *Blersch*, Nekrolog auf die professionelle vorläufige Insolvenzverwaltung, ZIP 2006, 1605; *Blersch*, Vergütungsrolle rückwärts contra legem! Anmerkungen zum Sündenfall des BGH zur Vergütung des vorläufigen Insolvenzverwalters, ZIP 2006, 621; *Blersch*, Möglichkeiten der Vergütungserhöhung in masselosen Regel- und Verbraucherinsolvenzverfahren, ZVI 2003, 193; *Blersch/Bremen*, Der Entwurf des VID für ein Gesetz zur Insolvenzrechtlichen Vergütung (E-InsVG), ZIP Beilage Heft 28/2014, S. 1; *Böhle-Stamschräder*, Vergütung des Konkursverwalters, des Vergleichsverwalters, der Mitglieder des Gläubigerausschusses und der Mitglieder des Gläubigerbeirates, KTS 1960, 108; *Bork*, Beauftragung von Dienstleistern durch den Insolvenzverwalter – Regelaufgabe oder besondere Aufgabe?, ZIP 2009, 1747; *Büttner*, InsVV und Inflation – ein ständiges Dilemma, ZVI 2023, 3; *Büttner*, Strukturgleichheit im vergütungsrecht?, ZVI 2013, 289; *Eble*, Der Gruppenkoordinator in der reformierten EuInsVO – Bestellung, Abberufung und Haftung, ZIP 2016, 1619; *Eickmann*, Neuregelungen im Insolvenz-Vergütungsrecht, NZI 2005, 205; *Eickmann*, Alte und neue Vergütungsprobleme in der Insolvenz, in: Kölner Schrift zur InsO, 1997, S. 359; *Eickmann*, Höchstpersönliches Verwalterhandeln oder Delegationsbefugnis?, KTS 1986, 197; *Eickmann*, Die Vergütung des nach § 106 KO bestellten Sequesters, ZIP 1982, 21; *Emde*, Der Ausgleichsanspruch des Versicherungs- und des Bausparvertreters, VersR 2013, 1333; *Förster*, Contra legem – oder was?, ZInsO 2006, 785; *Franke/Goth/Firmenich*, Die (gerichtliche?!) Schlussrechnungsprüfung im Insolvenzverfahren – zwischen Legalitäts- und Legitimitätskontrolle, ZInsO 2009, 123; *Frege/Nicht*, Die Anwendung der Business Judgement Rule auf unternehmerische Ermessensentscheidungen des Insolvenzverwalters, in: Festschrift für Jobst Wellensiek, 2011, S. 291; *Frind*, Neuregelungen der Eigenverwaltung gemäß SanInsFoG: Mehr Qualität oder „sanierungsfeindlicher Hürdenlauf"?, ZIP 2021, 171; *Frind*, Insolvenzordnung 2021: Überzeugendes Sanierungsrecht oder Stückwerk?, NZI 2020, 865; *Frind*, Bedeutung und Stellenwert von Beraterkosten im Eigenverwaltungsverfahren, ZIP 2019, 1945; *Ganter*, Sanierungsberaters Kunst – oft umsonst?, ZIP 2015, 1414;

Ganter, Weiterentwicklung der Rechtsprechung zu § 133 InsO, WM 2014, 49; *Ganter*, Bargeschäfte (§ 142 InsO) von Dienstleistern, ZIP 2012, 2041; *Ganter*, Vorsatzanfechtung nach fehlgeschlagener Sanierung, WM 2009, 1441; *Gerloff*, Der Verfahrenskoordinator – Stütze oder nur Kostenfaktor der Konzerninsolvenz, NZI Beilage 1/2018, S. 32; *Gloeckner/Bankel*, Etablierung und Aufgaben des Gemeinsamen Vertreters nach dem Schuldverschreibungsgesetz, ZIP 2015, 2393; *Görg*, Grundzüge der finanziellen Restrukturierung der Philipp Holzmann AG im Winter 1999/2000, in: Festschrift für Wilhelm Uhlenbruck, 2000, S. 117; *Graeber*, Die Entwicklung der Insolvenzmassen als Basis der Reform des § 2 Abs. 1 InsVV, NZI 2022, 804; *Graeber*, Vergütung von Insolvenzverwaltern – eine Sonderrechtszone?, in: Festschrift für Godehard Kayser, 2022, S. 287; *Graeber*, Sind die Regelsätze des § 2 InsVV durch die Praxis anzupassen?, ZInsO 2019, 1590; *Graeber*, Vergütungsrecht in der Insolvenzpraxis: Nichtigkeit des § 11 Abs. 1 Satz 2 InsVV: Die Nichtberücksichtigung von Gegenständen mit Aus- und Absonderungsrechten in der Berechnungsgrundlage eines vorläufigen Insolvenzverwalters bei einer nicht erheblichen Befassung ist gesetzeswidrig, ZInsO 2018, 1292; *Graeber*, Die Vergütung des Verfahrenskoordinators im Koordinationsverfahren gem. §§ 269a ff. InsO entsprechend dem aktuellen Rechtsstand, NZI 2018, 385; *Graeber*, Vergütungsrecht in der Insolvenzpraxis: Die Regelung des § 1 Abs. 2 InsVV ist nichtig, ZInsO 2018, 141; *Graeber*, Passt die Insolvenzrechtliche Vergütungsverordnung (noch) zur InsO?, NZI 2013, 574; *Graeber*, Vorläufige Verwaltung zum Mindesttarif oder Explosion der Zuschläge, ZInsO 2006, 794; *Graeber*, Die Mindestvergütung in Insolvenzverfahren, NZI 2004, 169; *Graeber*, Die Aufgaben des Insolvenzverwalters im Spannungsfeld zwischen Delegationsbedürfnis und Höchstpersönlichkeit, NZI 2003, 569; *Graeber/Graeber*, Die Beauftragung von Dienstleistern und deren Auswirkungen auf die Vergütung des Insolvenzverwalters, ZInsO 2013, 1284; *Graeber/Graeber*, Anfechtbarkeit des Vergütungsanspruchs des vorläufigen Insolvenzverwalters, NZI 2012, 129; *Haarmeyer*, Der (vergütungsrechtliche) Normalfall der Insolvenz ist die Abwesenheit jedweder Normalität, oder „Wenn Du entdeckst, dass Du ein totes Pferd reitest, steig ab", ZInsO 2014, 1273; *Haarmeyer*, Verfassungswidrige Mindestvergütung im masselosen Verbraucherinsolvenzverfahren, ZInsO 2004, 264; *Haarmeyer/Mock*, Insolvenzrechtliche Vergütung und Inflation, ZInsO 2014, 573; *Haas*, MoMiG, Kapitalersatzrecht und Überschuldungsbilanz, NZI 10/2006, S. VII; *Haertlein*, Die Einschaltung privater Sachverständiger bei der Schlussrechnungsprüfung durch das Insolvenzgericht (§ 66 II 1 InsO), NZI 2009, 577; *Hammes*, Keine Eigenverwaltung ohne Berater? Zu Risiken und Nebenwirkungen einer scheinbaren Selbstverständlichkeit, NZI 2017, 233; *Hebenstreit*, Prüfung der Schlussrechnungen durch das Insolvenzgericht, ZInsO 2013, 276; *Henkel*, Vergütungswildwuchs und Verwalter-Bashing, ZInsO 2016, 2330; *Hertling*, Insolvenzgerichte unter Druck, INDat-Report 8/2002, S. 6; *Herzog/Knapp*, Das Vergütungsrecht des Insolvenzverwalters, eine etwas andere Perspektive von den steuerlichen Pflicht des Insolvenzverwalters und den vergütungsrechtlichen Folgen von blindem Aktionismus, ZInsO 2021, 1429; *Hintzen*, Vollstreckungssperre nach § 49 StaRUG in der Immobiliarvollstreckung, ZfIR 2021, 64; *Holzer*, Die Vergütung des Gesamtvollstreckungsverwalters, insbesondere bei Masseunzulänglichkeit, ZRI 2024, 98; *Holzer*, Die Reform der InsVV, NZI 2013, 1049; *Holzer*, InsVV-Reform: Sollen die Gläubiger Verwaltervergütung bestimmen dürfen?, INDat-Report 8/2013, S. 8; *Horn*, Der gemeinsame Vertreter der Anleihegläubiger in der Insolvenz, BKR 2014, 449; *Jacobi*, Zuständigkeit des Kanzleiabwicklers bei gleichzeitigem Insolvenzverfahren, NZI 2010, 94; *Jacoby*, Zur Vergütung des gemeinsamen Vertreters nach SchVG 2009 in „Altfällen", in: Festschrift für Marie Luise Graf-Schlicker, 2018, S. 283; *Jungmann*, Business Judgments in der Insolvenz: Freiräume trotz richterlicher Sachlichkeitskontrolle, NZI 2020, 651; *Keller*, Bedarf es wirklich einer Reform des insolvenzrechtlichen Vergütungsrechts?, ZIP 2014, 2014; *Keller*, Voraussetzungen und Umfang der Sachverständigenbeauftragung zur Schlussrechnungsprüfung im Insolvenzverfahren, Rpfleger 2011, 66; *Keller*, Die Bestimmung des vergütungsrechtlichen Normalfalls nach § 2 InsVV, in: Festschrift für Klaus Hubert Görg, 2010, S. 247; *Keller*, Adversus haereses – Glaubenskampf um die Berechnungsgrundlage der Vergütung des vorläufigen Insolvenzverwalters, ZIP 2008, 1615; *Keller*, Berücksichtigung von Aus- und Absonderungsrechten bei der Vergütungsberechnung des vorläufigen Insolvenzverwalters, NZI 2006, 271; *Keller*, Die Vergütung des vorläufigen Insolvenzverwalters als Objekt sophistischer Hermeneutik, NZI 9/2006, S. V; *Keller*, Die Vergütung des Insolvenzverwalters in masselosen Insolvenzverfahren, ZIP 2004, 633; *Keller*, Die Neuregelungen der InsVV zur Mindestvergütung im masselosen Insolvenzverfahren, ZVI 2004, 569; *Keller*, Vergütungsfestsetzung nach Gutsherrenart?, NZI 11/2003, S. V; *Keller*, Aktuelle Fragen zur Vergütung des Insolvenzverwalters bei Kleininsolvenzen, ZVI 2002, 437; *Keller*, Aktuelle Fragen zur Vergütung des Treuhänders im Verbraucherinsolvenzverfahren, ZVI 2002, 393; *Keller*, Systemfragen bei der Vergütung des vorläufigen Insolvenzverwalters, ZIP 2001, 1749; *Kollbach*, Insolvenzen 1. Quartal 2002 – INDat-Auswertung, ZVI 2002, 135; *Kübler*, Schuldverschreibungen in der Insolvenz, in: Liber Amicorum für Wolfram Henckel, 2015, S. 183; *Lissner*, Die Reform der InsVV und ihre Auswirkungen auf die (gerichtliche) Praxis, ZInsO 2021, 1602; *Lissner*, Die Reform der Insolvenzverwaltervergütung – vertane Chance oder Beibehaltung bewährter Strukturen?, ZInsO 2021, 1531; *Lissner*, Das Restrukturierungs- und Insolvenzrechtsfortentwicklungsgesetz und seine beabsichtigten Änderungen der InsVV im Lichte der Entscheidung des BGH vom 17.9.2020 (I ZB 29/19), ZInsO 2020, 2688; *Lissner*, Kontrollmechanismen bei der Insolvenzverwaltervergütung, ZInsO 2016, 2283; *Lissner*, Die Übertragung der Schlussrechnungsprüfung auf Sachverständige, ZInsO 2015, 1184; *Lüke*, Der Sonderinsolvenzverwalter, ZIP 2004, 1693; *Madaus/Heßel*, Die Verwaltervergütung in Reorganisationsfällen – Unzulänglichkeiten und Reformansätze, ZIP 2013, 2088; *Meier*, Die Geschichte der deutschen Konkursrechts, insbesondere die Entstehung der Reichskonkursordnung von 1877, 2002; *Menn/Lissner*, Insolvenzrechtliche Vergnügungs-Verordnung?, ZInsO 2016, 1618; *Mohrbutter*, Wünsche zur Reform des Vergütungsrechts für Konkurs- und Vergleichsverwalter, der Mitglieder des Gläubigerausschusses und des Gläubigerbeirates, KTS 1971, 25; *Otto*, Gläubigerversammlung nach dem SchVG – Ein neues Tätigkeitsgebiet für Notare, DNotZ 2012, 809; *Pape*, Die Eigenverwaltung des Schuldners nach der Insolvenz, in: Kölner Schrift zur InsO, 2. Aufl. 2000, S. 895; *Pape*, Aktuelle Probleme der Vergütung des Sequesters und des Verwalters im Gesamtvollstreckungsverfahren, ZAP-Ost 1996, 749; *Pape*, Festsetzung der Vergütung des im Konkursantragsverfahren/Gesamtvollstreckungseröffnungsverfahren bestellten Sequesters, WPrax 10/1994, S. 7; *Pape*, Bevorzugte Befriedigung bei Masseinsuffizienz, NJW 1992, 1348; *Pape*, Der Vergütungsanspruch des Konkursverwalters im massearmen Konkursverfahren, ZIP 1986, 756; *Raebel*, Die Berechnungsgrundlage der Vergütung des vorläufigen Insolvenzverwalters, in: Festschrift für Gero Fischer, 2008, S. 459; *Reck*, Wie viel Vergütung verdient der Insolvenzverwalter?, ZVI 2020, 3; *Rendels/Zabel*, ESUG-Praxiserfahrungen: Rat nicht gut, aber teuer?, INDat-Report 2/2016, S. 52; *Sämisch/Deichgräber*, Der (neue) Sondersachwalter nach dem SanInsFoG, ZInsO 2020, 2364; *Schmerbach*, Die große Zahl von Insolvenzen – ein Schrecken ohne Ende?, NZI 7/2002, S. V; *Schmidt, H.*, Die Vergütung des Insolvenzverwalters – Erfahrungen aus der Praxis, KTS 1982, 591; *Schmidt, H.*, Die Vergütung des Insolvenzverwalters, KTS 1981, 65; *Schmidt, H.*, Die Vergütung des Konkursverwalters, KTS 1974, 197; *Schmidt, H.*, Die Vergütung der Insolvenzverwalter, Gedanken de lege ferenda, KTS 1970, 147; *Schmidt, T.*, Das Ende der sanierenden Insolvenzverwaltung, ZInsO 2006, 791; *Schoppmeyer*, Leitlinien der höchstrichterlichen Rechtsprechung im Vergütungsrecht, NZI 2024, 41; *Schur*, Die Vergütung des vorläufigen Sachwalters – Regelvergütung, Berechnungsgrundlage, Zuschläge, ZIP 2014, 757; *Skrotzki*, Zur Vergütung des Konkursverwalters, KTS 1957, 152; *Smid*, Verwertungssperren nach § 49 I Nr. 2 StaRUG, ZInsO 2021, 198; *Smid*, Der Restrukturierungsbeauftragte in den Regelungen des StaRUG, ZInsO 2020, 2184; *Smid*, Der Restrukturierungsbeauftragte, ZInsO 2020, 2092; *Smid*, Zu den Vorschlägen des „Diskussionsentwurfs" einer Neufassung der InsVV, ZInsO 2014, 877; *Smid*, Systematische Probleme der Ermittlung der Berechnungsgrundlage der Vergütung des vorläufigen Verwalters, ZInsO 2013, 1509; *Scholz*, Der Vergütungsanspruch des gemeinsamen Vertreters, DZWIR 2017, 404; *Thole*, Keine Business Judgment Rule, aber weiter Ermessensspielraum für Insolvenzverwalter, BB 2020, 1364; *Thole*, Die Vorsatzanfechtung von Beraterhonoraren für Sanierungskonzepte, ZIP 2015, 2145; *Uhlenbruck*, Die Rechtsstellung des vorläufigen Insolvenzverwalters, in: Kölner Schrift zur InsO, 2. Aufl. 2000, S. 325; *Uhlenbruck*, Zuständigkeits- und Berechnungsprobleme bei der Festsetzung der Sequestervergütung, ZIP 1996, 1889; *Vallender*, Aufgaben und Befugnisse des Restrukturierungsgerichts nach dem Gesetz über den Stabilisierungs- und Restrukturierungsrahmen für Unternehmen, ZInsO 2020, 2579 (Teil 1), ZInsO 2020, 2677 (Teil 2); *Vierhaus*, Zur Verfassungswidrigkeit der Übertragung von Rechtspflegeraufgaben auf Private, ZInsO 2008, 521; *Vill*, Die Vergütung des vorläufigen Insolvenzverwalters – Zur Neufassung des § 11 InsVV durch die zweite Änderungsverordnung zur InsVV, in: Festschrift für Gero Fischer, 2008, S. 547; *Wagner*, Überblick zu den Neuregelungen der Insolvenzrechtlichen Vergütungsverordnung (InsVV), NZI 1998, 23; *Weitzmann*, Rechnungslegung und Schlussrechnungsprüfung, ZInsO 2007, 449; *Zimmer*, Die Vergütung des Restrukturierungsbeauftragten i. S. d. Art. 5 Abs. 2 der Richtlinie (EU) 2019/20123 – Problemfelder einer Kodifizierung, ZInsO 2020, 2117.

I. Die Ziele der InsO und die Entlohnung der Organe des Insolvenzverfahrens

1. Die Ziele der InsO

a) Das Vergütungsrecht im Insolvenzrecht

1 Während das **Vergütungsrecht** innerhalb des bis 1999 geltenden Konkursrechts eher ein Nischendasein führte, entwickelte es sich nach Inkrafttreten der InsO zu einem **eigenständigen Teilrechtsgebiet** und entfaltete seine ganz eigene Dynamik.[1] Dies hat mehrere Gründe: Zum ersten ist mit Inkrafttreten der InsO die Zahl der Insolvenzverfahren gestiegen. Das gilt insbesondere für Insolvenzverfahren über das Vermögen natürlicher Personen, aber auch im Unternehmensbereich ist mit dem in den Vordergrund gerückten Sanierungsgedanken das Insolvenzrecht von größerer Bedeutung. Mit der Zahl der Insolvenz- und Sanierungsverfahren ist natürlich auch die Zahl der Beteiligten gestiegen, die eine Vergütung beanspruchen. Zum zweiten spiegelt die mit der InsO in Kraft getretene InsVV

1) *Graeber* in: FS Kayser, S. 287; *Schoppmeyer*, NZI 2024, 41.

vom 19.8.1998[2] (siehe Rz. 101 ff.) nicht adäquat die Wandlung des Konkursrechts zum heutigen Insolvenz- und Sanierungsrecht wider. Vieles, was in der InsO als Regelfall eines insbesondere auf Sanierung ausgerichteten Verfahrens bestimmt ist, findet sich nur unvollkommen in der InsVV. Aus dieser Disharmonik ist eine Vielzahl an Literatur erwachsen, die Einzelfragen des Vergütungsrechts beschreibt und Probleme zu lösen versucht (siehe Rz. 155 ff.). Ferner hat der BGH mit seiner Rechtsprechung in besonderer Weise das insolvenzrechtliche Vergütungsrecht vorangetrieben und weiterentwickelt. Im früheren Konkursrecht wurde das Vergütungsrecht als Kostenrecht angesehen und war nach damals geltendem Verfahrensrecht der höchstrichterlichen Rechtsprechung nicht zugänglich.[3)]

Das **insolvenzrechtliche Vergütungsrecht** muss der **Zielsetzung** und den vielfältigen Verfahrensarten der InsO Rechnung tragen durch Bestimmung einer jeweils angemessenen Vergütung für den vorläufigen Insolvenzverwalter und den Insolvenzverwalter mit den verschiedenen Aufgabengebieten, den vorläufigen Sachwalter und den Sachwalter im Verfahren der Eigenverwaltung oder den Treuhänder im Restschuldbefreiungsverfahren. Umgekehrt muss das Vergütungsrecht in seinem System für alle Verfahrensarten möglichst einheitlich geregelt werden, da schon innerhalb des Regelinsolvenzverfahrens das gleichrangige Nebeneinander von Liquidation und Sanierung[4)] Folgen für die Vergütung des Insolvenzverwalters haben kann. Die Begründung zum RegE einer InsO führt dazu leider nur sehr allgemein aus:[5)] 2

> „Das einheitliche Insolvenzverfahren bietet den Beteiligten sämtliche Verwertungsarten – Liquidation, übertragende Sanierung des Schuldnerunternehmens oder Sanierung des Schuldners sowie sämtliche Kombinationen – gleichrangig an. Die Vergütungsstruktur soll so ausgestaltet werden, daß der Insolvenzverwalter nicht dazu veranlaßt wird, ein Verfahrensergebnis vor dem anderen zu bevorzugen. Die Einheitlichkeit des neuen Insolvenzverfahrens macht deshalb eine einheitliche Berechnungsgrundlage und eine einheitliche Vergütungsstruktur notwendig."

b) Die Verfahrensarten des Insolvenzrechts

aa) Liquidation und Sanierung

§ 1 InsO nennt ohne konkreten Regelungstatbestand, jedoch als bestimmende Leitvorschrift der gesamten InsO die Ziele des Insolvenzverfahrens.[6)] Das Ziel der gleichmäßigen Befriedigung der Gläubiger, das bereits seit alters her das Konkursrecht beherrscht,[7)] kann danach erreicht werden durch **Liquidation des schuldnerischen Vermögens** und Verteilung des Erlöses nach Abzug der Kosten und sonstigen Verbindlichkeiten des Verfahrens. Das **Ziel der Gläubigerbefriedigung** kann auch erreicht werden durch **Sanierung eines schuldnerischen Unternehmens.** Diese Sanierung kann bspw. als besondere Form der Liquidation durch sog. übertragende Sanierung erfolgen oder als leistungs- oder finanz- 3

---

2) Insolvenzrechtliche Vergütungsverordnung – InsVV, v. 19.8.1998, BGBl. I 1998, 2205.

3) *Kuhn/Uhlenbruck*, KO, § 85 Rz. 18; *Eickmann*, VergVO, § 6 Rz. 23, 24.

4) Begr. RegE InsO, BT-Drucks. 12/2443, S. 77 ff., abgedr. in: *Kübler/Prütting*, RWS-Dok. 18, S. 93 ff.

5) Begr. RegE InsO, BT-Drucks. 12/2443, S. 130, abgedr. in: *Kübler/Prütting*, RWS-Dok. 18, S. 234.

6) Allgemein zu dieser Zielsetzung Begr. RegE InsO, BT-Drucks. 12/2443, S. 108 ff., abgedr. in: *Kübler/Prütting*, RWS-Dok. 18, S. 149 ff.; Jaeger-*Henckel*, InsO, § 1 Rz. 3 ff.; *Bruns* in: MünchKomm-InsO, § 1 Rz. 20 ff.; Uhlenbruck-*Pape*, InsO, § 1 Rz. 5 ff.; *Prütting* in: KPB, InsO, § 1 Rz. 13 ff.; *Sternal* in: HK-InsO, § 1 Rz. 3 ff.; *Häsemeyer*, Insolvenzrecht, Rz. 2.17 ff.; *Keller*, Insolvenzrecht, Rz. 51 ff.

7) Zum Konkursrecht *Kuhn/Uhlenbruck*, KO, § 3 Rz. 1 ff.; *Becker*, Insolvenzrecht, Rz. 26 ff.; *Häsemeyer*, Insolvenzrecht, Rz. 2.17 ff.; zur Rechtsgeschichte *Keller*, Insolvenzrecht, Rz. 26 ff.; *Meier*, Die Geschichte der deutschen Konkursrechts, insbesondere die Entstehung der Reichskonkursordnung von 1877.

wirtschaftliche Sanierung des Unternehmensträgers.[8)] Der **Insolvenzplan** (§§ 217 ff. InsO) kann innerhalb des Regelinsolvenzverfahrens als flexibles Instrument der Sanierung sowohl leistungs- als auch finanzwirtschaftliche Instrumente einer Sanierung beinhalten, es kann auch in die Rechte der Anteilseigner des schuldnerischen Unternehmens eingegriffen werden. Er kann aber auch als Liquidationsplan die Verwertung der Insolvenzmasse individuell regeln.

bb) Das Verfahren der Eigenverwaltung

4 Das **Verfahren der Eigenverwaltung** (§§ 270 ff. InsO) bietet abweichend vom sog. Regelinsolvenzverfahren die Möglichkeit für den Schuldner, ohne Bestellung eines Insolvenzverwalters, aber unter Aufsicht eines sog. Sachwalters, die Insolvenzabwicklung vornehmlich zum Zwecke der Sanierung selbst vorzunehmen.[9)] Durch das Gesetz zur weiteren Erleichterung der Sanierung von Unternehmen – ESUG, das am 1.3.2012[10)] in Kraft getreten ist, sowie durch das am 1.1.2021 in Kraft getretene **Gesetz zur Fortentwicklung des Sanierungs- und Insolvenzrechts – SanInsFoG**[11)] wurden die Möglichkeiten einer vorläufigen Eigenverwaltung (§§ 270b ff. InsO) oder eines sog. **Schutzschirmverfahrens** geschaffen (§ 270d InsO) geschaffen bzw. neu geregelt.[12)] Durch letzteres sollte bei Nachweis der Sanierungsfähigkeit des Unternehmens durch Insolvenzplan der Makel des Insolvenzantrags und der Insolvenzeröffnung gemildert werden.[13)] Für die Zulassung einer vorläufigen Eigenverwaltung müssen insbesondere die voraussichtlichen Kosten des Eigenverwaltungsverfahrens konkret dargestellt werden. Die Eigenverwaltung soll nur dann zugelassen werden, wenn dieses Verfahren im Vergleich zu einem Regelinsolvenzverfahren keine höheren Kosten verursacht (§ 270a Abs. 1 Nr. 1 und 5, § 270b Abs. 2 InsO). Zu den Kosten der Eigenverwaltung gehören auch die Honorare, die an Sanierungsberater oder Generalbevollmächtigte zu zahlen sind.[14)]

8) Begr. RegE InsO, BT-Drucks. 12/2443, S. 90, 194 ff.; sowie Beschlussempfehlung und Bericht d. RA z. RegE InsO, BT-Drucks. 12/7302, S. 181; beides abgedr. in: *Kübler/Prütting*, RWS-Dok. 18, S. 110, 449 ff.; ferner *Eidenmüller* in: MünchKomm-InsO, Vor §§ 217 bis 269 Rz. 5 ff.; *Fiebig* in: HK-InsO, § 217 Rz. 16 ff.; *Schiessler*, Der Insolvenzplan, S. 8 ff.; *Smid/Rattunde/Martini*, Der Insolvenzplan, Rz. 17; Römermann-*Braun*, InsO/InsR, Vor § 217 InsO Rz. 69 ff.; *Keller*, Insolvenzrecht, Rz. 1685 ff.; grundlegend *Braun/Uhlenbruck*, Unternehmensinsolvenz, S. 423 ff.

9) Begr. RegE InsO, BT-Drucks. 12/2443, S. 105, abgedr. in: *Kübler/Prütting*, RWS-Dok. 18, S. 121 ff.; Uhlenbruck-*Streit*, InsO, Vor §§ 217–269 Rz. 16; *Eidenmüller* in: MünchKomm-InsO, Vor §§ 217 bis 269 Rz. 67 ff.; Römermann-*Braun*, InsO/InsR, Vor § 217 InsO Rz. 34–68; eingehend *Braun/Uhlenbruck*, Unternehmensinsolvenz, S. 427–438, 491 ff.

10) Gesetz zur weiteren Erleichterung der Sanierung von Unternehmen – ESUG, v. 7.12.2011, BGBl. I 2011, 2582; Begr. RegE ESUG, BT-Drucks. 17/5712; Beschlussempfehlung und Bericht d. RA z. RegE ESUG, BT-Drucks. 17/7511.

11) Gesetz zur Fortentwicklung des Sanierungs- und Insolvenzrechts – SanInsFoG, v. 22.12.2020, BGBl. I 2020, 3256; Begr. RegE SanInsFoG, BT-Drucks. 19/24181; Beschlussempfehlung und Bericht d. RA z. RegE SanInsFoG, BT-Drucks. 19/25303.

12) Begr. RegE SanInsFoG, BT-Drucks. 19/24181, S. 205 ff.

13) Begr. RegE ESUG, BT-Drucks. 17/5712, S. 18 ff., 38 ff.; *Kern* in: MünchKomm-StaRUG, § 270d InsO Rz. 12 ff.; K. Schmidt-*Undritz*, InsO, Vor §§ 270–285 Rz. 2 ff.; *Kübler* in: Kübler/Bork/Prütting, HRI II, § 1 Rz. 1 ff.; je m. umfangr. Nachw. zur Aufsatzliteratur *Koch/Jung* in: Kübler/Bork/Prütting, HRI II, § 5 Rz. 2 ff.; *Hölzle* in: Bork/Hölzle, Hdb. Insolvenzrecht, Kap. 15 Rz. 1 ff.; *Frege/Keller/Riedel*, Insolvenzrecht, Rz. 4.178 ff.; *Haas* in: Gottwald/Haas, Insolvenzrechts-Hdb., § 86 Rz. 2 ff., § 88 Rz. 2 ff.

14) Begr. RegE SanInsFoG, BT-Drucks. 19/24181, S. 205.

cc) Unternehmensstabilisierungs- und -restrukturierung

Mit den Instrumenten des Gesetzes über den Stabilisierungs- und Restrukturierungsrahmen für Unternehmen (**Unternehmensstabilisierungs- und –restrukturierungsgesetz – StaRUG**) besteht die Möglichkeit, durch ein außergerichtliches Verfahren einen Restrukturierungsplan zu erarbeiten und mit Gläubigern und Berechtigten zu vereinbaren.[15] Begleitend dazu können nach § 29 StaRUG zur nachhaltigen Beseitigung einer drohenden Zahlungsunfähigkeit Verfahrenshilfen des Stabilisierungs- und Restrukturierungsrahmens (Instrumente) in Anspruch genommen werden. Diese sind nach § 29 Abs. 2 StaRUG:[16] 5

- die Durchführung eines gerichtlichen Planabstimmungsverfahrens (gerichtliche Planabstimmung),
- die gerichtliche Vorprüfung von Fragen, die für die Bestätigung des Restrukturierungsplans erheblich sind (Vorprüfung),
- die gerichtliche Anordnung von Regelungen zur Einschränkung von Maßnahmen der individuellen Rechtsdurchsetzung (Stabilisierung) und
- die gerichtliche Bestätigung eines Restrukturierungsplans (Planbestätigung).

Die Instrumente des Stabilisierungs- und Restrukturierungsrahmens können von jedem insolvenzfähigen Schuldner in Anspruch genommen werden. Für natürliche Personen gilt dies nur, soweit sie unternehmerisch tätig sind (§ 30 Abs. 1 StaRUG); Besonderheiten gelten für Unternehmen der Finanzbranche. Die Verfahren werden konzentriert bei dem AG am Sitz eines OLG geführt (§§ 34 ff. StaRUG).[17] Unter den Voraussetzungen des § 73 StaRUG bestellt das Restrukturierungsgericht einen **Restrukturierungsbeauftragten**, dessen Rechte und Pflichten in den §§ 74 ff. StaRUG geregelt sind.[18] Zur Förderung der Verhandlung zwischen den Beteiligten kann auch ein fakultativer Restrukturierungsbeauftragter bestellt werden (§§ 77 ff. StaRUG). Im Verfahren der Sanierungsmoderation (§§ 94 ff. StaRUG) kann ein **Sanierungsmoderator** bestellt werden, der zwischen dem Schuldner und seinen Gläubigern bei der Herbeiführung einer Lösung zur Überwindung der wirtschaftlichen oder finanziellen Schwierigkeiten vermitteln soll (§ 96 Abs. 1 StaRUG).[19] 6

dd) Das Verbraucherinsolvenzverfahren

Für die natürliche Person als Schuldner, die nach § 304 InsO als Verbraucher definiert wird, enthält die InsO besondere Voraussetzungen für die Stellung des Insolvenzantrags (§ 305 InsO) und die **Option eines gerichtlich Schuldenbereinigungsverfahrens**, durch welches eine Insolvenzeröffnung abgewendet werden kann (§§ 306 ff. InsO). Die Sondervorschriften des eröffneten Insolvenzverfahrens der §§ 311 bis 314 InsO sind mit Wirkung zum 1.7.2014 abgeschafft bzw. in das Regelinsolvenzverfahren integriert worden.[20] 7

---

15) Begr. RegE SanInsFoG, BT-Drucks. 19/24181, S. 85 ff.; kritisch *Frind*, NZI 2020, 865; *Frind*, ZIP 2021, 171.

16) Begr. RegE SanInsFoG, BT-Drucks. 19/24181, S. 131 ff.

17) Eingehend *Vallender*, ZInsO 2020, 2579 und 2677.

18) Begr. RegE SanInsFoG, BT-Drucks. 19/24181, S. 169 ff.; *Smid*, ZInsO 2020, 2184.

19) Begr. RegE SanInsFoG, BT-Drucks. 19/24181, S. 183 ff.

20) Gesetz zur Verkürzung des Restschuldbefreiungsverfahrens und zur Stärkung der Gläubigerrechte – GlRStG, v. 15.7.2013, BGBl. I 2013, 2379; Begr. RegE GlRStG, BT-Drucks. 17/11268, S. 30 ff.; dazu *Vuia* in: MünchKomm-InsO, § 312 Rz. 14 ff.; K. Schmidt-*Stephan*, InsO, § 312 Rz. 4; *Ahrens* in: Gottwald/Haas, Insolvenzrechts-Hdb., § 81 Rz. 1 ff., § 82 Rz. 3 ff.; umfassend *Ahrens*, Aktuelles Privatinsolvenzrecht, Rz. 272 ff.

ee) Das Restschuldbefreiungsverfahren

8 Das **Verfahren der Restschuldbefreiung** (§§ 286 ff. InsO) steht jedem Schuldner offen, der eine natürliche Person ist. Es schließt sich an ein Insolvenzverfahren an und soll auf der Grundlage der Abtretung des pfändbaren Teils des Arbeitseinkommens den Insolvenzgläubigern noch weitere Befriedigung ermöglichen. Nach Ablauf der Abtretungsfrist, die oft auch als sog. Wohlverhaltensphase bezeichnet wird, erlangt der Schuldner durch Umwandlung der Forderungen in Naturalobligationen eine Schuldbefreiung von den Insolvenzforderungen des vorangegangenen Insolvenzverfahrens (§ 300 InsO).[21] Das Restschulbefreiungsverfahren wurde mit Wirkung vom 1.7.2014 einer grundlegenden Reform unterzogen.[22] Eine weitere **Neuregelung** hat es **mit rückwirkender Wirkung zum 1.10.2020** erfahren.[23] Entscheidend wurde die Abtretungsfrist des § 287 Abs. 2 InsO auf drei Jahre verkürzt, für Verfahren, die vom 17.12.2019 bis 30.9.2020 beantragt worden sind, gelten Übergangsfristen nach Art. 103k EGInsO.

2. Die Organe des Insolvenzverfahrens

a) Die Vergütung als Teil der Kosten des Verfahrens

9 Nach §§ 53, 54 InsO sind die Kosten eines Insolvenzverfahrens vorweg aus der Insolvenzmasse zu befriedigen. Zu diesen gehören nach § 54 Nr. 2 InsO die **Vergütungen der** genannten **Organe des Verfahrens.** Bezogen auf die Vielgestaltigkeit der Insolvenzverfahrensarten ist die Aufzählung in § 54 Nr. 2 InsO jedoch nicht vollständig.[24] Insgesamt sind folgende Organe des Insolvenzverfahrens zu nennen, für welche jeweils eine Vergütung in Betracht kommt:

b) Der vorläufige Insolvenzverwalter

10 Der vorläufige Insolvenzverwalter wird i. R. der **Anordnung von Sicherungsmaßnahmen** des Insolvenzgerichts im Insolvenzeröffnungsverfahren bestellt (§ 21 Abs. 2 Nr. 1 InsO). Für ihn gelten die Vorschriften über die Auswahl, Ernennung oder auch Haftung des Insolvenzverwalters weitgehend entsprechend (§§ 56 ff. InsO).[25]

11 Die **Aufgaben des vorläufigen Insolvenzverwalters** bestimmen sich nach den angeordneten Sicherungsmaßnahmen des Insolvenzgerichts gegen den Schuldner: Verfügt es ein

---

21) Eingehend zu den Varianten der Verkürzung *Ahrens*, Aktuelles Privatinsolvenzrecht, Rz. 995 ff.; zu Verfahrensfragen eingehend *Frege/Keller/Riedel*, Insolvenzrecht, Rz. 5.192 ff.

22) Begr. RegE GlRStG, BT-Drucks. 17/11268, S. 22 ff., 44, 45 sowie Beschlussempfehlung und Bericht d. RA z. RegE GlRStG, BT-Drucks. 17/13535, S. 39 ff.; allgemein zur Gesetzgebungsgeschichte *Stephan* in: MünchKomm-InsO, Vor § 286–303 Rz. 54 ff. m. umfangr. Nachw.; Uhlenbruck-*Sternal*, InsO, Vor § 286 Rz. 18 ff.; umfassend *Ahrens*, Aktuelles Privatinsolvenzrecht, Rz. 538 ff.; *Ahrens* in: FK-InsO, § 286 Rz. 38 ff., 64 ff. m. umfangr. Nachw. zur Aufsatzliteratur; sehr instruktiv zum anfänglichen gesetzgeberischen Konzept *Döbereiner*, Restschuldbefreiung nach der InsO, S. 33, 109 ff.; ferner *Keller*, Insolvenzrecht, Rz. 1918 ff.

23) Gesetz zur weiteren Verkürzung des Restschuldbefreiungsverfahrens und zur Anpassung pandemiebedingter Vorschriften im Gesellschafts-, Genossenschafts-. Vereins- und Stiftungsrecht sowie im Miet- und Pachtrecht, v. 22.12.2020, BGBl. I 2020, 3328; Begr. RegE, BT-Drucks. 19/21981; Beschlussempfehlung und Bericht d. RA z. RegE, BT-Drucks. 19/25251.

24) Jaeger-*Eichel*, InsO, § 54 Rz. 23 ff.; *Langer* in: MünchKomm-InsO, § 54 Rz. 35 ff.; *Lohmann* in: HK-InsO, § 54 Rz. 7 ff.; K. Schmidt-*Thole*, InsO, § 54 Rz. 8 ff.

25) Allgemein zum Verfahren und zur Rechtsstellung Jaeger-*Gerhardt*, InsO, § 22 Rz. 5 ff.; Uhlenbruck-*Langer*, InsO, § 22 Rz. 4, 6 ff.; K. Schmidt-*Hölzle*, InsO, § 21 Rz. 39 ff.; *Schröder* in: HambKomm-InsO, § 21 Rz. 29 ff.; *Vuia* in: Gottwald/Haas, Insolvenzrechts-Hdb., § 14 Rz. 22 ff., 56 ff.; *Flören* in: Bork/Hölzle, Hdb. Insolvenzrecht, § 5 Rz. 31 ff.; *Frege/Keller/Riedel*, Insolvenzrecht, Rz. 2.400 ff.; zur Betriebsfortführung *R.-D. Mönning* in: R.-D. Mönning, Betriebsfortführung, § 11 Rz. 276 ff.; umfassend jeweils und weiterhin aktuell *Pohlmann*, Befugnisse und Funktionen des vorläufigen Insolvenzverwalters; *Ampferl*, Der „starke" vorläufige Insolvenzverwalter in der Unternehmensinsolvenz.

allgemeines Verfügungsverbot nach § 21 Abs. 2 Nr. 2 Alt. 1 InsO, geht dessen Verwaltungs- und Verfügungsbefugnis auf den dann sog. starken vorläufigen Insolvenzverwalter über. Seine Aufgaben bestimmen sich nach § 22 Abs. 1 InsO.[26] Verfügt das Insolvenzgericht gegen den Schuldner einen sog. Zustimmungsvorbehalt, hat es nach § 22 Abs. 2 InsO die Aufgabenkreise des dann sog. schwachen vorläufigen Insolvenzverwalters zu bestimmen.[27] Es kann ihm insbesondere die Befugnis erteilen, i. R. einer sog. Einzelermächtigung Masseverbindlichkeiten für das eröffnete Insolvenzverfahren zu begründen.[28]

In allen Fällen hat der vorläufige Insolvenzverwalter das **schuldnerische Vermögen zu sichern** (§ 22 Abs. 1 Nr. 1 InsO als **Leitaufgabe** für jeden vorläufigen Insolvenzverwalter). Ein laufender Geschäftsbetrieb soll aufrechterhalten bleiben. Die Unternehmensfortführung erfolgt durch den sog. starken vorläufigen Insolvenzverwalter selbst (§ 22 Abs. 1 Nr. 2 InsO) oder durch den Schuldner unter Zustimmungsvorbehalt des sog. schwachen vorläufigen Insolvenzverwalters, der dann die Fortführung des Schuldner zu überwachen hat.[29] 12

In jedem Fall stellt die **Unternehmensfortführung** mit all ihren Facetten und weiteren Tatbeständen, bspw. betreffend Arbeitsverhältnisse, Lieferantenverträge. Miet- oder Pachtverträge, bereits während des Eröffnungsverfahrens ein Kernstück zur Sanierung des schuldnerischen Unternehmens dar. Prägnant formuliert dies *Rolf-Dieter Mönning*[30] Bezug nehmend auf *Wilhelm Uhlenbruck*[31] mit den Worten: 13

> „Die Durchführung einer Sanierung beginnt daher bereits im Eröffnungsverfahren. Es handelt sich um eine zentrale Aufgabe, die der vorläufige Insolvenzverwalter zu erfüllen hat."

c) Der Insolvenzverwalter

Treffend bezeichnete bereits *Ernst Jaeger* den Insolvenzverwalter als die zentrale Person des Insolvenzverfahrens:[32] 14

> „Die Auslese des Verwalters ist die Schicksalsfrage des Konkurses."

Der Insolvenzverwalter ist für die materielle Abwicklung der Insolvenz zuständig, ihm kommen zentrale Aufgaben und Befugnisse sowohl im materiellen Insolvenzrecht als auch im Verfahrensablauf zu. Er ist mit Eröffnung des Insolvenzverfahrens (§ 27 Abs. 2 Nr. 2 InsO) **Inhaber der Verwaltungs- und Verfügungsbefugnis** des Schuldners über die Insolvenzmasse (§ 80 Abs. 1 InsO). Der Insolvenzverwalter wird mit Eröffnung des Insolvenzverfahrens ernannt (§ 27 Abs. 2 Nr. 2 InsO). Zumeist ist er personenidentisch mit dem vorläufigen Insolvenzverwalter. Jedoch sind Funktionen und Ämter stets zu trennen. Auch der im Eröffnungsverfahren bestellte Sachverständige zur Ermittlung des 15

---

26) Allgemein Jaeger-*Gerhardt*, InsO, § 22 Rz. 17 ff.; Uhlenbruck-*Langer*, InsO, § 22 Rz. 19 ff.; K. Schmidt-*Hölzle*, InsO, § 22 Rz. 4 ff.; *Schröder* in: HambKomm-InsO, § 22 Rz. 20 ff.; *Vuia* in: Gottwald/Haas, Insolvenzrechts-Hdb., § 14 Rz. 70, 152 ff.; *Flören* in: Bork/Hölzle, Hdb. Insolvenzrecht, § 5 Rz. 45 ff.

27) Allgemein Jaeger-*Gerhardt*, InsO, § 22 Rz. 125 ff.; Uhlenbruck-*Langer*, InsO, § 22 Rz. 11 ff.; K. Schmidt-*Hölzle*, InsO, § 22 Rz. 22 ff.; *Schröder* in: HambKomm-InsO, § 22 Rz. 87 ff.; *Vuia* in: Gottwald/Haas, Insolvenzrechts-Hdb., § 14 Rz. 56 ff.; *Flören* in: Bork/Hölzle, Hdb. Insolvenzrecht, § 5 Rz. 60 ff.

28) BGH, Urt. v. 18.7.2002 – IX ZR 195/01, BGHZ 151, 353 = ZIP 2002, 1625, dazu EWiR 2002, 919 *(Spliedt)*; BGH, Urt. v. 13.1.2011 – IX ZR 233/09, NZI 2011, 143; BGH, Beschl. v. 4.12.2014 – IX ZB 166/14, ZInsO 2015, 261; *Schröder* in: HambKomm-InsO, § 22 Rz. 97 ff.; *Flören* in: Bork/Hölzle, Hdb. Insolvenzrecht, § 5 Rz. 85 ff.; *Vuia* in: Gottwald/Haas, Insolvenzrechts-Hdb., § 14 Rz. 154 ff.; *R.-D. Mönning* in: R.-D. Mönning, Betriebsfortführung, § 11 Rz. 155.

29) Umfassend hierzu *R.-D. Mönning* in: R.-D. Mönning, Betriebsfortführung, § 11 Rz. 183 ff., 276 ff., 410 ff.

30) *R.-D. Mönning* in: R.-D. Mönning, Betriebsfortführung, 2. Aufl. 2014, § 9 Rz. 6.

31) *Uhlenbruck* in: Kölner Schrift zur InsO, S. 325, 360 Rz. 39.

32) *Jaeger*, KO, § 78 Anm. 7.

Insolvenzgrundes und der Massekostendeckung ist zumeist dieselbe Person. Auch hier sind die einzelnen Funktionen aber voneinander abzugrenzen.

16 Das Amt des Insolvenzverwalters beginnt nicht bereits mit der **Ernennung** durch das Insolvenzgericht, sondern erst dann, wenn der Ernannte **das Amt auch annimmt.**[33] Denn es ist niemand verpflichtet, das Amt eines Insolvenzverwalters zu übernehmen. Die Annahme des Amtes durch den Insolvenzverwalter kann ausdrücklich durch Erklärung gegenüber dem Insolvenzgericht oder stillschweigend durch Aufnahme der Tätigkeit erfolgen.

17 Das Amt des Insolvenzverwalters endet mit **Beendigung** des Insolvenzverfahrens. Es endet auch mit dem Tod des Insolvenzverwalters oder wenn er nach § 59 InsO entlassen wird.[34] In diesen Fällen hat das Insolvenzgericht einen neuen Insolvenzverwalter zu ernennen.[35]

18 Die wesentlichen Aufgaben des Insolvenzverwalters im Regelinsolvenzverfahren sind stichwortartig genannt:[36]

- Die **Inbesitznahme der Insolvenzmasse** (§ 148 Abs. 1 InsO). Als Insolvenzmasse ist hier die sog. Ist-Masse zu sehen, als die Insolvenzmasse des § 35 InsO einschließlich der Gegenstände, die mit Aus- und Absonderungsrechten (§§ 47 ff. InsO) behaftet sind.[37] Die Inbesitznahme der Ist-Masse schützt vor unberechtigtem Zugriff einzelner Gläubiger oder Dritter. Der Insolvenzverwalter muss die Insolvenzmasse letztlich in Besitz nehmen, um sie verwerten zu können (§§ 159 ff., §§ 166 ff. InsO).
- Der Insolvenzverwalter hat über die einzelnen Gegenstände der Insolvenzmasse ein Verzeichnis aufzustellen (Inventar, § 151 Abs. 1 InsO). Der Insolvenzverwalter hat ein Verzeichnis aller gegen den Schuldner bestehenden Gläubigerforderungen aufzustellen (§ 152 InsO). Aus dem **Inventar der Insolvenzmasse** und dem **Gläubigerverzeichnis** hat der Insolvenzverwalter eine **Eröffnungsbilanz** zum Stichtag der Insolvenzeröffnung aufzustellen (§ 153 Abs. 1 InsO).
- Der Insolvenzverwalter hat die **handels- und steuerrechtlichen Buchführungs- und Erklärungspflichten** für den Schuldner zu erfüllen (§ 155 InsO). Steuerrechtlich tritt der Insolvenzverwalter an die Stelle des Schuldners (§ 34 Abs. 3 AO) und ist zur Abgabe aller anfallenden Steuererklärungen und zur Abführung der als Masseverbindlichkeiten entstehenden Steuern verpflichtet. Der BFH sieht in ständiger Rechtsprechung den Insolvenzverwalter auch für Veranlagungszeiträume vor Insolvenzeröffnung steuererklärungspflichtig.[38] In der Insolvenzpraxis ist diese steuerliche Pflicht problematisch, da die Erstellung von Steuererklärungen für den Insolvenzverwalter

---

33) Jaeger-*Windel*, InsO, § 80 Rz. 9; *Keller*, Insolvenzrecht, Rz. 286 ff.

34) Dazu Jaeger-*Gerhardt*, InsO, § 59 Rz. 3 ff.; *Graeber/Deppenkemper* in: MünchKomm-InsO, § 59 Rz. 31 ff.; K. Schmidt-*Ries*, InsO, § 59 Rz. 10; *Frege/Keller/Riedel*, Insolvenzrecht, Rz. 3.18 ff.

35) *Graeber/Deppenkemper* in: MünchKomm-InsO, § 59 Rz. 96; *Frege/Keller/Riedel*, Insolvenzrecht, Rz. 3.25.

36) Eingehend *Frege/Keller/Riedel*, Insolvenzrecht, Rz. 3.277 ff. mit tabellarischen Übersichten Rz. 3.462 ff.; *Pechartscheck* in: Gottwald/Haas, Insolvenzrechts-Hdb., § 22 Rz. 6, 26 ff.; *Keller*, Insolvenzrecht, Rz. 295 ff.

37) Jaeger-*Eckardt*, InsO, § 148 Rz. 3 ff., 20 ff.; *Jaffé* in: MünchKomm-InsO, § 148 Rz. 11 ff.; Uhlenbruck-*Sinz*, InsO, § 148 Rz. 2; Graf-Schlicker-*Kubusch*, InsO, § 148 Rz. 10 ff.; *Zimmer* in: Bork/Hölzle, Hdb. Insolvenzrecht, Kap. 6 Rz. 163 ff.

38) Grundlegend BFH, Urt. v. 10.10.1951 – IV 144/51 U, BFHE 55, 522; so auch bereits RFH, Urt. v. 11.2.1927 – V A 941/26, RFHE 20, 237; eingehend *Schüppen/Schlösser* in: MünchKomm-InsO, Insolvenzsteuerrecht Rz. 11 ff.; K. Schmidt-*Schmittmann*, InsO, Anh. Steuerrecht Rz. 12 ff.; *Mohlitz* in: Bork/Hölzle, Hdb. Insolvenzrecht, Kap. 23 Rz. 3 ff.; die Erklärungspflicht trifft den Insolvenzverwalter auch im masselosen Verfahren nach BFH, Urt. v. 23.8.1994 – VII R 143/92, BFHE 175, 309 = ZIP 1994, 1969, dazu EWiR 1995, 165 *(Braun)*; *Jaffé* in: MünchKomm-InsO, § 155 Rz. 40.

einen erheblichen Aufwand, bei Hinzuziehung spezialisierter Steuerberatungsbüros auch erhebliche Kosten verursacht, die letztlich der Insolvenzmasse zur Last fallen.[39)]

- Der Insolvenzverwalter hat die **Gegenstände der Insolvenzmasse** nach Maßgabe der §§ 159 ff. InsO und hinsichtlich der Gegenstände, die mit Absonderungsrechten behaftet sind, nach Maßgabe der §§ 166 ff. InsO zu **verwerten**. Eine Verwertung der Insolvenzmasse kann in der Veräußerung der einzelnen Gegenstände und in der Einziehung der Forderungen des Schuldners gegen Dritte liegen, sie kann aber auch durch **Fortführung des Unternehmens** verbunden mit dessen Sanierung erfolgen. Eine sog. übertragende Sanierung in Form der Veräußerung sämtlicher oder fast sämtlicher Vermögenswerte des Unternehmens an stellt dabei auch eine Form der Verwertung der Insolvenzmasse dar.[40)]
- Zur Vornahme besonders bedeutsamer Rechtshandlungen bedarf der Insolvenzverwalter der **Zustimmung des Gläubigerausschusses** oder, wenn ein solcher nicht bestellt ist, der **Gläubigerversammlung** (§ 160 Abs. 1 InsO). Die Zustimmung ist insbesondere erforderlich zur Veräußerung des schuldnerischen Unternehmens im Ganzen, zur Veräußerung von Grundbesitz (§ 160 Abs. 2 Nr. 1 InsO), zur Aufnahme umfangreicher Kredite (§ 160 Abs. 2 Nr. 2 InsO) oder zur Führung von Prozessen mit erheblichem Streitwert (§ 160 Abs. 2 Nr. 3 InsO).
- Der Insolvenzverwalter hat zu prüfen, ob nach §§ 129 ff. InsO **anfechtbare Rechtshandlungen** vorliegen und die entsprechenden Ansprüche geltend zu machen. Ob im Einzelfall ein Anfechtungsanspruch tatsächlich geltend gemacht wird, hängt u. a. von der Beweislage oder der Solvenz des Anfechtungsgegners aus. Der Insolvenzverwalter hat wie bei jeder anderen Prozessführung auch ein Ermessen bei der Beantwortung der Frage, ob ein Anfechtungsanspruch prozessual geltend gemacht werden soll.[41)]
- In der Unternehmensinsolvenz wird der **Insolvenzverwalter** mit der Fortführung des schuldnerischen Unternehmens auch **als Unternehmer** tätig und hat dabei unternehmerische – nicht lediglich juristische – Entscheidungen zu fällen.[42)] Es entspricht nicht den Vorstellungen eines modernen Insolvenzrechts, den Insolvenzverwalter als reinen Verwerter zu betrachten. Der Insolvenzverwalter handelt für das schuldnerische Unternehmen bei Bemühungen um eine Sanierung unternehmerisch und nicht lediglich verwertend. Die Insolvenzeröffnung ist nicht mehr mit „Zerschlagung des Vermögens" gleichzusetzen.
- Vor allem im Zusammenhang mit einer Unternehmensfortführung, aber nicht notwendig nur mit einer solchen, hat der Insolvenzverwalter über die **Erfüllung von nicht erfüllten Verträgen** zu entscheiden (§§ 103 ff. InsO). Er hat über die Fortführung von Miet- und Pachtverhältnissen zu entscheiden (§§ 108 ff. InsO), insbesondere aber auch über **Arbeitsverhältnisse** (§§ 113 ff. InsO). Gegenüber Arbeitnehmern des Schuldners nimmt er

---

39) Zu den vergütungsrechtlichen Folgefragen restriktiv *Herzog/Knapp*, ZInsO 2021, 1428.

40) Grundlegend zur Dogmatik *K. Schmidt*, Wege zum Insolvenzrecht der Unternehmen, S. 141 ff.; eingehend den Begriff prägte bereits *K. Schmidt*, ZIP 1980, 337; eingehend *Curtze* in: Bork/Hölzle, Hdb. Insolvenzrecht, Kap. 14.

41) Eingehend zur prozessualen Geltendmachung Jaeger-*Henckel*, InsO, § 143 Rz. 168 ff.; zur Aufsicht des Insolvenzgerichts Uhlenbruck-*Mock*, InsO, § 66 Rz. 81 ff.; *Metoja* in: HK-InsO, § 66 Rz. 52 ff.; *Frege/Keller/Riedel*, Insolvenzrecht, Rz. 3.1202.

42) *Frege/Berger/Nicht* in: R.-D. Mönning, Betriebsfortführung, § 44 Rz. 53 ff.; zur Anwendung der haftungsrechtlichen Business Judgment Rule *Berger/Frege*, ZIP 2008, 204; *Berger/Frege/Nicht*, NZI 2010, 321; ablehnend aber BGH, Urt. v. 12.3.2020 – IX ZR 125/17, BGHZ 225, 90 = ZIP 2020, 1080, dazu EWiR 2020, 465 *(Lüke/Weber)*; *Jungmann*, NZI 2020, 651; *Thole*, BB 2020, 1364.

die Funktion des Arbeitgebers ein und hat i. R. der Unternehmensfortführung und Sanierung auch über Anpassungsmaßnahmen zu entscheiden.[43)]

- Der Insolvenzverwalter kann seitens der Gläubigerversammlung beauftragt werden, einen **Insolvenzplan** auszuarbeiten, er kann auch aus eigener Initiative einen Insolvenzplan einbringen (§ 218 InsO).[44)] Einen vom Schuldner eingebrachten Insolvenzplan hat er zu prüfen. Nach Beendigung des Insolvenzverfahrens mit Annahme des Insolvenzplans durch die Gläubiger und Bestätigung seitens des Insolvenzgerichts (§§ 248, 259 InsO), kann der dann ehemalige Insolvenzverwalter beauftragt werden, die Erfüllung des Insolvenzplans zu überwachen (§ 260 InsO).[45)]

19 Innerhalb der **Verfahrensabwicklung** kommen dem Insolvenzverwalter Aufgaben bei der Forderungsanmeldung und Forderungsfeststellung wie auch der Verteilung zu:

- Der Insolvenzverwalter hat die Pflicht zur **Erfassung der Insolvenzforderungen**, zur Aufstellung der Insolvenztabelle und zur Forderungsprüfung (§§ 174 ff. InsO). Im Rahmen der Forderungsfeststellung obliegt ihm auch die Prozessführung über die Feststellung einer von ihm bestrittenen Insolvenzforderung (§§ 179 ff. InsO).
- Der Insolvenzverwalter hat durch Erstellung des sog. **Verteilungsverzeichnisses** nach § 188 InsO die Verteilungen (Abschlagsverteilungen, Schlussverteilung) vorzubereiten und vorzunehmen (§ 187 Abs. 3 InsO).

20 Mit diesen stichwortartig genannten Aufgaben ist der Insolvenzverwalter nicht lediglich hoheitliches Verwertungsorgan oder gar Hilfsorgan des Gerichts, er ist **selbstständig tätiges Organ der Rechtspflege im Interesse aller Beteiligten des Insolvenzverfahrens.** Treffend hielt dies bereits *Ernst Jaeger* mit folgenden Worten fest:[46)]

> „[…] weil der Verwalter auch das objektiv gewürdigte Interesse des Schuldners, nicht nur das Interesse der Gläubiger oder gar nur das der betriebsamsten Gläubigerschichten zu wahren hat. Keinesfalls soll er sich als Sachwalter einer Clique fühlen."

d) Der vorläufige Sachwalter bei Eigenverwaltung

21 Der vorläufige Sachwalter wird bei Vorliegen der Voraussetzungen nach § 270b Abs. 1 InsO bestellt.[47)] Die **Aufgaben und Befugnisse** des vorläufigen Insolvenzverwalters bestehen ausgehend von § 21 Abs. 2 Nr. 1 und 2, § 22 Abs. 1 InsO in der **Sicherung des schuldnerischen Vermögens** als Gesamtheit, ggf. in der Unternehmensfortführung, auf jeden Fall aber auch in der Abwehr nachteiliger Veränderungen auf die Vermögenslage des Schuldners sowie der Überwachung des Schuldners, insbesondere bei Unternehmensfortführung.[48)] Nach § 270c Abs. 1 InsO kann das Gericht den vorläufigen Sachwalter beauftragen, Bericht zu erstatten über

---

43) Umfassend *Hess* in: KK-InsO, § 113 Rz. 210 ff.; *Bertram/Künzl* in: Gottwald/Haas, Insolvenzrechts-Hdb., § 102 Rz. 18 ff.

44) Dazu *Fiebig* in: HK-InsO, § 218 Rz. 10, 11; *Spahlinger* in: KPB, InsO, § 218 Rz. 14; Uhlenbruck-*Streit*, InsO, § 218 Rz. 4, 5; ein wenig abweichend *Eidenmüller* in: MünchKomm-InsO, § 218 Rz. 30.

45) Dazu *Pleister* in: KPB, InsO, § 260 Rz. 15; Uhlenbruck-*Streit*, InsO, § 260 Rz. 18.

46) *Jaeger*, Lehrbuch des Deutschen Konkursrechts, § 13 II.

47) Änderung der §§ 270 ff. InsO durch Gesetz zur Fortentwicklung des Sanierungs- und Insolvenzrechts – SanInsFoG, v. 22.12.2020, BGBl. I 2020, 3256.

48) Allgemein Jaeger-*Meller-Hannich*, InsO, § 270a Rz. 24 ff.; *Kern* in: MünchKomm-StaRUG, § 270b InsO Rz. 82 ff.; *Prütting* in: KPB, InsO, § 270c Rz. 3, 10; Uhlenbruck-*Deppenkemper*, InsO, § 270c Rz. 48 ff.; Graf-Schlicker-*Graf-Schlicker*, InsO, § 270c Rz. 34 ff.; *Brünkmans* in: HK-InsO, § 270c Rz. 54 ff.; K. Schmidt-*Undritz*, InsO, § 270c Rz. 2 ff.; *Hofmann* in: Kübler/Bork/Prütting, HRI II, § 4 Rz. 32 ff.

- die vom Schuldner vorgelegte Eigenverwaltungsplanung, insbesondere, ob diese von den erkannten und erkennbaren tatsächlichen Gegebenheiten ausgeht, schlüssig ist und durchführbar erscheint,
- die Vollständigkeit und Geeignetheit der Rechnungslegung und Buchführung als Grundlage für die Eigenverwaltungsplanung, insbesondere für die Finanzplanung,
- das Bestehen von Haftungsansprüchen des Schuldners gegen amtierende oder ehemalige Mitglieder der Organe.

Der vorläufige Sachwalter ist hinsichtlich seiner Befugnisse mit dem sog. schwachen vorläufigen Insolvenzverwalter insoweit vergleichbar, als er **keine eigene Verfügungsbefugnis** besitzt. Nach § 270c Abs. 3 InsO kann das Gericht neben Maßnahmen nach § 21 Abs. 1 und 2 Satz 1 Nr. 1a, 3 bis 5 InsO anordnen, dass Verfügungen des Schuldners der Zustimmung durch den vorläufigen Sachwalter bedürfen. In den bis 31.12.2020 beantragten Verfahren sah § 270a Abs. 1 Satz 2 InsO für den vorläufigen Sachwalter keine Anordnung eines Zustimmungsvorbehalts vor. Wird kein Zustimmungsvorbehalt angeordnet ist der vorläufige Sachwalter vergleichbar mit dem vorläufigen Insolvenzverwalter, der nach § 21 Abs. 1 Nr. 1 InsO ohne gleichzeitige Anordnung einer Verfügungsbeeinträchtigung gegenüber dem Schuldner nach Nr. 2 der Vorschrift bestellt wird und danach nur beratende und beaufsichtigende Funktion hat.[49] 22

In der früheren Literatur aus der Zeit vor Inkrafttreten der §§ 270a, 270b InsO im Jahre 2012 wurde angenommen, ein vorläufige Sachwalter sei mit dem sog. schwachen vorläufigen Insolvenzverwalter bei Anordnung eines Zustimmungsvorbehalts gegen den Schuldner vergleichbar.[50] Demgegenüber betonte der Gesetzgeber seinerzeit, dass die Anordnung von Verfügungsbeeinträchtigungen gegenüber dem Schuldner im Eröffnungsverfahren bei Eigenverwaltung nach §§ 270a, 270b InsO so weit wie möglich zu unterbleiben habe, damit die Vorteile der Eigenverwaltung nicht bereits im Eröffnungsverfahren verlorengingen.[51] Die Möglichkeit, nach § 270c Abs. 3 InsO einen Zustimmungsvorbehalt anzuordnen, gibt dem Gericht und den Verfahrensbeteiligten mehr Flexibilität.[52] 23

§ 270b Abs. 1 InsO verweist auf die **allgemeinen Aufsichts- und Mitwirkungspflichten des Sachwalters** nach §§ 274, 275 InsO. Hierbei ist für die Rechtsstellung und die Aufgaben des vorläufigen Sachwalters § 275 Abs. 1 InsO bedeutsam, wonach Verbindlichkeiten, die nicht zum gewöhnlichen Geschäftsbetrieb gehören, durch den Schuldner nur mit dessen Zustimmung eingegangen werden sollen. Insoweit kommt dem vorläufigen Sachwalter eine Beratungs-, Unterstützungs-, Prüfungs- und Überwachungspflicht gegenüber dem Schuldner zu, die über die Rechtsstellung des lediglich beratenden vorläufigen Insolvenzverwalters hinausgeht. 24

Im Hinblick auf die **Prüfung der Sanierungsfähigkeit** und Förderung der möglichen Erstellung eines sanierenden Insolvenzplans hat der vorläufige Sachwalter gegenüber einem vorläufigen Insolvenzverwalter umfangreichere Aufgaben und Pflichten, auch wenn man selbstverständlich den vorläufigen Insolvenzverwalter nicht lediglich eine passive Rolle im Insolvenzeröffnungsverfahren zubilligen darf.[53] 25

49) *Fiebig* in: HambKomm-InsO, § 270b Rz. 11 ff.; K. Schmidt-*Undritz*, InsO, § 270c Rz. 2 ff.; *Schur*, ZIP 2014, 757, 760.

50) Zur Problematik der Anordnung von Sicherungsmaßnahmen im Eröffnungsverfahren bei beantragter Eigenverwaltung Uhlenbruck-*Uhlenbruck*, InsO, 13. Aufl. 2010, § 270 Rz. 45, 46 m. w. N.

51) Begr. RegE ESUG, BT-Drucks. 17/5712, S. 39, 40.

52) Begr. RegE SanInsFoG, BT-Drucks. 19/24181, S. 206.

53) Zu vergütungsrechtlichen Zusammenhängen *Keller*, ZIP 2008, 1615.

e) Der Sachwalter bei Eigenverwaltung

26 Mit Anordnung der Eigenverwaltung bestellt das Insolvenzgericht an Stelle des Insolvenzverwalters einen Sachwalter. Die Insolvenzeröffnung hat nicht die Wirkung einer Verfügungsentziehung gegenüber dem Schuldner, § 80 InsO findet keine Anwendung. Der **Sachwalter hat** nach § 270 Abs. 1 Satz 1 InsO den Schuldner in der Abwicklung des Insolvenzverfahrens **zu beaufsichtigen und zu unterstützen**. Die Auswahl und Bestellung des Sachwalters, faktisch auch des vorläufigen Sachwalters, kann bereits bei Antragstellung durch den Schuldner und von den Gläubigern als Mitglieder eines vorläufigen Gläubigerausschusses gesteuert werden (§ 274 Abs. 1, § 22a Abs. 4, § 56a Abs. 2 InsO).[54] Der Gesetzentwurf des SanInsFoG[55] sah in einem neuen § 274a die Bestellung eines Sondersachwalters vor, sollte das Gericht der einstimmigen Beschlussfassung des vorläufigen Gläubigerausschusses nicht folgen.[56] Dieser Entwurf wurde nicht Gesetz.[57]

27 Allgemein hat der Sachwalter die **wirtschaftliche Lage** des Schuldners **zu prüfen** und seine **Geschäftsführung zu überwachen** (§ 274 Abs. 2 Satz 1 InsO).[58] Er hat die Buchführung des Schuldners zu kontrollieren und kann verlangen, dass alle eingehenden Gelder nur von ihm entgegengenommen werden dürfen und Zahlungen nur durch ihn erfolgen dürfen (§ 275 Abs. 2 InsO). Stellt der Sachwalter Umstände fest, die für die Gläubiger von Bedeutung sein können, hatte er diese dem Gläubigerausschuss und dem Insolvenzgericht mitzuteilen (§ 274 Abs. 3 InsO). Nach § 277 InsO kann das Insolvenzgericht gegen den Schuldner einen sog. Zustimmungsvorbehalt erlassen, wonach **einzelne Rechtshandlungen** nur **mit Zustimmung** des Sachwalters wirksam sind. Einzelne Befugnisse stehen allein dem Sachwalter zu, insbesondere das Recht zur Insolvenzanfechtung nach §§ 129 ff. InsO (§ 280 InsO) oder die Feststellung und **Anzeige der Masseunzulänglichkeit** (§ 285 InsO). Auch soll der Schuldner bei bestimmten Handlungen und Geschäften den Sachwalter einbeziehen (§ 281 Abs. 1 Satz 2 und Abs. 2 Satz 2 InsO). Im Rahmen der Forderungsprüfung steht auch den Sachwalter das Recht zu, einzelne Forderungen zu bestreiten (§ 283 Abs. 1 Satz 1 InsO).

f) Der Insolvenzverwalter im vereinfachten Insolvenzverfahren

28 Im eröffneten Insolvenzverfahren über das Vermögen eines Verbrauchers (§ 304 InsO) bestehen seit 1.7.2014 keine grundlegenden Besonderheiten mehr gegenüber dem sog. Regelinsolvenzverfahrens; die Sondervorschriften der §§ 311–314 InsO sind weitgehend abgeschafft oder in das Regelinsolvenzverfahren integriert.[59] Beispielsweise wurde § 312 Abs. 1 Satz 2 InsO zu § 88 Abs. 2 InsO.[60] Einschränkungen hinsichtlich der Verfügungsbefugnis des früheren Treuhänders im Verbraucherinsolvenzverfahren hinsichtlich der **Verwertung von Gegenständen mit Absonderungsrechten** oder der **Insolvenzanfechtung** nach dem früheren § 313 InsO sind aber ersatzlos weggefallen.

---

54) *Koch/Jung* in: Kübler/Bork/Prütting, HRI II, § 5 Rz. 96 ff.

55) Gesetz zur Fortentwicklung des Sanierungs- und Insolvenzrechts – SanInsFoG, v. 22.12.2020, BGBl. I 2020, 3256.

56) Begr. RegE SanInsFoG, BT-Drucks. 19/24181, S. 66, 209; dazu *Sämisch/Deichgräber*, ZInsO 2020, 2364.

57) Beschlussempfehlung und Bericht d. RA z. RegE SanInsFoG, BT-Drucks. 19/25303, S. 119.

58) Ausführlich Jaeger-*Meller-Hannich*, InsO, § 274 Rz. 22 ff.; *Kern* in: MünchKomm-StaRUG, § 274 InsO Rz. 47 ff.; *Pape* in: Kölner Schrift zur InsO, S. 895 Rz. 27 ff.; umfassend *Minuth* in: Kübler/Bork/Prütting, HRI II, § 9.

59) Begr. RegE GlRStG, BT-Drucks. 17/11268, S. 13 ff.; Beschlussempfehlung und Bericht d. RA z. RegE GlRStG, BT-Drucks. 17/13535.

60) Dazu K. Schmidt-*Keller*, InsO, § 88 Rz. 31.

Vom Insolvenzverwalter des Regelinsolvenzverfahrens unterscheidet sich der Insolvenzverwalter des Verbraucherinsolvenzverfahrens insoweit, als durch die Besonderheiten des § 305 InsO bei der Antragstellung eine Arbeitserleichterung hinsichtlich Gläubiger- und Schuldnerverzeichnis gegeben sein kann, aber nicht gegeben sein muss (siehe § 5 Rz. 208; § 11 Rz. 52 ff.).[61] Im Übrigen kann ein Unterschied im Umfang der Insolvenzmasse oder der Zahl der beteiligten Gläubiger bestehen. 29

g) Der Sonderinsolvenzverwalter

Die Bestellung eines Sonderverwalters kommt in Betracht, wenn der Insolvenzverwalter aufgrund tatsächlicher oder rechtlicher Verhinderung nicht in der Lage ist, einzelne Aufgaben zu erfüllen.[62] In der Praxis kann dies insbesondere bei **Vorliegen des Verbots der Selbstkontrahierung** nach § 181 BGB der Fall sein, wenn dieselbe Person in zwei Insolvenzverfahren zum Insolvenzverwalter bestellt worden ist und gegenseitig Ansprüche oder Insolvenzforderungen geltend gemacht und geprüft werden müssen.[63] Ein Sonderinsolvenzverwalter ist auch dann zu bestellen, wenn **gegen den Insolvenzverwalter Schadensersatzansprüche** geltend zu machen sind, die als Gesamtschaden der Insolvenzgläubiger nach § 92 InsO zu verfolgen sind.[64] 30

Die **Aufgabenbereiche** und Hauptfunktionen einer Sonderinsolvenzverwaltung sind folgende:[65] 31

- Sonderinsolvenzverwaltung zur **Amtsermittlung besonderer Sachverhalte.**
- Sonderinsolvenzverwaltung als aufsichtsrechtliche Maßnahme gegen den Insolvenzverwalter zur **Sicherung bestimmter Vermögenswerte.**
- Sonderinsolvenzverwaltung zur **Vermeidung von Interessenkollisionen** in der Person des Insolvenzverwalters. Dies kann erforderlich sein zur Wahrung der Integrität des Insolvenzverwalters oder einfach wegen § 181 BGB. Besteht dieser in der Prüfung von Forderungen (§§ 174 ff. InsO) in einem Insolvenzverfahren mit demselben Insolvenzverwalter, der dann dem Verbot des § 181 BGB unterliegt, ist diese Tätigkeit vergleichbar mit der eines Anwalts betreffend die Forderungsanmeldung, Forderungsprüfung und ggf. die Feststellung durch Klage.
- Sonderinsolvenzverwaltung zur **Geltendmachung eines Gesamtschadens** der Insolvenzgläubiger gegen den Insolvenzverwalter (§ 92 InsO).[66] Die Vergütung des Sonderinsolvenzverwalters ist entsprechend den allgemeinen Regeln des Schadensersatz-

---

61) Allgemein zur Antragstellung Uhlenbruck-*Sternal*, InsO, § 305 Rz. 28 ff.; K. Schmidt-*Stephan*, InsO, § 305 Rz. 20 ff.

62) BGH, Urt. v. 17.11.2005 – IX ZR 179/04, BGHZ 165, 96, 99 = ZIP 2006, 36; BGH, Beschl. v. 2.3.2006 – IX ZB 225/04, NZI 2006, 474; BGH, Beschl. v. 25.1.2007 – IX ZB 240/05, ZIP 2007, 548 = DZWIR 2007, 218 m. Anm. *Graeber*, dazu EWiR 2007, 341 *(Römermann)*; BGH, Urt. v. 8.5.2008 – IX ZR 54/07, NZI 2008, 491; Jaeger-*Gerhardt*, InsO, § 56 Rz. 76 ff.; *Graeber/Deppenkemper* in: MünchKomm-InsO, § 56 Rz. 162 ff.; Uhlenbruck-*Zipperer*, InsO, § 56 Rz. 57 ff.; Römermann-*Delhaes/Römermann*, InsO/InsR, § 56 InsO Rz. 29 ff.; *Graeber/Graeber*, InsVV, Vor § 1 Rz. 50 ff.; umfassend *Frege*, Der Sonderinsolvenzverwalter, Rz. 88 ff.

63) Uhlenbruck-*Zipperer*, InsO, § 56 Rz. 57 ff.; *Frege/Keller/Riedel*, Insolvenzrecht, Rz. 3.1110, 3.1111.

64) OLG München, Beschl. v. 20.1.1987 – 25 W 3137/86, ZIP 1987, 656, dazu EWiR 1987, 703 *(Gerhardt)*; *Schoppmeyer* in: MünchKomm-InsO, § 60 Rz. 139; Uhlenbruck-*Hirte*, InsO, § 92 Rz. 30; *Schmidt* in: HK-InsO, § 92 Rz. 50 ff.; *Pohlmann* in: HambKomm-InsO, § 92 Rz. 57 ff.; zum Beschwerderecht des betroffenen Insolvenzverwalters BGH, Beschl. v. 20.2.2014 – IX ZB 16/13, ZIP 2014, 627 = NZI 2014, 307.

65) Umfassend *Frege*, Der Sonderinsolvenzverwalter, Rz. 24, 88, 136, 149.

66) Eingehend *Frege*, Der Sonderinsolvenzverwalter, Rz. 136 ff.; allgemein *Graeber/Deppenkemper* in: MünchKomm-InsO, § 56 Rz. 162 ff.; Uhlenbruck-*Zipperer*, InsO, § 56 Rz. 57 ff.; *Lüke*, ZIP 2004, 1693.

rechts als Teil des Schadensersatzanspruches der Insolvenzgläubiger gegen den Insolvenzverwalter anzusehen. Sie ist von diesem zu tragen und – soweit sie aus der Insolvenzmasse gewährt worden ist – dieser zu erstatten.

- Sonderinsolvenzverwaltung zur **Verwaltung** und Verwertung **von Sondermassen.**
- Sonderinsolvenzverwaltung als **Vertretung des Insolvenzverwalters** bei dessen Verhinderung.

32 In Verfahren der Eigenverwaltung (§§ 270 ff. InsO) ist nach denselben Grundsätzen die Bestellung eines Sondersachwalters angezeigt.[67)]

h) Der Treuhänder im Restschuldbefreiungsverfahren

33 Der Treuhänder des Restschuldbefreiungsverfahrens nach §§ 286 ff. InsO ist in seiner Funktion zu trennen vom Insolvenzverwalter des eröffneten Insolvenzverfahrens oder auch vom Treuhänder des vereinfachten Insolvenzverfahrens nach den §§ 311 ff. InsO bis 3.6.2014. Das **Restschuldbefreiungsverfahren ist kein verlängertes Insolvenzverfahren,** dieses ist aufgehoben, der Insolvenzbeschlag ist beendet.[68)]

34 **Kernelement** des Restschuldbefreiungsverfahrens ist die **Abtretung des pfändbaren Teils des Einkommens** des Schuldners an den Treuhänder für die Dauer der Wohlverhaltensphase (§§ 287, 300 InsO).[69)]

35 Während des dreijährigen **Abtretungszeitraums**[70)] des § 287 InsO hat der Treuhänder nach § 292 Abs. 1 InsO den jeweils pfändbaren Teil des Arbeitseinkommens des Schuldners sowie sonstige Leistungen zu vereinnahmen und einmal jährlich aufgrund des Schlussverzeichnisses an die Insolvenzgläubiger zu verteilen.[71)] Die zusätzliche Pflicht zur Überwachung der Obliegenheiten des Schuldners aus § 295 InsO hat der Treuhänder nur, wenn er seitens der Gläubigerversammlung vor Beendigung des Insolvenzverfahrens hierzu beauftragt wird.[72)]

i) Die Mitglieder des Gläubigerausschusses

36 Die Gläubigerversammlung kann nach § 68 InsO einen Gläubigerausschuss einsetzen; ein **vorläufiger Gläubigerausschuss** kann nach **§ 67 InsO** bereits durch das Gericht mit Insolvenzeröffnung eingesetzt werden.[73)] Unter den Voraussetzungen des **§ 22a InsO** kann bereits **im Insolvenzeröffnungsverfahren** ein vorläufiger Gläubigerausschuss bestellt werden.[74)]

---

67) LG Münster, Beschl. v. 15.5.2023 – 5 T 455/22, ZIP 2024, 964 = NZI 2024, 384.

68) Zur Systematik *Frege/Keller/Riedel*, Insolvenzrecht, Rz. 5.17, 5.27 ff.; sehr kritisch *Ahrens*, Aktuelles Privatinsolvenzrecht, Rz. 538 ff.

69) Dazu Uhlenbruck-*Sternal*, InsO, § 287 Rz. 31 ff.; *Ahrens* in: FK-InsO, § 287 Rz. 131 ff.; *Frege/Keller/Riedel*, Insolvenzrecht, Rz. 5.43 ff.

70) Eingehend zu den verschiedenen Zeiträumen *Ahrens*, Aktuelles Privatinsolvenzrecht, Rz. 995 ff.; zu Verfahrensfragen eingehend *Frege/Keller/Riedel*, Insolvenzrecht, Rz. 5.192 ff.; zur Frage der Geltung des Art. 107 EGInsO mit dem fünfjährigen Abtretungszeitraum BGH, Beschl. v. 21.5.2004 – IX ZB 274/03, ZVI 2004, 355 = NZI 2004, 452 m. Anm. *Ahrens.*

71) *Stephan* in: MünchKomm-InsO, § 292 Rz. 33 ff.; *Lackmann* in: FK-InsO, § 292 Rz. 13 ff.; Uhlenbruck-*Sternal*, InsO, § 292 Rz. 21 ff.

72) Dazu Uhlenbruck-*Sternal*, InsO, § 292 Rz. 58 ff.

73) Uhlenbruck-*Knof*, InsO, § 67 Rz. 7 ff.; *Wilke* in: KPB, InsO, § 67 Rz. 9 ff.; eingehend *Frege/Keller/Riedel*, Insolvenzrecht, Rz. 3.502 (Interimsausschuss).

74) Eingefügt durch Gesetz zur weiteren Erleichterung der Sanierung von Unternehmen – ESUG, v. 7.12.2011, BGBl. I 2011, 2582; Begr. RegE ESUG, BT-Drucks. 17/5712, S. 24 ff.; Uhlenbruck-*Langer*, InsO, § 22a Rz. 7 ff.; K. Schmidt-*Hölzle*, InsO, § 22a Rz. 5 ff.; *Frege/Keller/Riedel*, Insolvenzrecht, Rz. 3.490 ff.; umfassend *Ampferl* in: Kübler/Bork/Prütting, HRI II, § 6.

Mitglieder des Gläubigerausschusses können neben Gläubigern auch Personen sein, die selbst nicht Gläubiger sind, aber deren besondere Kenntnisse für die Insolvenzabwicklung wertvoll sind (§ 67 Abs. 3 InsO). In einen vorläufigen Gläubigerausschuss im Eröffnungsverfahren (§ 22a InsO) können jedoch nur Gläubiger berufen werden, § 22a InsO verweist nicht auf § 67 Abs. 3 InsO.[75] Absonderungsberechtigte Gläubiger, Insolvenzgläubiger mit den höchsten Forderungen, Kleingläubiger und Arbeitnehmer sollen bei der Auswahl besonders berücksichtigt werden (§ 67 Abs. 2 InsO).[76] Zu Mitgliedern können natürliche und juristische Personen berufen werden.[77] Wegen fehlender Rechtspersönlichkeit soll eine Behörde selbst nicht Mitglied sein können. Hier wird regelmäßig der Mitarbeiter der Behörde als natürliche Person bestellt.[78] 37

Die Bestellung eines Gläubigerausschusses ist nicht in jedem Insolvenzverfahren sinnvoll, auch wenn § 67 InsO suggeriert, er sei als Regeltatbestand in jedem Insolvenzverfahren zu bestellen. Ein **Gläubigerausschuss** ist **hilfreich**, wenn bei Insolvenzeröffnung ein **laufender Geschäftsbetrieb** vorliegt, wenn durch den Insolvenzverwalter eine **Vielzahl bedeutsamer Rechtshandlungen** i. S. des § 160 InsO zu tätigen sein wird, wenn eine Vielzahl von Gläubigern am Insolvenzverfahren beteiligt ist, oder wenn eine **hohe Zahl von Arbeitnehmern** am Insolvenzverfahren als Gläubiger beteiligt ist. Ferner ist ein Gläubigerausschuss sinnvoll, wenn widerstreitende Interessen der Gläubiger – Großgläubiger und Kleingläubiger – zu bündeln sind. Die Einsetzung eines Gläubigerausschusses erfolgt im Interesse aller Beteiligten. 38

Die **Aufgaben** des Gläubigerausschusses im eröffneten Insolvenzverfahren bestehen nach § 69 InsO allgemein in der **Unterstützung und Überwachung** der Tätigkeit des Insolvenzverwalters.[79] Die Mitglieder des Gläubigerausschusses können und müssen sich jederzeit über den Gang der Geschäfte unterrichten, die Bücher und **Geschäftspapiere einsehen** und den **Geldverkehr prüfen**. Sie können sich hierzu auch besonderer **Hilfskräfte** bedienen, bspw. die Buchführung durch einen vereidigten Buchprüfer oder Wirtschaftsprüfer prüfen lassen. Die Mitglieder des Gläubigerausschusses haben die Schlussrechnung des Insolvenzverwalters zu prüfen (§ 66 Abs. 2 Satz 2 InsO),[80] sie haben bei der Anlegung von Geld und Wertpapieren mitzuwirken (§ 149 Abs. 1 und 2 InsO), bei Vornahme einer Verteilung haben sie den an die Gläubiger auszuzahlenden Bruchteil (Quote) zu bestimmen (§ 195 Abs. 1 Satz 1 InsO). Der Insolvenzverwalter bedarf zu bestimmten Rechtsgeschäften der Genehmigung des Gläubigerausschusses (§ 160 InsO). Der Insolvenzverwalter hat auch in weiteren Fällen den Gläubigerausschuss beratend einzubeziehen (§ 100 Abs. 2 Satz 1, § 151 Abs. 3 Satz 2, § 158 Abs. 1, § 187 Abs. 3 Satz 2, § 218 Abs. 3, § 232 Abs. 1 Nr. 1, § 261 Abs. 2 Satz 1 und § 262 Satz 1, § 274 Abs. 3 Satz 1 InsO). Die 39

75) Uhlenbruck-*Langer*, InsO, § 22a Rz. 55; eingehend *Ampferl* in: Kübler/Bork/Prütting, HRI II, § 6 Rz. 114 ff.

76) Zur Mitgliederauswahl *Wilke* in: KPB, InsO, § 67 Rz. 24 ff.; Uhlenbruck-*Knof*, InsO, § 67 Rz. 9 ff.; Römermann-*Weiß*, InsO/InsR, § 67 InsO Rz. 6.

77) BGH, Urt. v. 11.11.1993 – IX ZR 35/93, BGHZ 124, 86 = ZIP 1994, 46, dazu EWiR 1994, 281 *(Lüke)*; *Wilke* in: KPB, InsO, § 67 Rz. 24, 25; Uhlenbruck-*Knof*, InsO, § 67 Rz. 10; Römermann-*Weiß*, InsO/InsR, § 67 InsO Rz. 6.

78) Nach OLG Köln, Urt. v. 1.6.1988 – 13 U 234/87, ZIP 1988, 992, dazu EWiR 1988, 809 *(Hegmanns)*, sei dies nicht möglich; dagegen aber Uhlenbruck-*Knof*, InsO, § 67 Rz. 10 ff.

79) Eingehend *Kübler* in: KPB, InsO, § 69 Rz. 13 ff.; Uhlenbruck-*Knof*, InsO, § 69 Rz. 20 ff.; Römermann-*Weiß*, InsO/InsR, § 69 InsO Rz. 12 ff., 18 ff., 29; eingehend *Frege/Keller/Riedel*, Insolvenzrecht, Rz. 3.539 ff., 3.564 ff.; zum Konkursverfahren ebenso bereits Jaeger-*Weber*, KO, § 87 Rz. 1; *Kuhn/Uhlenbruck*, KO, § 88 Rz. 2 ff., 4 ff.

80) *Kübler* in: KPB, InsO, § 66 Rz. 25 ff.; *Metoja* in: HK-InsO, § 66 Rz. 64 ff.

Mitglieder des Gläubigerausschusses haften nach § 71 InsO persönlich für die Erfüllung der ihnen obliegenden Aufgaben.[81)]

40 Die **Aufgaben** des vorläufigen Gläubigerausschusses im **Eröffnungsverfahren** (§ 22a InsO) bestehen in der Unterstützung und Überwachung der Tätigkeit des Schuldners und des vorläufigen Insolvenzverwalters oder vorläufigen Sachwalters in den Verfahren nach §§ 270a oder 270b InsO. Ferner wirken sie über § 56a InsO bei der Auswahl des Insolvenzverwalters (vorläufigen Insolvenzverwalters, Sachwalters und vorläufigen Sachwalters) mit.[82)]

j) Der vom Insolvenzgericht berufene Sachverständige

41 Das Insolvenzgericht kann i. R. der Amtsermittlung nach § 5 Abs. 1 Satz 2 InsO ausdrücklich auch der Mitwirkung von Sachverständigen bedienen.[83)] Die **Sachverständigenbeauftragung** hat den Zweck, die **Tatsachenermittlung** zu fördern. Häufigster Fall der Beauftragung eines Sachverständigen im Insolvenzverfahren ist diejenige des Eröffnungsverfahrens zur Ermittlung des Insolvenzgrundes und der Massekostendeckung (§§ 17, 19, 26 InsO). Der Sachverständige hat insbesondere in der Unternehmensinsolvenz zu prüfen, ob ein Insolvenzgrund vorliegt und ob genügend Vermögen vorhanden ist, um die Kosten des Insolvenzverfahrens decken zu können.[84)] Diese Sachverständigenbeauftragung hat nicht nur den Zweck der Tatsachenermittlung, sondern auch den rechtlicher Beurteilung. Der Sachverständige wird nicht lediglich beauftragt, die liquiden Zahlungsmittel des Schuldners zu bestimmen und die fälligen Zahlungspflichten festzustellen, sondern hieraus rechtlich folgernd auch die Zahlungsunfähigkeit nach § 17 InsO festzustellen. Für den sog. starken vorläufigen Insolvenzverwalter ergibt sich diese doppelte Sachverständigenaufgabe aus § 22 Abs. 1 Nr. 3 InsO.[85)]

42 Weiterer Fall der **Sachverständigenbeauftragung** ist jene **zur Prüfung der Schlussrechnung** des Insolvenzverwalters. Die Schlussrechnung des Insolvenzgerichts erfolgt nach § 66 InsO gegenüber der Gläubigerversammlung, nach Absatz 2 Satz 1 der Vorschrift hat das Insolvenzgericht vorher die Schlussrechnung zu prüfen. Ferner unterliegt die Vornahme der Schlussverteilung zu Beendigung des Insolvenzverfahrens nach § 196 Abs. 2 InsO der Genehmigung des Insolvenzgerichts, dieses hat die vollständige Verwertung der Insolvenzmasse und die Erstellung des Schlussverzeichnisses nach §§ 188 ff. InsO zu prüfen.[86)]

43 Die **Zulässigkeit einer Sachverständigenbeauftragung** zur Schlussrechnungsprüfung ist in der Literatur umstritten.[87)] Sie ist jedoch **als zulässig anzusehen.**[88)] Auch die Prüfung

81) Grundlegend im Zusammenhang mit Kassenprüfung BGH, Urt. v. 9.10.2014 – IX ZR 140/11, BGHZ 202, 324 = DZWIR 2015, 185 m. Anm. *Keller*, dazu EWiR 2014, 781 *(Krüger)*; eingehend *Ampferl/Kilper*, ZIP 2015, 553.

82) Dazu eingehend *Frind* in: HambKomm-InsO, § 56a Rz. 2 ff.

83) Allgemein je meist zum Sachverständigen im Eröffnungsverfahren Jaeger-*Gerhardt*, InsO, § 5 Rz. 14 ff.; *Bruns* in: MünchKomm-InsO, § 5 Rz. 44 ff.; Uhlenbruck-*Pape*, InsO, § 5 Rz. 10 ff.

84) Eingehend *Frege/Keller/Riedel*, Insolvenzrecht, Rz. 2.336 ff.

85) Eingehend statt aller Jaeger-*Gerhardt*, InsO, § 22 Rz. 147 ff.

86) OLG Hamm, Beschl. v. 9.12.1985 – 15 W 441/85, ZIP 1986, 724; LG Heilbronn, Beschl. v. 4.2.2009 – 1 T 30/09, NZI 2009, 606; Jaeger-*Eckardt*, InsO, § 66 Rz. 39; Uhlenbruck-*Mock*, InsO, § 66 Rz. 89 ff.; K. Schmidt-*Rigol*, InsO, § 66 Rz. 22; *Kübler* in: KPB, InsO, § 66 Rz. 23; *Frege/Keller/Riedel*, Insolvenzrecht, Rz. 3.1202 ff.; umfassend *Frege/Riedel*, Schlussbericht und Schlussrechnung, Rz. 274 ff., 285, 346; *Keller*, Rpfleger 2011, 66; *Lissner*, ZInsO 2015, 1184.

87) Verneinend insbesondere *Vierhaus*, ZInsO 2008, 521; *Weitzmann*, ZInsO 2007, 449; *Franke/Goth/Firmenich*, ZInsO 2009, 123; *Hebenstreit*, ZInsO 2013, 276; eingehend *Weitzmann* in: HambKomm-InsO, § 66 Rz. 13; zur rechtspolitischen Diskussion INDat-Report 6/2015, S. 10 ff.

88) OLG Hamm, Beschl. v. 9.12.1985 – 15 W 441/85, ZIP 1986, 724; *Frege/Riedel*, Schlussbericht und Schlussrechnung, Rz. 285, 346.

der Schlussrechnung des Insolvenzverwalters und die Genehmigung der Schlussverteilung beinhalten „Umstände, die für das Insolvenzverfahren von Bedeutung sind“ im Wortsinne des § 5 Abs. 1 Satz 2 InsO.[89] Die Zulässigkeit der Sachverständigenbeauftragung zur Schlussrechnungsprüfung scheitert auch nicht an den Kosten.[90] Ob diese aus der Insolvenzmasse getragen werden können oder ob nachrangige Gläubiger beeinträchtigt sind, ist nicht relevant. Denn durch §§ 53, 54, 207, 209 Abs. 1 Nr. 1 InsO ist der Vorrang der Kosten des Verfahrens gesetzlich normiert. Zuzugestehen ist, dass die Sachverständigenbeauftragung zur Schlussrechnungsprüfung nur dann ergehen sollte, wenn die tatsächlichen Ermittlungen umfangreich sind und durch das Insolvenzgericht nicht bewältigt werden können, insbesondere wenn das Buchungswerk sehr umfangreich ist.

Der Sachverständige wird gemäß § 4 InsO mit § 413 ZPO nach dem JVEG[91] vergütet. Er 44
erhält Vergütung nach Stundenaufwand gemäß § 9 JVEG nebst Auslagen und Umsatzsteuer. Die **Vergütung des Sachverständigen** gehört nach Nr. 9005 GKG KV zu den gerichtlichen **Auslagen des Verfahrens.** Sie gehört damit neben den sonstigen gerichtlichen Kosten zu den Kosten des Insolvenzverfahrens i. S. des § 54 Nr. 1 InsO.[92] Die Sachverständigenvergütung gehört nicht zu den sonstigen Masseverbindlichkeiten i. S. des § 55 Abs. 1 Nr. 1 InsO. Es kann auch nicht aus Art. 19 Abs. 4 GG gefolgert werden, die Staatskasse habe selbst die Kosten des Sachverständigen zu tragen. Soweit das Gericht zur Tatsachenfeststellung die Beauftragung eines Sachverständigen für geboten hält, ist dies in der Kostenfolge hinzunehmen.[93]

k) Der Restrukturierungsbeauftragte

Nach dem Gesetz über den Stabilisierungs- und Restrukturierungsrahmen für Unter- 45
nehmen **(Unternehmensstabilisierungs- und -restrukturierungsgesetz – StaRUG)**[94] kann der Schuldner, auch eine unternehmerisch tätige natürliche Person, durch ein außergerichtliches Verfahren mit den Gläubigern und Inhabern von Sicherungsrechten einen Restrukturierungsplan vereinbaren und dadurch ein Insolvenzverfahren vermeiden.[95] Das Verfahren ist kein zwingendes gerichtliches Verfahren. Nach § 29 StaRUG können aber gerichtliche Verfahrensalternativen des Stabilisierungs- und Restrukturierungsrahmens (Instrumente) in Anspruch genommen werden.[96]

Das **Restrukturierungsgericht** (§§ 34 ff. StaRUG) hat dabei unter den Voraussetzungen 46
des § 73 StaRUG einen **Restrukturierungsbeauftragten** zu bestellen. Die persönlichen Voraussetzungen sowie die Rechtsstellung sind in §§ 74, 75 StaRUG denen eines Insolvenzverwalters ähnlich. Die Aufgaben des Restrukturierungsbeauftragten sind wesentlich in § 76 StaRUG geregelt.[97] Allgemein hat er dem Gericht anzuzeigen, wenn er Umstände feststellt, die eine Aufhebung des Verfahren (§ 33 StaRUG) rechtfertigen (§ 76 Abs. 1

---

89) Zu verengend und in weiten Teilen nicht stichhaltig *Franke/Goth/Firmenich*, ZInsO 2009, 123.

90) So aber insbesondere *Franke/Goth/Firmenich*, ZInsO 2009, 123.

91) Gesetz über die Vergütung von Sachverständigen, Dolmetscherinnen, Dolmetschern, Übersetzerinnen und Übersetzern sowie die Entschädigung von ehrenamtlichen Richterinnen, ehrenamtlichen Richtern, Zeuginnen, Zeugen und Dritten – Justizvergütungs- und -entschädigungsgesetz (JVEG), v. 5.5.2004, BGBl. I 2004, 776.

92) OLG Stuttgart, Beschl. v. 15.10.2009 – 8 W 265/09, ZIP 2010, 491; Jaeger-*Eckardt*, InsO, § 66 Rz. 39; *Frege/Keller/Riedel*, Insolvenzrecht, Rz. 3.1205 ff.

93) *Keller*, Rpfleger 2011, 66; nicht zutreffend *Haertlein*, NZI 2009, 577; unklar *Franke/Goth/Firmenich*, ZInsO 2009, 123.

94) Art. 1 SanInsFoG v. 22.12.2020, BGBl. I 2020, 3256.

95) Begr. RegE SanInsFoG, BT-Drucks. 19/24181, S. 85 ff.

96) Begr. RegE SanInsFoG, BT-Drucks. 19/24181, S. 131 ff.

97) Eingehend *Smid*, ZInsO 2020, 2092.

StaRUG). Im Weiteren hat er je nach der Tatbestandsvoraussetzung seiner Bestellung zu entscheiden, wie der **Restrukturierungsplan** zur **Abstimmung** gebracht wird (§ 76 Abs. 2 Nr. 1 StaRUG). Er hat auch zu dem Plan **Stellung zu nehmen** (§ 76 Abs. 4 StaRUG). Ihm kann das Gericht nach § 76 Abs. 2 Nr. 2 StaRUG die Befugnis übertragen, die **wirtschaftliche Lage des Schuldners zu prüfen** und dessen Geschäftsführung **zu überwachen** sowie von dem Schuldner zu verlangen, dass eingehende Gelder nur von dem Beauftragten entgegengenommen werden können. Das Gericht kann auch dem Schuldner aufgeben, dem Restrukturierungsbeauftragten **Zahlungen anzuzeigen** und Zahlungen außerhalb des gewöhnlichen Geschäftsbetriebs **nur zu tätigen, wenn dieser zustimmt** (§ 76 Abs. 2 Nr. 3 StaRUG). Wird eine **Stabilisierungsanordnung** (§ 49 StaRUG), insbesondere ein Vollstreckungsverbot, erlassen,[98] prüft der Restrukturierungsbeauftragte fortlaufend, ob die Anordnungsvoraussetzungen fortbestehen müssen (§ 76 Abs. 3 StaRUG).

47 Liegen die Voraussetzungen des § 73 StaRUG nicht vor, kann ein **fakultativer Restrukturierungsbeauftragter** bestellt werden (§§ 77 ff. StaRUG). Der fakultative Restrukturierungsbeauftragte unterstützt den Schuldner und die Gläubiger bei der Ausarbeitung und Aushandlung des Restrukturierungskonzepts und des auf ihm basierenden Plans (§ 79 StaRUG).

48 Die **Vergütung** des Restrukturierungsbeauftragten soll grundsätzlich auf Grundlage **angemessener Stundensätze** bestimmt werden (§ 81 StaRUG).[99] Die Höhe des Stundensatzes sowie der zeitliche Umfang der Tätigkeit sollen bei Bestellung des Restrukturierungsbeauftragten festgelegt werden (§ 81 Abs. 4 StaRUG). Kommen die dem Restrukturierungsbeauftragten übertragenen Aufgaben unter den besonderen Umständen des Falles den Aufgaben eines Sachwalter in einem in Eigenverwaltungsverfahren nahe, kann auch eine Vergütung auf Grundlage der einbezogenen Gläubigerforderungen oder des Unternehmensvermögens bestimmt werden (§ 83 Abs. 1 Satz 2 mit Satz 1 Nr. 3 StaRUG).

l) Der Sanierungsmoderator

49 Der Sanierungsmoderator im Verfahren der Sanierungsmoderation (§§ 94 ff. StaRUG) hat die **Aufgabe**, zwischen dem Schuldner und seinen Gläubigern bei der **Herbeiführung einer Lösung zur Überwindung der wirtschaftlichen oder finanziellen Schwierigkeiten zu vermitteln** (§ 96 Abs. 1 StaRUG). Er erstattet dem Gericht monatlich Bericht mit Angaben zu Art und Ursachen der wirtschaftlichen oder finanziellen Schwierigkeiten, zu den in die Verhandlungen einbezogenen Gläubiger und sonstigen Beteiligten, zum Gegenstand der Verhandlungen und zum voraussichtlichen Fortgang der Verhandlungen (§ 96 Abs. 3 StaRUG).[100]

50 Zur **Vergütung des Sanierungsmoderators** verweist § 98 Abs. 2 StaRUG auf die Regelungen zur Vergütung des Restrukturierungsbeauftragten.

m) Die Mitglieder des Gläubigerbeirates in Restrukturierungssachen

51 Nach § 93 StaRUG kann in Restrukturierungssachen ein Gläubigerbeirat eingesetzt werden, wenn mit Ausnahme der in § 4 StaRUG genannten Forderungen die Forderungen aller

98) Eingehend *Hintzen*, ZfIR 2021, 64; *Smid*, ZInsO 2021, 198.

99) Unter Bezugnahme auf Art. 5 Abs. 2 der Richtlinie (EU) 2019/1023 des Europäischen Parlaments und des Rates v. 20.6.2019 über präventive Restrukturierungsrahmen, über Entschuldung und über Tätigkeitsverbote sowie über Maßnahmen zur Steigerung der Effizienz von Restrukturierungs-, Insolvenz- und Entschuldungsverfahren und zur Änderung der Richtlinie (EU) 2017/1132 (Richtlinie über Restrukturierung und Insolvenz) – Restrukturierungsrichtlinie, ABl. (EU) L 172/18 v. 26.6.2019 eingehend *Zimmer*, ZInsO 2020, 2117.

100) Begr. RegE SanInsFoG, BT-Drucks. 19/24181, S. 183 ff.

Gläubiger durch einen Restrukturierungsplan gestaltet werden und die **Restrukturierungssache gesamtverfahrensartige Züge** aufweist.[101] Der Gläubigerbeirat ähnelt einem **vorläufigen Gläubigerausschuss im Insolvenzeröffnungsverfahren**, weshalb § 93 Abs. 1 Satz 2 StaRUG auch auf § 21 Abs. 2 Nr. 1a InsO verweist. Die Mitglieder des Beirats unterstützen und überwachen nach § 93 Abs. 3 StaRUG den Schuldner bei seiner Geschäftsführung.

Die Mitglieder des Gläubigerbeirates haben nach § 93 Abs. 4 StaRUG Anspruch auf Vergütung für ihre Tätigkeit und auf Erstattung angemessener Auslagen. Zur Höhe der Vergütung verweist die Vorschrift auf § 17 InsVV (siehe dazu § 10 Rz. 79 ff.). 52

n) Der Verfahrenskoordinator in der Konzerninsolvenz

In Insolvenzverfahren von Konzerngesellschaften kann nach § 269e InsO ein sog. **Verfahrenskoordinator** bestellt werden.[102] Er hat nach § 269f InsO für eine abgestimmte Abwicklung der einbezogenen Insolvenzverfahren zu sorgen, er kann auch an der **Erstellung eines Koordinationsplans** nach § 269h InsO mitwirken. Die Insolvenzverwalter der jeweiligen Verfahren, sofern nicht nach § 56b InsO ein Insolvenzverwalter bestellt wird, oder die Sachwalter sind zur Zusammenarbeit untereinander und mit dem Verfahrenskoordinator verpflichtet (§ 269f Abs. 2 Satz 1 InsO). Der Gesetz- und Verordnungsgeber vermutet mit dem Kürzungstatbestand des § 3 Abs. 2 lit. f InsVV aber auch, dass sie durch seine Tätigkeit eine Arbeitsersparnis erfahren (siehe dazu § 5 Rz. 212 f.). Das ist sehr fraglich. Mindestens führt die Tätigkeit des Verfahrenskoordinators zu höherem Kommunikationsaufwand bei den jeweiligen Insolvenzverwaltern. 53

Die Vergütung des Verfahrenskoordinators soll nach § 269g InsO in Anlehnung an § 63 Abs. 1 Satz 3 InsO bestimmt werden.[103] Ausführende Regelungen wurden in die InsVV ausdrücklich nicht aufgenommen.[104] Sinnvoll ist es aber in jedem Fall, die §§ 1 bis 3 InsVV entsprechend anzuwenden. Als **Berechnungsgrundlage** der Vergütung ist die Summe der Insolvenzmassen der einbezogenen Verfahren anzusehen (§ 269g Abs. 1 Satz 2 InsO).[105] Das kann im Einzelfall zu einer sehr hohen Berechnungsgrundlage führen. Die Regelvergütung des Verfahrenskoordinators besteht in einem **angemessenen Bruchteil** der Regelvergütung des § 2 Abs. 1 InsVV. Er kann schon deshalb keine volle Regelvergütung erhalten, weil seine Aufgaben weit hinter denen eines Insolvenzverwalters zurückbleiben. Ähnlich wie beim vorläufigen Insolvenzverwalter oder vorläufigen Sachwalter könnte ein angemessener Bruchteil von 25 % angesetzt werden. Unter Berücksichtigung der Berechnungsgrundlage aus der Summe der einbezogenen Verfahren und der auch im Vergleich zu einem vorläufigen Insolvenzverwalter im Arbeitsaufwand niedriger anzusetzenden Regeltätigkeit sollte er aber niedriger angesetzt werden; angemessen erscheinen 10 % bis 20 %.[106] Bezogen auf den konkreten Aufwand des Verfahrenskoordinators sind **entsprechend § 3 InsVV Kürzungen oder auch Erhöhungen** zu berücksichtigen.[107] Eine Erhöhung ist gerechtfertigt, wenn ein Koordinationsplan nach § 269h InsO mit erheblichem Aufwand er- 54

101) Im RegE v. 9.11.2020 nicht vorgesehen; eingefügt durch den Rechtsausschuss (RA): Beschlussempfehlung und Bericht d. RA z. RegE SanInsFoG, BT-Drucks. 19/25303, S. 86.

102) Allgemein Begr. RegE Gesetz zur Erleichterung der Bewältigung von Konzerninsolvenzen, BT-Drucks. 18/407, S. 35 ff.; Beschlussempfehlung und Bericht d. RA z. RegE Gesetz zur Erleichterung der Bewältigung von Konzerninsolvenzen, BT-Drucks. 18/11436, S. 22; Uhlenbruck-*Mock*, InsO, § 269e Rz. 3 ff.; *Gerloff*, NZI Beilage 1/2018, S. 32.

103) Eingehend auch *Graeber*, NZI 2018, 385.

104) Begr. RegE Gesetz zur Erleichterung der Bewältigung von Konzerninsolvenzen, BT-Drucks. 18/407, S. 38.

105) Jaeger-*Piekenbrock*, InsO, § 269g Rz. 4, 5; *Zimmer*, InsVV, § 1 Rz. 224.

106) 20 % nach *Graeber*, NZI 2018, 385, 388.

107) Jaeger-*Piekenbrock*, InsO, § 269g Rz. 8 ff.; nach Uhlenbruck-*Mock*, InsO, § 269g Rz. 5, soll § 3 InsVV nicht anwendbar sein.

arbeitet werden musste. Eine Kürzung ist gerechtfertigt, wenn der Verfahrenskoordinator überwiegend nur kommunikativ tätig war.

55 Die **Vergütung** des Verfahrenskoordinators ist **anteilig von den einbezogenen Insolvenzverfahren zu tragen** und gehört dort zu den Verfahrenskosten i. S. des § 54 Nr. 2 InsO (§ 269 Abs. 2 InsO).[108] Problematisch ist dies, wenn die Verfahren zu unterschiedlichen Zeitpunkten beendet werden, weil dann einerseits die Gesamtberechnungsgrundlage nur unzureichend festgestellt werden kann, andererseits bei den einbezogenen Verfahren Rückstellungen für die noch festzusetzende Vergütung des Verfahrenskoordinators gebildet werden müssen. Nach Festsetzung der Vergütung können diese aufgelöst werden, ggf. ist ein freier Geldbetrag dann durch Nachtragsverteilung zu verteilen.

56 Hinzunehmen ist, dass sich auch unter Berücksichtigung der jeweiligen Verwaltervergütung die Verfahrensabwicklung verteuert. Keinesfalls darf dabei aus dem Kürzungstatbestand des § 3 Abs. 2 lit. f InsVV der Schluss gezogen werden, es dürfe „am Ende nicht teurer werden".[109]

o) Der Koordinator im Gruppen-Koordinationsverfahren

57 Sind Insolvenzverfahren in Mitgliedstaaten der EU über Unternehmen einer Unternehmensgruppe eröffnet, haben die Verwalter und Gerichte nach Art. 56 ff. EuInsVO[110] zusammenzuarbeiten.[111] Nach **Art. 61 ff. EuInsVO** kann ein **Gruppen-Koordinationsverfahren** beantragt werden.[112] Es ist ein **Koordinator** zu bestellen, dessen **Aufgaben und Rechte in Art. 72 EuInsVO** geregelt sind.[113]

58 Zur Vergütung des Gruppen-Koordinators enthält Art. 77 Abs. 1 EuInsVO lediglich die allgemeine Regelung, dass diese angemessen und verhältnismäßig zu den wahrgenommenen Aufgaben sein müsse.[114] Weiter sind sein Vergütungsanspruch und die Vergütungsberechnung nicht geregelt.[115] Art. 77 Abs. 2 ff. EuInsVO enthält nur Regelungen zur Verteilung der Kosten auf die einzelnen Verfahren. Im Streitfall entscheidet das Gericht, das das Gruppen-Koordinationsverfahren eröffnet hat (Art. 77 Abs. 4 EuInsVO). Letztlich kann die EuInsVO die Vergütung des Gruppen-Koordinators aber auch nicht regeln, weil bei der Einbindung verschiedener Rechtsordnungen der Mitgliedstaaten auch unterschiedliche Vergütungssysteme aufeinandertreffen. Sinnvoll ist es deshalb, die **Vergütung** des Gruppen-Koordinators **nach dem Recht des Mitgliedstaates** zu bestimmen, dessen **Gericht das Verfahren eröffnet hat** (Art. 62, 66, 68 EuInsVO). Ist dies Deutschland, kann die Vergütung in Anlehnung an § 269g InsO bestimmt werden (siehe dazu Rz. 54).

p) Der Gemeinsame Vertreter von Anleihegläubigern

59 Hat ein Unternehmen Schuldverschreibungen ausgegeben, für welche das SchVG[116] Anwendung findet, kann zur Vertretung der Anleihegläubiger für jede Emission von Anlei-

108) Jaeger-*Piekenbrock*, InsO, § 269g Rz. 12, 23.
109) So auch Jaeger-*Piekenbrock*, InsO, § 269g Rz. 25, 26.
110) Verordnung (EU) 2015/848 des Europäischen Parlaments und des Rates v. 20.5.2015 über Insolvenzverfahren – EuInsVO, ABl. (EU) L 141/19 v. 5.6.2015.
111) Vallender-*Herrmann*, EuInsVO, Art. 56 Rz. 22 ff.
112) Vallender-*Herrmann*, EuInsVO, Art. 61 Rz. 1, 7 ff.
113) Vallender-*Fritz*, EuInsVO, Art. 72 Rz. 6 ff.
114) Dazu *Eble*, ZIP 2016, 1619.
115) *Zimmer*, InsVV, § 1 Rz. 230 ff.
116) Gesetz über Schuldverschreibungen aus Gesamtemissionen – Schuldverschreibungsgesetz (SchVG), v. 31.7.2009, BGBl. I 2009, 2512, zuletzt geändert durch Gesetz durch Art. 24 Abs. 21 des Zweiten Finanzmarktnovellierungsgesetzes (2. FiMaNoG), v. 23.6.2017, BGBl. I 2017, 1693; zum Thema *Emde*, VersR 2013, 1333; *Otto*, DNotZ 2012, 809.

hen unterschiedlicher Bedingungen (§ 2 SchVG) ein Gemeinsamer Vertreter bestellt werden (§§ 7 ff. SchVG).[117] Dieser kann bereits in den Anleihebedingungen bestellt werden (§ 8 Abs. 1 Satz 1 SchVG). Er hat die Aufgabe, die Anleihegläubiger in den Versammlungen zu vertreten (§§ 9 ff. SchVG). Im Insolvenzverfahren können die Anleihegläubiger durch Mehrheitsbeschluss einen **Gemeinsamen Vertreter für alle Gläubiger** zur Wahrnehmung ihrer Interessen im Insolvenzverfahren bestimmen (§ 19 Abs. 2 SchVG).

Fraglich ist hier, ob eine **Vergütung des Gemeinsamen Vertreters** nach § 7 Abs. 6 SchVG 60
im Insolvenzverfahren zu den Kosten des Insolvenzverfahrens i. S. des § 54 InsO gehört.[118] Dies ist zu verneinen. Die **Vergütung** oder auch die **Auslagen eines gemeinsamen Vertreters** gehören **nicht zu den Kosten des Insolvenzverfahrens** und können nicht vom Insolvenzgericht festgesetzt werden.[119] Zum einen ist die Aufzählung in § 54 InsO abschließend, zum anderen ist auch nach § 19 Abs. 2 Satz 1 SchVG die Bestellung eines Gemeinsamen Vertreters im Insolvenzverfahren nicht zwingend, es ist vielmehr Sache der Gläubiger, einen solchen zu bestellen oder nicht zu bestellen. Dies gilt auch dann, wenn man die Intention des Gesetzgebers, möglichst einen Gemeinsamen Vertreter zu bestellen, berücksichtigt.[120] Er handelt auch – anders als die in § 54 Nr. 2 InsO genannten Organe des Insolvenzverfahrens – nicht im Interesse aller Verfahrensbeteiligten, sondern nur im Interesse der Anleihegläubiger. Es besteht daher kein Grund, alle sonstigen Insolvenzgläubiger durch bevorzugte Befriedigung der Vergütung des Vertreters der Anleihegläubiger zu benachteiligen. Es wird auch vertreten, die **Vergütung als Masseverbindlichkeit** nach § 55 Abs. 1 Nr. 1 InsO zu qualifizieren.[121] Dies liefe jedoch faktisch ebenso wie die Eingruppierung in § 54 InsO auf eine Abwälzung der Vergütung auf alle Insolvenzgläubiger hinaus.[122] Zwar soll nach § 7 Abs. 6 SchVG der Emittent, damit der Schuldner, für die Vergütung aufkommen, dies kann jedoch im Insolvenzfall nicht zulasten der „Nicht-Anleihegläubiger" gehen. Es wurde daher der Vergütungsanspruch als Insolvenzforderung der Anleihegläubiger nach § 38 InsO[123] qualifiziert, oder konsequenter als nachrangige Insolvenzforderung nach § 39 Abs. 1 Nr. 2 InsO.[124] Der BGH verneint auch dies und qualifiziert den Anspruch als **Neuforderungen gegen den Schuldner persönlich.**[125] Die damit verbundenen Schwierigkeiten erkennt er, sieht die Verantwortung für eine Regelung aber beim Gesetzgeber. Die Anleihegläubiger schulden ihrerseits dem gemeinsamen

117) Allgemein *Gloeckner/Bankel*, ZIP 2015, 2393.

118) Eingehend *Horn*, BKR 2014, 449; *Gloeckner/Bankel*, ZIP 2015, 2393, 2399; *Jacoby* in: FS Graf-Schlicker, S. 283.

119) BGH, Beschl. v. 14.7.2016 – IX ZA 9/16, ZIP 2016, 1684 = NZI 2016, 1014 m. Anm. *Acker/Kamke*, EWiR 2016, 705 *(Knof)*; BGH, Beschl. v. 14.7.2016 – IX ZB 46/15, ZIP 2016, 1688 = NZI 2016, 968 m. Anm. *Brenner/Moser*, dazu EWiR 2016, 599 *(Hofmann)*; BGH, Urt. v. 21.1.2021 – IX ZR 89/20, ZRI 2021, 374 = ZIP 2021, 1020; OLG Nürnberg, Urt. v. 31.7.2020 – 15 U 3678/19, ZRI 2021, 45 = ZInsO 2020, 2011.

120) Begr. RegE Gesetz zur Neuregelung der Rechtsverhältnisse bei Schuldverschreibungen aus Gesamtemissionen, BT-Drucks. 16/12814, S. 25.

121) OLG Düsseldorf, Beschl. v. 14.12.2015 – I-26 W 17/14 (AktE), ZIP 2016, 940; *Kübler* in: Liber Amicorum Henckel, S. 183, 191; *Horn*, BKR 2014, 449, 452; *Gloeckner/Bankel*, ZIP 2015, 2393, 2400.

122) Ablehnend daher auch BGH, Beschl. v. 12.1.2017 – IX ZR 87/16, ZIP 2017, 383 = NZI 2017, 228 m. Anm. *Antoniadis*; *Scholz*, DZWIR 2017, 404.

123) LG Saarbrücken, Urt. v. 3.9.2015 – 4 O 221/14, ZIP 2016, 1038 = NZI 2016, 233 m. Anm. *Brenner/Moser*; AG Essen-Borbeck, Beschl. v. 14.3.2019 – 24 C 33/18, ZIP 2019, 981 = NZI 2019, 440; für eine Festsetzung durch das Insolvenzgericht weiter LG Düsseldorf, Urt. v. 11.5.2016 – 23 O 97/15, ZIP 2016, 1036; *Friedl* in: FK-SchVG, § 19 Rz. 49.

124) *Antoniadis*, NZI 2014, 785, 788; zur Vereinbarung eines Nachrangs der Ansprüche von Genussrechtsinhabern durch Allgemeine Geschäftsbedingung BGH, Urt. v. 22.3.2018 – IX ZR 99/17, BGHZ 218, 183 = ZIP 2018, 882, dazu EWiR 2018, 341 *(Seibt)*.

125) BGH, Urt. v. 21.1.2021 – IX ZR 89/20, ZRI 2021, 374 = ZIP 2021, 1020.

Vertreter nur dann eine Vergütung, wenn diese durch Mehrheitsbeschluss beschlossen und mit ihm vereinbart wurde.[126] In diesem Fall darf bestellte gemeinsame Vertreter die ihm zustehende Vergütung nebst Auslagen aus der auf den einzelnen Anleihegläubiger entfallenden Quote entnehmen.[127]

61 Wird in einem **Spruchverfahren** nach § 6 Abs. 2 SpruchG ein **gemeinsamer Vertreter** bestellt, ist sein Vergütungsanspruch in einem nach seiner Bestellung über das Vermögen eines Antragsgegners eröffneten Insolvenzverfahren ebenfalls eine Insolvenzforderung.[128]

q) Der Abwickler einer Rechtsanwaltskanzlei

62 Bestellt die zuständige Rechtsanwaltskammer für einen insolventen Rechtsanwalt einen Kanzleiabwickler (§ 55 Abs. 1 BRAO), hat dieser gegen den betroffenen Anwalt einen **Vergütungsanspruch**, der im Zweifelsfall von der Rechtsanwaltskammer festgesetzt wird (§ 55 Abs. 3 Satz 1 mit § 53 Abs. 10 Sätzen 4 und 5 BRAO).[129] Streitig ist, ob dieser Anspruch eine **gewöhnliche Insolvenzforderung** ist, wenn er sich auf die Abwicklung vor Insolvenzeröffnung bezieht.[130] Teilweise wird eine **analoge Anwendung des § 324 Abs. 1 Nr. 6 InsO** befürwortet, dann wären die Ansprüche als Masseverbindlichkeiten i. S. des § 54 InsO zu qualifizieren.[131] Der **BGH lehnt** eine solche **Analogie** zu Recht **ab.**[132] Er sieht die Vorschrift des § 324 InsO als nicht analogiefähig an, zudem seien durch die zivilrechtliche Beziehung zwischen dem Anwalt und dem Kanzleiabwickler die Rechtsnatur des Anspruchs und seine insolvenzrechtliche Qualifikation hinreichend geregelt. Der Vergütungsanspruch ist daher in einem Insolvenzverfahren über das Vermögen des Anwalts als Insolvenzforderung zu qualifizieren.

r) Der für den Schuldner bestellte Prozesspfleger

63 Wird im Insolvenzverfahren für den Schuldner nach § 57 ZPO ein Prozesspfleger bestellt, stellt sich die Frage, wie dessen Vergütungsanspruch insbesondere nach § 41 RVG, wenn er Rechtsanwalt ist, zu bestimmen ist. Ob die Ansprüche Insolvenzforderungen oder Masseverbindlichkeiten nach § 55 Abs. 1 Nr. 1 InsO sind, hat der BGH ausdrücklich offengelassen.[133] Letzteres ist anzunehmen. In keinem Fall kann die Vergütung durch das Insolvenzgericht festgesetzt werden, weder über § 11 RVG mit § 104 ZPO noch über § 64 InsO.[134] Im Streitfall hat der Prozesspfleger seinen Anspruch gegen den Insolvenzverwalter einzuklagen.

126) BGH, Urt. v. 21.1.2021 – IX ZR 77/20, ZRI 2021, 249 = WM 2021, 344.

127) BGH, Urt. v. 10.3.2022 – IX ZR 178/20, ZRI 2022, 331 = NZI 2022, 452 m. Anm. *Kienle/Vos*, dazu EWiR 2022, 371 (*Wilken/Wintzer*).

128) BGH, Beschl. v. 15.1.2019 – II ZB 2/16, ZIP 2019, 722 = NZI 2019, 499 m. Anm. *Deiß*; unklar dagegen OLG Schleswig, Beschl. v. 23.6.2008 – 5 W 24/08, ZIP 2008, 2326.

129) Dazu BGH, Beschl. v. 12.2.2018 – AnwZ (Brfg) 6/17, NJW-Spezial 2018, 222.

130) AG Bückeburg, Urt. v. 13.7.2018 – 31 C 55/18, ZIP 2019, 385, dazu EWiR 2019, 219 *(Römermann)*.

131) OLG Köln, Urt. v. 4.11.2009 – 17 U 40/09, ZIP 2009, 2395 = NZI 2009, 851, mit undeutlicher Aussage Rz. 21, dazu EWiR 2010, 147 *(Fölsing)*; *Jacobi*, NZI 2010, 94; LG Hamburg, Urt. v. 15.4.1994 – 328 O 480/93, NJW 1994, 1883; *Siegmann/Scheuing* in: MünchKomm-InsO, § 324 Rz. 14; auf § 324 Abs. 1 Nr. 5 InsO abstellend K. Schmidt-*K. Schmidt*, InsO, § 324 Rz. 7.

132) BGH, Urt. v. 28.11.2019 – IX ZR 239/18, BGHZ 224, 117 = ZRI 2020, 128, dazu EWiR 2020, 149 *(Jacoby)*; Revision zu AG Bückeburg, Urt. v. 13.7.2018 – 31 C 55/18, ZIP 2019, 385.

133) BGH, Beschl. v. 11.1.2018 – IX ZB 99/16, ZIP 2018, 451 = ZVI 2018, 200.

134) BGH, Beschl. v. 11.1.2018 – IX ZB 99/16, ZIP 2018, 451 = ZVI 2018, 200.

3. Was kostet ein Insolvenzverfahren?

a) Der Konkurs als Wertvernichter

64 Das Konkursverfahren wurde stets als Wertvernichter betrachtet.[135] Nicht zuletzt wegen seines schlechten Leumunds sah sich der Gesetzgeber auch genötigt, mit dem Begriff der „InsO" dem Kind einen neuen Namen zu geben. Eine Wertvernichtung durch Konkurs oder Insolvenz ist nicht zu bestreiten. Bereits *Ernst Jaeger* stellte dies fest, versuchte aber treffend die positiven Aspekte des Konkurs- oder Insolvenzverfahrens zu betonen:[136]

> „Selbst das beste Konkursgesetz vermag die Nachteile nicht auszuschließen, die der Konkurs jeder größeren Unternehmung für die unmittelbaren Beteiligten, aber auch für weitere Verkehrskreise im Gefolge hat. Schon die Tatsache seiner Eröffnung entwertet das Schuldnervermögen. Die Versilberung der Masse artet nur zu oft in eine Verschleuderung aus und pflegt den Handel schwer zu schädigen. Darum bildet die Konkursverhütung, zumal in Zeiten wirtschaftlicher Not, eine überaus ernste Aufgabe des Gesetzgebers. Er muß dafür sorgen, den Widerstand selbstsüchtiger, unverständiger oder gleichgültiger Minderheiten gegen die Sanierung notleidender, aber lebensfähiger Betriebe überwindbar zu machen, ohne daß zugleich dem Schuldner Wege erschlossen werden, auf denen er sich seinen Verpflichtungen böswillig zu entziehen vermag."

65 Die Wertvernichtung und der Umstand der mangelnden Gläubigerbefriedigung im Insolvenzverfahren haben wesentlich zwei Gründe:

- Erstens erfolgt – wie *Ernst Jaeger* beschreibt – bereits durch die Insolvenzeröffnung, und zumeist schon durch die vorher eingetretene Zahlungsunfähigkeit des Schuldners, ein **Wertverfall bei den Vermögenswerten des Schuldners**. Der zahlungsunfähige Schuldner ist genötigt, zur Schaffung von Liquidität Preisnachlässe zu gewähren. Oft ist auch noch der Gedanke vorherrschend, der „Konkursverkauf" stelle eine Art Schnäppchenmarkt dar. Nicht selten werden auch heute noch bei bestimmten Branchen Rabattverkäufe als „Konkursverkäufe" beworben.
- Zweitens verursacht das **Insolvenzverfahren** selbst eine **Vielzahl von Kosten und Verbindlichkeiten**, die wegen ihres Vorrangs vor der Gläubigerbefriedigung diese beeinträchtigen. Oft wird seitens der Gläubiger vorgetragen, sie würden in der Insolvenz wegen der hohen Vergütungen und Kosten nur einen Bruchteil ihrer Forderungen erhalten. Tatsache ist aber auch, dass ohne die Eröffnung eines Insolvenzverfahrens die Gläubiger oft gar nichts erhielten, weil Vermögenswerte unentdeckt bleiben und Ansprüche aus Insolvenzanfechtung nicht geltend gemacht werden können. Die Wertvernichtung der Insolvenz durch die Kosten des Verfahrens liegt nicht allein an den Vergütungen für vorläufige Insolvenzverwalter und Insolvenzverwalter, sondern auch an den notwendigen Kosten der Insolvenzabwicklung.

b) Der Kostenaufwand der Insolvenzabwicklung

aa) Verwertungskosten

66 Die **Kosten der Verwaltung und Verwertung** der Insolvenzmasse sind Masseverbindlichkeiten nach § 55 Abs. 1 Nr. 1 InsO.[137] Bei der Verwertung von mit Absonderungsrechten behafteten beweglichen Gegenständen und Forderungen sieht § 171 InsO eine Kostenbeteiligung des betreffenden Absonderungsberechtigten vor. Bei der **Verwertung von Immobiliarvermögen**, das mit Absonderungsrechten behaftet ist, wird zumeist ein Verwertungskostenbeitrag für die Insolvenzmasse vereinbart (siehe § 3 Rz. 82 ff.). Bei der

135) *Keller*, Insolvenzrecht, Rz. 6, 51 ff.

136) *Jaeger*, Lehrbuch des Deutschen Konkursrechts, § 3 II.

137) *Langer* in: MünchKomm-InsO, § 55 Rz. 10 ff.; Uhlenbruck-*Sinz*, InsO, § 55 Rz. 3 ff.; K. Schmidt-*Thole*, InsO, § 55 Rz. 6 ff.; *Lohmann* in: HK-InsO, § 55 Rz. 2 ff.

Verwertung freier Vermögenswerte können die Kosten, bspw. der **Wertermittlung**, aber nur selten durch Preisaufschlag auf den Erwerber des betreffenden Vermögenswertes abgewälzt werden.

67 Typische Kosten einer Verwertung sind solche für **Inventarisierung, Begutachtung und Verkehrswertermittlung.** Hier wird oft dem Insolvenzverwalter vorgeworfen, die Beauftragung eines spezialisierten Gutachters oder auch eines Verwerters sei nicht notwendig gewesen. Dies muss für den Einzelfall entschieden werden. Vergütungsrechtlich hängt die Fragestellung eng mit derjenigen zur Delegationsfähigkeit einzelner Tätigkeiten zusammen (siehe § 2 Rz. 171 ff.). Zur **Veräußerung beweglichen Vermögens** merkte der BGH an, diese gehöre grundsätzlich zu den Regelaufgaben der Verwaltung und könne nur im Ausnahmefall delegiert werden, insbesondere wenn sie von dem Insolvenzverwalter nicht oder nur unzureichend oder mit wesentlich ungünstigeren Erfolgsaussichten als von einem gewerblichen Verwerter vorgenommen werden könne.[138] Für die Inventarisierung eines Warenlagers oder die **Verwertung von Spezialmaschinen** darf die Beauftragung eines spezialisierten Dienstleisters aber nicht beanstandet werden. Die Beauftragung eines Sachverständigen zur Wertermittlung oder auch zur Veräußerung dient auch der Objektivität und Integrität des Insolvenzverwalters und schützt ihn vor persönlichen Angriffen des Schuldners oder eines Absonderungsberechtigten.

68 Im Zusammenhang mit der Prüfung der Sanierungsfähigkeit eines Unternehmens und im Hinblick auf eine mögliche übertragende Sanierung wird häufig bereits im Eröffnungsverfahren ein sog. **M&A-Prozess** zur Findung eines geeigneten Investors angestoßen.[139] Hierzu werden Dienstleister beauftragt, die zumeist auf bestimmte Branchen spezialisiert sind. Der sog. M&A-Prozess besteht dabei aus verschiedenen Phasen, in welchen die betriebswirtschaftlichen Kerndaten des Unternehmens zusammengestellt und aufbereitet, spezielle Investoren diskret angesprochen, deren Angebote geprüft und Daten des Unternehmens zur Verfügung gestellt werden müssen.[140] Im Rahmen der sog. **Due-Diligence** werden diese Daten geprüft, um mögliche Risiken z. B. bei Vertragsbeziehungen zu Dritten zu prüfen, und es wird mit ernsthaften Investoren über Details einer Sanierung verhandelt.[141] Es ist notwendig und angemessen, dass der Insolvenzverwalter diese speziellen Tätigkeiten an spezialisierte Dienstleister delegiert.[142]

bb) Kosten der Prozessführung

69 Das Insolvenzverfahren ist oft von zahlreichen Rechtsstreiten geprägt, die der Insolvenzverwalter als Kläger oder Beklagter führt. Unbestritten darf er als Rechtsanwalt im Anwaltsprozess selbst postulieren (§ 78 Abs. 3 ZPO). Die Rechtsanwaltsvergütung für die Prozessführung erhält er neben der Vergütung als Insolvenzverwalter (§ 5 InsVV; siehe eingehend § 2 Rz. 151 ff.). Zu bedenken ist hier, dass eine Prozessführung, insbesondere wenn der Insolvenzverwalter Beklagter ist, notwendig ist und die Kosten auch entstehen würden, wenn ein externer Anwalt beauftragt würde.

---

138) BGH, Beschl. v. 11.10.2007 – IX ZB 234/06, ZIP 2007, 2323 = NZI 2008, 38; *Stoffler* in: KPB, InsO, § 4 InsVV Rz. 70.

139) Eingehend *Deichmann* in: R.-D. Mönning, Betriebsfortführung, § 33.

140) *Deichmann* in: R.-D. Mönning, Betriebsfortführung, § 33 Rz. 94 ff.

141) *Deichmann* in: R.-D. Mönning, Betriebsfortführung, § 29 Rz. 120 ff.

142) *Stoffler* in: KPB, InsO, § 4 InsVV Rz. 123; *Keller* in: HK-InsO, § 4 InsVV Rz. 19; *Keller* in: R.-D. Mönning, Betriebsfortführung, § 46 Rz. 89 ff.; so auch VID, Grundsätze ordnungsmäßiger Insolvenz- und Eigenverwaltung – GOI (1/2022) mit Prüfungsordnung (1/2021), Grundsatz 7, abrufbar unter https://www.vid.de/der-verband/qualitaetsstandards/goi/ (Abrufdatum: 26.1.2026).

Beispiel:

Nimmt der Insolvenzverwalter bspw. Personalanpassungsmaßnahmen vor und entlässt er 100 Mitarbeiter des schuldnerischen Unternehmens, werden diese regelmäßig Kündigungsschutzklage erheben. Der Insolvenzverwalter muss 100 Prozesse führen, die zwar formal denselben Ursprung haben, jeweils aber gesondert begutachtet werden müssen, weil die Begründetheit einer jeden Kündigung im Einzelfall zu prüfen ist.

Es ist deshalb richtig, wenn der Insolvenzverwalter für jeden Kündigungsschutzprozess, der er als Anwalt selbst führt, die anwaltlichen Gebühren nach § 5 InsVV abrechnet, oder eine angemessene Erhöhung der Vergütung nach § 3 Abs. 1 InsVV beantragt.

Der **Insolvenzverwalter** verdient als Anwalt jeweils **gesondert die Anwaltsvergütung** für 70 die Prozessführung. Als Insolvenzverwalter hat er wegen des Umfangs der Verfahren möglicherweise einen Erhöhungstatbestand nach § 3 Abs. 1 InsVV, der durch die Anwaltsvergütung gemindert oder kompensiert sein kann (siehe § 2 Rz. 196 ff.). Es kann aber dem Insolvenzverwalter nicht vorgeworfen werden, er habe bspw. 100 Prozesse mutwillig geführt.

Führt der Insolvenzverwalter **aktiv Prozesse für die Insolvenzmasse**, erfüllt er damit 71 grundsätzlich die ihm obliegende Pflicht zur Verwertung der Insolvenzmasse. Inwieweit in einer Angelegenheit von einer Klage abgesehen werden sollte, etwa wegen Vermögenslosigkeit des Gegners, oder wann der Abschluss eines Vergleichs angezeigt ist, ist Frage des Einzelfalles und unterliegt dem Ermessen des Insolvenzverwalters. Ihm kann nicht ohne weiteres unterstellt werden, er führe Prozesse nur deshalb, um Anwaltsvergütungen hierfür erhalten zu können. Erhebt der Insolvenzverwalter bspw. Klage gegen den Gesellschafter einer GmbH auf Zahlung der Stammeinlage (§ 19 GmbHG) und wird vor dem LG ein Vergleich geschlossen, kann hieraus nicht gefolgert werden, der Vergleich hätte kostengünstiger auch vorprozessual geschlossen werden können.

Mutwilligkeit einer aktiven Prozessführung liegt vor, wenn die Partei schon bei Klage- 72 erhebung sicher sein konnte, dass der geltend gemachte Anspruch nach keiner Anspruchsgrundlage und keiner vertretenen Rechtsmeinung durchsetzbar sein würde oder wenn die Beweislage a priori objektiv aussichtslos ist.[143] Erscheint dem Insolvenzgericht eine Prozessführung des Insolvenzverwalters im Einzelfall mutwillig, hat es mit den Instrumenten der §§ 58, 59 InsO hiergegen vorzugehen.[144] Der Insolvenzverwalter hat dann substantiiert darzulegen, weshalb im Einzelfall eine Prozessführung geboten war. Für eine Mutwilligkeit der Prozessführung müssen konkrete Anhaltspunkte vorliegen. Das Insolvenzgericht darf nicht pauschal unterstellen, eine Prozessführung sei mutwillig, nur weil eine hohe Zahl an Prozessen geführt wurde, diese nicht erfolgreich endeten oder viele Vergleiche geschlossen wurden. Auch kann das Insolvenzgericht nicht die Prozessakten des Insolvenzverwalters anfordern, um eine mögliche Mutwilligkeit zu erforschen. Dies wäre ein zu weiter Eingriff in die Unabhängigkeit des Insolvenzverwalters und seine Entscheidungsfreiheit der Prozessführung.

cc) Kosten der Rechts- und Steuerberatung

Kosten der Rechtsberatung als Masseverbindlichkeiten können sich in der Beauftragung 73 **spezialisierter Rechtsanwälte oder Fachgutachter** zur Klärung einzelner Rechtsfragen ergeben. Hier darf dem Insolvenzverwalter nicht pauschal vorgeworfen werden, er habe jede Rechtsfrage selbstständig zu klären. Es ist sachgerecht und angemessen, wenn zu

143) Im Zusammenhang mit Gewährung von Prozesskostenhilfe Stein/Jonas-*Bork*, ZPO, § 114 Rz. 28 ff.; Zöller-*Geimer*, ZPO, § 114 Rz. 30 ff. je m. w. N.

144) Zur Entlassung *Frege/Keller/Riedel*, Insolvenzrecht, Rz. 819a.

speziellen Rechtsfragen Stellungnahmen Dritter eingeholt werden. Dies ist unter haftungsrechtlichen Gesichtspunkten der sog. Business Judgment Rule sogar geboten. Danach ist der organschaftliche Vertreter eines Unternehmens in bestimmten Fällen verpflichtet, Zweitmeinungen einzuholen.[145] Auch wenn der BGH eine diesbezügliche Anwendung des § 93 Abs. 1 Satz 2 AktG i. R. des § 60 InsO ablehnt,[146] darf es nicht als falsch oder gar pflichtwidrig angesehen werden, wenn der Insolvenzverwalter sachkundige Zweitmeinungen einholt, auch wenn ihn dies nicht von persönlicher Haftung befreien mag. Nota bene ist dies im medizinischen Bereich zur Diagnostik schwieriger Erkrankungen oder zu bestimmten Behandlungsmethoden völlig üblich und unbestritten. Eine Frage des Einzelfalles ist es, wann eine solche spezielle Rechtsfrage vorliegt, zu deren Klärung eine Beauftragung erforderlich und angemessen ist.

Beispiel:

Unangemessen wäre es bspw., wenn der Insolvenzverwalter zur Sichtung und Ordnung von Gewährleistungsbürgschaften eines insolventen Bauunternehmers einen besonderen Dienstleister beauftragt und hierfür ein Honorar zahlt, das der Beauftragung eines Fachanwalts gleichkommt. Angemessen wäre dagegen die Beauftragung eines Bauingenieurs mit der Prüfung möglicher Gewährleistungsansprüche, damit Sicherheitseinbehalte bei Auftraggebern vereinnahmt werden können oder Bürgschaften gekündigt werden können.

74 Kosten der **Steuerberatung** sind Masseverbindlichkeiten nach § 55 Abs. 1 Nr. 1 InsO. Es ist dem Insolvenzverwalter schon aus haftungsrechtlichen Gründen nicht zuzumuten, steuerrechtlich notwendige Erklärungen in jedem Fall selbst zu fertigen. Die Rechtsprechung des BGH zur Insolvenz des Verbrauchers ist dabei auch nicht einheitlich (siehe § 14 Rz. 17 ff.).[147] Für die Kosten eines Insolvenzverfahrens nachteilig ist die Rechtsprechung des BFH, der auch für Veranlagungszeiträume vor der Insolvenz dem Insolvenzverwalter die **Steuererklärungspflicht** auferlegt.[148] Es kann sich hieraus zwar eine Steuererstattung für die Insolvenzmasse ergeben, häufiger werden aber Steuerforderungen festgestellt, die als Insolvenzforderungen zu qualifizieren sind. Nicht selten lassen Insolvenzverwalter die Steuerberatung durch Kanzleien erbringen, an welchen sie selbst gesellschaftsrechtlich beteiligt sind. Unter welchen Voraussetzungen dies zulässig ist und welche vergütungsrechtlichen Folgen es mit Rücksicht auf § 1 Abs. 2 Nr. 4 Satz 2 lit. a InsVV ist, ist streitig (siehe § 2 Rz. 162 ff.).

75 Kritisiert man die Kosten der Rechts- und insbesondere jene der Steuerberatung insgesamt als unangemessen, weil durch sie die Gläubigerbefriedigung beeinträchtigt wird, muss entgegengehalten werden, dass bei ordnungsgemäßer Unternehmensführung vor der Insolvenz diese Kosten auch entstanden wären. Der Insolvenzverwalter ist verpflichtet, „den Laden aufzuräumen". Die Versäumnisse früherer fehlerhafter Unternehmensführung rächen sich dann ebenso, wie mangelnde Prophylaxe bei der Zahnhygiene.

---

145) BGH, Urt. v. 20.9.2011 – II ZR 234/09, ZIP 2011, 2097 = NJW-RR 2011, 1670, dazu EWiR 2011, 793 *(Vetter)*. Für den Insolvenzverwalter *Frege/Berger*, ZIP 2008, 204; *Berger/Frege/Nicht*, NZI 2010, 321; *Frege/Nicht* in: FS Wellensiek, S. 291.

146) BGH, Urt. v. 12.3.2020 – IX ZR 125/17, BGHZ 225, 90 = ZIP 2020, 1080; dazu *Thole*, BB 2020, 1364.

147) BGH, Beschl. v. 22.7.2004 – IX ZB 161/03, BGHZ 160, 176 = ZVI 2004, 606, dazu EWiR 2004, 1037 *(Schäferhoff)*; BGH, Beschl. v. 14.11.2013 – IX ZB 161/11, ZIP 2013, 2413 = NZI 2014, 21 m. Anm. *Schmittmann*, dazu EWiR 2014, 87 *(Ries)*.

148) BFH, Urt. v. 10.10.1951 – IV 144/51 U, BFHE 55, 522; so bereits RFH, Urt. v. 11.2.1927 – V A 941/26, RFHE 20, 237; BFH, Urt. v. 23.8.1994 – VII R 143/92, BFHE 175, 309 = ZIP 1994, 1969, dazu EWiR 1995, 165 *(Braun)*.

dd) Gerichtskosten

Die gerichtlichen Kosten des Verfahrens (§ 54 Nr. 1 InsO) schlagen im Vergleich zu den sonstigen Masseverbindlichkeiten eher marginal zu Buche (siehe eingehend § 16 Rz. 5 ff.). Die **gerichtlichen Gebühren** sind als **Wertgebühren** auf einen **Gegenstandswert bis 30 Mio. €** begrenzt (§ 39 Abs. 2 GKG; siehe eingehend § 16 Rz. 13 ff.).[149] Zu den gerichtlichen Auslagen (Nr. 9005 GKG KV) gehören die Kosten der gerichtlichen Beauftragung von Sachverständigen (siehe § 17 Rz. 3 ff.). Einen unrichtigen Kostenansatz kann der Insolvenzverwalter mit der Erinnerung nach § 66 GKG anfechten. 76

ee) Anwaltsvergütung eines Verfahrensbeteiligten

Die Kosten der Vertretung eines Beteiligten, insbesondere eines Gläubigers, im Insolvenzverfahren können nur als nachrangige Forderungen nach § 39 Abs. 1 Nr. 2 InsO geltend gemacht werden. 77

c) Der Kostenaufwand für Beratung im Vorfeld einer Insolvenz

Spätestens seit Inkrafttreten des Gesetzes zur weiteren Erleichterung der Sanierung von Unternehmen (ESUG) am 1.3.2012[150] findet die sog. **vorinsolvenzliche Beratung** große Beachtung. Gesetzlich erwähnt ist i. R. des sog. Schutzschirmverfahrens hierbei allein die Person desjenigen, der die Sanierungsfähigkeit eines schuldnerischen Unternehmens zu bescheinigen hat (§ 270d Abs. 1 InsO). Gesetzliche Vorgaben an die Qualifikation dieser Person bestehen nicht.[151] Ein weiterer Aspekt vorinsolvenzlicher Beratung ergibt sich für die Vorbereitung eines Insolvenzantrags nicht nur im Zusammenhang mit vorläufiger Eigenverwaltung und dem sog. Schutzschirmverfahren, sondern auch bereits hinsichtlich der Auswahl und Benennung geeigneter Mitglieder für einen Gläubigerausschuss im Eröffnungsverfahren (§ 22a InsO) und die Auswahl des Insolvenzverwalters (§ 56a InsO). Auch das außergerichtliche Verfahren nach dem StaRUG[152] sowie die gerichtlichen Restrukturierungsverfahren nach §§ 29 ff. StaRUG erfordern sachkundige Begleitung des Schuldners und Vorbereitung.[153] 78

Vergütungsrechtlich ist die **Beratung im Vorfeld einer Insolvenz** – natürlich auch zu deren Vermeidung – ein komplett nicht geregelter Markt. Zwischen dem Schuldner und dem jeweiligen Berater bzw. spezialisierten Kanzleien und Gesellschaften besteht jeweils ein Geschäftsbesorgungsvertrag i. S. des § 675 BGB, bei welchem für die **Vergütung keine gesetzliche Regelung** existiert. Insbesondere ist das RVG nicht anwendbar, da es sich nicht um eine genuin anwaltliche Beratung handelt. Üblich ist es, die vorinsolvenzliche Beratung mit **Stundensätzen oder Tagessätzen** zu vergüten, wobei die Höhe des jeweiligen Satzes abhängig von der Qualifikation und Reputation des Beraters sowie auch von Gegenstand und Umfang des schuldnerischen Unternehmens sowie von Haftungsrisiken 79

149) OLG Frankfurt/M., Beschl. v. 15.4.2014 – 18 W 45/14, ZInsO 2014, 1869; OLG Frankfurt/M., Beschl. v. 17.4.2014 – 18 W 28/14, ZIP 2014, 1238.

150) Gesetz zur weiteren Erleichterung der Sanierung von Unternehmen – ESUG, v. 7.12.2011, BGBl. I 2011, 2582; Begr. RegE ESUG, BT-Drucks. 17/5712; Beschlussempfehlung und Bericht d. RA z. RegE ESUG, BT-Drucks. 17/7511.

151) Eingehend *Fiebig* in: HambKomm-InsO, § 270d Rz. 19 ff.; K. Schmidt-*Undritz*, InsO, § 270d Rz. 7; *Koch/Jung* in: Kübler/Bork/Prütting, HRI II, § 8 Rz. 49 ff.

152) Gesetz über den Stabilisierungs- und Restrukturierungsrahmen für Unternehmen – Unternehmensstabilisierungs- und -restrukturierungsgesetz (StaRUG) = Art. 1 des Gesetzes zur Fortentwicklung des Sanierungs- und Insolvenzrechts – SanInsFoG, v. 22.12.2020, BGBl. I 2020, 3256.

153) Allgemein Begr. RegE SanInsFoG, BT-Drucks. 19/24181, S. 91 ff.

des konkreten Falles sein kann.[154] Bezieht sich die Beratung auf ein konkretes Rechtsgeschäft, bspw. der Vermittlung eines umfangreichen Sanierungskredits, kann auch eine **prozentuale Vergütung als Erfolgshonorar** üblich sein.

80 Nach Eröffnung eines Insolvenzverfahrens zeigt sich nicht selten, dass im Vorfeld der Insolvenz gezahlte Vergütungen einen enormen Umfang haben. Für das Verfahren der Eigenverwaltung regeln die § 270a Abs. 1 Nr. 1 und 5, § 270b Abs. 2 InsO, dass dieses Verfahren im Vergleich zu einem Regelinsolvenzverfahren keine höheren Kosten verursachen solle.[155] Allerdings lassen die Vorschriften auch Ausnahmen zu. Es ist insoweit bemerkenswert, dass in der öffentlichen Debatte bei Insolvenzverfahren die Höhe der Vergütung des Insolvenzverwalters kritisiert wird, die **Höhe von Beraterhonoraren für Sanierungsberatung**, die i. R. einer Insolvenz gezahlt werden, aber nicht infrage gestellt wird.[156] Dies auch dann nicht, wenn sich die Beratung wegen fehlgeschlagener Sanierung am Ende als nicht erfolgreich erweist. Die Rückforderung solcher Honorare seitens des Insolvenzverwalters, insbesondere im Wege der Insolvenzanfechtung, stellt hierbei eine besondere Herausforderung dar.[157]

81 Die Frage der Angemessenheit einer Vergütung stellt sich bei vorläufiger Eigenverwaltung und Schutzschirmverfahren, bei welchen vor der Antragstellung die vertretungsberechtigten Organe des schuldnerischen Unternehmens ausgetauscht werden und ein sog. **„Sanierungsgeschäftsführer"** handelt, oder ihnen wenigstens ein sog. **„Generalbevollmächtigter"** an die Seite gestellt wird.[158] Die Vergütung des dann amtierenden Sanierungsgeschäftsführers oder Generalbevollmächtigten wird zivilrechtlich zwischen dem Unternehmen oder den Gesellschaftern und diesen Personen vereinbart. Sie gehört nicht zu den Kosten des Insolvenzverfahrens nach § 54 Nr. 2 InsO (siehe dazu § 8 Rz. 2 ff.).[159] Ob die Vergütung eines Generalbevollmächtigten oder eines Sanierungsgeschäftsführers aus dem Vermögen des Unternehmens und damit aus der Insolvenzmasse gezahlt wird oder ob sie von den Gesellschaftern des Unternehmens erbracht wird, ist eine Frage der konkreten Vertragsgestaltung.[160] Soll sie aus dem Vermögen des Unternehmens gezahlt werden, sollte im vorläufigen Eigenverwaltungsverfahren oder im Schutzschirmverfahren die Zustimmung des vorläufigen Gläubigerausschusses sowie des vorläufigen Sachwalters mit Ermächtigung des Insolvenzgerichts eingeholt werden.

154) Eingehend auch *Rendels/Zabel*, INDat-Report 2/2016, S. 52; ähnlich zur Vergütung des Sachverständigen bei Privatgutachten Bayerlein/Bleutge/Roeßner-*Roeßner*, Praxishandbuch Sachverständigenrecht, § 42 Rz. 3 ff.

155) Begr. RegE SanInsFoG, BT-Drucks. 19/24181, S. 205.

156) Hierzu lesenswert *Hammes*, NZI 2017, 233.

157) Dazu BGH, Urt. v. 13.4.2006 – IX ZR 158/05, BGHZ 167, 190 = ZIP 2006, 1261, dazu EWiR 2007, 117 *(Pape)*; BGH, Urt. v. 6.12.2007 – IX ZR 113/06, ZIP 2008, 232 = NZI 2008, 173, dazu EWIR 2008, 409 *(Freudenberg)*; K. Schmidt-*Ganter/Weinland*, InsO, § 142 Rz. 41, 44, 64; *Thole* in: HK-InsO, § 133 Rz. 32; § 142 Rz. 7; *Ganter*, ZIP 2012, 2041; zur Anfechtung fehlgeschlagener Beraterleistung LG Frankfurt/M., Urt. v. 7.5.2015 – 2-32 O 102/13, ZIP 2015, 1358, dazu EWiR 2015, 455 *(Fölsing)*; dazu *Ganter*, ZIP 2015, 1414; *Thole*, ZIP 2015, 2145; ferner *Ganter*, WM 2009, 1441; *Ganter*, WM 2014, 49; *Rendels/Zabel*, INDat-Report 2/2016, S. 52; zur Anfechtbarkeit der Vergütung des vorläufigen Insolvenzverwalters aus einem früheren Eröffnungsverfahren BGH, Urt. v. 15.12.2011 – IX ZR 118/11, ZIP 2012, 333 = NZI 2012, 135 dazu EWiR 2012, 247 *(Budnik)*; *Graeber/Graeber*, NZI 2012, 129.

158) Uhlenbruck-*Deppenkemper*, InsO, § 270 Rz. 16 ff.; *Brünkmans* in: HK-InsO, Vor §§ 270 ff. Rz. 19, 26 ff.; K. Schmidt-*Undritz*, InsO, Vor §§ 270–285 Rz. 5; *Görg* in: FS Uhlenbruck, S. 117.

159) So aber mit nicht haltbarer Begründung AG Hamburg, Beschl. v. 7.5.2019 – 67g IN 118/19, ZIP 2019, 978 = NZI 2019, 683 m. Anm. *Budnik*, dazu EWiR 2019, 439 *(Harig)*; eingehend dagegen auch *Frind*, ZIP 2019, 1945, 1949.

160) Dazu *Wischemeyer* in: HK-InsVV. § 12 Rz. 37 ff.

Die Vergütung kann inhaltlich gestaltet sein als eine Vergütung nach Stunden- oder Tagessätzen. Es kann auch eine **Vergütungsbestimmung in Anlehnung an die insolvenzrechtliche Vergütung** erfolgen.[161] Die Vergütung kann bspw. dergestalt vereinbart werden, dass sie in der Differenz zwischen der Vergütung des Sachwalters und der fiktiven Vergütung eines vorläufigen und eines endgültigen Insolvenzverwalters besteht. Damit wird für den Schuldner sichergestellt, dass die Gesamtkosten nicht höher liegen als bei einem Regelinsolvenzverfahren. 82

4. Die Vergütung im Insolvenzverfahren in der öffentlichen Wahrnehmung

Die Vergütung des Insolvenzverwalters ist in wiederkehrenden Abständen immer wieder **Gegenstand öffentlicher Berichterstattung und Kritik.**[162] Gerade in gesamtwirtschaftlich unruhigen Zeiten wird in den Medien über angeblich sehr hohe Vergütungen von Insolvenzverwaltern in ausgewählten Insolvenzverfahren berichtet. Die **Berichterstattung ist stets verkürzend und plakativ gehalten.** Es wird bspw. nicht differenziert zwischen Nettovergütung und Umsatzsteuer und auch nicht bedacht, dass die Vergütung des Insolvenzverwalters kein privates Einkommen darstellt, sondern Umsatz i. R. seiner beruflichen Tätigkeit. In besonders reißerischer Manier wird die Berichterstattung auch von „Insolvenzexperten“ begleitet, die zumeist ungetrübt von der notwendigen Sachverhaltskenntnis angeblich unangemessen hohe Vergütungen schelten. 83

Beispiele:

In den Jahren 2012 und 2013 wurde in verschiedenen Tageszeitungen und Wirtschaftszeitschriften über die Vergütung des Insolvenzverwalters in einem Insolvenzverfahren über die deutsche Tochtergesellschaft einer internationalen Investmentbank berichtet. Es wurde getitelt: „Insolvenzverwalter bekommt gigantischen Lohn“. Weiter wurde berichtet, der Insolvenzverwalter habe Honorarvorschüsse „im zweistelligen Millionenbereich eingestrichen“.[163] *Bei dieser Berichterstattung wurde auch die Höhe der Insolvenzmasse genannt sowie der angebliche Vergütungsbetrag. Im weiteren wurde zumeist undifferenziert die Vergütungshöhe gerügt, ohne zu berücksichtigen, dass der genannte Betrag als Bruttobetrag 19 % Umsatzsteuer enthielt oder es sich um einen Vergütungsvorschuss i. H. der Regelvergütung des § 2 InsVV handelte, was mit einem Blick in die Vorschrift ohne Mühe hätte festgestellt werden können.*[164]

Ein moderates Beispiel bot die Zeitschrift „Wirtschaftswoche“, die in der Ausgabe vom 7.11.2010 über die Vergütung des Insolvenzverwalters im Verfahren einer Warenhauskette und eines Versandhandelsunternehmens berichtete. Es wurde berichtet, der Insolvenzverwalter habe allein für das Verfahren der Konzernholding eine Vergütung von 32 309 987,50 € einschließlich Umsatzsteuer bei einer Insolvenzmasse von 980 Mio. EUR erhalten. Netto betrug die Vergütung 27 151 250 €. Die Regelvergütung des § 2 Abs. 1 InsVV bei der angegebenen Höhe der Insolvenzmasse beträgt 5 427 750 €. Der Insolvenzverwalter hatte demnach Erhöhungen der Regelvergütung im Umfang von ca. 400 % erhalten. Dies ist kein zu hoher, eher ein bescheidener Erhöhungsfaktor bei der Insolvenz eines großen Handelskonzerns.

Im Insolvenzverfahren einer Fluggesellschaft, das Ende 2018 als sog. Schutzschirmverfahren beantragt und eröffnet wurde und im Frühjahr 2019 in ein Regelinsolvenzverfahren überführt

161) Eingehend *Frind*, ZIP 2019, 1945, 1948.

162) Kritisch auch *Menn/Lissner*, ZInsO 2016, 1618; dagegen *Henkel*, ZInsO 2016, 2330; dazu auch *Winkler*, Angemessen der Vergütung des Insolvenzverwalters, S. 343 ff.

163) Bild-Zeitung v. 23.11.2012; Süddeutsche Zeitung v. 30.11.2012; Handelsblatt v. 10.4.2013; Bild-Zeitung v. 8.9.2013.

164) Sachlich allein Frankfurter Allgemeine Zeitung v. 22.11.2012 („Hedgefonds-Manager bedrängen Insolvenzverwalter“).

wurde, beantragte der ehemals vorläufige Sachwalter und spätere Insolvenzverwalter die Festsetzung der Sachwaltervergütung unter Berücksichtigung der Gläubigerzahl als Mindestvergütung nach § 2 Abs. 2 InsVV. Unabhängig von der Rechtsfrage, nach welchen Regelungen die Vergütung zu bestimmen ist, wurde in Tageszeitungen und Wirtschaftszeitschriften die Vergütung pauschal als zu hoch und unangemessen angeprangert.

84 Die **allgemeine Berichterstattung** bedient durch ihre **Undifferenziertheit, teilweise** durch **mangelnde Rechtskenntnis,** in den meisten Fällen mindestens durch **mangelnde Sachverhaltskenntnis,** den allgemeinen Neidreflex sowohl in der Bevölkerung als auch bei Mitbewerbern des betreffenden Insolvenzverwalters. Sie wird getrieben von der Magie der großen Summe und ist umso einfacher, je weniger sie auf Detailkenntnis beruht. Allgemeine und undifferenzierte Berichterstattung darf aber **keinesfalls als Maßstab einer Vergütungsbestimmung** des Einzelfalles dienen. Die Vergütung des Insolvenzverwalters für das konkrete Insolvenzverfahren hat sich an den Kennzahlen dieses Verfahrens und an seinen Besonderheiten zu orientieren und darf nicht von allgemeinen Erwägungen und Erwartungen abhängig gemacht werden, erst recht nicht von Erwartungen einer angeblichen öffentlichen Meinung.[165)] Eine solche Entscheidungsfindung wäre mit § 63 InsO und §§ 1 ff. InsVV nicht vereinbar und willkürlich. Eine Vergütungsbestimmung mit Rücksicht auf solche allgemeinen und nicht einzelfallbezogenen Erwägungen verletzt die gesetzlich garantierte Unabhängigkeit des Insolvenzverwalters, aber insbesondere auch die des Insolvenzgerichts, das scheinbar nicht mehr an Recht und Gesetz gebunden ist, sondern aus Angst vor öffentlicher Berichterstattung entscheidet.

85 So wird auch vereinzelt gefordert, die Vergütungsfestsetzung des Insolvenzverwalters – erstaunlicherweise auch nur in großen Insolvenzverfahren – **vollständig zu veröffentlichen und Compliance-Regeln zu unterwerfen,** weil ein öffentliches Interesse an der Höhe einer Vergütung bestehe. Unabhängig davon, dass § 64 Abs. 2 InsO eine Veröffentlichung ohnehin vorsieht (siehe dazu § 15 Rz. 53 ff.), ist das nicht zutreffend. Ein öffentliches Interesse besteht nicht allein deshalb, weil eine Vergütung im Einzelfall sehr hoch sein kann. Zwar kann die Frage der Gesamtkosten eines Insolvenzverfahrens im öffentlichen Interesse liegen und es kann diskutiert werden, wie man ein Insolvenzverfahren kostengünstiger gestalten kann, um die Befriedigungsquote der Gläubiger zu erhöhen. Das ist aber keine Frage der individuellen Höhe einer Vergütung, die nach den geltenden Regelungen der InsVV festgesetzt wird. Die **Verwaltervergütung ist** hier auch **nicht vergleichbar mit Vergütung von Vorstands- oder Aufsichtsratsmitgliedern** einer großen Aktiengesellschaft. Diese werden entlohnt für ihre mehr oder weniger erfolgreiche Tätigkeit der laufenden Unternehmensführung. Der wirtschaftliche Erfolg der Unternehmensführung liegt im Interesse der Aktionäre und des Börsen- und Wertpapiermarktes. Die Tätigkeit des Insolvenzverwalters erfolgt aber unter völlig anderen Vorzeichen. Selbst wenn man mit dem Aspekt der Sanierung im Insolvenzverfahren die Fortführung des Unternehmens als Ziel seiner Tätigkeit annimmt, steht doch die Gläubigerbefriedigung im Vordergrund. Ein besonderes öffentliches Interesse, insbesondere des Börsenhandels besteht nicht. Das kann im Einzelfall dann gegeben sein, wenn das Unternehmen saniert und gestärkt aus dem Insolvenzverfahren hervorgeht. Warum soll dann aber die Vergütung des Insolvenzverwalters für seine erfolgreiche Tätigkeit öffentlich an den Pranger gestellt werden?

---

165) Bereits in der Operette *„Orpheus in der Unterwelt"* von *Hector Crémiuex* und *Ludovic Halévy* mit der großartigen Musik von *Jacques Offenbach* (1819–1880), die 1858 uraufgeführt und mehrfach überarbeitet wurde, erscheint die Figur der „öffentlichen Meinung", die sich manieriert empört äußert über das lasterhafte Leben der Götter und Sittsamkeit einfordert. Die Librettisten und der Komponist schufen damit schon zu ihrer Zeit eine Persiflage auf die Moralvorstellungen des 19. Jahrhunderts und einen undifferenzierten Moralbegriff.

Die **öffentliche Berichterstattung** über vermeintlich unangemessen hohe Vergütungen **berücksichtigt** schließlich **nicht**, dass die **Vergütung des Insolvenzverwalters**, anders als die Vergütung des bspw. noch öfter gescholtenen Vorstandsmitglieds einer Bank oder eines großen Dax-Unternehmens oder des seltsamerweise weniger oft gescholtenen Fußballstars, **nicht sein privates Einkommen** darstellt, von welchem er allenfalls Einkommensteuer zu entrichten hat. Die Vergütung des Insolvenzverwalters kommt wegen der Höchstpersönlichkeit des Amtes formal zwar ihm selbst zu, sie hat aber als Einnahme und Umsatz innerhalb des Verwalterbüros sämtliche Kosten desselben zu decken und dieses zu finanzieren. Ferner deckt sie in ihrer Gesamtheit die Tätigkeit des Insolvenzverwalters für das gesamte, regelmäßig über mehrere Jahre laufende Verfahren ab (siehe eingehend § 2 Rz. 108). 86

II. Die Geschichte des Vergütungsrechts

1. Die Vergütung in Anwendung allein des § 85 KO

Das frühere Konkursrecht kannte zur Vergütung des Konkursverwalters nur die Norm des § 85 KO, wonach der Konkursverwalter Anspruch auf Erstattung angemessener barer Auslagen und Vergütung für seine Geschäftsführung hatte.[166] Die fast wortgleiche Regelung enthält § 63 Abs. 1 Satz 1 InsO. 87

Die frühe konkursrechtliche Literatur zu § 85 KO lehnte gesetzliche oder verordnungsrechtliche Regelungen zur Bemessung einer Vergütung des Konkursverwalters mit der Begründung ab, **reichsgesetzliche oder verordnungsrechtliche Regelungen widersprächen** dem **Erfordernis individueller Vergütungsgewährung** im Einzelfall unter Berücksichtigung der örtlichen Besonderheiten. So stellen die Kommentatoren der 6. Auflage des *Wilmowski* aus dem Jahre 1906 die Vergütungsgewährung ganz in das freie Ermessen des Gerichts.[167] In gleicher Weise führt *Ernst Jaeger* in der 6. Auflage seines Kommentars zur KO aus:[168] 88

> „Die Aufstellung eines einheitlichen Gebührentarifs für das gesamte Reich ist mit guten Gründen abgelehnt worden. Umfang und Schwierigkeiten der Verwaltungsaufgaben gestalten sich ganz verschieden je nach der Art und Größe der Konkurse wie auch nach den örtlichen Verhältnissen (Gegensatz zwischen Stadt und Land, zwischen Großstadt und Kleinstadt). Es geht daher nicht an, das Verwalterhonorar schlechthin nach Prozentsätzen der Teilungsmasse zu bestimmen. Vielmehr muß in jedem Einzelfalle die Vergütung mit Rücksicht auf den äußeren Umfang (Zeitaufwand) und die Schwierigkeit der Geschäftsführung besonders bemessen werden. Auch die Ersprießlichkeit fällt ins Gewicht, wiewohl die Arbeit, nicht der Erfolg zu entlohnen ist."

In Ausführung der Ermächtigung des § 85 Abs. 2 KO hatten zunächst allein die Länder Württemberg und Baden entsprechende Vergütungsvorschriften erlassen. Im Übrigen Gebiet des Deutschen Reichs gaben lediglich einzelne Gerichte für ihre Bezirke Richtlinien für die Vergütungsbemessung heraus,[169] die zwar nicht bindend, aber allgemein anerkannt waren.[170] Die **Richtlinien des AG Berlin-Mitte** bestimmten eine **Vergütung entsprechend der Höhe der Teilungsmasse** in Form eines **degressiv steigenden Prozentsatzes.** Bei einer Teilungsmasse von 865 000 Mark sollten 9 950 Mark als Vergütung festgesetzt werden.[171] 89

---

166) *v. Wilmowski*, KO, § 85 Anm. 2; *Jaeger*, KO, § 85 Anm. 1; *Kuhn/Uhlenbruck*, KO, § 85 Rz. 4c; *Kilger/K. Schmidt*, KO, § 85 Anm. 1 a.; allgemein zur Rechtsgeschichte auch *Graeber*, NZI 2013, 574.

167) *v. Wilmowski*, KO, § 85 Anm. 2.

168) *Jaeger*, KO, § 85 Anm. 2.

169) So die Gerichte Berlin-Mitte, Hamburg, Leipzig und München, dazu *Jaeger*, KO, § 85 Anm. 2 m. w. N.

170) *Jaeger*, KO, § 85 Anm. 2 m. w. N., sowie Begr. z. VergVO v. 25.5.1960, BAnz. 1960 Nr. 127 v. 6.7.1960, Abschn. II.

171) *Jaeger*, KO, 5. Aufl. 1914, § 85 Anm. 2.

Erst die Ausführungsverordnung des Reichsjustizministeriums vom 22.2.1936[172] stellte für ganz Deutschland einheitliche Regelungen zur Vergütungsfestsetzung auf. Die Verordnung von 1936 hatte auch nach Inkrafttreten des Grundgesetzes der Bundesrepublik Deutschland bis zum Erlass der VergVO vom 25.5.1960 Gültigkeit.[173]

2. Die Verordnung über die Vergütung des Konkursverwalters, des Vergleichsverwalters, der Mitglieder des Gläubigerausschusses und der Mitglieder des Gläubigerbeirates (VergVO) vom 25.5.1960

a) Allgemeiner Regelungsgehalt

90 Die VergVO[174] wurde in Ausübung der Ermächtigung des § 85 Abs. 2 KO vom BMJ erlassen und ist am 1.10.1960 in Kraft getreten.[175] Sie war **seit ihrem Inkrafttreten heftig umstritten**; es mangelte auch nicht an Lösungsvorschlägen zu einzelnen Fragen und an Verbesserungsvorschlägen im Ganzen.[176] Als nachhaltigstes Problem hat sich im Laufe ihrer Geltung die fehlende Anpassung der Vergütungssätze des § 3 VergVO an die gestiegenen Lebenshaltungskosten herausgestellt, was schließlich auch die Frage der Verfassungsmäßigkeit der Verordnung aufwarf (siehe Rz. 139 ff.).[177]

b) Anwendungsprobleme der VergVO

91 Die VergVO zeigte schon bald nach ihrem Inkrafttreten konzeptionelle Schwächen, die sich im Laufe ihrer Geltung noch verstärkten. Die Schwächen waren jedoch im Wesentlichen Folgen des in diesen Punkten ebenso mangelhaften Konkursrechts selbst.

92 So regelte sie nicht die Vergütung des nach § 106 KO oder § 2 Abs. 3 GesO im **Eröffnungsverfahren bestellten Sequesters**. Die hier allgemein anerkannten Grundsätze von der Vergütung des Sequesters als dem Prozentsatz einer fiktiven Verwaltervergütung aus dem vom Sequester verwalteten Vermögen haben sich allein aus Rechtsprechung und Literatur entwickelt.[178]

93 Ebenso wenig waren die **Vergütung** des Verwalters **im massearmen Verfahren** und die Rangfolge des Vergütungsanspruchs für den Zeitraum nach Feststellung und Anzeige einer Masseunzulänglichkeit geregelt. Da aber schon § 60 KO die Befriedigungsreihenfolge der Massekosten und Masseschulden bei Masselosigkeit oder Masseunzulänglichkeit nur un-

---

172) Richtlinien für die Vergütung des Konkurs- und Vergleichsverwalters und der Mitglieder des Gläubigerausschusses und Gläubigerbeirats (Ausführungsverordnung des Reichsjustizministeriums, v. 22.2.1936, abgedr. in: Deutsche Justiz 1936, S. 311).

173) Nach der Begr. z. Entwurf einer VergVO (Abschn. II) sprachen keine Gründe gegen eine Fortgeltung nach Inkrafttreten des GG; abgedr. unten Anh. VIII, S. 745 ff.

174) Verordnung über die Vergütung des Konkursverwalters, des Vergleichsverwalters, der Mitglieder des Gläubigerausschusses und der Mitglieder des Gläubigerbeirates – VergVO, v. 25.5.1960, BGBl. I 1960, 329, abgedr. unten Anh. VII, S. 739 ff.; dazu grundlegend *Böhle-Stamschräder*, KTS 1960, 108; noch vor Inkrafttreten der VergVO *Skrotzki*, KTS 1957, 152.

175) Zum Übergang der Verordnungsermächtigung auf das BMJ BVerfG, Beschl. v. 9.2.1989 – 1 BvR 1165/87, ZIP 1989, 382 m. Anm. *Eickmann* = KTS 1989, 357, dazu EWiR 1989, 391 *(Onusseit)*; LG Berlin, Beschl. v. 24.8.1988 – 81 T 269/88, ZIP 1988, 1204.

176) Dazu zusammenfassend *Eickmann* in: Kölner Schrift zur InsO, S. 359, 360 ff.; Leonhardt/Smid/Zeuner-*Amberger*, InsVV, Einl. Rz. 3 ff.; ferner zu vielerlei Einzelfragen *Mohrbutter*, KTS 1971, 25; *H. Schmidt*, KTS 1970, 147; *H. Schmidt*, KTS 1974, 197; *H. Schmidt*, KTS 1981, 65; *H. Schmidt*, KTS 1982, 591; *Uhlenbruck*, KTS 1967, 201.

177) So LG Frankfurt/M., Beschl. v. 11.2.1987 – 2/9 T 1102/86, NJW 1987, 2024 = Rpfleger 1987, 327, dazu EWiR 1987, 385 *(Eickmann)*; LG Berlin, Beschl. v. 24.8.1988 – 81 T 269/88, ZIP 1988, 1204; ausführlich *Eickmann*, ZIP 1988, 1242; *Eickmann*, VergVO, § 3 Rz. 17 ff.; *Kilger/K. Schmidt*, KO, § 85 Anm. 1 a.

178) Dazu ausführlich *Eickmann*, VergVO, Anh. A m. w. N.; *Eickmann*, ZIP 1982, 21; *Pape*, WPrax 10/1994, S. 7; *Eickmann*, ZAP-Ost 1996, 749; *Uhlenbruck*, ZIP 1996, 1889.

zureichend regelte, musste auch die Vergütungsfrage als Folgeproblem angesehen und gelöst werden.[179] Zunächst sollte nach der Rechtsprechung des BGH die Verwaltervergütung ohne Vorrang gegenüber den übrigen Masseschulden berücksichtigt werden.[180] Dies wurde in der Praxis weitgehend abgelehnt und wurde auch vom BGH wieder aufgegeben.[181]

Die **mangelnde Einbeziehung der mit Absonderungsrechten** behafteten Gegenstände in die Teilungsmasse nach § 2 Nr. 1 VergVO wurde bei besonders hoher Zahl von Absonderungsrechten und dem damit für den Verwalter verbundenen Aufwand allgemein durch Berücksichtigung von Erhöhungsfaktoren nach § 4 VergVO kompensiert. Dabei waren auch die allgemeinen Kriterien für die Gewährung von Erhöhungsfaktoren der Regelvergütung umstritten und wurden unterschiedlich angewendet.[182] 94

Die Rechtspraxis konnte diese zahlreichen Probleme rechtsschöpfend lösen durch Entwicklung eigener Vergütungsgrundsätze, z. B. für die Vergütung des Sequesters oder die Anwendung der Erhöhungsfaktoren des § 4 VergVO im Einzelfall. Die Nichtanhebung der Regelvergütung des § 3 VergVO seit 1970 wurde dabei durch die generelle Gewährung des vierfachen Regelsatzes kompensiert.[183] 95

Insgesamt hatte sich im Vergütungsrecht eine Fülle an Rechtsprechung und Literatur herausgebildet, die zu zahlreichen Einzelproblemen teilweise klärend und für die Praxis hilfreich war, teilweise aber auch contra legem den Boden des Verordnungstextes verlassen zu haben schien.[184] Diesen Eindruck erweckten bspw. Ansichten, welche die Regelung des § 4 Abs. 5 Satz 2 VergVO zum halben Umsatzsteuerausgleich des Verwalters für unanwendbar erklärten, da sie mit vermeintlich höherrangigem Steuerrecht nicht vereinbar sei (siehe unten § 14 Rz. 63 ff.).[185] Auch die nicht lediglich vereinzelt vertretene[186] Einstandspflicht des Fiskus für die Vergütung des Sequesters oder vorläufigen Insolvenzverwalters fand in den Vorschriften des Vergütungsrechts keine Grundlage. 96

Mit der Ansicht, dic **Vergütung der Mitglieder des Gläubigerausschusses** könne auch als Vomhundertsatz der Vergütung des Verwalters bestimmt werden (siehe eingehend § 13 Rz. 42 ff.),[187] wurde letztlich der Wortlaut des § 13 VergVO unberücksichtigt gelassen. 97

179) Ausführlich zu den verschiedenen Lösungsmodellen *Eickmann*, VergVO, Vor § 1 Rz. 72 ff., § 1 Rz. 20 ff.; *Kuhn/Uhlenbruck*, KO, § 85 Rz. 20a ff.; *Pape*, ZIP 1986, 756; *Pape*, NJW 1992, 1348.

180) BGH, Urt. v. 15.2.1984 – VIII ZR 213/82, BGHZ 90, 145 = ZIP 1984, 612.

181) BGH, Urt. 5.12.1991 – IX ZR 275/90, BGHZ 116, 233 = ZIP 1992, 120, dazu EWiR 1992, 173 *(Uhlenbruck)*; allgemein dazu *Kilger/K. Schmidt*, KO, § 60 Anm. 4 a m. w. N.

182) Dazu ausführlich *Eickmann*, VergVO, § 4 Rz. 7, 15; zu den einzelnen Problemen auch *Eickmann* in: Kölner Schrift zur InsO, S. 359.

183) *Eickmann*, VergVO, § 4 Rz. 4; ausdrücklich gebilligt von BVerfG, Beschl. v. 9.2.1989 – 1 BvR 1165/87, ZIP 1989, 382 m. Anm. *Eickmann* = KTS 1989, 357, dazu EWiR 1989, 391 *(Onusseit)*.

184) Zu Willkür bei Vergütungsentscheidungen sehr lesenswert *Eickmann* in: Prütting, Insolvenzrecht 1996, S. 257 ff.; auch Blersch/Goetsch/Haas-*Blersch*, InsO, Vorb. InsVV, Rz. 4.

185) OLG Frankfurt/M., Urt. v. 29.4.1992 – 21 U 188/90, ZIP 1992, 1564, dazu EWiR 1993, 165 *(Eickmann)*; LG Magdeburg, Beschl. v. 24.4.1996 – 3 T 251/96, ZIP 1996, 927 = KTS 1996, 386; LG Flensburg, Beschl. v. 18.8.1999 – 5 T 71/99, Rpfleger 1999, 563; AG Deggendorf, Beschl. v. 19.10.1999 – N 17/98, ZInsO 1999, 659.

186) LG Wuppertal, Beschl. v. 24.1.1984 – 6 T 960/83, ZIP 1984, 734; LG Kassel, Beschl. v. 26.11.1984 – 6 T 355/84, ZIP 1985, 176; LG Frankfurt/M., Beschl. v. 3.12.1985 – 2/9 T 1225/85 u. a., Rpfleger 1986, 496; LG Frankfurt/O., Beschl. v. 30.1.1995 – 16 T 444/94, ZIP 1995, 485, dazu EWiR 1995, 363 *(Haarmeyer)*; LG Münster, Beschl. v. 23.7.1999 – 5 T 251/99, DZWIR 1999, 423; *Eickmann*, VergVO, Anh. A Rz. 25; *Prasser/Stoffler* in: KPB, InsO, Vor § 1 InsVV Rz. 57 ff.; *Kilger/K. Schmidt*, KO, § 106 Anm. 4 e.

187) AG Elmshorn, Beschl. v. 25.6.1982 – 6 N 7/81, ZIP 1982, 981; AG Stuttgart, Beschl. v. 19.12.1985 – 6 (S) N 698/82, ZIP 1986, 659, dazu EWiR 1986, 401 *(Eickmann)*; AG Mannheim, Beschl. v. 6.2.1985 – N 187/84, ZIP 1985, 301, dazu EWiR 1985, 207 *(Eickmann)*; AG Karlsruhe, Beschl. v. 16.12.1986 – N 48/86, ZIP 1987, 124, dazu EWiR 1987, 387 *(Eickmann)*; AG Ansbach, Beschl. v. 12.12.1989 – N 36/88, ZIP 1990, 249, dazu EWiR 1990, 81 *(Eickmann)*; *Eickmann*, VergVO, § 13 Rz. 5 ff.

c) Die Fortgeltung für die Zeit nach dem 1.1.1999

98 Nach der allgemeinen verfahrensrechtlichen Überleitungsregelung des Art. 103 EGInsO findet das frühere Verfahrensrecht Anwendung auf Konkurs- oder Gesamtvollstreckungsverfahren, deren Eröffnung vor Ablauf des 31.12.1998 beantragt worden ist.[188] Für die **Vergütung des Konkurs- oder Gesamtvollstreckungsverwalters** in diesen Verfahren findet auch weiterhin die VergVO vom 25.5.1960 Anwendung;[189] dies regelte ausdrücklich § 19 InsVV in dem bis 7.10.2004 geltenden Wortlaut. Die Vergütung des Konkursverwalters oder des Gesamtvollstreckungsverwalters ist nach der VergVO vom 25.5.1960 in D-Mark zu berechnen und im Endbetrag nach dem amtlichen Umrechnungskurs von 1,95583 DM/1,00 €[190] in Euro umzurechnen.

99 Die VergVO vom 25.5.1960 fand kraft Vereinbarung auch Anwendung für die Tätigkeit der als Liquidatoren eingesetzten Personen für Unternehmen der Bundesanstalt für vereinigungsbedingte Sonderaufgaben in den neuen Bundesländern (sog. stille Liquidation).[191] Vereinbart wurde zumeist eine Vergütung i. H. des zweifachen Regelsatzes des § 3 VergVO.

100 Ob die VergVO vom 25.5.1960 auf die Vergütung eines **Sonderkonkurs- oder -gesamtvollstreckungsverwalters** anzuwenden ist, wenn dieser in einem noch anhängigen Konkurs- oder Gesamtvollstreckungsverfahren bestellt wird, ist nicht geregelt. Die Einheitlichkeit des Regelungszusammenhangs gebietet es, dessen Vergütung nach der seinerzeit geltenden Vergütungsverordnung zu bestimmen und in Euro umzurechnen.[192] Man könnte auch argumentieren, das Amt des Sonderverwalters beginne im Zeitpunkt des Inkrafttretens der InsVV und er sei daher nach dieser zu vergüten. Man hätte dann aber die Anwendung zwei verschiedener Vergütungsregelungen in einem Konkurs- oder Gesamtvollstreckungsverfahren. Wenn die Aufgabe des Sonderkonkurs- oder -gesamtvollstreckungsverwalters lediglich in der Forderungsprüfung, in der Geltendmachung von Ansprüchen oder sonst in einer Tätigkeit bestand, die vernünftigerweise einem Anwalt übertragen werden würde, ist die Vergütung auf die vergleichbare Vergütung nach RVG begrenzt (siehe eingehend § 6 Rz. 23 f.).

3. Die InsVV vom 19.8.1998

a) Entstehungsgeschichte

101 Mit der Neuordnung des Insolvenzrechts sollte auch eine Neuregelung des Vergütungsrechts einhergehen. Vorarbeiten hatte bereits die Kommission für Insolvenzrecht i. R. ihres Zweiten Berichts im Jahre 1986 geleistet.[193] Einen ersten Entwurf einer Vergütungsverordnung hat das BMJ am 11.1.1994 vorgelegt.[194] Die Änderungen der InsO i. R. des Gesetzgebungsverfahrens fanden auch in diesen Verordnungsentwurf Eingang, insbesondere mussten das vereinfachte Verbraucherinsolvenzverfahren sowie das Restschuldbefreiungsverfahren berücksichtigt werden. Letzter Streitpunkt war dabei die Höhe der Min-

---

188) Dazu noch *Landfermann* in: HK-InsO, 8. Aufl. 2016, Art. 103 EGInsO Rz. 2, 3.

189) *Holzer*, ZRI 2024, 98.

190) Art. 1 Verordnung (EG) Nr. 2866/98 des Rates v. 31.12.1998 über die Umrechnungskurse zwischen dem Euro und den Währungen der Mitgliedstaaten, die den Euro einführen, ABl. (EG) L 359/1 v. 31.12.1998.

191) *Hess/Binz/Wienberg*, GesO, Vor § 1 VergVO Rz. 11 ff.

192) BGH, Beschl. v. 10.6.2021 – IX ZB 27/20, ZRI 2021, 681 = NZI 2021, 935; LG Leipzig, Beschl. v. 12.5.2020 – 8 T 17/20, ZInsO 2020, 1559.

193) Begr. z. Entwurf InsVV, Abschn. A. 2., abgedr. unten in Anh. III, S. 689 ff.; zur Geschichte auch *Wagner*, NZI 1998, 23.

194) Abgedr. bei *Eickmann*, VergVO, Anh. E.

destvergütung des Treuhänders innerhalb des Abtretungszeitraums nach § 287 InsO (§ 14 Abs. 3 InsVV).

Die **InsVV** vom 19.8.1998 ist zusammen mit der InsO **am 1.1.1999 in Kraft getreten** 102
(§ 20 InsVV). Sie steht als Rechtsverordnung in der Nachfolge der VergVO vom 25.5.1960. Die vor allem praktischen Probleme und oft kritisierten Unzulänglichkeiten dieser VergVO sollten mit der Neuregelung des Vergütungsrechts beseitigt werden.[195] Im Einzelnen enthält die InsVV ausdrückliche Regelungen zur Vergütung des Insolvenzverwalters (§§ 1–9 InsVV), zur Vergütung des vorläufigen Insolvenzverwalters, des Sachwalters und des Treuhänders im (nunmehr bis 30.6.2014 geltenden) Verbraucherinsolvenzverfahren (§§ 10–13 InsVV), zur Vergütung des Treuhänders im Restschuldbefreiungsverfahren (§§ 14–16 InsVV) und schließlich zur Vergütung der Mitglieder des Gläubigerausschusses (§§ 17, 18 InsVV).

Mit Außerkrafttreten der VerglO vom 26.2.1935 bedurfte es keiner Regelungen zur Ver- 103
gütung eines Vergleichsverwalters mehr. Die Entschädigung des Sachverständigen im Insolvenzeröffnungsverfahrens regelt in der Nachfolge des Gesetzes über die Entschädigung von Zeugen und Sachverständigen[196] das am 1.7.2004 in Kraft getretene JVEG. Dieses wurde bezüglich der Sachverständigenvergütung durch Art. 7 Nr. 7 lit. b 2. KostRModG[197] geändert (siehe eingehend § 17 Rz. 12 f.).

b) Der Anwendungsbereich nach dem Inkrafttreten am 1.1.1999

Die InsVV gilt für die Vergütungen der Organes eines Insolvenzverfahrens, das seit dem 104
1.1.1999 beantragt wird (§ 20 InsVV; Art. 103 EGInsO). Hinsichtlich der zahlreichen Änderungen der InsVV insbesondere bezüglich der Vergütung des vorläufigen Insolvenzverwalters (§ 11 InsVV) sind verschiedene Stichtage zu berücksichtigen (siehe § 7 Rz. 50 ff.). Die Übergangsregelung des § 19 InsVV ist mit ihren zahlreichen Änderungen dabei wenig geglückt.

4. Die Änderungen der InsVV

a) Euro-Einführungsgesetz vom 13.12.2001

Die Vergütungssätze des § 2 Abs. 1 InsVV sowie die weiteren Vergütungsbeträge wurden 105
mit Wirkung ab 1.1.2002 im Verhältnis **2 zu 1 von D-Mark auf Euro** umgestellt,[198] es erfolgte bewusst keine dem amtlichen Umrechnungskurs von 1,95583 DM zu 1 € entsprechende Umstellung.[199] Mit der „glatten" Umstellung der Staffelsätze auf Euro ist eine **Kürzung der Vergütungssätze** verbunden, die sich bei höheren Beträgen nicht unwesentlich auswirkt.

---

195) Allgemein zu den Schwächen der VergVO *Eickmann*, VergVO, Vor § 1 Rz. 72 ff., § 2 Rz. 6 ff., Anh. A Rz. 5 ff.; *Eickmann* in: Kölner Schrift zur InsO, S. 359 ff.; zur Rechtsgeschichte Leonhardt/Smid/Zeuner-*Amberger*, InsVV, Einl. Rz. 11 ff.

196) Gesetz über die Entschädigung von Zeugen und Sachverständigen – ZSEG, i. d. F. der Bekanntmachung v. 1.10.1969, BGBl. I 1969, 1756.

197) Zweites Gesetz zur Modernisierung des Kostenrechts – 2. Kostenrechtsmodernisierungsgesetz (2. KostRMoG), v. 23.7.2013, BGBl. I 2013, 2586.

198) Art. 12 des Gesetzes zur Einführung des Euro im Berufsrecht der Rechtspflege, in Rechtspflegegesetzen der ordentlichen Gerichtsbarkeit und den Gesetzen des Straf- und Ordnungswidrigkeitenrechts, v. 13.12.2001, BGBl. I 2001, 3574; dazu *Keller*, ZVI 2002, 393.

199) Amtlicher Umrechnungskurs nach Verordnung (EG) Nr. 2866/99 des Rates v. 31.12.1998 über die Umrechnungskurse zwischen dem Euro und den Währungen der Mitgliedstaaten, die den Euro einführen, ABl. (EG) L 359/1 v. 31.12.1998.

Beispiel:

Bei einer Insolvenzmasse von bspw. 1 955 830 DM betrug die Vergütung nach § 2 Abs. 1 InsVV bisher 94 616,60 DM; bei der dem gleichen Wert entsprechenden Insolvenzmasse von 1 000 000 € beträgt sie jetzt 47 750 €; dies entspricht umgerechnet 93 390,88 DM, mithin 1 225,72 DM (626,70 €) oder 1,3 % weniger.

106 Fraglich ist, ob und in welcher Weise diese Umstellung von Deutscher Mark auf Euro auf **Verfahren** angewendet werden soll, **die vor dem 1.1.2002 eröffnet** worden sind. Die Frage stellt sich, gerade weil die Änderung der Vergütungsbeträge keine rein rechnerische ist. Die Vergütung des vorläufigen Insolvenzverwalters und des späteren Insolvenzverwalters soll nach Ansicht des AG Dresden[200)] in jedem Fall in Euro festgesetzt werden, auch wenn die Bestellung vor dem 1.1.2002 erfolgte. Art. 12 des Euro-Einführungsgesetzes vom 13.12.2001 enthalte ausdrücklich keine Übergangsregelung für die InsVV. Auch sei es nach dem Grundsatz des Vertrauensschutzes nicht zwingend, die vor dem 1.1.2002 entstandene Vergütung nach den Staffelsätzen in Deutscher Mark zu berechnen und lediglich den Auszahlungsbetrag in Euro „spitz“ umgerechnet festzusetzen.

107 Dies ist nicht überzeugend: Berücksichtigt man nämlich, dass die Vergütungsansprüche von Insolvenzverwalter und vorläufigem Insolvenzverwalter bereits mit der Bestellung und der tatsächlichen Erbringung ihrer Leistung entstehen[201)] und lediglich erst bei Beendigung des jeweiligen Verfahrens berechnet und festgesetzt werden, wäre die Berechnung der Vergütung in Deutscher Mark zumindest dann gerechtfertigt, wenn die Bestellung vor dem 1.1.2002 erfolgt ist.

108 In gleicher Weise ist die Vergütung des Konkursverwalters oder des Gesamtvollstreckungsverwalters in den noch anhängigen Konkurs- oder Gesamtvollstreckungsverfahren nach dem Staffelsatz gemäß § 3 VergVO vom 25.5.1960 in D-Mark zu berechnen und erst im Endbetrag nach dem amtlichen Umrechnungskurs in Euro umzurechnen.

b) Erstes Kostenrechtsmodernisierungsgesetz (KostRMoG) vom 5.5.2004

109 Das KostRMoG vom 5.5.2004[202)] enthielt mit seinen grundlegenden Neuregelungen insbesondere zur Rechtsanwaltsvergütung sowie zur Sachverständigenvergütung für die InsVV lediglich redaktionelle Änderungen in § 5 Abs. 1 InsVV und § 11 Abs. 2 InsVV.

c) Verordnung zur Änderung der InsVV (InsVV-ÄndVO) vom 4.10.2004

110 Die InsVV-ÄndVO[203)] setzte Vorgaben des BGH zur **Mindestvergütung des Treuhänders im Verbraucherinsolvenzverfahren** um. Nach Inkrafttreten der Regelungen zur Kostenstundung durch das Insolvenzrechtsänderungsgesetz (InsOÄndG) zum 1.12.2001[204)] war die Zahl der eröffneten Insolvenzverfahren über das Vermögen natürlicher Personen stark angestiegen.[205)] Das Insolvenzverfahren über das Vermögen natürlicher Personen ist

200) AG Dresden, Beschl. v. 29.5.2002 – 53 IN 1689/01, ZIP 2002, 1336.

201) BGH, Urt. v. 5.12.1991 – IX ZR 275/90, BGHZ 116, 233 = ZIP 1992, 120, dazu EWiR 1992, 173 *(Uhlenbruck)*; für die Vergütung des vorläufigen Insolvenzverwalters LG Göttingen, Beschl. v. 1.2.2001 – 10 T 1/01, ZIP 2001, 625 = ZVI 2002, 433, dazu EWiR 2001, 881 *(Tappmeier)*.

202) Gesetz zur Modernisierung des Kostenrechts – Kostenrechtsmodernisierungsgesetz (KostRMoG), v. 5.5.2004, BGBl. I 2004, 718.

203) Verordnung zur Änderung der Insolvenzrechtlichen Vergütungsverordnung – InsVV-ÄndVO, v. 4.10.2004, BGBl. I 2004, 2569.

204) Gesetz zur Änderung der InsO und anderer Gesetze – InsOÄndG, v. 26.10.2001, BGBl. I 2001, 2710.

205) *Kollbach*, ZVI 2002, 135; *Keller*, Insolvenzrecht, Rz. 21; *Frege/Keller/Riedel*, Insolvenzrecht, Rz. 1.445 ff.

zu einem Massenverfahren bei den Insolvenzgerichten und den Insolvenzverwaltern geworden.[206)]

111 Die **Vergütung** des Insolvenzverwalters oder des Treuhänders **im Verbraucherinsolvenzverfahren** besteht zumeist in der Mindestvergütung. Mindestens betrug die Vergütung nach § 2 Abs. 2 InsVV in der bis 7.10.2004 geltenden Fassung 500 €. Bezogen auf den Staffelsatz des § 2 Abs. 1 InsVV wurde diese Mindestvergütung ab einer Insolvenzmasse von 1 250,02 € überschritten, der Staffelsatz betrug dann aufgerundet 500,01 €.[207)] Im Verbraucherinsolvenzverfahren beträgt die Vergütung des Treuhänders nach § 13 Abs. 1 Satz 1 InsVV linear 15 % der Insolvenzmasse. Die Mindestvergütung betrug nach § 13 Abs. 1 Satz 3 InsVV in der bis 7.10.2004 geltenden Fassung 250 €. Hier hätte der Treuhänder bei einer Insolvenzmasse von 1 666,70 € eine Vergütung von 250,01 € erhalten. Für den Insolvenzverwalter im Regelinsolvenzverfahren über das Vermögen einer natürlichen Person wie auch für den Treuhänder im Verbraucherinsolvenzverfahren stellte sich die Frage der zeit- und kostensparenden und trotzdem effektiven Abwicklung solcher Insolvenzverfahren. Damit war aber auch die Frage nach der angemessenen Vergütung in diesen Verfahren gestellt.[208)]

112 Der BGH äußerte sich in zwei Beschlüssen vom 15.1.2004[209)] grundlegend hierzu. Er hielt die Regelungen des § 2 Abs. 2 und § 13 Abs. 1 Satz 3 InsVV nicht vollständig für verfassungswidrig, sondern setzte eine zeitliche Grenze für Insolvenzeröffnungen bis 1.1.2004 und danach. Gleichzeitig fordert er den Verordnungsgeber auf, eine verfassungskonforme Neuregelung zu treffen.[210)] Das BMJ ist der Aufforderung des BGH zu einer **Neuregelung der Mindestvergütung durch Verordnung vom 4.10.2004** nachgekommen. Die Änderungen sind am 7.10.2004 in Kraft getreten und betreffen nach § 19 InsVV Insolvenzverfahren, die seit dem 1.1.2004 eröffnet worden sind. Die Neuregelung des § 2 Abs. 2 und § 13 Abs. 1 Satz 3 InsVV sieht eine Mindestvergütung von 1 000 € bzw. 600 € vor, die je nach Zahl der am Verfahren beteiligten Gläubiger zu erhöhen ist (siehe dazu eingehend § 4 Rz. 114 ff.).[211)] Für die vor dem 1.1.2004 eröffneten Insolvenzverfahren trifft die Änderungsverordnung keine Regelung; hier sollen die bis dato geltenden Mindestvergütungen zu gewähren sein.

113 Daneben enthielt die InsVV-ÄndVO **Neuregelungen zur Auslagenpauschale** nach § 8 Abs. 3 InsO[212)] und zur Vorschussgewährung in Stundungsverfahren sowie eine Anpassung der Stundensätze des § 17 InsO in Anlehnung an § 19 ZwVwV. Ebenfalls wurde § 11 InsVV im Hinblick auf die Rechtsprechung des BGH zur Vergütung des vorläufigen Insolvenzverwalters aus dem Jahre 2000 geändert (siehe eingehend § 7 Rz. 22 f.).

d) Zweite Verordnung zur Änderung der InsVV (2. InsVV-ÄndVO) vom 21.12.2006

114 Eine weitere Änderung des § 11 InsVV erfolgte durch die 2. InsVV-ÄndVO[213)], die am 29.12.2006 in Kraft getreten ist (siehe eingehend § 7 Rz. 27 ff.). Die tiefgreifende **Ände-**

206) *Hertling*, INDat-Report 8/2002, S. 6; *Schmerbach*, NZI 7/2002, S. V; *Blersch*, ZVI 2003, 193; *Keller*, NZI 11/2003, S. V.

207) Dazu *Keller*, ZVI 2002, 393, 395.

208) Eingehend *Blersch*, ZVI 2003, 193; *Keller*, ZVI 2002, 393; *Keller*, ZVI 2002, 437; *Keller*, ZIP 2004, 633, 643.

209) BGH, Beschl. v. 15.1.2004 – IX ZB 96/03, BGHZ 157, 282, 287 = ZIP 2004, 417, dazu EWiR 2004, 985 *(Blersch)*; BGH, Beschl. v. 15.1.2004 – IX ZB 46/03, ZIP 2004, 424 = ZVI 2004, 132.

210) Eingehend *Graeber*, NZI 2004, 169; *Haarmeyer*, ZInsO 2004, 264; *Keller*, ZIP 2004, 633.

211) Eingehend *Keller*, ZVI 2004, 569; *Eickmann*, NZI 2005, 205.

212) Blersch/Goetsch/Haas-*Blersch*, InsO, § 19 InsVV Rz. 2, sieht in § 8 Abs. 3 im Zusammenhang mit § 19 InsVV eine verfassungsrechtlich unzulässige echte Rückwirkung.

213) Zweite Verordnung zur Änderung der Insolvenzrechtlichen Vergütungsverordnung – 2. InsVV-ÄndVO, v. 21.12.2006, BGBl. I 2006, 3389, in Kraft getreten am 29.12.2006.

rung des § 11 InsVV hat ihren Grund ebenfalls in der Rechtsprechung des BGH: Mit Beschlüssen vom 14.12.2005[214)] und vom 13.7.2006[215)] änderte der IX. Zivilsenat seine Rechtsprechung zur **Berücksichtigung von Vermögenswerten, die mit Aus- oder Absonderungsrechten behaftet sind,** bei der Berechnungsgrundlage der Vergütung des vorläufigen Insolvenzverwalters. In Abkehr zur Rechtsprechung vom 14.12.2000[216)] und zunächst auch die diesbezügliche Änderung des § 11 InsVV durch Verordnung vom 4.10.2004 übersehend, forderte er nunmehr die Berücksichtigung dieser Vermögenswerte allein durch Gewährung eines Zuschlags nach § 3 Abs. 1 lit. a InsVV. Diese Rechtsprechungsänderung erntete zahlreiche Kritik[217)] und veranlasste den Verordnungsgeber, durch neuerliche Änderung des § 11 InsVV, „klarstellend" den früheren Rechtsstand wiederherzustellen.[218)]

115 Nach § 11 Abs. 1 InsVV in der seit 29.12.2006 geltenden Fassung sind Vermögenswerte, an denen Aus- oder Absonderungsrechte haften, in die Berechnungsgrundlage der Vergütung des vorläufigen Insolvenzverwalters einzubeziehen, wenn dieser sich in erheblichem Maße mit ihnen befassen musste.[219)] Bei späteren Wertabweichungen sah § 11 Abs. 2 InsVV eine nachträgliche Korrektur der Vergütung vor. Nach § 19 Abs. 2 InsVV soll die Neuregelung des § 11 InsVV für alle am 29.12.2006 nicht rechtskräftig festgesetzten Vergütungen gelten. Der BGH versagt dieser Regelung aber die Wirksamkeit und verlangt in diesen Fällen eine Anwendung seiner Rechtsprechung von 2005 und 2006.[220)]

e) Gesetz zur weiteren Erleichterung der Sanierung von Unternehmen (ESUG) vom 7.12.2011

116 Das ESUG[221)], das am 1.3.2012 in Kraft getreten ist, enthielt Änderungen zu § 17 InsVV betreffend die Vergütung der Mitglieder des Gläubigerausschusses im Insolvenzeröffnungsverfahren. Regelungen zur Vergütung des vorläufigen Sachwalters nach §§ 270a, 270b InsO wurden nicht getroffen.

f) Gesetz zur Verkürzung des Restschuldbefreiungsverfahrens und zur Stärkung der Gläubigerrechte (GlRStG) vom 15.7.2013

117 Durch Art. 5 Nr. 3 GlRStG[222)] wurde **§ 11 InsVV** geändert und in seinem Regelungsgehalt geteilt. Grundsätze der Vorschrift betreffend die **Bestimmung der Berechnungsgrundlage** für die Vergütung des **vorläufigen Insolvenzverwalters** wurden in die neue gesetzliche Regelung des § 63 Abs. 3 InsO übertragen. § 63 Abs. 3 InsO war bereits im

---

214) BGH, Beschl. v. 14.12.2005 – IX ZB 256/04, BGHZ 165, 266 = ZIP 2006, 621.

215) BGH, Beschl. v. 13.7.2006 – IX ZB 104/05, BGHZ 168, 321 = ZIP 2006, 1403.

216) BGH, Beschl. v. 14.12.2000 – IX ZB 105/00, BGHZ 146, 165 = ZIP 2001, 296, dazu EWiR 2001, 281 *(Keller)*; eingehend *Keller*, ZIP 2001, 1749.

217) *Blersch*, ZIP 2006, 621; *Keller*, NZI 2006, 271; *Andres*, Rpfleger 2006, 517; *Andres*, NZI 2006, 567; *Blersch*, ZIP 2006, 1605; *Förster*, ZInsO 2006, 785; *Graeber*, ZInsO 2006, 794; *Keller*, NZI 9/2006, S. V; *Haas*, NZI 10/2006, S. VII; *T. Schmidt*, ZInsO 2006, 791.

218) Zweite Verordnung zur Änderung der Insolvenzrechtlichen Vergütungsverordnung – 2. InsVV-ÄndVO, v. 21.12.2006, BGBl. I 2006, 3389; Entwurf einer Zweiten Verordnung zur Änderung der Insolvenzrechtlichen Vergütungsverordnung – 2. InsVV-ÄndVO-E, v. 19.10.2006, mit späteren Änderungen, abgedr. unten in Anh. V, S. 723 ff.

219) Kritisch dagegen *Graeber*, ZInsO 2018, 1292.

220) BGH, Beschl. v. 23.10.2008 – IX ZB 35/05, ZIP 2008, 2323 = NZI 2009, 54; BGH, Beschl. v. 19.11.2009 – IX ZB 105/08, NZI 2010, 300.

221) Gesetz zur weiteren Erleichterung der Sanierung von Unternehmen – ESUG, v. 7.12.2011, BGBl. I 2011, 2582.

222) Gesetz zur Verkürzung des Restschuldbefreiungsverfahrens und zur Stärkung der Gläubigerrechte – GlRStG, v. 15.7.2013, BGBl. I 2013. 2379.

Entwurf des GlRStG vom 31.10.2012 vorgesehen.[223] Die Erhebung des Regelungsgehalts des § 11 InsVV in den Rang eines förmlichen Gesetzes sollte erfolgen, um die Problematik einer Rechtskraftdurchbrechung durch § 11 Abs. 2 InsVV zu klären, da verschiedentlich § 11 Abs. 2 InsVV als formell verfassungswidrig angesehen wurde.[224] Der Gesetzgeber wollte aber auch durch die Feststellung, dass die Vergütung des vorläufigen Insolvenzverwalters sich auf das gesamte der vorläufigen Verwaltung unterlegene Vermögen bezieht, die gesetzliche Anerkennung des Vergütungsanspruchs des vorläufigen Insolvenzverwalters hervorheben.[225]

Während des Gesetzgebungsverfahrens, in welchem § 63 Abs. 3 InsO und die Neuregelung des § 11 InsVV bereits berücksichtigt waren, traf der BGH zur Vergütung des vorläufigen Insolvenzverwalters am 15.11.2012 zwei Beschlüsse, in welchen er die **Einbeziehung von Vermögenswerten, die mit Absonderungsrechten behaftet sind**, in die Berechnungsgrundlage grundlegend anders regeln wollte.[226] Der BGH wollte die Vergütung des vorläufigen Insolvenzverwalters nach den gleichen Grundsätzen bestimmen wie bei der Vergütung des Insolvenzverwalters im eröffneten Insolvenzverfahren. Der BGH intendierte damit auch, die Vergütung des vorläufigen Insolvenzverwalters nicht „zu hoch" werden zu lassen.[227] Der Gesetzgeber nahm in der Beschlussempfehlung des Rechtsausschusses zu dem Gesetz ergänzend zur Rechtsprechung des BGH ausdrücklich Stellung.[228] 118

Die **Änderung des § 63 Abs. 3 InsO** ist am **19.7.2013 in Kraft getreten** (Art. 9 Abs. 2 GlRStG). Zum Übergangsrecht bestimmt Art. 103h Satz 3 EGInsO die Anwendung der Neuregelungen auf Insolvenzverfahren, die ab dem 19.7.2013 beantragt worden sind. Das vorzeitige Inkrafttreten – die sonstigen Regelungen des Gesetzes insbesondere zum Restschuldbefreiungsverfahren sind am 1.7.2014 in Kraft getreten – begründet die Beschlussempfehlung des Rechtsausschusses mit der Notwendigkeit der Klarstellung gegenüber der Rechtsprechung des BGH.[229] 119

§ 19 Abs. 4 InsVV bestimmt dagegen die **Anwendung** des neu geregelten **§ 11 InsVV** erst auf Insolvenzverfahren, die nach dem **30.6.2014 beantragt** werden. Offensichtlich vergaß der Gesetzgeber, die Übergangsregelung auf die Änderung des Art. 103h Satz 3 EGInsO anzupassen. 120

Durch Art. 5 Nr. 3 des Gesetzes zur Verkurzung des Restschuldbefreiungsverfahrens wurde zuletzt die Ermächtigungsgrundlage des § 65 InsO hinsichtlich der Vergütung des vorläufigen Insolvenzverwalters geändert. Die Ermächtigungsgrundlage wurde durch den BGH allerdings nicht beanstandet.[230] Die Anpassung des Wortlauts des § 65 InsO ist nach Art. 9 Satz 2 des GlRStG am 1.7.2014 in Kraft getreten (siehe eingehend zur Anwendung der Vorschriften § 7 Rz. 50 ff.). 121

---

223) RegE GlRStG, BT-Drucks. 17/11268.

224) *Lorenz* in: FK-InsO, 7. Aufl. 2012, § 8 InsVV Rz. 28a, § 11 InsVV Rz. 25j; *Büttner* in: HambKomm-InsO, 4. Aufl. 2012, § 11 InsVV Rz. 89; *Graeber*, ZInsO 2007, 133; *Küpper/Heinze*, ZInsO 2007, 231; anders *Vill* in: FS Fischer, S. 547, 562 („Entscheidungsvorbehalt").

225) Begr. RegE GlRStG, BT-Drucks. 17/11268, S. 27, 28, 46.

226) BGH, Beschl. v. 15.11.2012 – IX ZB 88/09, BGHZ 195, 322 = NZI 2013, 29 m. Anm. *Graeber*, dazu EWiR 2013, 61 *(Keller)*; BGH, Beschl. v. 15.11.2012 – IX ZB 130/10, BGHZ 195, 336 = NZI 2013, 183, dazu EWiR 2013, 125 *(Kalkmann)*; dazu auch *Keller*, NZI 2013, 240; bekräftigt durch BGH, Beschl. v. 14.2.2013 – IX ZB 260/11, ZInsO 2013, 630.

227) BGH, Beschl. v. 15.11.2012 – IX ZB 130/10, Rz. 40, BGHZ 195, 336 = NZI 2013, 183.

228) Beschlussempfehlung und Bericht d. RA z. GlRStG, BT-Drucks. 17/13535, S. 43, 44.

229) Beschlussempfehlung und Bericht d. RA z. GlRStG, BT-Drucks. 17/13535, S. 42.

230) BGH, Beschl. v. 15.11.2012 – IX ZB 88/09, BGHZ 195, 322 = NZI 2013, 29 m. Anm. *Graeber*, dazu EWiR 2013, 61 *(Keller)*.

g) Gesetz zur Erleichterung von Konzerninsolvenzen vom 13.4.2017

122 Durch das Gesetz zur Erleichterung von Konzerninsolvenzen vom 13.4.2017[231] wurde § 3 Abs. 2 InsVV um Buchstaben „f)“ erweitert, der einen Kürzungstatbestand für die Vergütung des Insolvenzverwalters regelt, wenn der Schuldner in ein Koordinationsverfahren einbezogen ist und ein Verfahrenskoordinator nach § 269e InsO bestellt worden ist (siehe dazu § 5 Rz. 212).

h) Gesetz zur weiteren Verkürzung des Restschuldbefreiungsverfahrens vom 22.12.2020

123 Durch Art. 4 des Gesetzes zur weiteren Verkürzung des Restschuldbefreiungsverfahrens und zur Anpassung pandemiebedingter Vorschriften im Gesellschafts-, Genossenschafts-, Vereins- und Stiftungsrecht sowie im Miet- und Pachtrecht vom 22.12.2020[232] wurde § 1 Abs. 2 Nr. 5 InsVV um die Worte „oder zum Zweck der Erteilung der Restschuldbefreiung vor Ablauf der Abtretungsfrist“ ergänzt. Damit soll ein Kostenvorschuss Dritter, der diesem Zweck dient bei der Bestimmung der Berechnungsgrundlage unberücksichtigt bleiben.

i) Gesetz zur Fortentwicklung des Sanierungs- und Insolvenzrechts (Sanierungs- und Insolvenzrechtsfortentwicklungsgesetz – SanInsFoG) vom 22.12.2020

124 Durch Art. 6 des Gesetzes zur Fortentwicklung des Sanierungs- und Insolvenzrechts – SanInsFoG vom 22.12.2020[233] wurden die Vergütungssätze der InsVV angehoben und in wenigen Aspekten systematisch verändert. Der Gesetzgeber entschied sich damit angesichts der seit Jahren bestehenden Diskussion um eine Reform des insolvenzrechtlichen Vergütungsrechts für eine „kleine Lösung“. Ihr ging eine umfangreiche Befragung der Landesjustizverwaltungen und der gerichtlichen Praxis voraus, auf welche die Gesetzesbegründung auch ausführlich Bezug nimmt.[234] Im Einzelnen wurden geändert:

- **Anhebung der Degressionsstufen des § 2 Abs. 1 InsVV** und der Prozentsätze sowie Einfügung einer weiteren Degressionsstufe bei hoher Insolvenzmasse (siehe eingehend § 4 Rz. 62 ff.);
- **Anhebung der Mindestvergütung** nach § 2 Abs. 2 InsVV auf 1 400 € und Anhebung der Beträge je Gläubigerzahl (siehe eingehend § 4 Rz. 106, 121 ff.); ebenso bei § 13 InsVV Anhebung der Mindestvergütung auf 1 120 € (siehe dazu § 11 Rz. 51 ff.);
- Verweisung in § 4 Abs. 2 InsVV auf Nr. 9002 GKG KV hinsichtlich des Auslagenersatzes bei der Übertragung von Zustellungen nach § 8 Abs. 3 InsO (siehe eingehend § 14 Rz. 50);
- Klarstellung zur Erstattungsfähigkeit von Versicherungsprämien für besondere Haftpflichtversicherungen in § 4 Abs. 3 InsVV (siehe eingehend § 14 Rz. 12);
- **Anhebung der Auslagenpauschalen** in § 8 Abs. 3 InsVV und § 12 Abs. 3 InsVV (siehe eingehend § 14 Rz. 27 ff.);

231) Gesetz zur Erleichterung der Bewältigung von Konzerninsolvenzen, v. 13.4.2017, BGBl. I 2017, 866.

232) Gesetz zur weiteren Verkürzung des Restschuldbefreiungsverfahrens und zur Anpassung pandemiebedingter Vorschriften im Gesellschafts-, Genossenschafts-. Vereins- und Stiftungsrecht sowie im Miet- und Pachtrecht, v. 22.12.2020, BGBl. I 2020, 3328.

233) Gesetz zur Fortentwicklung des Sanierungs- und Insolvenzrechts – SanInsFoG, v. 22.12.2020, BGBl. I 2020, 3256.

234) Begr. RegE SanInsFoG, BT-Drucks. 19/24181, S. 210 ff.; abgedr. unten in Anh. VI, S. 729 ff.

- Einfügung eines neuen § 12a InsVV zur **Vergütung des vorläufigen Sachwalters.** In Anlehnung an die Vergütung des vorläufigen Insolvenzverwalters soll dessen Vergütung nach dem Vermögen berechnet werden, auf das sich die Tätigkeit bezieht, also einschließlich der Vermögenswerte, die mit Fremdrechten behaftet sind, wenn sich der vorläufige Sachwalter mit ihnen in erheblichem Umfang befasst hat. Die Vergütung selbst besteht aus 25 % der Vergütung des Sachwalters, also 15 % der Regelvergütung des § 2 Abs. 1 InsVV (siehe eingehend § 9 Rz. 42 ff.);
- **Anhebung der Degressionsstufen des § 14 InsVV** zur Vergütung des Treuhänders im Restschuldbefreiungsverfahren (siehe dazu § 12 Rz. 8 ff.);
- **Anhebung des Stundensatzrahmens des § 17 InsVV** für die Vergütung der Mitglieder des Gläubigerausschusses auf 50 bis 300 € (siehe dazu § 13 Rz. 34 ff.).

Die Änderungen sind am **1.1.2021** in Kraft getreten und gelten insgesamt für **Verfahren,** 125
die **seit diesem Datum beantragt** werden (§ 19 Abs. 5 InsVV). Damit wird die Rechtspraxis noch viele Jahre sowohl mit den bisherigen Vergütungssätzen für die bis einschließlich 31.12.2020 beantragten Verfahren als auch mit den neuen Vergütungssätzen umzugehen haben.[235] Eine vorgreifliche Anwendung der neuen Sätze auf sog. Altverfahren verbietet sich zwar, allerdings ist mit der Neuregelung die Diskussion über Reformbestrebungen nicht beendet, zumal der Gesetzgeber keine Änderungen im System der Vergütungsgewährung vorgenommen hat.[236] Zuzustimmen ist der Kritik von *Thorsten Graeber*, der überzeugend nachweist, dass die Anhebung und Verschiebung der Degressionsstufen des § 2 Abs. 1 InsVV nicht auf empirischen Daten zur Entwicklung von Insolvenzmassen beruht, sondern wesentlich auf Vorschlägen einzelner Interessenverbände.[237]

Ein Lapsus ist dem Gesetzgeber mit der **Übergangsregelung des § 19 Abs. 5 InsVV** un- 126
terlaufen. Sie bestimmt i. d. F. des Art. 4 Nr. 2 des Gesetzes zur weiteren Verkürzung des Restschuldbefreiungsverfahrens die Anwendung des bisherigen Rechts auf Verfahren, die bis 1.10.2020 beantragt worden sind. Sachlich bezieht sich diese **Übergangsregelung** auf die Anwendung des geänderten § 1 Abs. 2 Nr. 5 InsVV. Der durch Art. 6 Nr. 12 SanInsFoG mit Wirkung zum 1.1.2021 eingefügte § 19 Abs. 5 InsVV beinhaltet die umfangreichen Änderungen betreffend die Höhe der Vergütungen. Die **Gesetze haben sich gegenseitig überholt.** Das zeigt sich auch daran, dass in Art. 4 des Gesetzes zur weiteren Verkürzung des Restschuldbefreiungsverfahrens auf das SanInsFoG mit Fundstelle Bezug genommen wird. In Art. 6 SanInsFoG wird dagegen durch auf die letzte redaktionelle Änderung durch das Gesetz zur Erleichterung der Bewältigung von Konzerninsolvenzen vom 13.4.2017[238] Bezug genommen. Man könnte annehmen, durch die Bezugnahme in Art. 4 des Gesetzes zur weiteren Verkürzung des Restschuldbefreiungsverfahrens sei nur diese Übergangsregelung maßgebend. Dann würden die umfangreichen Änderungen der InsVV durch das SanInsFoG bereits für Verfahren gelten, die seit 1.10.2020 beantragt werden. Dies widerspräche aber dem **Grundgedanken des SanInsFoG** mit dem **Inkrafttreten des gesamten Inhalts am 1.1.2021.** Ferner müsste es dann in Art. 4 Nr. 2 des Gesetzes zur weiteren Verkürzung des Restschuldbefreiungsverfahrens heißen „§ 19 Absatz 5 wird wie folgt geändert". Es heißt aber „Dem § 19 wird folgender Absatz 5 angefügt". Damit wird deutlich, dass die Übergangsregelung des „einen" § 19 Abs. 5 InsVV nur bezogen auf die Änderung des § 1 Abs. 2 Nr. 5 InsVV gilt und die des „anderen" und für die Vergütungs-

235) Anh. I, s. unten S. 677 ff., beinhaltet dazu sowohl die bis 31.12.2020 als auch die ab 1.1.2021 geltenden Regelungen der InsVV.

236) Kritisch daher *Lissner*, ZInsO 2021, 1531; *Lissner*, ZInsO 2021, 1602.

237) *Graeber*, NZI 2022, 804.

238) Gesetz zur Erleichterung der Bewältigung von Konzerninsolvenzen, v. 13.4.2017, BGBl. I 2017, 866.

praxis entscheidenden § 19 Abs. 5 InsVV für die Verfahren, die seit 1.1.2021 beantragt werden.

5. Reformbestrebungen

a) Reformdiskussion 2013 und 2014

127 In den Jahren 2013 und 2014 wurde eine Diskussion um eine grundlegende Reform des Vergütungsrechts angestoßen. Da die Änderungen der Vergütungssätze durch **Art. 6 des SanInsFoG** nur für Verfahren gelten, die seit dem 1.1.2021 beantragt werden (§ 19 Abs. 5 InsVV), ist die Diskussion auch nicht beendet. Für die bis 31.12.2020 beantragten Verfahren stellt sich nach wie vor die Frage nach einer angemessenen Bestimmung der Vergütung. Auch wurden durch die „kleine" Lösung des SanInsFoG **grundlegende systematische Probleme** gerade **nicht gelöst**. Anlass für die Reformdiskussion seit 2013 war und ist nicht zuletzt die Rechtsprechung des BGH zur Vergütung des vorläufigen Insolvenzverwalters, die in der Rechtsentwicklung von 2001 bis 2013 von einem dauernden Widerstreit zwischen BGH, Verordnungsgeber und zuletzt auch Gesetzgeber gekennzeichnet war (siehe dazu § 7 Rz. 44 ff.).

b) Reformansätze einzelner Interessenverbände

aa) Ausgangssituation

128 Die Reformdiskussion 2013, 2014 wurde wesentlich von Interessengruppen bestimmt.[239] Zu nennen sind die Berufsverbände „*Verband Insolvenzverwalter Deutschlands e. V. (VID)*", „*Neue Insolvenzverwaltervereinigung Deutschlands e. V. (NIVD)*" oder der „*Gravenbrucher Kreis*". Der „*Bundesarbeitskreis Insolvenzgerichte e. V.*" verabschiedete 2013 eine kurze Entschließung.[240] Ein in seiner personellen Zusammensetzung nicht definiertes „*Gläubigerforum*", machte ebenfalls konkrete Vorschläge zur Reform.[241]

bb) Reformvorschläge von Interessenvertretungen der Insolvenzverwalter

129 Der *VID* legte im Mai 2014 einen Entwurf eines Insolvenzrechtlichen Vergütungsgesetzes vor.[242] Inhaltlich sind darin sehr detailliert Streitfragen des Vergütungsrechts berücksichtigt. Der Vorschlag enthält eine **Vereinheitlichung und Vereinfachung der Berechnungsgrundlage**[243] sowie der Vergleichsrechnungen etwa bei Unternehmensfortführung oder Verwertung von Vermögenswerten mit Absonderungsrechten. Die Regelvergütung sollte i. H. der Steigerung der Verbraucherpreise angepasst werden.[244] In Auseinandersetzung mit der Rechtsprechung des BGH zu Erhöhungstatbeständen, zur sog.

239) Dazu auch *Büttner* in: HambKomm-InsO, § 63 Rz. 117; *Blersch*, INDat-Report 2/2010, S. 20; *Blersch*, INDat-Report 6/2013, S. 24; *Büttner*, ZVI 2013, 289, 301; *Graeber*, NZI 2013, 574; *Holzer*, NZI 2013, 1049; *Holzer*, INDat-Report 8/2013, S. 8; *Madaus/Heßel*, ZIP 2013, 2088; *Haarmeyer/Mock*, ZInsO 2014, 573; *Haarmeyer*, ZInsO 2014, 1273.

240) Entschließung „Stellungnahme zur Reform der InsVV" der Jahrestagung 2013, abgedr. in: ZInsO 2013, 2547.

241) DiskE des Gläubigerforums zur Neuordnung der Insolvenzrechtlichen Vergütungsverordnung – RefDiskE-InsVV, abgedr. in: ZInsO 2013, 2424; aktualisierter DiskE des Gläubigerforums zur Neuordnung der Insolvenzrechtlichen Vergütungsverordnung – RefDiskE-InsO/InsVV, abgedr. in: ZInsO 2014, 650.

242) Eingehend *Blersch/Bremen*, ZIP Beilage Heft 28/2014.

243) Dazu *Büttner* in: HambKomm-InsO, § 2 InsVV Rz. 3 ff.; *Büttner* in: HambKomm-InsO, 5. Aufl. 2015, § 1 InsVV Rz. 37 ff., § 2 InsVV Rz. 49 ff., § 3 InsVV Rz. 53 ff., § 8 InsVV Rz. 48 ff., § 9 InsVV Rz. 16 ff.

244) *Blersch/Bremen*, ZIP Beilage Heft 28/2014, S. 1, 4.

Gesamtbetrachtung[245] und zu Vergleichsrechnungen[246] schlägt der Entwurf vor, **festgelegte Erhöhungsprozentsätze für abschließend aufgezählte Tatbestände** zu gewähren. Vergütungsvereinbarungen sollen nach dem Entwurf zulässig sein, wenn sie die gesetzliche Vergütung nicht unterschreiten und mit den Mehrheiten des § 57 Satz 2 InsO (Summen- und Kopfmehrheit) durch die Gläubigerversammlung beschlossen werden. Im Übrigen soll die Vergütung auch durch Insolvenzplan festgestellt werden können.

Die ***NIVD*** legte Anfang Mai 2014 ebenfalls einen Entwurf eines Insolvenzrechtlichen 130 Vergütungsgesetzes vor.[247] Dieser sieht eine einfache Gestaltung der Berechnungsgrundlage der Vergütung unter **Wegfall von Vergleichsberechnungen** etwa bei der Verwertung von Vermögenswerten mit Absonderungsrechten vor. Die Erhöhungstatbestände des § 3 sollen offen gestaltet und in ihrem Wortlaut klarer formuliert werden. Streitfragen der Rechtsprechung etwa beim Auslagenersatz sollen geklärt werden. Bei der Vorschussgewährung sieht der Entwurf eine automatische Genehmigung des Vorschussantrages vor, wenn das Insolvenzgericht nicht innerhalb einer bestimmten Frist hierüber entscheidet.

Im **November 2019** legten beide Interessenvertretungen einen **gemeinsamen Reform-** 131 **vorschlag zur InsVV** vor.[248] Mit einem gemeinsamen Reformvorschlag sollte damit die Notwendigkeit einer Reform des Vergütungsrechts besonders herausgestellt werden.[249] Eigene Reformvorschläge legten die Interessenvertretungen noch im Mai und August 2019 vor. Der gemeinsame Reformvorschlag steht auch im Zusammenhang mit der Diskussion um ein eigenes Berufsrecht für Insolvenzverwalter.[250] Der gemeinsame Reformvorschlag sieht Korrekturen bei § 1 Abs. 2 Nr. 1 InsVV betreffend die Berechnung bei der Verwertung von Vermögenswerten mit Absonderungsrechten und bei § 1 Abs. 2 Nr. 4 InsVV betreffend den Abzug von Masseverbindlichkeiten bei Unternehmensfortführung vor. Wesentlich aber wird die Anhebung der Regelvergütung und der Mindestvergütung nach § 2 InsVV gefordert. Der Vorschlag sieht eine Anhebung um durchschnittlich 20 % vor. Bei einzelnen Zuschlags- und Abschlagstatbeständen des § 3 InsVV werden Korrekturen vorgeschlagen, ebenso bei §§ 4, 6 und 8 Abs. 3 InsVV. Die Vorschussgewährung des § 9 InsVV soll erleichtert werden. In einem neuen § 12a InsVV soll die Vergütung des vorläufigen Sachwalters in Anlehnung an die Vergütung des vorläufigen Insolvenzverwalters geregelt werden. Schließlich wird eine Anhebung der Stundensatzvergütung für die Mitglieder des Gläubigerausschusses nach § 17 InsVV auf bis zu 300 € gefordert.

cc) Reformvorschlag des sog. *Gläubigerforums*

Das sog. *Gläubigerforum* veröffentlichte im April 2014 nach mehreren Vorentwürfen einen 132 Entwurf zur Reform der InsVV.[251] Der Entwurf sieht eine massive Erhöhung der Staffelsätze des § 2 InsVV vor, gleichzeitig sollen aber die Stufen der Prozentsätze gekürzt werden. Die Staffelung endet mit einem Höchstwert der Insolvenzmasse als Berechnungsgrundlage

245) Dazu *Keller* in: HK-InsO, § 3 InsVV Rz. 11 ff.; *Prasser/Stoffler* in: KPB, InsO, § 3 InsVV Rz. 17 ff.

246) *Blersch/Bremen*, ZIP Beilage Heft 28/2014, S. 1, 5.

247) Diskussionsentwurf für ein Insolvenzrechtliches Vergütungsgesetz – InsVG, der Arbeitsgemeinschaft der Neuen Insolvenzverwaltervereinigung Deutschlands e. V. – NIVD, abgedr. in: ZInsO 2014, 941.

248) Gemeinsame Reformvorschläge von NIVD und VID zur Reform der InsVV, v. 19.11.2019, abrufbar unter https://www.vid.de/initiativen/gemeinsame-reformvorschlaege-von-nivd-und-vid-zur-reform-der-insolvenzrechtlichen-verguetungsverordnung/ (Abrufdatum: 12.1.2026).

249) Dazu auch *Berner/Zimmer*, INDat-Report 4/2019, S. 11; *Reck*, ZVI 2020, 3.

250) Dazu Gemeinsames Eckpunktepapier der Bundesarbeitsgemeinschaft der Insolvenzgerichte Deutschlands e. V. (BAKinso), des NIVD und des VID, v. 10.12.2019, abrufbar unter https://www.vid.de/initiativen/reformbedarf-im-berufsrecht-der-insolvenzverwalter-gemeinsames-eckpunktepapier-des-bakinso-e-v-der-nivd-e-v-und-des-vid-e-v/ (Abrufdatum: 12.1.2026).

251) Wissenschaftlich begleitet *Smid*, ZInsO 2014, 877; *Smid*, ZInsO 2013, 1509.

von 50 Mio. €. Die Mindestvergütung soll 2 500 € betragen. Kompliziert erscheinen die vorgeschlagenen Regelungen zu Vergütungserhöhungen nach § 3 des Entwurfs, insbesondere zur Unternehmensfortführung.[252] Insgesamt sollen die **Zuschläge die Regelvergütung** um **nicht mehr als 50 % übersteigen**. Allein die Gläubigerversammlung soll eine Aufhebung dieser Deckelung beschließen dürfen. Besondere Neuregelungen enthält der Entwurf zu Fragen der Delegation einzelner Tätigkeiten an externe Dienstleister oder eigene Abrechnung bei besonderer Sachkunde, sie scheinen von grundlegendem Misstrauen gegen den Insolvenzverwalter getragen.

c) Aspekte eines Reformbedarfs der InsVV

aa) Allgemeine Grundfragen zum Reformbedarf

133 Ein Reformbedarf des insolvenzrechtlichen Vergütungsrechts darf nicht begründungslos vorausgesetzt oder mit der pauschalen Begründung, die InsVV sei schon „sehr alt", festgestellt werden. Auch können Differenzen zwischen Rechtsprechung, Literatur und Praxis zu einzelnen Fragestellungen nicht generell einen Reformbedarf begründen. Zwar steht es dem Gesetzgeber oder auch dem Verordnungsgeber frei, einzelne Fragestellungen zu klären oder auch ihm nicht genehme Rechtsprechung zu korrigieren, er muss es aber auch nicht. Dabei ist auch zu berücksichtigen, dass kein Gesetz in dem Sinne vollständig sein kann, dass es für jedes denkbare, in den Rahmen des von ihm behandelten Rechtsstoffes fallende Verhältnis eine unmittelbar anwendbare Vorschrift an die Hand gibt.[253] Zur Vergütung des Konkursverwalters verneinte gar *von Wilmowsky* im Jahre 1906 feste Vergütungsregelung mit der Begründung, ein unbedingter Maßstab lasse sich für die Mannigfaltigkeit der Fälle nicht finden. Eine lediglich nach Prozenten der Masse erfolgende Bemessung widerspreche dem Begriff einer „Vergütung für die Geschäftsführung".[254] Nimmt man eine Reform des Vergütungsrechts in Angriff, ist es aber auch angemessen, praktische Fragestellungen und Streitfragen der Rechtsprechung zu klären. Ein **Reformbedarf** der InsVV ist anzuerkennen angesichts der **fehlenden Anpassung der Regelvergütung an gestiegene Preise und Lohnkosten** seit 1999 bis 2021, der fehlenden **Definition eines sog. Normalverfahrens** zu Erhöhungs- und Kürzungstatbeständen oder der unklaren Regelungssystematik zur Vergütung des vorläufigen Insolvenzverwalters.[255]

bb) Anpassung der Regelvergütung an die Preisentwicklung

134 Der Verordnungsgeber normierte die Regelvergütung nach § 2 InsVV auf Basis der pauschalen vierfachen Erhöhung des Regelsatzes des § 3 VergVO, die im Jahre 1989 vom BVerfG gebilligt worden war (siehe Rz. 95).[256] Die Begründung zum Entwurf der InsVV führt zur Neufassung der Degressionsstufen in § 2 Abs. 1 InsVV aber aus, dass damit auch eine Erhöhung der Vergütung unter Berücksichtigung der Aufgabengebiete des Insolvenzverwalters erfolgt sei. Wörtlich heißt es:[257]

> „Bei der Festsetzung der Regelsätze in § 2 wurde von der bisherigen Praxis zur Höhe der Konkursverwaltervergütung ausgegangen. Die zusätzlichen Aufgaben, die das neue Insolvenz-

---

252) BGH, Beschl. v. 22.2.2007 – IX ZB 106/06, ZIP 2007, 784 = NZI 2007, 341; BGH, Beschl. v. 22.2.2007 – IX ZB 120/06, ZIP 2007, 826 = NZI 2007, 343; BGH, Beschl. v. 24.1.2008 – IX ZB 120/07, ZIP 2008, 514 = NZI 2008, 239.

253) So wörtlich Motive zu dem Entwurfe eines Bürgerlichen Gesetzbuches für das deutsche Reich, 1888, Bd. I, S. 16.

254) *v. Wilmowsky*, KO, § 85 Anm. 2.

255) *Keller*, ZIP 2014, 2014.

256) BVerfG, Beschl. v. 9.2.1989 – 1 BvR 1165/87, ZIP 1989, 382 m. Anm. *Eickmann* = KTS 1989, 357, dazu EWiR 1989, 391 *(Onusseit)*.

257) Begr. z. Entwurf einer InsVV, Abschn. A. 4., abgedr. unten in Anh. III, S. 689, 690.

recht dem Insolvenzverwalter überträgt, wurden ebenso berücksichtigt wie die Auswirkungen der sonstigen Neuregelungen. Abweichend vom bisherigen Vergütungsrecht wurden die Regelsätze deutlich angehoben. Gleichzeitig wurde die Degression verstärkt, um exorbitant hohe Vergütungen, die vom Arbeitsaufwand, von der Leistung und von der Verantwortung des Insolvenzverwalters her nicht mehr zu rechtfertigen sind, auszuschließen."

Im direkten Vergleich betrug bei einer Berechnungsgrundlage von 100 000 € die Regelvergütung nach § 3 VergVO pauschal vervierfacht und umgerechnet 12 884,56 € (25 200 DM). Die Regelvergütung des § 2 Abs. 1 InsVV in der bis 31.12.2020 geltenden Fassung bei geglättet 50 000 € Berechnungsgrundlage beträgt 16 250 €. Bei einer Berechnungsgrundlage von 1 000 000 € betrug die pauschal erhöhte Regelvergütung nach § 3 VergVO umgerechnet 45 607,24 €, die Regelvergütung nach § 2 Abs. 1 InsVV beträgt 47 750,00 €. 135

Die **Anpassung der Regelvergütung durch Art. 6 des SanInsFoG** zum 1.1.2021 beinhaltet eine Mischung zwischen Anhebung der Degressionsstufen und Erhöhung der Prozentsätze.[258] Die Anhebung der Vergütung in Beträgen erweist sich dabei als uneinheitlich (siehe eingehend § 4 Rz. 62 ff.):[259] Im Bereich geringer Berechnungsgrundlage bis 25 000 € beträgt die Anhebung 0 %, bei einer Berechnungsgrundlage von 70 000 € beträgt sie 30,88 %, bei einer Berechnungsgrundlage von 700 000 € beträgt sie 43,11 %. Bei höherer Berechnungsgrundlage sinkt der Prozentsatz der Anhebung auf beispielhaft 27,78 % (Berechnungsgrundlage 2 500 000 €) oder 17,77 % (Berechnungsgrundlage 7 500 000 €). 136

Auch nach Anhebung der Regelvergütung stellt sich für die bis 31.12.2020 beantragten Verfahren weiterhin die Frage der Angemessenheit der seit 1999 geltenden Beträge. **Seit Einführung der InsO** ist bis Ende 2020 eine **erhebliche Veränderung der Preise und Kosten** eingetreten.[260] Vergleichbar zur Vergütung des Insolvenzverwalters sind dabei der Erzeugerpreisindex für unternehmensnahe Beratungsdienstleistungen, der Erzeugerpreisindex für gewerbliche Produkte, speziell Dienstleistungen und Rechtsberatung sowie vergleichend der allgemeine Verbraucherpreisindex (VPI).[261] Die Indizes werden vom Statistischen Bundesamt (Destatis) berechnet. Sie beziehen sich nicht alle auf den Zeitraum von 1998 bis 2019. So zeigt der Erzeugerpreisindex für gewerbliche Produkte von 2005 bis November 2019 eine Erhöhung um 18,4 %.[262] Statistisch gemittelt errechneten – unter Zusammenfassung der Erzeugerpreisindizes – der *VID* und die *NIVD* in ihrem gemeinsamen Reformvorschlag einen Preisanstieg von 1998 bis 2018 um 36,92 %.[263] Der Verbraucherpreisindex des Statistischen Bundesamtes, der allgemein aber keine Vergleichbarkeit zu speziellen Produkten oder Dienstleistungen beansprucht, zeigt für die Zeit von 1998 bis 2019 eine Erhöhung um 27,1 %.[264] 137

Es stellt sich daher unbestreitbar die **Frage nach der Notwendigkeit einer Anpassung der Regelvergütung** für die bis 31.12.2020 beantragten Verfahren.[265] Die Frage kann 138

258) Begr. RegE SanInsFoG, BT-Drucks. 19/24181, S. 210 ff.; abgedr. unten in Anh. VI, S. 729 ff.

259) Eingehend kritisch *Graeber*, NZI 2022, 804.

260) Insgesamt überzeugend *Zimmer*, InsVV, § 2 Rz. 61 ff.; *Büttner*, ZVI 2023, 3.

261) Eingehend *Zimmer*, InsVV, Anh. IX.

262) Statistisches Bundesamt (Destatis), Index der Erzeugerpreise gewerblicher Produkte (Inlandsabsatz) nach dem Güterverzeichnis für Produktionsstatistiken, Ausgabe 2009 (GP 2009) v. 20.4.2020, S. 3, 4, abrufbar unter https://www.destatis.de/DE/Themen/Wirtschaft/Preise/Erzeugerpreisindex-gewerbliche-Produkte/Publikationen/Downloads-Erzeugerpreise/erzeugerpreise-lange-reihen-pdf-5612401.html (Abrufdatum: 12.1.2026).

263) Gemeinsame Reformvorschläge von NIVD und VID zur Reform der InsVV, v. 19.11.2019.

264) Statistisches Bundesamt (Destatis), Verbraucherpreisindex: Gesamtindex und 12 Abteilungen, abrufbar unter https://www.destatis.de/DE/Themen/Wirtschaft/Preise/Verbraucherpreisindex/Tabellen/Verbraucherpreise-12Kategorien.html (Abrufdatum: 12.1.2026).

265) Blersch/Goetsch/Haas-*Blersch*, InsO, § 2 InsVV Rz. 3 ff.; Lorenz/Klanke-*Lorenz*, InsVV, § 2 Rz. 4a; *Prasser/Stoffler* in: KPB, InsO, § 2 InsVV Rz. 41 ff.; *Keller* in: HK-InsO, § 63 Rz. 48; *Keller* in: FS Görg, S. 247, 253 ff., 258.

nicht mit Verweis auf die Anhebung der Vergütungssätze seit 1.1.2021 für sie seit diesem Datum beantragten Verfahren als obsolet abgetan werden. Es wurde auch versucht nachzuweisen, dass sich die Erhöhung der Erzeuger- und Verbraucherpreise nicht in gleicher Weise auf Insolvenzverfahren ausgewirkt hätten, da angeblich auch die Insolvenzmassen und damit die Vergütungen entsprechend gestiegen seien.[266] Dies kann aber pauschal und auf lange Zeiträume nicht festgestellt werden. Der Umfang der Insolvenzmasse in einem Verfahren ist wesentlich von der Statistik der Insolvenzen selbst abhängig, und diese ist von der allgemeinen wirtschaftlichen Entwicklung abhängig. Während insbesondere noch bis ca. 2005 hohe Insolvenzzahlen zu verzeichnen waren, sinkt die Zahl der Insolvenzverfahren seitdem.[267] Gleiches gilt bei den jeweiligen Insolvenzmassen. Es kann nicht pauschal behauptet werden, die Insolvenzmassen würden mit der Entwicklung der Verbraucherpreise steigen, erst recht nicht direkt proportional. Auch darf keinesfalls von einzelnen spektakulären Großverfahren auf den Normalfall geschlossen werden (siehe Rz. 83 ff.). Schließlich wird nicht berücksichtigt, dass wegen der degressiven Steigerung der Regelvergütung nach § 2 Abs. 1 InsVV eine angebliche Erhöhung der Insolvenzmasse die Vergütung gerade nicht proportional erhöht. Selbst das BVerfG argumentierte in seinem Beschluss vom 9.2.1989[268] zur pauschalen Anhebung der Vergütung des Konkursverwalters mit der vagen Annahme, die Inflation habe auch eine Erhöhung der Insolvenzmassen bewirkt. Belegt und verifizierend berechnet wird diese Annahme aber nicht.[269] Kann aber eine tatsächliche Erhöhung der Insolvenzmasse und damit der Berechnungsgrundlage der Vergütung nicht zu einer angemessenen Erhöhung der Regelvergütung führen, könnte dies nur durch einen entsprechenden Zuschlag ausgeglichen werden.

139 Der **BGH** ließ diese Frage im Jahre 2005 ausdrücklich offen.[270] Mit **Beschluss vom 4.12.2014 lehnte** er eine pauschale **Erhöhung der Regelvergütung allein aufgrund der Geldentwertung ab** und stellte fest, eine solche sei „derzeit noch nicht" angezeigt.[271] Dies bekräftige er mit Beschluss vom 5.3.2015.[272] Mit Beschluss vom 12.9.2019 bekräftigte er die Verfassungsmäßigkeit der Regelungen der InsVV zur Regelvergütung und zu Erhöhungstatbeständen.[273] Zur Angemessenheit der Vergütung unter Berücksichtigung des Zeitablaufs und damit einhergehender Inflation bekräftigte der BGH, die **Angemessenheit** sei **nach dem Zeitpunkt der jeweiligen Verfahrenseröffnung** zu bestimmen.[274] Der BGH verkennt im Beschluss vom 4.12.2014 nicht die Problematik der fehlenden Anpassung der Regelvergütung des § 2 Abs. 1 InsVV. Gegen die Erhöhung der Vergütung entsprechend § 3 Abs. 1 InsVV spreche seiner Ansicht nach aber, dass diese Vorschrift nur

266) Dazu *Büttner* in: HambKomm-InsO, § 2 InsVV Rz. 3 ff.; *Büttner*, ZVI 2023, 3.

267) *Frege/Keller/Riedel*, Insolvenzrecht, Rz. 1.446.

268) BVerfG, Beschl. v. 9.2.1989 – 1 BvR 1165/87, ZIP 1989, 382 m. Anm. *Eickmann* = KTS 1989, 357, dazu EWiR 1989, 391 *(Onusseit)*.

269) Zu Recht kritisch *Zimmer*, InsVV, § 2 Rz. 76 ff.; *Graeber*, NZI 2022, 804.

270) Zur Verfassungsmäßigkeit von § 13 InsVV: BGH, Beschl. v. 20.1.2005 – IX ZB 134/04, Rz. 19, ZIP 2005, 447 = NZI 2005, 228, dazu EWiR 2005, 609 *(Rendels)*; eine Verfassungsbeschwerde wurde nicht angenommen, BVerfG, Beschl. v. 31.8.2005 – 1 BvR 700/05, ZIP 2005, 1694 = NZI 2005, 618.

271) BGH, Beschl. v. 4.12.2014 – IX ZB 60/13, ZIP 2015, 138 = NZI 2015, 141 m. Anm. *Graeber*, dazu EWiR 2015, 153 *(Keller)*; ebenso LG Heilbronn, Beschl. v. 19.7.2013 – 1 T 255/13 Bm, 1 T 255/13, ZInsO 2013, 1810 m. Anm. *Haarmeyer*; LG Mainz, Beschl. v. 18.7.2014 – 8 T 46/14, juris; LG Hamburg, Beschl. v. 7.1.2019 – 326 T 118/16, ZIP 2019, 1680; Uhlenbruck-*Mock*, InsO, § 63 Rz. 27; *Haarmeyer/Mock*, ZInsO 2014, 573; kritisch dagegen *Büttner* in: HambKomm-InsO, § 2 InsVV Rz. 11 ff., 35; *Lorenz* in: FK-InsO, § 2 InsVV Rz. 4 ff.; *Prasser/Stoffler* in: KPB, InsO, § 2 InsVV Rz. 41 ff.

272) BGH, Beschl. v. 5.3.2015 – IX ZB 48/14, InsbürO 2015, 368.

273) BGH, Beschl. v. 12.9.2019 – IX ZB 2/19, ZIP 2019, 2021 = NZI 2019, 910, dazu EWiR 2019, 725 *(Mock)*.

274) BGH, Beschl. v. 12.9.2019 – IX ZB 2/19, ZIP 2019, 2021 = NZI 2019, 910.

tätigkeitsbezogene Erschwernisse im konkreten Verfahren nenne, die zu einer Erhöhung führen könnten. Die bis 2014 eingetretene Inflation seit 1999 führe noch nicht zu einer unangemessen niedrigen Vergütung. Auch übe der Insolvenzverwalter eine unternehmerische Tätigkeit aus. Es sei daher auch an ihm, durch Gestaltung seiner Kostenstruktur seinen Gewinn zu regeln. Im Übrigen müsse eine Gesamtbetrachtung des Vergütungsniveaus angestellt werden.[275)]

Mit **Beschluss vom 17.9.2020** erteilte der BGH wiederum der Anhebung der Regelvergütung aufgrund der allgemeinen Preisentwicklung eine deutliche Absage.[276)] Der BGH wies eine Beschwerde zur Vergütung eines vorläufigen Insolvenzverwalters aus dem Jahre 2016 zurück. Er gesteht zwar zu, dass seit 1999 die Lebenshaltungskosten gestiegen sind und eine mögliche Steigerung der Insolvenzmassen durch § 2 Abs. 1 InsVV nicht vollständig aufgefangen wird. Allerdings weist er die Heranziehung von Preisindizes für Erzeugerpreise oder einzelne Wirtschaftszweige zurück. Diese seien auf die Tätigkeit des Insolvenzverwalters nicht übertragbar. Verlangt wurde vom BGH ein „Tatsachenvortrag zur Entwicklung der Einkommenssituation für Insolvenzverwalter".[277)] Der BGH erkannte zwar die Tätigkeit des Insolvenzverwalters als unternehmerische Tätigkeit an, verlangte aber die Offenlegung von „Daten zur tatsächlichen Kostenstruktur für Insolvenzverwalter".[278)] 140

Die Argumentation des BGH ist insgesamt nicht überzeugend:[279)] Zwar ist der Hinweis des BGH, der Insolvenzverwalter müsse seine **Kostenstruktur geänderter Umsatzentwicklung** anpassen, grundsätzlich richtig, er darf aber auch nicht pauschaliert und erst recht nicht überzogen verwendet werden. Die Insolvenzgerichte und nicht zuletzt die Insolvenzgläubiger verlangen zu Recht eine professionelle Insolvenzverwaltung. Diese erfordert insbesondere auch qualifizierte Mitarbeiter. Der Insolvenzverwalter kann seine Mitarbeiterstruktur nicht ad hoc und unbegrenzt veränderten Umsatzstrukturen anpassen, er kann insbesondere sein eigenes Produkt – Insolvenzverwaltung – nicht unbegrenzt verbilligen. Wie sonst auch, hat Qualität ihren Preis! Man darf deshalb nicht einerseits die Vorhaltung eines professionellen Verwaltungsapparates verlangen, andererseits aber angemessene Entlohnung verweigern. Zu allgemein ist es auch, eine Gesamtbetrachtung des Vergütungsniveaus der verschiedenen Degressionsstufen zu fordern, ohne dies zu konkretisieren. Hätte der BGH dies differenzierter ausgeführt, wäre eine komplette Neuausrichtung des § 2 Abs. 1 InsVV einschließlich der Frage, was denn der Normalfall sei (siehe dazu § 4 Rz. 5 ff.) aber fast unausweichlich gewesen. 141

Dass der **BGH** im **Beschluss vom 17.9.2020** die Verweisung auf Preisindizes rechts- und wirtschaftsberatender Berufe nicht anerkennen will und einen spezifischen Tatsachenvortrag zu den Kosten der Insolvenzverwaltung verlangt, überzeugt am wenigsten. Man kann sich fragen, ob **Personalkosten oder Bürokosten für Insolvenzverwalter andere sind als für andere Berufe?** Zahlt ein Insolvenzverwalter durchschnittlich etwa geringere Büromiete als ein Rechtsanwalt? Warum sind Sach- und Personalkosten nicht mit anderen Berufsträgern vergleichbar? Entwickeln sich Büromieten etwa abhängig von der beruflichen Tätigkeit des Mieters? Dass die Indizes des Statistischen Bundesamtes für vergleichbare Branchen eine Vergleichbarkeit begründen sollen, ist deren Zweck. Dass nicht jeder Einzelfall eingefangen werden kann, ist dabei hinzunehmen, will man eine Statistik nicht überdifferenzieren. Warum sollen aber die Zahlen zu den Entwicklungen von Sach- und Per- 142

275) BGH, Beschl. v. 4.12.2014 – IX ZB 60/13, Rz. 15, ZIP 2015, 138 = NZI 2015, 141 m. Anm. *Graeber*.

276) BGH, Beschl. v. 17.9.2020 – IX ZB 29/19, ZRI 2020, 597 = ZIP 2020, 2083, dazu EWiR 2020, 659 *(Körner/Rendels)*; *Lissner*, ZInsO 2020, 2688.

277) BGH, Beschl. v. 17.9.2020 – IX ZB 29/19, Rz. 17 ff., ZRI 2020, 597 = ZIP 2020, 2083.

278) BGH, Beschl. v. 17.9.2020 – IX ZB 29/19, Rz. 19, ZRI 2020, 597 = ZIP 2020, 2083.

279) Dazu auch *Zimmer*, InsVV, § 2 Rz. 38 ff.

sonalkosten nicht für Insolvenzverwaltung gelten? Muss das Statistische Bundesamt für die Insolvenzverwaltung eine neue statistische Fachserie aufsetzen?

143 Ebenso wenig überzeugt das Postulat des BGH, der Insolvenzverwalter sei verpflichtet, dem Insolvenzgericht gegenüber seine **Kostenstruktur offenzulegen**. Wenn der BGH zutreffend die Verwaltertätigkeit als **unternehmerische Tätigkeit** anerkennt, muss er auch anerkennen, dass jedem einzelnen überlassen sein muss, wie er seine Kosten strukturiert und aus seiner Tätigkeit Gewinn erwirtschaftet. Soll und darf etwa das Insolvenzgericht die Vergütungsgewährung davon abhängig machen, wie ein Insolvenzverwalter Kostenstrukturen seines Büros organisiert? Das Insolvenzgericht und ebenso wenig der BGH können als Controlling-Beauftragte eine Gewinn- und Verlustrechnung des Verwalters prüfen oder gar beanstanden.[280)] Er ist wie jeder andere Freiberufler oder auch ein Gewerbetreibender unternehmensrechtlich nicht einmal verpflichtet, sie zu offenbaren. Hier scheint sich ein grundlegend falsches Bild sowohl von der Insolvenzverwaltertätigkeit als auch von der Struktur der Vergütung zu manifestieren. Sie ist keine staatliche Sozialleistung und ihre Gewährung ist kein Gnadenakt des Insolvenzgerichts. Auch wenn man über die Höhe der Vergütungsätze streiten kann, muss man sie doch als unternehmerischen Umsatz anerkennen, bei welchem es dem Einzelnen überlassen bleiben muss, wie er sein Büro organisiert und wieviel Gewinn er erzielt.

144 Die pauschale Erhöhung der Vergütung mit dem Argument zu verneinen, **§ 3 Abs. 1 InsVV** lasse **nur eine tätigkeitsbezogene Erhöhung** zu, lässt außer Betracht, dass bereits bei der Vergütung des Konkursverwalters eine pauschale vierfache Erhöhung des damaligen Regelsatzes anerkannt war und diese sich auch nicht auf die konkrete Arbeitsbelastung des Einzelfalles bezog. Dem BVerfG war in seinem Beschluss vom 9.2.1989 dieser Umstand durchaus bekannt.[281)] Der Nichtannahmebeschluss vom 9.2.1989, in welchem das BVerfG eine verfassungskonforme Anwendung der §§ 3 und 4 VergVO gebilligt und damit eine Verfassungswidrigkeit der zu niedrigen Regelvergütung verneint hatte, wurde allgemein und zutreffend so verstanden, dass eine pauschale Zuschlagsgewährung zur Regelvergütung nicht nur zulässig, sondern sogar geboten sei.[282)] Durch **verfassungskonforme** Auslegung und **Anwendung der InsVV** kann eine Anpassung der Vergütung damit durchaus erfolgen.[283)]

145 Die **Frage der Anpassung der Regelvergütung** an veränderte Preisentwicklung und Lebenshaltungskosten stellt sich letztlich **in gleicher Weise wie bei der VergVO zum Konkursrecht**, bei welcher nach 19 Jahren eine pauschale Anhebung gebilligt worden ist. Dies kann nicht mit dem Argument verneint werden, der Verordnungsgeber würde mit seiner Untätigkeit bewusst handeln und eine Kürzung der Vergütung – gemessen an der Preisentwicklung –, hinnehmen und den Insolvenzverwaltern zumuten. Im Vergleich zu den Wertgebühren in berufsrechtlichen Gebührenordnungen ist es dort als Freiheit des Gesetzgebers anzuerkennen, wenn er diese nicht anhebt. Die Verwaltervergütung ist aber keine Wertgebühr und systematisch offen ausgestaltet; sie muss für den Einzelfall des Verfahrens angemessen sein. Gewährt die InsVV keine angemessene Vergütung, verstößt sie gegen Art. 12 Abs. 1 Satz 2 GG und ist als verfassungswidrig anzusehen. Dies ist zu vermeiden durch einen pauschalen Erhöhungstatbestand. Dies lag der Argumentation des BVerfG im Beschluss vom 9.2.1989 zur pauschalen Erhöhung der Konkursverwalterver-

280) In diesem Sinne aber wohl *Lissner*, ZInsO 2016, 2283; *Lissner*, ZInsO 2020, 2688, 2693.

281) BVerfG, Beschl. v. 9.2.1989 – 1 BvR 1165/87, ZIP 1989, 382 m. Anm. *Eickmann* = KTS 1989, 357, dazu EWiR 1989, 391 *(Onusseit)*; *Zimmer*, InsVV, § 2 Rz. 37.

282) Eingehend *Eickmann*, ZIP 1989, 382 (Urteilsanm.).

283) Ablehnend gegen eine Änderung des § 2 Abs. 1 InsVV durch die einfache Gerichtsbarkeit LG Köln, Beschl. v. 13.5.2019 – 13 T 167/18, ZIP 2019, 1132 = NZI 2019, 680, dazu EWiR 2019, 473 *(Zimmer)*.

gütung zugrunde.[284)] Schließlich wären auch berufsrechtliche Gebührenordnungen mit Wertgebühren verfassungswidrig, wenn der Gesetzgeber diese über einen so langen Zeitraum unangepasst ließe, dass die Angemessenheit der Wertgebühr verfassungsrechtlich nicht mehr tragbar wäre. Der Unterschied mag darin bestehen, dass bei der InsVV und früher der VergVO als Rechtsverordnung auch die einfachen Gerichte die Verfassungswidrigkeit feststellen können, damit aber auch berufen sind, einen verfassungswidrigen Zustand zu vermeiden (siehe dazu § 2 Rz. 238 ff.). Zum vergleichbaren Fall der Vergütung des Zwangsverwalters (§§ 146 ff., 152a ZVG) nach der früheren Vergütungsverordnung (ZwVerwVO) ordnete daher der BGH zutreffend auch eine Anpassung der Vergütungsbestimmungen an.[285)]

Eine **angemessene Umsetzung** der Anpassung der Regelvergütung für Verfahren, die bis einschließlich 31.12.2020 beantragt wurden, kann dadurch erfolgen, dass die **Degressionsstufen** des § 2 Abs. 1 InsVV **angepasst** werden.[286)] Es können aber auch die Prozentsätze der jeweiligen Stufe erhöht werden. Dabei ist zu beachten, dass die Preisentwicklung für unternehmensnahe Beratung sowie rechtsberatende Berufe höher ausfiel als die Entwicklung des Verbraucherpreisindexes. Die Anhebung der Degressionsstufen um den Prozentsatz der Entwicklung des Verbraucherpreisindexes wäre daher nicht ausreichend. Das AG Potsdam schlug vor, die Vergütung pauschal um einen angemessenen Prozentsatz von 0,40 zu erhöhen.[287)] Die pauschale Erhöhung muss sich zutreffend auf die Gesamtvergütung, nicht lediglich auf die Regelvergütung ohne Berücksichtigung von Zuschlägen beziehen. 146

Zuletzt kann gefragt werden, ob durch die **Anhebung der Vergütungssätze zum 1.1.2021** mit gleichzeitiger Beschränkung auf die seit diesem Datum beantragten Verfahren durch § 19 Abs. 5 InsVV nicht umgekehrt ein gesetzgeberischer Wille erkennbar ist, **für frühere Verfahren keine Regelung** treffen zu wollen. Allein aus der Übergangsregelung kann dies nicht geschlossen werden, weil bei der Änderung von Verfahrensvorschriften, zudem solchen des Vergütungsrechts, **Übergangsregelungen** stets notwendig sind. Allerdings hätte der Gesetzgeber die Übergangsregelung auch nicht stichtagsbezogen gestalten müssen. Die Gesetzesbegründung, die mit Bezugnahme auf die Stimmen der gerichtlichen Praxis eine behutsame Anpassung vornehmen wollte, lässt eher den Schluss zu, dass der Gesetzgeber für Altverfahren bewusst keine Regelung treffen wollte.[288)] 147

cc) Die Definition des Normalverfahrens

Mit der Regelvergütung und der Gewährung von Zuschlägen oder der Kürzung der Vergütung hängt die Frage nach dem vergütungsrechtlichen Normalfall einer Insolvenz eng zusammen. Ob hier **feste Tatbestände** insbesondere zu sog. **quantitativen Aspekten normiert** werden sollten, kann durchaus diskutiert werden (siehe eingehend § 4 Rz. 5 ff.). Dann muss aber auch berücksichtigt werden, dass die unterschiedlichen Verfahrensarten auch unterschiedliche Parameter des Normalverfahrens kennen; die Verbraucherinsolvenz hat eine andere typische Gläubigerstruktur als die Unternehmensinsolvenz. Auch müss- 148

---

284) BVerfG, Beschl. v. 9.2.1989 – 1 BvR 1165/87, ZIP 1989, 382 m. Anm. *Eickmann* = KTS 1989, 357, dazu EWiR 1989, 391 *(Onusseit)*.

285) BGH, Beschl. v. 12.9.2002 – IX ZB 39/02, BGHZ 152, 18 = ZIP 2002, 1959, dazu EWiR 2004, 259 *(Keller)*.

286) So zu § 24 ZwVerwVO durch BGH, Beschl. v. 12.9.2002 – IX ZB 39/02, BGHZ 152, 18 = ZIP 2002, 1959, dazu EWiR 2004, 259 *(Keller)*.

287) So AG Potsdam, Beschl. v. 2.12.2019 – 30 IN 200/00, ZInsO 2020, 208; *Graeber*, ZInsO 2019, 1590.

288) Begr. RegE SanInsFoG, BT-Drucks. 19/24181, S. 215; abgedr. unten in Anh. VI, S. 729 ff.

ten dann die vorläufige Insolvenzverwaltung und die vorläufige Sachwaltung in ihren Tatbeständen definiert werden.

dd) Der Abzug von Masseverbindlichkeiten

149 Die allgemeine Regelung des § 1 Abs. 2 Nr. 1 Satz 1 InsVV, dass Masseverbindlichkeiten von der Berechnungsgrundlage nicht abzuziehen sind, führt in manchen Einzelfällen zu unverständlichen Ergebnissen (siehe § 3 Rz. 82 ff.). Letztlich hat dies seinen Grund im Charakter der Verwaltervergütung als tätigkeitsbezogene und zugleich erfolgsbezogene Vergütung.

150 Ein radikaler Vorschlag könnte hier sein, **sämtliche Masseverbindlichkeiten** – vielleicht mit Ausnahme der der oktroyierten Masseverbindlichkeiten des § 55 Abs. 1 Nr. 2 InsO – **von der Berechnungsgrundlage abzuziehen,** so dass diese im Idealfall auch der den Gläubigern zur Verfügung stehenden Teilungsmasse entspricht. Natürlich muss dann die Berechnung der Regelvergütung angepasst werden. Der Abzug aller Masseverbindlichkeiten könnte die Transparenz der Vergütungsbestimmung erhöhen und zugleich hinsichtlich der Masseverbindlichkeiten, die aufgrund Delegationen an Dienstleister entstehen, bei den Insolvenzverwaltern eine Sensibilität zur Notwendigkeit der Delegation wachsen lassen (siehe eingehend § 2 Rz. 137 ff.).

ee) Vergleichsberechnungen zur Bestimmung der Berechnungsgrundlage

151 Zahlreiche Vergleichsberechnungen, insbesondere auch diejenige nach § 1 Abs. 2 Nr. 1 InsVV (siehe § 3 Rz. 91 ff.), erzeugen eine Scheinobjektivität. Auch die Vergleichsberechnung zum Zuschlag bei Unternehmensfortführung erweist sich in vielen Fällen als unnötig (siehe dazu § 5 Rz. 176 ff.). Hier könnte die Bestimmung der Berechnungsgrundlage vereinfacht werden.[289)]

ff) Die Vergütung des vorläufigen Insolvenzverwalters

152 Die Vergütung des vorläufigen Insolvenzverwalters mit der zersplitterten Regelung zwischen § 63 Abs. 3 InsO und § 11 InsVV (siehe eingehend § 7 Rz. 44 ff.) sollte konsistenter geregelt werden.

gg) Die Vergütung des vorläufigen Sachwalters

153 Dass die Vergütung des vorläufigen Sachwalters mit Einführung der §§ 270a, 270b InsO (seit 1.1.2021: § 270a und § 270d InsO) zum 1.3.2013 überhaupt nicht geregelt wurde, muss als großer Fehler des Gesetz- und des Verordnungsgebers bezeichnet werden. Ihre Festlegung hinsichtlich Berechnungsgrundlage, Regelvergütung und Zuschlägen bedarf ausdrücklicher Bestimmung in der InsVV (siehe eingehend § 9 Rz. 23 ff.). Die Regelung des **§ 12a InsVV** gilt nach § 19 Abs. 5 InsVV nur für Verfahren, die seit 1.1.2021 beantragt werden. Ihre Anwendung auf Altverfahren ist schwierig, weil dann auch die in § 2 Abs. 1 InsVV erhöhte Regelvergütung angewendet werden müsste, was aber eindeutig dem Zweck der Übergangsregelung widerspricht (siehe dazu auch § 9 Rz. 43 ff.).

hh) Die Vergütung der Mitglieder des Gläubigerausschusses

154 Völlig unrealistisch war zuletzt die Bestimmung des § 17 InsO zu den Stundensätzen der Vergütung der Mitglieder des Gläubigerausschusses. Sie wurde durch Anhebung der Stundensätze zum 1.1.2021 grundlegend korrigiert. Auch hier gilt die Neuregelung aber nur Verfahren, die seit dem 1.1.2021 beantragt werden (siehe eingehend § 13 Rz. 34).

---

289) Eingehend *Keller*, ZIP 2014, 2014; die Regelung des § 1 Abs. 2 InsVV wird insgesamt für verfassungswidrig gehalten von AG Potsdam, Beschl. v. 2.12.2019 – 35 IN 200/00, ZIP 2020, 2196 = NZI 2020, 340; *Graeber/Graeber*, InsVV, § 1 Rz. 137 ff.; *Graeber*, ZInsO 2018, 141.

III. Die Literatur zum Vergütungsrecht

1. Kommentierungen der InsVV

Begründer und Nestor des insolvenzrechtlichen Vergütungsrechts war ***Dieter Eickmann***, er verstarb im Alter von 78 Jahren am 31.8.2017. *Eickmann* legte bereits zur VergVO im Konkursverfahren eine Kommentierung vor, die in 2. Auflage 1997 erschienen ist.[290] *Eickmann* begründete insbesondere ein System zur Vergütung des Sequesters im Konkurseröffnungsverfahren, das Vorbild zu § 11 InsVV war.[291] Er legte ferner den Grundstein zur pauschalen Anhebung der Regelvergütung des § 3 VergVO zur Kompensation fehlender Anpassung an Lebenshaltungskosten, die im Jahre 1989 so auch vom BVerfG gebilligt wurde.[292] Auch die Systematik zur Delegationsfähigkeit einzelner Tätigkeiten und ihrer vergütungsrechtlichen Auswirkungen basiert auf *Eickmanns* Arbeiten.[293] *Eickmann* war Mitglied der Reformkommission zum Insolvenzrecht und erstellte im Auftrag des BMJ im Jahre 1993 ein Gutachten zur Ausgestaltung des künftigen Vergütungsrechts mit detaillierten Vorschlägen zu Neuregelungen.[294] **155**

Nach Inkrafttreten der InsVV brachte *Eickmann* als Ergänzungsband zum Insolvenzrechtskommentar von *Kübler/Prütting* in zwei Auflagen eine Kommentierung der InsVV heraus. Nach der Neukonzeption des *Kübler/Prütting* zu *Kübler/Prütting/Bork* und später zu ***Prütting/Bork/Jacoby*** wurde die Kommentierung der InsVV in das Gesamtwerk integriert und wird von *Conny Prasser* und *Christian Stoffler* fortgeführt (Stand der Ergänzungslieferungen für das Gesamtwerk 3/2025). **156**

In der „Gelben Reihe" des Verlages C. H. Beck erschien im Jahre 2021 in 2. Auflage eine Kurzkommentierung der InsVV von *Guido Stephan* und *Ernst Riedel*. **157**

Im Oktober 2022 legten *Andreas Schmidt* als Herausgeber sowie *Markus Wischemeyer* und *Matthias Wolgast* als Autoren eine Kommentierung in der Reihe **Heidelberger Kommentare** der InsVV vor. **158**

In der von *Peter Leonhardt*, *Stefan Smid* und *Mark Zeuner* herausgegebenen Kommentarreihe zum Insolvenzrecht (InsO, 4. Auflage 2018, herausgegeben von *Rolf Rattunde (†)/ Stefan Smid/Mark Zeuner*; Internationales Insolvenzrecht, 2. Auflage 2012), bearbeitete *Katrin Amberger* im Jahre 2014 die InsVV i. R. einer Einzelkommentierung. **159**

Eine Online-Kommentierung der InsVV wird im Eigenverlag von *Alexa* und *Thorsten Graeber* in der 5. Auflage 2026 herausgegeben (www.insvv-online.de); gebunden ist sie in 4. Auflage 2022 erhältlich. **160**

Frank-Thomas Zimmer legte im Jahre 2022 die zweite Auflage seines umfangreichen Kommentars zur InsVV vor. **161**

2. Kommentierungen zur InsO

Während zur KO das Vergütungsrecht zumeist nur innerhalb der Kommentierung zu § 85 KO erläutert wurde,[295] entwickelte sich in der nunmehr fast unüberschaubaren Kommentarliteratur zur InsO rasch der Maßstab, auch die Vorschriften der InsVV einzeln zu kommen- **162**

290) *Eickmann*, VergVO, 2. Aufl. 1997.

291) *Eickmann*, VergVO, Anh. B; grundlegend bereits *Eickmann*, ZIP 1982, 21; heftig kritisiert von *Raebel* in: FS Fischer, S. 459.

292) BVerfG, Beschl. v. 9.2.1989 – 1 BvR 1165/87, ZIP 1989, 382 m. Anm. *Eickmann* = KTS 1989, 357, dazu EWiR 1989, 391 *(Onusseit)*.

293) *Eickmann*, KTS 1986, 197; dieser Systematik im Grundsatz folgend *Graeber*, NZI 2003, 569; *Bork*, ZIP 2009, 1747; *Graeber/Graeber*, ZInsO 2013, 1284.

294) Begr. z. Entwurf einer InsVV, Abschn. A. 2., abgedr. unten in Anh. III, S. 689 ff.

295) So insbesondere bei *Kuhn/Uhlenbruck*, KO; *Kilger/K. Schmidt*, Insolvenzgesetze.

tieren. Diese Kommentierungen fallen entsprechend dem Umfang des jeweiligen Kommentars und seiner Zielgruppenorientierung unterschiedlich tiefgehend und detailliert aus:

163 Eine umfangreiche Kommentierung bietet *Jürgen Blersch* in dem Loseblattkommentar ***Blersch/Goetsch/Haas*** (Stand der Ergänzungslieferungen für das Gesamtwerk 12/2024).

164 Wie bereits in seinen Kommentierungen zur Konkurs- und Gesamtvollstreckungsordnung[296)] bearbeitete ***Harald Hess*** in der 2. Auflage 2013 seines Großkommentars zur Insolvenzordnung die InsVV ausführlich. Der Kommentar ist in den Jahren 2016 bis 2022 als Kölner Kommentar zur Insolvenzordnung neu erschienen. Die InsVV kommentiert darin *Jan Roth*.

165 Im **Münchener Kommentar zur Insolvenzordnung** erfährt die InsVV eine maßvolle Kommentierung von *Ernst Riedel* und *Guido Stephan* (5. Auflage 2025); in der 1. und der 2. Auflage wurde die InsVV von *Barbara Nowak* kommentiert (2. Auflage 2007).

166 In dem in der 10. Auflage von *Alexander Bornemann* – bis zur 9. Auflage von *Klaus Wimmer* – herausgegebenen **Frankfurter Kommentar** zur Insolvenzordnung wird die InsVV von *Karl-Heinz Lorenz* bearbeitet (10. Auflage 2024); die Vorauflage war auch als Auskopplung separat erhältlich (*Lorenz/Klanke*, InsVV/GKG/RVG, 3. Auflage 2017).

167 In den **Kurzkommentaren zur InsO** wird die InsVV kommentiert bei *„Graf-Schlicker"* von *Sylvia Wipperfürth* (6. Auflage 2022), im von *Kayser/Thole* herausgegebenen Heidelberger Kommentar vom *Verfasser* (11. Auflage 2023), im Hamburger Kommentar von *Joachim Büttner* (10. Auflage 2024). Zu erwähnen ist zuletzt die Kommentierung von *Guido Stephan* bei *Römermann* (Stand der Ergänzungslieferungen für das Gesamtwerk 1/2024; das Vergütungsrecht wurde zuletzt ergänzt 4/2023).

168 Innerhalb der §§ 63 ff. InsO wird das insolvenzrechtliche Vergütungsrecht erläutert von *Eberhard Schilken* in dem von *Wolfram Henckel* und *Walther Gerhardt* herausgegebenen Großkommentar *„Jaeger"* zur Insolvenzordnung (Bd. 2 mit den §§ 56 bis 102, 2008).

169 Im ***„Uhlenbruck"***, der lange Jahre von *Wilhelm Uhlenbruck* bearbeitet und in der 16. Auflage 2025 von *Heinz Vallender* und *Heribert Hirte* herausgegeben wurde, wird das Vergütungsrecht von *Sebastian Mock* dargestellt.

170 Im „Beck'schen Kurzkommentar" zur Insolvenzordnung, herausgegeben von *Karsten Schmidt*, bearbeitet *Mihai Vuia* die Vorschriften zur Vergütung des Insolvenzverwalters (21. Auflage 2026).

3. Handbücher und Monographien

171 Die Auswahl an Handbüchern, Formularbüchern und monographischen Darstellungen zum Insolvenzrecht ist groß. Sie beinhalten zumeist auch Kapitel zur Vergütung. Beispielhaft zu nennen sind *Bork/Hölzle*, Handbuch Insolvenzrecht (3. Auflage 2024), *Gottwald*, Insolvenzrechts-Handbuch (6. Auflage 2020), *Beck/Depré*, Praxis der Insolvenz (4. Auflage 2023), *Frege/Keller/Riedel*, Insolvenzrecht (9. Auflage 2022).

172 Das insolvenzrechtliche Vergütungsrecht fand in den letzten auch Berücksichtigung als Dissertationsthema. Hervorzuheben sind folgende Schriften: *Philip Falk*, Die Verwirkung der Vergütung des Insolvenzverwalters – de lege lata und de lege ferenda, 2023; *Daniel Winkler*, Angemessen der Vergütung des Insolvenzverwalters, 2017; *Philipp Sahrmann*, Praxis der Zu- und Abschläge bei der Vergütung des (vorläufigen) Insolvenzverwalters, 2022; *Tobias Alexander Knapp*, Die Vergütung des Insolvenzverwalters, 2022.

---

296) *Hess*, KO, Anh. II; *Hess/Binz/Wienberg*, GesO, Anh. I.

§ 2
Der Anspruch auf angemessene Vergütung

Übersicht

Aufsatzliteratur: *Ahrens*, Wenn das Geld verlorengeht – Zur Verwirkung der Insolvenzverwaltervergütung, NJW 2019, 890; *Berger/Frege*, Business Judgment Rule bei Unternehmensfortführung in der Insolvenz – Haftungsprivileg für den Verwalter?, ZIP 2008, 204; *Berger/Frege/Nicht*, Unternehmerische Ermessensentscheidungen im Insolvenzverfahren – Entscheidungsfindung, Kontrolle und persönliche Haftung, NZI 2010, 321; *Bigus/Bak*, Die (verpasste) Reform der Insolvenzverwaltervergütung – eine rechtsökonomische Analyse, ZInsO 2021, 1421; *Bittmann*, Das LG Aurich, die Abrechnung des (vorläufigen) Insolvenzverwalters und das Vermögensstrafrecht, ZInsO 2017, 1874; *Bittmann*, Strafrechtliche Risiken der Insolvenzverwaltervergütung, ZInsO 2009, 2036; *Blankenburg*, Hinzuziehung von Hilfspersonen im Eröffnungsverfahren, ZInsO 2018, 73; *Blankenburg*, Ein vergütungsrechtlicher Bärendienst mit Folgen, ZInsO 2017, 531; *Bork*, Die „kalte Zwangsverwaltung" – ein heißes Eisen, ZIP 2013, 2129; *Eickmann*, Die Vergütung des nach § 106 KO bestellten Sequesters, ZIP 1982, 21; *Ganter*, Nochmals: Die Delegation der Ermittlung von Anfechtungsansprüchen, ZInsO 2016, 677; *Ganter*, Aktuelle Entwicklungen im Recht der Insolvenzverwaltervergütung, NZI 2016, 377; *Gomille*, Zum Verwirken der Verwaltervergütung durch Untreue, KTS 2019, 370; *Graeber*, Sind die Regelsätze des § 2 InsVV durch die Praxis anzupassen?, ZInsO 2019, 1590; *Graeber*, Vergütungsrecht in der Insolvenzpraxis: Die Regelung des § 1 Abs. 2 InsVV ist nichtig!, ZInsO 2018, 141; *Graeber*, Vergütungsrecht in der Insolvenzpraxis: Nichtigkeit des § 11 Abs. 1 Satz 2 InsVV: Die Nichtberücksichtigung von Gegenständen mit Aus- oder Absonderungsrechten in der Berechnungsgrundlage eines vorläufigen Insolvenzverwalters bei einer nicht erheblichen Befassung ist gesetzeswidrig, ZInsO 2018, 1292; *Graeber*, Die Entwicklung der Verwalterauswahl unter der Insolvenzordnung, in: Festschrift für Heinz Vallender, 2015, S. 165; *Graeber*, Vergütungsbestimmung durch Vereinbarungen zwischen einem Insolvenzverwalter und den weiteren Beteiligten eines Insolvenzverfahrens, ZIP 2013, 916; *Graeber*, Keine Strafbarkeit unrichtiger oder überhöhter Vergütungsanträge im Insolvenzverfahren, ZInsO 2010, 1972; *Graeber*, Die Beauftragung eines Inkassounternehmens durch den Insolvenzverwalter und die Behandlung der Kosten im Insolvenzverfahren, InsbürO 2006, 182; *Graeber*, Die Vorauswahl der Insolvenzverwalterkandidaten, NJW 2004, 2715; *Graeber/Graeber*, Die Beauftragung von Dienstleistern und deren Auswirkungen auf die Vergütung des Insolvenzverwalters – inklusive Exkurs zur Zuschlagsbemessung nach Marktkriterien, ZInsO 2013, 1284; *Graeber/Graeber*, Möglichkeiten und Grenzen der Beauftragung von Dienstleistern durch Insolvenzverwalter, ZInsO 2013, 1056; *Graeber/Graeber*, Die Behandlung verjährter Vergütungsansprüche des vorläufigen Insolvenzverwalters im gerichtlichen Festsetzungsverfahren, ZInsO 2010, 465; *Gutmann/Schendel*, Tag der Abrechnung: Was Insolvenzverfahren kosten, INDat-Report 7/2019, S. 11; *Hingerl*, Verwaltervergütung bleibt notwendiger Inhalt eines Insolvenzplans, ZInsO 2018, 776; *Hingerl*, Notwendigkeit einer Vergütungsbestimmung im Insolvenzplan?, ZIP 2015, 159; *Huep/Webel*, Zur Kostenrisikoverteilung in massearmen Verfahren bei Kostenstundung, NZI 2011, 389; *Jacoby*, Die Einschaltung der eigenen Sozietät durch den Insolvenzverwalter, ZIP 2005, 1060; *Jungmann*, Business Judgments in der Insolvenz: Freiräume trotz richterlicher Sachlichkeitskontrolle, NZI 2020, 651; *Keller*, Das insolvenzrechtliche Vergütungsrecht – im Zangengriff der Rechtsprechung?, ZIP 2025, 740; *Keller*, Die Vergütung des vorläufigen Sachwalters nach den Vorstellungen des Bundesgerichtshofs, NZI 2016, 753; *Keller*, Die Voraussetzungen und der rechtliche Rahmen zur Durchführung einer so genannten kalten Zwangsverwaltung, NZI 2013, 265; *Keller*, Zur Berechnungsgrundlage zur Vergütung des Insolvenzverwalters, NZI 2013, 240; *Keller*, Adversus haereses – Glaubenskampf um die Berechnungsgrundlage der Vergütung des vorläufigen Insolvenzverwalters, ZIP 2008, 1615; *Keller*, Verjährung des Vergütungsanspruchs des Insolvenzverwalters, NZI 2007, 378; *Keller*, Vorschussentnahme auf die Vergütung des Insolvenzverwalters, DZWIR 2003, 101; *Keller*, Grundstücksverwertung im Insolvenzverfahren, ZfIR 2002, 871; *Keller*, Aktuelle Fragen zur Vergütung des Treuhänders im Verbraucherinsolvenzverfahren, ZVI 2002, 393; *Keller*, Die Vergütungsfestsetzung zwischen objektiven Maßstäben und Besonderheiten des Einzelfalles, ZIP 2000, 914; *Keller*, Die Zulässigkeit der Beauftragung mit dem Insolvenzverwalter gesellschaftsrechtlich verbundener Unternehmen und der Anrechnungstatbestand nach § 1 Abs. 2 Nr. 4 lit. a) InsVV, DZWIR 2000, 265; *Kothe*, Der Sekundäranspruch des Insolvenzverwalters/Treuhänders, Rpfleger 2014, 169; *Laubereau*, Die Delegation der Ermittlung von Anfechtungsansprüchen, ZInsO 2016, 496; *Leithaus*, Verwirkung des Vergütungsanspruchs bei Verletzung von Nebenpflichten? Oder: Disziplinierungsmaßnahmen gegen missliebige Insolvenzverwalter?, NZI 2005, 382; *Lissner*, Die Reform der Insolvenzverwaltervergütung – vertane Chance oder Beibehaltung bewährter Strukturen?, ZInsO 2021, 1531; *Lissner*, Der verwirkte Vergütungsanspruch, ZInsO 2017, 754; *Madaus*, Möglichkeiten und Grenzen von Insolvenzplanregelungen, ZIP 2016, 1141; *Martini*, Gerichtliche Überprüfung eines Insolvenzplans, DZWIR 2018,

451; *Metoja*, Heranziehung von Marktpreisen zur Bestimmung von angemessenen Zuschlagshöhen bei der Vergütung des Insolvenzverwalters, ZInsO 2016, 1612; *Milimonka*, Der Ersatz von Reisekosten eines am Geschäftssitz des Insolvenzverwalters ansässigen Rechtsanwalts vor dem Hintergrund des § 5 Abs. 1 InsVV, ZInsO 2011, 1100; *Mitlehner*, Festsetzung der Gebühr i. S. d. § 5 InsVV nach § 11 RVG?, NZI 2023, 689; *Mock*, Gläubigerautonomie und Vergütung des Insolvenzverwalters, KTS 2012, 59; *Onusseit*, Umsatzsteuerrechtliche Behandlung der Insolvenzverwalterleistung, ZInsO 2008, 1337; *Pape*, Die Insolvenzzweckwidrigkeit von Rechtshandlungen des vorläufigen und des endgültigen Insolvenzverwalters/Sachwalters, ZInsO 2016, 2149; *Pape*, Die immerwährende „Reform" der Insolvenzordnung – Irrungen und Wirrungen, in: Festschrift für Heinz Vallender, 2015, S. 363; *Pape*, Die Qual der Insolvenzverwalterauswahl: Viel Lärm um wenig, NZI 2006, 665; *Polonius*, Die Beauftragung Dritter durch den Insolvenzverwalter – besondere Aufgabe oder Regelaufgabe?, ZVI 2021, 57; *Reckenzaun*, Die Entlohnung des Insolvenzverwalters in Österreich, ZInsO 2019, 136; *Reinhardt*, Zur Zulässigkeit von Vergütungsvereinbarungen im Insolvenzplan, ZInsO 2015, 943; *Riewe*, Festsetzung der Vergütung des vorläufigen Insolvenzverwalters bei fehlender Eröffnung des Insolvenzverfahrens, NZI 2010, 131; *Rüffert*, Verjährung der Vergütung des vorläufigen Verwalters, ZInsO 2009, 757; *Runkel/Wältermann*, Zur verfassungsgemäßen Auswahl und Ernennung eines Insolvenzverwalters, ZIP 2005, 1347; *Schmittmann*, Steuererklärungspflicht des Insolvenzverwalters bzw. Treuhänders, NZI 2014, 596; *Schöttler*, Gerichtliche Bindung an Vergütungsvereinbarungen im Insolvenzplan?, NZI 2014, 852; *Seehaus*, Den BGH richtig verstehen: Zur Festsetzung der Vergütung des vorläufigen Insolvenzverwalters bei nicht eröffneten Insolvenzverfahren, ZInsO 2011, 1783; *Smid*, Titulierung des Vergütungsanspruchs des Insolvenzverwalters und des vorläufigen Verwalters, ZIP 2014, 1714; *Spiekermann*, Die Verjährung von Masseverbindlichkeiten bei Masseunzulänglichkeit, NZI 2019, 446; *Stiller*, Absetzung von Reisekosten eines beauftragten Prozessanwalts von der Insolvenzverwaltervergütung bei Prozessführung an einem auswärtigen Gericht?, ZInsO 2016, 28; *Tetzlaff*, Rechtsprobleme der „kalten Zwangsverwaltung", ZfIR 2005, 179; *Tetzlaff*, Probleme bei der Verwertung von Grundpfandrechten und Grundstücken im Insolvenzverfahren, ZInsO 2004, 521; *Thole*, Keine Business Judgment Rule, aber weiter Ermessenspielraum für Insolvenzverwalter, BB 2020, 1364; *Uhlenbruck*, Ablehnung einer Entscheidung über die Kosten des vorläufigen Insolvenzverwalters – ein Fall der Rechtsschutzverweigerung?, NZI 2010, 161; *Uhlenbruck*, Zur Vorauswahl und Bestellung des Insolvenzverwalters, NZI 2006, 489; *Vallender*, Rechtsschutz gegen die Bestellung eines Konkurrenten zum Insolvenzverwalter, NJW 2006, 2597; *Vill*, Kann ein Rechtsanwalt, der zum vorläufigen Sachwalter bestellt wurde, mit dem Schuldner des Insolvenzverfahrens rechtswirksam Verträge zur rechtlichen Beratung im Insolvenzeröffnungsverfahren schließen?, ZInsO 2015, 2245; *Zimmer*, Die Vergütung der Mitglieder des Gläubigerausschusses, ZIP 2013, 1309.

I. Rechtliche Grundlagen des Anspruchs der Organe des Insolvenzverfahrens auf angemessene Vergütung

1. Der Anspruch auf angemessene Vergütung

1 Grundnorm für den Anspruch auf angemessene Vergütung ist § 63 Abs. 1 Satz 1 InsO. Nach der aus § 85 KO[1] übernommenen Formulierung hat der Insolvenzverwalter Anspruch auf angemessene Vergütung seiner Tätigkeit und Erstattung der ihm entstandenen Auslagen. Auch wenn § 63 Abs. 1 Satz 1 InsO ebenso wie die Vorgängernorm des § 85 KO in ihrem jeweiligen Wortlaut lediglich die Erstattung der Auslagen mit dem **Attribut der Angemessenheit** belegen, gilt dies nach allgemeiner Ansicht auch und insbesondere für seine **Vergütung** (siehe eingehend Rz. 86 ff.).[2] Die dem § 85 KO entsprechende Regelung der früheren Vergleichsordnung in § 43 Abs. 1 Satz 1 VerglO benannte dagegen auch die Vergütung des Vergleichsverwalters als angemessen.

2 **§ 63 InsO gilt** unmittelbar bzw. kraft Verweisung **für folgende Organe** des Insolvenzverfahrens:

- Für den **vorläufigen Insolvenzverwalter** gilt § 63 InsO kraft Verweisung aus § 21 Abs. 2 Nr. 1 InsO.
- Für den **Insolvenzverwalter** gilt § 63 InsO unmittelbar.

---

1) Dazu *Kuhn/Uhlenbruck*, KO, § 85 Rz. 1 ff.

2) Begr. RegE InsO, BT-Drucks. 12/2443, S. 130, abgedr. in: *Kübler/Prütting*, RWS-Dok. 18, S. 234; so bereits zu § 85 KO *v. Wilmowski*, KO, § 85 Anm. 2; *Jaeger*, KO, § 85 Anm. 1; *Kuhn/Uhlenbruck*, KO, § 85 Rz. 4c; *Kilger/K. Schmidt*, KO, § 85 Anm. 1 a.

- Für den **vorläufigen Sachwalter** bei Eigenverwaltung gilt § 63 InsO über § 270b Abs. 1 mit § 274 InsO; nach Ansicht des BGH soll der vorläufige Sachwalter keinen eigenen Vergütungsanspruch haben, dieser soll sich aus dem Anspruch des Sachwalters des eröffneten Verfahrens ableiten (siehe eingehend § 9 Rz. 13 f.).[3]
- Für den **Sachwalter** bei Eigenverwaltung gilt § 63 InsO über § 274 Abs. 1 InsO.
- Für den Insolvenzverwalter im Insolvenzverfahren über das **Vermögen eines Verbrauchers** gilt unmittelbar § 63 InsO. Für die bis 30.6.2014 beantragten Verfahren (Art. 103h EGInsO) gilt noch die Verweisung über den seit 1.7.2014 aufgehobenen § 313 Abs. 1 Satz 3 InsO.
- Für den **Sonderinsolvenzverwalter** gilt § 63 InsO unmittelbar.
- Der **Treuhänder im Restschuldbefreiungsverfahren** hat Anspruch auf Vergütung nach § 293 Abs. 1 InsO.
- Die **Mitglieder des Gläubigerausschusses** haben Anspruch auf Vergütung nach § 73 Abs. 1 InsO.

2. Die Rechtsnatur des Vergütungsanspruchs

Der Anspruch des Insolvenzverwalters auf angemessene Vergütung ist **öffentlich-rechtlicher** und nicht bürgerlich-rechtlicher **Natur.**[4] Der Insolvenzverwalter übt kraft hoheitlichen Aktes durch Ernennung seitens des Insolvenzgerichts sein Amt im öffentlichen Interesse aus; es besteht kein Geschäftsbesorgungsverhältnis mit dem Schuldner oder den Insolvenzgläubigern.[5] Die Bestimmung der Rechtsnatur des Vergütungsanspruchs sollte keine unmittelbar praktische Auswirkung haben. Sie kann bedeutsam sein für die Ausgestaltung des Attributs der Angemessenheit, insbesondere im Verhältnis zur Gläubigerbefriedigung (siehe Rz. 125 ff.). 3

Der Anspruch auf Vergütung ist auch **Ausfluss des verfassungsmäßig garantierten Berufsausübungsrechts** i. S. des **Art. 12 GG** (siehe Rz. 89 ff.).[6] Die Tätigkeit als Insolvenzverwalter ist hierbei selbst als geschützte Berufsausübung anzusehen, sie ist nicht zwingend mit anderen Berufsausübungen zu verknüpfen.[7] Insbesondere ist die Tätigkeit des Insolvenzverwalters keine genuin dem Rechtsanwaltsberuf zugeordnete Berufsausübung, ihre 4

3) BGH, Beschl. v. 21.7.2016 – IX ZB 70/14, Rz. 28, 31, 52, 53, BGHZ 211, 225 = ZIP 2016, 1592, dazu EWiR 2016, 499 *(Beck)*; *Keller*, NZI 2016, 753.

4) Allgemein BGH, Urt. v. 5.12.1991 – IX ZR 275/90, BGHZ 116, 233 = ZIP 1992, 120, dazu EWiR 1992, 173 *(Uhlenbruck)*; *Eickmann*, VergVO, Vor § 1 Rz. 1.

5) Umfassend zu den Theorien des Verwalteramtes Jaeger-*Windel*, InsO, § 80 Rz. 11 ff.; *Vuia* in: MünchKomm-InsO, § 80 Rz. 20 ff.; Uhlenbruck-*Mock*, InsO, § 80 Rz. 59 ff.; *Kayser* in: HK-InsO, § 80 Rz. 11 ff.; K. Schmidt-*Sternal*, InsO, § 80 Rz. 17 ff.; *Keller*, Insolvenzrecht, Rz. 289 ff.; ausführlich bereits Jaeger-*Henckel*, KO, § 6 Rz. 4–146; *Jaeger*, KO, § 6 Anm. 1 ff.; die Theorie *Karsten Schmidts* von dem Verwalter als Liquidationsorgan in der Unternehmensinsolvenz steht dem nicht entgegen, ausführlich *K. Schmidt*, Wege zum Insolvenzrecht, S. 106 ff.

6) BVerfG, Beschl. v. 9.2.1989 – 1 BvR 1165/87, ZIP 1989, 382 m. Anm. *Eickmann* = KTS 1989, 357, dazu EWiR 1989, 391 *(Onusseit)*; BGH, Urt. v. 17.11.2005 – IX ZR 179/04, Rz. 22, BGHZ 165, 96 = NZI 2006, 94; *Stephan* in: MünchKomm-InsO, § 63 Rz. 20 ff.; Uhlenbruck-*Mock*, InsO, § 63 Rz. 5; *Keller* in: HK-InsO, § 63 Rz. 17; umfassend zu Art. 12 GG betreffend freie Berufe Dürig/Herzog/Scholz-*Scholz*, GG, Art. 12 Rz. 268 ff.

7) Eingehend insbesondere zur Vorauswahlliste zu § 56 InsO BVerfG, Beschl. v. 3.8.2004 – 1 BvR 135/00, 1086/01, ZIP 2004, 1649 = NZI 2004, 574, dazu EWiR 2005, 215 *(Kleine-Cosack)* und EWiR 2005, 605 *(Hess)*; dazu *Runkel/Wältermann*, ZIP 2005, 1347; *Graeber*, NJW 2004, 2715; BVerfG, Beschl. v. 23.5.2006 – 1 BvR 2530/04, BVerfGE 116, 1 = NZI 2006, 453, dazu EWiR 2006, 599 *(Römermann)*; dazu *Uhlenbruck*, NZI 2006, 489; *Pape*, NZI 2006, 665; *Vallender*, NJW 2006, 2597; *Graeber/Deppenkemper* in: MünchKomm-InsO, § 56 Rz. 19, 66 ff.; Uhlenbruck-*Zipperer*, InsO, § 56 Rz. 7 ff.; *Riedel* in: HK-InsO, § 56 Rz. 11 ff.; eingehend auch zur Rspr. K. Schmidt-*Ries*, InsO, § 56 Rz. 31 ff.

Vergütung kann daher auch nicht nach dem RVG erfolgen (§ 1 Abs. 2 Satz 1 RVG).[8] Da das Verwalteramt nach § 56 InsO nur der natürlichen Person zukommt, ist der Verwalter selbst, also als natürliche Person, Gläubiger des Vergütungsanspruchs. Ist er Mitglied einer Sozietät oder Angestellter einer Gesellschaft, ist er regelmäßig vertraglich verpflichtet, die Vergütung ganz oder teilweise abzuführen (Rz. 119). Nach dem Tod des Insolvenzverwalters steht der Vergütungsanspruch seinen Erben zu, die sich dann ggf. mit der Sozietät auseinandersetzen müssen (zur Festsetzung § 15 Rz. 34).

3. Entstehen und Fälligkeit des Vergütungsanspruchs

a) Entstehen mit Beginn des Verwalteramtes

5 Ausgehend vom Urteil des BGH vom 5.12.1991[9] wird vertreten, der Anspruch auf Vergütung entstehe bereits mit der Arbeitsleistung des Insolvenzverwalters und nicht erst mit der Festsetzung seitens des Insolvenzgerichts.[10] Die letztere Aussage ist entscheidend. Der **Beschluss des Gerichts** über die Vergütung nach § 64 InsO hat dem Grunde nach **deklaratorischen** Charakter.[11] Das eigentliche Entstehen des Anspruchs auf Vergütung ist ausgehend vom Amt des Insolvenzverwalters jedoch mit dem Zeitpunkt anzusehen, zu welchem das Amt beginnt, also mit Ernennung durch das Gericht und Annahme des Amtes. Auch wenn danach das Verwalteramt nur wenige Tage, Wochen oder Monate dauert, bspw. weil die Insolvenzeröffnung auf Beschwerde (§ 34 InsO) aufgehoben wird, hat der Insolvenzverwalter für dieses Zeit und seine darin erbrachte Tätigkeit einen Vergütungsanspruch erworben. Frage des konkreten Falles ist dann, wie hoch dieser ist. Der BGH drückt dies im Beschluss vom 23.10.2008[12] zutreffend mit folgenden Worten aus:[13]

> „Der Vergütungsanspruch des (vorläufigen) Insolvenzverwalters entsteht dem Rechtsgrunde nach mit der Berufung in sein Amt; sein Wert wird durch die Arbeitsleistung aufgefüllt."

b) Fälligkeit mit Verfahrensbeendigung

6 Die Fälligkeit des Vergütungsanspruchs sollte auch wegen seines öffentlich-rechtlichen Charakters nicht als solche i. S. des § 271 BGB verstanden werden. Schwerlich kann nämlich der Insolvenzverwalter seinen Anspruch einklagen oder das Insolvenzgericht nach § 286 BGB in Verzug setzen. Fälligkeit des Vergütungsanspruchs meint daher nur die **Bestimmung des Zeitpunkts**, zu welchem der Insolvenzverwalter den **Gesamtanspruch der Vergütung verdient** hat und Festsetzung beantragen kann. Hinsichtlich der Festsetzung des Gesamtanspruchs ist der Vergütungsanspruch regelmäßig mit Verfahrensbeendigung fällig, was bereits aus § 64 InsO i. V. m. § 8 InsVV hervorgeht. Üblicherweise wird auch mit Einreichung des Schlussberichts und der Bitte um Genehmigung der Schlussverteilung der Vergütungsantrag gestellt.[14] Wird das Insolvenzverfahren vorzeitig beendet (§§ 207, 208 ff. InsO), ist dieser jeweilige Verfahrenszeitpunkt maßgebend. Endet das

8) *Prasser/Stoffler* in: KPB, InsO, Vor § 1 InsVV Rz. 2.

9) BGH, Urt. 5.12.1991 – IX ZR 275/90, BGHZ 116, 233 = ZIP 1992, 120, dazu EWiR 1992, 173 *(Uhlenbruck)*.

10) *Stephan* in: MünchKomm-InsO, § 63 Rz. 27; Uhlenbruck-*Mock*, InsO, § 63 Rz. 54; *Prasser/Stoffler* in: KPB, InsO, Vor § 1 InsVV Rz. 4; Leonhardt/Smid/Zeuner-*Amberger*, InsVV, Einl. Rz. 28; so bereits Jaeger-*Weber*, KO, § 85 Anm. 2 c.

11) BGH, Beschl. v. 6.11.2014 – IX ZB 90/12, Rz. 8, ZIP 2014, 2450 = NZI 2015, 46 m. Anm. *Keller*, dazu EWiR 2015, 51 *(Mock)*; BGH, Urt. v. 5.3.2015 – IX ZR 164/14, Rz. 31, ZIP 2015, 738 = NZI 2015, 362 m. Anm. *Budnik*; so bereits *Kuhn/Uhlenbruck*, KO, § 85 Rz. 1.

12) BGH, Beschl. v. 23.10.2008 – IX ZB 35/05, ZIP 2008, 2323 = NZI 2008, 54.

13) BGH, Beschl. v. 23.10.2008 – IX ZB 35/05, Rz. 6, ZIP 2008, 2323 = NZI 2008, 54.

14) *Frege/Keller/Riedel*, Insolvenzrecht, Rz. 9.63 ff.

Amt des Insolvenzverwalters vorzeitig, wird er bspw. nach § 59 InsO entlassen, darf er mit Beendigung seines Amtes Antrag auf Festsetzung seiner Vergütung stellen.[15)]

Vielfach wird formuliert, der Vergütungsanspruch werde fällig mit Erledigung der Tätigkeit durch den Insolvenzverwalter,[16)] nicht erst mit Geltendmachung gegenüber dem Gericht oder mit der Festsetzung.[17)] Dies Annahme verleitet hinsichtlich der Vorschussgewährung nach § 9 InsVV dazu, einzelne Tätigkeiten insbesondere hinsichtlich bestimmter Erhöhungstatbestände nach § 3 Abs. 1 InsVV geltend zu machen und „einzeln abzurechnen", sie wird dem Charakter der Tätigkeit als Gesamttätigkeit für das Insolvenzverfahren aber nicht gerecht. Die **Vergütung ist Gesamtvergütung**, sie kann nicht anteilig auf einzelne Tätigkeiten innerhalb des Verfahrens aufgesplittet werden.[18)] Es kann zwar insbesondere bei Vorschussgewährung festgestellt werden, dass der Insolvenzverwalter bei bestimmten Tätigkeiten einen Erhöhungstatbestand verdient hat, in welchem Umfang sich dieser auf die Gesamtvergütung auswirkt, wird aber wesentlich von der Insolvenzmasse bei Beendigung des Verfahrens abhängen. Es kann deshalb während des Insolvenzverfahrens zumindest betragsmäßig nicht festgestellt werden, welche Vergütung der Insolvenzverwalter bereits erwirtschaftet hat. Dies stellte auch der BGH mit folgenden Worten fest:[19)] 7

> „Beim Vergütungsanspruch des Insolvenz- oder Gesamtvollstreckungsverwalters liegt es also nicht anders als bei sonstigen Vergütungsansprüchen, die sich, wie etwa das Architektenhonorar (vgl. dazu BGHZ 45, 223, 230 unter 3. b, cc), trotz Ermittlung aus komplexen Bemessungsfaktoren nicht in selbständige Einzelansprüche aufspalten lassen. Über eine solche einheitliche Vergütung kann entgegen der Ansicht des insolvenzrechtlichen Schrifttums vorbehaltlich einer Teilklage oder Teilfestsetzung nur als einheitlicher Anspruch entschieden werden."

c) Der Anspruch auf Vorschussgewährung

aa) Das Verhältnis von Vorschussgewährung zu Vergütungsfestsetzung

Unter den Voraussetzungen des § 9 InsVV hat der Insolvenzverwalter **Anspruch auf Vorschuss** für seine Vergütung (siehe eingehend § 15 Rz. 114 ff.).[20)] Durch die Vorschussgewährung wird der Grundsatz der Fälligkeit des Gesamtanspruchs mit Verfahrensbeendigung insoweit nicht durchbrochen, als der Vorschuss auf die künftige Gesamtvergütung gewährt und mit dieser verrechnet wird. Der Insolvenzverwalter soll mit der Vergütung seiner Tätigkeit nicht bis zur Festsetzung bei Beendigung des Insolvenzverfahrens (§ 64 InsO, § 8 InsVV) warten müssen. Vielmehr stellt die regelmäßige und angemessene Vorschussentnahme sicher, dass der Insolvenzverwalter während der Dauer des Insolvenzverfahrens den Vergütungsbetrag erhält, der ihm am Ende des Verfahrens zusteht. Wird die Vergütung am Ende des Verfahrens niedriger festgesetzt, ist der Verwalter zur Rückzahlung des zu viel erhaltenen Vorschusses verpflichtet. Bei Verfahrensbeendigung wegen Masselosigkeit nach § 207 InsO hat der Vorschuss aber den Charakter einer Vorwegbefriedigung, der Insolvenzverwalter muss einen Vorschuss nicht zurück- 8

15) BGH, Beschl. v. 10.11.2005 – IX ZB 168/04, NZI 2006, 165 m. Anm. *Prasser* = DZWIR 23006, 160 m. Anm. *Graeber*; Uhlenbruck-*Mock*, § 63 Rz. 55; Leonhardt/Smid/Zeuner-*Amberger*, InsVV, Einl. Rz. 29.

16) *Stephan* in: MünchKomm-InsO, § 63 Rz. 28; Uhlenbruck-*Mock*, § 63 Rz. 55; *Lorenz* in: FK-InsO, Vorb. InsVV Rz. 38; K. Schmidt-*Vuia*, InsO, § 63 Rz. 14.

17) So noch Jaeger-*Weber*, KO, § 85 Rz. 4.

18) BGH, Beschl. v. 11.11.2021 – IX ZB 19/20, ZRI 2022, 34 = KTS 2022, 375 m. Anm. *Neußner*, dazu EWiR 2022, 85 *(Madaus)*; *Stephan* in: MünchKomm-InsO, § 63 Rz. 28; Uhlenbruck-*Mock*, InsO, § 63 Rz. 55.

19) BGH, Beschl. v. 20.5.2010 – IX ZB 11/07, Rz. 10, BGHZ 185, 353 = NZI 2010, 643, dazu EWiR 2010, 651 *(Kexel)*.

20) Grundlegend BGH, Beschl. v. 1.10.2002 – IX ZB 53/02, ZIP 2002, 2223 = DZWIR 2003, 101 m. Anm. *Keller*.

zahlen, wenn dieser den Betrag der festgesetzten Vergütung nicht übersteigt (siehe Rz. 13, 23 ff.).

9 Die **Vorschussgewährung** beinhaltet **weder betragsmäßig** noch sachlich eine bindende **Vorfestlegung** für das Insolvenzgericht.[21] Betragsmäßig ist dies schon deshalb nicht möglich, weil die Insolvenzmasse bei Beendigung des Insolvenzverfahrens als Berechnungsgrundlage der Vergütung noch nicht feststeht und bei der Vorschussgewährung nur geschätzt werden kann. Sachlich kann die Vorschussgewährung hinsichtlich möglicher Erhöhungstatbestände eine Richtung weisen, nicht jedoch hinsichtlich der Bezifferung eines Tatbestandes mit einem Erhöhungsprozentsatz. Hat das Insolvenzgericht bei der Vorschussgewährung einen Erhöhungstatbestand anerkannt, wird es schwer sein, bei der endgültigen Vergütungsfestsetzung zu begründen, dass dieser nun doch nicht gegeben sei. Der Erhöhungsprozentsatz hängt aber wesentlich von der tatsächlichen Arbeitsleistung und von den Zusammenhängen und Überschneidungen einzelner Tatbestände ab (siehe § 5 Rz. 50). Dies kann abschließend erst bei der endgültigen Vergütungsfestsetzung bestimmt werden.

bb) Deckung bereits entstandener Kosten

10 Der erste Zweck der Vorschussgewährung besteht darin, den Insolvenzverwalter hinsichtlich der ihm entstehenden eigenen Kosten, die nach § 4 Abs. 1 Satz 1 InsVV durch die Vergütung mit abgegolten werden, sowie hinsichtlich der besonderen **Auslagen**, die nach § 4 Abs. 2 InsVV zu erstatten sind, **nicht vorleistungspflichtig** werden zu lassen.[22] Dies gilt besonders dann, wenn der Insolvenzverwalter unter Einsatz eigenen Personals das schuldnerische Unternehmen fortführt, aber auch bei Kleininsolvenzen über das Vermögen ehemals Gewerbetreibender oder in Verbraucherinsolvenzverfahren, bei denen der Insolvenzverwalter bspw. Buchführung aufzuarbeiten oder Steuererklärungen abzugeben hat.[23] Setzt der Insolvenzverwalter zur Abwicklung des Verfahrens eigenes Personal ein und übernimmt er Tätigkeiten durch eigene Mitarbeiter selbst, die er delegieren oder nach § 5 InsVV gesondert abrechnen könnte, produziert er damit im eigenen Büro Kosten, die er erst mit Vergütungsfestsetzung ggf. mit entsprechender Erhöhung nach § 3 Abs. 1 InsVV erhält. Verweigerte man ihm hier den Vorschuss, wäre er gezwungen, mit eigenen Mitteln – Eigenkapital oder ihm selbst gewährtes Fremdkapital – das Verfahren vorzufinanzieren. Auch mit dem über einen längeren Zeitraum dauernden Einsatz der Anwälte des eigenen Büros zur Bewältigung besonderer rechtlicher Probleme, entstehen i. R. der Insolvenzabwicklung Personalkosten. Bekäme der Insolvenzverwalter erst mit Verfahrensbeendigung die Vergütung nicht nur endgültig festgesetzt, sondern mangels Vorschuss auch ausgezahlt, müsste er diese Personalkosten mit eigenen Mitteln aufbringen und bis zur Beendigung des Verfahrens vorfinanzieren.

11 Dies ist ihm nicht zuzumuten und gerade dies will § 9 InsVV verhindern. Hätte nämlich der Insolvenzverwalter berechtigterweise die **Tätigkeiten** innerhalb seines Büros **über § 5 InsVV gesondert abgerechnet**, hätte er diese besonderen Honorare sofort aus der Masse entnehmen dürfen. Er wäre dann nicht auf Vorschussgewährung angewiesen und hätte für

21) BGH, Beschl. v. 24.3.2011 – IX ZB 67/10, ZInsO 2011, 777.

22) *Stephan* in: MünchKomm-InsO, § 9 InsVV Rz. 1; Uhlenbruck-*Mock*, InsO, § 63 Rz. 60 ff.; *Prasser* in: KPB, InsO, § 9 InsVV Rz. 4.

23) Zur Erstattungsfähigkeit der Steuerberatungskosten BGH, Beschl. v. 22.7.2004 – IX ZB 161/03, BGHZ 160, 176 = ZVI 2004, 606, dazu EWiR 2004, 1037 *(Schäferhoff)* und EWiR 2004, 1045 *(Voß)*; LG Kassel, Beschl. v. 25.9.2002 – 3 T 360/02, ZVI 2002, 387, dazu EWiR 2002, 957 *(Keller)*; AG Dresden, Beschl. v. 17.7.2002 – 531 IN 981/02, ZVI 2002, 340; eingehend *Keller*, ZVI 2002, 437, unter I. 3.; einschränkend aber BGH, Beschl. v. 14.11.2013 – IX ZB 161/11, ZIP 2013, 2413 = NZI 2014, 21, dazu EWiR 2014, 87 *(Ries)*, dazu auch *Schmittmann*, NZI 2014, 596; LG Bochum, Beschl. v. 9.5.2011 – 7 T 16/11, n. v.

die Entnahme der Kosten als Masseverbindlichkeiten i. S. des § 55 Abs. 1 Nr. 1 InsO keiner gerichtlichen Genehmigung bedurft. Sie wäre lediglich im Vergütungsantrag zu dokumentieren (§ 8 Abs. 2 InsVV). Die Vorschussgewährung ist daher nicht lediglich Instrument zur „Relativierung der Kostenlast" des Insolvenzverwalters. Gerade dann wäre der Insolvenzverwalter gezwungen, mit eigenen Mitteln die Kosten des Insolvenzverfahrens vorzufinanzieren und der Insolvenzmasse als Schuldnerin der Vergütung gleichsam einen Kredit zu gewähren.

Die Vorschussgewährung hat daher insbesondere Bedeutung, wenn der Insolvenzverwalter delegationsfähige und **gesondert abrechenbare Tätigkeiten** gerade **nicht gesondert abrechnet.** Dies schont die Insolvenzmasse, weil die gesonderte Abrechnung über § 5 InsVV in den meisten Fällen zu einer für die Insolvenzmasse ungünstigeren Abrechnung führt, und sichert die Transparenz der Verwaltung und Integrität des Insolvenzverwalters, weil er sich durch Erledigung ohne gesonderte Abrechnung nicht dem Vorwurf aussetzt, die Insolvenzmasse durch Sonder- und Nebenvergütungen zu schmälern. Es muss daher bezogen auf die Vorschussgewährung dem Insolvenzverwalter ein angemessener Vorschuss gewährt werden, um die eigenen Kosten für die Verfahrensabwicklung decken zu können (§ 4 Abs. 1 Satz 1 InsVV). Würde ihm der Vorschuss verwehrt, würde er gerade hinsichtlich gesondert abrechenbarer Tätigkeiten, die er im Interesse der Transparenz des Verfahrens und Schonung der Insolvenzmasse nicht gesondert abrechnet, benachteiligt werden. 12

cc) Sicherung der Vergütung bei Masselosigkeit

Die Vorschussgewährung dient auch dazu, ein mögliches **Ausfallrisiko** des Insolvenzverwalters im Falle der **Masselosigkeit** nach § 207 InsO mindestens zu verringern.[24] Der BGH betonte bereits im Urteil vom 5.12.1991,[25] in welchem der Vorrang des Vergütungsanspruchs des Konkursverwalters vor den Masseverbindlichkeiten im Range des § 60 KO festgestellt wurde, die Bedeutung der Vorschussgewährung. Mit der hierauf basierenden Regelung des § 209 Abs. 1 Nr. 1 InsO hat der Insolvenzverwalter einen Vergütungsausfall bei Masseunzulänglichkeit nicht mehr zu befürchten. Daher erfolgt auch keine Aufteilung zwischen dem Vergütungsanspruch aus der Zeit vor und jenem nach Feststellung der Masseunzulänglichkeit.[26] Im Falle der Masselosigkeit nach § 207 InsO erhält er mit seinem Vergütungsanspruch anteilige Befriedigung zusammen mit der Staatskasse und ihrem Anspruch auf die gerichtlichen Kosten des Verfahrens. Die Vorschussentnahme schützt den Insolvenzverwalter in diesem Fall insoweit, als bereits gezahlte Vorschüsse als **Vorwegbefriedigung** bei Berechnung der anteiligen Befriedigung nach § 207 Abs. 3 Satz 1 InsO nicht vom Insolvenzverwalter zurückerstattet werden müssen.[27] Im Übrigen ist auch bei Masselosigkeit die Vergütung in voller Höhe festzusetzen, auch wenn sie nur anteilig befriedigt werden kann. Denn nur so kann der nicht befriedigte Gesamtvergütungsanspruch mit den noch offenen Gerichtskosten nach § 207 Abs. 3 InsO quotal verrechnet werden. 13

---

24) BGH, Beschl. v. 1.10.2002 – IX ZB 53/02, unter III. 1. a), ZIP 2002, 2223 = DZWIR 2003, 101 m. Anm. *Keller.*

25) BGH, Urt. v. 5.12.1991 – IX ZR 275/90, BGHZ 116, 233, 241 = ZIP 1992, 120, dazu EWiR 1992, 173 *(Uhlenbruck).*

26) *Prasser/Stoffler* in: KPB, InsO, Vor § 1 InsVV Rz. 52; zur Vergütungsfestsetzung *Frege/Keller/Riedel*, Insolvenzrecht, Rz. 3.1328.

27) BGH, Urt. v. 5.12.1991 – IX ZR 275/90, BGHZ 116, 233, 242 = ZIP 1992, 120: „Mit der Entnahme des Vorschusses erfolgt eine Vorwegbefriedigung nach § 57 KO, so dass der Konkursverwalter den erhaltenen Betrag später nicht im Verfahren nach § 60 KO zurückzuzahlen hat."; ferner BGH, Beschl. v. 22.1.2004 – IX ZB 123/03, BGHZ 157, 370, 279 = ZVI 2004, 200 = NZI 2004, 245 m. Anm. *Bernsau*, dazu EWiR 2004, 609 *(Vallender)*; BGH, Beschl. v. 1.10.2002 – IX ZB 53/02, ZIP 2002, 2223 = DZWIR 2003, 101 m. Anm. *Keller*; *Prasser/Stoffler* in: KPB, InsO, Vor § 1 InsVV Rz. 55; zum Konkursrecht bereits *Kuhn/Uhlenbruck*, KO, § 60 Rz. 30, § 85 Rz. 20c, 22.

14 Gleiches gilt i. Ü. für die **gerichtlichen Kosten des Insolvenzverfahrens**, insbesondere für die gerichtlichen Auslagen. Nach § 16 KostVfg soll das Insolvenzgericht einen Vorschuss auf die Gerichtskosten einfordern, um bei Masselosigkeit keinen Ausfall nicht befriedigter Kostenansprüche zu erleiden (siehe eingehend § 16 Rz. 51 f.).[28]

dd) Planbarkeit der Quotenerwartung für die Insolvenzgläubiger

15 Die Vorschussgewährung dient auch dazu, die Kosten und die Befriedigung der Insolvenzgläubiger für alle Beteiligten planbar zu machen. Der Insolvenzverwalter muss für die **Kosten des Insolvenzverfahrens** nach § 54 InsO aus der Insolvenzmasse **Rückstellungen bilden**, um diese vorrangigen Kosten bedienen zu können. Die Vorschussgewährung sowohl bezüglich der Vergütung als auch der Gerichtskosten dient dazu, diese Kosten zu plausibilisieren. Für die Insolvenzgläubiger dient dies zur **Berechnung möglicher Quotenerwartungen.** Zwar beinhaltet die Vorschussgewährung gerade bezüglich der Verwaltervergütung keine bindende Vorfestlegung des Insolvenzgerichts, sie dient aber als verlässliche Grundlage einer Bildung von Rückstellungen. Sie dient damit auch den Insolvenzgläubigern, da sie hierdurch eigene Quotenaussichten berechnen können.

16 Bei der **Prognose der Kosten des Insolvenzverfahrens**, der eigenen Vergütung und der Gerichtskosten, und hieraus folgend bei der Vorschussgewährung, muss der Insolvenzverwalter nur eingeschränkt auf die Liquidität der Insolvenzmasse Rücksicht nehmen. Selbstverständlich sollte eine Vorschussgewährung nicht dazu führen, dass die Insolvenzmasse vorübergehend in Zahlungsstockung gerät und fällige Masseverbindlichkeiten erst später, ggf. wegen möglicher Zinsbelastungen auch zum Schaden der Insolvenzmasse, befriedigt werden können. Führt die realistische Prognose der Kosten des Verfahrens aber zu der Feststellung der Masselosigkeit, die ihrerseits die endgültige Zahlungsunfähigkeit der Insolvenzmasse darstellt, ist das hinzunehmen. Der Insolvenzverwalter ist nicht gehalten, nur einen bescheidenen Vorschuss zu beantragen, um eine ohnehin unausweichliche Masselosigkeit nur hinauszuzögern.

ee) Schutz der Unabhängigkeit des Insolvenzverwalters

17 Nicht zu unterschätzen ist die Vorschussgewährung als Instrument der Sicherung der Unabhängigkeit des Insolvenzverwalters. Dieser Aspekt hat gerade bei großen Insolvenzverfahren Bedeutung, welche auch in der öffentlichen Berichterstattung beachtet werden. Befindet sich bei großen Insolvenzverfahren mit hoher Insolvenzmasse und demzufolge grundsätzlich hoher Vergütung der Insolvenzverwalter in einem **Widerstreit mit Interessen einzelner Gläubiger** oder sonstiger Beteiligter des Verfahrens, besteht die Gefahr, dass mit Hinweisen auf negative öffentliche Berichterstattung oder auf angebliche Unregelmäßigkeiten der Vergütungsabrechnung auf den Insolvenzverwalter Druck ausgeübt wird, um eigene Interessen oder gar verfahrens- und sachfremde Ziele zu erreichen. Es besteht die Gefahr, dass der Insolvenzverwalter und auch das Insolvenzgericht durch einzelne Beteiligte persönlich angegriffen und diskreditiert werden, solange hinsichtlich der Vergütung des Insolvenzverwalters nicht wenigstens i. R. von Vorschussgewährung Sicherheit geschaffen ist.

18 Die Vorschussgewährung hat hier den Zweck, Erpressungen abzuwehren und deren Potential zu entschärfen. Einem einzelnen Beteiligten, der die Vergütung des Insolvenzverwalters als Störpotential thematisieren möchte, wird auf diese Weise Angriffsfläche genommen, indem nicht nur auf die **Unabhängigkeit des Insolvenzgerichts** bei der Vergütungsfestsetzung hingewiesen wird, sondern auch dargelegt wird, dass der Insolvenzver-

28) *Frege/Keller/Riedel*, Insolvenzrecht, Rz. 9.149.

walter bereits angemessenen Vorschuss erhalten hat. Erpressbar ist nämlich der Insolvenzverwalter dann, wenn er um seine Vergütung kämpfen muss, die verfahrens- und sachfremd zur Disposition gestellt wird. Mithin schaden solche Angriffe dem Insolvenzverfahren insgesamt. Die **angemessene Vorschussgewährung dient** damit dem **ordnungsmäßigen Ablauf des Insolvenzverfahrens** selbst. Selbstverständlich lässt sich öffentliche Berichterstattung nicht vermeiden, auch unsachliche Aussagen i. R. öffentlicher Berichterstattung sind unvermeidbar (siehe § 1 Rz. 83 ff.). Sie müssen hingenommen werden. Es sollte aber vermieden werden, sie als Instrument gegen den Insolvenzverwalter und seine Unabhängigkeit zu verwenden.

4. Der Schuldner des Vergütungsanspruchs

a) Die Vergütung als Teil der Kosten des eröffneten Insolvenzverfahrens

19 Die Vergütungen der verschiedenen Amtsträger des Insolvenzverfahrens gehören im eröffneten Insolvenzverfahren zu den Kosten des Insolvenzverfahrens nach **§ 54 InsO** (§ 54 Nr. 2 InsO). Hierzu gehören daneben die Gerichtskosten für das Insolvenzverfahren (§ 54 Nr. 1 InsO). Zwischen diesen beiden Kosten besteht **keine Rangfolge**. Sie sind im Falle der Masselosigkeit gleichrangig zu befriedigen; Vorrang haben nur die jeweiligen Auslagen (§ 207 Abs. 3 InsO).[29] Die Gerichtskosten und die Vergütungen sind i. Ü. vorrangig vor der Befriedigung der sonstigen Masseverbindlichkeiten und der Insolvenzgläubiger aus der Insolvenzmasse zu entnehmen (§ 53 InsO); im Falle der Masseunzulänglichkeit haben sie die erste Rangstelle (§ 209 Abs. 1 Nr. 1 InsO).[30]

20 Schuldner der Vergütungen ist die Insolvenzmasse, und mit ihr der **Schuldner des Verfahrens als Rechtsträger der Insolvenzmasse.**[31] In der Insolvenz einer Personengesellschaft **haften** die **persönlich haftenden Gesellschafter** nach § 126 HGB auch für die Kosten des Insolvenzverfahrens nach § 54 InsO.[32] Der Insolvenzverwalter hat i. R. der Geltendmachung der persönlichen Haftung nach § 93 InsO diese Kosten mit einzufordern. Ob damit eine Masselosigkeit oder eine Masseunzulänglichkeit vermieden werden kann, hängt natürlich von der Zahlungsfähigkeit der Gesellschafter ab.

21 Es wird oft behauptet, die **Insolvenzgläubiger seien Schuldner der Vergütung,** da durch die Höhe der Vergütung die Befriedigung der Insolvenzgläubiger beeinträchtigt ist. Nur die zweite Aussage ist zutreffend und auch im System der Insolvenzabwicklung notwendig. Die Gläubiger sind insoweit materiell Betroffene, als die Vergütung ihre Befriedigungsquote schmälert. Daher billigt der Gesetzgeber jedem Insolvenzgläubiger auch ein Beschwerderecht zu (§ 64 Abs. 3 InsO). Dies führt aber **nicht** dazu, dass die **Gläubiger unmittelbar** als **Schuldner** der Vergütung oder gar als Rechtsträger der Insolvenzmasse anzusehen sind.

22 Der Insolvenzverwalter ist befugt, die ihm zugesprochene Vergütung aus der Insolvenzmasse zu entnehmen. Er muss die **Rechtskraft** des Vergütungsfestsetzungsbeschlusses

---

29) *Hefermehl* in: MünchKomm-InsO, § 207 Rz. 59; Uhlenbruck-*Ries*, InsO, § 207 Rz. 10; *Keller*, Insolvenzrecht, Rz. 836.

30) BGH, Urt. v. 13.4.2006 – IX ZR 22/05, ZIP 2006, 1004 = ZVI 2006, 303; eingehend *Hefermehl* in: MünchKomm-InsO, § 209 Rz. 15 ff.; *Keller*, Insolvenzrecht, Rz. 833 ff.

31) BGH, Urt. v. 13.12.2007 – IX ZR 196/06, Rz. 28, BGHZ 175, 48 = DZWIR 2008, 207 m. Anm. *Graeber*; allgemein dazu Jaeger-*Müller*, InsO, § 35 Rz. 3 ff.; Uhlenbruck-*Hirte/Praß*, InsO, § 35 Rz. 5 ff.; *Keller*, Insolvenzrecht, Rz. 216 ff.; die Vergütung stellt steuerlich für den Schuldner keine außergewöhnliche Belastung i. S. des § 33 Abs. 1 EStG dar, BFH, Urt. v. 16.12.2021 – VI R 41/18, ZRI 2022, 297.

32) BGH, Urt. v. 21.11.2023 – II ZR 69/22, eingehend Rz. 29 ff., ZRI 2023, 1054 = ZIP 2023, 2641; offengelassen von BGH, Urt. v. 28.1.2021 – IX ZR 54/20, ZRI 2021, 245 = NZI 2021, 440, dazu EWiR 2021, 177 *(Madaus)*; BGH, Urt. 11.1.2022 – II ZR 199/20, ZRI 2022, 168; ablehnend noch BGH, Urt. v. 24.9.2009 – IR 234/07, ZIP 2009, 2204 = NZI 2009, 841, dazu EWiR 2009, 775 *(Berger)*.

nicht abwarten. Im Falle späterer Änderungen der Vergütung im Beschwerdeverfahren ist er bei Entnahme vor Rechtskraft entsprechend § 717 Abs. 2 ZPO zum Schadenersatz verpflichtet (siehe eingehend § 15 Rz. 112 f.).[33] Dem Insolvenzverwalter wird gegenüber dem Schuldner auch ein Zurückbehaltungsrecht an der Insolvenzmasse (§ 273 BGB) zugebilligt.[34] Eine Aufrechnungsbefugnis gegen Forderungen des Schuldners gegen ihn steht ihm aber nicht zu.[35]

b) Die Deckung der Vergütung im massearmen Insolvenzverfahren

23 Im Fall der **Masselosigkeit** nach § 207 InsO erleidet der Insolvenzverwalter mit seinem Vergütungsanspruch einen **Ausfall**, wenn die Vergütung zusammen mit den gerichtlichen Kosten die verteilbare Insolvenzmasse übersteigt. Die Kosten des Verfahrens sind dann quotal gleichrangig zu befriedigen (§ 207 Abs. 3 InsO). Der Insolvenzverwalter kann durch Vorschussentnahme nach § 9 InsVV das Risiko eines Vergütungsausfalls vermeiden (siehe Rz. 13).

24 Das **Problem der Deckung der Vergütung** aus der vorhandenen Insolvenzmasse im Falle von Masselosigkeit oder Masseunzulänglichkeit war bereits **im früheren Konkursrecht** nicht geregelt.[36] Das Vergütungsrecht wurde in diesen Fällen von zwei Fragen beherrscht: Erstens vom Problem der Bemessung der Insolvenzmasse im massearmen Verfahren, zweitens vom Problem der Deckung der festgesetzten Vergütung durch die tatsächlich vorhandene Masse.[37] Es hatten sich in der Praxis zum Konkursrecht zwei Modelle herausgebildet, nach denen eine angemessene Insolvenzmasse ermittelt werden sollte. Nach dem sog. „Mannheimer Modell“ sollten neben der Insolvenzmasse auch sämtliche mit Absonderungsrechten behafteten Gegenstände zur Teilungsmasse als Berechnungsgrundlage fließen.[38] Diese Verfahrensweise erhöhte die Berechnungsgrundlage auf einen wünschenswerten Betrag; sie missachtete aber die Vorschrift des § 2 Nr. 1 VergVO, nach der Absonderungsrechte gerade nicht zur Insolvenzmasse zu zählen waren. Das sog. „Kölner Modell“[39] gestattete dem Verwalter, für einzelne Tätigkeiten Sondervergütungen zu erlangen.[40] Problematisch an dieser Verfahrensweise war, dass der Verwalter für Tätigkeiten, die zu seinem Pflichtenkreis gehörten, außerhalb der insolvenzrechtlichen Regelungen vergütet wurde.[41]

25 Beide Modelle können für das heutige Insolvenzrecht keine Gültigkeit mehr beanspruchen, sie entsprechen nicht dem Willen des Gesetz- und Verordnungsgebers und haben nur den Zweck, dem Verwalter eine vermeintlich angemessen hohe Vergütung zu garantieren. Diese war aber gerade bei Masselosigkeit auch nicht gesichert, wenn gerade nicht mehr ausreichende Insolvenzmasse vorhanden war.

33) BGH, Urt. v. 17.11.2005 – IX ZR 179/04, BGHZ 165, 96 = NZI 2006, 94.

34) Uhlenbruck-*Mock*, InsO, § 63 Rz. 70; *Prasser/Stoffler* in: KPB, InsO, Vor § 1 InsVV Rz. 50; anders LG Augsburg, Beschl. v. 19.7.1977 – 4 T 224/77, KTS 1978, 54.

35) BGH Urt. v. 25.11.1954 – IV ZR 81/54, NJW 1955, 339; zur Aufrechnung gegen den Anspruch auf Auszahlung eines zur Masse gehörenden Geldbetrages Jaeger-*Weber*, KO, § 85 Rz. 4.

36) Statt aller *Eickmann*, VergVO, Vor § 1 Rz. 72 ff.; *Lorenz* in: FK-InsO, Vorb. InsVV Rz. 50.

37) *Eickmann*, VergVO, § 1 Rz. 20.

38) AG Mannheim, Beschl. v. 13.1.1984 – N 219/81, ZIP 1984, 207; AG Bad Neuenahr, Beschl. v. 19.6.1981 – 6 N 5/78, KTS 1982, 152; AG Mosbach, Beschl. v. 1.12.1988 – N 6/85, ZIP 1989, 323, dazu EWiR 1989, 497 *(Eickmann)*; so auch noch AG Lörrach, Beschl. v. 14.2.2003 – 1 N 25/93, ZInsO 2003, 514; eingehend dargestellt bei *Eickmann*, VergVO, § 1 Rz. 21, 22.

39) OLG Köln, Beschl. v. 21.4.1976 – 2 W 46/76, KTS 1977, 56.

40) Einzelheiten bei *Eickmann*, VergVO, § 1 Rz. 23 ff.

41) *Eickmann*, VergVO, § 1 Rz. 26 a. E.

Die InsO enthält zumindest bei **Masseunzulänglichkeit** mit § 54 Nr. 2, § 209 Abs. 1 Nr. 1 InsO ausreichende Regelungen, die dem Insolvenzverwalter seinen **Vergütungsanspruch ungeschmälert** sichern.[42] Dieser ist i. Ü. nicht für die Zeit vor und nach Anzeige der Masseunzulänglichkeit aufzuteilen.[43] Eine möglicherweise erst durch die Höhe der Vergütung eintretende Masseunzulänglichkeit ist kein ausreichender Grund, die Vergütung nach § 3 Abs. 2 InsVV zu kürzen.[44] 26

Allein im Falle der Masselosigkeit nach § 207 InsO erleidet der Insolvenzverwalter – wie auch die Staatskasse wegen ihrer Kosten – einen Vergütungsausfall, der aber hingenommen werden muss.[45] Für den **nicht gedeckten Teil** der Vergütung haftet der **Schuldner nach Beendigung** des Insolvenzverfahrens mit dem ihm **verbliebenen** Vermögen der **Insolvenzmasse.**[46] 27

c) Der Vergütungsbeschluss als Vollstreckungstitel

Kann die Vergütung nicht vollständig oder überhaupt nicht aus der Insolvenzmasse entnommen werden, **haftet der Schuldner** über die Beendigung des Insolvenzverfahrens hinaus weiter, allerdings beschränkt auf die ihm nach Beendigung des Insolvenzverfahrens verbliebene Insolvenzmasse.[47] Vertreten wird auch eine unbeschränkte Nachhaftung des Schuldners.[48] Praktisch denkbar ist dieser Fall bei der Vergütung des vorläufigen Insolvenzverwalters, wenn das Verfahren nicht eröffnet wird, oder in der Insolvenz der natürlichen Person bei Masselosigkeit nach § 207 InsO, wenn keine Kostenstundung nach § 4a InsO gewährt wird; eine nennenswerte Insolvenzmasse wird hier aber nicht mehr vorhanden sein. Wird Kostenstundung gewährt, soll sich nach Ansicht des BGH die Haftung des Fiskus nach § 63 Abs. 2 InsO auf die Mindestvergütung beschränken.[49] Folgerichtig hat dann der Insolvenzverwalter wegen der nicht gedeckten Vergütung einen Anspruch gegen den Schuldner selbst (siehe eingehend Rz. 56 ff.). 28

Gegenüber dem Schuldner stellt der gerichtliche **Vergütungsbeschluss** einen **Vollstreckungstitel** i. S. des § 794 Abs. 1 Nr. 3 ZPO dar.[50] Der Vergütungsbeschluss ist selbst Vollstreckungstitel und nicht lediglich Kostengrundentscheidung, aufgrund derer der In- 29

42) Begr. RegE InsO, BT-Drucks. 12/2443, S. 218 ff., abgedr. in: Kübler/Prütting, RWS-Dok. 18, S. 436 ff.; BGH, Urt. v. 13.4.2006 – IX ZR 22/05, ZIP 2006, 1004 = ZVI 2006, 303; ausführlich *Hefermehl* in: MünchKomm-InsO, § 209 Rz. 13 ff.; Uhlenbruck-*Ries*, InsO, § 209 Rz. 11 ff.; *Pape* in: KPB, InsO, § 209 Rz. 4 ff.

43) So noch im Konkursrecht, BGH, Urt. v. 5.12.1991 – IX ZR 275/90, BGHZ 116, 233 = ZIP 1992, 120, dazu EWiR 1992, 173 *(Uhlenbruck)*; unter ausdrücklicher Billigung von BVerfG, Beschl. v. 30.3.1993 – 1 BvR 1045/89, 1 BvR 1381/90, 1 BvL 11/90, ZIP 1993, 838 = KTS 1993, 403, dazu EWiR 1993, 701 *(Pape)*, und in Abkehr zur bisherigen Rspr. BGH, Urt. v. 15.2.1984 – VIII ZR 213/82, BGHZ 90, 145 = ZIP 1984, 612, nach der die Verwaltervergütung ohne Vorrang gegenüber den übrigen Masseschulden war; zur bisherigen Praxis *Kuhn/Uhlenbruck*, KO, § 85 Rz. 20c; sehr anschaulich *Kilger/K. Schmidt*, KO, § 60 Anm. 1 und 4 a; mit Beispiel *Eickmann*, VergVO, Vor § 1 Rz. 73 ff.

44) BGH, Beschl. v. 18.12.2003 – IX ZB 50/03, unter II. 2. b), ZIP 2004, 518 = ZVI 2004, 203; ebenso LG Köln, Beschl. v. 26.3.2004 – 19 T 6/04, ZIP 2004, 961; dazu auch *Keller*, ZIP 2000, 688.

45) Allgemein Uhlenbruck-*Ries*, InsO, § 207 Rz. 16, 48.

46) BGH, Urt. v. 13.7.1964 – II ZR 218/61, WM 1964, 1125.

47) *Hintzen* in: MünchKomm-InsO, § 201 Rz. 15, 16; Uhlenbruck-*Wegner*, InsO, § 201 Rz. 17; *Wimmer* in: Gottwald/Haas, Insolvenzrechts-Hdb., § 58 Rz. 18.

48) *Häsemeyer*, Insolvenzrecht, Rz. 25.30, der eine unbeschränkte Nachhaftung des Schuldners mit einer Art Verursachungsprinzip begründen will.

49) BGH, Beschl. v. 7.2.2013 – IX ZB 245/11, ZIP 2013, 631 = NZI 2013, 351 m Anm. *Keller*; ebenso LG Braunschweig, Beschl. v. 8.2.2010 – 6 T 666/09, NZI 2010, 529 = ZInsO 2010, 732; dazu auch *Kothe*, Rpfleger 2014, 169.

50) In diesem Sinne auch BGH, Urt. v. 17.11.2005 – IX ZR 179/04, BGHZ 165, 96 = NZI 2006, 94; *Kilger/K. Schmidt*, KO, § 85 Rz. 3.

solvenzverwalter den Schuldner nochmals auf Zahlung verklagen müsste. Die **Rechtskraft** der Vergütungsfestsetzung **bindet auch das Prozessgericht.** Mit welchem Zweck sollte der Insolvenzverwalter daher den Schuldner verklagen müssen, wenn das Urteil niemals anders lauten kann, als dies bereits im Festsetzungsbeschluss geschehen ist? Der Vergütungsbeschluss bedarf der Vollstreckungsklausel nach §§ 724 ff. ZPO und ist dem Schuldner vor Beginn der Zwangsvollstreckung zuzustellen (§ 750 Abs. 1 ZPO). Dies ist in aller Regel schon wegen § 64 Abs. 3 Satz 1 InsO durch das Insolvenzgericht erfolgt.

30 Der **Beschluss über eine Vorschussgewährung** nach § 9 InsVV stellt dagegen **keinen Vollstreckungstitel** dar.[51] Die Vorschussgewährung stellt nach Ansicht des BGH eine Maßnahme i. R. des § 58 InsO dar und hat nicht die Rechtsqualität einer Festsetzung nach § 64 InsO (eingehend siehe § 15 Rz. 132 ff.).

d) Die Vergütung des vorläufigen Insolvenzverwalters bei Nichteröffnung des Insolvenzverfahrens

aa) Die Arten der Beendigung des Eröffnungsverfahrens

31 Die Haftung für die Vergütung des vorläufigen Insolvenzverwalters bei Nichteröffnung des Insolvenzverfahrens sollte konsequenterweise der **allgemeinen Haftung für die Kosten dieses Verfahrens** je nach Art der Beendigung des Eröffnungsverfahrens folgen. Bei Eröffnung des Insolvenzverfahrens stellt sich die Frage nicht, weil dann die Vergütung des vorläufigen Insolvenzverwalters zu den Kosten des eröffneten Insolvenzverfahrens gehört (§ 54 Nr. 2 InsO).

32 In den Fällen der **Antragsrücknahme** durch einen antragstellenden Gläubiger, der Erledigterklärung entsprechend § 91a ZPO[52] oder der Abweisung mangels Masse ist dagegen entscheidend, wem die Kosten des Eröffnungsverfahrens auferlegt werden und ob überhaupt die Vergütung des vorläufigen Insolvenzverwalters zu den Kosten des Eröffnungsverfahrens gehört.

bb) Die Ermächtigung zur Entnahme der Vergütung

33 Die Frage scheint sich nicht zu stellen, wenn im Festsetzungsbeschluss zur Vergütung des vorläufigen Insolvenzverwalters dieser **ausdrücklich ermächtigt wird,** die **Vergütung aus der** von ihm verwalteten **Masse zu entnehmen.** Dies ist zweckmäßig, wenn das Insolvenzverfahren nicht eröffnet wird und die Verfügungsbefugnis nach Beendigung des Eröffnungsverfahrens wieder dem Schuldner zusteht (siehe dazu nachstehend Rz. 36 ff., 41 ff.). Zutreffend ist diese Verfahrensweise aber nur beim sog. **starken vorläufigen Insolvenzverwalter,** da nur ihm die Verfügungsbefugnis über das schuldnerische Vermögen zusteht (§ 22 Abs. 1 InsO). Denkbar ist auch, die vorläufige Verwaltung mit den Sicherungsmaßnahmen nach § 21 Abs. 1 Nr. 1 und 2 InsO nach § 25 Abs. 2 InsO erst dann aufzuheben, wenn der vorläufige Insolvenzverwalter die ihm zustehende Vergütung entnommen hat.[53] Obwohl auch § 25 Abs. 2 Satz 1 InsO nur den sog. starken vorläufigen Insolvenzverwalter anspricht (§ 22 Abs. 1 InsO), sollte er auch auf den sog. schwachen vorläufigen Insolvenzverwalter angewendet werden.[54]

---

51) Zur Vorschussgewährung für Mitglied des Gläubigerausschusses BGH, Beschl. v. 22.7.2021 – IX ZB 47/19, ZRI 2021, 802 = ZIP 2021, 1826, dazu EWIR 2021, 756 *(Knof)*.

52) Uhlenbruck-*Wegener*, InsO, § 14 Rz. 170 ff.

53) Ausdrücklich für die Vergütung Jaeger-*Gerhardt*, InsO, § 25 Rz. 10, 11.

54) Uhlenbruck-*Langer*, InsO, § 25 Rz. 8 ff.; *Laroche* in: HK-InsO, § 25 Rz. 9; *Blankenburg* in: KPB, InsO, § 25 Rz. 26 ff.

Besitzt das der vorläufigen Insolvenzverwaltung unterliegende Vermögen hierfür keine ausreichende Liquidität, bleibt dem vorläufigen Insolvenzverwalter nur die anschließende **Zwangsvollstreckung gegen den Schuldner.** 34

Das Insolvenzgericht sollte wenigstens den vorläufigen Insolvenzverwalter auch mit einem **Sachverständigenauftrag** im Insolvenzeröffnungsverfahren versehen, damit ihm die hierfür zustehende Vergütung nach § 9 JVEG und § 11 Abs. 4 InsVV aus der Staatskasse zugesprochen werden kann (siehe § 17 Rz. 12 ff.). 35

cc) Die Bestimmung einer Kostentragungspflicht

Das Problem einer Kostentragungspflicht des antragstellenden Gläubigers oder des Schuldners kommt daher zum Tragen, wenn die Vergütung aus dem verwalteten Vermögen nicht entnommen werden kann.[55] Die **Festsetzung** der Vergütung erfolgt grundsätzlich **gegen den Schuldner.** Sie stellt diesem gegenüber eine gewöhnliche Geldforderung dar. In einem späteren Insolvenzverfahren über das Vermögen des Schuldners ist der Vergütungsanspruch Insolvenzforderung nach § 38 InsO.[56] Gleiches gilt für die Vergütung der Mitglieder des Gläubigerausschusses in einem späteren Insolvenzverfahren, wenn das erste Verfahren nach Bestätigung eines Insolvenzplans aufgehoben wurde.[57] 36

Sollte der Schuldner im seltenen Fall der Ansicht sein, der **Gläubiger** habe **mutwillig Insolvenzantrag** gestellt und müsse ihm über § 826 BGB schadensersatzpflichtig sein,[58] ist die Vergütung des vorläufigen Insolvenzverwalter Teil des Schadens des Schuldners. 37

Fraglich ist, ob das Insolvenzgericht bei Beendigung des Eröffnungsverfahrens eine **Kostengrundentscheidung** treffen kann, welche auch die Tragung der Vergütung des vorläufigen Insolvenzverwalters umfasst und ob die Vergütung danach unmittelbar gegen die betreffende Partei festgesetzt werden kann. Durch § 26a InsO ist dies eingeschränkt möglich. Dogmatisch entscheidend sind die Einordnung der Vergütung des vorläufigen Insolvenzverwalters als Kosten des Verfahrens nach § 54 InsO und die Anwendung des § 91 ZPO. 38

dd) Der Geltungsbereich des § 54 InsO

Die Vergütung des vorläufigen Insolvenzverwalters gehört **im eröffneten Insolvenzverfahren** nach § 54 Nr. 2 InsO zu den **Kosten des Insolvenzverfahrens.** Nach Festsetzung durch das Insolvenzgericht kann der Insolvenzverwalter sie aus der Insolvenzmasse entnehmen. Sehr streitig und ungeklärt ist die Frage der Kostentragungspflicht, wenn das Eröffnungsverfahren ohne Insolvenzeröffnung endet, insbesondere wenn der antragstellende Gläubiger seinen Insolvenzantrag entsprechend § 91a ZPO als in der Hauptsache für erledigt erklärt oder die Eröffnung mangels Masse nach § 26 InsO abgewiesen wird. 39

Für die **Gerichtskosten** gelten die §§ 23, 29 Nr. 1 GKG. Grundsätzlich ist der **Antragsteller Kostenschuldner**, das Gericht kann die Kosten einem anderen auferlegen. Die in der Praxis übliche und zulässige Erledigung der Hauptsache entsprechend § 91a ZPO nach Zahlung der Gläubigerforderung durch den Schuldner erfolgt mit dem Ziel, die Kosten nach § 29 Nr. 1 GKG dem Schuldner aufzuerlegen (siehe § 16 Rz. 35 ff.). Die **Kostenent-** 40

---

55) K. Schmidt-*Vuia*, InsO, § 63 Rz. 13; *Schmitt* in: FK-InsO, § 64 Rz. 7; *Graeber/Graeber*, InsVV, Vor § 1 Rz. 7 ff.

56) BGH, Beschl. v. 9.10.2008 – IX ZR 168/07, ZIP 2008, 2371 = NZI 2009, 53.

57) AG Düsseldorf, Beschl. v. 9.12.2016 – 504 IN 269/12, ZInsO 2017, 2139, mit der sehr merkwürdigen Feststellung der Ansprüche nach §§ 179 ff. InsO zur Insolvenztabelle in entsprechender Anwendung der Vorschriften zur Kostenfestsetzung. Es ist jedoch widersprüchlich, Ansprüche einerseits zutreffend als Insolvenzforderungen zu betrachten und sie dann andererseits wie Kosten des Verfahrens festsetzen zu wollen.

58) Jaeger-*Gerhardt*, InsO, § 13 Rz. 54; *Vuia* in: MünchKomm-InsO, § 14 Rz. 15 ff.

scheidung des § 29 Nr. 1 GKG betrifft aber nur die gerichtlichen Kosten des Eröffnungsverfahrens, die §§ 23, 29 GKG regeln nur das Verhältnis zwischen Fiskus und Kostenschuldner.[59] Die sonstigen Kosten der vorläufigen Verwaltung werden hierdurch nicht geregelt. Der Gesetzgeber der InsO sah hier auch keinen Regelungsbedarf.[60] Die Regelung des § 23 Abs. 1 Satz 3 GKG, die für die Kosten der vorläufigen Verwaltung nach Nr. 9018 GKG KV ausschließlich die Haftung des Schuldners anordnet, gilt mit ihrer Verweisung auf Nr. 9018 GKG KV nur für den Fall der Kostenstundung nach §§ 4a ff. GKG, denn nur hier ist die wegen § 63 Abs. 2 InsO von der Staatskasse gezahlte Vergütung als Auslage nach Nr. 9018 GKG KV zu erstatten. Wegen der Kostenstundung kommt es i. Ü. in diesen Fällen regelmäßig zu einer Eröffnung des Insolvenzverfahrens. Aus § 23 Abs. 1 Satz 3 GKG kann daher nicht der allgemeine Schluss gezogen werden, für die sonstigen Kosten der vorläufigen Verwaltung hafte stets der Schuldner.[61]

ee) Kostengrundentscheidung entsprechend § 91 ZPO

41 Streitig war lange, ob i. R. der Entscheidung über die Beendigung des Eröffnungsverfahrens (Abweisungsbeschluss nach § 26 InsO, Zurückweisungsbeschluss bei Unbegründetheit des Insolvenzantrags oder auch Beschluss nach § 91a ZPO) das Gericht eine Kostengrundentscheidung betreffend die sonstigen Kosten und damit auch die Vergütung des vorläufigen Insolvenzverwalters treffen darf, die für die Beteiligten untereinander wirkt, also wie im Zivilprozess eine Kostenerstattungspflicht begründet.[62] Das **Insolvenzeröffnungsverfahren** wird allgemein als **kontradiktorisches Verfahren** zwischen antragstellendem Gläubiger und Schuldner betrachtet. Es wäre daher logisch und richtig, über § 4 InsO auch § 91 ZPO zur Anwendung zu bringen.[63] Wendet man § 91 ZPO konsequent an, bedeutet dies, dass mindestens im Falle der Antragszurückweisung bei Unbegründetheit das Gericht dem antragstellenden Gläubiger die gesamten Kosten des Eröffnungsverfahrens auferlegen kann.[64] Hiergegen wurde mit Wertungsgesichtspunkten argumentiert, dies sei nicht zumutbar, weil für den antragstellenden Gläubiger nicht voraussehbar sei, welche Sicherungsmaßnahmen das Gericht ergreife und zudem diese Sicherungsmaßnahmen zum Schutze aller Gläubiger ergingen.[65] In älterer Rechtsprechung **verneinte der BGH** die **Möglichkeit einer Kostengrundentscheidung** zulasten des Antragstellers, weil die Insolvenzantragstellung dann für einen Gläubiger zu einem unkalkulierbaren Risiko würde.[66] **Dem ist nicht zuzustimmen.** Der antragstellende Gläubiger muss sich ebenso wie bei einer Klageerhebung des vollen Kostenrisikos bewusst sein. Bei Klageerhebung muss er auch wissen, dass er im Falle einer Niederlage die Kosten des Gegners tragen muss, auch das ist nicht unzumutbar. Weshalb soll der antragstellende Gläubiger des Insolvenzverfahrens nicht auch die Möglichkeit in Betracht ziehen müssen, dass vorläufige Verwaltung angeordnet wird und diese Kosten verursacht? Im Falle der „echten" Antragsrücknahme ist eine Kostengrundentscheidung gegen den antragstellenden Gläubiger auch vertretbar.[67]

---

59) Jaeger-*Gerhardt*, InsO, § 22 Rz. 244; *Uhlenbruck*, NZI 2010, 161, 163; so bereits *Eickmann*, ZIP 1982, 21.

60) Begr. RegE InsO, BT-Drucks. 12/2443, S. 249, 262; abgedr. in: *Kübler/Prütting*, RWS-Dok. 18, S. 189.

61) *Lorenz* in: FK-InsO, Vorb. InsVV Rz. 50; *Uhlenbruck*, NZI 2010, 161, 163.

62) Eingehend Jaeger-*Gerhardt*, InsO, § 22 Rz. 250 ff.; zu allgemein Stephan/Riedel-*Stephan/Riedel*, InsVV Einl. Rz. 22, 23; *Uhlenbruck*, NZI 2010, 161, 162.

63) *Uhlenbruck*, NZI 2010, 161, 166.

64) Jaeger-*Gerhardt*, InsO, § 22 Rz. 253.

65) Jaeger-*Gerhardt*, InsO, § 22 Rz. 251; Uhlenbruck-*Wegener*, InsO, § 13 Rz. 173; zur Abweisung mangels Masse Uhlenbruck-*Langer*, InsO, § 26 Rz. 38; K. Schmidt-*Keller*, InsO, § 26 Rz. 45 ff.

66) BGH, Urt. v. 11.7.1961 – IX ZR 208/60, NJW 1961, 2016; Jaeger-*Gerhardt*, InsO, § 22 Rz. 248.

67) Jaeger-*Gerhardt*, InsO, § 22 Rz. 252.

Der BGH sah in Entscheidungen aus den Jahren 2007 und 2009 keine Möglichkeit für das Insolvenzgericht, im Fall der Nichteröffnung des Verfahrens durch Kostengrundentscheidung eine Kostentragungspflicht zu begründen.[68] Das Insolvenzgericht könne nach seiner Ansicht dem antragstellenden Gläubiger in keinem Fall die Kosten der vorläufigen Verwaltung auferlegen. Der **vorläufige Insolvenzverwalter** habe vielmehr einen **materiellrechtlichen Vergütungsanspruch gegen den Schuldner** analog § 1808 Abs. 2, §§ 1875 ff. BGB. Dieser sei im ordentlichen Klageweg durchzusetzen. Der BGH stellt im Leitsatz des Beschlusses vom 3.12.2009[69] fest, das Insolvenzgericht sei nicht befugt, die Vergütung des vorläufigen Insolvenzverwalters im Verfahren nach §§ 63, 64 InsO, §§ 8, 10, 11 InsVV festzusetzen. Hieraus sei zu schließen, das Insolvenzgericht könne im Falle der **Nichteröffnung des Insolvenzverfahrens** gar **keinen Vergütungsfestsetzungsbeschluss** mehr erlassen, und die Vergütungsfestsetzung selbst sei nunmehr der streitigen Gerichtsbarkeit zugewiesen.[70] Sollte das Insolvenzgericht aber fälschlicherweise eine Kostengrundentscheidung treffen, sei diese nicht nichtig, sondern lediglich anfechtbar und mit Eintritt der formellen Rechtskraft wirksam.[71] 42

Der BGH sah die Vergütung des vorläufigen Insolvenzverwalters nicht als Teil der Kosten des Eröffnungsverfahrens, da § 54 Nr. 2 InsO nur für das eröffnete Verfahren gelte. Daher konnte nach seiner Ansicht das Insolvenzgericht nicht durch Kostengrundentscheidung die Vergütung des vorläufigen Insolvenzverwalters dem antragstellenden Gläubiger und auch nicht dem Schuldner auferlegen. Dies ist nicht überzeugend:[72] Zunächst ist es nicht überzeugend, weshalb der aus § 54 InsO zu entnehmende Grundsatz des Vorrangs der Kosten nur im eröffneten Insolvenzverfahren gelten soll. Zwar legt die Stellung der Vorschrift nach § 53 InsO, der die bevorzugte Befriedigung der Masseverbindlichkeiten regelt, diesen Schluss nahe. Andererseits bestimmen aber auch §§ 24 und 25 InsO die Möglichkeit der Begründung von (Masse-)Verbindlichkeiten im Eröffnungsverfahren durch den sog. starken vorläufigen Insolvenzverwalter, der sog. schwache vorläufige Insolvenzverwalter kann dies nach entsprechender gerichtlicher Ermächtigung.[73] Im Hinblick auf die **Vergütung des vorläufigen Insolvenzverwalters** besteht daher **kein Grund**, diesen bei Nichteröffnung des Insolvenzverfahrens **anders zu behandeln als bei Eröffnung**. Die Vergütung, die bei Verfahrenseröffnung nach § 54 Nr. 2 InsO den sonstigen Masseverbindlichkeiten gegenüber vorrangig ist, wäre dann nämlich den Verbindlichkeiten des Eröffnungsverfahrens nach § 25 InsO gegenüber nachrangig oder gar ungesichert. Bei Eröffnung des Insolvenzverfahrens gehört sie zu den Massekosten, bei Nichteröffnung wäre sie einfache Forderung gegen den Schuldner.[74] Das ist systematisch nicht überzeugend. 43

68) BGH, Beschl. v. 13.12.2007 – IX ZB 196/06, BGHZ 175, 48 = NZI 2008, 170; BGH, Beschl. v. 3.12.2009 – IX ZB 280/08, ZIP 2010, 89 = ZInsO 2010, 107 m. Anm. *Frind*, dazu EWiR 2010, 154 *(Mitlehner)*; in diesem Sinne bereits BGH, Beschl. v. 26.1.2006 – IX ZB 231/04, NZI 2006, 239; dazu auch Leonhardt/Smid/Zeuner-*Amberger*, InsVV, § 8 Rz. 22 ff.

69) BGH, Beschl. v. 3.12.2009 – IX ZB 280/08, ZIP 2010, 89 = ZInsO 2010, 107 m. Anm. *Frind*.

70) BGH, Beschl. v. 3.12.2009 – IX ZB 280/08, Rz. 6, ZIP 2010, 89 = ZInsO 2010, 107 m. Anm. *Frind*; eingehend dazu *Seehaus*, ZInsO 2011, 1783.

71) BGH, Beschl. v. 8.3.2012 – IX ZB 219/11, WM 2012, 814.

72) Eingehend *Frind*, ZInsO 2010, 107, 109 (Anm. zu BGH, Beschl. v. 3.12.2009 – IX ZB 280/08, ZIP 2010, 89); *Riewe*, NZI 2010, 131; *Uhlenbruck*, NZI 2010, 161.

73) Für die Anwendung des § 25 Abs. 2 InsO BGH, Urt. v. 22.2.2007 – IX ZR 2/06, NZI 2007, 338; allgemein BGH, Urt. v. 18.7.2002 – IX ZR 195/01, BGHZ 151, 353, 366 = ZVI 2002, 250, dazu EWiR 2002, 919 *(Spliedt)*; BGH, Urt. v. 20.2.2003 – IX ZR 81/02, BGHZ 154, 72, 82 = ZIP 2003, 632, dazu EWiR 2003, 425 *(Schumacher)*; BGH, Urt. v. 9.12.2004 – IX ZR 108/04, BGHZ 161, 315, 318 = ZIP 2005, 314, dazu EWiR 2005, 511 *(Marotzke)*; eingehend Jaeger-*Gerhardt*, InsO, § 22 Rz. 127, 128; *Laroche* in: HK-InsO, § 22 Rz. 54.

74) Jaeger-*Gerhardt*, InsO, § 22 Rz. 243.

Denn innerhalb des § 25 Abs. 2 InsO ist es zutreffend, die Vergütung des vorläufigen Insolvenzverwalters zu den Kosten dieses Verfahrens zu zählen. Damit ist es auch richtig, wenn das Insolvenzgericht den vorläufigen Insolvenzverwalter ermächtigt, die Vergütung aus dem von ihm verwalteten Vermögen zu entnehmen. Bei wörtlicher Auslegung der Rechtsprechung des BGH ist dies nicht möglich.

44 Hinsichtlich der Feststellung des BGH im Beschluss vom 3.12.2009,[75)] das Insolvenzgericht könne die Vergütung des vorläufigen Insolvenzverwalters gar nicht mehr festsetzen versuchte *Frind*[76)] zwar, diese Aussage des Leitsatzes abzumildern, in der Begründung drückt sich der BGH aber unmissverständlich in diesem Sinne aus.[77)] Die Feststellung des BGH, §§ 63, 64 InsO gelte nicht, widerspricht auch der Verweisung durch § 21 Abs. 2 Nr. 1 InsO unmittelbar auf diese Vorschriften. Denn § 21 Abs. 1 Nr. 1 InsO unterscheidet nicht zwischen Eröffnung und Nichteröffnung des Insolvenzverfahrens. Allein das Insolvenzgericht ist befugt, über § 21 Abs. 2 Nr. 1, §§ 63, 64 InsO und §§ 8, 10, 11 InsVV die Vergütung des vorläufigen Insolvenzverwalters festzusetzen, auch wenn das Insolvenzverfahren nicht eröffnet wird.[78)] Reicht danach das verwaltete Vermögen zur Deckung der Vergütung aus, darf sie der Insolvenzverwalter hieraus entnehmen, zum einen aus § 25 InsO – wenn man die Vergütung richtigerweise den sonstigen Verbindlichkeiten vorrangig betrachtet –, zum anderen aus § 273 BGB, da dem vorläufigen Verwalter an dem von ihm verwalteten Vermögen ein Zurückbehaltungsrecht zusteht. Dabei ist wieder zu bedenken, dass nur der sog. starke vorläufige Insolvenzverwalter rechtmäßig das Vermögen des Schuldners besitzt. Der nur mit Zustimmungsvorbehalt und ohne Einzelermächtigung ausgestattete vorläufige Verwalter ist nicht im Besitz des schuldnerischen Vermögens und kann daher § 273 BGB nicht für sich reklamieren. Für die Rechtspraxis **richtig und systematisch zutreffend ist es**, die **Vergütung** des vorläufigen Insolvenzverwalters auch im Falle der Nichteröffnung des Verfahrens **zu den Kosten dieses Verfahrens** zu zählen. Die **Kostengrundentscheidung** des Insolvenzgerichts ergeht dann im Verhältnis zwischen Gläubiger und Schuldner und betrifft insbesondere diese Kosten.

ff) Kostentragungspflicht und Festsetzung der Vergütung nach § 26a InsO

45 Als Antwort auf die Rechtsprechung des BGH fügte der Gesetzgeber durch das Gesetz zur weiteren Erleichterung der Sanierung von Unternehmen (ESUG)[79)] vom 7.12.2011 die Vorschrift des **§ 26a InsO** ein.[80)] Die Vorschrift ist am 1.3.2012 in Kraft getreten, eine Vorwirkung auf bis dahin nicht festgesetzte Vergütungen lehnt der BGH ab.[81)] § 26a Abs. 1 InsO ermöglicht eine Vergütungsfestsetzung durch das Insolvenzgericht in Anwendung der §§ 64, 65 InsO, §§ 8, 11 InsVV. Im Wortlaut der Norm wurde jedoch nur gestattet, die Vergütung „gegen den Schuldner“ festzusetzen. Die Möglichkeit, aufgrund einer Entscheidung nach § 91 ZPO eine Festsetzung auch gegen einen antragstellenden Gläubiger vorzunehmen, fehlte.

---

75) BGH, Beschl. v. 3.12.2009 – IX ZB 280/08, ZIP 2010, 89 = ZInsO 2010, 107 m. Anm. *Frind*.

76) *Frind*, ZInsO 2010, 107, 109 (Anm. zu BGH, Beschl. v. 3.12.2009 – IX ZB 280/08, ZIP 2010, 89).

77) BGH, Beschl. v. 3.12.2009 – IX ZB 280/08, Rz. 6, ZIP 2010, 89 = ZInsO 2010, 107 m. Anm. *Frind*.

78) AG Duisburg, Beschl. v. 18.8.2008 – 64 IN 65/06, ZInsO 2010, 635.

79) Gesetz zur weiteren Erleichterung der Sanierung von Unternehmen – ESUG, v. 7.12.2011, BGBl. I 2011, 2582.

80) Uhlenbruck-*Langer*, InsO, § 26a Rz. 1.

81) BGH, Beschl. v. 9.2.2012 – IX ZB 79/10, NZI 2012, 317 m. Anm. *Keller*; Uhlenbruck-*Langer*, InsO, § 26a Rz. 2 auch zu kritischer Rspr.; K. Schmidt-*Vuia*, InsO, § 64 Rz. 5.

Mit Änderung durch das Gesetz vom 15.7.2013,[82] in Kraft getreten am 1.7.2014, wurde **§ 26a InsO dahin geändert**, dass bei grobem Verschulden des Gläubigers bei unzulässigem oder **unbegründetem Insolvenzantrag** das Gericht die Vergütung auch gegen ihn festsetzen kann (§ 26a Abs. 2 InsO).[83] Das Insolvenzgericht kann im Beschluss zur Zurückweisung des Insolvenzantrags wegen Unbegründetheit die Haftung des antragstellenden Gläubigers für die **Vergütung des vorläufigen Insolvenzverwalters** oder auch des **vorläufigen Sachwalters**[84] festlegen und sodann die Vergütung des vorläufigen Insolvenzverwalters gegen ihn festsetzen.[85] Dies soll nach der allgemeinen Übergangsregel des Art. 103h EGInsO erst für Verfahren gelten, die nach dem 30.6.2014 beantragt worden sind.[86] 46

§ 26a Abs. 2 InsO sieht eine grundsätzliche Kostenhaftung des Schuldners vor (§ 26a Abs. 2 Satz 1 InsO).[87] Dem antragstellenden Gläubiger ist die Vergütung aufzuerlegen, wenn ihn bei der Antragstellung ein grobes Verschulden trifft (§ 26a Abs. 2 Satz 2 InsO). Dies ist nach Satz 3 der Vorschrift beispielhaft anzunehmen, wenn für den Gläubiger schon bei Antragstellung dessen Aussichtslosigkeit erkennbar war. Denkbar ist dies, wenn der Gläubiger bereits mit werthaltigen Absonderungsrechten voll gesichert war und daher sein Antrag erkennbar unzulässig war,[88] wenn er den Antrag erkennbar als sog. Druckantrag gestellt hat oder wenn erkennbar keine Zahlungsunfähigkeit vorlag. Auch soll das Verhalten des Gläubigers während des Eröffnungsverfahrens zu berücksichtigen sein.[89] 47

gg) Kostentragungspflicht nach § 14 Abs. 3 InsO

Einen engen Anwendungsbereich hat § 14 Abs. 3 InsO, der eine Kostentragungspflicht des Schuldners begründet, wenn der Insolvenzantrag als unbegründet abgewiesen wird. Der Wortlaut allein des § 14 Abs. 3 InsO ist unverständlich, wenn man – wie dies die Rechtsprechung bisher tut – grundsätzlich die Kostentragungspflicht des Schuldners annimmt. 48

Die Vorschrift wurde eingefügt durch das Haushaltsbegleitgesetz vom 9.12.2010 mit Wirkung zum 1.1.2011.[90] Sie soll § 14 Abs. 1 Satz 2 InsO ergänzen, der für den Fall der Befriedigung des antragstellenden Gläubigers die Fortführung des Eröffnungsverfahrens vorsieht, wenn innerhalb der letzten zwei Jahre bereits ein Insolvenzantrag gestellt wurde und der Schuldner weiter zahlungsunfähig ist.[91] Es sollte mit dieser Vorschrift die **wiederholte Antragstellung** seitens der Sozialversicherungsträger **gegen einen dauerhaft zahlungsunfähigen Schuldner vermieden werden.**[92] Nur in diesem Zusammenhang ist die Kostentragungspflicht des § 14 Abs. 3 InsO zu sehen, die Vorschrift ist daher eng 49

82) Gesetz zur Verkürzung des Restschuldbefreiungsverfahrens und zur Stärkung der Gläubigerrechte – GlRStG, v. 15.7.2013, BGBl. I 2013, 2379.

83) Begr. RegE GlRStG, BT-Drucks. 17/11268, S. 26; so bereits OLG Köln, Beschl. v. 14.4.2000 – 2 W 65/00, NZI 2000, 374 = ZIP 2000, 1168; Uhlenbruck-*Langer*, InsO, § 26a Rz. 4; Leonhardt/Smid/Zeuner-*Amberger*, InsVV, § 11 Rz. 19; eingehend auch *Smid*, ZIP 2014, 1714.

84) AG Köln, Beschl. v. 25.1.2017 – 73 IN 411/16, ZIP 2019, 980 = NZI 2017, 322.

85) K. Schmidt-*Vuia*, InsO, § 26a Rz. 6, 9 ff.

86) LG Frankfurt/M., Beschl. v. 11.11.2014 – 2-09 T 186/14, NZI 2015, 530 m. Anm. *Prasser*; kritisch zur Änderung des § 26a InsO K. Schmidt-*Vuia*, InsO, § 26a Rz. 2.

87) Uhlenbruck-*Langer*, InsO, § 26a Rz. 6, 7.

88) Uhlenbruck-*Langer*, InsO, § 26a Rz. 20; K. Schmidt-*Gundlach*, InsO, § 14 Rz. 25; K. Schmidt-*Vuia*, InsO, § 26a Rz. 13; *Sternal* in: HK-InsO, § 14 Rz. 28.

89) Uhlenbruck-*Langer*, InsO, § 26a Rz. 19, 20; *Laroche* in: HK-InsO, § 26a Rz. 6.

90) Haushaltsbegleitgesetz 2011 – HBeglG 2011, v. 9.12.2010, BGBl. I 2010, 1885.

91) K. Schmidt-*Gundlach*, InsO, § 14 Rz. 10 ff.

92) Eingehend *Vuia* in: MünchKomm-InsO, § 14 Rz. 61 ff.; Uhlenbruck-*Wegener*, InsO, § 14 Rz. 98 ff.; K. Schmidt-*Gundlach*, InsO, § 14 Rz. 10 ff.

auszulegen.[93] Sie gilt, wenn nach Befriedigung des antragstellenden Gläubigers die Voraussetzungen des § 14 Abs. 1 Satz 2 InsO wider Erwarten oder ausnahmsweise nicht vorliegen, insbesondere wenn der Schuldner nicht zahlungsunfähig ist, und der Insolvenzantrag deshalb als unbegründet zurückgewiesen wird.[94] Dies entspricht der allgemeinen Kostentragungspflicht aus § 91a ZPO bei Erledigterklärung seitens des Gläubigers. Darüber hinaus legt für den Fall des § 14 Abs. 3 InsO aber § 23 Abs. 1 Satz 4 GKG fest, dass der Antragsteller für die gerichtlichen Kosten des Eröffnungsverfahrens nicht als Zweitschuldner in Anspruch zu nehmen ist.[95] Hierin liegt der eigentliche Anwendungsbereich der Vorschrift: Die Sozialversicherungsträger als Antragsteller sollen vor der auch bei Erledigterklärung nach § 91a ZPO allgemein geltenden Zweitschuldnerhaftung für die Gerichtskosten bewahrt werden (siehe § 16 Rz. 37 f.).

50 Die Haftung für die Vergütung eines vorläufigen Insolvenzverwalters kann dem Antragsteller **im Falle des § 14 Abs. 3 InsO nicht durch Kostengrundentscheidung** auferlegt werden. Bei mutwilliger Antragstellung haftet der Antragsteller gegenüber dem Schuldner aber aus § 826 BGB.

e) Die Haftung der Staatskasse bei Kostenstundung nach § 63 Abs. 2 InsO

aa) Haftung und Beteiligung der Staatskasse

51 Wurde dem Schuldner im Insolvenzverfahren Kostenstundung nach §§ 4a ff. InsO gewährt, **haftet für die Vergütung** des Insolvenzverwalters und die weiteren Vergütungen nach § 54 Nr. 2 InsO **die Staatskasse.**[96] Die Vergütung gehört dann zu den aus der Insolvenzmasse zu erstattenden Auslagen des Gerichts nach Nr. 9018 GKG KV. Wird dem Schuldner Kostenstundung für das Insolvenzverfahren gewährt, kann der Insolvenzverwalter sicher sein, mit seiner Vergütung, die dann meist nur die Mindestvergütung darstellt, keinen Ausfall zu erleiden. Weil der Schuldner bereits mit dem Insolvenzantrag auch den Antrag auf Gewährung der Kostenstundung stellt,[97] ist bereits vor Anordnung der vorläufigen Insolvenzverwaltung oder vor Insolvenzeröffnung abzusehen, dass mit Eröffnung des Insolvenzverfahrens Kostenstundung gewährt werden wird. Die Anordnung einer vorläufigen Insolvenzverwaltung darf i. Ü. nicht an dem Argument scheitern, die Staatskasse müsse geschont werden.

52 Vor **Anordnung der vorläufigen Insolvenzverwaltung** ist auch in Ansehung der künftigen Haftung des Fiskus dem **Vertreter der Staatskasse** (Bezirksrevisor) **nicht zwingend rechtliches Gehör** zu gewähren.[98] Die Anordnung der vorläufigen Insolvenzverwaltung ist gerichtliche Entscheidung und keine Entscheidung des Kostenrechts. Ferner ist die Staatskasse nicht Beteiligte des Insolvenzverfahrens. Die Staatskasse ist nicht Insolvenzgläubigerin i. S. des § 38 InsO; die bevorrechtigte Stellung aus § 54 InsO gewährt keine Beteiligtenstellung.[99] Dem Vertreter der Staatskasse sollte zwar vor Festsetzung der Ver-

93) LG Bonn, Beschl. v. 7.12.2011 – 6 T 258/11, ZIP 2012, 1362 = NZI 2012, 460; *Vuia* in: MünchKomm-InsO, § 14 Rz. 156; Uhlenbruck-*Wegener*, InsO, § 14 Rz. 141.

94) *Vuia* in: MünchKomm-InsO, § 14 Rz. 156; Uhlenbruck-*Wegener*, InsO, § 14 Rz. 138; *Pape* in: KPB, InsO, § 14 Rz. 188 ff.

95) *Frege/Keller/Riedel*, Insolvenzrecht, Rz. 2.182.

96) LG Braunschweig, Beschl. v. 8.2.2010 – 6 T 666/09, NZI 2010, 529 = ZInsO 2010, 732; Uhlenbruck-*Mock*, InsO, § 63 Rz. 96; allgemein zur Stundung in diesem Zusammenhang Jaeger-*Eckardt*, InsO, § 4a Rz. 58 ff.; *Dawe* in: HambKomm-InsO, § 4a Rz. 49; *Frege/Keller/Riedel*, Insolvenzrecht, Rz. 1.273.

97) Allgemein Jaeger-*Eckardt*, InsO, § 4a Rz. 90 ff.; Uhlenbruck-*Pape*, InsO, § 4 Rz. 5, 6; *Frege/Keller/Riedel*, Rz. 1.235 ff.

98) *Keller*, ZVI 2002, 393.

99) K. Schmidt-*Vuia*, InsO, § 63 Rz. 34; allgemein zur Beteiligtenstellung *Keller*, Insolvenzrecht, Rz. 343.

gütung durch das Insolvenzgericht rechtliches Gehör gewährt werden.[100] Die Vergütungsfestsetzung ist aber immer gerichtliche Entscheidung im Insolvenzverfahren. Der Vertreter der Staatskasse ist keinesfalls irgendwie weisungsbefugt. Ob der Staatskasse ein Beschwerderecht nach § 64 Abs. 3 Satz 1 InsO zusteht, ist nicht geklärt (siehe eingehend § 15 Rz. 76). Zu einfach ist es aber, dem Fiskus das Beschwerderecht nach § 64 Abs. 3 InsO mit der Begründung zu versagen, er sei als Beschwerdebefugter im Gesetz nicht genannt.[101]

bb) Vorzeitige Aufhebung der Kostenstundung

Bei vorzeitiger Aufhebung der Kostenstundung haftet der Fiskus weiter subsidiär für die Vergütung des Insolvenzverwalters, soweit sie durch **Arbeitsleistung bereits „verdient" wurde.**[102] Wörtlich führt der BGH hierzu aus:[103] 53

> „Es würde im Gegenteil Sinn und Zweck des Gesetzes widersprechen, wenn die vorzeitige Aufhebung der Stundung dazu führen würde, dass der Insolvenzverwalter die Sicherung seines Anspruchs verliert. Der Insolvenzverwalter kann bei Amtsübernahme in der Regel nicht wissen, was der Schuldner vor Verfahrenseröffnung getan hat oder danach tun wird und ob ihm deshalb die Verfahrenskostenstundung wieder entzogen wird. Er verlässt sich vielmehr auf die zunächst gewährte Stundung und soll dies auch, weil der Gesetzgeber dadurch die Mitwirkung des Insolvenzverwalters in einem massearmen oder gar masselosen Verfahren sicherstellen wollte. Dürfte er sich nicht auf den Fortbestand der Stundung verlassen, wie das Beschwerdegericht gemeint hat, wäre kein vernünftiger Insolvenzverwalter bereit, das Risiko auf sich zu nehmen, mit seinem Anspruch auf Vergütung und Auslagenersatz ganz oder teilweise auszufallen."

Die Literatur sah mit gleicher Rechtsfolge die Wirkungen der Aufhebung der Stundung nur ex nunc eintreten.[104] Zu einem gleichen Ergebnis gelangt man, wenn man bereits auf die Staatskasse „umgelenkte" Ansprüche in ihrer vor der Aufhebung erreichten Lage unangetastet lässt.[105] Die Haftung der Staatskasse soll nach Ansicht des BGH aber nur für die Vergütung bestehen, die der Insolvenzverwalter noch in Unkenntnis der Aufhebung der Kostenstundung verdient.[106] 54

In der praktischen Auswirkung führt die Aufhebung der Kostenstundung während des Insolvenzverfahrens zu einer Einstellung nach § 207 InsO. Der Insolvenzverwalter erhält jedoch seine Vergütung aus der Staatskasse. Fraglich ist lediglich, in welcher Höhe. 55

cc) Begrenzung der Haftung des Fiskus auf die Mindestvergütung

Die Haftung der Staatskasse ist subsidiär. Kann der Insolvenzverwalter die Vergütung teilweise aus der Insolvenzmasse entnehmen, haftet die Staatskasse nur für den Ausfall. Nach Ansicht des BGH soll diese **Haftung zudem auf die Mindestvergütung** des § 2 Abs. 2 InsVV **begrenzt** sein, die aber auch nach § 3 InsVV erhöht oder gekürzt werden 56

---

100) *Frege/Keller/Riedel*, Insolvenzrecht, Rz. 1.273.

101) So aber LG Wuppertal, Beschl. v. 15.4.2002 – 6 T 204/02, ZVI 2002, 296; AG Dresden, Beschl. v. 30.1.2003 – 556 IN 2002/01, ZIP 2003, 414 = ZVI 2003, 142; *Büttner* in: HambKomm-InsO, § 64 Rz. 73; wie hier *Riedel* in: MünchKomm-InsO, § 64 Rz. 33.

102) BGH, Beschl. v. 15.11.2007 – IX ZB 74/07, Rpfleger 2008, 221; zum Kostenrisiko *Huep/Webel*, NZI 2011, 389.

103) BGH, Beschl. v. 15.11.2007 – IX ZB 74/07, Rz. 15, Rpfleger 2008, 221.

104) Jaeger-*Eckardt*, InsO, § 4c Rz. 95; *Bruns* in: MünchKomm-InsO, § 4c Rz. 17; Graf-Schlicker-*Kexel*, InsO, § 4c Rz. 16.

105) Römermann-*Becker*, InsO/InsR, § 4c InsO Rz. 5; *Nowak* in: MünchKomm-InsO, 2. Aufl. 2007, § 63 Rz. 6.

106) BGH, Beschl. v. 8.5.2014 – IX ZB 31/13, ZIP 2014, 1251 = NZI 2014, 707 m. Anm. *Blankenburg*; großzügig AG Lichtenberg, Beschl. v. 17.2.2015 – 39 IK 270/08, n. v.; Uhlenbruck-*Mock*, InsO, § 63 Rz. 98; *Büttner* in: HambKomm-InsO, § 63 Rz. 81; K. Schmidt-*Vuia*, InsO, § 63 Rz. 22.

kann (siehe § 4 Rz. 126, 135 ff.).[107] Der Fiskus ist dann nicht einstandspflichtig, wenn der Insolvenzverwalter seinen über die Mindestvergütung hinausgehenden Anspruch bereits teilweise aus der Insolvenzmasse entnehmen konnte. Der Sachverhalt, welcher dem Beschluss des BGH vom 7.2.2013 zugrunde lag, ist außergewöhnlich: In der Regelinsolvenz über das Vermögen eines unternehmerisch tätigen Schuldners führte der Insolvenzverwalter das Verfahren über gut zehn Jahre, ehe es masselos wurde und dem Schuldner Kostenstundung gewährt wurde. Der Insolvenzverwalter erhielt Vorschüsse von gesamt ca. 179 000 €. Die Vergütung wurde am Ende des Verfahrens auf etwas über 180 000 € festgesetzt. Der Insolvenzverwalter begehrte mit seiner Beschwerde den Differenzbetrag. Dieser Sachverhalt entspricht nicht der täglichen Insolvenzpraxis. In aller Regel wird ein Insolvenzverfahren bereits mit Kostenstundung eröffnet, je nach Tätigkeit des Insolvenzverwalters ist seine Vergütung zumeist nur wenig höher als die Mindestvergütung des § 2 Abs. 2 InsVV.[108]

57 Die **Begründung** der Entscheidung ist **nicht überzeugend.**[109] Wesentlich argumentiert der BGH mit der Haftung des Schuldners nach Erteilung der Restschuldbefreiung über den Auslagentatbestand der Nr. 9017 GKG KV für die seitens der Staatskasse gezahlte Verwaltervergütung.[110] Das Restschuldbefreiungsverfahren sei sinnlos, wenn der Schuldner weiterhin unbeschränkt für die Kosten des Verfahrens haften müsste. Diese aus dem Wortlaut des Gesetzes nicht herleitbare Argumentation – was der BGH auch zugibt – ist nicht zutreffend. Hat der Schuldner nach Beendigung des Insolvenzverfahrens ausreichend neues Vermögen erworben, ist nicht einzusehen, weshalb er dieses nicht für die Begleichung der Kosten des Insolvenzverfahrens einsetzen soll. Die Regelungen zur Kostenstundung mit den Verweisungen zur Prozesskostenhilfe[111] setzen als Regelfall gerade voraus, dass der Schuldner nach Erteilung der Restschuldbefreiung die Kosten des Verfahrens an die Staatskasse zurückzuzahlen hat. Warum soll der Insolvenzverwalter mit Begrenzung seines Vergütungsanspruchs dem Schuldner gegenüber, der wieder ausreichend Vermögen erworben hat, unentgeltlich tätig gewesen sein? Kann der Schuldner dagegen nach Erteilung der Restschuldbefreiung die Kosten nicht begleichen, ist ihm nach § 4b Abs. 1 InsO die Stundung zu verlängern. Entsprechend den Regelungen zur Prozesskostenhilfe sind unter Berücksichtigung der Einkommens- und Vermögensverhältnisse maximal 48 Ratenzahlungen anzuordnen (§ 120 Abs. 4 Satz 3 ZPO, § 4b Abs. 2 Satz 3 InsO; siehe § 16 Rz. 111).[112] Der Schuldner haftet damit maximal vier Jahre lang für die Kosten des Insolvenzverfahrens. Die Annahme des BGH, dem Schuldner sollten nicht nach oben unbegrenzt hohe Auslagenbeträge über Nr. 9017 GKG KV auferlegt werden,[113] ist damit unzutreffend, weil durch die Begrenzung der Haftung des Schuldners auf 48 Monatsraten gerade keine unbegrenzte Haftung besteht.[114]

---

107) BGH, Beschl. v. 7.2.2013 – IX ZB 245/11, ZIP 2013, 631 = NZI 2013, 351 m. Anm. *Keller*; ebenso LG Braunschweig, Beschl. v. 8.2.2010 – 6 T 666/09, NZI 2010, 529 = ZInsO 2010, 732; dazu auch *Kothe*, Rpfleger 2014, 169.

108) Zur Mindestvergütung nach § 13 InsVV bei Überleitung in ein Nachlassinsolvenzverfahren AG Norderstedt, Beschl. v. 21.5.2021 – 66 IN 206/19, NZI 2021, 792.

109) *Lorenz* in: FK-InsO, § 2 InsVV Rz. 54; vor dem Beschluss des BGH auch anders LG Aurich, Beschl. v. 1.6.2011 – 4 T 96/11, ZInsO 2012, 802; LG Erfurt, Beschl. v. 2.5.2012 – 1 T 447/11, ZInsO 2012, 947; LG Gera, Beschl. v. 15.8.2012 – 5 T 136/12, ZIP 2012, 2076; LG Bückeburg, Beschl. v. 30.5.2012 – 4 T 97/11, ZInsO 2012, 1283.

110) BGH, Beschl. v. 7.2.2013 – IX ZB 245/11, Rz. 24, 25, ZIP 2013, 631 = NZI 2013, 351 m. Anm. *Keller*.

111) Eingehend *Frege/Keller/Riedel*, Insolvenzrecht, Rz. 1.274 ff.

112) *Frege/Keller/Riedel*, Insolvenzrecht, Rz. 1.277.

113) BGH, Beschl. v. 7.2.2013 – IX ZB 245/11, Rz. 25, ZIP 2013, 631 = NZI 2013, 351 m Anm. *Keller*.

114) Eher zustimmend aber *Kothe*, Rpfleger 2014, 169.

Wünschenswert wäre eine **gesetzliche Regelung** dahingehend, dass – ähnlich der Anwaltsvergütung bei Prozesskostenhilfe (§ 59 RVG) – die Staatskasse für die geringere Mindestvergütung haftet und der Insolvenzverwalter dann unmittelbar gegen den Schuldner einen Anspruch auf Zahlung des nicht durch die Staatskasse gedeckten Teils der Vergütung zusteht, den dieser über die zeitlich begrenzte Ratenzahlung nach Erteilung der Restschuldbefreiung mit Verlängerung der Kostenstundung zu erfüllen hat. Dieses Ergebnis kann aber nicht aus dem jeweiligen Wortlaut der Vorschriften und erst recht nicht mit der vom BGH angebrachten Begründung hergeleitet werden.[115] 58

f) Keine allgemein subsidiäre Haftung des Fiskus für einen Vergütungsausfall

Ein praktisches Problem auch in der Unternehmensinsolvenz, bei der eine Kostenstundung 59 nach §§ 4a ff. InsO nicht gewährt wird und damit eine Haftung der Staatskasse nach § 63 Abs. 2 InsO nicht gegeben ist,[116] ist die Frage der Haftung für den Ausfall der Vergütung des vorläufigen Insolvenzverwalters, wenn es nicht zur Eröffnung des Insolvenzverfahrens kommt. Schon zum Konkurs- und Gesamtvollstreckungsrecht wurde vertreten, der Fiskus hafte in diesem Fall gegenüber dem vorläufigen Insolvenzverwalter subsidiär nach dem Schuldner.[117] Vereinzelt wurde auch eine Haftung des antragstellenden Gläubigers bejaht.[118] Die Materialien zur InsO sowie die Begründung zu § 11 InsVV sprechen sich aber gegen eine Einstandspflicht sowohl des Fiskus als auch des antragstellenden Gläubigers aus.[119] Dagegen vertraten weite Teile der Literatur die Ansicht, der Fiskus hafte subsidiär für die Vergütung des vorläufigen Insolvenzverwalters.[120] Bemerkenswert ist, dass die gleiche Frage bei einem Vergütungsausfall bei Masselosigkeit nach § 207 InsO gestellt werden muss, dieser Fall aber nicht in die Diskussion eingebracht wird.

Der BGH[121] spricht sich klar **gegen eine Haftung der Staatskasse für den Ausfall** der 60 Vergütung des vorläufigen Insolvenzverwalters aus.[122] Er hat es insbesondere abgelehnt, § 63 Abs. 2 InsO auf die Unternehmensinsolvenz entsprechend anzuwenden. Für den

115) *Stephan* in: MünchKomm-InsO, § 63 Rz. 79 ff.; *Stephan*, VIA 2010, 46; eingehend *Keller*, NZI 2013, 351 (Anm. zu BGH, Beschl. v. 7.2.2013 – IX ZB 245/11, ZIP 2013, 631).

116) Zur Treuhändervergütung vor Inkrafttreten der §§ 4a ff. InsO LG Kiel, Beschl. v. 18.7.2000 – 13 T 20/00, ZInsO 2002, 26.

117) LG Wuppertal, Beschl. v. 24.1.1984 – 6 T 960/83, ZIP 1984, 734; LG Kassel, Beschl. v. 26.11.1984 – 6 T 355/84, ZIP 1985, 176; LG Frankfurt/M., Beschl. v. 3.12.1985 – 2/9 T 1225/85, Rpfleger 1986, 496; LG Frankfurt/O., Beschl. v. 30.1.1995 – 16 T 444/94, ZIP 1995, 485, dazu EWiR 1995, 363 *(Haarmeyer)*; LG Offenburg, Beschl. v. 19.1.1999 – 4 T 148/98, ZIP 1999, 244 = NZI 1999, 120, dazu EWiR 2000, 39 *(Eckardt)*; *Roth* in: KölnKomm-InsO, § 11 InsVV Rz. 238 ff.

118) LG Mainz, Beschl. v. 26.2.1998 – 8 T 302/97, NZI 1998, 131; LG Münster, Beschl. v. 23.7.1999 – 5 T 251/99, DZWIR 1999, 423; zur Auferlegung der Kosten bei Abweisung mangels Masse LG Gera, Beschl. v. 30.5.2002 – 5 T 185/02, ZIP 2002, 1735.

119) Begr. RegE InsO, BT-Drucks. 12/2443, S. 262; Beschlussempfehlung und Bericht d. RA z. RegE EGInsO, BT-Drucks. 12/7303 und Begr. RegE EGInsO, BT-Drucks. 12/3803, S. 72, beides abgedr. in: *Kübler/Prütting*, RWS-Dok. 18, S. 190, 839; ferner die Begr. z. Entwurf einer InsVV (§ 11 InsVV), abgedr. unten in Anh. III, S. 689, 702, 703, unter Hinweis auf die in jedem Fall zu gewährende Gutachterentschädigung.

120) *Hess*, InsO, § 11 InsVV Rz. 180 ff.; *Lorenz* in: FK-InsO, 3. Aufl. 2003, § 11 InsVV Rz. 35; *Prasser/Stoffler* in: KPB, InsO, Vor § 1 InsVV Rz. 57 ff.

121) BGH, Beschl. v. 22.1.2004 – IX ZB 123/03, BGHZ 157, 370 = ZVI 2004, 200 = NZI 2004, 245 m. Anm. *Bernsau*.

122) Ebenso LG Darmstadt, Beschl. v. 22.10.1981 – 5 T 459/81, ZIP 1981, 1360; LG Kiel, Beschl. v. 4.2.1982 – 13 T 123/81, KTS 1982, 497; LG Köln, Beschl. v. 7.2.1983 – 19 T 255/82, ZIP 1983, 714; LG Gießen, Beschl. v. 28.1.1987 – 7 T 467/86, Rpfleger 1987, 329; LG Fulda, Beschl. v. 18.5.2001 – 3 T 105/01, NZI 2002, 61; *Kuhn/Uhlenbruck*, KO, § 106 Rz. 20b m. w. N.; *Nowak* in: MünchKomm-InsO, 2. Aufl. 2007, § 11 InsVV Rz. 28; *Laroche* in: HK-InsO, § 22 Rz. 88; Leonhardt/Smid/Zeuner-*Amberger*, InsVV, Einl. Rz. 41 ff.; *Frege/Keller/Riedel*, Insolvenzrecht, Rz. 9.97.

BGH ist es hinnehmbar, wenn der vorläufige Insolvenzverwalter im Falle der Abweisung der Insolvenzeröffnung mangels Masse mit seinem Vergütungsanspruch ausfällt, da der Insolvenzverwalter i. R. seiner Tätigkeit eine Mischkalkulation aus der Summe seiner Vergütungen vorzunehmen habe und ein Vergütungsausfall daher hinzunehmen sei. Das Argument der Mischkalkulation ist jedoch abzulehnen (siehe Rz. 93 ff.). Zu berücksichtigen ist auch, dass der vorläufige Insolvenzverwalter sein Amt nicht unmittelbar freiwillig übernimmt. Er wird seitens des Insolvenzgerichts bestellt – oftmals innerhalb kürzester Zeit nach Stellung eines Insolvenzantrags und nur nach kurzer telefonischer Rücksprache durch den Insolvenzrichter –; er ist insoweit in der Ausübung seines Amtes im konkreten Insolvenzeröffnungsverfahren nicht völlig frei. Es erscheint dann fraglich, ob der Fiskus dem vorläufigen Insolvenzverwalter durch Verweigerung einer eigenen Haftung jegliches Risiko für den Vergütungsausfall aufbürden kann.[123] Der Gefahr des Vergütungsausfalls kann der vorläufige Insolvenzverwalter nur durch rechtzeitige Entnahme eines Vorschusses nach § 9 InsVV begegnen.[124] In der Praxis ist dies wegen der Kürze des Eröffnungsverfahrens und des Umfangs der Insolvenzmasse aber häufig nicht möglich.

61 Auch der Insolvenzverwalter im eröffneten Insolvenzverfahren kann bei Masselosigkeit einen Vergütungsausfall erleiden. Dieser ist jedoch insoweit kalkulierbar, als ein Insolvenzverfahren nicht eröffnet wird, wenn die Kosten des Verfahrens, zu denen die Vergütung des Insolvenzverwalters gehört (§ 54 Nr. 2 InsO), nicht gedeckt sind (§ 26 Abs. 1 InsO). Der Fall der Masselosigkeit nach § 207 InsO sollte damit im Vorfeld der Insolvenzeröffnung vermeidbar sein.[125] Teilweise wird vertreten der vorläufige Insolvenzverwalter könne, sieht er seine Vergütung aus der vorhandenen Insolvenzmasse nicht gedeckt, eine rasche Beendigung des Eröffnungsverfahrens bewerkstelligen.[126] Es sei also möglich, durch rasche Abweisung mangels Masse einen Vergütungsausfall zu vermeiden und auch eine volkswirtschaftlich sinnvolle Löschung des schuldnerischen Unternehmensträgers herbeizuführen (§ 394 FamFG, § 60 Abs. 1 Nr. 5 GmbHG). Abgesehen von der Frage, ob die Abweisung mangels Masse volkswirtschaftlich und gesellschaftsrechtlich wünschenswert ist,[127] gibt es aber doch zahlreiche Fälle, bei denen die Durchführung eines ordnungsgemäßen Eröffnungsverfahrens sinnvoll ist, etwa wenn durch Vorfinanzierung von Insolvenzgeld Liquidität für die Insolvenzmasse geschaffen werden kann.[128]

5. Die Verjährung des Vergütungsanspruchs

a) Die regelmäßige Verjährung des Vergütungsanspruchs

62 Der nicht festgesetzte Vergütungsanspruch verjährt nach den **allgemeinen Vorschriften des bürgerlichen Rechts** innerhalb von drei Jahren (§ 195 BGB). Soweit die Vergütung festgesetzt ist, gilt die dreißigjährige Verjährungsfrist des § 197 Abs. 1 Nr. 3 BGB. Gebühren, die der Verwalter i. R. seiner Tätigkeit als Rechtsanwalt oder Steuerberater gesondert erhält (§ 5 InsVV), verjähren in gleicher Weise nach § 195 BGB.[129] Die **Verjährung beginnt** i. S. des § 199 Abs. 1 BGB mit dem Schluss des Jahres, in welchem der Ver-

123) Erwähnenswert auch zur möglichen Haftung der Staatskasse für die Vergütung des Sequesters nach § 938 ZPO BVerfG, Beschl. v. 14.10.2003 – 1 BvR 538/02, NJW 2004, 437.

124) BGH, Beschl. v. 22.1.2004 – IX ZB 123/03, unter II. 3. d) ee), BGHZ 157, 370, 379 = ZVI 2004, 200 = NZI 2004, 245 m. Anm. *Bernsau*.

125) *Keller*, Insolvenzrecht, Rz. 684.

126) *Bernsau*, NZI 2004, 245 (Urteilsanm.).

127) Dazu dezidiert *K. Schmidt*, Wege zum Insolvenzrecht der Unternehmen, S. 177 ff.

128) Dazu *Dreschers* in: R.-D. Mönning, Betriebsfortführung, § 25 Rz. 13 ff.; *Prasser/Stoffler* in: KPB, InsO, Vor § 1 InsVV Rz. 61.

129) Uhlenbruck-*Mock*, InsO, § 63 Rz. 56 ff.; *Prasser/Stoffler* in: KPB, InsO, Vor § 1 InsVV Rz. 8.

gütungsanspruch fällig geworden ist, mithin mit dem **Schluss des Jahres der Verfahrensbeendigung.**[130] Eine Verjährungshemmung durch Stellung des Vergütungsantrags bei Gericht ist in § 204 BGB für die Vergütung des Insolvenzverwalters nicht geregelt, in Entsprechung vergleichbarer Regelungen (insbesondere § 11 Abs. 7 RVG, § 2 Abs. 3 JVEG) aber allgemein anerkannt.[131]

b) Der Vergütungsanspruch des vorläufigen Insolvenzverwalters oder des vorläufigen Sachwalters

63 Der Vergütungsanspruch des vorläufigen Insolvenzverwalters bzw. des vorläufigen Sachwalters verjährt ab dem Jahr der **Beendigung des Eröffnungsverfahrens.**[132] Bereits mit Ende des Eröffnungsverfahrens kann auch die Festsetzung beantragt werden.[133] Eine Verjährungshemmung tritt durch Stellung des Vergütungsantrags bei Gericht analog § 11 Abs. 7 RVG, § 2 Abs. 3 JVEG ein.[134]

64 Ob die **Verjährung** etwa analog § 8 Abs. 2 RVG bis zum Ende des eröffneten Insolvenzverfahrens **gehemmt** ist, war lange streitig.[135] Der BGH sieht die Verjährung **bis zur Beendigung des eröffneten Verfahrens** als gehemmt an.[136] Wesentlich begründet er dies mit Prozessökonomie und Einheitlichkeit des Verfahrens, eine Analogie zu § 8 Abs. 2 RVG sieht er nicht explizit. Damit kann der ehemals vorläufige Insolvenzverwalter oder Sachwalter den Vergütungsantrag insgesamt auch erst nach Beendigung des eröffneten Verfahrens stellen.

65 Mit der Anerkennung einer Verjährungshemmung ist die Problematik von § 63 Abs. 3 Satz 4 InsO und § 11 Abs. 2 InsVV entschärft, wonach bei einer Wertdifferenz von 20 % zwischen Wertansatz bei Vergütung des vorläufigen Insolvenzverwalters und späterer Verwertung die Vergütung des vorläufigen Insolvenzverwalters zu korrigieren ist. Kann bspw. ein Vermögensgegenstand, der für die Berechnungsgrundlage erheblich ist, nur nach langer Zeit im eröffneten Verfahren verwertet werden, könnte der Vergütungsanspruch verjährt sein, ehe der Wert des maßgeblichen Vermögensgegenstandes festgestellt ist.[137] In diesen Fällen ist es daher sinnvoll, die Vergütungsfestsetzung für den vorläufigen Insolvenzverwalter erst nach Verwertung des maßgeblichen Vermögenswertes vorzunehmen.[138] Dann muss aber bis zu diesem Zeitpunkt die Verjährung des Vergütungsanspruchs gehemmt sein.

---

130) Uhlenbruck-*Mock*, InsO, § 63 Rz. 56; K. Schmidt-*Vuia*, InsO, § 63 Rz. 17 ff.; allgemein Grüneberg-*Ellenberger*, BGB, § 199 Rz. 3; überholt *H. Schmidt*, KTS 1981, 357, wonach die Verjährungsfrist einheitlich mit Abhaltung des Schlusstermins zu laufen beginnen sollte.

131) BGH, Beschl. v. 29.3.2007 – IX ZB 153/06, ZIP 2007, 1070 = ZVI 2007, 438; *Prasser/Stoffler* in: KPB, InsO, Vor § 1 InsVV Rz. 10.

132) LG Göttingen, Beschl. v. 1.2.2001 – 10 T 1/01, ZIP 2001, 625 = NZI 2001, 219; Uhlenbruck-*Mock*, InsO, § 63 Rz. 57.

133) Jaeger-*Eichel*, InsO, § 54 Rz. 21.

134) BGH, Beschl. v. 29.3.2007 – IX ZB 153/06, ZIP 2007, 1070 = ZVI 2007, 438; Uhlenbruck-*Mock*, InsO, § 63 Rz. 57; *Prasser/Stoffler* in: KPB, InsO, Vor § 1 InsVV Rz. 10.

135) Ablehnend LG Gießen, Beschl. v. 23.6.2009 – 7 T 34/09, ZIP 2009, 2398, dazu EWiR 2009, 783 (*Keller*); LG Hannover, Beschl. v. 3.8.2009 – 11 T 35/09, ZIP 2009, 2108 = NZI 2009, 688; LG Karlsruhe, Beschl. v. 14.9.2009 – 11 T 458/08, ZInsO 2009, 2358.

136) BGH, Beschl. v. 22.9.2010 – IX ZB 195/09, NZI 2010, 977 = DZWIR 2011, 36 m. Anm. *Keller*; LG Heilbronn, Beschl. v. 23.6.2006 – 1 T 85/06, ZInsO 2006, 2356; *Lorenz* in: FK-InsO, § 11 InsVV Rz. 7, 8.

137) *Keller*, NZI 2007, 378.

138) Eingehend *Keller*, NZI 2007, 378; *Rüffert*, ZInsO 2009, 757.

c) Die praktische Bedeutung der Verjährung

66 Die Frage der Verjährungshemmung hat wenig praktische Bedeutung. Es wird selten der Fall sein, dass der Insolvenzverwalter nach Beendigung des Insolvenzverfahrens vergisst, einen Vergütungsantrag zu stellen. Denkbar wäre ein nachträglicher Antrag, wenn Erhöhungstatbestände ursprünglich nicht berücksichtigt wurden und erst später geltend gemacht werden (zur Rechtskraft der Vergütungsfestsetzung siehe § 15 Rz. 110 f.). Nach dem Ende des Insolvenzverfahrens stellt sich aber stets die Frage, ob überhaupt noch Insolvenzmasse vorhanden ist, aus der eine Vergütung gewährt werden kann.

67 Das Problem der **Verjährung** des Vergütungsanspruchs des **vorläufigen Insolvenzverwalters** oder **vorläufigen Sachwalters** stellt sich praktisch nur bei **Nichteröffnung des Insolvenzverfahrens**, denn die Verjährung soll nach der Rechtsprechung des BGH bis zum Ende des eröffneten Verfahrens gehemmt sein. Denkbar wäre, dass der Insolvenzverwalter hierbei vergisst, auch für die vorläufige Verwaltung den Vergütungsantrag zu stellen. Ob aber dann – spätestens drei Jahre nach Beendigung des Insolvenzverfahrens – noch Insolvenzmasse vorhanden ist, ist wiederum zweifelhaft. Bei Nichteröffnung des Insolvenzverfahrens müsste der vorläufige Insolvenzverwalter mehr als drei Jahre nach Aufhebung der vorläufigen Verwaltung den Vergütungsantrag stellen, damit die Frage der Verjährung relevant wird.

d) Die Berücksichtigung bei der Vergütungsfestsetzung

68 In der Literatur ungeklärt ist dennoch die Frage, auf welche Weise eine eingetretene Verjährung der Vergütung des vorläufigen Insolvenzverwalters berücksichtigt werden soll. Nach einer Ansicht ist sie durch einen besonders einzusetzenden **Sonderinsolvenzverwalter** geltend zu machen.[139] Nach anderer Ansicht ist die Entnahme einer verjährten Vergütung durch den Insolvenzverwalter als **pflichtwidrig** anzusehen, das Gericht habe i. R. seiner Aufsichtspflicht nach § 58 InsO einzuschreiten und die Festsetzung zu verwehren.[140] Dies würde aber praktisch eine Beachtung der Verjährung von Amts wegen darstellen, was der Rechtsnatur der Verjährung als Einrede (§ 214 BGB) widerspricht. Umstritten ist allgemein auch, ob das Gericht in Ausübung des Aufsichtsrechts nach § 58 InsO den Insolvenzverwalter zur Rückzahlung unberechtigt geleisteter Zahlungen anhalten kann.[141]

69 Als **Einrede** nach § 214 BGB kann die Verjährung **nicht von Amts wegen** seitens des Insolvenzgerichts geltend gemacht werden,[142] sie ist durch den Schuldner des Verfahrens oder einen nach § 64 Abs. 3 InsO beschwerdeberechtigten Gläubiger zu erheben.[143] Das Postulat der Pflichtwidrigkeit erscheint lediglich als Umweg, um eine amtswegige Geltendmachung begründen zu können. Um dem Schuldner und den Gläubigern Gelegenheit zur Kenntnis des Sachverhalts zu geben, könnte ihnen der Vergütungsantrag zur Stellungnahme übermittelt werden. Im Rahmen der Schuldneranhörung ist dies üblich und mög-

139) LG Hamburg, Beschl. v. 15.1.2010 – 326 T 109/09, ZInsO 2010, 540; K. Schmidt-*Vuia*, InsO, § 63 Rz. 20; *H. Schmidt*, KTS 1981, 357.

140) *Prasser/Stoffler* in: KPB, InsO, Vor § 1 InsVV Rz. 14.

141) Bejahend *Hess*, KO, § 85 KO Rz. 18, unter Berufung auf RG, Urt. v. 22.1.1892 – III 317/91, RGZ 29, 76, das die Pflichten des Konkursverwalters allgemein beschreibt; eher ablehnend Uhlenbruck-*Mock*, InsO, § 63 Rz. 73.

142) LG Gießen, Beschl. v. 23.6.2009 – 7 T 34/09, ZIP 2009, 2398; AG Göttingen, Beschl. v. 18.12.2009 – 7 IN 51/04, ZIP 2010, 795 = NZI 2010, 68; Uhlenbruck-*Mock*, InsO, § 63 Rz. 58; K. Schmidt-*Vuia*, InsO, § 63 Rz. 19, 20; anders LG Hannover, Beschl. v. 3.8.2009 – 11 T 35/09, ZIP 2009, 2108 = NZI 2009, 688; *Graeber/Graeber*, ZInsO 2010, 465.

143) Nach K. Schmidt-*Vuia*, InsO, § 63 Rz. 19, soll nur der Schuldner als Träger der Insolvenzmasse einredebefugt sein, ggf. auch ein Sonderinsolvenzverwalter.

lich. Eine Anhörung der Gläubiger durch Übersendung des Vergütungsantrags an jeden Gläubiger ist aber nicht vorgesehen und auch nicht praktikabel. Denkbar wäre eine Anhörung im Schlusstermin oder, wenn das Verfahren ohne Schlusstermin beendet wird, durch öffentliche Bekanntmachung.[144)] Dies hat zur Folge, dass das Gericht die Vergütungsfestsetzung erst nach dem Schlusstermin bzw. der Anhörung vornimmt (siehe dazu § 15 Rz. 29 ff.). Im Übrigen kann ein Gläubiger die Verjährungseinrede auch i. R. der Beschwerde gegen die Vergütungsfestsetzung erheben. Da bei der öffentlichen Bekanntmachung derselben aber nur die Tatsache der Festsetzung der Vergütung bekannt gemacht wird (§ 64 Abs. 2 Satz 2 InsVV), ist der Gläubiger wieder zu Eigeninitiative verpflichtet, um konkrete Kenntnis von der Verjährung zu erlangen. Das Insolvenzgericht kann in der Begründung seines Festsetzungsbeschlusses hierauf nicht hinweisen, da es zur Neutralität verpflichtet ist und ähnlich wie im Zivilprozess keinen Hinweis auf zu erhebende Einreden zu geben hat. Dem Gläubiger oder auch dem Schuldner ist eine Eigeninitiative aber auch zuzumuten, denn die Vergütungsfestsetzung erfolgt mithin mehr als drei Jahre nach Beendigung des Insolvenzeröffnungsverfahrens, dies ist offen sichtbar.

Im Ergebnis ist daher die Verjährung der Vergütung nicht von Amts wegen zu beachten, 70
auch stellt es keine Pflichtwidrigkeit dar, eine verjährte Forderung geltend zu machen, auch wenn es gegenüber dem Insolvenzgericht einen fahlen Beigeschmack hat. Die **Verjährung kann durch den Schuldner** i. R. seiner Anhörung und **durch jeden Insolvenzgläubiger spätestens** i. R. einer **Beschwerde** geltend gemacht werden. Einer solchen Beschwerde kann und muss das Insolvenzgericht nach § 572 ZPO (§§ 4, 6 InsO) abhelfen, damit ist auch kein Mehraufwand im Verfahren verbunden.

6. Keine Kürzung der Vergütung bei vermeintlich mangelhafter Leistung

Aus der öffentlich-rechtlichen Natur des Vergütungsanspruchs folgt auch, dass die Ver- 71
gütung für den Insolvenzverwalter kein Erfolgshonorar darstellt, sondern primär Tätigkeitshonorar ist,[145)] das zwar schon wegen der Bindung an die Insolvenzmasse Erfolgscharakter besitzt, das grundsätzlich aber tätigkeitsbezogen ist und dessen Höhe daher nach objektiven Kriterien festzustellen ist und dessen Festsetzung nicht im freien Ermessen des Insolvenzgerichts liegt. Das Insolvenzgericht kann die **Höhe der Vergütung nicht von dem wirtschaftlichen Erfolg** des Insolvenzverwalters abhängig machen oder bei mangelhafter Leistung seine Vergütung niedriger festsetzen.[146)] Es gelten dieselben Grundsätze, wie sie die Rechtsprechung für vergleichbare Fälle hoheitlicher Vermögensverwaltung festgestellt hat.[147)]

Pflichtverletzungen des Verwalters, die eine persönliche Haftung nach §§ 60 ff. InsO be- 72
gründen, können **nicht Anlass** für die Gewährung einer **geringeren Vergütung** sein.[148)] Das Gericht kann mit einem möglicherweise entstandenen Schadensersatzanspruch auch

144) Dies erwägend *Graeber/Graeber*, ZInsO 2010, 465, 470.

145) *Prasser/Stoffler* in: KPB, InsO, Vor § 1 InsVV Rz. 1, 2; *Nowak* in: MünchKomm-InsO, 2. Aufl. 2007, § 63 Rz. 6; Römermann-*Weiß*, InsO/InsR, § 63 InsO Rz. 4; *Winkler*, Angemessenheit der Vergütung des Insolvenzverwalters, S. 65.

146) Ausdrücklich BGH, Beschl. v. 6.5.2004 – IX ZB 349/02, BGHZ 159, 122, 131 = NZI 2004, 440; Uhlenbruck-*Mock*, InsO, § 63 Rz. 45.

147) BGH, Urt. 15.1.1981 – III ZR 19/80, NJW 1981, 211 (Gebühren des Rechtsanwalts); BGH, Urt. v. 30.3.1995 – IX ZR 182/94, WM 1995, 1288; BGH, Urt. 5.5.1976 – IV ZR 53/75, BB 1976, 814 (Vergütung des Testamentsvollstreckers); BayObLG, Beschl. v. 3.4.1951 – BeschwReg. Nr. II 25/50, BayObLGZ 1948–51, 346 (Vergütung des Nachlasspflegers); BayObLG, Beschl. v. 30.9.1965 – BReg 1b Z 69/65, BayObLGZ 1965, 348, 352; OLG Köln, Beschl. v. 4.11.1974 – 16 Wx 65/74, Rpfleger 1975, 92 (Vergütung des Vormunds).

148) *Prasser/Stoffler* in: KPB, InsO, Vor § 1 InsVV Rz. 15.

nicht gegen den Vergütungsanspruch des Verwalters die Aufrechnung erklären oder ein Zurückbehaltungsrecht geltend machen (siehe § 15 Rz. 49 f.).[149] Unzutreffend ist es, dieses Recht dem Richter am Insolvenzgericht zuzubilligen, wenn er das Verfahren nach § 18 Abs. 2 RPflG führt.[150] Denn es kommt nicht auf die handelnde Person am Insolvenzgericht an, sondern ob das Insolvenzgericht überhaupt sachlich berufen ist, über materielles Recht zu entscheiden. Das ist nicht der Fall, auch wenn funktionell der Richter zuständig sein sollte. Hinsichtlich einer Schadensabwicklung bei Pflichtverletzung wird zwischen

- dem sog. Einzelschaden eines Beteiligten und
- dem Gesamtschaden der Insolvenzgläubiger in ihrer Gesamtheit unterschieden.[151]

73 Ein Einzelschaden ist vom Geschädigten selbst geltend zu machen. Einen Gesamtschaden der Gläubiger kann nur ein späterer oder für diesen Aufgabenkreis bestellter Insolvenzverwalter gegen den früheren Verwalter geltend machen (§ 92 InsO).[152] Kommt eine persönliche Haftung nach § 60 InsO mit Gesamtschaden in Betracht, hat das Insolvenzgericht einen Sonderinsolvenzverwalter zu bestellen (§ 92 Satz 2 InsO).[153] Dessen Vergütung (siehe § 6 Rz. 17 ff.) ist wiederum Teil des vom Insolvenzverwalter zu ersetzenden Schadens.

7. Die Verwirkung des Vergütungsanspruchs

a) Feststellung i. R. der Vergütungsfestsetzung

74 In besonders schwerwiegenden Fällen einer Pflichtverletzung verwirkt der Insolvenzverwalter seinen Anspruch auf Vergütung.[154] Das Insolvenzgericht darf in einem solchen Fall keine Vergütung festsetzen. Es hat die Voraussetzungen der Verwirkung selbstständig i. R. der Amtsermittlung (§ 5 Abs. 1 InsO) zu prüfen und festzustellen. Weil § 64 InsO für die Festsetzung der Vergütung allein die Zuständigkeit des Insolvenzgerichts bestimmt, besteht keine andere Zuständigkeit oder kein anderer Rechtsweg für die Feststellung einer Verwirkung des Vergütungsanspruchs. Die Verwirkung des Vergütungsanspruchs umfasst auch den Anspruch auf die Auslagenpauschale des § 8 Abs. 3 InsVV.[155] Ob ein Auslagenersatz auf Einzelnachweis noch möglich ist, hat der BGH bewusst offengelassen.[156]

b) Treuwidriges Handeln des Insolvenzverwalters

75 Die **Tatbestände**, nach welchen eine Verwirkung in Betracht kommen kann, sind **sehr hoch anzusetzen.** Eine allgemein erfolglose oder mangelhafte Amtsführung führt keinesfalls zu einer Verwirkung des Vergütungsanspruchs. Auch die Entlassung des Insolvenz-

---

149) BGH, Beschl. v. 6.11.2014 – IX ZB 90/12, ZIP 2014, 2450 = NZI 2015, 46 m. Anm. *Keller*, dazu EWiR 2015, 51 *(Mock)*; BGH, Urt. v. 15.11.1951 – IV ZR 72/51, BGHZ 3, 381, 383 (Aufrechnung gegen Kostenerstattungsanspruch), BGH, Urt. 5.1.1995 – IX ZR 241/93, ZIP 1995, 290, dazu EWiR 1995, 361 *(Braun)*.

150) So Uhlenbruck-*Mock*, InsO, § 63 Rz. 48.

151) Eingehend *Schoppmeyer* in: MünchKomm-InsO, § 60 Rz. 139 ff.

152) BGH, Urt. v. 5.10.1989 – IX ZR 233/87, ZIP 1989, 1407 = NJW-RR 1990, 45, dazu EWiR 1990, 595 *(Balz)*.

153) Eingehend *Frege*, Der Sonderinsolvenzverwalter, Rz. 136 ff.

154) BGH, Beschl. 9.6.2011 – IX ZB 248/09, ZIP 2011, 1526 = NZI 2011, 760; OLG Karlsruhe, Beschl. v. 6.4.2000 – 9 W 87/99, ZIP 2000, 2035, dazu EWiR 2001, 241 *(Graeber)*; LG Konstanz, Beschl. v. 15.9.1999 – 6 T 38/99, ZInsO 1999, 589, AG Wolfratshausen, Beschl. v. 3.8.2000 – N 19/92, ZInsO 2000, 517; Uhlenbruck-*Mock*, InsO, § 63 Rz. 50; *Prasser/Stoffler* in: KPB, InsO, Vor § 1 InsVV Rz. 16; *Graeber/Graeber*, InsVV, Vor § 1 Rz. 45 ff.; *Lissner*, ZInsO 2017, 754; eingehend zur Entwicklung der Rechtsprechung *Falk*, Die Verwirkung der Vergütung des Insolvenzverwalters – de lege lata und de lege ferenda, Rz. 42 ff.

155) BGH, Beschl. v. 22.11.2018 – IX ZB 14/18, ZVI 2019, 165 = NZI 2019, 139 m. Anm. *Keller*.

156) BGH, Beschl. v. 22.11.2018 – IX ZB 14/18, Rz. 30, ZVI 2019, 165 = NZI 2019, 139 m. Anm. *Keller*.

verwalters nach § 59 InsO führt nicht per se zur Verwirkung des Vergütungsanspruchs. Erst recht darf die Verwirkung des Vergütungsanspruchs nicht als Instrument der Disziplinierung des Insolvenzverwalters durch das Insolvenzgericht i. R. der gerichtlichen Aufsicht nach § 58 InsO missbraucht werden. So darf dem Insolvenzverwalter die Vergütung für seine Tätigkeit als vorläufiger Insolvenzverwalter nicht wegen Pflichtverletzungen versagt werden, die er im eröffneten Verfahren begeht.[157)]

Der Vergütungsanspruch hat seine Grundlage in Art. 12 GG. Eine **Verwirkung kann** daher **nur in besonders schwerwiegenden Fällen angenommen werden.**[158)] Der BGH formulierte dies im Beschluss vom 12.9.2019 treffend mit folgenden Worten:[159)] 76

> „Da der Insolvenzverwalter einen gemäß Art. 12 Abs. 1 GG verfassungsrechtlich gewährleisteten Anspruch auf Vergütung seiner Tätigkeit hat, kommt ein Ausschluss der Vergütung bei Berücksichtigung des Verhältnismäßigkeitsgrundsatzes allerdings nur in eng begrenzten Ausnahmefällen in Betracht. Es genügt nicht jede objektiv erhebliche Pflichtverletzung. Die Versagung jeglicher Vergütung kommt vielmehr nur bei einer schweren, subjektiv in hohem Maße vorwerfbaren Verletzung der Treuepflicht in Betracht."

Die Verwirkung des Vergütungsanspruchs soll dem Rechtsgedanken des treuwidrig handelnden Maklers aus § 654 BGB entsprechen.[160)] Dieser handelt treuwidrig, wenn er entgegen den Interessen seines Auftraggebers zugleich für andere Auftraggeber tätig ist oder gar „in die eigene Tasche wirtschaftet".[161)] Der Insolvenzverwalter handelt danach treuwidrig, wenn er mit der Bank, bei welcher die Gelder der Insolvenzmassen hinterlegt werden sollten, für ihn selbst eine Provision i. H. von rund 70 % der üblichen Gebühren vereinbart, die auf die Gebühren aufgeschlagen werden.[162)] Die Treuwidrigkeit entfällt nicht durch eine nachträgliche Schadensersatzzahlung. Angesichts des schweren Vertrauensverlustes kommt es hierauf nicht an. 77

Maßgebend sind grundsätzlich Pflichtverletzungen des Verwalters bei der Ausübung des konkreten Amtes. Pflichtverletzungen in anderen Verfahren führen nur unter besonderen Umständen zum Verlust des Vergütungsanspruchs.[163)] Die Pflichtverletzungen in anderen Insolvenzverfahren muss eine schwere, subjektiv in hohem Maße vorwerfbare Verletzung der Treuepflicht darstellen. Ein solcher Fall liegt vor, wenn der Insolvenzverwalter schwerwiegende Pflichtverletzungen in früheren Verfahren nicht mitteilt, bspw. dass es in einem anderen Insolvenzverfahren zu einer doppelten Entnahme der Vergütung ohne Rückführung der entnommenen Gelder gekommen sei.[164)] Ein Insolvenzverwalter kann seinen Vergütungsanspruch auch verwirken, wenn er bei seiner Bestellung verschweigt, dass er in einer Vielzahl früherer Insolvenzverfahren als Verwalter an sich selbst und an 78

157) BGH, Beschl. v. 21.9.2017 – IX ZB 28/14, ZIP 2017, 2063 = DZWIR 2018, 129 m. Anm. *Keller*, dazu EWiR 2018, 51 *(Blersch)*.

158) LG Hamburg, Beschl. v. 23.7.2025 – 326 T 27/25, ZRI 2025, 834 = ZIP 2025, 2258.

159) BGH, Beschl. v. 12.9.2019 – IX ZB 76/18, Rz. 9, ZIP 2019, 2069, dazu EWiR 2020, 49 *(Zimmer)*; ferner BGH, Beschl. v. 12.9.2019 – IX ZB 75/18, ZVI 2020, 75.

160) BGH, Beschl. v. 6.5.2004 – IX ZB 349/02, BGHZ 159, 122, 131 = NZI 2004, 440; BGH, Beschl. v. 22.11.2018 – IX ZB 14/18, ZVI 2019, 165 = NZI 2019, 139 m. Anm. *Keller*, dazu EWiR 2019, 181 *(Mock)*; BGH, Beschl. v. 12.9.2019 – IX ZB 76/18, ZIP 2019, 2069; BGH, Beschl. v. 15.8.2022 – IX ZB 17/21, ZRI 2022, 865 = ZIP 2022, 2397 = NZI 2022, 918; eingehend *Falk*, Die Verwirkung der Vergütung des Insolvenzverwalters – de lege lata und de lege ferenda, Rz. 76 ff., 116 ff.; eingehend auch *Gomille*, KTS 2019, 370.

161) Eingehend *Althammer* in: MünchKomm-BGB, § 654 Rz. 15 ff.

162) BGH, Beschl. v. 22.11.2018 – IX ZB 14/18, ZVI 2019, 165 = NZI 2019, 139 m. Anm. *Keller*; *Ahrens*, NJW 2019, 890.

163) BGH, Beschl. v. 12.9.2019 – IX ZB 75/18, Rz. 5, ZVI 2020, 75; BGH, Beschl. v. 15.8.2022 – IX ZB 19/21, ZRI 2022, 904 = ZIP 2022, 2398.

164) BGH, Beschl. v. 12.9.2019 – IX ZB 75/18, Rz. 5, ZVI 2020, 75.

von ihm beherrschte Gesellschaften grob pflichtwidrig Darlehen aus den dortigen Massen ausgereicht hat.[165] Grundsätzlich ist der Insolvenzverwalter nicht verpflichtet, dem Insolvenzgericht vor der Bestellung ungefragt jegliche mögliche Pflichtwidrigkeit aus anderen Verfahren mitzuteilen. Daher kann eine unterlassene Offenbarung von Pflichtverletzungen in anderen Insolvenzverfahren auch grundsätzlich nicht zum Verlust des Vergütungsanspruchs im konkreten Verfahren führen.

79 Die Anknüpfung an § 654 BGB wird mit dem Argument kritisiert, das Insolvenzgericht habe kein materielles Recht zu prüfen, und könne daher die materiell-rechtliche Norm des § 654 BGB nicht in Betracht ziehen.[166] Diese Überlegung ist nicht überzeugend. Entscheidend ist nicht, ob das Insolvenzgericht oder gar der Insolvenzrechtspfleger in der Lage sind, materielles Recht zu prüfen, sondern ob dies innerhalb des Insolvenzverfahrens zu erfolgen hat. Der Gesetzgeber weist die Zuständigkeit für die Vergütungsfestsetzung allein dem Insolvenzgericht und dem insolvenzrechtlichen Verfahrensweg zu. Das Insolvenzgericht setzt sich mit der Prüfung eines Verwirkungstatbestandes nicht an die Stelle des Prozessgerichtes, weil das Vergütungsfestsetzungsverfahren insgesamt kein zivilprozessuales Verfahren ist. Der Insolvenzverwalter könnte das Prozessgericht gar nicht anrufen. Sieht der Verwalter die Voraussetzungen der Verwirkung nicht als gegeben an, stehen ihm die sofortige Beschwerde und ggf. die Rechtsbeschwerde zum BGH zu. Die Zuweisung der Vergütungsfestsetzung in das insolvenzrechtliche Verfahren führt zur zwingenden und ausschließlichen Prüfung die Voraussetzungen einer Verwirkung im Verfahren nach § 64 InsO. Dass dabei auch die Anwendung materiell-rechtlicher Vorschriften in Betracht kommt, steht dem nicht entgegen.

80 Eine i. Ü. **schwere Pflichtverletzung** kommt in Betracht, wenn sich der Insolvenzverwalter im **Zusammenhang mit seiner Tätigkeit strafbare Handlungen** hat zuschulden kommen lassen.[167] Es kommt nicht jede Straftat in Betracht, insbesondere aber Vermögensdelikte gegen die Insolvenzmasse. Die Strafbarkeit des Handelns muss feststehen; eine strafrechtliche Verurteilung kann aber nicht gefordert werden.[168] Denn auch wenn bspw. das Strafverfahren nach §§ 153, 153a StPO eingestellt wird, kann die Pflichtverletzung des Insolvenzverwalters feststehen und aus insolvenzrechtlicher Sicht so schwer wiegen, dass eine Vergütung ihm zu gewähren, den durch die Straftat möglicherweise geschädigten Gläubigern oder dem Schuldner nicht zuzumuten wäre. Das strafbare Handeln muss sich nicht auf das konkrete Verfahren beziehen. Begeht der Insolvenzverwalter auch in anderen Insolvenzverfahren in Ausübung seines Amtes vorsätzlich eine Straftat zum Nachteil der jeweiligen Insolvenzmasse, handelt er regelmäßig in besonders schwerem Maß verwerflich und verletzt in allen Verfahren das Vertrauensverhältnis zu den Beteiligten nachhaltig.

81 Im **Zusammenhang mit der Entlassung eines Insolvenzverwalters** nach § 59 InsO hatte der BGH mit Beschluss vom 19.1.2012 auch zu Vergütungsfragen Stellung genommen:[169] Im Sachverhalt der Entscheidung hatte der Insolvenzverwalter die Vornahme der Zustel-

165) BGH, Beschl. v. 14.7.2016 – IX ZB 52/15, ZIP 2016, 1648 = NZI 2016, 892.

166) *Falk*, Die Verwirkung der Vergütung des Insolvenzverwalters – de lege lata und de lege ferenda, Rz. 267 ff.

167) BGH, Beschl. 9.6.2011 – IX ZB 248/09, ZIP 2011, 1526 = NZI 2011, 760 („auf Grund schwerwiegender Straftaten charakterlich ungeeignet"); BGH, Beschl. v. 22.11.2018 – IX ZB 14/18, ZVI 2019, 165 = NZI 2019, 139 m. Anm. *Keller*; LG München II, Beschl. v. 29.7.2003 – 7 T 5001/00, ZInsO 2003, 910; LG Potsdam, Beschl. v. 9.1.2004 – 5 T 698/03, NZI 2004, 321; LG Schwerin, Beschl. v. 9.7.2008 – 5 T 31/06, NZI 2008, 692; AG Wolfratshausen, Beschl. v. 3.8.2000 – N 19/92, ZInsO 2000, 517.

168) *Prasser/Stoffler* in: KPB, InsO, Vor § 1 InsVV Rz. 16.

169) BGH, Beschl. v. 19.1.2012 – IX ZB 25/11, ZIP 2012, 583 = Rpfleger 2012, 342.

lungen (§ 8 Abs. 3 InsO) delegiert[170] und überhöhte Vergütungen abrechnen lassen, er hatte die Vornahme der Zustellungen von der Festsetzung der überhöhten Vergütung abhängig machen wollen und war mehreren Gläubigerversammlungen in verschiedenen Verfahren ferngeblieben. Zu § 59 InsO stellte der BGH fest, dass ein Entlassungsgrund gegeben ist, wenn das pflichtwidrige Verhalten des Insolvenzverwalters zu einer nachhaltigen Störung des Vertrauensverhältnisses führt. Zur Vergütung stellte er wörtlich fest:[171]

> „Macht der Treuhänder die Erledigung einer ihm übertragenen Aufgabe von der Gewährung einer erhöhten Vergütung abhängig, missachtet er bewusst diese gesetzliche Regelung. Die in einem solchen Verhalten liegende Pflichtverletzung ist objektiv geeignet, das Vertrauensverhältnis zum Insolvenzgericht schwer und nachhaltig zu stören, weil sie den Versuch beinhaltet, die Entscheidung des Insolvenzgerichts über die Vergütung des Treuhänders in unzulässiger Weise zu beeinflussen, und dazu führt, dass sich das Insolvenzgericht auf eine von der Vergütungsentscheidung unabhängige Aufgabenerfüllung nicht mehr verlassen kann. Eine ordnungsgemäße Verfahrensführung wäre in höchstem Maße gefährdet, wenn der Insolvenzverwalter ihm obliegende Mitwirkungshandlungen von der Gewährung dem Gesetz fremder Sondervorteile abhängig machen dürfte."

c) Verwirkung bei Vortäuschen der persönlichen Eignung

In dem umfangreich begründeten Beschluss vom 6.5.2004[172] befasste sich der BGH zum einen mit der Verwirkung des Vergütungsanspruchs und zum anderen mit dem Verbot der reformatio in peius auch im Vergütungsfestsetzungsverfahren. Das AG bestellte einen „Diplom-Kaufmann" zum vorläufigen Insolvenzverwalter. Nach Festsetzung seiner Vergütung nur i. H. eines Teilbetrages und nach Zurückweisung des weitergehenden Vergütungsantrages stellte sich heraus, dass dieser den Titel „Diplom-Kaufmann" unberechtigterweise führte und deswegen rechtskräftig zu einer Geldstrafe verurteilt worden war. 82

Die Entscheidung des BGH gegen die Rechtsbeschwerde hat zweierlei Aussagen, die im Ergebnis als salomonisch bezeichnet werden können: Zum einen stellt der BGH fest, dass, wer sich mit **falschem akademischem Grad oder Titel** unter Vorspiegelung nicht vorhandener Qualifikation **in strafbarer Weise** die Bestellung zum Insolvenzverwalter erschleicht, nicht nur für die Ausübung dieses Amtes ungeeignet i. S. des § 56 InsO, sondern auch von der Festsetzung einer Vergütung nach § 63 Abs. 1 Satz 1 InsO ausgeschlossen ist.[173] Mit klaren und unmissverständlichen Worten führt der BGH aus, dass der vorläufige Insolvenzverwalter durch sein strafbares Verhalten sich als für die Führung des Amtes völlig unqualifiziert gezeigt und dadurch die Interessen aller Verfahrensbeteiligten gefährdet hat.[174] Zum Zweiten dürfe dem Insolvenzverwalter im Beschwerdeverfahren nicht weniger an Vergütung zugesprochen werden, als ihm das Insolvenzgericht bereits zugesprochen habe. Es gelte das **Verbot der reformatio in peius** auch für den Insolvenzverwalter, der an sich gar keine Vergütung hätte erhalten dürfen (siehe eingehend § 15 Rz. 96 ff.). 83

d) Keine Verwirkung bei angeblicher Interessenkollision

Das AG Potsdam[175] sprach einem vorläufigen Insolvenzverwalter das Recht auf seine Vergütung ab, weil er i. R. seiner gutachterlichen Tätigkeit im Insolvenzeröffnungsverfahren 84

---

170) Dazu auch Uhlenbruck-*Zipperer*, InsO, § 59 Rz. 12, bei Delegation von Tätigkeiten an Unternehmen, an welchen der Insolvenzverwalter oder Familienangehörige selbst beteiligt sind.

171) BGH, Beschl. v. 19.1.2012 – IX ZB 25/11, Rz. 15, ZIP 2012, 583 = Rpfleger 2012, 342.

172) BGH, Beschl. v. 6.5.2004 – IX ZB 349/02, BGHZ 159, 122, 131 = NZI 2004, 440.

173) In gleicher Weise zum Zwangsverwalter BGH, Beschl. v. 23.9.2009 – V ZB 90/09, NZI 2009, 820 = Rpfleger 2010, 96; Böttcher-*Keller*, ZVG, § 153 Rz. 15.

174) BGH, Beschl. v. 6.5.2004 – IX ZB 349/02, BGHZ 159, 122, 131 = NZI 2004, 440.

175) AG Potsdam, Beschl. v. 6.4.2005 – 35 IN 686/01, NZI 2005, 340; dazu auch *Leithaus*, NZI 2005, 382.

nicht dargelegt hatte, dass er bereits Insolvenzverwalter über das Vermögen eines Drittschuldners der schuldnerischen Gesellschaft war. Das Gericht sah dieses Fehlverhalten als besonders schwerwiegend an, da der vorläufige Insolvenzverwalter wegen möglicher Besorgnis der Befangenheit oder Interessenkollision nicht zum endgültigen Insolvenzverwalter hätte bestellt werden dürfen oder sofort wieder hätte entlassen werden müssen. Damit habe der vorläufige Insolvenzverwalter seinen Vergütungsanspruch verwirkt.

85 Der Sachverhalt rechtfertigt die Entscheidungsaussage in keiner Weise. Es ist gerade in Insolvenzverfahren verbundener Unternehmen oder Konzerne üblich und sinnvoll, dieselbe Person zum Insolvenzverwalter zu bestellen. Bei der Prüfung gegenseitiger Forderungen wird regelmäßig ein Sonderinsolvenzverwalter bestellt. Sicherlich hätte der vorläufige Insolvenzverwalter in seinem Gutachten mitteilen können und sollen, dass er bereits Insolvenzverwalter über das Vermögen eines Drittschuldners ist, gegen den die schuldnerische Gesellschaft nicht unerhebliche Forderungen hat. Die Tatsache, auch bei einem Drittschuldner als Insolvenzverwalter eingesetzt zu sein, macht ihn aber nicht ungeeignet i. S. des § 56 InsO, würde deshalb auch zu keiner Entlassung nach § 59 InsO führen und begründet erst recht keine Verwirkung des Vergütungsanspruchs. Der Beschluss des AG Potsdam entbehrt jeder sachlich nachvollziehbaren Begründung. Das LG Potsdam hob die erstinstanzliche Entscheidung in der Beschwerde vollumfänglich auf.[176)]

II. Die Angemessenheit der Vergütung

1. Die Angemessenheit der Vergütung im Allgemeinen

86 Der Insolvenzverwalter und kraft Verweisungen die weiteren Organe des Insolvenzverfahrens haben § 63 Abs. 1 InsO Anspruch auf angemessene Vergütung. Nach dem Wortlaut des § 63 Abs. 1 Satz 1 InsO hat der Insolvenzverwalter Anspruch auf Vergütung und Erstattung angemessener Auslagen. Ebenso wie im diesbezüglich missverständlichen Wortlaut des § 85 KO, hat aber insbesondere die **Vergütung selbst angemessen** zu sein (siehe oben § 1 Rz. 87 ff.).[177)]

87 Unter Angemessenheit der Vergütung ist zu verstehen, dass diese zum einen die eigenen Kosten des Insolvenzverwalters (§ 4 Abs. 1 InsVV) decken muss. Hierzu gehören die allgemeinen Kosten der Unterhaltung eines für eine qualifizierte Insolvenzverwaltung erforderlichen Büros, insbesondere die Kosten eines qualifizierten Personals.[178)] Zum anderen muss nach **Abzug** dieser **Kosten** sowie der zu entrichtenden Steuern dem Insolvenzverwalter selbst ein **Überschuss** verbleiben. Dies ist notwendige Folge der selbstständigen beruflichen Tätigkeit des Insolvenzverwalters, der hoheitlich beauftragt eine gesetzlich besonders geregelte Aufgabe erfüllt. Der Staat hat die Verpflichtung, diejenigen Personen, derer er sich zur Erfüllung hoheitlicher Aufgaben bedient, angemessen zu vergüten.[179)] Ausdrücklich betonte dies im Zusammenhang mit der möglichen Haftung der Staatskasse für die Vergütung eines Sequesters nach § 938 ZPO bei Mittellosigkeit des Antragstellers

---

176) LG Potsdam, Beschl. v. 1.8.2005 – 5 T 252/05, ZIP 2005, 1698 = ZVI 2005, 648.

177) Begr. RegE InsO, BT-Drucks. 12/2443, S. 130, abgedr. in: *Kübler/Prütting*, RWS-Dok. 18, S. 234; OLG Frankfurt/M., Urt. v. 29.4.1992 – 21 U 188/90, ZIP 1992, 1564, dazu EWiR 1993, 165 *(Eickmann)*; LG Göttingen, Beschl. v. 1.2.2001 – 10 T 1/01, ZIP 2001, 625 = NZI 2001, 219.

178) Eingehend *Gutmann/Schendel*, INDat-Report 7/2019, S. 11.

179) Mit Hinweis auf Art. 12 GG bereits BGH, Urt. v. 5.12.1991 – IX ZR 275/90, BGHZ 116, 233 = ZIP 1992, 120, dazu EWiR 1992, 173 *(Uhlenbruck)*; im Zusammenhang mit Vorschussgewährung BGH, Beschl. v. 1.10.2002 – IX ZB 53/02, ZIP 2002, 2223 = DZWIR 2003, 101 m. Anm. *Keller*; *Prasser/Stoffler* in: KPB, InsO, Vor § 1 InsVV Rz. 1.

das BVerfG, wobei es im konkreten Fall eine Einstandspflicht des Fiskus für die Vergütung aber verneinte.[180)]

Dabei ist es die **unternehmerische Freiheit des Insolvenzverwalters** selbst, sein Büro kostenintensiv oder kostensparend zu organisieren, so dass ihm im Ergebnis weniger oder mehr Gewinn verbleibt. Der Gesetz- und Verordnungsgeber und auch das jeweilige Insolvenzgericht können ihm keinen bestimmten Umsatz und keinen bestimmten Gewinn garantieren. Letztlich hängt der Umfang der Vergütungen auch von der Zahl und der „Qualität" der Insolvenzverfahren ab, die bei Gericht beantragt werden. Der Insolvenzverwalter muss deshalb seine eigene Kostenstruktur auch veränderten Umständen anpassen, er hat keinen Anspruch auf Bestellung im Einzelfall[181)] und damit auch keinen Anspruch auf eine bestimmte Höhe angemessener Vergütungen. Dies darf bezogen auf die Vergütungsstruktur der InsVV aber nicht so weit gehen, dass die Vergütung im Einzelfall nicht mehr angemessen ist und dies dem Insolvenzverwalter mit dem Argument vorgehalten wird, er müsse eben seine Kostenstruktur entsprechend anpassen (zur Anpassung der Regelvergütung an die Preissteigerung siehe § 1 Rz. 134 ff.). Denn der Gesetzgeber und insbesondere die Insolvenzgerichte fordern zu Recht **professionelle Insolvenzabwicklung.** Sie müssen dann auch eine **angemessene Vergütung im Einzelfall** sicherstellen.[182)] 88

2. Die Angemessenheit zur Sicherung verfassungsrechtlich garantierter Berufsausübung

Die Tätigkeiten als Insolvenzverwalter ist **Berufsausübung i. S. des Art. 12 Abs. 1 GG.**[183)] Die Vergütungsregelungen der InsVV in Ausführung der §§ 63 ff. InsO sind Berufsausübungsregelungen und müssen deshalb Art. 12 Abs. 1 GG genügen. Häufig zitiert wird hierzu der Beschluss des BVerfG vom 1.7.1980,[184)] nach dem ein Rechtsanwalt nicht gegen seinen Willen zur unentgeltlichen Übernahme des Amtes als Vormund herangezogen werden kann.[185)] Ebenso ist der Beschluss des BVerfG vom 9.2.1989 zur pauschalen Erhöhung der Vergütung des Konkursverwalters nach § 3 VergVO zu erwähnen; auch hier maß das Gericht die vergütungsrechtlichen Regelungen an Art. 12 Abs. 1 GG.[186)] In seiner Rechtsprechung zur Vorauswahlliste und Auswahl des Insolvenzverwalters nach § 56 InsO nahm das BVerfG zu den Anforderungen an die Aufnahme in eine Liste auf Art. 12 GG 89

180) BVerfG, Beschl. v. 14.10.2003 – 1 BvR 538/02, NJW 2004, 437.

181) Eingehend auch zur Aufnahme in eine Vorauswahlliste BVerfG, Beschl. v. 3.8.2004 – 1 BvR 135/00, 1086/01, ZIP 2004, 1649 = NZI 2004, 574, dazu EWiR 2005, 215 *(Kleine-Cosack)* und EWiR 2005, 605 *(Hess)*; dazu *Runkel/Wältermann*, ZIP 2005, 1347; *Graeber*, NJW 2004, 2715; BVerfG, Beschl. v. 23.5.2006 – 1 BvR 2530/04, BVerfGE 116, 1 = NZI 2006, 453, dazu EWiR 2006, 599 *(Römermann)*; dazu *Uhlenbruck*, NZI 2006, 489; *Pape*, NZI 2006, 665; *Vallender*, NJW 2006, 2597; *Graeber/Deppenkemper* in: MünchKomm-InsO, § 56 Rz. 19 ff.; Uhlenbruck-*Zipperer*, InsO, § 56 Rz. 7 ff.; *Riedel* in: HK-InsO, § 56 Rz. 11 ff.; K. Schmidt-*Ries*, InsO, § 56 Rz. 31 ff.; zum Ganzen auch *Hess* in: FS Uhlenbruck, S. 453; *Graeber* in: FS Vallender, S. 165.

182) Lesenswert zur Orientierung der Vergütung auch bei der Zuschlagsgewährung an Marktpreise *Metoja*, ZInsO 2016, 1612.

183) *Stephan* in: MünchKomm-InsO, § 63 Rz. 20; Uhlenbruck-*Mock*, InsO, § 63 Rz. 5; K. Schmidt-*Vuia*, InsO, § 63 Rz. 1; *Keller* in: HK-InsO, § 63 Rz. 17; *Büttner* in: HambKomm-InsO, § 63 Rz. 4; *Prasser/Stoffler* in: KPB, InsO, Vor § 1 InsVV Rz. 1; Leonhardt/Smid/Zeuner-*Amberger*, InsVV, Einl. Rz. 22, 27.

184) BVerfG, Urt. v. 1.7.1980 – 1 BvR 349/75 und 378/76, BVerfGE 54, 251 = NJW 1980, 2179; allgemein Palandt-*Götz*, BGB, § 1836 Rz. 6 ff.

185) *Prasser/Stoffler* in: KPB, InsO, Vor § 1 InsVV Rz. 1.

186) BVerfG, Beschl. v. 9.2.1989 – 1 BvR 1165/87, ZIP 1989, 382 m. Anm. *Eickmann* = KTS 1989, 357, dazu EWiR 1989, 391 *(Onusseit)*; LG Berlin, Beschl. v. 24.8.1988 – 81 T 269/88, ZIP 1988, 1204.

Bezug.[187] Aus der Rechtsprechung des BGH sind zu nennen das Urteil vom 5.12.1991 zur Rangfolge des Vergütungsanspruchs des Konkursverwalters bei Masseunzulänglichkeit nach § 60 KO[188] sowie der Beschluss vom 1.10.2002 zur Vorschussgewährung nach § 9 InsVV.[189]

90 Die Behauptung, die Tätigkeit der Insolvenzverwaltung sei hinsichtlich des Vergütungsanspruchs als Berufsausübung nicht von Art. 12 Abs. 1 GG geschützt, da **niemand gezwungen** sei, das **Amt des Insolvenzverwalters zu übernehmen**, ist **nicht richtig.** Wäre der Gesetzgeber nämlich in der Bestimmung einer Vergütung völlig frei, wäre nicht gesichert, dass geeignete Personen für die Übernahme dieses Amtes gefunden würden. Der Staat läuft mithin Gefahr, mit zu geringer und unangemessen niedriger Vergütungsgewährung keine geeigneten und zur Übernahme des Amtes befähigten Personen gewinnen zu können.

91 Unter Beachtung der Prämisse, dass die Tätigkeit als Insolvenzverwalter zum Schutzbereich des Art. 12 Abs. 1 GG gehört, sind die Vergütungsregelungen der InsVV daran zu messen, ob sie die Berufsausübungsfreiheit des Insolvenzverwalters unangemessen beeinträchtigen. Gewähren sie dem Insolvenzverwalter keine angemessene Vergütung, sind sie wegen Verstoßes gegen Art. 12 Abs. 1 Satz 2 GG nicht nur verfassungswidrig, sondern bereits von der Ermächtigungsgrundlage des § 65 InsO nicht gedeckt. Der BGH sieht die Gerichte nicht mehr an die Vorschriften der Rechtsverordnung gebunden. Die Feststellung der Verfassungswidrigkeit obliegt der ordentlichen Gerichtsbarkeit, Art. 100 GG ist hier nicht anzuwenden.[190] Der BGH verweist hierbei auf den Beschluss des BVerfG vom 9.2.1989[191] zur Vergütung des Konkursverwalters nach § 3 VergVO sowie auf den eigenen Beschluss vom 12.9.2002[192] zur Vergütung des Zwangsverwalters nach § 24 ZwVerwVO.[193] Die Insolvenzgerichte dürfen diese Aussage des BGH aber keinesfalls als Freibrief zum beliebigen Abweichen von der InsVV missverstehen.

92 **Verfassungswidrig** sind die Vergütungsregelungen, wenn sie **keine angemessene Vergütung** mehr garantieren. Das kann auch durch Zeitablauf unter Berücksichtigung der allgemeinen Preissteigerung eintreten (zur Anhebung der Regelvergütung siehe bereits § 1 Rz. 134 ff.). Die Regelvergütung des früher geltenden § 3 VergVO wurde für verfassungswidrig gehalten, weil sie wegen Nichtanpassung der Regelvergütung seit 1970 die Angemessenheit der Vergütung des Konkursverwalters als von Art. 12 GG geschütztes Recht nicht mehr gewährleistete. Dieser Mangel wurde geheilt durch pauschale Gewährung eines vierfachen Erhöhungssatzes. Bei der Regelvergütung des § 2 Abs. 1 InsVV wird

187) BVerfG, Beschl. v. 3.8.2004 – 1 BvR 135/00, 1086/01, ZIP 2004, 1649 = NZI 2004, 574, dazu EWiR 2005, 215 *(Kleine-Cosack)* und EWiR 2005, 605 *(Hess)*; BVerfG, Beschl. v. 23.5.2006 – 1 BvR 2530/04, BVerfGE 116, 1 = NZI 2006, 453, dazu EWiR 2006, 599 *(Römermann)*.

188) BGH, Urt. v. 5.12.1991 – IX ZR 275/90, BGHZ 116, 233 = ZIP 1992, 120, dazu EWiR 1992, 173 *(Uhlenbruck)*; w. N. hierzu bei *Kilger/K. Schmidt*, KO, § 60 Anm. 5 b.

189) BGH, Beschl. v. 1.10.2002 – IX ZB 53/02, ZIP 2002, 2223 = DZWIR 2003, 101 m. Anm. *Keller*.

190) BGH, Beschl. v. 15.1.2004 – IX ZB 96/03, unter II 2, 2. Abs., BGHZ 157, 282, 287 = ZIP 2004, 417, dazu EWiR 2004, 985 *(Blersch)*, dazu *Keller*, ZIP 2004, 633. Ebenso zu § 11 Abs. 1 InsVV betreffend Ab- und Aussonderungsrechte BGH, Beschl. v. 15.11.2012 – IX ZB 88/09, BGHZ 195, 322 = NZI 2013, 29 m. Anm. *Graeber*, dazu EWiR 2013, 61 *(Keller)*; BGH, Beschl. v. 15.11.2012 – IX ZB 130/10, BGHZ 195, 336 = NZI 2013, 183, dazu EWiR 2013, 125 *(Kalkmann)*; dazu *Keller*, NZI 2013, 240.

191) BVerfG, Beschl. v. 9.2.1989 – 1 BvR 1165/87, ZIP 1989, 382 m. Anm. *Eickmann* = KTS 1989, 357, dazu EWiR 1989, 391 *(Onusseit)*.

192) BGH, Beschl. v. 12.9.2002 – IX ZB 39/02, BGHZ 152, 18 = ZIP 2002, 1959, dazu EWiR 2004, 259 *(Keller)*.

193) Verordnung über die Geschäftsführung und die Vergütung des Zwangsverwalters v. 16.2.1970, BGBl. I 1970, 185; inzwischen abgelöst durch die Zwangsverwalterverordnung – ZwVwV, v. 19.12.2003, BGBl. I 2003, 2804.

sich mittelfristig dieselbe Frage stellen, auch wenn der BGH sie noch Ende 2014 abwehrte (siehe oben § 1 Rz. 139).[194]

3. Einzelfallbezogene Angemessenheit oder Querfinanzierung

a) Grundsätzliche Fragestellung

Im Zusammenhang mit der Frage der Verfassungsmäßigkeit der Mindestvergütung nach 93
§ 2 Abs. 2 oder § 13 Abs. 1 Satz 3 InsVV in der bis 7.10.2004 geltenden Fassung wurde die grundlegende Frage aufgeworfen, ob die **Angemessenheit der Vergütung** auf das jeweils **konkrete Verfahren** zu beziehen sei oder sich aus der Vielzahl der von einem Insolvenzverwalter übernommenen Verfahren ergebe, also i. R. einer Art **Mischkalkulation** oder **Querfinanzierung** zu bewerten sei.[195] Der BGH nimmt Letzteres an.[196] Er betrachtet die Angemessenheit der Vergütung unter Berücksichtigung der Summe der Insolvenzverfahren, die ein Insolvenzverwalter gewöhnlich zu bearbeiten hat.[197] Dem ist zu widersprechen: Die **Angemessenheit der Vergütung** in Insolvenzverfahren hat sich **richtigerweise** an dem **konkreten Verfahren** zu orientieren. Auch wenn mit der Systematik der InsVV bezogen auf die Degression der Regelvergütung eine gewisse Pauschalierung verbunden ist, muss die Vergütung den Anforderungen des konkreten Verfahrens gegenüber angemessen sein.[198] Es ist auch nicht zutreffend, das Postulat der Mischkalkulation oder Querfinanzierung auf jeweilige Verfahrensarten zu beschränken und diese insbesondere für die Verbraucherinsolvenz zu fordern. Auch wenn der Anlass für die Diskussion um die Mischkalkulation die Unangemessenheit der Mindestvergütung im Verbraucherinsolvenzverfahren war, kann man nicht die Querfinanzierung hierauf beschränken und meinen, es müsse nur in der Gesamtheit aller masselosen Verfahren oder Verbraucherverfahren eine angemessene Vergütung erreicht werden. Letztlich kann das auch weder festgestellt noch gewährleistet werden.

b) Keine Freiheit in der Wahl der zu übernehmenden Verfahren

Zwar ist es jeder Gebührenregelung, die nach Gegenstandswert bemessen ist, systemimmanent, dass i. R. einer Art Quersubventionierung Verfahren mit geringem Gegenstandswert und damit geringer Vergütung durch Verfahren mit hohem Gegenstandswert und hoher Vergütung mitfinanziert werden.[199] Namentlich gilt dies für die Vergütung des Rechtsanwalts nach dem RVG. Damit soll insbesondere auch mittellosen Mandanten der Rechtsweg nicht verschlossen werden.[200] Allgemein darf auch nicht durch zu hohe Gebühren der Rechtssuchende von einer Rechtsverfolgung abgehalten werden. Daher enthalten die Wertgebühren des § 13 RVG eine eher lineare Steigerung proportional zum Gegenstandswert. Zugleich wird dieser im Regelfall auf 30 Mio. € begrenzt (§ 22 Abs. 1 94

194) BGH, Beschl. v. 4.12.2014 – IX ZB 60/13, ZIP 2015, 138 = NZI 2015, 141 m. Anm. *Graeber*, dazu EWiR 2015, 153 *(Keller)*; bestätigt durch BGH, Beschl. v. 5.3.2015 – IX ZB 48/14, InsbürO 2015, 368.

195) *Graeber/Graeber*, InsVV, Vor § 1 Rz. 6, sprechen einerseits davon, dass die Vergütung sich nicht am allgemeinen Bedarf des Verwalters zu orientieren habe, betonen aber an anderer Stelle (Rz. 20), dass die Vergütung im Einzelfall leistungsangemessen sein müsse; dazu auch *Graeber/Graeber*, InsVV, § 3 Rz. 44 ff.

196) BGH, Beschl. v. 15.1.2004 – IX ZB 96/03, unter II. 3. b), BGHZ 157, 282, 288 = ZIP 2004, 417; eingehend auch *Keller* in: HK-InsO, § 63 Rz. 21 ff.

197) BGH, Beschl. v. 15.1.2004 – IX ZB 96/03, unter II. 3. b) cc), BGHZ 157, 282, 288 = ZIP 2004, 417.

198) Eingehend zu BGH, Beschl. v. 15.1.2004 – IX ZB 96/03, BGHZ 157, 282 = ZIP 2004, 417, im Zusammenhang mit der Mischkalkulation *Keller*, ZIP 2004, 633.

199) BGH, Beschl. v. 15.1.2004 – IX ZB 96/03, unter II. 3. b), BGHZ 157, 282, 288 = ZIP 2004, 417.

200) Im Zusammenhang mit der möglichen Haftung der Staatskasse für die Vergütung des Sequesters nach § 938 ZPO bei Mittellosigkeit des Antragstellers BVerfG, Beschl. v. 14.10.2003 – 1 BvR 538/02, NJW 2004, 437.

RVG).[201] Auch die Einschränkungen einer Erfolgsvergütung (§ 4a RVG) sind Ausdruck der sozialen Komponente der Anwaltsgebühren, die für eine Mischkalkulation der Gebühren spricht.[202]

95 Dieser **Ansatzpunkt für eine Querfinanzierung** im Vergütungsrecht **fehlt in der Insolvenz**: Die Vergütung des Insolvenzverwalters wird aus der Insolvenzmasse entnommen; es besteht kein soziales Bedürfnis, einem mittellosen Vergütungsschuldner durch eine geringere Vergütung den Weg zu rechtlichem Beistand zu öffnen.[203] Mittelbar ist allenfalls der Schuldner als natürliche Person betroffen, der bei hoher Vergütung des Insolvenzverwalters und damit geringerer anteiliger Befriedigung der Gläubiger nicht ausreichend von seinen Schulden befreit wird.[204] Eine Übertragung der Mischkalkulation auf das Vergütungssystem der InsVV wäre nur angesichts der möglichen Haftung des Schuldners als natürlicher Person im Hinblick auf die Vergütung des Insolvenzverwalters richtig. Praktisch ist die Haftung des Schuldners aber nur so weit gegeben, wie er nach § 4b Abs. 1 Satz 1 InsO zur Ratenzahlung verpflichtet sein kann.[205] In der Praxis ist dies kaum der Fall. In den meisten Fällen ist der Schuldner aufgrund fehlenden Einkommens nicht zur Ratenzahlung verpflichtet.[206] Eine Mischkalkulation ist mangels sozialen Bedürfnisses nicht vorzunehmen.

96 Zu bedenken ist auch, dass der **Insolvenzverwalter** anders als der Rechtsanwalt in der Ausübung seiner Tätigkeit und in der **Übernahme von Insolvenzverfahren gerade nicht frei** ist. Er wird vom Insolvenzgericht bestellt und ist darauf angewiesen, als Insolvenzverwalter bestellt zu werden. Er kann seine Mandate nicht in der Weise frei übernehmen wie der selbstständig tätige Anwalt.[207] Die Möglichkeit, sein angemessenes Einkommen durch „Mischung verschiedener Mandate mit unterschiedlichem Gebührenaufkommen" zu erzielen, hat der Insolvenzverwalter nicht; ihm kann für seine Vergütungen deshalb auch keine Mischkalkulation unterstellt werden. Auch wenn in der Rechtspraxis die Mischkalkulation auch bei Insolvenzverwaltern angewendet wird – eine völlige Trennung der Einkünfte aus verschiedenen Verfahren ist ohnehin nicht möglich –, darf dies nicht zum allgemeingültigen Postulat erhoben werden. Es bestünde dann auch die Gefahr, dass der Insolvenzverwalter seitens des Gerichts angehalten wird, vermehrt kleine Insolvenzverfahren oder solche, die mit Hilfe der Kostenstundung nach § 4a InsO eröffnet werden und bei denen er keine angemessene Vergütung zu erwarten hat, mit dem Argument zu übernehmen, er würde später auch größere „lukrative" Verfahren erhalten. Darauf hat der Insolvenzverwalter aber keinen Anspruch. Wer kann ihm garantieren, auch tatsächlich größere Insolvenzverfahren zu erhalten? Bereits § 56 InsO garantiert keine Auswahl des Insolvenzverwalters nach dem Kriterium angemessener Existenzsicherung.

---

201) Ebenso § 39 Abs. 2 GKG für streitige Verfahren; ähnlich § 35 Abs. 2 GNotKG für notarielle Gebühren und Gerichtsgebühren in Verfahren der freiwilligen Gerichtsbarkeit; die Höchstgrenze wurde eingefügt durch KostRMoG v. 5.5.2004 (BGBl. I 2004, 718).

202) *Winkler* in: NK-GK, § 4a RVG Rz. 2 ff.

203) Im Hinblick auf die Befriedigung der Insolvenzgläubiger aber Begr. z. Entwurf einer InsVV, Abschn. A. 3., 1. Abs., abgedr. unten in Anh. III, S. 689, 690.

204) So wohl BGH, Beschl. v. 15.1.2004 – IX ZB 96/03, unter II. 3. a), BGHZ 157, 282, 287 = ZIP 2004, 417, mit Bezugnahme auf die Begr. z. Entwurf einer InsVV (zu § 13 Abs. 3), abgedr. unten in Anh. III, S. 689, 704.

205) Eingehend *Frege/Keller/Riedel*, Insolvenzrecht, Rz. 1.274 ff.

206) Hierzu Jaeger-*Eckardt*, InsO, § 4b Rz. 17 ff., 32 ff.; *Sternal* in: HK-InsO, § 4b Rz. 11 ff.; *Dawe* in: HambKomm-InsO, § 4b Rz. 3.

207) So auch *Winkler*, Angemessenheit der Vergütung des Insolvenzverwalters, S. 125 ff.

Nach der **Rechtsprechung des BVerfG zur Vorauswahl und Auswahl des Insolvenzverwalters** ist eher das Gegenteil der Fall.[208] Selbst die günstigste Verwalterauswahl setzt voraus, dass entsprechende Insolvenzverfahren bei Gericht beantragt werden. Der Insolvenzverwalter ist anders als ein Anwalt auf die Berufung durch das Insolvenzgericht angewiesen, die nicht erfolgen kann, wenn nicht geeignete Insolvenzverfahren zur Eröffnung anstehen. Würde man die Mischkalkulation anerkennen und auch konsequent umsetzen, wäre diese nur gerechtfertigt, wenn die Gerichte den Verwalter einerseits angemessene Beauftragung garantieren könnten und andererseits durch ausreichende Statistik gewährleisten, dass in der Gesamtheit aller von einem Verwalter übernommenen Verfahren – auch bei mehreren Gerichten – eine insgesamt auskömmliche Vergütung gewährt wird. Diese Annahme ist realitätsfern. Es wäre – wie bereits erwähnt (siehe Rz. 90) – falsch, das zutreffende Postulat der Angemessenheit im Einzelfall mit den Worten abzutun, es wäre ja niemand verpflichtet, ein Verwalteramt zu übernehmen. Denn dann wäre konsequent niemand mehr zu finden, der bereit wäre, überhaupt als Insolvenzverwalter tätig zu sein. 97

Die **Notwendigkeit der Angemessenheit** der Vergütung **im Einzelfall** eines Insolvenzverfahrens ist erst recht dann gegeben, wenn der Insolvenzverwalter **wegen des Umfangs des konkreten Verfahrens** gar nicht in der Lage ist, daneben andere Insolvenzverfahren abzuwickeln. Er und seine Mitarbeiter sind dann besonders darauf angewiesen, dass die Vergütung des Einzelfalles angemessen ist. Andernfalls wäre die Vergütungsgewährung mit § 63 Abs. 1 InsO unvereinbar und verstieße letztlich gegen Art. 12 GG, weil dem Insolvenzverwalter die Ausübung einer beruflichen Tätigkeit aufgenötigt wird, ohne ihn hierfür angemessen zu honorieren und ohne ihm die Möglichkeit zu geben, anderweitig angemessene Vergütung zu erwirtschaften. Dies beträfe jeden Prätendenten auf das Insolvenzverwalteramt in einem entsprechend umfangreichen Verfahren. 98

Im Beschluss vom 13.3.2008[209] bestätigte der BGH die **Verfassungsmäßigkeit der** Neuregelungen zur **Mindestvergütung** durch Verordnung vom 4.10.2004[210], welche er mit den Beschlüssen vom 15.1.2004 angestoßen hatte. Er betonte in der Begründung dieser Entscheidung zwar den Grundsatz der Querfinanzierung, schränkte ihn aber zutreffend dahingehend ein, dass er **nicht mehr gelte, wenn eine ausreichende Zahl von „lukrativen" Insolvenzverfahren nicht mehr gewährleistet werden könne.** Im Beschluss vom 4.12.2014[211] betreffend die Anpassung der Regelvergütung an gestiegene Lebenshaltungskosten (siehe § 1 Rz. 134) betont er jedoch wieder die Querfinanzierung als Argument gegen eine Anpassung. Der BGH nimmt in verschiedenen Entscheidungen das Argument der Querfinanzierung auch in der Unternehmensinsolvenz zum Anlass, Rechtsfragen zur Höhe einer Vergütung ablehnend zu beantworten.[212] 99

c) Die Pauschalierung der Regelvergütung

Der **BGH sieht** das **vergütungsrechtliche System** mit der Gewährung der Regelvergütung nach § 2 Abs. 1 InsVV und den möglichen Erhöhungen nach § 3 Abs. 1 InsVV als weiteren **Anhaltspunkt** dafür, dass die Angemessenheit der Vergütung des Insolvenzverwalters in der **Gesamtheit aller von ihm bearbeiteten Insolvenzverfahren** zu gewährleis- 100

208) Dazu eingehend *Frind* in: HambKomm-InsO, § 56 Rz. 4 ff.

209) BGH, Beschl. v. 13.3.2008 – IX ZB 63/05, Rz. 12, ZIP 2008, 976 = NZI 2008, 361.

210) Verordnung zur Änderung der Insolvenzrechtlichen Vergütungsverordnung – InsVV-ÄndVO, v. 4.10.2004, BGBl. I 2004, 2569.

211) BGH, Beschl. v. 4.12.2014 – IX ZB 60/13, ZIP 2015, 138 = NZI 2015, 141 m. Anm. *Graeber*.

212) Beispielhaft BGH, Beschl. v. 25.6.2009 – IX ZB 118/08, ZInsO 2009, 1511; BGH, Beschl. v. 22.7.2021 – IX ZB 4/21, Rz. 29, ZRI 20221, 886 = NZI 2021, 984.

ten sei.[213)] Der Verweis auf § 3 InsVV ist aber zweifelhaft, weil die Erhöhung oder Kürzung der Vergütung unter Berücksichtigung der konkreten Arbeitsbelastung im Einzelfall erfolgen soll und damit gerade eine angemessene Vergütung des Insolvenzverwalters im konkreten Insolvenzverfahren erreicht werden soll. Allerdings **beinhaltet § 2 Abs. 1 InsVV einen Aspekt der Pauschalierung**, indem sich bei **höherer Insolvenzmasse** und Berechnungsgrundlage eine **höhere Regelvergütung** ergibt. Dies erfolgt mit der zutreffenden Annahme, dass bei **hoher Insolvenzmasse** der **Arbeitsaufwand** der Insolvenzverwaltung **typischerweise steigt**. Der BGH stellte aber auch fest, dass bei eher quantitativen Aspekten der Arbeitsleistung der Mehraufwand durch die höhere Regelvergütung abgegolten sei. Sollte im Einzelfall auch bei quantitativen Tatbeständen ein besonderer Arbeitsaufwand gegeben sein, der eine Erhöhung nach § 3 Abs. 1 InsVV rechtfertigt, muss das besonders dargelegt und begründet werden.[214)] Dem ist grundsätzlich zuzustimmen, weil anzunehmen ist, dass bei **quantitativen Aspekten der Verwaltung**, etwa der Erfassung der Forderungsanmeldungen, **Arbeitsabläufe standardisiert** werden können. Der BGH nutzt diesen Aspekt der Querfinanzierung aber, um Zuschläge zu verneinen. Nimmt man den Aspekt der Querfinanzierung im System des § 2 InsVV aber ernst, muss auch das Gegenteil gelten. Es muss hinzunehmen sein, dass im Einzelfall bei hoher Insolvenzmasse sich eine hohe Regelvergütung ergibt, auch wenn die Arbeitsleistung des Insolvenzverwalters nicht sehr aufwendig war. Dem BGH erscheint das aber wieder zweifelhaft, weshalb in weiter Auslegung von § 3 Abs. 2 lit. d InsVV eine Kürzung der Vergütung geprüft werden soll.[215)]

101 Auch ist mit dem Postulat, bei hoher Insolvenzmasse nehme der quantitative Arbeitsaufwand tendenziell ab, die umgekehrte Fragestellung bezüglich **qualitativer Tatbestände** verbunden.[216)] In **Insolvenzverfahren mit hoher Insolvenzmasse** ist der **Arbeitsaufwand** hier **typischerweise höher** als bei kleineren Verfahren. Beispielsweise kann nicht bestritten werden, dass eine Unternehmensfortführung bei einer großen Kapitalgesellschaft aufwendiger, arbeitsintensiver und auch haftungsträchtiger ist als bei einem kleinen Handwerksbetrieb. Daher müssen die Zuschläge für qualitative Tatbestände unabhängig von der Höhe der Insolvenzmasse bestimmt werden (siehe § 5 Rz. 29 ff.), und es kann gerade nicht behauptet werden, sie müssten bei hoher Insolvenzmasse niedriger angesetzt werden. Der BGH formulierte dazu pauschal und kryptisch, Zu- und Abschlagsgründe stünden in engem Zusammenhang mit Umfang und Entwicklung der Masse, so dass der Vergütungssatz auch nicht unabhängig von der Berechnungsgrundlage bestimmt werden könne.[217)] Die von ihm zitierten Entscheidungen[218)] betreffen die Vergleichsrechnung zum sog. ausgleichenden Zuschlag bei Unternehmensfortführung, wenn hieraus Überschuss erzielt wurde (§ 1 Abs. 2 Nr. 4 lit. b, § 3 Abs. 1 lit. b InsVV). Dieser hat den Zweck, den Insolvenzverwalter, der erfolgreich das Unternehmen fortgeführt hat, nicht schlechter zu

213) BGH, Beschl. v. 15.1.2004 – IX ZB 96/03, BGHZ 157, 282, 288 = ZIP 2004, 417.

214) BGH, Beschl. v. 21.9.2017 – IX ZB 28/14, ZIP 2017, 2063 = DZWIR 2018, 129 m. Anm. *Keller*, dazu EWiR 2018, 51 *(Blersch)*; BGH, Beschl. v. 29.4.2021 – IX ZB 58/19, ZRI 2021, 534 = NZI 2021, 744 m. Anm. *Stephan*, dazu EWiR 2021, 561 *(Mock)*; zu allgemein LG Münster, Beschl. v. 19.8.2022 – 5 T 686/20, ZInsO 2022, 2703.

215) BGH, Beschl. v. 23.3.2006 – IX ZB 20/05, ZIP 2006, 858 = ZVI 2006, 262; bestätigt durch BGH, Beschl. v. 11.5.2006 – IX ZB 249/04, ZIP 2006, 1204 = NZI 2006, 464 m. Anm. *Nowak*; BGH, Beschl. v. 15.12.2011 – IX ZB 229/09, NZI 2012, 144; ähnlich zu unterdurchschnittlichem Verfahren AG Goslar, Beschl. v. 29.4.2010 – 33 IN 94/09, NZI 2010, 691.

216) Eingehend *Keller*, ZIP 2025, 740.

217) BGH, Beschl. v. 20.5.2010 – IX ZB 11/07, Rz. 9, BGHZ 185, 353 = NZI 2010, 643, dazu EWiR 2010, 651 *(Kexel)*.

218) BGH, Beschl. v. 22.2.2007 – IX ZB 106/06, Rz. 19, ZIP 2007, 784, 786 = ZInsO 2007, 436; BGH, Beschl. v. 24.1.2008 – IX ZB 120/07, Rz. 7, 8, ZIP 2008, 514 = ZInsO 2008, 266.

stellen als bei Fortführung ohne Überschuss. Es geht also gerade nicht um eine Deckelung des Zuschlags. Man kann daher aus dieser Rechtsprechung nicht das allgemeine Postulat ableiten, bei hoher Insolvenzmasse müsse der Prozentsatz geringer ausfallen.

Zuschläge werden zutreffend **pauschaliert durch Prozentsätze** der Regelvergütung ausgedrückt, weil damit der **typische Arbeitsaufwand abgebildet** wird und sich dadurch die angemessene Vergütung ergibt. Nähme man das Argument der Querfinanzierung im System der §§ 2, 3 InsVV ernst, müsste man hinnehmen, dass bei hoher Insolvenzmasse die Regelvergütung hoch ist, grundsätzlich unabhängig vom konkreten Arbeitsaufwand und § 3 Abs. 2 lit. d InsVV als Ausnahmetatbestand begreifend; man müsste auch akzeptieren, dass qualitative Tatbestände einer Erhöhung nicht in Relation zur Insolvenzmasse stehen. Dies erkannte bereits *Joachim Kilger* in seinem Kommentar zur KO und forderte daher, bei hoher Insolvenzmasse aufgrund der abflachenden Degression höhere Zuschläge festzusetzen.[219] 102

Das vergütungsrechtliche System zwischen § 2 Abs. 1 InsVV und § 3 Abs. 1 InsVV bietet zwar Anhaltspunkte für eine Pauschalierung der Vergütung im Insolvenzverfahren. Das darf aber keine Einbahnstraße zu Vergütungskürzungen im Einzelfall sein. 103

d) Rechtsprechung des BVerfG

Als eine **Leitentscheidung** für den Anspruch des Insolvenzverwalters auf angemessene Vergütung sei zuletzt das **Urteil des BVerfG vom 1.7.1980**[220] zur **Vergütung des Berufsvormundes** aus der Staatskasse erwähnt. Das BVerfG forderte gerade für den als Berufsvormund bestellten Anwalt eine angemessene Vergütung bei Mittellosigkeit des Mündels aus der Staatskasse. Das BVerfG wandte sich hier mit deutlichen Worten gegen eine Querfinanzierung verschiedener Verfahren zur Erzielung einer Angemessenheit der Vergütung:[221] 104

> „Ebensowenig ist es verfassungsrechtlich von Bedeutung, daß spezialisierte Rechtsanwälte unentgeltliche Vormundschaften über mittellose Mündel in aller Regel nur gleichzeitig mit solchen Vormundschaften übernehmen, bei denen Vergütungsansprüche gemäß § 1836 BGB entstehen. Dieser Umstand mag wirtschaftlich zu einem gewissen Ausgleich führen. Er rechtfertigt es aber nicht, einen wesentlichen Teil der beruflichen Inanspruchnahme gänzlich unvergütet zu lassen. Rechtlich erschiene eine solche Globalbetrachtung zudem deshalb bedenklich, weil sie voraussetzt, das vermögende Mündel mittelbar für Vormundschaften über mittellose Mündel mit aufkommen."

Mit Beschluss vom 31.8.2005[222] hatte das BVerfG eine Verfassungsbeschwerde gegen die Neuregelung der Mindestvergütung in Verbraucherinsolvenzverfahren und die damit verbundene Stichtagsregelung nicht zur Entscheidung angenommen (siehe eingehend § 4 Rz. 107). Zur Frage der Querfinanzierung führte das BVerfG hierzu aus:[223] 105

> „Soweit die Beschwerdeführerin meint, bereits die Einführung der Möglichkeit der Verfahrenskostenstundung ab Dezember 2001 habe den Verordnungsgeber zum Handeln veranlassen müssen, weil damit die Querfinanzierung durch massereiche Verfahren unmöglich geworden sei, verkennt sie, dass den jetzt angegriffenen Beschlüssen des Bundesgerichtshofs – anders als noch den Beschlüssen vom 15. Januar 2004 – nicht mehr die Annahme einer Querfinanzierung zugrunde liegt. Es gibt auch keinen Hinweis dafür, dass der Verordnungsgeber eine solche Querfinanzierung beabsichtigt habe."

219) *Kilger/K. Schmidt*, KO, 16. Aufl. 1993, § 85 Anm. 1c.

220) BVerfG, Urt. v. 1.7.1980 – 1 BvR 349/75 und 378/76, BVerfGE 54, 251 = NJW 1980, 2179.

221) BVerfG, Urt. v. 1.7.1980 – 1 BvR 349/75 und 378/76, Rz. 43, BVerfGE 54, 251 = NJW 1980, 2179.

222) BVerfG, Beschl. v. 31.8.2005 – 1 BvR 700/05, ZIP 2005, 1694 = ZVI 2005, 558.

223) BVerfG, Beschl. v. 31.8.2005 – 1 BvR 700/05, Rz. 30, ZIP 2005, 1694 = ZVI 2005, 558.

106 Das BVerfG scheint hier anzunehmen, der BGH habe sein Postulat der Querfinanzierung aufgegeben, was mitnichten der Fall ist. Bemerkenswert ist aber die deutliche Aussage auf fehlende Hinweise in den Materialien der InsVV zu einer Querfinanzierung.

e) Fehlschlüsse der Rechtspraxis

107 In der Rechtspraxis zeigt sich auch oft, dass mit dem Argument der Querfinanzierung bei Vergütungsfestsetzungen gegenüber dem Insolvenzverwalter eine Kürzung mit dem Argument vorgenommen wird, er habe auch aus anderen Verfahren entsprechende Einkünfte.[224] Mit dieser Argumentation besteht die ernsthafte Gefahr, jeden berechtigten Vergütungsanspruch im Einzelfall ohne sachlichen Grund zu kürzen, so dass am Ende auch bei Anerkennung einer Mischkalkulation keine angemessene Vergütung gebildet wird. Das Argument der Querfinanzierung wird nicht zuletzt stets als „Totschlagargument" benutzt, um bei Vergütungsanträgen kürzen zu können.[225] Zutreffend weist *Zimmer* darauf hin, dass **kein Insolvenzgericht** und auch nicht der BGH dem Insolvenzverwalter **in massehaltigen Verfahren** eine **Vergütungserhöhung** mit dem Argument gewährt hätten, wegen der Mischkalkulation habe er ja schon viele für ihn defizitäre Verfahren übernehmen müssen.[226] Akzeptiert man – unzutreffend – das Postulat der Querfinanzierung. dürfen aber logisch weitere Argumente gegen eine hohe Vergütung insbesondere in großen Insolvenzverfahren nicht gelten. Nimmt man das Argument der Querfinanzierung ernst, muss man es hinnehmen, wenn der Insolvenzverwalter in einzelnen großen Verfahren eine Vergütung erhält, die den konkreten Aufwand des Verfahrens übersteigt. Nur damit wäre die Mischkalkulation oder Querfinanzierung verschiedener Verfahren gerechtfertigt. Es ist aber unlogisch, mit dem Argument der Mischkalkulation in wenig massehaltigen Verfahren dem Insolvenzverwalter eine zu niedrige Vergütung zu gewähren und in massehaltigen „lukrativen" Verfahren ihm eine entsprechend höhere zu verweigern.

4. Die Angemessenheit unter Berücksichtigung der Verfahrensdauer

108 Die Vergütung als Umsatz des Verwalterbüros muss schließlich auch auf die Gesamtdauer des Insolvenzverfahrens bezogen werden, durch sie wird die **Tätigkeit** des Insolvenzverwalters **für das gesamte Insolvenzverfahren** abgegolten. Bei einer Verfahrensdauer von bspw. vier Jahren für die Insolvenz einer Kapitalgesellschaft beträgt der jährliche Umsatz des Insolvenzverwalters bei einer Gesamtvergütung von etwa 143 250 € (Regelvergütung mit Erhöhungsfaktor 2,5 bei einer Insolvenzmasse von 1 000 000 €) knapp 36 000 €. Bezogen auf die Verfahrensdauer einer durchschnittlichen Insolvenz relativiert sich der Vergütungsbetrag daher sichtbar. Berücksichtigt man laufende Personal- und Sachkosten eines Verwalterbüros wird schnell deutlich, dass die Vergütung nur eines Insolvenzverfahrens, auch wenn sie als solche einen hohen Betrag darstellt, regelmäßig nicht ausreicht, um die Kosten des Verwalterbüros zu decken. Kann in einem besonders großen Insolvenzverfahren der Insolvenzverwalter mit seinen Mitarbeitern nur dieses eine Verfahren betreuen, wird die Relativität der Angemessenheit einer Vergütung besonders deutlich, weil er dann tatsächlich sämtliche Kosten der gesamten Verfahrensdauer aus diesem einen Umsatz bestreiten muss.

---

224) Zutreffend kritisch daher auch *Zimmer*, InsVV, § 2 Rz. 43, 44, § 3 Rz. 46 ff.

225) *Keller* in: HK-InsO, § 63 Rz. 21 ff.; kritisch auch *Büttner* in: HambKomm-InsO, § 63 Rz. 8 ff.

226) *Zimmer*, ZIP 2013, 1309.

5. Die Vergütung als Tätigkeitshonorar mit Erfolgscharakter

a) Die Vergütung als an der Insolvenzmasse orientiertes Tätigkeitshonorar

Die Vergütung insbesondere des Insolvenzverwalters wird allgemein als Tätigkeitshonorar bezeichnet. Danach wird **primär die Tätigkeit** des Insolvenzverwalters innerhalb der Insolvenzabwicklung vergütet. Die Höhe der Vergütung ist nach den Vorschriften der InsVV zu bestimmen, sie liegt nicht in freiem Ermessen des Gerichts und ist **nicht vom wirtschaftlichen Erfolg** der Insolvenz abhängig.[227] Es wäre ohnehin allgemein schwierig zu beurteilen, ob bspw. eine eingetretene Masseunzulänglichkeit nach §§ 208 ff. InsO als ein insolvenzrechtlicher Misserfolg auf mangelhafte Tätigkeit des Insolvenzverwalters zurückzuführen wäre. Ganz im Gegenteil hat auch im Falle der Masseunzulänglichkeit der Insolvenzverwalter Anspruch auf die volle ihm zustehende Vergütung und auf vorrangige Befriedigung aus der Insolvenzmasse (§ 209 Abs. 1 Nr. 1 mit § 54 InsO). 109

Die Höhe der Vergütung richtet sich nach § 63 Abs. 1 Satz 2 InsO mit §§ 1 und 2 InsVV nach dem Umfang der vom Insolvenzverwalter verwalteten und verwerteten Insolvenzmasse. Gesetz- und Verordnungsgeber gehen hierbei von der Annahme aus, dass bei **hoher Insolvenzmasse** der Insolvenzverwalter **regelmäßig** einen **höheren Arbeitsaufwand** hat als bei geringer Insolvenzmasse. Durch Abflachung der Degression in § 2 Abs. 1 InsVV wird gleichzeitig typisierend angenommen, dass der quantitative Arbeitsaufwand **nicht direkt proportional** zur Höhe der Insolvenzmasse steigt.[228] Nach § 1 Abs. 2 Nr. 4 InsVV erfolgt grundsätzlich kein Abzug von Masseverbindlichkeiten von der Insolvenzmasse als Berechnungsgrundlage der Vergütung. Auch hieraus wird deutlich, dass die Vergütung grundsätzlich die Tätigkeit als solche abgilt, nämlich die Befassung mit der Gesamtheit des schuldnerischen Vermögens, und nicht primär einen wirtschaftlichen Erfolg. 110

b) Die Vergütung als Honorar für unternehmerische Tätigkeit

Dass die Vergütung des Insolvenzverwalters dennoch bereits nach dem Grundsystem der § 63 InsO mit §§ 1 ff. InsVV einen Erfolgscharakter enthält und auch unternehmerische Tätigkeit und deren Erfolg abgilt, wird bereits aus § 63 Abs. 1 Satz 3 InsO deutlich, wonach wörtlich **„Schwierigkeiten der Geschäftsführung“** ein Abweichen von der Regelvergütung gebieten.[229] Auch die Regelung des § 1 Abs. 2 Nr. 4 lit. b InsVV, wonach bei Unternehmensfortführung Masseverbindlichkeiten von der Insolvenzmasse als Berechnungsgrundlage abzuziehen sind, spricht für den Erfolgscharakter der Vergütung, sie soll sich bei Unternehmensfortführung nur auf den erzielten Überschuss beziehen (siehe eingehend § 3 Rz. 139 ff. und § 5 Rz. 158 ff.). Dass die Vergütung bei Unternehmensfortführung auch **Honorar für unternehmerische Tätigkeit**, für das Eingehen von Risiken, für die Übernahme persönlicher Haftungsgefahren, aber eben auch für unternehmerischen Erfolg ist, zeigen auch die anerkannten Erhöhungstatbestände des § 3 Abs. 1 InsVV. Die Unternehmensfortführung ist nach der Rechtsprechung des BGH stets Erhöhungstatbestand eines Insolvenzverfahrens (siehe eingehend § 5 Rz. 169 ff.).[230] 111

Bereits an dieser Stelle dürfen aber die **Ungereimtheiten und Widersprüche** der Vergütungsvorschriften nicht außer Acht gelassen werden. Nach § 3 Abs. 1 lit. b InsVV soll ein Zuschlag für Unternehmensfortführung nur gewährt werden, wenn unter Berücksichti- 112

227) Kritisch *Bigus/Bak*, ZInsO 2021, 1421; dazu erwidernd *Lissner*, ZInsO 2021, 1531.

228) Kritisch insoweit zur Ausgestaltung als Tätigkeitsvergütung *Zimmer*, InsVV, 1. Aufl. 2018, § 2 Rz. 19.

229) *Büttner* in: HambKomm-InsO, § 63 Rz. 8 ff.

230) BGH, Beschl. v. 16.10.2008 – IX ZB 179/07, ZIP 2008, 2222 = NZI 2009, 49 m. Anm. *Prasser*, dazu EWiR 2008, 761 *(Schröder)*; BGH, Beschl. v. 12.5.2011 – IX ZB 143/08, ZIP 2011, 1373 = NZI 2011, 630.

gung des § 1 Abs. 2 Nr. 4 lit. b InsVV kein Überschuss erzielt wurde. Der Insolvenzverwalter erhält dann einen Zuschlag gerade bei unternehmerisch erfolgloser Fortführung. Da ihm diese nicht unbedingt angelastet werden kann, sind die Regelungen Ausdruck der Vergütung als Tätigkeitshonorar. Hat aber der Insolvenzverwalter Überschuss erzielt, würden damit zugleich die Regelvergütung und mit ihr die folgenden Erhöhungstatbestände erhöht. Dies ist Ausdruck des Erfolgscharakters der Vergütung. Die Unterscheidung ist im Ergebnis nur eingeschränkt von Bedeutung, da i. R. einer Vergleichsberechnung der Insolvenzverwalter, der durch eine Fortführung Überschuss erzielt hat, nicht schlechtergestellt werden darf als der Insolvenzverwalter, der keinen Überschuss erzielt hat und den Zuschlag nach § 3 Abs. 1 lit. b InsVV erhält (siehe eingehend § 5 Rz. 176 ff.).

113 Die Tätigkeit des Insolvenzverwalters bei einer Unternehmensfortführung ist auch derjenigen des Vertretungsorgans einer juristischen Person oder vertretungsberechtigten Gesellschafters einer Personengesellschaft vergleichbar. Wie diese hat er unternehmerische Entscheidungen zu treffen und zu verantworten. Es ist daher sachgerecht, die **Vergütung dem Grunde nach auch als eine solche für unternehmerische Leistung** zu begreifen und nicht lediglich als Vergütung für eine Art vollstreckungsrechtliche Liquidationstätigkeit. Gerade der Paradigmenwechsel des Insolvenzrechts vom Liquidationsverfahren des Konkurses zum Sanierungsverfahren der Insolvenz bekräftigt dies. Unternehmerische Entscheidungen sind für den Insolvenzverwalter aber auch in einem Insolvenzverfahren gefordert, das eine Liquidation des schuldnerischen Unternehmens beinhaltet. Auch hier hat der Insolvenzverwalter hinsichtlich der Verwertung einzelner Vermögenswerte unternehmerische Entscheidungen hinsichtlich der Bewertung der Vermögenswerte und ihrer konkreten Art der Verwertung zu treffen. Insoweit ist auch im Liquidationsverfahren die Vergütung des Insolvenzverwalters eine solche für unternehmerische Tätigkeit. Auch weitere qualitative oder auch quantitative Tatbestände einer Erhöhung nach § 3 Abs. 1 InsVV, etwa die besonders hohe Zahl an Arbeitnehmern, bestätigen den Charakter der Vergütung als solche für unternehmerische Tätigkeit. Als Erhöhungstatbestand der Vergütung ist auch eine besonders hohe persönliche Haftungsgefahr des Insolvenzverwalters anerkannt (siehe § 5 Rz. 106 ff.). Hierdurch sollen persönliches Engagement und Entschlussfreude des Insolvenzverwalters honoriert werden. Auch dies zeigt den Erfolgscharakter der Vergütung.

6. Keine Vergleichbarkeit zur Vergütung nach Stundensätzen

114 Es wird verschiedentlich, auch mit Blick auf ausländische Rechtsordnungen[231] oder zur vermeintlichen Verprobung der Angemessenheit der Vergütung, ein Vergleich der nach §§ 1 ff. InsVV ermittelten Vergütung mit dem vermeintlich tatsächlichen Stundenaufwand des Insolvenzverwalters und seiner Mitarbeiter angestellt. Diese Art der Vergütungsbestimmung, aber auch der Vergleich der Vergütung mit tatsächlichem Stundenaufwand, sind jeweils abzulehnen, sie widersprechen § 63 InsO und dem darin normierten Vergütungssystem.[232]

115 Zwar eignet sich die Abrechnung nach Stundenaufwand allgemein als besonders transparente Möglichkeit einer Honorierung insbesondere für juristische Tätigkeiten. Geeignet ist sie, wenn die zu erledigende Tätigkeit in quantitativem Umfang und **rechtlicher Schwierigkeit unabhängig von der Höhe eines Gegenstandswertes** ist. Eine Honorierung nach Stundenaufwand ist insbesondere angemessen und sinnvoll für gutachterliche

231) Hierzu *Mock*, KTS 2012, 59; zur Vergütung des Masseverwalters in Österreich *Reckenzaun*, ZInsO 2019, 136.

232) BGH, Beschl. v. 25.6.2009 – IX ZB 118/08, ZInsO 2009, 1511; BGH, Beschl. v. 7.10.2021 – IX ZB 4/20, ZRI 2021, 969 = NZI 2021, 1076 m. Anm. *Stephan*, dazu EWiR 2022, 15 *(Budnik)*.

Tätigkeit, wobei auch hier das wirtschaftliche Interesse der Beteiligten an dem zu begutachtenden Gegenstand ein Aspekt der Bestimmung eines Stundensatzes sein kann.[233)]

Die **Tätigkeit** des Insolvenzverwalters ist aber gerade im Falle einer **Unternehmensfortführung vielfältig** und von einzelfallbezogenen unternehmerischen **Ermessensentscheidungen** abhängig, die sich **nicht wertunabhängig** in der Abarbeitung von einzelnen Rechtssachverhalten erschöpfen. Dies **widerspricht einer Vergütungsbestimmung** allein **nach Stundenaufwand.** Auch die juristischen Entscheidungen etwa zur Erfüllung von Verträgen oder zu Arbeitsverhältnissen haben ihren Ursprung in unternehmerischen Entscheidungen der Insolvenzabwicklung. Sie erschöpfen sich keinesfalls im Abarbeiten von Rechtstatbeständen. Eine Vergleichbarkeit mit anwaltlicher oder gutachterlicher Tätigkeit, die jeweils nach Stundensatz vergütet werden können, besteht daher nicht. Eine solche lässt sich auch nicht in vergleichsweiser Heranziehung des § 19 ZwVwV betreffend die Vergütung des Zwangsverwalters begründen. Denn die Vergütung des Zwangsverwalters bemisst sich grundsätzlich nach der Höhe der Mieteinnahmen nach § 18 ZwVwV, nur bei fehlenden Einnahmen oder krassem Missverhältnis ist eine Stundenabrechnung möglich.[234)] Ein solcher Fall ist im Insolvenzverfahren nicht denkbar. Bei dem fehlenden Mieteinnahmen der Zwangsverwaltung vergleichbaren Fall der Masselosigkeit eines Insolvenzverfahrens ereilt den Insolvenzverwalter vielmehr das Schicksal des Vergütungsausfalls nach § 207 Abs. 3 InsO, was wiederum den dann negativen Erfolgscharakter der Vergütung als Honorierung unternehmerischer Tätigkeit zeigt. 116

Es fehlt für eine auch nur vergleichsweise Vergütungsbestimmung nach Stundenaufwand zudem der anzusetzende Maßstab i. H. eines Betrages je aufgewendete Stunde. Es ist offen, mit welchem Honorarbetrag etwa die Stunde des Insolvenzverwalters selbst oder die eines jeweils qualifizierten Mitarbeiters bemessen werden soll. Eine auch nur vergleichsweise Vergütungsbestimmung nach Stundensätzen beinhaltet Unsicherheit und subjektive Vorgabe. Es müsste in jedem Einzelfall festgehalten werden, welcher Mitarbeiter mit welcher Tätigkeit betraut war, um daraus einzelne Stundensätze ableiten zu können. Bei der Vergütung des Zwangsverwalters nach Stundensätzen fordert § 19 ZwVwV einen einheitlichen Stundensatz, der aus der Gesamtheit der Tätigkeiten zu ermitteln ist.[235)] Hier sind die Tätigkeiten des Zwangsverwalters und der Mitarbeiter zu dokumentieren. Sie lassen sich auch durch Stundenaufwand und Stundensatz insoweit quantifizieren, als sie einzelne Tätigkeiten der Zwangsverwaltung betreffen. Sie versagen aber auch dort, wo der Zwangsverwalter bspw. einen beschlagnahmten Gewerbebetrieb fortführt[236)] oder Ermessensentscheidungen zum Abschluss einzelner Mietverträge und zur Auswahl der Mieter treffen muss. 117

Zuletzt sei angemerkt, dass unter Berücksichtigung eines angemessenen Stundensatzes eine **Vergütung nach Stundenaufwand nicht geringer** sein muss als die nach § 63 InsO mit §§ 1 ff. InsVV berechnete Vergütung. Der abstrakte – von einer Berechnungsgrundlage unabhängige – Stundenaufwand kann in seiner Honorarberechnung die an der Insolvenzmasse als Berechnungsgrundlage orientierte Vergütung ohne weiteres übersteigen. Die Heranziehung der vergleichsweisen Berechnung von Stundenaufwand und Stundensatz könnte dann auch Argument dafür sein, die Vergütung nach § 63 InsO als zu niedrig anzusehen. 118

233) *Roeßner* in: Bayerlein/Bleutge/Roßener, Praxishdb. Sachverständigenrecht, § 42 Rz. 13.

234) Böttcher-*Keller*, ZVG, § 152a Rz. 18, 19.

235) LG Mühlhausen, Beschl. v. 18.7.2017 – 1 T 72/17, Rpfleger 2017, 728; eingehend Böttcher-*Keller*, ZVG, § 152a Rz. 18, 19.

236) Dazu Böttcher-*Keller*, ZVG, § 152 Rz. 27 ff.

7. Die Angemessenheit scheinbar zu hoher Vergütung

119 Immer wieder wird Kritik an vermeintlich zu hohen Vergütungsfestsetzungen in „einzelnen spektakulären Fällen“ geübt (siehe § 1 Rz. 83 ff.).[237] Die Vergütung des Insolvenzverwalters stellt für ihn aber keine private Netto-Einnahme dar. Sie ist **Umsatz des Verwalters** innerhalb seines Büros und hat insbesondere seine **gesamten Betriebsausgaben** zu decken (§ 4 Abs. 1 InsVV). Dazu gehören die Gehälter der Arbeitnehmer, Kosten der Raummiete und natürlich auch die zu entrichtenden Steuern. Ist der Insolvenzverwalter Partner einer Sozietät oder Gesellschafter einer Rechtsanwaltsgesellschaft oder auch Angestellter, hat er regelmäßig gesellschafts- oder arbeitsvertraglich seine Vergütung an die Gesellschaft abzuführen.[238] Im Gegenzug nutzt er Personal und Betriebsmittel der Gesellschaft, ohne dies besonders zu entgelten. Für die Bestimmung der Vergütung ist diese Feststellung nicht unmittelbar relevant, da die Vergütung wegen der Höchstpersönlichkeit des § 56 InsO abstrakt betrachtet Vergütung des Insolvenzverwalters persönlich ist. Diese Feststellungen zeigen aber, dass die Vergütung weder beim Insolvenzverwalter als „Einzelkämpfer“ noch als Mitglied einer Sozietät oder Gesellschaft ihm ungeschmälert persönlich zukommt.[239] Steuerrechtlich ist dies anerkannt, indem die Verwendung von Personal und Betriebsmittel einer Sozietät nicht als umsatzsteuerbare Leistung gegenüber dem Insolvenzverwalter angesehen wird.[240] Der Fiskus erkennt insoweit zutreffend an, dass die Tätigkeit des Insolvenzverwalters, gerade wenn er Partner einer Sozietät oder Gesellschafter einer Rechtsanwaltsgesellschaft oder auch Angestellter ist, trotz § 56 InsO keine ihm höchstpersönlich zukommende Vergütung darstellt. Daher darf auch die Angemessenheit nicht allein an der Person des Verwalters festgemacht werden, sie darf keinesfalls von subjektiven Erwägungen abhängig gemacht werden.

120 Es ist daher zumindest missverständlich, wenn einzelne Entscheidungen eine Kappung der Vergütung des Verwalters damit begründen, es gebe eine „Sättigungsgrenze“ in Bezug auf die Höhe der Vergütung.[241] Vielmehr ist eine **pauschale Kappung der Vergütung**, die sich den Regelungen der InsVV gemäß berechnet, **nicht zulässig**. Zu Recht lehnte der BGH eine Kürzung der Verwaltervergütung ab, die damit begründet wurde, der Verwalter habe als vorläufiger Verwalter bereits eine zu hohe Vergütung erhalten.[242] In keinem Fall kann die Höhe einer nach den Vorschriften der InsVV korrekt festgestellten Vergütung

---

237) So auch die Begr. z. Entwurf einer InsVV, A. 3., 2. Abs., abgedr. unten in Anh. III, S. 689, 690; nicht sachdienlich sind Erwägungen zu möglichen strafbaren Handlungen des Insolvenzverwalters und des Gerichts im Zusammenhang mit Vergütungsfestsetzung, so *Bittmann*, ZInsO 2009, 2036; grundlegend auch LG Aurich, Urt. v. 25.4.2017 – 15 KLs 1000 Js 17239/10 (3/14), wistra 2018, 140; dazu *Bittmann*, ZInsO 2017, 1874; *Weyand*, ZInsO 2017, 1740 (Urteilsanm.); *Blankenburg*, ZInsO 2018, 73; ferner *Winkler*, Angemessenheit der Vergütung des Insolvenzverwalters, S. 133 ff.

238) Zur Zulässigkeit von Abtretungsvereinbarungen im Arbeitsvertrag BAG, Urt. v. 22.10.2020 – 6 AZR 566/18, ZRI 2021, 153 = NZI 2021, 412; zur Herausgabe von Vergütungen an den angestellten Insolvenzverwalter bei Beendigung des Arbeitsverhältnisses LAG Berlin-Brandenburg, Urt. v. 29.11.2018 – 18 Sa 25/15, ZInsO 2019, 2418.

239) Zum Streit zwischen Partnern einer Sozietät über die Verwendung von Insolvenzakten OLG Brandenburg., Urt. v. 6.11.2019 – 4 U 123/19, ZIP 2019, 2307 = NZI 2020, 129 m. Anm. *Mitlehner*, dazu EWiR 2020, 85 *(Hess)*.

240) Hessisches FG, Beschl. v. 4.1.2007 – 6 V 1450/06, EFG 2007, 548; dazu *Onusseit*, ZInsO 2008, 1337; BMF-Schreiben v. 28.7.2009 – IV B 8 – S 7100/08/10003, ZIP 2009, 1544.

241) So LG Halle, Beschl. v. 9.12.1994 – 2 T 203/94, ZIP 1995, 486 = KTS 1995, 437, dazu EWiR 1995, 663 *(Uhlenbruck)*; Prütting-*Eickmann*, Insolvenzrecht, S. 269 Fn. 38.

242) BGH, Beschl. v. 10.10.2013 – IX ZB 38/11, ZIP 2013, 2164 = NZI 2013, 1014 m. Anm. *Keller*, dazu EWiR 2014, 21 *(Prasser)*.

nach allgemeinen und nicht fallbezogenen Wertungskriterien oder Auffassungen korrigiert werden.[243] Sehr treffend führt *Eickmann* dazu aus:[244]

> „Die bei richtiger Anwendung der Vergütungsregeln ermittelte Vergütung ist die angemessene Vergütung. Dieser Satz darf nicht in Zweifel gezogen werden, soll nicht das ganze Normgebäude zum Einsturz gebracht und die Vergütungsfestsetzung subjektiver Beliebigkeit überlassen werden."

Bedauerlich ist aber, dass auch der BGH in Entscheidungen die Vergütung des vorläufigen Insolvenzverwalters betreffend pauschal argumentiert, die Vergütung dürfe nicht höher sein als die des endgültigen Insolvenzverwalters.[245] Auch in den Beschlüssen vom 15.11.2012 zur Berechnungsgrundlage der Vergütung des vorläufigen Insolvenzverwalters betonte er, die Vergütung dürfe nicht zu hoch werden (siehe dazu § 7 Rz. 41 ff.).[246] Das ist nicht richtig: Das Postulat, der vorläufige Insolvenzverwalter dürfe im Ergebnis nicht bessergestellt werden als der endgültige Insolvenzverwalter, findet in der InsVV keine Grundlage. Dass die Vergütung des vorläufigen Insolvenzverwalters systematisch niedriger angesetzt ist als die des endgültigen Insolvenzverwalters, ergibt sich aus § 63 Abs. 3 Satz 2 InsO, wonach sie mit einem angemessenen Bruchteil von 25 % anzusetzen ist. Unter Berücksichtigung von Erhöhungstatbeständen ist es aber ohne weiteres denkbar und zulässig, dass dem vorläufigen Insolvenzverwalter eine Vergütung i. H. von 75, 80, 100 % oder mehr der Regelvergütung des endgültigen Insolvenzverwalters nach § 2 InsVV zugebilligt wird. Zu Recht gewährte bspw. das AG Chemnitz dem vorläufigen Insolvenzverwalter einen Bruchteil von 150 % der Vergütung des endgültigen Insolvenzverwalters, weil er ein mittelgroßes Unternehmen (§ 267 Abs. 2 HGB) mit einem Wert von mehr als 18 Mio. DM, 2 Betriebsstätten und mehr als 120 Arbeitnehmern mehr als zwei Monate fortgeführt und eine Vorfinanzierung des Insolvenzgeldes der Arbeitnehmer durchgeführt hatte.[247] Bei der Berechnung der Zuschläge nach § 3 Abs. 1 InsVV für den vorläufigen Insolvenzverwalter gewährt auch der BGH den vollen und nicht etwa um ein 1/4 gekürzten Zuschlag (siehe unten § 7 Rz. 176 ff.). Die Vergütung des vorläufigen Insolvenzverwalters ist damit stets nur um 75 % geminderter Regelvergütung niedriger als die des Insolvenzverwalters, i. Ü. erhält er für gleiche Arbeitsleistung und gleiche Erschwernisse eine gleich hohe Vergütung. 121

Sehr zu begrüßen ist, dass sowohl der Verordnungsgeber in der Begründung zum Entwurf der Zweiten Verordnung zur Änderung der InsVV vom 19.10.2006[248] als auch der Gesetzgeber in der Beschlussempfehlung zum Gesetz zur Verkürzung der Restschuldbefreiung vom 15.7.2013[249] zur Änderung von § 63 InsO und § 11 InsVV klarstellen, dass es **keineswegs untersagt** ist, die **Vergütung des vorläufigen Insolvenzverwalters höher festzusetzen als jene des endgültigen Insolvenzverwalters.** Mit Recht wird auf die Tä- 122

243) In diesem Sinne auch die abschließenden Gedanken bei Prütting-*Eickmann*, Insolvenzrecht 1996, S. 257, 269.

244) *Eickmann*, VergVO, § 4 Rz. 15c; fortgeführt in *Prasser/Stoffler* in: KPB, InsO, § 3 InsVV Rz. 39.

245) BGH, Beschl. v. 14.12.2000 – IX ZB 105/00, unter B. III. 3. d), 1. Abs., BGHZ 146, 165, 176 = ZIP 2001, 296, dazu EWiR 2001, 281 *(Keller)*; BGH, Beschl. v. 23.9.2004 – IX ZB 215/03, NZI 2004, 665; BGH, Beschl. v. 14.12.2005 – IX ZB 256/04, ZIP 2006, 621 = NZI 2006, 284; dazu *Blersch*, ZIP 2006, 598 (Urteilsanm.); *Keller*, NZI 2006, 271 (Urteilsanm.); BGH, Beschl. v. 13.7.2006 – IX ZB 104/05, ZIP 2006, 1403; dazu auch *Winkler*, Angemessenheit der Vergütung des Insolvenzverwalters, S. 136 ff.

246) BGH, Beschl. v. 15.11.2012 – IX ZB 88/09, BGHZ 195, 322 = NZI 2013, 29 m. Anm. *Graeber*; BGH, Beschl. v. 15.11.2012 – IX ZB 130/10, BGHZ 195, 336 = NZI 2013, 183.

247) AG Chemnitz, Beschl. v. 16.3.2001 – 128 IN 1617/99, ZIP 2001, 1473, dazu EWiR 2002, 115 *(Keller)*; ähnlich LG Braunschweig, Beschl. v. 29.1.2001 – 8 T 947/00, Rpfleger 2001, 315 (200 % der Regelvergütung nach § 2 InsVV).

248) Begr. z. Entwurf der 2. InsVV-ÄndVO, zu Art. 1 3. Abs., abgedr. unten in Anh. V, S. 723, 725.

249) Beschlussempfehlung und Bericht d. RA z. GlRStG, BT-Drucks. 17/13535, S. 43, 44.

tigkeit des vorläufigen Insolvenzverwalters hingewiesen, die je nach Umfang und Schwierigkeiten bspw. bei Vorbereitung einer übertragenden Sanierung eine entsprechende Vergütung rechtfertigt, die auch höher sein kann als die im eröffneten Insolvenzverfahren. Andernfalls wäre die Vergütung des vorläufigen Insolvenzverwalters gemessen an seiner Tätigkeit nicht angemessen i. S. des § 63 InsO.

123 Auch zur Anwendung des § 3 Abs. 2 lit. d InsVV ist der BGH der Ansicht, eine Kürzung der Vergütung setze nicht zwingend eine hohe Insolvenzmasse voraus, sondern könne auch schon dann vorgenommen werden, wenn der Insolvenzverwalter insgesamt wenig Arbeitsaufwand hatte.[250] Diese Annahme verkennt den Zweck der Vorschrift, die einen Ausgleich dafür schaffen soll, dass bei hoher Insolvenzmasse die Regelvergütung nach § 2 InsVV unangemessen hoch ausfällt, wenn dem kein entsprechender Arbeitsaufwand entgegensteht. Lässt man aber die Kürzung auch bei geringer Insolvenzmasse zu, wird dadurch das System des Vergütungsrechts infrage gestellt und die Vergütungsgewährung läuft Gefahr, zu einer pauschalierenden Ermessensentscheidung zu werden.

124 Im Zusammenhang mit der Diskussion über im Einzelfall zu hohe Vergütungen sind Hinweise auf mögliches strafbares Verhalten des Insolvenzverwalters oder des Insolvenzgerichts nicht sachdienlich.[251] Der Insolvenzverwalter kann sich bei der Beantragung seiner Vergütung strafbar machen, wenn er vorsätzlich falsche Tatsachen behauptet, für die Vergütungsbemessung relevante Tatsachen nicht mitteilt, Urkunden fälscht oder Urkunden unterdrückt.[252] Es gelten mithin die „allgemeinen" Straftatbestände des Betruges oder der Urkundenfälschung. Eine Strafbarkeit wegen Gebührenüberhöhung nach § 352 StGB ist im Insolvenzverfahren schwer festzustellen, da das System der insolvenzrechtlichen Vergütung für das Insolvenzgericht Entscheidungsspielraum eröffnet, so dass nur selten festgestellt werden kann, dass in einem konkreten Fall keine oder Vergütung nur in geringerem Betrag geschuldet ist.

8. Der Vergütungsanspruch in Konkurrenz zu den Interessen der Gläubiger und des Schuldners

125 Es wird auch argumentiert, durch die Vergütung des Insolvenzverwalters **dürfe die Befriedigung der Insolvenzgläubiger nicht über Gebühr** beeinträchtigt werden.[253] Wenn bei einem Insolvenzverfahren die Insolvenzmasse allein für die Kosten des Verfahrens aufgezehrt werden, würde es als Verfahren der Gläubigerbefriedigung seinen Zweck verlieren. Dieser Argumentation ist zuzugestehen, dass nicht selten gerade bei kleineren Unternehmensinsolvenzen die Gläubigerbefriedigung marginal ist und die Kosten und sonstigen Masseverbindlichkeiten die vorhandene Insolvenzmasse aufzehren. Bezogen auf die Vergütung des Insolvenzverwalters liegt dies aber weniger an der Vergütung selbst, sondern eher an der vielfach geübten Praxis, sog. delegationsfähige Aufgaben im eigenen Büro oder über gesellschaftsrechtlich verbundene Dienstleister zu erledigen und gesondert über § 5 InsVV abzurechnen. Doch auch hier muss berücksichtigt werden, dass die betreffende Tätigkeit, typischerweise etwa die Fertigung von Jahresabschlüssen und Steuererklärungen oder auch Prozessführung, als solche erledigt werden muss und nicht erwartet werden kann, dass sie unentgeltlich ausgeführt wird (zum Insolvenzverfahren als Kostentreiber und Wertvernichter siehe bereits § 1 Rz. 64 ff.). Den „Teufelskreis" des In-

250) BGH, Beschl. v. 23.3.2006 – IX ZB 20/05, ZIP 2006, 858 = ZVI 2006, 262.

251) *Bittmann*, ZInsO 2009, 2036.

252) Zur Ablehnung der Eröffnung eines Hauptverfahrens gegen den Entscheidungsträger am Insolvenzgericht wegen Rechtsbeugung LG Aurich, Beschl. v. 13.5.2013 – 15 KLs 2/13, 15 KLs 1000 Js 55939/12 (2/13), ZInsO 2014, 343 m. Anm. *Weyand*; allgemein *Graeber*, ZInsO 2010, 1972.

253) Uhlenbruck-*Mock*, InsO, § 63 Rz. 6; eingehend auch *Keller* in: HK-InsO, § 63 Rz. 26 ff.

solvenzverfahrens im Gegeneinander von Kosten und geringer Gläubigerbefriedigung hatte bereits *Jaeger* treffend beschrieben (siehe § 1 Rz. 64).[254]

Letztlich ist das Argument, durch die Vergütung würde die Befriedigung der Gläubiger beeinträchtigt, nicht tragend. **In jedem Fall** der Vergütungsgewährung an den Insolvenzverwalter **wird die Gläubigerbefriedigung quotal vermindert.** Dieses Argument zu Ende gedacht hieße, der Insolvenzverwalter müsse sein Amt unentgeltlich ausüben oder gänzlich aus der Staatskasse vergütet werden. Mithin ist durch den Vorrang der Vergütung aus §§ 53, 54 Nr. 2 InsO ausdrücklich festgestellt, dass die Höhe der Vergütung nicht mit dem Aspekt der Gläubigerbefriedigung verknüpft werden darf. Es wäre daher auch falsch, eine Prüfung der Angemessenheit der Vergütung in dem Sinne anzusetzen, dass der Insolvenzverwalter sich „bescheiden" müsse, um den Gläubigern noch Befriedigung zu ermöglichen. Der Gesetzgeber nimmt mit den §§ 207 und 208 ff. InsO vielmehr ausdrücklich hin, dass ein Insolvenzverfahren ohne Befriedigung der Gläubiger beendet werden kann und muss. In der InsO wird dies auch durch die Vorschriften der §§ 53 und 54 InsO und die Rangregelung bei Masseunzulänglichkeit nach § 209 Abs. 1 Nr. 1 InsO deutlich. Dem entsprechend verbietet der BGH auch eine Kürzung der Vergütung mit dem Argument, ansonsten würde Masseunzulänglichkeit nach §§ 208 ff. InsO eintreten.[255] Im Übrigen steht dem Insolvenzverwalter bei der Beurteilung einer drohenden Masseunzulänglichkeit ein weiter Beurteilungsspielraum zu. Den von ihm vorgenommenen Ansatz der voraussichtlichen Vergütung kann das Prozessgericht in einem Haftungsprozess daraufhin überprüfen, ob er den ihm zuzugestehenden Beurteilungsspielraum in unvertretbarer Weise überschritten hat.[256] 126

Der Insolvenzverwalter, der mit dem Anspruch auf Vergütung mit § 54 InsO den Insolvenzgläubigern gegenüber vorrangig ist, **ist nicht verpflichtet**, zu deren Gunsten **auf** eine objektiv **ihm zustehende Vergütung zu verzichten.** Zwar ist jeder Insolvenzgläubiger gegen die Festsetzung der Vergütung beschwerdebefugt, er kann die Beschwerde auch mit der banalen Begründung erheben, ihm sei die Vergütung zu hoch und sie schmälere seine Quote.[257] Tragfähig wird eine solche Beschwerde aber nicht sein, wenn nicht sachliche Gründe eine geringere Vergütung rechtfertigen. 127

Die Berücksichtigung der Schuldnerinteressen sowie der Gläubigerbefriedigung bei der Bestimmung einer angemessenen Vergütung des Insolvenzverwalters betrifft im Ergebnis die Kollision zweier Grundrechte: Das Rechte des Insolvenzverwalters auf angemessene Vergütung als Ausfluss der **Berufsausübungsfreiheit** nach Art. 12 Abs. 1 Satz 2 GG und das **Eigentumsrecht des Schuldners** als Träger der Insolvenzmasse sowie **eines jeden Gläubigers** aus Art. 14 Abs. 1 GG. Beide Grundrechte werden durch allgemeine Gesetze beschränkt,[258] die ihrerseits jeweils auf eine **geeignete, erforderliche und angemessene Beschränkung** bedacht sein müssen.[259] 128

In der Kollision beider Grundrechte können die Regelungen der InsO zum Vorrang der Verwaltervergütung vor den Ansprüchen der Insolvenzgläubiger als **beschränkende Re-** 129

---

254) *Jaeger*, Lehrbuch des Deutschen Konkursrechts, § 3 II.

255) BGH, Beschl. v. 18.12.2003 – IX ZB 50/03, unter II. 2. b), ZIP 2004, 518 = ZVI 2004, 203.

256) BGH, Urt. v. 20.7.2017 – IX ZR 310/14, ZIP 2017, 1571 = NZI 2017, 753, dazu EWiR 2017, 631 *(Ries)*.

257) BGH, Beschl. v. 5.11.2009 – IX ZB 173/08, NZI 2010, 159.

258) Eingehend zur Qualität des Gesetzesbegriffs in Art. 12 Abs. 1 Satz 2 GG Dürig/Herzog/Scholz-*Scholz*, GG, Art. 12 Rz. 322 ff., 335 („Stufentheorie").

259) Eingehend insbesondere zu Art. 12 GG *Jarass/Pieroth*, GG, Art. 12 Rz. 31 ff.; Dürig/Herzog/Scholz-*Papier*, GG, Art. 14 Rz. 222 (zur Beschränkung von Art. 12 und 14 GG betreffend denselben Grundrechtsträger).

gelungen zu Art. 14 GG betrachtet werden. Sie berücksichtigen beide Rechte angemessen, auch wenn im Einzelfall die Eigentumsrechte des Schuldners und eines jeden Gläubigers zurücktreten müssen. Aus der Kollision der Grundrechte eine Verhältnismäßigkeit hinsichtlich der Aufteilung der Insolvenzmasse zu fordern, etwa eine Quotelung dahingehend, dass die **Vergütung maximal einen bestimmten Prozentsatz** der Insolvenzmasse erfassen dürfe, ist nicht substantiiert und auch deshalb abzulehnen, weil eine solche **Quote kein sachliches Kriterium** der Angemessenheit ist. Auch der Verweis auf die gemeinschaftliche Gläubigerbefriedigung als Zweck des Insolvenzverfahrens, der bei zu hoher Vergütung gefährdet wäre, greif nicht, da der Vergütungsanspruch als Teil der Kosten des Verfahrens diesem Zweck nicht unterworfen ist. Da i. Ü. das Insolvenzverfahren von vielen Kostenfaktoren geprägt ist (siehe § 1 Rz. 66 ff.), müssten dann auch die sonstigen Kostenaspekte unter diese Maxime gestellt werden. Es dürften dann bspw. die laufenden Lohnkosten als Masseverbindlichkeiten nach § 55 Abs. 1 Nr. 2 InsO einen bestimmten Prozentsatz nicht überschreiten. Da wäre praktisch völlig undurchführbar. Im Gegenteil nimmt der Gesetzgeber mit den Regelungen der §§ 207, 208 ff. InsO hin, dass die Kosten eines Verfahrens (Kosten und sonstige Masseverbindlichkeiten) die Insolvenzmasse aufzehren können. Wenn dies bei Masseverbindlichkeiten praktisch nicht vermieden werden kann, weshalb soll dann der vorrangige Vergütungsanspruch ohne Berücksichtigung der Angemessenheit in Bezug zur Arbeitsleistung einer Beschränkung gegenüber den Insolvenzgläubigern unterworfen sein?[260)]

130 Betrachtet man das Grundrecht des Insolvenzverwalters auf angemessene Vergütung und die Eigentumsrechte des Schuldners und der Gläubiger in ihrer jeweiligen **wirtschaftlichen Werthaltigkeit**, ist zu bedenken, dass **bei Eröffnung des Insolvenzverfahrens** die Insolvenzmasse für den Schuldner als deren Eigentümer zunächst nur den Wert besitzt, der ihr nach den Prognosen bei Insolvenzeröffnung zukommt (§ 151 InsO). Bei einzelnen Vermögenspositionen ist zudem festzustellen, dass diese faktisch oft nur durch den Insolvenzverwalter geltend gemacht werden, etwa gesellschaftsrechtliche Haftungsansprüche, oder rechtlich nur durch ihn geltend gemacht werden können, etwa Ansprüche aus Insolvenzanfechtung. Der Wert der Insolvenzmasse als Eigentum des Schuldners hängt damit ganz wesentlich von der Tätigkeit des Insolvenzverwalters ab. In gleicher Weise besitzt das Eigentumsrecht des Gläubigers an seiner Forderung bei Insolvenzeröffnung oft den Wert Null. Ohne Insolvenzeröffnung erhielten die Gläubiger oftmals keine Befriedigung. Vor allem gilt dies bezüglich der Haftungsansprüche und Anfechtungsansprüche, die nach Insolvenzeröffnung durch den Insolvenzverwalter geltend gemacht werden. Die Entwertung der Gläubigerforderung ist bereits durch den Schuldner und seine Zahlungsunfähigkeit herbeigeführt worden. Es stehen sich damit der durch den Bestand der Insolvenzmasse und seine Arbeitsleistung definierte Anspruch des Insolvenzverwalters auf Vergütung und der bei Insolvenzeröffnung mutmaßlich wertlose Anspruch des Gläubigers gegenüber. Es darf eben nicht vergessen werden, dass in zahlreichen Fällen der Insolvenz gerade durch die Tätigkeit des Insolvenzverwalters eine Befriedigung der Gläubiger auch erst ermöglicht wird und sie bspw. bei Abweisung der Insolvenzeröffnung mangels Masse regelmäßig keinerlei Befriedigung erhalten.[261)]

9. Absolute oder relative Begrenzung des Vergütungsanspruchs

131 Innerhalb der Kollision beider Grundrechte und der jeweils zulässigen Schranken wäre es möglich, durch förmliches Gesetz die Höhe der Verwaltervergütung auf einen Prozent-

260) Nicht überzeugend daher Uhlenbruck-*Mock*, InsO, § 63 Rz. 6, 42.

261) Im Zusammenhang mit der Vergütung des vorläufigen Insolvenzverwalters *Keller*, ZIP 2008, 1615, Abschn. IV. 2.

satz der Insolvenzmasse zu begrenzen. Damit könnte das Verhältnis von Höhe der Verwaltervergütung und Gläubigerbefriedigung geregelt werden. Es wären dann auch Problemstellungen der Masselosigkeit oder der Masseunzulänglichkeit entschärft. Eine solche **Beschränkung** des Art. 12 Abs. 1 Satz 2 GG wäre nach Anforderungen an die Grundrechtsschranke **nur durch förmliches Gesetz** möglich, es müsste mithin die InsO geändert werden. Eine Festlegung in der InsVV ohne entsprechende Änderung der Verordnungsermächtigung in § 65 InsO wäre unzulässig (Art. 12 Abs. 1 Satz 2 mit Art. 80 Abs. 1 Satz 2 GG). Eine Beschränkung allein durch Rechtsprechung und Wissenschaft wäre ebenfalls nicht möglich. Durch Art. 6 des Gesetzes zur Fortentwicklung des Sanierungs- und Insolvenzrechts – SanInsFoG v. 22.12.2020[262)] wurden die Degressionsstufen des § 2 Abs. 1 InsVV mit Wirkung seit 1.1.2021 geändert und in unterschiedlichen Ausprägungen erhöht (eingehend siehe § 1 Rz. 124 und § 4 Rz. 62 ff.). Insbesondere bei geringer Berechnungsgrundlage erfolgte keine nennenswerte Erhöhung der Vergütung. Die Gesetzesbegründung verweist dazu ausdrücklich auf die Gefahr der Auszehrung der Masse und damit eintretende Masselosigkeit.[263)] Die förmliche Anforderung an eine gesetzliche Regelung ist hier insoweit erfüllt, als die InsVV unmittelbar durch Gesetz geändert wurde. Materiell ist aber die Gesetzesbegründung nicht überzeugend. Dem Insolvenzverwalter wird abverlangt, im Interesse der Gläubigergesamtheit auf eine angemessene Vergütung zu verzichten. Besonders Insolvenzverfahren mit geringer Insolvenzmasse sind für Insolvenzverwalter oft nicht kostendeckend. Die bewusste Nichtanhebung der Vergütung in diesem Bereich kann die Bereitschaft verstärken, solche Verfahren nicht zu übernehmen oder nur in dem Maße abzuwickeln, wie sie vergütet werden (siehe Rz. 134).

Eine **absolute Begrenzung** der Vergütung könnte gesetzlich erfolgen durch Bestimmung **132**
eines **Vergütungshöchstbetrages** oder Begrenzung der Insolvenzmasse als Berechnungsgrundlage. Letzteres besteht bspw. bei der Anwaltsvergütung durch Begrenzung des Gebührenwertes auf 30 Mio. € (§ 22 Abs. 2 Satz 1 RVG) oder bei den Gerichtskosten nach § 39 Abs. 2 GKG. Eine absolute Begrenzung der Vergütungshöhe kann nicht aus analoger Anwendung dieser Normen angenommen werden. Hier fehlt es wesentlich bereits an der Vergleichbarkeit der Sachverhalte. Insbesondere kann nicht in analoger Anwendung des § 39 Abs. 2 GKG die Vergütung oder die Insolvenzmasse als Berechnungsgrundlage auf den Höchstbetrag von 30 Mio. € begrenzt werden. Die Regelungen zur Vergütung des Insolvenzverwalters sind nicht vergleichbar mit jenen zu den Gerichtskosten. Die Vergütung des Insolvenzverwalters soll seine konkrete Tätigkeit abbilden und vergüten. Ihrem Wesen nach haben zwar auch die Gerichtsgebühren den Zweck, gerichtliche Tätigkeit abzugelten. Dieser Abgeltungscharakter hat aber nicht den Zweck, eine konkrete Tätigkeit angemessen zu vergüten und i. S. einer Berufsausübungsregelung Einkommen zu generieren. Auch die dem § 39 Abs. 2 GKG vergleichbare Höchstbetragsregelung des § 22 Abs. 2 Satz 1 RVG kann nicht analog angewendet werden, weil die Tätigkeit als Insolvenzverwalter nicht vergleichbar mit jener eines Rechtsanwalts ist. Der Insolvenzverwalter wird, anders als ein Anwalt, für die von ihm verwaltete Insolvenzmasse umfassend tätig, er verwaltet und verwertet diese und übt wesentlich eine unternehmerische Tätigkeit aus. Die hieraus fließenden vielfältigen Aufgabenstellungen sind nicht vergleichbar mit einer systematisch an Wertgebühren orientierten anwaltlichen Tätigkeit, die sich insbesondere bei gerichtlicher Vertretung typischerweise durch Tatbestände eines Vergütungsverzeichnisses kategorisieren lässt.

262) Gesetz zur Fortentwicklung des Sanierungs- und Insolvenzrechts – SanInsFoG, v. 22.12.2020, BGBl. I 2020, 3256.

263) Begr. RegE SanInsFoG, BT-Drucks. 19/24181, S. 210 ff.; abgedr. unten in Anh. VI, S. 729 ff.

133 Eine **absolute Begrenzung** der Vergütung würde **zahlreiche Probleme** aufwerfen: Sie verstieße gegen das vom BVerfG geforderte Postulat der offenen Vergütung als Ausprägung der Berufsausübung, die je nach Besonderheiten des Einzelfalles nicht absolut gedeckelt sein darf.[264] Man darf hieraus natürlich nicht den direkten Umkehrschluss ziehen, die Vergütung dürfe stets maximal hoch sein und die Insolvenzmasse komplett erfassen. Das offene System der Vergütung ist gewährleistet durch typisierte Anlehnung der Regelvergütung an die Insolvenzmasse bei degressiver Steigerung unter der Annahme, dass bei hoher Insolvenzmasse die Arbeitstätigkeit nicht in gleicher Weise steigt. Dass im Einzelfall, vor allem bei geringer Insolvenzmasse, diese durch die Kosten des Verfahrens aufgezehrt wird, nimmt der Gesetzgeber mit § 207 InsO hin. Eine absolute Begrenzung der Vergütung widerspräche ferner dem Charakter der Tätigkeit des Insolvenzverwalters als unternehmerische Tätigkeit, für die auch entsprechende Vergütung zu gewähren ist.

134 Der Insolvenzverwalter hat auch **haftungsrechtlich schwerwiegende Entscheidungen** zu fällen, denen eine a priori begrenzte Vergütung nicht gerecht würde. Wäre sie bspw. auf 100 000 € begrenzt, würde der Insolvenzverwalter auch nur solche Tätigkeiten entfalten, die für ihn kein höheres Haftungsrisiko beinhalten. **Er würde nur so viel arbeiten**, wie es seiner **Vergütung entspräche**. Warum sollte er auch in einer Unternehmensinsolvenz eine arbeitsaufwendige und haftungsträchtige Fortführung mit dem Ziel der Sanierung wählen, wenn er mit einer reinen Liquidation ebenso hohe Vergütung erhielte? Gerade in Unternehmensinsolvenzen mit geringer Insolvenzmasse, wo also die Vergütung praktisch auch begrenzt ist, wird häufig geklagt, der Insolvenzverwalter engagiere sich nicht ausreichend, weil er nicht ausreichend Vergütung zu erwarten habe. Würde man generell die **Vergütung auf einen Höchstbetrag** begrenzen, würde dies letztlich nachhaltig die **Möglichkeit einer Sanierung** eines insolventen Unternehmens **mindern.**

135 Dieses **Problem** stellt sich **ebenso bei relativer Begrenzung** der Vergütung in Form eines Prozentsatzes bezogen auf die Insolvenzmasse, bspw. ähnlich den Ansprüchen aus Sozialplan nach § 123 InsO. Würde man die Vergütung auf maximal 25 oder 30 % oder die Hälfte der Insolvenzmasse begrenzen, liefe dies bezogen auf den Arbeitsaufwand und das Haftungsrisiko des Insolvenzverwalters auf eine absolute Vergütungsbegrenzung hinaus. Praktisch besteht aber das Problem der Festlegung einer auch relativen Höchstgrenze aber auch darin, dass gerade dann in zahlreichen Fällen Verwaltervergütungen genau bis zu dieser Grenze verlangt und beantragt werden. Würde das Gesetz festlegen, die Verwaltervergütung dürfe nicht mehr als 30 % der Insolvenzmasse betragen, würde der Insolvenzverwalter in jedem Verfahren genau so viel Vergütung beantragen und mit Erhöhungstatbeständen entsprechend begründen. Es ist ein Gesetz des Marktes, dass dort, wo eine Preisgrenze besteht, diese auch ausgereizt wird.

10. Zusammenfassung

136 Zusammenfassend ist zu den Einzelaspekten der Angemessenheit der Vergütung des Insolvenzverwalters und der weiteren Organe des Insolvenzverfahrens, für welche § 63 Abs. 1 InsO gilt, festzuhalten:

- Angemessen ist die Vergütung, wenn sie nach Abzug der eigenen Kosten dem Insolvenzverwalter einen **Überschuss** gewährt.
- Die Angemessenheit der Vergütung ist Ausprägung der **Berufsausübung** i. S. des Art. 12 Abs. 1 GG. Die Vergütungsregelungen der InsVV müssen angemessene Vergütung gewährleisten, andernfalls sind sie wegen Verstoßes gegen Art. 12 Abs. 1 Satz 2 GG

264) BVerfG, Beschl. v. 9.2.1989 – 1 BvR 1165/87, ZIP 1989, 382 m. Anm. *Eickmann* = KTS 1989, 357, dazu EWiR 1989, 391 *(Onusseit)*.

materiell verfassungswidrig und bereits von der Ermächtigungsgrundlage des § 65 InsO nicht gedeckt.

- Die Angemessenheit der Vergütung bestimmt sich nach dem **Einzelfall** des Verfahrens und nicht i. R. einer Mischkalkulation aller vom Insolvenzverwalter übernommenen Verfahren.
- Die Angemessenheit der Vergütung ist auf die **Gesamtdauer** des Insolvenzverfahrens zu beziehen.
- Die Angemessenheit der Vergütung bestimmt sich auf die die Tätigkeit des Insolvenzverwalters innerhalb der Insolvenzabwicklung. Die Vergütung beinhaltet auch einen **Erfolgscharakter** und bildet **unternehmerische Tätigkeit** und deren Erfolg ab.
- Die Tätigkeit des Insolvenzverwalters ist gerade im Falle einer Unternehmensfortführung vielfältig und von **einzelfallbezogenen unternehmerischen Ermessensentscheidungen** abhängig, sie eignet sich daher auch nicht vergleichsweise für eine Vergütung nach Stundensätzen.
- Die angemessene Vergütung ist allein nach §§ 63 ff. InsO und den Vorschriften der InsVV zu bestimmen. Sachfremde und **verfahrensfremde Erwägungen** dürfen insbesondere nicht zu Kürzungen einer vermeintlich als zu hoch angesehenen Vergütung herangezogen werden.
- Der **Insolvenzverwalter kollidiert mit seinem Vergütungsanspruch** mit **Eigentumsrechten des Schuldners und der Insolvenzgläubiger.** Die Regelungen der InsO zum Vorrang der Verwaltervergütung vor den Ansprüchen der Insolvenzgläubiger sind als beschränkende Regelungen zu Art. 14 GG zu betrachten. Sie berücksichtigen beide Rechte angemessen, auch wenn im Einzelfall die Eigentumsrechte des Schuldners und eines jeden Gläubigers zurücktreten müssen. Es ist auch zu beachten, dass oft nur durch die Tätigkeit des Insolvenzverwalters eine Befriedigung der Gläubiger auch erst ermöglicht wird.
- Eine absolute oder relative Begrenzung der Vergütung wäre nur durch förmliches Gesetz möglich. Eine absolute Begrenzung verstieße gegen das vom BVerfG geforderte Postulat der offenen Vergütung als Ausprägung der Berufsausübung. Wäre sie begrenzt, würde i. Ü. der Insolvenzverwalter auch nur solche Tätigkeiten entfalten, die für ihn kein höheres Haftungsrisiko beinhalten. Eine relative Begrenzung hätte ferner das Problem der Festlegung darin, dass Verwaltervergütungen genau bis zu dieser Grenze verlangt und beantragt werden.

III. Aufgabendelegation durch den Insolvenzverwalter und vergütungsrechtliche Auswirkungen

1. Interne und externe Delegation

a) Die Delegation innerhalb der eigenen Büroorganisation

Das Berufsbild des Insolvenzverwalters hat sich gegenüber dem eines früheren Konkurs- 137
verwalters und nicht zuletzt aufgrund der weiteren Änderungen der InsO – ob sie wiederholt als Reformen bezeichnet werden können oder nicht[265] – grundlegend gewandelt.[266] Für die Praxis der Insolvenzverwaltung stellt sich auch die Frage, welche Aufgaben der Verwalter selbst wahrzunehmen hat und welche er auf Mitarbeiter oder Dritte verlagern kann. Fraglich ist insbesondere, inwieweit sich eine solche **Delegation auf die Vergütung**

265) *Pape* in: FS Vallender, S. 363.

266) Zum Berufsbild bereits grundlegend *Jaeger*, KO, § 78 Anm. 7.

des Insolvenzverwalters auswirkt. Zu unterscheiden sind zunächst die sog. interne Delegation und externe Delegation:[267)]

- Die **interne Delegation** erfolgt **innerhalb des eigenen Büros** durch Delegation einzelner Tätigkeiten an Mitarbeiter des Insolvenzverwalters. Sie entspricht den Anforderungen an eine moderne und professionelle Insolvenzverwaltung, bei welcher keinesfalls erwartet werden kann, dass der Insolvenzverwalter jede Tätigkeit höchstpersönlich übernimmt.[268)] Voraussetzung der internen Delegation ist selbstverständlich ein professionell eingerichtetes Büro mit qualifizierten Mitarbeitern. Durch die Vergütung des Insolvenzverwalters sind die allgemeinen Bürokosten einschließlich der Gehälter seiner Angestellten abgegolten (§ 4 Abs. 1 Satz 2 InsVV). Die Delegation einzelner Aufgaben innerhalb der eigenen Organisationsstruktur (interne Delegation) ist vergütungsrechtlich ohne Bedeutung.
- Die **externe Delegation** erfolgt durch **Beschäftigung von Hilfskräften** für ein konkretes Verfahren nach § 4 Abs. 1 Satz 3 InsVV oder durch Beauftragung externer Dienstleister für besondere Aufgaben innerhalb eines konkreten Verfahrens. Sie ist vergütungsrechtlich relevant, wenn der Insolvenzverwalter durch die Delegation Arbeitsersparnis erfährt und deshalb entweder die Regelvergütung gekürzt werden muss oder ein Erhöhungstatbestand gemindert oder überhaupt nicht gewährt werden kann. Vergütungsrechtlich ist damit nur die externe Delegation relevant.

b) Die Beschäftigung von Hilfskräften nach § 4 Abs. 1 Satz 3 InsVV

138 Der Insolvenzverwalter kann zur Erledigung einzelner Aufgaben Hilfskräfte heranziehen und deren Vergütung aus der Insolvenzmasse entnehmen. Dies folgt sowohl aus § 4 Abs. 1 Satz 3 InsVV als auch aus dem Übergang der Verfügungsbefugnis vom Schuldner auf den Insolvenzverwalter nach § 80 Abs. 1 InsO. Die Vergütungen sind Masseverbindlichkeiten nach § 55 Abs. 1 Nr. 1 InsO.[269)]

c) Delegationsfähige und nicht delegationsfähige Tätigkeiten

139 Für die Frage, ob und in welchem Umfang einzelne Tätigkeiten extern delegationsfähig sind, sind zwei Überlegungen anzustellen:[270)]

- Erstens: Welche Tätigkeiten sind **rechtlich** überhaupt **delegationsfähig**?
- Zweitens: In **welchem Umfang** ist es dem Insolvenzverwalter **zuzumuten, Tätigkeiten selbst** oder mit eigenen Mitarbeitern **auszuführen** oder eine Delegation an Dritte vorzunehmen?

140 Delegationsfähig sind all diejenigen Tätigkeiten, die auch der Schuldner, könnte er selbst handeln, einem Dritten übertragen kann, bei denen mithin Vollmachtserteilung zulässig ist.[271)] Diese auf Rechtsgeschäfte des bürgerlichen Rechts abgestellte Definition betrifft wesentlich die externe Delegation.

141 Nicht delegationsfähig sind **verfahrensrechtliche Tätigkeiten**, die der Insolvenzverwalter gegenüber dem Gericht vorzunehmen hat, bspw. die Wahrnehmung der Gläubigerver-

---

267) *Keller* in: HK-InsO, § 4 InsVV Rz. 15; *Lorenz* in: FK-InsO, § 4 InsVV Rz. 8 ff.

268) *Graeber* in: MünchKomm-InsO, 4. Aufl. 2019, § 56 Rz. 62 ff., 149 ff.

269) *Keller* in: HK-InsO, § 4 InsVV Rz. 27; *Stoffler* in: KPB, InsO, § 4 InsVV Rz. 131; *Graeber/Graeber*, InsVV, § 4 Rz. 32 ff.

270) *Uhlenbruck*, KTS 1976, 35; *Eickmann*, KTS 1986, 197; *Graeber*, NZI 2003, 569; *Bork*, ZIP 2009, 1747; *Graeber/Graeber*, ZInsO 2013, 1284; *Graeber/Graeber*, ZInsO 2013, 1056; *Ganter*, NZI 2016, 377, 378; *Polonius*, ZVI 2021, 57; dazu bereits *Kuhn/Uhlenbruck*, KO, § 85 Rz. 9b ff.

271) *Eickmann*, KTS 1986, 197; ihm weitgehend folgend *Graeber*, NZI 2003, 569.

sammlungen, die Führung der Insolvenztabelle oder die Rechnungslegung nach § 66 InsO, aber auch die Abgabe von Steuererklärungen. Selbstverständlich muss der Insolvenzverwalter die Vorarbeiten für diese Tätigkeiten nicht höchstpersönlich fertigen. Die Erstellung von Steuererklärungen oder auch die Rechnungslegung sind wesentlich Fragen der internen Delegation. Dies ist nicht Delegation im eigentlichen Sinne, sondern eine Frage der Büroorganisation und der Sachkunde des eigenen Personals. Nicht delegationsfähig sind auch diejenigen Entscheidungen, die die InsO dem Insolvenzverwalter selbst zuweist. Es sind dies bspw. die Entscheidung über die Prozessaufnahme nach § 85 InsO, die Wahl der Vertragserfüllung nach §§ 103 ff. InsO oder der Insolvenzanfechtung nach §§ 129 ff. InsO. Eine Delegation innerhalb des eigenen Büros ist auch hier zulässig und üblich. Höchstpersönlich sind diese Tätigkeiten insoweit, als die eigentliche Entscheidung durch den Insolvenzverwalter zu fällen ist, etwa die Vorlage des durch ihn unterzeichneten Schlussberichts nach § 66 InsO.

2. Die Zulässigkeit externer Delegation unter Gesichtspunkten wirtschaftlich sinnvollen Handelns

Angemessen ist die Übertragung einer Tätigkeit auf einen externen Dritten, wenn ein sonst **vernünftig Handelnder**, der über **keine berufsspezifischen Spezialkenntnisse** verfügt, die Tätigkeit einem **Dritten übertragen würde**. Beispielhaft ist dies der Fall bei der Beauftragung eines Rechtsanwalts mit der Führung eines Rechtsstreits oder eines Steuerberaters zur Erstellung nicht lediglich völlig einfacher Steuererklärungen (siehe Rz. 177). 142

Diesen Grundsatz der Angemessenheit einer Übertragung stellte der BGH im Urteil vom 17.9.1998[272] zur anwaltlichen Tätigkeit des von der Treuhandanstalt eingesetzten Liquidators eines ehemaligen volkseigenen Betriebes auf.[273] Der BGH billigte dem als Liquidator eingesetzten Rechtsanwalt eine Gebühr nach § 118 BRAGO i. R. einer Grundstücksveräußerung zu. Den formularmäßig bestimmten Ausschluss weiterer Vergütungen i. R. des Liquidatorenvertrages erklärte er für unwirksam. 143

Mit Beschluss vom 11.11.2004[274] setzte der BGH diese Entscheidung auch für das Insolvenzverfahren um: Ein Insolvenzverwalter darf **Aufgaben**, die ein Insolvenzverwalter **ohne volljuristische Ausbildung** im Allgemeinen nicht lösen kann, auf einen Rechtsanwalt übertragen und die dadurch entstehenden Kosten aus der Masse entnehmen. Im Zusammenhang mit der Gewährung von Prozesskostenhilfe für die Insolvenzmasse ist nach demselben Grundsatz eine Anwaltsbeiordnung auszusprechen, auch wenn der Insolvenzverwalter selbst Rechtsanwalt ist.[275] 144

3. Die Beauftragung von Unternehmen mit wirtschaftlicher Beteiligung des Insolvenzverwalters

a) Das Problem des Verbots des § 181 BGB

Die Delegation einzelner Aufgaben ist auch an solche Personen zulässig, mit denen der Insolvenzverwalter gesellschaftsrechtlich verbunden ist, insbesondere an einen Sozius der eigenen Sozietät. Er darf auch Gesellschaften oder Unternehmen beauftragen, an denen er 145

272) BGH, Urt. v. 17.9.1998 – IX ZR 237/97, BGHZ 139, 309 = NZI 1998, 77, dazu EWiR 1998, 1125 *(Henssler)*.

273) *Hess/Binz/Wienberg*, GesO, Vor § 1 VergVO Rz. 11 ff.; *Kuhn/Uhlenbruck*, KO, § 85 Rz. 11a.

274) BGH, Beschl. v. 11.11.2004 – IX ZB 48/04, ZIP 2005, 36 = ZVI 2005, 152, dazu EWiR 2005, 833 *(Henssler/Deckenbrock)*.

275) BGH, Beschl. v. 23.3.2006 – IX ZB 130/05, ZIP 2006, 825 = NZI 2006, 341; BGH, Beschl. v. 29.9.2022 – IX ZA 10/22, ZRI 2022, 969 = NZI 2023, 53.

selbst wirtschaftlich beteiligt ist, bspw. als Gesellschafter einer GmbH. Ein entsprechendes Rechtsgeschäft ist nicht etwa wegen Verstoßes gegen § 181 BGB oder wegen § 134 BGB unwirksam.[276] Der BGH stellte dies mit Urteil vom 24.1.1991 klar.[277] Er sah die Beauftragung einer Arbeitnehmerüberlassungsgesellschaft, deren alleiniger Gesellschafter der Konkursverwalter selbst war, mit der Betriebsfortführung zivilrechtlich als wirksam an; es verstoße weder gegen § 181 BGB noch gegen § 134 BGB.

146 Einen **Verstoß gegen § 181 BGB verneinte der BGH** aber nur deshalb, weil der Konkursverwalter im konkreten Fall nicht Geschäftsführer der beauftragten Gesellschaft war. In anderen Fällen stellt sich sehr wohl die Frage der Geltung des § 181 BGB, bspw. wenn der Insolvenzverwalter seine eigene Sozietät mit der Prozessführung für die Insolvenzmasse beauftragt. Er handelt hier als Vertreter der Insolvenzmasse und als Vertreter der Sozietät, der er selbst angehört. Ein Verstoß gegen § 181 BGB liegt gleichwohl nicht vor:[278] Wenn nämlich der Insolvenzverwalter in solchen Fällen auch hätte selbst handeln können und die entsprechenden Vergütungen nach § 5 InsVV erhalten hätte, kann ihm dies nicht untersagt sein, wenn er gerade nicht selbst handelt, sondern die besonders zu vergütende Tätigkeit delegiert, auch wenn er auf der anderen Seite rechtlich beteiligt ist. Diese Argumentation greift aber nur für Tätigkeiten, die sich i. R. des § 5 InsVV bewegen. In anderen Fällen, wie etwa dem der Entscheidung des BGH vom 24.1.1991, bleibt die Frage der Geltung und der **möglichen Umgehung des § 181 BGB** durch Einschaltung eines Dritten als Vertreter. Ungeklärt ist dann, ob überhaupt und durch wen eine Befreiung vom Verbot des § 181 BGB erteilt werden könnte. Zu denken ist an eine Befreiung durch das Insolvenzgericht i. R. des § 58 InsO oder an eine Befreiung durch die Gläubigerversammlung. Ob das möglich ist, ist nicht abschließend geklärt. Man sollte aber auch akzeptieren, wenn eine Befreiung nicht möglich ist. Denn die Unzulässigkeit nach § 181 BGB ist der gesetzliche Regelfall, die Befreiung die Ausnahme. Auch wenn gerade bei § 181 BGB die Ausnahme in der Rechtspraxis zur Regel geworden ist, man denke nur an General- und Vorsorgevollmachten, sollte man die gesetzliche Regel ernst nehmen.

b) Die sachlichen Anforderungen an die Beauftragung eigener Unternehmen

147 Der BGH stellte in seinem Urteil vom 24.1.1991[279] hohe Hürden für die Beauftragung eigener Unternehmen auf: Der **Insolvenzverwalter hat** dem Gericht **rechtzeitig** den Sachverhalt **unmissverständlich aufzuzeigen** und um **Genehmigung** der beabsichtigten Beauftragung nachzusuchen. Die Verletzung dieser Pflicht kann eine **persönliche Haftung** nach § 60 InsO (§ 82 KO) zur Folge haben. Die Beauftragung stellt der BGH unter den Vorbehalt, dass das Gericht, ggf. auch Gläubigerversammlung und Gläubigerausschuss, die beherrschende Stellung des Konkursverwalters aufseiten des Anbieters kenne und die nachprüfbare Gelegenheit bestehe, eine ausreichende Zahl von Vergleichsangeboten einzuholen.[280] Der Konkursverwalter hat **alles zu vermeiden**, was den **Anschein einer**

276) Eingehend auch *Stoffler* in: KPB, InsO, § 4 InsVV Rz. 135 ff.; dazu kritisch *Kuhn/Uhlenbruck*, KO, § 85 Rz. 23 a. E., wonach „die Einschaltung von Gesellschaften, an denen der Konkursverwalter unmittelbar oder mittelbar über Familienangehörige beteiligt ist, unzulässig ist".

277) BGH, Urt. v. 24.1.1991 – IX ZR 250/89, BGHZ 113, 262 = ZIP 1991, 324, dazu EWiR 1991, 275 *(Gottwald)*; eingehend auch *Jacoby*, ZIP 2005, 1060.

278) Bejaht aber für die Beauftragung einer Einmann-GmbH des Insolvenzverwalters, LG Freiburg, Beschl. v. 4.1.1984 – 9 T 38/81, ZIP 1984, 198 m. Anm. *Eickmann*.

279) BGH, Urt. v. 24.1.1991 – IX ZR 250/89, BGHZ 113, 262 = ZIP 1991, 324.

280) BGH, Urt. v. 24.1.1991 – IX ZR 250/89, BGHZ 113, 262, 267, 271 = ZIP 1991, 324.

parteilichen oder eigennützigen Geschäftsführung erwecken könnte.[281)] Daher ist er verpflichtet, **von sich aus** dem Gericht und/oder dem Gläubigerausschuss **rechtzeitig** einen Sachverhalt **anzuzeigen**, der bei **unvoreingenommener lebensnaher Betrachtungsweise** die ernstliche Besorgnis rechtfertigen könnte, dass der Verwalter an seiner Amtsführung verhindert sei.[282)] Dies verlangt auch der *Verband der Insolvenzverwalter Deutschlands e. V. (VID)* in seinen Grundsätzen ordnungsgemäßer Insolvenzverwaltung.[283)]

Als Maßstab einer solchen vorherigen Selbstanzeige nennt der BGH die Fälle der Aus- 148
schließung eines Richters kraft Gesetzes nach § 41 ZPO oder der **Ablehnung wegen Besorgnis der Befangenheit** nach § 42 Abs. 2 ZPO.[284)] Der Verwalter hat auch Auskunft zu geben über die Art der Beauftragung eigener Gesellschaften, ihren Umfang, die Höhe des Honorars aber auch die wirtschaftliche Position des Verwalters innerhalb der beauftragten Gesellschaften und Unternehmen.[285)] Zu weitgehend ist es aber, die Beauftragung einer Steuerberatungsgesellschaft, an welcher nicht der Insolvenzverwalter sondern lediglich sein anwaltlicher Sozius beteiligt ist, als verdächtig und anzeigepflichtig anzusehen, weil damit an den Sozius eine verdeckte Gewinnausschüttung (§ 20 Abs. 1 Nr. 1 Satz 2 EStG) verbunden sei.[286)]

Es darf auch kein Unterschied gemacht werden zwischen den jeweils zu übertragenden 149
Tätigkeiten. Auch die Beauftragung des in derselben Kanzlei tätigen Rechtsanwalts oder der Steuerberatungsgesellschaft, an welcher der Insolvenzverwalter beteiligt ist, ist hiervon nicht ausgeschlossen. Das Argument, der Anwalt oder Steuerberater könne ohnehin nur die gesetzlich vorgesehenen Gebühren erhalten, womit für die Masse kein Nachteil oder Schaden verbunden sei, trifft nicht zu; insbesondere Gebühren des Steuerberaters sind mitunter als Rahmengebühren ausgestaltet (§ 33 StBGebV). Denn es wird möglicherweise der Anschein erweckt, die Verbundenheit mit dem Insolvenzverwalter und damit die Nähe zu (vermeintlich) lukrativen Aufträgen führe zu besonderen wirtschaftlichen Vorteilen für die beauftragte Person oder Gesellschaft und auch für den Insolvenzverwalter. Mithin geht es um eine Frage der Transparenz des Verfahrens für alle Verfahrensbeteiligten und um die Vermeidung des Verdachts, der Insolvenzverwalter wolle sich besondere Vorteile verschaffen. Daher greift auch der Einwand von *Skrotzki*[287)] und ihm folgend *Eickmann*[288)] zu kurz, wonach die Beauftragung allgemein deshalb zulässig sei, weil die Interessen der Insolvenzmasse und die des Insolvenzverwalters sich nicht widersprechen, sondern gleichsam parallel laufen. Gerade dies ist in jedem Einzelfall entsprechend den Vorgaben des BGH zu prüfen und festzustellen.

281) BGH, Urt. v. 24.1.1991 – IX ZR 250/89, BGHZ 113, 262, 275 = ZIP 1991, 324, mit Hinweis auf die Richtlinien für Berliner Konkursverwalter, KuT 1929, 69; ebenso Verhaltensrichtlinien für als Insolvenzverwalter tätige Rechtsanwälte des Arbeitskreises für Insolvenzrecht im Deutschen Anwaltverein (AnwBl. 1992, 118); VID, Grundsätze ordnungsmäßiger Insolvenz- und Eigenverwaltung – GOI (1/2022), abrufbar unter https://www.vid.de/der-verband/qualitaetsstandards/goi/ (Abrufdatum: 26.1.2026).

282) BGH, Urt. v. 24.1.1991 – IX ZR 250/89, BGHZ 113, 262, 276 = ZIP 1991, 324; *Büttner* in: HambKomm-InsO, § 4 InsVV Rz. 29 ff.

283) VID, Grundsätze ordnungsmäßiger Insolvenz- und Eigenverwaltung – GOI (1/2022) mit Prüfungsordnung (1/2021), Grundsatz 7, abrufbar unter https://www.vid.de/der-verband/qualitaetsstandards/goi/ (Abrufdatum: 26.1.2026).

284) BGH, Urt. v. 24.1.1991 – IX ZR 250/89, BGHZ 113, 262, 277 = ZIP 1991, 324; dazu merkt bereits *Kuhn/Uhlenbruck*, KO, § 85 Rz. 23, zu Recht an, dass es für das Gericht kaum möglich ist, eine Selbstauskunft hinsichtlich ihrer Plausibilität zu überprüfen.

285) So ausdrücklich BGH, Urt. v. 24.1.1991 – IX ZR 250/89, BGHZ 113, 262, 266, 267, 279 = ZIP 1991, 324.

286) LG Hannover, Beschl. v. 29.9.2023 – 20 T 8/23, NZI 2023, 476 m. Anm. *Keller*.

287) *Skrotzki*, KTS 1955, 111.

288) Kübler/Prütting-*Eickmann*, InsO, Sonderband 5, 2. Aufl. 2001, § 4 InsVV Rz. 38.

c) **Die Folgen der Verletzung verfahrensrechtlicher Anforderungen**

150 Diese Voraussetzungen werden in der Praxis der Insolvenzabwicklung zu häufig nicht beachtet, obwohl der BGH die Anforderungen durchaus unmissverständlich formuliert hat. Unterlässt der Insolvenzverwalter die notwendige Anzeige und wird dies erst i. Rahmen der Schlussrechnungsprüfung festgestellt, ist fraglich, ob deswegen die Vergütung gekürzt werden darf.[289] Das ist zu verneinen. Nur wenn zugleich festgestellt wird, dass den Gläubigern ein Schaden entstanden ist, weil bspw. die vergebene Fremdleistung zu teuer abgerechnet wurde, kann in Anwendung der Rechtsprechung zur unzulässigen Delegation (siehe Rz. 199) eine Vergütungskürzung erfolgen.[290] In schwerwiegenden Fällen kann aber eine Entlassung des Insolvenzverwalters angezeigt sein. Der BGH führte dies mit Beschluss vom 19.4.2012 vor Augen:[291] Der Insolvenzverwalter beauftragte ein Unternehmen, dessen Vorstand seine Ehefrau war, mit der Vornahme der ihm seitens des Gerichts übertragenen Zustellungen und ließ dafür ein überhöhtes Honorar abrechnen. Der BGH ordnete nicht nur den Abzug dieser Honorare von der Vergütung des Insolvenzverwalters an, weil die Delegation nicht angemessen war. Die **Nichtanzeige der Beauftragung** und die Zahlung der Honorare waren für ihn auch Tatbestände, die eine **schwere und nachhaltige Störung des Vertrauensverhältnisses** zum Gericht begründeten und eine **Entlassung** des Insolvenzverwalters rechtfertigten.[292]

4. **Die eigene Wahrnehmung einzelner Tätigkeiten bei besonderer Sachkunde**

a) **Die Entnahme besonderer Gebühren nach § 5 InsVV**

151 Der Insolvenzverwalter muss nach dem Anforderungsprofil des § 56 InsO nicht Rechtsanwalt, Steuerberater oder Wirtschaftsprüfer sein. Gerade deshalb müssen einzelne Aufgaben für ihn auch an Dritte delegierbar sein. Soweit er dennoch besondere berufliche Qualifikationen vorweisen kann – was in der gerichtlichen Praxis die Regel ist –, ist ihm eine besondere Vergütung für die Tätigkeiten zuzubilligen, bei welchen er im Interesse der Insolvenzmasse als Rechtsanwalt, Steuerberater oder in sonstiger Weise **beruflich besonders qualifiziert** tätig wird (§ 5 InsVV).[293] Dabei regelt § 5 InsVV nur die vergütungsrechtliche Folge dessen, was sachlich-rechtlich ohnehin zulässig ist. Im Rahmen bspw. anwaltlicher Vertretung wird dem Rechtsanwalt zugebilligt, sowohl als Partei als auch als „sein eigener Vertreter" im Anwaltsprozess aufzutreten (§ 78 Abs. 3 ZPO).[294] Für den Insolvenzverwalter als Partei eines Verfahrens gilt nichts anderes.[295]

152 Innerhalb der Systematik zur Delegationsfähigkeit kann die dem Insolvenzverwalter durch **§ 5 InsVV** eingeräumte Befugnis als **externe Delegation an sich selbst** i. R. besonderer Sachkunde verstanden werden. Der Insolvenzverwalter darf die nach besonderen Gebührenregelungen, insbesondere nach dem RVG oder der Steuerberatergebührenverordnung (StBGebVO), entstandenen Gebühren und Vergütungen für sich selbst entnehmen. Sie

---

289) LG Gießen, Beschl. v. 29.5.2020 – 7 T 68/20, NZI 2021, 595 m. Anm. *Keller*.

290) LG Hannover, Beschl. v. 29.9.2023 – 20 T 8/23, NZI 2023, 476 m. Anm. *Keller*.

291) BGH, Beschl. v. 19.4.2012 – IX ZB 23/11, ZInsO 2012, 928; dazu *Preuß*, KTS 2012, 473; zum selben Verfahren auch BGH, Beschl. v. 19.1.2012 – IX ZB 25/11, ZIP 2012, 583 = Rpfleger 2012, 342.

292) BGH, Beschl. v. 19.4.2012 – IX ZB 23/11, Rz. 14–16, ZInsO 2012, 928.

293) So bereits *Jaeger*, KO, § 85 Anm. 3; ferner *Kuhn/Uhlenbruck*, KO, § 85 Rz. 11; *Eickmann*, VergVO, Vor § 1 Rz. 21.

294) Zöller-*Althammer*, ZPO, § 78 Rz. 55.

295) Grundlegend BGH, Urt. v. 17.12.1970 – VII ZR 39/69, BGHZ 55, 101 = NJW 1971, 381; BFH, Urt. v. 22.6.1965 – VII 116/625, NJW 1965, 2271.

sind sonstige Masseverbindlichkeiten des § 55 Abs. 1 Nr. 1 InsO und nicht Massekosten des § 54 Nr. 2 InsO.[296)]

Der Insolvenzverwalter kann als Rechtsanwalt besonders vergütet werden für eine **Prozessführung** im Interesse der Masse vor den ordentlichen Gerichten,[297)] den Arbeits- und Sozialgerichten,[298)] Finanz- und Verwaltungsgerichten[299)] und auch im patentgerichtlichen Verfahren.[300)] Wird ein Vergleich abgeschlossen, entsteht unter den gleichen Voraussetzungen wie bei der gerichtlichen Tätigkeit die Einigungsgebühr des VV RVG 1000, da der Rechtsanwalt in eigener Sache Gebühren wie ein bevollmächtigter Rechtsanwalt verlangen kann (§ 91 Abs. 2 Satz 4 ZPO). **Einfache Vollstreckungsmaßnahmen** wie Beauftragung des Gerichtsvollziehers oder Antrag auf Erlass eines Pfändungs- und Überweisungsbeschlusses oder auch Ausbringen einer Vorpfändung nach § 845 ZPO sind **nicht gesondert abrechenbar.**[301)] Allgemein ist auch die außergerichtliche Geltendmachung von Forderungen des Schuldners **(Forderungseinzug)** nicht über § 5 InsVV abrechenbar.[302)] Es kann aber bei erheblichem Arbeitsaufwand eine Erhöhung der Vergütung nach § 3 Abs. 1 InsVV erfolgen. Die Zwangsversteigerung nach §§ 172 ff. ZVG oder auch die Vertretung im Zwangsversteigerungsverfahren auf Betreiben eines Gläubigers rechtfertigen eine besondere Vergütung nach § 5 InsVV.[303)] 153

Im Falle der **Vergütung als Korrespondenzanwalt** nach Nr. 3400 RVG VV wird überwiegend dem Rechtsanwalt-Verwalter einen Vergütungsanspruch nicht zuerkannt.[304)] Richtigerweise wird man aber auch hier unterscheiden müssen, ob der Verwalter, der nicht Rechtsanwalt ist, einen Anwalt beauftragt hätte oder nicht. Im ersten Fall ist auch dem Rechtsanwalt-Verwalter die Vergütung nach Nr. 3400 RVG VV zuzusprechen.[305)] Die Vergütung als Korrespondenzanwalt erhält der Insolvenzverwalter dann über § 5 InsVV. 154

Beauftragt der Insolvenzverwalter für die Prozessführung an einem auswärtigen Ort einen dort nicht ansässigen Anwalt, insbesondere der eigenen Kanzlei, stellt sich die Frage der **Erstattungsfähigkeit der Reisekosten**. Zu Recht verneinte der IX. Zivilsenat des BGH eine Erstattungsfähigkeit i. R. des § 91 ZPO in einem Fall, bei dem der in Dresden ansässige Insolvenzverwalter einen Anwalt seiner Kanzlei zur Prozessführung in München beauf- 155

---

296) Anders noch für das Konkursrecht BGH, Urt. v. 17.12.1970 – VII ZR 39/69, BGHZ 55, 101 = NJW 1971, 381.

297) BGH, Urt. v. 17.12.1970 – VII ZR 39/69, BGHZ 55, 101 = NJW 1971, 381, der diese Gebühren als Massekosten i. S. des früheren § 58 Nr. 2 KO ansieht; BFH, Urt. v. 22.6.1965 – VII 116/625, NJW 1965, 2271; OLG Köln, Beschl. v. 21.4.1976 – 2 W 46/76, KTS 1977, 56.

298) LG München I, Beschl. v. 4.6.1970 (ohne Az.), KTS 1971, 58; *Stoffler* in: KPB, InsO, § 4 InsVV Rz. 87 ff.; eingehend *Uhlenbruck*, ZIP 1980, 16.

299) BFH, Urt. v. 22.6.1965 – VII 116/625, NJW 1965, 2271; Sächs. FG, Beschl. v. 5.12.2014 – 3 Ko 1513/14, n. v.; *Stoffler* in: KPB, InsO, § 5 InsVV Rz. 5.

300) LG Augsburg, Urt. v. 23.9.1977 – 3 O 143/77, KTS 1978, 117; *Stoffler* in: KPB, InsO, § 4 InsVV Rz. 93.

301) *Keller* in: HK-InsO, § 4 InsVV Rz. 25, § 5 InsVV Rz. 10; Uhlenbruck-*Mock*, InsO, § 63 Rz. 36; *Stoffler* in: KPB, InsO, § 4 InsVV Rz. 102, 103.

302) Eher streng LG Hannover, Beschl. v. 20.4.2009 – 6 T 16/09, NZI 2009, 560; die Rechtsbeschwerde hiergegen wurde verworfen, BGH, Beschl. v. 21.10.2010 – IX ZB 120/09, n. v.; LG Lübeck, Beschl. v. 2.7.2009 – 7 T 230/09, NZI 2009, 559.

303) *Keller* in: HK-InsO, § 5 InsVV Rz. 12.

304) OLG München, Beschl. v. 20.7.1966 – 11 W 998/66, NJW 1966, 2416; OLG Frankfurt/M., Beschl. v. 18.2.1972 – 20 W 121/72, NJW 1972, 1328; OLG Frankfurt/M., Beschl. v. 16.1.1976 – 20 W 885/75, KTS 1976, 245 m. abl. Anm. *Graf Lambsdorff/Skora*; KG, Beschl. v. 10.7.1981 – 1 W 821/81, Rpfleger 1981, 411; OLG Stuttgart, Beschl. v. 18.8.1983 – 8 W 257/83, ZIP 1983, 1229.

305) OLG Karlsruhe, Beschl. v. 1.6.1978 – 13 W 79/78, KTS 1978, 260; *Stoffler* in: KPB, InsO, § 4 InsVV Rz. 99, 100; *H. Schmidt*, KTS 1981, 65.

tragt hatte, der wiederum einen Münchener Anwalt mandatierte.[306] Der IV. Zivilsenat des BGH sah aber zu § 91 ZPO die fiktiven Reisekosten des „Hausanwalts" einer Versicherung als erstattungsfähig an.[307] Eine vermittelnde Position nimmt der VIII. Zivilsenat des BGH mit Beschluss vom 25.10.2011 ein,[308] die Leitsätze der Entscheidung lauten:

> „1. Macht die bei einem auswärtigen Gericht klagende Partei Reisekosten eines Rechtsanwalts geltend, der weder am Gerichtsort noch am Wohn- oder Geschäftsort der Partei ansässig ist (‚Rechtsanwalt am dritten Ort'), sind diese Kosten regelmäßig nur bis zur Höhe der fiktiven Reisekosten eines am Wohn- oder Geschäftsort der Partei ansässigen Rechtsanwalts zu erstatten.
>
> 2. Bei der Prüfung der Notwendigkeit einer bestimmten Rechtsverfolgungs- oder Rechtsverteidigungsmaßnahme ist eine typisierende Betrachtungsweise geboten. Für die Erstattungsfähigkeit von Reisekosten bedarf es daher nicht der Feststellung im Einzelfall, dass die Partei zu dem den Termin wahrnehmenden Rechtsanwalt ein besonderes Vertrauensverhältnis gehabt hat."

156 Zu Recht bemängelt deshalb in diesem Zusammenhang *Stiller*[309] die Praxis mancher Insolvenzgerichte, i. R. der Prüfung von Delegationen des Insolvenzverwalter bei der Beauftragung eines Anwalts der eigenen Kanzlei dessen Reisekosten zum Gerichtsort abzusetzen, weil ein ortansässiger Anwalt hätte beauftragt werden können.

157 Im Rahmen eines gerichtlichen Verfahrens, in welchem der Insolvenzverwalter als Anwalt für die Insolvenzmasse tätig war, kann er nach § 11 RVG eine Vergütungsfestsetzung gegen die Insolvenzmasse beantragen.[310]

158 Im Rahmen steuerberatender und wirtschaftsprüfender Tätigkeit kann der Insolvenzverwalter besonders vergütet werden für die **Erstellung der Jahresabschlüsse**[311] des schuldnerischen Unternehmens und der Erfüllung der laufenden steuerrechtlichen Buchführungspflichten der Insolvenzmasse. In einer Funktion als Notar kann der Insolvenzverwalter regelmäßig nicht tätig werden, da eine entsprechende Notartätigkeit gegen das Beurkundungsverbot des § 3 Abs. 1 Nr. 1, § 6 Abs. 1 Nr. 1 BeurkG verstieße.

159 Der Insolvenzverwalter muss § 5 InsVV nicht in Anspruch nehmen. Er kann stattdessen eine **Erhöhung seiner Vergütung nach § 3 Abs. 1 InsVV** verlangen, wenn die von ihm wahrgenommene Tätigkeit einen Erhöhungstatbestand darstellt. In aller Regel erweist sich die Entnahme der besonderen Gebühren nach § 5 InsVV aber als der für ihn günstigere Weg. Es ist dies im Einzelfall eine Frage des Umfangs der Insolvenzmasse als Berechnungsgrundlage der Vergütung und der Bestimmung des Erhöhungsprozentsatzes. Es darf aber nicht a priori der Erhöhungsprozentsatz rechnerisch auf den Betrag der vergleichbaren besonderen Vergütung gedeckelt werden. Denn § 5 InsVV und § 3 Abs. 1 InsVV schließen sich auch nicht aus: Der Insolvenzverwalter kann bspw. wegen der besonders hohen Zahl oder des besonderen Umfangs zu führender Prozesse einen Erhöhungstatbestand auch dann erhalten, wenn er für die Prozessführung die ihm zustehenden Anwaltsvergütungen erhält. Diese gelten nämlich seine Anwaltstätigkeit ab, die Vergütungserhöhung gilt dagegen die Arbeitsbelastung des Insolvenzverwalters und seines Büros ab, die auch dann außergewöhnlich sein kann, wenn die Prozessführung selbst übertragen wird.[312] Beispielsweise muss der Insolvenzverwalter – wie auch sonst eine Partei im Prozess – sei-

---

306) BGH, Beschl. v. 13.6.2006 – IX ZB 44/04, ZVI 2006, 354 = NZI 2006, 524; anders OLG Dresden, Beschl. v. 3.6.2008 – 3 W 549, 550/08, ZVI 2008, 359.

307) BGH, Beschl. v. 28.6.2006 – IV ZB 44/05, NJW 2006, 3008; dazu auch BGH, Beschl. v. 20.5.2008 – VIII ZB 92/07, ZIP 2009, 99.

308) BGH, Beschl. v. 25.10.2011 – VIII ZB 93/10, Rpfleger 2012, 176.

309) *Stiller*, ZInsO 2016, 28; dazu auch *Milimonka*, ZInsO 2011, 1100.

310) *Mitlehner*, NZI 2023, 689.

311) Uhlenbruck-*Mock*, InsO, § 63 Rz. 37; *Stoffler* in: KPB, InsO, § 4 InsVV Rz. 128.

312) *Prasser/Stoffler* in: KPB, InsO, Vor § 1 InsVV Rz. 40.

nem Anwalt auch den jeweiligen Sachverhalte aufarbeiten und zusammenstellen und Beweismittel sichten und ordnen. Dies ist im Vergütungsantrag besonders darzulegen.

Der Entnahme der Gebühren oder Vergütungen nach § 5 InsVV kann eine **eingetretene Verjährung** entgegenstehen. Praktisch relevant ist dies bei Masseunzulänglichkeit nach §§ 208 ff. InsO. Der Insolvenzverwalter darf und kann die eigenen Gebühren, wenn sie als Altmasseverbindlichkeiten zu qualifizieren sind, wegen § 210 InsO nicht entnehmen. Da aber die Verjährung von Masseverbindlichkeiten durch die Anzeige der Masseunzulänglichkeit nicht gehemmt wird, muss er wie jeder andere Massegläubiger auch verjährungshemmende Maßnahmen ergreifen.[313)] Es können ein **Stillhalteabkommen** vereinbart oder seitens des Insolvenzverwalters ein **Einredeverzicht** erklärt werden. Das muss auch im Verhältnis zwischen Insolvenzmasse und Insolvenzverwalter trotz § 181 BGB möglich sein, weil andernfalls die Regelung des § 5 InsVV ins Leere liefe. Im Übrigen könnte der Insolvenzverwalter wegen seines grundsätzlichen Wahlrechts zwischen der Entnahme besonderer Gebühren und Vergütungen und der Vergütungserhöhung nach § 3 InsVV am Ende immer noch letztere geltend machen; die Verjährung kann ihm dann nicht entgegengehalten werden.[314)] 160

b) Die Anrechnung auf die Berechnungsgrundlage nach § 1 Abs. 2 Nr. 4 lit. a InsVV

Erhält der Insolvenzverwalter nach § 5 InsVV die besondere Gebühr nach der entsprechenden Gebührenordnung, ist diese i. H. des **Nettobetrages** von der Insolvenzmasse als Berechnungsgrundlage nach § 1 Abs. 2 Nr. 4 lit. a InsVV **abzusetzen**; nicht abzuziehen sind die hierauf entfallende Umsatzsteuer und auch nicht der Auslagenersatz nebst Umsatzsteuer.[315)] Damit soll vermieden werden, dass der Insolvenzverwalter im Insolvenzverfahren für eine bereits vergütete Tätigkeit nochmals vergütet wird.[316)] Da die Vergütung, die i. R. des § 5 InsVV gewährt wird, eine Tätigkeit abgilt, die nicht zu den Aufgaben des Insolvenzverwalters nach der InsO gehört, wird damit sichergestellt, dass die Vergütung nach §§ 2 ff. InsVV nur die insolvenzspezifische Verwaltertätigkeit abgilt. Die Anrechnungsregelung des § 1 Abs. 2 Nr. 4 lit. a InsVV stellt keine Benachteiligung des Insolvenzverwalters dar; er wird nicht etwa dafür bestraft, dass er besondere Sachkunde eingesetzt hat. Durch § 1 Abs. 2 Nr. 4 lit. a InsVV wird nicht unmittelbar die Vergütung des Verwalters gekürzt, sondern nur die Insolvenzmasse um den Betrag der bereits erhaltenen Gebühr vermindert. Damit wird nur die Berechnungsgrundlage der Vergütung gekürzt. Die Vergütung selbst mindert sich lediglich um den jeweiligen Prozentsatz der Progressionsstufe des § 2 InsVV, innerhalb dessen sich die Insolvenzmasse bewegt. Die Regelung des § 1 Abs. 2 Nr. 4 lit. a InsVV ist daher sowohl formell verfassungskonform als auch materiell angemessen, obwohl sie die Berufsfreiheit des Insolvenzverwalters aus Art. 12 GG unter Berücksichtigung seiner sonstigen Vergütung einschränkt.[317)] 161

Ob der Anrechnungstatbestand des § 1 Abs. 2 Nr. 4 lit. a InsVV auch bei der **Beauftragung eines Sozius oder eines Unternehmens**, an dem der Insolvenzverwalter als Ge- 162

---

313) BGH, Urt. v. 14.12.2017 – IX ZB 118/17, ZIP 2018, 233 = NZI 2018, 154 m. Anm. *Schädlich*, dazu EWiR 2018, 207 *(Birnbreier)*; dazu *Spiekermann*, NZI 2019, 446.

314) *Mitlehner*, NZI 2023, 689.

315) Dies soweit der Schuldner und damit die Insolvenzmasse selbst umsatzsteuerpflichtig und damit vorsteuerabzugsberechtigt ist; BFH, Urt. v. 14.5.1998 – V R 74/97, BFHE 185, 552 = ZIP 1998, 2012 = NZI 1998, 48; LG Dresden, Beschl. v. 10.4.1995 – 2 T 0850/94, ZIP 1995, 1035; *Prasser/Stoffler* in: KPB, InsO, § 1 InsVV Rz. 82 ff.

316) Allgemein *Prasser/Stoffler* in: KPB, InsO, § 1 InsVV Rz. 77.

317) Lediglich zur formellen Verfassungsmäßigkeit BGH, Beschl. v. 29.9.2011 – IX ZB 112/09, ZIP 2011, 2117 = NZI 2011, 941, dazu EWiR 2012, 59 *(Prasser)*.

sellschafter selbst beteiligt ist (siehe eingehend Rz. 145 ff.), greift, **ist streitig.**[318] Nach richtiger Ansicht muss ein Abzug von der Insolvenzmasse als Berechnungsgrundlage der Vergütung auch bei Beauftragung einer Sozietät oder eines Unternehmens in analoger Anwendung des § 1 Abs. 2 Nr. 4 lit. a InsVV erfolgen.[319] Überwiegend wird dies aber verneint.[320] Es wird insbesondere argumentiert, dass bei Tätigkeit des Verwalters innerhalb einer Sozietät die internen Beteiligungsverhältnisse nicht geprüft werden können.[321] Eine Offenlegungspflicht der eigenen wirtschaftlichen Beteiligung bei Beauftragung eines Dritten hatte der BGH aber bereits in seinem Urteil vom 24.1.1992 gefordert.[322]

163 Der BGH schloss sich dennoch im Beschluss vom 5.7.2007[323] der letztgenannten Meinung an und verneint damit eine Anwendung des Tatbestandes auf die Sozietät. Die Begründung des BGH ist dabei eher knapp. Der BGH trägt als Argument gegen einen Abzug von der Insolvenzmasse lediglich vor, der Insolvenzverwalter sei bei der Beauftragung der eigenen Sozietät an deren Vergütungen nur im Umfang seiner gesellschaftsrechtlichen Stellung beteiligt. Er zieht die notwendige analoge Anwendung des § 1 Abs. 2 Nr. 4 lit. a InsVV gar nicht in Betracht und stellt auch keine Kontrollüberlegung an. Er prüft nicht, ob eine planwidrige Regelungslücke des Verordnungsgebers vorliegt, ebenfalls nicht die Vergleichbarkeit der Sachverhalte und er prüft auch nicht die Analogiefähigkeit der Vorschrift des § 1 Abs. 2 Nr. 4 lit. a InsVV. Es ist nicht ausreichend, allein auf die Höchstpersönlichkeit des Verwalteramtes zu verweisen und seine gesellschaftsrechtliche Beteiligung völlig außer Betracht zu lassen. Mit Recht verweist dagegen *Riedel* auf Vorbemerkung 3 Abs. 4 VV RVG, wonach eine Anrechnung der Geschäftsgebühr des Anwalts auf die spätere Verfahrensgebühr zu erfolgen hat und dies nach ganz allgemeiner Ansicht auch bei vorgerichtlicher Tätigkeit der Sozietät erfolgen muss.[324]

164 Der BGH erwägt auch nicht, dass mit **Nichtanwendung der Norm eine Benachteiligung** des Insolvenzverwalters vorliegt, der anwaltliche Tätigkeit oder steuerberatende Tätigkeit **in eigener Person** erledigt und im eigenen Büro durch eigene Mitarbeiter erledigen lässt, und sich die besondere Vergütung auf die Insolvenzmasse als Berechnungsgrundlage der Verwaltervergütung anrechnen lassen muss. Es wäre letztlich dieser Insolvenzverwalter als Einzelanwalt benachteiligt, würde der Anrechnungstatbestand nicht auf die Anwaltssozietät oder die Steuerberatungsgesellschaft des Insolvenzverwalters angewendet. Auch die Fragestellungen der Zulässigkeit der Beauftragung Dritter allgemein, die im Urteil vom 24.1.1991[325] eingehend beleuchtet werden, werden nicht erörtert. Der BGH belässt es bei dem pauschalen Argument, der Insolvenzverwalter erhalte lediglich eine mittelbare Vergütung im Umfang seiner gesellschaftsrechtlichen Beteiligung.

---

318) Grundlegend *Keller*, DZWIR 2000, 265.

319) LG Frankfurt/O., Beschl. v. 27.10.2000 – 6 T 49/00, DZWIR 2001, 168; AG Leipzig, Beschl. v. 30.8.1999 – 91 IN 433/95, DZWIR 2001, 171; Stephan/Riedel-*Riedel*, InsVV, § 1 Rz. 75 ff.; *Hess*, InsO, § 1 InsVV Rz. 43; *Keller* in: HK-InsO, § 1 InsVV Rz. 31; *Knapp*, Die Vergütung des Insolvenzverwalters, S. 84.

320) LG Frankfurt/O., Beschl. v. 27.7.1998 – 16 T 162/98, ZInsO 1998, 236; LG Leipzig, Beschl. v. 7.2.2000 – 14 T 7832/99, DZWIR 2001, 170; LG Leipzig, Beschl. v. 17.7.2002 – 16 T 6240/01, NZI 2002, 665 = ZIP 2003, 176; *Schmitt* in: FK-InsO, § 63 Rz. 19; *Prasser/Stoffler* in: KPB, InsO, § 1 InsVV Rz. 84; Leonhardt/Smid/Zeuner-*Amberger*, InsVV, § 1 Rz. 86; *Graeber/Graeber*, InsVV, § 1 Rz. 208, 211; *Roth* in: KölnKomm-InsO, § 1 InsVV Rz. 54.

321) *Prasser/Stoffler* in: KPB, InsO, § 1 InsVV Rz. 85.

322) So ausdrücklich BGH, Urt. v. 24.1.1991 – IX ZR 250/89, BGHZ 113, 262, 266, 267, 279 = ZIP 1991, 324.

323) BGH, Beschl. v. 5.7.2007 – IX ZB 305/04, ZIP 2007, 1958 = NZI 2007, 583; eingehend *Keller*, DZWIR 2008, 31.

324) Stephan/Riedel-*Riedel*, InsVV, § 1 Rz. 75.

325) BGH, Urt. v. 24.1.1991 – IX ZR 250/89, BGHZ 113, 262 = ZIP 1991, 324.

Im Zusammenhang mit der **Umsatzsteuerpflicht** des Insolvenzverwalters wird auch darauf abgestellt, dass er nicht in eigener Person die umsatzsteuerbare Leistung an die Insolvenzmasse erbringt, sondern diese durch die Sozietät oder Gesellschaft erbracht wird. Andernfalls müsste die Sozietät dem höchstpersönlich tätigen Insolvenzverwalter die Bereitstellung von Arbeitskräften und Sachmitteln umsatzsteuerbar in Rechnung stellen.[326)] Es wird vielmehr steuerlich die Sozietät als Erbringer der Verwalterleistung angesehen. Sieht man die Vergütung des Insolvenzverwalters wie auch jede andere von ihm erhaltene Gebühr als Einnahme i. S. betrieblicher Rechnungslegung und nicht als persönliches Honorar, kommt sie wie jede andere Einnahme der Sozietät zugute und nicht dem Verwalter persönlich, wenn er einer Sozietät oder Gesellschaft angehört. Dann muss auch die seiner Sozietät oder Gesellschaft zufließende sonstige Vergütung so behandelt werden, als wäre sie dem Verwalter selbst zugeflossen, denn zumindest mittelbar ist der Insolvenzverwalter an der Vergütung beteiligt. Deshalb muss sie dem Verwalter auch dann zugerechnet werden, wenn sie innerhalb der ihm zugehörigen organisatorischen Einheit entstanden ist. Problematisch ist dabei sicherlich, dass ein mittelbarer Vorteil des Verwalters nur i. H. seiner Beteiligung an der Sozietät oder Gesellschaft gegeben sein mag. Da § 1 Abs. 2 Nr. 4 lit. a InsVV aber den Abzug nur von der Insolvenzmasse vorschreibt und damit die Vergütung nur gering prozentual vermindert, wird dies systemimmanent berücksichtigt. 165

Dabei kann auch kein gültiges Argument sein, dass der beauftragte Sozius statt der für den Verwalter übernommenen Tätigkeit mit demselben Zeitaufwand auch eine andere Tätigkeit hätte übernehmen können und hieraus für die Sozietät Gewinn hätte erzielen können, der nicht abzusetzen gewesen wäre. Dies ist sicherlich richtig,[327)] doch hätte die Sozietät den Umsatz dann eben nicht aus der Insolvenzmasse gezogen. Nicht zuletzt soll der Insolvenzverwalter i. R. seiner Tätigkeit **jeden auch nur geringen Anschein** vermeiden, aus der Insolvenzmasse besonderen Gewinn erwirtschaften zu wollen oder diese zum Nachteil der Gläubiger und zum Vorteil eigener wirtschaftlicher Interessen zu nutzen. Die Absetzung der i. R. des § 5 InsVV erhaltenen Vergütungen ist letztlich Ausdruck der **Transparenz des Verfahrens** und dient der Wahrung der **Integrität** aller Verfahrensbeteiligten.[328)] Der Insolvenzverwalter ist mit der vorherigen Offenlegung einer beabsichtigten Beauftragung der eigenen Sozietät oder eines eigenen Unternehmens, mit der Dokumentation einzelner delegierter Tätigkeiten und nicht zuletzt mit dem Abzug der Vergütungen vor möglichen Angriffen einzelner Gläubiger oder auch des Schuldners geschützt. Zu bedenken sind auch die Worte des BGH, der unmissverständlich verlangt:[329)] 166

> „Der Konkursverwalter hat alles zu vermeiden, was den Anschein einer parteilichen oder eigennützigen Geschäftsführung erwecken könnte."

Dem entsprechen auch die Grundsätze ordnungsgemäßer Insolvenzverwaltung des *Verbandes der Insolvenzverwalter Deutschlands e. V. (VID)* oder die Verhaltensrichtlinien des *Arbeitskreises für Insolvenzrecht im Deutschen Anwaltverein*.[330)] Nach diesen darf der Insolvenzverwalter mit Unternehmen, an denen er persönlich unmittelbar oder mittelbar beteiligt ist, nur kontrahieren, wenn diese Beteiligung dem Insolvenzgericht angezeigt wird und das Vertragsverhältnis einem Drittvergleich standhält. 167

---

326) So FG Kassel, Beschl. v. 4.1.2007 – 6 V 1450/06, EFG 2007, 548; dazu *Onusseit*, ZInsO 2008, 1337.

327) So insbesondere *Prasser/Stoffler* in: KPB, InsO, § 1 InsVV Rz. 85, 86.

328) Dazu beachtenswert Uhlenbruck-*Mock*, InsO, § 63 Rz. 31.

329) BGH, Urt. v. 24.1.1991 – IX ZR 250/89, BGHZ 113, 262, 275 = ZIP 1991, 324.

330) VID, Grundsätze ordnungsmäßiger Insolvenz- und Eigenverwaltung – GOI (1/2022) mit Prüfungsordnung (1/2021), abrufbar unter https://www.vid.de/der-verband/qualitaetsstandards/goi/ (Abrufdatum: 26.1.2026); Verhaltensrichtlinien für als Insolvenzverwalter tätige Rechtsanwälte des Arbeitskreises für Insolvenzrecht im Deutschen Anwaltverein, AnwBl. 1992, 118.

168 Den Insolvenzgerichten ist zu raten, bei der Beauftragung der Sozietät oder wirtschaftlich verbundener Unternehmen auf die vorherige Anzeige durch den Insolvenzverwalter entsprechend den Anforderungen des BGH aus dem Urteil vom 24.1.1991[331] zu achten, ebenso wie die Dokumentation der delegierten Tätigkeiten im Vergütungsantrag nach § 8 Abs. 2 InsVV.[332] Es sollte auch bedacht werden, ob der Insolvenzverwalter trotz Delegation einzelner Tätigkeiten für diese eine Erhöhung einer Vergütung nach § 3 Abs. 1 InsVV verlangen kann, im Einzelfall wegen erheblicher Arbeitsersparnis sogar eine Kürzung in Betracht kommt.

5. Einzelfälle

169 Aufzählungen einzelner Tätigkeiten, die i. E. delegierbar sind, bietet die Literatur umfangreich.[333] Maßgeblich ist jedoch stets der Einzelfall unter Berücksichtigung der Größe des Insolvenzverfahrens sowie dies Umfangs und der Schwierigkeiten der einzelnen Tätigkeit. So erkennt der BGH die **Beauftragung eines Steuerberaters** mit der Aufarbeitung der Buchführung als delegationsfähig an, wenn die Buchhaltung schon vor Insolvenzeröffnung außerhalb des Schuldnerunternehmens erledigt wurde.[334] Eine einfache Steuererklärung in der Insolvenz der natürlichen Person soll aber der Insolvenzverwalter selbst fertigen, sie soll nicht delegationsfähig sein (siehe dazu auch § 14 Rz. 17 ff., 22).[335]

170 Nach den **Grundsätzen ordnungsgemäßer Insolvenzverwaltung** des *Verbandes der Insolvenzverwalter Deutschlands e. V. (VID)*[336] ist eine externe Delegation insbesondere in folgenden Fällen zulässig:

- **Inventarisierung** sowie die Be- und Verwertung von Wirtschaftsgütern;
- Unterstützung bei der Suche nach Investoren zur Vorbereitung der übertragenden Sanierung eines insolventen Unternehmens durch **M&A-Berater**;
- Erstellung der Buchführung sowie von **Jahresabschlüssen und Steuererklärungen**;
- **Rechtsberatung und Steuerberatung**, soweit es sich um „besondere Aufgaben" i. S. der InsVV handelt;
- Be- und Verwertung von **Immobilien**;
- Einschaltung von branchen- und insolvenzerfahrenen **Zeitmanagern**, sofern das vorhandene Management entweder nicht vertrauenswürdig genug oder nicht qualifiziert genug erscheint oder wenn es aus anderen Gründen nicht zur Verfügung steht;
- Bauinsolvenzen, die Beauftragung von **Fachingenieuren**, die zur Sicherung der Bautenstände und zur Sicherung der entsprechenden Werklohnansprüche erforderlich sind.

---

331) BGH, Urt. v. 24.1.1991 – IX ZR 250/89, BGHZ 113, 262 = ZIP 1991, 324.

332) BGH, Beschl. v. 11.11.2004 – IX ZB 48/04, ZIP 2005, 36 = ZVI 2005, 152.

333) *Keller* in: HK-InsO, § 4 InsVV Rz. 19 ff.; *Lorenz* in: FK-InsO, § 4 InsVV Rz. 16; *Prasser/Stoffler* in: KPB, InsO, § 4 InsVV Rz. 54 ff.; Leonhardt/Smid/Zeuner-*Amberger*, InsVV, § 4 Rz. 7 ff.; *Graeber/Graeber*, InsVV, § 4 Rz. 45 ff.; *Wolgast* in: HK- InsVV. §§ 4, 5 Rz. 17 ff.; Römermann-*Stephan*, InsO/InsR, § 4 InsVV Rz. 6 ff.

334) BGH, Beschl. v. 3.3.2005 – IX ZB 261/03, ZVI 2005, 143; AG Dresden, Beschl. v. 6.7.2006 – 551 IN 1042/05, ZIP 2006, 1686.

335) BGH, Beschl. v. 14.11.2013 – IX ZB 161/11, ZIP 2013, 2413 = NZI 2014, 21, dazu EWiR 2014, 87 *(Ries)*, dazu auch *Schmittmann*, NZI 2014, 596; BGH, Beschl. v. 13.3.2014 – IX ZB 204/11, NZI 2014, 399; LG Bochum, Beschl. v. 9.5.2011 – 7 T 16/11, n. v.; *Büttner* in: HambKomm-InsO, § 4 InsVV Rz. 8, 9.

336) VID, Grundsätze ordnungsmäßiger Insolvenz- und Eigenverwaltung – GOI (1/2022) mit Prüfungsordnung (1/2021), Grundsatz 7, abrufbar unter https://www.vid.de/der-verband/qualitaetsstandards/goi/ (Abrufdatum: 26.1.2026).

a) Inventarisierung und Verwertung der Insolvenzmasse

Inwieweit der Insolvenzverwalter zur Verwertung einzelner Gegenstände Dritte beauftragen darf, ist wesentlich Frage des Umfangs und der Beschaffenheit der Insolvenzmasse. Zur **Inventarisierung und Bewertung der Insolvenzmasse** (§ 151 InsO) werden stets spezialisierte Firmen beauftragt. Dies ist nicht zu beanstanden und auch haftungsrechtlich von Bedeutung, wenn etwa der Schuldner den Insolvenzverwalter beschuldigt, einzelne Vermögenswerte beiseite geschafft zu haben oder unter Wert veräußert zu haben. Dass für spezielle Gegenstände, Spezialmaschinen oder Antiquitäten, auch spezielle Gutachter beauftragt werden dürfen und sollen, liegt auf der Hand.[337] 171

Die Verwertung ist dann delegationsfähig, wenn es sich um Vermögenswerte handelt, die an Spezialmärkten gehandelt werden und bei deren Verwertung eine spezialisierte Person einen höheren Erlös erzielen könnte.[338] Für die Verwertung eines gebrauchten Pkw sah der BGH keine Delegationsfähigkeit.[339] Allerdings kann es auch hier Gründe geben, etwa den Pkw versteigern zu lassen, um eine mögliche Sachmängelhaftung des Insolvenzverwalters zu vermeiden. Die Verwertung von Antiquitäten oder Schmuck sollte in jedem Fall durch einen Fachmann erfolgen. 172

Die **Verwertung von Forderungen** ist grundsätzlich originäre Verwaltertätigkeit. Die Übertragung an ein Inkasso-Unternehmen ist nur dann gerechtfertigt, wenn die Zahl der Forderungen besonders hoch und das Buchungswesen ungeordnet ist.[340] In diesen Fällen kann aber auch der Verkauf der Forderungen als Verwertungsmaßnahme in Betracht kommen. 173

Die **Verwaltung und Verwertung von Immobilien** des Schuldners ist ebenfalls grundsätzlich Verwaltertätigkeit. Die Beauftragung einer Hausverwaltung wird dann als delegationsfähig angesehen, wenn die Zahl der Wohn- und Gewerbeeinheiten einer Immobilie oder die Zahl der Immobilien selbst sowie besondere Schwierigkeiten des Einzelfalles dies erfordern.[341] Beispielsweise rechtfertigt eine große Entfernung zum Ort des Insolvenzverwalters die Beauftragung einer Hausverwaltung. Auch kann ausschlaggebend sein, ob bereits vor Insolvenzeröffnung eine Hausverwaltung installiert war und wie die Zusammenarbeit des Schuldners mit dieser lief. Die Beauftragung eines Hausmeisters, Winterdienstes oder Gärtners ist selbstverständlich zulässig. 174

Bei der Verwertung einer Immobilie durch rechtsgeschäftliche Veräußerung kann die **Einschaltung eines Maklers** sinnvoll sein.[342] Sie ist grundsätzlich nicht zu beanstanden, insbesondere wenn je nach Gepflogenheit des regionalen Marktes die Maklerprovision durch den Erwerber gezahlt wird. 175

Die Beauftragung von Dienstleistern bei der Inventarisierung, Verwaltung und Verwertung von Vermögenswerten der Insolvenzmasse führt je nach Umfang der Tätigkeit mindestens zu einer Arbeitsersparnis des Insolvenzverwalters, bei Regeltätigkeit, oder einer Minderung der Vergütungserhöhung nach § 3 Abs. 1 InsO, wenn die Tätigkeit als solche vergütungserhöhend ist. 176

337) *Stoffler* in: KPB, InsO, § 4 InsVV Rz. 82.

338) Leonhardt/Smid/Zeuner-*Amberger*, InsVV, § 4 Rz. 25, 26.

339) BGH, Beschl. v. 11.10.2007 – IX ZB 234/06, ZIP 2007, 2323 = NZI 2008, 38; *Keller* in: HK-InsO, § 4 InsVV Rz. 21; *Stoffler* in: KPB, InsO, § 4 InsVV Rz. 70 ff.

340) Eingehend *Graeber*, InsbürO 2006, 182.

341) *Stoffler* in: KPB, InsO, § 4 InsVV Rz. 78.

342) OLG Köln, Beschl. v. 12.9.2011 – 5 U 78/11, NZI 2011, 959; *Stoffler* in: KPB, InsO, § 4 InsVV Rz. 79.

b) Rechnungswesen und steuerliche Buchführung

177 Nicht selten sind das betriebliche Rechnungswesen und die steuerliche Buchführung im schuldnerischen Unternehmen ungeordnet. Der notwendige Aufwand bei **Aufarbeitung betrieblicher Buchführung** sowie die Fertigung von Steuererklärungen oder Jahresabschlüssen sind grundsätzlich als delegationsfähig anzusehen.[343)] Besondere Aspekte sind dabei:

- Klärung **besonderer steuerrechtlicher Fragestellungen** in der Unternehmensinsolvenz, bspw. zu Gewerbesteuer und Körperschaftssteuer, zu Abschreibungen, zur Umsatzsteuer und Vorsteuerberichtigungen sowie zu Verlustvorträgen;
- Erstellung und Prüfung von Jahresabschlüssen;
- Aufarbeitung betrieblicher Buchhaltung und Fertigung von **Liquiditätsplanungen** für mögliche Sanierungsmaßnahmen.

178 Insbesondere zu den steuerrechtlichen Aspekten darf auch der haftungsrechtliche Gesichtspunkt des Insolvenzverwalters nicht vergessen werden, der durch die Delegation an einen Fachmann eine gewisse Minderung erfährt.

c) Zwangsvollstreckungsmaßnahmen

179 Die zwangsweise Beitreibung von Forderungen gegen Dritte zählt als Verwertungstätigkeit zu den **regelmäßig vom Verwalterbüro selbst** zu erledigenden Aufgaben. Eine außergerichtliche Forderungsbetreibung wird vom BGH als nicht delegationsfähig angesehen.[344)] Zwangsvollstreckungsmaßnahmen wie die Beauftragung des Gerichtsvollziehers, die Fertigung einer Vorpfändung (§ 845 ZPO) und auch die Beantragung einer Forderungspfändung – erst recht unter Verwendung der amtlichen Vordrucke nach § 829 Abs. 4 ZPO[345)] – sind regelmäßig nicht so schwierig und umfangreich, dass sie delegiert werden müssten. Daher kann der Insolvenzverwalter hier auch nicht über § 5 InsVV die nach VV RVG 3309 ff. anfallenden Gebühren abrechnen.[346)]

180 Delegationsfähig sind lediglich **besonders schwierige Vollstreckungsangelegenheiten**, etwa die Versteigerung nach §§ 172 ff. ZVG mit verschiedenen Ausgebotsarten,[347)] Zwangsvollstreckung im Ausland oder Führung von Vollstreckungsgegenklage nach § 767 ZPO.[348)]

d) Prüfung von Insolvenzanfechtungen

181 Die **Ermittlung von Sachverhalten**, die der Insolvenzanfechtung unterliegen, soll gesondert abrechenbar sein.[349)] Dem kann allgemein nicht zugestimmt werden.[350)] Die Prüfung

343) *Prasser/Stoffler* in: KPB, InsO, § 4 InsVV Rz. 55; *Zimmer*, InsVV, § 4 Rz. 64 ff.; Leonhardt/Smid/Zeuner-*Amberger*, InsVV, § 4 Rz. 7.

344) BGH, Beschl. v. 8.7.2010 – IX ZB 222/09, NZI 2010, 902; allgemein Leonhardt/Smid/Zeuner-*Amberger*, InsVV, § 4 Rz. 18 ff.; *Graeber/Graeber*, InsVV, § 4 Rz. 87; *Ganter*, NZI 2016, 377, 379.

345) Verordnung über Formulare für die Zwangsvollstreckung – Zwangsvollstreckungsformular-Verordnung (ZVFV), v. 23.8.2012, BGBl. I 2012, 1822; Verordnung zur Änderung der Zwangsvollstreckungs-Formularverordnung, v. 16.6.2014, BGBl. I 2014, 754; dazu BGH, Beschl. v. 13.2.2014 – VII ZB 39/13, BGHZ 200, 145 = ZIP 2014, 645, dazu EWiR 2014, 339 *(Hirtz)*; BGH, Beschl. v. 4.11.2016 – VII ZB 22/15, NJW 2016, 81; eingehend Keller-*Steder*, Hdb. Zwangsvollstreckungsrecht, Rz. 3.168; *Fechter* in: Seibel/u. a., Zwangsvollstreckungsrecht aktuell, § 3 Rz. 27 ff.

346) *Lorenz* in: FK-InsO, § 5 InsVV Rz. 12; *Büttner* in: HambKomm-InsO, § 4 InsVV Rz. 7; umfassend dazu Keller-*v. König*, Hdb. Zwangsvollstreckungsrecht, Rz. 9.323 ff.

347) *Keller* in: HK-InsO, § 5 InsVV Rz. 12; *Lorenz* in: FK-InsO, § 5 InsVV Rz. 14; eingehend Böttcher-*Keller*, ZVG, § 174 Rz. 2 ff., § 174a Rz. 4 ff.

348) *Stoffler* in: KPB, InsO, § 4 InsVV Rz. 103.

349) LG Aachen, Beschl. v. 8.5.2007 – 6 T 67/07, ZInsO 2007, 768; *Stoffler* in: KPB, InsO, § 4 InsVV Rz. 104; eingehend auch *Zimmer*, InsVV, § 4 Rz. 88 ff.

350) LG Hannover, Beschl. v. 28.10.2024 – 11 T 5/24, ZRI 2025, 84 = ZIP 2025, 839.

möglicher Anfechtungstatbestände gehört zu den originären Aufgaben des Insolvenzverwalters. Sie kann nur dann delegationsfähig sein, wenn **besonders viele Tatbestände** zu prüfen sind oder wenn Tatbestände mit **besonderen rechtlichen Schwierigkeiten** behaftet sind.[351] Delegiert der Insolvenzverwalter die Prüfung möglicher Insolvenzanfechtungen in gewöhnlichem Umfang, sollte mindestens eine Kürzung der Vergütung nach § 3 Abs. 2 InsVV angezeigt sein. Eine besonders hohe Zahl an Anfechtungen oder rechtlich besonders schwierige Tatbestände rechtfertigen allgemeine eine Vergütungserhöhung (siehe § 5 Rz. 77 f.), die aber wieder nicht gewährt werden kann, wenn die Tätigkeiten delegiert werden. Zur Prüfung rechtlich besonders schwieriger Tatbestände ist i. Ü. aber die Beauftragung eines externen Anwalts oder Beauftragung eines Sachverständigen angemessen. Die Kosten eines Privatgutachtens werden im Anfechtungsprozess aber nicht als erstattungsfähig i. S. des § 91 InsO angesehen.[352]

e) Anwaltliche Beratung und Vertretung

Die Beauftragung eines Rechtsanwalts zur Prozessführung ist auch in der Rechtsprechung des BGH der Grundfall zulässiger Delegation, weil der Insolvenzverwalter, der nicht Anwalt ist, vernünftigerweise für die Prozessführung einen solchen beauftragen würde. **182**

In der Insolvenzpraxis ist aber oft unklar, ob auch **außergerichtliche Vertretung** oder lediglich **anwaltliche Beratung** als delegationsfähig angesehen werden.[353] Seitens der Insolvenzgerichte wird dies oft verneint mit dem Hinweis auf die für den Insolvenzverwalter notwendige Sachkunde (§ 56 InsO). Bei anwaltlicher Beratung, bspw. auch in Form der Fertigung von Rechtsgutachten, ist aber zu bedenken, dass ähnlich wie bei Ärzten im medizinischen Bereich Fachanwälte auch Fachkenntnisse besitzen, die ein Insolvenzverwalter nicht haben muss. Besteht in einem Insolvenzverfahren bspw. ein rechtlich schwieriges Problem des Kapitalmarktrechtes, ist es angemessen, wenn der Insolvenzverwalter einen Fachanwalt für Bank- und Kapitalmarktrecht beauftragt. Auch ist zu beachten, dass unter Berücksichtigung eigener Haftungsgefahren die Einholung eines fachkundigen Rates geboten sein kann, um fahrlässiges Handeln auszuschließen. Gerade in der Unternehmensinsolvenz und der Geltung der Business Judgment Rule ist dies von Bedeutung (siehe § 5 Rz. 200).[354] **183**

Beratung und **Vertretung in arbeitsrechtlichen Angelegenheiten** ist dann delegationsfähig, wenn die Schwierigkeit des einzelnen Falles oder die Zahl der Angelegenheiten selbst dies rechtfertigen.[355] Muss der Insolvenzverwalter i. R. eines Sozialplans Massenentlassungen vornehmen, kann es geboten sein, zur Abstimmung mit dem Betriebsrat und zur Erstellung der sog. Namensliste aufgrund der Sozialauswahl einen Fachanwalt hinzuzuziehen, weil bspw. das Bepunktungssystem zu den Kriterien der Sozialauswahl besondere **184**

351) Zutreffend *Ganter*, NZI 2016, 377, 379; *Ganter*, ZInsO 2016, 677; Leonhardt/Smid/Zeuner-*Amberger*, InsVV, § 4 Rz. 17; *Laubereau*, ZInsO 2016, 496.

352) OLG Saarbrücken, Beschl. v. 26.5.2017 – 9 W 42/16, ZIP 2017, 2067 = NZI 2017, 772.

353) *Roth* in: KölnKomm-InsO, § 5 InsVV Rz. 52; *Lorenz* in: FK-InsO, § 5 InsVV Rz. 8 ff.; *Stoffler* in: KPB, InsO, § 4 InsVV Rz. 86.

354) Zur Pflicht eines Unternehmensführers, Zweitmeinungen zur Entscheidungsfindung in Spezialfragen BGH, Urt. v. 20.9.2011 – II ZR 234/09, ZIP 2011, 2097 = NJW-RR 2011, 1670, dazu EWiR 2011, 793 *(Vetter)*; *Frege/Berger/Nicht* in: R.-D. Mönning, Betriebsfortführung, § 44 Rz. 53 ff.; *Berger/Frege*, ZIP 2008, 204; *Berger/Frege/Nicht*, NZI 2010, 321; ablehnend aber BGH, Urt. v. 12.3.2020 – IX ZR 125/17, ZIP 2020, 1080 = NZI 2020, 671, dazu EWiR 2020, 465 *(Lüke/Weber)*; *Jungmann*, NZI 2020, 651; *Thole*, BB 2020, 1364.

355) LG Berlin, Beschl. v. 21.11.2017 – 20 T 119/17, NZI 2018, 172; *Hess*, InsO, § 5 InsVV Rz. 23, 25; allgemein *Stoffler* in: KPB, InsO, § 4 InsVV Rz. 88.

Kenntnisse erfordert. Wird der Insolvenzverwalter arbeitsgerichtlich verklagt, ist die anwaltliche Vertretung in jedem Fall gerechtfertigt, § 11 ArbGG steht nicht entgegen.[356)]

185 Außergerichtliche Vertretung durch einen Anwalt ist dann delegationsfähig, wenn der vernünftig handelnde – wohl aber geschäftskundige – Unternehmensführer dies auch delegiert hätte. Zu nennen sind **schwierige Vertragsverhandlungen** etwa bei komplizierten Lizenzverträgen oder Lieferverträgen, Verhandlungen über Mängelhaftung, Verhandlungen zu Marken- und gewerblichen Schutzrechten oder gesellschaftsrechtlichen Verhandlungen.[357)] Korrespondenz mit Behörden in Verwaltungsangelegenheiten ist grundsätzlich durch den Insolvenzverwalter selbst zu erledigen, die Beauftragung eines Fachanwalts sollte nur in Ausnahmefällen in Betracht kommen. Die Beauftragung eines Anwalts zur Ausarbeitung eines außergerichtlichen Vergleichs kann bei schwierigen Sachverhalten geboten sein, sollte aber regelmäßig dem Insolvenzverwalter selbst obliegen.

f) Erstellung eines Insolvenzplans

186 Die Erstellung eines Insolvenzplans nach §§ 218 ff. InsO mit allen Berechnungen und Anlagen ist unstreitig arbeitsaufwendig. Sie ist ebenfalls unstreitig vergütungserhöhend nach § 3 Abs. 1 lit. e InsVV (siehe dazu § 5 Rz. 112 f.). Vergütungsneutral delegationsfähig ist dabei die Erstellung der Plan-Liquiditätsrechnungen oder Vergleichsrechnungen. Delegiert der Insolvenzverwalter die Erstellung des Plans selbst, kann er einen Zuschlag allenfalls nur für dessen Prüfung erhalten.[358)]

g) Einstellung eines sog. Interimsmanagers

187 Die Einsetzung eines sog. Interimsmanagers zur Betriebsfortführung während des Eröffnungsverfahrens oder des eröffneten Insolvenzverfahrens wird als **zulässig angesehen**. Dies setzt aber voraus, dass die Betriebsfortführung des konkreten Falles mit besonderen rechtlichen oder betriebswirtschaftlichen Schwierigkeiten verbunden ist und nicht durch den vorläufigen Insolvenzverwalter oder Insolvenzverwalter in Zusammenarbeit mit dem Schuldner oder die organschaftlichen Vertreter schuldnerischen Unternehmens erfolgen kann. Der BGH beanstandete bei der Einsetzung eines sog. Interimsmanager auch nicht, dass dieser aus der Insolvenzmasse vergütet wurde.[359)] Er forderte allerdings eine **Abwägung des Erhöhungstatbestandes** für Betriebsfortführung mit der durch die Einsetzung eines Interimsmanagers erfahrenen Arbeitsersparnis für den vorläufigen Insolvenzverwalter oder den Insolvenzverwalter.

h) Beauftragung eines Sanierungsberaters

188 Die Beauftragung spezialisierter Berater für die Prüfung und Organisation von leistungswirtschaftlichen Sanierungsmaßnahmen sowie für die Suche nach geeigneten Investoren und für die Durchführung eines sog. **M&A-Prozesses** ist **delegationsfähig** und im Regelfall auch **angemessen.**[360)] Diese Prozesse werden zumeist bereits während des Eröffnungsverfahrens in Gang gesetzt, um eine bestmögliche Sanierung des schuldnerischen Unternehmens zu ermöglichen. Der sog. M&A-Prozess erfordert dabei eine gründliche Aufar-

356) *Stoffler* in: KPB, InsO, § 4 InsVV Rz. 88.

357) *Lorenz* in: FK-InsO, § 5 InsVV Rz. 15, 18.

358) Insgesamt kritisch Uhlenbruck-*Mock*, InsO, § 63 Rz. 38.

359) BGH, Beschl. v. 11.3.2010 – IX ZB 122/08, NZI 2010, 14 = ZIP 2010, 1909 m. Anm. *Prasser*; *Keller* in: R.-D. Mönning, Betriebsfortführung, § 46 Rz. 103.

360) *Keller* in: R.-D. Mönning, Betriebsfortführung, § 46 Rz. 51 ff.; *Prasser/Stoffler* in: KPB, InsO, § 3 InsVV Rz. 91 ff.

beitung der betriebswirtschaftlichen Kenndaten des Unternehmens sowie prognostische Berechnungen zur Sanierungsfähigkeit. Die Suche geeigneter Investoren erfolgt durch spezialisierte Berater, welche auch die Verhandlungen vorbereiten und begleiten.

i) Medienberichterstattung

Die Beauftragung eines spezialisierten Büros zur Kommunikation mit den Medien kann delegationsfähig sein, wenn das konkrete Insolvenzverfahren wirtschaftlich und **politisch von besonderer Bedeutung** ist. Die Delegation entlastet den Insolvenzverwalter jedoch nicht völlig, da auch der Dienstleister mit entsprechenden Informationen „gefüttert" werden muss. 189

j) Aktenarchivierung

Die Archivierung der Geschäftsbücher des Schuldners ist delegationsfähige Tätigkeit.[361] 190

6. Die Dokumentationspflicht nach § 8 Abs. 2 InsVV

a) Die Dokumentation im Vergütungsantrag

§ 4 Abs. 1 Satz 3 InsVV erlaubt die Delegation einzelner Tätigkeiten und die Entnahme der hierdurch entstehenden Kosten aus der Insolvenzmasse. Die Norm ist klarstellend zu verstehen, weil es dem Insolvenzverwalter ohnehin erlaubt ist, **Masseverbindlichkeiten** i. S. des § 55 Abs. 1 Nr. 1 InsO zu begründen. Im Allgemeinen bedarf der Insolvenzverwalter keiner Genehmigung der Gläubigerversammlung, des Gläubigerausschusses oder des Insolvenzgerichts. Die Delegation einzelner Tätigkeiten wird selten als Fall des § 160 InsO zu beurteilen sein. Die Entnahme der Vergütungen aus der Insolvenzmasse als Masseverbindlichkeit nach § 55 Abs. 1 Nr. 1 InsO wirkt sich für die Vergütung des Insolvenzverwalters neutral aus, da die Insolvenzmasse als Berechnungsgrundlage i. S. des § 1 Abs. 1 InsVV grundsätzlich nicht um die Masseverbindlichkeiten reduziert wird.[362] 191

Im Vergütungsantrag hat der Insolvenzverwalter nach § 8 Abs. 2 InsVV darzulegen, welche Dienst- oder Werkverträge er für die Insolvenzmasse abgeschlossen hat und welche Vergütungen er hierfür aus der Insolvenzmasse gezahlt hat. Diese **Dokumentationspflicht** betont der BGH ausdrücklich in seinem Beschluss vom 11.11.2004[363] im Zusammenhang mit der Zulässigkeit der Delegation und dem Prüfungsrecht des Insolvenzgerichts. Die Dokumentationspflicht gilt bei der Beauftragung dritter Personen (§ 4 Abs. 1 Satz 3 InsVV), erst recht natürlich bei der Beauftragung von Personen, mit denen der Insolvenzverwalter gesellschaftlich verbunden ist, oder von Unternehmen, an denen er wirtschaftlich beteiligt ist.[364] Der sorgfältige Insolvenzverwalter wird bereits während des Insolvenzverfahrens i. R. seiner **laufenden Berichterstattung**, ggf. auch schon im Berichtstermin, auf die Delegation einzelner Aufgaben hinweisen und ggf. das Gericht um Zustimmung ersuchen. 192

b) Das Prüfungsrecht des Insolvenzgerichts

In Fortführung seiner Entscheidung aus dem Jahre 1991 stellte der BGH in seinem Beschluss vom 11.11.2004[365] fest, dass das Insolvenzgericht verpflichtet und berechtigt sei 193

361) *Keller* in: HK-InsO, § 4 InsVV Rz. 9; *Stoffler* in: KPB, InsO, § 4 InsVV Rz. 122.

362) *Stoffler* in: KPB, InsO, § 4 InsVV Rz. 133; dazu auch *Graeber/Graeber*, ZInsO 2013, 1284.

363) BGH, Beschl. v. 11.11.2004 – IX ZB 48/04, ZIP 2005, 36 = ZVI 2005, 152; mehrfach bestätigt, insbesondere durch BGH, Beschl. v. 19.4.2012 – IX ZB 23/11, ZInsO 2012, 928.

364) BGH, Beschl. v. 19.4.2012 – IX ZB 23/11, ZInsO 2012, 928.

365) BGH, Beschl. v. 11.11.2004 – IX ZB 48/04, ZIP 2005, 36 = ZVI 2005, 152; bekräftigt in BGH, Beschl. v. 14.11.2012 – IX ZB 95/10, ZVI 2013, 167; *Graeber/Graeber*, InsVV, § 4 Rz. 90 ff.

zu überprüfen, ob die **Beauftragung Externer gerechtfertigt** war. Das Prüfungsrecht erstreckt sich insbesondere auf die Rechtmäßigkeit der Beauftragung im Hinblick auf die Frage, ob der Insolvenzverwalter die konkrete Tätigkeit auch hätte selbst ausführen können und müssen.[366] Das Gericht hat damit die Zulässigkeit der Delegation unter dem Gesichtspunkt wirtschaftlich sinnvollen Handelns zu überprüfen. Maßstab ist aber nicht die persönliche Qualifikation des konkreten Insolvenzverwalters, sondern das vernünftige Handeln eines Insolvenzverwalters, der die für die konkrete Tätigkeit erforderlichen beruflichen Spezialkenntnisse nicht hat.

194 Auch im Fall des § 5 InsVV hat die **amtswegige**[367] **Prüfungspflicht des Insolvenzgerichts** praktische Bedeutung: Der Insolvenzverwalter darf in seiner besonderen beruflichen Qualifikation die Gebühren nur dann entnehmen, wenn ein vernünftig Handelnder für die konkrete Tätigkeit einen Rechtsanwalt oder Steuerberater beauftragt hätte. In dem der Entscheidung des BGH vom 11.11.2004[368] zugrunde liegenden Sachverhalt beauftragte der Insolvenzverwalter einen Rechtsanwalt mit der Einziehung von Rückkaufswerten dreier Lebensversicherungen zur Insolvenzmasse. Der BGH ließ offen, ob der Einzug streitiger Forderungen allgemein die Beauftragung eines Anwalts rechtfertigt; für den konkreten Fall der weitgehend unproblematischen Geltendmachung der Rückkaufswerte sah er dies als nicht notwendig an.

195 Das Insolvenzgericht darf bei der Beurteilung der Angemessenheit einer Beauftragung oder der Erledigung kraft eigener Qualifikation aber nicht kleinlich sein, um die Unabhängigkeit des Insolvenzverwalters nicht unangemessen einzuschränken. Der Sachverhalt ist stets aus der **Betrachtung ex ante** zu beurteilen. Erweist sich nachträglich eine anfangs schwierige Angelegenheit als unproblematisch, kann dies i. R. des § 5 InsVV dem Insolvenzverwalter nicht „angelastet" werden.

7. Die vergütungsrechtlichen Folgen der Delegation

a) Die Kürzung der Vergütung im Umfang der Arbeitsersparnis

196 Bei der Delegation einzelner Tätigkeiten an Dritte ist zu unterscheiden, ob die konkrete Tätigkeit zu den Aufgaben gehört, die das sog. Normalverfahren mit sich bringt, die also von der Regelvergütung des § 2 InsVV ohne weiteres abgegolten wird (siehe § 5 Rz. 198 ff.), oder ob es sich um eine besondere Tätigkeit handelt, die an sich eine Vergütungserhöhung nach § 3 Abs. 1 InsVV bewirkt.

197 Delegiert der Insolvenzverwalter eine **Regeltätigkeit**, kann dies zu einer **Kürzung der Regelvergütung** führen,[369] wenn der Insolvenzverwalter durch die Delegation eigene Arbeitstätigkeit erspart hat. Diese Kürzung ist nicht dahin zu verstehen, dass die an den Dritten gezahlte Vergütung von derjenigen des Insolvenzverwalters abzuziehen ist.[370] Es soll vielmehr die Arbeitsersparnis des Insolvenzverwalters durch die Delegation von seiner Vergütung abgezogen werden.[371] Delegiert der Insolvenzverwalter bspw. den Forderungseinzug, der zu seinen Regelaufgaben gehört, an einen Dritten, ist die Vergütung in dem Verhältnis zu kürzen, wie er sich hierdurch im Verhältnis zu seinen sonstigen Tätig-

366) Ebenso AG Bochum, Beschl. v. 17.8.2001 – 80 IN 249/99, ZInsO 2001, 900; einschränkend dagegen LG Stendal, Beschl. v. 10.2.1999 – 25 T 294/97, ZInsO 1999, 232; LG Stendal, Beschl. v. 26.2.1999 – 25 T 250/98, ZIP 2000, 982 = ZInsO 1999, 183 (LS).

367) BGH, Beschl. v. 16.10.2008 – IX ZB 247/06, NZI 2009, 57.

368) BGH, Beschl. v. 11.11.2004 – IX ZB 48/04, ZIP 2005, 36 = ZVI 2005, 152.

369) BGH, Beschl. v. 12.9.2019 – IX ZB 1/17, ZIP 2019, 2016 = NZI 2019, 989; *Stoffler* in: KPB, InsO, § 4 InsVV Rz. 133; *Ganter*, NZI 2016, 377, 380; *Polonius*, ZVI 2021, 57.

370) Zu weitgehend insoweit LG Aurich, Beschl. v. 9.9.2025 – 7 T 48/25, ZRI 2025, 1089.

371) *Stoffler* in: KPB, InsO, § 4 InsVV Rz. 133.

keiten Arbeit erspart hat. Macht danach in einem eher geringwertigen Verfahren einer Unternehmensinsolvenz der Forderungseinzug ein 1/10 seiner Gesamttätigkeit aus, mindert sich die Vergütung in diesem Verhältnis.

b) Keine Gewährung eines Zuschlags nach § 3 Abs. 1 InsVV

Soweit der Insolvenzverwalter zulässigerweise einzelne Tätigkeiten an Dritte delegiert, kann er für diese grundsätzlich **keinen besonderen Erhöhungstatbestand** nach § 3 Abs. 1 InsVV geltend machen. Die Zuerkennung eines Erhöhungstatbestandes setzt voraus, dass dieser sich unmittelbar auf die Tätigkeit des Insolvenzverwalters selbst besonders erschwerend ausgewirkt hat. Dies ist bei der Beauftragung Dritter regelmäßig nicht der Fall.[372] Ausnahmsweise kann eine Erhöhung nach § 3 Abs. 1 InsVV gerechtfertigt sein, wenn der Arbeitsaufwand des Insolvenzverwalters trotz der Delegation noch erheblich war. Das ist bspw. der Fall, wenn er Sachverhalte für eine Prozessführung aufarbeiten oder bei besonders umfangreicher Medienberichterstattung eine beauftragte Agentur über einzelne Sachverhalte informieren musste. Der besondere Aufwand ist vom Insolvenzverwalter darzulegen. 198

c) Abzug von der Vergütung bei unrechtmäßiger Delegation

Ergibt sich i. R. der Prüfung des Vergütungsantrags mit Darlegung der einzelnen Auftragsverhältnisse nach § 8 Abs. 2 InsVV oder der Entnahme eigener Gebühren nach § 5 InsVV, dass die **Beauftragung eines Dritten nicht hätte erfolgen dürfen**, ist das Insolvenzgericht nach Ansicht des BGH berechtigt, das an den Dritten gezahlte Honorar oder die vom Insolvenzverwalter entnommenen Gebühren unmittelbar von der Vergütung abzuziehen.[373] Die unzulässige Beauftragung eines Dritten komme einer insolvenzzweckwidrigen Verfügung des Insolvenzverwalters gleich. Zum Schutz und Ausgleich der Insolvenzmasse seien die hieraus entnommenen Beträge aus der Vergütung zu erstatten. Der Abzug von der Vergütung ist aber nicht unproblematisch; denn er führt praktisch zu einer Aufrechnung seitens des Insolvenzgerichts im Dreiecksverhältnis. Hat der Insolvenzverwalter durch unrechtmäßiges Handeln der Insolvenzmasse Schaden zugefügt, ist er haftbar nach § 60 InsO. Ein solcher Gesamtschaden ist durch einen besonders zu bestellenden Sonderinsolvenzverwalter geltend zu machen. Das Insolvenzgericht ist zur Aufrechnung gegen den Vergütungsanspruch nicht berufen. Ob man, um die Vergütungskürzung begründen zu können, gleich zum Argument der Insolvenzzweckwidrigkeit[374] greifen sollte, mag bezweifelt werden. 199

Soweit im konkreten Fall der Insolvenzverwalter der Meinung ist, er habe rechtmäßig einen Dritten beauftragt oder eigene Gebühren i. R. des § 5 InsVV entnommen, bleibt ihm die Möglichkeit der sofortigen Beschwerde gegen die Vergütungsfestsetzung (§ 64 Abs. 3 InsO). 200

Im Vergleich zur anteiligen Kürzung der Regelvergütung bei der (zulässigen) Delegation einer Regelaufgabe können sich schließlich Abgrenzungsschwierigkeiten ergeben. Zwar betont *Eickmann* den Unterschied beider Fälle und stellt fest, dass der Beschluss des BGH 201

372) BGH, Beschl. v. 12.9.2019 – IX ZB 1/17, ZIP 2019, 2016 = NZI 2019, 989.

373) BGH, Beschl. v. 11.11.2004 – IX ZB 48/04, unter II. 2. b) dd) (a. E.), ZIP 2005, 36 = ZVI 2005, 152; LG Hannover, Beschl. v. 28.10.2024 – 11 T 5/24, ZRI 2025, 84 = ZIP 2025, 839; AG Hannover, Beschl. v. 8.5.2020 – 904 IN 774/16 – 7, ZVI 2021, 87.

374) Zur absoluten Unwirksamkeit insolvenzzweckwidriger Verfügungen bereits RG, Urt. v. 13.3.1889 – Rep. V 343/88, RGZ 23, 54; RG, Urt. v. 30.5.1892 – Rep. VI 336/91, RGZ 29, 80; Jaeger-*Windel*, InsO, § 80 Rz. 252 ff.; Uhlenbruck-*Mock*, InsO, § 80 Rz. 82 ff.

vom 11.11.2004 nur die pflichtwidrige Delegation betrifft,[375] die Begründung des BGH ist aber nicht völlig eindeutig. Dieser stellte insbesondere für den Fall des unkomplizierten und unstreitigen Einzugs von Lebensversicherungen zur Insolvenzmasse fest, dass der Insolvenzverwalter dies nicht hätte delegieren müssen.

IV. Das Grundsystem der Vergütungsbestimmung nach §§ 63 ff. InsO

1. Die Vergütung als degressiv steigender Vomhundertsatz der Insolvenzmasse

202 Das Grundsystem der Vergütungsbestimmung ist gesetzlich in § 63 Abs. 1 InsO festgelegt. Die InsVV als ausführende Rechtsverordnung über § 65 InsO differenziert diese gesetzliche Vorgabe aus. Die Systematik der InsVV, die Vergütung zunächst als Regelvergütung zu bestimmen und in einem weiteren Schritt offen Zu- und Abschläge zu definieren verstößt schon wegen der Vorgabe in § 63 Abs. 1 InsO weder gegen das Bestimmtheitsgebot noch gegen einen Gesetzesvorbehalt oder das Willkürverbot.[376] Diese Feststellung ist wichtig, da eine Änderung der Regelungen zur Vergütung, etwa im Hinblick auf vergleichsweise Stundenvergütung oder eine Begrenzung der Vergütung nur durch förmliches Gesetz erfolgen kann und nicht lediglich durch Rechtsverordnung.

203 Nach der Vorgabe des § 63 Abs. 1 InsO berechnet sich die Vergütung aus der Insolvenzmasse als Berechnungsgrundlage in Ausgestaltung eines sog. Regelsatzes. Umfang und Schwierigkeiten der Geschäftsführung werden nach § 63 Abs. 1 Satz 2 InsO durch Abweichungen vom Regelsatz berücksichtigt. Diese können in einer Erhöhung der Regelvergütung bestehen, aber auch in einer Kürzung.

204 **Berechnungsgrundlage** der Vergütung ist nach § 63 Abs. 1 Satz 2 InsO die **Insolvenzmasse im Zeitpunkt der Beendigung des Verfahrens.** Rechnerisch entspricht dies aber nicht der Teilungsmasse, die bei Schlussrechnungslegung nach § 66 InsO und § 196 InsO den Gläubigern zur abschließenden gemeinschaftlichen Befriedigung zur Verfügung steht. Masseverbindlichkeiten, die nach § 55 InsO durch den Verwalter begründet werden, sind von der Insolvenzmasse als Berechnungsgrundlage grundsätzlich nicht abzuziehen (§ 1 Abs. 2 Nr. 4 Satz 1 InsVV). Die Insolvenzmasse als Berechnungsgrundlage entspricht eher dem Begriff der Soll-Masse des § 35 InsO; unpfändbare Gegenstände und Rechte nach § 36 InsO sowie Aussonderungsrechte nach § 47 InsO sind abzusetzen (§ 1 Abs. 2 InsVV). Für Gegenstände, die mit Absonderungsrechten behaftet sind, enthält § 1 Abs. 2 Nr. 1 InsVV besondere Regelungen (siehe eingehend § 3 Rz. 78 ff.).

205 § 63 Abs. 1 InsO und insbesondere § 2 Abs. 1 InsVV mit der Vorgabe zur Berechnung der Regelvergütung gehen von einer Typisierung dahingehend aus, dass bei **hoher Insolvenzmasse** der **Arbeitsaufwand** des Insolvenzverwalters höher ist als bei geringerer Insolvenzmasse, wobei Arbeitsleistung und Insolvenzmasse sich **nicht direkt proportional** verhalten, weswegen die Regelvergütung in ihrem Prozentsatz degressiv sinkt.[377] Mit der Kopplung der Vergütung an die Insolvenzmasse wird auch dem Erfolgscharakter der Vergütung Rechnung getragen, die ihrem Kern nach aber Tätigkeitsvergütung bleibt.

---

375) Kübler/Prütting-*Eickmann*, InsO, Sonderband 5, 2. Aufl. 2001, § 4 InsVV Rz. 29, 30; fortgeführt von *Stoffler* in: KPB, InsO, § 4 InsVV Rz. 136 ff.

376) Grundlegend zur formellen Verfassungsmäßigkeit BGH, Beschl. v. 12.9.2019 – IX ZB 2/19, ZVI 2020, 30 = NZI 2019, 910, dazu EWiR 2019, 725 *(Mock)*.

377) Grundlegend zur formellen Verfassungsmäßigkeit BGH, Beschl. v. 12.9.2019 – IX ZB 2/19, ZVI 2020, 30 = NZI 2019, 910.

2. Die Erhöhung oder Kürzung des Regelsatzes entsprechend den Besonderheiten des Einzelfalles

Bei der Zuerkennung von Erhöhungen oder Kürzungen der Vergütung definieren weder § 63 InsO noch § 2 InsVV den sog. **Normalfall einer Insolvenz**, der als solcher keine Erhöhung oder Kürzung der Vergütung beinhaltet. Dies stellt ein entscheidendes systematisches sowie praktisches Problem dar. Nach zutreffender Ansicht ist der Normalfall insbesondere bezogen auf sog. qualitative Aspekte der Insolvenzverwaltung, basierend auf dem Stand des Jahres 1999, individuell nach der Art und Größe des insolventen Unternehmens als Typus zu bestimmen (siehe eingehend § 5 Rz. 169 ff.). 206

Die **Erhöhung oder Kürzung** der Vergütung erfolgt nach § 3 InsVV mit **Nennung von Regelbeispielen** (siehe eingehend § 5 Rz. 3 ff.). Maßgebend ist im Einzelfall der Arbeitsaufwand des Insolvenzverwalters. Erhöhungen und Kürzungen der Vergütung werden durch Prozentsätze der Regelvergütung ausgedrückt, obgleich dies weder gesetzlich noch durch § 3 InsVV so vorgegeben ist.[378] Bei der Würdigung der Arbeitsbelastung ist jeder Tatbestand einzeln zu beurteilen und zu bewerten. Jedoch sind Überschneidungen des Arbeitsaufwands zwischen den Tatbeständen zu berücksichtigen. Bei der Bestimmung eines Prozentsatzes ist eine Mehrung der Insolvenzmasse und damit Erhöhung der Regelvergütung durch einen Tatbestand zu berücksichtigen. Dies kann sachgerecht nur erfolgen, wenn jeder Tatbestand einzeln beurteilt und bewertet wird (siehe eingehend § 5 Rz. 47 ff.). 207

3. Der Ersatz von Auslagen und Umsatzsteuer

Der Insolvenzverwalter erhält Auslagenersatz nach §§ 4, 8 InsVV, Besonderheiten gelten beim Auslagenersatz für Zustellungsaufgaben (§ 8 Abs. 3 InsO). Umsatzsteuer wird nach § 7 InsVV erstattet. 208

4. Prüfungsreihenfolge zur Vergütungsfeststellung

Die Bestimmung der Höhe der Vergütung des Insolvenzverwalters lässt sich unter Berücksichtigung der §§ 1–3 InsVV in folgenden Schritten darstellen:[379] 209

1. Feststellung der Insolvenzmasse bei Beendigung des Insolvenzverfahrens nach § 1 Abs. 1 InsVV.
2. Verminderung der Insolvenzmasse um die nach § 1 Abs. 2 InsVV geregelten Tatbestände.
3. Ermittlung der Regelvergütung nach der bereinigten Insolvenzmasse nach § 2 InsVV.
4. Erhöhung oder Minderung der Regelvergütung nach den Umständen des Einzelfalles unter Berücksichtigung der Regelbeispiele nach § 3 InsVV.
5. Berücksichtigung von Delegationen im Umfang einer Arbeitsersparnis oder einer Kürzung eines Erhöhungstatbestandes.
6. Berechnung der Umsatzsteuer auf die ermittelte Vergütung nach § 7 InsVV.
7. Feststellung der dem Insolvenzverwalter entstandenen besonderen Auslagen nach § 4 InsVV.
8. Berechnung der Umsatzsteuer auf diese Auslagen nach § 7 InsVV.
9. Anrechnung von bereits gewährten Vorschüssen nach § 9 InsVV.

---

378) Grundlegend zur formellen Verfassungsmäßigkeit BGH, Beschl. v. 12.9.2019 – IX ZB 2/19, ZVI 2020, 30 = NZI 2019, 910.

379) *Keller*, ZIP 2000, 914.

5. Die Festsetzung der Vergütung nach § 64 InsO

a) Die Zuständigkeit des Insolvenzgerichts als Garant der Unabhängigkeit

210 Die Vergütung des Insolvenzverwalters wird durch das Insolvenzgericht festgesetzt (§ 64 Abs. 1 InsO). Am Insolvenzgericht entscheidet funktionell grundsätzlich der Rechtspfleger (§ 3 Nr. 2 lit. e RPflG); wird das Insolvenzverfahren nach Bestätigung eines Insolvenzplans aufgehoben, ist der Richter zuständig (§ 18 Abs. 1 Nr. 2 RPflG).[380] Die **Festsetzung der Vergütung** ist Teil der **rechtspflegenden Tätigkeit** des Insolvenzgerichts und der Aufsicht über die **Ordnungsmäßigkeit des Verfahrensablaufs.**[381] Nicht entscheidend ist die Frage, ob das Insolvenzverfahren als gerichtliches Verfahren unmittelbar Teil der rechtsprechenden Gewalt im engeren Sinne ist oder der Rechtspflege i. S. fürsorgender Gerichtstätigkeit zugehört.[382]

211 Das **Insolvenzgericht entscheidet unabhängig.** Es ist insbesondere nicht an Vorgaben einzelner Verfahrensbeteiligter gebunden, auch nicht an Beschlüsse der Gläubigerversammlung. Die Vergütung wird gerade nicht durch die Gläubiger oder gar einzelne Großgläubiger dem Insolvenzverwalter gewährt. Zwar steht jedem Insolvenzgläubiger gegen die Festsetzung der Vergütung nach § 64 Abs. 3 InsO die sofortige Beschwerde zu. Mit dieser kann aber auch nur eine rechtlich fehlerhafte Vergütungsfestsetzung angegriffen werden. Eine Beschwerde allein mit der Begründung, die Vergütung sei „zu hoch", wäre zwar zulässig,[383] aber nicht begründet.

212 Die Zuweisung der Vergütungsfestsetzung an das Insolvenzgericht mit dem Beschwerderecht der Gläubiger aus § 64 Abs. 3 InsO schließt auch weitere Zuständigkeiten aus.[384] Die Vergütung kann nicht etwa im Zivilprozess durch das Prozessgericht festgelegt werden. Damit wären nämlich die Beschwerderechte der mit am Zivilprozess beteiligten Insolvenzgläubiger ausgeschlossen. Die **rechtskräftige Feststellung der Vergütung** durch das Insolvenzgericht **bindet** daher auch das **Prozessgericht**. Die Vergütung kann auch nicht i. R. von Vereinbarungen zwischen dem Insolvenzverwalter und den Insolvenzgläubigern oder dem Sachwalter und dem eigenverwaltenden Schuldner bestimmt werden.[385] Schließlich ist auch eine Vergütungsbestimmung i. R. eines Insolvenzplans nicht möglich (siehe eingehend Rz. 226 ff.).

213 Die **Zuständigkeit des Insolvenzgerichts** für die Vergütungsfestsetzung **sichert** auch die **Unabhängigkeit des Insolvenzverwalters**, seine Vergütung soll nicht vom Willen einzelner Beteiligter abhängig gemacht werden.[386] Der Insolvenzverwalter darf im Hinblick auf seine Vergütung nicht für Einzelinteressen erpressbar sein. Die Unabhängigkeit des Insolvenzverwalters wäre nachhaltig gefährdet, wenn er hinsichtlich seiner Vergütung auf das Wohlwollen einzelner Beteiligter angewiesen wäre.

---

380) *Frege/Keller/Riedel*, Insolvenzrecht, Rz. 1.372, 373.

381) *Keller* in: HK-InsO, § 64 Rz. 6 ff.

382) Allgemein *Frege/Keller/Riedel*, Insolvenzrecht, Rz. 1.9, 1.10, 1.21, 1.22; *Häsemeyer*, Insolvenzrecht, Rz. 3.05, 6.05a ff.; *Keller*, Insolvenzrecht, Rz. 10, 88 ff.

383) BGH, Beschl. v. 5.11.2009 – IX ZB 173/08, NZI 2010, 159.

384) Anders *Graeber/Graeber*, InsVV, Vor § 1 Rz. 24 ff.

385) OLG Dresden, Urt. v. 15.10.2015 – 13 U 1605/13, ZIP 2015, 1937, dazu EWiR 2015, 707 *(Zimmer)*; dazu *Vill*, ZInsO 2015, 2245; *Pape*, ZInsO 2016, 2149.

386) *Keller* in: HK-InsO, § 64 Rz. 8.

b) Die Unzulässigkeit von Vergütungsvereinbarungen

aa) Unzulässigkeit individueller Abreden

Aus der hoheitlichen Tätigkeit des Insolvenzverwalters, dem öffentlich-rechtlichen Charakter des Vergütungsanspruchs und der nach § 56 Abs. 1 InsO notwendigen persönlichen Unabhängigkeit des Verwalters von Schuldner und Gläubigern folgt die **Unzulässigkeit jeder Vereinbarung über eine Vergütung** zwischen dem Verwalter und dem Schuldner, den Gläubigern oder Dritten. Die Vergütung wird nach § 64 InsO allein durch das Insolvenzgericht festgesetzt, jede andere Abrede ist gemäß § 134 BGB als nichtig anzusehen.[387] § 64 InsO ist für alle Beteiligten des Insolvenzverfahrens zwingend. Objektivität und Transparenz des Verfahrens werden allein durch die Festsetzung der Vergütung seitens des Gerichts durch förmlichen und im Rechtswege nachprüfbaren Beschluss gewährleistet. **214**

So sind Vereinbarungen des Verwalters mit dem Schuldner über die Vergütung für bestimmte Tätigkeiten im Zusammenhang mit der Insolvenzabwicklung nichtig, ebenso Vereinbarungen mit den Gläubigern. Auch Vereinbarungen mit den Gesellschaftern des schuldnerischen Unternehmens sind unzulässig. So kann bspw. nicht vereinbart werden, dass zur Abwicklung der Insolvenz die Gesellschafter den zur vollen Gläubigerdeckung erforderlichen Betrag unmittelbar an diese zahlen, und auch den Insolvenzverwalter vergüten; dieser hingegen gegenüber dem Insolvenzgericht auf eine Festsetzung der Vergütung verzichtet. Es kann auch nicht vereinbart werden, dem Verwalter aus der Insolvenzmasse eine bestimmte Vergütung zu gewähren, die das Gericht dann in entsprechender Höhe festzusetzen hätte. Unzulässig sind Vereinbarungen mit dem Schuldner über Zahlungen aus dem insolvenzfreien Vermögen,[388] oder auch Vereinbarungen mit dem Erwerber eines Massegegenstandes über zusätzliche Vergütung. **215**

Eine **Vergütungsvereinbarung kann** auch **nicht** im Beschwerdeverfahren nach § 64 Abs. 3 InsO i. R. eines **gerichtlichen Vergleichs** zwischen Insolvenzverwalter und Beschwerdeführer geschlossen werden. Dies ist sowohl materiell-rechtlich als auch prozessrechtlich völlig verfehlt. Der Insolvenzverwalter ist nicht Partei des Beschwerdeverfahrens, er ist lediglich sonstiger oder weiterer Beteiligter. Parteien des Verfahrens sind der Schuldner und der beschwerdeführende Gläubiger. Der beschwerdeführende Gläubiger ist aber nicht verfügungsbefugt oder handlungsbefugt für den Schuldner oder die Insolvenzmasse. Materiell-rechtlich fehlt es an den Parteien, die über den Streitgegenstand einen Vergleich schließen könnten. Prozessrechtlich ist das Beschwerdeverfahren kein Streitverfahren i. S. des 2. Buches der ZPO; § 278 ZPO gilt überhaupt nicht.[389] Das Beschwerdegericht entscheidet vielmehr als zweite Tatsacheninstanz über den Vergütungsantrag des Insolvenzverwalters. Es hat selbstständig zu entscheiden und kann das Verfahren grundsätzlich auch nicht an das Insolvenzgericht zurückverweisen (siehe § 15 Rz. 93 ff.). Legt das Beschwerdegericht den Abschluss eines Vergleichs nahe, verkennt es die verfahrensrechtliche Einordnung des insolvenzrechtlichen Beschwerdeverfahrens und verletzt die gerade auch durch § 64 InsO gewährleistete Unabhängigkeit des Insolvenzverwalters. **216**

---

387) RG, Urt. v. 15.4.1935 – VI 561/34, RGZ 147, 366; BGH, Urt. v. 20.12.1976 – II ZR 215/75, WM 1977, 256; BGH, Urt. v. 14.10.1981 – IVa ZR 317/80, ZIP 1981, 1350 = NJW 1982, 185; LG Kaiserslautern, Urt. v. 26.10.1971 – 1 S 179/71, MDR 1972, 154; *Kuhn/Uhlenbruck*, KO, § 85 Rz. 15; *Stephan* in: MünchKomm-InsO, § 63 InsVV Rz. 58; *Keller* in: HK-InsO, § 64 Rz. 36 ff.; K. Schmidt-*Vuia*, InsO, § 64 Rz. 10; Römermann-*Weiß*, InsO/InsR, § 63 InsO Rz. 8; *Lorenz* in: FK-InsO, Vor § 1 InsVV Rz. 30 ff.; *Zimmer*, InsVV, § 1 Rz. 22; *Prasser/Stoffler* in: KPB, InsO, § 63 Rz. 15; großzügiger Uhlenbruck-*Mock*, InsO, § 63 Rz. 75 ff.

388) Stephan/Riedel-*Stephan/Riedel*, InsVV, Einl. Rz. 31.

389) In diesem Sinne aber für Vereinbarung über Vergütung *Graeber/Graeber*, InsVV, Vor § 1 Rz. 24 ff.

bb) Keine Vergütungsfestsetzung durch Beschluss der Gläubigerversammlung

217 Eine Vergütungsvereinbarung kann auch nicht durch kollektive Willensbildung der Gläubiger zustande kommen. Unklar und eben gesetzlich nicht geregelt ist, auf welche Weise eine Vergütungsvereinbarung zustande kommen kann. Eine **Beschlusskompetenz der Gläubigerversammlung** ist **gesetzlich** hierfür **nicht gegeben**. Die Vergütung gehört zu den Kosten des Insolvenzverfahrens nach § 54 InsO. Diese sind für die Gläubiger nicht disponibel. Eine Beschlussfassung der Gläubigerversammlung wäre auch contra legem § 64 Abs. 1 InsO und würde das individuelle Beschwerderecht eines jeden Insolvenzgläubigers sowie die Unabhängigkeit des Insolvenzverwalters beeinträchtigen.

218 Sehr engagiert plädiert *Mock* für die Zulassung von Vergütungsvereinbarungen zwischen Insolvenzgläubigern und Insolvenzverwalter.[390] Er begründet dies mit den Änderungen der InsO durch ESUG,[391] das insbesondere mit § 56a InsO den Gläubigern i. R. der Willensbildung durch einen vorläufigen Gläubigerausschuss während des Insolvenzeröffnungsverfahrens erhebliche Mitsprache bei der Auswahl des Insolvenzverwalters einräumt. Der Gesetzgeber zeige damit deutlich, dass die Gläubiger mehr als bisher auf die Auswahl und die Tätigkeit des Insolvenzverwalters und den Ablauf des Insolvenzverfahrens wie auch seinen wirtschaftlichen Erfolg Einfluss nehmen können. *Mock* verweist weiter sehr ausführlich auf ausländische Rechtsordnungen und untersucht deren Vergütungsmodelle.

219 Der **Hinweis auf ausländische Rechtsordnungen** und deren Vergütungsmodelle ist aber **untauglich**, wenn nicht auch untersucht wird, inwieweit sich die jeweiligen Rechtsordnungen und **Verfahrensziele** eines Insolvenzrechts **unterscheiden** oder gleichen. Es müsste untersucht werden, welche Ziele das jeweilige Insolvenzverfahren hat – nicht immer ist es bestmögliche Gläubigerbefriedigung – und wie die Stellung des jeweiligen Insolvenzverwalters ist. Ein pauschaler Verweis auf andere Rechtsordnungen, wie er heutzutage vielfach üblich ist und auch in Gesetzesbegründungen und rechtspolitischen Diskussionen gerne angeführt wird, ist indes schon deshalb untauglich, weil man in der Gesamtheit der staatlichen Rechtsordnungen der Erde stets mindestens ebenso viele Beispiele für das Gegenteil finden kann. *Mock* verweist differenziert auf die Vergütung des Trustee im U.S.-amerikanischen Insolvenzrecht nach Sec. 330 Bankruptcy Code, stellt aber fest, dass die Vergütungsbestimmung weitgehend Case Law unterliegt. Zutreffend stellt er die Vergütungssysteme dar, insbesondere das Vergütungssystem nach Stundensätzen. Die eigentliche Frage der Vergleichbarkeit der Ausgestaltung des Insolvenzverfahrens und der rechtlichen Stellung der Beteiligten wird nicht beantwortet. Letztlich bleibt offen, ob die U.S.-amerikanischen Vergütungssysteme als Vorbilder taugen. Hinsichtlich der Frage der Zulässigkeit von Vergütungsvereinbarungen weist *Mock* aber auf vergleichbare Regelungen des U.S.-amerikanischen Rechts zur Unzulässigkeit derselben hin.

220 Wäre der Insolvenzverwalter auf die **Vergütungsgewährung** seitens der **Gläubigergesamtheit** angewiesen, wäre seine **Unabhängigkeit** nachhaltig **beschädigt**. Es ist daher unerlässlich, dass der Gesetzgeber die Vergütungsgewährung allein in die Hände des unabhängig entscheidenden Insolvenzgerichts gibt. Zwar wird man einwenden, die Vergütungsbestimmung i. R. von Vereinbarungen erfolge ja – wenn überhaupt – durch die Gläubigergesamtheit in der Gläubigerversammlung und nicht durch einen individuellen Beteiligten. Dieses Argument ist realitätsfern. Zum einen ist die Zahl der bei Gläubigerversammlungen, zumal dem Schlusstermin, anwesenden Gläubiger eher gering. Zum anderen besteht

---

390) Uhlenbruck-*Mock*, InsO, § 63 Rz. 75; *Mock*, KTS 2012, 59; ähnlich *Büttner* in: HambKomm-InsO, 5. Aufl. 2015, § 63 Rz. 22, 23 („de lege ferenda zu begrüßen").

391) Gesetz zur weiteren Erleichterung der Sanierung von Unternehmen – ESUG, v. 7.12.2011, BGBl. I 2011, 2582.

gerade dann die Gefahr, dass ein anwesender Beteiligter mit seinen Individualinteressen andere Beteiligte in ihrer Willensbildung beeinflusst oder gar beherrscht.

Eine Vergütungsvereinbarung scheint vordergründig sachdienlich zu sein, wenn die künftige Insolvenzmasse nicht ausreicht, um die Verfahrenskosten des § 54 InsO zu decken, und die Insolvenzeröffnung mangels Masse gemäß § 26 InsO abgewiesen oder ein eröffnetes Verfahren gemäß § 207 InsO mangels Masse eingestellt werden müsste. Durch anderweitige Vergütung des Insolvenzverwalters könnten dann Kosten des Verfahrens gespart werden. Eine solche Vereinbarung ist jedoch ebenfalls nichtig, da durch Leistung eines ausreichenden Kostenvorschusses gemäß § 26 Abs. 1 Satz 2 InsO oder § 207 Abs. 1 Satz 2 InsO die Verfahrenseröffnung ermöglicht und i. R. dessen die Vergütung des Verwalters festgesetzt und beglichen werden könnte. 221

cc) Vergütung außerhalb des insolvenzrechtlichen Pflichtenkreises

Zulässig sind Vereinbarungen über Tätigkeiten des Verwalters, die nicht zu seinem gesetzlichen Pflichtenkreis gehören.[392] Der Insolvenzverwalter kann i. R. der **Geschäftsbesorgung für einzelne Verfahrensbeteiligte** tätig werden, soweit die konkrete Tätigkeit **keine Interessenkollision** mit der Insolvenzverwaltung beinhaltet. Die Vergütung richtet sich nach einer allgemein geltenden Taxe oder nach der für die jeweilige Tätigkeit allgemein üblichen Vergütung, die für den Einzelfall zu ermitteln ist (§§ 675, 612 Abs. 2 BGB).[393] Liegt kein Geschäftsbesorgungsvertrag vor, kann auch aus Geschäftsführung ohne Auftrag ein Vergütungsanspruch hergeleitet werden, wenn die verrichtete Tätigkeit zur beruflichen oder gewerbsmäßigen Tätigkeit des Geschäftsführenden gehört.[394] Eine gesondert zu vergütende Tätigkeit besteht bspw. in der Veräußerung eines aus der Insolvenzmasse auszusondernden und damit nicht zu dieser gehörenden Gegenstandes im Auftrag des Berechtigten.[395] 222

Nach der KO sollte auch eine Vergütungsabrede über die Verwertung eines mit einem Absonderungsrecht behafteten Gegenstandes zulässig sein.[396] Da nun nach §§ 166 ff. InsO das Verwertungsrecht über solche Gegenstände ohnehin beim Verwalter liegt, trifft dies nicht mehr zu. Führt der Insolvenzverwalter im Einvernehmen mit Grundpfandrechtsgläubigern die sog. **„kalte Zwangsverwaltung"**[397] eines Grundstücks, ist nicht geregelt, ob er hierfür eine Vergütung seitens des Grundpfandrechtsgläubigers erhält oder die kalte Zwangsverwaltung als Teil seiner gesetzlichen Aufgaben mit der insolvenzrechtlichen Vergütung abgegolten wird. Es wird vertreten, ihm eine Vergütung entsprechend §§ 17 ff. ZwVwV als taxmäßige Vergütung i. S. des § 612 Abs. 2 BGB seitens des Grundpfandrechts- 223

392) *Prasser/Stoffler* in: KPB, InsO, Vor § 1 InsVV Rz. 25, 63; strenger dagegen BGH, Urt. v. 14.10.1981 – IVa ZR 317/80, ZIP 1981, 1350 = NJW 1982, 185; OLG Düsseldorf, Urt. v. 23.11.1969 – 8 U 237/68, KTS 1971, 50.

393) BGH, Urt. v. 14.10.1981 – IVa ZR 317/80, ZIP 1981, 1350 = NJW 1982, 185; *Prasser/Stoffler* in: KPB, InsO, Vor § 1 InsVV Rz. 25, 63.

394) BGH, Urt. v. 7.1.1971 – VII ZR 9/70, BGHZ 55, 128 = NJW 1971, 609; BGH, Urt. v. 15.12.1975 – II ZR 54/74, BGHZ 65, 384 = NJW 1976, 748; BGH, Urt. v. 29.4.1977 – V ZR 236/74, BGHZ 69, 34 = NJW 1977, 1446.

395) Nach LG Kaiserslautern, Urt. v. 26.10.1971 – 1 S 179/71, MDR 1972, 154, ist eine Abrede unzulässig, nach welcher der Verwalter für die Veräußerung eines Massegegenstandes vom Käufer in Höhe einer Gebühr nach § 118 BRAGO entlohnt werden soll.

396) *Kuhn/Uhlenbruck*, KO, § 85 Rz. 1.

397) Dazu Jaeger-*Eckardt*, InsO, § 165 Rz. 108 ff.; *Kern* in: MünchKomm-InsO, § 165 Rz. 188 ff.; *Keller*, ZfIR 2002, 871; *Tetzlaff*, ZInsO 2004, 521; *Tetzlaff*, ZfIR 2005, 179; *Keller*, NZI 2013, 265; *Bork*, ZIP 2013, 2129.

gläubigers zu gewähren.[398] Damit wäre die Gewährung eines Zuschlags nach § 3 Abs. 1 InsVV für eine „kalte Zwangsverwaltung" ausgeschlossen.[399] Richtigerweise gehört aber die Verwaltung der Immobilie zu den Aufgaben als Insolvenzverwalter, weil die Immobilie und vor allem die Einnahmen aus Vermietung und Verpachtung zur Insolvenzmasse gehören (siehe eingehend § 5 Rz. 115 ff.).[400] Der Insolvenzverwalter wird damit für die Durchführung einer kalten Zwangsverwaltung innerhalb des Systems der InsVV vergütet. Eine andere Frage ist, ob die auf diese Tätigkeit entfallende Vergütung dem Grundpfandrechtsgläubiger zuzurechnen ist, für welchen die kalte Zwangsverwaltung erfolgt (siehe eingehend § 5 Rz. 115 ff.).[401]

224 Die zusätzliche Vergütung für besondere Tätigkeiten im Auftrag einzelner Beteiligter wird nicht durch das Insolvenzgericht i. R. des § 8 InsVV festgesetzt. Ihre Feststellung erfolgt allein nach zivilrechtlichen Grundsätzen.

Beispiel:

Zur Insolvenzmasse gehört u. a. ein Grundstück, das mit einer wertausschöpfenden Grundschuld der Bank belastet ist, ferner 3 Kraftfahrzeuge, die der Bank zur Sicherheit übereignet sind, bei Insolvenzeröffnung aber im Besitz des Schuldners waren. Die Bank ist berechtigt, aus der Grundschuld über das Grundstück die Zwangsversteigerung anordnen zu lassen (§§ 49, 165 InsO, § 10 Abs. 1 Nr. 4, § 15 ZVG); sie unterliegt als absonderungsberechtigte Gläubigerin nicht dem Vollstreckungsverbot des § 89 InsO. Unabhängig davon kann der Verwalter das Grundstück i. R. seiner Verwertungstätigkeit veräußern. Schließt der Verwalter nun mit der Bank eine Vereinbarung mit dem Inhalt, dass er das Grundstück „für die Bank" veräußert und im Gegenzug eine Provision aus dem Verkaufserlös erhält, kann diese nicht als zulässiges Honorar oder Vergütung dieser Geschäftsbesorgung angesehen werden. Die Masseverwertung ist auch dann Aufgabe des Verwalters, wenn Gegenstände mit Absonderungsrechten behaftet sind, eine Vergütung seitens des absonderungsberechtigten Gläubigers stellt eine unzulässige Vergütungsabrede dar. Der vereinbarte Teil des Verkaufserlöses muss zur Masse fließen.

In gleicher Weise verhält es sich bei den sicherungsübereigneten Fahrzeugen, an denen Absonderungsrechte für die Bank bestehen (§ 51 Nr. 1 InsO). Hier ist der Verwalter schon aus §§ 166 ff. InsO zur Verwertung berechtigt und verpflichtet. Eine Vereinbarung mit der Gläubigerbank, dass er die Fahrzeuge im Auftrag der Bank zu verwerten habe, ist nicht erforderlich.

225 **Nach Beendigung des Insolvenzverfahrens** kann der Insolvenzverwalter im Auftrag der Gläubiger weitere Tätigkeiten übernehmen und ausführen; deren Vergütung unterliegt nicht dem Verbotsgesetz des § 134 BGB.[402] Wurde das Insolvenzverfahren nach erfolgreich angenommenem und bestätigtem Insolvenzplan nach §§ 217 ff. InsO beendet, kann der Verwalter die Aufgabe der Planüberwachung nach §§ 260 ff. InsO haben.[403] In Ansehung dieser Überwachung bestehen seine Befugnisse gemäß § 261 Abs. 1 Satz 2 InsO fort. Die Vergütung dieser Tätigkeit regelt § 6 Abs. 2 InsVV gesondert (siehe eingehend § 6 Rz. 29 f.), so dass auch hierfür keine Vergütungsvereinbarung zwischen den Beteiligten zulässig ist.

---

398) *Nowak* in: MünchKomm-InsO, 2. Aufl. 2007, § 63 Rz. 48; *Prasser/Stoffler* in: KPB, InsO, Vor § 1 InsVV Rz. 31.

399) Stephan/Riedel-*Stephan/Riedel*, InsVV, Einl. Rz. 32.

400) Eingehend *Keller*, NZI 2013, 265.

401) Grundlegend BGH, Beschl. v. 14.7.2016 – IX ZB 31/14, ZIP 2016, 1543 = NZI 2016, 824 m. Anm. *Stapper/Schädlich*, dazu EWiR 2016, 635 *(Mock)*.

402) BGH, Urt. v. 14.10.1981 – IVa ZR 317/80, ZIP 1981, 1350 = NJW 1982, 185.

403) Dazu ausführlich *Pleister* in: KPB, InsO, § 260 Rz. 8 ff., § 261 Rz. 3 ff.; *Braun/Uhlenbruck*, Unternehmensinsolvenz, S. 644 ff.

c) Keine Vergütungsbestimmung im Insolvenzplan

Bis zum Beschluss des BGH vom 16.2.2017[404] wurde auch vertreten, dass i. R. des **Insolvenzplanverfahrens** (§§ 217 ff. InsO) dieser auch die **Verwaltervergütung konstitutiv** regeln könne, so dass eine gerichtliche Festsetzung nicht mehr erforderlich sei oder das Gericht an die Vergütungsbestimmung im Insolvenzplan gebunden sei.[405] Vermittelnd wurde dies auch unter der Voraussetzung zugelassen, dass alle Beteiligten dem Plan zustimmen und das Gericht die Angemessenheit der Vergütung zu prüfen habe, sollte ein Beteiligter widersprochen haben.[406] Das Bedürfnis nach einer Festlegung der Vergütung im Insolvenzplan kann darin bestehen, die Vergütung zu begrenzen, um Liquidität für die Umsetzung des Insolvenzplans zu sichern. Sie kann aber auch von der Erwartung getragen sein, durch die Gläubiger eine insgesamt höhere Vergütung zu erhalten, als sie das Insolvenzgericht vielleicht festsetzen würde. 226

Dem Wunsch nach einer konstitutiven Vergütungsbestimmung im Insolvenzplan erteilt der **BGH** zu Recht eine Absage.[407] **Eine konstitutive Bestimmung der Vergütung im Insolvenzplan ist nicht möglich**, Vereinbarungen über die Vergütung des Insolvenzverwalters können nicht Inhalt eines Insolvenzplans sein. Die Bestätigung eines Insolvenzplans kann nicht von der Bedingung abhängig gemacht werden, dass das Insolvenzgericht die Vergütung des Insolvenzverwalters vor der Bestätigung des Insolvenzplans festsetzt.[408] Entscheidend sind hierbei vier Aspekte: 227

- Die Kosten des Insolvenzverfahrens nach § 54 InsO sind durch einen Insolvenzplan nicht disponibel, die Anspruchsinhaber (Fiskus, Verwalter) sind nicht an der Abstimmung über den Plan beteiligt.
- Die Vorschriften zur Abstimmung über einen Insolvenzplan und insbesondere § 245 InsO sehen keine Regelung für den Fall vor, dass ein Insolvenzgläubiger eine Vergütungsregelung im Insolvenzplan ablehnt, dem Plan sonst aber zustimmt.
- Die konstitutive Vergütungsfestsetzung durch Insolvenzplan übergeht das individuelle Beschwerderecht insbesondere eines jeden Insolvenzgläubigers aber auch des Schuldners aus § 64 Abs. 2 InsO.
- Die konstitutive Vergütungsfestsetzung durch Insolvenzplan gefährdet die Unabhängigkeit des Insolvenzverwalters im Einzelfall.

Der BGH stellt wesentlich auf die in § 217 InsO geregelte Regelungskompetenz eines Insolvenzplans ab[409] und betont die notwendige Unabhängigkeit des Insolvenzverwalters 228

404) BGH, Beschl. v. 16.2.2017 – IX ZB 103/15, NZI 2017, 260 m. Anm. *Storz* = DZWIR 2017, 334 m. Anm. *Skauradszun/Schmitt*, dazu EWiR 2017, 179 *(Madaus)*; kritisch *Blankenburg*, ZInsO 2017, 531; *Hingerl*, ZInsO 2018, 776.

405) LG München I, Beschl. v. 2.8.2013 – 14 T 16050/13, ZIP 2013, 2273 = NZI 2013, 972; LG Heilbronn, Beschl. v. 25.3.2015 – 1 T 130/15, ZInsO 2015, 910; AG Wolfratshausen, Beschl. v. 26.11.2007 – 2 IN 116/05, n. v.; *Stephan* in: MünchKomm-InsO,§ 63 Rz. 62; Uhlenbruck-*Mock*, InsO, § 63 Rz. 76; *Prasser/Stoffler* in: KPB, InsO, Vor § 1 InsVV Rz. 67; Leonhardt/Smid/Zeuner-*Amberger*, InsVV, Einl. Rz. 55; *Graeber/Graeber*, InsVV, Vor § 1 Rz. 26, § 8 Rz. 40 ff.; *Graeber*, ZIP 2013, 916; *Hingerl*, ZIP 2015, 159; *Reinhardt*, ZInsO 2015, 943.

406) Stephan/Riedel-*Stephan/Riedel*, InsVV, Einl. Rz. 32.

407) BGH, Beschl. v. 16.2.2017 – IX ZB 103/15, NZI 2017, 260 m. Anm. *Storz* = DZWIR 2017, 334 m. Anm. *Skauradszun/Schmitt*; BGH, Beschl. v. 11.11.2021 – IX ZB 19/20, ZRI 2022, 34 = KTS 2022, 375 m. Anm. *Neußner*, dazu EWiR 2022, 85 *(Madaus)*.

408) So auch AG Köln, Beschl. v. 6.4.2016 – 74 IN 45/15, NZI 2016, 537 m. Anm. *Madaus*; K. Schmidt-*Vuia*, InsO, § 63 Rz. 10; *Lorenz* in: FK-InsO, Vor § 1 InsVV Rz. 33 ff.; *Büttner* in: HambKomm-InsO, 5. Aufl. 2015, § 64 Rz. 18; *Schöttler*, NZI 2014, 852; *Madaus*, ZIP 2016, 1141, 1149; eingehend auch *Ganter*, NZI 2016, 377.

409) BGH, Beschl. v. 16.2.2017 – IX ZB 103/15, Rz. 19 ff., NZI 2017, 260 m. Anm. *Storz* = DZWIR 2017, 334 m. Anm. *Skauradszun/Schmitt*.

auch unter Berücksichtigung des § 56a InsO.[410] Dem ist zuzustimmen. Die Vergütung des Insolvenzverwalters gehört zu den Kosten des Insolvenzverfahrens. Die Vorschriften zu den **Kosten des Insolvenzverfahrens** nach § 54 InsO sind im Insolvenzplanverfahren **nicht disponibel.** Die Vorschriften zum Planverfahren enthalten keine Regelung, die eine Bestimmung der Verfahrenskosten erlauben würde. Weder die Staatskasse für die Gerichtsgebühren noch der Insolvenzverwalter für seine Vergütung sind Parteien des Planverfahrens, ihre Beteiligung insbesondere als Gläubigergruppe sehen die Vorschriften zur Abstimmung über den Insolvenzplan nicht vor. Auch die sonstigen Massegläubiger nach § 55 InsO sind nur dann zu berücksichtigen, wenn Masseunzulänglichkeit vorliegt (§ 210a InsO); ansonsten sind sie nicht am Insolvenzplan beteiligt, weil ihre Ansprüche vorrangig befriedigt werden.

229 Zwar müssen im Vorfeld der Planerstellung und der Planliquiditätsrechnung auch die Kosten des Insolvenzverfahrens und damit die Vergütung des Insolvenzverwalters berechnet und kalkuliert werden. Der Insolvenzverwalter muss für die Kosten des Verfahrens sowie für die noch offenen Masseverbindlichkeiten auch Rückstellungen bilden (§ 258 InsO). Auch ist eine **informelle Vorbesprechung** mit dem Insolvenzgericht über die Vergütung **ratsam.** Das kann aber nicht zu einer **konstitutiven Vergütungsfeststellung** im Insolvenzplan führen.

230 Ließe man die Vergütungsbestimmung durch einen Insolvenzplan zu, müsste mit Rücksicht auf die Unabhängigkeit des Insolvenzverwalters § 231 InsO dergestalt ausgelegt werden, dass das **Insolvenzgericht bei Vorprüfung des Plans** auch die **Rechtmäßigkeit** und **Angemessenheit der Vergütung** zu prüfen habe.[411] Im Weiteren müsste die Planbestätigung nach § 248 InsO davon abhängen, dass die Vergütung ordnungsgemäß festgelegt ist. Andernfalls müsste das Gericht die Planbestätigung versagen. Dem wird oft entgegengehalten, dass doch der Insolvenzverwalter selbst die Vergütungsbestimmung mit den Gläubigern abspricht und insoweit eine Zurückweisung des Plans oder der Planbestätigung seitens des Gerichts gerade nicht in Betracht komme.[412] Diese Argumentation geht aber stets von dem Fall aus, nach welchem die Gläubiger den Insolvenzplan einschließlich der Vergütungsbestimmung zustimmen. Ebenso stellt sich hier wieder die Frage der Unabhängigkeit des Verwalters gegenüber den Gläubigern. Der Insolvenzverwalter ist bei der Planerstellung darauf angewiesen, dass die Gläubiger in der jeweiligen Gruppenbildung dem Plan auch hinsichtlich seiner Vergütung zustimmen. Seine **Unabhängigkeit ist beeinträchtigt,** wenn er einzelne Gläubiger so berücksichtigen muss, dass ihm seine Vergütung nicht verwehrt wird. Der individuelle Gläubiger verspricht sich von einer solchen Vorgehensweise möglicherweise eine bestimmte Berücksichtigung in einem Insolvenzplan i. R. der Gruppenbildung nach § 222 InsO, oder er will eine bestimmte Verwertung eines Vermögenswertes erreichen, an welchem im ein Absonderungsrecht zusteht.

231 Hat eine Gläubigergruppe (§§ 222, 244 InsO) dem Plan nicht zugestimmt, hat das Gericht zu prüfen, ob das **Obstruktionsverbot des § 245 InsO** greift, durch welches eine Zustimmung der Gläubigergruppe als ersetzt gilt. Dessen Tatbestände insbesondere bezüglich der angemessenen Berücksichtigung nach § 245 Abs. 1 Nr. 2 und Abs. 2 InsO

410) BGH, Beschl. v. 16.2.2017 – IX ZB 103/15, Rz. 30 ff., NZI 2017, 260 m. Anm. *Storz* = DZWIR 2017, 334 m. Anm. *Skauradszun/Schmitt.*

411) Umfassend zur Prüfungskompetenz des Insolvenzgerichts nach § 231 InsO BGH, Beschl. v. 7.5.2015 – IX ZB 75/14, ZIP 2015, 1346 = NZI 2015, 697, dazu EWiR 2015, 483 *(Spliedt)*; BGH, Beschl. v. 26.4.2018 – IX ZB 49/17, ZIP 2018, 1141 = NZI 2018, 691 m. Anm. *Marwedel*, dazu EWiR 2018, 401 *(Madaus)*; *Martini*, DZWIR 2018, 451.

412) AG Hannover, Beschl. v. 6.11.2015 – 908 IK 1886/13, ZIP 2015, 2385.

sind auf die Gleichbehandlung der rechtlich gleichrangigen Gläubiger ausgerichtet. Bei einem Insolvenzplan bei Masseunzulänglichkeit lässt sich dieses System auf die Befriedigung der Masseverbindlichkeiten adaptieren.[413] Stimmt aber eine Gläubigergruppe dem Plan nicht zu, weil ihr die Vergütung des Insolvenzverwalters zu hoch festgesetzt ist, ist unklar, ob und unter welchen Voraussetzungen eine Zustimmung nach § 245 InsO als erteilt gilt. Letztlich liegt dies an dem Umstand, dass die Vergütung des Insolvenzverwalters als Teil der Kosten des Verfahrens nach dem Willen des Gesetzgebers der Gläubigerdisposition entzogen ist. Soll und darf etwa das Insolvenzgericht eine Zustimmung entsprechend § 245 InsO annehmen, wenn es selbst die Vergütungsbestimmung für rechtmäßig hält? Dann bräuchte man keine Vergütungsbestimmung im Insolvenzplan, § 64 Abs. 1 InsO würde genügen. Soll und muss das Insolvenzgericht die Planbestätigung verweigern, weil eine Gläubigergruppe allein wegen der Vergütung dem Plan nicht zustimmt? Durch die Vergütung sind alle Massegläubiger und Insolvenzgläubiger in gleicher Weise benachteiligt. Eine Benachteiligung i. S. des § 245 Abs. 1 Nr. 2 mit Abs. 2 InsO kann dann gar nicht vorliegen. Dann wäre für einen Gläubiger oder eine Gläubigergruppe eine **Ablehnung des Insolvenzplans wegen der Vergütungsbestimmung praktisch gar nicht möglich**, weil das Gericht wegen § 245 InsO die Zustimmung stets ersetzen müsste, da keine Benachteiligung gegenüber anderen Gläubigern vorliegt. Auch diese Feststellungen zeigen, dass die Vergütungsbestimmung in das Insolvenzplanverfahren nicht integrierbar ist.

Bestimmte der **Insolvenzplan** eine Vergütungsregelung dahingehend, dass er seitens der Gläubiger **nur angenommen werden könne, wenn auch die vorgeschlagene Vergütung akzeptiert werde**, wäre dies eine Bedingung i. S. des § 249 InsO. Ein Gläubiger könnte dann die Vergütung praktisch überhaupt nicht ablehnen, will er nicht auch gegen den Plan selbst stimmen. Der BGH und bereits in der Vorinstanz das LG Mainz sehen in einer solchen Vergütungsbestimmung eine **unzulässige Bedingung i. S. des § 249 InsO**, die das Insolvenzgericht bereits i. R. der Vorprüfung nach § 231 InsO abzulehnen hat.[414] Sieht man die Vergütungsbestimmung als eine solche Bedingung an, käme der Insolvenzplan unabhängig von § 245 InsO nur zustande, wenn die Insolvenzgläubiger die Vergütung akzeptierten. Die Vergütungsbestimmung hinge dann allein vom Planersteller ab, die Insolvenzgläubiger könnten diesen nur insgesamt annehmen oder ablehnen. Mit den Grundsätzen der Vergütungsfestsetzung und vor allem auch den Zielen des Insolvenzplanverfahrens ist dies unvereinbar. 232

Auch einzelne Gläubiger sind verfahrensrechtlich beeinträchtigt, wenn die Vergütung durch den Insolvenzplan geregelt werden soll. Gegen die Vergütungsfestsetzung steht jedem Insolvenzgläubiger ein **individuelles Beschwerderecht** zu (§ 64 Abs. 3 InsO). Gegen eine Planbestätigung hat er nur ein eingeschränktes Beschwerderecht nach §§ 251, 253 InsO.[415] Die Festlegung der Vergütung im Insolvenzplan würde dann die Individualrechte eines Gläubigers im Insolvenzverfahren beeinträchtigen. 233

Erst recht gilt dies für den **Schuldner selbst**, der gegen die Vergütungsfestsetzung ein individuelles Beschwerderecht nach § 64 Abs. 3 InsO hat. Dies gilt insbesondere auch dann, wenn bei einer Verteilung kein Übererlös zu erwarten ist, eine niedrigere Vergütungsbestimmung also dem Schuldner gar nicht zugutekommt (siehe eingehend § 15 Rz. 77). Am Insolvenzplanverfahren ist er dagegen nicht beteiligt, er muss dem Insolvenzplan nicht 234

---

413) Eingehend *Fiebig* in: HK-InsO, § 210a Rz. 5 ff.

414) BGH, Beschl. v. 16.2.2017 – IX ZB 103/15, Rz. 42, 43, NZI 2017, 260 m. Anm. *Storz* = DZWIR 2017, 334 m. Anm. *Skauradszun/Schmitt*; LG Mainz, Beschl. v. 2.11.2015 – 8 T 182/15, ZIP 2016, 587 = NZI 2016, 255.

415) BGH, Beschl. v. 17.7.2014 – IX ZB 13/14 (Suhrkamp), BGHZ 202, 133 = NZI 2014, 751, dazu EWiR 2014, 521 *(Madaus)*; *Fiebig* in: HK-InsO, § 251 Rz. 4 ff.

zustimmen, seine Zustimmung gilt nach § 247 InsO als erteilt. Ein Beschwerderecht hat er nur nach Maßgabe des § 253 Abs. 2 InsO. Eine konstitutive Vergütungsfestsetzung würde damit das Beschwerderecht des Schuldners erheblich einschränken.

235 Gleiches gilt für **Gesellschafter des schuldnerischen Unternehmens.** Soll durch den Insolvenzplan in ihre Rechte eingegriffen werden (§ 225a InsO), sind sie als abstimmungsberechtigte Gruppe am Planverfahren zu beteiligen (§ 222 Abs. 1 Nr. 4 InsO).[416] Hinsichtlich des Obstruktionsverbots mit § 245 Abs. 3 InsO stellt sich dann wieder die gleiche Frage wie bei den Gläubigern, die dem Insolvenzplan wegen der Vergütung widersprochen haben. Darüber hinaus billigt der BGH den Gesellschaftern mit Hinweis auf § 199 Satz 2 InsO ein Beschwerderecht nach § 64 Abs. 3 InsO zu,[417] das durch das Planverfahren übergangen würde, auch und gerade wenn in Gesellschafterrechte gar nicht eingegriffen werden soll.

236 Im Ergebnis wäre eine Vergütungsfestsetzung im Insolvenzplan nur zulässig, wenn alle Insolvenzgläubiger ohne Ansehung einer Gläubigergruppe[418] und alle Massegläubiger, soweit ein Fall des § 210a InsO vorliegt, sowie in jedem Fall der Schuldner und auch die Gesellschafter des schuldnerischen Unternehmens, soweit eine Übererlös nach § 199 Satz 2 InsO in Betracht kommt, dem Insolvenzplan ausdrücklich zustimmen.[419]

237 Als gewisses Schlupfloch lässt es der BGH zu, dass der **Insolvenzverwalter als weiterer Beteiligter i. S. des § 230 Abs. 3 InsO beitritt** und **sich verpflichtet, einen bestimmten Vergütungsantrag zu stellen.**[420] Praktisch relevant kann dies sein, wenn die Vergütung einen bestimmten Betrag nicht übersteigen soll, etwa um den Insolvenzplan hinsichtlich der zur Verfügung stehenden Liquidität nicht zu gefährden. Diese Verfahrensweise bindet aber nur den Insolvenzverwalter, nicht das Insolvenzgericht. Es ist auch nicht klar, welche Folgen es hat, wenn der Insolvenzverwalter sich nicht an die Verpflichtung hält, eine höhere Vergütung beantragt und das Insolvenzgericht diese auch festsetzt. Im schlimmsten Fall könnte dies zu einem Scheitern des Insolvenzplans und einer Haftung des Insolvenzverwalters gegenüber den betroffenen Gläubigern oder dem Schuldner führen.

6. Formelle und materielle Verfassungsmäßigkeit der InsVV

238 Die InsVV beruht auf der Ermächtigungsgrundlage des § 65 InsO, sie setzt die Vorgaben zur Vergütungsbestimmung aus § 63 Abs. 1 InsO um (siehe eingehend Rz. 202 ff.). Die **Ermächtigungsgrundlage des § 65 InsO** ist zwar inhaltlich dürftig, entspricht aber noch den Anforderungen des Art. 80 Abs. 1 Satz 2 GG, Zweck, Inhalt und Ausmaß der zu erlassenden Verordnung zu bestimmen.[421] Das System der InsVV, zunächst eine Regelvergütung zu bestimmen und sodann unter Berücksichtigung der konkreten Arbeitsbelas-

416) Eingehend *Fiebig* in: HK-InsO, § 225a Rz. 6 ff.

417) BGH, Beschl. v. 20.2.2014 – IX ZB 32/12, ZIP 2014, 587 = NZI 2014, 383 m. Anm. *Mock*.

418) Insoweit zu kurz LG Münster, Beschl. v. 1.10.2015 – 5 T 526/15, ZIP 2016, 1179 = NZI 2016, 466, das nur auf die Zustimmung der Gruppen abstellt.

419) In diesem Sinne mit Zustimmungsfiktion bei Hinweis des Gerichts in der öffentlichen Bekanntmachung zum Erörterungs- und Abstimmungstermin *Graeber/Graeber*, InsVV, Vor § 1 Rz. 28 ff.

420) BGH, Beschl. v. 16.2.2017 – IX ZB 103/15, Rz. 40, NZI 2017, 260 m. Anm. *Storz* = DZWIR 2017, 334 m. Anm. *Skauradszun/Schmitt*.

421) Grundlegend BGH, Beschl. v. 12.9.2019 – IX ZB 2/19, ZVI 2020, 30 = NZI 2019, 910; zu Einzeltatbeständen BGH, Beschl. v. 15.1.2004 – IX ZB 96/03, BGHZ 157, 282, 287 = ZIP 2004, 417; BGH, Beschl. v. 15.1.2004 – IX ZB 46/03, ZIP 2004, 424 = ZVI 2004, 132; BGH, Beschl. v. 29.9.2011 – IX ZB 112/09, ZIP 2011, 2117 = NZI 2011, 941; BGH, Beschl. v. 15.11.2012 – IX ZB 88/09, BGHZ 195, 322 = NZI 2013, 29 m. Anm. *Graeber*; BGH, Beschl. v. 15.11.2012 – IX ZB 130/10, BGHZ 195, 336 = NZI 2013, 183; BGH, Beschl. v. 4.12.2014 – IX ZB 60/13, ZIP 2015, 138 = NZI 2015, 141 m. Anm. *Graeber*; bestätigt durch BGH, Beschl. v. 5.3.2015 – IX ZB 48/14, InsbürO 2015, 368.

tung Zu- und Abschläge vorzunehmen, entspricht schon wegen der Vorgabe in § 63 Abs. 1 InsO der Ermächtigungsgrundlage des § 65 InsO. Dieses **System verstößt weder gegen das Bestimmtheitsgebot noch gegen einen Gesetzesvorbehalt oder das Willkürverbot.**[422] Auch die Einzelregelungen der InsVV entsprechen den Vorgaben der §§ 63 und 65 InsO, etwa die Regelungen der § 1 Abs. 2 Nr. 4 lit. a mit § 5 InsVV zur Entnahme und Anrechnung besonderer Vergütungen (siehe eingehend Rz. 161 ff.).[423] Ferner sind die weiteren Anrechnungstatbestände des § 1 Abs. 2 InsVV formell verfassungsgemäß, da sie die Vorgabe der Bestimmung der Insolvenzmasse bei Beendigung des Insolvenzverfahrens als Berechnungsgrundlage unter Berücksichtigung wirtschaftlicher Aspekte angemessen umsetzen.[424] Auch die Regelung des § 11 Abs. 1 Satz 2 InsVV zur Berücksichtigung von Aus- und Absonderungsrechten bei der Vergütung des vorläufigen Insolvenzverwalters entspricht den Vorgaben des § 63 Abs. 3 i. V. m. § 65 InsO (siehe eingehend § 7 Rz. 81 ff.).[425]

Eine **materielle Verfassungswidrigkeit** der InsVV ist insbesondere gegeben, wenn sie **keine angemessene Vergütung** gewährt. Sie verstößt dann gegen die von Art. 12 Abs. 1 GG garantierte Berufsausübungsfreiheit des Insolvenzverwalters (siehe eingehend Rz. 90 ff.). Dies wurde bezüglich der Mindestvergütung nach § 2 Abs. 2 und § 13 Abs. 1 Satz 2 InsVV in der bis 2004 geltenden Fassung festgestellt (siehe dazu § 4 Rz. 94 ff.).[426] Hinsichtlich der Höhe der Regelvergütung nach § 2 Abs. 1 InsVV kann die materielle Verfassungsmäßigkeit ebenfalls angezweifelt werden, wenn sie im Laufe der Zeit der Entwicklung der Kosten der Verwaltung nicht entspricht (siehe eingehend § 1 Rz. 134 ff.). Die Bestimmung einer Vergütung für die Organe des Insolvenzverfahrens greift auch in die Grundrechte des Schuldners und der Insolvenzgläubiger ein und beschränkt insbesondere das Eigentumsrecht des Schuldners nach Art. 14 Abs. 1 GG (siehe dazu Rz. 125 ff.). 239

Da die InsVV lediglich eine Rechtsverordnung und kein Gesetz ist, ist für die Feststellung einer formellen oder materiellen Verfassungswidrigkeit die ordentliche Gerichtsbarkeit berufen, Art. 100 GG greift nicht.[427] Keinesfalls aber darf die ordentliche Gerichtsbarkeit ohne sachliche Begründung und Auseinandersetzung mit verfassungsrechtlichen Fragen sich über einzelne Regelungen der InsVV hinwegsetzen oder diese ganz infrage stellen. Dies wäre im Einzelfall eine Willkürentscheidung, die gegen Art. 3 Abs. 2 GG verstieße. 240

---

422) Ausdrücklich BGH, Beschl. v. 12.9.2019 – IX ZB 2/19, ZVI 2020, 30 = NZI 2019, 910.

423) BGH, Beschl. v. 29.9.2011 – IX ZB 112/09, ZIP 2011, 2117 = NZI 2011, 941.

424) BGH, Beschl. v. 29.9.2011 – IX ZB 112/09, Rz. 6, ZIP 2011, 2117 = NZI 2011, 941; *Büttner* in: HambKomm-InsO, § 1 Rz. 29 ff.; anders AG Potsdam, Beschl. v. 2.12.2019 – 35 IN 200/00, ZIP 2020, 2196 = NZI 2020, 340; *Graeber/Graeber*, InsVV, § 1 Rz. 137 ff.; *Graeber*, ZInsO 2018, 141.

425) BGH, Beschl. v. 12.9.2019 – IX ZB 28/18, ZIP 2019, 1969 = NZI 2019, 867, dazu EWiR 2019, 661 *(U. Keller)*; anders *Graeber*, ZInsO 2018, 1292.

426) Dazu auch *Graeber*, ZInsO 2019, 1590.

427) BVerfG, Beschl. v. 9.2.1989 – 1 BvR 1165/87, ZIP 1989, 382 m. Anm. *Eickmann* = KTS 1989, 357, dazu EWiR 1989, 391 *(Onusseit)*; zur Sequestervergütung BVerfG, Beschl. v. 9.2.1989 – 1 BvR 1164/87, ZIP 1989, 384; BGH, Beschl. v. 15.1.2004 – IX ZB 96/03, BGHZ 157, 282, 287 = ZIP 2004, 417, dazu *Keller*, ZIP 2004, 633; BGH, Beschl. v. 15.11.2012 – IX ZB 88/09, BGHZ 195, 322 = NZI 2013, 29 m. Anm. *Graeber*; BGH, Beschl. v. 15.11.2012 – IX ZB 130/10, BGHZ 195, 336 = NZI 2013, 183; dazu *Keller*, NZI 2013, 240; zur ZwVwV BVerfG, Beschl. v. 19.10.2000 – 1 BvR 2365/98, ZfIR 2001, 240 = NZI 2001, 413 m. Bespr. *Pape*, NZI 2001, 407; BGH, Beschl. v. 12.9.2002 – IX ZB 39/02, BGHZ 152, 18 = ZIP 2002, 1959.

§ 3
Die Bestimmung der Berechnungsgrundlage nach § 1 InsVV

Übersicht

Aufsatzliteratur: *Ampferl*, Bereicherungsrechtliche Fragestellungen und Fehlzahlungen in der Insolvenz, in: Festschrift für Siegfried Beck, 2016, S. 1; *Bähner*, Die Prüfung der Schlußrechnung des Konkursverwalters, KTS 1991, 347; *Bähner/Berger/Braun*, Die Schlußrechnung des Konkursverwalters, ZIP 1993, 1283; *Balz*, Die Ziele der Insolvenzordnung, in: Kölner Schrift zur Insolvenzordnung, 2. Aufl. 2000, S. 3; *Bartels*, Dogmatik und Effizienz im Recht der Zwangsversteigerung, 2010; *Beck*, Verteilungsfragen im Verhältnis zwischen Haupt- und Sekundärinsolvenzverfahren nach der EuInsVO, NZI 2007, 1; *Böhle-Stamschräder*, Vergütung des Konkursverwalters, des Vergleichsverwalters, der Mitglieder des Gläubigerausschusses und der Mitglieder des Gläubigerbeirates, KTS 1960, 108; *Bork*, Die „kalte Zwangsverwaltung“ – ein heißes Eisen, ZIP 2013, 2129; *Bork*, Der zu allen Rechtshandlungen ermächtigte „schwache“ vorläufige Insolvenzverwalter: ein „starker“ vorläufiger Insolvenzverwalter, ZIP 2001, 1521; *Braun*, Handelsbilanz contra Schlussrechnung – Der entmündigte Rechtspfleger? Anmerkung zu einer Kontroverse, ZIP 1997, 1013; *Duursma-Kepplinger*, Einfluss der Eröffnung eines Sekundärinsolvenzverfahrens auf die Befriedigung von zuvor begründeten Masseverbindlichkeiten, ZIP 2007, 752; *Eickmann*, Alte und neue Vergütungsprobleme in der Insolvenz, in: Kölner Schrift zur Insolvenzordnung, 1. Aufl. 1997, S. 359; *Endres*, Zinsabschlagsteuern und Insolvenzrechnungslegung, ZInsO 2011, 258; *Förster*, Immobilienverkauf, Feststellungskostenbeitrag und Verwaltervergütung, ZInsO 2002, 575; *Förster*, „Unechte Einnahmen“ gibt es nicht!, ZInsO 2000, 553; *Graeber*, Änderung der InsVV in § 1 II Nr. 5 entsprechend dem Entwurf eines Gesetzes zur weiteren Verkürzung des Restschuldbefreiungsverfahrens, NZI 2020, 921; *Graeber*, Der Abgeltungsteuerbetrag als Bestandteil der Berechnungsgrundlage der Verwaltervergütung, ZInsO 2013, 1834; *Graeber*, Die Einbeziehung von Forderungen und Betriebsausgaben des Insolvenzschuldners in die Berechnungsgrundlage des vorläufigen Insolvenzverwalters, NZI 2007, 492; *Graeber*, Die Abfindung von Aus- und Absonderungsrechten durch den Insolvenzverwalter und ihre Auswirkungen in der Vergütungsberechnung, InsbürO 2006, 415; *Graeber*, Berechnung der Vergütung des Insolvenzverwalters bei Berücksichtigung von Aus- und Absonderungsrechten, InsbürO 2005, 122; *Häcker*, Verwertungs- und Benutzungsbefugnis des Insolvenzverwalters für sicherungsübertragene gewerbliche Schutzrechte, ZIP 2001, 995; *Häsemeyer*, Die Aufrechnung nach der Insolvenzordnung, in: Kölner Schrift zur Insolvenzordnung, 3. Aufl. 2009, S. 461; *Häsemeyer*, Das Verfahren bei Masseunzulänglichkeit – eine verselbständigte Variante des Insolvenzverfahrens?, in: Festschrift für Walter Gerhardt, 2004, S. 341; *Haunschild*, Verwertungsrecht des Insolvenzverwalters und Kostenbeiträge der Gläubiger nach §§ 165 ff. InsO, DZWIR 1999, 60; *Hauser/Hawelka*, Neue Masseverbindlichkeiten und Gefährdung der „Kaug“-Vorfinanzierung durch die InsO, ZIP 1998, 1261; *Heinrich*, Insolvenzplan „reloaded“ – Zu den Änderungen im Insolvenzplanverfahren durch das Gesetz zur weiteren Erleichterung der Sanierung von Unternehmen, NZI 2012, 235; *Hentrich*, Zum Umgang mit ungerechtfertigten Bereicherungen der Insolvenzmasse, ZInsO 2015, 1093; *Hess/Klaas*, Insolvenzverwaltervergütung bei Verwertung von mit Absonderungsrechten belasteten Gegenständen, InVo 1999, 193; *Hess/Weis*, Die Rechnungslegung des Insolvenzverwalters nach der InsO, InVo 1997, 281; *Klasmeyer/Elsner/Ringstmeier*, Ausgewählte Probleme bei der Verwertung von Mobiliarsicherheiten, in: Kölner Schrift zur Insolvenzordnung, 2. Aufl. 2000, S. 1083; *Keller*, Bedarf es wirklich einer Reform des insolvenzrechtlichen Vergütungsrechts?, ZIP 2014, 2014; *Keller*, Die Voraussetzungen und der rechtliche Rahmen zur Durchführung einer so genannten kalten Zwangsverwaltung, NZI 2013, 265; *Keller*, Die Vergütung des Insolvenzverwalters bei Unternehmensfortführung, DZWIR 2009, 231; *Keller*, Grundstücksverwertung im Insolvenzverfahren, ZfIR 2002, 871; *Keller*, Strukturprobleme und Systembrüche des neuen Insolvenzrechts bei Einbeziehung des Arbeitseinkommens des Schuldners in die Insolvenzmasse, NZI 2001, 449; *Kilger/Nitze*, Die Buchführungs- und Bilanzierungspflicht des Konkursverwalters, ZIP 1988, 957; *Knapp*, Das Vergütungsrecht des Insolvenzverwalters – von den Sperrwirkungen des § 1 II Nr. 1 S. 1, 2 InsVV, NZI 2022, 206; *Knapp*, Das Vergütungsrecht des Insolvenzverwalters, eine etwas andere Perspektive – von der vergütungsrechtlichen Behandlung der verwerteten Realsicherheiten, ZInsO 2021, 772; *König*, Gesonderte oder harmonisierte Rechnungslegung des Konkursverwalters im Unternehmenskonkurs, ZIP 1988, 1003; *Lechleitner*, Zum Vorsteuerabzug der Insolvenzmasse aus der Vergütung des (vorläufigen) Insolvenzverwalters, ZInsO 2015, 1382; *Lütcke*, Einbeziehung von Anfechtungsansprüchen in die Berechnungsgrundlage der Verwaltervergütung bei vorzeitiger Verfahrensbeendigung, NZI 2019, 367; *Marotzke*, Die Amtsbezeichnung und die Haftung des „schwachen" vorläufigen Insolvenzverwalters, in: Festschrift für Gerhart Kreft, 2004, S. 411; *Martini*, Aspekte der Berechnungsgrundlage und Querfinanzierung der Insolvenzverwaltervergütung, DZWIR 2022, 452; *Mitlehner*, Verwertung sicherungszedierter Forderungen durch den Insolvenzverwalter, ZIP 2001, 677; *Mohrbutter*, Wünsche zur Reform des Vergütungsrechts für Konkurs- und Vergleichsverwalter, der Mitglieder des Gläubigerausschusses und des Gläubigerbeirates, KTS 1971, 25; *Mönning, R.-D.*, Verwertung und Nutzung von Gegenständen mit Absonderungsrechten, in: Festschrift für Wilhelm Uhlenbruck, 2000, S. 239; *Müller*, Einziehung von Forderungen gegen die Gesellschafter in der Liquidation der GmbH, DB 2003, 1939; *Muth*, Die Zwangsversteigerung auf Antrag des Insolvenzverwalters, ZIP 1999, 945; *Obermüller*, Kostenbeiträge und Ausgleichsansprüche bei Verwertung von Mobiliarsicherheiten, NZI 2003, 416; *Obermüller*, Umsatzsteuer bei der Verwertung sicherungsübereigneter Gegenstände, ZInsO 1999, 249; *Onusseit*, Zur Einbeziehung der Vorsteuer in die Berechnungsgrundlage, ZInsO 2009, 2285; *Onusseit*, Die insolvenzrechtlichen Kostenbeiträge unter Berücksichtigung ihrer steuerrechtlichen Konsequenzen sowie Massebelastungen durch Grundstückseigentum, ZIP 2000, 777; *Pape*, Einziehungsrecht des Insolvenzverwalters bei sicherungshalber abgetretenen Forderungen, NZI 2000, 301; *Piekenbrock*, Auslandsvermögen im inländischen Insolvenzverfahren, IPrax 2018, 392; *Pohlmann-Weide*, Praktische Fragen zu der persönlichen Haftung der Gesellschafter im Insolvenzverfahren und die Berechnung der Vergütung des Insolvenzverwalters, NZI 2022, 597; *Prütting/Stickelbrock*, Befugnisse des vorläufigen Insolvenzverwalters – aktuelle Entwicklungen in der Rechtsprechung, ZIP 2002, 1608; *Reck*, Geldtransit, durchlaufende Posten und Kostenerstattungen und die Teilungsmasse, ZInsO 2011, 567; *Reck*, Das Ende der Erhöhung der Insolvenzmasse aufgrund von Vorsteuererstattungen aus der Vergütung?, ZInsO 2011, 267; *Ringstmeier/Homann*, Masseverbindlichkeiten als Prüfstein des internationalen Insolvenzrechts, NZI 2004, 354; *Schmidt, H.*, Die Vergütung des Konkursverwalters, Rpfleger 1968, 251; *Schmittmann*, Vorsteuer aus Verwaltervergütung, InsbürO 2011, 224; *Scholz/Hölken*, Die Sondervergütung des Insolvenzverwalters für die Geltendmachung von Ansprüchen nach §§ 171, 172 HGB, ZInsO 2019, 293; *Skrotzki*, Zur Vergütung des Konkursverwalters, KTS 1957, 152; *Spliedt*, Die „halbstarke" Verwaltung – unbeherrschbare Masseverbindlichkeiten oder sinnvolle Alternative?, ZIP 2001, 1941; *Stöber*, Zuteilung des Versteigerungserlöses an den Gläubiger einer Grundschuld, ZIP 1980, 833; *Tetzlaff*, Rechtsprobleme der „kalten Zwangsverwaltung", ZfIR 2005, 179; *Tetzlaff*, Probleme bei der Verwertung von Grundpfandrechten und Grundstücken im Insolvenzverfahren, ZInsO 2004, 521; *Uhlenbruck*, Die Rechtsstellung des vorläufigen Insolvenzverwalters, in: Kölner Schrift zur Insolvenzordnung, 2. Aufl. 2000, S. 325; *Zimmer*, Von der insolvenzspezifischen Rechnungslegung zur Berechnungsgrundlage für die Vergütung des Insolvenzverwalters und zurück – SKR-InsO und ordnungsmäßige Schlussrechnung, ZIP 2023, 1111; *Zimmer*, Vergütung des Insolvenzverwalters für Hausverwaltung und „kalte" Zwangsverwaltung, InsbürO 2015, 510.

I. Der Anwendungsbereich von § 1 InsVV

1. Der Grundtatbestand des § 63 Abs. 1 InsO

Nach § 63 Abs. 1 Satz 2 InsO ist Grundlage der Vergütung des Insolvenzverwalters der **Wert der Insolvenzmasse im Zeitpunkt der Beendigung des Insolvenzverfahrens.** Diese Grundsatzregelung ist Vorgabe für den gleichlautenden § 1 Abs. 1 Satz 1 InsVV, erlaubt es aber gleichzeitig, für die Berechnung der Vergütung die Insolvenzmasse als Berechnungsgrundlage bezogen auf den jeweiligen Einzelfall unterschiedlich zu bestimmen.[1) 1

1) Jaeger-*Schilken*, InsO, § 63 Rz. 31 ff.; Uhlenbruck-*Mock*, InsO, § 63 Rz. 22 ff.; Römermann-*Weiß*, InsO/InsR, § 63 InsO Rz. 10 ff.

Mit dieser Regelung sollte der **Erfolgscharakter** der sonst als **Tätigkeitshonorar** angesehenen Vergütung des Verwalters hervorgehoben werden:[2] Je höher der Betrag, den er für die Gläubiger durch Verwertung des schuldnerischen Vermögens erzielt oder erwirtschaftet, desto höher kann seine Vergütung sein.

2 Der Gesetz- und Verordnungsgeber stellt mit der Anknüpfung an die Insolvenzmasse im Zeitpunkt der Beendigung des Insolvenzverfahrens nach wie vor die Liquidation des schuldnerischen Vermögens, wie sie gesetzlich alleiniger Zweck des früheren Konkurs- oder Gesamtvollstreckungsverfahrens war, in den Vordergrund.[3] Das **gleichrangige Verfahrensziel der Sanierung** des schuldnerischen Unternehmens (§ 1 Satz 1 InsO)[4] wie auch der tatsächliche Arbeitsaufwand des Verwalters bei Tätigkeiten, die sich nicht unmittelbar werterhöhend auf die Insolvenzmasse auswirken, insbesondere die Prüfung und Bearbeitung von Aus- und Absonderungsrechten, werden nicht durch die Insolvenzmasse als Berechnungsgrundlage vergütungsrechtlich abgebildet, sondern können nur durch Erhöhung der Vergütung im Einzelfall berücksichtigt werden.[5]

3 § 1 Abs. 1 Satz 1 InsVV übernimmt zugleich die frühere Regelung des § 1 Abs. 1 VergVO, der ebenfalls die Teilungsmasse der Schlussrechnung als Grundlage der Vergütung des Konkursverwalters bestimmte.[6] Nicht übernommen wurde aber die wenig geglückte Regelung des § 1 Abs. 2 VergVO, nach welcher der Vergütung des Konkursverwalters die Summe der Gläubigerforderungen zugrunde zu legen war, wenn diese niedriger war als die Insolvenzmasse, mithin alle Gläubiger vollständig befriedigt werden konnten.[7] Damit sollte einer vermeintlichen Arbeitsvereinfachung des Verwalters Rechnung getragen werden, wenn seine Tätigkeit lediglich darin bestand, aus dem vorhandenen Vermögen die Gläubiger vollständig zu befriedigen.[8] Es wurde aber nicht berücksichtigt, dass diese Gläubigerbefriedigung auch auf besonders arbeitsintensive und im Ergebnis erfolgreiche Tätigkeit des Verwalters zurückzuführen sein kann.[9] Krasse Fälle, wie etwa die besonders hohe Erbschaft oder der Lottogewinn während des Insolvenzverfahrens sind durch Kürzung der Vergütung nach § 3 Abs. 2 InsVV einzufangen.[10] Auch die Parallelregelung des früheren § 37 Abs. 2 GKG,[11] wonach die Gerichtsgebühren nach der geringeren Schuldenmasse zu berechnen waren, ist ersatzlos weggefallen (Art. 29 Nr. 6 EGInsO).[12] Lediglich

---

2) *Eickmann*, VergVO, § 1 Rz. 1; so auch bereits *Skrotzki*, KTS 1957, 152.

3) Begr. RegE InsO, BT-Drucks. 12/2443, S. 73, abgedr. in: *Kübler/Prütting*, RWS-Dok. 18, S. 93 ff.; *Bruns* in: MünchKomm-InsO, § 1 Rz. 47 ff.; Uhlenbruck-*Pape*, InsO, § 1 Rz. 5 ff.; zur Gesetzgebungsgeschichte *Frege/Keller/Riedel*, Insolvenzrecht, Rz. 1.15 ff.; *Keller*, Insolvenzrecht, Rz. 51 ff.

4) Allgemein dazu *Balz* in: Kölner Schrift zur InsO, S. 3; allg. Begr. RegE InsO, insbesondere zum Insolvenzplanverfahren, BT-Drucks. 12/2443, S. 90 ff., abgedr. in: *Kübler/Prütting*, RWS-Dok. 18, S. 110 ff.

5) Kritisch zum ersten Entwurf einer Insolvenzrechtlichen Vergütungsverordnung *Eickmann* in: Kölner Schrift zur InsO, S. 359.

6) *Eickmann*, VergVO, § 1 Rz. 1.

7) LG Berlin, Beschl. v. 5.2.2019 – 84 T 211/18, ZInsO 2019, 693; zu § 1 Abs. 2 VergVO *Eickmann*, VergVO, § 1 Rz. 17; *Kuhn/Uhlenbruck*, KO, § 85 Rz. 3; beide erhoben verfassungsrechtliche Bedenken im Hinblick auf Art. 12 GG.

8) So die Vermutung von *Eickmann*, VergVO, § 1 Rz. 18.

9) So der beispielhafte Fall bei *Eickmann*, VergVO, § 1 Rz. 19 Fn. 20, nach welchem der Verwalter durch geschickte Vermietung von Grundstücken über einen Zeitraum von acht Jahren eine Masse erwirtschaften konnte, aus der alle Gläubiger befriedigt werden konnten.

10) Zum Nachlasserwerb BGH, Beschl. v. 1.3.2007 – IX ZB 280/05, ZIP 2007, 639 = NZI 2007, 412; zur Massezugehörigkeit des Pflichtteilsanspruchs BGH, Beschl. v. 2.12.2010 – IX ZB 184/09, ZIP 2011, 135 = NZI 2011, 369, dazu EWiR 2011, 157 *(Storz)*; zum Lottogewinn AG Göttingen, Beschl. v. 8.9.2011 – 74 IN 235/09, ZIP 2012, 539 = NZI 2012, 32.

11) Zu Recht kritisch bereits *Eickmann*, VergVO, § 1 Rz. 18.

12) BGH, Beschl. v. 1.3.2007 – IX ZB 280/05, ZIP 2007, 639 = NZI 2007, 412; BGH, Beschl. v. 16.10.2008 – IX ZB 247/06, NZI 2009, 57 = ZInsO 2009, 1030; *Graeber/Graeber*, InsVV, § 1 Rz. 64, 65.

bei einer **Verfahrenseinstellung mit Zustimmung aller Gläubiger** (§ 213 InsO) begrenzt der BGH die Berechnungsgrundlage auf die Summe der Forderungen aller zu befriedigenden Insolvenz- und Massegläubiger, sofern nicht der Wert der bereits erzielten Massezuflüsse höher ist.[13] Der BGH begrenzt die Berechnungsgrundlage nicht auf die Summe der Insolvenz- und Massegläubiger, sondern legt diese als Mindest-Berechnungsgrundlage fest. Offen ist aber, ob nicht verwertete Gegenstände in der Berechnungsgrundlage zu berücksichtigen sind. Für die Gläubigerbefriedigung sind sie im Falle der Einstellung nach § 213 InsO wohl nicht erforderlich, was gegen ihre Berücksichtigung spricht.[14] Andererseits ist die Vergütung eine Tätigkeitsvergütung, und soweit sich der Insolvenzverwalter mit Vermögenswerten befasst hat, sind sie zu berücksichtigen, auch wenn sie nicht verwertet worden sind.

Die **Insolvenzmasse** als Berechnungsgrundlage der Vergütung i. S. des § 1 InsVV ist **nicht identisch** mit der Teilungsmasse i. S. der §§ 188 ff. InsO, also dem **Betrag**, der zur **gemeinschaftlichen Befriedigung der Insolvenzgläubiger** zur Verfügung steht.[15] Teilungsmasse in diesem Sinne ist die Insolvenzmasse abzüglich der im Verfahren angefallenen Massekosten und Masseverbindlichkeiten (§§ 53, 54, 55 InsO). 4

2. Der konkrete Anwendungsbereich von § 1 InsVV

§ 1 InsVV gilt unmittelbar für die Vergütung des Insolvenzverwalters im eröffneten Insolvenzverfahren. Für die Vergütung in besonderen Verfahrensarten gilt die Vorschrift über die allgemeine Verweisung des § 10 InsVV. Im Einzelnen ist zu unterscheiden: 5

- Für den **vorläufigen Insolvenzverwalter** gilt § 1 InsVV mit besonderen Maßgaben aus **§ 63 Abs. 3 InsO und § 11 InsVV.**
- Für den **vorläufigen Sachwalter** bei Eigenverwaltung gilt wie beim vorläufigen Insolvenzverwalter § 1 InsVV mit den Maßgaben aus § 63 Abs. 3 InsO und § 11 InsVV. § 12a Abs. 1 InsVV sieht dies für Verfahren, die seit 1.1.2021 beantragt werden, ausdrücklich vor. Für Verfahren, die bis 31.12.2020 beantragt worden sind, vertritt der BGH die Ansicht, die Berechnungsgrundlage sei mit jener des eröffneten Insolvenzverfahrens identisch.[16] Dies ist abzulehnen (siehe eingehend § 9 Rz. 23 ff.).
- Für den **Sachwalter bei Eigenverwaltung** (§ 12 InsVV) gilt § 1 InsVV über § 10 InsVV.
- Für den Insolvenzverwalter im **vereinfachten Insolvenzverfahren** über das Vermögen eines Verbrauchers gilt § 1 InsVV unmittelbar. Für die bis 30.6.2014 beantragten Verfahren (Art. 103h EGInsO) bestimmt sich die Vergütung nach dem bis dato geltenden § 13 InsVV; auch hier ist § 1 InsVV anzuwenden (§ 10 InsVV).

Die Vergütung des **Sonderinsolvenzverwalters** bestimmt sich je nach Gegenstand und Aufgabe der Sonderinsolvenzverwaltung. § 1 InsVV ist anwendbar, wenn die Sonderinsolvenzverwaltung in der Verwaltung und Verwertung einer Sondermasse besteht (siehe eingehend § 6 Rz. 20). 6

Für die Vergütung des **Treuhänders im Restschuldbefreiungsverfahren** findet § 1 InsVV keine Anwendung. Die Vergütung bestimmt sich nach der Summe der während des Restschuldbefreiungsverfahrens vereinnahmten Beträge aufgrund der Abtretungserklärung 7

13) BGH, Beschl. v. 13.7.2023 – IX ZB 42/22, ZRI 2023, 769 = ZVI 2023, 495, dazu EWiR 2023, 659 *(Blersch)*.

14) So wohl auch *Knapp*, Die Vergütung des Insolvenzverwalters, S. 39.

15) Zur Terminologie *Prasser/Stoffler* in: KPB, InsO, § 1 InsVV Rz. 1, 7.

16) BGH, Beschl. v. 21.7.2016 – IX ZB 70/14, Rz. 28, 31, 52, 53, BGHZ 211, 225 = ZIP 2016, 1592, dazu EWiR 2016, 499 *(Beck)*.

des Schuldners. Die Vorschrift des § 14 InsVV entspricht sachlich dem § 1 InsVV insoweit, als diese Beträge die Insolvenzmasse des Restschuldbefreiungsverfahrens darstellen.

8 Für die Vergütung der **Mitglieder des Gläubigerausschusses** bestimmt § 17 InsVV eine Vergütung nach Stundenaufwand, eine Bezugnahme auf die Insolvenzmasse als Berechnungsgrundlage scheidet hier aus.

9 Für die Vergütung eines **Restrukturierungsbeauftragten** (§§ 73 ff. StaRUG) oder eines **Sanierungsmoderators** (§§ 94 ff. StaRUG) in den Verfahren nach §§ 29 ff. StaRUG kann § 1 InsVV angewendet werden, wenn die Vergütung abweichend vom Grundsatz des § 91 Abs. 1 StaRUG nicht nach Stundenaufwand, sondern auf Grundlage des Wertes des Unternehmensvermögens bestimmt werden soll (§ 83 Abs. 1 Satz 2 StaRUG).

II. Die Berechnungsgrundlage der Vergütung nach § 1 Abs. 1 InsVV

1. Die Insolvenzmasse im Zeitpunkt der Beendigung des Verfahrens

a) Die Schlussrechnung nach § 66 InsO als regelmäßige Grundlage

10 Der Betrag der Insolvenzmasse ergibt sich mit Abschluss des Regelinsolvenzverfahrens aus der **Schlussrechnung** des Insolvenzverwalters, die er nach § 66 InsO, insbesondere bei Verfahrensbeendigung mit Schlussverteilung nach §§ 188 ff. InsO, zu legen hat.[17] Das Gericht hat bei Festsetzung der Vergütung grundsätzlich diesen Wert zugrunde zu legen. Ergibt sich die Berechnungsgrundlage vollständig aus der Schlussrechnung, insbesondere hinsichtlich der Wertansätze, darf das Gericht für die Vergütung keine davon abweichende Insolvenzmasse als Berechnungsgrundlage ansetzen.[18]

11 Die Schlussrechnung hat als Grundlage der Bestimmung der Insolvenzmasse im Hinblick auf die besonderen Regelungstatbestände des § 1 Abs. 2 InsVV neben der erwirtschafteten Teilungsmasse auch die **Absonderungsrechte einzelner Gläubiger** auszuweisen, deren Werte und Behandlung durch den Verwalter, die Höhe der einzelnen Masseverbindlichen nach § 55 InsO – hierbei insbesondere dem Verwalter selbst zugeflossene Beträge für anwaltliche oder steuerberatende Tätigkeit (§ 5 InsVV) sowie **an Dritte gezahlte Honorare** (§ 8 Abs. 2 InsVV) – sowie im Falle einer Unternehmensfortführung eine gesonderte Einnahmen- und Ausgabenrechnung für diesen Zeitraum.

b) Sonstige Tatbestände zur Feststellung der Berechnungsgrundlage

12 Nach dem Wortlaut des § 63 Abs. 1 Satz 2 InsO lässt sich die Berechnungsgrundlage **nicht ausschließlich nach der Schlussrechnung** zu bestimmen.[19] Das ist insbesondere dann erforderlich, wenn nicht sämtliche Vorgänge des Insolvenzverfahrens aus dieser ersichtlich sind. Die Schlussrechnung als Buchungswerk gibt nämlich nur betriebswirtschaftliche Vorgänge wieder, wenn insbesondere Gegenstände zu einem bestimmten Preis verwertet worden sind. Endet aber das Insolvenzverfahren, vor allem im Insolvenzplanverfahren, ohne dass Vermögen verwertet wurde, ergibt sich dies nicht unmittelbar aus

17) BGH, Beschl. v. 17.6.2003 – IX ZB 476/02, ZIP 2003, 2171 = ZVI 2004, 28; BGH, Beschl. v. 10.11.2005 – IX ZB 168/04, ZIP 2006, 93 = ZVI 2005, 646; *Riedel* in: MünchKomm-InsO, § 1 InsVV Rz. 6; *Prasser/Stoffler* in: KPB, InsO, § 1 InsVV Rz. 8; *Amberger* in: Leonhardt/Smid/Zeuner, InsVV, § 1 Rz. 4; allgemein zur Rechnungslegung des Insolvenzverwalters Uhlenbruck-*Mock*, InsO, § 66 Rz. 49 ff.; Römermann-*Weiß*, InsO/InsR, § 66 InsO Rz. 7 ff.; *Lorenz* in: FK-InsO, § 1 InsVV Rz. 4; *Graeber/Graeber*, InsVV, § 1 Rz. 4 ff.; *Frege/Keller/Riedel*, Insolvenzrecht, Rz. 3.1188 ff.; *Frege/Riedel*, Schlussbericht und Schlussrechnung, Rz. 14 ff.; *Möhlmann*, Die Berichterstattung im neuen Insolvenzverfahren, S. 327 ff.; *Bähner*, KTS 1991, 347; *Bähner/Berger/Braun*, ZIP 1993, 1283; *Braun*, ZIP 1997, 1013; *Hess/Weis*, InVo 1997, 281.

18) BGH, Beschl. v. 29.3.2012 – IX ZB 134/09, ZInsO 2012, 1236; *Graeber/Graeber*, InsVV, § 1 Rz. 7.

19) *Keller* in: HK-InsO, § 1 InsVV Rz. 12; *Büttner* in: HambKomm-InsO, § 1 InsVV Rz. 2.

der buchhalterischen Schlussrechnung. Der BGH hat daher für einige Fälle anerkannt, dass die **Berechnungsgrundlage auch außerhalb der Schlussrechnung** festgestellt werden müsse:

Im Beschluss vom 24.5.2005[20] bestimmte der BGH, dass bei der **Fortführung eines Unternehmens** durch den Insolvenzverwalter auch das **Anlagevermögen** zur Berechnungsgrundlage hinzuzurechnen sei, gerade wenn es nach Beendigung des Insolvenzverfahrens nicht verwertet wird und ein Erlös hierfür in der Schlussrechnung nicht berücksichtigt ist. Im Sachverhalt der Entscheidung führte der Treuhänder im Verbraucherinsolvenzverfahren das Unternehmen des Schuldners fort; es handelte sich um ein Verfahren nach § 304 InsO in der bis 31.11.2001 geltenden Fassung. 13

Im Beschluss vom 16.11.2006[21] entschied der BGH zur Vergütung des **vorläufigen Insolvenzverwalters**, dass **offene Forderungen**, die vor Insolvenzantragstellung entstanden waren und während des Eröffnungsverfahrens nicht eingezogen worden sind, dennoch Bestandteil der Berechnungsgrundlage für die Vergütung sind. Forderungen gegen Dritte stellen bilanziell Umlaufvermögen dar. Auch hier waren die Forderungen bei Beendigung der vorläufigen Verwaltung nicht verwertet, ein Erlös wurde in der Schlussrechnung des vorläufigen Insolvenzverwalters nicht eingestellt. Die offenen Forderungen sind mit ihrem voraussichtlichen Realisierungswert, nicht mit ihren Nominalwert zu berücksichtigen.[22] 14

Im Beschluss vom 2.4.2009[23] hatte der BGH über die Vergütung des Insolvenzverwalters bei nur **kurzzeitigem Insolvenzverfahren** zu entscheiden; das Insolvenzverfahren wurde auf die Beschwerde des Schuldners gegen den Eröffnungsbeschluss aufgehoben. Der BGH stellte fest, dass i. R. der Vergütungsbemessung bei der Bestimmung eines **fiktiven Verwertungsergebnisses**, welches ohne die vorzeitige Beendigung des Insolvenzverfahrens erzielt worden wäre, nicht nur die dem Insolvenzantrag zugrunde liegende Gläubigerforderung, sondern die Forderungen sämtlicher Gläubiger zu berücksichtigen sind. 15

Im Beschluss vom 17.3.2011[24] befasste sich der BGH mit der Berechnungsgrundlage bei Beendigung des Insolvenzverfahrens nach rechtskräftiger **Bestätigung eines Insolvenzplans**; während des Insolvenzverfahrens wurde der Geschäftsbetrieb des Schuldners fortgeführt. Der BGH stellte hierzu fest, dass die Berechnungsgrundlage nach dem Schätzwert der Insolvenzmasse bei Beendigung des Insolvenzverfahrens zu bestimmen sei. Dieser ist nicht allein durch die Schlussrechnung zu bestimmen. Im konkreten Sachverhalt bestanden auch **Schadensersatzansprüche gegen den Gesellschafter** der schuldnerischen Gesellschaft. Diese sind nach Ansicht des BGH auch dann zu berücksichtigen, wenn sich der Insolvenzverwalter mit der Forderung überhaupt nicht befasst hat. Mit dieser Feststellung bekräftigte der BGH i. Ü. bereits frühere Rechtsprechung aus dem Jahr 2007.[25] 16

Im Beschluss vom 15.11.2012[26] konkretisierte der BGH seine frühere Rechtsprechung zur Vergütung des vorläufigen Insolvenzverwalters betreffend die Einbeziehung von mit Absonderungsrechten behafteten Gegenständen in die Berechnungsgrundlage der Vergütung nach § 11 Abs. 1 Satz 2 InsVV. Ungeachtet der Entscheidungsaussagen zur Berück- 17

20) BGH, Beschl. v. 24.5.2005 – IX ZB 6/03, ZVI 2005, 388 = DZWIR 2005, 463 m. Anm. *Keller*.
21) BGH, Beschl. v. 16.11.2006 – IX ZB 302/05, ZIP 2007, 284 = NZI 2007, 168.
22) BGH, Beschl. v. 29.3.2012 – IX ZB 134/09, ZInsO 2012, 1236; *Amberger* in: Leonhardt/Smid/Zeuner, InsVV, § 1 Rz. 28.
23) BGH, Beschl. v. 2.4.2009 – IX ZB 250/07, ZInsO 2009, 888.
24) BGH, Beschl. v. 17.3.2011 – IX ZB 145/10, NZI 2011, 445.
25) BGH, Beschl. v. 26.4.2007 – IX ZB 160/06, ZIP 2007, 1330 = NZI 2007, 461; dazu *Graeber*, NZI 2007, 492.
26) BGH, Beschl. v. 15.11.2012 – IX ZB 130/10, BGHZ 195, 336 = ZIP 2013, 30, dazu EWiR 2013, 125 *(Kalkmann)*.

sichtigung von dinglichen Belastungen bei der Bestimmung des Wertes eines solchen Gegenstandes in Anwendung des § 1 Abs. 2 Nr. 1 Satz 3 InsVV und § 63 Abs. 1 Satz 3 InsO (siehe dazu § 7 Rz. 33 ff.) stellte der BGH im ersten Leitsatz seiner Entscheidung fest, dass ein **Gegenstand**, an dem Absonderungsrechte bestehen, auch dann zu berücksichtigen ist, wenn der vorläufige Verwalter den Gegenstand **nicht verwertet**. Auch stellte er fest, dass eine Befassung des vorläufigen Verwalters mit dem Gegenstand nicht erfolgt sein muss. Hieraus wird deutlich, dass die Berücksichtigung eines Vermögenswertes bei der Berechnung der Vergütung sich nicht zwingend auf eine Schlussrechnung beziehen muss, in welche insbesondere der Verwertungserlös betreffend eines Gegenstandes Eingang gefunden hat.

2. Die Schlussrechnung in den verschiedenen Arten der Verfahrensbeendigung

a) Verfahrensaufhebung mit Schlussverteilung

18 Bei Aufhebung des Insolvenzverfahrens mit Schlussverteilung nach §§ 188 ff. InsO ist durch den Insolvenzverwalters stets Schlussrechnung nach § 66 InsO zu legen.[27] Das Insolvenzgericht prüft diese vor der Gläubigerversammlung (§ 66 Abs. 2 InsO), die im Schlusstermin die Schlussrechnung zu erörtern hat (§ 197 Abs. 1 Nr. 1 InsO).[28] Beanstandungen zur Bestimmung der Insolvenzmasse seitens des Insolvenzgerichts müssen i. R. der Prüfung der Schlussrechnung nach § 66 Abs. 2 Satz 1, § 196 Abs. 2 InsO erfolgen.[29] Da die Gläubiger im Schlusstermin Einwendungen gegen den Schlussbericht und die Schlussrechnung des Verwalters erheben können (§ 197 Abs. 1 Nr. 1 InsO),[30] steht der **Betrag der Insolvenzmasse** letztlich erst mit **Abhaltung des Schlusstermins** fest. Eine Festsetzung der Vergütung nach § 8 InsVV kann daher zutreffend erst nach dem Schlusstermin erfolgen, in welchem den Gläubigern auch rechtliches Gehör zur Vergütungsfestsetzung zu gewähren ist (siehe § 15 Rz. 29 ff.). In der gerichtlichen Praxis erfolgt die Vergütungsfestsetzung zumeist aber bereits mit Genehmigung der Schlussrechnung und Anberaumung des Schlusstermins; dies ist kritisch zu bewerten.[31]

b) Verfahrenseinstellung bei Masselosigkeit und Masseunzulänglichkeit

19 Auch im Falle der Einstellung des Verfahrens bei Masselosigkeit (§ 207 InsO) oder Masseunzulänglichkeit (§§ 208 ff. InsO) hat der Insolvenzverwalter eine Schlussrechnung für seine Tätigkeit zu legen.[32] Aus dieser hat sich die Insolvenzmasse als Berechnungsgrundlage nach den allgemeinen Maßgaben zu ergeben. § 1 Abs. 1 Satz 2 InsVV, der in Fällen vorzeitiger Verfahrensbeendigung eine abweichende Feststellung erlaubt, gilt dann nur in den Fällen, bei welchen das Verfahren nur von kurzer Dauer war und insbesondere die Insolvenzmasse praktisch nicht verwertet wurde. Dann soll ein **Schätzwert der Masse** zur Zeit der Verfahrensbeendigung maßgebend sein. Im Falle des § 207 InsO wird dieser

27) Mit Vorschlägen für eine einheitliche Rechnungslegung nach Standardkontenrahmen *Zimmer*, ZIP 2023, 1111.

28) *Frege/Keller/Riedel*, Insolvenzrecht, Rz. 3.1202 ff.; *Frege/Riedel*, Schlussbericht und Schlussrechnung, Rz. 341 ff.

29) *Frege/Keller/Riedel*, Insolvenzrecht, Rz. 3.1217; *Frege/Riedel*, Schlussbericht und Schlussrechnung, Rz. 394 ff.

30) Uhlenbruck-*Wegener*, InsO, § 197 Rz. 6 ff.; *Frege/Keller/Riedel*, Insolvenzrecht, Rz. 3.1227 ff.; beispielhaft zur Geltendmachung der Haftung des Insolvenzverwalters bei Nichterfüllung steuerlicher Buchführungspflichten BGH, Urt. v. 29.5.1979 – VI ZR 104/78, BGHZ 74, 316 = ZIP 1980, 25; allgemein Römermann-*Rein*, InsO/InsR, § 60 InsO Rz. 18 ff.; *Keller*, Insolvenzrecht, Rz. 814.

31) *Frege/Keller/Riedel*, Insolvenzrecht, Rz. 3.1218, 9.66.

32) Uhlenbruck-*Mock*, InsO, § 66 Rz. 45 ff.; *Metoja* in: HK-InsO, § 66 Rz. 79, 80; *Frege/Riedel*, Schlussbericht und Schlussrechnung, Rz. 399 ff.

Schätzwert zwangsläufig niedrig sein. Bei Verfahrensbeendigung nach §§ 208 ff. InsO hat der Insolvenzverwalter das vorhandene Vermögen zu verwerten und hierüber Schlussrechnung zu legen (§ 208 Abs. 3, §§ 66, 211 Abs. 2 InsO). Die Insolvenzmasse als Bemessungsgrundlage der Vergütung hat sich aus dieser Schlussrechnung zu ergeben. Gleichwohl wird sich auch hier keine hohe Insolvenzmasse und damit keine hohe Vergütung des Insolvenzverwalters ergeben.

Wurde das Verfahren nur aufgrund der Leistung eines **Kostenvorschusses** nach § 26 Abs. 1 Satz 2 InsO eröffnet, bleibt dieser bei der Bewertung außer Betracht (§ 1 Abs. 2 Satz 2 Nr. 5 InsVV). Der Kostenvorschuss ist nicht Teil der Insolvenzmasse; er dient lediglich der Deckung der Verfahrenskosten nach § 54 InsO und muss bei eintretender Masselosigkeit als verloren angesehen werden.[33] Anders ist dies zu beurteilen bei einem Massedarlehen, bei welchem Zins- und Tilgungsleistungen vereinbart sind und der Darlehensgeber das Risiko eines Ausfalls in Kauf nimmt (siehe eingehend Rz. 151 ff.). 20

Als Grundlage des Schätzwertes i. S. des § 1 Abs. 1 Satz 2 InsO kann auf das **Vermögensverzeichnis** nach § 153 InsO zurückgegriffen werden.[34] Dieses bezieht sich auf den Zeitpunkt der Insolvenzeröffnung und ist daher um weitere erwirtschaftete Massebeträge zu erhöhen oder auch zu kürzen, soweit sich herausstellt, dass die Masse bei Verfahrenseröffnung zu hoch bewertet worden ist. Aus dem Vermögensverzeichnis müssen sich auch Absonderungsrechte ergeben; sie sind bei Bestimmung der Teilungsmasse entsprechend § 1 Abs. 2 Nr. 1, 2 InsVV zu berücksichtigen. Der Schätzwert darf nicht aus allgemeinen Begründungen oder Annahmen hergeleitet werden. Er muss sich aus dem konkreten Verfahren und seinen Umständen ergeben. 21

Beispiel:

Das Insolvenzverfahren wurde mit einer voraussichtlichen Insolvenzmasse von 12 000 €, die im Wesentlichen aus Forderungen des schuldnerischen Unternehmens gegen Dritte bestand, eröffnet. Bereits nach zwei Monaten stellte der Verwalter fest, dass nur wenige Forderungen einbringlich waren. Das Verfahren wurde mit einem Kontostand von 1 200 € mangels Masse eingestellt.

Die Insolvenzmasse ist nach § 1 Abs. 1 Satz 2 InsVV zu schätzen. Würde man hier den tatsächlichen Bestand der Insolvenzmasse von 1 200 € als Grundlage der Vergütung ansetzen, würde dem Verwalter praktisch keine Vergütung zukommen. Nach § 2 Abs. 1 InsVV beträgt die Regelvergütung 480 €, damit ist die Mindestvergütung des § 2 Abs. 2 InsVV höher und somit maßgebend. Gleichwohl erhält der Verwalter nach § 207 Abs. 3 Satz 1 InsO nur anteilige Befriedigung zusammen mit den Gerichtskosten.

c) Verfahrensaufhebung nach Bestätigung eines Insolvenzplans

Auch bei Aufhebung des Insolvenzverfahrens nach rechtskräftiger Bestätigung eines Insolvenzplans gemäß § 258 InsO hat der Insolvenzverwalter für seine Tätigkeit **Schlussrechnung nach § 66 InsO** zu legen.[35] Im Insolvenzplan kann aber nach § 66 Abs. 1 Satz 2 InsO von einer Schlussrechnungslegung abgesehen werden.[36] Ob hierdurch auch 22

33) OLG Frankfurt/M., Urt. v. 6.2.1986 – 3 U 263/84, ZIP 1986, 931, dazu EWiR 1986, 503 *(Brehm)*; Uhlenbruck-*Langer*, InsO, § 26 Rz. 26; K. Schmidt-*Keller*, InsO, § 26 Rz. 38 ff.; *Pape* in: KPB, InsO, § 26 Rz. 137.

34) BGH, Beschl. v. 2.4.2009 – IX ZB 250/07, ZInsO 2009, 888; *Roth* in: KölnKomm-InsO, § 1 InsVV Rz. 16; *Keller* in: HK-InsO, § 1 InsVV Rz. 16.

35) Uhlenbruck-*Streit*, InsO, § 258 Rz. 10; *Fiebig* in: HK-InsO, § 258 Rz. 3.

36) Kritisch hierzu *Metoja* in: HK-InsO, § 66 Rz. 84, 85; *Heinrich*, NZI 2012, 235.

die **Rechnungslegungspflicht gegenüber dem Insolvenzgericht**, das die Rechtsaufsicht über die Tätigkeit des Insolvenzverfahrens führt, suspendiert ist, ist fraglich.

23 Liegt jedenfalls keine Schlussrechnung vor oder ist eine solche nicht aussagekräftig, weil der Insolvenzplan bereits kurz nach Insolvenzeröffnung beschlossen wurde und keine Insolvenzmasse verwertet ist, ist zur Feststellung der Insolvenzmasse als Grundlage der Vergütungsbemessung § 1 Abs. 1 Satz 2 InsO anzuwenden.[37)]

24 Hinreichende Grundlage einer Feststellung der Insolvenzmasse bieten die **Planrechnungen** und Anlagen zum Insolvenzplan, insbesondere die nach § 229 InsO notwendige **Vermögensübersicht**.[38)] Aus der Vermögensübersicht müssen im Hinblick auf die Bestimmung der vergütungsrechtlichen Insolvenzmasse sämtliche Vermögenswerte des Schuldners ersichtlich sein. Sieht der Insolvenzplan eine Fortführung des Unternehmens vor, so sind für die Bewertung die Fortführungswerte maßgebend.[39)] Sieht man die Vermögensübersicht als Ersatz der Schlussrechnung zur Bestimmung der Insolvenzmasse i. S. des § 1 Abs. 1 InsVV, so müssen auch die nach § 1 Abs. 2 InsVV besonders zu behandelnden Vermögensgegenstände und Rechtsverhältnisse ersichtlich sein. Deren Berücksichtigung im Insolvenzplan wird ausschlaggebend sein für die Berücksichtigung in der vergütungsrechtlichen Insolvenzmasse. Das gilt insbesondere für die Rechte der absonderungsberechtigten Gläubiger: Greift der Insolvenzplan bspw. in die Rechte der absonderungsberechtigten Gläubiger nicht ein, müssen sie keine Gläubigergruppe nach § 222 Abs. 1 InsO bilden.[40)] Die mit den Absonderungsrechten belasteten Vermögensgegenstände sind nach § 1 Abs. 2 Nr. 1 Satz 3 InsVV nur mit einem **Überschussbetrag** in die Insolvenzmasse einzubeziehen. Sieht der Insolvenzplan dagegen vor, dass Gläubiger auf ihre Absonderungsrechte verzichten, wird eine fiktive Berechnung entsprechend § 1 Abs. 2 Nr. 2 InsVV in Betracht kommen.

25 Da die Vergütung des Verwalters aus der Insolvenzmasse zu entrichten ist, muss sie bei Erstellung des Insolvenzplans und seiner Finanzierung hinreichend berücksichtigt und sichergestellt werden. Nicht zulässig ist es aber, wenn im Insolvenzplan selbst die vergütungsrechtliche Berechnungsgrundlage festgelegt wird oder die gesamte Vergütung des Verwalters ihrer Höhe nach bestimmt werden soll (siehe dazu § 2 Rz. 226 ff.).

d) Verfahrenseinstellung bei Wegfall des Eröffnungsgrundes oder mit Zustimmung aller Gläubiger

26 Das Insolvenzverfahren kann bei Wegfall des Eröffnungsgrundes auf Antrag des Schuldners gemäß § 212 InsO eingestellt werden.[41)] Diese Einstellungsmöglichkeit hat ihre Vorgängerregelung in § 19 Abs. 1 Nr. 4 GesO, die aber keine praktische Bedeutung erlangt hat.[42)] Im Falle der Verfahrenseinstellung nach § 212 InsO ist die Vergütung des Insolvenzverwalters unter **Schätzung der Insolvenzmasse** nach § 1 Abs. 1 Satz 2 InsVV zu ermitteln, wenn wegen besonders kurzer Verfahrensdauer und mangels Verwertung die Schlussrechnung nicht aussagekräftig ist. Auch hier kann das Vermögensverzeichnis nach

---

37) BGH, Beschl. v. 17.3.2011 – IX ZB 145/10, NZI 2011, 445; *Graeber/Graeber*, InsVV, § 1 Rz. 103 ff.

38) Dazu Jaeger-*Münch*, InsO, § 229 Rz. 27 ff.; *Eilenberger* in: MünchKomm-InsO, § 229 Rz. 3 ff.; Uhlenbruck-*Sinz*, InsO, § 229 Rz. 2; Römermann-*Ober*, InsO/InsR, § 229 InsO Rz. 7 ff.; *Spahlinger* in: KPB, InsO, § 229 Rz. 3 ff.

39) LG Traunstein, Beschl. v. 18.8.2000 – 4 T 4212/99, ZInsO 2000, 510; *Lorenz* in: FK-InsO, § 1 InsVV Rz. 13.

40) Zur Gruppenbildung Uhlenbruck-*Streit*, InsO, § 222 Rz. 9 ff.; Römermann-*Rühle*, InsO/InsR, § 222 InsO Rz. 4, 14 ff.; allgemein auch *Keller*, Insolvenzrecht, Rz. 1726 ff.

41) Voraussetzungen Uhlenbruck-*Ries*, InsO, § 212 Rz. 2 ff.; zum Verfahren *Pape* in: KPB, InsO, § 212 Rz. 9 ff.; *Frege/Keller/Riedel*, Insolvenzrecht, Rz. 3.1344 ff.

42) *Hess/Binz/Wienberg*, GesO, § 19 Rz. 41.

§ 153 InsO Anhaltspunkt für eine sachgerechte Wertermittlung sein. In entsprechender Anwendung des § 287 ZPO kann auch festgestellt werden, ob auf der Grundlage einer überwiegenden Wahrscheinlichkeit ein Gegenstand Bestandteil der Masse war.[43)]

Gleiches trifft zu bei Einstellung des Verfahrens mit Zustimmung aller Gläubiger nach § 213 InsO.[44)] Auch diese Regelung hat wie ihre Vorgängervorschrift (§ 202 KO) nur wenig praktische Bedeutung.[45)] 27

3. Die Bewertung einzelner Vermögenswerte

a) Die Insolvenzmasse nach § 35 InsO

aa) Insolvenzmasse und Neuerwerb

Als Insolvenzmasse i. S. des § 1 Abs. 1 InsVV ist die sog. **Soll-Masse** des § 35 InsO anzusehen. Sie umfasst das gesamte, dem Schuldner gehörige Vermögen, das er bei Eröffnung des Insolvenzverfahren besessen hat und während des Verfahrens erwirbt; unpfändbare Gegenstände und Vermögenswerte gehören nicht hierzu (§ 36 Abs. 1 InsO). 28

Gegenstände, die **nicht im Eigentum des Schuldners** stehen, mithin seitens des Berechtigten aus der Insolvenzmasse ausgesondert werden können (§ 47 InsO), finden keine Berücksichtigung. Sie sind nicht Bestandteil der Soll-Masse des § 35 InsO und damit auch nicht der vergütungsrechtlichen Berechnungsgrundlage i. S. des § 1 Abs. 1 InsVV.[46)] 29

Da § 1 Abs. 1 InsVV auf den Zeitpunkt der Verfahrensbeendigung abstellt, wird der **Neuerwerb** des Schuldners als zur Insolvenzmasse gehörig ebenso berücksichtigt wie die Vermögenswerte, die der Insolvenzverwalter während des Verfahrens für die Masse erwirtschaftet. Arbeitseinkommen, das der Schuldner während des Verfahrens erwirbt, gehört im Umfang seines pfändbaren Betrages zur Insolvenzmasse (§ 36 Abs. 1 InsO i. V. m. § 850c ZPO).[47)] Es ist nicht maßgeblich, ob der Insolvenzverwalter an der Erwirtschaftung der Insolvenzmasse beteiligt war, auch Nachlasserwerb[48)] oder sogar der Lotteriegewinn[49)] des Schuldners sind als Neuerwerb Bestandteil der Insolvenzmasse und damit der Vergütungsberechnung mit zugrunde zu legen. 30

Leistet der Schuldner in Ansehung des späteren Restschuldbefreiungsverfahrens auf **§ 295 Abs. 2 InsO** bereits **während des Insolvenzverfahrens Zahlungen**, sind auch diese Teil des Neuerwerbs und damit der Insolvenzmasse, denn der Insolvenzverwalter hatte sich mit den Zahlungen zu befassen. Dass sie während des Insolvenzverfahrens nicht verteilt werden, ist nicht maßgebend.[50)] Davon abzugrenzen sind Zahlungen, die als Vorschüsse auf die Verfahrenskosten geleistet werden (siehe Rz. 151).[51)] 31

---

43) BGH, Beschl. v. 20.7.2017 – IX ZB 69/16, ZIP 2017, 1627 = ZVI 2017, 441, dazu EWiR 2017, 697 *(Stoffler)*.

44) BGH, Beschl. v. 9.2.2012 – IX ZB 150/11, ZInsO 2013, 309; LG Kassel, Beschl. v. 5.11.2014 – 3 T 222/14, ZInsO 2014, 2397.

45) *Frege/Keller/Riedel*, Insolvenzrecht, Rz. 3.1368.

46) *Prasser/Stoffler* in: KPB, InsO, § 1 InsVV Rz. 31 ff.; *Keller* in: HK-InsO, § 1 InsVV Rz. 10; allgemein zur Insolvenzmasse *B. Peters/J. Peters* in: MünchKomm-InsO, § 35 Rz. 15 ff.; *Ries* in: HK-InsO, § 35 Rz. 8 ff.; *Keller* in: HK-InsO, § 36 Rz. 3 ff.

47) Zur Vergütung des vorläufigen Insolvenzverwalters BGH, Beschl. v. 5.7.2007 – IX ZB 83/03, ZInsO 2007, 766; allgemein Jaeger-*Müller*, InsO, § 35 Rz. 121 ff., § 36 Rz. 15 ff.; *Keller* in: HK-InsO, § 36 Rz. 51 ff.; *Holzer* in: KPB, InsO, § 35 Rz. 77; mit umfangreichen Rspr.-Nachw. *Keller*, NZI 2001, 449.

48) Zum Nachlasserwerb BGH, Beschl. v. 1.3.2007 – IX ZB 280/05, ZIP 2007, 639 = NZI 2007, 412.

49) AG Göttingen, Beschl. v. 8.9.2011 – 74 IN 235/09, ZIP 2012, 539 = NZI 2012, 32.

50) BGH, Beschl. v. 19.11.2020 – IX ZB 10/19, ZIP 2021, 52 = ZVI 2021, 40; LG Chemnitz, Beschl. v. 6.9.2021 – 3 T 207/19, ZInsO 2022, 1091.

51) BGH, Beschl. v. 11.11.2021 – IX ZB 38/20, ZRI 2022, 71 = NZI 2022, 92, dazu EWiR 2022, 180 *(Deppenkemper)*.

32 Vermögenswerte, die sich im **Ausland** befinden, gehören ebenfalls zur Insolvenzmasse[52] und sind damit Bestandteil der Berechnungsgrundlage der Vergütung. Weitere Fragestellungen ergeben sich, wenn insbesondere im Anwendungsbereich der EuInsVO[53] in den verschiedenen Staaten Haupt-, Partikular- oder Sekundärinsolvenzerfahren eröffnet werden.[54] Grundsätzlich sind die Vermögenswerte dem jeweiligen Insolvenzverfahren zuzuordnen. Ist danach im Inland ein Partikularinsolvenzverfahren eröffnet, erfasst dieses nur das inländische Vermögen, nur dieses ist Berechnungsgrundlage der Vergütung. Problematisch kann die Bestimmung der Berechnungsgrundlage im **Verhältnis zwischen Haupt- und Sekundärinsolvenzverfahren** sein (siehe eingehend Rz. 154 ff.).

bb) Anlagevermögen

33 Als Bestandteil der Insolvenzmasse und damit der Berechnungsgrundlage sind immaterielle Vermögenswerte des Schuldners zu berücksichtigen, bspw. Patente, Markenrechte oder sonstige gewerbliche Schutzrechte.[55] Im Rahmen einer Verwertung des schuldnerischen Unternehmens durch übertragende Sanierung sind diese zusammen mit dem sog. **Goodwill** eines Unternehmens nicht selten ein wesentlicher wertbildender Faktor der Veräußerung.[56]

34 **Grundstücke**, grundstücksgleiche Rechte sowie bewegliches Anlagevermögen sind mit dem jeweiligen Verwertungserlös zu berücksichtigen.[57] Ist der Schuldner lediglich Miteigentümer nach Bruchteilen oder in einer Gesamthandsgemeinschaft, ist der Wert seines Anteils maßgebend.[58] Grundstücke und grundstücksgleiche Rechte sind regelmäßig mit Grundpfandrechten belastet, diese sind als Absonderungsrechte zu berücksichtigen; es kann § 1 Abs. 2 Nr. 1 InsVV gelten (siehe dazu Rz. 82 ff.). Ein bei freihändiger Veräußerung zur Insolvenzmasse fließender Verwertungskostenbeitrag ist i. H. seines Bruttobetrages, einschließlich anfallender Umsatzsteuer,[59] Bestandteil der Berechnungsgrundlage.

35 Ein Grundstück, das anfechtungsfest mit einem Rückübertragungsanspruch vormerkungsgesichert belastet ist (§ 883 BGB) und deshalb nicht zur Masse gezogen werden kann,[60] ist nicht zu berücksichtigen. Die Verpflichtung des Insolvenzverwalters, den durch Vormerkung gesicherten Anspruch zu erfüllen (§ 106 InsO), kommt wirtschaftlich einer Aussonderung des Grundstücks aus der Insolvenzmasse gleich.

36 **Beteiligungen an anderen Gesellschaften** und Unternehmen sind mit ihrem jeweiligen Veräußerungswert zu berücksichtigen (siehe Rz. 44 ff.). **Wertpapiere** und sonstige **Fi-**

---

52) Grundlegend BGH, Urt. v. 13.7.1983 – VIII ZR 246/82, BGHZ 88, 147 = ZIP 1983, 961; *B. Peters/J. Peters* in: MünchKomm-InsO, § 35 Rz. 36 ff.

53) Verordnung (EU) 2015/848 des Europäischen Parlaments und des Rates v. 20.5.2015 über Insolvenzverfahren – EuInsVO, ABl. (EU) L 141/19 v. 5.6.2015.

54) Allgemein *Frege/Keller/Riedel*, Insolvenzrecht, Rz. 10.1 ff.

55) Hierzu Jaeger-*Müller*, InsO, § 35 Rz. 42 ff., 56, 58, 62 ff.; *B. Peters/J. Peters* in: MünchKomm-InsO, § 35 Rz. 283 ff.; Uhlenbruck-*Hirte/Praß*, InsO, § 35 Rz. 239 ff.; *Keller* in: HK-InsO, § 36 Rz. 33, 37.

56) BGH, Beschl. v. 8.7.2004 – IX ZB 589/02, ZIP 2004, 1555 = DZWIR 2004, 421 m. Anm. *Graeber*; *Keller* in: HK-InsO, § 1 InsVV Rz. 13; allgemein Jaeger-*Müller*, § 35 Rz. 19 ff. (Persönlichkeitsrechte, Firma, Geschäftsbezeichnungen); Uhlenbruck-*Hirte/Praß*, InsO, § 35 Rz. 253 (Know-how), Rz. 275 (Firma).

57) *Hess*, InsO, § 1 InsVV Rz. 11, 12.

58) Zum Miteigentum an einem ausländischen Grundstück BGH, Beschl. v. 20.7.2017 – IX ZB 69/16, ZIP 2017, 1627 = ZVI 2017, 441, dazu EWiR 2017, 697 *(Stoffler)*.

59) Zur Umsatzsteuer bei Verwertung absonderungsrechtsbehafteter Vermögenswerte BMF-Schreiben v. 30.4.2014 – IV D 2 – S 7100/07/10037, BStBl. I 2014, 816; eingehend K. Schmidt-*Sinz*, InsO, § 171 Rz. 27, 34, 35.

60) BGH, Beschl. v. 13.3.2008 – IX ZB 39/05, KTS 2008, 511 m. Anm. *Kothe* = DNotZ 2008, 518 m. Anm. *Amann*, dazu EWiR 2008, 501 *(Eckert)*.

nanzanlagen sind mit dem tatsächlichen Verwertungserlös anzusetzen, nicht etwa mit dem Wert bei Insolvenzeröffnung.

cc) Umlaufvermögen/Forderungen gegen Dritte

Das regelmäßig bewegliche Umlaufvermögen eines schuldnerischen Unternehmens ist 37 mit dem **tatsächlichen Veräußerungserlös** anzusetzen. Soweit es mit Absonderungsrechten belastet ist, fließen bei Veräußerung durch den Insolvenzverwalter zumindest die Kostenbeiträge des § 171 InsO zur Insolvenzmasse und damit zur Berechnungsgrundlage.

Als Forderungen gegen Dritte sind sowohl die bei Insolvenzeröffnung bereits bestehen- 38 den Forderungen als auch die während des Verfahrens entstehenden Forderungen zu berücksichtigen. Forderungen an Gläubiger, die nicht von diesen durch Aufrechnung beseitigt werden können, sind mit dem vollen Wert zu berücksichtigen.[61)]

Hat der Insolvenzverwalter **Forderungen an einen Prozessfinanzierer** abgetreten oder sich 39 verpflichtet, einen bestimmten Teil des Erlöses als Provision an den Prozessfinanzierer auszuzahlen, soll nach Ansicht des BGH[62)] nur der zur Insolvenzmasse nach **Abzug der dem Prozessfinanzierer zustehenden Beträge** fließende Betrag in Berechnungsgrundlage einzustellen sein. Das ist zweifelhaft.[63)] Der BGH stellt allein auf das wirtschaftliche Ergebnis ab, die vertragliche Grundlage zwischen Insolvenzverwalter und Prozessfinanzierer wird nicht betrachtet. Der BGH stellt allein auf den tatsächlichen Erlös aus der Forderungsbeitreibung ab. Mit der vorgenommenen Art der Verwertung der Forderung sei die Forderung selbst dazu eingesetzt worden, ihre Durchsetzung zu finanzieren. Daher bestehe der für die Berechnungsgrundlage maßgebliche Wert einer solchen Forderung nur in dem Überschuss, welcher der Masse verbleibt, nachdem der Anteil des Prozessfinanzierers ausgezahlt worden sei.[64)] Würde aber der Insolvenzverwalter die Forderungen selbst oder mit anwaltlicher Beauftragung durchsetzen, wären die dabei entstehenden Kosten nicht abzuziehen, es wäre der Erlös ohne diese Kosten maßgebend. Faktisch führt diese Ansicht zu einem Abzug der Provision, die als Masseverbindlichkeit von der Berechnungsgrundlage gerade nicht abzuziehen ist. Einen Verstoß gegen § 1 Abs. 2 Nr. 4 Satz 1 InsVV sieht der BGH aber nicht, weil ja der Wert der Forderung bereits durch die Provisionsvereinbarung vermindert wurde.[65)] Diese Argumentation ist schwer nachvollziehbar.

dd) Forderungen gegen Gesellschafter oder organschaftliche Vertreter

Ansprüche gegen Gesellschafter des schuldnerischen Unternehmens, bspw. auf Zahlung 40 der Stammeinlage einer GmbH aus § 19 GmbHG oder Rückzahlung aus §§ 30, 31 GmbHG, sind mit dem jeweiligen Realisierungswert anzusetzen.[66)] Der Insolvenzverwalter hat die Ansprüche zunächst aber in dem **Umfang** geltend zu machen, wie dies für die **Befriedigung aller Masseverbindlichkeiten** und **aller Insolvenzgläubiger** erforderlich

61) BGH, Beschl. v. 21.1.2010 – IX ZB 197/06, ZIP 2010, 436 = NZI 2010, 400.

62) BGH, Beschl. v. 16.12.2021 – IX ZB 24/21, ZRI 2022, 120 = NZI 2022, 279 m. Anm. *Wazlawik*, dazu EWiR 2022, 310 *(Mock)*.

63) Ebenso *Zimmer*, DZWIR 2022, 225.

64) BGH, Beschl. v. 16.12.2021 – IX ZB 24/21, Rz. 19, ZRI 2022, 120 = NZI 2022, 279.

65) BGH, Beschl. v. 16.12.2021 – IX ZB 24/21, Rz. 22, ZRI 2022, 120 = NZI 2022, 279.

66) BGH, Beschl. v. 9.2.2012 – IX ZB 230/10, ZIP 2012, 532 = NZI 2012, 315 m. Anm. *Keller*; *Graeber/Graeber*, InsVV, § 1 Rz. 50 ff.

ist; auf diesen Gesamtbetrag bezieht sich die Schätzung eines Realisierungswertes.[67] Ansprüche gegen organschaftliche Vertreter, bspw. aus § 15b InsO (bis 31.12.2020: § 64 GmbHG oder § 92 AktG) oder § 823 Abs. 2 BGB i. V. m. § 15a InsO, sind ebenfalls i. H. eines Realisierungswertes zu berücksichtigen.[68]

ee) Ansprüche aus Insolvenzanfechtung

41 Ansprüche aus Insolvenzanfechtung (§§ 129 ff. InsO) sind als Bestandteile der Insolvenzmasse in der Berechnungsgrundlage zu berücksichtigen. Dies gilt auch dann, wenn das Verfahren nach § 212 InsO oder § 213 InsO eingestellt wird und die Einziehung der Ansprüche zur Befriedigung der Masse- und der Insolvenzgläubiger erforderlich ist.[69] Im Nachlassinsolvenzverfahren dürfen nach § 328 Abs. 1 InsO die Anfechtungsansprüche nicht verwendet werden, um die nachrangigen Forderungen des § 327 Abs. 1 InsO zu befriedigen. Dennoch sind sie auch in einem solchen Verfahren als Bestandteil der Insolvenzmasse zu berücksichtigen, weil sich der Insolvenzverwalter mit ihnen befassen musste.[70] Anfechtungsansprüche sind mit den jeweiligen **Realisierungswert** anzusetzen.[71]

Beispiel:

Ein im Januar 2015 eröffnetes Insolvenzverfahren konnte im Oktober desselben Jahres durch den Verwalter abgeschlossen werden. In seiner Schlussrechnung legte er dar, dass bei Eröffnung des Verfahrens bereits 290 000 € auf einem Treuhandkonto sichergestellt waren. Im Laufe des Verfahrens mussten Masseverbindlichkeiten i. H. von 75 000 € beglichen werden. Absonderungsrechte an einzelnen Gegenständen wurden gegen Zahlung des Verkehrswerts der Gegenstände von insgesamt 25 000 € an die Gläubiger abgefunden, die Gegenstände konnte der Verwalter zu 25 000 € verwerten. Ein Grundstück wurde auf Betreiben eines Grundpfandrechtsgläubigers versteigert, für die Masse ergab sich kein Übererlös aus der Versteigerung.

Als Insolvenzmasse i. S. des § 1 Abs. 1 InsVV ist zunächst der verwahrte Geldbetrag von 290 000 € zzgl. erwirtschafteter Zinsen anzusetzen. Zur Insolvenzmasse i. S. des § 35 InsO gehörten auch die Gegenstände, an welchen Absonderungsrechte hafteten, sowie das versteigerte Grundstück. Ihre vergütungsrechtliche Berücksichtigung wird durch § 1 Abs. 2 Nr. 1, 2 InsVV geregelt. Bezüglich der abgefundenen Gegenstände erfolgt eine fiktive Berechnung des Massebetrages nach § 1 Abs. 2 Nr. 2 InsVV. Da der Wert der Gegenstände der Leistung an die berechtigten Gläubiger entspricht, kann kein Betrag zur vergütungsrechtlichen Berechnungsgrundlage genommen werden. Der Verwalter hat durch die eigene Verwertung i. Ü. keinen Vorteil für die Masse erwirtschaftet. Das Grundstück kann ebenso wenig in die Berechnung einbezogen werden, weil kein Überschuss zur Masse geflossen ist.

---

67) BGH, Beschl. v. 9.2.2012 – IX ZB 230/10, Rz. 12, ZIP 2012, 532 = NZI 2012, 315 m. Anm. *Keller*; BGH, Beschl. v. 9.2.2012 – IX ZB 150/11, ZInsO 2013, 309; BGH, Urt. v. 18.11.1969 – II ZR 83/68, BGHZ 53, 71 = NJW 1970, 469, 470 (Begr. aber insoweit in BGHZ 53, 71 nicht abgedr.); *Müller*, DB 2003, 1939; Michalski/Heidinger/Leible/Schmidt-*Nerlich*, GmbHG, § 69 Rz. 25; *H. F. Müller* in: MünchKomm-GmbHG, § 69 Rz. 15; Noack/Servatius/Haas-*Haas*, GmbHG, § 69 Rz. 4; Scholz-*Scheller*, GmbHG, § 69 Rz. 23.

68) BGH, Beschl. v. 26.4.2007 – IX ZB 160/06, ZIP 2007, 1330 = NZI 2007, 461; dazu *Graeber*, NZI 2007, 492; BGH, Beschl. v. 17.3.2011 – IX ZB 145/10, NZI 2011, 445; *Keller* in: HK-InsO, § 1 InsVV Rz. 12.

69) BGH, Beschl. v. 14.2.2019 – IX ZB 25/17, ZIP 2019, 715 = KTS 2019, 204 m. Anm. *Becker*, dazu EWiR 2019, 405 *(Blersch)*; *Lütcke*, NZI 2019, 367.

70) BGH, Beschl. v. 10.1.2019 – IX ZB 40/18, ZIP 2019, 278 = NZI 2019, 355, dazu EWiR 2019, 245 *(Prasser)*.

71) Zu dem Sonderfall, bei welchem dem Insolvenzverwalter erfüllungshalber Ansprüche aus einer Lebensversicherung übertragen werden: AG Düsseldorf, Beschl. v. 29.5.2017 – 502 IN 195/12, ZInsO 2017, 1339.

Als Teilungsmasse für die Befriedigung der Insolvenzgläubiger wird der Betrag von 290 000 € zzgl. Zinsen und abzgl. der Masseverbindlichkeiten sowie der Kosten des Verfahrens, bestehend aus den Gerichtskosten und der Vergütung des Verwalters, zur Verfügung stehen.

b) Nicht verwertete Vermögenswerte

Bestandteile der Insolvenzmasse, die während des Verfahrens nicht verwertet worden sind, sind mit ihrem Verkehrswert oder einem **fiktiven Verwertungsbetrag** zu berücksichtigen.[72] Dies gilt insbesondere für Forderungen gegen Dritte, die bei Insolvenzeröffnung bereits bestanden haben und nicht eingezogen worden sind,[73] oder für Forderungen, die i. R. der Betriebsfortführung begründet worden sind. Auch nicht geltend gemachte Anfechtungsansprüche sind mit ihrem fiktiven Realisierungswert anzusetzen.[74] Nicht verwertetes Anlagevermögen ist mit dem Verkehrswert anzusetzen. 42

Der Ansatz nicht verwerteten Vermögens mit einem fiktiven Verwertungsbeitrag erfolgt auch und gerade bei der Bestimmung der Vergütung des Insolvenzverwalters bei vorzeitiger Beendigung des Amtes. Es ist nicht entscheidend, ob er sich während seiner Amtszeit mit dem Vermögen befasst hat. Dies ist bei der Bestimmung des Kürzungstatbestandes des § 3 Abs. 2 lit. c InsVV oder der Gewährung von Zuschlägen zu berücksichtigen (siehe eingehend § 6 Rz. 3 ff.). 43

c) Die Bewertung der Unternehmensveräußerung bei übertragender Sanierung oder Share Deal

aa) Übernommene Verpflichtungen als Teil des Kaufpreises

Bei der Veräußerung eines Geschäftsbetriebes ist fraglich, mit welchem Wert dieses Rechtsgeschäft bei der Berechnungsgrundlage anzusetzen ist, ob lediglich mit dem baren Kaufpreis des Erwerbers, der zur Insolvenzmasse geflossen ist, oder mit der **Gesamtheit der von ihm übernommenen Verpflichtungen**. Letztere ergeben sich nämlich nicht aus der Schlussrechnung, ihr Wert kann im Einzelfall auch schwer zu bestimmen sein. 44

Veräußert bspw. der Insolvenzverwalter den Geschäftsbetrieb mit Übernahme von Vertragsbeziehungen der Schuldnerin durch den Erwerber, werden der Insolvenzmasse Insolvenzforderungen erspart, wenn bei Nichterfüllung durch den Insolvenzverwalter erhebliche Insolvenzforderungen nach § 103 Abs. 2 Satz 1 InsO entstanden wären, oder gar Masseverbindlichkeiten, wenn Erfüllung gewählt worden wäre. Vereinbarungen mit Übernahme von Verbindlichkeiten der Schuldnerin sind daher als Teil des Kaufpreises zu berücksichtigen. 45

Es ist zulässig und i. R. eines Unternehmenskaufs wie auch beim eher einfach gelagerten Fall des Grundstückskaufs üblich, vertraglich zu vereinbaren, dass der Kaufpreis nicht in vollem Umfang durch Zahlung von Geld, sondern auch durch **Übernahme von Verbindlichkeiten** zu leisten ist.[75] 46

---

72) BGH, Beschl. v. 24.5.2005 – IX ZB 6/03, ZVI 2005, 388 = DZWIR 2005, 463 m. Anm. *Keller*; etwas unklar *Graeber/Graeber*, InsVV, § 1 Rz. 48; kritisch dazu *Knapp*, Die Vergütung des Insolvenzverwalters, S. 36 ff.

73) *Amberger* in: Leonhardt/Smid/Zeuner, InsVV, § 1 Rz. 28; eingehend vorzeitiger Verfahrensbeendigung ohne Verwertung *Graeber/Graeber*, InsVV, § 1 Rz. 103 ff.

74) *Amberger* in: Leonhardt/Smid/Zeuner, InsVV, § 1 Rz. 27.

75) Allgemein Grüneberg-*Weidenkaff*, BGB, § 433 Rz. 40; *Büdenbender* in: NK-BGB, § 433 Rz. 50.

47 Beim Grundstückskauf geht der Gesetzgeber des BGB selbst von der Möglichkeit aus, dass der Käufer auf dem Grundstück lastende Grundpfandrechte und ihnen zugrunde liegende Forderungen unter Anrechnung auf den Kaufpreis übernimmt.[76)]

48 Auch wenn diese Variante des rechtsgeschäftlichen Grundstückserwerbs und der Kaufpreistilgung heute unüblich geworden ist, wird sie im Bereich der Zwangsversteigerung besonders deutlich bei der Bildung des geringsten Gebots und der Verpflichtung des Erstehers, die sog. bestehen bleibenden Rechte zu übernehmen (§§ 44, 45, 52, 53 ZVG).[77)]

49 Dass die Übernahme der Verbindlichkeiten als Teil des Kaufpreises anzusehen ist, wird auch besonders im Kostenrecht und Steuerrecht deutlich. Durch den Erwerber **übernommene Verbindlichkeiten** sind nämlich bei der Bestimmung des Gegenstandswertes der notariellen Gebühren wie auch der Gebühren für die Grundbucheintragung jeweils nach § 46 GNotKG zu berücksichtigen. Noch signifikanter ist die Berücksichtigung der durch einen Erwerber übernommenen Belastungen als Teil der von ihm geleisteten Gegenleistung für den Grundstückserwerb bei der Berechnung der **Grunderwerbsteuer** (§ 9 Abs. 1 Nr. 1, Abs. 2 Nr. 1 und 2 Satz 1 GrEStG).

50 Daher ist bei der Unternehmensveräußerung mit Übernahme von Verbindlichkeiten davon auszugehen, dass die von einem Erwerber eingegangenen Verpflichtungen in ihrer Gesamtheit Teil der Gegenleistung für den Erwerb sind. Die Vereinbarung der **Übernahme von Verbindlichkeiten** des schuldnerischen Unternehmens, stellt eine Gegenleistung dar, die **wirtschaftlich der Insolvenzmasse zugeflossen** ist. In diesem Umfang ist die zugeflossene Gegenleistung vollwertig zu berücksichtigen. Wäre über das Vermögen des Schuldners kein Insolvenzverfahren eröffnet worden, wäre ihm i. H. der Schuldbefreiung ein vollwertiger Gegenwert erwachsen, der bilanziell durch Minderung des Fremdkapitals sichtbar gewesen wäre und auch ertragsteuerlich relevant wäre, da Schuldbefreiung im Ergebnis als Gewinn anzusetzen ist. Bei Wegfall von Insolvenzforderungen tritt eine Reduzierung der Schuldenmasse ein, welche auch im Umfang der Erhöhung der Quote für die Gläubiger vorteilhaft ist. Hinsichtlich der Schuldübernahme ist der Insolvenzmasse eine Gegenleistung in Form der Schuldbefreiung und Erhöhung der Insolvenzquote zugeflossen. Diese erfolgte nicht unmittelbar kassenwirksam in der Weise, dass die Schuldbefreiung Eingang in die Schlussrechnung gefunden hat. Allein nach den handelsrechtlichen Bilanzierungspflichten betrachtet, würde die Schuldbefreiung aber sehr wohl eine erhebliche Veränderung des Passivpostens Fremdkapital der Bilanz bewirken, der sogar geeignet sein kann, eine Überschuldung zu beseitigen.

bb) Die Anwendung des § 1 Abs. 1 InsVV

51 Fraglich ist nun, wie eine Übernahme von Verbindlichkeiten mit Ersparung von Insolvenzforderungen oder Masseverbindlichkeiten zur Bestimmung der Vergütung des Insolvenzverwalters dem Wert der veräußerten „Assets" hinzuzurechnen ist, denn aus der Schlussrechnung ergibt sich dies nicht. Aus dem Wortlaut des § 63 Abs. 1 Satz 2 InsO ist aber bereits zu entnehmen, dass für die Bestimmung der Insolvenzmasse als Berechnungsgrundlage der Vergütung nicht zwingend auf die Schlussrechnung des Insolvenzverwalters Bezug genommen werden muss. Hingegen verweist § 1 Abs. 1 InsVV auf die Schlussrechnung als Grundlage der Bestimmung der Berechnungsgrundlage.

52 Der Wortlaut des § 1 Abs. 1 InsVV führt aber auch im einfach gelagerten Sachverhalt, bei welchem der Insolvenzverwalter Vermögenswerte der Insolvenzmasse nicht verwertet

76) *Schöner/Stöber*, Grundbuchrecht, Rz. 3153 ff.

77) Stöber-*Gojowczyk*, ZVG, § 44 Rz. 4 ff., § 52 Rz. 3; eingehend mit historischen Hintergründen *Bartels*, Dogmatik und Effizienz im Recht der Zwangsversteigerung, S. 246 ff.

hat, ebenfalls nicht zum zutreffenden Ergebnis. Daher hat in Fällen der **Unternehmensfortführung ohne abschließende Verwertung** einzelner Gegenstände der Insolvenzmasse oder bei der Vergütung des vorläufigen Insolvenzverwalters der BGH festgestellt, dass **nicht verwertete Gegenstände** oder Forderungen in die Berechnungsgrundlage der Vergütung **einzubeziehen** sind, obwohl sie nicht als Ergebnis einer Liquidationstätigkeit des Insolvenzverwalters in dessen Schlussrechnung eingegangen sind.[78] Ausdrücklich stellte der BGH immer wieder fest, dass die Regelung des § 63 Abs. 1 Satz 2 InsO ihrerseits nicht streng wortgetreu ausgelegt werden dürfe.[79]

Historisch basiert der Wortlaut des § 1 Abs. 1 InsVV auf der Vorgängernorm des § 1 VergVO, der ebenfalls die Schlussrechnung des Konkursverwalters als Grundlage der Vergütungsberechnung vorsah.[80] Der historisch begründete Mangel des § 1 Abs. 1 InsVV besteht in der Fokussierung der Verwaltertätigkeit auf reine Liquidationstätigkeit. Eine vom Gesetzgeber der InsO ausdrücklich gewollte Sanierung eines schuldnerischen Unternehmens unter Erhaltung der wesentlichen Vermögenswerte wird durch die Bezugnahme allein auf die Schlussrechnung nicht ausreichend abgebildet. Die Gesetzesbegründung zur InsO stellt aber gerade diesen Aspekt auch bei der Vergütung besonders heraus. Sie verwirft ausdrücklich die Vergütungsbestimmung betreffend die Vergütung des Vergleichsverwalters im früheren Vergleichsverfahren, wonach das Aktivvermögen zu Beginn des Verfahrens Berechnungsgrundlage sein sollte (§ 8 Abs. 1 VergVO).[81] 53

Im Zusammenhang mit der Anwendung des § 1 Abs. 1 InsVV ist auf die übergeordnete gesetzliche Vorschrift des § 63 Abs. 1 Satz 2 InsO hinzuweisen, der als Grundlage der Vergütung die Insolvenzmasse bezeichnet, und nicht auf eine Schlussrechnung Bezug nimmt. Bei der Bestimmung der Berechnungsgrundlage der Vergütung des Insolvenzverwalters darf daher nicht am Wortlaut des § 1 Abs. 1 InsVV festgehalten werden, es muss vielmehr geprüft werden, ob dieser in Einklang steht mit dem **unbestimmten Rechtsbegriff der Insolvenzmasse i. S. des § 63 Abs. 1 Satz 2 InsO**. Die Vorschrift des § 63 Abs. 1 Satz 2 InsO ist in ihrem Wortlaut offen für Tatbestände, die sich wirtschaftlich auf die Insolvenzmasse auswirken, auch wenn sie nicht zwingend durch die Schlussrechnung abgebildet werden können. Die Auslegung des § 1 Abs. 1 InsVV erfordert eine Orientierung am Wortlaut und an der Auslegung des § 63 Abs. 1 Satz 2 InsO. Der Zweck des § 1 Abs. 1 InsVV besteht darin, die gesamte Tätigkeit des Insolvenzverwalters sachgerecht durch den durch die Schlussrechnung abgebildeten Erfolg seiner Tätigkeit zu vergüten. Die Schlussrechnung soll insbesondere bei vollständiger Verwertung des schuldnerischen Vermögens sachgerecht die Vergütung als Tätigkeitsvergütung mit Erfolgscharakter berechnen lassen. Die Tätigkeit des Insolvenzverwalters ist aber auch unternehmerische Tätigkeit, die nicht in jeder Einzelheit ihres wirtschaftlichen Erfolges durch die Schlussrechnung abgebildet werden kann. 54

Wie bereits festgestellt, können i. R. der Verwertung der Insolvenzmasse auch **Vereinbarungen** geschlossen werden, die zwar für die Insolvenzmasse und die Insolvenzgläubiger günstig sind, jedoch nicht ausreichend durch die Schlussrechnung abgebildet werden. Eine allein wörtliche Auslegung des § 1 Abs. 1 InsVV kollidiert dann mit dem Zweck der Vorschrift, wenn bei einer Sanierung Gegenstände nicht verwertet werden oder bei Vermögenswerten der Insolvenzmasse werterhöhende Maßnahmen durchgeführt werden. 55

---

78) BGH, Beschl. v. 24.5.2005 – IX ZB 6/03, ZVI 2005, 388 = DZWIR 2005, 463 m. Anm. *Keller*; BGH, Beschl. v. 16.11.2006 – IX ZB 302/05, ZIP 2007, 284 = NZI 2007, 168.

79) BGH, Beschl. v. 15.11.2012 – IX ZB 130/10, Rz. 20, BGHZ 195, 336 = ZIP 2013, 30.

80) Begr. RegE InsO, BT-Drucks. 12/2443, S. 130, abgedr. in: *Kübler/Prütting*, RWS-Dok. 18, S. 234.

81) Begr. RegE InsO, BT-Drucks. 12/2443, S. 130, abgedr. in: *Kübler/Prütting*, RWS-Dok. 18, S. 234.

56 Vergleicht man die verschiedenen Möglichkeiten der Vertragsgestaltung und ihre Folgen für die Bildung der Schlussrechnung und damit der Berechnungsgrundlage der Vergütung, ergibt sich, dass ein Abstellen allein auf den Wortlaut des § 1 Abs. 1 InsVV nicht nur nicht sachgerecht, sondern rechtsfehlerhaft wäre. Folgte man der Auffassung, wonach es ausschließlich auf den Wert der Insolvenzmasse, auf den sich die Schlussrechnung bezieht, ankommt, führte dies, **je nach Gestaltung des Kaufvertrages zu völlig unterschiedlichen Ergebnissen** für die Vergütung des Insolvenzverwalters:

- Bestünde der Kaufpreis nur aus übernommenen Verpflichtungen fände dies keine Berücksichtigung in der Schlussrechnung und wäre vergütungsrechtlich unerheblich.
- Bei anderer Vertragsgestaltung hätte der bar zu zahlende Kaufpreis 40 Mio. € zuzüglich der abgegoltenen Verpflichtungen betragen. Diese wäre gleichsam als Teil des Kaufpreises „hin- und hergezahlt" worden. Dieser Wert wäre in die Schlussrechnung eingeflossen; die vergütungsrechtliche Fragestellung hätte sich nicht ergeben.
- Bei teilweise barer Zahlung des Kaufpreises und teilweiser Erbringung durch Übernahme von Verbindlichkeiten, wäre bei wörtlicher Anwendung des § 1 Abs. 1 InsVV jede Vergütungsgestaltung denkbar, je nachdem wie sich die jeweiligen Kaufpreisteile – bzw. Schuldübernahmen, die in die Schlussrechnung nicht einfließen –, und bar zu zahlender Teil, der vergütungsrechtlich relevant ist, zueinander verhalten.

57 Dies zeigt, dass die **vergütungsrechtliche Folge je nach Art der Vertragsgestaltung anders** ist, obwohl das wirtschaftliche Ergebnis gleich ist. Eine sachgerechte Lösung ist daher nur möglich, wenn § 1 Abs. 1 InsVV nach seinem und dem § 63 Abs. 1 InsO entsprechenden Zweck systematisch richtig angewendet wird. Eine Unternehmensveräußerung ist daher bezogen auf den Wert des veräußerten Vermögens nach der Gesamtheit der vom Erwerber übernommenen Verpflichtungen zu bewerten ist, nicht lediglich nach dem bar gezahlten Kaufpreis. Überzeugend wurde dies vom LG München I festgestellt und begründet.[82)]

58 Als Berechnungsgrundlage i. S. des § 1 InsVV ist nicht nur der zur Insolvenzmasse geflossene bare Kaufpreis anzusehen, sondern **sämtliche vom Erwerber erbrachten Leistungen und aufgewendeten Verpflichtungen**. Maßgebend ist, was nach den jeweiligen vertraglichen Vereinbarungen der Erwerber wirtschaftlich aufzuwenden (zu zahlen) hat, um die jeweiligen Beteiligungen oder Vermögenswerte zu erhalten. Dabei können übernommene Darlehensverpflichtungen ebenso maßgebend sein wie die Übernahme von Lieferverträgen oder die Fortführung von Miet- oder Leasingverträgen. Dieser Gesamtwert ist Teil der Insolvenzmasse, die vom Insolvenzverwalter verwertet worden ist.

4. Massezufluss nach Schlussrechnungslegung

59 In der InsVV ist nicht geregelt, ob mögliche Massezuflüsse, die nach der Schlussrechnungslegung und vor der Schlussverteilung erfolgen, in die Insolvenzmasse als Berechnungsgrundlage für die Vergütung einfließen. Die Antwort ergibt sich aus dem allgemeinen Insolvenzrecht: Da das Verfahren erst mit Aufhebungsbeschluss des Gerichts nach § 200 InsO oder Einstellung nach §§ 207, 208 ff. InsO beendet ist, sind **Massezuflüsse** bis zu diesem Zeitpunkt **Bestandteil der Insolvenzmasse** nach § 35 InsO und daher Bestandteil der Berechnungsgrundlage der Vergütung. In einem prägnanten Sachverhalt hatte dies der

82) LG München I, Beschl. v. 19.6.2013 – 14 T 12868/13, NZI 2013, 696 m. Anm. *Keller*; ähnlich LG Aurich, Beschl. v. 2.8.2010 – 4 T 433/06, juris; ebenso *Zimmer*, InsVV, § 1 Rz. 94.

BGH klargestellt und in nachfolgenden Entscheidungen stets bekräftigt:[83] Die Insolvenzmasse betrug bei Schlussrechnungslegung 0 €, später stellte sich heraus, dass der Schuldner während des Verfahrens eine Erbschaft im Wert von 758 000 € erworben hatte. Der Nachlasserwerb gehörte selbstverständlich zur Insolvenzmasse[84] und damit auch zur Berechnungsgrundlage der Vergütung.

Meist handelt es sich bei Massezuflüssen nach Schlussrechnungslegung um **Zinsgutschriften und Steuererstattungen** aus der an den Insolvenzverwalter gezahlten Umsatzsteuer. Das Problem taucht in der insolvenzrechtlichen Praxis stets auf: Der Insolvenzverwalter stellt Antrag auf Festsetzung der Vergütung zusammen mit Vorlage der Schlussrechnung und des Schlussberichts (§ 8 Abs. 1 Satz 3 InsVV). Berechnungsgrundlage der Vergütung ist die Insolvenzmasse, wie sie sich hieraus ergibt. Der Insolvenzverwalter nimmt die Schlussverteilung zumeist aber erst dann vor, wenn die an ihn zu seiner Vergütung gezahlte Umsatzsteuer (§ 7 InsVV) zur Masse zurückgeflossen ist.[85] Die Aufhebung des Verfahrens erfolgt nach § 200 InsO erst mit Beendigung der Verteilung, erst dann ist auch § 63 Abs. 1 InsO einschlägig. 60

Der BGH sowie die LG Frankfurt/O.,[86] Magdeburg,[87] Heilbronn[88] und Stralsund[89] befürworten die Einberechnung der bis zur Schlussverteilung zu erwartenden Massezuflüsse ausdrücklich auch für Umsatzsteuererstattungen.[90] Widerspruch erhob allein das LG Schwerin, das unzutreffend die Umsatzsteuer als durchlaufenden und nicht zu berücksichtigenden Posten der Rechnungslegung betrachtete.[91] Das AG Norderstedt schränkt die Berücksichtigung der Umsatzsteuererstattung zutreffend bei der Vergütung bei vorzeitiger Amtsbeendigung ein.[92] **Nach dem Zeitpunkt der Schlussrechnungslegung zu erwartende Massezuflüsse**, insbesondere aus Umsatzsteuererstattung, sind in die Berechnungsgrundlage **einzubeziehen**, wenn sie eine feste Kalkulationsbasis für das jeweilige Verteilungsverzeichnis bilden und endgültig der Masse zufließen.[93] Der Verwalter darf bei der Schlussrechnungslegung künftige Einnahmen nicht lediglich fiktiv oder in unrealistischer Höhe ansetzen. **Massezuflüsse nach dem Vollzug der Schlussverteilung** und der Beendigung des Insolvenzverfahrens erhöhen auch die Berechnungsgrundlage der Vergütung des Insolvenzverwalters. Konnten sie bei der bereits erfolgten Festsetzung der 61

83) BGH, Beschl. v. 26.1.2006 – IX ZB 183/04, ZIP 2006, 486 m. Anm. *Prasser* = ZVI 2006, 129; BGH, Beschl. v. 25.10.2007 – IX ZB 147/06, ZIP 2008, 81 m. Anm. *Jaeger/Michels* = ZVI 2008, 88; BGH, Beschl. v. 1.3.2007 – IX ZB 280/05, ZIP 2007, 639 = NZI 2007, 412; BGH, Beschl. v. 17.7.2008 – IX ZB 150/07, juris; BGH, Beschl. v. 1.7.2010 – IX ZB 66/09, ZInsO 2010, 1503; BGH, Beschl. v. 10.3.2011 – IX ZB 210/09, NZI 2011, 326; BGH, Beschl. v. 6.10.2011 – IX ZB 12/11, ZIP 2011, 2115 = NZI 2011, 906, dazu EWiR 2011, 785 *(Kalkmann)*; BGH, Beschl. v. 19.12.2013 – IX ZB 9/12, ZIP 2014, 334 = NZI 2014, 238 m. Anm. *Stoffler*, dazu EWiR 2014, 183 *(Zimmer)*; *Riedel* in: MünchKomm-InsO, § 1 InsVV Rz. 14; *Amberger* in: Leonhardt/Smid/Zeuner, InsVV, § 1 Rz. 10 ff.; *Graeber/Graeber*, InsVV, § 1 Rz. 123 ff.

84) BGH, Urt. v. 11.5.2006 – IX ZR 42/05, BGHZ 167, 352 = ZIP 2006, 1258, dazu EWiR 2006, 659 *(Stahlschmidt)*.

85) *Frege/Keller/Riedel*, Insolvenzrecht, Rz. 3.1238, 1252.

86) LG Frankfurt/O., Beschl. v. 22.8.2002 – 6a T 104/02, ZInsO 2002, 1028, dazu EWiR 2003, 885 *(Keller)*.

87) LG Magdeburg, Beschl. v. 27.5.2004 – 11 T 352/04, ZIP 2004, 1915 = ZVI 2004, 701.

88) LG Heilbronn, Beschl. v. 6.5.2005 – 1 T 141/05, ZIP 2005, 1187 = ZVI 2005, 390; AG Mosbach, Beschl. v. 12.1.2006 – IN 132/03, ZIP 2006, 489.

89) LG Stralsund, Beschl. v. 23.7.2007 – 2 T 87/07, ZInsO 2007, 1045.

90) Einhellig folgend *Prasser/Stoffler* in: KPB, InsO, § 1 InsVV Rz. 9 ff.; *Zimmer*, InsVV, § 1 Rz. 169 ff.; *Keller* in: HK-InsO, § 1 InsVV Rz. 15; *Büttner* in: HambKomm-InsO, § 1 InsVV Rz. 6 ff., 16 ff.; *Lorenz* in: FK-InsO, § 7 InsVV Rz. 3; *Schmittmann*, InsbürO 2011, 224.

91) LG Schwerin, Beschl. v. 27.2.2009 – 5 T 280/07, DZWIR 2009, 349 m. abl. Anm. *Keller*.

92) AG Norderstedt, Beschl. v. 18.6.2021 – 66 IN 79/13, ZInsO 2021, 1987.

93) BGH, Beschl. v. 26.1.2006 – IX ZB 183/04, ZIP 2006, 486 m. Anm. *Prasser* = ZVI 2006, 129; *Prasser/Stoffler* in: KPB, InsO, § 1 InsVV Rz. 9 ff.; *Lorenz* in: FK-InsO, § 1 InsVV Rz. 53 ff.

Vergütung noch nicht berücksichtigt werden, kann der Insolvenzverwalter auch insoweit eine ergänzende Festsetzung beantragen.[94)]

62 Für die Rechtspraxis gibt es drei Möglichkeiten, weitere Massezuflüsse in die Berechnungsgrundlage der Vergütung einzubeziehen:

- Das Gericht kann bei Aufhebung des Verfahrens nach Vornahme der Schlussverteilung (§ 200 InsO) eine **Nachtragsverteilung vorbehalten** für noch weitere Massezuflüsse aus Steuererstattung oder weitere im Einzelfall zu erwartende Rückflüsse. Eine besondere Vergütung erhält der Verwalter für die bereits vorbehaltene Nachtragsverteilung nicht. Ihm kann aber eine Erhöhung seiner Vergütung nach § 3 Abs. 1 InsVV gewährt werden. Ein Massezufluss, der überhaupt erst nach Aufhebung des Verfahrens eintritt, kann ohnehin nur über Nachtragsverteilung festgestellt werden, die Tätigkeit des Insolvenzverwalters ist dann nach § 6 InsVV zu vergüten.[95)]
- Das Gericht kann auch bereits mit Genehmigung der Schlussverteilung die Vergütung bezogen auf die Insolvenzmasse der Schlussrechnung festsetzen. Nach Vornahme der Schlussverteilung und endgültiger Feststellung der Insolvenzmasse ist diese **Vergütungsfestsetzung** hinsichtlich der weiteren tatsächlich erfolgten Massezuflüsse **zu ergänzen.**[96)] Der Insolvenzverwalter ist hinsichtlich der nachträglichen Festsetzung keiner Präklusion unterworfen, wenn der Massezufluss schon vorher hätte berücksichtigt werden können.[97)]
- Die weitere Vergütung besteht aber nicht in der Regelvergütung auf die Massezuflüsse als Berechnungsgrundlage nach § 1 InsVV, sondern in der **Differenz zwischen den Vergütungen** (§§ 2, 3 InsVV) der ursprünglich festgestellten Insolvenzmasse und der um die Zuflüsse erhöhten Insolvenzmasse.
- Das Gericht kann schließlich **mit Sicherheit feststehende Massezuflüsse** (Umsatzsteuer des Insolvenzverwalters) bereits in seine erste Vergütungsfestsetzung **einbeziehen.**[98)]

63 Die Berücksichtigung der Steuererstattung kann zu einem rechnerischen Problem werden. Die Einbeziehung des aus der Masse an den Verwalter gezahlten Umsatzsteuerbetrages als Steuererstattungsbetrag erhöht nämlich wieder die Insolvenzmasse, damit auch die Vergütung und damit auch den Umsatzsteuerbetrag hierauf. Dies führt zu einer theoretischen **Endlosschleife**, wenn die Insolvenzmasse um den Steuererstattungsbetrag nach oben korrigiert wird, sich damit aber auch wieder Vergütung und zu zahlende Umsatzsteuer erhöhen. Die Endlosschleife endet, wenn die Vergütungserhöhung und die hierauf entfallende Umsatzsteuer durch Massezufluss so gering werden, dass sie sich im nicht mehr aufrundbaren Nachkommabereich befinden.[99)] Nach Ansicht des BGH erstreckt sich die

---

94) BGH, Beschl. v. 6.4.2017 – IX ZB 3/16, ZIP 2017, 932 = DZWIR 2017, 344 m. Anm. *Keller*, dazu EWiR 2017, 471 *(Prasser)*.

95) BGH, Beschl. v. 6.10.2011 – IX ZB 12/11, ZIP 2011, 2115 = NZI 2011, 906, dazu EWiR 2011, 785 *(Kalkmann)*.

96) BGH, Beschl. v. 26.1.2006 – IX ZB 183/04, ZIP 2006, 486 m. Anm. *Prasser* = ZVI 2006, 129; BGH, Beschl. v. 6.4.2017 – IX ZB 3/16, ZIP 2017, 932 = DZWIR 2017, 344 m. Anm. *Keller*, dazu EWiR 2017, 471 *(Prasser)*.

97) BGH, Beschl. v. 20.7.2017 – IX ZB 75/16, ZIP 2017, 1629 = ZVI 2017, 443, dazu EWiR 2017, 633 *(Keller)*; so aber AG Friedberg, Beschl. v. 7.7.2015 – 60 IN 202/10, ZIP 2015, 2433 = NZI 2015, 908 m. Anm. *Keller*.

98) BGH, Beschl. v. 26.1.2006 – IX ZB 183/04, Rz. 19, ZIP 2006, 486 m. Anm. *Prasser* = ZVI 2006, 129; zurückhaltend betreffend den abberufenen Insolvenzverwalter BGH, Beschl. v. 10.11.2005 – IX ZB 168/04, ZIP 2006, 93 = ZVI 2005, 646.

99) Mit Berechnungsbeispiel *Lorenz* in: FK-InsO, § 1 InsVV Rz. 53, 55; *Onusseit*, ZInsO 2009, 2285; kritisch *Reck*, ZInsO 2011, 267.

Berücksichtigung des Massezuflusses **lediglich auf den ersten Betrag der Vorsteuererstattung** der Insolvenzmasse, der Massezufluss soll also nur einmal zu berechnen sein.[100)] Aus der Begründung des BGH könnte man den Schluss ziehen, er wolle lediglich eine mehrmalige Nachberechnung und Nachfestsetzung der Vergütung vermeiden, weshalb die mehrmalige Berechnung des Massezuflusses schon i. R. der ersten und diesbezüglich einzigen Vergütungsfestsetzung möglich sei;[101)] man berechnet dann die künftigen Erstattungen und Masseerhöhungen durch die jeweiligen Zuflüsse voraus. Andererseits erlaubt der BGH die Einbeziehung künftiger Zuflüsse nur, wenn diese bei Einreichung der Schlussrechnung schon mit Sicherheit feststehen. Bei künftiger **Vorsteuererstattung** sieht er das aber als nicht sicher an. Zweifel bestünden deswegen, weil die späteren Erstattungsanträge eine Berichtigung des ursprünglich geltend gemachten Vorsteuerabzugs zum Gegenstand hätten, deren Ursache allein darin läge, dass sich durch die vorangegangene, dieselbe Leistung betreffende Vorsteuererstattung die Vergütung des Insolvenzverwalters und damit die Grundlage für die Bemessung der Vorsteuer ändere.[102)] Grundsätzlich soll es deshalb bei der einmaligen Berücksichtigung des Massezuflusses aus der Vorsteuererstattung verbleiben, die sich aus der ersten Vergütungsfestsetzung ergibt.[103)] Nur wenn die weiteren Erstattungen mit Sicherheit feststehen, können sie einberechnet werden.[104)]

Diese Annahme des BGH ist wenig verständlich. Denn im Zeitpunkt der Beendigung des Verfahren werden durch den Schuldner regelmäßig keine umsatzsteuerpflichtigen Leistungen mehr erbracht, so dass gezahlte Vorsteuer nach § 16 UStG mit Sicherheit erstattet wird. Eine Unsicherheit mag lediglich darin bestehen, dass die Vergütung seitens des Insolvenzgerichts nicht in der beantragten Höhe festgesetzt wird und sich dadurch der Umsatzsteuerbetrag ändert. Dies kann aber das Gericht selbst bei der Vergütungsberechnung berücksichtigen. 64

Beispiel:

Im Insolvenzverfahren wird eine Vergütung i. H. von 100 000 € netto festgesetzt. Die Insolvenzmasse hat dem Insolvenzverwalter hierauf Umsatzsteuer i. H. von 19 000 € zu leisten (§ 7 InsVV). Da bei Beendigung des Insolvenzverfahrens die Insolvenzmasse selbst keine steuerbaren Umsätze mehr tätigt, erhält sie diese gezahlte Vorsteuer wieder erstattet (§ 16 UStG). Damit erhöht sich die Insolvenzmasse einmalig um 19 000 €. Die Vergütung des Insolvenzverwalters erhöht sich hierdurch einmalig um den Prozentsatz, in welchem sich die Insolvenzmasse als Berechnungsgrundlage innerhalb der Degressionsstufen des § 2 Abs. 1 InsVV bewegt. Erhöhungstatbestände oder Kürzungstatbestände des § 3 InsVV sind selbstverständlich zu berücksichtigen. Betrug die Insolvenzmasse bspw. 3 Mio. € und waren dem Insolvenzverwalter Zuschläge im Umfang von 50 % zugesprochen, erhöht sich seine Vergütung durch den Massezufluss in einem seit 1.1.2021 beantragten Verfahren um rechnerisch 3,3 % von 19 000 € (Degressionsstufe Nr. 5 des § 2 Abs. 1 InsVV zzgl. 50 % Erhöhung), im Ergebnis also um 627 €.

Ist der Schuldner des Insolvenzverfahrens **natürliche Person** oder liegt ein **Nachlassinsolvenzverfahren** vor, muss wie im allgemeinen Umsatzsteuerrecht auch eine Teilung der Ausgaben nach solchen, die der unternehmerischen Tätigkeit dienen und sonstigen 65

100) BGH, Beschl. v. 26.2.2015 – IX ZB 9/13, ZIP 2015, 696 = NZI 2015, 388 m. Anm. *Graeber*, dazu EWiR 2015, 353 *(Zimmer)*.

101) BGH, Beschl. v. 26.2.2015 – IX ZB 9/13, Rz. 8, 9, ZIP 2015, 696 = NZI 2015, 388 m. Anm. *Graeber*.

102) BGH, Beschl. v. 26.2.2015 – IX ZB 9/13, Rz. 10, ZIP 2015, 696 = NZI 2015, 388 m. Anm. *Graeber*.

103) Kritisch dagegen *Zimmer*, EWiR 2015, 353 (Urteilsanm.).

104) Nach *Graeber*, NZI 2015, 388 (Urteilsanm.), soll der Insolvenzverwalter dies dem Gericht gegenüber versichern.

Ausgaben vorgenommen werden. Für Ausgaben des Unternehmens (Betriebsausgaben) kann er die an den Leistungserbringer gezahlte Umsatzsteuer (Vorsteuer) gegenüber dem Fiskus von seiner Umsatzsteuerschuld abziehen, für Ausgaben des privaten Bereichs kann er dies nicht.[105] Bei **gemischten Aufwendungen** wird regelmäßig eine **Quotelung** vorgenommen. Dies gilt auch für die Umsatzsteuererstattung im Insolvenzverfahren und für die Berücksichtigung eines Massezuflusses. Der BFH hatte hierzu grundlegend festgestellt:[106] Dient ein Insolvenzverfahren sowohl der Befriedigung von Verbindlichkeiten des – zum Vorsteuerabzug berechtigten – Unternehmens wie auch der Befriedigung von Privatverbindlichkeiten des Unternehmers, ist der Unternehmer aus der Leistung des Insolvenzverwalters grundsätzlich im Verhältnis der unternehmerischen zu den privaten Verbindlichkeiten, die im Insolvenzverfahren jeweils als Insolvenzforderungen geltend gemacht werden, zum anteiligen Vorsteuerabzug berechtigt. Damit erhält die Insolvenzmasse die Vorsteuererstattung lediglich bezogen auf die unternehmerische Tätigkeit. Eine nochmalige Quotelung des Erstattungsbetrages bei der Berechnungsgrundlage erübrigt sich damit. Bei der Aufteilung der Vorsteuer ist zunächst das Verhältnis der unternehmerischen zu den privaten Insolvenzforderungen zu ermitteln. Bei den unternehmerischen Forderungen ist danach zu unterscheiden, ob die Verbindlichkeiten im Zusammenhang mit steuerpflichtigen Ausgangsumsätzen oder steuerfreien Ausschlussumsätzen stehen.[107]

66 **Spiegelbildlich zu Massezuflüssen können** auch **spätere Ausgaben** die **Berechnungsgrundlage** und damit die Vergütung **mindern**, wenn es sich um Ausgaben handelt, die nach § 1 Abs. 2 InsVV zu berücksichtigen sind.[108] Allerdings sollte es im gewöhnlichen Verlauf eines Insolvenzverfahrens selten vorkommen, dass etwa noch Ausgaben einer Unternehmensfortführung oder der Verwertung von Absonderungsrechten nach Schlussrechnungslegung anfallen.

5. Bewertung von Sondermassen

67 Sind in dem Insolvenzverfahren besondere Ansprüche zugunsten besonderer Gläubiger geltend zu machen, sind auch diese Ansprüche Teil der Berechnungsgrundlage nach § 1 Abs. 1 InsVV. Es handelt sich hier um sog. Sondermassen, bspw. bei **Geltendmachung der persönlichen Haftung von Gesellschaftern** nach § 93 InsO,[109] §§ 171, 172 HGB[110] oder bei Geltendmachung von **Ansprüchen aus Insolvenzverschleppungshaftung** zugunsten der sog. Altgläubiger aus § 823 Abs. 2 BGB i. V. m. § 15a Abs. 1 InsO.[111] Sie sind zwar nicht Teil der Insolvenzmasse i. S. des § 35 InsO, sind aber von der Tätigkeit des Insolvenzverwalters umfasst.[112] Zu berücksichtigen ist auch, dass der Insolvenzver-

105) *Graeber/Graeber*, InsVV, § 1 Rz. 25 ff.; eingehend auch *Lechleitner*, ZInsO 2015, 1382.

106) BFH, Urt. v. 15.4.2015 – V R 44/14, ZIP 2015, 1237 m. Anm. *Kahlert* = NZI 2015, 625 m. Anm. *de Weerth*; zur Nachlassinsolvenz BFH, Urt. v. 21.10.2015 – XI R 28/15, ZIP 2016, 731 = NZI 2016, 370; zur umsatzsteuerfreien Veräußerung eines Grundstücks FG Nürnberg, Urt. v. 11.5.2010 – 2 K 1513/08, EFG 2010, 1843 m. Anm. *Loose*; *Lorenz* in: FK-InsO, § 1 InsVV Rz. 56.

107) FG Schleswig-Holstein, Urt. v. 15.9.2016 – 4 K 14/14, EFG 2017, 76 m. Anm. *Hütte*.

108) Zutreffend *Zimmer*, InsVV, § 1 Rz. 178.

109) Grundlegend und eingehend zur vielfältigen Problematik der Norm bei *Gehrlein* in: MünchKomm-InsO § 93 Rz. 13 ff.; Jaeger-*Müller*, InsO, § 93 Rz. 4 ff., 47 ff.; *Pohlmann* in: HambKomm-InsO, § 93 Rz. 35 ff.; K. Schmidt-*K. Schmidt*, InsO, § 93 Rz. 4 ff., 23 ff.

110) Dazu *Scholz/Hölken*, ZInsO 2019, 293.

111) In der Fassung nach Inkrafttreten des MoMiG v. 23.10.2008 (BGBl. I 2008, 2026) zum 1.11.2008, früher § 64 Abs. 1 GmbHG; zur Bildung einer Sondermasse BGH, Urt. v. 30.3.1998 – II ZR 146/96, BGHZ 138, 211, 217 = ZIP 1998, 776; zu den Ansprüchen der sog. Neugläubiger BGH, Urt. v. 6.6.1994 – II ZR 292/91, BGHZ 126, 181 = ZIP 1994, 1103.

112) Uhlenbruck-*Hirte/Praß*, InsO, § 35 Rz. 323 ff.; Jaeger-*Müller*, InsO, § 35 Rz. 178.

walter für die Tätigkeit eine Erhöhung seiner Vergütung nach § 3 Abs. 1 InsVV[113] oder eine gesonderte Vergütung nach § 5 InsVV beanspruchen kann.

Fraglich ist nur, ob die **Vergütung** und auch die sonstigen Kosten des Insolvenzverfahrens **der Sondermasse ganz oder anteilig** zu entnehmen sind. Relevant ist dies, wenn ansonsten Masselosigkeit nach § 26 oder § 207 InsO droht.[114] Der BGH verneint dies für die Anwendung des § 93 InsO.[115] Er argumentiert dabei wesentlich mit dem Verursacherprinzip und meint, der durch § 93 InsO in Anspruch genommene Gesellschafter habe für die Insolvenz unmittelbar keinen Anlass gegeben und dürfe daher auch nicht haftbar gemacht werden. Dies trifft auf § 823 Abs. 2 BGB i. V. m. § 15a Abs. 1 InsO freilich nicht zu und ist auch sonst fraglich. Denn wenn die Sondermasse von der Kostenhaftung verschont wird, werden auch die hiervon begünstigten Gläubiger geschont (Gesellschaftergläubiger bei § 93 InsO; sog. Altgläubiger bei § 15a Abs. 1 InsO). Dagegen werden die gewöhnlichen Insolvenzgläubiger belastet. Warum aber sollen die Insolvenzgläubiger durch die Vergütung und die sonstigen Kosten des Verfahrens die Tätigkeit des Insolvenzverwalters für einzelne Beteiligte finanzieren?[116] Es ist deshalb nicht richtig, sowohl im Falle des § 93 InsO als auch bei § 823 Abs. 2 BGB i. V. m. § 15a InsO die hierdurch begünstigten Gläubiger zu bevorzugen.[117] 68

Das Problem kann gelöst werden, indem **zunächst eine einheitliche Berechnungsgrundlage** gebildet wird und sodann der **Vergütungsanteil**, der durch Hinzurechnung der **Sonderinsolvenzmasse** entstanden ist, unmittelbar aus dieser **entnommen** wird.[118] Damit wird eine Vergleichsberechnung der Vergütung des Insolvenzverwalters notwendig, in welche die allgemeinen Erhöhungstatbestände des § 3 Abs. 1 InsVV einfließen müssen, weil sich durch die dann höhere Berechnungsgrundlage entsprechend auch die Regelvergütung erhöht. 69

Es ist wie folgt vorzugehen: 70

1. Bestimmung der Insolvenzmasse als Berechnungsgrundlage der Vergütung nach § 1 InsVV unter Einbeziehung der Sonderinsolvenzmasse.
2. Berechnung der Vergütung nach § 2 Abs. 1 InsVV hieraus und Bestimmung allgemeiner Erhöhungstatbestände – freilich auch möglicher Kürzungstatbestände – nach § 3 InsVV.
3. Bestimmung der Insolvenzmasse als Berechnungsgrundlage der Vergütung nach § 1 InsVV ohne Einbeziehung der Sonderinsolvenzmasse.
4. Berechnung der Vergütung nach §§ 2 und 3 InsVV hieraus.
5. Bildung der Differenz aus den Vergütungsbeträgen.

Der Insolvenzverwalter erhält insgesamt die Vergütung nach Schritt 2. Der Differenzbetrag nach Schritt 5 ist unmittelbar der besonderen Insolvenzmasse zu entnehmen. 71

Beispiel:

Der Insolvenzverwalter macht erfolgreich einen Anspruch aus Insolvenzverschleppungshaftung i. H. von 250 000 € geltend. Die sonstige Insolvenzmasse beträgt 700 000 €. Seine Ver-

113) *Graeber/Graeber*, InsVV, § 1 Rz. 53 ff.; *Zimmer*, InsVV, § 1 Rz. 204 ff.

114) Eingehend K. Schmidt-*Keller*, InsO, § 26 Rz. 14; K. Schmidt-*K. Schmidt*, InsO, § 93 Rz. 42.

115) BGH, Urt. v. 24.9.2009 – IX ZR 234/07, ZIP 2009, 2204 = NZI 2009, 841, dazu EWiR 2009, 775 *(Berger)*; vorgehend OLG Brandenburg, Urt. v. 23.5.2007 – 7 U 173/06, ZIP 2007, 1756; je m. ausführl. Nachw. *Pohlmann* in: HambKomm-InsO, § 93 Rz. 20 ff.; kritisch Jaeger-*Müller*, InsO, § 93 Rz. 43 ff.

116) Keine Regelungsmöglichkeit sehen *Graeber/Graeber*, InsVV, § 1 Rz. 54.

117) LG Detmold, Beschl. v. 21.4.2021 – 3 T 195/20, ZIP 2021, 2347 = NZI 2021, 903 m. Anm. *Budnik*, dazu *Pohlmann-Weide*, NZI 2022, 597.

118) Ebenso *Wolgast* in: HK-InsVV, § 1 Rz. 104 ff.

gütung unter Berücksichtigung der für die sog. Altgläubiger zu verteilenden Sondermasse berechnet sich wie folgt:

Insolvenzmasse gesamt	*950 000,00 €*
Regelvergütung hieraus (§ 3 InsVV unberücksichtigt)	*61 150,00 €*

Insolvenzmasse ohne Sondermasse	*700 000,00 €*
Regelvergütung hieraus	*55 650,00 €*

Differenzbetrag der Vergütungen	*5 500,00 €*

Der Insolvenzverwalter erhält eine Vergütung von 61 150 €; davon sind 5 500 € der Sondermasse aus Insolvenzverschleppungshaftung zu entnehmen.

72 Gegen diese Berechnung könnte eingewandt werden, sie würde zu einer **unangemessenen Schmälerung der Sonderinsolvenzmasse** führen. **Dem ist nicht so.** Die Erhöhung der Vergütung durch Einberechnung der Sonderinsolvenzmasse erfolgt in dem Umfang, wie sich die Insolvenzmasse in den Degressionsstufen des § 2 Abs. 1 InsVV bewegt. Auch unter Berücksichtigung möglicher Erhöhungstatbestände ist dann der Differenzbetrag aus den vergleichsweise berechneten Vergütungen immer niedriger als die besondere Insolvenzmasse selbst. Die Gefahr, dass dieser aus der besonderen Insolvenzmasse zu entnehmende Differenzbetrag dieselbe vollständig aufzehrt, ist rechnerisch nur dann gegeben, wenn die sonstige Insolvenzmasse extrem gering ist; nur dann ist der Differenzbetrag aus den vergleichsweise berechneten Vergütungen entsprechend hoch.

6. Berechnungsgrundlage bei Entlassung des Insolvenzverwalters

73 Die Vergütung des entlassenen Insolvenzverwalters bestimmt sich nach dem Wert der Insolvenzmasse im **Zeitpunkt der vorzeitigen Beendigung** seines Amtes.[119] Der Insolvenzverwalter hat nach § 66 InsO Schlussrechnung zu legen; die sich hieraus ergebende Insolvenzmasse ist Berechnungsgrundlage i. S. des § 1 Abs. 1 InsVV.[120] § 1 Abs. 1 Satz 2 InsVV ist entsprechend anzuwenden.[121] Nicht verwertete Vermögenswerte sind mit einem fiktiven Verwertungserlös anzusetzen (siehe oben Rz. 42). Ein **späterer Massezufluss ist hinzuzurechnen**, wenn er Folge der Tätigkeit des aus dem Amt geschiedenen Insolvenzverwalters ist.[122] Hat der ausgeschiedene Insolvenzverwalter bspw. Forderungen gegen Dritte bereits eingeklagt oder einen **Anfechtungsanspruch** (§§ 129 ff. InsO) geltend gemacht und zahlen der Dritte oder der Anfechtungsgegner nach dem Verwalterwechsel, ist dies dem ausgeschiedenen Insolvenzverwalter zuzurechnen. Dies gilt auch für einen **Pflichtteilsanspruch**, den der Insolvenzverwalter mit Zustimmung des Schuldners nach § 852 ZPO[123] gegen einen Erben geltend macht. Forderungen gegen Dritte sind im Zeit-

---

119) BGH, Beschl. v. 10.11.2005 – IX ZB 168/04, ZIP 2006, 93 = ZVI 2005, 646; LG Magdeburg, Beschl. v. 16.12.1998 – 3 T 518/98, ZInsO 1999, 113; LG Bamberg, Beschl. v. 9.2.2005 – 3 T 128/04, ZIP 2005, 671; *Prasser/Stoffler* in: KPB, InsO, Vor § 1 InsVV Rz. 15 ff.; anders *Büttner* in: HambKomm-InsO, § 1 InsVV Rz. 18.

120) OLG Brandenburg, Beschl. v. 11.10.2001 – 8 W 231/01, ZIP 2002, 43 = NZI 2002, 41, dazu EWiR 2002, 439 *(Tappmeier)*.

121) BGH, Beschl. v. 16.12.2004 – IX ZB 301/03, ZIP 2005, 180 = DZWIR 2005, 291 m. Anm. *Keller*, dazu EWiR 2005, 401 *(Rendels)*; OLG Brandenburg, Beschl. v. 11.10.2001 – 8 W 231/01, ZIP 2002, 43 = NZI 2002, 41, dazu EWiR 2002, 439 *(Tappmeier)*.

122) BGH, Beschl. v. 10.11.2005 – IX ZB 168/04, ZIP 2006, 93 = ZVI 2005, 646; *Prasser/Stoffler* in: KPB, InsO, Vor § 1 InsVV Rz. 15 ff.

123) Dazu *Keller* in HK-InsO, § 36 Rz. 44.

punkt der Beendigung des Verwalteramtes hinsichtlich ihrer Realisierbarkeit zu schätzen.[124] Zur Vergütung des vorzeitig entlassenen Insolvenzverwalters wird insgesamt auf § 6 Rz. 1 ff. verwiesen.

7. Berechnungsgrundlage bei Sonderinsolvenzverwaltung

Berechnungsgrundlage für die Vergütung des Sonderinsolvenzverwalters (siehe § 6 Rz. 17 ff.) 74 ist je nach **Aufgabenzuweisung** und Umfang der Verfügungsbefugnis des Sonderinsolvenzverwalters der von ihm verwaltete Vermögenswert oder die verwaltete Sonderinsolvenzmasse. Insbesondere ist ein geltend zu machender Haftungsanspruch (§§ 60, 92 Satz 2 InsO) Berechnungsgrundlage i. S. des § 1 InsVV.

Besteht die Aufgabe des Sonderinsolvenzverwalters in der **Prüfung einzelner Ansprüche** 75 und ihrer Anmeldung zur Insolvenztabelle, sind diese als Berechnungsgrundlage der Vergütung heranzuziehen. Der BGH verlangt hier über § 5 InsVV eine vergleichsweise Berechnung der Vergütung nach dem Rechtsanwaltsvergütungsgesetz.[125] Die Vergütung dürfe nicht höher festgesetzt werden als nach dem Rechtsanwaltsvergütungsgesetz (RVG). Zur Vergütung des Sonderinsolvenzverwalters wird insgesamt auf § 6 Rz. 17 ff. verwiesen.

III. Die Berücksichtigung besonderer Vermögenswerte nach § 1 Abs. 2 InsVV

1. Zweck der Regelung

Die sich aus der Schlussrechnung des Verwalters oder aus einer Schätzung ergebende Be- 76 rechnungsgrundlage soll nach § 1 Abs. 2 InsVV vermindert werden um Werte, die sich neutral auf den Bestand der Insolvenzmasse ausgewirkt, für die Insolvenzgläubiger keinen Vorteil erbracht oder vom Verwalter nur geringen Arbeitsaufwand erfordert haben.[126] Dies kann der Fall sein bei Aufrechnung seitens eines Gläubigers gegen eine Forderung der Insolvenzmasse gegen ihn oder bei der Verwertung von Gegenständen durch absonderungsberechtigte Gläubiger. § 1 Abs. 2 InsVV entspricht weitgehend dem früheren § 2 VergVO, der insbesondere im Hinblick auf die Behandlung von Absonderungsrechten kritisiert worden ist. Mit Recht formulierte *H. Schmidt*, dies sei eine doppelte Ungerechtigkeit, denn die Regelung mindere nicht nur die Verwaltervergütung, sondern auch die Konkursdividende; die Vergütung müsse insoweit „von denen getragen werden, die nicht absondern können, den nicht bevorrechtigten Gläubigern."[127] Die systematische Schwäche der Vorschrift liegt im Wesentlichen darin, dass sie eine **Verminderung der Insolvenzmasse** um Beträge und Tatbestände vorschreibt, die für den Verwalter **tatsächlich einen hohen Arbeitsaufwand** bedeuten können, jedoch den Massebestand nicht erhöhen. Dieser Umstand muss über eine Erhöhung der Vergütung nach § 3 Abs. 1 InsVV kompensiert werden. Dennoch verstößt § 1 Abs. 2 InsVV mit seinen Tatbeständen nicht gegen § 63 Abs. 1 Satz 2 InsO.[128] Er konkretisiert lediglich die Bestimmung der Insolvenzmasse als Berechnungsgrundlage in den von ihm geregelten Tatbeständen.

Die **Tatbestände des § 1 Abs. 2 InsVV**, um welche die Insolvenzmasse zu vermindern ist, 77 sind **abschließend geregelt**; eine analoge Anwendung auf weitere Sachverhalte kommt

---

124) BGH, Beschl. v. 11.6.2015 – IX ZB 18/13, ZIP 2015, 1595 = NZI 2015, 821, dazu EWiR 2015, 647 *(Keller)*.

125) BGH, Beschl. v. 29.5.2008 – IX ZB 303/05, Rz. 24, ZIP 2008, 1294 = NZI 2008, 485.

126) Dazu noch *Eickmann*, VergVO, § 2 Rz. 1.

127) *H. Schmidt*, Rpfleger 1968, 251; *Eickmann*, VergVO, § 2 Rz. 1.

128) So aber AG Potsdam, Beschl. v. 2.12.2019 – 35 IN 200/00, ZIP 2020, 2196 = NZI 2020, 340; *Graeber/Graeber*, InsVV, § 1 Rz. 137 ff.; *Graeber*, ZInsO 2018, 141.

nicht in Betracht. Im Einzelnen ist die Berechnungsgrundlage um folgende Tatbestände zu berichtigen:[129)]

- Gegenstände, die mit **Absonderungsrechten** einzelner Gläubiger belastet sind; hier wird der Wert des Gegenstandes je nach Art und Weise der konkreten Verwertung berücksichtigt. Der Gegenstand kann demnach völlig unberücksichtigt bleiben, wenn der Gläubiger selbst die Verwertung durchgeführt hat und für die Insolvenzmasse kein Übererlös verbleibt, oder er wird i. R. einer fiktiven Verwertung berücksichtigt, wenn der Verwalter das Absonderungsrecht durch Zahlung an den Gläubiger ablöst.
- Forderungen gegen Insolvenzgläubiger, die nach §§ 94 ff. InsO zur **Aufrechnung** befugt sind und diese gegenüber dem Insolvenzverwalter erklären, werden nur mit dem nicht aufrechenbaren Überschussbetrag berücksichtigt.
- **Masseverbindlichkeiten** werden grundsätzlich nicht abgezogen; hat jedoch der Verwalter für eigene Anwalts- oder Steuerberatertätigkeit bereits die hierfür entstandene Gebühr erhalten (§ 5 InsVV), ist diese von der Berechnungsgrundlage abzuziehen.
- Führt der Insolvenzverwalter das schuldnerische Unternehmen fort, wird zur Insolvenzmasse nur der Überschuss aus der Fortführung hinzugerechnet; der Verwalter muss hierfür eine gesonderte Einnahmen- und Auszahlungsrechnung durchführen. Die **Masseverbindlichkeiten aus der Unternehmensfortführung** werden insoweit von der Insolvenzmasse abgezogen.

2. Behandlung von Absonderungsrechten (§ 1 Abs. 2 Nr. 1, 2 InsVV)

a) Problemstellung

78 Mit der Regelung des § 1 Abs. 2 Nr. 1 InsVV wollte der Verordnungsgeber Mängel des früheren Vergütungsrechts beseitigen und gleichzeitig das durch § 166 InsO geregelte grundsätzliche Verwertungsrecht des Insolvenzverwalters an Gegenständen mit Absonderungsrechten vergütungsrechtlich berücksichtigen. Die Regelung ist der Vorgängerregelung des § 2 Nr. 1 VergVO nachgebildet. Die zu dieser Regelung bestehenden praktischen Probleme insbesondere bei Überbelastung der Insolvenzmasse mit Absonderungsrechten bestehen auch im geltenden Recht. Sie sollen gemildert werden durch die Begrenzung der Mehrvergütung des § 1 Abs. 2 Nr. 1 InsVV auf die Hälfte des Feststellungskostenbeitrages.

79 Nach § 2 Nr. 1 VergVO zum früheren Konkursrecht waren Gegenstände, die mit Absonderungsrechten einzelner Gläubiger belastet waren, nicht der Insolvenzmasse zuzurechnen. Lediglich ein bei der Verwertung der Masse zufließender Überschuss sollte berücksichtigt werden.[130)] Begründet wurde diese Regelung zum einen damit, dass zwar der Gegenstand zur Insolvenzmasse gehört, wegen des Rechts auf abgesonderte Befriedigung sein Wert aber allein dem gesicherten Gläubiger und nicht der Masse zufließt. Zum anderen wurde argumentiert, dass mit dem Verwertungsrecht des Gläubigers aus § 4 Abs. 2, § 127 Abs. 2 KO der Verwalter im Hinblick auf diese Gegenstände keine zu vergütende Tätigkeit ausübt.[131)]

80 Tatsächlich führte die Regelung aber dazu, dass aufgrund der starken Belastung der Insolvenzmasse mit Absonderungsrechten[132)] eine freie Insolvenzmasse, die einerseits den nicht

129) *Büttner* in: HambKomm-InsO, § 1 InsVV Rz. 29 ff.; *Keller* in: HK-InsO, § 1 InsVV Rz. 20 ff.

130) *Eickmann*, VergVO, § 2 Rz. 6.

131) Begr. z. Entwurf einer VergVO (Abschn. V 1 b aa, bb, abgedr. unten in Anh. VIII, S. 745, 748; *Böhle-Stamschräder*, KTS 1960, 108.

132) Begr. RegE InsO, BT-Drucks. 12/2443, S. 79, 178 ff., abgedr. in: *Kübler/Prütting*, RWS-Dok. 18, S. 95, 392.

gesicherten Gläubigern zur gemeinschaftlichen Befriedigung diente, andererseits Bemessungsgrundlage für die Vergütung des Verwalters war, nicht ausreichend vorhanden war. § 2 Nr. 1 VergVO erfuhr daher zu Recht heftige Kritik.[133)] Die Rechtspraxis behalf sich mit der Gewährung von Erhöhungsfaktoren gemäß § 4 Abs. 2 lit. a VergVO entsprechend dem Arbeitsaufwand des Verwalters bei der Bearbeitung umfangreicher Absonderungsrechte.[134)] Vereinzelt wurden auch entgegen § 2 Nr. 1 VergVO die mit den Absonderungsrechten belasteten Gegenstände der Insolvenzmasse zugerechnet, um eine vermeintlich angemessene Bemessungsgrundlage für eine Vergütung zu erhalten.[135)]

Die **Gewährung von Erhöhungsfaktoren** für die Tätigkeit des Verwalters als **Kompensation der Kürzung der Insolvenzmasse um die Absonderungsrechte** stellt sich im Hinblick auf die Höhe der Vergütung dann als noch vorteilhaft dar, wenn die Absonderungsrechte die Masse um nicht mehr als die Hälfte ihres Wertes aufzehren. Kommen sie dieser Grenze nahe, wäre es für den Verwalter günstiger, die Absonderungsrechte der Insolvenzmasse zuzurechnen und hieraus eine nicht erhöhte Vergütung zu berechnen.[136)] Zehren die Absonderungsrechte die Insolvenzmasse hingegen fast völlig auf, kann auch durch Gewährung von Erhöhungsfaktoren eine sinnvolle Vergütungshöhe nicht erreicht werden. 81

b) Berücksichtigung verschiedener Verwertungsalternativen

Mit Einbindung der dinglich gesicherten Gläubiger in das Insolvenzverfahren und dem Verwertungsrecht des Insolvenzverwalters an beweglichen Massegegenständen gemäß §§ 166 ff. InsO[137)] gehört die **Verwertung** auch dieser mit Absonderungsrechten belasteten Gegenstände **ausdrücklich zu den Aufgaben des Insolvenzverwalters.** Dem muss das Vergütungsrecht Rechnung tragen durch Berücksichtigung der mit Absonderungsrechten belasteten Gegenstände in die Insolvenzmasse als Grundlage der Vergütungsbemessung.[138)] Die **Absonderungsrechte werden** je **nach Art und Weise der Behandlung des jeweiligen Gegenstandes** in der Insolvenzabwicklung, also nicht pauschal **berücksichtigt.**[139)] Verwertet der Insolvenzverwalter den Gegenstand bspw. selbst und zieht er für die Masse den Kostenbeitrag nach § 171 InsO ein, ist die vergütungsrechtliche Behandlung anders als bei Ablösung des Absonderungsrechts und anschließender Verwertung des Gegenstandes oder bei Verwertung seitens des Gläubigers, weil dieser z. B. schon bei Insolvenzeröffnung Besitz an den Gegenständen hatte und ein Fall des § 173 Abs. 1 InsO vorliegt.[140)] 82

133) *Eickmann*, VergVO, § 2 Rz. 3; *Mohrbutter*, KTS 1971, 25; zusammenfassend *Eickmann* in: Kölner Schrift zur InsO, S. 359, 362.

134) LG Mönchengladbach, Beschl. v. 23.10.1986 – 5 T 382/86, ZIP 1986, 1588, dazu EWiR 1987, 73 *(Eickmann)*; AG Buxtehude, Beschl. v. 12.1.1987 – 10 N 21/84, ZIP 1987, 251, dazu EWiR 1987, 805 *(Eickmann)*; LG Siegen, Beschl. v. 4.1.1988 – 4 T 221, 225/87, ZIP 1988, 326, dazu EWiR 1988, 289 *(Eickmann)*; in anderem Zusammenhang LG Halle, Beschl. v. 9.12.1994 – 2 T 203/94, ZIP 1995, 486 = KTS 1995, 437, dazu EWiR 1995, 663 *(Uhlenbruck)*; *Eickmann*, VergVO, § 4 Rz. 7 ff.; mit zahlreichen Einzelfällen *Kuhn/Uhlenbruck*, KO, § 85 Rz. 5d.

135) AG Duisburg, Beschl. v. 18.7.1996 – 43 N 19/96, n. v.

136) Mit zahlreichen Beispielen zu diesem Problem *Eickmann* in: Kölner Schrift zur InsO, S. 359, 362.

137) Umfassend Jaeger-*Eckardt*, InsO, § 166 Rz. 106 ff.; allgemein ferner Uhlenbruck-*Brinkmann*, InsO, § 166 Rz. 2 ff.; *Kern* in: MünchKomm-InsO, § 166 Rz. 12 ff., 40 ff.; *Flöther* in: KPB, InsO, § 166 Rz. 7 ff.; *Hölzle* in: HK-InsO, § 166 Rz. 11 ff.; *Grub* in: Henckel/Kreft, Insolvenzrecht 1998, S. 131; eingehend *R.-D. Mönning* in: FS Uhlenbruck, S. 239; *Gottwald/Adolphsen* in: Kölner Schrift zur InsO, S. 1043; *Klasmeyer/Elsner/Ringstmeier* in: Kölner Schrift zur InsO, S. 1083; *Haunschild*, DZWIR 1999, 60.

138) *Eickmann*, VergVO, § 2 Rz. 3; *Mohrbutter*, KTS 1971, 25.

139) Begr. z. Entwurf einer InsVV (Abschn. A. 4.), abgedr. unten in Anh. III, S. 689, 690, 691.

140) Uhlenbruck-*Brinkmann*, InsO, § 173 Rz. 2 ff.; *Flöther* in: KPB, InsO, § 173 Rz. 6 ff.

83 § 1 Abs. 2 Nr. 1 InsVV regelt die beiden Fallgestaltungen der Verwertung der mit Absonderungsrechten belasteten Gegenstände durch den Insolvenzverwalter oder durch den Gläubiger selbst.[141)] Die Ablösung eines Sicherungsrechtes durch den Verwalter mittels Zahlung der gesicherten Forderung an den Gläubiger wird gesondert durch § 1 Abs. 2 Nr. 2 InsVV geregelt.

84 Die Regelungen gelten **sowohl für bewegliche Gegenstände** als auch für **Forderungen**, die dem Verwertungsrecht des Insolvenzverwalters unterliegen (§ 166 Abs. 2 InsO).[142)] Sie gelten auch für **unbewegliches Vermögen** (Grundstücke, grundstücksgleiche Rechte, selbstständiges Gebäudeeigentum), das regelmäßig, mit Grundpfandrechten belastet, der abgesonderten Befriedigung nach § 49 InsO unterliegt.[143)] Sie gelten auch für ein Absonderungsrecht, das eine **Besicherung i. S. des § 44a InsO** darstellt.[144)]

85 Im Einzelnen sind bei der Behandlung von Absonderungsrechten folgende Alternativen zu unterscheiden:

- Der **Insolvenzverwalter verwertet** den beweglichen Gegenstand oder eine Forderung selbst und führt den Verwertungserlös abzüglich des Kostenbeitrags und an den Gläubiger aus (§§ 166 ff., 171 InsO); der Massegegenstand wird insoweit berücksichtigt, als sich die tatsächliche Vergütung des Verwalters um maximal auf die Hälfte des Feststellungskostenbeitrages erhöht (§ 1 Abs. 2 Nr. 1 Satz 1, 2 InsVV).
- Der **Gläubiger verwertet** den beweglichen Gegenstand aus eigenem Recht (§ 173 Abs. 1 InsO). Zur Masse fließt kein Kostenbeitrag, sondern allenfalls ein Überschuss aus der Verwertung; nach § 1 Abs. 2 Nr. 1 Satz 3 InsVV kann nur der Überschussbetrag zur Insolvenzmasse gerechnet werden.
- Der Insolvenzverwalter **löst das Absonderungsrecht** an einem beweglichen Gegenstand oder das Grundpfandrecht an unbeweglichem Vermögen durch Zahlung an den Gläubiger **ab**; es erfolgt eine fiktive Berechnung der Verwertung nach § 1 Abs. 2 Nr. 2 InsVV.
- Ein zur Insolvenzmasse gehörendes **Grundstück** wird durch den **Gläubiger zwangsweise verwertet** (§§ 49, 165 InsO).[145)] Der Insolvenzverwalter kann hier zwar einen Kostenbeitrag nach § 10 Abs. 1 Nr. 1a ZVG bezüglich des mithaftenden Zubehörs zur Insolvenzmasse ziehen. § 1 Abs. 2 Nr. 1 InsVV gilt aber nicht, weil das Grundstück nicht „durch den Verwalter" verwertet wird.[146)] Einem Verfahren der Vollstreckungsversteigerung eines Gläubigers kann der Insolvenzverwalter nicht nach § 27 ZVG beitreten.[147)]

---

141) Römermann-*Stephan*, InsO/InsR, § 1 InsVV Rz. 16 ff.

142) Dazu LG Stendal, Urt. v. 7.3.2002 – 22 S 208/01, ZIP 2002, 765, dazu EWiR 2002, 587 *(Runkel)*; umfassend Jaeger-*Eckardt*, InsO, § 166 Rz. 304 ff.; allgemein ferner Uhlenbruck-*Brinkmann*, InsO, § 166 Rz. 6, 26 ff.; *Kern* in: MünchKomm-InsO, § 166 Rz. 67 ff.; *Pape*, NZI 2000, 301; *Mitlehner*, ZIP 2001, 677; zur Verwertung von gewerblichen Schutzrechten *Häcker*, ZIP 2001, 995.

143) Dazu *Ganter* in: MünchKomm-InsO, § 49 Rz. 55 ff.; *Prütting* in: KPB, InsO, § 49 Rz. 13; Römermann-*Andres*, InsO/InsR, § 49 InsO Rz. 21 ff.; *Lohmann* in: HK-InsO, § 49 Rz. 5 ff.; *Keller*, Insolvenzrecht, Rz. 425 ff.

144) Allgemein K. Schmidt-*K. Schmidt*, InsO, § 44a Rz. 9 ff.; eingehend auch zur Unanfechtbarkeit der Besicherung bei vereinbartem Rangrücktritt BGH, Beschl. v. 2.2.2006 – IX ZB 167/04, ZIP 2006, 483 = NZI 2006, 232.

145) Eingehend *Keller*, Insolvenzrecht, Rz. 1143 ff.

146) *Prasser/Stoffler* in: KPB, InsO, § 1 InsVV Rz. 45.

147) Stöber-*Gojoczyk*, ZVG, § 172 Rz. 44; Böttcher-*Keller*, ZVG, § 172 Rz. 10; K. Schmidt-*Keller*, InsO, § 88 Rz. 25, § 89 Rz. 31 ff.

- Ein zur Insolvenzmasse gehörendes **Grundstück** wird durch den Insolvenzverwalter **nach §§ 172 ff. ZVG verwertet.**[148] Soweit hier ein Kostenbeitrag zur Masse fließt (§ 10 Abs. 1 Nr. 1a ZVG), ist § 1 Abs. 2 Nr. 1 InsVV hinsichtlich der Verwertung des mithaftenden Zubehörs anwendbar; soweit dies nicht der Fall ist, ist nach § 1 Abs. 2 Nr. 1 Satz 3 InsVV nur ein Überschuss zu berücksichtigen. Im Übrigen ist für das Verfahren nach §§ 172 ff. ZVG ein Zuschlag nach § 3 Abs. 1 InsVV denkbar.
- Das zur Insolvenzmasse gehörende **Grundstück** wird auf Betreiben eines Gläubigers **zwangsverwaltet** (§§ 146 ff. ZVG). Die Zwangsverwaltung stellt hinsichtlich der Substanz des Grundstücks keine Verwertung dar, sie ist daher vergütungsrechtlich neutral. Das Grundstück selbst wird je nach Art der Verwertung (Zwangsversteigerung, freihändige Veräußerung) in die Berechnungsgrundlage einbezogen.[149] Hinsichtlich der durch die Zwangsverwaltung für den Gläubiger eingenommenen Miet- und Pachteinnahmen (§§ 1123, 1124 BGB, §§ 49, 165 InsO, § 148 Abs. 1 i. V. m. § 21 Abs. 2 und § 155 Abs. 2, § 157 ZVG) kann der Insolvenzverwalter keinen Kostenbeitrag zur Insolvenzmasse ziehen, § 1 Abs. 2 Nr. 1 InsVV ist nicht anwendbar.

  Gleiches gilt für die sog. **„kalte Zwangsverwaltung"**[150] durch den Insolvenzverwalter. Hier sind die Mieteinnahmen als Massebestandteil zunächst Teil der Insolvenzmasse i. S. des § 1 Abs. 1 InsVV. Nach Ansicht des BGH soll aber entsprechend § 1 Abs. 2 Nr. 1 Satz 3 InsVV nur der Überschuss zur Berechnungsgrundlage gehören, die an den Grundpfandrechtsgläubiger geleisteten Zahlungen (Mieteinnahmen abzgl. Bewirtschaftungskosten und Vergütungsanteil) sollen abzuziehen sein.[151] Zu einem gleichen Ergebnis gelangt man, wenn man die kalte Zwangsverwaltung als Unternehmensfortführung qualifiziert und § 1 Abs. 2 Nr. 4 lit. b InsVV anwendet (siehe eingehend dazu § 5 Rz. 115 ff.).
- Der Insolvenzverwalter verwertet ein **Grundstück freihändig** unter Berücksichtigung der Absonderungsrechte nach § 49 ZVG.[152] Nur soweit der Insolvenzverwalter hier einen Kostenbeitrag nach § 10 Abs. 1 Nr. 1a ZVG bezüglich des mitveräußerten Zubehörs für die Insolvenzmasse entnehmen kann, gilt § 1 Abs. 2 Nr. 1 InsVV unmittelbar. Hinsichtlich des regelmäßig vereinbarten Kostenbeitrages ist die Vorschrift ebenfalls anzuwenden. Im Übrigen ist ein Überschuss aus der Verwertung zu berücksichtigen.[153]

Wurde ein Vermögenswert, der mit einem Absonderungsrecht behaftet ist, während des Insolvenzverfahrens **nicht verwertet**, ist für ihn eine **fiktive Berechnung** vorzunehmen.[154] Ein solcher Fall ist bspw. gegeben, wenn das Insolvenzverfahren vorzeitig mangels Masse 86

---

148) Hierzu *Kern* in: MünchKomm-InsO, § 165 Rz. 123 ff.; *Flöther* in: KPB, InsO, § 165 Rz. 9 ff.; Stöber-*Gojoczyk*, ZVG, § 172 Rz. 18 ff.; Böttcher-*Keller*, ZVG, § 172 Rz. 103 ff.; *Keller*, Insolvenzrecht, Rz. 1154 ff.; *Muth*, ZIP 1999, 945.

149) Zu allgemein LG Bonn, Beschl. v. 4.12.1990 – 4 T 499, 500/90, ZIP 1991, 45, dazu EWiR 1991, 185 *(Eickmann)*; *Prasser/Stoffler* in: KPB, InsO, § 1 InsVV Rz. 48; *Graeber/Graeber*, InsVV, § 1 Rz. 171 ff.

150) Dazu Jaeger-*Eckardt*, InsO, § 165 Rz. 108 ff.; *Kern* in: MünchKomm-InsO, § 165 Rz. 188 ff.; Böttcher-*Keller*, ZVG, § 146 Rz. 9c; *Keller*, ZfIR 2002, 871; *Tetzlaff*, ZInsO 2004, 521; *Tetzlaff*, ZfIR 2005, 179; *Keller*, NZI 2013, 265; *Bork*, ZIP 2013, 2129; *Zimmer*, InsbürO 2015, 510.

151) BGH, Beschl. v. 14.7.2016 – IX ZB 31/14, ZIP 2016, 1543 = NZI 2016, 824 m. Anm. *Stapper/Schädlich*, dazu EWiR 2016, 635 *(Mock)*; LG Heilbronn, Beschl. v. 4.4.2012 – 1 T 89/12, ZIP 2012, 2077.

152) RG, Urt. v. 18.12.1937 – V 151/37, JW 1938, 892; BGH, Urt. v. 10.3.1967 – V ZR 72/64, BGHZ, 47, 181 (Veräußerung eines mit Vormerkung und nachrangigem Grundpfandrecht belasteten Grundstücks); Jaeger-*Eckardt*, InsO, § 165 Rz. 46 ff.; *Kern* in: MünchKomm-InsO, § 165 Rz. 176 ff.; Uhlenbruck-*Brinkmann*, InsO, § 49 Rz. 29; *Lohmann* in: HK-InsO, § 49 Rz. 23; *Hölzle* in: HK-InsO, § 165 Rz. 7; *Förster*, ZInsO 2002, 575.

153) *Prasser/Stoffler*, InsO, § 1 InsVV Rz. 48.

154) *Prasser/Stoffler*, InsO, § 1 InsVV Rz. 56 ff.

eingestellt wird, wenn der Insolvenzverwalter vorzeitig aus dem Amt scheidet oder das Insolvenzverfahren einfach ohne Verwertung des Gegenstandes aufgehoben wird.

87 Obwohl die Regelung des § 1 Abs. 2 Nr. 1 InsVV stets im Zusammenhang mit der Verwertungsbefugnis des Insolvenzverwalters aus § 166 InsO genannt wird, ist diese nicht zwingend Voraussetzung für die Anwendung der Norm. Dies ergibt sich bereits daraus, dass auch bei der Verwertung von Immobiliarvermögen, das mit Absonderungsrechten behaftet ist, § 1 Abs. 2 Nr. 1 InsVV anwendbar ist, obwohl nach § 49 InsO auch der Absonderungsberechtigte selbst zur Verwertung berechtigt ist.

88 § 1 Abs. 2 Nr. 1 InsVV ist **nicht auf** die Fälle der **Verwertung beweglichen Vermögens beschränkt**, bei welchen der Insolvenzverwalter nach § 166 InsO das alleinige Verwertungsrecht hat. Es kommt allein darauf an, dass der Insolvenzverwalter den betreffenden Vermögenswert verwertet hat und hierbei etwas zur Insolvenzmasse (Kostenbeitrag) geflossen ist. Beispielsweise steht das Verwertungsrecht bei wirksam und insolvenzrechtlich unangreifbar gepfändeten Forderungen (§§ 829, 835 ZPO) dem Pfändungsgläubiger zu; § 166 Abs. 2 InsO gilt nicht.[155)] Er kann mit dem Insolvenzverwalter eine Verwertungsvereinbarung dahingehend treffen, dass gegen Zahlung eines Kostenbeitrages für die Insolvenzmasse der Insolvenzverwalter die gepfändeten Forderungen einzieht. § 1 Abs. 2 Nr. 1 InsVV ist dann auch auf die vereinbarte Verwertung durch den Insolvenzverwalter anwendbar. Voraussetzung ist lediglich, dass der Insolvenzmasse aus der Verwertung etwas zugeflossen ist. Erfolgte die Verwertung durch den Insolvenzverwalter allein zugunsten des Absonderungsberechtigten, ist § 1 Abs. 2 Nr. 1 InsVV nicht anwendbar. Andernfalls erhielte der Insolvenzverwalter aus der Insolvenzmasse eine Vergütung, ohne dass diese aus der Verwertung etwas erhalten hätte.

c) Ausweisung eines Feststellungskostenbeitrages

89 Gerade bei der Verwertung von unbeweglichem Vermögen stellt sich das Problem, ob auch ein zwischen dem Insolvenzverwalter und dem Absonderungsberechtigten der Höhe nach **vereinbarter Kostenbeitrag** der Berechnung zugrunde gelegt werden kann; § 171 InsO gilt hier nicht. Der BGH verneint dies.[156)] Dem ist nicht zu folgen.[157)] **Auch der insbesondere bei freihändiger Verwertung eines Grundstücks vereinbarte Kostenbeitrag ist Grundlage der Vergleichsberechnung.** Die Gefahr, durch zu hohe Vereinbarung eines solchen Betrages könnte die Vergütung überhöht werden, besteht wegen der Kappung des Mehrvergütungsbetrages nicht. Ist in der Verwertungsvereinbarung zwischen Insolvenzverwalter und absonderungsberechtigtem Gläubiger nicht zwischen Feststellungskosten und Verwertungskosten unterschieden, kann der insoweit pauschal **vereinbarte Kostenbeitrag** entsprechend der Wertung des **§ 171 InsO im Verhältnis 4 : 5**, also zu 4/9, **als Feststellungskostenbeitrag angesehen** werden.[158)] Um den fiktiven Feststel-

155) BGH, Urt. v. 26.1.2012 – IX ZR 191/10, Rz. 34, ZIP 2012, 638 = NZI 2012, 319, dazu EWiR 2012, 491 *(Weiß/Müller)*; zur Verpfändung BGH, Urt. v. 11.7.2002 – IX ZR 262/01, ZIP 2002, 1630 = NZI 2002, 599, dazu EWiR 2002, 921 *(Gundlach/Frenzel)* und EWiR 2003, 27 *(Gerhardt)*; Jaeger-*Henckel*, InsO, § 50 Rz. 83; *Scholz* in: HambKomm-InsO, § 166 Rz. 18 ff.; *Flöther* in: KPB, InsO, § 166 Rz. 21.

156) BGH, Beschl. v. 23.10.2008 – IX ZB 157/05, juris; LG Heilbronn, Beschl. v. 17.10.2006 – 1 T 408/06, Rpfleger 2007, 105; LG Heilbronn, Beschl. v. 9.5.2011 – 1 T 418/10, ZInsO 2011, 1958; nachfolgend BGH, Beschl. v. 10.10.2013 – IX ZB 169/11, NZI 2013, 1067 m. Anm. *Keller*; *Büttner* in: HambKomm-InsO, § 1 InsVV Rz. 35.

157) So auch *Roth* in: KölnKomm-InsO, § 1 InsVV Rz. 24; *Lorenz* in: FK-InsO, § 1 InsVV Rz. 29 ff.; Leonhardt/Smid/Zeuner-*Amberger*, InsVV § 1 Rz. 63, 64; Blersch/Goetsch/Haas-*Blersch*, InsO, § 1 InsVV Rz. 11.

158) BGH, Beschl. v. 22.7.2021 – IX ZB 85/19, ZRI 2021, 805 = NZI 2021, 1036, dazu EWiR 2021, 592 *(Keller)*.

lungskostenbeitrag nicht künstlich zu erhöhen, darf der nach dieser Berechnung ermittelte Betrag aber 4 % des Verwertungserlöses nicht übersteigen.

Fraglich ist auch, ob die Regelung des § 1 Abs. 2 Nr. 1 Satz 1 InsVV auch dann greift, 90
wenn der Insolvenzverwalter unmittelbar **keine Kostenbeiträge** nach § 171 InsO für die Insolvenzmasse **vereinnahmt** hat, diese zumindest **nicht konkret ausgewiesen** sind. Der Wortlaut des Satzes 2 lässt vermuten, dass nur bei konkreter Erhebung der Beiträge eine Anwendung der Norm in Betracht kommt. Dass ausdrücklich keine Kostenbeiträge nach § 171 InsO ausgewiesen sind, kann der Fall sein, wenn der Bruttoverwertungserlös die durch das Absonderungsrecht gesicherte Forderung um die Höhe der Kostenbeiträge und die Umsatzsteuer übersteigt, also ein Übererlös zur Masse gezogen werden kann.[159] Dann nämlich würde trotz Abzug der Kostenbeiträge nach § 171 InsO der Berechtigte aus dem verwerteten Gegenstand vollständig befriedigt werden. Die **Kostenbeiträge** stellen sich dann als **Verwertungsüberschuss der Insolvenzmasse** dar. Die Regelung des § 1 Abs. 2 Nr. 1 InsVV legt mit Bezug auf §§ 170, 171 InsO den Schluss nahe, der Absonderungsberechtigte werde aus dem Verwertungserlös nicht vollständig befriedigt und müsse mit den Kostenbeiträgen einen Abschlag seiner Befriedigung hinnehmen. Dabei wird aber übersehen, dass bei erfolgreicher Verwertung eine volle Befriedigung auch unter Berücksichtigung von Kostenbeiträgen zur Insolvenzmasse möglich ist und diese als solche dann nicht mehr in Erscheinung treten.[160] Es kann daher bei der Anwendung des § 1 Abs. 2 Nr. 1 InsVV nicht darauf ankommen, ob tatsächlich Kostenbeiträge nach § 171 InsO ausgewiesen sind; als Bestandteil des Verwertungserlöses sind sie bei vollständiger Befriedigung der Absonderungsberechtigten einschließlich deren Nebenforderungen in jedem Fall in der Insolvenzmasse vorhanden. Ergibt sich aus der Verwertung des Insolvenzverwalters weder ein Kostenbeitrag noch ein zur Masse fließender Übererlös, kann der Wert des mit Grundpfandrechten belasteten Grundstücks aber nicht berücksichtigt werden.[161]

d) Konkrete Berechnung der Mehrvergütung nach § 1 Abs. 2 Nr. 1 Sätze 1 und 2 InsVV

Die Berücksichtigung der Verwertung soll nach § 1 Abs. 2 Nr. 1 Satz 1 InsVV in der Weise 91
erfolgen, dass nicht etwa die Insolvenzmasse als Bemessungsgrundlage der Vergütung erhöht wird, sondern die Vergütung des Insolvenzverwalters selbst. Der **Erhöhungsbetrag** seiner **Vergütung** bemisst sich aus der **Differenz einer Vergütungsberechnung** unter Zugrundelegung der um die Absonderungsrechte erhöhten und der nicht erhöhten Insolvenzmasse, betragsmäßig begrenzt auf die Hälfte des Feststellungskostenbeitrags. Zur Vergütungsberechnung muss daher zunächst eine **Vergleichsrechnung** angestellt werden, welche die Vergütung nach erhöhter und nicht erhöhter Insolvenzmasse gegenüberstellt. Maßgebend ist die erhöhte Insolvenzmasse; die dabei erzielte höhere Vergütung darf aber die Hälfte des Feststellungskostenbeitrages nicht übersteigen. Durch diese **Kappung** soll verhindert werden, dass die Teilungsmasse durch zu hohe Vergütung aufgezehrt wird, wenn bei voller Berücksichtigung der Absonderungsrechte in der Vergütungsberechnung die betroffenen Massegegenstände der Insolvenzmasse tatsächlich doch nicht zur Verfügung stehen. Die Vergleichsrechnung setzt voraus, dass aus der Schlussrechnung des Insolvenzverwalters sowohl der jeweilige Kostenbeitrag, der zur Insolvenzmasse geflossen ist, als auch der Wert der jeweils verwerteten Massegegenstände ersichtlich ist.

---

159) Dazu auch *Amberger* in: Leonhardt/Smid/Zeuner, InsVV, § 1 Rz. 65 ff.

160) Zur Einberechnung der Kostenbeiträge in die Sicherung und zur Frage der Übersicherung in diesem Falle Jaeger-*Eckardt*, InsO, § 170 Rz. 7, 136; *Kern* in: MünchKomm-InsO, § 170 Rz. 59 ff.; *R.-D. Mönning* in: FS Uhlenbruck, S. 239, 257.

161) BGH, Beschl. v. 9.6.2016 – IX ZB 17/15, ZIP 2016, 1299, dazu EWiR 2016, 503 *(Keller)*.

92 In der InsVV ist nicht geregelt, ob diese **Vergleichsberechnung unter Berücksichtigung der sonstigen Tatbestände des § 1 Abs. 2 InsVV** erfolgen soll, mithin ob Beträge nach Nr. 2 und Nr. 4 der Norm abgezogen werden müssen oder nicht. Praktisch ist dies von Bedeutung, wenn durch deren Berücksichtigung eine andere Degressionsstufe des § 2 Abs. 1 InsVV greift. Es ist allgemein anzunehmen, dass Beträge der Nr. 2 und Nr. 4 des § 1 Abs. 2 InsVV bei der Vergleichsberechnung mit zu berücksichtigen sind, da zwischen den Tatbeständen der Norm keine Rangfolge oder zeitlich zwingende Prüfungsreihenfolge besteht.

93 Die **erhöhte Berechnungsgrundlage** bestimmt sich nach dem Wert des Gegenstandes, der der abgesonderten Befriedigung unterliegt. Je nach Gegenstand und Art der Verwertung ist zu unterscheiden:[162)]

- Verwertet der Insolvenzverwalter **bewegliche Gegenstände** oder Forderungen i. R. der §§ 166 ff. InsO, kann er den Kostenbeitrag des § 171 InsO zur Masse ziehen.[163)] Dieser Betrag von pauschal zusammen 9 % des Verwertungserlöses fließt zur Insolvenzmasse und stellt keine besondere Vermögensmasse dar.[164)] Nach § 171 Abs. 2 Satz 3 InsO kann der Insolvenzverwalter auch die bei der Verwertung anfallende Umsatzsteuer auf den Absonderungsberechtigten umlegen. Dabei ist die für die Verwertung anfallende Umsatzsteuer als Masseverbindlichkeit nicht von der Berechnungsgrundlage abzuziehen (§ 1 Abs. 2 Nr. 4 Satz 1 InsVV), die Erstattung durch den Absonderungsberechtigten erhöht sie aber.[165)]
- Verwertet der Insolvenzverwalter ein **Grundstück** gemäß §§ 172 ff. ZVG, ist dieses mit dem bei der Versteigerung erzielten baren Meistgebot zzgl. der nach den Versteigerungsbedingungen bestehen bleibenden Rechte[166)] in die vergütungsrechtliche Insolvenzmasse nach § 1 Abs. 2 Nr. 1 Satz 1 InsVV einzubeziehen.[167)] Veräußert der Insolvenzverwalter freihändig, ist der Veräußerungserlös anzusetzen. Die Vergleichsrechnung nach § 1 Abs. 2 Nr. 1 InsVV ist in diesen Fällen erforderlich, wenn der Insolvenzverwalter den Feststellungskostenbeitrag des § 10 Abs. 1 Nr. 1a ZVG bezüglich des Zubehörs geltend machen kann.

94 Wie die Vergleichsberechnung vorzunehmen ist, ist in Einzelfragen streitig. Im Grundsatz ist wie folgt vorzugehen:[168)]

- Zunächst ist die Vergütung aus der **nicht erhöhten Berechnungsgrundlage**, die als solche Grundlage der Vergütungsberechnung ist, zu ermitteln.

---

162) Eingehend auch *Zimmer*, InsVV, § 1 Rz. 76 ff.; *Graeber/Graeber*, InsVV, § 1 Rz. 188 ff.; *Amberger* in: Leonhardt/Smid/Zeuner, InsVV, § 1 Rz. 51 ff.; *Graeber*, InsbürO 2005, 122.

163) Uhlenbruck-*Brinkmann*, InsO, § 171 Rz. 2 ff.; *Flöther* in: KPB, InsO, § 171 Rz. 3 ff.; *Landfermann* in: HK-InsO, § 171 Rz. 4 ff.; *Obermüller*, NZI 2003, 416.

164) *Hess/Klaas*, InVo 1999, 193, die weitergehend dafür plädieren, den Kostenbeitrag auch bei Bearbeitung von Aussonderungsrechten zu erheben; dies ist im Hinblick auf den einfachen Eigentumsvorbehalt, der ein Aussonderungsrecht gewährt, zwar verständlich, mit dem Grundsatz der Aussonderung aber nicht vereinbar.

165) *Prasser/Stoffler* in: KPB, InsO, § 1 InsVV Rz. 37; *Hess/Klaas*, InVo 1999, 193.

166) Das bare Meistgebot stellt zusammen mit dem bestehenbleibenden Recht den vom Ersteher zu übernehmenden Wert des Grundstücks dar (§ 44 Abs. 1 ZVG), dazu allgemein Stöber-*Gojoczyk*, ZVG, § 44 Rz. 4 ff.; wird das geringste Gebot über § 174a ZVG nach dem Kostenanspruch des § 10 Abs. 1 Nr. 1a ZVG berechnet, bleiben keine Rechte bestehen, der bar zu zahlende Teil des geringsten Gebots besteht lediglich aus den gerichtlichen Kosten des Zwangsversteigerungsverfahrens und möglichen Ansprüchen nach § 10 Abs. 1 Nr. 1 ZVG, dazu Böttcher-*Keller*, ZVG, § 174a Rz. 4 ff.; *Keller*, Insolvenzrecht, Rz. 1158 ff.

167) Begr. z. Entwurf einer InsVV (§ 1), abgedr. unten in Anh. III, S. 689, 694, 695.

168) *Prasser/Stoffler* in: KPB, InsO, § 1 InsVV Rz. 41 ff.; Stephan/Riedel-*Riedel*, InsVV, § 1 Rz. 56 ff.; *Roth* in: KölnKomm-InsO, § 1 InsVV Rz. 30; *Lorenz* in: FK-InsO, § 1 InsVV Rz. 25 mit Beispiel Rz. 27; Leonhardt/Smid/Zeuner-*Amberger*, InsVV, § 1 Rz. 58 mit Beispiel Rz. 59.

- Im zweiten Schritt ist die Vergütung aus der **erhöhten Berechnungsgrundlage** zu ermitteln. Hier ist der Bruttoerlös der Verwertung zu berücksichtigen, also der Verwertungserlös einschließlich Kostenbeiträgen und vereinnahmter Umsatzsteuer der Verwertung sowie vereinnahmter Umsatzsteuer aus dem Doppelumsatz gegenüber dem Absonderungsberechtigten aus dem abgeführten Betrag (§ 171 Abs. 2 Satz 3 InsO).
- Der **Differenzbetrag** der aus diesen Berechnungsgrundlagen errechneten Vergütungen ist auf die Hälfte des Feststellungskostenbeitrages von 4 % (§ 171 Abs. 1 InsO) begrenzt, mithin auf 2 % des Bruttoerlöses der Verwertung.

Streitig ist bei dieser Berechnung, **welche Beträge bei der nicht erhöhten Berechnungsgrundlage** zu berücksichtigen sind. Fraglich ist wesentlich, ob die Kostenbeiträge des § 171 InsO oder des § 10 Abs. 1 Nr. 1a ZVG und die nach § 171 Abs. 2 Satz 3 InsO erstattete Umsatzsteuer Teil der nicht erhöhten Berechnungsgrundlage sind. Dies wird von einer ersten Meinung mit dem Argument vertreten, die **Kostenbeiträge und die vereinnahmten Steuern** seien freie Masse und damit Teil der Berechnungsgrundlage nach § 1 Abs. 1 InsVV.[169] Hinzuzurechnen sind auch die vereinnahmten Umsatzsteuern; diese sind zwar an das Finanzamt abzuführen, die Umsatzsteuer ist aber kein durchlaufender Posten in der Buchführung des Insolvenzverwalters, sondern Einnahme und Ausgabe der Insolvenzmasse und als Masseverbindlichkeit nicht abzuziehen.[170] Nach einer zweiten Ansicht sollen die **Feststellungskostenbeiträge** nicht berücksichtigt werden.[171] Dies wird aus der Rechtsprechung des BGH gefolgert.[172] Insbesondere im Beschluss vom 10.10.2013 sah der BGH eine Doppelvergütung, wenn die Feststellungskosten einberechnet würden und der Insolvenzverwalter die besondere Vergütung erhält. Der Insolvenzverwalter solle daher wählen können, ob er die besondere Vergütung erhalten wolle oder die Vergütung aus der Insolvenzmasse einschließlich der Feststellungskostenbeiträge. Überzeugend ist das nicht. Der Feststellungskostenbeitrag ist Teil der freien Insolvenzmasse, die als solche die Berechnungsgrundlage der Vergütung bildet. Wollte man mit dessen Berücksichtigung im Hinblick auf § 1 Abs. 2 Nr. 1 InsVV eine Doppelvergütung sehen, müsste das praktisch für jeden Vermögenswert gelten, den der Insolvenzverwalter verwertet. Das widerspräche dem pauschalierenden Vergütungssystem der §§ 1, 2 InsVV. Nach einer sehr strengen dritten Ansicht sollen sämtliche Beträge, die aus der Verwertung der Vermögenswerte stammen, unberücksichtigt bleiben.[173] Die nicht erhöhte Berechnungsgrundlage solle sich so bestimmen, als habe es die betreffenden Vermögenswerte gar nicht gegeben. 95

Die Bestimmung der nicht erhöhten Berechnungsgrundlage ist allgemein von Bedeutung, weil sich aus ihr die grundsätzliche Regelvergütung berechnet, welche die Grundlage für die weitere Zuschlagsberechnung ist. 96

Beispiel:

Der Verwertungserlös aus beweglichem Vermögen mit Absonderungsrechten beträgt brutto 500 000 €; enthalten ist somit vereinnahmte Umsatzsteuer i. H. von 79 831,93 €; die Feststellungskostenpauschale beträgt 20 000 €, die Verwertungskostenpauschale beträgt 25 000 €. An die Absonderungsberechtigten wurden damit ausgekehrt 375 168,07 €, die hierauf entfallende

169) *Graeber/Graeber*, InsVV, § 1 Rz. 192a; *Wolgast* in: HK-InsVV. § 1 Rz. 59 ff.

170) Eingehend zur Umsatzsteuerproblematik Uhlenbruck-*Sinz*, InsO, § 171 Rz. 16 ff.

171) *Prasser/Stoffler* in: KPB, InsO, § 1 InsVV Rz. 40.

172) BGH, Beschl. v. 17.4.2013 – IX ZB 141/11, ZInsO 2013, 1104; BGH, Beschl. v. 10.10.2013 – IX ZB 169/11, NZI 2013, 1067 m. Anm. *Keller*.

173) *Knapp*, Die Vergütung des Insolvenzverwalters, S. 44 ff.; *Knapp*, NZI 2022, 206; eingehend auch *Knapp*, ZInsO 2021, 772.

Umsatzsteuer i. H. von 71 281,93 € wurde von den Absonderungsberechtigten an die Insolvenzmasse erstattet. Feststellung der nicht erhöhten Berechnungsgrundlage:

Variante A	
Freie Masse	*500 000,00 €*
vereinnahmte USt	*79 831,93 €*
Feststellungskostenbeitrag	*20 000,00 €*
Verwertungskostenbeitrag	*25 000,00 €*
vereinnahmte USt	*71 281,93 €*
Gesamt	*696 113,86 €*

Variante B	
Freie Masse	*500 000,00 €*
vereinnahmte USt	*79 831,93 €*
Verwertungskostenbeitrag	*25 000,00 €*
vereinnahmte USt	*71 281,93 €*
Gesamt	*676 113,86 €*

Variante C	
Freie Masse	*500 000,00 €*
Gesamt	*500 000,00 €*

97 Für die Berechnung der besonderen Vergütung nach § 1 Abs. 2 Nr. 1 InsVV sind die verschiedenen Ansichten wenig relevant, weil zumeist die Deckelung der besonderen Vergütung auf zwei Prozent des Feststellungskostenbeitrages greift. Als **Grundlage der Bestimmung der Regelvergütung** an sich ist aber schon relevant, nach welcher Methode die Berechnungsgrundlage gebildet wird. Zutreffend ist die vorstehend als Variante A dargestellte Ansicht. Sie berücksichtigt, dass die Kostenbeiträge und die vereinnahmten Umsatzsteuern bereits nach § 1 Abs. 1 InsVV Teil der Berechnungsgrundlage sind. Variante B mit Bezugnahme auf die Rechtsprechung des Bundsegerichtshofs kann nicht erklären, warum gerade nur die Feststellungskosten außer Betracht bleiben sollen. Hier wäre sogar Variante C konsequenter, die aber die Grundlage der allgemeinen Vergütungsberechnung missachtet, dass die Kostenbeiträge und die vereinnahmten Steuern Bestandteile der freien Masse sind.

98 Zur Bestimmung der besonderen Vergütung ist damit in **Einzelschritten** wie folgt vorzugehen:

1. **Ermittlung der kleinen Berechnungsgrundlage** abzüglich des an den Absonderungsberechtigten abgeführten Erlöses, aber einschließlich der eingenommenen Kostenbeiträge und vereinnahmter Umsatzsteuern. Ermittlung der Regelvergütung hieraus;
2. **Ermittlung der großen Berechnungsgrundlage** einschließlich des Bruttoerlöses einer Verwertung. Die Kostenbeiträge sind hierin enthalten, ebenso die Umsatzsteuer aus der Verwertung; die vereinnahmte Umsatzsteuer nach § 171 Abs. 2 Satz 3 InsO ist hinzuzurechnen. Ermittlung der Regelvergütung (§ 2 InsVV) hieraus;
3. Ermittlung der Differenz aus beiden Regelvergütungen;
4. Ermittlung des Feststellungskostenbeitrages von 4 % des Bruttoerlöses der Verwertung. Halbierung dieses Betrages;
5. Kappung der Vergütungsdifferenz auf die Hälfte des Feststellungskostenbeitrages.

Der ermittelte Differenzbetrag stellt die **Mehrvergütung** i. S. des § 1 Abs. 2 Nr. 1 InsVV dar. Die Mehrvergütung des § 1 Abs. 2 Nr. 1 InsVV wird vom BGH zwar als **Teil der Regelvergütung** angesehen.[174] Das soll aber **nicht** so zu verstehen sein, dass **Zuschläge und Abschläge** nach § 3 Abs. 1 und 2 InsVV auf die Regelvergütung auch unter Einbeziehung dieses Mehrbetrages zu berechnen seien. 99

Beispiel:

Der Insolvenzverwalter verwertet i. R. der Liquidation des schuldnerischen Unternehmens das mit verlängertem Eigentumsvorbehalt belastete Warenlager mit einem Bruttoerlös i. H. von 119 000 €; an den absonderungsberechtigten Gläubiger wird der Erlös abzüglich der Kostenbeiträge i. H. von 10 710 € (berechnet aus dem Bruttoerlös) abgeführt, von ihm werden 16 965,10 € Umsatzsteuer für die Verwertung erstattet. Das weiter zur Insolvenzmasse gehörende Grundstück wurde versteigert, es wurde ein Meistgebot i. H. von 300 000 € erzielt. Der Feststellungskostenbeitrag nach § 10 Abs. 1 Nr. 1a ZVG beträgt 200 €; der Verkehrswert der mithaftenden Gegenstände des Grundstücks wurde gemäß § 74a Abs. 5 Satz 2 ZVG auf 5 000 € festgesetzt; aus der Zwangsversteigerung konnte wegen der dinglichen Belastungen kein Erlös für die Masse erzielt werden. Der Wert der sonstigen freien Insolvenzmasse beträgt bei Beendigung des Insolvenzverfahrens 270 000 €.

Als Grundlage der Vergütungsberechnung ist zunächst die Insolvenzmasse als kleine Berechnungsgrundlage nach § 1 Abs. 1 InsVV zu bestimmen, sie beträgt 270 000 € zuzüglich der zur Masse gewonnenen Kostenbeiträge und der eingenommenen Umsatzsteuer insgesamt 297 875,10 €. Berücksichtigt man die Kostenbeiträge und die eingenommene Umsatzsteuer nicht, beträgt die Berechnungsgrundlage nur 270 000 €. Um die Verwertungstätigkeit des Insolvenzverwalters vergütungsrechtlich zu berücksichtigen, sind vergleichsweise die mit Absonderungsrechten belasteten Massegegenstände der Insolvenzmasse zuzurechnen, diese hatten einen Gesamtwert von 419 000 € (die Kostenbeiträge eingeschlossen). Zu berücksichtigen ist aber auch die seitens des Absonderungsberechtigten erstattete Umsatzsteuer aus dem Doppelumsatz. Die erhöhte Insolvenzmasse beträgt mithin 705 965,10 €.

Die Regelvergütung des Insolvenzverwalters aus der nicht erhöhten Insolvenzmasse beträgt gemäß § 2 InsVV 40 190,63 €, aus der erhöhten Insolvenzmasse beträgt sie 55 781,23 €.[175] *Die Differenz beträgt 15 590,60 €. Nach § 1 Abs. 2 Nr. 1 Satz 2 InsVV darf der Mehrbetrag der Vergütung jedoch nicht die Hälfte der Feststellungskostenbeiträge von insgesamt 4 960 € übersteigen, die Kappungsgrenze beträgt 2 480 €. Der Insolvenzverwalter kann somit eine Vergütung von 42 670,63 € (40 190,63 € addiert mit 2 480 €) erhalten. Der Mehrbetrag ist gering, weil der Wert des Grundstücks unberücksichtigt bleibt; die Zwangsversteigerung auf Antrag eines Grundpfandrechtsgläubigers stellt keine Verwertung durch den Insolvenzverwalter dar. Man kann dann auch fragen, ob das mithaftende Zubehör berücksichtigt werden darf; für dieses weist § 10 Abs. 1 Nr. 1a ZVG unabhängig von konkreten Verwertungsmaßnahmen einen Feststellungskostenbeitrag aus. Hatte der Insolvenzverwalter erheblichen Arbeitsaufwand, um bspw. Grundpfandrechtsgläubiger von der Zwangsversteigerung abzuhalten, kann dies einen Zuschlag nach § 3 Abs. 1 lit. a InsVV rechtfertigen.*

Problematisch ist die Vergleichsberechnung, weil sie unter **Einbeziehung von Zu- und Abschlägen** erfolgen soll. Nach **Ansicht des BGH** soll die **Mehrvergütung** nach § 1 Abs. 2 Nr. 1 InsVV **erst nach der Zuschlagsberechnung** der Regelvergütung hinzuzurechnen 100

174) BGH, Beschl. v. 11.5.2006 – IX ZB 249/04, Rz. 48, ZIP 2006, 1204 = NZI 2006, 464 m. Anm. *Nowak*; BGH, Beschl. v. 8.11.2012 – IX ZB 139/10, Rz. 22, ZIP 2012, 2407 = NZI 2012, 981, dazu EWiR 2012, 804 *(Blersch)*; BGH, Beschl. v. 17.4.2013 – IX ZB 141/11, ZInsO 2013, 1104.

175) Vergütung berechnet nach § 2 Abs. 1 InsVV i. d. F. seit 1.1.2021.

sein.[176)] Damit sollen die Zuschläge Teil der Vergleichsberechnung sein. Das führt **faktisch** dazu, dass der Insolvenzverwalter **für die Verwertungstätigkeit** nur **zwei Prozent des Verwertungserlöses** erhält, weil in den meisten Fallgestaltungen der Vergleichsberechnung unter Einbeziehung der Zuschläge die Deckelung der Mehrvergütung greift. Nach welcher Ansicht dann die nicht erhöhte Berechnungsgrundlage bestimmt wird, ist gar nicht mehr entscheidend.

Beispiel:

Der Insolvenzverwalter erzielt aus der Verwertung eines Grundstücks 500 000 €; zur Insolvenzmasse fließen nach Auskehr an den Absonderungsberechtigten 15 000 €.

Vergütungsberechnung ohne Grundstück		*Vergütungsberechnung mit Grundstück*	
Berechnungsgrundlage		*Berechnungsgrundlage*	
Sonstige Insolvenzmasse	*2 500 000 €*	*Sonstige Insolvenzmasse*	*2 500 000 €*
Massebeitrag Grundstück	*15 000 €*	*Grundstück*	*500 000 €*
Vergütungsberechnung		*Vergütungsberechnung*	
Regelvergütung	*95 580 €*	*Regelvergütung*	*106 250 €*
150 % Zuschläge	*143 370 €*	*150 % Zuschläge*	*159 375 €*
Gesamt	*238 950 €*	*Gesamt*	*265 625 €*
Differenzbetrag von 26 675 € ist als Mehrvergütung auf 2 % des Verwertungserlöses begrenzt; mithin auf 10 000 €.			

e) Die praktische Relevanz der Vergleichsrechnung

101 Streng nach dem Wortlaut der Norm ist die Ermittlung der Mehrvergütung für jeden Vermögensgegenstand gesondert zu berechnen, da sich Vergütungsdifferenzen wegen der Staffelung des § 2 Abs. 1 InsVV ergeben können. Bei der Verwertung sowohl beweglichen Vermögens, bei welchem von einem einheitlichen Feststellungskostenbeitrag und damit einer einheitlichen Kappungsgrenze ausgegangen werden kann, als auch unbeweglichen Vermögens, ist getrennt zu rechnen, weil der Feststellungskostenbeitrag bei Verwertung unbeweglichen Vermögens unterschiedlich bestimmt werden kann. Betrachtet man die Vergleichsrechnung aber im Zusammenhang mit der Berechnungsgrundlage und der Regelvergütung insgesamt, wird deutlich, dass sie **in vielen Fällen überflüssig** ist und eine **Scheinobjektivität** erzeugt.[177)]

102 Die **Vergleichsrechnung kann** dann **relevant werden,** wenn hinsichtlich einzelner Vermögenswerte unterschiedliche Feststellungskostenbeiträge vereinbart wurden und daher nicht einheitlich von der Kappungsgrenze von 2 % des Wertes der Gegenstände ausgegangen werden kann, oder wenn sich die Differenz zwischen „kleiner" und „großer" Insolvenzmasse und Berechnungsgrundlage genau auf der Grenze einer Degressionsstufe des § 2 Abs. 1 InsVV befindet, die Berechnungsgrundlage ohne Absonderungsrechte also geringer, mit ihnen aber höher ist.

103 Methodisch ist i. R. der Vergleichsberechnung zur Mehrvergütung fraglich, ob mit dem Substantiv „Vergütung" in § 1 Abs. 2 Nr. 1 Satz 2 InsVV die Regelvergütung des § 2 InsVV gemeint ist oder die Gesamtvergütung einschließlich der Zu- und Abschläge. Nach dem Standort der Norm innerhalb der Vorschrift zur Bestimmung der Berechnungsgrundlage ist anzunehmen, dass der Mehrbetrag die Regelvergütung erhöht, mittelbar durch Zuschläge

176) BGH, Beschl. v. 22.7.2021 – IX ZB 85/19, ZRI 2021, 805 = NZI 2021, 1036, dazu EWiR 2021, 592 *(Keller)*; dazu *Knapp*, NZI 2022, 206.

177) *Keller* in: HK-InsO, § 1 InsVV Rz. 25 a. E.; *Keller*, ZIP 2014, 2014, 2019.

dann auch die Gesamtvergütung. Nach dem Zweck der Norm, die Vergütung durch die Einbeziehung von Absonderungsrechten nicht zu hoch werden zu lassen, ist anzunehmen, dass die Gesamtvergütung gedeckelt werden soll.[178] Allerdings wird der Zweck ohnehin nicht erfüllt, wenn für die Befassung mit Absonderungsrechten ein Zuschlag nach § 3 Abs. 1 lit. a InsVV zu gewähren ist. Ob daher die **Deckelung der Mehrvergütung** dem **tatsächlichen Arbeitsaufwand der Insolvenzverwaltung** entspricht, ist insbesondere bei der Verwertung von Immobiliarvermögen fraglich. Eine Korrektur kann dann durch eine Zuschlagsgewährung nach § 3 Abs. 1 lit. a InsVV erfolgen. Auch unter Berücksichtigung der einschränkenden Verweisung auf § 1 Abs. 2 Nr. 1 InsVV ist eine Zuschlagsgewährung denkbar, wenn die Feststellung von Absonderungsrechten schwierig und arbeitsintensiv war; allein die Verwertungstätigkeit wird durch die Mehrvergütung abgegolten. Die Problematik der Deckelung wird besonders dann deutlich, wenn die Absonderungsrechte einen großen Teil der Insolvenzmasse für sich beanspruchen und i. Ü. hohe Zuschläge zu gewähren sind.

Beispiel:

Der Insolvenzverwalter führte in einem vor 2021 eröffneten Insolvenzverfahren ein großes Unternehmen fort und konnte eine übertragende Sanierung bewerkstelligen. Zahlreiche Erschwernisse führten zu Zuschlägen mit dem Faktor 10,40. Die Berechnungsgrundlage ohne Absonderungsrechte beträgt 114 175 674,83 €. Die mit Absonderungsrechten belasteten Vermögenswerte, insbesondere Immobiliarvermögen haben einen Wert von 17 390 175,99 € und machen damit rund 13 % der Insolvenzmasse aus.

Berechnung der Mehrvergütung nach § 1 Abs. 2 Nr. 1 Satz 2 InsVV:

Berechnungsgrundlage abzüglich Wert der absonderungsrechtsbehafteten Gegenstände	*114 175 674,83 €*
Regelvergütung nach § 2 Abs. 1 InsVV hieraus	*1 098 628,37 €*
Zuschläge von 10,40	*11 425 735,09 €*
Gesamtvergütung	*12 524 363,46 €*

Berechnungsgrundlage einschließlich Verwertungserlöse absonderungsrechtsbehafteter Gegenstände	*131 565 850,82 €*
Regelvergütung nach § 2 Abs. 1 InsVV hieraus	*1 185 579,25 €*
Zuschläge von 10,40	*12 330 024,20 €*
Gesamtvergütung	*13 515 603,45 €*

Differenz der Gesamtvergütungen	*991 231,99 €*
Hälfte des Feststellungskostenbeitrages, entspricht 2 % des Wertes der absonderungsrechtsbehafteten Gegenstände von 17 390 175,99 €	*347 803,52 €*
Kappung der besonderen Vergütung	*347 803,52 €*

f) Verhältnis zur Erhöhung der Regelvergütung durch einen Überschuss

Ein Problem scheinbar unzulässiger Doppelvergütung kann bestehen, wenn der Überschuss 104
aus einer Verwertung, der als freie Masse zur **Berechnungsgrundlage** gehört, **so hoch** ist, dass dadurch auch die **Regelvergütung** des § 2 InsVV **signifikant erhöht** wird. Der BGH hatte diese Frage bereits in einem nicht veröffentlichten Beschluss vom 23.10.2008[179] an-

178) So wohl *Knapp*, Die Vergütung des Insolvenzverwalters, S. 48 ff., 58.

179) BGH, Beschl. v. 23.10.2008 – IX ZB 157/05, juris.

gesprochen und mit Beschluss vom 10.10.2013 zum Gegenstand grundsätzlicher Überlegungen gemacht.[180)]

105 Dass der Überschuss aus der Verwertung freie Masse und damit Bestandteil der Berechnungsgrundlage ist, ergibt sich aus Satz 3 des § 1 Abs. 2 Nr. 1 InsVV, der systematisch eigentlich als Grundsatz zu § 1 Abs. 2 Nr. 1 InsVV vorangestellt werden müsste. Die besondere Vergütung des § 1 Abs. 2 Nr. 1 InsVV soll den Arbeitsaufwand des Insolvenzverwalters bei Befassung und Verwertung des Vermögenswertes abgelten. Es ist systemimmanent, dass ein Überschuss aus einer Verwertung Bestandteil der freien Masse und damit der Berechnungsgrundlage ist, und der Insolvenzverwalter für seine Verwertungstätigkeit die besondere Vergütung zusätzlich erhält.

106 Der BGH sieht hier aber die **Gefahr einer Doppelvergütung**. Der Insolvenzverwalter soll daher wählen, ob er nur die Erhöhung der Regelvergütung aufgrund des Überschusses oder nur die besondere Vergütung erhalten will. Beachtenswert ist, dass der BGH im Beschluss vom 23.10.2008 diese Frage als unstreitig darstellt und auf Literaturstellen Bezug nimmt, die jedoch sämtlich diese Aussage nicht stützen.[181)] Allerorten wird lediglich die Vergleichsberechnung allgemein dargestellt. An keiner der zitierten Stellen wird die Frage aufgeworfen, ob die Einbeziehung eines Kostenbeitrags aus der Verwertung in die Berechnungsgrundlage der Regelvergütung und die nach der Vergleichsberechnung ermittelte besondere Vergütung eine unzulässige Doppelvergütung beinhaltet.

107 Das vom BGH erörterte **Problem stellt sich nur**, wenn der **Überschuss** aus der Verwertung **besonders hoch** und die **Berechnungsgrundlage ansonsten eher niedrig** ist, so dass die Regelvergütung sich im hohen Prozentsatzbereich bewegt. Nur dann erhöht sich die Regelvergütung durch den Überschuss deutlich. Bewegt sich aber die Insolvenzmasse im Bereich der 3- oder 2 %igen Regelvergütung, erhöht diese sich durch die Hinzurechnung eines zur Insolvenzmasse fließenden Anteils aus der Verwertung oder eben auch eines Überschusses nur um diesen Prozentsatz. Da aber die besondere Vergütung des § 1 Abs. 2 Nr. 1 InsVV auf praktisch 2 % eines Verwertungserlöses gedeckelt ist und die Regelvergütung bis zu einer Insolvenzmasse von 25 Mio. € 2 % beträgt, beträgt die besondere Vergütung bei einer Insolvenzmasse bis zu diesem Betrag immer 2 % des Erlöses. Das ist stets mehr als die Erhöhung der Regelvergütung durch Hinzurechnung des tatsächlich zur Insolvenzmasse fließenden Verwertungsertrages. Die Annahme des BGH, es bestehe die Gefahr einer Doppelvergütung und ein Wahlrecht des Insolvenzverwalters, ist unzutreffend.

Beispiel:

Der Insolvenzverwalter verwertet eine wertausschöpfend mit Grundpfandrechten belastete Immobilie für 100 000 €, es fließen vereinbarte 3 % zur Insolvenzmasse. Beträgt die sonstige Insolvenzmasse 75 000 €, erhöht sie sich um 3 000 €; die Regelvergütung des Insolvenzverwalters erhöht sich um 210 €. Die besondere Vergütung für die Verwertung der Immobilie beträgt bei einem angenommenen Feststellungskostenbeitrag von 4 % dagegen 2 000 €. Die Gefahr der Doppelvergütung stellt sich nicht wirklich.

180) BGH, Beschl. v. 10.10.2013 – IX ZB 169/11, NZI 2013, 1067 m. Anm. *Keller*; ebenso Vorinstanz LG Heilbronn, Beschl. v. 9.5.2011 – 1 T 418/10, ZInsO 2011, 1958; dazu auch *Prasser/Stoffler* in: KPB, InsO, § 1 InsVV Rz. 43; *Graeber/Graeber*, InsVV, § 1 Rz. 192a ff.

181) BGH, Beschl. v. 10.10.2013 – IX ZB 169/11, Rz. 4, NZI 2013, 1067 m. Anm. *Keller*.

g) Verwertung durch den absonderungsberechtigten Gläubiger

Bleibt das Verwertungsrecht an den mit Absonderungsrechten behafteten Massegegenständen beim jeweiligen Gläubiger,[182] gilt die Regelung, dass nur ein für die Masse **tatsächlich verbliebener Überschuss** und nicht der volle Wert des Gegenstandes aus der Verwertung auch in die Berechnungsgrundlage der Vergütung einbezogen wird. § 1 Abs. 2 Nr. 1 Satz 3 InsVV entspricht insoweit der Regelung des § 2 Nr. 1 Satz 1 VergVO. Bei der Verwertung von beweglichen Gegenständen ist dies regelmäßig die Differenz zwischen dem bei der Verwertung erzielten Erlös und der gesicherten Insolvenzforderung des Gläubigers. 108

Im Falle der Zwangsversteigerung eines mit Grundpfandrechten belasteten Grundstücks stellt der Überschuss die Differenz zwischen der Summe der dinglichen Belastungen, die in den Rangklassen des § 10 ZVG bei der Verteilung zu berücksichtigen sind, und dem Meistgebot des Erstehers, dem der Zuschlag erteilt wird, dar. Im Hinblick auf im Grundbuch eingetragene und bei der Zwangsversteigerung geltend gemachte Grundschulden kann zugunsten der Masse ein Rückgewähranspruch bestehen, wenn die gesicherte Insolvenzforderung des Gläubigers das Recht nicht voll ausschöpft[183] oder die dingliche Besicherung anfechtbar ist.[184] 109

Beispiel:

Zur Insolvenzmasse gehört ein Grundstück, das mit drei Grundschulden für verschiedene Gläubiger belastet ist. Sie sind im Grundbuch eingetragen i. H. von 75 000 €, 125 000 € und 100 000 €; die Grundschuld Nr. 2 sichert nur noch eine Restforderung des betreffenden Gläubigers i. H. von 85 000 €. Der Verkehrswert des Grundstücks wird im vom Grundschuldgläubiger Nr. 1 betriebenen Zwangsversteigerungsverfahren auf 350 000 € festgesetzt, der Zuschlag wird auf ein Meistgebot i. H. von 310 000 € erteilt.

Die Berücksichtigung des Grundstücks i. R. der Vergütungsberechnung erfolgt nach § 1 Abs. 2 Nr. 1 Satz 3 InsVV. Als Überschuss i. S. dieser Vorschrift verbleiben für die Masse 10 000 € (ohne Berücksichtigung der Zinsen und Kosten der Gläubiger, die i. R. des § 10 Abs. 1 Nr. 4, Abs. 2 ZVG geltend gemacht werden können, sowie der Verzinsung des Meistgebots bis zum Verteilungstermin nach § 49 Abs. 2 ZVG). Hinsichtlich des nicht valutierten Teils der Grundschuld Nr. 2 steht dem Insolvenzverwalter ein Rückgewähranspruch i. H. von 30 000 € gegen den betreffenden Gläubiger zu, der als Vermögenswert zur Insolvenzmasse gehört und daher auch in die Vergütungsberechnung einzubeziehen ist.

h) Verwertung bei besitzlosem Pfandrecht

Nicht übernommen wurde die Bestimmung des § 2 Nr. 1 Satz 2 VergVO, nach der besitzlose Pfandrechte – insbesondere das Vermieterpfandrecht gemäß § 562 BGB –, die nach § 50 Abs. 1 InsO ebenso zur abgesonderten Befriedigung berechtigen, in der Berechnungsgrundlage zu berücksichtigen sind. In diesen Fällen hatte schon nach früherem Recht der Konkurs- oder Gesamtvollstreckungsverwalter das alleinige Verwertungsrecht an den 110

---

182) Uhlenbruck-*Brinkmann*, InsO, § 173 Rz. 3 ff.; *Flöther* in: KPB, InsO, § 173 Rz. 6 ff.; *Landfermann* in: HK-InsO, § 173 Rz. 3.

183) Allgemein dazu *Lieder* in: MünchKomm-BGB, § 1191 Rz. 146 ff.; *Eickmann* in: Westermann/Gursky/Eickmann, Sachenrecht, § 117 II; zur Behandlung der nicht voll valutierten Grundschuld im Zwangsversteigerungsverfahren grundlegend Stöber-*Nicht*, ZVG, § 114 Rz. 154 ff.; *Stöber*, ZIP 1980, 833.

184) Beispielhaft BGH, Urt. v. 25.9.1972 – VIII ZR 216/71, BGHZ 59, 230; *Freudenberg* in: MünchKomm-InsO, § 131 Rz. 47 ff.; *Thole* in: HK-InsO, § 131 Rz. 20 ff.; K. Schmidt-*Ganter/Weinland*, InsO, § 131 Rz. 61 ff.; m. zahlreichen Einzelfällen *Keller*, Insolvenzrecht, Rz. 1580, 1667, 1676 ff.

Massegegenständen oder -forderungen.[185] Sie sind daher **entsprechend § 1 Abs. 2 Nr. 1 InsVV mit ihrem vollen Wert** in die Insolvenzmasse **einzubeziehen.**[186]

i) Fiktive Berechnung bei fehlender Verwertung

111 Endet das Insolvenzverfahren, ohne dass die betroffenen Massegegenstände verwertet werden, z. B. bei Beendigung des Verfahrens nach Annahme eines Insolvenzplans nach § 258 InsO oder bei Ausscheiden des Insolvenzverwalters aus seinem Amt, ist i. R. der Vergütungsbemessung die Verwertung der Massegegenstände fiktiv zu berechnen. § 1 Abs. 2 Nr. 1 InsVV findet insoweit Anwendung, als die mit Absonderungsrechten belasteten Massegegenstände so berücksichtigt werden, **wie wenn eine tatsächliche Verwertung stattgefunden hätte.**[187]

j) Fiktive Berechnung bei Ablösung (§ 1 Abs. 2 Nr. 2 InsVV)

112 Die InsO kennt den Begriff der Ablösung nicht. Als Ablösung wird allgemein eine Vereinbarung bezeichnet, nach welcher der Absonderungsberechtigte gegen Zahlung einer Geldsumme auf sein Recht verzichtet, im Ergebnis handelt es sich damit um ein Rechtsgeschäft zwischen dem Berechtigten und dem Verwalter.

113 Als zumindest missverständlich muss die Formulierung der Ablösung eines Aussonderungsrechtes bezeichnet werden. Da Gegenstände, die der Aussonderung unterliegen, nicht zur Insolvenzmasse gehören, können sie durch den Verwalter auch nicht abgelöst werden. Eine solche Ablösung stellt vielmehr eine Vereinbarung mit dem Berechtigten über die Eigentumsübertragung des Gegenstandes oder den Verzicht auf ein ansonsten zur Aussonderung berechtigendes Recht dar.

114 Nach § 1 Abs. 2 Nr. 2 InsVV soll der **Differenzbetrag zwischen dem Sachwert** des Gegenstandes und dem **Ablösebetrag** zur Masse errechnet werden.[188] Als Sachwert des Gegenstandes ist der objektive Verkehrswert des Gegenstandes anzusehen, nicht etwa der Erlös, den der Verwalter bei der tatsächlichen Verwertung erzielen konnte; dieser soll i. R. der fiktiven Verwertung unberücksichtigt bleiben.[189]

Beispiel:

Das zur Insolvenzmasse gehörende Warenlager des Schuldners im Wert von 175 000 € unterliegt aufgrund verlängerten Eigentumsvorbehalts einem Absonderungsrecht des Lieferanten. Er einigt sich vergleichsweise mit dem Insolvenzverwalter auf einen Verzicht auf den Eigentumsvorbehalt gegen Zahlung eines Betrages i. H. von 100 000 €. Bei der späteren Verwertung kann der Verwalter das Warenlager zum Preis von 125 000 € verkaufen.

Das mit dem Absonderungsrecht belastete Warenlager kann nur i. R. einer fiktiven Berechnung Eingang in die vergütungsrechtliche Insolvenzmasse finden (§ 1 Abs. 2 Nr. 2 InsVV). Zu berücksichtigen ist die Differenz zwischen dem objektiven Verkehrswert und dem an den Gläubiger gezahlten Ablösebetrag für das Warenlager. Im vorliegenden Fall sind das 75 000 €. Tatsächlich konnte der Verwalter für die Masse aber nur 25 000 € erwirtschaften (125 000 € Verwertungserlös abzüglich 100 000 € Ablösebetrag). Dieser tatsächlich erwirtschaftete Betrag bleibt unberücksichtigt; es soll dem Verwalter durch die fiktive Berechnung nicht zur Last gelegt werden, dass er die Waren nicht zum vollen Verkehrswert veräußern konnte.

185) *Kuhn/Uhlenbruck*, KO, § 127 Rz. 13 ff.

186) LG Münster, Beschl. v. 14.3.2006 – 5 T 10/06, ZInsO 2007, 594.

187) *Prasser/Stoffler* in: KPB, InsO, § 1 InsVV Rz. 56 ff.

188) *Büttner* in: HambKomm-InsO, § 1 InsVV Rz. 39; *Graeber*, InsbürO 2006, 415.

189) *Prasser/Stoffler* in: KPB, InsO, § 1 InsVV Rz. 57.

115 Nach Ablösung kann der Verwalter den **Gegenstand selbst verwerten** und den Erlös zur Masse ziehen. Fraglich ist, ob sich diese Verwertung nach § 1 Abs. 2 Nr. 1 InsVV vergütungserhöhend auswirkt. Das ist zu verneinen. Eine Berücksichtigung mit dem Mehrbetrag des § 1 Abs. 2 Nr. 1 Satz 1 InsVV würde bedeuten, dass der ursprünglich mit einem Absonderungsrecht belastete Gegenstand vergütungsrechtlich doppelt berücksichtigt würde, zunächst i. R. fiktiver und ferner aufgrund tatsächlicher Verwertung.[190] Nach Ablösung des Absonderungsrechts muss der betreffende Gegenstand zur freien Masse gerechnet werden. Auf den Bestand der Insolvenzmasse wirkt sie sich werterhöhend aus, wenn der Verwalter den Gegenstand zu einem höheren Erlös als dem Ablösebetrag verwerten kann.

k) Ersatzaussonderung und Ersatzabsonderung

116 Hat der Schuldner vor Insolvenzeröffnung das Aussonderungsrecht oder das Absonderungsrecht eines Berechtigten durch Veräußerung des betreffenden Gegenstandes vereitelt, kann diesem ein **Anspruch auf Ersatzaussonderung** gemäß § 48 InsO zustehen.[191] Soweit die Gegenleistung der schuldnerischen Verfügung als Objekt des Ersatzaussonderungs- oder -absonderungsrechts bereits vor Insolvenzeröffnung erbracht wurde, ist streitig, ob der Anspruch des Berechtigten aus § 816 BGB lediglich eine Insolvenzforderung i. S. des § 38 InsO ist oder ebenfalls zur Ersatzaussonderung berechtigt.[192] Das vereitelte Aus- oder Absonderungsrecht wirkt sich auf die Insolvenzmasse nicht aus.

117 Vereitelt der Verwalter durch Veräußerung eines Gegenstandes ein Aus- oder Absonderungsrecht, ist der Anspruch auf die Gegenleistung als Masseverbindlichkeit nach § 55 Abs. 1 Nr. 3 InsO zu qualifizieren.[193] Auch diese wirkt sich nicht auf die Bestimmung der Berechnungsgrundlage der Vergütung aus;[194] Masseverbindlichkeiten sind nach § 1 Abs. 2 Nr. 4 InsVV nicht abzusetzen.

3. Aufrechenbare Forderungen (§ 1 Abs. 2 Nr. 3 InsVV)

118 Steht der Insolvenzforderung eines Gläubigers eine aufrechenbare Forderung der Insolvenzmasse gegenüber, wird der Gläubiger im Insolvenzverfahren regelmäßig die Aufrechnung erklären; dies ist unter den Voraussetzungen der §§ 94 ff. InsO zulässig.[195] Eine Verwertung der Forderung gegen den Gläubiger findet seitens des Verwalters praktisch nicht statt, so dass eine zu vergütende Tätigkeit nicht erbracht wird. Der Verwalter wird auch kein Interesse an einer Aufrechnung haben, da die Einziehung der Forderung gegen den Gläubiger und verhältnismäßige Befriedigung seiner Forderung für die Masse günstiger ist.[196] Dem entspricht § 1 Abs. 2 Nr. 3 InsVV mit der Regelung, dass nur der nicht aufrechenbare Teil der Forderung gegen den Gläubiger in die vergütungsrechtliche Berechnung

190) So auch *Prasser/Stoffler* in: KPB, InsO, § 1 InsVV Rz. 58.

191) Uhlenbruck-*Brinkmann*, InsO, § 48 Rz. 29 ff.; wie in der KO findet § 48 InsO auf die Ersatzabsonderung analoge Anwendung, statt aller *Lohmann* in: HK-InsO, § 48 Rz. 17.

192) Jaeger-*Hoffmann*, InsO, § 48 Rz. 17 ff.; Uhlenbruck-*Brinkmann*, InsO, § 48 Rz. 18; zum Konkursrecht BGH, Urt. v. 8.3.1972 – VIII ZR 40/71, BGHZ 58, 257 = KTS 1972, 253; hiervon aber abweichend BGH, Urt. v. 11.3.1999 – IX ZR 164/98, BGHZ 141, 116 = ZIP 1999, 626, dazu EWiR 1999, 707 *(Canaris)*; *Kuhn/Uhlenbruck*, KO, § 46 Rz. 12.

193) Jaeger-*Hoffmann*, InsO, § 48 Rz. 80 ff.

194) *Prasser/Stoffler* in: KPB, InsO, § 1 InsVV Rz. 32.

195) Eingehend Uhlenbruck-*Sinz*, InsO, § 94 Rz. 6 ff., 12 ff.; *Kayser* in: HK-InsO, § 94 Rz. 2 ff.; *Häsemeyer* in: Kölner Schrift zur InsO, S. 461.

196) BGH, Urt. v. 19.3.1987 – IX ZR 148/86, BGHZ 100, 222 = ZIP 1987, 725, dazu EWiR 1987, 1011 *(Gerhardt)*; Uhlenbruck-*Sinz*, InsO, § 94 Rz. 3; *Keller*, Insolvenzrecht, Rz. 1163.

der Insolvenzmasse einbezogen werden darf.[197)] Damit wird die Aufrechnung letztlich einer abgesonderten Befriedigung seitens des Gläubigers gleichgestellt.

4. Berücksichtigung von Masseverbindlichkeiten (§ 1 Abs. 2 Nr. 4 InsVV)

a) Grundsatz der Nichtberücksichtigung

119 Masseverbindlichkeiten, die durch die Tätigkeit des Insolvenzverwalters im Laufe des Verfahrens begründet werden oder von ihm als sog. oktroyierte Masseverbindlichkeiten zu befriedigen sind, werden von der **Berechnungsgrundlage nicht abgezogen** (§ 1 Abs. 2 Nr. 4 Satz 1 InsVV).[198)] Masseverbindlichkeiten sind nach §§ 53 ff. InsO die Kosten des Insolvenzverfahrens und die sonstigen Masseverbindlichkeiten. Neben den sonstigen Masseverbindlichkeiten des § 55 Abs. 1 InsO sind die Verbindlichkeiten des vorläufigen Insolvenzverwalters, dem die Verfügungsbefugnis des Schuldners übertragen worden ist (§ 21 Abs. 2 Nr. 1, 2, § 22 Abs. 1, § 24 Abs. 1 InsO),[199)] nach § 55 Abs. 2 InsO Masseverbindlichkeiten.[200)] Forderungen aus einem Sozialplan, den der Insolvenzverwalter mit den Arbeitnehmern geschlossen hat, sind nach § 123 Abs. 2 InsO Masseverbindlichkeiten.[201)] Masseverbindlichkeit ist auch der Unterhaltsanspruch des Schuldners nach § 100 InsO.[202)]

120 Masseverbindlichkeiten sind **auch dann nicht abzuziehen**, wenn das Insolvenzverfahren wegen **Masseunzulänglichkeit** nach § 208 InsO eingestellt wird. In diesem Fall haben die sog. Altmassegläubiger wegen der verhältnismäßigen Befriedigung gemäß § 209 Abs. 1 Nr. 3 InsO eine ähnliche Stellung wie Insolvenzgläubiger im gewöhnlichen Insolvenzverfahren, deren Forderungen auch keinen Einfluss auf die Höhe der Insolvenzmasse als Berechnungsgrundlage der Vergütung haben.[203)]

b) Verbindlichkeiten des Eröffnungsverfahrens

121 Werden **im Eröffnungsverfahren Verbindlichkeiten begründet**, bspw. durch den Schuldner mit Zustimmung des vorläufigen Insolvenzverwalters und Einzelermächtigung des Insolvenzgerichts,[204)] und diese erst **im eröffneten Insolvenzverfahren befriedigt**, stellt sich die Frage, welchem Verfahrensabschnitt und damit welcher Berechnungsgrundlage diese zuzurechnen sind. Die Frage stellt sich wesentlich bei einer **Unternehmensfortführung während des Eröffnungsverfahrens**, da auch hier nach § 1 Abs. 2 Nr. 4 Satz 2 lit. b InsVV die Masseverbindlichkeiten abzuziehen sind (siehe dazu Rz. 148 ff.). Sie kann sich stellen,

197) Zu Fällen unzulässiger Aufrechnung BGH, Beschl. v. 21.1.2010 – IX ZB 197/06, ZIP 2010, 436 = NZI 2010, 400.

198) Die Vorschrift entspricht inhaltlich § 2 Nr. 3 VergVO, abgedr. unten Anh. VII, S. 739 ff.

199) Uhlenbruck-*Langer*, InsO, § 22 Rz. 1, 11 ff., 17 ff.; *Frege/Keller/Riedel*, Insolvenzrecht, Rz. 2.423, 435 ff.; *Ampferl*, Der „starke" vorläufige Insolvenzverwalter in der Unternehmensinsolvenz, Rz. 40 ff.; *Marotzke* in: FS Kreft, S. 411; *Uhlenbruck* in: Kölner Schrift zur InsO, S. 325 Rz. 6 Fn. 35, 36; *Hauser/Hawelka*, ZIP 1998, 1261; *Bork*, ZIP 2001, 1521; *Spliedt*, ZIP 2001, 1941.

200) Grundlegend BGH, Urt. v. 18.7.2002 – IX ZR 195/01, BGHZ 151, 353, 366 = ZIP 2002, 1625, dazu EWiR 2002, 919 *(Spliedt)*; bekräftigt in BGH, Urt. v. 20.2.2003 – IX ZR 81/02, BGHZ 154, 72, 82 = ZIP 2003, 632, dazu EWiR 2003, 425 *(Schumacher)*; BGH, Urt. v. 9.12.2004 – IX ZR 108/04, BGHZ 161, 315, 318 = ZIP 2005, 314, dazu EWiR 2005, 511 *(Marotzke)*; großzügig mit ausführlicher Darstellung des Streitstandes vor der Entscheidung des BGH Jaeger-*Gerhardt*, InsO, § 22 Rz. 127, 128; zur Begr. von Masseverbindlichkeiten auch *Pape/Hageböke* in: KPB, InsO, § 55 Rz. 39 ff.; Uhlenbruck-*Sinz*, InsO, § 55 Rz. 92 ff.; *Prütting/Stickelbrock*, ZIP 2002, 1608.

201) Uhlenbruck-*Zabel*, InsO, §§ 123, 124 Rz. 32 ff.; Kübler/Prütting/Bork-*Schöne*, InsO, §§ 123, 124 Rz. 90 ff.

202) Allgemein zu den sonstigen Masseverbindlichkeiten *Keller*, Insolvenzrecht, Rz. 367.

203) Allgemein Jaeger-*Windel*, InsO, § 209 Rz. 46 ff.; Uhlenbruck-*Ries*, InsO, § 209 Rz. 31 ff.; *Häsemeyer* in: FS Gerhardt, S. 341.

204) BGH, Urt. v. 18.7.2002 – IX ZR 195/01, BGHZ 151, 353 = ZIP 2002, 1625, dazu EWiR 2002, 919 *(Spliedt)*.

wenn im Eröffnungsverfahren ein **Massedarlehen** aufgenommen und dieses erst nach Insolvenzeröffnung getilgt wird. Dann stellt sich die Frage der Abgrenzung zum Kostenvorschuss nach § 1 Abs. 2 Nr. 5 InsVV (siehe dazu Rz. 152).

Die **Verbindlichkeiten sind dem Verfahrensabschnitt zuzurechnen, in welchem sie entstanden sind.**[205] Im Falle der Unternehmensfortführung erfolgt daher der Abzug bei der Berechnungsgrundlage der Vergütung des vorläufigen Insolvenzverwalters und Übernahme des Saldos bei der Berechnungsgrundlage der Vergütung des Insolvenzverwalters. Der Insolvenzverwalter übernimmt im Ergebnis einen im Zeitpunkt der Eröffnung etwa vorhandenen Überschuss aus der Betriebsfortführung im vorläufigen Verfahren. Andernfalls hätte es der vorläufige Verwalter in der Hand, die Begleichung von Masseverbindlichkeiten gezielt zurückzustellen und dadurch die Berechnungsgrundlage für die Vergütung im eröffneten Verfahren zu erhöhen.[206] 122

c) Verauslagte Kosten, Kostenerstattungen und Erstattungen aus Vorauszahlungen

Einnahmen der Insolvenzmasse stehen oft in einem wirtschaftlichen und rechtlichen Zusammenhang mit Ausgaben. Es ist dabei ein Grundproblem des § 1 Abs. 2 Nr. 4 Satz 1 InsVV, wonach Masseverbindlichkeiten von der Berechnungsgrundlage nicht abzuziehen sind, wenn dadurch Sachverhalte wirtschaftlich nicht sachgerecht betrachtet werden. Das Problem zeigt sich bei Erstattungen auf Vorauszahlungen oder bei verauslagten Prozesskosten, die nach einem Rechtsstreit erstattet werden.[207] Hier würden die Auszahlungen die Berechnungsgrundlage nicht mindern, die Erstattungen sie aber erhöhen, auch wenn rechtlich derselbe Tatbestand zugrunde liegt und dieser wirtschaftlich neutral ist. 123

Erstattungen bei Vorauszahlungen erhöhen nach richtigem Verständnis **die Berechnungsgrundlage nicht.** Denn es handelt sich hier regelmäßig um Rückzahlungen von Leistungen, die seitens des Insolvenzverwalters erbracht und später abgerechnet werden. In den typischen Fällen von Stromlieferung, Wasserversorgung, Abwasserentsorgung oder auch Hausgeldzahlungen bei Wohnungs- oder Teileigentum werden Vorauszahlungen erbracht und nach vereinbarten Zeiträumen abgerechnet. Die Erstattung zu viel geleisteter Vorauszahlungen stellt damit keinen Massezufluss dar, sondern bildet den Abgleich eines rechtlich und wirtschaftlich einheitlichen Sachverhalts. 124

Werden i. R. eines Rechtsstreits **Prozesskosten** (Gerichtskosten und Anwaltsgebühren) **vorgeschossen,** mindern die Ausgaben die Berechnungsgrundlage ebenfalls nicht, sie werden als Masseverbindlichkeiten nicht abgezogen. Wird der Prozess verloren und erhält die Insolvenzmasse keine Kostenerstattung, bleibt es auch dabei. Erhält die Insolvenzmasse aber eine spätere Kostenerstattung (§§ 91, 103 ff. ZPO) stellt sich die Frage, ob diese als Massemehrung die Berechnungsgrundlage erhöht.[208] Der BGH hatte in einem Verfahren, in welchem er sich wesentlich nur zu Erhöhungstatbeständen nach § 3 Abs. 1 InsVV geäußert hat, die Verrechnung der Kostenerstattung mit dem Vorschuss und damit ihre neutrale Behandlung bei der Berechnungsgrundlage nicht beanstandet.[209] Andererseits wurde § 2 Nr. 3 Satz 3 VergVO, der für die Konkursverwaltervergütung die Verrechnung verauslagter 125

---

205) BGH, Beschl. v. 2.3.2017 – IX ZB 90/15, ZIP 2017, 979 = NZI 2017, 544 m. Anm. *Budnik*, dazu EWiR 2017, 375 *(Keller)*; BGH, Beschl. v. 6.4.2017 – IX ZB 23/16, ZInsO 2017, 982; *Graeber/Graeber*, InsVV, § 1 Rz. 133b.

206) So *Lorenz* in: FK-InsO, § 1 InsVV Rz. 60.

207) *Zimmer*, InsVV, § 1 Rz. 53 ff., spricht hier von „negativen Einnahmen“, betrachtet die Problematik aber mehr betriebswirtschaftlich als tätigkeitsbezogen.

208) *Zimmer*, InsVV, § 1 Rz. 63 ff.

209) BGH, Beschl. v. 22.6.2017 – IX ZB 65/15, Rz. 4, NZI 2017, 732; *Wolgast* in: HK-InsVV, § 1 Rz. 36.

Prozess- und Vollstreckungskosten vorsah, nicht in die InsVV übernommen. Daher verneinte das AG Gera eine Verrechnung der späteren Erstattung mit verauslagten Kosten.[210)]

126 Überzeugend beantwortete der **BGH** die Frage mit **Beschluss vom 19.11.2020.**[211)] Im Sachverhalt der Entscheidung machte der Insolvenzverwalter einen Anfechtungsanspruch klageweise geltend. Es erging ein Anerkenntnisurteil, und der Insolvenzmasse wurden 884 € nicht verbrauchte Gerichtskosten erstattet. Der Anfechtungsgegner erstatte ferner knapp 3 000 € Rechtsverfolgungskosten. Der BGH vergleicht den Tatbestand mit dem einer Unternehmensfortführung (§ 1 Abs. 2 Nr. 4 lit. b InsVV). Ähnlich wie bei dieser sei auch bei der Prozessführung maßgeblich, dass verauslagte und erstattete Kosten zu verrechnen seien und damit allenfalls dann berücksichtigt werden könnten, wenn sich ein Überschuss ergäbe. Der BGH verweist auch auf die Regelung des früheren § 2 Nr. 3 Abs. 2 VergVO, die eine Verrechnung ausdrücklich vorschrieb. Seine Übernahme in die InsVV sei nur deshalb nicht erfolgt, weil es als selbstverständlich angenommen wurde, dass verauslagte Kosten, die später wieder eingehen, die Berechnungsgrundlage nicht vergrößern könnten. Zudem führt nach Ansicht des BGH nur diese Betrachtung dazu, dass die durch die Prozessführung entstehenden Kosten bei einem vollständig obsiegenden Urteil sich nicht zum Nachteil der Insolvenzgläubiger auswirken. Wenn die Erstattung der Prozesskosten durch den unterlegenen Gegner die Berechnungsgrundlage erhöhte, hätten die Insolvenzgläubiger allein aufgrund der erfolgreichen Prozessführung einen Nachteil, weil die höhere Berechnungsgrundlage zu einer höheren Vergütung des Insolvenzverwalters führt, welche der unterlegene Prozessgegner nicht zu erstatten hat. Das ist grundsätzlich zutreffend, der Effekt würde aber bei den Insolvenzgläubigern meist in einem kaum messbaren Bereich einer dritten oder vierten Nachkommastelle ihrer Quote liegen.

d) Vereinnahmte und zu zahlende Steuern und Bereicherungsansprüche

127 Steuern und öffentliche Abgaben, die als Masseverbindlichkeiten nach § 55 Abs. 1 Nr. 1 InsO zu entrichten sind, werden **von der Berechnungsgrundlage nicht abgezogen**. Unstreitig ist dies für Grundsteuern oder sonstige die Insolvenzmasse betreffende Abgaben. Eine Besonderheit besteht lediglich bei Masseunzulänglichkeit wegen der Rangfolge des § 209 Abs. 1 InsO.[212)] Verwertet in einem solchen Fall der Insolvenzverwalter Massegegenstände, ist die abzuführende **Umsatzsteuer als Masseverbindlichkeit** den Kosten des Verfahrens gegenüber **nachrangig**. Die abzuführende Umsatzsteuer gehört bei Masselosigkeit oder Masseunzulänglichkeit nicht zu den sog. unausweichlichen Masseverbindlichkeiten im Range der Massekosten.[213)] Sind daneben die Kosten nach § 4a InsO gestundet, hätte der Insolvenzverwalter auch seine Vergütung vorrangig entnehmen müssen, ggf. durch Vorschuss § 9 InsVV, bevor er die Umsatzsteuer hätte abführen dürfen. Hat er die Umsatzsteuer dennoch – unter Verletzung der Rangfolge des § 209 Abs. 1 InsO – abgeführt, ist seine Vergütung entsprechend zu kürzen.[214)]

128 Unklarheiten bestehen bei Steuern, für die eine **Erstattung an die Insolvenzmasse** in Betracht kommt. Führt bspw. das kontoführende Geldinstitut für Guthaben der Insolvenzmasse Kapitalertragsteuer ab, wird diese als Masseverbindlichkeit im Wege des Quellenabzugs befriedigt. Ein **Abzug** von der Berechnungsgrundlage **erfolgt nicht**. Auch wenn i. R. späterer Steuererklärung die Steuer erstattet wird, weil bspw. ein festgestellter Verlust-

210) AG Gera, Beschl. v. 12.6.2017 – 8 IN 21/01, NZI 2017, 948 m. Anm. *Zimmer*.
211) BGH, Beschl. v. 19.11.2020 – IX ZB 21/20, ZRI 2021, 89 = ZIP 2021, 137, dazu EWiR 2021, 119 *(Keller)*.
212) BGH, Beschl. v. 14.10.2010 – IX ZB 224/08, ZIP 2010, 2252 = NZI 2011, 60, dazu EWiR 2011, 60 *(Ries)*.
213) BGH, Beschl. v. 14.10.2010 – IX ZB 224/08, Rz. 10, ZIP 2010, 2252 = NZI 2011, 60.
214) BGH, Beschl. v. 14.10.2010 – IX ZB 224/08, Rz. 6, ZIP 2010, 2252 = NZI 2011, 60.

vortrag aus früherer Zeit genutzt werden kann, führt dies nicht zur Aufhebung oder „Neutralisierung“ dergestalt, dass Steuerzahlung und Erstattung sich gegeneinander aufheben.[215] Die **Erstattung ist** vielmehr **Teil der Insolvenzmasse** und damit der Berechnungsgrundlage, während die – vorherige – Zahlung sie nicht mindert.[216] Der BGH hatte dies im Beschluss vom 25.10.2007 unter Rz. 7, 8 der Begründung wie folgt formuliert:[217]

> „Amtsgericht und Landgericht haben die Berücksichtigung eines sicher feststehenden Umsatzsteuererstattungsanspruchs der Masse mit der Begründung abgelehnt, dass es sich hierbei lediglich um einen durchlaufenden Posten handele. Dem kann nicht gefolgt werden, weil der Vorsteuerabzugsanspruch lediglich in die Steuerberechnung nach § 16 Abs. 2 UStG eingeht [...]. Entsteht bei der Steuerberechnung ein Umsatzsteuererstattungsanspruch, stellt die entsprechende Auszahlung einen echten Massezufluss dar. [...]
>
> Es ist auch gerechtfertigt, diesen Massezufluss bei der Vergütung des Verwalters zu berücksichtigen. Er hat Vorsteuerabzugsbeträge geltend zu machen und einen Umsatzsteuererstattungsanspruch zur Masse zu ziehen. Dadurch wird die Teilungsmasse tatsächlich erhöht.“

Das gilt auch dann, wenn der **Zahlung** ein entsprechender Massezufluss bspw. aus **Steuererstattung gegenübersteht.** Insbesondere ist die als Masseverbindlichkeit abzuführende Umsatzsteuer (§§ 13, 16 UStG) von der Berechnungsgrundlage nicht abzuziehen, die vom Insolvenzverwalter seitens eines Leistungsempfängers eingezogene Umsatzsteuern erhöht aber die Insolvenzmasse als Berechnungsgrundlage. Die **eingenommene Umsatzsteuer** aus Leistungserbringung **ist** eine **Einnahme**, die **abgeführte Umsatzsteuer** eine **Ausgabe.** Es liegt nicht etwa – wie vielfach angenommen[218] – ein durchlaufender Posten vor. Durchlaufende Posten sind nach § 10 Abs. 1 Nr. 6 UStG Beträge, die der Unternehmer im Namen und für Rechnung eines anderen vereinnahmt oder verausgabt, bzw. nach § 4 Abs. 3 Satz 2 EStG Einnahmen und Ausgaben, die im Namen und für Rechnung eines anderen vereinnahmt oder verausgabt werden. „Echte“ durchlaufende Posten sind bei der Berechnungsgrundlage nicht zu berücksichtigen.[219] 129

Die **eingenommene Umsatzsteuer** stellt aber eine **echte Einnahme** des Unternehmers dar, sie gelangt auch vollwertig in sein Vermögen und ist nicht etwa treuhänderisches Sondervermögen bis zur Abführung an den Fiskus, der Unternehmer muss eingenommene Umsatzsteuer auch nicht als Rücklage verbuchen. Es ist vielmehr das unternehmerische Risiko, nach Ablauf des jeweiligen Anmeldungszeitraums nach § 13 UStG die vereinnahmten Umsatzsteuerbeträge an den Fiskus abführen zu können. 130

Gleiches gilt für **Bereicherungsansprüche gegenüber der Insolvenzmasse**, bspw. aus **Fehlbuchungen auf ein Konto.**[220] Erfolgte eine **Fehlbuchung vor Insolvenzeröffnung**, stellt der Bereicherungsanspruch nur eine Insolvenzforderung dar, die sich aus der Fehlbuchung ergebende Gutschrift ist Teil der Insolvenzmasse.[221] Der **Bereicherungsanspruch aus spä-** 131

215) *Prasser/Stoffler* in: KPB, InsO, § 1 InsVV Rz. 78.

216) Nicht verständlich insoweit LG Aachen, Beschl. v. 18.12.2012 – 6 T 98/12, ZInsO 2013, 683; dazu auch *Graeber/Graeber*, InsVV, § 1 Rz. 31 ff.; *Graeber*, ZInsO 2013, 1834; *Endres*, ZInsO 2011, 258.

217) BGH, Beschl. v. 25.10.2007 – IX ZB 147/06, ZIP 2008, 81 m. Anm. *Jaeger/Michels* = ZVI 2008, 88.

218) LG Schwerin, Beschl. v. 27.2.2009 – 5 T 280/07, DZWIR 2009, 349 m. abl. Anm. *Keller*.

219) Etwas allgemein *Graeber/Graeber*, InsVV, § 1 Rz. 8; *Wolgast* in: HK-InsVV. § 1 Rz. 35.

220) BGH, Urt. v. 5.3.2015 – IX ZR 164/14, ZIP 2015, 738 = NZI 2015, 362 m. Anm. *Budnik*, dazu EWiR 2015, 549 *(Weiß/Linsenbarth)*; zur Frage der Zahlung auf ein Vollrechtstreuhandkonto, das dem Vermögen des Insolvenzverwalters zuzurechnen ist, BGH, Urt. v. 26.3.2015 – IX ZR 302/13, ZIP 2015, 1179 = NZI 2015, 704 m. Anm. *Leithaus*, dazu EWiR 2015, 449 *(Würdinger)*; *Zimmer*, InsVV, § 1 Rz. 46 ff.; *Prasser/Stoffler* in: KPB, InsO, § Vor § 1 InsVV Rz. 79; *Graeber/Graeber*, InsVV, § 1 Rz. 14 ff.; *Hentrich*, ZInsO 2015, 1093; eingehend *Ampferl* in: FS Beck, S. 1.

221) BGH, Urt. v. 5.3.2015 – IX ZR 164/14, ZIP 2015, 738 = NZI 2015, 362 m. Anm. *Budnik*; BGH, Beschl. v. 9.6.2016 – IX ZB 27/15, ZIP 2016, 1450 = NZI 2016, 751; *Amberger* in: Leonhardt/Smid/Zeuner, InsVV, § 1 Rz. 78; *Förster*, ZInsO 2000, 553; anders Stephan/Riedel-*Riedel*, InsVV, § 1 Rz. 93; *Reck*, ZInsO 2011, 567.

terer Fehlbuchung ist als **Masseverbindlichkeit** nach § 55 Abs. 1 Nr. 3 InsO zu befriedigen und von der Berechnungsgrundlage auch dann nicht abzuziehen, wenn der Insolvenzverwalter ihn erfüllt, bspw. die Fehlbuchung zurücküberweist. Die durch die Berücksichtigung der Bereicherung erhöhte Vergütung soll nicht durch die Insolvenzgläubiger zu tragen sein, sondern allein durch den Verursacher. Der Insolvenzverwalter hat daher den **Bereicherungsanspruch abzüglich des Betrages der durch ihn verursachten Vergütungserhöhung** zurückzuzahlen.[222] Die Vergütungserhöhung beruht adäquat kausal auf der Bereicherung, weshalb der Abzug zulässig und geboten ist.[223] Ohne den Vermögenszuwachs der Massebereicherung wäre es nicht zu dem Vermögensverlust durch die Erhöhung der Verfahrenskosten gekommen. Dabei ist nicht nur die Vergütungserhöhung für den Insolvenzverwalter zu berücksichtigen, sondern auch die Erhöhung der Gerichtskosten (§ 54 Nr. 1 InsO, § 58 GKG). Die Erhöhung der Gerichtskosten lässt sich unschwer berechnen, bei der Vergütung des Insolvenzverwalters kann dies schwierig sein hinsichtlich noch nicht feststehender Erhöhungs- oder Kürzungstatbestände. Insoweit kann die endgültige Befriedigung des Bereicherungsanspruchs erst mit Verfahrensbeendigung erfolge, wenn die Vergütung des Insolvenzverwalters feststeht.

132 Ein im Ergebnis ähnliches Problem besteht in der **Insolvenz der natürlichen Person**, wenn der Schuldner mit seinem Ehegatten bei der **Einkommensteuer** eine **Zusammenveranlagung** nach §§ 26, 26b EStG gewählt hat. Eine Steuererstattung erfolgt dabei auf die Gesamtheit der Einkünfte. Zwischen den Eheleuten besteht dann ein Bereicherungsanspruch des Ehegatten, welcher höhere Einkünfte in die Zusammenveranlagung eingebracht hat und daher eine höhere Erstattung beanspruchen kann. Die Insolvenzmasse und damit die Berechnungsgrundlage der Vergütung erhöhen sich um den Gesamtbetrag der Steuererstattung. Der Bereicherungsanspruch des Ehegatten gegen die Insolvenzmasse ist um diese Vergütungserhöhung zu kürzen. Da die Finanzverwaltung die Steuererstattung nur auf übereinstimmende Erklärungen beider Eheleute auszahlt, kann der Insolvenzverwalter schon im Vorfeld auf eine Einigung mit dem Ehegatten des Schuldners hinwirken.

133 Grund für die Berücksichtigung vereinnahmter Steuern oder Gutschriften aus Fehlbuchungen und sonstiger Bereicherungsansprüche ist eine mögliche Masseunzulänglichkeit des Verfahrens nach § 208 InsO. In diesem Fall sind die Masseverbindlichkeiten nach § 209 Abs. 1 Nr. 3 InsO nachrangig, der entsprechende Geldbetrag gehört jedoch vollwertig zur Insolvenzmasse, aus der vorrangig auch die Vergütung des Insolvenzverwalters zu zahlen ist (§ 209 Abs. 1 Nr. 1 InsO).[224]

134 Anders kann es sich verhalten, wenn zur Insolvenzmasse **Beträge aus Vertragsverhältnissen** zurückfließen, die durch den Insolvenzverwalter gezahlt worden sind. Hat er bspw. auf einen von ihm geschlossenen Liefervertrag eine Anzahlung geleistet und wird diese nach Vertragsabwicklung teilweise zurückerstattet, stellt der Erstattungsbetrag keinen zusätzlichen Massebestandteil dar.[225] Die Leistung der Insolvenzmasse auf den Vertrag ist aber auch nicht von der Berechnungsgrundlage abzuziehen, wenn nicht ein Fall der Unternehmensfortführung vorliegt. Zahl der Insolvenzverwalter an einen von ihm beauftragten Pro-

---

222) BGH, Urt. v. 5.3.2015 – IX ZR 164/14, Rz. 14, ZIP 2015, 738 = NZI 2015, 362 m. Anm. *Budnik*.

223) BGH, Urt. v. 23.10.1980 – IVa ZR 45/80, NJW 1981, 277; BGH, Urt. v. 17.6.1992 – XII ZR 119/91, NJW 1992, 2415.

224) BGH, Urt. v. 5.3.2015 – IX ZR 164/14, ZIP 2015, 738 = NZI 2015, 362 m. Anm. *Budnik*; zur Abgrenzung von Alt- zu Neumasseverbindlichkeiten BGH, Urt. v. 13.4.2006 – IX ZR 22/05, BGHZ 167, 178 = NZI 2006, 392.

225) LG Münster, Beschl. v. 27.4.2012 – 5 T 159/11, InsbürO 2012, 399; zur Kapitalertragsteuer LG Aachen, Beschl. v. 18.12.2012 – 6 T 98/12, ZInsO 2013, 683; *Endres*, ZInsO 2011, 258; *Reck*, ZInsO 2011, 567; Stephan/Riedel-*Riedel*, InsVV, § 1 Rz. 90; *Graeber/Graeber*, InsVV, § 1 Rz. 17; kritisch *Lorenz* in: FK-InsO, § 1 InsVV Rz. 61 ff.

zessanwalt eine Geldbetrag zur Vorschussleistung auf Prozesskosten und fließt dieser verauslagte Betrag später wieder zur Masse, ist dieser Rückfluss bei der Berechnungsgrundlage ebenfalls nicht erhöhend zu berücksichtigen.[226)]

e) Kritik der Regelung

Der Zweck des Nichtabzugs von Masseverbindlichkeiten nach § 1 Abs. 2 Nr. 4 Satz 1 InsVV besteht darin, dem Insolvenzverwalter in der Vergütungsbestimmung keine Masseverbindlichkeiten zur Last zu legen, für die er nicht verantwortlich war. Der Insolvenzverwalter ist in der Begründung von Masseverbindlichkeiten nicht immer frei, er soll nicht dafür haften, dass für die Abwicklung des Verfahrens Kosten entstehen. Diese Argumentation stimmt hinsichtlich der oktroyierten Masseverbindlichkeiten bei Dauerschuldverhältnissen (§ 55 Abs. 1 Nr. 2 Alt. 2 InsO) sowie bei Steuern und öffentlichen Abgaben. Bei Kosten der Verwertung oder der Prozessführung kann die Entstehung von Masseverbindlichkeiten aber durchaus von der Entscheidung des Insolvenzverwalters abhängen. Ein Abzug der Masseverbindlichkeiten bei der Berechnungsgrundlage könnte hier zu mehr Transparenz des Verfahrens führen. Nicht zuletzt wegen § 1 Abs. 2 Nr. 4 Satz 1 InsO führt die Vergütungsfestsetzung bei vielen Verfahrensbeteiligten zu Verwunderung, weil sie nicht wissen, dass die Insolvenzmasse als Berechnungsgrundlage nicht identisch mit der ihnen zur Verfügung stehenden tatsächlichen Teilungsmasse ist. Tatsächlich steht die Insolvenzmasse als Berechnungsgrundlage auch gar nicht mehr zur Verfügung und eine Teilungsmasse besteht abzüglich der vorrangigen Kosten und Vergütungen sowie der Masseverbindlichkeiten nur noch i. H. eines geringen Teils dessen zur Verfügung, was im Vergütungsbeschluss steht. Das viel gescholtene Phänomen der Aufzehrung der Insolvenzmasse durch Kosten und Vergütung wird hierdurch genährt. **De lege ferenda wäre** daher **zu überlegen, sämtliche** oder wenigstens die **nicht oktroyierten Masseverbindlichkeiten** von der Berechnungsgrundlage **abzuziehen.** Selbstverständlich müssten dann auch die Staffelsätze des § 2 InsVV angepasst werden. 135

5. Abzug eigener Gebühren und Vergütungen (§ 1 Abs. 2 Nr. 4 lit. a, § 5 InsVV)

Nach § 5 InsVV kann der Insolvenzverwalter neben der Vergütung im Insolvenzverfahren eine Vergütung für Tätigkeiten erhalten, die er aufgrund besonderer Qualifikation für die Masse erbringt (siehe § 2 Rz. 151 ff.). Der Verwalter erhält in diesen Fällen eine Vergütung entsprechend der jeweiligen Gebührenordnung. 136

Erhält der Insolvenzverwalter eine besondere Vergütung nebst Auslagenersatz und Umsatzsteuerausgleich nach der entsprechenden Gebührenordnung, sind diese Beträge i. H. der **Nettogebühr** von der Insolvenzmasse abzusetzen (§ 1 Abs. 2 Nr. 4 lit. a InsVV).[227)] Abzuziehen ist nur der Nettobetrag der Vergütung, nicht die hierauf entfallende Umsatzsteuer und auch nicht der Auslagenersatz nebst Umsatzsteuer, wenn der Schuldner, und damit die Insolvenzmasse, selbst umsatzsteuerpflichtig und damit vorsteuerabzugsberechtigt ist.[228)] Der Abzug der Vergütung erfolgt von der Insolvenzmasse als Berechnungsgrundlage der Vergütung, nicht von der Vergütung. Auf diese Weise wird berücksichtigt, dass die Vergütung für besondere Tätigkeiten des Verwalters ebenso wie seine Vergütung im Insolvenzverfahren kein reiner Gewinn, sondern Umsatz ist. 137

---

226) Stephan/Riedel-*Riedel*, InsVV, § 1 Rz. 91; *Graeber/Graeber*, InsVV, § 1 Rz. 12.

227) Zur Verfassungsmäßigkeit BGH, Beschl. v. 29.9.2011 – IX ZB 112/09, ZIP 2011, 2117 = NZI 2011, 941, dazu EWiR 2012, 59 *(Prasser)*.

228) BFH, Urt. v. 14.5.1998 – V R 74/97, BFHE 185, 552 = ZIP 1998, 2012; *Prasser/Stoffler* in: KPB, InsO, § 1 InsVV Rz. 83.

138 Fraglich ist, ob der Abzug nach § 1 Abs. 2 Nr. 4 lit. a InsVV i. V. m. § 5 InsVV auch dann vorzunehmen ist, wenn die besonders vergütete Tätigkeit nicht durch den Insolvenzverwalter selbst, sondern durch einen Sozius, einen Anwalt der eigenen Kanzlei oder durch eine Steuerberatungsgesellschaft ausgeführt wird, an welcher der **Insolvenzverwalter gesellschaftsrechtlich** beteiligt ist. Dies ist entgegen der überwiegenden Ansicht und auch der Rechtsprechung des BGH zu bejahen (siehe eingehend § 2 Rz. 162 ff.).

6. Insolvenzmasse bei Unternehmensfortführung (§ 1 Abs. 2 Nr. 4 lit. b InsVV)

a) Bestimmung der Berechnungsgrundlage bei Unternehmensfortführung

139 Die Sanierung eines insolventen Unternehmens ist neben der Gläubigerbefriedigung ausdrückliches Ziel des Insolvenzrechts.[229)] Besonders deutlich geht dies aus den Änderungen der InsO durch das sog. ESUG zum 1.3.2012[230)] mit Einführung der vorläufigen Eigenverwaltung, dem Schutzschirmverfahren nach § 270b InsO und den Änderungen zum Insolvenzplanverfahren hervor.[231)] Die **Möglichkeiten der Sanierung** sind i. Ü. **in jedem Stadium des Verfahrens** zu prüfen, wenngleich die Gläubigerversammlung nach wie vor wesentlicher Entscheidungsträger in dieser Frage ist (§ 157 Satz 1 InsO). So hat der vorläufige Insolvenzverwalter, dem die Verfügungsbefugnis des Schuldners übertragen worden ist, einen noch nicht stillgelegten Geschäftsbetrieb grundsätzlich fortzuführen (§ 22 Abs. 1 Nr. 2 InsO).[232)] Nach Eröffnung des Insolvenzverfahrens hat der Insolvenzverwalter bis zur Beschlussfassung der Gläubigerversammlung im Berichtstermin das Unternehmen ebenso fortzuführen (§ 158 Abs. 2 Satz 1 InsO).[233)]

140 Dieser Zielrichtung des Insolvenzverfahrens trägt die InsVV nicht ausreichend Rechnung, indem sie mit § 1 Abs. 2 Nr. 4 lit. b InsVV die Regelung des früheren § 2 Nr. 5 VergVO übernimmt, wonach im Falle einer Geschäftsfortführung in die Insolvenzmasse als Berechnungsgrundlage der Vergütung nur ein Überschuss aus der Fortführung einzubeziehen ist.[234)]

141 Gerade bei Unternehmensfortführung gilt der Grundsatz, dass Bestandteil der Insolvenzmasse als **Berechnungsgrundlage alle Vermögenswerte des Schuldners** sind, **auch wenn der Insolvenzverwalter sie nicht verwertet** hat.[235)] Abzustellen ist nicht auf die Verwertungstätigkeit des Insolvenzverwalters, sondern auf die Einbeziehung in die Insolvenzmasse i. S. des § 35 InsO. Auch bei Beendigung des Insolvenzverfahrens nach Bestätigung eines Insolvenzplans gemäß § 258 InsO fließt nicht konkret verwertetes Anlagevermögen, je nach dem Inhalt des Insolvenzplans, in die Insolvenzmasse als Berechnungsgrundlage ein.[236)]

229) Allg. Begr. RegE InsO, BT-Drucks. 12/2443, S. 90, abgedr. in: Kübler/Prütting, RWS-Dok. 18, S. 110.

230) Gesetz zur weiteren Erleichterung der Sanierung von Unternehmen – ESUG, v. 7.12.2011, BGBl. I 2011, 2582.

231) Allgemein dazu *Hirte/Knof/Mock*, Das neue Insolvenzrecht nach dem ESUG, S. 53 ff. m. umfangr. Nachw.

232) Jaeger-*Gerhardt*, InsO, § 22 Rz. 77 ff.; Uhlenbruck-*Langer*, InsO, § 22 Rz. 28 ff.; *Rüntz/Laroche* in: HK-InsO, § 22 Rz. 21 ff.; Römermann-*R.-D. Mönning*, InsO, § 22 Rz. 86 ff. m. w. N.; umfassend *R.-D. Mönning* in: R.-D. Mönning, Betriebsfortführung, § 11.

233) Uhlenbruck-*Deppenkemper*, InsO, § 158 Rz. 14 ff.; *Webel* in: KPB, InsO, § 158 Rz. 4a ff.; Römermann-*Balthasar*, InsO/InsR, § 158 InsO Rz. 9 ff.

234) Zutreffend kritisch zur Vorgängerregelung *Eickmann*, VergVO, § 2 Rz. 22, wonach die Vorschrift primär vergütungsmindernd ist.

235) BGH, Beschl. v. 24.5.2005 – IX ZB 6/03, ZVI 2005, 388 = DZWIR 2005, 463 m. Anm. *Keller*.

236) *Prasser/Stoffler* in: KPB, InsO, § 1 InsVV Rz. 15, 19.

b) Abzug von Masseverbindlichkeiten aus der Unternehmensfortführung

Wird das Unternehmen fortgeführt, sind nach § 1 Abs. 2 Nr. 4 lit. b InsVV die hierbei begründeten Masseverbindlichkeiten von der vergütungsrechtlichen Berechnungsgrundlage abzuziehen. Hierzu hat der Verwalter für diesen Zeitraum eine gesonderte **Einzahlungs- und Auszahlungsrechnung** zu legen, aus der sich der Überschuss aus der Unternehmensfortführung ergibt.[237] Die Regelung des § 1 Abs. 2 Nr. 4 Satz 2 lit. b InsVV ist als Ausnahme vom Grundsatz des § 1 Abs. 2 Nr. 4 Satz 1 InsVV anzusehen und sollte deshalb eng ausgelegt werden.[238] Als Ausgaben abzuziehen sind mithin **Verbindlichkeiten**, die der Verwalter **ausschließlich i. R. der Unternehmensfortführung** als Masseverbindlichkeiten nach § 55 InsO begründet.[239] Umgekehrt sind als Einnahmen diejenigen aus der Fortführung zu berücksichtigen, einschließlich vereinnahmter Umsatzsteuer; sie ist kein durchlaufender Posten, sondern ebenso wie bei der steuerlichen Gewinnermittlung Einnahme und Ausgabe.[240] 142

Der **BGH** sieht **keinen Anhaltspunkt für eine einschränkende Auslegung** des § 1 Abs. 2 Nr. 4 Satz 2 lit. b InsVV **auf Masseverbindlichkeiten**, die durch die Fortführung begründet sind und verlangt einen Abzug sämtlicher Masseverbindlichkeiten für die Zeit der Fortführung.[241] Eine Ausnahme lässt er insbesondere bei Kündigungsfristlöhnen der entlassenen Arbeitnehmer zu, wenn diese von der Arbeitsleistung freigestellt werden.[242] Gleiches muss bei anderen Verbindlichkeiten aus Dauerschuldverhältnissen gelten, insbesondere bei Miete oder Pacht.[243] **Zu unterscheiden ist insgesamt zwischen fortführungsbedingten und abwicklungsbedingten Aufwendungen.** Nimmt danach der Insolvenzverwalter die Arbeitsleistung der Arbeitnehmer nicht mehr in Anspruch, sind deren Lohnansprüche sowie die Sozialversicherungsbeiträge für die Zeit bis zum Kündigungstermin nicht von der Berechnungsgrundlage abzusetzen, auch wenn das Unternehmen i. Ü. fortgeführt wird. Nutzt der Insolvenzverwalter einen gemieteten Gegenstand oder gepachtete Räume nicht mehr, sind die Miet- oder Pachtzinsen ebenfalls nicht abzusetzen. Abzuführende Steuern sollen aber insgesamt als Masseverbindlichkeiten abzuziehen sein. Bei der Fortführung eines einzelkaufmännischen Unternehmens oder der Praxis eines Freiberuflers soll das auch für Einkommensteuerzahlungen als Masseverbindlichkeit gelten.[244] 143

Nur ein sich **aus der Einnahmen-/Ausgabenrechnung ergebender Überschuss** ist zur **Berechnungsgrundlage** hinzuzurechnen. Ergibt sich aus der Unternehmensfortführung kein 144

237) *Roth* in: KölnKomm-InsO, § 1 InsVV Rz. 55 ff.; *Amberger* in: Leonhardt/Smid/Zeuner, InsVV, § 1 Rz. 90; Römermann-*Weiß*, InsO/InsR, § 66 InsO Rz. 8 ff.; Uhlenbruck-*Mock*, InsO, § 66 Rz. 51; Frege/Riedel, Schlussbericht und Schlussrechnung Rz. 151 ff.; umfassend zur Zwischenrechnungslegung bei Sanierung *Möhlmann*, Die Berichterstattung im neuen Insolvenzverfahren, S. 281, 295, 327, 336 ff.; *Kilger/Nitze*, ZIP 1988, 957; *König*, ZIP 1988, 1003; *Hess/Weis*, InVo 1997, 281.

238) *Prasser/Stoffler* in: KPB, InsO, § 1 InsVV Rz. 88 ff.; *Keller* in: HK-InsO, § 1 InsVV Rz. 33 ff.; *Lorenz* in: FK-InsO, § 1 InsVV Rz. 44; eingehend auch *Zimmer*, InsVV, § 1 Rz. 130 ff.

239) *Prasser/Stoffler* in: KPB, InsO, § 1 InsVV Rz. 88 ff.

240) BGH, Beschl. v. 7.10.2021 – IX ZB 42/20, ZRI 2022, 40 = NZI 2022, 233, dazu EWiR 2022, 147 *(Stoffler)*; dazu *Martini*, DZWIR 2022, 452.

241) BGH, Beschl. v. 24.5.2005 – IX ZB 6/03, ZVI 2005, 388 = DZWIR 2005, 463 m. Anm. *Keller*; BGH, Beschl. v. 16.10.2008 – IX ZB 179/07, ZIP 2008, 2222 = NZI 2009, 49 m. Anm. *Prasser*, dazu EWiR 2008, 761 *(Schröder)*; BGH, Beschl. v. 1.7.2010 – IX ZB 208/08, NZI 2010, 942; BGH, Beschl. v. 21.7.2011 – IX ZB 148/10, NZI 2011, 714 = ZIP 2011, 1835 (LS); *Riedel* in: MünchKomm-InsO, § 1 InsVV Rz. 85 ff.; eingehend *Zimmer*, InsVV, § 1 Rz. 130 ff.; *Graeber/Graeber*, InsVV, § 1 Rz. 221 ff.; *Keller*, DZWIR 2009, 231.

242) BGH, Beschl. v. 16.10.2008 – IX ZB 179/07, ZIP 2008, 2222 = NZI 2009, 49 m. Anm. *Prasser*.

243) Ebenso *Zimmer*, InsVV, § 1 Rz. 132.

244) BGH, Beschl. v. 18.12.2014 – IX ZB 5/13, ZIP 2015, 230 = NZI 2015, 187 m. Anm. *Keller*; dazu auch *Graeber/Graeber*, InsVV, § 1 Rz. 227.

Überschuss, sind keine Beträge i. R. des § 1 Abs. 2 Nr. 4 lit. b InsVV zu berücksichtigen, die Insolvenzmasse als Berechnungsgrundlage der Vergütung mindert sich nicht etwa wegen eines vom Insolvenzverwalter erwirtschafteten Verlustes.[245] Der Abzug der Masseverbindlichkeiten erfolgt also nur bis zum Betrag der Einnahmen.[246]

145 Parallel zur Frage des Abzugs von Masseverbindlichkeiten stellt sich die Frage der **Zuschlagsgewährung für Unternehmensfortführung** nach § 3 Abs. 1 lit. b InsVV. Die Zuschlagsgewährung setzt nach dem Wortlaut der Norm voraus, dass durch die Fortführung die Insolvenzmasse nicht entsprechend größer geworden ist.[247] Dies ist der Fall, wenn die abzuziehenden Masseverbindlichkeiten die Einnahmen übersteigen und dann nur bis zum Betrag der Einnahmen von der Berechnungsgrundlage abzuziehen sind.

146 Damit erhielte aber nur der Insolvenzverwalter einen Zuschlag, der das schuldnerischen Unternehmen ohne entsprechenden wirtschaftlichen Erfolg fortgeführt hat. Ein Erfolg wird nicht durch Zuschlag honoriert, sondern soll bereits dadurch berücksichtigt sein, dass sich durch einen Überschuss die Berechnungsgrundlage und damit die Regelvergütung erhöhen. Ob dies zutrifft, hängt aber von der Höhe des Überschusses ab, meist erweist sich ein Zuschlag bei geringerer Berechnungsgrundlage als vorteilhafter für die Vergütung. Der BGH verlangt daher zutreffend über den sog. **ausgleichenden Zuschlag** eine **Gleichbehandlung** (siehe eingehend § 5 Rz. 176 ff.). Zu bedenken ist auch, dass bei nur geringer Insolvenzmasse auch der entsprechende Zuschlag sich betragsmäßig nur gering auswirkt. Daher besteht gerade bei kleineren Unternehmen die Gefahr, dass der Insolvenzverwalter mit § 1 Abs. 2 Nr. 4 lit. b InsVV mehr Regelvergütung verliert als er durch Zuschlag erhalten kann.

147 Wegen der vielfältigen Besonderheiten der Vergütung bei Unternehmensfortführung wird auf die detaillierten Erläuterungen zu § 5 Rz. 153 ff. verwiesen.

c) Besonderheiten im Insolvenzeröffnungsverfahren

148 Bei der Unternehmensfortführung während des Eröffnungsverfahrens ist nach der Rechtsprechung des BGH die Regelung des § 1 Abs. 2 Nr. 4 lit. b InsVV anzuwenden.[248] Die Anwendung führt aber wegen der Besonderheiten zur Bestimmung der Berechnungsgrundlage zu keinen abweichenden Ergebnissen. Berechnungsgrundlage der Vergütung des vorläufigen Insolvenzverwalters ist nach § 63 Abs. 3 InsO i. V. m. § 11 InsVV nämlich das schuldnerische Vermögen im Zeitpunkt der Beendigung der vorläufigen Insolvenzverwaltung (siehe eingehend § 7 Rz. 76 ff.). Hierdurch ist aus Einnahmen und Ausgaben während des Eröffnungsverfahrens ohnehin ein Saldo zu bilden, in welchem Ausgaben der Unternehmensfortführung enthalten sind.

149 Probleme ergeben sich bei sog. **nachlaufenden Verbindlichkeiten**, die noch im Eröffnungsverfahren begründet, aber erst nach Insolvenzeröffnung gezahlt werden. Denkbar ist dies, wenn ein sog. starker vorläufiger Insolvenzverwalter bestellt wurde (§ 22 Abs. 1, § 55 Abs. 2 InsO) oder wenn dem sog. schwachen vorläufigen Insolvenzverwalter für einzelne Rechtshandlungen Einzelermächtigung zur Begründung von Masseverbindlichkeiten erteilt wur-

245) BGH, Beschl. v. 24.5.2005 – IX ZB 6/03, unter III 2 c 3. Abs. m. w. N., ZVI 2005, 388 = DZWIR 2005, 463 m. Anm. *Keller*.

246) Zum vorläufigen Insolvenzverwalter BGH, Beschl. v. 19.12.2019 – IX ZB 72/18, ZIP 2020, 279 = NZI 2020, 246, dazu EWiR 2020, 207 *(Keller)*.

247) BGH, Beschl. v. 7.10.2010 – IX ZB 115/08, ZInsO 2010, 2409.

248) BGH, Beschl. v. 26.4.2007 – IX ZB 160/06, ZIP 2007, 1330 = NZI 2007, 461; BGH, Beschl. v. 2.3.2017 – IX ZB 90/15, ZIP 2017, 979 = NZI 2017, 544 m. Anm. *Budnik*, dazu EWiR 2017, 375 *(Keller)*; BGH, Beschl. v. 19.12.2019 – IX ZB 72/18, ZIP 2020, 279 = NZI 2020, 246, dazu EWiR 2020, 207 *(Keller)*; Leonhardt/Smid/Zeuner-*Amberger*, InsVV, § 11 Rz. 55; *Graeber*, NZI 2007, 492.

de.[249] Weiter kann dies auch bei Steueransprüchen gegeben sein, die nach § 55 Abs. 4 InsO Masseverbindlichkeiten des eröffneten Insolvenzverfahrens sind.

Nachlaufende Verbindlichkeiten des Eröffnungsverfahrens sind **dem Verfahren zuzuordnen, in welchem sie begründet** worden sind. Sie sind also so zu berücksichtigen, als wären sie auch im Eröffnungsverfahren beglichen worden.[250] Damit mindert sich die Berechnungsgrundlage der Vergütung des vorläufigen Verwalters oder auch eines vorläufigen Sachwalters um die Verbindlichkeiten aus Unternehmensfortführung, die während des Eröffnungsverfahrens begründet worden sind. Bei der Vergütung des Insolvenzverwalters des eröffneten Verfahrens darf dann kein nochmaliger Abzug dieser während des Eröffnungsverfahrens begründeten und erst im eröffneten Verfahren beglichenen Verbindlichkeiten erfolgen.[251] Andernfalls würde dieselbe Verbindlichkeit zulasten des Insolvenzverwalters doppelt von der jeweiligen Berechnungsgrundlage abgezogen.[252] 150

Beispiel:

Das Unternehmen wurde während des Eröffnungsverfahrens fortgeführt. Es wurden Verbindlichkeiten i. H. von 426.092,07 € begründet, von denen 148.587,87 € bei Insolvenzeröffnung bereits beglichen wurden. Als nachlaufende Verbindlichkeiten wurden nach Insolvenzeröffnung die restlichen 277.504,20 € gezahlt. Für die Berechnung der Vergütung des vorläufigen Insolvenzverwalters wurde bereits der volle Betrag von 426.092,07 € in Abzug gebracht. Der nach Insolvenzeröffnung gezahlte Betrag ist von der Berechnungsgrundlage nicht nochmals abzuziehen, erst recht nicht bei der Vergütung des vorläufigen Insolvenzverwalters, aber auch nicht bei der Vergütung des Insolvenzverwalters.

7. Kostenvorschuss und Massedarlehen (§ 1 Abs. 2 Nr. 5 InsVV)

Ein **Kostenvorschuss**, der zur Vermeidung der Abweisung der Insolvenzeröffnung mangels Masse nach § 26 Abs. 1 Satz 2 InsO gezahlt wird, ist **nicht Bestandteil der Berechnungsgrundlage** der Vergütung. Gleichgültig ist, ob der Vorschuss seitens eines Gläubigers oder durch den Schuldner aus seinem insolvenzfreien Vermögen geleistet wird.[253] Gleiches gilt für einen Vorschuss, den ein Dritter zur Erfüllung eines Insolvenzplans oder zum Zweck der Erteilung der Restschuldbefreiung vor Ablauf der Abtretungsfrist geleistet hat.[254] Durch den Kostenvorschuss sollen die Insolvenzeröffnung, die Erfüllung des Insolvenzplans oder die Restschuldbefreiung ermöglicht werden, er dient nicht allgemein der Anreicherung der Insolvenzmasse.[255] Der Kostenvorschuss für die Durchführung des Insolvenzverfah- 151

249) Grundlegend BGH, Urt. v. 18.7.2002 – IX ZR 195/01, BGHZ 151, 353 = ZIP 2002, 1625, dazu EWiR 2002, 919 *(Spliedt)*; *Schröder* in: HambKomm-InsO, § 22 Rz. 97 ff.

250) BGH, Beschl. v. 9.6.2011 – IX ZB 47/10, ZInsO 2011, 1519; BGH, Beschl. v. 2.3.2017 – IX ZB 90/15, ZIP 2017, 979 = NZI 2017, 544 m. Anm. *Budnik*, dazu EWiR 2017, 375 *(Keller)*; BGH, Beschl. v. 6.4.2017 – IX ZB 23/16, ZInsO 2017, 982; zu Gerichtskosten OLG Dresden, Beschl. v. 26.8.2013 – 3 W 739/13, NZI 2014, 76.

251) Etwas missverständlich formuliert bei BGH, Beschl. v. 2.3.2017 – IX ZB 90/15, Rz. 9, ZIP 2017, 979.

252) Zustimmend mit dem Hinweis, dass es andernfalls dem Insolvenzverwalter möglich wäre, den Zeitpunkt der Ausgabe und damit die Berechnungsgrundlage zu beeinflussen *Lorenz* in: FK-InsO, § 1 InsVV Rz. 60.

253) BGH, Beschl. v. 11.11.2021 – IX ZB 38/20, ZRI 2022, 71 = NZI 2022, 92, dazu EWiR 2022, 180 *(Deppenkemper)*; zu allgemein LG Chemnitz, Beschl. v. 6.9.2021 – 3 T 207/19, ZInsO 2022, 1091.

254) Zuletzt geändert durch Gesetz zur weiteren Verkürzung des Restschuldbefreiungsverfahrens und zur Anpassung pandemiebedingter Vorschriften im Gesellschafts-, Genossenschafts-. Vereins- und Stiftungsrecht sowie im Miet- und Pachtrecht, v. 22.12.2020, BGBl. I 2020, 3328; Begr. RegE Gesetz zur weiteren Verkürzung des Restschuldbefreiungsverfahrens, BT-Drucks. 19/21981; Beschlussempfehlung und Bericht d. RA z. RegE Gesetz zur weiteren Verkürzung des Restschuldbefreiungsverfahrens, BT-Drucks. 19/25251; dazu *Graeber*, NZI 2020, 921.

255) Eingehend K. Schmidt-*Keller*, InsO, § 26 Rz. 53 ff.

rens ist deshalb zurückzuerstatten, sobald ausreichend Insolvenzmasse erwirtschaftet wurde, um die Kosten des Verfahrens decken zu können (siehe eingehend § 16 Rz. 49, 50).

152 Der Kostenvorschuss ist **abzugrenzen** von einem **Darlehen**, das zur Unternehmensfortführung während des Eröffnungsverfahrens oder des eröffneten Insolvenzverfahrens, zur Finanzierung eines Insolvenzplans oder auch zur Ablösung eines Absonderungsrechtes gewährt wurde. Hier stellt sich die Frage, ob das ausgezahlte Darlehen die Insolvenzmasse und damit die Berechnungsgrundlage erhöht und ob Zins- und Tilgungsleistungen als Masseverbindlichkeit abzuziehen sind. Eine Unterscheidung nach dem Zweck des Darlehens ist nicht sachdienlich. Wird mit Hilfe des Massedarlehens ein Absonderungsrecht abgefunden, ist nach § 1 Abs. 2 Nr. 2 InsO zu verfahren und der Sachwert des betreffenden Gegenstandes unter Abzug der seitens der Insolvenzmasse gewährten Leistung zur Berechnungsgrundlage zu nehmen (siehe Rz. 112 ff.).[256] Das ist aber letztlich keine Frage der Behandlung des Massedarlehens, sondern der Verwendung von Mitteln der Insolvenzmasse.

153 Entscheidend ist für die Behandlung eines Massedarlehens bei der Berechnungsgrundlage der Vergütung, ob der **Darlehensgeber** mit der Darlehensgewährung das **Risiko eines Ausfalls** bei Masseunzulänglichkeit oder Masselosigkeit hinnimmt.[257] In Abgrenzung zum Kostenvorschuss, der auch diesem Ausfallrisiko unterliegt, sind beim Darlehen regelmäßig Zins- und Tilgungsvereinbarungen getroffen, wohingegen der Kostenvorschuss nach ausreichender Massedeckung unverzüglich zurückzuzahlen ist. Damit **erhöht ein** an die Insolvenzmasse **geleistetes Darlehen** diese selbst und somit auch **die Berechnungsgrundlage** der Vergütung. Zins- und Tilgungsleistungen, die als Masseverbindlichkeit gezahlt werden, sind von der Berechnungsgrundlage nur im Falle der Unternehmensfortführung abzuziehen (§ 1 Abs. 2 Nr. 4 Satz 2 lit. b InsVV).

IV. Berechnungsgrundlage und Vergütung bei grenzüberschreitenden Insolvenzverfahren

1. Fragestellungen

154 Bei grenzüberschreitenden Insolvenzverfahren insbesondere innerhalb des Geltungsbereichs der EuInsVO[258] sind bezüglich der Insolvenzmasse als Berechnungsgrundlage sowie bezüglich der Vergütung selbst besondere Fragestellungen denkbar:

1. Zunächst ist fraglich, in welchem **Umfang ausländisches Vermögen zur Insolvenzmasse** gehört und damit zur Berechnungsgrundlage zu nehmen ist.
2. Damit verbunden ist die Frage, ob im ausländischen Staat ein eigenes und **im Inland anerkanntes Insolvenzverfahren** eröffnet wird. Dies ist insbesondere unter dem Geltungsbereich der EuInsVO mit Haupt- und Sekundärinsolvenzverfahren relevant.
3. Bezogen auf die zweite Fragestellung ist zu prüfen, ob zur **Deckung von Verfahrenskosten** des einen Verfahrens (Haupt- oder Sekundärinsolvenzverfahren) auch Insolvenzmasse eines anderen Verfahrens herangezogen werden kann.

---

256) Dazu auch LG Münster, Beschl. v. 27.4.2012 – 5 T 159/11, InsbürO 2012, 399.

257) Eingehend auch *Zimmer*, InsVV, § 1 Rz. 153.

258) Für Verfahren, die seit dem 27.6.2017 eröffnet werden, Verordnung (EU) 2015/848 des Europäischen Parlaments und des Rates v. 20.5.2015 über Insolvenzverfahren – EuInsVO, ABl. (EU) L 141/19 v. 5.6.2015; für früher eröffnete Verfahren Verordnung (EG) Nr. 1346/2000 des Rates v. 29.5.2000 über Insolvenzverfahren – EuInsVO 2000, ABl. (EG) L 160/1 v. 30.6.2000.

2. Der Umfang der Insolvenzmassen in den jeweiligen Verfahren

a) Das Universalitätsprinzip

Die Eröffnung des Insolvenzverfahrens erfasst das gesamte Vermögen des Schuldners i. S. des § 35 InsO, auch wenn es sich im Ausland befindet. Dieses **Universalitätsprinzip** galt bereits im Anwendungsbereich der KO und ist **unabhängig von der Geltung der EuInsVO.**[259] Eine **Frage der Umsetzung** des Universalitätsprinzips ist es, ob die Rechtsordnung, innerhalb welcher sich Vermögen des Schuldners befindet, die Verfügungsbefugnis des Insolvenzverwalters anerkennt. Gegebenenfalls ist der Schuldner verpflichtet, dem Insolvenzverwalter rechtsgeschäftlich Vollmacht zur Verfügung über Vermögenswerte, die sich im Ausland befinden, zu erteilen.[260] Das Universalitätsprinzip des Insolvenzbeschlags wird durch Art. 20 EuInsVO deklaratorisch bekräftigt.[261] 155

Eine Teilung der Insolvenzmassen ist durch Art. 20 EuInsVO vorgesehen, wenn in einem **Mitgliedstaat** ein **eigenständiges Partikularinsolvenzverfahren** in Anwendung des Art. 3 Abs. 3 und 4 EuInsVO eröffnet wird. Grundlage der Vergütungsbestimmung ist dann für den jeweiligen Insolvenzverwalter die Insolvenzmasse des jeweiligen Partikularinsolvenzverfahrens nach Maßgabe des jeweils anwendbaren Rechts. 156

b) Eröffnung eines Sekundärinsolvenzverfahrens

Ist bereits in einem Mitgliedstaat ein Hauptinsolvenzverfahren anhängig und wird in einem anderen Mitgliedstaat ein Sekundärinsolvenzverfahren eröffnet, stellt sich auch für die Vergütungsbestimmung die Frage des Verhältnisses der Verfahren zueinander betreffend die Verfahrensabwicklung und die Vermögenszuordnung. Die Eröffnung eines Sekundärinsolvenzverfahrens erfolgte nach Art. 34 EuInsVO **ohne weitere Prüfung eines Insolvenzgrundes** des Schuldners. Die Feststellung der Zahlungsunfähigkeit als Insolvenzgrund durch das Insolvenzgericht, welches das Hauptinsolvenzverfahren eröffnet hat, wird durch das Gericht des Mitgliedstaates anerkannt.[262] 157

Das Sekundärinsolvenzverfahren ist **grundsätzlich ein Liquidationsverfahren** (Art. 34 EuInsVO). Wenn jedoch das Hauptinsolvenzverfahren eine **Sanierung** des schuldnerischen Unternehmens vorsieht, kann dies auch für das Sekundärinsolvenzverfahren gelten.[263] Soweit es das Verfahrensrecht am Ort des Sekundärinsolvenzverfahrens vorsieht, kann auch ein Insolvenzplanverfahren durchgeführt werden. Soweit die Regelungen am Ort des Sekundärinsolvenzverfahrens zum internationalen Insolvenzrecht dies vorsehen, kann auch der Insolvenzverwalter des Hauptinsolvenzverfahrens einen **Insolvenzplan** einbringen.[264] 158

c) Zuordnung des Vermögens

Die Zuordnung der Vermögenswerte des Schuldners wird in der Weise verstanden, dass, wenn bezogen auf das in einem Staat befindliche Vermögen ein Sekundärinsolvenzverfahren eröffnet ist, dieses Vermögen verfahrensrechtlich dem Sekundärinsolvenzverfahren 159

259) Grundlegend BGH, Urt. v. 13.7.1983 – VIII ZR 246/82, BGHZ 88, 147 = ZIP 1983, 961; *B. Peters/J. Peters* in: MünchKomm-InsO, § 35 Rz. 36 ff.

260) BGH, Beschl. v. 18.9.2003 – IX ZB 75/03, ZIP 2003, 2123 = NZI 2004, 21 m. Anm. *Uhlenbruck*, dazu EWiR 2004, 293 *(Vallender)*.

261) Allgemein auch *Piekenbrock*, IPrax 2018, 392.

262) *Reinhart* in: MünchKomm-InsO, 3. Aufl. 2016, Art. 27 EuInsVO 2000 Rz. 17; K. Schmidt-*Brinkmann*, InsO, Art. 27 EuInsVO 2000 Rz. 11.

263) *Reinhart* in: MünchKomm-InsO, 3. Aufl. 2016, Art. 27 EuInsVO 2000 Rz. 21; K. Schmidt-*Brinkmann*, InsO, Art. 27 EuInsVO 2000 Rz. 13.

264) *Reinhart* in: MünchKomm-InsO, 3. Aufl. 2016, Art. 27 EuInsVO 2000 Rz. 22.

und der Rechtsordnung des betreffenden Staates zugeordnet wird.[265] **Solange** mithin **kein Sekundärinsolvenzverfahren** eröffnet ist, **erfasst das Hauptinsolvenzverfahren** das **gesamte** in- und ausländische **Vermögen** des Schuldners. Gleiches gilt, wenn ein Sekundärinsolvenzverfahren als solches wieder eingestellt wird. Bezogen auf das Hauptinsolvenzverfahren kann damit eine Massemehrung eintreten, wenn die ausländischen Vermögenswerte – und damit die Insolvenzmasse des Sekundärinsolvenzverfahrens – größer ist als jene des Hauptinsolvenzverfahrens.[266]

160 Der Insolvenzverwalter des Hauptinsolvenzverfahrens und der Insolvenzverwalter eines Sekundärinsolvenzverfahrens können durch **Vereinbarung die Überführung einzelner Vermögenswerte** vom Sekundär- in das Hauptinsolvenzverfahren oder umgekehrt regeln. Diese Überführung einzelner Vermögenswerte stellt keine Übereignung im sachenrechtlichen Sinne dar, da in jedem Fall der Schuldner Rechtsträger des jeweiligen Vermögenswertes ist und bleibt.[267] Eine Zusammenarbeit der Insolvenzverwalter auch in diesem Sinne wird durch Erwägungsgrund 20 zur EuInsVO 2000 ausdrücklich betont und in Art. 31 EuInsVO 2000 normiert.[268] Die EuInsVO 2015 enthält mit Art. 41 bis 44 weitergehende Regelungen zur Zusammenarbeit von Verwaltern und Gerichten.

3. Die Haftung für Masseverbindlichkeiten in Haupt- und Sekundärinsolvenzverfahren

a) Die Regelung des Art. 7 Abs. 2 EuInsVO

161 Die EuInsVO regelt die Befriedigung von Masseverbindlichkeiten im Verhältnis zwischen Hauptinsolvenzverfahren, Partikularinsolvenzverfahren und Sekundärinsolvenzverfahren nicht ausdrücklich. Systematisch ist auf Art. 7 EuInsVO hinzuweisen, wonach für Verfahrenseröffnung, Verfahrensdurchführung und Verfahrensbeendigung **grundsätzlich das Recht des Staates der jeweiligen Verfahrenseröffnung** maßgebend ist (lex fori concursus). Im Besonderen gilt dies nach Art. 7 EuInsVO (ebenso in Art. 4 Abs. 2 Satz 2 lit. i, j und lit. l EuInsVO 2000) für die Verteilung des Erlöses, die Rangfolge der Forderungen, die Voraussetzungen der Verfahrensbeendigung und die Kostentragung. Die grundlegende Kollisionsnorm des Art. 7 EuInsVO gilt gleichermaßen im Verhältnis zwischen Hauptinsolvenzverfahren und Partikularinsolvenzverfahren wie auch im Verhältnis zwischen Hauptinsolvenzverfahren und Sekundärinsolvenzverfahren.[269] Art. 35 EuInsVO bestimmt für das Sekundärinsolvenzverfahren die Anwendung des Rechts des jeweiligen Mitgliedstaates als lex fori concursus secundariae und wiederholt insoweit die grundlegende Kollisionsnorm des Art. 7 EuInsVO.

162 Zu beachten ist aber die **Bindung des Sekundärinsolvenzverfahrens an das Hauptinsolvenzverfahren.** Das Sekundärinsolvenzverfahren ist anders als ein Partikularinsolvenzverfahren nach Art. 3 Abs. 4 EuInsVO in seiner Funktion nicht selbstständig. Wenn sich demnach nach Art. 7 EuInsVO die Verteilung des Verwertungserlöses, die Rangfolge der Gläubigerforderungen, die Voraussetzungen der Verfahrensbeendigung und die Kostentragung nach dem Recht des Staates des Sekundärinsolvenzverfahrens unter unterstützender Funktion für das Hauptinsolvenzverfahren richtet, muss bei Einzelfragen, die durch die EuInsVO nicht geregelt sind, das **Recht des Staates des Hauptinsolvenzverfahrens** min-

265) *Reinhart* in: MünchKomm-InsO, 3. Aufl. 2016, Art. 27 EuInsVO 2000 Rz. 23; K. Schmidt-*Brinkmann*, InsO, Art. 27 EuInsVO 2000 Rz. 14.

266) K. Schmidt-*Brinkmann*, InsO, Art. 27 EuInsVO 2000 Rz. 15.

267) K. Schmidt-*Brinkmann*, InsO, Art. 27 EuInsVO 2000 Rz. 16.

268) Eingehend *Reinhart* in: MünchKomm-InsO, 3. Aufl. 2016, Art. 31 EuInsVO 2000 Rz. 19 ff.

269) *Reinhart* in: MünchKomm-InsO, 3. Aufl. 2016, Art. 4 EuInsVO 2000 Rz. 1, Art. 28 EuInsVO 2000 Rz. 1; zu allgemein K. Schmidt-*Brinkmann*, InsO, Art. 4 EuInsVO 2000 Rz. 3.

destens **wertend** berücksichtigt werden. Namentlich gilt dies für die Fragestellungen zur Tragung der Verfahrenskosten und sonstigen Masseverbindlichkeiten aus der Insolvenzmasse des Hauptinsolvenzverfahrens und des Sekundärinsolvenzverfahrens sowie zur Bestimmung der Berechnungsgrundlage der Vergütung des Insolvenzverwalters im Hauptinsolvenzverfahren.

b) Die Befriedigung von Masseverbindlichkeiten i. S. des § 55 InsO

Die Befriedigung von Masseverbindlichkeiten i. S. des § 55 InsO ist vor allem im Hinblick auf Masseverbindlichkeiten aus Unternehmensfortführung bei grenzüberschreitenden Insolvenzen und Niederlassungen in den verschiedenen Mitgliedstaaten diskutiert worden.[270)] Es wird übereinstimmend die **Bildung von Teilmassen** befürwortet, wonach basierend auf dem Gedanken des Art. 20 EuInsVO von der Separation der Insolvenzmasse in die jeweiligen Jurisdiktionen die Insolvenzmasse des Sekundärinsolvenzverfahrens für diejenigen Masseverbindlichkeiten des Hauptinsolvenzverfahrens haftet, die vor Eröffnung des Sekundärinsolvenzverfahrens begründet worden sind. Gleichzeitig sollen nur diejenigen Vermögenswerte des Sekundärinsolvenzverfahrens haften, welche bei Eröffnung des Verfahrens vorhanden waren, nicht jedoch ein späterer Neuerwerb.[271)] 163

4. Die Deckung der Massekosten i. S. der §§ 53, 54 InsO

Ob und in welcher Art und Weise die Verfahrenskosten, die den sonstigen Masseverbindlichkeiten mindestens im Insolvenzrecht der Bundesrepublik Deutschland vorrangig sind, aus den Insolvenzmassen von Haupt- und Sekundärinsolvenzverfahren zu bedienen sind, ist nicht geklärt. 164

Folgte man strikt der aus Art. 20 EuInsVO abgeleiteten Dogmatik, wonach nach Zuordnung von Vermögenswerten zum jeweiligen Insolvenzverfahren nur die jeweilige Insolvenzmasse für die bei ihr begründeten Verbindlichkeiten haften soll, bedeutete dies, dass die **Kosten der jeweiligen Insolvenzverfahren getrennt zu betrachten** wären. Dann könnte es beim Hauptinsolvenzverfahren etwa zu einer Einstellung mangels Masse nach § 207 InsO kommen, wohingegen das Sekundärinsolvenzverfahren als massehaltig alle Insolvenzgläubiger befriedigen könnte. Die eigentlich diesen Insolvenzgläubigern vorrangigen Masseverbindlichkeiten des Hauptinsolvenzverfahrens wären dann mangels Befriedigung aus dem Hauptinsolvenzverfahren faktisch diesen gegenüber nachrangig. 165

Insbesondere bei einem **deutschen Hauptinsolvenzverfahren** erscheint dies **fragwürdig:** Erstens sind nach der Regelungssystematik der InsO aus den §§ 53, 54, 207, 209 Abs. 1 Nr. 1 InsO die Kosten eines Insolvenzverfahrens vorrangig vor den sonstigen Masseverbindlichkeiten zu bedienen. Zweitens führte dies zu dem Ergebnis, dass etwa das Hauptinsolvenzverfahren mangels Masse nach § 207 InsO eingestellt werden müsste oder bei einer natürlichen Person nur mit Kostenstundung nach § 4a InsO durchgeführt werden könnte, wohingegen das Sekundärinsolvenzverfahren massehaltig wäre und Insolvenzgläubiger auch des Hauptinsolvenzverfahrens hieraus befriedigt werden könnten. Weil nach Art. 45 EuInsVO jeder Insolvenzgläubiger des Hauptinsolvenzverfahrens selbstständig seine Forderung im Sekundärinsolvenzverfahren anmelden kann, würde dies bezogen auf ein deutsches Hauptinsolvenzverfahren zu einer grundlegenden Verletzung der Befriedigungsreihenfolge von Massekosten, Masseverbindlichkeiten und Insolvenzforderungen 166

270) Allgemein *Paulus*, EuInsVO, Art. 28 Rz. 7; *Reinhart* in: MünchKomm-InsO, 3. Aufl. 2016, Art. 27 EuInsVO 2000 Rz. 28 ff.; K. Schmidt-*Brinkmann*, InsO, Art. 27 EuInsVO 2000 Rz. 18; Pannen-*Herchen*, EuInsVO, Art. 27 Rz. 50 ff.; eingehend *Ringstmeier/Homann*, NZI 2004, 354; *Beck*, NZI 2007, 1; *Duursma-Kepplinger*, ZIP 2007, 752.

271) Sehr eingehend *Beck*, NZI 2007, 1.

nach der InsO führen. Diese Auslegung der Vorschriften wäre aus der Sichtweise des deutschen Insolvenzrechts völlig systemwidrig.

167 Zu lösen ist das Problem durch eine **weite Anwendung des Art. 45 Abs. 1 und 3 EuInsVO**: Wenn diese Vorschrift dem Insolvenzverwalter des Hauptinsolvenzverfahrens die Möglichkeit gibt, sämtliche bei ihm angemeldeten Insolvenzforderungen im Sekundärinsolvenzverfahren geltend zu machen und i. Ü. dort wie ein Gläubiger am Verfahren teilzunehmen, muss dies unter Berücksichtigung der Befriedigungsreihenfolge von Verfahrenskosten und Masseverbindlichkeiten des Hauptinsolvenzverfahrens auch für diese gelten. Forderungen i. S. dieser Vorschrift müssen deshalb auch die Verfahrenskosten und Masseverbindlichkeiten des Hauptinsolvenzverfahrens sein.

168 Bezogen auf die Überschussauskehr nach Art. 49 EuInsVO betont dies ebenfalls *Reinhart*, der einen Überschuss erst nach Befriedigung auch der Massekosten oder Masseverbindlichkeiten als gegeben ansieht. Er verweist ferner auf die englische Sprachversion der Norm, die mit „all claims allowed under those proceedings" zutreffend auf alle Forderungen des Insolvenzverfahrens und nicht lediglich auf festgestellte Insolvenzforderungen abstellt.[272] Hinsichtlich der Befriedigungsreihenfolge erwähnt er jedoch nur den Fall eines deutschen Sekundärinsolvenzverfahrens, bei welchem die Masseverbindlichkeiten den Insolvenzforderungen vorrangig sind. Allgemein verweist er bezüglich der Befriedigungsreihenfolge auf die lex fori concursus secundariae, ohne Art. 7 EuInsVO zu erwähnen.

169 Die weite Anwendung des Art. 45 EuInsVO auf Verfahrenskosten des Hauptinsolvenzverfahrens entspricht der grundlegenden Anwendungsnorm des Art. 7 EuInsVO. Hieraus folgt letztlich auch, dass eine Einstellung des Hauptinsolvenzverfahrens mangels Masse oder die Gewährung von Kostenstundung gegenüber dem Schuldner, der natürliche Person ist, unter Berücksichtigung der Insolvenzmasse des Sekundärinsolvenzverfahrens erfolgen muss. Es muss aber auch zugestanden werden, dass damit eine völlige Kongruenz der Befriedigungsreihenfolge aus der Insolvenzmasse eines Sekundärinsolvenzverfahrens nach den Vorschriften des Hauptinsolvenzverfahrens von den Gegebenheiten des Einzelfalles abhängt.

170 Genügt die **Insolvenzmasse des Sekundärinsolvenzverfahren** zur vollständigen Befriedigung von Massekosten, sonstigen Masseverbindlichkeiten und auch Insolvenzforderungen des Hauptinsolvenzverfahrens, ergibt sich keine Problematik der Befriedigungsreihenfolge.

171 Genügt die Insolvenzmasse des Sekundärinsolvenzverfahrens nicht zur vollständigen Befriedigung aller Verbindlichkeiten – wovon im Regelfall auszugehen ist –, konkurrieren im Sekundärinsolvenzverfahren die Insolvenzgläubiger des Hauptinsolvenzverfahrens, die nach Art. 45 Abs. 1 EuInsVO selbstständig ihre Forderungen angemeldet haben, mit der Forderungsanmeldung des Insolvenzverwalters des Hauptinsolvenzverfahrens nach Art. 45 Abs. 2 EuInsVO, die bei richtiger Auslegung der Norm auch Massekosten und Masseverbindlichkeiten des Hauptinsolvenzverfahrens erfasst, soweit diese aus der Insolvenzmasse dieses Verfahrens nicht gedeckt werden. Ihre Befriedigungsreihenfolge richtet sich nach dem Recht des Staates des Sekundärinsolvenzverfahrens. Es ist schwer vorstellbar, dass dann etwa die Massekosten des Hauptinsolvenzverfahrens nach einer Rechtsordnung gleich- oder gar nachrangig nach Gläubigerforderungen wären.

5. Die Bestimmung der Berechnungsgrundlage der Vergütung

172 Da bereits nach dem Universalitätsprinzip die Insolvenzeröffnung auch das **im Ausland** befindliche Vermögen des Schuldners erfasst, gehört auch dieses grundsätzlich zur Insolvenzmasse und damit zur **Berechnungsgrundlage der Vergütung** des Insolvenzverwalters.

---

272) *Reinhart* in: MünchKomm-InsO, 3. Aufl. 2016, Art. 35 EuInsVO 2000 Rz. 6.

Im Verhältnis zwischen Hauptinsolvenzverfahren und Sekundärinsolvenzverfahren ist unter Beachtung von Art. 20 EuInsVO fraglich, ob das ausländische Vermögen des Schuldners bei Eröffnung eines Sekundärinsolvenzverfahrens Bestandteil der Berechnungsgrundlage der Vergütung des Insolvenzverwalters im Hauptinsolvenzverfahren bleibt. 173

Die Zuordnung der Insolvenzmasse zu einem Sekundärinsolvenzverfahren wird dogmatisch in Anlehnung an diese Vorschrift eher formal verstanden. Bezogen auf die Tätigkeit des Insolvenzverwalters im Hauptinsolvenzverfahren ist dies zutreffend, weil das Sekundärinsolvenzverfahren zeitlich nach Eröffnung des Hauptinsolvenzverfahrens eintritt, es ist gerade anders als ein Partikularinsolvenzverfahren nicht selbstständig. Dies setzt voraus, dass der **Insolvenzverwalter des Hauptinsolvenzverfahrens** sich mit den **ausländischen Vermögenswerten befasst** haben muss, um dann auf diese im Wege eines Sekundärinsolvenzverfahrens Zugriff nehmen zu können. Auch die Regelung des Art. 49 EuInsVO, wonach ein Überschuss aus der Verwertung des Sekundärinsolvenzverfahrens an das Hauptinsolvenzverfahren auszukehren ist, spricht eindeutig für die rechtliche Zuordnung der gesamten Insolvenzmasse zum Hauptinsolvenzverfahren. Unter Beachtung von Art. 49 EuInsVO könnte angenommen werden, die Insolvenzmasse des Sekundärinsolvenzverfahrens sei nur i. H. des dort genannten Überschusses als Bestandteil der Berechnungsgrundlage der Vergütung des Insolvenzverwalters im Hauptinsolvenzverfahren anzusetzen. Damit würden die Insolvenzforderungen faktisch von der Berechnungsgrundlage abgezogen, ebenso wie bei zutreffender Auslegung des Art. 45 Abs. 2 EuInsVO die Masseverbindlichkeiten des Hauptinsolvenzverfahrens. Dies widerspricht jedoch § 1 Abs. 2 Nr. 4 Satz 1 InsVV, der den Abzug von Masseverbindlichkeiten grundsätzlich nicht vorsieht, Insolvenzforderungen sind generell nicht von der Berechnungsgrundlage der Vergütung abzusetzen. 174

Für die Einbeziehung der Insolvenzmasse des Sekundärinsolvenzverfahrens und gleichzeitig gegen den Abzug von Insolvenzforderungen oder Masseverbindlichkeiten des Sekundärinsolvenzverfahren bei der Bestimmung der Berechnungsgrundlage spricht somit, dass nach § 63 Abs. 1 InsO und § 1 Abs. 2 Nr. 4 Satz 1 InsVV Verbindlichkeiten nicht abzuziehen sind. Ferner spricht die Systematik zwischen Hauptinsolvenzverfahren und Sekundärinsolvenzverfahren dagegen. Der **Insolvenzverwalter des Hauptinsolvenzverfahrens** muss sich **zwingend** mit den **ausländischen Vermögenswerten befasst** haben, diese ermittelt und festgestellt haben, um ein Sekundärinsolvenzverfahren beantragen zu können (Art. 37 EuInsVO). Die Vermögenswerte sind damit seit Eröffnung des Hauptinsolvenzverfahrens Insolvenzmasse dieses Verfahrens, der Insolvenzverwalter muss sich auch mit diesen auseinandergesetzt haben, ehe sie formal dem Sekundärinsolvenzverfahren zugeordnet werden. 175

Soweit nach Eröffnung des Sekundärinsolvenzverfahrens durch die Tätigkeit des dort bestellten Insolvenzverwalters dem Insolvenzverwalter des Hauptinsolvenzverfahrens eine Arbeitsersparnis zukommt, ist eine Kürzung der Vergütung entsprechend § 3 Abs. 2 InsVV angezeigt. 176

§ 4
Die Regelvergütung des § 2 InsVV

Übersicht

Aufsatzliteratur: *Ast*, Über den Umgang mit Nullmassen, ZVI 2002, 183; *Berger/Bremen/Wilhelm V*, Die Regel kommt vor dem Fall, INDat-Report 10/2024, 19; *Blersch*, Berechnung der Vergütung des Sachwalters in einem überdurchschnittlich großen Verfahren – Air Berlin, NZI 2019, 529; *Blersch*, Die Änderung der Insolvenzrechtlichen Vergütungsverordnung, ZIP 2004, 2311; *Blersch*, Möglichkeiten der Vergütungserhöhung in masselosen Regel- und Verbraucherinsolvenzverfahren, ZVI 2003, 193; *Gortan*, Kürzung der Mindestvergütung in Verbraucherinsolvenzverfahren nach § 3 II e InsVV, NZI 2016, 339; *Graeber*, Die Mindestvergütung in Insolvenzverfahren, NZI 2004, 169; *Graeber/Graeber*, Die Vergleichsrechnung bei mehreren masseerhöhenden Zuschlagsgründen in der Insolvenzverwaltervergütung, NZI 2012, 355; *Grote*, Zur Kürzung der Vergütung in Verbraucherinsolvenzverfahren nach § 3 Abs. 2 lit. e InsVV, ZInsO 2017, 1653; *Haarmeyer/Mock*, Insolvenzrechtliche Vergütung und Inflation, ZInsO 2014, 573; *Heyrath*, Vergütung des Insolvenzverwalters in Stundungsverfahren, ZInsO 2003, 214; *Holzer*, Der „Normalfall" bei der Vergütung des Insolvenzverwalters, ZRI 2023, 1; *Keller*, Aktuelle Rechtsprechung zur Zwangsverwaltung im Jahre 2018, ZfIR 2019, 289; *Keller*, Der Degressionsausgleich bei der Vergütung des Insolvenzverwalters, NZI 2013, 19; *Keller*, Die Bestimmung des vergütungsrechtlichen Normalfalls in § 2 InsVV, in: Festschrift für Klaus-Hubert Görg, 2010, S. 247; *Keller*, Berechnungsformeln zur Vergütung des Insolvenzverwalters, NZI 2005, 23; *Keller*, Die Vergütung des Insolvenzverwalters im masselosen Insolvenzverfahren, ZIP 2004, 633; *Keller*, Die Neuregelungen der InsVV zur Mindestvergütung im masselosen Insolvenzverfahren, ZVI 2004, 569; *Keller*, Die Rechtsprechung des BGH zur Vergütung in Insolvenzverfahren, NZI 2004, 465; *Keller*, Aktuelle Fragen zur Vergütung des Insolvenzverwalters bei Kleininsolvenzen, ZVI 2002, 437; *Keller*, Aktuelle Fragen zur Vergütung des Treuhänders im Verbraucherinsolvenzverfahren, ZVI 2002, 393; *Kuhmann*, Verfassungswidrigkeit der Vergütungspraxis in Klein- und Verbraucherinsolvenzverfahren, ZVI 2002, 357; *Mäusezahl*, DAV-Workshop zur Verfahrensvereinfachung in den Insolvenzverfahren natürlicher Personen, ZVI 2003, 49; *Pluta/Heidrich*, Keine Erhöhung der Mindestvergütung in den vor dem Jahr 2004 eröffneten masselosen Verfahren?, NZI 2004, 408; *Spiekermann*, Keine erhöhte Mindestvergütung nach Gläubigeranzahl bei juristischen Personen, ZInsO 2021, 2656; *Syrbe*, Vergütung in Stundungsverfahren – Ergebnis einer Aufwandsermittlung, ZInsO 2002, 667; *Vill*, Die Vergütung von Verwalter oder Sachwalter in Insolvenzverfahren mit hoher Gläubigerzahl, in: Festschrift für Godehard Kayser, 2022, S. 1043; *Vill*, Die Vergütung von (vorläufigem) Verwalter oder Sachwalter in Insolvenzverfahren mit hoher Gläubigerzahl, ZInsO 2020, 974; *Wagner*, Überblicke zu den Neuregelungen der insolvenzrechtlichen Vergütungsverordnung (InsVV), NZI 1998, 23.

I. Das vergütungsrechtliche Normalverfahren einer Insolvenz

1. Die Regelvergütung des § 2 InsVV allgemein

1 Auf Grundlage der nach § 1 InsVV ermittelten Berechnungsgrundlage ist nach § 2 Abs. 1 InsVV die sog. **Regelvergütung** des Insolvenzverwalters zu bestimmen. Diese stellt die **angemessene Vergütung** des Insolvenzverwalters **im sog. Normalverfahren** dar.[1] Als solches wird das Insolvenzverfahren bezeichnet, das weder quantitativ in der Zahl und dem Umfang der Aufgaben des Verwalters noch qualitativ in deren rechtlichen Schwierigkeiten Besonderheiten aufweist. § 2 Abs. 1 InsVV übernahm den Regelungsgehalt des früheren § 3 Abs. 1 VergVO, ohne das System der Vergütungshöhe grundlegend geändert zu haben. Lediglich in der Staffelung der Prozentsätze der Vergütung wurden die sechs Staffelungen des § 3

1) Begr. z. Entwurf einer InsVV (§ 2), abgedr. unten in Anh. III, S. 689, 695, 696.

VergVO auf sieben Staffelungen nach § 2 InsVV erweitert.[2] Die Höhe des jeweiligen Regelvergütungssatzes wurde von dem zuletzt im Konkursrecht allgemein anerkannten vierfachen Satz zu § 3 Abs. 1 VergVO oder sogar fünffachen Satz im Bereich der Gesamtvollstreckungsordnung[3] für das Normalverfahren auf den einfachen Satz des § 2 InsVV umgerechnet. Die Staffelsätze des früheren § 3 Abs. 1 VergVO befanden sich auf dem Niveau des Jahres 1970, im Februar 1989 billigte das BVerfG die Praxis der pauschalen Anhebung zur Erhaltung einer angemessenen Vergütung.[4]

Beispiel:

Als bereinigte Insolvenzmasse werden bei Beendigung des Verfahrens 175 000 € ermittelt; die Regelvergütung des Insolvenzverwalters beträgt nach § 2 Abs. 1 InsVV 37 750 € (ohne Auslagen und Umsatzsteuer).[5] Nach § 3 VergVO würde sie im vierfachen Satz noch 43 200 € betragen (zur Vereinfachung der Darstellung soll auch hier der Vergütungsbetrag in D-Mark auf Euro geglättet sein). Bei einer Insolvenzmasse von 500 000 € beträgt die Regelvergütung nach § 2 InsVV 60 500 €, die nach § 3 VergVO betrug 69 200 €. Hat die Insolvenzmasse einen Wert von 7,5 Mio. €, wirkt sich die Differenz der Regelvergütungen noch stärker aus: Hier erhält der Insolvenzverwalter nach § 2 InsVV 205 500 €, der Konkurs- oder Gesamtvollstreckungsverwalter hätte nach § 3 VergVO 219 200 € erhalten.

Mit der **Neuordnung der Staffelsätze** durch die InsVV **im Jahre 1999** sollte insbesondere bei Insolvenzmassen, die im mittleren Bereich liegen, keine wesentliche Änderung gegenüber der früheren Regelung verbunden sein.[6] Diesem Ansinnen wird der Verordnungsgeber jedoch nicht gerecht, da im sehr großen Bereich einer Berechnungsgrundlage von 500 000 bis 25 Mio. € Insolvenzmasse nur der 2 %ige Staffelsatz gilt. Liegt der Betrag der Insolvenzmasse knapp über 500 000 €, erhält der Insolvenzverwalter aus dem Mehrbetrag ebenso nur 2 % wie bei einem Betrag der Insolvenzmasse von knapp unter 25 Mio. €. Die Verwaltervergütung befindet sich gleichsam in einem „Degressionsloch". Bei hoher Insolvenzmasse und im Einzelfall hoher Arbeitsbelastung des Insolvenzverwalters ist dies durch den sog. Degressionszuschlag nach § 3 Abs. 1 lit. c InsVV auszugleichen (siehe Rz. 70 ff.). 2

Durch Art. 6 des Gesetzes zur Fortentwicklung des Sanierungs- und Insolvenzrechts – SanInsFoG[7] wurden die **Degressionsstufen des § 2 Abs. 1 InsVV zum 1.1.2021** für Verfahren, die ab diesem Datum beantragt werden (§ 19 Abs. 5 InsVV), **neu geregelt** (siehe dazu oben § 1 Rz. 124). Die Neuregelung beinhaltet eine Anhebung sowohl der Prozentsätze als auch der Degressionsstufen, so dass im mittleren Bereich der Berechnungsgrundlage eine signifikante Erhöhung der Vergütung eintritt, im hohen Bereich eine geringere Erhöhung und im niedrigen Bereich der Berechnungsgrundlage faktisch keine Erhöhung (siehe eingehend Rz. 69). Das beschriebene „Degressionsloch" besteht fort, es besteht nun zwischen 700 000 € und 35 Mio. € Insolvenzmasse, in welcher der Vergütungssatz 2,2 % beträgt. 3

---

2) Der Verordnungsgeber sieht dies als Korrektiv zu vermeintlich zu hohen Vergütungen, Begr. z. Entwurf einer InsVV (§ 2), abgedr. unten in Anh. III, S. 689, 696; *Hess*, InsO, InsVV Vorb. Rz. 9; kritisch *Keller* in: HK-InsO, § 2 InsVV Rz. 3; *Graeber/Graeber*, InsVV, § 2 Rz. 2.

3) LG Frankfurt/O., Beschl. v. 27.1.1998 – 16 T 515/97, ZInsO 1998, 43; *Eickmann*, VergVO, § 3 Rz. 16.

4) BVerfG, Beschl. v. 9.2.1989 – 1 BvR 1165/87, ZIP 1989, 382 m. Anm. *Eickmann* = KTS 1989, 357, dazu EWiR 1989, 391 *(Onusseit)*; mit umfangr. Rspr.-Nachw. s. *Eickmann*, VergVO, § 3 Rz. 12 ff.

5) Vergütung berechnet nach § 2 Abs. 1 InsVV i. d. F. bis 31.12.2020.

6) Begr. z. Entwurf einer InsVV (§ 2), abgedr. unten in Anh. III, S. 689, 696.

7) Gesetz zur Fortentwicklung des Sanierungs- und Insolvenzrechts – SanInsFoG, v. 22.12.2020, BGBl. I 2020, 3256; Begr. RegE SanInsFoG, BT-Drucks. 19/24181; Beschlussempfehlung und Bericht d. RA z. RegE SanInsFoG, BT-Drucks. 19/25303.

4 Die Frage nach der Definition des Normalverfahrens ist auch nach der Anhebung der Regelvergütung des § 2 Abs. 1 InsVV zum 1.1.2021 für die seit diesem Datum beantragten Verfahren aktuell (Art. 6 SanInsFoG). Denn der Gesetzgeber vermied es auch in der Neuregelung, zur Frage eines **vergütungsrechtlichen Normalfalls** Stellung zu beziehen. Die systematische Differenzierung und konkrete Bestimmung der Tatbestände eines Normalfalles ist daher auch für die seit 1.1.2021 beantragten Verfahren notwendig.

2. Der Begriff des vergütungsrechtlichen Normalverfahrens

a) Diskussionsstand in der Literatur

5 Die Regelvergütung des § 2 Abs. 1 InsVV soll die gesamte Tätigkeit des Insolvenzverwalters in einem **Insolvenzverfahren** abgelten, das **keinerlei Besonderheiten** aufweist und insoweit als Regel- oder **Normalverfahren** bezeichnet wird.[8] Die InsVV definiert das Normalverfahren nicht durch positive Tatbestandsmerkmale. Es kann allenfalls negativ aus den in § 3 Abs. 1 InsVV genannten Erhöhungsfaktoren gefolgert werden, dass es sich bei Nichtvorliegen dieser Tatbestände um ein Normalverfahren handeln soll.

6 Die frühere Literatur ging **überwiegend** von **statischen Merkmalen** des Normalverfahrens aus. Hinsichtlich einzelner Tatbestände folgte dem der BGH, indem er bspw. zur Zahl der im Unternehmen beschäftigten Arbeitnehmer oder der Gläubigerzahl mehr oder weniger feststehende Richtwerte anerkannte.[9]

7 Dieser rein statische Ansatz wird heute kritisch betrachtet.[10] So wird darauf hingewiesen, dass bspw. die Zahl der am Verfahren beteiligten Gläubiger je nach Größe des Verfahrens variiert und es daher dem Normalverfahren entspreche, wenn bei höherer Insolvenzmasse auch eine höhere Zahl an Gläubigern vorliege.[11] Verwiesen wird auch auf die Regelung des § 18 ZwVwV zur Vergütung des Zwangsverwalters.[12] Danach sei eine Erhöhung der Vergütung nicht bereits dann veranlasst, wenn das Zwangsverwaltungsobjekt aus vielen Einheiten bestehe. Denn daraus resultierende Mieteinheiten bringen auch eine höhere Zwangsverwaltervergütung. Eine Erhöhung sei erst dann angezeigt, wenn das Verfahren „in sich nicht rund laufe" und konkrete Schwierigkeiten aufweise, die nicht allein dem Umfang des Verfahrens geschuldet seien.

8 Auch wird argumentiert, man müsse den Begriff des Normalverfahrens unter Berücksichtigung geänderter Verfahrensinhalte definieren, das Normalverfahren könne sich daher im Laufe der Zeit auch ändern und Arbeitsabläufe, die früher als Erschwernis galten, könnten heute Merkmale des Normalverfahrens sein.[13] Gerade auch die Änderungen der InsO durch das sog. ESUG zum 1.3.2012[14] und durch das SanInsFoG vom 20.12.2020[15] mit

---

8) Zur früheren Regelung des § 3 VergVO *Eickmann*, VergVO, § 4 Rz. 4 ff.; zur Neuregelung *Wagner*, NZI 1998, 23.

9) Im Zusammenhang mit der Vorfinanzierung von Insolvenzgeld BGH, Beschl. v. 18.12.2003 – IX ZB 50/03, ZIP 2004, 518 = NZI 2004, 251; BGH, Beschl. v. 9.10.2008 – IX ZB 182/04, ZInsO 2008, 1265; BGH, Beschl. v. 12.9.2019 – IX ZB 65/18, ZIP 2019, 2018 = NZI 2019, 913; BGH, Beschl. v. 17.10.2019 – IX ZB 5/18, ZIP 2019, 2489 = NZI 2020, 87 m. Anm. *Keller*.

10) *Riedel* in: MünchKomm-InsO, § 2 InsVV Rz. 3 ff.; Stephan/Riedel-*Riedel*, InsVV, § 2 Rz. 5, 6; Graf-Schlicker-*Kalkmann*, InsO, 4. Aufl. 2015, § 3 InsVV Rz. 2; *Graeber/Graeber*, InsVV, § 3 Rz. 12 ff.; *Büttner* in: HambKomm-InsO, § 2 InsVV Rz. 73 ff.; Blersch/Goetsch/Haas-*Blersch*, InsO, § 2 InsVV Rz. 11, der auf die Notwendigkeit gegenseitiger Abwägung im Einzelfall hinweist.

11) *Riedel* in: MünchKomm-InsO, § 2 InsVV Rz. 7; Stephan/Riedel-*Riedel*, InsVV, § 2 Rz. 5, 6.

12) BGH, Beschl. v. 15.11.2007 – V ZB 12/07, ZfIR 2008, 201 m. Anm. *Wedekind*.

13) Graf-Schlicker-*Kalkmann*, InsO, 4. Aufl. 2015, § 3 InsVV Rz. 2.

14) Gesetz zur weiteren Erleichterung der Sanierung von Unternehmen – ESUG, v. 7.12.2011, BGBl. I 2011, 2582.

15) Gesetz zur Fortentwicklung des Sanierungs- und Insolvenzrechts – SanInsFoG, v. 22.12.2020, BGBl. I 2020, 3256.

den Änderungen zur vorläufigen Eigenverwaltung und dem sog. Schutzschirmverfahren nach §§ 270b, 270d InsO führten zu der Frage, was denn Normalverfahren einer vorläufigen Eigenverwaltung sei (siehe eingehend Rz. 40 und § 9 Rz. 44 ff.).

Zuletzt wird der Begriff des Normalverfahrens insgesamt infrage gestellt und gefordert, ihn i. R. einer Neuausrichtung des Vergütungssystems ganz aufzugeben.[16] 9

b) Die statischen Tatbestände eines Normalverfahrens

In einer Zusammenstellung aus früherer Literatur und Rechtsprechung zu einzelnen Tatbeständen, die ein vergütungsrechtliches Normalverfahren qualifizieren sollen, sind insbesondere die folgenden zu nennen:[17] 10

- Der **Umsatz des schuldnerischen Unternehmens** lag vor Insolvenzeröffnung oder bei Unternehmensfortführung während des Verfahrens bei nicht mehr als 1,5 Mio. €; beschäftigt das Unternehmen mehr als 50 Mitarbeiter soll die Obergrenze bei 4 Mio. € liegen.
- Die **Buchhaltung** des schuldnerischen Unternehmens war weitgehend geordnet und erforderte keine grundlegende Aufarbeitung.
- Die Buchhaltung des Insolvenzverwalters erfasste nicht mehr als **300 Buchungsvorgänge.**[18]
- Die **steuerrechtliche Buchführung** war weitgehend aufgearbeitet, Steuererklärungen für zurückliegende Zeiträume mussten nicht erarbeitet und abgegeben werden.
- Das schuldnerische Unternehmen beschäftigte nicht mehr als **20 Arbeitnehmer** (§§ 17, 18 KSchG).
- Das schuldnerische Unternehmen hatte nur **eine Betriebsstätte** oder einen Sitz und keine Zweigniederlassungen.
- Die **Prüfung von Aus- und Absonderungsrechten** hatte einen Umfang von etwa 30 % der Schuldenmasse.
- Der Insolvenzverwalter hatte bis zu **50 Forderungen** des Schuldners **einzuziehen.**
- Der Insolvenzverwalter hatte **keine Zustellungen** für das Insolvenzgericht vorzunehmen (§ 8 Abs. 3 InsO).
- Der Insolvenzverwalter hatte **keine Immobilien** zu verwalten oder zu verwerten.
- Zur Insolvenzmasse gehörte **kein im Ausland befindliches Vermögen.**
- Der Insolvenzverwalter hatte **Anfechtungsansprüche von mittlerer rechtlicher Schwierigkeit** oder von **geringer Zahl** geltend zu machen; ob hier eine Richtzahl von zehn Ansprüchen angesetzt werden kann, ist fraglich.

---

16) *Holzer*, ZRI 2023, 1; kritisch zu diesem Ansatz auch *A. Schmidt* in: HK-InsVV, Einl. Rz. 12 ff.; *Wolgast* in: HK-InsVV, § 3 Rz. 21 ff.

17) *Prasser/Stoffler* in: KPB, InsO, § 3 InsVV Rz. 65 ff., 70; *Lorenz* in: FK-InsO, § 2 InsVV Rz. 29 ff.; *Hess*, InsO, § 2 InsVV Rz. 6 ff.; Leonhardt/Smid/Zeuner-*Amberger*, InsVV, § 2 Rz. 10 ff.; zur Problematik auch *Keller* in: HK-InsO, § 2 InsVV Rz. 6 ff.; *Büttner* in: HambKomm-InsO, § 2 InsVV Rz. 73 ff.; *Graeber/Graeber*, InsVV, § 3 Rz. 12 ff.

18) Die allgemeinen Pflichten zur handels-, steuer- und insolvenzrechtlichen Buchführung des Verwalters (§ 155 InsO) rechtfertigen allein keine Erhöhung der Regelvergütung; dazu Uhlenbruck-*Sinz*, InsO, § 155 Rz. 2 ff.; Römermann-*Andres*, InsO/InsR, § 155 InsO Rz. 11 ff., 31 ff.; *Depré* in: HK-InsO, § 155 Rz. 2 ff.

– Im Insolvenzverfahren haben **nicht mehr als 100 Gläubiger** Insolvenzforderungen angemeldet.[19)]

11 *Prasser/Stoffler* differenzieren hierbei zwischen Tatbeständen, welche die Arbeitstätigkeit ihrem Umfang nach **(quantitativ)** betreffen, und solchen, welche die Arbeitstätigkeit ihrer Schwierigkeit nach **(qualitativ)** betreffen. Sie nennen u. a. folgende Tatbestände des Normalverfahrens:[20)]

– Verfahrensdauer bis zwei Jahre;
– Aus- und Absonderungsrechte bis 30 % der Insolvenzmasse;
– keine Übertragung des Zustellungswesens;
– nicht mehr als 100 Insolvenzgläubiger;
– maximal 100 Debitoren oder 200 offene Forderungen einfach gelagerter Art;
– Inbesitznahme der Insolvenzmasse ohne Erschwernisse;
– keine Unternehmensfortführung;
– keine Immobilienverwaltung;
– keine Ausarbeitung eines Insolvenzplans;
– keine mehreren Betriebsstätten;
– kein Auslandsvermögen;
– keine außerordentlichen Schwierigkeiten mit dem Schuldner.

12 Das LG Detmold bestimmte für ein **Insolvenzverfahren über eine natürliche Person**, die eine Textilreinigung nebst Postagentur geführt hatte, folgende Kriterien des Normalfalls:[21)]

– Dauer bis zu zwei Jahren;
– Aus- und Absonderungsrechte in einem Umfang von etwa 30 % der Schuldenmasse;
– keine Betriebs-(Geschäfts-)Fortführung;
– keine Haus- oder Grundstücksverwaltung;
– keine Ausarbeitung eines Insolvenzplanes durch den Verwalter;
– keine Übertragung des Zustellungswesens;
– nicht mehr als 100 Forderungsanmeldungen zu der vom Verwalter zu führenden Tabelle;
– nicht mehr als 50 einzuziehenden Forderungen gegen Drittschuldner;
– keine besonderen Probleme bei der Massesammlung (also nur eine Betriebsstätte, kein Auslandsvermögen);
– bei Vorhandensein eines ordnungsgemäßen Rechnungswesens des Schuldners.

c) Die Rechtsprechung des BGH

13 Der BGH hält sich bei der Frage nach den Kriterien des Normalfalls ausdrücklich zurück. Zu einzelnen Erhöhungs- und Kürzungstatbeständen des § 3 InsVV betont er stets, dass eine Erhöhung der Vergütung nur dann gerechtfertigt sei, wenn der konkrete Tatbestand die Arbeitsbelastung des Insolvenzverwalters erheblich in Anspruch genommen habe. Für einzelne Tatbestände nimmt er Bezug auf die Unterscheidung zwischen qualitativen und quantitativen Zuschlagskriterien nach § 3 Abs. 1 InsVV. So ist die **Unternehmensfortfüh-**

19) LG Düsseldorf, Beschl. v. 2.6.2017 – 25 T 406/16, ZInsO 2018, 621.

20) *Prasser/Stoffler* in: KPB, InsO, § 3 InsVV Rz. 69, 70.

21) LG Detmold, Beschl. v. 27.3.2013 – 3 T 22/13, n. v.

rung durch den Insolvenzverwalter nach § 3 Abs. 1 lit. b InsVV stets zuschlagsfähig; sie ist nicht Tatbestand des vergütungsrechtlichen Normalfalls eines Insolvenzverfahrens.[22] Sie mag zwar nach der InsO mit dem Ziel der Sanierung Regelfall des Verfahrens sein (bspw. § 22 Abs. 1 Nr. 2 oder § 157 InsO), innerhalb des Vergütungsrechts ist sie aus dem Umkehrschluss des § 3 Abs. 1 lit. b InsVV aber nicht Normalfall einer Insolvenz (siehe dazu auch § 5 Rz. 169 ff.).[23] Der BGH betont dies auch ausdrücklich für den vorläufigen Insolvenzverwalter[24] und für den vorläufigen Sachwalter.[25] Ebenso muss eine Grundstücksverwaltung auch dann nicht Bestandteil eines Normalverfahrens sein, wenn nur eine Immobilie zu verwalten ist, diese aber die Arbeitsbelastung erheblich in Anspruch genommen hat.[26]

Als typisch quantitative **Merkmale** erkannte der BGH die **Übertragung der Zustellungen** 14
nach § 8 Abs. 3 InsO bei mehr als 100 Zustellungen an, die **Zahl der Arbeitnehmer** bei mehr als 20 und die **Zahl der am Verfahren beteiligten Gläubiger** bei mehr als 100 an.[27] Ob diese statischen Grenzen zutreffend sind, wird näher zu untersuchen sein. Zur Gläubigerzahl nahm der BGH im Beschluss vom 22.6.2017 von der festen Zahl von 100 Gläubigern Abstand.[28] Zur Zahl der Arbeitnehmer rückte er im Beschluss vom 12.9.2019 von der starren Zahl von 20 Arbeitnehmern ab und stellte fest, dass diese Zahl kein festes Abgrenzungskriterium zwischen Normalverfahren und Erhöhungstatbestand sei.[29] Dagegen betonte er mit Verweis auf § 3 Abs. 1 lit. d InsVV, dass die **Vorfinanzierung von Insolvenzgeld** stets Erhöhungstatbestand ist.[30] Auch stellte er fest, dass der erhebliche Mehraufwand für **arbeitsrechtliche Sonderaufgaben** oder Insolvenzgeldvorfinanzierung regelmäßig nicht durch eine höhere Berechnungsgrundlage aufgefangen wird.[31]

d) Empirische Untersuchungen zum Normalverfahren

Zur Bestimmung der genannten Kriterien des Normalfalles wird auch auf **empirische Un-** 15
tersuchungen zu den Erschwernissen eines Insolvenzverfahrens verwiesen, diese stammen hinsichtlich der statischen Merkmale aus dem Jahre 1978.[32]

---

22) Grundlegend BGH, Beschl. v. 18.12.2003 – IX ZB 50/03, ZIP 2004, 518 = NZI 2004, 251; BGH, Beschl. v. 16.10.2008 – IX ZB 179/07, Rz. 13, ZIP 2008, 2222= NZI 2009, 49 m. Anm. *Prasser*, dazu EWiR 2008, 761 *(Schröder)*.

23) BGH, Beschl. v. 13.4.2006 – IX ZB 158/05, ZIP 2006, 1008 = NZI 2006, 401; BGH, Beschl. v. 16.10.2008 – IX ZB 179/07, ZIP 2008, 2222 = NZI 2009, 49 m. Anm. *Prasser*; BGH, Beschl. v. 12.5.2011 – IX ZB 143/08, ZIP 2011, 1373.

24) BGH, Beschl. v. 12.9.2019 – IX ZB 65/18, ZIP 2019, 2018 = NZI 2019, 913; BGH, Beschl. v. 17.10.2019 – IX ZB 5/18, ZIP 2019, 2489 = NZI 2020, 87 m. Anm. *Keller*.

25) BGH, Beschl. v. 21.7.2016 – IX ZB 70/14, ZIP 2016, 1592; BGH, Beschl. v. 22.9.2016 – IX ZB 71/14, ZIP 2016, 1981 = NZI 2016, 963.

26) BGH, Beschl. v. 24.1.2008 – IX ZB 120/07, ZIP 2008, 514 = NZI 2008, 239.

27) BGH, Beschl. v. 22.7.2004 – IX ZB 222/03, ZIP 2004, 1822 = NZI 2004, 591; BGH, Beschl. v. 21.12.2006 – IX ZB 129/05, ZIP 2007, 440 = NZI 2007, 244; zur Auslagenerstattung BGH, Beschl. v. 21.3.2013 – IX ZB 209/10, ZIP 2013, 833 = NZI 2013, 487 m. Anm. *Stoffler*, dazu EWiR 2013, 383 *(Keller)*; zur Vorfinanzierung von Insolvenzgeld BGH, Beschl. v. 18.12.2003 – IX ZB 50/03, ZIP 2004, 518 = NZI 2004, 251; BGH, Beschl. v. 11.5.2006 – IX ZB 249/04, ZIP 2006, 1204 = NZI 2006, 464.

28) BGH, Beschl. v. 22.6.2017 – IX ZB 65/15, Rz. 11, NZI 2017, 732.

29) BGH, Beschl. v. 12.9.2019 – IX ZB 65/18, ZIP 2019, 2018 = NZI 2019, 913; ebenso LG Münster, Beschl. v. 7.11.2018 – 5 T 496/18, ZIP 2019, 1182 = NZI 2019, 439.

30) BGH, Beschl. v. 12.9.2019 – IX ZB 65/18, Rz. 27, ZIP 2019, 2018 = NZI 2019, 913.

31) BGH, Beschl. v. 12.9.2019 – IX ZB 65/18, Rz. 24, ZIP 2019, 2018 = NZI 2019, 913.

32) *Gessner/Rhode/Strate/Ziegert*, Die Praxis der Konkursabwicklung in der Bundesrepublik Deutschland, 1978.

16 Zum **durchschnittlichen Verfahren einer Verbraucherinsolvenz** und dem damit verbundenen Aufwand des Insolvenzverwalters oder früheren Treuhänders – in den bis 30.6.2014 beantragten Verfahren nach §§ 311 ff. InsO (Art. 103h EGInsO) – ließ im Zusammenhang mit der Neuregelung der Mindestvergütung nach § 2 Abs. 2 InsVV das BMJ im Jahre 2004 eine empirische Studie anfertigen.[33] Im Auftrag des *Arbeitskreises der Insolvenzverwalter Deutschland e. V. (AID)*, des jetzigen *Verbandes der Insolvenzverwalter Deutschlands (VID)* wurde vom *Institut für freie Berufe (IFB)* an der Friedrich-Alexander-Universität Erlangen-Nürnberg ebenfalls eine Studie erarbeitet.[34]

17 Die **Studie im Auftrag des BMJ** war als Pilotstudie mit einer **Befragung von 1 000 zufällig ausgewählten Insolvenzverwaltern** angelegt, die Rücklaufquote der schriftlich durchgeführten Befragung betrug bereinigt 22 %, 192 Insolvenzverwalter hatten die gewünschten Angaben zur Belastung mit masselosen Insolvenzverfahren erteilt.[35] Eingeräumt wurde jedoch, dass eine **umfassende Zeitbudgetuntersuchung nicht durchgeführt** werden konnte.[36] Auch wurde auf eine Aufteilung der Tätigkeit des Insolvenzverwalters in kleinste Schritte verzichtet, da dies leicht zu einer Scheingenauigkeit führe und Angaben zu Tätigkeiten provoziere, über deren zeitlichen Aufwand keine genauen Vorstellungen bestünden.[37] Erfasst und dargestellt wurden die **durchschnittliche Gläubigerzahl** und Gläubigerstruktur **im masselosen Insolvenzverfahren.** Im Regelinsolvenzverfahren beträgt die Zahl der Gläubiger nach der Untersuchung überwiegend 20 bis 30, im Verbraucherinsolvenzverfahren 3 bis 42 Gläubiger.

18 Das *Institut für Freie Berufe* ermittelte **durchschnittliche Gläubigerzahlen in der Regelinsolvenz** von 34,6, in der Verbraucherinsolvenz von 16,2. Hieran gemessen betrage der **zeitliche Aufwand des Insolvenzverwalters** in einem Regelinsolvenzverfahren mit bis zu 20 Gläubigern 648 Minuten (10 Stunden, 48 Minuten), der des Sachbearbeiters 885 Minuten (14 Stunden, 45 Minuten). In einem Verfahren mit 41 und mehr Gläubigern soll der zeitliche Aufwand des Insolvenzverwalters bei 2 700 Minuten (45 Stunden), der des Sachbearbeiters bei 2 385 Minuten (39 Stunden, 45 Minuten) liegen.[38]

19 Der **Kostenaufwand für den Treuhänder im Verbraucherinsolvenzverfahren** soll nach der Untersuchung des BMJ durchschnittlich 1 100 € gegenüber 1 800 € im Regelinsolvenzverfahren betragen,[39] das *Institut für Freie Berufe* beziffert ihn mit 1 651,03 € zu 2 998,66 €.[40]

---

33) *Hommerich/Ebers*, Zeitlicher Aufwand von Insolvenzverwaltern/Treuhändern in masselosen Insolvenzverwaltern, 2004, abrufbar unter http://www.gesmat.bundesgerichtshof.de/gesetzesmaterialien/15_wp/insvv/gutachten_hommerich.pdf (Abrufdatum: 26.1.2026).

34) Gutachten des Instituts für freie Berufe (IFB) zur Kostensituation in masselosen Regel- und Verbraucherinsolvenzverfahren, erarbeitet im Auftrag des Arbeitskreises der Insolvenzverwalter Deutschland e. V. (AID; nunmehr Verband der Insolvenzverwalter Deutschland e. V. – VID).

35) *Hommerich/Ebers*, Zeitlicher Aufwand von Insolvenzverwaltern/Treuhändern in masselosen Insolvenzverwaltern, S. 9, abrufbar unter http://www.gesmat.bundesgerichtshof.de/gesetzesmaterialien/15_wp/insvv/gutachten_hommerich.pdf (Abrufdatum: 26.1.2026).

36) Begr. z. Entwurf einer InsVV-ÄndVO, Abschn. 2., abgedr. unten in Anh. IV, S. 709, 710 ff.

37) Begr. z. Entwurf einer InsVV-ÄndVO, Abschn. 2., 1. Abs. a. E., abgedr. unten in Anh. IV, S. 709, 710.

38) Begr. z. Entwurf einer InsVV-ÄndVO, Abschn. 2., 3. Abs., abgedr. unten in Anh. IV, S. 709, 710, 711; eingehend *Hommerich/Ebers*, Zeitlicher Aufwand von Insolvenzverwaltern/Treuhändern in masselosen Insolvenzverwaltern, S. 20 ff., abrufbar unter http://www.gesmat.bundesgerichtshof.de/gesetzesmaterialien/15_wp/insvv/gutachten_hommerich.pdf (Abrufdatum: 26.1.2026).

39) *Hommerich/Ebers*, Zeitlicher Aufwand von Insolvenzverwaltern/Treuhändern in masselosen Insolvenzverwaltern, S. 40 Tabelle 5, abrufbar unter http://www.gesmat.bundesgerichtshof.de/gesetzesmaterialien/15_wp/insvv/gutachten_hommerich.pdf (Abrufdatum: 26.1.2026).

40) Begr. z. Entwurf einer InsVV-ÄndVO, Abschn. 2., 6. Abs., abgedr. unten in Anh. IV, S. 709, 712.

Seitens einzelner Insolvenzverwalter[41] und Insolvenzgerichte wurden für Verbraucherinsolvenzverfahren der Jahre 2002, 2003 folgende Zahlen vorgelegt: *Syrbe*[42] ermittelte bei den am AG Neuruppin bestellten Insolvenzverwaltern einen Aufwand von 44 Stunden und Kosten von 2 389,09 €. *Heyrath*[43] kam für das AG Braunschweig auf 43 Stunden und Kosten von 2 006,81 €. Durch das AG Hamburg wurden durchschnittliche Kosten eines Kleininsolvenzverfahrens von 1 403,49 € und einer Verbraucherinsolvenz von 1 023,75 € ermittelt.[44] Bei einem Ansatz von 30 Stunden wurde ein „Stundenlohn" von 46,78 € oder 34,13 € brutto ermittelt.[45] Unter Zugrundelegung der Mindestvergütung von 500 € betrug bei 30 Stunden der Stundenlohn 16,67 €. Bei einem Arbeitsaufwand von nur 20 Stunden[46] ergab sich ein Stundenlohn von 25 € brutto. 20

Im Rahmen einer Untersuchung zur Praxis der Gewährung von Zu- und Abschlägen bei der Vergütungsgewährung im Jahre 2022 stellte *Sahrmann*[47] unter Auswertung der öffentlich bekannt gemachten Festsetzungen fest, dass Vergütungen zu mehr als 50 % auf Zuschlägen zur Regelvergütung beruhen. Das beruhe wesentlich auf fehlender Dogmatik zur Vergütungsbestimmung und völliger Unbestimmtheit des Normalfallbegriffs. Die Regelvergütung bilde nach *Sahrmann* nicht den Regelfall ab, sondern sei zumeist nur rechnerischer Ausgangspunkt zur Zuschlagsberechnung. In größeren Insolvenzverfahren wachse die Zahl der Zuschläge sogar überproportional an.[48] Die statistische Auswertung *Sahrmanns* bestätigt unbewusst aber auch, dass die Tatbestände des Normalverfahrens sich auf den Zeitpunkt des Inkrafttretens der InsVV beziehen (siehe dazu Rz. 33 ff.). Geänderte Anforderungen an die Insolvenzverwaltung können dann nur durch Zuschläge eingefangen werden. 21

Besonders verdienstvoll ist eine Untersuchung von *Berger/Bremen/Wilhelm V.*, die **aufgrund der statistischen Merkmale nach §§ 2, 3 InsStatG** typische Tatbestände erhoben haben.[49] Sie untersuchten Insolvenzverfahren aufgrund der Meldungen an das Statistische Bundesamt und stellten zunächst fünf Größenklassen auf. Innerhalb dieser untersuchten sie die Belastung mit Absonderungsrechten, die Zahl von Abschlagsverteilungen, die Zahl der Arbeitnehmer und der Insolvenzgläubiger, die Dauer der Unternehmensfortführung im Eröffnungsverfahren, die Vorfinanzierung von Insolvenzgeld sowie Sanierungsmaßnahmen im eröffneten Verfahren und die Durchführung von Insolvenzplanverfahren. Zusammenfassend kommen die Autoren zu folgenden negativ formulierten Feststellungen: 22

- Eine über vier Jahre hinausgehende Verfahrensdauer ist für den Regelfall nicht mehr typisch.
- Die Bearbeitung von Fremdrechten im Umfang von knapp über 25 % ist für den Regelfall nicht typisch.

41) *Kuhmann*, ZVI 2002, 357; *Blersch*, ZVI 2003, 193.

42) *Syrbe*, ZInsO 2002, 667.

43) *Heyrath*, ZInsO 2003, 214.

44) AG Hamburg, Beschl. v. 19.5.2003 – 67c IN 458/02, ZIP 2003, 2084 = ZVI 2003, 238.

45) So BGH, Beschl. v. 15.1.2004 – IX ZB 96/03, unter II. 3. d) cc) (3), 2. Abs., BGHZ 157, 282 = ZVI 2004, 133, dazu EWiR 2004, 985 *(Blersch)*; s. a. *Mäusezahl*, ZVI 2003, 49.

46) Ansatz von mindestens 20 Stunden, BGH, Beschl. v. 15.1.2004 – IX ZB 96/03, unter II. 3. d) cc) (3), 2. Abs., BGHZ 157, 282 = ZVI 2004, 133.

47) *Sahrmann*, Praxis der Zu- und Abschläge bei der Vergütung des (vorläufigen) Insolvenzverwalters, Rz. 576 ff.

48) Zusammenfassend *Sahrmann*, Praxis der Zu- und Abschläge bei der Vergütung des (vorläufigen) Insolvenzverwalters, Rz. 815.

49) *Berger/Bremen/Wilhelm V*, INDat-Report 10/2024, 19.

- Abschlagsverteilungen im Umfang von 2,42 % der Verfahren sind für den Regelfall nicht typisch.
- Insolvenzgeldvorfinanzierungen im Umfang von etwas über 4 % sind für den Regelfall nicht typisch.
- Unternehmensfortführungen im Eröffnungsverfahren im Umfang von etwas mehr als 6 % sind für den Regelfall nicht typisch.
- Unternehmensfortführungen im eröffneten Verfahren im Umfang von rund 3 % sind für den Regelfall nicht typisch.
- Übertragende Sanierungen im Umfang von 2,67 % sind für den Regelfall nicht typisch.
- Sanierungen mit Erhalt des Unternehmensträgers sind mit 1,19 % für den Regelfall nicht typisch.

23 Die Autoren schlagen vor, die statistischen Erhebungen nach §§ 2, 3 InsStatG für längere Zeiträume zum Gegenstand der Bestimmung der Merkmale eines Normalverfahrens heranzuziehen und ständig weiterzuführen.

e) Abgrenzung zum Normalverfahren der InsO

24 Zunächst ist festzustellen, dass der **vergütungsrechtliche Normalfall nicht** dem **Normalfall eines Insolvenzverfahrens nach der InsO** entspricht. Dies mag erstaunen, hat seinen Grund aber darin, dass der Verordnungsgeber die InsVV weitgehend aus der früheren Vergütungsverordnung übernommen und nur in wenigen Tatbeständen geändert oder ergänzt hat.

25 Deutlich wird dies insbesondere am **Tatbestand der Unternehmensfortführung**, die nach § 3 Abs. 1 lit. b InsVV Erhöhungskriterium und damit kein Tatbestand eines Normalverfahrens ist. Die InsO geht dagegen von der Option der Sanierung eines schuldnerischen Unternehmens aus und fordert sowohl im Eröffnungsverfahren als auch im eröffneten Insolvenzverfahren mindestens bis zum Berichtstermin eine Fortführung des schuldnerischen Geschäftsbetriebes (§ 22 Abs. 1 Nr. 2, § 158 InsO). Auch die Erwähnung der Ausarbeitung eines Insolvenzplans als Erhöhungstatbestand (§ 3 Abs. 1 lit. e InsVV) zeigt, dass dies vergütungsrechtlich nicht der Normalfall ist, obwohl im Insolvenzverfahren der **Insolvenzplan** ausdrücklich als Option einer Sanierung des schuldnerischen Unternehmens gewünscht ist. Weiteres Beispiel ist die **Einsetzung eines Gläubigerausschusses** nach §§ 67 ff. InsO, die anders als im früheren Konkursrecht nach der InsO Regelfall eines Insolvenzverfahrens sein soll. Dass der besondere Arbeitsaufwand des Insolvenzverwalters bei der Zusammenarbeit mit einem Gläubigerausschuss ein Erhöhungstatbestand ist, war grundsätzlich nicht streitig (siehe § 5 Rz. 103 ff.). § 3 Abs. 1 InsVV sagt hierzu nichts aus. Daher kann nicht angenommen werden, dass der besondere Arbeitsaufwand bei Einsetzung eines Gläubigerausschusses nunmehr mit der Regelvergütung abgegolten sein soll. Auch hier unterscheiden sich der Normalfall des Verfahrens nach den Vorstellungen des Gesetzgebers der InsO und der vergütungsrechtliche Normalfall, der die Änderungen des früheren Konkursrechtes durch die InsO nicht vollständig nachvollzieht.

26 Die **Diskrepanz** zwischen Insolvenzverfahren, **materieller Insolvenzabwicklung** und **vergütungsrechtlichem Normalfall** wird besonders deutlich, wenn man die Änderungen der InsO durch das sog. ESUG zum 1.3.2012[50] mit Einführung der **vorläufigen Sachwaltung** (§ 270a InsO; seit 1.1.2021: § 270b InsO) und des sog. **Schutzschirmverfahrens** (§ 270b InsO; seit 1.1.2021: § 270d InsO) betrachtet. Hier wird der Sanierungs- und Fortführungs-

50) Gesetz zur weiteren Erleichterung der Sanierung von Unternehmen – ESUG, v. 7.12.2011, BGBl. I 2011, 2582.

gedanke des Insolvenzrechts besonders deutlich, der sich vergütungsrechtlich aber nicht niederschlägt. Die InsVV wurde zwar in § 17 InsVV hinsichtlich der Vergütung der Mitglieder eines vorläufigen Gläubigerausschusses nach § 22a InsO geändert, zur Vergütung eines vorläufigen Sachwalters wurde jedoch keine Regelung getroffen.

Es ist deshalb methodisch falsch, Tatbestände des Insolvenzverfahrens, auch und gerade wenn sie die InsO als Tatbestand eines regelmäßigen Verfahrensablaufs oder im Hinblick auf eine mögliche Sanierung, ohne weiteres auf das Vergütungsrecht zu übertragen. Erst recht ist es methodisch falsch, bspw. für den vorläufigen Sachwalter einen Normalfall zu postulieren und anzunehmen, die Betriebsfortführung sei bei diesem Bestandteil eines Normalverfahrens.[51] Denn wenn der Verordnungsgeber die vorläufige Sachwaltung vergütungsrechtlich gar nicht geregelt hat, kann auch nicht bestimmt werden, was vergütungsrechtlicher Normalfall dieser vorläufigen Sachwaltung sein soll. 27

In gleicher Weise verhält es sich mit Tatbeständen, die in früheren Jahren des Insolvenzrechts als besondere Tatbestände anerkannt waren, bei welchen sich i. R. professioneller Insolvenzverwaltung aber eine gewisse Routine ergeben hat. Gemeint ist namentlich die **Vorfinanzierung von Insolvenzgeld** im Insolvenzeröffnungsverfahren. Sie ist in der InsO überhaupt nicht geregelt, hat sich aber als Instrument der Bildung von Liquidität bewährt.[52] Das Insolvenzeröffnungsverfahren mit Betriebsfortführung und insbesondere die vorläufige Eigenverwaltung oder das sog. Schutzschirmverfahren würden ohne den Effekt der Ersparnis von Lohnkosten durch das Insolvenzgeld kaum funktionieren. 28

Es ist aber **methodisch falsch anzunehmen**, die **Vorfinanzierung von Insolvenzgeld sei heute Bestandteil des Normalverfahrens**, wenn sie es früher nicht war. Würde man die Veränderung tatsächlicher Verfahrensabläufe und der tatsächlichen Insolvenzverwaltung nachträglich zur Normalverfahren erklären, oder die Tatbestände „nachjustieren“,[53] würde man im Laufe mehrerer Jahre die Vergütung kontinuierlich mindern, weil immer mehr Tatbestände des Normalverfahrens mit gleichbleibender Vergütung vergütet würden. Auch wenn insbesondere die Vorfinanzierung von Insolvenzgeld heute weniger als früher den Aspekt einer qualitativen Erschwernis hat, weil kreditgebende Banken bereitwilliger als früher an der Vorfinanzierung mitwirken, bleibt doch das qualitative Merkmal des Tatbestandes (siehe auch Rz. 35). Das BVerfG stellte im Beschluss vom 9.2.1989[54] zur pauschalen Erhöhung der Konkursverwaltervergütung daher auch fest, dass im Laufe der Entwicklung von Insolvenzverfahren hinzukommende Tätigkeiten des Verwalters nicht von der Regelvergütung abgedeckt seien. Einer Zusatzvergütung stehe nicht entgegen, dass die neuen Aufgaben inzwischen gemessen an ihrer Häufigkeit nicht mehr aus dem Rahmen fielen.[55] 29

Die **Tatbestände eines vergütungsrechtlichen Normalverfahrens** sind vielmehr auf den **Zeitpunkt** zu beziehen, zu welchem die Staffelung und die **Beträge der Regelvergütung festgelegt** worden sind und zu welchem die InsVV in Kraft getreten ist (siehe eingehend Rz. 33 ff., 56 ff.; § 1 Rz. 101 ff.). 30

51) So aber LG Bonn, Beschl. v. 11.10.2013 – 6 T 184/13, ZIP 2014, 694 = NZI 2014, 123 m. Anm. *Plathner*.

52) Eingehend *Dreschers* in: R.-D. Mönning, Betriebsfortführung, § 25 Rz. 13 ff.

53) So Graf-Schlicker-*Kalkmann*, InsO, 4. Aufl. 2015, § 3 InsVV Rz. 2.

54) BVerfG, Beschl. v. 9.2.1989 – 1 BvR 1165/87, ZIP 1989, 382 m. Anm. *Eickmann* = KTS 1989, 357.

55) Zitiert nach *Zimmer*, InsVV, § 3 Rz. 13.

f) Keine Vergleichbarkeit mit der Vergütung des Zwangsverwalters

31 Es besteht keine Vergleichbarkeit mit dem Normalfall bei der Vergütung eines Zwangsverwalters nach §§ 146, 152a ZVG, §§ 17 ff. ZwVwV.[56] Es fehlt nämlich an einer Vergleichbarkeit in der Systematik der jeweiligen Vergütungsgewährungen. **Nach § 18 ZwVwV erhält der Zwangsverwalter eine lineare Vergütung von 10 % der Bruttomieteinnahmen.** Dessen Regelvergütung von linear 10 % der Mieteinnahmen steigt mit der Höhe der eingezogenen Mieten. Dem Umfang der Mieteinnahmen muss aber nicht zwingend eine hohe Arbeitsbelastung des Zwangsverwalters vorausgehen; Mieteinnahmen und Arbeitsbelastung korrelieren nicht zwangsläufig. Daher nimmt der BGH für das Zwangsverwaltungsverfahren zutreffend an, ein Objekt mit zahlreichen Mieteinheiten und hohen Mieteinnahmen sei für sich kein Erhöhungskriterium, sondern autarker Normalfall.[57] Ergeben sich Schwierigkeiten des Einzelfalles, ist die Vergütung nach § 18 Abs. 2 ZwVwV aber auch hier zu erhöhen.[58] Ferner führt eine allgemeine Mietsteigerung langfristig auch zu einer dieser voll entsprechenden Anpassung der Vergütung. Bei der Insolvenzverwaltervergütung nach § 2 Abs. 1 InsVV sinkt dagegen der Prozentsatz der Vergütung mit höherer Insolvenzmasse. Ein Insolvenzverfahren ist nicht bereits aufgrund der Höhe der Insolvenzmasse autarker Normalfall.[59] Auch erschöpft sich die Tätigkeit des Insolvenzverwalters nicht in Vermietungstätigkeit; wobei eine Zwangsverwaltung hinsichtlich konkreter Erschwernisse nicht weniger arbeitsintensiv und anspruchsvoll sein muss als eine Insolvenzverwaltung. Allerdings ist im Vergleich beider Verfahren bei der Insolvenz bereits a priori zu unterscheiden zwischen verschiedenen Tätigkeiten und Merkmalen eines jeden konkreten Verfahrens sowohl hinsichtlich des Umfangs als auch der Schwierigkeiten.

g) Die Systematik zur Definition des Normalverfahrens

32 Diese unterschiedlichen Lösungsansätze und Aspekte führen zu der Frage, ob die früher vertretenen statischen Kriterien des Normalverfahrens weiter Gültigkeit besitzen oder durch welchen Ansatz sie ergänzt oder ersetzt werden können. Eine grundlegende Auseinandersetzung mit diesen Fragen legte der *Verfasser* im Jahre 2010 in der Festschrift für *Klaus-Hubert Görg* vor.[60]

aa) Historische Auslegung der Verordnung

33 Historisch ist zu § 2 Abs. 1 InsVV zu überlegen, was dem **Verordnungsgeber des Jahres 1998 als Normalverfahren** bewusst war und ob er mögliche Veränderungen der Insolvenzabwicklung gegenüber dem früheren Konkursrecht durch Anpassung der Vergütung berücksichtigt hat.

34 § 2 Abs. 1 InsVV hat das System der früheren Vergütungsverordnung aus dem Jahre 1970 weitgehend übernommen (siehe oben § 1 Rz. 90 ff.).[61] Die Begründung zu § 2 InsVV enthält dabei nur den allgemeinen Hinweis, die Vergütung des Insolvenzverwalters solle im regelmäßigen Insolvenzverfahren abgegolten werden. Hinweise auf eine **Vorstellung des**

56) Eingehend Böttcher-*Keller*, ZVG, § 152a Rz. 9 ff.

57) BGH, Beschl. v. 15.11.2007 – V ZB 12/07, ZfIR 2008, 201 m. Anm. *Wedekind*; Böttcher-*Keller*, ZVG, § 152a Rz. 14.

58) Dazu BGH, Beschl. v. 15.3.2018 – V ZB 149/17, ZfIR 2019, 499 m. Anm. *Cranshaw* = NJW-RR 2018, 761; dazu kritisch *Keller*, ZfIR 2019, 289; nach LG Mühlhausen, Beschl. v. 18.7.2017 – 1 T 72/17, Rpfleger 2017, 728, ist § 18 ZwVwV insgesamt von der Ermächtigungsgrundlage des § 152a ZVG nicht gedeckt.

59) Sehr missverständlich LG Münster, Beschl. v. 1.6.2017 – 5 T 557/16, ZIP 2018, 1148 = ZVI 2018, 337.

60) *Keller* in: FS Görg, S. 247.

61) Begr. z. Entwurf einer InsVV (§ 2), abgedr. unten in Anh. III, S. 689, 695, 696.

Verordnungsgebers vom sog. Normalverfahren finden sich nicht.[62] Es wird hingewiesen auf erweiterte Pflichten des Insolvenzverwalters zur Berichterstattung, aber auch auf Möglichkeiten der Masseanreicherung durch §§ 166, 171 InsO und erweiterte Anfechtungsmöglichkeiten.[63] Die Begründung zum Entwurf der InsVV führt zur Neufassung der Degressionsstufen in § 2 Abs. 1 InsVV auch aus, dass damit eine Erhöhung der Vergütung unter Berücksichtigung der Aufgabengebiete des Insolvenzverwalters erfolgt sei.[64] Hieraus kann aber nicht geschlossen werden, dass der Verordnungsgeber ein wesentlich gewandeltes Bild des Normalverfahrens oder überhaupt ein Bild eines Normalverfahrens vor Augen hatte.

Bedauerlich ist das auch vor allem deshalb, weil sich bereits die Kriterien des Normalverfahrens seit der früheren Vergütungsverordnung von 1970 bis zur Verabschiedung der InsVV im Dezember 1998 gewandelt haben. Dies stellte bereits das BVerfG in seinem Beschluss vom 9.2.1989 zur pauschalen Anhebung der Vergütung nach § 3 VergVO fest und betonte, dass der Wandel und die Erweiterung von Aufgaben eine Anpassung der Vergütung notwendig machten.[65] Wenn heute bspw. argumentiert wird, die Vorfinanzierung von Insolvenzgeld sei ohne weiteres Tatbestand eines normalen Verfahrens, weil sie vielleicht auch seitens der kreditgebenden Banken unkomplizierter durchgeführt wird als früher, ist dem entgegenzuhalten, dass es im Jahre 1970 noch gar kein Konkursausfallgeld und damit auch noch nicht die Möglichkeit einer Vorfinanzierung gegeben hatte. Das Konkursausfallgeld wurde erst im Juli 1974 in das Arbeitsförderungsgesetz eingeführt.[66] Wenn sich also der Verordnungsgeber bei der Neuregelung der Regelvergütung hinsichtlich einzelner Tatbestände des Normalverfahrens keine Gedanken gemacht hat, kann daraus nicht gefolgert werden, dass heute Normalverfahren ist, was im Zeitpunkt des Inkrafttretens der Vorschriften gar nicht gegeben war oder was es noch überhaupt nicht gab. Will man prüfen, ob das Normalverfahren der Insolvenz sich seit 1970 bis 1998 geändert hat und weiter seit Inkrafttreten der InsVV bis heute Veränderungen im durchschnittlichen Verfahren eingetreten sind, muss man überprüfen, ob der Verordnungsgeber dem durch Änderung des § 2 Abs. 1 InsVV vom früheren § 3 Abs. 1 VergVO oder durch spätere Anpassung der Staffelsätze des § 2 Abs. 1 InsVV Rechnung getragen hat. Das kann verneint werden, der Verordnungsgeber war diesbezüglich untätig. 35

Damit muss in **historischer Auslegung des § 2 Abs. 1 InsVV** von einem in zeitlicher Verortung statischen Begriff des Normalverfahrens ausgegangen werden.[67] Die **Kriterien des Normalverfahrens bestimmen sich nach den typischen Insolvenzverfahren des Jahres 1999.** Nach Anhebung der Degressionsstufen und der Vergütungssätze seit 1.1.2021 ist aber zu unterscheiden: 36

In den bis 31.12.2020 beantragten Verfahren haben sich die Tatbestände eines Normalverfahrens an den Vorstellungen des Verordnungsgebers zu orientieren, die bereits bei Geltung des früheren § 3 VergVO anerkannt waren. Geänderte Vorstellungen des Verordnungsgebers des Jahres 1998 müssten sich darüber hinaus explizit aus den Materialien ergeben. Allein die Erwähnung der erweiterten Berichtspflichten des Insolvenzverwalters oder die Beispiele zu möglicher Masseanreicherung im Gegensatz zum früheren Konkursrecht in der Entwurfsbegründung genügen nicht, um eine eigene Vorstellung des Verord- 37

62) *Büttner* in: HambKomm-InsO, § 2 InsVV Rz. 71; *Zimmer*, InsVV, § 3 Rz. 13.

63) Begr. z. Entwurf einer InsVV (§ 2), abgedr. unten in Anh. III, S. 689, 696.

64) Begr. z. Entwurf einer InsVV, Abschn. A. 4., abgedr. unten in Anh. III, S. 689 ff.

65) BVerfG, Beschl. v. 9.2.1989 – 1 BvR 1165/87, ZIP 1989, 382 m. Anm. *Eickmann* = KTS 1989, 357; dazu auch eingehend *Zimmer*, InsVV, § 3 Rz. 13.

66) Gesetz über das Konkursausfallgeld – Drittes Gesetz zur Änderung des Arbeitsförderungsgesetzes, v. 17.7.1974, BGBl. I 1974, 1481; mit Einführung der §§ 141a ff. AFG.

67) So auch *Zimmer*, InsVV, § 3 Rz. 13.

nungsgebers der InsVV vom Normalfall der Insolvenz feststellen zu können. Ausgehend von einem statischen Begriff des Normalfalles sind Veränderungen in der tatsächlichen Insolvenzabwicklung nur durch Erhöhung der Vergütung nach § 3 Abs. 1 InsVV zu berücksichtigen.

38 Dies ist auch deshalb richtig, weil die **Vergütung des Insolvenzverwalters in ihrem Betrag aus § 2 Abs. 1 InsVV wesentlich** vom **Niveau des Jahres 1989** ausgeht, in welchem die damalige vierfache Erhöhung der Vergütung nach § 3 Abs. 1 VergVO verfassungsgerichtlich gebilligt worden ist (siehe § 1 Rz. 95). Die Begründung zum Entwurf der InsVV führt zwar aus, dass mit der Neustrukturierung der Degressionsstufen in § 2 Abs. 1 InsVV auch eine Erhöhung der Vergütung verbunden sei,[68)] eine signifikante Anpassung der Vergütung ergab sich aber nicht, insbesondere nicht bei höherer Berechnungsgrundlage (siehe § 1 Rz. 134 f.).

39 Gerade unter Berücksichtigung dieser Aspekte ist es auch **unzutreffend**, die **Tatbestände des Normalverfahrens im Laufe der Zeit neu definieren** zu wollen oder von einem Normalverfahren „heutiger Prägung" zu sprechen. Denn wenn sich der Verordnungsgeber erwiesenermaßen keine Gedanken zu dieser Frage gemacht hat, sondern nur rechnerisch eine zehn Jahre alte Vergütungsberechnung neu normiert hat, kann nicht angenommen werden, die Tatbestände müssten immer wieder neu hinterfragt oder angepasst werden. Sehr vereinfacht formuliert käme dies dem Fall gleich, dass ein Kunde beim Autohändler ein Fahrzeug mit allen modernsten Assistenzsystemen und natürlich dem neuesten abgasarmen Motor bestellt, dafür aber nur den Preis zahlen möchte, den das Vorgängermodell vor 20 Jahren gekostet hat. Dies würde der Kunde mit dem Argument untermauern, das Fahrzeug habe ja immer noch denselben Modellnamen, die neuesten Assistenzsysteme und der neue Motor seien heute üblich und entsprächen dem, was vor 20 Jahren üblich gewesen sei, sie würden daher keinen höheren Preis rechtfertigen.

40 In diesem Zusammenhang ist positiv anzuerkennen, dass der BGH selbst für die Vergütung des **vorläufigen Sachwalters** bei einzelnen Tatbeständen, die in § 3 Abs. 1 InsVV erwähnt sind, stets ein Normalverfahren ablehnt und einen Zuschlag gewährt, bspw. für Unternehmensfortführung, Erschwernisse bei Arbeitnehmerangelegenheiten, Vorfinanzierung von Insolvenzgeld.[69)] Ferner betont er zutreffend, dass allein die Höhe der Berechnungsgrundlage kein Kriterium eines Normalverfahrens oder eines Erhöhungstatbestandes sein kann.[70)]

41 **In den seit 1.1.2021 beantragten Verfahren** sind die Tatbestände eines Normalverfahrens des Jahres 2020 zugrunde zu legen. Zwar hat auch hier der Gesetzgeber in der Begründung zum Gesetz zur Fortentwicklung des Sanierungs- und Insolvenzrechts – SanInsFoG keine Hinweise auf bestimmte Vorstellungen eines Normalverfahrens gegeben, die Anhebung der Regelvergütung – auch wenn sie je nach Höhe der Berechnungsgrundlage unterschiedlich ausfällt – zeigt aber, dass der Gesetzgeber eine Neujustierung der Vergütung auf den aktuellen Stand der Insolvenzverfahren vornehmen wollte.

bb) Wortlaut und Regelungssystematik der InsVV

42 Eine Definition der Tatbestände eines Normalverfahrens muss am Wortlaut und der Regelungssystematik der InsVV versucht werden. Aus dem Verhältnis von § 2 und § 3 InsVV

68) Begr. z. Entwurf InsVV, Abschn. A. 4., abgedr. unten in Anh. III, S. 689 ff.

69) BGH, Beschl. v. 21.7.2016 – IX ZB 70/14, ZIP 2016, 1592; BGH, Beschl. v. 22.9.2016 – IX ZB 71/14, ZIP 2016, 1981 = NZI 2016, 963; ausführlich auch BGH, Beschl. v. 12.9.2019, 12.9.2019 – IX ZB 65/18, ZIP 2019, 2018 = NZI 2019, 913.

70) BGH, Beschl. v. 12.9.2019 – IX ZB 65/18, Rz. 24, ZIP 2019, 2018 = NZI 2019, 913.

zueinander kann gefolgert werden, dass ein **Normalfall vorliegt, wenn Erhöhungstatbestände des § 3 Abs. 1 InsVV oder Kürzungstatbestände des Absatzes 2** der Vorschrift **nicht vorliegen.**[71] Namentlich ist dies der Fall bei der bereits erwähnten Unternehmensfortführung, die in jedem Fall Erhöhungstatbestand und deshalb nicht Bestandteil des vergütungsrechtlichen Normalfalles ist. Hinsichtlich der Erhöhungstatbestände, welche die InsVV weitgehend aus der früheren Vergütungsverordnung übernommen hat, erscheint dies schwieriger, bspw. hinsichtlich der Befassung des Insolvenzverwalters mit arbeitsrechtlichen Fragen (§ 3 Abs. 1 lit. d InsVV). Auch regelt **§ 3 InsVV insgesamt nur Regelbeispiele,**[72] so dass diese wörtliche und an der Regelungssystematik orientierte Definition eines normalen Verfahrens dort versagt, wo es um einen in § 3 InsVV nicht genannten Tatbestand geht. Nimmt man bspw. denjenigen des sich obstruktiv verhaltenden Schuldners (siehe § 5 Rz. 151), stellt sich die Frage, ob in einem „normalen" Insolvenzverfahren ein Schuldner konstruktiv kooperativ, eher gleichgültig oder aggressiv obstruktiv handelt. Denn wo ein Ausnahmefall nicht geregelt ist, kann aus dessen Nichterwähnung in einer Norm nicht automatisch der Normalfall geschlossen werden.

Die Auslegung nach Wortlaut und Systematik der §§ 2 und 3 InsVV führt daher zu keinem 43
endgültigen Ergebnis. Es kann nur festgestellt werden, dass **die in § 3 InsVV ausdrücklich genannten Tatbestände** – Erhöhungen wie auch Kürzungen – **nicht solche eines Normalfalles** sind. Bei weiteren Tatbeständen kann nur auf die konkrete Arbeitsbelastung des Insolvenzverwalters abgestellt werden.[73]

cc) Die degressiv steigende Regelvergütung als Anhaltspunkt

Bei der Bildung der Regelvergütung ist mit der Degression des § 2 Abs. 1 InsVV festzustel- 44
len, dass der Verordnungsgeber bei **höherer Insolvenzmasse** und Berechnungsgrundlage eines Verfahrens zwar von **höherer Arbeitsbelastung** des Insolvenzverwalters ausgeht, diese aber **nicht direkt proportional zum Umfang der Insolvenzmasse** steht. Diese Annahme entspricht grundsätzlich auch den Tatsachen (siehe § 2 Rz. 109 ff.).

Dabei wird jedoch zu unterscheiden sein, ob sie Tatbestände betrifft, welche sich auf die 45
Arbeitsbelastung des Insolvenzverwalters hinsichtlich ihres tatsächlichen Umfangs beziehen, es sich also um sog. **quantitative Tatbestände** handelt, oder ob auch sog. **qualitative Tatbestände** innerhalb der Degression zu berücksichtigen sind, mithin solche Tatbestände, welche sich aufgrund **rechtlicher und wirtschaftlicher Schwierigkeiten** auf die Arbeitsbelastung beziehen. Beispielhaft ist als quantitativer Tatbestand die Zahl der am Verfahren teilnehmenden Insolvenzgläubiger zu nennen, als qualitativer Tatbestand die Fortführung des schuldnerischen Unternehmens. Diese kann sich auch auf Insolvenzverfahren mit geringer Insolvenzmasse beziehen, so dass **nicht behauptet werden kann, alle Tatbestände einer Arbeitsbelastung würden durch höhere Regelvergütung bei hoher Insolvenzmasse abgedeckt.** Richtig kann dies nur bezüglich derjenigen Tätigkeiten sein, die sich quantitativ auf die Arbeitsbelastung auswirken.[74] Eine andere Frage ist, ob sich die Höhe der Insolvenzmasse und damit der Berechnungsgrundlage auf die Bestimmung eines konkreten Erhöhungs- oder Kürzungsfaktors auswirkt (siehe dazu § 5 Rz. 51 ff.).

---

71) Jaeger-*Schilken*, InsO, § 63 Rz. 43; *Nowak* in: MünchKomm-InsO, 2. Aufl. 2007, § 2 InsVV Rz. 3 ff.; *Lorenz* in: FK-InsO, § 2 InsVV Rz. 29; *Keller* in: HK-InsO, § 2 InsVV Rz. 6; *Prasser/Stoffler* in: KPB, InsO, § 3 InsVV Rz. 47.

72) Begr. z. Entwurf einer InsVV (§ 3), abgedr. unten in Anh. III, S. 689, 698.

73) So zutreffend LG Berlin, Beschl. v. 21.11.2017 – 20 T 119/17, NZI 2018, 172; LG Hamburg, Beschl. v. 10.1.2019 – 330 T 84/18, ZVI 2019, 286.

74) BGH, Beschl. v. 29.4.2021 – IX ZB 58/19, ZRI 2021, 534 = NZI 2021, 744 m. Anm. *Stephan*, dazu EWiR 2021, 561 *(Mock)*; *Keller*, ZIP 2025, 740.

46 **Quantitative Tatbestände erfassen** meist sog. **Regelaufgaben**, die aus dem Wortlaut des § 3 InsVV keinen Erhöhungs- oder Kürzungstatbestand beinhalten. Sie werden grundsätzlich mit der Regelvergütung abgegolten. Wenn aber die Regelaufgabe selbst besondere Anforderungen an den Verwalter stellt und besondere Tätigkeiten erfordert, kann sie zu einer Erhöhung der Regelvergütung führen. Sie ist dann nicht mehr Teil des Regelverfahrens. Dies wird besonders deutlich am Beispiel der Verwertung von Gegenständen, die mit Absonderungsrechten behaftet sind (§§ 166 ff. InsO): In gewissem Umfang gehört es zum Normalverfahren, dass Gegenstände sicherungsübereignet und Forderungen zediert sind. Soweit die Tätigkeit des Insolvenzverwalters aber quantitativ wegen der hohen Zahl von Fremdrechten besonders arbeitsintensiv ist oder aber besondere Schwierigkeiten im Einzelfall aufweist, also qualitativ erheblich ist, weicht das Verfahren in diesem Punkt vom Normalverfahren ab.

47 Im Ergebnis bietet die degressive Steigerung der Regelvergütung keinen vollständigen Ansatz für eine Definition des Normalverfahrens. Sie bietet ihn nur insoweit, als **rein quantitative Tatbestände** oder Regelaufgaben der Insolvenzverwaltung nach der **konkreten Art des Insolvenzverfahrens** und bei der Unternehmensinsolvenz mit der Art oder dem Umfang des jeweiligen Unternehmens zu bestimmen sind und damit zumindest **mittelbar** mit der **Höhe der Insolvenzmasse korrelieren.**

48 Es kann bezüglich der Höhe der Insolvenzmasse als Tatbestand des Normalverfahrens aber schwerlich argumentiert werden, seit Inkrafttreten der InsVV seien auch die Insolvenzmassen entsprechend gestiegen, so dass eine Erhöhung und Anpassung der Regelvergütung schon dadurch erfolgt sei.[75] Ob sich in den letzten Jahren und Jahrzehnten die durchschnittliche Höhe der Insolvenzmassen der Verfahren tatsächlich erhöht hat, zudem noch entsprechend des Anstiegs der Lebenshaltungskosten, kann bezweifelt werden.

49 Ebenso wie die Zahl an Insolvenzverfahren insgesamt unterliegt aber auch die Höhe der Insolvenzmassen Schwankungen. Insolvenzgerichte und Insolvenzverwalter werden wissen, dass etwa in den Jahren 2005 bis 2008 nicht nur mehr Insolvenzverfahren beantragt und eröffnet wurden, sondern diese auch höhere Insolvenzmassen hatten als etwa die Verfahren der Jahre seit 2011. Die **Höhe der Insolvenzmassen unterliegt Schwankungen**; Insolvenzmassen entwickeln sich nicht in gleichem Maße wie der Verbraucherpreisindex oder andere Preisindizes, die Massehaltigkeit von Verfahren hängt von der allgemeinen Geschäftsentwicklung im insolvenzrechtlichen Bereich ab. Selbst wenn aber in den letzten Jahren oder Jahrzehnten die Höhe der Insolvenzmassen durchschnittlich gestiegen wäre, hätte sich dies nicht in gleicher Weise auf die Vergütung ausgewirkt, da diese im jeweiligen Staffelsatz mit höherer Insolvenzmasse sinkt. Um dem Anstieg der Insolvenzmassen einen adäquaten Anstieg der Regelvergütungen folgen zu lassen, müsste man ähnlich wie bei der Zwangsverwaltervergütung nach dem bis 2004 geltenden § 24 ZwVerwVO die Berechnungsgrundlage entsprechend anpassen.[76]

dd) Die Systematik von Erhöhungs- und Kürzungstatbeständen

50 Gegenüber der historischen Analyse einzelner Tatbestände bezogen auf den Zeitpunkt der Normierung der Regelvergütung besteht in der Systematik der Erhöhungs- und Kürzungstatbestände bezogen auf die Größe eines insolventen Unternehmens und die typische Struktur des betreffenden Geschäftsbetriebes oder bezogen auf die typische Verbraucher-

75) BGH, Beschl. v. 4.12.2014 – IX ZB 60/13, Rz. 15, ZIP 2015, 138, = NZI 2015, 141 m. Anm. *Graeber*, dazu EWiR 2015, 153 *(Keller)*; so aber *Haarmeyer/Mock*, ZInsO 2014, 573.

76) BGH, Beschl. v. 12.9.2002 – IX ZB 39/02, BGHZ 152, 18 = ZVI 2003, 231, dazu EWiR 2004, 259 *(Keller)*.

insolvenz eine gewisse **dynamische Unterscheidung.** Es muss differenziert werden nach der Art des Tatbestandes und seinem typischen Erscheinen in Insolvenzverfahren unterschiedlicher Größe. Die Höhe der Insolvenzmasse kann mittelbar ein Differenzierungstatbestand sein, sie ist es aber nicht absolut.77) Bei einem Verfahren mit hoher Insolvenzmasse sind hinsichtlich einzelner Tatbestände typischerweise andere Anforderungen zu stellen als an ein Verfahren mit niedriger Insolvenzmasse.78)

Eine **Relation zwischen Tatbestand und Umfang des typischen Verfahrens,** der Insolvenzmasse und damit auch der Bestimmung des Normalverfahrens besteht bei Tatbeständen, welche die **Arbeitsleistung des Insolvenzverwalters quantitativ** in Anspruch nehmen. Denn bei einem Insolvenzverfahren eines großen Unternehmens ist es üblich, dass Tätigkeiten, welche die Arbeitsleistung des Insolvenzverwalters quantitativ beanspruchen, in größerem Maße anfallen als bei kleineren Insolvenzverfahren. 51

Deutlich wird dies an den typischen Tatbeständen der am Insolvenzverfahren beteiligten **Gläubiger oder der Zahl der Arbeitnehmer.**79) In Insolvenzverfahren eines großen Unternehmens sind typischerweise mehr Gläubiger beteiligt, als bei kleineren Verfahren. Dementsprechend ist der quantitative Erhöhungstatbestand der Gläubigerzahl erst bei einer höheren Gläubigerzahl anzusetzen, wenn ein größeres Insolvenzverfahren vorliegt.80) Gleiches gilt bei der Zahl der beschäftigten Arbeitnehmer. Noch in früherer Rechtsprechung erkannte der BGH in Anlehnung an §§ 17, 18 KSchG statisch eine Zahl von 20 Arbeitnehmern für eine Erhöhung der Vergütung an,81) ohne zu unterscheiden, wieviel Arbeitnehmer ein konkretes Unternehmen typischerweise hat. Die Anlehnung an §§ 17, 18 KSchG erscheint dabei merkwürdig, da keine Vergleichbarkeit der Sachverhalte gegeben ist. Die Regelgrößen des § 17 KSchG zur sog. Massenentlassungsanzeige beinhalten zwar in gewisser Weise den Aspekt einer Arbeitsbelastung des Arbeitgebers, sollen aber wesentlich die betroffenen Arbeitnehmer und die Arbeitstätigkeit der zuständigen Arbeitsagentur schützen. Im Beschluss vom 12.9.2019 hält der BGH ausdrücklich nicht mehr an der statischen Zahl fest, erkennt aber für den vorliegenden Sachverhalt bei 42 Arbeitnehmern Erschwernisse an.82) 52

Bei **Kriterien,** welche die **Arbeitsleistung** des Insolvenzverwalters allein **qualitativ beanspruchen,** ist eine **Relation** zwischen Größe eines Unternehmens, Höhe der Insolvenzmasse, Normalverfahren und Erhöhungstatbestand dagegen **nicht denkbar.** Denn beispielhaft ist der Tatbestand der Unternehmensfortführung bei einem kleinen Unternehmen in Relation zur geringeren Insolvenzmasse ebenso aufwendig und arbeitsintensiv wie bei einem größeren Unternehmen, bei welchen schon aufgrund der höheren Insolvenzmasse der qualitative Tatbestand mehr honoriert wird. 53

Selbstverständlich kann ein **qualitativer Tatbestand** in der **konkreten Arbeitsbelastung unterschiedlich** ausfallen, dies ist durch den Prozentsatz der Erhöhung zu berücksichtigen. Beispielsweise gilt dies auch für den Tatbestand der Erstellung eines Insolvenzplans, der schon nach § 3 Abs. 1 lit. e InsVV nicht Bestandteil eines Normalverfahrens ist, je nach Umfang des konkreten Verfahrens jedoch weniger oder mehr umfangreich sein kann. Zu 54

77) Missverständlich LG Münster, Beschl. v. 28.5.2019 – 5 T 300/18, ZInsO 2019, 1810.

78) So insbesondere Stephan/Riedel-*Riedel*, InsVV, § 2 Rz. 6.

79) Eingehend *Keller* in: FS Görg, S. 247.

80) BGH, Beschl. v. 22.6.2017 – IX ZB 65/15, Rz. 11, NZI 2017, 732.

81) BGH, Beschl. v. 22.2.2007 – IX ZB 120/06, ZVI 2007, 332 = NZI 2007, 342; BGH, Beschl. v. 25.10.2007 – IX ZB 55/06, ZInsO 2007, 1272; BGH, Beschl. v. 9.10.2008 – IX ZB 182/04, ZInsO 2008, 1265; kritisch Stephan/Riedel-*Riedel*, InsVV, § 3 Rz. 27.

82) BGH, Beschl. v. 12.9.2019 – IX ZB 65/18, Rz. 27, ZIP 2019, 2018 = NZI 2019, 913.

Recht erkennt dabei der BGH auch für den vorläufigen Sachwalter den Erhöhungstatbestand des § 3 Abs. 1 lit. e InsVV an.[83)]

55 Der **Ansatz dynamischer Kriterien** des Normalfalles ist deshalb nur bei den sog. quantitativen Kriterien gerechtfertigt. Es ist für diese je nach Umfang eines schuldnerischen Unternehmens und dessen Geschäftsgegenstand zu prüfen, welche quantitativen Tatbestände ein solches Unternehmen typischerweise hat und in welchem Umfang konkret hiervon abgewichen wird.[84)]

Konkret bedeutet dies am Beispiel der Gläubigerzahl:

Nimmt man bei einem großen Handelsunternehmen eine hohe Gläubigerzahl – vielleicht 500 – als Normalfall an, kann eine Erhöhung der Vergütung erst erfolgen, wenn konkret noch mehr Gläubiger beteiligt sind. Bei der Insolvenz des kleinen Bauunternehmens kann die Schwelle dagegen 50 Gläubiger betragen. Die Befassung mit arbeitsrechtlichen Fragen sollte nach der Zahl der Arbeitnehmer ebenfalls je nach konkretem Unternehmen und Branche beurteilt werden.

3. Zusammenfassung

56 Der **Begriff des vergütungsrechtlichen Normalfalles**, der allein durch die Regelvergütung des § 2 InsVV abgegolten wird und für welchen keine Erhöhungen oder Kürzungen der Vergütung angezeigt sind, ist für **Verfahren, die bis 31.12.2020 beantragt worden sind,** in einem ersten Schritt auf den **historischen Stand eines Insolvenzverfahrens des Jahres 1999**, das in diesem Zusammenhang als „Normjahr" bezeichnet werden kann, zu beziehen. Der Verordnungsgeber übernahm zwar mit § 2 Abs. 1 InsVV die Regelung des früheren § 3 Abs. 1 VergVO von 1970 mit ihrer pauschalen Vergütungserhöhung 1989. Er führte aber in der Begründung zum Entwurf der InsVV aus, in welcher Weise die Regelvergütung für das Insolvenzverfahren anders ausgestaltet sei.[85)] Es ist deshalb als **Maßstab das Jahr 1999** zu setzen.[86)]

57 Hierbei ist zu fragen, was für ein konkretes Verfahren insbesondere in der Unternehmensinsolvenz der **Normalfall des Jahres 1999** war, welche **quantitativen Tatbestände** maßgebend waren.[87)] In der Insolvenz eines Bauunternehmens ist bspw. zu prüfen, wie viele Gläubiger oder Arbeitnehmer ein solches Unternehmen zu diesem Zeitpunkt üblicherweise hatte. Diese Frage nach einzelnen quantitativen Kriterien je Unternehmensbranche oder Schuldnersituation wird schwer zu beantworten sein, wenn empirische Daten hierfür fehlen.

58 Für **Verfahren, die seit 1.1.2021 beantragt werden**, gilt das Gleiche, bezogen auf den Stand des Jahres 2020.

59 In einem **zweiten Schritt** sind sowohl für Alt- als auch für Neuverfahren **qualitative Tatbestände ohne Bezugnahme auf die Größe eines Unternehmens oder Höhe der Insolvenzmasse** zu berücksichtigen. Für diese gilt wesentlich der Vergleich mit § 3 InsVV: Was dort ausdrücklich als Erhöhungstatbestand genannt ist, stellt keinen Tatbestand des Normalverfahrens dar. Dies gilt für die Vergütung des Insolvenzverwalters ebenso wie für die Vergütung des vorläufigen Insolvenzverwalters, des Sachwalters oder des vorläufigen Sachwalters.

---

83) BGH, Beschl. v. 22.9.2016 – IX ZB 71/14, ZIP 2016, 1981 = NZI 2016, 963.

84) *Keller* in: FS Görg, S. 247, 256.

85) Begr. z. Entwurf der InsVV, Abschn. A. 4., abgedr. unten in Anh. III, S. 689 ff.

86) *Lorenz* in: FK-InsO, § 2 InsVV Rz. 30.

87) *Keller* in: HK-InsO, § 2 InsVV Rz. 11.

Bezogen auf die vorgenannten Tatbestände eines Normalverfahrens, wie sie bislang statisch gebraucht werden, gilt Folgendes: 60

- **Umsatz des schuldnerischen Unternehmens:** Es ist nach Art und Gegenstand des Unternehmens zu unterscheiden, die Höhe des Umsatzes allein ist kein Kriterium des Normalverfahrens. Allgemein ist anzunehmen, dass bei hohem Umsatz des Unternehmens auch eine hohe Insolvenzmasse und damit hohe Berechnungsgrundlage der Vergütung vorliegt. Hierbei dürfen aber nicht die Begriffe Umsatz und Umsatzerlöse mit Kosten und Gewinn verwechselt werden: Ein hoher Umsatz vor der Insolvenz erbringt bei zu hohen Kosten keinen Gewinn, sondern Verlust. Nicht selten sind zu hohe Kosten Ursache der Zahlungsunfähigkeit. Bei Bestimmung der Berechnungsgrundlage der Vergütung ist aber zu beachten, dass Masseverbindlichkeiten grundsätzlich nicht abgezogen werden, somit die Umsatzerlöse auch die Berechnungsgrundlage bilden. Im Falle der Unternehmensfortführung während des Insolvenzverfahrens sind sie dagegen abzuziehen (§ 1 Abs. 2 Nr. 4 lit. b InsVV), weshalb ein hoher Umsatz hier gerade kein Kriterium für eine hohe Berechnungsgrundlage ist.
- **Buchhaltung des schuldnerischen Unternehmens:** Hinsichtlich des Umfangs ist nach Art und Gegenstand des schuldnerischen Unternehmens zu unterscheiden. Allgemeines Kriterium kann sein, ob sie weitgehend geordnet war und keine grundlegende Aufarbeitung erforderte.
- **Steuerrechtliche Buchführung:** Es gilt das zu Buchhaltung allgemein Gesagte.
- **Zahl der Arbeitnehmer:** Es ist nach Art und Gegenstand des Unternehmens zu unterscheiden. Die Vorfinanzierung von Insolvenzgeld sowie weitere arbeitnehmerbezogene Maßnahmen sind als Erhöhungstatbestand nach § 3 Abs. 1 lit. d InsVV stets zu würdigen, sie können auch bei geringer Zahl der Arbeitnehmer zuschlagswürdig sein.
- **Zahl der Betriebsstätten:** Es ist nach Art und Gegenstand des Unternehmens zu unterscheiden, wobei mehrere Betriebsstätten auch erhöhte Arbeitsbelastung qualitativer Art, insbesondere bei großer Zahl der Arbeitnehmer oder auch bei Unternehmensfortführung, implizieren.
- **Prüfung von Aus- und Absonderungsrechten:** Es ist nach Art und Gegenstand des Unternehmens zu unterscheiden. Als Erhöhungstatbestand nach § 3 Abs. 1 lit. a InsVV ist bei der Befassung mit Aus- und Absonderungsrechten stets zu prüfen, ob sie die Arbeitstätigkeit erheblich in Anspruch genommen haben.
- **Zahl der Außenstände:** Es ist nach Art und Gegenstand des Unternehmens zu unterscheiden.
- **Zustellungen für das Insolvenzgericht** (§ 8 Abs. 3 InsO): Diese sind kein Kriterium eines Normalverfahrens (siehe eingehend § 14 Rz. 31 ff.).
- **Immobilienverwaltung:** Grundsätzlich ist diese nicht Bestandteil des Normalverfahrens (§ 3 Abs. 1 lit. b InsVV). Hinsichtlich des Arbeitsaufwandes ist nach Art und Gegenstand des Unternehmens zu unterscheiden.
- **Auslandsvermögen:** Es ist nach Art und Gegenstand des Unternehmens zu unterscheiden.
- **Zahl und Schwierigkeiten von Anfechtungsansprüchen:** Es ist weniger nach Art und Gegenstand des Unternehmens, sondern eher nach Umfang der Insolvenzmasse zu unterscheiden.
- **Zahl der Insolvenzforderungen:** Es ist nach Art und Gegenstand des Unternehmens zu unterscheiden (siehe zum Vergleich mit Mindestvergütung Rz. 114 ff.).

61 Ob die **Verfahrensdauer als Merkmal des Normalverfahrens** wie auch als Erhöhungskriterium angesehen werden kann, ist streitig. Eine Meinung sieht eine Verfahrensdauer von zwei Jahren als Regeltatbestand einer Unternehmensinsolvenz an und lässt bei längerer Verfahrensdauer eine Erhöhung der Vergütung zu.[88)] Nach richtiger Ansicht ist aber die **Verfahrensdauer als Kriterium des Normalverfahrens ungeeignet**, da sie als solche nichts über die quantitativen oder qualitativen Besonderheiten eines Insolvenzverfahrens aussagt.[89)] Zu prüfen ist vielmehr, auf welchen qualitativen oder quantitativen Tatbeständen eine längere Verfahrensdauer beruht.[90)] Die Verfahrensdauer kann dann ein Anhaltspunkt für die Bestimmung des Prozentsatzes für den entsprechenden Tatbestand sein, insbesondere wenn er quantitativer Natur ist. Liegt die Verfahrensdauer aber in einem Umstand begründet, den der Insolvenzverwalter nicht zu vertreten hat, müssen er und sein Büro für diese Zeit auch keine Tätigkeit entfalten und können ihren Umsatz aus anderweitiger Tätigkeit erzielen. Ein Zuschlag für lange Verfahrensdauer ist dann ausgeschlossen.

II. Die Berechnung der Regelvergütung nach § 2 Abs. 1 InsVV

1. Konkrete Berechnung im Einzelfall

62 Durch die Änderung des § 2 Abs. 1 InsVV durch Art. 6 des Gesetzes zur Fortentwicklung des Sanierungs- und Insolvenzrechts – SanInsFoG[91)] mit Geltung für Verfahren, die seit dem 1.1.2021 beantragt werden (§ 19 Abs. 5 InsVV), ist diese Vorschrift in zweierlei Fassung anzuwenden. Die alte Fassung des § 2 Abs. 1 InsVV gilt solange, bis alle bis 31.12.2020 beantragten Insolvenzverfahren abgeschlossen sein werden. Nachfolgend werden daher beide Fassungen zur Berechnung der Regelvergütung dargestellt.

63 Die Höhe der **Regelvergütung** aus der maßgeblichen Berechnungsgrundlage ist **in jedem konkreten Fall besonders zu errechnen.** § 2 Abs. 1 InsVV stellt keine Berechnungsgrundlage für eine Vergütungstabelle ähnlich der Gebührentabellen im Kostenrecht oder Vollstreckungsrecht (§ 13 RVG, § 34 GKG, § 850c Abs. 3 ZPO) dar. Die Insolvenzmasse als Berechnungsgrundlage wird nicht etwa auf volle 20 000 € aufgerundet, um dann hieraus die Vergütung zu berechnen.

64 Tabellen mit einzelnen Schritten zur Vergütungshöhe entsprechend der Höhe der Insolvenzmasse können insoweit nur Anhaltspunkte für eine Ermittlung der Vergütung geben, die konkrete Berechnung im Einzelfall ersetzen sie keinesfalls.[92)] Es lassen sich aber allgemeine Beträge bis zu einer bestimmten Höhe der Insolvenzmasse errechnen, die im konkreten Fall um den weiteren Prozentsatz des Restmassebetrages zu erhöhen sind.

---

88) So noch *Hess*, InsO, § 3 InsVV Rz. 91 ff.; *Prasser/Stoffler* in: KPB, InsO, § 3 InsVV Rz. 95 ff. mit Einschränkungen.

89) BGH, Beschl. v. 13.4.2006 – IX ZB 158/05, ZIP 2006, 1008 = NZI 2006, 401; BGH, Beschl. v. 6.5.2010 – IX ZB 123/09, ZInsO 2010, 1504; BGH, Beschl. v. 16.9.2010 – IX ZB 154/09, ZIP 2010, 2056 = NZI 2010, 982, dazu EWiR 2010, 791 *(Prasser/Rendels)*; BGH, Beschl. v. 26.2.2015 – IX ZB 34/13, InsbürO 2015, 255; LG Göttingen, Beschl. v. 20.6.2006 – 10 T 32/06, NZI 2006, 477; AG Potsdam, Beschl. v. 4.1.2005 – 35 IN 969/01, NZI 2005, 460; Stephan/Riedel-*Riedel*, InsVV, § 3 Rz. 34; anders LG Augsburg, Beschl. v. 10.10.1973 – 4 T 176/73, KTS 1974, 241; LG Bremen, Beschl. v. 18.12.1974 – 17 T 536/74, KTS 1975, 247; LG Darmstadt, Beschl. v. 27.6.1978 – 5 T 430/78, KTS 1979, 125; LG Hildesheim, Beschl. v. 30.11.1982 – 5 T 929/82, ZIP 1983, 346; LG Köln, Beschl. v. 23.9.1987 – 19 T 277/87, ZIP 1987, 1470; LG Bonn, Beschl. v. 4.12.1990 – 4 T499/90, ZIP 1991, 45; LG Potsdam, Beschl. v. 23.5.2006 – 5 T 14/06, dazu EWiR 2006, 505 *(Prasser)*; LG Stendal, Beschl. v. 17.10.2007 – 25 T 166/05, n. v.; AG Münster, Beschl. v. 13.6.2011 – 73 IN 42/08, n. v.

90) LG Aachen, Beschl. v. 16.12.2008 – 6 T 78/08, ZIP 2009, 576.

91) Gesetz zur Fortentwicklung des Sanierungs- und Insolvenzrechts – SanInsFoG, v. 22.12.2020, BGBl. I 2020, 3256.

92) Tabellen bei *Stephan/Riedel*, InsVV, Anh. 3; *Blersch*, Insolvenzrechtliche Vergütungstabellen.

In der jeweiligen Summe berechnet, beträgt die **Regelvergütung in den bis 31.12.2020 beantragten Verfahren** bei einem Betrag der Insolvenzmasse von: 65

Insolvenzmasse	Vergütungsbetrag
bis 25 000 €	40 % aus der Insolvenzmasse
25 000 bis 50 000 €	10 000 € + 25 % aus dem Mehrbetrag bis 50 000 €
50 000 bis 250 000 €	16 250 € + 7 % aus dem Mehrbetrag bis 250 000 €
250 000 bis 500 000 €	30 250 € + 3 % aus dem Mehrbetrag bis 500 000 €
500 000 bis 25 000 000 €	37 750 € + 2 % aus dem Mehrbetrag bis 25 000 000 €
25 000 000 bis 50 000 000 €	527 750 € + 1 % aus dem Mehrbetrag bis 50 000 000 €
über 50 000 000 €	777 750 € + 0,5 % aus dem unbegrenzten Mehrbetrag

In den seit 1.1.2021 beantragten Verfahren gilt folgende Tabelle: 66

Insolvenzmasse	Vergütungsbetrag
bis 35 000 €	40 % aus der Insolvenzmasse
35 000 bis 70 000 €	14 000 € + 26 % aus dem Mehrbetrag bis 70 000 €
70 000 bis 350 000 €	23 100 € + 7,5 % aus dem Mehrbetrag bis 350 000 €
350 000 bis 700 000 €	44 100 € + 3,3 % aus dem Mehrbetrag bis 700 000 €
700 000 bis 35 000 000 €	55 650 € + 2,2 % aus dem Mehrbetrag bis 35 000 000 €
35 000 000 bis 70 000 000 €	810 250 € + 1,1 % aus dem Mehrbetrag bis 70 000 000 €
70 000 000 bis 350 000 000 €	1 195 250 € + 0,5 % aus dem Mehrbetrag bis 350 000 000 €

Insolvenzmasse	Vergütungsbetrag
350 000 000 bis 700 000 000 €	2 595 250 € + 0,4 % aus dem Mehrbetrag bis 700 000 000 €
über 700 000 000 €	3 995 250 € + 0,2 % aus dem unbegrenzten Mehrbetrag

2. Berechnungsformeln

67 Die Regelvergütung kann entsprechend der Staffelung der Prozentsätze nach Berechnungsformeln ermittelt werden.[93] Für die **bis 31.12.2020 beantragten Verfahren** gelten folgende Formeln:

Insolvenzmasse	Berechnungsformel zur Regelvergütung
bis 25 000 €	*x* [Vergütung] = *M* [Insolvenzmasse] × 0,4
bis 50 000 €	*x* = (*M* – 25 000 €) × 0,25 + 10 000 €
bis 250 000 €	*x* = (*M* – 50 000 €) × 0,07 + 16 250 €
bis 500 000 €	*x* = (*M* – 250 000 €) × 0,03 + 30 250 €
bis 25 000 000 €	*x* = (*M* – 500 000 €) × 0,02 + 37 750 €
bis 50 000 000 €	*x* = (*M* – 25 000 000 €) × 0,01 + 527 750 €
über 50 000 000 €	*x* = (*M* – 50 000 000 €) × 0,005 + 777 750 €

68 Für die **seit 1.1.2021 beantragten Verfahren** gelten folgende Formeln:

Insolvenzmasse	Berechnungsformel zur Regelvergütung
bis 35 000 €	*x* [Vergütung] = *M* [Insolvenzmasse] × 0,4
bis 70 000 €	*x* = (*M* – 35 000 €) × 0,26 + 14 000 €
bis 350 000 €	*x* = (*M* – 70 000 €) × 0,075 + 23 100 €
bis 700 000 €	*x* = (*M* – 350 000 €) × 0,033 + 44 100 €
bis 35 000 000 €	*x* = (*M* – 700 000 €) × 0,022 + 55 650 €
bis 70 000 000 €	*x* = (*M* – 35 000 000 €) × 0,011 + 810 250 €
bis 350 000 000 €	*x* = (*M* – 70 000 000 €) × 0,005 + 1 195 250 €
bis 700 000 000 €	*x* = (*M* – 350 000 000 €) × 0,004 + 2 595 250 €
über 700 000 000 €	*x* = (*M* – 700 000 000 €) × 0,002 + 3 995 250 €

69 Im direkten Vergleich wirkt sich die Änderung der Regelvergütung zum 1.1.2021 wie folgt aus:

Berechnungsbeispiel:

Bei einer Insolvenzmasse von 24 512 € beträgt die Regelvergütung:

alt:	*x = 24 512 € × 0,4*	=	*9 804,80 €*
neu:	*x = 24 512 € × 0,4*	=	*9 804,80 €*

Veränderung: +/– 0,00 %

93) *Keller*, NZI 2005, 23.

Bei einer Insolvenzmasse von 123 424 € beträgt die Regelvergütung:

alt:	*x = (123 424 € – 50 000 €) × 0,07 + 16 250 €*	=	*21 389,68 €*
neu:	*x = (123 424 € – 70 000 €) × 0,075 + 23 100 €*	=	*27 106,80 €*

Veränderung: + 26,73 %

Bei einer Insolvenzmasse von 354 512 € beträgt die Regelvergütung:

alt:	*x = (354 512 € – 250 000 €) × 0,03 + 30 250 €*	=	*33 385,36 €*
neu:	*x = (354 512 € – 350 000 €) × 0,033 + 44 100 €*	=	*44 248,90 €*

Veränderung: + 32,54 %

Bei einer Insolvenzmasse von 2 312 876 € beträgt die Regelvergütung:

alt:	*x = (2 312 876 € – 500 000 €) × 0,02 + 37 750 €*	=	*83 007,52 €*
neu:	*x = (2 312 876 € – 700 000 €) × 0,022 + 55 650 €*	=	*91 133,27 €*

Veränderung: + 9,79 %

Bei einer Insolvenzmasse von 26 933 500 € beträgt die Regelvergütung:

alt:	*x = (26 933 500 € – 25 000 000 €) × 0,01 + 527 750 €*	=	*547 085,00 €*
neu:	*x = (26 933 500 € – 700 000 €) × 0,022 + 55 650 €*	=	*632 787,00 €*

Veränderung: + 15,67 %

III. Der Degressionsausgleich nach § 3 Abs. 1 lit. c InsVV

1. Der Degressionsausgleich als singulärer Tatbestand zu § 2 Abs. 1 InsVV

Die Degression der Regelvergütung insbesondere in der Degressionsstufe bei der Insolvenzmasse von 500 000 € bis 25 Mio. € (§ 2 Abs. 1 InsVV in der bis 31.12.2020 geltenden Fassung) oder von 700 000 € bis 35 Mio. € (§ 2 Abs. 1 InsVV in der seit 1.1.2021 geltenden Fassung) wirkt sich für den Insolvenzverwalter nachteilig aus, da der Staffelsatz hier stets nur 2 % bzw. 2,2 % beträgt. Das kann dazu führen, dass bei **erheblichem Arbeitsaufwand** des Verwalters **trotz hoher Insolvenzmasse keine der Tätigkeit angemessene Regelvergütung** festgestellt werden kann. Der Degressionsausgleich war vom Verordnungsgeber als Ausgleich für besondere Fälle gedacht, bei welchen die abflachende Degression des § 2 Abs. 1 InsVV die besondere Arbeitsleistung des Insolvenzverwalters nicht mehr angemessen abbildet.[94] Der **Degressionsausgleich** steht **systematisch zwischen § 2 Abs. 1 und § 3 Abs. 1 InsVV** insoweit, als er zwar eine besondere Arbeitsbelastung des Insolvenzverwalters fordert und damit den klassischen Erhöhungstatbeständen nahesteht, andererseits soll er die abflachende Degression des § 2 Abs. 2 InsVV ausgleichen und ist mit anderen Erhöhungstatbeständen nicht vergleichbar. Daher ist es sachgerecht, ihn innerhalb der Regelvergütung als besonderen Ausnahmetatbestand zu dieser zu behandeln. Kritikwürdig an § 3 Abs. 1 lit. c InsVV ist, dass durch ihn das System der Regelvergütung nach § 2 InsVV für den Einzelfall durchbrochen wird und dieser Einzelfall nicht ausreichend definiert wird. 70

Der BGH hat mit Beschluss vom 8.11.2012[95] eingehend zum Degressionsausgleich Stellung genommen, jedoch auch Fragen offengelassen, die nachfolgend differenziert betrachtet werden. 71

94) Begr. z. Entwurf einer InsVV (§ 3), abgedr. unten in Anh. III, S. 689, 698.

95) BGH, Beschl. v. 8.11.2012 – IX ZB 139/10, ZIP 2012, 2407 = NZI 2012, 981, dazu EWIR 2012, 804 *(Blersch)*; dazu *Keller*, NZI 2013, 19.

2. Der Umfang der Insolvenzmasse

72 Eine hohe Insolvenzmasse wurde allgemein bei **mehr als 250 000 €** angenommen, da bei dieser Insolvenzmasse nach § 2 Abs. 1 InsVV in der bis 31.12.2020 geltenden Fassung der Vergütungssatz von 7 % auf 3 % stark sinkt.[96] Begründet wurde diese Grenze mit statistischen Daten, wonach die durchschnittliche Insolvenzmasse in den Jahren vor 2000 geringer als 250 000 € war. Hiergegen ist einzuwenden, dass mit Eingreifen des Degressionsausgleichs bei mehr 250 000 € die Staffelvergütung des § 2 Abs. 1 InsVV in der bis 31.12.2020 geltenden Fassung schon früh „ausgehebelt" wird. Es ist richtig, dass der Degressionssprung von 7 % auf 3 % schwerwiegend ist. Mindestens ebenso schwer wiegt aber bei § 2 Abs. 1 InsVV, dass bei einer Insolvenzmasse von 500 000 bis 25 Mio. € der Vergütungssatz mit 2 % gleichbleibt. Der Insolvenzverwalter, der eine anfängliche Insolvenzmasse von 500 000 € um 50 % auf 750 000 € steigert, erhält für seine Arbeitsleistung bezogen auf den vom ihm erzielten Mehrbetrag nur 2 % Vergütung, konkret 5 000 €. Der Insolvenzverwalter, der eine anfängliche Insolvenzmasse von 250 000 € um 100 % auf 500 000 € steigern konnte, erhält für den Mehrbetrag immerhin noch 7 500 €. Insofern **ist es richtiger**, den Degressionsausgleich ab einer **anfänglichen Insolvenzmasse von 500 000 €** oder bei den seit 1.1.2021 beantragten Verfahren bei 700 000 € anzusiedeln, da sich hier die Degression stärker auswirkt.

73 Der BGH schloss sich jedoch der Ansicht an, dass die Gewährung des Degressionsausgleichs ab einer Insolvenzmasse von 250 000 € in Betracht komme.[97] Er begründete dies mit der starken Absenkung des Vergütungssatzes von 7 auf 3 % der Insolvenzmasse als Berechnungsgrundlage. Nach der Anhebung der Regelvergütung zum 1.1.2021 für die seit diesem Datum beantragten Verfahren ist die Problematik geblieben, sie hat sich lediglich verschoben. Das „Absacken" des Vergütungssatzes von 7,5 auf 3,3 % erfolgt bei einer Insolvenzmasse von 350 000 €. Daher würde in Fortführung dieser Rechtsprechung der Degressionsausgleich in den seit 1.1.2021 eröffneten Verfahren ab einer Insolvenzmasse von 350 000 € greifen.

74 Zutreffend fordert der BGH ferner, dass die **Insolvenzmasse bereits bei Beginn des Insolvenzverfahrens** i. S. des § 3 Abs. 1 lit. c InsVV groß sein muss, da die Massemehrung einer bereits anfänglich hohen Insolvenzmasse wegen der stagnierenden Degression keine Erhöhung der Regelvergütung zur Folge hat.[98] Konnte der Insolvenzverwalter dagegen eine **anfänglich geringe Insolvenzmasse erheblich steigern**, nimmt seine Regelvergütung noch an der Degression teil. Der Degressionsausgleich soll nach Ansicht des BGH dann nicht greifen. Beträgt die anfängliche Berechnungsgrundlage bspw. 50 000 € und konnte der Insolvenzverwalter sie auf 500 000 € steigern, übertrifft er zwar die Schwelle der hohen Insolvenzmasse i. S. der Rechtsprechung, hat aber zwei Degressionsstufen des § 2 Abs. 1 InsVV „durchlaufen" und so eine Vergütungserhöhung erhalten. Ob das zu einer der besonderen Arbeitsleistung in Bezug auf die Massemehrung angemessenen Vergütung führt, ist damit aber nicht gesagt und für den Einzelfall zu beantworten. Dann kommen wegen der erheblichen Arbeitsleistung, die zur Massemehrung geführt hat, regelmäßig sonstige Erhöhungstatbestände in Betracht. In der Regel ist eine Massemehrung nämlich nicht auf Zufall zurückzuführen.

---

96) *Nowak* in: MünchKomm-InsO, 2. Aufl. 2007, § 3 InsVV Rz. 9; *Büttner* in: HambKomm-InsO, § 3 InsVV Rz. 76 ff.; *Lorenz* in: FK-InsO, § 3 InsVV Rz. 37.

97) BGH, Beschl. v. 8.11.2012 – IX ZB 139/10, Rz. 17, ZIP 2012, 2407 = NZI 2012, 981.

98) BGH, Beschl. v. 8.11.2012 – IX ZB 139/10, Rz. 15, ZIP 2012, 2407 = NZI 2012, 981.

3. Der besondere Arbeitsaufwand

Als Ausnahmetatbestand kann der Degressionszuschlag nur zur Anwendung kommen, wenn der Insolvenzverwalter mit **erheblichem Aufwand** die Masse mehren konnte oder zusätzliche Masse festgestellt hat. Dies ist durch den Verwalter **konkret darzulegen**. War bereits bei Eröffnung des Insolvenzverfahrens die Masse weitgehend verwertet und hatte der Verwalter nur verwaltende Tätigkeit, kann auch bei hoher Insolvenzmasse keine Erhöhung gewährt werden. Stets kommt deshalb eine Erhöhung wegen Massemehrung nur in Betracht, wenn damit tatsächlich ein erheblicher Arbeitsaufwand für den Verwalter verbunden war. Da der Degressionsausgleich systematisch zu § 2 Abs. 1 InsVV zuzuordnen ist, kann man den Degressionsausgleich allgemein **nicht mit dem Argument verweigern**, die Insolvenzmasse sei so hoch, dass die **Regelvergütung trotz der geringen Degression ausreichend** und angemessen sei. Genau das Gegenteil soll ja bei entsprechender Arbeitsleistung des Insolvenzverwalters der Degressionsausgleich regeln. Eine Angemessenheit der „einfachen" Regelvergütung bei hoher Insolvenzmasse liegt vor, wenn keine besondere Arbeitsleistung des Insolvenzverwalters gegeben ist. 75

Der Insolvenzverwalter hat in seinem Vergütungsantrag darzulegen, um welchen Betrag durch seinen erheblichen Aufwand die Insolvenzmasse gemehrt worden ist. Es ist **darzustellen, wie hoch die Insolvenzmasse ohne** diese durch § 3 Abs. 1 lit. c InsVV **besonders zu berücksichtigende Tätigkeit** wäre und worin der besondere Arbeitsaufwand lag. 76

4. Keine Vermischung mit anderen Erhöhungstatbeständen

Der Degressionsausgleich darf daher mit Erhöhungstatbeständen, die sich auf konkrete Arbeitsleistung beziehen, **nicht vermischt oder angerechnet werden**. Er überschneidet sich insbesondere nicht mit sog. qualitativen Erhöhungstatbeständen wie Unternehmensfortführung oder Erstellung eines Insolvenzplans. Der BGH verweist dagegen auf seine Rechtsprechung zur Gewährung von Erhöhungs- und Kürzungsfaktoren i. R. einer sog. Gesamtbetrachtung.[99] Das ist höchst kritikwürdig, denn abgesehen davon, dass die Gesamtbetrachtung zu Erhöhungs- und Kürzungstatbeständen ohnehin abzulehnen ist (siehe eingehend § 5 Rz. 61 ff.), ist gerade der Degressionsausgleich aufgrund seines singulären Charakters einer Vermischung mit anderen Tatbeständen nicht zugänglich. 77

Vermischt man den Degressionsausgleich mit anderen Erhöhungstatbeständen und sieht man angebliche Überschneidungen mit solchen, könnte der **Degressionsausgleich faktisch voll in sonstige Tatbestände aufgehen**. Es besteht dann die Gefahr, dass der Degressionsausgleich „wegargumentiert" wird. Es kann dabei auch nicht vorgebracht werden, der erhebliche Arbeitsaufwand des Insolvenzverwalters habe ja auch zu anderen Erhöhungstatbeständen geführt, weshalb Überschneidungen vorliegen. Wird der Degressionsausgleich mit anderen Tatbeständen vermischt und abgewogen, droht er unterzugehen. Die Norm des § 3 Abs. 1 lit. c InsVV liefe dann ins Leere. 78

5. Die Berechnung des Degressionsausgleichs

a) Vorüberlegung

Der Degressionszuschlag darf **nicht** zu einer **pauschalen Erhöhung der Regelvergütung** dergestalt führen, dass die sonstigen Erhöhungstatbestände sich auf die durch den Degressionszuschlag erhöhte Regelvergütung beziehen. Er ist als Zuschlag zur i. Ü. nach den Stufen des § 2 Abs. 1 InsVV berechneten Vergütung zu bestimmen. **Der Zuschlag wird** 79

99) BGH, Beschl. v. 8.11.2012 – IX ZB 139/10, Rz. 21, ZIP 2012, 2407 = NZI 2012, 981.

aber nicht Teil der Regelvergütung, ist dieser also nicht hinzuzusetzen, anders etwa bei § 1 Abs. 2 Nr. 1 InsVV. Zur Bestimmung oder Berechnung werden in der Literatur verschiedene Vorschläge gemacht. Der BGH verwirft in seinem Beschluss vom 8.11.2012 diese Berechnungsvorschläge ohne ausreichende Begründung.[100] Er verweist auf die Einbindung des Zuschlags in die Gesamtbetrachtung aller Zuschlags- und Kürzungstatbestände. Es wäre aber wenigstens hilfreich gewesen, wenn der BGH ausführlich dargelegt hätte, weshalb die verschiedenen Ansichten zur Berechnung des Degressionsausgleichs nicht zutreffend seien.

b) Die „11,2 %-Methode“

80 Es wurde in früherer Literatur vorgeschlagen, den Betrag der Insolvenzmasse, der 250 000 € übersteigt bzw. der durch die erhebliche Tätigkeit gemehrt worden ist, mit 11,2 % als dem durchschnittlichen Degressionssatz der Berechnungsgrundlage zu vergüten.[101] Mit dem einfachen Zuschlag von 11,2 % zur Regelvergütung würde das System des § 2 Abs. 1 InsVV aber durchbrochen und im Ergebnis würde bei hoher Insolvenzmasse die Regelvergütung gerade nicht mehr gestaffelt.[102]

c) Vergleich mit der Regelvergütung aus nicht erhöhter Insolvenzmasse

81 *Blersch*[103] und ihm folgend *Lorenz*[104] wie auch *Graeber/Graeber*[105] schlagen vor, den **Mehrbetrag der Insolvenzmasse,** die durch die besondere Arbeitsleistung des Insolvenzverwalters erwirtschaftet wurde, **entsprechend dem Verhältnis der Regelvergütung zur sonstigen Insolvenzmasse zu vergüten.** Es wird dann der Mehrbetrag in etwa gleicher Höhe vergütet wie der Teil der Insolvenzmasse, der auch ohne die besondere Arbeitsleistung gegeben ist.

Beispiel:

Beträgt demnach die anfängliche Insolvenzmasse 500 000 € und konnte der Insolvenzverwalter sie um 50 % auf 750 000 € mehren, soll der Mehrbetrag mit demselben Regelvergütungsprozentsatz entlohnt werden, wie der Betrag der anfänglichen 500 000 €. Dies sind bei einem nach 1.1.2021 beantragten Verfahren 9,81 %, da die Regelvergütung von 49 050 € aus 500 000 € diesen Prozentsatz ausmacht.

d) Die „Verschiebungsmethode“

82 *Nowak*[106] und in früherer Bearbeitung *Eickmann/Prasser*[107] schlugen eine Verschiebung der Staffelung des § 2 Abs. 1 InsVV dergestalt vor, dass der Mehrbetrag nach der jeweils vorangehenden Stufe zu vergüten sei.

---

100) BGH, Beschl. v. 8.11.2012 – IX ZB 139/10, Rz. 12, ZIP 2012, 2407 = NZI 2012, 981.

101) Blersch/Goetsch/Haas-*Blersch*, InsO, § 3 InsVV Rz. 17, den besonderen Ausnahmecharakter der Vorschrift ausdrücklich hervorhebend; *Lorenz* in: FK-InsO, 7. Aufl. 2012, § 3 InsVV Rz. 21.

102) Dies berücksichtigend Blersch/Goetsch/Haas-*Blersch*, InsO, § 3 InsVV Rz. 17.

103) Blersch/Goetsch/Haas-*Blersch*, InsO, § 3 InsVV Rz. 18 mit Berechnungsbeispiel.

104) *Lorenz* in: FK-InsO, § 3 InsVV Rz. 39 ff.

105) *Graeber/Graeber*, InsVV, § 3 Rz. 113.

106) *Nowak* in: MünchKomm-InsO, 2. Aufl. 2007, § 3 InsVV Rz. 9.

107) Kübler/Prütting-*Eickmann/Prasser*, InsO, § 3 InsVV Rz. 38; seit Lieferung 8/2013 Gesamtzuschlag nach *Prasser/Stoffler* in: KPB, InsO, § 3 InsVV Rz. 99.

Die **Berechnungsformeln** zur Ermittlung der Regelvergütung bei Verschiebung der Degressionsstufen lauten für Verfahren, die **bis 31.12.2020** beantragt wurden: 83

Insolvenzmasse	Berechnungsformel zur Regelvergütung
bis 25 000 €	x [Vergütung] = M [Insolvenzmasse] × 0,4
bis 50 000 €	x = (M – 25 000 €) × 0,4 + 10 000 €
bis 250 000 €	x = (M – 50 000 €) × 0,25 + 20 000 €
bis 500 000 €	x = (M – 250 000 €) × 0,07 + 70 000 €
bis 25 000 000 €	x = (M – 500 000 €) × 0,03 + 87 5000 €
bis 50 000 000 €	x = (M – 25 000 000 €) × 0,02 + 822 500 €
über 50 000 000 €	x = (M – 50 000 000 €) × 0,01 + 1 322 500 €

Die **Berechnungsformeln** zur Ermittlung der Regelvergütung bei Verschiebung der Degressionsstufen lauten für Verfahren, die **seit 1.1.2021** beantragt werden: 84

Insolvenzmasse	Berechnungsformel zur Regelvergütung
bis 35 000 €	x [Vergütung] = M [Insolvenzmasse] × 0,4
bis 70 000 €	x = (M – 35 000 €) × 0,4 + 14 000 €
bis 350 000 €	x = (M – 70 000 €) × 0,26 + 28 000 €
bis 700 000 €	x = (M – 350 000 €) × 0,075 + 100 800 €
bis 35 000 000 €	x = (M – 700 000 €) × 0,033 + 127 050 €
bis 70 000 000 €	x = (M – 35 000 000 €) × 0,022 + 1 258 950 €
bis 350 000 000 €	x = (M – 70 000 000 €) × 0,011 + 2 028 950 €
bis 700 000 000 €	x = (M – 350 000 000 €) × 0,005 + 5 105 950 €
über 700 000 000 €	x = (M – 700 000 000 €) × 0,002 + 6 855 950 €

e) Die „2 %-Methode"

In der 3. Auflage (siehe dort Rz. 283 ff.) wurde Bezug nehmend auf frühere Literatur vertreten, den Zuschlag bei einer Insolvenzmasse von mehr als 25 Mio. € mit 2 % der Insolvenzmasse zu bemessen. Dadurch wird die Vergütungsminderung der obersten beiden Stufen des § 2 Abs. 1 InsVV gemildert. Gerechtfertigt erscheint dies, da der Staffelsatz von 2 % nach den bis 31.12.2020 geltenden Degressionsstufen des § 2 Abs. 1 InsVV ab einer Insolvenzmasse von 500 000 € bis zu einer Insolvenzmasse von 25 Mio. € galt und damit extrem groß war. In den seit 1.1.2021 beantragten Verfahren würde gleiches gelten bei einer Insolvenzmasse von mehr als 35 Mio. €, die dann mit 2,2 % zu vergüten wäre. Der Insolvenzverwalter, der mit erheblichem Aufwand diesen großen Sprung überwindet, soll durch § 3 Abs. 1 lit. c InsVV auch dafür vergütet werden. Nachteil dieses Ansatzes ist, dass er nur bei sehr großen Insolvenzmassen greift. 85

f) Würdigung der Berechnungsmethoden

Je nach Verhältnis von gewöhnlicher Insolvenzmasse und gemehrter Insolvenzmasse können die **verschiedenen Ansichten** zur Berechnung des Degressionsausgleichs zu **gravierenden Unterschieden** führen. Wesentlich hängt dies aber auch von der Höhe der Insolvenzmasse ab. **Bei eher gemäßigten Beträgen**, können die Methoden auch zu **ähnlichen Ergebnissen** führen. Bei einer Insolvenzmasse über dem Höchstbetrag der Staffelung von 50 Mio. € bei den bis 31.12.2020 geltenden Degressionsstufen wirkt sich der Degressionsausgleich in allen Varianten extrem aus, da die höchste Staffelung nur 0,5 % beträgt und 86 bei praktisch jeder Methode mindestens eine Verdopplung hinsichtlich des Mehrbetrages eintritt.

87 Vorzugswürdig ist im Ergebnis die von *Blersch* favorisierte Methode, den Mehrbetrag einer Massemehrung mit dem Prozentsatz der Regelvergütung der nicht erhöhten (unproblematischen) Masse zu vergüten. Denn hier wird explizit auf den Mehrbetrag des Arbeitsaufwandes Bezug genommen und individuell nach der Höhe der sonstigen Insolvenzmasse ein Vergütungszuschlag bestimmt.

Beispiel:

Bei einer anfänglichen Insolvenzmasse von 500 000 € konnte der Insolvenzverwalter durch erhebliche Arbeitsleistung die Insolvenzmasse um 250 000 € auf 750 000 € steigern.

Die „2 %-Methode" kommt hier zu keinem Ergebnis.

Nach der „Verschiebungsmethode" ergibt sich folgende Rechnung:

„Verschiebungsmethode"	
Regelvergütung aus Insolvenzmasse 500 000,00 €	*49 050,00 €*
In Höhe der überschießenden Insolvenzmasse von 250 000,00 € „Verschiebung" der Staffelung des § 2 Abs. 1 InsVV; statt 2,2 % jetzt 3,3 %	*8 250,00 €*
Gesamt	*= 57 300,00 €*
Abzgl. Regelvergütung nach § 2 Abs. 1 InsVV	*– 56 750,00 €*
Differenz	*= 550,00 €*
Prozentsatz als Degressionsausgleich	*0,96 %*

Nach der Methode, den Mehrbetrag nach dem Gesamtprozentsatz der „nicht problematischen Masse" zu vergüten ergibt sich folgende Rechnung:

„Regelvergütung aus nicht erhöhter Masse"	
Regelvergütung aus Insolvenzmasse 500 000,00 €	*49 050,00 €*
Dies entspricht einem Prozentsatz der Masse von 9,81	
9,81 % der Massemehrung von 250 000,00 €	*24 525,00 €*
Gesamt	*= 73 575,00 €*
Abzgl. Regelvergütung nach § 2 Abs. 1 InsVV	*– 56 750,00 €*
Differenz als Degressionsausgleich	*= 16 825,00 €*
Prozentsatz der Regelvergütung	*29,65 %*

Beispiel:

Bei einer anfänglichen Insolvenzmasse von 33 Mio. € konnte der Insolvenzverwalter durch erhebliche Arbeitsleistung die Insolvenzmasse um 7 Mio. € auf 40 Mio. € steigern.

„2,2 %-Methode"	
(40 000 000,00 € – 35 000 000,00 €) × 0,022	*110 000,00 €*
Hiervon sind 1,1 % für die Insolvenzmasse von 35 Mio. € bis 40 Mio. € abzuziehen, sie sind nämlich bereits Teil der der Regelvergütung	
1,1 % aus 5 000 000,00 € (35 bis 40 Mio. €)	*– 55 000,00 €*
Differenz als Degressionsausgleich	*= 55 000,00 €*
Ausgedrückt als Prozentsatz der Regelvergütung bei 40 000 000,00 € von 865 250 750,00 €	*6,36 %*

„Verschiebungsmethode“	
Regelvergütung aus Insolvenzmasse 35 000 000,00 €:	*810 250,00 €*
In Höhe der überschießenden Insolvenzmasse von 5 000 000,00 € *„Verschiebung“ der Staffelung des § 2 Abs. 1 InsVV; statt 1,1 % jetzt 2,2 %*	*110 000,00 €*
Gesamt	*= 975 250,00 €*
Abzgl. Regelvergütung nach § 2 Abs. 1 InsVV	*– 865 250,00 €*
Differenz	*= 110 000,00 €*
Prozentsatz als Degressionsausgleich	*12,71 %*

„Regelvergütung aus nicht erhöhter Masse“	
Regelvergütung aus Insolvenzmasse 33 000 000,00 €	*766 250,00 €*
Dies entspricht einem Prozentsatz der Masse von 2,32	
2,32 % der Massemehrung von 7 000 000,00 €	*162 400,00 €*
Gesamt	*= 928 650,00 €*
Abzgl. Regelvergütung nach § 2 Abs. 1 InsVV	*– 865 250,00 €*
Differenz als Degressionsausgleich	*= 63 400,00 €*
Prozentsatz der Regelvergütung	*7,33 %*

IV. Die Mindestvergütung nach § 2 Abs. 2 InsVV

1. Das Insolvenzverfahren über das Vermögen natürlicher Personen bei Gewährung von Kostenstundung (§§ 4a ff. InsO)

Erklärtes sozialpolitisches Ziel der InsO war es, mit der Restschuldbefreiung nach §§ 286 ff. InsO dem Schuldner, der eine natürliche Person ist, einen wirtschaftlichen Neuanfang zu ermöglichen.[108] Dadurch wird das Insolvenzverfahren für natürliche Personen interessant, gleichgültig ob der Schuldner als Unternehmer oder Verbraucher i. S. des § 304 InsO anzusehen ist. Für Letzteren gelten zunächst die Sonderregelungen der §§ 304 ff. InsO. Seit der Änderung des § 304 InsO durch das Insolvenzrechtsänderungsgesetz[109] zum 1.12.2001 ist der ehemals Gewerbetreibende in den meisten Fällen als Unternehmer anzusehen; über sein Vermögen ist das Regelinsolvenzverfahren zu eröffnen. Regelmäßig sind der ehemals Gewerbetreibende wie auch der Verbraucher vermögenslos, so dass ein Insolvenzverfahren mangels Masse abgelehnt werden müsste (§ 26 InsO). Die seit 1.12.2001 geltenden Regelungen zur **Kostenstundung nach §§ 4a ff. InsO**[110] ermöglichen jedoch die Eröffnung des Insolvenzverfahrens auch und gerade bei völliger Vermögenslosigkeit des Schuldners. 88

Seit Inkrafttreten der Regelungen zur Kostenstundung ist die Zahl der eröffneten Insolvenzverfahren über das Vermögen natürlicher Personen stetig angestiegen. Im Jahre 2002 betrug sie 27 547,[111] im Jahre 2003 waren es bereits 33 254.[112] Für das Jahr 2015 stellte das Statistische Bundesamt die Zahl der eröffneten Verbraucherinsolvenzverfahren mit 89

108) Allg. Begr. z. RegE InsO, BT-Drucks. 12/2443, S. 81 ff., abgedr. in: *Kübler/Prütting*, RWS-Dok. 18, S. 123 ff.; *Stephan* in: MünchKomm-InsO, § 286 Rz. 3 ff.; Uhlenbruck-*Sternal*, InsO, Vor § 286 Rz. 6 ff.

109) Gesetz zur Änderung der Insolvenzordnung und anderer Gesetze – InsOÄndG, v. 26.10.2001, BGBl I 2001, 2710.

110) Dazu ausführlich Uhlenbruck-*Mock*, InsO, § 4a Rz. 6 ff.; *Frege/Keller/Riedel*, Insolvenzrecht, Rz. 1.232 ff.

111) S. INDat-Report 1/2003, S. 16.

112) S. INDat-Report 1/2004, S. 5.

78 230 fest, im Jahr 2021 waren es 78 615.[113] Mit Einführung der Kostenstundung ist damit das Insolvenzverfahren über das Vermögen natürlicher Personen zu einem Massenverfahren bei den Insolvenzgerichten und den Insolvenzverwaltern geworden.

90 Für den Insolvenzverwalter im **Regelinsolvenzverfahren** über das **Vermögen einer natürlichen Person** wie auch im **Verbraucherinsolvenzverfahren** stellt sich die Frage der zeit- und kostensparenden, dennoch aber sorgfältigen und effektiven Abwicklung solcher Insolvenzverfahren. Nicht selten zeigen sich auch im Verfahren des ehemals Gewerbetreibenden oder des Verbrauchers besondere rechtliche Schwierigkeiten. Die ursprüngliche Vorstellung des Gesetzgebers, das vereinfachte Insolvenzverfahren sei gegenüber dem Regelinsolvenzverfahren weniger aufwendig, rechtlich unkompliziert, zeitnah und kostengünstig abzuwickeln, bestätigt sich in der Rechtspraxis nur dort, wo nur sehr wenige Gläubigerforderungen zu prüfen sind und der Schuldner definitiv keinerlei Vermögen besitzt und auch kein laufendes Arbeitseinkommen, aus dem ein pfändbarer Teil zur Insolvenzmasse gezogen werden könnte, erzielt.[114]

2. Die rechtsgeschichtlichen Entwicklung zur Mindestvergütung

a) Die Mindestvergütung im Regelinsolvenzverfahren

91 Die Vergütung des Insolvenzverwalters und die Gewährung der Kostenstundung stehen rechtlich in keinem Zusammenhang. Auch bei gewährter Kostenstundung könnte das Vermögen des Schuldners den Schwellenbetrag von der Mindestvergütung zum Staffelsatz übersteigen und dem Insolvenzverwalter somit der Staffelsatz des § 2 Abs. 1 InsVV zustehen. Denkbar ist dies, wenn sich aus den Unterlagen des Schuldners bspw. werthaltige Anfechtungsansprüche gegen die Bank aus inkongruenter Deckung (§ 131 InsO) ergeben.

92 Im **Regelinsolvenzverfahren** erhielt der Insolvenzverwalter nach § 2 Abs. 2 InsVV **in der bis 7.10.2004 geltenden Fassung** eine **Mindestvergütung von 500 €**. Bezogen auf den Staffelsatz des § 2 Abs. 1 InsVV wurde diese Mindestvergütung ab einer Insolvenzmasse von 1 250,02 € überschritten, die Regelvergütung des § 2 Abs. 1 InsVV beträgt ab einer Berechnungsgrundlage diesen Betrages aufgerundet 500,01 €.[115] In den bis 30.6.2014 beantragten **Verbraucherinsolvenzverfahren** betrug die Mindestvergütung nach § 13 Abs. 1 Satz 3 InsVV **in der bis 7.10.2004 geltenden Fassung nur 250 €**. Die Annahme des Verordnungsgebers zu § 13 InsVV – wie auch des Gesetzgebers zu §§ 304 ff. InsO –, das Verbraucherinsolvenzverfahren sei besonders einfach abzuwickeln, hat sich, wie bereits erwähnt, in der Rechtspraxis nicht bestätigt.[116]

b) Die Unangemessenheit der Mindestvergütung

93 Angesichts der hohen Zahl der sog. Kleininsolvenzen und der Verbraucherinsolvenzverfahren sowie des quantitativen Umfangs dieser Verfahren wurde die Gewährung der Mindestvergütung schon früh als unangemessen niedrig angesehen. Literatur und Rechtsprechung haben verschiedene Lösungswege, die teilweise extrem weit auseinandergehen, entwickelt.[117] Das AG Göttingen vervierfachte bspw. die Mindestvergütung des § 2 Abs. 2 InsVV auf 2 000 € und verachtfachte die Mindestvergütung des § 13 Abs. 1 Satz 3 InsVV auf densel-

113) Statistisches Bundesamt, Verbraucherinsolvenzverfahren, abrufbar unter https://www.destatis.de/DE/Themen/Gesellschaft-Umwelt/Einkommen-Konsum-Lebensbedingungen/Vermoegen-Schulden/Tabellen/verbraucherinsolvenzen-jahren.html (Abrufdatum: 26.1.2026).

114) *Heyrath*, ZInsO 2003, 214; *Keller*, ZVI 2002, 393; *Ast*, ZVI 2002, 193.

115) Dazu *Keller*, ZVI 2002, 393, 395.

116) Uhlenbruck-*Sternal*, InsO, § 304 Rz. 1; eingehend auch *Lorenz* in: FK-InsO, § 2 InsVV Rz. 35 ff.

117) Dazu *Keller*, NZI 11/2003, NZI-Aktuell S. V.

ben Betrag.[118] Das LG Bremen und das LG Bielefeld sahen dagegen keinerlei Veranlassung für eine pauschale Erhöhung der Vergütung des Treuhänders nach § 13 InsVV, sie sahen auch keine Verfassungswidrigkeit in den Regelungen zur Mindestvergütung.[119]

c) Die Grundsatzentscheidungen des BGH vom 15.1.2004

aa) Entscheidungen des BGH und des BVerfG

Die Frage der Angemessenheit der Regelungen zur Mindestvergütung ist in verschiedenen Rechtsbeschwerdeverfahren an den BGH herangetragen worden. Mit zwei Beschlüssen vom 15.1.2004[120] hatte er sich grundlegend hierzu geäußert.[121] 94

Der **BGH** hielt die Regelungen zur Mindestvergütung nicht seit ihrem Inkrafttreten für verfassungswidrig, sondern er **setzte eine zeitliche Grenze für Insolvenzeröffnungen bis zum 1.1.2004** und danach. Gleichzeitig forderte er den Verordnungsgeber auf, eine verfassungskonforme Neuregelung zu treffen und drohte für den Fall der Untätigkeit damit, dass die Gerichte dann selbstständig eine angemessene Mindestvergütung festlegen würden. 95

Gegen die Beschlüsse des BGH wurden seitens der betroffenen Beschwerdeführer Verfassungsbeschwerden erhoben.[122] Das BVerfG nahm die Beschwerden durch Beschlüsse vom 24.6.2004 nicht zur Entscheidung an. Die Nichtannahmebeschlüsse wurden nicht begründet. Drei weitere Verfassungsbeschwerden[123] gegen die Festsetzung der gesetzlichen Mindestvergütung des Treuhänders in Insolvenzverfahren, die vor dem 1.1.2004 eröffnet worden sind, wurden durch Beschlüsse vom 29.7.2004 ebenfalls durch die zweite Kammer des Ersten Senats des BVerfG nicht zur Entscheidung angenommen. Das BVerfG begründete die Nichtannahme mit der fehlenden Erschöpfung des Rechtsweges in den konkreten Verfahren (§ 90 Abs. 2 BVerfGG). Zwar könne von diesem Erfordernis abgewichen werden, wenn eine gefestigte höchstrichterliche Rechtsprechung bestehe, von der keine Abweichung gegenüber der mit der Verfassungsbeschwerde angegriffenen Entscheidungen zu erwarten sei. Dies sei hier jedoch nicht der Fall. Die Entscheidungen des BGH vom 15.1.2004 hätten eine solch kontroverse Diskussion ausgelöst,[124] dass von einer gefestigten Rechtsprechung des BGH noch nicht gesprochen werden könne. 96

Endgültig bestätigte der BGH mit Beschlüssen vom 20.1.2005[125] und vom 17.2.2005[126] seine bisherige Rechtsprechung auch unter Berücksichtigung der Kammerbeschlüsse des BVerfG. Dieses wiederum verneinte abschließend mit eingehender Begründung die Verfassungswidrigkeit der Rechtsprechung des BGH und bestätigte auch dessen Stichtagsregelung.[127] 97

118) AG Göttingen, Beschl. v. 6.5.2003 – 74 IN 264/02, ZIP 2003, 918 = ZVI 2003, 243; AG Göttingen, Beschl. v. 23.6.2003 – 74 IK 185/02, ZVI 2003, 371 = NZI 2003, 506.

119) LG Bremen, Beschl. v. 7.10.2002 – 2 T 610/02, ZVI 2002, 387 = NZI 2002, 672; LG Bielefeld, Beschl. v. 20.5.2003 – 23 T 208/03, ZVI 2003, 488.

120) BGH, Beschl. v. 15.1.2004 – IX ZB 96/03, BGHZ 157, 282 = ZVI 2004, 133; BGH, Beschl. v. 15.1.2004 – IX ZB 46/03, ZIP 2004, 424 = ZVI 2004, 132.

121) Dazu auch noch *Hess*, InsO, § 2 InsVV Rz. 35 ff.

122) BVerfG, Beschl. v. 24.6.2004 – 1 BvR 648/04, 1 BvR 633/04, mitgeteilt in ZIP 2004, A 53 Nr. 175.

123) BVerfG, Beschl. v. 29.7.2004 – 1 BvR 1322/04, 1 BvR 1387/04 und 1 BvR 1384/04, mitgeteilt in ZIP 2004, A 63 Nr. 209.

124) *Keller*, ZIP 2004, 633; *Prütting/Ahrens*, ZIP 2004, 1162 (Urteilsanm.); *Graeber*, NZI 2004, 169; *Pluta/Heidrich*, NZI 2004, 408.

125) BGH, Beschl. v. 20.1.2005 – IX ZB 134/04, ZIP 2005, 447 = ZVI 2005, 146, dazu EWiR 2005, 609 (*Rendels*).

126) BGH, Beschl. v. 17.2.2005 – IX ZB 144/04, ZIP 2005, 675 m. Anm. *Blersch* = NZI 2005, 333.

127) BVerfG, Beschl. v. 31.8.2005 – 1 BvR 700/05, ZIP 2005, 1694 = ZVI 2005, 558; BVerfG, Beschl. v. 31.8.2005 – 1 BvR 628/05, ZIP 2005, 1697 (LS).

bb) Die Argumentationslinien des BGH

98 Der BGH hat in seinen **Beschlüssen vom 15.1.2004** insbesondere folgende tragenden Aspekte vorgetragen: Die Tätigkeit als Insolvenzverwalter stellt nach allgemeiner Ansicht eine Berufsausübung i. S. des Art. 12 Abs. 1 GG dar.[128] Der BGH sah deshalb der Frage, ob die Tätigkeit des Insolvenzverwalters als eigenständiger Beruf i. S. des Art. 12 Abs. 1 GG ausgestaltet ist, als nicht problematisch an. § 63 Abs. 1 Satz 2 und 3 InsO gibt dem Verordnungsgeber einen allgemeinen Rahmen, wonach die Vergütung nach dem Wert der Insolvenzmasse bei Beendigung des Verfahrens zu bestimmen ist und dem Umfang und der Schwierigkeit des konkreten Verfahrens Rechnung getragen werden soll. Die **InsVV als ausführende Rechtsverordnung** zu § 63 Abs. 1 und § 65 InsO ist hieran zu messen. Gewährt sie dem Insolvenzverwalter keine angemessene Vergütung, ist sie **von der Ermächtigungsgrundlage des § 65 InsO nicht gedeckt** und als Verstoß gegen Art. 12 Abs. 1 Satz 2 GG möglicherweise verfassungswidrig. Der BGH sieht in einem solchen Fall die Gerichte nicht mehr an die Vorschriften der Rechtsverordnung gebunden.[129]

99 Die Angemessenheit der Vergütung nach § 63 Abs. 1 Satz 1 InsO soll nach Ansicht des BGH nicht für das jeweilige Insolvenzverfahren im Einzelfall zu beurteilen sein, sondern unter Berücksichtigung der Möglichkeit einer **Querfinanzierung mehrerer vom Insolvenzverwalter übernommener Verfahren** in gewisser Pauschalierung.[130] Auch mit der Annahme, dass die Angemessenheit der Vergütung des Insolvenzverwalters nicht für den Einzelfall zu betrachten sei, kam der BGH zu dem Ergebnis, dass die Regelungen zur Mindestvergütung unangemessen niedrig sind. Er begründete dies mit dem seit 1.12.2001 entstandenen Missverhältnis zwischen massereichen und massearmen Verfahren und der faktischen Verpflichtung der Insolvenzverwalter, praktisch masselose Verfahren über das Vermögen natürlicher Personen übernehmen zu müssen. Der BGH erkannte an, dass selbst bei pauschalierter Betrachtung der Angemessenheit der Vergütung eine solche bei der Mindestvergütung von 500 € oder 250 € nicht mehr gegeben ist.

100 Nach Ansicht des BGH waren die **Regelungen zur Mindestvergütung nur in den Verfahren** verfassungswidrig, die **ab dem 1.1.2004 eröffnet** worden sind. Dies bedeutet umgekehrt, dass in vor diesem Zeitpunkt eröffneten Verfahren die Festsetzung lediglich der Mindestvergütung von 500 € (§ 2 Abs. 2 InsVV a. F.) nebst Auslagen und Umsatzsteuer zulässig und rechtlich nicht zu beanstanden sein soll. Im Hinblick auf zulässige Beschränkungen der Berufsausübung im Schutzbereich des Art. 12 Abs. 1 GG wurde dem Gesetzgeber ein Prognose- und Anpassungsspielraum für die Erstellung und ggf. die Korrektur gesetzlicher Regelungen zugebilligt.[131] Der BGH sah diesen Spielraum auch bei der InsVV als Rechtsverordnung als gegeben an.[132] Die Entwicklung im Bereich der Kleininsolvenzen und Verbraucherinsolvenzverfahren sei erst mit Inkrafttreten des Insolvenzrechtsänderungsgesetzes zum 1.12.2001[133] eingetreten. Die große praktische Bedeutung von § 2 Abs. 2 und

128) Mit Hinweis auf Art. 12 GG bereits BGH, Urt. v. 5.12.1991 – IX ZR 275/90, BGHZ 116, 233 = ZIP 1992, 120, dazu EWiR 1992, 173 *(Uhlenbruck)*.

129) BGH, Beschl. v. 15.1.2004 – IX ZB 96/03, unter II. 2., 2. Abs. a. E., BGHZ 157, 282 = ZVI 2004, 133; mit Bezug auf BVerfG, Beschl. v. 9.2.1989 – 1 BvR 1165/87, ZIP 1989, 382 m. Anm. *Eickmann* = KTS 1989, 357, sowie auf die eigene Entscheidung zur Vergütung des Zwangsverwalters nach § 24 ZwVerwVO, BGH, Beschl. v. 12.9.2002 – IX ZB 39/02, BGHZ 152, 18 = ZVI 2003, 231.

130) BGH, Beschl. v. 15.1.2004 – IX ZB 96/03, unter II. 3. b), BGHZ 157, 282 = ZVI 2004, 133.

131) Dürig/Herzog/Scholz-*Grzeszick*, GG, Art. 20 Rz. 122; *Jarass/Pieroth*, GG, Art. 12 Rz. 27 und Art. 20 Rz. 87.

132) BGH, Beschl. v. 15.1.2004 – IX ZB 96/03, unter II. 4. a), 3. Abs., BGHZ 157, 282 = ZVI 2004, 133.

133) Gesetz zur Änderung der Insolvenzordnung und anderer Gesetze – InsOÄndG, v. 26.10.2001, BGBl I 2001, 2710.

§ 13 Abs. 1 Satz 3 InsVV sei für den Verordnungsgeber bis dato nicht vorhersehbar gewesen.

Dagegen wies in einer späteren Entscheidung ausdrücklich gegen den BGH das AG Potsdam[134] überzeugend nach, dass der Missstand zu geringer Vergütung angesichts hoher Verfahrenszahlen bereits seit 1999 insbesondere dort bestand, wo den Schuldnern Prozesskostenhilfe für die Durchführung des Insolvenz- und des Restschuldbefreiungsverfahrens gewährt worden ist. Demgemäß hätte der Verordnungsgeber angesichts der steigenden Zahl von Kleininsolvenzen und Verbraucherinsolvenzverfahren bereits in den Jahren 2002 oder 2003 reagieren müssen und die Regelungen zur Mindestvergütung entsprechend anpassen müssen. Der BGH begnügt sich mit der knappen Bemerkung, der Verordnungsgeber habe dies unterlassen.[135] Wenn aber die Überlastung der Gerichte und der Insolvenzverwalter spätestens im Frühjahr 2002 bekannt war,[136] erschien es seitens des **BGH** als **sehr großzügig**, dem Verordnungsgeber einen **Anpassungsspielraum bis Ende des Jahres 2003** zuzubilligen. Dem AG Potsdam folgten das AG Hamburg mit Beschluss vom 27.5.2004[137] und das AG Göttingen mit Beschlüssen vom 31.8.2004.[138] 101

d) Die Neuregelung der Mindestvergütung zum 7.10.2004

Das BMJ hat als Verordnungsgeber in Ausführung des § 65 InsO mit Verordnung vom 4.10.2004 die Mindestvergütung neu geregelt; sie ist am 7.10.2004 in Kraft getreten.[139] Die **Neuregelungen betreffen** nach § 19 InsVV **Insolvenzverfahren, die seit dem 1.1.2004 eröffnet** worden sind. Für die vor dem 1.1.2004 eröffneten Insolvenzverfahren trifft die Änderungsverordnung keine Regelung. 102

Die Neuregelung der § 2 Abs. 2 und § 13 Abs. 1 Satz 3 InsVV sieht vereinfacht dargestellt eine **Mindestvergütung von 1 000 € für Regelinsolvenzverfahren bzw. 600 € für Verbraucherinsolvenzverfahren** vor, die je nach Zahl der am Verfahren beteiligten Gläubiger zu erhöhen ist. 103

e) Die Neuregelung der Verbraucherinsolvenz zum 1.7.2014

Im Rahmen des Gesetzes zur Verkürzung des Restschuldbefreiungsverfahrens vom 15.7.2013,[140] das in weiten Teilen am **1.7.2014** in Kraft getreten ist, wurden die §§ 312 bis 314 InsO aufgehoben und das Verbraucherinsolvenzverfahren weitgehend in das Regelinsolvenzverfahren integriert.[141] Folgerichtig wurde auch § 13 InsVV geändert (siehe eingehend § 11 Rz. 5 ff.). Die **Mindestvergütung** wurde dabei **auf 800 € erhöht** (§ 13 InsVV 104

---

134) AG Potsdam, Beschl. v. 26.3.2004 – 35 IN 68/03, ZIP 2004, 673 = ZVI 2004, 209; AG Potsdam, Beschl. v. 30.3.2004 – 35 IK 259/03, ZIP 2004, 1862 = ZVI 2004, 559; AG Göttingen, Beschl. v. 31.8.2004 – 74 IN 29/03, ZIP 2004, 1861 = ZVI 2004, 765; AG Göttingen, Beschl. v. 31.8.2004 – 74 IK 219/03, ZIP 2004, 1862 = NZI 2004, 636.

135) BGH, Beschl. v. 15.1.2004 – IX ZB 96/03, unter II. 5., 5. Abs., BGHZ 157, 282 = ZVI 2004, 133.

136) BGH, Beschl. v. 15.1.2004 – IX ZB 96/03, unter II. 5., 4. Abs., BGHZ 157, 282 = ZVI 2004, 133.

137) AG Hamburg, Beschl. v. 27.5.2004 – 68c IK 247/03, ZIP 2004, 2067 = ZVI 2004, 634.

138) AG Göttingen, Beschl. v. 31.8.2004 – 74 IN 29/03, ZIP 2004, 1861 = ZVI 2004, 765; AG Göttingen, Beschl. v. 31.8.2004 – 74 IK 219/03, ZIP 2004, 1862 = NZI 2004, 636.

139) Verordnung zur Änderung der Insolvenzrechtlichen Vergütungsverordnung – InsVV-ÄndVO, v. 4.10.2004, BGBl. I 2004, 2569.

140) Gesetz zur Verkürzung des Restschuldbefreiungsverfahrens und zur Stärkung der Gläubigerrechte – GlRStG, v. 15.7.2013, BGBl. I 2013, 2379.

141) *Vuia* in: MünchKomm-InsO, § 312 Rz. 14 ff.; K. Schmidt-*Stephan*, InsO, § 312 Rz. 4; *Ahrens* in: Gottwald/Haas, Insolvenzrechts-Hdb., § 81 Rz. 1 ff., § 82 Rz. 3 ff.; umfassend *Ahrens*, Aktuelles Privatinsolvenzrecht, Rz. 272 ff.

i. d. F. seit 1.7.2014). Die Neuregelung gilt wie das allgemeine Verfahrensrecht für Insolvenzverfahren, die **seit 1.7.2014 beantragt** werden.

105 Parallel wurde zu **§ 3 Abs. 2 lit. e InsVV** ein **neuer Kürzungstatbestand** eingeführt. Er soll gelten, wenn die Vermögensverhältnisse des Schuldners überschaubar sind und die Zahl der Gläubiger oder die Höhe der Verbindlichkeiten gering ist. Mit dieser Anlehnung an § 304 InsO soll für das nunmehr integrierte Verbraucherinsolvenzverfahren eine Kürzung der Vergütung erfolgen können, wenn der Insolvenzverwalter durch die Vorarbeit insbesondere der Schuldnerberatung oder durch die Verzeichnisse nach § 305 Abs. 1 InsO Arbeitsersparnis erfahren hat.[142] Auf die Mindestvergütung des neuen § 13 InsVV ist der Kürzungstatbestand nicht anzuwenden.[143]

f) Die Anpassung der Mindestvergütung zum 1.1.2021

106 Durch Art. 6 des Gesetzes zur Fortentwicklung des Sanierungs- und Insolvenzrechts – SanInsFoG[144] wurden auch die Mindestvergütungen des § 2 Abs. 2 und des § 13 InsVV angepasst. Die Mindestvergütung nach § 2 Abs. 2 InsVV beträgt 1 400 € mit Anhebung der Staffelbeträge je Gläubigerzahl auf 210 €. Die Mindestvergütung des § 13 InsVV beträgt 1 120 € mit Anhebung des Staffelbetrages auf 140 €. Diese Mindestvergütungen gelten für Verfahren, die seit dem 1.1.2021 beantragt werden (§ 19 Abs. 5 InsVV).

3. Die Vergütung des Insolvenzverwalters in den bis 31.12.2003 eröffneten Insolvenzverfahren

a) Die Wirksamkeit bisheriger Vergütungsfestsetzung

107 Die Änderungen der Mindestvergütung durch Verordnung vom 4.10.2004 zum 7.10.2004 sind nach § 19 Abs. 1 InsVV auf Verfahren anzuwenden, die nach dem 1.1.2004 eröffnet und die bis einschließlich 31.12.2020 beantragt worden sind. Für die vor dem 1.1.2004 eröffneten Verfahren soll es bei der früheren Regelung der Mindestvergütung verbleiben.[145] Verfassungsrechtliche Bedenken gegen die Übergangsregelung[146] hatte der BGH verneint.[147]

108 Die **Feststellungen des BGH** in den **Beschlüssen vom 15.1.2004** haben selbstverständlich **keine rückwirkende Kraft**; vor diesen ergangene Beschlüsse zur Vergütungsfestsetzung bleiben weiterhin wirksam. Hat das Insolvenzgericht bereits vor den Entscheidungen des BGH in einem sog. Altverfahren den Insolvenzverwalter oder Treuhänder eine erhöhte Mindestvergütung zugesprochen, besteht auch keine Veranlassung, diese Vergütungsfestsetzung nachträglich zu ändern.[148]

---

142) Begr. RegE GlRStG, BT-Drucks. 17/11268, S. 45.

143) *Keller* in: HK-InsO, § 13 InsVV Rz. 15; dazu auch *Gortan*, NZI 2016, 339.

144) Gesetz zur Fortentwicklung des Sanierungs- und Insolvenzrechts – SanInsFoG, v. 22.12.2020, BGBl. I 2020, 3256.

145) BVerfG, Beschl. v. 31.8.2005 – 1 BvR 700/05, ZIP 2005, 1694 = ZVI 2005, 558; BVerfG, Beschl. v. 29.7.2004 – 1 BvR 1322/04, 1 BvR 1387/04 und 1 BvR 1384/04, mitgeteilt in ZIP 2004, A 63 Nr. 209; BGH, Beschl. v. 17.2.2005 – IX ZB 144/04, ZIP 2005, 675 m. Anm. *Blersch* = NZI 2005, 333; BGH, Beschl. v. 20.1.2005 – IX ZB 134/04, ZIP 2005, 447 = ZVI 2005, 146; *Keller*, ZVI 2002, 393 und 437; *Keller*, ZVI 2004, 569; *Keller*, ZIP 2004, 633.

146) Kritisch zur Rückwirkungsfrage *Blersch*, ZIP 2004, 2311, 2315.

147) BGH, Beschl. v. 13.3.2008 – IX ZB 63/05, ZIP 2008, 976 = NZI 2008, 361.

148) LG Göttingen, Beschl. v. 1.3.2004 – 10 T 147/03, ZVI 2004, 262; LG Krefeld, Beschl. v. 5.4.2004 – 6 T 35/04, ZIP 2004, 1162 m. Anm. *Prütting/Ahrens* = ZVI 2004, 371; dazu eingehend *Keller*, NZI 2004, 465, unter V. 2. c).

b) Die Gewährung erhöhter Mindestvergütung

Ob auch in den **Altfällen** vor 1.1.2004 eine **erhöhte Mindestvergütung** gewährt werden kann, war lange nicht geklärt. Das LG Cottbus[149)] hielt eine Anwendung des § 2 Abs. 2 InsVV n. F. auf Insolvenzverfahren aus der Zeit vor dem 1.1.2004 für geboten. Das LG Göttingen[150)] hielt eine Erhöhung der Mindestvergütung der bis 6.10.2004 geltenden Fassung des § 2 Abs. 2 InsVV weiter für zulässig, ebenso das LG Lübeck.[151)] 109

Einige AG sprachen sich bereits früher für eine pauschale Erhöhung der Vergütung nach allgemeinen Erwägungen aus. Beispielhaft sei hier das AG Göttingen genannt, das sowohl dem Insolvenzverwalter im Kleininsolvenzverfahren als auch dem Treuhänder im Verbraucherinsolvenzverfahren eine Mindestvergütung von 2 000 € zubilligte.[152)] Ähnlich siedelte das AG Dresden die Mindestvergütung des Insolvenzverwalters bei 1 500 € an.[153)] Zur gleichen Höhe der Vergütung gelangte das LG Frankfurt an der Oder.[154)] Das LG Flensburg ließ eine pauschale Erhöhung der Vergütung auf lediglich 800 € zu.[155)] Der BGH sah für eine pauschale Anhebung der Vergütung aber ausdrücklich keinen Raum.[156)] Eine Erhöhung der Vergütung in Anlehnung des § 3 Abs. 1 InsVV könne nur erfolgen, wenn die Tätigkeit des Insolvenzverwalters im konkreten Insolvenzverfahren dies zulasse.[157)] Großzügiger sah dies *Blersch*[158)], der ein Abweichen vom Normalfall für eine Anwendung des § 3 Abs. 1 InsVV nicht für erforderlich ansah. 110

Der BGH entschied dagegen mit Beschluss vom 17.2.2005[159)] sehr deutlich, dass eine rückwirkende Anwendung der erhöhten Mindestvergütung auf Altfälle nicht in Betracht komme. Aus der Übergangsregelung des § 19 InsVV sei der eindeutig geäußerte Wille des Verordnungsgebers zu entnehmen, dass es bei den „Altfällen" mit den in der alten Verordnung aufgeführten Beträgen sein Bewenden haben solle. Der abschließende Charakter der Übergangsregelung schließe jede Möglichkeit einer verfassungskonformen Auslegung für die Mindestvergütung in „Altfällen" aus. Zur **Rechtsprechung zur Mindestvergütung in Altfällen** wird auf die eingehende Darstellung der **3. Auflage** unter § 4 Rz. 388 ff. verwiesen. 111

4. Die Berechnung der Mindestvergütung nach § 2 Abs. 2 InsVV

a) Die Mindestvergütung nach § 2 Abs. 2 Satz 1 InsVV

Die Mindestvergütung des § 2 Abs. 2 InsVV ist als **Mindest-Regelvergütung** zu verstehen. Sie muss im Einzelfall nach § 3 Abs. 1 InsVV erhöht werden, wenn Erhöhungstatbestände vorliegen; sie kann in ganz besonderen Ausnahmefällen geringer Arbeitstätigkeit auch nach § 3 Abs. 2 InsVV gekürzt werden (siehe eingehend Rz. 126 f.). Es wäre systematisch falsch, die Mindestvergütung des § 2 Abs. 2 InsVV als Gesamt-Mindestvergütung, also einschließlich möglicher Erhöhungstatbestände, zu berechnen. Wollte man dies annehmen, müsste § 2 Abs. 2 InsVV an anderer Stelle, etwa als Absatz 3 zu § 3 InsVV geregelt sein. 112

---

149) LG Cottbus, Beschl. v. 16.12.2004 – 7 T 193/04, ZIP 2005, 821.

150) LG Göttingen, Beschl. v. 3.11.2004 – 10 T 111/04, ZVI 2004, 763 = NZI 2005, 44.

151) LG Lübeck, Beschl. v. 11.8.2004 – 7 T 229/04, ZVI 2005, 55.

152) AG Göttingen, Beschl. v. 6.5.2003 – 74 IN 264/02, ZIP 2003, 918 = ZVI 2003, 243; AG Göttingen, Beschl. v. 23.6.2003 – 74 IK 185/02, ZVI 2003, 371 = NZI 2003, 506.

153) AG Dresden, Beschl. v. 17.6.2003 – 540 IN 2591/99, ZVI 2003, 373.

154) LG Frankfurt/O., Beschl. v. 28.11.2003 – 19 T 656/03, DZWIR 2004, 169 m. Anm. *Keller*.

155) LG Flensburg, Beschl. v. 28.2.2003 – 5 T 25/03, ZVI 2003, 237 = NZI 2003, 382.

156) BGH, Beschl. v. 15.1.2004 – IX ZB 96/03, unter II. 6., BGHZ 157, 282 = ZVI 2004, 133.

157) So auch *Keller*, ZVI 2002, 437, 442.

158) *Blersch*, ZVI 2003, 193, 197 ff.; eingehend gegen *Keller*, ZVI 2002, 437, 442.

159) BGH, Beschl. v. 17.2.2005 – IX ZB 144/04, ZIP 2005, 675 m. Anm. *Blersch* = NZI 2005, 333.

113 Im **Regelinsolvenzverfahren** beträgt in den seit dem 1.1.2004 eröffneten und in den bis 31.12.2020 beantragten Insolvenzverfahren **grundsätzlich 1 000 €** (§ 2 Abs. 2 Satz 1 InsVV). Ergibt sich aus § 1 InsVV eine höhere Vergütung in Anwendung der Staffelsätze des § 2 Abs. 1 InsVV, ist diese maßgebend. Die Mindestvergütung von 1 000 € gilt insbesondere in masselosen Insolvenzverfahren bei Gewährung von Kostenstundung. Die Vergütung des § 2 Abs. 1 InsVV greift, sobald die Insolvenzmasse mehr als 2 500 € beträgt, bei einer Insolvenzmasse von 2 501 € beträgt die Regelvergütung immerhin 1 000,40 €. Es ist damit nach wie vor für den Insolvenzverwalter günstiger, wenn er versucht, eine entsprechende Insolvenzmasse zu erwirtschaften, als sich mit der Mindestvergütung zu begnügen.[160)] Der Betrag von 1 000 € wurde vom **AG Potsdam** für **unangemessen niedrig** und die Neuregelung des § 2 Abs. 2 InsVV damit für verfassungswidrig gehalten, es wurde eine angemessene Mindestvergütung von 1 600 € gefordert.[161)] Nach Anhebung der Mindestvergütung zum 1.1.2021 für die seit diesem Datum beantragten Verfahren, hat sich diese Streitfrage erledigt.

b) Die Zahl der Gläubiger als Erhöhungskriterium nach § 2 Abs. 2 Satz 2 InsVV

114 Die Zahl der Gläubiger, die sich am Insolvenzverfahren beteiligen, wird in der Neuregelung der Mindestvergütung als pauschales Erhöhungskriterium definiert. Begründet wird dies damit, dass nach den empirischen Untersuchungen eine allgemeingültige Erfassung des **Arbeitsaufwandes** nach Zeit schwer möglich sei, hingegen je nach der Zahl der beteiligten Gläubiger der Arbeitsaufwand sich durchweg erhöhe.[162)]

115 Der Verordnungstext spricht von **„Gläubigern", die Forderungen zum Verfahren anmelden.** Fraglich ist hier, ob damit die Zahl der Gläubiger „nach Köpfen" gemeint ist oder die Zahl der zur Insolvenztabelle angemeldeten Insolvenzforderungen. Zweck der Regelung ist es, einen erhöhten Arbeitsaufwand des Insolvenzverwalters bei Erfassung der Forderungsanmeldungen und -prüfungen abzugelten. Das wäre ein Argument dafür, die Zahl der Forderungsanmeldungen als richtiges Kriterium anzusehen. Meldet ein Gläubiger nämlich mehrere Forderungen aus verschiedensten Rechtsgründen und Anspruchsgrundlagen an, hat der Insolvenzverwalter ebenso viel Prüfungs- und Arbeitsaufwand, als wenn jede Forderung von einem anderen Gläubiger angemeldet worden wäre. Die gleiche Frage stellt sich bei der Erstellung der **Insolvenztabelle**; es ist hier Frage der praktischen Handhabung, ob jeder Einzelforderung ein eigenes Tabellenblatt mit laufender Nummer zugewiesen werden soll oder mehrere Forderungen eines Gläubigers ein Tabellenblatt erhalten.[163)] Andererseits soll die Regelung des § 2 Abs. 2 InsVV eine **möglichst einfache Ermittlung** der Vergütung gewährleisten. Die Auslegung des Begriffs „Gläubiger" i. S. von „Forderungsanmeldung" könnte dazu verleiten, auch kleinste Einzelposten, die sonst unproblematisch als eine Forderung angemeldet werden, zu zergliedern, um mehrere Forderungen zu erhalten.[164)] Zu denken ist namentlich an Forderungen der Krankenkassen, Steuerforderungen des Fiskus[165)] oder Forderungen der Banken aus laufender Geschäftsverbindung und Kontokorrent. Dies wiederum ist nicht Sinn der Regelung. Es ist daher richtig, das **Erhöhungskriterium des § 2 Abs. 2 InsVV wortlautgetreu als Zahl der Gläubiger „nach Köpfen"**

160) Dazu *Keller*, ZVI 2002, 437.

161) AG Potsdam, Beschl. v. 22.12.2004 – 35 IN 470/04, ZIP 2005, 363 = NZI 2005, 227.

162) Begr. z. Entwurf einer InsVV-ÄndVO (zu § 2 Abs. 2) mit Zusammenfassung der Untersuchungsergebnisse hinsichtlich der Kosten je Arbeitsstunde, abgedr. unten in Anh. IV, S. 709, 715 ff.

163) Hierzu *Frege/Keller/Riedel*, Insolvenzrecht, Rz. 3.1041.

164) Zu fiktiven Anmeldungen auch *Graeber/Graeber*, InsVV, § 2 Rz. 43 ff.

165) BGH, Beschl. v. 19.5.2011 – IX ZB 27/10, ZIP 2011, 1479 = NZI 2011, 542; *Graeber/Graeber*, InsVV, § 2 Rz. 47 ff.

und nicht „nach Forderungen“ anzusehen.[166] Ansonsten besteht die Gefahr, bei der Tabellenführung allein aus vergütungsrechtlichen Gründen Unklarheiten oder Unübersichtlichkeit hervorzurufen.

Im Übrigen kommt es allein auf die Zahl der Gläubiger **zur Zeit der Forderungsanmeldung** 116
an. Das Ergebnis der jeweiligen Forderungsprüfung oder die Zahl der Gläubiger im Schlussverzeichnis sind nicht maßgebend.[167] Es ist auch nicht maßgebend, ob sich der Insolvenzverwalter erheblich mit den angemeldeten Forderungen befasst hat.[168] Haben in einem Insolvenzverfahren viele Gläubiger Forderungen angemeldet und ihre Anmeldungen schon nach Vorabinformation des Insolvenzverwalters zurückgenommen, sollen nach Ansicht des LG Dessau-Roßlau diese Forderungen nicht berücksichtigt werden.[169]

Sind am Insolvenzverfahren **nicht mehr als 10 Gläubiger** beteiligt, bleibt es bei der Min- 117
destvergütung von 1 000 € bzw. 1 400 € in den seit 1.1.2021 beantragten Verfahren. Bei 11 bis 30 Gläubigern erhöht sich die Vergütung für je angefangene 5 Gläubiger um 150 € bzw. 210 € in den seit 1.1.2021 beantragten Verfahren, ab 31 Gläubiger um 140 € je angefangene 5 Gläubiger.

Tabellarisch ergibt dies **für die bis 31.12.2020 beantragten Verfahren** folgende Vergütungs- 118
struktur:[170]

Zahl der Gläubiger	**Zusammensetzung der Vergütung**	**Vergütungssumme**
1–10	1 000 € ohne Erhöhung	1 000 €
11–15		1 150 €
16–20	Je 5 Gläubiger	1 300 €
21–25	Erhöhung um 150 €	1 450 €
26–30		1 600 €
31–35	Je 5 Gläubiger	1 700 €
36–40	Erhöhung um 100 €	1 800 €

Für die Berechnung der Mindestvergütung unter Berücksichtigung der Gläubigerzahl *(G)* 119
bei mehr als 30 Gläubigern ergibt sich folgende Formel:[171]

$$x\,[\text{Vergütung}] = \frac{(G\,[\text{Zahl der Gläubiger}] - 30) \times 100\text{ €}}{5} + 1\,600\text{ €}.$$

Die Zahl der Gläubiger ist auf die nächste durch 5 teilbare Zahl aufzurunden. Gekürzt um 120
den Divisor lautet die Formel wie folgt:[172]

$$x\,[\text{Vergütung}] = (G\,[\text{Zahl der Gläubiger}] - 30) \times 20\text{ €} + 1\,600\text{ €}.$$

166) BGH, Beschl. v. 4.2.2010 – IX ZB 129/08, ZIP 2010, 486 = NZI 2010, 256, dazu EWiR 2010, 399 *(Blersch)*; AG Potsdam, Beschl. v. 5.12.2006 – 35 IN 1058/05, NZI 2007, 179.

167) *Graeber/Graeber*, InsVV, § 2 Rz. 38 ff.

168) BGH, Beschl. v. 4.2.2010 – IX ZB 129/08, ZIP 2010, 486 = NZI 2010, 256.

169) LG Dessau-Roßlau, Beschl. v. 19.2.2015 – 1 T 16/14, ZIP 2014, 1239 = NZI 2014, 475 m. Anm. *Stephan*.

170) Weitergehende Tabelle bei *Graeber/Graeber*, InsVV, § 2 Rz. 60.

171) *Keller*, NZI 2005, 23.

172) Statt einer Erhöhung von 100 € je fünf Gläubiger kann auch die Erhöhung um 20 € je Gläubiger berechnet werden, die Zahl *G* ist aber stets auf die nächste durch fünf teilbare Zahl aufzurunden.

121 **Für die seit 1.1.2021 beantragten Verfahren** ergibt sich folgende Vergütungsstruktur:

Zahl der Gläubiger	Zusammensetzung der Vergütung	Vergütungssumme
1–10	1 400 € ohne Erhöhung	1 400 €
11–15		1 610 €
16–20	Je 5 Gläubiger	1 820 €
21–25	Erhöhung um 210 €	2 030 €
26–30		2 240 €
31–35	Je 5 Gläubiger	2 340 €
36–40	Erhöhung um 140 €	2 440 €

122 Für die Berechnung der Mindestvergütung unter Berücksichtigung der Gläubigerzahl *(G)* bei mehr als 30 Gläubigern ergibt sich folgende gekürzte Berechnungsformel:

$$x\,[\text{Vergütung}] = (G\,[\text{Zahl der Gläubiger}] - 30) \times 28\,€ + 2\,240\,€.$$

123 Sind am Insolvenzverfahren bspw. **mehr als 40 Gläubiger** beteiligt, könnte es für den Insolvenzverwalter interessant sein, statt der pauschalierten Mindestvergütung die Regelvergütung des § 2 Abs. 1 InsVV in Anspruch zu nehmen, die Insolvenzmasse müsste dann aber bei bis 31.12.2020 beantragen Verfahren mindestens 4 750 € betragen, die Regelvergütung entspricht dann mit 1 900 € genau der pauschalierten Mindestvergütung bei 41 bis 45 Gläubigern. Bei Verfahren, die seit 1.1.2021 beantragt werden, wird die Mindestvergütung von 2 540 € für 41 Gläubiger bei einer Insolvenzmasse von 6 350 € durch die Regelvergütung des § 2 Abs. 1 InsVV erreicht. Nimmt man die bislang geltende Definition des § 304 Abs. 2 InsO zur Verbrauchereigenschaft als Vergleichskriterium, erhält der Insolvenzverwalter in der Kleininsolvenz eines ehemals Gewerbetreibenden mit 20 Gläubigern in einem bis 31.12.2020 beantragten Verfahren 1 300 € als Mindestvergütung, in einem seit 1.1.2021 beantragten Verfahren 1 820 €. Die Begründung zur Änderung der InsVV aus dem Jahre 2004 sieht den Mittelwert der Vergütung bei 26 bis 30 Gläubigern und 1 600 €. Die Vergütung entspreche dann dem Tätigkeitsaufwand bei einem durchschnittlichen masselosen Insolvenzverfahren nach den Untersuchungen von *Hommerich*.[173)]

124 Die Relation zwischen Mindestvergütung und Regelvergütung verschiebt sich je nach Zahl der Gläubiger des Insolvenzverfahrens. Insbesondere bei hoher Gläubigerzahl kann die Mindestvergütung des § 2 Abs. 2 InsVV aufgrund der pauschalen Erhöhungen höher sein als die Vergütung nach § 2 Abs. 1 InsVV, auch wenn nach der Höhe der Insolvenzmasse diese maßgeblich wäre.

Beispiel:

Beträgt die Insolvenzmasse bspw. 3 000 € und sind am Verfahren 45 Gläubiger beteiligt, könnte die Regelvergütung des § 2 Abs. 1 InsVV mit einer Erhöhung nach § 3 Abs. 1 InsVV um 25 % wegen der hohen Gläubigerzahl 1 500 € betragen (1 200 € Regelvergütung und 300 € Erhöhung).[174)] *Die allein wegen der Zahl der Gläubiger erhöhte Mindestvergütung des § 2 Abs. 2 InsVV in der bis 31.12.2020 geltenden Fassung wäre mit 1 900 € deutlich höher, in der*

173) Begr. z. Entwurf einer InsVV-ÄndVO (zu § 2 Abs. 2), abgedr. unten in Anh. IV, S. 709, 715 ff.; eingehend *Hommerich/Ebers*, Zeitlicher Aufwand von Insolvenzverwaltern/Treuhändern in masselosen Insolvenzverwaltern, S. 20 ff. und 29 ff., abrufbar unter http://www.gesmat.bundesgerichtshof.de/gesetzesmaterialien/15_wp/insvv/gutachten_hommerich.pdf (Abrufdatum: 26.1.2026).

174) Vergütung berechnet nach § 2 Abs. 1 InsVV in der bis 31.12.2020 geltenden Fassung; in der seit 1.1.2021 geltenden Fassung ist die Regelvergütung ebenso hoch, weil die erste Degressionsstufe im Prozentsatz nicht verändert wurde; sie wurde auf eine Insolvenzmasse von 35 000 € angehoben.

seit 1.1.2021 geltenden Fassung wären es sogar 2 540 €. Es ist dann diese Vergütung maßgeblich. Dies gilt insbesondere auch in der Unternehmensinsolvenz: Beträgt bspw. die Insolvenzmasse einer GmbH nur 6 000 €, waren an dem Verfahren aber 180 Gläubiger beteiligt, beträgt die Mindestvergütung des § 2 Abs. 2 InsVV in der bis 31.12.2020 geltenden Fassung 4 600 € und in der seit 1.1.2021 geltenden Fassung sogar 5 240 €, während die Regelvergütung mit 40 % der Insolvenzmasse ohne Berücksichtigung einer Erhöhung nach § 3 Abs. 1 InsVV nur 2 400 € beträgt.

Die pauschale Erhöhung nach der Zahl der Gläubiger kann zu einem Vergütungsbetrag führen, der scheinbar unangemessen hoch, letztlich aber angesichts des Arbeitsaufwandes doch angemessen und deshalb hinzunehmen ist. Kürzungen der Mindestvergütung aus allgemeinen Erwägungen sind nicht zulässig. Haben in einem masselosen Insolvenzverfahren bspw. 6 000 Gläubiger ihre Forderungen angemeldet, beträgt in einem bis 31.12.2020 beantragten Verfahren die Mindestvergütung 121 000 € (1 000 € Mindestvergütung + 600 € für 11 bis 30 Gläubiger + 119 400 € für 31 bis 6 000 Gläubiger). Die Angemessenheit dieser Vergütung darf nicht pauschal in Zweifel gezogen werden. Um sie zu kürzen, muss ein Kürzungstatbestand des § 3 Abs. 2 InsVV vorliegen. 125

c) Erhöhung und Kürzung nach § 3 InsVV

Die Regelung des § 2 Abs. 2 InsVV schließt die Möglichkeit weiterer Erhöhungen der Vergütung in Anwendung des § 3 Abs. 1 InsVV nicht aus, sie wurde auch vom **BGH** in seiner Entscheidung vom 15.1.2004 ausdrücklich offengelassen.[175] Mit Beschluss vom 25.6.2009 **bejahte** er **ausdrücklich die Anwendung des § 3 InsVV.**[176] Es ist daher zulässig, beim Vorliegen entsprechender Erhöhungskriterien, die Vergütung angemessen zu erhöhen.[177] Im Übrigen heißt die Mindestvergütung eben auch „Mindest"- und nicht „Höchst"-Vergütung. Sie stellt eine Mindestregelvergütung i. S. des § 2 InsVV sicher, an welche sich entsprechend den Besonderheiten des Einzelfalles **Erhöhungen oder auch Kürzungen** des § 3 InsVV anschließen. Eine Kürzung der Mindestvergütung muss sich aber unter Berücksichtigung des durch Art. 12 Abs. 1 GG geschützten Anspruchs des Insolvenzverwalters auf angemessene Vergütung auf **absolute Ausnahmefälle geringer Arbeitstätigkeit** beschränken.[178] Zu messen ist dies am Durchschnitt der betreffenden Verfahrensart. Hatte insbesondere in einem Verbraucherinsolvenzverfahren der Insolvenzverwalter scheinbar wenig Arbeitsaufwand, ist dieser an den sonstigen Verbraucherinsolvenzverfahren zu messen. Waren bspw. nur das Arbeitseinkommen des Schuldners zu prüfen und Ansprüche aus Versicherungsverträgen geltend zu machen, entspricht dies dem üblichen Aufwand und ist damit nicht unterdurchschnittlich. Eine Kürzung der Mindestvergütung kann in besonderen Ausnahmefällen auch beim **vorläufigen Insolvenzverwalter** erfolgen.[179] 126

Insbesondere ist die Zahl der Gläubiger zwar ein taugliches Mittel, um die Belastung im durchschnittlichen Verfahren abzugelten, sonstige Besonderheiten und Erschwernisse des Einzelfalles können damit aber nicht berücksichtigt werden. Es spricht auch nichts dagegen, trotz der Staffelung des § 2 Abs. 2 InsVV eine besonders hohe Zahl von Gläubigern 127

---

175) BGH, Beschl. v. 15.1.2004 – IX ZB 96/03, BGHZ 157, 282 = ZVI 2004, 133.

176) BGH, Beschl. v. 25.6.2009 – IX ZB 118/08, ZInsO 2009, 1511.

177) AG Potsdam, Beschl. v. 15.11.2007 – 35 IN 559/07, DZWIR 2008, 88; Leonhardt/Smid/Zeuner-*Amberger*, InsVV, § 2 Rz. 38; *Graeber/Graeber*, InsVV, § 2 Rz. 64 ff.

178) BGH, Beschl. v. 6.4.2017 – IX ZB 48/16, ZVI 2017, 396 = NZI 2017, 459; BGH, Beschl. v. 14.12.2017 – IX ZB 101/15, ZIP 2018, 333 = ZVI 2018, 119, dazu EWiR 2017, 277 *(Zimmer)*; BGH, Beschl. v. 12.3.2020 – IX ZB 33/18, ZVI 2020, 228 = NZI 2020, 521; AG Köln, Beschl. v. 4.1.2017 – 72 IN 310/16, ZIP 2017, 834 = NZI 2017, 324; *Grote*, ZInsO 2017, 1653.

179) AG Köln, Beschl. v. 4.1.2017 – 72 IN 310/16, ZIP 2017, 834 = NZI 2017, 324.

als **Erhöhungskriterium** nach § 3 Abs. 1 InsVV anzuerkennen, wenn diese für den Insolvenzverwalter eine außergewöhnliche Arbeitsbelastung zur Folge hatte, bspw. weil besonders viele Forderungen streitig waren und aufwendig geprüft werden mussten. Allein die Zahl der beteiligten Gläubiger kann für sich genommen neben § 2 Abs. 2 InsVV aber kein Erhöhungskriterium sein.

d) Die Vergleichsberechnung zwischen Regel- und Mindestvergütung

aa) Berechnungsformel zur Vergleichsberechnung

128 Da die Mindestvergütung des § 2 Abs. 2 InsVV in jeder Verfahrensart mit Ausnahme des Verbraucherinsolvenzverfahrens gilt, ist in jedem Fall eine Vergleichsberechnung zwischen der Mindestvergütung und der Regelvergütung nach § 2 Abs. 1 InsVV erforderlich.[180)]

129 Um ermitteln zu können, ob im konkreten Insolvenzverfahren die Regelvergütung oder die Mindestvergütung maßgebend ist, muss zunächst die Regelvergütung errechnet werden (siehe oben Rz. 63 ff.). Es ist sodann zu prüfen, ob nicht die Mindestvergütung aufgrund der Zahl der Gläubiger höher ist. Diese **Vergleichsberechnung** wird erleichtert, wenn man aus der ermittelten Regelvergütung die maßgebliche Gläubigerzahl *(G)* errechnet, ab welcher die Mindestvergütung höher ist.

130 Dies erfolgt in den bis 31.12.2020 beantragten Verfahren nach folgender Berechnungsformel:

$$G = \frac{(\text{Regelvergütung} - 1\,600{,}00) \times 5}{100} + 30.$$

131 Gekürzt um den Faktor 5 im Dividenden lautet die Formel wie folgt:

$$G = \frac{\text{Regelvergütung} - 1\,600{,}00}{20} + 30.$$

132 In den **seit 1.1.2021 eröffneten Verfahren** wird die Zahl 1 600,00 durch die Zahl 2 240,00 ersetzt. Die Zahl 20 im Divisor wird durch die Zahl 28 ersetzt. In den seit 1.1.2021 beantragten Verfahren lautet die **Formel zur Ermittlung der maßgeblichen Gläubigerzahl** somit:

$$G = \frac{\text{Regelvergütung} - 2\,240{,}00}{28} + 30.$$

Beispiel:[181)]

In der Insolvenz der GmbH beträgt die Insolvenzmasse als Berechnungsgrundlage der Vergütung 36 792,20 €; im Insolvenzverfahren haben 97 Gläubiger ihre Forderungen angemeldet. Die Regelvergütung des § 2 Abs. 1 InsVV beträgt 14 465,97 €.

$$\textit{Formel: } 14\,465{,}97\,€ = (36\,792{,}20 - 35\,000) \times 0{,}26 + 14\,000\,€$$

Die maßgebliche Gläubigerzahl bei dieser Vergütung beträgt 466,64.

$$466{,}64 = \frac{14\,465{,}97 - 2\,240{,}00}{28} + 30$$

Unter Berücksichtigung der Staffelung der Erhöhungsbeträge in § 2 Abs. 2 InsVV würde ab einer Gläubigerzahl von 466 die Mindestvergütung höher sein als die Regelvergütung, da dann die Gläubigerzahl auf 470 aufgerundet würde.

---

180) Eingehend *Keller*, NZI 2005, 23.

181) Aktualisiert aus *Keller*, NZI 2005, 23.

133 Das Verhältnis von Regelvergütung und Mindestvergütung ändert sich zugunsten der Mindestvergütung, wenn die Insolvenzmasse nicht sehr hoch ist. Bei **hoher Insolvenzmasse** müsste die **Gläubigerzahl** mehr als **überdurchschnittlich** hoch sein, damit die Mindestvergütung maßgeblich wäre. Die Regelvergütung steigt ferner degressiv zur Insolvenzmasse, die Mindestvergütung steigt linear zur Gläubigerzahl, weshalb es bei hoher Insolvenzmasse proportional einer weniger hohen Gläubigerzahl bedarf, damit die Mindestvergütung gilt.

134 Das Verhältnis zwischen Regelvergütung und Mindestvergütung lässt sich tabellarisch darstellen. Die Darstellung kann nur anhand von Beispielswerten erfolgen, bei denen die Mindestvergütung die Regelvergütung übersteigen könnte. Diese sind entsprechend der Staffelbeträge des § 2 Abs. 1 InsVV in der bis 31.12.2020 geltenden Fassung folgende:

Insolvenzmasse	Regelvergütung	Gläubigerzahl	Mindestvergütung
25 000 €	10 000 €	450	10 000 €
50 000 €	16 250 €	762,5*)	16 300 €
250 000 €	30 250 €	1 462,5*)	30 300 €
500 000 €	37 750 €	1 837,5*)	37 800 €
25 000 000 €	527 750 €	26 337,5*)	527 800 €
50 000 000 €	777 750 €	38 837,5*)	777 800 €

*) Die Gläubigerzahl ist bei Berechnung der Mindestvergütung auf den nächsten durch 5 teilbaren Betrag aufzurunden.

Beispiel:[182]

Die Regelvergütung beträgt im Insolvenzverfahren 17 688 €. Die maßgebliche Gläubigerzahl, ab welcher die Mindestvergütung die Regelvergütung übersteigt, ist 581,71:

$$581{,}71 = \frac{17\,688{,}00 - 2\,240{,}00}{28} + 30.$$

Ab einer Gläubigerzahl von 581, die für die Mindestvergütung auf 585 aufgerundet wird, ist die Mindestvergütung damit höher als die Regelvergütung; sie beträgt dann 17 780 € (= [585 – 30] × 28 + 2 240 €).

bb) Der Einfluss von Erhöhungsfaktoren nach § 3 Abs. 1 InsVV

135 Die Vergleichsberechnung erfolgt zwischen der Regelvergütung und der Mindestvergütung als gesetzlicher Vergütung nach § 2 InsVV, Erhöhungsfaktoren des § 3 Abs. 1 InsVV bleiben zunächst außer Betracht. Die Möglichkeit der Erhöhung der Vergütung ist in beiden Fällen gegeben.

136 Zu differenzieren ist beim Erhöhungskriterium der Gläubigerzahl. Allgemein wird bei Anwendung statischer Tatbestände eines Normalverfahrens eine Erhöhung der Regelvergütung nach § 2 Abs. 1 InsVV befürwortet, wenn mehr als 100 Gläubiger am Verfahren beteiligt sind (siehe oben Rz. 10 ff.). Unter Berücksichtigung der Rechtsprechung des BGH zu den Erhöhungstatbeständen des § 3 Abs. 1 InsVV[183] könnte dies künftig fraglich sein. Bei der Mindestvergütung ist die Zahl der Gläubiger bereits immanent berücksichtigt.

137 Soweit deshalb die Regelvergütung des § 2 Abs. 1 InsVV wegen einer besonders hohen Zahl von Gläubigern erhöht werden kann, ist zunächst die nicht erhöhte Vergütung mit der Mindestvergütung zu vergleichen. Sodann ist bei der Regelvergütung des § 2 Abs. 1 InsVV

182) Aktualisiert aus *Keller*, NZI 2005, 23.

183) BGH, Beschl. v. 24.7.2003 – IX ZB 607/02, ZIP 2003, 1757 = NZI 2003, 603, dazu EWiR 2003, 1043 *(Rendels)*; dazu *Keller*, NZI 2004, 465, unter III. 2.

der Erhöhungstatbestand der Gläubigerzahl zu berechnen und der Vergütung hinzuzurechnen. Am Ende kann die nach § 3 Abs. 1 InsVV erhöhte Regelvergütung dann doch höher sein als die Mindestvergütung, bei der dieser Erhöhungstatbestand nicht gewährt werden kann.

Beispiel:[184]

In der Insolvenz der GmbH beträgt die Insolvenzmasse 11 576,25 €, 182 Gläubiger haben ihre Forderungen zur Insolvenztabelle angemeldet. Der Insolvenzverwalter macht eine Erhöhung der Vergütung für die Zahl der Gläubiger geltend, insbesondere weil eine große Zahl der Forderungen streitig war und umfassend geprüft werden musste. Ferner sei ein Erhöhungstatbestand für die Bearbeitung der Absonderungsrechte gegeben, die den Insolvenzverwalter außergewöhnlich stark beanspruchten.

Die Regelvergütung des § 2 Abs. 1 InsVV beträgt sowohl in einem bis 31.12.2020 als auch einem seit 1.1.2021 beantragten Verfahren 4 630,50 € (= 11 576,25 € × 0,4). Werden für die Bearbeitung der Forderungsanmeldungen sowie der Absonderungsrechte Erhöhungen von jeweils 15 % der Vergütung gewährt, beträgt sie 6 019,65 €.

Die Mindestvergütung des § 2 Abs. 2 InsVV beträgt in einem bis 31.12.2020 beantragten Verfahren 4 700 € (= [185 – 30] × 20 € + 1 600 €). In einem seit 1.1.2021 beantragten Verfahren beträgt sie 5 340 €. Gewährt man hier nur für die Bearbeitung der Absonderungsrechte einen Erhöhungsfaktor von 15 %, beträgt die Vergütung 5 405 € (bis 31.12.2020) bzw. 6 141 € (seit 1.1.2021). Gewährt man auch für die Erschwernisse bei der Forderungsprüfung einen Erhöhungsfaktor von 15 %, beträgt die Vergütung 6 110 € (bis 31.12.2020) bzw. 6 942 € (seit 1.1.2021).

5. Prüfungsreihenfolge zur Mindestvergütung

138 Zusammengefasst ist bei der Ermittlung der nach § 2 InsVV maßgeblichen Vergütung in jedem Insolvenzverfahren, auch in der Unternehmensinsolvenz, in folgenden Schritten vorzugehen.

1. Zunächst ist die Regelvergütung des § 2 Abs. 1 InsVV berechnet nach der Insolvenzmasse nach § 1 InsVV zu ermitteln (Berechnungsformel siehe Rz. 67).
2. Es ist dann zu ermitteln, ab welcher Gläubigerzahl die Mindestvergütung des § 2 Abs. 2 InsVV höher ist (Berechnungsformel siehe Rz. 119 ff.). Ist im konkreten Verfahren diese Gläubigerzahl erreicht, ist die Mindestvergütung des § 2 Abs. 2 InsVV maßgebend.
3. In einem dritten Schritt ist zu ermitteln, ob die Regelvergütung des § 2 Abs. 1 InsVV wegen der besonders hohen Zahl von Gläubigern und der damit verbundenen Arbeitsbelastung nach § 3 Abs. 1 InsVV erhöht werden muss. Ist dies der Fall, ist die Regelvergütung zu erhöhen und dieser erhöhte Betrag nochmals mit der Mindestvergütung zu vergleichen.
4. Übrige Erhöhungstatbestände, die bei beiden Vergütungsarten gleichermaßen gewährt werden, können bei der Vergleichsberechnung außer Betracht bleiben. Dabei ist auch stets zu bedenken, dass für besondere rechtliche Streitfragen bei der Forderungsprüfung oder für die Prozessführung auch die Mindestvergütung erhöht werden kann, lediglich der allgemeine Arbeitsaufwand in Abhängigkeit von der Zahl der Gläubiger kann hier kein Erhöhungskriterium sein.

184) Aktualisiert aus *Keller*, NZI 2005, 23.

6. Die Mindestvergütung in der Unternehmensinsolvenz

a) Die Anwendung von § 2 Abs. 2 Satz 2 InsVV

§ 2 Abs. 2 InsVV gilt uneingeschränkt in der Verbraucherinsolvenz, also in sog. IK-Verfahren. **§ 2 Abs. 2 Satz 1 InsVV gilt auch in sog. IN-Verfahren**, also in der Unternehmensinsolvenz sowie in Insolvenzverfahren über das Vermögen natürlicher Personen, die keine Verbraucher i. S. des § 304 InsO sind. Lange war umstritten, **ob die Regelung des § 2 Abs. 2 Satz 2 InsVV** auch in der **Regelinsolvenz natürlicher Personen** oder **auch in der Unternehmensinsolvenz Anwendung findet**. Oberflächlich betrachtet, scheint die Mindestvergütung in der Unternehmensinsolvenz keine Rolle zu spielen, da eine Masselosigkeit hier zur Abweisung nach § 26 InsO oder Einstellung nach § 207 InsO führt. Bei geringer Insolvenzmasse und hoher Zahl von Gläubigern kann jedoch auch in der Unternehmensinsolvenz die Mindestvergütung maßgebend sein: Beträgt bspw. die Insolvenzmasse 12 000 €, beträgt die Regelvergütung des § 2 Abs. 1 InsVV nur 4 800 €. Sind an dem Insolvenzverfahren aber bspw. 238 Gläubiger beteiligt, beträgt die Mindestvergütung bereits 5 800 €. Die Frage ist daher relevant, **wenn in der Unternehmensinsolvenz die Zahl der Gläubiger außerordentlich hoch** ist und dann die Mindestvergütung die Regelvergütung des § 2 Abs. 1 InsVV übersteigt.[185] 139

b) Die Rechtsprechung des BGH

Der BGH hatte zur Frage der Mindestvergütung in der Unternehmensinsolvenz für die Vergütung des vorläufigen Insolvenzverwalters festgestellt, dass ihm die volle Mindestvergütung zustehe, diese also nicht auf 25 % gekürzt werde.[186] Die streitige Frage hat er damit vielleicht auch unbewusst bejaht. Andererseits wird argumentiert, § 2 Abs. 2 InsVV sei nur auf die Insolvenz der natürlichen Person anwendbar.[187] *Vill* befürwortete eine uneingeschränkte Anwendung des § 2 Abs. 2 InsVV und ging davon aus, dass dem Verordnungsgeber das Problem der Mindestvergütung bei der Unternehmensinsolvenz mit extrem hoher Gläubigerzahl bewusst war.[188] 140

In einem ausführlichen obiter dictum zu einer unzulässigen Rechtsbeschwerde teilte der **BGH** mit **Beschluss vom 22.7.2021** mit, dass der die Regelung des **§ 2 Abs. 2 Satz 2 InsVV in der Insolvenz einer juristischen Person für nicht anwendbar** hält.[189] Er sieht aufgrund einer historischen und teleologischen Auslegung der Norm den Anwendungsbereich als nicht gegeben, weil der Gesetzgeber lediglich die Insolvenz der natürlichen Person vor Augen hatte und der Zweck der Norm in der Unternehmensinsolvenz nicht erfüllt werde. Der BGH spricht in dem Beschluss nur von der Insolvenz der juristischen Person und damit der Unternehmensinsolvenz, eine Differenzierung zwischen IK- und IN-Verfahren und Verfahren natürlicher Personen nimmt er nicht vor. Im Sachverhalt seiner Entscheidung war ein regionaler Energieversorger mit mehreren tausend Gläubigern insolvent. Relevant ist die Frage aber bereits in der **Regelinsolvenz** über das Vermögen einer **natürlichen Person**, wenn mehr als zehn Gläubiger beteiligt sind. **Wendet man hier § 2 Abs. 2 Satz 2 InsVV nicht an**, erhält der Insolvenzverwalter nur die Mindestvergütung von 1 400 € ohne Erhöhung, weil bei einer geringen Zahl an Gläubigern ein Zuschlag nach § 3 Abs. 1 InsVV 141

185) AG Charlottenburg, Beschl. v. 1.3.2019 – 36a IN 4295/17, ZIP 2019, 727; dazu *Mock*, ZInsO 2019, 643 (Urteilsanm.); *Blersch*, NZI 2019, 529.

186) BGH, Beschl. v. 13.7.2006 – IX ZB 104/05, BGHZ 168, 321 = NZI 2006 515 m. Anm. *Nowak*.

187) *Mock*, ZInsO 2019, 643 (Urteilsanm. zu AG Charlottenburg, Beschl. v. 1.3.2019 – 36a IN 4295/17, ZIP 2019, 727).

188) *Vill*, ZInsO 2020, 974; *Vill*, in: FS Kayser, S. 1043.

189) BGH, Beschl. v. 22.7.2021 – IX ZB 4/21, ZRI 2021, 886 = ZVI 2021, 443 = NZI 2021, 984 m. Anm. *Gutmann*, dazu EWiR 2021, 723 *(Blersch)*; *Spiekermann*, ZInsO 2021, 2656.

nicht angezeigt ist. Er erhält dann aber eine geringere Vergütung als der Insolvenzverwalter in der Verbraucherinsolvenz. Das kann nicht richtig sein. Man muss dann mindestens in der Insolvenz der natürlichen Person, gleichgültig ob Regel- oder Verbraucherinsolvenz, § 2 Abs. 2 Satz 2 InsVV anwenden und die Mindestvergütung nach der Zahl der Gläubiger erhöhen, will man den Insolvenzverwalter in der Regelinsolvenz nicht schlechterstellen als jenen in der Verbraucherinsolvenz.

142 Ob dann die Erhöhung der Mindestvergütung nach der Zahl der Gläubiger allein in der Insolvenz von rechtsfähigen Personengesellschaften oder juristischen Personen ausgeschlossen ist – wie der BGH meint – ist sehr fraglich. Denn eine solche **Differenzierung ist weder in der InsO noch in der InsVV normiert.** Warum soll gerade bei der Anwendung von § 2 Abs. 2 Satz 2 InsVV eine Differenzierung vorgenommen werden, die sonst nirgends geregelt ist? Nach Ansicht des BGH erhält damit der Insolvenzverwalter in der Unternehmensinsolvenz nur die Mindestvergütung nach § 2 Abs. 2 Satz 1 InsVV, Erhöhungen nach der Zahl der Gläubiger erhält er nur als Zuschlag nach § 3 Abs. 1 InsVV. Es könnte dann sogar der Insolvenzverwalter der Unternehmensinsolvenz schlechtergestellt sein als jener der Verbraucherinsolvenz.

c) Die Auslegung des § 2 Abs. 2 InsVV

143 Bei der Anwendung des § 2 Abs. 2 InsVV in der Unternehmensinsolvenz sind **zwei Fragestellungen zu unterscheiden**: Erstens die Frage der grundsätzlichen Anwendung des § 2 Abs. 2 Satz 2 InsVV in der Unternehmensinsolvenz. Zweitens die Frage der Vergütungsbestimmung bei extrem hoher – übergroßer – Gläubigerzahl. Die erste Frage der Anwendung des § 2 Abs. 2 Satz 2 InsVV in der Unternehmensinsolvenz ist historisch, grammatisch, systematisch und teleologisch zu untersuchen.

144 **Historischer Ausgangspunkt** der Norm war die Unangemessenheit der früheren Mindestvergütung, insbesondere in der Insolvenz der natürlichen Person. Der Verordnungsgeber ließ daher auch den Arbeitsaufwand gerade in der Verbraucherinsolvenz prüfen und die durchschnittliche Gläubigerzahl feststellen (siehe dazu Rz. 15 ff.). Die **Änderungen zur Mindestvergütung** erfolgten jedoch sowohl in **§ 13 InsVV betreffend die Verbraucherinsolvenz** als auch in **§ 2 InsVV betreffend das Regelinsolvenzverfahren**. Auch die Begründung zur ÄndVO vom 4.10.2004 befasst sich sowohl im Allgemeinen Teil als auch in den Erläuterungen zu § 2 Abs. 2 InsVV mit der Berechnung der Mindestvergütung in der Unternehmensinsolvenz.[190] Der Verordnungsgeber ging eindeutig davon aus, dass die Neuregelung uneingeschränkt auch in der Unternehmensinsolvenz gelten solle. Mit der späteren Reform des Verbraucherinsolvenzrechts zum 1.7.2014 wurde § 13 InsVV angepasst, § 2 Abs. 2 InsVV blieb unangetastet (siehe dazu § 11 Rz. 31 ff.). Daher kann in historischer Auslegung der Norm zwar festgestellt werden, dass die Insolvenz der natürlichen Person zwar Auslöser der Regelung war, sie aber auch in der Unternehmensinsolvenz Anwendung finden sollte.

145 In **grammatischer Auslegung** der Norm ist festzustellen, dass § 2 Abs. 2 InsVV insgesamt **keine Einschränkung des Geltungsbereichs** auf Insolvenzen der natürlichen Person enthält, die Unternehmensinsolvenz also nicht ausschließt. Die Norm nimmt allein Bezug auf die Regelvergütung des § 2 Abs. 1 InsVV und bezeichnet die nach der Gläubigerzahl berechnete Regelvergütung als Mindestvergütung. Allein nach dem Wortlaut der Norm ist die Anwendung des § 2 Abs. 2 InsVV nicht auf die Insolvenz der natürlichen Person und nicht auf Fälle der Kostenstundung nach §§ 4a ff. InsO beschränkt, nach dem Wortlaut der Norm gilt sie auch für die Unternehmensinsolvenz. Hätte der Verordnungsgeber den Anwen-

---

190) Begr. z. Entwurf einer InsVV-ÄndVO (zu § 2 Abs. 2), abgedr. unten in Anh. IV, S. 709, 711, 715 ff.

dungsbereich einschränken wollen, hätte er dies klar zum Ausdruck bringen können und müssen.

In **systematischer Auslegung** steht § 2 Abs. 2 InsVV als Korrektiv zu der nach der Insolvenzmasse als Berechnungsgrundlage zu bestimmenden Regelvergütung des § 2 Abs. 1 InsVV. Dagegen regelt § 13 InsVV die Mindestvergütung in der Verbraucherinsolvenz. Für die Insolvenz der natürlichen Person, die als Regelinsolvenzverfahren durchzuführen ist, enthält die InsVV keine Sonderregelungen. Es wäre daher systematisch nicht richtig, die einzelne Norm des § 2 Abs. 2 Satz 2 InsVV einschränkend dahin auszulegen, dass sie für die Unternehmensinsolvenz nicht gelte.[191] Es würde sich dann zudem die Frage stellen, welche Mindestvergütung in der Unternehmensinsolvenz gelten solle, denn es gibt ja auch Unternehmensinsolvenzen mit geringer Insolvenzmasse. Man könnte argumentieren, § 2 Abs. 2 Satz 2 InsVV gelte in der Unternehmensinsolvenz nur bei Masselosigkeit. Dies ergibt sich aber in keiner Weise aus dem Wortlaut, der Stellung oder auch der Historie der Norm. Zudem muss berücksichtigt werden, dass Masselosigkeit des § 207 InsO nicht zwingend auch bedeuten muss, dass nur eine geringe Insolvenzmasse vorliegen muss. Auch in Insolvenzverfahren mit scheinbar ausreichender Insolvenzmasse kann wegen hoher Masseverbindlichkeiten, die im Laufe des Verfahrens zu befriedigen waren, eine Masselosigkeit eintreten. Wollte man § 2 Abs. 2 Satz 2 InsVV hierauf beschränken, wäre die Anwendung der Norm nahezu unbestimmt. 146

In **teleologischer Auslegung** will § 2 Abs. 2 InsVV dem Insolvenzverwalter einen Mindestbetrag an Vergütung gewähren. Die Vorschrift soll dabei ausnahmsweise greifen, wenn die Regelvergütung nach der Insolvenzmasse als Berechnungsgrundlage geringer ist. Eine **Einschränkung auf die Insolvenz der natürlichen Person** soll sich **nach Ansicht des BGH** aus diesem Zweck der Vorschrift ergeben.[192] **Dem kann nicht zugestimmt werden.** Ganz im Gegenteil hat auch in der Unternehmensinsolvenz der Insolvenzverwalter einen Anspruch auf einen Mindestbetrag an Vergütung. Die pauschalierte Erhöhung der Mindestvergütung nach der Zahl der Gläubiger stellt dabei die Untergrenze der Vergütungsbestimmung dar, denn die gesamte Tätigkeit des Insolvenzverwalters wird auf die Zahl der Gläubiger reduziert. Sie wird mit faktisch 28 € je Gläubiger zudem niedrig angesetzt. Hiergegen könnte wieder argumentiert werden, dies zeige die Unanwendbarkeit des § 2 Abs. 2 Satz 2 InsVV in der Unternehmensinsolvenz, weil doch die Tätigkeit des Insolvenzverwalters sich nicht lediglich auf die Prüfung der Insolvenzforderungen beschränkt. Doch dann stellt sich wieder die Frage, nach welcher Regelung dem Insolvenzverwalter in der Unternehmensinsolvenz sonst eine Mindestvergütung zu gewähren sei. Es kann dann nur § 2 Abs. 1 Satz 1 InsVV gelten, die **Zahl der Gläubiger** ist dann **je nach Arbeitsaufwand Erhöhungstatbestand** nach § 3 Abs. 1 InsVV.[193] Erreicht die Gläubigerzahl aber nicht die Schwelle der Erheblichkeit, die § 3 Abs. 1 InsVV verlangt, wird der Insolvenzverwalter faktisch schlechter vergütet als in einer Verbraucherinsolvenz. Wenn man zutreffend unterstellt, dass in einer Unternehmensinsolvenz der Arbeitsaufwand höher ist, wäre das Ergebnis wohl ein Verstoß gegen Art. 3 Abs. 1 GG. Der BGH verneint diese Gefahr und verweist pauschal auf das Postulat der Querfinanzierung, nach welchem die Vergütung nicht im Einzelfall auskömmlich sein müsse.[194] Er hatte in seinem obiter dictum vom 22.7.2021 offenbar nur die Unternehmensinsolvenz mit besonders hoher Gläubigerzahl vor Augen und sah eine vermeintliche Gefahr darin, dass die Mindestvergütung sehr viel höher sein 147

191) *Wischemeyer* in: HK-InsVV, § 2 Rz. 17.
192) BGH, Beschl. v. 22.7.2021 – IX ZB 4/21, Rz. 18, ZRI 20221, 886 = ZVI 2021, 443.
193) BGH, Beschl. v. 22.7.2021 – IX ZB 4/21, Rz. 27, ZRI 20221, 886 = ZVI 2021, 443.
194) BGH, Beschl. v. 22.7.2021 – IX ZB 4/21, Rz. 29, ZRI 20221, 886 = ZVI 2021, 443.

könnte als die Regelvergütung des § 2 Abs. 1 InsVV.[195)] Es kann aber auch sein, dass unter Berücksichtigung der Gläubigerzahl als Zuschlagstatbestand die Regelvergütung höher ist als die um die Gläubigerzahl erhöhte Mindestvergütung (siehe dazu Rz. 166 ff.).

148 Im Ergebnis ist festzustellen, dass weder nach der grammatischen noch nach der systematischen Auslegung der Norm eine Einschränkung der Regelung zur Mindestvergütung nach § 2 Abs. 2 Satz 2 InsVV dahin anzunehmen ist, dass sie in der Unternehmensinsolvenz keine Geltung habe. **§ 2 Abs. 2 InsVV gilt** – entgegen der Ansicht des BGH – **uneingeschränkt auch in der Unternehmensinsolvenz.**

d) Das Problem einer übergroßen Gläubigerzahl

aa) Literatur und Rechtsprechung

149 Ein besonderes Problem besteht, wenn die Zahl der am Insolvenzverfahren beteiligten Gläubiger übergroß ist. Dies kann der Fall sein bei Energieversorgungsunternehmen, Versandhandelsunternehmen oder Unternehmen, die sich durch Ausgabe von Anleihen finanziert haben. In diesen Fällen einer **übergroßen Gläubigerzahl kollidieren** die **Mindestvergütung** und die **Regelvergütung**, die wegen der besonders hohen Gläubigerzahl nach § 3 Abs. 1 InsVV zu erhöhen ist.

150 Allgemein wird eine hohe Gläubigerzahl als **quantitatives Erhöhungskriterium** betrachtet (siehe zum Normfallverfahren Rz. 50 ff.). Seitens der Literatur wird überwiegend auf eine lineare Erhöhung der Berechnung entsprechend der Zahl der Gläubiger abgestellt.

151 Rein mathematisch schlägt *Hess*[196)] eine Erhöhung der Vergütung bei einer Gläubigerzahl ab 100 bis 200 um 13 %, mithin um den Faktor 0,13, ab einer Gläubigerzahl von 200 je 100 Gläubiger zusätzlich 6 %, mithin Faktor 0,06 vor.

152 *Nowak*[197)] plädiert hingegen bei einer Gläubigerzahl ab 100 für eine Erhöhung um 10 % (Faktor 0,1) je 100 Gläubiger. Ähnlich argumentieren *Prasser* und *Stoffler*, sie betonen aber, dass die Zahl von 100 nicht starr sei.[198)] *Lorenz*[199)] befürwortet ab einer Gläubigerzahl von 100 eine Erhöhung der Vergütung je 100 Gläubiger um den Faktor 0,1. *Graeber*[200)] schlägt ebenfalls eine Erhöhung um 10 % je 100 Gläubiger vor, begrenzt den Tatbestand insgesamt aber auf 50 %. Die Kommentierungen von *Stephan/Riedel* und *Büttner* in *Hamburger Kommentar* beinhalten keine konkreten Vorschläge zur Berechnung einer Vergütungserhöhung bei hoher Gläubigerzahl. *Wipperfürth* in *Graf-Schlicker* merkt lediglich an, dass es bei der Berechnung der Mindestvergütung keine Obergrenze der Zahl der Gläubiger gebe.[201)]

153 Das LG Braunschweig billigt der bei einer erheblichen Überschreitung der Gläubigergrenze von 100 eine Erhöhung der Vergütung um den Faktor 0,5 zu.[202)] Das AG Potsdam gewährte bei gleichem Stellenwert der Gläubiger eine Vergütungserhöhung um den Faktor 0,15.[203)] Das LG Bamberg gewährte in einem Sachverhalt betreffend die Mindestvergütung nach § 2 Abs. 2 InsVV in der vor 7.10.2004 geltenden Fassung bei mehr als 20 Gläubigern

---

195) Beispielhaft AG Charlottenburg, Beschl. v. 1.3.2019 – 36a IN 4295/17, ZIP 2019, 727; dazu *Mock*, ZInsO 2019, 643 (Urteilsanm.); *Blersch*, NZI 2019, 529.

196) *Hess*, InsO, 1. Aufl. 2007, § 3 InsVV Rz. 83; in 2. Aufl. 2012 m. Verw. auf Rspr. in § 3 InsVV Rz. 118 Tabelle.

197) *Nowak* in: MünchKomm-InsO, 2. Aufl. 2007, § 3 InsVV Rz. 23.

198) *Prasser/Stoffler* in: KPB, InsO, § 3 InsVV Rz. 101, 102.

199) *Lorenz* in: FK-InsO, § 3 InsVV Rz. 53.

200) *Graeber*, Vergütung in Insolvenzverfahren von A–Z, Rz. 220 m. Rspr.-Nachw.

201) Graf-Schlicker-*Wipperfürth*, InsO, § 2 InsVV Rz. 14.

202) LG Braunschweig, Beschl. v. 29.1.2001 – 8 T 947/00, ZInsO 2001, 552.

203) AG Potsdam, Beschl. v. 6.2.2001 – 35 IN 297/00, DZWIR 2001, 259.

eine Vergütungserhöhung um 25 € je Gläubiger.[204] Der BGH beschränkt sich regelmäßig darauf, eine besonders hohe Gläubigerzahl als vergütungserhöhend anzuerkennen.[205] Im Übrigen postuliert der BGH ohnehin die Bemessung eines Zuschlags zur Vergütung an Hand einer Gesamtbetrachtung aller Tatbestände ohne Verknüpfung eines einzelnen mit einem bestimmten Faktor.

bb) Lineare oder degressive Erhöhung der Vergütung

Nahezu einhellig wird eine lineare Erhöhung der Vergütung je nach Zahl der Gläubiger 154
befürwortet. Lediglich auf mögliche Arbeitsersparnis bei intakter Verwaltungsstruktur des schuldnerischen Unternehmens wird hingewiesen. Es ist aber **fraglich**, ob eine solche **rein linear berechnete Vergütungserhöhung zutreffend** ist. Zu berücksichtigen ist nämlich für den jeweils konkreten Fall, wie die Gläubigerstruktur aufgebaut ist und mit welchem Arbeitsaufwand die Forderungsanmeldungen und Forderungsprüfungen durch das Insolvenzverwalterbüro bewältigt werden können. Sind insbesondere die Gläubigerforderungen gleichgelagert, handelt es sich um Massengläubiger mit jeweils gleichem Rechtsgrund und gleicher rechtlicher Problematik, ist der Arbeitsaufwand nicht linear steigend zur Zahl der Gläubiger. Bei entsprechender Organisation des Verwalterbüros oder Delegation an spezielle Dienstleister wird der Arbeitsaufwand gemildert. Zwar müssen in jedem Fall der Insolvenzverwalter bzw. seine Mitarbeiter sich mit jeder Forderung befassen, ein Tabellenblatt anlegen, dazugehörige Unterlagen prüfen und die Forderung am Ende feststellen oder bestreiten. **Bei gleichgelagerten Fällen standardisiert sich aber der Arbeitsablauf.** Es ist daher richtig, entsprechend der Gläubigerzahl statt der linearen eine degressive Erhöhung der Vergütung anzusetzen. Sachliche Voraussetzung ist jedoch, dass die Gläubigerforderungen inhaltlich gleichgestaltet sind und durch rationalisierte Arbeitsabläufe bewältigt werden können.

Dies gilt spiegelbildlich, wenn das schuldnerische Unternehmen eine **Vielzahl von Schuldnern** hat, gegen welche Forderungen aus jeweils gleichen Rechtsverhältnissen stammen. 155
Typisches Beispiel kann die Insolvenz eines Versandhändlers sein, der eine Vielzahl von Kundenforderungen besitzt, welche durch den Insolvenzverwalter zu erfassen und beizutreiben sind, soweit sie nicht bereits im ordnungsmäßigen Geschäftsbetrieb durch sog. Factoring verkauft worden sind, was im Versandhandel üblich ist. Das Factoring entbindet das Unternehmen und damit auch den Insolvenzverwalter aber nicht von der Pflicht zur Mitwirkung an der Aufbereitung der Kundenforderungen. Es ist damit keine völlige Arbeitsersparnis verbunden.

Zur **Vergütungserhöhung bei** dem **quantitativen Tatbestand** der Übertragung des Zu- 156
stellungswesens nach § 8 Abs. 3 InsO forderte der BGH eine **Angemessenheitsprüfung** der Erhöhung dahingehend, dass bezogen auf die jeweilige Zustellung der Erhöhungsfaktor als Geldbetrag ins Verhältnis gesetzt wird.[206] Dies ist grundsätzlich richtig, denn bezogen auf die Übertragung des Zustellungswesens erscheint es unangemessen, dem Insolvenzverwalter bspw. eine Erhöhung der Regelvergütung um den Faktor 0,25 zu gewähren, was betragsmäßig dann vielleicht einem Zuschlag von 100 € je Zustellung entspricht. Bezogen auf den quantitativen Tatbestand der Gläubigerzahl bedeutet diese Rechtsprechung, dass geprüft werden muss, inwieweit sich die Vergütungserhöhung betragsmäßig auf die einzelne Forderung auswirkt und ob dies angemessen ist. Zu dieser Frage kommt es, wenn die In-

---

204) LG Bamberg, Beschl. v. 23.9.2004 – 3 T 95/04, ZInsO 2004, 1196.

205) BGH, Beschl. v. 11.5.2006 – IX ZB 249/04, ZIP 2006, 1204 = NZI 2006, 464.

206) BGH, Beschl. v. 8.3.2012 – IX ZB 162/11, ZIP 2012, 682 = DZWIR 2012, 261 m. Anm. *Keller*, dazu EWiR 2013, 383 *(Keller)*; *Graeber/Graeber*, NZI 2012, 355.

solvenzmasse als Berechnungsgrundlage der Vergütung hoch ist, so dass auch der Erhöhungsfaktor sich entsprechend auswirkt.

157 Würde bspw. bei einer Berechnungsgrundlage von 1 Mio. € und 10 100 Gläubigern die Regelvergütung von 47 750 € wegen Vereinfachung der Rechnung linear um den Faktor 10 erhöht (ab dem 200. Gläubiger je 100 Gläubiger Faktor 0,1), betrüge allein die Erhöhung 477 500 €. Auf den einzelnen Gläubiger „entfielen" damit 47,28 €. Dies wäre keineswegs unangemessen hoch. Bei einer Insolvenzmasse von 10 Mio. € und einer Regelvergütung von 227 750 € „entfielen" bei gleicher Gläubigerzahl und gleichem Erhöhungsfaktor auf den einzelnen Gläubiger 225,50 €.

cc) Die Gläubigerzahl als pauschales Erhöhungskriterium der Mindestvergütung

158 Die Regelung des § 2 Abs. 2 InsVV sieht die Zahl der am Verfahren beteiligten Gläubiger als pauschales Kriterium der Erhöhung der Mindestvergütung. Der Verordnungsgeber erkennt insoweit die Gläubigerzahl als quantitatives Merkmal der Vergütungserhöhung an. Die pauschale Erhöhung der Mindestvergütung nach der Zahl der Gläubiger kann zu einem Vergütungsbetrag führen, der scheinbar unangemessen hoch ist. Kürzungen der Mindestvergütung aus allgemeinen Erwägungen sind aber nicht zulässig. Dabei ist auch zu bedenken, dass nach dem Berechnungssystem des § 2 Abs. 2 InsVV der Verordnungsgeber dem Insolvenzverwalter eine Mindestvergütung von **faktisch nur 28 € je Gläubiger** zubilligt; dies ergibt sich bereits aus dem Wortlaut der Norm, wenn ab 31 Gläubigern je angefangene 5 Gläubiger die Vergütung um 140 € erhöht wird (§ 2 Abs. 2 Satz 3 InsVV). Gemessen an den tatsächlichen Tätigkeiten im Zusammenhang mit Forderungsanmeldung und Forderungsprüfung ist dieser Vergütungsansatz für sich genommen keinesfalls zu hoch, eher zu niedrig.

dd) Diskrepanz zwischen Mindestvergütung und erhöhter Regelvergütung

159 Eine **erhebliche Diskrepanz** zwischen Mindestvergütung nach § 2 Abs. 2 InsVV und Erhöhung der Vergütung bei hoher Gläubigerzahl nach § 3 Abs. 1 InsVV ergibt sich dann, wenn die **Insolvenzmasse** als Berechnungsgrundlage **hoch** ist und die **Gläubigerzahl übergroß** ist. Nach der Berechnung der maßgeblichen Gläubigerzahl wäre dann die Mindestvergütung als Regelvergütung i. S. des § 2 InsVV maßgebend.[207] Sie kann dann aber erheblich niedriger sein als die Regelvergütung des § 2 Abs. 1 InsVV mit entsprechender Erhöhung nach § 3 Abs. 1 InsVV. Nach Ansicht von *Vill* sei das nicht maßgebend, es sei allein die Mindestvergütung nach der Zahl der Gläubiger maßgebend.[208] Dann dürfte man aber systematisch den Erhöhungstatbestand der hohen Gläubigerzahl nicht anerkennen, weil dann die Gläubigerzahl allein über § 2 Abs. 2 InsVV maßgebliches Kriterium wäre. Ob dies der Verordnungsgeber vor Augen hatte, ist fraglich.

Beispiel:

Bei einer Gläubigerzahl von 10 100 beträgt in einem bis 31.12.2020 beantragten Verfahren die Mindestvergütung 203 000 €, in einem seit 1.1.2021 beantragten Verfahren ist sie mit 203 640 € nur unwesentlich höher; die Erhöhung der Mindestvergütung nach § 3 Abs. 1 InsVV wegen hoher Gläubigerzahl ist ausgeschlossen. Bei einer Berechnungsgrundlage von 1 Mio. € beträgt die Regelvergütung des § 2 Abs. 1 InsVV in einem bis 31.12.2020 beantragten Verfahren 47 750 €, in einem seit 1.1.2021 beantragten Verfahren 62 250 €; damit wäre in jedem Fall die Mindestvergütung maßgebend. Die wegen Vereinfachung der Rechnung lineare Erhöhung der Vergütung

207) Hierzu auch *Lorenz* in: FK-InsO, § 2 InsVV Rz. 42.

208) *Vill*, ZInsO 2020, 974.

um den Faktor 10 (ab dem 200. Gläubiger je 100 Gläubiger Faktor 0,1), brächte aber eine Erhöhung um 477 500 € für bis 31.12.2020 beantragte Verfahren bzw. um 622 500 € für seit 1.1.2021 beantragte Verfahren.

Diese einfache Beispielsrechnung zeigt, dass im Ergebnis die **Mindestvergütung** des § 2 Abs. 2 InsVV **unangemessen niedrig** werden kann. Das Beispiel zeigt auch, dass schon bei nicht übergroßer Insolvenzmasse, aber enorm hoher Gläubigerzahl, das Verhältnis zwischen Mindestvergütung und erhöhter Regelvergütung gestört ist. Es ist hier durchaus zutreffend, wenn man hinterfragt, ob es angemessen erscheint, die gesamte Regeltätigkeit des Insolvenzverwalters rechnerisch an 20 € je Gläubiger festzumachen, was Grundlage der Mindestvergütung ist. Angemessen ist das, wenn das Insolvenzverfahren masselos ist, wenn aber im **massehaltigen Insolvenzverfahren** der Insolvenzverwalter weit **umfangreichere Tätigkeiten** zu erfüllen hat als lediglich Forderungsprüfung, ist es systematisch **fragwürdig** und letztlich mit § 63 Abs. 1 InsO nicht vereinbar, seine **Mindestvergütung allein nach der Zahl der Gläubiger** zu bestimmen. 160

Der **Verordnungsgeber** hat **diesen Fall nicht bedacht**, ihm schwebte als Fall der Mindestvergütung das masselose Insolvenzverfahren über das Vermögen einer natürlichen Person vor. Zwar wird in der Begründung ausdrücklich erwähnt, dass § 2 Abs. 2 InsVV nicht nur auf Stundungsfälle anwendbar sei, auch Aspekte zur Unternehmensinsolvenz werden erwähnt, das Problem der übergroßen Gläubigerzahl wird aber nicht diskutiert.[209] Zur Lösung der Frage sind mehrere Ansätze denkbar: 161

Erstens könnte der Wortlaut des § 2 Abs. 2 InsVV als Wille des Verordnungsgebers hingenommen werden, mit der Folge dass die Mindestvergütung niedriger sein kann als die angemessen erhöhte Regelvergütung. Dies wäre so, wenn ein entsprechender Wille ersichtlich wäre, der Verordnungsgeber das Problem gesehen hätte.[210] 162

Würde man gleichwohl den Wortlaut des § 2 Abs. 2 InsVV in dieser Weise annehmen, stellte sich die Frage der Angemessenheit der Regelung mit Art. 12 GG im Hintergrund. Denn dann bekäme faktisch der Insolvenzverwalter als Vergütung 20 € je Gläubiger, was die Frage der Verfassungswidrigkeit aufwerfen kann. Denn gerade **bei nicht niedriger Insolvenzmasse** soll sich die **Vergütung am Gesamtaufwand der Insolvenzverwaltung** messen, was durch § 63 Abs. 1 InsO mit § 2 Abs. 1 InsVV deutlich wird. Würde man hier allein die Mindestvergütung als Regelvergütung zugrunde legen, würde man für die Gesamttätigkeit des Insolvenzverwalters **faktisch nur den Arbeitsaufwand bezüglich der Gläubigerzahl** zugrunde legen, und diesen auch nur mit 20 € je Gläubiger. Das wäre mit § 63 Abs. 1 InsO unvereinbar und würde letztlich zu unangemessener Vergütung führen. 163

Zweitens könnte in historischer Auslegung des § 2 Abs. 2 InsVV dessen Anwendungsbereich auf den Fall des masselosen Verfahrens begrenzt werden. Dies entspricht der ursprünglichen Intention des Verordnungsgebers. Dann stellt sich aber die Frage, ab welcher Höhe der Insolvenzmasse ein Verfahren nicht mehr als masselos gilt, § 2 Abs. 2 InsVV also a priori nicht anwendbar sein soll. 164

Der systematisch richtige Ansatz besteht aber drittens darin, in **Unternehmensinsolvenzverfahren mit ausreichender Insolvenzmasse und hoher Gläubigerzahl** in die **Vergleichsberechnung** zwischen Regelvergütung und Mindestvergütung die **Erhöhung der Regelvergütung** wegen hoher Gläubigerzahl einzubeziehen. Zu vergleichen sind dann die nach § 2 Abs. 1 InsVV errechnete und nach § 3 Abs. 1 InsVV erhöhte Regelvergütung und die Mindestvergütung nach § 2 Abs. 2 InsVV nach der Zahl der Gläubiger. Diese Lösung ver- 165

209) Begr. z. Entwurf einer InsVV-ÄndVO (zu § 2 Abs. 2), abgedr. unten in Anh. IV, S. 709, 711, 715 ff.

210) So *Vill*, ZInsO 2020. 974.

meidet eine unangemessen niedrige Mindestvergütung im Vergleich zur erhöhten Regelvergütung und berücksichtigt systematisch angemessen die Zahl der Gläubiger des Insolvenzverfahrens. Das Problem dieses Ansatzes ist die Wahl des zutreffenden Erhöhungsfaktors. Diese Frage stellt sich aber bei jeder Vergütungserhöhung und nicht lediglich bei jener wegen der hohen Gläubigerzahl.

Beispiel:

Im bereits erwähnten Beispiel einer Gläubigerzahl von 10 100 und einer Berechnungsgrundlage von 1 Mio. € sind dann die Mindestvergütung nach § 2 Abs. 2 InsVV und die erhöhte Regelvergütung des § 2 Abs. 1 InsVV zu vergleichen. Bei einer wegen Vereinfachung der Rechnung linearen Erhöhung der Regelvergütung um den Faktor 10 (ab dem 200. Gläubiger je 100 Gläubiger Faktor 0,1) wäre dann die Regelvergütung maßgebend. Bei einer degressiven Erhöhung von bspw. 0,05 je 100 Gläubiger ab 2 000 Gläubigern beträgt der Erhöhungsfaktor gesamt 6. Die Erhöhung der Regelvergütung beträgt dann 286 500 € bei einem bis 31.12.2020 beantragten Verfahren. Auch hier ist die Regelvergütung maßgebend. Erst recht gilt dies bei einem seit 1.1.2021 beantragten Verfahren, weil hier die Regelvergütung angehoben wurde.

ee) Die konkrete Berechnung bei übergroßer Gläubigerzahl

166 In einem Insolvenzverfahren mit übergroßer Gläubigerzahl ist zunächst die Regelvergütung des § 2 Abs. 1 InsVV aus der Insolvenzmasse als Berechnungsgrundlage der Vergütung nach § 1 InsVV zu berechnen.

167 Die Regelvergütung ist wegen der besonders hohen Zahl der Insolvenzgläubiger und Forderungsanmeldungen zu erhöhen (§ 3 Abs. 1 InsVV). Die Erhöhung ist nach der Zahl der Gläubiger **degressiv steigend** vorzunehmen. Das insbesondere dann, wenn die Bewältigung der Forderungsanmeldungen standardisiert erfolgen kann. Der Arbeitsaufwand des Insolvenzverwalters ist daher mit steigender Zahl der Gläubiger nicht entsprechend linear steigend zu berücksichtigen.

168 Als degressiv steigende Erhöhung kann in Anlehnung an die Degression des § 2 Abs. 1 InsVV in der bis 31.12.2020 geltenden Fassung folgende Staffelung vorgeschlagen werden:

Anzahl der Gläubiger	Prozent je 100 Gläubiger	Faktor gesamt
101 bis 10 000	5 %	4,95
10 001 bis 20 000	3,5 %	3,5
20 001 bis 30 000	2,5 %	2,5
30 001 bis 40 000	1,5 %	1,5
40 001 bis 50 000	1 %	1,0
50 001 bis 60 000	0,5 %	0,5
60 001 bis 70 000	0,25	0,25
70 001 bis 80 000	0,20	0,20
80 001 bis 100 000	0,15	0,15
ab 100 001	0,10	

169 Bei dieser Staffelung wird zugestanden, dass sie **nicht auf empirischer Beobachtung basieren kann**. Es ist mithin nicht gesichert, wie hoch der tatsächliche Arbeitsaufwand bei einer überhohen Gläubigerzahl tatsächlich zu quantifizieren ist. Aber auch bei der sonst in der Literatur vorgeschlagenen linearen Erhöhung fehlt jede empirische Basis. Die **Angemessenheit der Erhöhung** muss und kann daher entsprechend der Rechtsprechung des

BGH vom 8.3.2012[211]) geprüft werden, indem der errechnete Erhöhungsbetrag als **quantitativer Betrag auf den einzelnen Gläubiger bezogen** wird.

Beträgt die Erhöhung bezogen auf die einzelne Forderungsanmeldung bspw. 120 bis 150 €, 170 ist dies als Arbeitsaufwand für die Bearbeitung der Forderungsanmeldung, Tabellenführung, Forderungsprüfung angemessen und nicht zu hoch. Wie bei der Vergütung insgesamt ist zu berücksichtigen, dass dieser Betrag nicht Gewinn des Insolvenzverwalters ist, sondern Umsatz seines Büros, von welchem die allgemeinen Betriebskosten sowie Steuern und Abgaben in Abzug zu bringen sind (§ 4 Abs. 1 InsVV).

Die auf diese Weise festgestellte **erhöhte Regelvergütung** ist mit der **Mindestvergütung** 171 **nach der Zahl der Gläubiger zu vergleichen.** Bei übergroßer Gläubigerzahl wird die Mindestvergütung niedriger sein. Dies ist aber richtig, denn bei der Mindestvergütung erhält der Insolvenzverwalter eine Vergütung von faktisch 20 € je Gläubiger, was bei einem Insolvenzverfahren eines Unternehmens kaum tragbar erscheint. Bei einer entsprechend hohen Insolvenzmasse und auch in sonstigen Tatbeständen erhöhungswürdigen Tätigkeit des Insolvenzverwalters, wäre es unangemessen und letztlich mit § 63 Abs. 1 InsO unvereinbar, dem Insolvenzverwalter lediglich die Mindestvergütung als Regelvergütung ohne weitere Berücksichtigung des Arbeitsaufwandes bei der Gläubigerzahl zuzubilligen.

Beispiel:

Haben in einem nach dem 1.1.2021 beantragten Insolvenzverfahren 50 000 Gläubiger ihre Forderungen angemeldet, hat die degressiv berechnete Vergütungserhöhung nach § 3 Abs. 1 InsVV den Faktor 13,5. Der konkrete Erhöhungsbetrag je Gläubiger hängt vom Umfang der Berechnungsgrundlage und der Regelvergütung nach § 2 Abs. 1 InsVV ab. Beträgt diese bspw. 2 000 000 €, beträgt die Vergütungserhöhung rund 27 000 000 €. Die Mindestvergütung nach § 2 Abs. 2 InsVV beträgt 1 401 400 €.

Stellschraube der Vergleichsberechnung ist der angemessene Erhöhungsfaktor. Da es sich 172 um einen sog. quantitativen Faktor handelt, soll und muss er auch hinsichtlich der konkreten Arbeitsleistung auf den einzelnen Gläubiger heruntergebrochen werden. Dabei muss wieder die Berechnung der Mindestvergütung eine Untergrenze bilden. Denn wenn der Verordnungsgeber dem Insolvenzverwalter als Mindestvergütung rund 28 € je Gläubiger zubilligt, darf der Erhöhungsfaktor nach § 3 Abs. 1 InsVV je Gläubiger nicht niedriger sein, er wäre ja dann niedriger als die Mindestvergütung.

Konkret würde dies wieder bedeuten, dass wenn in einem bis 31.12.2020 eröffneten Ver- 173 fahren die Regelvergütung des § 2 Abs. 1 InsVV maßgeblich ist, der Erhöhungsfaktor rechnerisch mindestens einen Betrag von 203 000 € (Mindestvergütung nach § 2 Abs. 2 InsVV bei 10 100 Gläubigern) ergeben muss. Unterhalb dieses Prozentsatzes darf die Erhöhung nicht erfolgen, weil dann wieder die Mindestvergütung greift.

211) BGH, Beschl. v. 8.3.2012 – IX ZB 162/11, ZIP 2012, 682 = DZWIR 2012, 261 m. Anm. *Keller*.

§ 5
Die Erhöhung oder Kürzung der Vergütung nach § 3 InsVV

Übersicht

Aufsatzliteratur: *Ahrens*, Reform der Vorsatzanfechtung nach dem Gesetzentwurf der Bundesregierung, ZRP 2016, 5; *Berger/Frege*, Business Judgment Rule bei Unternehmensfortführung in der Insolvenz – Haftungsprivileg für den Verwalter?, ZIP 2008, 204; *Berger/Frege/Nicht*, Unternehmerische Ermessensentscheidungen im Insolvenzverfahren Entscheidungsfindung, Kontrolle und persönliche Haftung, NZI 2010, 321; *Bork*, Die „kalte Zwangsvollstreckung“ – ein heißes Eisen, ZIP 2013, 2129; *Bork*, Beauftragung von Dienstleistern durch den Insolvenzverwalter: Regelaufgabe oder besondere Aufgabe?, ZIP 2009, 1747; *Fischer*, Die Rechtsprechung des Bundesgerichtshofs zum Insolvenzrecht im Jahre 2003, NZI 2004, 281; *Fischer*, Bewirken Leistungen, die zur Erledigung des Insolvenzantrags führen, eine kongruente Deckung?, in: Festschrift für Paul Kirchhof, 2003, S. 73; *Fleisch*, Die kalte Zwangsverwaltung, 2017; *Frege/Nicht*, Die Anwendung der Business Judgment Rule auf unternehmerische Ermessensentscheidungen des Insolvenzverwalters, in: Festschrift für Jobst Wellensiek, 2011, S. 291; *Ganter*, Zwischenbilanz zur Insolvenzanfechtungsreform 2017, NZI 2019, 481; *Ganter*, Nochmals: Die Delegation der Ermittlung von Anfechtungsansprüchen, ZInsO 2016, 677; *Ganter*, „Sanierungsberaters Kunst – oft umsunst“?, ZIP 2015, 1413; *Ganter*, Der Referentenentwurf vom 11.3.2015 zur „Anfechtungsrechtsreform“, WM 2015, 905; *Ganter*, Weiterentwicklung der Rechtsprechung zu § 133 InsO, WM 2014, 49; *Ganter*, Bargeschäfte (§ 142 InsO) von Dienstleistern, ZIP 2012, 2037; *Ganter*, Vorsatzanfechtung nach fehlgeschlagener Sanierung, WM 2009, 1441; *Gortan*, Kürzung der Mindestvergütung in Verbraucherinsolvenzverfahren nach § 3 II e InsVV, NZI 2016, 339; *Graeber/Wipperfürth*, Die Vergütung des Insolvenzverwalters – Anforderungen an die Begründung von Zuschlagsfaktoren im Zusammenhang mit einer Betriebsfortführung, ZInsO 2023, 1813; *Graeber*, Die Einbeziehung von Forderungen und Betriebsausgaben des Insolvenzschuldners in die Berechnungsgrundlage des vorläufigen Insolvenzverwalters, NZI 2007, 492; *Graeber*, Zur Übertragung der Zustellungen nach § 8 Abs. 3 InsO und ihre Berücksichtigung bei der Vergütungsfestsetzung, ZInsO 2005, 752; *Graeber*, Der Vergütungszuschlag für die Hausverwaltung durch den Insolvenzverwalter nach § 3 Abs. 1 lit. b InsVV,

InsbürO 2005, 221; *Graeber/Graeber*, Die Vergleichsrechnung bei mehreren masseerhöhenden Zuschlagsgründen in der Insolvenzverwaltervergütung, NZI 2012, 355; *Graeber/Graeber*, Der Ausgleichszuschlag für eine Unternehmensfortführung und die Auswirkungen auf andere Zuschläge, InsbürO 2011, 376; *Haarmeyer*, Sanierung ist nicht gleich Sanierung, ZInsO 2020, 7; *Hess/Klaas*, Insolvenzverwaltervergütung bei Verwertung von mit Absonderungsrechten belasteten Gegenständen, InVo 1999, 193; *Kayser/Heidenfelder*, Vom Konkurs des Konkurses zur Insolvenz der Insolvenz, ZIP 2016, 447; *Keller*, Das insolvenzrechtliche Vergütungsrecht – im Zangengriff der Rechtsprechung?, ZIP 2025, 740; *Keller*, Aktuelle Rechtsprechung zur Zwangsverwaltung im Jahre 2018, ZfIR 2019, 289; *Keller*, Die Voraussetzungen und der rechtliche Rahmen zur Durchführung einer so genannten kalten Zwangsverwaltung, NZI 2013, 265; *Keller*, Das Erbbaurecht in der Insolvenz des Erbbauberechtigten, NZI 2012, 777; *Keller*, Die Vergütung des Insolvenzverwalters bei Unternehmensfortführung, DZWIR 2009, 231; *Keller*, Berechnungsformeln zur Vergütung des Insolvenzverwalters, NZI 2005, 23; *Keller*, Die Rechtsprechung des Bundesgerichtshofs zur Vergütung in Insolvenzverfahren, NZI 2004, 465; *Keller*, Das Gebäudeeigentum und seine grundbuchmäßige Behandlung nach der Gebäudegrundbuchverfügung – GGV, MittBayNot 1994, 389; *Knapp*, Die tatbestandlichen Anforderungen an einen Zuschlagsgrund im Sinne des § 3 Abs. 1 InsVV, ZInsO 2022, 1895; *Körner*, Die kalte Zwangsverwaltung, 2016; *Lohkemper*, Die Bedeutung des neuen Insolvenzrechts für das Arbeitsrecht, KTS 1996, 1; *Lüke*, Umweltrecht und Insolvenz, in: Kölner Schrift zur Insolvenzordnung, 2. Aufl. 2000, S. 859; *Lwowski/Tetzlaff*, Altlasten in der Insolvenz – Einzelne Probleme aus der Sicht der Kreditgeber des insolventen Unternehmens, NZI 2000, 393; *Metoja*, Heranziehung von Marktpreisen zur Bestimmung von angemessenen Zuschlagshöhen bei der Vergütung des Insolvenzverwalters, ZInsO 2016, 1612; *Pape*, Keine Verschärfung der Haftung aus § 61 InsO bei fehlerhafter Verteilung der Masse durch den Insolvenzverwalter, ZInsO 2004, 605; *Rellermeyer*, Entwicklung des Insolvenzrechts in den Jahren 2009 bis 2011, Rpfleger 2012, 55; *Schmidt, K.*, Das Insolvenzverfahren neuer Art – Kernprobleme der Insolvenzrechtsreform nach dem Kommissionsbericht, ZGR 1986, 198; *Schmidt, K.*, Organverantwortlichkeit und Sanierung im Insolvenzrecht der Unternehmen, ZIP 1980, 328, 337; *Schmidt, R.*, Verfahrensbezogene Öffentlichkeitsarbeit und Medienpräsenz des Insolvenzverwalters als sonstiger Zuschlagsfaktor für die Verwaltervergütung gem. § 3 InsVV, ZInsO 2012, 1886; *Tetzlaff*, Rechtsprobleme der „kalten Zwangsverwaltung“, ZfIR 2005, 179; *Tetzlaff*, Probleme bei der Verwertung von Grundpfandrechten und Grundstücken im Insolvenzverfahren, ZInsO 2004, 521; *Tetzlaff*, Altlasten in der Insolvenz, ZIP 2001, 10; *Thole*, Das Reformgesetz zur Insolvenzanfechtung, ZIP 2017, 401; *Thole*, Die Vorsatzanfechtung von Beraterhonoraren für Sanierungskonzepte, ZIP 2015, 2145; *Warrikoff*, Die Stellung der Arbeitnehmer nach der neuen Insolvenzordnung, BB 1994, 2338; *Wellensiek*, Probleme der Betriebsfortführung in der Insolvenz, in: Festschrift für Wilhelm Uhlenbruck, 2000, S. 199; *Wischemeyer/Schur*, Vergütungsrechtliche Fragen des neuen Privatinsolvenzrechts, ZVI 2017, 171; *Zimmer*, Vergütung des Insolvenzverwalters für Hausverwaltung und „kalte“ Zwangsverwaltung, InsbürO 2015, 510.

I. Grundüberlegungen zu Erhöhung und Kürzung der Regelvergütung

1. Zweck der Vorschrift

Die Vergütung soll nach § 63 Abs. 1 Satz 3 InsO dem Umfang und der Schwierigkeit der Geschäftsführung des Insolvenzverwalters Rechnung tragen.[1] Diese gesetzliche Vorgabe setzt § 3 InsVV um, indem für das jeweilige Insolvenzverfahren, das in bestimmten Beziehungen kein Normalverfahren darstellt, ein Abweichen von der Regelvergütung des § 2 InsVV vorgesehen ist. Die Regelvergütung ist **entsprechend den Besonderheiten des konkreten Insolvenzverfahrens** und dem **Arbeitsaufwand des Insolvenzverwalters** nach § 3 Abs. 1 InsVV **zu erhöhen** oder **kann** nach § 3 Abs. 2 InsVV **gekürzt werden**. Dem Regelungsgehalt des **§ 3 InsVV** kommt innerhalb des Systems der Vergütung des Insolvenzverwalters eine **zentrale Bedeutung** zu, weil hierdurch die Besonderheiten des Einzelfalles vergütungsrechtlich berücksichtigt werden. Der sich aus § 63 Abs. 1 Satz 1 InsO ergebende verfassungsrechtlich garantierte Anspruch auf angemessene Vergütung (Art. 12 Abs. 1 GG) wird erst durch § 3 InsVV gewährleistet.[2] § 3 InsVV kennzeichnet die Vergütung des Insolvenzverwalters als sog. **offenes System**, durch das die **Besonderheiten des konkreten Insolvenzverfahrens** berücksichtigt werden, im Gegensatz zu den sog. geschlossenen Sys- 1

1) *Stephan* in: MünchKomm-InsO, § 63 Rz. 46 ff.; *Keller* in: HK-InsO, § 63 Rz. 38 ff.; *Stoffler* in: KPB, InsO, § 63 Rz. 3.

2) *Lorenz* in: FK-InsO, § 3 InsVV Rz. 4; *Prasser/Stoffler* in: KPB, InsO, § 3 InsVV Rz. 8, 9.

temen des sonstigen Gebühren- oder Vergütungsrechts, bei welchem konkrete und regelmäßig nicht analogiefähige Tatbestände durch Gebühren abgegolten werden.[3] Dabei macht es keinen Unterschied, ob es sich um Festgebühren, Wertgebühren oder Rahmengebühren handelt. All diese Gebührensysteme haben gemein, dass sie auf Einzelfälle normiert und sowohl tatbestandlich als auch der Höhe nach geschlossene Systeme sind. Mit § 3 InsVV ist dem gegenüber gewährleistet, dass die **angemessene Vergütung** für den **jeweiligen Einzelfall** entsprechend seiner Besonderheiten bestimmt werden kann. Auch hieraus ergibt sich, dass die Vergütung für den Einzelfall und nicht nach der Vielzahl der von Insolvenzverwalter übernommenen Verfahren zu bestimmen ist (siehe oben § 1 Rz. 14 ff.).

2. Abweichung vom vergütungsrechtlichen Normalfall

2 Während die InsVV den vergütungsrechtlichen Normalfall nicht definiert, nennt sie in § 3 InsVV Regelbeispiele für Abweichungen von diesem Normalfall, die sowohl eine Erhöhung als auch eine Kürzung der Regelvergütung begründen können.[4] Allein „allgemeine Schwierigkeiten mit dem Schuldner“ eines Insolvenzverfahrens oder nicht spezifizierter erhöhter Arbeitsaufwand rechtfertigen keine Anwendung des § 3 Abs. 1 InsVV.[5] Die **Abweichung vom Normalverfahren** darf dabei **nicht nur marginal** sein; sie muss vielmehr in einer solchen Weise signifikant sein, dass für den unbefangenen Beobachter erkennbar ein Abweichen vom Regelfall geboten ist.[6] Auf diese Weise soll eine flexible Feststellung der Vergütung im Einzelfall ermöglicht werden.[7] Ebenso gibt die Regelung den Gerichten einen Beurteilungsspielraum, durch den eine individuell angemessene Vergütung gewährt werden kann. Umgekehrt soll durch die **Struktur der vergütungserhöhenden Tatbestände** eine **gewisse Einheitlichkeit** in der Vergütungsgewährung erreicht werden.

II. Die Systematik der Erhöhung und Kürzung der Vergütung

1. Die Bestimmung des Normalverfahrens als Ausgangstatbestand

3 In der Systematik der Erhöhung oder Kürzung der Vergütung ist zunächst festzustellen, worin im konkreten Insolvenzverfahren die **Tatbestände eines Normalverfahrens** bestehen, für welche die Regelvergütung des § 2 InsVV gilt. Die Tatbestände des Normalverfahrens sind insbesondere hinsichtlich quantitativer Aspekte individuell zu bestimmen unter Berücksichtigung des Umfangs der Insolvenzmasse, der Größe eines schuldnerischen Unternehmens und der zugehörigen Branche (siehe eingehend § 4 Rz. 56 ff.). Die Tatbestandsmerkmale des Normalverfahrens sind für Insolvenzverfahren, die bis 31.12.2020 beantragt worden sind, bezogen auf das „Normjahr“ 1999 festzustellen, was zugegeben im Einzelfall schwierig sein kann, wenn empirische Daten fehlen. Für Insolvenzverfahren, die **seit 1.1.2021 beantragt** werden, ist das Jahr 2020 als Normjahr festzustellen, weil der Gesetzgeber durch Art. 6 des Gesetzes zur Fortentwicklung des Sanierungs- und Insolvenzrechts –

3) In dieser Unterscheidung BVerfG, Beschl. v. 9.2.1989 – 1 BvR 1165/87, ZIP 1989, 382 m. Anm. *Eickmann*, dazu EWiR 1989, 391 *(Onusseit)*; *Prasser/Stoffler* in: KPB, InsO, § 3 InsVV Rz. 8.

4) Die Vorschrift entspricht wesentlich dem früheren § 4 VergVO; sie wurde um Tatbestände des neuen Insolvenzrechts, insbesondere § 3 Abs. 1 lit. e InsVV, erweitert; Begr. z. Entwurf einer InsVV (§ 3), abgedr. unten in Anh. III, S. 689, 698; zur Vorgängerregelung *Eickmann*, VergVO, § 4 Rz. 14.

5) BGH, Beschl. v. 18.6.2009 – IX ZB 119/08, NZI 2009, 554; zu Erschwernissen der Geschäftsführung LG Bochum, Beschl. v. 10.3.2011 – 7 T 345/10, juris.

6) BGH, Beschl. v. 22.6.2017 – IX ZB 65/15, Rz. 7, NZI 2017, 732; LG Münster, Beschl. v. 28.5.2019 – 5 T 300/18, ZInsO 2019, 1810; *Keller* in: HK-InsO, § 3 InsVV Rz. 4; *Prasser/Stoffler* in: KPB, InsO, § 3 InsVV Rz. 16.

7) *Prasser/Stoffler* in: KPB, InsO, § 3 InsVV Rz. 17 ff.

SanInsFoG[8] die Vergütungen insbesondere des § 2 Abs. 1 InsVV neu geregelt hat (siehe dazu § 1 Rz. 124, § 4 Rz. 62 ff.).

Eine Erhöhung oder Kürzung der Vergütung in Anwendung des § 3 InsVV erfolgt, wenn die Arbeitsbelastung des Insolvenzverwalters im konkreten Verfahren ausgehend von den Tatbeständen des Normalverfahrens signifikant abweicht. In einer umfangreichen Studie unter Auswertung veröffentlichter Vergütungsfestsetzungen untersuchte dazu *Sahrmann* die Praxis der Gewährung von Zu- und Abschlägen nach § 3 InsVV.[9] Er wertete rund 37 000 Beschlüsse aus und stellte fest, dass in mehr als der Hälfte der Verfahren bei einer Berechnungsgrundlage von mehr als 50 000 € Zuschläge gewährt worden sind; Abschläge nach § 3 Abs. 2 InsVV sind weit weniger vorgenommen worden.[10] Bei großen Insolvenzverfahren stellte er ferner fest, dass die Zahl der Zuschläge steigt, wobei die einzeln gewährten Zuschläge in ihrer Höhe nicht höher zuerkannt werden als in kleineren Verfahren. Zur Gewährung von Zuschlägen stellte *Sahrmann* fest, dass diese meist geringer festgesetzt werden als in den sog. Faustregeltabellen empfohlen.[11] Es fehlen aber insgesamt empirisch erhobene Daten zu Häufigkeit und Arbeitsaufwand einzelner Tatbestände.[12] *Sahrmann* untersuchte dazu auch, wie die Insolvenzgerichte mit Tatbeständen umgehen, die als Zuschlagstatbestände in Rechtsprechung und Literatur umstritten sind.[13] 4

2. Quantitative und qualitative Tatbestände einer Erhöhung oder Kürzung

Erhöhungs- und Kürzungstatbestände werden in solche eingeteilt, 5

- welche die Arbeitsbelastung des Insolvenzverwalters **quantitativ** dem Umfang nach betreffen, und solche,[14]
- welche die Arbeitsbelastung **qualitativ** in Erhöhung rechtlicher oder wirtschaftlicher Schwierigkeit betreffen.[15]

Typisches Beispiel eines **quantitativen Tatbestandes** ist die **Zahl der am Insolvenzverfahren beteiligten Gläubiger**, bei welchen der Insolvenzverwalter die Forderungsanmeldungen zu erfassen, die Insolvenzforderungen zu prüfen und Verteilungen vorzunehmen hat. Hinzu kommt der rein quantitative Aufwand an Korrespondenz und Mitteilungen an die Insolvenzgläubiger, in der Regel auch der Aufwand mit der Vornahme der regelmäßig seitens des Gerichts **übertragenen Zustellungen** nach § 8 Abs. 3 InsO, der hinsichtlich des Sach- und Personalaufwandes gesondert abgegolten wird (siehe hierzu § 14 Rz. 31 ff.). Ebenso kann die **Zahl der Forderungen gegen Dritte** und der damit verbundene Umfang des Forderungseinzugs ein quantitativer Tatbestand sein. Die Prüfung von Absonderungsrechten kann die Arbeitstätigkeit quantitativ beanspruchen, wenn die Absonderungsrechte im Vergleich zur freien Insolvenzmasse besonders zahlreich sind. 6

8) Gesetz zur Fortentwicklung des Sanierungs- und Insolvenzrechts – SanInsFoG, v. 22.12.2020, BGBl. I 2020, 3256; Begr. RegE SanInsFoG, BT-Drucks. 19/24181; Beschlussempfehlung und Bericht d. RA z. RegE SanInsFoG, BT-Drucks. 19/25303.

9) *Sahrmann*, Praxis der Zu- und Abschläge bei der Vergütung des (vorläufigen) Insolvenzverwalters, 2022.

10) *Sahrmann*, Praxis der Zu- und Abschläge bei der Vergütung des (vorläufigen) Insolvenzverwalters, Rz. 448 ff., 540 ff., 550 ff., 613 ff. 691 ff.,

11) *Sahrmann*, Praxis der Zu- und Abschläge bei der Vergütung des (vorläufigen) Insolvenzverwalters, Rz. 738 ff.

12) Kritisch insoweit auch *A. Schmidt* in: HK-InsVV, Einl. Rz. 16 ff.

13) *Sahrmann*, Praxis der Zu- und Abschläge bei der Vergütung des (vorläufigen) Insolvenzverwalters, Rz. 707 ff.

14) *Prasser/Stoffler* in: KPB, InsO, § 3 InsVV Rz. 67.

15) *Keller* in: HK-InsO, § 3 InsVV Rz. 6; *Prasser/Stoffler* in: KPB, InsO, § 3 InsVV Rz. 70.

7 **Qualitative Tatbestände** in der Arbeitsbelastung sind vor allem die **Betriebsfortführung**, die Vorbereitung und Durchführung von **Sanierungsmaßnahmen**, die Erstellung oder Prüfung eines **Insolvenzplans** und Durchführung eines Insolvenzplanverfahrens oder die **Bearbeitung rechtlich schwieriger Sachverhalte** bspw. bei Insolvenzanfechtung oder Anwendung ausländischen Rechts.

8 Quantitative und qualitative Tatbestände können sich überschneiden, bspw. wenn die Bearbeitung besonders viele Absonderungsrechte auch mit rechtlich schwierigen Fragen behaftet ist oder wenn besonders viele rechtlich schwierige Rechtsstreite zu führen sind.

3. Die Bildung von Fallgruppen

9 Bereits zu § 4 VergVO, der Vorgängerregelung zu § 3 InsVV, wurden durch die Literatur und die Vergütungspraxis Fallgruppen erarbeitet, nach denen Erhöhungen oder Kürzungen der Regelvergütung erfolgen sollten. Die **Fallgruppenbildung** ist ein in der juristischen Methodik **anerkanntes Instrument der Rechtsanwendung.**[16] Sie ist insbesondere dann zulässig und richtig, wenn die Norm als Generalklausel[17] anzusehen ist oder als für den Einzelfall offene Verfahrensregelung mit einer nicht abschließenden Aufzählung von Regelbeispielen einen Beurteilungsspielraum gibt. Für § 3 InsVV trifft dies uneingeschränkt zu. Sehr überzeugend legte dies bereits *Eickmann* dar.[18]

10 Der Fallgruppenbildung, die in der Literatur zumeist in schematischen oder tabellarischen Darstellungen mit sog. Faustregeltabellen mündet, liegt die nach den Erfahrungen der Rechtspraxis zutreffende Annahme zugrunde, dass bestimmte **typische Fallkonstellationen** eines Insolvenzverfahrens **regelmäßig eine erhöhte oder auch eine geminderte Arbeitsleistung** des Insolvenzverwalters in quantitativer oder qualitativer Hinsicht erfordern.[19] Die Bildung von Fallgruppen mit tabellarischer Darstellung ist damit keine beliebige oder willkürliche Festlegung, sondern entspricht den Erfahrungen der Insolvenzpraxis. Die Anwendung der Fallgruppenbildung ermöglicht eine **sachgerechte Ermittlung der Vergütung im Einzelfall** und macht die Vergütungsfestsetzung hinsichtlich der Bewertung einzelner Tatbestände und der Abwägung zu anderen Tatbeständen begründbar und transparent.

11 Drei **Beispiele typisierter Sachverhalte** zeigen besonders deutlich, dass sie regelmäßig einen höheren Arbeitsaufwand und damit eine Korrektur der Vergütung nach § 3 InsVV erfordern, nämlich

- die Zahl der Gläubiger,
- die Belastung der Insolvenzmasse mit Fremdrechten und
- die Vorfinanzierung von Insolvenzgeld im Eröffnungsverfahren.

12 Der Insolvenzverwalter hat die **Forderungsanmeldungen der Insolvenzgläubiger** entgegenzunehmen, die Insolvenztabelle anzulegen und die angemeldeten Forderungen zu prüfen (§§ 174 ff. InsO). Bereits die formalen Tätigkeiten bei Entgegennahme der Forderungsanmeldungen und Anlegung der Insolvenztabelle führen zu einem erhöhten Arbeitsaufwand, wenn besonders viele Gläubiger Forderungen zum Insolvenzverfahren anmelden. Die Zahl der am Insolvenzverfahren beteiligten Gläubiger ist damit zwingend mit dem Ar-

16) *Prasser/Stoffler* in: KPB, InsO, § 3 InsVV Rz. 10.

17) So insbesondere in den §§ 138 und 242 BGB, vgl. bereits Motive zum BGB, 1888, Bd. I S. 18; *Schubert* in: MünchKomm-BGB, § 242 Rz. 42; Grüneberg-*Ellenberger*, BGB, § 242 Rz. 2.

18) Kübler/Prütting-*Eickmann*, InsO, 2. Aufl. 2001, § 3 InsVV Rz. 6 ff.; fortgeführt in *Prasser/Stoffler* in: KPB, InsO, § 3 InsVV Rz. 9 ff.

19) *Keller* in: HK-InsO, § 3 InsVV Rz. 7; *Lorenz* in: FK-InsO, § 3 InsVV Rz. 3; kritisch *Graeber/Graeber*, InsVV, § 3 Rz. 63, 64.

beitsaufwand des Insolvenzverwalters verbunden. Es ist deshalb sachgerecht, die **Zahl der am Insolvenzverfahren beteiligten Gläubiger** als **typisierte Fallgruppe** für eine Erhöhung oder Kürzung der Vergütung nach § 3 InsVV anzusehen. Für die Mindestvergütung des § 2 Abs. 2 InsVV nimmt dies der Verordnungsgeber innerhalb der Bestimmung der Regelvergütung selbst an (siehe § 4 Rz. 114 ff.). Eine Frage der Definition des Normalverfahrens im konkreten Sachverhalt ist es, ab welcher Zahl an Gläubigern eine Abweichung vom Normalfall anzunehmen ist. Die für sämtliche Insolvenzverfahren auch in der Rechtsprechung des BGH angenommene Zahl von 100 Gläubigern ist jedenfalls zu schematisch (siehe oben § 4 Rz. 44, 56 ff.).[20)]

Beinahe in jedem Insolvenzverfahren sind ferner **Aus- und Absonderungsrechte** an beweglichen oder unbeweglichen Gegenständen zu berücksichtigen (§§ 47, 49, 50 ff., §§ 166 ff. InsO). Auch in einem kleineren Insolvenzverfahren über das Vermögen eines Unternehmens hat der Insolvenzverwalter sich mit sicherungsübereigneten Gegenständen oder sicherungszedierten Forderungen zu beschäftigen. Unabhängig von der Frage, auf welche Weise Absonderungsrechte berücksichtigt werden, etwa durch Verwertung nach §§ 166 ff. InsO oder durch Ablösung, ziehen sie regelmäßig eine Arbeitsbelastung des Insolvenzverwalters nach sich. Die **Bearbeitung von Aus- und Absonderungsrechten** führt deshalb, wenn sie einen **erheblichen Teil der Tätigkeit des Insolvenzverwalters** ausmachen, zu einer Erhöhung der Vergütung nach § 3 Abs. 1 lit. a InsVV. Als typisiert wurde dies früher angenommen, wenn Aus- und Absonderungsrechte einen Umfang von mindestens 30 % der Insolvenzmasse ausmachen. Dem lag die Annahme zugrunde, dass bei einem bestimmten Verhältnis von Aus- und Absonderungsrechten zur sonstigen Insolvenzmasse die Arbeitsbelastung des Insolvenzverwalters erheblich ist. Hierbei ist zuzugestehen, dass dies im Einzelfall nicht zutreffen muss, dass vielmehr auch bei einer hohen Belastung der Insolvenzmasse mit Fremdrechten die tatsächliche Arbeitsleistung des Insolvenzverwalters gering sein kann.[21)] 13

Im Insolvenzeröffnungsverfahren wird – soweit die Insolvenzantragstellung rechtzeitig erfolgt – regelmäßig eine **Vorfinanzierung von Insolvenzgeld** durchgeführt.[22)] Diese ist nach der zutreffenden Definition eines Normalverfahrens bezogen auf das Normjahr 1999 **nicht Bestandteil eines vergütungsrechtlichen Normalfalles** der Insolvenz. Der BGH gewährt eine Vergütungserhöhung bei mehr als 20 Arbeitnehmern. Ob diese unter Bezugnahme auf §§ 17, 18 KSchG vergleichsweise niedrige Schwelle zutreffend ist, mag dahingestellt bleiben (siehe eingehend § 4 Rz. 52). Festzuhalten ist, dass die Vorfinanzierung von Insolvenzgeld als solches primär ein **quantitatives Merkmal** der Arbeitsbelastung des vorläufigen Insolvenzverwalters ist.[23)] 14

Die Bildung typisierter Fälle zu § 3 InsVV schließt nicht aus, dass im **Einzelfall** eine **besondere Arbeitsbelastung** des Insolvenzverwalters **nicht vorliegt**, so dass eine Erhöhung oder Kürzung der Vergütung nicht gerechtfertigt ist. Die Bildung typisierter Fälle stellt trotzdem ein taugliches und methodisch richtiges Instrument gerade für die praktische An- 15

---

20) So aber noch LG Düsseldorf, Beschl. v. 2.6.2017 – 25 T 406/16, ZInsO 2018, 621; die Rechtsbeschwerde wurde mangels wirksamer Zulassung verworfen, BGH, Beschl. v. 23.11.2017 – IX ZB 51/17, ZInsO 2018, 680.

21) *Prasser/Stoffler* in: KPB, InsO, § 3 InsVV Rz. 79.

22) *R.-D. Mönning* in: R.-D. Mönning, Betriebsfortführung, § 11 Rz. 374 ff.; *Dreschers* in: R.-D. Mönning, Betriebsfortführung, § 25 Rz. 13 ff.

23) BGH, Beschl. v. 18.12.2003 – IX ZB 50/03, ZIP 2004, 518 = ZVI 2004, 203; BGH, Beschl. v. 22.2.2007 – IX ZB 120/06, ZIP 2007, 826 = ZVI 2007, 332; zur Gläubigerzahl BGH, Beschl. v. 11.5.2006 – IX ZB 249/04, ZIP 2006, 1204 = NZI 2006, 464 m. Anm. *Nowak*; zur Übertragung der Zustellungen BGH, Beschl. v. 22.7.2004 – IX ZB 222/03, ZIP 2004, 1822 = ZVI 2004, 631; zur Unternehmensfortführung BGH, Beschl. v. 13.4.2006 – IX ZB 158/05, ZIP 2006, 1008 = ZVI 2006, 261.

wendung des § 3 InsVV dar. Sie darf schließlich **nicht mit** einer **Schematisierung verwechselt** werden, bei der automatisch ein bestimmter Falltypus eine Erhöhung der Vergütung nach sich ziehen soll, ohne dass dieser die Tätigkeit des Insolvenzverwalters beeinflusst hat.[24)]

4. Maßgeblichkeit der tatsächlichen Arbeitsbelastung

16 Die Erhöhung oder Kürzung der Vergütung darf nicht pauschal dergestalt erfolgen, dass ein in einer Faustregeltabelle genannter Tatbestand zwingend eine Erhöhung oder Kürzung zur Folge hat, ohne Rücksicht auf den konkreten Einzelfall. **Maßgebend** für die Erhöhung oder Kürzung der Vergütung **ist stets die tatsächliche Arbeitsbelastung** des Insolvenzverwalters.[25)] Ob hinsichtlich eines konkreten Tatbestandes eine signifikante Abweichung durch eine Prozentzahl der Arbeitsbelastung ausgedrückt werden kann, ist fraglich. Es wird bspw. angenommen, die Arbeitsbelastung müsse für einen konkreten Tatbestand mehr als 5 % der Gesamttätigkeit des Insolvenzverwalters erfassen.[26)] Diese Schwelle wird bspw. bei dem Erhöhungstatbestand einer Unternehmensfortführung von mehreren Wochen Dauer stets überschritten sein.

17 Gerade in Bezug auf eine mögliche **Kürzung der Vergütung** ist aber festzustellen, dass diese **nicht nach allgemeinen Erwägungen**, die sich gerade **nicht auf die Arbeitsbelastung** beziehen, erfolgen darf. Der Umstand, dass das Insolvenzverfahren bei Festsetzung der Vergütung masseunzulänglich werden könnte (§ 208 InsO), berechtigt daher nicht zu einer Kürzung der Vergütung.[27)] Eine in diesem Fall eintretende Masseunzulänglichkeit ist hinzunehmen; sie wird mit der Rangfolge des § 209 Abs. 1 InsO ausdrücklich geregelt und in Kauf genommen. Der Insolvenzverwalter muss mithin nicht mit Rücksicht auf die Massegläubiger Abschläge von seiner Vergütung hinnehmen. Auch wenn er als vorläufiger Verwalter eine angeblich zu hohe Vergütung erhalten hat, ist dies kein Tatbestand für eine Kürzung der Vergütung als Insolvenzverwalter.[28)] Im Zusammenhang mit der Kürzung der Vergütung wegen **Delegation einzelner Tätigkeiten** ist ebenso **allein auf die Arbeitsbelastung und –entlastung abzustellen.** Für die Prüfung der Auswirkungen von Delegationen auf die Vergütung des Insolvenzverwalters i. R. der Anwendung des § 3 Abs. 2 InsVV ist die Höhe der an externe Dienstleister gezahlten Honorare nicht maßgebend. Sollte im Einzelfall eine Dienstleistung unangemessen hoch abgerechnet werden, wäre dies i. R. der Erörterung der Schlussrechnung des Insolvenzverwalters durch die Insolvenzgläubiger zu beanstanden (§ 197 Abs. 1 Nr. 1 InsO), nicht aber i. R. der Vergütungsgewährung. Maßgebend ist hier allein, in welchem Umfang der Insolvenzverwalter durch die Delegation

---

24) *Prasser/Stoffler* in: KPB, InsO, § 3 InsVV Rz. 12.

25) BGH, Beschl. v. 4.7.2002 – IX ZB 31/02, ZIP 2002, 1459 = NZI 2002, 509; BGH, Beschl. v. 18.12.2003 – IX ZB 50/03, ZIP 2004, 518 = ZVI 2004, 203; BGH, Beschl. v. 24.6.2003 – IX ZB 453/02, ZIP 2003, 1759 = ZVI 2003, 484; BGH, Beschl. v. 17.7.2003 – IX ZB 10/03, ZIP 2003, 1612 = ZVI 2003, 430; BGH, Beschl. v. 24.7.2003 – IX ZB 607/02, ZIP 2003, 1757 = NZI 2003, 603, dazu EWiR 2003, 1043 *(Rendels)*; BGH, Beschl. v. 11.5.2006 – IX ZB 249/04, ZIP 2006, 1204 = NZI 2006, 464 m. Anm. *Nowak*; LG Konstanz, Beschl. v. 17.8.2016 – 62 T 96/16, ZInsO 2016, 1828; LG Hamburg, Beschl. v. 13.2.2025 – 326 T 27/24, ZRI 2025, 423 = ZVI 2025, 315; AG Freiburg/Br., Beschl. v. 18.8.2016 – 8 IN 144/16, ZInsO 2016, 2270; *Keller* in: HK-InsO, § 3 InsVV Rz. 4; *Prasser/Stoffler* in: KPB, InsO, § 3 InsVV Rz. 16 ff.; Leonhardt/Smid/Zeuner-*Amberger*, InsVV, § 3 Rz. 7 ff.; *Keller*, NZI 2004, 465, 470, 474.

26) *Prasser/Stoffler* in: KPB, InsO, § 3 InsVV Rz. 16; kritisch gegenüber einer damit einhergehenden Scheinobjektivität *Büttner* in: HambKomm-InsO, § 3 InsVV Rz. 5.

27) BGH, Beschl. v. 18.12.2003 – IX ZB 50/03, unter II. 2. b), ZIP 2004, 518 = ZVI 2004, 203; ebenso LG Köln, Beschl. v. 26.3.2004 – 19 T 6/04, ZIP 2004, 961; dazu auch *Keller*, ZIP 2000, 688.

28) BGH, Beschl. v. 10.10.2013 – IX ZB 38/11, ZIP 2013, 2164 = NZI 2013, 1014 m. Anm. *Keller*, dazu EWiR 2014, 21 *(Prasser)*.

Arbeitsersparnis hinsichtlich einer Regeltätigkeit oder eines Erhöhungstatbestandes erfahren hat (siehe eingehend Rz. 198 ff.).

18 Mit der Betonung auf die konkrete Arbeitsbelastung ist aber gerade nicht ausgeschlossen, die Erhöhung oder Kürzung der Vergütung nach typischen Fallgruppen, die regelmäßig eine erhöhte oder geminderte Arbeitsbelastung des Insolvenzverwalters darstellen, zu beurteilen.[29)]

5. Feststellung von Erhöhung und Kürzung durch das Gericht

a) Pflichtgemäßes Ermessen des Insolvenzgerichts

19 Liegt ein **Erhöhungstatbestand** vor und hat er sich signifikant auf die Arbeitsbelastung des Insolvenzverwalters ausgewirkt, ist die **Vergütung** nach § 3 Abs. 1 InsVV **zwingend zu erhöhen.**

20 Bei **Kürzungstatbeständen** legt der Wortlaut des § 3 Abs. 2 InsVV die Kürzung als solche dagegen in das **Ermessen des Insolvenzgerichts.** Ob mit dem Wortlaut tatsächlich die Einräumung eines Ermessens dahingehend, ob trotz des Vorliegens eines Kürzungstatbestandes überhaupt eine solche erfolgen soll, gegeben ist, ist fraglich. Zutreffend fordert der BGH die **gleichwertige Berücksichtigung von Erhöhungs- und Kürzungstatbeständen**, um zu einer einheitlich angemessenen Vergütung zu gelangen.[30)]

21 Bei der Prüfung von Erhöhungs- und Kürzungstatbeständen sind zwei Tatbestände zu unterscheiden:

- In einem **ersten Schritt**, ist festzustellen, ob ein Erhöhungstatbestand oder ein Kürzungstatbestand vorliegt; diese Feststellung ist keine Ermessensentscheidung des Insolvenzgerichts.[31)] Liegt ein Tatbestand vor, ist über diesen zwingend zu entscheiden.
- In einem **zweiten Schritt** ist der **Umfang der Erhöhung oder Kürzung** festzustellen. Hier hat das Insolvenzgericht ein **Ermessen** unter Berücksichtigung des konkreten Arbeitsaufwandes.

22 Die Feststellung, ob ein Erhöhungs- oder Kürzungstatbestand vorliegt, hat das Insolvenzgericht aus dem Akteninhalt und dem Sachvortrag des Insolvenzverwalters im Vergütungsantrag konkret zu treffen. Der **Insolvenzverwalter** hat in seinem **Vergütungsantrag sämtliche Erhöhungs- und Kürzungstatbestände darzulegen und zu begründen.** Das Insolvenzgericht muss bei seiner Vergütungsfestsetzung auf jeden geltend gemachten Tatbestand eingehen und diesen würdigen, eine allgemeine Begründung ohne Bezug zum konkreten Insolvenzverfahren und ohne Auseinandersetzung mit den konkreten Tatbeständen ist nicht zulässig.[32)] Entspricht der konkrete Festsetzungsbeschluss diesen Vorgaben nicht, ist insbesondere die Beschlussbegründung nicht ausreichend, ist der Beschluss selbstverständlich nicht nichtig und auch nicht allein aus diesem Grunde anfechtbar. Es muss dann im Falle einer Beschwerde gegen die Nichtabhilfeentscheidung durch das Insolvenzgericht „nachgebessert" werden. Viele Gerichte neigen dazu, bei antragsgemäßer Festsetzung der Vergütung die Begründung entsprechend kurz zu fassen. Dabei wird vergessen, dass neben dem Schuldner auch jeder Insolvenzgläubiger gegen die Vergütungsfestsetzung Be-

29) *Prasser/Stoffler* in: KPB, InsO, § 3 InsVV Rz. 17 ff.

30) BGH, Beschl. v. 11.5.2006 – IX ZB 249/04, ZIP 2006, 1204 = NZI 2006, 464 m. Anm. *Nowak*; BGH, Beschl. v. 9.10.2008 – IX ZB 292/04, ZInsO 2008, 1264.

31) *Roth* in: KölnKomm-InsO, § 3 InsVV Rz. 20.

32) BGH, Beschl. v. 23.3.2006 – IX ZB 28/05, NZI 2006, 34; BGH, Beschl. v. 11.5.2006 – IX ZB 249/04, ZIP 2006, 1204 = NZI 2006, 464 m. Anm. Nowak; BGH, Beschl. v. 26.4.2007 – IX ZB 160/06, ZVI 2008, 317 = NZI 2007, 461; dazu *Graeber*, NZI 2007, 492; BGH, Beschl. v. 19.9.2013 – IX ZB 122/11, ZInsO 2013, 2180; *Fischer*, NZI 2004, 281, 296.

schwerde einlegen kann und deshalb eine ausreichende Begründung der Entscheidung erwarten darf.

23 Entscheidungsspielraum besteht in der **Zuerkennung eines konkreten Prozentsatzes** der Vergütungserhöhung (siehe dazu Rz. 47 f.), nicht aber in der Tatbestandsfeststellung als solcher. Die **Zuerkennung des konkreten Prozentsatzes ist** als **tatrichterliche Entscheidung** im Einzelfall nur eingeschränkt durch die Rechtsbeschwerde nachprüfbar.

24 Es ist nicht geklärt, um welche **Art von Ermessensausübung** es sich bei der Zuerkennung des Umfangs der Erhöhung oder Kürzung handelt.[33] Gerade auch die Rechtsprechung des BGH ist unscharf, wenn sie mit dem Postulat der sog. Gesamtbetrachtung die differenzierte Bewertung eines jeden Tatbestandes für nicht erforderlich hält (siehe Rz. 57 ff.). Zutreffend ist es, die Ermessensausübung nur eingeschränkt der Nachprüfung in der Rechtsbeschwerde zu unterziehen. Doch wird auch hier unklar formuliert, die Überprüfung könne sich nur darauf beziehen, ob eine Verschiebung von Maßstäben vorliege (siehe Rz. 28).[34] Zum identischen Fall der Vergütung des Zwangsverwalters nach § 152a ZVG und § 18 ZwVwV entschied der V. Zivilsenat des BGH in gleicher Weise, meinte aber, der Begriff der Angemessenheit sei als unbestimmter Rechtsbegriff auszulegen.[35] Das ist mindestens missverständlich formuliert. Denn ein unbestimmter Rechtsbegriff auf der Ebene der Tatbestandsvoraussetzung ist eindeutig definierbar – auch wenn die Definition streitig sein kann – und ist regelmäßig vollumfänglich überprüfbar; eine Ermessensausübung auf der Ebene der Rechtsfolge unterliegt dagegen einem Entscheidungsspielraum und damit nur eingeschränkter Nachprüfung.

25 Die **Zuerkennung einer konkreten Erhöhung oder Kürzung für den festgestellten Tatbestand** erfolgt **in Ausübung pflichtgemäßen Ermessens.** Die Ermessensausübung wird bestimmt und eingegrenzt durch die konkrete Arbeitsbelastung, die sich auch am Umfang des Unternehmens oder der Insolvenzmasse messen lässt, die ihrerseits objektiv feststellbar sind. Maßstab der Ermessensausübung ist wesentlich auch die Anerkennung des Tatbestandes durch Rechtsprechung und Literatur für vergleichbare Sachverhalte. Dies entspricht zutreffender Methodik der Fallgruppenbildung. Mit guten Argumenten plädiert *Metoja*[36] dafür, auch Marktpreise für vergleichbare Tätigkeiten als Maßstab der Erhöhung heranzuziehen. Auch der Vergleich mit der Entlohnung ähnlicher oder gleicher Tätigkeiten durch Dienstleister stellt eine zutreffende Ermessensausübung dar. Soll bspw. die Erhöhung für Sanierungsbemühungen festgestellt werden, kann auch vergleichend geprüft werden, wie ein spezialisierter Dienstleister für diese Tätigkeit entlohnt werden würde.

26 Keine zutreffende Ermessensausübung liegt vor, wenn die Erhöhung oder Kürzung an abstrakte Merkmale anknüpft, die mit der Arbeitsbelastung nichts zu tun haben, bspw. an die Höhe der Insolvenzmasse als solche, die Beeinträchtigung der Gläubigerbefriedigung

33) Zu allgemein auch *Zimmer*, InsVV, § 3 Rz. 26, § 8 Rz. 86.

34) BGH, Beschl. v. 23.9.2004 – IX ZB 215/03, NZI 2004, 665 = DZWIR 2005, 32 m. Anm. *Heinze*; BGH, Beschl. v. 16.6.2005 – IX ZB 186/03, NZI 2005, 629; BGH, Beschl. v. 11.5.2006 – IX ZB 249/04, ZIP 2006, 1204 = NZI 2006, 464 m. Anm. *Nowak*; BGH, Beschl. v. 22.3.2007 – IX ZB 201/05, ZInsO 2007, 370; BGH, Beschl. v. 14.2.2008 – IX ZB 181/04, ZIP 2008, 618 = ZVI 2008, 226; BGH, Beschl. v. 9.10.2008 – IX ZB 292/04, ZInsO 2008, 1264; BGH, Beschl. v. 13.11.2008 – IX ZB 141/07, ZInsO 2009, 55; BGH, Beschl. v. 26.9.2013 – IX ZB 246/11, juris; BGH, Beschl. v. 11.6.2015 – IX ZB 18/13, ZIP 2015, 1595 = NZI 2015, 821, dazu EWiR 2015, 647 *(Keller)*; BGH, Beschl. v. 9.6.2016 – IX ZB 17/15, ZIP 2016, 1299 = ZVI 2016, 457; BGH, Beschl. v. 6.4.2017 – IX ZB 48/16, ZVI 2017, 396 = NZI 2017, 459; BGH, Beschl. v. 22.6.2017 – IX ZB 65/15, NZI 2017, 732; BGH, Beschl. v. 17.10.2019 – IX ZB 5/18, ZIP 2019, 2489 = NZI 2020, 86 m. Anm. *Keller*.

35) BGH, Beschl. v. 15.3.2018 – V ZB 149/17, ZfIR 2018, 499 m. Anm. *Cranshaw*; dazu auch *Keller*, ZfIR 2019, 289.

36) *Metoja*, ZInsO 2016, 1612.

durch die Höhe der Vergütung, die Zusammenarbeit mit dem Insolvenzgericht während des Verfahren oder gar allgemein an das persönliche Verhältnis zwischen Verwalter und Insolvenzgericht.

b) Die Nachprüfung durch die Rechtsbeschwerde

Die Bestimmung des konkreten Zuschlags oder Abschlags zur Regelvergütung ist i. R. pflichtgemäßen Ermessens eine **tatrichterliche Entscheidung im Einzelfall**. Sie unterliegt einer vollumfänglichen Nachprüfung durch das Beschwerdegericht, das zweite Tatsacheninstanz ist (§ 572 Abs. 2 Satz 1 ZPO) und i. R. seiner Beschwerdeentscheidung selbstständig zu entscheiden hat. 27

Der BGH betont, dass im **Rechtsbeschwerdeverfahren** die konkrete Zuschlags- oder Abschlagsbestimmung als tatrichterliche Entscheidung nur insoweit nachprüfbar ist, als sie in **grober Weise** die **Verhältnismäßigkeit** von Zuschlägen zueinander oder eines Zuschlags zur konkreten Arbeitsleistung **verletzt** und die **Gefahr der Verschiebung von Maßstäben** besteht.[37] Dies ist im Einzelfall schwierig festzustellen, insbesondere weil der BGH es gleichzeitig bei einer Gesamtwürdigung der Erhöhungs- und Kürzungstatbestände ohne differenzierte Bewertung der einzelnen Tatbestände belässt (siehe eingehend Rz. 57 ff.). Zur Vergütung des Zwangsverwalters nach § 152a ZVG und § 18 ZwVwV definiert der V. Zivilsenat unter Bezugnahme auf die Rechtsprechung des IX. Zivilsenats die Nachprüfbarkeit der Ermessensentscheidung dergestalt, dass die Nachprüfung sich darauf beschränke, ob das Beschwerdegericht den unbestimmten Rechtsbegriff der Angemessenheit zutreffend erfasst und ausgelegt sowie alle für die Beurteilung wesentlichen Umstände berücksichtigt und die Denkgesetze und Erfahrungssätze beachtet habe.[38] Das klingt anspruchsvoll, hilft im Ergebnis aber nicht weiter. Denn **wenn man eine differenzierte Bewertung und Abwägung der Einzeltatbestände verneint**, kann man auch **nicht bestimmen**, ob eine **Ermessensentscheidung im Einzelfall fehlerhaft** ist. Man kann dies dann nur undifferenziert in der Summe der Gesamtbetrachtung. Im Übrigen ist mit dieser Formulierung auch unklar, um welche Art von Ermessen des Insolvenzgerichts es sich handelt (freies, gebundenes oder pflichtgemäßes Ermessen?). Bei der Gesamtbetrachtung ist auch nicht klar, wodurch sich die Angemessenheit der Vergütung im Einzelfall definiert. Wenn die Angemessenheit i. Ü. ein unbestimmter Rechtsbegriff sein soll, ist sie aber auch kein Aspekt eines Ermessens, sondern eindeutig definierbar und im Rechtsbeschwerdeverfahren vollumfänglich überprüfbar. Sachgerecht ist es deshalb, durch Fallgruppenbildungen einzelne Tatbestände der Insolvenzverwaltung zu kategorisieren und differenziert zu bewerten. Dies beinhaltet auch die Bestimmung der Angemessenheit von Erhöhung und Kürzung einzelner Tatbestände sowie die Berücksichtigung von Überschneidungen. 28

37) BGH, Beschl. v. 23.9.2004 – IX ZB 215/03, NZI 2004, 665 = DZWIR 2005, 32 m. Anm. *Heinze*; BGH, Beschl. v. 16.6.2005 – IX ZB 186/03, NZI 2005, 629; BGH, Beschl. v. 11.5.2006 – IX ZB 249/04, ZIP 2006, 1204 = NZI 2006, 464 m. Anm. *Nowak*; BGH, Beschl. v. 22.3.2007 – IX ZB 201/05, ZInsO 2007, 370; BGH, Beschl. v. 14.2.2008 – IX ZB 181/04, ZIP 2008, 618 = ZVI 2008, 226; BGH, Beschl. v. 9.10.2008 – IX ZB 292/04, ZInsO 2008, 1264; BGH, Beschl. v. 13.11.2008 – IX ZB 141/07, ZInsO 2009, 55; BGH, Beschl. v. 26.9.2013 – IX ZB 246/11, juris; BGH, Beschl. v. 11.6.2015 – IX ZB 18/13, ZIP 2015, 1595 = NZI 2015, 821, dazu EWiR 2015, 647 *(Keller)*; BGH, Beschl. v. 9.6.2016 – IX ZB 17/15, ZIP 2016, 1299 = ZVI 2016, 457; BGH, Beschl. v. 6.4.2017 – IX ZB 48/16, ZVI 2017, 396 = NZI 2017, 459; BGH, Beschl. v. 22.6.2017 – IX ZB 65/15, NZI 2017, 732; BGH, Beschl. v. 17.10.2019 – IX ZB 5/18, ZIP 2019, 2489 = NZI 2020, 87 m. Anm. *Keller*.

38) BGH, Beschl. v. 15.3.2018 – V ZB 149/17, ZfIR 2018, 499 m. Anm. *Cranshaw*; dazu auch *Keller*, ZfIR 2019, 289.

6. Die konkrete Bestimmung einer Erhöhung oder Kürzung

a) Grundsätzliche Fragestellungen

29 Die Erhöhung oder Kürzung der Vergütung erfolgt regelmäßig durch **Zuerkennung eines Prozentsatzes** zur Regelvergütung oder Kürzung derselben i. H. eines bestimmten Prozentsatzes. Die InsVV schreibt diese Art der Zuschlagsbemessung nicht explizit vor. Ein Zuschlag oder Abschlag zur Regelvergütung könnte auch in einem konkreten Geldbetrag ausgedrückt werden.

30 Die Bestimmung durch Prozentsätze hat den Vorteil, dass sie bei höherer Insolvenzmasse einen höheren Betrag eines Zuschlags oder einer Kürzung ergibt und damit ähnlich wie die Systematik der Bildung der Regelvergütung beinhaltet, dass bei **höherer Insolvenzmasse typischerweise ein höherer Arbeitsaufwand** gegeben ist. Dies gilt insbesondere bei Tatbeständen, die qualitativ die Arbeitsbelastung des Insolvenzverwalters betreffen. Auch führt die Bemessung durch Prozentsätze zu einer besseren Vergleichbarkeit der Tatbestände hinsichtlich Überschneidungen der Arbeitsbelastung sowie zu einer Vergleichbarkeit verschiedener Sachverhalte.

31 Eine **grundlegende Frage** ist dabei, ob **jeder Tatbestand** einer Erhöhung oder Kürzung mit einem **eigenen Prozentsatz** bestimmt werden soll oder ob es genügt, nach Abwägung aller Tatbestände einen **Gesamtzuschlag** oder Gesamtabschlag zu bestimmen. Der BGH vertritt i. R. der sog. Gesamtbetrachtung die Ansicht, dass eine schematische Zuerkennung von Erhöhungstatbeständen an Hand von abstrakten Tabellen ohne Bezugnahme auf den konkreten Sachverhalt nicht zulässig sei. Nach seiner Ansicht soll das Insolvenzgericht Zu- und Abschläge gegeneinander abwägen und hieraus eine angemessene Erhöhung oder Kürzung der Vergütung als Gesamtzuschlag ermitteln. Maßgebend sei eine im Ergebnis angemessene Gesamtwürdigung mit nachvollziehbarer Begründung.[39)] Diese sog. **Gesamtbetrachtung erfährt** in der Literatur zu Recht **heftige Kritik** (siehe eingehend nachfolgend Rz. 61 ff.).

b) Die Berücksichtigung einer mittelbaren Massemehrung

32 Zur angemessenen Bestimmung eines Prozentsatzes der Erhöhung oder Kürzung der Vergütung soll nach dem Beschluss des BGH vom 8.3.2012[40)] zu berücksichtigen sein, ob sich durch einen Zuschlagstatbestand die **Insolvenzmasse als Berechnungsgrundlage und damit die Regelvergütung** des § 2 InsVV so stark **erhöht** hat, dass hieraus eine – bezogen auf den Tatbestand – signifikante oder gar ausreichende Erhöhung der Regelvergütung festgestellt werden muss.[41)] Der Zuschlag soll dann entsprechend geringer festgesetzt werden. Der BGH verlangt dazu eine **Vergleichsberechnung der Vergütung mit und ohne Mehrung der Insolvenzmasse.**[42)] Der Sachverhalt, welcher dem Beschluss vom 8.3.2012

39) BGH, Beschl. v. 4.7.2002 – IX ZB 31/02, ZIP 2002, 1459 = NZI 2002, 509; BGH, Beschl. v. 18.12.2003 – IX ZB 50/03, ZIP 2004, 518 = ZVI 2004, 203; BGH, Beschl. v. 24.6.2003 – IX ZB 453/02, ZIP 2003, 1759 = ZVI 2003, 484; BGH, Beschl. v. 17.7.2003 – IX ZB 10/03, ZIP 2003, 1612 = ZVI 2003, 430; BGH, Beschl. v. 24.7.2003 – IX ZB 607/02, ZIP 2003, 1757 = NZI 2003, 603; BGH, Beschl. v. 23.3.2006 – IX ZB 28/05, NZI 2006, 341; BGH, Beschl. v. 11.5.2006 – IX ZB 249/04, ZIP 2006, 1204 = NZI 2006, 464 m. Anm. *Nowak*; positiv hervorzuheben dagegen LG Erfurt, Beschl. v. 22.1.2010 – 1 T 480/09, juris.

40) BGH, Beschl. v. 8.3.2012 – IX ZB 162/11, ZIP 2012, 682 = DZWIR 2012, 260 m. Anm. *Keller*.

41) BGH, Beschl. v. 8.3.2012 – IX ZB 162/11, ZIP 2012, 682 = DZWIR 2012, 260 m. Anm. *Keller*; bekräftigt durch BGH, Beschl. v. 19.9.2013 – IX ZB 122/11, ZInsO 2013, 2180.

42) BGH, Beschl. v. 8.3.2012 – IX ZB 162/11, Rz. 15, ZIP 2012, 682 = DZWIR 2012, 260 m. Anm. *Keller*; *Riedel* in: MünchKomm-InsO, § 3 InsVV Rz. 11 ff.; Leonhardt/Smid/Zeuner-*Amberger*, InsVV, § 2 Rz. 12; *Graeber/Graeber*, InsVV, § 3 Rz. 29 ff.; *Wolgast* in: HK-InsVV, § 3 Rz. 51 ff.; eingehend auch *Knapp*, Die Vergütung des Insolvenzverwalters, S. 122 ff.

zugrunde lag, war jedoch außergewöhnlich: Bei anfänglich eher niedriger Insolvenzmasse konnte der Insolvenzverwalter durch Geltendmachung von Anfechtungsansprüchen diese nahezu verdoppeln.[43] Wegen der hohen Steigerung der Regelvergütung bei geringerer Insolvenzmasse erhöhte sich dadurch die Regelvergütung um rund 36 %. In einem weiteren Beschluss vom 27.10.2022[44] nahm der BGH darauf Bezug und sah einen Zuschlag als angemessen an, weil es durch eine Massemehrung bereits zu einer erheblichen Erhöhung der Regelvergütung gekommen sei.

Allgemein soll demnach bei jedem Zuschlagstatbestand geprüft werden, ob und in welchem Umfang durch ihn eine sog. **mittelbare Massemehrung** stattgefunden hat, die zu einer **Erhöhung der Regelvergütung** führte. Dies sei dann bei der Bestimmung des konkreten Zuschlags zu berücksichtigen. Dieser zunächst plausibel klingende Ansatz ist **bei näherer Betrachtung unzutreffend.**[45] 33

Es muss zunächst differenziert geprüft werden, **ob ein Tatbestand überhaupt** mit einer **Mehrung der Insolvenzmasse** verbunden ist. So kann bspw. eine erfolgreiche Insolvenzanfechtung die Insolvenzmasse mehren; gleiches kann gelten für besonders erfolgreichen Forderungseinzug. Die Unternehmensfortführung als qualitativer Tatbestand kann ebenfalls eine Massemehrung beinhalten. Diese wird aber bereits durch die besondere Regelung des § 1 Abs. 2 Nr. 4 Satz 2 lit. b InsVV und den sog. ausgleichenden Zuschlag berücksichtigt (siehe Rz. 176 ff.). Es muss nicht jeder Tatbestand mit einer Massemehrung verbunden sein, es wäre bspw. schwierig den Tatbestand des obstruktiv handelnden Schuldners oder den der Anwendung ausländischen Rechts mit einer Massemehrung zu verknüpfen. 34

Praktisch und rechnerisch darf die mittelbare Massemehrung nicht überbewertet werden. Der Beschluss vom 8.3.2012 hatte bei einer anfänglich geringen Insolvenzmasse und einer hohen Steigerung in den Degressionsstufen der Regelvergütung einen außergewöhnlichen Sachverhalt zum Gegenstand. Im Regelfall einer Unternehmensinsolvenz liegt die Regelvergütung meist in einer höheren Degressionsstufe des § 2 Abs. 1 InsVV. Die Massemehrung erhöhte die Regelvergütung dann nur um den letzten Prozentsatz der Degressionsstufe. Es ist deshalb schon **mathematisch eher selten**, dass sich die mittelbare **Massemehrung erheblich auf die Regelvergütung** auswirkt. Mathematisch ist auch nicht klar, wie man rechnen soll, wenn mehrere Tatbestände zu einer Massemehrung geführt haben. Ist jeder Tatbestand i. R. einer Vergleichsrechnung gesondert zu betrachten, ist fraglich, ob er jeweils in der höchsten Degressionsstufe zu einer Erhöhung der Regelvergütung führt, oder ob ein Tatbestand im mittleren Bereich des § 2 Abs. 1 InsVV liegt. Diese Frage kollidiert mit dem Grundsatz der Gesamtvergütung, wonach die Vergütung nicht auf einzelne Tatbestände oder Zeitabschnitte aufgespalten werden kann (siehe § 2 Rz. 7). Die Massemehrung und Erhöhung der Regelvergütung könnte dann bei mehreren Tatbeständen nur als Summe berechnet werden. Es darf insgesamt das Insolvenzgericht eine **Vergütungserhöhung nicht pauschal** mit dem Argument **ablehnen**, durch den entsprechenden Tatbestand habe sich bereits die Regelvergütung erhöht. 35

Grundlegend fraglich ist aber, ob es sich bei der **Annahme der mittelbaren Massemehrung** nicht um ein **Scheinproblem** und um einen Trugschluss handelt. Denn die im Insolvenzverfahren zu realisierenden **Vermögenswerte** sind als **Bestandteile der Insolvenzmasse bereits bei Insolvenzeröffnung vorhanden**, unabhängig von der Feststellung ihrer Höhe 36

43) Ähnliche Sachverhalte bei LG Hamburg, Beschl. v. 13.4.2011 – 326 T 25/11, juris; AG Hamburg, Beschl. v. 23.5.2016 – 67g IN 184/07, ZVI 2016, 330.

44) BGH, Beschl. v. 27.10.2022 – IX ZB 10/22, ZRI 2022, 1001 = ZIP 2022, 2558.

45) Eingehend auch *Keller* in: HK-InsO, § 3 InsVV Rz. 15 ff.; *Prasser/Stoffler* in: KPB, InsO, § 3 InsVV Rz. 50 ff.; *Graeber/Graeber*, InsVV, § 3 Rz. 29 ff.; *Graeber/Graeber*, NZI 2012, 355.

und der Art ihrer Realisierung durch den Insolvenzverwalter.[46] Werden sie etwa im Gutachten zur Insolvenzeröffnung, in der Eröffnungsbilanz (§ 153 InsO) oder im Bericht zur ersten Gläubigerversammlung (§ 156 InsO) mit vorsichtigen Bewertungen versehen, stellt dies stets nur eine erste Einschätzung unter Berücksichtigung kaufmännischer Vorsicht und möglicher Prozessrisiken dar. Beispielhaft ist ein Insolvenzanfechtungsanspruch bei Insolvenzeröffnung mit seinem vollen Wert vorhanden, auch wenn ihn der Insolvenzverwalter zunächst vorsichtig bewertet und später erfolgreich realisiert. Oft möchte auch der Insolvenzverwalter den Anfechtungsgegnern gegenüber seine Karten nicht bereits bei Insolvenzeröffnung offenlegen. Daher besteht gerade im Eröffnungsgutachten kein Grund, Anfechtungsansprüche detailliert zu bewerten, wenn i. Ü. die Kosten des Insolvenzverfahrens gedeckt sind und eine Verfahrenseröffnung erfolgen kann. Wird daher später ein Vermögenswert mit höherem Ergebnis realisiert, als er bei Insolvenzeröffnung prognostiziert worden ist, stellt das betriebswirtschaftlich nur eine Verschiebung der Bilanzposition dar, bilanziell wird Anlage- oder Umlaufvermögen zum Kassenbestand, der im Insolvenzverfahren den Verwertungserlös darstellt. **Es wird gerade keine Insolvenzmasse generiert, die vorher nicht vorhanden war.** Das wäre der Fall bei einer Unternehmensfortführung mit Überschuss, was aber durch § 1 Abs. 2 Nr. 4 lit. b InsVV bereits berücksichtigt wird, oder bei erfolgreicher übertragender Sanierung im Gegensatz zur Liquidation eines Geschäftsbetriebes.

37 Die **Kürzung des Zuschlags aufgrund mittelbarer Massemehrung** führt bei konsequenter Berücksichtigung sogar zu einer **ungerechtfertigten Vergütungskürzung** und ist **systematisch fragwürdig**. Eine erfolgreiche Verwertung soll gerade die Vergütung erhöhen. Würde man mit der Berechnung der mittelbaren Massemehrung mögliche Zuschläge kürzen, könnte beinahe jede Erschwernis bei Masseverwertung mit dem Argument abgelehnt werden, es sei ja die Masse und damit die Regelvergütung gemehrt worden. Das widerspräche § 63 Abs. 1 InsO, der normiert, dass die Vergütung sich an der Höhe der Insolvenzmasse im Zeitpunkt der Beendigung orientiert. Die InsVV regelt die Berücksichtigung der Massemehrung nur im Ausnahmefall der Unternehmensfortführung (§ 1 Abs. 2 Nr. lit. b mit § 3 Abs. 1 lit. b InsVV). Im Übrigen ist sie nirgends erwähnt. Es ist methodisch fragwürdig, hieraus die angebliche Massemehrung zum allgemeinen Prinzip zu erheben, das **widerspräche dem System der insolvenzrechtlichen Vergütung**. Logischer ist es, die ausdrückliche Erwähnung in § 3 Abs. 1 lit. b InsVV als Ausnahmetatbestand anzusehen und i. Ü. den Grundsatz des § 63 Abs. 1 InsO anzuerkennen. Es ist deshalb sehr fraglich, ob es mit der Systematik der InsVV übereinstimmt, generell Massemehrungen in die Zuschlagsgewährung einzuberechnen. Nimmt man weiter das auch vom BGH immer wieder ins Feld geführte Argument der Querfinanzierung ernst (siehe § 2 Rz. 93 ff.), muss man auch anerkennen, dass bei hoher Berechnungsgrundlage die Regelvergütung entsprechend hoch ist – obwohl sie nur degressiv steigt – und Zuschläge bei entsprechender Arbeitsleistung hoch sein können.

38 Die **Berücksichtigung einer mittelbaren Massemehrung** bei der Zuschlagsgewährung führt auch zu **Ungleichbehandlungen**. Hat nämlich der Insolvenzverwalter eine Massemehrung erlangt, ohne dass ein Zuschlagstatbestand erfüllt wäre, erhält er eine höhere Regelvergütung. Wenn kein Kürzungstatbestand nach § 3 Abs. 2 InsVV vorliegt, bleibt es auch dabei. Konnte bspw. der Insolvenzverwalter während des Verfahrens Immobiliarvermögen feststellen, das bei Insolvenzeröffnung nicht bekannt war, erhält er mit der höheren Insolvenzmasse eine höhere Regelvergütung. Das ist auch richtig, denn er hat sich mit diesen Vermögenswerten befasst, ohne dass ein Zuschlags- oder Kürzungstatbestand gegeben sein muss. Warum soll dann der Insolvenzverwalter, der mit erheblichem Aufwand Masse

46) Eingehend *Keller*, ZIP 2025, 740.

erwirtschaftet hat, durch Kürzung des Zuschlags um eine angebliche Massemehrung nicht seinem Arbeitsaufwand entsprechend vergütet werden? Diese Ungleichbehandlung wird wieder besonders deutlich am Beispiel der Unternehmensfortführung oder der übertragenden Sanierung: Führt er den Geschäftsbetrieb fort und veräußert ihn anschließend, könnte ihm der gebührende Zuschlag gekürzt oder gar verwehrt werden, denn der Erlös der übertragenden Sanierung war bei Insolvenzeröffnung nicht vorhanden, er führte zu einer Massemehrung und einer Erhöhung der Regelvergütung.[47)] Für den Insolvenzverwalter wäre es dann einfacher, weniger haftungsträchtig und vergütungsrechtlich attraktiver, einen Geschäftsbetrieb zu schließen als ihn fortzuführen. Würde man dem Insolvenzverwalter mit dem Argument der Massemehrung die Vergütungserhöhung versagen, würde man die Bereitschaft zur Unternehmensführung und zu Sanierungsmaßnahmen senken. Im schlechtesten Fall kann der Insolvenzverwalter qualitativ anspruchsvolle Tätigkeiten wie Unternehmensfortführung oder Sanierungsmaßnahmen unterlassen, weil sie ihm insbesondere im Erfolgsfall ohnehin nicht angemessen honoriert werden.

Die Berücksichtigung einer Massemehrung mit Erhöhung der Regelvergütung darf daher 39 **nur in Ausnahmefällen** zu erfolgen, insbesondere wenn die anfängliche Insolvenzmasse gering ist und die Massemehrung zu einer so starken Erhöhung der Regelvergütung führt, dass dies der Arbeitsleistung des Insolvenzverwalters gegenüber nicht mehr angemessen ist.

c) Die Angemessenheit eines Prozentsatzes bei quantitativen Tatbeständen

Bei **Erhöhungstatbeständen**, welche die Arbeitstätigkeit des Insolvenzverwalters allein 40 **quantitativ** beanspruchen, soll eine Kontrolle zur Angemessenheit der Zuschlagsgewährung in der Weise stattfinden, dass die Erhöhung der Vergütung auf den **Einzelfall der Quantität „heruntergebrochen"** wird.[48)]

Beispielhaft wird durch den quantitativen Tatbestand der hohen Gläubigerzahl der Ar- 41 beitsaufwand bei Forderungsanmeldung, Forderungsprüfung und Korrespondenz mit Gläubigern abgegolten. Der Tatbestand betrifft damit die mengenmäßige Arbeitsbelastung des Verwalterbüros. Der Prozentsatz der Vergütungserhöhung hat sich daran zu orientieren, wie hoch die Arbeitsbelastung tatsächlich war. Würde man hier mit pauschalen Prozentsätzen die Vergütung erhöhen oder kürzen, würde dies je nach Höhe der Berechnungsgrundlage und damit der Regelvergütung zu unterschiedlich hohen Erhöhungen oder Kürzungen führen, die möglicherweise in keiner Relation mit der tatsächlichen Arbeitsbelastung stehen. Bezüglich des Tatbestandes der hohen Gläubigerzahl stellt sich dieses Problem auch im Zusammenhang mit der Mindestvergütung des § 2 Abs. 2 InsVV, die auf die Gläubigerzahl als pauschales Erhöhungskriterium Bezug nimmt (siehe § 4 Rz. 114 ff.). Hatte aber bspw. der Insolvenzverwalter **erhöhten quantitativen Aufwand** in der **Zusammenarbeit mit einem Gläubigerausschuss**, weil besonders viele Ausschusssitzungen und Besprechungen stattgefunden haben, wäre eine prozentuale Erhöhung der Vergütung wegen dieses Tatbestandes nicht angemessen, wenn heruntergebrochen auf die einzelne Ausschusssitzung sich ein Erhöhungsbetrag von vielleicht 25 000 € ergäbe. Auch unter Berücksichtigung der notwendigen Vorbereitung und Nachbereitung wäre eine Erhöhung in diesem Umfang schwerlich vertretbar.

Insgesamt ist bei quantitativen Tatbeständen zu beachten, dass der **regelmäßige Arbeitsauf-** 42 **wand** in der Insolvenzverwaltung **bei größeren Verfahren durch die höhere Regelver-**

47) In diesem Sinne LG Münster, Beschl. v. 7.1.2025 – 5 T 443/23, NZI 2025, 386 m. Anm. *Meyer*.
48) BGH, Beschl. v. 8.3.2012 – IX ZB 162/11, ZIP 2012, 682 = DZWIR 2012, 260 m. Anm. *Keller*.

gütung abgegolten ist.[49] Typisch quantitative Tätigkeiten, wie die Erfassung der Forderungsanmeldungen und die Forderungsprüfung, können standardisiert erfolgen, so dass in größeren Verfahren der Arbeitsaufwand nicht linear mit der Quantität des Tatbestandes steigt. Damit ist aber die Zuschlagsfähigkeit nicht ausgeschlossen. Erforderlich ist eine Darlegung, dass der tatsächlich erforderliche Aufwand erheblich über dem bei vergleichbaren Massen Üblichen liegt.[50] Er kann bei der Zahl der Forderungsanmeldungen bspw. in der Gläubigerstruktur liegen, wenn geklärt werden muss, wer Insolvenz- oder Massegläubiger ist, oder wenn zahlreiche Abtretungen zu prüfen sind.

d) Die Zuschlagsbestimmung bei qualitativen Tatbeständen

43 Zu qualitativen Zuschlagstatbeständen des § 3 Abs. 1 InsVV wird vertreten, der Prozentsatz eines Zuschlagstatbestandes müsse bei hoher Insolvenzmasse geringer ausfallen, weil der durch den Prozentsatz errechnete Geldbetrag höher ist als bei geringerer Insolvenzmasse.[51] Dieses Postulat leidet bereits an der falschen Annahme, dass der Zuschlag stets als Prozentsatz der Regelvergütung ausgedrückt werden müsse. Das ist aber weder gesetzlich durch § 63 Abs. 1 InsO noch durch § 3 InsVV normiert.

44 Dennoch ist die Gewährung von Prozentsätzen gerade bei qualitativen Tatbeständen zutreffend. Sie beinhaltet eine zutreffende **Pauschalierung dahingehend**, dass ein bestimmter **Tatbestand der Erschwernis üblicherweise** einen bestimmten **Arbeitsaufwand** beinhaltet, der in Form eines **Prozentsatzes typischerweise angemessen** ermittelt werden kann. Damit enthält die Zuschlagsgewährung mit Prozenten einen Aspekt der Querfinanzierung (siehe § 2 Rz. 100 ff.).

45 Bei **qualitativen Zuschlagstatbeständen** ist bei Verfahren mit hoher Insolvenzmasse ein **höherer Arbeitsaufwand** zu unterstellen als in einem Verfahren mit geringer Insolvenzmasse. Unbestritten verlangen die Unternehmensfortführung oder Sanierungsmaßnahmen eines großen Unternehmens mehr Arbeitsaufwand als die eines kleinen Unternehmens. Konkret ist etwa maßgebend, welchen Aufwand die Überwachung der Geschäftsführung, die Steuerung der Zahlungsflüsse i. R. der Fortführung oder die Verhandlungen mit Lieferanten oder Kunden erfordert haben. Daher ist bei qualitativen Zuschlagstatbeständen nicht anzunehmen, dass der Arbeitsaufwand bei hoher Insolvenzmasse geringer ist als bei niedriger Masse, typischerweise ist es umgekehrt. Der **Zuschlag darf** daher allgemein **nicht bei höherer Insolvenzmasse und Berechnungsgrundlage niedriger angesetzt** werden (siehe dazu auch Rz. 51 ff.).

46 Im früheren Konkursrecht war diese Erkenntnis unbestritten. So wurde im Konkurskommentar *„Kilger"* – in der 16. Auflage 1993 bereits von *Karsten Schmidt* bearbeitet – festgestellt:[52]

> „Bei großen Verfahren ist als Besonderheit auch zu berücksichtigen, daß die Vergütung sich nach der Tabelle degressiv entwickelt; diese dadurch bedingte Honorarminderung ist gerechtfertigt, wenn sich eine hohe Teilungsmasse aus einem oder einigen schnell realisierten Vermögenswerten ergibt; wird aber eine größere Teilungsmasse in einem langjährig andauernden Verfahren aus der Realisierung vieler einzelner Vermögenswerte erwirtschaftet, so ist die degressive Entwicklung der Vergütung durch einen entsprechend hohen Erschwerniszuschlag abzugelten."

---

49) BGH, Beschl. v. 29.4.2021 – IX ZB 58/19, NZI 2021, 744 m. Anm. *Stephan* = ZIP 2021, 1284, dazu EWiR 2021, 561 *(Mock)*.

50) BGH, Beschl. v. 21.9.2017 – IX ZB 28/14, ZIP 2017, 2063 = DZWIR 2018, 129 m. Anm. *Keller*, dazu EWiR 2018, 51 *(Blersch)*.

51) LG Münster, Beschl. v. 1.6.2017 – 5 T 557/16, ZIP 2018, 1148; *Riedel* in: MünchKomm-InsO, § 3 InsVV Rz. 5.

52) *Kilger/K. Schmidt*, KO, 16. Aufl. 1993, § 85 Anm. 1c.

e) Die Konkrete Bestimmung eines Prozentsatzes

aa) Bewertung eines jeden Tatbestandes

Der konkrete Prozentsatz der Erhöhung oder Kürzung der Vergütung ist **je Tatbestand gesondert** zu bestimmen. Nur so kann die konkrete Arbeitsbelastung bezogen auf jeden Tatbestand festgestellt und bewertet werden. Auch die **Abwägung mit** einer möglichen **Massemehrung** bei vorwiegend qualitativen Tatbeständen erfordert, diese getrennt voneinander zu betrachten und zu beurteilen. Gleiches gilt für die **Bewertung vorwiegend quantitativer Tatbestände** unter Berücksichtigung des **Aufwandes für den Einzeltatbestand** bspw. bei einer besonders hohen Gläubigerzahl oder besonders hohe Zahl von Arbeitnehmern. 47

Dabei muss stets beachtet werden, dass die seitens der Literatur vorgeschlagenen Prozentsätze oder Zuschlagsfaktoren nicht als unumstößlich zu betrachten sind, sondern Hilfestellung für den konkreten Fall sein wollen.[53] 48

Würde man dagegen i. R. einer sog. Gesamtbetrachtung lediglich einen Erhöhungs- oder Kürzungssatz in der Summe aller Tatbestände ausweisen, würde die notwendige differenzierte Betrachtung bezüglich eingetretener Massemehrung oder der **Transparenz hinsichtlich eines einzelnen Tatbestandes** nicht mehr gegeben sein. Die Gesamtbetrachtung verleitet zudem dazu, Einzeltatbestände undifferenziert zu beurteilen und miteinander zu vermischen. Sie führt auch dazu, dass gleichsam i. R. einer Gesamtstrafenbildung der Prozentsatz einer Erhöhung der Vergütung stets noch mal gemindert wird. 49

bb) Überschneidungen mehrerer Tatbestände

Hierbei sind mögliche Überschneidungen mehrerer Tatbestände zu berücksichtigen. Beispielsweise können die Erhöhungstatbestände der Unternehmensfortführung, der besonders hohen Zahl an Arbeitnehmern oder der Vorbereitung und Durchführung einer übertragenden Sanierung gleichzeitig gegeben sein. Die konkrete Arbeitsbelastung des Insolvenzverwalters betrifft diese Tatbestände sich jeweils überschneidend. **Die jeweiligen Prozentsätze der Erhöhung sind deshalb aufeinander abzustimmen.** Die Überschneidung mehrerer Tatbestände darf aber nicht so weit gehen, dass ein Tatbestand einen anderen völlig kompensiert. **Grundsätzlich steht jeder Tatbestand für sich.** Es kann bspw. die Unternehmensfortführung auch ohne eine anschließende übertragende Sanierung gegeben sein, eine Überschneidung ist dann nicht gegeben. Auch kann eine Unternehmensfortführung ohne besonders hohe Zahl von Arbeitnehmern vorliegen, so dass dieser Tatbestand nicht gegeben ist. Die konkrete Bestimmung der Prozentsätze darf deshalb weder in der Weise erfolgen, dass diese je Tatbestand pauschal aus einer Faustregeltabelle entnommen und einfach miteinander addiert werden, noch in der Weise das mit dem Argument der Arbeitsbelastung die Tatbestände gegeneinander ausgespielt oder gar wegargumentiert werden. 50

cc) Relation zur Höhe der Insolvenzmasse

Es wird vertreten, eine Erhöhung der Vergütung sei dann mit einem geringeren Prozentsatz anzusetzen, wenn die Berechnungsgrundlage entsprechend hoch sei.[54] Dann würde sich nämlich der Prozentsatz in einem entsprechend hohen Geldbetrag niederschlagen. Dem ist nicht zuzustimmen. Gänzlich abzulehnen ist auch die Ansicht, dass bei besonders hoher Berechnungsgrundlage die Gewährung von Erhöhungen schon deshalb ausgeschlossen sei, weil die Regelvergütung ausreichend hoch sei. Diese Argumentation ist nahezu völlig 51

53) *Prasser/Stoffler* in: KPB, InsO, § 3 InsVV Rz. 17.

54) LG Münster, Beschl. v. 1.6.2017 – 5 T 557/16, ZIP 2018, 1148; *Riedel* in: MünchKomm-InsO, 4. Aufl. 2019, § 3 InsVV Rz. 7.

sachfremd, da sie das System der InsVV von Regelvergütung und Erhöhung oder Kürzung unter Berücksichtigung des konkreten Normalfalles nicht beachtet. Richtig ist daran lediglich der Aspekt, dass bei **hoher Berechnungsgrundlage** die **quantitativen Tatbestände** eines vergütungsrechtlichen Normalverfahrens **anders zu beurteilen** sind als bei geringerer Berechnungsgrundlage, weil der quantitative Arbeitsaufwand typischerweise nicht linear zur Berechnungsgrundlage steigt.

52 Der BGH hatte in dem Beschluss vom 20.5.2010[55] eher allgemein ausgeführt, dass die **Zu- und Abschlagsgründe** des § 3 InsVV in **engem Zusammenhang mit Umfang und Entwicklung der Masse** stehen, so dass der Vergütungssatz auch nicht unabhängig von der Berechnungsgrundlage bestimmt werden könne. Diese Aussage steht im Zusammenhang mit der Frage, ob bei nachträglichem Massezufluss in einer Zweitfestsetzung bisher gewährte Zuschläge modifiziert werden können oder ob eine eingetretene Rechtskraft der Vergütungsfestsetzung entgegenstehe. Der BGH hatte die Möglichkeit einer Modifizierung bejaht, da die Rechtskraft sich allein auf den festgesetzten Vergütungsbetrag und nicht auf die Bewertung einzelner Tatbestände beziehe.[56] Die Aussage darf daher **nicht zu dem allgemeinen Grundsatz** verleiten, bei **hoher Insolvenzmasse** müsse ein Zuschlagsprozentsatz immer **niedriger ausfallen.** Richtigerweise ist auch hier **zwischen qualitativen und quantitativen Tatbeständen** zu **unterscheiden** (siehe Rz. 40 ff.).

53 Wenn bspw. der Insolvenzverwalter bei hoher Insolvenzmasse das schuldnerischen **Unternehmen fortführt** und damit einen qualitativen Tatbestand erfüllt, hat er **typischerweise entsprechend hohen qualitativen Arbeitsaufwand.** Es ist dann auch gerechtfertigt, diesen mit einem gleichen Prozentsatz zu bewerten wie bei geringerer Berechnungsgrundlage, bei welcher der Arbeitsaufwand entsprechend geringer war und sich ausgehend von der niedrigeren Regelvergütung auch eine geringere Vergütungserhöhung ergibt.

54 Eine hohe Berechnungsgrundlage kann eine **Kürzung der Vergütung** nach § 3 Abs. 2 lit. d InsVV dann rechtfertigen, wenn das Verfahren nur **geringe Anforderungen** an die Belastung des Insolvenzverwalters stellte. Dagegen ist bei hoher Berechnungsgrundlage und bei besonderer Arbeitsbelastung des Insolvenzverwalters unabhängig von sonstigen Tatbeständen die Vergütung nach § 3 Abs. 1 lit. c InsVV sogar zu erhöhen (siehe dazu § 4 Rz. 70 ff.).

55 Bei geringerer Insolvenzmasse ist hinsichtlich der quantitativen Tatbestände bei der Bestimmung des Prozentsatzes keine Kürzung vorzunehmen. Der typischerweise geringere Arbeitsaufwand wird durch den geringeren Betrag aus dem Prozentsatz der geringeren Regelvergütung abgegolten, er darf nicht noch weiter mit dem Argument gekürzt werden, die Insolvenzmasse sei zu gering.

Beispiel:

Erhält bei einer Insolvenzmasse von 50 000 € der Insolvenzverwalter für eine Unternehmensfortführung für drei Monate eine Vergütungserhöhung um 25 %, beträgt diese nominell nur 4 062,50 € (in einem bis 31.12.2020 beantragten Verfahren bei einer Regelvergütung von 16 250 € aus einer Berechnungsgrundlage von 50 000 €) bzw. 4 475 € (in einem seit 1.1.2021 beantragten Verfahren bei einer Regelvergütung von 17 900 €). Es wäre sachfremd, hier eine Vergütungserhöhung mit dem Argument zu versagen, die Insolvenzmasse sei nicht hoch und würde ansonsten durch die Vergütung zu sehr ausgezehrt.

55) BGH, Beschl. v. 20.5.2010 – IX ZB 11/07, Rz. 9, BGHZ 185, 353 = ZIP 2010, 1403, dazu EWiR 2010, 651 *(Kexel)*; zu Recht kritisch *Zimmer*, InsVV, § 3 Rz. 45.

56) Noch offengelassen von BGH, Beschl. v. 26.1.2006 – IX ZB 183/04, Rz. 27, ZIP 2006, 486 m. Anm. *Prasser* = ZVI 2006, 129.

Dass i. Ü. bei der Vergütungsbestimmung keine Relation zu den Interessen der Insolvenzgläubiger besteht und dass eine zu geringe Vergütung nicht mit dem Argument verteidigt werden darf, der Insolvenzverwalter habe i. R. einer Mischkalkulation die angemessene Vergütung aus allen von ihm übernommenen Insolvenzverfahren zu ermitteln, wurde bereits ausführlich dargelegt (siehe § 2 Rz. 93 ff.). 56

7. Die Rechtsprechung des BGH

a) Keine schematische Betrachtungsweise

Der BGH hatte sowohl zur Erhöhung der Vergütung des vorläufigen Insolvenzverwalters als auch zur Erhöhung der Vergütung des Insolvenzverwalters nach § 3 Abs. 1 InsVV sowie zu möglichen Kürzungstatbeständen nach § 3 Abs. 2 InsVV mehrfach zu entscheiden.[57] **Der BGH betont, dass eine Erhöhung der Vergütung nach § 3 Abs. 1 InsVV nicht schematisch erfolgen dürfe**, sondern stets auf die tatsächliche Arbeitsleistung des Insolvenzverwalters in Bezug auf den jeweiligen Erhöhungstatbestand abzustellen sei.[58] Ein Widerspruch zur Bildung typischer Fallgruppen ergibt sich nicht, wenn bei diesen stets vorausgesetzt wird, dass sie eine Erhöhung oder Kürzung der Vergütung nur rechtfertigen, wenn sie sich konkret auf die Tätigkeit des Insolvenzverwalters ausgewirkt haben. 57

Mehrfach betonte der BGH bspw., dass bei der Vergütung des vorläufigen Insolvenzverwalters nach § 11 Abs. 1 InsVV ein höherer Bruchteil nicht allein wegen der Rechtsstellung des vorläufigen Insolvenzverwalters als sog. starker vorläufiger Insolvenzverwalter nach § 21 Abs. 1 Nr. 1 i. V. m. § 22 Abs. 1 InsO gerechtfertigt sei, sondern ein solcher nur dann zuerkannt werden dürfe, wenn die tatsächliche Arbeitsleistung des vorläufigen Insolvenzverwalters dies rechtfertige (siehe dazu eingehend § 7 Rz. 173).[59] Wenngleich die Frage des angemessenen Bruchteils der Vergütung des vorläufigen Insolvenzverwalters keine solche des § 3 InsVV ist, wird auch hier deutlich, dass der BGH eine erhöhte Vergütung nur dann als gerechtfertigt ansieht, wenn die konkrete Tätigkeit des Insolvenzverwalters erheblich über dem Durchschnitt liegt. 58

Mit Beschluss vom 24.7.2003[60] hatte der BGH zum Erhöhungstatbestand des § 3 Abs. 1 lit. a InsVV (Bearbeitung von Aus- und Absonderungsrechten) zu entscheiden: Zur Insolvenzmasse gehörte ein mit fünf Grundpfandrechten belastetes Grundstück. Die Veräußerung des Grundstücks gestaltete sich einfach, der Kaufinteressent stand bereits bei Eröffnung des Insolvenzverfahrens fest. Vier Grundpfandrechtsgläubiger wurden aus dem Veräußerungserlös befriedigt, lediglich mit dem fünften Gläubiger, dem Finanzamt als Gläubiger einer Sicherungshypothek, mussten Verhandlungen über die Ablösung des Rechts geführt werden. Bei Betrachtung dieses Sachverhalts ist verständlich, wenn der BGH zur Belastung der Insolvenzmasse mit Fremdrechten als Erhöhungstatbestand ein abstraktes Wertverhältnis von freier Masse zu den Absonderungsrechten verwirft und allein auf den tatsächlichen Arbeitsaufwand des Insolvenzverwalters abstellt. Er war im vorliegenden Fall denkbar gering. Dennoch **entspricht es allgemeiner Erfahrung**, dass bei einem **hohen** 59

---

57) Dazu *Keller*, NZI 2004, 465, 470, 474.

58) BGH, Beschl. v. 24.7.2003 – IX ZB 607/02, ZIP 2003, 1757 = NZI 2003, 603; BGH, Beschl. v. 18.12.2003 – IX ZB 50/03, ZIP 2004, 518 = ZVI 2004, 203; BGH, Beschl. v. 11.5.2006 – IX ZB 249/04, ZIP 2006, 1204 = NZI 2006, 464 m. Anm. *Nowak*.

59) BGH, Beschl. v. 4.7.2002 – IX ZB 31/02, ZIP 2002, 1459 = NZI 2002, 509; BGH, Beschl. v. 18.12.2003 – IX ZB 50/03, ZIP 2004, 518 = ZVI 2004, 203; BGH, Beschl. v. 24.6.2003 – IX ZB 453/02, ZIP 2003, 1759 = ZVI 2003, 484; BGH, Beschl. v. 17.7.2003 – IX ZB 10/03, ZIP 2003, 1612 = ZVI 2003, 430.

60) BGH, Beschl. v. 24.7.2003 – IX ZB 607/02, ZIP 2003, 1757 = NZI 2003, 603.

Anteil an Fremdrechten die **Arbeitsbelastung** des Insolvenzverwalters **meist erheblich** i. S. des § 3 Abs. 1 lit. a InsVV ist.

60 Mit Beschluss vom 11.5.2006[61] hatte der BGH über die Kürzung der Vergütung nach § 3 Abs. 2 lit. a InsVV (**Arbeitserleichterung durch vorläufige Insolvenzverwaltung**) sowie über den Erhöhungs- oder Kürzungstatbestand der Gläubigerzahl zu befinden. Zur Kürzung der Vergütung wegen der Tätigkeit eines vorläufigen Insolvenzverwalters wird allgemein verlangt, dass dieser dem endgültigen Insolvenzverwalter erheblich Arbeit erspart hat.[62] Es wird insoweit auf eine tatsächliche Arbeitsersparnis abgestellt. Der BGH relativiert dies: Er geht davon aus, dass der vorläufige Insolvenzverwalter schon in Erfüllung seiner ihm obliegenden Tätigkeiten, aber auch darüber hinaus, bspw. bei vorzeitiger Verwertung der Insolvenzmasse, dem endgültigen Insolvenzverwalter Arbeit erspare. Die Kürzung der Vergütung sei gerechtfertigt, um dieselbe Tätigkeit nicht doppelt zu vergüten. Für den Sachverhalt der Entscheidung des BGH trifft dies bedingt zu: Der vorläufige Insolvenzverwalter hatte als Sachverständiger im Eröffnungsverfahren Vorarbeiten für die Verwertung der Insolvenzmasse geleistet, die dem endgültigen Insolvenzverwalter zugutekamen (siehe unten Rz. 191 ff.). Zur Erhöhung der Vergütung bei einer besonders hohen Gläubigerzahl äußerte sich der BGH zustimmend, verlangte bei **besonders geringer Gläubigerzahl** aber auch eine **Kürzung** der Vergütung. Das ist sachgerecht. Richtig ist es auch, beim Falltypus der Gläubigerzahl als Erhöhungskriterium keinen weiteren Nachweis für die erhebliche Tätigkeit des Insolvenzverwalters zu verlangen, da sich diese zumindest im Hinblick auf die formalen Aufgaben bei der Forderungsanmeldung und Forderungsprüfung von selbst ergibt.

b) Das Problem der Gesamtbetrachtung

61 Aus der **Rechtsprechung des BGH** hat sich die sog. **„Gesamtbetrachtung“** entwickelt.[63] Bei der Bestimmung eines Prozentsatzes der Erhöhung oder Kürzung soll es genügen, wenn das Insolvenzgericht Zu- und Abschläge gegeneinander abwägt und hieraus eine insgesamt angemessene Erhöhung oder Kürzung der Vergütung ermittelt. Es sei zwar nicht zu beanstanden, aber auch nicht erforderlich, dass das Gericht zunächst gesonderte Zu- und Abschläge festsetzt. Maßgebend sei für den Gesamtzuschlag eine im Ergebnis angemessene Gesamtwürdigung mit nachvollziehbarer Begründung.[64] Beinahe etwas poetisch und frühere Rechtsprechung zusammenfassend führte dies der BGH im Beschluss vom 20.5.2010 aus:[65]

> „Die Unterscheidung zwischen selbständigen Einzelansprüchen und unselbständigen Berechnungsposten eines einheitlichen Anspruchs führt jedoch bei der Vergütung des Insolvenz- oder Gesamtvollstreckungsverwalters zu einem anderen Ergebnis. Hier erbringt die Masse

61) BGH, Beschl. v. 11.5.2006 – IX ZB 249/04, ZIP 2006, 1204 = NZI 2006, 464 m. Anm. *Nowak*.

62) *Prasser/Stoffler* in: KPB, InsO, § 3 InsVV Rz. 135 ff.; *Nowak* in: MünchKomm-InsO, 2. Aufl. 2007, § 3 InsVV Rz. 25.

63) BGH, Beschl. v. 4.7.2002 – IX ZB 31/02, ZIP 2002, 1459 = NZI 2002, 509; BGH, Beschl. v. 18.12.2003 – IX ZB 50/03, ZIP 2004, 518 = ZVI 2004, 203; BGH, Beschl. v. 24.6.2003 – IX ZB 453/02, ZIP 2003, 1759 = ZVI 2003, 484; BGH, Beschl. v. 17.7.2003 – IX ZB 10/03, ZIP 2003, 1612 = ZVI 2003, 430; BGH, Beschl. v. 24.7.2003 – IX ZB 607/02, ZIP 2003, 1757 = NZI 2003, 603; BGH, Beschl. v. 23.3.2006 – IX ZB 28/05, Rz. 5, NZI 2006, 341; BGH, Beschl. v. 11.5.2006 – IX ZB 249/04, Rz. 12, ZIP 2006, 1204 = NZI 2006, 464 m. Anm. *Nowak*; BGH, Beschl. v. 26.4.2007 – IX ZB 160/06, Rz. 16, ZVI 2008, 317 = NZI 2007, 461; dazu *Graeber*, NZI 2007, 492; BGH, Beschl. v. 20.5.2010 – IX ZB 11/07, Rz. 9, BGHZ 185, 353 = ZIP 2010, 1403 m. w. N.; BGH, Beschl. v. 12.5.2011 – IX ZB 143/08, Rz. 19, ZIP 2011, 1373 = NZI 2011, 630; BGH, Beschl. v. 17.4.2013 – IX ZB 141/11, Rz. 7, ZInsO 2013, 1107; befürwortend *Riedel* in: MünchKomm-InsO, § 3 InsVV Rz. 5; *Roth* in: KölnKomm-InsO, § 3 InsVV Rz. 3.

64) So insbesondere BGH, Beschl. v. 11.5.2006 – IX ZB 249/04, ZIP 2006, 1204 = NZI 2006, 464 m. Anm. *Nowak*.

65) BGH, Beschl. v. 20.5.2010 – IX ZB 11/07, Rz. 9, BGHZ 185, 353 = ZIP 2010, 1403.

ihre Leistung aufgrund eines einheitlichen Anspruchs, dessen Höhe sich nach unselbständigen Berechnungsfaktoren bestimmt. Der Vergütungsanspruch des Verwalters umfasst keine Aneinanderreihung von Gebührentatbeständen, sondern stellt ein Produkt aus der Berechnungsgrundlage (§ 1 InsVV; §§ 1, 2 VergVO) und dem durch Zu- und Abschläge (§ 3 InsVV; § 4 VergVO) erhöhten oder verminderten Regelsatz (§ 2 InsVV; § 3 VergVO) dar. Zu- und Abschläge beim Vergütungssatz können zwar zunächst der Höhe nach einzeln bewertet werden. Dies ist jedoch nicht notwendig. Es genügt die Prüfung dem Grunde nach, so dass anschließend in einer Gesamtschau unter Berücksichtigung von Überschneidungen und einer auf das Ganze bezogenen Angemessenheitsbetrachtung der Gesamtzuschlag oder Gesamtabschlag bestimmt werden kann."

Diese Rechtsprechung des BGH wird in der Rechtspraxis allzu oft i. S. einer **undifferenzierten Gesamtschau** verstanden.[66] In den Begründungen der Festsetzungsbeschlüsse wird nicht auf einzelne Tatbestände eingegangen, sie werden nicht gegeneinander abgewogen und es ist oft nicht mehr ersichtlich, mit welchen Tatbeständen sich das Gericht eigentlich befasst hat. Oft heißt es dann nur: 62

„Das Gericht hält nach Abwägung aller [nicht genannten und nicht geprüften] Tatbestände einen Gesamtzuschlag von […] für angemessen."

Das ist zu wenig und **entspricht** auch **nicht der Intention der höchstrichterlichen Rechtsprechung.** Die Rechtsprechung des BGH zur Gesamtbetrachtung führt aber auch dazu, dass i. R. einer Gesamtschau die zutreffend einzeln festgestellten Tatbestände einer Erhöhung i. R. einer pauschalierenden Angemessenheitsbetrachtung nochmals gekürzt werden, ohne dass dies eine sachliche Begründung hätte. 63

Es ist richtig, die zusammen mit den Fallgruppen vorgeschlagenen Prozentsätze nicht als unverrückbar anzusehen. Gleichwohl können sie Richtschnur für die Zuerkennung einzelner Tatbestände und die endgültige Festsetzung einer angemessenen Vergütung sein. Sie helfen, **Einzeltatbestände sachlich gegeneinander abzuwägen.** Insbesondere kann auch die vom BGH selbst geforderte Vergleichsberechnung einer Erhöhung der Vergütung zur Massemehrung (siehe Rz. 32 ff.) nur vorgenommen werden, wenn die entsprechenden **Tatbestände einzeln betrachtet und bewertet** werden.[67] **Überschneidungen** bei der tatsächlichen Arbeitsbelastung lassen sich auch **nur dann sachgerecht bewerten,** wenn jeder Tatbestand gesondert mit einem Prozentsatz belegt wird. Will man auf Prozentsätze oder Zuschlagsfaktoren zu einzelnen Tatbeständen ganz verzichten, gerät man in die Gefahr, die Vergütungsfestsetzung als dem freien – nicht etwa pflichtgemäßem – Ermessen des Insolvenzgerichts anheimgestellt zu betrachten. Die Vergütungsfestsetzung wäre für die Beteiligten des Insolvenzverfahrens, insbesondere auch für die Insolvenzgläubiger, nicht mehr ausreichend transparent. Auch wäre der weiteren Rechtsentwicklung nicht gedient, wenn einzelne Erhöhungs- oder Kürzungstatbestände in ihrer **Wertigkeit** nicht auch **gegeneinander abgegrenzt** werden können. Es genügt bspw. nicht zu sagen, die Unternehmensfortführung rechtfertige eine Erhöhung der Vergütung ebenso wie die besonders hohe Zahl von Arbeitnehmern oder die besonders arbeitsintensive Vornahme der Zustellungen für das Insolvenzgericht (§ 8 Abs. 3 InsO). In welchem Umfang soll hier eine Vergütung erhöht werden, wenn das Verhältnis dieser Tatbestände zueinander nicht geklärt ist? Eine Unternehmensfortführung ist nicht zwingend mit einer hohen Zahl an Arbeitnehmern verbunden; auch aus der Höhe der Insolvenzmasse ist ein Zusammenhang nicht zwingend herleitbar. Wie soll ferner eine Unternehmensfortführung mit dem allein quantitativen Tatbestand der Vornahme von Zustellungen verglichen werden? 64

66) Kritisch *Keller* in: HK-InsO, § 3 InsVV Rz. 10 ff.; *Lorenz* in: FK-InsO, § 3 InsVV Rz. 13 ff.; *Prasser/Stoffler* in: KPB, InsO, § 3 InsVV Rz. 34 ff.; *Fischer*, NZI 2004, 281, 296.

67) So auch *Wolgast* in: HK-InsVV, § 3 Rz. 14.

65 Die systematische Erfassung einzelner Erhöhungs- oder Kürzungstatbestände und die sachgerechte Bildung einzelner Fallgruppen erfordern auch die Zuerkennung der **jeweiligen angemessenen Prozentsätze.**[68] Ebenso wie die Fallgruppenbildung selbst müssen diese Prozentsätze freilich offen und variierbar für den Einzelfall sein.

66 Die **Summe oder auch Differenz an Prozentsätzen der Einzeltatbestände** ergibt methodisch richtig die angemessene Vergütung des Insolvenzverwalters bezogen auf den Einzelfall nach § 63 Abs. 1 InsO und dem verfassungsrechtlich gebotenen Postulat eines offenen Vergütungssystems. Dass sich Erhöhungstatbestände überschneiden und durch je dieselbe Arbeitstätigkeit mehrere Tatbestände gleichzeitig abgedeckt werden, ist durch Zuerkennung des jeweiligen Prozentsatzes zu berücksichtigen. Er ist regelmäßig niedriger, wenn die tatsächliche Arbeitsleistung mehrere Tatbestände erfasst und dann bezogen auf den einzelnen Tatbestand bezogen geringer war.

67 Eine Berücksichtigung von Überschneidungen von Erhöhungstatbeständen darf aber **nicht** zu einer **pauschalierenden „Gerechtigkeitsprüfung"** der Vergütung in der Weise führen, dass nach Addition aller Erhöhungssätze eine „über den Daumen gepeilte Abrundung" und Kürzung des Gesamtprozentsatzes erfolgt.[69] Genau dies ist aber die **praktische Gefahr der Gesamtbetrachtung** nach der Rechtsprechung des BGH. Nicht selten werden mit dem pauschalen Argument der Gesamtbetrachtung eine Kürzung der Vergütung und eine Herabsetzung von Prozentsätzen für Erhöhungstatbestände vorgenommen, ohne dass dies sachlich ausreichend begründet wird. Mit der Gesamtbetrachtung geht dann eine oft völlig undifferenzierte Argumentation zur Angemessenheit der Vergütung einher.

68 Wenn aber das Insolvenzgericht Erhöhungstatbestände nicht differenziert bewertet, sondern ohne Bezugnahme auf den konkreten Fall und ohne Auseinandersetzungen mit den im Vergütungsantrag genannten Tatbeständen aus nicht fallbezogenen Textbausteinen eines Textverarbeitungsprogramms und unter pauschalen Hinweis auf die Gesamtbetrachtung oder Kürzung einen Gesamtprozentsatz einer Erhöhung gewährt, ist dies objektiv nicht nachvollziehbar und willkürlich. Die **Gesamtbetrachtung** ist zudem **nicht selten pauschales Argument** für Vergütungskürzungen, ohne dass die mit der Gesamtbetrachtung vermeintlich einhergehende Angemessenheit der Vergütungsgewährung plausibilisiert, begründet und sachlich nachvollzogen werden kann. Eine solche Vergütungsgewährung entspricht auch nicht den Anforderungen des BGH an eine sachlich nachvollziehbare Begründung. Erwähnenswert ist in diesem Zusammenhang ein Beschluss des BGH vom 10.10.2013, in welchem er eine Kürzung der Vergütung des Insolvenzverwalters auf Null mit dem Argument, er habe als vorläufiger Verwalter bereits eine zu hohe Vergütung erhalten, zu Recht aufgehoben hat.[70]

69 Erinnert sei in diesem Zusammenhang wieder an die treffenden Ausführungen von *Dieter Eickmann*:[71]

> „Die bei richtiger Anwendung der Vergütungsregeln ermittelte Vergütung ist die angemessene Vergütung. Dieser Satz darf nicht in Zweifel gezogen werden, soll nicht das ganze Normgebäude zum Einsturz gebracht und die Vergütungsfestsetzung subjektiver Beliebigkeit überlassen werden."

68) *Keller* in: HK-InsO, § 3 InsVV Rz. 11; *Büttner* in: HambKomm-InsO, § 3 InsVV Rz. 16, 165 ff.; *Prasser/Stoffler* in: KPB, InsO, § 3 InsVV Rz. 42.

69) Missverständlich BGH, Beschl. v. 20.5.2010 – IX ZB 11/07, Rz. 19, BGHZ 185, 353 = ZIP 2010, 1403.

70) BGH, Beschl. v. 8.3.2012 – IX ZB 162/11, ZIP 2012, 682 = DZWIR 2012, 260 m. Anm. *Keller*.

71) *Eickmann*, VergVO, § 4 Rz. 15c, fortgeführt in *Prasser/Stoffler* in: KPB, InsO, § 3 InsVV Rz. 39.

c) Die Nützlichkeit von Faustregeltabellen

Damit stellt sich wieder die Frage nach der Notwendigkeit und Nützlichkeit der sog. Faustregeltabellen, denen der BGH misstraut (siehe dazu Rz. 57 ff.).[72] 70

Dies ist nicht gerechtfertigt. Bei richtigem Verständnis und richtiger Anwendung der **Faustregeltabellen können** diese gerade **für die praktische Tätigkeit** der Insolvenzgerichte **sehr nützlich sein.** Sie stellen zum einen den typisierten Fall eines Erhöhungs- oder Kürzungstatbestandes dar. Ob im konkreten Fall der Tatbestand vorliegt, wenn er einen erheblichen Teil der Tätigkeit des Insolvenzverwalters ausgemacht hat, ist Frage des Einzelfalles. Die Faustregeltabellen stellen zum andern bei Vorliegen des Tatbestandes eine **Hilfestellung** zur Zuerkennung des konkreten Zuschlags oder des Abschlags dar und ermöglichen eine sachgerechte Abwägung. Dass sie in ihrer praktischen Anwendung **keinesfalls Gesetzeskraft** haben und niemals als unfehlbar angesehen werden dürfen, zeigt sich schon daran, dass seitens der verschiedenen Autoren unterschiedliche Tatbestände mit unterschiedlichen Zuschlagsfaktoren dargestellt werden. 71

Der Ansicht insbesondere des BGH, es müsse nicht ein jeder Erhöhungstatbestand mit einem Prozentsatz beziffert werden, ist zu erwidern, dass die mit den Fallgruppen und Faustregeltabellen vorgeschlagenen Prozentsätze gerade Richtschnur für die Zuerkennung einzelner Tatbestände, die **Gewichtung und Abwägung** untereinander und die endgültige Festsetzung einer angemessenen Vergütung des Einzelfalles sind. Sie dienen insbesondere dazu, qualitative Einzeltatbestände sachlich zu bewerten und gegeneinander abzuwägen. 72

8. Berechnung

Die Systematik der Erhöhungen und Kürzungen soll an einem Berechnungsbeispiel verdeutlicht werden. 73

Beispiel:

Bei Abschluss des Insolvenzverfahrens konnte der Insolvenzverwalter eine Insolvenzmasse von 2 326 450 € in der Schlussrechnung ausweisen. Hierin enthalten sind 32 850 € Kostenbeitrag für die Verwertung von Sicherungsgut im Wert von 365 000 € für die absonderungsberechtigten Gläubiger. Bezüglich einiger im Besitz eines Gläubigers befindlicher Massegegenstände im Wert von 128 000 € konnte nach schwierigen Verhandlungen kein Überschuss zur Masse gezogen werden, die Gegenstände wurden durch den Gläubiger verwertet. Bezüglich eines dem Schuldner zustehenden Erbbaurechts konnte im Zusammenhang mit Verhandlungen über die Übertragung des Erbbaurechtsvertrages an den Grundstückseigentümer (Heimfall) ein Entschädigungsanspruch i. H. v. 380 000 € durchgesetzt werden. Insgesamt hatte der Verwalter 77 Forderungen gegen Dritte einzuziehen, von denen 46 völlig uneinbringlich waren. Zur Insolvenztabelle haben 238 Gläubiger Forderungen angemeldet, in das Schlussverzeichnis wurden die festgestellten Forderungen von 212 Gläubigern aufgenommen. Im Laufe des Verfahrens waren mit Dritten 12 Prozesse zu führen, in welchen der Insolvenzverwalter als Rechtsanwalt selbst tätig war und für die er Gebühren nach RVG von insgesamt netto 22 800 € erhalten hat.

Zur Feststellung der Vergütung des Insolvenzverwalters ist zunächst die Berechnungsgrundlage nach § 1 InsVV zu ermitteln. Sie beträgt ausweislich der Schlussrechnung 2 326 450 € (§ 1 Abs. 1 Satz 1 InsVV). Für die Verwertung der mit Absonderungsrechten behafteten Gegenstände im Wert von 365 000 € werden diese nach § 1 Abs. 2 Nr. 1 Satz 1 InsVV der Insolvenzmasse hinzugerechnet, um die Vergütung für diese Tätigkeit feststellen zu können. Der Verwalter erhält die Regelvergütung grundsätzlich aus 2 691 450 €; sie beträgt in einem bis

72) Kritisch auch Stephan/Riedel-*Riedel*, InsVV § 3 Rz. 5 ff.

31.12.2020 beantragten Verfahren 81 579 €, in einem seit 1.1.2021 beantragten Verfahren 99 461,90 €. Die besondere Vergütung des Verwalters nach § 1 Abs. 2 Nr. 1 InsVV beträgt 7 300 € (Hälfte des Feststellungskostenbeitrages, faktisch 2 % des Verwertungserlöses absonderungsrechtsbehafteter Gegenstände i. H. v. 365 000 €).

Von der Insolvenzmasse ohne Berücksichtigung der Absonderungsrechte von 2 326 450 € sind nach § 1 Abs. 2 Nr. 4 lit. a InsVV i. Ü. die nach § 5 InsVV für die Prozessführung erhaltenen Gebühren von netto 22 800 € abzusetzen. Die bereinigte Insolvenzmasse beträgt damit 2 303 650 €.

Die Regelvergütung nach § 2 InsVV beträgt in einem bis 31.12.2020 beantragten Verfahren 73 823 €, in einem seit 1.1.2021 beantragten Verfahren 90 930, 30 €. Sie kann nach § 3 Abs. 1 InsVV erhöht werden zur Abgeltung der Tätigkeiten des Verwalters in Verbindung mit der Bearbeitung weiterer Absonderungsrechte, Klärung von Rechtsfragen in Verbindung mit dem Erbbaurecht und Bearbeitung der außergewöhnlich hohen Zahl von Gläubigern. Berücksichtigt man für jeden Tatbestand einen Erhöhungsfaktor von 20 %, kann die Vergütung um 60 % erhöht werden. Keine Erhöhung kann gewährt werden für die Einziehung von Außenständen, die sich i. R. eines Normalverfahrens bewegen, und für die Prozessführung, da hier der Verwalter besonders vergütet wurde.

Berechnung der Vergütung in einem bis 31.12.2020 beantragten Verfahren:

Regelvergütung nach § 2 Abs. 1 InsVV	*73 823,00 €*
+ Verwertung § 1 Abs. 2 Nr. 1 InsVV	*7 300,00 €*
Zwischensumme	*81 123,00 €*
+ 60 % Zuschlag nach § 3 Abs. 1 InsVV	*48 673,80 €*
Gesamt	*129 796,80 €*

Berechnung der Vergütung in einem seit 1.1.2021 beantragten Verfahren:

Regelvergütung nach § 2 Abs. 1 InsVV	*90 930,30 €*
+ Verwertung § 1 Abs. 2 Nr. 1 InsVV	*7 300,00 €*
Zwischensumme	*98 230,30 €*
+ 60 % Zuschlag nach § 3 Abs. 1 InsVV	*58 938,18 €*
Gesamt	*157 168,48 €*

III. Erhöhungstatbestände alphabetisch

1. Abschlagsverteilung

74 Die InsO sieht mit §§ 187, 188 InsO die Abschlagsverteilung zwar als Regelfall in einem Insolvenzverfahren an, sie ist in der Insolvenzpraxis aber die Ausnahme.[73] Häufig wird von einer Abschlagsverteilung Abstand genommen, da das Verhältnis zwischen Aufwand und Quote diese nicht rechtfertigt. Die Vornahme von Abschlagsverteilungen gehört daher nach dem Wortlaut der InsO, nicht aber nach den regelmäßigen Umständen der Praxis zu den Regelaufgaben des Insolvenzverwalters. Als **vergütungserhöhend** kann die Abschlagsverteilung angesehen werden, wenn sie mit **besonderem Arbeitsaufwand** verbunden ist, etwa wenn das Verteilungsverzeichnis wegen streitiger Forderungen oder Forderungen mit abgesonderter Befriedigung nach §§ 189, 190 InsO mehrfach neu aufgestellt und geändert werden muss oder wenn besonders viele Gläubiger berücksichtigt werden müssen. Auch

73) *Frege/Keller/Riedel*, Insolvenzrecht, Rz. 3.1162 ff.; *Keller*, Insolvenzrecht, Rz. 800 ff.

mehrmalige Abschlagsverteilungen in einem Insolvenzverfahren stellen einen quantitativen Erhöhungstatbestand dar.

2. Altlastensanierung

Bei Belastung eines zur Insolvenzmasse gehörenden Grundstücks mit Altlasten (Industrielle 75 Altlasten, Abfälle, Sondermüll) sind für den Insolvenzverwalter besondere öffentlich-rechtliche Pflichten zu beachten. Als Tatbestände kommen in Betracht bei Bodenverunreinigung § 2 Abs. 5, § 4 Abs. 3 Satz 1 BBodSchG betreffend die Sanierungspflicht, die Verpflichtung zur Stilllegung einer genehmigungspflichtigen Anlage nach §§ 4, 5 Abs. 1 Nr. 3 und Abs. 3 mit § 17 sowie § 20 Abs. 2 Satz 1 und Abs. 3 Satz 1 BImSchG, die Beseitigungspflicht nach § 11 KrW-AbfG mit landesrechtlicher Regelung oder die Beseitigungspflichten bei Gefährdung von Gewässern oder Grundwasser nach § 26 Abs. 2, § 32b, § 34 Abs. 2 WHG mit Regelung aus Landesrecht.[74)]

Der Insolvenzverwalter ist insbesondere bei den Tatbeständen des Bundes-Bodenschutz- 76 gesetzes (BBodSchG) und des Bundes-Immissionsschutzgesetzes (BImSchG) mindestens Zustandsstörer.[75)] Er kann auch selbst Handlungsstörer sein. Der öffentlich-rechtlichen Beseitigungs- oder Sanierungspflicht entledigt sich der Insolvenzverwalter nicht selten durch Freigabe des betreffenden Grundstücks aus der Insolvenzmasse.[76)] Die **Befassung mit Altlasten** bei den zur Insolvenzmasse gehörenden Grundstücken stellt ein **besonderes Problem** des Insolvenzrechts dar,[77)] das stets eine Vergütungserhöhung rechtfertigt.[78)] Der Insolvenzverwalter hat nicht nur rechtliche Fragen der Umwelthaftung der Insolvenzmasse zu klären, sondern auch spezielle Gutachten und Bodenuntersuchungen einzuholen sowie im schlimmsten Fall für die Beseitigung der Altlasten zu sorgen.[79)] Die Erhöhung der Vergütung ist in einem solchen Fall um bis zu 50 % denkbar. **Gibt** dagegen der Insolvenzverwalter das **Grundstück aus der Insolvenzmasse frei**, um den Kosten der Altlastensanierung als Masseverbindlichkeiten zu entgehen,[80)] ist eine **Vergütungserhöhung nur in geringerem Umfange** möglich. Es ist aber nicht richtig, ihm pauschal eine Vergütungserhöhung mit dem Hinweis zu verwehren, er habe das Grundstück freigegeben. Denn der Insolvenzverwalter muss in jedem Einzelfall prüfen, welche Art der Bodenverunreinigung vorliegt und ob eine Beseitigung möglich und für die Insolvenzmasse sinnvoll ist.

3. Anfechtung von Rechtshandlungen nach §§ 129 ff. InsO

Die Insolvenzanfechtung ist nicht erst seit Inkrafttreten der InsO eines der wichtigsten 77 Tätigkeitsfelder des Insolvenzverwalters. Vor allem die Rechtsprechung des BGH zur An-

74) Eingehend *Lwowski/Tetzlaff*, Umweltrisiken und Altlasten in der Insolvenz, Rz. B 111.

75) BGH, Urt. v. 18.2.2010 – III ZR 295/09, BGHZ 184, 288 = ZfIR 2010, 368 m. Anm. *Bergsdorf*.

76) Jaeger-*Eckardt*, § 165 Rz. 83 ff.; *Kern* in: MünchKomm-InsO, § 165 Rz. 194 ff.

77) Eingehend *Kern* in: MünchKomm-InsO, § 165 Rz. 201 ff.; *Vuia* in: MünchKomm-InsO, § 80 Rz. 139 ff.; Römermann-*Wittkowski/Kruth*, InsO/InsR, § 80 InsO Rz. 126 ff.; *Lüke* in: Kölner Schrift zur InsO, S. 859; umfassend *Lwowski/Tetzlaff*, Umweltrisiken und Altlasten in der Insolvenz.

78) *Prasser/Stoffler* KPB, InsO, § 3 InsVV Rz. 72; *Graeber/Graeber*, InsVV, § 3 Rz. 132.

79) LG Magdeburg, Beschl. v. 20.9.1995 – 3 T 357/95, Rpfleger 1996, 38.

80) Dazu BGH, Urt. v. 18.4.2002 – IX ZR 161/01, BGHZ 150, 305, 318 = ZIP 2002, 1043, dazu EWiR 2002, 573 *(Tetzlaff)*; ergänzt durch BGH, Urt. v. 21.4.2005 – IX ZR 281/03, ZVI 2005, 492 = NZI 2005, 387, dazu EWiR 2005, 603 *(Flitsch)*; *B. Peters/J. Peters* in: MünchKomm-InsO, § 35 Rz. 104 ff., 113; *Kern* in: MünchKomm-InsO, § 165 Rz. 201 ff.; Römermann-*Andres*, InsO/InsR, § 36 InsO Rz. 58; zur Freigabe im Konkursrecht BGH, Urt. v. 29.5.1961 – VII ZR 46/60, BGHZ 35, 180; allgemein *Lwowski/Tetzlaff*, NZI 2000, 393; *Tetzlaff*, ZIP 2001, 10.

fechtung von Zahlungen zur Abwendung von Vollstreckungsmaßnahmen,[81)] zur Anfechtung von Vollstreckungsmaßnahmen einzelner Gläubiger,[82)] zur Abwendung eines Insolvenzantrags,[83)] zu Ratenzahlungsvereinbarungen[84)] oder zu gescheiterten Sanierungsversuchen[85)] hat das Instrument der Insolvenzanfechtung zu einer scharfen Waffe des Verwalters werden lassen.[86)]

78 Als vergütungserhöhend ist eine Insolvenzanfechtung anzuerkennen, wenn sie mit **besonderen rechtlichen Schwierigkeiten** behaftet war (qualitatives Element).[87)] Auch eine **besonders hohe Zahl** von Anfechtungsfällen (quantitatives Element) kann eine Vergütungserhöhung rechtfertigen. Ob hier eine allgemeine Richtzahl von bspw. zehn Anfechtungen gelten kann,[88)] ist zu bezweifeln. Maßgeblich ist in jedem Fall die Arbeitsbelastung des

---

81) Grundlegend bspw. BGH, Urt. v. 27.5.2003 – IX ZR 169/02, BGHZ 155, 75 = ZIP 2003, 1506, dazu EWiR 2003, 1097 *(Hölzle)*; BGH, Urt. v. 10.2.2005 – IX ZR 211/02, BGHZ 162, 143 = NZI 2005, 215, dazu EWiR 2005, 607 *(Eckardt)*; BGH, Urt. v. 14.6.2012 – IX ZR 145/09, ZIP 2012, 1422 = NZI 2012, 658, dazu EWiR 2012, 567 *(Huber)*; *Bork* in: HK-InsO, § 133 Rz. 12, 31 ff.; *Keller*, Insolvenzrecht, Rz. 1647 ff.

82) BGH, Urt. v. 9.9.1997 – IX ZR 14/97, BGHZ 136, 309 = ZIP 1997, 1929, dazu EWiR 1998, 37 *(Gerhardt)*; BGH, Urt. v. 21.3.2000 – IX ZR 138/99, ZIP 2000, 989 = NZI 2000, 310, dazu EWiR 2000, 687 *(Huber)*; BGH, Urt. v. 22.1.2004 – IX ZR 39/03, BGHZ 157, 350 = NZI 2004, 306; BGH, Urt. v. 20.3.2008 – IX ZR 2/07, ZIP 2008, 796 = NZI 2008, 363; BGH, Urt. v. 22.11.2012 – IX ZR 142/11, ZIP 2012, 2513 = NZI 2013, 247, dazu EWiR 2012, 155 *(Junghans)*; eingehend *Freudenberg* in: MünchKomm-InsO, § 131 Rz. 30 ff.; K. Schmidt-*K. Schmidt*, InsO, § 129 Rz. 39; K. Schmidt-*Ganter/Weinland*, InsO, § 133 Rz. 20 ff.; *Thole* in: HK-InsO, § 131 Rz. 13 ff., 25, § 133 Rz. 11 ff.; *Bork* in: KPB, InsO, § 133 Rz. 12 ff.; *Keller*, Insolvenzrecht, Rz. 1660 ff.

83) BGH, Urt. v. 18.12.2003 – IX ZR 199/02, BGHZ 157, 242 = ZIP 2004, 319, dazu EWiR 2004, 865 *(Homann)*; *Bork* in: KPB, InsO, § 133 Rz. 37 ff.; *Keller*, Insolvenzrecht, Rz. 1657 ff.; *Fischer* in: FS Kirchhof, S. 73.

84) Beispielhaft BGH, Urt. v. 10.12.2009 – IX ZR 128/08, ZIP 2010, 191 = NZI 2010, 184, dazu EWiR 2010, 189 *(Huber)*; BGH, Urt. v. 16.4.2015 – IX ZR 6/14, ZIP 2015, 937 = NZI 2015, 470, dazu EWiR 2015, 417 *(Brenner)*; BGH, Urt. v. 24.9.2015 – IX ZR 308/14, ZIP 2015, 2180 = NZI 2015, 941; BGH, Urt. v. 16.6.2016 – IX ZR 23/15, ZIP 2016, 1388 = NZI 2016, 739, dazu EWiR 2016, 637 *(Cranshaw)*; BGH, Urt. v. 14.7.2016 – IX ZR 188/15, ZIP 2016, 1686 = NZI 2016, 837, dazu EWiR 2016, 767 *(Schröder)*; zur Zahlungsvereinbarung mit dem Gerichtsvollzieher nach § 802b ZPO BGH, Urt. v. 6.7.2017 – IX ZR 178/16, ZIP 2017, 1677 = NZI 2017, 850, dazu EWiR 2017, 635 *(Heublein)*.

85) BGH, Urt. v. 18.7.2002 – IX ZR 480/00, ZIP 2002, 1540 = NZI 2002, 602; BGH, Urt. v. 13.4.2006 – IX ZR 158/05, BGHZ 167, 190 = ZIP 2006, 1261, dazu EWiR 2007, 117 *(Pape)*; BGH, Urt. v. 6.12.2007 – IX ZR 113/06, ZIP 2008, 232 = NZI 2008, 173, dazu EWIR 2008, 409 *(Freudenberg)*; BGH, Urt. v. 8.12.2011 – IX ZR 156/09, ZIP 2012, 137 = NZI 2012, 142, dazu EWiR 2012, 147 *(Freudenberg)*; zur Anfechtbarkeit der Vergütung des vorläufigen Insolvenzverwalters aus einem früheren Eröffnungsverfahren BGH, Urt. v. 15.12.2011 – IX ZR 118/11, ZIP 2012, 333 = NZI 2012, 135 dazu EWiR 2012, 247 *(Budnik)*; zu den Anforderungen an ein schlüssiges Sanierungskonzept BGH, Urt. v. 12.5.2016 – IX ZR 65/14, BGHZ 210, 249 = NZI 2016, 636, dazu EWiR 2016, 403 *(Jacoby)*; BGH, Urt. v. 14.6.2018 – IX ZR 22/15, ZIP 2018, 1794 = NZI 2018, 840 m. Anm. Riewe, dazu EWiR 2018, 755 *(Egerlandt)*; BGH, Urt. v. 28.3.2019 – IX ZR 7/18, ZIP 2019, 1537 = NZI 2019, 594, dazu EWIR 2019, 631 *(Knof)*; *Ganter*, ZIP 2015, 1413 f.; *Freudenberg* in: MünchKomm-InsO, § 133 Rz. 65 ff.; *Thole* in: HK-InsO, § 133 Rz. 32, § 142 Rz. 6; K. Schmidt-*Ganter/Weinland*, InsO, § 142 Rz. 64; *Ganter*, ZIP 2012, 2037, 2041; *Thole*, ZIP 2015, 2145; ferner *Ganter*, WM 2009, 1441; *Ganter*, WM 2014, 49.

86) Dazu auch Gesetz zur Verbesserung der Rechtssicherheit bei Anfechtungen nach der Insolvenzordnung und nach dem Anfechtungsrecht, v. 29.3.2017, BGBl. I 2017, 654; Begr. RegE, BT-Drucks. 18/7054, S. 10 ff., 18 ff.; Beschlussempfehlung und Bericht d. RA, BT-Drucks. 18/11199, S. 11; eingehend auch *Ahrens*, ZRP 2016, 5; *Kayser/Heidenfelder*, ZIP 2016, 447; *Thole*, ZIP 2017, 401; *Ganter*, NZI 2019, 481.

87) Zur Treuhändervergütung nach § 13 InsVV BGH, Beschl. v. 26.4.2012 – IX ZB 176/11, ZVI 2012, 318 = Rpfleger 2012, 571; LG Bochum, Beschl. v. 10.3.2011 – 7 T 345/10, juris; eher ablehnend LG Konstanz, Beschl. v. 17.8.2016 – 62 T 96/16, ZInsO 2016, 1828; LG Hannover, Beschl. v. 10.10.2025 – 11 T 29/24, ZRI 2025, 1193 = ZVI 2025, 497; ablehnend auch LG Offenburg, Beschl. v. 5.1.2018 – 1 T 26/18, juris; AG Göttingen, Beschl. v. 25.2.2009 – 74 IN 222/07, ZInsO 2009, 688; *Graeber/Graeber*, InsVV, § 3 Rz. 135 ff.

88) *Lorenz* in: FK-InsO, § 3 InsVV Rz. 53; zurückhaltend BGH, Beschl. v. 21.2.2008 – IX ZB 232/06, juris.

Insolvenzverwalters. Hierbei ist zu unterteilen in Aspekte der Ermittlung von Sachverhalten, der außergerichtlichen Geltendmachung und der gerichtlichen Geltendmachung von Ansprüchen.[89] Zu letzterem ist zu beachten, dass der Insolvenzverwalter für eine Prozessführung nur eine **geringere Vergütungserhöhung** erhalten kann, wenn er für die Prozessführung die **anwaltlichen Gebühren über § 5 InsVV** erhält. Die Insolvenzmasse wird hier freilich nur belastet, wenn der Insolvenzverwalter den Prozess verliert oder ein Vergleich geschlossen wird, da andernfalls die Kosten der unterlegene Gegner zu tragen hat. Im Übrigen ist er **berechtigt**, einen (fremden) **Rechtsanwalt** mit der Prozessführung **zu beauftragen.**[90] In diesem Fall kann die Delegation zu einer geringeren Vergütungserhöhung wegen Arbeitsersparnis führen. Eine Delegation zur außergerichtlichen Geltendmachung kann sich auch als unrechtmäßig erweisen, wenn der Insolvenzverwalter bereits in dem von ihm als Sachverständigem erstellten Gutachten zur Insolvenzeröffnung festgestellt hat und der Anfechtungsgegner keinen Anlass zu streitigen Verhandlungen gegeben hat.[91]

4. Arbeitnehmerangelegenheiten (§ 3 Abs. 1 lit. d InsVV)

Sofern die Klärung und Bearbeitung arbeitsrechtlicher Fragen einen erheblichen Teil der 79
Arbeitsleistung des Verwalters in Anspruch genommen hat, ist ihm nach § 3 Abs. 1 lit. d InsVV eine Erhöhung der Regelvergütung zuzubilligen. Durch diesen Erhöhungstatbestand soll insbesondere den Erschwernissen des kollektiven Arbeitsrechts nach §§ 120 ff. InsO Rechnung getragen werden.[92] Der Insolvenzverwalter kann im Insolvenzverfahren den Arbeitnehmern unter den Voraussetzungen des § 113 InsO kündigen;[93] i. R. einer Betriebsänderung können Betriebsvereinbarungen nach §§ 120 ff. InsO gekündigt werden.[94] Zudem regeln die §§ 125 ff. InsO ein besonderes Verfahren zum Interessenausgleich bei Kündigungsschutz.[95] Bei Arbeitnehmerangelegenheiten können daher **mehrere Erschwernisse** einen Zuschlag rechtfertigen, zu nennen sind beispielhaft:[96]

- Vorfinanzierung von Insolvenzgeld,[97]
- Vorbereitung oder Durchführung von Personalanpassungsmaßnahmen,

89) Differenzierend *Büttner* in: HambKomm-InsO, § 3 Rz. 22 ff.

90) BGH, Beschl. v. 23.3.2006 – IX ZB 130/05, ZIP 2006, 825; *Amberger* in: Leonhardt/Smid/Zeuner, InsVV, § 3 Rz. 66.

91) BGH, Beschl. v. 14.11.2012 – IX ZB 95/10, ZVI 2013, 167 = ZInsO 2013, 152; eingehend auch *Ganter*, ZInsO 2016, 677.

92) Begr. z. Entwurf einer InsVV (§ 3), abgedr. unten in Anh. III, S. 689, 698; dazu ausführlich *Caspers* in: MünchKomm-InsO, Vor §§ 113–128 Rz. 12 ff.; Römermann-*Hamacher*, InsO/InsR, Vor § 113 InsO Rz. 4, 40 ff.; *Roth* in: KölnKomm-InsO, § 3 InsVV Rz. 71 ff.; *Keller*, Insolvenzrecht, Rz. 1422 ff.; *Lohkemper*, KTS 1996, 1; *Warrikoff*, BB 1994, 2338.

93) *Caspers* in: MünchKomm-InsO, § 113 Rz. 17 ff.; Uhlenbruck-*Zobel*, InsO, § 113 Rz. 21 ff.; Römermann-*Hamacher*, InsO/InsR, § 113 InsO Rz. 81 ff.; umfassend *Hess* in: KölnKomm-InsO, § 113 Rz. 15 ff.

94) *Caspers* in: MünchKomm-InsO, § 120 Rz. 17 ff.; Römermann-*Hamacher*, InsO/InsR, § 120 InsO Rz. 23 ff.; *Hess* in: KölnKomm-InsO, §§ 121, 122 Rz. 75 ff.

95) Sehr ausführlich hierzu *Hess* in: KölnKomm-InsO, § 125 Rz. 119 ff.; zur Massenentlassung Uhlenbruck-*Zobel*, InsO, § 113 Rz. 118 ff.; *Hess* in: KK-InsO, § 113 Rz. 1085 ff.

96) *Lorenz* in: FK-InsO, § 3 InsVV Rz. 46 ff.; *Prasser/Stoffler* in: KPB, InsO, § 3 InsVV Rz. 76; *Graeber/Graeber*, InsVV, § 3 Rz. 150 ff.; umfangr. Nachw. und Beispiele noch bei *Hess*, InsO, § 3 InsVV Rz. 78 ff.

97) 25 % nach LG Traunstein, Beschl. v. 13.4.2004 – 4 T 3690/03, ZIP 2004, 1657, dazu EWiR 2005, 185 *(Höpfner)*; AG Chemnitz, Beschl. v. 16.3.2001 – 128 IN 1617/95, ZIP 2001, 1473; zur Vergütung des vorläufigen Insolvenzverwalters BGH, Beschl. v. 18.12.2003 – IX ZB 50/03, ZIP 2004, 518 = ZVI 2004, 203; BGH, Beschl. v. 9.10.2008 – IX ZB 182/04, ZInsO 2008, 1265; BGH, Beschl. v. 12.9.2019 – IX ZB 65/18, ZIP 2019, 2018 = NZI 2019, 913; BGH, Beschl. v. 17.10.2019 – IX ZB 5/18, Rz. 12, ZIP 2019, 2489 = NZI 2020, 87 m. Anm. *Keller*.

- Abschluss und Durchführung von Betriebsvereinbarungen,
- Abschluss eines Sozialplans,[98]
- Gründung von Beschäftigungs- und Qualifizierungsgesellschaften,[99]
- Aufarbeitung der Personalbuchhaltung, insbesondere aufwendige Differenzlohnberechnungen.[100]

80 Diese Tätigkeiten des Insolvenzverwalters stellen **teilweise Regelaufgaben** im Insolvenzverfahren dar und begründen als solche noch keine Erhöhung der Regelvergütung. **Teilweise** sind sie einer **qualitativen Arbeitsbelastung** zuzuordnen. Beispielsweise stellen Verhandlungen über und **Vereinbarung eines Sozialplanes** nach § 123 InsO[101] **keine Regelaufgabe** des Verwalters dar; sie sind stets mit einer Erhöhung der Regelvergütung zu berücksichtigen.[102] Eine arbeitsintensive Tätigkeit des Verwalters im Zusammenhang mit der Gewährung von Insolvenzgeld kann als quantitativer Tatbestand eine Erhöhung der Regelvergütung rechtfertigen.[103] Insbesondere bei der Vorfinanzierung von Insolvenzgeld kann dem vorläufigen Insolvenzverwalter nicht vorgehalten werden, dieses Instrument der Massegenerierung im Eröffnungsverfahren sei zwischenzeitlich in solchem Maße etabliert, dass es Normalfall des Insolvenzverfahrens sei (siehe eingehend § 4 Rz. 28 f.).

81 Eine **Vergütungserhöhung bei quantitativen Tatbeständen** ist gerechtfertigt, wenn die Tätigkeiten die Arbeitsleistung des Insolvenzverwalters erheblich in Anspruch nehmen. Als quantitatives Merkmal einer Erhöhung wird in Anlehnung an §§ 17, 18 KSchG die Zahl von 20 Arbeitnehmern genannt, bei denen besondere arbeitsrechtliche Sachverhalte zu klären sind.[104] Die Zahl von 20 Arbeitnehmern darf aber nicht starr gesehen werden, je nach Größe des insolventen Unternehmens ist die Zahl der beschäftigten Arbeitnehmer als Kriterium eines Normalverfahrens und damit auch eines Erhöhungstatbestandes unbestimmt.[105] Eine Vergütungserhöhung ist aber auch bei geringerer Zahl von Arbeitnehmern möglich, wenn der Arbeitsaufwand des Insolvenzverwalters wegen besonderer Schwierigkeiten im Einzelfall erheblich war.

5. Auslandsvermögen und Auslandsberührung

82 Eine Vergütungserhöhung ist gerechtfertigt, wenn im Ausland befindliches Vermögen zur Insolvenzmasse zu ziehen ist.[106] Die in einem Insolvenzverfahren erforderliche Anwen-

---

98) BGH, Beschl. v. 22.2.2007 – IX ZB 120/06, ZIP 2007, 826 = ZVI 2007, 332; AG Bielefeld, Beschl. v. 18.5.2000 – 43 IN 466/99, ZInsO 2000, 350.

99) *Prasser/Stoffler* in: KPB, InsO, § 3 InsVV Rz. 76.

100) AG Bochum, Beschl. v. 17.8.2001 – 80 IN 249/99, ZInsO 2001, 900; AG Bonn, Beschl. v. 9.7.1999 – 98 IN 23/99, ZIP 1999, 2167 = ZInsO 2000, 55; *Roth* in: KölnKomm-InsO, § 3 InsVV Rz. 117.

101) Dazu Römermann-*Hamacher*, InsO/InsR, § 123 InsO Rz. 5 ff.; *Hess* in: KölnKomm-InsO, § 123 Rz. 35 ff.

102) BGH, Beschl. v. 18.12.2005 – IX ZB 50/03, unter II. 2. c) aa), 2. Abs., ZIP 2004, 518 = ZVI 2004, 203; zur Erhöhung nach § 4 VergVO bereits LG Hildesheim, Beschl. v. 30.11.1982 – 5 T 929, 534/82, ZIP 1983, 346; AG Ahrensburg, Beschl. v. 27.6.1983 – 6 N 46/76, ZIP 1983, 1103.

103) BGH, Beschl. v. 18.12.2005 – IX ZB 50/03, unter II. 2. c) aa), 2. Abs., ZIP 2004, 518 = ZVI 2004, 203; *Prasser/Stoffler* in: KPB, InsO, § 3 InsVV Rz. 76.

104) BGH, Beschl. v. 22.2.2007 – IX ZB 120/06, ZIP 2007, 826 = ZVI 2007, 332; BGH, Beschl. v. 25.10.2007 – IX ZB 55/06, ZInsO 2007, 1272; weitere Tätigkeiten im Zusammenhang mit arbeitsrechtlichen Fragen nennt noch *Hess*, InsO, § 3 InsVV Rz. 73 ff.

105) BGH, Beschl. v. 12.9.2019 – IX ZB 65/18, ZIP 2019, 2018 = NZI 2019, 913; LG Münster, Beschl. v. 27.9.2021 – 5 T 361/21, ZRI 2022, 43 = NZI 2021, 1039; Stephan/Riedel-*Riedel*, InsVV, § 3 Rz. 27.

106) Grundlegend BGH, Urt. v. 10.12.1976 – V ZR 145/74, BGHZ 68, 16; BGH, Urt. v. 13.7.1983 – VIII ZR 246/82, BGHZ 88, 147 = ZIP 1983, 961; *Lorenz* in: FK-InsO, § 3 InsVV Rz. 53; Kuhn/Uhlenbruck-*Lüer*, KO, §§ 237, 238 Rz. 6, 17 ff.; *Häsemeyer*, Rz. 35.14 ff.

dung ausländischen Rechts entspricht nicht dem Normalfall eines Insolvenzverfahrens, erst recht nicht bezogen auf das Jahr 1999, von welchem § 2 InsVV die Regelvergütung für das Normalverfahren definiert. Zwar findet das Internationale Insolvenzrecht in der Rechtspraxis immer mehr Anwendung und Beachtung, dennoch ist die **Anwendung ausländischen Rechts** in der Insolvenzpraxis **nicht Bestandteil eines vergütungsrechtlichen Normalfalls.**

Als Erschwernisse kommen in Betracht die zwingende Anwendung von Kollisionsrecht, bspw. bei einer **Niederlassung** des Unternehmens **im Ausland** und Eröffnung eines **Sekundärinsolvenzverfahrens** im Ausland. Auch die inländische Hauptinsolvenz einer ausländischen Gesellschaft führt zur zwingenden Berücksichtigung ausländischen Rechts.[107] Hatte sich der Insolvenzverwalter mit Besonderheiten des **EU-Beihilferechts** zu befassen, rechtfertigt dies ebenfalls eine Vergütungserhöhung.[108] Der Tatbestand darf nicht auf die Anwendung der EuInsVO oder des EU-Rechts beschränkt werden. Hat das schuldnerische Unternehmen Niederlassungen oder auch nur Vertragsbeziehungen in das außereuropäische Ausland, muss sich der Insolvenzverwalter mit der **jeweiligen Rechtsordnung auseinandersetzen** und bspw. umfangreich Sachverhalte und Dokumente in ausländischer Sprache klären und sichten. 83

Die Anwendung ausländischen Rechts ist **Erhöhungstatbestand, ohne dass Schwierigkeiten der Rechtsanwendung** oder ein Zusammenhang mit anderen Tatbeständen gegeben sein müssen. Häufig bestehen aber **Überschneidungen** in der Arbeitstätigkeit mit anderen Tatbeständen. Dabei darf der Tatbestand der Befassung mit ausländischem Recht aber **nicht völlig unberücksichtigt** bleiben, da die Tatbestände bspw. der Klärung von gesellschaftsrechtlichen Verflechtungen (Konzernstruktur) oder der Unternehmensfortführung nicht zwingend die Anwendung ausländischen Rechts mitbeinhalten. Wenn der Tatbestand mit weiteren Tatbeständen korrespondiert, insbesondere dem der Unternehmensfortführung, der Prüfung von Beteiligungen und den Sanierungsbemühungen, ist er mit einem niedrigeren Prozentsatz zu bewerten. Dabei muss bei den jeweils anderen Tatbeständen die besondere Schwierigkeit bei der Anwendung ausländischen Rechts aber auch berücksichtigt und gewürdigt werden. 84

6. Aus- und Absonderungsrechte (§ 3 Abs. 1 lit. a InsVV)

a) Verhältnis zur besonderen Vergütung nach § 1 Abs. 2 Nr. 1 InsVV

Der Erhöhungstatbestand des § 3 Abs. 1 lit. a InsVV entspricht dem früheren § 4 Abs. 2 lit. a VergVO.[109] Das Recht des Insolvenzverwalters zur Verwertung der mit Absonderungsrechten behafteten beweglichen Massegegenstände oder zedierter Forderungen durch §§ 166 ff. InsO ist jedoch besonders zu berücksichtigen: **Zu beachten** ist **zunächst die Regelung des § 1 Abs. 2 Nr. 1 InsVV**, die bei Verwertung der betreffenden Gegenstände durch den Insolvenzverwalter selbst eine eigene Vergütungsregelung enthält (siehe oben § 3 Rz. 91 ff.). Verwertet der Insolvenzverwalter daher die mit Absonderungsrechten behafteten Gegenstände oder Forderungen, erhält er die besondere Vergütung nach § 1 Abs. 2 Nr. 1 Satz 2 InsVV. Er kann deswegen zusätzlich keine Erhöhung der Regelvergütung verlangen.[110] Eine solche ist nach § 3 Abs. 1 lit. a InsVV nur gerechtfertigt, wenn die Ver- 85

---

107) *Prasser/Stoffler* in: KPB, InsO, § 3 InsVV Rz. 83; *Graeber/Graeber*, InsVV, § 3 Rz. 160.

108) AG Dresden, Beschl. v. 12.12.2000 – 541 IN 73/00, n. v.; *Prasser/Stoffler* in: KPB, InsO, § 3 InsVV Rz. 83.

109) Dazu *Eickmann*, VergVO, § 4 Rz. 7 ff.

110) *Prasser/Stoffler* in: KPB, InsO, § 3 InsVV Rz. 79; *Graeber/Graeber*, InsVV, § 3 Rz. 70; Blersch/Goetsch/Haas-*Blersch*, InsO, § 3 InsVV Rz. 8; *Hess/Klaas*, InVo 1999, 193, 199.

wertung durch den Gläubiger selbst erfolgt oder der Insolvenzverwalter das Absonderungsrecht ablöst und aus der Verwertung nur einen möglichen Überschuss zur Masse ziehen kann (§ 1 Abs. 2 Nr. 1 Satz 3 oder Nr. 2 InsVV). Die Bearbeitung von Aus- und Absonderungsrechten i. S. des § 3 Abs. 1 lit. a InsVV bezieht sich danach allein auf die **Prüfung des Bestehens und der Berechtigung eines Aus- oder Absonderungsrechts,** nicht auf die Verwertung, die unmittelbar von § 1 Abs. 2 Nr. 1 InsVV erfasst ist.[111)] § 3 Abs. 1 lit. a InsVV greift bspw. bei einem Rechtsstreit mit einem Gläubiger über die Frage der Wirksamkeit einer Sicherungsübereignung. Die rechtliche Prüfung, ob Schuldnereigentum vorliegt, ist noch nicht zuschlagswürdig.[112)] Dies ist dann gegeben, wenn die Prüfung mit erheblichem Arbeitsaufwand verbunden war.

b) Umfang der Belastung der Insolvenzmasse

86 Eine Erhöhung der Regelvergütung ist angezeigt, wenn die Bearbeitung von Aus- und Absonderungsrechten einen **erheblichen Teil der Tätigkeit des Verwalters** ausmacht. Dies war nach früher verbreiteter Ansicht gegeben, wenn die Sicherungsrechte bezogen auf die Gesamtgläubigerzahl mehr als 30 % ausmachen. Eine andere Ansicht ließ den Erhöhungstatbestand eingreifen, wenn die Sicherungsrechte mehr als 50 % der Schuldenmasse betragen.[113)]

87 Dem tritt der BGH entgegen. Nach **Ansicht des BGH** ist eine Erhöhung der Vergütung nicht schon deshalb gerechtfertigt, weil die Insolvenzmasse zu einem gewissen Prozentsatz mit Fremdrechten belastet ist.[114)] Es muss vielmehr die **tatsächliche Erschwernis bei der Bearbeitung dieser Rechte** für den Insolvenzverwalter erheblich gewesen sein. So kann die Bearbeitung unkompliziert sein, auch wenn die Insolvenzmasse praktisch nur aus einem mit Grundpfandrechten belasteten Grundstück besteht. Umgekehrt kann aber die Bearbeitung auch schwierig und umfangreich sein, wenn das Fremdrecht nur in einem geringen Verhältnis zur freien Insolvenzmasse steht.[115)]

88 Richtigerweise ist auch hier zwischen **quantitativer und qualitativer Belastung zu unterscheiden:** Beträgt der Umfang der Fremdrechte mehr als 30 % der Insolvenzmasse, nimmt die Bearbeitung dieser Rechte üblicherweise allein wegen der Quantität einen erheblichen Teil der Arbeitsleistung des Insolvenzverwalters in Anspruch. Dies kann im Einzelfall anders sein. Aber auch bei geringer Belastung mit Fremdrechten kann deren Bearbeitung qualitativ erschwert sein, insbesondere wegen besonderer rechtlicher Schwierigkeiten, den Insolvenzverwalter erheblich beschäftigen. Auch dann ist eine Erhöhung der Vergütung gerechtfertigt. Diese kann je nach Arbeitsaufwand um bis zu 75 % der Regelvergütung bestehen.[116)]

Beispiel:

Bei Beendigung des Insolvenzverfahrens beträgt die Insolvenzmasse insgesamt 1,1 Mio. €. Der Insolvenzverwalter hat Massegegenstände, an welchen Absonderungsrechte lasteten, im Wert von 200 000 € verwertet und hierfür einen Kostenbeitrag von 18 000 € vereinnahmt. Hinsicht-

---

111) *Graeber/Graeber*, InsVV, § 3 Rz. 73 ff.

112) BGH, Beschl. v. 25.10.2007 – IX ZB 55/06, ZInsO 2007, 1272.

113) *Nowak* in: MünchKomm-InsO, 2. Aufl. 2007, § 2 InsVV Rz. 3.

114) BGH, Beschl. v. 24.7.2003 – IX ZB 607/02, ZIP 2003, 1757 = NZI 2003, 603; kritisch *Lorenz* in: FK-InsO, § 3 InsVV Rz. 18.

115) *Lorenz* in: FK-InsO, § 3 InsVV Rz. 25; *Amberger* in: Leonhardt/Smid/Zeuner, InsVV, § 3 25 ff., 30 mit Beispiel Rz. 31; *Graeber/Graeber*, InsVV, § 3 Rz. 72.

116) LG Siegen, Beschl. v. 4.1.1988 – 4 T 221/87, ZIP 1988, 326; LG Bonn, Beschl. v. 4.12.1990 – 4 T 499/90, ZIP 1991, 45, dazu EWiR 1991, 185 *(Eickmann)*; AG Heidelberg, Beschl. v. 28.8.1985 – 51 VH 4/84, ZIP 1985, 1155; AG Erfurt, Beschl. v. 24.10.2002 – 9 N 610/96, n. v.; mit Berechnungsbeispiel *Graeber/Graeber*, InsVV, § 3 Rz. 77.

lich weiterer Sicherungsrechte im Wert von 350 000 € konnte nach zähen Verhandlungen mit den Gläubigern Einigung über eine Verwertung seitens der Gläubiger erzielt werden, aus der Verwertung ist kein Überschuss zur Masse geflossen.

Zunächst sind die Absonderungsrechte bei Feststellung der Insolvenzmasse nach § 1 Abs. 2 Nr. 1 InsVV zu berücksichtigen. Hinsichtlich des selbst verwerteten Sicherungsgutes kann nach § 1 Abs. 2 Nr. 1 Satz 2 InsVV eine Vergütung gewährt werden i. H. v. maximal 4 000 €. Hinsichtlich der durch die Gläubiger verwerteten Gegenstände und der damit verbundenen Tätigkeit kann dagegen eine Erhöhung der Regelvergütung nach § 3 Abs. 1 lit. a InsVV in Betracht kommen. Die Regelvergütung ist nach der nicht erhöhten Insolvenzmasse, also ohne Berücksichtigung der selbst verwerteten Gegenstände, zu berechnen, da sonst deren Wert mittelbar in die Erhöhung mit einflösse. Er fließt insoweit ein, als die besondere Vergütung nach § 1 Abs. 2 Nr. 1 InsVV Teil der Regelvergütung ist und so an den Erhöhungen nach § 3 Abs. 1 InsVV teilnimmt.

c) Berücksichtigung eines Verwertungsüberschusses

Bei Verwertung von Sicherungsgut seitens des Gläubigers kann der Insolvenzverwalter 89
den **Überschuss zur Masse** ziehen (§ 1 Abs. 2 Nr. 2 InsVV) und so auch die ihm zustehende Vergütung erhöhen. Ist die auf diese Weise erhöhte Vergütung so hoch, dass sie der nach § 3 Abs. 1 lit. a InsVV erhöhten Regelvergütung ohne Berücksichtigung des Überschussbetrages gleichkommt, kann **keine Erhöhung** erfolgen, da ansonsten der Verwalter für dieselbe Tätigkeit zweifach vergütet würde. Dies dürfte nur selten der Fall sein. Ist dagegen in der Praxis weit häufiger nur ein geringer Überschuss zur Insolvenzmasse geflossen, was insbesondere bei der Verwertung von Grundstücken der Fall ist, kann und sollte die Erhöhung der Vergütung nach § 3 Abs. 1 lit. a InsVV entsprechend höher ausfallen.

Beispiel:

Die Insolvenzmasse bei Abschluss des Insolvenzverfahrens beträgt 500 000 €. Im Laufe des Verfahrens hatte der Verwalter Absonderungsrechte zu bearbeiten, aus deren Verwertung durch die Gläubiger ein Überschuss von 180 000 € zur Masse gezogen werden konnte.

Die Regelvergütung des Insolvenzverwalters aus der Insolvenzmasse von 500 000 € beträgt sie kann im Hinblick auf die Bearbeitung der Absonderungsrechte in einem bis 31.12.2020 beantragten Verfahren 37 750 €, in einem seit 1.1.2021 beantragten Verfahren 49 050 €. Berechnet man vergleichsweise die Vergütung aus der Insolvenzmasse ohne Berücksichtigung des Überschussbetrages, beträgt die Regelvergütung aus 320 000 € in einem bis 31.12.2020 beantragten Verfahren nur 32 350 €, in einem seit 1.1.2021 beträgt sie 41 850 €; um 20 % auf 38 700 € erhöht werden. Die so ermittelte Vergütung ist höher als die Regelvergütung aus der nach § 1 Abs. 2 Nr. 1 Satz 3 InsVV ermittelten Insolvenzmasse. Dem Insolvenzverwalter kann deshalb kein Erhöhungstatbestand zugebilligt werden. Er erhält die Regelvergütung aus der um den Überschussbetrag erhöhten Insolvenzmasse.

d) Delegation auf Dritte

Eine Erhöhung der Regelvergütung kann geringer ausfallen oder verwehrt werden, wenn 90
der Verwalter die Bearbeitung der Absonderungsrechte auf **Dritte überträgt** und dadurch eigene **Regeltätigkeit erspart**. Die Verwertung von Mobiliarvermögen stellt grundsätzlich eine Regelaufgabe der Insolvenzverwaltung dar, die bei Übertragung an einen gewerblichen Verwerter daher keine Vergütungserhöhung rechtfertigt.[117)] Als **Sonderaufgabe** ist sie anzusehen, wenn sie im konkreten Fall durch den Insolvenzverwalter nur **unzureichend** oder

117) BGH, Beschl. v. 11.10.2007 – IX ZB 234/06, ZIP 2007, 2323 = NZI 2008, 38; AG Münster, Beschl. v. 13.6.2011 – 73 IN 42/08, juris; *Keller* in: HK-InsO, § 4 InsVV Rz. 21; Kübler/Prütting/Bork-*Stoffler*, InsO, § 4 InsVV Rz. 70 ff.

mit **erheblich ungünstigerem Ergebnis** bewerkstelligt werden könnte (siehe dazu auch oben § 2 Rz. 171 ff.). In diesem letzteren Fall kann eine Erhöhung der Vergütung in Betracht kommen, wenn der Insolvenzverwalter die besondere Aufgabe selbst erledigt.[118] Im Übrigen kommt bei der Einschaltung eines gewerblichen Verwerters bei gewöhnlicher Mobiliarverwertung ein Abschlag der Vergütung in Betracht.[119] Rechnet der Insolvenzverwalter als Rechtsanwalt die Tätigkeit nach § 5 InsVV selbst ab, kann er ebenfalls keinen Erhöhungstatbestand geltend machen.

7. Bank- und Kapitalmarktrecht

91 Nicht nur in der – seltenen – Insolvenz einer Bank oder eines Finanzdienstleisters können sich Besonderheiten des Bank- und Kapitalmarktrecht ergeben, die bei entsprechender Arbeitsbelastung des Insolvenzverwalters eine Erhöhung der Vergütung rechtfertigen. Zu nennen sind **Besonderheiten bei börsennotierten Aktiengesellschaften**, bei welchen Mitteilungspflichten nach dem Wertpapierhandelsgesetz[120] (WpHG) zu erfüllen sind,[121] oder besondere Strukturen der Finanzierung des schuldnerischen Unternehmens bspw. durch ausgegebene Wandelschuldverschreibungen oder durch verschiedene Anleihen, für welche das **Schuldverschreibungsgesetz**[122] (SchVG) Anwendung findet. Insbesondere im letzteren Fall kann der Erhöhungstatbestand sowohl qualitativer Natur sein, wenn die Bewältigung der verschiedenartig ausgegebenen Anleihen besondere Schwierigkeiten beinhaltet, als auch quantitativer Natur sein, wenn für jeden ausgegebenen Anleihetyp ein besonderer Gläubigervertreter bestimmt werden muss (§§ 7 ff. SchVG; zu dessen Vergütung siehe oben § 1 Rz. 59 f.).

8. Branchentypika

92 In Insolvenzverfahren von Unternehmen spezialisierter Branchen können Tatbestände gegeben sein, die zum einen nicht einem Normalfall einer Insolvenz entsprechen und zum anderen die Arbeitsbelastung des Insolvenzverwalters außergewöhnlich in Anspruch nehmen. Man darf hier jedoch nicht großzügig sein und **nicht jede Branche als außergewöhnlichen Fall** betrachten. Es muss jeweils für den Einzelfall festgestellt werden, welche Besonderheiten qualitativ und quantitativ gegeben sind.[123]

93 So können sich in der **Insolvenz eines Bauunternehmens** Rechtsfragen ergeben, die eine Vergütungserhöhung rechtfertigen. Es sind dies bspw. Fragen der Erfüllungswahl nicht erfüllter Werkverträge (§ 103 i. V. m. § 105 InsO) und der Fertigstellung begonnener Bauvorhaben (was in der Praxis die Ausnahme ist),[124] der Geltendmachung von Gewährleistungsansprüchen oder Fragen der Bauabzugssteuer nach § 48 EStG.[125] Die Prüfung zahlreicher Verträge nach § 103 InsO stellt dabei einen quantitativen Erhöhungstatbestand dar.

94 In der **Insolvenz eines Speditionsunternehmens** können sich spezielle Fragen des Transportrechts stellen, verbunden mit Fragen der Aus- und Absonderung hinsichtlich des

---

118) Eher ablehnend *Knapp*, ZInsO 2022, 1895.

119) BGH, Beschl. v. 11.10.2007 – IX ZB 234/06, ZIP 2007, 2323 = NZI 2008, 38; LG Augsburg, Beschl. v. 26.11.1996 – 7 T 4191/96, Rpfleger 1997, 317; *Lorenz* in: FK-InsO, § 3 InsVV Rz. 23.

120) Wertpapierhandelsgesetz – WpHG, v. 9.9.1998, BGBl. I 1998, 2708.

121) *Prasser/Stoffler* in: KPB, InsO, § 3 InsVV Rz. 94; *Graeber/Graeber*, InsVV, § 3 Rz. 164.

122) Schuldverschreibungsgesetz – SchVG, v. 31.7.2009, BGBl. I 2009, 2512.

123) LG Münster, Beschl. v. 22.7.2022 – 5 T 1570/21, ZRI 2022, 871 = NZI 2022, 874 m. Anm. *Gollnick/Mayr*.

124) LG Freiburg/Br., Beschl. v. 23.8.2017 – 3 T 246/16, ZInsO 2017, 2083.

125) *Prasser/Stoffler* in: KPB, InsO, § 3 InsVV Rz. 84; *Amberger* in: Leonhardt/Smid/Zeuner, InsVV, § 3 Rz. 70; *Graeber/Graeber*, InsVV, § 3 Rz. 165, 166 ff.

Transportgutes. Hier rechtfertigt vor allem der quantitative Umfang solcher Fragestellungen eine Vergütungserhöhung.

9. Berichtswesen

Hatte der Insolvenzverwalter **besonders viele oder umfangreiche Berichte** an das Gericht zu fertigen, kann eine Vergütungserhöhung in Betracht kommen.[126] Diese sollte aber nicht sehr hoch ausfallen, da wegen § 58 InsO der Insolvenzverwalter dem Gericht gegenüber jederzeit zur Auskunft verpflichtet ist,[127] die Berichterstattung mithin eine Regelaufgabe darstellt, die nur in wenigen Fällen quantitativ den Normalfall übersteigt. Es ist ferner der sich aus dem Prozentsatz der Erhöhung ergebende Betrag mit dem **tatsächlichen Aufwand** der Berichterstattung zu vergleichen. Beispielsweise wäre eine Vergütungserhöhung um 10 000 € je Bericht, der über das übliche Maß einer halbjährlichen Berichterstattung[128] hinausgeht, nicht angemessen. 95

10. Buchhaltung und Rechnungswesen

Erfordert die Aufarbeitung der schuldnerischen Buchhaltung einen erheblichen Arbeitsaufwand, ist eine Vergütungserhöhung möglich.[129] Gleiches gilt bei umfangreicher handelsrechtlicher und steuerrechtlicher Buchführung (§ 155 InsO), wenn bspw. steuerliche Sachverhalte auch aus der Zeit vor Insolvenzeröffnung aufgearbeitet werden müssen oder für das schuldnerische Unternehmen Jahresabschlüsse gefertigt und testiert werden müssen.[130] Die Vergütungserhöhung ist gerechtfertigt, wenn diese Tätigkeiten der Insolvenzverwalter **mit eigenen Mitarbeitern** bewältigt. Delegiert er sie an einen externen Dienstleister, fällt die Erhöhung geringer aus oder entfällt ganz. Gleiches gilt, wenn er sie selbst als Steuerberater nach § 5 InsVV abrechnet (siehe § 2 Rz. 151 ff.). Ist der Insolvenzverwalter als Nachfolger eines entlassenen Insolvenzverwalters (§ 59 InsO) berufen worden und legt sein Amtsvorgänger keine Schlussrechnung nach § 66 InsO, können die damit verbundenen Schwierigkeiten ebenfalls eine Erhöhung der Vergütung rechtfertigen.[131] 96

11. Erbbaurecht

Ist ein Erbbaurecht Bestandteil der Insolvenzmasse oder ist der Schuldner Grundstückseigentümer eines mit einem Erbbaurecht belasteten Grundstücks, können die **vielfältigen Besonderheiten des Erbbaurechtes** eine Erhöhung der Vergütung rechtfertigen. Zu nennen sind bspw. die Geltendmachung eines Heimfallanspruchs (§ 2 Abs. 1 Nr. 4, § 32 ErbbauRG) durch den Grundstückseigentümer gegenüber dem Erbbauberechtigten, die Geltendmachung des Erbbauzinses durch Zwangsversteigerung des Erbbaurechtes oder Fragen der Entschädigung bei Beendigung des Erbbaurechtes (§§ 26 ff. ErbbauRG).[132] 97

126) AG Göttingen, Beschl. v. 27.5.2005 – 74 IN 41/01, ZInsO 2005, 871, 872; *Prasser/Stoffler* in: KPB, InsO, § 3 InsVV Rz. 125.

127) Uhlenbruck-*Zipperer*, InsO, § 58 Rz. 8, 9; *Keller*, Insolvenzrecht, Rz. 92 ff.

128) *Frege/Keller/Riedel*, Insolvenzrecht, Rz. 3.7.

129) Ablehnend LG Hannover, Beschl. v. 10.10.2025 – 11 T 29/24, ZRI 2025, 1193 = ZVI 2025, 497.

130) *Lorenz* in: FK-InsO, § 3 InsVV Rz. 53.

131) AG Schleiden, Beschl. v. 25.12.1993 – 1 N 6/87, n. v.; *Prasser/Stoffler* in: KPB, InsO, § 3 InsVV Rz. 125; *Graeber/Graeber*, InsVV, § 3 Rz. 190; *Büttner* in: HambKomm-InsO, § 3 Rz. 70.

132) Eingehend *Pfennig*, Das Erbbaurecht in der Insolvenz; *Keller*, NZI 2012, 777.

12. Forderungsbeitreibung

98 Hatte der Insolvenzverwalter **besonders viele Außenstände** des Schuldners beizutreiben, kann eine Erhöhung der Regelvergütung erfolgen.[133)] Ob man für das Normalverfahren eine statische Zahl von bspw. 50 Forderungen zugrunde legen kann, ist jedoch fraglich. Je nach Größe und Gegenstand eines schuldnerischen Unternehmens ist die **Richtgröße für** diesen **typisch quantitativen Tatbestand** je **unterschiedlich anzusetzen.** Es darf dabei nicht erheblich sein, ob die Forderungen auch tatsächlich beitreibbar waren. Der erfolgreiche Einzug gerade hoher Forderungen wird wegen der damit verbundenen Massemehrung bereits durch die höhere Regelvergütung abgegolten. Ein Vergütungszuschlag für die Beitreibung hoher Forderungen kann dann nur gerechtfertigt sein, wenn sie mit rechtlichen Schwierigkeiten oder langwieriger Prozessführung verbunden war.

13. Gläubigerzahl

99 Eine besonders hohe Zahl an Gläubigern kann schon wegen der Pflicht des Verwalters zur Tabellenerstellung nach § 174 InsO und zur Forderungsprüfung mit erheblich über ein Normalverfahren hinausgehendem Arbeitsaufwand verbunden sein und eine Erhöhung rechtfertigen.[134)] Es ist dies geradezu das **typische Beispiel** eines **quantitativen Erhöhungstatbestandes**, der als solcher eine Vergütungserhöhung rechtfertigt, weil er sich zwingend auf die Arbeitsbelastung des Insolvenzverwalters auswirkt (siehe oben Rz. 53 ff.). Ab welcher Zahl an Gläubigern ein Zuschlag zu gewähren ist, ist einzelfallbezogen zu beurteilen, starre Grenzen sind abzulehnen. Die Vergütungserhöhung erfolgt entsprechend der Zahl der Forderungsanmeldungen gestaffelt. Dabei ist zu berücksichtigen, dass Arbeitsabläufe gerade bei der Forderungsanmeldung und der Forderungsprüfung standardisiert erfolgen, bei zunehmender Gläubigerzahl sollte die Staffelung daher abflachen. Denn die **Arbeitsbelastung** des Insolvenzverwalters **steigt nicht immer proportional zur Zahl der Gläubiger.**[135)] Im Übrigen ist stets § 2 Abs. 2 InsVV zu beachten. Nach zutreffender Ansicht gilt diese Vorschrift zur Mindestvergütung unter Berücksichtigung der Zahl der Gläubiger auch in der Insolvenz juristischer Personen und in der Unternehmensinsolvenz.[136)] Es ist daher stets zu vergleichen, ob die Mindestvergütung nach § 2 Abs. 2 InsVV nicht höher ist als die Regelvergütung des § 2 Abs. 1 InsVV mit den angemessenen Zuschlag (siehe eingehend § 4 Rz. 88 ff., 149 ff.).

14. Genossenschaftsinsolvenz

100 Ein besonderer Arbeitsaufwand ist gegeben in der Genossenschaftsinsolvenz, wenn ein **Verfahren zur Feststellung einer Nachschusspflicht** nach §§ 105 ff. GenG durchgeführt werden muss.[137)] Der Insolvenzverwalter hat eine Vorschussberechnung durchzuführen

133) LG Koblenz, Beschl. v. 21.8.1981 – 4 T 440/81, KTS 1982, 141; LG Siegen, Beschl. v. 4.1.1988 – 4 T 221, 225/87, ZIP 1988, 326, dazu EWiR 1988, 289 *(Eickmann)*; *Prasser/Stoffler* in: KPB, InsO, § 3 InsVV Rz. 125; einschränkend für Zwangsvollstreckung LG Lübeck, Beschl. v. 2.7.2009 – 7 T 230/09, NZI 2009, 559; LG Hannover, Beschl. v. 20.4.2009 – 6 T 16/09, NZI 2009, 560.

134) BGH, Beschl. v. 11.5.2006 – IX ZB 249/04, Rz. 43, ZIP 2006, 1204 = NZI 2006, 464 m. Anm. *Nowak*; LG Augsburg, Beschl. v. 10.10.1973 – 4 T 176/73, KTS 1974, 241 m. Anm. *H. Schmidt*; LG Bonn, Beschl. v. 4.12.1990 – 4 T 499, 500/90, ZIP 1991, 45, dazu EWiR 1991, 185 *(Eickmann)*; AG Ahrensburg, Beschl. v. 27.6.1983 – 6 N 46/76, ZIP 1983, 1103; AG Düsseldorf, Beschl. v. 20.4.2016 – 503 IN 6/10, juris; *Lorenz* in: FK-InsO, § 3 InsVV Rz. 53; *Prasser/Stoffler* in: KPB, InsO, § 3 InsVV Rz. 101, 125; *Graeber/Graeber*, InsVV, § 3 Rz. 228, 229.

135) Ebenso *Büttner* in: HambKomm-InsO, § 3 Rz. 98 ff., 105; *Wolgast* in: HK-InsVV, § 3 Rz. 100.

136) Anders BGH, Beschl. v. 22.7.2021 – IX ZB 4/21, ZRI 20221, 886 = NZI 2021, 984 m. Anm. *Gutmann*, dazu EWiR 2021, 723 *(Blersch)*.

137) Eingehend dazu *Frege/Keller/Riedel*, Insolvenzrecht, Rz. 8.44 ff.

und beim Insolvenzgericht Antrag auf Vollstreckbarerklärung zu stellen. Ein besonderer Aufwand entsteht ferner bei Anfechtungsklagen einzelner Genossen gegen die Feststellung der Nachschusspflicht sowie allgemein beim Forderungseinzug. Der Zuschlag kann unter Berücksichtigung des Aufwandes nach der Zahl der betroffenen Genossen bestimmt werden; der Erhöhungstatbestand ist eher quantitativer Natur.

15. Gesellschaftsrechtliche Beteiligungen

Die Prüfung gesellschaftsrechtlicher Beteiligungen und insbesondere einer Konzernstruktur 101 rechtfertigt als **qualitativer Tatbestand** eine Vergütungserhöhung. Er kann auch quantitative Elemente haben, wenn die Zahl der Beteiligungen oder Tochtergesellschaften besonders hoch ist.[138)] Gesellschaftsrechtliche Beteiligungen und **Konzernverflechtungen** müssen sich auf die Tätigkeit des Insolvenzverwalters ausgewirkt haben, um eine Erhöhung der Vergütung zu rechtfertigen.[139)] Dies ist in der Insolvenz einer Konzerngesellschaft aber schon regelmäßig im Zusammenhang mit der Erfassung der Insolvenzmasse der Fall. War i. R. des Insolvenzverfahrens dagegen nur eine Gesellschaft bürgerlichen Rechts, an welcher der Schuldner beteiligt war, aufzulösen (§ 728 BGB), kommt es für eine Vergütungserhöhung ganz entscheidend darauf an, welchen Aufwand diese Liquidation für den Insolvenzverwalter darstellte.

Mit dem Tatbestand der Prüfung der gesellschaftsrechtlichen Beteiligungen **überschneiden** 102 **sich oft weitere Erhöhungstatbestände**, etwa derjenige der Führung mehrerer Betriebsstätten, der Unternehmensfortführung, der Geltendmachung von organschaftlichen Haftungsansprüchen oder auch der Auslandsberührung.

16. Gläubigerausschuss

Die Bestellung eines Gläubigerausschusses nach §§ 67 ff. InsO soll anders als im früheren 103 Konkursrecht nach der InsO Regelfall eines Insolvenzverfahrens sein. Dies bestätigen auch die Vorschriften zur Einsetzung des vorläufigen Gläubigerausschusses im Eröffnungsverfahren nach § 21 Abs. 2 Nr. 1a, § 22a InsO. In der Insolvenzpraxis ist jedoch je nach Einzelfall zu unterscheiden, ob die Einsetzung eines Gläubigerausschusses nach Größe des Unternehmens, laufendem Geschaftsbetrieb, Zahl der Arbeitnehmer oder Umfang der Insolvenzmasse angemessen ist.[140)]

Die Tätigkeit eines Gläubigerausschusses soll dem Insolvenzverwalter gerade bei großen 104 Insolvenzverfahren die Tätigkeit insbesondere im Hinblick auf § 160 InsO oder hinsichtlich notwendiger Personalanpassungsmaßnahmen erleichtern. Sie bringt für ihn aber auch erhebliche Arbeitsbelastung,[141)] da in aller Regel die **Organisation des Gläubigerausschusses** und die Sitzungen durch den Insolvenzverwalter bewerkstelligt werden und bei zahlreichen Rechtsgeschäften der Insolvenzverwalter den Gläubigerausschuss zu konsultieren hat (§ 160 InsO). Hinzu kommt Arbeitsaufwand außerhalb der Sitzungen durch Vorbereitung und Nachbereitung und Korrespondenz mit einzelnen Mitgliedern. Der Insolvenzverwalter muss die Mitglieder des Gläubigerausschusses laufend über den Stand des Verfahrens informieren, mit ihnen korrespondieren und Beschlussfassungen herbeiführen. Zu berücksichtigen ist daher nicht allein der zeitliche oder logistische Aufwand der Sitzun-

---

138) LG Leipzig, Beschl. v. 27.9.1999 – 12 T 1192/99, NZI 2001, 37 = DZWIR 2000, 36; LG Mönchengladbach, Beschl. v. 23.10.1986 – 5 T 382/86, ZIP 1986, 1588, dazu EWiR 1987, 73 *(Eickmann)*; *Prasser/Stoffler* in: KPB, InsO, § 3 InsVV Rz. 85; *Amberger* in: Leonhardt/Smid/Zeuner, InsVV, § 3 Rz. 71.

139) BGH, Beschl. v. 16.10.2008 – IX ZB 247/06, NZI 2009, 57; *Graeber/Graeber*, InsVV, § 3 Rz. 276.

140) Zum vorläufigen Gläubigerausschuss im Eröffnungsverfahren *Frege/Keller/Riedel*, Insolvenzrecht, Rz. 3.500; allgemein *Ampferl* in: Kübler/Bork/Prütting, HRI II, § 6 Rz. 13 ff.

141) *Prasser/Stoffler* in: KPB, InsO, § 3 InsVV Rz. 104; *Graeber/Graeber*, InsVV, § 3 Rz. 230 ff.

gen. Mit den Mitgliedern des Gläubigerausschusses müssen auch **Einzelgespräche über einzelne Sachverhalte** geführt werden, es besteht auch außerhalb der Sitzungen laufend Abstimmungsbedarf. Auch ist der qualitative Aufwand zu berücksichtigen: Sachverhalte, wirtschaftlich und rechtlich bedeutende Fragestellungen müssen aufbereitet, dargestellt und diskutiert werden. Zugunsten des Insolvenzverwalters ist aber auch auf die Grundsätze der sog. Business Judgment Rule betreffend seine Haftung und den Haftungsmaßstab aus § 60 InsO hinzuweisen. Ein ordnungsmäßiges Handeln eines Unternehmensführers liegt u. a. dann vor, wenn in speziellen Fragestellungen Zweitmeinungen eingeholt werden.[142)]

105 Bei der **Bestimmung eines angemessenen Prozentsatzes** der Erhöhung ist zu prüfen, ob der Erhöhungsbetrag gemessen an der einzelnen Ausschusssitzung unter Berücksichtigung entsprechender Vor- und Nacharbeiten und Sondergespräche angemessen ist. Bei einer Regelvergütung von bspw. 100 000 € beträgt bei einem Prozentsatz von 25 die Vergütungserhöhung 25 000 €. Haben im Insolvenzverfahren gesamt 10 Sitzungen des Gläubigerausschusses stattgefunden, beträgt die Vergütung dann 2 500 € je Sitzung. Unter Berücksichtigung von Vor- und Nachbereitungszeit sowie zwischen den Sitzungen notwendigem Abstimmungsbedarf kann dies als angemessen angesehen werden. Der Prozentsatz kann aber nicht stets auf die Zahl der Sitzungen und den zeitlichen Aufwand heruntergebrochen werden. Sind neben der Zahl der Sitzungen des Gläubigerausschusses auch **qualitative Erschwernisse zu berücksichtigen,** muss auch dies berücksichtigt werden.

17. Haftungsrisiko

106 Als zuschlagswürdig zu berücksichtigen ist die Gefahr der persönlichen Haftung des Insolvenzverwalters bei Begründung von Masseverbindlichkeiten nach § 61 InsO.[143)] Denn der Insolvenzverwalter hat bei Begründung von Masseverbindlichkeiten sich stets über die Zulänglichkeit der Insolvenzmasse zu informieren, um sich nach § 61 Satz 2 InsO von einer Haftung exkulpieren zu können. Dies erfordert erhöhte Arbeitsbelastung und bringt erhöhtes Risiko mit sich.[144)] Der Zuschlag mag unjuristisch als „Haftungs- oder Erfolgsprämie" bezeichnet werden.[145)]

107 Besonders zu honorieren ist es bspw., wenn der Insolvenzverwalter bei Masseunzulänglichkeit – aber nicht nur dort – und **laufendem Geschäftsbetrieb** ein **Darlehen** aufnimmt, um den Geschäftsbetrieb erfolgreich fortführen zu können. Der Insolvenzverwalter könnte mit Rücksicht auf § 61 InsO sich auch gegen die Aufnahme eines Massekredits entscheiden. Damit hätte das Insolvenzverfahren vielleicht nicht mit dem Erfolg bewältigt werden können, der am Ende erzielt worden ist. Es kann aber auch kein Beteiligter und auch nicht das Insolvenzgericht den Insolvenzverwalter zur Eingehung einer persönlichen Haftung verpflichten.

108 Zu berücksichtigen ist aber die Handlungsweise des Insolvenzverwalters bei Aufnahme des Darlehens i. S. einer **ex ante-Betrachtung**. Der Insolvenzverwalter kann bei Aufnahme eines Darlehens keinesfalls die positive Entwicklung bspw. bei der Veräußerung des Un-

142) BGH, Urt. v. 20.9.2011 – II ZR 234/09, ZIP 2011, 2097 = NJW-RR 2011, 1670, dazu EWiR 2011, 793 *(Vetter)*. Für den Insolvenzverwalter *Berger/Frege*, ZIP 2008, 204; *Berger/Frege/Nicht*, NZI 2010, 321; *Frege/Nicht* in: FS Wellensiek, S. 291.

143) *Keller* in: HK-InsO, § 3 InsVV Rz. 21 (Haftungsrisiko).

144) Zur Haftung nach § 61 InsO und den Pflichten des Insolvenzverwalters BGH, Urt. v. 6.5.2004 – IX ZR 48/03, BGHZ 159, 104, 115, 116 = NZI 2004, 435 m. Anm. *Kaufmann*, dazu EWiR 2004, 765 *(Vallender)*; hierzu auch *Pape*, ZInsO 2004, 605; BGH, Urt. v. 17.12.2004 – IX ZR 185/03, ZIP 2005, 311 = NZI 2005, 222, dazu EWiR 2005, 679 *(Pape)*; BGH, Urt. v. 4.12.1986 – IX ZR 47/86, BGHZ 99, 151 = ZIP 1987, 115; BGH, Urt. v. 25.2.1988 – IX ZR 139/87, BGHZ 103, 310 = ZIP 1988, 526 (Haftung des Sachwalters im Vergleichsverfahren); LG Köln, Urt. v. 21.10.2003 – 5 O 190/03, NZI 2003, 652.

145) LG Münster, Beschl. v. 27.9.2010 – 5 T 318/10, juris.

ternehmens vorhersehen; es wäre daher falsch, ihm ex post vorzuhalten, das Risiko der persönlichen Haftung sei nicht eingetreten. Auch ein Überschuss aus der Unternehmensfortführung, welcher die Regelvergütung erhöht, kompensiert den Erhöhungstatbestand nicht.[146] Für den Insolvenzverwalter bedeutet insbesondere im Stadium der Masseunzulänglichkeit die Aufnahme eines Darlehens nicht nur die Gefahr des Verlusts eines „insolvenzrechtlichen Leumunds", sondern auch der eigenen wirtschaftlichen Existenz.

18. Immobilienverwaltung (§ 3 Abs. 1 lit. b InsVV)

Hat der Insolvenzverwalter Immobilien der Insolvenzmasse verwaltet, soll der ihm hier 109 entstandene Aufwand durch Erhöhung der Regelvergütung besonders vergütet werden. Dies kann der Fall sein, wenn eine **Instandsetzung einer Immobilie erforderlich** ist, um deren Veräußerung zu ermöglichen, oder wenn aus laufenden Vermietungen Überschüsse für die Masse erwirtschaftet werden können.[147] Im letzteren Fall ist eine **Massemehrung durch Mieteinnahmen** bei der Bestimmung des Prozentsatzes der Erhöhung zu berücksichtigen. Auf die Zahl der verwalteten Immobilien kommt es nicht an, erhebliche Erschwernisse können schon bei einer Immobilie gegeben sein.[148] Verwaltet der Insolvenzverwalter Grundstücke im Interesse der absonderungsberechtigten Grundpfandrechtsgläubiger und führt er den Erlös aus Vermietung und Verpachtung an diese ab (**kalte Zwangsverwaltung**), ist dies gesondert zu würdigen (siehe eingehend Rz. 115 ff.).[149]

Verwertet der Insolvenzverwalter das **unbewegliche Vermögen freihändig**, hat er die 110 Absonderungsberechtigten nach § 49 InsO zu berücksichtigen.[150] **Schwierige Verhandlungen** mit diesen rechtfertigen eine Erhöhung der Vergütung, insbesondere wenn die Frage der Grundstücksbelastungen und der Valutierung von Grundpfandrechten einschließlich Fragen zu Rückgewähransprüchen oder gesetzlichen Löschungsansprüchen bei Eigentümerrechten zu klären sind. Letztlich handelt es sich dann aber um einen Erhöhungstatbestand nach § 3 Abs. 1 lit. a InsVV.[151]

Gleiches gilt, wenn der **Insolvenzverwalter** aus eigenem Recht nach §§ 172 ff. ZVG selbst 111 die **Zwangsversteigerung betreibt**;[152] dieses komplexe und schwierige Verfahren rechtfertigt in jedem Fall eine Vergütungserhöhung. Es kann nicht pauschal behauptet werden, der Insolvenzverwalter müsse nur den Antrag auf Anordnung der Zwangsversteigerung stellen. Die Insolvenzversteigerung nach §§ 172 ff. ZVG birgt insbesondere mit den besonderen Ausgebotsarten der §§ 174, 174a ZVG **besondere Erschwernisse**.[153] Will der Insolvenzverwalter sich einer für ihn wertlosen Immobilie entledigen, wird er nicht die Versteigerung betreiben, sondern die Immobilie aus der Insolvenzmasse freigeben.[154]

146) So aber LG Münster, Beschl. v. 13.8.2020 – 5 T 249/20, ZIP 2020, 2194 = NZI 2020, 962 m. Anm. *Knapp*.

147) *Prasser/Stoffler* in: KPB, InsO, § 3 InsVV Rz. 105 ff.; *Graeber/Graeber*, InsVV, § 3 Rz. 94 ff.; *Graeber*, InsbürO 2005, 221.

148) BGH, Beschl. v. 24.1.2008 – IX ZB 120/07, ZIP 2008, 514 = ZVI 2008, 406.

149) Allgemein *Prasser/Stoffler* in: KPB, InsO, § 3 InsVV Rz. 106.

150) RG, Urt. v. 18.12.1937 – V 151/37, JW 1938, 892; BGH, Urt. v. 10.3.1967 – V ZR 72/64, BGHZ, 47, 181 (Veräußerung eines mit Vormerkung und nachrangigem Grundpfandrecht belasteten Grundstücks); allgemein Jaeger-*Eckardt*, InsO, § 165 Rz. 46 ff.; zur Berücksichtigung öffentlicher Lasten als Absonderungsrechte bei der BGH, Urt. v. 18.2.2010 – IX ZR 101/09, ZIP 2010, 994 = NZI 2010, 482, dazu EWiR 2010, 431 *(Büchler)*; *Rellermeyer*, Rpfleger 2012, 55; *Lohmann* in: HK-InsO, § 49 Rz. 17.

151) Eingehend *Graeber/Graeber*, InsVV, § 3 Rz. 94 ff.

152) Dazu eingehend Stöber-*Gojowczyk*, ZVG, § 172 Rz. 9 ff.; Böttcher-*Keller*, ZVG, § 172 Rz. 2 ff., 13 ff.; *Keller*, Insolvenzrecht, Rz. 1154 ff.

153) Böttcher-*Keller*, ZVG, § 174 Rz. 2 ff., § 174a Rz. 4 ff.

154) Eingehend *Kern* in: MünchKomm-InsO, § 165 Rz. 201 ff.; *Vuia* in: MünchKomm-InsO, § 80 Rz. 162 ff.

19. Insolvenzplan (§ 3 Abs. 1 lit. e InsVV)

112 Der Insolvenzverwalter kann im Verfahren aus eigenem Recht oder in Beauftragung durch die Gläubigerversammlung[155] einen Insolvenzplan erstellen und in das Insolvenzverfahren nach §§ 218 ff. InsO einbringen. Die **Erstellung eines Insolvenzplans** rechtfertigt eine Erhöhung der Regelvergütung nach § 3 Abs. 1 lit. e InsVV.[156] Dabei werden insbesondere die notwendigen Verhandlungen mit allen Gläubigergruppen und dem Schuldner wie auch die Erstellung der notwendigen umfangreichen Plananlagen[157] abgegolten. Als Erhöhungstatbestand ist auch die **Überarbeitung oder die Prüfung** eines Insolvenzplans des Schuldners anerkannt.[158]

113 Die Erhöhung der Regelvergütung ist nicht davon abhängig, dass der vom Verwalter erstellte Insolvenzplan von den Gläubigern angenommen und das Insolvenzverfahren hierauf beendet wird; auch ein im Abstimmungstermin nach §§ 235 ff. InsO gescheiterter Plan rechtfertigt eine Erhöhung. Eine Erhöhung kann auch möglich sein, wenn der Plan bereits im Vorfeld des gerichtlichen Planverfahrens zwar erstellt wird, aber mangels Erfolgsaussichten nicht nach § 218 InsO vorgelegt wird. § 3 Abs. 1 lit. e InsVV **fordert** in seinem Wortlaut **nicht die Durchführung eines Planverfahrens.** Allerdings muss ein Insolvenzplan im Insolvenzverfahren wenigstens thematisiert worden sein, er muss aktenkundig sein. Hat der Insolvenzverwalter einen Insolvenzplan quasi privat erstellt und weder mit den Mitgliedern des Gläubigerausschusses noch dem Insolvenzgericht hierüber kommuniziert, ist die Gewährung eines Zuschlags nicht möglich. Dann würde nämlich für jedwede Tätigkeit, die der Insolvenzverwalter ohne Außenwirkung entfaltet, ein Zuschlag zu gewähren sein. Dies würde zu unkontrollierbaren Zuschlagstatbeständen führen. Es wäre dann sogar täuschendes Verhalten denkbar, denn bei Beendigung des Insolvenzverfahrens, wenn die Vergütung festgesetzt wird, könnte ein Insolvenzverwalter behaupten, er habe umfangreiche Arbeitstätigkeit zu einem Insolvenzplan oder zu Sanierungsmaßnahmen entfaltet, ohne dass dies wirklich festgestellt werden könnte. Es muss daher für die Erstellung eines Insolvenzplans wie auch für jeden sonstigen Tatbestand einer Vergütungserhöhung gefordert werden, dass dieser während des Verfahrens gegenüber den Gläubigern, insbesondere den Mitgliedern des Gläubigerausschusses, und auch gegenüber dem Insolvenzgericht aktenkundig geworden ist. Ein lediglich am eigenen Schreibtisch erstellter Insolvenzplan oder Vorüberlegungen zu Sanierungsmaßnahmen, die keine Außenwirkung entfaltet haben, können keine Vergütungserhöhung rechtfertigen.

20. Insolvenzstatistik

114 Der Insolvenzverwalter hat nach dem seit 1.1.2013 geltenden Insolvenzstatistikgesetz[159] umfangreichere **Meldepflichten gegenüber dem jeweiligen Landesamt für Statistik** als

---

155) Ausführlich *Eidenmüller* in: MünchKomm-InsO, § 218 Rz. 15 ff.; *Spahlinger* in: KPB, InsO, § 218 Rz. 8 ff.

156) *Roth* in: KölnKomm-InsO, § 3 InsVV Rz. 77; *Keller* in: HK-InsO, § 3 InsVV Rz. 21 (Insolvenzplan); *Prasser/Stoffler* in: KPB, InsO, § 3 InsVV Rz. 109; *Graeber/Graeber*, InsVV, § 3 Rz. 125 ff.; Römermann-*Weiß*, InsO/InsR, § 63 InsO Rz. 17; im früheren Recht wurde auch das Bemühen um das Zustandekommen eines Zwangsvergleichs nach §§ 173 ff. KO als vergütungserhöhend anerkannt, AG Buxtehude, Beschl. v. 12.1.1987 – 10 N 21/84, ZIP 1987, 251, dazu EWiR 1987, 805 *(Eickmann)*.

157) Dazu Römermann-*Ober*, InsO/InsR, § 229 InsO Rz. 7 ff., ausführlich *Braun/Uhlenbruck*, Unternehmensinsolvenz, S. 528 ff.

158) BGH, Beschl. v. 22.2.2007 – IX ZB 106/06, ZIP 2007, 784 = NZI 2007, 341; zurückhaltend zur Prüfung und Stellungnahme eines Insolvenzplans AG Hannover, Beschl. v. 30.8.2016 – 905 IN 864/12-9, ZInsO 2016, 2107; *Lorenz* in: FK-InsO, § 3 InsVV Rz. 49 ff.

159) Zuletzt geändert durch Art. 9 SanInsFoG, v. 22.12.2020, BGBl. I 2020, 3256.

nach früherem Recht nach § 39 EGGVG.[160] Soweit im Einzelfall die Meldungen, welche der Insolvenzverwalter zu fertigen hat (§ 4 Abs. 1 Satz 3 Nr. 2 InsStatG), einen besonderen Umfang haben, kann dies eine Vergütungserhöhung rechtfertigen.[161] Zu berücksichtigen ist nicht allein der Zeitaufwand bei Absetzen der Online-Meldung, sondern auch der **Aufwand für die Aufbereitung der Daten.** Regelmäßig ergeben sich diese für das Insolvenzverwalterbüro aber bereits aus den Verfahrensakten. Bei der Zuschlagsbemessung sollte besonders auf den Prozentsatz der Erhöhung im Vergleich zur Berechnungsgrundlage geachtet werden.

21. Kalte Zwangsverwaltung

a) Rechtliche Grundlagen der kalten Zwangsverwaltung

Bei der sog. kalten Zwangsverwaltung als besondere Form der Immobilienverwaltung in 115
der Insolvenz vereinbart der Insolvenzverwalter mit den Grundpfandrechtsgläubigern die **Verwaltung** einer regelmäßig vermieteten **Immobilie** mit **Abführung der Mieteinnahmen** abzüglich der Betriebskosten sowie eines individuell verhandelten Kostenbeitrags für die Insolvenzmasse an die Grundpfandrechtsgläubiger.[162] Im Gegenzug **verzichten** diese für die Dauer der kalten Zwangsverwaltung **auf die gerichtliche Zwangsverwaltung** nach §§ 146 ff. ZVG sowie auf Zwangsversteigerung. Der Vorteil für den Insolvenzverwalter besteht wesentlich in der Option, die Immobilie freihändig verwerten zu können und hinsichtlich der Verwaltung frei entscheiden zu können.

Die kalte Zwangsverwaltung ist gesetzlich nicht geregelt, die dogmatische Grundlage einer 116
diesbezüglichen Vereinbarung zwischen Insolvenzverwalter und Grundpfandrechtsgläubiger war daher lange unklar.[163] **Steuerrechtlich** betrachtet der BFH die kalte Zwangsverwaltung als **umsatzsteuerbare Leistung des Insolvenzverwalters an Grundpfandrechtsgläubiger** mit der Folge, dass auf den vereinbarten Kostenbeitrag für die Insolvenzmasse Umsatzsteuer anfällt.[164] Sachenrechtlich und vollstreckungsrechtlich ist jedoch entscheidend, wann sich das Absonderungsrecht eines Grundpfandrechtsgläubigers auf die Mieteinnahmen nach § 1123 BGB erstreckt. Der BGH war sich hierzu lange unsicher, hatte jedoch mit Urteil vom 10.10.2013[165] zutreffend festgestellt, dass das **Absonderungsrecht des Grundpfandrechtsgläubigers** nicht bereits mit Insolvenzeröffnung entsteht, **sondern nur und erst dann**, wenn dieser **tatsächlich die gerichtliche Zwangsverwaltung** beantragt und die Mieteinnahmen i. R. dieser zu seinen Gunsten beschlagnahmt werden (§§ 148, 21 Abs. 2 ZVG).

Unter Berücksichtigung dieses zutreffenden Aspektes ist für die kalte Zwangsverwaltung 117
zunächst festzustellen, dass der Insolvenzverwalter mit der **Verwaltung der Immobilie** und der Einziehung der Mieten eine ihm **genuin zukommende Verwaltertätigkeit** erledigt, ohne Anordnung der Zwangsverwaltung nach §§ 146 ff. ZVG sind die Mieteinnahmen Teil der Insolvenzmasse. Die kalte Zwangsverwaltung ist demnach als ein Vertrag zu begreifen, bei welchem die eigentliche Leistung durch ein Unterlassen der Grundpfandrechtsgläubiger dergestalt erfolgt, dass sie gegen Zahlung eines Geldbetrages i. H. der Mieteinnahmen von

---

160) Eingehend *Frege/Keller/Riedel*, Insolvenzrecht, Rz. 1.449 ff.

161) *Lorenz* in: FK-InsO, § 3 InsVV Rz. 56; *Graeber/Graeber*, InsVV, § 3 Rz. 326.

162) Eingehend Jaeger-*Eckardt*, InsO, § 165 Rz. 108 ff.; *Kern* in: MünchKomm-InsO, § 165 Rz. 188 ff.; *Tetzlaff*, ZInsO 2004, 521; *Keller*, NZI 2013, 265; *Bork*, ZIP 2013, 2129.

163) Eingehend Dissertationen von *Fleisch*, Die kalte Zwangsverwaltung; *Körner*, Die kalte Zwangsverwaltung.

164) BFH, Urt. v. 28.7.2011 – V R 28/09, BFHE 235, 22 = ZIP 2011, 1923, dazu EWiR 2011, 673 *(Mitlehner)*; eingehend K. Schmidt-*Sinz*, InsO, § 165 Rz. 35 ff.

165) BGH, Beschl. v. 10.10.2013 – IX ZB 197/11, ZIP 2013, 2270 = NZI 2013, 1046 m. Anm. *Mitlehner*; Darstellung der Rspr.-Entwicklung bei Böttcher-*Keller*, ZVG, § 146 Rz. 9c; *Bork*, ZIP 2013, 2129.

der gerichtlichen Zwangsverwaltung oder der Zwangsversteigerung Abstand nehmen.[166] Bei der praktischen Durchführung der kalten Zwangsverwaltung ist diese insbesondere hinsichtlich der Tragung von Betriebskosten an die gerichtliche Zwangsverwaltung mit § 155 ZVG anzulehnen.[167]

b) Vergütungsrechtliche Fragestellungen

aa) Bestimmung der Berechnungsgrundlage

118 Vergütungsrechtlich ist zunächst festzustellen, dass die Mieteinnahmen als freie Insolvenzmasse vollumfänglich Teil der Berechnungsgrundlage der Vergütung i. S. des § 1 Abs. 1 Satz 1 InsVV sind. Die **Kosten der Verwaltung** der Immobilie werden als **Masseverbindlichkeiten** grundsätzlich nicht abgezogen. Auch ein an die **Grundpfandrechtsgläubiger gezahlter Geldbetrag** i. H. der Mieteinnahmen wäre grundsätzlich als Masseverbindlichkeit von der Berechnungsgrundlage nicht abzusetzen. Dies würde zu einem für die sonstigen Insolvenzgläubiger merkwürdigen Ergebnis führen, weil die Mieteinnahmen der Insolvenzmasse tatsächlich nicht zur Verfügung stehen. Letztlich ist dies bei allen Masseverbindlichkeiten der Fall, die nach § 1 Abs. 2 Nr. 4 Satz 1 InsVV von der Insolvenzmasse als Berechnungsgrundlage nicht abgezogen werden. Der BGH betrachtet jedoch hier die kalte Zwangsverwaltung als eine Form der **Verwertung eines Absonderungsrechts** und wendet daher § 1 Abs. 2 Nr. 1 Satz 3 InsVV an.[168] Hiernach soll nur der **Überschuss der Verwertung** zu berücksichtigen sein. Die Kosten der kalten Zwangsverwaltung sowie an Grundpfandrechtsgläubiger gezahlte Beträge sind von der Berechnungsgrundlage abzuziehen.[169]

119 Zu einem gleichen Ergebnis gelangt man, wenn man die kalte Zwangsverwaltung als **Unternehmensfortführung** ansieht. Es gilt dann § 1 Abs. 2 Nr. 4 lit. b InsVV.[170] Hier wäre jedoch konkret auf den Gegenstand des Grundstücks als Bestandteil des schuldnerischen Unternehmens abzustellen. Bestand dieser bspw. nach dem Gesellschaftsvertrag und der Eintragung im Handelsregister in dem Erwerb und der Veräußerung von Immobilien, erfasst dies nicht ohne weiteres eine dauerhafte Verwaltung eigener Immobilien. Auch in der Insolvenz eines klassischen Bauträgers kann nicht ohne weiteres angenommen werden, dass die Verwaltung einer Immobilie durch den Insolvenzverwalter unmittelbar dem Unternehmensgegenstand entspricht.

120 Die Anwendung des § 1 Abs. 2 Nr. 1 Satz 3 InsVV gelangt hier mit einfacherer Begründung zum zutreffenden Ergebnis, dass nämlich die Kosten der kalten Zwangsverwaltung sowie an Grundpfandrechtsgläubiger gezahlte Beträge von der Berechnungsgrundlage abzuziehen sind. Der **als Berechnungsgrundlage zu berücksichtigende Überschuss** besteht in der Regel aus dem mit den Grundpfandgläubigern vereinbarten Kostenbeitrag für die Masse.[171]

bb) Die Erhöhung der Vergütung

121 In Anwendung von § 3 Abs. 1 lit. b InsVV ist die kalte Zwangsverwaltung grundsätzlich als vergütungserhöhend anzuerkennen, maßgebend ist im Einzelfall der konkrete Arbeits-

---

166) So bereits *Keller*, NZI 2013, 265.

167) Böttcher-*Keller*, ZVG, § 146 Rz. 9c; *Keller*, NZI 2013, 265; *Tetzlaff*, ZInsO 2004, 521; *Tetzlaff*, ZfIR 2005, 179, 180.

168) BGH, Beschl. v. 14.7.2016 – IX ZB 31/14, ZIP 2016, 1543 = NZI 2016, 824 m. Anm. *Stapper/Schädlich*, dazu EWiR 2016, 635 *(Mock)*.

169) Eingehend BGH, Beschl. v. 14.7.2016 – IX ZB 31/14, Rz. 19 ff., ZIP 2016, 1543.

170) LG Heilbronn, Beschl. v. 4.4.2012 – 1 T 89/12, ZIP 2012, 2077; LG Frankfurt/O., Beschl. v. 24.5.2017 – 13 T 20/16, ZIP 2018, 1898 (LS) = ZVI 2018, 494.

171) BGH, Beschl. v. 14.7.2016 – IX ZB 31/14, Rz. 20, ZIP 2016, 1543.

aufwand des Insolvenzverwalters. Der BGH empfiehlt eine Anlehnung an § 18 ZwVwV, wonach der Zwangsverwalter regelmäßig 10 % der Mieteinnahmen als Vergütung erhält.[172] Besondere Erschwernisse können auch eine höhere Vergütung bzw. einen höheren Zuschlag rechtfertigen.[173]

Hierbei kann sich jedoch das Problem ergeben, dass bei **besonders hoher Arbeitsbelastung** im Zusammenhang mit der Immobilienverwaltung die **Vergütungserhöhung** die Arbeitsbelastung **nicht angemessen** abgelten kann bzw. bei einem angemessen hohen Prozentsatz die Vergütung die Insolvenzmasse insgesamt überproportional belastet. Werden nämlich die Betriebskosten und den Grundpfandrechtsgläubigern gezahlte Beträge von der Berechnungsgrundlage abgezogen, entspricht diese zutreffend dem tatsächlichen Bestand der Masse. Wird dann aber der Zuschlag in Anlehnung an § 18 ZwVwV bestimmt, orientiert er sich an einer Bezugsgröße, die faktisch nicht vorhanden ist. Das kann zu einer übermäßigen Belastung der Masse führen. Dabei spielt auch der Aspekt eine Rolle, dass die kalte Zwangsverwaltung wirtschaftlich nur den Grundpfandrechtsgläubigern nützt, durch die Erhöhung der Vergütung des Insolvenzverwalters jedoch alle Insolvenzgläubiger belastet würden. Unter Berücksichtigung der Höhe der Berechnungsgrundlage kann dies zu unangemessenen Ergebnissen führen. 122

Beispiel:

Die Berechnungsgrundlage einschließlich der Mieteinnahmen beträgt 750 000 €. Gegenstand des schuldnerischen Unternehmens war ausdrücklich auch die Verwaltung von Immobilien, so dass die Kosten der kalten Zwangsverwaltung als Masseverbindlichkeiten abzusetzen sind, diese sollen gesamt 500 000 € betragen (Bewirtschaftungskosten und an Grundpfandrechtsgläubiger abgeführte Beträge i. H. von 250 000 € Brutto-Mieteinnahmen). Die kalte Zwangsverwaltung dauerte insgesamt ein Jahr, der Insolvenzverwalter bzw. ein Mitarbeiter war an einem Tag pro Woche ausschließlich mit der Immobilienverwaltung befasst, gesamt ca. 400 Stunden.

Bei einer Berechnungsgrundlage von 250 000 € beträgt die Regelvergütung in einem bis 31.12.2020 eröffneten Verfahren 30 250 €. Billigt man dem Insolvenzverwalter für die kalte Zwangsverwaltung eine Erhöhung der Vergütung in Anlehnung an § 18 ZwVwV zu, beträgt diese 25 000 €, was einem Prozentsatz der Erhöhung von rund 82,5 % entspricht. Betrachtet man die kalte Zwangsverwaltung i. Ü. als Unternehmensfortführung, wäre sie als Erhöhungstatbestand in gleicher Höhe wie diese zu bewerten. Bezogen auf einen konkreten Arbeitsaufwand von gesamt ca. 400 Stunden (acht Stunden × 50 Wochen) würde die kalte Zwangsverwaltung mit einem Stundensatz von 162,50 € abgegolten.

Dieses Ergebnis ist für den Insolvenzverwalter angemessen, aus Sicht der Insolvenzgläubiger aber fragwürdig. Die Insolvenzmasse und die sonstigen Insolvenzgläubiger würden durch einen Zuschlag zur Vergütung belastet, der mitunter gar nicht bezahlt werden kann. Im schlimmsten Fall kann dann diese Zuschlagsgewährung zur Masselosigkeit führen. Dies ist das Ergebnis einer an sich zutreffenden Zuschlagsgewährung, gleichzeitig aber geringer Insolvenzmasse, weil mithin insbesondere die Mieteinnahmen an den oder die Grundpfandrechtsgläubiger abgeführt worden sind. Das Ergebnis ist kaum zu vermeiden, zumal es sachlich sinnvoll ist, eine vermietete Immobilie weiter zu bewirtschaften. Es kann in einem solchen Fall dem Insolvenzverwalter nicht vorgehalten oder geraten werden, er müsse dann eben die Immobilie aus der Insolvenzmasse freigeben oder den Grundpfandrechtsgläubigern die Anordnung einer gerichtlichen Zwangsverwaltung oder -versteigerung anheimstellen. Denn die freihändige Verwertung der Immobilie, die durch die kalte Zwangs- 123

172) BGH, Beschl. v. 14.7.2016 – IX ZB 31/14, Rz. 37, ZIP 2016, 1543.

173) Eingehend Böttcher-*Keller*, ZVG, § 152a Rz. 9, 18.

verwaltung gerade gesichert werden soll, kann und muss für den Insolvenzverwalter stets eine Option sein, die eine Freigabe der Immobilie ausschließt. Auch wenn bei der freihändigen Verwertung unter Ablösung der bestehenden Grundpfandrechte für die Insolvenzmasse stets nur ein Kostenbeitrag bleibt, kann dieser einer Freigabe der Immobilie entgegenstehen.

124 Die damit zusammenhängende Problematik der **Überwälzung der Vergütungserhöhung auf alle Insolvenzgläubiger** kann gelöst werden durch Berechnung des Betrages der Vergütungserhöhung nur zulasten der Grundpfandrechtsgläubiger.[174] Es würde dann eine ähnliche Berechnung erfolgen wie bei der Behandlung einer sog. Sondermasse (siehe eingehend § 3 Rz. 67 ff.).[175] Denkbar ist aber auch, dass der Grundpfandrechtsgläubiger unmittelbar den Betrag der Vergütungserhöhung leistet bzw. dieser bereits Teil der Vereinbarung der kalten Zwangsverwaltung ist. Entscheidend bei der Zuschlagsgewährung für sog. kalte Zwangsverwaltung ist nämlich, dass diese nur dem jeweiligen Grundpfandrechtsgläubiger Nutzen bringt, denn an ihn werden die Mieteinnahmen abgeführt. Die Vergütungserhöhung muss daher auch von dem oder den Grundpfandrechtsgläubigern bezahlt werden und darf nicht auf die Insolvenzmasse umgelegt werden. Die Vergütungserhöhung muss daher schon Bestandteil der Vereinbarung zwischen Insolvenzverwalter und dem Grundpfandrechtsgläubiger dergestalt sein, dass dieser die Vergütungserhöhung an die Insolvenzmasse erstattet. Der BGH führte dies im Beschluss vom 14.7.2016 wie folgt aus:[176)]

> „Wie ausgeführt, kann die stille Zwangsverwaltung zum Schutz der Gläubiger nur zugelassen werden, wenn sie sich im Vergleich zur förmlichen Zwangsverwaltung nach dem Gesetz über die Zwangsversteigerung und die Zwangsverwaltung nicht als für die Masse nachteilig erweist. Zugunsten der Masse können bei der stillen Zwangsverwaltung zwar auch die Vorteile einer vorzubereitenden freihändigen Veräußerung der Grundstücke berücksichtigt werden. Hier könnte bei der Berechnungsgrundlage direkt oder analog § 1 Abs. 2 Nr. 1 InsVV angewandt werden. Wie im Fall des § 1 Abs. 2 Nr. 1 und des § 1 Abs. 2 Nr. 4 Satz 2 Buchst. b InsVV besteht jedoch in hohem Maß die Gefahr der Masseauszehrung, wenn die (hier außerordentlich) hohen Kosten der von der Masse zu zahlenden Fremdverwaltung zugleich der Regelvergütung als Berechnungsgrundlage zugrunde gelegt würden. Jedenfalls in den unteren Degressionsstufen des § 2 Abs. 1 InsVV bestünde in vielen Fällen die Gefahr, dass die für die stille Zwangsverwaltung an den Verwalter zu zahlende Vergütung den Massekostenbeitrag aus dieser Verwaltung übersteigen würde, jedenfalls wenn der Überschuss gering ist. Das widerspräche den Wertungen des § 1 Abs. 2 Nr. 1 und Nr. 4 Satz 2 Buchst. b InsVV. Die Kosten der förmlichen Zwangsverwaltung, die gemäß § 155 ZVG zu Lasten der Vollstreckungsgläubiger zu zahlen wären, können nicht zum Nachteil der Masse vergemeinschaftet werden. […]"
>
> „In eine Vergleichsbetrachtung für die Angemessenheit eines Zuschlags für eine stille Zwangsverwaltung kann bei wertender Abwägung die Regelvergütung einbezogen werden, die einem Zwangsverwalter nach § 18 Abs. 1 Satz 1 ZwVwV zustehen würde. Die Vergleichbarkeit setzt freilich voraus, dass der Insolvenzverwalter die Verwaltung selbst vollständig durchgeführt hat und in seiner Kostenvereinbarung mit den Absonderungsberechtigten eine entsprechende Massequote vereinbart hat. Beides war hier nicht der Fall. Vereinbart hat die weitere Beteiligte eine Massebeteiligung von 6 v. H. der Nettokaltmiete, also wesentlich weniger als die einem Zwangsverwalter zustehende Vergütung. Zudem ist unklar, warum der erwirtschaftete Überschuss (59.771,32 €) deutlich kleiner ist als die vereinbarte Massebeteiligung (72.730,54 €). Außerdem hat sie aus der Masse der von ihr eingeschalteten Hausverwaltung N. 290.689,66 € bezahlt, was ein Vielfaches der Zwangsverwaltervergütung wäre. Allerdings ist unklar, in welchem Umfang es sich hier um Verwaltervergütung handelt und in welcher Höhe in diesem Betrag sonstige Bewirtschaftungskosten enthalten sind. Gleichwohl kann § 18 ZwVwV bei der Bewertung im Ansatz Berücksichtigung finden (BK-InsO/Blersch, 2009, § 3 InsVV Rz. 12). Die Bemessung des Zuschlags muss dazu führen, das der durch die stille Zwangsverwaltung der Masse zufließende Betrag angemessen zwischen Masse und Verwalter verteilt wird."

174) BGH, Beschl. v. 14.7.2016 – IX ZB 31/14, Rz. 34, ZIP 2016, 1543.

175) Dazu auch *Zimmer*, InsbürO 2015, 510.

176) BGH, Beschl. v. 14.7.2016 – IX ZB 31/14, Rz. 34, 40, ZIP 2016, 1543.

Hat es der ehemalige Insolvenzverwalter **versäumt, die Vereinbarungen entsprechend zu treffen**, ist fraglich, wie dies vergütungsrechtlich zu würdigen ist. Der BGH belässt es bei der allgemeinen Aussage, dass § 18 ZwVwV gleichwohl Berücksichtigung finden könne, erklärt diese Aussage aber nicht weiter. Es solle ein angemessener Ausgleich zwischen der Insolvenzmasse und dem Verwalter gefunden werden. Das würde aber im Ergebnis zu einem Schaden der Insolvenzmasse führen. Denn wenn der Insolvenzverwalter ordnungsgemäß seine Vergütungserhöhung in die Vereinbarung der sog. kalten Zwangsverwaltung eingepreist hätte, wäre die Insolvenzmasse gerade nicht belastet. Man könnte daher argumentieren, dass er dann keine Erhöhung geltend machen kann. Ferner könnte im Unterlassen der Berücksichtigung der Vergütungserhöhung in der Vereinbarung mit den Grundpfandrechtsgläubigern eine **Pflichtverletzung** i. S. des § 60 Abs. 1 InsO gesehen werden, die dann zu einer Schadensersatzpflicht gerade im Umfang der Erhöhung der Vergütung führt. Dies würde zu dem merkwürdigen Ergebnis führen, dass der Insolvenzverwalter eine Vergütungserhöhung genau in dem Umfang des Schadens erhält, den er selbst verursacht hat. Richtiger ist es daher, die Vergütung für eine sog. kalte Zwangsverwaltung allein im Verhältnis zwischen Insolvenzverwalter und Grundpfandrechtsgläubiger zu sehen und für den Fall, dass der Insolvenzverwalter entsprechende Vereinbarungen mit Grundpfandrechtsgläubigern nicht getroffen, keine Vergütungserhöhung zu bestimmen. Es bleibt dem Insolvenzverwalter unbenommen, sich dann an den oder die Grundpfandrechtsgläubiger zu wenden und eine Vergütung, bspw. aus Geschäftsführung ohne Auftrag, zu verlangen. 125

c) Die kalte Zwangsverwaltung als gesondert zu vergütende Tätigkeit

Eine **alternative Konstruktion** der kalten Zwangsverwaltung kann darin bestehen, dass der Insolvenzverwalter die **Mieteinnahmen** i. H. ihres **Bruttobetrages an die Grundpfandrechtsgläubiger abtritt**. Diese verpflichten sich gleichzeitig gegenüber der Insolvenzmasse zur **Erstattung** der auf die Immobilie entfallenden **Betriebskosten**. In einem gesonderten **Geschäftsbesorgungsvertrag** wird dann der **Insolvenzverwalter** nicht als Partei kraft Amtes, sondern **als natürliche Person** seitens der Grundpfandrechtsgläubiger **beauftragt**, für diese die Mieteinnahmen einzuziehen und Bewirtschaftungskosten abzurechnen. Die kalte Zwangsverwaltung ist danach ein dreiseitiger Vertrag zwischen Insolvenzmasse, Grundpfandrechtsgläubiger und Insolvenzverwalter persönlich. 126

Für die Insolvenzmasse führt sie zu einem gleichen Ergebnis, wenn die **Bewirtschaftungskosten durch die Grundpfandrechtsgläubiger erstattet** werden und ggf. noch ein weiterer Kostenbeitrag gezahlt wird bzw. die Mieteinnahmen nicht zu vollen 100 % abgetreten werden. Umsatzsteuerrechtlich würde dann auf den Kostenbeitrag entgegen der Rechtsprechung des BFH keine Umsatzsteuer entfallen. Allerdings ist fraglich, ob die Abtretung der Mieteinnahmen umsatzsteuerbare Leistung ist. 127

Im Hinblick auf die insolvenzrechtliche Vergütung sind auch bei dieser Konstruktion die **Mieteinnahmen Bestandteil der Berechnungsgrundlage** nach § 1 Abs. 1 Satz 1 InsVV, weil sie kraft Gesetzes Bestandteil der Insolvenzmasse sind. Hinsichtlich der Abtretung der – bezogen auf den Zeitpunkt der Insolvenzeröffnung – künftigen Mietforderungen könnte dies verneint werden, wenn man die Wirksamkeit der Abtretung mit Entstehen der künftigen Forderung ohne Durchgangserwerb beim Insolvenzverwalter als Zedenten betrachtet.[177] Die **Bewirtschaftungskosten** der Immobilie werden als Masseverbindlich- 128

177) Staudinger-*Busche*, BGB, § 398 Rz. 72; *Kieninger* in: MünchKomm-BGB, § 398 Rz. 82; *Kreße/Eckardt* in: NK-BGB, § 398 Rz. 16; zum Meinungsstand und für Durchgangserwerb BFH, Urt. v. 16.5.1996 – VIII R 33/94, BFHE 178, 197 = NJW 1996, 1079; im Zusammenhang zu § 91 InsO BGH, Urt. v. 27.4.2010 – IX ZR 202/08, NZI 2010, 681; *Flöther* in: MünchKomm-InsO, § 91 Rz. 44 ff.; Uhlenbruck-*Mock*, InsO, § 91 Rz. 22 ff.

keiten grundsätzlich nicht abgezogen, die diesbezügliche **Erstattung seitens der Grundpfandrechtsgläubiger würde** jedoch die Insolvenzmasse als **Berechnungsgrundlage erhöhen.**

129 Eine **Erhöhung der Vergütung** nach § 3 Abs. 1 InsVV käme jedoch **nicht in Betracht**, weil der Insolvenzverwalter als Partei kraft Amtes nicht tätig wird. Er bewirtschaftet die Immobilie durch Forderungseinzug im Auftrag der Grundpfandrechtsgläubiger. Seine Vergütung richtet sich dann nach dem Inhalt des Geschäftsbesorgungsvertrages zwischen ihm persönlich und den Grundpfandrechtsgläubiger, ggf. in Anlehnung an §§ 18 ff. ZwVwV.[178] Auf diese Weise könnte die kalte Zwangsverwaltung gegenüber der Insolvenzmasse und den sonstigen Insolvenzgläubigern vergütungsrechtlich nahezu neutral abgewickelt werden. Die Grundpfandrechtsgläubiger sind i. Ü. nicht benachteiligt, weil sie auch bei ansonsten gerichtlicher Zwangsverwaltung nach §§ 146 ff. ZVG die Vergütung eines Zwangsverwalters zahlen müssten.

130 Ein gewisses **Unbehagen** bereitet diese rechtliche Konstruktion hinsichtlich der **Personenidentität** des Insolvenzverwalters als Partei kraft Amtes für die Insolvenzmasse sowie in eigener Person als **Dienstleister für die Grundpfandrechtsgläubiger** bei Einziehung der Mieteinnahmen. Auch lassen sich einzelne konkrete Fragestellungen bei der Bewirtschaftung einer Immobilie nicht klar abgrenzen. Die Immobilie ist als solche nämlich weiterhin Bestandteil der Insolvenzmasse, der Insolvenzverwalter ist daher für deren Bestandserhaltung verantwortlich, auch wenn er die Mieteinnahmen abgetreten hat. Der **BGH spricht sich** daher **ausdrücklich gegen diese Variante aus**, er sieht den Insolvenzverwalter sogar als Angehörigen des öffentlichen Dienstes, weshalb ihm Vergütungsvereinbarungen mit dem Absonderungsberechtigten untersagt seien.[179]

22. Medienarbeit

131 Ein besonderer Aufwand des Insolvenzverwalters bei außerordentlicher Medienpräsenz des konkreten Verfahrens wird als zuschlagswürdig angesehen.[180] Der Tatbestand gilt den besonderen Arbeitsaufwand bei Beantwortung von **Medienanfragen**, Abhaltung von **Pressekonferenzen**, Fernsehinterviews oder Verfassen von **Pressestatements** ab. Gerade bei Insolvenzverfahren von regionaler oder überregionaler politischer Bedeutung kann der Aufwand für den Insolvenzverwalter sehr hoch sein. Dabei kann auch der Arbeitsaufwand für Öffentlichkeitsarbeit bei Gemeinden, Gemeinderäten und Kreistagen, in Landtagsausschüssen oder bei Regierung und Opposition beachtlich sein. Auch wenn für Medienanfragen spezialisierte PR-Agenturen beauftragt werden, besteht Arbeitsaufwand, weil diese mit entsprechenden Informationen versorgt werden müssen.

23. Mehrere Betriebsstätten

132 Führt das schuldnerische Unternehmen mehrere Betriebsstätten oder Niederlassungen, stellt dies eine Abweichung vom Normalfall einer Insolvenz dar. Die Führung mehrerer Betriebsstätten bringt für den Insolvenzverwalter **regelmäßig Erschwernisse**, die über das Maß einer gewöhnlichen Insolvenz hinausgehen und daher zuschlagswürdig sind.[181] Jeder Standort muss separat begutachtet werden; zu prüfen ist, ob und in welchem Umfang ein

178) In diesem Sinne LG Leipzig, Beschl. v. 23.1.2007 – 12 T 763/07, ZInsO 2007, 148.

179) BGH, Beschl. v. 14.7.2016 – IX ZB 31/14, Rz. 26 ff., ZIP 2016, 1543.

180) LG Frankfurt/O., Beschl. v. 22.1.2010 – 19 T 214/09 (Insolvenz eines Regionalflughafens); *Prasser/Stoffler* in: KPB, InsO, § 3 InsVV Rz. 125; *Graeber/Graeber*, InsVV, § 3 Rz. 289; eingehend *Schmidt*, ZInsO 2012, 1886.

181) *Prasser/Stoffler* in: KPB, InsO, § 3 InsVV Rz. 112, 113; *Graeber/Graeber*, InsVV, § 3 Rz. 182.

Standort aufrechterhalten werden kann und hinsichtlich eines jeden bestehenden und fortgeführten Standortes eine eigene Leitungsebene überwacht oder eingesetzt werden muss.[182] In großen Insolvenzverfahren kann dies auch dazu führen, dass jeder Standort als eigenes Unternehmen betrachtet werden muss.

Mehrere Betriebsstätten stellen **sowohl im Zusammenhang** mit einer **Betriebsfortführung als auch** bei **reiner Sicherungs- und Verwertungstätigkeit** ein Merkmal einer Erhöhung der Vergütung dar. Der Tatbestand unterscheidet nicht zwischen Fortführung der Standorte oder bloßer Sicherung zur Liquidation. Auch erscheint es zu kleinlich, auf eine Entfernung zwischen Hauptsitz und Niederlassung abzustellen. Der Erhöhungstatbestand darf nicht gleichgesetzt werden mit demjenigen betreffend die Fortführung des Geschäftsbetriebes. Er überschneidet sich oft mit diesem, ebenso mit demjenigen der Prüfung gesellschaftsrechtlicher Beteiligungen. 133

24. Ehemals neue Bundesländer

Innerhalb der Besonderheiten des Überleitungsrechts nach der Wiedervereinigung zum 3.10.1990 ergeben sich für ehemals neuen Bundesländer auch heute noch zahlreiche Fragen der Rechtsanwendung, die **vor allem qualitative Erhöhungstatbestände** darstellen. Zu nennen sind Fragen der Rückübertragung enteigneten Vermögens nach §§ 3, 31 ff. VermG,[183] der Unternehmensrückgabe nach § 6 VermG, der Feststellung und Veräußerung von selbstständigem Gebäudeeigentum,[184] der Sachenrechtsbereinigung (§§ 32 ff. SachenRBerG),[185] der Verkehrsflächenbereinigung (VerkFlBerG), der Bodenneuordnung nach dem Bodensonderungsgesetz (BoSoG) oder dem Landwirtschaftsanpassungsgesetz (LwAnpG). Auch Probleme ehemaliger Treuhandunternehmen, bspw. in Bezug auf die Haftung der Bundesanstalt für vereinigungsbedingte Sonderaufgaben (ehemals Treuhandanstalt) nach § 56e DMBilG,[186] können eine Erhöhung rechtfertigen. 134

25. Prozessführung

Waren im Insolvenzverfahren besonders viele Rechtsstreitigkeiten zu führen, kann eine Erhöhung der Vergütung in Betracht kommen.[187] Gleiches gilt, wenn ein Rechtsstreit mit besonderer rechtlicher Problematik durch mehrere Instanzen geführt werden musste.[188] Als besondere Aspekte der Arbeitsbelastung sind zu nennen die **Prüfung und Aufbereitung von Sachverhalten,** vorgerichtliche Verhandlungen sowie Schwierigkeiten der Prozessführung selbst. Erhält der **Insolvenzverwalter als Rechtsanwalt** über § 5 InsVV besondere Vergütung für die Prozessführung, **verbietet sich grundsätzlich** eine **doppelte Ver-** 135

182) *Prasser/Stoffler* in: KPB, InsO, § 3 InsVV Rz. 112, 113.

183) LG Magdeburg, Beschl. v. 27.7.1995 – 3 T 356/95, ZIP 1995, 1372, dazu EWiR 1995, 1095 *(Tappmeier)*; Römermann-*Weiß*, InsO/InsR, § 63 InsO Rz. 17 a. E.; *Prasser/Stoffler* in: KPB, InsO, § 3 InsVV Rz. 125.

184) Dazu umfassend *Meikel/Böhringer*, GBO, § 3 Rz. B 14 ff.; *Moser-Merdian/Flik/Keller*, Besonderheiten des Liegenschaftsrechts in den neuen Bundesländern, Rz. 207 ff.; *Keller* in: KEHE-Grundbuchrecht, Einl. § 3 Rz. 210 ff.; *Keller*, MittBayNot 1994, 389, je m. w. N.

185) *Moser-Merdian/Flik/Keller*, Besonderheiten des Liegenschaftsrechts in den neuen Bundesländern, Rz. 219 ff. m. w. N.

186) Dazu BGH, Urt. v. 24.6.2003 – IX ZR 75/01, BGHZ 155, 227 = ZIP 2003, 1613, dazu EWiR 2003, 1191 *(Gundlach/Frenzel)*.

187) LG Hamburg, Beschl. v. 8.10.2001 – 326 T 133/01, ZInsO 2001, 1006; AG Frankfurt/M., Beschl. v. 6.5.1981 – 81 N 401/75, ZIP 1981, 891; AG Ahrensburg, Beschl. v. 27.6.1983 – 6 N 46/76, ZIP 1983, 1103; *Roth* in: KölnKomm-InsO, § 3 InsVV Rz. 146 ff.; *Eickmann/Prasser* in: KPB, InsO, § 3 InsVV Rz. 125.

188) BGH, Beschl. v. 22.6.2017 – IX ZB 65/15, Rz. 9, NZI 2017, 732.

gütung durch Erhöhung der Regelvergütung.[189] Gleiches gilt grundsätzlich bei der Beauftragung eines Anwalts mit der Prozessführung. Die **Arbeitsersparnis** des Insolvenzverwalters in dieser Funktion ist aber **weder durch eigene Erledigung** i. R. des § 5 InsVV **noch durch Delegation vollständig.** Stets muss der der Insolvenzverwalter Sachverhalte aufbereiten, Schriftsätze vorbereiten, gegnerische Schriftsätze bearbeiten und nicht zuletzt mit dem beauftragten Anwalt korrespondieren. Besonders viele oder auch i. E. rechtlich besonders schwierige Rechtsstreite sind dann mit einer geringeren Erhöhung zu vergüten.

26. Sanierungsmaßnahmen

a) Die Sanierung als Erhöhungstatbestand

136 Obwohl die InsO die Sanierung eines Unternehmens in § 1 Abs. 1 InsO als ausdrückliches Ziel des Verfahrens beschreibt und mit den Instrumenten der Unternehmensveräußerung in §§ 160 ff. InsO, des Insolvenzplans nach §§ 217 ff. InsO und der Eigenverwaltung nach §§ 270 ff. InsO insbesondere mit vorläufiger Eigenverwaltung und Schutzschirmverfahren die Sanierung fördern will, kommt dieses Ziel im Vergütungsrecht nur ungenügend zum Ausdruck.[190] Ähnlich wie bei der Unternehmensfortführung als Tatbestand ist daher festzustellen, dass **Sanierungsbemühungen** und insbesondere die **erfolgreiche Sanierung nicht Teil des** für das Vergütungsrecht maßgeblichen **Normalfalls** sind. Sie sind stets i. R. des § 3 InsVV als Erhöhungstatbestand zu würdigen.[191] Bemühungen um eine Sanierung des schuldnerischen Unternehmens sind **auch nach der Rechtsprechung des BGH ausdrücklich zuschlagswürdig,** auch beim sog. schwachen vorläufigen Insolvenzverwalter (siehe unten § 7 Rz. 166 ff.)[192] und auch beim vorläufigen Sachwalter (siehe unten § 9 Rz. 51 ff.).[193]

137 Eine Erhöhung der Vergütung kommt in Betracht bei einer Betriebsveräußerung durch den Insolvenzverwalter bspw. im Wege der **übertragenden Sanierung**[194] mit Zustimmung der Gläubigerversammlung nach §§ 160 ff. InsO oder in Verbindung mit einem Insolvenzplan.[195] Je nach Umfang der Tätigkeiten des Insolvenzverwalters kann die **Vergütungserhöhung erheblich** sein. Dies ist denkbar, wenn der Insolvenzverwalter zusammen mit der übertragenden Sanierung einzelne Betriebsteile stilllegen, einen Sozialplan erstellen oder eine Beschäftigungs- und Qualifizierungsgesellschaft für nicht übernommene Arbeitnehmer gründen musste oder auch mit dem Erwerber des Unternehmens umfangreiche Verhandlungen zu führen hatte.

---

189) Sehr eindringlich dazu *Kuhn/Uhlenbruck*, KO, § 85 Rz. 12d a. E.

190) *Lorenz* in: FK-InsO, § 1 InsVV Rz. 3.

191) Zur Begründung im Vergütungsantrag *Graeber/Wipperfürth*, ZInsO 2023, 1813.

192) BGH, Beschl. v. 12.1.2006 – IX ZB 127/04, ZIP 2006, 672 m. Anm. *Prasser* = ZVI 2006, 165; BGH, Beschl. v. 11.3.2010 – IX ZB 122/08, ZIP 2010, 1909 m. Anm. *Prasser*; BGH, Beschl. v. 12.9.2019, IX ZB 65/18, Rz. 15, ZIP 2019, 2018 = NZI 2019, 913; BGH, Beschl. v. 17.10.2019 – IX ZB 5/18, ZIP 2019, 2489 = NZI 2020, 86 m. Anm. *Keller*; AG Bergisch-Gladbach, Beschl. v. 11.1.2000 – 33 N 68/98, ZIP 2000, 283; AG Bielefeld, Beschl. v. 18.5.2000 – 43 IN 466/99, ZInsO 2000, 350; Leonhardt/Smid/Zeuner-*Amberger*, InsVV, § 3 Rz. 79.

193) BGH, Beschl. v. 22.9.2016 – IX ZB 71/14, ZIP 2016, 1981 = NZI 2016, 963, dazu EWiR 2016, 763 *(Körner/Rendels)*.

194) LG Mönchengladbach, Beschl. v. 23.10.1986 – 5 T 382/86, ZIP 1986, 1588; LG Siegen, Beschl. v. 4.1.1988 – 4 T 221/87, ZIP 1988, 326; LG Bonn, Beschl. v. 4.12.1990 – 4 T 499/90, ZIP 1991, 45; AG Bad Neuenahr, Beschl. v. 19.6.1981 – 6 N 5/78, KTS 1982, 152; AG Freiburg/Br., Beschl. v. 18.8.2016 – 8 IN 144/16, ZInsO 2016, 2270; zum Begriff BFH, Urt. v. 24.4.1986 – IV R 282/84, ZIP 1986, 1205 = WM 1986, 1536, dazu EWiR 1986, 987 *(Crezelius)*; *Prasser/Stoffler* in: KPB, InsO, § 3 InsVV Rz. 89 ff.

195) Dazu Römermann-*Braun*, InsO/InsR, Vor § 217 InsO Rz. 198 ff.; *Braun/Uhlenbruck*, Unternehmensinsolvenz, S. 563 ff.

Unmaßgeblich ist, auf welche Art und Weise die Sanierung erfolgt, ob als Share Deal durch Übertragung von Gesellschaftsanteilen und Mitgliedschaftsrechten oder als Asset Deal durch Übertragung einzelner Vermögenswerte als übertragende Sanierung. Die Frage der Umsetzung der Sanierungsmaßnahmen ist für die Arbeitsbelastung des Insolvenzverwalters und den Erhöhungstatbestand nicht relevant. Es ist deshalb unzutreffend, pauschal die übertragende Sanierung als eine zu den Regelaufgaben des Insolvenzverwalters gehörende Verwertungshandlung anzusehen.[196] Allein begriffsdogmatisch mag die **übertragende Sanierung als besondere Form der Liquidation der Insolvenzmasse** angesehen werden.[197] Wirtschaftlich und im Arbeitsaufwand insbesondere hinsichtlich der nachfolgend dargestellten Einzelaspekte unterscheidet sie sich aber in nichts von anderen Maßnahmen der Sanierung. Auch bei einer übertragenden Sanierung müssen das Marktumfeld analysiert und passende Investoren ermittelt und angesprochen werden; es muss ebenso eine rechtliche und wirtschaftliche Prüfung (Due Diligence) stattfinden und die Veräußerung umgesetzt werden. Es wäre falsch, die übertragende Sanierung als Erhöhungstatbestand allein deshalb zu abzulehnen, weil sie begriffsdogmatisch als Verwertungsmaßnahme angesehen werden könnte.[198] 138

b) Einzelaspekte

aa) Durchführung eines M&A-Prozesses

Die Sanierung eines schuldnerischen Unternehmens erfolgt in den seltensten Fällen in der Weise, dass bereits im Eröffnungsverfahren oder bei Insolvenzeröffnung ein Investor bereit steht, der das Unternehmen i. R. eines sog. Asset Deals samt aller Vertragsverpflichtungen und Arbeitsverhältnisse übernimmt, dass also der Insolvenzverwalter lediglich einen entsprechenden Vertrag unterzeichnen und seitens des Gläubigerausschusses oder der Gläubigerversammlung genehmigen lassen muss. 139

Regelmäßig müssen zunächst die **Struktur des schuldnerischen Unternehmens** und seine **Sanierungsfähigkeit analysiert** werden, hierzu müssen die Buchhaltung des schuldnerischen Unternehmens, vertragliche Verpflichtungen, die Finanzierungsstruktur, die Produktplatzierung, Vertriebsstrukturen und Kundenstamm oder auch die Höhe der Produktionskosten aufgearbeitet und geprüft werden. In einem sog. **M&A Prozess** (Mergers and Acquisitions) werden dabei insbesondere die für einen Investor relevanten Daten eines schuldnerischen Unternehmens aufbereitet und strukturiert sowie potentielle strategische Investoren, die am Produkt, einer speziellen Marke oder dem Kundenstamm des Unternehmens interessiert sind, oder auch Finanzinvestoren gezielt angesprochen. Gerade für diesen M&A-Prozess ist es erforderlich, spezielle Dienstleister zu beauftragen, die zum einen die betriebswirtschaftlich relevanten Daten aufarbeiten können und vor allem für die jeweilige Branche geeignete Investoren werden können. Die **Durchführung eines M&A-Prozesses ist in keinem Fall Bestandteil der Regeltätigkeit** eines Insolvenzverwalters und kann von einem solchen ebenso wenig geleistet werden wie von dem Inhaber oder einem Geschäftsführer des Unternehmens selbst. Zur Delegationsfähigkeit gilt der Grundsatz hier in be- 140

196) *Wolgast* in: HK-InsVV, § 3 Rz. 119 ff.; missverständlich AG Freiburg/Br., Beschl. v. 18.8.2016 – 8 IN 144/06, ZInsO 2016, 2270.

197) Zum Begriff *K. Schmidt*, ZIP 1980, 328, 337; *K. Schmidt*, ZGR 1986, 198; *K. Schmidt*, Wege zum Insolvenzrecht der Unternehmen, S. 137 ff.; *K. Schmidt* in: Leipold, Insolvenzrecht im Umbruch, S. 67; s. a. den Gebrauch der Terminologie im Zusammenhang mit der Haftung des Konkursverwalters für Unternehmensfortführung in Ansehung einer künftigen Unternehmensveräußerung BGH, Urt. v. 4.12.1986 – IX ZR 47/86, BGHZ 99, 151, 155 = ZIP 1987, 115.

198) So aber *Haarmeyer*, ZInsO 2020, 7.

sonderer Weise, dass diejenigen Tätigkeiten delegationsfähig sind, die ein vernünftig handelnder Schuldner auch delegieren würde (siehe § 2 Rz. 142 ff.).

141 In einem zweiten Schritt zur Sanierung eines schuldnerischen Unternehmens durch Übertragung der Vermögenswerte oder auch von Beteiligungen (Share Deal) wird mit ernsthaften Investoren ein genaues **Prüfungsverfahren der betriebswirtschaftlichen Situation** des schuldnerischen Unternehmens durchgeführt (**Due Diligence**). Hierbei wird den Investoren Zugang auch zu vertraulichen Daten bspw. betreffend Produktionskosten, Absatzmärkte, Vertragsbeziehungen oder immaterielle Vermögensrechte wie Patente oder Markenrechte gewährt. Die technische Aufbereitung der entsprechenden Daten muss ebenfalls durch spezialisierte Dienstleister erbracht werden.

bb) Unternehmerische Tätigkeit des Insolvenzverwalters

142 Im Zusammenhang mit einer Betriebsfortführung und Sanierungsbemühungen ist ferner festzustellen, dass der Insolvenzverwalter hier wesentlich unternehmerisch und nicht lediglich insolvenzrechtlich juristisch tätig wird. Sein Handeln ist insbesondere **haftungsrechtlich nach unternehmerischen Grundsätzen** zu beurteilen, wobei auch besondere Haftungsrisiken zu berücksichtigen sind.[199]

cc) Beauftragung von Dienstleistern

143 Die Notwendigkeit der Beauftragung spezielle Dienstleister ist in diesem Zusammenhang besonders zu betonen, weil hierdurch die Objektivität und Ordnungsmäßigkeit des Handelns des Insolvenzverwalters abgesichert wird und zugleich Haftungsgefahren gemindert werden. Im Zusammenhang mit einer Sanierung des Unternehmens insbesondere durch **Insolvenzplan** ist auch die **Erstellung besonderer Liquiditätsplanungen** erforderlich. Die Beauftragung von Steuerberatern und Wirtschaftsprüfern ist hierbei angemessen und sinnvoll (siehe oben § 2 Rz. 177).[200]

144 Beauftragt der Insolvenzverwalter zur Investorensuche spezialisierte M&A-Berater, ist dies angemessen, die **Beraterkosten sind Masseverbindlichkeiten** nach § 55 Abs. 1 Nr. 1 InsO. Fraglich ist, inwieweit die Delegation zu einer Arbeitsersparnis des Insolvenzverwalters und einer möglicherweise geringeren Erhöhung seiner Vergütung oder gar zu einer Kürzung führt. Berücksichtigt man hierbei erstens, dass Sanierungsbemühungen vergütungsrechtlichen nicht Normalfall eines Insolvenzverfahrens sind und die Durchführung eines M&A-Prozesses auch für ein nicht insolventes Unternehmen ohne spezielle Berater praktisch nicht möglich ist, ist eine **Arbeitsersparnis** des Insolvenzverwalters bei entsprechender Beauftragung **regelmäßig nicht gegeben**. Insbesondere muss der Insolvenzverwalter in Zusammenarbeit mit den beauftragten Dienstleistern die entsprechenden Tatbestände des schuldnerischen Unternehmens ordnen und aufarbeiten, er muss möglicherweise auch alternative Sanierungskonzepte erarbeiten und prüfen. Es werde realitätsfern anzunehmen, der Insolvenzverwalter beauftragte ohne weiteren Arbeitsaufwand einen spezialisierten Dienstleister und ließe sich am Ende das fertige Ergebnis vorlegen. Die **Delegation führt** daher **regelmäßig zu keiner Kürzung der Vergütung** des Insolvenzverwalters wegen vermeintlicher Arbeitsersparnis. Die Beauftragung spezialisierte Berater für die Branche des

199) *Berger/Frege*, ZIP 2008, 204; *Berger/Frege/Nicht*, NZI 2010, 321.

200) Wörtlich zur Beauftragung eines Steuerberaters bei Kostenstundung und zur Erstattungsfähigkeit der Steuerberatungskosten i. R. der Kostenstundung BGH, Beschl. v. 22.7.2004 – IX ZB 161/03, BGHZ 160, 176, 183 = ZIP 2004, 1717, dazu EWIR 2004, 1037 *(Schäferhoff)*: „Es entspricht sachgerechter Amtsführung, für steuerliche Tätigkeiten, die besondere Kenntnisse erfordern oder über den allgemein mit jeder Steuererklärung verbundenen Arbeitsaufwand hinausgehen, einen Steuerberater einzusetzen. Dies trifft insbesondere für die Ausführung von Buchhaltungsarbeiten zu."

insolventen Unternehmens ist regelmäßig nicht nur angemessen, sondern erforderlich, um eine gezielte Investorensuche durchführen zu können.

dd) Einsetzung eines „Interims-Managers"

Ob i. R. der Unternehmensfortführung mit dem Ziel einer späteren Sanierung die Anstellung eines sog. „Interims-Managers" angemessen ist, ist umstritten.[201] Es sollte nach Einzelfall unterschieden werden nach der Größe des schuldnerischen Unternehmens und den Gegebenheiten des konkreten Falles. Bei kleineren Unternehmen wird die Einschaltung eines „Interims-Managers" regelmäßig nicht erforderlich sein, da die Betriebsfortführung durch den Insolvenzverwalter erfolgen kann. Bei **größeren Unternehmen** ist **zu unterscheiden,** ob und in welcher Art und Weise die bisherige Geschäftsführung des Unternehmens an der Betriebsfortführung weiter mitwirken kann. Kann auf eine weitgehend intakte Verwaltungsstruktur und auf kooperative Geschäftsführer zurückgegriffen werden, ist die Einsetzung eines besonderen Managers nicht angezeigt. 145

ee) Sonstige vergütungsrelevante Aspekte

Im Zusammenhang mit Sanierungsbemühungen sind für die Vergütung des Insolvenzverwalters weitere Aspekte zu berücksichtigen, bspw. die Befassung mit Arbeitnehmerangelegenheiten im Zusammenhang mit der Durchführung von **Personalanpassungsmaßnahmen,** Betriebsänderungen und **Erstellung eines Insolvenzplans** oder auch der **Gründung einer speziellen Beschäftigungsgesellschaft,** in welche Arbeitnehmer übertreten können, die durch die Sanierung nicht übernommen werden. 146

Erfolgt die Durchführung der Sanierung verfahrensrechtlich über einen **Insolvenzplan,** kann auch dessen Erstellung vergütungsrechtlich besonders zu berücksichtigen sein. 147

c) Berechnung der Vergütungserhöhung

Bei Bestimmung der Berechnungsgrundlage im Zusammenhang mit einer erfolgreichen Sanierung, der zumeist auch eine Betriebsfortführung vorausgegangen ist, ist zum einen § 1 Abs. 2 Nr. 4 lit. b InsVV zu berücksichtigen. Zum anderen ist **je nach Art der Sanierung** die von einem Investor erbrachte **Gegenleistung Bestandteil der Berechnungsgrundlage.** Wurden i. R. eines Share Deals Beteiligungen des schuldnerischen Unternehmens an anderen Gesellschaften veräußert, kann auch eine Verpflichtung des Erwerbers, diese Gesellschaften mit neuem Eigenkapital auszustatten, für die Berechnungsgrundlage relevant sein. Wurde eine sog. übertragende Sanierung durch Veräußerung einzelner Vermögenswerte (Asset Deal) vorgenommen, kann auch die Übernahme von Vertragsverpflichtungen oder von Forderungen des schuldnerischen Unternehmens in die Berechnungsgrundlage einzubeziehen sein (siehe eingehend § 3 Rz. 44 ff.). 148

Erhöht sich hierdurch die Berechnungsgrundlage signifikant, kann dies bei der Bestimmung des Prozentsatzes der Erhöhung für den Tatbestand der Sanierung berücksichtigt werden (siehe allgemein Rz. 32 ff.). Dabei ist aber auch zu bedenken, dass der besondere **wirtschaftliche Erfolg einer Sanierung** gegenüber dem Insolvenzverwalter honoriert werden soll.[202] Es darf daher nicht mit dem Argument der Erhöhung der Berechnungsgrundlage oder zusätzlich noch mit dem Argument der Arbeitsersparnis bei Delegation einzelner Tätigkeiten der wirtschaftliche Erfolg einer Sanierung durch den Insolvenzverwalter bei 149

---

201) BGH, Beschl. v. 11.3.2010 – IX ZB 122/08, ZIP 2010, 1909 m. Anm. *Prasser*; *Lorenz* in: FK-InsO, § 3 InsVV Rz. 35; *Amberger* in: Leonhardt/Smid/Zeuner, InsVV, § 3 Rz. 50.

202) BGH, Beschl. v. 12.1.2006 – IX ZB 127/04, ZIP 2006, 672 m. Anm. *Prasser* = ZVI 2006, 165; BGH, Beschl. v. 12.5.2011 – IX ZB 143/08, ZIP 2011, 1373 = NZI 2011, 630.

der Bestimmung seiner Vergütung kleingeredet oder ihn sogar zum Vorwurf gemacht werden.

150 Bei der Bestimmung des Prozentsatzes der Erhöhung sind aber **Überschneidungen mit weiteren Erhöhungstatbeständen** hinsichtlich der Arbeitstätigkeit des Insolvenzverwalters zu berücksichtigen.

27. Schuldnerverhalten

151 Der Schuldner ist nicht verpflichtet, bei der Insolvenzabwicklung ständig und aktiv mitzuwirken, seine Mitwirkungspflicht nach § 97 InsO ist eine einzelfallbezogene.[203)] Gleichwohl kann **besonders obstruktives Verhalten** des Schuldners die Arbeit des Insolvenzverwalters erschweren. Dies rechtfertigt eine Erhöhung der Vergütung.[204)] Als besonders obstruktiv ist es anzusehen, wenn der Schuldner Geschäftsunterlagen zurückhält oder vernichtet, wenn gegen ihn die Herausgabe der Insolvenzmasse nach § 148 InsO vollstreckt werden muss,[205)] oder wenn er durch eine Vielzahl sinnloser Beschwerden an das Gericht das Insolvenzverfahren zu torpedieren versucht. Es kann hierbei auch die Rechtsprechung zu § 290 Abs. 1 Nr. 5 InsO als Auslegungshilfe herangezogen werden.[206)]

152 In der Unternehmensinsolvenz kann ein Zuschlag auch dann gerechtfertigt sein, wenn der Insolvenzverwalter Schwierigkeiten bei der Informationsbeschaffung hat, weil die bisherigen gesetzlichen Vertreter des Schuldners ausgeschieden sind, von ihnen keine Informationen mehr zu erhalten sind, ein neuer gesetzlicher Vertreter keine Kenntnisse hat und auf Kenntnisse von Beschäftigten nicht zurückgegriffen werden kann.[207)]

28. Unternehmensfortführung (§ 3 Abs. 1 lit. b InsVV)

a) Die für die Vergütungsbestimmung maßgeblichen Vorschriften

153 Wird der Geschäftsbetrieb des Schuldners durch den Insolvenzverwalter fortgeführt, kann für diesen Zeitraum nur der **Überschuss aus der Fortführung** zur vergütungsrechtlichen Insolvenzmasse gezogen werden (§ 1 Abs. 2 Nr. 4 lit. b InsVV; siehe oben § 3 Rz. 139 ff.). Dies kann zu einer geringen Insolvenzmasse und damit zu einer geringen Regelvergütung gerade dann führen, wenn der Insolvenzverwalter durch einstweilige Geschäftsfortführung und anschließende Sanierung das schuldnerische Unternehmen erhalten und so dem Regelungszweck der InsO in besonderer Weise gerecht werden konnte. Dem trägt § 3

203) *Kayser* in: HK-InsO, § 97 Rz. 6; *Keller*, Insolvenzrecht, Rz. 200 ff.

204) BGH, Beschl. v. 24.1.2008 – IX ZB 120/07, ZIP 2008, 514 = ZVI 2008, 406; zurückhaltend aber BGH, Beschl. v. 18.9.2009 – IX ZB 119/08, NZI 2009, 554; für den vorläufigen Insolvenzverwalter LG Mönchengladbach, Beschl. v. 5.7.2001 – 5 T 109/01, ZInsO 2001, 750; LG Aurich, Beschl. v. 2.8.2010 – 4 T 433/06, juris; LG Stade, Beschl. v. 11.8.2010 – 7 T 132/10, juris; LG Münster, Beschl. v. 27.9.2010 – 5 T 318/10, juris; LG Berlin, Beschl. v. 21.11.2017 – 20 T 119/17, NZI 2018, 172; AG Hannover, Beschl. v. 30.8.2016 – 905 IN 864/12-9, ZInsO 2016, 2107; *Roth* in: KölnKomm-InsO, § 3 InsVV Rz. 139 ff.; *Prasser/Stoffler* in: KPB, InsO, § 3 InsVV Rz. 115 ff.

205) Ausführlich *Jaffé* in: MünchKomm-InsO, § 148 Rz. 60 ff.

206) BGH, Beschl. v. 16.12.2004 – IX ZB 72/03, ZVI 2005, 124 = NZI 2005, 232, dazu EWiR 2005, 397 *(Pape)* (Mitwirkungspflicht im Eröffnungsverfahren); BGH, Beschl. v. 3.3.2005 – IX ZB 277/03, ZVI 2005, 276 (Verschleierung der Einkommensverhältnisse); OLG Celle, Beschl. v. 4.2.2002 – 2 W 5/02, ZVI 2002, 29 = NZI 2002, 323 (erhöhte Anforderungen an den geschäftskundigen Schuldner); LG Cottbus, Beschl. v. 24.5.2002 – 7 T 441/01, ZVI 2002, 218; LG Krefeld, Beschl. v. 7.11.2001 – 6 T 322/01, ZVI 2002, 132 (fehlende Mitwirkung bei Forderungsprüfung); LG Bonn, Beschl. v. 12.10.2009 – 6 T 271/05, juris; LG Passau, Beschl. v. 17.12.2009 – 2 T 167/09, ZInsO 2010, 158; zum unkooperativen Arzt LG Dortmund, Beschl. v. 26.2.2010 – 9 T 660/05, juris.

207) BGH, Beschl. v. 21.9.2017 – IX ZB 84/16, ZIP 2017, 2018 = ZVI 2018, 167, dazu EWiR 2017, 725 *(Zimmer)*; *Klose*, NZI 2017, 518.

Abs. 1 lit. b InsVV Rechnung durch Gewährung eines Erhöhungstatbestandes für die Unternehmensfortführung.

Nach dieser Regelung darf **durch die Fortführung die Masse nicht entsprechend höher** 154 geworden sein, so dass sich § 1 Abs. 2 Nr. 4 lit. b InsVV und § 3 Abs. 1 lit. b InsVV gegenseitig entsprechen.[208] Die Erhöhung der Vergütung nach § 3 Abs. 1 lit. b InsVV ist nur zulässig, wenn sich daneben nicht die Insolvenzmasse durch die Unternehmensfortführung erhöht hat und so der Insolvenzverwalter schon eine höhere Regelvergütung erhält.[209] Eine Erhöhung der Regelvergütung kann der Insolvenzverwalter nach dem Wortlaut der Normen nur dann erhalten, wenn er **durch die Unternehmensfortführung keinen Gewinn** erwirtschaftet hat. Dies führt zunächst zu einer geringeren Berechnungsgrundlage und damit zu einer geringen Regelvergütung gerade dann, wenn der Insolvenzverwalter durch Geschäftsfortführung und Sanierung das schuldnerische Unternehmen erhalten und so dem Regelungszweck der InsO in besonderer Weise gerecht werden konnte.

Die Vorschrift des § 3 Abs. 1 lit. b InsVV scheint damit alternierend zu § 1 Abs. 2 Nr. 4 155 lit. b InsVV zu gelten, wenn danach bei entsprechendem Gewinn eine Zuschlagsgewährung ausscheidet. Das ist nur scheinbar so, denn die Erhöhung der Regelvergütung des § 2 Abs. 1 InsVV durch **Einbeziehung eines Gewinns** aus Unternehmensfortführung **wirkt sich auf die Vergütung geringer aus** als die unmittelbare Erhöhung der Regelvergütung um einen bestimmten Prozentsatz.

Bei der Anwendung der Vorschriften ist zu bedenken, dass die Unternehmensfortführung 156 durch den Insolvenzverwalter **in erster Linie nicht der Gewinnerzielung** dient, sondern der **Erhaltung des Werts des Unternehmens** als Insolvenzmasse.[210] Gerade bei größeren Unternehmen riskiert der Insolvenzverwalter nicht selten hohe Masseverbindlichkeiten und auch Verluste bei kurzzeitiger Unternehmensfortführung, die durch eine anschließende erfolgreiche Veräußerung des Unternehmens die Unternehmensfortführung erfolgreich erscheinen lassen.[211] Dies gilt bereits im Eröffnungsverfahren, bei welchem der vorläufige Insolvenzverwalter den Geschäftsbetriebs ausdrücklich auch unter Hinnahme von Verlusten aufrechterhalten soll (für den sog. starken vorläufigen Insolvenzverwalter § 22 Abs. 1 Nr. 2 InsO).

Fraglich ist auch, ob eine sog. **Ausproduktion als Unternehmensfortführung** anzusehen 157 ist. Diese kann in einem produzierenden Gewerbe erforderlich sein, um Rohstoffe oder Vorräte zu verarbeiten und durch Wertschöpfung Masse zu generieren, soweit an den Rohstoffen keine Fremdrechte geltend gemacht werden. In der Insolvenz eines Bauunternehmens kann die Ausproduktion auch in der Erfüllungswahl und Fertigstellung von Bauvorhaben bestehen, wenn damit Restansprüche zur Masse gezogen werden können. Nach dem Zweck des § 1 Abs. 2 Nr. 4 Satz 2 lit. b InsVV ist die **Ausproduktion als zeitweilige Unternehmensfortführung anzusehen.**[212] Würde man nämlich die Verbindlichkeiten hier nicht abziehen, würde durch den Wertzuwachs der Ausproduktion und den Nichtabzug von Masseverbindlichkeiten die Berechnungsgrundlage künstlich erhöht, was die Vorschrift gerade vermeiden will.

208) BGH, Beschl. v. 18.12.2003 – IX ZB 50/03, unter II. 2. c) aa), 2. Abs., ZIP 2004, 518 = ZVI 2004, 203; BGH, Beschl. v. 24.1.2008 – IX ZB 120/07, ZIP 2008, 514 = ZVI 2008, 406; LG Göttingen, Beschl. v. 2.8.2001 – 10 T 40/01, NZI 2001, 665 = DZWIR 2002, 259; *Lorenz* in: FK-InsO, § 3 InsVV Rz. 30 ff.

209) BGH, Beschl. v. 24.1.2008 – IX ZB 120/07, ZIP 2008, 514 = ZVI 2008, 406; LG Göttingen, Beschl. v. 2.8.2001 – 10 T 40/01, NZI 2001, 665 = DZWIR 2002, 259.

210) Uhlenbruck-*Hirte/Praß*, InsO, § 35 Rz. 268 ff.

211) Sehr praxisnah *Pechartscheck/Zupancic* in: Beck/Depré, Praxis der Sanierung und Insolvenz, §§ 18, 19.

212) Ebenso *Zimmer*, InsVV, § 1 Rz. 139.

b) Die Anwendung des § 1 Abs. 2 Nr. 4 Satz 2 lit. b InsVV

aa) Grundsätze der Anwendung

158 § 1 Abs. 2 Nr. 4 Satz 2 lit. b InsVV schreibt als Ausnahme vom Grundsatz des § 1 Abs. 2 Nr. 4 Satz 1 InsVV den Abzug von Masseverbindlichkeiten von der Insolvenzmasse während der Zeit der Unternehmensfortführung vor. Der Abzug ist ab dem **Zeitpunkt der tatsächlichen Unternehmensfortführung** zu berechnen.[213)] Auf die Beschlussfassung der Gläubigerversammlung nach § 157 Satz 1 InsO kommt es nicht an.[214)] Die Vorschrift ist auch auf die Unternehmensfortführung durch den vorläufigen Insolvenzverwalter anzuwenden.[215)] Für die Zeit der Unternehmensfortführung hat der Insolvenzverwalter in seinem Vergütungsantrag daher eine gesonderte Einnahmen-/Ausgabenrechnung vorzulegen, aus der sich die Masseverbindlichkeiten für diese Zeit ergeben. Können bei einer vorzeitigen Beendigung des Verfahrens, insbesondere wegen Masselosigkeit nach § 207 InsO, Masseverbindlichkeiten nicht mehr befriedigt werden, bleiben sie auch bei der Einnahmen-/Ausgabenrechnung zur Ermittlung des Überschusses unberücksichtigt.[216)]

159 Problematisch ist die Frage, welche Masseverbindlichkeiten vom Abzug des § 1 Abs. 2 Nr. 4 lit. b InsVV betroffen sind. Wegen des Ausnahmecharakters der Norm ist es richtig, sie restriktiv auszulegen und auf solche **Verbindlichkeiten zu beschränken, die unmittelbar durch die Unternehmensfortführung begründet** worden sind.[217)] So genannte „Sowieso-Kosten" oder auch Arbeitnehmeransprüche für die Zeit bis zum Ablauf der Kündigungsfrist (Kündigungsfristlöhne als oktroyierte Masseverbindlichkeiten nach § 55 Abs. 1 Nr. 2 Alt. 2 InsO) blieben dann unberücksichtigt. Dies wären bspw. Kosten für die Geltendmachung von Differenzhaftungsansprüchen gegen die Gesellschafter des schuldnerischen Unternehmens oder Masseschulden, die auch ohne Unternehmensfortführung entstanden wären, z. B. noch laufende Lohnansprüche der Arbeitnehmer aus § 55 Abs. 1 Nr. 2 InsO. Es kann hier eine Parallele zur Rangfolge der Masseverbindlichkeiten nach § 209 Abs. 1 Nr. 2 mit Abs. 2 InsO gezogen werden; soweit Verbindlichkeiten aus der Erfüllung von Verträgen oder Inanspruchnahme von Gegenleistungen bei Dauerschuldverhältnissen, insbesondere bei Arbeitsverhältnissen, als bevorrechtigte Neumasseverbindlichkeiten des § 209 Abs. 1 Nr. 2 InsO anzusehen sind,[218)] sind sie auch i. R. des § 1 Abs. 2 Nr. 4 Satz 2 lit. b InsVV von der Insolvenzmasse abzuziehen. Dies gilt auch für das Arbeitseinkommen des Schuldners, das dieser für seine Arbeitsleistung vom Insolvenzverwalter bezieht, und das deshalb nicht als Unterhalt i. S. des § 100 InsO zu werten ist.[219)]

bb) Die Rechtsprechung des BGH

160 Im Beschluss vom 24.5.2005[220)] wandte sich der **BGH gegen eine enge Auslegung der Vorschrift** und forderte eine **Einbeziehung aller Masseverbindlichkeiten**, die i. R. einer

---

213) *Janssen* in: MünchKomm-InsO, § 158 Rz. 1; Römermann-*Balthasar*, InsO/InsR, § 158 InsO Rz. 4; *Wellensiek* in: FS Uhlenbruck, S. 199, 209 ff.

214) BGH, Beschl. v. 24.5.2005 – IX ZB 6/03, unter III. 2. b), ZVI 2005, 388 = DZWIR 2005, 463 m. Anm. *Keller*.

215) BGH, Beschl. v. 26.4.2007 – IX ZB 160/06, ZVI 2008, 317 = NZI 2007, 461; dazu *Graeber*, NZI 2007, 492; allgemein zur Unternehmensfortführung im Eröffnungsverfahren Jaeger-*Gerhardt*, InsO, § 22 Rz. 77 ff.; *R.-D. Mönning* in: R.-D. Mönning, Betriebsfortführung, § 11.

216) *Graeber/Graeber*, InsVV, § 1 Rz. 228 ff.

217) *Prasser/Stoffler* in: KPB, InsO, § 1 InsVV Rz. 88 ff.; *Lorenz* in: FK-InsO, § 1 InsVV Rz. 44; *Amberger* in: Leonhardt/Smid/Zeuner, InsVV, § 1 Rz. 94 ff.; anders *Nowak* in: MünchKomm-InsO, 2. Aufl. 2007, § 1 InsVV Rz. 19; Stephan/Riedel-*Riedel*, InsVV § 1 Rz. 83 ff.

218) Ausführlich *Hefermehl* in: MünchKomm-InsO, § 209 Rz. 13 ff.; Uhlenbruck-*Ries*, InsO, § 209 Rz. 18 ff.

219) BGH, Beschl. v. 4.5.2006 – IX ZB 202/05, ZIP 2006, 1307 = ZVI 2006, 474.

220) BGH, Beschl. v. 24.5.2005 – IX ZB 6/03, ZVI 2005, 388 = DZWIR 2005, 463 m. Anm. *Keller*.

Unternehmensfortführung entstanden sind. Die Berücksichtigung sog. oktroyierter Masseverbindlichkeiten in der Einnahmen-/Ausgabenrechnung der Unternehmensfortführung ließ er offen.

Er betonte aber auch, dass auch nicht verwertetes Anlagevermögen, das für die Fortführung verwendet wurde, der Insolvenzmasse hinzuzurechnen sei. Mit Beschlüssen vom 16.11.2006[221] und vom 26.4.2007[222] forderte er die Einbeziehung bereits entstandener aber noch nicht vom Schuldner in Rechnung gestellter Forderungen gegen Dritte in die Einnahmen-/Ausgabenrechnung der Unternehmensfortführung. Leistet im einzelkaufmännischen Unternehmen der Schuldner selbst Arbeitstätigkeit, ist nach dem Beschluss vom 4.5.2006[223] zu vermuten, dass Leistungen des Insolvenzverwalters dieser Arbeitstätigkeit abgelten und damit als Masseverbindlichkeiten abzuziehendes Arbeitseinkommen sind. 161

Im Beschluss vom 16.10.2008[224] befasste sich der BGH eingehend mit der Frage der **Einbeziehung sog. oktroyierter Masseverbindlichkeiten** in die Einnahmen-/Ausgabenrechnung der Unternehmensfortführung, insbesondere aus Arbeitsverhältnissen sowie Miet- und Pachtverträgen für die Zeit von der Kündigung bis zum Ablauf der regelmäßig dreimonatigen Kündigungsfrist (§ 109 Abs. 1 Satz 1 Halbs. 2, § 113 Abs. 2, § 55 Abs. 1 Nr. 2 Alt. 2 InsO). In weiteren Beschlüssen vom 1.7.2010 und vom 21.7.2011 hielt der BGH hieran fest.[225] Mit Beschluss vom 18.12.2014 forderte er den **Abzug** von Masseverbindlichkeiten sogar für die **Einkommensteuer** des selbstständig tätigen Arztes, dessen Praxis durch den Insolvenzverwalter fortgeführt wird.[226] 162

Der BGH sieht im Wortlaut des § 1 Abs. 2 Nr. 4 Satz 2 lit. b InsVV keinen Anhaltspunkt für eine Differenzierung und verlangt die Berücksichtigung oktroyierter Masseverbindlichkeiten oder Sowieso-Kosten bei der Ermittlung des Überschusses aus Unternehmensfortführung. Eine **Ausnahme bei Arbeitsverhältnissen** sieht der BGH **nur für den Fall**, dass der Insolvenzverwalter die betreffenden Arbeitnehmer von der Arbeitsleistung **freistellt.**[227] Der BGH begründet im Beschluss vom 16.10.2008 seine weite Auslegung des § 1 Abs. 2 Nr. 4 lit. b InsVV mit dem **Verbot der Doppelberücksichtigung**: Würden die oktroyierten Masseverbindlichkeiten bei der Überschussberechnung nicht abgezogen, würden sie als Bestandteil der Insolvenzmasse als Berechnungsgrundlage weiter berücksichtigt bleiben; andererseits hätte der Insolvenzverwalter durch die Inanspruchnahme der Gegenleistung, insbesondere der Arbeitsleistung der Arbeitnehmer, gerade den Gewinn erzielt, der auch Teil der Berechnungsgrundlage ist.[228] Dies ist dann zutreffend, wenn der Gewinn aus Unternehmensfortführung so hoch ist, dass auch bei Abzug der oktroyierten Masseverbindlichkeiten noch ein solcher übrig bleibt. Es ist aber zu bedenken, dass der Insolvenzverwalter das Unternehmen nicht zur Gewinnerzielung fortführt, sondern zum Zweck des Erhalts des Unternehmenswertes. 163

---

221) BGH, Beschl. v. 16.11.2006 – IX ZB 302/05, ZIP 2007, 284 = ZVI 2007, 215.

222) BGH, Beschl. v. 26.4.2007 – IX ZB 160/06, ZVI 2008, 317 = NZI 2007, 461; dazu *Graeber*, NZI 2007, 492.

223) BGH, Beschl. v. 4.5.2006 – IX ZB 202/05, ZIP 2006, 1307 = ZVI 2006, 474.

224) BGH, Beschl. v. 16.10.2008 – IX ZB 179/07, ZIP 2008, 2222 = NZI 2009, 49 m. Anm. *Prasser*, dazu EWiR 2008, 761 *(Schröder)*.

225) BGH, Beschl. v. 1.7.2010 – IX ZB 208/08, NZI 2010, 942; BGH, Beschl. v. 21.7.2011 – IX ZB 148/10, ZIP 2011, 1835 (LS) = NZI 2011, 714; eingehend *Keller*, DZWIR 2009, 231.

226) BGH, Beschl. v. 18.12.2014 – IX ZB 5/13, ZIP 2015, 230 = NZI 2015, 187 m. Anm. *Keller*.

227) BGH, Beschl. v. 16.10.2008 – IX ZB 197/07, Rz. 22, 24, ZIP 2008, 2222.

228) BGH, Beschl. v. 16.10.2008 – IX ZB 197/07, Rz. 19, 20, ZIP 2008, 2222.

164 Mit dem Argument der Doppelberücksichtigung und der Doppelvergütung wird auch das Regel-/Ausnahmeverhältnis zwischen § 1 Abs. 2 Nr. 4 Satz 1 InsVV und Satz 2 lit. b InsVV nicht beachtet. Eine Doppelberücksichtigung findet nämlich bei jeder Masseverbindlichkeit statt, die als solche von der Insolvenzmasse als Berechnungsgrundlage der Vergütung nicht abgezogen wird. Es ist gerade ungeachtet einer Unternehmensfortführung bei sonstigen Masseverbindlichkeiten, die durch Handlungen des Insolvenzverwalters begründet werden (§ 55 Abs. 1 Nr. 1 InsO), der Fall, dass der Insolvenzverwalter für die Masseverbindlichkeit eine gleichwertige Gegenleistung zur Insolvenzmasse erhält und diese die Insolvenzmasse als Berechnungsgrundlage erhöht, wohingegen die dafür gewährte Masseverbindlichkeit nicht abgezogen wird. Das Argument der Doppelberücksichtigung nur für die Unternehmensfortführung anzuwenden, ist daher zu kurz gedacht.[229]

165 Das Argument der Doppelberücksichtigung der Masseverbindlichkeiten greift auch nicht, wenn durch die **Unternehmensfortführung ein Verlust** erwirtschaftet wird.[230] Denn stets muss der Insolvenzverwalter eine Einnahmen-/Ausgabenrechnung der Unternehmensfortführung vorlegen und sind Masseverbindlichkeiten der Unternehmensfortführung abzuziehen. Gegenüber der Insolvenz ohne Unternehmensfortführung mindert sich die Berechnungsgrundlage durch Abzug der Masseverbindlichkeiten in jedem Fall. Wollte man dem Verbot der Doppelberücksichtigung und der doppelten Vergütung allgemeine Geltung verschaffen, müsste man entweder den Grundsatz des § 1 Abs. 2 Nr. 4 Satz 1 InsVV abschaffen oder bei jeder einzelnen Masseverbindlichkeit prüfen, ob nicht eine gleichwertige Gegenleistung zur Insolvenzmasse geflossen ist.

166 Bei **systematisch richtiger Auslegung** ist der **Ausnahmecharakter** der Norm **zu beachten**, ferner dass die Vorschrift in Wirklichkeit eine Kürzung der Berechnungsgrundlage vorsieht. Da Masseverbindlichkeiten regelmäßig höher sind als ein Gewinn bei Unternehmensfortführung, mindert sich die Berechnungsgrundlage mehr als sie sich durch den hinzuzurechnenden Überschuss erhöht; dieser wird durch den Abzug der Masseverbindlichkeiten aufgezehrt. Der Insolvenzverwalter hat dann durch die Unternehmensfortführung in Wirklichkeit eine geringere Vergütung.[231] Damit besteht **allein aus vergütungsrechtlichen Erwägungen kein Anreiz für** den Insolvenzverwalter zu einer **Unternehmensfortführung.** Ein solcher ist gegeben, weil durch die Unternehmensfortführung auch die Verwertung der sonstigen Insolvenzmasse erheblich verbessert und eine Vergütungserhöhung nach § 3 Abs. 1 lit. b InsVV erfolgt. Es ist deshalb nur sehr eingeschränkt zutreffend, bei § 1 Abs. 2 Nr. 4 Satz 2 lit. b InsVV von einem erfolgsorientierten Merkmal der Vergütungsberechnung zu sprechen.

cc) Praktische Konsequenzen

167 In der praktischen Anwendung führt die Rechtsprechung des BGH dazu, dass Überschüsse aus insolvenzlicher Unternehmensfortführung seltener erwirtschaftet werden, weil eine größere Zahl von Masseverbindlichkeiten als Ausgaben zu berücksichtigen ist. In der Folge führt dies dazu, dass wegen der nicht erhöhten Berechnungsgrundlage nach § 1 Abs. 2 Nr. 4 lit. b InsVV eher ein Zuschlag wegen Unternehmensfortführung nach § 3 Abs. 1 lit. b InsVV gerechtfertigt ist. Das führt zu dem Ergebnis, dass der Insolvenzverwalter bei **erfolgloser Unternehmensfortführung** durch die **Vergütungserhöhung** über § 3 Abs. 1 lit. b InsVV **mehr Vergütung** erhält **als bei erfolgreicher Unternehmensfortführung**

229) Nicht ausreichend insoweit BGH, Beschl. v. 16.10.2008 – IX ZB 197/07, Rz. 20, ZIP 2008, 2222.

230) BGH, Beschl. v. 16.10.2008 – IX ZB 197/07, Rz. 12, ZIP 2008, 2222.

231) So bereits *Eickmann*, VergVO, § 2 Rz. 22.

ohne Zuschlagsgewährung. Es steht dann die vom BGH geforderte Erhöhung der Vergütung in Form eines „ausgleichenden Zuschlags" im Raume (siehe unten Rz. 176 ff.).

Die Korrektur über einen Zuschlag hilft vielfach nur bedingt. Ist nämlich die Insolvenzmasse gering, wirkt sich auch der entsprechende Zuschlag betragsmäßig nur gering aus. Es besteht dann bei der **Fortführung kleinerer Unternehmen** die Gefahr, dass der Insolvenzverwalter durch § 1 Abs. 2 Nr. 4 lit. b InsVV mehr Regelvergütung verliert als er durch einen echten oder ausgleichenden Zuschlag erhalten kann. Dass bei geringer Berechnungsgrundlage auch der Zuschlag für Unternehmensfortführung gering ausfällt, ist hinzunehmen. Es darf jedoch nicht der Fehler begangen werden, mit Hinweis auf eine geringe Insolvenzmasse den Zuschlag noch mehr zu kürzen. Insbesondere ist auch unter Berücksichtigung der persönlichen Haftung des Insolvenzverwalters bei Unternehmensfortführung der Erfolg einer Unternehmensfortführung als solcher bei der Zuschlagsgewährung zu berücksichtigen. 168

c) Die Gewährung eines Zuschlags nach § 3 Abs. 1 lit. b InsVV

aa) Die Unternehmensfortführung als unbedingter Erhöhungstatbestand

Die Unternehmensfortführung durch den vorläufigen Insolvenzverwalter oder den Insolvenzverwalter ist **in jedem Fall Erhöhungstatbestand** für die Vergütung.[232] Unternehmensfortführung ist in keinem Fall Bestandteil des sog. Normalverfahrens, welches die Regelvergütung des § 2 InsVV abgelten soll. 169

Im Beschluss vom 13.4.2006[233] betonte der BGH zu Recht, dass der Zuschlag wegen Unternehmensfortführung auch für den **sog. schwachen vorläufigen Insolvenzverwalter** gilt. Die Begleitung und Überwachung der Unternehmensfortführung durch den Schuldner und die Zustimmung zu einzelnen Verfügungen aufgrund des Zustimmungsvorbehalts nach § 21 Abs. 2 Nr. 2 Alt. 2 InsO stellt keine geringere Arbeitsleistung dar als die Unternehmensfortführung selbst. Der Zuschlagstatbestand darf nicht an die Rechtsmacht des vorläufigen Verwalters geknüpft werden. 170

Im Beschluss vom 18.12.2003[234] stellte der BGH auch für den vorläufigen Insolvenzverwalter fest, dass der **Umsatz des schuldnerischen Unternehmens** ein **maßgebliches Kriterien** für die Anwendung des § 3 Abs. 1 lit. b InsVV und die Bemessung des Prozentsatzes der Erhöhung sein kann. Bei der Bemessung des Zuschlags ist nach der Größe des fortgeführten Unternehmens zu unterscheiden, ferner nach der Dauer der Unternehmensfortführung. 171

Es empfiehlt sich, in Anlehnung an § 267 HGB nach der **Unternehmensgröße** zu unterscheiden:[235] 172

– Für die Fortführung eines kleinen Unternehmens i. S. des § 267 HGB können 25 bis 50 % Erhöhung angemessen sein,[236]

---

232) BGH, Beschl. v. 16.10.2008 – IX ZB 197/07, Rz. 13, ZIP 2008, 2222; LG Flensburg, Beschl. v. 2.10.22019 – 5 T 108/08, n. v.; Stephan/Riedel-*Riedel*, InsVV, § 3 Rz. 14 ff.; *Roth* in: KölnKomm-InsO, § 3 InsVV Rz. 43 ff.; *Prasser/Stoffler* in: KPB, InsO, § 3 InsVV Rz. 79 ff.; *Graeber/Graeber*, InsVV, § 3 Rz. 78 ff.; *Zimmer*, InsVV, § 3 Rz. 78 ff.

233) BGH, Beschl. v. 13.4.2006 – IX ZB 158/05, ZIP 2006, 1008 = ZVI 2006, 261; zur Abgrenzung zwischen Eröffnungs- und eröffnetem Insolvenzverfahren BGH, Beschl. v. 13.3.2008 – IX ZB 39/05, ZIP 2008, 1028, dazu EWiR 2008, 501 *(Eckert)*.

234) BGH, Beschl. v. 18.12.2003 – IX ZB 50/03, ZIP 2003, 518 = ZVI 2004, 203.

235) LG Hannover, Beschl. v. 17.12.2018 – 11 T 8/18, 13/18, ZInsO 2019, 1027; *Prasser/Stoffler* in: KPB, InsO, § 3 InsVV Rz. 46 ff.; *Wolgast* in: HK-InsVV, § 3 Rz. 63 ff.

236) LG Hildesheim, Beschl. v. 30.11.1982 – 5 T 92/82, ZIP 1983, 346; LG Mönchengladbach, Beschl. v. 23.10.1986 – 5 T 382/86, ZIP 1986, 1588; LG Bonn, Beschl. v. 4.12.1990 – 4 T 499/90, ZIP 1991, 45; LG Hannover, Beschl. v. 17.12.2018 – 11 T 8/18, 13/18, ZInsO 2019, 1027; AG Ahrensburg, Beschl. v. 27.6.1983 – 6 N 46/76, ZIP 1983, 1103; AG Heidelberg, Beschl. v. 28.8.1985 – 51 VN 4/84, ZIP 1985, 1155.

- 50 bis 100 % können für die Fortführung eines mittleren Unternehmens,[237)]
- 75 bis über 100 % können für die Fortführung eines großen Unternehmens angemessen sein.[238)]

173 Bei der Angemessenheit des Prozentsatzes im Einzelfall ist auf die tatsächliche Arbeitsbelastung des Insolvenzverwalters abzustellen. Dabei ist zu bedenken, dass bei **geringer Berechnungsgrundlage** bei kleinen Unternehmen der tatsächliche Erhöhungsbetrag entsprechend gering ist und die Erhöhung damit nur **eingeschränkt den tatsächlichen Arbeitsaufwand** abgilt. Es wäre mithin nicht richtig, pauschal einen geringeren Zuschlagsprozentsatz zu gewähren oder diesen sogar mit dem Argument zu kürzen, das fortgeführte Unternehmen sei nur von geringer Größe.[239)]

174 Bei der Bestimmung des konkreten Prozentsatzes sind auch **Überschneidungen** der Arbeitstätigkeit mit anderen Erhöhungstatbeständen zu berücksichtigen. Zu nennen sind insbesondere die Prüfung von Konzernrechtsverhältnissen und Beteiligungen, die Führung mehrerer Betriebsstätten, die Zahl der Arbeitnehmer, die Vorbereitung und Durchführung von Sanierungsmaßnahmen. Die Überschneidung von Tatbeständen **darf** aber **nicht dazu führen**, dass ein Tatbestand **völlig wegfällt** oder „wegargumentiert" wird, da trotz Überschneidungen jeder Tatbestand für sich Schwierigkeiten der Arbeitstätigkeit beinhaltet und nicht zwingend mit allen anderen Tatbeständen des Falles einhergeht.

bb) Fehlende Massemehrung als Tatbestandsvoraussetzung

175 Nach § 3 Abs. 1 lit. b InsVV ist ein Zuschlag nur dann zu gewähren, wenn durch die Unternehmensfortführung keine Massemehrung erfolgt ist, wenn also nach der Berechnung des § 1 Abs. 2 Nr. 4 lit. b InsVV **kein entsprechender Gewinn** erwirtschaftet worden ist.[240)] Die insoweit enge wörtliche Auslegung der Norm ist nicht zwingend, da die Tatbestände des § 3 Abs. 1 InsVV lediglich Regelbeispiele darstellen. Auch bei entsprechender Massemehrung können die tatsächlichen Schwierigkeiten der Unternehmensfortführung für den Insolvenzverwalter so groß sein, dass allein durch die Erhöhung der Berechnungsgrundlage sich keine angemessene Regelvergütung errechnet und eine besondere Zuschlagsgewährung im Einzelfall notwendig nur. Dies muss seitens des Insolvenzverwalters sorgfältig dargelegt und begründet werden.

d) Der sog. „ausgleichende" Zuschlag bei Überschuss aus Unternehmensfortführung

176 Soweit durch eine Unternehmensfortführung eine **Massemehrung** stattgefunden hat, ist nach den zutreffenden Entscheidungen des BGH vom 22.2.2007[241)] und vom 24.1.2008[242)] ein Vergleich zwischen den Vergütungen bei fehlender Mehrung mit entsprechendem Zuschlag und mit Mehrung ohne Zuschlag angestellt und i. H. des Differenzbetrages dem

---

237) LG Göttingen, Beschl. v. 2.8.2001 – 10 T 40/01, NZI 2001, 665 = DZWIR 2002, 259; LG Freiburg/Br., Beschl. v. 23.8.2017 – 3 T 246/16, ZInsO 2017, 2083.

238) 250 % nach LG Hildesheim, Beschl. v. 30.11.1982 – 5 T 92/82, ZIP 1983, 346; AG Buxtehude, Beschl. v. 12.1.1987 – 10 N 21/84, ZIP 1987, 251.

239) Nicht überzeugend BGH, Beschl. v. 25.9.2008 – IX ZB 154/05, der auf den Überschuss aus Fortführung abstellt.

240) BGH, Beschl. v. 18.12.2003 – IX ZB 50/03, unter II. 2. c) aa), 2. Abs., ZIP 2004, 518 = ZVI 2004, 203; BGH, Beschl. v. 7.10.2010 – IX ZB 115/08, ZInsO 2010, 2409; LG Hamburg, Beschl. v. 13.4.2011 – 326 T 25/11, juris.; zur Vergütung des vorläufigen Insolvenzverwalters LG Duisburg, Beschl. v. 17.4.2018 – 7 T 147, 7 T 148/17, ZInsO 2019, 344.

241) BGH, Beschl. v. 22.2.2007 – IX ZB 106/06, ZIP 2007, 784 = NZI 2007, 341; BGH, Beschl. v. 22.2.2007 – IX ZB 120/06, ZIP 2007, 826 = ZVI 2007, 332.

242) BGH, Beschl. v. 24.1.2008 – IX ZB 120/07, ZIP 2008, 514 = ZVI 2008, 406.

Verwalter ein **„ausgleichender" Zuschlag** gewährt werden. Entscheidendes Kriterium ist dabei der Umstand, dass die Erhöhung der Berechnungsgrundlage durch den Gewinn sich auf den Vergütungsbetrag weniger stark auswirkt als die Erhöhung der Vergütung selbst, auch wenn die Berechnungsgrundlage mangels Gewinn niedriger war. Es darf der **Insolvenzverwalter bei durch Massemehrung erfolgreicher Fortführung nicht schlechtergestellt werden als bei erfolgloser Fortführung ohne Mehrung der Masse mit unmittelbarer Anwendung des § 3 Abs. 1 lit. b InsVV.** Die Vergütung ist rechnerisch höher, wenn sie aus geringerer Berechnungsgrundlage nach § 3 Abs. 1 InsVV erhöht wird, als wenn sie bei höherer Berechnungsgrundlage nicht erhöht wird. Letzteres führt lediglich zu einer Erhöhung im Staffelsatz des § 2 Abs. 1 InsVV, ersteres zu einer unmittelbaren Erhöhung der Vergütung.

Der sog. ausgleichende Zuschlag berechnet sich wie folgt:[243] 177

1. Berechnung der Regelvergütung nach § 2 Abs. 1 InsVV bei Insolvenzmasse ohne Massemehrung;
2. Zuschlagsberechnung nach § 3 Abs. 1 lit. b InsVV hierauf = Gesamtvergütung;
3. Berechnung der Regelvergütung nach § 2 Abs. 1 InsVV bei Insolvenzmasse mit Massemehrung;
4. Berechnung der Differenz der Vergütungsbeträge;
5. Differenzbetrag aus Nr. 4 ./. Regelvergütung aus Nr. 3 = Prozentsatz des ausgleichenden Zuschlags.

Die Gewährung des ausgleichenden Zuschlags muss **allein aus rechnerischen Gründen** 178 erfolgen. Voraussetzung ist allein, dass der Insolvenzverwalter durch die Unternehmensfortführung ohne Massemehrung einen Zuschlag zu seiner Vergütung bekommen hätte. Dies ist deshalb wichtig zu betonen, als die Gewährung des ausgleichenden Zuschlags seitens des Insolvenzgerichts nicht mit der Begründung verweigert werden kann, der Insolvenzverwalter habe durch die Unternehmensfortführung bereits einen Gewinn erwirtschaftet. Die Vergütung des Insolvenzverwalters muss **mindestens so hoch** sein, **wie wenn** er **keinen Überschuss erzielt hätte**, durch die Fortführung aber Arbeitsbelastung erfahren hat und damit einen Zuschlag nach § 3 Abs. 1 lit. b InsVV erhält.

Im Ergebnis führt der ausgleichende Zuschlag dazu, dass der Insolvenzverwalter eine ebenso 179 hohe Vergütung erhält, wie er sie bei Gewährung eines echten Zuschlags nach § 3 Abs. 1 lit. b InsVV erhielte. Letztlich kommt es dann nicht mehr darauf an, ob und wie hoch der Überschuss aus einer Unternehmensfortführung nach § 1 Abs. 2 Nr. 4 Satz 2 lit. b InsVV ist. Der Streit um die weite oder enge Auslegung des § 1 Abs. 2 Nr. 4 lit. b InsVV betreffend den Abzug von Masseverbindlichkeiten ist damit eher akademischer Natur: Erzielt nämlich der Insolvenzverwalter aus der Fortführung keinen Gewinn (Verlust wegen hohen Abzugs von Masseverbindlichkeiten), erhält er den „echten" Zuschlag nach § 3 Abs. 1 lit. b InsVV. Erzielt er trotz Abzugs von Masseverbindlichkeiten Gewinn, erhält er nach der dargestellten Vergleichsrechnung den „ausgleichenden" Zuschlag.

Der BGH hat den Zusammenhang zwischen der von ihm geforderten weiten Auslegung des 180 § 1 Abs. 2 Nr. 4 lit. b InsVV und § 3 Abs. 1 lit. b InsVV nicht ausreichend bedacht. Es wurde nicht berücksichtigt, dass durch großzügige Berücksichtigung von Masseverbindlichkeiten bei der Überschussberechnung der Unternehmensfortführung diese eher mit Verlust abschließt und dann erst recht eine Zuschlagsgewährung zu erfolgen hat. Durch § 3 Abs. 1

243) *Riedel* in: MünchKomm-InsO, § 3 InsVV Rz. 21 ff.; *Roth* in: KölnKomm-InsO, § 3 InsVV Rz. 47; *Lorenz* in: FK-InsO, § 3 InsVV Rz. 30 ff.; *Amberger* in: Leonhardt/Smid/Zeuner, InsVV, § 3 Rz. 39 ff.; *Graeber/Graeber*, InsVV, § 3 Rz. 87 ff.; *Keller*, DZWIR 2009, 231; *Graeber/Graeber*, InsbürO 2011, 376.

lit. b InsVV wird die Vergütung im Ergebnis aber höher ausfallen, da der Zuschlag mehr bewirkt als die Erhöhung der Berechnungsgrundlage.

Beispiel:[244)]

Fortführung eines kleinen Unternehmens für drei Monate mit Erzielung eines Überschusses auch bei Einbeziehung der oktroyierten Masseverbindlichkeiten; mögliche Zuschlagsgewährung im Umfang von 25 %, wenn keine Massemehrung stattgefunden hätte.

Insolvenzmasse	*3 000 000,00 €*
Masseverbindlichkeiten der Fortführung	*1 200 000,00 €*
Oktroyierte Masseverbindlichkeiten	*600 000,00 €*
Einnahmen aus Fortführung	*2 000 000,00 €*
Berechnungsgrundlage ohne Massemehrung	*3 000 000,00 €*
Berechnungsgrundlage mit Massemehrung und unter Einbeziehung oktroyierter Masseverbindlichkeiten	*3 200 000,00 €*
Regelvergütung nach § 2 Abs. 1 InsVV	*110 650,00 €*
Berechnung des ausgleichenden Zuschlags	
Regelvergütung ohne Massemehrung	*106 2500,00 €*
Zuzüglich Zuschlag von 25 %	*132 812,50 €*
Regelvergütung mit Massemehrung	*110 650,00 €*
Differenzbetrag	*22 162,50 €*
Prozentsatz des Zuschlags aus Regelvergütung mit Massemehrung	*20,02 %*

Lässt man die oktroyierten Masseverbindlichkeiten bei der Berechnung des Fortführungsüberschusses außer Betracht, beträgt dieser 800 000 €. Die Berechnungsgrundlage der Vergütung beträgt dann 3 800 000 €. Die vergleichsweise Berechnungsgrundlage ohne Massemehrung bleibt gleich, ebenso die um den Zuschlag nach § 3 Abs. 1 lit. b InsVV erhöhte Vergütung. Im Ergebnis reduziert sich dann lediglich der ausgleichende Zuschlag zur Vergütung aus der höheren Berechnungsgrundlage.

181 Erst wenn der Überschuss aus der Fortführung so hoch ist, dass die Regelvergütung mit Massemehrung höher ist als die durch Zuschlag erhöhte geringere Regelvergütung ergäbe sich die Problematik, die der BGH in seiner Entscheidung vom 16.10.2008 anspricht.

Beispiel:

Fortführung eines kleinen Unternehmens für drei Monate mit Erzielung eines Überschusses ohne Einbeziehung der oktroyierten Masseverbindlichkeiten oder eines Verlustes mit Einbeziehung der oktroyierten Masseverbindlichkeiten; mögliche Zuschlagsgewährung im Umfang von 25 %.

Insolvenzmasse	*3 000 000,00 €*
Masseverbindlichkeiten der Fortführung	*1 200 000,00 €*
Oktroyierte Masseverbindlichkeiten	*1 000 000,00 €*
Einnahmen aus Fortführung	*2 000 000,00 €*
Verlust aus Unternehmensfortführung unter Einbeziehung oktroyierter Masseverbindlichkeiten	*200 000,00 €*
Berechnungsgrundlage ohne Massemehrung	*3 000 000,00 €*
Regelvergütung nach § 2 Abs. 1 InsVV	*106 250,00 €*
Zuzüglich des „echten" Zuschlags von 25 %	*26 562,50 €*
Gesamtvergütung	*132 812,50 €*

244) Aktualisiert aus *Keller*, DZWIR 2009, 231.

e) Korrespondenz von „echtem" und „ausgleichendem" Zuschlag

182 In dem Gegeneinander von echtem und ausgleichendem Zuschlag für Unternehmensfortführung wurde zunächst nicht bedacht, dass auch eine erfolgreiche Fortführung, nach Abzug der Masseverbindlichkeiten mit Überschuss, eine besondere Arbeitsbelastung des Insolvenzverwalters beinhalten kann, die durch den ausgleichenden Zuschlag nicht ausreichend abgebildet wird. Zu berücksichtigen sind dabei ein **besonderer wirtschaftlicher Erfolg der Fortführung** und Sanierung und ein besonderes Haftungsrisiko des Insolvenzverwalters bei unternehmerischen Entscheidungen. In einem solchen besonderen Fall ist daher auch der ausgleichende Zuschlag nochmals zu erhöhen, wobei durch den Insolvenzverwalter der besondere Erfolg seiner Tätigkeit und der besondere Arbeitsaufwand dargestellt werden müssen. Auch ist zu berücksichtigen, dass durch einen Überschuss aus der Fortführung mit Erhöhung der Berechnungsgrundlage auch die Regelvergütung und mit ihr alle sonstigen Zuschläge steigen.

183 Der **BGH** hatte sich zu der Frage der Erhöhung des ausgleichenden Zuschlags bei besonderer Arbeitsbelastung und besonderem Erfolg zunächst zurückhaltend geäußert. Im **Beschluss vom 12.5.2011** hatte er einige grundsätzliche Feststellungen getroffen.[245] Bedauerlicherweise stellte er dabei zunächst den ausgleichenden Zuschlag in die Angemessenheitsbetrachtung der Gesamtbetrachtung ein. Zur Frage der Erhöhung des Zuschlags äußerte er sich eher kryptisch:[246]

> „Allerdings hat der Senat in diesem Zusammenhang ausgeführt, der Zuschlag dürfe auch nicht höher sein, als es die bestehende Differenz erfordere (BGH je aaO). Hieran wird jedoch nicht uneingeschränkt festgehalten. Der Verwalter darf zwar für eine Tätigkeit nicht doppelt honoriert werden. Das schließt es aber nicht aus, den Erfolg des Verwalters bei der Fortführung des Unternehmens in angemessenem Umfang auch bei der Festlegung des Zuschlags zu berücksichtigen, vorausgesetzt, der erzielte Überschuss ist gerade auf den besonderen Einsatz des Verwalters zurückzuführen. Auch dann darf die Höhe aber nicht den tätigkeitsbezogenen Zuschlag überschreiten, der ohne eingetretene Erhöhung der Berechnungsgrundlage zuzubilligen wäre."

184 Im 2. und 4. Satz dieses Begründungsabsatzes lässt er eine Erhöhung des ausgleichenden Zuschlags bei besonderem Arbeitsaufwand durchaus zu, nimmt dies im letzten Satz aber wieder zurück. Dies erscheint nicht verständlich. Die Forderung des BGH kann hier nur so verstanden werden, dass ein ausgleichender Zuschlag zu vergleichen ist mit dem „echten" Zuschlag bei der Berechnungsgrundlage einschließlich des Überschusses aus der Unternehmensfortführung. Ob die **Gesamtheit der Vergleichsrechnungen** insgesamt der Klarheit und zutreffenden Vergütungsbestimmung dient oder ob sie lediglich eine **Scheinobjektivität erzeugt**, sei dahingestellt.

185 Zusammenfassend ist danach nach **folgender Prüfungsreihenfolge** vorzugehen:

1. Der Abzug von Masseverbindlichkeiten nach § 1 Abs. 2 Nr. 4 lit. b InsVV ergibt keinen Überschuss: Der Insolvenzverwalter erhält einen „echten" Zuschlag nach § 3 Abs. 1 lit. b InsVV nach Maßgabe seiner tatsächlichen Arbeitsbelastung.
2. Der Abzug von Masseverbindlichkeiten nach § 1 Abs. 2 Nr. 4 lit. b InsVV ergibt einen Überschuss:
   - Der Insolvenzverwalter erhält durch den „ausgleichenden" Zuschlag eine gleich hohe Vergütung wie bei Fortführung ohne Überschuss mit echtem Zuschlag.
   - Der Erfolg der Fortführung war außergewöhnlich, die Arbeitsbelastung ebenfalls: Der „ausgleichende" Zuschlag ist zu erhöhen bis zu dem Vergütungsbetrag, der sich

245) BGH, Beschl. v. 12.5.2011 – IX ZB 143/08, ZIP 2011, 1373 = NZI 2011, 630; *Riedel* in: MünchKomm-InsO, § 3 InsVV Rz. 24, 25.

246) BGH, Beschl. v. 12.5.2011 – IX ZB 143/08, Rz. 15, ZIP 2011, 1373 = NZI 2011, 630.

vergleichsweise bei Gewährung des „echten" Zuschlags aus der durch den Überschuss erhöhten Berechnungsgrundlage ergibt.

29. Verwertungsprobleme

186 Erschwernisse bei der Verwertung einzelner Vermögenswerte können eine Vergütungserhöhung rechtfertigen, wenn diese ganz außergewöhnlich sind und die Arbeitstätigkeit des Insolvenzverwalters entweder qualitativ oder quantitativ besonders in Anspruch genommen haben.[247] **Allgemein gehört die Verwertung** der Insolvenzmasse selbstverständlich **zu** seinen **Regelaufgaben**. Es kann daher bspw. keine Vergütungserhöhung verlangt werden für die Verwertung mehrerer Kraftfahrzeuge. Diese ist Regelaufgabe, zudem erhöht sich durch die Einnahmen die Regelvergütung. Musste aber der Insolvenzverwalter bspw. zur Verwertung einer Spezialmaschine Auslandsreisen unternehmen, um mit potentiellen Käufern zu verhandeln, kann dies als besonderer Aufwand vergütungserhöhend sein. Der BGH hat dies anerkannt für die Verwertung spezieller Pflegeeinrichtung im Zusammenhang mit der Beauftragung eines externen Dienstleisters.[248] Langjährige Verkaufsverhandlungen ein Grundstück betreffend können ebenso einen Zuschlag rechtfertigen.[249] Verwertet der Insolvenzverwalter ein lastenfreies Grundstück freihändig, kommt ein Zuschlag in Betracht, wenn die Verwertungstätigkeit über die üblichen mit der Veräußerung eines Grundstücks verbundenen Tätigkeiten in erheblichem Maß hinausgeht.[250]

187 **Delegiert** der Insolvenzverwalter die **Verwertung einzelner Gegenstände** auf Dritte, kann dies auch zu einer Kürzung der Vergütung nach § 3 Abs. 2 InsVV führen, wenn er sich hierdurch Arbeitsaufwand bei dieser Regeltätigkeit erspart hat.[251]

188 Allerdings ist auch in Bezug auf die Haftung des Insolvenzverwalters zu berücksichtigen, dass es grundsätzlich sachgerecht und nicht vergütungsmindernd ist, wenn er zur **Inventarisierung und Bewertung der Insolvenzmasse**, insbesondere des beweglichen Vermögens, spezielle Dienstleister beauftragt. Dies gewährleistet eine sachkundige und objektive Bewertung und entlastet den Insolvenzverwalter von dem möglichen Vorwurf, er habe einzelne Gegenstände falsch bewertet oder gar unterschlagen. Ebenso kann eine Delegation der Verwertung unter dem Aspekt sinnvoll sein, dass nur auf diese Weise eine im Einzelfall notwendige Objektivität gewährleistet wird.

30. Zustellungswesen

189 Ist dem Insolvenzverwalter übertragen, für das Gericht die Zustellungen vorzunehmen (§ 8 Abs. 3 InsO), war nach einhelliger Ansicht eine Vergütungserhöhung zulässig, wenn durch die Bearbeitung der Zustellungen die Arbeitskraft der Mitarbeiter des Insolvenzverwalters erheblich in Anspruch genommen wird.[252] Dies wurde ab einer Zahl von 100 Zustel-

---

247) *Roth* in: KölnKomm-InsO, § 3 InsVV Rz. 174; *Prasser/Stoffler* in: KPB, InsO, § 3 InsVV Rz. 119; *Graeber/Graeber*, InsVV, § 3 Rz. 343 ff.

248) BGH, Beschl. v. 11.10.2007 – IX ZB 234/06, ZIP 2007, 2323 = NZI 2008, 38; BGH, Beschl. v. 10.10.2013 – IX ZB 38/11, Rz. 30, ZIP 2013, 2164 = NZI 2013, 1014 m. Anm. *Keller*.

249) LG Bonn, Beschl. v. 4.12.1990 – 4 T 499/90, ZIP 1991, 45.

250) BGH, Beschl. v. 21.9.2017 – IX ZB 84/16, ZIP 2017, 2018 = ZVI 2018, 16, dazu EWiR 2017, 725 *(Zimmer)*; *Klose*, NZI 2017, 518.

251) BGH, Beschl. v. 11.10.2007 – IX ZB 234/06, ZIP 2007, 2323 = NZI 2008, 38; *Keller* in: HK-InsO, § 4 InsVV Rz. 21; *Stoffler* in: KPB, InsO, § 4 InsVV Rz. 78.

252) BGH, Beschl. v. 22.7.2004 – IX ZB 222/03, ZIP 2004, 1822 = ZVI 2004, 631; OLG Zweibrücken, Beschl. v. 7.3.2001 – 3 W 269/00, ZInsO 2001, 504 = NZI 2001, 312; LG Chemnitz, Beschl. v. 6.1.2000 – 11 T 3285/99, ZInsO 2000, 296 = NZI 2001, 51; LG Chemnitz, Beschl. v. 16.3.2000 – 11 T 5381/99, ZIP 2000, 710, dazu EWiR 2000, 921 *(Tappmeier)*; LG München, Beschl. v. 4.2.2002 – 14 T 608/02, ZInsO 2002, 275; *Bruns* in: MünchKomm-InsO, § 8 Rz. 41 ff.; *Prasser/Stoffler* in: KPB, InsO, § 3 InsVV Rz. 121 ff.; *Graeber*, ZInsO 2005, 752.

lungen angenommen.[253] Die Vergütungserhöhung sollte unabhängig vom Auslagenersatz, den der Insolvenzverwalter für die Zustellungen beanspruchen kann, erfolgen (siehe eingehend unten § 14 Rz. 31 ff.).

Da der **BGH** mit **Beschluss vom 21.3.2013**[254] seine Rechtsprechung zum Auslagenersatz bei übertragenen Zustellungen geändert hat, wird an dem Erhöhungstatbestand insgesamt gezweifelt.[255] Der Insolvenzverwalter erhält nunmehr **vollen Ersatz der Sach- und Personalkosten** für übertragene Zustellungen außerhalb der sonstigen Auslagenerstattung ab der ersten vorgenommenen Zustellung. Der **quantitative Erhöhungstatbestand** wird hiermit aber **nur dann kompensiert**, wenn in den Ersatz der Personalkosten auch ein **angemessener „Gewinn"** einberechnet wird, denn andernfalls wäre der Ersatz der Sachkosten und des Personalaufwandes eben lediglich Auslagenersatz und der Insolvenzverwalter würde die Zustellungen gegenüber dem Insolvenzgericht faktisch unentgeltlich ausführen. Es ist ihm daher **zusätzlich zur Auslagenerstattung** ein **Vergütungszuschlag** je Zustellung ohne Schwellenwert **zu gewähren** (siehe eingehend § 14 Rz. 43 ff.).[256] 190

IV. Kürzungstatbestände alphabetisch

1. Arbeitsersparnis durch vorläufige Insolvenzverwaltung (§ 3 Abs. 2 lit. a InsVV)

a) Der Zweck der Regelung

Als Tatbestand einer Vergütungskürzung nennt § 3 Abs. 2 InsVV an erster Stelle die Tätigkeit eines vorläufigen Verwalters im Insolvenzeröffnungsverfahren (§ 3 Abs. 2 lit. a InsVV). Dadurch soll berücksichtigt werden, dass der vorläufige Verwalter **erhebliche Vorarbeiten** für die Verfahrenseröffnung leisten kann und die **Tätigkeit** des endgültigen Insolvenzverwalters dadurch **erleichtert** wird.[257] Voraussetzung des Kürzungstatbestandes ist, dass der vorläufige Insolvenzverwalter durch seine Tätigkeit tatsächlich dem endgültigen Insolvenzverwalter Arbeitsleistung erspart hat; die bloße Bestellung eines vorläufigen Insolvenzverwalters genügt nicht.[258] Ein Zurückbleiben hinter der Regelvergütung ist deshalb nicht schon in jedem Falle der Bestellung eines vorläufigen Verwalters geboten. Nicht maßgebend ist, ob der vorläufige Verwalter als sog. schwacher oder starker vorläufiger Verwalter mit oder ohne Übertragung der Verfügungsbefugnis (§ 21 Abs. 2 Nr. 1, § 22, § 24 Abs. 1 InsO)[259] des Schuldners bestellt worden ist. Vorläufiger und endgültiger Verwalter müssen auch nicht personenidentisch sein. § 3 Abs. 2 lit. a InsVV gilt auch, wenn **vorläufige** 191

253) BGH, Beschl. v. 21.12.2006 – IX ZB 129/05, ZIP 2007, 440 = NZI 2007, 244; *Bruns* in: MünchKomm-InsO, § 8 Rz. 41.

254) BGH, Beschl. v. 21.3.2013 – IX ZB 209/10, ZIP 2013, 833 = NZI 2013, 487 m. Anm. *Stoffler*, dazu EWiR 2013, 383 *(Keller)*.

255) *Büttner* in: HambKomm-InsO, 5. Aufl. 2015, § 3 Rz. 11; ein wenig unklar *Amberger* in: Leonhardt/Smid/Zeuner, InsVV, § 3 Rz. 81.

256) Überholt LG Hamburg, Beschl. v. 13.4.2011 – 326 T 25/11, juris (ab der 100. Zustellung); nicht eindeutig *Graeber/Graeber*, InsVV, § 3 Rz. 368.

257) LG Potsdam, Beschl. v. 22.11.2007 – 5 T 523/06, ZInsO 2008, 154; LG Offenburg, Beschl. v. 5.1.2018 – 1 T 26/18, juris; LG Hamburg, Beschl. v. 10.1.2019 – 330 T 84/18, ZVI 2019, 286; AG Norderstedt, Beschl. v. 14.8.2019 – 66 IN 34/15, ZInsO 2019, 1971; für den Fall der Sequestration im Konkurseröffnungsverfahren LG Siegen, Beschl. v. 4.1.1988 – 4 T 221, 225/87, ZIP 1988, 326; *Prasser/Stoffler* in: KPB, InsO, § 3 InsVV Rz. 135 ff.; *Graeber/Graeber*, InsVV, § 3 Rz. 382 ff.; zu allgemein als „Anrechnung des Honorars" bezeichnet bei *Hess*, InsO, § 3 InsVV Rz. 127.

258) *Lorenz* in: FK-InsO, § 3 InsVV Rz. 60 ff.; *Prasser/Stoffler* in: KPB, InsO, § 3 InsVV Rz. 136; Blersch/Goetsch/Haas-*Blersch*, InsO, § 3 InsVV Rz. 26.

259) Dazu allgemein *Jaeger/Gerhardt*, InsO, § 22 Rz. 17 ff.; Uhlenbruck-*Langer*, InsO, § 22 Rz. 2, 6 ff.; *Blankenburg* in: KPB, InsO, § 22 Rz. 15 ff., 124 ff.; *Laroche* in: HK-InsO, § 22 Rz. 3 ff., 9 ff.; *Frege/Keller/Riedel*, Rz. 2.420 ff.; *Keller*, Insolvenzrecht, Rz. 625 ff.

Eigenverwaltung angeordnet war und der Insolvenzverwalter durch die Tätigkeit des eigenverwaltenden Schuldners oder des vorläufigen Sachwalters Arbeitsersparnis erfahren hat.[260)]

192 Wurde vor dem Insolvenzverfahren ein **Verfahren der Unternehmensstabilisierung und -restrukturierung** nach dem StaRUG durchgeführt und war dort ein Restrukturierungsbeauftragter oder auch ein Sanierungsmoderator tätig, kann eine Vergütungskürzung für den späteren vorläufigen Insolvenzverwalter oder Sachwalter oder den späteren Insolvenzverwalter in Betracht kommen. Hier muss aber differenziert betrachtet werden, worin die **Aufgaben des Restrukturierungsbeauftragten** bestanden und ob eine Arbeitsersparnis für die spätere Insolvenzverwaltung gegeben ist. Allein die Tatsache, dass ein Instrument nach §§ 29 ff. StaRUG in Anspruch genommen wurde und ein Restrukturierungsbeauftragter bestellt wurde, rechtfertigt keine Kürzung der Vergütung. Bestand die Aufgabe des Restrukturierungsbeauftragten in der Überwachung der Geschäftstätigkeit des Schuldners oder wurde sogar die Überwachung des Zahlungsverkehrs angeordnet, kann eine Arbeitsersparnis für die spätere Verwaltertätigkeit in Betracht kommen.

b) Die weite Auslegung des BGH

193 Der **BGH wendet** dagegen **den Kürzungstatbestand** des § 3 Abs. 2 lit. a InsVV **großzügig** an und lässt es genügen, wenn der vorläufige Verwalter durch seine Tätigkeit dem Verwalter im eröffneten Verfahren Vorarbeiten zur Verwertung der Insolvenzmasse erspart.[261)] In dem der Entscheidung vom 11.5.2006 zugrunde liegenden Sachverhalt war die Insolvenzverwalterin auch vorläufige Insolvenzverwalterin und zur Sachverständigen im Eröffnungsverfahren bestellt. In dieser Eigenschaft erstattete sie ein Gutachten zur Massekostendeckung und bewertete das Vermögen des Schuldners. Auf dieses griff sie i. R. der späteren Verwertung zurück. Die **weite Auslegung** des Kürzungstatbestandes des § 3 Abs. 2 lit. a InsVV ist **abzulehnen.** Es ist regelmäßig der Fall, dass der Insolvenzverwalter im eröffneten Verfahren auf die Ermittlungen und Bewertungen des zumeist von ihm selbst erstatteten Sachverständigengutachtens zurückgreift. Auf das Sachverständigengutachten im eröffneten Verfahren Zugriff zu nehmen, stellt dabei keine erhebliche Arbeitsersparnis des Insolvenzverwalters dar. Auch werden mit der Einbeziehung insbesondere der Sachverständigentätigkeit in die Vergütung unterschiedliche Rechtspositionen miteinander vermischt, die an anderer Stelle – bspw. durch § 11 Abs. 4 InsVV – ausdrücklich getrennt behandelt werden. Dies als Kürzungstatbestand für die Vergütung anzunehmen würde bedeuten, den Kürzungstatbestand zur Regel zu erheben. Dies widerspräche dem Sinn der Norm, die nur ausnahmsweise Abweichungen vom Normalfall regeln soll. Ferner werden die Aufgaben des Sachverständigen mit denen des vorläufigen Insolvenzverwalters vermengt.

194 Zumindest bei **Anordnung einer sog. schwachen vorläufigen Insolvenzverwaltung** ist die Sachverständigentätigkeit nicht Teil dieser vorläufigen Verwaltung; § 22 Abs. 1 Nr. 3 InsO gilt nicht entsprechend.[262)] Sie ist in jedem Fall besonders zu vergüten (siehe unten § 7 Rz. 3 f.). Allein dass im Sachverhalt der Entscheidung vom 11.5.2006 die vorläufige Verwalterin als Sachverständige keine Vergütung beantragt hatte, genügt nicht, ihr diese

---

260) BGH, Beschl. v. 7.10.2021 – IX ZB 42/20, ZRI 2022, 40 = DZWIR 2022, 456 m. Anm. *Martini*, dazu EWiR 2022, 147 *(Stoffler)*.

261) BGH, Beschl. v. 11.5.2006 – IX ZB 249/04, ZIP 2006, 1204 = NZI 2006, 464 m. Anm. *Nowak*; BGH, Beschl. v. 1.2.2007 – IX ZB 279/05, JurBüro 2007, 267; BGH, Beschl. v. 16.9.2010 – IX ZB 200/08, NZI 2010, 941; zurückhaltend dagegen noch BGH, Beschl. v. 2.2.2006 – IX ZB 167/04, ZIP 2006, 483.

262) *Frege/Keller/Riedel*, Insolvenzrecht, Rz. 2.336 ff.; zur gesetzlichen Aufgabenzuweisung beim sog. starken vorläufigen Insolvenzverwalter Uhlenbruck-*Langer*, InsO, § 22 Rz. 253 ff.; zu allgemein *Jaeger/Gerhardt*, InsO, § 22 Rz. 147 ff.

Tätigkeit als eine der vorläufigen Verwaltung negativ anzurechnen. Deshalb greift auch das mögliche Argument des Verbots der Doppelvergütung nicht. § 3 Abs. 2 lit. a InsVV ist als Korrektiv zu sehen, wenn der vorläufige Verwalter Tätigkeiten entfaltet hat, die dem endgültigen Insolvenzverwalter zugutekommen,[263] nicht aber als Gesamtkürzungstatbestand bei vermeintlicher Arbeitsersparnis oberhalb einer Bagatellgrenze.[264]

Allein die **Bestellung zum Sachverständigen** im Insolvenzeröffnungsverfahren rechtfertigt daher die Anwendung des § 3 Abs. 2 lit. a InsVV nicht. Dies hat der BGH mit Beschluss vom 18.6.2009[265] in Abgrenzung zur früheren Rechtsprechung klargestellt.[266] 195

Eine besondere Problematik der Anwendung des § 3 Abs. 2 lit. a InsVV ergibt sich, wenn für bestimmte Tatbestände bereits **dem vorläufigen Insolvenzverwalter ein Zuschlag** auf seine Vergütung gewährt wurde und für denselben Tatbestand für den endgültigen Insolvenzverwalter eine Erhöhung der Vergütung in Betracht kommt. In diesen Fällen darf nicht pauschal ein Erhöhungstatbestand für den endgültigen Insolvenzverwalter verneint werden oder gar die Vergütung gekürzt werden.[267] Zunächst ist zu beachten, dass die **Vergütung des vorläufigen Insolvenzverwalters aus sich heraus** zu bewerten ist, mithin seine Arbeitstätigkeit unter Beachtung der ihm zugewiesenen Kompetenzen zu vergüten ist. Hatte demnach der vorläufige Insolvenzverwalter bspw. in Ansehung der Sicherung der Insolvenzmasse, auch und gerade unter Einbeziehung der mit Absonderungsrechten behafteten Gegenstände, eine erhebliche Arbeitsbelastung, ist entsprechend § 3 Abs. 1 lit. a InsVV seine Vergütung nach § 11 InsVV zu erhöhen. Stellt **nach Eröffnung** des Insolvenzverfahrens die Bearbeitung der mit Aussonderungsrechten oder Absonderungsrechten behafteten Gegenstände **auch für den endgültigen Insolvenzverwalter** eine **erhebliche Arbeitsbelastung** dar, ist auch seine Vergütung zu erhöhen. 196

Eine Vergütungserhöhung könnte mit Hinweis auf § 3 Abs. 2 lit. a InsVV nur dann verweigert werden, wenn durch die Tätigkeit als vorläufiger Insolvenzverwalter die Bearbeitung der betreffenden Vermögenswerte während des eröffneten Insolvenzverfahrens erheblich erleichtert wurde. Es ist deshalb **nicht richtig**, pauschal **dem endgültigen Insolvenzverwalter eine Vergütungserhöhung** mit dem Argument **zu verweigern**, er **habe bereits als vorläufiger Insolvenzverwalter für den vergleichbaren Tatbestand eine solche erhalten.** Damit würde der unterschiedlichen Kompetenzzuweisung an den vorläufigen und an den endgültigen Insolvenzverwalter und den konkreten unterschiedlichen Arbeitsbelastungen sachlich nicht Rechnung getragen. 197

2. Delegation an externe Dienstleister

a) Grundsätze

Eine Kürzung der Regelvergütung kann gerechtfertigt sein, wenn der Insolvenzverwalter durch Delegation an externe Dienstleister sich selbst in erheblichem Maße Arbeitsleis- 198

263) So zutreffend für die Verwertung durch den vorläufigen Insolvenzverwalter BGH, Beschl. v. 11.5.2006 – IX ZB 249/04, Rz. 31, ZIP 2006, 1204 = NZI 2006, 464 m. Anm. *Nowak*.

264) Nach BGH, Beschl. v. 11.5.2006 – IX ZB 249/04, Rz. 24, ZIP 2006, 1204 = NZI 2006, 464 m. Anm. *Nowak*, sind mehr als 5 % Abweichung maßgebend.

265) BGH, Beschl. v. 18.6.2009 – IX ZB 97/08, ZIP 2009, 1630 = ZVI 2009, 390.

266) Ebenso LG Berlin, Beschl. v. 21.11.2017 – 20 T 120/17, ZInsO 2018, 72; AG Norderstedt, Beschl. v. 14.8.2019 – 66 IN 34/15, ZInsO 2019, 1971.

267) *Nowak* in: MünchKomm-InsO, 2. Aufl. 2007, § 3 InsVV Rz. 25.

tung erspart hat.[268)] Bei der **Delegation einzelner Tätigkeiten** an externe Dienstleister sind **folgende Aspekte zu berücksichtigen** (siehe oben § 2 Rz. 137 ff.):[269)]

- Rechtliche Zulässigkeit und sachliche Angemessenheit einer erfolgten Delegation an einen externen Dienstleister;
- Unterscheidung, ob die delegierte Tätigkeit eine sog. Regelaufgabe des Insolvenzverwalters betrifft oder eine Tätigkeit, die, wenn sie der Insolvenzverwalter selbst ausgeführt hätte, einen Erhöhungstatbestand zur Folge gehabt hätte:
  - Bei der zulässigen Delegation einer Regelaufgabe ist die Vergütung um die Arbeitsersparnis des Insolvenzverwalters zu mindern.[270)]
  - Bei der zulässigen Delegation eines besonderen Tatbestandes ist der betreffende Erhöhungstatbestand um die Arbeitsersparnis zu kürzen. Ein vollständiger Wegfall des Erhöhungstatbestandes kommt regelmäßig nicht in Betracht, da auch bei erfolgter Delegation der besondere Arbeitsaufwand des Insolvenzverwalters nicht vollständig wegfällt.

b) Aspekte der Delegation einzelner Tätigkeiten

199 Die Delegation einzelner Tätigkeiten dient primär nicht der Arbeitsersparnis für den Insolvenzverwalter, auch wenn sie im Einzelfall eine solche mit sich bringen kann. Beispielsweise erfolgt die **Erfassung und Bewertung spezieller Vermögenswerte** durch spezialisierte Dienstleister der objektiven Feststellung des Wertes und der Realisierung der Vermögenswerte. Gleiches gilt für die Beauftragung von Anwaltskanzleien zur Aufarbeitung spezieller Rechtsfragen. Die Delegation solcher Tätigkeiten sichert die Objektivität der Beurteilung einzelner Sachverhalte. Eine völlige Arbeitsersparnis für den Insolvenzverwalter ist in keinem Fall der Delegation einer Tätigkeit gegeben. Beispielsweise dient auch die Beauftragung spezieller Dienstleister mit dem sog. M&A-Prozess der Vorbereitung einer übertragenden Sanierung durch Auswahl geeigneter Investoren an Spezialmärkten (siehe dazu § 2 Rz. 188).

200 Der Insolvenzverwalter in der **Unternehmensinsolvenz** handelt in seiner Tätigkeit als **wirtschaftlich** tätiger **Führer eines Unternehmens** und nicht lediglich als Sicherungs- oder Liquidationsorgan. Er unterliegt damit auch den insbesondere international geltenden Standards an verantwortungsvolle Unternehmensführung und entsprechenden Haftungsregelungen. Es entspricht insoweit der Rechtsprechung des BGH, dass der Unternehmensführer bei wichtigen Fragen auch den Rat Dritter einholt und sich bei seiner Entscheidungsfindung entsprechend absichert.[271)] Die Delegation einzelner Tätigkeiten erfolgt daher nicht zum Zwecke der Arbeitsersparnis, sondern in Erfüllung der gesetzlichen und durch Rechtsprechung normierten Pflichten.

201 Eine Kürzung der Vergütung in Anwendung des § 3 Abs. 2 InsVV darf deshalb **keine Minderung** der Vergütung **mit der Begründung** darstellen, er habe selbst **keine oder weniger Arbeitstätigkeit** erbracht. Sie darf lediglich die festgestellte Gesamtvergütung um einen **Faktor an Arbeitsersparnis** mindern. Bei der Berücksichtigung von Delegation einzelner Tätigkeiten i. R. der Vergütungsfestsetzung ist zu unterscheiden, ob die konkrete Tätig-

268) LG Augsburg, Beschl. v. 26.11.1996 – 7 T 4191/96, Rpfleger 1997, 317; *Graeber/Graeber*, InsVV, § 3 Rz. 425 ff.

269) *Lorenz* in: FK-InsO, § 3 InsVV Rz. 81; eingehend *Bork*, ZIP 2009, 1747; *Graeber/Graeber* NZI 2012, 355.

270) BGH, Beschl. v. 12.9.2019 – IX ZB 1/17, ZIP 2019, 2016 = NZI 2019, 989 m. Anm. *Graeber*.

271) Allgemein BGH, Urt. v. 20.9.2011 – II ZR 234/09, ZIP 2011, 2097 = NJW-RR 2011, 1670.

keit zu den Aufgaben gehört, die das sog. Normalverfahren mit sich bringt, die also von der Regelvergütung des § 2 InsVV ohne weiteres abgegolten wird, oder ob es sich um eine besondere Tätigkeit handelt, die eine Vergütungserhöhung nach § 3 Abs. 1 InsVV bewirkt.

c) Verhältnis zur vorläufigen Insolvenzverwaltung

Bei Delegationen an externe Dienstleister sind auch Verfahrensabschnitte voneinander zu trennen und zu bewerten. Es dürfen insbesondere **Delegationen des Eröffnungsverfahrens nicht** mit der Tätigkeit des Insolvenzverwalters im eröffneten Insolvenzverfahren **vermischt** werden. Dies würde ansonsten zu einer doppelten der Kürzung der Vergütung führen. Es müssen vielmehr die delegierten Tätigkeiten sachlich und auch hinsichtlich der gezahlten Honorare differenziert werden. Dies kann mit Schwierigkeiten verbunden sein bei Tätigkeiten, welche sowohl das Eröffnungs- als auch das eröffnete Insolvenzverfahren betreffen. Insbesondere Sanierungsbemühungen, die bereits im Eröffnungsverfahren begonnen hatten und bei welchen zulässig Dienstleister beauftragt wurden, fließen auch in das eröffnete Verfahren ein. Bei Tätigkeiten aus der Zeit vor Insolvenzantragstellung ist dagegen zu prüfen, ob diese überhaupt die Arbeitsleistung sowohl im Eröffnungsverfahren als auch im eröffneten Insolvenzverfahren betreffen und eine Arbeitsersparnis bewirkt haben. Auch bei der Anwendung des § 3 Abs. 2 lit. a InsVV im Zusammenhang mit Delegationen an externe Dienstleister darf es nicht zu einer doppelten Kürzung der Vergütung und damit gleichsam zu einer „Kürzungskaskade" kommen, indem etwa eine Arbeitsersparnis durch Delegation im Eröffnungsverfahren sowohl bei der Vergütung des vorläufigen Insolvenzverwalters als auch bei der Vergütung des Insolvenzverwalters berücksichtigt wird. 202

3. Hohe Insolvenzmasse und geringer Arbeitsbelastung (§ 3 Abs. 2 lit. d InsVV)

Als Gegenstück zum Erhöhungstatbestand des § 3 Abs. 1 lit. c InsVV kann der Kürzungstatbestand des § 3 Abs. 2 lit. d InsVV gesehen werden. Eine hohe Insolvenzmasse kann auch bei Degression der Regelvergütung einen hohen Vergütungsbetrag begründen; wenn demgegenüber die Anforderungen an die Tätigkeit des Verwalters gering waren,[272] wäre eine hohe Regelvergütung unangemessen. Der Verordnungsgeber hält es daher für gerechtfertigt, in diesem Fall eine Kürzung der Regelvergütung vorzunehmen.[273] 203

Der Kürzungstatbestand greift erst dann ein, wenn die **Insolvenzmasse besonders hoch** ist und die daraus sich ergebende Vergütung unangemessen zur geringen Tätigkeit des Insolvenzverwalters ist. Die Vorschrift enthält zwei Tatbestandsvoraussetzungen: Eine hohe Insolvenzmasse wird allgemein ab einem Betrag von 250 000 € (so bei § 3 Abs. 1 lit. c InsVV)[274] angenommen. Dem muss eine außergewöhnlich geringe Tätigkeit des Insolvenzverwalters gegenüberstehen. Dies ist bspw. der Fall, wenn die Insolvenzmasse praktisch nur aus baren Geldbeständen besteht, insbesondere auch aus freien Kontoguthaben. 204

Eine geringe Arbeitsbelastung kann auch vorliegen, wenn das Insolvenzverfahren i. R. der **strafrechtlichen Vermögensabschöpfung** nach **§ 111i StPO** durchgeführt wird. Der Insolvenzverwalter hat dann die beschlagnahmten Vermögenswerte zu verwerten und den Erlös i. R. des Insolvenzverfahrens an die im Strafverfahren festgestellten Berechtigten 205

272) LG Oldenburg, Beschl. v. 29.10.1970 – T 462/70, KTS 1971, 229; *Prasser/Stoffler* in: KPB, InsO, § 3 InsVV Rz. 149; Blersch/Goetsch/Haas-*Blersch*, InsO, § 3 InsVV Rz. 32 ff.

273) Begr. z. Entwurf einer InsVV (§ 3), abgedr. unten in Anh. III, S. 689, 697, 698.

274) *Prasser/Stoffler* in: KPB, InsO, § 3 InsVV Rz. 149; *Graeber/Graeber*, InsVV, § 3 Rz. 395 ff.

(§ 73d StGB) auszukehren.[275] Die Ermittlung von Insolvenzmasse sowie Forderungsanmeldung und -prüfung finden praktisch nicht statt.

206 Der **BGH legt den Kürzungstatbestand** dagegen **weit aus** und lässt es genügen, wenn die **Arbeitsleistung des Insolvenzverwalters gering** war. Die Kürzung der Vergütung sei auch dann erlaubt, wenn die Insolvenzmasse nicht außergewöhnlich hoch war.[276] Er begründet dies mit dem Argument, § 3 Abs. 2 InsVV enthalte ebenso wie § 3 Abs. 1 InsVV nur Regelbeispiele und lasse weitere Kürzungstatbestände zu. Das ist grundsätzlich richtig. Wo aber § 3 Abs. 2 lit. d InsVV ausdrücklich die Voraussetzungen einer Kürzung definiert, ist eine über die Tatbestandsvoraussetzungen der Norm hinausgehende Anwendung bedenklich. Im Übrigen sagt der BGH nicht, in welchen Fällen auch bei geringer Insolvenzmasse die Arbeitsleistung des Insolvenzverwalters so gering ist, dass eine Kürzung zulässig ist. Die Ausführungen des BGH deuten auf eine **reziproke Anwendung der Erhöhungskriterien** des § 3 Abs. 1 InsVV hin: Wenn dort wegen eines Tatbestandes eine Erhöhung der Vergütung angezeigt ist, ist bei Nichterreichen der entsprechenden Grenze eine Kürzung denkbar.[277] Dieses Argument greift im einfachen Fall der Zahl der Forderungsanmeldungen. Liegt die „Normalzahl" bei 100 Forderungsanmeldungen, ist bei nur 20 Forderungsanmeldungen ein unterdurchschnittliches Verfahren gegeben.[278] Die weitere Argumentation des BGH, es seien in einer Gesamtwürdigung alle Zu- und Abschlagskriterien zu würdigen,[279] hilft aber nicht weiter. Es besteht damit die Gefahr, die Bestimmung der Vergütung in eine nicht durch sachliche Kriterien begründete Beliebigkeit abgleiten zu lassen. Im Ergebnis ist die weite, dem Wortlaut der Norm nicht entsprechende Auslegung durch den BGH abzulehnen.[280]

207 Eine Kürzung der Vergütung wegen geringer Arbeitsbelastung des Insolvenzverwalters muss deshalb **auf die Fälle beschränkt bleiben**, bei denen die Arbeitsbelastung erheblich unter derjenigen in einem durchschnittlichen Verfahren liegt und bei denen die Insolvenzmasse außergewöhnlich hoch ist. Dies wird an nachfolgendem Beispiel deutlich:[281]

Beispiel:

Über das Vermögen des Schuldners wurde das Insolvenzverfahren eröffnet. Die Schuldenmasse beträgt 27 000 €. Während des Insolvenzverfahrens gewinnt der Schuldner 500 000 € im Lotto. Diese werden vom Insolvenzverwalter vereinnahmt, alle Gläubiger werden befriedigt. Insolvenzverwalter und Schuldner streiten sich über die Höhe der Vergütung.

Die Insolvenzmasse als Berechnungsgrundlage der Vergütung beträgt 500 000 €. Der Lottogewinn gehört als Neuerwerb zur Insolvenzmasse nach § 35 InsO. Die Regelvergütung hieraus beträgt in einem bis 31.12.2020 beantragten Verfahren 37 750 €, in einem seit 1.1.2021 beantragten Verfahren 49 050 €. Die Tätigkeit des Insolvenzverwalters war denkbar gering. Hier ist es angezeigt, die Vergütung nach § 3 Abs. 2 lit. d InsVV massiv zu kürzen. Bestand die Tätigkeit des Insolvenzverwalters tatsächlich nur in der Vornahme der Überweisungen – abgesehen

---

275) Begr. RegE Gesetz zur Reform der strafrechtlichen Vermögensabschöpfung, BT-Drucks. 18/9525, S. 50; Gercke/Temming/Zöller-*Gercke/Grözinger*, StPO, § 111i Rz. 2.

276) BGH, Beschl. v. 23.3.2006 – IX ZB 20/05, ZIP 2006, 858 = ZVI 2006, 262; bestätigt durch BGH, Beschl. v. 11.5.2006 – IX ZB 249/04, ZIP 2006, 1204 = NZI 2006, 464 m. Anm. *Nowak*; BGH, Beschl. v. 15.12.2011 – IX ZB 229/09, NZI 2012, 144; ähnlich zu unterdurchschnittlichem Verfahren AG Goslar, Beschl. v. 29.4.2010 – 33 IN 94/09, NZI 2010, 691.

277) BGH, Beschl. v. 11.5.2006 – IX ZB 249/04, Rz. 40–42, ZIP 2006, 1204 = NZI 2006, 464 m. Anm. *Nowak*.

278) BGH, Beschl. v. 11.5.2006 – IX ZB 249/04, Rz. 43, ZIP 2006, 1204 = NZI 2006, 464 m. Anm. *Nowak*.

279) BGH, Beschl. v. 11.5.2006 – IX ZB 249/04, Rz. 44, ZIP 2006, 1204 = NZI 2006, 464 m. Anm. *Nowak*.

280) So auch *Prasser/Stoffler* in: KPB, InsO, § 3 InsVV Rz. 150.

281) AG Göttingen, Beschl. v. 8.9.2011 – 74 IN 235/09, ZIP 2012, 539 = NZI 2012, 32.

von den „formalen“ Tätigkeiten der Forderungsprüfung und Rechnungslegung –, ist eine Kürzung der Vergütung auf 10 % wohl gerechtfertigt.

4. Überschaubare Vermögensverhältnisse (§ 3 Abs. 2 lit. e InsVV)

Der Kürzungstatbestand des § 3 Abs. 2 lit. e InsVV wurde als Folge der Aufhebung der 208 §§ 312 ff. InsO zum Verbraucherinsolvenzverfahren und im Zusammenhang mit der Neuregelung des § 13 InsVV durch das Gesetz zur Verkürzung des Restschuldbefreiungsverfahrens[282] mit Wirkung vom 1.7.2014 eingefügt. Er nimmt die Definition des Verbrauchers aus § 304 InsO auf und soll für ein vereinfachtes Verfahren eine einfachere Verfahrensabwicklung berücksichtigen.[283] Der **Kürzungstatbestand** ist in seinem Wortlaut aber **nicht auf die Verbraucherinsolvenz beschränkt**, er kann auch in der Regelinsolvenz der natürlichen Person oder in der Unternehmensinsolvenz Anwendung finden, ferner in der Nachlassinsolvenz. Ein Anhaltspunkt auch für die Regelinsolvenz kann die Durchführung im schriftlichen Verfahren unter den Voraussetzungen des § 5 Abs. 2 InsO sein.[284] Insbesondere kann die Zahl der am Verfahren beteiligten Gläubiger ein geeigneter Anhaltspunkt für überschaubare Vermögensverhältnisse sein.[285] Im **Nachlassinsolvenzverfahren** ist eine Kürzung denkbar, wenn der Insolvenzverwalter lediglich das Guthaben eines Treuhandkontos übernehmen musste und drei Gläubiger beteiligt waren.[286]

Für die Verbraucherinsolvenz ist in Abgrenzung zu § 13 InsVV zu berücksichtigen, dass 209 diese Vorschrift für die niedrigere Mindestvergütung voraussetzt, dass der Insolvenzverwalter durch die **Vorarbeiten der geeigneten Person oder Stelle** nach § 305 Abs. 1 Nr. 1 InsO und den mit ihrer Hilfe erstellten Verzeichnissen zur Insolvenzeröffnung tatsächlich Arbeitsersparnis erfahren hat.[287] Insofern darf dieser Aspekt nicht zu einer doppelten Vergütungskürzung führen. Es ist in einem **ersten Schritt zu klären**, von **welcher Regelvergütung auszugehen** ist, ob also § 2 Abs. 1 InsVV oder die Mindestvergütung nach § 2 Abs. 2 InsVV i. H. von 1 000 € oder in der Verbraucherinsolvenz diejenige nach § 13 InsVV i. H. von 800 € gilt.

Der **Kürzungstatbestand überschaubarer Vermögensverhältnisse** darf auch nicht pau- 210 schal angewendet werden. Denn in jedem Fall – auch bei einem Verbraucherinsolvenzverfahren – kann der Arbeitsaufwand des Insolvenzverwalters erheblich sein, so dass auch mögliche Erhöhungen nach § 3 Abs. 1 InsVV denkbar sind. Ferner ist bei der Mindestvergütung des § 13 InsVV zu berücksichtigen, dass diese gegenüber derjenigen des § 2 Abs. 2 InsVV bereits niedriger angesetzt ist (siehe § 11 Rz. 47 ff.). Die pauschale Anwendung des Kürzungstatbestandes würde dann zu einer weiteren Kürzung der ohnehin wegen geringerer Arbeitsbelastung niedrigeren Mindestvergütung führen. Der **BGH** ließ bspw. eine Kürzung der Vergütung in einem Verfahren mit vier Gläubigern und Insolvenzmasse in Form von Arbeitseinkommen und Arbeitslosengeld zu.[288] Allgemein soll eine Kürzung der Mindestvergütung des § 13 InsVV möglich sein, wenn wegen der Überschaubarkeit der Vermögensverhältnisse und der geringen Zahl der Gläubiger oder der geringen Höhe

282) Gesetz zur Verkürzung des Restschuldbefreiungsverfahrens und zur Stärkung der Gläubigerrechte – GlRStG, v. 15.7.2013, BGBl. I 2013, 2379.

283) Begr. RegE GlRStG, BT-Drucks. 17/11268, S. 43, 46.

284) LG Bochum, Beschl. v. 2.1.2018 – I-7 T 335/17, juris; AG Hamburg, Beschl. v. 17.5.2018 – 67a IN 102/18, ZVI 2018, 260.

285) LG Frankenthal, Beschl. v. 8.10.2015 – 1 T 284/15, juris.

286) LG Münster, Beschl. v. 19.12.2017 – 5 T 598/17, NZI 2018, 132.

287) LG Stuttgart, Beschl. v. 10.12.2015 – 10 T 517/15, ZVI 2016, 170 = NZI 2016, 145; dazu auch *Gortan*, NZI 2016, 339; *Wischemeyer/Schur*, ZVI 2017, 171.

288) BGH, Beschl. v. 22.9.2016 – IX ZB 82/15, InsBüro 2017, 29.

der Verbindlichkeiten der durchschnittliche Aufwand eines massearmen Verfahrens beträchtlich unterschritten wird, die Arbeitserleichterung nicht bereits darauf zurückzuführen ist, dass die Unterlagen nach § 305 Abs. 1 Nr. 3 InsO von einer geeigneten Person oder Stelle erstellt worden sind, und sich ohne Kürzung eine unangemessen hohe Vergütung ergäbe.[289] Das **LG Münster** sah den Tatbestand in einem Insolvenzverfahren als gegeben an, bei welchem acht Gläubiger am Verfahren beteiligt waren und der Insolvenzverwalter eine Lebensversicherung, einen Bausparvertrag, Anfechtungsansprüche, Steuererstattungsansprüche, pfändbares Arbeitseinkommen und Zinsen zu verwerten und zu verwalten hatte.[290] Es befürwortete eine Vergütungskürzung um 30 %. Aus der Begründung des Beschlusses geht jedoch nicht hervor, ob es sich um Regel- oder ein Verbraucherinsolvenzverfahren handelte und welche Regelvergütung anzuwenden war. Zumindest im Falle der **Verbraucherinsolvenz** stellen die erwähnten Vermögenswerte aber keinen überschaubaren Vermögensverhältnisse mit wenig Arbeitsaufwand dar, sondern ein Normalverfahren, das keine Vergütungskürzung rechtfertigt.

211 Zutreffend betont aber das LG Münster in einer weiteren Entscheidung, dass die Mindestvergütung des § 13 InsVV, und folgerichtig auch die des § 2 Abs. 2 InsVV, nur dann in Betracht kommt, wenn der **qualitative und quantitative Zuschnitt** des Insolvenzverfahrens erheblich hinter den Kriterien eines durchschnittlichen Verfahrens zurückbleibt. Dass keine Anfechtungsansprüche vorlagen, keine mit Absonderungsrechten belasteten Gegenstände zu verwerten und auch sonst keine Verwertungstätigkeiten zu erledigen waren, genügt nicht für eine Kürzung der Mindestvergütung.[291]

5. Verfahrenskoordinator (§ 3 Abs. 2 lit. f InsVV)

212 Im Zusammenhang mit den Änderungen der InsO durch das Gesetz zur Bewältigung von Konzerninsolvenzen[292], das am 21.4.2018 in Kraft getreten ist, wurde mit dem **Verfahrenskoordinator** ein neues Organ des Insolvenzverfahrens geschaffen. Seine Vergütung regelt § 269g InsO (siehe dazu § 1 Rz. 53 ff.). Die InsVV wurde nur dahingehend geändert, dass für den Insolvenzverwalter eines einbezogenen Verfahrens der Kürzungstatbestand des § 3 Abs. 2 lit. f InsVV geschaffen wurde. Da Erhöhungs- und Kürzungstatbestände tätigkeitsbezogen sind, führt nicht die Bestellung eines Verfahrenskoordinators allein zu einer Vergütungskürzung, maßgeblich ist, ob und in welchem Umfang der betreffende **Insolvenzverwalter in seinem Verfahren Arbeitsersparnis erfahren** hat. Das kann der Fall sein, wenn der Verfahrenskoordinator die **Kommunikation** zwischen den Verwaltern erleichtert oder maßgeblich einen **Koordinationsplan** erarbeitet.

213 Falsch wäre es, den Kürzungstatbestand als Kompensation zur Vergütung des Verfahrenskoordinators, die von den einbezogenen Verfahren zu tragen ist, zu betrachten, als wäre dessen Tätigkeit ein Nullsummenspiel.[293] Es muss hingenommen werden, dass in der Summe der Vergütungen und Verfahrenskosten der Konzerninsolvenz die Tätigkeit des Verfahrenskoordinators erhöhend zu Buche schlägt.

6. Vorzeitige Beendigung des Amtes (§ 3 Abs. 2 lit. c InsVV)

214 Im Fall des § 3 Abs. 2 lit. c InsVV soll eine Kürzung der Vergütung erfolgen, wenn das **Amt des Verwalters vorzeitig endet**, z. B. bei Abwahl durch die erste Gläubigerver-

289) BGH, Beschl. v. 12.3.2020 – IX ZB 33/18, ZVI 2020, 228 = NZI 2020, 521.

290) LG Münster, Beschl. v. 23.8.2017 – 5 T 484/17, ZVI 2018, 127.

291) LG Münster, Beschl. v. 22.5.2019 – 5 T 630/18, ZInsO 2020, 322.

292) Gesetz zur Bewältigung von Konzerninsolvenzen, v. 13.4.2017, BGBl. I 2017, 866.

293) Zu Recht kritisch auch *Zimmer*, InsVV, § 3 Rz. 242 ff.

sammlung nach § 57 InsO oder Entlassung nach § 59 Abs. 1 InsO,[294] oder wenn das Verfahren vorzeitig beendet wird, z. B. im Fall einer Einstellung mangels Masse nach § 207 InsO schon kurz nach Insolvenzeröffnung oder nach § 213 InsO.[295] In der Berechnungsweise soll der Kürzungsumfang vorweg ermittelt werden, erst dann sind dem Insolvenzverwalter mögliche Erhöhungstatbestände zuzurechnen (siehe § 6 Rz. 6 ff.).[296]

7. Wesentliche Masseverwertung (§ 3 Abs. 2 lit. b InsVV)

War die Masse bereits zu einem wesentlichen Teil verwertet, als der Verwalter sein Amt übernommen hat, kann auch das eine Minderung der Regelvergütung rechtfertigen (§ 3 Abs. 2 lit. b InsVV). Dies kann bereits bei Insolvenzeröffnung der Fall sein, wenn bspw. in der Insolvenz einer Konzernmutter oder einer Holding-Gesellschaft lediglich Geldbestände oder Gesellschaftsbeteiligungen übernommen werden. Auch im Falle eines Verwalterwechsels im laufenden Verfahren kann gegenüber dem neuen Verwalter § 3 Abs. 2 lit. b InsVV Anwendung finden. Im **Verhältnis zur Tätigkeit des vorläufigen Insolvenzverwalters** kann der Kürzungstatbestand eingreifen, wenn der vorläufige Insolvenzverwalter bspw. eine übertragende Sanierung des insolventen Unternehmens schon so weit vorbereitet hat, dass diese nach Insolvenzeröffnung nur vollzogen zu werden braucht. Insoweit war dem vorläufigen Insolvenzverwalter auch ein Zuschlag zu seiner Vergütung zu gewähren. 215

V. Synopse der Erhöhungstatbestände nach Faustregeltabellen

Die nachfolgende Darstellung enthält die wichtigsten Erhöhungstatbestände sachlich geordnet unter Berücksichtigung der Faustregeltabellen, die in der vergütungsrechtlichen Literatur angeboten werden. Die Darstellung enthält weiter einschlägige instanzgerichtliche Rechtsprechung zu einzelnen Einzeltatbeständen auch zur Vergütung des vorläufigen Insolvenzverwalters. 216

Der am Ende jeweils selbst vorgeschlagene Zuschlagsfaktor ist nicht rechnerisches Mittel der vorstehenden Faktoren. Ausgewertet sind:[297] 217

- *Lorenz* in: Frankfurter Kommentar zur InsO, 9. Aufl. 2018 § 3 InsVV Rz. 85 (zit.: FK);
- *Nowak* in: Münchener Kommentar zur InsO, 2. Aufl. 2007, § 3 InsVV Rz. 23 (zit.: MünchKomm);[298]
- *Hess*, Insolvenzrecht, 2. Aufl. 2013, § 3 InsVV Rz. 118 (zit.: *Hess*); die Neuauflage als Kölner Kommentar zur InsO enthält keine tabellarische Darstellung (*Roth* in: KölnKomm, 2021, § 3 Rz. 82 ff.)
- *Prasser/Stoffler* in: KPB, InsO, Stand: 3/2025, § 3 InsVV Rz. 127 (zit.: KPB).

294) Uhlenbruck-*Zipperer*, InsO, § 59 Rz. 7 ff.; *Frege/Keller/Riedel*, Insolvenzrecht, Rz. 3.18 ff.

295) BGH, Beschl. v. 16.10.2008 – IX ZB 247/06, NZI 2009, 57.

296) BGH, Beschl. v. 16.12.2004 – IX ZB 301/03, ZIP 2005, 180 = DZWIR 2005, 291 m. Anm. *Keller*, dazu EWiR 2005, 401 *(Rendels)*; LG Hamburg, Beschl. v. 13.2.2025 – 326 T 27/24, ZRI 2025, 423 = ZVI 2025, 315.

297) Ein alphabetischer Katalog ohne Prozentvorschläge, jedoch mit Rspr.-Nachweisen findet sich bei *Büttner* in: HambKomm-InsO, § 3 Rz. 21 ff.; ferner bei Römermann-*Stephan*, InsO/InsR, § 3 InsVV Rz. 7 ff., 24 ff.; *Graeber/Graeber*, InsVV, § 3 Rz. 691 ff.; 129 ff.; *Zimmer*, InsVV, § 3 Rz. 137 ff.

298) Die 4. Aufl. 2019, bearbeitet von *Stephan* und *Riedel* enthält keine entsprechende Aufstellung mehr.

Erhöhungstatbestand	*FK*	*MünchKomm*	*Hess*	*KPB*	*Keller*
	Zuschlagsfaktor in %				
Altlasten					
Übernahme v. belasteten Grundstücken					50
Sanierung	bis zu 50	50	38 bis 50	10 bis 50	75
Auseinandersetzung mit Behörden					25

Erhöhungstatbestand	*FK*	*MünchKomm*	*Hess*	*KPB*	*Keller*
	Zuschlagsfaktor in %				
Anfechtungsansprüche					
Bis 10 anfechtbare Rechtshandlungen					
Mehr als 10 anfechtbare Rechtshandlungen	bis zu 50	allg. 10		25	
Besondere rechtliche Schwierigkeiten				25 bis 50	25 bis 50

LG Potsdam, Beschl. v. 5.1.2006 – 5 T 65/05, ZIP 2006, 296:

Für die Ermittlung von Anfechtungsrechten rechtfertigt auch für den vorläufigen Insolvenzverwalter einen Zuschlag i. H. von 10 %.

AG Dresden, Beschl. v. 12.11.2004 – 558 IN 163/99, ZIP 2005, 88:

1. Macht der schwache vorläufige Insolvenzverwalter mit Zustimmungsvorbehalt von seinen Befugnissen in umfangreichem Maße Gebrauch (vgl. auch BGH, Beschl. v. 17.7.2003 – IX ZB 10/03, ZIP 2003, 1612), ist der Regelvergütungssatz für den vorläufigen Verwalter i. H. von 25 % um 10 % zu erhöhen.
2. Die zweimonatige Fortführung eines kleinen Unternehmens mit 3 Angestellten rechtfertigt einen Zuschlag i. H. von 10 %.
3. Im Hinblick auf die Rechtsprechung des BGH (Beschl. v. 29.4.2004 – IX ZB 225/03, ZIP 2004, 1653) ist für die Ermittlung und Sicherung von Anfechtungsrechten durch den vorläufigen Insolvenzverwalter ein Zuschlag i. H. von 10 % angemessen.

Erhöhungstatbestand	*FK*	*MünchKomm*	*Hess*	*KPB*	*Keller*
	Zuschlagsfaktor in %				
Arbeitsverhältnisse					
Mehr als 100 Arbeitnehmer (je weitere 100)			25 bis 44	15 bis 25	
Bearbeitung v. Insolvenzgeld					50 bis 75
Insolvenzgeldvorfinanzierung			6 bis 25	25	50 bis 75
Bearbeitung v. Kündigungen, Massenentlassungen			6	25 bis 50	50
Differenzlohnberechnung				25	10 bis 25
Abwicklung v. Betriebsvereinbarungen	allg. 25 bis 100	allg. bis 100			25 bis 50
Personalanpassungsmaßnahmen					25
Interessenausgleich/Sozialplan			25	25	50
Beschäftigungs- und Qualifizierungsgesellschaften			13 bis 50	25	50
Aufarbeitung v. Personalbuchhaltung				15	25
Kurzarbeitergeld				25	25

BGH, Beschl. v. 28.9.2006 – IX ZB 212/03, ZInsO 2007, 439:

Eine Tätigkeit des vorläufigen Insolvenzverwalters in Arbeitnehmerangelegenheiten wie die Erstellung eines Sozialplans und die Vorfinanzierung von Insolvenzgeld ist nur dann „zuschlagswürdig“ nach § 3 Abs. 1 lit. d InsVV, wenn mehr als 20 Arbeitnehmer betroffen sind, weil die Befassung besonders arbeits- und kostenintensiv ist.

BGH, Beschl. v. 12.9.2019 – IX ZB 65/18, ZIP 2019, 2018 = NZI 2019, 913:

1. Wird der vorläufige Insolvenzverwalter i. R. des ihm zustehenden Aufgabenkreises in erheblichem Umfang zur Vorbereitung einer Sanierung tätig, ist der damit verbundene Mehraufwand i. R. eines Zuschlags zu vergüten.
2. Der Tatrichter kann einen Mehraufwand für arbeitsrechtliche Sonderaufgaben und Insolvenzgeldvorfinanzierung i. R. der Bemessung des Zuschlags für die Unternehmensfortführung berücksichtigen.
3. Die Zahl der Arbeitnehmer eines schuldnerischen Unternehmens rechtfertigt für sich genommen keinen Zuschlag für arbeitsrechtliche Sonderaufgaben.
4. Ein erheblicher Mehraufwand für die Insolvenzgeldvorfinanzierung kann sich aus den notwendigen Abläufen bei einer großen Zahl von Arbeitnehmern ergeben.
5. Ein erheblicher Mehraufwand des (vorläufigen) Insolvenzverwalters für arbeitsrechtliche Sonderaufgaben oder Insolvenzgeldvorfinanzierung wird regelmäßig nicht durch eine höhere Berechnungsgrundlage aufgefangen.

LG Neubrandenburg, Beschl. v. 26.11.2002 – 4 T 257/02, ZInsO 2003, 26:

1. Gemäß § 11 Abs. 1 Satz 2 InsVV soll die Vergütung des vorläufigen Insolvenzverwalters im Normalfall einen angemessenen Prozentsatz der Vergütung des (endgültigen) Insolvenzverwalters nicht überschreiten. Als quantitative Merkmale des Normalfalls gelten:
   - Umsätze von bis zu 3 Mio. DM,
   - Arbeitnehmeranzahl geringer als 20,
   - max. 1 Betriebsstätte,
   - max. 100 Schuldnerforderungen.
2. Für den Normalfall kann hierbei ein Bruchteil von 25 % angesetzt werden.
3. Zuschläge sind bei Insolvenzgeldvorfinanzierung, Betriebsfortführung, und für die Verwaltung einer werthaltigen Immobilie gerechtfertigt.

LG Traunstein, Beschl. v. 13.4.2004 – 4 T 3690/03, ZIP 2004, 1657, dazu EWiR 2005, 185 (Höpfner).

1. Für die Fortführung eines Unternehmens mit 138 Arbeitnehmern während einer zweimonatigen vorläufigen Insolvenzverwaltung ist ein Zuschlag für den vorläufigen Insolvenzverwalter i. H. von 65 % gerechtfertigt.
2. Die Insolvenzgeldvorfinanzierung für 138 Arbeitnehmer und die Information der Arbeitnehmerschaft über den weiteren Unternehmensablauf rechtfertigt einen weiteren Zuschlag i. H. von 25 %.

LG Traunstein, Beschl. v. 26.8.2004 – 4 T 885/04, ZInsO 2004, 1198:

Als Ausgangssatz bei vorläufiger Insolvenzverwaltung ist nach § 2 InsVV ein Vergütungssatz von 25 % der Staffelvergütung als angemessen anzusehen. Für die Anpassung der Vergütung mittels Zu- und Abschlägen gilt im vorliegenden Sachverhalt:

- Betriebsfortführung: Zuschlag von 30 %,
- Befassung mit arbeitsrechtlichen Fragen i. R. der Insolvenzgeldvorfinanzierung und Auseinandersetzung mit Sozialversicherungsträgern: Zuschlag von 10 %,
- Sanierungsbemühungen durch Verhandlungen mit Kaufinteressent: Zuschlag von 5 %,
- keine erhebliche Tätigkeit i. R. der Verwaltung der gepachteten Betriebsimmobilie: Abschlag von 15 % gemäß § 3 Abs. 2 InsVV.

AG Bonn, Beschl. v. 9.7.1999 – 98 IN 23/99, ZIP 1999, 2167:

1. Der vorläufige Insolvenzverwalter hat einen Vergütungsanspruch i. H. von 50 % des Regelsatzes selbst bei einer noch nicht einmal zwei Monate dauernden Tätigkeit, wenn seine Geschäftsführung wegen der Vielzahl betroffener Arbeitnehmer und Gläubiger sowie der Tatsache, dass gegen die Schuldnerin ein Verfügungsverbot und eine Postsperre verhängt wurden, als umfangreich und schwierig zu bewerten ist.
2. Für die Festsetzung der Vergütung ist der Wert der Masse zum Zeitpunkt der Beendigung der vorläufigen Verwaltung zugrunde zu legen.

AG Chemnitz, Beschl. v. 16.3.2001 – 128 IN 1617/99, ZIP 2001, 1473, dazu EWiR 2002, 115 (U. Keller):

1. Bei einem durchschnittlichen vorläufigen Insolvenzverfahren liegt der „angemessene Bruchteil" der fiktiven Verwaltervergütung i. S. von § 11 Abs. 1 Satz 2 InsVV bei 1/4 = 25 %.
2. Die zweieinhalbmonatige Betriebsfortführung eines mittelgroßen Unternehmens (§ 267 Abs. 2 HGB) mit 2 Betriebsstätten und 120 Arbeitnehmern rechtfertigt einen Zuschlag von 100 %. Dieser ist nicht auf einen Bruchteil zu kürzen, da die größten Schwierigkeiten zumeist während der vorläufigen Verwaltung zu überwinden sind und die Tätigkeit des vorläufigen Verwalters der des endgültigen insoweit gleichwertig ist und deshalb nicht geringer vergütet werden kann.
3. Auch die Bearbeitung der Arbeitnehmerangelegenheiten (u. a. Insolvenzgeldvorfinanzierung) rechtfertigt einen weiteren ungekürzten Zuschlag von 25 %.

AG Siegen, Beschl. v. 21.6.2002 – 25 IN 25/00, ZIP 2002, 2054:

1. Wird bei Anordnung eines allgemeinen Zustimmungsvorbehaltes unter Aufsicht des „schwachen" vorläufigen Insolvenzverwalters ein bei Anordnung der vorläufigen Insolvenzverwaltung nicht eingestellter Geschäftsbetrieb eines mittleren Unternehmens zweieinhalb Monate mit rd. 50 Arbeitnehmern fortgeführt, so rechtfertigt dies die Erhöhung der Regelvergütung des vorläufigen Verwalters um einen Betrag von 50 % der fiktiven Verwaltervergütung.
2. Die Bearbeitung von Arbeitnehmerangelegenheiten (u. a. Insolvenzgeldvorfinanzierung und die Vorbereitung von Kündigungen eines Teils der Belegschaft) rechtfertigt einen weiteren Zuschlag i. H. von 10 % der fiktiven Verwaltervergütung.
3. Intensive Bemühungen des vorläufigen Verwalters um eine übertragende Sanierung erlauben einen zusätzlichen Zuschlag von 20 % der fiktiven Verwaltervergütung.

	FK	*MünchKomm*	*Hess*	*KPB*	*Keller*
Erhöhungstatbestand	**Zuschlagsfaktor in %**				
Aus- und Absonderungsrechte					
Überdurchschnittlich hohe Zahl		25	6 bis 63	25 bis 75	50
Schwierige Rechtsfragen	50 bis 75	50	50 bis 75		25 bis 50
Komplexe tatsächliche Schwierigkeiten	75 bis 150	75	75 bis 100	100 bis 150	50

BGH, Beschl. v. 24.7.2003 – IX ZB 607/02, ZIP 2003, 1757 = NZI 2003, 603:

1. Ein Zuschlag für die Bearbeitung von Aus- und Absonderungsrechten ist nicht allein deswegen gerechtfertigt, weil die Höhe der Fremdrechte oder die Anzahl der Berechtigten eine bestimmte Quote erreicht; er kommt vielmehr nur dann in Betracht, wenn die Bearbeitung den Insolvenzverwalter stärker als in entsprechenden Insolvenzverfahren allgemein üblich in Anspruch genommen hat.
2. Das Insolvenzgericht braucht nicht für jeden in Frage kommenden Zuschlags- oder Abschlagstatbestand zunächst isoliert zu entscheiden, ob er eine Erhöhung oder Ermäßigung des Regelsatzes rechtfertigt; es darf den Zuschlag für einen an sich erfüllten Erhöhungstatbestand auch dann versagen, wenn die für ein Zurückbleiben hinter dem Regelsatz sprechenden Gründe bei einer Gesamtbetrachtung gleichwertig erscheinen.

AG Chemnitz, Beschl. v. 16.3.2001 – 128 IN 1617/99, ZIP 2001, 1473, dazu EWiR 2002, 115 (U. Keller):

1. Wird der Geschäftsbetrieb während der vorläufigen Verwaltung fortgeführt, sind Aus- und Absonderungsgegenstände vom Wert des verwalteten Vermögens nicht abzusetzen, weil der vorläufige Verwalter sich mit diesen schon wegen der Betriebsfortführung in nennenswertem Umfange zu befassen hat, d. h. alle Drittrechte an Massegegenständen zu prüfen und zu berücksichtigen hat.
2. Für die umfangreiche und rechtlich besonders schwierige Prüfung der Aus- und Absonderungsrechte ist kein besonderer Zuschlag vorzunehmen, da die bloß nennenswerte Verwaltungstätigkeit bereits zu einer vollständigen Berücksichtigung bei der Bemessungsgrundlage führt. Ein Abschlag ist nur vorzunehmen, wenn sich die Verwaltertätigkeit nicht nennenswert auch auf Drittrechte erstreckt hat.

	FK	*MünchKomm*	*Hess*	*KPB*	*Keller*
Erhöhungstatbestand	**Zuschlagsfaktor in %**				
Ausländisches Recht					
Ermittlung v. Auslandsvermögen	30			25 bis 50	25
Anwendung fremden Rechts					25 bis 50

LG Braunschweig, Beschl. v. 29.1.2001 – 8 T 947/00, Rpfleger 2001, 315:

Bei der Bestimmung der angemessenen Vergütung des vorläufigen Insolvenzverwalters sind als Erhöhungsfaktoren zu berücksichtigen

- Verwaltung bzgl. eines Konzernunternehmens,
- mehrere Betriebsstätten,
- mit Aussonderungs- und Absonderungsrechten belastete Gegenstände,
- eine große Anzahl von Arbeitnehmern,
- zahlreiche Gläubiger,
- Sanierungsbemühungen,
- Massemehrung durch Einziehung hoher Forderungen,
- schwierige Rechtsfragen und
- Sachverhalte mit Auslandsberührung.

	FK	*MünchKomm*	*Hess*	*KPB*	*Keller*
Erhöhungstatbestand	**Zuschlagsfaktor in %**				
Außenstände					
Beitreibung	10 je 100 Schu.				bis 25

	FK	*MünchKomm*	*Hess*	*KPB*	*Keller*
Erhöhungstatbestand	**Zuschlagsfaktor in %**				
Bank- und Kapitalmarktrecht					
Börsennotierung				allg. 10 bis 30	10
Schuldverschreibungen					25
Sonstige Erschwernisse					25

Erhöhungstatbestand	*FK*	*MünchKomm*	*Hess*	*KPB*	*Keller*
	Zuschlagsfaktor in %				
Bauinsolvenz					
Schlechtwetter- und Kurzarbeitergeld					25
Bauabzugssteuer					10
Erfüllung schwebender Verträge					25 bis 50
Durchsetzung v. Gewährleistungsansprüchen					25 bis 50

Erhöhungstatbestand	*FK*	*MünchKomm*	*Hess*	*KPB*	*Keller*
	Zuschlagsfaktor in %				
Berichtswesen					
Außergewöhnlich hohe Zahl v. Verwalterberichten	25	25			10

AG Göttingen, Beschl. v. 27.5.2005 – 74 IN 41/01, ZInsO 2005, 871:

1. Nach der Entscheidung des BGH vom 16.12.2004 – IX ZB 301/03, ZIP 2005, 180 = DZWIR 2005, 291 m. Anm. *Keller*, ist bei vorzeitiger Beendigung nach § 213 InsO regelmäßig ein Abschlag auf die Vergütung vorzunehmen. Abzustellen ist dabei auf die Dauer und den Umfang der Tätigkeit und auf die Umstände des Einzelfalles.
2. Der hier vorliegende Ermäßigungstatbestand der vorzeitigen Verfahrensbeendigung wird durch die an sich zu gewährenden Zuschläge für den umfangreichen Schriftverkehr, die zusätzliche Gläubigerversammlung und die Forderungsanmeldungen mit besonderen Problemstellungen kompensiert.

Erhöhungstatbestand	*FK*	*MünchKomm*	*Hess*	*KPB*	*Keller*
	Zuschlagsfaktor in %				
Buchhaltung					
Aufarbeitung ungeordneter Buchhaltung					25
Aufarbeitung steuerrechtlich notwendiger Buchführung	bis 25	25		bis 25	25 bis 50
Insolvenzstatistik					5 bis 10

BGH, Beschl. v. 23.9.2004 – IX ZB 215/03, NZI 2004, 665 = DZWIR 2005, 32:

Eine unvollständige Buchhaltung, auch Personalbuchhaltung, kann einen Zuschlag rechtfertigen, wenn nicht lediglich kleinere Mängel vorliegen. AG und LG haben einen Zuschlag für fehlende Buchhaltung im vorliegenden Fall für angemessen angesehen, ihn aber zusammen für fehlende Finanz- und Personalbuchhaltung auf 0,5 des Regelsatzes bemessen. Das ist aus Rechtsgründen nicht zu beanstanden. Ob das Insolvenzgericht zwei einzelne Zuschläge festlegt oder diese zusammenfasst, liegt in seinem Ermessen. Ein einheitlicher Zuschlag bei insgesamt fehlender oder unzureichender Buchhaltung liegt nahe.

LG Heilbronn, Beschl. v. 21.12.2010 – 1 T 593/10, ZInsO 2011, 352:

1. Ist der vorläufige Insolvenzverwalter mit einer als Zuschlagsfaktor berücksichtigten Betriebsfortführung befasst, kann kein weiterer Zuschlag für Finanzbuchhaltung und die Einführung betriebswirtschaftlicher Steuerungsmodelle gewährt werden, da sie Bestandteile der Betriebsfortführung darstellen.
2. Die Befassung mit gesellschaftsrechtlichen Sachverhalten kann in Ausnahmefällen einen Zuschlag rechtfertigen.

	FK	*MünchKomm*	*Hess*	*KPB*	*Keller*
Erhöhungstatbestand	**Zuschlagsfaktor in %**				
Gesellschaftsrechtliche Verhältnisse					
Klärung Konzernstruktur/Holding					50 bis 75
Eigenkapitalersatz (Darlehen, Besicherung, Nutzungsüberlassung)					25 bis 50
Unternehmensspaltung/Umwandlung			75		50 bis 100
Genossenschaftsinsolvenz					25 bis 50

BGH, Beschl. v. 16.10.2008 – IX ZB 247/06, NZI 2009, 57:

1. Allein der Umstand einer konzernrechtlichen Verflechtung rechtfertigt keinen Zuschlag.
2. Es ist offensichtlich und deshalb nicht klärungsbedürftig, dass eine Verfahrenseinstellung nach § 213 InsO eine vorzeitige Verfahrensbeendigung darstellt, die gemäß § 3 Abs. 2 lit. c InsVV einen Abschlag rechtfertigt.
3. Auch im Vergütungsfestsetzungsverfahren gemäß § 5 Abs. 1 InsO gilt die Amtsermittlungspflicht gilt, sobald der Verwalter seinen Antrag auf Vergütung gestellt hat.
4. Der Wert der Masse, die nach § 1 Abs. 1 InsVV als Berechnungsgrundlage für die Vergütung des Insolvenzverwalters zugrunde zu legen ist, wird entgegen der Auffassung der Rechtsbeschwerde der Schuldnerin nach oben nicht durch die Summe der Masseverbindlichkeiten und Insolvenzforderungen begrenzt.

LG Heilbronn, Beschl. v. 21.12.2010 – 1 T 593/10, ZInsO 2011, 352:

1. Ist der vorläufige Insolvenzverwalter mit einer als Zuschlagsfaktor berücksichtigten Betriebsfortführung befasst, kann kein weiterer Zuschlag für Finanzbuchhaltung und die Einführung betriebswirtschaftlicher Steuerungsmodelle gewährt werden, da sie Bestandteile der Betriebsfortführung darstellen.
2. Die Befassung mit gesellschaftsrechtlichen Sachverhalten kann in Ausnahmefällen einen Zuschlag rechtfertigen.

	FK	*MünchKomm*	*Hess*	*KPB*	*Keller*
Erhöhungstatbestand	**Zuschlagsfaktor in %**				
Gläubiger/Forderungsprüfung					
Mehr als 100 Gläubiger	10 je 100 Gl. ab 100 Gl.	allg. 10	13	15 bis 25	25
Mehr als 200 Gläubiger					50
Besonders schwierige Rechtsfragen					50

BGH, Beschl. v. 22.6.2017 – IX ZB 65/15, NZI 2017, 732:

Eine Gläubigerzahl von 121 kann grundsätzlich einen Zuschlag rechtfertigen; der Ansatz eines festen Grenzwertes ist nicht zulässig, insbesondere ist nicht stets ab einer Anzahl von 100 Gläubigern ein Zuschlag zu gewähren.

	FK	*MünchKomm*	*Hess*	*KPB*	*Keller*
Erhöhungstatbestand	**Zuschlagsfaktor in %**				
Gläubigerausschuss					
Besonderer Arbeitsaufwand				25	10 bis 25

	FK	*MünchKomm*	*Hess*	*KPB*	*Keller*
Erhöhungstatbestand	**Zuschlagsfaktor in %**				
Grundstücksverwertung					
Feststellung v. Gebäudeeigentum	10				25
Sachenrechtsbereinigung	20		8 bis 13	15	25
Bodenneuordnungsverfahren	20		3 bis 75	10–50	25 bis 50
Restitutionsansprüche	20	25	6 bis 75	10	25
Schuldrechtsbereinigung			8 bis 75		25
Sonstige rechtlich schwierige Fragen					25
Unternehmensrückgabe			25		25 bis 50
Grundstücksrückgabe § 25 DMBilG			13 bis 50		25

	FK	*MünchKomm*	*Hess*	*KPB*	*Keller*
Erhöhungstatbestand	**Zuschlagsfaktor in %**				
Haftungsrisiko					
Aufnahme v. Massedarlehen					allg. 50 bis 100
Bei Unternehmensfortführung					

LG Bonn, Beschl. v. 20.9.2002 – 2 T 12/02, ZInsO 2002, 1030:

1. Die Tätigkeit des vorläufigen Insolvenzverwalters als sog. „starker" Verwalter i. S. von § 21 Abs. 2 Nr. 2 Alt. 1 InsO rechtfertigt den Ansatz von 50 % des Regelsatzes.
2. Die Gegebenheiten des Einzelfalles rechtfertigen auch die weitere Erhöhung auf 85 %. Dies ergibt sich zunächst aus der Fortführung des schuldnerischen Unternehmens. Auch bei einer wenig mehr als zwei Wochen andauernden Betriebsfortführung ist ein erheblicher Aufwand anzuerkennen, wenn nach der Art des Betriebes (hier: Fuhrpark von ca. 60 Kraftfahrzeugen) und den Umständen des Einzelfalls ein erheblicher Mehraufwand bei der Unternehmensführung notwendig war (u. a. Aus- und Absonderungsrechten in erheblichem Umfang, Zustellwesen und Mängel der kaufmännischen Buchführungs- und Bilanzpflicht, dringender Tatverdacht von Straftaten des Geschäftsführers).

	FK	*MünchKomm*	*Hess*	*KPB*	*Keller*
Erhöhungstatbestand	**Zuschlagsfaktor in %**				
Immobilienverwaltung					
Bis zu 20 Mieter	25	25	25	25	25
Mehr als 20 Mieter	1 je Mieter	1 je Mieter	38	50	25 bis 50
Mehr als 100 Mieter	50 bis 100				50
Schwierigkeiten bei Betriebskostenabrechnungen	15 bis 25				25
Instandsetzungsmaßnahmen notwendig	10 bis 50	10 bis 50	13	10	50
Rechtl. Besonderheiten der neuen Bundesländer				10 bis 80	
Kalte Zwangsverwaltung					25
Erbbaurecht					5 bis 10

BGH, Beschl. v. 24.1.2008 – IX ZB 120/07, ZIP 2008, 514 = ZVI 2008, 406:

1. Die Häuserverwaltung kann eine den Regelsatz übersteigende Vergütung auch dann rechtfertigen, wenn nur ein einzelnes Objekt verwaltet worden ist. Es muss sich jedoch um eine Immobilienbewirtschaftung gehandelt haben.

2. Erfüllt der Schuldner seine Mitwirkungspflichten im Insolvenzverfahren nicht und hat dies eine nicht unerhebliche Mehrbelastung des Insolvenzverwalters zur Folge, kann dieser einen Zuschlag auf seine Regelvergütung verlangen.

LG Neubrandenburg, Beschl. v. 26.11.2002 – 4 T 257/02, ZInsO 2003, 26:

1. Gemäß § 11 Abs. 1 Satz 2 InsVV soll die Vergütung des vorläufigen Insolvenzverwalters im Normalfall einen angemessenen Prozentsatz der Vergütung des (endgültigen) Insolvenzverwalters nicht überschreiten. Als quantitative Merkmale des Normalfalls gelten:
   - Umsätze von bis zu 3 Mio. DM,
   - Arbeitnehmeranzahl geringer als 20,
   - max. 1 Betriebsstätte,
   - max. 100 Schuldnerforderungen.
2. Für den Normalfall kann hierbei ein Bruchteil von 25 % angesetzt werden.
3. Zuschläge sind bei Insolvenzgeldvorfinanzierung, Betriebsfortführung, und für die Verwaltung einer werthaltigen Immobilie gerechtfertigt.

	FK	*MünchKomm*	*Hess*	*KPB*	*Keller*
Erhöhungstatbestand	**Zuschlagsfaktor in %**				
Insolvenzplan					
Ausarbeitung eines Liquidationsplans mit allen Anlagen	200 bis 300	allg. bis 200	allg. 75 bis 200	50 bis 200	50 bis 100
Ausarbeitung eines umfangreichen Sanierungsplans					100
Unterstützung eines Schuldnerplans					50
Prüfung eines Schuldnerplans				50 bis 100	50

	FK	*MünchKomm*	*Hess*	*KPB*	*Keller*
Erhöhungstatbestand	**Zuschlagsfaktor in %**				
Medienberichterstattung					
Besondere Öffentlichkeitsarbeit				25	25

	FK	*MünchKomm*	*Hess*	*KPB*	*Keller*
Erhöhungstatbestand	**Zuschlagsfaktor in %**				
Rechtsstreite					
Besonders hohe Zahl laufender Prozesse	10 bis 15 ab 100	15	25		50 bis 100
Besonders schwierige Rechtsstreite			25		50 bis 100

BGH, Beschl. v. 22.6.2017 – IX ZB 65/15, NZI 2017, 732:

Ein Rechtsstreit, den der Insolvenzverwalter gegen den Geschäftsführer der Schuldnerin über mehrere Instanzen zu führen hatte, rechtfertigt einen Zuschlag von 25 %.

	FK	*MünchKomm*	*Hess*	*KPB*	*Keller*
Erhöhungstatbestand	**Zuschlagsfaktor in %**				
Sanierungsmaßnahmen					
Prüfung der Sanierungsfähigkeit					50
Einleitung M&A					50 bis 75

Schwierige Verhandlungen			25	25 bis 50
Übertragende Sanierung				50 bis 100
Übertragung v. Beteiligungen				50 bis 100
Besondere Schwierigkeiten im Einzelfall (z. B. Schiedsverfahren, Haftungsfragen)				25 bis 50

BGH, Beschl. v. 12.9.2019 – IX ZB 65/18, ZIP 2019, 2018 = NZI 2019, 913:

Wird der vorläufige Insolvenzverwalter i. R. des ihm zustehenden Aufgabenkreises in erheblichem Umfang zur Vorbereitung einer Sanierung tätig, ist der damit verbundene Mehraufwand i. R. eines Zuschlags zu vergüten.

LG Berlin, Beschl. v. 15.5.2001 – 86 T 312/01, ZInsO 2001, 608:

Eine Erhöhung des Vergütungssatzes des vorläufigen Insolvenzverwalters ist für die Tätigkeiten i. R. von Sanierungsbemühungen sowie bei Betriebsfortführung um jeweils 5 % gerechtfertigt.

LG Traunstein, Beschl. v. 26.8.2004 – 4 T 885/04, ZInsO 2004, 1198:

Als Ausgangssatz bei vorläufiger Insolvenzverwaltung ist nach § 2 InsVV ein Vergütungssatz von 25 % der Staffelvergütung als angemessen anzusehen. Für die Anpassung der Vergütung mittels Zu- und Abschlägen gilt im vorliegenden Sachverhalt:

- Betriebsfortführung: Zuschlag von 30 %,
- Befassung mit arbeitsrechtlichen Fragen i. R. der Insolvenzgeldvorfinanzierung und Auseinandersetzung mit Sozialversicherungsträgern: Zuschlag von 10 %,
- Sanierungsbemühungen durch Verhandlungen mit Kaufinteressent: Zuschlag von 5 %,
- Keine erhebliche Tätigkeit i. R. der Verwaltung der gepachteten Betriebsimmobilie: Abschlag von 15 % gemäß § 3 Abs. 2 InsVV.

LG Chemnitz, Beschl. v. 18.7.2008 – 3 T 21/07, ZIP 2008, 1693:

1. Für umfangreiche Bemühungen um eine übertragende Sanierung ist bei entsprechendem Aufwand ein Zuschlag i. H. des einfachen Regelsatzes gerechtfertigt.
2. Für den Mehraufwand i. R. der kurzfristigen Fortführung eines kleinen Unternehmens kann auch ein höherer Zuschlag, als er in den Faustregeltabellen vorgesehen ist, festgesetzt werden (hier: 0,4facher Regelsatz bei Betriebsfortführung mit sechs Arbeitnehmern über einen Zeitraum von drei Monaten).

AG Siegen, Beschl. v. 21.6.2002 – 25 IN 25/00, ZIP 2002, 2054:

1. Wird bei Anordnung eines allgemeinen Zustimmungsvorbehaltes unter Aufsicht des „schwachen“ vorläufigen Insolvenzverwalters ein bei Anordnung der vorläufigen Insolvenzverwaltung nicht eingestellter Geschäftsbetrieb eines mittleren Unternehmens zweieinhalb Monate mit rd. 50 Arbeitnehmern fortgeführt, so rechtfertigt dies die Erhöhung der Regelvergütung des vorläufigen Verwalters um einen Betrag von 50 % der fiktiven Verwaltervergütung.
2. Die Bearbeitung von Arbeitnehmerangelegenheiten (u. a. Insolvenzgeldvorfinanzierung und die Vorbereitung von Kündigungen eines Teils der Belegschaft) rechtfertigt einen weiteren Zuschlag i. H. von 10 % der fiktiven Verwaltervergütung.
3. Intensive Bemühungen des vorläufigen Verwalters um eine übertragende Sanierung erlauben einen zusätzlichen Zuschlag von 20 % der fiktiven Verwaltervergütung.

	FK	MünchKomm	Hess	KPB	Keller
Erhöhungstatbestand	**Zuschlagsfaktor in %**				
Schuldner					
Obstruktives Verhalten	25	25	6 bis 25	25	25
Unbekannter Aufenthalt					25
Postsperre					15

BGH, Beschl. v. 24.1.2008 – IX ZB 120/07, ZIP 2008, 514 = ZVI 2008, 406:

1. Die Häuserverwaltung kann eine den Regelsatz übersteigende Vergütung auch dann rechtfertigen, wenn nur ein einzelnes Objekt verwaltet worden ist. Es muss sich jedoch um eine Immobilienbewirtschaftung gehandelt haben.
2. Erfüllt der Schuldner seine Mitwirkungspflichten im Insolvenzverfahren nicht und hat dies eine nicht unerhebliche Mehrbelastung des Insolvenzverwalters zur Folge, kann dieser einen Zuschlag auf seine Regelvergütung verlangen.

LG Mönchengladbach, Beschl. v. 5.7.2001 – 5 T 109/01, ZInsO 2001, 750:

Ist die Tätigkeit des vorläufigen Insolvenzverwalters wesentlich dadurch erschwert, dass der Schuldner jede Zusammenarbeit verweigert, dieses Verhalten auch nach einem Anhörungstermin fortsetzt sowie insgesamt eine Verfahrensdauer von acht Wochen vorliegt, so ist eine Anhebung auf 35 % angemessen.

LG Passau, Beschl. v. 17.12.2009 – 2 T 167/09, ZInsO 2010, 158:

Die bewilligten Zuschläge des Insolvenzverwalters zur Regelvergütung von insgesamt 165 % (hier: 40 % wegen zahlreicher Beteiligung an Unternehmen; 50 % wegen Beteiligung von 30 Kreditinstituten, 75 % wegen zahlreichem Immobilienbesitz) liegen der Höhe nach jeweils an der oberen Grenze. Ein weiterer geforderter Zuschlag von 25 % für die angeblich mangelnde Kooperationsbereitschaft des Schuldners ist nicht zu gewähren, weil diese Umstände bereits bei den übrigen die Regelvergütung erhöhenden Zuschlägen berücksichtigt wurden.

LG Berlin, Beschl. v. 21.11.2017 – 20 T 119/17, NZI 2018, 172:

Ein Zuschlag auf die Vergütung um 25 % ist gerechtfertigt, wenn der Schuldner die Zusammenarbeit mit dem Insolvenzverwalter verweigert.

LG Hannover, Beschl. v. 17.12.2018 – 11 T 8/18, 13/18, ZInsO 2019, 1027:

Wird der Insolvenzverwalter durch Drohungen und Strafanzeigen an der Durchführung seiner Aufgaben gehindert, ist ein Zuschlag i. H. von 20 % wegen obstruktiven Verhaltens gerechtfertigt.

AG Bonn, Beschl. v. 9.7.1999 – 98 IN 23/99, ZIP 1999, 2167:

1. Der vorläufige Insolvenzverwalter hat einen Vergütungsanspruch i. H. von 50 % des Regelsatzes selbst bei einer noch nicht einmal zwei Monate dauernden Tätigkeit, wenn seine Geschäftsführung wegen der Vielzahl betroffener Arbeitnehmer und Gläubiger sowie der Tatsache, dass gegen die Schuldnerin ein Verfügungsverbot und eine Postsperre verhängt wurden, als umfangreich und schwierig zu bewerten ist.
2. Für die Festsetzung der Vergütung ist der Wert der Masse zum Zeitpunkt der Beendigung der vorläufigen Verwaltung zugrunde zu legen.

	FK	MünchKomm	Hess	KPB	Keller
Erhöhungstatbestand	**Zuschlagsfaktor in %**				
Unternehmensfortführung					
Fortführung v. kleinen Unternehmen (§ 267 Abs. 1 HGB)					
– Bis 3 Monate	25	25	25	25	25
– Bis 1 Jahr	50	50	50	50	50
– Darüber	10 je Jahr	10 je Jahr	63 bis 88	25 je Jahr	75

Fortführung v. mittelgroßen Unternehmen (§ 267 Abs. 2 HGB)					
– Bis 3 Monate	50	50	50	50	50
– Bis 1 Jahr	75	75	75	75	75
– Darüber	10 je Jahr	15 je Jahr	25 bis 75	50 je Jahr	100
Fortführung v. großen Unternehmen (§ 267 Abs. 3 HGB)					
– Bis 3 Monate	75	75	25 bis 75	75	75
– Bis 1 Jahr	100	100	100	100	100
– Darüber	20 je Jahr	20 je Jahr	138	75 je Jahr	100
Führung von Tochterunternehmen	25 bis 75				50 bis 75
Mehrere Betriebsstätten	50 bis 100			25 bis 75	50 bis 100

OLG Köln, Beschl. v. 19.12.2001 – 2 W 218/01, ZInsO 2002, 873:

1. Gemäß §§ 3 Abs. 1 lit. b, 10 InsVV ist eine Erhöhung der Vergütung dann geboten, wenn der Verwalter das Unternehmen fortgeführt hat. Die Bemessung des Zuschlags unter Berücksichtigung der Art und des Umfangs der jeweils entfalteten Tätigkeit ist eine Frage der tatrichterlichen Würdigung im Einzelfall.
2. Nach den §§ 3 Abs. 2 lit. c, 10 InsVV ist ein Zurückbleiben hinter dem Regelsatz u. a. dann gerechtfertigt, wenn das Insolvenzverfahren vorzeitig beendet wird oder das Amt des Verwalters vorzeitig endet.

LG Traunstein, Beschl. v. 18.8.2000 – 4 T 4212/99, ZInsO 2000, 515:

1. Die Insolvenzmasse als Berechnungsgrundlage der Vergütung i. S. des § 1 Abs. 1 InsVV ist auf Basis der Fortführungswerte im Zeitpunkt der Planbestätigung zu bestimmen, wenn der Geschäftsbetrieb während des Insolvenzverfahrens fortgeführt und das Verfahren mit Insolvenzplan beendet wird. Dem Ansatz von Fortführungswerten steht nicht entgegen, dass bei der Unternehmensfortführung ein Überschuss erzielt worden ist.
2. Der Fortführungswert der Insolvenzmasse kann dadurch bestimmt werden, dass für einzelne Vermögenswerte der Wiederbeschaffungswert zu schätzen ist. Allein dass bei der Ermittlung des Fortführungswertes Schwierigkeiten bestehen können, ist kein Grund, vom Ansatz von Fortführungswerten abzusehen.
3. Bei der Anwendung des § 1 Abs. 2 Nr. 4 InsVV ist nicht danach zu differenzieren, ob die abzuziehenden Masseverbindlichkeiten durch den Insolvenzverwalter unmittelbar im Zusammenhang mit der Unternehmensfortführung begründet und befriedigt worden sind. Der Umstand, dass nur ein Überschuss bei der Berechnungsgrundlage der Vergütung Berücksichtigung findet, stellt ein erfolgsorientiertes Merkmal der Vergütungsfestsetzung dar.

LG Braunschweig, Beschl. v. 29.1.2001 – 8 T 947/00, Rpfleger 2001, 315:

Bei der Bestimmung der angemessenen Vergütung des vorläufigen Insolvenzverwalters sind als Erhöhungsfaktoren zu berücksichtigen

- Verwaltung bzgl. eines Konzernunternehmens,
- mehrere Betriebsstätten,
- mit Aussonderungs- und Absonderungsrechten belastete Gegenstände,
- eine große Anzahl von Arbeitnehmern,
- zahlreiche Gläubiger,
- Sanierungsbemühungen,

– Massemehrung durch Einziehung hoher Forderungen, – schwierige Rechtsfragen und – Sachverhalte mit Auslandsberührung.
LG Berlin, Beschl. v. 15.5.2001 – 86 T 312/01, ZInsO 2001, 608: Eine Erhöhung des Vergütungssatzes des vorläufigen Insolvenzverwalters ist für die Tätigkeiten i. R. von Sanierungsbemühungen sowie bei Betriebsfortführung um jeweils 5 % gerechtfertigt.
LG Bonn, Beschl. v. 20.9.2002 – 2 T 12/02, ZInsO 2002, 1030: 1. Die Tätigkeit des vorläufigen Insolvenzverwalters als sog. „starker" Verwalter i. S. von § 21 Abs. 2 Nr. 2 Alt. 1 InsO rechtfertigt den Ansatz von 50 % des Regelsatzes. 2. Die Gegebenheiten des Einzelfalles rechtfertigen auch die weitere Erhöhung auf 85 %. Dies ergibt sich zunächst aus der Fortführung des schuldnerischen Unternehmens. Auch bei einer wenig mehr als zwei Wochen andauernden Betriebsfortführung ist ein erheblicher Aufwand anzuerkennen, wenn nach der Art des Betriebes (hier: Fuhrpark von ca. 60 Kraftfahrzeugen) und den Umständen des Einzelfalls ein erheblicher Mehraufwand bei der Unternehmensführung notwendig war (u. a. Aus- und Absonderungsrechten in erheblichem Umfang, Zustellwesen und Mängel der kaufmännischen Buchführungs- und Bilanzpflicht, dringender Tatverdacht von Straftaten des Geschäftsführers).
LG Neubrandenburg, Beschl. v. 26.11.2002 – 4 T 257/02, ZInsO 2003, 26: 1. Gemäß § 11 Abs. 1 Satz 2 InsVV soll die Vergütung des vorläufigen Insolvenzverwalters im Normalfall einen angemessenen Prozentsatz der Vergütung des (endgültigen) Insolvenzverwalters nicht überschreiten. Als quantitative Merkmale des Normalfalls gelten: – Umsätze von bis zu 3 Mio. DM, – Arbeitnehmeranzahl geringer als 20, – max. 1 Betriebsstätte, – max. 100 Schuldnerforderungen. 2. Für den Normalfall kann hierbei ein Bruchteil von 25 % angesetzt werden. 3. Zuschläge sind bei Insolvenzgeldvorfinanzierung, Betriebsfortführung, und für die Verwaltung einer werthaltigen Immobilie gerechtfertigt.
LG Bielefeld, Beschl. v. 15.7.2004 – 28 T 280/04, DZWIR 2004, 477: 1. Die Vergütung des vorläufigen Insolvenzverwalters beträgt 125 % der Vergütung des Insolvenzverwalters, wenn der vorläufige Verwalter einen bereits stillgelegten Geschäftsbetrieb wieder aufnimmt und eine übertragende Sanierung in die Wege leitet und ferner in hoher Zahl mit Forderungen gegen Dritte sowie mit arbeitsrechtlichen Fragen befasst war. 2. Unbewegliches Vermögen ist ohne Abzug von Absonderungsrechten in der Berechnungsgrundlage zu berücksichtigen, wenn der vorläufige Verwalter hierfür in nennenswertem Umfang Tätigkeit entfaltet hat. 3. Bei der Prüfung von Zu- und Abschlägen entsprechend § 3 InsVV sind unzulässige Doppelberücksichtigungen aus der Tätigkeit des Insolvenzverwalters im eröffneten Verfahren zu vermeiden. Besonderheiten, die nur die Tätigkeit des Verwalters im eröffneten Verfahren betreffen, sind bei der Vergütung des vorläufigen Insolvenzverwalters nicht zu berücksichtigen.
LG Traunstein, Beschl. v. 26.8.2004 – 4 T 885/04, ZInsO 2004, 1198: Als Ausgangssatz bei vorläufiger Insolvenzverwaltung ist nach § 2 InsVV ist ein Vergütungssatz von 25 % der Staffelvergütung als angemessen anzusehen. Für die Anpassung der Vergütung mittels Zu- und Abschlägen gilt im vorliegenden Sachverhalt: – Betriebsfortführung: Zuschlag von 30 %, – Befassung mit arbeitsrechtlichen Fragen i. R. der Insolvenzgeldvorfinanzierung und Auseinandersetzung mit Sozialversicherungsträgern: Zuschlag von 10 %, – Sanierungsbemühungen durch Verhandlungen mit Kaufinteressent: Zuschlag von 5 %, – Keine erhebliche Tätigkeit i. R. der Verwaltung der gepachteten Betriebsimmobilie: Abschlag von 15 % gemäß § 3 Abs. 2 InsVV.

LG Potsdam, Beschl. v. 14.3.2005 – 5 T 21/05, ZInsO 2005, 588: 1. Der vorläufige Insolvenzverwalter hat im Falle einer Unternehmensfortführung Anspruch auf einen Zuschlag entsprechend § 3 Abs. 1 InsVV i. H. von 25 %, unabhängig davon, ob er „starker“ oder „schwacher“ vorläufiger Insolvenzverwalter ist. 2. Die Vorfinanzierung von Insolvenzgeld mit Verschiebung des Insolvenzgeldzeitraums für die Arbeitnehmer rechtfertigt einen Zuschlag i. H. von 10 %.
LG Dresden, Beschl. v. 1.9.2005 – 5 T 1186/02, ZIP 2005, 1745: Ein Zuschlag i. H. von 50 % für die kurzfristige Fortführung eines mittelständischen Unternehmens mit mehr als 50 Arbeitnehmern im Eröffnungsverfahren ist allgemein anerkannt. Als kurzfristig ist eine „bis zu dreimonatige“ Fortführung anzusehen. Der Zuschlag kann auch bei einer nur 19-tägigen Fortführung gerechtfertigt sein.
LG Hannover, Beschl. v. 23.8.2010 – 11 T 20/10, juris (Rechtsbeschwerde zurückgewiesen durch BGH, Beschl. v. 20.1.2011 – IX ZB 200/10, juris): 1. Die Zahl von 51 Arbeitnehmern überschreitet die Quantität eines Normalverfahrens, so dass ein Zuschlag gerechtfertigt ist. Es ist nicht zu beanstanden, das abweichend vom beantragten Zuschlag i. H. von 50 % lediglich einen Zuschlag von 25 % festgesetzt wird. Der Einwand des Insolvenzverwalters, er habe sich auch um die Bewilligung von Insolvenzgeld kümmern und die notwendigen Genehmigungen der Arbeitsverwaltung für eine Massenentlassungsanzeige einholen müssen, führt dies nicht zu einer Erhöhung des Zuschlages. Zu berücksichtigen ist, dass gemäß § 3 Abs. 1 lit. d InsVV arbeitsrechtliche Fragen einen Zuschlag nur dann rechtfertigen, wenn die Tätigkeiten den Verwalter erheblich in Anspruch genommen haben. 2. Unternehmensbeteiligungen der Schuldnerin sowie Berührungen zu ausländischen Rechtsordnungen und die sich daraus ergebenden Abwicklungsprobleme rechtfertigen eine Erhöhung der Vergütung des Insolvenzverwalters. 3. Bei der Bemessung eines Zuschlages für die Betriebsfortführung ist, wie generell, auf den Einzelfall abzustellen Bei der Aufrechterhaltung des Geschäftsbetriebs mit einer geringen Anzahl von 10 Mitarbeitern nur zum Zweckbegonnene Projekte einer Abrechnung zuzuführen und der Schließung des Betriebs bereits eineinhalb Monaten nach Eröffnung des Insolvenzverfahrens ist für die Betriebsfortführung ein Zuschlag von 25 % ausreichend. 4. Dahingestellt bleiben kann, ob der Insolvenzverwalter bei überlanger Verfahrensdauer nur Zuschläge für besondere Erschwernisse erhalten kann, oder ob ein Zuschlag auch dann zu gewähren ist, wenn während der überdurchschnittlichen Dauer des Verfahrens diverse Einzeltätigkeiten vorliegen, die als solche einen Zuschlag jeweils nicht rechtfertigen.
LG Duisburg, Beschl. v. 17.4.2018 – 7 T 147, 7 T 148/17, ZInsO 2019, 344: 1. Die Berechnungsgrundlage der Vergütung des vorläufigen Insolvenzverwalters bildet sich aus allen Vermögenswerten, mit denen er sich im Laufe des Eröffnungsverfahrens befasst hat. Anfechtungsansprüche können nicht berücksichtigt werden, weil sie erst mit Insolvenzeröffnung entstehen. 2. Die Regelvergütung des vorläufigen Insolvenzverwalters umfasst die Prüfung anfechtbarer Rechtshandlungen. Ist die Prüfung von Anfechtungsansprüchen bereits i. R. seines Sachverständigengutachtens vorgenommen worden, so ist der vorläufige Insolvenzverwalter für diese Tätigkeit bereits durch das Sachverständigenhonorar ausreichend entlohnt. 3. Eine den Regelsatz übersteigende Vergütung ist festzusetzen, wenn der Insolvenzverwalter das Unternehmen des Schuldners fortgeführt hat und die Masse dadurch nicht entsprechend größer geworden ist. 4. Um die Bestimmung der Faktoren einer Vergleichsrechnung zu ermöglichen, ist die Vorlage einer gesonderten Einnahmen-/Ausgabenrechnung zwingend erforderlich. Ein Zuschlag ist zu verweigern, wenn diese nicht vorgelegt wird. 5. Ein Zuschlag für die Aufarbeitung ungeordneter und unübersichtlicher wirtschaftlicher Verhältnisse des Schuldners ist nicht zu gewähren, wenn sich der vorläufige Insolvenzverwalter bereits als Sachverständiger die erforderlichen Kenntnisse verschafft und für den besonderen Ermittlungsaufwand eine Vergütung erhalten hat.

LG Hannover, Beschl. v. 17.12.2018 – 11 T 8/18, 13/18, ZInsO 2019, 1027: 1. Die Überwachung der Unternehmensfortführung begründet einen Zuschlag, wenn durch diese die Arbeitskraft des Insolvenzverwalters oder seiner Mitarbeiter in erheblichem Umfang in Anspruch genommen wird. Für die Bemessung des Zuschlags sind die Dauer der Unternehmensfortführung und die Anzahl der Mitarbeiter maßgeblich; auf die Größenkriterien des § 267 HGB kann zurückgegriffen werden. Ein Zuschlag von 40 % im Hinblick auf eine Fortführungsdauer von acht Monaten ist angemessen. 2. Wird der Insolvenzverwalter durch Drohungen und Strafanzeigen an der Durchführung seiner Aufgaben gehindert, ist ein Zuschlag i. H. von 20 % wegen obstruktiven Verhaltens gerechtfertigt. 3. Die Berührung mit ausländischem Recht ist insbesondere dann zuschlagswürdig, wenn der Insolvenzverwalter durch die fremde Rechtsordnung trotz sprachlicher Unterstützung erheblich in Anspruch genommen wird. 4. Die Tätigkeit als vorläufiger Insolvenzverwalter begründet regelmäßig einen Abschlag von der Vergütung als endgültiger Verwalter.
LG Flensburg, Beschl. v. 2.10.22019 – 5 T 108/08, n. v.: Führt der Insolvenzverwalter ein einzelkaufmännisches Unternehmen (Organisation und Durchführung von Yachttransporten) über 21 Monate fort, rechtfertigt dies einen Zuschlag von 150 %.
AG Regensburg, Beschl. v. 17.5.2000 – 2 IN 374/99, ZInsO 2000, 344: 1. Berechnungsgrundlage der Vergütung des vorläufigen Insolvenzverwalters ist das Vermögen des Schuldners bei Beendigung des Eröffnungsverfahrens ohne Abzug der Aus- und Absonderungsrechte. 2. Der vorläufige Insolvenzverwalter erhält Zuschläge für folgende Tatbestände: – Fortführung des Geschäftsbetriebes über zehn Wochen mit Übernahme der persönlichen Haftung: Zuschlag 15 %; – Befassung mit arbeitsrechtlichen Fragen bei elf Arbeitnehmern: Zuschlag 1 %; – Vorbereitung einer übertragenden Sanierung: Zuschlag 5 %.
AG Bielefeld, Beschl. v. 18.5.2000 – 43 IN 466/99, ZInsO 2000, 350: Eine Fortführung des Schuldnerbetriebes über zwei Monate begründet eine Erhöhung des Regelsatzes um 0,5. Vorverhandlungen zu einem Sozialplan und die Vorbereitung einer übertragenden Sanierung rechtfertigen einen weiteren Zuschlag von 0,25. Auch eine große Anzahl von Gläubigern (hier: 320) rechtfertigt einen Zuschlag i. H. von 0,25. Ergeben die Erhöhungstatbestände einen Regelsatz, ist dem vorläufigen Insolvenzverwalter ein Anspruch auf Erhöhung um 25 % zuzuerkennen (insgesamt 65 %).
AG Siegen, Beschl. v. 21.6.2002 – 25 IN 25/00, ZIP 2002, 2054: 1. Wird bei Anordnung eines allgemeinen Zustimmungsvorbehaltes unter Aufsicht des „schwachen" vorläufigen Insolvenzverwalters ein bei Anordnung der vorläufigen Insolvenzverwaltung nicht eingestellter Geschäftsbetrieb eines mittleren Unternehmens zweieinhalb Monate mit rd. 50 Arbeitnehmern fortgeführt, so rechtfertigt dies die Erhöhung der Regelvergütung des vorläufigen Verwalters um einen Betrag von 50 % der fiktiven Verwaltervergütung. 2. Die Bearbeitung von Arbeitnehmerangelegenheiten (u. a. Insolvenzgeldvorfinanzierung und die Vorbereitung von Kündigungen eines Teils der Belegschaft) rechtfertigt einen weiteren Zuschlag i. H. von 10 % der fiktiven Verwaltervergütung. 3. Intensive Bemühungen des vorläufigen Verwalters um eine übertragende Sanierung erlauben einen zusätzlichen Zuschlag von 20 % der fiktiven Verwaltervergütung.
AG Dresden, Beschl. v. 12.11.2004 – 558 IN 163/99, ZIP 2005, 88: 1. Macht der schwache vorläufige Insolvenzverwalter mit Zustimmungsvorbehalt von seinen Befugnissen in umfangreichem Maße Gebrauch (vgl. auch BGH, Beschl. v. 17.7.2003 – IX ZB 10/03, ZIP 2003, 1612), ist der Regelvergütungssatz für den vorläufigen Verwalter i. H. von 25 % um 10 % zu erhöhen. 2. Die zweimonatige Fortführung eines kleinen Unternehmens mit 3 Angestellten rechtfertigt einen Zuschlag i. H. von 10 %.

3. Im Hinblick auf die Rechtsprechung des BGH (BGH, Beschl. v. 29.4.2004 – IX ZB 225/03, ZIP 2004, 1653) ist für die Ermittlung und Sicherung von Anfechtungsrechten durch den vorläufigen Insolvenzverwalter ein Zuschlag i. H. von 10 % angemessen.

	FK	*MünchKomm*	*Hess*	*KPB*	*Keller*
Erhöhungstatbestand	**Zuschlagsfaktor in %**				
Unternehmensrestitution					
Besonderheiten der neuen Bundesländer				150	100

	FK	*MünchKomm*	*Hess*	*KPB*	*Keller*
Erhöhungstatbestand	**Zuschlagsfaktor in %**				
Verfahrensdauer					
Mehr als 3 Jahre (verfahrensspezifisch begründet)	ab 2 Jahren 10	10 bis 15	6 bis 25	10	

	FK	*MünchKomm*	*Hess*	*KPB*	*Keller*
Erhöhungstatbestand	**Zuschlagsfaktor in %**				
Verteilungsfragen					
Abschlagsverteilungen					10 bis 25
Besondere Schwierigkeiten					10 bis 25

	FK	*MünchKomm*	*Hess*	*KPB*	*Keller*
Erhöhungstatbestand	**Zuschlagsfaktor in %**				
Verwertungsprobleme					
Beitreibung v. umfangreichen Außenständen	75 bei bewegl. Verm.	allg. 30 bis 100	44	10 bis 75	25 bis 50
Ermittlung und Verwertung v. Auslandsvermögen			25–38		50
Nur an Spezialmärkten verwertbare Massegegenstände	125 bei Grdst.			50 bis 100	50 bis 100
EU-Beihilferecht					50 bis 75

	FK	*MünchKomm*	*Hess*	*KPB*	*Keller*
Erhöhungstatbestand	**Zuschlagsfaktor in %**				
Zustellungen					
Übertragung durch Gericht				25	

	FK	*MünchKomm*	*Hess*	*KPB*	*Keller*
Erhöhungstatbestand	**Zuschlagsfaktor in %**				
Zwangsversteigerung					
Durchführung eines Verfahrens nach § 172 ZVG			6 bis 25		25
Klärung v. grundstücksrechtlichen Fragen					25 bis 50

VI. Synopse der Kürzungstatbestände nach Faustregeltabellen

Die nachfolgende Darstellung enthält Kürzungstatbestände unter Berücksichtigung der Faustregeltabellen. Ausgewertet sind: 218

- *Lorenz* in: Frankfurter Kommentar zur InsO, 9. Aufl. 2018 § 3 InsVV Rz. 85 (zit.: FK);
- *Nowak* in: Münchener Kommentar zur InsO, 2. Aufl. 2007, § 3 InsVV Rz. 32 (zit.: MünchKomm);[299]
- *Hess*, Insolvenzrecht, 2. Aufl. 2013, § 3 InsVV Rz. 126 (zit.: Hess); die Neuauflage als Kölner Kommentar zur InsO enthält keine tabellarische Darstellung (*Roth* in: KK-InsO, 2021, § 3 Rz. 191 ff.)
- *Prasser/Stoffler* in: KPB-, InsO, Stand: 3/2025, § 3 InsVV Rz. 168 (zit.: KPB).

	FK	*MünchKomm*	*Hess*	*KPB*	*Keller*
Kürzungstatbestand	**Abschlagsfaktor in %**				
Arbeitsersparnis durch vorläufige Verwaltung					
Bzgl. Aus- und Absonderungsrechten				25	10
Betriebsfortführung	10 bis 25	bis 30	13 bis 38		25
Arbeitnehmerfragen					10

	FK	*MünchKomm*	*Hess*	*KPB*	*Keller*
Kürzungstatbestand	**Abschlagsfaktor in %**				
Delegation					
Arbeitsersparnis	15				25 bis 100

BGH, Beschl. v. 11.10.2007 – IX ZB 234/06, ZIP 2007, 2323 = NZI 2008, 38:

1. Die Verwertung von Mobiliarvermögen ist regelmäßig keine Sonderaufgabe, welche die Einschaltung eines gewerblichen Verwerters auf Kosten der Masse rechtfertigt.
2. Die Verwertung kann jedoch als Sonderaufgabe angesehen werden, wenn sie von dem Insolvenzverwalter nicht oder nur unzureichend bzw. mit wesentlich ungünstigeren Erfolgsaussichten als von einem gewerblichen Verwerter vorgenommen werden kann.
3. Die Übertragung der Verwertung auf einen gewerblichen Verwerter kann einen Abschlag von der Insolvenzverwaltervergütung rechtfertigen.
4. Auch die Erledigung von Regelaufgaben, die besondere Anforderungen an den Insolvenzverwalter stellt und ihn außergewöhnlich belastet, kann zu einer Erhöhung der Regelvergütung führen.

AG Bochum, Beschl. v. 17.8.2001 – 80 IN 249/99, ZInsO 2001, 900:

1. Die Übertragung von Tätigkeiten des Steuerrechts in einem Insolvenzverfahren ist dann an einen Steuerberater delegierbar bzw. kann durch den Insolvenzverwalter, der selbst Steuerberater ist, nach § 5 InsVV abgerechnet werden, wenn ein Insolvenzverwalter, der nicht Steuerberater ist, im konkreten Fall einen Steuerberater beauftragt hätte. Das Insolvenzgericht hat i. R. der Schlussrechnungsprüfung dies zu prüfen.
2. Ein i. S. des § 56 InsO geeigneter Insolvenzverwalter ist in der Lage ist, alle Tätigkeiten eines Normalverfahrens selbst bzw. mit eigenem Personal durchzuführen. Einem Insolvenzverwalter ist bei der Bewältigung steuerrechtlicher Fragestellungen eine höhere Kompetenz zuzumuten als einem normalen Vermögensverwalter. Delegationsfähig sind steuerrechtliche Tatbestände daher nur dann, wenn diese eine ganz besondere Qualifikation erfordern. In Betracht kommen Tätigkeiten wie die Erstellung steuerlicher Jahresabschlüsse und Bilanzen, nicht aber die Bearbeitung durchschnittlicher Lohnsteuerfragen bezüglich der Arbeitnehmer.

299) Die 5. Aufl. 2025, bearbeitet von *Stephan* und *Riedel*, enthält keine entsprechende Aufstellung mehr.

3. Sind Tätigkeiten des Steuerrechts als Regelaufgabe von der Vergütung des Insolvenzverwalters abgedeckt, ist bei einer vom Insolvenzverwalter trotzdem vorgenommenen Delegation die Vergütung zu kürzen.

	FK	*MünchKomm*	*Hess*	*KPB*	*Keller*
Kürzungstatbestand	**Abschlagsfaktor in %**				
Weitgehende Masseverwertung bei Insolvenzeröffnung					
Forderungseinzug	5 bis 15	bis 15	bis 50	bis 30	10 bis 25
Verwertung v. beweglichen Gegenständen					10 bis 25

	FK	*MünchKomm*	*Hess*	*KPB*	*Keller*
Kürzungstatbestand	**Abschlagsfaktor in %**				
Vorzeitige Verfahrensbeendigung					
Einstellung mangels Masse ohne Verwertungshandlung				30	
Entlassung des Insolvenzverwalters	10 bis 40	bis 50	13 bis 63	30	10 bis 25
Aufhebung nach Planbestätigung (§ 258 InsO)				75	25 bis 50

BGH, Beschl. v. 16.10.2008 – IX ZB 247/06, NZI 2009, 57:

1. Allein der Umstand einer konzernrechtlichen Verflechtung rechtfertigt keinen Zuschlag.
2. Es ist offensichtlich und deshalb nicht klärungsbedürftig, dass eine Verfahrenseinstellung nach § 213 InsO eine vorzeitige Verfahrensbeendigung darstellt, die gemäß § 3 Abs. 2 lit. c InsVV einen Abschlag rechtfertigt.
3. Auch im Vergütungsfestsetzungsverfahren gemäß § 5 Abs. 1 InsO gilt die Amtsermittlungspflicht gilt, sobald der Verwalter seinen Antrag auf Vergütung gestellt hat.
4. Der Wert der Masse, die nach § 1 Abs. 1 InsVV als Berechnungsgrundlage für die Vergütung des Insolvenzverwalters zugrunde zu legen ist, wird entgegen der Auffassung der Rechtsbeschwerde der Schuldnerin nach oben nicht durch die Summe der Masseverbindlichkeiten und Insolvenzforderungen begrenzt.

OLG Köln, Beschl. v. 19.12.2001 – 2 W 218/01, ZInsO 2002, 873:

1. Gemäß §§ 3 Abs. 1 lit. b, 10 InsVV ist eine Erhöhung der Vergütung dann geboten, wenn der Verwalter das Unternehmen fortgeführt hat. Die Bemessung des Zuschlags unter Berücksichtigung der Art und des Umfangs der jeweils entfalteten Tätigkeit ist eine Frage der tatrichterlichen Würdigung im Einzelfall.
2. Nach den §§ 3 Abs. 2 lit. c, 10 InsVV ist ein Zurückbleiben hinter dem Regelsatz u. a. dann gerechtfertigt, wenn das Insolvenzverfahren vorzeitig beendet wird oder das Amt des Verwalters vorzeitig endet.

	FK	*MünchKomm*	*Hess*	*KPB*	*Keller*
Kürzungstatbestand	**Abschlagsfaktor in %**				
Geringer Arbeitsaufwand des Insolvenzverwalters					
Besonders große Insolvenzmasse					50 bis 75
Besonders geringer Arbeitsaufwand auch bei nicht großer Insolvenzmasse	bis 30	bis 30	6 bis 13	bis 30	25 bis 75

	FK	*MünchKomm*	*Hess*	*KPB*	*Keller*
Kürzungstatbestand	**Abschlagsfaktor in %**				
Parallelverfahren					
Arbeitsersparnis durch Synergie bei Verfahrensabwicklung				10 bis 25	10 bis 25

	FK	*MünchKomm*	*Hess*	*KPB*	*Keller*
Kürzungstatbestand	**Abschlagsfaktor in %**				
Gläubigerzahl					
Besonders geringe Zahl v. Forderungsanmeldungen			6 bis 13	bis 15	10 bis 25

§ 6
Vergütung in besonderen Verfahrensgestaltungen

Übersicht

Aufsatzliteratur: *Graeber*, Vergütungsrecht in der Insolvenzpraxis: Vergütung des Sonderinsolvenzverwalters – Zukünftig pro bono?, ZInsO 2008, 847; *Hageböke/Benzinger*, Kritische Würdigung der Rechtsprechung des BGH zur Vergütung von Sonderinsolvenzverwaltern, NZI 2023, 401; *Hageböke/Benzinger*, Die Vergütung von Sonderinsolvenzverwaltern – eine Systematisierung des Richterrechts, NZI 2023, 244; *Holzer*, Die Vergütung des Insolvenzverwalters für Nachtragsverteilungen, NZI 2019, 521; *Keller*, Berechnungsformeln zur Vergütung des Insolvenzverwalters, NZI 2005, 23; *Lissner*, Die vorzeitige Beendigung des Verwalteramts – Auswirkungen auf den Vergütungsanspruch, ZInsO 2016, 953; *Looff*, die Vergütung des Sonderinsolvenzverwalters, DZWIR 2009, 14; *Muscheler/Bloch*, Abwahl des vom Gericht bestellten Insolvenzverwalters, ZIP 2000, 1474.

I. Die Vergütung des Insolvenzverwalters im Falle vorzeitiger Beendigung

1. Der Anspruch auf Vergütung

1 Das Amt des Insolvenzverwalters kann vorzeitig enden, bspw. wenn statt des vom Insolvenzgericht bei Eröffnung des Verfahrens ernannten Insolvenzverwalters in der ersten Gläubigerversammlung nach § 57 InsO ein anderer Insolvenzverwalter gewählt wird.[1] Eine vorzeitige Beendigung des Verwalteramtes liegt auch bei Entlassung nach § 59 InsO vor.[2]

2 Auch der **vorzeitig aus dem Amt geschiedene Insolvenzverwalter** hat **Anspruch auf angemessene Vergütung** nach § 63 Abs. 1 InsO.[3] Für diese gelten die allgemeinen Regelungen des § 63 Abs. 1 InsO mit den §§ 1 ff. InsVV. § 3 Abs. 2 lit. c InsVV sieht für vorzeitige Beendigung des Amtes eine Kürzung der Vergütung vor. Wurde der Insolvenzverwalter nach § 59 InsO wegen schwerer Pflichtverletzungen entlassen, ist wegen möglicher Schlechterfüllung der Verwaltertätigkeit eine Kürzung der Vergütung nicht zulässig.[4] Es ist Sache des nachfolgenden Verwalters, Ansprüche gegen seinen Amtsvorgänger als Gesamtschaden der Gläubiger geltend zu machen. Daneben hat der neu bestellte Insolvenzverwalter Anspruch auf volle Vergütung. Dies führt zwangsläufig zu erhöhten Kosten des

---

1) Uhlenbruck-*Zipperer*, InsO, § 57 Rz. 31.

2) Dazu *Graeber/Deppenkemper* in: MünchKomm-InsO, § 59 Rz. 12 ff.; Uhlenbruck-*Zipperer*, InsO, § 59 Rz. 7 ff.; *Frege/Keller/Riedel*, Insolvenzrecht, Rz. 3.18 ff.

3) Uhlenbruck-*Zipperer*, InsO, § 57 Rz. 32.

4) Allgemein Uhlenbruck-*Mock*, InsO, § 63 Rz. 43.

Insolvenzverfahrens, die als solche aber hinzunehmen sind.[5] Es darf insbesondere dem entlassenen oder auch dem neu bestellten Verwalter die jeweilige Vergütung nicht mit dem Argument gekürzt werden, die Vergütungen würden ansonsten „zu hoch" werden.

2. Die Berechnungsgrundlage für die Vergütung

3 Die Vergütung des Insolvenzverwalters bestimmt sich nach dem Wert der Insolvenzmasse im **Zeitpunkt der vorzeitigen Beendigung** seines Amtes.[6] § 1 Abs. 1 Satz 2 InsVV ist entsprechend anzuwenden.[7] Der Insolvenzverwalter hat nach § 66 InsO Schlussrechnung zu legen, die sich hieraus ergebende Insolvenzmasse ist Berechnungsgrundlage i. S. des § 1 Abs. 1 InsVV.[8] Ein späterer Massezufluss ist zuzurechnen, wenn er Folge der Tätigkeit des aus dem Amt geschiedenen Insolvenzverwalters ist.[9] Das gilt aber nicht für die Erstattung der Umsatzsteuer aus seiner Vergütung, die an die Insolvenzmasse erstattet wird.[10] Hat der ausgeschiedene Insolvenzverwalter aber bspw. Forderungen gegen Dritte bereits eingeklagt oder einen Anfechtungsanspruch (§§ 129 ff. InsO) geltend gemacht und zahlen der Dritte oder der Anfechtungsgegner nach dem Verwalterwechsel, ist dies dem ausgeschiedenen Insolvenzverwalter zuzurechnen. Auch ein Pflichtteilsanspruch, zu dessen Verfolgung der Schuldner den Treuhänder oder Insolvenzverwalter ermächtigt hat, erhöht die Berechnungsgrundlage für dessen Vergütung, auch wenn der Anspruch noch nicht durch Vertrag anerkannt oder rechtshängig geworden ist.[11] Andere Erhöhungen oder auch Minderungen der Insolvenzmasse nach Schlussrechnungslegung beeinflussen die Vergütung des ausgeschiedenen Insolvenzverwalters nicht mehr.

4 Die Tatbestände des § 1 Abs. 2 InsVV sind für den Fall vorzeitiger Beendigung des Verwalteramtes entsprechend anzuwenden unter Berücksichtigung der voraussichtlichen Verwertung im weiteren Insolvenzverfahren, ähnlich der sog. **fiktiven Berechnung bei fehlender Verwertung** eines Gegenstandes (siehe unten § 3 Rz. 111). Beispielsweise ist bei einem mit Grundpfandrechten belasteten Grundstück der Überschuss aus der voraussichtlichen Verwertung des Grundstücks abzüglich der abzulösenden Grundpfandrechte anzusetzen. Gegenstände oder Vermögenswerte, die der Insolvenzverwalter im Zeitpunkt der Beendigung seines Amtes bereits verwertet hat, können unmittelbar nach § 1 Abs. 2 Nr. 1 oder 2 InsVV berücksichtigt werden.

3. Die Regelvergütung nach § 2 InsVV

5 Die Regelvergütung des § 2 Abs. 1 InsVV ist für den ausgeschiedenen Insolvenzverwalter ungekürzt zu bestimmen. Zu berücksichtigen ist wie bei der gewöhnlichen Verwalterver-

5) KG Berlin, Beschl. v. 16.10.2001 – 7 W 130/01, ZIP 2001, 2240; Uhlenbruck-*Zipperer*, InsO, § 57 Rz. 32; anders allein *Muscheler/Bloch*, ZIP 2000, 1474.

6) BGH, Beschl. v. 10.11.2005 – IX ZB 168/04, ZIP 2006, 93 = ZVI 2005, 646; BGH, Beschl. v. 11.6.2015 – IX ZB 18/13, ZIP 2015, 1595 = NZI 2015, 821, dazu EWiR 2015, 647 *(Keller)*; LG Magdeburg, Beschl. v. 16.12.1998 – 3 T 518/98, ZInsO 1999, 113; LG Bamberg, Beschl. v. 9.2.2005 – 3 T 128/04, ZIP 2005, 671; *Prasser/Stoffler* in: KPB, InsO, Vor § 1 InsVV Rz. 78 ff.

7) BGH, Beschl. v. 16.12.2004 – IX ZB 301/03, ZIP 2005, 180 = DZWIR 2005, 291 m. Anm. *Keller*, dazu EWiR 2005, 401 *(Rendels)*; OLG Brandenburg, Beschl. v. 11.10.2001 – 8 W 231/01, ZIP 2002, 43 = NZI 2002, 41, dazu EWiR 2002, 439 *(Tappmeier)*; *Lorenz* in: FK-InsO, § 1 InsVV Rz. 13; *Lissner*, ZInsO 2016, 953.

8) OLG Brandenburg, Beschl. v. 11.10.2001 – 8 W 231/01, ZIP 2002, 43 = NZI 2002, 41.

9) BGH, Beschl. v. 10.11.2005 – IX ZB 168/04, ZIP 2006, 93 = ZVI 2005, 646; *Prasser/Stoffler* in: KPB, InsO, Vor § 1 InsVV Rz. 78 ff.

10) AG Norderstedt, Beschl. v. 18.6.2021 – 66 IN 79/13, ZInsO 2021, 1987.

11) BGH, Beschl. v. 11.6.2015 – IX ZB 18/13, ZIP 2015, 1595 = NZI 2015, 821.

gütung, ob nicht jeweils die Mindestvergütung des § 2 Abs. 2 InsVV als Regelvergütung höher ist.[12)]

4. Die Kürzung der Vergütung wegen vorzeitiger Beendigung nach § 3 Abs. 2 lit. c InsVV

Die Regelvergütung ist bei vorzeitiger Beendigung des Verwalteramtes zu kürzen (§ 3 Abs. 2 lit. c InsVV).[13)] Schwierig zu bestimmen ist das Verhältnis dieses Kürzungstatbestandes zu möglichen Erhöhungstatbeständen, die für den ausgeschiedenen Insolvenzverwalter zu gewähren sind. 6

Der BGH[14)] stellte klar, dass die **Kürzung der Vergütung rechnerisch vor einer möglichen Erhöhung** der Vergütung zu erfolgen hat. Die Vermischung der Kürzung mit möglichen Erhöhungstatbeständen könnte zu einer Bevorzugung oder Benachteiligung des Insolvenzverwalters führen, da Tätigkeiten, die der ausgeschiedene Insolvenzverwalter bereits erledigt hat, nur diesem zugerechnet werden können. Um die Vergütungsgewährung für den ausgeschiedenen Insolvenzverwalter transparent zu machen und mögliche Erhöhungstatbestände für den späteren Insolvenzverwalter hiervon abzugrenzen, ist es notwendig, den Minderungstatbestand des § 3 Abs. 2 lit. c InsVV übergreifend vorwegzunehmen. 7

Der **Umfang der Kürzung** der Vergütung des ausgeschiedenen Insolvenzverwalters ist nach geleisteten Tätigkeiten des Insolvenzverwalters zu bestimmen. Kriterium ist der Umfang der Tätigkeit des ausgeschiedenen Insolvenzverwalters im **Verhältnis zur noch zu leistenden Tätigkeit** des späteren Insolvenzverwalters bis zur Verfahrensbeendigung.[15)] Der Abschlag ist umso höher, je geringer die Tätigkeit des ausgeschiedenen Insolvenzverwalters war. Im Übrigen sollen alle Umstände des Einzelfalles zu berücksichtigen sein.[16)] Für die Praxis ist vor allem der zeitliche Umfang ausschlaggebend. Aber auch die Arbeitsleistung als solche kann maßgebend sein. Hat bspw. der ausgeschiedene Insolvenzverwalter zu einem erheblichen Teil den Forderungseinzug bereits bewirkt, muss die Minderung der Vergütung geringer ausfallen. Ob ihm daneben noch eine Vergütungserhöhung zuzuerkennen ist, hängt vom Umfang des Forderungseinzugs ab. 8

Zur Bestimmung möglicher Erhöhungstatbestände soll dabei eine **Abgrenzung der Tätigkeiten** der Insolvenzverwalter innerhalb eines Verfahrens erfolgen. Damit soll auch vermieden werden, dass dieselben Tätigkeiten mehrfach vergütet werden. Der BGH führt zur Abgrenzung wörtlich aus:[17)] 9

> „Bei mehreren hintereinander bestellten Verwaltern sollte die Vergütung des vorzeitig ausscheidenden Verwalters – von notwendiger Doppelarbeit und doppelten Aufwendungen abgesehen – dem Prozentsatz entsprechen, der sich aus dem Verhältnis der von ihm geleisteten Arbeit und der voraussichtlich noch zu leistenden Arbeit ergibt. Maßgeblich zur Bestimmung des Abschlages sind dabei insbesondere Dauer und Umfang seiner Tätigkeit sowie alle Umstände des Einzelfalls. Der Abschlag, der hiernach vorzunehmen ist, ist um so höher, je weniger von der vom Insolvenzverwalter geschuldeten Leistung bereits erbracht ist."

12) Dazu *Keller*, NZI 2005, 23.

13) BGH, Beschl. v. 16.12.2004 – IX ZB 301/03, ZIP 2005, 180 = DZWIR 2005, 291 m. Anm. *Keller*; fortgeführt in BGH, Beschl. v. 10.11.2005 – IX ZB 168/04, ZIP 2006, 93 = ZVI 2005, 646.

14) BGH, Beschl. v. 16.12.2004 – IX ZB 301/03, ZIP 2005, 180 = DZWIR 2005, 291 m. Anm. *Keller*.

15) LG Hamburg, Beschl. v. 13.2.2025 – 326 T 27/24, ZRI 2025, 423 = ZVI 2025, 315; *Lissner*, ZInsO 2016, 953.

16) BGH, Beschl. v. 16.12.2004 – IX ZB 301/03, ZIP 2005, 180 = DZWIR 2005, 291 m. Anm. *Keller*.

17) BGH, Beschl. v. 16.12.2004 – IX ZB 301/03, Rz. 12, ZIP 2005, 180 = DZWIR 2005, 291 m. Anm. *Keller*.

10 Dabei geht der BGH von der **idealistischen Vorstellung** aus, dass die Kürzung wegen vorzeitiger Beendigung des Amtes und die Erhöhungstatbestände des Verfahrens insgesamt zwischen den Insolvenzverwaltern je nach ihrer konkreten Tätigkeit **aufgeteilt werden können**. Wurde bspw. ein Insolvenzverwalter innerhalb des ersten Viertels des Insolvenzverfahrens entlassen und hat er ebenso ein 1/4 Arbeitsleistung bezogen auf Erhöhungstatbestände erbracht, soll seine Regelvergütung um 75 % gekürzt werden, die Erhöhungstatbestände sollen ihm dann i. H. v. 1/4 zukommen. Eine Punktlandung dergestalt, dass die Vergütungen aller Insolvenzverwalter in der Summe die volle Regelvergütung nebst der Summe aller Zuschläge, als wäre nur Insolvenzverwalter tätig gewesen, ergeben, wird aber schwer zu erreichen sein.

5. Die Berücksichtigung sonstiger Erhöhungs- oder Kürzungstatbestände

11 Nach angemessener Kürzung der Vergütung nach § 3 Abs. 2 lit. c InsVV sind weitere Erhöhungs- oder Kürzungskriterien bei der Bestimmung der Vergütung zu berücksichtigen. Dem ausgeschiedenen Insolvenzverwalter können **Erhöhungstatbestände** des § 3 Abs. 1 InsVV **unmittelbar zugerechnet** und zugesprochen werden, sofern er **mit seiner Tätigkeit** einen solchen Tatbestand erfüllt hat.[18)]

12 Die weitere Erhöhung der Vergütung ergibt sich ähnlich wie beim vorläufigen Insolvenzverwalter unmittelbar aus dem maßgeblichen Bruchteil der nach § 3 Abs. 2 lit. c InsVV vorab geminderten Regelvergütung. Ein Zuschlag ist in der Weise zu bestimmen, dass die vom ausgeschiedenen Insolvenzverwalter erbrachte Tätigkeit ihrem Umfang und ihrer Schwierigkeit nach mit der entsprechenden Tätigkeit des Insolvenzverwalters für das gesamte Insolvenzverfahren zu vergleichen ist.

13 Die **konkrete Berechnung von Zu- und Abschlägen** erfolgt in der Weise, dass der anfangs gekürzte Prozentsatz der Regelvergütung unmittelbar erhöht wird. Der BGH nimmt dabei ausdrücklich Bezug auf die Vergütung des vorläufigen Insolvenzverwalters, wörtlich heißt es:[19)]

> „Zu- und Abschläge sind vielmehr in der Weise zu berechnen, daß besondere Umstände, welche die Tätigkeit erleichtern oder erschweren, unmittelbar den maßgeblichen Bruchteil der Regelvergütung verringern oder erhöhen. Dabei kann es nicht auf Tätigkeiten ankommen, die erst nach der Abberufung erledigt worden sind (vgl. für den vorläufigen Insolvenzverwalter BGH, Beschl. v. 18. Dezember 2003 – IX ZB 50/03, WM 2004, 585; v. 8. Juli 2004 – IX ZB 589/02, ZIP 2004, 1555, 1557). Die Schwierigkeiten und die Bedeutung der zeitlich befristeten Insolvenzverwaltung sind aus sich heraus zu bewerten. Dies hat dadurch zu geschehen, daß der für die Vergütung des Insolvenzverwalters maßgebliche Prozentsatz entsprechend den Verhältnissen des konkreten Einzelfalles verändert wird.
>
> Zu prüfen ist deshalb, welcher Zuschlag für die konkrete Tätigkeit des vorzeitig abgelösten Insolvenzverwalters unmittelbar angemessen ist. Entspricht die zuschlagspflichtige Tätigkeit dieses Insolvenzverwalters in vollem Umfang der Tätigkeit eines nicht vorzeitig abberufenen Insolvenzverwalters, ist der Zuschlag wie bei diesem zu bemessen. Andernfalls sind entsprechend niedrigere Prozentzuschläge anzusetzen (vgl. für den vorläufigen Insolvenzverwalter BGH, Beschl. v. 18. Dezember 2003, aaO; v. 8. Juli 2004 aaO; v. 4. November 2004 – IX ZB 52/04, z. V. b.)."

14 Ebenso wie bei der Vergütung des vorläufigen Insolvenzverwalters werden Prozentsätze der Erhöhung unmittelbar zum gekürzten Prozentsatz addiert, so dass im Ergebnis die

---

18) BGH, Beschl. v. 16.12.2004 – IX ZB 301/03, ZIP 2005, 180 = DZWIR 2005, 291 m. Anm. *Keller*, mit Bezugnahme auf die Vergütung des vorläufigen Insolvenzverwalters nach BGH, Beschl. v. 18.12.2003 – IX ZB 50/03, ZIP 2004, 518 = ZVI 2004, 203; BGH, Beschl. v. 8.7.2004 – IX ZB 589/02, ZIP 2004, 1555 = NZI 2004, 626.

19) BGH, Beschl. v. 16.12.2004 – IX ZB 301/03, Rz. 14, 15, ZIP 2005, 180 = DZWIR 2005, 291 m. Anm. *Keller*.

Vergütung des ausgeschiedenen Insolvenzverwalters nur um den vorab gekürzten Prozentsatz geringer ist als die Vergütung des nicht entlassenen Insolvenzverwalters. Es wird nicht etwa der gekürzte Prozentsatz der Regelvergütung „auf 100 %" gesetzt, so dass dann die Erhöhungen nur anteilig zu berechnen wären.

Mathematisch ist die Berechnung der Vergütung eines vorzeitig ausgeschiedenen Insolvenzverwalters wie folgt vorzunehmen: 15

100 (Regelvergütung) – *K* (Prozent Kürzung) + *E* (Prozent Erhöhungen)

Nicht etwa:

100 (Regelvergütung) – *K* (Prozent Kürzung) × 1,*E* (Prozent Erhöhungen)

Entscheidend sind aber die Abgrenzung der Tätigkeiten zwischen vorzeitig ausgeschiedenem und späterem Insolvenzverwalter und die Bewertung der Tatbestände. Beispielsweise ist dem vorzeitig ausgeschiedenen Insolvenzverwalter keine oder nur eine geringere Erhöhung für die besonders hohe Zahl an Forderungsanmeldungen zuzubilligen, wenn er noch vor Ablauf der Anmeldefrist des § 28 Abs. 1 InsO ausgeschieden ist. Umgekehrt kann einem späteren Insolvenzverwalter keine oder nur eine geringere Erhöhung zugebilligt werden, wenn er sein Amt erst nach Abschluss der Forderungsprüfung antritt. 16

II. Die Vergütung des Sonderinsolvenzverwalters

1. Grundlagen der Vergütungsgewährung

Nach welchen Vorschriften die Vergütung des Sonderinsolvenzverwalters oder des Sondersachwalters bei Eigenverwaltungsverfahren[20] zu bestimmen ist, war lange nicht geklärt. Der erste Entwurf einer InsVV[21] enthielt mit § 12 eine Regelung, nach welcher die Höhe der Vergütung durch das Gericht nach billigem Ermessen festgesetzt werde sollte.[22] 17

Eine Ansicht wendete die §§ 2, 3 InsVV an: Als vergütungsrechtliche Insolvenzmasse sei der Gegenstand anzusetzen, auf den sich die Tätigkeit des Sonderverwalters beschränkt habe. Die Vergütung selbst sei nach § 2 InsVV unter Berücksichtigung der Erhöhungsfaktoren des § 3 InsVV festzusetzen. Eine andere Ansicht wendete auf die Vergütung des Sonderverwalters die Regelungen über die Vergütung des Pflegers oder Betreuers nach §§ 1915, 1835 BGB entsprechend an, da die Tätigkeit und Funktion des Sonderinsolvenzverwalters der eines Ergänzungspflegers nahekämen.[23] Dann stellt sich aber auch die Frage, ob das Insolvenzgericht i. R. des § 8 InsVV die Vergütung überhaupt festsetzen kann.[24] Eine dritte Ansicht wollte schließlich den Sonderverwalter nach den Regelungen des Rechtsanwaltsvergütungsgesetzes (RVG) entlohnt wissen.[25] 18

Zur Vergütung des Sonderinsolvenzverwalters stellt der **BGH** im **Beschluss vom 29.5.2008**[26] wichtige Grundsätze auf, überlässt aber die konkrete Ausformung der weiteren Rechtspraxis. Im Grundsatz soll die Vergütung in Anwendung des Systems der InsVV berechnet 19

20) LG Münster, Beschl. v. 15.5.2023 – 5 T 455/22, ZIP 2024, 964 = NZI 2024, 384.

21) Entwurf einer InsVV v. 11.1.1994, abgedr. bei *Eickmann*, VergVO, Anh. E.

22) *Lorenz* in: FK-InsO, Vor § 1 InsVV Rz. 25 ff.

23) LG Gießen, Beschl. v. 10.9.1980 – 7 T 239/80, ZIP 1980, 1073; AG Göttingen, Beschl. v. 7.12.1999 – 71 N 57/98, NZI 2000, 188 = Rpfleger 2000, 181.

24) Dazu Uhlenbruck-*Mock*, InsO, § 63 Rz. 12.

25) LG Frankfurt/O., Beschl. v. 9.12.1998 – 16 T 427/98, ZInsO 1999, 45; LG Krefeld, Beschl. v. 30.11.2005 – 6 T 253/05, ZIP 2006, 389 = NZI 2006, 109.

26) BGH, Beschl. v. 29.5.2008 – IX ZB 303/05, NZI 2008, 485 m. Anm. *Frege* = DZWIR 2008, 459 m. Anm. *Keller*.

werden.[27] Der Sonderinsolvenzverwalter hat Anspruch auf angemessene Vergütung in Anwendung des § 63 Abs. 1 Satz 1 InsO. Die Vergütung des Sonderinsolvenzverwalters wird durch das Insolvenzgericht festgesetzt (§ 64 InsO).

2. Die Berechnungsgrundlage der Vergütung

20 Berechnungsgrundlage i. S. des § 1 InsVV ist je nach Aufgabenzuweisung und Umfang der Verfügungsbefugnis des Sonderinsolvenzverwalters der von ihm **verwaltete Vermögenswert** oder die **verwaltete Sonderinsolvenzmasse.** Auch ein Haftungsanspruch als Gesamtschaden (§§ 60, 92 Satz 2 InsO) ist Berechnungsgrundlage i. S. des § 1 InsVV. Besteht die Aufgabe des Sonderinsolvenzverwalters in der Prüfung einzelner Ansprüche oder ihrer Anmeldung zur Insolvenztabelle, sind diese als Berechnungsgrundlage der Vergütung heranzuziehen. Der Wert bestimmt sich nach der für die angemeldete Forderung zum Zeitpunkt der ersten Tätigkeit zu erwartenden Befriedigungsquote.[28] Der BGH verlangt hier über § 5 InsVV eine vergleichsweise Berechnung der Vergütung nach dem RVG (siehe dazu Rz. 25 ff.).[29]

3. Angemessener Bruchteil der Regelvergütung

21 Für den Sonderinsolvenzverwalter soll die Regelvergütung in einem angemessenen Bruchteil der Vergütung nach § 2 Abs. 1 InsVV bestehen, ähnlich § 11 Abs. 1 InsVV. Die Tätigkeit des Sonderinsolvenzverwalters entspricht nicht vollumfänglich derjenigen des Insolvenzverwalters, sondern ist auf Teilbereiche beschränkt. Besteht die Aufgabe des Sonderinsolvenzverwalters in der Prüfung und Anmeldung einer Insolvenzforderung, ist der Bruchteil entsprechend niedrig anzusetzen,[30] soll der Sonderinsolvenzverwalter einen Haftungsanspruch gegen den Insolvenzverwalter geltend machen, kann der Bruchteil höher sein. Besteht die Tätigkeit des Sonderinsolvenzverwalters in der Prüfung und Anmeldung einer Insolvenzforderung, insbesondere einer nach § 39 InsO nachrangigen Insolvenzforderung, kann er nur die Mindestvergütung des § 2 Abs. 2 InsVV erhalten, weil die geltend zu machende Forderung als Berechnungsgrundlage mit dem niedrigeren Realisierungswert anzusetzen ist. Nach Ansicht des BGH stellt die Mindestvergütung aber keine Untergrenze dar.[31]

4. Erhöhung oder Kürzung entsprechend § 3 InsVV

22 Die Vergütung des Sonderinsolvenzverwalters kann entsprechend den Erschwernissen des Einzelfalles erhöht oder bei besonderen Erleichterungen nach § 3 InsVV gekürzt werden.[32] Es ist allgemein zu prüfen, ob die **Tätigkeit mit besonderen qualitativen oder quantitativen Erschwernissen behaftet** war. Bei der Prüfung und Geltendmachung von Ansprüchen

27) *Lorenz* in: FK-InsO, Vor § 1 InsVV Rz. 25 ff.; *Amberger* in: Leonhardt/Smid/Zeuner, InsVV, Einl. Rz. 46 ff.; *Graeber/Graeber*, InsVV, Vor § 1 Rz. 52 ff.; *Graeber*, ZInsO 2008, 847; *Looff*, DZWIR 2009, 14; *Hageböke/Benzinger*, NZI 2023, 244 und NZI 2023, 401.

28) BGH, Beschl. v. 14.1.2021 – IX ZB 27/18, ZRI 2021, 287 = NZI 2021, 505 m. Anm. *Keller*, dazu EWiR 2021, 307 *(Zimmer)*.

29) BGH, Beschl. v. 29.5.2008 – IX ZB 303/05, Rz. 24, NZI 2008, 485 m. Anm. *Frege* = DZWIR 2008, 459 m. Anm. *Keller*.

30) LG Münster, Beschl. v. 14.3.2018 – 5 T 448/17, ZInsO 2018, 1069; LG Münster, Beschl. v. 4.5.2021 – 5 T 448/17, ZRI 2021, 595 = NZI 2021, 702.

31) BGH, Beschl. v. 29.5.2008 – IX ZB 303/05, Rz. 23, NZI 2008, 485 m. Anm. *Frege* = DZWIR 2008, 459 m. Anm. *Keller*.

32) BGH, Beschl. v. 29.5.2008 – IX ZB 303/05, Rz. 22, NZI 2008, 485 m. Anm. *Frege* = DZWIR 2008, 459 m. Anm. *Keller*; BGH, Beschl. v. 21.1.2010 – IX ZB 163/08, ZInsO 2010, 399; Uhlenbruck-*Mock*, InsO, § 63 Rz. 13.

und Forderungen ist dies der Fall, wenn die rechtliche Beurteilung besonders schwierig und kompliziert war oder wenn die gerichtliche Geltendmachung einen erheblichen Aufwand erforderte. Eine Kürzung der Vergütung kann dagegen angebracht sein, wenn die Tätigkeit des Sonderinsolvenzverwalters allein in der Anmeldung einer nicht weiter komplizierten Forderung zur Insolvenztabelle bestand und diese vom Insolvenzverwalter anerkannt wurde.

5. Vergütung bei Forderungsprüfung

Sonderfall zur Vergütung ist jener, bei welchem der Sonderinsolvenzverwalter lediglich Forderungen zur Insolvenztabelle anzumelden oder zu prüfen hatte. Hier wäre an eine direkte Anwendung der Nr. 3317, 3320 VV RVG zu denken. Der BGH erwägt dies, geht jedoch einen Umweg über § 5 InsVV. Danach soll der Sonderinsolvenzverwalter die Vergütung entsprechend dem RVG nur verlangen können, wenn ein Sonderinsolvenzverwalter, der nicht Anwalt ist, für die Forderungsanmeldung oder -prüfung vernünftigerweise einen Anwalt beauftragt hätte.[33] Für die einfache Forderungsanmeldung dürfte dies eher zu verneinen sein. Im Bereich der Prozesskostenhilfe wird bspw. dem Gläubiger diese versagt, wenn lediglich eine Insolvenzverwaltung anzumelden ist.[34] Sind die Voraussetzungen des § 5 InsVV aber zu bejahen, soll der Sonderinsolvenzverwalter seine **Vergütung in der Höhe** erhalten, wie er eine solche **nach den Vorschriften des RVG** bekäme. Der Gegenstandswert für die Geschäftsgebühr ist nach billigem Ermessen zu bestimmen (§ 28 Abs. 3 RVG). Er entspricht in der Regel der Befriedigungsquote, die für die geprüfte Forderung im Zeitpunkt der ersten Prüftätigkeit zu erwarten gewesen ist.[35] Nimmt man diesen Wert als Berechnungsgrundlage i. S des § 1 InsVV, soll die Vergütung in einem angemessenen Bruchteil der Regelvergütung, orientiert an der Vergütung entsprechend RVG, bestehen.[36] Wenn durch den Sonderinsolvenzverwalter eine Vielzahl von Forderungen zu prüfen ist, diese sogar einen **wesentlichen Teil der Insolvenzforderungen** ausmachen, soll wiederum keine Begrenzung der Vergütung auf eine solche nach dem RVG gelten.[37] Das muss umso mehr gelten, wenn diese Forderungen einen wesentlichen Bruchteil der in dem Insolvenzverfahren zu prüfenden Forderungen ausmachen. Dann kann von der Übertragung einer nur eng begrenzten Aufgabe auf den Sonderinsolvenzverwalter nicht mehr die Rede sein. 23

Anders kann die Frage wiederum zu beurteilen sein, wenn sich die **verschiedenen Forderungen als ein einheitlicher Anspruch darstellen**, weil sie von ein- und demselben Gläubiger herrühren, auf demselben rechtlichen Grund beruhen und inhaltlich jeweils keine signifikant voneinander abweichenden Anforderungen an die rechtliche sowie tatsächliche Prüfung des Sonderinsolvenzverwalters stellen.[38] Das ist etwa im Zusammenhang mit einem Rahmenvertrag zwischen zwei Unternehmen denkbar, der verschiedene, aber dennoch gleichförmig abzuwickelnde und zu beurteilende Einzelverträge und Forderungen zur Folge haben kann. 24

33) BGH, Beschl. v. 29.5.2008 – IX ZB 303/05, Rz. 24, NZI 2008, 485 m. Anm. *Frege* = DZWIR 2008, 459 m. Anm. *Keller*.

34) *Frege/Keller/Riedel*, Insolvenzrecht, Rz. 1.227.

35) BGH, Beschl. v. 7.5.2020 – IX ZB 29/18, ZIP 2020, 1194 = NZI 2020, 589; BGH, Beschl. v. 14.1.2021 – IX ZB 27/18, ZRI 2021, 287 = NZI 2021, 505 m. Anm. *Keller*.

36) BGH, Beschl. v. 14.1.2021 – IX ZB 27/18, ZRI 2021, 287 = NZI 2021, 505 m. Anm. *Keller*.

37) BGH, Beschl. v. 11.11.2021 – IX ZB 13/21, ZRI 2022, 32 = NZI 2022, 134 m. Anm. *Stoffler*, dazu EWiR 2022, 115 *(Zimmer)*.

38) BGH, Beschl. v. 11.11.2021 – IX ZB 13/21, Rz. 18, ZRI 2022, 32 = NZI 2022, 134 m. Anm. *Stoffler*.

6. Vergleich mit anwaltlicher Tätigkeit

25 Weitergehend soll bei jeder Tätigkeit des Sonderinsolvenzverwalters zu prüfen sein, ob ein Sonderinsolvenzverwalter, der nicht Rechtsanwalt ist, diese vernünftigerweise einem Anwalt übertragen hätte. Die Vergütung soll dann auf die vergleichbare Vergütung des Anwalts nach RVG begrenzt sein.[39] Ist der Sonderinsolvenzverwalter selbst auch Anwalt, soll das RVG unmittelbar anwendbar sein. Hier bestehen erhebliche **Abgrenzungsprobleme.** Denn es ist im Einzelfall – anders als bei der Insolvenzverwaltung selbst – schwierig, festzustellen, ob ein Nicht-Anwalt eine Tätigkeit der Sonderinsolvenzverwaltung an einen Anwalt übertragen hätte. Denn die Sonderinsolvenzverwaltung bezieht sich bereits auf einzelne Tätigkeiten. Besteht sie bspw. in der Prüfung und Geltendmachung von gesellschaftsrechtlichen Ansprüchen innerhalb eines insolventen Konzerns, wird man nicht ohne weiteres sagen können, ein Nicht-Anwalt hätte diese Tätigkeit delegiert. Er wird sicherlich anwaltliche Beratung einholen und für eine Prozessführung einen Anwalt beauftragen, er ist aber dennoch selbst mit der Geltendmachung der Ansprüche befasst. Nimmt man hier eine vollständige Delegation an, erhält der Sonderinsolvenzverwalter nur eine Vergütung bis zur Höhe der Anwaltsvergütung. Der BGH geht von der Geschäftsgebühr nach VV RVG 2300 aus.[40] Verneint man die vollständige Delegation, erhält der Sonderinsolvenzverwalter die Vergütung nach §§ 1 ff. InsVV, die auch Erhöhungen nach § 3 Abs. 1 InsVV beinhalten kann, aber auch Kürzungen wegen erfolgter Arbeitsersparnis aufgrund Delegation.

III. Besonders zu vergütende Tätigkeiten (§ 6 InsVV)

1. Durchführung einer Nachtragsverteilung (§ 6 Abs. 1 InsVV)

26 Für die Durchführung einer Nachtragsverteilung nach § 203 InsO[41] erhält der Insolvenzverwalter eine gesonderte Vergütung. Die Vergütung soll nach § 6 Abs. 1 Satz 1 InsVV durch das Gericht nach **billigem Ermessen unter Berücksichtigung des Werts des der Nachtragsverteilung unterliegenden Vermögens** festgesetzt werden.[42]

27 Betrachtet man das Nachtragsverteilungsverfahren als quasi-eigenständiges Verfahren, kann die Vergütung des Insolvenzverwalters analog §§ 2, 3 InsVV mit der Regelvergütung aus dem Nachtragsverteilungsbetrag als maßgebende Insolvenzmasse i. S. des § 1 InsVV abgegolten werden.[43] Die Regelvergütung soll in einem **angemessenen Bruchteil von 25 %** der Vergütung nach § 2 Abs. 1 InsVV bestehen.[44] Beinhaltet die Nachtragsverteilung besondere Schwierigkeiten, etwa noch notwendige Verwertungsmaßnahmen, Auseinandersetzungen mit einzelnen Gläubigern oder ist eine besonders große Zahl an Gläubigern zu berücksichtigen, kann eine Erhöhung der Vergütung nach § 3 Abs. 1 InsVV erfolgen.[45] Soweit die Nachtragsverteilung **keine Besonderheiten** aufweist, sondern eher unterdurchschnittliche Anforderungen an den Verwalter stellt, bspw. wenn keinerlei Verwertung erfolgen

---

39) BGH, Beschl. v. 26.3.2015 – IX ZB 62/13, ZIP 2015, 1034 = NZI 2015, 730, dazu EWiR 2015, 517 *(Stoffler)*.

40) BGH, Beschl. v. 26.3.2015 – IX ZB 62/13, Rz. 9, ZIP 2015, 1034.

41) *Holzer* in: KPB, InsO, § 203 Rz. 5 ff.; Römermann-*Westphal*, InsO/InsR, §§ 203, 204 InsO Rz. 3 ff.

42) Eingehend auch *Holzer*, NZI 2019, 521; zur früheren Regelung des § 4 Abs. 4 VergVO, *Eickmann*, VergVO, § 4 Rz. 26.

43) *Stephan* in: MünchKomm-InsO, § 6 InsVV Rz. 11 ff.; *Lorenz* in: FK-InsO, § 6 InsVV Rz. 11 ff.; *Prasser* in: KPB, InsO, § 6 InsVV Rz. 7 ff.; für die Nachtragsverteilung im Verbraucherinsolvenzverfahren LG Offenburg, Beschl. v. 5.1.2005 – 4 T 100/04, NZI 2005, 172.

44) LG Köln, Beschl. v. 20.9.2016 – 1 T 61/16, NZI 2017, 227; *Prasser* in: KPB, InsO, § 6 InsVV Rz. 7; *Graeber/Graeber*, InsVV, § 6 Rz. 15; nach *Nowak* in: MünchKomm-InsO, 2. Aufl. 2007, § 6 InsVV Rz. 5, sind 50 % angemessen.

45) *Lorenz* in: FK-InsO, § 6 InsVV Rz. 13.

muss, kann auch ein **stärkeres Zurückbleiben hinter dem Regelsatz** gerechtfertigt sein.[46] Der BGH stellt die Vergütung für eine Nachtragsverteilung bezogen auf die Umstände des Einzelfalles in das Ermessen des Gerichts.[47] Die Festsetzung eines Regelsatzes i. S. des § 2 Abs. 1 InsVV lehnt er ab, nennt aber selbst keine Kriterien für die Bestimmung einer angemessenen Vergütung.

War die Nachtragsverteilung bereits bei Beendigung des Regelinsolvenzverfahrens vorher- 28
sehbar, z. B. weil die **Gläubigerversammlung** bestimmte Massegegenstände nach § 197 Abs. 1 Nr. 3 InsO ausdrücklich einer **Nachtragsverteilung vorbehält,**[48] ist sie mit Festsetzung der allgemeinen Verwaltervergütung **abgegolten**; eine gesonderte Vergütung entfällt dann (§ 6 Abs. 1 Satz 2 InsVV).[49] Der Gegenstand der Nachtragsverteilung und der Arbeitsaufwand des Insolvenzverwalters sind dann in der Berechnungsgrundlage zur Vergütung und ggf. in Erhöhungstatbeständen berücksichtigt. Hier können aber auch Unwägbarkeiten bestehen. Wird bspw. ein vom Insolvenzverwalter eingeklagter Anspruch der Nachtragsverteilung vorbehalten und ergibt sich nach Beendigung des Insolvenzverfahrens, dass nur ein geringerer als der eingeklagte Betrag realisiert werden kann, würde sich dies auf die Berechnungsgrundlage der Vergütung auswirken. Ist jedoch die Vergütungsfestsetzung als solche rechtkräftig, ist eine Korrektur nicht mehr möglich. Insofern ist es zumindest bei hohen Vermögenswerten sinnvoll, sie nicht einer Nachtragsverteilung vorzubehalten, sondern insgesamt das Insolvenzverfahren nicht zu beenden, ggf. eine Abschlagsverteilung vorzunehmen und dem Insolvenzverwalter einen Vorschuss auf seine Vergütung zu gewähren. Zulässig ist es auch, bei einer voraussehbaren Nachtragsverteilung die Entscheidung über deren Vergütung vorzubehalten und die Vergütung für das Insolvenzverfahren festzusetzen, ohne die voraussehbare Nachtragsverteilung zu berücksichtigen.[50] Die Vergütung für die Nachtragsverteilung kann dann nach beendeter Nachtragsverteilung bestimmt werden.

2. Überwachung eines Insolvenzplans (§ 6 Abs. 2 InsVV)

Wird der Insolvenzverwalter beauftragt, die Erfüllung eines von den Gläubigern angenom- 29
menen Insolvenzplans nach §§ 260 ff. InsO[51] zu überwachen, kann ihm nach § 6 Abs. 2 InsVV eine gesonderte Vergütung gewährt werden. Sie ist unter Berücksichtigung des Umfangs der Tätigkeit nach **billigem Ermessen** festzusetzen (§ 6 Abs. 2 Satz 2 InsVV).[52] Die Regelung steht scheinbar in Widerspruch zu § 269 InsO, wonach die Kosten der Überwachung des Insolvenzplans der Schuldner zu tragen hat. Jedoch regelt § 269 InsO nur die Kostentragungspflicht der Planüberwachung und nicht die Höhe der Vergütung und deren Festsetzung. Eine Sicherung der Vergütung des Insolvenzverwalters für die Planüberwachung kann dadurch erfolgen, dass in die Planrechnung ein entsprechender Betrag als Rückstellung berücksichtigt wird.

Die Vergütung selbst kann ermittelt werden als **Bruchteil der Verwaltervergütung aus** 30
der Insolvenzmasse,[53] wie sie sich aus dem Insolvenzplan und seinen Anlagen nach § 229

46) *Prasser* in: KPB, InsO, § 6 InsVV Rz. 12.

47) BGH, Beschl. v. 12.10.2006 – IX ZB 294/05, ZIP 2006, 2131 = NZI 2007, 43; BGH, Beschl. v. 22.10.2009 – IX ZB 78/08, NZI 2010, 259.

48) Römermann-*Westphal*, InsO/InsR, § 197 InsO Rz. 10.

49) So bereits *Eickmann*, VergVO, § 4 Rz. 27.

50) BGH, Beschl. v. 12.9.2019 – IX ZB 2/19, ZVI 2020, 30 = ZIP 2019, 2021.

51) Zu den Aufgaben des Planüberwachers Römermann-*Braun*, InsO/InsR, § 260 InsO Rz. 3.

52) LG Memmingen, Beschl. v. 28.2.2011 – 44 T 207/11, ZInsO 2011, 1567.

53) *Stephan* in: MünchKomm-InsO, § 6 InsVV Rz. 22; *Lorenz* in: FK-InsO, § 6 InsVV Rz. 20 ff.; *Prasser* in: KPB, InsO, § 6 InsVV Rz. 16 ff.; *Graeber*/*Graeber*, InsVV, § 6 Rz. 25 ff.

InsO ergibt. Je nach **Umfang der überwachenden Tätigkeit** kann eine **Erhöhung oder Kürzung** der Vergütung erfolgen. Auch eine Vergütung nach Stundenaufwand kann denkbar sein, wobei Stundensatz und regelmäßiger Aufwand vereinbart werden sollten.[54)]

31 Werden **Mitglieder des Gläubigerausschusses** mit der **Planüberwachung** beauftragt, kann deren Vergütung nach Aufhebung des Insolvenzverfahrens zwischen dem Schuldner und den Ausschussmitgliedern vereinbart werden.[55)] Die Vergütung wird dann nicht durch das Insolvenzgericht festgesetzt, sondern ist Bestandteil einer vertraglichen Regelung. Zulässig ist das, weil die Planüberwachung durch Mitglieder des Gläubigerausschusses gesetzlich nicht normiert ist und deshalb vertraglich vereinbart werden kann.

54) *Graeber/Graeber*, InsVV, § 6 Rz. 29 ff.

55) BGH, Urt. v. 6.5.2021 – IX ZR 57/20, ZRI 2021, 532 = ZVI 2021, 341 = NZI 2021, 733 m. Anm. *Freitag/Braukmann*, dazu EWIR 2021, 469 *(Möhlenkamp)*.

§ 7
Die Vergütung des vorläufigen Insolvenzverwalters

Übersicht

Aufsatzliteratur: *Amery*, Missglücktes Übergangsrecht – Regelungswidersprüche im Vergütungsrecht des vorläufigen Insolvenzverwalters, ZIP 2016, 2208; *Andres*, Die Vergütung des vorläufigen Insolvenzverwalters – eine Zwischenbemerkung, NZI 2006, 567; *Andres*, Die Vergütung des vorläufigen Insolvenzverwalters, Rpfleger 2006, 517; *Blersch*, Nekrolog auf die professionelle vorläufige Insolvenzverwaltung, ZIP 2006, 1605; *Blersch*, Vergütungsrolle rückwärts contra legem! Anmerkungen zum Sündenfall des BGH zur Vergütung des vorläufigen Insolvenzverwalters, ZIP 2006, 598; *Borchers*, Die funktionelle Zuständigkeit von Richter, Rechtspfleger und Geschäftsstelle in einem Insolvenzverfahren, in: Kölner Schrift zur Insolvenzordnung, 1997, S. 1269; *Bork/Muthorst*, Zur Vergütung des vorläufigen Insolvenzverwalters – Ist die Neufassung des § 11 InsVV verfassungskonform?, ZIP 2010, 1627; *Büttner*, Die Neuregelung des § 11 Abs. 2 InsVV – Ein Sturm im Wasserglas?, ZVI 2008, 281; *Eickmann*, Die Vergütung des nach § 106 KO bestellten Sequesters, ZIP 1982, 21; *Förster*, Contra legem – oder was?, ZInsO 2006, 785; *Eickmann*, Die Vergütung des vorläufigen Insolvenzverwalters, DZWIR 2001, 235; *Eickmann*, Die Vergütung des vorläufigen Insolvenzverwalters, in: Bork/Kübler, Insolvenzrecht 2000, RWS-Forum 18, 2001, S. 71; *Förster*, Aussonderungsrechte und Vergütung des vorläufigen Verwalters, ZInsO 2001, 702; *Frind*, Das Treuhandkonto in vergütungsrechtlicher Hinsicht, ZInsO 2004, 840; *Ganter*, Die Rechtsprechung des Bundesgerichtshofs zum Insolvenzrecht im Jahre 2004, NZI 2005, 241; *Graeber*, Vergütungsbemessung beim vorläufigen Insolvenzverwalter bei Sanierungsbemühungen und Betriebsfortführungen nach den Grundsätzen des BGH gemäß Beschluss vom 12.9.2019 – IX ZB 65/18, DZWIR 2020, 16; *Graeber*, Zum Umgang mit Aus- und Absonderungsgegenständen in der Berechnungsgrundlage eines vorläufigen Insolvenzverwalters in Verfahren vor dem 19.7.2013, NZI 2013, 836; *Graeber*, Die Regelungen zur Vergütung des vorläufigen Insolvenzverwalters in § 11 InsVV sind verfassungsgemäß!, ZIP 2011, 1702; *Graeber*, Die Einbeziehung von Forderungen und Betriebsausgaben des Insolvenzschuldners in die Berechnungsgrundlage des vorläufigen Insolvenzverwalters, NZI 2007, 492; *Graeber*, Der neue § 11 InsVV: Seine Auswirkungen auf vorläufige Insolvenzverwalter und Insolvenzgerichte, ZInsO 2007, 133; *Graeber*, Vorläufige Verwaltung zum Mindesttarif oder Explosion der Zuschläge, ZInsO 2006, 794; *Graeber*, Vergütung des vorläufigen Verwalters und Berücksichtigung von Aus- und Absonderungsrechten, NZI 2001, 184; *Heck*, Rechtliches Dürfen und kompetenzielles Können der schwachen vorläufigen Insolvenzverwaltung, ZIP 2025, 1571; *Kalle*, Verfügungen im vorläufigen Insolvenzverfahren – ein Konflikt zwischen Fortführungs- und Vermögenssicherungspflicht, ZIP 2025, 1581; *Kayser*, Zweifelhafte Liquiditätsbeschaffung im Insolvenzeröffnungsverfahren?, ZIP 2020, 97; *Keller*, Die erhebliche Befassung mit Aus- und Absonderungsrechten nach §§ 11 I 2 und 12a I 4 InsVV, NZI 2021, 816; *Keller*, Die Vergütung des vorläufigen Insolvenzverwalters in den vor dem 19.7.2013 beantragten Insolvenzeröffnungsverfahren, NZI 2014, 833; *Keller*, Zur Berechnungsgrundlage zur Vergütung des Insolvenzverwalters, NZI 2013, 240; *Keller*, Adversus haereses – Glaubenskampf um die Berechnungsgrundlage der Vergütung des vorläufigen Insolvenzverwalters, ZIP 2008, 1615; *Keller*, Die Vergütung des vorläufigen Insolvenzverwalters als Objekt sophistischer Hermeneutik, NZI Heft 9/2006, S. V; *Keller*, Berücksichtigung von Aus- und Absonderungsrechten bei der Vergütungsberechnung des vorläufigen Insolvenzverwalters, NZI 2006, 271; *Keller*, Systemfragen bei der Vergütung des vorläufigen Insolvenzverwalters, ZIP 2001, 1749; *Keller*, Die Vergütungsfestsetzung zwischen objektiven Maßstäben und Besonderheiten des Einzelfalles, ZIP 2000, 914; *Kirchhof*, Die mehrseitige Treuhand in der Insolvenz, in: Festschrift für Gerhard Kreft, 2004, S. 359; *Knapp*, Von den möglichen vergütungsrechtlichen Folgen der Entscheidung des BGH v. 21.3.2024 – IX ZR 12/22 – Rezession eines Wirtschaftssektors?, ZInsO 2024, 1368; *Knapp*, Die tatbestandlichen Anforderungen an einen Zuschlagsgrund im Sinne des § 3 Abs. 1 InsVV, ZInsO 2022, 1895; *Knapp*, Das Vergütungsrecht des Insolvenzverwalters, eine etwas andere Perspektive – von der Berechnungsgrundlage des vorläufigen Insolvenzverwalters und dessen Pyrrhussieg, ZInsO 2021, 1705; *Küpper/Heinze*, Die Verfassungswidrigkeit der Abänderungsbefugnis nach § 11 Abs. 2 Satz 2 InsVV, ZInsO 2007, 231; *Ley*, Die neue Vergütung des Sachverständigen im Insolvenzverfahren nach dem Justizvergütungs- und Entschädigungsgesetz, ZIP 2004, 1391; *Lwowski/Tetzlaff*, Übertragung der Befugnis zum Einzug sicherungshalber abgetretener Forderungen auf den vorläufigen Verwalter durch Anordnung des Insolvenzgerichts?, NZI 1999, 395; *Pape*, Aktuelle Probleme der Vergütung des Sequesters und des Verwalters im Gesamtvollstreckungsverfahren, ZAP-Ost 1996, 749; *Pape*, Festsetzung der Vergütung des im Konkursantragsverfahren/Gesamtvollstreckungseröffnungsverfahren bestellten Sequesters, WPrax 10/1994, 7; *Prütting/Stickelbrock*, Befugnisse des vorläufigen Insolvenzverwalters – aktuelle Entwicklungen in der Rechtsprechung, ZIP 2002, 1608; *Raebel*, Die Berechnungsgrundlage der Vergütung des vorläufigen Insolvenzverwalters, in: Festschrift für Gero Fischer, 2008, S. 459; *Rechberger/Thurner*, Aus- und Absonderungsgegenstände in der Berechnungsgrundlage eines vorläufigen Insolvenzverwalters nach der neuesten Rechtsprechung des BGH, ZInsO 2013, 808; *Schmahl*, Ars boni et aequi – In der Vergütungsfrage hat sich der BGH auf das rechte Maß besonnen, NZI Heft 10/2006, S. VIII; *Schmidt*, Das Ende der sanierenden Insolvenzverwaltung, ZInsO 2006, 791; *Spannhoff*, Zur Berechnungsgrundlage für die Vergütung des vorläufigen Insolvenzverwalters im Fall der Auseinandersetzung mit Aus- und Absonderungsrechten, ZInsO 2021, 697; *Uhlenbruck*, Die Rechtsstellung des vorläufigen Insolvenzverwalters, in: Kölner Schrift zur Insolvenzordnung, 2. Aufl. 2000, S. 325; *Uhlenbruck*, Die Rechnungslegungspflicht des vorläufigen Insolvenzverwalters, NZI 1999, 289; *Uhlenbruck*, Zuständigkeits- und Berechnungsprobleme bei der Festsetzung der Sequestervergütung, ZIP 1996, 1889; *Vallender*, Die Beschlüsse des BGH zur Vergütung des vorläufigen Insolvenzverwalters – eine Gefahr für den Insolvenzstandort Deutschland?, NJW 2006, 2956; *Vill*, Die (Verhinderung der) Auszehrung der Masse durch die Vergütung des vorläufigen Verwalters, ZInsO 2024, 333; *Vill*, Zur Berechnungsgrundlage für die Vergütung des vorläufigen Insolvenzverwalters: Was meint eigentlich § 11 Abs. 1 S. 3 InsVV, ZInsO 2022, 1649; *Vill*, Die Vergütung des vorläufigen Insolvenzverwalters – Zur Neufassung des § 11 InsVV durch die zweite Änderungsverordnung zur InsVV, in: Festschrift für Gero Fischer, 2008, S. 547, *Weber/Irschlinger/Wirth*, Sequestration und Masseverbindlichkeit, KTS 1980, 92.

I. Grundlagen des Vergütungsanspruchs

1. Der Anspruch auf angemessene Vergütung

Der vorläufige Insolvenzverwalter hat nach § 21 Abs. 2 Nr. 1 i. V. m. § 63 Abs. 1 InsO **Anspruch auf angemessene Vergütung**. Der Vergütungsanspruch unterscheidet sich in seiner Rechtsnatur, seinem Entstehen und seiner Verjährung nicht vom Vergütungsanspruch des Insolvenzverwalters im eröffneten Insolvenzverfahren (siehe oben § 2 Rz. 3 ff.). Er **entsteht** als solcher **mit Beginn des Amtes**, wird durch die konkrete Arbeitsleistung sei- 1 ner Höhe nach erwirtschaftet und wird mit **Beendigung der vorläufigen Verwaltung fällig.**[1)]

2. Vergütungsanspruch neben sonstigen Vergütungen

2 Der vorläufige Insolvenzverwalter erhält die **Vergütung nach § 11 InsVV neben der Vergütung für die spätere Tätigkeit als Insolvenzverwalter.**[2)] Dies ergibt sich aus der klaren Regelung des § 63 Abs. 3 Satz 1 InsO (früher § 11 Abs. 1 Satz 1 InsVV, wonach die Tätigkeit als vorläufiger Insolvenzverwalter besonders vergütet wird.[3)] Auch wenn vorläufiger und endgültiger Verwalter personenidentisch sind, entfällt der Vergütungsanspruch nicht und es erfolgt keine Anrechnung der Vergütung. Es kann lediglich nach § 3 Abs. 2 lit. a InsVV ein Zurückbleiben hinter dem Regelsatz der Vergütung des Insolvenzverwalters in Betracht kommen (siehe oben § 5 Rz. 191 ff.).[4)] Wurde die Vergütung des vorläufigen Insolvenzverwalters vermeintlich „zu hoch" festgesetzt, ist das Insolvenzgericht auch nicht berechtigt, mit dieser Begründung die Vergütung für das eröffnete Insolvenzverfahren zu kürzen.[5)] Die Vergütung des vorläufigen Insolvenzverwalters kann seitens des Insolvenzgerichts nicht von Amts wegen korrigiert werden. Eine „Korrektur" einer zu hohen Vergütungsfestsetzung kann nur erreicht werden, wenn ein Beteiligter Beschwerde gegen die Vergütungsfestsetzung erhebt.

3 Wird der vorläufige Insolvenzverwalter mit der **Erstellung eines Gutachtens** zur Feststellung des Insolvenzgrundes und der Prüfung der Massezulänglichkeit betraut,[6)] wird diese gutachterliche Tätigkeit gesondert nach dem JVEG vergütet. Dies regeln ausdrücklich § 11 Abs. 4 InsVV und § 9 Abs. 2 JVEG.[7)] Der Anspruch auf gesonderte Vergütung besteht auch dann, wenn ein sog. starker vorläufiger Insolvenzverwalter bestellt worden ist, bei dem die gutachterliche Tätigkeit zu den gesetzlichen Pflichten nach § 22 Abs. 1 Nr. 3 InsO gehört.[8)] § 9 Abs. 2 JVEG spricht ausdrücklich mit Bezugnahme auf diese Regelung dem vorläufigen Insolvenzverwalter eine Gutachtervergütung zu.

4 Insgesamt sind die **Vergütungen** als vorläufiger Insolvenzverwalter, als Gutachter und als endgültiger Insolvenzverwalter **unabhängig voneinander und ohne gegenseitige Anrechnung** zu gewähren.[9)] Es ist gleichgültig, ob und unter welchen Voraussetzungen das Insol-

1) LG Göttingen, Beschl. v. 1.2.2001 – 10 T 1/01, ZIP 2001, 625 = ZVI 2002, 433, dazu EWiR 2001, 881 *(Tappmeier)*; zur dogmatischen Einordnung des Vergütungsanspruchs des früheren Sequesters ausführlich *Eickmann*, VergVO, Anh. A Rz. 1 ff.; der Vergütungsanspruch wurde teilweise aus §§ 675, 612 BGB hergeleitet, so OLG Hamburg, Beschl. v. 15.12.1976 – 6 W 61/76, KTS 1977, 176; überwiegend wurde er in Analogie zu § 1835 BGB gebildet, OLG Frankfurt/M., Urt. v. 29.4.1992 – 21 U 188/90, ZIP 1992, 1564, dazu EWiR 1993, 165 *(Eickmann)*; *Kuhn/Uhlenbruck*, KO, § 106 Rz. 22.

2) Begr. zum Entwurf einer InsVV (§ 11), abgedr. unten in Anh. III, S. 689, 702, 703.

3) So für die Vergütung des Sequesters bereits LG Wiesbaden, Beschl. v. 23.11.1988 – 4 T 534/88, ZIP 1989, 56, dazu EWiR 1989, 191 *(Eickmann)*; *Kuhn/Uhlenbruck*, KO, § 106 Rz. 22a; *Eickmann*, VergVO, Anh. A Rz. 8; anders noch LG Köln, Beschl. v. 3.11.1980 – 19 T 254/80, ZIP 1981, 142 m. Anm. *Eickmann*.

4) LG Siegen, Beschl. v. 4.1.1988 – 4 T 221, 225/87, ZIP 1988, 326, dazu EWiR 1988, 289 *(Eickmann)*; LG Göttingen, Beschl. v. 9.8.2012 – 10 T 38/12, ZInsO 2013, 355; Leonhardt/Smid/Zeuner-*Amberger*, InsVV, § 11 Rz. 8.

5) BGH, Beschl. v. 10.10.2013 – IX ZB 38/11, ZIP 2013, 2164 = NZI 2013, 1014 m. Anm. *Keller*, dazu EWiR 2014, 21 *(Prasser)*.

6) Jaeger-*Gerhardt*, InsO, § 22 Rz. 147 ff.; Uhlenbruck-*Langer*, InsO, § 22 Rz. 253 ff.; Römermann-*R.-D. Mönning*, InsO/InsR, § 22 InsO Rz. 182 ff.; *Frege/Keller/Riedel*, Insolvenzrecht, Rz. 2.336 ff.

7) Begr. zum Entwurf einer InsVV (§ 11), abgedr. unten in Anh. III, S. 689, 702, 703.

8) Leonhardt/Smid/Zeuner-*Amberger*, InsVV, § 11 Rz. 10; anders noch Jaeger-*Gerhardt*, InsO, § 22 Rz. 149; Uhlenbruck-*Uhlenbruck*, InsO, 12. Aufl. 2003, § 22 Rz. 229.

9) *Langer* in: MünchKomm-InsO, § 54 Rz. 47; *Prasser/Stoffler* in: KPB, InsO, Vor § 1 InsVV Rz. 37 ff., § 11 InsVV Rz. 16; *Graeber/Graeber*, InsVV, § 11 Rz. 6 ff.

venzverfahren eröffnet oder alsbald eingestellt wird. So steht dem vorläufigen Insolvenzverwalter bei Abweisung mangels Masse nach § 26 InsO sowohl für seine Tätigkeit als Verwalter als auch für seine Tätigkeit als Sachverständiger eine Vergütung zu. Auch bei Masselosigkeit nach § 207 InsO ist er nicht verpflichtet, auf eine der ihm zustehenden Vergütungen zu verzichten. Die vielfach anzutreffenden Handhabungen in der gerichtlichen Praxis, dass etwa bei Abweisung mangels Masse der vorläufige Insolvenzverwalter nur eine Gutachtervergütung zugesprochen erhält oder bei Eröffnung des Verfahrens nur eine „einheitliche Vergütung" festgesetzt wird, sind rechtswidrig.

3. Der Schuldner der Vergütung

5 Wird das **Insolvenzverfahren eröffnet**, zählt die Vergütung des vorläufigen Insolvenzverwalters zu den **Kosten des Insolvenzverfahrens** nach § 54 Nr. 2 InsO.[10] Im Falle der Masseunzulänglichkeit ist die Vergütung mit den übrigen Kosten im Rang des § 209 Abs. 1 Nr. 1 InsO zu berichtigen. Im Falle der Masselosigkeit ist sie anteilig zu befriedigen (§ 207 Abs. 3 InsO).

6 Wird das **Insolvenzverfahren nicht eröffnet**, ist nicht abschließend geklärt, wer als Schuldner des Vergütungsanspruchs anzusehen ist (siehe oben § 2 Rz. 31 ff.).[11] Regelmäßig wird durch den gerichtlichen Vergütungsbeschluss der vorläufige Verwalter ermächtigt, die Vergütung aus der von ihm verwalteten Masse zu entnehmen. Im Übrigen ist der **Schuldner** des Verfahrens auch Schuldner des Vergütungsanspruchs, gegen ihn kann der vorläufige Insolvenzverwalter mit dem **Vergütungsbeschluss als Vollstreckungstitel** (§ 794 Abs. 1 Nr. 3 ZPO) vorgehen. Eine andere Frage ist, ob der Schuldner gegen den Gläubiger, der unberechtigt den Insolvenzantrag gestellt hat, deswegen Schadensersatz nach § 826 BGB verlangen kann.[12]

7 Der Fiskus und der antragstellende Gläubiger sind nicht unmittelbar Schuldner des Vergütungsanspruchs (siehe oben § 2 Rz. 36 ff., 45 ff., 48 ff., 51 ff.).[13] Der Fiskus haftet nur dann, wenn das Insolvenzverfahren mit Kostenstundung nach §§ 4a ff. InsO eröffnet wird (§ 63 Abs. 2 InsO). Somit besteht in dem nicht seltenen Fall der Abweisung mangels Masse für den vorläufigen Verwalter die **Gefahr, mit seinem Vergütungsanspruch auszufallen.** Eine daneben mögliche Vergütung als Sachverständiger (§ 9 Abs. 2 JVEG) erhält er in jedem Fall aus der Staatskasse; sie gehört zu den gerichtlichen Auslagen des Eröffnungsverfahrens nach Nr. 9005 GKG KV und ist vom Kostenschuldner der Gerichtskosten zu tragen.

4. Das Grundsystem zur Bestimmung der Vergütung

8 Da die frühere KO die vorläufige Verwaltung im Eröffnungsverfahren nicht ausdrücklich kannte und nur durch die allgemeine Vorschrift des § 106 KO die Bestellung eines Sequesters zuließ, war die Vergütung eines solchen Sequesters im Konkurs- oder Gesamt-

10) Uhlenbruck-*Sinz*, InsO, § 54 Rz. 20; Römermann-*Andres*, InsO/InsR, § 54 InsO Rz. 12 ff.; für die Sequestervergütung bereits *Kuhn/Uhlenbruck*, KO, § 106 Rz. 20; überholt *Weber/Irschlinger/Wirth*, KTS 1980, 92.

11) Ausführlich *Prasser/Stoffler* in: KPB, InsO, § 63 Rz. 70 ff.

12) Eine Schadensersatzpflicht bei fahrlässig unberechtigtem Insolvenzantrag verneint BGH, Urt. v. 3.10.1961 – VI ZR 242/60, BGHZ 36, 18 = NJW 1961, 2254; eingehend Jaeger-*Gerhardt*, InsO, § 13 Rz. 54 ff.; *Vuia* in: MünchKomm-InsO, § 14 Rz. 15 ff.; *Pape* in: KPB, InsO, § 14 Rz. 168 ff.; Uhlenbruck-*Wegener*, InsO, § 14 Rz. 71 ff.

13) BGH, Beschl. v. 22.1.2004 – IX ZB 123/03, BGHZ 157, 370 = ZIP 2004, 571 = NZI 2004, 245 m. Anm. *Bernsau*, dazu EWiR 2004, 609 *(Vallender)*; BGH, Beschl. v. 26.1.2006 – IX ZB 231/04, ZIP 2006, 431 = ZVI 2007, 287.

vollstreckungseröffnungsverfahren auch in der VergVO vom 25.5.1960 nicht geregelt.[14] Ihre Ausgestaltung erfolgte durch Literatur und Rechtsprechung. Maßstabsetzend waren hierbei die Arbeiten *Eickmanns*.[15] Die InsVV regelt die Vergütung des an die Stelle des Sequesters im Insolvenzeröffnungsverfahren getretenen vorläufigen Insolvenzverwalters in den §§ 10, 11 InsVV in Anknüpfung an die von ihm entwickelten Grundsätze.[16]

9 Das **Grundsystem der InsVV** zur Bestimmung der Vergütung nach §§ 1 ff. InsVV mit Bezugnahme auf § 63 InsO **findet auch auf die Vergütung des vorläufigen Insolvenzverwalters Anwendung.**[17] Über § 10 InsVV gelten die allgemeinen Regelungen der InsVV auch für die Vergütung des vorläufigen Insolvenzverwalters nach § 11 InsVV. Die Vergütung des vorläufigen Insolvenzverwalters steht nicht außerhalb der Regelungen der §§ 2 oder 3 InsVV. Das Insolvenzgericht ist in der Bestimmung der Vergütung des vorläufigen Insolvenzverwalters keineswegs frei.[18] Allerdings ist den Besonderheiten der vorläufigen Verwaltung und den Aufgaben des vorläufigen Insolvenzverwalters gegenüber dem eröffneten Insolvenzverfahren und den Aufgaben des endgültigen Insolvenzverwalters Rechnung zu tragen.

II. Rechtsentwicklung und Rechtspolitik zur Berechnungsgrundlage der Vergütung

1. Der Widerstreit zwischen Verordnungsgeber, BGH und Gesetzgeber

10 Zur Bestimmung der Berechnungsgrundlage für die Vergütung des vorläufigen Insolvenzverwalters sowie inzident zur Höhe der Vergütung bestand lange ein **Streit zwischen dem Verordnungsgeber und dem BGH**. Während der BGH mit seinem ersten Grundsatzbeschluss zur Vergütung des vorläufigen Insolvenzverwalters vom 14.12.2000[19] die seinerzeit geltende Regelung des § 11 InsVV und damit praktisch die Vergütungsgewährung aus den Grundsätzen des Konkursrechts anerkannte, änderte er seine Rechtsansicht mit Beschlüssen aus den Jahren 2005 und 2006 grundlegend.[20] Der Verordnungsgeber änderte hierauf im Dezember 2006 die Vorschrift des § 11 InsVV mit der Intention, die frühere Rechtslage wieder herzustellen. Der BGH akzeptierte dies mit Beschlüssen vom 15.11.2012[21]

---

14) *Kuhn/Uhlenbruck*, KO, § 106 Rz. 22 ff.; *Eickmann*, VergVO, Anh. A m. w. N.; *Eickmann*, ZIP 1982, 21; *Pape*, WPrax 10/1994, 7; *Pape*, ZAP-Ost 1996, 749; *Uhlenbruck*, ZIP 1996, 1889.

15) *Eickmann*, VergVO, Anh. A.

16) Begr. zum Entwurf einer InsVV (§ 11), abgedr. unten in Anh. III, S. 689, 702, 703.

17) BGH, Beschl. v. 17.10.2019 – IX ZB 5/18, ZIP 2019, 2489 = NZI 2020, 86 m. Anm. *Keller*.

18) Hinsichtlich der Bestimmung des angemessenen Bruchteils unzutreffend LG Kleve, Beschl. v. 17.7.2000 – 4 T 570/99, ZIP 2000, 1946 = DZWIR 2000, 473 m. Anm. *Keller*; wörtlich: „Eine Vergütung nach Regelsätzen schreibt die InsVV für den vorläufigen Insolvenzverwalter aber gerade nicht vor. Vielmehr ist das Gericht bei der Festsetzung der Vergütung des vorläufigen Insolvenzverwalters weitgehend frei."

19) BGH, Beschl. v. 14.12.2000 – IX ZB 105/00, BGHZ 146, 165 = ZIP 2001, 296, dazu EWiR 2001, 281 *(Keller)*; eingehend dazu *Eickmann*, DZWIR 2001, 235; *Graeber*, NZI 2001, 184; *Keller*, ZIP 2001, 1749.

20) BGH, Beschl. v. 14.12.2005 – IX ZB 256/04, BGHZ 165, 266 = ZIP 2006, 621; ihm folgend AG Leipzig, Beschl. v. 3.5.2006 – 401 IN 72/06, NZI 2006, 478; ablehnend AG Göttingen, Beschl. v. 28.9.2006 – 74 IN 43/06, ZIP 2007, 929 = ZVI 2007, 147; BGH, Beschl. v. 13.7.2006 – IX ZB 104/05, BGHZ 168, 321 = NZI 2006, 464 m. Anm. *Nowak*; dazu *Stephan* in: MünchKomm-InsO, § 11 InsVV Rz. 10 ff.; *Andres*, Rpfleger 2006, 517; *Andres*, NZI 2006, 567; *Blersch*, ZIP 2006, 1605; *Förster*, ZInsO 2006, 785; *Graeber*, ZInsO 2006, 794; *Keller*, NZI Heft 9/2006, S. V; *Schmahl*, NZI Heft 10/2006, S. VIII; *Schmidt*, ZInsO 2006, 791; *Vallender*, NJW 2006, 2956.

21) BGH, Beschl. v. 15.11.2012 – IX ZB 88/09, BGHZ 195, 322 = NZI 2013, 29 m. Anm. *Graeber*, dazu EWiR 2013, 61 *(Keller)*; BGH, Beschl. v. 15.11.2012 – IX ZB 130/10, BGHZ 195, 336 = Rpfleger 2013, 163 m. Anm. *Stephan*, dazu EWiR 2013, 125 *(Kalkmann)*; *Keller*, NZI 2013, 240; *Stoffler*, NZI 2013, 394 (Urteilsanm.); *Graeber*, NZI 2013, 836.

nicht und bemühte für seine Rechtsansicht eine Auslegung unmittelbar des § 63 Abs. 1 InsO. Der Gesetzgeber änderte hierauf nicht nur § 11 InsVV, sondern erhob die Grundsätze zur Bestimmung der Berechnungsgrundlage mit einem neuen Absatz 3 zu § 63 InsO in Gesetzesrang (siehe dazu Rz. 44 ff.).

Anliegen des BGH war es, die **Berechnungsgrundlage** der Vergütung des vorläufigen Insolvenzverwalters **in gleicher Weise** zu bestimmen wie bei der Vergütung des Insolvenzverwalters **im eröffneten Insolvenzverfahren.** Insbesondere sollten Gegenstände, die mit Aus- und Absonderungsrechten behaftet sind, nicht mit ihrem vollen Wert in der Berechnungsgrundlage Berücksichtigung finden. Der BGH betonte jedoch auch, dass es ihm darum gehe, die Vergütung des vorläufigen Insolvenzverwalters „nicht zu hoch" werden zu lassen.[22] Er postulierte damit auch, die Vergütung des vorläufigen Insolvenzverwalters dürfe oder solle im Ergebnis nicht höher sein als die des endgültigen Insolvenzverwalters. Dieser These trat der Gesetzgeber mit der Begründung des Rechtsausschusses des Bundestages zur Änderung des § 63 Abs. 3 InsO mit deutlichen Worten entgegen (Zitierung siehe Rz. 45 ff.).[23] 11

2. Die Vergütung bezogen auf das der vorläufigen Verwaltung unterliegende Vermögen

§ 11 InsVV i d. F. vom 19.8.1998 hatte folgenden Wortlaut: 12

„Vergütung des vorläufigen Insolvenzverwalters

(1) Die Tätigkeit des vorläufigen Insolvenzverwalters wird besonders vergütet. Die Vergütung soll in der Regel einen angemessenen Bruchteil der Vergütung des Insolvenzverwalters nicht überschreiten. Art, Dauer und Umfang der Tätigkeit des vorläufigen Insolvenzverwalters sind bei der Festsetzung der Vergütung zu berücksichtigen.

(2) Hat das Insolvenzgericht den vorläufigen Insolvenzverwalter als Sachverständigen beauftragt zu prüfen, ob ein Eröffnungsgrund vorliegt und welche Aussichten für eine Fortführung des Unternehmens des Schuldners bestehen, so wird er gesondert nach dem Gesetz über die Entschädigung von Zeugen und Sachverständigen entschädigt."

Mit dieser Regelung wollte der Verordnungsgeber die frühere Praxis zur Sequestervergütung im Konkursverfahren übernehmen.[24] Insbesondere sollte Grundlage der Vergütungsbestimmung das der vorlaufigen Verwaltung unterliegende Vermögen einschließlich der mit Fremdrechten behafteten Vermögenswerte sein.[25] Hieraus soll der vorläufige Insolvenzverwalter die Vergütung i. H. eines Bruchteils der Regelvergütung des § 2 InsVV erhalten. 13

§ 1 Abs. 1 InsVV ist für den vorläufigen Insolvenzverwalter über § 10 InsVV entsprechend den Besonderheiten seiner Aufgaben und Pflichten anzuwenden. Bezogen auf die Pflichten des vorläufigen Insolvenzverwalters im Hinblick auf die mit Fremdrechten behafteten Gegenstände, war es nahezu einhelliger Konsens, dass als **Berechnungsgrundlage** der Vergütung des vorläufigen Insolvenzverwalters das **von ihm verwaltete Vermögen** des Schuldners **einschließlich** der mit **Aus- und Absonderungsrechten** behafteten Gegenstände anzunehmen ist. Dies wurde zu Recht so entschieden von den LG Potsdam,[26] Frankfurt am 14

22) BGH, Beschl. v. 15.11.2012 – IX ZB 130/10, Rz. 48, BGHZ 195, 336 = Rpfleger 2013, 163 m. Anm. *Stephan*.

23) Beschlussempfehlung und Bericht d. RA z. RegE GlRStG, BT-Drucks. 17/13535, S. 43, 44.

24) Begr. zum Entwurf einer InsVV (§ 11), abgedr. unten in Anh. III, S. 689, 702, 703.

25) Grundlegend zur früheren Sequestervergütung *Eickmann*, VergVO, Anh. A Rz. 9 ff.; „abgesegnet" durch BGH, Beschl. v. 13.11.2008 – IX ZB 42/07, ZIP 2009, 84 = NZI 2009, 109.

26) LG Potsdam, Beschl. v. 21.6.1999 – 5 T 915/97, ZIP 1999, 1536.

Main,[27] Chemnitz[28] und Kleve,[29] vom OLG Köln[30] und dem BayOblG.[31] Anderer Ansicht waren das LG Münster[32] und das LG Karlsruhe.[33] Das OLG Zweibrücken befürwortete eine Einbeziehung der mit Absonderungsrechten behafteten Gegenstände nur entsprechend § 1 Abs. 2 Nr. 1 InsVV je nach möglicher Verwertung dieser Gegenstände im eröffneten Insolvenzverfahren.[34] Gegen diese Entscheidung legte das OLG Jena einen Sachverhalt als Divergenzvorlage gemäß § 7 Abs. 2 InsO (in der bis 1.1.2002 geltenden Fassung) dem BGH zur Entscheidung vor.[35]

3. BGH-Beschluss vom 14.12.2000

a) Die Berechnungsgrundlage der Vergütung

15 Der **BGH** folgte in seinem ersten Grundsatzbeschluss zum Vergütungsrecht überhaupt[36] der überwiegenden Meinung in Literatur und Rechtsprechung und **stellte grundsätzlich fest**, dass **Berechnungsgrundlage** für die Vergütung des vorläufigen Insolvenzverwalters in entsprechender Anwendung des § 1 Abs. 1 InsVV die Gesamtheit des der vorläufigen Insolvenzverwaltung unterliegenden Vermögens des Schuldners **einschließlich** der mit **Aus- und Absonderungsrechten** behafteten Gegenstände und sonstigen Vermögenswerte ist. Berechnungsgrundlage der Vergütung des vorläufigen Insolvenzverwalters ist somit die sog. „Ist-Masse" im Zeitpunkt der Beendigung der vorläufigen Insolvenzverwaltung.

16 Der BGH begründete dies mit dem **Aufgabenkreis des vorläufigen Insolvenzverwalters,** gleichgültig ob als sog. schwacher oder starker vorläufiger Insolvenzverwalter.[37] Er betonte unter Hinweis auf die Haftung des früheren Sequesters nach dem Urteil vom 29.9.1988,[38] dass der Pflichtenkreis des vorläufigen Insolvenzverwalters sich auch auf Gegenstände bezieht, an denen abgesonderte Befriedigung geltend gemacht werden kann,[39] oder auf Forderungen, die seitens des Schuldners zur Sicherheit abgetreten worden sind und insoweit abgesonderter Befriedigung unterliegen.[40] Dies gilt **gerade im Falle einer Unternehmensfortführung.**[41] Die Pflicht zur Sicherung umfasst ausdrücklich auch Ge-

27) LG Frankfurt/M., Beschl. v. 21.6.1999 – 2/9 T 401/99, ZIP 1999, 1686.

28) LG Chemnitz, Beschl. v. 12.4.2000 – 11 T 5255/99, ZIP 2000, 980, dazu EWiR 2001, 175 *(Keller)*.

29) LG Kleve, Beschl. v. 17.7.2000 – 4 T 570/99, ZIP 2000, 1946 = DZWIR 2000, 473 m. Anm. *Keller*.

30) OLG Köln, Beschl. v. 18.8.2000 – 2 W 97/00, ZIP 2000, 1993 = NZI 2000, 585; OLG Köln, Beschl. v. 29.12.2000 – 2 W 240/00, NZI 2001, 662.

31) BayObLG, Beschl. v. 18.10.2000 – 4Z BR 18/00, ZIP 2000, 2122 = NZI 2001, 26.

32) LG Münster, Beschl. v. 2.4.1993 – 5 T 89/93, ZIP 1993, 1102 = Rpfleger 1994, 36, dazu EWiR 1993, 1007 *(Pape)*.

33) LG Karlsruhe, Beschl. v. 28.1.2000 – 11 T 24/2000, ZInsO 2000, 230 m. Anm. *Haarmeyer*.

34) OLG Zweibrücken, Beschl. v. 23.5.2000 – 3 W 58/00, ZIP 2000, 1306 = NZI 2000, 314; ebenso LG Ulm, Beschl. v. 22.10.1999 – 5 T 184/99, DZWIR 2000, 165.

35) OLG Jena, Beschl. v. 18.9.2000 – 6 W 291/00, ZIP 2000, 1839 = NZI 2000, 533, dazu EWiR 2001, 81 *(Tappmeier)*.

36) BGH, Beschl. v. 14.12.2000 – IX ZB 105/00, BGHZ 146, 165 = ZIP 2001, 296, dazu EWiR 2001, 281 *(Keller)*; eingehend dazu *Eickmann*, DZWIR 2001, 235; *Graeber*, NZI 2001, 184; *Keller*, ZIP 2001, 1749.

37) BGH, Beschl. v. 14.12.2000 – IX ZB 105/00, unter B. III. 3. b), BGHZ 146, 165 = ZIP 2001, 296.

38) BGH, Urt. v. 29.9.1988 – IX ZR 39/88, BGHZ 105, 230 = ZIP 1988, 1411, dazu EWiR 1988, 1113 *(Lüke)*.

39) BGH, Urt. v. 29.9.1988 – IX ZR 39/88, BGHZ 105, 230 = ZIP 1988, 1411; Römermann-*R.-D. Mönning*, InsO/InsR, § 22 InsO Rz. 49; *Pohlmann*, Befugnisse und Funktionen des vorläufigen Insolvenzverwalters, Rz. 474.

40) Zum Einziehungsrecht BGH, Urt. v. 6.4.2000 – IX ZR 422/98, BGHZ 144, 192 = ZIP 2000, 895, dazu EWiR 2000, 643 *(Eckardt)*; *Uhlenbruck* in: Kölner Schrift zur InsO, S. 325 Rz. 29 a. E.

41) BGH, Beschl. v. 14.12.2000 – IX ZB 105/00, unter B. III. 3. b), BGHZ 146, 165 = ZIP 2001, 296.

genstände, die im eröffneten Insolvenzverfahren der Aussonderung nach § 47 InsO unterliegen und damit nicht zur Insolvenzmasse i. S. des § 35 InsO gehören.[42)]

b) Die Frage der nennenswerten Befassung mit Fremdrechten

Die Einbeziehung von Gegenständen und Vermögenswerten, die der Aussonderung oder der abgesonderte Befriedigung unterliegen, sollte nach überwiegender Ansicht nur dann möglich sein, wenn der vorläufige Insolvenzverwalter hierauf tatsächlich eine konkrete Sicherungstätigkeit entfaltet hat.[43)] Der BGH führte dagegen eine Schwelle unterhalb dieser Sicherungstätigkeit ein und berücksichtigte diese Vermögenswerte schon bei **„bloß nennenswerter Tätigkeit"** des vorläufigen Insolvenzverwalters.[44)] Eine solche Schwelle ergibt sich aus § 11 Abs. 1 InsVV oder aus der analogen Anwendung des § 1 Abs. 1 InsVV aber nicht.[45)] 17

Nach der Entscheidung des BGH vom 14.12.2000 war die Frage zu beantworten, wann eine „bloß nennenswerte Tätigkeit" vorliegt: Bei einem Grundstück ist dies der Fall, wenn der vorläufige Insolvenzverwalter sich über die Belastungen des Grundstücks informiert, Grundbuchauszüge einholt und den Versicherungsschutz prüft.[46)] In Ansehung von Forderungen ist eine „bloß nennenswerte Tätigkeit" anzunehmen, wenn der vorläufige Insolvenzverwalter die Forderungen feststellt und ihre Realisierbarkeit bspw. hinsichtlich möglicher Verjährung sichert.[47)] Auch wenn der vorläufige Insolvenzverwalter diese einzieht, außergerichtlich und gerichtlich beitreibt,[48)] ist von „bloß nennenswerter Tätigkeit" auszugehen. 18

c) Die Kürzung der Vergütung bei nicht erheblicher Befassung

Der BGH forderte in seinem Beschluss vom 14.12.2000 in einem weiteren Schritt die **Kürzung der Vergütung** entsprechend § 3 Abs. 2 InsVV, wenn die „bloß nennenswerte Tätigkeit" die Arbeitsleistung des vorläufigen Insolvenzverwalters **nicht erheblich in Anspruch** nahm. Er sah anderenfalls die Gefahr einer Doppelvergütung, wenn einerseits aus- und absonderungsrechtsbehaftete Gegenstände in die Berechnungsgrundlage einbezogen werden und andererseits entsprechend § 3 Abs. 1 lit. a InsVV eine Vergütungserhöhung in Betracht kommt. 19

d) Mögliche Berechnungsmethoden zur Kürzung der Vergütung

Zur praktischen Berechnung der Minderung der Vergütung bei nicht erheblicher Befassung mit Aus- und Absonderungsrechten, schlug *Eickmann*[49)] vor, die Vergütung zu kürzen, wenn die Tätigkeit des vorläufigen Insolvenzverwalters bezüglich der mit Aus- und Absonderungsrechten behafteten Gegenstände nicht mehr als 50 % umfasst. Diese Lösung erschien mit Verweis auf § 3 Abs. 1 lit. a InsVV sachgerecht. Die umgekehrte Anwendung dieser Norm ist aber auch zweifelhaft; es würde damit nämlich die Vergütung des vorläu- 20

42) BGH, Urt. v. 29.9.1988 – IX ZR 39/88, BGHZ 105, 230 = ZIP 1988, 1411; Jaeger-*Gerhardt*, InsO, § 22 Rz. 28 ff.; Uhlenbruck-*Langer*, InsO, § 22 Rz. 25 ff.; Römermann-*R.-D. Mönning*, InsO/InsR, § 22 InsO Rz. 49; *Förster*, ZInsO 2001, 702.

43) Allgemein noch *Kuhn/Uhlenbruck*, KO, § 106 Rz. 22c.

44) BGH, Beschl. v. 14.12.2000 – IX ZB 105/00, unter B. III. 3. d), BGHZ 146, 165 = ZIP 2001, 296.

45) Kritisch deshalb *Keller*, ZIP 2001, 1749.

46) LG Berlin, Beschl. v. 13.11.2003 – 108 IN 439/03, DZWIR 2004, 212; LG Potsdam, Beschl. v. 5.1.2006 – 5 T 65/05, ZIP 2006, 296.

47) *Keller*, ZIP 2001, 1749, unter III. 3.

48) *Keller*, DZWIR 2000, 473 (Urteilsanm.).

49) *Eickmann*, DZWIR 2001, 235, unter III. 2. b).

figen Insolvenzverwalters gekürzt, nur weil kein Erhöhungskriterium vorliegt. *Graeber*[50] schlug vor, bei einer Tätigkeit des vorläufigen Insolvenzverwalters bezogen auf Aus- und Absonderungsrechte von weniger als 20 % der Gesamtarbeitsbelastung den Differenzbetrag zwischen den Vergütungen nach erhöhter und nicht erhöhter Berechnungsgrundlage anteilig zu kürzen.

e) Akzeptanz der Rechtsprechung in der Rechtspraxis

21 Nach der Entscheidung des BGH ging die Rechtspraxis mit der Kürzung der Vergütung des vorläufigen Insolvenzverwalters vorsichtig um. So sah das LG Dresden eine Kürzung der Vergütung nur im Ausnahmefall als gegeben an.[51] Eine **Befassung in nennenswertem Umfang** sei bereits dann gegeben, wenn der vorläufige Insolvenzverwalter hinsichtlich des jeweiligen Vermögensgegenstandes die notwendigen Sicherungsmaßnahmen durchführt. Hinsichtlich einer verpfändeten Lebensversicherung reiche es aus, wenn er diese Forderung in die Vermögensübersicht zur Eröffnung des Insolvenzverfahrens aufnimmt, den Drittschuldner über die vorläufige Insolvenzverwaltung informiert und die Realisierbarkeit dieser Forderung prüft.[52] Das LG Köln[53] sah bei einem mit Grundpfandrechten belasteten Grundstück eine nennenswerte Tätigkeit, wenn der vorläufige Insolvenzverwalter sich über die Belastungen informierte und mit den Grundpfandrechtgläubigern über eine mögliche Verwertung verhandelte.[54] Für eine Kürzung der Vergütung sah es keine Möglichkeit, wenn das Grundstück praktisch der einzige Vermögenswert des Schuldners ist. Ähnlich sah das AG Chemnitz eine nennenswerte Befassung mit Aus- und Absonderungsrechten, wenn der vorläufige Insolvenzverwalter i. R. der Betriebsfortführung die betreffenden Gegenstände verwendet.[55]

4. Änderung des § 11 Abs. 1 Satz 2 InsVV durch Verordnung vom 4.10.2004

22 Mit der **Verordnung zur Änderung der InsVV vom 4.10.2004**[56] wurde § 11 Abs. 1 Satz 2 InsVV dahingehend ergänzt, dass Berechnungsgrundlage der Vergütung des vorläufigen Insolvenzverwalters das Vermögen ist, auf das sich seine Tätigkeit während des Eröffnungsverfahrens erstreckt. Im Text des Verordnungsentwurfs zu § 11 Abs. 1 Satz 2 InsVV wurde noch von Vermögen gesprochen, „auf das sich seine Tätigkeit im Zeitpunkt der Beendigung des Eröffnungsverfahrens erstreckt". Um zu vermeiden, dass für die Vermögensfeststellung allein auf den Stichtag der Beendigung des Eröffnungsverfahrens abgestellt wird, wurde der Entwurfstext geändert und nur auf die Tätigkeit während des Eröffnungsverfahrens abgestellt. Die Begründung zur Änderung der Vorschrift beruft sich ausdrücklich auf die Rechtsprechung des BGH vom 14.12.2000.[57] Eine Unterscheidung zwischen „bloß nennenswerter" und „erheblicher" Befassung enthält § 11 Abs. 1 Satz 2 InsVV aber nicht.

---

50) *Graeber*, Vergütung des vorläufigen Insolvenzverwalters gemäß § 11 InsVV, S. 162 ff. mit Berechnungsbeispielen.

51) LG Dresden, Beschl. v. 8.2.2002 – 7 T 1072/01, ZIP 2002, 1303, unter II. 2. a).

52) LG Duisburg, Beschl. v. 10.10.2008 – 7 T 175/08, n. v.

53) LG Köln, Beschl. v. 18.11.2003 – 19 T 185/03, ZInsO 2004, 32, dazu EWiR 2004, 195 *(Keller)*; LG Köln, Beschl. v. 26.3.2004 – 19 T 6/04, ZIP 2004, 961.

54) Ebenso LG Stralsund, Beschl. v. 4.6.2003 – 2 T 182/02, ZIP 2003, 1857 = ZVI 2003, 563.

55) AG Chemnitz, Beschl. v. 16.3.2001 – 128 IN 1617/99, ZIP 2001, 1473, dazu EWiR 2002, 115 *(Keller)*.

56) Verordnung zur Änderung der Insolvenzrechtlichen Vergütungsverordnung – InsVV-ÄndVO, v. 4.10.2004, BGBl. I 2004, 2569; dazu *Stephan* in: MünchKomm-InsO, § 11 InsVV Rz. 15.

57) Begr. zum Entwurf einer InsVV-ÄndVO, abgedr. unten in Anh. IV, S. 709 ff.

§ 11 InsVV i d. F. der Änderung vom 4.10.2004 hatte demnach folgenden Wortlaut: 23

„§ 11 InsVV
Vergütung des vorläufigen Insolvenzverwalters

(1) Die Tätigkeit des vorläufigen Insolvenzverwalters wird besonders vergütet. Er erhält in der Regel 25 vom Hundert der Vergütung nach § 2 Abs. 1 bezogen auf das Vermögen, auf das sich seine Tätigkeit während des Eröffnungsverfahrens erstreckt.

(2) Hat das Insolvenzgericht den vorläufigen Insolvenzverwalter als Sachverständigen beauftragt zu prüfen, ob ein Eröffnungsgrund vorliegt und welche Aussichten für eine Fortführung des Unternehmens des Schuldners bestehen, so wird er gesondert nach dem Gesetz über die Entschädigung von Zeugen und Sachverständigen entschädigt."

5. BGH-Beschlüsse vom 14.12.2005 und vom 13.7.2006

a) Die Abkehr vom Erfordernis „bloß nennenswerter" Tätigkeit

Zufällig oder vielleicht mit einem Gespür für leise Ironie korrigiert der BGH auf den Tag fünf Jahre nach seinem ersten Grundsatzbeschluss mit dem **Beschluss vom 14.12.2005**[58] seine Entscheidung aus dem Jahre 2000 in wesentlichen Punkten. Er änderte zum einen seine Aussagen zu den **Voraussetzungen der Einbeziehung von mit Aus- oder Absonderungsrechten** behafteten Gegenständen in die Vergütung. Zum anderen postulierte er entgegen der bisher allgemein vertretenen Ansicht in Literatur, Rechtsprechung und Praxis und **entgegen dem Wortlaut des § 11 Abs. 1 Satz 2 InsVV** in der seit 7.10.2004 geltenden Fassung keine Einbeziehung der mit Aus- oder Absonderungsrechten behafteten Gegenstände in die Berechnungsgrundlage der Vergütung, sondern nur deren Berücksichtigung über § 3 Abs. 1 InsVV. Der BGH bezog sich in späteren Entscheidungen ausdrücklich auf diese geänderte Rechtsauffassung, insbesondere im Beschluss vom 12.1.2006.[59] Die in der gesamten Insolvenzrechtspraxis geäußerte Verwunderung und die Kritik der Literatur[60] nahm er zum Anlass, mit **Beschluss vom 13.7.2006**[61] ausführlich seinen Standpunkt zu erläutern und die geänderte Rechtsauffassung zu bekräftigen.[62] 24

Ausdrücklich gab der BGH in seinen Entscheidungen vom 14.12.2005 und vom 13.7.2006 die Unterscheidung zwischen „bloß nennenswerter" Befassung und „erheblicher" Befassung auf. Er erkannte an, dass es logisch und systematisch keinen Sinn hat, unterhalb der Schwelle der Erheblichkeit als Voraussetzung einer Einbeziehung eine weitere Schwelle „bloß nennenswerter" Befassung anzusetzen.[63] Die Prüfungsreihenfolge – Einbeziehung eines Vermögenswertes in die Berechnungsgrundlage bei bloß nennenswerter Befassung und Kürzung der Vergütung bei nicht erheblicher Befassung – hat sich als umständlich und intransparent erwiesen. Bereits in früheren Entscheidungen sah der BGH die Bestimmung „nennenswerter Tätigkeit" als tatrichterliche Frage des Einzelfalles an.[64] Der Rechtspraxis 25

58) BGH, Beschl. v. 14.12.2005 – IX ZB 256/04, BGHZ 165, 266 = ZIP 2006, 621; ihm folgend AG Leipzig, Beschl. v. 3.5.2006 – 401 IN 72/06, NZI 2006, 478; ablehnend AG Göttingen, Beschl. v. 28.9.2006 – 74 IN 43/06, ZIP 2007, 929 = ZVI 2007, 147.

59) BGH, Beschl. v. 12.1.2006 – IX ZB 127/04, ZIP 2006, 672 m. Anm. *Prasser* = ZVI 2006, 165.

60) *Stephan* in: MünchKomm-InsO, § 11 InsVV Rz. 15; *Blersch*, ZIP 2006, 598; *Keller*, NZI 2006, 271.

61) BGH, Beschl. v. 13.7.2006 – IX ZB 104/05, BGHZ 168, 321 = NZI 2006, 464 m. Anm. *Nowak*; dazu *Andres*, Rpfleger 2006, 517; *Andres*, NZI 2006, 567; *Blersch*, ZIP 2006, 1605; *Förster*, ZInsO 2006, 785; *Graeber*, ZInsO 2006, 794; *Keller*, NZI Heft 9/2006, S. V; *Schmahl*, NZI Heft 10/2006, S. VIII; *Schmidt*, ZInsO 2006, 791; *Vallender*, NJW 2006, 2956.

62) Ebenso BGH, Beschl. v. 28.9.2006 – IX ZB 230/05, ZIP 2006, 2134 = NZI 2007, 40.

63) BGH, Beschl. v. 14.12.2005 – IX ZB 256/04, Rz. 16 ff., BGHZ 165, 266 = ZIP 2006, 621; BGH, Beschl. v. 13.7.2006 – IX ZB 104/05, Rz. 5 ff., BGHZ 168, 321 = NZI 2006, 464 m. Anm. *Nowak*.

64) BGH, Beschl. v. 4.7.2002 – IX ZB 31/02, ZIP 2002, 1459 = NZI 2002, 509; BGH, Beschl. v. 23.9.2004 – IX ZB 215/03, NZI 2004, 665; BGH, Beschl. v. 16.6.2005 – IX ZB 186/03, NZI 2005, 629.

war damit nicht geholfen, da eine konkrete Definition des Begriffes der „bloß nennenswerten Tätigkeit" fehlte und die Abgrenzung zur Erheblichkeit der Befassung nicht klar war.

b) Die Berücksichtigung allein durch Erhöhung der Vergütung nach § 3 Abs. 1 InsVV

26 Nach den weiteren Aussagen des BGH im Beschluss vom 14.12.2005, die im Beschluss vom 13.7.2006 bekräftigt worden sind, sollte die erhebliche Befassung der mit **Aus- oder Absonderungsrechten behafteten Vermögenswerte** nicht über die Einbeziehung in die Berechnungsgrundlage der Vergütung, sondern **allein durch Gewährung von Zuschlägen nach § 3 Abs. 1 InsVV** erfolgen.[65] Der BGH widersprach mit dieser Aussage dem Wortlaut des § 11 Abs. 1 Satz 2 InsVV. In dem Beschluss vom 14.12.2005 erwähnte er diese Vorschrift nicht einmal. Umso mehr sah sich der BGH im Beschluss vom 13.7.2006[66] genötigt, seine geänderte Rechtsauffassung mit dem Verordnungstext und den Intentionen des Verordnungsgebers in Einklang zu bringen.[67] Der **Wortlaut des § 11 Abs. 1 Satz 2 InsVV** sei in dem bisher verstandenen Sinne **nicht bindend.**[68] Dem ist entgegenzuhalten, dass die Begründung zur Änderung des § 11 Abs. 1 Satz 2 InsVV ausdrücklich auf den Beschluss des BGH vom 14.12.2000 Bezug nimmt;[69] in diesem hatte sich der BGH der in Literatur und Rechtsprechung nahezu einhellig vertretenen Ansicht von der Einbeziehung in die Berechnungsgrundlage explizit angeschlossen. Der BGH versuchte dagegen zu erklären, dass die Verordnungsbegründung nicht zwingend nur diesen Schluss zulasse.

6. Die Änderung des § 11 InsVV durch Verordnung vom 21.12.2006

27 Die Kritik an den Entscheidungen des BGH und die für die Rechtspraxis dadurch hervorgerufene unsichere Rechtslage veranlassten den Verordnungsgeber, bereits im **Oktober 2006** den Entwurf einer Zweiten Verordnung zur Änderung der InsVV vorzulegen.[70] Darin sollte § 11 Abs. 1 InsVV klarstellend i. S. der vor den Entscheidungen des BGH vom 14.12.2005 und vom 13.7.2006 geltenden Rechtslage geändert werden. Die diesem Entwurf entsprechende Zweite Verordnung zur Änderung der InsVV vom 21.12.2006 ist am 29.12.2006 in Kraft getreten.[71] Der Verordnungsgeber nimmt die Rechtsprechung des BGH in einigen wichtigen Punkten auf: Er erkennt an, dass eine Berücksichtigung von Fremdrechten nur bei erheblicher Befassung des vorläufigen Insolvenzverwalters möglich ist. Das Postulat, die Vergütung des vorläufigen Insolvenzverwalters dürfe nicht höher sein als die des Insolvenzverwalters im eröffneten Verfahren, weist er in der Entwurfsbegründung entschieden zurück.[72] Durch den neuen § 11 Abs. 2 InsVV sollen gleichzeitig ein zu hoher Wertansatz einzelner Vermögenswerte und damit eine zu hohe Vergütung vermieden werden.

65) BGH, Beschl. v. 14.12.2005 – IX ZB 256/04, Rz. 22 ff., BGHZ 165, 266 = ZIP 2006, 621; BGH, Beschl. v. 13.7.2006 – IX ZB 104/05, Rz. 18 ff., BGHZ 168, 321 = NZI 2006, 464 m. Anm. *Nowak*.

66) BGH, Beschl. v. 13.7.2006 – IX ZB 104/05, BGHZ 168, 321 = NZI 2006, 464 m. Anm. *Nowak*.

67) Eingehend BGH, Beschl. v. 13.7.2006 – IX ZB 104/05, Rz. 8 f., 13 ff., BGHZ 168, 321 = NZI 2006, 464 m. Anm. *Nowak*.

68) BGH, Beschl. v. 13.7.2006 – IX ZB 104/05, Rz. 7 a. E., BGHZ 168, 321 = NZI 2006, 464 m. Anm. *Nowak*.

69) Begr. zum Entwurf einer InsVV-ÄndVO (§ 11), abgedr. unten in Anh. IV, S. 709, 718, 719.

70) Entwurf 2. InsVV-ÄndVO, abgedr. unten in Anh. V, S. 723 ff.

71) Zweite Verordnung zur Änderung der Insolvenzrechtlichen Vergütungsverordnung – 2. InsVV-ÄndVO, v. 21.12.2006, BGBl. I 2006, 3389; dazu *Stephan* in: MünchKomm-InsO, § 11 InsVV Rz. 18, 19.

72) Begr. zum Entwurf einer 2. InsVV-ÄndVO, z. Art. 1 Abs. 3, abgedr. unten in Anh. V, S. 723, 725.

§ 11 InsVV in der Fassung der Änderung vom 21.12.2006 hatte demnach folgenden Wortlaut: 28

„**§ 11 InsVV**
Vergütung des vorläufigen Insolvenzverwalters

(1) Die Tätigkeit des vorläufigen Insolvenzverwalters wird besonders vergütet. Er erhält in der Regel 25 vom Hundert der Vergütung nach § 2 Abs. 1 bezogen auf das Vermögen, auf das sich seine Tätigkeit während des Eröffnungsverfahrens erstreckt. Maßgebend für die Wertermittlung ist der Zeitpunkt der Beendigung der vorläufigen Verwaltung oder der Zeitpunkt, ab dem der Gegenstand nicht mehr der vorläufigen Verwaltung unterliegt. Vermögensgegenstände, an denen bei Verfahrenseröffnung Aus- oder Absonderungsrechte bestehen, werden dem Vermögen nach Satz 2 hinzugerechnet, sofern sich der vorläufige Insolvenzverwalter in erheblichem Umfang mit ihnen befasst. Eine Berücksichtigung erfolgt nicht, sofern der Schuldner die Gegenstände lediglich aufgrund eines Besitzüberlassungsvertrages in Besitz hat.

(2) Wird die Festsetzung der Vergütung beantragt, bevor die von Absatz 1 Satz 2 erfassten Gegenstände veräußert wurden, ist das Insolvenzgericht spätestens mit Vorlage der Schlussrechnung auf eine Abweichung des tatsächlichen Werts von dem der Vergütung zugrunde liegenden Wert hinzuweisen, sofern die Wertdifferenz 20 vom Hundert bezogen auf die Gesamtheit dieser Gegenstände übersteigt. Bei einer solchen Wertdifferenz kann das Gericht den Beschluss bis zur Rechtskraft der Entscheidung über die Vergütung des Insolvenzverwalters ändern.

(3) Art, Dauer und der Umfang der Tätigkeit des vorläufigen Insolvenzverwalters sind bei der Festsetzung der Vergütung zu berücksichtigen.

(4) Hat das Insolvenzgericht den vorläufigen Insolvenzverwalter als Sachverständigen beauftragt zu prüfen, ob ein Eröffnungsgrund vorliegt und welche Aussichten für eine Fortführung des Unternehmens des Schuldners bestehen, so wird er gesondert nach dem Gesetz über die Entschädigung von Zeugen und Sachverständigen entschädigt."

Die Begründung des Verordnungsentwurfs führt zu § 11 Abs. 1 InsVV aus, dass die **klarstellende Regelung erforderlich** wurde, weil zwischen den Gerichten erhebliche Meinungsunterschiede über die Berücksichtigung der mit Aus- und Absonderungsrechten behafteten Gegenstände bestanden hätten.[73] Exemplarisch sind zu nennen das AG Leipzig, das mit Beschluss vom 3.5.2006[74] dem BGH zugestimmt hat, und das AG Göttingen, das ihm mit Beschluss vom 28.9.2006[75] grundlegend widersprochen hat. 29

Die **Neuregelungen der Zweiten Verordnung zur Änderung der InsVV** sollten Anwendung auf Vergütungen finden, die **am 29.12.2006 noch nicht rechtskräftig festgesetzt** worden sind (§ 19 Abs. 2 InsVV). Der BGH versagt dieser Übergangsregelung die Anwendung und verlangt bei Eröffnungsverfahren, die vor dem 29.12.2006 abgeschlossen waren, die Vergütung nach den von ihm aufgestellten Grundsätzen aus den Entscheidungen vom 14.12.2005 und vom 13.7.2006.[76] 30

7. Nachhutgefechte der Literatur

In einem persönlich sehr engagiert verfassten Beitrag zur Festschrift für Gero Fischer mit zuweilen unsachlicher Sprache und persönlichen Angriffen befasst sich *Raebel* mit der Berechnungsgrundlage der Vergütung des vorläufigen Insolvenzverwalters nach § 11 InsVV 31

73) Allg. Begr. zum Entwurf einer 2. InsVV-ÄndVO, Abschn. 2. a), abgedr. unten in Anh. V, S. 723.

74) AG Leipzig, Beschl. v. 3.5.2006 – 401 IN 72/06, NZI 2006, 478.

75) AG Göttingen, Beschl. v. 28.9.2006 – 74 IN 43/06, ZIP 2007, 929 = ZVI 2007, 147.

76) BGH, Beschl. v. 23.10.2008 – IX ZB 35/05, ZIP 2008, 2323 = NZI 2009, 54; BGH, Beschl. v. 18.12.2008 – IX ZB 46/08, ZInsO 2009, 495; BGH, Beschl. v. 19.11.2009 – IX ZB 105/08, NZI 2010, 300; BGH, Beschl. v. 10.12.2009 – IX ZB 181/06, NZI 2010, 227; BGH, Beschl. v. 11.3.2010 – IX ZB 128/07, NZI 2010, 527; *Lorenz* in: FK-InsO, § 11 InsVV Rz. 3.

und der dargestellten Rechtsentwicklung.[77] In der gleichen Festschrift erörtert *Vill*[78] nicht weniger kritisch die Aspekte der Anwendung des § 11 InsVV. Sachlich wendet sich *Raebel* gegen die Einbeziehung der mit Fremdrechten belasteten Gegenstände in die Berechnungsgrundlage der Vergütung des vorläufigen Insolvenzverwalters und verteidigt die genannten Entscheidungen des BGH. Er zeigt Aspekte auf, die für eine Abkehr von § 11 Abs. 1 InsVV auch in der seit 29.12.2006 geltenden Fassung sprechen.[79] Konsequent zu Ende gedacht stellt sich dann aber die Frage, ob die Vergütung des vorläufigen Insolvenzverwalters berechnet nach der gleichen Berechnungsgrundlage wie beim Insolvenzverwalter des eröffneten Verfahrens nicht ebenso den vollen Regelsatz des § 2 Abs. 1 InsVV betragen muss.

32 Als Argumente für die Einbeziehung der mit Fremdrechten belasteten Vermögenswerte wurden die Aufgabe der Sicherung aller Vermögenswerte des Schuldners durch den vorläufigen Verwalter und seine Haftung auch gegenüber den Aus- und Absonderungsberechtigten genannt.[80] Entscheidend für die unterschiedliche Bestimmung der Berechnungsgrundlage war weiter, dass während des Eröffnungsverfahrens grundsätzlich noch keine Verwertung stattfinden soll, eine genaue Differenzierung der Vermögenswerte nach freier und mit Fremdrechten belasteter Masse daher noch nicht erfolgt[81] und das Verfahren ergebnisoffen verläuft, insbesondere eine Insolvenzeröffnung keineswegs sicher ist. Das Abstellen allein auf den Stichtag der Beendigung des Eröffnungsverfahrens entsprach insoweit nicht dem Tätigkeitsbild des vorläufigen Insolvenzverwalters (Sequesters). In dem Beschluss vom 14.12.2000 folgte der BGH dieser durch Literatur und instanzgerichtliche Rechtsprechung gefestigten Meinung.[82] Völlig unnötig stellte er für das System der Einbeziehung jedoch mit dem Postulat der „bloß nennenswerten Befassung" und späterer Vergütungskürzung eine neue Formel auf, die im Ergebnis als die eigentliche Ursache des von *Raebel* so sehr beklagten Missstandes bezeichnet werden muss. Indem er die Schwelle der Einbeziehung niedrig ansetzte, hatte der BGH selbst die Tore geöffnet für eine Entwicklung, die *Raebel* zu Recht beklagt.

8. BGH-Beschlüsse vom 15.11.2012

a) Kernaussagen der Entscheidungen

33 Mit zwei Beschlüssen vom 15.11.2012[83] beschäftigte sich der BGH nochmals grundlegend mit der Anwendung des § 11 Abs. 1 InsVV. Nach den Änderungen der Norm durch die Verordnung vom 21.12.2006 schien die Problematik geklärt, weshalb die Beschlüsse vom 15.11.2012 als „Großangriff" auf § 11 InsVV und den Verordnungsgeber gewertet werden konnten.[84]

---

77) *Raebel* in: FS Fischer, S. 459; dagegen ausführlich *Keller*, ZIP 2008, 1615; eingehend auch *Prasser/Stoffler* in: KPB, InsO, § 11 InsVV Rz. 4 ff.

78) *Vill* in: FS Fischer, S. 459 und S. 547.

79) Zur Verfassungsmäßigkeit des § 11 InsVV in der geltenden Fassung *Bork/Muthorst*, ZIP 2010, 1627; *Graeber*, ZIP 2011, 1702.

80) Zur Haftung BGH, Urt. v. 29.9.1988 – IX ZR 39/88, BGHZ 105, 230 = ZIP 1988, 1411; so auch BGH, Beschl. v. 14.12.2000 – IX ZB 105/00, BGHZ 146, 165 = ZIP 2001, 296.

81) *Graeber*, Vergütung des vorläufigen Insolvenzverwalters gemäß § 11 InsVV, S. 35, 37 zweiter Absatz, S. 123 ff.

82) BGH, Beschl. v. 14.12.2000 – IX ZB 105/00, BGHZ 146, 165 = ZIP 2001, 296.

83) BGH, Beschl. v. 15.11.2012 – IX ZB 88/09, BGHZ 195, 322 = NZI 2013, 29 m. Anm. *Graeber*; BGH, Beschl. v. 15.11.2012 – IX ZB 130/10, BGHZ 195, 336 = Rpfleger 2013, 163 m. Anm. *Stephan*; *Keller*, NZI 2013, 240; *Stoffler*, NZI 2013, 394 (Urteilsanm.); *Graeber*, NZI 2013, 836; *Rechberger/Thurner*, ZInsO 2013, 808.

84) *Lorenz* in: FK-InsO, § 11 InsVV Rz. 15 ff., 20; *Keller*, NZI 2013, 240.

In **Stichpunkten zusammengefasst** erscheinen die Forderungen des BGH plausibel: 34

- Das Vermögen i. S. des § 63 Abs. 1 Satz 2 InsO ist am „klassischen Vermögensbegriff" zu messen. Gegenstände, die einer **Aussonderung** nach § 47 InsO unterliegen, **gehören nicht zum Vermögen** und damit auch nicht zur Berechnungsgrundlage.[85)]
- Gegenstände, an denen **abgesonderte Befriedigung** nach §§ 49 ff. InsO geltend gemacht werden kann, sind Bestandteil des Vermögens, wenn bei ihrer Verwertung ein **Überschuss** bleibt. Dem Gesetz wohnt nach Ansicht des BGH ein Überschussprinzip inne, weshalb **dingliche Belastungen vom Wert des Gegenstandes abzuziehen** sind, daher ist immer § 1 Abs. 2 Nr. 1 Satz 3 InsVV anzuwenden. Bei wertausschöpfender Belastung, findet daher keine Berücksichtigung in der Berechnungsgrundlage statt.
- Bei Gegenständen mit Absonderungsrechten ist dann auch keine erhebliche Befassung erforderlich, um sie bei der Berechnungsgrundlage zu berücksichtigen. Dieser Tatbestand entfällt. Der vorläufige Verwalter erhält eine **Erhöhung nach § 3 Abs. 1 lit. a InsVV**, wenn er mit der Befassung mit diesen Vermögenswerten erheblichen Aufwand hatte.

Im Ergebnis soll mit Ausnahme des § 1 Abs. 2 Nr. 1 Sätze 1 und 2 InsVV und den Kostenbeiträgen des § 171 InsO hinsichtlich Vermögenswerten mit Absonderungsrechten kein Unterschied zwischen der Berechnungsgrundlage des vorläufigen und der des endgültigen Insolvenzverwalters gemacht werden. 35

b) Die Argumente des BGH

Der BGH verweist vor allem im Beschluss zu IX ZB 130/10 auf den Begriff des „klassischen Vermögens" i. S. des § 63 Abs. 1 Satz 2 InsO, welchem auch die Anwendung des § 11 Abs. 1 InsVV entsprechen müsse.[86)] Hinsichtlich der **Vermögensgegenstände**, die einer **Aussonderung** unterliegen, betrachtet er § 11 Abs. 1 Satz 4 InsVV als unwirksam an, da der Verordnungsgeber seinen Ermessensspielraum verletzt habe.[87)] Hinsichtlich der Vermögenswerte mit Absonderungsrechten ergebe sich aus § 63 InsO ein übergeordnetes Überschussprinzip, welches zur analogen Anwendung des § 1 Abs. 2 Nr. 1 Satz 3 InsVV führe. Dies ist im Ergebnis nicht überzeugend. 36

Bei einer Prüfung, ob § 11 Abs. 1 Satz 4 InsVV über die Verordnungsermächtigung des § 65 InsO mit § 63 Abs. 1 Satz 2 InsO in Einklang steht und damit formell verfassungsmäßig ist, hätte der BGH sich mit den Besonderheiten der vorläufigen Verwaltung auseinandersetzen und diese bei der Ermessensausübung durch den Verordnungsgeber berücksichtigen müssen. Im Beschluss vom 14.12.2000[88)] hatte er dies ausführlich getan.[89)] In diesem Zusammenhang ist es aber zu allgemein, darauf zu verweisen, dass § 63 Abs. 1 InsO nicht streng wortgetreu angewandt werden dürfe.[90)] Der BGH billigt dem Verordnungsgeber 37

85) So auch LG Aurich, Beschl. v. 29.10.2013 – 4 O 206/10, n. v.

86) Mit kritischen Hinweisen an den Verordnungsgeber, der in der Begr. zur Änderung des § 11 InsVV den Begriff verwendet, ohne ihn konkret zu definieren, so deutlich BGH, Beschl. v. 15.11.2012 – IX ZB 130/10, Rz. 14, 37, BGHZ 195, 336 = Rpfleger 2013, 163 m. Anm. *Stephan*; BGH, Beschl. v. 15.11.2012 – IX ZB 88/09, Rz. 17, 38, BGHZ 195, 322 = NZI 2013, 29 m. Anm. *Graeber*.

87) BGH, Beschl. v. 15.11.2012 – IX ZB 88/09, BGHZ 195, 322 = NZI 2013, 29 m. Anm. *Graeber*.

88) BGH, Beschl. v. 14.12.2000 – IX ZB 105/00, BGHZ 146, 165 = ZIP 2001, 296.

89) Dazu Keller, ZIP 2001, 1749.

90) BGH, Beschl. v. 15.11.2012 – IX ZB 130/10, Rz. 20, BGHZ 195, 336 = Rpfleger 2013, 163 m. Anm. *Stephan*; BGH, Beschl. v. 15.11.2012 – IX ZB 88/09, Rz. 26, BGHZ 195, 322 = NZI 2013, 29 m. Anm. *Graeber*.

einen weiten Ermessensspielraum zu,[91] verwirft ihn aber ohne weitere Begründung bei § 11 Abs. 1 Satz 4 InsVV.[92]

38 Sehr **fragwürdig** ist das vom BGH postulierte **Überschussprinzip**, aus welchem sich ergebe, dass Vermögenswerte mit Absonderungsrechten nur mit ihrem Überschuss, also als sog. freie Masse, zu berücksichtigen seien.[93] Ein Überschussprinzip besteht weder betriebswirtschaftlich noch juristisch bei der Berücksichtigung von mit Fremdrechten behafteten Gegenständen.

*Ein einfaches **Beispiel** macht dies deutlich:*

Der Eigentümer einer Immobilie ist auch dann noch Eigentümer, wenn diese mit einem Grundpfandrecht zugunsten eines Kreditinstituts belastet ist. Eher schmunzelnd wird im Volksmund landläufig gesagt: „Das Haus gehört der Bank." Auch bilanziell ist die Immobilie vollwertig als Anlagevermögen anzusetzen und lediglich die Valuta des gesicherten Darlehens sind Fremdkapital auf der Passivseite der Bilanz. Selbst die Sicherungsübereignung, die sachenrechtlich ja Eigentum kraft Übereignung nach § 930 BGB ist, wird insolvenzrechtlich nicht als Volleigentum betrachtet (§ 51 Nr. 1 InsO).

39 Ein Überschussprinzip ist auch aus dem System des Vergütungsrechts nicht herleitbar. Aus den Tatbeständen § 1 Abs. 2 InsVV wird gerade deutlich, dass die **Berechnungsgrundlage** der Vergütung **nie kongruent zur tatsächlichen Insolvenzmasse** als Teilungsmasse für die Gläubiger steht. Schon die Regelung des § 1 Abs. 2 Nr. 4 Satz 1 InsVV, wonach Masseverbindlichkeiten grundsätzlich nicht abzuziehen sind, verdeutlicht dies. Der BGH hat diesen Unterschied gesehen,[94] postuliert aber trotzdem ein Überschussprinzip, ohne dieses ausreichend zu begründen.

40 Wenn bereits ein Überschussprinzip **fraglich** ist, ist es eine **analoge Anwendung des § 1 Abs. 2 Nr. 1 Satz 3 InsVV** ebenso, erst recht wenn sie als Grundprinzip gefordert wird. Die Norm steht im Zusammenhang mit der Sondervergütung des § 1 Abs. 2 Nr. 1 Sätze 1 und 2 InsVV innerhalb eines geschlossenen Gefüges von Vorschriften für einen in sich geschlossenen Sachverhalt. Sie ist keine allgemeine Norm, die systematisch einer Analogie zugänglich ist. Sie ist nicht Ausdruck eines allgemeinen Überschussprinzips, das es so auch nicht gibt.

c) Die Intention hinter der Begründung

41 Der BGH argumentiert so, als wolle er den **vorläufigen Insolvenzverwalter nicht benachteiligen.** Die Unanwendbarkeit des § 1 Abs. 2 Nr. 1 Satz 3 InsVV (Berücksichtigung eines Überschusses) benachteilige ihn nämlich, wenn daneben mangels erheblicher Befassung § 11 Abs. 1 Satz 4 InsVV nicht anwendbar ist.[95] Das ist grundsätzlich richtig und ein gewichtiges Argument gegen die erhebliche Befassung als Tatbestand zur Berücksich-

---

91) BGH, Beschl. v. 15.11.2012 – IX ZB 130/10, Rz. 30, BGHZ 195, 336 = Rpfleger 2013, 163 m. Anm. *Stephan*; BGH, Beschl. v. 15.11.2012 – IX ZB 88/09, Rz. 34, BGHZ 195, 322 = NZI 2013, 29 m. Anm. *Graeber*; fortgeführt durch BGH, Beschl. v. 7.2.2013 – IX ZB 286/11, ZIP 2013, 468 = NZI 2013, 393; BGH, Beschl. v. 14.2.2013 – IX ZB 260/11, ZInsO 2013, 630.

92) So insbesondere BGH, Beschl. v. 15.11.2012 – IX ZB 88/09, Rz. 34, BGHZ 195, 322 = NZI 2013, 29 m. Anm. *Graeber*.

93) BGH, Beschl. v. 15.11.2012 – IX ZB 130/10, Rz. 26, 31, BGHZ 195, 336 = Rpfleger 2013, 163 m. Anm. *Stephan*.

94) BGH, Beschl. v. 15.11.2012 – IX ZB 130/10, Rz. 21, BGHZ 195, 336 = Rpfleger 2013, 163 m. Anm. *Stephan*; BGH, Beschl. v. 15.11.2012 – IX ZB 88/09, Rz. 27, BGHZ 195, 322 = NZI 2013, 29 m. Anm. *Graeber*.

95) BGH, Beschl. v. 15.11.2012 – IX ZB 130/10, Rz. 32, 33, BGHZ 195, 336 = Rpfleger 2013, 163 m. Anm. *Stephan*.

tigung bei der Berechnungsgrundlage. In der Insolvenzpraxis ist aber zu bedenken, dass gerade bei **Grundstücken oft eine wertausschöpfende Belastung** gegeben ist und diese dann überhaupt keine Berücksichtigung mehr finden. Sie sind dann weder bei der Berechnungsgrundlage noch als Überschuss zu berücksichtigen. Denkbar wäre nur eine Anwendung des § 3 Abs. 1 lit. a InsVV. Diese Berücksichtigung durch Vergütungserhöhung kann sich im seltenen Fall bei sonst hoher Berechnungsgrundlage rechnerisch stärker auswirken als eine Erhöhung der Berechnungsgrundlage. Ist die Berechnungsgrundlage gering, macht freilich auch eine Erhöhung des Prozentsatzes der Vergütung nicht viel aus.

In Verfahren, bei welchen die Vermögenswerte, die mit Fremdrechten belastet sind, einen sehr großen Teil der Insolvenzmasse ausmachen, ist der Unterschied von großer Bedeutung, da die Bestimmung der Berechnungsgrundlage der Vergütung des vorläufigen Insolvenzverwalters unter Einbeziehung von Vermögenswerten, die mit Aus- oder Absonderungsrechten behaftet sind, erheblichen Einfluss auf die Vergütung selbst hat. 42

Beispiel:

Das Vermögen des schuldnerischen Unternehmens beträgt gesamt 10 Mio. €, hiervon sind Vermögenswerte mit 7 Mio. € mit Fremdrechten belastet. In Anwendung des § 11 InsVV ohne Berücksichtigung der Rechtsprechung des BGH beträgt die Berechnungsgrundlage der Vergütung 10 Mio. €. Unter Berücksichtigung der Rechtsprechung des BGH beträgt die Berechnungsgrundlage 3 Mio. €.

Die vergütungsrechtlichen Folgen dieser Unterscheidung bestehen nicht allein in der unterschiedlichen Höhe der Regelvergütung des vorläufigen Insolvenzverwalters. Soweit Vermögenswerte, die mit Aus- oder Absonderungsrechten behaftet sind, bei der Bestimmung der Berechnungsgrundlage unberücksichtigt bleiben, ist eine erhebliche Befassung des vorläufigen Insolvenzverwalters unmittelbar durch Erhöhung der Vergütung entsprechend § 3 Abs. 1 lit. a InsVV zu berücksichtigen. Je nach Verhältnis von freier Masse zu mit Fremdrechten behafteten Vermögenswerten kann dies zu unterschiedlichsten Ergebnissen führen, da die Erhöhung der Berechnungsgrundlage nur die degressiv steigende Regelvergütung erhöht, die Gewährung eines Zuschlags erhöht die Vergütung unmittelbar. Bei dem Verhältnis von freier Masse zu fremdrechtsbehafteten Vermögenswerten im Beispiel müsste eine Erhöhung entsprechend § 3 Abs. 1 lit. a InsVV um rund 300 % erfolgen, um die Minderung der Berechnungsgrundlage und damit der Regelvergütung zu kompensieren. Bei insgesamt niedrigeren Werten kann der erforderliche Prozentsatz auch niedriger sein, da je nach Höhe der Berechnungsgrundlage der Prozentsatz der Degressionsstufe in § 2 Abs. 1 InsVV sich weniger stark auswirkt.

Die **Argumentation des BGH**, den vorläufigen Verwalter nicht benachteiligen zu wollen, würde **im Regelfall** einer vorläufigen Verwaltung eine **Vergütungsminderung** zur Folge haben. Diese Intention gibt der BGH auch selbst zu, weil es ihm nach eigener Erklärung darum geht, die Berechnungsgrundlage und damit die Vergütung des vorläufigen Insolvenzverwalters nicht zu hoch werden zu lassen und zu beschränken.[96)] 43

9. Änderung des § 63 InsO und des § 11 InsVV durch das GlRStG vom 15.7.2013

a) Zurückweisung der Argumentation des BGH durch den Gesetzgeber

Mit den Änderungen der § 63 und § 65 InsO sowie § 11 InsVV reagierte der Gesetzgeber erstaunlich schnell auf die Rechtsprechung des BGH. 44

96) BGH, Beschl. v. 15.11.2012 – IX ZB 130/10, Rz. 40, BGHZ 195, 336 = Rpfleger 2013, 163 m. Anm. *Stephan*.

45 Durch Art. 5 Nr. 3 des Gesetzes zur Verkürzung des Restschuldbefreiungsverfahrens und zur Stärkung der Gläubigerrechte vom 15.7.2013 (GlRStG)[97] wurde § 11 InsVV geändert und sein Regelungsgehalt teilweise auf § 63 Abs. 3 InsO übertragen und in den Rang eines förmlichen Gesetzes erhoben. Die Änderungen waren bereits im Entwurf des GlRStG vom 31.10.2012 vorgesehen.[98] Neben der Klärung der Problematik einer Rechtskraftdurchbrechung durch den früheren § 11 Abs. 2 InsVV[99] sollte die gesetzliche Anerkennung des Vergütungsanspruchs des vorläufigen Insolvenzverwalters gestärkt werden.[100] Wörtlich wird in der Gesetzesbegründung ausgeführt:[101]

„Der angefügte Absatz 3 regelt erstmals in der Insolvenzordnung, dass der vorläufige Insolvenzverwalter eine gesonderte Vergütung erhält. Dabei entspricht Satz 1 im Wesentlichen dem bisherigen § 11 Absatz 1 Satz 1 der Insolvenzrechtlichen Vergütungsverordnung (InsVV). Satz 2 umschreibt die wesentlichen Grundlagen für die Berechnung der Vergütung des vorläufigen Insolvenzverwalters, die bislang in § 11 Absatz 1 Satz 2 InsVV geregelt war. Satz 3 stellt klar, auf welches Vermögen sich die Tätigkeit des vorläufigen Insolvenzverwalters während des Eröffnungsverfahrens erstreckt. Die gesetzliche Anerkennung des Vergütungsanspruchs des vorläufigen Insolvenzverwalters führt angesichts der Bedeutung der vorläufigen Insolvenzverwaltung für das Vergütungsaufkommen des damit befassten Personenkreises zu größerer Rechtssicherheit; gleichzeitig wird an dem Grundsatz festgehalten, dass der gesetzlich festgeschriebene Regelsatz über- oder unterschritten werden kann.
Absatz 3 Satz 4 enthält eine Regelung, die eine Abänderung des Beschlusses über die Vergütung des vorläufigen Insolvenzverwalters erlaubt, wenn die Differenz zwischen dem tatsächlichen Wert der Berechnungsgrundlage für die Vergütung und dem Wert, der der Vergütung zugrunde gelegt wird, mehr als 20 Prozent beträgt. Das Gericht kann die Vergütung des vorläufigen Insolvenzverwalters bis zur Rechtskraft der Entscheidung über die Vergütung des Insolvenzverwalters sowohl erhöhen als auch reduzieren. Die vorgenannte Bestimmung war bisher in § 11 Absatz 2 Satz 2 InsVV enthalten. Hiergegen wurde eingewandt, dass § 65 InsO für eine Abänderungsbefugnis des Gerichts keine Ermächtigungsgrundlage enthalte. Dies erscheint zwar zweifelhaft, weil § 65 InsO eine umfassende Regelungskompetenz für die Vergütung im Insolvenzverfahren vorsieht, die das der Vergütungsfestsetzung zugrunde liegende Verfahren mit umfasst. Aus Gründen der Rechtssicherheit und Rechtsklarheit wird nun die Abänderungsbefugnis des Insolvenzgerichts gesetzlich geregelt.

Die erstmalige Aufnahme des Vergütungsanspruchs des vorläufigen Insolvenzverwalters sowie der Grundzüge der hierfür maßgeblichen Berechnung in das Gesetz machen eine Ergänzung der Verordnungsermächtigung für die nähere Ausgestaltung der Vergütung (§ 11 InsVV) erforderlich.

Bisher kann zweifelhaft sein, ob die Verordnungsermächtigung nicht nur für den Erlass von Vorschriften zur Festsetzung der Vergütung und Auslagen gilt, sondern auch für die Schaffung von Bestimmungen über das hierfür notwendige Verfahren. Die Änderung dehnt die Verordnungsermächtigung aus Gründen der Rechtssicherheit auch auf das Festsetzungsverfahren aus."

46 Zur Änderung des § 11 InsVV wird ausgeführt:[102]

„Mit Bezug auf § 11 Absatz 2 Satz 2 InsVV sind Zweifel aufgekommen, ob § 65 InsO für die Regelung der Befugnis des Insolvenzgerichts, Beschlüsse über die Vergütung des vorläufigen Insolvenzverwalters abzuändern, eine hinreichende Ermächtigungsgrundlage ist. Zwar stellt § 65 InsO nach überwiegender Ansicht auch für Bestimmungen über das Verfahren der Vergütungsfestsetzung eine geeignete Ermächtigungsgrundlage dar. Aus Gründen der Rechtsklarheit und Rechtssicherheit wird der Regelungsgehalt des geltenden § 11 Absatz 2 Satz 2 InsVV

97) Gesetz zur Verkürzung des Restschuldbefreiungsverfahrens und zur Stärkung der Gläubigerrechte – GlRStG, v. 15.7.2013, BGBl. I 2013, 2379.

98) RegE GlRStG, BT-Drucks. 17/11268.

99) *Graeber*, ZInsO 2007, 133; *Küpper/Heinze*, ZInsO 2007, 231; anders *Vill* in: FS Fischer, S. 547, 562 („Entscheidungsvorbehalt").

100) Begr. RegE GlRStG, BT-Drucks. 17/11268, S. 27, 28, 46.

101) Begr. RegE GlRStG, BT-Drucks. 17/11268, S. 27, 28.

102) Begr. RegE GlRStG, BT-Drucks. 17/11268, S. 46.

wie auch von § 11 Absatz 1 Satz 1 und 2 InsVV jedoch in § 63 Absatz 3 InsO übernommen. § 11 InsVV ist entsprechend anzupassen."

Der Gesetzgeber hat ferner in der Beschlussempfehlung des Rechtsausschusses zu dem Gesetz ergänzend auf die Rechtsprechung des BGH ausdrücklich Bezug genommen und diese mit klaren Worten zurückgewiesen:[103) 47

„Aus Gründen der Rechtssicherheit soll die klarstellende Regelung des § 63 Absatz 3 InsO-E ebenfalls bereits mit Verkündung in Kraft treten. Die jüngste Rechtsprechung des Bundesgerichtshofs, wonach Gegenstände, die mit Aussonderungsrechten bzw. wertausschöpfend mit Absonderungsrechten belastet sind, nicht in die Berechnungsgrundlage der Vergütung des vorläufigen Insolvenzverwalters einzubeziehen sind (vgl. BGH, Beschl. v. 15. November 2012 – IX ZB 88/09 und IX ZB 130/10 und BGH, Beschl. v. 7. Februar 2013 – IX ZB 286/11), entsprach nicht der gesetzlichen Konzeption und der auf ihr beruhenden Verordnungsregelungen. Die Berechnung der Vergütung des vorläufigen Insolvenzverwalters soll für dessen Tätigkeit eine angemessene Entlohnung sicherstellen (BVerfG, Beschl. v. 30. März 1993 – 1 BvR 1045/89, 1 BvR 1381/90, 1 BvL 11/90). Mangels Strukturgleichheit der Tätigkeit des vorläufigen und des endgültigen Insolvenzverwalters ist die Vergütung für die vorläufige Insolvenzverwaltung isoliert zu betrachten und aus sich heraus zu bewerten. Ein Gleichlauf der Vergütungsregelungen des vorläufigen und des endgültigen Insolvenzverwalters wäre nicht sachgerecht. Zur Ermittlung der Vergütung ist zwischen den unterschiedlichen Schwerpunkten ihrer Tätigkeiten zu differenzieren. Der vorläufige Insolvenzverwalter sichert (‚Istmasse'), der endgültige Verwalter verwertet (‚Sollmasse'). Vor dem Hintergrund der Sicherung einer angemessenen Vergütung kann die Tätigkeit des vorläufigen Insolvenzverwalters daher nicht über Zuschläge nach § 3 InsVV auf der Grundlage einer ‚Sollmasse' abgegolten werden, da der vorläufige Insolvenzverwalter sich nur mit der ‚Istmasse' befasst (BGH, Beschl. v. 14. Dezember 2000 – IX ZB 105/00 Rz. 21). Hierbei kann die Vergütung des vorläufigen Insolvenzverwalters auch die des Insolvenzverwalters übersteigen (vgl. amtliche Begründung des Entwurfs einer Zweiten Verordnung zur Änderung der Insolvenzrechtlichen Vergütungsverordnung, ZInsO 2007, 27 (29)).

Diese bisher geltende Konzeption wird durch § 63 Absatz 3 InsO-E klargestellt.

Ein strukturbildendes Überschussprinzip für die Vergütung des vorläufigen Insolvenzverwalters ist weder aus Wortlaut, Sinn und Zweck noch der Entstehungsgeschichte des § 63 Absatz 1 Satz 2 InsO zu entnehmen. Es liegt auch dem künftigen § 63 Absatz 3 InsO-E nicht zugrunde.

Der Gefahr einer Masseauszehrung wird ausreichend vorgebeugt. Der Einbezug von Gegenständen, die mit Ab- oder Aussonderungsrechten belastet sind, erfordert eine ‚erhebliche' Befassung des vorläufigen Insolvenzverwalters mit diesen Vermögenswerten. Im Einzelfall übermäßig hohe Berechnungsgrundlagen können durch einen Bruchteilsabschlag reguliert werden. Der regelmäßig höheren Berechnungsgrundlage kann auch mit Abschlägen vom Regelsatz nach den §§ 10, 3 Absatz 2 InsVV sowie der Korrekturmöglichkeit von Schätzwerten nach § 63 Absatz 3 Satz 3 InsO Rechnung getragen werden."

§ 63 Abs. 3, § 65 InsO und § 11 InsVV i. d. F. des Gesetzes vom 15.7.2013 haben nunmehr folgenden Wortlaut: 48

„§ 63 InsO
Vergütung des Insolvenzverwalters

[…]

(3) Die Tätigkeit des vorläufigen Insolvenzverwalters wird gesondert vergütet. Er erhält in der Regel 25 Prozent der Vergütung des Insolvenzverwalters bezogen auf das Vermögen, auf das sich seine Tätigkeit während des Eröffnungsverfahrens erstreckt. Maßgebend für die Wertermittlung ist der Zeitpunkt der Beendigung der vorläufigen Verwaltung oder der Zeitpunkt, ab dem der Gegenstand nicht mehr der vorläufigen Verwaltung unterliegt. Beträgt die Differenz des tatsächlichen Werts der Berechnungsgrundlage der Vergütung zu dem der Vergütung zugrunde gelegten Wert mehr als 20 Prozent, so kann das Gericht den Beschluss über die Vergütung des vorläufigen Insolvenzverwalters bis zur Rechtskraft der Entscheidung über die Vergütung des Insolvenzverwalters ändern.

103) Beschlussempfehlung und Bericht d. RA z. GlRStG, BT-Drucks. 17/13535, S. 31.

§ 65 InsO
Verordnungsermächtigung

Das Bundesministerium der Justiz[104)] wird ermächtigt, die Vergütung und die Erstattung der Auslagen des vorläufigen Insolvenzverwalters und des Insolvenzverwalters sowie das hierfür maßgebliche Verfahren durch Rechtsverordnung zu regeln.

§ 11 InsVV
Vergütung des vorläufigen Insolvenzverwalters

(1) Für die Berechnung der Vergütung des vorläufigen Insolvenzverwalters ist das Vermögen zugrunde zu legen, auf das sich seine Tätigkeit während des Eröffnungsverfahrens erstreckt. Vermögensgegenstände, an denen bei Verfahrenseröffnung Aus- oder Absonderungsrechte bestehen, werden dem Vermögen nach Satz 1 hinzugerechnet, sofern sich der vorläufige Insolvenzverwalter in erheblichem Umfang mit ihnen befasst. Sie bleiben unberücksichtigt, sofern der Schuldner die Gegenstände lediglich aufgrund eines Besitzüberlassungsvertrages in Besitz hat.

(2) Wird die Festsetzung der Vergütung beantragt, bevor die von Absatz 1 Satz 1 erfassten Gegenstände veräußert wurden, ist das Insolvenzgericht spätestens mit Vorlage der Schlussrechnung auf eine Abweichung des tatsächlichen Werts von dem der Vergütung zugrunde liegenden Wert hinzuweisen, sofern die Wertdifferenz 20 vom Hundert bezogen auf die Gesamtheit dieser Gegenstände übersteigt.

(3) Art, Dauer und der Umfang der Tätigkeit des vorläufigen Insolvenzverwalters sind bei der Festsetzung der Vergütung zu berücksichtigen.

(4) Hat das Insolvenzgericht den vorläufigen Insolvenzverwalter als Sachverständigen beauftragt zu prüfen, ob ein Eröffnungsgrund vorliegt und welche Aussichten für eine Fortführung des Unternehmens des Schuldners bestehen, so wird er gesondert nach dem Gesetz über die Entschädigung von Zeugen und Sachverständigen entschädigt."

49 Der Wille des Gesetz- und Verordnungsgebers, dass Vermögenswerte, die mit Aus- oder Absonderungsrechten in die Berechnungsgrundlage einzubeziehen sind, ist trotz der unglücklichen Zersplitterung in § 63 Abs. 3 Satz 2 InsO und § 11 Abs. 1 Satz 2 InsVV eindeutig feststellbar. Dies **erkannte** auch der **BGH** mit **Beschluss vom 12.9.2019**[105)] **ausdrücklich an.** Er akzeptiert, dass die Vorschriften in einem einheitlichen Verfahren vom Gesetzgeber beschlossen wurden, so dass die Ermächtigungsgrundlage in § 63 Abs. 3 Satz 2 InsO die Regelung in § 11 Abs. 1 InsVV auch insoweit deckt, als dort in Satz 2 die Einbeziehung von Gegenständen mit Aus- oder Absonderungsrechten auf Fälle beschränkt ist, in denen sich der vorläufige Insolvenzverwalter mit den Gegenständen in erheblichem Umfang befasst hat. Mit dem Beschluss vom 12.9.2019 kehrte der BGH damit zu seiner ersten Entscheidung zur Vergütung des vorläufigen Insolvenzverwalters vom 14.12.2000[106)] zurück, ohne diese zu erwähnen. Ein unangenehmer Beigeschmack bleibt, wenn man berücksichtigt, dass seitens der Mitglieder des IX. Zivilsenats des BGH weiterhin Vorbehalte bestehen. So kritisierte *Kayser*[107)] die Aushöhlung der Insolvenzmasse durch die Vergütung des vorläufigen Insolvenzverwalters, die auf unrealistischer Berechnungsgrundlage basiere. Dabei ist aber zu berücksichtigen, dass die Berechnungsgrundlage bezogen auf die Aufgaben und Befugnisse des vorläufigen Insolvenzverwalters durchaus realitätsnah ist. Ferner stellt sie eine mathematische Grundlage dar, die nicht allein die Höhe der Vergütung bestimmt, entscheidend sind auch Zuschläge. Eine Begrenzung der Höhe der Vergütung insgesamt kann nur durch den Gesetz- oder Verordnungsgeber vorgegeben werden.

---

104) Anm.: Seit der Änderung durch Art. 49 der Zehnten Zuständigkeitsanpassungsverordnung, v. 31.8.2015, BGBl. I 2015, 1474, heißt es in § 65 InsO nunmehr „Bundesministerium der Justiz und für Verbraucherschutz".

105) BGH, Beschl. v. 12.9.2019 – IX ZB 28/18, ZIP 2019, 1969 = NZI 2019, 867, dazu EWiR 2019, 661 *(Keller)*; dazu auch *Spannhoff*, ZInsO 2021, 697; *Vill*, ZInsO 2024, 333.

106) BGH, Beschl. v. 14.12.2000 – IX ZB 105/00, BGHZ 146, 165 = ZIP 2001, 296.

107) *Kayser*, ZIP 2020, 97.

b) Inkrafttreten und Übergangsrecht

aa) Unterschiedliche Zeitpunkte des Inkrafttretens

Aufgrund des raschen Handelns des Gesetzgebers kam es hinsichtlich des Inkrafttretens der einzelnen Änderungen und des **Übergangsrechts zu Unstimmigkeiten** (siehe bereits oben § 1 Rz. 117 ff.). Die Änderung des § 63 Abs. 3 InsO ist am 19.7.2013 in Kraft getreten (Art. 9 Abs. 2 des Gesetzes). Zum Übergangsrecht bestimmt Art. 103h Satz 3 EGInsO die **Anwendung der Neuregelungen** auf Insolvenzverfahren, die **ab dem 19.7.2013 beantragt** worden sind. Zum Inkrafttreten führt die Beschlussempfehlung des Rechtsausschusses gegenüber der Rechtsprechung des BGH aus:[108] 50

> „Bei der Änderung in Satz 3 handelt es sich um eine Klarstellung, da die §§ 63 Absatz 3 und 65 InsO-E nach Artikel 9 Satz 2 am Tag nach der Verkündung in Kraft treten."

§ 19 Abs. 4 InsVV wurde dagegen **nicht vorzeitig in Kraft** gesetzt, er bestimmt die Anwendung des neu geregelten § 11 InsVV erst auf Insolvenzverfahren, die nach dem 30.6.2014 beantragt werden. Die Änderung der Ermächtigungsgrundlage des **§ 65 ist am 1.7.2014** in Kraft getreten. 51

Art. 103h Satz 3 EGInsO und § 19 Abs. 4 InsVV haben folgenden Wortlaut: 52

> **„Art. 103h EGInsO**
>
> Auf Insolvenzverfahren, die vor dem 1. Juli 2014 beantragt worden sind, sind vorbehaltlich der Sätze 2 und 3 die bis dahin geltenden gesetzlichen Vorschriften weiter anzuwenden. Auf Insolvenzverfahren nach den §§ 304 bis 314 der Insolvenzordnung in der vor dem 1. Juli 2014 geltenden Fassung, die vor diesem Datum beantragt worden sind, sind auch die §§ 217 bis 269 der Insolvenzordnung anzuwenden. § 63 Absatz 3 und § 65 der Insolvenzordnung in der ab dem 19. Juli 2013 geltenden Fassung sind auf Insolvenzverfahren, die ab dem 19. Juli 2013 beantragt worden sind, anzuwenden."
>
> **„§ 19 InsVV**
>
> […]
>
> (4) Auf Insolvenzverfahren, die vor dem 1. Juli 2014 beantragt worden sind, sind die Vorschriften dieser Verordnung in ihrer bis zum Inkrafttreten des Gesetzes vom 15. Juli 2013 (BGBl. I S. 2379) am 1. Juli 2014 geltenden Fassung weiter anzuwenden."

bb) Anwendung auf Altfälle

Eine angesichts des unklaren Zusammenhangs der Übergangsregelungen praktisch relevante Frage ist, ob in **Verfahren, die vor dem 19.7.2013 beantragt worden sind**, die **Bestimmung der Berechnungsgrundlage** nach den Vorgaben des BGH erfolgen muss oder ob die Neuregelungen der § 63 Abs. 3 InsO mit § 11 InsVV, die inhaltlich die frühere Rechtslage wiederherstellen, auch auf diese Verfahren angewendet werden können.[109] Das LG Frankfurt am Main hatte dies verneint.[110] Auch **der BGH lehnt eine Anwendung der Neuregelungen auf Verfahren, die vor dem 19.7.2013 beantragt worden waren, ab.**[111] Der BGH argumentiert weitgehend formal anhand des Gesetzestextes, wobei er die Unklarheiten desselben durchaus sieht. An den Willen des Gesetzgebers, wie er sich aus der Begründung der Beschlussempfehlung des Rechtsausschusses des Bundestages ergibt, fühlt sich der BGH in seiner Auslegung der widersprüchlichen Vorschriften nicht gebunden. 53

108) Beschlussempfehlung und Bericht d. RA z. RegE GlRStG, BT-Drucks. 17/13535, S. 42.

109) Eingehend *Keller*, NZI 2014, 833; *Graeber*, NZI 2013, 836.

110) LG Frankfurt/M., Beschl. v. 17.7.2014 – 2-09 T 241/14, ZIP 2014, 1687 = NZI 2014, 883.

111) BGH, Beschl. v. 14.7.2016 – IX ZB 46/14, ZIP 2016, 1601 = NZI 2016, 886 m. Anm. *Stoffler*, dazu EWiR 2016, 667 *(Blersch)*; LG Münster, Urt. v. 12.1.2017 – 102 O 17/16, ZInsO 2017, 353; eingehend *Amery*, ZIP 2016, 2208.

Auf verfassungsrechtliche Fragen der Angemessenheit einer Stichtagsregelung bezogen auf Antragstellung geht der BGH nicht ein.

54 Angesichts der immer noch praktisch erheblichen Relevanz kann die Frage der Anwendung der Neuregelung oder der Rechtsprechung des BGH aber nicht allein formal betrachtet werden, sie ist differenziert zu beantworten. Der Wortlaut der **Übergangsregelungen** zeigt nämlich ein völlig **inkonsistentes** Bild:[112)]

- Die Berechnungsgrundlage der Vergütung des vorläufigen Insolvenzverwalters wird geteilt geregelt in § 63 Abs. 3 Satz 2 InsO und § 11 Abs. 1 Satz 2 InsVV.
- § 63 Abs. 3 InsO und § 11 InsVV sind am 19.7.2013 in Kraft getreten.
- Die Neuregelung der Verordnungsermächtigung des § 65 InsO ist am 1.7.2014 in Kraft getreten.
- Die Übergangsregelung des Art. 103h Satz 3 EGInsO geht von einem Inkrafttreten sowohl des § 63 Abs. 3 als auch des § 65 InsO am 19.7.2013 aus.
- Die Übergangsregelung des § 19 Abs. 4 InsVV geht ins Leere, da sie ein Inkrafttreten der Neuregelung des § 11 InsVV zum 1.7.2014 voraussetzt, die aber bereits am 19.7.2013 in Kraft getreten ist.

55 Berücksichtigt man, dass die Rechtsprechung des BGH zu § 11 InsVV eine **Auslegung einfachen Rechts** beinhaltet, kann hier bereits gesagt werden, dass die Auslegung der Normen in eine andere Richtung, namentlich **entgegen** dem **BGH möglich und zulässig** ist. Eine allgemeine Bindungswirkung höchstrichterlicher Rechtsprechung besteht nicht, dies widerspräche Art. 97 GG.[113)] Zwar sehen die Rechtsordnung und der Gesetzgeber eine gewisse Leitfunktion in der höchstrichterlichen Rechtsprechung (siehe nur § 543 Abs. 2 Satz 1 Nr. 2, § 574 Abs. 2 Nr. 2 ZPO),[114)] eine allgemeine Bindungswirkung entfaltet sich hieraus aber nicht. Die **Gerichte sind daher nicht gehindert**, das **Recht in anderer Weise auszulegen** als es der BGH getan hat, noch dazu wenn – wie hier – der Gesetzgeber selbst sich mit einer Korrektur der Rechtsprechung gegen diese ausgesprochen hat.[115)]

56 Dennoch darf der Gesetzeswortlaut nicht sofort übergangen werden, auch wenn er unklar ist. Bei Neuregelung von Normen des Verfahrensrechts ist es üblich und sinnvoll, Übergangsregelungen zu schaffen. Dabei ist auch die Anknüpfung an Stichtage für Antragstellung oder Entscheidungen zulässig. Hätte der Gesetzgeber dagegen gar keine Übergangsregelung für § 63 Abs. 3 InsO und § 11 InsVV geschaffen, wären diese Vorschriften unmittelbar für sämtliche noch anhängigen Insolvenzeröffnungsverfahren und auch für sämtliche Vergütungen eines vorläufigen Insolvenzverwalters, die im Zeitpunkt des Inkrafttretens noch nicht rechtskräftig festgesetzt worden wären, anzuwenden. Dies hätte dem Willen des Gesetzgebers am besten entsprochen. Unter Berücksichtigung dieses eindeutigen Willens ist aber fraglich, weshalb der Gesetzgeber mit Art. 103h Satz 3 EGInsO trotzdem eine **stichtagsbezogene Übergangsregelung** geschaffen hat. Es wäre ihm ohne weiteres freigestanden, die Neuregelungen ohne Übergangsregelung in Kraft zu setzen. So eindeutig der Wille des

---

112) Eingehend hierzu auch *Lorenz* in: FK-InsO, § 11 InsVV Rz. 24 ff.; *Stoffler* in: KPB, InsO, § 65 Rz. 24 ff.

113) BVerfG, Beschl. v. 3.11.1992 – 1 BvR 1243/88, BVerfGE 87, 273, 278 = NJW 1993, 996; BVerfG, Beschl. v. 8.4.1998 – 1 BvR 1680/93, 1 BvR 183/94, 1 BvR 1580/94, BVerfGE 98, 17, 48 = ZIP 1998, 1763; zur Bindungswirkung von Entscheidungen des Obersten Gerichts der DDR in Strafsachen und ihre Bedeutung bei Schadensersatz nach § 823 Abs. 2 BGB aber BGH, Urt. v. 9.7.1985 – VI ZR 214/83, BGHZ 95, 212, 218 = NJW 1985, 2644; allgemein zur Unabhängigkeit auch von der rechtsprechenden Gewalt Dürig/Herzog/Scholz-*Hillgruber*, GG, Art. 97 Rz. 94 ff.; *Jarass/Pieroth*, GG, Art. 97 Rz. 7.

114) Dazu Zöller-*Heßler*, ZPO, § 543 Rz. 13.

115) So auch *Lorenz* in: FK-InsO, § 11 InsVV Rz. 24.

Gesetzgebers ist, die Auslegung der höchstrichterlichen Rechtsprechung durch gesetzliche Klarstellungen unverzüglich zu korrigieren, so unverständlich ist die stichtagsbezogene Übergangsregelung, die bezogen auf den Willen des Gesetzgebers nicht einmal erforderlich gewesen wäre.

Entscheidend sind verfassungsrechtliche Aspekte zu Art. 3 Abs. 1 und Art. 20 Abs. 3 GG: 57
Eine **Stichtagsregelung** stellt **immer eine Ungleichbehandlung** gegenüber Altfällen dar. Unter Berücksichtigung der Tatsache, dass die Vergütung des vorläufigen Insolvenzverwalters mit seiner tatsächlichen Arbeitstätigkeit entsteht, stellt sich die Frage, ob eine Ungleichbehandlung aufgrund des Stichtages verfassungsrechtlich nicht nur geboten, sondern auch zulässig ist.

Das **Rechtsstaatsgebot des Art. 20 Abs. 3 GG** beinhaltet auch das Verbot an den Gesetz- 58
geber, benachteiligende Rechtsnormen auf Sachverhalte anzuwenden, welche im Zeitpunkt des Inkrafttretens einer Norm bereits abgeschlossen waren (echte benachteiligende Rückwirkung).[116] Eine sog. unechte benachteiligende Rückwirkung auf noch nicht abgeschlossene Sachverhalte ist verfassungsrechtlich nur dann untersagt, wenn nicht das Interesse eines Betroffenen am Bestand der bisherigen Regelung ausnahmsweise überwiegt, mithin wenn die unechte Rückwirkung zu einem unverhältnismäßigen Ergebnis führt.[117] Die Regelung des **Art. 103h Satz 3 EGInsO** beinhaltet **gegenüber noch nicht rechtskräftig Vergütungsfestsetzungen** eine **unechte Rückwirkung**, indem sie diesen die Neuregelung zur Berechnungsgrundlage der Vergütung verweigert und sie der früheren Rechtslage mit Anwendung der nachteiligen Rechtsprechung des BGH aussetzt. Verfassungsrechtlich geboten gewesen, wäre dies nur unter dem Gesichtspunkt des Vertrauensschutzes auf die frühere Rechtslage. Ein solcher **Vertrauensschutz** auf die frühere Rechtslage und insbesondere **auf die Rechtsprechung des BGH** vom 15.11.2012 **bestand nicht.** Nach der Änderung des § 11 InsVV im Dezember 2006 schien für alle am Rechtsverkehr Beteiligten die Rechtslage klar und eindeutig. Ein Vertrauensschutz bestand insbesondere nicht für oder gegen betroffene Insolvenzverwalter, noch gegenüber Schuldner und Gläubiger eines Insolvenzverfahrens, die durch entsprechend hohe Vergütung eines vorläufigen Insolvenzverwalters im Ergebnis beeinträchtigt sind.

Art. 103h Satz 3 EGInsO und § 19 Abs. 4 InsVV beinhalten mit ihrer stichtagsbezogenen 59
Übergangsregelung aber eine **unangemessene Ungleichbehandlung** bezüglich der Bestimmung der Vergütung eines vorläufigen Insolvenzverwalters:

- Wurde **Insolvenzantrag vor 19.7.2013** (bezüglich § 19 Abs. 4 InsVV fälschlich 1.7.2014) gestellt, soll die Vergütung des vorläufigen Insolvenzverwalters nach dem bis zu diesem Zeitpunkt geltenden Wortlaut des § 11 InsVV bestimmt werden. Unter Berücksichtigung der Rechtsprechung des BGH würde dies regelmäßig zu einer geringeren Berechnungsgrundlage der Vergütung führen.
- Wurde **Insolvenzantrag nach dem 19.7.2013** gestellt, wird die Vergütung des vorläufigen Insolvenzverwalters nach § 63 Abs. 3 InsO mit § 11 InsVV bestimmt. Es gilt damit faktisch die Rechtslage vor den Entscheidungen des BGH, die hinsichtlich der Berechnungsgrundlage der Vergütung für den vorläufigen Insolvenzverwalter günstiger ist.

---

116) BVerfG, Urt. v. 31.5.1960 – 2 BvL 4/59, BVerfGE 11, 139 = NJW 1960, 1563 (LS); BVerfG, Beschl. v. 18.2.2009 – 1 BvR 3076/08, BVerfGE 122, 374 = NVwZ 2009, 1025.

117) Grundlegend instruktiv BVerfG, Beschl. v. 18.2.2009 – 1 BvR 3076/08, Rz. 65, 66, BVerfGE 122, 374 = NVwZ 2009, 1025; allgemein Dürig/Herzog/Scholz-*Grzeszick*, GG, Art. 20 Rz. 70 ff.; *Jarass/Pieroth*, GG, Art. 20 Rz. 67 ff.

60 Diese **Ungleichbehandlung verstößt gegen Art. 3 Abs. 1 GG**, wenn gleiche Sachverhalte vorliegen und diese ohne sachlichen Grund[118)] unterschiedlich behandelt werden.[119)] Die durch die Übergangsregelung des Art. 103h Satz 3 EGInsO unterschiedlich behandelten Sachverhalte sind identisch. Sie unterschieden sich lediglich durch den Zeitpunkt der jeweiligen Insolvenzantragstellung.

61 Ein **sachlicher Grund für die Ungleichbehandlung aufgrund der stichtagsbezogenen Übergangsregelung ist nicht ersichtlich.** Es ist nicht erklärbar, aus welchem sachlichen Grund Sachverhalte vor 19.7.2013 anders zu beurteilen sind als solche nach diesem Zeitpunkt. Vor allem ist der Anknüpfungspunkt an den Antrag auf Insolvenzeröffnung nicht tragfähig. Denn der Vergütungsanspruch eines vorläufigen Insolvenzverwalters entsteht mit seiner tatsächlichen Arbeitsleistung und wird mit Beendigung der vorläufigen Insolvenzverwaltung fällig. Hat ein Insolvenzschuldner seinen Insolvenzantrag am 18.7.2013 gestellt, erbringt der vorläufige Insolvenzverwalter seine Arbeitsleistung während eines Zeitraums, zu welchem bereits die neue Regelung zu seiner Vergütung gilt, er „verdient" diese Vergütung aufgrund des Stichtages des Insolvenzantrags jedoch noch nach altem Recht. Die Anknüpfung an den Insolvenzantrag führt zu einer Ungleichbehandlung, die sachlich nicht gerechtfertigt ist. Die Beschlussempfehlung des Rechtsausschusses erklärt die Anknüpfung der Übergangsregelung an den Insolvenzantrag nicht. Sie versteht die Regelung nur als Klarstellung.

62 Ein **sachlicher Grund für die Ungleichbehandlung besteht auch nicht im Vertrauensschutz** der sonstigen Beteiligten eines Insolvenzeröffnungsverfahrens. Die Rechtsfrage war nach den Entscheidungen des BGH vom 15.11.2012 sofort umstritten, eine gefestigte Rechtslage aufgrund dieser Rechtsprechung hat sich nicht herausgebildet. Im Übrigen besteht auch allgemein kein geschütztes Vertrauen des Rechtsverkehrs auf die Kontinuität einer bestimmten Rechtsmeinung. Es besteht auch kein Vertrauensschutz auf den Bestand höchstrichterlicher Rechtsprechung oder der sog. h. M.[120)]

63 Dem steht auch nicht der vergleichbare Fall der rückwirkenden Anwendung des § 19 Abs. 2 InsVV bezüglich der Änderungen des § 11 InsVV durch Verordnung vom 21.12.2006[121)] entgegen. Diese Übergangsregelung kritisierte der BGH im Beschluss vom 23.10.2008[122)] und billigte ihr auch nicht den Umkehrschluss dahin zu, dass eben nicht rechtskräftig festgesetzte Vergütungen dann nach neuem Recht zu bestimmen gewesen seien. Er verwies hierbei auf die **Begründung des Vergütungsanspruchs mit der Bestellung und der „Auffüllung" durch die Arbeitsleistung.** Bezogen auf den Zeitpunkt der Begründung würde eine Änderung der rechtlichen Vergütungsgrundlagen für den vorläufigen Insolvenzver-

---

118) Zum Gestaltungsspielraum des Gesetzgebers BVerfG, Beschl. v. 26.1.1993 – 1 BvL 38/92, 1 BvL 40/92, 1 BvL 43/92, BVerfGE 88, 87, 97 = NJW 1993, 1517 (Namensänderung Transsexueller); BVerfG, Beschl. v. 5.10.1993 – 1 BvL 34/81, BVerfGE 89, 132 = NJW 1994, 1465 (keine Willkür bei Ausnahme von Konkursausfallversicherungspflicht); BVerfG, Beschl. v. 28.6.1994 – 1 BvL 14/88, 1 BvL 15/88, BVerfGE 91, 118, 123 = NJW 1995, 581 (keine Willkür bei Stichprobenprüfung zu PKH-Gewährung).

119) Beispielhaft BVerfG, Beschl. v. 9.3.1994 – 2 BvL 43/92, 2 BvL 51/92, 2 BvL 63/92, 2 BvL 64/92, 2 BvL 70/92, 2 BvL 80/92, 2 BvR 2031/92, BVerfGE 90, 145, 196 = NJW 1994, 1577 (Vergleichbarkeit Cannabis mit anderen Rauschgiften); BVerfG, Beschl. v. 12.3.1996 – 1 BvR 609/90, 1 BvR 692/90, BVerfGE 94, 241 = NJW 1996, 2293 (Bewertung Kindererziehungszeiten bei Rentenberechnung); BVerfG, Urt. v. 28.4.1999 – 1 BvL 11/94 1, 1 BvL 33/95, 1 BvR 1560/97, BVerfGE 100, 138, 175 = NJW 1999, 2505 (Absenkung Rente ehemaliger MfS-Mitarbeiter); allgemein *Jarass/Pieroth*, GG, Art. 3 Rz. 17 ff.

120) Eingehend Dürig/Herzog/Scholz-*Grzeszick*, GG, Art. 20 Rz. 106.

121) Zweite Verordnung zur Änderung der Insolvenzrechtlichen Vergütungsverordnung – 2. InsVV-ÄndVO, v. 21.12.2006, BGBl. I 2006, 3389.

122) BGH, Beschl. v. 23.10.2008 – IX ZB 35/05, Rz. 6, ZIP 2008, 2323 = NZI 2009, 54; BGH, Beschl. v. 19.11.2009 – IX ZB 105/08, NZI 2010, 300; BGH, Beschl. v. 10.12.2009 – IX ZB 181/06, Rz. 5, NZI 2010, 227.

walter nach Antritt seines Amtes mit echter Rückwirkung die bereits erarbeitete Vergütung schmälern oder ebenso rückwirkend die Vergütungslast für den Schuldner oder die Gläubiger erhöhen, ohne dass diese Beschwer außerhalb der Rechtsmittelfrist gegen die Anordnung der Sicherungsmaßnahme noch abgewehrt werden könnte.[123)]

Im Ergebnis verstößt die sachlich nicht gerechtfertigte Ungleichbehandlung in Art. 103h Satz 3 EGInsO und § 19 Abs. 4 InsVV gegen Art. 3 Abs. 1 GG. Die Grundrechtsverletzung kann durch verfassungsgemäße Auslegung der Vorschriften vermieden werden. Die verfassungsgemäße Auslegung bezieht sich dann aber nicht auf die Übergangsregelung oder die Neuregelungen zur Vergütung des vorläufigen Insolvenzverwalters, sondern auf die bis zum 19.7.2013 geltenden Vorschriften. Sie sind für die sog. Altfälle in der Weise auszulegen, dass eine Ungleichbehandlung mit den von der Neuregelung erfassten Fällen vermieden wird. Diese Aspekte berücksichtigt der BGH in seiner ablehnenden Entscheidung zur Anwendung der Neuregelungen auf Verfahren, die vor dem 19.7.2013 beantragt worden waren, nicht.[124)] Konkret heißt das: Wurde Insolvenzantrag vor dem 19.7.2013 gestellt, bestimmt sich die Vergütung des vorläufigen Insolvenzverwalters nach § 11 InsVV in der bis zu diesem Zeitpunkt geltenden Fassung, also nach altem Recht, ohne Berücksichtigung der Rechtsauffassung des BGH.[125)] 64

10. Die Vergütungsbestimmung de lege ferenda

a) Das Tätigkeitsbild des vorläufigen Insolvenzverwalters

Mit seiner Rechtsprechung hat der BGH unbeabsichtigt auch die Frage aufgeworfen, ob Tätigkeitsbild und Aufgaben des vorläufigen Insolvenzverwalters nach der InsO denen des Sequesters nach § 106 KO entsprechen. Der vorläufige Insolvenzverwalter soll nicht lediglich zurückhaltend sichernd tätig sein, also nicht lediglich eine passive Rolle im Eröffnungsverfahren einnehmen. Er soll auch aktiv das Insolvenzeröffnungsverfahren befördern.[126)] Im Hinblick auf eine Unternehmensinsolvenz wird die Rolle des **aktiv handelnden vorläufigen Insolvenzverwalters** besonders deutlich an seiner **Pflicht zur zeitweiligen Unternehmensfortführung** auch unter Hinnahme von Verlusten nach § 22 Abs. 1 Satz 2 Nr. 2 InsO und an seiner Möglichkeit der Vorfinanzierung von Insolvenzgeld (§§ 165 ff. SGB III).[127)] Dies zeigt, dass der vorläufige Insolvenzverwalter sehr wohl nicht nur die Sicherung von Vermögenswerten im passiven oder defensiven Sinne wahrnehmen muss, sondern auch aktiv die Sicherung der künftigen Insolvenzmasse durch Schaffung von Liquidität befördern kann und ggf. muss. Aus der Pflicht des vorläufigen Insolvenzverwalters zur Fortführung eines laufenden Geschäftsbetriebes, des starken aus § 22 Abs. 1 Satz 2 Nr. 2 InsO, des schwachen aus § 22 Abs. 2 InsO,[128)] folgt auch die Pflicht und nicht nur das Recht, im Hinblick auf eine mögliche Insolvenzeröffnung und eine Erhaltung des Geschäftsbetriebes (§ 1 Satz 2 InsO) Investoren zu suchen, in Verhandlungen einzutreten und eine übertragende Sanierung vorzubereiten, die ausdrücklich auch als zuschlagswürdig i. S. des § 3 Abs. 1 65

123) So wörtlich BGH, Beschl. v. 23.10.2008 – IX ZB 35/05, Rz. 8, ZIP 2008, 2323 = NZI 2009, 54.

124) BGH, Beschl. v. 14.7.2016 – IX ZB 46/14, ZIP 2016, 1601 = NZI 2016, 886 m. Anm. *Stoffler*.

125) So im Ergebnis auch *Stoffler* in: KPB, InsO, § 65 Rz. 37; ebenso *Graeber*, NZI 2013, 836; nicht ganz eindeutig K. Schmidt-*Vuia*, InsO, § 63 Rz. 36, 42.

126) *Blankenburg* in: KPB, InsO, § 22 Rz. 5.

127) Zur Unternehmensfortführung Jaeger-*Gerhardt*, InsO, § 22 Rz. 77 ff.; Uhlenbruck-*Langer*, InsO, § 22 Rz. 28 ff.; K. Schmidt-*Hölzle*, InsO, § 22 Rz. 8 ff.; umfassend *R.-D. Mönning* in: R.-D. Mönning, Betriebsfortführung, § 11.

128) Eingehend dazu BGH, Urt. v. 21.3.2024 – IX ZR 12/22, ZRI 2024, 490 = ZIP 2024, 1482; dazu *Heck*, ZIP 2025, 1571; *Kalle*, ZIP 2025, 1581.

InsVV angesehen wird.[129)] Es wäre nahezu undenkbar, würde sich der vorläufige Insolvenzverwalter darum nicht kümmern, sondern erst nach Insolvenzeröffnung und nach dem Berichtstermin nach §§ 156, 157 InsO, „auf die Suche gehen".

66 Vor allem das **Ziel der Sanierung** eines insolventen Unternehmens **muss bereits im Eröffnungsverfahren berücksichtigt werden**. Ein Sanierungsprozess, der effektiv erst nach Insolvenzeröffnung eingeleitet wird, kommt zu spät. Daher hat der vorläufige Insolvenzverwalter soweit wie möglich einen Geschäftsbetrieb zu erhalten sowie Fortführungs- und Sanierungsoptionen zu sichern. Die Prüfung und Einleitung möglicher Sanierungslösungen für ein schuldnerisches Unternehmen bereits im Insolvenzeröffnungsverfahren gehört zu den Aufgaben eines auch sog. schwachen vorläufigen Insolvenzverwalters. Sie ist **Teil seiner Aufgabe der Sicherung des schuldnerischen Vermögens** für den Fall der Insolvenzeröffnung. Wäre der vorläufige Insolvenzverwalter lediglich Gutachter und passiv vermögensichernd tätig, würde dies in vielen Fällen zu Wertverlusten für wesentliche Vermögenswerte eines schuldnerischen Unternehmens führen und die Sanierung im eröffneten Insolvenzverfahren nicht selten zunichtemachen bzw. eine adäquate Liquidation des Vermögens erheblich nachteilig beeinträchtigen.

67 Die vorläufige Insolvenzverwaltung beinhaltet damit auch die Prüfung von **Sanierungslösungen** für ein schuldnerisches Unternehmen i. R. ihrer Sicherungstätigkeit. Es ist insbesondere allgemein anerkannt und üblich, dass ein vorläufiger Insolvenzverwalter bereits im Insolvenzeröffnungsverfahren eine mögliche übertragende Sanierung eines Geschäftsbetriebes oder Teile hiervon prüft und durch einen sog. M&A-Prozess vorbereitet. Auch eine mögliche leistungswirtschaftliche Sanierung eines schuldnerischen Unternehmens in einem späteren Insolvenzplanverfahren ist durch einen vorläufigen Insolvenzverwalter im Eröffnungsverfahren zu prüfen und in die Wege zu leiten.

68 Würde letztlich ein vorläufiger Insolvenzverwalter nicht bereits im Eröffnungsverfahren aktiv eine Sanierung eines schuldnerischen Unternehmens prüfen und vorbereiten, wäre dies in einer späteren Insolvenzeröffnung oft kaum mehr möglich, weil durch Zeitablauf Sanierungsoptionen nicht mehr gegeben wären und hinsichtlich einzelner Vermögenswerte erhebliche Wertverluste eingetreten wären.[130)] Prägnant formuliert dies *R.-D. Mönning*:[131)]

> „Die Durchführung einer Sanierung beginnt daher bereits im Eröffnungsverfahren. Es handelt sich um eine zentrale Aufgabe, die der vorläufige Insolvenzverwalter zu erfüllen hat."

69 Ähnliches gilt in Bezug auf Vermögenswerte des Schuldners, insbesondere in Bezug auf **unbewegliches Vermögen**, das mit Fremdrechten belastet ist. Unstreitig besteht für den vorläufigen Insolvenzverwalter auch die Pflicht, im Hinblick auf eine eigene Verwertungsmöglichkeit im eröffneten Verfahren eine zwangsweise Verwertung durch den Grundpfandrechtsgläubiger zu verhindern oder zu unterbinden. Bemühungen dazu hat der BGH ausdrücklich als erhebliche Befassung anerkannt.[132)] Die Verhinderung einer zwangsweisen Verwertung durch den Grundpfandrechtsgläubiger dient auch der Masseerhaltung oder der Schaffung von Insolvenzmasse. Die **Sicherungsaufgabe des vorläufigen Insolvenzverwalters ist nicht nur passiv** durch Abwehr von Vollstreckungsmaßnahmen zu

---

129) Zur Zuschlagswürdigkeit bei Vorarbeiten zur übertragenden Sanierung BGH, Beschl. v. 12.1.2006 – IX ZB 127/04, ZIP 2006, 672 m. Anm. *Prasser* = ZVI 2006, 165; ausdrücklich auch für den sog. schwachen vorläufigen Insolvenzverwalter BGH, Beschl. v. 13.4.2006 – IX ZB 158/05, ZIP 2006, 1008 = ZVI 2006, 261; AG Bergisch-Gladbach, Beschl. v. 11.1.2000 – 33 N 68/98, ZIP 2000, 283; AG Bielefeld, Beschl. v. 18.5.2000 – 43 IN 466/99, ZInsO 2000, 350.

130) Eingehend *Weniger* in: R.-D. Mönning, Betriebsfortführung, § 7 Rz. 9 ff.; *Hübl* in: R.-D. Mönning, Betriebsfortführung, § 15 Rz. 12 ff.

131) *R.-D. Mönning* in: R.-D. Mönning, Betriebsfortführung, 2. Aufl. 2014, § 9 Rz. 6, m. Bezugnahme auf *Uhlenbruck* in: Kölner Schrift zur InsO, S. 360 Rz. 39.

132) BGH, Beschl. v. 28.9.2006 – IX ZB 108/05, ZIP 2006, 2186 = ZVI 2006, 602.

sehen, sondern auf jeden Fall auch **aktiv durch Sicherung oder Erhöhung des Wertes eines Gegenstandes** und Sicherung einer eigenen Verwertungsoption nach Insolvenzeröffnung.

b) Konsequenzen für die Bestimmung der Berechnungsgrundlage

In Abkehr vom Bild des lediglich passiv sichernden Sequesters auch für den vorläufigen Insolvenzverwalter ist es dann richtig, die Berechnungsgrundlage seiner Vergütung neu zu bestimmen. Seine Befassung insbesondere mit Vermögenswerten, die der Aus- und Absonderung unterliegen, unterscheidet sich nicht grundlegend von der des Verwalters im eröffneten Verfahren. Allein in einem Insolvenzverfahren, bei welchem eine reine Liquidation erfolgen wird, kann dieses frühere Tätigkeitsbild des passiv sichernden Sequesters noch Gültigkeit haben. 70

Es ist daher durchaus logisch, die Berechnungsgrundlage des vorläufigen Insolvenzverwalters in unmittelbarer Anwendung des § 1 InsVV nach dem Vermögen des Schuldners zu bemessen, das bei Ende der vorläufigen Insolvenzverwaltung vorhanden ist und die mit Fremdrechten behafteten Gegenstände und Forderungen grundsätzlich unberücksichtigt zu lassen bzw. nur über § 1 Abs. 2 und § 3 Abs. 1 lit. a InsVV einzubeziehen. 71

Mit dieser Konsequenz wäre die problematische Anwendung des früheren § 11 Abs. 1 Satz 4 InsVV obsolet. Wenn man mit dem BGH[133] die Gegenstände, die der Aus- oder Absonderung unterliegen, allein über § 3 Abs. 1 lit. a InsVV berücksichtigt, liegt man systematisch im Gleichlauf mit dem Erhöhungskriterium für den Insolvenzverwalter im eröffneten Insolvenzverfahren. 72

c) Die Gewährung der vollen Regelvergütung nach § 2 InsVV

Die Bildung der Berechnungsgrundlage nach den Beschlüssen des BGH vom 14.12.2005 und vom 13.7.2006 und den Ausführungen *Raebels* führt zwingend zu der Frage, weshalb dem vorläufigen Insolvenzverwalter lediglich ein Bruchteil der Vergütung des Insolvenzverwalters i. H. von 25 % (§ 11 Abs. 1 Satz 2 InsVV) zukommen soll. Die **Forderung nach gleicher Berechnungsgrundlage** muss bei gleichwertiger Aufgabenzuweisung auch die Forderung **nach gleicher Vergütung** i. H. der vollen Regelvergütung des § 2 Abs. 1 InsVV beinhalten! 73

Die Festlegung der Regelvergütung auf den Bruchteil von 25 % durch § 11 Abs. 1 Satz 2 InsVV wird von *Vill* mit den Argumenten begründet, der vorläufige Insolvenzverwalter habe im Normalfall nur einen Teil der Arbeitslast zu tragen, die dem endgültigen Verwalter – schon zeitlich – obliegt; wer nur 25 % arbeite, solle auch nur 25 % erhalten.[134] Gerade das ist unzutreffend: Unzutreffend ist es insbesondere, die Tätigkeit des vorläufigen Insolvenzverwalters lediglich auf die zeitliche Dimension seines Amtes in das Verhältnis zum eröffneten Insolvenzverfahren zu setzen. Dann müsste der Bruchteil sogar noch geringer sein. Aufgaben und Befugnisse des vorläufigen Insolvenzverwalters als aktiv Handelndem in Bezug auf Erhaltung von Liquidität und Anreicherung von Insolvenzmasse stellen sich **nicht als ein Minus** gegenüber der Tätigkeit des Insolvenzverwalters dar, sondern als ein gleichwertiges aliud. Die Tätigkeit des vorläufigen Insolvenzverwalters gerade bei der Unternehmensinsolvenz ist nicht geringer oder gar geringwertiger als die des endgültigen Verwalters, sie ist dieser qualitativ gleichwertig. 74

---

133) BGH, Beschl. v. 13.7.2006 – IX ZB 104/05, BGHZ 168, 321 = NZI 2006, 464 m. Anm. *Nowak*.

134) *Vill* in: FS Fischer, S. 547, 549.

75 In der Rechtspraxis mögen diese Argumente nur auf wenige Fälle erfolgreicher Unternehmensinsolvenz zutreffen. Systematisch logisch ist es dann, bei quantitativ – besonders kurzer – oder insbesondere qualitativ zurückbleibender vorläufiger Verwaltung, die Vergütung entsprechend § 3 Abs. 2 InsVV zu kürzen.

Beispiel:[135)]

Bei einer (freien) Insolvenzmasse nach § 1 InsVV von 50 000 €, beträgt die (volle) Regelvergütung 17 900 €, die Vergütung von 25 % beträgt 4 475 €. Ist die Insolvenzmasse mit Fremdrechten belastet und beträgt die Berechnungsgrundlage nach § 11 InsVV dann 75 000 €, beträgt die Vergütung von 25 % 5 868,75 €, bei 100 000 € beträgt sie 6 337,50 €, bei 125 000 € beträgt sie 6 806,25 €. Nach der vom BGH in den Beschlüssen vom 14.12.2005 und vom 13.7.2006 zugrunde gelegten Insolvenzmasse von 50 000 € beträgt die Vergütung nach § 63 Abs. 2 Satz 2 InsO stets 4 475,00 €, ist aber bei erheblicher Befassung mit Fremdrechten entsprechend § 3 Abs. 1 lit. a InsVV zu erhöhen.

Nicht anders ist es bei höherer Insolvenzmasse in einem anderen Staffelsatz des § 2 Abs. 1 InsVV: Bei einer (freien) Insolvenzmasse von 250 000 € beträgt die Regelvergütung 36 600 €, die Vergütung i. H. von 25 % beträgt 9 150 €. Bei Berücksichtigung von ebenso hohen Vermögensgegenständen mit Fremdrechten und einer Berechnungsgrundlage von dann 500 000 € (§ 11 InsVV) beträgt die Vergütung nach § 63 Abs. 3 Satz 2 InsO 12 262,50 €. Nach der vom BGH zugrunde gelegten Insolvenzmasse von 250 000 € beträgt die Vergütung nach § 63 Abs. 3 Satz 2 InsO 9 150 €, vorbehaltlich einer Erhöhung entsprechend § 3 Abs. 1 lit. a InsVV.

III. Die Bestimmung der Berechnungsgrundlage nach § 63 Abs. 3 InsO mit § 11 InsVV

1. Das Vermögen bei Beendigung der vorläufigen Insolvenzverwaltung

a) Die Sicherungspflicht des vorläufigen Insolvenzverwalters als Grundtatbestand

76 Wichtigste Aufgabe des vorläufigen Insolvenzverwalters ist die Sicherung der künftigen Insolvenzmasse vor Verfügungen des Schuldners, aber auch vor dem Zugriff einzelner Gläubiger für den Fall der späteren Insolvenzeröffnung. Die **Sicherungspflicht** des es vorläufigen Insolvenzverwalters erstreckt sich auf **alle Vermögenswerte des Schuldners**, auch wenn sie der Aussonderung oder abgesonderten Befriedigung unterliegen.[136)]

77 Der vorläufige Insolvenzverwalter ist zu einer Verwertung der künftigen Insolvenzmasse nach § 159 InsO grundsätzlich nicht berechtigt.[137)] Im **Einzelfall** ist eine **Verwertung von Gegenständen**, insbesondere wenn durch deren Nichtverwertung für die künftige Insolvenzmasse ein Schaden verbunden wäre, aber zulässig und geboten.[138)] Auch i. R. einer Unternehmensfortführung, gleichgültig ob durch den sog. starken vorläufigen Insolvenzverwalter (§ 22 Abs. 1 Nr. 2 InsO) oder durch den Schuldner in Begleitung des sog. schwachen vorläufigen Insolvenzverwalters, ist eine Veräußerung und Verwertung von Massegegenständen

---

135) Aktualisiert aus *Keller*, ZIP 2008, 1615, 1620.

136) Eingehend BGH, Urt. v. 29.9.1988 – IX ZR 39/88, BGHZ 105, 230 = ZIP 1988, 1411; BGH, Beschl. v. 14.12.2000 – IX ZB 105/00, BGHZ 146, 165 = ZIP 2001, 296; Uhlenbruck-*Langer*, InsO, § 22 Rz. 48 ff.; *Laroche* in: HK-InsO, § 22 Rz. 15.

137) Begr. RegE InsO, BT-Drucks. 12/2443, S. 117, abgedr. in: *Kübler/Prütting*, RWS-Dok. 18, S. 182; Uhlenbruck-*Langer*, InsO, § 22 Rz. 43 ff.; Römermann-*R.-D. Mönning*, InsO/InsR, § 22 InsO Rz. 53 ff.; *Laroche* in: HK-InsO, § 22 Rz. 12; *Pohlmann*, Befugnisse und Funktionen des vorläufigen Insolvenzverwalters, Rz. 388 ff., insbesondere Rz. 396, 398; *Uhlenbruck* in: Kölner Schrift zur InsO, S. 325 Rz. 30; zur Verwertungsbefugnis des Sequesters im Konkurseröffnungsverfahren BGH, Urt. v. 11.4.1988 – II ZR 313/87, BGHZ 104, 151, 155 = ZIP 1988, 727, dazu EWiR 1988, 811 *(Joost)*.

138) So ausdrücklich die Begr. RegE InsO, BT-Drucks. 12/2443, S. 117, abgedr. in: *Kübler/Prütting*, RWS-Dok. 18, S. 182.

zulässig.[139] Im Falle der sog. schwachen vorläufigen Insolvenzverwaltung verfügt im streng sachenrechtlichen Sinne nicht der vorläufige Insolvenzverwalter, weil ihm nicht die Verfügungsbefugnis des Schuldners übertragen worden ist;[140] daran ändert auch nichts, dass der Schuldner nur mit Zustimmung des vorläufigen Insolvenzverwalters verfügen darf. Insbesondere können aber dem sog. schwachen vorläufigen Insolvenzverwalter die Einziehung von Forderungen des Schuldners oder andere Einzelbefugnisse nach § 22 Abs. 2 InsO übertragen werden.[141]

In die **Berechnungsgrundlage** sind daher **alle Vermögenswerte** einzubeziehen, die im später eröffneten Insolvenzverfahren die sog. „Soll-Masse" des § 35 InsO bilden, ferner die mit Fremdrechten behafteten Vermögenswerte, welche die sog. **„Ist-Masse"** des § 148 InsO darstellen.[142] Vermögenswerte, die ohne mit Rechten Dritter belastet zu sein, die sog. freie Masse bilden, sind Gegenstand der Berechnungsgrundlage des vorläufigen Insolvenzverwalters, ohne dass eine erhebliche Befassung mit diesen erforderlich ist.[143] Zu diesen unbelasteten Vermögenswerten gehören regelmäßig auch **Ansprüche gegen Geschäftsführer aus § 64 GmbHG**, die mit ihrem voraussichtlichen Realisierungswert zu berücksichtigen sind (zu Gesellschafterleistungen siehe Rz. 124 ff.).[144] 78

Gelder auf einem **Treuhandkonto**, das insbesondere zum Zwecke der Unternehmensfortführung und Sicherung von Ansprüchen der Vertragspartner eingerichtet und durch einen Treuhänder gehalten wird, sind nicht Bestandteil des schuldnerischen Vermögens. Gerade dies ist der Ansatz des Treuhandmodells, auch wenn es als solches umstritten sein mag.[145] **Treuhandkonten sind daher nicht in die Berechnungsgrundlage** der Vergütung des vorläufigen Insolvenzverwalters einzubeziehen.[146] Im Zusammenhang mit einer Unternehmensfortführung können aber Erschwernisse bei Treuhandkonten die Zuschlagsgewährung beeinflussen. 79

b) Der Zeitpunkt der Bewertung

Maßgebend für die Wertermittlung ist bei allen Vermögenswerten der Zeitpunkt der Beendigung des Eröffnungsverfahrens oder wenn der Vermögenswert vorher aus der vorläu- 80

139) Uhlenbruck-*Langer*, InsO, § 22 Rz. 29, 30, 45; Römermann-*R.-D. Mönning*, InsO/InsR, § 22 InsO Rz. 56 ff.; *Pohlmann*, Befugnisse und Funktionen des vorläufigen Insolvenzverwalters, Rz. 400 ff.

140) Römermann-*R.-D. Mönning*, InsO/InsR, § 22 InsO Rz. 218, 224; *Laroche* in: HK-InsO, § 22 Rz. 47, 50; *Keller*, Insolvenzrecht, Rz. 630 ff.; zur Übertragung einer gegenständlich beschränkten Verfügungsbefugnis AG Hof, Beschl. v. 29.9.1999 – IN 124/99, NZI 2000, 37.

141) Grundlegend dazu BGH, Urt. v. 18.7.2002 – IX ZR 195/01, BGHZ 151, 353 = ZVI 2002, 250, dazu EWiR 2002, 919 *(Spliedt)*; zum Einziehungsrecht des Sicherungsnehmers BGH, Urt. v. 20.2.2003 – IX ZR 81/02, BGHZ 154, 72 = ZIP 2003, 632, dazu EWiR 2003, 425 *(Schumacher)*; zum möglichen Verlust des Einziehungsrechts des Schuldners nach Eintritt der Zahlungsunfähigkeit BGH, Urt. v. 6.4.2000 – IX ZR 422/98, BGHZ 144, 192 = ZIP 2000, 895; AG Duisburg, Beschl. v. 6.7.1999 – 60 IN 82/99, ZIP 1999, 1366 = NZI 1999, 421; kritisch hierzu *Lwowski/Tetzlaff*, NZI 1999, 395; zum starken vorläufigen Insolvenzverwalter Uhlenbruck-*Langer*, InsO, § 22 Rz. 51 ff.; *Laroche* in: HK-InsO, § 22 Rz. 47, 54.

142) *Lorenz* in: FK-InsO, § 11 InsVV Rz. 17; *Büttner* in: HambKomm-InsO, § 63 Rz. 100 ff.; anders für Aussonderung, auf den Vermögensbegriff rekurrierend K. Schmidt-*Vuia*, InsO, § 63 Rz. 41.

143) BGH, Beschl. v. 9.6.2005 – IX ZB 230/03, ZVI 2005, 386 = DZWIR 2005, 469 m. Anm. *Pluta/Heidrich*.

144) BGH, Beschl. v. 23.9.2010 – IX ZB 204/09, ZIP 2010, 2107 = NZI 2011, 73, dazu EWiR 2010, 759 *(Keller)*; LG Münster, Beschl. v. 3.2.2014 – 5 T 318/13, n. v.

145) Allgemein zu Treuhandmodellen Jaeger-*Gerhardt*, InsO, § 22 Rz. 132; Uhlenbruck-*Langer*, InsO, § 22 Rz. 242 ff.; *Schröder* in: HambKomm-InsO, § 22 Rz. 105 m. w. N.; *Gerster* in: R.-D. Mönning, Betriebsfortführung, § 13 Rz. 274 ff., 165; *Kirchhof* in: FS Kreft, S. 359; allgemein zu Aussonderung bei Treuhand Jaeger-*Hoffmann*, InsO, § 47 Rz. 57 ff.; Uhlenbruck-*Brinkmann*, InsO, § 47 Rz. 87, 99.

146) *Hess*, InsO, § 11 InsVV Rz. 51; *Frind*, ZInsO 2004, 840.

figen Verwaltung ausgeschieden ist, dieser Zeitpunkt.[147] Hiervon macht § 63 Abs. 3 Satz 4 InsO insoweit eine Ausnahme, als spätere Korrekturen der Bewertung bezogen auf die Gesamtheit des Vermögens auch eine Korrektur der Vergütung sowohl negativ als auch positiv bewirken (eingehend siehe Rz. 115 ff.).

2. Die Einbeziehung der mit Fremdrechten behafteten Gegenstände in die Berechnungsgrundlage

a) Befassung in erheblichem Umfang

81 Bezogen auf die Pflichten des vorläufigen Insolvenzverwalters im Hinblick auf die mit Fremdrechten behafteten Gegenstände ist als **Berechnungsgrundlage der Vergütung des vorläufigen Insolvenzverwalters das von ihm verwaltete Vermögen** des Schuldners **einschließlich der mit Aus- und Absonderungsrechten** behafteten Gegenstände anzunehmen (§ 63 Abs. 3 Satz 2 InsO mit § 11 Abs. 1 Satz 2 InsVV).[148] Der zwischen § 63 Abs. 3 Satz 2 InsO und § 11 Abs. 1 Satz 2 InsVV gesplittete Regelungsgehalt ist regelungstechnisch misslungen und der Rechtshistorie geschuldet (siehe oben Rz. 44 ff.). Der Regelungszusammenhang ist jedoch anzuerkennen.[149]

82 **§ 11 Abs. 1 Satz 2 InsVV** enthält auch i. d. F. des Gesetzes vom 15.7.2013 **keine Änderung** gegenüber der Fassung vom 21.12.2006, er wird nunmehr **ergänzt durch § 63 Abs. 3 Satz 2 InsO.** Danach soll die Vergütung des vorläufigen Insolvenzverwalters aus dem Vermögen zu berechnen sein, auf das sich die Tätigkeit während des Eröffnungsverfahrens erstreckte. Es soll dabei **nicht allein auf den Zeitpunkt der Beendigung** der vorläufigen Verwaltung i. S. eines Stichtages abgestellt werden.[150] Vermögenswerte, die der vorläufige Insolvenzverwalter an den Berechtigten eines Aus- oder Absonderungsrechts herausgegeben hat, sind deshalb in der Vergütungsberechnung zu berücksichtigen.[151] Ist der künftigen Insolvenzmasse dafür eine Gegenleistung zugeflossen, fand also lediglich eine Art Aktivtausch statt, gilt dies freilich nicht, die Vermögensgegenstände würden ansonsten doppelt berücksichtigt.

83 § 11 Abs. 1 Satz 3 InsVV stellt weitergehend klar, dass Vermögensgegenstände im Besitz des Schuldners, an denen im Falle einer Insolvenzeröffnung **Aus- oder Absonderungsrechte** bestehen, zu berücksichtigen sind, wenn sich der vorläufige Insolvenzverwalter in erhebli-

---

147) BGH, Beschl. v. 18.12.2003 – IX ZB 50/03, ZIP 2004, 518 = ZVI 2004, 203; BGH, Beschl. v. 15.11.2012 – IX ZB 88/09, Rz. 32, BGHZ 195, 336 = NZI 2013, 29 m. Anm. *Graeber*.

148) LG Magdeburg, Beschl. v. 22.12.1998 – 3 T 407/98, ZInsO 1999, 112; LG Frankfurt/M., Beschl. v. 21.6.1999 – 2/9 T 401/99, ZIP 1999, 1686; LG Cottbus, Beschl. v. 2.2.2000 – 7 T 171/99, ZIP 2000, 850; LG Bonn, Beschl. v. 13.3.2000 – 2 T 8/00, ZIP 2000, 629 = NZI 2000, 550, dazu EWiR 2000, 585 *(Kothe)*; LG Braunschweig, Beschl. v. 29.1.2001 – 8 T 947/00, ZInsO 2001, 552; LG Berlin, Beschl. v. 13.11.2003 – 108 IN 439/03, DZWIR 2004, 212; LG Darmstadt, Beschl. v. 6.7.2009 – 23 T 262/07, NZI 2009, 809; LG Duisburg, Beschl. v. 17.4.2018 – 7 T 147, 148/17, ZInsO 2019, 344; LG Frankenthal, Beschl. v. 1.8.2019 – 1 T 174/18, ZIP 2020, 378 = NZI 2019, 869 m. Anm. *Blersch*; AG Regensburg, Beschl. v. 17.5.2000 – 2 IN 374/99, ZInsO 2000, 344; AG Bielefeld, Beschl. v. 18.5.2000 – 43 IN 466/99, ZInsO 2000, 350; AG Düsseldorf, Beschl. v. 1.12.2000 – 503 IN 69/99, NZI 2001, 104; AG Potsdam, Beschl. v. 6.2.2001 – 35 IN 297/00, DZWIR 2001, 259 m. Anm. *Wiche-Wendler*; AG Zweibrücken, Beschl. v. 25.4.2001 – IN 9/99, NZI 2001, 387; einschränkend AG Krefeld, Beschl. v. 30.4.2001 – 91 IN 5/01, ZInsO 2001, 506 m. krit. Anm. *Förster*; AG Hamburg, Beschl. v. 18.4.2017 – 903 IN 172/16, ZIP 2017, 2486 = ZVI 2017, 399; *Stephan* in: MünchKomm-InsO, § 11 InsVV Rz. 49 ff.; Uhlenbruck-*Langer*, InsO, § 22 Rz. 259 ff.; *Keller* in: HK-InsO, § 11 InsVV Rz. 19 ff.; *Lorenz* in: FK-InsO, § 11 InsVV Rz. 10 ff., 27 ff.; *Graeber/Graeber*, InsVV, § 11 Rz. 19 ff.; *Hess*, InsO, § 11 InsVV Rz. 9; zum eher missglückten ursprünglichen Wortlaut der Norm *Eickmann* in: RWS-Forum 18, S. 71, 72.

149) BGH, Beschl. v. 12.9.2019 – IX ZB 28/18, ZIP 2019, 1969 = NZI 2019, 867.

150) So noch eher missverständlich die Begr. zum Entwurf einer InsVV-ÄndVO, abgedr. unten in Anh. IV, S. 709, 718, 719; eingehend auch *Prasser/Stoffler* in: KPB, InsO, § 11 InsVV Rz. 28.

151) Begr. zum Entwurf einer 2. InsVV-ÄndVO, z. Art. 1 Abs. 2, abgedr. unten in Anh. V, S. 723, 725.

chem Umfang mit ihnen befasst hat.[152)] Aus dem Zusammenhang zwischen den Sätzen 2 und 3 in § 11 Abs. 1 InsVV wird deutlich, dass diese Berücksichtigung durch Einbeziehung der Vermögenswerte in die Berechnungsgrundlage der Vergütung und nicht durch Erhöhung der Vergütung entsprechend § 3 Abs. 1 InsVV zu erfolgen hat. Der **Verordnungsgeber nennt als Voraussetzung ausdrücklich das Erfordernis der erheblichen Befassung** durch den vorläufigen Insolvenzverwalter. Die „bloß nennenswerte" Befassung, die dem BGH noch im Beschluss vom 14.12.2000[153)] genügte, ist nicht ausreichend. Daher entfällt auch die Kürzung der Vergütung entsprechend § 3 Abs. 2 InsVV bei „nicht erheblicher" Befassung, wie sie der BGH im Beschluss vom 14.12.2000 noch gefordert hatte.

b) Die Erhöhung der Vergütung entsprechend § 3 Abs. 1 InsVV

Soweit nach dem Wortlaut des § 11 Abs. 1 Satz 2 InsVV eine Einbeziehung der mit Fremd- 84
rechten behafteten Gegenstände in die Berechnungsgrundlage der Vergütung nur bei **erheblicher Befassung** möglich ist, stellt sich die Frage, ob und in welcher Weise eine **unter dieser Schwelle** liegende Befassung des vorläufigen Insolvenzverwalters bei der Vergütungsbestimmung zu berücksichtigen ist. Die Verordnungsbegründung zur Änderung 2006 geht davon aus, dass bei nicht erheblicher Befassung – mithin auch „bloß nennenswerter" Befassung i. S. früherer Rechtsprechung – die Gewährung eines Zuschlags zur Vergütung entsprechend § 3 Abs. 1 lit. a InsVV möglich sei.[154)] Dies widerspricht allerdings dem Wortlaut der Norm und ihrer Auslegung für die Vergütung des Insolvenzverwalters im eröffneten Insolvenzverfahren. Dort kann ein Zuschlag wegen der Bearbeitung von Aus- und Absonderungsrechten nur gewährt werden, wenn diese die Tätigkeit des Insolvenzverwalters erheblich in Anspruch genommen hat (siehe Rz. 90 ff.). Dieser Widerspruch in der Anwendung des § 3 Abs. 1 lit. a InsVV muss aber hingenommen werden: Würde man nämlich bei der Anwendung dieser Norm für den vorläufigen Insolvenzverwalter auch die erhebliche Befassung fordern, führte dies zu einer Kollision mit § 11 Abs. 1 Satz 2 InsVV. Damit würde wieder den Pflichten und der Tätigkeit des vorläufigen Insolvenzverwalters im Unterschied zum Insolvenzverwalter im eröffneten Verfahren nicht Rechnung getragen werden. Letztlich führte dies wieder zur Rechtsprechung des BGH vom 13.7.2006.

Der **BGH** stellte hierzu mit Beschluss vom 11.10.2007[155)] fest, dass auch die **Zuschlags-** 85
gewährung für den vorläufigen Insolvenzverwalter eine **erhebliche Befassung erfordere** und unterhalb dieser Schwelle § 3 Abs. 1 InsVV nicht angewendet werden könne. Dagegen ist aber einzuwenden, dass wenn für die Gewährung eines Zuschlags eine Befassung unterhalb der Schwelle der Erheblichkeit nicht ausreichen sollte, eine solche Tätigkeit vergütungsrechtlich überhaupt nicht berücksichtigt würde. Das ist nicht sachgerecht.[156)] Es besteht auch nicht die Gefahr einer zu hohen Vergütung des vorläufigen Insolvenzverwalters. Bei nicht erheblicher Befassung mit einem aus- oder absonderungsrechtsbehafteten Gegenstand fließt dieser nämlich nicht in die Berechnungsgrundlage der Vergütung ein. Die Gewährung eines Zuschlags bezieht sich damit auf eine entsprechend niedrigere Vergütung. Im Übrigen bleibt es Frage des Einzelfalles, um welchen Prozentsatz die Vergütung zu erhöhen ist. Es wäre letztlich auch sachfremd, bei nicht erheblicher Befassung eine Einbeziehung in die Berechnungsgrundlage zu verneinen und stattdessen einen Zuschlag zu gewähren, der sich im Ergebnis stärker auf die Vergütung auswirkt als die Einbeziehung in die Berechnungsgrundlage.

---

152) AG Münster, Beschl. v. 20.7.2017 – 80 IN 56/16, n. v.

153) BGH, Beschl. v. 14.12.2000 – IX ZB 105/00, BGHZ 146, 165 = ZIP 2001, 296.

154) Begr. zum Entwurf einer 2. InsVV-ÄndVO, z. Art. 1 Abs. 5, abgedr. unten in Anh. V, S. 723, 725, 726.

155) BGH, Beschl. v. 11.10.2007 – IX ZB 15/07, ZIP 2007, 2226 = NZI 2008, 38; ebenso *Vill* in: FS Fischer, S. 547, 559.

156) So auch *Lorenz* in: FK-InsO, § 11 InsVV Rz. 65 ff.

86 Im Beschluss vom 10.6.2021[157] verbietet der BGH mit dem Verweis auf das **ungeschriebene Verbot der Doppelvergütung** die Gewährung eines Zuschlags bezogen auf die Befassung mit Aus- und Absonderungsrechten. Diese Aussage scheint in Widerspruch zum Beschluss vom 11.10.2007 zu stehen. Sie ist auch sonst kritisch zu betrachten.[158] Die Einbeziehung eines Vermögenswertes nach § 11 Abs. 1 Satz 2 InsVV muss nämlich nicht zwingend mit einem Erhöhungstatbestand nach § 3 Abs. 1 InsVV korrelieren. Die Annahme des BGH ist nur für den Fall richtig, bei welchem die erhebliche Befassung i. S. des § 11 Abs. 1 Satz 2 InsVV dieselbe Tätigkeit des vorläufigen Insolvenzverwalters betrifft wie der entsprechende Erhöhungstatbestand. Im Falle der **Unternehmensfortführung** muss das **nicht immer der Fall** sein. Sind bspw. Produktionsmaschinen eines produzierenden Unternehmens an einen Kreditgeber sicherungsübereignet und muss der vorläufige Insolvenzverwalter mit dem Sicherungsnehmer über die weitere Nutzung verhandeln, kann ein Zuschlag für die Unternehmensfortführung nicht mit dem Argument versagt werden, die Produktionsmaschinen seien schon Teil der Berechnungsgrundlage. Gleiches gilt für das sicherungsübereignete Warenlager und sonstige Produktionsmittel. Die kategorische Annahme, dass die Berücksichtigung eines Vermögenswertes nach § 11 Abs. 1 Satz 2 InsVV eine weitere Zuschlagsgewährung ausschließt, ist nicht zutreffend. Es ist je **nach Zuschlagstatbestand und Vermögenswert zu unterscheiden.**[159]

c) Die Nichtberücksichtigung bei bloßer Besitzüberlassung

87 Nicht zuletzt führte die Rechtsprechung des BGH zur „bloß nennenswerten" Befassung selbst zu Entscheidungen der Instanzgerichte, die sachlich nicht mehr gerechtfertigt sind. Namentlich gilt dies für jene Entscheidungen, die eine vom Schuldner lediglich gemietete oder gepachtete Immobilie mit ihrem vollen Verkehrswert in die Berechnungsgrundlage der Vergütung einbeziehen wollten.[160] Dies verbietet § 11 Abs. 1 Satz 3 InsVV. Nach dieser Regelung darf eine Berücksichtigung in der Berechnungsgrundlage – Satz 3 bezieht sich wieder auf die vorhergehenden Sätze, damit auch auf Satz 1 des § 11 Abs. 1 InsVV – nicht erfolgen, wenn der Schuldner Gegenstände lediglich aufgrund eines Besitzüberlassungsvertrages in Besitz hat.

88 Es ist damit nicht möglich, **lediglich gemietete oder gepachtete Gegenstände** in die Berechnungsgrundlage der Vergütung einzubeziehen.[161] Dies würde in der Tat zu einer **künstlichen Erhöhung der Berechnungsgrundlage** und in der Folge zu einer Aufzehrung der Masse durch die Vergütung führen, wie sie der BGH beklagt hatte.[162] Befasst sich der vorläufige Insolvenzverwalter in erheblichem Umfang mit diesen Gegenständen, muss er bspw. bei einem Gebäude Sachmängel und Mietminderung gegenüber dem Vermieter geltend machen, kann ihm aber ein Zuschlag zur Vergütung entsprechend § 3 Abs. 1 lit. a InsVV gewährt werden; § 11 Abs. 1 Satz 3 InsVV verbietet dies nicht. Die Schwelle der Zuschlagsgewährung muss hier aber wieder bei der Erheblichkeit liegen, eine „bloß nennenswerte"

---

157) BGH, Beschl. v. 10.6.2021 – IX ZB 51/19, Rz. 39, ZRI 2021, 674 = NZI 2021, 838 m. Anm. *Budnik* = DZWIR 2021, 610 m. Anm. *Graeber*, dazu EWiR 2021, 626 *(Freudenberg)*.

158) Zustimmend aber *Knapp*, ZInsO 2021, 1705.

159) LG München, Beschl. v. 10.9.2025 – 14 T 10892/25, ZRI 2026, 35.

160) LG Stralsund, Beschl. v. 4.6.2003 – 2 T 182/02, ZIP 2003, 1857 = ZVI 2003, 563; LG Freiburg, Beschl. v. 22.8.2003 – 4 T 93/03, ZInsO 2003, 848; LG Potsdam, Beschl. v. 8.3.2005 – 5 T 5/05, ZIP 2005, 914; LG Wuppertal, Beschl. v. 18.11.2005 – 6 T 640/05, ZIP 2006, 45; LG München I, Beschl. v. 22.11.2005 – 14 T 17951/05, ZIP 2006, 197.

161) Zur Betriebsimmobilie BGH, Beschl. v. 1.3.2007 – IX ZB 278/05, ZInsO 2007, 370.

162) BGH, Beschl. v. 13.7.2006 – IX ZB 104/05, Rz. 20, 23, BGHZ 168, 321 = NZI 2006, 464 m. Anm. *Nowak*.

Befassung kann nicht genügen. Diese ist nur im Hinblick auf die Regelung des § 11 Abs. 1 Satz 2 InsVV für die dort geregelten Fälle ausreichend.

Im **Wortlaut des § 11 Abs. 1 Satz 3 InsVV** ist das Adverb **„lediglich"** bedeutsam.[163] Die 89
Norm erfasst nur jene Gegenstände, die der Schuldner ausschließlich zur Gebrauchsüberlassung in Besitz hat. Ist die Gebrauchsüberlassung Teil eines anderen Rechtsgeschäfts, das dessen rechtliche Grundlage darstellt, gilt der Ausschlusstatbestand nicht. Beim Leasing wird zutreffend zu unterscheiden sein, in welchem Stadium der jeweilige Vertrag sich befindet. War etwa die **Kaufoption** noch nicht ausgeübt, steht das Leasing einer reinen Gebrauchsüberlassung gleich. Hat der Schuldner eine Kaufoption bereits ausgeübt, liegt nicht mehr „lediglich" Gebrauchsüberlassung i. S. des § 11 Abs. 1 Satz 3 InsVV vor.[164] Beim Kauf unter Eigentumsvorbehalt mit all seinen Erscheinungsformen und der damit verbundenen Gebrauchsüberlassung oder bei der Sicherungsübereignung scheidet § 11 Abs. 1 Satz 3 InsVV schon deshalb aus, weil dem Schuldner am betreffenden Gegenstand ein Anwartschaftsrecht auf das Eigentum zusteht, das als solches über die bloße Gebrauchsüberlassung hinausgeht.

d) Die Frage der Erheblichkeit der Befassung mit Fremdrechten

aa) Grundsätze

Die Einbeziehung von Gegenständen, die der späteren Aussonderung unterliegen oder an 90
denen abgesonderte Befriedigung beansprucht werden könnte, erfolgt, wenn die **Befassung des vorläufigen Insolvenzverwalters erheblich war.**[165] Hierfür gelten folgende grundsätzlichen Feststellungen:[166]

- Die erhebliche Befassung kann den Vermögensgegenstand selbst betreffen, sie kann sich auch auf Auseinandersetzungen mit Aus- oder Absonderungsberechtigten beziehen.[167]
- Der vorläufige Insolvenzverwalter muss einen erheblichen Teil seiner Arbeitskraft auf die Bearbeitung des mit Aus- oder Absonderungsrechten belasteten Vermögensgegenstandes verwendet haben.
- Die erhebliche Befassung ist nicht an formale Kriterien (Zahl der Sicherungsgläubiger, Anteil der Fremdrechte an der Insolvenzmasse) gebunden. Es darf nicht schematisch aus abstrakten Tatbeständen auf eine erhebliche Befassung geschlossen werden.[168]
- Liegt eine erhebliche Befassung bei einem wertmäßig nur teilweise belasteten Gegenstand vor, zählt dieser mit seinem ganzen Wert zur Berechnungsgrundlage. Liegt keine erhebliche Befassung vor, kann nur der Wert des unbelasteten Teils einbezogen werden.[169] Bei einem unbelasteten Vermögenswert ist eine erhebliche Befassung für die Berücksichtigung in der Berechnungsgrundlage nicht erforderlich.[170]

---

163) Dazu *Vill*, ZInsO 2022, 1649.

164) Differenzierend *Vill* in: FS Fischer, S. 547, 556.

165) *Stephan* in: MünchKomm-InsO, § 11 InsVV Rz. 54 ff.; *Prasser/Stoffler* in: KPB, InsO, § 11 InsVV Rz. 46 ff.; *Wischemeyer* in: HK-InsVV, § 11 Rz. 28 ff.; Leonhardt/Smid/Zeuner-*Amberger*, InsVV, § 11 Rz. 74 ff.; Blersch/Goetsch/Haas-*Blersch*, InsO, § 11 InsVV Rz. 25; *Lorenz* in: FK-InsO, § 11 InsVV Rz. 28 ff.; *Graeber/Graeber*, InsVV, § 11 Rz. 43 ff.; *Eickmann* in: RWS-Forum 18, S. 75; *Keller*, ZIP 2000, 914, unter II. 2.2.

166) BGH, Beschl. v. 14.12.2005 – IX ZB 256/04, Rz. 30, BGHZ 165, 266 = ZIP 2006, 621; BGH, Beschl. v. 10.6.2021 – IX ZB 51/19, ZRI 2021, 674 = NZI 2021, 838 m. Anm. *Budnik* = DZWIR 2021, 610 m. Anm. *Graeber*, dazu EWiR 2021, 626 *(Freudenberg)*; eingehend *Keller*, NZI 2021, 816.

167) BGH, Beschl. v. 18.12.2008 – IX ZB 46/08, ZInsO 2009, 495.

168) BGH, Beschl. v. 28.9.2006 – IX ZB 230/05, ZIP 2006, 2134 = NZI 2007, 40.

169) BGH, Beschl. v. 12.9.2019 – IX ZB 28/18, Rz. 14, ZIP 2019, 1969 = NZI 2019, 867.

170) BGH, Beschl. v. 9.6.2005 – IX ZB 230/03, ZVI 2005, 386 = DZWIR 2005, 469 m. Anm. *Pluta/Heidrich*.

91 Systematisch sind die Kriterien einer Befassung in erheblichem Umfang i. S. des § 11 Abs. 1 Satz 2 InsVV in **zwei Schritten** zu bestimmen:[171)]

- Im ersten Schritt ist ausgehend von der Rechtsstellung des vorläufigen Insolvenzverwalters zu prüfen, welche Tätigkeiten seinem Aufgabenkreis zugeordnet sind.
- Im zweiten Schritt ist zu prüfen, ob die tatsächlich vorgenommenen Handlungen und Tätigkeiten hiervon gedeckt waren und als solche in erheblicher Weise das Maß einer gewöhnlichen Tätigkeit überstiegen.

92 Die Befassung in erheblichen Umfang ist im ersten Schritt aus dem **Aufgabenkreis des vorläufigen Insolvenzverwalters nach § 21 Abs. 2 Nr. 1 mit § 22 InsO** zu bestimmen. Dabei ist insbesondere beim sog. schwachen vorläufigen Insolvenzverwalter zu beachten, mit welchen Rechten und Pflichten er seitens des Insolvenzgerichts nach § 22 Abs. 2 InsO ausgestattet worden ist. Gehört allgemein die Sicherung der künftigen Insolvenzmasse zu seinem Aufgabenkreis, sind auch die mit Fremdrechten belasteten Vermögenswerte erfasst. Gehört der Forderungseinzug hierzu, kann gerade dann eine erhebliche Befassung vorliegen, wenn die Forderungen unter eine Sicherungsabtretung fallen.

93 Die Befassung in erheblichem Umfang ist zweitens danach zu bestimmen, in welchem **zeitlichen und/oder sachlichen Umfang** sich der vorläufige Insolvenzverwalter mit Vermögenswerten befasst hat.[172)] Die zeitliche Befassung in erheblichem Umfang muss freilich keine ausschließliche sein; es darf nicht gefordert werden, dass der Insolvenzverwalter sich „Tag und Nacht“ mit einem Vermögenswert befasst hat. Jedoch muss der vorläufige Insolvenzverwalter sich in erheblichem Umfang zeitlich oder auch sachlich mit einzelnen Vermögenswerten befasst haben. Es kann dabei eine **ähnliche Differenzierung** vorgenommen werden wie bei der Systematisierung quantitativer und qualitativer **Erhöhungstatbestände** nach § 3 Abs. 1 InsVV. Danach kann eine erhebliche Befassung gegeben sein, wenn sie den vorläufigen Insolvenzverwalter zeitlich stark beansprucht (quantitativ) oder bspw. in der Korrespondenz mit Absonderungsberechtigten stark belastet. Eine erhebliche Befassung kann auch gegeben sein, wenn wegen erheblicher rechtlicher Schwierigkeiten (qualitativ) im Einzelfall die Tätigkeit des vorläufigen Insolvenzverwalters über das gewöhnliche Maß hinausgeht.

bb) Erhebliche Befassung mit Immobiliarvermögen

94 Große praktische Bedeutung hat die **Berücksichtigung von Grundstücken**, an denen abgesonderte Befriedigung beansprucht werden kann (§ 49 InsO): Es stellt noch keine ausreichende Sicherungstätigkeit dar, wenn der vorläufige Insolvenzverwalter den bereits bekannten Grundstücksbestand durch Einholung beglaubigter Grundbuchblattabschriften dokumentiert oder prüft, ob auf den Grundstücken errichtete Gebäude ausreichend versichert sind.[173)] Auch die Sicherstellung der Versorgung mit Energie und Wasser stellt noch keine erhebliche Befassung dar.[174)] Ob die Ermittlung und Anzeige von Grundbesitz zwecks Ersuchen um Eintragung des Vermerks über die Anordnung eines allgemeinen Verfügungs-

171) Wie hier Römermann-*Stephan*, InsO/InsR, § 11 InsVV Rz. 31 ff.

172) LG Frankenthal, Beschl. v. 1.8.2019 – 1 T 174/18, ZIP 2020, 478 = NZI 2019, 869 m. Anm. *Blersch*.

173) BGH, Beschl. v. 13.7.2006 – IX ZB 104/05, Rz. 36, BGHZ 168, 321 = NZI 2006, 464 m. Anm. *Nowak*; BGH, Beschl. v. 28.9.2006 – IX ZB 230/05, Rz. 21, ZIP 2006, 2134 = NZI 2007, 40; Stephan/Riedel-*Stephan*, InsVV § 11 Rz. 46; zur Pflicht des Sequesters, den Grundpfandrechtsgläubiger auf fehlenden Versicherungsschutz hinzuweisen, BGH, Urt. v. 29.9.1988 – IX ZR 39/88, BGHZ 105, 230, 237 = ZIP 1988, 1411.

174) BGH, Beschl. v. 10.6.2021 – IX ZB 51/19, Rz. 19, ZRI 2021, 674 = NZI 2021, 838 = DZWIR 2021, 610 m. Anm. *Graeber*.

verbots oder Zustimmungsvorbehalts nach § 21 Abs. 2 Nr. 2, § 23 Abs. 3 i. V. m. § 32 Abs. 1 InsO als erhebliche Sicherungstätigkeit ausreicht, mag ebenfalls bezweifelt werden.[175)]

Dagegen ist eine **erhebliche Befassung zu bejahen**, wenn zur **Sicherung des Gebäudebestandes** wegen drohender Einsturzgefahr bauliche Sicherungsmaßnahmen ergriffen werden müssen, oder wenn wegen drohender Gefahr von Einbrüchen ein Wachschutz beauftragt werden muss.[176)] Eine erhebliche Befassung kann vorliegen, wenn der vorläufige Insolvenzverwalter mit erheblichem Aufwand die Reichweite der **Zubehörhaftung einzelner Gegenstände prüfen** muss und hierbei schwierige Rechtsfragen auftreten.[177)] 95

Im Zusammenhang mit **Vollstreckungsmaßnahmen von Absonderungsberechtigten** und dem Bemühen des vorläufigen Insolvenzverwalters um deren Vermeidung oder einstweilige Einstellung erscheint die Rechtsprechung des BGH widersprüchlich. Allgemein soll keine erhebliche Befassung möglich sein, wenn bei Anordnung der vorläufigen Insolvenzverwaltung über den Grundbesitz bereits die Zwangsverwaltung nach §§ 146 ff. ZVG anhängig ist.[178)] Auch soll eine Kontaktaufnahme mit einem Grundpfandrechtsgläubiger, um ihn von der Verwertung des Grundstücks abzuhalten, per se keine eine erhebliche Befassung mit dem Grundstück darstellen.[179)] Dagegen soll eine erhebliche Befassung vorliegen, wenn ein Grundpfandrechtsgläubiger die Zwangsversteigerung bereits betreibt und der vorläufige Insolvenzverwalter mit ihm verhandelt, um eine einstweilige Einstellung der Zwangsvollstreckung zu erreichen.[180)] Diese Differenzierungen sind nicht verständlich. Insbesondere ist nicht ersichtlich, worin im Arbeitsaufwand ein Unterschied bestehen soll, wenn der Grundpfandrechtsgläubiger von der Stellung eines Zwangsversteigerungs- oder eines Zwangsverwaltungsantrags abgehalten wird oder wenn er dazu bewegt wird, ein bereits angeordnetes Verfahren nach § 30 ZVG einzustellen. Der Arbeitsaufwand des vorläufigen Insolvenzverwalters gegenüber dem Grundpfandrechtsgläubiger, der die Zwangsversteigerung erst noch betreiben will, kann sogar größer sein, als wenn eine Zwangsversteigerung bereits angeordnet ist. 96

Als erheblich sind anzusehen die **Beitreibung rückständiger Mieten**, Auseinandersetzungen mit Minderungseinreden von Mietern und mit abfallrechtlichen Verfügungen der Ordnungsbehörde.[181)] Die **Vereinbarung** einer sog. stillen oder **kalten Zwangsverwaltung** mit dem Grundpfandrechtsgläubiger soll nach Ansicht des BGH keine erhebliche Befassung darstellen.[182)] Erforderlich soll sein, dass die Tätigkeit des vorläufigen Insolvenzverwalters in ihrem Umfang der eines gerichtlich bestellten Zwangsverwalters ähnelt. Ob eine erhebliche Befassung vorliegt, soll davon abhängen, in welchem Ausmaß der vorläufige Insolvenzverwalter damit beschäftigt ist, die Mietverhältnisse aufrecht zu erhalten oder zu erneuern, die Immobilie in ihrem Bestand zu sichern und zu erhalten, die Energie- und Wasserver- 97

---

175) Eingehend auch Stephan/Riedel-*Stephan*, InsVV, § 11 Rz. 51 ff.; *Lorenz* in: FK-InsO, § 11 InsVV Rz. 30.

176) *Prasser/Stoffler* in: KPB, InsO, § 11 InsVV Rz. 50.

177) Im Zusammenhang mit der Beauftragung eines gewerblichen Verwerters BGH, Beschl. v. 11.10.2007 – IX ZB 234/06, ZIP 2007, 2323 = NZI 2008, 38.

178) OLG Frankfurt/M., Beschl. v. 29.4.1992 – 21 U 188/90, ZIP 1992, 1564; LG Halle, Beschl. v. 9.12.1994 – 2 T 203/94, ZIP 1995, 486; LG Wuppertal, Beschl. v. 25.5.1999 – 6 T 376/99, ZInsO 1999, 421.

179) BGH, Beschl. v. 10.6.2021 – IX ZB 51/19, Rz. 22, ZRI 2021, 674 = NZI 2021, 838 = DZWIR 2021, 610 m. Anm. *Graeber*.

180) BGH, Beschl. v. 13.7.2006 – IX ZB 104/05, Rz. 37, BGHZ 168, 321 = NZI 2006, 464 m. Anm. *Nowak*; BGH, Beschl. v. 28.9.2006 – IX ZB 230/05, Rz. 22, ZIP 2006, 2134 = NZI 2007, 40; BGH, Beschl. v. 10.6.2021 – IX ZB 51/19, Rz. 23, ZRI 2021, 674 = NZI 2021, 838.

181) BGH, Beschl. v. 28.9.2006 – IX ZB 230/05, ZIP 2006, 2134 = NZI 2007, 40; BGH, Beschl. v. 10.6.2021 – IX ZB 51/19, Rz. 23, ZRI 2021, 674 = NZI 2021, 838.

182) BGH, Beschl. v. 10.6.2021 – IX ZB 51/19, Rz. 25, ZRI 2021, 674 = NZI 2021, 838 = DZWIR 2021, 610 m. Anm. *Graeber*.

sorgung zu sichern und Verkehrssicherungspflichten einzuhalten. Genau dies ist aber regelmäßig Gegenstand der Vereinbarung einer sog. kalten Zwangsverwaltung.

98 **Verhandlungen** mit Grundpfandrechtsgläubigern **über eine** mögliche **freihändige Veräußerung** der Immobilie können eine erhebliche Befassung darstellen, wenn diese Tätigkeit ausdrücklich zum Aufgabenkreis des vorläufigen Insolvenzverwalters gehört und die Verhandlungen erforderlich sind, um späteren Schaden für die Insolvenzmasse abzuwenden.[183] Auch wenn der **Grundpfandrechtsgläubiger** bereits eine **Verkaufsvollmacht besitzt**, kann es eine erhebliche Befassung für den vorläufigen Insolvenzverwalter darstellen, ihn vom Gebrauch derselbe abzuhalten.[184]

99 Eine erhebliche Befassung mit Immobiliarvermögen ist dann anzunehmen und sogar als Regelfall zu unterstellen, wenn das Immobiliarvermögen Gegenstand des schuldnerischen Unternehmens ist, es sich mithin um eine **Besitzgesellschaft** handelt oder sonst praktisch keine anderen Vermögenswerte vorhanden sind. Im Zusammenhang mit einer Unternehmensfortführung ist dann zwingend eine erhebliche Befassung mit dem Immobiliarvermögen gegeben.

cc) Bewegliches Vermögen

100 **Bewegliche Gegenstände** sind nur dann in die Insolvenzmasse als Berechnungsgrundlage der Vergütung einzubeziehen, wenn der vorläufige Insolvenzverwalter hierauf eine konkrete Tätigkeit entfaltet hat.[185] Die Sicherung erfolgt im Hinblick auf das künftige Verwertungsrecht des Insolvenzverwalters nach §§ 166 ff. InsO oder im Hinblick auf eine künftige Erfüllungswahl bei Eigentumsvorbehalt nach § 107 Abs. 2 InsO.[186] Befand sich der betreffende Gegenstand bei Anordnung der vorläufigen Verwaltung bereits im Besitz des Gläubigers, kommt im späteren Insolvenzverfahren eine Verwertung durch den Insolvenzverwalter nicht mehr in Betracht, der Gegenstand kann nicht in die Vergütung des vorläufigen Insolvenzverwalters einbezogen werden.

dd) Forderungen und sonstige Vermögensrechte

101 **Forderungen**, an denen abgesonderte Befriedigung beansprucht werden kann, sind einzubeziehen, wenn der vorläufige Insolvenzverwalter auch im Interesse des Forderungsinhabers ihre Sicherung bewerkstelligt hat. Dazu zählt der **Forderungseinzug durch den vorläufigen Insolvenzverwalter mit Zustimmung des Gläubigers.**[187] Zu streng ist es, nur diejenigen Forderungen in die Insolvenzmasse einzubeziehen, die der vorläufige Insolvenzverwalter durch außergerichtliche oder gerichtliche Betreibung erfolgreich realisieren konnte.[188] Es muss genügen, wenn er die Forderung feststellt, ihren Bestand und ihre Realisierbarkeit bspw. im Hinblick auf eine Verjährung, auf mögliche Einwendungen und Einreden des Drittschuldners und auf die Zahlungsfähigkeit des Drittschuldners prüft und entsprechende Maßnahmen ergreift; eine erfolgreiche Realisierung kann nicht gefordert werden. Bei **Forderungen**, die zur Sicherheit abgetreten wurden, insbesondere i. R. einer Globalzession, oder bei verpfändeten Bankguthaben oder sonstigen Vermögenswerten, **kann nicht**

---

183) Ablehnend AG Hamburg, Beschl. v. 7.2.2007 – 67g IN 158/05, ZInsO 2007, 260.

184) Eingehend *Keller*, NZI 2021, 816.

185) *Lorenz* in: FK-InsO, § 11 InsVV Rz. 31; noch zur Frage nennenswerter Tätigkeit LG Krefeld, Beschl. v. 5.7.2001 – 6 T 168/01, ZInsO 2001, 701; Stephan/Riedel-*Stephan*, InsVV § 11 Rz. 44 ff.

186) So wörtlich BGH, Beschl. v. 14.12.2000 – IX ZB 105/00, unter B. III. 3. b), BGHZ 146, 165 = ZIP 2001, 296.

187) *Prasser/Stoffler* in: KPB, InsO, § 11 InsVV Rz. 54; *Keller*, DZWIR 2000, 473 (Urteilsanm.); zur Zustimmung des Gläubigers Römermann-*R.-D. Mönning*, InsO/InsR, § 22 InsO Rz. 59.

188) In diesem Sinne zu eng LG Düsseldorf, Beschl. v. 23.11.1999 – 25 T 937/99, NZI 2000, 182.

differenziert werden, ob sich der vorläufige Insolvenzverwalter **bei nur teilweiser Belastung auch nur teilweise befasst hat.** Hat sich der vorläufige Verwalter mit einem teilweise belasteten Gegenstand in erheblichem Umfang befasst, zählt sein ganzer Wert zur Berechnungsgrundlage.[189)] Fehlt es an einer erheblichen Befassung, kann nur der Wert des unbelasteten Teils einbezogen werden, dieser ist freie Masse.[190)] Bei sicherungsübereigneten oder verpfändeten Vermögenswerten ist das Erfordernis einer erheblichen Befassung erfüllt, wenn der vorläufige Insolvenzverwalter mit den Beteiligten korrespondiert, um eine Auszahlung eines Teils des Guthabens vorläufig zu verhindern. Auch eine umfangreiche Tätigkeit zur Ermittlung von Bestand und Umfang eines Fremdrechtes ist zu berücksichtigen. Zu diesen Voraussetzungen der Einbeziehung merkte der BGH aber auch an, dass lediglich eine „Debitorenpflege" grundsätzlich nicht zu den Aufgaben des vorläufigen Insolvenzverwalters gehöre.[191)]

ee) Unternehmensfortführung

Über die Betrachtung einzelner Vermögenswerte hinausgehend muss eine erhebliche **Be-** 102
fassung mit dem Vermögenswert „Unternehmen" in seiner Gesamtheit auch dann angenommen werden, wenn der vorläufige Insolvenzverwalter den laufenden Geschäftsbetrieb während des Eröffnungsverfahrens fortgeführt hat, mit Lieferanten verhandelt, eine Insolvenzgeldvorfinanzierung bewerkstelligt, mit Arbeitnehmervertretern über einen nach Insolvenzeröffnung abzuschließenden Interessenausgleich und Sozialplan verhandelt oder die übertragende Sanierung nach Insolvenzeröffnung maßgeblich vorbereitet hat. Natürlich muss insbesondere der sog. schwache vorläufige Insolvenzverwalter zur Unternehmensfortführung seitens des Insolvenzgerichts ermächtigt worden sein.[192)] Bei Fortführung des Geschäftsbetriebes kann auch der mögliche Erhalt der Sanierungsfähigkeit des schuldnerischen Unternehmens für die Zeit nach Insolvenzeröffnung Maßstab für eine erhebliche Befassung sein.[193)]

e) Korrektur bei sehr hoher Berechnungsgrundlage

Die Einbeziehung von Gegenständen mit Fremdrechten kann im Einzelfall zu einer sehr 103
hohen Berechnungsgrundlage führen, wenn die mit Absonderungsrechten belasteten Vermögenswerte weit höher sind als das freie Vermögen. Der BGH sieht hier die Gefahr der Auszehrung der Insolvenzmasse durch die Vergütung. Seine restriktive Rechtsprechung zur Einbeziehung der Vermögenswerte mit Fremdrechten (siehe Rz. 24 ff.) und wohl auch die restriktive Rechtsprechung zur erheblichen Befassung als Voraussetzung der Einbeziehung in die Berechnungsgrundlage[194)] sollte dem entgegenwirken. Nach der Beschlussempfehlung des Rechtsausschusses zur Änderung von § 63 Abs. 3 InsO und § 11 InsVV soll der Gefahr einer Auszehrung der Masse durch eine **Kürzung der Vergütung nach § 3 Abs. 2 InsVV** begegnet werden.[195)] Der BGH verlangt auch eine regelmäßige dahingehende Prüfung.[196)]

---

189) BGH, Beschl. v. 12.9.2019 – IX ZB 28/18, ZIP 2019, 1969 = NZI 2019, 867.
190) Anders noch AG Hamburg, Beschl. v. 18.4.2017 – 903 IN 172/16, ZIP 2017, 2486 = ZVI 2017, 399.
191) BGH, Beschl. v. 14.12.2005 – IX ZB 256/04, Rz. 30, BGHZ 165, 266 = ZIP 2006, 621.
192) BGH, Urt. v. 21.3.2024 – IX ZR 12/22, ZRI 2024, 490 = ZIP 2024, 1482; dazu *Knapp*, ZInsO 2024, 1368.
193) Zur Betriebsfortführung auch *Prasser/Stoffler* in: KPB, InsO, § 11 InsVV Rz. 78.
194) BGH, Beschl. v. 10.6.2021 – IX ZB 51/19, ZRI 2021, 674 = NZI 2021, 838 m. Anm. *Budnik* = DZWIR 2021, 610 m. Anm. *Graeber*, dazu EWiR 2021, 626 *(Freudenberg)*.
195) Beschlussempfehlung und Bericht d. RA z. RegE GlRStG, BT-Drucks. 17/13535, S. 31.
196) BGH, Beschl. v. 12.9.2019 – IX ZB 28/18, Rz. 22, ZIP 2019, 1969 = NZI 2019, 867; ebenso *Vill*, ZInsO 2024, 333.

104 Dem ist mit Vorsicht zu begegnen. Es ist schon fraglich, ab welchem Verhältnis von Fremdrechten zu freier Masse von einer sehr hohen Berechnungsgrundlage und damit einer Gefahr der Auszehrung der Masse gesprochen werden kann (zur grundsätzlichen Frage des Verhältnisses von Vergütung und Gläubigerbefriedigung siehe § 2 Rz. 125 ff.). Die Beschlussempfehlung spricht hier von **„im Einzelfall übermäßig hohen Berechnungsgrundlagen"**, die zu einer **Auszehrung der Masse** durch die Vergütung führen können.[197] Es darf daher nicht generell unterstellt werden, die Berechnungsgrundlage werde nur künstlich erhöht. Natürlich stehen die mit Fremdrechten belasteten Vermögenswerte der Gläubigerbefriedigung nicht vollwertig zur Verfügung. Die Vergütung des vorläufigen Insolvenzverwalters wie auch die des Insolvenzverwalters stellt aber primär eine Tätigkeitsvergütung dar, und seine Sicherungstätigkeit erstreckt sich auch auf diese Vermögenswerte. Fraglich ist weiter, ob § 3 Abs. 2 InsVV ein zulässiges Korrektiv bei einer besonders hohen Berechnungsgrundlage darstellt. § 3 Abs. 2 InsVV ist ebenso wie § 3 Abs. 1 InsVV tätigkeitsbezogen und ermöglicht eine Vergütungskürzung bei geringer Arbeitsbelastung. Er hat nicht die Funktion, eine Vergütungskürzung vorzunehmen, wenn die Berechnungsgrundlage zu hoch erscheint oder ein ungutes Gefühl bei der Höhe der Berechnungsgrundlage und der Vergütung entsteht. Die Berücksichtigung von Aus- und Absonderungsrechten in der Berechnungsgrundlage darf nicht stets durch eine Vergütungskürzung nach § 3 Abs. 2 InsVV ohne Bezug zum tatsächlichen Arbeitsaufwand ausgeglichen werden. Völlig ungeklärt ist ja, ab wann von einer zu hohen Berechnungsgrundlage und einer Auszehrung der Masse durch die Vergütung gesprochen werden muss.

f) Zusammenfassung

105 Für die Berücksichtigung von Vermögenswerten, die mit Aus- und Absonderungsrechten behaftet sind, ist unter Berücksichtigung der Neuregelung des § 11 Abs. 1 Satz 1 InsVV mit § 63 Abs. 3 Satz 2 InsO festzustellen:

- Eine Berücksichtigung bei der Vergütung kann erfolgen, wenn der vorläufige Insolvenzverwalter mit ihnen erheblich befasst war, insbesondere **konkrete und erhebliche Sicherungstätigkeit** entfaltet hat. Die Berücksichtigung erfolgt durch Einbeziehung dieser Gegenstände in die Berechnungsgrundlage zur Vergütung.
- War die **Befassung** mit diesen Gegenständen **nicht erheblich**, aber dennoch von Bedeutung für die Tätigkeit des vorläufigen Insolvenzverwalters, ist **eine Erhöhung der Vergütung entsprechend § 3 Abs. 1 lit. a InsVV** möglich.[198]
- Eine **weitere Erhöhung** der Vergütung entsprechend § 3 Abs. 1 lit. a InsVV ist möglich, wenn die Befassung die Schwelle der Erheblichkeit, die zur Anwendung des § 11 Abs. 1 Satz 2 InsVV führt, noch weiter überschritten hat.[199]
- Eine **Kürzung der Vergütung** entsprechend § 3 Abs. 2 InsVV wegen nicht erheblicher Befassung mit Aus- und Absonderungsrechten ist ausgeschlossen.
- Gegenstände, die der Schuldner **lediglich** aufgrund einer **Gebrauchsüberlassung** in Besitz hat, können nur durch Erhöhung der Vergütung entsprechend § 3 Abs. 1 lit. a InsVV berücksichtigt werden. Voraussetzung ist hier die erhebliche Befassung des vorläufigen Insolvenzverwalters mit dem entsprechenden Vermögensgegenstand.

197) Beschlussempfehlung und Bericht d. RA z. RegE GlRStG, BT-Drucks. 17/13535, S. 31.

198) Anders BGH, Beschl. v. 11.10.2007 – IX ZB 15/07, ZIP 2007, 2226 = NZI 2008, 38; ebenso *Vill* in: FS Fischer, S. 547, 559.

199) *Lorenz* in: FK-InsO, § 11 InsVV Rz. 66; grundsätzlich dagegen noch BGH, Beschl. v. 14.12.2000 – IX ZB 105/00, unter B. III. 3. b), BGHZ 146, 165 = ZIP 2001, 296; LG Göttingen, Beschl. v. 25.6.2001 – 10 T 41/01, NZI 2002, 115.

3. Die Bewertung der Vermögenswerte

a) Liquidationswerte und Fortführungswerte

Sämtliche Vermögenswerte sind grundsätzlich mit ihrem Liquidationswert anzusetzen.[200) 106
Der sog. Fortführungswert, der in der Regel höher ist, ist anzusetzen, wenn die Fortführung des Unternehmens überwiegend wahrscheinlich ist oder selbstverständlich im eröffneten Verfahren auch erfolgt.[201) Auch eine Veräußerung des Geschäftsbetriebes in Form eines Asset Deals oder eines Share Deals bei Unternehmensbeteiligungen stellt einen Erhalt und eine Fortführung des Unternehmens dar.

Der BGH scheint insbesondere in seiner Entscheidung vom 15.11.2012 hiervon abzuwei- 107
chen, wenn er bezugnehmend auf frühere Rechtsprechung wörtlich ausführt:[202)

> „Die eigenständige Vergütung des vorläufigen Verwalters kann außerdem nicht davon abhängen, wie erfolgreich die Masse nach Eröffnung des Insolvenzverfahrens verwertet wird. Die Berechnungsgrundlage für die Vergütung des vorläufigen Verwalters ist deshalb eigenständig zu bestimmen; sie hängt nicht von Umständen ab, die sich erst nach Verfahrenseröffnung ergeben."

Dieser Aussage ist insoweit zuzustimmen, als spätere Wertänderungen aufgrund später 108
eintretender Umstände den Wertansatz nicht verändern. Dies bedeutet aber nicht, dass Vermögenswerte bei der Vergütung des vorläufigen Insolvenzverwalters generell nur mit Ihrem jeweiligen Liquidationswert anzusetzen sind, weil während der vorläufigen Verwaltung eine Fortführung des Unternehmens bspw. durch übertragende Sanierung nicht erfolgt. Vielmehr ist **darauf abzustellen, ob der vorläufige Insolvenzverwalter das Unternehmen während des Eröffnungsverfahrens fortführt und realistischerweise von einer übertragenden Sanierung** des Unternehmens **im später eröffneten Insolvenzverfahren ausgehen darf.** Die Ausführungen des BGH sind nur für den Fall zutreffend, dass der vorläufige Insolvenzverwalter während des Eröffnungsverfahrens von keiner dauerhaften Fortführung des Unternehmens ausgeht, diese sich aber entgegen ursprünglicher Erwartung nach Eröffnung des Insolvenzverfahrens ergibt.

b) Die Bewertung einzelner, nicht mit Fremdrechten belasteter Vermögenswerte

Bei der Einbeziehung einzelner Vermögenswerte, die nicht der abgesonderten Befriedigung 109
oder der Aussonderung unterliegen, in die Berechnungsgrundlage der Vergütung ist oft fraglich, mit welchem Wert sie in die Berechnungsgrundlage einzubeziehen sind. **Grundsätzlich** soll vom **Liquidationswert** ausgegangen werden; der Ansatz des Fortführungswertes soll erfolgen, wenn insbesondere in der Unternehmensinsolvenz eine Fortführung überwiegend wahrscheinlich ist.[203) Forderungen des Schuldners gegen Dritte sind – ohne dass es auf eine besondere Tätigkeit des vorläufigen Insolvenzverwalters ankommt[204) – nach zutreffender Ansicht[205) mit ihrem **voraussichtlichen Realisierungswert** und nicht mit dem Nominalbetrag in die Insolvenzmasse einzubeziehen.[206) Bei Ansatz von Forderungen

200) BGH, Beschl. v. 8.7.2004 – IX ZB 589/02, ZIP 2004, 1555 = DZWIR 2004, 421 m. Anm. *Graeber*.

201) *Hess*, InsO, § 11 InsVV Rz. 43; *Nowak* in: MünchKomm-InsO, 2. Aufl. 2007, § 11 InsVV Rz. 6.

202) BGH, Beschl. v. 15.11.2012 – IX ZB 88/09, Rz. 32, BGHZ 195, 322 = NZI 2013, 29 m. Anm. *Graeber*.

203) BGH, Beschl. v. 8.7.2004 – IX ZB 589/02, ZIP 2004, 1555 = DZWIR 2004, 421 m. Anm. *Graeber*; Blersch/Goetsch/Haas-*Blersch*, InsO, § 11 InsVV Rz. 29 ff.; zu ungenau Römermann-*Delhaes*, InsO/InsR, § 63 InsO Rz. 34.

204) BGH, Beschl. v. 9.6.2005 – IX ZB 230/03, ZVI 2005, 386 = DZWIR 2005, 469 m. Anm. *Pluta/Heidrich*.

205) LG Heilbronn, Beschl. v. 18.2.2002 – 1b T 32/02, ZIP 2002, 719, dazu EWiR 2002, 817 *(Keller)*.

206) BGH, Beschl. v. 11.3.2010 – IX ZB 122/08, ZIP 2010, 1909 m. Anm. *Prasser* = ZInsO 2010, 730; Römermann-*Stephan*, InsO/InsR, § 11 InsVV Rz. 22; so bereits *Eickmann* in: RWS-Forum 18, S. 76.

kommt es nur auf ihr Entstehen an, nicht auf die Rechnungsstellung gegen den jeweiligen Schuldner oder die Befriedigung.[207] Das LG Düsseldorf[208] will dagegen nur die während der vorläufigen Insolvenzverwaltung tatsächlich eingezogenen Forderungen berücksichtigen. Eine Lebensversicherung des Schuldners ist mit ihrem Rückkaufswert in die Berechnungsgrundlage einzubeziehen.[209] Einzubeziehen ist auch der Wert der Firma des schuldnerischen Unternehmens.[210]

110 **Ändern** sich im später **eröffneten Insolvenzverfahren die Werte** einzelner Gegenstände oder Forderungen und werden insbesondere Forderungen nicht mit dem prognostizierten Wert realisiert, so hat dies grundsätzlich keine rückwirkende Änderung der Berechnungsgrundlage und keine Änderung der Vergütung des vorläufigen Insolvenzverwalters zur Folge. Die Tätigkeit des vorläufigen Insolvenzverwalters ist aus sich heraus zu bewerten. Umstände, die sich nach Insolvenzeröffnung ergeben, können nicht dazu führen, die Vergütung nachträglich negativ oder auch positiv zu beeinflussen.[211] Dies setzt freilich voraus, dass der vorläufige Insolvenzverwalter in seinem Vergütungsantrag die einzelnen Vermögenswerte realistisch und nicht künstlich überhöht ansetzt und das Insolvenzgericht die Wertansätze und die Bewertung wenigstens auf ihre Plausibilität hin überprüft. Eine Wertkorrektur ist nach Maßgabe des § 63 Abs. 3 Satz 4 InsO möglich und geboten. Nachträglich erst bekannt gewordene Forderungen können keinesfalls noch in die Vergütung einfließen.[212]

c) Die Bewertung der mit Aus- und Absonderungsrechten behafteten Vermögenswerte

111 Die Vermögenswerte, die nach § 11 Abs. 1 Satz 2 InsVV in die Berechnungsgrundlage der Vergütung einzubeziehen sind, sind mit ihrem **Verkehrswert** zu berücksichtigen. Die auf ihnen ruhenden Belastungen, insbesondere Grundpfandrechte bei Immobilien, sind nicht abzuziehen.[213] Die Begründung zum Entwurf der Zweiten Verordnung zur Änderung der InsVV verweist pauschal auf die §§ 252 ff. HGB.[214] Ob hiermit lediglich das Vorsichtsprinzip des § 252 Abs. 1 Nr. 4 HGB gemeint ist oder die Bewertung nach Anschaffungswert entsprechend § 253 HGB (Niederstwertprinzip), ist nicht erkennbar. Die Frage ist aber auch nicht entscheidend. Denn die mit Fremdrechten behafteten Vermögenswerte sind **entsprechend der Fortführungsprognose** für das eröffnete Insolvenzverfahren ebenso wie die freien Vermögenswerte mit ihren Liquidations- oder ihren Fortführungswerten realistisch zu bewerten und anzusetzen. Nachträgliche Wertkorrekturen sollen über § 63 Abs. 3 Satz 4 InsO (früher § 11 Abs. 2 InsVV) vorgenommen werden (siehe unten Rz. 115 ff.). Bei **nicht wertausschöpfender Belastung** eines Grundstücks mit Grundpfandrechten und nicht erheblicher Befassung des vorläufigen Insolvenzverwalters soll nach

---

207) BGH, Beschl. v. 16.11.2006 – IX ZB 302/05, ZIP 2007, 284 = NZI 2007, 168; BGH, Beschl. v. 26.4.2007 – IX ZB 160/06, ZIP 2007, 1330 = NZI 2007, 461.

208) LG Düsseldorf, Beschl. v. 23.11.1999 – 25 T 937/99, NZI 2000, 182.

209) LG Dresden, Beschl. v. 8.2.2002 – 7 T 1072/01, ZIP 2002, 1303.

210) BGH, Beschl. v. 8.7.2004 – IX ZB 589/02, ZIP 2004, 1555 = DZWIR 2004, 421 m. Anm. *Graeber/Lorenz* in: FK-InsO, § 11 InsVV Rz. 35; *Büttner* in: HambKomm-InsO, § 11 InsVV Rz. 8; *Prasser/Stoffler* in: KPB, InsO, § 11 InsVV Rz. 45; Römermann-*Stephan*, InsO/InsR, § 11 InsVV Rz. 21.

211) BGH, Beschl. v. 14.12.2005 – IX ZB 256/04, Rz. 31 ff., BGHZ 165, 266 = ZIP 2006, 621; so auch BGH, Beschl. v. 18.12.2003 – IX ZB 50/03, ZIP 2004, 518 = ZVI 2004, 203.

212) LG Mönchengladbach, Beschl. v. 12.7.2006 – 5 T 22/06, NZI 2006, 598.

213) Begr. zum Entwurf einer 2. InsVV-ÄndVO, z. Art. 1 Abs. 4, abgedr. unten in Anh. V, S. 723, 725.

214) Begr. zum Entwurf einer 2. InsVV-ÄndVO, z. Art. 1 Abs. 4, abgedr. unten in Anh. V, S. 723, 725.

Ansicht des AG Göttingen eine teilweise Berücksichtigung i. H. des überschießenden Werts des Grundstücks erfolgen.[215)]

d) Die Bewertung bei Vorbereitung einer Sanierung während des Eröffnungsverfahrens

Problematisch ist die Bewertung der Vermögenswerte, wenn eine **Sanierung** des schuldnerischen Unternehmens **im eröffneten Insolvenzverfahren** erfolgt und der vorläufige Insolvenzverwalter bereits während des Eröffnungsverfahrens Sanierungsmaßnahmen getroffen oder begleitet hat, insbesondere wenn eine umfangreiche Sanierungsfähigkeitsprüfung erfolgte, ein M&A-Prozess bereits angestoßen worden ist und Gespräche mit potentiellen Investoren geführt worden sind. Die Annahme, das **Eröffnungsverfahren müsse immer ergebnisoffen** verlaufen und der vorläufige Insolvenzverwalter dürfe nicht von späterer Entwicklung profitieren, weshalb stets das Vermögen mit Liquidationswerten anzusetzen sei, ist nur dann richtig, wenn sich die Sanierung im eröffneten Verfahren gleich einem Deus ex Machina unvorhergesehen ergibt. 112

Durfte der vorläufige Insolvenzverwalter von einer **Fortführung des Unternehmens realistischerweise** ausgehen, sind dagegen **Fortführungswerte** maßgebend. Frage des konkreten Falles ist deshalb, ob eine spätere Veräußerung des Geschäftsbetriebes (übertragende Sanierung) mit dessen Fortführung bezogen auf den Zeitpunkt der Beendigung der vorläufigen Insolvenzverwaltung einen völlig neuen Sachverhalt und damit Wertänderungen hinsichtlich der Vermögenswerte darstellt, die bei der Bestimmung der Berechnungsgrundlage nicht zu berücksichtigen sind, oder ob sie nur zu einer Korrektur der ursprünglichen Bewertung führt. Entscheidend ist hier, ob bei Beendigung der vorläufigen Insolvenzverwaltung realistisch von einer Fortführung des Unternehmens ausgegangen werden durfte und welcher Zeitraum zwischen Beendigung der vorläufigen Verwaltung und Veräußerung des Geschäftsbetriebes lag. 113

Erfolgte die **Veräußerung des Geschäftsbetriebes kurz nach Insolvenzeröffnung**, ist grundsätzlich anzunehmen, dass bereits bei Beendigung des Eröffnungsverfahrens von einer positiven Fortführungsprognose des schuldnerischen Unternehmens ausgegangen werden konnte und insoweit mit der Veräußerung der Wert festgestellt wurde, den das Vermögen unter Ansatz von Fortführungswerten hatte. Dies gilt insbesondere auch dann, wenn der vorläufige und später endgültige Insolvenzverwalter einen Geschäftsbetrieb während des Eröffnungsverfahrens und darüber hinaus bis zu seiner Veräußerung fortführt. Die Fortführung während des eröffneten Verfahrens erfolgt gerade im Hinblick auf eine mögliche Veräußerung des insoweit „noch lebenden" Geschäftsbetriebes. Für **sämtliche Vermögenswerte**, welche nach Insolvenzeröffnung i. R. einer Veräußerung des Geschäftsbetriebes übertragen werden, ist bei Ansatz ihrer jeweiligen Fortführungswerte entscheidend, dass bei Beendigung der vorläufigen Verwaltung mit Insolvenzeröffnung **realistisch von einer Fortführung des Geschäftsbetriebes** bspw. durch übertragende Sanierung und unter Einbeziehung der betreffenden Vermögenswerte ausgegangen werden konnte. 114

4. Die nachträgliche Änderung der Vergütung nach § 63 Abs. 3 Satz 4 InsO

Den Grundsatz, dass die Vergütung des vorläufigen Insolvenzverwalters bei nachträglich abweichender Bewertung oder Realisierung einzelner Vermögenswerte nicht mehr geändert werden kann, durchbricht § 63 Abs. 3 Satz 4 InsO. Dieser Tatbestand wurde als § 11 Abs. 2 InsVV durch die Zweite Verordnung zur Änderung der InsVV vom 21.12.2006 eingefügt und durch Gesetz vom 15.7.2013 in § 63 Abs. 3 InsO übertragen. Der Gesetz- 115

215) AG Göttingen, Beschl. v. 14.8.2009 – 74 IN 73/09, ZVI 2009, 390.

geber will damit **überhöhten und unrealistischen Wertansätzen** bei einzelnen Vermögenswerten entgegenwirken und eine nachträgliche Korrektur der Vergütungsfestsetzung durch das Insolvenzgericht ermöglichen, wenn die Differenz zwischen dem anfangs prognostizierten und dem später tatsächlich erzielten Wert mehr als 20 % beträgt.[216)]

116 § 63 Abs. 3 Satz 4 InsO hat aber **nicht den Sinn, später eintretende Wertänderungen** aufgrund Änderungen im jeweiligen Sachverhalt einzubeziehen. Es soll vielmehr eine ursprünglich unrichtige Bewertung bezogen auf den Zeitpunkt der Beendigung der vorläufigen Verwaltung noch korrigiert werden können.[217)] Beispielsweise ist die Bewertung einer Forderung gegen einen Dritten als werthaltig nicht zu korrigieren, wenn erst nach Beendigung des Eröffnungsverfahrens über das Vermögen des Dritten das Insolvenzverfahrens eröffnet wird und die Forderung insoweit nachträglich wertlos wird. War dagegen eine bereits erfolgte Insolvenzeröffnung dem vorläufigen Insolvenzverwalter nur noch nicht bekannt, ist eine unzutreffende Bewertung zu korrigieren, weil die Forderung bereits bei Beendigung des Eröffnungsverfahrens wertlos war.

117 Soweit bei der späteren Festsetzung der Vergütung des vorläufigen Insolvenzverwalters eine Verwertung des betreffenden Vermögenswertes bereits erfolgt ist, kann der hier **erzielte Erlös ein Anhaltspunkt** dafür sein, dass der Vermögenswert bereits bei Beendigung des Eröffnungsverfahrens den entsprechenden Wert hatte. Dies ist insbesondere dann anzunehmen, wenn die Verwertung zeitnah nach Insolvenzeröffnung erfolgt ist. Änderungen bezogen auf das Sachverständigengutachten hat der vorläufige Insolvenzverwalter aber plausibel darzulegen. Ist eine Verwertung eines Vermögenswertes noch nicht erfolgt, hat der Verwalter eine Neubewertung konkret darzulegen und zu begründen.[218)]

118 Die Norm verweist zunächst auf § 63 Abs. 3 Satz 2 InsO und Absatz 1 Satz 2 des § 11 InsVV und nennt als Tatbestand den „tatsächlichen Wert" der dort genannten Gegenstände. Eine nachträgliche Änderung der Vergütung soll danach bezüglich **aller bei der Bestimmung der Berechnungsgrundlage** berücksichtigten Vermögenswerte erfolgen können und nicht nur hinsichtlich der Gegenstände, die mit Aus- oder Absonderungsrechten behaftet sind. Der Entwurfstext zu § 11 Abs. 2 InsVV vom 19.10.2006 bezog sich dagegen nur auf eine Veräußerung der mit Fremdrechten behafteten Gegenstände. Die Entwurfsbegründung macht in den Erläuterungen zu § 11 Abs. 2 InsVV keinen Unterschied zwischen den mit Fremdrechten behafteten Gegenständen und dem freien Vermögen, spricht im Weiteren aber nur von den mit Aus- und Absonderungsrechten belasteten Gegenständen.[219)] Es ist auch sachgerecht, § 63 Abs. 3 Satz 4 InsVV für **sämtliche Vermögenswerte** des Schuldners anzuwenden. Es können bspw. auch Forderungen des Schuldners, die keiner Sicherungszession unterliegen, vom vorläufigen Insolvenzverwalter bei seiner Vergütungsberechnung zu hoch bewertet werden. Ferner spricht die Norm vom „Veräußern" der Gegenstände. Mit Hinweis auf §§ 165 ff. InsO ist dies bei mit Absonderungsrechten behafteten Gegenstände noch zutreffend, bei Aussonderungsrechten nach § 47 InsO aber nicht mehr. Der Insolvenzverwalter „veräußert" Gegenstände, an denen Aussonderungsrechte geltend gemacht werden können, nicht aus eigener Befugnis und erst recht nicht i. R. der Insolvenzabwicklung. Bei unberechtigter Veräußerung unterliegt er der Ersatzaussonderung nach

---

216) Begr. zum Entwurf einer 2. InsVV-ÄndVO, z. Art. 1 letzter Abs., abgedr. unten in Anh. V, S. 723, 727.

217) Ausdrücklich mit dieser Aussage BGH, Beschl. v. 12.5.2011 – IX ZB 125/08, ZInsO 2011, 1128; *Lorenz* in: FK-InsO, § 11 InsVV Rz. 97 ff.

218) So ausdrücklich BGH, Beschl. v. 16.11.2006 – IX ZB 302/05, ZIP 2007, 284 = NZI 2007, 168, jedoch noch vor Inkrafttreten des § 11 Abs. 2 InsVV durch VO v. 21.12.2006, BGBl. I 2006, 3389.

219) Begr. zum Entwurf einer 2. InsVV-ÄndVO, z. Art. 1 letzter Abs., abgedr. unten in Anh. V, S. 723, 727.

§ 48 InsO,[220] bei Veräußerung mit Zustimmung des Berechtigten hängt es von der Vereinbarung der Parteien ab, ob und in welcher Höhe ein Erlös zur Insolvenzmasse fließen soll. Ein Fall des § 63 Abs. 3 Satz 4 InsO ist dies aber ebenfalls nicht.

§ 63 Abs. 3 Satz 4 InsO nennt als Voraussetzung einer nachträglichen Änderung der Ver- 119
gütungsfestsetzung eine **Abweichung des tatsächlichen Wertes** eines Vermögenswertes von seiner Berücksichtigung in der Berechnungsgrundlage der Vergütung von **20 %**, bezogen auf die **Gesamtheit der Gegenstände**. Diese Abweichung ist sowohl negativ als auch positiv zu sehen. Erzielt bspw. der Insolvenzverwalter im eröffneten Verfahren bei Einziehung der Forderungen tatsächlich mehr als 20 % ihres bei der Vergütung des vorläufigen Insolvenzverwalters angesetzten Wertes, muss die Vergütung nachträglich erhöht werden. Die nachträgliche Erhöhung oder Kürzung der Vergütung erfolgt nur, wenn die Wertdifferenz 20 % des Wertes aller Vermögenswerte beträgt, nicht also lediglich bezüglich einzelner Forderungen oder Gegenstände. Die Erhöhung erfolgt unter Zuerkennung eines nachträglichen Vergütungsbetrages, der sich aus der Differenz der Vergütungen bei geringerer und bei höherer Berechnungsgrundlage ergibt. In gleicher Weise ist bei nachträglicher Korrektur der Vergütung nach unten zu verfahren.

Im Rahmen des § 63 Abs. 3 Satz 4 InsO ist es nicht möglich, dem vorläufigen Insolvenz- 120
verwalter nachträglich eine Erhöhung der Vergütung entsprechend § 3 Abs. 1 InsVV zuzuerkennen oder die Vergütung entsprechend § 3 Abs. 2 InsVV zu kürzen. Erschwernisse bei der Verwertung waren nicht solche des vorläufigen Insolvenzverwalters, sie kommen – wenn überhaupt – allein dem Insolvenzverwalter im eröffneten Verfahren zugute.

Unklar ist, auf welche Art und Weise eine nachträgliche Änderung der Vergütung erfolgen 121
soll.[221] Regelmäßig ist das Insolvenzgericht spätestens bei **Vorlage der Schlussrechnung** auf eine entsprechende Wertdifferenz hinzuweisen. Die Vergütung des vorläufigen Insolvenzverwalters wird aber richtigerweise mit Beendigung des Eröffnungsverfahrens festgesetzt und nicht erst mit Beendigung des später eröffneten Insolvenzverfahrens. Der Hinweis kann dann erst nachträglich gegeben werden. Sind der Insolvenzverwalter im eröffneten Verfahren und der vorläufige Insolvenzverwalter personenidentisch, ist es unproblematisch, das Insolvenzgericht entsprechend zu unterrichten.[222] Liegt keine Personenidentität vor, darf der Hinweis auf § 63 Abs. 3 Satz 4 InsO durch den späteren Insolvenzverwalter keinesfalls aus sachfremden Erwägungen gegen die Person des vorläufigen Insolvenzverwalters erfolgen.

Zeitlich soll die Änderung der Vergütung bis zur **Rechtskraft der Vergütungsfestsetzung** 122
des Insolvenzverwalters im eröffneten Insolvenzverfahren möglich sein (§ 63 Abs. 3 Satz 4 InsO). Mit der früheren Regelung durch § 11 Abs. 2 InsVV lediglich in einer Rechtsverordnung war die Frage verbunden, ob die Rechtskraft der Vergütungsentscheidung des vorläufigen Insolvenzverwalters durchbrochen werden könne.[223] Hat die nachträgliche Änderung eine Kürzung der Vergütung zum Inhalt, würde dies zu einer Rückzahlungspflicht des vorläufigen Insolvenzverwalters führen. Ist er mit dem Insolvenzverwalter im eröffneten Verfahren identisch, könnte eine Anrechnung auf dessen Vergütung erfolgen.

---

220) Uhlenbruck-*Brinkmann*, InsO, § 48 Rz. 20 ff.; *Keller*, Insolvenzrecht, Rz. 417 ff.

221) Stephan/Riedel-*Stephan*, InsVV § 11 Rz. 102 ff.; *Prasser/Stoffler* in: KPB, InsO, § 11 InsVV Rz. 131 ff.; *Graeber/Graeber*, InsVV, § 11 Rz. 344 ff.; eingehend *Vill* in: FS Fischer, S. 547, 560; *Büttner*, ZVI 2008, 281.

222) Hiervon geht die Begr. zum Entwurf einer 2. InsVV-ÄndVO aus, zu Art. 1 letzter Absatz, abgedr. unten in Anh. V, S. 723, 727.

223) Leonhardt/Smid/Zeuner-*Amberger*, InsVV, § 11 Rz. 88 ff.; *Graeber*, ZInsO 2007, 133; *Küpper/Heinze*, ZInsO 2007, 231; anders AG Leipzig, Beschl. v. 27.8.2007 – 401 IN 1541/07, DZWIR 2008, 39; *Vill* in: FS Fischer, S. 547, 560.

123 Die Problematik des § 63 Abs. 3 Satz 4 InsO lässt sich insgesamt umgehen oder wenigstens auf wenige Fälle beschränken, wenn Vermögenswerte, insbesondere Forderungen, einzelwertberichtigt und nicht pauschal mit ihrem voraussichtlichen Realisierungswert vorsichtig bewertet und in die Berechnungsgrundlage der Vergütung einbezogen werden. Insbesondere bei Forderungen können die Abwertungsregelungen des § 253 HGB entsprechend herangezogen werden.[224] Die Anwendung des § 63 Abs. 3 Satz 4 InsO beschränkt sich dann im besten Falle auf wenige Ausnahmen. Als Alternative zur vorsichtigen Bewertung ist es, mit der Festsetzung der Vergütung des vorläufigen Insolvenzverwalters zu warten, bis entsprechende Vermögenswerte verwertet sind, oder gar die Vergütung erst mit Beendigung des eröffneten Insolvenzverfahrens festzusetzen; auch wenn die Verjährung des Vergütungsanspruchs bis dahin gehemmt ist (siehe § 2 Rz. 63 ff.).[225] Damit würde zum einen das Eröffnungsverfahren als selbstständiger Verfahrensabschnitt über eine lange Zeit hin als nicht abgeschlossen gelten, zum anderen ist es nicht richtig, dem berechtigten Vergütungsanspruch des vorläufigen Insolvenzverwalters unter Hinweis auf § 63 Abs. 3 Satz 4 InsO nicht zu entsprechen und ihm die Vergütung vorzuenthalten. Es steht dem vormaligen vorläufigen Insolvenzverwalter natürlich frei, selbst den Vergütungsantrag erst nach Verwertung möglicherweise problematischer Gegenstände zu stellen. Stellt er ihn unmittelbar nach Beendigung des Eröffnungsverfahrens unter Zugrundelegung sachlich nachvollziehbarer Vermögensbewertungen, kann das Gericht den Antrag aber nicht unter Hinweis auf § 63 Abs. 3 Satz 4 InsO zurückweisen oder unbearbeitet liegenlassen.

5. Die Einbeziehung von Anfechtungsansprüchen und Ansprüchen aus Gesellschafterleistungen

a) Einbeziehung nach bisher vertretenen Ansichten

124 Anfechtungsansprüche gegen Dritte oder **Ansprüche aus Gesellschafterleistungen** oder früher – bis Inkrafttreten des MoMiG[226] – kapitalersetzenden Leistungen (§ 135 Abs. 1 Nr. 2, Abs. 2 InsO; früher § 32a GmbHG) gegen die Gesellschafter einer GmbH sind nach früher nahezu einhellig vertretener Ansicht in die Berechnungsgrundlage der Vergütung einzubeziehen.[227]

b) BGH-Beschluss vom 29.4.2004

125 Der BGH vertritt eine gegenteilige Ansicht.[228] Er geht von dem dogmatischen Ansatz aus, dass Anfechtungsansprüche und Ansprüche aus Gesellschafterleistungen erst mit Insolvenzeröffnung entstehen und schon deshalb **nicht in die Berechnungsgrundlage** der Vergü-

224) Hierzu eingehend *Frege/Riedel*, Schlussbericht und Schlussrechnung, Rz. 185 ff.

225) Überholt insoweit LG Hamburg, Beschl. v. 19.1.2011 – 326 T 110/10, n. v.

226) Gesetz zur Modernisierung des GmbH-Rechts und zur Bekämpfung von Missbräuchen – MoMiG, v. 23.1.2008, BGBl. I, 2008, 2026.

227) Zum Kapitalersatz LG Baden-Baden, Beschl. v. 21.12.1998 – 3 T 43/97, ZIP 1999, 1138 = NZI 1999, 159, dazu EWiR 2000, 185 *(Johlke)*; LG Limburg, Beschl. v. 22.3.2005 – 7 T 49/05, NZI 2005, 16 = DZWIR 2005, 259; zur Anfechtung LG Berlin, Beschl. v. 14.5.2002 – 86 T 245/02, ZInsO 2002, 623; LG Osnabrück, Beschl. v. 8.8.2003 – 5 T 637/03, ZInsO 2003, 896; LG Köln, Beschl. v. 17.3.2004 – 19 T 22/04, ZInsO 2004, 499; LG Köln, Beschl. v. 26.3.2004 – 19 T 6/04, ZIP 2004, 961; *Prasser/Stoffler* in: KPB, InsO, § 11 InsVV Rz. 43, 44; Blersch/Goetsch/Haas-*Blersch*, InsO, § 11 InsVV Rz. 23.

228) BGH, Beschl. v. 29.4.2004 – IX ZB 225/03, ZIP 2004, 1653 m. Anm. *Keller* = NZI 2004, 444.

tung des vorläufigen Insolvenzverwalters einfließen können.[229] Soweit die Beschäftigung mit diesen Ansprüchen die Tätigkeit des vorläufigen Insolvenzverwalters erheblich in Anspruch nimmt, könne eine Erhöhung der Vergütung entsprechend § 3 Abs. 1 InsVV erfolgen. Die Anwendung des § 3 Abs. 1 InsVV stellt der BGH unter den Vorbehalt, dass der vorläufige Insolvenzverwalter nicht auch als Sachverständiger tätig war und als solcher eine Vergütung nach § 9 JVEG erhalten hat.

Der allein dogmatische Ansatz des BGH ist nicht tragfähig.[230] Danach setzt die Einbezie- 126
hung möglicher Anfechtungsansprüche voraus, dass der vorläufige Insolvenzverwalter und auch das Insolvenzgericht diese als vollständig realisierbar bewerten. Eine solche Prüfung könne dem Insolvenzgericht i. R. der Vergütungsfestsetzung nicht zukommen.[231] Der BGH scheint auch der Kompetenz des vorläufigen Insolvenzverwalters zu misstrauen, wenn er im Hinblick auf Anfechtungsansprüche von „Umständen" spricht, „die sich vielleicht nach Beendigung des Eröffnungsverfahrens ergeben".[232] Auch die Annahme, „es sei nicht zu verantworten, derartige künftige Ansprüche schon vor ihrer Entstehung in die Berechnungsgrundlage einfließen zu lassen", da es doch erst „Sache des vom endgültigen Insolvenzverwalter angerufenen Prozessgerichts" sei, diese Ansprüche festzustellen,[233] ist unzutreffend. Denn auch sonstige Ansprüche und Forderungen gegen Dritte, die unstreitig in die Vergütung des vorläufigen Insolvenzverwalters einfließen, müssen im eröffneten Verfahren eingeklagt und gerichtlich geltend gemacht werden.

Es sind wie für jede Forderung des Schuldners so auch für den Anfechtungsanspruch zwei 127
Fragen zu unterscheiden:

- Erstens ist zu untersuchen, ob ein **Anspruch als Vermögenswert überhaupt besteht** und als solcher in die Berechnungsgrundlage einzubeziehen ist.
- Zweitens ist zu prüfen, **in welcher Höhe und mit welchem Wert** dieser Anspruch **realisierbar** ist.

Die erste Frage ist zu bejahen, wenn ein Anfechtungstatbestand in seinen tatbestandsmä- 128
ßigen Voraussetzungen vorliegt. Schon fast offenkundig ist dies in den Fällen des § 131 InsO bei Zahlungen des Schuldners während der Krise zur Abwendung der Zwangsvollstreckung oder zur Beseitigung von Vollstreckungsmaßnahmen.[234] Auch ein Vergleich zu

229) BGH, Beschl. v. 29.4.2004 – IX ZB 225/03, unter II. 2. b), ZIP 2004, 1653 m. Anm. *Keller* = NZI 2004, 44; LG Kiel, Beschl. v. 4.5.2017 – 4 T 55/17, ZInsO 2017, 1756; LG Duisburg, Beschl. v. 17.4.2018 – 7 T 147, 148/17, ZInsO 2019, 344; Graf-Schlicker-*Wipperfürth*, InsO, § 11 InsVV Rz. 12, 13; Stephan/Riedel-*Stephan*, InsVV § 11 Rz. 32; Leonhardt/Smid/Zeuner-*Amberger*, InsVV, § 11 Rz. 59 ff.; anders aber zum Entstehen des Anfechtungsanspruchs Jaeger-*Henckel*, KO, § 37 Rz. 84; *Freudenberg* in: MünchKomm-InsO, § 129 Rz. 233.

230) LG Limburg, Beschl. v. 22.3.2005 – 7 T 49/05, NZI 2005, 16 = DZWIR 2005, 259; LG Köln, Beschl. v. 15.1.2009 – 1 T 91/08, ZIP 2009, 631 = ZVI 2009, 173; AG Göttingen, Beschl. v. 18.12.2006 – 74 IN 223/06, ZIP 2007, 37; *Graeber/Graeber*, InsVV, § 11 Rz. 64 ff.; Blersch/Goetsch/Haas-*Blersch*, InsO, § 11 InsVV Rz. 31.

231) BGH, Beschl. v. 29.4.2004 – IX ZB 225/03, unter II. 2. c) Abs. 2, ZIP 2004, 1653 m. Anm. *Keller* = NZI 2004, 444.

232) BGH, Beschl. v. 29.4.2004 – IX ZB 225/03, unter II. 2. c) Abs. 2, ZIP 2004, 1653 m. Anm. *Keller* = NZI 2004, 444.

233) BGH, Beschl. v. 29.4.2004 – IX ZB 225/03, unter II. 2. c) Abs. 2, ZIP 2004, 1653 m. Anm. *Keller* = NZI 2004, 444.

234) Grundlegend BGH, Urt. v. 9.9.1997 – IX ZR 14/97, BGHZ 136, 309 = ZIP 1997, 1929, dazu EWiR 1998, 37 *(Gerhardt)*; BGH, Urt. v. 11.4.2002 – IX ZR 211/01, ZIP 2002, 1159 = NZI 2002, 378; zum Tatbestand des § 133 Abs. 1 InsO, soweit die Drei-Monats-Frist des § 131 Abs. 1 Nr. 2 oder 3 InsO nicht mehr greift, BGH, Urt. v. 27.5.2003 – IX ZR 169/02, ZVI 2003, 410 = NZI 2003, 533 m. Anm. *Huber*, dazu EWiR 2003, 1097 *(Hölzle)*; BGH, Urt. v. 17.7.2003 – IX ZR 215/02, ZIP 2003, 1900 = ZVI 2003, 527.

§ 88 InsO, dessen Rechtsfolge aus § 812 BGB[235] als Forderung in die Berechnungsgrundlage allgemein einbezogen wird, spricht für eine Einbeziehung von Anfechtungsansprüchen in die Berechnungsgrundlage.

129 Eine andere Frage ist, mit welchem Wert Anfechtungsansprüche oder Ansprüche aus **kapitalersetzenden Leistungen** zu bewerten sind. Dies ist je nach Beweislage des Anspruchs und Zahlungsfähigkeit des Anfechtungsgegners zu beurteilen. Der vorläufige Insolvenzverwalter hat nicht anders als bei sonstigen Forderungen des Schuldners gegen Dritte diese nach dem voraussichtlichen Realisierungswert zu berücksichtigen.

c) Abgeltung durch die Sachverständigenvergütung

130 Der **BGH** sieht die Befassung mit Anfechtungsansprüchen durch die **Vergütung des Sachverständigen** als abgegolten an.[236] Unter Hinweis auf *Graeber*[237] verweist der BGH auf den Fall der Ermittlung einer Fortführungsmöglichkeit des schuldnerischen Unternehmens.[238] Die Berufung auf *Graeber* geht fehl. Dieser unterscheidet zutreffend dahingehend, dass die Beurteilung einer Fortführungsaussicht Aufgabe des Sachverständigen sei, die konkrete Herbeiführung der Fortführungsmöglichkeit aber eine solche des vorläufigen Insolvenzverwalters. *Graeber* verlangt nicht, dass die Prüfung der Fortführung entweder nur mit der Sachverständigenvergütung oder nur mit der Verwaltervergütung abgegolten werde. Er stellt nur klar, dass die Beurteilung einer Fortführungsaussicht zu den Aufgaben des Sachverständigen im Insolvenzeröffnungsverfahren gehört.

131 Zwei Gründe sprechen **gegen die Zuweisung** der Befassung mit Anfechtungsansprüchen allein **an den Sachverständigen**: Zum einen ist die Vergütung nach § 9 JVEG stets eine solche nach Stundenaufwand. Schon deshalb können die Ansprüche in ihrer rechtlichen Komplexität als solche nur mangelhaft bei der Sachverständigenvergütung berücksichtigt werden. Zum anderen hat der Sachverständige nicht die Möglichkeit, Anfechtungs- oder Gesellschafteransprüche vor Vereitelung seitens des Schuldners zu sichern. Soweit im Einzelfall ein Bedürfnis zur Sicherung solcher Ansprüche im Hinblick auf die künftige Insolvenzeröffnung besteht, fehlen dem Sachverständigen die rechtlichen Instrumente hierfür. Diese hat, wenn überhaupt, der vorläufige Insolvenzverwalter.

d) Erhöhung der Vergütung entsprechend § 3 Abs. 1 InsVV

132 Ein mögliches Missverhältnis in der Vergütung will der **BGH** durch eine **Anwendung des § 3 Abs. 1 InsVV** verhindern.[239] Zu der Frage, ob und in welchem Umfang eine Vergütungserhöhung möglich ist, traf er zunächst keine Aussage,[240] mit Beschluss vom 14.12.2005[241] hält er eine Erhöhung von 25 % für angemessen.[242] Das LG Potsdam hält 10 % für gerecht-

235) Hierzu K. Schmidt-*Keller*, InsO, § 88 Rz. 59; *Keller*, Insolvenzrecht, Rz. 1086 ff.

236) BGH, Beschl. v. 29.4.2004 – IX ZB 225/03, unter II. 3. Abs. 2, ZIP 2004, 1653 m. Anm. *Keller* = NZI 2004, 444.

237) *Graeber*, Vergütung des vorläufigen Insolvenzverwalters gemäß § 11 InsVV, S. 93.

238) BGH, Beschl. v. 29.4.2004 – IX ZB 225/03, unter II. 3. Abs. 2, ZIP 2004, 1653 m. Anm. *Keller* = NZI 2004, 444.

239) BGH, Beschl. v. 29.4.2004 – IX ZB 225/03, unter II. 3. Abs. 1, ZIP 2004, 1653 m. Anm. *Keller* = NZI 2004, 444; konkretisiert durch BGH, Beschl. v. 27.7.2006 – IX ZB 243/05, ZIP 2006, 1739 = NZI 2006, 581; *Prasser/Stoffler* in: KPB, InsO, § 11 InsVV Rz. 42.

240) Nach AG Dresden, Beschl. v. 12.11.2004 – 558 IN 163/99, ZIP 2005, 88, sind 10 % angemessen.

241) BGH, Beschl. v. 14.12.2005 – IX ZB 268/04, ZIP 2006, 625 = ZVI 2006, 70.

242) Dazu auch LG Münster, Beschl. v. 13.8.2020 – 5 T 249/20, ZIP 2020, 2194 = NZI 2020, 962 m. Anm. *Knapp*.

fertigt.[243] Als Kompensation für die Nichtberücksichtigung der Ansprüche in der Berechnungsgrundlage der Vergütung ist die Anwendung dieser Vorschrift aber aus zwei Gründen nicht möglich:

Erstens ist § 3 Abs. 1 InsVV kein Auffangtatbestand für eine angebliche Regelungslücke. 133
§ 3 Abs. 1 InsVV hat seine Grundlage in der Überlegung, dass dem Insolvenzverwalter eine für den Einzelfall angemessene Vergütung gewährt werden muss, wenn die Regelvergütung des § 2 Abs. 1 InsVV dem tatsächlichen Tätigkeitsaufwand in konkreten Sachverhalten nicht gerecht wird. Wenn aber bestimmte Tatbestände schon bei der Einbeziehung in die Berechnungsgrundlage vergütungsrechtlich nicht relevant sein sollen, können sie auch keine Erhöhungsmöglichkeit begründen. Zweitens wirkt sich die Erhöhungsmöglichkeit nur marginal aus, wenn i. Ü. die Insolvenzmasse gering ist und sich deshalb nur eine geringe Regelvergütung ergibt. Nicht selten besteht die Insolvenzmasse überwiegend aus Anfechtungsansprüchen.[244]

6. Analoge Anwendung der Tatbestände des § 1 Abs. 2 InsVV

Die Tatbestände des § 1 Abs. 2 InsVV sind für den vorläufigen Insolvenzverwalter nur 134
begrenzt anwendbar. Der Anwendungsbereich des § 1 Abs. 2 Nr. 1 InsVV im eröffneten Insolvenzverfahren betrifft den Fall, dass der Insolvenzverwalter der Absonderung unterliegende bewegliche Gegenstände nach §§ 166 ff. InsO für den betreffenden Gläubiger verwertet und einen entsprechenden Kostenbeitrag nach § 171 InsO zur Masse zieht (siehe oben § 3 Rz. 76, 89 ff.). Diese Vorschriften sind für den vorläufigen Insolvenzverwalter in keinem Fall anwendbar.[245] Damit **scheidet** auch eine **analoge Anwendung des § 1 Abs. 2 Nr. 1 Satz 1 InsVV** auf den vorläufigen Insolvenzverwalter **aus.**

Ebenso scheiden die Tatbestände der Nr. 2 und 3 des § 1 Abs. 2 InsVV aus. Die Anwen- 135
dung des § 1 Abs. 2 Nr. 4 lit. a InsVV ist zumindest für den sog. starken vorläufigen Insolvenzverwalter denkbar, wenn er in für die vorläufig verwaltete Insolvenzmasse tätig geworden ist und besondere Vergütungen erhalten hat (§ 5 InsVV).

Eine **Anwendung des § 1 Abs. 2 Nr. 4 lit. b InsVV** bei **Unternehmensfortführung** kann 136
für den sog. starken vorläufigen Insolvenzverwalter in Betracht kommen, da nur er als Inhaber der Verfügungsbefugnis des Schuldners einen laufenden Geschäftsbetrieb fortführt (§ 22 Abs. 1 Nr. 2 InsO). Der BGH verlangt eine Anwendung des § 1 Abs. 2 Nr. 4 lit. b InsVV auch auf den sog. schwachen vorläufigen Insolvenzverwalter.[246] Dem soll nicht entgegenstehen, dass Verbindlichkeiten, die während des Eröffnungsverfahrens bei schwacher vorläufiger Verwaltung begründet worden sind, grundsätzlich Insolvenzforderungen sind.[247]

Der **vorläufige Insolvenzverwalter** hat daher für die **Dauer der Unternehmensfortfüh-** 137
rung eine **Einzahlungs-/Auszahlungsrechnung** vorzulegen, aus welcher sich ein möglicher

243) LG Potsdam, Beschl. v. 5.1.2006 – 5 T 65/05, ZIP 2006, 296.

244) Beispiele bei *Keller*, ZIP 2004, 1653 (Anm. zu BGH, Beschl. v. 29.4.2004 – IX ZB 225/03).

245) *Flöther* in: KPB, InsO, § 166 Rz. 26; *Pohlmann*, Befugnisse und Funktionen des vorläufigen Insolvenzverwalters, Rz. 459 ff.

246) BGH, Beschl. v. 26.4.2007 – IX ZB 160/06, ZIP 2007, 1330 = NZI 2007, 461; BGH, Beschl. v. 2.3.2017 – IX ZB 90/15, ZIP 2017, 979 = NZI 2017, 544 m. Anm. *Budnik*, dazu EWiR 2017, 375 *(Keller)*; BGH, Beschl. v. 19.12.2019 – IX ZB 72/18, ZIP 2020, 279 = NZI 2020, 246, dazu EWiR 2020, 207 *(Keller)*; dazu auch *Graeber*, NZI 2007, 492.

247) Anders daher LG Berlin, Beschl. v. 15.5.2001 – 86 T 312/01, ZInsO 2001, 608; *Keller*, Anm. zu LG Kleve, Beschl. v. 17.7.2000 – 4 T 570/99, ZIP 2000, 1946 = DZWIR 2000, 473 m. Anm. *Keller*; anders für Verwertungskosten LG Duisburg, Beschl. v. 9.10.2001 – 7 T 193/01 und Beschl. v. 2.11.2001 – 7 T 192/01, ZInsO 2001, 1048.

Überschuss aus der Unternehmensfortführung ergibt. Tendenziell wird die Unternehmensfortführung im Eröffnungsverfahren wegen des Effektes der Vorfinanzierung von Insolvenzgeld zu einem Überschuss führen. Allgemein ist aber der Abzug von Masseverbindlichkeiten auch bei der Vergütung des vorläufigen Insolvenzverwalters auf die Einnahmen begrenzt. Legt der vorläufige Insolvenzverwalter keine Einzahlungs-/Auszahlungsrechnung vor, kann der Abzug der Verbindlichkeiten daher auch in der Weise erfolgen, dass die Einnahmen von der Berechnungsgrundlage abgezogen werden.[248] Insgesamt führt wie bei der Vergütung des Insolvenzverwalters der Abzug der Masseverbindlichkeiten zu einer geringeren Berechnungsgrundlage. In jedem Fall begründet die Unternehmensfortführung aber auch einen Zuschlag nach § 3 Abs. 1 lit. b InsVV. Ob dieser je nach Gewinn oder Verlust als echter Zuschlag oder als ausgleichender Zuschlag gewährt wird, ist im Ergebnis nicht maßgebend.

138 Nach dem Wortlaut des § 63 Abs. 3 InsO mit § 11 Abs. 1 InsVV bestimmt sich die Berechnungsgrundlage der Vergütung nach dem Vermögen zum Zeitpunkt der Beendigung der vorläufigen Verwaltung.[249] Berechnungsgrundlage der Vergütung ist die Gesamtheit des Vermögens des Schuldners während der vorläufigen Verwaltung. Wurden i. R. der Betriebsfortführung Vermögenswerte weggegeben und ist ein **Gegenwert** zur Masse geflossen, ist dieser als Bestandteil der Berechnungsgrundlage zu berücksichtigen.[250] Betrachtet man dies als Netto-Vermögen, nimmt man bspw. den tatsächlichen Kontostand als Grundlage, ist § 1 Abs. 2 Nr. 4 lit. b InsVV bereits dadurch erfüllt. Durch diesen **stichtagsbezogenen Vermögensbegriff** des § 63 Abs. 3 Satz 2 InsO sind – anders als bei der Vergütung nach § 1 Abs. 1 InsVV – Ausgaben bereits berücksichtigt. Der Abzug von Ausgaben, insbesondere der Unternehmensfortführung, findet daher schon wegen § 63 Abs. 3 Satz 2 InsO statt. Dabei sind auch die während des Eröffnungsverfahrens begründeten, aber bis zur Eröffnung des Insolvenzverfahrens nicht beglichenen Masseverbindlichkeiten von der Insolvenzmasse abzuziehen.[251]

139 Zu einer **tatsächlichen Verkürzung** des Vermögens kommt es nur, wenn der **Ausgabe keine entsprechende Einnahme** gegenübersteht. In diesem Fall ist aber zu differenzieren, um welchen Vermögenswert es sich handelt und weswegen er weggegeben wurde. Bei der Zahlung von Forderungen, denen nicht unmittelbar ein bilanziell aktivierbarer Wert zuzuordnen ist, kann die Anwendung des § 1 Abs. 2 Nr. lit. b InsVV zu einer Kürzung der Berechnungsgrundlage führen. Dies kann der Fall sein bei Zahlung von Steuern und öffentlichen Abgaben. Hier ist aber zu berücksichtigen, dass gerade der schwache vorläufige Insolvenzverwalter solche nicht bedienen darf, da sie Insolvenzforderungen i. S. des § 38 InsO sind. Als typischer Fall sei nur die Umsatzsteuer für Leistungsgeschäfte vor Insolvenzeröffnung genannt, die erst nach Insolvenzeröffnung nach § 55 Abs. 4 InsO zur Masseverbindlichkeit wird.[252] Zahlungen, denen kein unmittelbar bilanziell aktivierbarer Wert gegenübersteht, können auch in Lohnzahlungen an Arbeitnehmer liegen. Da aber die Betriebsfortführung während des Eröffnungsverfahrens meist durch Vorfinanzierung von Insolvenzgeld erfolgt, belasten die Lohnforderungen das Aktivvermögen des Schuldners gerade nicht.

248) BGH, Beschl. v. 19.12.2019 – IX ZB 72/18, ZIP 2020, 279 = NZI 2020, 246.

249) Zur Begrifflichkeit auch *Zimmer*, InsVV, § 11 Rz. 45.

250) Entwurf einer Zweiten Verordnung zur Änderung der Insolvenzrechtlichen Vergütungsverordnung – 2. InsVV-ÄndVO, v. 19.10.2006, abgedr. unten in Anh. V, S. 723 ff.

251) BGH, Beschl. v. 2.3.2017 – IX ZB 90/15, ZIP 2017, 979 = NZI 2017, 544 m. Anm. *Budnik*.

252) Eingehend Uhlenbruck-*Langer*, InsO, § 22 Rz. 235 ff.

7. Der Vermögensbewertung zugrunde liegende Unterlagen

a) Die Schlussrechnung des vorläufigen Insolvenzverwalters

Die Wertermittlung erfolgt grundsätzlich aufgrund der Schlussrechnung des vorläufigen Insolvenzverwalters (§ 21 Abs. 2 Nr. 1 mit § 66 InsO) oder aufgrund der Vermögensübersicht des Insolvenzverwalters auf den Stichtag der Insolvenzeröffnung nach §§ 151, 153 InsO.[253] 140

b) Das Gutachten zur Insolvenzeröffnung

Das Gutachten des Sachverständigen zur Insolvenzeröffnung kann Anhaltspunkte für die Bewertung einzelner Vermögenswerte geben.[254] Es ist aber **nicht Sinn und Zweck des Gutachtens**, das **Vermögen** des Schuldners als Grundlage der Berechnung der Vergütung des vorläufigen Insolvenzverwalters **vollständig** und in den Bewertungskriterien zutreffend **wiederzugeben.** Der Sachverständige im Insolvenzeröffnungsverfahren hat wesentlich zu prüfen, ob das schuldnerische Unternehmen zahlungsunfähig oder überschuldet ist und ob genügend Vermögen zur Eröffnung des Insolvenzverfahrens vorhanden ist (für den sog. starken vorläufigen Insolvenzverwalter § 22 Abs. 1 Nr. 3 InsO).[255] 141

Das Vermögen des Schuldners ist danach zwar zutreffend zu bewerten, hinsichtlich der möglichen Zahlungsunfähigkeit im Hinblick auf kurzfristige Liquidierbarkeit, hinsichtlich der möglichen Überschuldung nach § 19 InsO unter Berücksichtigung möglicher Fortführungswerte. Hinsichtlich der Deckung der Verfahrenskosten ist es aber ausreichend, wenn der Sachverständige plausibel darlegt, dass diese gedeckt werden können. Eine detaillierte Kostenberechnung, insbesondere auch hinsichtlich der Vergütung des vorläufigen Insolvenzverwalters und des Insolvenzverwalters kann dabei nicht gefordert werden. Zwar wäre es unsubstantiiert, wenn der Sachverständige die Vergütungsansprüche nicht differenziert darlegt, jedoch können sich stets nachträglich tatsächliche oder rechtliche Aspekte ergeben, die eine Korrektur der Vergütung erfordern. Die **Bewertung einzelner Vermögenswerte im Hinblick auf die Kostendeckung erfolgt** üblicherweise **so allgemein wie möglich und nur so differenziert wie nötig.** Der Sachverständige bewertet regelmäßig Ansprüche gegen Dritte mit der gebotenen Vorsicht, Ansprüche aus gesellschaftsrechtlicher Haftung oder aus Insolvenzanfechtung bewertet er regelmaßig auch deshalb vorsichtig, um den möglichen Anspruchsgegner nicht vorschnell Informationen zu liefern. 142

c) Schätzung der Vermögenswerte

Soweit keine Schlussrechnung vorliegt und ein Gutachten zur Insolvenzeröffnung nicht erstellt ist, sind die Vermögenswerte, welche die Berechnungsgrundlage der Vergütung bilden, realistisch zu schätzen (§ 1 Abs. 1 Satz 2 InsVV). Dies ist insbesondere dann erforderlich, wenn das Insolvenzeröffnungsverfahren mit Antragsrücknahme endet und es zu **keiner Insolvenzeröffnung** kommt. Anhaltspunkte für eine realistische Schätzung der Vermögenswerte können dann die Bilanzen, Vermögensübersichten oder betriebswirtschaftliche Auswertungen des schuldnerischen Unternehmens, bereits erfolgte Wertfeststellungen des vorläufigen Insolvenzverwalters, aber auch Rechtsgeschäfte über einzelne Vermögenswerte sein. 143

253) *Lorenz* in: FK-InsO, § 11 InsVV Rz. 27; zur Rechnungslegung Uhlenbruck-*Langer*, InsO, § 22 Rz. 294 ff.; *Keller*, Insolvenzrecht, Rz. 681; *Uhlenbruck*, NZI 1999, 289.

254) Zur Bewertung eines Grundstücks BGH, Beschl. v. 22.9.2011 – IX ZB 107/10, ZInsO 2011, 2055.

255) Eingehend *Frege/Keller/Riedel*, Insolvenzrecht, Rz. 2.336 ff.

d) Verwertung im eröffneten Insolvenzverfahren

144 Eine **spätere Verwertung** eines Vermögenswertes ist **Anhaltspunkt** dafür, dass der Vermögenswert bereits bei Beendigung des Eröffnungsverfahrens den entsprechenden Wert hatte. Dies ist insbesondere dann anzunehmen, wenn die Verwertung zeitnah nach Insolvenzeröffnung erfolgt ist.[256)]

145 Eine andere, von dem Ergebnis einer zeitnahen späteren Verwertung **abweichende Bewertung ist möglich**, wenn nachgewiesen wird, dass einzelne Vermögenswerte bei der Veräußerung mit einem nicht dem wahren Verkehrswert entsprechenden Wert angesetzt worden waren. Wie stets in der Divergenz zwischen objektiver Bewertung und tatsächlicher Wertermittlung ist dann festzustellen, dass der tatsächliche Wert eines Vermögenswertes eben nur der ist, welcher bei einer Veräußerung tatsächlich erzielt wird. Gerade bei unbeweglichem Vermögen, bei welchem auch nicht selten Verkehrswertgutachten vorliegen, zeigt sich dies. Das Verkehrswertgutachten bestimmt dabei den objektiven Wert im ungestörten Marktgeschehen. Dieses liegt gerade bei Veräußerung im Wege der Zwangsvollstreckung oder durch den Insolvenzverwalter aber oft nicht vor. Es ist insoweit eine Frage der Plausibilisierung, den tatsächlich erzielten Wert als wahren Wert eines Vermögenswertes darzustellen.

e) Keine Bindung an Prognose bei Insolvenzeröffnung

146 Nicht selten weichen die Bewertung der Vermögenswerte in der Vergütungsberechnung und damit diese selbst von vorherigen Prognosen im Gutachten zur Insolvenzeröffnung oder in Berichten an das Insolvenzgericht ab. Fraglich ist dann, ob der vorläufige Insolvenzverwalter mindestens kraft Treu und Glaubens an den prognostizierten Ansatz der Vergütung aus dem Gutachten zur Insolvenzeröffnung gebunden ist.

147 Eine **Bindung an prognostische Bewertungen** nimmt der **BGH** für Bewertungen in einem **Insolvenzplan** an.[257)] Dies begründet aber **nicht in allgemeiner Weise** eine Bindung des vorläufigen Insolvenzverwalters an einen ursprünglich prognostizierten Vergütungsansatz. Der BGH führte zutreffend aus, dass die Vergütung des Insolvenzverwalters, insbesondere kleineren Insolvenzverfahren, erhebliche Auswirkungen auf die Befriedigung der Gläubiger haben könne und daher deren Willensbildung bei der Entscheidung über die Annahme eines Insolvenzplans erheblich beeinflussen kann. Letztlich betreffen die Aussagen des BGH die Plausibilität des Insolvenzplans und der sog. Planrechnungen. Ein **allgemeines Postulat**, dass der Insolvenzverwalter oder der vorläufige Insolvenzverwalter hinsichtlich seines Vergütungsanspruchs an die Prognose im Gutachten zur Insolvenzeröffnung gebunden sei, lässt sich hieraus **nicht ableiten**. In dem Beschluss vom 14.2.2008[258)] ließ der BGH die Frage der Bindung an einen früheren Wertansatz aus dem Eröffnungsgutachten ausdrücklich offen.[259)] Das OLG Celle hatte mit Beschluss vom 29.9.2001[260)] festgestellt, der Sachverständige sei verpflichtet, die Vergütung des vorläufigen Insolvenzverwalters sowie des Verwalters möglichst exakt zu bestimmen. Der BGH entschied jedoch mit Beschluss vom 18.12.2003[261)] ausdrücklich gegenteilig. Zu der Frage der Bestimmung der Vergütung im Gutachten zur Insolvenzeröffnung und der möglichen Bindung hieran hat der BGH in seinem Beschluss aber keine Stellung genommen.

256) BGH, Beschl. v. 16.11.2006 – IX ZB 302/05, ZIP 2007, 284 = NZI 2007, 168.

257) BGH, Beschl. v. 22.2.2007 – IX ZB 106/06, Rz. 9 und 10, ZIP 2007, 784 = NZI 2007, 341.

258) BGH, Beschl. v. 14.2.2008 – IX ZB 181/04, ZIP 2008, 618 = NZI 2008, 391.

259) BGH, Beschl. v. 14.2.2008 – IX ZB 181/04, Rz. 10, ZIP 2008, 618 = NZI 2008, 391.

260) OLG Celle, Beschl. v. 29.9.2001 – 2 W 92/01, NZI 2001, 650 =ZInsO 2001, 1003.

261) BGH, Beschl. v. 18.12.2003 – IX ZB 50/03, ZIP 2004, 518 = ZVI 2004, 203.

Für den Insolvenzverwalter oder vorläufigen Insolvenzverwalter besteht damit **keine allgemeine Bindungswirkung** nach § 242 BGB hinsichtlich der Höhe seiner Vergütung aus dem Gutachten zur Insolvenzeröffnung.[262] Der BGH hat eine solche lediglich für den speziellen Fall der Darstellung der Vergütung i. R. eines Insolvenzplans angenommen und sich i. Ü. einer Stellungnahme ausdrücklich enthalten. Im Rahmen eines Insolvenzplans kommt der Darstellung der Höhe der Vergütung besondere Bedeutung zu, weil sie unmittelbar die Willensbildung der Gläubiger bei der Abstimmung über einen Insolvenzplan beeinflussen kann. 148

Im gewöhnlichen Insolvenzverfahren ist dies dagegen nicht der Fall. Es kann i. Ü. gerade bei größeren Unternehmensinsolvenzen nicht verlangt werden, dass der Gutachter bei Insolvenzeröffnung eine umfassende und detaillierte Berechnung der Vergütung des vorläufigen Insolvenzverwalters hinsichtlich Berechnungsgrundlage und möglicher Zuschlagstatbestände vornimmt. Bei der Vergütung des Insolvenzverwalters im eröffneten Insolvenzverfahren können sich **zahlreiche und erhebliche Sachverhaltsänderungen** ergeben, die Einfluss auf die Vergütung des Insolvenzverwalters haben können. Würde man eine allgemeine Bindungswirkung bejahen, müsste der Insolvenzverwalter in seinem Vergütungsantrag bei Beendigung des Insolvenzverfahrens für jeden Einzelfall der Bewertung eines Vermögenswertes oder der Gewährung eines Zuschlags auf die Vergütung darlegen, weshalb dieser bei Eröffnung des Insolvenzverfahrens noch nicht berücksichtigt und prognostiziert werden konnte. Dies ist nicht haltbar. Es würde i. Ü. nur dazu führen, dass in den Gutachten zur Eröffnung des Verfahrens die Vergütungen entsprechend hoch prognostiziert werden, damit bei Beendigung des Insolvenzverfahrens der Insolvenzverwalter großzügig darstellen kann, dass eine Vergütung in der ursprünglich prognostizierten Höhe nunmehr doch nicht erforderlich sei. 149

Bei Eröffnung des Insolvenzverfahrens, wie auch später, hat kein Gläubiger eine gesicherte Rechtsposition dahingehend, ausgehend von den Prognosen zu den Kosten des Insolvenzverfahrens seine eigene Quote bestimmen zu können. Die Kosten des Insolvenzverfahrens, wie auch die bevorrechtigt zu befriedigenden sonstigen Masseverbindlichkeiten, sind stets in einer solchen Weise ungenau, dass weder ausgehend vom Gutachten zur Insolvenzeröffnung noch vom Bericht des Insolvenzverwalters zur ersten Gläubigerversammlung ein Gläubiger rechtssicher auf die dargestellten Prognosen vertrauen kann. Würde man dem Insolvenzverwalter oder dem vorläufigen Insolvenzverwalter hinsichtlich seines Vergütungsanspruchs eine Bindung aus Treu und Glauben auferlegen, könnte man ebenso hinsichtlich prognostizierter sonstiger Masseverbindlichkeiten sogar eine persönliche Haftung des Insolvenzverwalters aus § 60 InsO herleiten, sollten die sonstigen Masseverbindlichkeiten eines Verfahrens höher sein als ursprünglich angenommen. Auch dies würde, wie bereits erwähnt, nur dazu führen, dass im Gutachten zur Insolvenzeröffnung oder im Bericht zur ersten Gläubigerversammlung die vorrangigen Ansprüche entsprechend hoch prognostiziert würden. 150

IV. Der angemessene Bruchteil nach § 63 Abs. 3 Satz 2 InsO als Regelvergütung

1. Rechtsentwicklung

Zu der Frage der Höhe des für die Vergütung des vorläufigen Insolvenzverwalters angemessenen Bruchteils enthielt **§ 11 Abs. 1 Satz 2 InsVV i. d. F. vom 19.8.1998 keine Regelung.** Es bestand in Literatur und Rechtsprechung rasch Einigkeit dahingehend, dass die Höhe des Bruchteils zunächst nach der Rechtsstellung des vorläufigen Insolvenzverwalters als sog. schwacher vorläufiger Insolvenzverwalter oder starker vorläufiger Insolvenzverwal- 151

262) So auch *Graeber/Graeber*, InsVV, § 11 Rz. 223.

ter zu bestimmen sei.[263] In Fortführung des angemessenen Bruchteils von 25 % für den Sequester im Konkurseröffnungsverfahren wurde dieser Bruchteil für den sog. schwachen vorläufigen Insolvenzverwalter angenommen (hierzu 1. Aufl. 2000, Rz. 184). Einige Stimmen forderten auch einen angemessenen Bruchteil von 35 %;[264] besonders gut begründete dies das OLG Dresden,[265] das auf die Aufgaben und Kompetenzen des vorläufigen Verwalters abstellte. Das OLG Stuttgart billigte dem sog. schwachen vorläufigen Insolvenzverwalter bei Anordnung eines allgemeinen Zustimmungsvorbehalts den gleichen Anteil wie dem sog. starken vorläufigen Insolvenzverwalter zu.[266] Der angemessene Bruchteil für den sog. starken vorläufigen Insolvenzverwalter sollte mit mindestens 40–50 % der Vergütung des endgültigen Insolvenzverwalters bemessen werden.[267]

152 Dagegen sah das OLG Braunschweig allein in der **Rechtsstellung** des vorläufigen Insolvenzverwalters **kein Kriterium** für die Bestimmung des angemessenen Bruchteils der Vergütung. Es sah einen Anteil von 30 % für den sog. starken vorläufigen Insolvenzverwalter nicht als rechtsfehlerhaft an.[268] Ähnlich argumentierte das OLG Celle, wonach bei kurzer Dauer der vorläufigen Verwaltung auch eine Minderung des angemessenen Anteils angezeigt sei.[269]

2. Die Rechtsprechung des BGH zum angemessenen Bruchteil

153 Zunächst hatte sich der BGH zur Frage des angemessenen Bruchteils der Vergütung des vorläufigen Insolvenzverwalters nicht geäußert;[270] er hatte lediglich festgestellt, die Bestimmung des Anteils sei im Einzelfall tatrichterlich zu würdigen. Mit Beschluss vom 24.6.2003[271] schloss sich der BGH ausdrücklich der von den OLG Braunschweig und Celle vertretenen Ansicht an und stellte fest, **allein die Bestellung zum sog. starken vorläufigen Insolvenzverwalter rechtfertige keinen Vergütungszuschlag.** Es bestehe keinerlei sachliche Rechtfertigung aus § 11 InsVV, die Höhe der Vergütung an die Rechtsstellung des vorläufigen Insolvenzverwalters zu knüpfen.[272] Diese Ansicht bekräftigt der BGH mit deutlichen Worten in einer weiteren Entscheidung vom 17.7.2003,[273] und bestätigt sie mit Beschlüssen vom 18.9.2003[274] und vom 18.12.2003[275] nochmals.

263) AG Göttingen, Beschl. v. 2.9.1999 – 74 IN 31/99, NZI 1999, 469; LG Wiesbaden, Beschl. v. 24.1.2000 – 4 T 2/00, InVo 2000, 165; *Eickmann* in: HK-InsO, 3. Aufl. 2001, § 63 Rz. 16; *Hess*, InsO, § 11 InsVV Rz. 10.

264) LG Ingolstadt, Beschl. v. 20.6.2001 – 1 T 973/01, ZIP 2001, 1688; zum angemessenen Anteil bei Antragsrücknahme auch LG Mannheim, Beschl. v. 31.7.2001 – 1 T 44/01, ZIP 2001, 1600; m. w. Rspr.-Auswertung *Eickmann*, Vergütungsrecht, 2. Aufl. 2001, § 11 InsVV Rz. 18a.

265) OLG Dresden, Beschl. v. 26.6.2002 – 13 W 0144/02, ZIP 2002, 1365.

266) OLG Stuttgart, Beschl. v. 1.3.2001 – 8 W 376/00, ZIP 2001, 2185, dazu EWiR 2001, 1103 *(Keller)*.

267) *Nowak* in: MünchKomm-InsO, 1. Aufl. 2001, § 11 InsVV Rz. 8; *Eickmann*, Vergütungsrecht, 2. Aufl. 2001, § 11 Rz. 14; eingehend *Keller*, ZIP 2001, 1749, unter IV.

268) OLG Braunschweig, Beschl. v. 22.3.2000 – 2 W 269/99, DZWIR 2000, 374 = NZI 2000, 231, dazu EWiR 2000, 733 *(Keller)*.

269) OLG Celle, Beschl. v. 17.9.2001 – 2 W 53/01, NZI 2001, 653, und OLG Celle, Beschl. v. 25.9.2001 – 2 W 92/01, NZI 2001, 650 =ZInsO 2001, 1003; LG Göttingen, Beschl. v. 9.11.1999 – 10 T 45/99, ZInsO 2000, 46; gegen einen erhöhten Bruchteil auch LG Berlin, Beschl. v. 15.5.2001 – 86 T 312/01, ZInsO 2001, 608; AG Göttingen, Beschl. v. 2.7.1999 – 71/74 IN 49/99, NZI 1999, 382; etwas abweichend dagegen AG Göttingen, Beschl. v. 2.9.1999 – 74 IN 31/99, NZI 1999, 469.

270) BGH, Beschl. v. 4.7.2002 – IX ZB 31/02, ZIP 2002, 1459 = NZI 2002, 509.

271) BGH, Beschl. v. 24.6.2003 – IX ZB 453/02, ZIP 2003, 1759 = ZVI 2003, 484.

272) BGH, Beschl. v. 24.6.2003 – IX ZB 453/02, unter II. 3., ZIP 2003, 1759 = ZVI 2003, 484.

273) BGH, Beschl. v. 17.7.2003 – IX ZB 10/03, ZIP 2003, 1612 = ZVI 2003, 430: „Eine feste Regelvergütung für eine bestimmte abstrakte Form der vorläufigen Verwaltung gibt es nicht."

274) BGH, Beschl. v. 18.9.2003 – IX ZB 56/03, ZIP 2003, 2081 = ZVI 2003, 613.

275) BGH, Beschl. v. 18.12.2003 – IX ZB 50/03, ZIP 2004, 518 = ZVI 2004, 203.

Er hält demnach einen **angemessenen Bruchteil von 25 % der Regelvergütung** des § 2 Abs. 1 InsVV **für jede Form der vorläufigen Verwaltung** für angemessen. Demgegenüber meint die Begründung zum Entwurf einer InsVV zu § 11 InsVV, es solle sich in der Höhe der Vergütung widerspiegeln, dass zwischen einem vorläufigen Insolvenzverwalter mit Verwaltungs- und Verfügungsbefugnis und einem solchen ohne diese Kompetenz unterschieden werden müsse.[276)] Der BGH sieht hierin keinen Anhaltspunkt für eine unterschiedliche Bestimmung des angemessenen Anteils der Vergütung. Zwar habe der sog. starke vorläufige Insolvenzverwalter eine größere Handlungsbefugnis und ein höheres Haftungsrisiko; dies habe jedoch für sich gesehen keine unmittelbaren vergütungsrechtlichen Konsequenzen.[277)] Die Zuerkennung eines höheren Anteils als 25 % sei nur gerechtfertigt, wenn sich die Rechtsposition des vorläufigen Insolvenzverwalters auch in der konkreten Tätigkeit verwirklicht habe.[278)] Es könne nämlich die Tätigkeit des sog. starken vorläufigen Insolvenzverwalters im konkreten Verfahren einfach und unkompliziert gewesen sein, die des schwachen vorläufigen Insolvenzverwalters dagegen umfangreich und mit schwierigen Problemen behaftet. Die Zuerkennung unterschiedlich hoher Anteile allein nach der Rechtsstellung trüge der tatsächlichen Tätigkeit des vorläufigen Insolvenzverwalters nicht ausreichend Rechnung. 154

Diese Argumentation ist unter Berücksichtigung der Handlungsoptionen des Insolvenzgerichts bei Anordnung einstweiliger Sicherungsmaßnahmen nicht stichhaltig. Das Insolvenzgericht bestellt nicht leichtfertig einen starken statt eines lediglich schwachen vorläufigen Insolvenzverwalters. Eine starke vorläufige Verwaltung wird nur dort angeordnet, wo sie auch wirklich notwendig ist, wo mithin auch besondere Tätigkeit und besonderer Arbeitsaufwand gefordert sind. Die Bestellung des starken vorläufigen Insolvenzverwalters ist gerade wegen seines höheren Haftungsrisikos nicht die Regel.[279)] Natürlich treffen die Überlegungen des BGH theoretisch zu und die Tätigkeit des starken vorläufigen Insolvenzverwalters kann sich als völlig einfach und unkompliziert erweisen. In der Praxis ist es gerade umgekehrt, so dass letztlich der **starke vorläufige Insolvenzverwalter**, um einen höheren Bruchteil zu erhalten, in seinem Vergütungsantrag konkret darlegen muss, welche **besonderen Erschwernisse** und welchen **Arbeitsaufwand** er hatte. Mithin muss er begründen, dass es richtig und notwendig war, eine starke vorläufige Verwaltung anzuordnen. 155

3. Änderung des § 11 Abs. 1 Satz 2 InsVV durch Verordnung vom 4.10.2004

Durch Verordnung zur Änderung der InsVV vom 4.10.2004[280)] änderte der **Verordnungsgeber § 11 Abs. 1 Satz 2 InsVV** unter Hinweis auf die Rechtsprechung des BGH dahingehend, dass der angemessene Anteil der Vergütung in jedem Fall bei 25 % liegt.[281)] Eine Unterscheidung nach der rechtlichen Stellung des vorläufigen Insolvenzverwalters enthält die Neuregelung nicht. Sie lässt lediglich durch die Formulierung „in der Regel" Spielraum für eine abweichende Festsetzung des angemessenen Anteils. Diese muss dann aber durch den Einzelfall begründet sein. 156

276) Begr. zum Entwurf einer InsVV (§ 11), abgedr. unten in Anh. III, S. 689, 702, 703.

277) In der Begr. spricht der BGH fälschlich von „gebührenrechtlichen Konsequenzen", BGH, Beschl. v. 24.6.2003 – IX ZB 453/02, unter II. 3. b), ZIP 2003, 1759 = ZVI 2003, 484.

278) BGH, Beschl. v. 24.6.2003 – IX ZB 453/02, unter II. 3. b), ZIP 2003, 1759 = ZVI 2003, 484; noch deutlicher BGH, Beschl. v. 17.7.2003 – IX ZB 10/03, unter II. 2., ZIP 2003, 1612 = ZVI 2003, 430.

279) Sehr anschaulich *Beck/Wimmer* in: Beck/Depré, Praxis der Sanierung und Insolvenz, § 5 Rz. 32 ff., insbesondere Rz. 130 ff.; *Frege/Keller/Riedel*, Insolvenzrecht, Rz. 2.420 ff.

280) Verordnung zur Änderung der Insolvenzrechtlichen Vergütungsverordnung – InsVV-ÄndVO, v. 4.10.2004, BGBl. I 2004, 2569.

281) Begr. zum Entwurf einer InsVV-ÄndVO, abgedr. unten in Anh. IV, S. 709 ff.

157 Die **Übertragung des Regelungsgehalts des § 11 InsVV auf § 63 Abs. 3 InsO** durch Gesetz vom 15.7.2013 änderte hieran nichts. Nunmehr schreibt § 63 Abs. 3 Satz 2 InsO Bezug nehmend auf § 63 Abs. 1 Satz 2 InsO und über § 65 InsO auf § 11 InsVV weisend den **allgemeinen Bruchteil von 25 %** der Vergütung nach § 2 Abs. 1 InsVV als Regelvergütung des vorläufigen Insolvenzverwalters fest.

4. Die Mindestvergütung entsprechend § 2 Abs. 2 InsVV

158 Auch für den vorläufigen Insolvenzverwalter beträgt die **Mindestvergütung mindestens den nach § 2 Abs. 2 InsVV maßgebenden Betrag** (siehe oben § 4 Rz. 112 ff.). Die Verweisung des früheren § 11 Abs. 1 Satz 2 InsVV und jetzigen § 63 Abs. 3 Satz 2 InsO mit der Nennung des Bruchteils der Vergütung bezieht sich systematisch nur auf § 2 Abs. 1 InsVV.[282] Ungeklärt ist die Erhöhung der Mindestvergütung entsprechend der Zahl der am Verfahren beteiligten Gläubiger, da im Insolvenzeröffnungsverfahren die Gläubiger nur zum Zwecke der Ermittlung des Insolvenzgrundes erfasst werden und Forderungsanmeldungen i. S. des § 174 InsO nicht erfolgen. Das LG Gera[283] will die **Zahl der Gläubiger** berücksichtigt wissen, die nach den **Schuldnerunterlagen voraussichtlich am Insolvenzverfahren beteiligt sein werden**. Der BGH enthielt sich im Beschluss vom 13.7.2006[284] ausdrücklich einer Stellungnahme zu dieser Frage. Mit Beschluss vom 4.2.2010[285] entschied er, dass die Zahl der Gläubiger nach den Unterlagen des Schuldners maßgeblich ist. **Der vorläufige Insolvenzverwalter muss sich mit den Forderungen nicht konkret befasst haben.** Selbstverständlich kann auch beim vorläufigen Insolvenzverwalter die **Mindestvergütung entsprechend § 3 Abs. 1 InsVV erhöht** werden. Wie beim Insolvenzverwalter kann auch **in besonderen Ausnahmefällen** geringer Arbeitstätigkeit die **Mindestvergütung** des vorläufigen Insolvenzverwalters entsprechend § 3 Abs. 2 InsVV **gekürzt** werden. Denkbar ist dies, wenn das Amt des vorläufigen Insolvenzverwalters nach 17 Tagen aufgrund der Erledigungserklärung des antragstellenden Gläubigers geendet hat und weder besondere Maßnahmen zur Sicherung noch sonstige verwaltende oder gestaltende Tätigkeiten bzgl. des Schuldnervermögens durch den vorläufigen Insolvenzverwalter ausgeübt worden sind.[286]

V. Die Erhöhung der Vergütung entsprechend § 3 Abs. 1 InsVV

1. Der Normalfall einer vorläufigen Insolvenzverwaltung

159 § 2 InsVV soll wie auch bei der Vergütung des endgültigen Insolvenzverwalters als Regelvergütung die gesamte Tätigkeit des vorläufigen Insolvenzverwalters abgelten. Eine Erhöhung der Vergütung nach § 3 Abs. 1 InsVV kommt in Betracht, wenn das **konkrete Verfahren in einzelnen Tatbeständen vom sog. Normalverfahren abweicht.**

160 Entsprechend den Kriterien für das Normalverfahren im eröffneten Insolvenzverfahren (siehe oben § 4 Rz. 42 ff.) können **Kriterien des Normalverfahrens** im Eröffnungsverfahren der durchschnittliche **Jahresumsatz** des schuldnerischen Unternehmens vor Insolvenz,

---

282) BGH, Beschl. v. 13.7.2006 – IX ZB 104/05, BGHZ 168, 321 = NZI 2006, 515 m. Anm. *Nowak*; LG Krefeld, Beschl. v. 20.8.2002 – 6 T 232/02, ZVI 2002, 335 = NZI 2002, 611; LG Gera, Beschl. v. 22.9.2004 – 5 T 440/04, ZIP 2004, 2199 = ZVI 2004, 700; LG Gera, Beschl. v. 4.1.2006 – 5 T 166/05, ZVI 2006, 72; LG Bielefeld, Beschl. v. 6.4.2006 – 23 T 101/06, ZInsO 2006, 541.

283) LG Gera, Beschl. v. 4.1.2006 – 5 T 166/05, ZVI 2006, 72.

284) BGH, Beschl. v. 13.7.2006 – IX ZB 104/05, Rz. 41, BGHZ 168, 321 = NZI 2006, 464 m. Anm. *Nowak*.

285) BGH, Beschl. v. 4.2.2010 – IX ZB 129/08, ZIP 2010, 486 = NZI 2010, 256, dazu EWiR 2010, 399 *(Blersch)*; sehr kritisch *Graeber/Graeber*, InsVV, § 2 Rz. 94 ff.

286) AG Köln, Beschl. v. 4.1.2017 – 72 In 310/16, ZIP 2017, 834 = NZI 2017, 324.

die **Zahl der Arbeitnehmer** und die **Zahl offener Forderungen gegen Dritte** sein.[287] Ebenso wie bei der Bestimmung des Normalverfahrens im eröffneten Insolvenzverfahrens sind die **quantitativen Tatbestände individuell zu bestimmen**, bei Verfahren, die bis 31.12.2020 beantragt wurden, bezogen auf das Normjahr 1999, bei Verfahren, die seit 1.1.2021 beantragt werden, bezogen auf das Normjahr 2020. Qualitative Tatbestände, wie insbesondere Vorfinanzierung von Insolvenzgeld, Unternehmensfortführung und Sanierungsbemühungen, sind auch hier nicht Teil eines Normalverfahrens und daher stets zuschlagswürdig.

Ausnahmsweise kann auch die **Verfahrensdauer** von durchschnittlich vier bis sechs Wochen 161
als Normalfallkriterium angesehen werden, weil das Eröffnungsverfahren gerade darauf ausgerichtet ist, durch Entscheidung über die Insolvenzeröffnung beendet zu werden.[288] Selbstverständlich dürfen diese Kriterien nicht absolut angewendet werden. Ein Insolvenzeröffnungsverfahren von mehrmonatiger Dauer kann ebenso noch ein Normalverfahren sein wie ein Verfahren über das Vermögen eines besonders großen Unternehmens bei kurzer Dauer des Normalverfahrens.[289] Daher kann auch ein besonders kurzes Eröffnungsverfahren eine Kürzung der Vergütung rechtfertigen.[290]

2. Erhöhungs- und Kürzungstatbestände der Vergütung entsprechend § 3 Abs. 1 und 2 InsVV nach der Rechtsprechung der Instanzgerichte

Entsprechend § 3 Abs. 1 InsVV ist die Vergütung des vorläufigen Insolvenzverwalters zu 162
erhöhen oder kann entsprechend § 3 Abs. 2 InsVV gekürzt werden, wenn das Eröffnungsverfahren besondere Schwierigkeiten aufweist oder umgekehrt besonders einfach gelagert ist.[291] Es gelten die allgemeinen Kriterien der Erhöhung nach § 3 Abs. 1 InsVV (siehe eingehend § 5 Rz. 3 ff.). Aus der Regelung des § 63 Abs. 3 InsO kann nicht geschlossen werden, dass die Grundregel des § 63 Abs. 1 InsO nicht anwendbar sei und daher über § 10 InsVV die Regelung des § 3 InsVV nicht angewendet werden könne.[292]

Eine **Erhöhung der Vergütung** kommt **bspw. in folgenden Fällen** in Betracht: 163

- Im Eröffnungsverfahren werden **umfangreiche Verwertungsmaßnahmen** notwendig.[293]
- Eine besonders **hohe Zahl von Vollstreckungsmaßnahmen** einzelner Gläubiger muss abgewehrt werden.[294]
- Eine **besonders hohe Zahl von Gläubigern** ist am Verfahren beteiligt.[295]

---

287) Statische Tatbestände bei *Hess*, InsO, § 11 InsVV Rz. 14 ff.; *Lorenz* in: FK-InsO, § 11 InsVV Rz. 45; *Graeber/Graeber*, InsVV, § 11 Rz. 107 ff.

288) Blersch/Goetsch/Haas-*Blersch*, InsO, § 11 InsVV Rz. 42.

289) Gegen die Verfahrensdauer als abstraktes Merkmal BGH, Beschl. v. 5.7.2018 – IX ZB 63/17, ZIP 2018, 1553 = ZVI 2018, 420.

290) LG Lüneburg, Beschl. v. 16.9.2019 – 3 T 66/19, ZInsO 2019, 2183.

291) Allgemein LG Hannover, Beschl. v. 7.8.2019 – 11 T 9/19, n. v.; *Lorenz* in: FK-InsO, § 11 InsVV Rz. 48 ff.; Stephan/Riedel-*Stephan*, InsVV § 11 Rz. 69 ff.; *Roth* in: KölnKomm-InsO, § 11 InsVV Rz. 123 ff.

292) Ausdrücklich BGH, Beschl. v. 17.10.2019 – IX ZB 5/18, ZIP 2019, 2489 = NZI 2020, 86 m. Anm. *Keller*; so aber die Vorinstanz LG Magdeburg, Beschl. v. 13.12.2017 – 3 T 461/17, n. v.

293) *Stephan* in: MünchKomm-InsO, § 11 InsVV Rz. 75.

294) Zur Zwangsverwaltung AG Nürnberg, Beschl. v. 23.1.2001 – 8012 IN 584/00, ZInsO 2001, 463.

295) LG Leipzig, Beschl. v. 27.9.1999 – 12 T 1192/99, DZWIR 2000, 36 = NZI 2001, 37; LG Braunschweig, Beschl. v. 29.1.2001 – 8 T 947/00, ZInsO 2001, 552; LG Göttingen, Beschl. v. 25.6.2001 – 10 T 41/01, NZI 2002, 115; AG Bielefeld, Beschl. v. 18.5.2000 – 43 IN 466/99, ZInsO 2000, 350; AG Potsdam, Beschl. v. 6.2.2001 – 35 IN 297/00, DZWIR 2001, 259 m. Anm. *Wiche-Wendler/Stephan* in: MünchKomm-InsO, § 11 InsVV Rz. 75; *Prasser/Stoffler* in: KPB, InsO, § 11 InsVV Rz. 98; Stephan/Riedel-*Stephan*, InsVV, § 11 Rz. 68.

- Die **Einziehung von Außenständen**[296] ist besonders umfangreich oder mit besonderen Schwierigkeiten behaftet.[297]
- In besonderem Umfang müssen bereits **Prozesse** geführt werden.
- Eine **überdurchschnittlich hohe Zahl von Arbeitsverhältnissen** ist betroffen.[298]
- Ein **Unternehmen wird für mehrere Monate fortgeführt.**[299]
- Vorarbeiten für eine spätere **übertragende Sanierung** des Unternehmens werden geleistet.[300]
- **Gesellschaftsrechtliche** und organschaftliche **Verflechtungen** sind zu klären.[301]
- **Immobilien in großer Zahl** sind zu verwalten und teilweise bereits zu veräußern.[302]
- Erarbeitung einer **Poolbildung für Absonderungsberechtigte.**[303]
- Umfangreiche **Prüfung von Vertragsverhältnissen.**[304]
- **Insolvenzgeld** der Arbeitnehmer wird vorfinanziert.[305]
- Mit den Arbeitnehmern wird über einen im eröffneten Insolvenzverfahren abzuschließenden **Sozialplan** verhandelt;[306] Beschäftigungs- und Qualifizierungsgesellschaften werden gegründet.
- Die **Geschäftsführung** ist wegen einer Vielzahl betroffener Arbeitnehmer und Gläubiger, eines gegen den Schuldner angeordneten Verfügungsverbots und einer Postsperre

296) BGH, Urt. v. 18.7.2002 – IX ZR 195/01, BGHZ 151, 353 = ZVI 2002, 250.

297) Zur maßgeblichen Notwendigkeit eines Forderungseinzugs BGH, Beschl. v. 18.12.2003 – IX ZB 28/03, NZI 2004, 381; *Stephan* in: MünchKomm-InsO, § 11 InsVV Rz. 75; *Lorenz* in: FK-InsO, § 11 InsVV Rz. 63; *Graeber/Graeber*, InsVV, § 11 Rz. 162 ff.

298) LG Leipzig, Beschl. v. 27.9.1999 – 12 T 1192/99, DZWIR 2000, 36 = NZI 2001, 37; AG Chemnitz, Beschl. v. 16.3.2001 – 128 IN 1617/99, ZIP 2001, 1473; *Graeber/Graeber*, InsVV, § 11 Rz. 137 ff.; Stephan/Riedel-*Stephan*, InsVV, § 11 Rz. 68.

299) LG Braunschweig, Beschl. v. 29.1.2001 – 8 T 947/00, ZInsO 2001, 552; LG Traunstein, Beschl. v. 13.4.2004 – 4 T 3690/03, ZIP 2004, 1657, dazu EWiR 2005, 185 *(Höpfner)*; LG Bielefeld, Beschl. v. 15.7.2004 – 28 T 280/04, DZWiR 2004, 477; LG Potsdam, Beschl. v. 14.3.2005 – 5 T 21/05, ZInsO 2005, 588; LG Dresden, Beschl. v. 1.9.2005 – 5 T 1186/02, ZIP 2005, 1745 = ZVI 2005, 564 (Fortführung von 19 Tagen mit 50 Arbeitnehmern, Erhöhung um 50 %); LG Bochum, Beschl. v. 14.6.2007 – 10 T 35/07, n. v.; LG Münster, Beschl. v. 18.2.2013 – 5 T 490/12, ZInsO 2013, 841; AG Göttingen, Beschl. v. 2.7.1999 – 71/74 IN 49/99, NZI 1999, 382; AG Bielefeld, Beschl. v. 18.5.2000 – 43 IN 466/99, ZInsO 2000, 350; AG Chemnitz, Beschl. v. 16.3.2001 – 128 IN 1617/99, ZIP 2001, 1473 (Zuschlag 100 %); AG Dresden, Beschl. v. 30.1.2002 – 543 IN 1209/00, n. v.; AG Dresden, Beschl. v. 2.10.2002 – 542 IN 2820/99, n. v., AG Dresden, Beschl. v. 12.11.2004 – 558 IN 163/99, ZIP 2005, 88; noch zur Sequestervergütung LG Wuppertal, Beschl. v. 25.5.1999 – 6 T 376/99, ZInsO 1999, 421; *Stephan* in: MünchKomm-InsO, § 11 InsVV Rz. 75; *Lorenz* in: FK-InsO, § 11 InsVV Rz. 50 ff.; *Büttner* in: HambKomm-InsO, § 11 InsVV Rz. 70; *Prasser/Stoffler* in: KPB, InsO, § 11 InsVV Rz. 78 ff.; Leonhardt/Smid/Zeuner-*Amberger*, InsVV, § 11 Rz. 117 ff., 121; *Graeber/Graeber*, InsVV, § 11 Rz. 146 ff.; Stephan/Riedel-*Stephan*, InsVV, § 11 Rz. 68.

300) LG Potsdam, Beschl. v. 5.9.2013 – 2 T 36/13, ZInsO 2013, 2512; AG Bergisch-Gladbach, Beschl. v. 11.1.2000 – 33 N 68/98, ZIP 2000, 283; AG Bielefeld, Beschl. v. 18.5.2000 – 43 IN 466/99, ZInsO 2000, 350; *Prasser/Stoffler* in: KPB, InsO, § 11 InsVV Rz. 101 ff.; Stephan/Riedel-*Stephan*, InsVV, § 11 Rz. 68; Leonhardt/Smid/Zeuner-*Amberger*, InsVV, § 11 Rz. 124; ablehnend *Knapp*, ZInsO 2022, 1895.

301) LG Leipzig, Beschl. v. 27.9.1999 – 12 T 1192/99, DZWIR 2000, 36 = NZI 2001, 37.

302) LG Leipzig, Beschl. v. 27.9.1999 – 12 T 1192/99, DZWIR 2000, 36 = NZI 2001, 37.

303) LG Bochum, Beschl. v. 14.6.2007 – 10 T 35/07, n. v.

304) LG Bochum, Beschl. v. 14.6.2007 – 10 T 35/07, n. v.

305) LG Traunstein, Beschl. v. 13.4.2004 – 4 T 3690/03, ZIP 2004, 1657; *Lorenz* in: FK-InsO, § 11 InsVV Rz. 61; *Stephan* in: MünchKomm-InsO, § 11 InsVV Rz. 75; *Prasser/Stoffler* in: KPB, InsO, § 11 InsVV Rz. 99; *Graeber/Graeber*, InsVV, § 11 Rz. 171; Stephan/Riedel-*Stephan*, InsVV, § 11 Rz. 68.

306) *Hess*, InsO, § 11 InsVV Rz. 90; Stephan/Riedel-*Stephan*, InsVV, § 11 Rz. 68.

besonders schwierig; dabei mag die vorläufige Verwaltung auch nur kurze Zeit dauern.[307)]

- Die Zusammenarbeit mit dem **obstruktiv handelnden Schuldner** ist besonders schwierig.[308)]

Zur Bestimmung der Berechnungsgrundlage und zu einzelnen Erhöhungstatbeständen ist ein Beschluss des LG Bochum vom 14.6.2007 besonders hervorzuheben, die Entscheidungsaussagen lauten:[309)] 164

> „1. Vermögenswerte, die mit Aus- und Absonderungsrechten belastet sind, sind bei der Berechnungsgrundlage der Vergütung des vorläufigen Insolvenzverwalters zu berücksichtigen, wenn sich der vorläufige Insolvenzverwalter mit diesen in erheblichem Umfange befasst hat. Maßgebend ist der tatsächlich gesteigerte Arbeitsaufwand im jeweiligen Bereich. Über das Normalmaß hinausgehende Tätigkeiten zeigen sich auch dann, wenn der Anteil der Fremdrechte an Vermögen deutlich überwiegt und mehr als zwanzig Ab- und Aussonderungsberechtigte am Verfahren beteiligt waren.
>
> 2. Eine erhebliche Befassung liegt vor, wenn der vorläufige Insolvenzverwalter eine Poolbildung der Aus- und Absonderungsberechtigten vorbereitet und deren rechtliche Grundlagen erarbeitet.
>
> 3. Eine kapitalersetzende Nutzungsüberlassung liegt vor, wenn die insolvente Gesellschaft ihren Geschäftsbetrieb auf einem Grundstück betreibt, dessen Eigentümer zugleich Alleingesellschafter ist. Dies führt zur Verpflichtung des Gesellschafters, der Gesellschaft das Grundstück unentgeltlich zur Nutzung zu überlassen. Für die Frage, ob das Grundstück einen wesentlichen Teil des Unternehmenswertes darstellt, ist nicht auf den Grundstückswert, sondern auf den Gebrauchsüberlassungswert abzustellen.
>
> 4. Prüfungen von Mietverträgen, Klärung von Versicherungsfragen und von Verträgen mit Gas- und Stromversorgern, der Einsatz eines Wachschutzes, die Sicherstellung der Stromversorgung, der Aufzugswartung, des Arztnotrufes und die Erfüllung der Verkehrssicherungspflichten stellen eine erhebliche Befassung mit der Immobilie dar. Gleiches gilt für Verhandlungen mit Grundpfandrechtsgläubigern in Bezug auf Verwertungsoptionen.
>
> 5. Die Fortführung des Geschäftsbetriebes durch den vorläufigen Insolvenzverwalter, rechtfertigt entsprechend § 3 Abs. 1 lit. b InsVV einen Zuschlag zur Vergütung des vorläufigen Insolvenzverwalters. Ein weiterer Zuschlag in Bezug auf die Befassung mit Aus- und Absonderungsrechten ist aber ausgeschlossen, wenn die betreffenden Vermögenswerte wegen der erheblichen Befassung des vorläufigen Insolvenzverwalters bereits Bestandteil der Berechnungsgrundlage sind."

3. Erhöhungstatbestände nach der Rechtsprechung des BGH

a) Rechtsprechung zu Einzelfällen

Der **BGH äußerte sich** in verschiedenen Entscheidungen[310)] **ausführlich** zu einzelnen Erhöhungstatbeständen für den vorläufigen Insolvenzverwalter: 165

- Eine **Erhöhung der Vergütung darf nicht** mit der Begründung **abgelehnt** werden, im Hinblick auf eine inzwischen angezeigte **Masseunzulänglichkeit** sei dies den Gläubigern nicht zumutbar.[311)]

---

307) Erhöhung um 50 % nach AG Bonn, Beschl. v. 9.7.1999 – 98 IN 23/99, ZIP 1999, 2167.

308) LG Mönchengladbach, Beschl. v. 5.7.2001 – 5 T 109/01, ZInsO 2001, 750; Stephan/Riedel-*Stephan*, InsVV, § 11 Rz. 68.

309) LG Bochum, Beschl. v. 14.6.2007 – 10 T 35/07, n. v.; in der Rechtsbeschwerdeentscheidung ging der BGH auf die Übergangsregelung des § 19 Abs. 2 InsVV ein und bestätigte die Einbeziehung einer eigenkapitalersetzenden Nutzungsüberlassung in die Berechnungsgrundlage, BGH, Beschl. v. 11.3.2010 – IX ZB 128/07, NZI 2010, 527.

310) Insbesondere BGH, Beschl. v. 18.12.2003 – IX ZB 50/03, ZIP 2004, 518 = ZVI 2004, 203; BGH, Beschl. v. 28.9.2006 – IX ZB 212/03, ZInsO 2007, 439; BGH, Beschl. v. 12.9.2019 – IX ZB 65/18, ZIP 2019, 2018 = NZI 2019, 913; eingehend *Graeber*, DZWIR 2020, 16.

311) BGH, Beschl. v. 18.12.2003 – IX ZB 50/03, unter II. 2. b), ZIP 2004, 518 = ZVI 2004, 203.

- Ein **Jahresumsatz des schuldnerischen Unternehmens** von über 1,5 Mio. € rechtfertigt eine Erhöhung der Vergütung. Im Sachverhalt der Entscheidung des Beschlusses des BGH vom 18.12.2003 hat die Schuldnerin im Jahre 2001 etwa 11 Mio. DM umgesetzt.[312] Im Sachverhalt des Beschlusses vom 17.10.2019 betrug der Umsatz rund 3 Mio. €.[313]
- Die **Fortführung des schuldnerischen Unternehmens** und eine damit verbundene Massemehrung können eine Erhöhung der Vergütung rechtfertigen.[314] Weitere Voraussetzung sei, dass durch die Betriebsfortführung keine Massemehrung stattgefunden habe oder nur eine solche, die dem Tätigkeitsaufwand des vorläufigen Insolvenzverwalters nicht entspreche.[315] Dies entspricht der Anwendung des § 3 Abs. 1 lit. b InsVV (siehe oben § 5 Rz. 169 ff.). Hat der vorläufige Insolvenzverwalter an der Fortführung nur in geringem Umfang mitgewirkt, begründet dies keine Kürzung der Vergütung.[316]
- Wirkt der vorläufige Insolvenzverwalter an einer **Unternehmensübertragung** zum Zwecke der **Sanierung** schon im Eröffnungsverfahren mit, rechtfertigt dies eine Erhöhung der Vergütung, auch wenn gegen den Schuldner lediglich ein Zustimmungsvorbehalt erlassen worden ist.[317]
- **Sozialplanverhandlungen** mit Arbeitnehmern werden als vergütungserhöhend anerkannt.[318]
- Auch die besondere Belastung des Insolvenzverwalters bei der **Vorfinanzierung von Insolvenzgeld** kann zu einer Erhöhung der Vergütung führen.[319] Diese ist gerade beim vorläufigen Insolvenzverwalter, aber auch beim vorläufigen Sachwalter, nicht Bestandteil des Normalverfahrens (siehe eingehend § 4 Rz. 28, 35).[320]
- Vom vorläufigen Insolvenzverwalter vorgenommene **Massenentlassungen** und der damit verbundene Arbeitsaufwand können eine Erhöhung der Vergütung rechtfertigen.[321]
- Die **Aufarbeitung unvollständiger und unzureichender Buchhaltung** kann eine Erhöhung der Vergütung rechtfertigen.[322] Hat sich der vorläufige Insolvenzverwalter bereits als Sachverständiger ausreichend Kenntnis über die ungeordneten und unübersicht-

312) BGH, Beschl. v. 18.12.2003 – IX ZB 50/03, ZIP 2004, 518 = ZVI 2004, 203.

313) BGH, Beschl. v. 17.10.2019 – IX ZB 5/18, ZIP 2019, 2489 = NZI 2020, 86 m. Anm. *Keller*.

314) BGH, Beschl. v. 13.4.2006 – IX ZB 158/05, ZIP 2006, 1008 = ZVI 2006, 261; zur Vorbereitung der Übertragung des Unternehmens BGH, Beschl. v. 12.1.2006 – IX ZB 127/04, ZIP 2006, 672 m. Anm. *Prasser* = ZVI 2006, 165; BGH, Beschl. v. 9.10.2008 – IX ZB 182/04, ZInsO 2008, 1265; BGH, Beschl. v. 11.3.2010 – IX ZB 122/08, ZIP 2010, 1909 m. Anm. *Prasser* = ZInsO 2010, 730; BGH, Beschl. v. 17.10.2019 – IX ZB 5/18, Rz. 12, ZIP 2019, 2489 = NZI 2020, 86 m. Anm. *Keller*; LG Duisburg, Beschl. v. 17.4.2018 – 7 T 147, 148/17, ZInsO 2019, 344.

315) BGH, Beschl. v. 18.12.2003 – IX ZB 50/03, unter II. 2. c) dd) Abs. 2, ZIP 2004, 518 = ZVI 2004, 203.

316) BGH, Beschl. v. 16.11.2006 – IX ZB 302/05, ZIP 2007, 284 = NZI 2007, 168.

317) BGH, Beschl. v. 12.1.2006 – IX ZB 127/04, ZIP 2006, 672 m. Anm. *Prasser* = ZVI 2006, 165; BGH, Beschl. v. 9.10.2008 – IX ZB 182/04, ZInsO 2008, 1265; BGH, Beschl. v. 12.9.2019 – IX ZB 65/18, ZIP 2019, 2018 = NZI 2019, 913; BGH, Beschl. v. 17.10.2019 – IX ZB 5/18, ZIP 2019, 2489 = NZI 2020, 86 m. Anm. *Keller*.

318) BGH, Beschl. v. 18.12.2003 – IX ZB 50/03, unter II. 2. c) aa) Abs. 3, ZIP 2004, 518 = ZVI 2004, 203.

319) BGH, Beschl. v. 18.12.2003 – IX ZB 50/03, ZIP 2004, 518 = ZVI 2004, 203; BGH, Beschl. v. 9.10.2008 – IX ZB 182/04, ZInsO 2008, 1265; BGH, Beschl. v. 12.9.2019 – IX ZB 65/18, ZIP 2019, 2018 = NZI 2019, 913; BGH, Beschl. v. 17.10.2019 – IX ZB 5/18, Rz. 12, ZIP 2019, 2489 = NZI 2020, 86 m. Anm. *Keller*.

320) Ausdrücklich BGH, Beschl. v. 12.9.2019 – IX ZB 65/18, Rz. 22 ff., ZIP 2019, 2018 = NZI 2019, 913.

321) BGH, Beschl. v. 18.12.2003 – IX ZB 50/03, unter II. 2. c) cc), ZIP 2004, 518 = ZVI 2004, 203.

322) BGH, Beschl. v. 23.9.2004 – IX ZB 215/03, NZI 2004, 665.

lichen Verhältnisse des Schuldners verschafft, kann dies keine Erhöhung der Vergütung rechtfertigen.[323)]

b) Unternehmensfortführung

Zur Unternehmensfortführung als Erhöhungstatbestand führt der BGH im Beschluss vom 4.11.2004 zutreffend aus:[324)] 166

„In diesem Stadium sind die auf die Betriebsfortführung zurückgehenden Erschwernisse häufig nicht weniger belastend als nach Insolvenzeröffnung für den Insolvenzverwalter, weil der vorläufige Insolvenzverwalter es oft mit einer wirtschaftlich noch ungeklärten Situation zu tun bekommt und erst die Grundlagen für die Fortführung des Geschäftsbetriebes schaffen muss. Beispielsweise muss er mit den Lieferanten wegen einer Wiederaufnahme oder Fortführung der Lieferungen und mit den Banken wegen neuer Kredite verhandeln, um die Liquidität wiederherzustellen. Hier werden die Weichen für die Zukunft gestellt. Das dabei zu Leistende kann – was den Arbeitsaufwand sowie die Bereitstellung der erforderlichen sachlichen und persönlichen Mittel angeht – nicht weniger bedeutsam sein als die Betriebsfortführung durch den späteren Insolvenzverwalter. Auch ist, solange die wirtschaftliche Situation, insbesondere der Bestand der Masse, nicht geklärt ist, das Haftungsrisiko für den vorläufigen Insolvenzverwalter eher höher als für den Insolvenzverwalter.

Das Argument, Betriebsfortführungen durch den vorläufigen Insolvenzverwalter seien von kürzerer Dauer, trifft nicht in jedem Einzelfall zu. Der Zuschlag ist – unabhängig davon, ob er einen vorläufigen oder endgültigen Insolvenzverwalter betrifft – stets nach der konkreten Dauer zu bemessen. Bei gleicher Dauer ist, falls auch sonst keine wesentlichen Unterschiede bestehen, der gleiche Zuschlag veranlasst."

Bei der **Unternehmensfortführung** durch den auch sog. schwachen vorläufigen Insolvenzverwalter sind **zahlreiche Einzelaspekte** zu berücksichtigen, die *Prasser/Stoffler* zutreffend bestimmen:[325)] 167

- Kontaktaufnahme mit den wesentlichen Kunden und Lieferanten;
- Umstellung der Bankverbindung bei Kunden;
- Aufsetzen eines Bestellwesens unter Berücksichtigung der insolvenzspezifischen Besonderheiten, Kommunikation der neuen Abläufe im Unternehmen und gegenüber Lieferanten;
- Ermittlung von Kostenreduzierungspotenzial und Umsetzung;
- Ermittlung der für die Betriebsfortführung wichtigen Dauerschuldverhältnisse, Veranlassung einer Rechnungsabgrenzung auf den Stichtag der Anordnung der vorläufigen Verwaltung und Verhandlungen über die Weiterbelieferung ggf. gegen Sicherheitsleistung;
- Einrichtung eines Cash-Managements sowie Erstellung einer Liquiditäts- und Ertragsplanung;
- Verhandlungen mit Eigentumsvorbehaltslieferanten über Ablösebeträge;
- Verhandlungen mit Logistikunternehmen über die Ablösung von Speditionspfandrechten und die Wiederaufnahme der Speditionsleistungen;
- Verhandlungen mit Sicherungsgläubigern über die Freigabe von Sicherheiten zur Liquiditätsgenerierung (z. B. Neuforderungen unter Globalzession).

---

323) BGH, Beschl. v. 22.4.2004 – IX ZB 136/03, NZI 2004, 448.

324) BGH, Beschl. v. 4.11.2004 – IX ZB 52/04, Rz. 10, ZVI 2005, 227 = NZI 2005, 16 m. Anm. *Nowak*, dazu EWiR 2005, 401 *(Rendels)*.

325) *Prasser/Stoffler* in: KPB, InsO, § 11 InsVV Rz. 82.

c) Sanierungsbemühungen

168 Bemühungen um eine Sanierung des schuldnerischen Unternehmens sind ausdrücklich zuschlagswürdig. Der **BGH erkennt ausdrücklich auch dem sog. schwachen vorläufigen Insolvenzverwalter einen entsprechenden Zuschlag zu.**[326] Besonders zu erwähnen sind der Beschluss vom 12.1.2006,[327] der Beschluss vom 11.3.2010,[328] der Beschluss vom 12.9.2019[329] sowie der Beschluss vom 17.10.2019.[330]

169 Im **Beschluss vom 12.1.2006** hatte der BGH die übertragende Sanierung durch den vorläufigen Insolvenzverwalter ausdrücklich als zuschlagswürdig anerkannt. Eine Zustimmung des Insolvenzgerichts oder der Gläubiger musste der BGH deshalb fordern, weil der vorläufige Insolvenzverwalter das Unternehmen während des Eröffnungsverfahrens veräußerte und es nicht zu einer Insolvenzeröffnung kam. Die eingeschränkte Rechtsmacht des sog. schwachen vorläufigen Verwalters war letztlich Grund dieser Erwägungen.[331] Zur Höhe des Zuschlags äußerte sich der BGH nicht.[332]

170 Der **Beschluss vom 11.3.2010** betrifft die **Zuschlagsgewährung bei Beschäftigung eines sog. Interimsmanagers** während der Betriebsfortführung. Hier ist zu berücksichtigen, inwieweit durch Inanspruchnahme eines externen Dienstleisters der vorläufige Insolvenzverwalter Arbeitsersparnis erfahren hat (siehe oben § 5 Rz. 191 ff.).

171 Für die Zuschlagsgewährung ist nicht entscheidend, dass die Umsetzung der Sanierung erst nach Insolvenzeröffnung erfolgt oder auch scheitert.[333] Häufig erstrecken sich die **Sanierungsbemühungen**, insbesondere bei umfangreichem M&A-Prozess, **über den Zeitpunkt der Insolvenzeröffnung hinaus** und werden im eröffneten Verfahren abgeschlossen. In einem solchen Fall hat der Insolvenzverwalter seine Arbeitsbelastung zu den Sanierungsbemühungen sachgerecht abzugrenzen, damit eine mögliche Doppelvergütung für beide Verfahrensabschnitte vermieden wird (siehe eingehend § 5 Rz. 148).

172 Die **Einzelaspekte der Tätigkeiten** zu Sanierungsbemühungen bestimmen *Prasser/Stoffler* zutreffend wie folgt (siehe eingehend auch § 5 Rz. 137 ff.):[334]

- Strukturierung des Investorenprozesses auf der vom Markt und den Produktionsabläufen in der Branche vorgegebenen Zeitschiene;
- Identifizierung der möglichen Interessenten;
- Ansprache von möglichen Investoren;
- ggf. Beauftragung eines M&A-Beraters;
- Abschluss von Vertraulichkeitsvereinbarungen;
- Aufarbeitung der Unternehmensdaten und -dokumente und Erstellung eines (virtuellen) Datenraumes;

---

326) BGH, Beschl. v. 13.4.2006 – IX ZB 158/05, ZIP 2006, 1008 = ZVI 2006, 261.

327) BGH, Beschl. v. 12.1.2006 – IX ZB 127/04, ZIP 2006, 672 m. Anm. *Prasser* = ZVI 2006, 165; eingehend auch *Lorenz* in: FK-InsO, § 11 InsVV Rz. 59.

328) BGH, Beschl. v. 11.3.2010 – 4 IX ZB 122/08, ZIP 2010, 1909 m. Anm. *Prasser* = ZInsO 2010, 730.

329) BGH, Beschl. v. 12.9.2019 – IX ZB 65/18, Rz. 15, ZIP 2019, 2018 = NZI 2019, 913.

330) BGH, Beschl. v. 17.10.2019 – IX ZB 5/18, ZIP 2019, 2489 = NZI 2020, 86 m. Anm. *Keller*.

331) BGH, Besch4l. v. 12.1.2006 – IX ZB 127/04, Rz. 13, 14, ZIP 2006, 672 m. Anm. *Prasser* = ZVI 2006, 165.

332) BGH, Beschl. v. 12.1.2006 – IX ZB 127/04, Rz. 8, ZIP 2006, 672 m. Anm. *Prasser* = ZVI 2006, 165.

333) BGH, Beschl. v. 14.12.2008 – IX ZB 181/04, ZIP 2008, 618 = NZI 2008, 391; BGH, Beschl. v. 8.7.2004 – IX ZB 589/02, ZIP 2004, 1555 = DZWIR 2004, 421 m. Anm. *Graeber*; BGH, Beschl. v. 14.12.2000 – IX ZB 105/00, BGHZ 146, 165 = ZIP 2001, 296; LG Dresden, Beschl. v. 1.9.2005 – 5 T 1186/02, ZIP 2005, 1745 = ZVI 2005, 564.

334) *Prasser/Stoffler* in: KPB, InsO, § 11 InsVV Rz. 104; ferner *Graeber/Graeber*, InsVV, § 11 Rz. 191.

- Prüfung und Auswahl von Investorenkonzepten;
- Durchführung einer Due Diligence;
- „Managementpräsentationen" und Betriebsbesichtigungen für Investoren;
- Prüfung rechtlicher und tatsächlicher Probleme, insbesondere steuerliche Fragestellungen, Übernahme von Anlagevermögen, Umlaufvermögen, Bewertungen, Überleitung von Dauerschuldverhältnissen;
- Einbindung der wesentlichen Kunden in die Investorenverhandlungen;
- ggf. bereits im Eröffnungsverfahren Ausarbeitung eines Insolvenzplans und Vorabstimmung mit der Gläubigerschaft und der Gesellschafterebene.[335)]

d) Arbeitsaufwand bei allgemeinem Verfügungsverbot

Aus der Rechtsprechung des BGH, wonach die Anordnung eines Verfügungsverbots gegen den Schuldner und damit verbunden die Bestellung eines sog. starken vorläufigen Insolvenzverwalters (§ 21 Abs. 2 Nr. 2 Alt. 1 i. V. m. § 22 Abs. 1 InsO) für sich allein keinen höheren Bruchteil der Vergütung i. S. des § 11 Abs. 1 InsVV rechtfertige, folgt im Umkehrschluss, dass eine **Erhöhung** der Vergütung **erfolgen muss**, wenn die Anordnung des Verfügungsverbots und damit die Ausübung der Verfügungsbefugnis des Schuldners (§ 22 Abs. 1 InsO) für den vorläufigen Insolvenzverwalter **besondere Tätigkeiten** nach sich gezogen haben.[336)] Der vorläufige Insolvenzverwalter muss hier darlegen, dass er bspw. i. R. der Unternehmensfortführung vollständig an die Stelle des Schuldners getreten ist und für diesen gehandelt hat. Unter Berücksichtigung des Umstandes, dass das Gericht eine sog. starke vorläufige Verwaltung nur dann anordnet, wenn dies wirklich notwendig ist, sollte der **Grad der substantiierten Darlegung nicht allzu streng** angesetzt werden. Dem scheint auch der BGH zugeneigt.[337)] Als Erhöhung werden 10 bis 20 % vorgeschlagen.[338)] Dem ist zuzustimmen. Im Zusammenhang mit weiteren Schwierigkeiten der Unternehmensfortführung sollte eine Erhöhung auf mindestens 50 % der Vergütung des Insolvenzverwalters angemessen sein. 173

4. Die Berechnung der Erhöhung der Vergütung

a) Die Berechnungsmethoden zur Erhöhung der Vergütung

Bis zur Entscheidung des BGH vom 18.12.2003[339)] war nicht abschließend geklärt, wie die mögliche **Erhöhung der Vergütung berechnet** werden soll. Nach einer Ansicht sollten bei der Bruchteilsbestimmung Erschwernisse i. S. des § 3 Abs. 1 InsVV, die das Eröffnungsverfahren geprägt haben, vollständig und nicht nur anteilig den Vergütungsbetrag erhöhen. Nach *Eickmann* sollten die Besonderheiten des Einzelfalles den für die Höhe der Vergütung des vorläufigen Insolvenzverwalters maßgeblichen Prozentsatz bestimmen.[340)] Nach *Blersch* sollte es darauf ankommen, ob die Besonderheiten das Insolvenzverfahren als Ganzes betreffen oder lediglich das Eröffnungsverfahren.[341)] Nach dieser Ansicht mussten bei Beson- 174

335) So auch Leonhardt/Smid/Zeuner-*Amberger*, InsVV, § 11 Rz. 126.

336) BGH, Beschl. v. 8.5.2003 – IX ZB 445/02, ZIP 2003, 1260; BGH, Beschl. v. 17.7.2003 – IX ZB 10/03, ZIP 2003, 1612 = ZVI 2003, 430; AG Dresden, Beschl. v. 12.11.2004 – 558 IN 163/99, ZIP 2005, 88.

337) BGH, Beschl. v. 14.12.2005 – IX ZB 268/04, ZIP 2006, 625 = ZVI 2006, 70.

338) *Prasser/Stoffler* in: KPB, InsO, § 11 InsVV Rz. 111.

339) BGH, Beschl. v. 18.12.2003 – IX ZB 50/03, ZIP 2004, 518 = ZVI 2004, 203.

340) Kübler/Prütting/Bork-*Eickmann*, InsO, Stand 8/2006, § 11 InsVV Rz. 33; in der Neubearbeitung von *Prasser* wird hierauf nicht mehr eingegangen, *Prasser/Stoffler* in: KPB, InsO, § 11 InsVV Rz. 54.

341) Blersch/Goetsch/Haas-*Blersch*, InsO, § 11 InsVV Rz. 27 ff.

derheiten, die dem Insolvenzverfahren als Ganzem anhaften, eine beinahe vollständige Berechnung der fiktiven Vergütung des endgültigen Insolvenzverwalters, aus welcher der angemessene Bruchteil des § 11 Abs. 1 Satz 2 InsVV zu ermitteln ist, vorgenommen werden. Eine Erhöhung unmittelbar der Vergütung nach § 3 Abs. 1 InsVV ist bei Besonderheiten gerechtfertigt, die nur das Eröffnungsverfahren betreffen.[342)]

175 Mit Beschluss vom 18.12.2003[343)] schloss sich der BGH ausdrücklich der Ansicht von *Eickmann* an. Danach **führen Erhöhungskriterien des § 3 Abs. 1 InsVV unmittelbar zu einer Erhöhung des angemessenen Bruchteils nach § 11 Abs. 1 Satz 2 InsVV**. Die Berücksichtigung von Erhöhungstatbeständen, die das ganze Verfahren betreffen, lehnt er ab, weil es für die Bemessung der Vergütung des vorläufigen Insolvenzverwalters nicht auf Umstände ankommen könne, die sich nach Beendigung des Eröffnungsverfahrens ergeben. Dem ist zuzustimmen. Es ist deshalb wie folgt vorzugehen:

- Der angemessene Bruchteil des § 11 Abs. 1 Satz 2 InsVV von einheitlich 25 % ist aus der Regelvergütung des endgültigen Insolvenzverwalters nach § 2 Abs. 1 InsVV zu bestimmen.
- Erhöhungstatbestände können dem vorläufigen Insolvenzverwalter nur dann zugutekommen, wenn sie sich unmittelbar auf seine Tätigkeit ausgewirkt haben.
- Die Erhöhung erfolgt durch Erhöhung des angemessenen Bruchteils.

b) Die Zuerkennung des konkreten Erhöhungsfaktors

176 Letzte Frage i. R. der Anwendung des § 3 Abs. 1 InsVV ist, wie der Erhöhungsfaktor zu bemessen ist. Es wurde vertreten, dass entsprechend dem angemessenen Bruchteil des § 11 Abs. 1 Satz 2 InsVV auch nur ein anteiliger Erhöhungsfaktor zu gewähren sei.[344)] Nach anderer Ansicht soll bei Verwirklichung des Erhöhungstatbestandes derselbe Faktor zu gewähren sein, wie er dem endgültigen Insolvenzverwalter i. R. seiner Vergütung zukommt.[345)] Der **BGH** hat sich mit **Beschluss vom 4.11.2004** ausdrücklich dieser letztgenannten Ansicht angeschlossen.[346)] Der **vorläufige Insolvenzverwalter** ist vergütungsrechtlich **nicht schlechterzustellen als der Insolvenzverwalter im eröffneten Insolvenzverfahren**, wenn er eine **zuschlagswürdige Tätigkeit im gleichen Umfang und bei gleicher Arbeitsbelastung** erbracht hat. Nach dem in diesem Zusammenhang zugegeben seltsam klingenden – weil der Sprache gewerkschaftlichen Arbeitskampfes entnommenen – Satz „Gleicher Lohn für gleiche Arbeit“ darf der vorläufige Insolvenzverwalter letztlich auch betragsmäßig nicht schlechterstehen als der endgültige Insolvenzverwalter.[347)] Es ist deshalb nicht richtig, die dem vorläufigen Insolvenzverwalter zuzuerkennenden Erhöhungstatbestände in ihrem Prozentsatz entsprechend § 11 Abs. 1 Satz 2 InsVV auf ein Viertel zu reduzieren oder auf die Regelvergütung des § 11 Abs. 1 Satz 2 InsVV zu beziehen.[348)]

177 Mit der **Zuerkennung der vollen Erhöhungssätze** und der entsprechenden Erhöhung des angemessenen Bruchteils wird bezüglich § 3 InsVV letztlich auf die endgültige Insolvenz-

---

342) So auch OLG Frankfurt/M., Beschl. v. 7.5.2001 – 26 W 9/01, ZIP 2001, 1016 = NZI 2001, 365.

343) BGH, Beschl. v. 18.12.2003 – IX ZB 50/03, ZIP 2004, 518 = ZVI 2004, 203; BGH, Beschl. v. 5.7.2018 – IX ZB 63/17, ZIP 2018, 1553 = ZVI 2018, 420.

344) LG Braunschweig, Beschl. v. 29.1.2001 – 8 T 947/00, ZInsO 2001, 552.

345) LG Traunstein, Beschl. v. 13.4.2004 – 4 T 3690/03, ZIP 2004, 1657; *Prasser/Stoffler* in: KPB, InsO, § 11 InsVV Rz. 55 ff.

346) BGH, Beschl. v. 4.11.2004 – IX ZB 52/04, ZVI 2005, 227 = NZI 2005, 106 m. Anm. *Nowak*.

347) BGH, Beschl. v. 4.11.2004 – IX ZB 52/04, ZVI 2005, 227 = NZI 2005, 106 m. Anm. *Nowak/Prasser/Stoffler* in: KPB, InsO, § 11 InsVV Rz. 55.

348) Beispielhaft die Klarstellung bei BGH, Beschl. v. 27.9.2012 – IX ZB 243/11, ZInsO 2013, 840.

verwaltung Bezug genommen, was dem Grundsatz zu widersprechen scheint, die vorläufige Insolvenzverwaltung müsse aus sich heraus betrachtet werden. Dem ist aber nicht so, denn mit Heranziehung der vollen Prozentsätze ist nur gewährleistet, dass der vorläufige Insolvenzverwalter in gleicher Höhe für gleiche Tätigkeit entlohnt wird wie der endgültige Verwalter. Es ist damit nicht gesagt, und mit der Rechtsprechung des BGH auch unzulässig, dass fiktive Erhöhungstatbestände der endgültigen Verwaltung bei der vorläufigen Verwaltung berücksichtigt würden.

Beispiel:

Der Insolvenzverwalter führt nach Insolvenzeröffnung ein mittelgroßes Unternehmen mehr als drei Monate fort; er kann hierfür eine Erhöhung der Vergütung von 50 % erhalten. Seine Vergütung beträgt mithin 150 %.

Führt der vorläufige Insolvenzverwalter das Unternehmen ebenso lange fort, ist seine Vergütung ebenfalls um ganze 50 % zu erhöhen. Seine Vergütung beträgt dann 75 % der Vergütung des Insolvenzverwalters; eben 25 % Bruchteil nach § 11 Abs. 1 Satz 2 InsVV und volle Erhöhung um 50 %.

Die **tatsächliche Differenz** zwischen Vergütung des vorläufigen und des endgültigen Insolvenzverwalters besteht damit nur in 75 % hinsichtlich der Regelvergütung, nicht aber hinsichtlich möglicher Erhöhungstatbestände. Rechnerisch bleibt die Vergütung des vorläufigen Insolvenzverwalters damit immer nur um 75 % der Regelvergütung zurück, besteht also nicht gänzlich nur in einem Bruchteil der Verwaltervergütung. Dies ist sachgerecht. Denn soweit der vorläufige Insolvenzverwalter tatsächlich erhebliche Erschwernisse hatte und zuschlagswürdige Tatbestände in seiner Verwaltung vorliegen, sind sie auch voll zu vergüten. Dies widerspricht nicht dem Verbot der Doppelvergütung, da Erhöhungskriterien selbst nur soweit zu berücksichtigen sind, als sie die Tätigkeit des vorläufigen Insolvenzverwalter selbst betreffen. Derselbe Tatbestand kann daneben auch beim endgültigen Insolvenzverwalter erfüllt sein, wobei ggf. § 3 Abs. 2 lit. a InsVV vorliegen kann und wegen Arbeitserleichterung durch Tätigkeit des vorläufigen Insolvenzverwalters eine Kürzung geboten sein kann. 178

Bei **Zuerkennung des konkreten Prozentsatzes** wegen eines Erhöhungstatbestandes an den vorläufigen Insolvenzverwalter ist aber auch zu berücksichtigen, dass bei **unterschiedlicher Berechnungsgrundlage** von vorläufiger und endgültiger Verwaltung die Regelvergütung und damit auch der **Prozentsatz** der Erhöhung **betragsmäßig unterschiedlich** ausfallen. Es sollte deshalb unter Berücksichtigung dessen der Prozentsatz entsprechend angepasst werden.[349] Eine allgemeingültige rechnerische Formel lässt sich hierfür nicht aufstellen, da jeweils die Belastung der Insolvenzmasse mit Fremdrechten maßgebend ist. Sie sind der Berechnungsgrundlage des vorläufigen Insolvenzverwalters hinzuzurechnen, bei der Vergütung des endgültigen Insolvenzverwalters sind dagegen nur ein möglicher Mehrbetrag nach § 1 Abs. 2 Nr. 1 InsVV, Kostenbeträge des § 171 InsO oder aus Verwertung vereinnahmte Umsatzsteuer zu berücksichtigen. 179

Beispiel:

Beträgt die Berechnungsgrundlage sowohl des vorläufigen als auch des endgültigen Insolvenzverwalters 1 Mio. €, kann unproblematisch bei beiden der Erhöhungsfaktor gleich bemessen werden.

Beträgt die Berechnungsgrundlage wegen der mit Fremdrechten behafteten Gegenstände bei der vorläufigen Verwaltung 1 Mio. €, bei der endgültigen Verwaltung dagegen 750 000 €, würde eine Erhöhung der Vergütung des vorläufigen Insolvenzverwalters um 50 % bei Beibehaltung

349) *Ganter*, NZI 2005, 241, 251 linke Sp.; dagegen *Prasser/Stoffler* in: KPB, InsO, § 11 InsVV Rz. 55.

der Berechnungsgrundlage zu einer betragsmäßigen Erhöhung um 31 125 € führen, wohingegen der endgültige Verwalter bei seiner geringeren Berechnungsgrundlage nur 28 375 € erhielte, mithin knapp 10 % weniger.

Beträgt schließlich die Berechnungsgrundlage beim vorläufigen Insolvenzverwalter 1 Mio. €, diejenige beim endgültigen Verwalter dagegen 250 000 €, erhielte bei einer Erhöhung um 50 % der vorläufige Insolvenzverwalter mit weiterhin 31 125 € knapp 59 % mehr als der endgültige Verwalter mit 18 300 €.[350)]

180 Hieraus sollte aber nicht geschlossen werden, dass bei Zuerkennung konkreter Prozentsätze eine genaue Vergleichsrechnung angestellt werden müsse. Dies würde zu beinahe unzumutbaren Vergleichsrechnungen mit zu vielen Unbekannten führen. Es müsste mithin genau prognostiziert und berechnet werden, welche mit Fremdrechten behafteten Gegenstände auf welche Weise verwertet würden und welcher Betrag der Masse noch zufließt. Daher muss es genügen, wenn bei der Zuerkennung der Prozentsätze der Erhöhung das Verhältnis von freier und mit Fremdrechten behafteter Masse innerhalb der Berechnungsgrundlage des vorläufigen Insolvenzverwalters gewürdigt wird und entsprechend eine angemessene Regulierung der Prozentsätze vorgenommen wird.

VI. Vergütungsfestsetzung

1. Auslagenersatz und Umsatzsteuer

181 Der vorläufige Insolvenzverwalter erhält Ersatz seiner **Auslagen** entsprechend § 4 InsVV **in vollem Umfang.** Er kann statt der tatsächlich entstandenen Auslagen die **Pauschsätze des § 8 Abs. 3 InsVV in voller Höhe** geltend machen.[351)] Bemessungsgrundlage hierfür ist die Vergütung nach § 63 Abs. 3 Satz 2 InsO als Regelvergütung i. S. des § 8 Abs. 3 InsVV;[352)] es sind nicht etwa die Pauschbeträge um ein Viertel zu kürzen. Es handelt sich um den wenn auch pauschal abzugeltenden Ersatz für Auslagen, die auch dem vorläufigen Insolvenzverwalter in voller Höhe entstanden und ihm daher in voller Höhe zu ersetzen sind.

182 Der vorläufige Insolvenzverwalter erhält vollen Ausgleich seiner Umsatzsteuer nach § 7 InsVV.

2. Das Verfahren der Vergütungsfestsetzung

183 Die Vergütung des vorläufigen Insolvenzverwalters wird auf dessen Antrag entsprechend § 8 InsVV festgesetzt. Zum Verfahren und insbesondere zur Vorschussgewährung siehe eingehend § 15 Rz. 8 ff.

3. Die Vergütung als Sachverständiger nach § 9 JVEG

184 Der im Insolvenzeröffnungsverfahren bestellte **Gutachter hat Anspruch auf Vergütung** für seine Tätigkeit (§ 11 Abs. 4 InsVV). Diese erfolgt in Anwendung des Justizvergütungs- und -entschädigungsgesetzes nach **Stundenaufwand** nach § 9 JVEG. Die Vergütung des Gutachters wird in jedem Fall aus der Staatskasse gewährt, sie gehört zu den gerichtlichen Auslagen nach Nr. 9005 GKG KV.

185 Zur Bemessung des Stundensatzes sowie zur Vergütungsfestsetzung siehe eingehend § 17 Rz. 12 ff.

---

350) Vergütung berechnet nach § 2 Abs. 1 InsVV i. d. F. bis 31.12.2020.

351) BGH, Beschl. v. 13.7.2006 – IX ZB 104/05, Rz. 43, BGHZ 168, 321 = NZI 2006, 464 m. Anm. *Nowak*; LG Chemnitz, Beschl. v. 16.3.2000 – 11 T 5381/99, ZIP 2000, 710, dazu EWiR 2000, 921 *(Tappmeier)*.

352) BGH, Beschl. v. 6.4.2006 – IX ZB 109/05, ZIP 2006, 2228 = ZVI 2007, 36.

§ 8

Die Vergütung des Sachwalters bei Eigenverwaltung

Übersicht

Aufsatzliteratur: *Buchalik/Schröder*, Kriterien zur Festsetzung angemessener Vergütungen in der Eigenverwaltung, ZInsO 2016, 2231; *Deutschbein*, Ist der Streit um die Vergütung des vorläufigen Sachwalters ein Stolperstein für die vorläufige Eigenverwaltung?, ZInsO 2015, 1957; *Frind*, Bedeutung und Stellenwert von Beraterkosten im Eigenverwaltungsverfahren, ZIP 2019, 1945; *Görg*, Grundzüge der finanziellen Restrukturierung der Philipp Holzmann AG im Winter 1999/2000, in: Festschrift für Wilhelm Uhlenbruck, 2001, S. 117; *Graf/Wunsch*, Eigenverwaltung und Insolvenzplan – gangbarer Weg in der Insolvenz von Freiberuflern und Handwerkern?, ZIP 2001, 1029; *Haarmeyer/Mock*, Zur Struktur der Vergütung des Sachwalters, ZInsO 2016, 1; *Lissner*, Die Vergütung des Sachwalters, Rpfleger 2017, 125; *Pape*, Die Eigenverwaltung des Schuldners nach der Insolvenzordnung, in: Kölner Schrift zur Insolvenzordnung, 2. Aufl. 2000, S. 895; *Schlegel*, Insolvenzantrag und Eigenverwaltungsantrag bei drohender Zahlungsunfähigkeit, ZIP 1999, 954; *Thole*, Die Reform der Eigenverwaltung: Eine Umsetzung der ESUG-Evaluation?, NZI Sonderbeilage 1/2021, S. 90; *Undritz/Schur*, Das Recht des (vorläufigen) Sachwalters zur Kassenführung, ZIP 2016, 549.

I. Befugnisse und Aufgaben des Sachwalters bei der Eigenverwaltung

1. Die Bedeutung der Eigenverwaltung

1 Mit der Eigenverwaltung (§§ 270–285 InsO) gibt der Gesetzgeber den Beteiligten die Möglichkeit, das **Insolvenzverfahren eigenverantwortlich** abzuwickeln.[1] Der Schuldner soll auch zu einer frühzeitigen Stellung des Insolvenzantrags angehalten werden.[2] Die Eigenverwaltung kann allein für die Liquidation des Unternehmens angeordnet werden; dessen beabsichtigte Sanierung ist nicht zwingende Voraussetzung der Eigenverwaltung.[3]

2 Mit den Änderungen der InsO durch das ESUG vom 7.12.2011[4] wurde insbesondere durch die Einführung der **vorläufigen Eigenverwaltung** mit der Bestellung eines **vorläufigen Sachwalters** (§ 270a InsO in der bis 31.12.2020 geltenden Fassung) und vor allem durch

---

1) Begr. RegE InsO, BT-Drucks. 12/2443, S. 222, abgedr. in: *Kübler/Prütting*, RWS-Dok. 18, S. 518 ff.; Jaeger-*Meller-Hannich*, InsO, § 270 Rz. 1; Uhlenbruck-*Deppenkemper*, InsO, § 270 Rz. 1; *Kern* in: MünchKomm-StaRUG, Vor §§ 270 bis 285 InsO Rz. 3 ff.

2) Begr. RegE InsO, BT-Drucks. 12/2443, S. 223 linke Sp. oben, abgedr. in: *Kübler/Prütting*, RWS-Dok. 18, S. 518; Uhlenbruck-*Deppenkemper*, InsO, § 270 Rz. 1; *Schlegel*, ZIP 1999, 954.

3) Römermann-*Riggert*, InsO/InsR, § 270 InsO Rz. 24; *Haas* in: Gottwald/Haas, Insolvenzrechts-Hdb., § 85 Rz. 2; kritisch hierzu *Häsemeyer*, Insolvenzrecht, Rz. 8.03; die Begr. RegE InsO, BT-Drucks. 12/2443, S. 223, abgedr. in: *Kübler/Prütting*, RWS-Dok. 18, S. 518, geht nur von der Eigenverwaltung in Fortführungsfällen aus.

4) Gesetz zur Erleichterung der Sanierung von Unternehmen – ESUG, v. 7.12.2011, BGBl. I 2011, 2582.

das sog. **Schutzschirmverfahren** die Eigenverwaltung gestärkt.[5] Weitere Änderungen brachte das SanInsFoG vom 22.12.2020[6] vor allem hinsichtlich der Zugangsvoraussetzungen zum Eigenverwaltungsverfahren (§ 270a InsO) und der Aufgaben und Befugnisse eines vorläufigen Sachwalters (§§ 270b, 270c InsO). Die Änderungen des SanInsFoG erfolgten dabei auch als Reaktion auf die Ergebnisse der Evaluation des ESUG im Auftrag des BMJV im Jahre 2018.[7] Ein Eigenverwaltungsverfahren kann künftig noch mehr als bisher nur mit professioneller Vorbereitung und Begleitung gelingen. Die Praxis, kurz vor Insolvenzantragstellung einen Insolvenzexperten, nicht selten einen als Insolvenzverwalter tätigen Berufsträger, als organschaftlichen Vertreter einzusetzen oder diesem mindestens einen solchen als „Generalbevollmächtigen" oder „Chief Restructuring Officer (CRO)" an die Seite zu stellen, um dann in Zusammenarbeit mit einem Sachwalter in Eigenverwaltung das Insolvenzverfahren **insbesondere zur Sanierung des Unternehmens** durchführen zu können, hat bereits vielfach zum Erfolg geführt.[8] Allerdings hat die Evaluation des ESUG auch ergeben, dass in den Jahren 2012 bis 2017 rund 2/3 der mit Eigenverwaltung beantragten Verfahren in ein Regelinsolvenzverfahren überführt werden mussten.[9] Die Tätigkeit des beauftragten Generalbevollmächtigten wird außerhalb des gerichtlichen Verfahrens vergütet. Im Rahmen des gerichtlichen Verfahrens ist lediglich die **Vergütung des Sachwalters** zu bestimmen.[10] Die Honorierung des als Vorstand oder Geschäftsführer eingesetzten Experten erfolgt außerhalb des insolvenzrechtlichen Vergütungsrechts (dazu siehe auch § 1 Rz. 78 ff.). Diese Vergütungen gehören nicht zu den Kosten des Insolvenzverfahrens und werden nicht vom Insolvenzgericht festgesetzt.

3 Das AG Hamburg meint, es bestehe eine planwidrige Regelungslücke und bedürfe einer analogen Anwendung von § 54 Nr. 2 und § 64 InsO, so dass das Insolvenzgericht die Vergütung des Sanierungsgeschäftsführers oder Generalbevollmächtigten festsetzen könne.[11] Das ist bereits im Ansatz unzutreffend.[12] Es besteht schon keine Regelungslücke, die einer Schließung durch analoge Anwendung bedarf. Grundlage des Vergütungsanspruchs des Geschäftsführers oder Bevollmächtigten ist der Anstellungsvertrag, den die Gesellschaft oder die Gesellschafter mit ihm schließen. Im vorläufigen Eigenverwaltungsverfahren (§ 270a InsO) kann der Vertrag eine Einzelermächtigung des Insolvenzgerichts gegenüber dem Schuldner erfordern, im eröffneten Verfahren sollte der Gläubigerausschuss zustimmen. Neben der nicht vorhandenen Regelungslücke fehlt es aber auch an der Analogiefähigkeit der Norm des § 54 Nr. 2 InsO, der als Kosten des Insolvenzverfahrens explizit und in seiner enumerativen Aufzählung nur die Vergütungen der gerichtlich bestellten Organe des Verfahrens nennt. Die Vergütung des Sanierungsgeschäftsführers oder Bevollmächtigten gehören nicht hierzu. Daher lehnte bspw. der BGH zu Recht auch die Qualifikation der Vergütung des Vertreters der Anleihegläubiger als Kosten des Insolvenzverwalters ab (siehe

---

5) Jaeger-*Meller-Hannich*, InsO, § 270 Rz. 7 ff.; Uhlenbruck-*Deppenkemper*, InsO, § 270d Rz. 1, 2; sehr instruktiv *Kern* in: MünchKomm-StaRUG, Vor §§ 270–285 InsO Rz. 20 ff.; K. Schmidt-*Undritz*, InsO, Vor §§ 270–285 Rz. 27 ff.; *Kübler* in: Kübler/Bork/Prütting, HRI II, § 1 Rz. 7 ff.

6) Gesetz zur Fortentwicklung des Sanierungs- und Insolvenzrechts – SanInsFoG, v. 22.12.2020, BGBl. I 2020, 3256.

7) *Jacoby/Madaus/Sack/Schmidt/Thole*, ESUG-Evaluierung; ferner *Thole* in: Kübler/Bork/Prütting, HRI II, § 48 Rz. 17 ff.; *Brünkmans* in: HK-InsO, Vor §§ 270 ff. Rz. 7; *Thole*, NZI Sonderbeilage 1/2021, S. 90.

8) Uhlenbruck-*Deppenkemper*, InsO, § 270 Rz. 2 ff.; *Brünkmans* in: HK-InsO, Vor §§ 270 ff. Rz. 17 ff.; K. Schmidt-*Undritz*, InsO, Vor §§ 270–285 Rz. 28; *Görg* in: FS Uhlenbruck, S. 117.

9) *Jacoby/Madaus/Sack/Schmidt/Thole*, ESUG-Evaluierung, S. 6 ff.

10) Hierzu *Deutschbein*, ZInsO 2015, 1957.

11) AG Hamburg, Beschl. v. 7.5.2019 – 67g IN 118/19, ZIP 2019, 978 = NZI 2019, 683 m. Anm. *Budnik*, dazu EWiR 2019, 439 *(Harig)*.

12) Zutreffend *Frind*, ZIP 2019, 1945, 1949.

§ 1 Rz. 59 ff.).[13] Eine Festsetzung der Vergütung des Sanierungsgeschäftsführers oder Bevollmächtigten durch das Insolvenzgericht und die Einordnung als Kostentatbestand des Insolvenzverfahrens ist daher weder erforderlich noch zulässig, es besteht weder eine planwidrige Regelungslücke noch ist die Regelung des § 54 InsO einer Analogie zugänglich.

2. Die Aufgabenverteilung zwischen Schuldner und Sachwalter

Wird das Insolvenzverfahren mit Anordnung der Eigenverwaltung eröffnet, bleibt der Schuldner weiterhin über das zur Insolvenzmasse gehörende Vermögen verfügungsbefugt.[14] Die **Verfügungsbefugnis geht nicht auf den Sachwalter über.** Verbindlichkeiten, die der Schuldner begründet, sind Masseverbindlichkeiten nach § 55 InsO. Gehören sie nicht zum gewöhnlichen Geschäftsbetrieb, soll sie der Schuldner nur mit Zustimmung des Sachwalters begründen (§ 275 Abs. 1 Satz 1 InsO).[15] 4

Nach § 277 InsO kann dem Schuldner ein **Zustimmungsvorbehalt** für einzelne Rechtsgeschäfte auferlegt werden.[16] Vom Zustimmungsvorbehalt des § 277 InsO ist die Mitwirkungspflicht des Gläubigerausschusses oder der Gläubigerversammlung nach § 276 InsO zu unterscheiden. Die Vorschrift entspricht § 160 InsO. Es kann auch für die Fälle des § 160 Abs. 2 InsO ein Zustimmungsvorbehalt nach § 277 InsO angeordnet werden.[17] 5

Hinsichtlich der **Abwicklung gegenseitiger Verträge** nach §§ 103 ff. InsO kann der Schuldner anstelle des Insolvenzverwalters wählen, ob er nicht erfüllte Verträge erfüllt, Miet- und Pachtverhältnisse kündigt oder Arbeitsverhältnisse fortführt (§ 279 Satz 1 InsO). Der Schuldner soll dies im Einvernehmen mit dem Sachwalter tun (§ 279 Satz 2 InsO). Zur **Kündigung von Betriebsvereinbarungen** oder zur gerichtlichen Durchsetzung von Betriebsänderungen (§§ 120 und 122 InsO) sowie zum gerichtlichen Beschlussverfahren bei Massenentlassungen (§ 126 InsO) bedarf er zwingend der Zustimmung des Sachwalters (§ 279 Satz 3 InsO). Über die **Aufnahme schwebender Prozesse** nach §§ 85 und 86 InsO[18] entscheidet der Schuldner ebenso wie über die Anerkennung von Aufrechnungen seitens einzelner Insolvenzgläubiger nach §§ 94 ff. InsO. Dem Sachwalter ist die Geltendmachung eines **Gesamtschadens** und der persönlichen Haftung der Gesellschafter nach §§ 92 und 93 InsO vorbehalten, ebenso die **Anfechtung von Rechtshandlungen** nach §§ 129 InsO (§ 280 InsO). 6

Die Pflicht zur Erstellung der **Vermögensübersicht** und des Gläubigerverzeichnisses (§§ 151 ff. InsO), die Berichterstattung zur Gläubigerversammlung, die Pflicht zur Rechnungslegung (§§ 66 und 155 InsO), zur Anlegung der Insolvenztabelle und zur Forderungsprüfung (§§ 174 ff. InsO) sowie die Vornahme der Verteilungen obliegen dem Schuldner (§§ 281 und 283 InsO). Der Sachwalter ist hinzuzuziehen (§ 281 Abs. 1 Satz 2 und Abs. 2 Satz 2 InsO). Die **Anzeige der Masseunzulänglichkeit** nach § 208 InsO ist Sache des Sachwalters (§ 285 InsO). Die Verwertung von Gegenständen und Forderungen, die mit Abson- 7

---

13) BGH, Beschl. v. 14.7.2016 – IX ZA 9/16, ZIP 2016, 1684 = NZI 2016, 1014 m. Anm. *Acker/Kamke*, dazu EWiR 2016, 705 *(Knof)*; BGH, Beschl. v. 14.7.2016 – IX ZB 46/15, ZIP 2016, 1688 = NZI 2016, 968 m. Anm. *Brenner/Moser*, dazu EWiR 2016, 599 *(Hofmann)*; BGH, Beschl. v. 12.1.2017 – IX ZR 87/16, ZIP 2017, 383 = NZI 2017, 228 m. Anm. *Antoniadis*; *Scholz*, DZWIR 2017, 404.

14) Eingehend *Bierbach* in: Kübler/Bork/Prütting, HRI II, § 8 Rz. 18 ff.

15) Uhlenbruck-*Deppenkemper*, InsO, § 275 Rz. 2 ff.; Römermann-*Riggert*, InsO/InsR, § 275 InsO Rz. 7; eingehend *Bierbach* in: Kübler/Bork/Prütting, HRI II, § 8 Rz. 39 ff.

16) Eingehend Jaeger-*Meller-Hannich*, InsO, § 277 Rz. 4 ff.; *Kern* in: MünchKomm-StaRUG, § 277 InsO Rz. 7 ff.; *Minuth* in: Kübler/Bork/Prütting, HRI II, § 9 Rz. 58 ff.; allgemein *Keller*, Insolvenzrecht, Rz. 1905 ff.

17) *Kern* in: MünchKomm-StaRUG, § 277 InsO Rz. 16 ff.

18) Begr. RegE InsO, BT-Drucks. 12/2443, S. 223, abgedr. in: *Kübler/Prütting*, RWS-Dok. 18, S. 518; *Bierbach* in: Kübler/Bork/Prütting, HRI II, § 8 Rz. 91; *Häsemeyer*, Insolvenzrecht, Rz. 8.14.

derungsrechten behaftet sind, erfolgt durch den Schuldner.[19] Nach § 282 Abs. 1 InsO werden Kosten der Feststellung nicht erhoben und Verwertungskosten nur i. H. ihres tatsächlichen Entstehens.[20]

3. Die spezifischen Aufgaben des Sachwalters

8 Der Sachwalter hat die Geschäftsführung des Schuldners zu überwachen (§ 274 Abs. 2 Satz 1 InsO).[21] Er kann die **Buchführung des Schuldners kontrollieren** und verlangen, dass alle eingehenden Gelder nur von ihm entgegengenommen und **Zahlungen nur von ihm** geleistet werden (§ 275 Abs. 2 InsO).[22] Im Rahmen der **Forderungsprüfung** steht auch dem Sachwalter das Recht zu, einzelne Forderungen zu bestreiten (§ 283 Abs. 1 Satz 1 InsO).

II. Die Berechnung der Vergütung

1. Grundlagen der Vergütungsregelung

9 Der Sachwalter hat Anspruch auf angemessene Vergütung entsprechend der Verweisung in § 274 Abs. 1 InsO auf die Regelungen der §§ 63 ff. InsO. Die InsVV regelt die **Vergütung des Sachwalters** in § 12 InsVV und bestimmt sie als **Bruchteil i. H. von 60 % der Vergütung des Insolvenzverwalters**. Die InsVV orientiert sich dabei an den früheren Regelungen der §§ 9 ff. VergVO zur Vergütung des früheren Vergleichsverwalters.[23] Neben § 12 InsVV gelten über § 10 InsVV die allgemeinen Bestimmungen zur Ermittlung der Vergütung; es gilt insbesondere auch § 3 InsVV.

2. Die Bestimmung der Berechnungsgrundlage

10 Berechnungsgrundlage der Vergütung ist nach § 1 Abs. 1 InsVV die **Insolvenzmasse bei Beendigung des Verfahrens**. Im Verfahren der Eigenverwaltung wird die dafür erforderliche Schlussrechnung durch den Schuldner erstellt (§ 281 Abs. 3 Satz 1 InsO). Dem Sachwalter obliegt die Prüfung der Schlussrechnung (§ 281 Abs. 3 Satz 2, Abs. 1 Satz 2 InsO).[24] Bei vorzeitiger Verfahrensbeendigung gilt § 1 Abs. 1 Satz 2 InsVV.

11 Problematisch für den Sachwalter kann die Anwendung des § 1 Abs. 2 InsVV sein. Da dem Sachwalter die Befugnis zur Verwertung des schuldnerischen Vermögens oder zur **Unternehmensfortführung** nicht zusteht, hat er regelmäßig **nur begrenzt Einfluss** auf die vergütungsrechtliche **Berücksichtigung von Absonderungsrechten** nach § 1 Abs. 2 Nr. 1 InsVV oder des **Überschusses bei Unternehmensfortführung** nach § 1 Abs. 2 Nr. 4 lit. b InsVV.[25] Die mit Absonderungsrechten belasteten Vermögenswerte sind bei der Berechnungsgrundlage zu berücksichtigen, wenn sie durch den Sachwalter verwertet worden sind. Erfolgte die Verwertung gemäß § 282 Abs. 1 Satz 1 InsO allein durch den Schuldner, können sie nicht berücksichtigt werden.[26] Hat der Sachwalter für die Führung von Prozessen

19) *Kern* in: MünchKomm-StaRUG, § 282 InsO Rz. 14 ff.; umfassend *Bierbach* in: Kübler/Bork/Prütting, HRI II, § 8 Rz. 138 ff.

20) *Kern* in: MünchKomm-StaRUG, § 282 InsO Rz. 23, 25.

21) Ausführlich Jaeger-*Meller-Hannich*, InsO, § 270 Rz. 29 ff.; *Kern* in: MünchKomm-StaRUG, § 270b InsO Rz. 82 ff.; *Minuth* in: Kübler/Bork/Prütting, HRI II, § 9; *Pape* in: Kölner Schrift zur InsO, S. 895 Rz. 27 ff.

22) Eingehend *Undritz/Schur*, ZIP 2016, 549.

23) Begr. z. Entwurf einer InsVV (§ 12), abgedr. unten in Anh. III, S. 689, 703; nicht übernommen wurden die besonderen Erhöhungstatbestände des § 10 VergVO.

24) *Kern* in: MünchKomm-StaRUG, § 281 InsO Rz. 26 ff.; Uhlenbruck-*Deppenkemper*, InsO, § 281 Rz. 5; *Holzer* in: KPB, InsO, § 281 Rz. 15; *Minuth* in: Kübler/Bork/Prütting, HRI II, § 9 Rz. 110 ff.

25) *Foltis* in: FK-InsO, 8. Aufl. 2016, § 274 Rz. 43.

26) AG Dortmund, Beschl. v. 5.12.2016 – 259 IN 13/14, ZInsO 2016, 2499.

oder für sonstige Tätigkeiten im Interesse der Masse bereits eine besondere Vergütung erhalten (§ 5 InsVV), muss auch er sich diese Vergütung auf die Insolvenzmasse als Berechnungsgrundlage seiner Sachwaltervergütung anrechnen lassen (§ 1 Abs. 2 Nr. 4 lit. a InsVV).[27)]

3. Die Regelvergütung des Sachwalters

a) Die fiktive Verwaltervergütung

Für die Berechnung der fiktiven Verwaltervergütung ist die Insolvenzmasse bei Beendigung des Insolvenzverfahrens als Berechnungsgrundlage nach § 1 InsVV zugrunde zu legen. Hieraus ist die Regelvergütung nach § 2 InsVV zu errechnen. 12

Fraglich ist, ob dabei **fiktive Erhöhungstatbestände** des § 3 Abs. 1 InsVV für Erschwernisse des Insolvenzverfahrens allgemein zu berücksichtigen sind, also wenn ein Insolvenzverfahren ohne Eigenverwaltung durchgeführt worden wäre. Diese Frage wurde früher vereinzelt bejaht.[28)] Es sollte dabei zwischen verfahrensbezogenen und sachwalterbezogenen Umständen unterschieden werden: Die Berücksichtigung von Erhöhungstatbeständen bei Ermittlung der fiktiven Verwaltervergütung wurde damit begründet, dass § 12 Abs. 2 InsVV eigene sachwalterspezifische Erhöhungstatbestände nennt, hierbei aber die fiktive Verwaltervergütung nach § 12 Abs. 1 InsVV mit immanent enthaltenen Erhöhungstatbeständen scheinbar außer Betracht lasse.[29)] Damit erhielte der Sachwalter für Erhöhungstatbestände, die durch die Arbeitsleistung des Schuldners – an Stelle eines Insolvenzverwalters – verwirklicht worden sind, mittelbar eine Erhöhung seiner Vergütung. 13

Die **Anreicherung der fiktiven Insolvenzverwaltervergütung um fiktive Erhöhungstatbestände ist** aber **abzulehnen.**[30)] Im Vergleich zum Insolvenzverwalter kann dem Sachwalter eine Erhöhung der Vergütung nach § 3 Abs. 1 InsVV nur gewährt werden, wenn sich der konkrete Erhöhungstatbestand unmittelbar auf die Arbeitsbelastung des Insolvenzverwalters ausgewirkt hat. Dies bekräftigt der BGH mehrfach in seiner Rechtsprechung zur Erhöhung der Vergütung des vorläufigen Insolvenzverwalters wie auch des Insolvenzverwalters (siehe § 5 Rz. 16).[31)] Für den Sachwalter kann nichts anderes gelten. Auch seine Vergütung kann und muss erhöht werden, wenn seine tatsächliche Arbeitsbelastung die eines Normalfalls der Eigenverwaltung wegen besonderer Tatbestände übersteigt. Erhöhungstatbestände, die der Schuldner bei der Eigenverwaltung verwirklicht hatte oder die einem fiktiven Insolvenzverwalter zuzuschreiben wären, können für den Sachwalter keine pauschale oder fiktive Erhöhung begründen. § 12 Abs. 2 InsVV enthält insoweit keine Regelungslücke, sondern stellt abschließend klar, dass eine Vergütungserhöhung nur die Vergütung des Sachwalters selbst bezogen auf seine eigene Arbeitsleistung betreffen kann. 14

27) *Foltis* in: FK-InsO, 8. Aufl. 2016, § 274 Rz. 27 ff., 48; seit der 9. Aufl. 2018 ausdrücklich aufgegeben, s. § 274 Rz. 44.

28) *Foltis* in: FK-InsO, 8. Aufl. 2016, § 274 Rz. 39 ff.

29) *Foltis* in: FK-InsO, 8. Aufl. 2016, § 274 Rz. 41, 45.

30) So nun auch *Foltis* in: FK-InsO, 8. Aufl. 2016, § 274 Rz. 45.

31) BGH, Beschl. v. 18.12.2003 – IX ZB 50/03, ZIP 2004, 518 = ZVI 2004, 203; BGH, Beschl. v. 24.7.2003 – IX ZB 607/02, ZIP 2003, 1757 = NZI 2003, 603, dazu EWiR 2003, 1043 *(Rendels)*; BGH, Beschl. v. 22.4.2004 – IX ZB 136/03, NZI 2004, 448, dazu EWiR 2004, 925 *(Berg-Grünenwald/ Chr. Keller)*; BGH, Beschl. v. 16.6.2005 – IX ZB 285/03, ZIP 2005, 1371 = ZVI 2005, 385; BGH, Beschl. v. 12.1.2006 – IX ZB 127/04, ZIP 2006, 627 m. Anm. *Prasser* = ZVI 2006, 165; BGH, Beschl. v. 23.3.2006 – IX ZB 20/05, ZIP 2006, 858 = ZVI 2006, 262; BGH, Beschl. v. 11.5.2006 – IX ZB 249/04, ZIP 2006, 1204.

b) Das Normalverfahren der Eigenverwaltung

15 Die Vergütung des Sachwalters als Regelvergütung beträgt nach § 12 Abs. 1 InsVV 60 % der fiktiven Insolvenzverwaltervergütung. Sie soll die Tätigkeit des Sachwalters im Normalverfahren der Eigenverwaltung abgelten. Vorauszusetzen ist zunächst das **Normalverfahren der Insolvenz nach den allgemeinen Kriterien** (siehe § 4 Rz. 62 ff.). Hieraus abgeleitet kann festgestellt werden, ob und in welchem Umfang die Arbeitsbelastung des Sachwalters sich innerhalb des Normalverfahrens bewegt. Notwendig ist dies vor allem für Tatbestände, die auf Überwachung der Geschäftstätigkeit oder auch quantitative Tatbestände Bezug nehmen.

16 Das Normalverfahren der Eigenverwaltung selbst definiert der Verordnungsgeber nicht.[32] Ausgehend von Regeltatbeständen der Aufgaben des Sachwalters nach der InsO sind **Tatbestände des Normalverfahrens:**

- Keine Anordnung eines Zustimmungsvorbehalts nach § 277 InsO (arg ex § 12 Abs. 2 InsVV);
- Prüfung und Überwachung der Geschäftsführung des Schuldners nach § 274 Abs. 2 InsO;
- Zustimmung zu außergewöhnlichen Verbindlichkeiten im Umfang eines Normalverfahrens der Insolvenz nach 275 InsO;
- Mitwirkung bei Personalanpassungsmaßnahmen nach §§ 120 ff. InsO (§ 279 Satz 3 InsO);
- Geltendmachung von Haftungsansprüchen nach §§ 92, 93 InsO sowie von Insolvenzanfechtungsansprüchen im Umfang eines Normalverfahrens der Insolvenz nach § 280 InsO;
- Prüfung der Verzeichnisse und der Vermögensübersicht nach § 281 Abs. 1 Satz 2 InsO;
- Mitwirkung bei Verwertungen nach § 282 Abs. 2 InsO;
- Prüfung der Insolvenzforderungen im Umfang eines Normalverfahrens der Insolvenz nach § 283 InsO;
- Prüfung einer Masseunzulänglichkeit nach § 285 InsO.

4. Erhöhung und Kürzung der Regelvergütung

a) Erhöhung der Vergütung entsprechend § 3 Abs. 1 InsVV

17 Eine Erhöhung der nach § 12 Abs. 1 InsVV ermittelten Vergütung des Sachwalters sieht § 12 Abs. 2 InsVV **insbesondere** dann vor, **wenn ein Zustimmungsvorbehalt nach § 277 InsO angeordnet** worden ist. § 12 Abs. 2 InsVV lässt nach seinem Wortlaut aber auch andere Erhöhungstatbestände in Betracht kommen, z. B. wenn die Regelaufgaben des Sachwalters konkret den Umfang eines Normalverfahrens übersteigen. Die Tatbestände des § 3 Abs. 1 InsVV sind sinngemäß auf den Sachwalter anzuwenden. Insbesondere sind die **Begleitung einer Unternehmensfortführung** oder auch **Sanierungsbemühungen** für ihn ebenso zuschlagswürdig wie für einen Insolvenzverwalter (siehe § 5 Rz. 136 ff., 153 ff.).[33]

18 Für die Erhöhung der Regelvergütung bei Anordnung eines Zustimmungsvorbehalts nach § 277 InsO soll es nach dem Wortlaut der Vorschrift nicht darauf ankommen, ob und in

32) Eingehend auch *Lorenz* in: FK-InsO, § 12 InsVV Rz. 13 ff.; Blersch/Goetsch/Haas-*Blersch*, InsO, § 12 Rz. 15; *Haarmeyer/Mock*, ZInsO 2016, 1, 4 ff.; *Lissner*, Rpfleger 2017, 125.

33) AG Dortmund, Beschl. v. 5.12.2016 – 259 IN 13/14, ZInsO 2016, 2499; restriktiver dagegen LG Duisburg, Beschl. v. 14.9.2016 – 7 T 24/16, ZInsO 2016, 2101; dazu *Buchalik/Schröder*, ZInsO 2016, 2231; allgemein auch *Graeber/Graeber*, InsVV, § 12 Rz. 5 ff.

welchem Umfang von ihm tatsächlich Gebrauch gemacht werden musste. **Allein seine Anordnung begründet für den Sachwalter einen besonderen Arbeitsaufwand und damit eine Vergütungserhöhung.** Die Zuerkennung eines konkreten Erhöhungsprozentsatzes hängt dann vom tatsächlichen Arbeitsaufwand ab.[34)]

Eine Erhöhung der Vergütung ist angezeigt, wenn der Sachwalter mit der **Kassenführung** 19
nach § 275 InsO betraut war. Diese Tätigkeit entspricht nicht der des Normalverfahrens der Eigenverwaltung und rechtfertigt deshalb eine Vergütungserhöhung.

War der Sachwalter an der **Erarbeitung eines Insolvenzplans** beteiligt (§ 284 Abs. 1 20
InsO),[35)] ist ihm entsprechend § 3 Abs. 1 lit. e InsVV die Vergütung zu erhöhen.[36)]

Übersteigen die **sonstigen Regelaufgaben** des Sachwalters in Umfang oder Schwierigkeit 21
(quantitativ oder qualitativ) das Maß des Normalfalles, ist eine Erhöhung der Vergütung gerechtfertigt. Dies gilt bspw. für die Mitwirkung bei Betriebsänderungen und Massenentlassungen (§§ 120, 122, 126, 279 Satz 3 InsO),[37)] für die Geltendmachung von Ansprüchen nach §§ 92, 93 InsO (§ 280 InsO), für die Führung von Anfechtungsprozessen (§§ 129 ff. InsO), für eine besonders aufwendige Prüfung der Forderungsanmeldungen insbesondere bei einer besonders hohen Zahl an Gläubigern oder für eine besonders aufwendige Prüfung der Schlussrechnung des Schuldners (§ 281 Abs. 3 Satz 2 i. V. m. Abs. 1 Satz 2 InsO).

Die **Erhöhung der Vergütung** erfolgt in der Weise, dass ebenso wie im Falle der Vergü- 22
tung des vorläufigen Insolvenzverwalters **unmittelbar der Bruchteil der Vergütung von 60 % um entsprechende Anteile** erhöht wird.[38)] Die Anordnung des Zustimmungsvorbehalts mit entsprechender Arbeitsbelastung rechtfertigt eine Erhöhung um mindestens 10 %,[39)] die Ausarbeitung eines Insolvenzplans ist ebenso zu bewerten wie beim Insolvenzverwalter. Überdurchschnittliche Arbeitsbelastung bei Regelaufgaben ist gleichfalls zu bewerten, bspw. die Schwierigkeiten bei der Führung von Prozessen oder bei Forderungsanmeldungen. Die Bestimmung des konkreten Zuschlagsfaktors für einen Tatbestand hängt von der konkreten Arbeitsbelastung des Sachwalters ab. Es kann **nicht pauschal argumentiert** werden, er habe bezüglich eines Tatbestandes **vergleichbar weniger Aufwand als der Insolvenzverwalter.** In einem konkreten Eigenverwaltungsverfahren kann der Arbeitsaufwand für den Sachwalter ebenso hoch sein, wie für einen Insolvenzverwalter. Er kann aber auch niedriger sein. Dass grundsätzlich dem Sachwalter ein geringerer Aufwand unterstellt wird, wird bereits an der abgesenkten Regelvergütung des § 12 InsVV deutlich. Würde ihm dies auch bei Erhöhungstatbeständen unterstellt, widerspräche dies dem zutreffenden Postulat, Erhöhungen an der konkreten Arbeitsbelastung zu messen.

Beispiel:

Im Insolvenzverfahren hatte der Sachwalter umfangreiche Aufgaben i. R. der Beratungen zu einem Insolvenzplan (§ 284 Abs. 1 Satz 2 InsO) zu bewältigen. Er hatte ferner eine überdurchschnittlich hohe Zahl an Anfechtungsprozessen zu führen (§ 280 InsO) und i. R. der An-

34) Zur Vergütung des vorläufigen Insolvenzverwalters BGH, Beschl. v. 4.7.2002 – IX ZB 31/02, ZIP 2002, 1459; BGH, Beschl. v. 24.6.2003 – IX ZB 453/02, ZIP 2003, 1759 = ZVI 2003, 484; BGH, Beschl. v. 17.7.2003 – IX ZB 10/03, ZIP 2003, 1612 = ZVI 2003, 430.

35) *Kern* in: MünchKomm-StaRUG, § 284 InsO Rz. 10 ff.; *Graf/Wunsch*, ZIP 2001, 1029.

36) A. A. LG Duisburg, Beschl. v. 14.9.2016 – 7 T 24/16, ZInsO 2016, 2101.

37) Zur Zahl der Arbeitnehmer und zur Unternehmensgröße AG Dortmund, Beschl. v. 5.12.2016 – 259 IN 13/14, ZInsO 2016, 2499.

38) Zur Vergütung des vorläufigen Insolvenzverwalters BGH, Beschl. v. 18.12.2003 – IX ZB 50/03, ZIP 2004, 518 = ZVI 2004, 203.

39) *Prasser* in: KPB, InsO, § 12 InsVV Rz. 11 ff.

ordnung eines Zustimmungsvorbehalts (§ 277 InsO) die Geschäftsführung des Schuldners in besonderem Maße zu überwachen.

Die Anordnung des Zustimmungsvorbehalts allein rechtfertigt nach § 12 Abs. 2 InsVV keine Erhöhung der Regelvergütung des Sachwalters. Sie wirkte sich aber unmittelbar auf seine Arbeitsbelastung aus und wirkt deshalb vergütungserhöhend. Ferner kann entsprechend § 3 Abs. 1 lit. e InsVV für die Mitwirkung beim Insolvenzplan eine Erhöhung gewährt werden, ebenso für besonders umfangreiche Anfechtungen, für die nach § 280 InsO allein der Sachwalter zuständig ist.

b) Kürzung der Vergütung entsprechend § 3 Abs. 2 InsVV

23 Eine Kürzung der Vergütung kommt für den Sachwalter in Betracht, wenn **insgesamt die Arbeitsbelastung gering** war.[40] Speziell für das Verfahren der Eigenverwaltung ist auch der Fall des § 3 Abs. 2 lit. c InsVV anwendbar, wenn die Eigenverwaltung vorzeitig aufgehoben wird.

24 Für den Fall des **Zustimmungsvorbehalts** nach § 277 InsO ist eine Kürzung der Vergütung denkbar, wenn die **tatsächliche Ausübung** desselben die Arbeitsbelastung des Sachwalters **wenig in Anspruch genommen** hat.[41] Eine Kürzung wird hier aber meist schon deshalb ausscheiden, weil dem Sachwalter keine Erhöhung der Vergütung zu gewähren ist, er mithin auch bei Anordnung des Zustimmungsvorbehalts ohne konkrete Arbeitsbelastung nur die Regelvergütung von 60 % erhält.

25 Für die Anwendung des § 3 Abs. 2 lit. a InsVV ist maßgebend, ob und in welchem Umfang sich die vorläufige Verwaltung auch auf die Tätigkeit des Sachwalters und nicht nur die des Schuldners ausgewirkt hat.

5. Vergütung bei Planüberwachung

26 Kommt ein Insolvenzplan zustande und ist der Sachwalter gemäß §§ 260, 284 Abs. 2 InsO mit der **Überwachung des Plans** beauftragt worden, erhält er wie der Insolvenzverwalter hierfür eine Vergütung nach § 6 Abs. 2 InsVV.

III. Auslagenersatz und Vergütungsfestsetzung

1. Auslagenersatz und Umsatzsteuer

27 Der Sachwalter erhält Ersatz seiner Auslagen gemäß § 4 InsVV. Die **Pauschsätze** des § 8 Abs. 3 InsVV für den Auslagenersatz werden gemäß § 12 Abs. 3 InsVV **für den Sachwalter halbiert**. Er kann für jeden Monat des Insolvenzverfahrens eine Pauschale erhalten. Die monatliche Pauschale beträgt 125 € in Verfahren, die bis 31.12.2020 beantragt worden sind und 175 € in Verfahren, die seit 1.1.2021 beantragt werden.[42]

28 Dem umsatzsteuerpflichtigen Sachwalter ist die von ihm zu zahlende Umsatzsteuer nach § 7 InsVV voll auszugleichen.

2. Verfahren der Vergütungsfestsetzung

29 Für die Festsetzung der Vergütung des Sachwalters gelten die Regelungen des § 8 InsVV und des § 64 InsO entsprechend. Er kann nach Maßgabe des § 9 InsVV auch einen **Vorschuss auf seine Vergütung** erhalten. Da jedoch die Insolvenzmasse dem Verfügungsrecht

---

40) BGH, Beschl. v. 11.5.2006 – IX ZB 249/04, ZIP 2006, 1204, 1207.

41) *Prasser* in: KPB, InsO, § 12 InsVV Rz. 19.

42) § 12 Abs. 3 InsVV geändert durch Art. 6 Nr. 6 SanInsFoG, v. 22.12.2020, BGBl. I 2020, 3256.

des Schuldners unterliegt, kann der Sachwalter nicht ermächtigt werden, den Vorschuss aus der Masse selbst zu entnehmen; der Schuldner ist umgekehrt nicht berechtigt, einen vom Insolvenzgericht bewilligten Vorschussbetrag nicht freizugeben.

Der Sachwalter kann mit dem **Vergütungsbeschluss als Vollstreckungstitel** nach § 794 30
Abs. 1 Nr. 3 ZPO die Zwangsvollstreckung gegen den Schuldner betreiben. Der Vergütungsbeschluss ist daher ähnlich wie ein Kostenfestsetzungsbeschluss so zu formulieren, dass die „vom Schuldner an den Sachwalter zu zahlende Vergütung nebst Auslagenersatz und Umsatzsteuer (je einzeln ausgewiesen) festgesetzt wird."[43]

Im Verfahren mit **Kostenstundung nach §§ 4a ff. InsO** haftet durch Verweisung auf § 63 31
Abs. 2 InsO die Staatskasse auch für die Vergütung des Sachwalters (§ 274 Abs. 1 InsO). Freilich wird ein Verfahren der Eigenverwaltung mit Kostenstundung höchst selten der Fall sein.

43) *Prasser* in: KPB, InsO, § 12 InsVV Rz. 36.

§ 9
Die Vergütung des vorläufigen Sachwalters

Übersicht

Aufsatzliteratur: *Buchalik/Schröder*, Kriterien zur Festsetzung angemessener Vergütungen in der Eigenverwaltung, ZInsO 2016, 2231; *Budnik*, Zur Regelvergütung des vorläufigen Sachwalters, NZI 2014, 247; *Deutschbein*, Ist der Streit um die Vergütung des vorläufigen Sachwalters ein Stolperstein für die vorläufige Eigenverwaltung?, ZInsO 2015, 1957; *Ganter*, Aktuelle Entwicklungen im Recht der Insolvenzverwaltervergütung, NZI 2016, 377; *Graeber*, Die Vergütungsbemessung beim vorläufigen Sachwalter nach den Grundsätzen des BGH, DZWIR 2016, 514; *Graeber/Graeber*, Der Abbruch der vorläufigen Eigenverwaltung als vergütungsrechtliches Problem, ZInsO 2015, 891; *Haarmeyer/Mock*, Die Vergütung des vorläufigen Sachwalters – Finales und Halbfinales aus Karlsruhe, ZInsO 2016, 1829; *Haarmeyer/Mock*, Zur Struktur der Vergütung des Sachwalters, ZInsO 2016, 1; *Hackenberg*, Die Rechtsprechung des BGH zur Vergütung des vorläufigen Sachwalters – ein Sanierungshindernis?, ZInsO 2017, 204; *Hammes*, Keine Eigenverwaltung ohne Berater? Zu Risiken und Nebenwirkungen einer scheinbaren Selbstverständlichkeit, NZI 2017, 233; *Helmi/Stagge*, Vergütungsanspruch des vorläufigen Sachwalters bei Wechsel in ein Regelinsolvenzverfahren, ZInsO 2019, 1834; *Kampshoff/Schäfer*, Die Aufgaben des vorläufigen Sachwalters, NZI 2016, 941; *Kebekus/Georg*, Eingeständiger Vergütungsantrag des „nur" vorläufigen Sachwalters, in: Festschrift für Godehard Kayser, 2019, S. 421; *Keller*, Die Vergütungsbemessung beim vorläufigen Sachwalter nach den Grundsätzen des BGH, NZI 2016, 753; *Kirchner/Wozniak*, Die Vergütung des vorläufigen Sachwalters nach der Entscheidung des BGH vom 21.7.2016 – Roma locuta, causa finita für Altvergütungen?, ZInsO 2018, 147; *Lissner*, Die Vergütung des Sachwalters, Rpfleger 2017, 125; *Mock*, Die Vergütung des vorläufigen Sachwalters, ZInsO 2014, 67; *Pape*, Die Insolvenzzweckwidrigkeit von Rechtshandlungen des vorläufigen und des endgültigen Insolvenzverwalters/Sachwalters, ZInsO 2016, 2149; *Schur*, Die Vergütung des vorläufigen Sachwalters – Regelvergütung, Berechnungsgrundlage, Zuschläge, ZIP 2014, 757; *Undritz/Schur*, Das Recht des (vorläufigen) Sachwalters zur Kassenführung, ZIP 2016, 549; *Vill*, Kann ein Rechtsanwalt, der zum vorläufigen Sachwalter bestellt wurde, mit dem Schuldner des Insolvenzverfahrens rechtswirksam Verträge zur rechtlichen Beratung im Insolvenzeröffnungsverfahren schließen?, ZInsO 2015, 2245; *Vill*, Die Vergütung des vorläufigen Insolvenzverwalters – Zur Neufassung des § 11 InsVV durch die zweite Änderungsverordnung zur InsVV, in: Festschrift für Gero Fischer, 2008, S. 547; *Zimmer*, Probleme des Vergütungsrechts (bei Nicht-Eröffnung des Insolvenzverfahrens) vor und nach ESUG – Plädoyer für das Eröffnungsverfahren als notwendige Vorstufe eines Insolvenzverfahrens im Sinne einer Vorgesellschaft, ZInsO 2012, 1658.

I. Vorläufige Sachwaltung nach ESUG und nach SanInsFoG

1 Das Amt des vorläufigen Sachwalters im Insolvenzeröffnungsverfahren zur Eigenverwaltung nach §§ 270 ff. InsO hat durch die Änderungen des ESUG vom 7.12.2011[1] mit den Vorschriften der § 270a Abs. 1 Satz 2 und § 270b Abs. 2 Satz 1 InsO Eingang in das Gesetz gefunden.[2] Mit den **Änderungen durch das SanInsFoG** vom 22.12.2020[3] mit Inkrafttreten am 1.1.2021 wurde das Eigenverwaltungsverfahren neu geregelt. Insbesondere wurden Zugangsvoraussetzungen durch eine Neufassung des § 270a InsO präzisiert. Die **Aufgaben und Befugnisse** eines **vorläufigen Sachwalters** wurden durch **Neufassungen der §§ 270b und 270c InsO präzisiert** und auch erweitert.[4] Die Neuregelungen gelten nur für Verfahren, die seit dem 1.1.2021 beantragt werden (Art. 103m EGInsO).

2 Parallel dazu schuf der Gesetzgeber mit den Änderungen der InsVV durch das SanInsFoG (siehe dazu allgemein § 1 Rz. 124) mit **§ 12a InsVV** eine **Vergütungsregelung** für den vorläufigen Sachwalter, die ebenfalls erst für **Verfahren** gilt, **die seit dem 1.1.2021 beantragt** werden (§ 19 Abs. 5 InsVV). Es ist daher für eine Übergangszeit erforderlich, sowohl die Aufgaben und Befugnisse eines vorläufigen Sachwalters als auch hieraus folgend seine Vergütung differenziert nach dem Geltungsbereich der jeweiligen Normen darzustellen.

3 Bereits an dieser Stelle muss festgestellt werden, dass die Neuregelung des **§ 12a InsVV nicht auf Verfahren**, die **bis zum 31.12.2020 beantragt** worden sind, angewendet werden darf. Dies widerspräche bereits der Übergangsregelung des § 19 Abs. 5 InsVV. Auch wenn in diesen Verfahren eine ausdrückliche Regelung in der InsVV zur Vergütung des vorläufigen Sachwalters fehlt, kann die Vorschrift nicht etwa analog angewendet werden. Damit würden nämlich auch implizit die Neuregelungen der InsO zur vorläufigen Eigenverwaltung einbezogen, die nicht rückwirkend gelten. Bezogen auf die Neuregelungen zur Vergütung ist entscheidend auch zu bedenken, dass seit 1.1.2021 die Regelvergütung des § 2 InsVV angepasst ist. Wollte man § 12a InsVV heranziehen, müsste man auch die Neuregelung des § 2 InsVV auf Altfälle anwenden. Damit würde aber die mögliche Analogie überdehnt. Es ist daher die Vergütung des vorläufigen Sachwalters in Verfahren, die bis 31.12.2020 beantragt wurden, autonom unter Berücksichtigung unmittelbar dazu ergangener Rechtsprechung und dazu gewonnener Erkenntnisse der Rechtswissenschaft zu bestimmen.

II. Rechtsstellung und Aufgaben des vorläufigen Sachwalters

1. Aufgaben des vorläufigen Sachwalters im Vergleich zum vorläufigen Insolvenzverwalter

4 Zum **Aufgabenkreis des vorläufigen Sachwalters** verweist § 270b Abs. 1 InsO (bis 31.12.2020: § 270a Abs. 1 Satz 2 InsO) wesentlich auf die allgemeinen Aufsichts- und Mit-

---

1) Gesetz zur weiteren Erleichterung der Sanierung von Unternehmen – ESUG, v. 7.12.2011, BGBl. I 2011, 2582.

2) Zur Rechtsgeschichte Uhlenbruck-*Deppenkemper*, InsO, § 270 Rz. 1 ff.; *Kern* in: MünchKomm-StaRUG, Vor §§ 270–285 InsO Rz. 3 ff.; K. Schmidt-*Undritz*, InsO, Vor §§ 270–285 Rz. 24 ff.; *Kübler* in: Kübler/Bork/Prütting, HRI II, § 1 Rz. 7 ff.; *Haas* in: Gottwald/Haas, Insolvenzrechts-Hdb., § 86 Rz. 3 ff.; *Keller*, Insolvenzrecht, Rz. 1856 ff.

3) Gesetz zur Fortentwicklung des Sanierungs- und Insolvenzrechts – SanInsFoG, v. 22.12.2020, BGB. I 2020, 3256.

4) Begr. RegE SanInsFoG, BT-Drucks. 19/24181, S. 205 ff.

wirkungspflichten des Sachwalters nach §§ 274, 275 InsO (siehe oben § 8 Rz. 4 ff.). Durch die **Verortung** des vorläufigen Sachwalters **im Eröffnungsverfahren** liegt aber auch ein **Vergleich** seiner Rechtsstellung und Aufgaben **mit dem vorläufigen Insolvenzverwalter** nahe. Am ehesten vergleichbar ist er mit dem sog. schwachen vorläufigen Insolvenzverwalter, da er keine eigene Verfügungsbefugnis besitzt. Auch sah der bis 31.12.2020 geltende § 270a Abs. 1 Satz 2 InsO für den vorläufigen Sachwalter keine Anordnung eines Zustimmungsvorbehalts nach § 277 InsO vor (siehe bereits oben § 1 Rz. 21 ff.). Der Gesetzgeber des ESUG sprach sich sogar dafür aus, dass die Anordnung von Verfügungsbeeinträchtigungen so weit wie möglich zu unterbleiben habe, damit die Vorteile der Eigenverwaltung nicht bereits im Eröffnungsverfahren verloren gingen.[5] Die seit 1.1.2021 geltende Neuregelung des § 270c InsO weicht hiervon ab. Nach § 270c Abs. 1 InsO kann das Gericht den vorläufigen Sachwalter beauftragen, zur Eigenverwaltungsplanung des Schuldners, zur Rechnungslegung und zu möglichen Haftungsansprüchen gegen Organe Bericht zu erstatten. Im Wortlaut des § 270c Abs. 3 InsO sind einstweilige Maßnahmen mit Bezug auf § 21 InsO zwar die Verfügungsbeeinträchtigungen des § 21 Abs. 2 Nr. 2 InsO nicht genannt, allerdings kann das Gericht ausdrücklich einen **Zustimmungsvorbehalt** gegenüber dem Schuldner anordnen.[6]

Der vorläufige Sachwalter hat eine bereits während des Eröffnungsverfahrens die **Prüfung der Sanierungsfähigkeit** des Unternehmens und mögliche **Sanierungsmaßnahmen** zu begleiten. Er ist befugt und verpflichtet, die **Unternehmensfortführung** zu begleiten und zu überwachen. Nach der durch das SanInsFoG zum 1.1.2021 eingefügten Regelung des § 274 Abs. 2 Satz 2 InsO kann das Gericht anordnen, dass der Sachwalter den Schuldner i. R. der **Insolvenzgeldvorfinanzierung**, der insolvenzrechtlichen Buchführung und der Verhandlungen mit Kunden und Lieferanten unterstützen soll. Gerade im Hinblick auf die Insolvenzgeldvorfinanzierung trifft diese Aufgabe aber wesentlich den vorläufigen Sachwalter. 5

Damit sind die **Aufgaben und Befugnisse des vorläufigen Sachwalters** unter Berücksichtigung der Besonderheiten des Eröffnungsverfahrens bei Eigenverwaltung **vergleichbar mit den Aufgaben und Befugnissen eines vorläufigen Insolvenzverwalters.** Dies gilt insbesondere in den seit 1.1.2021 beantragten Verfahren mit der Regelung des § 270c InsO. Auch wenn sich in Einzeltatbeständen die Rechte und Pflichten unterscheiden, sind sie hinsichtlich eines tatsächlichen Arbeitsaufwandes vergleichbar. Dies betrifft insbesondere die Begleitung der Unternehmensfortführung, die Prüfung der Sanierungsaussichten und die Begleitung der Einleitung entsprechender Maßnahmen, bspw. eines M&A-Prozesses oder auch von Personalanpassungsmaßnahmen. 6

2. Aufgaben des vorläufigen Sachwalters im Vergleich zum Sachwalter im eröffneten Insolvenzverfahren

Die Aufgaben und Befugnisse des Sachwalters im eröffneten Verfahren (siehe § 8 Rz. 4 ff.) unterscheiden sich von denen des vorläufigen Sachwalters: Die Geltendmachung von Anfechtungsansprüchen (§ 280 InsO) im Insolvenzeröffnungsverfahren scheidet bereits mangels Insolvenzeröffnung aus. Allerdings wird hinsichtlich der Sanierungsprüfung und etwa der Gruppenbildung in einem Insolvenzplan auch der vorläufige Sachwalter Anfechtungstatbestände zu prüfen und zu berücksichtigen haben. Die Forderungsprüfung nach § 283 InsO erfolgt dagegen nur im eröffneten Insolvenzverfahren. Die Prüfung einer Masseunzulänglichkeit nach § 285 InsO hat ihr Pendant im Eröffnungsverfahren in der **ständigen Prüfung der Zahlungsfähigkeit** des schuldnerischen Unternehmens sowie in der **Prüfung** 7

5) Begr. RegE ESUG, BT-Drucks. 17/5712, S. 39, 40.
6) Begr. RegE SanInsFoG, BT-Drucks. 19/24181, S. 206.

der Sanierungsfähigkeit. Für die seit 1.1.2021 beantragten Verfahren stellt § 270b Abs. 2 InsO die Bestellung eines vorläufigen Sachwalters u. a. unter die Bedingung, dass das Eigenverwaltungsverfahren voraussichtlich keine höheren Kosten verursachen wird als ein Regelinsolvenzverfahren (dazu auch § 270a Abs. 1 Nr. 5 InsO). Auch hier obliegt dem vorläufigen Sachwalter die Prüfung der Zahlungsfähigkeit und der Sanierungsfähigkeit. Festzustellen ist daher, dass auch bei Unterschieden in den anzuwendenden Vorschriften des Sachwalters im eröffneten Insolvenzverfahren Parallelen im tatsächlichen Arbeitsaufwand bestehen.[7]

8 Soweit § 12 InsVV implizit voraussetzt, dass der Arbeitsaufwand des Sachwalters geringer sei als der eines Insolvenzverwalters, ist dies für den vorläufigen Sachwalter im Insolvenzeröffnungsverfahren im Vergleich zum Sachwalter des eröffneten Verfahrens nicht zutreffend. Er hat **mehr als der Sachwalter im eröffneten Insolvenzverfahren** die **wirtschaftliche Lage des Schuldners** und gerade im Hinblick auf § 270b Abs. 2 oder § 270c Abs. 1 InsO die **Sanierungsfähigkeit zu prüfen** und geeignete Maßnahmen hierzu zu unterstützen.[8]

9 Im **Vergleich zwischen vorläufigem und endgültigem Sachwalter** ist aber der **zeitliche Faktor** der jeweiligen Tätigkeit zu beachten. § 12 InsVV bestimmt für den Sachwalter des eröffneten Verfahrens 60 % der Regelvergütung als Vergütung für das gesamte eröffnete Insolvenzverfahren. Das Eröffnungsverfahren ist regelmäßig kürzer als ein Insolvenzverfahren, auch wenn dieses unter Eigenverwaltung geführt wird. Auch wenn die Tätigkeit des vorläufigen Sachwalters qualitativ die des Sachwalters im eröffneten Verfahren übertreffen kann, bleibt es im zeitlichen Umfang dahinter zurück. Wird das Verfahren der Eigenverwaltung als sog. **Schutzschirmverfahren** nach § 270d InsO (bis 31.12.2020: § 270b InsO) optimal innerhalb von drei Monaten mit Bestätigung des Insolvenzplans beendet, käme dann hinsichtlich der Vergütung nach § 12 InsVV logisch eine Kürzung in Betracht.

3. Die Rechtsprechung des BGH

10 Mit Beschluss vom 21.7.2016 nahm der BGH grundlegend Stellung zur Rechtsstellung und zur Vergütung des vorläufigen Sachwalters.[9] Der **BGH lehnt einen Vergleich zu den Aufgaben und Befugnissen des vorläufigen Insolvenzverwalters** ausdrücklich **ab.**[10] Er sieht den vorläufigen Sachwalter eher als **Vorstufe zum Sachwalter des eröffneten Eigenverwaltungsverfahrens** und lehnt dabei auch einen eigenständigen Vergütungsanspruch des vorläufigen Sachwalters ab. Den Unterschied zum vorläufigen Insolvenzverwalter sieht er wesentlich darin, dass der vorläufige Sachwalter anders als der vorläufige Insolvenzverwalter keine Befugnis zur Massesicherung und keine eigenen Eingriffs- und Sicherungsbefugnisse habe.[11] Auch im Zusammenhang mit der Unternehmensfortführung und Sanierungsbemühungen betont er die Beschränkung der gesetzlichen Befugnisse auf Überwachung und Kontrolle.

11 Zuzugestehen ist dem BGH das Argument, das zentrale Anliegen des Gesetzgebers könne nicht dadurch unterlaufen werden, dass der vorläufige Sachwalter nichts anderes als ein vor-

7) Eingehend zu den Aufgaben des Sachwalters *Minuth* in: Kübler/Bork/Prütting, HRI II, § 9.

8) Eingehend *Hofmann* in: Kübler/Bork/Prütting, HRI II, § 7 Rz. 180 ff.

9) BGH, Beschl. v. 21.7.2016 – IX ZB 70/14, Rz. 28, 31, 52, 53, BGHZ 211, 225 = ZIP 2016, 1592, dazu EWiR 2016, 499 *(Beck)*; allgemein sowie zu Einzelfragen *Graeber*, DZWIR 2016, 514; *Keller*, NZI 2016, 753; *Haarmeyer/Mock*, ZInsO 2016, 1829; *Buchalik/Schröder*, ZInsO 2016, 2231; *Lissner*, Rpfleger 2017, 125; *Hackenberg*, ZInsO 2017, 204; *Kirchner/Wozniak*, ZInsO 2018, 147; *Helmi/Stagge*, ZInsO 2019, 1834.

10) BGH, Beschl. v. 21.7.2016 – IX ZB 70/14, Rz. 38, 42, 43, BGHZ 211, 225 = ZIP 2016, 1592.

11) BGH, Beschl. v. 21.7.2016 – IX ZB 70/14, Rz. 70, 73, BGHZ 211, 225 = ZIP 2016, 1592.

läufiger Insolvenzverwalter mit lediglich anderer Bezeichnung sei.[12] Der BGH erkennt an, dass die Aufgaben des vorläufigen Sachwalters gerade im Eröffnungsverfahren besonders viel Arbeitsaufwand erfordern können.[13] Dennoch billigt er ihm wesentlich die Vergütung nur für die unmittelbar gesetzlich geregelten Aufgaben zu. Eine strikte Trennung und Beschränkung der Aufgaben auf die gesetzlich geregelten entspricht aber nicht der Realität. Der vorläufige Sachwalter, der i. R. der Vorbereitung einer vorläufigen Eigenverwaltung oder eines Schutzschirmverfahrens auch bewusst ausgewählt wird, wird sich stets sanierungsfördernd in das Verfahren einbringen und aktiv mitwirken. Es ist realitätsfern, ihn nur als Zuschauer des Handelns des eigenverwaltenden Schuldners und seiner Berater zu sehen. Vielfach verlangen auch Vertragspartner oder Investoren die Mitwirkung des vorläufigen Sachwalters. Gerade auch bei Insolvenzen mit internationalen Bezügen verlangen ausländische Vertragspartner seine Mitwirkung, weil ihnen das Institut der Eigenverwaltung fremd ist und sie daher die Einbindung einer gerichtlich bestellten Person wünschen. Oftmals wird auch seitens des Insolvenzgerichts die Begründung von Verbindlichkeiten von der Zustimmung des vorläufigen Sachwalters abhängig gemacht. Der vorläufige Sachwalter ist gerade dann mit einem vorläufigen Insolvenzverwalter vergleichbar.

III. Grundlagen des Vergütungsanspruchs

1. Grundsätzliche Fragestellungen

Der vorläufige Sachwalter bei Eigenverwaltung hat – anders als vom BGH angenommen – einen gesetzlich normierten Anspruch auf angemessene Vergütung nach § 63 InsO über § 270b Abs. 1 mit § 274 Abs. 1 InsO. Es gelten die allgemeinen Grundsätze zum Entstehen, zur Fälligkeit und zum Inhalt des Vergütungsanspruchs (siehe oben § 2 Rz. 5 ff.). Ebenso wie für den Insolvenzverwalter sind auch für den vorläufigen Sachwalter Vergütungsvereinbarungen ausgeschlossen. Er kann insbesondere nicht mit dem Schuldner einen Beratungsvertrag mit Vergütungsvereinbarung schließen.[14] 12

Die **InsVV enthielt bis 1.1.2021 keine Regelung** zur Vergütung des vorläufigen Sachwalters. Für die Verfahren, die seit 1.1.2021 beantragt werden, gilt § 12a InsVV (§ 19 Abs. 5 InsVV, zum Eigenverwaltungsverfahren auch Art. 103m EGInsO). Ob es als Redaktionsversehen oder als bewusste Regelungslücke zu werten ist, dass für die Zeit vom 1.3.2012 bis 1.1.2021 keine Vergütungsregelung bestand, kann offengelassen werden. Dass bezüglich der Mitwirkung des vorläufigen Gläubigerausschusses im Eröffnungsverfahren bei der Auswahl des Insolvenzverwalters nach § 56a InsO die Regelung des § 17 InsVV geändert wurde, zeigt, dass der Gesetzgeber des ESUG sich mit den vergütungsrechtlichen Folgen seiner Änderungen der InsO durchaus befasst hat. Insofern ist eher anzunehmen, die Vergütung des vorläufigen Insolvenzverwalters zunächst bewusst nicht geregelt worden ist.[15] 13

Diese für Verfahren, die bis 31.12.2020 beantragt worden sind, nach wie vor bestehende Regelungslücke bedarf hinsichtlich zweier Fragestellungen einer Schließung. Dass die Vergütung des vorläufigen Sachwalters dem **Grundsystem der Vergütungsgewährung nach §§ 1 bis 3 InsVV** zu entsprechen hat, steht außer Frage.[16] Zu klären sind die Bestimmung der Berechnungsgrundlage sowie die Bestimmung der Regelvergütung entweder in Anwendung von § 11 InsVV oder von § 12 InsVV oder in Kombination beider Vorschriften. 14

12) BGH, Beschl. v. 21.7.2016 – IX ZB 70/14, Rz. 47, BGHZ 211, 225 = ZIP 2016, 1592.

13) BGH, Beschl. v. 21.7.2016 – IX ZB 70/14, Rz. 44, BGHZ 211, 225 = ZIP 2016, 1592.

14) OLG Dresden, Urt. v. 15.10.2015 – 13 U 1605/13, ZIP 2015, 1937, dazu EWiR 2015, 707 *(Zimmer)*; *Vill*, ZInsO, 2015, 2245; *Pape*, ZInsO 2016, 2149.

15) Kritisch *Deutschbein*, ZInsO 2015, 1957.

16) Für eine Vergütung nach Stundensätzen noch *Büttner* in: HambKomm-InsO, 5. Aufl. 2015, § 12 InsVV Rz. 24.

15 Vorausgehend ist die Systematik des Vergütungsrechts zwischen Eröffnungsverfahren und eröffnetem Verfahren zu berücksichtigen. In der Abgrenzung und Unterscheidung von Eröffnungsverfahren und eröffnetem Insolvenzverfahren ist aus den vergütungsrechtlichen Vorschriften eine Systematik dahingehend zu erkennen, dass **Amtsträger des Eröffnungsverfahrens eine geringere Regelvergütung** erhalten sollen, als solche des eröffneten Verfahrens. Für den Insolvenzverwalter wird dies am Vergleich von § 63 Abs. 3 InsO mit § 11 InsVV deutlich. Die Systematik mag fragwürdig erscheinen, insbesondere wenn man sie allein am zeitlichen Element der Verfahrensabschnitte festmacht.[17)] Ein Zurückbleiben der Tätigkeit eines vorläufigen Insolvenzverwalters hinter der eines Insolvenzverwalters in qualitativer Hinsicht ist jedenfalls dann nicht feststellbar, wenn man die vorläufige Verwaltung gerade in Sanierungsverfahren zutreffend als aktive Tätigkeit begreift, durch welche bestmögliche Masseverwertung oder Sanierung eines Unternehmens befördert werden (siehe dazu oben § 7 Rz. 65 ff.). Mit § 63 Abs. 3 Satz 2 InsO gibt der Gesetzgeber des Gesetzes zur Verkürzung des Restschuldbefreiungsverfahrens und der Stärkung der Gläubigerrechte vom 15.7.2013[18)] dem System der abgestuften Vergütung zwar eine gesetzliche Grundlage, er betont aber gleichzeitig – wie auch der Verordnungsgeber zu § 11 InsVV i. d. F. vom 21.12.2006 –, dass die Vergütung des vorläufigen Insolvenzverwalters in ihrem Betrag nicht geringer sein muss als die des Insolvenzverwalters, vielmehr ihr entsprechen oder sie auch übertreffen kann. Letztlich ist dies Frage konkreter Arbeitsbelastung und Zuschlagsgewährung.[19)]

2. Systematik des Vergütungsrechts zwischen Eröffnungsverfahren und eröffnetem Verfahren

16 Systematisch und zeitlich ist zwischen Eröffnungsverfahren und eröffnetem Verfahren zu unterscheiden. Der vorläufige Sachwalter hat für **seine Tätigkeit im Eröffnungsverfahren Anspruch auf Vergütung** nach § 270b Abs. 1 (bis 31.12.2020: § 270a Abs. 1 Satz 2), § 274 Abs. 1 und § 63 Abs. 1 InsO. Die Vergütung ist nach Beendigung des Eröffnungsverfahrens festzusetzen. Zuschlags- und Abschlagstatbestände des § 3 InsVV sind konkret bezogen auf seine Tätigkeit zu berücksichtigen.

17 Der **BGH** sieht in seiner Rechtsprechung vom Juli 2016 **zwischen vorläufigem Sachwalter und Sachwalter des eröffneten Eigenverwaltungsverfahrens keinen wesentlichen Unterschied.** Er sieht deshalb in der InsVV auch keine Regelungslücke, weil die **Vergütung des vorläufigen Sachwalters zusammen** mit der des Sachwalters im eröffneten Verfahren **festgesetzt** werden soll. Der BGH geht so weit, dem vorläufigen Sachwalter deswegen einen eigenständigen Vergütungsanspruch abzusprechen.[20)] Wird das Insolvenzverfahren nicht eröffnet, soll der vorläufige Sachwalter wenigstens aus Art. 12 Abs. 1 GG einen Vergütungsanspruch herleiten können.[21)] Im gedachten Regelfall der Eröffnung des Verfahrens mit Eigenverwaltung und alsbaldiger Beendigung nach Bestätigung eines Insolvenzplans soll aber die Vergütung des vorläufigen Sachwalters zusammen mit der des Sachwalters festgesetzt werden.

18 Die Ansicht des BGH **widerspricht der grundsätzlichen Trennung** von Eröffnungsverfahren und eröffnetem Insolvenzverfahren, die auch bei Eigenverwaltung gilt. Ob sie nach Einführung des § 12a InsVV zum 1.1.2021 überhaupt noch haltbar ist, ist ohnehin frag-

---

17) So aber *Vill* in: FS Fischer, S. 547.

18) Gesetz zur Verkürzung des Restschuldbefreiungsverfahrens und der Stärkung der Gläubigerrechte – GlRStG, v. 15.7.2013, BGBl. I 2013, 2379.

19) Beschlussempfehlung und Bericht d. RA z. RegE GlRStG, BT-Drucks. 17/13535, S. 43, 44.

20) BGH, Beschl. v. 21.7.2016 – IX ZB 70/14, Rz. 28, 31, 53, BGHZ 211, 225 = ZIP 2016, 1592.

21) BGH, Beschl. v. 21.7.2016 – IX ZB 70/14, Rz. 52, BGHZ 211, 225 = ZIP 2016, 1592.

lich. Sie entsprach aber auch nie der Realität, die oft darin besteht, dass das Insolvenzverfahren entweder ohne Eigenverwaltung eröffnet wird oder diese nachträglich aufgehoben wird.[22] **Systematisch** und auch mit Rücksicht auf die vielfältige Insolvenzpraxis **ist eine Vermischung von Eröffnungsverfahren und eröffnetem Insolvenzverfahren abzulehnen,** sie führt bei atypischen Verfahrensabläufen auch zu Brüchen. Wird das Insolvenzverfahren ohne Eigenverwaltung eröffnet und der bisherige vorläufige Sachwalter zum Insolvenzverwalter bestellt, müsste konsequent nach Ansicht des BGH die Vergütung einheitlich als Insolvenzverwaltervergütung mit Zuschlag für vorläufige Sachwaltung festgesetzt werden. Damit würden Eröffnungsverfahren, Eigenverwaltung und Insolvenzverfahren komplett miteinander vermischt. Wird die Eigenverwaltung im eröffneten Verfahren nachträglich aufgehoben, stellt sich noch gravierender die Frage, für welche Zeiträume und für welche Tätigkeiten die Vergütung für die vorläufige Sachwaltung, die Sachwaltung und die Insolvenzverwaltung gewährt wird.[23] Würde man hier für die vorläufige Sachwaltung und die Sachwaltung eine gemeinsame Vergütung festsetzen, müsste man diese vollständig mit der späteren Insolvenzverwaltervergütung verrechnen. Dies würde aber gerade für die Insolvenzverwaltervergütung wieder gegen das Gebot der Trennung von Eröffnungsverfahren und eröffnetem Verfahren verstoßen. Es muss deshalb stets zwischen den Verfahrensabschnitten differenziert werden.

Bei der Gewährung von Zuschlägen oder Abschlägen nach § 3 InsVV schlägt der BGH vereinfachend vor, bei Beendigung des eröffneten Verfahrens dem endgültigen Sachwalter nur ein Zuschlag von 25 % für die vorläufige Sachwaltung zu gewähren.[24] Dies ist erst recht abzulehnen. Zuschläge sind für den vorläufigen Sachwalter bezogen auf seine konkreten Erschwernisse des Eröffnungsverfahrens zu gewähren, es sind aber auch Tatbestände des eröffneten Verfahrens von denen des Eröffnungsverfahrens abzugrenzen. Bei einer gemeinsamen Vergütungsfestsetzung kann eine differenzierte Betrachtung und Abwägung konkreter Tatbestände nicht vorgenommen werden. 19

Richtigerweise ist **in jedem Fall zwischen verschiedenen Verfahrensabschnitten** und Ämtern **zu unterscheiden:** 20

- Wird die vorläufige Eigenverwaltung bereits im Eröffnungsverfahren aufgehoben und ein vorläufiger Insolvenzverwalter eingesetzt, erhält der vorläufige Sachwalter seine Vergütung unter Berücksichtigung einer Kürzung wegen vorzeitiger Beendigung des Amtes nach § 3 Abs. 2 lit. c InsVV (siehe dazu nachfolgend Rz. 59 und § 6 Rz. 6). Bei der Vergütung des vorläufigen Insolvenzverwalters kann der Kürzungstatbestand des § 3 Abs. 2 lit. a InsVV greifen.
- Wird das Insolvenzverfahren ohne Eigenverwaltung eröffnet, sind wie bei vorläufiger Insolvenzverwaltung die Vergütung des vorläufigen Sachwalters und die des Insolvenzverwalters getrennt zu bestimmen.
- Wird die Eigenverwaltung im eröffneten Verfahren aufgehoben, erhalten Vergütungen der vorläufige Sachwalter, der Sachwalter und der Insolvenzverwalter, letztere unter Berücksichtigung der bereits genannten Kürzungstatbestände. Dabei darf keine Rolle spielen, dass jeweils dieselbe Person handelt.

Für die Verfahren, die seit 1.1.2021 beantragt werden, stellt die Regelung des **§ 12a Abs. 1 Satz 1 InsVV** die Rechtslage klar und zutreffend dar: **Die Tätigkeit des vorläufigen Sach-** 21

22) *Jacoby/Madaus/Sack/Schmidt/Thole*, ESUG-Evaluierung, S. 50 ff.

23) AG Charlottenburg, Beschl. v. 1.3.2019 – 36a IN 4295/17, ZIP 2019, 727; dazu *Mock*, ZInsO 2019, 643; *Blersch*, NZI 2019, 529; eingehend auch *Helmi/Stagge*, ZInsO 2019, 1834.

24) BGH, Beschl. v. 21.7.2016 – IX ZB 70/14, Rz. 53, BGHZ 211, 225 = ZIP 2016, 1592; so auch, jedoch großzügig bei Zuschlägen AG Dortmund, Beschl. v. 2.8.2017 – 252 IN 29/16, juris.

walters wird gesondert vergütet. Damit werden die Verfahrensabschnitte nicht vermischt, und der vorläufige Sachwalter erhält die ihm zustehende Vergütung neben der eines vorläufigen Insolvenzverwalters oder eines Sachwalters oder Insolvenzverwalters im eröffneten Verfahren. Die Vergütungen gehen nicht ineinander auf, Zuschläge sind nicht übergreifend zu bestimmen. Eine vorzeitige Beendigung des Amtes ist als Kürzungstatbestand aber ebenso zu beachten wie mögliche Arbeitsersparnis eines späteren Amtsträgers.

22 Der vorläufige Sachwalter kann auch als **Sachverständiger** beauftragt werden, zu prüfen, ob ein Eröffnungsgrund vorliegt und welche Aussichten für eine Fortführung des Unternehmens bestehen. Diese Sachverständigentätigkeit ist in jedem Falle gesondert nach § 9 JVEG zu vergüten (§ 12a Abs. 4 InsVV, siehe dazu § 17 Rz. 13).

IV. Die Bestimmung der Berechnungsgrundlage

1. Die Insolvenzmasse des eröffneten Insolvenzverfahrens

23 Konsequent zur Kongruenz des Vergütungsanspruchs und der Vergütungsfestsetzung von vorläufigem und endgültigem Sachwalter stellte sich für den BGH in den bis 31.12.2020 beantragten Verfahren die Frage nach der Bestimmung der Berechnungsgrundlage der Vergütung des vorläufigen Sachwalters nicht. Die Vergütung des vorläufigen Sachwalters soll sich, insbesondere wenn sie nur als 25 %-Zuschlag zur Vergütung des Sachwalters gewährt wird, nach **Ansicht des BGH** nach der **Insolvenzmasse des eröffneten Verfahrens als Berechnungsgrundlage i. S. des § 1 InsVV** bestimmen. Damit sollen insbesondere Gegenstände, an denen Aus- oder Absonderungsrechte bestehen, in gleicher Weise berücksichtigt werden wie beim endgültigen Insolvenzverwalter; gleiches soll für Ansprüche aus Insolvenzanfechtung gelten, die erst bei Eröffnung entstehen.[25]

24 Damit verschafft der BGH auch seiner Rechtsprechung vom 15.11.2012[26] zur Vergütung des vorläufigen Insolvenzverwalters nochmals Geltung, wonach Gegenstände mit Aus- und Absonderungsrechten grundsätzlich nicht zu berücksichtigen seien (siehe eingehend § 7 Rz. 33 ff.). Gegenstände, die abgesonderter Befriedigung unterliegen, sind dann nach § 1 Abs. 2 Nr. 1 Satz 3 InsVV je nach dem Ergebnis ihrer Verwertung zu berücksichtigen, mindestens i. H. eines Überschusses oder eines zur Insolvenzmasse geflossenen Kostenbeitrages. Eine besondere Vergütung nach § 1 Abs. 2 Nr. 1 InsO dürfte aber nach Ansicht des BGH ausscheiden, denn weder der vorläufige noch der endgültige Sachwalter haben die Befugnis zur Verwertung der mit Absonderungsrechten belasteten Gegenstände.

2. Entsprechende Anwendung von § 63 Abs. 3 InsO und § 11 InsVV

a) Das Vermögen bei Beendigung des Eröffnungsverfahrens

25 Die Bestimmung der Vergütung des vorläufigen Sachwalters nach der Berechnungsgrundlage des eröffneten Insolvenzverfahrens mag auf den ersten Blick praktikabel und einfach erscheinen,[27] entspricht aber nicht der Systematik des Insolvenzverfahrens in der Trennung von Eröffnungsverfahren und eröffnetem Verfahren und berücksichtigt nicht die unterschiedlichen Zielsetzungen der Verfahrensabschnitte. Sie führt auch zu zufälligen Ergebnissen.

26 Zutreffend ist bereits **für die bis 31.12.2020 beantragten Verfahren** die **Bestimmung der Berechnungsgrundlage vergleichbar** mit der **Vergütung des vorläufigen Insolvenzver-**

---

25) BGH, Beschl. v. 21.7.2016 – IX ZB 70/14, Rz. 51, BGHZ 211, 225 = ZIP 2016, 1592.

26) BGH, Beschl. v. 15.11.2012 – IX ZB 88/09, BGHZ 195, 322 = ZIP 2012, 2515 = NZI 2013, 29 m. Anm. *Graeber*, dazu EWiR 2013, 61 *(Keller)*; BGH, Beschl. v. 15.11.2012 – IX ZB 130/10, BGHZ 195, 336 = ZIP 2013, 30 = Rpfleger 2013, 163 m. Anm. *Stephan*, dazu EWiR 2013, 125 *(Kalkmann)*.

27) BGH, Beschl. v. 21.7.2016 – IX ZB 70/14, Rz. 51, BGHZ 211, 225 = ZIP 2016, 1592.

walters. In beiden Fällen geht es innerhalb des Insolvenzeröffnungsverfahrens um die Sicherung des schuldnerischen Vermögens in seiner Gesamtheit. **Zweck des Eröffnungsverfahrens** ist nicht die Verwertung – auch unter Berücksichtigung der Optionen einer Sanierung –, sondern die **Sicherung im Hinblick auf die künftige Insolvenzeröffnung.** Dies gilt insbesondere auch für das sog. Schutzschirmverfahren nach § 270d InsO (bis 31.12.2020: § 270b InsO), dessen Ziel auch die Eröffnung des Insolvenzverfahrens mit anschließendem Insolvenzplan ist. Es ist deshalb sachgerecht, bei der Vergütung des vorläufigen Sachwalters auf die Sicherungsfunktion des Eröffnungsverfahrens abzustellen und von der **Gesamtheit des schuldnerischen Vermögens** i. S. der sog. Ist-Masse auszugehen.[28] Es gelten § 63 Abs. 3 InsO und § 11 InsVV.[29]

b) Erhebliche Befassung von Vermögenswerten mit Aus- und Absonderungsrechten

Es ist Frage des Einzelfalles, ob und in welchem Umfang ein vorläufiger Sachwalter sich **erheblich mit Vermögenswerten befassen** musste, die im eröffneten Insolvenzverfahren der Aus- oder Absonderung unterliegen. Grundsätzlich ist unter Berücksichtigung der gesetzlichen Aufgaben und Befugnisse des vorläufigen Sachwalters eine erhebliche Befassung mit einzelnen Vermögenswerten nicht gegeben. Sie könnte sich ergeben, wenn bspw. der vorläufige Sachwalter eine unmittelbar bevorstehende Verwertung eines Vermögenswertes verhindert und dazu mit den Absonderungsberechtigten kommuniziert. Für den vorläufigen Insolvenzverwalter erkennt auch der BGH eine erhebliche Befassung in einem solchen Fall an (siehe § 7 Rz. 90 ff.). Der vorläufige Sachwalter würde mit einem solchen Vorgehen streng genommen seine gesetzlichen Kompetenzen überschreiten, richtigerweise müsste er dem Insolvenzgericht anzeigen, dass der Erfolg der Eigenverwaltung gefährdet sei oder im Schutzschirmverfahren sogar Zahlungsunfähigkeit eintreten könnte (§ 274 Abs. 3 InsO). Es wird sich aber kein vorläufiger Sachwalter in so einem Fall vom Gesetz davon abhalten lassen, an der Sanierung eines Unternehmens mitzuwirken. Es ist deshalb **sachgerecht**, eine **erhebliche Befassung mit Aus- und Absonderungsrechten** auch **bei der Vergütung des vorläufigen Sachwalters zu berücksichtigen.**[30] Der BGH verneinte dies im Beschluss vom 21.7.2016 noch mit dem Argument, der vorläufige Sachwalter dürfe nicht durch die Hintertür zum vorläufigen Insolvenzverwalter gemacht werden.[31] Mit dieser strikt formalen Abgrenzung besteht aber die Gefahr, im konkreten Einzelfall das Gegenteil dessen zu erreichen, was dem Gesetzgeber insgesamt bei der Eigenverwaltung erreichen möchte, nämlich die Sanierung eines schuldnerischen Unternehmens mit dem Erhalt seiner Vermögenswerte. 27

In Bezug auf eine **Unternehmensfortführung während des Eröffnungsverfahrens**, die insbesondere von § 270a und § 270b InsO implizit vorausgesetzt wird, ist dabei auch zu berücksichtigen, dass die erhebliche Befassung mit dem Unternehmen als Ganzen i. R. der Fortführung auch eine erhebliche Befassung mit einzelnen Vermögenswerten beinhalten kann (siehe § 7 Rz. 102).[32] Zu berücksichtigen ist auch, dass durch einen Insolvenzplan in Absonderungsrechte eingegriffen werden kann (§§ 217, 222 Abs. 1 Nr. 1, § 223 InsO). 28

28) AG Münster, Beschl. v. 18.1.2016 – 74 IN 65/14, NZI 2016, 261 m. Bespr. *Keller*; *Prasser* in: KPB, InsO, § 12a InsVV Rz. 4 ff.; *Graeber/Graeber*, InsVV, § 12a Rz. 8 ff.

29) Dem entspricht auch der gemeinsame Reformvorschlag der Interessenverbände der Insolvenzverwalter (Verband Insolvenzverwalter Deutschlands e. V. und Neue Insolvenzverwaltervereinigung Deutschlands e. V.) v. 19.11.2019 mit Einfügung eines neuen § 12a InsVV, abrufbar unter https://www.vid.de/initiativen/gemeinsame-reformvorschlaege-von-nivd-und-vid-zur-reform-der-insolvenzrechtlichen-verguetungsverordnung/ (Abrufdatum: 26.1.2026).

30) Überzeugend auch *Schur*, ZIP 2014, 757.

31) BGH, Beschl. v. 21.7.2016 – IX ZB 70/14, Rz. 47, BGHZ 211, 225 = ZIP 2016, 1592.

32) Zurückhaltend LG Dessau-Roßlau, Beschl. v. 29.1.2015 – 8 T 94/14, NZI 2015, 570.

Gerade im Schutzschirmverfahren hat sich der vorläufige Sachwalter daher auch aus diesem Grunde mit Vermögenswerten mit Absonderungsrechten zu befassen.

29 Eine Anwendung der Tatbestände des § 1 Abs. 2 InsVV, insbesondere Nr. 4 lit. b betreffend Unternehmensfortführung, ist in gleicher Weise wie beim vorläufigen Insolvenzverwalter geboten (siehe § 7 Rz. 134 ff.).

3. Die Berechnungsgrundlage nach § 12a InsVV

30 Für Verfahren, die seit 1.1.2021 beantragt werden, gilt unmittelbar die Regelung des § 12a InsVV. Sie orientiert sich in Wortlaut und Inhalt an § 63 Abs. 3 InsO und bestimmt als Berechnungsgrundlage das **Vermögen, auf welches sich die Tätigkeit des vorläufigen Sachwalters erstreckt** (§ 12a Abs. 1 Satz 3 InsVV). Vermögenswerte, die mit Fremdrechten behaftet sind, werden berücksichtigt, wenn sich der vorläufige Sachwalter mit ihnen erheblich befasst hat (§ 12 Abs. 1 Satz 4 InsVV). Die Begründung des Gesetzgebers für die Regelung und die Zurückweisung der Rechtsprechung des BGH ist so prägnant wie einleuchtend:[33]

> „[…] knüpft die bestehende Vergütungsregelung für den vorläufigen Sachwalter an eine Vermögensmasse an, auf die sich ihre Tätigkeit nicht bezieht.
>
> Durch die Neuregelung wird dem vorläufigen Sachwalter ein eigenständiger Vergütungsanspruch eingeräumt, welcher an die Vermögensmasse anknüpft, auf welche sich seine Tätigkeit bezieht und der in seiner Struktur parallel zur Vergütungsregelung dem vorläufigen Insolvenzverwalter ausgestaltet wird.“

31 Keine erhebliche Befassung liegt vor, wenn der vorläufige Sachwalter hinsichtlich der Vermögenswerte die Einholung eines diesbezüglichen Rechtsgutachtens eines Dritten durch den Schuldner anregt und lediglich begleitet. Auch wenn er selbst als gesondert beauftragter Sachverständiger Bewertungen vorgenommen hat, führt dies nicht zur Einbeziehung dieser Vermögensgegenstände in die Berechnungsgrundlage.[34]

32 Konsequent zur Parallelität mit der vorläufigen Insolvenzverwaltung ordnet § 12a Abs. 2 InsVV auch die Korrektur der Berechnungsgrundlage an, wenn sich nachträglich eine Wertdifferenz von mehr als 20 % ergibt (siehe eingehend § 7 Rz. 115 ff.).

4. Die Berechnungsgrundlage bei atypischen Verfahrensverläufen

33 Im praktischen Vergleich zwischen der Bestimmung der Berechnungsgrundlage nach den Vorstellungen des BGH und der sachgerechten Abgrenzung der Verfahrensabschnitte können zufällige Ergebnisse zutage treten, die wahrscheinlich auch der BGH nicht beabsichtigt hat. Die Bestimmung der Berechnungsgrundlage nach der Insolvenzmasse des eröffneten Verfahrens führt dazu, dass Vermögenswerte mit Absonderungsrechten grundsätzlich nicht berücksichtigt werden und damit die Berechnungsgrundlage tendenziell geringer ist. Sind aber besonders werthaltige Ansprüche aus Insolvenzanfechtung zu berücksichtigen, kann die Berechnungsgrundlage auch höher sein, als es der BGH sich vielleicht vorgestellt hat. Der systematische Bruch besteht aber gerade bei **atypischen Verfahrensverläufen** (siehe bereits oben Rz. 18).

34 Wird das **Insolvenzverfahren ohne Eigenverwaltung eröffnet** oder wird die **Eigenverwaltung später aufgehoben** und das Verfahren in ein Regelinsolvenzverfahren übergeleitet, kann für den vorläufigen Sachwalter nur eine Berechnungsgrundlage in entsprechender Anwendung von § 63 Abs. 3 InsO und § 11 InsVV zu sachgerechten Ergebnissen führen. Wir das Insolvenzverfahren ohne Eigenverwaltung eröffnet, kann die Vergütung des vorläufigen Sachwalters problemlos eigenständig bestimmt werden. Wird die Eigenverwaltung später

---

33) Begr. RegE SanInsFoG, BT-Drucks. 19/24181, S. 211; abgedr. unten Anh. VI, S. 729 ff.

34) BGH, Beschl. v. 11.9.2025 – IX ZB 9/23, ZRI 2025, 1254 = NZI 2026, 120.

aufgehoben, ist sowohl eine Vergütung für den Sachwalter des eröffneten Verfahrens zu bestimmen, als auch eine Vergütung für den Insolvenzverwalter. Beide Vergütungen sind je zeitlichem Verhältnis entsprechend § 3 Abs. 2 InsVV zu kürzen. In dieser Weise sollte auch verfahren werden, wenn Sachwalter und Insolvenzverwalter personenidentisch sind. Es darf die Vergütung als Sachwalter nicht einfach in der als Insolvenzverwalter aufgehen. Denn vergütet wird die **Amtstätigkeit und nicht die Person** als solche. Immerhin müssen vorläufiger und endgültiger Verwalter nicht personenidentisch sein. Gerade dann führt allein die getrennte Vergütungsbestimmung zu sachgerechten Ergebnissen.[35)]

Will man der Rechtsprechung des BGH folgen und die Vergütung des vorläufigen Sachwalters nach der Insolvenzmasse des eröffneten Verfahrens bestimmen, muss man dies konsequent auch für die atypischen Verfahrensverläufe anerkennen. Es wäre methodisch falsch, die Vergütung grundsätzlich in Anerkennung der BGH-Rechtsprechung bestimmen zu wollen, für den Fall der Eröffnung als Regelinsolvenzverfahren oder nach späterem Verfahrenswechsel aber auf § 63 Abs. 3 InsO mit § 11 InsO umzuschwenken. 35

V. Die Regelvergütung des vorläufigen Sachwalters

1. Verfahren bis 31.12.2020

In Verfahren, die bis 31.12.2020 beantragt worden sind, wurden und werden zur Bestimmung der Regelvergütung verschiedene Ansichten vertreten: 36

a) Unmittelbare Anwendung des § 12 InsVV

Nach einer von den Amtsgerichten Göttingen, Hamburg und Potsdam vertretenen Meinung soll der vorläufige Sachwalter ebenso wie der Sachwalter im eröffneten Insolvenzverfahren die **volle Vergütung des § 12 InsVV** erhalten, mithin 60 % der Regelvergütung des § 2 InsVV.[36)] 37

b) Anwendung des § 11 InsVV auf die Vergütung nach § 12 InsVV

Nach anderer Ansicht soll der vorläufige Insolvenzverwalter in entsprechender Anwendung von § 11 InsVV auf die Regelvergütung des Sachwalters nach § 12 InsVV eine Regelvergütung i. H. von 25 % dieser Vergütung, mithin i. H. von **15 % der Regelvergütung des § 2 InsVV** erhalten.[37)] Das AG Köln befürwortet dies für den Sonderfall der Beendigung des Eröffnungsverfahrens nach Antragsrücknahme.[38)] 38

35) Dazu auch *Kebekus/Georg* in: FS Kayser, S. 421.

36) AG Göttingen, Beschl. v. 28.11.2012 – 74 IN 160/12, ZIP 2013, 36; AG Hamburg, Beschl. v. 20.12.2013 – 67g IN 419/12, ZIP 2014, 237, dazu EWiR 2014, 155 *(Hofmann)*; AG Potsdam, Beschl. v. 18.2.2015 – 35 IN 748/12, NZI 2015, 247.

37) LG Freiburg, Beschl. v. 30.10.2015 – 3 T 194/15, ZInsO 2016, 185; AG Köln, Beschl. v. 13.11.2012 – 71 IN 109/12, ZIP 2013, 426 = NZI 2013, 97; AG Essen, Beschl. v. 17.1.2014 – 164 IN 135/13, ZIP 2014, 839 = NZI 2014, 271; AG Wuppertal, Beschl. v. 26.5.2014 – 145 IN 751/13, ZIP 2015, 541; AG Essen, Beschl. v. 3.11.2014 – 166 IN 155/13, ZIP 2015, 538, dazu EWiR 2015, 191 *(Prasser)*; AG Wuppertal, Beschl. v. 23.3.2015 – 145 IN 458/14, juris; AG Essen, Beschl. v. 27.3.2015 – 163 IN 170/14, ZIP 2015, 1041 (LS) = NZI 2015, 574; AG Ludwigshafen/a. Rh., Beschl. v. 22.7.2015 – 3b IN 414/14 Lu, ZInsO 2015, 1639; AG Münster, Beschl. v. 18.1.2016 – 74 IN 65/14, NZI 2016, 211 m. Bespr. *Keller*; Uhlenbruck-*Mock*, InsO, § 63 Rz. 16; K. Schmidt-*Vuia*, InsO, § 63 Rz. 46; *Schmitt* in: FK-InsO, § 63 Rz. 45 ff.; Graf-Schlicker-*Graf-Schlicker*, InsO, § 270c Rz. 40; *Graeber/Graeber*, InsVV, § 12a Rz. 28, 29; *Mock*, ZInsO 2014, 67; *Haarmeyer/Mock*, ZInsO 2016, 1, 13; *Ganter*, NZI 2016, 377, 382.

38) AG Köln, Beschl. v. 25.1.2017 – 73 IN 411/16, ZIP 2017, 980 = NZI 2017, 322.

c) Unmittelbare Anwendung des § 63 Abs. 3 Satz 2 InsO

39 Nach einer dritten Ansicht soll der vorläufige Sachwalter in gleicher Weise wie der vorläufige Insolvenzverwalter nach § 63 Abs. 3 Satz 2 InsVV eine **Regelvergütung i. H. von 25 % der Vergütung nach § 2 InsVV** erhalten.[39)] Dem folgt auch der BGH.[40)]

40 Es entspricht vergütungsrechtlicher Systematik, den Verwalter des Eröffnungsverfahrens mit geringerer Regelvergütung zu bedenken. Dabei muss die tatsächliche Vergütung unter Berücksichtigung konkreter Erschwernisse, die eine Zuschlagsgewährung rechtfertigen, nicht geringer sein als die eines Verwalters im eröffneten Verfahren. Dies spricht für eine **unmittelbare Anwendung des § 63 Abs. 3 InsO mit § 11 InsVV** zur Bestimmung der Vergütung des vorläufigen Sachwalters. Unter Berücksichtigung möglicher Erschwernisse des konkreten Falles kann die Vergütung aber auch höher ausfallen als die des Sachwalters im eröffneten Verfahren nach § 12 InsVV.

41 Zusammenfassend festgestellt erhält der vorläufige Sachwalter in den bis 31.12.2020 beantragten Verfahren eine **Regelvergütung i. H. von 25 % der Vergütung eines Insolvenzverwalters** bezogen auf das Vermögen des Schuldners im Zeitpunkt der Beendigung der vorläufigen Sachwaltung als Berechnungsgrundlage der Vergütung.

2. Verfahren seit 1.1.2021

42 Für die seit 1.1.2021 beantragten Verfahren bestimmt § 12a Abs. 1 Satz 2 InsVV als Regelvergütung 25 % der Regelvergütung des Sachwalters nach § 12 InsVV, also **15 % der Regelvergütung nach § 2 InsVV**. Die Gesetzesbegründung zum SanInsFoG beruft sich hierzu auf Stellungnahmen von Verbänden und einiger Landesjustizverwaltungen.[41)] Vordergründig stellt dies eine Schlechterstellung des vorläufigen Sachwalters gegenüber dem vorläufigen Insolvenzverwalter dar. Für die seit 1.1.2021 beantragten Verfahren ist aber zu berücksichtigen, dass die Regelvergütung des § 2 InsVV angepasst und im mittleren Bereich der Degression angehoben worden ist (siehe dazu § 1 Rz. 124; § 4 Rz. 62 ff.). 15 % der höheren Regelvergütung können damit im Einzelfall auch 25 % der früheren Regelvergütung entsprechen, wobei freilich der Gedanke der Anpassung der Vergütungen an die Preissteigerung für den vorläufigen Sachwalter verloren geht.

43 Man kann vertreten, der Gesetzgeber habe sich mit der Regelung des § 12a Abs. 1 Satz 2 InsVV der vorstehend dargestellten Rechtsmeinung zur Vergütung des vorläufigen Sachwalters in Altverfahren angeschlossen. Daher sei ohne weiteres § 12a InsVV auch auf Altverfahren anwendbar. Dabei wird aber übersehen, dass für Verfahren, die seit dem 1.1.2021 beantragt werden, ein im Durchschnitt erhöhter Regelsatz nach § 2 InsVV gilt. Man müsste dann auch die erhöhte Regelvergütung des § 2 Abs. 1 InsVV auf Altfälle anwenden, was insgesamt aber der Übergangsregelung des § 19 Abs. 5 InsVV widerspricht.

VI. Die Erhöhung und Kürzung der Vergütung nach § 3 InsVV

1. Das Normalverfahren einer vorläufigen Sachwaltung

44 Hinsichtlich der Tatbestände des Normalverfahrens einer vorläufigen Sachwaltung ist wie bei der Insolvenzverwaltung der vom Gesetzgeber der InsO gedachte Normalfall vom ver-

39) *Stephan* in: MünchKomm-InsO, 4. Aufl. 2019, § 12 InsVV Rz. 23 ff.; K. Schmidt-*Undritz*, InsO, § 270a a. F. Rz. 5; *Lorenz* in: FK-InsO, § 12 InsVV Rz. 32; *Prasser* in: KPB, InsO, § 12a InsVV Rz. 8; *Keller* in: HK-InsO, § 12a InsVV Rz. 6 ff.; *Keller* in: R.-D. Mönning, Betriebsfortführung, § 46 Rz. 69 ff.; *Hofmann* in: Kübler/Bork/Prütting, HRI II, § 4 Rz. 133 ff.; *Zimmer*, ZInsO 2012, 1658, 1662; eingehend und überzeugend *Schur*, ZIP 2014, 757.

40) BGH, Beschl. v. 21.7.2016 – IX ZB 70/14, Rz. 49, BGHZ 211, 225 = ZIP 2016, 1592.

41) Begr. RegE SanInsFoG, BT-Drucks. 19/24181, S. 211; abgedr. unten Anh. VI, S. 729 ff.

gütungsrechtlichen Normalfall der InsVV zu unterscheiden (siehe eingehend § 4 Rz. 42 ff.). Danach ist bspw. die **Unternehmensfortführung** in der InsO Normalfall des Eröffnungsverfahrens (§ 22 Abs. 1 Nr. 2 InsO) oder auch des eröffneten Insolvenzverfahrens; **vergütungsrechtlich** ist sie **niemals Normalfall** einer Insolvenz.

Im **Eröffnungsverfahren der Eigenverwaltung** hat der Gesetzgeber der InsO weitere Tatbestände des Normalfalls aufgestellt, ohne diese vergütungsrechtlich umzusetzen. Die Unternehmensfortführung ist klar Normalfall des Schutzschirmverfahrens nach § 270d InsO (bis 31.12.2020: § 270b InsO), sie ist aber vergütungsrechtlich schon deshalb nicht Normalfall für den vorläufigen Sachwalter, weil dieser in der InsVV überhaupt nicht berücksichtigt ist. Auch die weiteren Tatbestände der Aufgaben und Befugnisse des vorläufigen Sachwalters können vergütungsrechtlich nur aus Analogie zum vorläufigen Insolvenzverwalter oder zum Sachwalter des eröffneten Verfahrens deduziert werden.[42] 45

Es wäre deshalb methodisch falsch, einem vorläufigen Sachwalter Erhöhungstatbestände seiner Vergütung mit dem Argument abzusprechen, seine Tätigkeit sei der vom Gesetzgeber der InsO gewollte Normalfall. In dieser Weise argumentiert jedoch wesentlich das LG Bonn, das einzelne Tatbestände der Arbeitsbelastung zum Normalfall erklärt und Erhöhungstatbestände zurückweist.[43] Mit ausführlicher – im Ergebnis aber unzutreffender – Begründung stellte das LG Bonn ferner fest, dass die zahlreichen Besonderheiten des sog. Schutzschirmverfahrens dem Normalfall einer vorläufigen Sachwaltung entsprächen und daher Zuschläge auf die Vergütung entsprechend § 3 InsVV nur in ganz besonders gelagerten Ausnahmefällen möglich seien.[44] 46

Ähnlich argumentiert das AG Essen, das der Ansicht ist, die Mitwirkung bei der Vorfinanzierung von Insolvenzgeld falle nicht in den Aufgabenbereich des vorläufigen Sachwalters und sei daher nicht zuschlagsfähig.[45] Auch die Unterstützung der Unternehmensfortführung wird als nicht zuschlagswürdig angesehen, da sie Teil des Normalverfahrens der vorläufigen Sachwaltung sei. 47

Beide Gerichte übersehen die **unterschiedliche Ausrichtung der Aufgaben und Pflichten eines vorläufigen Sachwalters,** wie sie einerseits die InsO innerhalb des Schutzschirmverfahrens normiert und andererseits die InsVV gerade überhaupt nicht regelt. Der Ansatz des LG Bonn wäre nur dann richtig, wenn sich der Verordnungsgeber der InsVV bei einer Bestimmung der Vergütung des vorläufigen Sachwalters Gedanken zu dessen Aufgaben gemacht hätte. Wie bereits erläutert, fehlt jedoch in der InsVV schon eine adäquate Entsprechung der Tatbestände eines Normalverfahrens des Insolvenzverwalters zu seinen Aufgaben nach der InsO. Der Insolvenzverwalter der InsVV ist weitgehend noch der Konkursverwalter alten Rechts. Es wäre daher völlig falsch, für den vorläufigen Sachwalter ein vergütungsrechtliches Leitbild ausgehend von einem ideell gedachten Ablauf des Schutzschirmverfahrens nach § 270d InsO aufstellen zu wollen.[46] 48

Das **AG Münster** setzte sich differenzierend und zutreffend mit der **Frage des Normalverfahrens einer vorläufigen Sachwaltung und der Zuschlagsgewährung** auseinander.[47] Das AG Münster stellte zu den Tatbeständen des Normalfalles zutreffend fest, dass aus dem 49

---

42) *Lorenz* in: FK-InsO, § 11 InsVV Rz. 43 ff.

43) LG Bonn, Beschl. v. 11.10.2013 – 6 T 184/13, ZIP 2014, 694 = NZI 2014, 123 m. Anm. *Plathner*; zu Recht ablehnend auch *Lorenz* in: FK-InsO, § 12 InsVV Rz. 45 ff.

44) LG Bonn, Beschl. v. 11.10.2013 – 6 T 184/13, ZIP 2014, 694 = NZI 2014, 123 m. Anm. *Plathner*.

45) AG Essen, Beschl. v. 27.3.2015 – 163 IN 170/14, ZIP 2015, 1041 (LS) = NZI 2015, 574; AG Essen, Beschl. v. 9.7.2015 – 163 IN 170/14, ZIP 2015, 1796 = ZInsO 2015, 1582.

46) *Keller* in: HK-InsO, § 12a InsVV Rz. 1.

47) AG Münster, Beschl. v. 18.1.2016 – 74 IN 65/14, NZI 2016, 211 m. Bespr. *Keller*.

Umstand, dass der Gesetzgeber mit Einführung des vorläufigen Sachwalters die InsVV nicht ergänzt hat, nicht der Rückschluss gezogen werden könne, eine den Regelsatz übersteigende Vergütung könne nicht festgesetzt werden. Es ist eben nicht einfach Normalfall, was der Fall ist. Das AG Münster sah zutreffend die **Unternehmensfortführung** gerade auch bei vorläufiger Sachwaltung nicht als vergütungsrechtlichen Normalfall, meint allerdings, eine bloße Betriebsfortführung rechtfertige nicht generell eine Vergütungserhöhung; es komme vielmehr auf den Aufwand des vorläufigen Sachwalters an. Letzteres ist zutreffend im Hinblick auf die Bestimmung des Erhöhungsprozentsatzes. Allerdings ist mit der Systematik des § 3 Abs. 1 InsVV festzuhalten, dass auch bei der vorläufigen Sachwaltung die Unternehmensfortführung in keinem Fall Teil des Normalfallverfahrens ist. Ein Erhöhungstatbestand muss daher immer geprüft werden, gleich wie hoch er unter Berücksichtigung der Arbeitsleistung ausfällt. Gleiches gilt für den Arbeitsaufwand bei der **Vorfinanzierung von Insolvenzgeld.** Zur **Kassenprüfung** nach § 275 Abs. 2 InsO stellte das AG Münster fest, dass diese je nach Größe des Unternehmens zuschlagswürdig sei. Ebenso wie bei der Unternehmensfortführung sei das eine Frage des konkreten Falles. Die **Einsetzung eines Insolvenzspezialisten als Generalbevollmächtigten** der Schuldnerin mindert nach Ansicht des AG Münster den Arbeitsaufwand des vorläufigen Sachwalters nicht erheblich.

50 Das Normalverfahren einer vorläufigen Sachwaltung ist zutreffend unter **Vergleich des Normalverfahrens einer vorläufigen Verwaltung** sowie einer Sachwaltung im eröffneten Verfahren zu bestimmen. Zu berücksichtigten sind dabei nach allgemeinen Grundsätzen die Größe und der Gegenstand des schuldnerischen Unternehmens (siehe § 4 Rz. 56 ff.). Daneben sind die Tatbestände der Unternehmensfortführung oder der Mitwirkung bei **Erarbeitung eines Insolvenzplans** für das eröffnete Verfahren sowie der Mitwirkung bei **Sanierungsbemühungen** nicht Bestandteil eines Normalverfahrens vorläufiger Sachwaltung. Sie sind wie beim Insolvenzverwalter und beim vorläufigen Insolvenzverwalter **stets Erhöhungstatbestände.**

2. Tatbestände der Erhöhung oder Kürzung der Vergütung

51 Für eine Erhöhung oder Kürzung der Vergütung gelten die allgemeinen Kriterien der Erhöhung nach § 3 Abs. 1 InsVV (siehe eingehend § 5 Rz. 3 ff.). Eine **Erhöhung der Vergütung gerade bei vorläufiger Sachwaltung** kommt insbesondere in folgenden Fällen in Betracht:[48]

- Klärung gesellschaftsrechtlicher Verflechtungen und Konzernstrukturen;
- Mitwirkung bei Verwertungsmaßnahmen;
- Immobilienverwaltung in großer Zahl;
- Prüfung und Abwehr einer besonders hohen Zahl von Vollstreckungsmaßnahmen;
- überdurchschnittlich hohe Zahl von Arbeitsverhältnissen;
- Mitwirkung bei Fortführung des Unternehmens;[49]
- Übernahme der Kassenführung entsprechend § 275 Abs. 2 InsO aufgrund besonderer gerichtlicher Anordnung;[50]
- Mitwirkung bei Sanierungsmaßnahmen;[51]

48) Sehr ausführlich mit exemplarischem Sachverhalt AG Münster, Beschl. v. 18.1.2016 – 74 IN 65/14, NZI 2016, 211 m. Bespr. *Keller*.

49) AG Charlottenburg, Beschl. v. 25.2.2019 – 36s IN 3370/15, NZI 2019, 916.

50) Eingehend *Undritz/Schur*, ZIP 2016, 549.

51) AG Charlottenburg, Beschl. v. 25.2.2019 – 36s IN 3370/15, NZI 2019, 916.

– Mitwirkung bei Vorfinanzierung von Insolvenzgeld (dazu auch § 274 Abs. 2 Satz 2 InsO in der seit 1.1.2021 geltenden Fassung);
– Mitwirkung bei Erarbeitung eines Insolvenzplans.

Der Gesetzgeber erweiterte durch das SanInsFoG mit Wirkung vom 1.1.2021 die Aufgaben und Befugnisse des vorläufigen Sachwalters (siehe dazu oben Rz. 4 ff.). Diese sind i. R. der Vergütungsbestimmung ebenfalls besonders zu würdigen. Zu nennen sind: 52

– **Prüfung** der **Eigenverwaltungsplanung** des Schuldners, der **Rechnungslegung** und möglicher **Haftungsansprüche** gegen Organe und Berichterstattung (§ 270c Abs. 1 InsO);
– Ausübung eines **Zustimmungsvorbehalt** gegenüber dem Schuldner (§ 270c Abs. 3 InsO);
– Unterstützung bei **Insolvenzgeldvorfinanzierung** (§ 274 Abs. 2 Satz 2 InsO).

Kriterien einer Kürzung der Vergütung sind eine besonders **kurze Verfahrensdauer** oder **Delegation einzelner Tätigkeiten** an externe Dienstleister, wobei hier zu berücksichtigen ist, dass durch eine Delegation eine Arbeitsbelastung mit besonderen Tatbeständen regelmäßig nicht vollständig kompensiert wird. Für die vorläufige Sachwaltung und das Schutzschirmverfahren gilt das besonders hinsichtlich der Beauftragung von Dienstleistern mit einem M&A-Prozess (allgemein siehe § 2 Rz. 188). 53

Ergänzend zum Beschluss vom 21.7.2016 nahm der **BGH** mit **Beschluss vom 22.9.2016 eingehend zu Erhöhungstatbeständen** Stellung.[52] Er führt dabei einerseits die restriktive Rechtsprechung zu den Aufgaben des vorläufigen Sachwalters fort, erkennt aber andererseits an, dass zumindest die in § 3 Abs. 1 InsVV genannten Tatbestände auch in der vorläufigen Sachwaltung nicht Teil des vergütungsrechtlichen Normalfalls sind. Er berücksichtigt auch besondere Arbeitsbelastungen des vorläufigen Sachwalters. Als Erhöhungstatbestände erkennt er folgende Tatbestände an:[53] 54

– **Konzernstrukturen** des Unternehmens; die Befassung rechtfertigt je nach Unternehmensgröße einen Zuschlag;
– **Auslandsbezug** rechtfertigt ebenfalls bei entsprechender Unternehmensgröße einen Zuschlag;
– die Begleitung einer **Unternehmensfortführung** ist zuschlagswürdig, wenn sie die Arbeitskraft des vorläufigen Sachwalters überdurchschnittlich in Anspruch nimmt;
– ebenso ist die begleitende Kontrolle und Überwachung der **Vorfinanzierung von Insolvenzgeld** zuschlagsfähig.[54]
– Die **Kassenprüfung** nach § 275 Abs. 2 InsO rechtfertigt einen Zuschlag insbesondere i. R. der Unternehmensfortführung.[55]
– Die Prüfung von Szenarien zur **Fortführung und Sanierung** des Unternehmens kann zuschlagswürdig sein, auch wenn Bemühungen um eine Sanierung nach Ansicht des BGH nicht zu den grundsätzlichen Aufgaben des vorläufigen Sachwalters gehören. Insbesondere hat er nicht in eigener Zuständigkeit ein Sanierungskonzept zu erarbeiten und einen M&A-Prozesse durchzuführen.

---

52) BGH, Beschl. v. 22.9.2016 – IX ZB 71/14, ZIP 2016, 1981 = NZI 2016, 963, dazu EWiR 2016, 763 (*Körner/Rendels*); *Kampshoff/Schäfer*, NZI 2016, 941.

53) BGH, Beschl. v. 22.9.2016 – IX ZB 71/14, Rz. 50 ff., ZIP 2016, 1981 = NZI 2016, 963.

54) BGH, Beschl. v. 22.9.2016 – IX ZB 71/14, Rz. 70, ZIP 2016, 1981 = NZI 2016, 963.

55) BGH, Beschl. v. 22.9.2016 – IX ZB 71/14, Rz. 68, ZIP 2016, 1981 = NZI 2016, 963.

- Wird der vorläufige Sachwalter entsprechend § 284 InsO beauftragt, einen **Insolvenzplan** zu erarbeiten, ist dies zuschlagswürdig.[56] Gleiches muss für die Prüfung eines vom Schuldner und seinen Beratern vorgelegten Insolvenzplans gelten.
- Der Arbeitsaufwand in Zusammenarbeit mit dem **vorläufigen Gläubigerausschuss** ist zuschlagswürdig.

55 **Kritisch** steht der BGH folgenden Tätigkeiten gegenüber:

- Aktives **Führen von Verhandlungen mit Kreditgebern**; dies ist nicht Aufgabe des vorläufigen Sachwalters.[57] Er habe sich auf Kontroll- und Überwachungsaufgaben zu beschränken, die er allerdings auch während laufender Vertragsverhandlungen ausüben und deshalb an diesen teilnehmen kann. Hier muss aber berücksichtigt werden, dass Kreditgeber oder Investoren sehr häufig die Mitwirkung und Zustimmung des vorläufigen Sachwalters wünschen.
- Die Entwicklung von Maßnahmen und Strategien zur Bedienung von Umsatzsteuer und Sozialversicherungsbeiträgen ist nicht Aufgabe des vorläufigen Sachwalters; er hat auch insoweit nur Kontroll- und Überwachungsaufgaben. Tätigkeiten sind daher nicht zuschlagswürdig.
- Die **Übernahme arbeitsrechtlicher Sonderaufgaben**, insbesondere das Führen von Verhandlungen mit Gewerkschaften und Betriebsrat sowie die Überarbeitung und Anpassung eines Sanierungskonzeptes unter arbeitsrechtlichen Gesichtspunkten gehört nicht zu den Aufgaben des vorläufigen Sachwalters und ist daher nicht zuschlagsfähig. Hier muss aber berücksichtigt werden, dass Zusammenhänge mit der Begleitung des Sanierungsprozesses oder der Erarbeitung oder Prüfung eines Insolvenzplans bestehen. Insoweit ist eine Zuschlagsfähigkeit zu bejahen.

56 Die **Einsetzung** einer im Insolvenzrecht ausgewiesenen Person als **Generalbevollmächtigten** oder Geschäftsführer des Unternehmens stellt für den vorläufigen Sachwalter keine Entlastung dar und ist daher **kein Abschlagstatbestand.**[58]

3. Unmittelbare Erhöhung des Prozentsatzes der Vergütung

57 § 3 InsVV ist wie bei § 11 InsVV in der Weise entsprechend anzuwenden, dass Erhöhungen oder Kürzungen der Vergütung **unmittelbar und den Prozentsatz** der Vergütung des Insolvenzverwalters erhöhen oder kürzen (siehe oben § 7 Rz. 176 ff.).[59]

58 Erhöhungen oder Kürzungen der Vergütung des vorläufigen Sachwalters erfolgen unter Berücksichtigung seiner gesetzlichen Aufgabenzuweisung und der Feststellung des sog. Normalfalls einer vorläufigen Sachwaltung. Letzteres ist gerade im Hinblick auf den kurzen Zeitraum der Geltung der Vorschrift schwierig. Lediglich hinsichtlich der Dauer des Eröffnungsverfahrens und des Aufgabenkatalogs der §§ 274 ff. InsO kann erwogen werden, die Höhe des jeweiligen Zuschlags geringer anzusetzen als vergleichbar beim Insolvenzverwalter des Regelinsolvenzverfahrens.

4. Vorzeitige Beendigung der vorläufigen Sachwaltung

59 **Endet** die vorläufige Sachwaltung mit oder ohne Schutzschirm **bereits während des Eröffnungsverfahrens**, wird regelmäßig vorläufige Insolvenzverwaltung angeordnet. Ob der

56) BGH, Beschl. v. 22.9.2016 – IX ZB 71/14, Rz. 77, ZIP 2016, 1981 = NZI 2016, 963.

57) BGH, Beschl. v. 22.9.2016 – IX ZB 71/14, Rz. 56, ZIP 2016, 1981 = NZI 2016, 963.

58) BGH, Beschl. v. 22.9.2016 – IX ZB 71/14, Rz. 81, ZIP 2016, 1981 = NZI 2016, 963; lesenswert *Hammes*, NZI 2017, 233.

59) LG Siegen, Beschl. v. 19.6.2024 – 4 T 12/23, ZIP 2024, 1859 = NZI 2024, 787.

bisherige vorläufige Sachwalter zum jetzt vorläufigen Insolvenzverwalter bestellt wird, ist nicht maßgebend. Für **beide Ämter entstehen eigene Vergütungsansprüche,** die auch gesondert zu behandeln sind.[60] Es besteht eine gleiche Konstellation wie bei dem Wechsel des Insolvenzverwalters (siehe dazu § 6 Rz. 6 ff.).

Bei der Bestimmung der Vergütung des vorläufigen Sachwalters ist auf das von ihm begleitend verwaltete Vermögen als Berechnungsgrundlage abzustellen. Bei der Vergütung des späteren vorläufigen Insolvenzverwalters können wegen Arbeitsersparnis durch die vorangegangene Sachwaltung Kürzungstatbestände gegeben sein.[61] 60

VII. Auslagenersatz und Umsatzsteuer

1. Der Auslagenersatz nach § 8 Abs. 3 InsVV

Der vorläufige Sachwalter erhält Ersatz seiner Auslagen entsprechend § 4 InsVV. **Nicht geklärt** ist, ob der vorläufige Sachwalter den **vollen Pauschsatz** des § 8 Abs. 3 InsVV geltend machen kann oder lediglich den für den Sachwalter ermäßigten Satz des § 12 Abs. 3 InsVV. 61

Der BGH spricht sich folgerichtig zu seiner Ansicht, dass der vorläufige Sachwalter keinen eigenen Vergütungsanspruch habe und seine Vergütung mit der des Sachwalters festzusetzen sei, für eine entsprechende Anwendung des § 12 Abs. 3 InsVV aus.[62] Wenn man aber sowohl hinsichtlich der Berechnungsgrundlage, des angemessenen Bruchteils der Vergütung und auch hinsichtlich Festsetzung den vorläufigen Sachwalter ähnlich dem vorläufigen Insolvenzverwalter behandelt, ist es sinnvoll, auch den für diesen bestimmten **vollen Auslagenersatz** zu gewähren. Allerdings verweist § 12a Abs. 5 InsVV für die seit 1.1.2021 beantragten Verfahren ausdrücklich auf § 12 Abs. 3 InsVV. 62

Berechnungsgrundlage des Pauschbetrages ist wie beim vorläufigen Insolvenzverwalter die Vergütung nach § 63 Abs. 3 Satz 2 InsO als Regelvergütung.[63] Höchstens sind als Auslagenersatz 250 € je angefangenem Monat der (vorläufigen) Sachwaltung anzusetzen (§ 8 Abs. 3 Satz 1 InsVV).[64] 63

2. Die Erstattung der Umsatzsteuer

Der vorläufige Sachwalter erhält in Anwendung des § 7 InsVV die volle Erstattung der von ihm zu zahlenden Umsatzsteuer auf Vergütung und Auslagen. 64

3. Das Verfahren der Vergütungsfestsetzung

Die Vergütung des vorläufigen Sachwalters wird auf dessen Antrag entsprechend § 8 InsVV festgesetzt. Zum Verfahren und insbesondere zur Vorschussgewährung gelten die allgemeinen Ausführungen ebenso wie für den vorläufigen Insolvenzverwalter (siehe eingehend § 15 Rz. 8 ff.). Der Ansicht des BGH, nach welcher die Vergütung zusammen mit der des Sachwalters im eröffneten Verfahren als Zuschlag festzusetzen sei,[65] kann nicht gefolgt werden (siehe eingehend Rz. 17). Wird der Insolvenzantrag während des Eröffnungsverfahrens zurückgenommen, kann die Vergütung des vorläufigen Sachwalters auch analog § 26a InsO festgesetzt werden.[66] 65

---

60) AG Ludwigshafen/a. Rh., Beschl. v. 22.7.2015 – 3 b IN 414/14 Lu, ZInsO 2015, 1639; eingehend auch *Graeber/Graeber*, InsVV, § 11 Rz. 273 ff.; *Graeber/Graeber*, ZInsO 2015, 891.

61) AG Ludwigshafen/a. Rh., Beschl. v. 22.7.2015 – 3 b IN 414/14 Lu, ZInsO 2015, 1639.

62) BGH, Beschl. v. 22.9.2016 – IX ZB 71/14, Rz. 84, ZIP 2016, 1981 = NZI 2016, 963.

63) BGH, Beschl. v. 6.4.2006 – IX ZB 109/05, ZIP 2006, 2228 = NZI 2007, 46.

64) Allgemein BGH, Beschl. v. 24.6.2003 – IX ZB 600/02, ZIP 2003, 1458 = NZI 2003, 608; OLG Zweibrücken, Beschl. v. 7.3.2001 – 3 W 269/00, NZI 2001, 312.

65) BGH, Beschl. v. 21.7.2016 – IX ZB 70/14, BGHZ 211, 225 = ZIP 2016, 1592.

66) BGH, Beschl. v. 21.7.2016 – IX ZB 70/14, Rz. 54, BGHZ 211, 225 = ZIP 2016, 1592; AG Köln, Beschl. v. 25.1.2017 – 73 IN 411/16, ZIP 2017, 980 = NZI 2017, 322.

§ 10
Die Vergütung in Restrukturierungssachen

Übersicht

Aufsatzliteratur: *Ahrens*, Der Gläubigerbeirat gem. § 93 StaRUG, NZI Sonderbeilage 1/2021, S. 57; *Blankenburg/Heyer*, Gesetz zur weiteren Verkürzung des Restschuldbefreiungsverfahrens – Stellungnahme zum Regierungsentwurf vom 1.7.2020, ZInsO 2020, 1849; *Bork*, Instrumente des Stabilisierungs- und Restrukturierungsrahmens nach § 29 StaRUG, NZI Sonderbeilage 1/2021, S. 38; *Cranshaw*, Paradigmen des Unternehmensstabilisierungs- und -restrukturierungsgesetzes (StaRUG) nach dem Regierungsentwurf aus Gläubigersicht, (Teil I) ZInsO 2020, 2561 und (Teil II) ZInsO 2020, 2617; *Deppenkemper*, Ziel erreicht? Außergerichtliche Sanierung bereits ab 1.1.2021!, ZIP 2020, 2432; *Desch*, Der neue Stabilisierungs- und Restrukturierungsrahmen nach dem Regierungsentwurf StaRUG in der Praxis, BB 2020, 2498; *Flöther*, Der Restrukturierungsbeauftragte: Neue Figur in altbekanntem Gewand?, NZI Sonderbeilage 1/2021, S. 48; *Frind*, Überreguliert statt saniert?, ZInsO 2020, 2241; *Frind*, Neue Einschränkungen auf dem Weg zu einer schnelleren Restschuldbefreiung – gerechtfertigt?, ZInsO 2020, 1857; *Frind*, Insolvenzordnung 2021: Überzeugendes Sanierungsrecht oder Stückwerk?, NZI 2020, 865; *Ganter*, Die Regelung der Vergütung des Restrukturierungsberaters im vergleich mit Vergütungsregelungen für den Insolvenzverwalter und den Sachwalter, NZI 2022, 97; *Gehrlein*, Das Gesetz über den Stabilisierungs- und Restrukturierungsrahmen für Unternehmen (StaRUG) – ein Überblick, BB 2021, 66; *Hintzen*, Vollstreckungssperre nach § 49 StaRUG in der Immobiliarvollstreckung, ZfIR 2021, 64; *Hoegen*, Die Sanierungsmoderation, NZI Sonderbeilage 1/2021, S. 59; *Hofmann*, Vertragsbeendigung nach §§ 49 ff. StaRUG-E – praktisches Sanierungstool oder untaugliches Ungetüm?, NZI 2020, 871; *Marotzke*, Gegenseitige Verträge im künftigen Stabilisierungs- und Restrukturierungsrahmen für Unternehmen, ZInsO 2021, 21; *Müller*, Die Umsetzung der EU-Richtlinie über präventive Restrukturierungsrahmen, ZIP 2020, 2253; *Pape/Laroche/Grote*, Die (weitere) Verkürzung des Restschuldbefreiungsverfahrens auf drei Jahre – eine vermurkste Reform, ZInsO 2020, 1805; *Schmidt, A.*, Neues Privatinsolvenzrecht: „Gesetz zur weiteren Verkürzung des Restschuldbefreiungsverfahrens" vom 22.12.2020, ZVI 2021, 41; *Schmidt, A.*, Reform 2020: Die weitere Verkürzung des Restschuldbefreiungsverfahrens, ZVI 2020, 79; *Schmidt, J./Breuer*, Die Vergütung des Restrukturierungsbeauftragten – Vereinfachtes Festsetzungsverfahren nur bei Überschaubarkeit?, NZI 2023, 241; *Schmidt, L.-M.*, Der RefE eines „Gesetzes zur weiteren Verkürzung des Restschuldbefreiungsverfahrens" im Lichte der EU-Richtlinie 2019/1023, ZVI 2020, 171; *Seagon*, Coronabedingtes Sonderinsolvenzrecht als Brücke zum StaRUG?, NZI Sonderbeilage 1/2021, S. 12; *Smid*, Der Restrukturierungsbeauftragte in den Regelungen des StaRUG, ZInsO 2020, 2184; *Smid*, Der Restrukturierungsbeauftragte, ZInsO 2020, 2092; *Spahlinger*, Gruppen, Stimmrechte und erforderliche Mehrheiten, NZI Sonderbeilage 1/2021, S. 32; *Spiekermann*, Die Unabhängigkeit des Insolvenzverwalters und Sachwalters, NZI 2020, 977; *Thole*, Der Entwurf eines Unternehmensstabilisierungs- und -restrukturierungsgesetzes (StaRuG-RefE), ZIP 2020, 1985; *Trams*, Die Verkürzung des Restschuldbefreiungsverfahrens, NJW-Spezial 2020, 149; *Vallender*, Die Zuständigkeit des Restrukturierungsgerichts, NZI Sonderbeilage 1/2021, S. 30; *Vallender*, Der Aufgaben und Befugnisse des Restrukturierungsgerichts nach dem Gesetz über den Stabilisierung- und Restrukturierungsrahmen für Unternehmen, (Teil 1) ZInsO 2020, 2579 und (Teil 2) ZInsO 2020, 2677; *Zimmer*, Die Vergütung des Restrukturierungsbeauftragten i. S. d. Art. 5 Abs. 2 der Richtlinie (EU) 2019/1023 – Problemfelder einer Kodifizierung, ZInsO 2020, 2117.

I. Das Unternehmensstabilisierungs- und -restrukturierungsgesetz – StaRUG

1. Geschichte und Zweck des Gesetzes

1 Das Unternehmensstabilisierungs- und -restrukturierungsgesetz – StaRUG ist als Art. 1 des Gesetzes zur Fortentwicklung des Sanierungs- und Insolvenzrechts – SanInsFoG[1] am 1.1.2021 in Kraft getreten. Es wurde in Umsetzung der Richtlinie (EU) 2019/1023 des Europäischen Parlaments und des Rates vom 20.6.2019 über präventive Restrukturierungsrahmen, über Entschuldung und über Tätigkeitsverbote sowie über **Maßnahmen zur Steigerung der Effizienz von Restrukturierungs-, Insolvenz- und Entschuldungsverfahren** und zur Änderung der Richtlinie (EU) 2017/1132[2] in einem bemerkenswert raschen Gesetzgebungsverfahren verabschiedet. Das kurze Gesetzgebungsverfahren war auch der Bewältigung der sog. COVID-19-Krise in den Jahren 2020 und 2021 geschuldet.[3] Parallel wurde durch das Gesetz zur weiteren Verkürzung des Restschuldbefreiungsverfahrens vom 22.12.2020[4] das Restschuldbefreiungsverfahren wesentlich auf drei Jahre verkürzt und in einigen Punkten umgestaltet.[5]

2 Ziel des Gesetzes ist die **Stärkung der außergerichtlichen Sanierung und Restrukturierung** von Unternehmen, aber auch von unternehmerisch tätigen natürlichen Personen zur

1) Gesetz zur Fortentwicklung des Sanierungs- und Insolvenzrechts – SanInsFoG, v. 22.12.2020, BGBl. I 2020, 3256; Begr. RegE SanInsFoG, BT-Drucks. 19/24181; Beschlussempfehlung und Bericht d. RA z. RegE SanInsFoG, BT-Drucks. 19/25303.

2) Richtlinie (EU) 2019/1023 des Europäischen Parlaments und des Rates vom 20.6.2019 über präventive Restrukturierungsrahmen, über Entschuldung und über Tätigkeitsverbote sowie über Maßnahmen zur Steigerung der Effizienz von Restrukturierungs-, Insolvenz- und Entschuldungsverfahren und zur Änderung der Richtlinie (EU) 2017/1132 (Richtlinie über Restrukturierung und Insolvenz) – Restrukturierungsrichtlinie, ABl. (EU) L 172/18 v. 26.6.2019.

3) Dazu *Seagon*, NZI Sonderbeilage 1/2021, S. 12.

4) Gesetz zur weiteren Verkürzung des Restschuldbefreiungsverfahrens und zur Anpassung pandemiebedingter Vorschriften im Gesellschafts-, Genossenschafts-. Vereins- und Stiftungsrecht sowie im Miet- und Pachtrecht, v. 22.12.2020, BGBl. I 2020, 3328; Begr. RegE Gesetz zur weiteren Verkürzung des Restschuldbefreiungsverfahrens, BT-Drucks. 19/21981; Beschlussempfehlung und Bericht d. RA z. RegE Gesetz zur weiteren Verkürzung des Restschuldbefreiungsverfahrens, BT-Drucks. 19/25251.

5) Dazu *Pape/Laroche/Grote*, ZInsO 2020, 1805; *Frind*, ZInsO 2020, 1857; *Blankenburg/Heyer*, ZInsO 2020, 1849; *A. Schmidt*, ZVI 2020, 79; *A. Schmidt*, ZVI 2021, 41; *L.-M. Schmidt*, ZVI 2020, 171; *Trams*, NJW-Spezial 2020, 149.

Vermeidung eines Insolvenzverfahrens. § 1 Abs. 1 StaRUG formuliert dazu ein wenig blumig:[6)]

> „Die Mitglieder des zur Geschäftsführung berufenen Organs einer juristischen Person (Geschäftsleiter) wachen fortlaufend über Entwicklungen, welche den Fortbestand der juristischen Person gefährden können. Erkennen sie solche Entwicklungen, ergreifen sie geeignete Gegenmaßnahmen und erstatten den zur Überwachung der Geschäftsleitung berufenen Organen (Überwachungsorganen) unverzüglich Bericht. Berühren die zu ergreifenden Maßnahmen die Zuständigkeiten anderer Organe, wirken die Geschäftsleiter unverzüglich auf deren Befassung hin."

3 Der Stabilisierungs- und Restrukturierungsrahmen hat als **Kernelement** den **Abschluss eines Restrukturierungsplans**, den der Schuldner mit den betroffenen Gläubigern vereinbart. Dabei stehen die private Selbstorganisation und die Eigenverantwortung insbesondere der Geschäftsleiter eines Unternehmens im Vordergrund.[7)]

4 § 2 StaRUG definiert die Forderungen, welche in einem Plan berücksichtigt werden, § 4 StaRUG nennt Forderungen, die nicht einbezogen werden können, bspw. Forderungen aus Arbeitsverhältnissen oder Forderungen aus vorsätzlich begangener unerlaubter Handlung.

5 Die Vorschriften zur Gliederung und zum Inhalt eines Restrukturierungsplans orientieren sich an denen zum Insolvenzplan nach §§ 219 ff. InsO.[8)] Der Plan soll einen darstellenden und einen gestaltenden Teil haben (§§ 6, 9 StaRUG) sowie eine Vergleichsrechnung, in welcher die Befriedigungsaussichten der Planbetroffenen bei und ohne Umsetzung des Plans dargestellt werden, dabei kann auch die Insolvenz als Szenario relevant sein. Die Planbetroffenen sind ebenso wie im Insolvenzplan (§ 222 InsO) in Gruppen einzuteilen, ebenso wie im Insolvenzplan sind nach Rechtsstellung zwingende und nach wirtschaftlichen Interessen fakultative Gruppen zu bilden.[9)] Das BMJV soll nach § 16 StaRUG auf seiner Homepage eine Checkliste für Restrukturierungspläne bekannt machen, welche an die Bedürfnisse von kleinen und mittleren Unternehmen angepasst ist.

6 Das **Verfahren über das Angebot zum Abschluss eines Restrukturierungsplans** sowie dessen Annahme regeln die §§ 17 ff. StaRUG.[10)] Die Stimmrechte der Planbetroffenen und die erforderlichen Mehrheiten sind in §§ 24 ff. StaRUG niedergelegt. Die §§ 26 und 27 StaRUG regeln ähnlich dem Obstruktionsverbot des § 245 InsO eine Zustimmungsersetzung einzelner Gruppen sowie eine sog. absolute Priorität der angemessenen Berücksichtigung unter Berücksichtigung der jeweiligen Rechtsstellung eines Planbetroffenen; § 27 StaRUG ist insofern vergleichbar mit § 245 Abs. 2 InsO.[11)]

2. Verfahrensrechtliche Instrumente des Stabilisierungs- und Restrukturierungsrahmens

7 Das **gerichtliche Verfahren**, das der Gesetzgeber als Restrukturierungssache bezeichnet, ist **fakultativ** ausgestaltet. Es soll den Beteiligten Hilfestellung bei der Verfahrensdurchführung und nach Abschluss eines Restrukturierungsplans auch Rechtssicherheit geben.[12)]

---

6) Begr. RegE SanInsFoG, BT-Drucks. 19/24181, S. 103; *Thole*, ZIP 2020, 1985; *Müller*, ZIP 2020, 2253; *Deppenkemper*, ZIP 2020, 2432; *Desch*, BB 2020, 2498; *Cranshaw*, ZInsO 2020, 2561 und ZInsO 2020, 2617; *Gehrlein*, BB 2021, 66; kritisch *Frind*, NZI 2020, 865; *Frind*, ZInsO 2020, 2241; *Lissner*, ZInsO 2020, 2248.

7) Begr. RegE SanInsFoG, BT-Drucks. 19/24181, S. 84 ff., 91 ff.

8) Eingehend *Parzinger/Knebel* in: MünchKomm-StaRUG, § 5 Rz. 48 ff.

9) Dazu *Spahlinger*, NZI Sonderbeilage 1/2021, S. 32.

10) Eingehend *Deppenkemper* in: MünchKomm-StaRUG, § 17 Rz. 23 ff.

11) Begr. RegE SanInsFoG, BT-Drucks. 19/24181, S. 127; *Herweg* in: MünchKomm-StaRUG, § 27 Rz. 2, 10 ff.

12) Begr. RegE SanInsFoG, BT-Drucks. 19/24181, S. 130 ff.; *Bork* in: Kübler/Bork/Prütting, HRI I, § 1 Rz. 8 ff.; eingehend zur Anzeige der Restrukturierungssache *Holzer* in: Kübler/Bork/Prütting, HRI I, § 7 Rz. 2 ff.; eingehend zu systematischen Abgrenzung zwischen Restrukturierungsplan und gerichtlichen Instrumenten *Skauradszun* in: MünchKomm-StaRUG, § 29 Rz. 13 ff.; allgemein *Bork*, NZI Sonderbeilage 1/2021, S. 38.

8 Die Instrumente des Stabilisierungs- und Restrukturierungsrahmens definiert § 29 Abs. 1 StaRUG wie folgt:

> „(1) Zur nachhaltigen Beseitigung einer drohenden Zahlungsunfähigkeit im Sinne des § 18 Absatz 2 der Insolvenzordnung können die in Absatz 2 genannten Verfahrenshilfen des Stabilisierungs- und Restrukturierungsrahmens (Instrumente) in Anspruch genommen werden.
>
> (2) Instrumente des Stabilisierungs- und Restrukturierungsrahmens im Sinne des Absatzes 1 sind:
>
> 1. die Durchführung eines gerichtlichen Planabstimmungsverfahrens (gerichtliche Planabstimmung),
> 2. die gerichtliche Vorprüfung von Fragen, die für die Bestätigung des Restrukturierungsplans erheblich sind (Vorprüfung),
> 3. die gerichtliche Anordnung von Regelungen zur Einschränkung von Maßnahmen der individuellen Rechtsdurchsetzung (Stabilisierung) und
> 4. die gerichtliche Bestätigung eines Restrukturierungsplans (Planbestätigung).
>
> (3) Soweit sich aus den Bestimmungen dieses Gesetzes nichts Abweichendes ergibt, kann der Schuldner die Instrumente des Stabilisierungs- und Restrukturierungsrahmens unabhängig voneinander in Anspruch nehmen.“

9 Die **Zuständigkeit für Restrukturierungssachen** liegt konzentriert bei dem AG, in dessen Bezirk ein OLG seinen Sitz hat, allerdings können die Länder hiervon abweichen (§ 34 StaRUG).[13] Konkret ist das Gericht zuständig, in dessen Bezirk der Schuldner seinen Sitz hat oder der Mittelunkt der wirtschaftlichen Tätigkeit liegt(§ 35 StaRUG, vgl. auch § 3 Abs. 1 InsO). Funktionell ist für Restrukturierungssachen der Richter zuständig.[14]

10 Der Schuldner hat die Restrukturierungssachen unter Beachtung der Voraussetzungen des § 31 StaRUG anzuzeigen und mit der in §§ 32 und 43 StaRUG definierten Sorgfalt zu betreiben. Die Restrukturierungssache wird in den Fällen des § 33 StaRUG von Amts wegen aufgehoben, insbesondere wenn das Insolvenzverfahren eröffnet wird (§ 33 Abs. 1 Nr. 1 StaRUG). Während der Rechtshängigkeit der Restrukturierungssache ruht zwar die **Insolvenzantragspflicht** des § 15a InsO, jedoch besteht bei Eintritt der Zahlungsunfähigkeit oder der Überschuldung (§ 19 InsO) eine **Anzeigepflicht** an das Restrukturierungsgericht (§ 42 StaRUG).[15]

11 Die **einzelnen** in § 29 Abs. 1 StaRUG genannten **Verfahren** können sowohl **unabhängig voneinander** als auch **nebeneinander in Anspruch genommen** werden. Sie dienen jeweils verschiedenen Zielen:[16]

12 Das **Verfahren zur gerichtlichen Planabstimmung** ermöglicht mit den §§ 45 und 46 StaRUG die Durchführung eines gerichtlichen Erörterungs- und Abstimmungstermins ähnlich § 235 InsO sowie eines Termins der Vorprüfung.[17] Damit soll die Ordnungsmäßigkeit des Abstimmungsverfahrens sichergestellt werden, sollte der Schuldner Zweifel haben, dies außergerichtlich bewerkstelligen zu können, weil bspw. Streit mit einzelnen Beteiligten droht.[18]

13 Das **Verfahren zur Vorprüfung** (§§ 47, 48 StaRUG) ist sinnvoll, wenn es neben den Verfahren zur Planabstimmung oder zur gerichtlichen Bestätigung durchgeführt wird, es kann aber auch eigenständig beantragt werden. Das Gericht kann jede Frage, die für die Bestäti-

---

13) Eingehend *Graf-Schlicker* in: Kübler/Bork/Prütting, HRI I, § 8 Rz. 4 ff.

14) *Graf-Schlicker* in: Kübler/Bork/Prütting, HRI I, § 8 Rz. 34, 35; *Vallender*, ZInsO 2020, 2579 und ZInsO 2020, 2677; *Vallender*, NZI Sonderbeilage 1/2021, S. 30.

15) Eingehend *Fritz* in: Kübler/Bork/Prütting, HRI I, § 10 Rz. 30 ff.

16) Eingehend *Skauradszun* in: MünchKomm-StaRUG, § 29 Rz. 60 ff.

17) *Vuia* in: MünchKomm-StaRUG, § 45 Rz. 16 ff.

18) Begr. RegE SanInsFoG, BT-Drucks. 19/24181, S. 147 ff.

gung des Plans relevant ist, aufgreifen und prüfen. Das Verfahren endet mit gerichtlichen Hinweisen zum Plan (§ 48 Abs. 2 StaRUG).

Das **Verfahren zur Stabilisierung** (§§ 49 ff. StaRUG) beinhaltet wesentlich die Anordnung von Vollstreckungsverboten und -hindernissen.[19] Dabei ähneln die in § 49 Abs. 1 Nr. 1 und 2 StaRUG genannten Anordnungen jenen des Insolvenzeröffnungsverfahrens nach § 21 Abs. 2 Nr. 3 und 5 InsO, wobei das Vollstreckungsverbot anders als jenes nach § 21 Abs. 2 Nr. 3 InsO auch das unbewegliche Vermögen erfasst und lediglich durch § 30g ZVG ergänzt wird.[20] Die Anordnung der Stabilisierungsmaßnahmen (Vollstreckungsverbote) setzt insbesondere die Vorlage einer vollständigen und schlüssigen Restrukturierungsplanung sowie einer auf sechs Monate angelegten Finanzplanung mit fundierter Darstellung der Finanzierungsquellen zur Unternehmensfortführung (eingehend geregelt in §§ 50 und 51 StaRUG). Die Anordnung soll bis zu drei Monate gelten und kann höchstens acht Monate dauern, wenn daneben das gerichtliche Planbestätigungsverfahren läuft. Die Regelungszusammenhänge in §§ 52 und 53 StaRUG sind dabei hoch komplex.[21] Solange eine Stabilisierungsanordnung gilt, ist das Verfahren eines Insolvenzgläubigers auf Insolvenzeröffnung ausgesetzt (§ 59 StaRUG). 14

Ein ursprünglich geplantes **Verfahren zur Vertragsbeendigung** wurde nach heftiger Kritik im Gesetzgebungsverfahren nicht umgesetzt.[22] Nach dem Entwurf sollte das Gericht auf Antrag des Schuldners einzelne Verträge für beendet erklären können. Der Schadensersatzanspruch des anderen Teils wegen Nichterfüllung wäre dann in den Restrukturierungsplan einzustellen gewesen. Insofern hätten durch das geplante Verfahren die Wirkungen der §§ 103 ff. InsO vorweggenommen werden können. 15

Im **Verfahren der Planbestätigung** (§§ 60 ff. StaRUG) bestätigt das Gericht den von dem Schuldner vorgelegten und seitens der Planbetroffenen angenommen Restrukturierungsplan.[23] Das Verfahren kann insbesondere mit dem Verfahren der gerichtlichen **Planabstimmung** verbunden werden. Das Gericht versagt die Bestätigung, wenn der Schuldner nicht drohend zahlungsunfähig ist, zwingende Verfahrensvorschriften nicht eingehalten worden sind oder insbesondere der Plan offensichtlich nicht erfüllbar ist (§ 63 Abs. 1 Nr. 1 bis 3 StaRUG). Eine Berücksichtigung der angemessenen wirtschaftlichen Beteiligung eines Planbetroffenen erfolgt nur auf dessen Antrag; die Bestätigung ist zu versagen, wenn er voraussichtlich ohne den Plan besser stünde als mit (eingehend zu den Versagungsvoraussetzungen § 64 StaRUG). Mit der Bestätigung des Restrukturierungsplans treten die im gestaltenden Teil festgelegten Wirkungen im Verhältnis zu allen Planbetroffenen ein, auch wenn sie gegen den Plan gestimmt haben oder an der Abstimmung trotz ordnungsmäßiger Beteiligung nicht teilgenommen haben (§ 67 Abs. 1 StaRUG). Gegen Gläubiger oder Rechteinhaber, die im Plan nicht benannt sind und die am Verfahren nicht beteiligt waren, gilt der Plan nicht. Aus dem rechtskräftig bestätigten Restrukturierungsplan können die Restrukturierungsgläubiger, deren Forderungen im Bestätigungsbeschluss nicht als bestritten ausgewiesen sind, wie aus einem vollstreckbaren Urteil die Zwangsvollstreckung gegen den Schuldner betreiben (§ 71 Abs. 1 StaRUG). 16

---

19) *Skauradszun* in: MünchKomm-StaRUG, § 49 Rz. 31 ff.; *Prütting* in: Kübler/Bork/Prütting, HRI I, § 16 Rz. 22 ff.; *Hintzen*, ZfIR 2021, 64.

20) Begr. RegE SanInsFoG, BT-Drucks. 19/24181, S. 155, 190; *Hintzen*, ZfIR 2021, 64.

21) Begr. RegE SanInsFoG, BT-Drucks. 19/24181, S. 154 ff.; *Skauradszun* in: MünchKomm-StaRUG, § 52 Rz. 4 ff., § 53 Rz. 11 ff.

22) Begr. RegE SanInsFoG, BT-Drucks. 19/24181, S. 149 ff.; Beschlussempfehlung und Bericht d. RA z. RegE SanInsFoG, BT-Drucks. 19/25303, S. 48 ff.; dazu *Hofmann*, NZI 2020, 871; *Marotzke*, ZInsO 2021, 21.

23) *Jungmann* in: MünchKomm-StaRUG, § Vor§§ 60–66 Rz. 1, 68 ff.

3. Der Restrukturierungsbeauftragte

a) Das Amt des Restrukturierungsbeauftragten

17 In allen gerichtlichen Verfahren des StaRUG soll ein Restrukturierungsbeauftragter bestellt werden. Nach § 74 Abs. 1 StaRUG ist zum **Restrukturierungsbeauftragten** ein **für den jeweiligen Einzelfall geeigneter**, in Restrukturierungs- und Insolvenzsachen erfahrener Steuerberater, Wirtschaftsprüfer oder Rechtsanwalt oder eine sonstige natürliche Person mit vergleichbarer Qualifikation zu bestellen, die von den Gläubigern und dem Schuldner unabhängig ist und aus dem Kreis aller zur Übernahme des Amtes bereiten Personen auszuwählen ist. Diese Regelung ist an § 56 InsO angelehnt, ebenso ermöglicht § 74 Abs. 2 StaRUG wie § 56a InsO Vorschlagsrechte für die Person des Restrukturierungsbeauftragten.[24)]

18 Ebenso ist die **Rechtsstellung des Restrukturierungsbeauftragten** durch § 75 StaRUG an die des Insolvenzverwalters angelehnt. Er unterliegt der Aufsicht des Gerichts und kann aus wichtigem Grund entlassen werden. Er erfüllt seine Aufgaben mit der gebotenen Sorgfalt und Gewissenhaftigkeit und nimmt seine Aufgaben unparteiisch wahr (§ 75 Abs. 4 StaRUG).[25)]

b) Die obligatorische Bestellung

19 **Von Amts wegen** ist ein Restrukturierungsbeauftragter unter den **Voraussetzungen des § 73 StaRUG** zu bestellen. Das ist vereinfacht formuliert der Fall, wenn i. R. der Restrukturierung die Rechte von Verbrauchern oder mittleren, kleinen oder Kleinstunternehmen berührt werden sollen, wenn der Schuldner eine Stabilisierungsanordnung beantragt oder wenn der Restrukturierungsplan eine Überwachung der Erfüllung der den Gläubigern zustehenden Ansprüche vorsieht (§ 73 Abs. 1 Nr. 1 bis 3 StaRUG).[26)] Eine Bestellung erfolgt auch, wenn absehbar ist, dass das Restrukturierungsziel nur gegen den Willen von Inhabern von Restrukturierungsforderungen oder Absonderungsanwartschaften erreichbar ist (differenziert § 73 Abs. 2 StaRUG).

c) Die fakultative Bestellung

20 In anderen Fällen ist ein Restrukturierungsbeauftragter **auf Antrag des Schuldners** zur Förderung der Verhandlungen zwischen den Beteiligten zu bestellen (fakultativer Restrukturierungsbeauftragter nach § 77 Abs. 1 StaRUG).[27)] Zur Bestellung und Rechtsstellung verweist § 78 StaRUG weitgehend auf §§ 74 und 75 StaRUG.

d) Die Aufgaben des Restrukturierungsbeauftragten

21 Der **Restrukturierungsbeauftragte hat die Restrukturierungssache sachkundig und unparteiisch zu begleiten**, er ist in jedem Stadium des Verfahrens und an jeder Entscheidung zu beteiligen. Er kann und soll auch moderierend tätig werden, etwa im gerichtlichen Verfahren der Planabstimmung.[28)] Er kann auch als Sachverständiger beauftragt werden, die Bestätigungsvoraussetzungen nach § 63 und 64 StaRUG zu prüfen oder zur Angemessenheit

---

24) Begr. RegE SanInsFoG, BT-Drucks. 19/24181, S. 171 ff.; *Fritz* in: MünchKomm-StaRUG, § 74 Rz. 8 ff.; *Fritz* in: Kübler/Bork/Prütting, HRI I, § 11 Rz. 25 ff.

25) Allgemein *Fritz* in: Kübler/Bork/Prütting, HRI I, § 11 Rz. 54 ff.; *Spiekermann*, NZI 2020, 977; *Flöther*, NZI Sonderbeilage 1/2021, S. 48.

26) Eingehend *Fritz* in: MünchKomm-StaRUG, § 73 Rz. 15 ff.; *Fritz* in: Kübler/Bork/Prütting, HRI I, § 11 Rz. 8 ff.

27) *Fritz* in: Kübler/Bork/Prütting, HRI I, § 11 Rz. 100 ff.

28) Allgemein *Smid*, ZInsO 2020, 2092; *Smid*, ZInsO 2020, 2184.

der Entschädigung bei einem Eingriff in gruppeninterne Drittsicherheiten oder einer Beschränkung der Haftung von unbeschränkt haftenden Gesellschaftern Stellung zu nehmen (§ 73 Abs. 3 StaRUG).[29)]

Der Restrukturierungsbeauftragte hat nach § 76 Abs. 1 StaRUG **Umstände, die eine Aufhebung der Restrukturierungssache** nach § 33 StaRUG rechtfertigen, zu prüfen und dem Gericht **anzuzeigen.**[30)] 22

Erfolgte die Bestellung unter den Voraussetzungen des § 73 Abs. 1 Nr. 1 oder 2 oder Abs. 2 StaRUG, steht dem Restrukturierungsbeauftragten die **Entscheidung darüber** zu, wie der **Restrukturierungsplan zur Abstimmung** gebracht wird. Im **gerichtlichen Abstimmungsverfahren** leitet er die Versammlung und dokumentiert die Abstimmung und **prüft die Forderungen, Absonderungsanwartschaften oder Anteils- und Mitgliedschaftsrechte der Planbetroffenen.** Sind einzelne Ansprüche streitig oder zweifelhaft, weist er die Planbetroffenen darauf hin und wirkt auf eine Klärung des Stimmrechts im Wege einer Vorprüfung hin (differenzierend § 76 Abs. 2 Nr. 1 StaRUG).[31)] 23

Nach § 76 Abs. 2 Nr. 2 StaRUG kann das Gericht dem Restrukturierungsbeauftragten die **Befugnis** übertragen, die **wirtschaftliche Lage des Schuldners zu prüfen und dessen Geschäftsführung zu überwachen** oder von dem Schuldner zu verlangen, dass eingehende Gelder nur von ihm Beauftragten entgegengenommen werden können. Nach § 76 Abs. 2 Nr. 3 StaRUG kann das Gericht dem Schuldner aufgeben, dem Restrukturierungsbeauftragten Zahlungen anzuzeigen und **Zahlungen außerhalb des gewöhnlichen Geschäftsbetriebs** nur zu tätigen, wenn der Restrukturierungsbeauftragte zustimmt. 24

Sind **Stabilisierungsanordnungen** nach § 49 StaRUG erlassen, prüft der Restrukturierungsbeauftragte fortlaufend, ob die **Anordnungsvoraussetzungen fortbestehen** müssen und ob ein Aufhebungsgrund vorliegt (§ 76 Abs. 3 Nr. 1 und 2 StaRUG). 25

Der Restrukturierungsbeauftragte **nimmt zu einem Restrukturierungsplan** des Schuldners **Stellung,** der zur Bestätigung vorgelegt wird (differenzierend § 76 Abs. 4 StaRUG).[32)] Der Restrukturierungsbeauftragte darf **Einsicht in die Bücher und Geschäftspapiere** des Schuldners nehmen, ihn um Auskunft bitten, er hat ihn bei der Erfüllung seiner Aufgaben zu unterstützen (§ 76 Abs. 5 StaRUG). 26

Das Restrukturierungsgericht kann zuletzt den Restrukturierungsbeauftragten beauftragen, die dem Gericht obliegenden **Zustellungen durchzuführen** (§ 76 Abs. 5 StaRUG). Zustellungen erfolgen nach § 41 StaRUG von Amts wegen. Das Gericht kann auch den Schuldner mit der Vornahme der Zustellungen beauftragen (§ 41 Abs. 3 StaRUG). 27

II. Die Vergütung des Restrukturierungsbeauftragten

1. Der Anspruch auf Vergütung

a) Der zwingende Charakter der gesetzlichen Regelungen

Der Restrukturierungsbeauftragte hat Anspruch auf Vergütung seiner Tätigkeit (§ 80 Satz 1 StaRUG). Die Vergütung besteht aus **Honorar und Ersatz der ihm entstandenen Auslagen.**[33)] 28

Vereinbarungen zwischen dem Restrukturierungsbeauftragten und dem Schuldner zur Vergütung sind nur unter Beachtung der §§ 81 ff. StaRUG zulässig (§ 80 Satz 2 StaRUG). 29

---

29) *Fritz* in: MünchKomm-StaRUG, § 73 Rz. 34 ff.
30) Eingehend *Fritz* in: MünchKomm-StaRUG, § 76 Rz. 8 ff.
31) *Fritz* in: Kübler/Bork/Prütting, HRI I, § 11 Rz. 72 ff.
32) *Fritz* in: Kübler/Bork/Prütting, HRI I, § 11 Rz. 95 ff.
33) Allgemein zur Vergütungsstruktur *Vuia* in: MünchKomm-StaRUG, Vor §§ 80–83 Rz. 12 ff.

Insbesondere darf sich der Restrukturierungsbeauftragte keine höhere Vergütung versprechen lassen, als sie nach den gesetzlichen Vorschriften zulässig wäre. Da aber das Gesetz selbst mit § 83 Abs. 1 Satz 2 StaRUG (siehe dazu nachfolgend Rz. 48 ff.) eine weitgehende Öffnungsklausel für die Vergütungsbestimmung enthält, dürften die Grenzen für Vergütungsvereinbarungen nicht kleinlich zu ziehen sein. Eine Abweichung insbesondere vom Stundenhonorar des § 81 StaRUG ist durch eine Vergütungsvereinbarung dann möglich, wenn die besonderen Voraussetzungen des § 81 Abs. 1 Satz 1 Nr. 3 StaRUG vorliegen und benannt werden. Eine Abweichung von den Stundensätzen des § 81 Abs. 1 Satz 3 StaRUG ist möglich, wenn die besonderen Tatbestände der Abweichung vom Regelfall in der Vereinbarung benannt werden.

b) Der Schuldner der Vergütung

30 Der **Anspruch auf Vergütung** richtet sich **gegen die Staatskasse.** In jedem Fall, also auch bei Vorliegen einer Vergütungsvereinbarung, wird die Vergütung daher durch das Restrukturierungsgericht festgesetzt (siehe dazu Rz. 59 ff.). Damit wird sichergestellt, dass die gesetzlichen Bestimmungen nicht umgangen werden.[34)]

31 Die Vergütung zählt zu den **gerichtlichen Auslagen** nach Nr. 9017 GKG KV und ist letztlich vom **Kostenschuldner der gerichtlichen Gebühren und Auslagen** nach § 25a GKG zu zahlen (siehe dazu § 16 Rz. 123 ff.).

2. Die Regelvergütung nach Stundensätzen

a) Grundsatz und Ausnahme

32 Im Grundsatz soll der Restrukturierungsbeauftragte für seine Tätigkeit auf Grundlage **angemessener Stundensätze** vergütet werden (§ 81 Abs. 1 StaRUG).[35)] Der Gesetzgeber rückt damit vom Leitbild der Vergütung in Insolvenzverfahren, die für die Organe des Verfahrens als tätigkeitsbezogene Vergütung mit Erfolgscharakter ausgestaltet ist (siehe § 2 Rz. 202 ff.), ab. Eine Vergütung nach Stundensätzen eignet sich allgemein für beratende und gutachterliche Tätigkeiten. Soweit sich eine Tätigkeit auf die Verwaltung fremden Vermögens bezieht und auch unternehmerische Entscheidungen beinhaltet, ist eine Vergütung auf Grundlage des verwalteten Vermögens sinnvoller. Der Gesetzgeber begründet die Abweichung von diesen Grundsätzen mit dem abweichen Aufgaben- und Tätigkeitsprofil des Restrukturierungsbeauftragten.[36)] Das ist aber nur teilweise zutreffend. Wird der Restrukturierungsbeauftragte beauftragt, die Geschäftsführung zu überwachen und insbesondere Zahlungen außerhalb des gewöhnlichen Geschäftsbetriebs zu prüfen – letztlich muss er dann stets alle Zahlungen prüfen-, kommt dies der Tätigkeit eines Sachwalters durchaus nahe. Die Tätigkeit ist dann nicht mehr nur eine abstrakt prüfende. Auch die persönliche Haftung nach § 75 Abs. 4 Satz 3 StaRUG kann in diesen Fällen einer Haftung des Sachwalters oder des Insolvenzverwalters nach § 60 InsO gleichkommen. Auch dies spricht dafür, den Restrukturierungsbeauftragten nicht allein nach Stundenaufwand zu vergüten.

33 § 83 Abs. 1 Satz 2 StaRUG erlaubt es, von der Vergütung nach Stundensätzen abzuweichen, wenn die besonderen Voraussetzungen des § 83 Abs. 1 Satz 1 Nr. 3 StaRUG vorliegen. Im Übrigen kann unter den Voraussetzungen des § 83 Abs. 2 StaRUG eine Vergütungsvereinbarung geschlossen werden (siehe dazu unten Rz. 54).

34) Begr. RegE SanInsFoG, BT-Drucks. 19/24181, S. 176; *Vuia* in: MünchKomm-StaRUG, § 80 Rz. 8 ff.

35) Allgemein *Zimmer*, ZInsO 2020, 2117; *Ganter*, NZI 2022, 97.

36) Begr. RegE SanInsFoG, BT-Drucks. 19/24181, S. 176.

b) Zu vergütende Personen

Anspruch auf Vergütung hat der Restrukturierungsbeauftragte. Er hat die ihm übertragenen Aufgaben grundsätzlich selbst wahrzunehmen. Insbesondere die Leitung des gerichtlichen Abstimmungsverfahrens oder die Stellungnahme zum Restrukturierungsplan haben durch ihn selbst zu erfolgen. 34

Soweit der Restrukturierungsbeauftragte **qualifizierte Mitarbeiter** benötigt, ist auch deren Tätigkeit durch ein Honorar nach Stundensätzen zu vergüten (§ 81 Abs. 2 StaRUG).[37] Die Tätigkeit von Mitarbeitern ist wie bei der Insolvenzverwaltung oder der Sachwaltung erforderlich und angemessen bei vorbereitenden Tätigkeiten und bei Prüfungsaufgaben, etwa der vorbereitenden und zugleich differenzierten Prüfung des Restrukturierungsplans, der Prüfung der einbezogenen Forderungen und Rechte, der Prüfung von Zahlungsvorgängen des Schuldners oder der Vornahme der übertragenen Zustellungen. 35

c) Die Bemessung eines angemessenen Stundensatzes

Der **Regelsatz** für die Tätigkeit des Restrukturierungsbeauftragten **soll höchstens 350 €** je Stunde betragen, für die Tätigkeit **qualifizierter Mitarbeiter** soll er 200 € betragen (§ 81 Abs. 3 Satz 2 StaRUG). Dabei sollen die Art und die Größe des Unternehmens sowie der Umfang der wirtschaftlichen Schwierigkeiten zu berücksichtigen sein, ferner die Qualifikation des Restrukturierungsbeauftragten und seiner Mitarbeiter. Der Stundensatz von 350 bzw. 200 € ist damit nicht als Regelstundensatz anzusehen, sondern als grundsätzlicher Höchstsatz. 36

Zur Bestimmung des angemessenen Stundensatzes ist zunächst ein **Normalfall der Restrukturierung** zu definieren. Dabei ist von einem typischen Unternehmen hinsichtlich Art des Unternehmens, der betreffenden Branche und der Größe auszugehen. Die Ursachen der Notwendigkeit eines Restrukturierungsverfahrens sind ebenso zu bestimmen. Die Qualifizierung des Restrukturierungsbeauftragten ist ebenfalls Merkmal für die Bestimmung des angemessenen Stundensatzes.[38] 37

Das Gesetz bestimmt die Vergütung nicht als Rahmenvergütung. Daher kann nicht von einem durchschnittlichen Stundensatz für ein Normalverfahren ausgegangen werden. Unter Berücksichtigung der für Beratung in insolvenznahen Sachverhalten heute üblichen Stundensätzen (zu § 34 RVG siehe § 19 Rz. 9 ff.) ist ein Stundensatz von 200 bis 250 € für den Restrukturierungsbeauftragten als Untergrenze anzusetzen. Sie kann nur dann unterschritten werden, wenn das Verfahren in ganz besonderer Weise einfach gestaltet ist, wenn bspw. ein Einzelkaufmann ein kleines Gewerbe betreibt, wenige Mitarbeiter beschäftigt und die Zahl der einbezogenen Forderungen sehr gering ist. 38

d) Die Festlegung des Stundenaufwands

Das Gericht soll bereits zu Beginn des Verfahrens den Stundenaufwand und einen Höchstbetrag des Honorars festlegen. Dabei ist zu unterscheiden, ob die Bestellung des Restrukturierungsbeauftragten von Amts wegen (§ 73 StaRUG) oder auf Antrag fakultativ (§ 77 StaRUG) erfolgt. Die **fakultative Bestellung** soll erst erfolgen, **wenn** die **Gerichtsgebühr** der Nr. 2513 GKG KV für die Bestellung eines Restrukturierungsbeauftragten (siehe dazu § 16 Rz. 123) **und** die **Vergütung vorgeschossen** werden (§ 81 Abs. 5 Satz 1 StaRUG). Bei einer **Bestellung von Amts wegen** soll das Gericht **über jeden Antrag** des Schuldners auf Inanspruchnahme eines Instruments des Stabilisierungs- und Restrukturierungsrahmens erst 39

37) *Vuia* in: MünchKomm-StaRUG, § 81 Rz. 13 ff.

38) AG Dresden, Beschl. v. 9.8.2023 – 572 RES 1/23, ZRI 2023, 835 = NZI 2023, 968, dazu EWiR 2023, 728 *(Paulus)*.

nach Zahlung der Gebühr nach Nr. 2513 GKG KV und eines Vorschusses auf die Vergütung **entscheiden** (§ 81 Abs. 5 Satz 2 StaRUG). Beantragt bspw. der Schuldner die Anordnung von Stabilisierungsmaßnahmen (§§ 49 ff. StaRUG), sollen diese erst nach Zahlung der genannten Gebühr und der Vergütung angeordnet werden, da insbesondere der Restrukturierungsbeauftragte die Aufgabe hat, diese Maßnahmen zu überwachen.

40 In jedem Fall hat das **Restrukturierungsgericht bereits mit der Bestellung den Rahmen der Vergütung festzulegen.**[39] Hierzu hört es die zu bestellende Person sowie den Schuldner an (§ 81 Abs. 4 Satz 3 StaRUG). Auf der Grundlage dieser Anhörungen und Vorermittlungen setzt das Gericht folgende Tatbestände fest:

- **Höhe der Stundensätze** des Restrukturierungsbeauftragten und der Mitarbeiter unter Festlegung deren Zahl;
- Umfang der voraussichtlich anfallenden Stunden für das gesamte Verfahren **(Stundenbudget)**:
- hieraus resultierend den **Höchstbetrag des voraussichtlichen Honorars**; Auslagen und Umsatzsteuer müssen nicht einbezogen werden; § 81 Abs. 4 Satz 2 StaRUG spricht hier ausdrücklich von „Honorar" und nicht von „Vergütung" (vgl. § 80 Satz 1 StaRUG).

41 Stellt sich während der Tätigkeit des Restrukturierungsbeauftragten heraus, dass das **festgelegte Stundenbudget überschritten** wird, hat dies der Restrukturierungsbeauftragte dem Gericht **unverzüglich anzuzeigen.** Nach Anhörung des Schuldners ist dann über eine Anpassung des Stundenbudgets zu entscheiden (§ 81 Abs. 6 StaRUG).[40] Diese Regelung ähnelt § 407a Abs. 4 Satz 2 ZPO, der einem gerichtlich bestellten Sachverständigen die Pflicht auferlegt, eine Kostenüberschreitung anzuzeigen.[41] Unterlässt er dies, kann das zu einem Verlust der überschießenden Vergütung führen. In gleicher Weise wird der Restrukturierungsbeauftragte eine voraussichtliche Überschreitung des Stundenbudgets rechtzeitig anzeigen, damit das Gericht reagieren kann. In jedem Fall kann die Vergütung nur bis zum gerichtlich festgesetzten Höchstbetrag bestimmt werden. Zeigt der Restrukturierungsbeauftragte eine Überschreitung nicht rechtzeitig an oder wird er ohne entsprechende gerichtliche Festlegung tätig, kann er hierfür nicht vergütet werden.[42] Das Gericht hört vor einer Anpassung den Schuldner an. Die **Erhöhung des Stundenbudgets und des Höchstbetrages der Vergütung** erfolgt auch nur dann, wenn der Schuldner den erforderlichen Betrag an die Staatskasse zahlt (§ 81 Abs. 6 Satz 3 mit Abs. 5 StaRUG). Damit ist auch eine Gefahr für den Schuldner verbunden, weil ohne entsprechende Vorschussleistung der Restrukturierungsbeauftragte seine weitere Tätigkeit einstellen darf.

3. Die Vergütung in besonderen Fällen

a) Gewährung eines erhöhten Stundensatzes

42 Die Stundensätze von 350 bzw. 200 € sind bereits durch § 81 Abs. 3 Satz 2 StaRUG als „im Regelfall" konnotiert. Damit lässt der Gesetzgeber zwar die **Möglichkeit** zu, **höhere Stundensätze festzulegen**, legt dies aber nicht das freie Ermessen des Gerichts oder der Beteiligten.

39) *Vuia* in: MünchKomm-StaRUG, § 81 Rz. 29 ff.; zur Festsetzung in einfach gelagerten Sachverhalten AG Hamburg, Beschl. v. 1.11.2022 – 61c RES 1/21, ZRI 2022, 968 = NZI 2023, 271; dazu *Schmidt/Breuer*, NZI 2023, 241.

40) *Vuia* in: MünchKomm-StaRUG, § 81 Rz. 48 ff.

41) Allgemein Zöller-*Greger*, ZPO, § 407a Rz. 3a.

42) Begr. RegE SanInsFoG, BT-Drucks. 19/24181, S. 177.

43 Ein höherer Stundensatz als in § 81 Abs. 3 Satz 2 StaRUG kann **nur unter den alternativen Voraussetzungen des § 83 Abs. 1 Satz 1 Nr. 1 bis 3 StaRUG** festgelegt werden. Nach dem Wortlaut des Gesetzes kann ein höherer Stundensatz festgesetzt werden, wenn

> „1. alle Auslagenschuldner zustimmen,
>
> 2. sich ansonsten keine geeignete Person zur Übernahme des Amtes bereit erklärt oder
>
> 3. die dem Restrukturierungsbeauftragten übertragenen Aufgaben unter den besonderen Umständen der Restrukturierungssache den Aufgaben nahekommen, die einem Sachwalter in einem in Eigenverwaltung geführten Insolvenzverfahren übertragen sind, insbesondere, weil eine allgemeine Stabilisierungsanordnung ergeht oder weil in den Restrukturierungsplan mit Ausnahme der nach § 6 auszunehmenden Gläubiger alle oder im Wesentlichen alle Gläubiger und an dem Schuldner beteiligten Personen einbezogen werden."

44 Zu § 83 Abs. 1 Satz 1 Nr. 1 StaRUG ist fraglich, wer als Auslagenschuldner einem höheren Stundensatz zustimmen muss. Kostenschuldner und damit Auslagenschuldner des Verfahrens ist nach § 25a Abs. 1 GKG der Schuldner des Restrukturierungsverfahrens. **Mehrere Auslagenschuldner** können **im Falle des § 25a Abs. 2 GKG** gegeben sein: Wenn ein fakultativer Restrukturierungsbeauftragter auf Antrag von Gläubigern bestellt wird, schulden die Gebühr nach Nr. 2513 GKG KV und die Vergütung als Auslagentatbestand nach Nr. 9017 GKG KV die antragstellenden Gläubiger, soweit ihnen nach § 82 Abs. 2 StaRUG die Kosten auferlegt sind. In einem solchen Fall bedarf es nach § 83 Abs. 1 Satz 1 Nr. 1 StaRUG der Zustimmung aller Gläubiger, da diese gesamtschuldnerisch haften (§ 31 Abs. 1 GKG). Auch wenn alle Gläubiger als Auslagenschuldner zustimmen hat das Restrukturierungsgericht aber eine Kontrolle dahingehend vorzunehmen, ob die Vergütung sachgerecht ist. Sie soll nicht zu erheblichen Fehlanreizen für einen Restrukturierungsbeauftragten oder zu einer erheblichen Gefährdung der Befriedigungsaussichten nicht an der Vereinbarung beteiligter Gläubige führen.[43)]

45 Ein Tatbestand des § 83 Abs. 1 Satz 1 Nr. 2 StaRUG kann gegeben sein, wenn das **Unternehmen in einer Spezialbranche** tätig ist und nur die **eine spezialisierte Person** für das Amt in Frage kommt. Dabei muss aber diese Person i. R. ihrer beruflichen Tätigkeit erheblich höhere Stundensätze fordern können. Nur dann ist auch ein höherer Stundensatz gerechtfertigt. Ein weiterer Gesichtspunkt für einen höheren Stundensatz kann aber auch ein außergewöhnlich hohes Haftungsrisiko sein.[44)]

46 Ein **erhöhter Stundensatz** ist zuletzt nach § 83 Abs. 1 Satz 1 Nr. 3 StaRUG denkbar, wenn **die dem Restrukturierungsbeauftragten übertragenen Aufgaben denen eines Sachwalters nahekommen.** Das ist insbesondere der Fall, wenn eine allgemeine Stabilisierungsanordnung ergeht und überwacht werden muss (§§ 49 ff. StaRUG), aber auch wenn der Restrukturierungsbeauftragte die Geschäftsführung des Schuldners zu überwachen oder Zahlungen zu prüfen hat (§ 76 Abs. 2 Nr. 2 und 3 StaRUG). Auch die Prüfung des Restrukturierungsplans und die Durchführung des gerichtlichen Abstimmungsverfahrens kann einen erhöhten Stundensatz rechtfertigen, wenn in den Plan alle oder im Wesentlichen alle Gläubiger und an dem Schuldner beteiligten Personen einbezogen werden.

47 Für die Festlegung eines erhöhten Stundensatzes gilt auch § 81 Abs. 4 StaRUG. Auch der **erhöhte Stundensatz muss bei Beginn des Amtes** des Reststrukturierungsbeauftragten feststehen, die Vergütung muss auch hier i. R. einer **Vorschusszahlung** gesichert sein.

b) Vergütung auf Grundlage der Forderungen oder des Unternehmensvermögens

48 Unter den vorgenannten Voraussetzungen des § 83 Abs. 1 Satz 1 Nr. 3 StaRUG kann nach Satz 2 der Norm auch eine **abweichende Vergütungsbestimmung** getroffen werden. Es

---

43) Begr. RegE SanInsFoG, BT-Drucks. 19/24181, S. 178.
44) Begr. RegE SanInsFoG, BT-Drucks. 19/24181, S. 178.

kann die Vergütung auf Grundlage des Wertes der einbezogenen Forderungen oder des Unternehmensvermögens bestimmt werden. Die Bezugnahme auf die Summe der vom Restrukturierungsplan einbezogenen Forderungen erscheint dabei aber unglücklich, da bezogen auf die Vergütung des Insolvenzverwalters der Gesetz- und Verordnungsgeber eine frühere Regelung zur Vergütungsbestimmung auf Grundlage der Forderungen ausdrücklich aufgegeben hat (siehe dazu oben § 3 Rz. 3).

49 Die **Bezugnahme auf das Vermögen des Unternehmens** entspricht sachlich der Vergütungsbestimmung in Insolvenzverfahren.[45] Daher liegt eine analoge Anwendung der Vorschriften der InsVV nahe. Die Gesetzesbegründung führt dazu aus, dass es in solchen Fällen sachgerecht erscheint, den Restrukturierungsbeauftragten ähnlich wie einen Sachwalter zu vergüten.[46] Damit ist der **Weg zu § 12 InsVV** eröffnet (siehe dazu § 8 Rz. 1 ff.), wobei der Gesetzgeber dies auch ausdrücklich hätte formulieren können. Der Restrukturierungsbeauftragte kann dann eine Vergütung i. H. v. 60 % der Regelvergütung des § 2 InsVV erhalten.

50 Folgerichtig müssen dann auch **Erhöhungs- und Kürzungstatbestände entsprechend § 3 InsVV** berücksichtigt werden. Maßstab insbesondere für einen Erhöhungstatbestand ist dann der Normalfall der Aufgaben eines Restrukturierungsbeauftragten (siehe oben Rz. 21 ff.). Dieser kann qualitativ oder auch quantitativ überschritten werden. Eine Erhöhung der Vergütung ist bspw. angezeigt, wenn folgende Aufgaben **besonders arbeitsintensiv** waren:

- Durchführung des **gerichtlichen Abstimmungsverfahrens** mit Prüfung der Forderungen, Absonderungsanwartschaften oder Anteils- und Mitgliedschaftsrechte der Planbetroffenen;
- Überwachung der **Geschäftsführung** des Schuldners;
- Überwachung und ggf. **Zustimmung zu Zahlungen** außerhalb des gewöhnlichen Geschäftsbetriebs;
- Prüfung von **Stabilisierungsanordnungen** nach § 49 StaRUG.

51 Die Berücksichtigung von Kürzungstatbeständen entsprechend § 3 Abs. 2 InsVV ist ebenso möglich.

52 Das **Unternehmensvermögen als Berechnungsgrundlage** sollte in Anlehnung an § 1 InsVV bestimmt werden, wobei die einzelnen Vermögenswerte mangels Verwertung mit einem fiktiven Verwertungsergebnis zu berücksichtigen sind. Offen ist, ob Gegenstände, die mit Fremdrechten behaftet sind, unter Berücksichtigung des § 1 Abs. 2 Nr. 1 InsVV zu bewerten sind oder mit ihrem vollen Wert wie bei der Vergütung des vorläufigen Insolvenzverwalters oder des vorläufigen Sachwalters (siehe dazu § 9 Rz. 25 ff.). Nach dem Zweck des gerichtlichen Verfahrens, insbesondere des Stabilisierungsverfahrens sollten diese Vermögenswerte eher mit ihrem vollen Wert zu berücksichtigen sein.

53 Soll die Vergütung auf Grundlage des Unternehmensvermögens und in Anlehnung an die InsVV festgesetzt werden, ist dies bereits bei der Bestellung des Restrukturierungsbeauftragten festzulegen. Allerdings ist es kaum möglich, i. S. des § 81 Abs. 4 StaRUG bereits einen Höchstbetrag zu bestimmen. Da aber die Vergütung durch Auslagenvorschuss des Kostenschuldners gesichert sein muss, muss das Gericht wenigstens in einer **Prognose auf die zu erwartende Vergütung** einen **Vorschuss festlegen**, der dann seitens des Auslagenschuldners zu entrichten ist. Die endgültige Bestimmung der Vergütung erfolgt dann mit der Festsetzung nach Beendigung des Verfahrens.

---

45) *Vuia* in: MünchKomm-StaRUG, § 83 Rz. 24 ff.

46) Begr. RegE SanInsFoG, BT-Drucks. 19/24181, S. 178.

c) Beachtung von Vergütungsvereinbarungen

Ausnahmsweise gestattet der Gesetzgeber auch **bindende Vergütungsvereinbarungen** (siehe allgemein § 2 Rz. 214 ff.). Voraussetzung ist nach § 83 Abs. 2 StaRUG, dass der Restrukturierungsbeauftragte auf Antrag und auf Vorschlag aller Auslagenschuldner (§ 82 Abs. 2 StaRUG) bestellt wird. Ferner muss eine Vereinbarung über die Vergütung vorgelegt werden, der alle Auslagenschuldner zugestimmt haben. 54

Das Gericht hat zu prüfen, ob die Vereinbarung insgesamt angemessen ist. Sie darf zu keiner unangemessenen Vergütung führen.[47] Dazu muss dem Gericht auch vorgetragen werden, wie hoch ein Stundenaufwand des Restrukturierungsbeauftragten und seiner Mitarbeiter sein wird und bei welchem angemessenen Stundensatz die Stundenvergütung insgesamt wie hoch sein würde. 55

4. Auslagenersatz und Umsatzsteuererstattung

Für den **Auslagenersatz** des Restrukturierungsbeauftragten verweist § 81 Abs. 7 StaRUG auf die **Vorschriften des JVEG**, namentlich auf § 5 Abs. 2 Satz 1 Nr. 2, §§ 6 und 7 JVEG. Wie ein gerichtlich bestellter Sachverständiger erhält der Restrukturierungsbeauftragte **folgende Auslagen** ersetzt (siehe dazu auch § 17 Rz. 24): 56

- Für die Nutzung eines Kraftfahrzeuges eine **Kilometerpauschale** von 0,38 € je gefahrenen Kilometer zzgl. bare Auslagen, insbesondere Parkentgelte (§ 5 Abs. 2 Satz 1 Nr. 2 JVEG);
- Tagegeld für die Wahrnehmung eines Termins in Höhe der **Verpflegungspauschale** nach dem EStG sowie Übernachtungsgeld nach dem Bundesreisekostengesetz (BRKG) nach § 6 JVEG. Maßgeblich für die Verpflegungspauschale gilt hier **§ 9 Abs. 4a EStG**, der folgenden Wortlaut hat:

„(4a) Mehraufwendungen des Arbeitnehmers für die Verpflegung sind nur nach Maßgabe der folgenden Sätze als Werbungskosten abziehbar. Wird der Arbeitnehmer außerhalb seiner Wohnung und ersten Tätigkeitsstätte beruflich tätig (auswärtige berufliche Tätigkeit), ist zur Abgeltung der ihm tatsächlich entstandenen, beruflich veranlassten Mehraufwendungen eine Verpflegungspauschale anzusetzen. Diese beträgt

1. 28 Euro für jeden Kalendertag, an dem der Arbeitnehmer 24 Stunden von seiner Wohnung und ersten Tätigkeitsstätte abwesend ist,
2. jeweils 14 Euro für den An- und Abreisetag, wenn der Arbeitnehmer an diesem, einem anschließenden oder vorhergehenden Tag außerhalb seiner Wohnung übernachtet,
3. 14 Euro für den Kalendertag, an dem der Arbeitnehmer ohne Übernachtung außerhalb seiner Wohnung mehr als 8 Stunden von seiner Wohnung und der ersten Tätigkeitsstätte abwesend ist; beginnt die auswärtige berufliche Tätigkeit an einem Kalendertag und endet am nachfolgenden Kalendertag ohne Übernachtung, werden 14 Euro für den Kalendertag gewährt, an dem der Arbeitnehmer den überwiegenden Teil der insgesamt mehr als 8 Stunden von seiner Wohnung und der ersten Tätigkeitsstätte abwesend ist.

Hat der Arbeitnehmer keine erste Tätigkeitsstätte, gelten die Sätze 2 und 3 entsprechend; Wohnung im Sinne der Sätze 2 und 3 ist der Hausstand, der den Mittelpunkt der Lebensinteressen des Arbeitnehmers bildet sowie eine Unterkunft am Ort der ersten Tätigkeitsstätte im Rahmen der doppelten Haushaltsführung. Bei einer Tätigkeit im Ausland treten an die Stelle der Pauschbeträge nach Satz 3 länderweise unterschiedliche Pauschbeträge, die für die Fälle der Nummer 1 mit 120 sowie der Nummern 2 und 3 mit 80 Prozent der Auslandstagegelder nach dem Bundesreisekostengesetz vom Bundesministerium der Finanzen im Einvernehmen mit den obersten Finanzbehörden der Länder aufgerundet auf volle Euro festgesetzt werden; dabei bestimmt sich der Pauschbetrag nach dem Ort, den der Arbeitnehmer vor 24 Uhr Ortszeit zuletzt erreicht, oder, wenn dieser Ort im Inland liegt, nach dem letzten Tätigkeitsort im Ausland. Der Abzug der Verpflegungspauschalen ist auf die ersten drei Monate einer länger-

47) Allgemein *Vuia* in: MünchKomm-StaRUG, § 83 Rz. 48 ff.

fristigen beruflichen Tätigkeit an derselben Tätigkeitsstätte beschränkt. Eine Unterbrechung der beruflichen Tätigkeit an derselben Tätigkeitsstätte führt zu einem Neubeginn, wenn sie mindestens vier Wochen dauert. Wird dem Arbeitnehmer anlässlich oder während einer Tätigkeit außerhalb seiner ersten Tätigkeitsstätte vom Arbeitgeber oder auf dessen Veranlassung von einem Dritten eine Mahlzeit zur Verfügung gestellt, sind die nach den Sätzen 3 und 5 ermittelten Verpflegungspauschalen zu kürzen:

1. für Frühstück um 20 Prozent,
2. für Mittag- und Abendessen um jeweils 40 Prozent,

der nach Satz 3 Nummer 1 gegebenenfalls in Verbindung mit Satz 5 maßgebenden Verpflegungspauschale für einen vollen Kalendertag; die Kürzung darf die ermittelte Verpflegungspauschale nicht übersteigen. Satz 8 gilt auch, wenn Reisekostenvergütungen wegen der zur Verfügung gestellten Mahlzeiten einbehalten oder gekürzt werden oder die Mahlzeiten nach § 40 Absatz 2 Satz 1 Nummer 1a pauschal besteuert werden. Hat der Arbeitnehmer für die Mahlzeit ein Entgelt gezahlt, mindert dieser Betrag den Kürzungsbetrag nach Satz 8. Erhält der Arbeitnehmer steuerfreie Erstattungen für Verpflegung, ist ein Werbungskostenabzug insoweit ausgeschlossen. Die Verpflegungspauschalen nach den Sätzen 3 und 5, die Dreimonatsfrist nach den Sätzen 6 und 7 sowie die Kürzungsregelungen nach den Sätzen 8 bis 10 gelten entsprechend auch für den Abzug von Mehraufwendungen für Verpflegung, die bei einer beruflich veranlassten doppelten Haushaltsführung entstehen, soweit der Arbeitnehmer vom eigenen Hausstand im Sinne des § 9 Absatz 1 Satz 3 Nummer 5 abwesend ist; dabei ist für jeden Kalendertag innerhalb der Dreimonatsfrist, an dem gleichzeitig eine Tätigkeit im Sinne des Satzes 2 oder des Satzes 4 ausgeübt wird, nur der jeweils höchste in Betracht kommende Pauschbetrag abziehbar. Die Dauer einer Tätigkeit im Sinne des Satzes 2 an dem Tätigkeitsort, an dem die doppelte Haushaltsführung begründet wurde, ist auf die Dreimonatsfrist anzurechnen, wenn sie ihr unmittelbar vorausgegangen ist."

Die Kosten einer **Übernachtung** werden entsprechend **§ 7 BRKG** erstattet. Die Vorschrift lautet:

„(1) Für eine notwendige Übernachtung erhalten Dienstreisende pauschal 20 Euro. Höhere Übernachtungskosten werden erstattet, soweit sie notwendig sind.

(2) Übernachtungsgeld wird nicht gewährt

1. für die Dauer der Benutzung von Beförderungsmitteln,
2. bei Dienstreisen am oder zum Wohnort für die Dauer des Aufenthalts an diesem Ort,
3. bei unentgeltlicher Bereitstellung einer Unterkunft des Amtes wegen, auch wenn diese Unterkunft ohne triftigen Grund nicht genutzt wird, und
4. in den Fällen, in denen das Entgelt für die Unterkunft in den erstattungsfähigen Fahrt- oder sonstigen Kosten enthalten ist, es sei denn, dass eine Übernachtung aufgrund einer zu frühen Ankunft am Geschäftsort oder einer zu späten Abfahrt von diesem zusätzlich erforderlich wird."

Regelmäßig wird § 7 Abs. 1 Satz 2 BRKG anzuwenden sein, wobei die Notwendigkeit höherer Übernachtungskosten außer Zweifel stehen dürfte.

– **Sonstige Auslagen** nach § 7 JVEG, dazu gehören insbesondere Kopierkosten.

57 Der Restrukturierungsbeauftragte erhält neben diesem Auslagenersatz die **Sach- und Personalkosten** für die ihm **übertragenen Zustellungen** nach § 76 Abs. 6 StaRUG. Auch für ihn gilt die Aussage des BGH zum Auslagenersatz des Insolvenzverwalters vom 21.3.2013,[48] wonach die Kosten der Zustellungen zu ersetzen sind, da sich die Justiz mit der Beauftragung einer eigenen Tätigkeit entledigt und dies nicht unvergütet erfolgen kann (siehe eingehend § 14 Rz. 49 ff.). Für die Anwendung dieser Rechtsprechung spricht die Nähe des § 76 Abs. 6 StaRUG zu § 8 Abs. 3 InsO.[49] Dagegen spricht die Regelung des § 81 Abs. 7 StaRUG, die für einen Auslagenersatz ausdrücklich auf das JVEG verweist. Die Gesetzesbegründung

48) BGH, Beschl. v. 21.3.2013 – IX ZB 209/10, ZIP 2013, 833 = NZI 2013, 487 m. Anm. *Stoffler*, dazu EWiR 2013, 383 *(Keller)*.

49) Begr. RegE SanInsFoG, BT-Drucks. 19/24181, S. 174.

trifft dazu keine Aussage. Sachgerecht ist es, entsprechend der Regelung zum Auslagenersatz des Insolvenzverwalters die Zustellungsauslagen gesondert zu erstatten. Denn die Vorschriften des JVEG, auf welche § 81 Abs. 7 StaRUG verweist, erfassen diesen besonderen Tatbestand nicht. Zwar könnte man mit Hinweis auf Kopierkosten nach § 7 JVEG die Sachkosten der Zustellungen hierunter subsumieren, nicht aber die Personalkosten. Ebenso aber wie bei § 8 Abs. 3 InsO entledigt sich das Gericht mit der Beauftragung zur Zustellung einer genuin eigenen Tätigkeit, die deshalb auch hinsichtlich des Personalaufwandes erstattet werden muss. Der Gesetzgeber hat auch § 4 Abs. 2 InsVV mit Wirkung zum 1.1.2021 geändert.[50] Der Auslagenersatz für übertragene Zustellungen beträgt nunmehr nach Nr. 9002 GKG KV 3,50 € je Zustellung ab der elften Zustellung. Das gilt auch für den Restrukturierungsbeauftragten.

Der Restrukturierungsbeauftragte erhält selbstverständlich in vollem Umfang die **Erstattung der Umsatzsteuer** für Vergütung und Auslagen (§ 12 Abs. 1 Satz 2 Nr. 4 JVEG). 58

III. Das Verfahren der Vergütungsfestsetzung

1. Die Festsetzung durch gerichtlichen Beschluss

a) Die gerichtliche Zuständigkeit

Die Vergütung des Restrukturierungsbeauftragten wird nach Beendigung seines Amts durch gerichtlichen Beschluss festgesetzt (§ 82 Abs. 1 StaRUG). Zuständig ist das **Restrukturierungsgericht**, welches das Verfahren führt. Funktionell entscheidet der das Verfahren führende **Richter**. Eine Zuständigkeit des Rechtspflegers ist nicht gegeben. Mangels einer gesetzlichen Ermächtigung kann der Richter die Vergütungsfestsetzung auch nicht auf den Rechtspfleger übertragen. Eine Festsetzung durch den Rechtspfleger wäre vielmehr unwirksam (§ 8 Abs. 4 Satz 1 RPflG). Selbstverständlich kann dem Rechtspfleger die Entscheidung auch nicht als vorbereitende Tätigkeit für eine richterliche Entscheidung aufgebürdet werden, auch hierfür fehlt jede gesetzliche Grundlage.[51] 59

b) Der Festsetzungsantrag

Der Restrukturierungsbeauftragte hat in seinem Antrag auf Festsetzung seiner Vergütung den **Umfang der von ihm und seinen Mitarbeitern aufgewendeten Stunden** nachzuweisen. Die Festlegung eines Höchstsatzes bei der Bestellung nach § 81 Abs. 4 StaRUG ersetzt das nicht, da ja der tatsächliche Aufwand auch geringer sein kann. 60

Soll die Vergütung nach § 83 Abs. 1 Satz 2 mit Satz 1 Nr. 3 StaRUG nach dem Vermögen des Unternehmens entsprechend § 12 InsVV festgesetzt werden, hat er im Vergütungsantrag sowohl die **Berechnungsgrundlage** als auch mögliche Erhöhungs- und Kürzungstatbestände darzulegen und zu begründen. Insoweit gelten die allgemeinen Ausführungen zum Vergütungsantrag (siehe eingehend § 15 Rz. 13 ff.). 61

c) Die Anhörung der Verfahrensbeteiligten

Vor Festsetzung der Vergütung sind die Verfahrensbeteiligten selbstverständlich anzuhören. 62

d) Die Bestimmung des Auslagenschuldners

Der Vergütungsanspruch des Restrukturierungsbeauftragten richtet sich zwar gegen die Staatskasse, letztlich ist aber der Kostenschuldner des § 25a GKG auch Schuldner der Vergütung. Das Restrukturierungsgericht setzt bei der Festsetzung der Vergütung aber auch 63

50) Art. 6 Nr. 2 SanInsFoG, v. 22.12.2020, BGBl. I 2020, 3256.

51) Allgemein *Frege/Keller/Riedel*, Insolvenzrecht, Rz. 11.344 ff.

fest, wer in welchem Umfang die Auslagen nach Nr. 9017 GKG KV zu tragen hat und damit Schuldner der Vergütung ist (§ 82 Abs. 2 StaRUG). Bestimmt das Gericht den Schuldner des Verfahrens als Auslagenschuldner, entspricht dies der Grundregel des § 25a Abs. 1 GKG. Abweichend hiervon sind die Auslagen bei Bestellung eines fakultativen Restrukturierungsbeauftragten auf Antrag von Gläubigern den antragstellenden Gläubigern aufzuerlegen, soweit sie nicht für Tätigkeiten entstehen, die das Restrukturierungsgericht dem Restrukturierungsbeauftragten von Amts wegen oder auf Antrag des Schuldners übertragen hat (§ 82 Abs. 2 Satz 3 StaRUG). Es ist zu unterscheiden:

- Wird der **Restrukturierungsbeauftragte von Amts wegen** bestellt, ist der **Schuldner** Kostenschuldner nach § 25a Abs. 1 GKG und als Auslagenschuldner zu bestimmen. Gleiches gilt, wenn der Restrukturierungsbeauftragte fakultativ auf Antrag des Schuldners bestellt wird (§ 77 Abs. 1 Satz 1 StaRUG).
- Erfolgt die **Bestellung des Restrukturierungsbeauftragten fakultativ auf Antrag des Gläubigerquorums** nach § 77 Abs. 1 Satz 2 StaRUG, schulden diese die Auslagen für die Tätigkeiten, die das Gericht dem Restrukturierungsbeauftragten nicht von Amts wegen oder auf Antrag des Schuldners übertragen hat.

64 Die Bestimmung der Tätigkeiten und danach folgend vor allem die Differenzierung der Vergütung je Auslagenschuldner kann im zweiten Fall sehr schwierig sein. Eine Differenzierung ist bei der Vergütung nach Stundensätzen möglich, wenn der Restrukturierungsbeauftragte in seinem Antrag die Stunden genau nachweist. Bei der Vergütung auf Grundlage des Vermögens des Unternehmens ist eine Differenzierung nicht möglich, sie kann in Anlehnung an § 287 Abs. 1 Satz 1 ZPO unter Würdigung aller Umstände nach freiem Ermessen geschätzt werden.

2. Das Rechtsmittel gegen die Festsetzung

65 Allgemeines Rechtsmittel im Restrukturierungssachen ist die **sofortige Beschwerde** nach § 40 StaRUG, die §§ 569 ff. ZPO sind anzuwenden (§ 38 Satz 1 StaRUG). Bezogen auf die Vergütung des Restrukturierungsbeauftragten sind nach § 82 Abs. 3 StaRUG folgende Entscheidungen und Festlegungen beschwerdefähig:

- die Festsetzung des Stundensatzes nach § 81 Abs. 4 Satz 1 StaRUG;
- die Bestimmung des Höchstbetrags nach § 81 Abs. 4 Satz 2 StaRUG;
- die nachträgliche Anpassung des Stundenbudgets nach § 81 Abs. 6 StaRUG;
- die Festsetzung der Vergütung nach § 82 Abs. 1 StaRUG.

66 Beschwerdeberechtigt sind der Restrukturierungsbeauftragte und jeder Auslagenschuldner. Ob die Bestimmung des Auslagenschuldners nach § 82 Abs. 2 Satz 3 StaRUG selbstständig anfechtbar ist, ist nicht geregelt. Mindestens als Teil der Vergütungsfestsetzung kann sie aber mit der sofortigen Beschwerde angegriffen werden.

67 Zum Beschwerdeverfahren selbst gelten die Ausführungen zur Vergütungsfestsetzung im Insolvenzverfahren entsprechend (siehe eingehend § 15 Rz. 75 ff.).

3. Vorschuss auf die Vergütung

68 Der Restrukturierungsbeauftragte kann auf seine Vergütung einen Vorschuss in angemessener Höhe fordern. § 82 Abs. 4 StaRUG lässt eine Vorschussgewährung zu, wenn ihm **erhebliche Auslagen** entstanden sind oder voraussichtlich entstehen werden oder wenn die **zu erwartende Vergütung** für bereits erbrachte Arbeiten einen Betrag von 10 000 € übersteigt.

IV. Die Vergütung des Sanierungsmoderators

1. Das Verfahren der Sanierungsmoderation

Die Sanierungsmoderation stellt ein **eigenes Verfahren** innerhalb der Instrumente zur Stabilisierung und Restrukturierung dar, sie ist nicht Teil der gerichtlichen Verfahrensinstrumente des Stabilisierungs- und Restrukturierungsrahmens.[52] Die Sanierungsmoderation kann aber in ein gerichtliches Verfahren nach §§ 29 ff. StaRUG übergeleitet werden, der Sanierungsmoderator kann zum Restrukturierungsbeauftragten bestellt werden (§ 100 Abs. 2 StaRUG). Wie auch die gerichtlichen Verfahren nach §§ 29 ff. StaRUG ist die Sanierungsmoderation kein öffentliches Verfahren. Die Bestellung eines Sanierungsmoderators wird nicht öffentlich bekannt gemacht (§ 95 Abs. 2 StaRUG).[53] Zur öffentlichen Bekanntmachung der Restrukturierungssache auf Antrag des Schuldners gelten die §§ 84 ff. StaRUG. 69

Mit der Sanierungsmoderation soll **zwischen dem Schuldner und seinen Gläubigern die Herbeiführung einer Lösung** zur Überwindung der wirtschaftlichen oder finanziellen Schwierigkeiten vermittelt und erreicht werden (§ 96 Abs. 1 StaRUG).[54] 70

Der Sanierungsmoderator wird auf **Antrag** des Schuldners nach § 94 StaRUG bestellt. Der Schuldner hat in seinem Antrag insbesondere die Art der wirtschaftlichen und finanziellen Schwierigkeiten anzugeben (§ 94 Abs. 2 Nr. 2 StaRUG).[55] Die Bestellung des Sanierungsmoderators erfolgt auf die **Dauer** von drei Monaten, kann aber auch mit Zustimmung der Beteiligten um weitere drei Monate verlängert werden (§ 95 Abs. 1 StaRUG). 71

Der Sanierungsmoderator steht unter der **Aufsicht** des Gerichts. Das Gericht kann den Sanierungsmoderator aus wichtigem Grund aus dem Amt entlassen (§ 96 Abs. 5 StaRUG). 72

2. Die Aufgaben des Sanierungsmoderators

Die Aufgaben des Sanierungsmoderators regelt wesentlich § 96 StaRUG. Stichwortartig sind folgende Aufgaben und Befugnisse zu nennen:[56] 73

- **Vermittlung zwischen dem Schuldner und seinen Gläubigern** zur Herbeiführung einer Lösung zur Überwindung der wirtschaftlichen oder finanziellen Schwierigkeiten;
- **Einsichtnahme in die Bücher und Geschäftsunterlagen** des Schuldners;
- **Berichterstattung an das Gericht** mit Angaben über die Art und Ursachen der wirtschaftlichen oder finanziellen Schwierigkeiten, den Kreis der einbezogenen Gläubiger und sonstigen Beteiligten, den Gegenstand der Verhandlungen und das Ziel und den voraussichtlichen Fortgang der Verhandlungen;
- **Anzeige einer bekannt gewordenen Zahlungsunfähigkeit** des Schuldners oder einer **Überschuldung**, wenn diese Insolvenzgrund nach § 19 InsO ist.

Bei erfolgreicher Moderation kann zwischen dem Schuldner und den Gläubigern ein **Sanierungsvergleich** geschlossen werden (§ 97 StaRUG), der auf Antrag des Schuldners durch das Restrukturierungsgericht bestätigt wird.[57] 74

---

52) Begr. RegE SanInsFoG, BT-Drucks. 19/24181, S. 183; *Fridgen* in: MünchKomm-StaRUG, Vor § 94 Rz. 9 ff.; *Frege/Nicht* in: Kübler/Bork/Prütting, HRI I, § 15 Rz. 10 ff.; *Hoegen*, NZI Sonderbeilage 1/2021, S. 59.

53) Eingehend zur Auswahl *Frege/Nicht* in: Kübler/Bork/Prütting, HRI I, § 15 Rz. 35 ff.

54) Begr. RegE SanInsFoG, BT-Drucks. 19/24181, S. 183 ff.

55) *Frege/Nicht* in: Kübler/Bork/Prütting, HRI I, § 15 Rz. 19 ff.

56) Eingehend *Fridgen* in: MünchKomm-StaRUG, § 96 Rz. 51 ff., 66 ff.; *Frege/Nicht* in: Kübler/Bork/Prütting, HRI I, § 15 Rz. 62 ff.

57) Eingehend *Frege/Nicht* in: Kübler/Bork/Prütting, HRI I, § 15 Rz. 123 ff.

3. Die Vergütung des Sanierungsmoderators

75 Der Sanierungsmoderator hat nach § 98 Abs. 1 StaRUG Anspruch auf eine angemessene Vergütung. Diese soll sich nach dem Zeit- und Sachaufwand der mit der Sanierungsmoderation verbundenen Aufgaben bemessen. Zur Vergütung des Sanierungsberaters verweist § 98 Abs. 2 StaRUG auf die Vorschriften zur Vergütung des Restrukturierungsbeauftragten (siehe oben Rz. 32 ff.).

76 Der Sanierungsmoderator erhält demnach **eine Vergütung nach Zeitaufwand.** Der Stundensatz soll im Regelfall 350 € für ihn selbst und 200 € für qualifizierte Mitarbeiter betragen.[58] Ein höherer Stundensatz ist unter den Voraussetzungen des § 83 Abs. 1 Satz 1 Nr. 1 bis 3 StaRUG denkbar. Die Gewährung der Vergütung auf Grundlage des Unternehmensvermögens nach § 83 Abs. 1 Satz 2 mit Satz 1 Nr. 3 StaRUG sollte aber ausscheiden. Die Tätigkeit des Sanierungsmoderators nach § 96 StaRUG ist anders als die des Restrukturierungsbeauftragten nicht vergleichbar mit der eines Sachwalters oder eines anderen Organs des Insolvenzverfahrens. Die Tätigkeit des Sanierungsberaters ist wesentlich beratend, moderierend und mediativ, sie ist keine unternehmerische oder erfolgsbezogene Tätigkeit.

77 Bei Bestellung des Sanierungsmoderators hat das Gericht den **Stundensatz, das Stundenbudget und einen Höchstsatz der Vergütung** festzulegen (§ 81 Abs. 4 StaRUG). Die Bestellung erfolgt erst, wenn die Vergütung seitens des Kostenschuldners als Vorschuss auf die gerichtlichen Auslagen gezahlt ist. Änderungen des Stundenbudgets hat der Sanierungsmoderator rechtzeitig anzuzeigen (§ 81 Abs. 6 StaRUG).

78 Die Vergütung und die Auslagen sind nach Beendigung des Amtes festzusetzen (§ 82 StaRUG; zum Auslagenersatz und zur Umsatzsteuererstattung siehe oben Rz. 56 ff.).

V. Die Vergütung der Mitglieder des Gläubigerbeirates

1. Die Aufgaben des Gläubigerbeirates

79 Werden in einer Restrukturierungssache alle Gläubiger des Schuldners in den Restrukturierungsplan eingebunden und weist die Sache **gesamtverfahrensartige Züge** auf, kann das Gericht nach § 93 StaRUG einen Gläubigerbeirat bestellen.[59] Mitglieder können einbezogene Gläubiger und auch nicht betroffene Gläubiger sein. Personen, die nicht Gläubiger sind, können im Umkehrschluss aus § 93 Abs. 1 Satz 3 StaRUG nicht zu Mitgliedern berufen werden. Mitglieder können wie beim Gläubigerausschuss im Insolvenzverfahren sowohl natürliche als auch juristische Personen sein, wobei die Bestellung natürlicher Personen vorzugswürdiger ist (siehe eingehend § 13 Rz. 3).

80 Die Mitglieder des Beirats **unterstützen und überwachen** nach § 93 Abs. 3 StaRUG **den Schuldner bei seiner Geschäftsführung.** Insoweit ähneln ihre Aufgaben und Befugnisse denen des vorläufigen Gläubigerausschusses im Insolvenzeröffnungsverfahren bei vorläufiger Eigenverwaltung.

2. Die Vergütung entsprechend § 17 InsVV

81 Die Mitglieder des Gläubigerbeirates haben nach § 93 Abs. 4 StaRUG Anspruch auf Vergütung für ihre Tätigkeit und auf Erstattung angemessener Auslagen.

82 Zur Bestimmung der Vergütung verweist die Vorschrift lediglich auf § 17 InsVV. Damit erhalten die Mitglieder des Gläubigerbeirates eine **Vergütung nach Stundensätzen von 50 bis 300 €** (siehe eingehend § 13 Rz. 33 ff.). Die Höhe des Stundensatzes richtet sich nach

58) *Fridgen* in: MünchKomm-StaRUG, § 98 Rz. 14 ff.

59) Dazu *Ahrens*, NZI Sonderbeilage, 1/2021, S. 57.

dem Umfang des Unternehmens und der Qualität der Aufgaben des Restrukturierungsverfahrens oder des jeweiligen gerichtlichen Verfahrens.

3. Die entsprechende Anwendung von §§ 81, 82 StaRUG

Das Gesetz regelt nicht, wer Schuldner der Vergütung ist und wie sie gezahlt werden soll. 83
Einzig sinnvoll ist eine entsprechende **Anwendung der Vorschriften zur Vergütung des Restrukturierungsbeauftragten**. Die Vergütung der Mitglieder des Gläubigerbeirates gehört danach zu den gerichtlichen **Auslagen nach Nr. 9017 GKG KV**. Das Gericht bestimmt bei Einsetzung des Gläubigerbeirates die voraussichtliche Gesamthöhe der Vergütungen und das Stundenbudget entsprechend § 81 Abs. 4 StaRUG; wird dieses überschritten, gilt § 81 Abs. 6 StaRUG (siehe oben Rz. 41). Die Bestellung der Mitglieder erfolgt, wenn der Vergütungsbetrag vorgeschossen worden ist.

Mit Beendigung des Verfahrens setzt das Gericht die Vergütungen nach § 82 StaRUG fest. 84
Es bestimmt wie bei der Vergütung des Restrukturierungsbeauftragten die Auslagenschuldner nach § 25a GKG (§ 82 Abs. 2 StaRUG; siehe oben Rz. 59 ff.). Gegen die Festsetzung ist die sofortige Beschwerde nach § 82 Abs. 3 StaRUG statthaft.

§ 11
Die Vergütung des Insolvenzverwalters im Verbraucherinsolvenzverfahren

Übersicht

Aufsatzliteratur: *Blersch*, Möglichkeiten der Vergütungserhöhung in masselosen Regel- und Verbraucherinsolvenzverfahren, ZVI 2003, 193; *Fuchs*, Die Änderungen im Restschuldbefreiungsverfahren – Problemlösungen oder neue Fragen?, NZI 2002, 298; *Fuchs*, Die Änderungen im Verbraucherinsolvenzverfahren – Problemlösungen oder neue Fragen?, NZI 2002, 239; *Graeber/Graeber*, Regelvergütung und Mindestvergütung des Insolvenzverwalters in Verbraucherinsolvenzverfahren, InsbürO 2019, 134; *Gortan*, Kürzung der Mindestvergütung in Verbraucherinsolvenzverfahren nach § 3 II e InsVV, NZI 2016, 339; *Graf-Schlicker/Remmert*, Das neue Insolvenzrecht auf dem Prüfstand, ZInsO 2000, 321; *Grote*, Reform des Verbraucherinsolvenzverfahrens, Rpfleger 2000, 521; *Grote*, Verbraucherinsolvenz nach einem halben Jahr: Plädoyer für die Abschaffung des Schuldenbereinigungsverfahrens, ZInsO 1999, 383; *Henckel*, Insolvenzanfechtung, in: Kölner Schrift zur Insolvenzordnung, 2. Aufl. 2000, S. 813; *Hertling*, Insolvenzgerichte unter Druck, INDat-Report 8/2002, S. 6; *Heyer*, Der vorläufige Treuhänder – ein notwendiges Element im neuen Entschuldungsverfahren?, ZVI 2008, 98; *Hofmeister*, Der Mythos der Verbraucherinsolvenz – ein Versuch über das Absurde? Erfahrungen, Bewertungen und Anregungen aus der Schuldnerberatung, ZInsO 1999, 503; *Jäger*, Masselose Verbraucherinsolvenzverfahren ohne Verfahrenseröffnung – eine Neubelebung einer „alten" Idee, ZVI 2005, 15; *Keller*, Berechnungsformeln zur Vergütung des Insolvenzverwalters, NZI 2005, 23; *Keller*, Die Vergütung des Insolvenzverwalters im masselosen Insolvenzverfahren, ZIP 2004, 633; *Keller*, Vergütungsfestsetzung nach Gutsherrenart, NZI Heft 11/2003, S. V; *Keller*, Aktuelle Fragen zur Vergütung des Treuhänders im Verbraucherinsolvenzverfahren, ZVI 2002, 393; *Keller*, Die Vergütungsfestsetzung zwischen objektiven Maßstäben und Besonderheiten des Einzelfalles, ZIP 2000, 914; *Pape*, Aktuelle Entwicklungen im Verbraucherinsolvenzverfahren und Erfahrungen mit den Neuerungen des InsO-Änderungsgesetzes 2001, ZVI 2002, 225; *Pape*, Ein Jahr Verbraucherinsolvenz – Eine Zwischenbilanz, ZIP 1999, 2037; *Schmerbach*, Die InsO-Änderung Dezember 2001 – eine Bilanz der ersten 100 Tage, ZVI 2002, 53; *Schmerbach*, Die große Zahl von Insolvenzen – ein Schrecken ohne Ende?, NZI Heft

7/2002, S. V; *Schmidt, A.*, Der vorläufige Treuhänder im Verbraucherinsolvenzverfahren – „kleiner Bruder" des vorläufigen Insolvenzverwalters, ZIP 1999, 915; *Stephan*, Neues Vergütungsrecht im reformierten Privatinsolvenzrecht, VIA 2015, 1; *Uhlenbruck*, Die Rechtsstellung des vorläufigen Insolvenzverwalters, in: Kölner Schrift zur Insolvenzordnung, 2. Aufl. 2000, S. 325; *Vallender*, Die vereinfachte Verteilung im Verbraucherinsolvenzverfahren, NZI 1999, 385; *Vogt*, Die neue Vergütung in Verbraucherinsolvenzverfahren und der „Dauerbrenner" Zustellkosten, ZVI 2016, 9; *Wischemeyer/Schur*, Vergütungsrechtliche Fragen des neuen Privatinsolvenzrechts, ZVI 2017, 171.

I. Die Rechtsentwicklung der Verbraucherinsolvenz

1. Das Verbraucherinsolvenzverfahren als Sonderverfahren

1 Der Neunte Teil der InsO regelt mit den §§ 304–314 InsO das **Verbraucherinsolvenzverfahren** als **mehrstufiges Verfahren,**[1] mit welchem dem Schuldner ermöglicht, er aber auch dazu angehalten werden soll, zunächst mit den Gläubigern eine Einigung über die Schuldenbereinigung zu erzielen.[2]

2 Das eigentliche Insolvenzverfahren wurde als vereinfachtes Insolvenzverfahren bis 30.6.2014 mit den §§ 311 ff. InsO besonders geregelt.[3] Mit Inkrafttreten der **Änderungen des Gesetzes zur Verkürzung des Restschuldbefreiungsverfahrens** und zur Stärkung der Gläubigerrechte vom 15.7.2013 (GlRStG)[4] zum 1.7.2014 sind die **§§ 311 bis 314 InsO teils ersatzlos weggefallen**, teilweise wurden die Sonderregelungen in das allgemeine Insolvenzverfahren integriert.[5] Seither wird das vereinfachte Insolvenzverfahren als Verbraucherinsolvenzverfahren bezeichnet. Im Rahmen der Änderungen ist bspw. die früher nach § 312 Abs. 2 InsO vorgesehene schriftliche Durchführung des Verfahrens in § 5 Abs. 2 InsO integriert worden, wenn die Vermögensverhältnisse des Schuldners überschaubar sind und die Zahl der Gläubiger oder die Höhe der Verbindlichkeiten gering ist.[6] Die Erweiterung der Rückschlagsperre auf drei Monate nach § 312 Abs. 1 Satz 3 InsO ist in § 88 Abs. 2 InsO integriert. Die Beschränkungen des § 313 InsO zur Insolvenzanfechtung oder zur Verwertung von Vermögenswerten mit Absonderungsrechten sind dagegen ersatzlos weggefallen.[7] Bereits durch das Insolvenzrechtsänderungsgesetz (InsOÄndG) vom 26.10.2001[8] wurde das **gerichtliche Schuldenbereinigungsverfahren** (§§ 306 ff. InsO) als **fakultatives Verfahren** ausgestaltet, zu einer Abschaffung konnte sich der Gesetzgeber des Gesetzes zur Verkürzung des Restschuldbefreiungsverfahrens im Jahre 2013 nicht durchringen.[9]

2. Praktische Umsetzung des vereinfachten Verfahrens

3 Die Rechtspraxis hat gezeigt, dass das vereinfachte Insolvenzverfahren über das Vermögen eines Verbrauchers nach den §§ 311 ff. InsO nicht immer „vereinfacht" abgewickelt werden

---

1) Hierzu Beschlussempfehlung und Bericht d. RA z. RegE InsO, BT-Drucks. 12/7302, S. 154, abgedr. in: *Kübler/Prütting*, RWS-Dok. 18, S. 568.

2) Zur Gesetzgebungsgeschichte Begr. RegE InsO, BT-Drucks. 12/2443, S. 100 f., und Beschlussempfehlung und Bericht d. RA z. RegE InsO, BT-Drucks. 12/7302, S. 154, 186, 189, beides abgedr. in: *Kübler/Prütting*, RWS-Dok. 18, S. 123 ff., 568 ff.

3) Allgemein dazu *Vuia* in: MünchKomm-InsO, § 311 Rz. 17 ff.; *Häsemeyer*, Insolvenzrecht, Rz. 29.46 ff.; *Keller*, Insolvenzrecht, 1. Aufl. 2006, Rz. 2008 ff.; *Ahrens* in: Gottwald/Haas, Insolvenzrechts-Hdb., § 82 Rz. 1 ff.

4) Gesetz zur Verkürzung des Restschuldbefreiungsverfahrens und zur Stärkung der Gläubigerrechte – GlRStG, v. 15.7.2013, BGBl. I 2013, 2586.

5) Begr. RegE GlRStG, BT-Drucks. 17/11268, S. 44, 45; eingehend Uhlenbruck-*Sternal*, InsO, § 311 Rz. 36 ff.; *Ahrens* in: Gottwald/Haas, Insolvenzrechts-Hdb., § 82 Rz. 3 ff.; zur Rechtsgeschichte *Vuia* in: MünchKomm-InsO, § 312 Rz. 14 ff.; *Ahrens*, Aktuelles Privatinsolvenzrecht, Rz. 13 ff., 46 ff.

6) Dazu noch *Vuia* in: MünchKomm-InsO, § 312 Rz. 6 ff.

7) Dazu noch *Vuia* in: MünchKomm-InsO, § 313 Rz. 10 ff.; *Häsemeyer*, Insolvenzrecht, Rz. 29.53; *Henckel* in: Kölner Schrift zur InsO, S. 813 Rz. 97; *Keller*, Insolvenzrecht, 1. Aufl. 2006, Rz. 2020, 2021.

8) Gesetz zur Änderung der Insolvenzordnung und anderer Gesetze – InsOÄndG, v. 26.10.2001, BGBl. I 2001, 2710.

9) *Ahrens*, Aktuelles Privatinsolvenzrecht, Rz. 125 ff.

konnte.[10] Eine wirkliche Verfahrensvereinfachung war nur in solchen Fällen gegeben, bei denen der **Schuldner keinerlei verwertbares Vermögen besaß** und nur eine **geringe Zahl von Gläubigern** am Verfahren beteiligt war. Die Aufhebung der §§ 311 ff. InsO ist daher zu begrüßen.

Die Rechtsprechung sah den Arbeitsaufwand bei Regel- oder Verbraucherinsolvenz weitgehend gleich.[11] Der Verordnungsgeber des Jahres 2004 nahm aber weiterhin eine Differenzierung zwischen Regel- und Verbraucherinsolvenzverfahren vor und begründete dies mit dem Kostenaufwand: Die Untersuchung von *Hommerich* setzt ihn mit durchschnittlich 1 100 € in der Verbraucherinsolvenz gegenüber *1 800 € im Regelinsolvenzverfahren an,*[12] *das Institut für Freie Berufe* mit 1 651,03 € zu 2 998,66 €.[13] 4

3. Übergangsrecht

Die **Neuregelungen zum Verbraucherinsolvenzverfahren** sind auf Verfahren anzuwenden, die **seit dem 1.7.2014 beantragt** werden (Art. 103h EGInsO). Für die bis einschließlich 30.6.2014 beantragten Verfahren gelten die §§ 311 ff. InsO weiter. Die Beschlussempfehlung des Rechtsausschusses des Bundestages erläutert diese stichtagsbezogene Übergangsregelung ausführlich.[14] Hier ist es – anders als bei der Vergütung des vorläufigen Insolvenzverwalters (siehe § 7 Rz. 50 ff.) – sachlich richtig, im Interesse der Rechtsklarheit und der Rechte der Insolvenzgläubiger, das neue Verbraucherinsolvenzrecht nicht auf Altfälle anzuwenden. 5

Parallel zur Aufhebung der §§ 311 ff. InsO ist **§ 13 InsVV neu gefasst** worden. Die Vergütung des Insolvenzverwalters im Verbraucherinsolvenzverfahren bestimmt sich danach grundsätzlich nach den allgemeinen Vorschriften, mithin nach § 2 Abs. 1 InsVV. **§ 13 InsVV** regelt lediglich eine **besondere Mindestvergütung**. Ergänzend enthält **§ 3 Abs. 2 lit. e InsVV** einen **besonderen Kürzungstatbestand**, wenn der Insolvenzverwalter durch die bereits im Insolvenzantrag nach § 305 Abs. 1 InsO vorgelegten Verzeichnisse Arbeitsersparnis hatte (siehe § 5 Rz. 208). Der Übergangsregelung des Art. 103h EGInsO folgend sind die Neuregelungen des § 13 InsVV auf Verfahren anzuwenden, die seit dem 1.7.2014 beantragt werden. 6

Für Verfahren, die bis 30.6.2014 beantragt worden sind, bleibt § 13 InsVV in der bis dahin geltenden Fassung anwendbar. 7

II. Die Vergütung des Treuhänders in vereinfachten Insolvenzverfahren bis 30.6.2014

1. Abgrenzung zwischen Regelinsolvenz und vereinfachtem Insolvenzverfahren

a) Das Vergütungsrecht als Folgerecht

Die Vergütung des Insolvenzverwalters im Regelinsolvenzverfahren nach §§ 2 ff. InsVV oder des Treuhänders im Verbraucherinsolvenzverfahren nach § 13 InsVV ist **zwingende** 8

10) Beispielhaft *Graf-Schlicker/Remmert*, ZInsO 2000, 321; *Pape*, ZIP 1999, 2037; *Grote*, ZInsO 1999, 383; *Hofmeister*, ZInsO 1999, 503; zur Rechtslage seit 1.12.2001 *Schmerbach*, ZVI 2002, 53; *Pape*, ZVI 2002, 225; *Fuchs*, NZI 2002, 239; *Fuchs*, NZI 2002, 298; *Hertling*, INDat-Report 8/2002, S. 6; *Schmerbach*, NZI Heft 7/2002, S. V; *Graeber*, NZI 2003, 328 (Anm. zu AG Neubrandenburg, Beschl. v. 12.2.2003 – 9 IN 137/02, ZIP 2003, 771); *Blersch*, ZVI 2003, 193; *Keller*, NZI Heft 11/2003, S. V.

11) AG Göttingen, Beschl. v. 6.5.2003 – 74 IN 264/02, ZIP 2003, 918 = ZVI 2003, 243; AG Göttingen, Beschl. v. 23.6.2003 – 74 IK 185/02, ZVI 2003, 371 = NZI 2003, 506.

12) *Hommerich/Ebers*, Zeitlicher Aufwand von Insolvenzverwaltern/Treuhändern in masselosen Insolvenzverfahren, S. 40 Tabelle 5.

13) Begr. z. Entwurf einer InsVV-ÄndVO, Abschn. 2. Abs. 6, abgedr. unten in Anh. IV, S. 709, 711, 712.

14) Beschlussempfehlung und Bericht d. RA z. RegE GlRStG, BT-Drucks. 17/13535, S. 29.

Folge eines Insolvenzverfahrens als **Regelinsolvenzverfahren** oder **Verbraucherinsolvenzverfahren.** Es kann i. R. des Vergütungsrechts nicht beurteilt oder entschieden werden, ob über das Vermögen des Schuldners besser das Regelinsolvenzverfahren oder das Verbraucherinsolvenzverfahren hätte eröffnet werden sollen. § 13 InsVV in der bis 30.6.2014 geltenden Fassung enthielt keine Regelung zur Vergütung eines vorläufigen Treuhänders während des Eröffnungsverfahrens der Verbraucherinsolvenz. Die Möglichkeit, einen solchen vorläufigen Treuhänder zu bestellen, stand und steht mit § 306 Abs. 2 Satz 1 und § 21 Abs. 2 Nr. 1 InsO außer Frage.[15]

b) Vergütungsrechtliche Aspekte bei der Verfahrensabgrenzung

9 Für den Schuldner sind die Vorschriften des Neunten Teils der InsO nach § 304 InsO[16] zwingend, wenn er **keine selbstständige wirtschaftliche Tätigkeit** ausübt oder ausgeübt hat. Übt der Schuldner im Zeitpunkt der Stellung des Insolvenzantrags (§ 304 Abs. 2 InsO)[17] eine selbstständige wirtschaftliche Tätigkeit aus, finden die allgemeinen Vorschriften zum Regelinsolvenzverfahren Anwendung.[18] Für den ehemals selbstständig Tätigen sieht § 304 Abs. 1 Satz 2, Abs. 2 InsO das Verbraucherinsolvenzverfahren dann vor, wenn seine Vermögensverhältnisse überschaubar sind und keine Forderungen aus Arbeitsverhältnissen bestehen. Maßstab der Überschaubarkeit der Vermögensverhältnisse ist die Zahl von weniger als 20 Gläubigern.[19]

10 Der **Umfang der Insolvenzmasse** ist **kein Abgrenzungskriterium** für die Verfahrensart, für die Bestimmung der Vergütung letztlich aber von Bedeutung.[20] Ab einer Insolvenzmasse von etwa 175 000 € liegt der lineare Vergütungssatz des Treuhänders von 15 % der Insolvenzmasse (§ 13 Abs. 1 Satz 1 InsVV) mit 26 250 € höher als der vergleichbare Vergütungssatz des Insolvenzverwalters nach § 2 InsVV, der 25 000 € beträgt.

11 In einem solchen Fall soll nach Ansicht des AG Düsseldorf die Vergütung des Treuhänders nicht nach § 13 InsVV, sondern nach § 2 InsVV zu berechnen sein.[21] Das ist abzulehnen. Es besteht kein Bedürfnis für eine Analogie. Allein der Umstand, dass die **Vergütung nach § 13 InsVV bei hoher Insolvenzmasse** höher ist als eine vergleichbare Insolvenzverwaltervergütung, genügt hierfür nicht. Der BGH stellte dies zutreffend klar.[22] Das Problem wurde vom Verfasser bereits im Jahre 2000 festgestellt und erörtert.[23] Der Verordnungsgeber hätte bereits damals und auch bereits zur Geltung des § 304 InsO in der Zeit vor Änderung durch das InsOÄndG zum 1.12.2001 das Problem lösen können. Dies umso mehr, als im früheren Recht zu § 304 InsO auch der Kleingewerbetreibende als Verbraucher anzusehen war und hier eine höhere Insolvenzmasse als 175 000 € durchaus schon möglich war.

---

15) *Vuia* in: MünchKomm-InsO, § 306 Rz. 17; *Wenzel* in: KPB, InsO, § 306 Rz. 9; *Lackmann* in: FK-InsO, § 306 Rz. 25; eingehend *A. Schmidt*, ZIP 1999, 915.

16) Zur Neuregelung der Norm nach dem InsOÄndG eingehend *Grote*, Rpfleger 2000, 521.

17) Uhlenbruck-*Sternal*, InsO, § 304 Rz. 24; *Wenzel* in: KPB, InsO, § 304 Rz. 19.

18) *Wenzel* in: KPB, InsO, § 304 Rz. 13.

19) Zu dem Fall, dass die Vermögensverhältnisse trotz geringer Gläubigerzahl dennoch nicht überschaubar sind Uhlenbruck-*Sternal*, InsO, § 304 Rz. 22, 23; *Wenzel* in: KPB, InsO, § 304 Rz. 18.

20) Zutreffend weist *Häsemeyer*, Insolvenzrecht, Rz. 29.04, 29.07, darauf hin, dass der insolvente Verbraucher durchaus über erhebliches Vermögen verfügen kann.

21) AG Düsseldorf, Beschl. v. 4.12.2007 – 513 IK 120/05, NZI 2008, 380.

22) BGH, Beschl. v. 22.9.2011 – IX ZB 193/10, ZIP 2011, 2158 = DZWIR 2011, 40 m. Anm. *Graeber*, dazu EWIR 2012, 121 *(Ries)*.

23) Dazu bereits *Keller*, ZIP 2000, 914, unter II. 2.4.

Auch aus vergütungsrechtlichen Erwägungen kann sich die Frage stellen, ob ein **Wechsel der Verfahrensart** zwischen Verbraucher- und Regelinsolvenzverfahren denkbar ist. Er kann **im Eröffnungsverfahren** erfolgen, da hier der Insolvenzantrag auf eine konkrete Verfahrensart gestellt werden muss.[24] Nach Eröffnung des Insolvenzverfahrens ist ein Wechsel der Verfahrensart nicht mehr zulässig.[25] 12

Ein Wechsel der Verfahrensart erfolgt zwingend mit dem **Tod des Schuldners im Verbraucherinsolvenzverfahren.** Das Verfahren ist dann von Amts wegen als Nachlassinsolvenzverfahren und damit als Regelinsolvenzverfahren fortzuführen.[26] Im Rahmen der gerichtlichen Beschlussfassung ist der bisherige Treuhänder zum Nachlassinsolvenzverwalter zu bestellen, nur dann kann er die Vergütung nach § 2 InsVV erhalten.[27] 13

Die Frage der **Kostenstundung nach §§ 4a ff. InsO** ist weder für die Verfahrensart noch für die Vergütung relevant.[28] Die Kostenstundung steht jedem Schuldner, der natürliche Person ist, zur Verfügung. § 4a Abs. 1 Satz 1 InsO setzt keinesfalls voraus, dass der Schuldner Verbraucher i. S. des § 304 InsO ist. Auch ist nicht gesagt, dass der Insolvenzverwalter oder Treuhänder in jedem Fall nur auf die Mindestvergütung nach § 2 Abs. 2 InsVV oder § 13 Abs. 1 Satz 3 InsVV verwiesen wird. Die Mindestvergütung ergibt sich dann, wenn die Insolvenzmasse so gering ist, dass die rechnerische Regelvergütung geringer ist als der Mindestbetrag der Vergütung. Freilich zeigt sich in der Rechtspraxis, dass die Eröffnung des Insolvenzverfahrens über das Vermögen natürlicher Personen mit Hilfe der Kostenstundung dann erfolgt, wenn der Schuldner über keinerlei Vermögen verfügt. 14

2. Grundlagen der Vergütung des Treuhänders

Der Anspruch des Treuhänders im Verbraucherinsolvenzverfahren wird durch § 313 Abs. 1 Satz 3 i. V. m. §§ 63 ff. InsO begründet. Die allgemeinen Vorschriften der InsVV gelten nach § 10 InsVV mit den Maßgaben des § 13 InsVV. Diese Vorschrift regelt die Vergütung des Treuhänders in wesentlichen Teilen anders als die des Insolvenzverwalters. Damit soll den veränderten Umständen eines vereinfachten Insolvenzverfahrens Rechnung getragen werden.[29] Der **Verordnungsgeber** geht von der **Prämisse** aus, dass bei Eröffnung des Insolvenzverfahrens die Insolvenzmasse bereits weitgehend verwertet ist oder **verwertbare Masse in nennenswertem Umfang nicht mehr vorhanden** ist. Es sei daher gerechtfertigt, die Vergütung des Treuhänders durch § 13 Abs. 1 Satz 1 InsVV wesentlich einfacher als die des Insolvenzverwalters zu bestimmen und zudem in der Höhe zu kürzen.[30] 15

---

24) Dazu und zur Antragstellung auf eine bestimmte Verfahrensart BGH, Beschl. v. 25.4.2013 – IX ZB 179/10, ZIP 2013, 1100 = NZI 2013, 540, dazu EWiR 13, 385 *(Römermann/Praß)*; OLG Schleswig, Beschl. v. 1.2.2000 – 1 W 53/99, NZI 2000, 164; OLG Celle, Beschl. v. 28.2.2000 – 2 W 9/00, ZIP 2000, 802 = NZI 2000, 229, dazu EWiR 2000, 739 *(Wenzel)*; OLG Köln, Beschl. v. 7.7.2000 – 2 W 61/00, NZI 2001, 216; OLG Naumburg, Beschl. v. 31.7.2000 – 5 W 41/00, NZI 2000, 603; OLG Köln, Beschl. v. 8.9.2000 – 2 W 166/00, ZIP 2000, 1732, dazu EWiR 2001, 129 *(Bork)*; OLG Köln, Beschl. v. 11.9.2000 – 2 W 244/99, ZIP 2000, 2031 = NZI 2000, 542, dazu EWiR 2001, 537 *(Pape)*; LG Halle, Beschl. v. 7.3.2000 – 14 T 82/00, NZI 2000, 379; LG Mannheim, Beschl. v. 4.5.1999 – 1 T 50/99, NZI 2000, 490; LG Göttingen, Beschl. v. 17.11.2000 – 10 T 140/00, NZI 2001, 218; Uhlenbruck-*Wegener*, InsO, § 13 Rz. 77 ff.; Uhlenbruck-*Sternal*, InsO, § 304 Rz. 30 ff.; Jaeger-*Schilken*, InsO, § 34 Rz. 22; Jaeger-*Foerste*, InsO, § 304 Rz. 28; *Laroche* in: HK-InsO, § 34 Rz. 8; K. Schmidt-*Keller*, InsO, § 34 Rz. 12; anders aber *Busch* in: MünchKomm-InsO, § 34 Rz. 68.

25) BGH, Beschl. v. 21.2.2008 – IX ZB 62/05, BGHZ 175, 307 = ZIP 2008, 798, dazu EWiR 2008, 573 *(Floeth)*; BGH, Beschl. v. 25.4.2013 – IX ZB 179/10, Rz. 15, ZIP 2013, 1100 = NZI 2013, 540; Uhlenbruck-*Sternal*, InsO, § 304 Rz. 34.

26) Ausführlich *Frege/Keller/Riedel*, Insolvenzrecht, Rz. 7.60 ff.

27) BGH, Beschl. v. 21.2.2008 – IX ZB 62/05, BGHZ 175, 307 = ZIP 2008, 798.

28) *Keller*, ZVI 2002, 393.

29) Begr. z. Entwurf einer InsVV (§ 13), abgedr. unten in Anh. III, S. 689, 703, 704.

30) Begr. z. Entwurf einer InsVV (§ 13), abgedr. unten in Anh. III, S. 689, 703, 704.

Allein die Behauptung, wesentliches Vermögen sei nicht vorhanden, die Vermögensverhältnisse seien daher weitgehend geklärt oder es seien nur wenige Gläubiger am Verfahren beteiligt, muss nicht zutreffen, wenn man bedenkt, dass auch ehemalige Selbstständige unter die Regelungen der §§ 304 ff. InsO zu zählen sind[31] oder Verbraucher durchaus erhebliches Vermögen haben können, da § 304 Abs. 1 InsO für seine Anwendbarkeit gerade nicht auf den Umfang des schuldnerischen Vermögens abstellt.[32]

16 Im Falle der Verfahrensdurchführung mit **Kostenstundung** (§§ 4a ff. InsO) **haftet** auch in der Verbraucherinsolvenz die **Staatskasse nach § 63 Abs. 2 InsO** für die Vergütung des Treuhänders (eingehend auch zur Begrenzung auf die Mindestvergütung siehe § 2 Rz. 51 ff.). Er hat gegenüber der Staatskasse auch einen Anspruch auf Vorschuss (§ 9 InsVV) auf seine Vergütung.

3. Die Regelvergütung des § 13 Abs. 1 Satz 1 InsVV

a) Bestimmung der Berechnungsgrundlage

aa) Insolvenzmasse bei Verfahrensbeendigung

17 Berechnungsgrundlage der Vergütung des Treuhänders ist die **Insolvenzmasse im Zeitpunkt der Beendigung des Verfahrens** (§ 1 Abs. 1 InsVV). Da der Treuhänder ebenso wie der Insolvenzverwalter bei Verfahrensbeendigung nach § 313 Abs. 1 Satz 3, § 66 InsO rechnungslegungspflichtig ist, wird sich die Insolvenzmasse aus der Schlussrechnung ergeben. Im Falle einer vereinfachten Verwertung nach dem bis 2014 geltenden § 314 InsO besteht die Insolvenzmasse und damit die Berechnungsgrundlage der Vergütung in dem vom Schuldner gezahlten Geldbetrag.[33]

bb) Entsprechende Anwendung des § 1 Abs. 2 InsVV

18 Die Tatbestände des § 1 Abs. 2 InsVV sind anwendbar. Der Treuhänder kann für die Verwertung von mit **Absonderungsrechten** behafteten Gegenständen eine gesonderte Vergütung nach § 1 Abs. 2 Nr. 1 Satz 2 InsVV aber nur erhalten, wenn er diese in Anwendung des § 313 Abs. 3 Satz 3 InsO über § 173 InsO verwertet hat und damit ein Kostenbeitrag zur Insolvenzmasse geflossen ist. Im Übrigen ist § 1 Abs. 2 Nr. 1 Satz 3 InsVV anwendbar.

19 Für den Treuhänder ist auch § 5 InsVV anwendbar; er muss sich dann auch Vergütungen nach § 1 Abs. 2 Nr. 4 lit. a InsVV anrechnen lassen.[34]

20 Eine **Unternehmensfortführung** (§ 1 Abs. 2 Nr. 4 lit. b InsVV) in der Verbraucherinsolvenz war nur in den bis 1.12.2001 eröffneten Insolvenzverfahren mit dem bis zu diesem Zeitpunkt geltenden Verbraucherbegriff des § 304 InsO denkbar (Art. 103a EGInsO).[35] Zu diesem Fall hatte der BGH grundsätzlich mit Beschluss vom 24.5.2005[36] Stellung genommen und dabei auch allgemeine Fragen der Vergütung bei Unternehmensfortführung beantwortet (siehe dazu eingehend § 5 Rz. 160 ff.).

---

31) Zur Abgrenzung des Schuldners nach § 304 InsO *Vuia* in: MünchKomm-InsO, § 304 Rz. 70 ff.; Uhlenbruck-*Sternal*, InsO, § 304 Rz. 18 ff.

32) Kritisch *Häsemeyer*, Insolvenzrecht, Rz. 29.04, 29.07.

33) *Stoffler* in: KPB, InsO, § 13 InsVV Rz. 26; eingehend *Vallender*, NZI 1999, 385.

34) *Stoffler* in: KPB, InsO, § 13 InsVV Rz. 40.

35) Einzelfälle bei Uhlenbruck-*Vallender*, InsO, 12. Aufl. 2010, § 304 Rz. 7 ff.

36) BGH, Beschl. v. 24.5.2005 – IX ZB 6/03, ZVI 2005, 388 = DZWIR 2005, 463 m. Anm. *Keller*.

b) Die Berechnung der Regelvergütung

Die Höhe der Vergütung beträgt nach § 13 Abs. 1 Satz 1 InsVV pauschal 15 % der festgestellten Insolvenzmasse. Eine Regelvergütung nach § 2 InsVV wird nicht festgesetzt (§ 13 Abs. 2 InsVV). Die **mathematische Formel** für die Ermittlung der Vergütung lautet: 21

$$x\ [\text{Vergütung}] = \text{Insolvenzmasse} \times 0{,}15.$$

Verglichen mit der Regelvergütung nach § 2 InsVV erhält der Treuhänder eine geringere Vergütung als der Insolvenzverwalter, soweit der Wert der Masse selbst nicht sehr hoch ist; bei großem Umfang der Masse kann sich dagegen wegen der degressiven Steigerung der Regelvergütung des § 2 InsVV und der **linearen Steigerung nach § 13 Abs. 1 InsVV** durchaus ein **Vorteil** für den Treuhänder ergeben. Bedenkt man, dass § 304 InsO in seiner Abgrenzung zwischen Verbraucher und Unternehmer gerade nicht auf den Umfang des Vermögens abstellt, ist die unterschiedliche Berechnung der Vergütungen und damit die Diskrepanz zwischen den jeweiligen Beträgen nicht ausreichend begründet. 22

Beispiel:
Die Insolvenzmasse bei Beendigung des vereinfachten Insolvenzverfahrens beträgt 75 000 €; die Vergütung des Treuhänders beträgt nach § 13 Abs. 1 InsVV 15 % hiervon und damit 11 250 €. Im Regelinsolvenzverfahren betrüge die Regelvergütung des Insolvenzverwalters in einem nach dem 1.1.2021 beantragten Verfahren dagegen 23 475 €.

Bei einer Insolvenzmasse von 1 250 000 € erhielte der Treuhänder eine Vergütung von 187 500 €. Die Regelvergütung des Insolvenzverwalters betrüge in einem nach dem 1.1.2021 beantragten Verfahren dagegen nur 67 750 €; ihm müsste eine Regelsatzerhöhung von rund 275 % gewährt werden, um zu dem Betrag der Treuhändervergütung zu gelangen.

c) Erhöhung und Kürzung der Vergütung entsprechend § 3 InsVV

aa) Wortlaut des § 13 Abs. 1 Satz 2 und Abs. 2 InsVV

Die Vergütung nach § 13 Abs. 1 Satz 1 InsVV soll die gesamte Tätigkeit des Treuhänders abdecken. Eine Erhöhung der Vergütung entsprechend den Tatbeständen des § 3 Abs. 1 InsVV ist nach dem Wortlaut der Regelung des § 13 Abs. 2 InsVV nicht vorgesehen. Allerdings ist die Vergütungsregelung des § 13 Abs. 1 InsVV selbst für Abweichungen offen: Zum einen wird in dessen Satz 1 der Prozentsatz nur als „in der Regel" zu gewährend bezeichnet, zum anderen bestimmt Satz 2 ein Zurückbleiben hinter dem Regelsatz für den Fall der vorzeitigen Beendigung des Insolvenzverfahrens, etwa bei Einstellung mangels Masse bereits kurz nach Eröffnung des Verfahrens. Auch die Begründung zum Entwurf einer InsVV hält bei „atypischen Sachverhalten" ein Abweichen von der Regelvergütung für geboten.[37] Die Anwendung des § 3 InsVV, der die Erhöhung oder Minderung der Vergütung zulässt, ist durch § 13 Abs. 2 InsVV aber ausgeschlossen. 23

Deshalb wurde in Literatur und Rechtsprechung diskutiert, ob auch bei der Vergütung des Treuhänders **Erhöhungs- und Kürzungskriterien** zu berücksichtigen sind.[38] Das OLG Schleswig[39] befürwortete eine Vergütungserhöhung und bezog sich zunächst auf den Wortlaut des § 13 InsVV. Hätte der Verordnungsgeber eine Erhöhung der Vergütung ausschließen wollen, hätte er nicht den Wortlaut „in der Regel", sondern vielleicht „höchstens" oder „bis zu" gewählt. In seiner weiteren Begründung erwähnt das OLG Schleswig zwar den Aus- 24

---

37) Begr. z. Entwurf einer InsVV (§ 13), abgedr. unten in Anh. III, S. 689, 703, 704.

38) Nachweise zu älterer Literatur s. die 3. Aufl. dieses Werks, Rz. 710; beispielhaft genannt *Nowak* in: MünchKomm-InsO, 2. Aufl. 2007, § 13 InsVV Rz. 8.

39) OLG Schleswig, 31.1.2001 – 1 W 50/00, ZVI 2002, 428 = DZWIR 2001, 215 m. Anm. *Keller*.

schluss von § 3 InsVV in § 13 Abs. 2 InsVV, berücksichtigt dabei aber nicht ausreichend, dass die Vorschrift des § 3 InsVV mit der Möglichkeit, Zu- und Abschläge zu gewähren, durch die Regelung des § 13 Abs. 1 Satz 2 InsVV möglicherweise ersetzt ist.

25 Der BGH äußerte sich in seinen Beschlüssen zur Mindestvergütung vom 15.1.2004 nicht eindeutig zur Frage der Vergütungserhöhung.[40] Mit Beschluss vom 24.5.2005 befürwortet er ausdrücklich eine Erhöhung der Vergütung des Treuhänders.[41] Er schließt sich der inzwischen von der Rechtsprechung überwiegend vertretenen Auffassung an, dass auch die Vergütung des Treuhänders nach § 13 InsVV im Einzelfall erhöht werden kann,[42] und begründet dies mit der Begründung des Verordnungsgebers zu § 13 InsVV. Mit § 13 Abs. 2 InsVV und dem darin normierten Ausschluss des § 3 InsVV sei nur gemeint, dass die dort genannten Regelbeispiele nicht anwendbar seien. Dies ist im Ergebnis gut vertretbar.

26 Einleuchtender ist das von *Blersch*[43] und *Eickmann/Prasser*[44] vertretene Argument, dass eine Erhöhung der Vergütung des Treuhänders möglich sein müsse, da ansonsten § 13 InsVV der übergeordneten gesetzlichen Regelung des § 63 Abs. 1 Satz 3 InsO widerspräche und von der Verordnungsermächtigung des § 65 InsO nicht gedeckt wäre. Diese Argumentation deckt sich mit der Rechtsprechung des BVerfG zur Angemessenheit der Vergütung, die für Einzelfälle offen sein müsse,[45] sowie mit der des BGH, wonach das Gericht nicht an eine Verordnung gebunden sei, die den verfassungsrechtlichen Anforderungen des Art. 80 GG nicht entspreche.[46]

bb) Einzelne Erhöhungstatbestände

27 Der **BGH**[47] will eine **Erhöhung** der Treuhändervergütung nur zulassen, wenn **erhebliche Abweichungen vom Regelfall** eines Verbraucherinsolvenzverfahrens vorliegen. Gemessen an den gesetzlichen Besonderheiten des vereinfachten Insolvenzverfahrens und unter Berücksichtigung der Vorstellungen des Gesetz- und Verordnungsgebers zu Gläubigerstruktur und Arbeitsaufwand in der Verbraucherinsolvenz können als Tatbestände einer Erhöhung der Vergütung angesehen werden:[48]

- Das verwertbare Vermögen des Schuldners, mithin die **Insolvenzmasse**, war **besonders umfangreich.**
- Die Erfassung und **Bewertung der Insolvenzmasse** wie auch der Gläubigerforderungen waren besonders arbeitsintensiv; der Treuhänder konnte nicht auf ein Vermögensver-

40) Dazu *Keller*, ZIP 2004, 633, unter IV 3.2, Anm. zu BGH, Beschl. v. 15.1.2004 – IX ZB 96/03, BGHZ 157, 282 = ZIP 2004, 417, dazu EWiR 2004, 985 *(Blersch)* und BGH, Beschl. v. 15.1.2004 – IX ZB 46/03, ZIP 2004, 424 = NJW 2004, 946 (LS).

41) BGH, Beschl. v. 24.5.2005 – IX ZB 6/03, ZVI 2005, 388 = DZWIR 2005, 463 m. Anm. *Keller*.

42) OLG Schleswig, 31.1.2001 – 1 W 50/00, ZVI 2002, 428 = DZWIR 2001, 215 m. Anm. *Keller*; OLG Köln, Beschl. v. 28.1.2002 – 2 W 192/01, ZVI 2002, 431 = NZI 2002, 211; LG Bonn, Beschl. v. 6.6.2001 – 2 T 8/01, ZInsO 2001, 612; LG Koblenz, Beschl. v. 5.11.2003 – 2 T 749/03, NZI 2004, 42; LG Hanau, Beschl. v. 17.6.2003 – 8 T 86/03, ZVI 2004, 63; LG Mönchengladbach, Beschl. v. 22.9.2004 – 5 T 287/04, ZVI 2005, 156; AG Chemnitz, Beschl. v. 3.11.2004 – 1010 IK 1511/03, ZVI 2005, 56.

43) Blersch/Goetsch/Haas-*Blersch*, InsO, Stand: 6/2009, § 13 InsVV Rz. 19.

44) Kübler/Prütting/Bork-*Eickmann/Prasser*, InsO, Stand: 2/2010, § 13 InsVV Rz. 5; fortgeführt von *Stoffler* in: KPB, InsO, § 13 InsVV Rz. 32 ff.

45) BVerfG, Beschl. v. 9.2.1989 – 1 BvR 1165/87, ZIP 1989, 382 m. Anm. *Eickmann*, dazu EWiR 1989, 391 *(Onusseit)*.

46) BGH, Beschl. v. 15.1.2004 – IX ZB 96/03, BGHZ 157, 282 = ZIP 2004, 417.

47) BGH, Beschl. v. 24.5.2005 – IX ZB 6/03, ZVI 2005, 388 = DZWIR 2005, 463 m. Anm. *Keller*.

48) *Stephan* in: MünchKomm-InsO, § 13 InsVV Rz. 6 ff.; *Lorenz* in: FK-InsO, § 13 InsVV Rz. 11 ff.; Stephan/Riedel-*Stephan*, InsVV, § 13 Rz. 10 ff.; *Graeber/Graeber*, InsVV, § 13 Rz. 15 ff.

zeichnis nach § 305 Abs. 1 Nr. 3 InsO oder auf Unterlagen eines gerichtlichen Schuldenbereinigungsverfahrens zurückgreifen.

- Vermögenswerte, die mit **Absonderungsrechten** behaftet waren, waren über § 313 Abs. 3 Satz 3 i. V. m. § 173 InsO vom Treuhänder zu verwerten. In diesem Fall ist auch § 1 Abs. 2 Nr. 1 InsVV anzuwenden.
- Die Verwertung der Insolvenzmasse erfolgte nach § 314 InsO. Eine Erhöhung der Vergütung ist hier gerechtfertigt, wenn der Treuhänder mit der Bewertung der Insolvenzmasse einen erhöhten Arbeitsaufwand hatte und mit dem Schuldner eine Klärung herbeiführen musste.
- **Obstruktives Verhalten** des Schuldners innerhalb des Verfahrens, insbesondere bezüglich der Erfassung der Insolvenzmasse, der Einbeziehung laufenden Arbeitseinkommens oder der Mitwirkung bei Aufarbeitung steuerlich relevanter Unterlagen;
- Abgabe von **aufwendigen Steuererklärungen** für den Schuldner;
- der Treuhänder war mit der Geltendmachung von **Ansprüchen aus der Rückschlagsperre** des § 88 InsO besonders befasst;
- der Treuhänder war von der Gläubigerversammlung beauftragt, **Anfechtungsansprüche** geltend zu machen (§ 313 Abs. 2 Satz 3 InsO);[49]
- die Prüfung der Forderungsanmeldungen war wegen der **Zahl der Gläubiger** und/oder wegen rechtlicher Schwierigkeiten besonders arbeitsintensiv.

Kriterien wie die **Verfahrensdauer** oder die absolute **Höhe der Insolvenzmasse** sind wie 28
bei der Vergütung des Insolvenzverwalters ebenso wie die vorstehend genannten Kriterien dann vergütungserhöhend, wenn sie sich erheblich auf den Arbeitsaufwand des Insolvenzverwalters ausgewirkt haben. Eine pauschale Vergütungserhöhung allein wegen der Verfahrensdauer oder der Höhe der Insolvenzmasse verbietet sich. Im letzteren Fall ist zudem Zurückhaltung geboten, da anders als im Fall des § 2 Abs. 1 InsVV durch die lineare Vergütung von 15 % der Insolvenzmasse bei hoher Insolvenzmasse sich ohnehin eine hohe Vergütung ergibt.

Der **Umfang der Vergütungserhöhung** richtet sich nach der **konkreten Arbeitsbelastung** 29
des Treuhänders betreffend den Erhöhungstatbestand. Es gelten die Ausführungen zu § 3 InsVV entsprechend (siehe § 5 Rz. 47 ff.).

cc) Kürzung der Vergütung nach § 13 Abs. 1 Satz 2 InsVV

Eine Kürzung der Vergütung ist nach § 13 Abs. 1 Satz 2 InsVV **ausdrücklich möglich.** Sie 30
ist aber nur in **ganz besonders gelagerten Fällen** denkbar.[50] In Betracht kommt eine vorzeitige Verfahrensbeendigung etwa kurz nach Eröffnung. Auch wenn der Treuhänder kaum tätig werden musste, etwa weil absolut kein verwertbares Vermögen vorhanden war oder kein Gläubiger eine Forderung zur Insolvenztabelle angemeldet hat,[51] könnte eine Minderung der Vergütung in Betracht kommen. Die Kürzung der Vergütung wegen geringer Arbeitsbelastung bei einem schriftlich durchgeführten Verfahren (§ 5 Abs. 2 InsO) mit 5 Gläu-

49) BGH, Beschl. v. 26.4.2012 – IX ZB 176/11, ZVI 2012, 318 = Rpfleger 2012, 571; ablehnend LG Krefeld, Beschl. v. 9.5.2011 – 7 T 79/11, juris.

50) LG Koblenz, Beschl. v. 6.11.2000 – 2 T 624/00, NZI 2001, 99; AG Potsdam, Beschl. v. 23.1.2001 – 35 IK 18/99, NZI 2001, 159; zu allgemein BGH, Beschl. v. 12.10.2006 – IX ZB 191/05, ZVI 2006, 598 = NZI 2007, 55; LG Stade, Beschl. v. 11.8.2010 – 7 T 132/10, juris; *Lorenz* in: FK-InsO, 8. Aufl. 2016, § 13 InsVV Rz. 23.

51) LG Chemnitz, Beschl. v. 7.7.2008 – 3 T 133/08, juris; LG Berlin, Beschl. v. 19.6.2009 – 83 T 157/09, NZI 2009, 777; AG Hamburg, Beschl. v. 20.6.2000 – 68a IK 25/00, NZI 2000, 446.

bigern[52] erscheint aber problematisch, da in jedem Fall zu bedenken ist, dass allein durch die Eröffnung des Verfahrens und seine verfahrenstechnische Abwicklung dem Treuhänder ein Arbeitsaufwand entsteht, der durch die regelmäßige Vergütung oder die Mindestvergütung schon kaum gedeckt ist. Die Kürzung der Vergütung muss daher die absolute Ausnahme sein.

4. Die Mindestvergütung des § 13 Abs. 1 Satz 3 InsVV

a) Mindestvergütung nach Zahl der Gläubiger

31 Die Mindestvergütung betrug nach § 13 Abs. 1 Satz 3 InsVV in der bis 7.10.2004 geltenden Fassung 250 €.[53] Der Treuhänder hätte bei einer Insolvenzmasse von 1 666,70 € eine Vergütung nach § 13 Abs. 1 Satz 1 InsVV von 250,01 € und damit mehr als die Mindestvergütung erhalten.

32 Den Vorgaben des BGH in seinen Entscheidungen zur Mindestvergütung vom 15.1.2004[54] folgend (siehe oben § 4 Rz. 94 ff.) wurde mit Verordnung vom 4.10.2004[55] die Mindestvergütung des § 13 Abs. 1 Satz 3 InsVV neu geregelt. Sie gilt für die seit 1.1.2004 eröffneten Verfahren. Die **Mindestvergütung im Verbraucherinsolvenzverfahren beträgt 600 €** (§ 13 Abs. 1 Satz 3 InsVV). Bei einer Insolvenzmasse ab 4 000 € ist die Regelvergütung höher als diese Mindestvergütung, sie beträgt bei 4 001 € „satte" 600,15 €. Der BGH sieht die Regelung des § 13 Abs. 1 Satz 3 InsVV als verfassungsgemäß im Hinblick auf die durch Art. 12 GG garantierte Angemessenheit der Vergütung an.[56] Dies gilt ebenso wie für die Mindestvergütung nach § 2 Abs. 2 InsVV solange und soweit, als der Verordnungsgeber durch Anpassung der Mindestvergütung an die allgemeine Teuerungsrate diese Vorschriften künftig auch ändern wird. Dennoch hält der BGH in engen Grenzen auch eine **Kürzung der Mindestvergütung** für zulässig, insbesondere bei überschaubaren Vermögensverhältnissen und geringer Arbeitsleistung nach § 3 Abs. 2 lit. e InsVV (siehe eingehend § 5 Rz. 208 ff.).

33 Die Zahl der beteiligten Gläubiger erhöht auch in der Verbraucherinsolvenz die Mindestvergütung. Der Erhöhungsbetrag ist in gleicher Weise wie in § 2 Abs. 2 InsVV gestaffelt, allerdings mit einer geringeren Gläubigerzahl, da im Verbraucherinsolvenzverfahren regelmäßig weniger Gläubiger beteiligt sind. Tabellarisch ergibt dies folgende Vergütung:

Zahl der Gläubiger	Zusammensetzung der Vergütung	Vergütungssumme
1–5	600 € ohne Erhöhung	600 €
6–10	Je 5 Gläubiger Erhöhung um 150 €	750 €
11–15		900 €
16–20	Je 5 Gläubiger Erhöhung um 100 €	1 000 €
21–25		1 100 €

52) LG Frankenthal, Beschl. v. 26.8.2015 – 1 T 215/15, VIA 2016, 13.

53) Zur pauschalen Erhöhung AG Hamburg, Beschl. v. 24.4.2003 – 68c IK 55/02, ZVI 2003, 182 = NZI 2003, 331; AG Lüneburg, Beschl. v. 11.9.2003 – 46 IK 74/02, ZInsO 2003, 989; AG Mönchengladbach, Beschl. v. 17.6.2003 – 20 IK 47/02, ZInsO 2003, 652.

54) BGH, Beschl. v. 15.1.2004 – IX ZB 96/03, BGHZ 157, 282 = ZIP 2004, 417; dazu auch noch *Lorenz* in: FK-InsO, 8. Aufl. 2016, § 13 InsVV Rz. 25 ff.

55) Verordnung zur Änderung der Insolvenzrechtlichen Vergütungsverordnung – InsVV-ÄndVO, v. 4.10.2004, BGBl. I 2004, 2569.

56) BGH, Beschl. v. 13.3.2008 – IX ZB 60/05, NZI 2008, 444; die Neuregelungen werden für verfassungswidrig gehalten von AG Hamburg, Beschl. v. 21.2.2005 – 68c IK 91/04, ZVI 2005, 649 = NZI 2005, 234; AG Potsdam, Beschl. v. 6.1.2005 – 35 IK 9/04, ZVI 2005, 655 = NZI 2005, 237.

Für die Berechnung der Mindestvergütung unter Berücksichtigung der Gläubigerzahl bei mehr als 15 Gläubigern ergibt sich folgende Formel: 34

$$x\ [\text{Vergütung}] = \frac{(G\ [\text{Zahl der Gläubiger}] - 15) \times 100{,}00\ €}{5} + 900{,}00\ €.$$

Die Zahl der Gläubiger *(G)* ist auf die nächste durch 5 teilbare Zahl aufzurunden. Gekürzt um den Divisor lautet die Formel wie folgt: 35

$$x\ [\text{Vergütung}] = (G\ [\text{Gläubiger}] - 15) \times 20{,}00\ € + 900{,}00\ €.$$

Bei einer **durchschnittlichen Gläubigerzahl von bis zu 15 Gläubigern** im Verbraucherinsolvenzverfahren[57] beträgt die Vergütung des Treuhänders 900 €. Bei einer vergleichbaren Gläubigerzahl wie in der Kleininsolvenz – 20 Gläubiger – beträgt die Vergütung 1 000 €; sie ist damit 30 % niedriger als diejenige des vergleichbaren Insolvenzverwalters im Falle des § 2 Abs. 2 InsVV.[58] 36

Beispiel:[59]

Im Verbraucherinsolvenzverfahren haben 29 Gläubiger ihre Forderungen angemeldet. Es ist keine Insolvenzmasse vorhanden. Die Mindestvergütung des Treuhänders beträgt 1 200 €.

$$1\,200{,}00\ € = \frac{(30 - 15) \times 100{,}00\ €}{5} + 900{,}00\ €$$

Nach gekürzter Formel berechnet:

$$1\,200{,}00\ € = (30 - 15) \times 20{,}00\ € + 900{,}00\ €.$$

Die frühere Mindestvergütung von 250 € sollte in Ausnahmefällen auf 100 € abgesenkt werden können (§ 13 Abs. 1 Satz 3 Halbs. 2 InsVV a. F.). Diese Möglichkeit ist mit der Neuregelung entfallen. Die Begründung zur Änderung des § 13 InsVV führt hierzu aus, dass eine Absenkung der Mindestvergütung ohnehin keine praktische Bedeutung hatte und der Zielsetzung, dem Treuhänder eine auskömmliche Vergütung zu gewähren, widerspreche.[60] Es ist deshalb keine Minderung der Mindestvergutung mehr moglich. 37

b) Vergleichsberechnung zur Regelvergütung

Wie auch im Falle des § 2 Abs. 2 InsVV (siehe dazu § 4 Rz. 128 ff.) kann je nach Zahl der am Insolvenzverfahren beteiligten Gläubiger die Mindestvergütung höher ausfallen als die regelmäßige Vergütung des § 13 Abs. 1 Satz 1 InsVV. Es ist dann die Mindestvergütung maßgebend. Die Mindestvergütung ist ebenso wie jene unmittelbar nach § 2 Abs. 2 InsVV zu erhöhen, wenn Tatbestände des § 3 Abs. 1 InsVV bezogen auf das Verbraucherinsolvenzverfahren vorliegen. 38

57) *Hommerich/Ebers*, Zeitlicher Aufwand von Insolvenzverwaltern/Treuhändern in masselosen Insolvenzverfahren, S. 20 ff.

58) AG Göttingen, Beschl. v. 23.6.2003 – 74 IK 185/02, ZVI 2003, 371 = NZI 2003, 506; AG Potsdam, Beschl. v. 30.3.2004 – 35 IK 259/03, ZIP 2004, 1862 = ZVI 2004, 559; AG Göttingen, Beschl. v. 31.8.2004 – 74 IK 219/03, ZIP 2004, 1862; AG Hamburg, Beschl. v. 27.5.2004 – 68c IK 247/03, ZIP 2004, 2067 = ZVI 2004, 634; kritisch daher *Lorenz* in: FK-InsO, 8. Aufl. 2016, § 13 InsVV Rz. 39.

59) *Keller*, NZI 2005, 23, 27.

60) Begr. z. Entwurf einer InsVV-ÄndVO (§ 13 Abs. 1 Satz 3 InsVV), abgedr. unten in Anh. IV, S. 709, 719, 720.

39 Die Vergleichsberechnung zwischen regelmäßiger Vergütung und Mindestvergütung kann wie bei der Regelinsolvenz durch Ermittlung der maßgeblichen Gläubigerzahl *(G)* unter Anwendung nachfolgender Formel erfolgen:[61]

$$G = \frac{(\text{Regelvergütung} - 900{,}00\ €) \times 5}{100} + 15.$$

40 Gekürzt um den Faktor 5 im Dividenden lautet die Formel wie folgt:

$$G = \frac{\text{Regelvergütung} - 900{,}00\ €}{20} + 15.$$

Beispiel:[62]

Im Verbraucherinsolvenzverfahren beträgt die Insolvenzmasse i. S. des § 1 InsVV 8 200 €. Die regelmäßige Vergütung hieraus beträgt 1 230 €. Die maßgebliche Gläubigerzahl, ab der die Mindestvergütung höher ist, ist 31,5.

$$31{,}5 = \frac{1\,230{,}00\ € - 900{,}00\ €}{20} + 15$$

Ab einer Zahl von 30 Gläubigern ist damit die Mindestvergütung höher, Sie beträgt 1 300 € (= [35 – 15] × 20 + 900,00 €).

5. Vergütung bei Nachtragsverteilung

41 Der Treuhänder erhält für eine auch im Verbraucherinsolvenzverfahren zulässige **Nachtragsverteilung** nach § 203 InsO die **Vergütung nach § 6 Abs. 1 InsVV**, der über § 10 InsVV anwendbar ist.[63] Diese bestimmt das Insolvenzgericht nach billigem Ermessen. Nach Ansicht des LG Offenburg sollen dabei die Staffelsätze des § 2 Abs. 1 InsVV bezogen auf den Gegenstand der Nachtragsverteilung entsprechend heranzuziehen sein.[64]

6. Auslagenersatz und Umsatzsteuer

42 Der Treuhänder erhält Auslagenersatz nach § 4 InsVV und Ausgleich der Umsatzsteuer nach § 7 InsVV. Statt der tatsächlich entstandenen Auslagen kann er auch die Pauschsätze des § 8 Abs. 3 InsVV in Anspruch nehmen, eine Halbierung dieser Sätze entsprechend der Vergütung des Sachwalters nach § 12 Abs. 3 InsVV ist für den Treuhänder nicht vorgesehen, er erhält die **volle Auslagenpauschale.**

7. Die Vergütung des vorläufigen Treuhänders

43 Die Vergütung des vorläufigen Treuhänders im Verbraucherinsolvenzverfahren ist in der InsVV nicht geregelt. Die Zulässigkeit der Bestellung eines **vorläufigen Treuhänders** i. R. des Eröffnungsverfahrens zum Verbraucherinsolvenzverfahren war und ist allgemein anerkannt.[65]

---

61) *Keller*, NZI 2005, 23, 27.

62) *Keller*, NZI 2005, 23, 28.

63) LG Offenburg, Beschl. v. 5.1.2005 – 4 T 100/04, NZI 2005, 172; *Stoffler* in: KPB, InsO, § 13 InsVV Rz. 52 ff.

64) LG Offenburg, Beschl. v. 5.1.2005 – 4 T 100/04, NZI 2005, 172.

65) *Vuia* in: MünchKomm-InsO, § 306 Rz. 17; *Lackmann* in: FK-InsO, § 306 Rz. 25; *Uhlenbruck* in: Kölner Schrift zur InsO, S. 325 Rz. 3; *A. Schmidt*, ZIP 1999, 915; *Heyer*, ZVI 2008, 98.

Für die Vergütung des vorläufigen Treuhänders mag es naheliegend sein, diese analog § 11 Abs. 1 InsVV als Bruchteil einer Vergütung im eröffneten Insolvenzverfahren zu bestimmen. Es stellt sich hierbei die Frage, auf welche Vergütung eines eröffneten Insolvenzverfahrens Bezug genommen werden soll. Ist die Vergütung des vorläufigen Treuhänders ein Bruchteil der Vergütung eines Insolvenzverwalters in einem eröffneten Regelinsolvenzverfahren oder soll die künftige Vergütung des Treuhänders nach § 13 InsVV bemessen werden? 44

Das AG Köln[66] will die Vergütung des vorläufigen Treuhänders mit **Bezug auf die Vergütung des Insolvenzverwalters** nach § 2 InsVV festgesetzt wissen. Auch die Höhe des angemessenen Bruchteils der Vergütung soll flexibel für den jeweiligen Einzelfall festgelegt werden können. Diese Ansicht ist dann verständlich, wenn die Tätigkeit des vorläufigen Treuhänders der des vorläufigen Insolvenzverwalters gleichkommt, systematisch richtig ist sie nicht. Wenn nämlich die Vergütung des vorläufigen Verwalters nach § 11 Abs. 1 InsVV in einem Bruchteil der Vergütung des späteren Insolvenzverwalters besteht, muss die Vergütung des vorläufigen Treuhänders in einem Bruchteil der Vergütung des späteren Treuhänders bestehen. Zieht man für die Vergütung des vorläufigen Treuhänders diejenige des Insolvenzverwalters in einem fiktiv eröffneten Regelinsolvenzverfahren heran, würde ein im Insolvenzrecht nicht anwendbares Verfahrensrecht auf das Vergütungsrecht übertragen. **Systematisch** ist es daher **richtig, die Vergütung** des vorläufigen Treuhänders **als Bruchteil der Vergütung nach § 13 InsVV zu berechnen.**[67] Nimmt man den Bruchteil mit 25 % an, beträgt die Vergütung des vorläufigen Treuhänders mithin ein 1/4 von 15 % der Insolvenzmasse entsprechend § 13 Abs. 1 InsVV. Diese Vergütung kann wie die Vergütung des Treuhänders den Umständen des Einzelfalles entsprechend erhöht werden. 45

Beispiel:

Die Insolvenzmasse als Berechnungsgrundlage der Vergütung beträgt 65 518,95 €. Berechnet als Bruchteil der Regelvergütung des Insolvenzverwalters nach § 2 InsVV i. H. von 15 % beträgt die Vergütung in einem bis 31.12.2020 beantragten Verfahren 3 581,96 €. Berechnet man hingegen die Vergütung mit einem 1/4 der Vergütung nach § 13 InsVV, beträgt sie 2 456,96 €.

Die **Literatur** folgt **einhellig** der Ansicht des **AG Köln.**[68] Hierbei wird der Sachverhalt der Entscheidung nicht ausreichend berücksichtigt. Das Insolvenzeröffnungsverfahren wurde zunächst als Regelinsolvenzverfahren geführt, der vorläufige Insolvenzverwalter stellte während der Unternehmensfortführung fest, dass die Schuldnerin Kleinunternehmerin war und damit dem Regelungsbereich der §§ 304 ff. InsO in der bis 1.12.2001 geltenden Fassung der Norm unterfiel. Das Verfahren wurde auf Verbraucherinsolvenz umgestellt. Nach der Definition des Verbraucherbegriffs in § 304 InsO seit 1.12.2001 würde die Schuldnerin aber stets der Regelinsolvenz unterfallen. Die Frage der Vergütung eines vorläufigen Treuhänders, der im Hinblick auf eine Unternehmensfortführung Aufgaben eines vorläufigen Insolvenzverwalters wahrnimmt, stellt sich nicht mehr. Ob daher die Entscheidung des AG Köln derart verallgemeinert werden kann, dass hieraus ein allgemeines System der Vergütung des vorläufigen Treuhänders hergeleitet werden könnte, ist höchst fraglich. 46

---

66) AG Köln, Beschl. v. 21.1.2000 – 72 IK 69/99, ZIP 2000, 418 = DZWIR 2000, 125 m. Anm. *Keller*, dazu EWiR 2000, 403 *(Grub)*; ebenso AG Rosenheim, Beschl. v. 13.2.2001 – IK 159/99, ZInsO 2001, 218; zur Mindestvergütung LG Berlin, Beschl. v. 18.2.2011 – 85 T 31/11, ZVI 2011, 192.

67) Ebenso AG Kaiserslautern, Beschl. v. 2.10.2000 – 3 IK 21/99, ZInsO 2000, 624.

68) Uhlenbruck-*Sternal*, InsO, § 306 Rz. 36; *Stoffler* in: KPB, InsO, § 13 InsVV Rz. 48; *Lorenz* in: FK-InsO, 8. Aufl. 2016, § 13 InsVV Rz. 47.

III. Die Vergütung des Insolvenzverwalters in Verbraucherinsolvenzverfahren seit 1.7.2014

1. Grundlagen

47 Nach Aufhebung der §§ 311 ff. InsO mit Wirkung vom 1.7.2014 erhält der Insolvenzverwalter im Insolvenzverfahren über das Vermögen eines Verbrauchers grundsätzlich die Vergütung nach §§ 2 ff. InsVV.[69] Der Vergütungsanspruch folgt unmittelbar aus § 63 InsO.

48 Wurde vorläufige Insolvenzverwaltung angeordnet, erhält der vorläufige Insolvenzverwalter die Vergütung nach § 63 Abs. 3 InsO mit § 11 InsVV.

2. Regelvergütung und Mindestvergütung

49 Eine **Abweichung** von den allgemeinen Vergütungsregelungen enthält § 13 InsVV in der seit 1.7.2014 geltenden Fassung **bezüglich der Mindestvergütung**. Sie beträgt **800 €**. Durch diesen gegenüber der Mindestvergütung im früheren Verbraucherverfahren zwar erhöhte, gegenüber § 2 Abs. 2 InsVV aber immer noch geringeren Betrag soll die Arbeitserleichterung durch Vorarbeiten insbesondere einer geeigneten Person oder Stelle i. R. der Antragstellung nach § 305 Abs. 1 InsO abgegolten werden. § 13 InsVV nimmt Bezug auf die Unterlagen nach § 305 Abs. 1 Nr. 3 InsO.[70] Dies setzt voraus, dass die geeignete Person die Unterlagen auf Grundlage der Angaben des Schuldners entweder selbst ausfüllt oder zumindest eine Mitverantwortung übernimmt, indem sie den Fragenkatalog der Formulare zusammen mit dem Schuldner bespricht. Füllt der Schuldner die Unterlagen selbst und ohne Unterstützung einer geeigneten Person aus, ist die Richtigkeits- und Vollständigkeitsgewähr nicht gegeben.[71] Dem Insolvenzverwalter kann dann nicht vorgehalten werden, er habe weniger Arbeitsaufwand. Wurde die Bescheinigung nach § 305 Abs. 1 Nr. 1 InsO von einer zuständigen Person oder Stelle ausgefüllt, besteht aber die Vermutung, dass diese auch die Verzeichnisse nach § 305 Abs. 1 Nr. 3 InsO erstellt hat. Der Insolvenzverwalter hat dann darzulegen, dass dem nicht so war oder dass er dennoch erhöhten Arbeitsaufwand hatte.[72] Es kann jedoch eine Konkurrenz zum Kürzungstatbestand des § 3 Abs. 2 lit. e InsVV bestehen (siehe § 5 Rz. 208).

50 Die **Mindestvergütung** des § 13 InsVV **erhöht sich entsprechend der Zahl der Gläubiger** nach § 2 Abs. 2 InsVV (siehe eingehend § 4 Rz. 114 ff.). § 13 InsVV regelt lediglich eine abgesenkte Mindestvergütung Bezug nehmend auf § 2 Abs. 2 Satz 1 InsVV, schließt aber die Erhöhung nach der Gläubigerzahl gerade nicht aus.

51 Durch Art. 6 des Gesetzes zur Fortentwicklung des Sanierungs- und Insolvenzrechts – SanInsFoG[73] wurden die **Degressionsstufen** des § 2 Abs. 1 InsVV **sowie** die **Mindestvergütung** des § 2 Abs. 2 InsVV **zum 1.1.2021** neu geregelt (siehe dazu oben § 1 Rz. 124 und § 4 Rz. 62 ff.). In diesem Zuge wurde auch die Mindestvergütung im Verbraucherinsolvenzverfahren nach § 13 InsVV von 800 € auf 1 120 € erhöht. Die erhöhte Mindestvergütung gilt nur für Verfahren, die seit dem 1.1.2021 beantragt werden (§ 19 Abs. 5 InsVV).

---

69) *Stephan*, VIA 2015, 1; eingehend auch *Graeber/Graeber*, InsbürO 2019, 134.

70) Eingehend *Wischemeyer/Schur*, ZVI 2017, 171.

71) LG Stuttgart, Beschl. v. 10.12.2015 – 10 T 517/15, ZVI 2016, 170 = NZI 2015, 145.

72) AG Düsseldorf, Beschl. v. 20.3.2017 – 513 IK 22/16, ZVI 2017, 406 = NZI 2017, 533.

73) Gesetz zur Fortentwicklung des Sanierungs- und Insolvenzrechts – SanInsFoG, v. 22.12.2020, BGBl. I 2020, 3256; Begr. RegE SanInsFoG, BT-Drucks. 19/24181; Beschlussempfehlung und Bericht d. RA z. RegE SanInsFoG, BT-Drucks. 19/25303.

3. Anwendung des § 3 InsVV

Die **Vergütung ist nach § 3 InsVV zu erhöhen oder zu kürzen**, wenn hinsichtlich des Arbeitsaufwandes eine signifikante Abweichung vom Normalfall einer Insolvenz über das Vermögen eines Verbrauchers vorliegt. Als Erhöhungstatbestände kommen die bereits für das Verbraucherinsolvenzverfahren festgestellten Tatbestände in Betracht (siehe oben Rz. 27 ff.). 52

Zusätzlich ist der **Kürzungstatbestand des § 3 Abs. 2 lit. e InsVV** zu beachten. Er knüpft an § 304 InsO an und soll eine Arbeitserleichterung wegen der geringen Insolvenzmasse oder der geringen Gläubigerzahl berücksichtigen. Es darf jedoch nicht zu einer gleichzeitigen Anwendung von § 3 Abs. 2 lit. e und § 13 InsVV dergestalt kommen, dass die ermäßigte Mindestvergütung von 800 € zusätzlich regelmäßig gekürzt wird.[74)] Dies würde zu einer Kürzung der Mindestvergütung führen, die der Gesetzgeber gerade mit der Anhebung der Mindestvergütung von 600 € auf 800 € nicht beabsichtigt hatte.[75)] 53

Der Kürzungstatbestand des § 3 Abs. 2 lit. e InsVV kann deshalb nur dann greifen, wenn der Insolvenzverwalter wegen der Überschaubarkeit der Vermögensverhältnisse und der geringen Gläubigerzahl **tatsächlich erhebliche Arbeitsersparnis gegenüber einem gewöhnlichen Insolvenzverfahren über das Vermögen eines Verbrauchers** hatte (siehe oben § 5 Rz. 210).[76)] 54

---

74) LG Münster, Beschl. v. 22.5.2019 – 5 T 630/18, ZIP 2020, 569 = NZI 2020, 126.

75) In diesem Sinne wohl auch *Gortan*, NZI 2016, 339; *Wischemeyer/Schur*, ZVI 2017, 171.

76) LG Fulda, Beschl. v. 22.4.2025 – 5 T 63/25, ZRI 2025, 582 = ZVI 2025, 504.

§ 12
Die Vergütung des Treuhänders im Restschuldbefreiungsverfahren

Übersicht

Aufsatzliteratur: *Blankenburg/Heyer*, Gesetz zur weiteren Verkürzung des Restschuldbefreiungsverfahrens – Stellungnahme zum Regierungsentwurf vom 1.7.2020, ZInsO 2020, 1849; *Frind*, Neue Einschränkungen auf dem Weg zu einer schnelleren Restschuldbefreiung – gerechtfertigt?, ZInsO 2020, 1857; *Grote*, Zur Abführungspflicht des Selbständigen gemäß § 295 Abs. 2 InsO in der Wohlverhaltensperiode, ZInsO 2004, 1105; *Hentrich*, § 14 Abs. 3 Satz 2 InsVV – Raum für Auslegungen?, ZInsO 2010, 941; *Heyer*, Wenn Politik zu wenig auf Sachverstand hört – Reform der Verbraucherentschuldung 2014 und in Zukunft, ZVI 2019, 3; *Keller*, Berechnungsformeln zur Vergütung des Insolvenzverwalters, NZI 2005, 23; *Muscheler/Bloch*, Abwahl des vom Gericht bestellten Insolvenzverwalters, ZIP 2000, 1474; *Pape/Laroche/Grote*, Drei Jahre Restschuldbefreiung für alle – Der Gesetzgeber hat dich noch die Kurve gekriegt, ZInsO 2021, 57; *Pape/Laroche/Grote*, Die (weitere) Verkürzung des Restschuldbefreiungsverfahrens auf drei Jahre – eine vermurkste Reform, ZInsO 2020, 1805; *Schmidt, A.*, Neues Privatinsolvenzrecht: „Gesetz zur weiteren Verkürzung des Restschuldbefreiungsverfahrens" vom 22.12.2020, ZVI 2021, 41; *Schmidt, A.*, Reform 2020: Die weitere Verkürzung des Restschuldbefreiungsverfahrens, ZVI 2020, 79; *Schmidt, L.-M.*, Der RefE eines „Gesetzes zur weiteren Verkürzung des Restschuldbefreiungsverfahrens" im Lichte der EU-Richtlinie 2019/1023, ZVI 2020, 171; *Schmerbach*, Die Versagung der Restschuldbefreiung nach §§ 290 und 295 InsO, NZI 2005, 521; *Seubert*, Erhöhung der Vergütung nach § 14 Abs. 3 Satz 2 InsVV bei Verteilung an „mehr als 5 Gläubiger" beim ersten oder letzten Gläubiger der jeweiligen Staffelstufe?, ZVI 2010, 16, *Trams*, Die Verkürzung des Restschuldbefreiungsverfahrens, NJW-Spezial 2020, 149; *Zimmer*, Erhöhung der Treuhändervergütung nach § 14 Abs. 3 Satz 2 InsVV, InsbürO 2016, 143.

I. Regelungsgehalt der §§ 14 bis 16 InsVV

1. Aufgaben des Treuhänders im Restschuldbefreiungsverfahren

Im Restschuldbefreiungsverfahren (§§ 286 ff. InsO) hat der Treuhänder den an ihn **abgetretenen pfändbaren Teil des Einkommens** des Schuldners beim Drittschuldner **einzuziehen** und abzüglich der eigenen Vergütung **jährlich an die Insolvenzgläubiger** des vorangegangenen Insolvenzverfahrens **zu verteilen** (§ 292 InsO).[1] Die Pflicht zur **Überwachung der Obliegenheiten des Schuldners** aus § 295 InsO hat der Treuhänder nur, wenn er seitens der Gläubigerversammlung vor Beendigung des Insolvenzverfahrens hierzu beauftragt wird.[2] 1

1) Jaeger-*Preuß*, InsO, § 292 Rz. 8, 34 ff.; Uhlenbruck-*Sternal*, InsO, § 292 Rz. 21 ff.; *Waltenberger* in: HK-InsO, § 292 Rz. 4, 5; *Wenzel* in: KPB, InsO, § 292 Rz. 9 ff.

2) Uhlenbruck-*Sternal*, InsO, § 292 Rz. 58 ff.

Teil der Beauftragung ist auch die Regelung zur Übernahme der Vergütung des Treuhänders für die Überwachung.

2 Das Restschuldbefreiungsverfahren wurde durch das Gesetz zur weiteren Verkürzung des Restschuldbefreiungsverfahrens vom 22.12.2020[3)] umgestaltet und basierend auf den Änderungen des Gesetzes zur Verkürzung des Restschuldbefreiungsverfahrens und zur Stärkung der Gläubigerrechte vom 15.7.2013[4)] vor allem hinsichtlich der Abtretungsfrist verkürzt.[5)] Die **Dauer des Restschuldbefreiungsverfahrens** beträgt in den seit 1.10.2020 beantragten Verfahren drei Jahre seit Insolvenzeröffnung (§ 287 InsO; Art. 103k Abs. 1 EGInsO).[6)] Für die von 17.12.2019 bis 30.9.2020 beantragten Verfahren verkürzt sich die ursprünglich sechs Jahre dauernde Abtretungsfrist schrittweise nach Art. 103k Abs. 2 EGInsO. Verbunden mit der Verkürzung des Verfahrens auf drei Jahre sind aber auch Verschärfungen gegenüber dem Schuldner eingetreten. So wurde die Sperrfrist des § 287a Abs. 2 Satz Nr. 1 InsO von zehn auf elf Jahre erweitert. Auch wurde mit einer neuen Nr. 5 in § 295 Abs. 1 InsO ein neuer – in seiner Begründung wie in seinen Effekten völlig untauglicher – Versagungstatbestand eingeführt, wonach der Schuldner während der Abtretungsfrist keine unangemessenen Verbindlichkeiten begründen dürfe.[7)] Das Restschuldbefreiungsverfahren kann auch komplett entfallen, insbesondere wenn der Schuldner keinen entsprechenden Antrag gestellt hat oder bereits im Schlusstermin des Insolvenzverfahrens auf Antrag eines Gläubigers nach § 290 InsO die Restschuldbefreiung versagt wurde. Dauert das Insolvenzverfahren selbst länger als die Abtretungsfrist des § 287 Abs. 2 InsO gilt, entfällt das Restschuldbefreiungsverfahren ebenfalls, ob dem Schuldner während des Insolvenzverfahrens Restschuldbefreiung erteilt wird, ist für die vorliegenden Fragestellungen nicht entscheidend.

2. Grundlagen zum Vergütungsanspruch

3 Der Treuhänder im Restschuldbefreiungsverfahren hat **Anspruch auf angemessene Vergütung** und Erstattung der Auslagen **unmittelbar aus § 293 Abs. 1 InsO.**[8)] Die Vorschrift verweist nicht auf § 63 InsO, da die Vergütung nicht nach den dort geregelten Grundsätzen, sondern in Anlehnung an die Vergütung des Zwangsverwalters im Verfahren nach §§ 146 ff. InsO als Bruchteil der eingenommenen Beträge ausgestaltet ist.[9)] Die Vergütung nach § 293 Abs. 1 Satz 1 InsVV hat dennoch angemessen i. S. des § 63 InsO zu sein. Zur Höhe der Vergütung schreibt § 293 Abs. 1 Satz 2 InsO weiter vor, dass dem Zeitaufwand und dem Umfang der Tätigkeit des Treuhänders Rechnung zu tragen sei. In Ausübung der Verord-

---

3) Gesetz zur weiteren Verkürzung des Restschuldbefreiungsverfahrens und zur Anpassung pandemiebedingter Vorschriften im Gesellschafts-, Genossenschafts-. Vereins- und Stiftungsrecht sowie im Miet- und Pachtrecht, v. 22.12.2020, BGBl. I 2020, 3328; Begr. RegE Gesetz zur weiteren Verkürzung des Restschuldbefreiungsverfahrens, BT-Drucks. 19/21981; Beschlussempfehlung und Bericht d. RA z. RegE Gesetz zur weiteren Verkürzung des Restschuldbefreiungsverfahrens, BT-Drucks. 19/25251.

4) Gesetz zur Verkürzung des Restschuldbefreiungsverfahrens und zur Stärkung der Gläubigerrechte – GlRStG, v. 15.7.2013, BGBl. I 2013, 2586.

5) Eingehend *Pape/Laroche/Grote*, ZInsO 2020, 1805; *Pape/Laroche/Grote*, ZInsO 2021, 57; *Frind*, ZInsO 2020, 1857; *Blankenburg/Heyer*, ZInsO 2020, 1849; *A. Schmidt*, ZVI 2020, 79; *A. Schmidt*, ZVI 2021, 41; *L.-M. Schmidt*, ZVI 2020, 171; *Trams*, NJW-Spezial 2020, 149.

6) Zur inzwischen überholten Frage der Geltung des Art. 107 EGInsO mit dem fünfjährigen Abtretungszeitraum BGH, Beschl. v. 21.5.2004 – IX ZB 274/03, ZVI 2004, 355 = NZI 2004, 452 m. Anm. *Ahrens*; ausführlich *Keller*, Insolvenzrecht, Rz. 1942 ff.; eingehend zu den verschiedenen Zeiträumen bis Ende 2020 *Ahrens*, Aktuelles Privatinsolvenzrecht, Rz. 995 ff.; zu Verfahrensfragen eingehend *Frege/Keller/Riedel*, Insolvenzrecht, Rz. 5.192 ff.

7) Dazu *Heyer*, ZVI 2019, 3; *A. Schmidt*, ZVI 2021, 41.

8) Jaeger-*Preuß*, InsO, § 293 Rz. 4 ff.; Uhlenbruck-*Sternal*, InsO, § 293 Rz. 1.

9) Begr. z. Entwurf einer InsVV (§ 14), abgedr. unten in Anh. III, S. 689, 704, 705.

nungsermächtigung des § 65 InsO, auf den in § 293 Abs. 2 InsO verwiesen wird, regeln die §§ 14–16 InsVV die Höhe der Vergütung des Treuhänders im Restschuldbefreiungsverfahren.

Die **InsVV unterscheidet** zwischen der Tätigkeit des Treuhänders nach § 292 Abs. 1 InsO als der **gesetzlich vorgeschriebenen Tätigkeit** der Einziehung des pfändbaren Teils des Einkommens und der **fakultativ möglichen Aufgabe der Überwachung der Obliegenheiten** des Schuldners im Auftrag der Gläubigerversammlung nach § 292 Abs. 2 InsO. Erstere wird durch eine nach oben offene Staffelvergütung nach § 14 InsVV abgegolten, letztere durch feste Stundensätze nach § 15 InsVV. 4

II. Vergütung während des Abtretungszeitraums (§ 14 InsVV)

1. Der Abgeltungsbereich der Vergütung

Die Tätigkeit des Treuhänders wird für den **gesamten Abtretungszeitraum** mit der Staffelvergütung des § 14 InsVV vergütet; die Vergütung wird nicht jährlich aus dem erwirtschafteten Betrag gewährt. Der Abtretungszeitraum beträgt nach § 287 Abs. 2 InsO grundsätzlich drei Jahre seit Insolvenzeröffnung. Er kann insbesondere bei einer Obliegenheitsverletzung des Schuldners vorzeitig enden, wenn ein Gläubiger die Versagung der Restschuldbefreiung nach § 296 Abs. 1 InsO beantragt.[10] 5

Berechnungsgrundlage ist die **Summe der vereinnahmten Beträge** für den gesamten Abtretungszeitraum (§ 14 Abs. 1 InsVV).[11] Als Berechnungsgrundlage zu berücksichtigen sind nicht allein der pfändbare Teil des Arbeitseinkommens des Schuldners, sondern auch Beträge aus einem Erwerb von Todes wegen (§ 295 Satz 1 Nr. 2 InsO) oder freiwillige Leistungen[12] sowie Leistungen nach § 295a InsO bei selbstständiger Tätigkeit des Schuldners.[13] Da nach den allgemeinen Grundsätzen des Vergütungsrechts auch die Vergütung des § 14 InsVV eine Tätigkeitsvergütung ist, ist nicht maßgebend, ob die vereinnahmten Beträge auch zur Befriedigung der Gläubiger erforderlich sind. Maßgeblich ist, dass sich der Treuhänder i. R. seiner Aufgaben mit ihnen befasst hat.[14] 6

2. Die Berechnung der Vergütung

Die Vergütung ist in § 14 Abs. 2 InsVV i. S. einer **Staffelvergütung mit degressiver Steigerung** gestaltet. Die Sätze der Vergütung des § 14 Abs. 2 InsVV orientieren sich nicht an der Regelvergütung des Insolvenzverwalters nach § 2 InsVV, sondern an der Vergütung des Zwangsverwalters im Verfahren nach §§ 146 ff. ZVG. Nach Ansicht des Verordnungsgebers ist die Tätigkeit des Treuhänders mit der des Zwangsverwalters vergleichbar.[15] Der Verordnungsgeber nimmt mit der degressiven Steigerung der Vergütung Anleihe an der bis 1.1.2004 geltenden Zwangsverwalterverordnung (ZwVwV) vom 16.2.1970.[16] Danach be- 7

10) Eingehend *Frege/Keller/Riedel*, Insolvenzrecht, Rz. 5.167 ff.; *Ahrens*, Aktuelles Privatinsolvenzrecht, Rz. 931 ff.

11) LG Mönchengladbach, Beschl. v. 7.8.2007 – 5 T 209/07, ZVI 2007, 483 = NZI 2007, 671.

12) Dazu umfassend *Stephan* in: MünchKomm-InsO, § 287 Rz. 35 ff.; Uhlenbruck-*Sternal*, InsO, § 287 Rz. 31 ff.; *Ahrens* in: FK-InsO, § 287 Rz. 207 ff.; *Wenzel* in: KPB, InsO, § 295 Rz. 26 ff.; *Döbereiner*, Restschuldbefreiung nach der InsO, S. 172 ff.

13) Dazu Jaeger-*Preuß*, InsO, § 295 Rz. 16 ff.; Uhlenbruck-*Sternal*, InsO, § 295a Rz. 5 ff.; *Stephan* in: MünchKomm-InsO, § 295 Rz. 131 ff. m. umfangr. Nachw.; *Frege/Keller/Riedel*, Insolvenzrecht, Rz. 5.155 ff.; *Grote*, ZInsO 2004, 1105; *Zimmer*, InsbürO 2016, 143.

14) Anders LG Ingolstadt, Beschl. v. 6.4.2017 – 21 T 1767/16, ZInsO 2018, 551.

15) Begr. z. Entwurf einer InsVV (§ 14), abgedr. unten in Anh. III, S. 689, 704, 705.

16) Zwangsverwalterverordnung – ZwVwV, v. 16.2.1970, BGBl. I 1970, 185. Eingehend Böttcher-*Keller*, ZVG, § 152a Rz. 2.

trug die Vergütung des Zwangsverwalters degressiv steigend 9–6 % der Mieteinnahmen.[17] In der Neuregelung der ZwVwV vom 19.12.2003[18] beträgt sie nach § 18 ZwVwV linear 10 % der vom Zwangsverwalter eingenommenen Nutzungen.[19]

8 Durch Art. 6 des Gesetzes zur Fortentwicklung des Sanierungs- und Insolvenzrechts – SanInsFoG[20] wurden neben der Anpassung der Vergütungsbeträge des § 2 Abs. 1 InsVV auch die **Staffelsätze des § 14 InsVV neu geregelt** (allg. oben § 1 Rz. 124 und § 4 Rz. 62 ff.). Die erhöhten Staffelsätze gelten nur für **Verfahren, die seit dem 1.1.2021 beantragt werden** (§ 19 Abs. 5 InsVV).

9 Der Treuhänder erhält nach den Gesamteinnahmen des Restschuldbefreiungsverfahrens in den bis 31.12.2020 beantragten Verfahren:

Betrag	**Prozentsatz**	**Vergütungsbetrag**
bis 25 000 €	5 %	1 250 €
bis 50 000 €	3 % aus 25 000 €	750 €
über 50 000 €	1 % aus dem Mehrbetrag	

10 In den seit 1.1.2021 beantragten Verfahren beträgt die Vergütung:

Betrag	**Prozentsatz**	**Vergütungsbetrag**
bis 35 000 €	5 %	1 750 €
bis 70 000 €	3 % aus 35 000 €	1 050 €
über 70 000 €	1 % aus dem Mehrbetrag	

11 Mathematisch ausgedrückt errechnet sich die Vergütung für Verfahren, die bis 31.12.2020 beantragt wurden, wie folgt:

Betrag	**Formel**
bis 25 000 €	$M \times 0{,}05$
25 000 bis 50 000 €	$M \times 0{,}03 + 1\,250{,}00$ €
über 50 000 €	$M \times 0{,}01 + 2\,000{,}00$ €

(M = Summe der eingenommenen Beträge)

12 In Verfahren, die seit 1.1.2021 beantragt werden, errechnet sich die Vergütung wie folgt:

Betrag	**Formel**
bis 35 000 €	$M \times 0{,}05$
35 000 bis 70 000 €	$M \times 0{,}03 + 1\,750{,}00$ €
über 70 000 €	$M \times 0{,}01 + 2\,800{,}00$ €

(M = Summe der eingenommenen Beträge)

17) BGH, Beschl. v. 12.9.2002 – IX ZB 39/02, BGHZ 152, 18 = ZIP 2002, 1959, dazu EWiR 2004, 259 *(Keller)*.

18) Zwangsverwalterverordnung – ZwVwV, v. 19.12.2003, BGBl. I 2003, 2804.

19) *Stöber*, ZVG, § 152a Rz. 4 ff.; Böttcher-*Keller*, ZVG, § 152a Rz. 9 ff.

20) Gesetz zur Fortentwicklung des Sanierungs- und Insolvenzrechts – SanInsFoG, v. 22.12.2020, BGBl. I 2020, 3256; Begr. RegE SanInsFoG, BT-Drucks. 19/24181; Beschlussempfehlung und Bericht d. RA z. RegE SanInsFoG, BT-Drucks. 19/25303.

Beispiel:

Der Treuhänder konnte in einem vor dem 17.12.2021 beantragten Verfahren nach Ablauf des sechsjährigen Abtretungszeitraums insgesamt 32 244,46 € vereinnahmen. Seine Vergütung nach § 14 Abs. 2 InsVV beträgt:

bis 25 000,00	*1 250,00 €*
+ 3 % aus 7 244,46	*217,33 €*
Gesamt	*1 467,33 €*

In einem seit 1.1.2021 beantragten Verfahren (§ 19 Abs. 5 InsVV) mit dreijähriger Abtretungsfrist beträgt die Vergütung bei Einnahmen von dann 16 122,23 €:

bis 35 000,00	
5 % aus 16 122,23	*806,11 €*

In den Verfahren, für welche die verkürzte Abtretungsfrist gilt (zu den Übergangsfristen vgl. Art. 103k EGInsO) ist zu erwarten, dass die Vergütung sinkt, weil auch die Einnahmen geringer sein werden. Durch die Erhöhung der Staffelvergütung wird das nicht kompensiert, weil durch die Erhöhung des ersten Staffelbetrages auf 35 000 € die Gesamteinnahmen kaum mehr über diesen Betrag kommen werden. 13

Der Treuhänder hat nach § 292 Abs. 1 Satz 2 InsO die eingenommenen Beträge jährlich an die Gläubiger zu verteilen. Seine Vergütung wird hingegen erst bei Beendigung seines Amtes, mithin bei Ablauf des Abtretungszeitraums, festgesetzt (§ 16 Abs. 1 Satz 2 InsVV). Der Treuhänder hat daher bei **Verteilung der Beträge** an die Insolvenzgläubiger **Rücklagen aus den voraussichtlichen Gesamteinnahmen** für seine voraussichtliche Vergütung zu bilden. Er hat dabei auch § 292 Abs. 1 Satz 2 Halbs. 2 InsO zu beachten (Rückzahlung an die Staatskasse bei Kostenstundung),[21] wobei sein Vergütungsanspruch der Rückzahlungspflicht schon wegen der Fiskalhaftung nach § 63 Abs. 2 InsO (§ 293 Abs. 2 InsO) vorgeht. Er ist nach § 16 Abs. 2 InsVV zur Vorschussentnahme berechtigt. Dies gilt auch bei Haftung der Staatskasse nach § 63 Abs. 2 InsO. Bei nur geringen Beträgen kann das dazu führen, dass in den ersten Jahren keine Ausschüttung an die Gläubiger erfolgt.[22] 14

3. Vergütungserhöhung

Die Vergütung des § 14 Abs. 2 InsVV gilt für das gesamte Verfahren der Restschuldbefreiung und den gesamten Abtretungszeitraum unabhängig vom konkreten Aufwand des Treuhänders. **Erhöhungen** der Vergütung **aufgrund besonderer Umstände oder Schwierigkeiten** bei seiner Tätigkeit, z. B. wenn der Treuhänder die abzuführenden Beträge beim Arbeitgeber einklagen und vollstrecken muss,[23] sind nicht vorgesehen.[24] Dies wird zu Recht als bedenklich bezeichnet. Denn nach § 293 Abs. 1 Satz 2 InsO soll sehr wohl der konkrete Umfang der Tätigkeit bei der Vergütungsbemessung berücksichtigt werden, zudem besteht die Gefahr einer unangemessen niedrigen Vergütung, wenn konkrete Umstände nicht berücksichtigt werden können.[25] Schließlich sieht auch die Vergütung des Zwangsverwalters, der § 14 InsVV nachgebildet sein soll, eine Vergütungserhöhung vor (§ 18 Abs. 2 ZwVwV, § 25 ZwVerwVO). 15

21) Uhlenbruck-*Sternal*, InsO, § 292 Rz. 41.
22) Mit Berechnungsbeispiel *Keller*, Insolvenzrecht, Rz. 1961 ff.
23) Dazu Uhlenbruck-*Sternal*, InsO, § 292 Rz. 30 m. w. N.; *Häsemeyer*, Insolvenzrecht, Rz. 26.33.
24) *Stoffler* in: KPB, InsO, § 14 InsVV Rz. 8.
25) *Stoffler* in: KPB, InsO, § 14 InsVV Rz. 8.

16 Soweit die konkrete Tätigkeit des Treuhänders i. R. des § 292 InsO besondere Schwierigkeiten aufweist, insbesondere die Geltendmachung der abgetretenen Beträge betreffend, ist die Vergütung daher zu erhöhen. Muss der Treuhänder den pfändbaren Teil des Arbeitseinkommens einklagen, ist bspw. eine Erhöhung der Vergütung um 5 bis 10 % denkbar.[26)]

4. Die Mindestvergütung

a) Grundsatz

17 Kann der Treuhänder **keine Beträge vereinnahmen**, insbesondere weil der Schuldner arbeitslos ist oder das Arbeitseinkommen keine pfändbare Höhe erreicht, beträgt seine **Mindestvergütung** nach § 14 Abs. 3 InsVV in den bis 31.12.2020 beantragten Verfahren **100 € für jedes Jahr seiner Tätigkeit.**[27)] In den **seit 1.1.2021 beantragten Verfahren** beträgt die Mindestvergütung **140 €**. Da die regelmäßige Vergütung nach § 14 Abs. 2 InsVV sich nach den gesamten Einnahmen während des Abtretungszeitraums richtet, bildet die jährliche Mindestvergütung eine Untergrenze, bei der erst nach Ablauf des Abtretungszeitraums endgültig festgestellt werden kann, ob sie gilt.

18 Auch **im letzten Jahr der des Abtretungszeitraums** (Wohlverhaltensphase) oder auch bei vorzeitiger Beendigung ist die Mindestvergütung **voll zu berechnen**, es erfolgt keine zeitanteilige Kürzung.[28)] Dies hat praktische Bedeutung, weil das Insolvenzgericht die Restschuldbefreiung oft nicht punktgenau nach Ablauf des Abtretungszeitraums erteilt. Das **Amt des Treuhänders dauert** für ihn jedoch **so lange**, als die Restschuldbefreiung nicht erteilt oder versagt ist. Daher hat er auch **Anspruch auf die Mindestvergütung**, so lange das **Verfahren nicht tatsächlich beendet** ist.

b) Erhöhung nach Zahl der Gläubiger

19 Ähnlich wie bei § 2 Abs. 2 InsVV und § 13 InsVV wird die Mindestvergütung nach der Zahl der Gläubiger erhöht. Bei einer **Verteilung an mehr als fünf Gläubiger** erhöht sich die Mindestvergütung in den bis 31.12.2020 beantragten Verfahren je fünf Gläubiger um 50 €, in den seit 1.1.2021 beantragten Verfahren um 70 €. Im Wortlaut des § 14 Abs. 3 InsVV ist nicht genau bestimmt, ob die Staffelung nach je angefangenen fünf Gläubigern, also ab dem 6., den 11. usw., oder je „vollen" fünf Gläubigern zu berechnen ist. Es ist anzunehmen, dass der Verordnungsgeber hier keine andere Systematik als bei § 2 Abs. 2 InsVV anwenden wollte, so dass die Erhöhung je angefangene fünf Gläubiger und damit ab dem sechsten Gläubiger greift.[29)] Sind weniger als fünf Gläubiger beteiligt, bleibt es bei der Mindestvergütung von 100 € bzw. 140 €.[30)]

---

26) Nach *Stoffler* in: KPB, InsO, § 14 InsVV Rz. 7, sollen bis 5 % angemessen sein; im Falle des § 18 Abs. 2 ZwVwV kann die Zwangsverwaltervergütung auf bis zu 15 % der Einnahmen erhöht werden.

27) Zum Übergangsrecht BGH, Beschl. v. 16.12.2010 – IX ZB 261/09, ZVI 2011, 106 = NZI 2011, 147; LG Hamburg, Beschl. v. 28.8.2009 – 326 T 69/09, ZInsO 2010, 352; LG Lüneburg, Beschl. v. 29.10.2009 – 3 T 106/09, ZInsO 2010, 207; LG Augsburg, Beschl. v. 13.1.2010 – 7 T 25/10, NZI 2010, 531; LG Saarbrücken, Beschl. v. 6.7.2010 – 5 T 80/10, ZVI 2010, 486 = NZI 2010, 696.

28) LG Saarbrücken, Beschl. v. 6.7.2010 – 5 T 80/10, ZVI 2010, 486 = NZI 2010, 696; *Nowak* in: MünchKomm-InsO, 2. Aufl. 2007, § 14 InsVV Rz. 9.

29) AG Dresden, Beschl. v. 15.4.2015 – 549 IK 27/09, juris; anders – ab dem zehnten Gläubiger – LG Memmingen, Beschl. v. 2.10.2008 – 4 T 1336/08, ZInsO 2009, 302; LG Lübeck, Beschl. v. 25.6.2009 – 7 T 190/09, ZVI 2010, 38 = NZI 2009, 566, dazu *Seubert*, ZVI 2010, 16; *Hentrich*, ZInsO 2010, 941; anders ebenfalls Stephan/Riedel-*Stephan*, InsVV, § 14 Rz. 15.

30) *Stoffler* in: KPB, InsO, § 14 InsVV Rz. 10.

c) Vergleich mit der Vergütung nach § 14 Abs. 2 InsVV

Da die Vergütung nach § 14 InsVV das **gesamte Restschuldbefreiungsverfahren** abgilt, ist 20
auch die **Mindestvergütung** mit derjenigen nach § 14 Abs. 1 und 2 InsVV bezogen auf die **gesamte Dauer des Verfahrens zu vergleichen.**[31] Die danach höhere Vergütung ist maßgebend, da die Mindestvergütung eben „Mindestvergütung" ist.[32] Daher müssen der Treuhänder und das Insolvenzgericht nach Beendigung des Restschuldbefreiungsverfahrens, bei welchem in einzelnen Jahren die Mindestvergütung gewährt wurde, in anderen Jahren Einnahmen erzielt wurden, eine Vergleichsrechnung vornehmen. Wurde während der gesamten Dauer des Verfahrens mangels Einnahmen nur die jährliche Mindestvergütung gewährt, entfällt die Vergleichsrechnung. Zu berücksichtigen ist, dass die Erhöhung nach der Zahl der Gläubiger sich nur auf die Mindestvergütung bezieht, nicht auf die regelmäßige Staffelvergütung.[33]

Beispiel:

Der Treuhänder konnte in einem bis 31.12.2020 beantragten Verfahren nach Ablauf des sechsjährigen Abtretungszeitraums insgesamt 27 355,58 € vereinnahmen. Dieser Betrag konnte in vier Jahren erzielt werden, in den ersten beiden Jahren des Verfahrens war der Schuldner ohne Erwerbstätigkeit. Im Restschuldbefreiungsverfahren waren insgesamt zwölf Gläubiger zu berücksichtigen.

Nach Ablauf des Verfahrens ist ein Vergleich zwischen der Regelvergütung nach § 14 Abs. 2 InsVV und der um die Zahl der Gläubiger erhöhten Mindestvergütung nach § 14 Abs. 3 InsVV vorzunehmen.

Die Vergütung nach § 14 Abs. 2 InsVV beträgt:

bis 25 000,00	*1 250,00 €*
+ 3 % aus 2 355,58	*70,67 €*
Gesamt	*1 320,67 €*

Die Mindestvergütung nach § 14 Abs. 3 InsVV beträgt für den Gesamtverfahrenszeitraum:

6 × 200,00 € (100,00 €, erhöht um 2 × 50,00 € für 12 Gläubiger) = 1 200,00 €.

Maßgebend ist insgesamt die Regelvergütung des § 14 Abs. 2 InsVV.

In einem seit 1.1.2021 beantragten Verfahren (§ 19 Abs. 5 InsVV) sind zwar die Vergütungssätze höher, die Verfahrensdauer insgesamt ist aber geringer. Wegen der Übergangsregelung des Art. 103k Abs. 2 EGInsO tritt dies bereits für Verfahren ein, die seit 17.12.2019 beantragt wurden. Eine Berechnung könnte bei Einnahmen von 13 677,79 € wie folgt aussehen:

Die Vergütung nach § 14 Abs. 2 InsVV beträgt:

bis 35 000,00	
5 % aus 13 677,79	*683,89 €*

Die Mindestvergütung nach § 14 Abs. 3 InsVV beträgt für den Gesamtverfahrenszeitraum:

3 × 280,00 € (140,00 €, erhöht um 2 × 70,00 € für 12 Gläubiger) = 840,00 €.

Maßgebend ist somit die Mindestvergütung.

---

31) BGH, Beschl. v. 16.12.2010 – IX ZB 261/09, ZVI 2011, 106 = NZI 2011, 147.

32) BGH, Beschl. v. 16.12.2010 – IX ZB 261/09, ZVI 2011, 106 = NZI 2011, 147; BGH, Beschl. v. 28.2.2012 – IX ZB 15/11, ZVI 2013, 79.

33) BGH, Beschl. v. 16.12.2010 – IX ZB 261/09, Rz. 15, ZVI 2011, 106 = NZI 2011, 147.

21 Der Betrag der **Mindestvergütung muss stets gedeckt** sein, anderenfalls kann nach § 298 InsO auf Antrag des Treuhänders dem Schuldner die Restschuldbefreiung versagt werden.[34] In aller Regel garantiert aber die Kostenstundung des § 4a InsO dem Treuhänder die Mindestvergütung.

22 In Einzelfällen mit geringen Einnahmen und einer höheren Zahl beteiligter Gläubiger kann sich eine **Konkurrenz zwischen Mindestvergütung und Verteilung der Einnahmen an die Gläubiger** ergeben.[35] Dies ist der Fall, wenn die im Restschuldbefreiungsverfahren eingenommenen Beträge die Mindestvergütung ohne Berücksichtigung der Gläubigerzahl übersteigen, es dann aber zu einer Verteilung kommen kann, durch die wiederum die Gläubiger bei der Mindestvergütung zu berücksichtigen wären. Das Problem liegt hinsichtlich der Bestimmung der Mindestvergütung im Wortlaut des § 14 Abs. 3 Satz 2 InsVV, der auf „Verteilen" an Gläubiger abstellt. *Graeber/Graeber* schlagen eine gleichmäßige Verteilung zwischen Treuhänder und Gläubiger vor.[36] Im Rahmen einer teleologischen Reduktion des § 14 Abs. 3 Satz 2 InsVV auch im Vergleich mit § 2 Abs. 2 InsVV kann die Berücksichtigung von Gläubigern aber auch als „Beteiligung" betrachtet werden, es ist dann nicht zwingend auf die Verteilung i. R. des Restschuldbefreiungsverfahrens abzustellen. Dann würde sich entsprechend der Zahl der Gläubiger die Mindestvergütung erhöhen, ohne dass eine Konkurrenz zu einer Verteilung erfolgt.

23 Selbstverständlich kann der Treuhänder auf seine Vergütung **verzichten** und sein Amt unentgeltlich ausüben. Von dieser Möglichkeit ging der Rechtsausschuss des Bundestages in den Beratungen zur InsO ausdrücklich aus.[37] Denkbar wäre dies, wenn ein Verwandter des Schuldners als Treuhänder fungieren würde, was in der Insolvenzpraxis aber kaum der Fall ist.

5. Die besondere Vergütung nach § 300a Abs. 3 InsO

24 Wird dem Schuldner bereits **während des Insolvenzverfahrens die Restschuldbefreiung erteilt**, weil das Insolvenzverfahren selbst bereits mehr als sechs Jahre dauert, beschränkt sich nach § 300a InsO das weitere **Insolvenzverfahren** auf die bisherige Insolvenzmasse **ohne Neuerwerb**.[38] Der Insolvenzverwalter hat das Insolvenzverfahren nach den allgemeinen Vorschriften abzuwickeln.

25 Für die Zeit zwischen Erteilung der Restschuldbefreiung mit Aufhebung des Insolvenzverfahrens betreffend den Neuerwerb und der Rechtskraft der Restschuldbefreiung hat nach § 300a Abs. 2 InsO der Insolvenzverwalter den **Neuerwerb für den Schuldner treuhänderisch** zu verwalten.[39]

26 Er soll hierfür eine Vergütung nach § 300a Abs. 3 InsO erhalten, die Vorschrift verweist auf § 293 InsO. Systematisch ist die Vergütung nach § 300a Abs. 3 InsO der Vergütung

---

34) Eingehend *Stephan* in: MünchKomm-InsO, § 298 Rz. 2 ff.; kritisch *Ahrens* in: FK-InsO, § 298 Rz. 3 ff.; *Frege/Keller/Riedel*, Insolvenzrecht, Rz. 5.183 ff.; *Häsemeyer*, Insolvenzrecht, Rz. 26.42; *Döbereiner*, Restschuldbefreiung nach der InsO, S. 213 ff.

35) *Graeber/Graeber*, InsVV, § 14 Rz. 25 ff.

36) *Graeber/Graeber*, InsVV, § 14 Rz. 31 ff.

37) Beschlussempfehlung und Bericht d. RA z. RegE InsO, BT-Drucks. 12/7302, S. 188, abgedr. in: *Kübler/Prütting*, RWS-Dok. 18, S. 553; auch der Insolvenzverwalter kann auf seine Vergütung verzichten, worauf bereits *Jaeger*, KO, 6. und 7. Aufl. 1931, § 78 Anm. 7, unter Hinweis auf den Kommissionsbericht zur KO verweist.

38) BGH, Beschl. v. 3.12.2009 – IX ZB 247/08, BGHZ 183, 258 = ZVI 2010, 68, dazu EWiR 2010, 221 *(Wallner)*; *Frege/Keller/Riedel*, Insolvenzrecht, Rz. 5.202 ff.

39) *Stephan* in: MünchKomm-InsO, § 300a Rz. 5; *Waltenberger* in: HK-InsO, § 300a Rz. 6; *Frege/Keller/Riedel*, Insolvenzrecht, Rz. 5.205.

des Insolvenzverwalters im eröffneten Insolvenzverfahren zuzuordnen, der Gesetzgeber trifft aber mit Verweis aus § 293 InsO eine **Zuordnung zum Restschuldbefreiungsverfahren.** Die Vergütung ist nach § 293 Abs. 2 InsO mit §§ 63, 64 InsO durch das Insolvenzgericht festzusetzen, Schuldner ist der Schuldner selbst, nicht die Insolvenzmasse. Der Insolvenzverwalter hat daher die Vergütung dem nach § 300a Abs. 2 InsO verwalteten Neuerwerb zu entnehmen.

Mit der Verweisung auf § 293 InsO ist auch eine **Vergütungsbestimmung nach § 14 InsVV naheliegend.** Nach der Begründung des Regierungsentwurfs soll jedoch die Mindestvergütung des § 14 Abs. 3 InsVV nicht anzuwenden sein.[40] Der Gesetzgeber geht hier offenbar von einem geringen Arbeitsaufwand des Insolvenzverwalters bei geringer Verfahrensdauer aus. Ob dies in jedem Fall zutreffend ist, mag Frage des Einzelfalles sein. Wird bspw. gegen die Erteilung der Restschuldbefreiung Beschwerde eingelegt und entscheidet das Beschwerdegericht erst nach mehr als einem Jahr, kann die Gewährung der Mindestvergütung durchaus in Betracht kommen. Umgekehrt kann schon bei kurzer Verfahrensdauer aber hohen Bezügen des Schuldners der Staffelbetrag des § 14 Abs. 2 InsVV höher sein als die Mindestvergütung. 27

III. Überwachung der Obliegenheiten des Schuldners (§ 15 InsVV)

1. Grundsatz

Die Gläubigerversammlung kann den Treuhänder nach § 292 Abs. 2 InsO zusätzlich mit der Überwachung der Obliegenheiten des Schuldners gemäß § 295 InsO beauftragen.[41] Der Treuhänder hat in diesem Fall eine festgestellte Obliegenheitsverletzung des Schuldners den Gläubigern unverzüglich anzuzeigen (§ 292 Abs. 2 Satz 2 InsO). Auf Antrag eines Gläubigers kann dem Schuldner die Restschuldbefreiung vor Ablauf des Abtretungszeitraums nach § 296 Abs. 1 InsO versagt werden.[42] Der Treuhänder ist zur **Übernahme der Überwachungsaufgabe nur verpflichtet**, wenn seine diesbezügliche **Vergütung gesichert** ist oder vorgeschossen wird (§ 292 Abs. 2 Satz 3 InsO). Nicht zuletzt aus diesem Grunde wird in der Rechtspraxis der Treuhänder nur selten mit der Überwachung der Obliegenheiten beauftragt.[43] 28

2. Vergütung nach Zeitaufwand

Der Treuhänder erhält für die Überwachung der Obliegenheiten eine besondere Vergütung nach § 15 Abs. 1 InsVV. Diese ist als **Vergütung des tatsächlichen zeitlichen Aufwandes** gestaltet und beträgt in den bis 31.12.2020 beantragten Verfahren regelmäßig **35 € je Stunde**, in den **seit 1.1.2021 beantragten Verfahren 50 € je Stunde** (§ 15 Abs. 1 Satz 2 InsVV). Sie kann im Einzelfall höher festgesetzt werden, insbesondere wenn die Vergütung durch die Gläubiger vorgeschossen wird. Die Höhe des Stundensatzes wird bereits bei Ankündigung der Restschuldbefreiung nach §§ 289, 291 InsO durch das Insolvenzgericht festgesetzt (§ 16 Abs. 1 InsVV). 29

§ 15 Abs. 2 InsVV sieht für die Vergütung eine Höchstgrenze vor. Sie darf den Gesamtbetrag der Vergütung des Treuhänders nach § 14 InsVV nicht übersteigen, so dass der Treuhänder im Ergebnis maximal die doppelte Regelvergütung des § 14 Abs. 2 InsVV erhalten 30

---

40) Begr. RegE GlRStG, BT-Drucks. 17/11268, zu Nr. 29 a. E, S. 32.

41) Uhlenbruck-*Sternal*, InsO, § 292 Rz. 58 ff.; *Frege/Keller/Riedel*, Insolvenzrecht, Rz. 2159, 2160.

42) Eingehend *Stephan* in: MünchKomm-InsO, § 296 Rz. 5 ff.; Uhlenbruck-*Sternal*, InsO, § 296 Rz. 4 ff., 24 ff.; *Frege/Keller/Riedel*, Insolvenzrecht, Rz. 5.167 ff.; *Ahrens*, Aktuelles Privatinsolvenzrecht, Rz. 931 ff.

43) *Frege/Keller/Riedel*, Insolvenzrecht, Rz. 5.135.

kann. Die Gläubigerversammlung kann hiervon abweichen (§ 15 Abs. 2 Satz 2 InsVV), was bei Stundungsverfahren nach § 4a InsO zulasten des Fiskus geht,[44] i. Ü. aber selten der Fall sein dürfte.

Beispiel:

In dem benannten Restschuldbefreiungsverfahren (siehe oben Rz. 20) wurde der Treuhänder mit der Überwachung der Obliegenheiten des Schuldners beauftragt, ihm wurde als Vergütung in dem bis 31.12.2020 beantragten Verfahren ein Stundensatz von 35 € zugesprochen.

Nach Ablauf des Abtretungszeitraums wird dem Schuldner die Restschuldbefreiung erteilt. Der Treuhänder macht in seinem abschließenden Vergütungsantrag für die Überwachungstätigkeit einen Umfang von insgesamt 250 Stunden geltend. Ihm sind gemäß § 15 Abs. 1 Satz 2 InsVV 8 750 € als Vergütung zu gewähren. Dieser Betrag übersteigt die Vergütung nach § 14 Abs. 2 InsVV i. H. von 1 467,33 €. Nach § 15 Abs. 2 InsVV ist höchstens dieser Betrag für die Überwachung festzusetzen.

31 Die Gläubigerversammlung kann nach § 15 Abs. 2 Satz 2 InsVV eine abweichende Regelung treffen und dem Treuhänder eine höhere Vergütung zubilligen. Die Entscheidung ergeht durch Beschlussfassung im Schlusstermin des vorangegangenen Insolvenzverfahrens (§ 197 InsO).

IV. Festsetzung der Vergütung (§ 16 InsVV)

1. Festsetzung am Ende des Verfahrens

32 Die Vergütung des Treuhänders wird durch das Insolvenzgericht nach § 293 Abs. 2, § 64 InsO durch Beschluss festgesetzt. Nach § 16 Abs. 1 Satz 2 InsVV erfolgt dies bei **Beendigung des Amtes des Treuhänders,** mithin am Ende des Restschuldbefreiungsverfahrens, oder bereits vorher, wenn der Treuhänder vorzeitig aus dem Amt scheidet. Entsprechend § 8 InsVV hat der Treuhänder einen entsprechenden Vergütungsantrag zu stellen. Aus ihm müssen sich die während des Abtretungszeitraums eingenommenen Beträge als Berechnungsgrundlage für die Vergütung nach § 14 Abs. 2 InsVV ergeben. Der Treuhänder ist nach § 292 Abs. 3 Satz 1 InsO für seine Tätigkeit rechnungslegungspflichtig. Er kann bei der Vergütungsberechnung auf diese Rechnungslegung Bezug nehmen.

2. Auslagen und Umsatzsteuer

33 Auslagen sind dem Treuhänder gesondert zu erstatten. Er hat sie nach § 16 Abs. 1 Satz 3 InsVV einzeln anzuführen und zu belegen. Damit ist klargestellt, dass die Pauschalbeträge des § 8 Abs. 3 InsVV auf den Treuhänder keine Anwendung finden. Umsatzsteuererstattung erhält der Treuhänder nach § 7 InsVV.

3. Vorschussentnahme

34 Der Treuhänder ist nach § 16 Abs. 2 Satz 1 InsVV berechtigt, **ohne vorherige Zustimmung des Gerichts** während des Abtretungszeitraums Vorschüsse auf seine Vergütung aus den verwalteten Beträgen zu entnehmen.[45] Ein Anspruch auf Vergütung und damit auch auf Vorschuss steht ihm erst nach seiner Bestellung nach § 291 Abs. 2 InsO zu.[46] **Die Höhe der Vorschüsse** muss dem **bisher verdienten Teil der Vergütung entsprechen** und darf

---

44) Dazu eher kritisch *Graeber/Graeber*, InsVV, § 15 Rz. 21 ff.

45) Für eine jährliche Vorschussentnahme LG Essen, Beschl. v. 8.9.2003 – 5 T 246/03, ZVI 2004, 141 = ZInsO 2003, 989; LG Köln, Beschl. v. 14.7.2004 – 19 T 112/04, ZVI 2005, 103 = NZI 2004, 597.

46) BGH, Beschl. v. 18.12.2003 – IX ZB 60/03, ZVI 2004, 57 = NZI 2004, 156; AG Mönchengladbach, Beschl. v. 7.1.2005 – 32 IK 104/02, ZVI 2005, 653.

sich nicht auf künftige Beträge erstrecken (§ 16 Abs. 2 Satz 2 InsVV). Die Begrenzungsregelung ist missverständlich, da die Vergütung des § 14 Abs. 2 InsVV als Vergütung für die gesamte Tätigkeit und nicht lediglich für die jährlich eingenommenen Beträge anzusehen ist. Der Vorschuss kann in der Weise berechnet werden, dass unter **Zugrundelegung der Summe der künftigen Einnahmen** eine **fiktive Vergütung** berechnet wird und diese **anteilig auf den bereits abgelaufenen Zeitraum** der Abtretungserklärung verteilt wird. Damit wird auch die in § 16 Abs. 2 Satz 2 InsVV angesprochene Begrenzung auf den Mindestbetrag der Vergütung nach § 14 Abs. 3 InsVV verständlich, die dann zu beachten ist, wenn der Treuhänder keine Einnahmen zu erwarten hat.

Der Treuhänder steht unter Aufsicht des Insolvenzgerichts (§ 292 Abs. 3 Satz 2, §§ 58, 59 **35**
InsO). Dies soll auch im Hinblick auf die Vorschussentnahme ausreichendes Kontrollmittel sein.[47] Der Treuhänder hat die Entnahme eines Vorschusses dem Gericht daher anzuzeigen.

47) Begr. z. Entwurf einer InsVV (§ 16), abgedr. unten in Anh. III, S. 689, 706.

§ 13
Die Vergütung der Mitglieder des Gläubigerausschusses

Übersicht

Aufsatzliteratur: *Ampferl/Kilper*, Die Pflicht des Gläubigerausschusses zur Prüfung von Geldverkehr und -bestand, ZIP 2015, 553; *Blersch*, Die Änderung der Insolvenzrechtlichen Vergütungsverordnung, ZIP 2004, 2311; *Cranshaw*, Haftung, Versicherung und Haftungsbeschränkung des (vorläufigen) Gläubigerausschusses?, ZInsO 2012, 1151; *Cranshaw/Portisch/Knöpnadel*, Aspekte der Haftung, der Versicherung und des Risikomanagements des Gläubigerausschusses, ZInsO 2015, 1; *Franke*, Auslagenersatz und Vergütung für die Mitglieder von Gläubigerbeirat und Gläubigerausschuss, KTS 1955, 117; *Frege*, Bestellung eines vorläufigen Gläubigerausschusses im Eröffnungsverfahren?, in: Festschrift für Martin Peltzer, 2001, S. 109; *Frege*, Die Rechtsstellung des Gläubigerausschusses nach der Insolvenzordnung, NZG 1999, 478; *Frind*, Regelung des „präsumtiven" Gläubigerausschusses de lege ferenda als „Evaluationslösung"?, ZIP 2019, 61; *Frind*, Der vorläufige Gläubigerausschuss – Rechte, Pflichten, Haftungsgefahren – Gläubigerverantwortung im Eröffnungsverfahren: haftungsrechtlicher Schleudersitz?, ZIP 2012, 1380; *Ganter*, Die Haftung der Mitglieder des Gläubigerausschusses nach § 71 InsO, in: Festschrift für Gero Fischer, 2008, S. 121; *Graeber*, Die Vergütung der Gläubigerausschussmitglieder, in: Festschrift für Siegfried Beck, 2016, S. 199; *Gundlach/Schirmeister*, Der Vergütungsanspruch des beamteten Gläubigerausschussmitglieds, ZInsO 2008, 896; *Heeseler/Neu*, Plädoyer für die Professionalisierung des Gläubigerausschusses, NZI 2012, 440; *INDat*, Der aktuelle Verfahrenskommentar: „Ein Trinkgeld für den Babcock-Gläubigerausschuss", INDat-Report 6/2003, S. 4; *INDat*, Der eingeknickte Richter, INDat-Report 6/2002, S. 6; *Kind*, Der „vorläufig" vorläufige Gläubigerausschuss. Oder: Kann auch im Insolvenzeröffnungsverfahren ein Gläubigerausschuss bestellt werden?, in: Festschrift für Eberhard Braun, 2007, S. 31; *Ohr*, Der Beamte im Gläubigerausschuss – Nebentätigkeit oder Haupttätigkeit?, KTS 1992, 343; *Pape/Schultz*, Der Gläubigerausschuss im Eröffnungsverfahren und im eröffneten Insolvenzverfahren mit Eigenverwaltung des Schuldners, ZIP 2016, 506; *Skrotzki*, Einzelfragen aus der Praxis des Konkurs- und Vergleichsrichters, KTS 1958, 105; *Uhlenbruck*, Die insolvenzrechtliche Behandlung von Prämien für die Vermögensschaden-Haftpflichtversicherung von Verwaltern und Mitgliedern der gesetzlichen Gläubigervertretungen, VersR 1973, 499; *Zimmer*, Die Vergütung der Mitglieder des Gläubigerausschusses, ZIP 2013, 1309.

I. Der Gläubigerausschuss und seine Mitglieder

1. Die Einsetzung eines Gläubigerausschusses

1 Die Gläubigerversammlung kann nach § 68 InsO einen **Gläubigerausschuss** einsetzen; ein **vorläufiger Gläubigerausschuss** kann nach § 67 InsO bereits durch das Gericht mit Insolvenzeröffnung eingesetzt werden.[1] Als Sicherungsmaßnahme **während des Eröffnungsverfahrens** kann ein **vorläufiger Gläubigerausschuss** nach § 21 Abs. 2 Nr. 1a InsO eingesetzt werden.[2] Unter den Voraussetzungen des § 22a InsO ist ein solcher sogar zwingend einzusetzen.[3] Dessen Aufgabe besteht nicht allein in der Unterstützung des vorläufigen Insolvenzverwalters und des Schuldners oder des vorläufigen Sachwalters, sondern auch in der Mitwirkung der Auswahl eines (vorläufigen) Insolvenzverwalters nach § 56a InsO.[4]

2 Die **Aufgaben des Gläubigerausschusses** bestehen nach § 69 InsO allgemein in der **Unterstützung und Überwachung** der Tätigkeit des Insolvenzverwalters.[5] Der Insolvenzverwalter bedarf zu bestimmten **Rechtsgeschäften** der **Genehmigung** des Gläubigerausschusses (§ 160 InsO). Der Gläubigerausschuss ist im **Insolvenzplanverfahren** besonders zu beteiligen (§ 232 Abs. 1 Nr. 1 InsO). Im Rahmen der Verfahrensbeendigung hat er die **Schlussrechnung** des Verwalters zu prüfen (§ 66 Abs. 2 Satz 2 InsO).

2. Die Mitglieder des Gläubigerausschusses

3 Mitglieder des Gläubigerausschusses können **Gläubiger oder Personen** sein, **die selbst nicht Gläubiger sind** (§ 67 Abs. 2 und 3 InsO). Absonderungsberechtigte Gläubiger, Insolvenzgläubiger mit den höchsten Forderungen, Kleingläubiger und Arbeitnehmer sollen bei der Auswahl besonders berücksichtigt werden (§ 67 Abs. 2 InsO).[6] Zu Mitgliedern können auch **juristische Personen** berufen werden,[7] die durch ihre Organe ihr Amt wahrnehmen. Die Bundesagentur für Arbeit kann als juristische Person des öffentlichen Rechts selbst Gläubigerausschussmitglied sein.[8] Gleiches gilt für Krankenkassen und sog. institutionelle Gläubiger wie insbesondere dem Pensions-Sicherungs-Vereins. Eine Behörde,

1) Uhlenbruck-*Knof*, InsO, § 67 Rz. 7 ff.; *Wilke*, in: KPB, InsO, § 67 Rz. 2, 9 ff.; K. Schmidt-*Jungmann*, InsO, § 67 Rz. 7 ff.; *Frege/Keller/Riedel*, Insolvenzrecht, Rz. 3.502 ff. (Interimsausschuss).

2) Eingehend Uhlenbruck-*Langer*, InsO, § 21 Rz. 16a ff., § 22a Rz. 1, 7 ff.; K. Schmidt-*Hölzle*, InsO, § 22a Rz. 5 ff.; *Ampferl* in: Kübler/Bork/Prütting, HRI II, § 6; *Frege/Keller/Riedel*, Insolvenzrecht, Rz. 3.490 ff.; früher streitig, befürwortend AG Köln, Beschl. v. 29.6.2000 – 72 IN 178/00, ZIP 2000, 1350 = NZI 2000, 443, dazu EWiR 2000, 1115 *(Undritz)*; ablehnend *Uhlenbruck*, InsO, 13. Aufl. 2010, § 67 Rz. 4 ff.; eingehend *Frege* in: FS Peltzer, S. 109; *Kind* in: FS Braun, S. 31.

3) Uhlenbruck-*Langer*, InsO, § 22a Rz. 10 ff.; *Ampferl* in: Kübler/Bork/Prütting, HRI II, § 9 Rz. 18 ff.; *Frege/Keller/Riedel*, Insolvenzrecht, Rz. 3.490 ff.; eingehend auch zur Eigenverwaltung *Pape/Schultz*, ZIP 2016, 506; zu Reformansätzen auch *Frind*, ZIP 2019, 61.

4) Dazu eingehend *Frind* in: HambKomm-InsO, § 56a Rz. 2 ff., 11 ff.; K. Schmidt-*Ries*, InsO, § 56a Rz. 11 ff.; *Frind*, ZIP 2012, 1380.

5) Eingehend *Kübler* in: KPB, InsO, § 69 Rz. 13 ff.; Uhlenbruck-*Knof*, InsO, § 69 Rz. 20 ff.; Römermann-*Weiß*, InsO/InsR, § 69 InsO Rz. 12 ff., 18 ff., 29; *Frege/Keller/Riedel*, Insolvenzrecht, Rz. 3.508 ff., 3.564 ff.; *Frege*, NZG 1999, 478; zu den gleichen Aufgaben im Konkursverfahren Jaeger-*Weber*, KO, § 87 Rz. 1; *Kuhn/Uhlenbruck*, KO, § 88 Rz. 2 ff., 4 ff.

6) Zur Mitgliederauswahl *Wilke* in: KPB, InsO, § 67 Rz. 24 ff.; Uhlenbruck-*Knof*, InsO, § 67 Rz. 9 ff.; Römermann-*Weiß*, InsO/InsR, § 67 InsO Rz. 6; insbesondere zur Eigenverwaltung *Ampferl* in: Kübler/Bork/Prütting, HRI II, § 11 Rz. 8 ff.; *Pape/Schultz*, ZIP 2016, 506.

7) BGH, Urt. v. 11.11.1993 – IX ZR 35/93, BGHZ 124, 86 = ZIP 1994, 46, dazu EWiR 1994, 281 *(Lüke)*; *Wilke* in: KPB, InsO, § 67 Rz. 25; Uhlenbruck-*Knof*, InsO, § 67 Rz. 14; Römermann-*Weiß*, InsO/InsR, § 67 InsO Rz. 6.

8) Nach OLG Köln, Urt. v. 1.6.1988 – 13 U 234/87, ZIP 1988, 992, dazu EWiR 1988, 809 *(Hegmanns)*, sei dies für die frühere Bundesanstalt für Arbeit nicht möglich gewesen; dagegen aber Uhlenbruck-*Knof*, InsO, § 67 Rz. 9, 10 ff.

bspw. das Finanzamt, kann mangels Rechtsfähigkeit selbst nicht Mitglied des Gläubigerausschusses sein.[9)] Hier ist es notwendig, einen **Mitarbeiter der Behörde als natürliche Person** zu berufen. Personen, die selbst nicht Gläubiger sind, können insbesondere bei besonderer Sachkunde für spezielle Fragestellungen des Insolvenzverfahrens in den Gläubigerausschuss berufen werden (§ 67 Abs. 3 InsO). Für den vorläufigen Gläubigerausschuss im Eröffnungsverfahren ist dies jedoch nicht möglich, da § 21 Abs. 2 Nr. 1a InsO nicht auf § 67 Abs. 3 InsO verweist. Gerade hinsichtlich der Vergütung für Mitglieder des Gläubigerausschusses wäre es sachdienlich, die **Mitgliedschaft** insgesamt **nur natürlichen Personen** zuzuordnen. Damit wären sowohl Fragen des Vergütungsanspruchs selbst als auch der Angemessenheit weniger problematisch (siehe unten Rz. 17 ff. und Rz. 24 ff.). Auch ließe sich die Arbeit des Gläubigerausschusses einfacher gestalten, da dann insbesondere bei juristischen Personen nicht mehr wechselnde Vertreter in den Ausschuss entsandt werden könnten.

II. Die Rechtsgrundlagen der Vergütung

1. Der Vergütungsanspruch nach § 73 InsO

Die Mitglieder des Gläubigerausschusses haben **Anspruch auf Vergütung** für ihre Tätigkeit 4
nach § 73 Abs. 1 InsO.[10)] § 73 Abs. 2 InsO verweist daneben auf die Verfahrensregelung des § 64 InsO sowie auf die Verordnungsermächtigung nach § 65 InsO. Ist das Insolvenzverfahren mit Hilfe der Kostenstundung nach §§ 4a ff. InsO eröffnet worden, haftet auch für die Vergütung der Mitglieder des Gläubigerausschusses die Staatskasse nach § 63 Abs. 2 InsO (§ 73 Abs. 2 InsO).[11)] Die InsVV regelt die Vergütung in §§ 17, 18 InsVV in Anlehnung an die frühere Regelung des § 13 VergVO.[12)] Die **Vergütung soll primär den Zeitaufwand der Mitglieder** des Gläubigerausschusses für ihre Tätigkeit **abgelten**; sie ist daher Vergütung für aufgewendete Zeit nach Stunden und **nicht Erfolgsvergütung** gemessen an der Insolvenzmasse.[13)]

Da der Gläubigerausschuss im Interesse der Gläubigergesamtheit tätig wird und durch die 5
Gläubigerversammlung eingesetzt wird, kann diese durch Beschlussfassung den Vergütungsanspruch beschränken und bspw. den Mitgliedern des Gläubigerausschusses nur einen Auslagenersatz zusprechen.[14)] Eine Frage der Rechtspraxis ist es, unter solcher Prämisse Mitglieder zu finden, die insbesondere im Hinblick auf ihre trotzdem bestehende persönliche Haftung geeignet und zur Übernahme der Tätigkeit bereit sind.[15)] Die Mitglieder des Gläubigerausschusses können auch selbst auf eine Vergütung verzichten.[16)]

Der **Vergütungsanspruch entsteht** mit **Erbringung** der jeweiligen **Tätigkeit**.[17)] Insgesamt 6
vorausgesetzt ist eine wirksame Bestellung zum Mitglied des Gläubigerausschusses, dies

---

9) BGH, Urt. v. 11.11.1993 – IX ZR 35/93, BGHZ 124, 86 = ZIP 1994, 46; Uhlenbruck-*Knof*, InsO, § 67 Rz. 15 ff.

10) Allgemein Uhlenbruck-*Knof*, InsO, § 73 Rz. 1.

11) § 73 Abs. 2 InsO ergänzt durch das Gesetz zur Änderung der Insolvenzordnung und anderer Gesetze – InsOÄndG, v. 26.10.2001, BGBl. I 2001, 2710.

12) Begr. zum Entwurf einer InsVV (§ 17), abgedr. unten in Anh. III, S. 689, 707.

13) *Riedel* in: MünchKomm-InsO, § 73 Rz. 9; Uhlenbruck-*Knof*, InsO, § 73 Rz. 1; Blersch/Goetsch/Haas-*Blersch*, InsO, § 73 Rz. 3.

14) RG, Urt. v. 11.6.1936 – VI 18/36, JW 1936, 2927; Jaeger-*Weber*, KO, § 85 Rz. 1.

15) *Riedel* in: MünchKomm-InsO, § 73 Rz. 10; Uhlenbruck-*Knof*, InsO, § 73 Rz. 1 a. E.; Blersch/Goetsch/Haas-*Blersch*, InsO, § 17 InsVV Rz. 3.

16) So bereits *Kuhn/Uhlenbruck*, KO, § 91 Rz. 10; insoweit sämtlich etwas praxisfern Jaeger-*Gerhardt*, InsO, § 73 Rz. 3; *Riedel* in: MünchKomm-InsO, § 73 Rz. 10; Uhlenbruck-*Knof*, InsO, § 73 Rz. 1; K. Schmidt-*Jungmann*, InsO, § 73 Rz. 2.

17) *Riedel* in: MünchKomm-InsO, § 73 Rz. 12; Uhlenbruck-*Knof*, InsO, § 73 Rz. 4; K. Schmidt-*Jungmann*, InsO, § 73 Rz. 13; *Prasser* in: KPB, InsO, § 73 Rz. 5.

erfordert neben der Wahl seitens der Gläubigerversammlung eine Annahmeerklärung seitens des Mitgliedes.[18] Er wird **fällig mit Beendigung des Amtes**, in der Regel also mit Verfahrensbeendigung oder vorzeitigem Ausscheiden aus dem Amt.[19] Für den nicht festgesetzten Anspruch gilt die regelmäßige Verjährungsfrist von drei Jahren nach Verfahrensbeendigung oder Ausscheiden aus dem Amt (§§ 195, 199 BGB; siehe dazu i. Ü. oben § 2 Rz. 62 ff.).[20] Die 30-jährige Verjährungsfrist (§ 197 Abs. 1 Nr. 3 BGB) des festgesetzten Vergütungsanspruchs ist ebenso wie bei der Vergütung des Insolvenzverwalters praktisch nicht relevant, weil die Vergütung nach Festsetzung der Insolvenzmasse zu entnehmen ist.[21]

2. Historie und Grundlagen zur Vergütung nach § 17 InsVV

a) Empfehlungen der Kommission für Insolvenzrecht

7 Die **Vergütung** der Mitglieder des Gläubigerausschusses war bereits im früheren Konkursverfahren mit der Regelung des § 13 VergVO nur **unvollkommen geregelt.**[22] Der Gesetzgeber der InsO betrachtete die Tätigkeit der Mitglieder des Gläubigerausschusses als beratende und sachverständige Tätigkeit. Die Kommission für Insolvenzrecht empfahl dazu:[23]

> „(1) Die Mitglieder des Beirats und des Gläubigerausschusses haben Anspruch auf Erstattung angemessener barer Auslagen und auf Vergütung.
>
> (2) Die Vergütung richtet sich nach der Art und dem Umfang der Tätigkeit, welche die einzelnen Mitglieder innerhalb ihres Aufgabenbereichs verrichtet haben. Maßgebend ist im allgemeinen der erforderliche Zeitaufwand.
>
> (3) Der Stundensatz soll der Höhe nach der Entschädigung von Sachverständigen entsprechen. Für die Bemessung des Stundensatzes des in § 3 Abs. 2 S. 1 ZSEG vorgesehenen Rahmens sind der Grad der erforderlichen Fachkenntnisse, die Schwierigkeit der Leistung und andere besondere Umstände maßgebend, unter denen die Leistung zu erbringen war.
>
> (4) Die Regelvergütung kann überschritten werden, wenn ein Mitglied durch die Dauer oder die Häufigkeit seiner Inanspruchnahme einen nicht zumutbaren Erwerbsverlust erleiden würde."

8 Bemerkenswert sind in der Begründung ferner folgende Ausführungen:

> „Angemessene Vergütungen sind wesentliche Voraussetzung dafür, dass qualifizierte Persönlichkeiten zur Mitarbeit den Organen der Gläubigerschaft bereit sind. Die Anknüpfung an § 3 ZSEG bewirkt, dass eine gesetzliche Anhebung der Stundensätze für Sachverständige auch für die Mitglieder des Gläubigerausschusses und des Beirats gilt. Gleichzeitig vermeidet die Regelung, dass Entschädigungsansprüche dieser Personen die Insolvenzmasse über Gebühr belasten. Aus der Mitwirkung an der Selbstverwaltung darf kein einträgliches Geschäft gemacht werden."

9 Die Regelung des § 17 InsVV in der bis 31.12.2020 geltenden Fassung setzte diese Vorgaben nicht vollständig um. Insbesondere zu Absatz 3 der Empfehlung wurde zwar mit den Stundensätzen auf § 3 ZSEG – jetzt § 9 JVEG – Bezug genommen, Absatz 4 der Empfehlung wurde jedoch nur rudimentär mit der Regelung des § 17 Abs. 1 Satz 2 InsVV angedeutet. Man kann hierbei bereits fragen, ob die **Tätigkeit als Mitglied** des Gläubigerausschusses der eines **gerichtlich bestellten Sachverständigen**, für welchen heute das JVEG

---

18) LG Duisburg, Beschl. v. 29.9.2003 – 7 T 203/03, ZIP 2004, 729 = NZI 2004, 95; AG Duisburg, Beschl. v. 13.1.2004 – 62 IN 167/02, NZI 2004, 325; *Frind* in: HambKomm-InsO, § 73 Rz. 2.

19) *Riedel* in: MünchKomm-InsO, § 73 Rz. 13; K. Schmidt-*Jungmann*, InsO, § 73 Rz. 13.

20) *Riedel* in: MünchKomm-InsO, § 73 Rz. 14; K. Schmidt-*Jungmann*, InsO, § 73 Rz. 13; Uhlenbruck-*Knof*, InsO, § 73 Rz. 4 a. E.

21) *Riedel* in: MünchKomm-InsO, § 73 Rz. 14; K. Schmidt-*Jungmann*, InsO, § 73 Rz. 13; Uhlenbruck-*Knof*, InsO, § 73 Rz. 4 a. E.

22) Eingehend auch *Zimmer*, InsVV, § 17 Rz. 18 ff.

23) Zweiter Bericht der Kommission für Insolvenzrecht, 1986, Einl. 2. d); dazu auch *Graeber* in: FS Beck, S. 199.

gilt, gleichkommt. Die Begründung der Kommission für Insolvenzrecht betont jedoch auch die Aufgaben der Mitglieder des Gläubigerausschusses innerhalb der Selbstverwaltung i. R. der Insolvenz und das hieraus kein einträgliches Geschäft gemacht werden solle. Dies kann aber nur für Mitglieder gelten, die als Insolvenzgläubiger oder Absonderungsberechtigte dem Gläubigerausschuss angehören. Für Personen, die allein wegen ihrer besonderen Qualifikation nach § 67 Abs. 3 InsO berufen werden, muss ein anderer Maßstab gelten.

b) Die Pflichten der Mitglieder des Gläubigerausschusses

Mit der Anlehnung an die Stundensätze zur Sachverständigenvergütung ist auch die Frage 10
verbunden, **ob die in § 9 JVEG normierten Beträge** den Aufgaben und **Pflichten der Mitglieder eines Gläubigerausschusses** gerecht werden. Zu Recht stellt dies *Zimmer*[24] infrage, wenn er anmerkt, dass die Stundensätze des § 9 JVEG nach der Gesetzesbegründung angeblich auf Marktpreisen mit Mengenrabatt für den Staat als Auftraggeber an einen Sachverständigen basieren sollen.[25] Dagegen sieht das LG Köln keine Veranlassung, die Stundensätze infrage zu stellen.[26]

Betrachtet man die Aufgaben der Mitglieder des Gläubigerausschusses insbesondere auch 11
unter dem **Gesichtspunkt ihrer persönlichen Haftung** nach § 71 InsO,[27] ist ein direkter Vergleich mit der Tätigkeit eines gerichtlich bestellten Sachverständigen nicht tauglich. Die Mitglieder des Gläubigerausschusses haben den Insolvenzverwalter in seiner Tätigkeit zu unterstützen und zu überwachen, sie haben insbesondere vom ersten Tag der Insolvenz an die Kassenführung des Insolvenzverwalters zu prüfen oder bei Rechtshandlungen nach § 160 InsO mitzuwirken. Dies erfordert im Einzelfall ein Engagement, das mit der Tätigkeit eines Sachverständigen nicht vergleichbar ist.

c) Die Fragen der praktischen Anwendung des § 17 InsVV

Wie bereits die Vorgängernorm (§ 13 VergVO) ist die Regelung des § 17 InsVV in der 12
praktischen Umsetzung heftig umstritten. Der Verordnungsgeber hat es bis zum Jahr 2021 leider versäumt, die vielfältige Kritik an § 13 VergVO und die vorgeschlagenen Lösungsansätze aufzugreifen und die Vergütung der Mitglieder des Gläubigerausschusses auf eine neue Grundlage zu stellen.[28] Stattdessen wurden die Stundensätze des § 13 VergVO zunächst nur mit einem bescheidenen Rahmen von 50 bis 100 DM versehen, im Zuge der Euro-Umstellung auf 25 bis 50 € geglättet und zum 7.10.2004 entsprechend § 9 JVEG auf 35 € bis 95 € erhöht.[29] Auch die Gelegenheit zur Anpassung der Stundensätze des § 17 Abs. 1 InsVV durch das ESUG[30] haben Verordnungs- oder Gesetzgeber nicht genutzt. Erst durch die **Anhebung des Stundensatzrahmens** auf 50 € bis 300 € durch das Gesetz zur Fortentwicklung des Sanierungs- und Insolvenzrechts – SanInsFoG vom 22.12.2020[31] löste sich

24) *Zimmer*, ZIP 2013, 1309.
25) Begr. RegE 2. KostRMoG, BT-Drucks. 17/11471, S. 145 (Marktpreise mit Abschlag); *Kessel* in: NK-GK, § 9 JVEG Rz. 2.
26) Eher praxisfern LG Köln, Beschl. v. 13.2.2015 – 13 T 196/14, ZIP 2015, 1450 m. Anm. *Blersch* = NZI 2015, 573.
27) Zu den Pflichten grundlegend BGH, Urt. v. 9.10.2014 – IX ZR 140/11, BGHZ 202, 324 = DZWIR 2015, 185 m. Anm. Keller, dazu EWiR 2014, 781 *(Krüger)*; eingehend *Ampferl/Kilper*, ZIP 2015, 553; ferner *Cranshaw*, ZInsO 2012, 1151; *Cranshaw/Portisch/Knöpnadel*, ZInsO 2015, 1; *Ganter* in: FS Fischer, S. 121.
28) Zu unverbindlich die Begr. zum Entwurf einer InsVV (§ 17), abgedr. unten in Anh. III, S. 689, 707.
29) Verordnung zur Änderung der Insolvenzrechtlichen Vergütungsverordnung – InsVV-ÄndVO, v. 4.10.2004, BGBl. I 2004, 2569.
30) Gesetz zur Erleichterung der Sanierung von Unternehmen – ESUG, v. 7.12.2011, BGBl. I 2011, 2582.
31) Gesetz zur Fortentwicklung des Sanierungs- und Insolvenzrechts – SanInsFoG, v. 22.12.2020, BGBl. I 2020, 3256.

der Gesetzgeber von dem Gedanken, dass die Tätigkeit als Mitglied des Gläubigerausschusses mit der eines gutachterlich tätigen Sachverständigen vergleichbar sei und erkannte eine unternehmerische, aber auch berufliche Tätigkeit an. Der Stundensatzrahmen von 50 bis 300 € gilt nach § 19 Abs. 5 InsVV für Verfahren, die seit 1.1.2021 beantragt werden. Für die bis 31.12.2020 beantragten Verfahren stellt sich weiterhin die Frage der praktischen und angemessenen Anwendung des bis dato geltenden § 17 InsVV.

13 Als wesentlich haben sich zwei Fragestellungen der Anwendung des § 17 InsVV herausgebildet, die beide in der **Frage** gründen, **ob die Vergütung nach § 73 InsO eine angemessene Vergütung sein muss** und wie hoch diese sein darf:

14 Zum Ersten wird der Stundensatzrahmen kritisiert. Nahezu allgemeiner Ansicht entspricht es, den **Rahmen von 35 € bis 95 € je nach konkreter Qualifikation** eines Gläubigerausschussmitglieds **und qualitativer Schwierigkeit** seiner Tätigkeit zu unter-, vor allem aber zu **überschreiten.**[32] Ein höherer Stundensatz wird vor allem dann als angemessen betrachtet, wenn das Mitglied aufgrund seiner Sachkunde und beruflichen Qualifikation berufen wurde und nicht als Insolvenzgläubiger des Verfahrens.[33]

15 Zum Zweiten wird die Vergütung nach **Zeitaufwand überhaupt als unangemessen** bezeichnet. Dies soll insbesondere dann gelten, wenn das Insolvenzverfahren besonders umfangreich und schwierig war und lange Zeit in Anspruch genommen hat.[34] Bereits zu § 13 VergVO wurde vertreten, die Vergütung könne dann in einem Prozentsatz der Vergütung des Insolvenzverwalters bestehen. Aus dem Wortlaut des § 17 Abs. 1 Satz 1 InsVV sei dies mit dem Adverb „regelmäßig" angedeutet; ebenso weise die Verordnungsbegründung auf diese Möglichkeit abweichender Vergütungsbemessung hin.[35] Die Heranziehung der Begründung zum Verordnungsentwurf als Argument für eine Prozentsatzvergütung ist nicht stichhaltig, da sie zwar von einem Abweichen von der Vergütung nach Zeitaufwand spricht, im nächsten Satz jedoch gerade hierauf wieder Bezug nimmt:[36]

> „In besonders gelagerten Einzelfällen kann auch eine Vergütung, die nicht auf den Zeitaufwand bezogen ist, angemessen sein. Um dem Gericht die hierfür erforderliche Flexibilität zu ermöglichen, wird ein Rahmen für die Bestimmung des Stundensatzes zwischen 50 und 100 DM eröffnet, der auch Raum für die Berücksichtigung der jeweiligen Qualifikation des Mitglieds des Gläubigerausschusses gibt."

16 Der Verordnungsgeber hätte mit § 17 InsVV ohne weiteres konkret regeln können, ob und in welcher Art und Weise vom System der Stundenvergütung abgewichen werden kann. Er hat dies bedauerlicherweise nicht getan.

d) Die Frage der Angemessenheit der Vergütung

17 § 73 Abs. 1 InsO regelt unmittelbar den Anspruch der Mitglieder des Gläubigerausschusses auf eine Vergütung, es wird diesbezüglich nicht auf § 63 Abs. 1 InsO Bezug genommen. Damit fehlt sowohl im Wortlaut des § 73 InsO als auch mangels Anwendung des § 63 Abs. 1 InsO dem Vergütungsanspruch das Attribut der Angemessenheit.[37]

---

32) *Nowak* in: MünchKomm-InsO, 2. Aufl. 2007, § 17 InsVV Rz. 2; *Prasser* in: KPB; InsO, § 17 InsVV Rz. 6; den Vergütungsrahmen anerkennend dagegen *Stephan* in: MünchKomm-InsO, 4. Aufl. 2019, § 17 InsVV Rz. 16 ff.

33) AG Bremen, Beschl. v. 15.12.2015 – 40 IN 588/05 L, ZInsO 2016, 1276 (LS); *Büttner* in: HambKomm-InsO, § 17 InsVV Rz. 17.

34) *Prasser* in: KPB, InsO, § 17 InsVV Rz. 10 ff.

35) *Prasser* in: KPB, InsO, § 17 InsVV Rz. 10.

36) Begr. zum Entwurf einer InsVV (§ 17), abgedr. unten in Anh. III, S. 689, 707.

37) *Riedel* in: MünchKomm-InsO, § 73 Rz. 1; Uhlenbruck-*Knof*, InsO, § 73 Rz. 1; *Prasser* in: KPB, InsO, § 73 Rz. 1.

Trotzdem darf die Vergütung nicht lediglich ein „karger Obulus“ oder eine symbolische Anerkennung sein. Die Begründung zum Verordnungsentwurf formuliert höchst ungeschickt, wenn sie zu § 17 InsVV aussagt, es sei auch eine „bescheidene Vergütung“ zu akzeptieren.[38] Mit Recht betont *Eickmann*, es bestehe für die Mitglieder des Gläubigerausschusses keine Enthaltsamkeitspflicht.[39] Es ist ferner den Ausführungen von *Nowak* voll und ganz beizupflichten, die anmerkt, es bestehe die **Gefahr, keine ausreichend qualifizierten Mitglieder** für den Gläubigerausschuss zu gewinnen, wenn diese **nicht ausreichend vergütet** würden.[40] Auch der BGH betont für die Vergütung des Insolvenzverwalters immer das Postulat ihrer Angemessenheit, damit qualifizierte Bewerber gewonnen werden können.[41] Im Unterschied zum Amt des Insolvenzverwalters nimmt das einzelne Ausschussmitglied diese Tätigkeit nicht hauptberuflich wahr, so dass das Postulat der **Angemessenheit nicht dergestalt verwendet** werden darf, dass der Vergütung eine **einkommenssichernde Wirkung** zukommen muss.[42] 18

Dies gilt besonders für **Mitglieder**, die allein **wegen ihrer besonderen Qualifikation** und nicht aufgrund ihrer Stellung als Gläubiger berufen werden.[43] Für sie muss auch das **Attribut der Angemessenheit** der Vergütung gelten, wenn sie i. R. ihrer beruflichen Tätigkeit das Amt ausüben. Ihnen kann auch nicht wie bei der Sachverständigenvergütung vorgehalten werden, sie müssten einen „Großkundenrabatt“ der Justizkasse akzeptieren. Die Stundensätze in Anlehnung an § 9 JVEG sind in diesen Fällen besonders fragwürdig. Daher ist es bei Mitgliedern, die nur wegen ihrer beruflichen Qualifikation berufen werden, angezeigt, ihnen eine **Vergütung** zu gewähren, die **ihrem sonstigen Einkommen entspricht**. Gerade wenn eine Person wegen ihrer besonderen beruflichen Qualifikation Mitglied des Gläubigerausschusses ist, muss die Vergütung dem entsprechen, was diese Person i. R. ihrer sonstigen beruflichen Tätigkeit vergleichbar honoriert erhält.[44] Es besteht sonst die Gefahr, § 67 Abs. 3 InsO nicht anwenden zu können, der mit der Möglichkeit, Personen zu Mitgliedern eines Gläubigerausschusses zu bestellen, die selbst keine Gläubiger sind, gerade darauf abzielt, Personen mit besonderer beruflicher Qualifikation oder besonderen Kenntnissen, die für das konkrete Insolvenzverfahren erforderlich sind, als Mitglieder eines Gläubigerausschusses zu gewinnen. Der Gesetzgeber trug dem Rechnung, in dem mit Wirkung zum 1.1.2021 in den Wortlaut des § 17 Abs. 1 Satz 2 InsVV die Worte „und die berufliche Qualifikation des Ausschussmitglieds“ eingefugt wurden.[45] 19

Zur Frage der Angemessenheit der Vergütung sind aus der **Rechtsprechung** drei Entscheidungen **kritisch erwähnenswert**: Das **AG Duisburg verglich** die Tätigkeit im Gläubigerausschuss mit der eines **Aufsichtsratsmitglieds einer AG.**[46] Die Entscheidung erging zum Insolvenzverfahren der *Babcock Borsig AG* und weiterer 24 Gesellschaften. Es wurden in den jeweiligen Eröffnungsverfahren Gläubigerausschüsse jeweils mit denselben Personen 20

38) Begr. zum Entwurf einer InsVV (§ 17), abgedr. unten in Anh. III, S. 689, 707.

39) Kübler/Prütting-*Eickmann*, InsO, Stand: 5/2005, § 17 InsVV Rz. 8.

40) *Nowak* in: MünchKomm-InsO, 2. Aufl. 2007, § 17 InsVV Rz. 2.

41) BGH, Urt. v. 5.12.1991 – IX ZR 275/90, BGHZ 116, 233 = ZIP 1992, 120, dazu EWiR 1992, 173 *(Uhlenbruck)*; BGH, Beschl. v. 1.10.2002 – IX ZB 53/02, ZIP 2002, 2223.

42) BGH, Beschl. v. 14.1.2021 – IX ZB 71/18, ZRI 2021, 251 = ZIP 2021, 420, dazu EWiR 2021, 145 *(Mock)*; zur Vergütung von Mandatsträgern Uhlenbruck-*Knof*, InsO, § 73 Rz. 11 ff.; beachtenswert *Heeseler/Neu*, NZI 2012, 440.

43) Jaeger-*Gerhardt*, InsO, § 73 Rz. 9; *Stephan* in: MünchKomm-InsO, § 17 InsVV Rz. 25, 32 ff.; Uhlenbruck-*Knof*, InsO, § 73 Rz. 14.

44) BGH, Beschl. v. 14.1.2021 – IX ZB 71/18, ZRI 2021, 251 = ZIP 2021, 420, dazu EWiR 2021, 145 *(Mock)*.

45) Begr. RegE SanInsFoG, BT-Drucks. 19/24181, S. 214 ff.; abgedr. unten in Anh. VI, S. 729 ff.

46) AG Duisburg, Beschl. v. 20.6.2003 – 62 IN 167/02, ZIP 2003, 1460; weitergehend auch AG Duisburg, Beschl. v. 13.1.2004 – 62 IN 167/02, NZI 2004, 325.

besetzt.[47] Es wurde beantragt, die Vergütung dieser Personen auf jeweils 92 632 € und damit durchschnittlich auf 2 % der Gesamtinsolvenzmasse festzusetzen. Das Gericht wies die Vergütungsanträge in diesem Umfang zurück und legte eigene Berechnungsgrundsätze für die Vergütung der Mitglieder eines vorläufigen Gläubigerausschusses fest. In den Verfahren tagte der „gemeinsame Gläubigerausschuss" dreimal. Nach den Vergütungsanträgen nahmen auch die Einarbeitung und der gedankliche Austausch außerhalb der Sitzungen erhebliche Zeit in Anspruch. Für die Vergütungsberechnung nahm das AG Duisburg Anleihe an eine fiktive Vergütung der Aufsichtsratsmitglieder der AG. Ausgehend von den vor der Insolvenz an die Aufsichtsratsmitglieder gezahlten Beträgen soll die Vergütung der Gläubigerausschussmitglieder entsprechend dem Umfang ihrer Tätigkeit berechnet werden.

21 Ein solcher Ansatz geht fehl.[48] Es ist mehr als fraglich, ob die Tätigkeiten von Aufsichtsrat und Gläubigerausschuss wirklich miteinander vergleichbar sind. Die Tätigkeit des Gläubigerausschusses im Insolvenzverfahren und vor allem im Eröffnungsverfahren ist sicher weit arbeitsintensiver und verantwortungsvoller – nicht zuletzt auch haftungsträchtiger (§ 71 InsO) – als die eines Aufsichtsrates einer wirtschaftlich gesunden AG. Die Vergütung der Mitglieder des Gläubigerausschusses wurde auf jeweils 4 813,54 € festgesetzt. Ob dies dem Umfang und der Schwierigkeit der Tätigkeit entspricht, wurde im Festsetzungsbeschluss nicht dargelegt und ist stark zu bezweifeln. Es wäre durchaus möglich gewesen, bei entsprechender Darlegung in den Vergütungsanträgen die Vergütung unter Berücksichtigung des Umfangs und der Schwierigkeit der Tätigkeit in angemessener Höhe festzusetzen. Die Vergütung des einzelnen Mitgliedes wäre dann sicher nicht geringer ausgefallen, sondern entsprechend höher. Zuletzt ist zu bedenken, dass die Regelungen von § 73 InsO und § 17 InsVV nicht den Sinn haben, die Mitglieder des Gläubigerausschusses am Insolvenzverfahren „verdienen" zu lassen, aber mit einer Vergütung, wie sie das AG Duisburg gewährt, werden sich kaum geeignete und qualifizierte Gläubigerausschussmitglieder gewinnen lassen.

22 Das **LG Aurich differenzierte bei der Vergütung nach Zeitaufwand und Stellung des jeweiligen Mitglieds.**[49] Es wandte sich zutreffend gegen die Vergütungsgewährung in Form eines Prozentsatzes der Verwaltervergütung. Bei der Prüfung des Zeitaufwandes berücksichtigt das LG Aurich zwar neben den Sitzungszeiten des Gläubigerausschusses auch Reiseaufwand, Vor- und Nachbereitung, stellt aber an den Nachweis hohe Anforderungen und lässt Schätzungen des Aufwandes wenig gelten. Als Stundensatz billigte das LG Aurich lediglich einen mittleren Satz von 65 € zu. Die Überlegung, bei einem solchen Stundensatz insbesondere keine geeigneten Personen für die Mitarbeit im Gläubigerausschuss gewinnen zu können, schob es mit dem Argument beiseite, rechtspolitische Erwägungen seien nicht angebracht und es stehe bspw. qualifizierten Rechtsanwälten frei, eine derartige Tätigkeit anzunehmen.[50] Erwägenswert sind aber die Ausführungen zur Vergütung des Vertreters einer juristischen Person – im Sachverhalt einer Bank –, bei welcher das LG Aurich den Monatsverdienst als Vergleichsmaßstab heranzieht.[51] Es hätte dabei aber richtigerweise die Lohnkosten des Arbeitgebers einschließlich entgangenen Umsatzes aus dessen Tätigkeit für seinen Arbeitgeber berücksichtigen müssen, den der Mitarbeiter erwirtschaftet hätte, wäre er nicht stattdessen Mitglied des Gläubigerausschusses gewesen.

---

47) Hierzu auch INDat-Report 6/2003, S. 4; zum Eröffnungsbeschluss AG Duisburg, Beschl. v. 1.9.2002 – 62 IN 167/02, ZIP 2002, 1636; INDat-Report 6/2002, S. 6.

48) So auch *Büttner* in: HambKomm-InsO, § 17 InsVV Rz. 23.

49) LG Aurich, Beschl. v. 6.3.2013 – 4 T 204/10, ZIP 2013, 1342; dazu *Zimmer*, ZIP 2013, 1309; dazu auch *Blersch*, ZIP 2015, 1451 (Anm. zu LG Köln, Beschl. v. 13.2.2015 – 13 T 196/14, ZIP 2015, 1450 m. Anm. *Blersch* = NZI 2015, 573).

50) LG Aurich, Beschl. v. 6.3.2013 – 4 T 204/10, Rz. 115, ZIP 2013, 1342.

51) LG Aurich, Beschl. v. 6.3.2013 – 4 T 204/10, Rz. 82, ZIP 2013, 1342.

Zutreffend stellt *Zimmer* fest, das LG Aurich habe in einem missratenen Sachverhalt über missratene Vergütungsanträge und eine missratene Vergütungsfestsetzung zu entscheiden gehabt. Ergebnis sei eine niedrigstmögliche Vergütung ohne eine Begründung, die Anspruch auf Rechtsfortbildung oder Allgemeingültigkeit erheben könnte.[52)]

Das **LG Köln** sah sich in dem Beschluss vom 13.2.2015[53)] gehindert, eine über den Stundensatz von 95 € hinausgehende Vergütung festzusetzen. Die Mitgliedschaft im Gläubigerausschuss sei freiwillig. Der vom Verordnungsgeber vorgegebene Vergütungsrahmen sei bei Beginn der Tätigkeit bekannt. Einem Ausschussmitglied sei es daher selbst bei Insolvenzverfahren mit herausragender wirtschaftlicher Bedeutung zuzumuten, für seine Tätigkeit nur eine bescheidene Vergütung zu beziehen. Es sei Sache des Verordnungsgebers, angebliche Missstände in § 17 InsVV zu bereinigen. 23

3. Die Anspruchsberechtigung einzelner Mitglieder

Anspruch auf Vergütung hat nach § 73 Abs. 1 InsO grundsätzlich **jedes Mitglied** des Gläubigerausschusses, auch und gerade wenn es selbst nicht Insolvenzgläubiger ist oder als Vertreter einer Körperschaft des öffentlichen Rechts oder juristischen Person des Privatrechts auftritt. Hinsichtlich einzelner Gläubiger wird jedoch unterschieden:[54)] 24

a) Anstalt oder Körperschaft des öffentlichen Rechts

Ist als Mitglied des Gläubigerausschusses eine **Körperschaft des öffentlichen Rechts** berufen,[55)] steht dieser eine Vergütung zu.[56)] Ein Vergütungsanspruch sog. **institutioneller Mitglieder**, insbesondere des Pensions-Sicherungs-Vereins, ist umstritten, wird überwiegend aber bejaht.[57)] 25

Der Vertreter der Körperschaft, der im Gläubigerausschuss mitwirkt, selbst aber eben nicht Mitglied ist, hat keinen Anspruch auf Vergütung. Er handelt in Ausübung seiner hauptamtlichen Tätigkeit für die Körperschaft und nicht in eigener Person.[58)] 26

b) Mitarbeiter einer Behörde

Ob der Mitarbeiter einer Behörde als Gläubigerin, der nur deshalb in persona berufen wurde, weil die Behörde selbst als nicht mitgliedsfähig angesehen wird, einen eigenen **Vergütungsanspruch** hat, ist **umstritten**.[59)] Ein Vergütungsanspruch wird mit dem Argument verneint, die Tätigkeit im Gläubigerausschuss gehöre zur **beruflichen Tätigkeit** des Angestellten oder Beamten der Behörde. Auch die dazugehörenden Arbeiten wie Aktenstudium oder Vorbereitung von Ausschusssitzungen seien Teil dieser beruflichen Tätigkeit, sie gehörten mithin zu seiner gewöhnlichen Arbeitszeit.[60)] Es wird aber auch vertreten, der Mitarbeiter werde innerhalb des Gläubigerausschusses **für die Gläubigergesamtheit** tätig und übernehme Pflichten, die über seine **originäre Berufstätigkeit hinausgingen.** Daher sei ihm ein 27

52) *Zimmer*, ZIP 2013, 1309, 1317.
53) LG Köln, Beschl. v. 13.2.2015 – 13 T 196/14, ZIP 2015, 1450 m. Anm. *Blersch* = NZI 2015, 573.
54) Ausführlich Uhlenbruck-*Knof*, InsO, § 73 Rz. 9 ff.; *Stephan* in: MünchKomm-InsO, § 17 InsVV Rz. 18; *Prasser* in: KPB, InsO, Vor § 17 InsVV Rz. 6 ff.; *Franke*, KTS 1955, 117; *Ohr*, KTS 1992, 343.
55) *Wilke* in: KPB, InsO, § 67 Rz. 24.
56) Etwas allgemein zum öffentlich-rechtlichen Gläubiger *Prasser* in: KPB, InsO, § 73 Rz. 16 a. E., Vor § 17 InsVV Rz. 7.
57) Jaeger-*Gerhardt*, InsO, § 73 Rz. 13; *Stephan* in: MünchKomm-InsO, § 17 InsVV Rz. 48; Uhlenbruck-*Knof*, InsO, § 73 Rz. 8; *Prasser* in: KPB, InsO, § 73 Rz. 17, Vor § 17 InsVV Rz. 11.
58) Uhlenbruck-*Knof*, InsO, § 73 Rz. 9; *Prasser* in: KPB, InsO, § 73 Rz. 16.
59) OLG Köln, Urt. v. 1.6.1988 – 13 U 234/87, ZIP 1988, 992; *Prasser* in: KPB, InsO, § 73 Rz. 16.
60) *Stephan* in: MünchKomm-InsO, § 17 InsVV Rz. 27; wohl auch *Prasser* in: KPB, InsO, § 73 Rz. 16.

Vergütungsanspruch zuzuerkennen.[61] Dem ist zuzustimmen. Das Problem liegt letztlich in der „Formalie", dass die Behörde selbst nicht Mitglied des Gläubigerausschusses sein kann, weil sie nicht juristische Person und nicht Körperschaft des öffentlichen Rechts ist. Die Entsendung eines Mitarbeiters stellt eine Nebentätigkeit des Mitarbeiters im Auftrag des Arbeitsgebers oder Dienstherrn dar, hierbei hat sich der Dienstherr bewusst zu sein, dass der Mitarbeiter als **Mitglied des Gläubigerausschusses nicht nur die Interessen der eigenen Behörde, sondern die aller Gläubiger beachten muss** und dass er deswegen auch besonders vergütet wird.

28 Aus der Sicht des Insolvenzverfahrens ist nicht maßgebend, ob und in welchem Umfang der Beamte von seiner **hauptamtlichen Tätigkeit freigestellt** ist, versäumte Arbeitszeit nachzuholen hat oder dienstrechtlich einer Genehmigung für diese Tätigkeit bedarf. Beamten- und dienstrechtliche Verpflichtungen des Gläubigerausschussmitglieds schließen den Anspruch auf Vergütung nicht aus.[62] Es ist auch unerheblich, ob der Beamte die durch die Nebentätigkeit zu erhaltende Vergütung an den Dienstherrn abzuführen hat.[63] Eine solche Abführungspflicht besteht nach Bundes- oder Landesbeamtenrecht meist dann, wenn die Tätigkeit im Auftrag des Dienstherrn ausgeübt wird.[64] Im Zweifel kann das Gericht davon ausgehen, dass dem Beamten ein Vergütungsanspruch zusteht, denn er hat als Mitglied des Gläubigerausschusses nicht nur die Interessen seines Dienstherrn wahrzunehmen, sondern die aller Gläubiger.[65]

29 Nimmt der Beamte oder sonstige Mitarbeiter einer Behörde die **Aufgabe nicht in dieser beruflichen Eigenschaft**, sondern als Vertreter eines Dritten oder in eigener Person wahr, steht ihm wie allen anderen Gläubigerausschussmitgliedern ein Vergütungsanspruch zu.[66]

c) Juristische Person des Privatrechts oder Personengesellschaft

30 Ist Mitglied des Gläubigerausschusses eine sonstige **juristische Person** oder eine Gesellschaft, steht dieser ein **Anspruch auf Vergütung** für die Tätigkeit ihres Vertreters zu.[67] Grundlegend erkennt auch der BGH einer juristischen Person einen Vergütungsanspruch zu. Einen vom Stundensatzrahmen des § 17 InsVV abweichenden Stundensatz, insbesondere mit den bis 31.12.2020 geltenden Beträgen, billigt der BGH der juristischen Person aber nur zu, soweit die juristische Person sich durch eine besonders qualifizierte und sachkundige Person vertreten lässt und dies nach den Umständen objektiv erforderlich war.[68] Die besondere Qualifikation und Sachkunde, die für eine natürliche Person als Gläubigerausschussmitglied den Stundensatz beeinflussen kann, steht damit unter dem Vorbehalt, dass die Beauftragung einer solchen sachkundigen Person erforderlich war. Wörtlich führt der BGH dazu aus:[69]

> „Qualifikation und Sachkunde beeinflussen bei einer juristischen Person als Mitglied des Gläubigerausschusses die Höhe des Stundensatzes in anderer Weise als bei einer natürlichen Person. Angesichts der bei einer juristischen Person vorliegenden Besonderheiten ist es nicht

---

61) Uhlenbruck-*Knof*, InsO, § 73 Rz. 9; eingehend *Gundlach/Schirmeister*, ZInsO 2008, 896.

62) Zur Abführungspflicht der Vergütung an den Dienstherrn AG Elmshorn, Beschl. v. 25.6.1982 – 6 N 7/81, ZIP 1982, 981; zur Relevanz der Notwendigkeit einer dienstrechtlichen Nebentätigkeitsgenehmigung *Kuhn/Uhlenbruck*, KO, § 91 Rz. 3; *Hess*, KO, § 13 VergVO Rz. 12.

63) Jaeger-*Gerhardt*, InsO, § 73 Rz. 12; Uhlenbruck-*Knof*, InsO, § 73 Rz. 10.

64) Für Bundesbeamte § 69 Satz 2 Nr. 2 Bundesbeamtengesetz i. V. m. § 6 Abs. 3 Satz 1 Bundesnebentätigkeitsverordnung i. d. F. v. 12.11.1987, BGBl. I 1987, 2376.

65) Pointiert *Ohr*, KTS 1992, 343; ebenso Uhlenbruck-*Knof*, InsO, § 73 Rz. 10; anders aber *Skrotzki*, KTS 1958, 105.

66) Uhlenbruck-*Knof*, InsO, § 73 Rz. 9; *Stephan* in: MünchKomm-InsO, § 17 InsVV Rz. 27.

67) *Prasser* in: KPB, InsO, Vor § 17 InsVV Rz. 9.

68) BGH, Beschl. v. 14.1.2021 – IX ZB 94/18, ZIP 2021, 581.

69) BGH, Beschl. v. 14.1.2021 – IX ZB 94/18, Rz. 16, 17, ZIP 2021, 581.

sachgerecht, den Stundensatz abstrakt nach den Verhältnissen der juristischen Person zu bemessen. Die bei einer juristischen Person allgemein oder aufgrund ihrer häufigen Tätigkeit als Mitglied eines Gläubigerausschusses vorhandene Qualifikation und Sachkunde haben für sich genommen keinen besonderen Bezug zur Tätigkeit als Mitglied des Gläubigerausschusses in einem bestimmten Insolvenzverfahren. Es obliegt der juristischen Person, wen sie als ihren Vertreter in den Gläubigerausschuss entsendet. […]

Wird eine juristische Person zum Mitglied des Gläubigerausschusses bestellt, richtet sich die Vergütung in erster Linie nach Umfang und Schwierigkeit des Insolvenzverfahrens und Umfang und Schwierigkeit der Aufgaben des Gläubigerausschusses in dem betreffenden Insolvenzverfahren. Die bei der juristischen Person vorhandene Qualifikation und Sachkunde können für die Höhe der Vergütung nur berücksichtigt werden, soweit diese nach den objektiv zu bestimmenden Anforderungen des Insolvenzverfahrens für die Tätigkeit als Mitglied des Gläubigerausschusses erforderlich waren. Qualifikation und Sachkunde beeinflussen den Stundensatz bei einer juristischen Person daher nach Maßgabe der von ihr als Mitglied des Gläubigerausschusses objektiv zu erfüllenden Aufgaben. Unter diesen Voraussetzungen ist zu prüfen, wen die juristische Person als ihren Vertreter entsendet. Ist es objektiv erforderlich, sich durch eine besonders qualifizierte und sachkundige Person vertreten zu lassen, ist dies bei der Höhe der Vergütung zu berücksichtigen."

Ist ein Mitarbeiter selbst zum Gläubigerausschussmitglied berufen – also bspw. nicht die „XYZ-Bank AG", sondern ihr Mitarbeiter oder organschaftlicher Vertreter als natürliche Person –, steht ihm ein eigener Vergütungsanspruch zu. Eine **unzulässige Doppelvergütung soll vorliegen**, wenn der Mitarbeiter sowohl von seinem Arbeitgeber Arbeitseinkommen erhält, als auch Vergütung als Mitglied des Gläubigerausschusses.[70] Dem kann so nicht zugestimmt werden.[71] Es ist dies eine Frage der Bestimmung des Mitglieds im Gläubigerausschuss. Lässt bspw. die „XYZ-Bank AG" nicht sich als juristische Person, sondern ihr Vorstandsmitglied als natürliche Person in den Gläubigerausschuss wählen, muss es auch der Bank als Arbeitgeber überlassen bleiben, ob und wie sie ihren Mitarbeiter auch für die Zeit entlohnt, für die er als Mitglied des Gläubigerausschusses und nicht unmittelbar für seinen Arbeitgeber tätig wird. Es kann nicht Aufgabe des Insolvenzverfahrens sein, mit dem angeblichen Verbot der Doppelvergütung dies zu untersuchen. Aus der Sicht des Insolvenzverfahrens ist die natürliche Person Mitglied des Gläubigerausschusses und hat Anspruch auf Vergütung. Ob und in welcher Höhe die natürliche Person sonst Einkommen aus einem Arbeitsverhältnis beim Gläubiger erzielt, ist nicht zu prüfen. Etwas anderes gilt dann, wenn der **Mitarbeiter von seinem Arbeitgeber**, der Insolvenzgläubiger ist, **verpflichtet wird, die Vergütung abzuführen**. Dann entfällt der Vergütungsanspruch, da es sich sonst bei der Abführung um eine verdeckte Sonderbefriedigung eines Insolvenzgläubigers handeln würde.[72] Dies ist aber gerade keine Frage von Doppelvergütung.[73] 31

Beauftragt ein Gläubiger einen Rechtsanwalt oder eine sonst spezialisierte Person mit der Wahrnehmung ihrer Interessen im Gläubigerausschuss und wird dann auch diese Person selbst Mitglied des Gläubigerausschusses, gilt gleiches. Der beauftragte Anwalt erhält dann möglicherweise Vergütung aus dem Geschäftsbesorgungsvertrag mit dem Gläubiger und als Mitglied des Gläubigerausschusses. Die Vergütung als Mitglied des Gläubigerausschusses erhält er aber, weil er auch im Interesse der Gläubigergesamtheit tätig wird und insbesondere Haftungsgefahren übernimmt, die über das Interesse seines Auftraggebers hinausgehen.[74] Es ist – wie bereits erwähnt –, nicht Aufgabe des Insolvenzverfahrens, hier Vergütungen gegeneinander aufzurechnen, um eine vermeintliche Doppelvergütung zu verhindern.[75] 32

---

70) Uhlenbruck-*Knof*, InsO, § 73 Rz. 7.
71) Kritisch auch *Zimmer*, InsVV, § 17 Rz. 50.
72) Uhlenbruck-*Knof*, InsO, § 73 Rz. 11.
73) So auch Uhlenbruck-*Knof*, InsO, § 73 Rz. 11; *Gundlach/Schirmeister*, ZInsO 2008, 896.
74) Insoweit widersprüchlich Uhlenbruck-*Knof*, InsO, § 73 Rz. 7 a. E.
75) So wohl auch Uhlenbruck-*Knof*, InsO, § 73 Rz. 12 a. E. mit etwas unglücklichem Verweis auf BRAGO.

III. Die Höhe der Vergütung nach § 17 InsVV

1. Vergütung nach Zeitaufwand

a) Bestimmung des Zeitaufwandes

33 Bemessungsgrundlage der Vergütung ist nach § 17 Abs. 1 Satz 1 InsVV der **gesamte Zeitaufwand** des jeweiligen Mitglieds des Gläubigerausschusses. Zu berücksichtigen sind **nicht allein** die **Zeiten für Sitzungen** des Gläubigerausschusses, von Besprechungsterminen oder der Teilnahme an Gläubigerversammlungen,[76] sondern auch der **zeitliche Umfang des Aktenstudiums, Prüfung der Rechnungen und Kassenführung** des Verwalters oder der **Zeitaufwand für notwendige Reisen.**[77] Eine Abrechnung der jeweils aufgewendeten Zeit nach Stunden ist Voraussetzung einer Vergütungsermittlung. Dies erfordert seitens der einzelnen Mitglieder einen entsprechenden Nachweis über die jeweils aufgewendete Zeit für die Tätigkeit.[78] Soweit sie nicht vorliegt, ist der Zeitaufwand unter Berücksichtigung aller Verfahrensumstände zu schätzen.[79] Man kann hinsichtlich der Höhe des Stundensatzes nach den einzelnen Tätigkeiten differenzieren: So kann insbesondere eine Reisezeit, wenn sie nicht für Vor- und Nachbereitung genutzt wird, mit einem geringeren Stundensatz vergütet werden.[80] Allerdings sollte gerade das Insolvenzgericht hier nicht zu kleinlich sein und dem einzelnen Mitglied des Gläubigerausschusses nicht einen unangemessenen Stunden- und Tätigkeitsnachweis abverlangen.

b) Der Stundensatz des Normalverfahrens

34 Der Stundensatz der Vergütung soll nach dem bis 31.12.2020 geltenden Wortlaut des § 17 Abs. 1 Satz 1 InsVV zwischen **35 € und 95 €** liegen. Der Verordnungsgeber nahm die Kritik von Rechtsprechung[81] und Literatur[82] zu dem sehr niedrigen Stundensatz des früheren § 13 VergVO nur halbherzig auf[83] und bestimmte einen Vergütungsrahmen, wie § 9 JVEG (früher § 3 ZSEG)[84] ihn für die Entschädigung des Sachverständigen regelt.[85] Erst für die **seit 1.1.2021 beantragten Verfahren** gilt ein **Stundensatzrahmen** von **50 € bis 300 €.**

76) Zu streng auf die Notwendigkeit der Teilnahme abstellend LG Münster, Beschl. v. 20.12.2023 – 5 T 131/23, ZRI 2024, 313 = ZIP 2024, 1093.

77) LG Göttingen, Beschl. v. 10.1.2005 – 10 T 1/05, NZI 2005, 339; LG Münster, Beschl. v. 27.9.2016 – 5 T 253/16, NZI 2017, 548; zu eng LG Duisburg, Beschl. v. 13.9.2004 – 7 T 221/04, NZI 2005, 116; so ausdrücklich noch § 13 Abs. 1 Satz 4 VergVO; dazu *Kuhn/Uhlenbruck*, KO, § 91 Rz. 1; *Eickmann*, VergVO, § 13 Rz. 3; *Zimmer*, InsVV, § 17 Rz. 84 ff.; Blersch/Goetsch/Haas-*Blersch*, InsO, § 73 Rz. 1.

78) Uhlenbruck-*Knof*, InsO, § 73 Rz. 19; Blersch/Goetsch/Haas-*Blersch*, InsO, § 17 InsVV Rz. 9; *Stephan* in: MünchKomm-InsO, § 17 InsVV Rz. 30; *Prasser* in: KPB, InsO, § 17 InsVV Rz. 4.

79) AG Köln, Beschl. v. 9.9.1992 – 71 VN 3/92, ZIP 1992, 1492 = KTS 1993, 126 (Gläubigerbeirat im Vergleichsverfahren); LG Aachen, Beschl. v. 20.7.1992 – 3 T 265/91, ZIP 1993, 137, dazu EWiR 1993, 69 *(Uhlenbruck)*; *Prasser* in: KPB, InsO, § 17 InsVV Rz. 4.

80) AG Potsdam, Beschl. v. 5.8.2019 – 35 IN 51/18, ZIP 2019, 2422 = NZI 2019, 957.

81) LG Aachen, Beschl. v. 20.7.1992 – 3 T 265/91, ZIP 1993, 137; LG Trier, Beschl. v. 16.6.1983 – 4 T 23/83, Rpfleger 1984, 365; AG Chemnitz, Beschl. v. 13.10.1998 – N 1555/96, ZIP 1999, 669 = NZI 1999, 331, dazu EWiR 1999, 601 *(Pape)*; AG Elmshorn, Beschl. v. 25.6.1982 – 6 N 7/81, ZIP 1982, 981; AG Stuttgart, Beschl. v. 19.12.1985 – 6 (S) N 698/82, ZIP 1986, 659, dazu EWiR 1986, 401 *(Eickmann)*; AG Wittlich, Beschl. v. 22.4.1983 – 7 VN 2/82, Rpfleger 1984, 365; AG Mannheim, Beschl. v. 6.2.1985 – N 187/84, ZIP 1985, 301, dazu EWiR 1985, 207 *(Eickmann)*; AG Karlsruhe, Beschl. v. 16.12.1986 – N 48/86, ZIP 1987, 124, dazu EWiR 1987, 387 *(Eickmann)*.

82) *Kuhn/Uhlenbruck*, KO, § 91 Rz. 1; *Kilger/K. Schmidt*, KO, § 91 Anm. 1; *Eickmann*, VergVO, § 13 Rz. 4.

83) Uhlenbruck-*Knof*, InsO, § 73 Rz. 5; *Graeber* in: FS Beck, S. 199; *Zimmer*, ZIP 2013, 1309.

84) Gesetz über die Vergütung von Sachverständigen, Dolmetscherinnen, Dolmetschern, Übersetzerinnen und Übersetzern sowie die Entschädigung von ehrenamtlichen Richterinnen, ehrenamtlichen Richtern, Zeuginnen, Zeugen und Dritten – Justizvergütungs- und -entschädigungsgesetz (JVEG) als Art. 2 des Gesetzes zur Modernisierung des Kostenrechts – Kostenrechtsmodernisierungsgesetz (KostRMoG), v. 5.5.2004, BGBl. I 2004, 718; zur Änderung des § 17 InsVV: Begr. zum Entwurf einer InsVV-ÄndVO, abgedr. unten in Anh. IV, S. 709, 721; dazu kritisch *Blersch*, ZIP 2004, 2311, 2317.

85) *Stephan* in: MünchKomm-InsO, 4. Aufl. 2019, § 11 InsVV Rz. 17 ff.; *Keller* in: HK-InsO, § 17 InsVV Rz. 6 ff.; in diesem Sinne bereits *Eickmann*, VergVO, § 13 Rz. 4.

Sieht man die bis 31.12.2020 geltenden Stundensätze des § 17 Abs. 1 Satz 1 InsVV ähnlich dem allgemeinen Gebührenrecht als **Betragsrahmengebühr**, wäre regelmäßig eine Vergütung von **65 € je Stunde** für das Gläubigerausschussmitglied anzusetzen.[86] Diese Mittelgebühr gilt für die gesamte Tätigkeit und sämtliche Aufgaben des Gläubigerausschusses in einem Insolvenzverfahren, das nach Art und Umfang als Normalverfahren i. S. des § 2 InsVV gelten kann.[87] **Ob die Tätigkeit als Mitglied eines Gläubigerausschusses mit der eines gerichtlich bestellten Sachverständigen vergleichbar ist, muss wiederholt bezweifelt werden,** gerade in größeren Verfahren geht sie weit darüber hinaus. So war die Praxis der Vergütungsfestsetzung nach § 13 VergVO bereits dazu übergegangen, entsprechend hohe Stundensätze von bis zu 200 DM zu gewähren.[88] Auch zu § 17 InsVV wird zu Recht vertreten, je nach Schwierigkeit des Verfahrens und vor allem je nach Qualifikation des einzelnen Mitglieds könne der Stundensatz auch überschritten werden.[89] Daher ist die Anhebung des Stundensatzrahmens auf bis zu 300 € zu begrüßen, auch wenn sie erst für Verfahren gilt, die seit 1.1.2021 beantragt werden. 35

c) Berücksichtigung konkreter Erschwernisse

Nach § 17 Abs. 1 Satz 2 InsVV ist bei Festsetzung der Vergütung **Art und Umfang der Tätigkeit** zu berücksichtigen, so dass im Einzelfall ein höherer oder niedrigerer Stundensatz gewährt werden kann und muss.[90] Dieser Tatbestand bestimmt sich nach den besonderen Erschwernissen, die das Insolvenzverfahren als solches beinhaltet und die deshalb für die einzelnen Mitglieder eine über das sog. Normalverfahren hinausgehende besondere Arbeitsbelastung bringen. Es ist dabei auf die **Grundsätze zu § 3 Abs. 1 InsVV** betreffend die Erhöhung der Vergütung des Insolvenzverwalters zurückzugreifen.[91] Die methodisch korrekte Systematisierung und Fallgruppenbildung zu § 3 Abs. 1 InsVV unterscheidet zwischen Merkmalen, die als quantitativ einen erhöhten Arbeitsaufwand mit sich bringen, und solchen, die als qualitativ besondere rechtliche oder tatsächliche Schwierigkeiten beinhalten. Bezogen auf die Aufgaben des Gläubigerausschusses nach § 69 InsO kommen für diesen wesentlich nur qualitativ signifikante Erhöhungskriterien in Betracht. Ein allein seinem Umfang nach quantitatives Erhöhungskriterium wird i. R. des § 17 Abs. 1 Satz 1 InsVV bereits durch den Umfang der aufgewendeten Zeit des Gläubigerausschusses abgegolten. Die **Zuerkennung eines erhöhten Stundensatzes** unter Berücksichtigung des § 17 Abs. 1 Satz 2 InsVV muss deshalb dann erfolgen, wenn die **Aufgaben des Gläubigerausschusses im konkreten Verfahren qualitativ** diejenigen eines Gläubigerausschusses im gewöhnlichen Insolvenzverfahren übersteigen.[92] 36

86) *Prasser* in: KPB, InsO, § 17 InsVV Rz. 6.

87) AG Potsdam, Beschl. v. 5.8.2019 – 35 IN 51/18, ZIP 2019, 2422 = NZI 2019, 957.

88) *Kuhn/Uhlenbruck*, KO, § 91 Rz. 1; *Eickmann*, VergVO, § 13 Rz. 4 a. E.

89) BGH, Beschl. v. 14.1.2021 – IX ZB 71/18, ZRI 2021, 251 = ZIP 2021, 420, dazu EWiR 2021, 145 *(Mock)*; LG Hamburg, Beschl. v. 3.8.2018 – 326 T 41/17, ZIP 2018, 2230 = NZI 2018, 955, dazu EWiR 2019, 119 *(Zimmer)*; sehr ausführlich LG Bückeburg, Beschl. v. 8.7.2020 – 4 T 49/16, ZInsO 2020, 2062; zurückhaltend LG Koblenz, Beschl. v. 15.7.2020 – 2 T 383/20, ZInsO 2020, 2349; AG Bremen, Beschl. v. 15.12.2015 – 40 IN 588/05 L, ZInsO 2016, 1276 (LS); AG Hamburg, Beschl. v. 25.7.2018 – 67c IN 237/16, ZIP 2018, 1562; Blersch/Goetsch/Haas-*Blersch*, InsO, § 17 InsVV Rz. 14; *Roth* in: KölnKomm-InsO, § 17 InsVV Rz. 11 ff.; *Büttner* in: HambKomm-InsO, § 17 InsVV Rz. 17; *Schmitt* in: FK-InsO, § 73 Rz. 6; *Prasser* in: KPB, InsO, § 17 InsVV Rz. 10, 11; Römermann-*Stephan*, InsO/InsR, § 17 InsVV Rz. 5.

90) BGH, Beschl. v. 14.1.2021 – IX ZB 71/18, ZRI 2021, 251 = ZIP 2021, 420, dazu EWiR 2021, 145 *(Mock)*.

91) So insbesondere AG Braunschweig, Beschl. v. 21.6.2005 – 273 IN 211/99, ZInsO 2005, 870; *Keller* in: HK-InsO, § 17 InsVV Rz. 9; *Nowak* in: MünchKomm-InsO, 2. Aufl. 2007, § 17 InsVV Rz. 5, 6; *Lorenz* in: FK-InsO, § 17 InsVV Rz. 10 ff.

92) So im Ergebnis AG Detmold, Beschl. v. 6.3.2008 – 10 IN 214/07, NZI 2008, 505.

37 **Kriterien für eine Erhöhung** können besonderer persönlicher Einsatz, rechtliche Probleme im Insolvenzverfahren, besonders viele zu prüfende und zu genehmigende Rechtsgeschäfte des Verwalters oder eine besonders umfangreiche Prüfung der Schlussrechnung sein.[93] Dagegen kann ein eher einfaches Insolvenzverfahren von kurzer Dauer, keine besondere Qualifikation des Mitglieds oder mangelnder Einsatz die Vergütung mindern. Die Beimessung eines verminderten Stundensatzes darf aber nicht vorschnell mit zu einfachen Argumenten erfolgen, schon allein die Bereitschaft, ein solches Amt mit den damit verbundenen Risiken zu übernehmen, ist zu honorieren; anderenfalls besteht die Gefahr, überhaupt keine geeigneten Gläubigerausschussmitglieder zu gewinnen.

38 Allgemein können als **Merkmale einer erhöhten Stundensatzvergütung** genannt werden:
- Besonderer **persönlicher Einsatz**, bspw. in Korrespondenz mit Gläubigern, mit Absonderungsberechtigten oder mit Arbeitnehmern (Betriebsrat);
- Mitwirkung bei der **Erarbeitung eines Sozialplans** mit den Arbeitnehmern (§ 123 InsO);
- Prüfung des Bestandes von **Absonderungsrechten** in Zusammenarbeit mit dem Insolvenzverwalter;
- Aufarbeitung **gesellschaftsrechtlicher Verflechtungen** des Unternehmens;
- Aufarbeitung **steuerrechtlicher Fragestellungen**;
- Erfassung des **vorinsolvenzlichen Geldverkehrs** insbesondere im Hinblick auf mögliche Anfechtungstatbestände;
- Prüfung von vielen oder **qualitativ besonders anspruchsvollen Rechtsgeschäften**, die nach § 160 InsO der Genehmigung des Gläubigerausschusses bedürfen;
- **Auslandsbezug** insbesondere hinsichtlich gesellschaftsrechtlicher Beteiligungen oder hinsichtlich im Ausland befindlicher Vermögenswerte;
- Mitwirkung bei der **Erarbeitung eines Insolvenzplans** (§ 232 Abs. 1 Nr. 1 InsO);
- Mitwirkung bei **Betriebsvereinbarungen und Betriebsänderungen** insbesondere im Zusammenhang mit einer möglichen übertragenden **Sanierung** oder im Zusammenhang mit möglichen Massenentlassungen, Sozialauswahl und Erstellung der Namensliste der von einer Entlassung betroffenen Arbeitnehmer (§§ 17 ff. KSchG, §§ 111 ff. BetrVG, §§ 121 ff. InsO);
- besondere Schwierigkeiten bei der Prüfung der Tätigkeit des Insolvenzverwalters, insbesondere hinsichtlich der **Prüfung der Kassenführung** im laufenden Insolvenzverfahren oder der Prüfung der Schlussrechnung.

39 Die **persönliche Haftungsgefahr** der Mitglieder des Gläubigerausschusses nach § 71 InsO kann i. R. des § 17 Satz 2 InsVV insoweit in die Höhe des zu gewährenden Stundensatzes einfließen, als besondere Haftungsgefahren die Entschlusskraft von Entscheidungsträgern hemmen können und dies durch einen erhöhten Stundensatz zumindest gemildert werden kann. Dass zumeist zugunsten der Mitglieder des Gläubigerausschusses eine besondere Haftpflichtversicherung abgeschlossen wird, deren Prämien aus der Insolvenzmasse gezahlt werden, ist kein Argument gegen eine Erhöhung des Stundensatzes wegen Haftungsgefahren.[94]

40 Bei Zuerkennung eines erhöhten Stundensatzes ist zu bedenken, dass nicht jedes Erhöhungskriterium des Insolvenzverwalters gleichermaßen für das einzelne Ausschussmitglied gilt, hier wie dort muss es sich konkret auf den Arbeitsaufwand ausgewirkt haben. Ferner ist der erhöhte Arbeitsaufwand des Gläubigerausschusses bereits durch die Zahl der zu ver-

93) Eingehend auch *Zimmer*, InsVV, § 17 Rz. 106 ff.

94) Im Zusammenhang mit pauschaler Vergütung Jaeger-*Gerhardt*, InsO, § 73 Rz. 9; *Prasser* in: KPB, InsO, § 73 Rz. 16.

gütenden Stunden berücksichtigt, so dass bereits hierdurch eine Vergütungserhöhung eintritt. Ein entsprechend § 3 Abs. 1 InsVV **erhöhter Stundensatz muss sich** also **auf ein Erhöhungskriterium beziehen**, das als solches **keinen Niederschlag im Stundenaufwand gefunden** hat. In Betracht kommen dabei vor allem sog. qualitative Erhöhungsmerkmale, wie etwa die Befassung mit einer rechtlich besonders schwierig gestalteten Unternehmensveräußerung i. R. des § 160 Abs. 2 Nr. 1 InsO. Eine pauschale Übertragung der Erhöhungstatbestände des Insolvenzverwalters verbietet sich.[95)]

Es muss nicht jedem Mitglied derselbe Stundensatz gewährt werden; dieser ist je nach Qualifikation und konkreten Erschwernissen individuell zu bestimmen.[96)] Die Unterscheidung darf freilich nicht mit einer sozialen Diskriminierung verwechselt werden: Ein Arbeitnehmer und Vertreter des Betriebsrats des Unternehmens ist für den Gläubigerausschuss mindestens ebenso notwendig und qualifiziert wie ein Wirtschaftsprüfer. Muss der Insolvenzverwalter nämlich einen Sozialplan ausarbeiten (§ 123 InsO), ist er gut beraten, sich des Sachverstandes des Betriebsratsmitglieds zu bedienen und die Arbeitnehmervertreter „ins Boot zu holen". Ihr Stundensatz ist dann nicht niedriger zu bemessen als der des Wirtschaftsprüfers oder Rechtsanwalts. 41

2. Vergütung als Anteil der Verwaltervergütung

In völliger Abweichung zum früheren § 13 VergVO wurde in besonders gelagerten Einzelfällen auch eine Vergütungsgewährung in Abhängigkeit der Vergütung des Konkurs- oder Gesamtvollstreckungsverwalters festgesetzt.[97)] Danach wurde den Mitgliedern des Gläubigerausschusses eine Gesamtvergütung i. H. eines Prozentsatzes der Verwaltervergütung gewährt. Dieser Prozentsatz bewegte sich zwischen eins und fünf,[98)] teilweise auch höher. Die dabei festgesetzte Vergütung bewegte sich durchschnittlich zwischen 500 und 5 000 DM, im Einzelfall bis zu 50 000 DM. Als besondere Fälle, die ein Abweichen von der Vergütung nach Zeitaufwand rechtfertigten, wurden solche angesehen, bei denen bspw. besonders unübersichtliche Vermögensverhältnisse, Betriebsänderungen, umfangreiche Sozialplanverhandlungen oder besondere Haftungsgefahren gegeben waren.[99)] 42

Das **Abweichen von dem Zeitaufwandsystem** des § 17 InsVV wird auch für die Mitglieder des Gläubigerausschusses im Insolvenzverfahren **für zulässig erachtet**.[100)] Die Vergütung soll jedoch nur in ganz besonders gelagerten Ausnahmefällen als Bruchteil der Verwaltervergütung festgesetzt werden.[101)] Zu denken sei insbesondere an Großverfahren.[102)] Die Vergütung könne wie bei § 13 VergVO zwischen 1 % und 5 % der Verwaltervergütung liegen.[103)] *Nowak* hält in besonderen Fällen einen Anteil von 20 % für gerechtfertigt.[104)] Der 43

95) *Nowak* in: MünchKomm-InsO, 2. Aufl. 2007, § 17 InsVV Rz. 5.
96) BGH, Beschl. v. 14.1.2021 – IX ZB 71/18, ZRI 2021, 251 = ZIP 2021, 420, dazu EWiR 2021, 145 *(Mock)*. *Stephan* in: MünchKomm-InsO, § 17 InsVV Rz. 31; Römermann-*Weiß*, InsO/InsR, § 73 InsO Rz. 2.
97) *Eickmann*, VergVO, § 13 Rz. 5 ff.
98) AG Elmshorn, Beschl. v. 25.6.1982 – 6 N 7/81, ZIP 1982, 981; AG Stuttgart, Beschl. v. 19.12.1985 – 6 (S) N 698/82, ZIP 1986, 659; AG Mannheim, Beschl. v. 6.2.1985 – N 187/84, ZIP 1985, 301; AG Karlsruhe, Beschl. v. 16.12.1986 – N 48/86, ZIP 1987, 124; AG Ansbach, Beschl. v. 12.12.1989 – N 36/88, ZIP 1990, 249, dazu EWiR 1990, 81 *(Eickmann)*.
99) *Eickmann*, VergVO, § 13 Rz. 8.
100) Uhlenbruck-*Knof*, InsO, § 73 Rz. 13; *Roth* in: KölnKomm-InsO, § 17 InsVV Rz. 27; Blersch/Goetsch/Haas-*Blersch*, InsO, § 17 InsVV Rz. 17; *Stephan* in: MünchKomm-InsO, § 17 InsVV Rz. 34; *Prasser* in: KPB, InsO, § 17 InsVV Rz. 16 ff.; *Graeber/Graeber*, InsVV, § 17 Rz. 9 ff.
101) *Prasser* in: KPB, InsO, § 17 InsVV Rz. 17.
102) Blersch/Goetsch/Haas-*Blersch*, InsO, § 17 InsVV Rz. 16; *Büttner* in: HambKomm-InsO, § 17 InsVV Rz. 23.
103) *Prasser* in: KPB, InsO, § 17 InsVV Rz. 17.
104) *Nowak* in: MünchKomm-InsO, 2. Aufl. 2007, § 17 InsVV Rz. 2.

BGH hat lediglich im seltenen Fall der Bestellung eines Gläubigerausschusses in der Insolvenz einer natürlichen Person die pauschale Vergütung in Abweichung von § 17 InsVV zugelassen, weil diese niedriger war als eine vergleichbare Vergütung nach Stundenaufwand.[105)]

44 Begründet wird dies mit § 17 Abs. 1 Satz 2 InsVV, wonach bei Festsetzung des Stundensatzes der Umfang der Tätigkeit zu berücksichtigen sei.[106)] Auch wird auf die Begründung zum Entwurf einer InsVV Bezug genommen, die für besonders gelagerte Fälle eine Vergütung, die nicht auf den Zeitaufwand bezogen ist, scheinbar für angemessen hält.[107)] Gleichwohl sieht die Begründung zu § 17 InsVV eine Vergütung nach Stunden als Regelfall vor. Um den Besonderheiten des Einzelfalls, auch im Hinblick auf Umfang und Schwierigkeiten der jeweiligen Tätigkeit, Rechnung tragen zu können, wurde ein Vergütungsrahmen gesetzt, auf den sich § 17 Abs. 1 Satz 2 InsVV ausdrücklich bezieht.[108)] Auch wenn man den Vergütungsrahmen von jetzt 35 € bis 95 € mit Recht als zu eng und zu niedrig beurteilt, kann deswegen nicht völlig von § 17 Abs. 1 Satz 1 InsVV abgegangen werden. Die Entwurfsbegründung billigt die Praxis der Vergütungsgewährung als Prozentsatz der Verwaltervergütung nicht so eindeutig, wie weithin angenommen wird.

45 Die **Vergütungsbestimmung allein als Bruchteil der Verwaltervergütung** wurde schon von *Uhlenbruck* **zu Recht kritisch** beurteilt und im Ergebnis abgelehnt.[109)] Er lässt zwar die Gewährung einer Pauschalvergütung zu; diese müsse sich aber immer am Gesamtaufwand der Tätigkeit orientieren, wobei nicht allein der zeitliche, sondern auch der qualitative Aufwand gemeint sei.[110)] Die pauschale Vergütung soll sich deshalb an einem für das konkrete Verfahren angenommenen Stundenaufwand orientieren,[111)] sie muss insoweit unter Berücksichtigung des § 17 Abs. 1 Satz 1 InsVV transparent und plausibel sein.

46 Eine Vergütungsbestimmung i. H. eines Anteils der Verwaltervergütung ist abzulehnen.[112)] Es bestehen letztlich kein Bedürfnis und **kein plausibler Grund**, die Vergütung als Bruchteil der Verwaltervergütung festzusetzen. Eine ausreichende Vergütung der Mitglieder des Gläubigerausschusses kann auch in Gemäßheit des § 17 InsVV bestimmt werden: Je nach Eignung und Befähigung des jeweiligen Mitglieds für die Ausschusstätigkeit kann ihm ein höherer Stundensatz als 95 € zugebilligt werden, § 17 Abs. 1 Satz 1 InsVV erlaubt dies mit dem Adverb „regelmäßig". Weist das Insolvenzverfahren besondere Erschwernisse auf, die sich auf die Tätigkeit qualitativ ausgewirkt haben – z. B. besondere rechtliche Schwierigkeiten bei Vertragsgestaltungen oder -prüfungen –, so kann der Stundensatz erhöht werden. Im Übrigen ergibt sich auch bei Großverfahren der Umfang der Tätigkeit aus dem erhöhten Zeitaufwand, der entsprechend zu berücksichtigen ist. Es ist hier nicht zuletzt eine Frage der Flexibilität und Souveränität des Insolvenzgerichts, die Angabe des Stundenaufwandes im Vergütungsantrag anzuerkennen oder als überhöht zu beanstanden. Der regelmäßig geforderte Stundennachweis kann ohnehin nur einer Plausibilitätskontrolle unterliegen.

47 Zuletzt liegt es auch im Interesse der Mitglieder eines Gläubigerausschusses selbst, die **Vergütung transparent und sachlich begründet** festgesetzt zu erhalten. Es besteht die Gefahr

105) BGH, Beschl. v. 8.10.2009 – IX ZB 11/08, ZIP 2009, 2453 = ZVI 2009, 473, dazu EWiR 2010, 255 *(Ferslev)*.

106) *Prasser* in: KPB, InsO, § 73 Rz. 11.

107) Blersch/Goetsch/Haas-*Blersch*, InsO, § 17 InsVV Rz. 16; *Prasser* in: KPB, InsO, § 17 InsVV Rz. 10.

108) Begr. zum Entwurf einer InsVV, abgedr. unten in Anh. III, S. 689, 707.

109) *Kuhn/Uhlenbruck*, KO, § 91 Rz. 1a; so auch Uhlenbruck-*Knof*, InsO, § 73 Rz. 5, 6, 16.

110) In diesem Sinne auch *Riedel* in: MünchKomm-InsO, § 73 Rz. 17; Uhlenbruck-*Knof*, InsO, § 73 Rz. 6; *Prasser* in: KPB, InsO, § 73 Rz. 11; Blersch/Goetsch/Haas-*Blersch*, InsO, § 73 Rz. 6.

111) *Büttner* in: HambKomm-InsO, § 17 InsVV Rz. 23.

112) BGH, Beschl. v. 14.1.2021 – IX ZB 94/18, ZIP 2021, 581.

von Angriffen seitens einzelner Gläubiger oder Interessengruppen, wenn eine pauschal als Prozentsatz der Verwaltervergütung gewährte Vergütung den Anschein erweckt, sie stehe zur wirklichen Tätigkeit in keinem Verhältnis. Die Vergütung nach Stundensätzen, die im Ergebnis ebenso hoch sein kann, gewährt dagegen stets Transparenz und Plausibilität.

3. Die besondere Vergütung nach § 17 Abs. 2 InsVV

Absatz 2 zu § 17 InsVV wurde durch Art. 2 Nr. 1 des ESUG vom 7.12.2011 eingefügt. 48
Mit dieser besonderen Vergütung soll die Tätigkeit der Mitglieder des vorläufigen **Gläubigerausschusses im Eröffnungsverfahren** abgegolten werden, wenn diese bei der Auswahl des (vorläufigen) Insolvenzverwalters oder Sachwalters bei Eigenverwaltung nach § 56a InsO oder § 270b Abs. 3 InsO mitwirken.

Die besondere Vergütung beträgt **300 €** in den **bis 31.12.2020** beantragten Verfahren und 49
500 € in den **seit 1.1.2021** beantragten Verfahren. Sie betrifft als **Festbetrag** nur diese Tätigkeit.[113] Unerheblich ist, ob die Mitwirkung zeitlich aufwendig ist, ob bspw. Vorgespräche geführt werden müssen oder ob eine entsprechende Ausschusssitzung besonders lange dauerte. Die Materialien begründen die nicht sehr hohe Vergütung damit, es müsse eine Auszehrung der Masse verhindert werden und die Vergütung entspreche etwa einer dreistündigen Tätigkeit im Gläubigerausschuss.[114] Diese Aussage erscheint erstaunlich praxisfern.

IV. Das Festsetzungsverfahren

1. Auslagen und Umsatzsteuer (§ 18 InsVV)

Die Mitglieder des Gläubigerausschusses haben Anspruch auf **Erstattung ihrer Auslagen.** 50
Hierzu gehören Reisekosten, Porti oder Kosten für Schreibmaterial. Diese sind nach der Sonderregelung des § 18 Abs. 1 InsVV einzeln aufzuführen und zu belegen.[115] Die Geltendmachung der Pauschale nach § 8 Abs. 3 InsVV ist für die Mitglieder des Gläubigerausschusses nicht vorgesehen.[116]

Das einzelne Gläubigerausschussmitglied kann unter denselben Voraussetzungen, wie sie 51
für den Insolvenzverwalter gelten, **Externe mit der Ausführung einzelner Tätigkeiten beauftragen** (siehe oben § 2 Rz. 142 ff.). Zwar findet § 4 Abs. 1 Satz 3 InsVV auf den Gläubigerausschuss keine Anwendung, weil dieser nicht berechtigt ist, Masseverbindlichkeiten zu begründen, wohl aber § 4 Abs. 2 InsVV. So können bspw. die Kosten für eine besonders angestellte Schreibkraft oder für einen besonders beauftragten Sachverständigen als Auslagen ersetzt werden.[117]

Insbesondere gilt dies für die **Bestellung eines externen Kassenprüfers.** Der BGH sieht 52
diese Tätigkeit ausdrücklich als Pflicht des Gläubigerausschusses an, erkennt aber auch Delegationsfähigkeit an.[118] Der von den Mitgliedern des Gläubigerausschusses beauftragte Sachverständige muss seinerseits nicht nach den Stundensätzen des § 9 JVEG vergütet werden, er darf marktübliche Stundensätze abrechnen. Das JVEG wäre auch dann nicht anwendbar, wenn der Insolvenzverwalter den Sachverständigen beauftragen würde. Dessen Beauftragung erfolgt in jedem Fall zivilrechtlich und nicht hoheitlich seitens des Insolvenzgerichts.[119]

---

113) AG Konstanz, Beschl. v. 11.8.2015 – 40 IN 408/14, ZIP 2015, 1841 = NZI 2015, 959, dazu EWiR 2015, 711 *(Mock)*.
114) Begr. RegE ESUG, BT-Drucks. 17/5712, S. 43.
115) Uhlenbruck-*Knof*, InsO, § 73 Rz. 20; *Prasser* in: KPB, InsO, § 18 InsVV Rz. 2.
116) *Stephan* in: MünchKomm-InsO, § 18 InsVV Rz. 3.
117) *Stephan* in: MünchKomm-InsO, § 18 InsVV Rz. 6.
118) BGH, Urt. v. 9.10.2014 – IX ZR 140/11, BGHZ 202, 324 = DZWIR 2015, 185 m. Anm. *Keller*.
119) *Keller*, DZWIR 2015, 185 (Anm. zu BGH, Urt. v. 9.10.2014 – IX ZR 140/11, BGHZ 202, 324); *Graeber/Graeber*, InsVV, § 18 Rz. 7.

53 Da die Mitglieder des Gläubigerausschusses ähnlich wie der Insolvenzverwalter der Gefahr persönlicher Haftung i. R. ihrer Tätigkeit unterliegen (§ 71 InsO),[120] stellt sich auch für sie die Frage der Erstattungsfähigkeit der **Kosten einer Vermögensschadenhaftpflichtversicherung** als Auslage. Diese Frage ist zu bejahen.[121] Die Regelung des § 4 Abs. 3 Satz 2 InsVV, die über § 10 InsVV auch für die Mitglieder des Gläubigerausschusses gilt und durch § 18 Abs. 1 InsVV nicht ausgeschlossen wird, stellt klar, dass auch für die Gläubigerausschussmitglieder die Prämien einer Haftpflichtversicherung erstattungsfähig sind.

54 Die oft anzutreffende Praxis, Kosten der Haftpflichtversicherung durch den Insolvenzverwalter als **Masseverbindlichkeit** i. S. des § 55 Abs. 1 Nr. 1 InsO zu begleichen, steht damit jedoch **in Widerspruch**. Um eine Erstattungsfähigkeit zu gewährleisten, sollte dies vor Abschluss der Versicherung mit dem Insolvenzgericht abgestimmt werden.[122] Kosten der Haftpflichtversicherung können dann auch i. R. der Vorschussgewährung beglichen werden, so dass diese nicht erst am Ende des Verfahrens gezahlt werden müssen. Die Unterscheidung hat praktisch für den Fall einer Masseunzulänglichkeit Bedeutung, da nur dann die unterschiedliche Qualifikation als Kosten des Insolvenzverfahrens oder als Masseverbindlichkeit relevant wird (§ 209 Abs. 1 InsO).

55 Soweit ein Mitglied des Gläubigerausschusses zur Zahlung von **Umsatzsteuer** verpflichtet ist, ist ihm diese nach § 18 Abs. 2 InsVV in voller Höhe zu erstatten.[123] In besonders umfangreichen Verfahren kann sich die Umsatzsteuerpflicht auch allein aus der Höhe der Vergütung ergeben, wenn die maßgeblichen Umsätze aus § 19 UStG überschritten werden. Dies muss das einzelne Mitglied selbst beachten, der Insolvenzverwalter oder auch das Insolvenzgericht sind nicht verpflichtet, darauf hinzuweisen. Die Umsatzsteuer kann auch nachträglich ergänzend festgesetzt werden.[124]

2. Die Festsetzung der Vergütung

56 Für das Verfahren der Festsetzung der Vergütung der Gläubigerausschussmitglieder gilt § 64 InsO, ergänzt durch die Verfahrensregelung des § 8 InsVV (§ 73 Abs. 2 InsVV). In dem Antrag auf Festsetzung der Vergütung ist insbesondere der genaue zeitliche Umfang der Tätigkeit anzugeben, für welche die Vergütung begehrt wird. Soweit ein erhöhter Stundensatz beantragt wird, ist dies unter Darlegung der besonderen Umstände zu begründen.

57 Vor Festsetzung der Vergütung kann der **Gläubigerversammlung Gelegenheit zur Stellungnahme** gegeben werden, was regelmäßig im Schlusstermin des Insolvenzverfahrens erfolgt.[125] Die noch in § 91 Abs. 1 Satz 2 KO normierte Pflicht zur Anhörung der Gläubigerversammlung besteht nach dem Wortlaut des § 73 InsO aber nicht,[126] sie entspringt allgemeinen Grundsätzen des rechtlichen Gehörs und fair trial.

58 Der Festsetzungsbeschluss hat wie bei der Vergütung des Insolvenzverwalters die Vergütung, die Auslagen und die jeweilige Umsatzsteuer getrennt auszuweisen. Er ist nach § 64

---

120) BGH, Urt. v. 11.12.1967 – VII ZR 139/65, BGHZ 49, 121 (zur Kassenprüfungspflicht des Gläubigerausschusses); BGH, Urt. v. 11.11.1993 – IX ZR 35/93, BGHZ 124, 86 = ZIP 1994, 46; eingehend Uhlenbruck-*Knof*, InsO, § 71 Rz. 3 ff.; *Kübler* in: KPB, InsO, § 71 Rz. 4.

121) Uhlenbruck-*Knof*, InsO, § 73 Rz. 21; *Kübler* in: KPB, InsO, § 71 Rz. 29; *Prasser* in: KPB, InsO, § 17 InsVV Rz. 20; ausführlich *Uhlenbruck*, VersR 1973, 499.

122) Uhlenbruck-*Knof*, InsO, § 73 Rz. 21.

123) Uhlenbruck-*Knof*, InsO, § 73 Rz. 27.

124) LG Aurich, Beschl. v. 14.7.2010 – 4 T 205/10, juris.

125) LG Göttingen, Beschl. v. 1.12.2004 – 10 T 128/04, ZIP 2005, 590 = NZI 2005, 340; *Kuhn/Uhlenbruck*, KO, § 91 Rz. 7; Uhlenbruck-*Knof*, InsO, § 73 Rz. 2.

126) Uhlenbruck-*Knof*, InsO, § 73 Rz. 30.

Abs. 2 InsO öffentlich bekannt zu machen und neben dem Schuldner und dem Verwalter auch den betroffenen Mitgliedern des Gläubigerausschusses besonders zuzustellen.[127)]

Im Verfahren mit **Kostenstundung** (§§ 4a ff. InsO) haftet nach § 63 Abs. 2 InsO die Staatskasse auch für die Vergütung der Mitglieder des Gläubigerausschusses.[128)] Vor einer Vergütungsfestsetzung kann dem Vertreter der Staatskasse (Bezirksrevisor) rechtliches Gehör gewährt werden.[129)] Eine Weisungsbefugnis gegenüber dem Insolvenzgericht besteht aber keinesfalls (siehe dazu auch § 14 Rz. 36). 59

Gegen den Festsetzungsbeschluss steht neben den in § 64 Abs. 3 InsO genannten Beteiligten auch den betroffenen Mitgliedern des Gläubigerausschusses die **sofortige Beschwerde** als Rechtsmittel zu.[130)] Für diese gelten die allgemeinen Zulässigkeitsvoraussetzungen (siehe § 15 Rz. 75 ff.). 60

3. Die Vorschussgewährung

Die Möglichkeit der Vorschussgewährung war im ersten Entwurf einer InsVV (§ 18 Abs. 3) noch ausdrücklich vorgesehen,[131)] fand in den Text des § 18 InsVV jedoch keinen Eingang. Dennoch entspricht es allgemeiner Ansicht, den Mitgliedern des Gläubigerausschusses einen **Vorschuss auf ihre Vergütung und auf den Auslagenersatz** zuzubilligen.[132)] Der Vorschuss sollte entsprechend § 9 InsVV nach einem Jahr seit Eröffnung des Insolvenzverfahrens gewährt werden oder dann, wenn dem einzelnen Mitglied erhebliche Auslagen, z. B. Haftpflichtversicherungsbeiträge, entstehen. Der Vorschuss bedarf entsprechend § 9 InsVV der Zustimmung des Insolvenzgerichts. Der Insolvenzverwalter kann den Vorschussbetrag erst nach gerichtlicher Zustimmung auszahlen; er hat gegenüber den Mitgliedern des Gläubigerausschusses keine Hinweis- oder Beratungspflicht.[133)] Die Vorschussgewährung beinhaltet keine bindende Vorfestlegung der Höhe einzelner Stundensätze.[134)] Sicherzustellen bei der Vorschussgewährung ist aber, dass die Höhe der voraussichtlichen Endvergütung nicht überschritten wird. 61

127) *Stephan* in: MünchKomm-InsO, InsO, § 17 InsVV Rz. 39.

128) Jaeger-*Gerhardt*, InsO, § 73 Rz. 2; *Riedel* in: MünchKomm-InsO, § 73 Rz. 5; Uhlenbruck-*Knof*, InsO, § 73 Rz. 2; Blersch/Goetsch/Haas-*Blersch*, InsO, § 73 Rz. 11.

129) *Nowak* in: MünchKomm-InsO, 2. Aufl. 2007, § 17 InsVV Rz. 22.

130) Uhlenbruck-*Knof*, InsO, § 73 Rz. 32; *Prasser* in: KPB, InsO, § 17 InsVV Rz. 24.

131) *Prasser* in: KPB, InsO, § 73 Rz. 25.

132) Jaeger-*Gerhardt*, InsO, § 73 Rz. 17; Uhlenbruck-*Knof*, InsO, § 73 Rz. 23 ff.; *Stephan* in: MünchKomm-InsO, § 18 InsVV Rz. 8; Blersch/Goetsch/Haas-*Blersch*, InsO, § 73 Rz. 9; *Prasser* in: KPB, InsO, § 73 Rz. 18.

133) LG Hamburg, Urt. v. 14.2.2020 – 322 O 321/19, ZIP 2020, 925, dazu EWiR 2020, 407 *(Webel)*.

134) Uhlenbruck-*Knof*, InsO, § 73 Rz. 23 ff.

§ 14
Auslagenersatz und Umsatzsteuererstattung

Übersicht

Aufsatzliteratur: *Ast*, Über den Umgang mit Nullmassen, ZVI 2002, 183; *Bilsdorfer*, Zur Höhe des Umsatzsteuersatzes bei Rechtsanwälten als Konkursverwalter, ZIP 1980, 93; *Buyer*, Kann die vom Konkursverwalter für seine Tätigkeit zu entrichtende Umsatzsteuer als Vorsteuer zur Konkursmasse erstattet werden?, DB 1984, 321; *Frotscher*, Zur umsatzsteuerlichen Stellung des Konkursverwalters, ZIP 1983, 1307; *Graeber*, Zur Übertragung der Zustellungen nach § 8 Abs. 3 InsO und ihre Berücksichtigung bei der Vergütungsfestsetzung, ZInsO 2005, 752; *Gutmann/Schendel*, Tag der Abrechnung: Was Insolvenzverfahren kosten, INDat-Report 7/2019, S. 11; *Heilmann*, Umsatzsteuer auf die Konkursverwaltervergütung, BB 1984, 1228; *Janca*, Die Umsatzsteueranhebung zum 1.1.2007 auf 19 % und die Auswirkungen auf die Gutachter- und Verwaltervergütung, ZInsO 2006, 1191; *Keller*, Der Auslagenersatz des Insolvenzverwalters bei der Beauftragung zu Zustellungen nach § 8 Abs. 3 InsO, DZWIR 2007, 353; *Keller*, Die Erstattungsfähigkeit der Kosten elektronischer Auskunfts- und Informationssysteme für den Insolvenzverwalter, NZI 2005, 493; *Keller*, Die Neuregelungen der InsVV zur Mindestvergütung in masselosen Insolvenzverfahren, ZVI 2004, 569; *Keller*, Aktuelle Fragen zur Vergütung des Insolvenzverwalters bei Kleininsolvenzen, ZVI 2002, 437; *Kluth*, Keine Geltendmachung von Kosten für ein Gläubigerinformationssystem vom Insolvenzverwalter als Massekosten, NZI 2016, 865; *Marquardt*, Gebühren für die dem Insolvenzverwalter übertragenen Zustellungen, NZI 2022, 54; *Onusseit*, Umsatzsteuerliche Behandlung der Insolvenzverwalterleistung, ZInsO 2008, 1337; *Onusseit*, Zwangsverwaltung und Umsatzsteuer, ZfIR 2007, 121; *Pape*, Umsatzsteuerfragen bei der Festsetzung der Konkurs-/Gesamtvollstreckungsverwaltervergütung, Rpfleger 1996, 438; *Stadie*, Umsatzsteuerausgleich bei Vorschußzahlungen an den Konkursverwalter, ZIP 1996, 665; *Stephan*, Steuererklärung und Null-Massen-Insolvenz, ZVI 2002, 187; *Thies*, Service zur Beantwortung von Sachstandsanfragen im Insolvenzverfahren, DZWIR 1999, 369; *Uhlenbruck*, Die insolvenzrechtliche Behandlung von Prämien für die Vermögensschaden-Haftpflichtversicherung von Verwaltern und Mitgliedern der gesetzlichen Gläubigervertretungen, VersR 1973, 499; *Urban*, Kein Vorsteuererstattungsanspruch der Masse wegen der auf die Konkursverwaltervergütung entfallenden Umsatzsteuer, DB 1985, 81; *Vogt*, Die neue Vergütung in Verbraucherinsolvenzverfahren und der „Dauerbrenner" Zustellkosten, ZVI 2016, 9; *Weinkauf*, Abzugsfähigkeit der in der Konkursvergütung enthaltenen Umsatzsteuer bei der Gemeinschuldnerin, ZIP 1985, 662.

I. Der Ersatz angemessener Auslagen (§ 4 InsVV)

1. Die Unterscheidung zwischen allgemeinen Geschäftskosten und erstattungsfähigen Auslagen

1 Der Insolvenzverwalter hat **Anspruch auf Ersatz seiner Auslagen** (§ 63 Abs. 1 InsO). Dieser **Anspruch wird durch § 4 InsVV konkretisiert.**[1] Nach dessen Absatz 1 werden durch die Vergütung des Insolvenzverwalters auch seine allgemeinen Geschäftskosten abgegolten. Diese bestehen in Abgrenzung zu den besonderen Auslagen in den Kosten des Insolvenzverwalters, die auch dann anfallen, wenn er in dem konkreten Verfahren nicht zum Verwalter bestellt worden wäre.[2] **Allgemeine Geschäftskosten** können nicht einem bestimmten Insolvenzverfahren zugeordnet werden, sondern **entstehen i. R. der allgemeinen beruflichen Tätigkeit des Insolvenzverwalters**, die ja auch nicht nur aus Insolvenzverwaltung bestehen muss. Deshalb ist es logisch, dass sie nicht gesondert erstattet werden können. Damit ist auch klargestellt, dass die Vergütung des Insolvenzverwalters nicht als sein persönliches privates Einkommen anzusehen ist, sondern als Teil des Umsatzes i. R. seiner beruflichen Tätigkeit (siehe dazu auch oben § 2 Rz. 86 ff.).

a) Die allgemeinen Geschäftskosten des Insolvenzverwalters

2 Zu den **allgemeinen Geschäftskosten** gehören insbesondere die Kosten der Unterhaltung des eigenen Büros, Miete, Betriebskosten, Büroausstattung, Computerhard- und -software und die allgemeinen Personalkosten.[3] Letztere werden durch § 4 Abs. 1 Satz 2 InsVV ausdrücklich zu den allgemeinen Kosten des Verwalters gezählt. Die **Kosten für eigenes Personal** sind **auch dann** mit der Vergütung **abgegolten**, wenn dieses **eigens für das konkrete Insolvenzverfahren** eingestellt wird. Das kann der Fall sein, wenn der Verwalter wegen des besonderen Umfangs des Insolvenzverfahrens weitere Sachbearbeiter benötigt. Mit dieser Regelung in § 4 Abs. 1 Satz 2 InsVV durchbricht der Verordnungstext den genannten Grundsatz zur Abgrenzung von allgemeinen Geschäftskosten und erstattungsfähigen Auslagen. Mit ihr sollte der frühere § 5 Abs. 2 Satz 1 VergVO[4] ersetzt und die Problematik der Anstellung von Hilfskräften einer klareren Regelung zugeführt werden.[5]

b) Der Begriff der Auslagen i. S. des § 4 Abs. 2 InsVV

3 Als besondere Auslagen erstattungsfähig sind diejenigen Kosten des Verwalters, die ihm **aus Anlass des konkreten Insolvenzverfahrens tatsächlich entstehen.**[6] Die Kosten müssen angemessen sein (§ 63 Abs. 1 Satz 1 InsO).[7] Die Angemessenheit wird allgemein nach

---

1) Zum Verhältnis zur Vorgängernorm des § 5 VergVO: Begr. zum Entwurf einer InsVV (§ 4), abgedr. unten in Anh. III, S. 689, 698, 699.

2) Zur Abgrenzung *Stoffler* in: KPB, InsO, § 4 InsVV Rz. 6.

3) Eingehend zur Kalkulation von Sach- und Personalkosten in der Insolvenzverwaltung *Gutmann/Schendel*, INDat-Report 7/2019, S. 11.

4) Dazu bereits ausführlich *Eickmann*, VergVO, § 5 Rz. 16 ff.; *Kuhn/Uhlenbruck*, KO, § 85 Rz. 9b ff.

5) Begr. zum Entwurf einer InsVV (§ 4), abgedr. unten in Anh. III, S. 689, 698, 699.

6) *Stoffler* in: KPB, InsO, § 4 InsVV Rz. 1.

7) Zu Reisekosten *Stoffler* in: KPB, InsO, § 4 InsVV Rz. 18.

den Grundsätzen der §§ 670, 675 BGB beurteilt.[8] Angemessen und damit erstattungsfähig sind diejenigen Auslagen, von welchen der Verwalter bei ihrem Entstehen (ex ante) annehmen durfte, dass sie im Interesse des Insolvenzverfahrens notwendig gewesen seien.[9] Es kommt mithin nicht darauf an, ob das Insolvenzgericht im Nachhinein (ex post) der Meinung ist, die Auslagen seien nicht notwendig gewesen.

2. Einzelne erstattungsfähige Auslagen

a) Beschäftigung von Hilfskräften und Beauftragung externer Dienstleister (§ 4 Abs. 1 Satz 3 InsVV)

Die **Delegation einzelner Aufgaben** durch den Insolvenzverwalter an Dritte, die im Verordnungstext etwas misslich als **„Beschäftigung von Hilfskräften"** bezeichnet, ist vergütungsrechtlich differenziert zu betrachten (siehe dazu ausführlich oben § 2 Rz. 138 ff.). Der Wortlaut von § 4 Abs. 1 Satz 2 und Satz 3 InsVV erscheint dabei widersprüchlich, da es für die Auslagenerstattung scheinbar nur darauf ankommt, ob der Insolvenzverwalter Hilfskräfte im eigenen Büro oder für die Insolvenzmasse anstellt. Nach § 4 Abs. 1 Satz 2 InsVV sind die Kosten des eigenen Personals, auch soweit es für das konkrete Verfahren angestellt wird, mit der Vergütung abgegolten. Nach § 4 Abs. 1 Satz 3 InsVV und der Begründung zum Verordnungsentwurf soll der Insolvenzverwalter **Honorare für Hilfskräfte als Masseverbindlichkeiten** laufend aus der Masse entnehmen können; darunter ist terminologisch treffender die **Delegation an externe Dienstleister** zu verstehen.[10] 4

Er hat dies in seinem **Vergütungsantrag detailliert zu dokumentieren** (§ 8 Abs. 2 InsVV).[11] 5
Das Gericht hat zu prüfen, ob die Delegation rechtlich zulässig und sachlich angemessen war.[12] Die wirtschaftliche Zweckmäßigkeit der Dienst- oder Werkverträge ist nicht zu prüfen.[13] Der eigentliche Regelungsgehalt des § 4 Abs. 1 Satz 3 InsVV besteht darin, dass der Insolvenzverwalter bei den Kosten einer Delegation nicht auf die Auslagenerstattung mit Festsetzung der Vergütung nach § 8 InsVV oder Gewährung eines Vorschusses nach § 9 InsVV angewiesen ist, sondern diese Kosten als Masseverbindlichkeiten nach § 55 Abs. 1 Nr. 1 InsO unmittelbar der Masse entnehmen kann.

Im Einzelnen sind folgende **Fallgestaltungen der Delegation** und der Beschäftigung von Hilfskräften zu unterscheiden:[14] 6

- Der Insolvenzverwalter kann zur Insolvenzabwicklung **eigenes Personal** einsetzen. Dies umfasst Tätigkeiten wie Fertigung der Informationsschreiben an Gläubiger, Prüfung der Forderungsanmeldungen und Aufstellung der Insolvenztabelle, Fertigung der Berichte an das Gericht, Fertigung der Schlussrechnung. Diese Personalkosten sind mit der Vergütung abgegolten.[15]
- Der Insolvenzverwalter kann zur Erledigung der vorstehend genannten Aufgaben auch **weiteres Personal innerhalb seines Büros anstellen.** Den Dienstvertrag nach § 611

8) *Stoffler* in: KPB, InsO, § 4 InsVV Rz. 12; zum Anspruch auf Aufwendungsersatz in diesem Sinne *F. Schäfer* in: MünchKomm-BGB, § 670 Rz. 9.

9) *Stoffler* in: KPB, InsO, § 4 InsVV Rz. 12.

10) So bereits *Eickmann*, VergVO, § 5 Rz. 28.

11) BGH, Beschl. v. 11.11.2004 – IX ZB 48/04, ZIP 2005, 36 = ZVI 2005, 152, dazu EWiR 2005, 833 *(Henssler/Deckenbrock)*.

12) BGH, Beschl. v. 11.11.2004 – IX ZB 48/04, ZIP 2005, 36 = ZVI 2005, 152.

13) Begr. zum Entwurf einer InsVV (§ 4), abgedr. unten in Anh. III, S. 689, 698, 699.

14) Eingehend auch *Stoffler* in: KPB, InsO, § 4 InsVV Rz. 54 ff.

15) BGH, Beschl. v. 13.7.2006 – IX ZB 198/05, ZIP 2006, 1501 = ZVI 2006, 407, dazu EWiR 2006, 569 *(Prasser)*.

BGB schließt er hier nicht in seiner Eigenschaft als Insolvenzverwalter für die Insolvenzmasse. Auch diese Personalkosten sind mit der Vergütung abgegolten (§ 4 Abs. 1 Satz 2 InsVV).

- Soweit eine Tätigkeit der Insolvenzverwaltung als solche delegationsfähig ist, kann der Insolvenzverwalter sie an **Externe delegieren** oder i. R. besonderer beruflicher Qualifikation selbst übernehmen (§ 5 InsVV). Die Vergütungen an Dritte kann er als Masseverbindlichkeit (§ 55 Abs. 1 Nr. 1 InsO) unmittelbar entrichten (§ 4 Abs. 1 Satz 3 InsVV), die eigenen Vergütungen kann er unter Beachtung des § 1 Abs. 2 lit. a InsVV aus der Masse entnehmen. In beiden Fällen unterliegt er der Dokumentationspflicht des § 8 Abs. 2 InsVV und der Kontrolle des Insolvenzgerichts.
  - **Delegationsfähig** sind bspw. die laufende handelsrechtliche Buchführung (bspw. bei Übertragung an ein spezialisiertes Büro), die laufende steuerrechtliche Buchführung, die Prozessführung durch einen Anwalt, die Einziehung von Außenständen bei einer sehr hohen Zahl von Drittschuldnern (Inkasso),[16] die Verwaltung umfangreichen Immobilienbesitzes des Schuldners (Hausverwaltung vermieteter Objekte)[17] oder die Beauftragung von Sachverständigen zur Wertermittlung von Massegegenständen.[18]
  - **Nicht delegationsfähig** sind die höchstpersönlichen Entscheidungen in Bezug auf die Prozessaufnahme nach § 85 InsO, die Vertragserfüllung nach §§ 103 ff. InsO oder die Entscheidung über Geltendmachung Insolvenzanfechtung nach §§ 129 ff. InsO, wohl aber wieder die entsprechende Prozessführung.[19] Auch die Prüfung der Forderungsanmeldungen sowie die Anlegung und Führung der Insolvenztabelle nach §§ 174 ff. InsO sind als nicht delegierbar anzusehen, da mit der Aufnahme der Forderungen in die Tabelle schon eine Vorprüfung verbunden ist, die nur dem Insolvenzverwalter (und seinen Mitarbeitern) zukommt, und mit der Forderungsfeststellung selbst (§§ 176, 178 InsO) eine Tätigkeit gegeben ist, die unmittelbar mit dem Verwalteramt verbunden ist und nur ihm zukommt.[20]
- Der Insolvenzverwalter kann sich zur Insolvenzabwicklung auch des **vorhandenen Personals des Schuldners** bedienen. Dies erfolgt in der Praxis häufig im Zusammenhang mit der Abwicklung von Arbeitsverhältnissen, der laufenden Lohnkostenberechnung oder der Vorbereitung der Insolvenzgeldberechnungen (§§ 165 ff. SGB III).[21] Die Lohnkosten des Personals des Schuldners sind Masseverbindlichkeiten nach § 55 Abs. 1 Nr. 2 InsO.[22]
- Der Insolvenzverwalter kann zuletzt auch **für die Insolvenzmasse neues Personal einstellen.** Dessen Kosten sind Masseverbindlichkeiten nach § 55 Abs. 1 Nr. 1 InsO. Die Übertragung von Aufgaben der Insolvenzabwicklung an dieses Personal ist aber nur so weit möglich, wie diese wieder delegationsfähig sind. Stellt der Insolvenzverwalter bspw. zur Unternehmensfortführung neues Personal ein, z. B. einen sog. Interimsmanager, ist dies letztlich keine Frage von Delegationsfähigkeit und Auslagenersatz,

16) *Stoffler* in: KPB, InsO, § 4 InsVV Rz. 115; nach *Nowak* in: MünchKomm-InsO, 2. Aufl. 2007, § 4 InsVV Rz. 13, anzunehmen bei 200 Drittschuldnern; ausdrücklich offengelassen von BGH, Beschl. v. 11.11.2004 – IX ZB 48/04, ZIP 2005, 36 = ZVI 2005, 152.

17) *Stoffler* in: KPB, InsO, § 4 InsVV Rz. 78 ff.

18) *Stoffler* in: KPB, InsO, § 4 InsVV Rz. 82 ff.

19) *Stoffler* in: KPB, InsO, § 4 InsVV Rz. 104 ff.

20) *Stoffler* in: KPB, InsO, § 4 InsVV Rz. 109.

21) *Stoffler* in: KPB, InsO, § 4 InsVV Rz. 118 ff.

22) Allgemein zur Einteilung der Arbeitnehmerforderungen *Keller*, Insolvenzrecht, Rz. 1415 ff., 1427 ff.

sondern eine solche der wirtschaftlichen Zweckmäßigkeit des Verwalterhandelns unter Berücksichtigung der Beschlüsse der Gläubigerversammlung nach §§ 157 ff. InsO.

b) Kosten für Post und Telekommunikation

Portokosten sind als Auslagen nach § 4 Abs. 2 InsVV erstattungsfähig, wenn sie sich dem konkreten Insolvenzverfahren zuordnen lassen. Hierzu zählt insbesondere das **Porto für die Mitteilungsschreiben** des Insolvenzverwalters an die Insolvenzgläubiger mit **Übermittlung der Formblätter zur Forderungsanmeldung**[23] oder für die Übersendung von Berichten. Das Porto für die Mitteilungen zum Ergebnis der Forderungsprüfung ist ebenso erstattungsfähig, auch wenn der Insolvenzverwalter – wie regelmäßig üblich – dieses allen Gläubigern mitteilt und nicht lediglich – wie § 179 Abs. 3 InsO für das Gericht vorsieht – den Gläubigern bestrittener Forderungen.[24] Erfahrungsgemäß wollen Gläubiger auch mitgeteilt erhalten, dass ihre Forderung festgestellt worden ist. 7

Kosten für Telekommunikation sind erstattungsfähig, soweit sie einem konkreten Insolvenzverfahren zugeordnet werden können. In Zeiten elektronischer Erfassung von Telefongesprächen ist dies ohne weiteres möglich. 8

c) Reisekosten

Reisekosten des Insolvenzverwalters sind als erstattungsfähige Auslagen in § 4 Abs. 2 InsVV ebenso wie früher in § 5 Abs. 2 VergVO ausdrücklich genannt. Sie sind erstattungsfähig, wenn sie dem Insolvenzverwalter für das konkrete Insolvenzverfahren tatsächlich erwachsen sind.[25] Zu den Reisekosten gehören selbstverständlich auch Kosten einer Unterkunft und Verpflegung. 9

Nicht erstattungsfähig sind die Kosten des Insolvenzverwalters für **Fahrten zum Schuldner**[26] oder zum Insolvenzgericht, insbesondere zur **Teilnahme an Gläubigerversammlungen**; das gilt auch für den besonderen Prüfungstermin nach § 177 InsO. Diese „Reisen" gehören zu den allgemeinen verfahrensrechtlichen Pflichten des Insolvenzverwalters, wie er auch stets gegenüber dem Gericht präsent sein muss. Er kann deshalb auch nicht Fahrtkosten für den besonderen Prüfungstermin nach § 177 Abs. 1 Satz 2 InsO dem säumigen Gläubiger in Rechnung stellen. Erstattungsfähige Reisekosten sind bspw. solche zur Ermittlung von Massegegenständen (Immobilienbesitz in Spanien) oder zur Verwertung der Insolvenzmasse (Verhandlungen mit Investoren). 10

Für die **Berechnung der Höhe** der Reise-, Unterkunfts- und Verpflegungskosten bestehen keine Regelungen. Insbesondere sind die Regelungen des Rechtsanwaltsvergütungsgesetzes – RVG (Nr. 7003 ff. RVG VV) oder gar des Reisekostenrechts des öffentlichen Dienstes nicht entsprechend anzuwenden.[27] Es ist vielmehr für den Einzelfall zu entscheiden, was als angemessen erstattungsfähig ist. So wird es dem Insolvenzverwalter bei einem Inlandsflug durchaus zuzumuten sein, einen Platz in der Economy-Class zu buchen, während eine längere Bahnfahrt schon wegen der besseren Arbeitsmöglichkeiten in der 1. Klasse absolviert 11

23) *Frege/Keller/Riedel*, Insolvenzrecht, Rz. 3.1010 ff.

24) Uhlenbruck-*Sinz*, InsO, § 179 Rz. 38; *Frege/Keller/Riedel*, Insolvenzrecht, Rz. 3.1124, 3.1125.

25) BGH, Beschl. v. 13.7.2004 – X ZB 40/03, ZIP 2004, 2115 = NZI 2004, 597; BGH, Beschl. v. 4.7.2005 – II ZB 14/04, ZVI 2005, 506; eine Erstattung fiktiver Kosten bei Beauftragung eines Anwalts befürwortend OLG Jena, Beschl. v. 13.5.2003 – 6 W 131/03, ZInsO 2003, 523; ablehnend OLG München, Beschl. v. 5.2.2004 – 11 W 2657/03, ZIP 2004, 1287 = NZI 2004, 279, dazu EWiR 2004, 1199 *(Henssler/Muthers)*.

26) Anders für das Verbraucherinsolvenzverfahren AG Potsdam, Beschl. v. 23.1.2001 – 35 IK 18/99, NZI 2001, 159.

27) *Stoffler* in: KPB, InsO, § 4 InsVV Rz. 19.

werden sollte. Immerhin billigt der Gesetzgeber auch dem Zeugen die Bahnfahrt 1. Klasse zu (§ 19 Abs. 1 Nr. 1 mit § 5 Abs. 1 JVEG). Keinesfalls darf das Insolvenzgericht i. R. der Festsetzung der Auslagenerstattung einen kleinlichen Maßstab anwenden und eigene vermeintlich richtige Ansichten versuchen dem Insolvenzverwalter aufzuoktroyieren.[28]

d) Kosten einer besondere Haftpflichtversicherung

12 Mit der Vergütung sind nach § 4 Abs. 3 Satz 1 InsVV auch die **Kosten einer allgemeinen Haftpflichtversicherung** des Verwalters abgedeckt;[29] sie werden nicht gesondert erstattet. Mit Wirkung zum 1.1.2021 wurde § 4 Abs. 3 InsVV dahingehend konkretisiert, dass die Kosten einer Haftpflichtversicherung mit einer **Versicherungssumme bis zu 2 Mio. € pro Versicherungsfall** und mit einer **Jahreshöchstleistung bis zu 4 Mio. €** abgegolten sind. Ist die Verwaltung mit einem darüber hinausgehenden Haftungsrisiko verbunden, so sind die Kosten einer entsprechend höheren Versicherung besonders zu erstatten.

13 Dies entspricht den Grundsätzen ordnungsgemäßer Insolvenzverwaltung (GOI)[30] des *Verbandes der Insolvenzverwalter Deutschlands e. V.* Danach hat der Insolvenzverwalter eine Vermögensschadenhaftpflichtversicherung mit einer Deckungssumme von mindestens 2 Mio. € pro Versicherungsfall und 4 Mio. € Jahreshöchstleistung abzuschließen. Können sich aus einem Insolvenzverfahren, insbesondere mit Fortführung des Geschäftsbetriebes, für den Verwalter jedoch **besondere Haftungsrisiken** ergeben, stellt sich die Frage der Erstattung der Prämien für eine **besondere Haftpflichtversicherung**, die nur für das betreffende Insolvenzverfahren abgeschlossen wird.[31] Bei Beantwortung der Frage, wann eine besondere Haftpflichtversicherung gerechtfertigt ist, ist das Haftungsrisiko des konkreten Verfahrens mit dem eines durchschnittlichen Insolvenzverfahrens zu vergleichen.[32] Der Insolvenzverwalter sollte vor Abschluss einer besonderen Haftpflichtversicherung die Zustimmung des Insolvenzgerichts (§ 58 InsO) und des Gläubigerausschusses, wenn ein solcher bestellt ist, einholen.[33] Die Zustimmung der Gläubigerversammlung nach § 160 InsO subsidiär zum Gläubigerausschuss ist nicht erforderlich.

e) Kosten der elektronischen Auskunftserteilung

14 Der Insolvenzverwalter hat nach § 5 Abs. 5 InsO ein elektronisches Gläubigerinformationssystem vorzuhalten, mit welchem den Insolvenzgläubigern alle Entscheidungen des Insolvenzgerichts, alle Rechtsmittelentscheidungen und alle an das Insolvenzgericht übersandten Berichte zur Verfügung zu stellen sind.[34] Dazu bieten private Dienstleister elektronische Informationssysteme zur Auskunftserteilung an.[35] Zwar besteht für Insolvenzverwalter

---

28) *Stoffler* in: KPB, InsO, § 4 InsVV Rz. 19.

29) Dies entspricht der früheren Regelung des § 5 Abs. 1 Satz 4 VergVO; dazu *Eickmann*, VergVO, § 5 Rz. 11; Begr. zum Entwurf einer InsVV (§ 4), abgedr. unten in Anh. III, S. 689, 698, 699.

30) VID, Grundsätze ordnungsmäßiger Insolvenz- und Eigenverwaltung – GOI (1/2022) mit Prüfungsordnung (1/2021), abrufbar unter https://www.vid.de/der-verband/qualitaetsstandards/goi/ (Abrufdatum: 15.1.2026).

31) *Lorenz* in: FK-InsO, § 4 InsVV Rz. 33 ff.; zum früheren Recht bereits AG Bad Homburg, Beschl. v. 14.11.1979 – 6 N 32/78, ZIP 1980, 105; *Eickmann*, VergVO, § 5 Rz. 11; *Kuhn/Uhlenbruck*, KO, § 85 Rz. 10a; ausführlich bereits *Uhlenbruck*, VersR 1973, 499.

32) *Stoffler* in: KPB, InsO, § 4 InsVV Rz. 22.

33) Allgemein zum Verhältnis zwischen Insolvenzverwalter und Gläubigerausschuss *Frege/Keller/Riedel*, Insolvenzrecht, Rz. 3.263, 3.579 ff.

34) § 5 Abs. 5 InsO von einem „sollen" zu einem „haben" geändert durch Gesetz zur weiteren Digitalisierung der Justiz, v. 12.7.2024, BGBl. I 2024, Nr. 234.

35) *Thies*, DZWIR 1999, 369.

keine umfassende Auskunftspflicht gegenüber den Beteiligten.[36] Nach § 5 Abs. 5 InsO müssen sie aber die dort genannten Entscheidungen und Berichte zur Verfügung stellen. In der Praxis will sich der Insolvenzverwalter ohnehin einer angemessenen Unterrichtung der Gläubiger aber nicht verschließen. Dabei kann und muss er sich der technischen Unterstützung privater Dienstleister bedienen.[37]

Die **Kosten für die Einrichtung eines elektronischen Auskunftssystems** entstehen nicht für jedes Verfahren einzeln. Mit der Pflicht aus § 5 Abs. 5 InsO muss der Insolvenzverwalter ein solches stets vorhalten. Soweit der Insolvenzverwalter für die Einrichtung einer Internetauskunft neue Hardware oder besondere Software des beauftragten Dienstleisters erwirbt, sind diese Kosten von der Vergütung abgedeckt, da Hard- und Software nicht nur für das einzelne Insolvenzverfahren erworben werden. Wenn der Insolvenzverwalter ausnahmsweise auch für ein einzelnes Insolvenzverfahren mit dem Dienstleister einen Vertrag über die Durchführung der elektronischen Auskunft abschließen muss, sollten diese Kosten nach früherer Ansicht als besondere Kosten i. S. des § 4 Abs. 2 InsVV anzusehen sein.[38] Der BGH verneint eine Erstattungsfähigkeit.[39] Er verweist auf die Gefahr, dass dann auch sonstige Kosten als erstattungsfähig angesehen werden könnten, zudem müsse bei einer Erstattungsfähigkeit auch eine Arbeitsersparnis des Insolvenzverwalters bei Auskunftserteilung berücksichtigt werden.[40] Mit der Pflicht zur Einrichtung eines Informationssystems nach § 5 Abs. 5 InsO ist dem zuzustimmen. Es gehört zu den allgemeinen Verwalterpflichten und ist damit von der Vergütung abgegolten. Dass damit der Gesetzgeber dem Insolvenzverwalter Mehrkosten aufbürdet, ohne diese vergütungsrechtlich zu würdigen, mag zu Recht kritisiert werden, muss aber hingenommen werden. 15

Lässt sich der Insolvenzverwalter für die elektronische Auskunft ein **eigenes individuelles Programm** erstellen und führt er die elektronische Auskunft selbst durch, sind die Kosten der Hardware sowie die Kosten der Erstellung der individuellen Software nach § 4 Abs. 1 Satz 1 InsVV ebenso von der Vergütung abgedeckt. Erwägenswert wäre, die Kosten der Einrichtung einer eigenen elektronischen Auskunft als Auslagen auf die vom Insolvenzverwalter übernommenen Insolvenzverfahren zu verteilen. Eine derartige Splittung sieht § 4 Abs. 1 und 2 InsVV aber nicht vor. Der Insolvenzverwalter, der eine elektronische Auskunft vollständig individuell einrichtet und durchführt, hat damit lediglich den Vorteil der Unabhängigkeit von einem Dienstleister und dessen Software. 16

f) Kosten der Steuererklärung im masselosen Insolvenzverfahren

Der Insolvenzverwalter ist nach § 155 InsO zur **steuerlichen Buchführung und Rechnungslegung** verpflichtet. Er ist zur Steuererklärung auch für zurückliegende Zeiträume 17

36) BGH, Urt. v. 6.12.1968 – RiZ (R) 8/68, BGHZ 51, 193, 197 (Auskunft als richterliche Tätigkeit); BGH, Urt. v. 29.11.1973 – VII ZR 2/73, BGHZ 62, 1, 3 (Auskunftspflicht des Sachwalters nach Aufhebung des Vergleichsverfahrens); *Kuhn/Uhlenbruck*, KO, § 72 Rz. 5; Uhlenbruck-*Pape*, InsO, § 4 Rz. 30.

37) Eingehend *Keller*, NZI 2005, 493; allgemein zur Frage des Abschlusses von Dienstverträgen und zur Beurteilung der Zweckmäßigkeit durch den Insolvenzverwalter Uhlenbruck-*Mock*, InsO, § 63 Rz. 80 ff.

38) LG Dresden, Beschl. v. 25.4.2001 – 7 T 0301/01, ZIP 2001, 935; LG Dresden, Beschl. v. 28.4.2010 – 5 T 182/10, DZWIR 2011, 131; *Lorenz* in: FK-InsO, § 3 InsVV Rz. 57; *Büttner* in: HambKomm-InsO, § 4 InsVV Rz. 34; *Graeber/Graeber*, InsVV, § 4 Rz. 65; einschränkend nur bei Zustimmung der Gläubiger LG Hannover, Beschl. v. 30.11.2011 – 20 T 43/11, ZInsO 2013, 311.

39) BGH, Beschl. v. 14.7.2016 – IX ZB 62/15, ZIP 2016, 1645 = NZI 2016, 802, dazu EWiR 2016, 669 *(Prasser)*; *Kluth*, NZI 2016, 865.

40) BGH, Beschl. v. 14.7.2016 – IX ZB 62/15, Rz. 20, 21, ZIP 2016, 1645.

aus der Zeit vor Insolvenzeröffnung verpflichtet.[41] Die Erklärungspflicht trifft ihn auch im masselosen Verfahren.[42] Diese Pflicht hat sich gerade bei masselosen und nur mit Hilfe der nach § 4a InsO gewährten Kostenstundung eröffneten Insolvenzverfahren zu einem Kernproblem der Kleininsolvenz entwickelt. Einerseits ist der Insolvenzverwalter in seiner Person zur Steuererklärung verpflichtet, andererseits fehlen ihm die Mittel zur Erarbeitung der Steuererklärungen und zur Beauftragung eines Steuerberaters.

18 Die **Kosten der Steuerberatung** sind **grundsätzlich Masseverbindlichkeiten** nach § 55 Abs. 1 Nr. 1 InsO, insbesondere wenn der Insolvenzverwalter Dritte beauftragt (§ 4 Abs. 1 Satz 3 InsVV), ebenso aber, wenn er selbst tätig wird (§ 5 InsVV). Ist das Verfahren masselos, können sie nicht beglichen werden, der Insolvenzverwalter wäre genötigt, auf eigene Kosten die erforderlichen Steuererklärungen zu erarbeiten.[43]

19 Einen gut vertretbaren Lösungsweg eröffnete das AG Dresden,[44] dem sich das LG Kassel[45] und zuletzt auch der BGH[46] angeschlossen haben: Die **Kosten einer Steuerberatung** gehören zu den **besonders zu erstattenden Auslagen** des Insolvenzverwalters i. S. des § 4 Abs. 2 i. V. m. § 8 Abs. 1 InsVV. Sie sind dann Bestandteil der Kosten des Insolvenzverfahrens nach § 54 InsO und von der **Kostenstundung des § 4a InsO** mit abgedeckt.[47] Für die Anwendung des § 4 Abs. 2 InsVV kann argumentiert werden, der Insolvenzverwalter beauftrage einen Steuerberater im eigenen Namen, nicht also für die Insolvenzmasse, mittelbar jedoch zur Erfüllung der sich aus seiner Stellung als Insolvenzverwalter ergebenden steuerrechtlichen Pflichten. Schuldner der Steuerberatergebühren ist in diesem Fall der Insolvenzverwalter. Diese Gebühren können dann als besondere Auslagen i. S. des § 4 Abs. 2 InsVV angesehen werden. Sie können aber nicht als fiktive Kosten angesetzt und erstattet werden, wenn der Insolvenzverwalter eigenes Personal einsetzt.[48]

20 Der BGH[49] billigt dem Insolvenzverwalter im **masselosen Insolvenzverfahren**, das nur mit Hilfe der **Kostenstundung** eröffnet worden ist, den Anspruch auf die nach § 4 Abs. 2 InsVV besonders zu erstattenden **Auslagen für Steuerberatungskosten** mit der Einschränkung zu, dass der Insolvenzverwalter **vorher ernsthaft mit der Finanzverwaltung** über eine anderweitige Klärung der Steuererklärungspflicht und -festsetzung in Verhandlung treten muss. Unmissverständlich an die Adresse der Fiskalverwaltung führt der BGH dazu aus:[50]

> „Die dem Insolvenzverwalter zu erstattenden Auslagen werden ausschließlich durch hoheitliche Anordnungen der Finanzverwaltung unter Berufung auf § 34 Abs. 3 AO ausgelöst. Solange der Steuerfiskus nicht von sich aus bereit ist, die Vorschrift in masselosen Verfahren nicht

---

41) BFH, Urt. v. 10.10.1951 – IV 144/51 U, BFHE 55, 522 = BStBl. III 1951, 212; *Kuhn/Uhlenbruck*, InsO, § 6 Rz. 46d; *Jaffé* in: MünchKomm-InsO, § 155 Rz. 30 ff.; die Verpflichtung soll im übergeordneten öffentlichen Interesse auch bei Masseunzulänglichkeit bestehen; anders – gegen eine Steuererklärungspflicht – AG Duisburg, Beschl. v. 27.4.2003 – 62 IN 241/02, ZVI 2003, 305 = NZI 2003, 384, dazu EWiR 2003, 643 *(Beck/Hölzle)*.

42) BFH, Urt. v. 23.8.1994 – VII R 143/92, BFHE 175, 309 = ZIP 1994, 1969, dazu EWiR 1995, 165 *(Braun)*; *Jaffé* in: MünchKomm-InsO, § 155 Rz. 40.

43) Dazu *Ast*, ZVI 2002, 183; für eine Anwendung des § 208 InsO *Stephan*, ZVI 2002, 187; eingehend *Keller*, ZVI 2002, 437.

44) AG Dresden, Beschl. v. 17.7.2002 – 531 IN 981/02, ZVI 2002, 340; ebenso LG Dresden, Beschl. v. 27.5.2003 – 5 T 0303/02, ZIP 2003, 1168 = ZVI 2004, 143; LG Dresden, Beschl. v. 27.5.2003 – 5 T 0710/02, ZVI 2004, 141 = ZInsO 2003, 665; LG Essen, Beschl. v. 6.6.2003 – 5 T 115/03, ZVI 2003, 431 = ZInsO 2003, 625.

45) LG Kassel, Beschl. v. 25.9.2002 – 3 T 360/02, ZVI 2002, 387, dazu EWiR 2002, 957 *(Keller)*.

46) BGH, Beschl. v. 22.7.2004 – IX ZB 161/03, BGHZ 160, 176 = ZIP 2004, 1717, dazu EWiR 2004, 1037 *(Schäferhoff)*; LG Bochum, Beschl. v. 9.5.2011 – 7 T 16/11, n. v.

47) Anders noch AG Duisburg, Beschl. v. 27.4.2003 – 62 IN 241/02, ZVI 2003, 305 = NZI 2003, 384.

48) BGH, Beschl. v. 13.7.2006 – IX ZB 198/05, ZIP 2006, 1501 = ZVI 2006, 407.

49) BGH, Beschl. v. 22.7.2004 – IX ZB 161/03, BGHZ 160, 176 = ZIP 2004, 1717; eingehend *Keller*, ZVI 2002, 437.

50) BGH, Beschl. v. 22.7.2004 – IX ZB 161/03, BGHZ 160, 176, 184 = ZIP 2004, 1717.

anzuwenden, und eine Änderung dieser Praxis weder durch die höchstrichterliche Rechtsprechung noch durch einen Eingriff des Gesetzgebers sichergestellt wird, bewirken Auflagen, dass der Insolvenzverwalter Bilanzen und Steuererklärungen von erheblichem Umfang zu erstellen hat, in der Regel Aufwendungen, die der Verwalter zur Wahrung seines Anspruchs auf angemessene Auslagenerstattung der Staatskasse unter den Voraussetzungen von § 63 Abs. 2 InsO in Rechnung stellen kann."

Der Insolvenzverwalter kann insbesondere auf die Auslagen wegen Steuerberatung einen Vorschuss nach § 9 InsVV erhalten, auch und gerade wenn die Staatskasse als Fiskus Schuldner der Vergütung nach § 63 Abs. 2 InsO ist.[51] 21

In späterer Rechtsprechung scheint der BGH hiervon abzuweichen, indem er dem Insolvenzverwalter auch bei Kostenstundung eine eigene Fertigung von Steuererklärungen auferlegt, wenn diese einfach gelagert sind und ohne großen Aufwand erstellt werden können.[52] 22

II. Die Verfahrensweise der Auslagenerstattung

1. Auslagenerstattung mit Einzelnachweis

Die Erstattung der Auslagen kann auf zweifache Weise erfolgen; der Insolvenzverwalter kann ihr Entstehen dem Insolvenzgericht gegenüber **einzeln nachweisen oder** den **Pauschbetrag nach § 8 Abs. 3 InsVV** erhalten. Der Insolvenzverwalter kann wählen, ob er statt der Einzelabrechnung der ihm entstandenen Auslagen die Pauschale des § 8 Abs. 3 InsVV geltend macht.[53] Der Nachweis von Post- und Telekommunikationskosten erfolgt meist durch Vorlage der Telefonprotokolle und des Postausgangsbuches sowie durch Kopierlisten. Häufig werden die Kosten für Mitteilungen und Schreiben an die Gläubiger auch durch standardisierte Mitteilungsschreiben nachgewiesen, die mit der Zahl der Gläubiger des Insolvenzverfahrens multipliziert werden (Informationsschreiben mit Verfahrenseröffnung und Formblatt zur Forderungsanmeldung, Mitteilung des Prüfungsergebnisses, jeweils i. H. von Papierkosten und Porto multipliziert mit der Zahl der Gläubiger). 23

Die **nachgewiesenen Auslagen** sind dem Insolvenzverwalter **nebst Umsatzsteuer in voller Höhe** zu erstatten. Eine Begrenzung des Auslagenersatzes bei Einzelnachweis gibt es nicht. Das Gericht kann allenfalls die Angemessenheit einzelner Posten im Hinblick auf §§ 670, 675 BGB beanstanden. Aber auch hier ist zu beachten, dass nicht die ex post-Sichtweise des Insolvenzgerichts maßgebend ist, sondern die Frage, ob der Insolvenzverwalter ex ante die Kosten für angemessen halten durfte. 24

2. Vergütungen für externe Dienstleister und Hilfskräfte

Die Vergütungen für Dienstleister oder – im Terminus des § 4 Abs. 1 Satz 3 InsVV – für Hilfskräfte, an die einzelne Tätigkeiten der Insolvenzabwicklung delegiert worden sind, kann der Insolvenzverwalter unmittelbar aus der Insolvenzmasse entnehmen, sie sind **Masseverbindlichkeiten** des Verfahrens. Der Insolvenzverwalter ist hier nicht auf die Auslagenerstattung mit der Vergütungsfestsetzung angewiesen. 25

Allerdings hat er im **Vergütungsantrag detailliert darzulegen**, in welchem **Umfang welche Tätigkeiten** an wen übertragen und welche Honorare gezahlt worden sind (§ 8 Abs. 2 InsVV). Das Insolvenzgericht ist berechtigt und verpflichtet, diese Delegation auf ihre 26

51) BGH, Beschl. v. 22.7.2004 – IX ZB 161/03, BGHZ 160, 176 = ZIP 2004, 1717; LG Kassel, Beschl. v. 25.9.2002 – 3 T 360/02, ZVI 2002, 387.

52) BGH, Beschl. v. 14.11.2013 – IX ZB 161/11, ZIP 2013, 2413 = NZI 2014, 21 m. Anm. *Schmittmann*, dazu EWiR 2014, 87 *(Ries)*; BGH, Beschl. v. 13.3.2014 – IX ZB 204/11, NZI 2014, 399.

53) LG Chemnitz, Beschl. v. 16.3.2000 – 11 T 5381/99, ZIP 2000, 710, dazu EWiR 2000, 921 *(Tappmeier)*; LG Hannover, Beschl. v. 18.4.2005 – 20 T 19/05, ZInsO 2005, 481.

Rechtmäßigkeit hin zu überprüfen.[54] Hat der Insolvenzverwalter Tätigkeiten delegiert, die er hätte selbst – oder innerhalb seines Büros – erledigen müssen, ist die Vergütung um den Betrag des an den Dritten gezahlten Honorars zu kürzen.[55] Im Übrigen kann bei Delegation einzelner Tätigkeiten kein Erhöhungstatbestand nach § 3 Abs. 1 InsVV geltend gemacht werden; ggf. ist die Vergütung um die Arbeitsersparnis des Insolvenzverwalters zu kürzen (siehe oben § 2 Rz. 196 ff.).

3. Der pauschalierte Auslagenersatz nach § 8 Abs. 3 InsVV

27 Der Insolvenzverwalter kann statt des Auslagenersatzes mit Nachweis der entstandenen Auslagen die Auslagenpauschale nach § 8 Abs. 3 InsVV geltend machen. **Das Gericht ist nicht befugt, dem Insolvenzverwalter bei der Wahl der Auslagenpauschale statt der Einzelnachweise Weisungen zu erteilen oder die Wahl zu beanstanden.** Es ist gerade Sinn der Pauschale, Einzelnachweise zu vermeiden, auch wenn die tatsächlichen Auslagen geringer sind.[56] Die Auslagenpauschale beträgt im ersten Jahr[57] nach Insolvenzeröffnung 15 % der gesetzlichen Regelvergütung, später 10 %.[58] Höchstens beträgt die Auslagenpauschale in den bis 31.12.2020 beantragten Verfahren 250 € je angefangenen Monat der Verwaltung ab Insolvenzeröffnung[59] der Dauer der Tätigkeit des Verwalters.[60] Für die seit 1.1.2021 beantragten Verfahren gilt eine Pauschale von 350 €.[61] Lange war nicht geklärt, ob die Pauschale von 10 % ab dem zweiten Jahr der Verwaltung jährlich oder nur einmalig anfällt.[62] Der BGH[63] sprach sich für eine **jährliche Pauschale von 10 %** aus. Sie wird i. Ü. im Jahr der Beendigung des Insolvenzverfahrens nicht auf Monate gequotelt.[64] Die Auslagenpauschale soll aber nur solange berechnet werden können, als das Verfahren bei **gewöhnlicher Dauer** andauerte. Der Insolvenzverwalter soll nicht für „Zeitspannen verminderten Aufwands" die Auslagenpauschale erhalten.[65] Hierbei kann aber das Insolvenzgericht dem Verwalter nicht vorschreiben, welche Tätigkeit in welcher Zeit hätte erledigt werden können. Die Begrenzung der Pauschale auf eine gewöhnliche Dauer des Verfahrens und Entfaltung von Tätigkeit hierbei kann nur für Fälle gelten, bei welchen ein Verfahrensabschluss ersichtlich an Gründen scheitert, die nichts mit der Tätigkeit des Verwalters zu tun haben.[66]

28 Die Begrenzung der Pauschale auf **250 € bzw. 350 € je angefangenem Monat der Verwaltung** spricht i. Ü. für eine jährliche Gewährung der Pauschale, anderenfalls wäre die

---

54) BGH, Beschl. v. 11.11.2004 – IX ZB 48/04, ZIP 2005, 36 = ZVI 2005, 152; bekräftigt in BGH, Beschl. v. 14.11.2012 – IX ZB 95/10, ZVI 2013, 167; *Graeber/Graeber*, InsVV, § 4 Rz. 90 ff.

55) BGH, Beschl. v. 11.11.2004 – IX ZB 48/04, ZIP 2005, 36 = ZVI 2005, 152.

56) LG Chemnitz, Beschl. v. 16.3.2000 – 11 T 5381/99, ZIP 2000, 710; LG Hannover, Beschl. v. 18.4.2005 – 20 T 19/05, ZInsO 2005, 481; LG Hannover, Beschl. v. 6.8.2010 – 11 T 18/10, n. v.

57) Begr. zum Entwurf einer InsVV (§ 8), abgedr. unten in Anh. III, S. 689, 701.

58) Der Pauschsatz lehnt sich an den früheren § 26 BRAGO an, dessen entsprechende Anwendung im Bereich des § 5 VergVO allgemein abgelehnt wurde, LG Nürnberg-Fürth, Beschl. v. 14.2.1983 – 11 T 1099/83, KTS 1985, 491; *Eickmann*, VergVO, § 5 Rz. 5.

59) OLG Zweibrücken, Beschl. v. 7.3.2001 – 3 W 269/00, NZI 2001, 312 = ZInsO 2001, 504.

60) BGH, Beschl. v. 24.6.2003 – IX ZB 600/02, ZIP 2003, 1458 = ZVI 2003, 486.

61) § 8 Abs. 3 InsVV geändert durch Art. 6 Nr. 4 SanInsFoG, v. 22.12.2020, BGBl. I 2020, 3256.

62) Für eine jährliche Gewährung LG Düsseldorf, Beschl. v. 10.6.2003 – 25 T 338/03, ZIP 2003, 1856 = ZVI 2003, 562; LG Magdeburg, Beschl. v. 9.12.2003 – 11 T 815/03, ZVI 2004, 209 = ZIP 2004, 728.

63) BGH, Beschl. v. 23.7.2004 – IX ZB 257/03, ZIP 2004, 1715 = ZVI 2004, 502; BGH, Beschl. v. 6.10.2005 – IX ZB 162/04, ZInsO 2005, 1159.

64) LG Berlin, Beschl. v. 12.3.2003 – 86 T 371/03, ZInsO 2003, 367; LG Berlin, Beschl. v. 25.6.2003 – 86 T 781/03, NZI 2003, 502.

65) BGH, Beschl. v. 10.7.2008 – IX ZB 152/07, ZIP 2008, 1640 = NZI 2008, 544 m. Anm. *Prasser*, dazu EWiR 2009, 421 *(Blersch)*; *Prasser* in: KPB, InsO, § 8 InsVV Rz. 30, 31.

66) *Prasser* in: KPB, InsO, § 8 InsVV Rz. 31; *Graeber/Graeber*, InsVV, § 8 Rz. 53.

Höchstbetragsregelung ohne Sinn. Pauschal kann dem Verwalter jährlich damit ein Auslagenersatz von 3 000 € gewährt werden. Eine Kürzung der Pauschale wegen angeblich zu kurzer Verfahrensdauer ist nicht zulässig.[67] Die **Pauschale** des § 8 Abs. 3 InsVV kann nur **bis zu dem Zeitpunkt** verlangt werden, zu dem bei **ordnungsgemäßer Durchführung** das Verfahren beendet worden wäre; bei verzögerter Vorlage des Schlussberichts kann die Pauschale nicht weiter geltend gemacht werden.[68]

§ 8 Abs. 3 InsVV wurde mit Verordnung vom 4.10.2004 (InsVV-ÄndVO) mit Wirkung zum 7.10.2004 dahin ergänzt und geändert,[69] dass die **Auslagenpauschale nur auf die Regelvergütung anzuwenden** ist und **insgesamt nicht mehr als 30 % der Vergütung** betragen darf. Diese Regelung gilt nur für Insolvenzverfahren, die nach dem 1.1.2004 eröffnet worden sind.[70] Nach der Neuregelung des § 8 Abs. 3 Satz 1 InsVV bezieht sich der Pauschbetrag von 15 bzw. 10 % der Vergütung nicht mehr auf die Vergütung insgesamt, sondern nur auf die Regelvergütung des § 2 InsVV. § 8 Abs. 3 InsVV spricht zwar nur von der „Regelvergütung", meint damit aber die nach § 2 InsVV maßgebliche Vergütung. Es kann dies die Vergütung nach § 2 Abs. 1 InsVV oder die entsprechend der Gläubigerzahl maßgebliche höhere Mindestvergütung nach § 2 Abs. 2 InsVV sein; auch sie ist die „Regelvergütung" des Insolvenzverwalters. Würde man nur auf § 2 Abs. 1 InsVV abstellen, müsste man für den Insolvenzverwalter unter Umständen zwei verschiedene Vergütungen berechnen, zum einen die tatsächlich maßgebliche Mindestvergütung nach § 2 Abs. 2 InsVV, zum anderen allein für die Berechnung einer Auslagenpauschale eine fiktive Vergütung nach § 2 Abs. 1 InsVV. Das wäre völlig systemfremd. Die Auslagenpauschale orientiert sich prozentual an der Vergütung des Insolvenzverwalters; die in § 8 Abs. 3 InsVV genannte Regelvergütung ist die nach § 2 InsVV oder im Verbraucherinsolvenzverfahren nach § 13 Abs. 1 InsVV ermittelte Vergütung, bei der Mindestvergütung auch unter Berücksichtigung der Zahl der Gläubiger.[71] Zu- und Abschläge nach § 3 InsVV sind nicht zu berücksichtigen. Insbesondere wenn die Vergütung mit einem Abschlag von der Regelvergütung festgesetzt wird, folgt daraus für die Auslagen keine Verminderung des Pauschsatzes oder des Höchstbetrages gemäß § 8 Abs. 3 InsVV.[72] Die Änderung des § 8 Abs. 3 InsVV durch die InsVV-ÄndVO vom 4.10.2004 sollte allein bewirken, dass der Pauschsatz ohne Berücksichtigung von Erhöhungen nach § 3 Abs. 1 InsVV ermittelt wird. 29

Der Auslagenersatz ist nach § 8 Abs. 3 InsVV auf 250 € je angefangenem Monat der Insolvenzverwaltung begrenzt. Diese Begrenzung ist durch einen Höchstsatz von 30 % der Regelvergütung ergänzt worden. Bezug nehmend auf § 8 Abs. 3 Satz 1 InsVV erhält der Insolvenzverwalter maximal für zweieinhalb Jahre der Insolvenzverwaltung die Pauschbeträge (15 % im ersten Jahr, 10 % im zweiten, 5 % für ein drittes Jahr). Begründet wird die Neuregelung damit, dass die Gerichte – zuletzt auch der BGH[73] – zunehmend davon 30

67) LG Stuttgart, Beschl. v. 14.1.2002 – 10 T 508/01, ZIP 2002, 491, dazu EWiR 2002, 393 *(Holzer)*; LG Mönchengladbach, Beschl. v. 14.10.2003 – 5 T 310/03, NZI 2003, 656.

68) BGH, Beschl. v. 23.7.2004 – IX ZB 255/03, ZIP 2004, 1716 = DZWIR 2004, 525 m. Anm. *Pluta/Heidrich*; BGH, Beschl. v. 2.2.2006 – IX ZB 167/04, ZIP 2006, 483 = NZI 2006, 232; LG Chemnitz, Beschl. v. 21.4.2004 – 3 T 868/04, ZInsO 2004, 799 m. Anm. *Haarmeyer*.

69) Verordnung zur Änderung der Insolvenzrechtlichen Vergütungsverordnung – InsVV-ÄndVO, v. 4.10.2004, BGBl. I 2004, 2569.

70) Verfassungsrechtlich unbedenklich nach BGH, Beschl. v. 25.10.2012 – IX ZB 242/11, ZIP 2013, 34 = NZI 2013, 37; kritisch *Prasser* in: KPB, InsO, § 19 InsVV Rz. 4; *Lorenz* in: FK-InsO, § 19 InsVV Rz. 4, 5.

71) AG Wuppertal, Beschl. v. 1.12.2005 – 145 IN 205/04, ZIP 2006, 147; AG Köln, Beschl. v. 28.11.2005 – 71 IK 238/04, ZVI 2006, 40; anders wohl AG Bamberg, Beschl. v. 17.2.2005 – 2 IK 224/04, ZInsO 2005, 204.

72) LG Berlin, Beschl. v. 5.2.2019 – 84 T 211/18, ZInsO 2018, 693.

73) BGH, Beschl. v. 23.7.2004 – IX ZB 257/03, ZIP 2004, 1715 = ZVI 2004, 502.

ausgingen, der Auslagenersatz von 10 % falle in jedem weiteren Jahr der Verwaltung an. Daher müsse der Auslagenersatz in seiner Höhe begrenzt werden.[74)] Die nunmehr geltende Begrenzung auf 30 % der Regelvergütung kann aber gerade im massereichen Insolvenzverfahren für den Insolvenzverwalter nachteilig sein.[75)]

Beispiel:

Bei einer Insolvenzmasse von 1 200 000 € beträgt die Auslagenpauschale unabhängig von der Dauer des Insolvenzverfahrens in einem bis 31.12.2020 beantragten Verfahren 15 525 € (Regelvergütung 51 750 €). Bei einer Dauer des Verfahrens von 72 Monaten beträgt die Höchstgrenze von 250 € je Monat 18 000 €. Es gilt der niedrigere Pauschsatz von 30 %.

III. Die Auslagenerstattung bei Beauftragung mit Zustellungen nach § 8 Abs. 3 InsO

1. Die Entwicklung der Rechtsprechung

31 Der Insolvenzverwalter sowie der vorläufige Insolvenzverwalter im Eröffnungsverfahren kann jeweils mit der Vornahme der **Zustellungen gerichtlicher Entscheidungen** beauftragt werden (§ 8 Abs. 3 InsO). Dies betrifft bspw. die Zustellung des Eröffnungsbeschlusses an die Gläubiger und Schuldner des Schuldners nach § 30 Abs. 2 InsO.[76)] Die Vornahme der Zustellungen kann zwar vereinfacht durch Aufgabe zur Post, also durch einfachen Brief, erfolgen (§ 8 Abs. 1 InsO),[77)] sie erfordert aber je nach Einzelfall des Verfahrens hohen Arbeitsaufwand, weswegen der Gesetzgeber den Gerichten gerade erlaubt, diese eigentlich ihnen zukommende Tätigkeit auf den Insolvenzverwalter abzuwälzen.[78)]

32 Die Beauftragung mit Zustellungen wurde anfangs vergütungsrechtlich als gewöhnlicher Fall der Auslagenerstattung berücksichtigt. Die Kosten des Insolvenzverwalters waren Teil der Auslagen nach § 4 Abs. 2 InsVV und auch mit dem pauschalen Auslagenersatz des § 8 Abs. 3 InsVV abgegolten. Bei erheblicher Arbeitsbelastung sollte der Insolvenzverwalter eine Erhöhung der Vergütung nach § 3 Abs. 1 InsVV erhalten.

33 Der **BGH** befasste sich in **zwei Beschlüssen** vom 21.12.2006[79)] grundlegend mit der Frage des Auslagenersatzes für den Insolvenzverwalter, der vom Gericht mit der Vornahme von Zustellungen an Verfahrensbeteiligte beauftragt wurde (§ 8 Abs. 3 InsO).[80)] Er stellte zutreffend fest, dass die **Vornahme der Zustellungen nicht zu den originären Aufgaben der Insolvenzverwaltung** gehört. Das Insolvenzgericht bedient sich vielmehr der Organisationsstruktur des Insolvenzverwalterbüros und „missbraucht" den Insolvenzverwalter gleichsam als verlängerte Geschäftsstelle des Gerichts. Daher darf die Beauftragung nach § 8 Abs. 3 InsO nicht dazu führen, gerichtliche Kosten durch die Pauschalierung des § 8 Abs. 3 InsVV auf den Insolvenzverwalter abzuwälzen.

34 In diesem Sinne entschieden bereits die LG Chemnitz und Leipzig, sie forderten, dem Insolvenzverwalter die Kosten dieser Zustellungen in vollem Umfang zu erstatten,[81)] da sie

74) Begr. zum Entwurf einer InsVV-ÄndVO (zu § 8 Abs. 3 InsVV), abgedr. unten in Anh. IV, S. 709, 718.

75) Dazu auch *Keller*, ZVI 2004, 569.

76) K. Schmidt-*Keller*, InsO, § 30 Rz. 14 ff.

77) Umfassend *Frege/Keller/Riedel*, Insolvenzrecht, Rz. 1.148 ff.

78) *Frege/Keller/Riedel*, Insolvenzrecht, Rz. 1.163 ff.

79) BGH, Beschl. v. 21.12.2006 – IX ZB 129/05, ZIP 2007, 440 = ZVI 2007, 213; BGH, Beschl. v. 21.12.2006 – IX ZB 81/06, ZIP 2007, 188 = ZVI 2007, 90; eingehend *Keller*, DZWIR 2007, 353.

80) Allgemein *Bruns* in: MünchKomm-InsO, § 8 Rz. 41 ff.; Uhlenbruck-*Pape*, InsO, § 8 Rz. 8; *Frege/Keller/Riedel*, Insolvenzrecht, Rz. 1.163 ff.

81) LG Chemnitz, Beschl. v. 21.10.2003 – 3 T 2177/03, ZIP 2004, 84 = ZVI 2004, 61, dazu EWiR 2004, 1045 *(Voss)*; LG Leipzig, Beschl. v. 19.3.2003 – 12 T 1388/03, ZInsO 2003, 514; *Büttner* in: HambKomm-InsO, § 4 InsVV Rz. 38.

streng genommen nicht Auslagen i. S. des § 4 Abs. 2 InsVV, sondern gerichtliche Auslagen nach Nr. 9002 GKG KV seien, die beim Verwalter anfallen. Zusätzlich zu den Sachkosten sollte dem Insolvenzverwalter ein pauschaler Bearbeitungsaufwand erstattet werden; dieser wurde mit 2,70 € je Zustellung bewertet.[82] Diese Kosten der nach § 8 Abs. 3 InsO übertragenen Zustellungen sollten nicht am pauschalierten Auslagenersatz des § 8 Abs. 3 InsVV teilnehmen, sondern stets gesondert zu ersetzen sein.[83]

Diese Praxis wurde vom BGH in den erwähnten Beschlüssen verworfen. **Der BGH berücksichtigte die Änderung des § 8 InsVV durch die InsVV-ÄndVO** vom 4.10.2004,[84] die nach § 19 Abs. 1 InsVV für Verfahren gilt, die nach dem 1.1.2004 eröffnet worden sind. Kernüberlegung ist, dass in der Neuregelung des § 8 Abs. 3 InsVV die Auslagenpauschale nur nach der Regelvergütung zu berechnen ist und die Erhöhungen des § 3 Abs. 1 InsVV, insbesondere auch für Arbeitsaufwand bei Zustellungen, nicht mehr berücksichtigt werden. Die Sachverhalte seiner Entscheidungen betrafen damit Insolvenzverfahren, die zum einen vor dem 1.1.2004, zum anderen nach diesem Zeitpunkt eröffnet worden sind. Ausschlaggebende Überlegung des BGH war, dass der **Ersatz von Personalkosten innerhalb des eigenen Büros** des Insolvenzverwalters i. R. des § 4 Abs. 2 InsVV und damit auch pauschaliert nach § 8 Abs. 3 InsVV nicht erfolgen dürfe, da Personalkosten stets von der Vergütung selbst abgedeckt sind (§ 4 Abs. 1 Satz 2 InsVV). Die Praxis des Auslagenersatzes unterschied in der Gewährung eines pauschalen Auslagenersatzes von 2,70 € je Zustellung nach Ansicht des BGH nicht ausreichend zwischen Vergütungszuschlag und Auslagenersatz, insbesondere weil mit dem genannten Betrag auch pauschal Personalaufwand des Insolvenzverwalters ersetzt werden sollte.[85] In seinen Entscheidungen betonte der BGH aber auch, dass der **Auslagenersatz von keiner bestimmten Zahl von Zustellungen** abhängig gemacht werden dürfe, sondern ab der ersten Zustellung erfolgen muss. 35

Diese Ansicht bekräftigte der **BGH** in einem weiteren **Beschluss vom 21.3.2013:**[86] In einem Verbraucherinsolvenzverfahren waren nach § 8 Abs. 3 InsO dem Treuhänder die Zustellungen übertragen. Er hatte Zustellungen an 129 Verfahrensbeteiligte vorgenommen. Das Insolvenzgericht und das Beschwerdegericht meinten, es seien nur die über einem Schwellenwert von 100 liegenden Zustellungen besonders zu vergüten. Der BGH nahm den Sachverhalt zum Anlass, seine frühere Rechtsprechung zu korrigieren. Er stellte klar, dass dem **Insolvenzverwalter/Treuhänder jede Zustellung zu vergüten ist, nicht erst ab einem Schwellenwert von 100 Zustellungen.** 36

Zur Berechnung dieser Vergütung stellte er klar, dass sie **außerhalb der Zuschlagsberechnung des § 3 Abs. 1 InsVV** durch einen **konkreten Geldbetrag** zu erfolgen habe, der sich am tatsächlichen Aufwand zu orientieren habe. Der BGH stellte nochmals klar, dass die **sächlichen Kosten der Zustellungen neben der Auslagenpauschale nach § 8 Abs. 3 InsVV in vollem Umfang** zu erstatten seien. Die **Personalkosten des Insolvenzverwalters** seien ebenfalls **unabhängig von einer signifikanten Mehrbelastung** des Insolvenzverwalters durch Überschreiten eines Schwellenwertes für jede Zustellung zu ersetzen.[87] Der BGH 37

82) LG Chemnitz, Beschl. v. 21.10.2003 – 3 T 2177/03, ZIP 2004, 84 = ZVI 2004, 61; LG Bamberg, Beschl. v. 23.9.2004 – 3 T 95/04, ZInsO 2004, 1196; AG Göttingen, Beschl. v. 7.12.2004 – 74 IK 22/04, ZVI 2004, 766 = ZInsO 2004, 1351.

83) LG Chemnitz, Beschl. v. 21.10.2003 – 3 T 2177/03, ZIP 2004, 84 = ZVI 2004, 61; AG Marburg, Beschl. v. 27.5.2005 – 24 IN 42/04, ZInsO 2005, 706; anders LG Fulda, Beschl. v. 18.3.2005 – 5 T 104/05, ZInsO 2005, 587 m. Anm. *Haarmeyer*; AG Köln, Beschl. v. 28.11.2005 – 71 IK 238/04, ZVI 2006, 40.

84) Eingehend *Keller*, ZVI 2004, 569.

85) BGH, Beschl. v. 21.12.2006 – IX ZB 129/05, Rz. 12, 14, ZIP 2007, 440 = ZVI 2007, 213.

86) BGH, Beschl. v. 21.3.2013 – IX ZB 209/10, ZIP 2013, 833 = NZI 2013, 487 m. Anm. *Stoffler*, dazu EWiR 2013, 383 *(Keller)*; *Lorenz* in: FK-InsO, § 4 InsVV Rz. 22; dazu auch *Vogt*, ZVI 2016, 9.

87) Insoweit noch anders BGH, Beschl. v. 21.12.2006 – IX ZB 129/05, Rz. 18, ZIP 2007, 440 = ZVI 2007, 213.

stellte zutreffend fest, dass vor allem die Anwendung eines Schwellenwerts von 100 Zustellungen den Insolvenzverwalter benachteiligt, da je nach Höhe seiner Vergütung, insbesondere aber bei der Mindestvergütung, der Insolvenzverwalter einen wesentlichen Teil derselben für Personalaufwand für Zustellungen unterhalb des Schwellenwertes aufbringen muss. Das ist im Ergebnis nicht vertretbar. Der BGH verfällt in seiner Begründung in einen Befehlston an die Insolvenzgerichte und ordnet an,[88] **für jede vorgenommene Zustellung Sachkosten – aber auch Personalkosten – unabhängig von der sonstigen Vergütungs- und Auslagenberechnung zu erstatten.** Der Ersatz der Zustellungskosten (sachlich und personell) erfolgt damit außerhalb der Auslagenerstattung nach § 4 Abs. 2 oder § 8 Abs. 3 InsVV und außerhalb der Zuschlagsberechnung nach § 3 Abs. 1 InsVV durch Zuerkennung eines bestimmten Geldbetrages.

2. Der Auslagenersatz nach Einzelabrechnung

a) Ersatz der Sachkosten

38 Auslagenersatz für Zustellungen erhält der Insolvenzverwalter nach § 4 Abs. 2 InsVV jederzeit und ohne, dass ein bestimmter Schwellenwert erreicht werden müsste. § 4 Abs. 2 InsVV stellt keine Vergütung für eine Tätigkeit dar, sondern gilt die dem Insolvenzverwalter tatsächlich entstandenen Kosten ab. Ein Auslagenersatz ist mit Einzelnachweisführung daher jederzeit und unbegrenzt möglich, insbesondere für Insolvenzverfahren, die vor dem 1.1.2004 eröffnet worden sind.[89]

39 Zu ersetzen sind die **tatsächlich entstandenen Kosten** an Schreibmaterial und Porti. Hierzu gehören neben Papierkosten auch Kosten der Anschaffung eines Druckers oder Kopiergerätes und Tonerverbrauch. Zusammen mit den Zustellungen bspw. nach § 30 Abs. 2 InsO bei Insolvenzeröffnung übersenden Insolvenzverwalter den Gläubigern regelmäßig auch weitere Informationen zur Forderungsanmeldung und Verfahrensteilnahme. Dies führt meist zu höheren Porti. Es ist in diesen Fällen seitens der Insolvenzgerichte überzogen, dem Insolvenzverwalter nur das Porto ersetzen zu wollen, das angefallen wäre, hätte er etwa im Falle des § 30 Abs. 2 InsO nur den Eröffnungsbeschluss zugestellt. Es würden ihm dann nur das Porto für einen Standardbrief bis 20 g (oder als Infobrief) statt etwa das Porto für einen Kompaktbrief bis 50 g (oder als Infobrief) oder gar dasjenige für einen Großbrief bis 500 g ersetzt. Es muss dem **Insolvenzverwalter überlassen bleiben, zu entscheiden, auf welche Weise er Zustellungen vornimmt und welche Inhalte er** an Gläubiger **weitersendet.**[90] Immerhin spart er mit der gleichzeitigen Versendung eigener Mitteilungen an die Gläubiger Porto, das bei getrennter Sendung doppelt anfiele und ihm auch wieder ersetzt werden müsste.

b) Ersatz der Personalkosten

40 Der Insolvenzverwalter kann auch die Personalkosten für den Aufwand innerhalb seines Büros als besonderen Auslagenersatz geltend machen.[91] Die Höhe dieser Kosten lässt sich unter Berücksichtigung sämtlicher Kosten berechnen. Zu berücksichtigen sind **neben dem Bruttoeinkommen** des beauftragten Mitarbeiters, **Arbeitgeberanteile zur Sozialversicherung, Entgeltfortzahlung oder auch Unfallversicherung.** Zur Höhe der Lohnkosten kann das Insolvenzgericht dem Insolvenzverwalter nicht vorschreiben, welche Mitarbeiter mit

---

88) BGH, Beschl. v. 21.3.2013 – IX ZB 209/10, Rz. 25, ZIP 2013, 833 = NZI 2013, 487 m. Anm. *Stoffler*.

89) BGH, Beschl. v. 21.12.2006 – IX ZB 81/06, Rz. 14, ZIP 2007, 188 = ZVI 2007, 90.

90) Zur Zustellung an Gläubiger und Prozessbevollmächtigten AG Leipzig, Beschl. v. 29.8.2008 – 406 IK 4659/06, ZVI 2008, 545.

91) BGH, Beschl. v. 21.3.2013 – IX ZB 209/10, ZIP 2013, 833 = NZI 2013, 487 m. Anm. *Stoffler*.

welcher Qualifikation er für die Erledigung einzusetzen hat. Es kann insbesondere nicht verlangt werden, für die Erledigung der Zustellungen die kostengünstigste Hilfskraft einzusetzen oder zu beschäftigen, zumal die ordnungsgemäße Zustellung Teil hoheitlicher Tätigkeit ist und bei fehlerhafter Zustellung der Insolvenzverwalter einer Haftungsgefahr ausgesetzt ist.

Der **BGH hatte** in den Entscheidungen vom 21.12.2006 als Personalkosten einer Zustellung einen Betrag von 2,70 oder 2,80 € nicht beanstandet.[92] Mit Beschluss vom 11.6.2015[93] hält er als **Ersatz der Personalkosten** einen Betrag von **1,80 €** für angemessen. Abzustellen sei auf eine generalisierende Beurteilung des Arbeitsaufwandes, wobei unwirtschaftliche Arbeitsweise nicht zu berücksichtigen sei. Problematisch ist, ob und wie das Insolvenzgericht eine solche Beurteilung vornehmen kann. Auch der BGH selbst hat sich nicht differenziert mit der Frage der Personalkosten auseinandergesetzt. *Lorenz*[94] hält 4,50 € als Ersatz für Sach- und Personalkosten für angemessen, *Schmerbach*[95] hält einen Betrag von mindestens 3,70 € für angemessen. 41

Erscheint unter Einbeziehung aller Sach- und Personalkosten der Auslagenersatz des Insolvenzverwalters für die übertragenen Zustellungen je Zustellung als besonders hoch, ist dies letztlich Folge dessen, dass das Insolvenzgericht mit der Beauftragung nach § 8 Abs. 3 InsO sich selbst diesen Aufwandes entledigt hat. **Der Insolvenzverwalter kann theoretisch die Beauftragung mit Zustellungen ablehnen, wenn er weiß, dass das Insolvenzgericht einen angemessenen Ersatz des Personalaufwandes ablehnen wird.** Er wird dies mit Rücksicht auf die Erwartung, weiter als Insolvenzverwalter bestellt zu werden, nicht tun, sondern die Zustellungen auch dann übernehmen, wenn dies für ihn defizitär ist. Dies ist besonders bedauerlich, weil hierdurch ähnlich wie bei der Mindestvergütung und möglichen Erhöhungen ein „Wettbewerb nach unten" entsteht und das Insolvenzgericht dem Insolvenzverwalter vorhalten kann, ein anderer könne es billiger. De lege ferenda wäre es daher am besten, bspw. in § 8 Abs. 3 InsVV einen festen Geldbetrag als Ersatz der Zustellungskosten festzulegen. 42

3. Zuschlagsgewährung zur Vergütung nach § 3 Abs. 1 InsVV

Vor der Entscheidung des BGH vom 21.3.2013 entsprach es allgemeiner Meinung, dass die erhebliche Belastung mit den Zustellungen eine **Erhöhung der Vergütung nach § 3 Abs. 1 InsVV** rechtfertigte.[96] Die Erhöhung erfolgte durch Gewährung eines prozentualen Zuschlags zur Regelvergütung zwischen 10 und 50 %. Die Gewährung eines Zuschlags durch einen konkreten Geldbetrag war ebenfalls möglich, *Graeber* schlug 1,80 € Personalkostenanteil als „unechten" Zuschlag je Zustellung vor.[97] 43

Im **Beschluss vom 8.3.2012,**[98] bei welchem der **BGH** maßgeblich zum Zusammenhang von Massemehrung und Zuschlag entschieden hatte (siehe eingehend § 5 Rz. 32 ff.), hatte 44

92) BGH, Beschl. v. 21.12.2006 – IX ZB 129/05, Rz. 12, 14, ZIP 2007, 440 = ZVI 2007, 213.

93) BGH, Beschl. v. 11.6.2015 – IX ZB 50/14, ZIP 2015, 1401 = NZI 2015, 782.

94) *Lorenz* in: FK-InsO, § 4 InsVV Rz. 25.

95) *Schmerbach*, InsbürO 2013, 493 (Urteilsanm.).

96) BGH, Beschl. v. 21.12.2006 – IX ZB 129/05, Rz. 12, 14, ZIP 2007, 440 = ZVI 2007, 213; BGH, Beschl. v. 22.7.2004 – IX ZB 22/03, ZIP 2004, 1822; OLG Zweibrücken, Beschl. v. 7.3.2001 – 3 W 269/00, NZI 2001, 312 = ZInsO 2001, 504; LG Chemnitz, Beschl. v. 6.1.2000 – 11 T 3285/99, ZInsO 2000, 296; LG Chemnitz, Beschl. v. 16.3.2000 – 11 T 5381/99, ZIP 2000, 710; LG München, Beschl. v. 4.2.2002 – 14 T 608/02, ZInsO 2002, 275; *Bruns* in: MünchKomm-InsO, § 8 Rz. 47; Uhlenbruck-*Pape*, InsO, § 8 Rz. 3, 8; *Graeber*, ZInsO 2005, 752.

97) *Graeber*, ZInsO 2007, 202, 204 (Anm. zu BGH, Beschl. v. 21.12.2006 – IX ZB 81/06, ZIP 2007, 188 = ZVI 2007, 90, und BGH, Beschl. v. 21.12.2006 – IX ZB 129/05, ZIP 2007, 440 = ZVI 2007, 213).

98) BGH, Beschl. v. 8.3.2012 – IX ZB 162/11, ZIP 2012, 682 = DZWIR 2012, 260 m. Anm. *Keller*.

er auch zur Zuschlagsgewährung bei Zustellungen entschieden: Er hielt einen **Zuschlag von 2,80 € je Zustellung** für angemessen. Der Zuschlagsfaktor habe sich aber daran zu orientieren, wie hoch die Arbeitsbelastung tatsächlich war. Er könne nicht pauschal als Prozentsatz bestimmt werden, da dieser je nach Höhe der Berechnungsgrundlage variiert. Das ist zutreffend: Es wäre nicht angemessen, Zustellungen mit einem Prozentsatz zu honorieren, der je nach Höhe der Berechnungsgrundlage zu einem Betrag führt, der im Verhältnis zur Zahl der Zustellungen außer Verhältnis steht. Ein wenig ärgerlich ist aber, dass der BGH hier das Argument der Querfinanzierung zurückweist,[99] da er doch in anderen Fällen, insbesondere bei der Mindestvergütung des § 2 Abs. 2 InsVV die Querfinanzierung als tragendes Argument in das Vergütungsrecht eingeführt hat (siehe § 2 Rz. 93 ff.).

45 Nach der Feststellung des **BGH** im **Beschluss 21.3.2013**, dass dem Insolvenzverwalter Sachkosten und Personalaufwand je Zustellung gesondert zu erstatten sind, ist fraglich, ob daneben weiterhin ein Zuschlag zur Vergütung nach § 3 Abs. 1 InsVV gewährt werden kann.

46 Hier ist **grundlegend zwischen Auslagenersatz und Vergütung zu unterscheiden.** Leider vermischt auch der BGH in der Begründung seines Beschlusses vom 21.3.2013 diese Begriffe miteinander. Entschieden hat er inhaltlich zum **Auslagenersatz durch Erstattung von Sachkosten und Personalkosten.** Allein damit wird dem Insolvenzverwalter aber nur sein tatsächlicher Aufwand erstattet, eine Vergütung, aus der auch ein Überschuss verbleibt, wird damit nicht gewährt. Dies kann letztlich nur über den Zuschlag nach § 3 Abs. 1 InsVV geregelt werden.[100] Man mag hier einwenden, warum der Insolvenzverwalter hierfür eine Vergütung erhalten solle, denn das Gericht erhielte ja auch keine besondere Gebühr für die Zustellungen. Als Gegenargument ist aber zu fragen, **weshalb der Insolvenzverwalter die Tätigkeit, die nicht zu seinen originären Verwalteraufgaben gehört, kostenlos übernehmen soll oder gar muss?** Die Auslagenerstattung auch der Personalkosten führt ja lediglich dazu, dass er keinen Verlust erleidet. In der Rechtspraxis mag sich dann wieder die Frage stellen nach Anspruch (der Insolvenzverwalter muss nicht umsonst arbeiten) und Wirklichkeit (das Insolvenzgericht erwartet es aber).

47 In einer Zusammenführung der Beschlüsse des BGH vom 8.3.2012 und vom 21.3.2013 ist danach **neben der Erstattung von Sach- und Personalkosten ein Zuschlag nach § 3 Abs. 1 InsVV ab der ersten vorgenommenen Zustellung** zu gewähren. Ein Schwellenwert ist nicht anzusetzen. Der Zuschlag sollte nicht in einem Prozentsatz der Regelvergütung bestehen, sondern in einem konkreten Geldbetrag je Zustellung. Dieser kann variabel nach der Zahl der Zustellungen gestaltet werden. Bei einer hohen Zahl von Beteiligten und Zustellungen ist nämlich trotz elektronischer Datenverarbeitung der logistische Aufwand an der Bewältigung der Zustellungen höher als bei einer geringeren Zahl. Ein Ansatz von 2 € bis 5 € Vergütungszuschlag je Zustellung erscheint angemessen.

48 Wenn nun hier aus Sicht der Insolvenzgläubiger argumentiert wird, sie würden mit der Schmälerung der Insolvenzmasse durch die Vergütung die Zustellungstätigkeit finanzieren, wo doch dies gar nicht eingetreten wäre, wenn das Gericht die Zustellungen selbst vorgenommen hätte, ist zu entgegnen, dass das Gesetz mit § 8 Abs. 3 InsO dies eben vorsieht. Wollte man dies nicht, müsste man die Vorschrift aufheben oder konkret regeln, dass Auslagenerstattung und Vergütung für Zustellungen nicht aus der Insolvenzmasse, sondern von der Staatskasse zu tragen seien.

---

99) BGH, Beschl. v. 8.3.2012 – IX ZB 162/11, Rz. 25, ZIP 2012, 682 = DZWIR 2012, 260 m. Anm. *Keller*.
100) *Lorenz* in: FK-InsO, § 8 InsVV Rz. 40, 41; *Keller*, EWiR 2013, 383 (Urteilsanm.).

4. Der Auslagenersatz für Zustellungen

a) Keine Abgeltung mit dem Pauschbetrag nach § 8 Abs. 3 InsVV

Nach der Rechtsprechung des BGH soll bezogen auf die übertragenen Zustellungen kein pauschaler Auslagenersatz nach § 8 Abs. 3 InsVV stattfinden. Der Beschluss vom 21.3.2013 überholt insoweit die Rechtsprechung vom 21.12.2006. Nach dem **Beschluss vom 21.3.2013** erhält der Insolvenzverwalter: 49

- Erstattung der **Sachkosten** der Zustellungen nach § 4 Abs. 2 InsVV von mindestens 2,70 € je Zustellung;
- Ersatz der **Personalkosten**; nach dem Beschluss des BGH vom 11.6.2015 i. H. von 1,80 € je Zustellung;
- daneben erhält der Insolvenzverwalter einen **Vergütungszuschlag** für Zustellungen i. H. von vielleicht 2 € bis 5 € je Zustellung. Diesen Auslagenersatz und Zuschlag für übertragene Zustellungen erhält der Insolvenzverwalter – wie bereits betont – neben dem Auslagenersatz für sonstige erstattungsfähige Auslagen nach § 4 Abs. 2 InsVV oder § 8 Abs. 3 InsVV.

b) Seit dem 1.1.2021 beantragte Verfahren

Mit **Wirkung zum 1.1.2021** und geltend für Verfahren, die seit diesem Datum beantragt werden (§ 19 Abs. 5 InsVV) wurde zu § 4 Abs. 2 InsVV ein weiterer Satz angefügt, nach welchem für den Auslagenersatz bei Zustellungen auf Nr. 9002 GKG KV verwiesen wird. Danach sind die von Amts wegen vorzunehmenden Zustellungen pauschal mit **3,50 € je Zustellung** abzurechnen. In gerichtlichen Verfahren, deren Gebühren nach dem Streitwert berechnet werden, werden **Zustellungsauslagen erst ab der elften Zustellung** erhoben. Diese Einschränkung soll nach Ansicht der Gesetzesbegründung auch für den Insolvenzverwalter gelten.[101)] Die **Rechtsprechung dazu ist völlig uneinheitlich**. Zahlreiche Gerichte gewähren den Auslagenersatz erst ab der elften Zustellung,[102)] nicht wenige ab der ersten.[103)] Für letzteres spricht, dass der Insolvenzverwalter mit der Übernahme der Zustellungen eine Geschäftstätigkeit für das Insolvenzgericht erbringt, für die er vollen Ersatz seiner Auslagen erhalten soll.[104)] Nach Ansicht des AG Hamburg[105)] sollen die vom Gericht vorgenommenen Zustellungen in die Zählung der ersten zehn Zustellungen einbezogen werden; danach erhält der Insolvenzverwalter den Auslagenersatz nur, wenn die gerichtlichen Zustellungen und seine Zustellungen die Zahl von zehn Zustellungen übersteigen. Das AG Potsdam will mit Verweis auf die unsaubere Regelung zwischen § 4 Abs. 2 und § 8 Abs. 3 InsVV die Auslagenpauschale nur gewähren, wenn der Insolvenzverwalter i. Ü. Auslagen nach Einzelnachweisen geltend macht.[106)] 50

101) Begr. RegE SanInsFoG, BT-Drucks. 19/24181, S. 212; abgedr. unten Anh. VI, S. 729 ff.

102) AG Frankfurt/M., Beschl. v. 18.10.2021 – 810 IK 291/21 K -16-2, n. v.; AG Leipzig, Beschl. v. 20.12.2021 – 401 IK 591/21, NZI 2022, 235 m. Anm. *Marquardt* = ZIP 2022, 2081, dazu EWiR 2022, 248 *(Budnik)*; AG Norderstedt, Beschl. v. 21.12.2021 – 65 IK 27/21, ZIP 2022, 391; AG Hannover, Beschl. v. 3.1.2022 – 904 IK 40/21, ZInsO 2022, 547; AG Ludwigshafen, Beschl. v. 14.2.2022 – 3b IK 26/21, Rpfleger 2022, 421; AG München, Beschl. v. 11.5.2022 – 1500 IN 968/21, Rpfleger 2022, 533.

103) LG Göttingen, Beschl. v. 25.2.2022 – 10 T 55/21, ZInsO 2022, 1479; AG Stade, Beschl. v. 10.1.2022 – 73 IK 6/21, ZInsO 2022, 551; AG München, Beschl. v. 1.4.2022 – 1513 IK 297/21, NZI 2022, 542.

104) So BGH, Beschl. v. 21.3.2013 – IX ZB 209/10, NZI 2013, 487 = ZIP 2013, 833, dazu EWIR 2013, 383 *(U. Keller)*; ebenso *Marquardt*, NZI 2022, 54.

105) AG Hamburg, Beschl. v. 4.2.2022 – 68h IK 35/21, ZIP 2022, 496 = ZVI 2022, 86; ebenso *Wolgast* in: HK-InsVV. §§ 4, 5 Rz. 59.

106) AG Potsdam, Beschl. v. 27.1.2022 – 6.50 IK 110/21, ZVI 2022, 121 = NZI 2022, 239; eingehend *Graeber/Graeber*, InsVV, § 8 Rz. 61 ff., 70a.

c) Vor dem 1.1.2004 eröffnete Insolvenzverfahren

51 Die Praxis, den Auslagenersatz für Zustellungen nach § 8 Abs. 3 InsO neben der Auslagenpauschale im Wege der Einzelerstattung zu gewähren, **verbietet der BGH für Verfahren, die vor dem 1.1.2004 eröffnet worden sind,** für welche mithin die Auslagenpauschale des § 8 Abs. 3 InsVV unter Einbeziehung der Erhöhungen nach § 3 InsVV zu berechnen ist. Wenn nämlich in die Pauschale des § 8 Abs. 3 InsVV Erhöhungstatbestände einfließen, führt dies mittelbar zu einer Auslagenerstattung auch für Personalaufwand, der innerhalb eines Erhöhungskriteriums nach § 3 Abs. 1 InsVV unstreitig berücksichtigt werden kann, nicht aber bei der Auslagenerstattung selbst. Das ist keine Problematik des Auslagenersatzes für übertragene Zustellungsaufgaben, sondern der früheren Fassung des § 8 Abs. 3 InsVV überhaupt. Der BGH will aber dem Insolvenzverwalter die Vergütung nicht kürzen oder begrenzen.[107] In Verfahren, die vor dem 1.1.2004 eröffnet worden sind, **kann der Insolvenzverwalter** bezüglich der übertragenen Zustellungen daher **wählen:**[108]

- Er kann für übertragene Zustellungen eine **Erhöhung der Vergütung** verlangen, wenn die Arbeitsbelastung erheblich war. Er kann **daneben die Sachkosten der Zustellungen** im Wege der Einzelabrechnung als Auslagenersatz erhalten.
- Er kann eine **Erhöhung der Vergütung** verlangen, wenn die Arbeitsbelastung hierfür erheblich war. Er kann **daneben den Pauschsatz der Auslagen nach § 8 Abs. 3 InsVV a. F.** aus der (erhöhten) Vergütung erhalten.

IV. Die Erstattung der Umsatzsteuer

1. Die Erstattung der vollen Umsatzsteuer nach § 7 InsVV

52 Der Insolvenzverwalter erhält zu seiner Vergütung sowie zu den erstatteten Auslagen den vollen Betrag der von ihm selbst auf die von ihm erbrachten umsatzsteuerbaren Leistungen zu entrichtenden Umsatzsteuer (§ 7 InsVV). Die **Umsatzsteuer** ist bezüglich der Vergütung und der Auslagen je **gesondert auszuweisen.**[109] Der gerichtliche Festsetzungsbeschluss stellt keine Rechnung des Insolvenzverwalters an die Insolvenzmasse i. S. des § 14 UStG dar. Auf Grundlage des Beschlusses hat der Insolvenzverwalter eine Rechnung zu stellen.[110]

53 Bei einer Änderung, insbesondere einer Anhebung des allgemeinen Umsatzsteuersatzes des § 12 Abs. 1 UStG,[111] stellt sich die Frage der Umsatzsteuererstattung für bereits vor der Änderung anhängige Verfahren.[112] Die Insolvenzverwaltervergütung entsteht zwar mit Erbringung der Arbeitsleistung, wird aber erst mit Beendigung des Verfahrens fällig. Maßgebend ist der Erlass des Aufhebungsbeschlusses nach § 200 oder nach § 258 InsO oder des Einstellungsbeschlusses nach § 216 InsO.[113] Eine Aufspaltung einzelner Teilleistungen ist nicht möglich. Damit kann auch die auf die Vergütung entfallende Umsatzsteuer nicht für Teilleistungen gesplittet werden (§ 13 Abs. 1 Nr. 1 lit. a UStG, Abschn. 13.1 Abs. 3

---

107) BGH, Beschl. v. 21.12.2006 – IX ZB 129/05, Rz. 18, ZIP 2007, 440 = ZVI 2007, 213.

108) BGH, Beschl. v. 21.12.2006 – IX ZB 81/06, Rz. 14, ZIP 2007, 188 = ZVI 2007, 90.

109) BFH, Beschl. v. 7.4.2005 – V B 187/04, ZVI 2005, 280; BFH, Urt. v. 20.2.1986 – V R 16/81, ZIP 1986, 517, dazu EWiR 1986, 501 *(Onusseit)*.

110) BFH, Beschl. v. 7.4.2005 – V B 187/04, ZVI 2005, 280.

111) Seit 1.1.2007 beträgt der Steuersatz 19 % (Art. 4 Haushaltbegleitgesetz 2006, v. 29.6.2006, BGBl. I 2006, 1402); für die Zeit von 1.7. bis 31.12.2020 beträgt der Steuersatz 16 % (§ 28 Abs. 1 UStG i. d. F. des Art. 3 Nr. 3 des Zweiten Gesetzes zur Umsetzung steuerlicher Hilfsmaßnahmen zur Bewältigung der Corona-Krise, v. 29.6.2020, BGBl. I 2020, 1512.

112) *Onusseit*, ZfIR 2007, 121; *Janca*, ZInsO 2006, 1191.

113) Zur Frage des Vorsteuerabzugs BFH, Urt. v. 2.12.2015 – V R 15/15, BStBl. II 2016, 486 = ZIP 2016, 631, dazu EWiR 2016, 245 *(Schmittmann)*.

Satz 1 UStAE). Das BMF führt im Zusammenhang mit der temporären Absenkung der Umsatzsteuer (siehe unten Rz. 56) dazu aus:[114)]

„Die Leistung eines Insolvenzverwalters ist dann ausgeführt, wenn der seiner Leistung zugrundeliegende Auftrag (letzte Vollzugshandlung) erledigt ist. Die Leistung eines Insolvenzverwalters ist nach der Rechtsprechung des BFH (Urteil vom 2. Dezember 2015, V R 15/15, BStBl 2016 II S. 486) erst mit dem Beschluss des Insolvenzgerichts über die Aufhebung des Insolvenzverfahrens nach § 200 Abs. 1 InsO erbracht, soweit keine anderen Beendigungsgründe vorliegen. Aus Vereinfachungsgründen wird es nicht beanstandet, wenn für die Bestimmung des Leistungszeitpunkts auf den Vollzug der Schlussverteilung abgestellt wird.

Im Restschuldbefreiungsverfahren bestimmt sich der Leistungszeitpunkt nach dem Zeitpunkt der rechtskräftigen Erteilung der Restschuldbefreiung nach § 300 InsO."

Für das Insolvenzverfahren bedeutet dies, dass die Vergütung insgesamt mit dem **Umsatzsteuersatz** zu versteuern und zu erstatten ist, der bei **Aufhebung des Verfahrens** gilt. Maßgeblich ist nicht der Zeitpunkt der Stellung des Vergütungsantrags nach § 8 InsVV, da die Rechte und Pflichten des Insolvenzverwalters bis zum Zeitpunkt der Aufhebung des Verfahrens nach § 200 InsO oder der Einstellung in den Fällen der §§ 207 und 208 ff. InsO andauern.[115)] Sollte sich zwischen Antragstellung, Festsetzung der Vergütung und Verfahrensaufhebung der Umsatzsteuersatz ändern, ist der Vergütungsbeschluss entsprechend anzupassen. 54

Für die **Vorschussgewährung** ist der **Umsatzsteuersatz** maßgebend, der im **Zeitpunkt der Beschlussfassung** nach § 9 InsVV gilt. Gilt bei Verfahrensbeendigung ein anderer Steuersatz, ist zunächst die Gesamtvergütung nach dem dann geltenden Satz zu versteuern. Ist dieser niedriger als der bei der Vorschussgewährung geltende Satz, sind die vom Insolvenzverwalter an die Insolvenzmasse gestellten Vorschussrechnungen (§ 14 UStG) und Umsatzsteuerabführungen auf die Vorschussbeträge zu berichtigen, was zu einer Korrektur des Vorsteuerabzugs der Insolvenzmasse und zu einer Erstattung führt. Die Beschlüsse zur Vorschussgewährung müssen nicht geändert werden, denn zum Zeitpunkt ihres Erlasses waren sie richtig, die spätere Korrektur ergibt sich aus der abschließenden Vergütungsfestsetzung. 55

Eine besondere Situation ergibt sich, wenn die **Änderung des Umsatzsteuersatzes** nur **zeitlich begrenzt** ist. Beispielhaft und wohl singulär ist dies bei der Senkung des Umsatzsteuersatzes von 19 auf 16 % für die Zeit vom 1.7.2020 bis 31.12.2020 zur Bewältigung der sog. „Corona-Krise" der Fall.[116)] Hier sind folgende Alternativen denkbar: 56

- Vorschussgewährung vor 1.7.2020 mit 19 %; Verfahrensaufhebung nach dem 1.7.2020, aber vor dem 31.12.2020: Es gilt insgesamt der Satz von 16 %, die Umsatzsteuer auf die Vorschussgewährung ist zu berichtigen.
- Vorschussgewährung vor dem 1.7.2020 mit 19 %; Verfahrensaufhebung nach dem 31.12.2020: Hier ist keine Änderung veranlasst, der Zeitraum des geringeren Steuersatzes wird übersprungen.
- Vorschussgewährung nach dem 1.7.2020 mit 16 %; Verfahrensaufhebung nach dem 31.12.2020: Die Umsatzsteuer der Vorschussgewährung müsste nachträglich wieder auf 19 % berichtigt werden; um dies zu vermeiden, darf die Vorschussgewährung mit 19 % versteuert werden.[117)]

114) BMF-Schreiben v. 4.11.2020 – III C 2 – S 7030/20/10009 :016, Rz. 12, BStBl. I 2020, 1129.

115) AG Potsdam, Beschl. v. 5.12.2006 – 35 IN 1058/05, NZI 2007, 179.

116) § 28 Abs. 1 UStG i. d. F. des Art. 3 Nr. 3 des Zweiten Gesetzes zur Umsetzung steuerlicher Hilfsmaßnahmen zur Bewältigung der Corona-Krise, v. 29.6.2020, BGBl. I 2020, 1512.

117) BMF-Schreiben v. 30.6.2020 – III C 2 – S 7030/20/10009 :004, BStBl. I 2020, 584; BMF-Schreiben v. 4.11.2020 – III C 2 – S 7030/20/10009 :016, BStBl. I 2020, 1129.

57 Gleiches gilt für die Vergütung des Sachwalters bei Eigenverwaltung. Die Vergütungen des **vorläufigen Insolvenzverwalters** oder des **vorläufigen Sachwalters** sind jeweils selbstständig zu bestimmen. Für sie gelten die genannten Maßgaben bezogen auf den Zeitpunkt der Beendigung der vorläufigen Verwaltung oder vorläufigen Sachwaltung.

58 Für die Vergütung der **Mitglieder des Gläubigerausschusses** gelten die genannten Maßgaben, soweit eine Umsatzsteuerpflicht des einzelnen Mitglieds besteht (siehe dazu § 13 Rz. 55). Die Rechnungstellung an die Insolvenzmasse (§ 14 UStG) erfolgt hier seitens des einzelnen Mitglieds.

59 Bei der Vergütung des **Treuhänders im Restschuldbefreiungsverfahren** ist die jährliche Mindestvergütung als Vorschussleistung auf die Gesamtvergütung für das Restschuldverfahren anzusehen (siehe § 12 Rz. 17). Insgesamt ist der Umsatzsteuersatz bei Beendigung des Restschuldbefreiungsverfahrens maßgebend.

60 Die Insolvenzmasse ist selbst zum **Vorsteuerabzug** berechtigt, wenn dies auch der Schuldner vor Insolvenzeröffnung aufgrund eigener Umsatzsteuerpflicht bereits war.[118)] Die gezahlte Umsatzsteuer fließt zur Masse zurück und steht damit den Gläubigern zur gemeinschaftlichen Befriedigung zur Verfügung (zur Bestimmung der Insolvenzmasse siehe oben § 3 Rz. 59 ff.). Der Fiskus kann mit Ansprüchen, die Insolvenzforderungen sind oder Altmasseverbindlichkeiten bei Masseunzulänglichkeit gegen den Vorsteueranspruch aufrechnen.[119)] Grundlage des Vorsteuerabzugs und der Erstattung ist die vom Insolvenzverwalter erstellte Rechnung, nicht bereits der Vergütungsantrag oder der Festsetzungsbeschluss des Gerichts.[120)]

61 Eine Erstattung oder ein Ausgleich sonstiger vom Insolvenzverwalter zu entrichtender Steuern erfolgt nicht. Das gilt insbesondere für die Gewerbesteuer, wenn der Insolvenzverwalter gewerbesteuerpflichtig ist.[121)]

62 Ist der **Insolvenzverwalter** als **Angestellter oder als Sozius oder Gesellschafter** innerhalb einer Kanzlei tätig, stellt sich die Frage, ob nicht bezogen auf sein höchstpersönliches Handeln wegen § 56 InsO die Inanspruchnahme von Sachleistungen und Personal der Kanzlei ihrerseits eine umsatzsteuerbare Leistung der Kanzlei an den Verwalter sei. Dies wurde vom FG Kassel im Januar 2007 so vertreten und führte zu einiger Verwirrung innerhalb der Verwalterschaft und den Finanzverwaltungen.[122)] Nach Erörterungen der Obersten Finanzbehörden der Länder mit dem BMF stellte dieses mit Schreiben vom 28.7.2009[123)] klar, dass die Insolvenzverwaltertätigkeit als umsatzsteuerbare Leistung der Kanzlei unter Angabe ihrer Steuernummer (§ 14 Abs. 4 UStG) abzurechnen sei. Eine umsatzsteuerbare Leistungserbringung innerhalb der Kanzlei findet dann nicht statt. Haben der Insolvenzverwalter und die Kanzlei besondere Regelungen getroffen oder bilden Insolvenzverwalter innerhalb bzw. neben der Kanzlei eine eigene GbR, gilt dies nicht. Es sind dann die Per-

118) BFH, Urt. v. 20.2.1986 – V R 16/81, ZIP 1986, 517; *Stoffler* in: KPB InsO, § 7 InsVV Rz. 6; a. A. ausführlich *Buyer*, DB 1984, 321, und *Frotscher*, ZIP 1983, 1307; *Heilmann*, BB 1984, 1228; *Urban*, DB 1985, 81; *Weinkauf*, ZIP 1985, 662.

119) BFH, Urt. v. 4.3.2008 – VII R 10/16, BStBl. II 2008, 506 = ZIP 2008, 886, dazu EWiR 208, 661 *(v. Spiessen)*; FG Nürnberg, Beschl. v. 15.9.2020 – 2 K 1540/18, ZRI 2021, 109 = NZI 2021, 85.

120) FG Köln, Urt. v. 3.2.2015 – 8 K 1817/14, EFG 2015, 1142.

121) Hierzu BFH, Bescheid v. 14.8.2001 – XI R 56/00 und BFH, Urt. v. 12.12.2001 – XI R 56/00, ZIP 2002, 359, dazu EWiR 2002, 433 *(Korn)*; BFH, Beschl. v. 7.4.2009 – VIII B 191/07, ZIP 2009, 1244 (LS), dazu EWiR 2009, 381 *(Kahlert)*; FG Neustadt/W., Urt. v. 21.6.2007 – 4 K 2063/05, ZIP 2007, 2041; FG Hamburg, Urt. v. 27.5.2009 – 2 K 72/07, ZIP 2009, 1729; FG Düsseldorf, Urt. 21.1.2010 – 14 K 575/08, ZIP 2010, 533.

122) FG Kassel, Beschl. v. 4.1.2007 – 6 V 1450/06, EFG 2007, 548; dazu *Onusseit*, ZInsO 2008, 1337.

123) BMF-Schreiben v. 28.7.2009 – IV B 8 – S 7100/08/10003, ZIP 2009, 1544.

sonal- oder Sachleistungen der Kanzlei umsatzsteuerbar in Rechnung zu stellen. Gegenüber der Insolvenzmasse ist der Insolvenzverwalter selbst Leistungserbringer.

2. Der hälftige Umsatzsteuerausgleich nach § 4 Abs. 5 Satz 2 VergVO

a) Die Anwendung des § 4 Abs. 5 Satz 2 VergVO in der Rechtspraxis

In **Konkurs- und Gesamtvollstreckungsverfahren** sollte ursprünglich die Vergütung den vollen Umsatzsteuerbetrag des Konkurs- oder Gesamtvollstreckungsverwalters beinhalten, also Bruttovergütung sein.[124] Bis 1981 war der Konkursverwalter in Ausübung freiberuflicher Tätigkeit nur hälftig umsatzsteuerpflichtig. Nur für den Fall, dass eine volle Umsatzsteuerpflicht bestand, sollte ihm nach § 4 Abs. 5 Satz 2 VergVO der weitere Umsatzsteuerbetrag erstattet werden. § 12 Abs. 2 Nr. 5 UStG ist durch Art. 36 des 2. Haushaltsstrukturgesetzes vom 22.12.1981[125] weggefallen; es bestand die volle Umsatzsteuerpflicht auch für den Konkursverwalter. Die Rechtspraxis ging daraufhin dazu über, die Vergütung als Nettovergütung anzusehen und die volle Umsatzsteuer zu erstatten.[126] § 4 Abs. 5 VergVO wurde wegen Kollision mit höherrangigem Steuerrecht für nicht anwendbar erklärt.[127] Damit wurde aber auch der Sinn der Regelung in sein Gegenteil verkehrt.[128] 63

b) Hälftiger Umsatzsteuerausgleich nach BGH-Beschluss vom 20.11.2003

Angesichts der Rechtsentwicklung der Praxis, die vielfach § 4 Abs. 5 Satz 2 VergVO als nicht mehr anwendbar betrachtete, mag der Beschluss des BGH vom 20.11.2003[129] überraschen. Der **BGH legt ausführlich dar, dass eine erweiterte Auslegung des § 4 Abs. 5 VergVO auf den vollen Umsatzsteuerbetrag nicht zulässig ist**, vielmehr die Vergütung des Konkurs- oder Gesamtvollstreckungsverwalters weiter **hälftige Bruttovergütung** ist und deshalb **nur ein hälftiger Umsatzsteuerbetrag zu erstatten ist.** Als hälftig ist die Differenz zwischen dem gültigen Umsatzsteuersatz von 19 % seit dem 1.1.2007 (vorher: 16 %) zu dem ermäßigten Satz von 7 %, der seit der Steuererhöhung zum 1.1.1993[130] als hälftiger Satz beibehalten worden ist. 64

Zunächst ist die Nettovergütung durch Herausrechnung des ermäßigten Steuersatzes zu ermitteln, sodann darauf der allgemeine Steuersatz anzuwenden und der Unterschiedsbetrag zu dem sich aus der Anwendung des allgemeinen Steuersatzes ergebenden Umsatzsteuer- 65

---

124) Dazu noch *Eickmann*, VergVO, § 4 Rz. 34 ff.

125) 2. Haushaltsstrukturgesetz – 2. HStruktG, v. 22.12.1981, BGBl. I 1981, 1523.

126) *Bilsdorfer*, ZIP 1980, 93; *Frotscher*, ZIP 1983, 1307; *Heilmann*, BB 1984, 1228; *Pape*, Rpfleger 1996, 438; *Stadie*, ZIP 1996, 665.

127) OLG Frankfurt/M., Urt. v. 29.4.1992 – 21 U 188/90, ZIP 1992, 1564, dazu EWiR 1993, 165 *(Eickmann)*; LG Halle, Beschl. v. 9.12.1994 – 2 T 203/94, ZIP 1995, 486, dazu EWiR 1995, 663 *(Uhlenbruck)*; LG Magdeburg, Beschl. v. 24.4.1996 – 3 T 251/96, ZIP 1996, 927 = Rpfleger 1996, 474; LG Paderborn, Beschl. v. 24.2.1999 – 5 T 381/98, ZIP 1999, 1057 = NZI 1999, 233, dazu EWiR 1999, 763 *(Pape)*; LG Lüneburg, Beschl. v. 28.4.1999 – 3 T 14/99, ZInsO 1999, 355; LG Flensburg, Beschl. v. 18.8.1999 – 5 T 71/99, NZI 2000, 441; LG Darmstadt, Beschl. v. 30.11.1999 – 5 T 792/99, NZI 2000, 440; LG Osnabrück, Beschl. v. 10.4.2000 – 9 T 274/00, ZInsO 2001, 96; LG Frankfurt/O., Beschl. v. 30.1.2001 – 6 (a) 409/00, ZInsO 2001, 240; LG Leipzig, Beschl. v. 25.8.2003 – 1 T 3697/02, ZInsO 2003, 1096; AG Deggendorf, Beschl. v. 19.10.1999 – N 17/98, ZInsO 1999, 659.

128) Zu Recht kritisch *Onusseit*, EWiR 2004, 305 (Urteilsanm.).

129) BGH, Beschl. v. 20.11.2003 – IX ZB 469/02, ZIP 2004, 81 = NZI 2004, 142, dazu EWiR 2004, 305 *(Onusseit)*.

130) Art. 12 Nr. 3, Art. 40 Abs. 2 Satz 5 Steueränderungsgesetz 1992 – StÄndG 1992, v. 25.2.1992, BGBl. I 1992, 297.

betrag als Ausgleich zu zahlen. Die Formel zur Ermittlung des Ausgleichsbetrages zum Umsatzsteuersatz von 19 % lautet dann:[131)]

$$\text{Ausgleichsbetrag} = \frac{\text{Bruttovergütung}}{107} \times 11.$$

66 Die Entscheidung des BGH betrifft die Vergütungsfestsetzung in noch abzuschließenden Konkurs- und Gesamtvollstreckungsverfahren. Stellt die Vergütung nach § 3 VergVO im Einzelfall sich als unangemessen niedrig heraus, erlaubt der BGH eine Erhöhung nach § 4 VergVO, verbietet aber eine allgemeine Erhöhung der Regelvergütung nach § 3 VergVO über den Umweg der Umsatzsteuererstattung.[132)]

131) Nach *Onusseit*, EWiR 2004, 305 (Urteilsanm.); *Stadie*, ZIP 1996, 665; s. a. *Hess*, KO, § 4 VergVO Rz. 57; *Pape*, Rpfleger 1996, 438.

132) BGH, Beschl. v. 20.11.2003 – IX ZB 469/02, unter II. 4. c), ZIP 2004, 81 = NZI 2004, 142.

§ 15
Das Verfahren der Vergütungsfestsetzung

Übersicht

Aufsatzliteratur: *Bergner/Berg*, Die Insolvenzverwaltervergütung im Internet: Theorie und Praxis, ZIP 2018, 858; *Borchers*, Die funktionelle Zuständigkeit von Richter, Rechtspfleger und Geschäftsstelle in einem Insolvenzverfahren, in: Kölner Schrift zur Insolvenzordnung, 1997, S. 1269; *Cranshaw*, Bemerkungen zu der Leistung der Insolvenzverwaltervergütung und zu der Erstattung von „Überzahlungen", ZInsO 2017, 989; *Fischer*, Die Rechtsprechung des Bundesgerichtshofs zum Insolvenzrecht im Jahre 2003, NZI 2004, 281; *Franke/Burger*, Richter und Rechtspfleger im Insolvenzverfahren. Zur Zuständigkeitsabgrenzung, insbesondere bei der Vergütungsfestsetzung, NZI 2001, 403; *Frind*, Die Reichweite der notwendigen Umsetzung für eine wirksame Veröffentlichung, ZInsO 2018, 435; *Graeber*, Die Verzögerung des Abschlussberichts und ihre (vergütungsrechtlichen) Folgen, ZInsO 2018, 1083; *Graeber/Scholz-Schulze*, Zur Anhörung der Verfahrensbeteiligten und Bekanntmachungen des Vergütungsfestsetzungsbeschlusses durch das Gericht, ZInsO 2018, 694; *Haarmeyer*, Die Veröffentlichung von Vergütungsfestsetzungsbeschlüssen in der Praxis – Ein rechtsstaatlicher Offenbarungseid, ZInsO 2019, 1869; *Holzer*, Iura novit curia – oder doch nicht?, INDat-Report 7/2022, S. 28; *Keller*, Unklare und strittige Zuständigkeitsfragen im Insolvenzverfahren, ZInsO 2024, 973; *Keller*, Der Mythos des § 18 Abs. 2 RPflG und die Frage der Zuständigkeiten am Insolvenzgericht – wer kann es besser?, INDat-Report 3/2024, S. 11; *Keller*, Keine nachträgliche Zulassung der Rechtsbeschwerde auf Gegenvorstellung, DZWIR 2019, 10; *Keller*, Bedarf die Bestellung eines vorläufigen Sachwalters im Schutzschirmverfahren nach § 270b InsO der öffentlichen Bekanntmachung?, ZIP 2012, 1895; *Keller*, Voraussetzungen und Umfang der Sachverständigenbeauftragung zur Schlussrechnungsprüfung im Insolvenzverfahren, Rpfleger 2011, 66; *Keller*, Die Neuregelungen der InsVV zur Mindestvergütung im masselosen Insolvenzverfahren, ZVI 2004, 569; *Keller*, Die Rechtsprechung des Bundesgerichtshofs zur Vergütung in Insolvenzverfahren, NZI 2004, 465; *Keller*, Die öffentliche Bekanntmachung im Insolvenzverfahren, ZIP 2003, 149; *Keller*, Aktuelle Fragen zur Vergütung des Insolvenzverwalters bei Kleininsolvenzen, ZVI 2002, 437; *Keller*, Rechtspflegeakte und Spruchrichterprivileg im Insolvenzverfahren, RpflStud 2002, 130; *Keller*, Die Zulässigkeit der Beauftragung mit dem Insolvenzverwalter gesellschaftsrechtlich verbundener Unternehmen und der Anrechnungstatbestand nach § 1 Abs. 2 Nr. 4 lit. a) InsVV, DZWIR 2000, 265; *Lissner*, Rosinenpickerei bei der funktionellen Zuständigkeit oder Warum der Plan doch nicht ganz beim Richter ist, AGS 2025, 489; *Lissner*, Die (un-)berechtigte Entnahme von Vorschüssen, Rpfleger 2018, 4; *Lüke*, Aus der Werkstatt des Gesetzgebers: Neues im Beschwerdeverfahren in Insolvenzsachen, ZIP 2001, 1661; *Pape*, Auswirkungen der ZPO-Reform aus das insolvenzrechtliche Beschwerdeverfahren, NZI 2001, 516; *Prasser*, Zuständigkeit zur Vergütungsfestsetzung des vorläufigen Insolvenzverwalters, NZI 2011, 54; *Reck*, Gehen Sie über Los und ziehen Sie mindestens 200,01 EUR ein, ZVI 2023, 283; *Reck*, Veröffentlichung von Vergütungsbeschlüssen: Alles oder nichts?, ZVI 2020, 457; *Reck*, Der gläserne Insolvenzverwalter oder: Vergütungsbeschlüsse als Wartezimmerlektüre, ZVI 2018, 87; *Schmudlach*, Zeitpunkt der Gewinnrealisierung bei Vergütungsvorschüssen eines bilanzierenden Insolvenzverwalters, NWB 2016, 634; *Theurich/Degenhardt*, Datenschutz versus Gläubigerinformationsrechte, NZI 2018, 870; *Thole*, Gläubigerinformation im Insolvenzverfahren – Akteneinsicht und Auskunftsrecht, ZIP 2012, 1534; *Uhlenbruck*, Die Rechtsstellung des vorläufigen Insolvenzverwalters, in: Kölner Schrift zur Insolvenzordnung, 2. Aufl. 2000, S. 325; *Uhlenbruck*, Zuständigkeits- und Berechnungsprobleme bei der Festsetzung der Sequestervergütung, ZIP 1996, 1889; *Vill*, Die Bekanntgabe von Vergütungsentscheidungen an Beteiligte und Unbeteiligte. Von der Geheimhaltung zur Öffentlichkeit, ZInsO 2022, 2165; *Vill*, Vorschuss auf die Vergütung des Insolvenzverwalters, ZInsO 2019, 2493; *Vorwerk*, Gläubigereinbeziehung in das Festsetzungsverfahren der Verwaltervergütung – Verfassungsmäßigkeit des § 64 II InsO, NZI 2011, 7; *Vuia*, Der Anspruch auf Gewährung rechtlichen Gehörs zu dem Vergütungsfestsetzungsantrag des (vorläufigen) Insolvenzverwalters nach §§ 26a, 63, 64 InsO, § 8 InsVV, ZInsO 2014, 1038; *Wasner*, Die Berechnung von Verzugszinsen und Vergütungsanträge, ZInsO 2003, 16; *Weiss*, Keine Gewinnrealisierung durch Bewilligung eines Vergütungsvorschusses für bilanzierenden Insolvenzverwalter, EStB 2019, 45; *Wozniak*, Transparenz 2.0 als Problemlöser?, ZInsO 2018, 974.

I. Allgemeine Grundsätze

1. Vorüberlegungen zum Verfahren der Vergütungsfestsetzung

1 Die **Vergütung sowie** die zu erstattenden **Auslagen** des Insolvenzverwalters werden **vom Gericht durch Beschluss festgesetzt** (§ 64 Abs. 1 InsO).[1] Das Verfahren der Vergütungsfestsetzung wird durch § 8 InsVV näher geregelt.[2]

2 Die **alleinige Zuständigkeit des Insolvenzgerichts** für die Festsetzung der Vergütung sichert insbesondere die Unabhängigkeit des Insolvenzverwalters, weshalb eine Vereinba-

1) Allgemein zur Funktion der Vorschrift *Keller* in: HK-InsO, § 64 Rz. 6 ff.

2) Begr. RegE InsVV (§ 8), abgedr. unten in Anh. III, S. 689, 701.

rung zwischen dem Schuldner oder den Gläubigern und dem Insolvenzverwalter seine Vergütung betreffend unzulässig ist; auch eine **konstitutive Bestimmung im Insolvenzplan ist nicht möglich** (eingehend siehe oben § 2 Rz. 226 ff.).

Das **Grundsystem der Vergütungsfestsetzung** durch § 64 InsO und § 8 InsVV entspricht dem allgemeinen zivilgerichtlichen Verfahren mit Antragstellung, Gewährung rechtlichen Gehörs und gerichtlicher Entscheidung. Es ist jedoch **mehr vergleichbar mit** einer **Klageerhebung** als mit der Kostenfestsetzung nach §§ 103 ff. ZPO, weil das Insolvenzgericht **konstitutiv die Höhe der Vergütung** bestimmt und nicht lediglich gesetzliche Gebührentatbestände, die nach dem Rechtsanwaltsvergütungsgesetz (RVG) meist in Wertgebühren bestehen, feststellt, wobei der Wert des Kostenfestsetzungsverfahrens selbstverständlich nicht gering geschätzt werden darf. 3

Dem Insolvenzverfahren als eines mit zahlreichen Beteiligten entspricht es, dass der Gesetzgeber dem **Schuldner** und **jedem Insolvenzgläubiger** ein **Beschwerderecht** zubilligt (§ 64 Abs. 3 InsO). Das Beschwerderecht eines jeden Gläubigers als Individualbefugnis innerhalb des Insolvenzverfahrens ist insofern bedeutsam, als der Gesetzgeber den Gläubigern nur wenige Individualbefugnisse einräumt.[3] Die **Beschwerdebefugnis** nach § 64 Abs. 3 InsO kann insoweit als **Korrektiv zur Zuständigkeitsbestimmung der Vergütung an das Insolvenzgericht** verstanden werden. Auf die Befriedigung eines Gläubigers wirkt sich die Vergütung durch Änderung der Quote aus, nur geringe Quotenänderungen mögen dabei ein Grund sein, weshalb Gläubiger nur selten Beschwerde gegen die Vergütungsfestsetzung erheben (eingehend siehe Rz. 84). 4

2. Anwendungsbereich der § 8 InsVV und § 64 InsO

Die **Verfahrensregelungen der § 8 InsVV und § 64 InsO** gelten **unmittelbar für den Insolvenzverwalter**, kraft Verweisungen gelten sie **für alle weiteren Organe** des Insolvenzverfahrens. Im Einzelnen gilt: 5

- Für den vorläufigen Insolvenzverwalter gilt § 64 InsO kraft Verweisung aus § 21 Abs. 2 Nr. 1 InsO;
- für den Insolvenzverwalter gilt § 64 InsO unmittelbar;
- für den vorläufigen Sachwalter bei Eigenverwaltung gilt § 64 InsO über § 270a Abs. 1 Satz 2 und § 270b Abs. 2 Satz 1, § 274 Abs. 1 InsO;
- für den Sachwalter bei Eigenverwaltung gilt § 64 InsO über § 274 Abs. 1 InsO;
- für den Insolvenzverwalter im Insolvenzverfahren über das Vermögen eines Verbrauchers gilt unmittelbar § 64 InsO. Für die bis 30.6.2014 beantragten Verfahren (Art. 103h EGInsO) gilt noch die Verweisung über den seit 1.7.2014 aufgehobenen § 313 Abs. 1 Satz 3 InsO.
- Für den Sonderinsolvenzverwalter gilt § 64 InsO unmittelbar;
- für den Treuhänder im Restschuldbefreiungsverfahren gilt § 64 InsO über § 293 Abs. 1 InsO;
- für die Mitglieder des Gläubigerausschusses gilt § 64 InsO über § 73 Abs. 1 InsO.

Die nachfolgenden Ausführungen zur Vergütungsfestsetzung des Insolvenzverwalters gelten sinngemäß für diese weiteren Organe des Insolvenzverfahrens. Hinsichtlich des Zeitpunktes der Antragstellung oder des Inhalts des Vergütungsantrags mit Bestimmung der Berechnungsgrundlage ist dabei auf den jeweiligen Sonderfall abzustellen. 6

---

3) Hierzu *Frege/Keller/Riedel*, Insolvenzrecht, Rz. 3.211; *Keller*, Insolvenzrecht, Rz. 461 ff.

7 Für die Festsetzung der Vergütung des Restrukturierungsbeauftragten oder des Sanierungsmoderators in den Verfahren des StaRUG gelten die Vorschriften der InsVV nicht. Auf sie kann nur gedanklich verwiesen werden. Zur Festsetzung der Vergütung in diesen Verfahren siehe eingehend § 10 Rz. 59 ff.

II. Antrag auf Vergütungsfestsetzung (§ 8 InsVV)

1. Zeitpunkt der Antragstellung

8 Die Festsetzung der Vergütung des Verwalters erfordert einen entsprechenden **Antrag des Insolvenzverwalters** nach § 8 Abs. 1 Satz 1 InsVV. Für die Festsetzung der Vergütung des Sachwalters bei Eigenverwaltung gilt gleiches.

9 Der Antrag ist bei **Beendigung des Regelinsolvenzverfahrens** mit **Vorlage der Schlussrechnung** nach § 66 InsO zu stellen (§ 8 Abs. 1 Satz 3 InsVV).[4] Ein vor diesem Zeitpunkt gestellter Antrag ist als unzulässig zurückzuweisen.[5]

10 Wird das Verfahren mangels Masse (§ 207 InsO) oder bei Masseunzulänglichkeit (§§ 208 ff. InsO) eingestellt, hat der Insolvenzverwalter ebenfalls Schlussrechnung zu legen. Der Antrag auf Vergütungsfestsetzung ist dann mit der Anregung auf Verfahrenseinstellung zu stellen.[6]

11 Wird das Verfahren nach Annahme und gerichtlicher **Bestätigung eines Insolvenzplanes** nach § 258 InsO aufgehoben, ist der Antrag vor Beschlussfassung des Gerichts über die Aufhebung des Insolvenzverfahrens zu stellen, damit die Vergütungsfestsetzung zusammen mit der Aufhebung des Verfahrens öffentlich bekannt gemacht werden kann (§ 258 Abs. 3, § 64 Abs. 2 InsO). Eine inhaltliche Abstimmung zwischen dem Insolvenzverwalter, dem Planersteller und dem Gericht ist hier vorab empfehlenswert, damit die Vergütung in die Planrechnung einbezogen werden kann und sich für den Insolvenzverwalter bei Begleichung der Masseverbindlichkeiten nach § 258 InsO keine Schwierigkeiten ergeben.[7] Die Festsetzung der Vergütung ist erst nach Rechtskraft des Bestätigungsbeschlusses nach § 248 InsO zulässig.[8]

12 Die **Festsetzung der Vergütung des vorläufigen Insolvenzverwalters** oder des vorläufigen Sachwalters sollte entsprechend § 8 Abs. 1 Satz 3 InsVV nach **Beendigung des Eröffnungsverfahrens** mit Rechnungslegung[9] des vorläufigen Insolvenzverwalters beantragt werden,[10] auch wenn nach der **Rechtsprechung des BGH** die **Verjährung** des Vergütungsanspruchs bis zur Beendigung des eröffneten Verfahrens **gehemmt** ist (eingehend siehe § 2 Rz. 64).[11] Eine spätere Antragstellung ist mit Rücksicht auf mögliche Wertberichtigungen nach § 63 Abs. 3 Satz 3 InsO ratsam, wenn sich einzelne Vermögenswerte erheblich auf die Berechnungsgrundlage der Vergütung auswirken.

---

4) So bereits § 6 Abs. 2 VergVO, *Eickmann*, VergVO, § 6 Rz. 4.

5) Nach *Prasser* in: KPB, InsO, § 8 InsVV Rz. 2, ist der Antrag zulässig, aber nicht entscheidungsreif.

6) Dazu Uhlenbruck-*Ries*, InsO, § 207 Rz. 4; *Frege/Keller/Riedel*, Insolvenzrecht, Rz. 3.1268 ff.

7) In diesem Sinne wohl auch *Prasser* in: KPB, InsO, § 8 InsVV Rz. 3; zu praktischen Fragen des § 258 InsO *Keller*, Insolvenzrecht, Rz. 1853 ff.

8) LG Berlin, Beschl. v. 8.10.2004 – 86 T 588/04, NZI 2005, 338.

9) Dazu Uhlenbruck-*Langer*, InsO, § 22 Rz. 294 ff.; Römermann-*R-D. Mönning*, InsO/InsR, § 22 InsO Rz. 256 ff.; *Uhlenbruck* in: Kölner Schrift zur InsO, S. 325, 367, Rz. 45.

10) Etwas unklar KG Berlin, Beschl. v. 3.4.2001 – 7 W 8034/00, NZI 2001, 307.

11) Jaeger-*Eichel*, InsO, § 54 Rz. 21.

2. Inhalt des Antrags

13 Der Antrag des Verwalters muss **inhaltlich bestimmt** sein (Musteranträge siehe unten Rz. 142 ff.). Es ist nicht ausreichend, wenn beantragt wird, die „angemessene Vergütung" festzusetzen[12] oder sie dem Ermessen des Gerichts anheimzustellen.

14 Der Antrag hat nach § 8 Abs. 2 InsVV die Berechnung der **Berechnungsgrundlage** i. S. des § 1 InsVV zu enthalten.[13] Der Verwalter muss daher im Hinblick auf die Berücksichtigung von Massegegenständen, die mit Absonderungsrechten behaftet waren, die entsprechenden Werte bestimmen und **Vergleichsrechnungen** vornehmen (§ 1 Abs. 2 Nr. 1 InsVV), er hat für die Zeit der **Unternehmensfortführung** eine gesonderte Einnahmen/Ausgabenrechnung auszuweisen (§ 1 Abs. 2 Nr. 4 lit. b InsVV) und muss eigene **Gebühren**, die er kraft **besonderer beruflicher Qualifikation** erhalten hat, angeben (§ 1 Abs. 2 Nr. 4 lit. a InsVV).

15 Beantragt der Verwalter die **Erhöhung der Regelvergütung** nach § 3 InsVV, hat er die entsprechenden **Tatbestände darzulegen und zu erläutern.** Gleiches gilt für mögliche **Kürzungen der Regelvergütung.** Der Vergütungsantrag hat jedes Erhöhungs- oder Kürzungskriterium einzeln darzustellen und zu begründen, eine pauschalierte Zusammenfassung ist nicht ausreichend.[14]

16 Der Verwalter hat seine **Auslagen gesondert** darzustellen, da diese nach § 8 Abs. 1 Satz 2 InsVV gesondert festzusetzen sind.[15] Auslagen, die nach § 4 InsVV erstattet werden sollen, sind i. E. nachzuweisen,[16] ihre Angemessenheit ist sachlich darzulegen.

17 Hat der Insolvenzverwalter **Dienst- und Werkverträge für besondere Aufgaben** abgeschlossen und externe Dienstleister beauftragt, sind diese im Hinblick auf § 4 Abs. 1 Satz 3 InsVV anzugeben.[17] Nach § 8 Abs. 2 InsVV hat der Insolvenzverwalter **detailliert anzugeben,** für **welche Tätigkeiten, in welchem Umfang** und **mit welcher Honorierung** er Dritte beauftragt hat.[18] Anzugeben ist dies insbesondere dann, wenn er Personen oder Gesellschaften beauftragt hat, mit denen er gesellschaftsrechtlich verbunden oder an denen er wirtschaftlich beteiligt ist. § 8 Abs. 2 InsVV gilt ebenfalls, wenn der Insolvenzverwalter in **besonderer Qualifikation tätig** wurde und hierfür die **besondere Vergütung nach § 5 InsVV** erhalten hat (eingehend siehe § 2 Rz. 151 ff.). Es ist dann jeweils eine Anwendung des § 1 Abs. 2 Nr. 4 lit. a InsVV erforderlich (siehe § 2 Rz. 161 ff.).[19]

---

12) *Prasser* in: KPB, InsO, § 8 InsVV Rz. 5.

13) So ausdrücklich die Begr. zum Entwurf einer InsVV (§ 8), abgedr. unten in Anh. III, S. 689, 701.

14) LG Bochum, Beschl. v. 10.3.2011 – 7 T 345/10, n. v.; LG Aurich, Beschl. v. 29.10.2013 – 4 T 206/10, ZIP 2013, 2213; unklar die Ausführungen des BGH zu Erhöhungsfaktoren, BGH, Beschl. v. 24.7.2003 – IX ZB 607/02, ZIP 2003, 1757 = NZI 2003, 603, dazu EWiR 2003, 1043 *(Rendels)*; klarstellend dazu BGH, Beschl. v. 18.12.2003 – IX ZB 50/03, ZIP 2004, 518 = ZVI 2004, 203; eingehend auch *Graeber/Graeber*, InsVV, § 3 Rz. 62 ff.

15) *Prasser* in: KPB, InsO, § 8 InsVV Rz. 6.

16) Es soll auch anwaltliche Versicherung ihres Entstehens genügen, *Eickmann*, VergVO, § 5 Rz. 5.

17) Zum Prüfungsrecht des Gerichts und zur Erstattungspflicht BGH, Beschl. v. 11.11.2004 – IX ZB 48/04, ZIP 2005, 36 = ZVI 2005, 152, dazu EWiR 2005, 833 *(Henssler/Deckenbrock)*; zur persönlichen Haftung des Verwalters nach § 60 InsO BGH, Urt. v. 24.1.1991 – IX ZR 250/89, BGHZ 113, 262 = ZIP 1991, 324, dazu EWiR 1991, 275 *(Gottwald)*.

18) Ausdrücklich BGH, Beschl. v. 11.11.2004 – IX ZB 48/04, ZIP 2005, 36 = ZVI 2005, 152; zur Frage der Strafbarkeit der Nichtangabe von Delegationen oder deren vergütungsrechtlich unzutreffender Beurteilung LG Aurich, Urt. v. 25.4.2017 – 15 KLs 1000 Js 17239/10 (3/14), wistra 2018, 140.

19) LG Frankfurt/O., Beschl. v. 27.10.2000 – 6 T 49/00, DZWIR 2001, 168; anders LG Frankfurt/O., Urt. v. 27.7.1998 – 16 T 162/98, ZInsO 1998, 236; LG Leipzig, Beschl. v. 7.2.2000 – 14 T 7832/99, DZWIR 2001, 170; eingehend *Keller*, DZWIR 2000, 265.

III. Festsetzung der Vergütung

1. Zuständigkeit des Insolvenzgerichts

a) Vergütung des Insolvenzverwalters oder des Sachwalters

18 Für die Festsetzung der Vergütung des Insolvenzverwalters oder des Sachwalters im eröffneten Insolvenzverfahren wie auch der Mitglieder des Gläubigerausschusses oder eines Sonderinsolvenzverwalters ist das sachlich und örtlich nach §§ 2, 3 InsO bestimmte Insolvenzgericht zuständig, bei welchem das Insolvenzverfahren eröffnet worden ist und durchgeführt wurde.

19 Die **funktionelle Zuständigkeit** liegt grundsätzlich beim Rechtspfleger (§ 3 Nr. 2 lit. e, § 18 Abs. 1 RPflG). Der Richter ist zuständig, wenn er sich das Verfahren bei Eröffnung nach § 18 Abs. 2 RPflG bei Eröffnung vorbehalten hat. § 18 Abs. 2 RPflG ist insgesamt umstritten.[20] Nach richtiger Ansicht kann der Richter sich nur ein Insolvenzverfahren das Verfahren vorbehalten, er kann nicht einzelne Entscheidungen nach Belieben „zurückholen", da mangels ausgesprochenen Vorbehalts der Rechtspfleger gesetzlich zuständig ist (§ 3 Nr. 2 lit. e RPflG) und für das eröffnete Verfahren der Richter daher nie zuständig ist, wenn er dies eben bei Insolvenzeröffnung nicht ausdrücklich ausspricht.[21] Der Richter kann daher auch nicht allein die Zuständigkeit für die Vergütungsentscheidung für sich in Anspruch nehmen, er kann sich erst recht nicht durch Generalverfügung sämtliche Vergütungsentscheidungen des Gerichts vorbehalten.[22]

20 Bei **Insolvenzverfahren, die nach dem 1.1.2013 beantragt** worden sind und werden, ist für das **Insolvenzplanverfahren** nach §§ 217 ff. InsO der **Richter** zuständig (§ 18 Abs. 1 Nr. 2 RPflG, Art. 103g Satz 2 EGInsO).[23] Die Zuständigkeitsregelung erfasst sämtliche Tätigkeiten des Verfahrens einschließlich der Aufhebung nach § 258 InsO.[24] Der **Richter ist zuständig** für die **Aufhebung** des Insolvenzverfahrens und die damit **zusammenhängenden Tätigkeiten**, damit auch für die **Prüfung der Schlussrechnung** nach § 66 Abs. 2 Satz 1 InsO und die **Vergütungsfestsetzung.**[25] Dies folgt aus der Nennung des § 258 InsO in § 18 Abs. 1 Nr. 2 RPflG, sowie aus der Stellung des Insolvenzplanverfahrens innerhalb des Insolvenzverfahrens. Das Insolvenzplanverfahren beinhaltet mit § 258 InsO eine besondere Form der Beendigung des Insolvenzverfahrens. Der Richter ist „für das Insolvenzverfahren" zuständig, sobald ein Insolvenzplan eingebracht wird.

21 Der BGH spricht sich dagegen für die funktionelle Zuständigkeit des Rechtspflegers aus.[26] Er stellt zunächst auf den Wortlaut des § 18 Abs. 1 Nr. 2 RPflG ab, der auf die §§ 217 bis 256, §§ 258 bis 269 InsO, nicht aber auf § 64 InsO verweist. Er betrachtet ferner das Insolvenzplanverfahren als eigenständiges Verfahren innerhalb des Insolvenzverfahrens und nimmt an, das Insolvenzverfahren als solches sei vom Planverfahren nicht berührt, laufe also bspw. mit Forderungsprüfung und Insolvenzanfechtung wie gewohnt weiter. Daher sieht der **BGH** nach § 18 Abs. 1 Nr. 1 RPflG **die Zuständigkeit des Rechtspflegers** für

---

20) Eingehend *Keller*, ZInsO 2024, 973; *Keller*, INDat-Report 3/2024, S. 11.

21) In Einzelfragen umstritten, eingehend m. umfangr. Nachw. *Frege/Keller/Riedel*, Insolvenzrecht, Rz. 1.348 ff.; *Keller*, INDat-Report 3/2024, S. 11.

22) *Frege/Keller/Riedel*, Insolvenzrecht, Rz. 1.348; unzutreffend *Busch* in: MünchKomm-InsO, § 29 Rz. 165, 166.

23) *Frege/Keller/Riedel*, Insolvenzrecht, Rz. 1.372.

24) Zum Absehen von einer Aufhebung bei ersichtlicher Undurchführbarkeit des Insolvenzplans fragwürdig AG Hamburg, Beschl. v. 3.2.2023 – 67e IN 20/13, ZRI 2023, 308 = ZVI 2023, 177.

25) *Frege/Keller/Riedel*, Insolvenzrecht, Rz. 1.373.

26) BGH, Beschl. v. 11.9.2025 – IX ZB 15/24, ZRI 2015, 1124 = ZIP 2025, 2771; dazu *Keller*, ZIP 2025, 3060; *Lissner*, AGS 2025, 489.

die Vergütungsfestsetzung auch dann als gegeben an, wenn das Verfahren mit Bestätigung des Insolvenzplans aufgehoben wird.[27)]

Dem kann nicht zugestimmt werden. Entscheidend für die Auslegung des § 18 Abs. 1 Nr. 2 RPflG ist, wie das Insolvenzplanverfahren als Teil des Insolvenzverfahrens anzusehen ist. Betrachtet man es als eine Art Modul innerhalb des sonst laufenden Insolvenzverfahrens, kann dem BGH gefolgt werden. Richtig ist dagegen, das Insolvenzplanverfahren als „das Insolvenzverfahren" anzusehen. Das Planverfahren ist das Insolvenzverfahren, insbesondere wenn es mit Eigenverwaltung oder nach vorherigem Schutzschirmverfahren (§ 270d InsO) eröffnet wird und bereits im Eröffnungsverfahren ein Insolvenzplan vorbereitet und bei Insolvenzeröffnung vorgelegt wird. Die Insolvenzabwicklung ist auf den Erfolg des Insolvenzplans ausgerichtet. Entscheidungen zur Vertragserfüllung (§ 103 InsO) oder zur Insolvenzanfechtung werden nur soweit umgesetzt, als das Planziel es erfordert. Forderungsanmeldungen und Forderungsprüfung erfolgen, damit die Gläubigergruppen nach § 222 InsO gebildet werden können und die Gläubiger über den Plan abstimmen können. Auch zeigt die Verbindung des Erörterungs- und Abstimmungstermins mit dem Prüfungstermin nach § 236 InsO, dass kein gewöhnliches Insolvenzverfahren stattfindet. Die Tabellenpflege – wie es der BGH formuliert – dient gerade nicht der Teilnahme an einer Schlussverteilung. Entscheidend ist schließlich, dass der **Rechtspfleger mit dem Verfahren zu keinem Zeitpunkt betraut ist.** Es wäre sachfremd, ihn dann für die Schlussrechnungsprüfung und Vergütungsfestsetzung für zuständig zu erklären. Er wäre es nur dann, wenn der Insolvenzplan nach § 231 InsO zurückgewiesen wird, vom Planinitiator zurückgenommen wird, im Erörterungs- und Abstimmungstermin scheitert oder seine gerichtliche Bestätigung endgültig versagt wird. Dann wird das Insolvenzverfahren als „echtes" Insolvenzverfahren geführt und beendet. 22

b) Vergütung des vorläufigen Insolvenzverwalters oder des vorläufigen Sachwalters

Die **Vergütung des vorläufigen Insolvenzverwalters** oder des **vorläufigen Sachwalters** wird nach § 64 InsO durch das nach §§ 2, 3 InsO sachlich und örtlich zuständige Insolvenzgericht festgesetzt (zu den Alternativen je nach Beendigung des Eröffnungsverfahrens siehe oben § 2 Rz. 31 ff.). In der gerichtlichen Praxis bestehen **unterschiedliche Handhabungen der funktionellen Zuständigkeit:**[28)] 23

Nach einer Meinung wird unterschieden, ob das Insolvenzverfahren tatsächlich eröffnet wird oder nicht, insbesondere ob die **Eröffnung mangels Masse abgewiesen wird** (§§ 26, 26a InsO). Für diesen letzten Fall wird unstreitig die **Zuständigkeit des Richters** bejaht, da es zu einer Verfahrenseröffnung nicht gekommen ist und der Richtervorbehalt des § 18 Abs. 1 RPflG greift. Wird aber das **Insolvenzverfahren eröffnet** und somit zwangsläufig die Vergütung des vorläufigen Verwalters erst im Laufe dieses Verfahrens festgesetzt, wird von einer vielfach vertretenen Ansicht die **Zuständigkeit des Rechtspflegers** nach § 3 Nr. 2 lit. e RPflG bejaht, da im zeitlichen Ablauf des Verfahrens die Zuständigkeit des Richters nach § 18 Abs. 1 RPflG entfallen sei.[29)] Der BGH stimmt dem ausdrücklich zu, nennt als 24

---

27) BGH, Beschl. v. 11.9.2025 – IX ZB 15/24, ZRI 2015, 1124 = ZIP 2025, 2771; dazu *Keller*, ZIP 2025, 3060; *Lissner*, AGS 2025, 489.

28) Dazu bereits *Uhlenbruck*, ZIP 1996, 1889.

29) OLG Zweibrücken, Beschl. v. 23.5.2000 – 3 W 58/00, ZIP 2000, 1306 = NZI 2000, 314; LG Halle, Beschl. v. 9.12.1994 – 2 T 203/94, ZIP 1995, 486 = KTS 1995, 437, dazu EWiR 1995, 663 *(Uhlenbruck)*; LG Magdeburg, Beschl. v. 20.9.1995 – 3 T 357/95, Rpfleger 1996, 38; LG Frankfurt/M., Beschl. v. 21.6.1999 – 2/9 T 401/99, ZIP 1999, 1686; AG Düsseldorf, Beschl. v. 24.11.1999 – 502 IN 76/99, NZI 2000, 37; *Roth* in: KölnKomm-InsO, § 8 InsVV Rz. 21; *Lorenz* in: FK-InsO, § 11 InsVV Rz. 84 ff.; K. Schmidt-*Vuia*, InsO, § 64 Rz. 9; eingehend auch *Franke/Burger*, NZI 2001, 403.

tragendes Argument aber lediglich die Prozessökonomie, mit einer systematischen Auslegung des § 18 Abs. 1 Nr. 2 RPflG befasst er sich nicht.[30)]

25 Diese Ansicht sieht die Zuständigkeitsregelung des § 18 Abs. 1 RPflG als rein zeitliche Abgrenzung zwischen Richter- und Rechtspflegerzuständigkeit und nicht als sachliche Abgrenzung unter Bezugnahme auf den Ablauf eines Insolvenzverfahrens. Letzteres ist aber Sinn und Zweck des § 18 Abs. 1 RPflG. **Dem Richter soll das gesamte Eröffnungsverfahren einschließlich der Verfahrenseröffnung und der damit zusammenhängenden Geschäfte vorbehalten bleiben.**[31)] Unstreitig liegt damit auch die Ernennung des Insolvenzverwalters, die Ausführung der Eintragungsersuchen (§ 32 InsO) oder schlicht die Fertigung der Ausführungsverfügung, insbesondere zur Bewirkung der öffentlichen Bekanntmachung zum Eröffnungsbeschluss, in der Zuständigkeit des Richters,[32)] auch wenn diese Tätigkeiten zeitlich erst nach Insolvenzeröffnung erfolgen. So **gehört** auch **die Festsetzung der Vergütung des vorläufigen Verwalters sachlich** zu einem Verfahrensabschnitt, der in der **Zuständigkeit des Richters** liegt.

26 Nach richtiger Ansicht ist daher **auch bei späterer Eröffnung des Insolvenzverfahrens** der **Richter** für die Festsetzung der Vergütung **zuständig.**[33)] Er kann die Entscheidung nicht nach § 7 RPflG auf den Rechtspfleger übertragen. Eine Festsetzung durch den Rechtspfleger ist nach § 8 Abs. 4 Satz 1 RPflG unwirksam.[34)] Als Hilfsmittel für eine Abgrenzung der Zuständigkeit zwischen Richter und Rechtspfleger kann auch nicht der Zeitpunkt der Antragstellung auf Vergütungsfestsetzung angenommen werden. Damit könnte letztlich der Verwalter durch geschickte Antragstellung beeinflussen, wer über seine Vergütung zu entscheiden hat.[35)] Auch die Entscheidung über die Vergütung des vorläufigen Verwalters als Sachverständiger nach § 4 Abs. 1 Satz 1 JVEG obliegt in jedem Fall dem Richter als dem funktionell zuständigen Organ des Gerichts.[36)]

c) Vergütung des Treuhänders im Restschuldbefreiungsverfahren

27 Für die Vergütung des Treuhänders im Restschuldbefreiungsverfahren nach § 293 InsO ist **in jedem Fall der Rechtspfleger** zuständig. Die Zuständigkeit des Richters nach § 18

---

30) BGH, Beschl. v. 22.9.2010 – IX ZB 195/09, ZIP 2010, 2160 = NZI 2010, 977, dazu EWiR 2011, 25 *(Blersch)*; dazu auch *Prasser*, NZI 2011, 54.

31) Zur Neufassung des § 18 RPflG im Zusammenhang mit den Änderungen durch Art. 14 EGInsO vgl. Begr. RegE EGInsO, BT-Drucks. 12/3803, S. 65, abgedr. in: *Kübler/Prütting*, RWS-Dok. 18, S. 792 f.; *Braun/Uhlenbruck*, Unternehmensinsolvenz, S. 33; *Borchers* in: Kölner Schrift zur InsO, S. 1269; jeweils noch ohne Berücksichtigung der Änderungen des Rechtspflegergesetzes durch Gesetz v. 6.8.1998, BGBl. I 1998, 2030.

32) *Frege/Keller/Riedel*, Insolvenzrecht, Rz. 1.353.

33) LG Köln, Beschl. v. 9.1.1997 – 19 T 2/97, Rpfleger 1997, 273; LG Koblenz, Beschl. v. 29.4.1997 – 2 T 114/97, KTS 1998, 76 = Rpfleger 1997, 427; AG Göttingen, Beschl. v. 2.9.1999 – 74 IN 31/99, NZI 1999, 469; AG Köln; Beschl. v. 21.1.2000 – 72 IK 69/99, NZI 2000, 143 = DZWIR 2000, 125 m. Anm. *Keller*, dazu EWiR 2000, 403 *(Grub)*; LG Rostock, Beschl. v. 15.11.2000 – 2 T 383/99, ZInsO 2001, 96; AG Kaiserslautern, Beschl. v. 2.10.2000 – 3 IK 21/99, ZInsO 2000, 624; *Stephan* in: MünchKomm-InsO, § 11 InsVV Rz. 89, 90; Stephan/Riedel-*Stephan*, InsVV, § 11 Rz. 86.

34) LG Köln, Beschl. v. 9.1.1997 – 19 T 2/97, Rpfleger 1997, 273; LG Koblenz, Beschl. v. 29.4.1997 – 2 T 114/97, KTS 1998, 76 = Rpfleger 1997, 427; AG Göttingen, Beschl. v. 2.9.1999 – 74 IN 31/99, NZI 1999, 469; AG Köln; Beschl. v. 21.1.2000 – 72 IK 69/99, NZI 2000, 143 = DZWIR 2000, 125 m. Anm. *Keller*; LG Rostock, Beschl. v. 15.11.2000 – 2 T 383/99, ZInsO 2001, 96; AG Kaiserslautern, Beschl. v. 2.10.2000 – 3 IK 21/99, ZInsO 2000, 624.

35) Zu Recht ablehnend daher LG Köln, Beschl. v. 9.1.1997 – 19 T 2/97, Rpfleger 1997, 273 m. abl. Anm. *Haarmeyer*.

36) Die Festsetzung der Sachverständigenentschädigung ist nicht Tätigkeit des Kostenbeamten; zum Verfahren Toussaint-*Weber*, KostR, § 4 JVEG Rz. 5 ff.

Abs. 1 Nr. 3 RPflG bezieht sich lediglich auf die Entscheidung über die Erteilung der Restschuldbefreiung in den dort genannten Fällen.

d) Vergütung der Mitglieder des Gläubigerausschusses

Für die Festsetzung der Vergütung der Mitglieder des Gläubigerausschusses gelten die Ausführungen zur Vergütung des Insolvenzverwalters oder Sachwalters und der des vorläufigen Insolvenzverwalters oder vorläufigen Sachwalters entsprechend. Wer dort für die Vergütungsfestsetzung zuständig ist, hat auch über die Vergütung der Mitglieder des Gläubigerausschusses oder des vorläufigen Gläubigerausschusses im Eröffnungsverfahren zu entscheiden. 28

2. Der Zeitpunkt der Festsetzung

Da nach § 8 Abs. 1 Satz 3 InsVV der Antrag auf Festsetzung der Vergütung erst mit der Schlussrechnung gestellt werden soll, erfolgt die **Festsetzung** selbst auch erst **mit Beendigung des Insolvenzverfahrens.** Die gerichtliche Praxis erlässt den Beschluss über die Vergütung und den Auslagenersatz des Verwalters oft zusammen mit der Genehmigung der Schlussverteilung nach § 196 Abs. 2 InsO.[37)] Bedenkt man aber, dass Grundlage der Vergütungsberechnung die Insolvenzmasse bei Beendigung des Verfahrens ist und diese nicht nur erst nach Erörterung der Schlussrechnung seitens der Gläubigerversammlung im Schlusstermin (§ 197 Abs. 1 Nr. 1 InsO), sondern im Hinblick auf Guthabenzinsen oder Steuerrückflüsse sogar erst nach Vornahme der Schlussverteilung feststeht (siehe oben § 3 Rz. 59 ff.), sollte auch die **Festsetzung** der Vergütung **erst mit dem eigentlichen Beschluss über die Verfahrensaufhebung** (§ 200 InsO) erfolgen. Das Problem der zu erwartenden Massezuflüsse zwischen dem Zeitpunkt der Antragstellung und der Festsetzung der Vergütung bis zur eigentlichen Verfahrensaufhebung lässt sich aber durch realistische Prognose dieser Beträge lösen. Der Insolvenzverwalter hat aber die Schlussverteilung ungeachtet der Festsetzung der Vergütung vorzunehmen. Auch ist das Verfahren aufzuheben, selbst wenn noch Massezuflüsse zu erwarten sind; diese sind ggf. i. R. einer Nachtragsverteilung zu verteilen.[38)] In diesem Zusammenhang kann eine ergänzende Vergütungsfestsetzung betreffend den Massezufluss auch nachträglich noch erfolgen. Ob allgemein eine Vergütungsfestsetzung nach Aufhebung des Insolvenzverfahrens noch möglich ist, ist nicht geregelt. Denkbar ist dies, wenn bisher nicht berücksichtigte Zuschlagstatbestände geltend gemacht werden (zur Rechtskraft siehe Rz. 110 f.). Eine andere Frage ist, ob der ehemalige Insolvenzverwalter noch auf eine Insolvenzmasse zurückgreifen kann. 29

Die **Vergütungsfestsetzung erst nach dem Schlusstermin** ist dennoch im Hinblick auf die **Gewährung rechtlichen Gehörs an die Gläubiger geboten** (eingehend siehe unten Rz. 37 ff.). Die Praxis der Vergütungsfestsetzung zusammen mit der Genehmigung der Schlussrechnung nach § 196 Abs. 2 InsO hat ihren Ursprung noch in den Kosten der öffentlichen Bekanntmachung in den Printmedien, die bei gemeinsamer Bekanntmachung von Vergütungsfestsetzung und Schlussverteilung nach § 64 Abs. 2, § 188 Satz 3 InsO günstiger waren.[39)] In Zeiten kostenfreier Internetbekanntmachung nach § 9 Abs. 1 InsO (siehe § 16 Rz. 25) trägt diese Überlegung nicht mehr. Auch die Verteilung an die Insolvenzgläubiger und die Berechnung der Quote bereitet keine Schwierigkeiten, wenn die Vergü- 30

37) *Frege/Keller/Riedel*, Insolvenzrecht, Rz. 2507; in diesem Sinne wohl auch Römermann-*Weiß*, InsO/InsR, § 64 InsO Rz. 9 a. E.; zur Frage der verzögerten Vorlage der Schlussrechnung durch den Insolvenzverwalter *Graeber*, ZInsO 2018, 1083.

38) BGH, Beschl. v. 20.7.2017 – IX ZB 75/16, ZIP 2017, 1629 = ZVI 2017, 443, dazu EWiR 2017, 633 *(Keller)*.

39) Dazu noch *Keller*, ZIP 2003, 149.

tung erst nach dem Schlusstermin festgesetzt wird. Eine **Unsicherheit** besteht allein, **wenn** gegen die Vergütungsfestsetzung **Rechtsmittel eingelegt wird** und der insoweit streitige Betrag der Insolvenzmasse entweder dem Insolvenzverwalter oder den Insolvenzgläubigern zufließt. Doch auch hier wird das Insolvenzgericht das Verfahren ohnehin nicht aufheben, bevor die Vergütungsfestsetzung nicht rechtskräftig ist. Je nach Höhe der Insolvenzmasse hat der Insolvenzverwalter die Schlussverteilung dann in mehreren Tranchen durchzuführen.

31 Bei **Beendigung** des Verfahrens **durch Einstellung** nach §§ 207, 208 ff., 212, 213 InsO erfolgt die Vergütungsfestsetzung nach Schlussrechnungslegung des Insolvenzverwalters vor Beschlussfassung über die Verfahrenseinstellung.[40]

32 Wird das Insolvenzverfahren nach **gerichtlicher Bestätigung** des von den Gläubigern angenommenen **Insolvenzplan** beendet, erfolgt die Festsetzung nach rechtskräftiger Bestätigung des Plans nach § 248 InsO vor Aufhebung des Verfahrens nach § 258 InsO.[41]

33 § 8 InsVV legt für die Zeit zwischen Antrag und Festsetzung der Vergütung **keine Höchstfrist** fest. Ergeben sich bei Prüfung der Schlussrechnung und des Schlussberichts Unklarheiten, die einer Klärung zwischen dem Verwalter und dem Insolvenzgericht bedürfen, kann dies zu einem durchaus langen Zeitraum bis zur Festsetzung der Vergütung führen. Gerade aus diesem Grunde ist es unangebracht, dem Gericht für die Festsetzung der Vergütung unter Androhung von Amtshaftungsansprüchen Fristen vorgeben zu wollen.[42] Ebenso wenig ist es angebracht und außerdem nicht zulässig, die Vergütung ab dem Zeitpunkt der Antragstellung oder einem fiktiven Zeitpunkt der Vergütungsfestsetzung etwa analog eines eingeklagten Anspruchs ab Klageerhebung verzinsen zu wollen (siehe unten Rz. 69 ff.).

34 Ist der **Insolvenzverwalter vor der Festsetzung** der Vergütung **verstorben**, steht die Vergütung seinem Erben zu (siehe § 1 Rz. 4) und ist zu seinen Gunsten festzusetzen. Ist der Erbe unbekannt oder ist streitig, zu wessen Gunsten die Vergütungsfestsetzung erfolgen soll, hat das Insolvenzgericht für den festgesetzten **Vergütungsbetrag** die **Hinterlegung anzuordnen.**[43] Diese hat dann der im Amt nachfolgende Insolvenzverwalter vorzunehmen.

3. Beauftragung eines Sachverständigen

35 Zur Prüfung der Schlussrechnung des Insolvenzverwalters ist es zulässig, für den buchhalterischen Teil einen Sachverständigen zu beauftragen (siehe § 1 Rz. 40 ff.). Im Rahmen der Prüfung des Vergütungsantrags kann das nur gelten für die rechnerische Bestimmung der Berechnungsgrundlage, wobei sich auch hier vielerlei Rechtsfragen ergeben können, deren Beantwortung nicht auf einen Sachverständigen übertragen werden kann. Bei der Sachverständigenbeauftragung zur Schlussrechnungsprüfung ist es auch üblich, feststellen zu lassen, ob **Masseverbindlichkeiten zutreffend befriedigt** worden sind. Auch hier befindet man sich im Grenzbereich zwischen Tatsachenfeststellung und rechtlicher Würdigung. Erst recht ist die Feststellung und Bewertung von Zu- und Abschlägen nach § 3 InsVV tatrichterliche Aufgabe, die nicht als bloße Tatsachenfeststellung an einen Sachverständigen delegiert werden darf.

40) Nicht verständlich LG Stuttgart, Beschl. v. 7.9.2012 – 2 T 199/12, n. v., das eine Festsetzung ausschließt, wenn die liquiden Mittel nicht zur Deckung der streitigen Masseansprüche ausreichen und der Insolvenzschuldner die erforderlichen Mittel nicht aufbringen kann oder will.

41) LG Berlin, Beschl. v. 8.10.2004 – 86 T 588/04, NZI 2005, 338.

42) Die obergerichtliche Rspr. sieht als übliche Zeit für eine Vergütungsfestsetzung nahezu unrealistisch sechs Wochen an, OLG Stuttgart, Beschl. v. 16.6.1971 – 8 W 362/70, Rpfleger 1971, 308; OLG München, Beschl. v. 23.10.1980 – 11 W 2187/80, Rpfleger 1981, 157; OLG Düsseldorf, Beschl. v. 3.3.1981 – 2 Ws 115/81, Rpfleger 1981, 408.

43) LG Essen, Beschl. v. 19.8.2025 – 4 T 21/24, ZRI 2026, 103 = NZI 2025, 911; AG Hof, Beschl. v. 1.4.20025 – IN 55/02, NZI 2025, 568.

Das **Insolvenzgericht kann einen Sachverständigen nicht mit der Prüfung der Angemessenheit des Vergütungsantrags beauftragen.**[44] Die Sachverständigenbeauftragung ist nur für Tatsachenfeststellungen denkbar, nicht aber für die Beantwortung von streitigen Rechtsfragen und erst recht nicht für Ermessensentscheidungen.[45] Hinsichtlich möglicher Zu- und Abschläge kann ein Sachverständiger dem Insolvenzgericht allenfalls die Bandbreite an Rechtsprechung und Literaturmeinungen aufzeigen, doch auch das ist eigentlich Aufgabe des Gerichts selbst. Eine unzulässige Beauftragung eines Sachverständigen hat indes für die Wirksamkeit der Vergütungsfestsetzung keine Konsequenzen, auch wenn das Insolvenzgericht in seiner Begründung auf die gutachterlichen Ausführungen Bezug nimmt. Denn das Insolvenzgericht hätte auch selbst zu dem festgestellten Ergebnis gelangen können. Allenfalls könnte die Feststellung der Rechtswidrigkeit nur zu einer Neubewertung des Antrags durch das Gericht führen. 36

4. Gewährung rechtlichen Gehörs

Die Festsetzung der Verwaltervergütung erfolgt durch das Insolvenzgericht unter **Wahrung** der nach § 56 InsO gebotenen **Unabhängigkeit des Insolvenzverwalters.** Es ist gerade auch Ausdruck der Unabhängigkeit, dass das Insolvenzgericht und nicht etwa die Gläubigerversammlung oder der Gläubigerausschuss über die Vergütung entscheiden (siehe eingehend oben § 2 Rz. 210 ff.). In diesem Zusammenhang stellt aber auch die Frage der Gewährung rechtlichen Gehörs an die Verfahrensbeteiligten vor Vergütungsfestsetzung ein besonderes Problem dar. 37

Üblich und gleichzeitig unstreitig ist die **Gewährung rechtlichen Gehörs** vor der Festsetzung **an den Schuldner** bzw. dessen organschaftlichen Vertreter.[46] Diesem wird regelmäßig eine Abschrift des Vergütungsantrags mit der Gelegenheit zur Stellungnahme binnen einer angemessenen Frist übersandt. Der sorgfältig handelnde Insolvenzverwalter legt dem Vergütungsantrag bereits eine Zustimmungserklärung des Schuldners oder dessen organschaftlichen Vertreters bei. 38

Die Gewährung rechtlichen Gehörs an die **Mitglieder des Gläubigerausschusses** ist nicht erforderlich, weil weder dem Gläubigerausschuss als Organ des Verfahrens noch den einzelnen Ausschussmitgliedern in dieser Funktion gegen den Festsetzungsbeschluss ein Beschwerderecht zusteht (§ 64 Abs. 3 Satz 1 InsO).[47] Die Mitglieder des Gläubigerausschusses haben aber gegenüber den Gläubigern des Verfahrens oft eine **nicht zu unterschätzende Mittlerfunktion.** Der sorgfältig handelnde Insolvenzverwalter wird daher den Vergütungsantrag mit den Mitgliedern des Gläubigerausschusses beraten und um deren (informelle) Zustimmung bitten, um mögliche Konflikte mit Gläubigern zu vermeiden. 39

In Insolvenzverfahren, die mit **Kostenstundung nach §§ 4a ff. InsO** eröffnet worden sind, haftet die Staatskasse für die Vergütung des Insolvenzverwalters (§ 63 Abs. 2 InsO; eingehend siehe oben § 2 Rz. 51 ff.). Dem Vertreter der Staatskasse **(Bezirksrevisor)** kann vor Festsetzung der Vergütung rechtliches Gehör gewährt werden, wobei stets zu betonen ist, dass dieser keiner Weisungsbefugnis gegenüber dem Insolvenzgericht zu Fragen der Vergütungsfestsetzung besitzt. 40

---

44) LG Dresden, Beschl. v. 22.6.2022 – 5 T 722/21, ZRI 2022, 613 = NZI 2022, 831, dazu EWiR 2023, 20 *(Keller)*; dazu auch *Holzer*, INDat-Report 7/2022, S. 28.

45) *Frege/Keller/Riedel*, Rz. 3.1210; *Keller*, Rpfleger 2011, 66.

46) K. Schmidt-*Vuia*, InsO, § 64 Rz. 12.

47) Uhlenbruck-*Mock*, InsO, § 64 Rz. 8; Jaeger-*Weber*, KO, § 85 Anm. 2c, hält sie wiederum für empfehlenswert.

41 Ob auch den **Insolvenzgläubigern vor der Entscheidung rechtliches Gehör** nach Art. 103 Abs. 1 GG bzw. nach dem Grundsatz fairer Verfahrensführung[48] zu gewähren ist, wird vielfach diskutiert.[49] In der Literatur bereits zum Konkursrecht wurde die Notwendigkeit der Gewährung rechtlichen Gehörs überwiegend abgelehnt, die insolvenzrechtliche Literatur schloss sich dem zumeist an.[50] Eine tragfähige Begründung wird meist nicht erbracht.[51] Denkbar wäre allenfalls, die Insolvenzgläubiger als nur mittelbar Beteiligte des Verfahrens zu betrachten, die dann nicht unter den Schutzbereich des Art. 103 GG fallen. Wenn aber allerorten betont wie, dass die Gläubiger die Hauptinteressenten des Insolvenzverfahrens sind, ist es nicht überzeugend, sie hier nur als sekundäre Beteiligte zu begreifen und ihr Gehörsrecht auf ein nachträgliches durch die Beschwerde zu reduzieren.

42 Die **Gewährung rechtlichen Gehörs** wird meist **mit praktischen Argumenten abgelehnt**. Die Gewährung durch Benachrichtigung eines jeden Gläubigers wäre in der Tat praktisch kaum durchführbar.[52] Der Gläubigerversammlung, innerhalb des Schlusstermins, Gelegenheit zur Stellungnahme zu dem Vergütungsantrag des Verwalters zu geben, wird seitens der Insolvenzverwalter kritisch gesehen, da damit die Gefahr bestehe, den Gläubigern ein Podium dafür zu schaffen, ihrer möglichen subjektiven Unzufriedenheit mit der Tätigkeit des Verwalters Ausdruck zu verleihen. Diese eher praktischen und teilweise subjektiven Erwägungen genügen nicht, das verfassungsrechtlich garantierte Recht der Insolvenzgläubiger auf rechtliches Gehör zu umgehen. Art. 103 GG wird nicht allein dadurch berücksichtigt, dass jeder Gläubiger gegen die Vergütungsfestsetzung Rechtsmittel einlegen kann. Eine Eilbedürftigkeit oder eine Gefahr der Vereitelung, bei welchen die Anwendung des Art. 103 GG ex post gerechtfertigt ist, besteht nicht.[53] Das Argument, der Gläubigerversammlung aus Gründen der Praktikabilität oder wegen vermeintlich unangenehmer Diskussionen kein rechtliches Gehör zu gewähren, ist nicht überzeugend.

43 Es ist ohne weiteres **möglich**, den Gläubigern **im Schlusstermin Gelegenheit zur Stellungnahme** zum Vergütungsantrag zu geben und die Vergütung erst nach Abhaltung des Schlusstermins nach § 197 InsO festzusetzen. Dabei mag es für die Einberufung nach § 74 Abs. 2 InsO genügen, auf den Vergütungsantrag hinzuweisen, er muss selbst nicht öffentlich bekannt gemacht werden. Es genügt, auf die Möglichkeit der Einsichtnahme bei Gericht hinzuweisen. Vergleichend wird auch die Schlussrechnung des Insolvenzverwalters, die nach § 197 Abs. 1 Nr. 1 InsO Gegenstand des Schlusstermins ist, selbst nicht öffentlich bekannt gemacht. Die Vergütungsfestsetzung nach Abhaltung des Schlusstermins hat – wie bereits erwähnt – auch den Vorteil, mögliche Änderungen der Insolvenzmasse nach Erörterung der Schlussrechnung oder Beschlussfassung über unverwertbare Gegenstände (§ 197 Abs. 1 Nr. 1, 3 InsO) noch zu berücksichtigen. Dass dem Tagesordnungspunkt der Stellungnahme zum Vergütungsantrag der Insolvenzverwalter der „Gefahr“ ausgesetzt wird,

48) Eingehend *Schmidt-Aßmann* in: Dürig/Herzog/Scholz, GG, Art. 103 Rz. 9 ff.

49) Eingehend auch *Graeber/Graeber*, InsVV, § 8 Rz. 17 ff.; *Graeber/Scholz-Schulze*, ZInsO 2018, 694.

50) *Kuhn/Uhlenbruck*, KO, § 85 Rz. 16d; *Kilger/K. Schmidt*, KO, § 85 Anm. 1 h; zur InsO Uhlenbruck-*Mock*, InsO, § 64 Rz. 8 (Gläubigerversammlung nicht genannt); *Lorenz* in: FK-InsO, § 8 InsVV Rz. 13 ff.; *Büttner* in: HambKomm-InsO, § 64 Rz. 14 ff.; Blersch/Goetsch/Haas-*Blersch*, InsO, § 64 Rz. 10; Römermann-*Weiß*, InsO/InsR, § 64 InsO Rz. 5; *Stoffler* in: KPB, InsO, § 64 Rz. 5, 6; Stephan/Riedel-*Riedel*, InsVV, § 8 Rz. 13; differenzierend Jaeger-*Schilken*, InsO, § 64 Rz. 9, 10; nach Jaeger-*Weber*, KO, § 85 Rz. 2c, ist sie zumindest empfehlenswert; differenzierend *Nowak* in: MünchKomm-InsO, 2. Aufl. 2007, § 64 Rz. 5, 6; eine Anhörung für notwendig erachtet LG Düsseldorf, Beschl. v. 6.1.1977 – 25 T 1/77, DB 1977, 1260 m. krit. Anm. *Dempewolf*. LG München II, Beschl. v. 13.1.1981 – 7 T 1442/80, ZIP 1981, 260 = Rpfleger 1981, 155 m. Anm. *Uhlenbruck*.

51) In diesem Sinne auch K. Schmidt-*Vuia*, InsO, § 64 Rz. 14.

52) LG Potsdam, Beschl. v. 8.3.2005 – 5 T 5/05, ZIP 2005, 914; *Stoffler* in: KPB, InsO, § 64 Rz. 6.

53) *Schmidt-Aßmann* in: Dürig/Herzog/Scholz, GG, Art. 103 Rz. 93 ff.

mit den Gläubigern über seine Vergütung diskutieren zu müssen, ist hinzunehmen. Denkbar ist aber auch, dass hierbei Unklarheiten und Missverständnisse beseitigt werden.

Wird das **Insolvenzverfahren ohne abschließende Gläubigerversammlung** eingestellt (siehe § 3 Rz. 19 ff.), kann i. R. einer **öffentlichen Bekanntmachung** mit dem Hinweis, der Vergütungsantrag könne bei Gericht eingesehen werden, den Gläubigern Gelegenheit gegeben werden, sich zu äußern.[54] 44

In gleicher Weise kann vor der **Festsetzung der Vergütung des vorläufigen Insolvenzverwalters** oder des vorläufigen Sachwalters einer Gläubigerversammlung, etwa im Berichtstermin nach § 156 InsO oder durch öffentliche Bekanntmachung, Gelegenheit zur Stellungnahme gewährt werden. Letzteres gilt auch, wenn das Insolvenzverfahren nicht eröffnet wird. 45

5. Inhalt des Vergütungsbeschlusses

a) Tenor

Das Insolvenzgericht kann nur über die Vergütung entscheiden, **wie** sie auch **beantragt** wurde. Beantragt der Insolvenzverwalter die Festsetzung seiner Vergütung, kann das Gericht nicht lediglich einen Vorschuss unter gleichzeitiger Zurückweisung des weitergehenden Antrags bewilligen. Eine solche Entscheidung stellt eine mit der sofortigen Beschwerde angreifbare Ablehnung des Vergütungsfestsetzungsantrags dar.[55] Ebenso sind **Teilentscheidungen** über einen Vergütungsfestsetzungsantrag nur zulässig, wenn diese einen tatsächlich und rechtlich selbstständigen Teil des Vergütungsfestsetzungsantrags betreffen; eine Teilentscheidung über eine unselbstständige rechtliche Vorfrage ist unzulässig.[56] 46

Der Vergütungsbeschluss des Insolvenzgerichts hat die **Vergütung**, die hierauf erstattete **Umsatzsteuer** sowie die erstatteten **Auslagen nebst Umsatzsteuer gesondert darzustellen.**[57] Deklaratorisch kann der Insolvenzverwalter ermächtigt werden, den festgesetzten Gesamtbetrag aus der Insolvenzmasse zu entnehmen.[58] 47

Im Falle der Festsetzung einer Vergütung für die **Überwachung der Erfüllung des Insolvenzplans** nach § 6 Abs. 2 InsVV (§§ 260, 269 InsO)[59] ist der **Vergütungsbeschluss als Vollstreckungstitel** zu formulieren, da der Insolvenzverwalter nach Aufhebung des Insolvenzverfahrens für die Zeit der Planüberwachung keine Verfügungsbefugnis über die Insolvenzmasse besitzt und die Vergütung daher nicht mehr selbst entnehmen kann. Die Festsetzung lautet dann in Anlehnung an § 104 ZPO:[60] 48

> „[…] wird die von dem Schuldner [namentlich zu bezeichnen] an den Insolvenzverwalter [namentlich zu bezeichnen] zu entrichtende Vergütung nebst Auslagen und Umsatzsteuer festgesetzt auf […].“

b) Keine Aufrechnungsbefugnis des Insolvenzgerichts

Im Rahmen der Vergütungsfestsetzung kann das Insolvenzgericht **gegen die Vergütung nicht** mit **angeblichen Schadensersatzansprüchen** der Insolvenzgläubiger gegen den In- 49

54) So auch *Vuia*, ZInsO 2014, 1038.

55) BGH, Beschl. v. 14.7.2016 – IX ZB 23/14, ZIP 2016, 1599 = NZI 2016, 889 m. Anm. *Graeber*, dazu EWiR 2016, 601 *(Kalkmann)*.

56) BGH, Beschl. v. 14.7.2016 – IX ZB 23/14, ZIP 2016, 1599 = NZI 2016, 889 m. Anm. *Graeber*.

57) *Prasser* in: KPB, InsO, § 8 InsVV Rz. 9; Muster bei *Frege/Keller/Riedel*, Insolvenzrecht, Rz. 9.65 ff., 9.70.

58) *Frege/Keller/Riedel*, Insolvenzrecht, Rz. 9.70.

59) *Keller*, Insolvenzrecht, Rz. 1758 ff.

60) LG Memmingen, Beschl. v. 28.2.2011 – 44 T 207/11, ZInsO 2011, 1567; Kübler/Prütting/Bork-*Prasser*, InsO, § 8 InsVV Rz. 10.

solvenzverwalter aus § 60 InsO (Gesamtschaden) **aufrechnen.** Auch bei der Vorschussgewährung nach § 9 InsVV kann kein angebliches Zurückbehaltungsrecht aus § 273 BGB wegen möglicher Schadensersatzansprüche gegen den Insolvenzverwalter geltend gemacht werden.[61] Mit einer Aufrechnung würde das Insolvenzgericht materiell-rechtlich über Bestehen und Höhe von Schadensersatzansprüchen entscheiden. Diese **Befugnis, materielles Recht zu regeln, ist nicht Inhalt des Verfahrens der Vergütungsfestsetzung.** Sie ist dem Prozessgericht vorbehalten, das hierüber Beweis zu erheben hat und dessen Entscheidung durch Urteil auch materielle Rechtskraft erlangt. Der BGH stellte dies mit Beschluss vom 6.11.2014[62] im Ergebnis zutreffend klar, stellte in seiner Begründung aber leider nur auf die funktionelle Zuständigkeit des Rechtspflegers ab, die eine Entscheidung materiellen Rechts verbiete, ab. Eine Aufrechnung oder Zurückbehaltung wäre aber auch durch den Richter nicht zulässig, da im Vergütungsfestsetzungsverfahren materiell nicht über Gegenforderungen entschieden werden kann.

50 **Schadensersatzansprüche** der Insolvenzmasse oder der Insolvenzgläubiger gegen den Insolvenzverwalter als Gesamtschaden kann nur ein **nachfolgender Insolvenzverwalter oder ein Sonderinsolvenzverwalter** geltend machen und verfolgen (siehe § 1 Rz. 30, 31 und § 6 Rz. 17). Er kann auch gegen den Vergütungsanspruch eines entlassenen Insolvenzverwalters mit Schadensersatzansprüchen aufrechnen oder die Vergütung zurückbehalten, solange über Schadensersatzansprüche nicht entschieden ist. Der BGH verwies auch etwas unverständlich auf eine mögliche Vollstreckungsgegenklage des Sonderinsolvenzverwalters gegen den Insolvenzverwalter und dessen Vergütungsanspruch.[63] Um eine Klage nach § 767 ZPO erheben zu können, bedarf es einer Aufrechnungsbefugnis oder mindestens eines fälligen Gegenanspruchs, der zur Zurückbehaltung nach § 273 BGB berechtigt. Die diesbezügliche Einwendung oder Einrede kann nur der Inhaber des Gegenanspruchs (nachfolgender Insolvenzverwalter, Sonderinsolvenzverwalter) geltend machen, nicht die Stelle, welche über die Höhe des Hauptanspruchs entscheidet (Insolvenzgericht), völlig gleichgültig, wer dort zur Entscheidung befugt ist (Richter oder Rechtspfleger). Selbstverständlich können der Sonderinsolvenzverwalter und der Insolvenzverwalter über die Ansprüche einen Vergleich schließen, aufgrund dessen der Insolvenzverwalter einen entsprechenden Vergütungsantrag stellt.

c) Begründung der Entscheidung

51 Der **Vergütungsfestsetzungsbeschluss** ist **in jedem Fall zu begründen.**[64] Weicht das Insolvenzgericht bei der Bestimmung der Berechnungsgrundlage vom Vergütungsantrag ab, hat es dies besonders zu begründen. Die Begründungspflicht umfasst insbesondere die Gewährung von Zuschlägen zur Regelvergütung oder deren Kürzung. Zwar meint der BGH, bei der Ermittlung der endgültigen Erhöhung oder Minderung der Vergütung müsse nicht jedem Tatbestand ein Zuschlagsfaktor zugewiesen werden. Es genüge vielmehr eine zusammenfassende Darstellung der Erhöhungs- oder Kürzungstatbestände; die Vergütung

---

61) BGH, Beschl. v. 6.11.2014 – IX ZB 90/12, ZIP 2014, 2450 = NZI 2015, 46 m. Anm. *Keller*, dazu EWiR 2015, 51 *(Mock)*; noch offengelassen bei BGH, Urt. v. 16.10.2014 – IX ZR 190/13, ZIP 2014, 2299 = NZI 2015, 24 = Rpfleger 2015, 97 m. Anm. *Keller*, dazu EWiR 2015, 189 *(Blersch)*.

62) BGH, Beschl. v. 6.11.2014 – IX ZB 90/12, ZIP 2014, 2450 = NZI 2015, 46 m. Anm. *Keller*.

63) BGH, Beschl. v. 6.11.2014 – IX ZB 90/12, Rz. 12, ZIP 2014, 2450 = NZI 2015, 46 m. Anm. *Keller*.

64) LG München II, Beschl. v. 13.1.1981 – 7 T 1442/80, ZIP 1981, 260 = Rpfleger 1981, 155 m. Anm. *Uhlenbruck*; *Stoffler* in: KPB, InsO, § 64 Rz. 1; anders noch *Kuhn/Uhlenbruck*, KO, § 85 Rz. 16a; eine Begründungspflicht nur bei Abweichen von der Regelvergütung sieht *Kilger/K. Schmidt*, KO, § 85 Anm. 1 h.

müsse also nicht „mathematisch" erfolgen.[65] Dies ist so mindestens missverständlich:[66] Der BGH fordert sehr wohl eine genaue Begründung zu einzelnen vom Insolvenzverwalter geltend gemachten Erhöhungstatbeständen; er verlangt lediglich keine rechnerische Zuordnung von Faktoren und keine „mathematische" Begründung des Festsetzungsbeschlusses.[67] Deshalb **muss das Insolvenzgericht** in der Begründung zum Festsetzungsbeschluss **auf alle vom Insolvenzverwalter beantragten Erhöhungstatbestände eingehen** und sachlich begründen, weshalb eine beantragte Erhöhung nicht gewährt wird. Kürzungstatbestände und Abwägungen einzelner Tatbestände zueinander, die im Ergebnis eine geringere als die beantragte Vergütung ergeben, müssen ebenfalls für den Einzelfall begründet werden.

Als Begründung genügt es nicht, wenn in allgemeinen Sätzen formuliert wird, die Vergütung sei „in angemessener Höhe" festgesetzt worden.[68] Auch ist es nicht zulässig, wenn zur Begründung des Vergütungsbeschlusses auf den Vergütungsantrag oder einen Aktenvermerk Bezug genommen wird.[69] Nahezu rechtswidrig ist es, wenn der Vergütungsbeschluss gar nicht begründet und nur für den Fall der Beschwerde eine Begründung „nachgeschoben" wird. Der Beschluss über die Festsetzung der Vergütung muss wie jede andere gerichtliche Entscheidung aus sich heraus verständlich und nachvollziehbar sein. Dies erfordert auch eine ausreichende, auf den konkreten Fall und den konkreten Antrag bezogene Begründung. 52

6. Die Bekanntgabe der Vergütungsfestsetzung an die Beteiligten

a) Die öffentliche Bekanntmachung nach § 64 Abs. 2 Satz 1 InsO

Die Festsetzung der Vergütung des Insolvenzverwalters ist nach § 64 Abs. 2 Satz 1 InsO **öffentlich bekannt zu machen.** Die öffentliche Bekanntmachung erfolgt nach § 9 InsO durch Veröffentlichung auf www.insolvenzbekanntmachungen.de.[70] Bekannt zu machen ist der gerichtliche Beschluss selbst, nicht lediglich eine Zusammenfassung oder der Hinweis darauf, dass über die Vergütung entschieden worden sei. Die oft anzutreffende Formulierung „Die Vergütung des Insolvenzverwalters wurde festgesetzt" – im schlimmsten Fall sogar nur innerhalb der Rechtsbehelfsbelehrung – ist daher nicht ausreichend. Die Bekanntmachung des Beschlusses i. S. des § 64 Abs. 2 Satz 1 InsO umfasst den Tenor, die Begründung sowie die konkrete Rechtsbehelfsbelehrung. Verkürzt wird die Bekanntmachung um die Angabe der festgesetzten Beträge nach § 64 Abs. 2 Satz 2 InsO mit dem Hinweis, dass der Beschluss auf der Geschäftsstelle des Gerichts eingesehen werden kann. 53

Im früheren Konkursrecht war nicht geklärt, ob auch die festgesetzten Beträge der Vergütung veröffentlicht werden sollten. Dies wurde überwiegend bejaht,[71] wenngleich die Praxis eine unterschiedliche Handhabung entwickelt hatte. So wurde im sog. „Münchener Verfahren" lediglich die Tatsache der Festsetzung veröffentlicht und im Weiteren auf Akteneinsicht bei Gericht verwiesen.[72] Der Gesetzgeber hat sich mit **§ 64 Abs. 2 Satz 2 InsO** 54

65) BGH, Beschl. v. 24.7.2003 – IX ZB 607/02, ZIP 2003, 1757 = NZI 2003, 603; klarstellend dazu BGH, Beschl. v. 18.12.2003 – IX ZB 50/03, ZIP 2004, 518 = ZVI 2004, 203.

66) Dazu *Keller*, NZI 2004, 465.

67) *Fischer*, NZI 2004, 281, unter VIII. 2. a) a. E.; kritisch auch *Rendels*, EWiR 2003, 1043 (Urteilsanm.).

68) *Prasser* in: KPB, InsO, § 8 InsVV Rz. 13.

69) Gebilligt von LG Köln, Beschl. v. 23.9.1987 – 19 T 277/87, ZIP 1987, 1470 m. Anm. *Eickmann*; dazu *Stoffler* in: KPB, InsO, § 64 Rz. 16.

70) Eingehend *Frege/Keller/Riedel*, Insolvenzrecht, Rz. 1.69 ff.

71) *Eickmann*, VergVO, § 6 Rz. 16; *Kuhn/Uhlenbruck*, KO, § 85 Rz. 17.

72) Sehr kritisch dazu *Eickmann*, VergVO, § 6 Rz. 16; zu verfassungsrechtlichen Bedenken, weil das Verfahren nicht gesetzlich geregelt war, BVerfG, Urt. v. 2.12.1987 – 1 BvR 1291/85, ZIP 1988, 379 = NJW 1988, 1255.

dazu entschlossen, die **festgesetzten Beträge nicht veröffentlichen zu lassen**, sondern auf eine Einsichtnahme in der Geschäftsstelle des Insolvenzgerichts hinzuweisen. Er begründete dies im Wesentlichen mit dem Schutz des Persönlichkeitsrechts des Verwalters.[73)]

55 Es muss bedacht werden, dass das **Insolvenzverfahren kein öffentliches Verfahren** ist, sondern nicht öffentlich i. S. des § 169 GVG. Die öffentliche Bekanntmachung sollte deshalb nur auf die Tatbestände begrenzt werden, die für die Insolvenzgläubiger als Beteiligte des Verfahrens und mögliche Beschwerdeberechtigte relevant sind. Im Hinblick auf das **Beschwerderecht eines jeden Insolvenzgläubigers** nach § 64 Abs. 3 InsO ist es zumutbar, durch **Einsicht in die gerichtliche Akte** Kenntnis über die Festsetzung nebst Begründung zu erhalten. Das Beschwerderecht eines Gläubigers aus § 64 Abs. 3 InsO wird durch das Erfordernis der Einsichtnahme nicht unangemessen einschränkt.[74)] Auch in zahlreichen anderen Verfahrensabschnitten und Entscheidungen mutet der Gesetzgeber den Gläubigern die Einsichtnahme auf der Geschäftsstelle des Gerichts zu, bspw. bei der Forderungsprüfung nach § 175 Abs. 1, § 176 InsO.

56 Der **BGH fordert die öffentliche Bekanntmachung des konkreten Beschlusstenors** zwar ohne Angabe der festgesetzten Beträge aber **mit der Begründung** entweder im Wortlaut oder in Zusammenfassung des wesentlichen Inhalts, wozu insbesondere die Angabe der Berechnungsgrundlage sowie der zuerkannten Zu- und Abschläge gehört.[75)] Damit soll jedem einzelnen Gläubiger die Möglichkeit gegeben werden, die Entscheidung nachzuvollziehen und sachgerecht über die Einlegung einer Beschwerde entscheiden zu können. Die Bekanntmachung der Berechnungsgrundlage sowie der Zu- und Abschläge führt praktisch aber dazu, dass die festgesetzte Vergütung berechnet werden kann. Die Rechtsprechung des BGH hat daher zahlreiche Kritik, aber auch Zustimmung, erfahren.[76)] Sie ist unter **fünf Aspekten differenziert zu betrachten:**

57 **Erstens** ist zum **Zweck der öffentlichen Bekanntmachung** festzuhalten, dass – wie bereits erwähnt – das Insolvenzverfahren ein nicht öffentliches gerichtliches Verfahren i. S. des § 169 GVG ist. Die öffentliche Bekanntmachung einzelner Entscheidungen dient nicht primär der Information der Öffentlichkeit, dies gilt wesentlich nur für die Eröffnungsentscheidung selbst (§§ 27, 30 InsO).[77)] Die öffentliche Bekanntmachung hat ihren eigentlichen Zweck in der Zustellungsfunktion des § 9 Abs. 3 InsO, womit letztlich der Eintritt der Rechtskraft gerichtlicher Entscheidungen ermöglicht wird.[78)] Dies gilt bei allen Entscheidungen, bei welchen jeder einzelne Insolvenzgläubiger beschwerdebefugt ist, bspw. auch bei § 57 Satz 4 InsO. Öffentlich bekannt zu machen sind i. Ü. nur diejenigen Entscheidungen oder Tatsachen, die im Gesetz ausdrücklich genannt sind. Das Insolvenzgericht kann nicht selbst entscheiden, welche Tatsachen oder Entscheidungen bekannt zu machen sind, § 9 Abs. 2 Satz 1 InsO wird hier oft missverstanden.[79)] Die öffentliche Bekanntma-

---

73) Beschlussempfehlung und Bericht d. RA z. RegE InsO, BT-Drucks. 12/7302, S. 162, abgedr. in: *Kübler/Prütting*, RWS-Dok. 18, S. 237; K. Schmidt-*Vuia*, InsO, § 64 Rz. 20; kritisch *Vorwerk*, NZI 2011, 7.

74) So aber *Vorwerk*, NZI 2011, 7.

75) BGH, Beschl. v. 14.12.2017 – IX ZB 65/16, ZVI 2018, 121 = NZI 2018, 235 m. Anm. *Keller*, dazu EWiR 2018, 113 *(Prütting)*; Vorinstanz LG Paderborn, Beschl. v. 8.7.2016 – 5 T 193/16, n. v.

76) *Frind*, ZInsO 2018, 435; *Graeber/Scholz-Schulze*, ZInsO 2018, 694; *Bergner/Berg*, ZIP 2018, 858; *Theurich/Degenhardt*, NZI 2018, 870; *Wozniak*, ZInsO 2018, 974; *Haarmeyer*, ZInsO 2019, 1869; *Reck*, ZVI 2020, 457; Gravenbrucher Kreis, Stellungnahme, ZInsO 2018, 2068.

77) Dazu K. Schmidt-*Keller*, InsO, § 30 Rz. 4 ff.; *Frege/Keller/Riedel*, Insolvenzrecht, Rz. 1.170.

78) Dem entsprechend wurde im früheren Konkursrecht die Notwendigkeit der öffentlichen Bekanntmachung allgemein aus § 76 Abs. 3 KO als Ersatz für die Zustellung an alle Beteiligten hergeleitet, da weder § 6 VergVO noch § 85 KO sie ausdrücklich vorschrieben, *Kuhn/Uhlenbruck*, KO, § 85 Rz. 17.

79) Beispielhaft zur Frage der Bekanntmachung einer vorläufigen Eigenverwaltung oder eines Schutzschirmverfahrens nach §§ 270, 270b InsO *Keller*, ZIP 2012, 1895; allgemein auch *Frege/Keller/Riedel*, Insolvenzrecht, Rz. 1.174, 1.179.

chung auch der Vergütungsfestsetzung steht daher nicht im Belieben des Gerichts, sondern ist am Zweck der Zustellungsfiktion gegenüber jedem einzelnen Insolvenzgläubiger auszurichten.

Zweitens ermöglicht die vom BGH geforderte **Angabe von Berechnungsgrundlage, Zu-und Abschlägen** die konkrete Berechnung der Vergütung. Dies **widerspricht § 64 Abs. 2 Satz 2 InsO.** Zwar könnte man annehmen, diese Regelung verbiete nur die Nennung der Geldbeträge im Tenor,[80] dies geht aber am Zweck der Regelung vorbei. Wenn das Gesetz explizit die Veröffentlichung der Geldbeträge nicht vorsieht, kann man dies auch nicht über den Umweg der Veröffentlichung der Bausteine der Berechnung umgehen. 58

Drittens sind bei der öffentlichen Bekanntmachung auch die **Interessen der Verfahrensbeteiligten**, auch insbesondere deren **personenbezogene Daten**, zu **beachten** und zu **schützen.** So kann die Bekanntmachung der Berechnungsgrundlage und der Zu- und Abschläge zusammen mit der elektronischen Auswertung aller Bekanntmachungen, für jeden Insolvenzverwalter ersichtlich machen, wie hoch die Vergütung bei welchen Gerichten in der Summe der von ihm bearbeiteten Verfahren gesamt ist. Das kann bis zur Ermittlung der gesamten Umsatzstruktur des Verwalterbüros führen. Gerade durch die Internetbekanntmachung ist es technisch ein leichtes, festzustellen, welcher Verwalter in der Summe der von ihm übernommenen Verfahren welchen Umsatz erwirtschaftet hat. Auch kann im Einzelfall die Veröffentlichung zu einer unnötigen und nicht sachgerechten Skandalisierung und Diskreditierung einzelner Beteiligter führen.[81] Im Gesetzgebungsverfahren wurde auf den Aspekt des Daten- und Persönlichkeitsschutzes ausdrücklich hingewiesen.[82] Es wäre zu einfach, zu behaupten, dies müsse der Insolvenzverwalter i. R. seiner Berufsausübung hinnehmen. Denn es ist nicht Bestandteil des konkreten Insolvenzverfahrens, dass der Insolvenzverwalter die Offenbarung seiner gesamten Umsatzstruktur hinnehmen muss.[83] Vielmehr muss eine **Abwägung der Persönlichkeitsrechte des Verwalters mit den Informationsrechten der Gläubiger** stattfinden. Der Hinweis auf die Möglichkeit der Einsichtnahme des vollständigen Beschlusses auf der Geschäftsstelle des Gerichts nach § 64 Abs. 2 Satz 2 InsO stellt dabei einen gerechten Ausgleich dar. Gläubiger können sich ohne weiteres durch persönliche Einsichtnahme oder auch schriftlich durch Übersendung einer Beschlussabschrift Kenntnis vom Inhalt der Festsetzung verschaffen. Dass dies mit Hinblick auf die Beschwerdefrist des § 569 Abs. 2 ZPO für einen Gläubiger zeitlich eng werden kann, muss aber auch bedacht werden. Ihm zuzumuten, zunächst Beschwerde vorbehaltlich einer späteren Begründung einzulegen und diese ggf. wieder zurückzunehmen, ist keine seriöse Option. Allerdings besteht dieses Problem bei allen gerichtlichen Entscheidungen, bei welchen jeder Insolvenzgläubiger beschwerdebefugt ist. 59

Viertens kann die Nennung der Zuschlagstatbestände auch **für das schuldnerische Unternehmen nachteilig** sein. Wird insbesondere das Unternehmen durch einen Insolvenzplan saniert und besteht es nach Aufhebung des Insolvenzverfahrens weiter, können mit **Zuschlagstatbeständen auch Betriebsgeheimnisse** des Unternehmens preisgegeben werden. Eine Veröffentlichung der Begründung zur Vergütungsfestsetzung kann daher auch dem Unternehmen schaden, das durch das Insolvenzverfahren saniert wurde. 60

---

80) So *Prütting*, EWiR 2018, 113 (Urteilsanm.).

81) Zur Verweigerung einer Akteneinsicht nach § 299 Abs. 2 ZPO, wenn eine Anonymisierung praktisch unmöglich ist und personenbezogene Daten dem Auskunftsinteresse entgegenstehen OLG Frankfurt/M., Beschl. v. 13.12.2018 – 20 VA 16/17, NZI 2019, 632 m. Anm. *Thole*; allgemein auch *Thole*, ZIP 2012, 1534.

82) Beschlussempfehlung und Bericht d. RA z. RegE InsO, BT-Drucks. 12/7302, S. 162, abgedr. in: *Kübler/Prütting*, RWS-Dok. 18, S. 237.

83) Dazu auch *Reck*, ZVI 2018, 87.

61 **Fünftens** sind bei der öffentlichen Bekanntmachung im Insolvenzverfahren allgemein und bei der Bekanntmachung der Vergütungsfestsetzung im Besonderen **Aspekte des Datenschutzes** besonders zu berücksichtigen. Denn gerade durch die Vergütungsfestsetzung werden nicht nur personenbezogene Daten des Schuldners bekannt gemacht – dies ist einschneidender bei der Bekanntmachung der Insolvenzeröffnung der Fall –, sondern auch solche des Insolvenzverwalters. Unter Beachtung der **Grundsätze der Datenschutz-Grundverordnung**[84] soll die Verarbeitung personenbezogener Daten **zweckgebunden und datensparsam** erfolgen (Art. 5 Abs. 1 lit. a, b DSGVO). Auf Grundlage des § 64 Abs. 2 InsO erfolgt sie zunächst formell ordnungsgemäß (Art. 6 Abs. 1 lit. c, e und Abs. 3 lit. b DSGVO). Nach Absatz 3 des Art. 6 DSGVO soll die Rechtsgrundlage den Zweck der Verarbeitung festlegen, er kann sich auch aus der Erfüllung der Aufgabe im öffentlichen Interesse oder der Ausübung öffentlicher Gewalt ergeben. Hier stellt sich konkret die Frage, ob die Bekanntmachung der Bausteine der Vergütungsbestimmung, die notwendig gegenüber dem Insolvenzverwalter eine Bekanntgabe personenbezogener Daten beinhaltet, für das Insolvenzverfahren zwingend erforderlich ist. Dabei ist gerade auch zu berücksichtigen, dass die öffentliche Bekanntmachung zwar den Zweck der Ersetzung der Zustellung an die Insolvenzgläubiger hat, faktisch aber die Öffentlichkeit beteiligt, die per se gerade kein berechtigtes Interesse an den personenbezogenen Daten hat. Eine **Bekanntmachung mit dem Ziel der Beteiligung der Gläubiger darf** daher **nicht umfassend Tatbestände bekannt machen, welche die Gläubiger auch zumutbar auf andere Weise erhalten** können. Unter Beachtung der Gebote von Zweckbindung und Datensparsamkeit besteht daher kein Grund, die öffentliche Bekanntmachung so zu gestalten, dass damit auch unternehmerische Daten des Insolvenzverwalters oder auch des schuldnerischen Unternehmens ohne weiteres verbreitet werden.[85]

62 Der **Forderung des BGH** nach öffentlicher **Bekanntmachung der Berechnungsgrundlage und der Zu- und Abschläge ist** daher **zu widersprechen**. Sie entspringt dem Gedanken, dass ein Insolvenzgläubiger in die Lage versetzt werden soll, zu entscheiden, ob er gegen die Festsetzung Beschwerde einlegen wolle oder nicht. Das in seiner Begründung offensichtliche Bedauern des BGH darüber, dass nur wenige Gläubiger Beschwerde einlegen,[86] erscheint dabei einerseits befremdlich, andererseits verkennt es die Realität: Dass Insolvenzgläubiger sich eher selten gegen die Vergütungsfestsetzung wehren, liegt an dem Missverhältnis zwischen Aufwand und Ertrag für den einzelnen Gläubiger (siehe dazu Rz. 84) oder auch schlicht an mangelndem Interesse. Entscheidend widerspricht aber die Forderung des BGH dem Regelungszweck des § 64 Abs. 2 Satz 2 InsO, sie verletzt auch das Datenschutzinteresse der Verfahrensbeteiligten und berücksichtigt keine Interessenabwägung zwischen Verwalter, Schuldner und Insolvenzgläubigern.

63 Ein Gesetzentwurf des Bundesrates vom 13.3.2020 schlug vor, § 64 Abs. 2 InsO in dem Sinne zu ändern, dass zwar der Wortlaut des Beschlusses, nicht aber die festgesetzten Beträge öffentlich bekannt zu machen seien. Zusätzlich sollten die Gründe der Beschlussfassung nicht bekannt gemacht werden, wenn ausnahmsweise schützenswerte Interessen Beteiligter entgegenstehen.[87] Der Entwurf des SanInsFoG vom 9.11.2020 schlug vor, den Beschluss mit dem Hinweis öffentlich bekannt zu machen, dass er auf der Geschäftsstelle oder

84) Verordnung (EU) 2016/679 des europäischen Parlaments und des Rates v. 27.4.2016 zum Schutz natürlicher Personen bei der Verarbeitung personenbezogener Daten, zum freien Datenverkehr und zur Aufhebung der Richtlinie 95/46/EG – Datenschutz-Grundverordnung (DSGVO), ABl. (EU) L 119/1 v. 4.5.2016.

85) Eingehend auch *Theurich/Degenhardt*, NZI 2018, 870, 874.

86) BGH, Beschl. v. 14.12.2017 – IX ZB 65/16, Rz. 34, ZVI 2018, 121 = NZI 2018, 235 m. Anm. *Keller*.

87) Gesetzentwurf des Bundesrates zur Änderung der InsO, BR-Drucks. 67/20(B).

über ein Gläubigerinformationssystem des Insolvenzverwalters eingesehen werden könne. Die Beschwerdefrist sollte abweichend von § 569 Abs. 1 ZPO auf vier Wochen verlängert werden.[88] Diese Vorschläge wurden durch den Rechtsausschuss nicht übernommen und sind nicht Gesetz geworden.[89]

In einer sachgerechten Anwendung von § 64 Abs. 2 InsO kann die **Bekanntmachung der Vergütungsfestsetzung** dergestalt erfolgen, dass **entweder die Berechnungsgrundlage oder bei den Zuschlägen die gewährten Prozentsätze nicht genannt** werden. Damit wird einerseits den Gläubigern als Adressaten der Bekanntmachung ein ausreichendes Bild über die Vergütung vermittelt, andererseits werden die Interessen der Verfahrensbeteiligten gewahrt. 64

Die öffentliche Bekanntmachung der Vergütungsfestsetzung kann wie folgt formuliert werden: 65

> „Die Vergütung des Insolvenzverwalters sowie die ihm entstandenen Auslagen jeweils zuzüglich Umsatzsteuer wurden durch Beschluss vom […] festgesetzt.
>
> Die Vergütung wurde nach dem Wert der Insolvenzmasse im Zeitpunkt der Verfahrensbeendigung in Anwendung von § 1 InsVV durch Bestimmung eines Regelsatzes nach § 2 InsVV ermittelt. Zuschläge gemäß § 3 Abs. 1 InsVV wurden gewährt für die Unternehmensfortführung während des Insolvenzverfahrens, die Durchführung von Sanierungsmaßnahmen, die besonders hohe Gläubigerzahl, die Befassung mit Arbeitnehmerangelegenheiten. Abschläge gemäß § 3 Abs. 2 InsVV wurden vorgenommen aufgrund Arbeitsersparnis durch vorläufige Insolvenzverwaltung sowie Delegation einzelner Tätigkeiten an externe Dienstleister. Auslagen wurden i. H. der Auslagenpauschale des § 8 Abs. 3 InsVV festgesetzt. Umsatzsteuer wurde gemäß § 7 InsVV festgesetzt.
>
> Der vollständige Beschluss kann auf der Geschäftsstelle des Insolvenzgerichts eingesehen werden.
>
> Rechtsmittelbelehrung: Gegen diesen Beschluss ist das Rechtsmittel der sofortigen Beschwerde nach § 64 Abs. 3, §§ 6, 4 InsO, § 568 ff. ZPO statthaft. Beschwerdebefugt sind der Schuldner, der Insolvenzverwalter sowie jeder Insolvenzgläubiger. Die Beschwerde ist nur statthaft, wenn ein Beschwerdewert von 200,00 € erreicht wird. Die sofortige Beschwerde ist innerhalb einer Notfrist von zwei Wochen nach Zustellung bzw. öffentlicher Bekanntmachung dieser Entscheidung einzureichen. Die Frist beginnt mit dem Ablauf des Tages, an welchem die Zustellung wirksam erfolgt ist. Bei öffentlicher Bekanntmachung der Entscheidung beginnt die Frist mit Ablauf des zweiten Tages nach Veröffentlichung. Der jeweils frühere Fristbeginn ist maßgebend. Die sofortige Beschwerde ist schriftlich bei dem Insolvenzgericht einzulegen, eine Einlegung durch Telefax ist zulässig, soweit darauf die eigenhändige Unterschrift erkennbar ist, die Einlegung in elektronischer Form ist nur mittels sog. qualifizierter elektronischer Signatur zulässig."

b) Die Zustellung an einzelne Beteiligte

Besonders zuzustellen ist der Vergütungsbeschluss dem Schuldner, dem Insolvenzverwalter und den Mitgliedern des Gläubigerausschusses (§ 64 Abs. 2 Satz 1 InsO).[90] Die Zustellung an Letztere mag eher symbolischen Charakter haben, da weder dem Gläubigerausschuss noch seinen Mitgliedern in ihrer diesbezüglichen Eigenschaft ein Beschwerderecht gegen den Vergütungsbeschluss zusteht.[91] 66

c) Die Bekanntgabe an Dritte

Die Festsetzung der Vergütung erweckt gerade bei großen Verfahren auch das Interesse der Öffentlichkeit (siehe dazu § 1 Rz. 83 ff.). Sie kann in Einzelfällen auch für rechtswis- 67

88) Begr. RegE SanInsFoG, BT-Drucks. 19/24181, S. 59, 198.

89) Beschlussempfehlung und Bericht d. RA z. RegE SanInsFoG, BT-Drucks. 19/25303, S. 104.

90) Zum früheren Recht wurde von einer gesonderten Zustellung an bestimmte Verfahrensbeteiligte abgeraten, *Eickmann*, VergVO, § 6 Rz. 17.

91) Uhlenbruck-*Mock*, InsO, § 64 Rz. 20; Römermann-*Weiß*, InsO/InsR, § 64 InsO Rz. 7.

senschaftliche Forschung interessant sein. Zur **Bekanntgabe des Vergütungsfestsetzungsbeschlusses an** Dritte, die **nicht Verfahrensbeteiligte** sind, sind dazu besondere Aspekte zu berücksichtigen. Erstens ist das Insolvenzverfahren nicht öffentlich, die Bekanntgabe von gerichtlichen Entscheidungen erfolgt an Dritte nach § 299 Abs. 2 ZPO durch Justizverwaltungsakt. Voraussetzung ist die Glaubhaftmachung eines rechtlichen Interesses.[92] Zweitens wird der Vergütungsbeschluss ohnehin öffentlich bekannt gemacht, wobei dies im Wesentlichen nicht den Zweck hat, die Öffentlichkeit zu informieren (siehe Rz. 55, 57). **Medienschaffende und Journalisten** haben auch kein grundsätzliches Recht auf Akteneinsicht, daher ist es auch nicht geboten, konkreten Akteninhalt bekannt zu machen.[93] Das **rechtswissenschaftliche Interesse** wird in aller Regel bereits damit befriedigt, dass drittens gerichtliche Entscheidungen, auch in nicht öffentlichen Verfahren, in anonymisierter Form in Fachzeitschriften und Datenbanken veröffentlicht werden. Problematisch, aber nicht zu vermeiden ist, dass gerade bei großen Insolvenzverfahren die anonymisierte Entscheidung mindestens **durch die informierte Fachöffentlichkeit identifiziert** und zugeordnet werden kann. Das ist aber kein Phänomen des Insolvenzrechts, sondern betrifft alle Rechtsgebiete, etwa auch das Steuerrecht oder das Strafrecht. Viertens, und das ist für Vergütungsentscheidungen relevant, sind auch **personenbezogene Daten der Verfahrensbeteiligten**, insbesondere des Insolvenzverwalters und des Schuldners, Teil des Vergütungsbeschlusses. Diese müssen bei einer Bekanntgabe an Dritte besonders berücksichtigt werden.

68 Hieraus folgt, dass der Gerichtsvorstand nach § 299 Abs. 2 ZPO am Verfahren nicht beteiligten Dritten **anonymisierte Abschriften** von Entscheidungen des Insolvenzgerichts zwar erteilen kann. Soweit aber die berechtigten Belange und Rechte der Beteiligten des Insolvenzverfahrens durch die Weitergabe trotz Anonymisierung verletzt sein können, steht dem Gerichtsvorstand ein weites Ermessen zu, ob und in welchem Umfang **Schwärzungen vorzunehmen** sind. Der Gerichtsvorstand kann eine Weitergabe auch insgesamt verweigern, wenn die erforderlichen Schwärzungen dazu führen, dass die Entscheidung in den verbleibenden Teilen nicht mehr aus sich heraus verständlich ist, die Schwärzungen sinnentstellend sind oder die verbleibenden Teile den Inhalt der getroffenen Entscheidung verfälschen.[94] Um dies beurteilen zu können, sind vor der Entscheidung die Beteiligten, namentlich der Insolvenzverwalter, zu hören.

7. Die Haftung für Schäden bei verzögerter Vergütungsfestsetzung

69 Da **zwischen dem Antrag** auf Festsetzung der Vergütung nach § 8 Abs. 1 Satz 2 InsVV und dem **Zeitpunkt der Festsetzung** häufig ein **längerer Zeitraum** liegt, ergibt sich die Frage, ob dem Insolvenzverwalter für diesen Fall ein Ausgleich für die „zu späte" Festsetzung der Vergütung zu gewähren ist. Ursache für eine angeblich verzögerte Festsetzung kann die umfangreiche Prüfung des Schlussberichts und der Schlussrechnung des Insolvenzverwalters durch das Insolvenzgericht sein, ggf. sind auch Nachbesserungen der Schlussrechnung oder des Schlussverzeichnisses notwendig. Zu einfach ist es, jede Vergütungs-

92) Allgemein zur Akteneinsicht an Dritte nach § 299 Abs. 2 ZPO Stein/Jonas-*Thole*, ZPO, § 299 Rz. 22 ff., 33 ff.; zum Streit zwischen Partnern einer Sozietät über die Verwendung von Insolvenzakten OLG Brandenburg, Urt. v. 6.11.2019 – 4 U 123/19, ZIP 2019, 2307= NZI 2020, 129 m. Anm. *Mitlehner*, dazu EWiR 2020, 85 *(Hess)*; zur Akteneinsicht im Zusammenhang mit einem Ehescheidungsverfahren BayObLG, Beschl. v. 12.9.2019 – 1 VA 86/19, ZRI 2020, 94 = ZVI 2020, 21; zur Akteneinsicht eines möglichen Anfechtungsgegners AG München, Beschl. v. 23.10.2017 – 1542 IN 960/13, dazu EWiR 2018, 87 *(Holzer)*; eingehend *Frege/Keller/Riedel*, Insolvenzrecht, Rz. 1.319 ff.

93) Zur grundsätzlichen Herausgabe anonymisierter Abschriften gerichtlicher Entscheidungen BGH, Beschl. v. 5.4.2017 – IV AR (VZ) 2/16, NJW 2017, 1819.

94) BGH, Beschl. v. 25.3.2021 – IX AR (VZ) 1/19, ZRI 2021, 488 = ZVI 2021, 321, dazu EWiR 2021, 404 *(Zipperer)*; *Vill*, ZInsO 2022, 2165; vorgehend OLG Frankfurt/M., Beschl. v. 13.12.2018 – 20 VA 16/17, NZI 2019, 632 m. Anm. *Thole*.

festsetzung, die länger als bspw. sechs Wochen dauert, als für den Insolvenzverwalter nicht mehr zumutbar darzustellen.

Die Literatur vertrat mit unterschiedlichen Begründungen eine **Verzinsungspflicht** hinsichtlich der Vergütung ab dem Zeitpunkt der Antragstellung auf Festsetzung der Vergütung. Teilweise wird dies mit analoger Anwendung des § 104 Abs. 1 Satz 2 ZPO über § 4 InsO begründet,[95] teilweise unter Zuhilfenahme der Vorschriften über den Verzug nach §§ 286 ff. BGB. 70

Der **BGH erteilte** mit Beschluss vom 4.12.2003[96] der **Verzinsungspflicht** auch bei verzögerter Bearbeitung des Antrags auf Festsetzung der Vergütung zu Recht eine **klare Absage**. Eine Verzinsungspflicht lässt sich aus keinerlei analoger Anwendung irgendeiner Vorschrift des bürgerlichen Rechts herleiten; auch aus dem Gleichheitsgrundsatz oder aus dem Grundrecht auf freie Berufsausübung ergibt sie sich nicht. Eine analoge Anwendung des § 104 Abs. 1 Satz 2 ZPO scheitert daran, dass die Vorschriften über die Kostenerstattung im Zivilprozess ein kontradiktatorisches Verfahren voraussetzen, das im Insolvenzrecht nicht gegeben ist. Auch ein Vergleich mit der Verzinsung der Anwaltsgebühren bei Festsetzung gegen den eigenen Mandanten nach § 11 Abs. 2 Satz 3 RVG (früher § 19 Abs. 2 Satz 3 BRAGO) rechtfertigt keine Verzinsungspflicht, da der Vergütungsanspruch des Insolvenzverwalters nicht auf einem Vertragsverhältnis mit dem Schuldner, sondern auf gerichtlichem Hoheitsakt beruht. Eine analoge Anwendung der Verzinsungspflicht der Vergütungsansprüche des Vormunds oder des Betreuers (§§ 1875 ff. BGB mit §§ 1 ff. VBVG;[97] bis 31.12.2022: §§ 1836 ff., 1908i BGB) ist nicht möglich, da diese als Verzugszinsen erst geschuldet werden, wenn das Gericht die Vergütung festgesetzt hat. Eine Verzinsungspflicht aus Verzugsschaden kommt schon deshalb nicht in Betracht, weil mit dem Anspruch auf Vergütung zwischen den Verfahrensbeteiligten kein Schuldverhältnis i. S. des bürgerlichen Rechts besteht.[98] Den auch vertretenen Ansichten einer möglichen Erhöhung der Vergütung entsprechend § 3 Abs. 1 InsVV[99] oder dem Ersatz von Zinsen als Auslagen i. S. des § 4 Abs. 2 InsVV erteilt der BGH ebenso eine klare Absage. 71

Der BGH weist auch auf die mögliche **Amtshaftung** des Dienstherrn nach § 839 BGB[100] mit Art. 34 Satz 1 GG hin, wenn über den **Vergütungsantrag schuldhaft verzögert entschieden** wird.[101] Die Haftung des § 839 BGB darf aber keinesfalls als „Keule" gegenüber dem Gericht verwendet werden. Falsch ist es insbesondere, von einer Haftung des betreffenden Rechtspflegers zu sprechen. Schadensersatzpflichtig i. R. des § 839 BGB mit Art. 34 Satz 1 GG ist das jeweilige Land als Dienstherr,[102] der betreffende Insolvenzrechtspfleger ist dem Insolvenzverwalter gegenüber niemals unmittelbar ersatzpflichtig. Ob das Land 72

95) *Wasner*, ZInsO 2003, 16.

96) BGH, Beschl. v. 4.12.2003 – IX ZB 48/03, ZVI 2004, 207 = NZI 2004, 249, dazu EWiR 2004, 611 *(Schumacher)*; ebenso BGH, Beschl. v. 4.12.2003 – IX ZB 69/03, ZInsO 2004, 268 m. Anm. *Haarmeyer*; K. Schmidt-*Vuia*, InsO, § 63 Rz. 29.

97) Vormünder- und Betreuervergütungsgesetz, v. 4.5.2021, BGBl. I 2021, 882, zuletzt geändert durch Kosten- und Betreuervergütungsrechtänderungsgesetz 2025, v. 7.4.2025, BGBl. I 2025, Nr. 109.

98) So wohl auch OLG Zweibrücken, Beschl. v. 9.4.2002 – 3 W 236/01, NZI 2002, 434 = Rpfleger 2002, 477; für den ähnlichen Fall der Verzinsung des Meistgebots des Erstehers in der Zwangsversteigerung nach § 49 Abs. 2 und § 118 ZVG eingehend Stöber-*Nicht*, ZVG, § 118 Rz. 32 ff.

99) Blersch/Goetsch/Haas-*Blersch*, InsO, § 9 InsVV Rz. 32.

100) Dazu eingehend *Keller*, RpflStud 2002, 130.

101) BGH, Beschl. v. 4.12.2003 – IX ZB 48/03, ZVI 2004, 207 = NZI 2004, 249.

102) BGH, Urt. v. 30.11.1967 – VI ZR 34/65, BGHZ 49, 108 (Haftung des Landes bei Amtspflichtverletzung des TÜV-Sachverständigen); BGH, Urt. v. 12.2.1970 – III ZR 231/68, BGHZ 53, 217 (Haftung des Landes für einen kommunal tätigen Schiedsmann).

gegenüber dem Beamten Rückgriff nach Art. 34 Satz 2 GG nimmt, ist insoweit nicht von Bedeutung.

73 Der Insolvenzverwalter kann bereits während des Insolvenzverfahrens **ausreichend Vorschüsse** auf seine Vergütung nach § 9 InsVV erhalten und so einen wie auch immer gearteten Zinsschaden vermeiden.[103)] Der BGH geht deshalb nur bei schuldhafter Verzögerung oder Versagung eines beantragten Vorschusses von einer Schadensersatzpflicht aus. Mit dem rechtzeitigen Antrag auf Gewährung eines Vorschusses nach § 9 InsVV kann und soll sich der Insolvenzverwalter vor Schäden durch eine möglicherweise verzögerte Festsetzung der endgültigen Vergütung schützen.

74 **Maßstab für eine Pflichtverletzung** i. S. des § 839 BGB ist in jedem Fall die richterliche Unabhängigkeit des Art. 97 GG. Der BGH betont dies zu Recht auch für den Fall einer Entscheidung des Rechtspflegers (§ 9 RPflG).[104)] Auch ihm ist eine Pflichtverletzung nur dann vorzuwerfen, wenn die getroffene Entscheidung nach keiner rechtlichen Grundlage und nach keiner in der wissenschaftlichen Literatur vertretenen Ansicht zu rechtfertigen ist. Die Entscheidung muss damit beinahe willkürlich sein, damit eine Amtshaftung in Betracht kommt.[105)]

IV. Rechtsmittel gegen die Vergütungsfestsetzung

1. Die sofortige Beschwerde (§ 6 InsO)

a) Beschwerdebefugnis

75 Gegen den Beschluss über die Festsetzung der Vergütung ist die **sofortige Beschwerde** als allgemeines Rechtsmittel im Insolvenzverfahren statthaft (§ 6 InsO).[106)] Sie steht nach § 64 Abs. 3 Satz 1 InsO dem Insolvenzverwalter, dem Schuldner und jedem Insolvenzgläubiger, der seine Forderung zur Insolvenztabelle angemeldet hat, zu.[107)] Im Falle der Masselosigkeit oder der Masseunzulänglichkeit hat auch ein Massegläubiger ein Beschwerderecht.[108)] Wesentlich ist in diesen Fällen die Beschwerdeberechtigung der Insolvenzgläubiger und der Massegläubiger eine Frage des Erreichens des konkreten Beschwerdewertes (dazu siehe unten Rz. 77).

76 Der BGH billigt über den Wortlaut des § 64 Abs. 3 Satz 1 InsO hinaus **weiteren Beteiligten ein Beschwerderecht** zu:

- Beschwerdeberechtigt sind ein **im Amte nachfolgender Insolvenzverwalter** oder ein Sonderinsolvenzverwalter.[109)]
- Beschwerdeberechtigt ist ein **Gesellschafter des Schuldners** als juristische Person oder als Gesellschaft ohne Rechtspersönlichkeit (§ 11 Abs. 2 Nr. 1 InsO), wenn nach § 199 Satz 2 ein Übererlös in Betracht kommt.[110)]

---

103) BGH, Beschl. v. 4.12.2003 – IX ZB 48/03, unter II. 5. b), ZVI 2004, 207 = NZI 2004, 249.

104) BGH, Urt. v. 16.10.2014 – IX ZR 190/13, ZIP 2014, 2299 = NZI 2015, 24 = Rpfleger 2015, 97 m. Anm. *Keller.*

105) BGH, Urt. v. 16.10.2014 – IX ZR 190/13, ZIP 2014, 2299 = NZI 2015, 24 = Rpfleger 2015, 97 m. Anm. *Keller.*

106) Allgemein Jaeger-*Gerhardt,* InsO, § 6 Rz. 5 ff.; K. Schmidt-*Stephan,* InsO, § 6 Rz. 5 ff.; Römermann-*Becker,* InsO/InsR, § 6 InsO Rz. 6; *Frege/Keller/Riedel,* Insolvenzrecht, Rz. 1.389 ff.

107) BGH, Beschl. v. 7.12.2006 – IX ZB 1/04, ZIP 2007, 647 = NZI 2007, 241; zum masselosen Verfahren BGH, Beschl. v. 2.2.2006 – IX ZB 78/04, NZI 2006, 250; Uhlenbruck-*Mock,* InsO, § 64 Rz. 24; *Keller* in: HK-InsO, § 64 Rz. 23 ff.; Römermann-*Weiß,* InsO/InsR, § 64 InsO Rz. 7.

108) *Keller* in: HK-InsO, § 64 Rz. 27.

109) BGH, Beschl. v. 27.9.2012 – IX ZB 276/11, ZIP 2012, 2081 = NZI 2012, 886.

110) BGH, Beschl. v. 20.2.2014 – IX ZB 32/12, ZIP 2014, 587 = NZI 2014, 383 m. Anm. *Mock.*

- Ein **Dritter**, insbesondere ein Gläubiger, der sich **vertraglich verpflichtet hat**, für die **Vergütung einzustehen**, soll ebenfalls beschwerdebefugt sein.[111] Dies wird zu Recht kritisiert.[112] Denn der Dritte kann ohne weiteres in der vertraglichen Vereinbarung mit dem Insolvenzverwalter zur Übernahme der Vergütung die eigene Inanspruchnahme begrenzen, ein Bedürfnis für eine Erweiterung des § 64 Abs. 3 InsO besteht insoweit nicht.
- Der **Staatskasse** wird hinsichtlich ihrer Haftung nach § 63 Abs. 2 InsO allgemein kein Beschwerderecht zugebilligt.[113] Ein Beschwerderecht nach § 64 Abs. 3 InsO steht der Staatskasse ebenso wie bei PKH-Gewährung nach § 127 Abs. 3 Satz 2 ZPO gegen die Bewilligung der Stundung als solcher zu, gegen die Festsetzung der Vergütung soll ihr kein Beschwerderecht zustehen. Unter Berücksichtigung der Rechtsprechung des BGH zur erweiterten Auslegung des Beschwerderechts nach § 64 Abs. 3 InsO ist diese restriktive Anwendung der Norm nicht mehr haltbar:[114] Wenn die Staatskasse nach § 63 Abs. 2 InsO für die Vergütung haftet (eingehend siehe oben § 2 Rz. 51 ff.), muss ihr gegen die Vergütungsfestsetzung auch ein Beschwerderecht zustehen.[115] Ein Rückgriff auf § 11 Abs. 2 RPflG ist nicht erforderlich.[116] Die Vorschrift gilt i. Ü. nur dann, wenn die Entscheidung als solche nicht anfechtbar ist, nicht, wenn einem Betroffenen die Beschwerdebefugnis fehlt.

b) Beschwer und Beschwerdewert

Die Beschwerde ist nach § 64 Abs. 3 Satz 2 InsO mit § 567 Abs. 2 ZPO nur zulässig, wenn 77
der **Beschwerdewert von 200 €** erreicht wird. Diese Zulässigkeitsvoraussetzung der Beschwerde wird sowohl in der Literatur als auch in der gerichtlichen Praxis zu wenig beachtet. Fraglich ist zunächst, ob sich der Beschwerdewert auf die Höhe der festgesetzten Vergütung oder die Beschwer des einzelnen Beschwerdeberechtigten bezieht. Die allgemeine Anwendung des § 567 Abs. 2 ZPO, insbesondere auch im Kostenfestsetzungsverfahren nach §§ 103 ff. ZPO, bezieht sich auf letzteres: Die Beschwerde ist nur dann zulässig, wenn der **konkrete Beschwerdeberechtigte** mit mehr als 200 € durch die Entscheidung beschwert ist.[117] Dies führt gerade bei der Anwendung des § 64 Abs. 3 Satz 1 InsO zu Fragestellungen. Es ist nach den Verfahrensbeteiligten zu unterscheiden:

Der **Insolvenzverwalter** ist beschwert, wenn das Gericht nicht seinem Antrag entsprechend 78
die Vergütung festgesetzt hat und die Differenz zwischen Vergütungsantrag und Beschluss mehr als 200 € bezogen auf die Nettovergütung und/oder die Auslagen beträgt. Eine Erweiterung des Vergütungsantrags im Beschwerdeverfahren, um den Beschwerdewert zu erreichen, bleibt außer Betracht.[118]

Der **Schuldner** ist durch die Vergütungsfestsetzung wirtschaftlich nur dann betroffen, 79
wenn eine Auskehr eines Übererlöses nach § 199 Satz 1 InsO in Betracht kommt. Im Regelfall erhöht eine geringere Verwaltervergütung die Befriedigungsquote der Insolvenzgläubiger, der Schuldner erhält zumeist keinen Übererlös ausgekehrt. Insoweit würde er nie

111) BGH, Beschl. v. 20.12.2012 – IX ZB 19/10, ZIP 2013, 226, dazu EWiR 2013, 245 *(Blersch)*.

112) Zutreffend *Blersch*, EWiR 2013, 245 (Urteilsanm.).

113) LG Wuppertal, Beschl. v. 15.4.2002 – 6 T 204/02, ZVI 2002, 296; AG Dresden, Beschl. v. 30.1.2003 – 556 IN 2002/01, ZVI 2003, 142 = ZIP 2003, 414; *Büttner* in: HambKomm-InsO, § 64 Rz. 73.

114) *Keller* in: HK-InsO, § 63 Rz. 54.

115) So auch *Riedel* in: MünchKomm-InsO, § 64 Rz. 26.

116) So aber K. Schmidt-*Vuia*, InsO, § 63 Rz. 34.

117) Allgemein Stein/Jonas-*Jacobs*, ZPO, § 567 Rz. 38; Zöller-*Heßler*, ZPO, § 567 Rz. 39, 40.

118) So im Sachverhalt zu BGH, Beschl. v. 19.4.2012 – IX ZB 162/10, ZIP 2012, 1149 = NZI 2012, 619; *Graeber/Graeber*, InsVV, § 8 Rz. 121 ff.

den Beschwerdewert von 200 € erreichen. Dieses Ergebnis erscheint zweifelhaft, da der Gesetzgeber die Beschwerdebefugnis des Schuldners ausdrücklich regelt und ihm bewusst gewesen sein muss, dass der Fall des § 199 Satz 1 InsO nur selten zur Anwendung kommt. Rechtlich kann aber argumentiert werden, dass der **Schuldner nach wie vor Träger der Insolvenzmasse** und damit **Schuldner des Vergütungsanspruchs** ist (eingehend siehe oben § 2 Rz. 19 ff.), die Befriedigung der Insolvenzgläubiger erfolgt aus seinem Vermögen. Damit ist er unmittelbar beschwert, wenn eine **Änderung der Vergütung um mehr als 200 €** im Beschwerdeverfahren in Betracht kommt.

80 Unklar ist die Bestimmung des Beschwerdewerts beim **Insolvenzgläubiger**. Hier kommt es nach zutreffender Ansicht darauf an, ob durch die Änderung der Vergütung sich seine **Befriedigungsquote soweit erhöht**, dass eine **Zuteilung um mehr als 200 € in Betracht** kommt.[119] Dies ist in der Beschwerdebegründung darzulegen. Maßgebend für die Anwendung des § 567 Abs. 2 ZPO ist, dass jeder Insolvenzgläubiger die Beschwerde im eigenen Interesse erhebt. Die Beschwerdebefugnis des § 64 Abs. 3 InsO ist ein Individualrecht eines jeden Gläubigers, sie ist keine Kollektivbefugnis. Der Insolvenzgläubiger, der Beschwerde erhebt, streitet damit für sich selbst, die Beschwerde muss sich daher auch für ihn selbst „lohnen". Würde man annehmen, ein Insolvenzgläubiger erhebe selbstlos die Beschwerde, auch wenn sich seine Quote nur geringfügig erhöhte, widerspräche dies dem Zweck eines Beschwerdewerts als Zulässigkeitsvoraussetzung. Der Gesetzgeber hätte dies dann eindeutig regeln müssen und nicht lediglich auf § 567 Abs. 2 ZPO verweisen dürfen. Dem folgte auch der **BGH** mit Beschluss vom 24.11.2022.[120] Mit **Beschluss vom 10.10.2024**[121] gab er diese Rechtsprechung nach kurzer Zeit wieder auf und folgte der Ansicht, nach welcher es **nur auf die Änderung der Vergütung selbst ankomme.**[122]

81 Der BGH wollte **einerseits** die **Möglichkeit** und die Bereitschaft **für Insolvenzgläubiger erhöhen**, Beschwerden zu erheben. Er verweist anderseits auf **Komplikationen bei unterschiedlichen Beschwerdewegen und -entscheidungen.**[123] Bei einer wegen Nichterreichens des Beschwerdewerts unzulässigen Beschwerde gegen die Vergütungsfestsetzung des Rechtspflegers greift nämlich § 11 Abs. 2 RPflG, und es entscheidet der Richter am Insolvenzgericht abschließend. Bei einer zulässigen Beschwerde eines anderen Gläubigers könnte aber das Beschwerdegericht wieder anders entscheiden. Es bestehe nach Ansicht des BGH die **Gefahr widersprechender rechtskräftiger Entscheidungen** zum selben Streitgegenstand. Letztlich ist das aber keine Frage des § 567 Abs. 2 ZPO, sondern eine solche zu § 11 Abs. 2 RPflG, der ja nur deshalb für notwendig erachtet wird, weil man den Rechtspfleger nicht als Richter i. S. des Art. 19 Abs. 4 GG anerkennen will.[124] Indes erweist sich der Verweis auf § 11 Abs. 2 RPflG als Scheinargument. Wird die Vergütung nämlich durch den Richter festgesetzt, so nach richtiger Ansicht bei der Vergütung des vorläufigen Insolvenzverwalters und im Insolvenzplanverfahren (siehe Rz. 20, 26), kann der Gläubiger, der für sich den Beschwerdewert nicht erreicht, die Festsetzung nicht anfechten. Ein anderer Gläubiger mit höherer Forderung gelangt dagegen an das Beschwerdegericht. Auch hier ist die Vergütungsfestsetzung des Insolvenzrichters gegenüber dem einen Gläubiger rechtskräftig, gegenüber dem anderen nicht. Sollte auf die Beschwerde des anderen Gläubigers das LG die Vergütungsfestsetzung ändern, kann das auch dem Gläubiger zugutekommen, der selbst den Beschwerdewert nicht erreicht hat. Das Problem liegt also nicht bei § 11 Abs. 2 RPflG oder der Ge-

119) Uhlenbruck-*Mock*, InsO, § 64 Rz. 18.

120) BGH, Beschl. v. 24.11.2022 – IX ZB 15/22, ZRI 2023, 108 = ZVI 2023, 231; dazu *Reck*, ZVI 2023, 283.

121) BGH, Beschl. v. 10.10.2024 – IX ZB 26/22, ZRI 2025, 205 = NZI 2025, 47.

122) *Zimmer*, InsVV, § 8 Rz. 170.

123) BGH, Beschl. v. 10.10.2024 – IX ZB 26/22, Rz. 13, ZRI 2025, 205 = NZI 2025, 47.

124) Dazu Arnold/Meyer-Stolte/u. a.-*Georg*, RPflG, § 1 Rz. 34 ff.; *Keller*, INDat-Report 3/2024, S. 11.

fahr sich widersprechender Entscheidungen, sondern darin, dass § 64 Abs. 3 InsO die **Beschwerdebefugnis als Individualbefugnis** regelt und der BGH den Beschwerdewert des § 567 Abs. 2 ZPO kollektiv betrachtet.

82 Diese kollektive Anwendung von § 567 Abs. 2 ZPO kann zu sinnlosen Ergebnissen führen: Im Falle der **Masselosigkeit** nach § 207 InsO oder der **Masseunzulänglichkeit** nach § 208 InsO ist die Beschwerde eines Gläubigers nur sinnvoll, wenn die Masselosigkeit oder die Masseunzulänglichkeit ihren jeweiligen Grund in der Höhe der Vergütung hat, also bei geringerer Vergütung beseitigt würde und die Insolvenzgläubiger eine Quote erhalten könnten. Mit der Rechtsprechung des BGH kann nun aber ein Insolvenzgläubiger Beschwerde gegen die Vergütungsfestsetzung erheben, ohne dass diese ihm oder den anderen Gläubigern Nutzen bringen würde. In einer früheren Rechtsprechung bejahte der BGH auch bei Masselosigkeit eine Beschwerdebefugnis des Insolvenzgläubigers, betonte jedoch bezogen auf den konkreten Sachverhalt der Entscheidung, dass durch weiteres Arbeitseinkommen des Schuldners Massezufluss und damit Gläubigerbefriedigung erreicht werden könne.[125)]

83 Bei Masselosigkeit oder Masseunzulänglichkeit nach § 208 InsO können auch die **Massegläubiger** beschwerdeberechtigt sein, wenn eine Masselosigkeit beseitigt werden kann und sich bei Masseunzulänglichkeit ihre Befriedigung nach § 209 Abs. 1 InsO um mehr als 200 € erhöhen würde.

84 Es wird vielfach bedauert, dass in den meisten Fällen eine **Beschwerde nur seitens des Insolvenzverwalters,** selten seitens des Schuldners und fast gar nicht seitens eines Insolvenzgläubigers erhoben wird. Dass **Insolvenzgläubiger** eher selten Beschwerde gegen die Vergütungsfestsetzung einlegen, mag aber meistens an der Unwirtschaftlichkeit bei Vergleich von **Aufwand und Ertrag** für diese liegen. Eine sorgfältige Beschwerdebegründung bedarf entsprechender Vorbereitung, ist damit zeit- und kostenaufwendig. Die Kosten können im Insolvenzverfahren nur als nachrangige Forderungen geltend gemacht werden (§ 39 Abs. 1 Nr. 2 InsO), der Gläubiger bleibt praktisch auf ihnen sitzen. Wenn sich aber die Änderung der Vergütung nur marginal auf die Befriedigungsquote der Insolvenzgläubiger auswirkt, erscheint es angesichts der eigenen Kosten nicht sinnvoll, Beschwerde einzulegen. Der Beschwerdewert ist dann nur von nachgeordneter Bedeutung.

85 Genauso wie vielfach die fehlende „Waffengleichheit" zwischen Insolvenzverwalter und Gläubigern im Beschwerdeverfahren kritisiert wird, muss aber auch die **Verfahrensweise mancher Gläubiger kritisch** betrachtet werden, gegen eine Vergütungsfestsetzung, insbesondere des vorläufigen Insolvenzverwalters oder des vorläufigen Sachwalters oder bei Vorschussgewährung, **Beschwerde mit dem Ziel** einzulegen, **auf den Insolvenzverwalter Druck** auszuüben, um ein bestimmtes Verwalterhandeln zu erzwingen oder ihn gar in der öffentlichen Meinung persönlich zu diskreditieren (siehe dazu oben § 1 Rz. 83 ff.).

c) Die Beschwerdefrist

86 Die Beschwerdefrist des § 569 Abs. 1 Satz 1 ZPO beginnt **für alle Beteiligten mit dem Wirksamwerden der öffentlichen Bekanntmachung** der Vergütungsfestsetzung nach § 9 Abs. 1 Satz 3 InsO,[126)] da nach § 9 Abs. 3 InsO die öffentliche Bekanntmachung als Zustellung an alle Beteiligten gilt, auch wenn daneben eine besondere Zustellung vorgesehen ist. Für die **Beteiligten, denen** der Beschluss **gesondert zugestellt** wird, soll die **Beschwerdefrist ab Zustellung** der Entscheidung laufen, wenn dieser Zeitpunkt vor dem Wirksam-

125) BGH, Beschl. v. 2.2.2006 – IX ZB 78/04, NZI 2006, 250; LG Frankfurt/M., Beschl. v. 14.10.1991 – 2/9 T 639/91, ZIP 1991, 1442.

126) Für die Beschwerde gegen Konkurseröffnung OLG Hamm, Beschl. v. 17.3.1993 – 15 W 67/93, ZIP 1993, 777 = Rpfleger 1993, 459, dazu EWiR 1993, 603 *(Onusseit)*; *Kuhn/Uhlenbruck*, KO, § 76 Rz. 4.

werden der öffentlichen Bekanntmachung liegt.[127] Enthält der Festsetzungsbeschluss **keine** oder eine **nicht ordnungsgemäße Rechtsbehelfsbelehrung**, beginnt die Beschwerdefrist dennoch mit Wirksamwerden der öffentlichen Bekanntmachung oder der früheren Zustellung. Die fehlende oder fehlerhafte Rechtsbehelfsbelehrung kann eine Wiedereinsetzung in den vorigen Stand (§ 233 ZPO) begründen, sollte die Beschwerdefrist im konkreten Fall nicht eingehalten worden sein.[128]

87 Nur eine **ordnungsgemäße öffentliche Bekanntmachung** setzt die Beschwerdefrist in Lauf. Ist die Bekanntmachung unvollständig oder widersprüchlich, löst diese nicht den Lauf der Beschwerdefrist aus (siehe eingehend Rz. 53 ff.).

88 Wird die **Vergütungsfestsetzung überhaupt nicht öffentlich bekannt gemacht**, wird die Beschwerdefrist nicht in Lauf gesetzt. Insbesondere gilt § 569 Abs. 1 Satz 2 Halbs. 2 ZPO nicht, wonach die Beschwerdefrist fünf Monate nach Beschlussfassung zu laufen beginnt, weil mangels öffentlicher Bekanntmachung der einzelne Beteiligte keine Veranlassung haben kann, beim Insolvenzgericht nachzufragen, ob überhaupt eine Entscheidung ergangen ist.

89 Wird die Vergütungsfestsetzung **fehlerhaft, unvollständig oder widersprüchlich bekannt gemacht**, soll nach Ansicht des BGH die Regelung des § 569 Abs. 1 Satz 2 Halbs. 2 ZPO auch nicht gelten, weil die öffentliche Bekanntmachung in einer Art und Weise erfolgt ist, die einzelne Beteiligte dazu zwingt, beim Insolvenzgericht nachzufragen, ob überhaupt eine Entscheidung ergangen ist.[129] So wurde im Sachverhalt des Beschlusses des BGH vom 10.11.2011[130] die Vergütung des vorläufigen Insolvenzverwalters festgesetzt, veröffentlicht wurde aber „die Vergütung des Insolvenzverwalters". Der BGH ließ eine Auslegung des Veröffentlichungstextes nicht zu und verneinte auch einen Beginn der Beschwerdefrist nach fünf Monaten nach § 569 Abs. 1 Satz 2 ZPO, weil anders als im Zivilprozess die Beteiligten keine Entscheidung des Gerichts zu einem bestimmten Zeitpunkt erwarten dürften.

90 Es kann auch eine **Verwirkung des Beschwerderechts** im Einzelfall gegeben sein. Diese greift ein, wenn zwar der Lauf der Beschwerdefrist nicht ordnungsgemäß nachweisbar ist, der konkrete Beschwerdeführer aber nachweislich Kenntnis von der Entscheidung hatte und Beschwerde hätte einlegen können.[131] Der BGH konkretisierte dies im Beschluss vom 14.12.2017:[132] Eine Verwirkung des Beschwerderechts ist danach gegeben, wenn das Insolvenzgericht einen **Hinweis auf die erfolgte Festsetzung der Vergütung öffentlich bekannt gemacht** hat, die **Schlussverteilung stattgefunden** hat und die **Aufhebung des Insolvenzverfahrens öffentlich bekannt gemacht** wurde (§ 200 InsO). In diesem Fall muss einem Insolvenzgläubiger klar sein, dass auch eine Vergütung für den Insolvenzverwalter festgesetzt worden ist.[133] Er hat dann Anlass, sich danach zu erkundigen. Als Zeitmoment für die Verwirkung können in Anlehnung an § 569 Abs. 1 Satz 2 Halbs. 2 ZPO fünf Monate seit der öffentlichen Bekanntmachung der Aufhebung des Insolvenzverfahrens angesetzt

---

127) Zur allgemeinen Frage des Laufs der Beschwerdefrist bei Einzelzustellung BGH, Beschl. v. 20.3.2003 – IX ZB 140/02, ZIP 2003, 768 = ZVI 2003, 165, dazu EWiR 2003, 977 *(Keller)*; OLG Köln, Beschl. v. 3.1.2000 – 2 W 270/99, ZIP 2000, 195 = NZI 2000, 169, dazu EWiR 2000, 181 *(Bork)*; *Bruns* in: MünchKomm-InsO, § 9 Rz. 27; kritisch m. umfangr. Nachw. *Keller*, ZIP 2003, 149, 159; wie hier Jaeger-*Gerhardt*, InsO, § 9 Rz. 6; treffend bereits *Jaeger*, KO, § 76 Anm. 5.

128) BGH, Beschl. v. 24.3.2016 – IX ZB 67/14, ZVI 2017, 105 = NZI 2016, 397.

129) BGH, Beschl. v. 14.12.2017 – IX ZB 65/16, Rz. 38, ZVI 2018, 121 = NZI 2018, 235 m. Anm. *Keller*.

130) BGH, Beschl. v. 10.11.2011 – IX ZB 165/10, ZVI 2012, 471 = NZI 2011, 974.

131) BGH, Beschl. v. 25.3.1965 – V BLw 25/64, BGHZ 43, 289; Zöller-*Heßler*, ZPO, § 569 Rz. 4, § 567 Rz. 10.

132) BGH, Beschl. v. 14.12.2017 – IX ZB 65/16, Rz. 37 ff., ZVI 2018, 121 = NZI 2018, 235 m. Anm. *Keller*.

133) Zur Beschwerde eines Gesellschafters LG Konstanz, Beschl. v. 16.8.2024 – A 62 T 37/24, ZIP 2025, 654 = NZI 2024, 947.

werden.[134)] Entscheidend soll im Ergebnis sein, ob eine **fehlerhafte öffentliche Bekanntmachung** der Vergütungsfestsetzung **für die Gläubiger eine Veranlassung** gab, **bei Gericht nachzufragen**, ob eine Vergütungsentscheidung ergangen ist. Das kann auch zu Abgrenzungsschwierigkeiten führen. Im Sachverhalt des Beschlusses des BGH vom 14.12.2017 wurden die Schlussverteilung und die Anberaumung des Schlusstermins bekannt gemacht, i. R. der Rechtsbehelfsbelehrung wurde mitgeteilt „Die Vergütung und die zu erstattenden Auslagen des Insolvenzverwalters sind festgesetzt worden […]".[135)] Hier hatten die Gläubiger Veranlassung, beim Insolvenzgericht nachzufragen. Im Sachverhalt des Beschlusses des BGH vom 10.11.2011 wurde die Vergütungsfestsetzung des vorläufigen Insolvenzverwalters kurz nach Insolvenzeröffnung als „Vergütung und Auslagen des Insolvenzverwalters" bekannt gemacht.[136)] Der BGH verneinte seinerzeit eine Veranlassung des Insolvenzgläubigers, bei Gericht nachzufragen, was denn nun entschieden worden sei. Auch hier hätte man aber die Verwirkung des Beschwerderechts annehmen oder wenigstens prüfen müssen.

d) Die Entscheidung über die sofortige Beschwerde

aa) Abhilfeprüfung und Beschwerdeentscheidung

91 Das **Insolvenzgericht hat** nach § 572 Abs. 1 Satz 1 ZPO **zu prüfen**, ob es der Beschwerde **abhelfen** kann.[137)] Die oft zitierte Rechtspflegererinnerung nach § 11 RPflG ist in diesem Zusammenhang ohne Bedeutung, denn § 11 Abs. 1 RPflG[138)] verweist auf das allgemeine Rechtsbehelfssystem des jeweiligen Verfahrensrechts. § 11 Abs. 2 RPflG findet nur Anwendung, wenn nach allgemeinem Verfahrensrecht eine Entscheidung unanfechtbar ist. Die Abhilfebefugnis des Rechtspflegers am Insolvenzgericht ist aus dessen funktioneller Zuständigkeit nach § 3 Nr. 2 lit. e RPflG und § 6 Abs. 1 InsO mit § 572 Abs. 1 ZPO begründet, nicht aus § 11 Abs. 2 Satz 2 RPflG.[139)] Die **Abhilfeentscheidung** ergeht in jedem Fall durch **Beschluss.**[140)] Dieser bedarf dann einer Begründung, wenn der Beschwerdeführer in seiner Beschwerdebegründung (§ 571 Abs. 1 ZPO) neue tatsächliche oder rechtliche Aspekte eingebracht hat, die in der bisherigen Entscheidung noch nicht berücksichtigt worden sind.[141)]

92 **Über die sofortige Beschwerde entscheidet** nach § 72 GVG das **LG**, in dessen Bezirk das Insolvenzgericht seinen Sitz hat.[142)] Es entscheidet grundsätzlich der Einzelrichter (§ 568 Abs. 1 Satz 1 ZPO).

93 Das Beschwerdegericht ist **zweite Tatsacheninstanz**. Im Beschwerdeverfahren können neue Tatsachen vorgebracht werden (§ 571 Abs. 2 ZPO). Der **Insolvenzverwalter kann** seinen **Vergütungsantrag** noch im Beschwerdeverfahren **ändern**, er kann bspw. die Grundlagen der Berechnungsgrundlage korrigieren oder auch Zu- und Abschläge ändern oder anders bewerten. Sind die Änderungen aber so weitgehend, dass praktisch ein neuer Antrag ge-

---

134) BGH, Beschl. v. 14.12.2017 – IX ZB 65/16, Rz. 40, ZVI 2018, 121 = NZI 2018, 235 m. Anm. *Keller*.

135) BGH, Beschl. v. 14.12.2017 – IX ZB 65/16, Rz. 3, ZVI 2018, 121 = NZI 2018, 235 m. Anm. *Keller*.

136) BGH, Beschl. v. 10.11.2011 – IX ZB 165/10, Rz. 1, ZVI 2012, 471 = NZI 2011, 974.

137) Eingehend auch zur Rechtsgeschichte Jaeger-*Gerhardt*, InsO, § 6 Rz. 34 ff.

138) Geändert durch Drittes Gesetz zur Änderung des Rechtspflegergesetzes und anderer Gesetze, v. 6.8.1998, BGBl. I 1998, 2030.

139) Jaeger-*Gerhardt*, InsO, § 6 Rz. 36; Uhlenbruck-*Pape*, InsO, § 6 Rz. 16; unzutreffend Uhlenbruck-*Mock*, InsO, § 64 Rz. 21; allgemein Zöller-*Heßler*, ZPO, § 572 Rz. 1.

140) Zur fehlerhaften Nichtabhilfeentscheidung LG Stuttgart, Beschl. v. 27.12.2017 – 19 T 463/17, 466/17, n. v.; allgemein Zöller-*Heßler*, ZPO, § 572 Rz. 10.

141) Stein/Jonas-*Grunsky*, ZPO, 20. Aufl. 1977, § 571 Rz. 4.

142) Zöller-*Heßler*, ZPO, Vor § 567 Rz. 3.

stellt wird, ist dies auch als solcher zu behandeln.[143)] Der Insolvenzverwalter kann im Beschwerdeverfahren seinen **Vergütungsantrag insgesamt zurücknehmen**, ohne auf den Vergütungsanspruch zu verzichten. Bei einer Antragsrücknahme ist die Beschwerde ist erledigt, was das Beschwerdegericht deklaratorisch festzustellen hat. Den Insolvenzverwalter soll entsprechend § 269 Abs. 3 Satz 2 ZPO die Kostenlast des Beschwerdeverfahrens treffen, was ebenfalls durch das Beschwerdegericht auszusprechen ist.[144)] Über den neuen Vergütungsantrag, entscheidet zunächst wieder das Insolvenzgericht.[145)]

94 Fraglich ist, ob zwischen dem Beschwerdeführer, insbesondere einem Insolvenzgläubiger, und dem Insolvenzverwalter **bezüglich der Vergütung ein Vergleich** i. S. des § 779 BGB mit § 278 ZPO geschlossen werden kann. Das ist zu verneinen. Es besteht **zwischen den Beteiligten kein Streitverhältnis i. S. des 2. Buches der ZPO, § 278 ZPO gilt** mithin gar **nicht**. Das Beschwerdegericht entscheidet vielmehr – wie bereits erwähnt – als zweite Tatsacheninstanz nach dem Insolvenzgericht. Der Insolvenzverwalter ist i. Ü. nicht Partei des Beschwerdeverfahrens, er ist lediglich sonstiger oder weiterer Beteiligter. Der beschwerdeführende Gläubiger ist auch nicht verfügungsbefugt oder handlungsbefugt für den Schuldner oder die Insolvenzmasse. Materiell-rechtlich fehlt es an verfügungsbefugten Parteien, die über den Streitgegenstand einen Vergleich schließen könnten. Allerdings kann der Insolvenzverwalter seinen Vergütungsantrag ändern oder der Beschwerdeführer im Gegenzug seine Beschwerde zurücknehmen, was wirtschaftlich einem Vergleich entsprechen kann. Auch zwischen dem Insolvenzverwalter und der Insolvenzmasse besteht kein Rechtsverhältnis i. S. eines Parteienstreitverfahrens. Der BGH stellte dies im Zusammenhang mit der Frage der Zulässigkeit eines Wiederaufnahmeverfahrens und der Rechtskraft des Vergütungsfestsetzungsbeschlusses ausdrücklich fest.[146)]

95 Die **Entscheidung des Beschwerdegerichts** ergeht durch **Beschluss**, der hinsichtlich der festzusetzenden Vergütung ebenso wie im erstinstanzlichen Beschluss diese nebst Auslagen zu bezeichnen hat; die Beschwerdeentscheidung hat einen subsumtionsfähigen Tatbestand und Entscheidungsgründe zu enthalten.[147)] Das Beschwerdegericht kann durch einen nicht rechtsmittelfähigen **Zwischenbeschluss** auch über die Zulässigkeit der Beschwerde entscheiden.[148)] Das Beschwerdegericht hat **grundsätzlich selbst zu entscheiden**, es kann das Verfahren nach § 572 Abs. 3 ZPO auch an das Insolvenzgericht zurückverweisen. Eine solche **Zurückverweisung** soll aber nur erfolgen, wenn besondere verfahrensspezifische Gründe vorliegen, bspw. wenn Sachverhaltsermittlungen notwendig sind, die durch das Beschwerdegericht nicht angestellt werden können. Allein eine mangelhafte Begründung der erstinstanzlichen Entscheidung rechtfertigt eine Zurückverweisung nicht, sie ist nicht Instrument zur Disziplinierung der ersten Instanz.[149)] Im Vergütungsfestsetzungsverfahren kann eine Zurückverweisung sinnvoll sein, wenn weitere Ermittlungen etwa zur Berechnungsgrundlage der Vergütung angestellt werden müssen. Sind lediglich Rechtsfragen zu klären, ist eine Zurückverweisung nicht angezeigt, das Beschwerdegericht kann und sollte selbst entscheiden, auch um Zeitverlust zulasten der Beteiligten zu vermeiden. **Verweist**

143) LG Hamburg, Beschl. v. 19.10.2017 – 330 T 30/17, ZIP 2018, 1092.

144) BGH, Beschl. v. 10.10.2024 – IX ZB 26/22, ZRI 2025, 205 = NZI 2025, 47.

145) Zur Abgrenzung zwischen Antragsänderung, Änderung des Sachverhalts und Stellung eines neuen Antrags LG Hamburg, Beschl. v. 19.10.2017 – 330 T 30/17, ZIP 2018, 1092; AG Hamburg, Beschl. v. 18.4.2017 – 67c IN 332/14, ZIP 2017, 936 = NZI 2017, 415.

146) BGH, Beschl. v. 20.5.2010 – IX ZB 11/07, Rz. 6, BGHZ 185, 353 = NZI 2010, 643, dazu EWiR 2010, 651 *(Kexel)*.

147) Eingehend Uhlenbruck-*Pape*, InsO, § 6 Rz. 18. BGH, Beschl. v. 20.6.2002 – IX ZB 56/01, NZI 2002, 575; BGH, Beschl. v. 7.4.2005 – IX ZB 63/03, NZI 2005, 414 = ZVI 2005, 443.

148) BGH, Beschl. v. 24.11.2022 – IX ZB 15/22, ZRI 2023, 108 = ZVI 2023, 231.

149) Zöller-*Heßler*, ZPO, § 572 Rz. 28.

das Beschwerdegericht an das Insolvenzgericht **zurück**, ist dieses an **rechtliche Beurteilungen** und **Hinweise des Beschwerdegerichts gebunden** (zur Revision § 563 Abs. 2 ZPO).[150] Gegen die neue erstinstanzliche Entscheidung sind die Beteiligten des Beschwerdeverfahrens wieder beschwerdebefugt. Ein anderer Insolvenzgläubiger oder auch der Schuldner, der gegen die erste Festsetzung keine Beschwerde eingelegt hatte, ist bezüglich der neuen (erstinstanzlichen) Entscheidung nur beschwerdebefugt, wenn eine neue (erste) Beschwer gegeben ist, wenn insbesondere die Vergütung höher als im ersten Beschluss festgesetzt wird.

bb) Verbot der Schlechterstellung

Das allgemeine **Verbot der erstmaligen Verschlechterung** der Rechtsposition des Beschwer- 96
deführers (reformatio in peius) i. R. der Entscheidung über die Beschwerde gilt auch im Insolvenzverfahren.[151] Es gilt auch für vergütungsrechtliche Entscheidungen im Hinblick auf die Höhe der vom Insolvenzgericht festgesetzten Vergütung.[152] Hat demnach nur der Insolvenzverwalter gegen die Vergütungsfestsetzung des Insolvenzgerichts sofortige Beschwerde eingelegt, darf ihm das Beschwerdegericht – ebenso das Insolvenzgericht i. R. der Abhilfe – keine im Ergebnis geringere als die bereits festgesetzte Vergütung zuerkennen.

Dies gilt selbst dann, wenn i. Ü. der Insolvenzverwalter wegen einer besonders schweren 97
Pflichtverletzung den Vergütungsanspruch a priori eigentlich verwirkt hätte (siehe oben § 2 Rz. 74 ff.).[153] Das Beschwerdegericht kann aber einzelne Erhöhungskriterien des § 3 Abs. 1 InsVV oder Kürzungskriterien des § 3 Abs. 2 InsVV anders bewerten.[154] Nach Ansicht des BGH soll es auch möglich sein, die Berechnungsgrundlage neu zu bewerten und zu ändern.[155]

Haben gegen die Vergütungsfestsetzung des Insolvenzgerichts sowohl der Insolvenzverwal- 98
ter als auch der Schuldner oder ein Insolvenzgläubiger Beschwerde eingelegt, gilt das Verbot der reformatio in peius nicht.[156]

cc) Kostenentscheidung

Es ist nicht geregelt, ob im Beschwerdeverfahren eine **Kostengrundentscheidung i. S. des** 99
§ 91 ZPO getroffen werden kann, ob insbesondere das Beschwerdegericht eine Kostenerstattungspflicht des Insolvenzverwalters gegenüber einem die Beschwerde führenden Gläubiger treffen kann. Grundsätzlich ist die **Anwendung von § 91 ZPO im Insolvenzverfahren ausgeschlossen,** da das Verfahren **keinen kontradiktorischen Charakter** hat. Allein dem Insolvenzeröffnungsverfahren wird ein solcher Charakter zugesprochen mit der Folge, dass hier begrenzt auch Kostenentscheidungen getroffen werden können (siehe § 2 Rz. 41 ff.). Die Vergütungsfestsetzung durch das Insolvenzgericht ist kein kontradiktorisches Verfahren. Der Insolvenzverwalter ist Antragsteller gegenüber dem Insolvenzgericht, weder der Schuldner noch die Insolvenzgläubiger sind als Antragsgegner anzusehen. Das Insolvenzgericht hört sie vor der Vergütungsfestsetzung zwar an, entscheidet aber unabhängig und rechtsfürsorgend auch zum Schutz der Unabhängigkeit des Insolvenzverwalters (siehe § 2

150) BGH, Beschl. v. 4.5.1994 – XII AZR 36/93, NJW 1994, 2956; Zöller-*Heßler*, ZPO, § 572 Rz. 29, 30.

151) Jaeger-*Gerhardt*, InsO, § 6 Rz. 44; Uhlenbruck-*Pape*, InsO, § 6 Rz. 20 m. w. N.

152) *Bruns* in: MünchKomm-InsO, § 6 Rz. 96; Uhlenbruck-*Pape*, InsO, § 6 Rz. 20; *Stoffler* in: KPB, InsO, § 64 Rz. 67.

153) BGH, Beschl. v. 6.5.2004 – IX ZB 349/02, BGHZ 159, 122, 130 = ZVI 2004, 367.

154) BGH, Beschl. v. 16.6.2005 – IX ZB 285/03, ZVI 2005, 385 = NZI 2005, 559; BGH, Beschl. v. 16.6.2005 – IX ZB 264/03, ZIP 2005, 1372 = ZVI 2005, 441.

155) BGH, Beschl. v. 28.9.2006 – IX ZB 108/05, ZIP 2006, 2186 = NZI 2007, 45.

156) Jaeger-*Gerhardt*, InsO, § 6 Rz. 44.

Rz. 210 ff.). Auch andere Entscheidungen des Insolvenzverfahrens kennen keine Kostengrundentscheidungen, etwa die Entscheidung über die Erteilung der Restschuldbefreiung, wenn ein Gläubiger einen Versagungsantrag gestellt hat.

100 Im **Beschwerdeverfahren** könnte dies anders gesehen werden, insbesondere wenn ein Gläubiger die Beschwerde einlegt. Zwar ist auch hier der Insolvenzverwalter nur weiterer Beteiligter, er ist faktisch aber auch Antragsgegner. Damit könnte erwogen werden, gegen ihn – oder auch gegenüber dem Beschwerdeführer – eine Kostentragungspflicht auszusprechen. Das müsste dann aber schon gelten, wenn das Insolvenzgericht i. R. der Vergütungsfestsetzung die Insolvenzgläubiger anhört und einzelne Gläubiger Stellung nehmen. Letztlich müsste dies bei jeder insolvenzgerichtlichen Entscheidung gelten, bei welcher widerstreitende Interessen zu berücksichtigen sind. Dies spricht gegen die Zulässigkeit der Kostenentscheidung im Beschwerdeverfahren, bei welchen das Beschwerdegericht auch als Tatsacheninstanz wie das Insolvenzgericht entscheidet. Gegen eine Kostenentscheidung spricht auch, dass nach § 39 Abs. 1 Nr. 2 InsO die Kosten eines Gläubigers für die Teilnahme am Insolvenzverfahren nachrangige Insolvenzforderungen sind. Diese Vorschrift will primär ausschließen, dass diese Kosten zur Insolvenztabelle angemeldet werden. Jedoch enthält sie auch den allgemeinen Grundsatz, dass jeder Gläubiger im Insolvenzverfahren „für sich selbst“ streitet. Auch das gerichtliche Gebührenrecht spricht gegen den Charakter des Beschwerdeverfahrens als kontradiktorischem Verfahren. Die Beschwerdegebühr nach Nr. 2381 GKG KV entsteht nur dann, wenn die Beschwerde verworfen oder zurückgewiesen wird (siehe § 16 Rz. 67); gleiches gilt für die Gebühr bei Rechtsbeschwerdeverfahren nach Nr. 2385 GKG KV. Das GKG geht damit von einer Kostenhaftung des Beschwerdeführers aus und zieht eine Kostenhaftung eines Entscheidungsschuldners nach § 29 Nr. 1 GKG nicht in Betracht. Damit ist sowohl im Verfahren der Vergütungsfestsetzung durch das Insolvenzgericht, erst recht aber auch im **Beschwerdeverfahren eine Kostengrundentscheidung** nach § 91 ZPO **ausgeschlossen.**

101 Der **BGH** sieht dies anders.[157)] Nach seiner Ansicht sei im **Beschwerdeverfahren ein kontradiktorischer Charakter** des Verfahrens gegeben, weshalb **§ 91 ZPO Anwendung** finde. Ebenso soll bei einer Antragsrücknahme im Beschwerdeverfahren der Insolvenzverwalter entsprechend § 269 Abs. 3 Satz 2 ZPO kostentragungspflichtig sein. Im konkreten Sachverhalt[158)] hatte der Verwalter den Vergütungsantrag zurückgenommen, und es stellte sich die Frage der Analogie zur Klagerücknahme. Der BGH befürwortete die Analogie zu § 269 Abs. 3 und § 91 ZPO, ohne eigentliche Begründung[159)] und ohne differenziert zu prüfen, ob die Verfahrensarten vergleichbar sind oder ob der Rechtsgedanke des § 39 Abs. 1 Nr. 2 InsO oder die Gebührenregelungen des GKG einen anderen Schluss nahelegen.

102 Die praktischen Folgen dieser Annahme berücksichtigt der BGH nicht. **Es besteht für den Insolvenzverwalter ein erhebliches Kostenrisiko,** wenn der Schuldner oder ein Gläubiger Beschwerde erheben. Der Insolvenzverwalter muss nicht nur um seine Vergütung kämpfen, sondern trägt auch ein persönliches Kostenrisiko ähnlich wie der Beklagte im Zivilprozess. Das Beschwerdeverfahren wird damit faktisch zu einem solchen. Natürlich unterliegen auch der Schuldner oder der Gläubiger dem Kostenrisiko des § 91 ZPO. Es ist beim Insolvenzverwalter jedoch größer, wenn dieser die anwaltlichen Kosten des Beschwerdeführers erstatten muss. Umgekehrt ist das Risiko geringer, weil der Insolvenzverwalter im Beschwerdeverfahren selten einen Anwalt mit der Wahrnehmung seiner Interessen beauftragt. Der BGH wollte die Bereitschaft der Insolvenzgläubiger stärken, Beschwerde gegen

---

157) BGH, Beschl. v. 10.10.2024 – IX ZB 26/22, ZRI 2025, 205 = NZI 2025, 47.

158) Ausgangsverfahren AG Charlottenburg, Beschl. v. 1.3.2019 – 36a IN 4295/17, ZIP 2019, 727; dazu *Mock*, ZInsO 2019, 643; *Blersch*, NZI 2019, 529.

159) BGH, Beschl. v. 10.10.2024 – IX ZB 26/22, Rz. 11, ZRI 2025, 205 = NZI 2025, 47.

eine Vergütungsfestsetzung einzulegen. Dass dies in der Praxis selten der Fall ist, hat aber andere Gründe (siehe Rz. 84). Es besteht aber die **Gefahr**, dass Gläubiger und Gläubigervertreter geneigt sein könnten, Beschwerde zu erheben, um sich selbst Vorteile zu verschaffen und **den Insolvenzverwalter mit dem Risiko der Kostentragungspflicht unter Druck zu setzen.** Es könnte sogar zu einem Geschäftsmodell werden, wenn Forderungen einzelner Gläubiger aufgekauft werden, um mit Beschwerden gegen den Insolvenzverwalter oder auch gegen das Insolvenzgericht Druck auszuüben.[160)] Das gefährdet die Unabhängigkeit des Insolvenzverwalters, insbesondere wenn diese Situation bereits bei der Vergütungsfestsetzung zur vorläufigen Verwaltung auftritt und individuelle Interessen eines einzelnen Gläubigers im eröffneten Verfahren durchgesetzt werden sollen.

2. Die Rechtsbeschwerde

a) Erfordernis der Zulassung nach § 574 ZPO

Bis 31.12.2001 war als weiteres Rechtsmittel gegen die Entscheidung des Beschwerdegerichts die **sofortige weitere Beschwerde** nach Maßgabe des § 26 Nr. 10 EGZPO statthaft. Sie hat praktisch keine Bedeutung mehr. 103

Gegen die Entscheidung des Beschwerdegerichts war **bis 27.10.2011** nach § 7 InsO[161)] die **Rechtsbeschwerde kraft Gesetzes** statthaft. Einer besonderen Zulassung der Rechtsbeschwerde durch das LG als Beschwerdegericht bedurfte es nicht.[162)] Die Statthaftigkeit der Rechtsbeschwerde nach § 574 Abs. 1 Nr. 1 ZPO war wegen § 7 InsO für alle nach § 6 InsO anfechtbaren Entscheidungen des Insolvenzgerichts gegeben.[163)] Die Rechtsbeschwerde an den BGH (§ 133 GVG) war nach § 574 Abs. 2 ZPO zulässig, wenn die Rechtssache grundsätzliche Bedeutung hatte oder die Fortbildung des Rechts oder die Sicherung einer einheitlichen Rechtsprechung eine Entscheidung des Rechtsbeschwerdegerichts erforderte.[164)] Allgemeine Rechtsfehler in der angefochtenen Entscheidung begründeten keine Zulässigkeit der Rechtsbeschwerde.[165)] § 7 InsO ist durch Gesetz vom 21.10.2011 mit Wirkung zum 27.10.2011 aufgehoben worden.[166)] 104

Seit Aufhebung des § 7 InsO ist nach den **allgemeinen Vorschriften die Rechtsbeschwerde** nach § 574 Abs. 1 Nr. 2 ZPO **nur statthaft**, wenn das **Beschwerdegericht** sie **zugelassen** hat.[167)] Die Zulassung erfolgt, wenn die Rechtssache grundsatzliche Bedeutung hat oder zur Fortbildung des Rechts oder Sicherung einheitlicher Rechtsprechung geboten ist.[168)] Die Zulassung der Rechtsbeschwerde kann nicht durch den Einzelrichter nach § 568 Abs. 1 105

160) OLG Stuttgart, Urt. v. 9.8.2023 – 3 U 76/22, ZRI 2023, 870 = NZI 2023, 820 m. Anm. *Keller*.

161) Art. 12 Nr. 2 des Gesetzes zur Reform des Zivilprozessrechts – Zivilprozessreformgesetz (ZPO-RG), v. 27.7.2001, BGBl. I 2001, 1887.

162) *Lüke*, ZIP 2001, 1661, unter III.; im ersten Diskussionsentwurf des Bundesministeriums der Justiz vom 8.2.2006 zum Gesetz zur Vereinfachung des Insolvenzverfahrens – InsVerfVeinfG, v. 13.4.2007, BGBl. I 2007, 509, war vorgesehen § 7 InsO als Zulassungsbeschwerde nach § 574 Abs. 1 Nr. 2 ZPO auszugestalten; der Vorschlag ging nicht in den Gesetzentwurf v. 2.11.2006, BT-Drucks. 16/3227, ein und wurde nicht Gesetz; allgemein zum Erfordernis der Kammerentscheidung zur Zulassung der Rechtsbeschwerde BGH, Beschl. v. 13.3.2003 – IX ZB 134/02, BGHZ 154, 200 = NZI 2003, 398 m. Anm. *Fölsch*.

163) Keine Anwendung auf sonstige Verfahren, wie Kostenfestsetzung, BGH, Beschl. v. 18.7.2002 – IX ZB 77/02, NZI 2002, 629.

164) Allgemein Jaeger-*Gerhardt*, InsO, § 7 Rz. 6 ff.

165) BGH, Urt. v. 31.10.2002 – V ZR 100/02, NJW 2003, 755.

166) Art. 2 des Gesetzes zur Änderung des § 522 ZPO v. 21.10.2011, BGBl. I 2011, 2082.

167) BGH, Beschl. v. 20.12.2011 – IX ZB 294/11, WM 2012, 276; BGH, Beschl. v. 10.5.2012 – IX ZB 295/11, ZIP 2012, 1146, dazu EWiR 2012, 481 *(Baumert)*; BGH, Beschl. v. 10.5.2012 – IX ZB 296/11, ZInsO 2012, 1185; BGH, Beschl. v. 14.9.2020 – IX ZB 78/19, ZInsO 2020, 2292.

168) BGH, Beschl. v. 4.7.2002 – IX ZB 31/02, ZIP 2002, 1459 = NZI 2002, 509 = DZWIR 2002, 462 m. Anm. *Graeber*.

Satz 1 ZPO ausgesprochen werden.[169] Dieser hat das Verfahren an die Kammer zu übertragen, wenn die Rechtssache grundsätzliche Bedeutung hat oder zur Fortbildung des Rechts oder Sicherung einheitlicher Rechtsprechung geboten ist.[170] Gesetzlicher Richter i. S. des Art. 101 Abs. 1 Satz 2 GG ist der nach § 568 ZPO zuständige Einzelrichter, dessen Zuständigkeit daher im Geschäftsverteilungsplan des Gerichts auch ausgewiesen sein muss. Die Zulassung der Rechtsbeschwerde darf nur durch die Kammer erfolgen, der das Verfahren nach § 568 Satz 2 ZPO zu übertragen ist. Sie muss ausdrücklich erfolgen und sollte sich auf einzelne Tatbestände des Sachverhaltes und deren grundsätzliche Bedeutung beziehen. Konkludent, etwa nur durch Rechtsmittelbelehrung, kann die Zulassung nicht erfolgen.[171] Da nach § 568 Satz 3 ZPO die Übertragung auf die Kammer oder auch ihr Unterlassen für die Parteien nicht anfechtbar ist, erlangt die Entscheidung des originären Einzelrichters grundsätzliche und materiell-rechtliche Bedeutung. Die Kammer ist wegen § 568 Satz 3 ZPO auch nicht befugt, das Verfahren an sich zu ziehen.[172] Hat der Einzelrichter die Vorlage an die Kammer unterlassen und in der Sache selbst entschieden, kann nicht durch Gegenvorstellung eines Beteiligten eine nachträgliche Vorlage an die Kammer und die Zulassung der Rechtsbeschwerde erreicht werden; Fälle des § 321a ZPO bleiben unberührt.[173] Im Einzelfall kann eine Berichtigung des Beschlusses, in den eine beschlossene Zulassung der Rechtsbeschwerde versehentlich nicht aufgenommen wurde nach § 319 ZPO erfolgen.[174] Das Rechtsbeschwerdegericht ist an die Zulassung durch die Kammer gebunden, kann die Beschwerde also nicht ablehnen. Lässt das Beschwerdegericht die Rechtsbeschwerde nicht zu, ist hiergegen keine Nichtzulassungsbeschwerde möglich.[175] Gerade in Vergütungsfragen ist es daher erforderlich, das Beschwerdegericht auf mögliche Tatbestände der Zulassung der Rechtsbeschwerde hinzuweisen.[176]

106 Die Tatbestände des § 574 Abs. 3 Satz 1 mit Abs. 2 ZPO liegen vor, wenn[177]

- die **Sache grundsätzliche Bedeutung** hat (Nr. 1), insbesondere wenn die aufgeworfene Rechtsfrage in einer Vielzahl von Fällen denkbar ist oder wenn die Instanzgerichte oder die Literatur[178] einer Rechtsmeinung des BGH nicht folgen;[179] die wirtschaftliche Bedeutung und Tragweite einer Rechtsfrage kann ebenfalls Berücksichtigung finden;[180]

169) BGH, Beschl. v. 13.3.2003 – IX ZB 134/02, BGHZ 154, 200 = NZI 2003, 398 m. Anm. *Fölsch*; BGH, Beschl. v. 28.6.2012 – IX ZB 298/11, ZInsO 2012, 1439; BGH, Beschl. v. 22.9.2016 – IX ZB 82/15, InsBüro 2017, 29; BGH, Beschl. v. 5.7.2018 – IX ZB 63/17, ZIP 2018, 1553 = ZVI 2018, 420; Zöller-*Heßler*, ZPO, § 574 Rz. 14, § 568 Rz. 7.

170) Zur unzureichend begründeten Nichtzulassung der Rechtsbeschwerde trotz grundsätzlicher Bedeutung ungeklärter Rechtsfragen betr. Prüfungsbefugnis des Insolvenzgerichts zur Durchführung einer persönlichen Beratung i. S. des § 305 Abs. 1 Nr. 1 InsO s. BVerfG, Beschl. v. 4.9.2020 – 2 BvR 1206/19, ZVI 2020, 424 = NZI 2020, 1060.

171) BGH, Beschl. v. 13.3.2014 – IX ZB 48/13, ZVI 2104, 260 = NZI 2014, 402.

172) BGH, Beschl. v. 21.9.2017 – IX ZB 84/16, ZIP 2017, 2018 = NZI 2017, 991, dazu EWiR 2017, 725 *(Zimmer)*; *Klose*, NJ 2017, 518 (Urteilsanm.).

173) BGH, Beschl. v. 19.7.2018 – V ZB 6/18, NJW 2018, 3388; BGH, Beschl. v. 18.10.2018 – IX ZB 31/18, BGHZ 220, 90 = ZIP 2018, 2229; eingehend *Keller*, DZWIR 2019, 10.

174) BGH, Beschl. v. 24.11.2003 – II ZB 37/02, NJW 2004, 779; BGH, Beschl. v. 6.2.2014 – IX ZB 114/12, ZInsO 2014, 517.

175) BGH, Beschl. v. 10.5.2012 – IX ZB 295/11, ZIP 2012, 1146; BGH, Beschl. v. 9.7.2014 – XII ZB 7/14, NJW 2014, 2879; BGH, Beschl. v. 21.10.2015 – I ZB 51/15, DGVZ 2016, 24; BGH, Beschl. v. 23.11.2017 – IX ZB 51/17, ZInsO 2018, 680; Zöller-*Heßler*, ZPO, § 574 Rz. 14 m. Hinweis auf § 321a ZPO.

176) So im Falle von BGH, Beschl. v. 18.10.2018 – IX ZB 31/18, BGHZ 220, 90 = ZIP 2018, 2229.

177) Jaeger-*Gerhardt*, InsO, § 7 Rz. 6 ff.; Uhlenbruck-*Pape*, InsO, § 7 Rz. 5 ff.

178) OLG Zweibrücken, Beschl. v. 31.5.2000 – 3 W 94/00, NZI 2000, 373, dazu EWiR 2001, 169 *(Pape)*; OLG Zweibrücken, Beschl. v. 25.9.2000 – 3 W 205/00, NZI 2000, 535; OLG Frankfurt/M., Beschl. v. 29.8.2000 – 26 W 61/00, NZI 2000, 531; Uhlenbruck-*Pape*, InsO, § 7 Rz. 12.

179) Begr. RegE Gesetz zur Reform des Zivilprozesses, BT-Drucks. 14/4722, S. 102 ff.; BGH, Beschl. v. 4.7.2002 – V ZB 16/02, ZIP 2002, 1826 = NJW 2002, 3029, dazu EWiR 2002, 1101 *(Schmidt)*.

180) Begr. RegE Gesetz zur Reform des Zivilprozesses, BT-Drucks. 14/4722, S. 105.

– die **Fortbildung des Rechts** durch Entscheidung des Rechtsbeschwerdegerichts geboten ist (Nr. 2 Alt. 1), insbesondere wenn die Auslegung einer materiell-rechtlichen oder verfahrensrechtlichen Bestimmung im Einzelfall erforderlich ist oder eines Gesetzeslücke geschlossen werden muss;[181]

– die **Sicherung einer einheitlichen Rechtsprechung** eine Entscheidung des Rechtsbeschwerdegerichts erfordert (Nr. 2 Alt. 2). Dies gilt, wenn erhebliche Unterschiede in der Rechtsprechung zur selben Rechtsfrage erkennbar sind.[182] Die Entscheidung des Rechtsbeschwerdegerichts ist nur dann erforderlich, wenn über die Einzelfallentscheidung hinaus Interessen der Allgemeinheit nachhaltig berührt werden,[183] und wenn die Gefahr besteht, dass die Abweichung zu höherrangiger oder gleichrangiger Rechtsprechung dauerhaft besteht (Wiederholungsgefahr).[184] Beruht die angefochtene Entscheidung erkennbar und offenkundig auf einem Verstoß gegen Verfahrensgrundrechte, bedarf es der Wiederholungsgefahr nicht.[185] In einem solchen Fall greifbarer Gesetzeswidrigkeit bleibt die Möglichkeit der Rechtsbeschwerde eröffnet.[186]

b) Die Einlegung der Rechtsbeschwerde

Die Rechtsbeschwerde ist innerhalb einer Notfrist von einem Monat nach Zustellung der 107
angefochtenen Entscheidung beim Rechtsbeschwerdegericht einzulegen (§ 575 Abs. 1 ZPO). Die Rechtsbeschwerdeschrift muss die in § 575 Abs. 1 Nrn. 1 und 2 ZPO geforderten Angaben enthalten und begründet werden.[187] Sie muss durch einen beim BGH zugelassenen Rechtsanwalt eingelegt und begründet werden.[188]

c) Entscheidung des Rechtsbeschwerdegerichts

Über die **Rechtsbeschwerde entscheidet** nach § 133 GVG der **BGH.**[189] Das Beschwerde- 108
gericht hat keine Abhilfebefugnis.[190] Der BGH ist an die Tatsachenfeststellung des Be-

---

181) Begr. RegE Gesetz zur Reform des Zivilprozesses, BT-Drucks. 14/4722, S. 104; BGH, Beschl. v. 4.7.2002 – V ZB 16/02, ZIP 2002, 1826 = NJW 2002, 3029; Uhlenbruck-*Pape*, InsO, § 7 Rz. 8.

182) BGH, Beschl. v. 29.5.2002 – V ZB 11/02, ZIP 2002, 1506 = NJW 2002, 2473, dazu EWiR 2003, 607 *(Wank)*; OLG Celle, Beschl. v. 8.3.2000 – 2 W 23/00, ZIP 2000, 706, dazu EWiR 2000, 681 *(Mohrbutter)*; OLG Köln, Beschl. v. 10.3.2000 – 2 W 274/99, ZIP 2000, 760; OLG Köln, Beschl. v. 1.12.2000 – 2 W 202/00, ZIP 2000, 2312; OLG Zweibrücken, Beschl. v. 16.1.2001 – 2 W 8/01, NZI 2001, 259, dazu EWiR 2001, 735 *(Fuchs)*.

183) BGH, Beschl. v. 4.7.2002 – V ZB 16/02, ZIP 2002, 1826 = NJW 2002, 3029; zum Wegfall der grundsätzlichen Bedeutung einer Sache vor Rechtskraft der Beschwerdeentscheidung BGH, Beschl. v. 23.3.2006 – IX ZB 124/05, ZIP 2006, 920 = NZI 2006, 608.

184) BGH, Beschl. v. 4.9.2002 – VIII ZB 23/02, NJW 2002, 3783; Uhlenbruck-*Pape*, InsO, § 7 Rz. 9.

185) BGH, Beschl. v. 4.7.2002 – V ZB 16/02, ZIP 2002, 1826 = NJW 2002, 3029.

186) Zur Unzulässigkeit der früheren außerordentlichen weiteren Beschwerde bei greifbarer Gesetzeswidrigkeit BGH, Beschl. v. 7.3.2002 – IX ZB 11/02, BGHZ 150, 133 = ZVI 2002, 123, dazu EWiR 2002, 835 *(Prütting)*.

187) Die Begr. muss sich auf alle selbstständig tragenden Gründe der Beschwerdeentscheidung beziehen, BGH, Beschl. v. 29.9.2005 – IX ZB 430/02, NZI 2006, 48; auch auf mögliche Unzulässigkeit der Erstbeschwerde BGH, Beschl. v. 30.3.2006 – IX ZB 171/04, ZIP 2006, 1417 = ZVI 2006, 444; zur früheren weiteren Beschwerde OLG Celle, Beschl. v. 4.4.2001 – 2 W 37/01, NZI 2001, 379.

188) BGH, Beschl. v. 21.3.2002 – IX ZB 18/02, ZIP 2002, 1003 = NZI 2002, 399, dazu EWiR 2002, 643 *(Hirtz)*; BGH, Beschl. v. 4.7.2002 – IX ZB 221/02, NJW 2002, 2793; BGH, Beschl. v. 17.2.2004 – IX ZB 306/03, ZInsO 2004, 441.

189) Begr. RegE Gesetz zur Reform des Zivilprozesses, BT-Drucks. 14/4722, S. 72; *Lüke*, ZIP 2001, 1661, unter III., Fn. 12.

190) BGH, Beschl. v. 23.10.2003 – IX ZB 369/02, ZIP 2004, 684 = NZI 2004, 166; BGH, Beschl. v. 6.5.2004 – IX ZB 104/04, ZIP 2004, 1379 = ZVI 2004, 625, dazu EWiR 2004, 1003 *(Hintzen)*; BGH, Beschl. v. 14.12.2005 – IX ZB 54/04, NZI 2006, 239; zur früheren weiteren Beschwerde OLG Celle, Beschl. v. 13.9.2000 – 2 W 85/00, ZIP 2000, 1992 = NZI 2000, 545; anders noch OLG Frankfurt/M., Beschl. v. 20.12.1999 – 25 W 124/99, NZI 2000, 137.

schwerdegerichts gebunden (§ 577 Abs. 2 Satz 3 und 4 mit § 559 ZPO).[191] **Der BGH ist an die Anträge der Parteien gebunden** (§ 577 Abs. 2 ZPO), Verfahrensmängel sind von Amts wegen zu berücksichtigen. Gerade bei einer Rechtsbeschwerde in Vergütungsfragen ist es für den Beschwerdeführer daher von besonderer Bedeutung, auf alle Fragen der Vergütungsbestimmung einzugehen, insbesondere auch auf die Bestimmung der Berechnungsgrundlage nach § 1 InsVV. Wird diese nicht gerügt, kann der BGH sie auch nicht beanstanden, selbst wenn für ihn aus den Verfahrensakten eine unzutreffende Bestimmung der Berechnungsgrundlage ersichtlich ist. Zu oft wird in Verfahren der Rechtsbeschwerde „nur" die Gewährung von Erhöhungstatbeständen gerügt; es wird vergessen, dass sich auch die Bestimmung der Berechnungsgrundlage auf die Vergütung insgesamt erheblich auswirkt.

109 Die Rechtsbeschwerde ist begründet, wenn die Entscheidung des Beschwerdegerichts auf einer Rechtsverletzung beruht (§ 577 Abs. 3 ZPO). Der BGH kann selbst abschließend entscheiden, wenn der Sachverhalt ausreichend aufgeklärt ist (§ 577 Abs. 5 ZPO), ansonsten verweist er an das Beschwerdegericht zurück (§ 577 Abs. 4 ZPO).[192] Das Verbot der reformatio in peius gilt auch für das Rechtsbeschwerdeverfahren. Das Rechtsbeschwerdegericht begründet seine Entscheidung nach Maßgabe des § 577 Abs. 6 ZPO.

3. Rechtskraft der Vergütungsfestsetzung

110 Der Festsetzungsbeschluss erwächst nach Ablauf der Beschwerdefrist in **formeller Rechtskraft**, wenn kein Rechtsmittel eingelegt wird.[193] Entscheidet das LG als Beschwerdegericht ohne Zulassung der Rechtsbeschwerde, ist dessen Entscheidung sofort rechtskräftig. Bei Zulassung der Rechtsbeschwerde wird die landgerichtliche Entscheidung nach Ablauf der Rechtsbeschwerdefrist rechtskräftig bzw. mit abschließender Entscheidung des BGH. Nach Eintritt der formellen Rechtskraft kann eine Vergütungsfestsetzung nicht mehr geändert werden, auch und gerade nicht von Amts wegen. Stellt das Insolvenzgericht bspw. nach mehreren Jahren fest, dass die Vergütung eines abberufenen Verwalters angeblich fehlerhaft war, kann es diese selbst nicht mehr ändern.[194]

111 **Materielle Rechtskraft** wird dem Festsetzungsbeschluss insoweit zugebilligt, als das Gericht über den **Gesamtbetrag der Vergütung** und die **einzelnen Tatbestände einer Erhöhung oder Kürzung** der Regelvergütung oder den Ersatz geltend gemachter Auslagen entschieden hat. Die Bestimmung der Berechnungsgrundlage nach § 1 InsVV sowie die Gewichtung einzelner Erhöhungs- oder Kürzungstatbestände stellen Vorfragen der Entscheidung dar, die ihrerseits nicht an der Rechtskraft teilhaben.[195] Dies schließt nicht aus, dass **nach Rechtskraft** des Vergütungsbeschlusses noch weitere **Erhöhungstatbestände** oder Auslagen geltend gemacht werden, die **bisher nicht Gegenstand der Festsetzung** waren.[196]

---

191) OLG Köln, Beschl. v. 3.1.2000 – 2 W 270/99, ZIP 2000, 195 = NZI 2000, 169; OLG Köln, Beschl. v. 19.1.2000 – 2 W 271/99, NZI 2000, 133 = DZWIR 2000, 118; BayObLG, Beschl. v. 245.2000 – 4 Z BR 11/00, NZI 2000, 434; BayObLG, Beschl. v. 4.7.2000 – 4 Z BR 12/00, ZInsO 2000, 519; OLG Köln, Beschl. v. 14.6.2000 – 2 W 85/00, ZIP 2000, 1343 = NZI 2000, 480; OLG Celle, Beschl. v. 8.11.2000 – 2 W 112/00, NZI 2001, 155; OLG Köln, Beschl. v. 28.3.2001 – 2 W 39/01, ZIP 2001, 1018 = NZI 2001, 318, dazu EWiR 2001, 677 *(Beutler)*.

192) BGH, Beschl. v. 8.7.2004 – IX ZB 589/02, ZIP 2004, 1555; Uhlenbruck-*Pape*, InsO, § 7 Rz. 24.

193) Uhlenbruck-*Mock*, InsO, § 64 Rz. 19; *Prasser* in: KPB, InsO, § 8 InsVV Rz. 16 ff.

194) Skurriler Sachverhalt bei BGH, Beschl. v. 16.3.2023 – IX ZB 28/22, ZRI 2023, 557 = NZI 2023, 684.

195) BGH, Beschl. v. 20.5.2010 – IX ZB 11/07, BGHZ 185, 353 = NZI 2010, 643; Uhlenbruck-*Mock*, InsO, § 64 Rz. 19; *Prasser* in: KPB, InsO, § 8 InsVV Rz. 16.

196) LG Halle/Saale, Beschl. v. 11.4.2000 – 14 T 123/00, ZInsO 2000, 410; LG Magdeburg, Beschl. v. 27.5.2004 – 11 T 352/04, ZIP 2004, 1915 = ZVI 2004, 701; AG Potsdam, Beschl. v. 27.10.1999 – 35 N 778/97, ZIP 2000, 630 = NZI 2000, 609, dazu EWiR 2000, 587 *(Grub)*; *Prasser* in: KPB, InsO, § 8 InsVV Rz. 18; noch offengelassen von BGH, Beschl. v. 26.1.2006 – IX ZB 183/04, Rz. 27, ZIP 2006, 486 m. Anm. *Prasser* = ZVI 2006, 129.

Nicht zulässig ist es aber, eine weitere Vergütung nachträglich für eine Tätigkeit zu verlangen, die bereits im Vergütungsfestsetzungsverfahren gewürdigt wurde und Gegenstand der Entscheidung war. Nachträgliche Änderungen der Berechnungsgrundlage können eine zusätzliche Festsetzung rechtfertigen, wenn die Umstände, auf welchen sie beruhen, nicht bereits Gegenstand der ursprünglichen Festsetzung waren.

4. Entnahmerecht und Rückzahlungspflicht des Insolvenzverwalters

Der Insolvenzverwalter ist berechtigt, die festgesetzte Vergütung bereits **vor Eintritt der Rechtskraft** des Festsetzungsbeschlusses aus der Insolvenzmasse zu entnehmen. Der sog. schwache vorläufige Insolvenzverwalter bedarf dazu der gerichtlichen Ermächtigung, die ihm stets zu erteilen ist. Das **Gericht kann nicht anordnen**, dass eine Entnahme der Vergütung erst nach Eintritt der Rechtskraft zulässig sei.[197] 112

Wird im Beschwerdeverfahren die Vergütung abweichend festgestellt, insbesondere niedriger, hat der **Insolvenzverwalter entsprechend § 717 Abs. 2 ZPO** den **zu viel entnommenen Betrag nebst Zinsen ab dem Zeitpunkt der Entnahme** zurückzuzahlen.[198] Zu verzinsen ist der Rückzahlungsbetrag mit fünf Prozentpunkten über dem Basiszins seit Einlegung der Beschwerde. Dies kann bei **hoher Vergütung** und **langer Dauer des Beschwerdeverfahrens** zu einem **hohen Zinsbetrag zulasten des Insolvenzverwalters** führen, insbesondere wenn die Verzinsung mit fünf Prozentpunkten über Basiszins weit höher ist als die Rendite einer entsprechenden Geldanlage. Es mag deshalb fraglich sein, ob ein Vergleich zur vorläufigen Vollstreckbarkeit nach § 717 ZPO gerechtfertigt ist. Er ist aber hinzunehmen. Denn auch im Zivilprozess kann ein Berufungsverfahren lange dauern und zu einer entsprechenden Rückzahlungs- und Verzinsungspflicht des Klägers (Gläubiger) gegen den Beklagten (Schuldner) führen, wenn er bereits die vorläufige Vollstreckbarkeit nutzt. Der Insolvenzverwalter kann die Verzinsungspflicht vermeiden, indem er den durch die Beschwerde streitigen Betrag unmittelbar an die Insolvenzmasse zurückzahlt und die rechtskräftige Entscheidung abwartet. Damit wird ihm aber auch die für sein eigenes Büro notwendige Liquidität entzogen und es erhöht sich sein eigener Aufwand an Eigen- oder Fremdkapital. Zur Klärung möglicher Rückzahlungen kann das Insolvenzgericht einen Sonderinsolvenzverwalter einsetzen. Dieser ist auch befugt, i. R. eines Vergleichs Vereinbarungen mit dem Insolvenzverwalter zu treffen, die Gläubigerversammlung muss nicht beteiligt werden.[199] 113

V. Gewährung eines Vorschusses auf die Vergütung (§ 9 InsVV)

1. Zweck der Vorschussgewährung

Nach § 9 Satz 1 InsVV hat der Insolvenzverwalter das Recht, aus der Insolvenzmasse einen Vorschuss auf die Vergütung und auf seine Auslagen zu entnehmen. Der Vergütungsanspruch des Insolvenzverwalters entsteht bereits mit der Tätigkeit des Insolvenzverwalters, nicht erst mit der Feststellung durch das Gericht. Die Vergütung selbst wird aber erst mit Beendigung des Insolvenzverfahrens festgesetzt (§ 64 Abs. 1, § 65 InsO, § 8 Abs. 1 InsVV).[200] 114

197) BGH, Beschl. v. 14.4.2011 – IX ZB 18/10, ZInsO 2011, 1566.

198) BGH, Urt. v. 17.11.2005 – IX ZR 179/04, BGHZ 165, 96 = NZI 2006, 94; BGH, Urt. v. 20.3.2014 – IX ZR 25/12, ZIP 2014, 1394 = NZI 2014, 709, dazu EWiR 2014, 595 *(Hess)*.

199) LG Aurich, Beschl. v. 17.3.2017 – 9 IN 143/07, ZInsO 2017, 976; dazu auch *Cranshaw*, ZInsO 2017, 989.

200) BGH, Urt. 5.12.1991 – IX ZR 275/90, BGHZ 116, 233 = ZIP 1992, 120, dazu EWiR 1992, 173 *(Uhlenbruck)*.

Ist der Insolvenzverwalter bilanzierungspflichtig, führt die Vorschussgewährung noch nicht zu einer steuerlich relevanten Gewinnrealisierung.[201)]

115 Die **rechtzeitige Zuerkennung von Vorschüssen** ist ein **wichtiger Baustein** im System der Verwaltervergütung, sie hat verschiedene Aspekte (siehe bereits oben § 2 Rz. 8 ff.):

- Deckung der dem Insolvenzverwalter selbst entstehenden Kosten (§ 4 Abs. 1 Satz 1 InsVV) und Erstattung bereits entstandener Auslagen (§ 4 Abs. 2 InsVV);
- Vermeidung eines Ausfallrisikos im Falle der Masselosigkeit nach § 207 InsO;
- Planbarkeit einer Quotenerwartung für die Insolvenzgläubiger auch im Hinblick auf Abschlagsverteilungen;
- Schutz der Unabhängig des Insolvenzverwalter gegenüber Singularinteressen einzelner Verfahrensbeteiligter.

116 Auch der **vorläufige Insolvenzverwalter** hat mit der Verweisung in § 10 InsVV grundsätzlich Anspruch auf Vorschussgewährung unter den Voraussetzungen des § 9 Satz 2 InsVV. In dessen Anwendung ist aber die Mindestfrist der Verfahrensdauer von sechs Monaten auf das Maß der regelmäßigen Dauer eines Insolvenzeröffnungsverfahrens zu reduzieren. Bedenkt man, dass nach dem Gedanken des Gesetzgebers das Eröffnungsverfahren ohnehin nur kurze Zeit dauern soll und eine schnelle Insolvenzeröffnung gewollt ist, sollte das Eröffnungsverfahren und mit ihm die vorläufige Verwaltung in der Regel nicht länger als vier bis sechs Wochen dauern, bei Vorfinanzierung von Insolvenzgeld drei Monate. Eine Vorschussgewährung für diesen eher kurzen Zeitraum wäre wenig sinnvoll. So wird man vernünftigerweise eine Vorschussgewährung entsprechend § 9 InsVV in Betracht ziehen können, wenn das Eröffnungsverfahren mindestens drei Monate andauert und eine rasche Insolvenzeröffnung nicht erfolgen kann.

2. Voraussetzungen der Vorschussentnahme

a) Zustimmung des Insolvenzgerichts

117 Die Entnahme eines Vorschusses bedarf nach § 9 Satz 1 InsVV der **Zustimmung des Insolvenzgerichts.** Diese ist **zeitlich vor der Entnahme** eines entsprechenden Vorschussbetrages zu beantragen;[202)] der Insolvenzverwalter darf keinesfalls eigenmächtig den Vorschuss entnehmen.[203)] Das Insolvenzgericht ist in der Entscheidung über die Zustimmungserteilung zur Vorschussentnahme nicht frei. Es darf die Vorschussentnahme nur unter besonderen Voraussetzungen ablehnen.[204)] Insbesondere darf es die **Genehmigung** der Vorschussentnahme **nicht von weiteren Voraussetzungen abhängig** machen,[205)] etwa dass der Verwalter fällige Zwischenberichte abgibt oder Rechnung legt.[206)] In der Regelung des § 9 Satz 1 InsVV sieht der BGH[207)] nicht lediglich eine Verfahrensregelung, sondern einen Anspruch

---

201) BFH, Urt. v. 7.11.2018 – IV R 20/16, BB 2019, 430; anders noch Vorinstanz FG Düsseldorf, Urt. v. 28.1.2016 – 16 K 647/15 F, ZIP 2016, 1938, dazu EWiR 2016, 739 *(de Weerth)*; *Schmudlach*, NWB 2016, 634; *Weiss*, EStB 2019, 45; zur Anwendung des BFH-Urteils OFD Nordrhein-Westfalen, Erlass v. 16.4.2019 – S 2133-2016/0008-St 143, FMNR1c2380019; Bayerisches Landesamt für Steuern, Erlass v. 3.6.2019 – S 2134.1.1-10/5 St32, FMNR1c2130019.

202) *Stephan* in: MünchKomm-InsO, § 9 InsVV Rz. 24; *Lorenz* in: FK-InsO, § 9 InsVV Rz. 8.

203) Dazu *Lissner*, Rpfleger 2018, 4.

204) BGH, Beschl. v. 1.10.2002 – IX ZB 53/02, unter III. 1. a) a. E., NZI 2003, 31 = DZWIR 2003, 101 m. Anm. *Keller*.

205) LG Magdeburg, Beschl. v. 27.7.1995 – 3 T 356/95, ZIP 1995, 1372 = KTS 1996, 118, dazu EWiR 1995, 1095 *(Tappmeier)*.

206) *Hess*, InsO, § 9 InsVV Rz. 37 ff.; allgemein zur Androhung und Festsetzung von Zwangsgeld nach § 58 Abs. 2 Satz 1 InsO gegen den Insolvenzverwalter *Frege/Keller/Riedel*, Insolvenzrecht, Rz. 3.11 ff.

207) BGH, Beschl. v. 1.10.2002 – IX ZB 53/02, NZI 2003, 31 = DZWIR 2003, 101 m. Anm. *Keller*.

des Insolvenzverwalters auf unverzügliche und unbürokratische Zustimmung zur Vorschussentnahme seitens des Insolvenzgerichts. Wörtlich heißt es:[208)]

> „Denn eine hinter den Maßstäben des § 9 InsVV zurückbleibende oder gar nicht daran ausgerichtete Bewilligungspraxis könnte allgemein die Bereitschaft von Insolvenzverwaltern verringern, eine aufwendige, länger dauernde Unternehmensfortführung auch mit dem Ziel einer späteren (übertragenden) Sanierung zu riskieren."

Aus § 9 Satz 2 InsVV entnimmt der BGH ein **gebundenes Ermessen** des Insolvenzgerichts: Die Zustimmung zur Vorschussentnahme ist zu erteilen, wenn das Verfahren länger als sechs Monate dauert. Der Wortlaut des § 9 Satz 2 InsVV spricht aber nicht zwingend dafür,[209)] einer Vorschussentnahme dann jeweils halbjährlich zuzustimmen.[210)] 118

Erteilt das Insolvenzgericht die Zustimmung zur Vorschussentnahme nicht innerhalb einer angemessenen Zeit, ist es schlichtweg untätig, kann der Insolvenzverwalter mit **Dienstaufsichtsbeschwerde** auf eine Entscheidung hinwirken.[211)] Wie in allen gerichtlichen oder behördlichen Verfahren ist aber die Dienstaufsichtsbeschwerde wegen ihrer unangenehmen Begleiterscheinungen der gegenseitigen Kommunikation das schlechteste aller Mittel, um ein Ziel zu erreichen. Der Insolvenzverwalter wird besser durch ein persönliches Gespräch eine Zustimmung zur Vorschussentnahme erwirken. Als äußerstes Mittel kann er auch dem Insolvenzgericht mitteilen, dass er seine Arbeitsleistung in der Insolvenzverwaltung zurückhalten muss. Im Übrigen hat der Insolvenzverwalter einen Schadensersatzanspruch aus § 839 BGB i. V. m. Art. 34 GG bei nicht rechtzeitiger und/oder sachlich nicht gerechtfertigter Verweigerung eines Vorschusses. 119

Besonders hohe Auslagen i. S. des § 9 Satz 2 InsVV rechtfertigen eine Vorschussentnahme, wenn der Insolvenzverwalter im eigenen Namen besondere Hilfskräfte anstellt oder Steuerberatung in Auftrag gibt; die Auslagen müssen i. S. des § 4 Abs. 2 InsVV erstattungsfähig sein. 120

Unter Berücksichtigung der Vergütungssicherung bei Masselosigkeit muss über den Wortlaut des § 9 Satz 2 InsVV hinaus auch die drohende Masselosigkeit als ausreichender Grund für eine Vorschussentnahme angesehen werden. 121

b) Vorschussentnahme auch bei Kostenstundung

Ist das Insolvenzverfahren mit Hilfe der Kostenstundung nach §§ 4a ff. InsO eröffnet worden, haftet die Staatskasse für die Vergütung des Insolvenzverwalters (§ 63 Abs. 2 InsO). Insoweit besteht für ihn **kein Risiko eines Vergütungsausfalls** wegen Masselosigkeit. Hinsichtlich seiner **eigenen Kosten** oder insbesondere der ihm nach § 4 Abs. 1 Satz 2 InsO zu erstattenden **Auslagen** besteht aber auch hier ein **Bedürfnis für eine Vorschussgewährung.**[212)] Dies stellte der Verordnungsgeber durch Einfügung des Satzes 3 in § 9 InsVV zum 7.10.2004 klar,[213)] nachdem verschiedentlich dem Insolvenzverwalter hier eine Vorschussentnahme versagt worden war.[214)] 122

208) BGH, Beschl. v. 1.10.2002 – IX ZB 53/02, unter III. 2. b) Abs. 3, NZI 2003, 31 = DZWIR 2003, 101 m. Anm. *Keller*.

209) Pflichtgemäßes Ermessen nach Uhlenbruck-*Mock*, InsO, § 63 Rz. 62.

210) BGH, Beschl. v. 1.10.2002 – IX ZB 53/02, unter III. 2. a) a. E., NZI 2003, 31 = DZWIR 2003, 101 m. Anm. *Keller*.

211) *Hess*, InsO, § 9 InsVV Rz. 48.

212) LG Neuruppin, Beschl. v. 9.7.2004 – 5 T 133/04, NZI 2004, 501.

213) Begr. zum Entwurf einer InsVV-ÄndVO, abgedr. unten in Anh. IV, S. 709, 718.

214) Dazu *Keller*, ZVI 2004, 569.

c) Unbilligkeit der Vorschussentnahme

123 Im besonderen Ausnahmefall kann die Entnahme eines Vorschusses auf die Vergütung unbillig sein, wenn dadurch der Insolvenzmasse Liquidität entzogen wird, die bspw. für eine Unternehmensfortführung erforderlich ist,[215] oder wenn die Vorschussentnahme zu einer nur vorübergehenden Illiquidität und Masseunzulänglichkeit (§ 209 InsO) führt. Dabei darf aber nicht vergessen werden, dass gerade die drohende Masselosigkeit (§ 207 InsO) Anlass für eine Sicherung der Vergütung durch Vorschussgewährung ist. **Eine Vorschussentnahme selbst führt niemals allein zur Masselosigkeit.** Im Übrigen darf die Vergütung nicht nach § 3 Abs. 2 InsVV mit dem Argument gemindert werden, das Verfahren würde sonst masselos.[216]

3. Berechnungsgrundlage und Höhe des Vorschusses

124 Die gerichtliche Praxis zur Berechnung des Vorschusses ist sehr uneinheitlich. Es ist nicht selten die Anwendung „gewachsenen Landrechts" anzutreffen, die jeder sachlichen Begründung entbehrt. Es reicht dies von der Ansicht, ein Vorschuss könne erst ab einer bestimmten Höhe gewährt werden, über die Methode, den Vorschuss stets nur nach der bisher erwirtschafteten Insolvenzmasse zu berechnen, bis zur Ansicht, Erhöhungstatbestände könnten nicht berücksichtigt werden. So wird auch die Praxis geübt, dem Insolvenzverwalter nur die Hälfte der Regelvergütung nach § 2 InsVV aus der erwirtschafteten Insolvenzmasse zu gewähren oder ihm während der Dauer des Insolvenzverfahrens maximal ein oder zwei Vorschüsse zu gewähren. Dies alles ist rechtswidrig. Der Vorschuss nach § 9 InsVV bezieht sich vielmehr auf die gesamte Vergütung des Insolvenzverwalters und ist auf diese hin zu berechnen.

125 Da sich der Vorschuss auf die **endgültige Vergütung des Insolvenzverwalters** bezieht, ist er nach der **voraussichtlichen Insolvenzmasse** i. S. des § 1 InsVV zu bestimmen.[217] Der BGH stimmt dem ausdrücklich zu.[218] Die Bezugnahme auf die voraussichtliche Insolvenzmasse bei Beendigung des Insolvenzverfahrens kann aber Probleme bereiten: Kann nämlich der Insolvenzverwalter die zunächst prognostizierte Insolvenzmasse nicht erwirtschaften und ergibt sich aufgrund geringerer Insolvenzmasse auch eine geringere Endvergütung, hat er einen zu viel gezahlten Vorschuss zurückzuerstatten.[219]

126 Der Fall ist nicht zu verwechseln mit Masselosigkeit und der Einstellung des Verfahrens nach § 207 InsO. Bei Verfahrensbeendigung durch Schlussverteilung und Aufhebung nach § 200 InsO wird mit Festsetzung der Vergütung des Insolvenzverwalters der ihm tatsächlich zustehende und voll zu befriedigende Anspruch festgestellt; ein zu viel gezahlter Vorschuss ist hier nach den Regeln ungerechtfertigter Bereicherung zurückzuerstatten. Im Falle der Masselosigkeit wird die Vergütung ebenfalls in voller Höhe festgesetzt, allein die Insolvenzmasse reicht nicht aus, ihn vollständig zu befriedigen.

127 Der **Insolvenzverwalter hat** bei Berechnung des Vorschusses deshalb unter Anwendung gebotener Vorsicht die **künftige Insolvenzmasse darzulegen,** keinesfalls darf zu optimis-

215) AG Göttingen, Beschl. v. 3.2.1998 – 71 N 90/94, ZIP 2006, 2048 = ZInsO 1998, 287, dazu EWiR 2007, 57 *(Runkel)*; *Prasser* in: KPB, InsO, § 9 InsVV Rz. 29.

216) BGH, Beschl. v. 18.12.2005 – IX ZB 50/03, unter II. 2. b), ZIP 2004, 518 = ZVI 2004, 203; ebenso LG Köln, Beschl. v. 26.3.2004 – 19 T 6/04, ZIP 2004, 961, dazu EWiR 2004, 195 *(Keller)*.

217) Blersch/Goetsch/Haas-*Blersch*, InsO, § 9 InsVV Rz. 7; etwas widersprüchlich Stephan/Riedel-*Stephan*, InsVV, § 9 Rz. 15, 17.

218) BGH, Beschl. v. 1.10.2002 – IX ZB 53/02, unter IV. 1., NZI 2003, 31 = DZWIR 2003, 101 m. Anm. *Keller*.

219) BGH, Beschl. v. 1.10.2002 – IX ZB 53/02, unter III. 2. a), NZI 2003, 31 = DZWIR 2003, 101 m. Anm. *Keller*.

tisch gerechnet werden.[220] Die gerichtliche Praxis behilft sich damit, als Berechnungswert des Vorschusses nicht die Insolvenzmasse i. S. des § 1 InsVV heranzuziehen, sondern die bis dato vom Insolvenzverwalter erwirtschaftete Insolvenzmasse, mithin den Bestand der vom Insolvenzverwalter geführten Konten. Unter Berücksichtigung des Zwecks des Vorschusses, auch eigene Kosten des Insolvenzverwalters und Auslagen abzudecken, ist dies nicht richtig.

Aus der Berechnungsgrundlage ist die Regelvergütung nach § 2 InsVV zu ermitteln. Der Vorschussbetrag selbst besteht in einem nach bisheriger Dauer und Umfang des Verfahrens angemessenen Bruchteil der Regelvergütung. Eine **Vergütungserhöhung nach § 3 Abs. 1 InsVV** kann auch bei der Vorschussgewährung erfolgen, sofern sich ein entsprechender **Erhöhungstatbestand bereits verwirklicht** hat oder mit Sicherheit **verwirklichen wird.**[221] Die im Laufe eines Insolvenzverfahrens bewilligten Vorschüsse sollen in ihrer Summe den Gesamtbetrag der endgültig festzusetzenden Vergütung nicht übersteigen, dürfen ihr aber nahekommen oder gar entsprechen.[222] In welcher Art und Weise dies der Insolvenzverwalter und das Insolvenzgericht bei der Erteilung der Zustimmung zur Vorschussentnahme berücksichtigen, ist nicht geregelt. Als Faustregel ist es denkbar, den ersten Vorschuss sechs Monate nach Eröffnung des Insolvenzverfahrens i. H. der Hälfte der Regelvergütung zu gewähren, weitere Vorschüsse i. H. von einem Viertel oder im Bruchteil je nach bereits erbrachter Verwalterleistung. 128

Beispiel:

Das Insolvenzverfahren wurde am 5.2.2015 eröffnet. Die freie Masse beträgt nach dem Gutachten des vorläufigen Insolvenzverwalters 128 000 €. Am 10.8.2016 stellt der Verwalter Antrag auf Gewährung eines Vorschusses auf seine Vergütung. Die bis zu diesem Zeitpunkt erwirtschaftete Teilungsmasse beträgt 65 000 €, der Verwalter erwartet weiteren Massezufluss i. H. desselben Betrages.

Der Vorschuss ist nach § 9 Satz 2 InsVV zu gewähren, die Verfahrensdauer beträgt bereits mehr als sechs Monate. Nach richtiger Ansicht ist die voraussichtliche Gesamtinsolvenzmasse von 128 000 € der Vorschussberechnung zugrunde zu legen. Die Regelvergütung beträgt ohne Erhöhungsfaktoren in einem bis 31.12.2000 beantragten Verfahren 21 710 €, in einem seit 1.1.2021 beantragten Verfahren 27 450 €. Der Vorschuss ist in einer Höhe zu gewähren, die diesen Betrag nicht übersteigt. Kann der Verwalter die prognostizierte Masse im Ergebnis nicht erreichen, wäre ihm ein zu hoher Vorschuss gewährt worden, der i. H. der Differenz zur endgültigen Vergütung zurückzuzahlen wäre. Daher sollte der Vorschuss in einer Höhe gewährt werden, die dieses Problem vermeidet.

4. Die Zustimmung des Gerichts

Die Zustimmung des Gerichts wird in **Beschlussform** erteilt. Dieser hat wie der endgültige Vergütungsbeschluss den Vorschuss nebst Umsatzsteuer sowie erstattete Auslagen nebst Umsatzsteuer einzeln aufzuführen. 129

220) Dazu auch *Vill*, ZInsO 2019, 2493.

221) LG Magdeburg, Beschl. v. 27.7.1995 – 3 T 356/95, ZIP 1995, 1372 = KTS 1996, 118; LG Göttingen, Beschl. v. 2.8.2001 – 10 T 40/01, DZWIR 2002, 259 = NZI 2001, 665; AG Chemnitz, Beschl. v. 28.3.2006 – 1113 IN 2190/99, ZIP 2006, 820; allgemein auch *Vill*, ZInsO 2019, 2493.

222) BGH, Urt. v. 5.12.1991 – IX ZR 275/90, BGHZ 116, 233, 241 = ZIP 1992, 120; LG Wiesbaden, Beschl. v. 14.9.1972 – 1 T 166/72, KTS 1973, 76; LG Oldenburg, Beschl. v. 12.8.1981 – 5 T 229/81, ZIP 1981, 1010; LG Aachen, Beschl. v. 19.3.1982 – 3 T 26/82, ZIP 1983, 100; LG Ulm, Beschl. v. 25.7.1983 – 1 T 26, 30/83, KTS 1983, 642; LG Hildesheim, Beschl. v. 30.11.1982 – 5 T 929, 534/82, ZIP 1983, 346; LG Magdeburg, Beschl. v. 27.7.1995 – 3 T 356/95, ZIP 1995, 1372 = KTS 1996, 118; LG Göttingen, Beschl. v. 2.8.2001 – 10 T 40/01, DZWIR 2002, 259 = NZI 2001, 665; anders LG Augsburg, Beschl. v. 10.10.1973 – 4 T 176/73, KTS 1974, 241 m. Anm. *H. Schmidt*.

130 Der Beschluss wird nicht entsprechend § 64 Abs. 2 InsO veröffentlicht. Er muss den Beteiligten auch nicht zugestellt werden. Dies hat seinen Grund in der fehlenden Rechtsmittelfähigkeit des Vergütungsbeschlusses für den Schuldner und die Insolvenzgläubiger.

131 Die Vorschussgewährung beinhaltet keine abschließende Entscheidung über die Vergütung. Der Zustimmungsbeschluss des Insolvenzgerichts stellt daher **keinen Vollstreckungstitel** gegen die Insolvenzmasse dar.[223)]

5. Die Anfechtbarkeit der gerichtlichen Zustimmung

a) Rechtscharakter der gerichtlichen Zustimmung

132 Strittig in der Rechtsprechung war die Frage der Anfechtung der Versagung der Vorschussentnahme durch das Insolvenzgericht gegenüber dem Insolvenzverwalter. Der BGH hat diese Frage mit Beschluss vom 1.10.2002 entschieden.[224)] Der Beschluss erging auf Vorlage des OLG Köln[225)] nach § 7 Abs. 2 InsO in der bis zum 31.12.2001 geltenden Fassung, das in Abweichung vom OLG Zweibrücken[226)] die weitere Beschwerde eines Insolvenzverwalters gegen die teilweise Zurückweisung eines Antrags auf Entnahme eines Vorschusses als unzulässig verwerfen wollte. Wesentlich ist die Frage, wie die Zustimmung zur Vorschussentnahme oder ihre Versagung zu werten ist

– als gerichtliche Entscheidung oder
– lediglich als Maßnahme des Insolvenzgerichts in Ausübung der gerichtlichen Aufsicht gegenüber dem Insolvenzverwalter nach § 58 InsO.

133 Der **BGH** sieht die **Zustimmung zur Vorschussentnahme** trotz ihrer Bedeutung als lediglich vorläufig wirkende Maßnahme; er misst ihr **nicht die Qualität des Festsetzungsbeschlusses** des § 64 InsO bei.[227)] Damit verneint er auch die Notwendigkeit einer öffentlichen Bekanntmachung der Gewährung der Vorschussentnahme entsprechend § 64 Abs. 2 Satz 1 InsO. Der BGH begründet dies damit, dass die Vorschussentnahme nur in § 9 InsVV geregelt sei, nicht aber in der InsO selbst. Damit sei die Zustimmung des Insolvenzgerichts als Maßnahme der Aufsicht des Gerichts gegenüber dem Insolvenzverwalter i. S. des § 58 InsO anzusehen.[228)]

b) Anfechtung der Zustimmung zur Vorschussentnahme

134 Die Zustimmung des Insolvenzgerichts zur Entnahme eines Vorschusses ist für den Schuldner oder die Insolvenzgläubiger nicht anfechtbar.[229)] Die Vorschussgewährung selbst ist für den Schuldner und jeden Insolvenzgläubiger nur i. R. der Beschwerde gegen die end-

223) Vorschussgewährung für Mitglied des Gläubigerausschusses BGH, Beschl. v. 22.7.2021 – IX ZB 47/19, ZRI 2021, 802 = ZIP 2021, 1826, dazu EWIR 2021, 756 *(Knof)*.

224) BGH, Beschl. v. 1.10.2002 – IX ZB 53/02, NZI 2003, 31 = DZWIR 2003, 101 m. Anm. *Keller*; BGH, Beschl. v. 24.3.2011 – IX ZB 67/10, ZInsO 2011, 777.

225) OLG Köln, Beschl. v. 7.1.2002 – 2 W 173/01, ZIP 2002, 231 = NZI 2002, 153, dazu EWiR 2002, 295 *(Keller)*.

226) OLG Zweibrücken, Beschl. v. 16.10.2001 – 3 W 177/01, NZI 2002, 43.

227) BGH, Beschl. v. 1.10.2002 – IX ZB 53/02, unter III. 2. a), NZI 2003, 31 = DZWIR 2003, 101 m. Anm. *Keller*; ebenso AG Göttingen, Beschl. v. 28.9.2001 – 74 IN 147/99, ZIP 2001, 1824.

228) Der BGH, Beschl. v. 1.10.2002 – IX ZB 53/02, unter III. 1. b), NZI 2003, 31 = DZWIR 2003, 101 m. Anm. *Keller* spricht nur von der Versagung der Genehmigung, im Umkehrschluss kann für die Erteilung aber nichts anderes gelten; ebenso Blersch/Goetsch/Haas-*Blersch*, InsO, § 9 InsVV Rz. 24; in der Terminologie nicht klar *Lorenz* in: FK-InsO, § 9 InsVV Rz. 17, der von „insolvenzrechtlicher Erlaubnis" spricht.

229) LG Münster, Beschl. v. 26.7.2001 – 5 T 614/01, NZI 2001, 604; LG Göttingen, Beschl. v. 2.8.2001 – 10 T 40/01, DZWIR 2002, 259 = NZI 2001, 665.

gültige Festsetzung der Vergütung nach § 64 Abs. 3 InsO anfechtbar. Die Zustimmung zur Vorschussentnahme nach § 9 InsVV hat danach nur vorläufigen Charakter im Hinblick auf die endgültige Festsetzung der Vergütung.

c) Anfechtung der Versagung der Vorschussentnahme

Versagt das Gericht dem Insolvenzverwalter die Entnahme eines Vorschusses, steht diesem 135 nach Ansicht des BGH[230] die sofortige Beschwerde entsprechend § 64 Abs. 3 InsO nicht zu.[231] Er begründet dies mit § 6 InsO und der bewussten Beschränkung der Rechtsmittel durch den Gesetzgeber; für eine entsprechende Anwendung des § 64 Abs. 3 InsO bestehe kein Anlass.[232] Insolvenzrechtlich ist damit die Versagung der Zustimmung zur Vorschussentnahme für den Insolvenzverwalter grundsätzlich unanfechtbar.

Da für das eröffnete Insolvenzverfahren der Rechtspfleger zuständig ist (§ 3 Nr. 2 lit. e 136 i. V. m. § 18 RPflG), entscheidet über die Vorschussgewährung der Rechtspfleger. Es ist dann die **befristete Rechtspflegererinnerung nach § 11 Abs. 2 RPflG** statthaft. Der BGH betont dabei die Notwendigkeit einer Überprüfung der Entscheidung des Rechtspflegers durch den Richter.[233] Diese Aussage des BGH wird **nicht plausibel begründet** und ist in ihrer Argumentation höchst angreifbar:

Erstens folge aus der besonderen Bedeutung der Vorschussentnahme[234] nicht, dass für die 137 Entscheidungen i. R. des § 9 InsVV ein weitergehender Rechtsmittelzug eröffnet werden müsse. Es genüge, wenn i. R. des § 11 Abs. 2 RPflG eine richterliche Überprüfung der Entscheidung des zuständigen Rechtspflegers erfolge.[235] Zweitens sei trotz der grundsätzlichen Unanfechtbarkeit eine begrenzte rechtliche Überprüfung notwendig. Es sei sogar wegen Art. 19 Abs. 4 GG die Notwendigkeit der Möglichkeit einer richterlichen Überprüfung geboten.[236] Damit sei die befristete Rechtspflegererinnerung nach § 11 Abs. 2 RPflG ebenso ausreichend wie erforderlich.

Dem ist entgegenzuhalten: Es ist **nicht logisch**, einerseits der gerichtlichen Entscheidung 138 nach § 9 InsVV die **allgemeine Rechtsmittelfähigkeit abzusprechen**, andererseits aber die **richterliche Überprüfung** der Entscheidung des Rechtspflegers für **notwendig** zu erachten. Die Regelung des § 11 Abs. 2 RPflG gibt es nur deshalb, weil der Rechtspfleger bislang nicht als Richter i. S. des Verfassungsrechts angesehen wird und deshalb – wären seine Entscheidungen absolut unanfechtbar – Art. 19 Abs. 4 GG verletzt wäre.[237] § 11 Abs. 2 RPflG ist ein allgemeiner Auffangtatbestand aus vermeintlich verfassungsrechtlicher

230) Ebenso OLG Köln, Beschl. v. 7.1.2002 – 2 W 173/01, ZIP 2002, 231 = NZI 2002, 153; Blersch/Goetsch/Haas-*Blersch*, InsO, § 9 InsVV Rz. 27; *Nowak* in: MünchKomm-InsO, 2. Aufl. 2007, § 9 InsVV Rz. 14; *Lorenz* in: FK-InsO, § 9 InsVV Rz. 17.

231) Anders noch OLG Zweibrücken, Beschl. v. 16.10.2001 – 3 W 177/01, NZI 2002, 43; LG Stuttgart, Beschl. v. 15.8.2000 – 10 T 149/00, NZI 2000, 547; LG Rostock, Beschl. v. 21.9.2000 – 2 T 334/99, NZI 2001, 158.

232) BGH, Beschl. v. 1.10.2002 – IX ZB 53/02, unter III. 2. b), NZI 2003, 31 = DZWIR 2003, 101 m. Anm. *Keller*.

233) BGH, Beschl. v. 1.10.2002 – IX ZB 53/02, unter III. 1. a) und III. 2. b) Abs. 3, NZI 2003, 31 = DZWIR 2003, 101 m. Anm. *Keller*.

234) In diesem Sinne bereits BGH, Urt. v. 5.12.1991 – IX ZR 275/90, BGHZ 116, 233 = ZIP 1992, 120.

235) BGH, Beschl. v. 1.10.2002 – IX ZB 53/02, unter III. 2. b) Abs. 3, NZI 2003, 31 = DZWIR 2003, 101 m. Anm. *Keller*.

236) BGH, Beschl. v. 1.10.2002 – IX ZB 53/02, unter III. 1. a) und III. 2. b) Abs. 3, NZI 2003, 31 = DZWIR 2003, 101 m. Anm. *Keller*.

237) Kontrovers zur Richterfunktion des Rechtspflegers BVerfG, Beschl. v. 18.1.2000 – 1 BvR 321/96, BVerfGE 101, 397 = DNotZ 2000, 387.

Notwendigkeit;[238] die Vorschrift dient nicht dazu, im jeweiligen Verfahrensrecht notwendige Rechtsmittel zu ersetzen. Es ist deshalb widersprüchlich, zuerst die Bedeutung des § 9 InsVV zu betonen, dann aber die gerichtliche Entscheidung für unanfechtbar zu erklären. Es werden dem Insolvenzverwalter Steine statt Brot gegeben, wenn ihm einerseits eine großzügige Vorschussentnahme zugebilligt wird, er andererseits diese gegenüber dem Insolvenzgericht aber nicht einfordern kann.

139 Es besteht auch **kein praktisches Bedürfnis** dafür, dem Insolvenzverwalter die sofortige Beschwerde zu versagen. § 6 InsO verfolgt das Ziel, einen zügigen Ablauf des Insolvenzverfahrens zu gewährleisten.[239] Müsste der Insolvenzverwalter aber auf den ihm zustehenden Vergütungs- und Auslagenvorschuss verzichten, könnte er in der Insolvenzabwicklung erheblich beeinträchtigt werden. Verweigert ihm das Insolvenzgericht die für die sachgerechte Insolvenzabwicklung notwendige Vorschussentnahme, kann er sich hiergegen nicht wehren. Die Regelung des § 11 Abs. 2 RPflG hilft nur sehr schwach, denn wenn die Versagung durch den Richter erfolgt, ist sie endgültig unanfechtbar. Dies läuft erkennbar dem Zweck der Vorschussgewährung nach § 9 InsVV zuwider.

6. Rückzahlungspflicht bei späterer Vergütungsfestsetzung

140 Wird die Vergütung mit endgültiger Festsetzung nach § 64 InsO insgesamt niedriger festgesetzt als die Summe der gewährten Vorschüsse, hat der Insolvenzverwalter den Differenzbetrag selbstverständlich zur Masse zu erstatten. Der Anspruch ergibt sich aus einer entsprechenden Anwendung der Vorschriften über die **Herausgabepflicht des Beauftragten** (§ 667 BGB).[240] Seine Verjährungsfrist beginnt erst mit dem Vergütungsfestsetzungsbeschluss des Insolvenzgerichts zu laufen, aus dem sich die Überzahlung ergibt.

141 Eine **Rückzahlungspflicht** muss sich nicht allein daraus ergeben, dass das Insolvenzgericht während des Verfahrens zu großzügig Vorschüsse gewährt hat. Sie kann darauf beruhen, dass bei endgültiger Vergütungsfestsetzung eine Verwirkung des Vergütungsanspruchs festgestellt wird.[241] Der betroffene Insolvenzverwalter kann sich nicht auf Entreicherung berufen und nicht auf das Verbot der reformatio in peius. Eine Rückzahlungspflicht kann entscheidend auch auf **Änderungen der Rechtsprechung und Änderung der Rechtslage** beruhen, die nach der Vorschussgewährung bis zur endgültigen Festsetzung eintreten und faktisch zu einer Kürzung der Vergütung führen. Hier haben das Insolvenzgericht und der Insolvenzverwalter im Vertrauen auf eine durch die Rechtsprechung gedeckte Auslegung gesetzlicher und verordnungsrechtlicher Vorschriften gehandelt. Eine Änderung der Rechtsprechung führt dann zu einem Verlust auf die Gültigkeit früherer Auslegung. Natürlich besteht auch in einem Rechtsstreit für die Parteien kein Vertrauenstatbestand dahingehend, dass die Rechtsprechung ihre bisherige Auslegung und Anwendung des Rechts beibehält; die unterlegene Partei hat schlichtweg Pech, wenn der BGH nun klüger wird und seine Rechtsprechung ändert, was meist nicht plötzlich erfolgt, sondern sich durch Andeutungen auch anbahnt. Hinsichtlich des Vergütungsanspruchs im Insolvenzverfahren ist das aber schwerwiegender, weil der Vergütungsanspruch als **Bestandteil der Berufsausübungsfreiheit** von Art. 12 Abs. 1 GG geschützt ist (siehe § 2 Rz. 89 ff.). Rechtsprechungsänderungen führen dann zu einem Eingriff in die Berufsausübungsfreiheit. Der BGH erwidert hierauf

238) Zu dem damit zusammenhängenden Problem der Geltung des Haftungsprivilegs richterlicher Tätigkeit nach § 839 Abs. 2 BGB im Bereich des Insolvenzverfahrens *Keller*, RpflStud 2002, 130.

239) Begr. RegE InsO, BT-Drucks. 12/2443, S. 110, abgedr. in: *Kübler/Prütting*, RWS-Dok. 18, S. 155.

240) BGH, Urt. v. 29.6.2023 – IX ZR 152/22, ZRI 2023, 660 = ZVI 2023, 498; BGH, Urt. v. 29.6.2023 – IX ZR 153/22, ZInsO 2023, 2061; BGH, Urt. v. 7.3.2019 – IX ZR 143/18, NJW 2019, 1458.

241) OLG Schleswig, Urt. v. 29.6.2022 – 9 U 1/22, ZRI 2022, 655 = ZIP 2022, 1821, dazu EWiR 2022, 658 *(Blersch)*.

freilich, dass das Grundrecht **erst mit der endgültigen Festsetzung** verwirklicht sei, Vorschüsse genössen noch keinen Grundrechtsschutz.[242] Es ist insoweit das Los der Insolvenzverwaltung, erst am Ende zu wissen, was man eigentlich verdient hat.

VI. Musteranträge

1. Allgemeine praktische Hinweise

Die nachfolgenden Muster für Vergütungsanträge sowie das Muster eines Festsetzungsbeschlusses des Insolvenzgerichts beinhalten beispielhaft typische Fragestellungen der Insolvenzpraxis. Sie beinhalten bewusst nicht jede Fragestellung für jede Art einer Antragstellung und können wegen der Vielgestaltigkeit der Probleme in der Praxis dies auch nicht bieten. Umfangreiche Muster für Vergütungsanträge mit zahlreichen Einzelvarianten bietet *Heyn*,[243] wobei auch hier in jedem Einzelfall zu prüfen ist, ob ein Musterantrag wortgetreu und unverändert für eine konkrete Antragstellung übernommen werden kann. 142

Für die Insolvenzpraxis empfehlenswert ist es – ggf. in Absprache mit dem Insolvenzgericht –, stets ein einheitliches **Aufbauschema** der Antragstellung anzuwenden, insbesondere betreffend die Darstellung der Berechnungsgrundlage. 143

Bei der **Sachverhaltsdarstellung** sollte im Vergütungsantrag vermieden werden, diesen gleichlautend mit dem Schlussbericht ausführlich zu wiederholen. Es darf und sollte vielmehr auf den Schlussbericht verwiesen werden. Gleichwohl soll der Vergütungsantrag aus sich heraus verständlich den vergütungsrechtlich wesentlichen Sachverhalt des Verfahrens beinhalten. 144

Kommunikationspsychologisch ist es nicht ratsam, das Insolvenzgericht bereits im Vergütungsantrag umfangreich mit Einzelfallrechtsprechung und Literaturnachweisen zu konfrontieren. Auf grundlegende Rechtsprechung kann selbstverständlich hingewiesen werden. Problematische Fragestellungen sollten vorab mündlich kommuniziert und seitens des Insolvenzgerichts auch aktenkundig gemacht werden. Dabei darf auch bezüglich der in Literatur und Rechtsprechung streitigen Fragestellungen die Frage eines Beschwerdeverfahrens kein Tabu sein. Leider scheuen sich Insolvenzverwalter vor der Erhebung einer Beschwerde gegen eine Vergütungsfestsetzung, Insolvenzgerichte betrachten Beschwerdeverfahren manchmal auch als persönlichen Affront. Dies ist bedauerlich und weder der vertrauensvollen Zusammenarbeit zwischen Gericht und Verwalter noch der allgemeinen Rechtsentwicklung dienlich. 145

Grundlage der nachfolgenden Muster zur Vergütung des vorläufigen Insolvenzverwalters, in Abwandlung auch des Sachwalters und des vorläufigen Sachwalters, und des Insolvenzverwalters sowie des gerichtlichen Festsetzungsbeschlusses ist jeweils derselbe fiktive Sachverhalt. Die Daten sind auf eine Antragstellung vor 1.1.2021 gesetzt, so dass insgesamt die Vergütung nach den bis dato geltenden Sätzen des § 2 InsVV zu bestimmen ist (siehe dazu oben § 4 Rz. 62 ff.). 146

Der Vergütungsantrag des vorläufigen Sachwalters stellt eine Abwandlung zu demjenigen des vorläufigen Insolvenzverwalters dar, weshalb zu einigen Tatbeständen auf diesen verwiesen wird. Gleiches gilt für den Vergütungsantrag des Sachwalters im eröffneten Eigenverwaltungsverfahren. Besonderheiten bestehen in der durch § 12 InsVV abgesenkten Regelvergütung sowie in abweichender Gewichtung von Erhöhungstatbeständen unter Berücksichtigung eines Normalfalles der Eigenverwaltung (siehe § 8 Rz. 15 ff.). Die Zuständigkeit des Richters für die Vergütungsfestsetzung ergibt sich aus dem Umstand, dass im 147

---

242) BGH, Urt. v. 29.6.2023 – IX ZR 153/22, Rz. 14, 15, ZInsO 2023, 2061.

243) *Heyn*, Vergütungsanträge nach der InsVV; Musterantrag auch bei *Lorenz* in: FK-InsO, § 8 InsVV Rz. 71, § 11 InsVV Rz. 125.

fiktiven Sachverhalt das Insolvenzverfahren mit Insolvenzplan beendet worden ist (siehe Rz. 20).

2. Vergütungsantrag vorläufiger Insolvenzverwalter

148 Amtsgericht Leipzig – Insolvenzgericht

Bernhard-Göring-Str. 64

04275 Leipzig

Insolvenzverfahren Az: 34 IN 3443/25
Möbeltischler Kohler GmbH & C. KG, Leipzig
Vergütung vorläufiger Insolvenzverwalter

Sehr geehrte Damen und Herren,
in vorbezeichnetem Insolvenzverfahren beantrage ich als ehemals vorläufiger Insolvenzverwalter die Festsetzung meiner Vergütung nebst Auslagenersatz gemäß §§ 63, 64, 65 InsO, §§ 8, 10, 11 InsVV auf

Vergütung	152 254,67 €
Umsatzsteuer	28 928,39 €
Auslagen	750,00 €
Umsatzsteuer	199,50 €

Die Festsetzung der Vergütung in dieser Höhe begründe ich wie folgt:

I. Verlauf des Eröffnungsverfahrens

1. Grundtatbestände

Bei dem schuldnerischen Unternehmen handelt es sich um eine Kommanditgesellschaft, deren alleinige persönlich haftende Gesellschafterin eine GmbH ist. Die gesellschaftsrechtlichen und betriebswirtschaftlichen Eckdaten sind folgende:

Gesellschaftsform:	Kommanditgesellschaft; gegründet 1998 eingetragen im Handelsregister Amtsgericht Leipzig HRA 32298
Gesellschafter:	Persönlich haftende Gesellschafterin: Kohler Verwaltung GmbH, Handelsregister Amtsgericht Leipzig HRB 45578 Geschäftsführer Konrad Kohler alleine Gesellschafter Konrad Kohler alleine Stammkapital 25 000 € erbracht
	Kommanditistin: Katharina Kohler, Leipzig Kommanditeinlage 50 000 € erbracht
Geschäftsbetrieb:	Möbeltischlerei, Vorfertigung von Schränken für Küchenherstellung
Arbeitnehmer:	326 Mitarbeiter, davon 12 Auszubildende
Insolvenzantrag:	Eigenantrag vom 29. Januar 2025
Insolvenzeröffnung:	29. April 2025, 18.00 Uhr

Mit Beschluss vom 29. Januar 2025 wurde ich zum sog. schwachen vorläufigen Insolvenzverwalter bestellt u. a. mit den Aufgabenkreisen der Sicherung des schuldnerischen Vermögens, der Unterstützung des Schuldners bei der Fortführung des Geschäftsbetriebes und der Befugnis zur Einziehung von Forderungen gegen Dritte. Im Zusammenhang mit der Fortführung des Geschäftsbetriebes wurde ich ermächtigt, Masseverbindlichkeiten des später eröffneten Insolvenzverfahrens zu begründen.

2. Verlauf des Eröffnungsverfahrens

Zum Verlauf des Eröffnungsverfahrens verweise ich auf den Schlussbericht und die Schlussrechnung als vorläufiger Insolvenzverwalter zum 29. April 2025. Für die Bestimmung der Vergütung als vorläufiger Insolvenzverwalter sind folgende Tatbestände hervorzuheben:

a) Fortführung des Geschäftsbetriebes

Der Geschäftsbetrieb der Schuldnerin konnte für die gesamte Dauer des Eröffnungsverfahrens aufrechterhalten werden. Es mussten hierzu jedoch mit den Vertragspartnern und Kunden der Schuldnerin umfangreiche Gespräche über die Fortführung der bestehenden Verträge geführt werden. Die Schuldnerin stellt als Zulieferer für Küchenhersteller Schränke und Einzelteile für den Küchenbau her. Zur Sicherung der Fortführung des Geschäftsbetriebes mussten ferner umfangreiche Gespräche mit Warenlieferanten, die u. a. an den gelieferten Produkten verlängerten Eigentumsvorbehalt mit Verarbeitungsklausel geltend machen konnten, geführt werden.

Ziel der Fortführung des Geschäftsbetriebes während des Eröffnungsverfahrens war es, eine Sanierung des Unternehmens durch leistungswirtschaftliche Maßnahmen sowie durch Änderung der Gesellschafterstruktur herbeizuführen. In diesem Zusammenhang musste auch die Geschäftsführung der Komplementär-GmbH beaufsichtigt werden, um eine Zahlungsunfähigkeit dieser Gesellschaft zu vermeiden.

Die Fortführung des Geschäftsbetriebes während des Eröffnungsverfahrens ergab einen Überschuss aus Einzahlungen und Ausgaben i. H. von 1 124 867,68 €. Zur Berechnung des Überschusses wird auf die Schlussrechnung zum 29. April 2025 verwiesen.

b) Vorfinanzierung von Insolvenzgeld

Dank der rechtzeitigen Antragstellung des Geschäftsführers der persönlich haftenden Gesellschafterin der Schuldnerin konnte der Insolvenzgeldzeitraum von drei Monaten voll ausgeschöpft werden, die Gehälter der Mitarbeiter konnten für die Monate Februar, März und April 2025 durch ein Darlehen der Deutsche Bank AG finanziert werden. Der Überschuss aus der Geschäftsfortführung ergibt sich deshalb wesentlich aus der Ersparnis der Lohnkosten durch die Vorfinanzierung des Insolvenzgeldes.

c) Vorbereitung einer Sanierung

Zur Aufrechterhaltung des Geschäftsbetriebes sowie zur Vorbereitung einer Sanierung des schuldnerischen Unternehmens mussten durch mich als vorläufigem Insolvenzverwalter umfangreiche Gespräche mit den finanzierenden Banken des schuldnerischen Unternehmens über die Prolongation bereits fälliger Darlehen geführt werden, insbesondere musste mit der Sparkasse Leipzig als Hausbank über die Aufrechterhaltung der offenen Kreditlinie verhandelt werden. Als Bedingung weiterer Finanzierung des schuldnerischen Unternehmens wurde die Neuordnung der Gesellschafterstruktur verbunden mit der Zuführung von Eigenkapital gefordert.

Als vorläufiger Insolvenzverwalter musste ich daher mit dem Geschäftsführer der persönlich haftenden Gesellschafterin sowie der Kommanditistin umfangreiche Verhandlungen führen. Als Lösung für eine Sanierung des schuldnerischen Unternehmens konnten folgende Maßnahmen vereinbart werden:

- Übertragung der Gesellschaftsanteile der Komplementär-GmbH von Konrad Kohler auf dessen Sohn Johannes, verbunden mit einem Kapitalschnitt und einer Kapitalerhöhung auf 50 000 € Stammkapital sowie Übernahme der Geschäftsführung durch Johannes Kohler.
- Erhöhung des Kommanditanteils der Ehefrau von Konrad Kohler auf 125 000 €.

Die Umsetzung dieser Sanierungsmaßnahmen erfolgt zeitnah nach Eröffnung des Insolvenzverfahrens. Es ist geplant, diese i. R. eines Insolvenzplanverfahrens bzw. im Zusammenhang mit dem Insolvenzplanverfahren der Schuldnerin durchzuführen. Da die Übertragung der Gesellschaftsanteile an der Komplementär-GmbH und der durchzuführende Kapitalschnitt die Schuldnerin lediglich mittelbar betreffen, aber elementarer Teil der Sanierungslösung sein werden, soll der Insolvenzplan der Schuldnerin gemäß § 249 InsO unter die Planbedingung gestellt werden, dass die Strukturmaßnahmen bei der Komplementär-GmbH erfolgreich durchgeführt werden.

II. Bestimmung der Berechnungsgrundlage

1. Vermögen im Zeitpunkt der Beendigung des Eröffnungsverfahrens

a) Freies Vermögen

Die Berechnungsgrundlage der Vergütung des vorläufigen Insolvenzverwalters bestimmt sich nach § 63 Abs. 3 Satz 1 InsO mit § 11 Abs. 1 InsVV nach dem Vermögen des schuldnerischen Unternehmens im Zeitpunkt der Beendigung des Eröffnungsverfahrens.

Hinsichtlich der Vermögenswerte, die nicht mit Fremdrechten belastet sind (freie Masse), bedarf es für die Einbeziehung in die Berechnungsgrundlage keiner erheblichen Befassung seitens des vorläufigen Insolvenzverwalters.

> BGH, Beschl. v. 9.6.2005 – IX ZB 230/03, = ZIP 2005, 1324 = NZI 2005, 557 = DZWIR 2005, 469 m. Anm. *Pluta/Heidrich*.

b) Vermögen mit Fremdrechten

Hinsichtlich der Vermögenswerte, die mit Aus- oder Absonderungsrechten belastet sind, verlangt § 63 Abs. 3 InsO mit § 11 InsVV eine erhebliche Befassung durch den vorläufigen Insolvenzverwalter. Im vorliegenden Verfahren ergibt sich diese für einzelne Vermögenswerte wie folgt:

- Das Betriebsgrundstück Friederikenstr. 60 im Stadtteil Lößnig steht im Alleineigentum der Schuldnerin, es ist mit Grundpfandrechten zugunsten der Sparkasse Leipzig sowie der Commerzbank AG belastet. Hinsichtlich des Betriebsgrundstückes musste ich als vorläufiger Insolvenzverwalter keine erhebliche Tätigkeit entfalten, es wird deshalb bei der Bestimmung der Berechnungsgrundlage nicht berücksichtigt.
- Die technischen Anlagen der Schuldnerin sind mit Sicherungsübereignungen an Kreditinstitute belastet. Im Zusammenhang mit der Sicherung der Fortführung des Geschäftsbetriebes während des Eröffnungsverfahrens musste ich als vorläufiger Insolvenzverwalter mit den Kreditgebern umfangreiche Gespräche führen, um die Geltendmachung der Sicherungsrechte zu verhindern. Ich musste mich als vorläufiger Insolvenzverwalter deshalb mit den technischen Anlagen in erheblichem Umfang befassen. Eine Ausnahme bilden die Fahrzeuge der Schuldnerin; diese sind ausnahmslos geleast, die Leasingverträge wurden und werden fortgeführt, es bestand zugunsten der Schuldnerin lediglich eine Besitzüberlassung.
- Das Warenlager der Schuldnerin ist mit Sicherungsrechten aus Eigentumsvorbehalten der Lieferanten sowie möglicherweise konkurrierenden Sicherungsrechten aus Sicherungsübereignungen an Kreditinstitute belastet. Im Zusammenhang mit der Sicherung der Fortführung des Geschäftsbetriebes während des Eröffnungsverfahrens musste ich als vorläufiger Insolvenzverwalter mit den Lieferanten umfangreiche Gespräche führen, um die Fortführung der entsprechenden Bezugsverträge sicherzustellen und die Geltendmachung der Sicherungsrechte zu verhindern. Der vorläufige Insolvenzverwalter hat sich deshalb mit dem Warenlager in erheblichem Umfang befassen müssen.
- Die Forderungen der Schuldnerin aus Warenlieferung und Leistung gegen Dritte sind sicherungshalber an Kreditinstitute abgetreten. Die Einziehung dieser Forderungen durch mich als vorläufigem Insolvenzverwalter i. R. der Aufrechterhaltung des Geschäftsbetriebes musste in Abstimmung mit diesen erfolgen, auch insoweit musste ich mich in erheblichem Umfang mit den Sicherungsrechten befassen.

Hinsichtlich der einzelnen Tätigkeiten während des Eröffnungsverfahrens wird auf den Schlussbericht zum 29. April 2025 verwiesen.

Im Rahmen der Unternehmensfortführung während des Eröffnungsverfahrens muss auch berücksichtigt werden, dass eine erhebliche Befassung mit dem Vermögenswert „Unternehmen" in seiner Gesamtheit angenommen werden muss, wenn der vorläufige Insolvenzverwalter mit Lieferanten verhandelt hat, eine Insolvenzgeldvorfinanzierung bewerkstelligt hat oder eine Sanierung nach Insolvenzeröffnung maßgeblich vorbereitet hat. Bei Fortführung des Geschäftsbetriebes ist der Erhalt der Sanierungsfähigkeit des schuldnerischen Unternehmens für die Zeit nach Insolvenzeröffnung Maßstab einer erheblichen Befassung. Dies betrifft vorliegend das bewegliche Anlage- und Umlaufvermögen.

c) Insolvenzspezifische Ansprüche

Ansprüche aus Insolvenzanfechtung nach §§ 129 ff. InsO werden in der Vermögensübersicht nach § 151 InsO vorsichtig mit 58 500 € beziffert. In die Berechnungsgrundlage der Vergütung nach § 11 InsVV sollen nach Ansicht des Bundesgerichtshofs Ansprüche aus §§ 129 ff. InsO keinen Eingang finden. Diese Ansicht ist umstritten.

BGH, Beschl. v. 29.4.2004 – IX ZB 225/03, ZIP 2004, 1653 m. Anm. *Keller* = NZI 2004, 444.

Ausdrücklich befürwortet der Bundesgerichtshof aber eine Erhöhung der Vergütung entsprechend § 3 Abs. 1 InsVV bei Schwierigkeiten mit der Ermittlung oder Sicherung von Anfechtungsansprüchen.

BGH, Beschl. v. 14.12.2005 – IX ZB 268/04, ZIP 2006, 625 = NZI 2006, 167;
BGH, Beschl. v. 27.7.2006 – IX ZB 243/05, NZI 2006, 581.

Ansprüche auf Haftung der Organe der Schuldnerin aus gesellschaftsrechtlichen Normen sind dagegen als Teil des Vermögens der Schuldnerin Bestandteil der Berechnungsgrundlage nach § 11 InsVV. Sie wurden in der Vermögensübersicht nicht beziffert.

d) Überschuss aus Unternehmensfortführung

Die Fortführung des Geschäftsbetriebes während des Eröffnungsverfahrens ergab wie bereits erwähnt einen Überschuss i. H. von 1 124 867,68 €. Aus der Norm des § 63 Abs. 3 InsO, nach welcher die Berechnungsgrundlage auf den Zeitpunkt der Beendigung des Eröffnungsverfahrens zu bestimmen ist, ergibt sich, dass die während des Eröffnungsverfahrens begründeten Masseverbindlichkeiten bereits abgezogen sind. Die nachstehende Vermögensübersicht enthält damit lediglich den Überschuss. Zur Berechnung des Überschusses im Hinblick auf § 1 Abs. 2 Satz 2 Nr. 4 lit. b InsVV wird auf die Schlussrechnung zum 29. April 2025 verwiesen.

2. Delegationen und eigene Vergütungen

Die Buchführung des schuldnerischen Unternehmens war zu Beginn der vorläufigen Insolvenzverwaltung weitgehend ungeordnet, insbesondere war auch die Lohnbuchhaltung nicht auf aktuellem Stand. Als vorläufiger Insolvenzverwalter musste ich deshalb in Abstimmung mit dem Geschäftsführer der persönlich haftenden Gesellschafterin sowie dem Insolvenzgericht ein spezialisiertes Buchhaltungsbüro mit der Aufarbeitung der Buchführung beauftragen. Als Honorar dieser Aufarbeitung der Buchhaltung wurden 65,00 €/Stunde zzgl. USt vereinbart; gesamt wurden 7 735,00 € gezahlt. Eigene Vergütungen gemäß § 5 InsVV wurden nicht entnommen.

3. Bewertung und Vermögensübersicht

Da bereits während des Eröffnungsverfahrens die Sanierung des schuldnerischen Unternehmens in die Wege geleitet wurde, sind die Vermögenswerte der Schuldnerin mit sog. Fortführungswerten anzusetzen.

Bezug nehmend auf die Schlussrechnung zum 29. April 2025 sowie auf die Vermögensübersicht gemäß § 151 InsO bestimmt sich die Berechnungsgrundlage der Vergütung des vorläufigen Insolvenzverwalters zusammenfassend wie folgt:

	Wert €	Fremdrechte €	Berechnungs-grundlage €
I. Anlagevermögen			
1. Immaterielles Anlagevermögen			
Marken und Lizenzen	0,00		0,00
2. Unbewegliches Vermögen			
Friederikenstr. 60	580 000,00	700 000,00	0,00
3. Bewegl. Anlagevermögen			
a) Techn. Anlagen, Ausstattung	725 000,00	230 000,00	725 000,00
b) Kraftfahrzeuge	50 000,00	50 000,00	0,00
4. Beteiligungen und Finanzanlagen			
a) Beteiligungen	0,00		0,00
b) Finanzanlagen	0,00		0,00
II. Umlaufvermögen			
1. Roh-, Hilfs- und Betriebsstoffe	456 000,00	389 000,00	456 000,00
2. Unfertige Erzeugnisse	125 000,00	389 000,00	125 000,00
3. Fertige Erzeugnisse	359 000,00	389 000,00	359 000,00
4. Forderungen Warenlieferung u. Leistung	730 000,00	230 000,00	730 000,00
5. Sonstige Vermögenswerte	0,00		0,00
6. Guthaben	1 311 988,00	230 000,00	1 311 988,00
III. Insolvenzspezifische Ansprüche			
1. Insolvenzanfechtung	290 401,00		0,00
2. Haftung Geschäftsführer	0,00		0,00
Gesamt:			3 706 988,00

III. Berechnung der Vergütung

1. Die Regelvergütung des vorläufigen Insolvenzverwalters

Nach § 63 Abs. 3 Satz 2 InsO besteht die Regelvergütung des vorläufigen Insolvenzverwalters in einem Bruchteil von 25 % der Vergütung nach § 2 Abs. 1 InsVV.

Die Regelvergütung soll den Normalfall der vorläufigen Verwaltung abgelten. Der vergütungsrechtliche Normalfall wird durch die Insolvenzrechtliche Vergütungsverordnung nicht positiv definiert. Daher wird allgemein aus den in § 3 Abs. 1 InsVV genannten Erhöhungsfaktoren gefolgert, dass ein Normalfall vorliegt, wenn Tatbestände des § 3 Abs. 1 InsVV nicht gegeben sind.

Der Bundesgerichtshof nimmt für einzelne Tatbestände Bezug auf die Systematik der Anwendung des § 3 InsVV in der Unterscheidung zwischen qualitativen und rein quantitativen Kriterien der Erhöhung. Daher ist die Unternehmensfortführung stets erhöhungswürdig; sie ist niemals Normalfall eines Insolvenzverfahrens.

BGH, Beschl. v. 18.12.2003 – IX ZB 50/03, ZIP 2004, 518 = ZVI 2004, 203;
BGH, Beschl. v. 16.10.2008 – IX ZB 197/07, ZIP 2008, 2222;
BGH, Beschl. v. 12.5.2011 – IX ZB 143/08, ZIP 2011, 1373.

Als typisch quantitative Merkmale erkennt der Bundesgerichtshof die Zahl der Arbeitnehmer bei mehr als zwanzig und die Zahl der am Verfahren beteiligten Gläubiger bei mehr als 100 an.

BGH, Beschl. v. 22.7.2004 – IX ZB 222/03, ZIP 2004, 1822 = NZI 2004, 591;
BGH, Beschl. v. 21.12.2006 – IX ZB 129/05, ZIP 2007, 440 = NZI 2007, 244.

Im Zusammenhang mit der Vorfinanzierung von Insolvenzgeld
BGH, Beschl. v. 18.12.2003 – IX ZB 50/03, ZIP 2004, 518 = ZVI 2004, 203;
BGH, Beschl. v. 11.5.2006 – IX ZB 249/04, ZIP 2006, 1204.

Ein allein statischer Ansatz des Normalverfahrens bezogen auf quantitative Tatbestände ist aber kritisch zu bewerten. Es ist unter Berücksichtigung des Gegenstandes des schuldnerischen Unternehmens sowie unter Berücksichtigung der historischen Entwicklung der Insolvenzrechtliche Vergütungsverordnung je nach Einzelfall zu beurteilen, ob das konkrete Verfahren den Kriterien eines Normalfalles entspricht. Der Umfang des schuldnerischen Vermögens und damit die Berechnungsgrundlage der Vergütung bildet für sich allein jedoch keinen ausreichenden Anhaltspunkt für die Feststellung eines vergütungsrechtlichen Normalfalls.

Daher wird für den vorliegenden Sachverhalt die Zahl der Arbeitnehmer als Tatbestand des Normalverfahrens anerkannt, sie stellt als solche keinen Erhöhungstatbestand dar. Hinsichtlich der Befassung mit gesellschaftsrechtlichen Verflechtungen bestehen Überschneidungen mit der Unternehmensfortführung und der Vorbereitung einer Sanierungslösung. Insoweit wird diesbezüglich auch kein eigener Erhöhungstatbestand geltend gemacht, obgleich die Erhaltung der Zahlungsfähigkeit der Komplementär-GmbH eine erhebliche Schwierigkeit des Eröffnungsverfahrens darstellte.

2. Erhöhungstatbestände des vorliegenden Falles

Die Erhöhung der Vergütung des vorläufigen Insolvenzverwalters nach § 3 Abs. 1 InsVV erfolgt dadurch, dass unmittelbar der angemessene Bruchteil des § 63 Abs. 3 Satz 2 InsO erhöht wird.

BGH, Beschl. v. 18.12.2003 – IX ZB 50/03, ZIP 2004, 518 = ZVI 2004, 203;
BGH, Beschl. v. 4.11.2004 – IX ZB 52/04, ZIP 2004, 2448 = NZI 2005, 106 m. Anm. *Nowak*;
BGH, Beschl. v. 27.9.2012 – IX ZB 243/11, ZInsO 2013, 840.

Die Zuerkennung des konkreten Erhöhungsfaktors erfolgt im selben Umfang, wie dies bei dem endgültigen Insolvenzverwalter erfolgt. Der vorläufige Insolvenzverwalter ist vergütungsrechtlich nicht schlechterzustellen als der Insolvenzverwalter im eröffneten Insolvenzverfahren, wenn er eine zuschlagswürdige Tätigkeit im gleichen Umfang und bei gleicher Arbeitsbelastung erbracht hat.

Für den vorliegenden Sachverhalt wird eine Erhöhung der Vergütung wegen folgender Tatbestände beantragt:

a) Unternehmensfortführung

Als vorläufiger Insolvenzverwalter begleitete ich die Unternehmensfortführung während der gesamten Dauer des Eröffnungsverfahrens. Die Fortführung eines laufenden Geschäftsbetriebes ist unstreitig zuschlagswürdig i. S. des § 3 Abs. 1 InsVV. Dies gilt ausdrücklich auch für den sog. schwachen vorläufigen Insolvenzverwalter, der mit dem Zustimmungsvorbehalt die Geschäftsfortführung begleitet und unterstützt.

BGH, Beschl. v. 13.4.2006 – IX ZB 158/05, ZIP 2006, 1008 = NZI 2006, 401;
BGH, Beschl. v. 16.10.2008 – IX ZB 247/06, NZI 2009, 57.

Der Bundesgerichtshof sieht zudem die Größe des Unternehmens unter Berücksichtigung des Jahresumsatzes vor Insolvenz als zuschlagswürdig an.

BGH, Beschl. v. 18.12.2003 – IX ZB 50/03, ZIP 2004, 518 = ZVI 2004, 203.

Ein Zuschlag ist nach § 3 Abs. 1 lit. b InsVV nur dann zu gewähren, wenn die Fortführung nicht zugleich zu einer Massemehrung geführt hat, wodurch sich die Regelvergütung erhöhte. Soweit durch eine Betriebsfortführung Massemehrung stattgefunden hat, soll nach der Rechtsprechung des Bundesgerichtshofs ein Vergleich zwischen den Vergütungen bei fehlender Mehrung mit entsprechendem Zuschlag und mit Mehrung ohne Zuschlag angestellt und i. H. des Differenzbetrages dem Verwalter ein „ausgleichender Zuschlag" gewährt werden.

BGH, Beschl. v. 22.2.2007 – IX ZB 106/06, NZI 2007, 341;
BGH, Beschl. v. 22.2.2007 – IX ZB 120/06, NZI 2007, 343;
BGH, Beschl. v. 24.1.2008 – IX ZB 120/07, NZI 2008, 239 = ZIP 2008, 514.

Bei der Höhe des Zuschlags wird allgemein nach der Größe des Unternehmens unterschieden. Bei Fortführung eines hier vorliegend mittelgroßen Unternehmens für bis zu drei Monaten werden 50 bis 75 % als angemessen angesehen.

Die vergleichsweise Gewährung eines „echten" Zuschlags i. H. von 50 % ist im vorliegenden Sachverhalt angemessen und geboten. Zu berücksichtigen ist, dass ich als vorläufiger Insolvenzverwalter zahlreiche Gespräche mit Lieferanten und Kunden der Schuldnerin führen musste, ferner mit Kreditgebern zur Erhaltung der Kreditlinien sowie der Zahlungsfähigkeit der Komplementär-GmbH im Hinblick auf die beabsichtigte Sanierung des Geschäftsbetriebes.

Nimmt man für die Unternehmensfortführung einen angemessenen Zuschlag von 50 % an, berechnet sich der sog. ausgleichende Zuschlag wie folgt:

1. Berechnung der Regelvergütung bei Insolvenzmasse ohne Massemehrung:
   [(1 582 120,32 € – 700 000,00 €) × 0,022 + 55 650,00 €] × 0,25 = 18 764,16 €
2. Zuschlagsberechnung hierauf:
   [(1 582 120,32 € – 700 000,00 €) × 0,022 + 55 650,00 €] × 0,75 = 56 292,49 €
3. Berechnung der Regelvergütung bei Insolvenzmasse mit Massemehrung:
   [(3 706 988,00 € – 700 000,00 €) × 0,022 + 55 650 €] × 0,25 = 30 450,93 €
4. Differenz der Vergütungsbeträge als ausgleichender Zuschlag in Prozent:
   (56 292,49 € – 30 450,93 €) ./. 75 056,64 × 100 = 34,43

Im konkreten Fall ist daher trotz Massemehrung ein Zuschlag zur Regelvergütung i. H. von 34,43 % zu gewähren. Denn tatsächlich hat sich mit der Mehrung der Masse die Vergütung keineswegs erhöht, da bei fehlender Massemehrung mit Anwendung des § 3 Abs. 1 lit. b InsVV die Vergütung höher wäre. Die Berechnung zeigt auch, dass schon allein aus mathematischen Gründen eine Erhöhung der Vergütung um gerundet 35 % zu erfolgen hat.

b) Vorfinanzierung von Insolvenzgeld

Auch unter Berücksichtigung einer Definition des Normalfalles bezogen auf die individuelle Größe und den Geschäftsgegenstand eines schuldnerischen Unternehmens der betreffenden Art übersteigt die Zahl der Arbeitnehmer diejenige eines Normalverfahrens. Dass die besondere Arbeitsbelastung bei einer hohen Zahl von Arbeitnehmern nicht den vergütungsrechtlichen Normalfall spricht, wird bereits durch den Tatbestand des § 3 Abs. 1 lit. d InsVV deutlich.

Im vorliegenden Sachverhalt konnte ich als vorläufiger Insolvenzverwalter eine Vorfinanzierung von Insolvenzgeld bewerkstelligen und dadurch eine Unternehmensfortführung im Eröffnungsverfahren fördern. Die Zahl der Arbeitnehmer liegt mit 326 über derjenigen, die allgemein i. R. eines statischen Normalverfahrens angenommen wird.

Zur Vorfinanzierung von Insolvenzgeld und zu Sozialplanverhandlungen
BGH, Beschl. v. 18.12.2003 – IX ZB 50/03, ZIP 2004, 518 = ZVI 2004, 203;
BGH, Beschl. v. 22.2.2007 – IX ZB 120/06, NZI 2007, 343.

Auch unter Berücksichtigung einer Definition des Normalfalles bezogen auf die Größe und den Gegenstand eines schuldnerischen Unternehmens der betreffenden Art übersteigt die Zahl der Arbeitnehmer diejenige eines Normalverfahrens.

Die Erschwernisse bei Arbeitnehmerangelegenheiten sind typische quantitative Erschwernisse, die zwar auch wegen ihrer rechtlichen Schwierigkeiten, vor allem aber wegen der Zahl der Arbeitnehmer und dem Umfang der notwendigen Lohnberechnungen die Arbeitstätigkeit des vorläufigen Insolvenzverwalters in Anspruch nehmen. Dies erkennt auch der Bundesgerichtshof an, wenn er bei Vorfinanzierung von Insolvenzgeld eine Erhöhung typischerweise zulässt.

BGH, Beschl. v. 22.2.2007 – IX ZB 120/06, NZI 2007, 343.

Angesichts der Zahl der Arbeitnehmer halte ich eine Erhöhung der Vergütung um 25 % für angemessen. Dies entspricht einem Betrag von 25 472,44 €, bezogen auf die Zahl der Arbeitnehmer entspricht dies quantitativ einer Erhöhung der Vergütung um gut 78,00 € je Arbeitnehmer. Dieser Ansatz ist angemessen, bedenkt man, dass mein Büro sich mit jedem einzelnen Arbeitnehmer befassen musste und insbesondere die Lohnbuchhalten aufgearbeitet werden musste. Da hierfür jedoch auch ein Buchhaltungsbüro beauftragt wurde, wird kein höherer Zuschlag beantragt.

c) Vorbereitung einer Sanierungslösung

Bemühungen um eine Sanierung des schuldnerischen Unternehmens sind zuschlagswürdig. Der Bundesgerichtshof erkennt ausdrücklich auch dem sog. schwachen vorläufigen Insolvenzverwalter einen entsprechenden Zuschlag zu.

BGH, Beschl. v. 12.1.2006 – IX ZB 127/04, ZIP 2006, 672 m. Anm. *Prasser* = NZI 2006, 236;
BGH, Beschl. v. 11.3.2010 – IX ZB 122/08, ZIP 2010, 1909 m. Anm. *Prasser*.

Im vorliegenden Sachverhalt bemühte ich mich in umfangreichen und langwierigen Gesprächen mit Lieferanten und Kunden der Schuldnerin um die weitere Aufrechterhaltung der Vertragsbeziehungen. Mit den Kreditinstituten musste über die weitere Kreditierung des Unternehmens verhandelt werden. Diese stellten dabei die Bedingungen eines Gesellschafterwechsels auf der Ebene der Komplementär-GmbH sowie einer Erhöhung des Eigenkapitals sowohl der Komplementär-GmbH als auch der KG selbst. Zudem sollte die Geschäftsführung der Komplementär-GmbH neu geregelt werden, was im Ergebnis faktisch bedeutet, dass die KG als solche eine neue Leitung erhält. Diese Sanierungsmaßnahmen sollen nach Insolvenzeröffnung in einem Insolvenzplan umgesetzt werden. Es kann damit der Geschäftsbetrieb mit allen Arbeitsplätzen erhalten werden.

Als angemessener Prozentsatz eines Zuschlags wird für Sanierungsbemühungen ein solcher von 50 bis 100 % angesehen.

Vorliegend beantrage ich ein Zuschlag von 50 %. Zu berücksichtigen ist der erhebliche zeitliche Aufwand bei den Verhandlungen insbesondere mit Kreditinstituten. Der Tatbestand überschneidet sich hinsichtlich der Arbeitsleistung aber auch mit jenem zur Unternehmensfortführung, so dass der Zuschlag nicht höher angesetzt wird.

3. Kürzungstatbestände

Als Kürzungstatbestände kommt vorliegend lediglich die Delegation der Aufarbeitung der Buchhaltung an ein spezialisiertes Buchhaltungsbüro in Betracht. Die Prüfung und Aufarbeitung der Buchhaltung gehört zu den Regelaufgaben auch des vorläufigen Insolvenzverwalters. Insofern erhielt ich durch die Delegation Arbeitsersparnis.

Bei einer Kürzung der Vergütung um 10 % wird die Delegation etwa in der Höhe des Nettobetrages des an den Dienstleister gezahlten Honorars abgegolten.

4. Berechnung der Vergütung

Die Vergütung beträgt zusammengefasst:

	25 % der Regelvergütung nach § 2 Abs. 1 InsVV, § 63 Abs. 3 Satz 2 InsO.
+	35 % Zuschlag Unternehmensfortführung
+	25 % Zuschlag Vorfinanzierung Insolvenzgeld, Arbeitnehmerangelegenheiten
+	50 % Zuschlag Sanierungsmaßnahmen
–	10 % Kürzung Arbeitsersparnis Delegation
=	115 % der Regelvergütung nach § 2 Abs. 1 InsVV

Berechnungsgrundlage: 3 706,988,00 €

Berechnung:

[(3 706 988,00 € – 700 000,00 €) × 0,022 + 55650 €] × 1,25 = 152 254,67 €

IV. Auslagen und Umsatzsteuer

1. Der Auslagenersatz nach § 8 Abs. 3 InsVV

Als ehemals vorläufiger Insolvenzverwalter beantrage ich Ersatz meiner Auslagen i. H. des Pauschbetrages nach § 8 Abs. 3 InsVV. Berechnungsgrundlage des Pauschbetrages ist die Vergütung nach § 63 Abs. 3 Satz 2 InsO als Regelvergütung.

BGH, Beschl. v. 13.7.2006 – IX ZB 104/05, ZIP 2006, 1403 = NZI 2006, 464 m. Anm. *Nowak*;
BGH, Beschl. v. 6.4.2006 – IX ZB 109/05, ZIP 2006, 2228.

Der Pauschbetrag des § 8 Abs. 3 InsVV berechnet sich im vorliegenden Fall wie folgt:

30 450,93 € × 0,15 = 4 567,64 €.

Höchstens sind als Auslagenersatz 350 € je angefangenen Monat der vorläufigen Verwaltung anzusetzen (§ 8 Abs. 3 Satz 1 InsVV).

BGH, Beschl. v. 24.6.2003 – IX ZB 600/02, NZI 2003, 608 = ZIP 2003, 1458.

Dies sind vorliegend ab 29. Januar 2025 bis 28. April 2025 für drei Monate 1 050,00 €.

2. Die Erstattung der Umsatzsteuer

Als ehemals vorläufiger Insolvenzverwalter beantrage ich nach § 7 InsVV die Erstattung der zu zahlenden Umsatzsteuer auf Vergütung und Auslagen.

Der Umsatzsteuererstattungsbetrag berechnet sich im vorliegenden Fall wie folgt:

Vergütung	152 254,67 € × 0,19 =	28 928,39 €
Auslagen	1 050,00 € × 0,19 =	199,50 €

Ich bitte antragsgemäß zu entscheiden.

Mit freundlichen Grüßen

3. Vergütungsantrag Insolvenzverwalter in der Unternehmensinsolvenz

149 Amtsgericht Leipzig – Insolvenzgericht
Bernhard-Göring-Str. 64
04275 Leipzig

Insolvenzverfahren Az: 34 IN 3443/25
Möbeltischler Kohler GmbH & C. KG, Leipzig
Vergütung Insolvenzverwalter

Sehr geehrte Damen und Herren,

in vorbezeichnetem Insolvenzverfahren beantrage ich die Festsetzung meiner Vergütung als Insolvenzverwalter nebst Auslagenersatz gemäß §§ 63, 64, 65 InsO, §§ 8, 1, 2, 3 InsVV auf

Vergütung	219 159,05 €
Umsatzsteuer	41 640,22 €
Auslagen	2 320,50 €
Umsatzsteuer	440,90 €
Vergütung aus Massezufluss	2 499,62 €
Umsatzsteuer	474,93 €

Die Festsetzung der Vergütung in dieser Höhe begründe ich wie folgt:

I. Verlauf des Insolvenzverfahrens

1. Grundtatbestände

Bei dem schuldnerischen Unternehmen handelt es sich um eine Kommanditgesellschaft, deren alleinige persönlich haftende Gesellschafterin eine GmbH ist. Die gesellschaftsrechtlichen und betriebswirtschaftlichen Eckdaten sind folgende:

Gesellschaftsform:	Kommanditgesellschaft; gegründet 1998 eingetragen im Handelsregister Amtsgericht Leipzig HRA 32298
Gesellschafter:	Persönlich haftende Gesellschafterin: Kohler Verwaltung GmbH, Handelsregister Amtsgericht Leipzig HRB 45578 Geschäftsführer Konrad Kohler alleine Gesellschafter Konrad Kohler alleine Stammkapital 25 000 € erbracht
	Kommanditistin: Katharina Kohler, Leipzig Kommanditeinlage 50 000 € erbracht
Geschäftsbetrieb:	Möbeltischlerei, Vorfertigung von Schränken für Küchenherstellung
Arbeitnehmer:	326 Mitarbeiter, davon 12 Auszubildende
Insolvenzantrag:	Eigenantrag vom 29. Januar 2025
Insolvenzeröffnung:	29. April 2025, 18.00 Uhr
Berichtstermin:	24. Mai 2025
Erörterungs- und Abstimmungstermin:	6. Juni 2025

2. Verlauf des Insolvenzverfahrens

Zum Verlauf des Insolvenzverfahrens verweise ich auf den Schlussbericht und die Schlussrechnung zum 30. Juni 2025. Für die Bestimmung der Vergütung als Insolvenzverwalter sind folgende Tatbestände hervorzuheben:

a) Fortführung des Geschäftsbetriebes

Der Geschäftsbetrieb der Schuldnerin konnte sowohl für die gesamte Dauer des Eröffnungsverfahrens als auch für die Dauer des Insolvenzverfahrens bis zur voraussichtlichen Verfahrensaufhebung Ende Juni 2020 aufrechterhalten werden.

Die Schuldnerin stellt als Zulieferer für Küchenhersteller Schränke und Einzelteile für den Küchenbau her. Bereits im Eröffnungsverfahren mussten mit den Vertragspartnern und Kunden der Schuldnerin umfangreiche Gespräche über die Fortführung der bestehenden Verträge geführt werden. Zur Sicherung der Fortführung des Geschäftsbetriebes mussten ferner umfangreiche Gespräche mit

Warenlieferanten, die u. a. an den gelieferten Produkten verlängerten Eigentumsvorbehalt mit Verarbeitungsklausel geltend machen konnten, geführt werden.

Im eröffneten Insolvenzverfahren waren weitere intensive Verhandlungen erforderlich, um sachgerechte Lösungen zur Fortführung der Vertragsbeziehungen zu erreichen. Hierzu musste mit den Vertragspartnern und Gläubigern auch über deren Berücksichtigung i. R. des Insolvenzplans verhandelt werden.

Das Ziel der Fortführung des Geschäftsbetriebes und der Sanierung des Unternehmens durch leistungswirtschaftliche Maßnahmen und Änderung der Gesellschafterstruktur der Komplementär-GmbH konnte letztlich durch einen Insolvenzplan, den die Gläubiger im Erörterungs- und Abstimmungstermin vom 6. Juni 2025 angenommen haben und der durch gerichtlichen Beschluss vom 13. Juni 2025 bestätigt wurde, erreicht werden.

In diesem Zusammenhang musste auch während des Insolvenzverfahrens die Geschäftsführung der Komplementär-GmbH beaufsichtigt werden, um eine Zahlungsunfähigkeit dieser Gesellschaft zu vermeiden und die angestrebte Sanierungslösung zu ermöglichen.

Die Fortführung des Geschäftsbetriebes während des Insolvenzverfahrens ergab einen Verlust aus Einzahlungen und Ausgaben i. H. von 126 423,34 €. Zur Berechnung des Verlustes wird auf die Schlussrechnung zum 30. Juni 2025 verwiesen. Anders als bei der Unternehmensfortführung im Eröffnungsverfahren konnten die positiven Effekte der Insolvenzgeldvorfinanzierung nicht mehr genutzt werden, so dass vor allem durch Lohnkosten ein operativer Verlust erwirtschaftet wurde.

b) Personalanpassungsmaßnahmen

Im Rahmen der leistungswirtschaftlichen Sanierung des Unternehmens mussten Personalanpassungsmaßnahmen vorgenommen werden. Es wurde hierzu eine Betriebsänderung vorgenommen, bei welcher unrentable Produktionszweige organisatorisch abgespalten wurden. Unter Beteiligung des Betriebsrates wurden gegenüber 116 Arbeitnehmern Kündigungen ausgesprochen.

Hiergegen wurden gegen mich 36 Kündigungsschutzklagen erhoben, bei welchen ich anwaltlich für die Masse tätig werden musste.

c) Sanierungsmaßnahmen

Die Vorbereitungen der Sanierung des Unternehmens wurden bereits während des Eröffnungsverfahrens getroffen. Es mussten weiter umfangreiche Gespräche mit den finanzierenden Banken des schuldnerischen Unternehmens über die Prolongation bereits fälliger Darlehen geführt werden. Als Bedingung weiterer Finanzierung des schuldnerischen Unternehmens wurde die Neuordnung der Gesellschafterstruktur der Komplementär-GmbH verbunden mit der Zuführung von Eigenkapital und der Änderung der Geschäftsführung gefordert. Zudem sollte der Kommanditanteil aufgestockt werden.

Hierzu wurde folgende Lösung für eine Sanierung des schuldnerischen Unternehmens gefunden:

- Übertragung der Gesellschaftsanteile der Komplementär-GmbH von Konrad Kohler auf dessen Sohn Johannes, verbunden mit einem Kapitalschnitt und einer Kapitalerhöhung auf 50 000 € Stammkapital sowie Übernahme der Geschäftsführung durch Johannes Kohler.
- Erhöhung des Kommanditanteils der Ehefrau von Konrad Kohler auf 125 000 €.

Die Umsetzung dieser Sanierungsmaßnahmen erfolgte i. R. des Insolvenzplanverfahrens bzw. im Zusammenhang mit dem Insolvenzplanverfahren. Hierzu verweise ich auf die detaillierte Darstellung im Schlussbericht sowie den Insolvenzplan nebst Anlagen.

Die Abtretung der Gesellschaftsanteile der Komplementär-GmbH von Vater auf Sohn Kohler sowie der Kapitalschnitt nebst Kapitalerhöhung konnten nicht unmittelbar im Insolvenzplan geregelt werden. Dies wäre nur i. R. eines Insolvenzverfahrens über das Vermögen der GmbH möglich gewesen. Alle Beteiligten waren sich aber einig, dass die Insolvenz der Komplementär-GmbH aus Zeit- und Kostengründen vermieden werden sollte. Daher erfolgten diese Maßnahmen außerhalb des Insolvenzverfahrens freiwillig durch die Familie Kohler. Der Insolvenzplan wurde gemäß § 249 InsO unter die Planbedingung gestellt, dass die genannten Maßnahmen erfolgreich umgesetzt werden. Für das Insolvenzverfahren der Kommanditgesellschaft waren sie existentiell, da andernfalls die Kreditinstitute der Sanierung durch Insolvenzplan nicht zugestimmt hätten. Es hätte dann der gesamte Geschäftsbetrieb liquidiert werden müssen.

d) Insolvenzplanverfahren

Der Insolvenzplan mit dem Ziel der leistungswirtschaftlichen Sanierung des Unternehmens, der Änderung der mittelbaren Gesellschafterstruktur und der Zuführung von Eigenkapital wurde durch mich in Abstimmung mit dem Sohn des früheren Geschäftsführers der Komplementär-GmbH und den finanzierenden Kreditinstituten erarbeitet.

Beratend wurde die Steuerberatungskanzlei Müller-Lüdenscheid, Leipzig, beauftragt, Liquiditätsberechnungen auszuarbeiten und die steuerlichen Fragestellungen zu beantworten.

Der Insolvenzplan wurde mit allen Beteiligten bereits vor dem Erörterungs- und Abstimmungstermin intensiv kommuniziert und mehrfach geändert oder korrigiert.

e) Verwertung von beweglichem Anlagevermögen

Der Insolvenzplan sieht i. R. der Umstrukturierung des Unternehmens eine Stilllegung nicht rentabler Produktionszweige vor. In diesem Zusammenhang habe ich bewegliches Anlagevermögen verwertet. Dieses unterlag aufgrund Sicherungsübereignung dem Absonderungsrecht der Sparkasse Leipzig. Ausweislich der Schlussrechnung zum 30. Juni 2020 ergibt sich hierfür folgende Berechnung:

Erlös brutto €	Erlös netto €	Feststellungskostenbeitrag €	Verwertungskostenbeitrag €	Abführung €
54 346,78	45 669,46	2 173,87	2 717,34	30 452,36

Die genaue Berechnung insbesondere der Umsatzsteuer auf die Verwertungsleistung gegenüber der Absonderungsberechtigten ist für die Berechnung der Vergütung nicht relevant. Hierzu wird auf die Schlussrechnung zum 30. Juni 2020 verwiesen, ferner auf die aktuelle Darstellung bei

Sinz in: K. Schmidt, InsO, 20. Aufl. 2023, § 171 Rz. 27, 34.

II. Bestimmung der Berechnungsgrundlage

1. Die Berechnungsgrundlage entsprechend der Schlussrechnung

a) Insolvenzmasse bei Beendigung des Verfahrens

Grundlage der Vergütung des Insolvenzverwalters ist nach § 63 Abs. 1 Satz 2 InsO mit § 1 Abs. 1 InsVV die Insolvenzmasse im Zeitpunkt der Beendigung des Insolvenzverfahrens. Masseverbindlichkeiten werden grundsätzlich nicht abgezogen (§ 1 Abs. 2 Nr. 4 Satz 1 InsVV).

Auf Grundlage der Vermögensübersicht nach § 151 InsO sowie der Schlussrechnung und Schlussbilanz stellt sich die Insolvenzmasse bei Beendigung des Insolvenzverfahrens wie folgt dar:

		Wert €	Fremdrechte €	Berechnungsgrundlage €
I.	Anlagevermögen			
1.	Immaterielles Anlagevermögen			
	Marken und Lizenzen	0,00		0,00
2.	Unbewegliches Vermögen			
	Friederikenstr. 60	580 000,00	700 000,00	25 000,00
3.	Bewegl. Anlagevermögen			
	a) Techn. Anlagen, Ausstattung	725 000,00	230 000,00	511 200,00
	b) Kraftfahrzeuge	50 000,00	50 000,00	0,00

	Wert €	Fremdrechte €	Berechnungs-grundlage €
4. Beteiligungen und Finanzanlagen			
a) Beteiligungen	0,00		0,00
b) Finanzanlagen	0,00		0,00
II. Umlaufvermögen			
1. Roh-, Hilfs- und Betriebsstoffe	456 000,00	389 000,00	34 911,00
2. Unfertige Erzeugnisse	125 000,00	389 000,00	11 250,00
3. Fertige Erzeugnisse	359 000,00	389 000,00	21 310,00
4. Forderungen Warenlieferung u. Leistung	730 000,00	230 000,00	45 000,00
5. Sonstige Vermögenswerte	0,00		0,00
6. Guthaben	1 311 988,00	230 000,00	1 081 988,00
III. Insolvenzspezifische Ansprüche			
1. Insolvenzanfechtung	290 401,00		94 456,00
2. Haftung Geschäftsführer	0,00		0,00

Zu einzelnen Vermögenspositionen mache ich folgende ergänzenden Anmerkungen:

- Das zur Insolvenzmasse gehörende Grundstück Friederikenstr. 60 in Lößnig wurde nicht verwertet. Es wird weiterhin betrieblich genutzt. Das auf ihm belastende Grundpfandrecht bleibt bestehen. Es ist deshalb mit einem fiktiven Verwertungswert angesetzt worden. Dieser besteht in einem fiktiven Kostenbeitrag, den ich bei einer angenommenen freihändigen Verwertung in Absprache mit der Grundpfandrechtsgläubigerin hätte erzielen können.
- Das bewegliche Anlagevermögen wurde nur teilweise verwertet. Das nicht verwertete Vermögen wird weiterhin betrieblich genutzt. Da das bewegliche Anlagevermögen insgesamt mit Absonderungsrechten behaftet ist, wird der fiktiven Verwertungswert in Anlehnung an §§ 170, 171 InsO angesetzt. Die in Abschn. I Nr. 2 e) dargestellten tatsächlich erzielten Kostenbeiträge sind hierin nicht enthalten, für sie wird die besondere Vergütung des § 1 Abs. 2 Nr. 1 InsVV angesetzt. Die geleasten Kraftfahrzeuge werden nicht angesetzt, da sie bei fiktiver Verwertung einer Aussonderung durch den Leasinggeber unterlegen hätten.
- Das bewegliche Umlaufvermögen wurde i. R. der Unternehmensfortführung genutzt und veräußert. Das bei Beendigung des Insolvenzverfahrens nicht verwertet Umlaufvermögen ist i. R. einer fiktiven Verwertung unter Berücksichtigung der Absonderungsrechte angesetzt worden.
- Der unter der Position Guthaben genannte Betrag stellt wesentlich die Übernahme des Ergebnisses aus der Unternehmensfortführung während des Eröffnungsverfahrens dar.

  Ausweislich der Schlussrechnung zum 30. Juni 2020 betragen die Einnahmen während des Insolvenzverfahrens einschließlich vereinnahmter Umsatzsteuer gesamt 789 357,68 €, diese werden jedoch durch den Abzug der Masseverbindlichkeiten nach § 1 Abs. 2 Nr. 4 lit. b InsVV vollständig „aufgefressen". Zur Unternehmensfortführung während des eröffneten Insolvenzverfahrens wird auf die nachfolgende Darstellung unter Nr. 3 dieses Abschnitts verwiesen.

b) Massezufluss aus Steuererstattung

Nach mehrfach bekräftigter Rechtsprechung des Bundesgerichtshofs ist ein Massezufluss nach Schlussrechnungslegung zur Berechnungsgrundlage der Vergütung hinzuzurechnen, auch und gerade wenn er in der Erstattung der auf die Vergütung des Insolvenzverwalters gezahlten Umsatzsteuer besteht

Zur Berechnung:
BGH, Urt. v. 26.2.2015 – IX ZB 9/13, ZIP 2015, 696, dazu EWiR 2015, 353 *(Zimmer)* = NZI 2015, 2015, 388 m. Anm. *Graeber*.

Die Berechnung kann dadurch erfolgen, dass auf den Betrag der Steuererstattung bezogen auf die jeweilige Degressionsstufe des § 2 Abs. 1 InsVV mit den Erhöhungstatbeständen des § 3 InsVV ein entsprechender Prozentsatz zur Vergütung hinzugerechnet wird.

c) Berücksichtigung von Eigenkapitalzuführungen

Die Sanierung des schuldnerischen Unternehmens konnte nur gelingen, weil der Sohn des bisherigen Gesellschafters und Geschäftsführers der Komplementär-GmbH sowie die Ehefrau und Mutter als Kommanditistin sich zur Zuführung von Eigenkapital bereit erklärt haben. Die Eigenkapitalzuführung des Sohnes als neuem Gesellschafter und Geschäftsführer der Komplementär-GmbH betrifft rechtlich aber nur diese, die von ihm erbrachte Stammeinlage der GmbH ist nicht Teil der Insolvenzmasse der schuldnerischen Kommanditgesellschaft. Die Erhöhung der Kommanditeinlage betrifft dagegen unmittelbar das Vermögen der Kommanditgesellschaft und erhöht damit die Insolvenzmasse. Insoweit ist zumindest die Erhöhung der Kommanditeinlage der Berechnungsgrundlage der Vergütung hinzuzurechnen. Zum Gelingen der Sanierungslösung wurde auch die Kapitalzuführung bei der Komplementär-GmbH gefordert, was wirtschaftlich dem entspricht, was ein Investor aufwenden musste, um das schuldnerischen Unternehmen erwerben zu können. Ohne diese Maßnahmen bei der Komplementär-GmbH wäre die Sanierung des Unternehmens gescheitert und ich hätte als Insolvenzverwalter die Vermögenswerte liquidieren müssen.

Es mag zwar wirtschaftlich keinen Unterschied machen, ob die Eigenkapitalzuführung durch mich als Insolvenzverwalter, ggf. mit Hilfe eines Massedarlehens, erfolgt wäre oder durch die Gesellschafter. Dennoch betreffen der Kapitalschnitt und die Kapitalerhöhung bei der Komplementär-GmbH nicht das Vermögen der schuldnerischen Gesellschaft, sondern nur dass ihrer persönlich haftenden Gesellschafterin. Zwar ist zu bedenken, dass auch die Kapitalausstattung der persönlich haftenden Gesellschafterin Bedingung für das Gelingen der Sanierung seitens der kreditgebenden Banken war. Ferner ist haftet das Vermögen der persönlich haftenden Gesellschafterin über § 126 HGB – wenn auch nicht in vollem Umfang – auch unmittelbar den Gläubigern der schuldnerischen Gesellschaft i. R. der weiteren Fortführung des Unternehmens. Damit stellt die Kapitalerhöhung vielleicht rechtlich mittelbar und wirtschaftlich unmittelbar auch eine Mehrung des schuldnerischen Vermögens dar. Allerdings erscheint die Berücksichtigung der Kapitalzuführung bei der Komplementär-GmbH bei der Insolvenzmasse der Kommanditgesellschaft und damit bei Berechnungsgrundlage der Vergütung zu weitgehend, da sie rechtlich eben nicht die Insolvenzmasse selbst betrifft.

Zusammenfassend setze ich daher nur die Erhöhung der Kommanditeinlage als Bestandteil der Berechnungsgrundlage an. Zur Problematik darf insgesamt auf die sehr instruktive Entscheidung des Landgerichts München II vom 19. Juni 2013 verwiesen werden.

LG München I, Beschl. v. 19.6.2013 – 14 T 12868/13, NZI 2013, 595.

Ich berücksichtige deshalb die Eigenkapitalzuführung im Umfang von 75 000,00 € bei der Berechnungsgrundlage meiner Vergütung.

2. Verwertung von Gegenständen mit Absonderungsrechten

Das bewegliche Anlagevermögen sowie das bewegliche Umlaufvermögen war und ist umfassend mit Sicherungsrechten zugunsten von Lieferanten und Kreditgebern belastet. Die Sicherungsrechte aus Eigentumsvorbehalt, verlängertem Eigentumsvorbehalt mit Verarbeitungsklausel sowie Sicherungsübereignung und Sicherungsabtretung konkurrierten in weiten Teilen, so dass differenziert geprüft werden musste, wem welches Sicherungsrecht an welchem Gegenstand tatsächlich zustand und zusteht. Hinsichtlich der nicht verwerteten Vermögensgegenstände wird eine fiktive Verwertung unter Berücksichtigung der §§ 170, 171 InsO vorgenommen, siehe dazu Abschn. II Nr. 1 a). Die besondere Vergütung des § 1 Abs. 2 Nr. 1 InsVV wird nur in Anspruch genommen bezüglich der tatsächlich verwerteten Gegenstände, siehe dazu Abschn. I Nr. 2 e).

Die besondere Verwertung soll in einer Vergleichsberechnung der Regelvergütung mit und ohne Berücksichtigung dieser Vermögenswerte bei der Berechnungsgrundlage erfolgen. Nach der Rechtsprechung des Bundesgerichtshofs soll diese Vergleichsberechnung unter Berücksichtigung der Zu-und Abschläge erfolgen. Das führt praktisch zu dem Ergebnis, dass die besondere Vergütung stets i. H. der Hälfte des Feststellungskostenbeitrags besteht.

BGH, Beschl. v. 22.7.2021 – IX ZB 85/19, ZRI 2021, 805 = ZIP 2021, 1872, dazu EWiR 2021, 592 *(Keller)*.

Eingehend

Keller, Vergütung und Kosten im Insolvenzverfahren, 6. Aufl. 2025, § 3 Rz. 91 ff.

Bezug nehmend auf Verwertungserlös und Kostenbeiträge beträgt die besondere Vergütung 1 086,94 €.

3. Abzug eigener Vergütungen nach § 5 InsVV

Im Rahmen der notwendigen Personalanpassungsmaßnahmen wurden seitens der ausgeschiedenen Mitarbeiter 36 Kündigungsschutzklagen erhoben. Bei diesen habe ich die Insolvenzmasse vor dem Arbeitsgericht anwaltlich vertreten.

Hierfür habe ich anwaltliche Vergütung nach dem Rechtsanwaltsvergütungsgesetz i. H. von 45 624,36 € netto erhalten. Zur genauen Darstellung wird auf die Schlussrechnung zum 30. Juni 2025 verwiesen.

Die prozessuale Geltendmachung von Insolvenzanfechtungsansprüchen habe ich Frau Rechtsanwältin Dr. Klöbner aus meiner Kanzlei übertragen. Da die eingeklagten Ansprüche nicht in vollem Umfang realisiert werden konnten, mussten aus der Insolvenzmasse als anwaltliche Vergütung 12 788,56 € netto gezahlt werden.

Diese Beträge setze ich gemäß § 1 Abs. 2 Nr. lit. a InsVV von der Berechnungsgrundlage der Vergütung ab.

4. Abzug von Masseverbindlichkeiten der Unternehmensfortführung

Der Geschäftsbetrieb des schuldnerischen Unternehmens wird seit Insolvenzeröffnung bis 30. Juni 2025 fortgeführt. Der Insolvenzplan sieht eine Übernahme des Geschäftsbetriebes zum 1. Juli 2025 vor. Als Insolvenzverwalter habe ich damit den Geschäftsbetrieb für zwei Monate fortgeführt.

Für den Zeitraum der Unternehmensfortführung ist nach § 1 Abs. 2 Nr. 4 lit. b InsVV ein Abzug der Masseverbindlichkeiten vorzunehmen, begrenzt auf den Betrag der Einnahmen für diesen Zeitraum. Es wird diesbezüglich auf die Schlussrechnung zum 30. Juni 2025 verwiesen. Die Fortführung des Geschäftsbetriebes während des Insolvenzverfahrens ergab einen Verlust i. H. von 126 423,34 €.

5. Zusammenfassung der Berechnungsgrundlage

Die Berechnungsgrundlage der Vergütung im vorliegenden Verfahren setzt sich gemäß § 1 InsVV wie folgt zusammen:

§ 1 Abs. 1 Satz 1 InsVV	
Insolvenzmasse zum 30. Juni 2020	1 825 115,00 €
Eigenkapitalzuführung	75 000,00 €
§ 1 Abs. 2 Nr. 4 lit. a InsVV	
Abzug Vergütungen § 5 InsVV	– 58 412,92 €
§ 1 Abs. 2 Nr. 4 lit. b InsVV	
Einnahmen Unternehmensfortführung	789 357,68 €
Abzug Masseverbindlichkeiten	915 781,02 €
Saldo	– 126 423,34 €
Ergebnis für Berechnungsgrundlage	0,00 €
Berechnungsgrundlage gesamt	1 841 702,08 €

III. Bestimmung der Regelvergütung

1. Regelvergütung nach § 2 Abs. 1 InsVV

Aus der festgestellten Berechnungsgrundlage ist die Regelvergütung gemäß § 2 Abs. 1 InsVV zu bestimmen. Sie berechnet sich wie folgt:

(1 841 702,08 € – 700 000,00 €) × 0,022 + 55 650,00 € = 80 767,45 €

2. Degressionsausgleich nach § 3 Abs. 1 lit. c InsVV

Nach der Höhe der Berechnungsgrundlage wäre unter Berücksichtigung der Rechtsprechung des Bundesgerichtshofs ein Degressionsausgleich bei hoher Insolvenzmasse denkbar. Der Bundesgerichtshof nimmt eine hohe Insolvenzmasse ab einem Betrag von 250 000 € an, auch bei einer höheren Wertgrenze wäre vorliegend eine hohe Insolvenzmasse i. S. des § 3 Abs. 1 lit. c InsVV gegeben.

BGH, Beschl. v. 8.11.2012 – IX ZB 139/10, ZIP 2012, 2407.

Jedoch muss ich zugestehen, dass ich im vorliegenden Insolvenzverfahren keine Masse mehren oder zusätzliche Insolvenzmasse feststellen konnte. Meine Aufgabe als Insolvenzverwalter bestand wesentlich in der Vorbereitung und Umsetzung der leistungswirtschaftlichen Sanierung des Unternehmens und der Sicherung der Vertragsbeziehungen für die Zukunft. Die Unternehmensfortführung selbst war defizitär, zusätzliche Insolvenzmasse konnte nicht generiert werden. Der Erfolg des Insolvenzverfahrens mit Insolvenzplan wird mittelfristig darin bestehen, Prozessabläufe innerhalb des Unternehmens optimiert sowie durch neue Gesellschafter und Eigenkapitalzuführung den Geschäftsbetrieb für die Zukunft stabilisiert zu haben. Ein Degressionsausgleich wird deshalb nicht geltend gemacht.

IV. Erhöhung der Vergütung nach § 3 Abs. 1 InsVV

1. Bestimmung des vergütungsrechtlichen Normalfalls

Die Regelvergütung soll den Normalfall einer Insolvenzverwaltung abgelten. Der vergütungsrechtliche Normalfall wird durch die Insolvenzrechtliche Vergütungsverordnung nicht positiv definiert. Daher wird allgemein aus den in § 3 Abs. 1 InsVV genannten Erhöhungsfaktoren gefolgert, dass ein Normalfall vorliegt, wenn Tatbestände des § 3 Abs. 1 InsVV nicht gegeben sind.
Der Bundesgerichtshof nimmt für einzelne Tatbestände Bezug auf die Systematik der Anwendung des § 3 InsVV in der Unterscheidung zwischen qualitativen und rein quantitativen Kriterien der Erhöhung. Daher ist die Unternehmensfortführung stets erhöhungswürdig; sie ist niemals Normalfall eines Insolvenzverfahrens.

BGH, Beschl. v. 18.12.2003 – IX ZB 50/03, ZIP 2004, 518 = ZVI 2004, 203;
BGH, Beschl. v. 16.10.2008 – IX ZB 197/07, ZIP 2008, 2222;
BGH, Beschl. v. 12.5.2011 – IX ZB 143/08, ZIP 2011, 1373.

Als typisch quantitative Merkmale erkennt der Bundesgerichtshof die Zahl der Arbeitnehmer bei mehr als zwanzig und die Zahl der am Verfahren beteiligten Gläubiger bei mehr als 100 an.

BGH, Beschl. v. 22.7.2004 – IX ZB 222/03, ZIP 2004, 1822 = NZI 2004, 591;
BGH, Beschl. v. 21.12.2006 – IX ZB 129/05, ZIP 2007, 440 = NZI 2007, 244.

Für den vorliegenden Sachverhalt ist unter Berücksichtigung des Gegenstandes des schuldnerischen Unternehmens die Zahl der Arbeitnehmer als Tatbestand des Normalverfahrens anerkannt, sie stellt als solche keinen Erhöhungstatbestand dar. Zu berücksichtigen wird aber sein, dass ich mit Personalanpassungsmaßnahmen bei mehr als einhundert Arbeitnehmern sowie bei 36 Kündigungsschutzprozessen erhebliche Arbeitsbelastung hatte.
Zum Insolvenzverfahren haben gesamt 237 Gläubiger Insolvenzforderungen angemeldet. Dies wird als Normalfall eines Unternehmens der vorliegenden Größe anerkannt.
Die Unternehmensfortführung, die Bemühungen um eine Sanierung und die Ausarbeitung eines Insolvenzplans stellen jedoch keine Tatbestände des Normalverfahrens dar.

2. Erhöhungstatbestände

a) Prüfung und Befassung mit gesellschaftsrechtlichen Verflechtungen

Die Prüfung der gesellschaftsrechtlichen Verflechtungen und Beteiligungen des schuldnerischen Unternehmens stellt für den Insolvenzverwalter einen erheblichen Arbeitsaufwand dar und ist daher zuschlagswürdig.

BGH, Beschl. v. 16.10.2008 – IX ZB 247/06, NZI 2009, 57;
LG Leipzig, Beschl. v. 27.9.1999 – 12 T 1192/99, DZWIR 2000, 36;
LG Mönchengladbach, Beschl. v. 23.10.1986 – 5 T 382/86, ZIP 1986, 1588, dazu EWiR 1987, 73 *(Eickmann)*.

Dieser Arbeitsaufwand erfolgt zum Zwecke der Erfassung und Bewertung der gegenseitigen Ansprüche innerhalb des Unternehmensverbundes. Die Klärung gesellschaftsrechtlicher Beteiligungen hat auch Bedeutung für die Zuordnung einzelner Vermögenswerte und darauf möglicherweise lastender Aus- und Absonderungsrechte zum Vermögen des schuldnerischen Unternehmens. In den Tatbestand der Prüfung der gesellschaftsrechtlichen Verflechtungen fließen auch die weiteren Tatbestände zur Unternehmensfortführung und Sanierungsmaßnahmen ein.

Im vorliegenden Sachverhalt musste ich mich mit der Struktur der Gesellschaft als GmbH & Co. KG auseinandersetzen. Hierzu mussten sowohl die rechtlichen Ansprüche als auch die wirtschaftlichen Beziehungen geprüft und geklärt werden. Dies musste insbesondere im Hinblick auf die Sanierung des Unternehmens erfolgen.

Für die Erfassung und Klärungen gesellschaftsrechtlicher Verhältnisse wird eine Erhöhung der Vergütung um den Faktor 0,5 bis 1 vorgeschlagen. Für den vorliegenden Sachverhalt beantrage ich wegen der Überschneidungen mit weiteren Tatbeständen eine Erhöhung um den Faktor 0,2.[244)]

b) Unternehmensfortführung

Als Insolvenzverwalter führte ich den Geschäftsbetrieb der Schuldnerin seit Insolvenzeröffnung für zwei Monate fort. Die Unternehmensfortführung diente der Sanierung der Schuldnerin, ist aber als solche besonders zu würdigen, da sie nicht Gegenstand eines insolvenzrechtlichen Normalfalles ist. Die Fortführung eines laufenden Geschäftsbetriebes ist unstreitig zuschlagswürdig i. S. des § 3 Abs. 1 lit. b InsVV. Der Bundesgerichtshof betont mehrfach, dass Unternehmensfortführung in keinem Fall Bestandteil eines Normalverfahrens und damit stets zuschlagswürdig ist.

BGH, Beschl. v. 16.10.2008 – IX ZB 179/07, ZIP 2008, 2222 = NZI 2009, 49 m. Anm. *Prasser*, dazu EWiR 2008, 761 *(Schröder)*;
BGH, Beschl. v. 12.5.2011 – IX ZB 143/08, ZIP 2011, 1373.

Ein echter Zuschlag nach § 3 Abs. 1 lit. b InsVV ist zu gewähren, wenn die Fortführung nicht zugleich zu einer Massemehrung geführt hat. Dies ist vorliegend der Fall.

Bei der Höhe des Zuschlags wird allgemein nach der Größe des Unternehmens unterschieden. Bei Fortführung eines hier vorliegend mittelgroßen Unternehmens für bis zu drei Monate wird ein Faktor von 0,5 als angemessen angesehen. Für den vorliegenden Sachverhalt beantrage ich eine Erhöhung um den Faktor 0,3. Ich berücksichtige damit Überschneidungen hinsichtlich der Arbeitsbelastung mit dem Tatbestand zu Sanierungsbemühungen und dem zum Insolvenzplanverfahren.

c) Sanierungsmaßnahmen

Bemühungen um eine Sanierung des schuldnerischen Unternehmens sind nach der Rechtsprechung des Bundesgerichtshofs ausdrücklich zuschlagswürdig.

BGH, Beschl. v. 12.1.2006 – IX ZB 127/04, NZI 2006, 236 = ZIP 2006, 672 m. Anm. *Prasser* = ZVI 2006, 165;
BGH, Beschl. v. 11.3.2010 – IX ZB 122/08, ZIP 2010, 1909 m. Anm. *Prasser*.

244) S. dazu Vergütungsbeschluss Rz. 133 Abschn. VI Nr. 4.

Im vorliegenden Sachverhalt musste ich umfangreiche Gespräche und Verhandlungen mit Vertragspartnern und Kreditgebern führen, um die Fortführung der Vertragsbeziehungen zu sichern. Mit Kreditgebern musste insbesondere über die Modalitäten der Übernahme des Geschäftsbetriebes der Komplementär-GmbH durch den Sohn des bisherigen Gesellschafters und Geschäftsführers der Komplementär-GmbH verhandelt werden. Dabei war auch Bestandteil der Sanierungsbemühungen die Aufrechterhaltung der Zahlungsfähigkeit der Komplementär-GmbH selbst. Mit ihrer Insolvenz wäre die Sanierung der Kommanditgesellschaft gescheitert.
Im Zusammenhang mit einer Betriebsfortführung und Sanierungsbemühungen ist ferner zu beachten, dass ich als Insolvenzverwalter hier wesentlich unternehmerisch und nicht lediglich insolvenzrechtlich juristisch tätig werden musste. Daher sind insbesondere haftungsrechtliche und unternehmerische Grundsätze zu beachten.
Im Zusammenhang mit Sanierungsbemühungen berücksichtige ich auch Überschneidungen mit anderen Tatbeständen, bspw. betreffend Arbeitnehmerangelegenheiten und Personalanpassungsmaßnahmen und die Erstellung eines Insolvenzplans.

Für Sanierungsbemühungen wird eine Erhöhung der Vergütung um den Faktor 0,5 vorgeschlagen. Unter Berücksichtigung der Überschneidungen mit weiteren Tatbeständen beantrage ich eine Erhöhung um den Faktor 0,3.

d) Insolvenzplan

Das Insolvenzverfahren konnte erfolgreich durch einen Insolvenzplan beendet werden. Die Erarbeitung eines Insolvenzplans ist unbedingter Erhöhungstatbestand qualitativer Natur nach § 3 Abs. 1 lit. e InsVV. Der Tatbestand ist unabhängig von der Höhe der Insolvenzmasse, Überschneidungen mit anderen Tatbeständen bestehen peripher. Innerhalb einer Systematisierung der Erhöhungstatbestände nimmt der Insolvenzplan insoweit eine Sonderstellung ein, als er mit Tatbeständen insbesondere zur Sanierung korrespondiert. Da aber auch die Sanierung ohne Insolvenzplan denkbar ist, sind die Tatbestände getrennt zu betrachten, Überschneidungen der Arbeitstätigkeit sind vorsichtig zu bewerten.

Im vorliegenden Sachverhalt hatte ich parallel zu den Verhandlungen über die Sanierung den Insolvenzplan erstellt und in zahlreichen Verhandlungen mit Vertragspartnern und Kreditgebern geändert und angepasst. Die Erstellung des Insolvenzplans mit allen Anlagen gestaltete sich wegen zahlreicher Einzelinteressen als aufwendig.

Für die Erstellung eines Insolvenzplans wird in der Literatur eine Erhöhung der Vergütung um den Faktor 0,50 bis 1,00 vorgeschlagen. Für den vorliegenden Fall beantrage ich unter Berücksichtigung von Überschneidungen der Arbeitsbelastung eine Erhöhung der Vergütung um den Faktor 0,5.

e) Arbeitnehmerangelegenheiten

Obwohl die Zahl der Arbeitnehmer gemessen am Gegenstand des schuldnerischen Unternehmens und dem Umfang der Insolvenzmasse als Tatbestand des Normalverfahrens angesehen wird, hatte ich erheblichen Arbeitsaufwand im Zusammenhang mit den Arbeitnehmern und beantrage daher eine Vergütungserhöhung nach § 3 Abs. 1 lit. d InsVV. Ich betone dabei, dass dies nicht allein wegen der Zahl der Arbeitnehmer erfolgt, sondern wegen der besonderen Arbeitsbelastung im Zusammenhang mit Betriebsänderungen und Personalanpassungsmaßnahmen.

Es musste zusammen mit dem Betriebsrat eine Sozialauswahl der von der Entlassung betroffenen Arbeitnehmer getroffen werden. Hierzu musste ein objektives Punkteschema der Auswahlkriterien entwickelt werden, sämtliche Arbeitsverhältnisse mussten dazu geprüft werden. Es waren auch langwierige Gespräche mit dem Betriebsrat notwendig, um zu einem sachgerechten Ergebnis zu gelangen.

Als Erhöhung der Vergütung wird ein Faktor von 0,25 angesetzt. Der Arbeitsaufwand im Zusammenhang mit den Kündigungsschutzprozessen wird hierbei nicht berücksichtigt. Diesbezüglich erfolgte eine Abrechnung nach § 5 InsVV.

f) Aus- und Absonderungsrechte

Die Arbeitsbelastung des Insolvenzverwalters hinsichtlich einzelner Vermögenswerte, die einer Aussonderung oder abgesonderter Befriedigung unterliegen, rechtfertigt nach § 3 Abs. 1 lit. a InsVV einen Zuschlag. Zu berücksichtigen ist, dass nach § 1 Abs. 2 Nr. 1 Satz 2 InsVV diese Vermögenswerte bereits zu einer besonderen Vergütung führen.

Der Zuschlag nach § 3 Abs. 1 lit. a InsVV soll aber anders als die besondere Vergütung des § 1 Abs. 2 Nr. 1 Satz 2 InsVV nicht die Tätigkeit bei der Verwertung dieser Gegenstände abgelten, sondern die besonderen Erschwernisse bei der Feststellung der Rechte und bei Auseinandersetzungen mit den Berechtigten.

Dies ist im vorliegenden Fall gegeben. Aus dem beweglichen Vermögen habe ich nur wenige Gegenstände verwertet und hieraus eine Vergütung nach § 1 Abs. 2 Nr. 1 InsVV erhalten. Der besondere Arbeitsaufwand bestand aber in der Erfassung und Prüfung der zahlreichen und untereinander konkurrierenden Sicherungsrechte an dem gesamten beweglichen und unbeweglichen Vermögen. Im vorliegenden Sachverhalt hatte ich daher erhebliche Erschwernisse bei der Befassung mit Gegenständen der Aus- und Absonderung.

Bei Zuerkennung eines Zuschlagsfaktors ist zu unterscheiden zwischen

– dem quantitativen Umfang der Absonderungsrechte,
– der Klärung schwieriger Rechtsfragen und
– der Klärung tatsächlicher Schwierigkeiten bei der Feststellung der Absonderungsrechte.

Da im vorliegenden Sachverhalt die Insolvenzmasse fast vollständig mit Drittrechten belastet war, ist der quantitative Aspekt erfüllt. Schwierige Rechtsfragen mussten bei Prüfung der Konkurrenz der Sicherungsrechte geklärt werden.

Die Literatur schlägt für jeden Aspekt eine Erhöhung um den Faktor 0,25 bis 0,75 oder auch bis zu 1,0 vor.

Für das vorliegende Insolvenzverfahren beantrage ich eine Erhöhung um den Faktor 0,5. Ich berücksichtige damit Überschneidungen mit dem Tatbestand zu Sanierungsbemühungen und zum Insolvenzplan, bei welchen jeweils die Sicherungsrechte zu berücksichtigen waren.[245)]

V. Kürzung der Vergütung nach § 3 Abs. 2 InsVV

1. Delegation und eigene Tätigkeit nach § 5 InsVV

Eine Arbeitsersparnis durch Delegation an externe Dienstleister oder eigene Wahrnehmung und Vergütung nach § 5 InsVV ist vorliegend nur teilweise zu berücksichtigen.

Im Rahmen der Erstellung des Insolvenzplans und der Prüfung der Sanierungsoptionen wurde die Steuerberatungskanzlei Müller-Lüdenscheid, Leipzig, beauftragt, Liquiditätsberechnungen auszuarbeiten und steuerliche Fragestellungen zu beantworten. Hierfür wurden Honorare von netto 45 617,00 € gezahlt. Bezogen auf die Tatbestände der Sanierungsbemühungen und Erstellung eines Insolvenzplans schlage ich hier eine Kürzung der Vergütung um den Faktor 0,1 vor. Zu bedenken ist, dass die Delegation dieser Tätigkeiten zum einen sachlich gerechtfertigt ist, um eine objektive Bewertung der Planrechnungen zu gewährleisten, zum anderen ersparte sie eine Arbeitsleistung des Insolvenzverwalters nicht vollständig.

Die Führung der Kündigungsschutzprozesse als Anwalt wurde meinerseits über § 5 InsVV abgerechnet. Da es sich hier um einen Erhöhungstatbestand nach § 3 Abs. 1 lit. d InsVV handelt und diesbezüglich keine Erhöhung geltend gemacht wurde, ist hier die Vergütung auch nicht zu kürzen. Mithin wäre das Anwaltshonorar auch angefallen, wenn ich einen fremden Anwalt mandatiert hätte. Im Übrigen erfolgt Abzug des Honorars nach § 1 Abs. 2 Nr. 4 lit. a InsVV.

245) S. dazu Vergütungsbeschluss Rz. 133 Abschn. VI Nr. 4.

2. Arbeitsersparnis bei vorläufiger Verwaltung

Ich war bereits als vorläufiger Insolvenzverwalter tätig. Bereits im Eröffnungsverfahren habe ich die Möglichkeiten der Sanierung des Unternehmens ausgelotet und entsprechende Gespräche geführt. Auch bezüglich der Unternehmensfortführung habe ich als vorläufiger Insolvenzverwalter Vorarbeiten in Bezug auf die spätere Insolvenzeröffnung getätigt.

Gemäß § 3 Abs. 2 lit. a InsVV setze ich deshalb eine Arbeitsersparnis als vorläufiger Insolvenzverwalter im Umfang des Faktors 0,25 an.

VI. Berechnung der Vergütung

Im Ergebnis setzt sich meine Vergütung wie folgt zusammen:

	Regelvergütung (siehe oben Abschn. III Nr. 1):	80 767,45 €
+	Prüfung Gesellschaftsrecht	0,2
+	Unternehmensfortführung	0,3
+	Sanierungsmaßnahmen	0,3
+	Insolvenzplan	0,5
+	Arbeitnehmerangelegenheiten	0,25
+	Absonderungsrechte	0,5
–	Delegation Planrechnungen	0,1
–	Vorläufige Verwaltung	0,25

Gesamterhöhung:	+ 1,70
Vergütung gesamt:	
Regelvergütung	80 767,45 €
Erhöhungen 80 767,45 € × 1,70 =	137 304,66 €
Besondere Vergütung nach § 1 Abs. 2 Nr. 1 InsVV	1 086,94 €
Gesamtvergütungsbetrag	219 159,05 €

VII. Auslagenersatz und Umsatzsteuer

1. Der Auslagenersatz

a) Der pauschalierte Auslagenersatz nach § 8 Abs. 3 InsVV

Im vorliegenden Verfahren mache ich Ersatz meiner Auslagen nach § 4 Abs. 2 InsVV i. H. des Pauschbetrages des § 8 Abs. 3 InsVV geltend. Berechnungsgrundlage des Pauschbetrages ist die Vergütung nach § 2 InsVV. Höchstens sind als Auslagenersatz 350 € je angefangenen Monat der Verwaltung anzusetzen (§ 8 Abs. 3 Satz 1 InsVV). Dies sind vorliegend für zwei Monate:

700,00 €.

b) Der Auslagenersatz für übertragene Zustellungen

Mit der Insolvenzeröffnung beauftragte mich das Insolvenzgericht mit der Vornahme der Zustellungen nach § 8 Abs. 3 InsO.

Nach § 4 Abs. 2 Satz 2 InsVV mit KV GKG 9002 sind als Auslagenersatz 3,50 € je Zustellung anzusetzen. Ich berechne diese ab der elften von mir vorgenommenen Zustellung.

(237 Gläubiger, jeweils 2 Zustellungen = 474 – 11 auslagenfrei) × 3,50 € = 1 620,50 €.

2. *Die Erstattung der Umsatzsteuer*

Der Insolvenzverwalter erhält in Anwendung des § 7 InsVV die volle Erstattung der von ihm zu zahlenden Umsatzsteuer auf Vergütung und Auslagen.

Der Umsatzsteuererstattungsbetrag berechnet sich im vorliegenden Fall wie folgt:

Vergütung	219 159,05 € × 0,19 =	41 640,22 €
Auslagen	2 320,50 € × 0,19 =	440,90 €

Hieraus errechnet sich der weitere der Vergütungsbetrag aus der Steuererstattung (siehe Abschn. II Nr. 1 b) wie folgt:

221 479,55 € × 0,19 × 0,022 × 2,7 = 2 499,62 €

Hieraus errechnet sich wiederum eine Umsatzsteuer wie folgt:

2 499,62 € × 0,19 = 474,93 €

Es wird beantragt, die Vergütung antragsgemäß festzusetzen.

Mit freundlichen Grüßen

4. Festsetzungsbeschluss des Insolvenzgerichts

150 Amtsgericht Leipzig
Insolvenzgericht
Bernhard-Göring-Str. 64
04275 Leipzig
Az: 34 IN 3443/25

Beschluss

In dem Insolvenzverfahren über das Vermögen der
Insolvenzverfahren
Möbeltischler Kohler GmbH & C. KG, Leipzig
Friederikenstr. 60
04279 Leipzig,
vertreten durch den Geschäftsführer der persönlich haftenden Gesellschafterin
Kohler Verwaltung GmbH, ebenda,
Konrad Kohler,
werden die Vergütung und die Auslagen des Insolvenzverwalters
[Name und Anschrift]
festgesetzt auf:

Vergütung	180 440,70 €
Umsatzsteuer	34 283,73 €
Auslagen	2 320,40 €
Umsatzsteuer	440,90 €

Dem Insolvenzverwalter ist gestattet, die Vergütung aus der verwalteten Insolvenzmasse zu entnehmen.

Gründe

Über das Vermögen der Schuldnerin wurde mit Beschluss vom 29. April 2025 das Insolvenzverfahren eröffnet. Im Erörterungs- und Abstimmungstermin vom 6. Juni 2025 wurde durch die Gläubiger der vom Insolvenzverwalter eingebrachte Insolvenzplan angenommen, er wurde mit gerichtlichem Beschluss vom 13. Juni 2025 bestätigt. Zum 30. Juni 2025 legte der Insolvenzverwalter Schlussrechnung und erstattete Schlussbericht und beantragte die Festsetzung der ihm zustehenden Vergütung.

In dem Vergütungsantrag legt der Insolvenzverwalter die Insolvenzmasse als Berechnungsgrundlage der Vergütung zugrunde, wobei er nicht verwertete Vermögensgegenstände mit einem fiktiven Verwertungserlös ansetzt. Ferner rechnet er einen Geldbetrag von 75 000 € der Berechnungsgrundlage hinzu. Dieser ergibt sich aus Eigenkapitalzuführungen durch Erhöhung der Kommanditeinlage nach den Bestimmungen des Insolvenzplans.

Der Insolvenzverwalter beantragt eine Erhöhung seiner Vergütung um den Gesamtfaktor 1,7. Als vergütungserhöhend nennt er dabei umfangreiche Prüfung gesellschaftsrechtlicher Verhältnisse, die Fortführung des Unternehmens während des Insolvenzverfahrens, die Vorbereitung und Durchführung von Sanierungsmaßnahmen, die Erstellung eines Insolvenzplans, Erschwernisse im Zusammenhang mit Personalanpassungsmaßnahmen und Prüfung von Absonderungsrechten an beweglichen Vermögenswerten der Insolvenzmasse. Als die Vergütung mindernd erkennt er die Delegation von Plan-Liquiditätsrechnungen sowie seine eigene Tätigkeit als vorläufiger Insolvenzverwalter an. Hinsichtlich der Gewichtung der einzelnen Faktoren wird auf den Vergütungsantrag Bezug genommen.

Der Geschäftsführer der persönlich haftenden Gesellschafterin der Schuldnerin wurde mit Schreiben vom 14. Juli 2025 zu dem Vergütungsantrag gehört. Die Gläubiger des Verfahrens erhielten durch öffentliche Bekanntmachung vom selben Tag Gelegenheit zur Stellungnahme zu dem Vergütungsantrag. Stellungnahmen wurden insgesamt nicht abgegeben.

Der Insolvenzverwalter hat gemäß § 63 Abs. 1 InsO Anspruch auf Vergütung seiner Tätigkeit und Ersatz der ihm entstandenen Auslagen. Für die Bestimmung der Vergütung ist gemäß § 65 InsO die Insolvenzrechtliche Vergütungsverordnung vom 19.8.1998 (BGBl. I S. 2205), geändert durch Gesetz vom 22.12.2020 (BGBl. I S. 3256) anzuwenden. Die Vergütung ist danach nach dem Wert der Insolvenzmasse gemäß § 1 InsVV zu ermitteln und die sich hieraus ergebende Regelvergütung des § 2 InsVV um Tatbestände des § 3 InsVV zu erhöhen oder zu kürzen.

Der Insolvenzverwalter legt in seinem Vergütungsantrag der Vergütungsberechnung eine Insolvenzmasse als Berechnungsgrundlage i. H. von 1 841 702,08 € zugrunde. Bei einer Erhöhung der Vergütung um den Faktor 1,7 errechnet er einen ihm zustehenden Vergütungsbetrag von 219 159,05 €.

Die Vergütung kann dem Insolvenzverwalter nicht in vollem Umfang wie beantragt zugesprochen werden.

Der Insolvenzverwalter hat die Insolvenzmasse als Berechnungsgrundlage zutreffend dargestellt und bewertet. Die Bewertung des nicht verwerteten Vermögens der Schuldnerin ist als Tatsachenfeststellung nicht zu beanstanden. Die Einbeziehung der nach dem Insolvenzplan beschlossenen Eigenkapitalzuführungen in die Berechnungsgrundlage stellt eine Rechtsfrage dar, die der Insolvenzverwalter zutreffend bewertet. Auszugehen ist von dem Umstand, dass die Sanierung des schuldnerischen Unternehmens nur mit diesen Maßnahmen möglich ist und der neue Gesellschafter der Komplementär-GmbH sowie die Kommanditistin das Unternehmen nur mit diesem zusätzlichen Aufwand übernehmen und fortführen können. Dabei mag es wirtschaftlich nicht entscheidend sein, dass die Kapitalerhöhung der Komplementär-GmbH gesellschaftsrechtlich diese betrifft und nur mittelbar die Schuldnerin als Kommanditgesellschaft. Bei der Rechtsform der GmbH & Co. KG ist es gerade typisch, dass das Vermögen der Komplementär-GmbH wirtschaftlich auch der Kommanditgesellschaft zugeordnet wird. Dennoch ist das Vermögen der Komplementär-GmbH rechtlich nicht dem Vermögen der Kommanditgesellschaft gleichzusetzen, es ist nicht Insolvenzmasse und damit nicht Bestandteil der Berechnungsgrundlage der Vergütung. Zu dieser ist daher nur der Betrag der Erhöhung des Kommanditanteils zu rechnen, da nur er der Insolvenzmasse unmittelbar zufließt. Die Erhöhung des Kommanditanteils um 75 000 € ist damit auch Bestandteil der Berechnungsgrundlage der Vergütung.

Dem Insolvenzverwalter kann eine Erhöhung der Vergütung insgesamt jedoch nur im Umfang des Faktors 1,2 gewährt werden. Der Insolvenzverwalter beantragt für die Prüfung der gesellschaftsrechtlichen Verflechtungen der Schuldnerin eine Erhöhung seiner Vergütung um den Faktor 0,2. Er berücksichtigt hierbei nicht ausreichend die Verflechtungen dieses Tatbestandes mit den weiteren Tatbeständen der Durchführung von Sanierungsmaßnahmen und der Erstellung eines Insolvenzplans. Hinsichtlich seiner Arbeitstätigkeit betreffen auch diese Tatbestände die Prüfung gesellschaftsrechtlicher Aspekte des schuldnerischen Unternehmens. Insoweit geht der Tatbestand betreffend Prüfung gesellschaftsrechtlicher Verflechtungen in den weiteren Tatbeständen auf. Zudem ist zu berücksichtigen, dass die schuldnerischen Gesellschaftsform als GmbH & Co. KG nicht untypisch ist und die gesellschaftsrechtlichen Verflechtungen dem Typus eines Normalfalls nahekommen. Die Schuldnerin hat als Gesellschafter eine Komplementär-GmbH, deren alleiniger Gesellschafter und Geschäftsführer bisher Konrad Kohler ist. Die Kommanditistin ist seine Ehefrau. Besondere Erschwernisse bei der Prüfung gesellschaftsrechtlicher Verflechtungen sind hier nicht erkennbar, insbesondere ergeben sich auch aus der Schlussrechnung des Insolvenzverwalters keine Haftungsansprüche, die den gesellschaftsrechtlichen Verflechtungen entspringen.

Der Insolvenzverwalter beantragt ferner eine Erhöhung der Vergütung wegen der besonderen Erschwernisse bei der Prüfung von Aus- und Absonderungsrechten i. H. des Faktors 0,5. Auch hier werden Überschneidungen im Zusammenhang mit dem Tatbestand der Unternehmensfortführung und dem der Erstellung des Insolvenzplans nicht genügend berücksichtigt. Gerade bei der Erstellung eines Insolvenzplans ist es zwingend notwendig, Aus- und Absonderungsrechte zu prüfen und mit dem Berechtigten über deren Berücksichtigung im Insolvenzplan zu kommunizieren. Die Zuerkennung eines Faktors in der beantragten Höhe wäre denkbar, wenn das Insolvenzverfahren als gewöhnliches Liquidationsverfahren hätte beendet werden müssen. Im Zusammenhang mit den Tatbeständen der Unternehmensfortführung und der Erstellung eines Insolvenzplans ist die Zuerkennung eines Faktors im Umfang von 0,2 angemessen.

Die Berücksichtigung der Tatbestände Unternehmensfortführung mit dem Faktor 0,3, Sanierungsmaßnahmen mit dem Faktor 0,3, Erstellung eines Insolvenzplans mit dem Faktor 0,5, Arbeitnehmerangelegenheiten mit dem Faktor 0,25 sowie die Berücksichtigung der Kürzungstatbestände von gesamt 0,35 ist nicht zu beanstanden. Hinzuweisen ist noch darauf, dass das Insolvenzgericht bei der Bewertung einzelner Tatbestände nicht an den Vergütungsantrag gebunden ist, soweit nicht die Höhe der beantragten Vergütung überschritten wird.

Die Vergütung des Insolvenzverwalters besteht damit i. H. der Regelvergütung aus der Berechnungsgrundlage von 1 841 702,08 € zuzüglich einer Erhöhung um den Faktor 1,2. Es ergibt sich folgende Berechnung:

Regelvergütung	80 767,45 €
Erhöhungen 80 767,45 € × 1,20 =	96 920,94 €
Besondere Vergütung nach § 1 Abs. 2 Nr. 1 InsVV	1 086,95 €
Vergütungsbetrag	178 775,34 €
Umsatzsteuer hierauf	33 967 31 €

Auslagen sowie Auslagenersatz für übertragene Zustellungen sind antragsgemäß festzusetzen:

Auslagen gesamt	2 320,50 €
Umsatzsteuer	440,90 €

Aus der Steuererstattung aus Umsatzsteuer ergibt sich eine weiter Vergütung von:

(33 967,31 € + 440,90 €) × 0,022 × 2,2 =	1 665,36 €
Umsatzsteuer hieraus	316,42 €

Die Gesamtvergütung beträgt danach:

Vergütung	180 440,70 €
Umsatzsteuer	34 283,73 €
Auslagen	2 320,40 €
Umsatzsteuer	440,90 €

Rechtsmittelbelehrung

Gegen diesen Beschluss ist das Rechtsmittel der sofortigen Beschwerde nach § 64 Abs. 3, §§ 6, 4 InsO, § 568 ff. ZPO statthaft.

Beschwerdebefugt sind die Schuldnerin, der Insolvenzverwalter sowie jeder Insolvenzgläubiger. Die Beschwerde ist nur statthaft, wenn ein Beschwerdewert von 200,00 € erreicht wird.

Die sofortige Beschwerde ist innerhalb einer Notfrist von zwei Wochen nach Zustellung bzw. öffentlicher Bekanntmachung dieser Entscheidung einzureichen. Die Frist beginnt mit dem Ablauf des Tages, an welchem die Zustellung wirksam erfolgt ist. Bei öffentlicher Bekanntmachung der Entscheidung beginnt die Frist mit Ablauf des zweiten Tages nach Veröffentlichung. Der jeweils frühere Fristbeginn ist maßgebend.

Die sofortige Beschwerde ist schriftlich bei dem Insolvenzgericht einzulegen, eine Einlegung durch Telefax ist zulässig, soweit darauf die eigenhändige Unterschrift erkennbar ist, die Einlegung in elektronischer Form ist nur mittels sog. qualifizierter elektronischer Signatur zulässig.

Lohse
RiAG

Verfügung:

1. Beschlussausfertigung mit Postzustellungsurkunde zustellen an Schuldnervertreter.
2. Beschlussausfertigung mit Empfangsbekenntnis zustellen an Insolvenzverwalter.
3. Öffentliche Bekanntmachung unter www.insolvenzbekanntmachungen.de mit folgendem Veröffentlichungstext:
   Die Vergütung des Insolvenzverwalters wurde mit Beschluss vom [Datum] festgesetzt. Der Beschluss kann auf der Geschäftsstelle des Gerichts eingesehen werden.
4. WV m E sp [Datum] (Aufhebung, Schlussbehandlung)

[Datum]
Lohse, RiAG

5. Vergütungsantrag vorläufiger Sachwalter

Amtsgericht Leipzig – Insolvenzgericht 151
Bernhard-Göring-Str. 64
04275 Leipzig

Insolvenzverfahren Az: 34 IN 3443/25
Möbeltischler Kohler GmbH & C. KG, Leipzig
Vergütung vorläufiger Sachwalter

Sehr geehrte Damen und Herren,

in vorbezeichnetem Insolvenzverfahren beantrage ich als ehemals vorläufiger Sachwalter die Festsetzung meiner Vergütung nebst Auslagenersatz gemäß §§ 63, 64, 65 InsO, §§ 8, 10, 12, 11 InsVV auf

Vergütung	91 352,80 €
Umsatzsteuer	17 357,03 €
Auslagen	350,00 €
Umsatzsteuer	66,50 €

Die Festsetzung der Vergütung in dieser Höhe begründe ich wie folgt:

I. Verlauf des Eröffnungsverfahrens

1. Grundtatbestände

Bei dem schuldnerischen Unternehmen handelt es sich um eine Kommanditgesellschaft, deren alleinige persönlich haftende Gesellschafterin eine GmbH ist. Die gesellschaftsrechtlichen und betriebswirtschaftlichen Eckdaten sind folgende:

Gesellschaftsform:	Kommanditgesellschaft; gegründet 1998 eingetragen im Handelsregister Amtsgericht Leipzig HRA 32298
Gesellschafter:	Persönlich haftende Gesellschafterin: Kohler Verwaltung GmbH, Handelsregister Amtsgericht Leipzig HRB 45578 Geschäftsführer Konrad Kohler alleine Gesellschafter Konrad Kohler alleine Stammkapital 25 000 € erbracht
	Kommanditistin: Katharina Kohler, Leipzig Kommanditeinlage 50 000 € erbracht
Geschäftsbetrieb:	Möbeltischlerei, Vorfertigung von Schränken für Küchenherstellung
Arbeitnehmer:	326 Mitarbeiter, davon 12 Auszubildende
Insolvenzantrag:	Eigenantrag vom 29. Januar 2025 mit Antrag auf Eigenverwaltung
Insolvenzeröffnung:	29. April 2025, 18.00 Uhr

Mit Beschluss vom 29. Januar 2025 wurde ich zum vorläufigen Sachwalter bestellt u. a. mit den Aufgabenkreisen der Sicherung des schuldnerischen Vermögens und der Unterstützung des Vertreters der Schuldnerin bei der Fortführung des Geschäftsbetriebes. Im Zusammenhang mit der Fortführung des Geschäftsbetriebes wurde der Vertreter der Schuldnerin ermächtigt, mit meiner Zustimmung Masseverbindlichkeiten des später eröffneten Insolvenzverfahrens zu begründen.

Bereits im Vorfeld der Insolvenz und auch während des Insolvenzeröffnungsverfahrens wurde die Schuldnerin durch Rechtsanwalt Dr. Hoppenstedt, Fachanwalt für Insolvenzrecht, vertreten. Er bereitete maßgeblich die Insolvenzantragstellung vor, leistete Vorarbeiten der Sanierung des Unternehmens und war federführend an der Ausarbeitung des Insolvenzplans für das eröffnete Verfahren beteiligt. Als sog. Generalbevollmächtigter vertrat und vertritt er die Schuldnerin.

2. Verlauf des Eröffnungsverfahrens in Eigenverwaltung

[… Gleichlautend mit Vergütungsantrag vorläufiger Insolvenzverwalter Rz. 148 Abschn. I Nr. 2]

II. Der Anspruch auf angemessene Vergütung

Der Anspruch des vorläufigen Sachwalters auf angemessene Vergütung ergibt sich aus § 63 Abs. 1 InsO durch Verweisungen über § 270b Abs. 1, § 274 Abs. 1 InsO. Mit der Anwendung von § 63 Abs. 1 InsO ist auch klargestellt, dass die Vergütung des vorläufigen Sachwalters sich in gleicher Weise wie die Vergütung des Insolvenzverwalters, des vorläufigen Insolvenzverwalters oder auch des Sachwalters im eröffneten Insolvenzverfahren als Regelvergütung aus dem schuldnerischen Vermögen als Berechnungsgrundlage bestimmt und dass Besonderheiten des Einzelfalles durch Erhöhung oder Kürzung der Vergütung Rechnung zu tragen ist.

Die Insolvenzrechtliche Vergütungsverordnung als ausführende Rechtsverordnung zur Vergütungsbestimmung enthält für den vorläufigen Sachwalter in den seit 1.1.2021 beantragten Verfahren die Norm des § 12a InsVV.

III. Bestimmung der Berechnungsgrundlage

1. Vermögen im Zeitpunkt der Beendigung des Eröffnungsverfahrens

a) Gesetzliche Grundlage

Die Bestimmung der Berechnungsgrundlage für die Vergütung des vorläufigen Sachwalters ist vergleichbar mit der Vergütung des vorläufigen Insolvenzverwalters. In beiden Fällen geht es innerhalb des Insolvenzeröffnungsverfahrens um die Sicherung des schuldnerischen Vermögens in seiner Gesamtheit. Zweck des Eröffnungsverfahrens ist nicht die Verwertung sondern die Sicherung im Hinblick auf die künftige Insolvenzeröffnung, gerade unter Berücksichtigung der Optionen einer Sanierung.

Die Berechnungsgrundlage der Vergütung des vorläufigen Sachwalters bestimmt sich daher nach § 12a InsVV nach dem Vermögen des schuldnerischen Unternehmens im Zeitpunkt der Beendigung des Eröffnungsverfahrens.

> *[… im Weiteren gleichlautend mit Vergütungsantrag vorläufiger Insolvenzverwalter Rz. 148 Abschn. II Nr. 1, 2, 3]*

IV. Berechnung der Vergütung

1. Die Regelvergütung des vorläufigen Sachwalters

Die Regelvergütung beträgt nach § 12a InsVV 25 % der Vergütung eines Sachwalters, mithin 15 % der Regelvergütung nach § 2 Abs. 1 InsVV.

2. Der Normalfall einer vorläufigen Sachwaltung

Die Tatbestände des Normalverfahrens einer vorläufigen Sachwaltung sind bislang weitgehend nicht diskutiert oder festgestellt. Systematisch zu unterscheiden ist wie auch bei der Insolvenzverwaltung der vom Gesetzgeber der Insolvenzordnung gedachte Normalfall vom vergütungsrechtlichen Normalfall der Insolvenzrechtlichen Vergütungsverordnung. Danach ist beispielsweise die Unternehmensfortführung in der Insolvenzordnung Normalfall des Eröffnungsverfahrens (§ 22 Abs. 1 Nr. 2 InsO) oder auch des eröffneten Insolvenzverfahrens; vergütungsrechtlich ist sie niemals Normalfall einer Insolvenz.

Im Eröffnungsverfahren der Eigenverwaltung (§§ 270b, 270c InsO) hat der Gesetzgeber weitere Tatbestände des Normalfalls aufgestellt, ohne diese vergütungsrechtlich umzusetzen. Die Unternehmensfortführung ist deshalb zwar Normalfall des Schutzschirmverfahrens nach § 270d InsO, sie ist aber vergütungsrechtlich schon deshalb nicht Normalfall für den vorläufigen Sachwalter, weil dieser in der Insolvenzrechtlichen Vergütungsverordnung überhaupt nicht berücksichtigt ist. Auch die weiteren Tatbestände der Aufgaben und Befugnisse des vorläufigen Sachwalters können vergütungsrechtlich nur aus Analogie zum vorläufigen Insolvenzverwalter oder zum Sachwalter des eröffneten Verfahrens deduziert werden. Es wäre deshalb methodisch völlig falsch, einem vorläufigen Sachwalter Erhöhungstatbestände seiner Vergütung mit dem Argument abzusprechen, seine Tätigkeit sei vom Gesetzgeber der Insolvenzordnung gewollter Normalfall.

Ausgehend von Regeltatbeständen der Aufgaben des Sachwalters nach der Insolvenzordnung sind als Tatbestände des Normalverfahrens einer vorläufigen Sachwaltung zu nennen:

- Prüfung und Überwachung der Geschäftsführung des Schuldners nach § 274 Abs. 2 InsO.
- Zustimmung zu außergewöhnlichen Verbindlichkeiten im Umfang eines Normalverfahrens der Insolvenz nach § 275 InsO.

Die Mitwirkung bei der Unternehmensfortführung oder bei vorbereitenden Maßnahmen der Sanierung oder auch die Mitwirkung bei Erstellung eines Insolvenzplans sind nicht Tatbestände eines Normalverfahrens und daher über § 3 InsVV zu berücksichtigen.

3. Erhöhungstatbestände des vorliegenden Falles

Die Erhöhung der Vergütung des vorläufigen Sachwalters erfolgt wie beim vorläufigen Insolvenzverwalter nach § 3 Abs. 1 InsVV dadurch, dass unmittelbar der angemessene Bruchteil des § 63 Abs. 3 Satz 2 InsO erhöht wird. Für den vorliegenden Sachverhalt wird eine Erhöhung der Vergütung wegen folgender Tatbestände beantragt:

a) Unternehmensfortführung

Als vorläufiger Sachwalter begleitete ich die Unternehmensfortführung während der gesamten Dauer des Eröffnungsverfahrens. Die Fortführung eines laufenden Geschäftsbetriebes ist unstreitig zuschlagswürdig i. S. des § 3 Abs. 1 InsVV. Dies gilt ausdrücklich auch für den sog. schwachen vorläufigen Insolvenzverwalter, der mit dem Zustimmungsvorbehalt die Geschäftsfortführung begleitet und unterstützt.

BGH, Beschl. v. 13.4.2006 – IX ZB 158/05, ZIP 2006, 1008 = NZI 2006, 401;
BGH, Beschl. v. 16.10.2008 – IX ZB 247/06, NZI 2009, 57.

Dies muss daher auch für den vorläufigen Sachwalter nach § 270a InsO gelten.

BGH, Beschl. v. 22.9.2016 – IX ZB 71/14, ZIP 2016, 1981 = NZI 2016, 963, dazu EWiR 2016, 763 *(Körner/Rendels)*.

[... zur Berechnung des sog. „ausgleichenden" Zuschlags siehe Vergütungsantrag vorläufiger Insolvenzverwalter Rz. 148 Abschn. III Nr. 2 a)]

b) Zustimmungspflicht zur Begründung von Masseverbindlichkeiten

Das Insolvenzgericht hatte in dem Beschluss zur Anordnung vorläufiger Sachwaltung die Begründung von Masseverbindlichkeiten durch die Geschäftsführung der Schuldnerin während des Eröffnungsverfahrens von der Zustimmung des vorläufigen Sachwalters abhängig gemacht (§ 270c Abs. 3 Satz 2 InsO). Dies ist hinsichtlich des Arbeitsaufwandes und der rechtlichen Schwierigkeiten vergleichbar mit der Anordnung eines Zustimmungsvorbehalts nach § 21 Abs. 2 Nr. 2 Alt. 2 InsO bei vorläufiger Insolvenzverwaltung.

Als vorläufiger Sachwalter hatte ich mich dabei ständig mit der Geschäftsführung der Schuldnerin über einzelne Rechtsgeschäfte abzustimmen, diese zu prüfen und Genehmigungen zu erteilen oder zu verweigern. Ich war damit praktisch vollständig in die Geschäftsführung eingebunden.

Auch nach der Rechtsprechung des Bundesgerichtshofs ist anerkannt, dass ein besonderer Arbeitsaufwand bei konkreter Ausübung des Zustimmungsvorbehalts eine Erhöhung der Vergütung rechtfertigt.

BGH, Beschl. v. 8.5.2003 – IX ZB 445/02, ZIP 2003, 1260;
BGH, Beschl. v. 17.7.2003 – IX ZB 10/03, ZIP 2003, 1612 = NZI 2003, 549.

Ein solcher besonderer Arbeitsaufwand ist vorliegend gegeben. Als vorläufiger Sachwalter hatte ich mich ständig über die Geschäftsvorfälle der Schuldnerin zu unterrichten und Rechtsgeschäfte zu prüfen. Ich musste hierzu in ständigem Kontakt insbesondere mit dem Geschäftsführer der Komplementär-GmbH stehen. Auch die umfangreichen Tätigkeiten in Verbindung mit der Unternehmensfortführung stehen im Zusammenhang mit der Ausübung des faktischen Zustimmungsvorbehalts.

Hinsichtlich der Zuerkennung des konkreten Erhöhungsfaktors sind Überschneidungen der Tatbestände zu berücksichtigen. Dabei wäre es methodisch aber falsch den hier zu betrachtenden Tatbestand völlig durch die anderen Tatbestände zu kompensieren. Denn die Anordnung der Zustimmungspflicht zur Begründung von Masseverbindlichkeiten ist nicht notwendiger Bestandteil der Anordnung vorläufiger Sachwaltung. Unternehmensfortführung oder auch Einleitung eines Investorenprozesses stellen eigenständige Tatbestände einer Erhöhung dar, auch wenn kein Zustimmungsvorbehalt angeordnet wurde. Die Anordnung stellt daher einen eigenen Erhöhungstatbestand dar, da sie über die übrigen Tatbestände hinaus besondere Arbeitsbelastung und auch eigene Haftung des vorläufigen Sachwalters begründet. Als Prozentsatz einer Erhöhung beantrage ich daher 10 %.[246)]

c) Vorfinanzierung von Insolvenzgeld

Im vorliegenden Sachverhalt konnte ich als vorläufiger Sachwalter eine Vorfinanzierung von Insolvenzgeld bewerkstelligen und dadurch eine Unternehmensfortführung im Eröffnungsverfahren fördern. Insbesondere machte die kreditierende Bank die Vorfinanzierung gerade auch von meiner Mitwirkung abhängig, alleine mit dem Geschäftsführer der Komplementär-GmbH wäre sie hierzu nicht bereit gewesen. Angesichts der Zahl der Arbeitnehmer halte ich eine Erhöhung der Vergütung um 15 % für angemessen.

Der BGH erkennt diesen Erhöhungstatbestand für die vorläufige Sachwaltung ausdrücklich an.

> BGH, Beschl. v. 22.9.2016 – IX ZB 71/14, ZIP 2016, 1981 = NZI 2016, 963, dazu EWiR 2016, 763 *(Körner/Rendels)*.
>
> Allgemein zur Vergütung auch
> BGH, Beschl. v. 12.9.2019 – IX ZB 65/18, ZIP 2019, 2018 = NZI 2019, 913; BGH, Beschl. v. 17.10.2019 – IX ZB 5/18, Rz. 12, ZIP 2019, 2489 = NZI 2020, 87 m. Anm. *Keller*.

d) Vorbereitung einer Sanierungslösung

Bemühungen um eine Sanierung des schuldnerischen Unternehmens sind zuschlagswürdig. Der Bundesgerichtshof erkennt ausdrücklich auch dem sog. schwachen vorläufigen Insolvenzverwalter einen entsprechenden Zuschlag zu.

> BGH, Beschl. v. 12.1.2006 – IX ZB 127/04, ZIP 2006, 672 m. Anm. *Prasser* = NZI 2006, 236;
> BGH, Beschl. v. 11.3.2010 – IX ZB 122/08, ZIP 2010, 1909 m. Anm. *Prasser*;
> BGH, Beschl. v. 12.9.2019 – IX ZB 65/18, ZIP 2019, 2018 = NZI 2019, 913; BGH, Beschl. v. 17.10.2019 – IX ZB 5/18, Rz. 12, ZIP 2019, 2489 = NZI 2020, 87 m. Anm. *Keller*.

Dies gilt ausdrücklich auch für den vorläufigen Sachwalter.

> BGH, Beschl. v. 22.9.2016 – IX ZB 71/14, ZIP 2016, 1981 = NZI 2016, 963, dazu EWiR 2016, 763 *(Körner/Rendels)*.
>
> *[... im Weiteren gleichlautend mit Vergütungsantrag vorläufiger Insolvenzverwalter Rz. 148 Abschn. III Nr. 2 c)]*

Wegen der umfassenden Tätigkeit des Generalbevollmächtigten Dr. Hoppenstedt war meine Arbeitsleistung jedoch nicht im gleichen Maße umfangreich, wie sie bei vorläufiger Verwaltung gewesen wäre. Ich beantrage daher eine Erhöhung der Vergütung um 20 %.

---

246) Eine Diskrepanz gegenüber dem Vergütungsantrag des vorläufigen Insolvenzverwalters besteht hier insoweit, als dort wegen des Arbeitsaufwandes bei Ausübung des Zustimmungsvorbehalts nach § 21 Abs. 2 Nr. 2 Alt. 2 InsO kein Zuschlagstatbestand geltend gemacht wird. Dies wäre selbstverständlich denkbar, wenn entsprechender Arbeitsaufwand gegeben war. Andererseits zeigt die vorliegende Antragstellung, dass die Streitfrage zur Regelvergütung des vorläufigen Sachwalters eher akademischer Natur ist. Setzt man diese nämlich mit 15 % der Regelvergütung nach § 2 Abs. 1 InsVV in Kombination von § 12 mit § 11 InsVV und § 63 Abs. 3 Satz 2 InsO an, können die fehlenden 10 % ggü. der unmittelbaren Anwendung des § 63 Abs. 3 Satz 2 InsO über Erhöhungstatbestände kompensiert werden.

4. Kürzungstatbestände

[… Gleichlautend mit Vergütungsantrag vorläufiger Insolvenzverwalter Rz. 148 Abschn. III Nr. 3]

5. Berechnung der Vergütung

Die Vergütung beträgt zusammengefasst:

15 % der Regelvergütung nach § 2 Abs. 1 InsVV

\+ 25 % Zuschlag Unternehmensfortführung

\+ 10 % Zustimmungsvorbehalt gemäß § 270c Abs. 3 Satz 2 InsO

\+ 15 % Zuschlag Vorfinanzierung Insolvenzgeld, Arbeitnehmerangelegenheiten

\+ 20 % Zuschlag Sanierungsmaßnahmen

– 10 % Kürzung Arbeitsersparnis Delegation

= 75 % der Regelvergütung nach § 2 Abs. 1 InsVV

Berechnungsgrundlage: 3 706 988,00 €

Berechnung:

[(3 706 988,00 € – 700 000,00 €) × 0,022 + 55 650 €] × 0,75 = 91 352,80 €

IV. Auslagen und Umsatzsteuer

1. Der Auslagenersatz nach § 8 Abs. 3 InsVV

Als ehemals vorläufiger Sachwalter beantrage ich Ersatz meiner Auslagen i. H. des Pauschbetrages nach § 8 Abs. 3 InsVV. Berechnungsgrundlage des Pauschbetrages ist die Vergütung nach § 12a InsVV als Regelvergütung.

Der Pauschbetrag des § 8 Abs. 3 InsVV berechnet sich im vorliegenden Fall wie folgt:

18 270,56 € × 0,15 = 2 740,58 €.

Höchstens sind als Auslagenersatz 175 € je angefangenen Monat der vorläufigen Verwaltung anzusetzen (§ 12 Abs. 3 InsVV).

Dies sind vorliegend ab 29. Januar 2025 bis 28. April 2025 für drei Monate

350,00 €.

2. Die Erstattung der Umsatzsteuer

Als ehemals vorläufiger Insolvenzverwalter beantrage ich nach § 7 InsVV die Erstattung der zu zahlenden Umsatzsteuer auf Vergütung und Auslagen.

Der Umsatzsteuererstattungsbetrag berechnet sich im vorliegenden Fall wie folgt:

Vergütung	91 352,80 € × 0,19 =	17 357,03 €
Auslagen	350,00 € × 0,19 =	66,50 €

Ich bitte antragsgemäß zu entscheiden.

Mit freundlichen Grüßen

6. Vergütungsantrag Sachwalter im Eigenverwaltungsverfahren

Amtsgericht Leipzig – Insolvenzgericht 152
Bernhard-Göring-Str. 64
04275 Leipzig

Insolvenzverfahren Az: 34 IN 3443/25
Möbeltischler Kohler GmbH & C. KG, Leipzig
Vergütung Sachwalter

Sehr geehrte Damen und Herren,

in vorbezeichnetem Insolvenzverfahren beantrage ich die Festsetzung meiner Vergütung als Sachwalter nebst Auslagenersatz gemäß §§ 63, 64, 65 InsO, §§ 8, 12, 1, 2, 3 InsVV auf

Vergütung	97 258,55 €
Umsatzsteuer	18 479,12 €
Auslagen	1 970,50 €
Umsatzsteuer	374,40 €
Vergütung aus Massezufluss	497,73 €
Umsatzsteuer	94,57 €

Die Festsetzung der Vergütung in dieser Höhe begründe ich wie folgt:

I. Verlauf des Insolvenzverfahrens

1. Grundtatbestände

Bei dem schuldnerischen Unternehmen handelt es sich um eine Kommanditgesellschaft, deren alleinige persönlich haftende Gesellschafterin eine GmbH ist. Die gesellschaftsrechtlichen und betriebswirtschaftlichen Eckdaten sind folgende:

Gesellschaftsform:	Kommanditgesellschaft; gegründet 1998 eingetragen im Handelsregister Amtsgericht Leipzig HRA 32298
Gesellschafter:	Persönlich haftende Gesellschafterin: Kohler Verwaltung GmbH, Handelsregister Amtsgericht Leipzig HRB 45578 Geschäftsführer Konrad Kohler alleine Gesellschafter Konrad Kohler alleine Stammkapital 25 000 € erbracht
	Kommanditistin: Katharina Kohler, Leipzig Kommanditeinlage 50 000 € erbracht
Geschäftsbetrieb:	Möbeltischlerei, Vorfertigung von Schränken für Küchenherstellung
Arbeitnehmer:	326 Mitarbeiter, davon 12 Auszubildende
Insolvenzantrag:	Eigenantrag vom 29. Januar 2025
Insolvenzeröffnung:	29. April 2025, 18.00 Uhr
Berichtstermin:	24. Mai 2025
Erörterungs- und Abstimmungstermin:	6. Juni 2025

Bereits im Vorfeld der Insolvenz, während des Insolvenzeröffnungsverfahrens und im eröffneten Insolvenzverfahren wurde die Schuldnerin durch Rechtsanwalt Dr. Hoppenstedt, Fachanwalt für Insolvenzrecht, vertreten. Er bereitete maßgeblich die Insolvenzantragstellung vor, leistete Vorarbeiten der Sanierung des Unternehmens und war federführend an der Ausarbeitung des Insolvenzplans beteiligt. Als sog. Generalbevollmächtigter vertrat und vertritt er die Schuldnerin.

2. Verlauf des Insolvenzverfahrens

Zum Verlauf des Insolvenzverfahrens verweise ich auf den Schlussbericht und die Schlussrechnung zum 30. Juni 2025. Für die Bestimmung der Vergütung als Sachwalter sind folgende Tatbestände hervorzuheben:

[... im Weiteren gleichlautend mit Vergütungsantrag Insolvenzverwalter Rz. 149 Abschn. I Nr. 2]

II. Bestimmung der Berechnungsgrundlage

1. Die Berechnungsgrundlage entsprechend der Schlussrechnung

Grundlage der Vergütung des Sachwalters ist wie bei der Vergütung des Insolvenzverwalters nach § 63 Abs. 1 Satz 2 InsO mit § 1 Abs. 1 InsVV die Insolvenzmasse im Zeitpunkt der Beendigung des Insolvenzverfahrens. Masseverbindlichkeiten werden grundsätzlich nicht abgezogen (§ 1 Abs. 2 Nr. 4 Satz 1 InsVV).

Auf Grundlage der Vermögensübersicht nach § 151 InsO sowie der Schlussrechnung und Schlussbilanz stellt sich die Insolvenzmasse bei Beendigung des Insolvenzverfahrens wie folgt dar:

[... im Weiteren gleichlautend mit Vergütungsantrag Insolvenzverwalter Rz. 149 Abschn. II Nr. 1 a, b, c, d]

Der Insolvenzplan sieht i. R. der Umstrukturierung des Unternehmens eine Stilllegung nicht rentabler Produktionszweige vor. In diesem Zusammenhang wurde bewegliches Anlagevermögen verwertet. Dieses unterlag aufgrund Sicherungsübereignung dem Absonderungsrecht der Sparkasse Leipzig. Ausweislich der Schlussrechnung zum 30. Juni 2025 ergibt sich hierfür unter Berücksichtigung des § 282 InsO folgende Berechnung:

Erlös brutto €	Erlös netto €	Feststellungskostenbeitrag €	Verwertungskostenbeitrag €	Abführung €
54 346,78	45 669,46	entfällt	2 499,95	43 169,51

Die genaue Berechnung insbesondere der Umsatzsteuer auf die Verwertungsleistung gegenüber der Absonderungsberechtigten ist für die Berechnung der Vergütung nicht relevant. Hierzu wird auf die Schlussrechnung zum 30. Juni 2025 verwiesen.

2. Verwertung von Gegenständen mit Absonderungsrechten

Das bewegliche Anlagevermögen sowie das bewegliche Umlaufvermögen war und ist umfassend mit Sicherungsrechten zugunsten von Lieferanten und Kreditgebern belastet. Die Sicherungsrechte aus Eigentumsvorbehalt, verlängertem Eigentumsvorbehalt mit Verarbeitungsklausel sowie Sicherungsübereignung und Sicherungsabtretung konkurrierten in weiten Teilen, so dass differenziert geprüft werden musste, wem welches Sicherungsrecht an welchem Gegenstand tatsächlich zustand und zusteht. Hinsichtlich der nicht verwerteten Vermögensgegenstände wird eine fiktive Verwertung unter Berücksichtigung des § 282 InsO. Die besondere Vergütung des § 1 Abs. 2 Nr. 1 InsVV fällt dabei nicht an, da die Verwertung durch die Schuldnerin selbst erfolgte und i. Ü. kein Feststellungskostenbeitrag angesetzt wird. Für mich als Sachwalter kommt jedoch eine Erhöhung der Vergütung nach § 3 Abs. 1 lit. a InsVV auch unter Berücksichtigung des § 282 Abs. 2 InsO in Betracht.

3. Abzug eigener Vergütungen nach § 5 InsVV

Im Rahmen der notwendigen Personalanpassungsmaßnahmen wurden seitens der ausgeschiedenen Mitarbeiter 36 Kündigungsschutzklagen erhoben. Bei diesen habe ich die Insolvenzmasse vor dem Arbeitsgericht anwaltlich vertreten. Hierfür habe ich anwaltliche Vergütung nach dem Rechtsanwaltsvergütungsgesetz i. H. von 45 624,36 € netto erhalten. Zur genauen Darstellung wird auf die Schlussrechnung zum 30. Juni 2025 verwiesen. Diese Beträge setze ich gemäß § 1 Abs. 2 Nr. lit. a InsVV von der Berechnungsgrundlage der Vergütung ab.

Die Geltendmachung von Insolvenzanfechtungsansprüchen obliegt nach § 280 InsO dem Sachwalter. In Absprache mit dem Generalbevollmächtigten habe ich nach Prüfung entsprechender Sachverhalte zur prozessualen Geltendmachung Anwälte der Kanzlei des Kollegen Dr. Hoppenstedt beauftragt. Da die eingeklagten Ansprüche nicht in vollem Umfang realisiert werden konnten, mussten aus der Insolvenzmasse als anwaltliche Vergütung 12 788,56 € netto gezahlt werden. Diese Beträge sind bei meiner Vergütung nicht abzusetzen.

4. Abzug von Masseverbindlichkeiten der Unternehmensfortführung

Der Geschäftsbetrieb des schuldnerischen Unternehmens wird seit Insolvenzeröffnung bis 30. Juni 2025 fortgeführt. Der Insolvenzplan sieht eine Übernahme des Geschäftsbetriebes zum 1. Juli 2025 vor. Als Insolvenzverwalter habe ich damit den Geschäftsbetrieb für zwei Monate fortgeführt.

Für den Zeitraum der Unternehmensfortführung ist nach § 1 Abs. 2 Nr. 4 lit. b InsVV ein Abzug der Masseverbindlichkeiten vorzunehmen, begrenzt auf den Betrag der Einnahmen für diesen Zeitraum. Es wird diesbezüglich auf die Schlussrechnung zum 30. Juni 2025 verwiesen. Die Fortführung des Geschäftsbetriebes während des Insolvenzverfahrens ergab einen Verlust i. H. von 126 423,34 €.

5. Zusammenfassung der Berechnungsgrundlage

Die Berechnungsgrundlage der Vergütung im vorliegenden Verfahren setzt sich gemäß § 1 InsVV wie folgt zusammen:

§ 1 Abs. 1 Satz 1 InsVV	
Insolvenzmasse zum 30. Juni 2020	1 825 115, 00 €
Eigenkapitalzuführung	75 000,00 €
§ 1 Abs. 2 Nr. 4 lit. a InsVV	
Abzug Vergütungen § 5 InsVV	– 45 624,36 €
§ 1 Abs. 2 Nr. 4 lit. b InsVV	
Einnahmen Unternehmensfortführung	789 357,68 €
Abzug Masseverbindlichkeiten	915 781,02 €
Saldo	– 126 423,34 €
Ergebnis für Berechnungsgrundlage	0,00 €
Berechnungsgrundlage gesamt	1 854 490,64 €

III. Bestimmung der Regelvergütung

1. Regelvergütung nach § 2 Abs. 1 mit § 12 InsVV

Aus der festgestellten Berechnungsgrundlage ist die Regelvergütung gemäß § 2 Abs. 1 mit § 12 InsVV zu bestimmen.

2. Degressionsausgleich nach § 3 Abs. 1 lit. c InsVV

[… Gleichlautend mit Vergütungsantrag Insolvenzverwalter Rz. 149 Abschn. III Nr. 2]

IV. Erhöhung der Vergütung nach § 3 Abs. 1 InsVV

1. Bestimmung des vergütungsrechtlichen Normalfalls der Eigenverwaltung

Die Regelvergütung soll den Normalfall einer Sachwaltung bei Eigenverwaltung abgelten. Der vergütungsrechtliche Normalfall wird durch die Insolvenzrechtliche Vergütungsverordnung nicht positiv definiert. Daher wird allgemein aus den in § 3 Abs. 1 InsVV genannten Erhöhungsfaktoren gefolgert, dass ein Normalfall vorliegt, wenn Tatbestände des § 3 Abs. 1 InsVV nicht gegeben sind. Zur Bestimmung des Normalfalls der Eigenverwaltung ist zudem auf die Aufgaben des Sachwalters nach den §§ 274 ff. InsO Bezug zu nehmen. Danach sind Tatbestände eines Normalverfahrens:

- Keine Anordnung eines Zustimmungsvorbehalts nach § 277 InsO.
- Prüfung und Überwachung der Geschäftsführung des Schuldners nach § 274 Abs. 2 InsO.
- Zustimmung zu außergewöhnlichen Verbindlichkeiten im Umfang eines Normalverfahrens der Insolvenz nach § 275 InsO.
- Mitwirkung bei Personalanpassungsmaßnahmen nach §§ 120 ff. InsO (§ 279 Satz 3 InsO).
- Geltendmachung von Haftungsansprüchen nach §§ 92, 93 InsO sowie von Insolvenzanfechtungsansprüchen im Umfang eines Normalverfahrens der Insolvenz nach § 280 InsO.
- Prüfung der Verzeichnisse und der Vermögensübersicht nach § 281 Abs. 1 Satz 2 InsO.
- Mitwirkung bei Verwertungen nach § 282 Abs. 2 InsO.
- Prüfung der Insolvenzforderungen im Umfang eines Normalverfahrens der Insolvenz nach § 283 InsO.
- Prüfung einer Masseunzulänglichkeit nach § 285 InsO.

Diese Tätigkeiten sind grundsätzlich von der Regelvergütung abgegolten. Sie können eine Erhöhung der Vergütung begründen, wenn sie im konkreten Fall eine erhöhte Arbeitsbelastung beinhalten.

2. Erhöhungstatbestände

a) Unternehmensfortführung

Als Sachwalter hatte ich die Fortführung des Geschäftsbetriebes der Schuldnerin seit Insolvenzeröffnung zu begleiten und zu überwachen. Die Unternehmensfortführung diente der Sanierung der Schuldnerin, ist aber als solche besonders zu würdigen, da sie nicht Gegenstand eines insolvenzrechtlichen Normalfalles ist. Die Fortführung eines laufenden Geschäftsbetriebes ist stets zuschlagswürdig i. S. des § 3 Abs. 1 lit. b InsVV. Der Bundesgerichtshof betont mehrfach, dass Unternehmensfortführung in keinem Fall Bestandteil eines Normalverfahrens und damit stets zuschlagswürdig ist.

> BGH, Beschl. v. 16.10.2008 – IX ZB 179/07, ZIP 2008, 2222 = NZI 2009, 49
> m. Anm. *Prasser*, dazu EWiR 2008, 761 *(Schröder)*;
> BGH, Beschl. v. 12.5.2011 – IX ZB 143/08, ZIP 2011, 1373.

Dies muss auch für den Sachwalter im Eigenverwaltungsverfahren gelten, auch wenn die Insolvenzordnung die Unternehmensfortführung mit dem Ziel der Sanierung als Normalfall des Eigenverwaltungsverfahren ansieht. In der Insolvenzrechtlichen Vergütungsverordnung wurde dies nicht umgesetzt, so dass im Regelungszusammenhang der §§ 2, 12, 3 Abs. 1 InsVV die Unternehmensfortführung weiterhin Erhöhungstatbestand sein muss.

Ein echter Zuschlag nach § 3 Abs. 1 lit. b InsVV ist zu gewähren, wenn die Fortführung nicht zugleich zu einer Massemehrung geführt hat. Dies ist vorliegend der Fall. Bei der Höhe des Zuschlags berücksichtige ich die umfassende Tätigkeit des Generalbevollmächtigten der Schuldnerin, der weitgehend die Unternehmensfortführung umgesetzt hat. Für den vorliegenden Sachverhalt beantrage ich daher eine Erhöhung um 10 %. Ich berücksichtige damit auch Überschneidungen hinsichtlich der Arbeitsbelastung mit dem Tatbestand zu Sanierungsbemühungen und dem zum Insolvenzplanverfahren.

c) Sanierungsmaßnahmen

Bemühungen um eine Sanierung des schuldnerischen Unternehmens sind nach der Rechtsprechung des Bundesgerichtshofs ausdrücklich zuschlagswürdig.

BGH, Beschl. v. 12.1.2006 – IX ZB 127/04, NZI 2006, 236 = ZIP 2006, 672 m. Anm. *Prasser* = ZVI 2006, 165;
BGH, Beschl. v. 11.3.2010 – IX ZB 122/08, ZIP 2010, 1909 m. Anm. *Prasser*.

Ebenso wie bei der Unternehmensfortführung sind Sanierungsbemühungen auch im Eigenverwaltungsverfahren für den Sachwalter ein Erhöhungstatbestand. Im vorliegenden Sachverhalt musste ich zusammen mit dem Generalbevollmächtigten der Schuldnerin umfangreiche Gespräche und Verhandlungen mit Vertragspartnern und Kreditgebern führen, um die Fortführung der Vertragsbeziehungen zu sichern. Mit Kreditgebern musste insbesondere über die Modalitäten der Übernahme des Geschäftsbetriebes durch den Sohn des bisherigen Geschäftsführers der Komplementär-GmbH verhandelt werden. Im Zusammenhang mit Sanierungsbemühungen berücksichtige ich auch Überschneidungen mit anderen Tatbeständen. Für Sanierungsbemühungen wird eine Erhöhung der Vergütung um 20 % beantragt.

d) Insolvenzplan

Das Insolvenzverfahren konnte erfolgreich durch einen Insolvenzplan beendet werden. Die Erarbeitung eines Insolvenzplans ist unbedingter Erhöhungstatbestand qualitativer Natur nach § 3 Abs. 1 lit. e InsVV. Der Tatbestand ist unabhängig von der Höhe der Insolvenzmasse, Überschneidungen mit anderen Tatbeständen sind zu berücksichtigen. Innerhalb einer Systematisierung der Erhöhungstatbestände nimmt der Insolvenzplan eine Sonderstellung ein, weil er mit Tatbeständen insbesondere zur Sanierung korrespondiert. Da aber auch die Sanierung ohne Insolvenzplan denkbar ist, sind die Tatbestände getrennt zu betrachten.

Im vorliegenden Sachverhalt hatte ich parallel zu den Verhandlungen über die Sanierung an der Erstellung des Insolvenzplans mitgewirkt und in zahlreichen Verhandlungen mit Vertragspartnern und Kreditgebern deren Interessen berücksichtigt. Die Erstellung des Insolvenzplans lag wesentlich im Aufgabenbereich des Generalbevollmächtigten. Für die Begleitung der Erstellung eines Insolvenzplans beantrage ich unter Berücksichtigung von Überschneidungen der Arbeitsbelastung eine Erhöhung der Vergütung um 15 %.

e) Arbeitnehmerangelegenheiten

Obwohl die Zahl der Arbeitnehmer gemessen am Gegenstand des schuldnerischen Unternehmens und dem Umfang der Insolvenzmasse als Tatbestand des Normalverfahrens angesehen wird, hatte ich als Sachwalter erheblichen Arbeitsaufwand im Zusammenhang mit Personalanpassungsmaßnahmen und beantrage daher eine Vergütungserhöhung nach § 3 Abs. 1 lit. d InsVV. Im Zusammenhang mit Betriebsänderung und Personalanpassungsmaßnahmen war es eine besondere Aufgabe für mich als Sachwalter, unparteiisch mit dem Betriebsrat zu verhandeln und die notwendigen Maßnahmen zu kommunizieren. Als Erhöhung der Vergütung wird ein Prozentsatz von zehn angesetzt. Der Arbeitsaufwand im Zusammenhang mit den Kündigungsschutzprozessen wird hierbei nicht berücksichtigt. Diesbezüglich erfolgte eine Abrechnung nach § 5 InsVV.

f) Aus- und Absonderungsrechte

Die Arbeitsbelastung des Sachwalters hinsichtlich einzelner Vermögenswerte, die einer Aussonderung oder abgesonderter Befriedigung unterliegen, rechtfertigt nach § 3 Abs. 1 lit. a InsVV einen Zuschlag. Eine besondere Vergütung nach § 1 Abs. 2 Nr. 1 Satz 2 InsVV ist nicht angefallen. Der Zuschlag nach § 3 Abs. 1 lit. a InsVV betrifft die besonderen Erschwernisse bei der Feststellung der Rechte und bei Auseinandersetzungen mit den Berechtigten.

Dies ist im vorliegenden Fall auch für mich als Sachwalter i. R. meiner Tätigkeit nach § 282 Abs. 2 InsO gegeben. Der besondere Arbeitsaufwand bestand in der Erfassung und Prüfung der zahlreichen und untereinander konkurrierenden Sicherungsrechte an dem gesamten beweglichen und unbeweglichen Vermögen. Im vorliegenden Sachverhalt hatte ich daher erhebliche Erschwernisse bei der

Befassung mit Gegenständen der Aus- und Absonderung auch unter Berücksichtigung der Zusammenarbeit mit dem Generalbevollmächtigten der Schuldnerin. Für das vorliegende Verfahren beantrage ich eine Erhöhung um 20 %. Ich berücksichtige damit Überschneidungen mit dem Tatbestand zu Sanierungsbemühungen und zum Insolvenzplan, bei welchen jeweils die Sicherungsrechte zu berücksichtigen waren.

V. Kürzung der Vergütung nach § 3 Abs. 2 InsVV

1. Delegation und eigene Tätigkeit nach § 5 InsVV

Eine Arbeitsersparnis durch Delegation an externe Dienstleister oder eigene Wahrnehmung und Vergütung nach § 5 InsVV ist vorliegend nur teilweise zu berücksichtigen.

Im Rahmen der Erstellung des Insolvenzplans und der Prüfung der Sanierungsoptionen wurde die Steuerberatungskanzlei Müller-Lüdenscheid, Leipzig, beauftragt, Liquiditätsberechnungen auszuarbeiten und steuerliche Fragestellungen zu beantworten. Diese Tätigkeit betraf den Arbeitsaufwand bei Erstellung des Insolvenzplans, nicht aber meinen Arbeitsaufwand als Sachwalter bei Prüfung des Plans und Verhandlungen mit Gläubigern und weiteren Beteiligten. Ein Abzug wegen Arbeitsersparnis müsste von der Vergütung des Generalbevollmächtigten erfolgen, die aber gerade nicht Gegenstand des gerichtlichen Verfahrens ist.

Die Führung der Kündigungsschutzprozesse als Anwalt wurde meinerseits über § 5 InsVV abgerechnet. Da es sich hier um einen Erhöhungstatbestand nach § 3 Abs. 1 lit. d InsVV handelt und diesbezüglich keine Erhöhung geltend gemacht wurde, ist hier die Vergütung auch nicht zu kürzen. Mithin wäre das Anwaltshonorar auch angefallen, wenn ich einen fremden Anwalt mandatiert hätte. Im Übrigen erfolgt Abzug des Honorars nach § 1 Abs. 2 Nr. 4 lit. a InsVV.

2. Arbeitsersparnis bei vorläufiger Sachwaltung

Ich war bereits als vorläufiger Sachwalter gemäß § 270c InsO tätig. Bereits im Eröffnungsverfahren habe ich die Möglichkeiten der Sanierung des Unternehmens ausgelotet und entsprechende Gespräche geführt. Auch bezüglich der Unternehmensfortführung habe ich als vorläufiger Sachwalter Vorarbeiten in Bezug auf die spätere Insolvenzeröffnung getätigt. Gemäß § 3 Abs. 2 lit. a InsVV setze ich deshalb eine Arbeitsersparnis als vorläufiger Sachwalter im Umfang von 15 % an.

VI. Berechnung der Vergütung

Im Ergebnis setzt sich meine Vergütung wie folgt zusammen:

60 % der Regelvergütung nach § 2 Abs. 1 in Verbindung mit § 12 InsVV

\+ 10 % Zuschlag Unternehmensfortführung

\+ 20 % Zuschlag Sanierungsmaßnahmen

\+ 15 % Zuschlag Insolvenzplan

\+ 10 % Zuschlag Arbeitnehmerangelegenheiten

\+ 20 % Zuschlag Aus- und Absonderungsrechte

– 15 % Kürzung Arbeitsersparnis vorläufige Sachwaltung

= 120 % der Regelvergütung nach § 2 Abs. 1 InsVV

Berechnung:

[(1 854 490,64 € – 700 000,00 €) × 0,022 + 55 650,00 €] × 1,20 = 97 258,55 €

VII. Auslagenersatz und Umsatzsteuer

1. Der Auslagenersatz

a) Der pauschalierte Auslagenersatz nach § 8 Abs. 3 mit § 12 Abs. 3 InsVV

Im vorliegenden Verfahren mache ich Ersatz meiner Auslagen nach § 4 Abs. 2 InsVV i. H. des Pauschbetrages des § 8 Abs. 3 mit § 12 Abs. 3 InsVV geltend. Berechnungsgrundlage des Pauschbetrages ist die Vergütung nach § 2 InsVV. Höchstens sind als Auslagenersatz 175 € je angefangenen Monat der Verwaltung anzusetzen (§ 12 Abs. 3 InsVV). Dies sind vorliegend für zwei Monate

350,00 €.

b) Der Auslagenersatz für übertragene Zustellungen

Mit der Insolvenzeröffnung beauftragte mich das Insolvenzgericht mit der Vornahme der Zustellungen nach § 8 Abs. 3 InsO.

Nach § 4 Abs. 2 Satz 2 InsVV mit KV GKG 9002 sind als Auslagenersatz 3,50 € je Zustellung anzusetzen. Ich berechne diese ab der elften von mir vorgenommenen Zustellung.

(237 Gläubiger, jeweils 2 Zustellungen = 474 – 11 auslagenfrei) × 3,50 € = 1 620,50 €.

2. Die Erstattung der Umsatzsteuer

Der Insolvenzverwalter erhält in Anwendung des § 7 InsVV die volle Erstattung der von ihm zu zahlenden Umsatzsteuer auf Vergütung und Auslagen.

Der Umsatzsteuererstattungsbetrag berechnet sich im vorliegenden Fall wie folgt:

Vergütung	97 258,55 € × 0,19 =	18 479,12 €
Auslagen	1 970,50 € × 0,19 =	374,40 €

Hieraus errechnet sich der weitere der Vergütungsbetrag aus der Steuererstattung wie folgt:

99 229,05 € × 0,19 × 0,022 × 1,2 = 497,73 €

Hieraus errechnet sich wiederum eine Umsatzsteuer wie folgt:

497,73 € × 0,19 = 94,57 €

Es wird beantragt, die Vergütung antragsgemäß festzusetzen.

Mit freundlichen Grüßen

7. Vergütungsantrag Insolvenzverwalter in der Verbraucherinsolvenz

Amtsgericht Ansbach – Insolvenzgericht 153
Promenade 8
91522 Ansbach

Insolvenzverfahren Az: IK 522/25

Siegfried Sundermann

Vergütung Insolvenzverwalter

Sehr geehrte Damen und Herren,

in vorbezeichnetem Insolvenzverfahren beantrage ich die Festsetzung meiner Vergütung als Insolvenzverwalter nebst Auslagenersatz gemäß §§ 63, 64, 65 InsO, §§ 8, 1, 2, 3 InsVV auf

Vergütung	5 949,28 €
Umsatzsteuer	1 130,36 €
Auslagen	1 635,28 €
Umsatzsteuer	310,70 €

Die Festsetzung der Vergütung in dieser Höhe begründe ich wie folgt:

I. Verlauf des Insolvenzverfahrens

1. Grundtatbestände

Die Eckdaten des Verfahrens sind folgende:

Schuldner:	Siegfried Sundermann, geb. am 16.2.1965, Reuterstr. 9, 91522 Ansbach verheiratet, ein minderjähriges Kind; Ehefrau nicht erwerbstätig
Beruf:	Ausbildungsabschluss als Bäcker; derzeitige Tätigkeit Bäcker bei Goldback Nürnberg GmbH, Nürnberg Einkommen 2 122,56 € netto monatlich
Insolvenzantrag:	Eigenantrag vom 5. Januar 2025
Insolvenzeröffnung:	11. Januar 2025, 11.00 Uhr

2. Verlauf des Insolvenzverfahrens

Zum Verlauf des Insolvenzverfahrens verweise ich auf den Schlussbericht und die Schlussrechnung zum 30. Juni 2025. Für die Bestimmung der Vergütung als Insolvenzverwalter sind folgende Tatbestände hervorzuheben:

a) Insolvenzantragstellung

Der Schuldner stellte am 5. Januar 2025 Eigenantrag auf Eröffnung des Insolvenzverfahrens über sein Vermögen. Der Schuldner ist Verbraucher i. S. des § 304 InsO. Die Antragstellung erfolgte gemäß § 305 InsO unter Mitwirkung der Schuldnerberatungsstelle der Caritas Kreisstelle Ansbach mit Sitz in Herrieden.

Das Vermögensverzeichnis des Schuldners gemäß § 305 Abs. 1 Nr. 3 InsO konnte im Laufe des Insolvenzverfahrens als vollständig und zutreffend anerkannt werden. Das Gläubigerverzeichnis listete 27 Gläubiger mit Gesamtforderungen von 147 584,78 € auf. Die Forderungsanmeldungen während des Insolvenzverfahrens decken sich weitgehend mit diesen Angaben.

Hinzuweisen ist auf die Darlehensforderung der Sparkasse Ansbach als Insolvenzforderung in einer Höhe von 95 477,12 €, die durch eine Grundschuld am Wohnungseigentum des Schuldners gesichert war.

Der Schuldner stellte Antrag auf Erteilung der Restschuldbefreiung. Im Verlaufe des Insolvenzverfahrens zeigte sich der Schuldner kooperativ.

b) Einziehung von Guthaben

Im Laufe des Insolvenzverfahrens wurden folgende Vermögenswerte zur Insolvenzmasse gezogen werden:

Gegenstand	Wert €	Fremdrechte €	Freie Masse €
Arbeitseinkommen netto 2 122,56 €; sechs Monate; pfändbar nach § 850c ZPO (§ 36 Abs. 1 Satz 2 InsO): 166,72 € monatlich	1 000,32	0,00	1 000,32
Lebensversicherung „Vereinigte Leben"; Kapitalleben; Versicherungssumme 30 000,00 €; Rückkaufswert 2 456,00 €	2 456,00	0,00	2 456,00
Guthaben bei Banken; Tagesgeldkonto Volksbank Ansbach; Gesamtberechtigung mit Ehefrau; Saldo bei Eröffnung: 2 788,00 €; hiervon 1/2	1 394,00	0,00	1 394,00
Summe	4 850,32	0,00	4 850,32

Nach Insolvenzeröffnung führte der Schuldner ein Einzelkonto bei der Volksbank Ansbach als Pfändungsschutzkonto gemäß § 850k ZPO. Hieraus konnten keine Beträge zur Insolvenzmasse gezogen werden.

c) Verwertung von beweglichem Vermögen

Das bewegliche Vermögen des Schuldners besteht ausschließlich in unpfändbaren Gegenständen (§ 811 ZPO). Der ihm gehörende PKW, Ford Mondeo, amtliches Kennzeichen AN-RE 78, ist für die Arbeitstätigkeit des Schuldners erforderlich, er benötigt ihn, um zu seiner Arbeitsstelle in Nürnberg zu gelangen. Bei den Arbeitszeiten des Schuldners als Bäcker ist hierbei eine Nutzung öffentlicher Verkehrsmittel nicht möglich.

d) Veräußerung Wohnungseigentum

Der Schuldner war alleiniger Eigentümer einer Eigentumswohnung in Ansbach, Dombachstr. 6, mit einer Größe von 64 m². Der Erwerb der Wohnung wurde durch die Sparkasse Ansbach finanziert. Zweck des Erwerbs war es, durch Mieteinnahmen Einkünfte zu erzielen sowie durch mögliche Abschreibungen des Erwerbs eine Einkommensteuerpflicht zu mindern. Schon allein unter Berücksichtigung der Höhe des Arbeitseinkommens des Schuldners und seiner Familienverhältnisse ergibt sich, dass diese Ziele nicht erreicht werden konnten. Nachdem die Wohnung für längere Zeit nicht vermietet werden konnte, ergab sich die Zahlungsunfähigkeit des Schuldners, die allerdings auch durch die weiteren Verbindlichkeiten des Schuldners mitverursacht war.

Mit der Sparkasse Ansbach als Grundpfandrechtsgläubigerin konnte ich eine freihändige Verwertung der Wohnung bewerkstelligen und hierbei einen Kaufpreis von 100 000,00 € erzielen. Mit der Sparkasse Ansbach wurde vereinbart, für die Insolvenzmasse einen Kostenbeitrag von 3 % des Kaufpreises einzubehalten, wobei 2 % als Kosten der Feststellung des Wertes der Eigentumswohnung vereinbart wurden.

Nach Abrechnung des Darlehenssaldos von 95 477,12 € ergab sich für die Insolvenzmasse aus der Veräußerung der Eigentumswohnung ein Guthaben von 7 522,88 €.

e) Restschuldbefreiungsverfahren

Der Schuldner stellte Antrag auf Erteilung der Restschuldbefreiung. Das Insolvenzgericht stellte ihm mit Insolvenzeröffnung gemäß § 287a InsO die Restschuldbefreiung auch in Aussicht. Nach meiner Ansicht bestehen keine Gründe für die Versagung der Restschuldbefreiung, insbesondere haben sich solche während des Insolvenzverfahrens nicht ergeben.

II. Bestimmung der Berechnungsgrundlage

1. Die Berechnungsgrundlage entsprechend der Schlussrechnung

a) Insolvenzmasse bei Beendigung des Verfahrens

Grundlage der Vergütung des Insolvenzverwalters ist nach § 63 Abs. 1 Satz 2 InsO mit § 1 Abs. 1 InsVV die Insolvenzmasse im Zeitpunkt der Beendigung des Insolvenzverfahrens. Masseverbindlichkeiten werden grundsätzlich nicht abgezogen (§ 1 Abs. 2 Nr. 4 Satz 1 InsVV). Die Berechnungsgrundlage setzt sich wie folgt zusammen:

Vermögenswert	Wert €	Fremdrechte €	Freie Masse €
Arbeitseinkommen netto 2 122,56 €; sechs Monate; pfändbar nach § 850c ZPO (§ 36 Abs. 1 Satz 2 InsO):166,72 € monatlich	1 000,32	0,00	1 000,32
Lebensversicherung „Vereinigte Leben"; Kapitalleben; Versicherungssumme 30.000,00 €; Rückkaufswert 2.456,00 €	2 456,00	0,00	2 456,00
Guthaben bei Banken; Tagesgeldkonto Volksbank Ansbach; Gesamtberechtigung mit Ehefrau; Saldo bei Eröffnung: 2 788,00 €; hiervon 1/2	1 394,00	0,00	1 394,00
Veräußerung Wohnungseigentum	100 000,00	95 477,12	7 522,88
Summe:	4 850,32	95 477,12	12 373,20

b) Massezufluss aus Steuererstattung

Nach mehrfach bekräftigter Rechtsprechung des Bundesgerichtshofs ist ein Massezufluss nach Schlussrechnungslegung zur Berechnungsgrundlage der Vergütung hinzuzurechnen, auch und gerade wenn er in der Erstattung der auf die Vergütung des Insolvenzverwalters gezahlten Umsatzsteuer besteht. Da der Schuldner jedoch nicht Unternehmer i. S. des Umsatzsteuergesetzes ist, wird ihm die gezahlte Umsatzsteuer nicht erstattet. Ein Massezufluss aus Steuererstattung ergibt sich damit nicht.

2. Verwertung von Gegenständen mit Absonderungsrechten

Wie bereits erläutert, wurde die Eigentumswohnung des Schuldners erfolgreich veräußert. Sie war mit einer Grundschuld zugunsten der Sparkasse Ansbach belastet. Die durch mich erfolgte Veräußerung führt zu einer besonderen Vergütung des § 1 Abs. 2 Nr. 1 InsVV.

Die besondere Verwertung soll in einer Vergleichsberechnung der Regelvergütung mit und ohne Berücksichtigung dieser Vermögenswerte bei der Berechnungsgrundlage erfolgen. Nach der Rechtsprechung des Bundesgerichtshofs soll diese Vergleichsberechnung unter Berücksichtigung der Zu-und Abschläge erfolgen. Das führt praktisch zu dem Ergebnis, dass die besondere Vergütung stets i. H. der Hälfte des Feststellungskostenbeitrags besteht.

> BGH, Beschl. v. 22.7.2021 – IX ZB 85/19, ZRI 2021, 805 = ZIP 2021, 1872, dazu EWiR 2021, 592 *(Keller)*.
>
> Eingehend
>
> *Keller*, Vergütung und Kosten im Insolvenzverfahren, 6. Aufl. 2025, § 3 Rz. 91 ff.

Als Kosten der Feststellung des Wertes der Eigentumswohnung wurden mit der Sparkasse Ansbach 2 % des Kaufpreises vereinbart. Bei dem Kaufpreis von 100 000,00 € sind dies 2 000,00 €; die besondere Vergütung beträgt damit 1 000,00 €.

3. Abzug eigener Vergütungen nach § 5 InsVV und Delegationen

Eigene Vergütungen i. S. des § 5 InsVV wurden der Insolvenzmasse nicht entnommen. Delegationen an externe Dienstleister erfolgten nicht.

III. Bestimmung der Regelvergütung

1. Regelvergütung nach § 2 Abs. 1 InsVV

Aus der festgestellten Berechnungsgrundlage ist die Regelvergütung gemäß § 2 Abs. 1 InsVV zu bestimmen. Sie berechnet sich wie folgt:

12 373,20 € × 0,40 = 4 949,28 €

2. Vergleich zur Mindestvergütung nach § 2 Abs. 2 InsVV

Die Mindestvergütung des § 2 Abs. 2 mit § 13 InsVV ist nicht höher. Bezogen auf die Zahl der am Insolvenzverfahren beteiligten Gläubiger müssten im vorliegenden Verfahren mindestens 235 Insolvenzgläubiger Forderungen angemeldet haben, damit die Mindestvergütung höher wäre als die Regelvergütung des § 2 Abs. 1 InsVV.

IV. Erhöhung oder Kürzung der Vergütung nach § 3 InsVV

1. Bestimmung des vergütungsrechtlichen Normalfalls

Die Regelvergütung soll den Normalfall einer Insolvenzverwaltung abgelten. Dies gilt auch für das Verbraucherinsolvenzverfahren. Im vorliegenden Sachverhalt wird davon ausgegangen, dass das Verfahren den Tatbeständen eines Normalfalles entspricht. Erhöhungstatbestände werden deshalb nicht beantragt.

Es darf aber darauf hingewiesen werden, dass die Vergütung für die Verwertung der Eigentumswohnung nach § 1 Abs. 2 Nr. 1 InsVV weit unterhalb des Betrages liegt, den vergleichsweise ein Immobilienmakler als Provision für die Vermittlung eines Verkaufs erhält. Als Insolvenzverwalter hatte ich mit der Verwertung der Immobilie durchaus Arbeitsaufwand, der über die Arbeitstätigkeit eines Maklers hinausgeht. Gleichwohl respektiere ich, dass eine Erhöhung der Vergütung für meine Tätigkeit insbesondere nach dem Wortlaut des § 3 Abs. 1 lit. a InsVV nicht in Betracht kommt.

2. Arbeitsersparnis nach § 3 Abs. 2 lit. e InsVV

Der Schuldner ist Verbraucher i. S. des § 304 InsO. Insoweit käme aufgrund geringerer Arbeitsbelastung bei den in § 304 InsO und § 3 Abs. 2 lit. e InsVV genannten Tatbestandsvoraussetzungen eine Kürzung der Vergütung in Betracht. Eine solche sehe ich für den vorliegenden Sachverhalt jedoch nicht.

Der Schuldner übte vor Insolvenzeröffnung keine selbstständige wirtschaftliche Tätigkeit aus, so dass § 304 Abs. 2 InsO nicht gilt. Der Schuldner ist unabhängig von der Zahl der Gläubiger und der Überschaubarkeit des Vermögens Verbraucher i. S. des § 304 Abs. 1 InsO.

Im vorliegenden Insolvenzverfahren haben 27 Gläubiger Insolvenzforderungen angemeldet, die Zahl der Gläubiger ist bezogen auf ein typisches Verbraucherinsolvenzverfahren nicht gering.

Die Insolvenzmasse bestand aus pfändbaren Arbeitseinkommen, Ansprüchen aus einer Kapitallebensversicherung, Bankguthaben und Wohnungseigentum. Wie bereits dargelegt hatte ich mit der Veräußerung von Wohnungseigentum Arbeitsaufwand, bei welchem die Vermögensverhältnisse als nicht mehr überschaubar bezeichnet werden können.

Eine Kürzung der Vergütung wegen geringeren Arbeitsaufwandes bei geringer Gläubigerzahl oder einfachen Vermögensverhältnissen kommt deshalb nicht in Betracht.

VI. Berechnung der Vergütung

Im Ergebnis besteht die Vergütung in der Regelvergütung zuzüglich der besonderen Vergütung des § 1 Abs. 2 Nr. 1 InsVV. Somit beträgt die Vergütung in der Summe

5 949,28 €.

VII. Auslagenersatz und Umsatzsteuer

1. Der Auslagenersatz

a) Der pauschalierte Auslagenersatz nach § 8 Abs. 3 InsVV

Im vorliegenden Verfahren mache ich Ersatz meiner Auslagen nach § 4 Abs. 2 InsVV i. H. des Pauschbetrages des § 8 Abs. 3 InsVV geltend. Berechnungsgrundlage des Pauschbetrages ist die Vergütung nach § 2 InsVV. Höchstens sind als Auslagenersatz 350 € je angefangenen Monat der Verwaltung anzusetzen (§ 8 Abs. 3 Satz 1 InsVV). Dies sind vorliegend für sechs Monate:

2 100,00 €.

Der Pauschsatz darf nach § 8 Abs. 3 Satz 2 InsVV 30 % der Regelvergütung nicht übersteigen. Der Höchstbetrag des pauschalierten Auslagenersatzes beträgt damit:

4 949,28 € × 0,30 = 1 484,78 €

b) Der Auslagenersatz für übertragene Zustellungen

Mit der Insolvenzeröffnung beauftragte mich das Insolvenzgericht mit der Vornahme der Zustellungen nach § 8 Abs. 3 InsO.

Nach § 4 Abs. 2 Satz 2 InsVV mit KV GKG 9002 sind als Auslagenersatz 3,50 € je Zustellung anzusetzen. Ich berechne diese ab der elften von mir vorgenommenen Zustellung.

(27 Gläubiger, jeweils 2 Zustellungen = 54 – 11) × 3,50 € = 150,50 €.

2. Die Erstattung der Umsatzsteuer

Der Insolvenzverwalter erhält in Anwendung des § 7 InsVV die volle Erstattung der von ihm zu zahlenden Umsatzsteuer auf Vergütung und Auslagen.

Der Umsatzsteuererstattungsbetrag berechnet sich im vorliegenden Fall wie folgt:

Vergütung	5 949,28 € × 0,19 =	1 130,36 €
Auslagen	1 635,28 € × 0,19 =	310,70 €

Es wird beantragt, die Vergütung antragsgemäß festzusetzen.

Mit freundlichen Grüßen

Teil B
Kosten im Insolvenzverfahren

§ 16
Gerichtskosten

Übersicht

Aufsatzliteratur: *Ahrens*, Versagung oder Aufhebung der Kostenstundung, ZVI 2003, 268; *Delhaes*, Kosten im Konkursantragsverfahren, KTS 1987, 597; *Fischer*, Ratenzahlung und Prozesskostenhilfe, Rpfleger 1997, 463; *Greiner*, Der „Kostenschuldner" im Nachlassinsolvenzverfahren, ZInsO 2020, 341; *Grub*, Berücksichtigung von Kosten der Betriebsfortführung bei Wertfestsetzung für Gerichtsgebühren im Insolvenzverfahren, NZI 2017, 880; *Grub*, Die Begrenzung der Gerichtskosten im Insolvenzverfahren auf einen Gegenstandswert von 30 Mio. EUR gem. § 39 Abs. 2 GKG, ZInsO 2013, 313; *Grub*, Keine Umsatzbeteiligung der Staatskasse an der Betriebsfortführung insolventer Unternehmen, NZI 2012, 949; *Haertlein*, Die Einschaltung privater Sachverständiger bei der Schlussrechnungsprüfung durch das Insolvenzgericht (§ 66 II 1 InsO), NZI 2009, 577; *Holzer*, Die Verbindung von Insolvenzverfahren, NZI 2007, 432; *Keller*, Die öffentliche Bekanntmachung im Insolvenzverfahren, ZIP 2003, 149; *Keller*, Auswirkungen des Zustellungsreformgesetzes auf das Insolvenzverfahren, NZI 2002, 581; *Kirchberg*, Vereinbarkeit der Streitwertkappung mit dem Grundgesetz, BRAK-Mitt 2007, 165; *Nicht/Schildt*, Zur Frage der Kappung der Gebühren des Insolvenzgerichts, NZI 2013, 64; *Pape*, Bevorstehende Änderungen der InsO nach dem InsOÄndG 2001, ZInsO 2001, 587; *Römermann*, Zur Frage der Verfassungsmäßigkeit der Begrenzung der gesetzlichen Anwaltsvergütung in Verfahren mit besonders hohen Streitwerten, BB 2007, 1184; *Schäferhoff*, Die Vorschusspflicht des Ehegatten im Stundungsverfahren, ZVI 2004, 80; *Schneider*, Verfassungsmäßigkeit der Streitwertbegrenzung, ErbR 2008, 76; *Schneider*, Die vollstreckungsrichterliche Durchsuchungsanordnung, NJW 1980, 2377; *Schoppmeyer*, Gebührenstreitwert im Insolvenzverfahren, ZIP 2013, 811; *Spickermann*, Die Erfüllung im Insolvenzantragsverfahren – zur Anwendung des § 14 Abs. 1 Satz 2 InsO, ZIP 2019, 749; *Uhlenbruck*, Die verfahrens- und kostenmäßige Behandlung mehrerer Konkursanträge gegen den gleichen Schuldner, KTS 1987, 561; *Uhlenbruck*, Falsche Kostenentscheidung der Gerichte bei Antragsrücknahme und Abweisung des Konkursantrags mangels Masse?, KTS 1983, 341; *Vallender*, Die Vorschusspflicht des Ehegatten im Stundungsverfahren, ZVI 2003, 505; *Vallender*, Die bevorstehenden Änderungen des Verbraucherinsolvenz- und Restschuldbefreiungsverfahrens aufgrund des InsOÄndG 2001 und ihre Auswirkungen auf die Praxis, NZI 2001, 561; *Zipperer*, Die Erledigterklärung – ein Kostenrisiko?, ZVI 2018, 299.

I. Einführung

1. Grundlagen des Kostenrechts im Insolvenzverfahren

1 Bereits die Regelung des § 26 Abs. 1 InsO, wonach die Eröffnung eines Insolvenzverfahrens abzulehnen ist, wenn die voraussichtlichen Kosten des Verfahrens nicht gedeckt werden können, zeigt, dass dem **Kostenrecht im Insolvenzverfahren ein nicht unbedeutender Stellenwert** beizumessen ist.[1] **Kosten** des Insolvenzverfahrens sind die **in § 54 InsO abschließend genannten Gerichtskosten des Verfahrens** und die Vergütung des Insolvenzverwalters, des vorläufigen Verwalters und der Mitglieder des Gläubigerausschusses.[2] Der Gesetzgeber hat mit der Neuregelung des § 26 InsO den zum früheren § 58 KO bestehenden Streit um die Einbeziehung möglicher Masseverbindlichkeiten in die Frage der

1) Jaeger-*Schilken*, InsO, § 26 Rz. 19 ff.; Uhlenbruck-*Langer*, InsO, § 26 Rz. 8; *Laroche* in: HK-InsO, § 26 Rz. 11; K. Schmidt-*Keller*, InsO, § 26 Rz. 3 ff.

2) *Pape/Hageböke* in: KPB, InsO, § 54 Rz. 1, 3 ff.; Uhlenbruck-*Sinz*, InsO, § 54 Rz. 1.

Kostendeckung beendet,[3] gleichzeitig aber klargestellt, dass die Kosten des gesamten Insolvenzverfahrens bereits bei Eröffnung des Verfahrens sichergestellt sein müssen.[4]

Für den **Gläubiger**, der die Eröffnung eines Insolvenzverfahrens beantragt, birgt dies die **Gefahr, dass bei fehlender Masse** nicht nur die **Eröffnung des Verfahrens abgelehnt** wird, sondern die bisherigen **Kosten** des Verfahrens auch **ihm in Rechnung gestellt** werden (zur Kostentragungspflicht hinsichtlich der Vergütung des vorläufigen Insolvenzverwalters siehe oben § 2 Rz. 31 ff.). Seitens des Gläubigers oder seines Vertreters ist es daher von erheblicher Bedeutung, um die möglichen nachteiligen Kostenfolgen eines Insolvenzantrags zu wissen, denn nur bei Eröffnung des Insolvenzverfahrens werden die Kosten gemäß § 53 InsO aus der Insolvenzmasse beglichen. 2

2. Die Gerichtskosten des Verfahrens im Überblick

Die Gebührentatbestände des Insolvenzverfahrens sind in den **Nr. 2310–2386** in Hauptabschnitt 3 des Teils 2 des **Kostenverzeichnisses zum Gerichtskostengesetz** (GKG KV) geregelt.[5] Das Kostenverzeichnis unterscheidet zwischen den Gebühren im Eröffnungsverfahren und denjenigen im Insolvenzverfahren selbst. Bei Letzterem ist ferner zu unterscheiden, ob der Schuldner oder ein Gläubiger Antrag auf Eröffnung des Verfahrens gestellt hat. Einen **nicht unerheblichen Anteil** an den Kosten bilden die **Auslagen im Insolvenzverfahren;** insbesondere waren die Kosten für die nach der InsO zahlreich vorgeschriebenen öffentlichen Bekanntmachungen in Printmedien erheblich.[6] § 9 Abs. 1 Satz 1 InsO schreibt in der seit 1.7.2007 geltenden Fassung[7] die öffentliche Bekanntmachung im Internet vor, die Veröffentlichung in Printmedien ist nur bei entsprechender landesrechtlicher Regelung zulässig (§ 9 Abs. 2 Satz 1 InsO). Die öffentliche Bekanntmachung im Internet ist seit 1.8.2013 kostenfrei (siehe Rz. 25). Auslagen nach Nr. 9000 ff. GKG KV sind zu den Kosten zu rechnen. 3

---

3) Dazu noch *Kuhn/Uhlenbruck*, KO, § 107 Rz. 1g, 4; *Kilger/K. Schmidt*, KO, § 107 Anm. 2; Jaeger-*Weber*, KO, § 107 Anm. 4; ausdrücklich die Begr. RegE InsO, BT-Drucks. 12/2443, S. 118, abgedr. in: *Kübler/Prütting*, RWS-Dok. 18, S. 188; zu vereinzelt vertretenen Ansichten betreffend eine weite Auslegung des § 26 InsO eingehend Jaeger-*Schilken*, InsO, § 26 Rz. 19 ff., 22; Uhlenbruck-*Langer*, InsO, § 26 Rz. 9, 10; K. Schmidt-*Keller*, InsO, § 26 Rz. 25; *Keller*, Insolvenzrecht, Rz. 684 m. w. N.

4) Nach dem RegE InsO sollten lediglich die Kosten bis zum Berichtstermin gedeckt sein, BT-Drucks. 12/2443, S. 118, abgedr. in: *Kübler/Prütting*, RWS-Dok. 18, S. 188; diese Regelung wurde auf Empfehlung des Rechtsausschusses geändert, der befürchtete, dass eine zu große Zahl offensichtlich massearmer Verfahren eröffnet werden könnten, vgl. Beschlussempfehlung und Bericht d. RA z. RegE InsO, BT-Drucks. 12/7302, S. 158, abgedr. in: *Kübler/Prütting*, RWS-Dok. 18, S. 191.

5) Gerichtskostengesetz (GKG), i. d. F. v. 27.2.2014, BGBl. I 2014, 154, zuletzt geändert durch Gesetz zur Änderung des Justizkosten- und des Rechtsanwaltsvergütungsrechts und zur Änderung des Gesetzes zur Abmilderung der Folgen der COVID-19-Pandemie im Zivil-, Insolvenz- und Strafverfahrensrecht – Kostenrechtsänderungsgesetz 2021 (KostRÄG 2021), v. 21.12.2020, BGBl. I 2020, 3229; das GKG ist in seiner heutigen Gliederung und Kostenstruktur als Art. 1 des Gesetzes zur Modernisierung des Kostenrechts – 1. Kostenrechtsmodernisierungsgesetz (KostRMoG), v. 5.5.2004, BGBl. I 2004, 718, am 1.7.2004 in Kraft getreten; der Entwurf eines Gesetzes zur Neuordnung des Rechtsanwaltsvergütungsrechts – Rechtsanwaltsvergütungs-Neuordnungsgesetz (RVNeuOG), v. 14.5.2002, BT-Drucks. 14/9037, ist inhaltlich aufgegangen im Entwurf der Fraktionen SPD, CDU/CSU, Bündnis 90/Die Grünen und FDP eines Gesetzes zur Modernisierung des Kostenrechts – Fraktionsentwurf KostRMoG, BT-Drucks. 15/1971; Beschlussempfehlung und Bericht d. RA z. KostRMoG, BT-Drucks. 15/2487.

6) Dazu eingehend *Keller*, ZIP 2003, 149.

7) Gesetz zur Vereinfachung des Insolvenzverfahrens – InsVerfVereinfG, v. 13.4.2007, BGBl. I 2007, 509; RegE InsVerfVereinfG, BT-Drucks. 16/3227; Beschlussempfehlung und Bericht d. RA z. RegE InsVerfVereinfG, BT-Drucks. 16/4194; dazu *Frege/Keller/Riedel*, Insolvenzrecht, Rz. 1.22; zum Übergangsrecht auch Uhlenbruck-*Pape*, InsO, § 9 Rz. 3.

4 Die mit dem Insolvenzrechtsänderungsgesetz (InsOÄndG) vom 26.10.2001[8] mit Wirkung zum 1.12.2001 in Kraft getretenen Regelungen zur **Kostenstundung** nach §§ 4a ff. InsO enthalten keine Änderungen zum Kostenrecht selbst. Sie ermöglichen dem Schuldner, der natürliche Person ist, die Eröffnung des Insolvenzverfahrens und letztlich die Restschuldbefreiung bei nicht ausreichender Deckung der Verfahrenskosten des § 54 InsO aus der Insolvenzmasse.[9]

II. Gerichtskosten im Insolvenzverfahren

1. System der Gebührentatbestände

5 Gerichtskosten im Insolvenzverfahren werden ausschließlich nach dem GKG erhoben (§ 1 Abs. 1 lit. d GKG). Die Tatbestände, für die eine Gebühr zu erheben ist, ergeben sich ausschließlich aus dem Kostenverzeichnis zu diesem Gesetz (Anlage 1 zu § 3 Abs. 2 GKG), eine analoge Anwendung einzelner Gebührentatbestände ist nicht zulässig.[10] **Die Gebühren des GKG sind sog. Wertgebühren.** Ihre Höhe richtet sich nach dem Wert des Gegenstandes, in bürgerlich-rechtlichen Streitigkeiten dem Streitwert (§ 3 Abs. 1 GKG, i. Ü. gelten die §§ 39 ff. und insbesondere § 48 GKG),[11] in degressiver Steigerung des Gebührensatzes nach § 34 GKG.

6 Die Gebührentatbestände des Insolvenzverfahrens sind in Teil 2 Hauptabschnitt 3 des Kostenverzeichnisses mit den Nr. 2310–2364 geregelt. Das Gesetz unterscheidet die Gebührentatbestände systematisch in **vier Hauptgruppen:**

- Gebühren im Insolvenzeröffnungsverfahren (Nr. 2310, 2311 GKG KV),
- Gebühren im eröffneten Insolvenzverfahren (Nr. 2320, 2321, 2322, 2330, 2331, 2332 GKG KV),
- besondere Gebühren, z. B. für die Abhaltung eines besonderen Prüfungstermins nach § 177 InsO,[12] für besondere Maßnahmen und Entscheidungen nach Art. 36 oder Art. 61 EuInsVO oder für das Koordinationsverfahren nach §§ 269 ff. InsO (Nr. 2340, 2350, 2360, 2361, 2362, 2370, 2371 GKG KV).
- Gebühren im Beschwerde- und Rechtsbeschwerdeverfahren (Nr. 2380–2386 GKG KV).

7 Innerhalb der **Gebühren im Insolvenzeröffnungsverfahren wird unterschieden**, ob der **Insolvenzantrag** nach § 13 InsO vom **Schuldner** als Eigenantrag[13] oder durch einen **Gläubiger** gestellt worden ist. Im letzteren Fall bestimmt Nr. 2311 GKG KV unabhängig vom Gegenstandswert eine Mindestgebühr von 216 €.[14]

8 Hat der **Schuldner Antrag auf Eröffnung** des Verfahrens gestellt, wird die **Gebühr des Eröffnungsverfahrens** auf die Gebühr des **eröffneten Insolvenzverfahrens angerechnet**, so dass diese Gebühr nach Nr. 2320 GKG KV nur den 2,5-fachen Satz beträgt, hingegen

---

8) Gesetz zur Änderung der Insolvenzordnung und anderer Gesetze – Insolvenzrechtsänderungsgesetz (InsOÄndG), v. 26.10.2001, BGBl. I 2001, 2710.

9) Begr. RegE InsOÄndG, BT-Drucks. 14/5680, S. 20 ff.

10) So bereits ausdrücklich die Begr. des RegE EGInsO zu den – durch die am 1.7.2004 in Kraft getretene Neufassung teilweise überholten – Änderungen des GKG, BT-Drucks. 12/3803, S. 73, 74, abgedr. in: *Kübler/Prütting*, RWS-Dok. 18, S. 840 f.; leicht missverständlich mit Hinweis auf die Bestimmungen der – nicht anwendbaren – KostO *Braun/Riggert/Kind*, Neuregelungen der InsO, S. 61.

11) Toussaint-*Toussaint*, KostR, § 3 GKG Rz. 1, Anh. § 48 GKG; Zöller-*Herget*, ZPO, § 2 Rz. 3, § 3 Rz. 13.

12) *Pape/Schaltke* in: KPB, InsO, § 177 Rz. 3; *Depré* in: HK-InsO, § 177 Rz. 2 ff.; *Frege/Keller/Riedel*, Insolvenzrecht, Rz. 3.1076 ff.; *Keller*, Insolvenzrecht, Rz. 772 ff.

13) Dazu Uhlenbruck-*Wegener*, InsO, § 13 Rz. 10 ff.; *Keller*, Insolvenzrecht, Rz. 527 ff.

14) Art. 5 Nr. 45 Kosten- und Betreuervergütungsrechtsänderungsgesetz 2025 (KostBRÄG 2025), v. 7.2.2025, BGBl. I 2025, Nr. 109.

im Insolvenzverfahren auf Antrag des Gläubigers nach Nr. 2330 GKG KV den dreifachen Satz. Wird das Insolvenzverfahren mangels Masse nach § 207 InsO, wegen Masseunzulänglichkeit nach §§ 208, 211 InsO oder nach §§ 212, 213 InsO vorzeitig eingestellt, ermäßigt sich die Verfahrensgebühr auf den zweifachen oder einfachen Satz.

Für die **Verfahren in Restrukturierungssachen** nach dem Unternehmensstabilisierungs- und -restrukturierungsgesetz (StaRUG) bestimmt **Hauptabschnitt 5** die gerichtlichen Gebühren (siehe eingehend Rz. 123 ff.).[15] 9

2. Gegenstandswert, Fälligkeit und Kostenschuldner

a) Gegenstandswert

aa) Grundsatz

Gegenstandswert für die Gebührenberechnung im Insolvenzverfahren ist nach § 58 Abs. 1 Satz 1 GKG der **Wert der Insolvenzmasse im Zeitpunkt der Beendigung** des Insolvenzverfahrens. Die Regelung korrespondiert mit § 1 Abs. 1 InsVV, der ebenfalls die Insolvenzmasse zur Berechnungsgrundlage der Vergütung des Insolvenzverwalters macht. Der Wert der Insolvenzmasse ergibt sich bei regelmäßiger Verfahrensbeendigung aus dem Schlussbericht und der **Schlussrechnung des Insolvenzverwalters nach § 66 InsO** (siehe oben § 3 Rz. 10 ff.). Nach der Schlussrechnungslegung bis zur endgültigen Verfahrensaufhebung erfolgende Massezuflüsse sind ebenso wie bei der Vergütung zum Gegenstandswert der Gebühren hinzuzurechnen (siehe oben § 3 Rz. 59 ff.). 10

bb) Masseverbindlichkeiten bei Unternehmensfortführung

Masseverbindlichkeiten insbesondere nach § 55 InsO sind bei der Bestimmung des Gegenstandswertes nicht abzuziehen. Daher sind auch bei Fehlbuchungen zur Insolvenzmasse, die zu einer ungerechtfertigten Bereicherung der Masse nach § 55 Abs. 1 Nr. 3 InsO führen, die entsprechenden Beträge als Masseverbindlichkeit nicht abzuziehen.[16] Fraglich war lange, ob bei **Unternehmensfortführung** während des Insolvenzverfahrens die Regelung des § 1 Abs. 2 Nr. 4 lit. b InsVV entsprechend anzuwenden sei, wonach **Masseverbindlichkeiten der Unternehmensfortführung abzuziehen** sind (eingehend siehe § 3 Rz. 141 ff.). Dies wurde mit dem Argument bejaht, es solle eine Art Gleichlauf zwischen der Vergütung des Insolvenzverwalters und der Bestimmung der Gerichtskosten hergestellt werden.[17] Dagegen stand aber, dass § 1 Abs. 2 InsVV als Vorschrift mit enumerativer 11

15) Eingefügt durch Art. 11 des Gesetzes zur Fortentwicklung des Sanierungs- und Insolvenzrechts – SanInsFoG, v. 22.12.2020, BGBl. I 2020, 3256; Begr. RegE SanInsFoG, BT-Drucks. 19/24181; Beschlussempfehlung und Bericht d. RA z. RegE SanInsFoG, BT-Drucks. 19/25303.

16) BGH, Urt. v. 5.3.2015 – IX ZR 164/14, ZIP 2015, 738 = NZI 2015, 362 m. Anm. *Budnik*, dazu EWiR 2015, 549 *(Weiß/Linsenbarth)*.

17) OLG Düsseldorf, Beschl. v. 19.3.2012 – 3 W 286/11, ZIP 2012, 1089; OLG Hamm, Beschl. v. 18.1.2013 – 25 W 262/12, ZIP 2013, 470, dazu EWiR 2013, 277 *(Prasser)*; OLG Hamm, Beschl. v. 14.5.2013 – 15 W 198/12, ZIP 2013, 1924; OLG Dresden, Beschl. v. 26.8.2013 – 3 W 739/13, NZI 2014, 76; OLG Stuttgart, Beschl. v. 30.4.2014 – 8 W 149/14, Rpfleger 2014, 623; OLG Koblenz, Beschl. v. 20.1.2014 – 12 W 640/13, ZIP 2014, 385; OLG Düsseldorf, Beschl. v. 10.2.2015 – 3 W 20/14, ZInsO 2015, 1581; OLG Nürnberg, Beschl. v. 12.8.2020 – 5 W 421/20, ZIP 2020, 2591 = NZI 2020, 1013; für die Eigenverwaltung OLG Düsseldorf, Beschl. v. 19.9.2019 – I-3 W 46/19, ZIP 2020, 190; LG Wuppertal, Beschl. v. 8.4.2010 – 6 T 143/10, ZIP 2010, 1255 = NZI 2010, 403; LG Leipzig, Beschl. v. 28.2.2013 – 8 T 325/12, ZInsO 2013, 684; LG Duisburg, Beschl. v. 15.11.2016 – 7 T 27/16, ZIP 2017, 148 = NZI 2017, 86; AG Duisburg, Beschl. v. 5.7.2011 – 7 N 246/98, ZIP 2011, 1631; AG Osnabrück, Beschl. v. 10.9.2013 – 38 IN 57/01, n. v.; *Janssen* in: NK-GK, § 58 GKG Rz. 4; eingehend *v. König/Horsky* in: Keller, Hdb. Zwangsvollstreckungsrecht, Rz. 9.160; Leonhardt/Smid/Zeuner-*Amberger*, InsVV, Gerichtskosten Rz. 5; dazu auch *Grub*, NZI 2012, 949; *Grub*, NZI 2017, 880; *Schoppmeyer*, ZIP 2013, 811, 813, verweist zu Unrecht auch auf BGH, Beschl. v. 15.11.2012 – IX ZB 88/09, ZIP 2012, 2515, dazu EWiR 2013, 61 *(Keller)*, der unter Rz. 49 der Begr. hierzu aber keine Aussage trifft.

Aufzählung von Tatbeständen einer analogen Anwendung schwer zugänglich ist. Ferner sah der **Wortlaut des § 58 InsO** in der bis 31.12.2020 geltenden Fassung einen **Abzug von Masseverbindlichkeiten in keinem Fall vor.**[18)]

12 Der Gesetzgeber löste die Frage **mit Wirkung zum 1.1.2021** durch Ergänzung des § 58 Abs. 1 GKG.[19)] Die Sätze 3 und 4 der Vorschrift stellen nun klar, dass bei einer **Unternehmensfortführung** im Ganzen oder auch nur in Teilen von den bei der Fortführung erzielten Einnahmen **nur der Überschuss** zu berücksichtigen ist, der sich nach Abzug der Ausgaben ergibt. Damit sind bei einer Unternehmensfortführung ebenso wie bei § 1 Abs. 2 Nr. 4 lit. b InsVV die Verbindlichkeiten der Unternehmensfortführung vom Gegenstandswert abzuziehen. Nach der Übergangsregel des § 71 Abs. 3 GKG ist die Neuregelung anzuwenden auf Gebühren, die nach Inkrafttreten der Gesetzesänderung fällig werden. Weil diese Frage aber gerade vorher streitig war, wird auch vertreten, die Neuregelung auch auf Altfälle anzuwenden. Damit schließt man sich gleichsam der Ansicht an, die schon immer der Meinung war, dass Masseverbindlichkeiten aus Unternehmensfortführung abzuziehen seien.[20)]

cc) Begrenzung des Gegenstandswerts

13 Fraglich ist ferner, ob die **Begrenzung des Gegenstandswertes auf 30 Mio. €** durch § 39 Abs. 2 GKG auch für Insolvenzverfahren gilt. **Dies ist zu bejahen.**[21)] Aus dem Wortlaut des § 58 Abs. 1 GKG ergibt sich dies aber nur unzureichend. Denn die Terminologie des GKG ausgehend vom Begriff des Streitwerts, der zutreffend als Gebührenstreitwert zu bezeichnen ist, führt nicht zwingend zu der Auslegung, dass die Begrenzung des Gebührenstreitwerts durch § 39 Abs. 2 GKG für die Wertbestimmung i. R. des § 58 Abs. 1 GKG anzuwenden ist. Die **Auslegung der Vorschriften nach der Systematik des GKG** spricht aber dafür, § 39 Abs. 2 GKG auch bei der Wertbestimmung für das Insolvenzverfahren anzuwenden. Die Systematik des Gesetzes nach dem sog. Klammerprinzip führt von der für Insolvenzverfahren missverständlichen Grundnorm des § 3 Abs. 1 GKG zum allgemeinen Teil über Wertvorschriften, zu welchen § 39 GKG gehört. Die Vorschriften dieses allgemeinen Teils sind auf sämtliche Wertvorschriften des besonderen Teils für einzelne gerichtliche Verfahren anzuwenden. Innerhalb der Systematik des Gerichtskostenrechts ist auch zu beachten, dass die bisherige Kostenordnung (KostO) und das Gerichts- und Notarkostengesetz (GNotKG) als weitere Gerichtskostengesetze keine Abweichung vom Höchstbetrag eines Geschäftswertes vorsehen.

14 Ferner ist der **historische Wille des Gesetzgebers** von großer Bedeutung. Aus dem Umstand, dass der Gesetzgeber durch das 1. Kostenrechtsmodernisierungsgesetz im Jahre 2004[22)] sowohl in den Vorschriften betreffend die Gerichtsgebühren die auch bei der Rechtsan-

---

18) OLG Düsseldorf, Beschl. v. 27.7.2010 – 10 W 60/10, ZIP 2010, 1911 = NZI 2010, 861; OLG München, Beschl. v. 8.8.2012 – 11 W 832/12, JurBüro 2012, 660; OLG München, Beschl. v. 25.4.2017 – 21 W 2/17, ZIP 2017, 1035 = NZI 2017, 547, dazu kritisch *Grub*, NZI 2017, 880; LG Konstanz, Beschl. v. 5.4.2013 – 62 T 11/13, ZIP 2013, 1240 = NZI 2013, 494; LG Bremen, Beschl. v. 15.5.2013 – 2 T 195/13, n. v.; *Frege/Keller/Riedel*, Insolvenzrecht, Rz. 2567.

19) Art. 1 Nr. 4 KostRÄG 2021, v. 21.12.2020, BGBl. I 2020, 3229.

20) OLG Schleswig, Beschl. v. 4.8.2021 – 9 W 64/21, ZRI 2021, 900; OLG München, Beschl. v. 15.2.2022 – 11 W 1320/21, ZRI 2022, 949 = ZIP 2022, 2140.

21) OLG Frankfurt/M., Beschl. v. 17.4.2014 – 18 W 28/14, ZIP 2014, 1238; vorgehend LG Frankfurt/M.; Beschl. v. 29.1.2014 – 2-9 T 311/13, ZIP 2014, 531; eingehend *Nicht/Schildt*, NZI 2013, 64; *Grub*, ZInsO 2013, 313; *Schoppmeyer*, ZIP 2013, 811.

22) Gesetzes zur Modernisierung des Kostenrechts – Kostenrechtsmodernisierungsgesetz (KostRMoG), v. 5.5.2004, BGBl. I 2004, 718.

waltsvergütung (§ 22 RVG) eine Höchstgrenze eingefügt hat,[23)] ergibt sich eindeutig, dass diese insbesondere bei den Gerichtsgebühren generell gelten solle. Dies wird durch eine im Jahre 2006 erfolgte Änderung des § 39 Abs. 2 GKG nochmals deutlich.[24)] Auch die Gesetzgebung betreffend die Gerichtskosten für die freiwillige Gerichtsbarkeit durch das GNotKG[25)] beinhaltet mit § 35 Abs. 2 GNotKG eine Begrenzung des Gegenstandswertes für die Gebührenberechnung auf 30 Mio. €. Die Gesetzgebungsgeschichte sowie die **Materialien zu einzelnen Gesetzesänderungen** lassen damit **unzweifelhaft den gesetzgeberischen Willen** erkennen, Gerichtsgebühren auf einen bestimmten **Gebührenstreitwert oder Gegenstandswert** zu **begrenzen.** Der Gesetzgeber bindet sich und die Staatskasse selbst. Eine teleologische Auslegung führt zu keinem eindeutigen Ergebnis: Die Gebührentatbestände für das eröffnete Insolvenzverfahren mit § 58 Abs. 1 GKG als Wertvorschrift beinhalten keine Funktion dahingehend, einen Beteiligten vor der Stellung eines mutwilligen Insolvenzantrages abzuhalten. Damit entfällt auch die Begrenzung dieser Funktion durch das Verbot unangemessen hoher Gerichtsgebühren. Von den Gerichtsgebühren als Kosten des Insolvenzverfahrens sind nur die Insolvenzgläubiger durch Verringerung der ihnen zur Verfügung stehenden Teilungsmasse betroffen. Die Höhe der Gerichtsgebühren wirkt sich regelmäßig nur sehr gering auf die Befriedigung der Insolvenzgläubiger aus. Die Begrenzung des Gebührenstreitwerts für das Insolvenzverfahren hat für die Insolvenzgläubiger kaum Auswirkungen.

Die Funktion einer Gebühr, die gerichtliche Tätigkeit angemessen abzugelten, wird durch 15
die Verfahrensgebühr der Nr. 2320 ff. GKG KV erfüllt. Bei einem **Höchstbetrag des Insolvenzmasse von 30 Mio. €** beträgt seit 1.6.2025 die regelmäßig **dreifache Verfahrensgebühr 320 095 €.** Es kann nicht allgemein die Behauptung aufgestellt werden, bei einer Insolvenzmasse von mehr als 30 Mio. € sei der Arbeitsaufwand des Insolvenzgerichts so hoch, dass er durch diese Verfahrensgebühr unverhältnismäßig niedrig sei. Es ist insoweit die von Gesetzgeber getroffene Selbstbindung anzuerkennen, auch wenn in einzelnen Insolvenzverfahren mit außergewöhnlich hoher Insolvenzmasse diese Begrenzung als zweifelhaft erscheinen mag.

dd) Besondere Arten der Verfahrensbeendigung

Wird das Verfahren mangels Masse nach § 207 InsO, bei Masseunzulänglichkeit nach § 208 16
InsO oder nach rechtskräftiger Bestätigung eines Insolvenzplans nach § 258 InsO beendet, ist der **Wert der Insolvenzmasse im Umfang des bisher verwalteten Vermögens** maßgebend,[26)] ggf. ist er anhand der dem Gericht vorliegenden Unterlagen zu schätzen oder im Verfahren nach § 63 GKG zu bestimmen.[27)] Insoweit kann die Regelung des § 1 Abs. 1 Satz 2 InsVV ergänzend herangezogen werden (siehe oben § 3 Rz. 82 ff.). Masseverbindlichkeiten werden von der Insolvenzmasse nicht abgesetzt (siehe § 3 Rz. 119 ff.).[28)] Gegenstände, die mit **Absonderungsrechten** behaftet sind, werden nach § 58 Abs. 1 Satz 2 GKG nur mit einem **für die Insolvenzmasse verbliebenen Überschussbetrag** berücksich-

---

23) Zur Verfassungsmäßigkeit einer Begrenzung des Gegenstandswerts bei Anwaltsvergütung BVerfG, Beschl. v. 17.10.1990 – 1 BvR 283/85, BVerfGE 83, 1 = NJW 1991, 555; BVerfG, Beschl. v. 13.2.2007 – 1 BvR 910/05, BVerfG 118, 1 = NJW 2007, 2098; kritisch dazu *Schneider*, ErbR 2008, 76; *Römermann*, BB 2007, 1184; *Kirchberg*, BRAK-Mitt 2007, 165.

24) Art. 16 Nr. 8 Zweites Gesetz zur Modernisierung der Justiz (2. Justizmodernisierungsgesetz), v. 22.12.2006, BGBl. I 2006, 3416.

25) Art. 1 des 2. KostRMoG, v. 23.7.2013, BGBl. I 2013, 2586.

26) *Keller* in: Gottwald/Haas, Insolvenzrechts-Hdb., § 126 Rz. 30.

27) Toussaint-*Toussaint*, KostR, § 63 GKG Rz. 20 ff.

28) Toussaint-*Toussaint*, KostR, § 58 GKG Rz. 3.

tigt.[29] Da das während des Verfahrens neu erworbene Vermögen gemäß § 35 InsO zur Insolvenzmasse gehört, ist es auch in den Gegenstandswert mit einzubeziehen.[30]

17 Schon mit der Neuordnung des Gebührenrechts i. R. des Einführungsgesetzes zur InsO wurde die umstrittene Regelung des § 37 Abs. 2 GKG a. F. nicht übernommen, wonach die Summe der Gläubigerforderungen als Gegenstandswert anzunehmen sein sollte, wenn sie geringer ist als die Insolvenzmasse.[31] In der seit 1.7.2004 geltenden Neuregelung des § 58 InsO fehlt sie ebenfalls.

ee) Beschwerdeverfahren

18 Für die Bestimmung des Gegenstandswertes im Beschwerdeverfahren verweist § 58 Abs. 3 GKG auf Absatz 1 der Norm.[32] Für die **Beschwerde des Schuldners gegen die Insolvenzeröffnung** oder die Abweisung mangels Masse ist nach § 58 Abs. 1 GKG der Wert der Insolvenzmasse maßgebend, für die Beschwerde eines Gläubigers gegen die Abweisung seines Eröffnungsantrags gilt § 58 Abs. 2 GKG.

ff) Insolvenzantrag eines Gläubigers

19 Für die Gebühr des Verfahrens über den Antrag eines Gläubigers auf Insolvenzeröffnung nach Nr. 2311 GKG KV enthält § 58 Abs. 2 GKG eine Sonderregelung. Der **Gegenstandswert** bestimmt sich hier grundsätzlich nach dem **Wert der Gläubigerforderung.** Maßgebend ist der Nennbetrag der Forderung ohne Kosten und Nebenleistungen (§ 43 Abs. 1 GKG); der volle Nennbetrag der Forderung ist auch dann maßgebend, wenn der Gläubiger lediglich einen Teilbetrag angibt oder die Forderungshöhe später erhöht.[33] Nur wenn der Wert der Insolvenzmasse niedriger ist, ist dieser als Gegenstandswert der Gebühr heranzuziehen. Das Gericht hat den Wert der Insolvenzmasse auch im Zusammenhang mit anderen anhängigen Verfahren zu bestimmen und darf nicht ohne weiteres auf den Betrag der Gläubigerforderung zurückgreifen.[34] Mit dieser Regelung soll berücksichtigt werden, dass ein antragstellender Gläubiger in erster Linie an der Befriedigung seiner Forderung interessiert ist und der Insolvenzantrag in begrenztem Maße hierfür ein zulässiges Druckmittel darstellt.[35] Mindestens beträgt die Antragsgebühr für einen Insolvenzgläubiger 216 € (Nr. 2311 GKG KV).[36]

b) Fälligkeit

20 Die Gebühren im Insolvenzeröffnungsverfahren werden jeweils **mit Antragstellung fällig** (§ 6 Abs. 1 Nr. 2 GKG); unmaßgeblich für das Entstehen der Gebühr ist danach die Art der Erledigung des Antrags oder der Beendigung des Eröffnungsverfahrens. Die Gebühr

---

29) Hess/Weis/Wienberg-*Weis*, InsO, Art. 29 EGInsO Rz. 17; dies entspricht der Anrechnung eines Überschussbetrages nach § 1 Abs. 2 Nr. 1 Satz 3 InsVV; der Wert der Gegenstände ist ggf. zu schätzen, Toussaint-*Toussaint*, KostR, § 58 GKG Rz. 4.

30) Hess/Weis/Wienberg-*Weis*, InsO, Art. 29 EGInsO Rz. 17.

31) *Hartmann*, Kostengesetze, 27. Aufl. 1997, § 37 GKG Rz. 5.

32) Die frühere Regelung des § 38 GKG wurde sinngemäß übernommen; dazu Hess/Weis/Wienberg-*Weis*, InsO, Art. 29 EGInsO Rz. 18.

33) LG Freiburg, Beschl. v. 4.11.1991 – 2 T 44/91, Rpfleger 1992, 312; Toussaint-*Toussaint*, § 58 GKG Rz. 7.

34) AG Göttingen, Beschl. v. 3.3.1992 – 71 N 48/90, ZIP 1992, 790 = KTS 1992, 567, dazu EWiR 1992, 677 *(Pape)*; AG Hannover, Beschl. v. 24.2.2021 – 903 IN 366/20-4, ZInsO 2021, 1180; anders LG Krefeld, Beschl. v. 4.5.1983 – 6a T 14/83, ZIP 1984, 92.

35) Zum sog. Druckantrag Uhlenbruck-*Wegener*, InsO, § 14 Rz. 73 m. w. N.

36) Art. 5 Nr. 45 Kosten- und Betreuervergütungsrechtsänderungsgesetz 2025 (KostBRÄG 2025), v. 7.4.2025, BGBl. I 2025, Nr. 109.

für das Insolvenzverfahren wird mit Erlass des Eröffnungsbeschlusses fällig;[37] es gilt die allgemeine Regelung des § 6 Abs. 3 GKG.

c) Kostenschuldner

Kostenschuldner im eröffneten Verfahren ist für alle Gebühren nach Nr. 2310–2332 GKG KV und Auslagen des Verfahrens der Schuldner des Insolvenzverfahrens und damit die Insolvenzmasse nach § 23 Abs. 7 GKG. Die Kosten sind vorweg aus der Masse zu befriedigen (§ 53 InsO).[38] Zwar ist der **antragstellende Gläubiger** weiterhin nach § 23 Abs. 1 GKG **Schuldner der Antragsgebühr.** Er hat bei Verfahrenseröffnung gegen die Masse aber einen **Erstattungsanspruch im Range der Gerichtskosten nach § 54 Nr. 1 InsO,**[39] so dass praktisch keine Kostenhaftung des Gläubigers in Betracht kommt. Der Antragsteller, insbesondere der antragstellende Gläubiger, haftet nur dann für die Kosten, wenn das Insolvenzverfahren nicht eröffnet wird. 21

In **§ 23 Abs. 1 Satz 1 GKG** ist für die **Gebühren des Eröffnungsverfahrens** als **Kostenschuldner** der **Antragsteller** benannt; im Falle der Abweisung mangels Masse haftet er auch für die Auslagen (§ 23 Abs. 1 Satz 2 GKG). Mit dieser Regelung sollte klargestellt werden, dass der Antragsteller zwar für die Auslagen des Verfahrens, damit auch für die Vergütung des Gutachters im Eröffnungsverfahren (Nr. 9005 GKG KV) haftet,[40] nicht aber für die Vergütung des vorläufigen Verwalters (siehe dazu eingehend oben § 2 Rz. 31 ff.).[41] Dem entspricht auch die klarstellende Regelung des § 23 Abs. 1 Satz 3 GKG, wonach die Vergütung des vorläufigen Insolvenzverwalters oder des Insolvenzverwalters im eröffneten Verfahren, die bei Kostenstundung nach § 4a InsO der Fiskus schuldet (§ 63 Abs. 2 InsO) und die nach Nr. 9018 GKG KV als Auslage zu erstatten ist, nicht vom antragstellenden Gläubiger übernommen werden muss.[42] 22

Das **Gericht kann** in der Entscheidung, welche das Eröffnungsverfahren abschließt, die **Kosten des Verfahrens dem Schuldner auferlegen**, der dann gemäß § 29 Nr. 1 GKG haftet.[43] Dies entbindet den Antragsteller regelmäßig aber nicht von seiner Kostenhaftung aus § 23 Abs. 1 GKG; vielmehr haften beide als **Gesamtschuldner** nach § 31 Abs. 1 GKG.[44] Unberührt bleiben die Vorschriften zur Kosten- und Gebührenfreiheit nach § 2 GKG.[45] 23

Im **Nachlassinsolvenzverfahren** ist der Erbe als Antragsteller nach § 317 InsO Kostenschuldner nach § 23 GKG. Aus dem Nachlass als Objekt des Insolvenzverfahrens können nur bei Eröffnung des Verfahrens die Kosten nach § 54 Nr. 1 InsO entnommen werden. Das Insolvenzgericht sollte vor einer Beauftragung eines Sachverständigen und bei einer beabsichtigten Abweisung mangels Masse, die dann zur Kostenhaftung des antragstellenden 24

37) *Keller* in: Gottwald/Haas, Insolvenzrechts-Hdb., § 126 Rz. 31.

38) BGH, Urt. v. 13.4.2006 – IX ZR 22/05, ZVI 2006, 303 = NZI 2006, 392; *Langer* in: MünchKomm-InsO, § 53 Rz. 5; *Pape/Hageböke* in: KPB, InsO, § 53 Rz. 9.

39) Jaeger-*Lent*, KO, § 58 Rz. 4b; *Pape/Hageböke* in: KPB, InsO, § 54 Rz. 9; Römermann-*Andres*, InsO/InsR, § 54 InsO Rz. 3.

40) AG Köln, Beschl. v. 15.2.2017 – 72 IN 295/13, NZI 2017, 277.

41) Begr. RegE EGInsO, BT-Drucks. 12/3803, S. 72, abgedr. in: *Kübler/Prütting*, RWS-Dok. 18, S. 839; Leonhardt/Smid/Zeuner-*Amberger*, InsVV, Gerichtskosten Rz. 17; Hess/Weis/Wienberg-*Weis*, InsO, Art. 29 EGInsO Rz. 19.

42) *Pape* in: KPB, InsO, § 13 Rz. 253, 254.

43) Zur Erledigterklärung *Keller* in: Gottwald/Haas, Insolvenzrechts-Hdb., § 126 Rz. 18.

44) Eingehend *Frege/Keller/Riedel*, Insolvenzrecht, Rz. 9.136 ff.

45) Kostenbefreit sind der Bund, die Länder sowie die nach den Haushaltsplänen des Bundes und der Länder verwalteten öffentlichen Kassen; Toussaint-*Toussaint*, KostR, § 2 GKG Rz. 5 ff.; *Frege/Keller/Riedel*, Rz. 9.1351.

Erben führt, diesen hierauf hinweisen.[46] Der Kostenhaftung kann der Erbe aber praktisch nicht entgehen, da er ja nach § 1980 BGB zur Insolvenzantragstellung verpflichtet ist und bei Verletzung dieser Antragspflicht den Nachlassgläubigern gegenüber unbeschränkt haftet (§ 1980 Abs. 1 Satz 2 BGB).[47]

3. Gerichtliche Auslagen

25 Ein nicht zu unterschätzender Kostenfaktor im Insolvenzverfahren sind die Auslagen des Verfahrens. Diese sind nach Nr. 9000 ff. GKG KV zusammen mit den Gebühren vom jeweiligen Kostenschuldner zu erheben. Als die wichtigsten im Insolvenzverfahren entstehenden und zu ersetzenden Auslagen sind zu nennen:

- Nr. 9002 GKG KV: **Kosten einer Zustellung.** Da nach § 8 Abs. 1 InsO gerichtliche Entscheidungen von Amts wegen zugestellt werden,[48] sind die Zustellkosten als Auslagen zu ersetzen. Bei Zustellung durch Aufgabe zur Post entsprechend § 184 ZPO[49] entstehen keine Auslagen. Die Kosten der Zustellungen sind nur anzusetzen, wenn und soweit Auslagen für mehr als zehn Zustellungen angefallen sind. Hat das Insolvenzgericht den Insolvenzverwalter mit der Vornahme der Zustellungen beauftragt (§ 8 Abs. 3 InsO), fallen die Auslagen nach Nr. 9002 GKG KV nicht beim Gericht, sondern beim Verwalter an und sind diesem i. R. des Auslagenersatzes nach § 4 Abs. 2, § 8 InsVV zu erstatten (siehe oben § 14 Rz. 31 ff.).
- Nr. 9004 GKG KV: **Kosten einer öffentlichen Bekanntmachung.** Diese Kosten sind stets in voller Höhe anzusetzen. Mit der Einführung von www.insolvenzbekanntmachungen.de als zentrales Organ der öffentlichen Bekanntmachung,[50] betrug die Auslagenhöhe anfangs symbolisch 1 € je Bekanntmachung im Internet. Durch das 2. Kostenrechtsmodernisierungsgesetz vom 23.7.2013[51] ist dieser Tatbestand ersatzlos weggefallen, die **Internetbekanntmachung ist** damit **kostenfrei.** Eine öffentliche Bekanntmachung in Printmedien ist nach wie vor in voller Höhe anzusetzen.[52]
- Nr. 9005 GKG KV: **Vergütung eines Sachverständigen.** Die Vergütung des Sachverständigen im Insolvenzeröffnungsverfahren ist in voller Höhe des nach § 9 Abs. 2 JVEG gezahlten Betrages anzusetzen; weitere Sachverständigenkosten können auch bei Beauftragung zur Prüfung der Schlussrechnung des Verwalters anfallen, auch diese Kosten sind als gerichtliche Auslagen anzusehen (eingehend siehe § 17 Rz. 18).[53]

26 Auslagenersatz für **Schreibauslagen** nach Nr. 9000 GKG KV[54] oder die Pauschale für **Aktenversendung** nach Nr. 9003 GKG KV sind wie in jedem anderen gerichtlichen Verfahren von demjenigen anzufordern, der das Entstehen der Auslagen veranlasst.

---

46) *Greiner*, ZInsO 2020, 341.

47) *Frege/Keller/Riedel*, Insolvenzrecht, Rz. 7.49.

48) *Sternal* in: HK-InsO, § 8 Rz. 6 ff.

49) Uhlenbruck-*Pape*, InsO, § 8 Rz. 3; *Prütting* in: KPB, InsO, § 8 Rz. 13; sehr ausführlich Römermann-*Becker*, InsO/InsR, § 8 InsO Rz. 10 ff.; zur Reform des Zustellungsrechts 2002 *Keller*, NZI 2002, 581.

50) Gesetz zur Vereinfachung des Insolvenzverfahrens – InsVerfVereinfG, v. 13.4.2007, BGBl. I 2007, 509.

51) Art. 3 Abs. 2 Nr. 111 des Zweiten Gesetzes zur Modernisierung des Kostenrechts – 2. Kostenrechtsmodernisierungsgesetz (2. KostRMoG), v. 23.7.2013, BGBl. I 2013, 2586, in Kraft seit 1.8.2013.

52) Eingehend *Keller*, ZIP 2003, 149.

53) Treffend OLG Stuttgart, Beschl. v. 15.10.2009 – 8 W 265/09, ZIP 2010, 491; unzutreffend *Haertlein*, NZI 2009, 577.

54) Zur Auslagenfreiheit für Abschriften und Ausfertigungen gerichtlicher Entscheidungen sowie Protokollabschriften vgl. Toussaint-*Toussaint*, KostR, Nr. 9000 GKG KV Rz. 10 ff.

4. Gerichtskosten des Insolvenzeröffnungsverfahrens

a) Umfang der Gebühr nach Nr. 2310, 2311 GKG KV

Für das Verfahren über den **Antrag auf Eröffnung eines Insolvenzverfahrens** wird nach **Nr. 2310, 2311 GKG KV** eine **halbe Gebühr** erhoben.[55] Dieser Gebührensatz gilt sowohl für den Antrag des Schuldners wie für den Antrag eines Gläubigers auf Insolvenzeröffnung. Hat ein **Gläubiger Antrag** auf Insolvenzeröffnung gestellt, soll durch die **Mindestgebühr von 216 €**[56] eine allzu leichtfertige Antragstellung – etwa bei geringer Gläubigerforderung oder nur um den Schuldner zu Ratenzahlungen an den Gläubiger zu bewegen – verhindert werden.[57] Die Mindestgebühr wird nach der Gebührentabelle zu § 34 Abs. 1 GKG überschritten, sobald die Gläubigerforderung als Gegenstandswert nach § 58 Abs. 2 GKG den Betrag von 25 000 € erreicht. Bei Antragstellung durch den Schuldner bestimmt Nr. 2310 GKG KV keine Mindestgebühr. 27

Durch die Gebühr wird jede gerichtliche Tätigkeit im Insolvenzeröffnungsverfahren abgegolten. Es entstehen mithin **keine besonderen Gebühren für die Anordnung von Sicherungsmaßnahmen** nach § 21 InsO,[58] für die Anhörung des Schuldners durch das Gericht nach §§ 20, 97 InsO, die Abnahme einer eidesstattlichen Versicherung nach §§ 20, 98 Abs. 1 InsO oder den Erlass eines Haftbefehls nach § 20 Satz 2, § 98 Abs. 2 InsO. Nicht zu den Gerichtsgebühren, jedoch zu den zu erstattenden Auslagen gehören die **Kosten einer zwangsweisen Vorführung durch den Gerichtsvollzieher** nach § 98 Abs. 3 Satz 1 InsO, § 802g ZPO;[59] sie betragen nach Nr. 270 GvKostG KV 39 € (siehe dazu § 18 Rz. 13). Als Auslage ist ferner die Entschädigung eines Sachverständigen nach § 9 JVEG zu erstatten; das gilt insbesondere auch für den vorläufigen Insolvenzverwalter, der nach § 22 Abs. 1 Nr. 3 InsO oder kraft Beauftragung durch das Insolvenzgericht die Aufgabe eines Sachverständigen übernimmt (siehe § 17 Rz. 12 ff.). 28

Die **Gebühr entsteht und wird fällig mit Antragstellung** (§ 6 Abs. 1 Nr. 2 GKG). Daher ist nicht ausschlaggebend, ob das Insolvenzverfahren eröffnet wird oder nicht. Wird Insolvenzantrag von mehreren Gläubigern unabhängig voneinander oder vom Schuldner und einem Gläubiger gestellt, entsteht die Gebühr für jeden Antragsteller besonders. Zwar kann das Insolvenzverfahren nur einmal eröffnet werden und die Anträge können auch zu einem gemeinsamen Eröffnungsverfahren miteinander verbunden werden;[60] weil die Gebühr aber für jeden Antragsteller mit Antragstellung entsteht, ist sie gesondert bei jedem Antragsteller zu erheben. 29

Im Hinblick auf die möglichen Auslagen des Eröffnungsverfahrens kann ein **Vorschuss nach § 10 GKG** vom Antragsteller **angefordert** werden.[61] Der Vorschuss soll die möglichen Auslagen des Eröffnungsverfahrens abdecken. 30

b) Kostenhaftung des Gläubigers

Kostenschuldner der Gebühr ist nach § 23 Abs. 1 GKG der jeweilige Antragsteller, insbesondere der antragstellende Gläubiger. Eine **tatsächliche Kostenhaftung** kommt dann in 31

55) Zum Kostenrecht im früheren Konkursrecht ausführlich *Delhaes*, KTS 1987, 597.

56) Art. 5 Nr. 45 KostBRÄG 2025, v. 7.4.2025, BGBl. I 2025, Nr. 109.

57) Begr. RegE EGInsO, BT-Drucks. 12/3803, S. 73, abgedr. in: *Kübler/Prütting*, RWS-Dok. 18, S. 840; Hess/Weis/Wienberg-*Weis*, InsO, Art. 29 EGInsO Rz. 27.

58) *Keller* in: Gottwald/Haas, Insolvenzrechts-Hdb., § 126 Rz. 24.

59) Dazu *Keller* in: Keller, Hdb. Zwangsvollstreckungsrecht, Rz. 2.206 ff.

60) *Frege/Keller/Riedel*, Insolvenzrecht, Rz. 2.262 ff.; ausführlich *Uhlenbruck*, KTS 1987, 561; *Holzer*, NZI 2007, 432.

61) *Keller* in: Gottwald/Haas, Insolvenzrechts-Hdb., § 126 Rz. 20 ff.

Betracht, **wenn das Insolvenzverfahren nicht eröffnet wird.** Der Gläubiger hat als Kostenschuldner neben der Gebühr nach Nr. 2311 GKG KV auch die Auslagen des Eröffnungsverfahrens zu tragen; dazu gehören insbesondere die Sachverständigenkosten nach Nr. 9005 GKG KV. Je nach Art der Beendigung des Eröffnungsverfahrens kommt eine Haftung des antragstellenden Gläubigers in folgenden Fällen Betracht:

- **Rücknahme des Eröffnungsantrags** (§ 13 Abs. 2 InsO),[62]
- **Zurückweisung** des Eröffnungsantrags als unzulässig oder unbegründet (§ 14 Abs. 1 InsO),[63]
- **Erledigung** des Verfahrens **in der Hauptsache** (§ 91a ZPO analog),[64]
- **Abweisung** der Insolvenzeröffnung **mangels Masse** (§ 26 InsO).[65]

32 Die Regelung des § 23 Abs. 1 Satz 3 GKG ist nur dann von Bedeutung, wenn das Insolvenzverfahren eröffnet wird. Nur dann wird dem Schuldner Kostenstundung nach §§ 4a ff. InsO gewährt, was zur Zahlung der Vergütungen durch die Staatskasse (§ 63 Abs. 2 InsO) und zu den Auslagen nach Nr. 9018 GKG KV führt.

aa) Rücknahme und Zurückweisung des Antrags

33 **Nimmt der Gläubiger** den von ihm gestellten **Insolvenzantrag** vor Eröffnung oder rechtskräftiger Abweisung des Antrags **zurück,** hat er **entsprechend § 269 Abs. 3 ZPO** die **Kosten** des Verfahrens **zu tragen.**[66] Dem entspricht die Kostenhaftung des § 23 Abs. 1 GKG. Der Schuldner ist nicht Kostenschuldner nach § 23 Abs. 3 GKG; ihm können die Kosten auch nicht durch gerichtlichen Beschluss nach § 29 Nr. 1 GKG auferlegt werden.

34 **Gleiches gilt für die Zurückweisung** eines Antrags als unzulässig oder unbegründet. Alleiniger Kostenschuldner ist auch hier der Antragsteller, mithin der antragstellende Gläubiger.

bb) Erledigung in der Hauptsache

35 Eine Erledigungserklärung seitens des Gläubigers erfolgt regelmäßig dann, wenn der Schuldner nach Antragstellung den Gläubiger hinsichtlich seiner Forderung voll befriedigt; der Antrag des Gläubigers wäre dann nach § 14 Abs. 1 InsO unzulässig.[67] Die **Erledigungserklärung** analog § 91a ZPO **soll dazu führen, dem Schuldner** durch gerichtlichen Beschluss die **Kosten des Verfahrens aufzuerlegen;**[68] er ist dann Kostenschuldner gemäß § 29 Nr. 1 GKG (sog. Entscheidungsschuldner).

---

62) Dazu allgemein Uhlenbruck-*Wegener*, InsO, § 13 Rz. 156 ff.; K. Schmidt-*Gundlach*, InsO, § 13 Rz. 35 ff.

63) Eingehend *Frege/Keller/Riedel*, Insolvenzrecht, Rz. 2.533 ff.

64) BGH, Urt. v. 20.11.2001 – IX ZR 48/01, BGHZ 149, 178, 181 = ZIP 2002, 87, dazu EWiR 2002, 219 *(Wagner)*; zuletzt BGH, Beschl. v. 15.1.2004 – IX ZB 188/03, ZVI 2004, 557; BGH, Beschl. v. 11.11.2004 – IX ZB 258/03, ZIP 2005, 91 = ZVI 2005, 125; Jaeger-*Gerhardt*, InsO, § 13 Rz. 53, 68; *Vuia* in: MünchKomm-InsO, § 13 Rz. 132 ff.; Uhlenbruck-*Wegener*, InsO, § 14 Rz. 170 ff.

65) K. Schmidt-*Keller*, InsO, § 26 Rz. 26 ff.

66) Jaeger-*Müller*, InsO, § 15 Rz. 65, 66; Uhlenbruck-*Wegener*, InsO, § 13 Rz. 172; *Vuia* in: Gottwald/Haas, Insolvenzrechts-Hdb., § 10 Rz. 11 ff.

67) Umfassend *Vuia* in: Gottwald/Haas, Insolvenzrechts-Hdb., § 10 Rz. 14 ff.

68) LG Köln, Beschl. v. 19.5.1987 – 19 T 197/87, KTS 1988, 170; Uhlenbruck-*Wegener*, InsO, § 14 Rz. 175; *Keller*, Insolvenzrecht, Rz. 562; ausführlich *Uhlenbruck*, KTS 1986, 541.

Die **Erledigterklärung** analog § 91a ZPO allein **durch den antragstellenden Gläubiger** ist allgemein anerkannt.[69] Ihr liegt der Gedanke zugrunde, dass der Gläubiger zunächst einen zulässigen Insolvenzantrag stellt und nicht davon ausgehen muss, dass der Schuldner die Forderung befriedigen kann. Die dann doch eintretende Befriedigung stellt das erledigende Ereignis dar. Die Kostentragungspflicht des Schuldners ist daher gerechtfertigt, weil er Anlass zur Antragstellung gegeben hat. Soweit aber ersichtlich ein sog. **Druckantrag** vorliegt, wird die Zulässigkeit einer Erledigterklärung auch verneint.[70] Die Kosten des Verfahrens trägt dann der Gläubiger als Antragsteller entsprechend § 269 Abs. 3 ZPO.[71] Statt den Insolvenzantrag für erledigt zu erklären, könnte der Gläubiger auch mit Verweis auf § 14 Abs. 1 Satz 2 InsO seinen Insolvenzantrag aufrechterhalten. Von dieser Möglichkeit wird in der Insolvenzpraxis aber kaum Gebrauch gemacht.[72] 36

Durch diese Haftung des Schuldners ist der **antragstellende Gläubiger von** seiner **Kostentragungspflicht** aus § 23 Abs. 1 GKG **nicht entbunden**; die Erklärung der Erledigung der Hauptsache ist insoweit nur eine andere Art der Antragsrücknahme. Beide haften vielmehr als **Gesamtschuldner** für die Kosten des Verfahrens (§ 31 Abs. 1 GKG). Hierbei soll die Haftung des Antragstellers nur in Anspruch genommen werden, wenn die Zwangsvollstreckung in das bewegliche Vermögen des Schuldners erfolglos geblieben ist oder aussichtslos erscheint (§ 31 Abs. 2 Satz 1 GKG). Das Gericht wird zunächst dem Entscheidungsschuldner nach § 29 Nr. 1 GKG die Kosten des Eröffnungsverfahrens in Rechnung stellen, im Hinblick auf die Beurteilung seines Zahlungsvermögens sollen auch künftige Erwerbsmöglichkeiten des Schuldners berücksichtigt werden (§ 8 Abs. 1 KostVfg)[73]. 37

Der **antragstellende Gläubiger** bleibt als sog. **Zweitschuldner** weiterhin haftbar bis zum Eintritt der Verjährung nach § 5 Abs. 1 GKG. Er haftet entsprechend § 23 Abs. 1 Satz 2 GKG sowohl für die Gebühr als auch für die Auslagen des Verfahrens.[74] Bezüglich der Sachverständigenkosten als Auslagen nach Nr. 9005 GKG KV wird dies von einigen Gerichten zu Unrecht verneint.[75] 38

Ergibt sich bereits aus den **Akten des Gerichts**, dass der **Entscheidungsschuldner dauernd unvermögend** sein wird, sind die Kosten **sogleich dem antragstellenden Gläubiger in Rechnung zu stellen** (§ 10 Abs. 1 KostVfg). Dies gilt z. B. dann, wenn Schuldner eine 39

69) Grundlegend BGH, Urt. v. 20.11.2001 – IX ZR 58/01, BGHZ 149, 178, 181 = ZIP 2002, 87, dazu EWiR 2002, 219 *(Wagner)*; OLG Celle, Beschl. v. 10.1.2001 – 2 W 1/01, NZI 2001, 149; OLG Köln, Beschl. v. 28.3.2001 – 2 W 39/01, ZIP 2001, 1018 = NZI 2001, 318; für das Konkursverfahren bereits OLG Köln, Beschl. v. 1.9.1993 – 2 W 130/93, ZIP 1993, 1483; LG Göttingen, Beschl. v. 23.3.1992 – 6 T 219/91, ZIP 1992, 572; Jaeger-*Gerhardt*, InsO, § 13 Rz. 53, 68; *Vuia* in MünchKomm-InsO, § 13 Rz. 132 ff.; Uhlenbruck-*Wegener*, InsO, § 14 Rz. 170 ff.; *Frege/Keller/Riedel*, Insolvenzrecht, Rz. 479 ff.

70) LG Münster, Beschl. v. 3.11.1992 – 5 T 722/92, ZIP 1993, 1103; LG Köln, Beschl. v. 24.8.2016 – 13 T 87/16, ZVI 2017, 67; LG Köln, Beschl. v. 5.3.2018 – 1 T 5/18, ZVI 2018, 231; AG Hamburg, Beschl. v. 27.9.2011 – 67c IN 74/11, ZIP 2012, 1044 = ZVI 2012, 12; AG Köln, Beschl. v. 20.1.2017 – 75 IN 309/17, ZVI 2018, 99; AG Leipzig, Beschl. v. 5.9.2017 – 403 IN 1109/17, ZVI 2018, 17; AG Köln, Beschl. v. 18.11.2017 – 72 IN 171/17, ZVI 2019, 97; AG Göttingen, Beschl. v. 9.1.2018 – 74 IN 210/17, ZIP 2018, 992 = ZVI 2018, 95.

71) Eingehend *Zipperer*, ZVI 2018, 299.

72) Dazu auch *Spickermann*, ZIP 2019, 749.

73) Kostenverfügung; bundeseinheitlich geltende Verwaltungsvorschrift der Länder; ab 1.4.2014 geltende Fassung, JMBl. NRW 2014, 64; abgedr. bei *Schneider/Volpert/Fölsch*, NK-GK, Anh. II.

74) OLG Düsseldorf, Beschl. v. 7.2.2009 – 1-10 W 123/08, ZIP 2009, 1172; OLG Köln, Beschl. v. 28.1.2010 – 17 W 343/09, ZIP 2010, 637 = NZI 2010, 302; LG Dresden, Beschl. v. 16.6.2005 – 5 T 838/03, ZVI 2005, 329; anders bei übereinstimmender Erledigterklärung OLG Köln, Beschl. v. 11.10.2005 – 17 W 91/05, NZI 2005, 683; eingehend *Frege/Keller/Riedel*, Insolvenzrecht, Rz. 9.136 ff.

75) OLG Düsseldorf, Beschl. v. 24.8.2006 – 1-10 W 57/06, NZI 2006, 708; LG Frankenthal, Beschl. v. 5.2.2002 – 5 T 90/01, NZI 2002, 265; LG Göttingen, Beschl. v. 24.6.2004 – 10 T 72/04, ZIP 2004, 1773 = NZI 2004, 501; AG Kaiserslautern, Beschl. v. 9.3.2004 – IN 299/02, NZI 2002, 327.

Gesellschaft mit beschränkter Haftung ist, die offenkundig vermögenslos ist oder über deren Vermögen auf Antrag eines anderen Gläubigers das Insolvenzverfahren eröffnet oder die Eröffnung des Verfahrens mangels Masse abgelehnt worden ist.[76] § 31 Abs. 2 GKG verlangt für die Inanspruchnahme des antragstellenden Gläubigers i. Ü. nicht einen erfolglosen Vollstreckungsversuch. Es genügt, wenn nach dem Ermessen des Gerichts eine Zwangsvollstreckung erfolglos erscheint.

cc) Abweisung mangels Masse

40 Wird die Eröffnung des Insolvenzverfahrens gemäß § 26 InsO mangels Masse abgewiesen, werden regelmäßig die Kosten des Eröffnungsverfahrens dem Schuldner auferlegt.[77] Er haftet dann als Entscheidungsschuldner nach § 29 Nr. 1 GKG. Der antragstellende Gläubiger bleibt weiterhin Schuldner für Gebühren und Auslagen des Eröffnungsverfahrens nach § 23 Abs. 1 GKG, auch für die Sachverständigenkosten nach Nr. 9005 GKG KV.[78] Zwar wird vertreten, es sei unzulässig, ihm die Kosten ausdrücklich aufzuerlegen; dies **entbindet den Gläubiger** aber **nicht von der gesetzlichen Kostenhaftung**, sondern lediglich davon, durch auferlegte Kostentragungspflicht womöglich auch noch die anwaltlichen Kosten des Schuldners tragen zu müssen.[79]

41 Zur Frage, ob die **Vergütung des vorläufigen Insolvenzverwalters** zu den Kosten des Eröffnungsverfahrens zählt und dem antragstellenden Gläubiger diese aufgebürdet werden kann siehe oben § 2 Rz. 41 ff.

42 Die gesamtschuldnerische Haftung nach § 31 GKG wirkt sich für den Gläubiger regelmäßig in der Weise aus, dass die Kosten des Verfahrens trotz der Regelung des § 31 Abs. 2 GKG sogleich ihm in Rechnung gestellt werden können, da aufgrund der **Abweisung mangels Masse** ein **Unvermögen des Schuldners offenkundig** ist,[80] dies gilt insbesondere dann, wenn der Schuldner eine juristische Person ist.

Beispiel:

Wegen rückständiger Sozialversicherungsbeiträge von 3 459,96 € beantragt die Allgemeine Ortskrankenkasse die Eröffnung des Insolvenzverfahrens über das Vermögen einer Gesellschaft mit beschränkter Haftung. Nach Zahlung der Forderungssumme seitens des Geschäftsführers erklärt die Krankenkasse ihren Antrag als in der Hauptsache für erledigt. Das Insolvenzgericht legt analog § 91a ZPO die Kosten des Verfahrens der schuldnerischen Gesellschaft auf. Zwischenzeitlich wurde ein Eigenantrag der Gesellschaft auf Eröffnung des Insolvenzverfahrens mangels Masse abgewiesen.

Die Kosten des Eröffnungsverfahrens nach Nr. 2311 GKG KV hat bei Erledigung der Hauptsache analog § 91a ZPO die schuldnerische Gesellschaft zu tragen, sie ist Kostenschuldner nach § 29 Nr. 1 GKG. Die Kostenhaftung der antragstellenden Krankenkasse nach § 23 Abs. 1 GKG ist damit nicht aufgehoben, beide haften als Gesamtschuldner. Da wegen der inzwischen erfolgten Abweisung der Insolvenzeröffnung mangels Masse die Gesellschaft offensichtlich vermögenslos

---

76) AG Paderborn, Beschl. v. 6.4.1992 – 14 N 50/91, JurBüro 1992, 468 m. Anm. *Mümmler* = Rpfleger 1993, 366; *Frege/Keller/Riedel*, Insolvenzrecht, Rz. 9.136.

77) *Frege/Keller/Riedel*, Insolvenzrecht, Rz. 9.138.

78) OLG Düsseldorf, Beschl. v. 7.2.2009 – 1-10 W 123/08, ZIP 2009, 1172; LG Göttingen, Beschl. v. 14.4.2009 – 10 T 25/09, ZIP 2010, 147 = ZVI 2009, 515; LG Bonn, Beschl. v. 3.11.2009 – 6 T 300/09, ZVI 2010, 74 = NZI 2009, 897; AG Bremen, Beschl. v. 29.10.2009, 500 IN 17/07, NZI 2009, 855; anders AG Göttingen, Beschl. v. 11.3.2009 – 71 IN 128/08, ZIP 2009, 1532 = ZVI 2009, 227.

79) Dazu LG Münster, Beschl. v. 6.1.2000 – 5 T 1201/99, NZI 2000, 383; *Frege/Keller/Riedel*, Insolvenzrecht, Rz. 9.138; ausführlich *Uhlenbruck*, KTS 1983, 341.

80) Grundlegend dazu OLG München, Beschl. v. 22.4.1986 – 11 W 1349/86, ZIP 1987, 48 = Rpfleger 1986, 450, dazu EWiR 1987, 161 *(Lappe)*.

ist, können nach § 31 Abs. 2 GKG die Kosten sogleich der antragstellenden Krankenkasse in Rechnung gestellt werden. Hinsichtlich des Eigenantrags der Gesellschaft und der damit verbundenen Gebühr nach Nr. 2310 GKG KV erfolgt regelmäßig ein Absehen von der Kostenerhebung nach § 10 KostVfg wegen offensichtlicher Uneinbringlichkeit.

5. Gerichtskosten des eröffneten Insolvenzverfahrens

a) Gebühr für das Insolvenzverfahren

Mit Eröffnung des Insolvenzverfahrens entsteht die Verfahrensgebühr nach **Nr. 2320 oder Nr. 2330 GKG KV.**[81] Sie beträgt grundsätzlich das **Dreifache des Gebührensatzes nach § 34 GKG.** Hat der **Schuldner Antrag** auf Eröffnung des Verfahrens gestellt und wird das Verfahren auf diesen Antrag hin eröffnet, wird die Gebühr des Eröffnungsverfahrens angerechnet, so dass nach **Nr. 2320 GKG KV** dann nur eine **Gebühr von 2,5** zu erheben ist. Zu erheben sind getrennt eine halbe Gebühr für das Eröffnungsverfahren und eine 2,5fache Gebühr für das Insolvenzverfahren, nicht etwa insgesamt eine dreifache Gebühr; wegen der Gebührenschritte des § 34 GKG kann dies unterschiedliche Gebührenbeträge zur Folge haben. 43

Haben **sowohl der Schuldner als auch** ein **Gläubiger Antrag auf Insolvenzeröffnung gestellt**, hat die **ermäßigte Gebühr des Nr. 2320 GKG KV Vorrang;** dies wird aus der Vorbemerkung 2.3.2 zu Abschnitt 2 des Hauptabschnitts 3 im Kostenverzeichnis deutlich, nach welcher die Gebührentatbestände der Nr. 2320 ff. GKG KV auch dann gelten, wenn das Verfahren gleichzeitig auf Schuldner- und Gläubigerantrag eröffnet wurde.[82] Gleichzeitig soll dem **Gläubiger** die von ihm **eingezahlte Antragsgebühr** nach Nr. 2311 GKG KV **zurückzuerstatten** sein.[83] Nach dem Gebührensystem soll nämlich für das Verfahren höchstens die dreifache Gebühr anfallen. Würde dem Gläubiger seine Antragsgebühr nicht erstattet, wäre dieser Gebührensatz überschritten. Umgekehrt fällt die Gebühr für den Antrag – unabhängig von der Insolvenzeröffnung – in jedem Fall an; die Praxis verfährt in diesen Fällen so, dass bei Insolvenzeröffnung dem weiteren antragstellenden Gläubiger eine Gebühr nach Nr. 2311 GKG KV erst gar nicht in Rechnung gestellt wird. Die Verfahrensgebühr entfällt selbstverständlich, wenn der Eröffnungsbeschluss auf sofortige Beschwerde des Schuldners aufgehoben wird (amtliche Anmerkungen zu Nr. 2320, 2330 GKG KV). 44

Mit der **Verfahrensgebühr** wird das **gesamte Insolvenzverfahren abgegolten,** gleichgültig welche einzelnen gerichtlichen Tätigkeiten innerhalb des Verfahrens veranlasst sind. Es entstehen bspw. keine besonderen Gebühren für die Anhörung des Schuldners nach §§ 97, 98 InsO,[84] für die Abhaltung besonderer Gläubigerversammlungen nach §§ 74 ff. InsO oder die Durchführung einer Abschlagsverteilung nach § 187 Abs. 2 InsO. Betreibt der Insolvenzverwalter bezüglich eines zur Insolvenzmasse gehörenden Grundbesitzes die Zwangsversteigerung nach § 165 InsO, §§ 172 ff. ZVG, gehören die Kosten des Zwangsversteigerungsverfahrens[85] nach § 44 Abs. 1, § 49 Abs. 1 ZVG zum geringsten Gebot und werden aus dem Versteigerungserlös befriedigt.[86] Vom Insolvenzverwalter sind sie aus der Masse nur dann zu bestreiten, wenn das Zwangsversteigerungsverfahren vorzeitig beendet wird 45

81) Eingehend auch *v. König/Horsky* in: Keller, Hdb. Zwangsvollstreckungsrecht, Rz. 9.170 ff.

82) Hess/Weis/Wienberg-*Weis*, InsO, Art. 29 EGInsO Rz. 28.

83) *Pape/Hageböke* in: KPB, InsO, § 54 Rz. 9.

84) Begr. RegE EGInsO, BT-Drucks. 12/3803, S. 73 unten, abgedr. in: *Kübler/Prütting*, RWS-Dok. 18, S. 841; die möglichen Haftkosten sind zu ersetzende Auslagen nach Nr. 9010 GKG KV.

85) Nr. 2210 ff. GKG KV; dazu ausführlich Stöber-*Keller*, ZVG, Einl. Rz. 416 ff.

86) Allgemein Stöber-*Gojowczyk*, ZVG, § 49 Rz. 5.

und es nicht zur Zuschlagserteilung kommt. Sie sind dann Masseverbindlichkeiten nach § 55 Abs. 1 Nr. 1 InsO und gehören nicht zu den Kosten i. S. des § 54 InsO.

b) Ermäßigung der Gebühr bei vorzeitiger Verfahrensbeendigung

46 Die Verfahrensgebühr ermäßigt sich im Interesse der Kostenverringerung und damit im Ergebnis auch im Interesse der Gläubigerbefriedigung, wenn das Insolvenzverfahren vorzeitig beendet wird. Dies gilt für die Fälle der **Einstellung des Insolvenzverfahrens mangels Masse** nach § 207 InsO, bei **Masseunzulänglichkeit** nach §§ 208, 211 InsO, bei **Einstellung nach Wegfall des Eröffnungsgrundes** nach § 212 InsO oder **mit Zustimmung aller Gläubiger** nach § 213 InsO. Hinsichtlich der Ermäßigungstatbestände wird ferner differenziert, ob die Einstellung des Verfahrens vor oder nach dem Ende des allgemeinen Prüfungstermins nach § 176 InsO erfolgt.[87] Wird das Verfahren mangels Masse eingestellt, noch bevor der allgemeine Prüfungstermin stattgefunden hat,[88] soll die Verfahrensgebühr entsprechend geringer ausfallen.

47 Wurde das Insolvenzverfahren auf **Antrag des Schuldners** eröffnet, ermäßigt sich die Verfahrensgebühr bei Einstellung vor dem allgemeinen Prüfungstermin nach **Nr. 2321 GKG KV** auf eine **halbe Gebühr.** Insgesamt ist danach eine volle Gebühr zu erheben, da die Gebühr des Eröffnungsverfahrens nach Nr. 2310 GKG KV weiterhin bestehen bleibt. Wird das Insolvenzverfahren **nach dem Ende des Prüfungstermins** aufgehoben, beträgt die Verfahrensgebühr nach **Nr. 2322 GKG KV** das **1,5-fache des Gebührensatzes.** Die Gebühr nach Nr. 2310 GKG KV wird daneben erhoben.

48 Bei Eröffnung des Insolvenzverfahrens auf **Antrag eines Gläubigers** ermäßigt sich die Verfahrensgebühr bei Einstellung vor dem Prüfungstermin nach **Nr. 2331 GKG KV** auf den **einfachen Satz**; zusammen mit der Gebühr nach Nr. 2311 GKG KV ist dann eine 1,5-fache Gebühr zu erheben. Bei **Einstellung nach dem Prüfungstermin** beträgt der ermäßigte Gebührensatz nach **Nr. 2332 GKG KV** für das Insolvenzverfahren das **Doppelte der Gebühr** nach § 34 GKG.

Beispiel:

Das Insolvenzverfahren wurde auf Eigenantrag des Schuldners eröffnet. Nach Abhaltung des Berichtstermins und des allgemeinen Prüfungstermins stellte der Insolvenzverwalter Masseunzulänglichkeit fest, das Insolvenzverfahren wurde nach Verwertung der vorhandenen Insolvenzmasse eingestellt, diese hatte ausweislich der Schlussrechnung des Verwalters einen Umfang von 45 000 €.

Die Gesamtgebühren des Verfahrens setzen sich zusammen aus einer halben Gebühr für das Eröffnungsverfahren nach Nr. 2310 GKG KV und der Verfahrensgebühr nach Nr. 2320 GKG KV; Letztere ermäßigt sich nach Nr. 2322 GKG KV auf das 1,5-fache. Bei einer Insolvenzmasse von 45 000 € betragen die Gebühren 281,50 € und 844,50 €. Nimmt man Gesamtauslagen i. H. von 1 646 € an, betragen die Gesamtkosten 2 772 €.

---

87) Maßgeblicher Zeitpunkt im früheren Kostenrecht war der Ablauf der Anmeldefrist nach § 138 KO; zur Änderung vgl. Beschlussempfehlung und Bericht d. RA z. RegE EGInsO, BT-Drucks. 12/7303, S. 110, abgedr. in: *Kübler/Prütting*, RWS-Dok. 18, S. 843.

88) Eine Forderungsprüfung und -feststellung findet dann nicht mehr statt; Gläubiger können trotz der Regelung des § 215 Abs. 2 Satz 2, § 201 Abs. 1 InsO nicht aus der Insolvenztabelle gegen den Schuldner die Zwangsvollstreckung betreiben, da eine Forderungsfeststellung i. S. des § 178 Abs. 3 InsO nicht erfolgt ist; dazu Römermann-*Westphal*, InsO/InsR, § 201 InsO Rz. 9 ff., § 215 Rz. 19.

c) Behandlung eines Kostenvorschusses nach § 26 InsO

Reicht nach den Ermittlungen des Gerichts im Eröffnungsverfahren die Insolvenzmasse nicht aus, um die voraussichtlichen Kosten des Verfahrens zu decken, kann das Insolvenzverfahren nur bei Leistung eines entsprechenden Kostenvorschusses seitens eines Gläubigers eröffnet werden (§ 26 Abs. 1 Satz 2 InsO).[89] Der Vorschuss muss so bemessen sein, dass die gesamten Kosten des Insolvenzverfahrens nach § 54 InsO gedeckt werden können.[90] Durch den **Kostenvorschuss** sollen **lediglich die Kosten des Verfahrens abgedeckt** werden; er dient nicht der Masseanreicherung.[91] Daher darf er auch nicht zur Insolvenzmasse gerechnet werden. Anders verhält es sich, wenn ein Gläubiger ein Darlehen zur Insolvenzmasse gibt, um diese im Hinblick auf eine Insolvenzeröffnung anzureichern; der Betrag ist dann Bestandteil der Insolvenzmasse; der Darlehensrückzahlungsanspruch ist als einfache Insolvenzforderung i. S. des § 38 InsO zu behandeln. 49

Der Kostenvorschuss ist **zurückzuerstatten, sobald sich ergibt, dass** die **Kosten** des Verfahrens **aus der Masse selbst gedeckt werden können** und der Vorschuss nicht mehr benötigt wird.[92] Hinsichtlich des Vorschussbetrages ist der Einzahler an die Stelle der durch den Vorschuss gedeckten und damit befriedigten Forderung getreten, hinsichtlich der Kosten des § 54 InsO im Falle der Masseunzulänglichkeit in den Rang des § 209 Abs. 1 Nr. 1 InsO.[93] Bleibt das Insolvenzverfahren trotz Kostenvorschusses massearm und wird es nach § 207 InsO eingestellt, ist der Vorschuss als verloren anzusehen und wird nicht zurückerstattet. 50

d) Verfahren der Kosteneinziehung (§ 16 KostVfg)

Die Staatskasse hat nach § 16 KostVfg die Kosten des Insolvenzverfahrens zeitnah beim Insolvenzverwalter einzuziehen. Damit soll für den Fall der Masselosigkeit einerseits gewährleistet werden, dass die Gerichtskosten anteilig gedeckt werden, andererseits soll die Masse nicht übermäßig belastet werden. 51

Als hilfreich hat es sich erwiesen, **nach dem Berichtstermin** (§ 156 InsO) einen die **voraussichtlichen gesamten Verfahrenskosten** deckenden Vorschuss beim Insolvenzverwalter einzufordern.[94] Bei Beendigung des Insolvenzverfahrens mit **Vorlage der Schlussrechnung** des Verwalters nach § 66 InsO steht dann ein **endgültiger Bestand der Insolvenzmasse** fest, so dass im Zuge der Verfahrensbeendigung die Gebühren und Auslagen endgültig berechnet und mit dem bereits gezahlten Vorschuss verrechnet werden können. Auch bei Verfahrenseinstellung mangels Masse kann auf diese Weise eine sachgerechte Quotelung der Kosten des Verfahrens entsprechend § 207 Abs. 3 Satz 1 InsO erfolgen. Eine endgültige Abrechnung der Auslagen ist ohnehin erst nach öffentlicher Bekanntmachung der Aufhebung des Insolvenzverfahrens nach § 200 Abs. 2 InsO möglich. 52

---

89) *Pape* in: KPB, InsO, § 26 Rz. 137 ff.; K. Schmidt-*Keller*, InsO, § 26 Rz. 43 ff.; beim Schuldnerantrag soll ein Kostenvorschuss a priori ausgeschlossen sein, Römermann-*R.-D. Mönning*, InsO/InsR, § 26 InsO Rz. 63 ff.

90) Dazu Begr. RegE InsO, BT-Drucks. 12/2443, S. 118, und Beschlussempfehlung und Bericht d. RA z. RegE InsO, BT-Drucks. 12/7302, S. 158, beides abgedr. in: *Kübler/Prütting*, RWS-Dok. 18, S. 188, 191.

91) Eingehend Jaeger-*Schilken*, InsO, § 26 Rz. 19 ff.; *Pape* in: KPB, InsO, § 26 Rz. 137 ff.; Uhlenbruck-*Langer*, InsO, § 26 Rz. 26; K. Schmidt-*Keller*, InsO, § 26 Rz. 38 ff.; *Gundlach* in: Gottwald/Haas, Insolvenzrechts-Hdb., § 15 Rz. 14 m. umfangr. Nachw.

92) OLG Frankfurt/M., Urt. v. 6.2.1986 – 3 U 263/84, ZIP 1986, 931, dazu EWiR 1986, 503 *(Brehm)*; *Pape* in: KPB, InsO, § 26 Rz. 137; *Laroche* in: HK-InsO, § 26 Rz. 31 ff.

93) *Pape/Hageböke* in: KPB, InsO, § 54 Rz. 35; Hess/Weis/Wienberg-*Weis*, InsO, § 207 InsO Rz. 24.

94) *Frege/Keller/Riedel*, Insolvenzrecht, Rz. 9.149.

6. Gerichtskosten in besonderen Verfahrensarten

a) Nachtragsverteilung nach § 203 InsO

53 Die Anordnung der Nachtragsverteilung nach § 203 Abs. 1 InsO löst **keine eigene Gebühr** aus. Die Nachtragsverteilung ist mit der allgemeinen Verfahrensgebühr abgegolten. Als besonderer Kostenfaktor ist lediglich die mögliche Vergütung des Insolvenzverwalters nach § 6 Abs. 1 InsVV anzusehen (siehe oben § 6 Rz. 26 ff.).

b) Insolvenzplanverfahren

54 Das Insolvenzplanverfahren nach §§ 217 ff. InsO ist als besonderes Verfahren innerhalb des Regelinsolvenzverfahrens ausgestaltet.[95] Dem entspricht es kostenrechtlich, dass **für das Insolvenzplanverfahren keine besonderen Gebühren** entstehen.[96] Das gesamte Insolvenzplanverfahren ist durch die allgemeine Verfahrensgebühr abgegolten. Durch den Insolvenzplan müssen die Kosten des Verfahrens nach § 54 InsO gedeckt sein, die gerichtlichen Kosten des Verfahrens sind bei der Planerstellung zu berücksichtigen. Eine **Überwachung der Planerfüllung** nach §§ 260 ff. InsO[97] löst schon deshalb **keine Gebühren** aus, weil sie unabhängig vom Insolvenzverfahren nach dessen Aufhebung nach § 258 InsO eintritt. Als vom Schuldner zu tragende Kosten einer Planüberwachung i. S. des § 269 InsO sind nicht als gerichtliche Kosten anzusehen, sondern allenfalls eine besondere Vergütung des Verwalters nach § 6 Abs. 2 InsVV (siehe oben § 6 Rz. 29, 30).

c) Verfahren der Restschuldbefreiung

55 Das Verfahren der **Restschuldbefreiung nach §§ 286 ff. InsO** als Anschlussverfahren an ein abgeschlossenes Insolvenzverfahren über das Vermögen einer natürlichen Person ist **gerichtsgebührenfrei.**[98] **Auslagen können entstehen** für die **öffentliche Bekanntmachung** der Festsetzung der Vergütung des Treuhänders im Restschuldbefreiungsverfahren nach § 293 Abs. 2, § 64 Abs. 2 InsO sowie für die öffentliche Bekanntmachung der Entscheidung über die Gewährung oder Versagung der Restschuldbefreiung nach § 300 Abs. 3 Satz 1 InsO.[99]

56 Beantragt ein Gläubiger vor Ablauf des Abtretungszeitraums die **Versagung der Restschuldbefreiung** nach § 296 Abs. 1 InsO,[100] wird für die Entscheidung des Gerichts hierüber eine **Festgebühr i. H. von 42,50 €**[101] **nach Nr. 2350 GKG KV** fällig. Schuldner dieser Gebühr ist allein der antragstellende Gläubiger nach § 23 Abs. 2 GKG.[102] Damit soll sichergestellt werden, dass ein Antrag auf Versagung der Restschuldbefreiung nur in wirklich begründeten Fällen gestellt wird.[103] Der Gläubiger kann vom Schuldner zwar Ersatz dieser Kosten verlangen; wegen dessen Vermögenslosigkeit wird dieser Rückgriffsanspruch aber eher wertlos sein.[104] Die Versagung der Restschuldbefreiung auf Antrag des Treuhänders bei feh-

---

95) Begr. RegE InsO, BT-Drucks. 12/2443, S. 194, abgedr. in: *Kübler/Prütting*, RWS-Dok. 18, S. 449; *Braun/Uhlenbruck*, Unternehmensinsolvenz, S. 471 ff.

96) *Pape/Hageböke* in: KPB, InsO, § 54 Rz. 22.

97) Römermann-*Braun*, InsO/InsR, § 260 InsO Rz. 3.

98) Beschlussempfehlung und Bericht d. RA z. RegE EGInsO, BT-Drucks. 12/7303, S. 110, abgedr. in: *Kübler/Prütting*, RWS-Dok. 18, S. 843.

99) Dazu *Frege/Keller/Riedel*, Insolvenzrecht, Rz. 5.178, 5.192 ff.

100) Uhlenbruck-*Sternal*, InsO, § 296 Rz. 5 ff.; *Frege/Keller/Riedel*, Insolvenzrecht, Rz. 5.167 ff.

101) Art. 5 Nr. 47 KostBRÄG 2025, v. 7.4.2025, BGBl. I 2025, Nr. 109.

102) *v. König/Horsky* in: Keller, Hdb. Zwangsvollstreckungsrecht, Rz. 9.182.

103) Begr. RegE EGInsO, BT-Drucks. 12/3803, S. 73, abgedr. in: *Kübler/Prütting*, RWS-Dok. 18, S. 841.

104) Begr. RegE EGInsO, BT-Drucks. 12/3803, S. 73, abgedr. in: *Kübler/Prütting*, RWS-Dok. 18, S. 841.

lender Deckung seiner Mindestvergütung nach § 298 InsO ist dagegen gebührenfrei; der Gebührentatbestand des Nr. 2350 GKG KV greift hier nicht.

d) Gerichtliche Schuldenbereinigung und Verbraucherinsolvenzverfahren

Keine besonderen Gebührentatbestände bestehen schließlich für das besondere **Verbraucherinsolvenzverfahren** nach §§ 304 ff. InsO und das gerichtliche Schuldenbereinigungsverfahren.[105] Dies wird schon daraus deutlich, dass der Schuldner nach § 305 InsO Antrag auf Insolvenzeröffnung stellt und das Eröffnungsverfahren für die Dauer des gerichtlichen Schuldenbereinigungsverfahrens nach § 306 Abs. 1 InsO ruht; Gleiches gilt nach § 306 Abs. 3 InsO bei dem Antrag eines Gläubigers. Es entsteht damit die Gebühr für das Verfahren über den Eröffnungsantrag nach Nr. 2310 oder Nr. 2311 GKG KV. Ist das gerichtliche Schuldenbereinigungsverfahren erfolgreich, entstehen keine weiteren Gebühren. Wird das Verbraucherinsolvenzverfahren nach §§ 312 ff. InsO eröffnet, entsteht die Verfahrensgebühr nach Nr. 2320 oder Nr. 2330 GKG KV mit den jeweiligen Ermäßigungstatbeständen bei vorzeitiger Verfahrensbeendigung. An erstattungsfähigen Auslagen sind im gerichtlichen Schuldenbereinigungsverfahren insbesondere die Kosten der Zustellungen des Schuldenbereinigungsplans an die betroffenen Gläubiger nach § 307 Abs. 1 Satz 1, 3, § 8 InsO zu berücksichtigen. 57

e) Gebühr für besonderen Prüfungstermin

Forderungsanmeldungen, die erst nach Ablauf der Anmeldefrist beim Verwalter eingehen, sollen nach § 177 Abs. 1 Satz 1 InsO im allgemeinen Prüfungstermin mit den übrigen angemeldeten Forderungen geprüft werden.[106] Widerspricht ein Beteiligter dieser Prüfung, ist ein besonderer Prüfungstermin anzuberaumen (§ 177 Abs. 1 Satz 2 InsO). Dieser kann mit einer späteren Gläubigerversammlung und auch mit dem Schlusstermin verbunden werden.[107] **Die Kosten der besonderen Prüfung hat nach § 177 Abs. 1 Satz 2 InsO der säumige Gläubiger zu tragen.** 58

Für die besondere Prüfung wird nach **Nr. 2340 GKG KV** eine **Festgebühr von 24 €**[108] fällig.[109] Die Gebühr entsteht für jeden Gläubiger, dessen Forderung geprüft wird, gesondert.[110] Sie entsteht auch für den Gläubiger, der durch nachträgliche Erhöhung seiner Forderungsanmeldung eine besondere Prüfung veranlasst. Die Gebühr entsteht auch dann, wenn eine Prüfung im schriftlichen Verfahren angeordnet wird oder wenn der besondere Prüfungstermin mit einer weiteren Gläubigerversammlung, insbesondere dem Schlusstermin, verbunden wird. Die Gebühr soll auch dann entstehen, wenn die besondere Prüfung nach § 177 InsO notwendig wird, weil der Insolvenzverwalter eine rechtzeitige Forderungsanmeldung nicht ordnungsgemäß in die Insolvenztabelle aufgenommen hat.[111] Der 59

---

105) Beschlussempfehlung und Bericht d. RA z. RegE EGInsO, BT-Drucks. 12/7303, S. 110, abgedr. in: *Kübler/Prütting*, RWS-Dok. 18, S. 843.

106) *Pape/Schaltke* in: KPB, InsO, § 177 Rz. 3; *Frege/Keller/Riedel*, Insolvenzrecht, Rz. 3.1076 ff.; *Keller*, Insolvenzrecht, Rz. 772 ff.

107) Die erst im Schlusstermin geprüfte Forderung kann jedoch nicht mehr in das Schlussverzeichnis zur Verteilung aufgenommen werden, BGH, Beschl. v. 22.3.2007 – IX ZB 8/05, ZIP 2007, 876 = NZI 2007, 401 m. Anm. *Gundlach/Frenzel*, dazu EWiR 2007, 627 *(Köster)*; OLG Köln, Beschl. v. 20.5.1992 – 2 W 27/92, ZIP 1992, 949 = Rpfleger 1992, 492, dazu EWiR 1992, 689 *(Mohrbutter)*; *Keller*, Insolvenzrecht, Rz. 775 m. w. N; *Frege/Keller/Riedel*, Insolvenzrecht, Rz. 3.1082 ff.

108) Art. 5 Nr. 46 KostBRÄG 2025, v. 7.4.2025, BGBl. I 2025, Nr. 109.

109) Von 15 € auf 20 € angehoben durch 2. KostRMoG, v. 23.7.2013, BGBl. I 2013, 2586.

110) *Pape/Hageböke* in: KPB, InsO, § 54 Rz. 36; Toussaint-*Toussaint*, KostR, Nr. 2340 GKG KV Rz. 2.

111) OLG Dresden, Beschl. v. 24.1.2023 – 12 W 636/22, ZRI 2023, 153 = NZI 2023, 436, dazu EWiR 2023, 242 *(Jungmann)*; LG Krefeld, Beschl. v. 9.2.2017 – 7 T 156/16, ZVI 2017, 345 = NZI 2017, 367.

Insolvenzverwalter ist dem Gläubiger gegenüber selbstverständlich schadensersatzpflichtig.[112] Vertreten wird für diesen Fall auch, die Gebühr überhaupt nicht zu erheben,[113] etwa in Anwendung des § 21 Abs. 1 Satz 1 GKG bei unrichtiger Sachbehandlung durch den Insolvenzverwalter.

60 Die **weiteren Kosten besonderer Prüfung**, etwa die Kosten der öffentlichen Bekanntmachung des besonderen Prüfungstermins, hat der **Gläubiger** nach Nr. 9004 GKG KV **ausdrücklich nicht zu tragen.**[114] Macht ein anderer Gläubiger geltend, dass ihm durch die Teilnahme am besonderen Prüfungstermin besondere Kosten entstanden sind, kann er versuchen, außerhalb des Insolvenzverfahrens vom säumigen Gläubiger seine Kosten erstattet zu bekommen. Der Insolvenzverwalter selbst kann für die Teilnahme an dem Termin keine besonderen Kosten oder Auslagen in Rechnung stellen, da die Teilnahme an jeder Gläubigerversammlung höchstpersönliche Pflicht des Verwalters ist und seine Kosten durch die Vergütung nach § 4 InsVV abgedeckt sind.[115]

f) Verfahren nach der EuInsVO

61 Eine Gebühr von 3,0 entsteht nach Nr. 2360 GKG KV für das Verfahren der Verteilung auf Antrag eines Gläubigers eines Mitgliedstaates, wenn der Insolvenzverwalter nach Art. 36 EuInsVO eine Zusicherung der Verteilung zur Vermeidung eines Sekundärinsolvenzverfahrens gegeben hat und die von ihm beabsichtigte Verteilung nicht seiner Zusicherung oder nicht dem Recht des betreffenden Mitgliedstaates entspricht (Art. 36 Abs. 1, 7 Satz 2 EuInsVO). Die Gebühr bestimmt sich nach dem Mehrbetrag, den der Gläubiger bei der Verteilung anstrebt (§ 58 Abs. 4 GKG). Kostenschuldner ist der antragstellende Gläubiger (§ 23 Abs. 3 GKG), wenn der Antrag abgewiesen oder zurückgenommen wird, i. Ü. der Schuldner des Insolvenzverfahrens (§ 23 Abs. 7 GKG).

62 Für die **Anordnung einstweiliger Sicherungsmaßnahmen nach Art. 36 Abs. 9 EuInsVO** entsteht nach Nr. 2361 GKG KV eine Gebühr von 1,0 aus dem Betrag der Forderung des Gläubigers (§ 58 Abs. 5 GKG). Kostenschuldner ist der antragstellende Gläubiger (§ 23 Abs. 4 GKG).

63 Für den Antrag auf Eröffnung eines Gruppenkoordinationsverfahrens nach Art. 61 EuInsVO entsteht eine Festgebühr von 4 800 €[116] (Nr. 2362 GKG KV). Kostenschuldner ist der Schuldner des Insolvenzverfahrens, dessen Verwalter das Verfahren beantragt hat (§ 23 Abs. 5 GKG).

g) Koordinationsverfahren

64 Die Durchführung eines Gruppenkoordinationsverfahrens nach §§ 269 ff. InsO löst nach Nr. 2370 GKG KV eine Festgebühr von 600 €[117] aus. Wird ein Koordinationsplan zur Bestätigung vorgelegt, beträgt die Gebühr 1 200 €[118] (Nr. 2371 GKG KV). Die Kosten trägt der antragstellende Schuldner (§ 23 Abs. 6 GKG).

---

112) Für eine Kostenschuldnerschaft des Insolvenzverwalters AG Leipzig, Beschl. v. 26.5.2008 – 406 IK 1219/07, ZVI 2008, 320.

113) AG Leipzig, Beschl. v. 27.6.2022 – 495 IK 462/20, VIA 2023, 47.

114) *Frege/Keller/Riedel*, Insolvenzrecht, Rz. 9.162; *Keller*, Insolvenzrecht, Rz. 777; unzutreffend AG Bamberg, Beschl. v. 17.5.2004 – 2 IN 11/03, ZVI 2005, 391.

115) Missverständlich insoweit noch *Kuhn/Uhlenbruck*, KO, § 142 Rz. 4, wonach auch Kosten des Verwalters zu erstatten sind; das kann aber nicht für Kosten gelten, die den Verwalter in Ausübung seiner allgemeinen Amtspflichten treffen; eingehend auch Uhlenbruck-*Sinz*, InsO, § 177 Rz. 30.

116) Art. 5 Nr. 48 KostBRÄG 2025, v. 7.4.2025, BGBl. I 2025, Nr. 109.

117) Art. 5 Nr. 49 KostBRÄG 2025, v. 7.4.2025, BGBl. I 2025, Nr. 109.

118) Art. 5 Nr. 50 KostBRÄG 2025, v. 7.4.2025, BGBl. I 2025, Nr. 109.

h) Beschwerdeverfahren

65 Die sofortige Beschwerde ist nach § 6 InsO allgemeines Rechtsmittel im Insolvenzverfahren. Sie ist nur in den ausdrücklich genannten Fällen statthaft (§ 6 Abs. 1 InsO).[119] Für die Beschwerde entstehen die in Nr. 2380, 2381 GKG KV genannten Gebühren.

66 Für die **Beschwerde des Schuldners gegen die Eröffnung des Insolvenzverfahrens** nach § 34 Abs. 2 InsO entsteht eine **volle Gebühr nach Nr. 2380 GKG KV.**[120] Gegenstandswert ist nach § 58 Satz 1 GKG der Wert der Insolvenzmasse. Kostenschuldner ist der Schuldner, soweit die Beschwerde zurückgewiesen oder verworfen wird.[121] Wird die Insolvenzeröffnung aufgrund der Beschwerde des Schuldners aufgehoben, können die Kosten dem antragstellenden Gläubiger auferlegt werden (§ 29 Nr. 1 GKG); i. Ü. hat der Schuldner möglicherweise Anspruch auf Schadensersatz nach § 823 Abs. 1 oder § 826 BGB.[122]

67 In **allen anderen Fällen** der Beschwerde wird eine **Festgebühr von 72 €**[123] **nach Nr. 2381 GKG KV** nur dann fällig, wenn die Beschwerde verworfen oder zurückgewiesen wird. Hat die Beschwerde – auch nur teilweisen – Erfolg, kann das Gericht nach billigem Ermessen die Gebühr kürzen. Der Gegenstandswert des Beschwerdeverfahrens ist je nach Art der angefochtenen Entscheidung und Ziel der Beschwerde nach § 3 ZPO zu bestimmen.[124] Eine Entscheidung über die Kostentragungspflicht kann i. R. des § 29 GKG ergehen, nicht aber entsprechend §§ 91 ff. ZPO bezüglich der außergerichtlichen Kosten eines Beteiligten, da das Beschwerdeverfahren kein originär kontradiktorisches Verfahren i. S. der ZPO ist (siehe eingehend § 15 Rz. 100).

68 Für das Verfahren über die sofortige **Beschwerde** gegen die Entscheidung über die **Kosten des Gruppenkoordinationsverfahrens** nach Art. 102c § 26 EGInsO wird nach Nr. 2382 GKG KV eine Gebühr von 1,0 aus dem Wert der Kosten fällig (§ 58 Abs. 6 GKG).

69 Eine besondere Gebühr von 66 € entsteht für das Verfahren über eine **Gehörsrüge** nach § 321a ZPO über § 4 InsO (Nr. 2600 GKG KV).[125]

i) Rechtsbeschwerde

70 Für die nach § 574 ZPO statthafte Rechtsbeschwerde an den BGH (§ 133 GVG) entstehen Gebühren nach Nr. 2383, 2384, 2385 und 2386 GKG KV:

71 Betreffend die Frage der **Rechtsmäßigkeit der Insolvenzeröffnung** beträgt die Gebühr für die Rechtsbeschwerde das **Doppelte** des Gebührensatzes nach § 34 GKG (**Nr. 2383 GKG KV**).[126] Die Gebühr ermäßigt sich auf den einfachen Satz bei Rücknahme der Rechtsbeschwerde oder Rücknahme des Insolvenzantrags nach Nr. 2384 GKG KV. Der Gegenstandswert bestimmt sich nach § 58 Abs. 3 GKG.

72 In **sonstigen Fällen** der Rechtsbeschwerde beträgt die Gebühr nach **Nr. 2385 GKG KV 144 €.**[127] Wie auch in den Fällen der Nr. 2381 GKG KV wird die Gebühr für die Rechtsbeschwerde überhaupt nur dann fällig, wenn sie verworfen oder zurückgewiesen wird.

119) *Prütting* in: KPB, InsO, § 6 Rz. 7, 13.
120) *v. König/Horsky* in: Keller, Hdb. Zwangsvollstreckungsrecht, Rz. 9.183 ff.
121) *Pape/Hageböke* in: KPB, InsO, § 54 Rz. 27 ff.
122) Dazu BGH, Urt. v. 3.10.1961 – VI ZR 242/60, BGHZ 36, 18; eingehend Jaeger-*Gerhardt*, InsO, § 13 Rz. 54 ff.; *Vuia* in: MünchKomm-InsO, § 14 Rz. 15 ff.
123) Art. 5 Nr. 51 KostBRÄG 2025, v. 7.4.2025, BGBl. I 2025, Nr. 109.
124) Toussaint-*Toussaint*, KostR, § 58 GKG Rz. 9; *Pape/Hageböke* in: KPB, InsO, § 54 Rz. 30.
125) Eingefügt durch Art. 11 Nr. 6 lit. d SanInsFoG, v. 22.12.2020, BGBl. I 2020, 3256.
126) *v. König/Horsky* in: Keller, Hdb. Zwangsvollstreckungsrecht, Rz. 9.189.
127) Art. 5 Nr. 52 KostBRÄG 2025, v. 7.4.2025, BGBl. I 2025, Nr. 109.

Der BGH kann nach billigem Ermessen die Gebühr auf die Hälfte ermäßigen oder nicht erheben, wenn die Rechtsbeschwerde nur teilweise verworfen oder zurückgewiesen wird. Gibt der BGH der Rechtsbeschwerde statt, fällt keine gerichtliche Gebühr an. Der BGH kann die außergerichtlichen Kosten nach § 29 GKG einem Verfahrensbeteiligten auferlegen.

73 Für die Rechtsbeschwerde gegen die Beschwerdeentscheidung im Verfahren über die **Kosten des Gruppenkoordinationsverfahrens** nach Art. 102c § 26 EGInsO wird nach Nr. 2386 GKG KV eine Gebühr von 2,0 nach Nr. 2386 GKG KV fällig.

7. Kostenansatz und Rechtsbehelfsverfahren

74 Der Kostenansatz der gerichtlichen Kosten erfolgt durch den **Kostenbeamten am Insolvenzgericht** nach Maßgabe der §§ 4, 15, 16, 24 ff. KostVfg. Nach § 16 Abschnitt I Abs. 1 KostVfg ist die Gebühr für die Durchführung des Insolvenzverfahrens in der Regel nach Durchführung des Berichtstermins anzusetzen.

75 Der Ansatz erfolgt durch **Übersendung einer Kostenrechnung** nach § 4 Abs. 1, § 5 und § 24 KostVfg. Da im Insolvenzverfahren der Wert der Insolvenzmasse bei Beendigung des Insolvenzverfahrens als Gebührenstreitwert maßgebend ist (§ 58 Abs. 1 GKG), ist die **nach dem Berichtstermin** erstellte Kostenrechnung regelmäßig eine vorläufige Kostenrechnung. Sie wird auch als **Vorschussrechnung** bezeichnet, was jedoch nicht mit dem Sachverhalt zu verwechseln ist, bei welchem das Gericht seine Tätigkeit von der Zahlung eines Kostenvorschusses abhängig machen darf. Das Gericht hat in jeder (Vorschuss-)rechnung auch die bei ihm **bereits angefallenen Auslagen** in Ansatz zu bringen. Damit wird auch seitens des Gerichts der Grundsatz der Vorwegbefriedigung hinsichtlich des Risikos der Masselosigkeit berücksichtigt.

76 **Gegen den Kostenansatz** steht dem Kostenschuldner zunächst die **unbefristete Erinnerung** nach § 66 Abs. 1 GKG zu. Die Erinnerung ist gegen jeden Kostenansatz statthaft, mit welchem der Kostenschuldner zu einer Zahlung an die Staatskasse veranlasst wird. Sie ist **auch gegen eine vorläufige Kostenrechnung** statthaft. Die Erinnerung kann auch darauf gestützt werden, dass seitens des Gerichts ein unzutreffender Gebührenstreitwert angenommen wurde.

77 Im Insolvenzverfahren kann der Insolvenzverwalter gegen eine vorläufige Kostenrechnung unbefristet Erinnerung einlegen und den Kostenansatz sowohl betreffend die Bestimmung des Gebührenstreitwertes als auch einzelner Gebührentatbestände überprüfen lassen.

78 Bei **Beendigung des Insolvenzverfahrens** erstellt das Insolvenzgericht regelmäßig auf Grundlage der Schlussrechnung des Insolvenzverwalters und ggf. unter Berücksichtigung weiterer Massezuflüsse eine abschließende Kostenrechnung. Auch gegen diese ist unbefristete Erinnerung statthaft. Nach Aufhebung des Insolvenzverfahrens fehlt einer Erinnerung jedoch das stets notwendige Rechtsschutzbedürfnis.

79 Über die **Erinnerung** entscheidet das **Insolvenzgericht** als das Gericht, bei welchem die Kosten angesetzt sind (§ 66 Abs. 1 Satz 1 GKG). Funktionell entscheidet der **Rechtspfleger** nach § 4 RPflG mit § 3 Nr. 2 lit. e RPflG. Vor einer gerichtlichen Entscheidung ist dem Bezirksrevisor als Vertreter der Staatskasse rechtliches Gehör zu gewähren. Dieser hat gegenüber dem Rechtspfleger als Insolvenzgericht keine Weisungsbefugnis.

80 Das Insolvenzgericht hat über die Erinnerung durch **begründeten Beschluss** zu entscheiden. Gegen diesen ist nach Maßgabe des § 66 Abs. 2 GKG Beschwerde an das LG als nächsthöheres Gericht statthaft, das Insolvenzgericht hat vorab eine Abhilfe der Beschwerde zu prüfen (§ 66 Abs. 3 Sätze 1 und 2 GKG). Die Beschwerde ist nicht fristgebunden. Gegen die Entscheidung des LG findet nach Maßgabe des § 66 Abs. 4 GKG die weitere Beschwerde an das OLG statt, das abschließend entscheidet.

III. Die Gewährung der Kostenstundung nach § 4a InsO

1. Überblick zum Regelungsgehalt der §§ 4a ff. InsO

Durch das Insolvenzrechtsänderungsgesetz (InsOÄndG) vom 26.10.2001 wurden mit Wirkung zum 1.12.2001 die Regelungen zur sog. Kostenstundung in die InsO eingefügt (§§ 4a ff. InsO).[128] Die Kosten des Verfahrens müssen dann in Ausnahme zu § 26 InsO nicht mehr vollständig aus der Insolvenzmasse entnommen werden können; vorhandene Masse ist aber zunächst für die Kostenaufbringung zu verwenden.[129] **Der Schuldner kann und soll nach Beendigung des Verfahrens die Kosten in Raten zurückzahlen.** Die Regelungen zur Gewährung der Kostenstundung orientieren sich an den Vorschriften der ZPO zur Gewährung von Prozesskostenhilfe nach §§ 114 ff. ZPO.[130] Die Kostenstundung kommt der Gewährung von Prozesskostenhilfe mit Ratenzahlung nach § 120 Abs. 1 ZPO nahe, wobei die Pflicht zur Ratenzahlung erst mit Beendigung des gerichtlichen Verfahrens beginnt. Die **Ratenzahlung** muss aber wie bei der Prozesskostenhilfe **längstens 48 Monate erfolgen** (§ 4b Abs. 1 Satz 2 InsO i. V. m. § 115 Abs. 2 ZPO). Während des Insolvenzverfahrens und während des Restschuldbefreiungsverfahrens sind die Kosten aus der vorhandenen Masse bzw. dem abgetretenen Teil des Arbeitseinkommens einzuziehen (§ 292 Abs. 1 Satz 2 Halbs. 2 InsO). 81

Kostenstundung erhält nach § 4a Abs. 1 Satz 1 InsO nur der **Schuldner, der natürliche Person** ist und für den das **Restschuldbefreiungsverfahren** nach §§ 286 ff. InsO durchgeführt werden kann. Nicht maßgebend ist, ob der Schuldner als Unternehmer oder als Verbraucher i. S. des § 304 InsO anzusehen ist.[131] Kostenstundung für eine juristische Personen oder Personengesellschaften wie auch im Nachlassinsolvenzverfahren ist ausgeschlossen. 82

Mit Gewährung der Kostenstundung nach § 4a InsO ist die Abweisung der Eröffnung des Insolvenzverfahrens mangels Masse nach § 26 InsO ausgeschlossen (§ 26 Abs. 1 Satz 2 InsO), ebenso die Einstellung eines eröffneten Insolvenzverfahrens nach § 207 InsO (§ 207 Abs. 1 Satz 2 InsO). 83

2. Die Voraussetzungen zur Kostenstundung

a) Der Antrag auf Erteilung der Kostenstundung

Kostenstundung wird **nur auf Antrag** gewährt (§ 4a Abs. 1 Satz 1 InsO). Stellt der Schuldner den Antrag auf Eröffnung des Insolvenzverfahrens ohne Antrag auf Gewährung von Kostenstundung, hat das Insolvenzgericht den Schuldner hierauf aufmerksam zu machen, wenn sich ergibt, dass die Kosten des Verfahrens aus seinem Vermögen nicht gedeckt werden können. Kostenstundung wird nur gewährt, wenn der Schuldner **auch Antrag auf Restschuldbefreiung** gestellt hat (§ 4a Abs. 1 Satz 1 InsO).[132] Für diesen Antrag gilt § 287 84

---

128) Allgemein zur Gesetzgebungsgeschichte Begr. RegE InsOÄndG, BT-Drucks. 14/5680, S. 11 ff.; Jaeger-*Eckardt*, InsO, § 4a Rz. 1–6; Uhlenbruck-*Mock*, InsO, § 4a Rz. 1; *Frege/Keller/Riedel*, Insolvenzrecht, Rz. 1.228 ff.

129) Jaeger-*Eckardt*, InsO, § 4a Rz. 60; Uhlenbruck-*Mock*, InsO, § 4a Rz. 45 ff.

130) Zum Verhältnis der Ausschließlichkeit Jaeger-*Eckardt*, InsO, § 4a Rz. 15; zur Anleihe an das österreichische Konkursrecht *Frege/Keller/Riedel*, Insolvenzrecht, Rz. 1.232.

131) Jaeger-*Eckardt*, InsO, § 4a Rz. 15; Uhlenbruck-*Mock*, InsO, § 4a Rz. 10; *Vallender*, NZI 2001, 561; *Pape*, ZInsO 2001, 587.

132) Die Begr. z. RegE InsOÄndG sieht die Restschuldbefreiung als Parallele zur hinreichenden Erfolgsaussicht i. S. des § 114 ZPO, BT-Drucks. 14/5680, S. 20.

Abs. 1 InsO unmittelbar.[133] Der Verbraucher kann wegen § 305 Abs. 1 Nr. 2 InsO **Restschuldbefreiung auch nur bei eigenem Insolvenzantrag** erhalten; auch für den Schuldner, der nicht Verbraucher ist, wird ein eigener Insolvenzantrag gefordert.[134] Es fallen damit **praktisch drei Anträge** zusammen.[135]

85 Für den **Antrag** auf Kostenstundung unterliegt der Schuldner **keiner Frist**; § 20 Abs. 2 und § 287 Abs. 1 InsO gelten nicht für den Antrag nach § 4a InsO. Im Insolvenzeröffnungsverfahren muss Kostenstundung auch erst dann beantragt werden, wenn sich herausstellt, dass die Kosten des Insolvenzverfahrens aus der künftigen Insolvenzmasse nicht gedeckt werden können (§ 26 Abs. 1 Satz 2 InsO). Im eröffneten Insolvenzverfahren muss der Schuldner den Antrag nur und erst dann stellen, wenn das Verfahren anderenfalls nach § 207 InsO eingestellt werden müsste. Im Restschuldbefreiungsverfahren muss eine Kostenstundung beantragt werden, wenn die Mindestvergütung des Treuhänders nicht gedeckt werden kann (§ 298 InsO).

86 Der **Schuldner hat** im Antrag **darzulegen,** dass sein **Vermögen nicht ausreicht,** um die **Kosten des Verfahrens zu decken.** Er muss keine detaillierte Prognose der Verfahrenskosten vorlegen. Es ist ausreichend, wenn er seinem Antrag eine vollständige Vermögensübersicht beifügt; im Verbraucherinsolvenzverfahren ergibt sich dieses Erfordernis schon aus § 305 Abs. 1 Nr. 3 InsO.[136]

87 Nach § 4a Abs. 1 Satz 3 InsO hat der Schuldner seinem Antrag eine **Erklärung** beizufügen, aus der sich ergibt, dass bei dem Schuldner **kein Grund zur Versagung der Restschuldbefreiung** nach § 290 Abs. 1 InsO vorliegt.[137] Unrichtige Angaben des Schuldners führen nach § 4c Nr. 1 InsO zur Aufhebung einer bereits gewährten Kostenstundung.

88 Für den Antrag auf Kostenstundung besteht **kein Vordruckzwang.**[138] Auch im Verbraucherinsolvenzverfahren ist § 305 Abs. 5 InsO hierfür nicht anwendbar.

b) Fehlende Deckung der Verfahrenskosten

89 Das Vermögen des Schuldners darf voraussichtlich nicht ausreichen, um die Kosten des Verfahrens zu decken. Zu berücksichtigen ist das zur **Insolvenzmasse** nach § 35 InsO gehörende Vermögen, insbesondere auch das mögliche **laufende Einkommen** während des Insolvenzverfahrens.[139] Zu berücksichtigen ist auch ein Anspruch auf Prozesskostener-

---

133) Dazu BGH, Beschl. v. 25.9.2003 – IX ZB 24/03, ZVI 2003, 606 = NZI 2004, 511; BGH, Beschl. v. 8.7.2004 – IX ZB 209/03, ZVI 2004, 492 = NZI 2004, 593, dazu EWiR 2005, 481 *(Pape)*; LG Dresden, Beschl. v. 12.11.2002 – 5 T 325/02, ZVI 2002, 472; LG Memmingen, Beschl. v. 30.10.2003 – 4 T 1367/03, ZVI 2004, 496 = NZI 2004, 44; LG Köln, Beschl. v. 31.7.2003 – 19 T 152/03, NZI 2004, 159; Jaeger-*Eckardt*, InsO, § 4a Rz. 43, 44; *Stephan* in: MünchKomm-InsO, § 287 Rz. 11 ff.; Uhlenbruck-*Sternal*, InsO, § 287 Rz. 10; *Keller*, Insolvenzrecht, Rz. 1931, 1934 ff.

134) BGH, Beschl. v. 17.2.2005 – IX ZB 176/03, BGHZ 162, 161 = ZVI 2005, 220, dazu EWiR 2005, 311 *(Smode)*; dazu BGH, Beschl. v. 25.9.2003 – IX ZB 24/03, ZVI 2003, 606 = NZI 2004, 511; BGH, Beschl. v. 8.7.2004 – IX ZB 209/03, ZVI 2004, 492 = NZI 2004, 593; OLG Köln, Beschl. v. 24.5.2000 – 2 W 76/00, NZI 2000, 367 = ZInsO 2000, 334 m. abl. Anm. *Delhaes*, dazu EWiR 2000, 737 *(Ahrens)*; AG Köln, Beschl. v. 8.2.2000 – 72 IK 69/99, NZI 2000, 331 = DZWIR 2000, 170; *Stephan* in: MünchKomm-InsO, § 287 Rz. 12 ff.; *Ahrens* in: FK-InsO, § 287 Rz. 17.

135) Uhlenbruck-*Mock*, InsO, § 4a Rz. 19 ff.; *Frege/Keller/Riedel*, Insolvenzrecht, Rz. 1.235 ff.

136) BGH, Beschl. v. 7.4.2005 – IX ZB 195/03, ZVI 2005, 364; BGH, Beschl. v. 17.3.2005 – IX ZB 260/03, ZVI 2005, 641 = NZI 2005, 461; dazu *Waltenberger* in: HK-InsO, § 305 Rz. 39 ff.

137) Dazu die Begr. RegE InsOÄndG, BT-Drucks. 14/5680, S. 20.

138) BGH, Beschl. v. 24.7.2003 – IX ZB 539/02, ZVI 2003, 405 = NZI 2003, 556 m. Anm. *Ahrens*; Jaeger-*Eckardt*, InsO, § 4a Rz. 46.

139) Begr. RegE InsOÄndG, BT-Drucks. 14/5680, S. 20; Jaeger-*Eckardt*, InsO, § 4a Rz. 24, 25.

stattung gegen den Ehegatten nach § 1360a Abs. 4 BGB; ist ein solcher gegeben und ist der Ehegatte leistungsfähig, ist Kostenstundung ausgeschlossen.[140)]

Das Gericht hat die Verfahrenskosten i. R. einer **realistischen Prognoserechnung** zu bestimmen. Hinsichtlich der Vergütung von Insolvenzverwalter oder Treuhänder ist vom Mindestgebührensatz oder Mindestbetrag der Vergütung auszugehen; der Gebühren- und Vergütungsberechnung ist zunächst das vorhandene Vermögen des Schuldners als Gegenstandswert und Berechnungsgrundlage zugrunde zu legen. 90

Die Regelung des § 4a Abs. 1 Satz 1 InsO ist auch dahin zu verstehen, dass eine Kostenstundung ausscheidet, wenn die **Kosten auf anderem Wege gedeckt** werden können. Beispielsweise kommt die Zahlung eines ausreichenden Geldbetrages durch den Ehegatten oder einen Verwandten des Schuldners in Betracht.[141)] Das **Insolvenzgericht darf den Schuldner** aber **nicht zur Zahlung eines solchen Kostenvorschusses** durch einen Dritten **auffordern.** Es ist mithin nicht sicher, ob ein solcher überhaupt zur Verfügung steht. Die Aufforderung zur Zahlung eines Kostenvorschusses kommt nur dann in Betracht, wenn der Schuldner trotz Hinweises des Gerichts keinen Antrag auf Kostenstundung gestellt hat oder wenn ein solcher Antrag unzulässig oder offensichtlich unbegründet ist. 91

c) Nichtvorliegen von Versagungsgründen nach § 290 Abs. 1 InsO

Eine Kostenstundung kommt nicht in Betracht, wenn bereits ein Tatbestand des § 287a Abs. 2 InsO[142)] oder ein Grund zur Versagung der Restschuldbefreiung nach § 290 Abs. 1 InsO vorliegt (§ 4a Abs. 1 Satz 4 InsO).[143)] **Das Insolvenzgericht hat keine Pflicht und auch kein Recht zu umfangreichen Nachforschungen.** Nach § 4a Abs. 1 Satz 3 InsO hat das Insolvenzgericht bei seiner Entscheidung nur die Erklärung des Schuldners zugrunde zu legen. Ergibt sich aber aus den Akten, dass ein entsprechender Versagungsgrund vorliegt, ist dies zu beachten.[144)] Hat der Schuldner unrichtige Angaben gemacht, führt dies zu einer Aufhebung der Kostenstundung (§ 4c Nr. 1 InsO). Eine **Kostenstundung scheidet** auch dann **aus,** wenn die **Verbindlichkeiten des Schuldners in erheblichem Umfang von der Restschuldbefreiung nicht erfasst werden** (§ 302 InsO).[145)] 92

140) BGH, Beschl. v. 24.7.2003 – IX ZB 539/02, ZVI 2003, 405 = NZI 2003, 556 m. Anm. *Ahrens*; LG Düsseldorf, Beschl. v. 21.5.2002 – 25 T 128, 129/02, ZVI 2002, 321 = NZI 2002, 504; AG Hamburg, Beschl. v. 26.4.2002 – 67g IN 152/02, ZVI 2002, 211 = NZI 2002, 394; ausführlich und m. umfangr. Nachw. Jaeger-*Eckardt*, InsO, § 4a Rz. 28 ff.; *Frege/Keller/Riedel*, Insolvenzrecht, Rz. 1.241 ff.; *Vallender*, ZVI 2003, 505; *Schäferhoff*, ZVI 2004, 80.

141) Jaeger-*Eckardt*, InsO, § 4a Rz. 34; *Frege/Keller/Riedel*, Insolvenzrecht, Rz. 1.244.

142) Eingehend dazu *Ahrens* in: FK-InsO, § 287a Rz. 15 ff.; *Ahrens*, Aktuelles Privatinsolvenzrecht, Rz. 591 ff.; *Frege/Keller/Riedel*, Insolvenzrecht, Rz. 5.58 ff.

143) Begr. RegE InsOÄndG, BT-Drucks. 14/5680, S. 20; zur Rechtslage bis 1.7.2014 *Frege/Keller/Riedel*, Insolvenzrecht, Rz. 1.240, 1.245; ausführlich dazu noch Jaeger-*Eckardt*, InsO, § 4a Rz. 35 ff.; K. Schmidt-*Stephan*, InsO, § 4a Rz. 12.

144) BGH, Beschl. v. 4.5.2017 – IX ZB 92/16, NZI 2017, 627; BGH, Beschl. v. 22.7.2021 – IX ZB 7/20, ZRI 2021, 798 = ZVI 2021, 388, dazu EWiR 2021, 655 (*Kexel*).

145) BGH, Beschl. v. 16.12.2004 – IX ZB 72/03, NZI 2005, 232 = ZVI 2005, 124, dazu EWiR 2005, 397 (*Pape*); BGH, Beschl. v. 21.9.2006 – IX ZB 24/06, NZI 2006, 712 = ZVI 2006, 511; BGH, Beschl. v. 16.1.2014 – IX ZB 64/12, NZI 2014, 231 = ZVI 2014, 156; BGH, Beschl. v. 13.2.2020 – IX ZB 39/19, ZIP 2020, 622 (Forderung 1,8 Mio € aus vorsätzlich begangener unerlaubter Handlung); BGH, Beschl. v. 13.11.2025 – IX ZB 21/25, ZRI 2026, 91 = NZI 2026, 158; AG Düsseldorf, Beschl. v. 20.1.2006 – 513 IK 178/05, NZI 2006, 411; Uhlenbruck-*Mock*, InsO, § 4a Rz. 40.

3. Die Entscheidung über die Kostenstundung

a) Die Kostenstundung als Folgeentscheidung

93 Über die Gewährung der Kostenstundung entscheidet das Insolvenzgericht. Die Entscheidung ergeht durch Beschluss. Das Insolvenzgericht spricht die Gewährung der Kostenstundung im **Zusammenhang mit der sachlichen Entscheidung im Insolvenzverfahren** aus, insbesondere mit der Insolvenzeröffnung nach § 27 InsO.[146)] Wird ein Insolvenzverfahren auf einen Gläubigerantrag eröffnet, kann der Schuldner rückwirkend die Stundung der im Eröffnungsverfahren angefallenen Verfahrenskosten beantragen, wenn er durch das Insolvenzgericht nicht rechtzeitig über die Notwendigkeit eines Eigenantrags verbunden mit einem Antrag auf Restschuldbefreiung belehrt worden ist.[147)] Eine selbstständige Entscheidung über die Gewährung der Kostenstundung erfolgt dann, wenn Kostenstundung unabhängig von der Insolvenzeröffnung nicht gewährt wird. Die funktionelle Zuständigkeit am Insolvenzgericht richtet sich nach der Zuständigkeit für die betreffende Entscheidung im Insolvenzverfahren nach § 3 Nr. 2 lit. e und § 18 RPflG.[148)]

b) Die Kostenstundung im Schuldenbereinigungsverfahren

94 Im Fall der Durchführung des Schuldenbereinigungsverfahrens nach §§ 306 ff. InsO ergeht zunächst keine gerichtliche Entscheidung. Wird der Schuldenbereinigungsplan durch die Gläubiger – auch in Anwendung des § 309 InsO – angenommen, stellt das Gericht dies nach § 308 Abs. 1 Satz 1 InsO fest. **Dem Schuldner ist die Kostenstundung nachträglich zuzusprechen.**[149)] Mit Annahme des Schuldenbereinigungsplans ist das gerichtliche Verfahren beendet. Dem Schuldner sind die Kosten des gerichtlichen Verfahrens unmittelbar in Rechnung zu stellen, was praktisch den Effekt der Kostenstundung aufhebt. Daher kommt hier eine Verlängerung der Stundung mit Anordnung von Ratenzahlung nach § 4b Abs. 1 InsO regelmäßig in Betracht.

c) Die Kostenstundung im Restschuldbefreiungsverfahren

95 Über die Kostenstundung allein für das Restschuldbefreiungsverfahren ist zu entscheiden, wenn sich ergibt, dass die Kosten des Restschuldbefreiungsverfahrens aus den vom Treuhänder nach § 292 InsO erwirtschafteten Beträgen nicht gedeckt werden können.[150)] Während der Wohlverhaltensperiode kann eine Stundung der Verfahrenskosten auch dann in Betracht kommen, wenn **mangelnde Deckung der Mindestvergütung** des Treuhänders nach § 298 InsO droht. Wegen § 4a Abs. 3 Nr. 2 Satz 3 InsO soll nach Ansicht des LG Göttingen dem Treuhänder aber wenigstens die Mindestvergütung für das erste Jahr des Restschuldbefreiungsverfahrens zustehen.[151)]

96 Die Regelung des § 4a Abs. 1 Satz 4 InsO, wonach die Stundung der Verfahrenskosten von Amts wegen zu versagen ist, kollidiert scheinbar mit § 290 Abs. 1 InsO, wonach eine Versagung der Restschuldbefreiung nur auf Antrag eines Insolvenzgläubigers erfolgt. Das ist jedoch nicht der Fall: In Bezug auf die Kostenstundung ist es gerechtfertigt, wenn der Staat

---

146) Ausführlich Jaeger-*Eckardt*, InsO, § 4a Rz. 64 ff.; Muster bei *Frege/Keller/Riedel*, Insolvenzrecht, Rz. 1.260.

147) BGH, Beschl. v. 9.7.2015 – IX ZB 68/14, ZVI 2015, 438 = NZI 2015, 899; allgemein zur gerichtlichen Hinweispflicht BGH, Beschl. v. 17.2.2005 – IX ZB 176/03, BGHZ 162, 181 = ZVI 2005, 220; BGH, Beschl. v. 22.10.2015 – IX ZB 3/15, ZVI 2016, 55 = NZI 2016, 38 m. Anm. *Ahrens*.

148) *Frege/Keller/Riedel*, Insolvenzrecht, Rz. 1.251.

149) *Frege/Keller/Riedel*, Insolvenzrecht, Rz. 1.254.

150) *Frege/Keller/Riedel*, Insolvenzrecht, Rz. 1.257, 1.258.

151) LG Göttingen, Beschl. v. 11.2.2009 – 10 T 9/09, NZI 2009, 257.

eine solche versagt, wenn die Versagung der Restschuldbefreiung wahrscheinlich ist. **Der Staat soll nicht gezwungen werden, für einen Schuldner, der voraussichtlich keine Restschuldbefreiung erlangen wird, die Kosten zu stunden.** Eine andere Frage ist das privatrechtliche Verhältnis zu den Gläubigern; hierher gehört die Frage, ob ein Versagungsantrag nach § 290 Abs. 1 InsO tatsächlich gestellt wird. Der Schuldner, der wegen § 4a Abs. 1 Satz 4 InsO keine Kostenstundung erhält, muss mithin durch Bereitstellung eines ausreichenden Geldbetrages selbst dafür sorgen, dass das Verfahren weitergeführt wird.

d) Rechtsmittel gegen die Entscheidung über die Kostenstundung

97 Gegen die **Ablehnung der Stundung** steht dem Schuldner nach § 4d Abs. 1 InsO die **sofortige Beschwerde** zu.[152] Gegen die Bewilligung der Stundung steht der Staatskasse nach § 4d Abs. 2 Satz 1 InsO die sofortige Beschwerde zu.[153] Die Beschwerde seitens der Staatskasse kann wie bei § 127 Abs. 3 Satz 2 ZPO nur darauf gestützt werden, dass nach den persönlichen oder wirtschaftlichen Verhältnissen des Schuldners die Stundung hätte abgelehnt werden müssen (§ 4d Abs. 2 Satz 2 InsO).[154] Der Vertreter der Staatskasse ist deswegen aber nicht Beteiligter des Verfahrens über die Gewährung der Kostenstundung; das Insolvenzgericht muss ihn vor seiner Entscheidung nicht hören, er ist keinesfalls irgendwie weisungsbefugt.[155]

4. Die Beiordnung eines Anwalts nach § 4a Abs. 2 InsO

98 Dem Schuldner wird auf Antrag ein zur Vertretung bereiter Rechtsanwalt seiner Wahl beigeordnet, wenn die **Vertretung durch einen Rechtsanwalt trotz** der dem Gericht obliegenden **Fürsorgepflicht erforderlich** erscheint (§ 4a Abs. 2 Satz 1 InsO). Die Beiordnung eines Rechtsanwalts soll die Ausnahme sein, der Schuldner kann im Insolvenzverfahren seine Rechte regelmäßig selbst wahrnehmen. Im Übrigen ist er durch die Amtsermittlung des Gerichts (§ 5 InsO) ausreichend geschützt.[156] Allein die Tatsache, dass ein Gläubiger im Schuldenbereinigungsverfahren anwaltlich vertreten wird, rechtfertigt die Beiordnung eines Anwalts nicht.[157] Sie kann im Restschuldbefreiungsverfahren aber bspw. dann angezeigt sein, wenn ein Gläubiger die Versagung der Restschuldbefreiung nach §§ 290 oder 296 InsO beantragt.[158] Bei der Forderungsprüfung im Insolvenzverfahren kann eine Beiordnung notwendig sein, wenn der Schuldner darlegt, dass er nach seinen persönlichen Fähigkeiten und Kenntnissen im konkreten Fall nicht in der Lage ist, ohne anwaltliche Hilfe eine Entscheidung über die Zweckmäßigkeit der Erhebung des Widerspruchs zu treffen.[159]

152) Jaeger-*Eckardt*, InsO, § 4d Rz. 8 ff.; *Frege/Keller/Riedel*, Insolvenzrecht, Rz. 1.261.
153) Jaeger-*Eckardt*, InsO, § 4d Rz. 17 ff.
154) Begr. RegE InsOÄndG, BT-Drucks. 14/5680, S. 20; zur Prozesskostenhilfe Zöller-*Schultzky*, ZPO, § 127 Rz. 45 ff.
155) Zur Beteiligung der Staatskasse Zöller-*Schultzky*, ZPO, § 127 Rz. 25; *Philippi*, Rpfleger 1995, 466 (Urteilsanm.).
156) Begr. RegE InsOÄndG, BT-Drucks. 14/5680, S. 21; BVerfG, Beschl. v. 18.3.2003 – 1 BvR 329/03, ZVI 2003, 223; BGH, Beschl. v. 18.12.2002 – IX ZA 22/02, ZVI 2003, 225; Uhlenbruck-*Mock*, InsO, § 4a Rz. 49 ff.; K. Schmidt-*Stephan*, InsO, § 4a Rz. 31 ff.; umfassend Jaeger-*Eckardt*, InsO, § 4a Rz. 89.
157) Begr. RegE InsOÄndG, BT-Drucks. 14/5680, S. 21; noch zur Prozesskostenhilfe LG Duisburg, Beschl. v. 20.9.2000 – 24 T 121/00, NZI 2001, 102; LG Koblenz, Beschl. v. 13.2.2002 – 2 T 87/02, ZVI 2002, 126 = NZI 2002, 215; Jaeger-*Eckardt*, InsO, § 4a Rz. 91.
158) Begr. RegE InsOÄndG, BT-Drucks. 14/5680, S. 21; Jaeger-*Eckardt*, InsO, § 4a Rz. 90; *Bruns* in: MünchKomm-InsO, § 4a Rz. 21 ff.; Uhlenbruck-*Mock*, InsO, § 4a Rz. 51; K. Schmidt-*Stephan*, InsO, § 4a Rz. 34.
159) BGH, Beschl. v. 18.9.2003 – IX ZB 44/03, ZVI 2003, 601 = NZI 2004, 39; LG Berlin, Beschl. v. 19.1.2022 – 84 T 9/22, NZI 2022, 277.

99 Im gerichtlichen Schuldenbereinigungsverfahren ist die Beiordnung eines Rechtsanwalts erst zulässig, wenn gegen die Entscheidung des Gerichts über die Ersetzung der Zustimmung eines Gläubigers Beschwerde eingelegt wird (§ 309 Abs. 2 Satz 4 InsO).[160)]

100 Weil die Stundung der Verfahrenskosten nach § 4a Abs. 3 Satz 2 InsO für jeden Verfahrensabschnitt besonders erfolgt, muss auch die **Beiordnung des Rechtsanwalts für jeden Verfahrensabschnitt besonders** ausgesprochen werden.

101 Dem Schuldner ist grundsätzlich der **Anwalt seiner Wahl** beizuordnen (nach § 4a Abs. 2 Satz 2 InsO gilt § 121 Abs. 3 bis 5 ZPO).[161)] Kann der Schuldner keinen Rechtsanwalts benennen, ordnet das Insolvenzgericht einen geeigneten Rechtsanwalt (§ 121 Abs. 5 ZPO) bei.[162)]

102 Der beigeordnete Rechtsanwalt erhält die ihm zustehenden Gebühren aus der Staatskasse. Für die Berechnung der Gebühren des beigeordneten Rechtsanwalts gelten wie bei **Prozesskostenhilfe die §§ 45 ff. RVG (§ 12 RVG)**. Mit Befriedigung des Anwalts aus der Staatskasse (§ 55 RVG) gehen seine Ansprüche gegen den Schuldner nach § 59 Abs. 1 RVG auf diese über.

5. Die Wirkungen der Kostenstundung

a) Keine Kostenerhebung beim Schuldner

103 Die Staatskasse ist bis zur Erteilung der Restschuldbefreiung nicht berechtigt, die rückständigen und die entstehenden Gerichtskosten sowie die entstandenen Auslagen gegen den Schuldner geltend zu machen (§ 4a Abs. 3 InsO),[163)] Dies entspricht § 122 ZPO.[164)]

b) Zweitschuldnerhaftung eines Gläubigers

104 Die Bewilligung der **Kostenstundung beseitigt** eine **Kostenhaftung des Gläubigers** nach § 23 GKG **nicht**; § 125 ZPO ist nicht anwendbar. Das Insolvenzgericht ist nicht gehindert, nach Eröffnung des Insolvenzverfahrens und trotz Gewährung von Kostenstundung zumindest die Gebühr nach Nr. 2311 GKG KV beim antragstellenden Gläubiger geltend zu machen.

c) Vergütungsansprüche gegen die Staatskasse

105 Mit Kostenstundung erhalten der vorläufige Insolvenzverwalter, der Insolvenzverwalter, der vorläufige Treuhänder, der Treuhänder im Verbraucherinsolvenzverfahren, die Mitglieder des Gläubigerausschusses und der Treuhänder im Restschuldbefreiungsverfahren ihre **Vergütungen aus der Staatskasse** (§ 63 Abs. 2, § 73 Abs. 2 und § 293 Abs. 2 InsO; eingehend siehe oben § 2 Rz. 51 ff.). Dies setzt natürlich voraus, dass die Verfahrenskostenstundung für den jeweiligen Verfahrensabschnitt auch tatsächlich gewährt worden ist.[165)] Soweit Insolvenzmasse vorhanden ist, sind nach den allgemeinen Regelungen der §§ 53, 54 und insbesondere § 207 InsO die Kosten aus dieser zu decken. Reicht die Insolvenzmasse nicht aus, um die Kosten zu decken, sind diese nach dem Verhältnis ihrer Beträge

160) Begr. RegE InsOÄndG, BT-Drucks. 14/5680, S. 32.

161) Begr. RegE InsOÄndG, BT-Drucks. 14/5680, S. 21; Jaeger-*Eckardt*, InsO, § 4a Rz. 96; *Frege/Keller/Riedel*, Insolvenzrecht, Rz. 1.265; ebenso bei Prozesskostenhilfe Zöller-*Schultzky*, ZPO, § 121 Rz. 4.

162) Jaeger-*Eckardt*, InsO, § 4a Rz. 96; *Frege/Keller/Riedel*, Insolvenzrecht, Rz. 1.265; Zöller-*Schultzky*, ZPO, § 121 Rz. 39 ff.

163) Begr. RegE InsOÄndG, BT-Drucks. 14/5680, S. 21.

164) Allgemein Zöller-*Schultzky*, ZPO, § 122 Rz. 2 ff.

165) BGH, Beschl. v. 7.2.2013 – IX ZB 75/12, ZIP 2013, 635 = ZVI 2013, 207.

zu berichtigen; auf die Gerichtskosten und die festgesetzte Vergütung des Insolvenzverwalters ist dieselbe Quote zu zahlen.[166)]

Nach §§ 8 ff. InsVV hat der Insolvenzverwalter oder Treuhänder gegenüber dem Insolvenzgericht Antrag auf Festsetzung seiner Vergütung oder eines Vorschusses (§ 9 InsVV) zu stellen. Das Insolvenzgericht entscheidet nach Anhörung des Schuldners und ggf. des Vertreters der Staatskasse. **Der Vertreter der Staatskasse** ist nicht befugt, bei dem Vergütungsantrag Nachbesserung oder Änderung zu verlangen, er **ist dem Gericht gegenüber nicht weisungsbefugt** (siehe oben § 15 Rz. 40). Die Geschäftsstelle des Gerichts hat nach Rechtskraft des Festsetzungsbeschlusses die Auszahlung durch die Justizkasse anzuordnen. Die gezahlte Vergütung gehört nach Nr. 9018 GKG KV zu den Auslagen des gerichtlichen Verfahrens und ist nach Beendigung des Verfahrens mit der Ratenzahlung beim Schuldner einzuziehen. 106

6. Die Anordnung von Ratenzahlungen

a) Die Kosteneinziehung beim Schuldner

Die Stundung der Verfahrenskosten endet mit Abschluss des gerichtlichen Verfahrens. Dies ergibt sich aus dem Sinnzusammenhang von § 4a Abs. 1 und § 4b Abs. 1 InsO.[167)] Erfolgreich beendet ist das Verfahren mit **rechtskräftiger Erteilung der Restschuldbefreiung.** Eine vorzeitige Beendigung kommt bei Annahme des Schuldenbereinigungsplans des Verbrauchers oder bei vorzeitiger Versagung der Restschuldbefreiung nach § 290 oder § 296 InsO in Betracht. 107

Das Insolvenzgericht hat eine **vollständige Kostenrechnung** über sämtliche Gebühren und Auslagen zu erstellen und den Betrag gegenüber dem Schuldner zu Soll zu stellen.[168)] Teil der Kostenrechnung sind auch die als Auslagen nach Nr. 9018 GKG KV gezahlten Vergütungen sowie die nach § 59 RVG übergegangenen Ansprüche des beigeordneten Rechtsanwalts. Zahlungen, die im eröffneten Insolvenzverfahren durch den Insolvenzverwalter oder Treuhänder aus der vorhandenen Insolvenzmasse oder während der Wohlverhaltensperiode gemäß § 292 Abs. 1 Satz 2 Halbs. 2 InsO auf die Kosten geleistet worden sind, sind in Abzug zu bringen. 108

b) Die Verlängerung der Stundung

Nach § 4b Abs. 1 InsO kann das Gericht die **Stundung der Verfahrenskosten verlängern,** wenn der Schuldner nicht in der Lage ist, diese zu zahlen.[169)] Mit der Verweisung auf § 115 Abs. 1 und 2 ZPO sowie auf § 120 Abs. 2 ZPO muss das Insolvenzgericht nach den für die Gewährung von Prozesskostenhilfe geltenden Vorschriften prüfen, ob der Schuldner nach seinen Einkommens- und Vermögensverhältnissen die zu zahlenden Kosten leisten kann. 109

166) BGH, Beschl. v. 7.2.2013 – IX ZB 175/11, ZIP 2013, 634 = NZI 2013, 350; BGH, Beschl. v. 7.2.2013 – IX ZB 245/11, ZIP 2013, 631 = NZI 2103, 351 m. Anm. *Keller*.

167) Begr. RegE InsOÄndG, BT-Drucks. 14/5680, S. 21 rechte Sp. unten; *Frege/Keller/Riedel*, Insolvenzrecht, Rz. 1.274.

168) Jaeger-*Eckardt*, InsO, § 4b Rz. 8 ff.; *Frege/Keller/Riedel*, Insolvenzrecht, Rz. 1.274; *v. König/Horsky* in: Keller, Hdb. Zwangsvollstreckungsrecht, Rz. 9.197.

169) Begr. RegE InsOÄndG, BT-Drucks. 14/5680, S. 21 rechte Sp. unten; kritisch zum „Insolvenzverfahren zum Nulltarif" Jaeger-*Eckardt*, InsO, § 4b Rz. 5.

110 Bei der Prüfung, ob der Schuldner in der Lage ist, den Kostenbetrag zu zahlen, oder ob und in welcher Höhe Raten zu zahlen sind, findet über § 4b Abs. 1 Satz 2 InsO die **Regelung des § 115 Abs. 1 und 2 ZPO** Anwendung:[170)]

- Der Schuldner hat sein gesamtes noch verbliebenes Vermögen (§ 115 Abs. 2 ZPO) sowie sein laufendes Einkommen einzusetzen (§ 115 Abs. 1 Satz 1 InsO). Der Einsatz des Vermögens des Schuldners mit Verweisung auf §§ 82 ff., 90 SGB XII[171)] hat kaum praktische Bedeutung, da dem Schuldner nach Beendigung des Insolvenzverfahrens lediglich unpfändbare Gegenstände als Vermögen verbleiben.[172)]
- Von dem Bruttoeinkommen des Schuldners sind die in § 82 Abs. 2 SGB XII genannten Beträge abzugsfähig (§ 115 Abs. 1 Satz 3 Nr. 1 ZPO).[173)] Erzielt der Schuldner Einkommen aus Erwerbstätigkeit, ist ein Betrag i. H. von 50 % des höchsten Regelsatzes nach der Regelbedarfsstufe 1 nach Anlage zu § 28 SGB XII abzusetzen.
- Für den Schuldner und seinen Ehegatten oder eingetragenen Lebenspartner sind jeweils 10 % des Regelsatzes nach § 28 SGB XII abzusetzen (§ 115 Abs. 1 Satz 3 Nr. 2a ZPO).
- Unterhaltspflichten des Schuldners sind mit den Pauschbeträgen des § 115 Abs. 1 Satz 3 Nr. 2 ZPO abzusetzen.
- Kosten der Mietwohnung des Schuldners können nach § 115 Abs. 1 Satz 3 Nr. 3 ZPO abgesetzt werden.
- Mehrbedarfe des § 21 SGB II und § 30 SGB XII sind nach § 115 Abs. 1 Satz 3 Nr. 4 ZPO zu berücksichtigen.[174)]
- Der Abzug besonderer Belastungen nach § 115 Abs. 1 Satz 3 Nr. 4 ZPO betrifft auch besondere Zins- und Tilgungsleistungen auf Kredite.[175)] Hier ist fraglich, ob die Leistungen, die der Schuldner aufgrund eines mit den Gläubigern zustande gekommenen Schuldenbereinigungsplans erbringt, abzugsfähig sind. Dies hätte zur Folge, dass mittelbar der Fiskus auch für die Tilgungsleistungen des Schuldners aufkommt.

111 Anhand des nach § 115 Abs. 1 ZPO ermittelten Einkommens des Schuldners ist zu prüfen, ob dieser nach § 115 Abs. 1 Satz 4 ZPO **monatliche Raten auf die Kosten** zu zahlen hat. Ergibt sich keine Ratenzahlungsverpflichtung, beschränkt sich die gerichtliche Entscheidung auf die Verlängerung der Stundung unter dem Vorbehalt der Änderung für die Dauer von vier Jahren. Ergibt sich eine Ratenzahlungsverpflichtung, setzt das Gericht die Höhe der monatlich zu zahlenden Rate fest. Wie bei der Gewährung von Prozesskostenhilfe ist die Gesamtzahl der Monatsraten auf 48 beschränkt (§ 115 Abs. 2 ZPO).[176)] Bezieht man die sog. **Nullraten** in die Rechnung ein, stellt die **Dauer von 48 Monaten die absolute**

---

170) Begr. RegE InsOÄndG, BT-Drucks. 14/5680, S. 22; dazu Jaeger-*Eckardt*, InsO, § 4b Rz. 17 ff.; eingehend zur Anwendung des § 115 ZPO auch Stein/Jonas-*Bork*, ZPO, § 115 Rz. 11 ff.; Zöller-*Schultzky*, ZPO, § 115 Rz. 9 ff.; zu beachten auch Bekanntmachung zu § 115 ZPO, Prozesskostenhilfebekanntmachung 2026 – PKHB 2026, v. 23.12.2025, BGBl. I 2025, Nr. 360.

171) Sozialgesetzbuch Zwölftes Buch (SGB XII) – Sozialhilfe – i. d. F. des Art. 1 des Gesetzes zur Einordnung des Sozialhilferechts in das Sozialgesetzbuch – SozhiEinOG, v. 27.12.2003, BGBl. I 2003, 3022, zuletzt geändert durch Art. 1 des Gesetzes zur Änderung des Zwölften Buches Sozialgesetzbuch und weiterer Vorschriften, v. 21.12.2015, BGBl. I 2015, 2557; überholt sind deshalb zumeist die Bezugnahmen auf das frühere Bundessozialhilfegesetz mit §§ 76, 88 BSHG, so insbesondere bei Jaeger-*Eckardt*, InsO, § 4b Rz. 22; eingehend auch *Frege/Keller/Riedel*, Insolvenzrecht, Rz. 1.277.

172) Eingehend zur Prozesskostenhilfe Zöller-*Schultzky*, ZPO, § 115 Rz. 27 ff.

173) Eingehend Musielak/Voit-*Fischer*, ZPO, § 115 Rz. 10 ff.

174) Eingefügt durch Gesetz zur Änderung des Prozesskostenhilfe- und Beratungshilferechts, v. 31.8.2013, BGBl. I 2013, 3533 m. W. v. 1.1.2014.

175) Zöller-*Schultzky*, ZPO, § 115 Rz. 43 ff.

176) Ausführlich Zöller-*Schultzky*, ZPO, § 115 Rz. 51; *Fischer*, Rpfleger 1997, 463.

Höchstgrenze dar. Im Verfahren der Prozesskostenhilfe wird dies als mit der Regelung des § 120 Abs. 4 Satz 3 ZPO für unvereinbar gehalten.[177] Auch im Verfahren der Kostenstundung wird aber überwiegend vertreten, die sog. Nullraten in die Gesamtzahl der 48 Monatsraten mit einzubeziehen.[178] Die Überwachung der Zahlung der Monatsraten obliegt der Justizkasse (§ 120 Abs. 2 ZPO).

Die **Verlängerung** der Kostenstundung sowie die Festsetzung der zu zahlenden Monats- 112
raten erfolgen durch **Beschluss des Insolvenzgerichts**. Funktionell zuständig ist der Rechtspfleger (§ 3 Nr. 2 lit. e RPflG). Eine Anfechtung der Entscheidung nach § 4b Abs. 1 InsO sieht das Gesetz nicht vor; es ist damit lediglich die beschränkte Erinnerung nach § 11 Abs. 2 RPflG statthaft.

Das **Insolvenzgericht kann die Entscheidung** über die Verlängerung der Stundung und 113
die Festsetzung der Monatsraten **jederzeit ändern**, wenn sich die maßgebenden persönlichen oder wirtschaftlichen Verhältnisse des Schuldners wesentlich geändert haben (§ 4b Abs. 2 Satz 1 InsO i. V. m. § 120 Abs. 4 Satz 1 ZPO). Der Schuldner hat dem Gericht jede wesentliche Veränderung dieser Verhältnisse anzuzeigen.[179] Wie im Verfahren der Prozesskostenhilfe ist eine Änderung der Ratenzahlungsverpflichtung zulasten des Schuldners nach Ablauf von vier Jahren seit Beendigung des Verfahrens nicht mehr möglich (§ 4b Abs. 2 Satz 4 InsO).[180]

7. Abänderung getroffener Entscheidungen

a) Vorzeitige Aufhebung der Kostenstundung nach § 4b Abs. 2 InsO

Die bewilligte Stundung kann bereits vor Erteilung der Restschuldbefreiung aufgehoben 114
werden, wenn die persönlichen oder wirtschaftlichen Verhältnisse des Schuldners sich so verbessern, dass er die gestundeten Kosten des Verfahrens begleichen kann (§ 4b Abs. 2 InsO). **Das Insolvenzgericht kann vom Schuldner Erklärungen über Änderungen seiner persönlichen oder wirtschaftlichen Verhältnisse verlangen.** Kommt der Schuldner dieser Erklärungspflicht nicht nach, ist die Kostenstundung nach § 4c Nr. 1 InsO schon aus diesem Grund aufzuheben.[181]

b) Aufhebung der Kostenstundung nach § 4c InsO

§ 4c InsO regelt die Fälle, bei denen eine **Stundung der Verfahrenskosten zu Unrecht** 115
erfolgt ist oder wegen des persönlichen Verhaltens des Schuldners nicht mehr angemessen erscheint.[182] Die Vorschrift entspricht § 124 ZPO und soll den Schuldner zu ordnungsgemäßer Mitwirkung und Förderung des Verfahrens anhalten.[183]

Nach § 4c Nr. 1 InsO kann die bewilligte Stundung aufgehoben werden, wenn sich her- 116
ausstellt, dass der **Schuldner vorsätzlich oder grob fahrlässig unrichtige Angaben** über sein Vermögen gemacht hat, die für die Eröffnung des Insolvenzverfahrens oder die Gewährung der Kostenstundung maßgeblich waren. In Betracht kommen unrichtige Angaben über seine Vermögensverhältnisse oder unrichtige Angaben bezüglich möglicher Versagungsgründe der Restschuldbefreiung insbesondere nach § 290 Abs. 1 Nr. 2, 4 oder 6 InsO.

177) OLG Stuttgart, Beschl. v. 4.11.1998 – 8 W 479/98, Rpfleger 1999, 82; Zöller-*Schultzky*, ZPO, § 115 Rz. 52.
178) Jaeger-*Eckardt*, InsO, § 4b Rz. 32, 33; *Kothe* in: FK-InsO, § 4b Rz. 26; Uhlenbruck-*Mock*, InsO, § 4b Rz. 7.
179) Begr. RegE InsOÄndG, BT-Drucks. 14/5680, S. 22; Jaeger-*Eckardt*, InsO, § 4b Rz. 49 ff.
180) Jaeger-*Eckardt*, InsO, § 4b Rz. 68.
181) So die Begr. RegE InsOÄndG (zu § 4c Nr. 1 InsO), BT-Drucks. 14/5680, S. 22, 23.
182) Begr. RegE InsOÄndG, BT-Drucks. 14/5680, S. 22, 23; *Ahrens*, ZVI 2003, 268.
183) Begr. RegE InsOÄndG, BT-Drucks. 14/5680, S. 22.

Eine vorzeitige Aufhebung der Kostenstundung nach § 4c Nr. 1 InsO kann auch dann erfolgen, wenn der Schuldner die von ihm in entsprechender Anwendung des § 120 Abs. 4 Satz 2 ZPO geforderten Erklärungen über seine persönlichen und wirtschaftlichen Verhältnisse nicht abgibt.

117 Nach § 4c Nr. 2 InsO erfolgt eine Aufhebung der Kostenstundung, wenn die persönlichen oder wirtschaftlichen **Voraussetzungen für die Stundung nicht vorgelegen haben** und dies nicht auf vorsätzlich oder grob fahrlässig unrichtigen Angaben des Schuldners beruht. Das kann der Fall sein, wenn der Schuldner innerhalb der letzten zehn Jahre bereits Restschuldbefreiung erlangt hat, dies bei der Antragstellung aber verschwiegen hat.[184)] Eine Aufhebung der Kostenstundung nach § 4c Nr. 2 InsO ist nach Ablauf von vier Jahren seit Beendigung des Verfahrens ausgeschlossen.[185)]

118 Nach § 4c Nr. 3 InsO kann eine Aufhebung der Kostenstundung erfolgen, wenn der Schuldner **länger als drei Monate mit der Zahlung einer Monatsrate** oder mit der Zahlung eines sonstigen Betrages **schuldhaft im Rückstand** ist. Es ist anders als bei § 124 Nr. 4 ZPO nur ein schuldhafter Zahlungsrückstand des Schuldners maßgebend.[186)]

119 Nach § 4c Nr. 4 InsO soll die Aufhebung der Kostenstundung möglich sein, wenn der Schuldner **keine angemessene Erwerbstätigkeit** ausübt und sich nicht um eine solche aktiv bemüht. Die Vorschrift übernimmt die dem Schuldner obliegende Verpflichtung aus § 295 Abs. 1 Nr. 1 InsO und § 287b InsO.[187)] Dem Insolvenzgericht gegenüber ist der Schuldner zur Auskunft über seine Erwerbstätigkeit verpflichtet.[188)] Die Verknüpfung der Obliegenheitsverletzung im eröffneten Insolvenzverfahren durch § 287b InsO mit § 290 Abs. 1 Nr. 7 InsO oder im Restschuldbefreiungsverfahren durch § 295 Abs. 1 Nr. 1 InsO mit § 296 InsO mit der Kostenstundung kann dazu führen, dass das Gericht von Amts wegen die Kostenstundung aufhebt, die Wohlverhaltensperiode als solche aber weiterläuft und der Schuldner Restschuldbefreiung erlangt, soweit er die Kosten aufbringen kann und kein Gläubiger Antrag auf Versagung der Restschuldbefreiung stellt. Allerdings dürfte es für einen Insolvenzgläubiger ein Leichtes sein, nach § 290 Abs. 1 Nr. 7 InsO oder § 296 InsO die Versagung der Restschuldbefreiung zu beantragen, wenn vorher das Insolvenzgericht die Kostenstundung aus demselben Grund aufgehoben hat.

120 Nach § 4c Nr. 5 InsO ist die Aufhebung der Kostenstundung möglich, wenn dem Schuldner die **Restschuldbefreiung versagt** wird oder die bereits erteilte Restschuldbefreiung widerrufen wird.[189)]

c) Das Verfahren zur Aufhebung der Kostenstundung

121 Die vorzeitige Aufhebung der Kostenstundung nach § 4b Abs. 2 oder § 4c InsO erfolgt von Amts wegen. Wie auch im Falle der Aufhebung von Prozesskostenhilfe nach § 124 ZPO steht dem Gericht i. R. der **Entscheidung über die vorzeitige Aufhebung** der Kos-

184) In Anwendung von § 290 Abs. 1 Nr. 6 InsO und § 4c Nr. 1, 5 InsO AG Göttingen, Beschl. v. 13.4.2016 – 74 IN 46/16, NZI 2016, 586.

185) Begr. RegE InsOÄndG, BT-Drucks. 14/5680, S. 22, 23; eingehend Jaeger-*Eckardt*, InsO, § 4c Rz. 38 ff.

186) Begr. RegE InsOÄndG, BT-Drucks. 14/5680, S. 23; eingehend zur Verschuldensfrage Jaeger-*Eckardt*, InsO, § 4c Rz. 17 ff.

187) Begr. RegE InsOÄndG, BT-Drucks. 14/5680, S. 23; Jaeger-*Eckardt*, InsO, § 4c Rz. 47 ff.; Uhlenbruck-*Mock*, InsO, § 4c Rz. 23; eingehend zu § 295 InsO *Stephan* in: MünchKomm-InsO, § 295 Rz. 19 ff.; Uhlenbruck-*Sternal*, InsO, § 295 Rz. 9 ff.; *Ahrens* in: FK-InsO, § 295 Rz. 25 ff.; *Wenzel* in: KPB, InsO, § 295 Rz. 7 ff.; Römermann-*Römermann*, InsO/InsR, § 295 InsO Rz. 12 ff.

188) Begr. RegE InsOÄndG, BT-Drucks. 14/5680, S. 23; Jaeger-*Eckardt*, InsO, § 4c Rz. 60 ff.

189) LG Mönchengladbach, Beschl. v. 31.5.2006 – 5 T 177/06, NZI 2006, 539; Begr. RegE InsOÄndG, BT-Drucks. 14/5680, S. 23.

tenstundung ein **Ermessen** zu.[190] Die Aufhebung der Kostenstundung erfolgt durch Beschluss, der zu begründen ist. Die funktionelle Zuständigkeit liegt je nach Verfahrensabschnitt des Insolvenzverfahrens beim Richter oder Rechtspfleger. Gegen die Aufhebung der Kostenstundung steht dem Schuldner nach § 4d Abs. 1 InsO die sofortige Beschwerde zu.

d) Folgen der Aufhebung der Kostenstundung

Mit Rechtskraft des Aufhebungsbeschlusses enden die Wirkungen des § 4a Abs. 3 InsO.[191] 122
Die Aufhebung der Kostenstundung kann zur Folge haben, dass ein laufendes Insolvenzverfahren nach § 207 InsO mangels Masse eingestellt werden muss. Während der Wohlverhaltensperiode des Restschuldbefreiungsverfahrens kann sie zur Versagung der Restschuldbefreiung nach § 298 InsO führen.

IV. Gerichtskosten in Verfahren der Unternehmensstabilisierung und -restrukturierung

1. Gerichtsgebühren und Auslagen

In Restrukturierungssachen (siehe dazu § 1 Rz. 8 und § 10 Rz. 7 ff.) entstehen gerichtliche 123
Gebühren und Auslagen. Auslagen sind wesentlich die Vergütung des Restrukturierungsbeauftragten, des Sanierungsmoderators oder der Mitglieder des Gläubigerbeirates (siehe dazu § 10 Rz. 28 ff., 69 ff., 79 ff.) nach Nr. 9017 GKG KV. Die gerichtlichen Gebühren sind in Hauptabschnitt 5 zu Teil 2 des Kostenverzeichnisses geregelt. Sie sind als Festgebühren ausgestaltet.

2. Gebühren und Auslagenschuldner

Gebührenschuldner ist nach § 25a Abs. 1 GKG **ausschließlich der Schuldner des Verfahrens.** **Auslagenschuldner** hinsichtlich der Vergütungen können unter den Voraussetzungen § 25a Abs. 2 GKG auch **Gläubiger** des Verfahrens sein. Das ist der Fall, wenn auf ihren Antrag ein fakultativer Restrukturierungsbeauftragter bestellt wird. Im Rahmen der Vergütungsfestsetzung entscheidet das Gericht nach § 82 Abs. 2 StaRUG über die Pflicht der Gläubiger zur Tragung der Auslagen (siehe eingehend § 10 Rz. 63 ff.). 124

3. Vorschusspflicht auf Gebühren und Auslagen

Die gerichtlichen Verfahren der Unternehmensstabilisierung und -restrukturierung, die der 125
Gesetzgeber als „Instrumente des Stabilisierungs- und Restrukturierungsrahmens" bezeichnet, sind von **Zahlung eines Vorschusses** auf die Gebühren abhängig (§ 13a Abs. 1 GKG). Gleiches gilt für die Bestellung eines Restrukturierungsbeauftragten oder Sanierungsmoderators hinsichtlich deren Vergütungen (§ 13a Abs. 2 GKG, vgl. auch § 81 Abs. 5 StaRUG, siehe dazu auch § 10 Rz. 39).

4. Die gerichtlichen Gebühren

Die gerichtlichen Gebühren sind durchweg als Festgebühren ausgestaltet. Dabei sind aber 126
Anrechnungen und Besonderheiten einer vorzeitigen Verfahrensbeendigung zu beachten.

190) OLG Düsseldorf, Beschl. v. 13.1.1993 – 18 W 62/92, Rpfleger 1993, 410; Jaeger-*Eckardt*, InsO, § 4c Rz. 78 ff.; Zöller-*Schultzky*, ZPO, § 124 Rz. 3 m. w. N.

191) Jaeger-*Eckardt*, InsO, § 4c Rz. 94 ff.

a) Restrukturierungssache

127 Für die **Entgegennahme der Anzeige** einer Restrukturierungssache (§ 31 StaRUG) entsteht eine Gebühr von 150 € nach Nr. 2510 GKG KV.

128 Werden **Instrumente des Stabilisierungs- und Restrukturierungsrahmens in Anspruch genommen**, entsteht eine Gebühr von 1 000 € nach Nr. 2511 GKG KV, wobei die Gebühr nach Nr. 2510 GKG KV angerechnet wird. Die Gebühr nach Nr. 2511 GKG KV fällt auch dann nur einmal an, wenn der Schuldner mehrere Instrumente in Anspruch nimmt, bspw. das Verfahren der Vorprüfung und das der gerichtlichen Abstimmung (siehe dazu § 10 Rz. 12, 13). Wenn mehr als drei Instrumente in Anspruch genommen werden, beträgt die Gebühr aber 1 500 € (Nr. 2512 GKG KV).

b) Bestellung eines Restrukturierungsbeauftragten oder eines Sanierungsmoderators

129 Für die **Bestellung eines Restrukturierungsbeauftragten** entsteht nach Nr. 2513 GKG KV eine Festgebühr von 550 €.[192] Daneben wird die Vergütung als Auslagentatbestand nach Nr. 9017 GKG KV fällig.

130 Für die **Bestellung eines Sanierungsmoderators** wird nach Nr. 2514 GKG KV ebenfalls eine Gebühr von 500 € fällig.

c) Beschwerde- und Rechtsbeschwerdeverfahren

131 In Beschwerdeverfahren (§ 40 StaRUG) entsteht nach Nr. 2520 GKG KV eine Gebühr von 1 000 €. Sie ermäßigt sich auf 550 €,[193] wenn die Beschwerde zurückgenommen wird (Nr. 2521 GKG KV).

132 Für Beschwerden, die im StaRUG nicht besonders aufgeführt sind, entsteht eine Gebühr von 72 €,[194] die bei teilweiser Zurückweisung nach billigem Ermessen auf die Hälfte ermäßigt oder ganz erlassen werden kann (Nr. 2522 GKG KV).

133 In Rechtsbeschwerdeverfahren sind die Gebühren in derselben Systematik doppelt so hoch, **als** 2 200 €[195] für das Rechtsbeschwerdeverfahren (Nr. 2523 GKG KV), bzw. 1 100 €[196] bei Rücknahme (Nr. 2524 GKG KV) sowie 144 €[197] für eine nicht besonders aufgeführte Rechtsbeschwerde (Nr. 2525 GKG KV).

134 Eine besondere Gebühr von 72 €[198] entsteht für das Verfahren über eine Gehörsrüge nach § 321a ZPO über § 38 StaRUG (Nr. 2600 GKG KV).

192) Art. 5 Nr. 59 KostBRÄG 2025, v. 7.4.2025, BGBl. I 2025, Nr. 109.
193) Art. 5 Nr. 61 KostBRÄG 2025, v. 7.4.2025, BGBl. I 2025, Nr. 109.
194) Art. 5 Nr. 63 KostBRÄG 2025, v. 7.4.2025, BGBl. I 2025, Nr. 109.
195) Art. 5 Nr. 64 KostBRÄG 2025, v. 7.4.2025, BGBl. I 2025, Nr. 109.
196) Art. 5 Nr. 65 KostBRÄG 2025, v. 7.4.2025, BGBl. I 2025, Nr. 109.
197) Art. 5 Nr. 66 KostBRÄG 2025, v. 7.4.2025, BGBl. I 2025, Nr. 109.
198) Art. 5 Nr. 67 KostBRÄG 2025, v. 7.4.2025, BGBl. I 2025, Nr. 109.

§ 17
Die Vergütung des gerichtlich bestellten Sachverständigen

Übersicht

Aufsatzliteratur: *Ampferl/Kilper*, Die Pflicht des Gläubigerausschusses zur Prüfung von Geldverkehr und -bestand, ZIP 2015, 553; *Bleutge*, Erstattung der Schreibkosten des Sachverständigen, Rpfleger 1988, 131; *Franke/Goth/Firmenich*, Die (gerichtliche?!) Schlussrechnungsprüfung im Insolvenzverfahren – zwischen Legalitäts- und Legitimitätskontrolle, ZInsO 2009, 123; *Greiner*, Die Vergütung des isolierten Sachverständigen – eine reformbedürftige Regelungslücke?, ZInsO 2018, 1714; *INDat*, Heißes Eisen. Externe Schlussrechnungsprüfung, INDat-Report 6/2015, S. 10; *Ley*, Die neue Vergütung des Sachverständigen im Insolvenzverfahren nach dem Justizvergütungs- und Entschädigungsgesetz, ZIP 2004, 1391; *Lissner*, Die Übertragung der Schlussrechnungsprüfung auf Sachverständige, ZInsO 2015, 1184; *Metoja*, Externe Prüfung der insolvenzrechtlichen Rechnungslegung – ein Nutzen für die Verfahrensbeteiligten?, ZInsO 2016, 992; *Vierhaus*, Zur Verfassungswidrigkeit der Übertragung von Rechtspflegeraufgaben auf Private, ZInsO 2008, 521; *Weitzmann*, Rechnungslegung und Schlussrechnungsprüfung, ZInsO 2007, 449; *Zimmer*, Aktuelle Reform des JVEG – Insolvenzrechtliche Bezüge, ZInsO 2020, 990.

I. Grundsätze zur Sachverständigenbeauftragung

1. Der Amtsermittlungsgrundsatz des § 5 Abs. 1 InsO

Nach dem Amtsermittlungsgrundsatz des § 5 Abs. 1 InsO kann das Insolvenzgericht zur **Aufklärung aller das Verfahren betreffenden Verhältnisse** auch Sachverständige beauftragen.[1] Eine Sachverständigenbeauftragung erfolgt wie im Zivilprozess primär zur Tatsachenermittlung. Im Insolvenzverfahren dient sie zur Beurteilung wirtschaftlicher Sachverhalte, insbesondere zur Feststellung der Zahlungsunfähigkeit und zur Bewertung schuldnerischen Vermögens.[2] 1

In besonderen Fällen kann auch die Beantwortung einer juristischen Fragestellung Gegenstand einer Sachverständigentätigkeit sein, insbesondere wenn diese unklar oder streitig ist oder wenn die Anwendung internationalen Privatrechts und ausländischen Rechts infrage kommt. Im Parteiprozess ist es den Beteiligten auch nicht verwehrt, durch Parteigutachten den eigenen rechtlichen Standpunkt zu erläutern und zu untermauern.[3] 2

---

1) Allgemein Jaeger-*Gerhardt*, InsO, § 5 Rz. 2 ff.; *Bruns* in: MünchKomm-InsO, § 5 Rz. 11 ff.; Uhlenbruck-*Pape*, InsO, § 5 Rz. 1, 4, 8; *Frege/Keller/Riedel*, Insolvenzrecht, Rz. 1.135 ff.

2) Jeweils meist zum Sachverständigen im Eröffnungsverfahren Jaeger-*Gerhardt*, InsO, § 5 Rz. 14 ff.; *Bruns* in: MünchKomm-InsO, § 5 Rz. 44 ff.; Uhlenbruck-*Pape*, InsO, § 5 Rz. 10 ff.

3) Allgemein zu Parteigutachten Stein/Jonas-*Leipold*, ZPO, Vor § 402 Rz. 74 ff.

2. Die Sachverständigenbeauftragung in der Insolvenzpraxis

a) Die Sachverständigenbeauftragung im Insolvenzeröffnungsverfahren

3 Regelfall der Beauftragung eines Sachverständigen im Insolvenzverfahren ist derjenige des **Eröffnungsverfahrens zur Ermittlung des Insolvenzgrundes und der Massekostendeckung** (§§ 17, 19, 26 InsO).[4)]

4 Diese Sachverständigenbeauftragung dient nicht nur der Tatsachenermittlung, sondern regelmäßig einer rechtlichen Beurteilung. Der Sachverständige wird nicht lediglich beauftragt, die liquiden Zahlungsmittel des Schuldners zu bestimmen und die fälligen Zahlungspflichten festzustellen, sondern hieraus rechtlich folgernd auch die Zahlungsunfähigkeit nach § 17 InsO festzustellen. Für den sog. starken vorläufigen Insolvenzverwalter ergibt sich diese doppelte Sachverständigenaufgabe aus § 22 Abs. 1 Nr. 3 InsO.[5)] Der sog. schwache vorläufige Insolvenzverwalter wird neben der Kompetenzzuweisung aus § 22 Abs. 2 InsO als Sachverständiger bestellt.

b) Die Sachverständigenbeauftragung zur Schlussrechnungsprüfung

5 Die **Sachverständigenbeauftragung zur Prüfung der Schlussrechnung** des Insolvenzverwalters seitens des Insolvenzgerichts erfährt **zunehmend Bedeutung,** ist jedoch auch umstritten.[6)] Die Schlussrechnungslegung des Insolvenzverwalters erfolgt nach § 66 InsO gegenüber der Gläubigerversammlung, nach Abs. 2 Satz 1 der Vorschrift hat das Insolvenzgericht vorher die Schlussrechnung zu prüfen. Daneben unterliegt die Vornahme der Schlussverteilung zur Beendigung des Insolvenzverfahrens nach § 196 Abs. 2 InsO der Genehmigung des Insolvenzgerichts. Das Insolvenzgericht hat die vollständige Verwertung der Insolvenzmasse und die formale Richtigkeit der Erstellung des Schlussverzeichnisses nach §§ 188 ff. InsO zu prüfen.[7)] Doch auch hier gilt die allgemeine Regelung des § 5 Abs. 1 Satz 2 InsO. **Auch die Prüfung der Schlussrechnung des Insolvenzverwalters und die Genehmigung der Schlussverteilung beinhalten „Umstände, die für das Insolvenzverfahren von Bedeutung sind"** im Wortsinne des § 5 Abs. 1 InsO.[8)]

6 **Voraussetzung ist stets,** dass das Insolvenzgericht lediglich Tatsachenfeststellungen dem Sachverständigen überträgt und **keine ihm selbst zukommenden Sachentscheidungen delegiert** und völlig aus der Hand gibt. Der Sachverständige ist wie auch im Zivilprozess Hilfsperson des Gerichts. Er kann keiner Entscheidung vorgreifen, sondern bestenfalls empfehlen. Damit kann insbesondere die Bestimmung der **Vergütung des Insolvenzverwalters nicht Gegenstand der Sachverständigenbeauftragung** sein. Hinsichtlich der Bestimmung der Berechnungsgrundlage nach § 1 InsVV besteht aber eine unscharfe Grenze, da die Berechnung der Insolvenzmasse zunächst Tatsachenfeststellung ist, zahlreiche Einzelfragen zur Einbeziehung bestimmter Vermögenswerte aber auch rechtlicher Natur sind.[9)]

---

4) Eingehend *Beck/Wimmer* in: Beck/Depré, Praxis der Sanierung und Insolvenz, § 6; *Frege/Keller/Riedel*, Insolvenzrecht, Rz. 2.336 ff.

5) Eingehend statt aller Jaeger-*Gerhardt*, InsO, § 22 Rz. 147 ff.

6) OLG Hamm, Beschl. v. 9.12.1985 – 15 W 441/85, ZIP 1986, 724; *Frege/Riedel*, Schlussbericht und Schlussrechnung, Rz. 285, 346; *Amberger* in: Leonhardt/Smid/Zeuner, InsVV, Gerichtskosten Rz. 26 ff.; *Graeber/Graeber*, InsVV, § 8 Rz. 26; eingehend *Frege/Keller/Riedel*, Insolvenzrecht, Rz. 3.1205 ff.; eingehend kritisch *Weitzmann* in: HambKomm-InsO, § 66 Rz. 13; *Vierhaus*, ZInsO 2008, 521; *Weitzmann*, ZInsO 2007, 449; *Lissner*, ZInsO 2015, 1184; *Metoja*, ZInsO 2016, 992; zur rechtspolitischen Diskussion redaktioneller Beitrag mit Statements von Praktikern: INDat-Report 6/2015, S. 10 ff.

7) Hierzu Jaeger-*Eckardt*, InsO, § 66 Rz. 39; *Metoja* in: HK-InsO, § 66 Rz. 67 ff.; *Frege/Keller/Riedel*, Insolvenzrecht, Rz. 3.1202 ff.; umfassend *Frege/Riedel*, Schlussbericht und Schlussrechnung, Rz. 274 ff., 285, 346.

8) So aber insbesondere *Franke/Goth/Firmenich*, ZInsO 2009, 123.

9) Dazu instruktiv *Metoja*, ZInsO 2016, 992.

Am wenigsten stichhaltig ist in der Diskussion um die Zulässigkeit der Sachverständigenbeauftragung das Kostenargument. Es wird u. a. vertreten, die Staatskasse müsse die Kosten der Sachverständigenbeauftragung selbst tragen.[10] Die Vergütung eines gerichtlich bestellten Sachverständigen sind Auslagen des Gerichts nach Nr. 9005 GKG KV und gehören zu den gerichtlichen Kosten des Verfahrens, die grundsätzlich die Insolvenzmasse als Kostenschuldnerin zu tragen hat. Kostenrecht ist stets Folgerecht und kann nicht zu einem Argument für oder gegen Verfahrenshandeln gemacht werden.[11] 7

c) Weitere Fälle möglicher Sachverständigenbeauftragung

Als weitere Fälle einer Sachverständigenbeauftragung im Insolvenzverfahren kommen in Betracht: 8

- Prüfung einer Masselosigkeit oder Masseunzulänglichkeit;
- Prüfung der offensichtlichen Erfüllbarkeit eines vorgelegten Insolvenzplans nach § 231 InsO;
- Kassenprüfung im Auftrag der Mitglieder des Gläubigerausschusses nach § 69 InsO;[12]
- Prüfung möglicher Haftungsansprüche gegen den Insolvenzverwalter aus § 60 InsO, die als Gesamtschaden nach § 92 InsO zu qualifizieren sind; nach Ansicht des AG Hamburg soll dessen Vergütung nicht nach JVEG sondern analog § 73 Abs. 3, § 81 Abs. 3 StaRUG zu bestimmen sein.[13] Dem ist nicht zuzustimmen, denn einerseits besteht aufgrund der Regelungen des § 9 Abs. 2 JVEG keine Regelungslücke und andererseits bilden die Vorschriften des StaRUG keinen vergleichbarer Sachverhalt.
- Prüfung, ob der Schuldner als natürliche Person den besonderen Vorschriften des Verbraucherinsolvenzverfahrens unterliegt. Dieser Aspekt hat mit Wegfall der §§ 311 ff. InsO zum 1.7.2014 an Bedeutung verloren.

II. Bestimmung der Sachverständigenvergütung

1. Grundsatz der Stundensatzvergütung

Der gerichtlich bestellte Sachverständige hat Anspruch auf Vergütung nach dem Justizvergütungs- und -entschädigungsgesetz (JVEG).[14] Die Vergütung des Sachverständigen richtet sich nach dem **konkreten Stundenaufwand**. Hierzu unterteilt § 9 Abs. 1 JVEG die Tätigkeiten in unterschiedliche **Honorargruppen** mit je unterschiedlichen Stundensätzen. Die Anlage 1 zu § 9 Abs. 1 JVEG erfasst jedoch nicht alle in der Rechtspraxis und vor allem in der Insolvenzpraxis denkbaren Tätigkeitsfelder. 9

Zur **Sachverständigenbeauftragung im Insolvenzeröffnungsverfahren** hatte sich das BVerfG mit der Frage zu befassen, ob § 9 JVEG gegen Art. 12 GG verstoße.[15] Das BVerfG nahm die Beschwerde nicht an und wies in der Begründung seiner Nichtannahmeent- 10

---

10) So aber insbesondere *Franke/Goth/Firmenich*, ZInsO 2009, 123.

11) Dies mit Art. 19 Abs. 4 GG verneinend *Weitzmann* in: HambKomm-InsO, § 66 Rz. 13.

12) Eingehend im Zusammenhang mit der persönlichen Haftung der Mitglieder des Gläubigerausschusses BGH, Urt. v. 9.10.2014 – IX ZR 140/11, BGHZ 202, 324 = DZWIR 2015, 185 m. Anm. *Keller*, dazu EWiR 2014, 781 *(Krüger)*; eingehend *Ampferl/Kilper*, ZIP 2015, 553.

13) AG Hamburg, Beschl. v. 6.3.2023 – 67g IN 173/17, ZRI 2023, 426.

14) Gesetz über die Vergütung von Sachverständigen, Dolmetscherinnen, Dolmetschern, Übersetzerinnen und Übersetzern sowie die Entschädigung von ehrenamtlichen Richterinnen, ehrenamtlichen Richtern, Zeuginnen, Zeugen und Dritten – Justizvergütungs- und -entschädigungsgesetz (JVEG) als Art. 2 des Gesetzes zur Modernisierung des Kostenrechts – Kostenrechtsmodernisierungsgesetz (KostRMoG), v. 5.5.2004, BGBl. I 2004, 718; s. allg. Begr. RegE KostRMoG, BT-Drucks. 15/1971, S. 181; zuletzt geändert durch KostRÄG 2021, v. 21.12.2020, BGBl. I 2020, 3229.

15) BVerfG, Beschl. v. 29.11.2005 – 1 BvR 2035/05, ZIP 2006, 86 = NZI 2006, 93.

scheidung darauf hin, dass die Sachverständigenvergütung nicht isoliert betrachtet werden dürfe. Der vorläufige Insolvenzverwalter, der auch zum Sachverständigen bestellt wird oder kraft § 22 Abs. 1 Nr. 3 InsO diese Aufgabe wahrnimmt, erhalte auch die ihm zustehende Vergütung nach § 11 InsVV, diese Tätigkeiten würden sich überschneiden, so dass die Vergütungen zusammen angemessen seien.

11 Zu bedenken ist aber stets, dass die **Stundensätze des § 9 JVEG** für sämtliche Sachgebiete und Honorargruppen **nicht den Stundensätzen entsprechen**, die ein Gutachter auf dem freien Markt üblicherweise verlangt und erhält. Der Gesetzgeber sieht mit den abgesenkten Stundensätzen des § 9 JVEG eine Verpflichtung der Sachverständigen, im Interesse der Allgemeinheit auch geringere Stundenvergütung in Kauf zu nehmen. Er meint zwar, die Stundensätze seien am Markt orientiert, nimmt aber für sich selbst als Auftraggeber auch einen „Mengenrabatt“ in Anspruch.[16)]

2. Der Sachverständige im Insolvenzeröffnungsverfahren

a) § 9 Abs. 2 JVEG in der bis 1.8.2013 geltenden Fassung

12 Bezogen auf Insolvenzverfahren nannte § 9 Abs. 2 JVEG lediglich die Tätigkeit des sog. starken vorläufigen Insolvenzverwalters als Sachverständigem im Eröffnungsverfahrens und bewertete diese mit einem Stundensatz von 65 €. Der sog. schwache vorläufige Insolvenzverwalter als Sachverständiger im Eröffnungsverfahren war in § 9 JVEG i. d. F. von 2004 nicht berücksichtigt (hierzu 3. Auflage Rz. 654 ff.).[17)] Die OLG Bamberg,[18)] Frankfurt/M.,[19)] München,[20)] Nürnberg[21)] und Hamburg[22)] sowie das LG Mönchengladbach[23)] und die AG Hamburg,[24)] Kleve[25)] befürworteten eine Anwendung auf den sog. schwachen vorläufigen Insolvenzverwalter.

b) § 9 Abs. 2 JVEG in der seit 1.8.2013 geltenden Fassung

13 § 9 JVEG wurde bezüglich des Sachverständigen im Insolvenzeröffnungsverfahren erst durch das **2. Kostenrechtsmodernisierungsgesetz** (2. KostRMoG)[26)] zum **1.8.2013** geändert und der Rechtswirklichkeit angepasst. Der **Stundensatz** des starken als auch des schwachen vorläufigen Insolvenzverwalters beträgt danach **einheitlich 80 €.**

14 Der **nur zum Gutachter bestellte** (isolierte) Sachverständige war i. d. F. des § 9 Abs. 2 JVEG nach dem 2. KostRMoG[27)] nicht geregelt.[28)] Das OLG München[29)] billigte dem nur

16) Begr. RegE 2. KostRMoG, BT-Drucks. 17/11471, S. 145 (Marktpreise mit Abschlag); *Kessel* in: NK-GK, § 9 JVEG Rz. 2.

17) *Stephan* in: MünchKomm-InsO, § 11 InsVV Rz. 131 ff.; *Frege/Keller/Riedel*, Insolvenzrecht, 7. Aufl. 2008, Rz. 2606; Stephan/Riedel-*Stephan*, InsVV § 11 Rz. 120 ff.; *Ley*, ZIP 2004, 1391.

18) OLG Bamberg, Beschl. v. 25.1.2005 – 1 W 1/05, NZI 2005, 266; OLG Bamberg, Beschl. v. 24.2.2005 – 1 W 8/05, ZIP 2005, 819 = NZI 2005, 503.

19) OLG Frankfurt/M., Beschl. v. 5.9.2005 – 26 W 51/05, NZI 2006, 38.

20) OLG München, Beschl. v. 20.5.2005 – 11 W 1422/05, NZI 2005, 501.

21) OLG Nürnberg, Beschl. v. 20.2.2006 – 2 W 267/06, ZIP 2006, 1503.

22) OLG Hamburg, Beschl. v. 11.2.2010 – 4 W 138/09, ZInsO 2010, 634.

23) LG Mönchengladbach, Beschl. v. 19.1.2005 – 5 T 627/04, ZIP 2005, 410 = NZI 2005, 509.

24) AG Hamburg, Beschl. v. 28.9.2004 – 67g IN 274/04, NZI 2004, 677.

25) AG Kleve, Beschl. v. 25.11.2004 – 33 IN 83/04, ZIP 2005, 228.

26) Art. 7 Nr. 7b 2. KostRMoG, v. 23.7.2013, BGBl. I 2013, 2586.

27) Zweites Gesetz zur Modernisierung des Kostenrechts – 2. Kostenrechtsmodernisierungsgesetz (2. KostRMoG), v. 23.7.2013, BGBl. I 2013, 2586.

28) Eingehend Stephan/Riedel-*Stephan*, InsVV, § 11 Rz. 127 ff.; *Zimmer*, InsVV, § 11 Rz. 186 ff.; *Greiner*, ZInsO 2018, 1714.

29) OLG München, Beschl. v. 20.5.2005 – 11 W 1422/05, NZI 2005, 501; OLG München, Beschl. v. 15.6.2005 – 11 W 1423/05, ZIP 2005, 1329 = NZI 2005, 502; ebenso LG Aschaffenburg, Beschl. v. 24.11.2004 – 4 T 205/04, ZIP 2005, 226 = ZVI 2004, 762; LG Bochum, Beschl. v. 28.1.2005 – 10 T 97/04, ZInsO 2005, 308.

zur Gutachtenerstellung bestellten (isolierten) Sachverständigen entsprechend Honorargruppe 7 des § 9 Abs. 1 JVEG einen Stundensatz von seinerzeit 80 € zu. Gleicher Ansicht waren das OLG Koblenz[30] und das OLG Frankfurt/M.[31] und das LG Mönchengladbach.[32] Das AG Göttingen hielt bei besonderen Erschwernissen einen Stundensatz von 95 € für angemessen;[33] in neueren Entscheidungen plädiert es für einen Stundensatz von 115 €.[34] Das AG Hamburg[35] siedelte den sog. „isolierten" Sachverständigen wie auch den sog. schwachen vorläufigen Insolvenzverwalter zunächst in Honorargruppe 4 des § 9 Abs. 1 JVEG, dann in Honorargruppe 7[36] an. Nach AG Saarbrücken soll der Stundensatz 95 € betragen.[37] Nach OLG Zweibrücken und LG Wuppertal soll § 9 Abs. 2 JVEG nicht gelten.[38] Nach LG Schweinfurt dürfe der sog. isolierte Sachverständige keine höhere Vergütung erhalten als der Sachverständige, der auch vorläufiger Insolvenzverwalter ist.[39]

Richtig ist nach der Neuordnung der Honorargruppen durch das 2. KostRMoG für den isolierten Sachverständigen ein **Stundensatz nach Sachgebiet 6 der Anlage zu § 9 JVEG** maßgebend.[40] Dieses beinhaltet Unternehmensbewertung (Honorargruppe 11 mit Stundensatz 115 €), Kapitalanlagen und private Finanzplanung (Honorargruppe 13 mit Stundensatz 125 €) und Besteuerung (Honorargruppe 3 mit Stundensatz 75 €). Sind **mehrere Gruppen** durch eine sachverständige Tätigkeit erfasst, gilt der Stundensatz der **höchsten Honorargruppe** für die gesamte Tätigkeit (§ 9 Abs. 1 Satz 4 JVEG).[41] **Eine rechnerische Mischung der Stundensätze erfolgt nicht.** Dem entsprechend ist dem OLG Karlsruhe zuzustimmen, das einen Stundensatz von 115 € annimmt.[42] Das AG Stuttgart gelangte durch „Interpolation" der Honorargruppen des Sachgebietes 6 zu einem Stundensatz von 105 €.[43] 15

c) Die Neuregelung des § 9 Abs. 4 JVEG in der seit 1.1.2021 geltenden Fassung

Das JVEG wurde insgesamt geändert und reformiert durch das **KostRÄG 2021** vom 21.12.2020.[44] In dieses Gesetz ist der Referentenentwurf eines „JVEG-Änderungsgesetzes 2020" von Dezember 2019 aufgegangen.[45] § 9 JVEG wurde dabei grundlegend geändert und erweitert. Für die Vergütung des Sachverständigen im Insolvenzeröffnungsverfahren 16

30) OLG Koblenz, Beschl. v. 27.12.2005 – 14 W 815/05, NZI 2006, 180.
31) OLG Frankfurt/M., Beschl. v. 3.3.2006 – 26 W 80/05, ZIP 2006, 676; OLG Frankfurt/M., Beschl. v. 29.9.2016 – 26 W 2/16, NZI 2017, 225.
32) LG Mönchengladbach, Beschl. v. 22.8.2007 – 5 T 326/07, ZVI 2008, 37 = NZI 2008, 112.
33) AG Göttingen, Beschl. v. 17.9.2004 – 74 IN 260/04, ZVI 2004, 632 = NZI 2004, 676.
34) AG Göttingen, Beschl. v. 25.7.2016 – 71 IN 21/16, ZVI 2016, 459; AG Göttingen, Beschl. v. 26.7.2016 – 71 IN 23/16, ZInsO 2017, 403; AG Göttingen, Beschl. v. 30.9.2016 – 71 IN 58/16, ZInsO 2016, 2223; AG Göttingen, Beschl. v. 12.12.2017 – 74 IN 141/17, ZInsO 2018, 277; AG Göttingen, Beschl. v. 3.8.2018 – 74 IN 160/16, ZIP 2018, 700.
35) AG Hamburg, Beschl. v. 1.7.2005 – 67c IN 403/04, DZWIR 2005, 481.
36) AG Hamburg, Beschl. v. 29.3.2010 – 67c IN 446/09, NZI 2010, 404.
37) AG Saarbrücken, Beschl. v. 7.5.2014 – 110 IN 61/13, juris.
38) OLG Zweibrücken, Beschl. v. 11.8.2016 – 6 W 45/16, ZIP 2016, 2427 = NZI 2017, 47; LG Wuppertal, Beschl. v. 4.3.2014 – 16 T 37/14, ZIP 2014, 1990.
39) LG Schweinfurt, Beschl. v. 12.1.2017 – 41 T 212/16, ZIP 2017, 885.
40) Begr. RegE 2. KostRMoG, BT-Drucks. 17/11471, S. 260.
41) Zuordnung nach billigem Ermessen nach OLG Bamberg, Beschl. v. 29.9.2017 – 8 W 75/17, ZInsO 2017, 2457.
42) OLG Karlsruhe, Beschl. v. 16.9.2015 – 15 W 57/15, ZIP 2016, 430 = NZI 2016, 324, dazu EWiR 2016, 279 *(Zimmer)*; ebenso LG Göttingen, Beschl. v. 11.8.2016 – 10 T 50/16, ZInsO 2017, 2459.
43) AG Stuttgart, Beschl. v. 10.1.2014 – 3 IN 806/13, ZIP 2014, 1348 = NZI 2014, 227 m. Anm. *Keller*.
44) Gesetz zur Änderung des Justizkosten- und des Rechtsanwaltsvergütungsrechts und zur Änderung des Gesetzes zur Abmilderung der Folgen der COVID-19-Pandemie im Zivil-, Insolvenz- und Strafverfahrensrecht – Kostenrechtsänderungsgesetz 2021 (KostRÄG 2021), v. 21.12.2020, BGBl. I 2020, 3229; Begr. RegE KostRÄG 2021, BT-Drucks. 19/23484.
45) Begr. RegE KostRÄG 2021, BT-Drucks. 19/23484, S. 44; BMJV, RefE JVEG-ÄndG 2020, v. 17.12.2019; dazu auch *Zimmer*, ZInsO 2020, 990.

regelt § 9 Abs. 4 JVEG sowohl den Stundensatz des sog. isolierten Sachverständigen als auch des vorläufigen Insolvenzverwalters oder vorläufigen Sachwalters, der auch als Sachverständiger bestellt ist:[46)]

- Der Stundensatz des sog. **isolierten Sachverständigen** beträgt **120 €.**
- Der Stundensatz des **vorläufigen Insolvenzverwalters** oder Sachwalters beträgt für seine Sachverständigentätigkeit **95 €.**

17 Die Neuregelung gilt nach § 24 JVEG, wenn der **Sachverständigenauftrag ab dem 1.1.2021 erteilt** wird. Für eine Auftragserteilung bis 31.12.2020 sind die bis dato geltenden Regelungen anzuwenden (siehe oben Rz. 13 ff.).

3. Der Sachverständige zur Schlussrechnungsprüfung und zur Kassenprüfung

18 Für den Sachverständigen zur Schlussrechnungsprüfung gilt **Sachgebiet 6** zu Teil 1 der Anlage 1 zu § 9 Abs. 1 IVEG[47)] mit den Untergruppen 6.1 (Unternehmensbewertung) und 6.3 (Rechnungswesen) mit Stundensätzen von 135 € und 105 €.

19 Ergibt sich **im Einzelfall**, dass der Stundensatz nach § 9 JVEG **objektiv zu niedrig** ist, bspw. bei besonders aufwendiger Schlussrechnungsprüfung, kann über § 13 JVEG ein **individueller Stundensatz** bestimmt werden. Dies sollte **in jedem Fall vor der Beauftragung** seitens des Gerichts geklärt werden.

20 Wird durch die **Mitglieder des Gläubigerausschusses ein Sachverständiger** zur Kassenprüfung beauftragt, ist nicht geklärt, ob dessen Kosten zu den Auslagen der Mitglieder des Gläubigerausschusses gehören oder als Masseverbindlichkeit berichtigt werden können (siehe § 13 Rz. 52).[48)] Fest steht, dass für den von den Mitgliedern des Gläubigerausschusses beauftragten Sachverständigen das JVEG und damit dessen § 9 nicht gilt, **er ist nicht gerichtlich bestellter Sachverständiger** und darf marktübliche Stundensätze abrechnen.[49)] Es sollte jedoch mit dem Insolvenzverwalter und dem Insolvenzgericht abgesprochen werden, in welcher Art und welcher Höhe der Kassenprüfer vergütet werden soll.

4. Der Stundenaufwand

21 Zu vergüten sind sämtliche vom Sachverständigen aufgewendeten Stunden zur Erledigung des Auftrags. Auch die Arbeitszeit seiner Mitarbeiter ist Teil der Vergütung. Auszugehen ist von einem **für die Beauftragung typischen Zeitaufwand**, es soll weder der besonders schnelle Sachverständige benachteiligt oder der besonders säumige Sachverständige bevorteilt werden.[50)] Der BGH stellte hierzu mit Urteil vom 16.12.2003 fest:[51)]

> „Dem entschädigungsberechtigten Sachverständigen steht eine Entschädigung nicht für die tatsächlich aufgewendete, sondern nur für die erforderliche Zeit zu. Hierbei ist auf einen durchschnittlich schnell arbeitenden Sachverständigen abzustellen."

22 Bei der Beauftragung zur Schlussrechnungsprüfung oder zur Kassenprüfung ist es auch ratsam, einen **Stundenaufwand vorzugeben** bzw. als Richtwert zu vereinbaren. Überschreitet der Sachverständige diesen, hat er dies dem Gericht anzuzeigen (§ 407a Abs. 3 Satz 2 ZPO),

---

46) Begr. RegE KostRÄG 2021, BT-Drucks. 19/23484, S. 65.

47) Geändert durch Art. 6 Abs. 2 KostRÄG 2021, v. 21.12.2020, BGBl. I 2020, 3229.

48) Eingehend *Keller*, DZWIR 2015, 185 (Anm. zu BGH, Urt. v. 9.10.2014 – IX ZR 140/11, BGHZ 202, 324 = ZIP 2014, 2242).

49) *Keller*, DZWIR 2015, 185 (Anm. zu BGH, Urt. v. 9.10.2014 – IX ZR 140/11, BGHZ 202, 324 = ZIP 2014, 2242); allgemein zur Sachverständigenvergütung nach Stundensätzen *Roeßner* in: Bayerlein/Bleutge/Roeßner, Praxishdb. Sachverständigenrecht, § 42 Rz. 3 ff.

50) BVerfG, Beschl. v. 26.7.2007 – 1 BvR 55/07, JurBüro 2008, 44.

51) BGH, Beschl. v. 16.12.2003 – X ZR 206/98, MDR 2004, 776.

andernfalls erhält er Vergütung nur i. H. des Auslagenvorschusses (§ 8a Abs. 4 JVEG).[52] Das Gericht ist nicht berechtigt, ohne sachliche Begründung einen nachgewiesenen Stundenaufwand des Sachverständigen zu kürzen.[53]

Gerade bei der Beauftragung des Sachverständigen im Insolvenzeröffnungsverfahren ist zu beobachten, dass zu geringer Stundenaufwand abgerechnet wird. Gerechtfertigt wird dies damit, dass mit den entsprechend geringen Kosten eine Verfahrenseröffnung (knapp) ermöglicht werden kann und anderenfalls die Eröffnung des Insolvenzverfahrens mangels Masse abgewiesen werden müsste. Ob dieser Aspekt stets zutrifft, ist fraglich. Jedenfalls erweckt diese Praxis bei den Gerichten die unzutreffende Erwartung, die Erstattung eines Eröffnungsgutachtens sei nicht besonders zeitaufwendig. 23

5. Ersatz von Aufwendungen

Ersatz von Aufwendungen und **Auslagenersatz** erhält der Sachverständige nach § 12 Abs. 1 i. V. m. §§ 5, 6 und 7 JVEG. Er erhält insbesondere Schreibauslagen nach § 12 Abs. 1 Satz 2 Nrn. 2 und 3 JVEG und Umsatzsteuerausgleich nach § 12 Abs. 1 Satz 2 Nr. 4 JVEG. Erstattungsfähige Kosten sind bspw. Schreiben an Behörden, Auskunftsersuchen, Kosten für Ortstermine. Fahrtkostenerstattung erhält der Sachverständige nach § 5 Abs. 2 Satz 1 Nr. 2 JVEG in der Regel i. H. von 0,30 € je Kilometer. 24

Die allgemeinen Bürokosten des Sachverständigen sind mit der Vergütung abgegolten. Erstattungsfähig sind Arbeitsleistungen von Hilfskräften, soweit sie unterscheidbar von der sonstigen Tätigkeit der Hilfskraft nur für die Anfertigung des Gutachtens erbracht wurden.[54] 25

III. Verfahren der Festsetzung

Die Vergütung des Sachverständigen wird auf dessen Antrag durch das **Insolvenzgericht** zur Zahlung angewiesen. Funktionell zuständig ist der Richter oder der Rechtspfleger je nach **Zuständigkeit für den Verfahrensabschnitt.**[55] Die Vergütung wird mit den Gerichtskosten als Auslagenbetrag nach Nr. 9005 GKG KV vom Kostenschuldner eingezogen. Wird das Insolvenzverfahren nicht eröffnet, fallen die Kosten dem Antragsteller (§ 50 Abs. 1 GKG) oder dem Kostenschuldner nach § 29 Nr. 1 GKG zur Last. Damit kann auch der antragstellende Gläubiger für die Sachverständigenvergütung haften. 26

Der **Vertreter der Staatskasse** (Bezirksrevisor) hat bei der Festsetzung der Vergütung keine Weisungsbefugnis gegenüber dem Gericht. Er kann die Festsetzung der Vergütung durch gerichtlichen Beschluss beantragen (§ 4 Abs. 1 Satz 1 JVEG). Für diesen ist am Insolvenzgericht je nach Verfahrensstadium der Richter oder der Rechtspfleger zuständig. Die gerichtliche Entscheidung ist nach § 4 Abs. 3 JVEG mit Beschwerde anfechtbar.[56] 27

---

52) BVerfG, Beschl. v. 26.7.2007 – 1 BvR 55/07, JurBüro 2008, 44.

53) BVerfG, Beschl. v. 26.7.2007 – 1 BvR 55/07, JurBüro 2008, 44.

54) Eingehend *Bleutge*, Rpfleger 1988, 131.

55) Zu allgemein für Zuständigkeit des Rechtspflegers AG Fulda, Beschl. v. 27.2.2017 – 91 IN 9/16, ZInsO 2018, 895.

56) Begr. RegE KostRMoG, BT-Drucks. 15/1971, S. 179.

§ 18
Kosten eines beauftragten Gerichtsvollziehers

Übersicht

Aufsatzliteratur: *Büttner*, Die Auftragserteilung nach § 802l ZPO an den Gerichtsvollzieher im Insolvenzverfahren, ZInsO 2019, 937; *Lappe*, Analogieverbot im Justizkostenrecht, Rpfleger 1984, 337; *Markivoč*, Auskunftsrechte im Insolvenzverfahren nach § 802l ZPO, ZInsO 2016, 1974; *Otto*, Gesetz zur Neuordnung des Gerichtsvollzieherkostenrechts, JurBüro, 2001, 61; *Schneider*, Die vollstreckungsrichterliche Durchsuchungsanordnung, NJW 1980, 2377.

I. Aufgaben des Gerichtsvollziehers im Insolvenzverfahren

1. Tätigwerden im Auftrag des Insolvenzverwalters

Der Gerichtsvollzieher kann im Insolvenzverfahren im Auftrag des Insolvenzverwalters 1
oder des Insolvenzgerichts tätig werden. Ansatzpunkt seiner Tätigkeit ist, dass der Insolvenzverwalter kraft der auf ihn übergegangenen Verfügungsbefugnis des Schuldners nach § 80 Abs. 1 InsO zwar für diesen, aber nicht als Träger hoheitlicher Gewalt zwangsweise gegen ihn tätig werden kann. **Träger hoheitlicher Gewalt im Vollstreckungsrecht ist der Gerichtsvollzieher,** dessen sich der Insolvenzverwalter bedienen muss. In Betracht kommen folgende Tätigkeiten:

- Zwangsweise Inbesitznahme der Insolvenzmasse nach § 148 Abs. 2 InsO;[1)]
- Siegelung der Insolvenzmasse nach § 150 InsO, die als Sicherungsmaßnahme auch im Eröffnungsverfahren erfolgen kann;[2)]
- Verhaftung und zwangsweise Vorführung des Schuldners nach § 98 InsO, auch bereits im Eröffnungsverfahren.[3)]
- Ob der Gerichtsvollzieher zur Einholung von Drittauskünften nach § 802l ZPO beauftragt werden kann, ist streitig. Vielfach wird die Anwendung von § 802l ZPO über § 4 InsO sowohl im Eröffnungsverfahren als auch im eröffneten Insolvenzverfahren bejaht.[4)] Andererseits gehört die Ermittlung pfändbarer und zur Insolvenzmasse gehörender Vermögenswerte zu den originären Pflichten des Insolvenzverwalters, der

1) Jaeger-*Eckardt*, InsO, § 148 Rz. 84 ff.; Uhlenbruck-*Sinz*, InsO, § 148 Rz. 28 ff.; *Frege/Keller/Riedel*, Insolvenzrecht, Rz. 3.732.

2) RegE InsO, BT-Drucks. 12/2443, S. 171; Jaeger-*Eckardt*, InsO, § 150 Rz. 11 ff.; *Depré* in: HK-InsO, § 150 Rz. 6; nach *Holzer* in: KPB, InsO, § 150 Rz. 2, 3, handelt es sich stets um eine Sicherungsmaßnahme des Verwalters und nicht des Gerichts.

3) *J. Schmidt* in: HK-InsO, § 98 Rz. 31 ff.

4) AG München, Beschl. v. 12.2.2016 – 1503 IN 3339/15, ZIP 2016, 835 = NZI 2016, 541 m. Anm. *Siebert*; AG Rosenheim, Beschl. v. 8.9.2016 – 605 IN 468/15, NZI 2017, 87 = DGVZ 2018, 185 m. Anm. *Martens*, dazu auch *Markivoč*, ZInsO 2016, 1974; AG Köln, Beschl. v. 7.6.2018 – 75 IN 1917/17, ZVI 2018, 403 = NZI 2018, 622; AG Leipzig, Beschl. v. 18.4.2019 – 403 IN 250/19, ZInsO 2019, 1079; *Büttner*, ZInsO 2019, 937.

kraft seiner Verfügungsbefugnis auch unmittelbar Auskunftsrechte sowohl bei Behörden als auch privaten Stellen besitzt, so dass für eine Anwendung des § 802l ZPO kein Bedürfnis bestehen sollte.[5)]

2 Grundlagen der Vollstreckungshandlungen des Gerichtsvollziehers sind der Beschluss über die Anordnung einstweiliger Sicherungsmaßnahmen, der Insolvenzeröffnungsbeschluss, der Haftbefehl des Gerichts und die Auftragserteilung des Insolvenzverwalters.[6)] Zu Durchsuchung der schuldnerischen Wohn- und Geschäftsräume ist ein Beschluss nach § 758a ZPO nicht erforderlich.[7)]

2. Zwangsvollstreckung gegen den Insolvenzverwalter

3 Bei zulässiger Zwangsvollstreckung gegen die Insolvenzmasse und den Insolvenzverwalter – z. B. durch einen Absonderungsberechtigten oder einen Massegläubiger – wird der Gerichtsvollzieher als **Vollstreckungsorgan für den Gläubiger** tätig. Seine Gebühren richten sich nach den allgemeinen Vorschriften für die jeweilige Zwangsvollstreckungsmaßnahme. Der Vollstreckungsgläubiger ist vorschusspflichtig, die Kosten sind zu erstattende Kosten der Zwangsvollstreckung nach § 788 ZPO.[8)] Sie sind nicht Kosten innerhalb des Insolvenzverfahrens.

II. Die Gebührentatbestände des GvKostG

1. Allgemeine Regelungen

4 Der Gerichtsvollzieher erhält Gebühren nach dem Gesetz über Kosten der Gerichtsvollzieher(§ 1 Abs. 1 GvKostG),[9)] die dort genannten Gebührentatbestände sind abschließend geregelt.[10)] Wird er durch das Gericht beauftragt, sind seine Gebühren und Auslagen **im Insolvenzverfahren als gerichtliche Auslagen** zu behandeln und **durch das Gericht beim Kostenschuldner** eingezogen (§ 13 Abs. 3 GvKostG).[11)] Der Gerichtsvollzieher erstellt keine Kostenrechnung, sondern teilt seine Gebühren und Auslagen dem Insolvenzgericht mit. Das Insolvenzgericht hat in der gerichtlichen Kostenrechnung die Kosten des betreffenden Gerichtsvollziehers besonders zu bezeichnen (§§ 24 Abs. 7 KostVfg).[12)] Nach

---

5) Ein Gesetzentwurf der BReg zu einem Gesetz zur Verbesserung des Schutzes von Gerichtsvollziehern v. 21.1.2021, BR-Drucks. 62/21, sieht eine Änderung des § 98 InsO dahingehend vor, dass das Insolvenzgericht selbst die Auskünfte bei den in § 802l ZPO genannten Stellen einholt; eine Beauftragung des Gerichtsvollziehers wird für nicht notwendig erachtet.

6) Jaeger-*Eckardt*, InsO, § 148 Rz. 90 ff.; *Depré* in: HK-InsO, § 148 Rz. 8; *D. Blank/M. J. W Blank* in: FK-InsO, § 148 Rz. 30 ff.

7) RegE InsO, BT-Drucks. 12/2443, S. 170; *Holzer* in: KPB, InsO, § 148 Rz. 18; anders LG Kaiserslautern, Beschl. v. 20.2.1981 – 5 T 23/81, DGVZ 1981, 87; *Schneider*, NJW 1980, 2377; umstritten bleibt trotz der Regelung des § 758a Abs. 3 ZPO, ob es einer besonderen Durchsuchungsanordnung gegen den Ehegatten des Schuldners, eingetragenen Lebenspartner, Lebensgefährten oder Mitbewohner bedarf, dazu Jaeger-*Eckardt*, InsO, § 148 Rz. 96 ff.; *Keller* in: Keller, Hdb. Zwangsvollstreckungsrecht, Rz. 2.258 ff.; keine besondere Anordnung erforderlich nach Zöller-*Seibel*, ZPO, § 758 Rz. 5.

8) Eingehend *v. König/Horsky* in: Keller, Hdb. Zwangsvollstreckungsrecht, Rz. 9.12 ff.

9) Zuletzt geändert durch Art. 3 Gesetz zur Änderung des Justizkosten- und des Rechtsanwaltsvergütungsrechts und zur Änderung des Gesetzes zur Abmilderung der Folgen der COVID-19-Pandemie im Zivil-, Insolvenz- und Strafverfahrensrecht – Kostenrechtsänderungsgesetz 2021 (KostRÄG 2021), v. 21.12.2020, BGBl. I 2020, 3229; eingehend *Kessel* in: NK-GK, Vor §§ 1 ff. GvKostG Rz. 1 ff.; *v. König/Horsky* in: Keller, Hdb. Zwangsvollstreckungsrecht, Rz. 9.214 ff.

10) Schröder-Kay-*Gerlach*, Kostenwesen der Gerichtsvollzieher, § 1 GvKostG Rz. 4; grundlegend *Lappe*, Rpfleger 1984, 337.

11) *Kessel* in: NK-GK, § 13 GvKostG Rz. 7; Beispiele bei Schröder-Kay-*Gerlach*, Kostenwesen der Gerichtsvollzieher, § 13 GvKostG Rz. 35.

12) Schröder-Kay-*Gerlach*, Kostenwesen der Gerichtsvollzieher, § 13 GvKostG Rz. 36.

Zahlung durch den Kostenschuldner werden sie durch die Justizkasse an den Gerichtsvollzieher weitergeleitet.

Wird der **Gerichtsvollzieher durch den Insolvenzverwalter beauftragt**, ist dieser als Auftraggeber Kostenschuldner (§ 13 Abs. 1 GvKostG), die Kosten des Gerichtsvollziehers sind dann Masseverbindlichkeiten nach § 55 Abs. 1 Nr. 1 InsO.[13] 5

Die Kosten werden mit **Vornahme der Amtshandlung fällig** (§ 14 GvKostG); ein Kostenvorschuss ist nicht zu erheben, wenn der Gerichtsvollzieher im Auftrag des Gerichts tätig wird (§ 4 Abs. 1 Satz 3 GvKostG). 6

Der Gerichtsvollzieher erhält **Auslagenersatz** nach den Nr. 700 bis 713 GvKostG KV. Schreibauslagen können nach Nr. 700 GvKostG KV i. H. von 0,50 € je Seite für die ersten fünfzig Seiten, für die weiteren je 0,15 € geltend gemacht werden. **Wegegeld** erhält der Gerichtsvollzieher nach Nr. 711 GvKostG KV.[14] 7

Auslagenersatz für zu verwendende Vordrucke erhält der Gerichtsvollzieher nach Nr. 713 GvKostG KV. Die Auslagen sind pauschal mit 20 % der zu erhebenden Gebühren, mindestens mit 3 €, höchstens mit 10 € anzusetzen. 8

Wird der Gerichtsvollzieher auf Verlangen des Insolvenzgerichts oder des auftraggebenden Insolvenzverwalters zur **Nachtzeit** tätig (§ 758 Abs. 4 ZPO),[15] verdoppelt sich die Gebühr nach § 11 GvKostG.[16] 9

2. Einzelne Gebühren im Insolvenzverfahren

a) Inbesitznahme der Insolvenzmasse

Beauftragt der Insolvenzverwalter den Gerichtsvollzieher mit der **Inbesitznahme** des schuldnerischen Vermögens **nach § 148 Abs. 2 InsO**, entsteht bezüglich des beweglichen Vermögens eine Gebühr nach Nr. 221 GvKostG KV i. H. von 31,20 €,[17] da dies als Herausgabevollstreckung i. S. des § 883 ZPO anzusehen ist. Durch sie wird das gesamte Verfahren der Wegnahme abgegolten.[18] Die Gebühr entsteht nicht etwa für jeden einzelnen Vermögensgegenstand des Schuldners. Insoweit ist zuzugestehen, dass der Gebührentatbestand die Inbesitznahme des § 148 Abs. 2 InsO nicht sachgerecht erfasst, da er nur auf Einzelvollstreckung abstellt.[19] Nimmt die Wegnahme mehr als drei Stunden in Anspruch, entsteht für jede weiter angefangene Stunde eine weitere Festgebühr von 20 € (Nr. 500 GvKostG KV). 10

b) Siegelung der Insolvenzmasse

Für die Siegelung der Insolvenzmasse nach § 150 InsO erhält der Gerichtsvollzieher nach § 12 Abs. 1 GvKostG Gebühren nach KV Nr. 23500 bis 23503 GNotKG. Die an sich 11

---

13) *Holzer* in: KPB, InsO, § 150 Rz. 9; in der Terminologie vielfach undeutlich, dazu Jaeger-*Eckardt*, InsO, § 150 Rz. 18 (Masseverbindlichkeiten nach § 54 Nr. 1 InsO); Uhlenbruck-*Sinz*, InsO, § 150 Rz. 7; K. Schmidt-*Jungmann*, InsO, § 150 Rz. 6 (Masseverbindlichkeiten nach § 55 Abs. 1 Nr. 1 InsO).

14) Eingehend *Kessel* in: NK-GK, Nr. 700 GvKostG KV Rz. 3 ff.; *Otto*, JurBüro, 2001, 61, Anm. zu Nr. 711 GvKostG KV, 3. Abs.; Schröder-Kay-*Winter*, Kostenwesen der Gerichtsvollzieher, Nr. 711 GvKostG KV Rz. 28 ff.

15) Zöller-*Seibel*, ZPO, § 758 Rz. 33.

16) Es wird einmal eine zweifache Gebühr erhoben, nicht zweimal die einfache, *Kessel* in: NK-GK, § 11 GvKostG Rz. 2 ff.; Schröder-Kay-*Gerlach*, Kostenwesen der Gerichtsvollzieher, § 11 GvKostG Rz. 23.

17) Art. 8 Nr. 13 Kosten- und Betreuervergütungsrechtsänderungsgesetz 2025 (KostBRÄG 2025), v. 7.2.2025, BGBl. I 2025, Nr. 109.

18) Schröder-Kay-*Winter*, Kostenwesen der Gerichtsvollzieher, § 22 GvKostG Rz. 10.

19) Einschränkend ferner nur für freiwillige Herausgabe *Kessel* in: NK-GK, Nr. 221 GvKostG KV Rz. 1.

notwendige landesrechtlich geregelte Zuständigkeit des Gerichtsvollziehers zur Siegelung als Voraussetzung der Gebühr wird hier durch § 150 Satz 1 InsO ersetzt.[20] Der **Gegenstandswert** bemisst sich nach dem **Wert der zu versiegelnden oder aufzuzeichnenden Gegenstände** (§ 115 GNotKG).[21]

12 Die Gebühr umfasst sowohl die Vornahme der Siegelung als auch die Aufnahme des Vermögensverzeichnisses und schließlich die Entsiegelung. Sie entsteht auch dann nur einmal, wenn die Entsiegelung durch einen anderen Gerichtsvollzieher als demjenigen vorgenommen wird, die Siegelung vorgenommen hat.[22]

c) Verhaftung und Vorführung des Schuldners

13 Für die Verhaftung und Vorführung des Schuldners nach § 98 Abs. 2 InsO, § 802g ZPO erhält der Gerichtsvollzieher die **Verhaftungsgebühr des Nr. 270 GvKostG KV i. H. von 46,80 €.**[23] Bei einer sog. Nachverhaftung[24] erhält er anders als im früheren Kostenrecht keine zusätzliche Gebühr. Erfolgt keine Verhaftung des Schuldners, z. B. weil dieser freiwillig vor dem Insolvenzgericht aussagt oder sich in das Ausland abgesetzt hat, erhält der Gerichtsvollzieher nach Nr. 604 GvKostG KV eine Gebühr von 18 €.[25]

d) Einholung von Drittauskünften

14 Wird der Gerichtsvollzieher mit der Einholung von Drittauskünften nach § 802l ZPO beauftragt, erhält er die Gebühr der Nr. 440 GvKostG KV i. H. von 15,60 €.[26] Ob man die Anwendung von § 802l ZPO für zulässig erachtet oder nicht, ist dabei nicht maßgebend. Maßgebend ist für den Gerichtsvollzieher allein die Tatsache, dass er entsprechend beauftragt wurde.

---

20) Jaeger-*Eckardt*, InsO, § 150 Rz. 11.

21) *Kessel* in: NK-GK, § 12 GvKostG Rz. 7.

22) Schröder-Kay-*Gerlach*, Kostenwesen der Gerichtsvollzieher, § 12 GvKostG Rz. 19.

23) Art. 8 Nr. 23 KostBRÄG 2025, v. 7.2.2025, BGBl. I 2025, Nr. 109.

24) Eine solche liegt vor, wenn der Schuldner sich bereits in Haft befindet und der Gerichtsvollzieher ihn unter Eröffnung des weiteren Haftbefehls für nachverhaftet erklärt (§ 146 GVGA).

25) Art. 8 Nr. 42 KostBRÄG 2025, v. 7.2.2025, BGBl. I 2025, Nr. 109; *v. König/Horsky* in: Keller, Hdb. Zwangsvollstreckungsrecht, Rz. 9.285.

26) Art. 8 Nr. 34 KostBRÄG 2025, v. 7.2.2025, BGBl. I 2025, Nr. 109.

§ 19
Rechtsanwaltsvergütung in Insolvenzverfahren

Übersicht

Aufsatzliteratur: *Enders*, Anwaltsgebühren im neuen Insolvenzverfahren, (Teil 1–3) JurBüro 1999, 113, 169, 225; *Römermann*, Anwaltsgebühren bei Selbstbeauftragung – Neuregelung im RVG ab 1.7.2006, ZInsO 2006, 284; *Vallender*, Anwaltliche Gebühren im Verbraucherinsolvenz- und Restschuldbefreiungsverfahren, MDR 1999, 598.

I. Anwendungsbereich des RVG

1. Anpassung der Regelungen an die InsO

Das Rechtsanwaltsvergütungsgesetz (RVG) regelt in Unterabschnitt 5 des Abschnitts 3 im **Dritten Teil des Vergütungsverzeichnisses mit den Nrn. 3313 ff. RVG VV** die **Gebühren des Rechtsanwalts für seine Tätigkeit i. R. des Insolvenzverfahrens.** Die früher geltenden Vorschriften der Bundesrechtsanwaltsgebührenordnung (BRAGO) wurden durch Art. 31 EGInsO den Änderungen des neuen Insolvenzrechts angepasst;[1)] sie entsprachen weitgehend den früheren Regelungen zum Konkurs- und Vergleichsrecht.[2)] Die Neuordnung des anwaltlichen Vergütungsrechts zum 1.7.2004 durch das Kostenrechtsmodernisierungsgesetz (KostRMoG) übernimmt diese Regelungen.[3)] Eine bedeutende Neuregelung ist zum 1.7.2006 in Kraft getreten:[4)] Danach sind die Gebührentatbestände für bera- 1

---

1) Begr. RegE EGInsO, BT-Drucks. 12/3803, S. 74, abgedr. in: *Kübler/Prütting*, RWS-Dok. 18, S. 849; Hess/Weis/Wienberg-*Weis*, InsO, Art. 31 EGInsO Rz. 6.

2) Dazu ausführlich *Delhaes* in: Gottwald, Insolvenzrechts-Hdb., 1. Aufl. 1990, § 119 Rz. 60 ff.

3) Gesetz über die Vergütung der Rechtsanwältinnen und Rechtsanwälte – Rechtsanwaltsvergütungsgesetz (RVG) = Art. 3 Gesetz über die Vergütung von Sachverständigen, Dolmetscherinnen, Dolmetschern, Übersetzerinnen und Übersetzern sowie die Entschädigung von ehrenamtlichen Richterinnen, ehrenamtlichen Richtern, Zeuginnen, Zeugen und Dritten – Justizvergütungs- und -entschädigungsgesetz (JVEG) als Art. 2 des Gesetzes zur Modernisierung des Kostenrechts – Kostenrechtsmodernisierungsgesetz (KostRMoG), v. 5.5.2004, BGBl. I 2004, 718; der Entwurf eines Gesetzes zur Neuordnung des Rechtsanwaltsvergütungsrechts, BT-Drucks. 14/9037, ist inhaltlich aufgegangen im Fraktionsentwurf eines Kostenrechtsmodernisierungsgesetzes, BT-Drucks. 15/1971.

4) Art. 5 KostRMoG, v. 5.5.2004, BGBl. I 2004, 718, 847.

tende und gutachtende Tätigkeit nach Nrn. 2100 ff. RVG VV entfallen. An ihre Stelle ist die Regelung des § 34 RVG getreten, wonach der Rechtsanwalt mit dem Auftraggeber die Vergütung weitgehend frei verhandeln kann und soll. Durch das 2. Kostenrechtsmodernisierungsgesetz (2. KostRMoG) vom 23.7.2013[5] wurde mit Einfügung des § 31b RVG der Gegenstandswert für Zahlungsvereinbarungen nach Nr. 1000 RVG VV neu geregelt.[6] Das **Kostenrechtsänderungsgesetz 2021** (KostRÄG 2021) vom 21.12.2020[7] brachte eine Anhebung der Rechtsanwaltsgebühren mit Wirkung zum 1.1.2021, für die Tätigkeit des Anwalts in **Verfahren der Unternehmensstabilisierung und -restrukturierung** sind auch die Änderungen durch Art. 12 SanInsFoG vom 22.12.2020[8] zu beachten (siehe dazu Rz. 29 ff.).

2 Die frühere BRAGO ist nach §§ 60 und 61 Abs. 1 RVG weiter anzuwenden, wenn der Auftrag an den Rechtsanwalt vor dem 1.7.2004 erteilt worden ist. Im Insolvenzrecht erhält der Rechtsanwalt insgesamt Gebühren nach der früheren BRAGO, wenn vor dem 1.7.2004 Insolvenzantrag gestellt worden ist (siehe dazu eingehend 2. Aufl. 2007, § 18 Rz. 311–342).

3 Gebühren nach dem RVG erhält der Rechtsanwalt für seine Tätigkeit nur, wenn er **nicht etwa als Insolvenzverwalter** tätig und nach der InsVV vergütet wird (§ 1 Abs. 2 Satz 1 RVG). Die Regelung des § 5 Abs. 1 InsVV, wonach der Insolvenzverwalter für anwaltliche Tätigkeit aus der Insolvenzmasse besonders vergütet werden kann, bleibt unberührt (siehe oben § 2 Rz. 151 ff.). Ist der Rechtsanwalt **Mitglied des Gläubigerausschusses**, ist er für seine Mitwirkung in diesem Gremium nach § 17 InsVV zu vergüten (siehe oben § 13 Rz. 18 ff.), das RVG gilt wiederum ausdrücklich nicht (§ 1 Abs. 2 Satz 1 RVG).

4 Für die Tätigkeit des Rechtsanwalts im Insolvenzverfahren gelten die allgemeinen Regelungen des RVG. Der Rechtsanwalt erhält insbesondere Auslagenersatz und Umsatzsteuererstattung nach Nr. 7000 ff. RVG VV.

2. Überblick zum Regelungsgehalt der Nr. 3313 ff. RVG VV

5 Nr. 3313 ff. RVG VV unterscheidet danach, innerhalb welchen Abschnittes des Insolvenzverfahrens der Rechtsanwalt tätig wird, und ob er den Schuldner oder einen Gläubiger berät und vertritt. Die Vorschriften lassen sich in verschiedene Gruppen einteilen:[9]

- Im **Vorfeld der Insolvenz** erhält der Rechtsanwalt für **Beratung und Vertretung** die Gebühren nach den allgemeinen Regelungen der Nr. 2100 ff., 2400 ff. RVG VV (früher: §§ 20, 118 BRAGO) für die Zeit bis 30.6.2006; seit 1.7.2006 gilt § 34 RVG oder Nr. 2300 RVG VV.
- Im Rahmen des **außergerichtlichen Schuldenbereinigungsverfahrens** erhält der Anwalt nur bei Beratungshilfe (§§ 44 ff. RVG) die Gebühren nach Nr. 2500 ff. RVG VV; i. Ü. gilt § 34 RVG oder Nr. 2300 RVG VV.

---

5) Zweites Gesetz zur Modernisierung des Kostenrechts – 2. Kostenrechtsmodernisierungsgesetz (2. KostRMoG), v. 23.7.2013, BGBl. I 2013, 2586.

6) Begr. RegE 2. KostRMoG, BT-Drucks. 17/11471, S. 269.

7) Gesetz zur Änderung des Justizkosten- und des Rechtsanwaltsvergütungsrechts und zur Änderung des Gesetzes zur Abmilderung der Folgen der COVID-19-Pandemie im Zivil-, Insolvenz- und Strafverfahrensrecht – Kostenrechtsänderungsgesetz 2021 (KostRÄG 2021), v. 21.12.2020, BGBl. I 2020, 3229; Begr. RegE KostRÄG 2021, BT-Drucks. 19/23484.

8) Gesetz zur Fortentwicklung des Sanierungs- und Insolvenzrechts – SanInsFoG, v. 22.12.2020, BGBl. I 2020, 3256.

9) Sehr ausführlich mit zahlreichen Beispielen – durch das RVG aber teilweise überholt – *Enders*, JurBüro 1999, 113, 169, 225.

- Im **Verfahren über den Antrag auf Eröffnung** des Insolvenzverfahrens unterscheiden Nr. 3313, 3314 RVG VV danach, ob der Anwalt den Schuldner oder einen Gläubiger vertritt.
- Ist der Anwalt i. R. des **gerichtlichen Schuldenbereinigungsplanverfahrens** nach §§ 306 ff. InsO tätig, gelten die besonderen Vergütungstatbestände der Nr. 3315, 3316 RVG VV.
- Für die **Vertretung im Insolvenzverfahren** selbst regelt Nr. 3317 RVG VV die anwaltlichen Gebühren unterschiedslos für jede Mandatierung; die Anmeldung einer Insolvenzforderung zur Tabelle wird besonders in Nr. 3320 RVG VV geregelt. Der Gebührentatbestand gilt auch für die **Vertretung in einem Verfahren nach dem StaRUG** und im Verfahren über Anträge nach Art. 36 Abs. 9 EuInsVO[10] (siehe dazu § 16 Rz. 61, 62).
- Für die Tätigkeit i. R. der **Erstellung eines Insolvenzplans** und die **Vertretung im Planverfahren** nach §§ 217 ff. InsO erhält der Anwalt die Gebühr nach Nr. 3318 RVG VV.
- Nr. 3321 RVG VV regelt die Gebühren des Rechtsanwalts im **Verfahren der Restschuldbefreiung** nach §§ 286 ff. InsO.

Vertritt der Anwalt mehrere Gläubiger, bestimmt die Vorbemerkung 3.3.5 Abs. 2 vor 6
Nr. 3313 ff. RVG VV in Ausnahme zu § 7 RVG, dass der Anwalt für jeden Auftrag die volle Gebühr erhält.[11]

3. Die Gebühren des Rechtsanwalts als nachrangige Forderungen im Insolvenzverfahren

Gebühren des Rechtsanwalts i. R. insolvenzrechtlicher Beratung und Vertretung können 7
nach Nr. 3313 ff. RVG VV[12] gegen den jeweils vertretenen Beteiligten in Ansatz gebracht werden. Auch wenn für den Gläubiger diese Kosten als notwendige Kosten der Zwangsvollstreckung i. S. des § 788 ZPO[13] anzusehen sind, können sie im Insolvenzverfahren nur als nachrangige Forderungen nach § 39 Abs. 1 Nr. 2 InsO geltend gemacht werden.[14]

II. Beratung im Vorfeld der Insolvenz

1. Beratung eines Beteiligten bis 30.6.2006

Ist der Rechtsanwalt für den Schuldner oder einen Gläubiger zunächst i. R. außergericht- 8
licher Beratung **in der Zeit bis 30.6.2006** tätig gewesen, erhielt er hierfür eine Gebühr von 0,1 bis 1,0 der Vergütung nach § 13 RVG gemäß Nr. 2100 RVG VV (siehe eingehend 3. Aufl., § 18 Rz. 899 ff.).[15] Erhielt der Anwalt in einem späteren Streitverfahren oder einem Insolvenzverfahren Gebühren nach Nr. 3100 ff. RVG VV oder Nr. 3313 RVG VV, ist die Beratungsgebühr nach Absatz 2 zu Nr. 2100 RVG VV anzurechnen.[16] Wurde der Anwalt sowohl im späteren Insolvenzeröffnungs- als auch im Insolvenzverfahren tätig, ist die Be-

10) Verordnung (EU) 2015/848 des Europäischen Parlaments und des Rates v. 20.5.2015 über Insolvenzverfahren (EuInsVO), ABl. (EU) L 141/19 v. 5.6.2015.

11) So auch die frühere Regelung des § 82 BRAGO; dazu noch *Delhaes* in: Gottwald, Insolvenzrechts-Hdb., 1. Aufl. 1990, § 119 Rz. 74.

12) Zu den Anwaltsgebühren nach früherem Recht *Enders*, JurBüro 1999, 113, 169, 225; *Vallender*, MDR 1999, 598.

13) Zöller-*Seibel*, ZPO, § 788 Rz. 13.

14) *Konen* in: KPB, InsO, § 39 Rz. 16.

15) Ausführlich Toussaint-*Toussaint*, KostR, Nr. 2100 RVG VV Rz. 5 ff.

16) *Hartmann*, Kostengesetze, 39. Aufl. 2009, Nr. 2100 RVG VV Rz. 7.

ratungsgebühr nur auf die Gebühr nach Nr. 3313, 3314 RVG VV, nicht aber mehr auf die Gebühr nach Nr. 3317 RVG VV anzurechnen.[17)]

2. Beratung eines Beteiligten nach § 34 RVG

9 Die Gebührentatbestände der Nr. 2100 ff. RVG VV sind mit **Wirkung zum 1.7.2006** durch **§ 34 RVG** ersetzt worden, der als Ausdruck der Stärkung der Privatautonomie, aber auch wegen EU-rechtlicher Vorgaben, eine nahezu völlig freie Verhandelbarkeit der anwaltlichen Tätigkeit erlaubt.[18)] Für die **mündliche oder schriftliche Beratung**, für die Ausarbeitung eines Gutachtens oder die Tätigkeit als Mediator, die **auch im Vorfeld des Insolvenzverfahrens** relevant sein kann, soll der Rechtsanwalt auf eine **Gebührenvereinbarung hinwirken** (§ 34 Abs. 1 Satz 1 RVG). Hilfsweise sollen nach § 34 Abs. 1 Satz 2 RVG die Vorschriften des bürgerlichen Rechts gelten. **Höchstgebühren** bestimmt § 34 Abs. 1 Satz 3 RVG **für die Beratung des Verbrauchers** i. S. des § 13 BGB. Nicht selten wird in der Rechtspraxis die Höchstgebühr von 250 € als Festgebühr betrachtet und dem Verbraucher pauschal dieser Betrag in Rechnung gestellt. Das ist nicht richtig. Richtigerweise ist nach den nachstehenden Grundsätzen zu berechnen, ob nicht eine geringere Vergütung in Betracht kommt, der Betrag von 190 € des § 34 Abs. 1 Satz 3 RVG ist eben nur „Höchst"-Gebühr. Auf die vorinsolvenzliche Schuldnerberatung ist die Vorschrift ebenso wie der frühere Tatbestand der Nr. 2102 RVG VV nicht anzuwenden.

10 Die Vorschrift des **§ 34 Abs. 1 RVG wirft einige Fragen auf.**[19)] Wichtigste Frage zu § 34 Abs. 1 Satz 1 RVG ist, nach welchen **sachlichen Kriterien** eine angemessene Vergütung vereinbart werden soll. Die Verweisung in § 34 Abs. 1 Satz 2 RVG führt zu § 612 Abs. 2 BGB, wenn man die Beauftragung des Anwalts zutreffend als Geschäftsbesorgung i. S. des § 675 BGB ansieht.[20)] § 612 Abs. 2 BGB verweist mit der Nennung der taxmäßigen Vergütung wieder zurück in das RVG[21)] und nennt subsidiär die „übliche Vergütung". Diese Verweisung ist auch deshalb unglücklich, weil die Gebührenordnungen der freien Berufe gerade auch eingerichtet worden sind, „weil man in den höheren Kreisen über Geld nur ungern redet."[22)] Gerade für „einfache Leute" schnappt deshalb bei der Beauftragung eines Anwalts die „Vertragsfalle" zu.[23)] § 34 Abs. 1 RVG verdeutlicht dieses Problem exemplarisch. Um es zu vermeiden, muss daher vor Beginn der eigentlichen Arbeit die Vergütung des Anwalts für die beratende Tätigkeit besprochen, verhandelt und geklärt werden. Im Übrigen gelten die berufsrechtlichen Pflichten aus § 49b BRAO.

11 **Sachliche Kriterien** für eine angemessene Vergütung nach § 34 Abs. 1 Satz 1 RVG oder eine „übliche Vergütung" nach § 34 Abs. 1 Satz 2 RVG i. V. m. § 612 Abs. 2 Alt. 2 BGB können die **rechtliche Schwierigkeit** des Falles oder der **quantitative Umfang** der Sachverhaltserfassung sein; auch die **Qualifikation des Anwalts** oder die **ortsübliche Höhe einer Vergütung** können berücksichtigt werden. Der Gegenstandswert der Angelegenheit, mithin die Gläubigerforderung, sollten dem nachstehen, da damit inzident wieder eine

17) Beschlussempfehlung und Bericht d. RA z. RegE EGInsO, BT-Drucks. 12/7303, S. 110, abgedr. in: *Kübler/Prütting*, RWS-Dok. 18, S. 852; *Enders*, JurBüro 1999, 113, unter 2.

18) Nicht aussagekräftig zum Wortlaut des § 34 RVG in der Fassung bis 30.6.2006, Begr. Fraktionsentwurf KostRMoG, BT-Drucks. 15/1971, S. 196.

19) Eingehend *Römermann*, ZInsO 2006, 284.

20) *Winkler* in: NK-GK, § 34 RVG Rz. 7, 8.

21) Grüneberg-*Weidenkaff*, BGB, § 612 Rz. 11 ff.

22) Treffend Erman-*Ehmann*, BGB, 14. Aufl. 2014, § 675 Rz. 5; eingehend zum Anwaltshonorar Erman-*Berger*, BGB, § 675 Rz. 67 ff.

23) So treffend Erman-*Ehmann*, BGB, 14. Aufl. 2014, § 675 Rz. 5.

Wertgebühr geschaffen wird, die § 34 RVG gerade nicht regelt. Denkbar sind folgende Anwendungsmodelle des § 34 RVG:[24)]

- **Vergütung nach Stundensätzen**; diese Vergütungspraxis empfiehlt sich bei Beratung von Unternehmen sowohl als Schuldner als auch als Gläubiger; die Höhe des Stundensatzes richtet sich dann zumeist nach der Schwierigkeit des Falles und vor allem der besonderen Qualifikation des Anwalts.
- Vergütung i. H. eines **Prozentsatzes des Gegenstandswertes**, bei Beauftragung durch einen Gläubiger der Forderung; die Höhe des Prozentsatzes sollte sich dann nach der Schwierigkeit und dem Umfang des Falles richten.
- Vergütung in **Anlehnung an den bis 30.6.2006 geltenden Tatbestand der Nr. 2100 RVG VV**; die fortgeltende Anwendung dieser Norm widerspricht zwar dem Sinn des neuen § 34 RVG, bietet aber gerade während des Übergangszeitraums Rechtssicherheit; sie bietet sich insbesondere dann an, wenn der Schuldner („einfache Leute") den Anwalt beauftragt und keine Vergütungsabrede getroffen wird.
- Vergütung mit **Stundensätzen in Anlehnung an § 9 JVEG**; sie ist denkbar bei rein gutachterlicher Tätigkeit des Anwalts.

Die Vergütung nach § 34 RVG ist im Zweifel auf eine spätere Gebühr, die für eine weitere Tätigkeit entsteht, anzurechnen (§ 34 Abs. 2 RVG). 12

III. Vertretung eines Beteiligten

1. Allgemeines

Für die Vertretung eines Beteiligten im Vorfeld eines Insolvenzverfahrens kann der Anwalt die **Geschäftsgebühr nach Nr. 2300 RVG VV** erhalten.[25)] Der Gebührenrahmen liegt zwischen 0,5 und 2,5 des Gebührensatzes nach § 13 RVG; allerdings soll die **mittlere Gebühr von 1,3 nur gefordert** werden, wenn die **Tätigkeit umfangreich oder schwierig** war. Die Gebühr ist auf spätere Gebühren im gerichtlichen Verfahren zur Hälfte, höchstens mit dem Satz von 0,75 anzurechnen (Vorbemerkung 3 Abs. 4 vor Nr. 3100 ff. RVG VV).[26)] Beschränkt sich die Tätigkeit auf ein Schreiben einfacher Art, beträgt die Gebühr nach Nr. 2302 RVG VV nur 0,3 des Gebührensatzes. Dieser Tatbestand dürfte i. R. insolvenzrechtlicher Vertretung eher selten bis gar nicht gegeben sein. 13

Für den **Abschluss eines Vergleichs** oder der Mitwirkung hieran erhält der Anwalt die **Einigungsgebühr nach Nr. 1000 RVG VV** i. H. von 1,5 des Gebührensatzes. Mit diesem Gebührentatbestand will der Gesetzgeber die Bereitschaft der Parteien zu außergerichtlicher Einigung ganz besonders stärken und fördern.[27)] Ist Gegenstand der Einigung **lediglich eine Zahlungsvereinbarung**, ist also nicht der Bestand der Forderung selbst Gegenstand des Vergleichs, beträgt der Gegenstandswert 20 % des Anspruchs (§ 31b RVG).[28)] 14

2. Prozessführung und Zwangsvollstreckung durch den Anwalt

Wird der Rechtsanwalt vom Schuldner, einem Gläubiger oder auch im Insolvenzverfahren durch den Insolvenzverwalter mit der **Prozessführung** beauftragt, berechnen sich seine Gebühren nach den **allgemeinen Vorschriften der Nr. 3100 ff. RVG VV**. Dies gilt insbe- 15

24) *Winkler* in: NK-GK, § 34 RVG Rz. 2 ff.
25) *Winkler* in: NK-GK, Vorb. 2.3 VV RVG Rz. 8 ff.
26) Noch zu § 118 BRAGO *Enders*, JurBüro 1999, 113, unter 2.
27) Begr. Fraktionsentwurf KostRMoG, BT-Drucks. 15/1971, S. 204.
28) Begr. RegE 2. KostRMoG, BT-Drucks. 17/11471, S. 269; eingehend *v. König/Horsky* in: Keller, Hdb. Zwangsvollstreckungsrecht, Rz. 9.378 ff.

sondere für Rechtsstreitigkeiten gegen den Insolvenzverwalter bspw. wegen einer Masseverbindlichkeit oder eines Aus- oder eines Absonderungsrechts. Auch im Forderungsfeststellungsprozess nach § 179 InsO entstehen die allgemeinen Verfahrensgebühren, wobei die besondere Streitwertregelung des § 182 InsO zu beachten ist.[29]

16 Wird der Anwalt im Zusammenhang mit zulässigen **Zwangsvollstreckungsmaßnahmen** tätig, bspw. als Vertreter eines Massegläubigers gegen den Insolvenzverwalter oder bei der Zwangsversteigerung eines Grundstücks durch einen Grundpfandrechtsgläubiger, gelten Nr. 3309 ff. RVG VV.[30]

IV. Vertretung im Insolvenzeröffnungsverfahren

1. Vertretung des Schuldners

17 Vertritt der Rechtsanwalt den Schuldner i. R. des **Insolvenzeröffnungsverfahrens**, erhält er eine **Gebühr von 1,0** des Gebührensatzes **(Nr. 3313 RVG VV)**. Die Gebühr umfasst die gesamte Tätigkeit des Anwalts von der Stellung eines Insolvenzantrags bis zur Beendigung des Verfahrens durch Eröffnung des Insolvenzverfahrens, Abweisung mangels Masse oder Zurückweisung des Antrags. Er erhält damit keine gesonderte Gebühr für die Anregung auf Anordnung von Sicherungsmaßnahmen nach § 21 InsO oder für die Teilnahme an einer Anhörung des Schuldners nach §§ 20, 97 InsO. Die Gebühr nach Nr. 3313 RVG VV entsteht für den Anwalt auch dann, wenn er erst nach Insolvenzantragstellung im bereits laufenden Eröffnungsverfahren beauftragt und in irgendeiner Weise tätig wird.

18 Eine **Gebührenerhöhung im Verbraucherinsolvenzverfahren**, wenn der Rechtsanwalt den Schuldner bereits i. R. außergerichtlicher Schuldenbereinigung vertreten hat, **erfolgt nicht**; Nr. 3313 ff. RVG VV enthalten hierfür keinen Tatbestand (anders früher: § 72 Abs. 1 Satz 2 BRAGO). Nr. 3316 RVG VV gilt nur für die Vertretung im gerichtlichen Schuldenbereinigungsplanverfahren nach §§ 305 ff. InsO.[31] Für die Beratung und Vertretung des Schuldners i. R. außergerichtlicher Schuldenbereinigung erhält der Anwalt daher die Vergütung nach § 34 RVG oder die Gebühr nach Nr. 2300 RVG VV. Bei Beratungshilfe gelten Nr. 2500 ff. RVG VV.

19 Als **Gegenstandswert ist der Wert der Insolvenzmasse** i. S. des § 23 GKG der Gebühr zugrunde zu legen (§ 28 Abs. 1 Satz 1 RVG). Der Wert beträgt nach § 28 Abs. 1 Satz 2 RVG mindestens 4 000 €.

2. Vertretung eines Gläubigers

20 Für die Vertretung eines Gläubigers im Insolvenzeröffnungsverfahren erhält der Rechtsanwalt eine **Gebühr von 0,5 des Gebührensatzes (Nr. 3314 RVG VV)**. Auch diese Gebühr gilt die gesamte Tätigkeit des Rechtsanwalts im Eröffnungsverfahren ab. War der Anwalt für den Gläubiger bereits in einem außergerichtlichen Schuldenbereinigungsverfahren tätig, erhält er hierfür die Gebühr nach Nr. 2300 RVG VV. **Gegenstandswert** der Gebühr ist der **Nennbetrag der Gläubigerforderung** (§ 28 Abs. 2 RVG). Nebenforderungen sind ausdrücklich hinzuzurechnen (§ 28 Abs. 2 Satz 2 RVG). Damit sind auch Zinsen der Hauptforderung und die zu erstattenden Kosten bisheriger Vollstreckung (§ 788 ZPO) in den Gegenstandswert einzubeziehen.[32]

---

29) BGH, Beschl. v. 28.1.2002 – II ZB 23/01, NZI 2002, 549; Uhlenbruck-*Sinz*, InsO, § 182 Rz. 8.

30) Eingehend *v. König/Horsky* in: Keller, Hdb. Zwangsvollstreckungsrecht, Rz. 9.359 ff., 394 ff.

31) *v. König/Horsky* in: Keller, Hdb. Zwangsvollstreckungsrecht, Rz. 9.427.

32) Toussaint-*Toussaint*, KostR, § 28 RVG Rz. 12; *v. König/Horsky* in: Keller, Hdb. Zwangsvollstreckungsrecht, Rz. 9.420.

V. Vertretung im Insolvenzverfahren

1. Allgemeine Verfahrensgebühr nach Nr. 3317 RVG VV

Für die Vertretung im Insolvenzverfahren erhält der Rechtsanwalt eine **volle Gebühr nach Nr. 3317 RVG VV**.[33] Hier ist gleichgültig, ob er den Schuldner oder einen Gläubiger vertritt. Die Gebühr nach Nr. 3313 oder Nr. 3314 RVG VV wird nicht auf diese Gebühr angerechnet, so dass der Anwalt bei einer Tätigkeit schon im Eröffnungsverfahren die Gebühren nebeneinander erhalten kann.[34] Die Gebühr gilt die **gesamte Tätigkeit** i. R. anwaltlicher Tätigkeit im Insolvenzverfahren ab. Der Anwalt erhält keine besondere Gebühr für die Wahrnehmung von Gläubigerversammlungen oder Besprechungsterminen, für das Fertigen von Schriftsätzen oder das Stellen bestimmter Anträge. Auch die **Anmeldung der Gläubigerforderung zur Insolvenztabelle** stellt **keine besonders zu vergütende Tätigkeit** dar. Auch gehören die Prüfung der eigenen Forderung als Insolvenzforderung wie auch die Prüfung und das Bestreiten anderer Forderungen im allgemeinen Prüfungstermin zu den Tätigkeiten i. R. der Nr. 3317 RVG VV. Erhebt der Rechtsanwalt für den Gläubiger **Klage auf Feststellung seiner Forderung gegen den Insolvenzverwalter** und jeden, der der angemeldeten Forderung im Prüfungstermin nach §§ 178 ff. InsO widersprochen hat, werden für den Feststellungsprozess[35] die **allgemeinen Gebühren** der Nr. 3100 ff. RVG VV fällig. Der Gegenstandswert richtet sich hier nach § 182 InsO.[36] 21

Die **Gebühr entsteht** in dem Zeitpunkt, zu welchem der **Anwalt beauftragt** wird; ein Tätigwerden gegenüber dem Insolvenzverwalter oder dem Gericht muss nicht erfolgen. Auch enthält Nr. 3317 RVG VV keine Ermäßigung der Gebühr bei vorzeitiger Erledigung des Auftrags entsprechend Nr. 3101 RVG VV.[37] 22

Als **Gegenstandswert** der Gebühr ist bei **Mandatierung seitens des Schuldners** der Wert der Insolvenzmasse entsprechend § 23 GKG anzusetzen (§ 28 Abs. 1 RVG). Wird der **Anwalt für einen Gläubiger** tätig, ist der Nennbetrag seiner Forderung maßgebend (§ 28 Abs. 2 RVG). Auch hier zählen Zinsen und bisherige Kosten mit; ausgenommen sind wegen § 39 Abs. 1 Nr. 1 und 2 InsO die seit Insolvenzeröffnung laufenden Zinsen und die seit Insolvenzeröffnung entstandenen Kosten der Rechtsverfolgung. 23

2. Forderungsanmeldung (Nr. 3320 RVG VV)

Die Gebühr i. H. von 0,5 des Gebührenwertes für die Anmeldung einer Forderung zur Insolvenztabelle nach Nr. 3320 RVG VV erhält der Rechtsanwalt nur, wenn sich seine **Tätigkeit für den Gläubiger** auf diese **Forderungsanmeldung beschränkt**.[38] Ist er auch sonst innerhalb des Insolvenzverfahrens tätig, wird die Forderungsanmeldung mit der Gebühr nach Nr. 3317 RVG VV abgegolten. Die Gebühr der Nr. 3320 RVG VV kann aber neben der Gebühr für das Eröffnungsverfahren nach Nr. 3314 RVG VV entstehen,[39] wenn der Anwalt für den Gläubiger lediglich im Insolvenzeröffnungsverfahren tätig war und später 24

33) So schon zum früheren Recht *Delhaes* in: Gottwald, Insolvenzrechts-Hdb., 1. Aufl. 1990, § 119 Rz. 65 ff.

34) *Enders*, JurBüro 1999, 113, unter 4.

35) Eingehend *Keller*, Insolvenzrecht, Rz. 756 ff.

36) Hierzu BGH, Beschl. v. 14.1.2016 – IX ZB 57/15, ZIP 2016, 342 = NZI 2016, 167; BGH, Beschl. v. 28.5.2015 – III ZR 260/14, ZIP 2015, 1889 = NZI 2015, 757; bei keiner zu erwartenden Quote ist der Streitwert auf die niedrigste Gebührenstufe festzusetzen, BGH, Beschl. v. 12.11.1992 – VII ZB 13/92, ZIP 1993, 50, dazu EWiR 1993, 169 *(Mohrbutter)*.

37) *Enders*, JurBüro 1999, 113, unter 4.

38) Toussaint-*Toussaint*, KostR, Nr. 3320 RVG VV Rz. 3; *v. König/Horsky* in: Keller, Hdb. Zwangsvollstreckungsrecht, Rz. 9.430.

39) *Enders*, JurBüro 1999, 169, unter 5.

nur mit der Forderungsanmeldung beauftragt wird. Die Gebühr nach Nr. 3320 RVG VV kann für dieselbe Insolvenzforderung nur einmal entstehen, spezifiziert der Anwalt bspw. auf Anfrage des Insolvenzverwalters den Forderungsbetrag oder reicht er einen bereits erwirkten Vollstreckungstitel nach, führt dies nicht zu einer neuerlichen Gebühr. Dies gilt auch dann, wenn der Anwalt im Falle des Obsiegens im Feststellungsprozess bezüglich der bereits angemeldeten und bestrittenen Forderung die Tabellenberichtigung nach § 183 Abs. 2 InsO beantragt.[40)]

Beispiel:

Bereits bei den ersten Anzeichen einer Zahlungsstockung informierte sich der Gläubiger des Schuldners beim Rechtsanwalt über die Möglichkeiten und Aussichten eines Insolvenzantrages und eines Insolvenzverfahrens; seine titulierte Forderung betrug 14 560 € einschließlich Zinsen und Kosten. Nachdem der Schuldner selbst Antrag auf Insolvenzeröffnung gestellt hatte, ließ der Gläubiger über seinen Anwalt bei Gericht einstweilige Sicherungsmaßnahmen und insbesondere die Anordnung vorläufiger Verwaltung anregen. Im eröffneten Insolvenzverfahren wurde der Anwalt lediglich i. R. der Forderungsanmeldung für den Gläubiger tätig.

Für die außergerichtliche Beratung des Gläubigers ist eine Gebühr nach § 34 RVG entstanden. Da der Anwalt in derselben Angelegenheit weiter tätig wurde, wird die Gebühr auf die spätere Gebühr angerechnet (§ 34 Abs. 2 RVG). Die Tätigkeit im Insolvenzeröffnungsverfahren löste eine 0,5fache Gebühr nach Nr. 3314 RVG VV aus. Eine Verfahrensgebühr nach Nr. 3317 RVG VV ist nicht entstanden. Für die Forderungsanmeldung erhält der Anwalt jedoch die Gebühr nach Nr. 3320 RVG VV. Gegenstandswert ist jeweils der Nennbetrag der Gläubigerforderung einschließlich Nebenforderungen (§ 28 Abs. 2 RVG).

Gebührenberechnung:

(Gebühr nach § 34 RVG wird angerechnet)	
0,5 nach Nr. 3314 RVG VV	*381,00 €*
0,5 nach Nr. 3320 RVG VV	*381,00 €*
Auslagenpauschale nach Nr. 7002 RVG VV	*20,00 €*
Zwischensumme	*782,00 €*
Umsatzsteuer nach Nr. 7008 RVG VV (19 %)	*148,58 €*
Gesamt	*930,58 €*

VI. Vertretung in besonderen Verfahrensarten

1. Insolvenzplanverfahren

25 Abweichend von Nr. 3317 RVG VV und zusätzlich zu dieser Gebühr erhält der Rechtsanwalt Gebühren nach Nrn. 3318, 3319 RVG VV, wenn er den Schuldner oder einen Gläubiger i. R. eines **Insolvenzplanverfahrens** nach §§ 217 ff. InsO vertritt.

26 Wird er **für einen Gläubiger** tätig, beträgt die Gebühr nach **Nr. 3318 RVG VV 1,0 des Gebührensatzes.** Hierbei ist nicht maßgebend, ob und in welchem Maße Anwalt oder Gläubiger an der Erstellung des Insolvenzplans selbst beteiligt waren oder der Gläubiger berücksichtigt ist; auch wird der gesamte Umfang anwaltlicher Tätigkeit abgegolten.[41)] Er erhält die Gebühr einmal, gleichgültig, welchen Umfang die Prüfung des Insolvenzplans in Anspruch nimmt oder wie viele Erörterungs- und Abstimmungstermine nach §§ 235 ff.

40) So auch *Enders*, JurBüro 1999, 169, unter 5, m. w. N. zur a. A.

41) *Enders*, JurBüro 1999, 116, unter 4.1.

InsO[42] zu absolvieren sind. Der Gegenstandswert ist nach § 28 Abs. 3, § 23 Abs. 3 RVG zu bestimmen; er kann je nach Berücksichtigung der Gläubigerforderung im Insolvenzplan geringer sein als deren Nennbetrag.

Vertritt der Rechtsanwalt den Schuldner, ist zunächst zu prüfen, ob der Schuldner oder der Insolvenzverwalter den Insolvenzplan vorgelegt hat. Vertritt der Rechtsanwalt den Schuldner im Verfahren über einen **Plan des Insolvenzverwalters**, erhält er eine **volle Gebühr** nach **Nr. 3318 RVG VV.** Bei **Planinitiative des Schuldners** erhält der Anwalt neben dieser Gebühr **zwei weitere Gebühren** nach **Nr. 3319 RVG VV** und damit insgesamt drei volle Gebühren.[43] Damit soll der erhebliche Aufwand für die Erstellung, Beratung und Prüfung eines Insolvenzplans abgegolten werden, wenngleich eine Mitwirkung bei der Erstellung des Insolvenzplans durch den Anwalt nicht gefordert wird.[44] Die zusätzliche doppelte Gebühr setzt voraus, dass ein Insolvenzplan des Schuldners zumindest bei Gericht eingereicht und das Planverfahren somit in Gang gesetzt worden ist. Der Ausgang des Verfahrens ist indes unerheblich; der Insolvenzplan kann auch schon nach § 231 Abs. 1 InsO vom Gericht als unzulässig zurückgewiesen worden sein.[45] Nr. 3319 RVG VV fordert allein eine Vertretung des Rechtsanwalts im Insolvenzplanverfahren des Schuldners. Das bedeutet umgekehrt, dass der Anwalt für die Erstellung eines Insolvenzplans, der nicht in das Verfahren eingebracht wird oder nach dessen Einbringung der Anwalt nicht mehr tätig wird, keine Gebühr nach Nr. 3319 RVG VV erhält. Er kann nur eine Gebühr nach § 34 RVG oder Nr. 2300 RVG VV erhalten.[46] 27

Der **Gegenstandswert** ist nach § 28 Abs. 3, § 23 Abs. 3 RVG zu bestimmen. Er kann sich orientieren an der Summe der Vermögenswerte nach der Vermögensübersicht des § 229 InsO oder der Summe der vom Plan betroffenen Gläubigerforderungen. Handelt es sich um einen Sanierungsplan mit Unternehmensfortführung, können auch die prognostizierten Erlöse einen Gegenstandswert bilden. Der Gegenstandswert darf nach § 23 Abs. 3 Satz 2 RVG den Betrag von 500 000 € nicht übersteigen. 28

Beispiel:

Im Rahmen des Insolvenzverfahrens, in dem der Rechtsanwalt den Schuldner bereits vertritt, wird durch ihn ein Insolvenzplan mit einem Volumen von 450 000 € Vermögen ausgearbeitet und im Namen des Schuldners eingebracht. Im Erörterungs- und Abstimmungstermin wird der Plan von den Gläubigern nicht mit den erforderlichen Mehrheiten angenommen.

Der Rechtsanwalt erhält für die Vertretung im Insolvenzverfahren zunächst die Gebühr nach Nr. 3317 RVG VV. Die Tätigkeit im Insolvenzplanverfahren löst eine volle Gebühr nach Nr. 3318 RVG VV aus. Weil der Insolvenzplan durch den Schuldner nach § 218 Abs. 1 Satz 1 InsO eingebracht worden ist, erhöht sich diese Gebühr auf eine dreifache Gebühr nach Nr. 3319 RVG VV. Die Gebühr nach Nr. 3317 RVG VV wird nicht angerechnet.

---

42) Zur getrennten Durchführung von Erörterungs- und Abstimmungstermin nach § 241 InsO sowie zur Vertagung Nerlich/Römermann-*Braun*, InsO, § 241 Rz. 5 ff.; die Zulässigkeit einer Vertagung ergibt sich schon aus der durch Art. 2 EGInsOÄndG eingefügten Verweisung in § 235 Abs. 2 Satz 3 InsO auf § 74 Abs. 2 Satz 2 InsO; dazu auch *Keller*, Insolvenzrecht, Rz. 1792 ff.

43) *Enders*, JurBüro 1999, 116, unter 4.1.

44) *Enders*, JurBüro 1999, 116, unter 4.1.

45) Dazu Römermann-*Ober*, InsO/InsR, § 231 InsO Rz. 2 ff.

46) *Enders*, JurBüro 1999, 116, unter 4.1, empfiehlt den Abschluss einer Honorarvereinbarung zwischen Rechtsanwalt und Schuldner.

Gebührenberechnung:	
1,0 nach Nr. 3317 RVG VV	*3 612,00 €*
3,0 nach Nr. 3319 RVG VV	*10 836,00 €*
Auslagenpauschale nach Nr. 7002 RVG VV	*20,00 €*
Zwischensumme	*14 448,00 €*
Umsatzsteuer nach Nr. 7008 RVG VV (19 %)	*2 745,12 €*
Gesamt	*17 193,12 €*

2. Unternehmensstabilisierung und -restrukturierung

29 Für die Vertretung des Rechtsanwalts in den Verfahren des Unternehmensstabilisierungs- und -restrukturierungsgesetzes (StaRUG) ist zu unterscheiden, ob er den Schuldner, einen Gläubiger oder mehrere Gläubiger vertritt, sowie ob er im außergerichtlichen Verfahren zum Abschluss eines Restrukturierungsplans tätig wird oder in der gerichtlichen Restrukturierungssache mit den verschiedenen Instrumenten des § 29 StaRUG. Wird der Anwalt zum Restrukturierungsbeauftragten oder Sanierungsmoderator oder zum Mitglied des Gläubigerbeirates bestellt, erhält er die hierfür geregelte Vergütung (siehe dazu § 10 Rz. 79 ff.).

30 Vertritt der Anwalt den Schuldner, einen oder mehrere Gläubiger im **außergerichtlichen Verfahren** zur Erstellung eines und Abstimmung über einen Restrukturierungsplan (§§ 1 bis 28 StaRUG), gilt § 34 RVG. Der Anwalt hat auf eine Gebührenvereinbarung hinzuwirken. Diese wird allgemein in einer Honorierung der Tätigkeit nach Stundenaufwand bestehen (siehe dazu oben Rz. 9).

31 Für die **Vertretung in einer gerichtlichen Restrukturierungssache** erhält der Anwalt die Gebühr nach Nr. 3317 RVG VV i. H. v. 1,0 des Gebührensatzes.[47] Vertritt der Anwalt mehrere Gläubiger, entsteht die Gebühr jeweils gesondert (Vorbem. 3.3.5 Abs. 2 vor Nr. 3313 ff. RVG VV).

32 Zur **Bestimmung des Gegenstandswertes** regelt § 29a RVG, dass dieser unter Berücksichtigung des wirtschaftlichen Interesses, das der Auftraggeber im Verfahren verfolgt, nach § 23 Abs. 3 Satz 2 RVG bestimmt werden soll. Diese Vorschrift regelt, dass in Ermangelung genügender tatsächlicher Anhaltspunkte für eine Schätzung der Gegenstandswert mit 5 000 €, nach Lage des Falles niedriger oder höher, jedoch nicht über 500 000 € anzunehmen sei. Sachdienlich ist es, bei der Vertretung des Schuldners entweder den Wert des Unternehmensvermögens anzusetzen oder die Summe der einbezogenen Forderungen und Rechte. Bei der Vertretung eines Gläubigers ist dessen Forderung oder Recht ein sachdienlicher Anhaltspunkt. In jedem Fall sollte der Anwalt über die Belehrung nach § 49b Abs. 5 BRAO sich mit dem Auftraggeber über die Höhe des Gegenstandswertes verständigen.

3. Schuldenbereinigung und Verbraucherinsolvenz

a) Außergerichtliche Schuldenbereinigung

33 Keine besonderen Gebührentatbestände[48] bestehen für die Tätigkeit des Rechtsanwalts i. R. außergerichtlicher Schuldenbereinigung, auch wenn diese im Vorfeld eines Verbraucherinsolvenzverfahrens nach §§ 305 ff. InsO erfolgt. Er kann hierfür die Geschäftsgebühr nach Nr. 2300 RVG VV geltend machen. Kommt es zu einem Vergleich zwischen dem Schuldner und dem Gläubiger, entsteht die **Einigungsgebühr** der **Nr. 1000 RVG VV** i. H. von 1,5 des Gebührensatzes. Als Gegenstandswert soll bei Vertretung des Schuldners ent-

47) Begr. RegE SanInsFoG, BT-Drucks. 19/24181, S. 221.
48) Ausführlich noch zum früheren Gebührenrecht *Vallender*, MDR 1999, 598.

sprechend § 28 RVG der Wert der möglichen Insolvenzmasse anzunehmen sein, bei Vertretung eines Gläubigers der Betrag seiner Forderung.[49] Die Einigungsgebühr entsteht nur einmal, auch wenn der Anwalt den Vergleich für den Schuldner mit mehreren Gläubigern abschließt und man gemessen an § 779 BGB auch das Zustandekommen mehrerer Vergleiche annehmen könnte. Durch die Zugrundelegung der möglichen Insolvenzmasse als Gegenstandswert wird dem Interesse des Schuldners am Zustandekommen des Vergleichs ausreichend Rechnung getragen. Umgekehrt besteht das wirtschaftliche Interesse eines Gläubigers am Zustandekommen des Vergleichs nur i. H. seiner Forderung, die dann den Gegenstandswert der Rechtsanwaltsgebühr bildet.

Ob die erfolgreiche **außergerichtliche Schuldenbereinigung** als **Zahlungsvereinbarung i. S. des § 31b RVG** angesehen werden kann, ist **zu bezweifeln.** Die Vorschrift bezieht sich mit dem Begriff der Zahlungsvereinbarung nämlich auf jene nach § 802b ZPO.[50] Eine außergerichtliche Schuldenbereinigung könnte in Anwendung des § 31b RVG zwar als Vereinbarung mit jedem einzelnen Gläubiger angesehen werden, ob die dort normierte Regelung des Gegenstandswerts mit 20 % des jeweiligen Anspruchs insbesondere für den Schuldner günstig, ist Frage des Einzelfalles. 34

Wird der Rechtsanwalt i. R. der **Beratungshilfe** tätig, erhält er die Gebühren nach §§ 44 ff. RVG i. V. m. Nr. 2500 ff. RVG VV. Die Gebühr beträgt für die Beratung nach Nr. 2502 RVG VV als Festgebühr 77 €. Die Geschäftsgebühr der Nr. 2503 ff. RVG VV entsteht, wenn der Anwalt Tätigkeit entfaltet mit dem Ziel des Abschlusses eines außergerichtlichen Schuldenbereinigungsplans. Sie beträgt zunächst 93,50 € und erhöht sich je nach Zahl der beteiligten Gläubiger auf 297 € bei bis zu fünf Gläubigern (Nr. 2504 RVG VV), auf 446 € bei bis zu zehn Gläubigern (Nr. 2505 RVG VV), auf 594 € bei bis zu 15 Gläubigern (Nr. 2506 RVG VV) und auf 743 € bei mehr als 15 Gläubigern (Nr. 2507 RVG VV). Für den Anfall der Gebühr genügt es, wenn der Anwalt den Gläubigern des Schuldners bei ungewisser Zukunftsperspektive einen sog. Nullplan anbietet.[51] 35

b) Gerichtliches Schuldenbereinigungsverfahren und Verbraucherinsolvenz

Das gerichtliche Schuldenbereinigungsverfahren nach §§ 306 ff. InsO wird durchgeführt, wenn eine außergerichtliche Schuldenbereinigung gescheitert ist und der Schuldner Antrag auf Insolvenzeröffnung nach § 305 InsO stellt.[52] Es ist Teil des Insolvenzeröffnungsverfahrens. Der Rechtsanwalt erhält für seine Tätigkeit die Gebühren nach **Nr. 3315 und 3316 RVG VV.** War der Rechtsanwalt i. R. von Beratungshilfe im außergerichtlichen Verfahren tätig, ist die dort entstandene Gebühr nach Nr. 2503 RVG VV nach deren Absatz 2 zur Hälfte anzurechnen. Dabei ist zu berücksichtigen ist, dass die vorgerichtliche Tätigkeit i. R. einer versuchten Schuldenbereinigung zwangsläufig erfolglos geblieben sein muss. Eine Einigungsgebühr nach Nr. 1000 RVG VV oder eine Beratungshilfegebühr nach Nr. 2503 RVG VV kann der Anwalt nicht erhalten haben, es sei denn, einige Gläubiger hätten einem Vergleich zugestimmt, andere nicht, derentwegen nun das gerichtliche Verfahren in Gang gesetzt würde. In diesem Fall sind aber auch diejenigen Gläubiger am Verfahren zu betei- 36

49) *Enders*, JurBüro 1999, 225, unter 9.

50) *Thiel* in: NK-GK, § 31b RVG Rz. 3.

51) OLG Köln, Beschl. v. 13.7.2016 – 17 W 85/16, ZVI 2016, 429; OLG Nürnberg, Beschl. v. 21.11.2016 – 8 Wx 698/16, Rpfleger 2017, 402; OLG Stuttgart, Beschl. v. 8.2.2019 – 8 W 236/17, ZVI 2019, 259 = NZI 2019, 356; LG Aachen, Beschl. v. 1.3.2016 – 3 T 374/15, ZVI 2016, 317 = RVGReport 2016, 220 m. Anm. *Hansens*; offengelassen von KG, Beschl. v. 17.6.2008 – 1 W 425/05, Rpfleger 2008, 647; anders noch OLG Stuttgart, Beschl. v. 28.1.2014 – 8 W 35/14, ZVI 2015, 54; OLG Bamberg, Beschl. v. 6.8.2010 – 4 W 48/10, NZI 2010, 949.

52) Römermann-*Römermann*, InsO/InsR, § 305 InsO Rz. 7 ff.; *Keller*, Insolvenzrecht, Rz. 2068 ff.

ligen, die dem Vergleich zugestimmt haben, nämlich zumindest im Umfang ihrer dortigen Berücksichtigung; so dass im Ergebnis ein außergerichtlicher Vergleich nur sinnvoll ist, wenn alle Gläubiger ihm zustimmen.

37 Die **Gebühren nach Nr. 3313, 3314 RVG VV erhöhen sich** für eine Tätigkeit des Rechtsanwalts im gerichtlichen Schuldenbereinigungsverfahren auf eine 1,5-fache Gebühr, wenn er den **Schuldner vertritt** (Nr. 3315 RVG VV) und auf eine 1,0-fache Gebühr bei Vertretung eines Gläubigers (Nr. 3316 RVG VV).

38 Im Rahmen des eröffneten Verbraucherinsolvenzverfahrens erhält der Rechtsanwalt für seine Tätigkeit die Gebühr der Nr. 3317 RVG VV, ohne dass Besonderheiten zu beachten wären.

4. Restschuldbefreiung

39 Für die Vertretung eines Verfahrensbeteiligten im Restschuldbefreiungsverfahren nach §§ 286 ff. InsO enthält das Vergütungsverzeichnis anders als der frühere § 74 Abs. 1 Satz 1 BRAGO (siehe dazu 2. Aufl. 2007, § 18 Rz. 339) **keinen Gebührentatbestand.**[53] Die Gesetzesmaterialien treffen hierzu keine Aussage.[54] Es wird wohl davon ausgegangen, dass im gewöhnlichen Lauf des Verfahrens ein Verfahrensbeteiligter keiner anwaltlichen Vertretung bedarf. Der Antrag auf Erteilung der Restschuldbefreiung nach § 287 Abs. 1 InsO ist bereits mit dem Insolvenzantrag zu stellen,[55] so dass diese Tätigkeit für den Schuldner von der Gebühr der Nr. 3313 RVG VV erfasst ist. Im Restschuldbefreiungsverfahren können sich aber sehr wohl Probleme ergeben, die für den Schuldner oder einen Gläubiger eine anwaltliche Vertretung erforderlich machen. Beispielsweise kann zwischen dem Schuldner und dem Treuhänder Streit über die Höhe des nach § 295 Abs. 2 InsO bei selbstständiger Tätigkeit abzuführenden Geldbetrages bestehen.[56] Diese Tätigkeit kann nur über Nr. 2300 RVG VV vergütet werden.

40 Eine besondere **Gebühr i. H. von 0,5 des Gebührensatzes** erhält der Rechtsanwalt nur, wenn **seitens eines Gläubigers Antrag auf Versagung der Restschuldbefreiung** wegen einer Obliegenheitsverletzung des Schuldners gestellt wird (Nr. 3321 RVG VV). Es kommt nicht darauf an, wen der Anwalt vertritt. Die Gebühr kann entstehen bei Antragstellung für einen Gläubiger oder auch bei Erklärungen für den Schuldner im Hinblick auf § 296 Abs. 2 InsO. Die Gebühr soll den besonderen Aufwand im Zusammenhang mit der Versagung der Restschuldbefreiung abgelten. Die Gebühr wird deshalb nicht mit der allgemeinen Verfahrensgebühr verrechnet. Werden mehrere Anträge auf Versagung der Restschuldbefreiung gestellt, sind sie als eine Angelegenheit anzusehen (Absatz 1 zu Nr. 3321 RVG VV); die besondere Gebühr entsteht nur einmal.

41 Der Gegenstandswert der Gebühr ist jeweils nach § 28 Abs. 3, § 23 Abs. 3 Satz 2 RVG zu bestimmen.

Beispiel:

Im Insolvenzverfahren über das Vermögen eines Einzelkaufmanns wird dieser anwaltlich vertreten. Der Rechtsanwalt wird i. R. des Insolvenzverfahrens tätig und stellt u. a. im Berichtstermin unter Vorlage der Abtretungserklärung nach § 287 InsO für seinen Mandanten Antrag auf Erteilung der Restschuldbefreiung. Im Schlusstermin des Verfahrens beantragt ein Gläubiger

---

53) *v. König/Horsky* in: Keller, Hdb. Zwangsvollstreckungsrecht, Rz. 9.435.

54) Begr. Fraktionsentwurf KostRMoG, BT-Drucks. 15/1971, S. 216.

55) BGH, Beschl. v. 25.9.2003 – IX ZB 24/03, ZVI 2003, 606 = NZI 2004, 511; BGH, Beschl. v. 8.7.2004 – IX ZB 209/03, ZVI 2004, 492 = NZI 2004, 593, dazu EWiR 2005, 481 *(Pape)*; *Stephan* in: MünchKomm-InsO, § 287 Rz. 27 ff.; Uhlenbruck-*Sternal*, InsO, § 287 Rz. 10.

56) Ausführlich hierzu Uhlenbruck-*Sternal*, InsO, § 295a Rz. 23 ff.; *Stephan* in: MünchKomm-InsO, § 295 Rz. 149 ff. m. umfangr. Nachw.

Versagung der Restschuldbefreiung. Der Antrag wird nach Beratung mit dem im Termin anwesenden Anwalt des Schuldners zurückgenommen. Zwei Jahre nach Aufhebung des Insolvenzverfahrens stellt derselbe Gläubiger wiederum Antrag auf Versagung der Restschuldbefreiung wegen vermeintlicher Obliegenheitsverletzung des Schuldners. Der Rechtsanwalt wird wiederum tätig.

Der Rechtsanwalt erhält für seine Tätigkeit im Insolvenzverfahren zunächst die Gebühr aus Nr. 3317 RVG VV nach der Insolvenzmasse als Gegenstandswert (§ 28 Abs. 1 Satz 1 RVG). Die Stellung des Antrags auf Erteilung der Restschuldbefreiung löst anders als nach dem früheren § 74 Abs. 1 Satz 1 BRAGO keine besondere Gebühr aus. Die Erörterung des Versagungsantrags eines Gläubigers noch im Schlusstermin löst eine eigene Gebühr nach Nr. 3321 RVG VV aus. Auch die Beschäftigung mit dem späteren Versagungsantrag nach Aufhebung des Insolvenzverfahrens löst eine halbe Gebühr nach Nr. 3321 RVG VV aus; Absatz 2 der Vorschrift gilt nicht, da die Anträge nicht gleichzeitig anhängig waren.

Gebührenberechnung:

1,0 nach Nr. 3317 RVG VV	
(Gegenstandswert 50 000 €)	*1 357,00 €*
0,5 nach Nr. 3321 RVG VV	
(Gegenstandswert 4 000 €)	*147,50 €*
0,5 nach Nr. 3321 RVG VV	
(Gegenstandswert 4 000 €)	*147,50 €*
Auslagenpauschale nach Nr. 7002 RVG VV	*20,00 €*
Zwischensumme	*1 672,00 €*
Umsatzsteuer nach Nr. 7008 RVG VV (19 %)	*317,68 €*
Gesamt	*1 989,68 €*

5. Beschwerdeverfahren

Wird der Rechtsanwalt des Schuldners oder eines Gläubigers im Beschwerdeverfahren tätig, erhält er hierfür eine besondere Gebühr nach **Nr. 3500 RVG VV i. H. von 0,5 des Gebührensatzes.**[57] Die Beschwerde stellt eine eigene gebührenrechtliche Angelegenheit dar, die Gebühr der Nr. 3500 RVG VV kann daher neben allen anderen Gebühren entstehen. Der Gegenstandswert bestimmt sich nach § 23 RVG. 42

Für das Verfahren der **Rechtsbeschwerde** beim BGH (§ 574 ZPO) entsteht nach Nr. 3502 RVG VV eine Gebühr von 1,0 des Gebührensatzes. Im zeitlichen Geltungsbereich der BRAGO wird dem Rechtsanwalt eine Gebühr von 20/10 des Gebührensatzes zugebilligt (früher: § 11 Abs. 1 Satz 5, § 61a BRAGO).[58] 43

57) Allgemein Toussaint-*Toussaint*, KostR, Nr. 3500 RVG VV Rz. 1.

58) BGH, Beschl. v. 30.1.2004 – IXa ZB 153/03, ZVI 2004, 556; BGH, Beschl. v. 16.12.2004 – IX ZB 463/02, ZIP 2005, 313 = ZVI 2005, 224.

Teil C
Anhänge

Anhang I

Insolvenzrechtliche Vergütungsverordnung (InsVV)

vom 19.8.1998, BGBl I 1998, 2205,
zuletzt geändert durch Art. 4 des Gesetz zur weiteren Verkürzung des Restschuldbefreiungsverfahrens und zur Anpassung pandemiebedingter Vorschriften im Gesellschafts-, Genossenschafts-, Vereins- und Stiftungsrecht sowie im Miet- und Pachtrecht v. 22.12.2020, BGBl. I 2020, 3328, und Art. 6 des Gesetzes zur Fortentwicklung des Sanierungs- und Insolvenzrechts – SanInsFoG, v. 22.12.2020, BGB. I 2020, 3256

Erster Abschnitt
Vergütung des Insolvenzverwalters

§ 1
Berechnungsgrundlage

(1) [1]Die Vergütung des Insolvenzverwalters wird nach dem Wert der Insolvenzmasse berechnet, auf die sich die Schlussrechnung bezieht. [2]Wird das Verfahren nach Bestätigung eines Insolvenzplans aufgehoben oder durch Einstellung vorzeitig beendet, so ist die Vergütung nach dem Schätzwert der Masse zur Zeit der Beendigung des Verfahrens zu berechnen.

(2) Die maßgebliche Masse ist im Einzelnen wie folgt zu bestimmen:

1. [1]Massegegenstände, die mit Absonderungsrechten belastet sind, werden berücksichtigt, wenn sie durch den Verwalter verwertet werden. [2]Der Mehrbetrag der Vergütung, der auf diese Gegenstände entfällt, darf jedoch 50 vom Hundert des Betrages nicht übersteigen, der für die Kosten ihrer Feststellung in die Masse geflossen ist. [3]Im Übrigen werden die mit Absonderungsrechten belasteten Gegenstände nur insoweit berücksichtigt, als aus ihnen der Masse ein Überschuss zusteht.
2. Werden Aus- und Absonderungsrechte abgefunden, so wird die aus der Masse hierfür gewährte Leistung vom Sachwert der Gegenstände abgezogen, auf die sich diese Rechte erstreckten.
3. Steht einer Forderung eine Gegenforderung gegenüber, so wird lediglich der Überschuss berücksichtigt, der sich bei einer Verrechnung ergibt.
4. [1]Die Kosten des Insolvenzverfahrens und die sonstigen Masseverbindlichkeiten werden nicht abgesetzt. [2]Es gelten jedoch folgende Ausnahmen:
   a) Beträge, die der Verwalter nach § 5 als Vergütung für den Einsatz besonderer Sachkunde erhält, werden abgezogen.
   b) Wird das Unternehmen des Schuldners fortgeführt, so ist nur der Überschuss zu berücksichtigen, der sich nach Abzug der Ausgaben von den Einnahmen ergibt.
5. Ein Vorschuss, der von einer anderen Person als dem Schuldner zur Durchführung des Verfahrens geleistet worden ist, und ein Zuschuss, den ein Dritter zur Erfüllung eines Insolvenzplans oder zum Zweck der Erteilung der Restschuldbefreiung vor Ablauf der Abtretungsfrist geleistet hat, bleiben außer Betracht.

§ 2
Regelsätze

(1) Der Insolvenzverwalter erhält in der Regel

1.	von den ersten 35 000 Euro der Insolvenzmasse	40 Prozent,
2.	von dem Mehrbetrag bis zu 70 000 Euro	26 Prozent,
3.	von dem Mehrbetrag bis zu 350 000 Euro	7,5 Prozent,
4.	von dem Mehrbetrag bis zu 700 000 Euro	3,3 Prozent,
5.	von dem Mehrbetrag bis zu 35 000 000 Euro	2,2 Prozent,
6.	von dem Mehrbetrag bis zu 70 000 000 Euro	1,1 Prozent,
7.	von dem Mehrbetrag bis 350 000 000 Euro	0,5 Prozent,
8.	von dem Mehrbetrag bis 700 000 000 Euro	0,4 Prozent,
9.	von dem darüber hinausgehenden Betrag	0,2 Prozent,

(2) [1]Haben in dem Verfahren nicht mehr als 10 Gläubiger ihre Forderungen angemeldet, so soll die Vergütung in der Regel mindestens 1 400 Euro betragen. [2]Von 11 bis zu 30 Gläubigern erhöht sich die Vergütung für je angefangene 5 Gläubiger um 210 Euro. [3]Ab 31 Gläubiger erhöht sich die Vergütung je angefangene 5 Gläubiger um 140 Euro.

[Gültig für Verfahren, die bis 31.12.2020 beantragt wurden:]

§ 2
Regelsätze

(1) Der Insolvenzverwalter erhält in der Regel

1.	*von den ersten 25 000 Euro der Insolvenzmasse*	*40 vom Hundert,*
2.	*von dem Mehrbetrag bis zu 50 000 Euro*	*25 vom Hundert,*
3.	*von dem Mehrbetrag bis zu 250 000 Euro*	*7 vom Hundert,*
4.	*von dem Mehrbetrag bis zu 500 000 Euro*	*3 vom Hundert,*
5.	*von dem Mehrbetrag bis zu 25 000 000 Euro*	*2 vom Hundert,*
6.	*von dem Mehrbetrag bis zu 50 000 000 Euro*	*1 vom Hundert,*
7.	*von dem darüber hinausgehenden Betrag*	*0,5 vom Hundert.*

(2) [1]Haben in dem Verfahren nicht mehr als 10 Gläubiger ihre Forderungen angemeldet, so soll die Vergütung in der Regel mindestens 1 000 Euro betragen. [2]Von 11 bis zu 30 Gläubigern erhöht sich die Vergütung für je angefangene 5 Gläubiger um 150 Euro. [3]Ab 31 Gläubiger erhöht sich die Vergütung je angefangene 5 Gläubiger um 100 Euro.

§ 3
Zu- und Abschläge

(1) Eine den Regelsatz übersteigende Vergütung ist insbesondere festzusetzen, wenn

a) die Bearbeitung von Aus- und Absonderungsrechten einen erheblichen Teil der Tätigkeit des Insolvenzverwalters ausgemacht hat, ohne dass ein entsprechender Mehrbetrag nach § 1 Abs. 2 Nr. 1 angefallen ist,
b) der Verwalter das Unternehmen fortgeführt oder Häuser verwaltet hat und die Masse nicht entsprechend größer geworden ist,

c) die Masse groß war und die Regelvergütung wegen der Degression der Regelsätze keine angemessene Gegenleistung dafür darstellt, dass der Verwalter mit erheblichem Arbeitsaufwand die Masse vermehrt oder zusätzliche Masse festgestellt hat,
d) arbeitsrechtliche Fragen zum Beispiel in Bezug auf das Insolvenzgeld, den Kündigungsschutz oder einen Sozialplan den Verwalter erheblich in Anspruch genommen haben oder
e) der Verwalter einen Insolvenzplan ausgearbeitet hat.

(2) Ein Zurückbleiben hinter dem Regelsatz ist insbesondere gerechtfertigt, wenn
a) ein vorläufiger Insolvenzverwalter im Verfahren tätig war,
b) die Masse bereits zu einem wesentlichen Teil verwertet war, als der Verwalter das Amt übernahm,
c) das Insolvenzverfahren vorzeitig beendet wird oder das Amt des Verwalters vorzeitig endet,
d) die Masse groß war und die Geschäftsführung geringe Anforderungen an den Verwalter stellte,
e) die Vermögensverhältnisse des Schuldners überschaubar sind und die Zahl der Gläubiger oder die Höhe der Verbindlichkeiten gering ist oder
f) der Schuldner in ein Koordinationsverfahren einbezogen ist, in dem ein Verfahrenskoordinator nach § 268e der Insolvenzordnung bestellt worden ist.

§ 4
Geschäftskosten. Haftpflichtversicherung

(1) [1]Mit der Vergütung sind die allgemeinen Geschäftskosten abgegolten. [2]Zu den allgemeinen Geschäftskosten gehört der Büroaufwand des Insolvenzverwalters einschließlich der Gehälter seiner Angestellten, auch soweit diese anlässlich des Insolvenzverfahrens eingestellt worden sind. [3]Unberührt bleibt das Recht des Verwalters, zur Erledigung besonderer Aufgaben im Rahmen der Verwaltung für die Masse Dienst- oder Werkverträge abzuschließen und die angemessene Vergütung aus der Masse zu zahlen.

(2) [1]Besondere Kosten, die dem Verwalter im Einzelfall, zum Beispiel durch Reisen, tatsächlich entstehen, sind als Auslagen zu erstatten. [2]Für die Übertragung der Zustellungen im Sinne des § 8 Absatz 3 der Insolvenzordnung gilt Nummer 9002 des Kostenverzeichnisses zum Gerichtskostengesetz entsprechend.

(3) [1]Mit der Vergütung sind auch die Kosten einer Haftpflichtversicherung mit einer Versicherungssumme bis zu 2 000 000 Euro pro Versicherungsfall und mit einer Jahreshöchstleistung bis zu 4 000 000 Euro abgegolten. [2]Ist die Verwaltung mit einem darüber hinausgehenden Haftungsrisiko verbunden, so sind die Kosten einer entsprechend höheren Versicherung als Auslagen zu erstatten.

[Absätze 2 und 3 gültig für Verfahren, die bis 31.12.2020 beantragt wurden:]

(2) Besondere Kosten, die dem Verwalter im Einzelfall, zum Beispiel durch Reisen, tatsächlich entstehen, sind als Auslagen zu erstatten.

(3) [1]Mit der Vergütung sind auch die Kosten einer Haftpflichtversicherung abgegolten. [2]Ist die Verwaltung jedoch mit einem besonderen Haftungsrisiko verbunden, so sind die Kosten einer angemessenen zusätzlichen Versicherung als Auslagen zu erstatten.

§ 5
Einsatz besonderer Sachkunde

(1) Ist der Insolvenzverwalter als Rechtsanwalt zugelassen, so kann er für Tätigkeiten, die ein nicht als Rechtsanwalt zugelassener Verwalter angemessenerweise einem Rechtsanwalt übertragen hätte, nach Maßgabe des Rechtsanwaltsvergütungsgesetzes Gebühren und Auslagen gesondert aus der Insolvenzmasse entnehmen.

(2) Ist der Verwalter Wirtschaftsprüfer oder Steuerberater oder besitzt er eine andere besondere Qualifikation, so gilt Absatz 1 entsprechend.

§ 6
Nachtragsverteilung. Überwachung der Erfüllung eines Insolvenzplans

(1) [1]Für eine Nachtragsverteilung erhält der Insolvenzverwalter eine gesonderte Vergütung, die unter Berücksichtigung des Werts der nachträglich verteilten Insolvenzmasse nach billigem Ermessen festzusetzen ist. [2]Satz 1 gilt nicht, wenn die Nachtragsverteilung voraussehbar war und schon bei der Festsetzung der Vergütung für das Insolvenzverfahren berücksichtigt worden ist.

(2) [1]Die Überwachung der Erfüllung eines Insolvenzplans nach den §§ 260 bis 269 der Insolvenzordnung wird gesondert vergütet. [2]Die Vergütung ist unter Berücksichtigung des Umfangs der Tätigkeit nach billigem Ermessen festzusetzen.

§ 7
Umsatzsteuer

Zusätzlich zur Vergütung und zur Erstattung der Auslagen wird ein Betrag in Höhe der vom Insolvenzverwalter zu zahlenden Umsatzsteuer festgesetzt.

§ 8
Festsetzung von Vergütung und Auslagen

(1) [1]Die Vergütung und die Auslagen werden auf Antrag des Insolvenzverwalters vom Insolvenzgericht festgesetzt. [2]Die Festsetzung erfolgt für Vergütung und Auslagen gesondert. [3]Der Antrag soll gestellt werden, wenn die Schlussrechnung an das Gericht gesandt wird.

(2) In dem Antrag ist näher darzulegen, wie die nach § 1 Abs. 2 maßgebliche Insolvenzmasse berechnet worden ist und welche Dienst- oder Werkverträge für besondere Aufgaben im Rahmen der Insolvenzverwaltung abgeschlossen worden sind (§ 4 Abs. 1 Satz 3).

(3) [1]Der Verwalter kann nach seiner Wahl anstelle der tatsächlich entstandenen Auslagen einen Pauschsatz fordern, der im ersten Jahr 15 vom Hundert, danach 10 vom Hundert der Regelvergütung, höchstens jedoch 350 Euro je angefangenen Monat der Dauer der Tätigkeit des Verwalters beträgt. [2]Der Pauschsatz darf 30 vom Hundert der Regelvergütung nicht übersteigen.

[Absatz 3 gültig für Verfahren, die bis 31.12.2020 beantragt wurden:]

(3) [1]Der Verwalter kann nach seiner Wahl anstelle der tatsächlich entstandenen Auslagen einen Pauschsatz fordern, der im ersten Jahr 15 vom Hundert, danach 10 vom Hundert der Regelvergütung, höchstens jedoch 250 Euro je angefangenen Monat der Dauer der Tätigkeit des Verwalters beträgt. [2]Der Pauschsatz darf 30 vom Hundert der Regelvergütung nicht übersteigen.

§ 9
Vorschuss

[1]Der Insolvenzverwalter kann aus der Insolvenzmasse einen Vorschuss auf die Vergütung und die Auslagen entnehmen, wenn das Insolvenzgericht zustimmt. [2]Die Zustimmung soll erteilt werden, wenn das Insolvenzverfahren länger als sechs Monate dauert oder wenn besonders hohe Auslagen erforderlich werden. [3]Sind die Kosten des Verfahrens nach § 4a der Insolvenzordnung gestundet, so bewilligt das Gericht einen Vorschuss, sofern die Voraussetzungen nach Satz 2 gegeben sind.

Zweiter Abschnitt
Vergütung des vorläufigen Insolvenzverwalters, des Sachwalters und des Insolvenzverwalters im Verbraucherinsolvenzverfahren

§ 10
Grundsatz

Für die Vergütung des vorläufigen Insolvenzverwalters, des Sachwalters, des vorläufigen Sachwalters und des Insolvenzverwalters im Verbraucherinsolvenzverfahren gelten die Vorschriften des Ersten Abschnitts entsprechend, soweit in den §§ 11 bis 13 nichts anderes bestimmt ist.

§ 11
Vergütung des vorläufigen Insolvenzverwalters

(1) [1]Für die Berechnung der Vergütung des vorläufigen Insolvenzverwalters ist das Vermögen zugrunde zu legen, auf das sich seine Tätigkeit während des Eröffnungsverfahrens erstreckt. [2]Vermögensgegenstände, an denen bei Verfahrenseröffnung Aus- oder Absonderungsrechte bestehen, werden dem Vermögen nach Satz 1 hinzugerechnet, sofern sich der vorläufige Insolvenzverwalter in erheblichem Umfang mit ihnen befasst. [3]Sie bleiben unberücksichtigt, sofern der Schuldner die Gegenstände lediglich auf Grund eines Besitzüberlassungsvertrages in Besitz hat.

(2) Wird die Festsetzung der Vergütung beantragt, bevor die von Absatz 1 Satz 1 erfassten Gegenstände veräußert wurden, ist das Insolvenzgericht spätestens mit Vorlage der Schlussrechnung auf eine Abweichung des tatsächlichen Werts von dem der Vergütung zugrunde liegenden Wert hinzuweisen, sofern die Wertdifferenz 20 vom Hundert bezogen auf die Gesamtheit dieser Gegenstände übersteigt.

(3) Art, Dauer und der Umfang der Tätigkeit des vorläufigen Insolvenzverwalters sind bei der Festsetzung der Vergütung zu berücksichtigen.

(4) Hat das Insolvenzgericht den vorläufigen Insolvenzverwalter als Sachverständigen beauftragt zu prüfen, ob ein Eröffnungsgrund vorliegt und welche Aussichten für eine Fortführung des Unternehmens des Schuldners bestehen, so erhält er gesondert eine Vergütung nach dem Justizvergütungs- und -entschädigungsgesetz.

§ 12
Vergütung des Sachwalters

(1) Der Sachwalter erhält in der Regel 60 vom Hundert der für den Insolvenzverwalter bestimmten Vergütung.

(2) Eine den Regelsatz übersteigende Vergütung ist insbesondere festzusetzen, wenn das Insolvenzgericht gemäß § 277 Abs. 1 der Insolvenzordnung angeordnet hat, dass bestimmte Rechtsgeschäfte des Schuldners nur mit Zustimmung des Sachwalters wirksam sind.

(3) § 8 Abs. 3 gilt mit der Maßgabe, dass an die Stelle des Betrags von 350 Euro der Betrag von 175 Euro tritt.

[Absatz 3 gültig für Verfahren, die bis 31.12.2020 beantragt wurden:]

(3) § 8 Abs. 3 gilt mit der Maßgabe, dass an die Stelle des Betrags von 250 Euro der Betrag von 125 Euro tritt.

§ 12a
Vergütung des vorläufigen Sachwalters

(1) [1]Die Tätigkeit des vorläufigen Sachwalters wird gesondert vergütet. [2]Er erhält in der Regel 25 Prozent der Vergütung des Sachwalters bezogen auf das Vermögen, auf das sich seine Tätigkeit während des Eröffnungsverfahrens erstreckt. [3]Maßgebend für die Wertermittlung ist der Zeitpunkt der Beendigung der vorläufigen Eigenverwaltung oder der Zeitpunkt, ab dem der Gegenstand nicht mehr der Verfügungsbefugnis des eigenverwaltenden Schuldners unterliegt. [4]Vermögensgegenstände, an denen bei Verfahrenseröffnung Aus- oder Absonderungsrechte bestehen, werden dem Vermögen nach Satz 2 hinzugerechnet, sofern sich der vorläufige Sachwalter in erheblichem Umfang mit ihnen befasst. [5]Sie bleiben unberücksichtigt, sofern der Schuldner die Gegenstände lediglich auf Grund eines Besitzüberlassungsvertrages in Besitz hat.

(2) Wird die Festsetzung der Vergütung beantragt, bevor die von Absatz 1 Satz 2 erfassten Gegenstände veräußert wurden, ist das Insolvenzgericht spätestens mit Vorlage der Schlussrechnung auf eine Abweichung des tatsächlichen Werts von dem der Vergütung zugrunde liegenden Wert hinzuweisen, sofern die Wertdifferenz 20 Prozent bezogen auf die Gesamtheit dieser Gegenstände übersteigt.

(3) Art, Dauer und Umfang der Tätigkeit des vorläufigen Sachwalters sind bei der Festsetzung der Vergütung zu berücksichtigen.

(4) Hat das Insolvenzgericht den vorläufigen Sachwalter als Sachverständigen gesondert beauftragt zu prüfen, ob ein Eröffnungsgrund vorliegt und welche Aussichten für eine Fortführung des Unternehmens des Schuldners bestehen, so erhält er gesondert eine Vergütung nach dem Justizvergütungs- und -entschädigungsgesetz.

(5) § 12 Absatz 3 gilt entsprechend.

§ 13
Vergütung des Insolvenzverwalters im Verbraucherinsolvenzverfahren

Werden in einem Verfahren nach dem Neunten Teil der Insolvenzordnung die Unterlagen nach § 305 Absatz 1 Nummer 3 der Insolvenzordnung von einer geeigneten Person oder Stelle erstellt, ermäßigt sich die Vergütung nach § 2 Absatz 2 Satz 1 auf 1 120 Euro.

[Gültig für Verfahren, die bis 31.12.2020 beantragt wurden:]

§ 13
Vergütung des Insolvenzverwalters im Verbraucherinsolvenzverfahren

Werden in einem Verfahren nach dem Neunten Teil der Insolvenzordnung die Unterlagen nach § 305 Absatz 1 Nummer 3 der Insolvenzordnung von einer geeigneten Person oder Stelle erstellt, ermäßigt sich die Vergütung nach § 2 Absatz 2 Satz 1 auf 800 Euro.

[Gültig für Verfahren, die bis 30.6.2014 beantragt wurden:]

§ 13
Vergütung des Treuhänders im vereinfachten Insolvenzverfahren

(1) [1]Der Treuhänder erhält in der Regel 15 vom Hundert der Insolvenzmasse. [2]Ein Zurückbleiben hinter dem Regelsatz ist insbesondere dann gerechtfertigt, wenn das vereinfachte Insolvenzverfahren vorzeitig beendet wird. [3]Haben in dem Verfahren nicht mehr als 5 Gläubiger ihre Forderungen angemeldet, so soll die Vergütung in der Regel mindestens 600 Euro betragen. [4]Von 6 bis zu 15 Gläubigern erhöht sich die Vergütung für je angefangene 5 Gläubiger um 150 Euro. [5]Ab 16 Gläubiger erhöht sich die Vergütung je angefangene 5 Gläubiger um 100 Euro.

(2) §§ 2 und 3 finden keine Anwendung.

Dritter Abschnitt
Vergütung des Treuhänders nach § 293 der Insolvenzordnung

§ 14
Grundsatz

(1) Die Vergütung des Treuhänders nach § 293 der Insolvenzordnung wird nach der Summe der Beträge berechnet, die aufgrund der Abtretungserklärung des Schuldners (§ 287 Abs. 2 der Insolvenzordnung) oder auf andere Weise zur Befriedigung der Gläubiger des Schuldners beim Treuhänder eingehen.

(2) Der Treuhänder erhält:

1.	von den ersten 35 000 Euro	5 vom Hundert,
2.	von dem Mehrbetrag bis 70 000 Euro	3 vom Hundert,
3.	von dem darüber hinausgehenden Betrag	1 vom Hundert.

(3) [1]Die Vergütung beträgt mindestens 140 Euro für jedes Jahr der Tätigkeit des Treuhänders. [2]Hat er die durch Abtretung eingehenden Beträge an mehr als 5 Gläubiger verteilt, so erhöht sich diese Vergütung je 5 Gläubiger um 70 Euro.

[Gültig für Verfahren, die bis 31.12.2020 beantragt wurden:]

§ 14
Grundsatz

(1) Die Vergütung des Treuhänders nach § 293 der Insolvenzordnung wird nach der Summe der Beträge berechnet, die aufgrund der Abtretungserklärung des Schuldners (§ 287 Abs. 2 der Insolvenzordnung) oder auf andere Weise zur Befriedigung der Gläubiger des Schuldners beim Treuhänder eingehen.

(2) Der Treuhänder erhält:

1.	*von den ersten 25 000 Euro*	*5 vom Hundert,*
2.	*von dem Mehrbetrag bis 50 000 Euro*	*3 vom Hundert,*
3.	*von dem darüber hinausgehenden Betrag*	*1 vom Hundert.*

(3) [1]Die Vergütung beträgt mindestens 100 Euro für jedes Jahr der Tätigkeit des Treuhänders. [2]Hat er die durch Abtretung eingehenden Beträge an mehr als 5 Gläubiger verteilt, so erhöht sich diese Vergütung je 5 Gläubiger um 50 Euro.

§ 15
Überwachung der Obliegenheiten des Schuldners

(1) [1]Hat der Treuhänder die Aufgabe, die Erfüllung der Obliegenheiten des Schuldners zu überwachen (§ 292 Abs. 2 der Insolvenzordnung), so erhält er eine zusätzliche Vergütung. [2]Diese beträgt regelmäßig 50 Euro je Stunde.

(2) [1]Der Gesamtbetrag der zusätzlichen Vergütung darf den Gesamtbetrag der Vergütung nach § 14 nicht überschreiten. [2]Die Gläubigerversammlung kann eine abweichende Regelung treffen.

[Absatz 1 gültig für Verfahren, die bis 31.12.2020 beantragt wurden:]

(1) [1]Hat der Treuhänder die Aufgabe, die Erfüllung der Obliegenheiten des Schuldners zu überwachen (§ 292 Abs. 2 der Insolvenzordnung), so erhält er eine zusätzliche Vergütung. [2]Diese beträgt regelmäßig 35 Euro je Stunde.

§ 16
Festsetzung der Vergütung. Vorschüsse

(1) [1]Die Höhe des Stundensatzes der Vergütung des Treuhänders, der die Erfüllung der Obliegenheiten des Schuldners überwacht, wird vom Insolvenzgericht bei der Ankündigung der Restschuldbefreiung festgesetzt. [2]Im Übrigen werden die Vergütung und die zu erstattenden Auslagen auf Antrag des Treuhänders bei der Beendigung seines Amtes festgesetzt. [3]Auslagen sind einzeln anzuführen und zu belegen. [4]Soweit Umsatzsteuer anfällt, gilt § 7 entsprechend.

(2) [1]Der Treuhänder kann aus den eingehenden Beträgen Vorschüsse auf seine Vergütung entnehmen. [2]Diese dürfen den von ihm bereits verdienten Teil der Vergütung und die Mindestvergütung seiner Tätigkeit nicht überschreiten. [3]Sind die Kosten des Verfahrens nach § 4a der Insolvenzordnung gestundet, so kann das Gericht Vorschüsse bewilligen, auf die Satz 2 entsprechend Anwendung findet.

Vierter Abschnitt
Vergütung der Mitglieder des Gläubigerausschusses

§ 17
Berechnung der Vergütung

(1) [1]Die Vergütung der Mitglieder des Gläubigerausschusses beträgt regelmäßig zwischen 50 und 300 Euro je Stunde. [2]Bei der Festsetzung des Stundensatzes sind insbesondere der Umfang der Tätigkeit und die berufliche Qualifikation des Ausschussmitglieds zu berücksichtigen.

(2) [1]Die Vergütung der Mitglieder des vorläufigen Gläubigerausschusses für die Erfüllung der ihm nach § 56a und § 270b Absatz 3 der Insolvenzordnung zugewiesenen Aufgaben beträgt einmalig 500 Euro. [2]Nach der Bestellung eines vorläufigen Insolvenzverwalters oder eines vorläufigen Sachwalters richtet sich die weitere Vergütung nach Absatz 1.

[Gültig für Verfahren, die bis 31.12.2020 beantragt wurden:]

§ 17
Berechnung der Vergütung

(1) [1]Die Vergütung der Mitglieder des Gläubigerausschusses beträgt regelmäßig zwischen 35 und 95 Euro je Stunde. [2]Bei der Festsetzung des Stundensatzes ist insbesondere der Umfang der Tätigkeit zu berücksichtigen.

(2) [1]Die Vergütung der Mitglieder des vorläufigen Gläubigerausschusses für die Erfüllung der ihm nach § 56a und § 270 Absatz 3 der Insolvenzordnung zugewiesenen Aufgaben beträgt einmalig 300 Euro. [2]Nach der Bestellung eines vorläufigen Insolvenzverwalters oder eines vorläufigen Sachwalters richtet sich die weitere Vergütung nach Absatz 1.

§ 18
Auslagen. Umsatzsteuer

(1) Auslagen sind einzeln anzuführen und zu belegen.

(2) Soweit Umsatzsteuer anfällt, gilt § 7 entsprechend.

Fünfter Abschnitt
Übergangs- und Schlussvorschriften

§ 19
Übergangsregelung

(1) Auf Insolvenzverfahren, die vor dem 1. Januar 2004 eröffnet wurden, sind die Vorschriften dieser Verordnung in ihrer bis zum Inkrafttreten der Verordnung vom 4. Oktober 2004 (BGBl. I S. 2569) am 7. Oktober 2004 geltenden Fassung weiter anzuwenden.

(2) Auf Vergütungen aus vorläufigen Insolvenzverwaltungen, die zum 29. Dezember 2006 bereits rechtskräftig abgerechnet sind, sind die bis zum Inkrafttreten der Zweiten Verordnung zur Änderung der Insolvenzrechtlichen Vergütungsverordnung vom 21. Dezember 2006 (BGBl. I S. 3389) geltenden Vorschriften anzuwenden.

(3) Auf Insolvenzverfahren, die vor dem 1. März 2012 beantragt worden sind, sind die Vorschriften dieser Verordnung in ihrer bis zum Inkrafttreten des Gesetzes vom 7. Dezember 2011 (BGBl. I S. 2582) am 1. März 2012 geltenden Fassung weiter anzuwenden.

(4) Auf Insolvenzverfahren, die vor dem 1. Juli 2014 beantragt worden sind, sind die Vorschriften dieser Verordnung in ihrer bis zum Inkrafttreten des Gesetzes vom 15. Juli 2013 (BGBl. I S. 2379) am 1. Juli 2014 geltenden Fassung weiter anzuwenden.

[Fassung des Absatz 5 nach Art. 6 Nr. 12 des Gesetzes zur Fortentwicklung des Sanierungs- und Insolvenzrechts – SanInsFoG, v. 22.12.2020, BGB. I 2020, 3256:]

(5) Auf Insolvenzverfahren, die vor dem 1. Januar 2021 beantragt worden sind, sind die bis zum 31. Dezember 2020 geltenden Vorschriften anzuwenden.

[Fassung des Absatz 5 nach Art. 4 Nr. 2 des Gesetzes zur weiteren Verkürzung des Restschuldbefreiungsverfahrens und zur Anpassung pandemiebedingter Vorschriften im Gesellschafts-, Genossenschafts-, Vereins- und Stiftungsrecht sowie im Miet- und Pachtrecht v. 22.12.2020, BGBl. I 2020, 3328:]

(5) Auf Insolvenzverfahren, die vor dem 1. Oktober 2020 beantragt worden sind, sind die Vorschriften dieser Verordnung in ihrer bis dahin geltenden Fassung weiter anzuwenden.

§ 20
Inkrafttreten

Diese Verordnung tritt am 1. Januar 1999 in Kraft.

Anhang II

Änderungshistorie zur Insolvenzrechtlichen Vergütungsverordnung

Gesetz/Verordnung	Inkrafttreten	geänderte Vorschriften
Insolvenzrechtliche Vergütungsverordnung – InsVV, v. 19.8.1998, BGBl. I 1998, 2205	1.1.1999	
Euro-Einführungsgesetz, v. 13.12.2001, BGBl. I 2001, 3574	1.1.2002	§ 2, § 8 Abs. 3, § 12 Abs. 3, § 13 Abs. 1 Satz 3, § 13 Abs. 1 Satz 3, § 14 Abs. 2, § 14 Abs. 3, § 15 Abs. 1 Satz 2, § 17
Kostenrechtsmodernisierungsgesetz – KostMoG, v. 5.5.2004, BGBl. I 2004, 718	1.7.2004	§ 5 Abs. 1, § 11 Abs. 2
Verordnung zur Änderung der Insolvenzrechtlichen Vergütungsverordnung – InsVVÄndV, v. 4.10.2004, BGBl. I 2004, 2569	7.10.2004	§ 2 Abs. 2, § 8 Abs. 3 Satz 1, § 8 Abs. 3 Satz 2 (Einfügung), § 9 Satz 2 (Einfügung), § 11 Abs. 1 Satz 2, § 13 Abs. 1 Satz 3, § 14 Abs. 3 Satz 2 (Einfügung), § 15 Abs. 1 Satz 2, § 16 Abs. 2 Satz 3 (Einfügung), § 17 Satz 1, § 19
Zweite Verordnung zur Änderung der Insolvenzrechtlichen Vergütungsverordnung – 2. InsVVÄndV, v. 21.12.2006, BGBl. I 2006, 3389	29.12.2006	§ 11 Abs. 1 und 2, § 11 Abs. 2 (Umnummerierung), § 11 Abs. 3 (Einfügung), § 19 (Umnummerierung), § 19 Abs. 2 (Einfügung)
Gesetz zur weiteren Erleichterung der Sanierung von Unternehmen – ESUG, v. 7.12.2011, BGBl. I 2011, 2582	1.3.2012	§ 17 (Umnummerierung), § 17 Abs. 2 (Einfügung), § 19 Abs. 3 (Einfügung)
Gesetz zur Verkürzung des Restschuldbefreiungsverfahrens und zur Stärkung der Gläubigerrechte, v. 15.7.2013, BGBl. I 2013, 2379	1.7.2014	Zweiter Abschnitt (Überschrift), § 3 Abs. 2 lit. c, § 3 Abs. 2 lit. d, § 3 Abs. 2 lit. e (Einfügung), § 10
	19.7.2013	§ 11 Abs. 1, § 11 Abs. 2 Satz 1, § 11 Abs. 2 Satz 2 (Aufhebung)
	1.7.2014	§ 13, § 17 Abs. 2, § 19 Abs. 4 (Einfügung)
Gesetz zur Erleichterung der Bewältigung von Konzerninsolvenzen, v. 13.4.2017, BGBl. I 2017, 866	21.4.2018	§ 3 Nr. 2 lit. f (Einfügung)

Gesetz zur weiteren Verkürzung des Restschuldbefreiungsverfahrens und zur Anpassung pandemiebedingter Vorschriften im Gesellschafts-, Genossenschafts-. Vereins- und Stiftungsrecht sowie im Miet- und Pachtrecht, v. 22.12.2020, BGBl. I 2020, 3328	1.10.2020	§ 1 Abs. 2 Nr. 5, § 19 Abs. 5 (Einfügung)
Gesetzes zur Fortentwicklung des Sanierungs- und Insolvenzrechts – Sanierungs- und Insolvenzrechtsfortentwicklungsgesetz (SanInsFoG), v. 22.12.2020, BGBl. I 2020, 3256	1.1.2021	§ 2 Abs. 1 und 2, § 4 Abs. 2 und 3, § 8 Abs. 3 Satz 1, § 10, § 12 Abs. 3, § 12a (Einfügung), § 13, § 14 Abs. 2 und 3, § 15 Abs. 1 Satz 1, § 17 Abs. 1 und 2, § 19 Abs. 5 (Einfügung)

Anhang III

Entwurf einer Insolvenzrechtlichen Vergütungsverordnung (InsVV) einschließlich Begründung

Einen ersten Referentenentwurf hatte das Bundesjustizministerium bereits im Januar 1994 vorgelegt (abgedruckt in: Eickmann, VergVO, 2. Aufl., 1997, Anhang E). Eine überarbeitete Fassung war dann mit dem Stand vom 29.12.1997 erstellt worden, die im Juni 1998 nochmals geändert wurde. Im Folgenden ist zunächst die Allgemeine Begründung A) und anschließend – den einzelnen Paragraphen des Verordnungsentwurfs jeweils zugeordnet – die besondere Begründung (B) wiedergegeben.

A. Allgemeine Begründung

1. Gesetzliche Grundlage

Nach § 65 der Insolvenzordnung vom 5. Oktober 1994 (BGBl I, 2866) ist das Bundesministerium der Justiz ermächtigt, die Vergütung und die Erstattung der Auslagen des Insolvenzverwalters näher zu regeln. In anderen Vorschriften der Insolvenzordnung wird diese Ermächtigung durch entsprechende Verweisungen auf die Vergütung und die Erstattung der Auslagen des vorläufigen Insolvenzverwalters (§ 21 Abs. 2 Nr. 1 InsO), des Sachwalters (§ 274 Abs. 1 InsO), des Treuhänders im vereinfachten Insolvenzverfahren (§ 313 Abs. 1 InsO), des Treuhänders während der Laufzeit der Abtretungserklärung (§ 293 Abs. 2 InsO) und der Mitglieder des Gläubigerausschusses (§ 73 Abs. 2 InsO) erstreckt.

Im Zusammenhang mit den genannten Bestimmungen enthält die Insolvenzordnung wichtige Vorgaben für den Inhalt der künftigen Vergütungsvorschriften. Insbesondere ist in § 63 InsO festgelegt, daß der Regelsatz der Vergütung des Insolvenzverwalters nach dem Wert der Insolvenzmasse zur Zeit der Beendigung des Verfahrens zu berechnen ist und daß dem Umfang und der Schwierigkeit der Geschäftsführung des Verwalters durch Abweichungen vom Regelsatz Rechnung getragen werden muß. Dies soll nach den bereits genannten Vorschriften der Insolvenzordnung entsprechend für den vorläufigen Insolvenzverwalter, den Sachwalter und den Treuhänder im vereinfachten Insolvenzverfahren gelten. Für die Bemessung der Vergütungen des Treuhänders während der Laufzeit der Abtretungserklärung und der Mitglieder des Gläubigerausschusses werden in § 293 Abs. 1 InsO und in § 73 Abs. 1 InsO der Umfang der Tätigkeit und der Zeitaufwand als maßgebliche Kriterien genannt. Die Vergütung soll wie bisher vom Gericht festgesetzt werden (vgl. § 64 für den Insolvenzverwalter; die Vorschrift gilt entsprechend für die übrigen genannten Personen).

2. Vorarbeiten für das neue Vergütungsrecht

Vorarbeiten für das neue Vergütungsrecht hat bereits die Kommission für Insolvenzrecht in ihrem Zweiten Bericht, der 1986 veröffentlicht wurde, geleistet (Leitsätze 3.4.1 bis 3.4.11). Sie hat die Struktur einer neuen Vergütungsregelung entwickelt, die auf das künftige einheitliche Insolvenzverfahren zugeschnitten ist und Mängel des geltenden Vergütungsrechts vermeidet. Von Vorschlägen zur Höhe der künftigen Vergütungssätze hat die Kommission abgesehen.

Weiter hat das Bundesministerium der Justiz im Jahre 1993 ein Gutachten von Professor *Eickmann* (Berlin) zur Ausgestaltung des künftigen Vergütungsrechts auf der Grundlage des Regierungsentwurfs der Insolvenzordnung eingeholt. In diesem Gutachten werden die Probleme der gegenwärtigen Vergütungspraxis ausführlich dargestellt und detaillierte Vorschläge für angemessene Lösungen im Rahmen der Vorgaben des Regierungsentwurfs unterbreitet.

Der hierauf aufbauende Entwurf einer insolvenzrechtlichen Vergütungsverordnung mit Begründung wurde erstmals 1994 und danach 1998 in einer überarbeiteten Fassung den Landesjustizverwaltungen, dem Bundesgerichtshof und den an der Insolvenzrechtsreform beteiligten Verbände mit der Bitte um Stellungnahme übersandt.

3. Ziele der Neuregelung des Vergütungsrechts

Die wichtigste Aufgabe der neuen Vergütungsverordnung ist es, im Rahmen der geschilderten gesetzlichen Vorgaben Maßstäbe für die Bemessung der Höhe der jeweils geschuldeten Vergütung nach den Prinzipien der Angemessenheit und Vertretbarkeit festzulegen. Dabei ist einerseits zu berücksichtigen, daß die besonderen Probleme einer Insolvenzsituation regelmäßig den Einsatz besonders qualifizierter Personen erfordern und daß von solchen Personen nur dann die Übernahme einer Funktion im Insolvenzverfahren erwartet werden kann, wenn eine Vergütung in Aussicht steht, die der Schwierigkeit der Tätigkeit und dem häufig großen Haftungsrisiko entspricht. Andererseits muß sich die Belastung der Insolvenzmasse mit Vergütungsansprüchen in Grenzen halten, damit die Verfahren durchführbar bleiben und die Befriedigungsaussichten der Gläubiger nicht unzumutbar gemindert werden.

Bei der Bestimmung der Maßstäbe für die Höhe der Vergütungen orientiert sich die neue Vergütungsverordnung an der bisherigen Praxis zur Auslegung der geltenden Vergütungsverordnung (Verordnung über die Vergütung des Konkursverwalters, des Vergleichsverwalters, der Mitglieder des Gläubigerausschusses und der Mitglieder des Gläubigerbeirats in der im Bundesgesetzblatt Teil III, Gliederungsnummer 311–6, veröffentlichten bereinigten Fassung, zuletzt geändert durch Verordnung vom 11. Juni 1979, BGBl I, 637). Jedoch wird dafür gesorgt, daß die Vergütungen bei außergewöhnlich großen Insolvenzmassen nicht in unangemessene Höhen steigen; wie spektakuläre Einzelfälle vor einiger Zeit gezeigt haben, führt das geltende Vergütungsrecht in diesem Bereich nicht immer zu befriedigenden Ergebnissen. Allgemein muß bei der Übertragung von Lösungen des geltenden Vergütungsrechts in die neue Verordnung die geänderte Struktur des künftigen Insolvenzverfahrens berücksichtigt werden. Insbesondere entfällt mit dem einheitlichen Insolvenzverfahren die bisherige Unterscheidung zwischen der Vergütung des Konkursverwalters und der des Vergleichsverwalters; Vorbild für die neuen Vergütungsregelungen für Insolvenzverwalter sind in erster Linie die bisher für den Konkursverwalter geltenden Vorschriften. Da im künftigen Insolvenzverfahren die Gläubiger auf der Grundlage eines Berichts des Insolvenzverwalters darüber entscheiden sollen, ob die Liquidation des insolventen Unternehmens, die Sanierung des Schuldners oder die übertragende Sanierung ihren Interessen am besten dient, ist bei der Festlegung der Vergütungsvorschriften darauf zu achten, daß keine dieser Möglichkeiten von vornherein vergütungsmäßig favorisiert wird.

Bei der Ausgestaltung des neuen Vergütungsrechts ist ein weiteres Ziel, Schwierigkeiten zu vermeiden, die sich in der Praxis bei der Auslegung der geltenden Vergütungsvorschriften ergeben haben. Veraltete Vorschriften sind der heutigen Rechtswirklichkeit anzupassen, unklare Regelungen zu präzisieren, Lücken der gegenwärtigen Regelung zu schließen.

4. Wesentlicher Inhalt der neuen Vergütungsverordnung

Für den Aufbau der neuen Verordnung erscheint es sinnvoll, in einem Ersten Abschnitt die Vergütung des Insolvenzverwalters vollständig zu regeln (einschließlich des Auslagenersatzes und der Entnahme von Vorschüssen). Für die übrigen Vergütungsberechtigten kann in den folgenden Abschnitten dann weitgehend auf diese Regelung Bezug genommen werden.

Berechnungsgrundlage für die Vergütung des Insolvenzverwalters ist grundsätzlich der Wert der Insolvenzmasse, auf die sich die Schlußrechnung des Verwalters bezieht (vgl. § 1 Abs. 1 der geltenden Vergütungsverordnung für die Vergütung des Konkursverwalters). Keine Entsprechung in der Verordnung hat die Berechnung der Vergütung nach dem Wert des Aktivvermögens zu Beginn des Verfahrens, wie sie bisher für die Vergütung des Vergleichsverwalters vorgesehen ist (§ 8 Abs. 1 der geltenden Vergütungsverordnung). Bei einer Beendigung des Verfahrens vor der Schlußverteilung ist die Vergütung nach dem Schätzwert der Masse zur Zeit der Beendigung des Verfahrens zu berechnen.

Massegegenstände, die mit Pfandrechten oder anderen Absonderungsrechten belastet sind, sollen abweichend vom geltenden Recht insoweit berücksichtigt werden, als die mit Absonderungsrechten belasteten Gegenstände durch den Verwalter verwertet werden. Da nach Schätzungen 4/5 der im Unternehmen vorgefundenen Gegenstände mit Aus- und Absonderungsrechten belastet sind, muß sichergestellt sein, daß durch die Einbeziehung von Vermögensgegenständen in die Berechnungsgrundlage, die für die Zahlung der Vergütung nicht zur Verfügung stehen, die Masse nicht vollständig durch die Verwaltervergütung absorbiert wird. Deshalb soll der Teil der Vergütung, der auf die mit Absonderungsrechten belasteten Gegenstände entfällt, limitiert werden. Der Mehrbetrag der Vergütung, der durch die Einbeziehung dieser Gegenstände entsteht, darf die Hälfte des nach § 171 Abs. 1 InsO, § 10 Abs. 1 Nr. 1a ZVG anfallenden Kostenbeitrags nicht übersteigen. Mit dieser grundlegenden Änderung bei der Bestimmung der Berechnungsgrundlage soll der unterschiedlichen Aufgabenstellung von Konkursverwalter und Insolvenzverwalter Rechnung getragen werden. Während unter der Konkursordnung die Verwertung des mit einem Absonderungsrecht belasteten Gegenstandes regelmäßig durch den gesicherten Gläubiger erfolgte, steht nach § 166 InsO das Verwertungsrecht hinsichtlich der beweglichen Sachen, an denen Sicherheiten bestellt wurden, dem Insolvenzverwalter zu. Künftig wird somit die Verwertung durch den Insolvenzverwalter den gesetzlichen Regelfall bilden. Werden allerdings die mit Absonderungsrechten belasteten Gegenstände nicht durch den Insolvenzverwalter verwertet, so werden diese auch nicht in die Berechnungsgrundlage einbezogen und wirken sich deshalb auch nicht vergütungserhöhend aus. Hat der Insolvenzverwalter zwar insofern keine Verwertungshandlungen vorgenommen, hat er aber dennoch einen erheblichen Teil seiner Tätigkeit auf die Absonderungsrechte verwandt, so muß ihm ein Zuschlag gemäß § 3 Abs. 1 Buchstabe a InsVV gewährt werden.

Bei der Festsetzung der Regelsätze in § 2 wurde von der bisherigen Praxis zur Höhe der Konkursverwaltervergütung ausgegangen. Die zusätzlichen Aufgaben, die das neue Insolvenzrecht dem Insolvenzverwalter überträgt, wurden ebenso berücksichtigt wie die Auswirkungen der sonstigen Neuregelungen. Abweichend vom bisherigen Vergütungsrecht wurden die Regelsätze deutlich angehoben. Gleichzeitig wurde die Degression verstärkt, um exorbitant hohe Vergütungen, die vom Arbeitsaufwand, von der Leistung und von der Verantwortung des Insolvenzverwalters her nicht mehr zu rechtfertigen sind, auszuschließen. Um trotz dieser stärkeren Degression besondere Leistungen bei großen Insolvenzmassen angemessen berücksichtigen zu können, ist in § 3 bei der Regelung der Zu- und Abschläge zum Regelsatz eine neue Regelung eingefügt worden, die einen besonderen Zuschlag im Fall der Mehrung einer ohnehin großen Insolvenzmasse erlaubt (Absatz 1 Buchstabe c). Die Bearbeitung schwieriger arbeitsrechtlicher Fragen und die Ausarbeitung eines Insolvenzplans sind weitere Umstände, die einen in der bisherigen Vergütungsverordnung nicht vorgesehenen Zuschlag rechtfertigen (§ 3 Abs. 1 Buchstabe d, e). Als neue Gründe für einen Abschlag vom Regelsatz werden die Tätigkeit eines vorläufigen Insolvenzverwalters und die vorzeitige Beendigung der Verwaltertätigkeit genannt (§ 3 Abs. 2 Buchstabe a, c).

In den §§ 4 und 5 werden Zweifelsfragen des geltenden Vergütungsrechts geklärt, indem die allgemeinen Geschäftskosten deutlicher als bisher von den besonderen, als Auslagen zu erstattenden Ausgaben abgegrenzt werden und indem außerdem der Fall geregelt wird, daß der Insolvenzverwalter als Anwalt, Wirtschaftsprüfer oder Steuerberater besondere Sachkunde zugunsten der Insolvenzmasse einsetzt. In § 7 wird die veraltete Umsatzsteuerregelung des § 4 Abs. 5 der geltenden Vergütungsverordnung durch die Bestimmung ersetzt, daß der Insolvenzverwalter zusätzlich zur Vergütung und zur Auslagenerstattung einen Betrag in Höhe der von ihm geschuldeten Umsatzsteuer beanspruchen kann.

In § 8 der Verordnung wird im Anschluß an § 64 der Insolvenzordnung das Verfahren zur Festsetzung von Vergütung und Auslagen näher geregelt. Hervorzuheben ist, daß nach Absatz 3 der neuen Vorschrift zur Vereinfachung der Abrechnung anstelle der tatsächlich entstandenen Ausgaben ein Auslagenpauschsatz verlangt werden kann.

Im Zweiten Abschnitt der Verordnung werden die Besonderheiten der Vergütungen des vorläufigen Insolvenzverwalters, des Sachwalters und des Treuhänders im vereinfachten Insolvenzverfahren geregelt.

Die Bestimmungen zur Vergütung des vorläufigen Insolvenzverwalters in § 11 schließen eine bisher vorhandene Regelungslücke. Im Anschluß an die bisherige Gerichtspraxis zur Sequestervergütung soll der vorläufige Insolvenzverwalter einen angemessenen Bruchteil der Vergütung des Insolvenzverwalters erhalten. Allerdings wird zur Vermeidung unangemessen hoher Vergütungen ausdrücklich festgelegt, daß bei kurzer Dauer der vorläufigen Verwaltung ein Zurückbleiben hinter dem Regelsatz gerechtfertigt ist. In Absatz 2 wird in Ergänzung des § 22 Abs. 1 Nr. 3 InsO bestimmt, daß der vorläufige Insolvenzverwalter gesondert als Sachverständiger vergütet wird, soweit das Gericht ihn beauftragt hat zu prüfen, ob ein Eröffnungsgrund vorliegt und welche Aussichten für eine Fortführung des Unternehmens des Schuldners bestehen.

Die Vergütung des Sachwalters, der im Falle der Eigenverwaltung den Schuldner beaufsichtigt, wird in § 12 in Anlehnung an die bisherigen Vorschriften über die Vergütung des Vergleichsverwalters geregelt (vgl. die §§ 8 und 12 der geltenden Vergütungsverordnung), wobei jedoch dem größeren Aufgabenbereich des Sachwalters Rechnung getragen wird. Regelmäßig erhält der Sachwalter 60 % der für den Insolvenzverwalter bestimmten Vergütung.

Als völlig neue Regelung war in die Verordnung die Vergütung für den anstelle des Insolvenzverwalters im vereinfachten Verbraucherinsolvenzverfahren tätigen Treuhänders (vgl. die §§ 311–314 InsO) aufzunehmen. Die Neuregelung ist eine notwendige Ergänzung des ersten Entwurfs der insolvenzrechtlichen Vergütungsverordnung, nachdem das Verbraucherinsolvenzverfahren und sonstige Kleinverfahren im Ergebnis der Beratungen des Regierungsentwurfs der Insolvenzordnung im Rechtsausschuß des Deutschen Bundestages als neuer neunter Teil in die Insolvenzordnung eingestellt wurde.

Ausschlaggebend für die Bemessung der Treuhändervergütung sind sowohl der geringere Arbeitsaufwand im vereinfachten Verfahren als auch ein dem Verfahrensziel der Verbraucherentschuldung entsprechender Kostenumfang.

Ebenfalls ohne Vorbild im geltenden Recht ist der Dritte Abschnitt über die Vergütung des Treuhänders, der während der siebenjährigen „Wohlverhaltensperiode" vor der Erteilung der Restschuldbefreiung tätig werden soll (vgl. die §§ 292 und 293 InsO). Berechnungsgrundlage für die Vergütung ist nach § 14 der Verordnung der Gesamtwert der Beträge, die beim Treuhänder eingehen und von ihm an die Gläubiger zu verteilen sind. Von diesem Gesamtwert soll der Treuhänder bestimmte Bruchteile erhalten, die wie bei den Regelsätzen für die Vergütung des Insolvenzverwalters degressiv gestaffelt sind. Die zusätzliche Vergütung, die der Treuhänder im Falle einer Überwachung des Schuldners erhalten soll, ist gemäß § 15 grundsätzlich nach dem damit verbundenen Zeitaufwand zu bestimmen. Die Vorschriften der Verordnung über die Vergütung des Treuhänders schließen nicht aus, daß dieser im Einzelfall bereit ist, sein Amt unentgeltlich auszuüben.

Im Vierten Abschnitt der Verordnung wird die Vergütung der Mitglieder des Gläubigerausschusses dahin bestimmt, daß im Regelfall ein in etwa der gegenwärtigen Praxis entsprechender Stundensatz festzusetzen ist. Die Bestimmung soll ebenso wie bisher § 13 Abs. 1 der geltenden Vergütungsverordnung flexibel gehandhabt werden; jedoch sollen auch in diesem Bereich übermäßig hohe Vergütungen vermieden werden.

5. Kosten und Preise

a) Kosten der öffentlichen Haushalte

Die Haushalte des Bundes, der Länder, Gemeinden und Gemeindeverbände werden durch die Verordnung keine zusätzliche Belastung erfahren. Mit der Verordnung soll die gegenwärtige Vergütungspraxis, die sich erheblich vom Wortlaut der geltenden Vergütungsverordnung entfernt hat, wieder mit dem geschriebenen Vergütungsrecht in Einklang gebracht werden. Insgesamt sollen die Vergütungen nicht erhöht werden. Ganz im Gegenteil strebt die vorliegende Verordnung an, durch eine stärkere Degression exorbitant hohe Vergütungen bei außergewöhnlich großen Insolvenzmassen zu verhindern. Teilweise wird von den interessierten Kreisen die Befürchtung geäußert, die in der Verordnung festgelegten Regelsätze würden im Vergleich zur gegenwärtigen Vergütungspraxis zu erheblichen Gebühreneinbußen der Insolvenzverwalter führen.

Da die Insolvenzordnung die bisherige Aufteilung in Konkurs- und Vergleichsverfahren aufhebt und sie in einem einheitlichen Verfahren zusammenführt, entfällt auch die im geltenden Vergütungsrecht vorgesehene Unterscheidung zwischen der Vergütung des Konkursverwalters und der des Vergleichsverwalters. Insgesamt kann somit eher von einer kostendämpfenden Wirkung der Vergütungsverordnung ausgegangen werden.

b) Sonstige Kosten

Der Großteil der bisherigen Konkurs- und Vergleichsverwalter stammte aus der Anwaltschaft. Unter der Insolvenzordnung wird wohl auch die Mehrzahl der Insolvenzverwalter dieser Berufsgruppe angehören. Allerdings ist zu erwarten, daß durch die besondere Betonung des Sanierungsgedankens insbesondere durch den Insolvenzplan auch Wirtschaftsprüfer oder verwandte Berufsgruppen in diesem Bereich tätig sein werden. Auswirkungen auf die Kosten, die etwa bei Wirtschaftsunternehmen entstehen können, sind hierdurch nicht zu erwarten. Durch die Beseitigung von Zweifelsfragen des geltenden Rechts ist insofern eher mit einer Entlastung zu rechnen.

c) Preise

Da durch die Verordnung die bisherige Vergütungspraxis gesetzlich fixiert werden soll, sind Auswirkungen auf das Preisniveau, insbesondere das Verbraucherpreisniveau, nicht zu erwarten.

B. Verordnungstext mit Begründung

Erster Abschnitt
Vergütung des Insolvenzverwalters

§ 1
Berechnungsgrundlage

(1) [1]Die Vergütung des Insolvenzverwalters wird nach dem Wert der Insolvenzmasse berechnet, auf die sich die Schlußrechnung bezieht. [2]Wird das Verfahren nach Bestätigung eines Insolvenzplans aufgehoben oder durch Einstellung vorzeitig beendet, so ist

die Vergütung nach dem Schätzwert der Masse zur Zeit der Beendigung des Verfahrens zu berechnen.

(2) Die maßgebliche Masse ist im einzelnen wie folgt zu bestimmen:

1. **Massegegenstände, die mit Absonderungsrechten belastet sind, werden berücksichtigt, wenn sie durch den Verwalter verwertet werden. Der Mehrbetrag der Vergütung, der auf diese Gegenstände entfällt, darf jedoch 50 v. H. des Betrages nicht übersteigen, der für die Kosten ihrer Feststellung in die Masse geflossen ist. Im übrigen werden die mit Absonderungsrechten belasteten Gegenstände nur insoweit berücksichtigt, als aus ihnen der Masse ein Überschuß zusteht.**
2. **Werden Aus- und Absonderungsrechte abgefunden, so wird die aus der Masse hierfür gewährte Leistung vom Sachwert der Gegenstände abgezogen, auf die sich diese Rechte erstreckten.**
3. **Steht einer Forderung eine Gegenforderung gegenüber, so wird lediglich der Überschuß berücksichtigt, der sich bei einer Verrechnung ergibt.**
4. **Die Kosten des Insolvenzverfahrens und die sonstigen Masseverbindlichkeiten werden nicht abgesetzt. Es gelten jedoch folgende Ausnahmen:**
   a) **Beträge, die der Verwalter nach § 5 als Vergütung für den Einsatz besonderer Sachkunde erhält, werden abgezogen.**
   b) **Wird das Unternehmen des Schuldners fortgeführt, so ist nur der Überschuß zu berücksichtigen, der sich nach Abzug der Ausgaben von den Einnahmen ergibt.**
5. **Ein Vorschuß, der von einer anderen Person als dem Schuldner zur Durchführung des Verfahrens geleistet worden ist, und ein Zuschuß, den ein Dritter zur Erfüllung eines Insolvenzplans geleistet hat, bleiben außer Betracht.**

Begründung: Die Festlegung der Berechnungsgrundlage in § 1 entspricht, wie schon in der Allgemeinen Begründung ausgeführt wurde, weitgehend der bisher für den Konkursverwalter geltenden Regelung. Dabei konkretisiert Absatz 1 die allgemeine Formulierung in § 63 InsO, nach der „der Wert der Insolvenzmasse zur Zeit der Beendigung des Insolvenzverfahrens" für die Berechnung des Regelsatzes der Vergütung maßgeblich ist. Satz 1 regelt im Anschluß an § 1 Abs. 1 der geltenden Vergütungsverordnung den Fall, daß das Insolvenzverfahren bis zur Schlußverteilung durchgeführt wird; Ausgangspunkt für die Berechnung der Vergütung ist in diesem Fall der in der Schlußrechnung festgestellte Wert der Masse. Schwerer feststellbar ist der Massewert, wenn das Verfahren vorzeitig beendet oder nach der Bestätigung eines Insolvenzplans aufgehoben wird; in diesen Fällen ist nach Satz 2 der Wert der Masse zur Zeit der Beendigung des Verfahrens zu schätzen. Anhaltspunkte können die in § 153 InsO und für den Fall eines Insolvenzplans die in § 229 InsO vorgesehenen Vermögensübersichten geben.

Nicht übernommen worden ist die Sonderregelung in § 1 Abs. 2 der bisherigen Vergütungsverordnung, nach der für die Berechnung der Gesamtbetrag der Konkursforderungen maßgeblich ist, wenn dieser geringer ist als der Wert der Masse. Ein Masseüberschuß ist häufig auf eine besondere Leistung des Verwalters zurückzuführen; schon deshalb sollte er bei der Festsetzung der Vergütung nicht außer Betracht bleiben. Außerdem ist in § 199 Satz 2 InsO vorgesehen, daß es bei juristischen Personen und Gesellschaften ohne Rechtspersönlichkeit künftig Aufgabe des Verwalters sein wird, einen Masseüberschuß an die am Schuldner beteiligten Personen zu verteilen (vgl. die Begründung zu § 74 EInsO, BT-Drucks. 12/2443, S. 130, *abgedruckt in: Kübler/Prütting, Das neue Insolvenzrecht, RWS-Dok. 18, zu § 63 InsO*).

Absatz 2 der neuen Vorschrift enthält Einzelregelungen zur Bestimmung der Masse, die für die Berechnung der Vergütung maßgeblich ist. Sie entsprechen bis auf Absatz 2 Nr. 1 weitgehend § 2 der bisherigen Vergütungsverordnung.

Bereits in der allgemeinen Begründung wurde erläutert, daß bei der Ermittlung der Berechnungsgrundlage auch die mit Absonderungsrechten belasteten Gegenstände einzubeziehen sind. Damit soll der unterschiedlichen Aufgabenstellung von Insolvenzverwalter und Konkursverwalter Rechnung getragen werden. Auch vom systematischen Ansatz ist es überzeugender, bei der Bestimmung der Berechnungsgrundlage die Gegenstände einzubeziehen, auf die sich die Tätigkeit des Insolvenzverwalters erstreckt. Allerdings muß dabei berücksichtigt werden, daß bei diesem Ansatz Werte in die Berechnungsgrundlage einbezogen werden, die letztlich nicht für die Bezahlung der Vergütung zur Verfügung stehen. Es sind deshalb mehrere Einschränkungen erforderlich. Zunächst werden die mit Absonderungsrechten belasteten Gegenstände nur insoweit berücksichtigt, als sie auch vom Insolvenzverwalter verwertet wurden. Werden etwa in einem Insolvenzplanverfahren lediglich die Forderungen der gesicherten Gläubiger gekürzt, so werden die mit Absonderungsrechten belasteten Gegenstände auch nicht bei der Berechnungsgrundlage berücksichtigt. Um zu verhindern, daß die freie Masse weitgehend durch die Vergütung aufgezehrt wird, wird der Teil der Vergütung, der sich durch die Einbeziehung der mit Absonderungsrechten belasteten Gegenstände ergibt, insofern limitiert, als er nicht die Hälfte des nach § 171 Abs. 1 InsO oder nach § 10 Abs. 1 Nr. 1a ZVG anfallenden Kostenbeitrags für die Feststellung der Sicherheit übersteigen darf. Bei der Berechnung der Vergütung ist somit ein Vergleich anzustellen, wie hoch die Vergütung bei Einbeziehung und bei Ausschluß der belasteten Massegegenstände ist. Die Differenz ergibt den Mehrbetrag der Vergütung, der dann auf die Hälfte des Kostenbeitrags nach § 171 Abs. 1 InsO bzw. § 10 Abs. 1 Nr. 1a ZVG limitiert wird. Bei der Bestimmung der Obergrenze wurde nur die Hälfte des Kostenbeitrags für die Feststellung herangezogen, da dieser Beitrag der gesicherten Gläubiger auch das Ziel hat, die Masse im Interesse der einfachen Insolvenzgläubiger anzureichern.

Nicht übernommen worden ist § 2 Nr. 3 Abs. 2 der bisherigen Vergütungsverordnung. Es dürfte selbstverständlich sein, daß von der Masse verauslagte Kosten, die später wieder eingehen, die Berechnungsgrundlage nicht vergrößern können.

§ 2
Regelsätze

(1) Der Insolvenzverwalter erhält in der Regel

von den ersten der Insolvenzmasse	**50 000 DM**	**40 v. H.,**
von dem Mehrbetrag bis zu	**100 000 DM**	**25 v. H.,**
von dem Mehrbetrag bis zu	**500 000 DM**	**7 v. H.,**
von dem Mehrbetrag bis zu	**1 000 000 DM**	**3 v. H.,**
von dem Mehrbetrag bis zu	**50 000 000 DM**	**2 v. H.,**
von dem Mehrbetrag bis zu	**100 000 000 DM**	**1 v. H.,**
von dem darüber hinausgehenden Betrag		**0,5 v. H.**

(2) Die Vergütung soll in der Regel mindestens 1 000 DM betragen.

Begründung: Absatz 1 übernimmt aus § 3 Abs. 1 der geltenden Vergütungsverordnung das System der wertabhängig gestaffelten und degressiv gestalteten Regelsätze für die Vergütung des Insolvenzverwalters. Die Wertgrenzen und die Höhe der Vomhundertsätze weichen allerdings erheblich vom Wortlaut der geltenden Verordnung ab. Die bisherige erste Wertgrenze von 10 000 DM ist entfallen; auf der anderen Seite sind im oberen Bereich zwei neue Wertgrenzen – von 50 und von 100 Mio. DM – hinzugekommen. Die Verordnung sieht danach im Gegensatz zum geltenden Recht sieben Wertstufen vor. Damit soll im oberen Bereich eine stärkere Differenzierung ermöglicht und der Verwalter angemessen an der von ihm be- und erwirtschafteten Teilungsmasse beteiligt werden. Im Bereich bis zu 50 Mio. DM wird gleichzeitig sichergestellt, daß für die Insolvenzverwalter im Vergleich zur gegenwärtigen Vergütungspraxis (Regelvergütung in Höhe der vierfachen Staffelvergütung) keine Verschlechterung eintritt. Lediglich bei sehr hohen Teilungsmassen über 50 Mio. DM greift eine stärkere Degression als nach dem bisher geltenden Recht.

Bei der Festsetzung der Höhe der einzelnen Regelsätze war davon auszugehen, daß die im Wortlaut der bisherigen Verordnung vorgesehenen Sätze keine angemessene Vergütung mehr gewährleisten. Diese Sätze sind zuletzt durch die Änderungsverordnung vom 19. Juni 1972 (BGBl I, 1260) angepaßt worden. Sie berücksichtigen weder die allgemeine Kostensteigerung seit dieser Zeit noch die Erweiterung des Aufgabenkreises des Insolvenzverwalters insbesondere auf dem Gebiet des Arbeitsrechts; auch die zunehmende Verbreitung von Sicherungsvereinbarungen, insbesondere des Eigentumsvorbehalts, der Sicherungsübereignung und der Sicherungsabtretung einschließlich ihrer Verlängerungs- und Erweiterungsformen, und die dadurch bedingte Schmälerung der unbelasteten Insolvenzmassen lassen die bisherigen Sätze seit langem als unangemessen erscheinen.

Für die Höhe der neuen Regelsätze waren weiter folgende Gesichtspunkte zu berücksichtigen:

- Die Insolvenzordnung überträgt dem Insolvenzverwalter eine Reihe von neuen Aufgaben. Er soll die Gläubiger im Berichtstermin sachkundig beraten, wenn sie zwischen Liquidation, Sanierung des Schuldners und übertragender Sanierung wählen (§§ 156 f. InsO). Die Verwertung der „besitzlosen Mobiliarsicherheiten" ist in Zukunft Sache des Verwalters (§ 166 InsO). Die persönliche Haftung der Gesellschafter eines insolventen Unternehmens ist nach dem Entwurf vom Insolvenzverwalter geltend zu machen (§ 93 InsO).
- Auf der anderen Seite tragen zahlreiche Regelungen der Insolvenzordnung zur Vergrößerung der Insolvenzmasse bei, insbesondere die Kostenbeiträge der gesicherten Gläubiger (§§ 170 f. InsO), die Verschärfung des Anfechtungsrechts (§§ 129 ff. InsO) und die soeben erwähnte Zuweisung von gesellschaftsrechtlichen Ansprüchen an die Masse.
- Zusätzlich zur Vergütung und zur Erstattung der Auslagen soll in Zukunft die vom Insolvenzverwalter geschuldete Umsatzsteuer in voller Höhe erstattet werden (§ 7 der Verordnung).

Die Höhe der in die Verordnung aufgenommenen Regelsätze ist in Abwägung aller dieser Gesichtspunkte festgelegt worden. Die neuen Regelsätze sollen in Zukunft maßgeblich sein, ohne daß schon für ein Normalverfahren Multiplikatoren angewandt oder Zuschläge gewährt werden. Nur bei Besonderheiten des einzelnen Verfahrens sind die in § 3 geregelten Zu- und Abschläge vorzunehmen.

§ 3
Zu- und Abschläge

(1) Eine den Regelsatz übersteigende Vergütung ist insbesondere festzusetzen, wenn

a) die Bearbeitung von Aus- und Absonderungsrechten einen erheblichen Teil der Tätigkeit des Insolvenzverwalters ausgemacht hat, ohne daß ein entsprechender Mehrbetrag nach § 1 Abs. 2 Nr. 1 angefallen ist.

b) der Verwalter das Unternehmen fortgeführt oder Häuser verwaltet hat und die Masse nicht entsprechend größer geworden ist,

c) die Masse groß war und die Regelvergütung wegen der Degression der Regelsätze keine angemessene Gegenleistung dafür darstellt, daß der Verwalter mit erheblichem Arbeitsaufwand die Masse vermehrt oder zusätzliche Masse festgestellt hat,

d) arbeitsrechtliche Fragen zum Beispiel in bezug auf das Insolvenzgeld, den Kündigungsschutz oder einen Sozialplan den Verwalter erheblich in Anspruch genommen haben oder

e) der Verwalter einen Insolvenzplan ausgearbeitet hat.

(2) Ein Zurückbleiben hinter dem Regelsatz ist insbesondere gerechtfertigt, wenn

a) ein vorläufiger Insolvenzverwalter im Verfahren tätig war,

b) die Masse bereits zu einem wesentlichen Teil verwertet war, als der Verwalter das Amt übernahm,

c) das Insolvenzverfahren vorzeitig beendet wird oder das Amt des Verwalters vorzeitig endet, oder

d) die Masse groß war und die Geschäftsführung geringe Anforderungen an den Verwalter stellte.

Begründung: Als Korrektiv zu den starren, ausschließlich auf den Wert der Masse bezogenen Regelsätzen in § 2 sind wie im bisherigen Vergütungsrecht konkret tätigkeitsbezogene Zu- und Abschläge erforderlich. § 3 der Verordnung schließt an § 63 InsO an, wonach „dem Umfang und der Schwierigkeit der Geschäftsführung des Verwalters" durch Abweichungen vom Regelsatz Rechnung zu tragen ist. Bei der Berechnung der Zu- und Abschläge sind zukünftig aber nicht pauschal Multiplikatoren zu verwenden; maßgebendes Bemessungskriterium sollte der tatsächlich gestiegene oder geminderte Arbeitsaufwand des Insolvenzverwalters sein.

Die Kriterien für diese Abweichungen sind im wesentlichen aus § 4 Abs. 2 und 3 der bisherigen Vergütungsverordnung übernommen. Durch Änderungen und Ergänzungen werden der modifizierte Aufgabenbereich des künftigen Insolvenzverwalters und – in § 3 Abs. 1 Buchstabe c – die stärkere Degression der Regelsätze berücksichtigt. Wie im bisherigen Recht wird durch das Wort „insbesondere" gewährleistet, daß auch nicht geregelte Faktoren, die Einfluß auf den Umfang und die Schwierigkeit der Geschäftsführung des Verwalters haben, die Höhe der Vergütung beeinflussen können. So können beispielsweise die derzeit noch im Beitrittsgebiet vorhandenen Besonderheiten einen Zuschlag begründen (Restitutionsansprüche, die sich wertmindernd auf die Insolvenzmasse auswirken; unklare Rechtsverhältnisse an Grundstücken mit verfahrensverzögernder Wirkung usw.). Muß der Insolvenzverwalter einen erheblichen Teil seiner Arbeitskraft auf die Bearbeitung von Aus- und Absonderungsrechten verwenden, ohne daß der Wert dieser belasteten Gegenstände in die Berechnungsgrundlage einfließen würden, so ist auch dies nach Absatz 1 Buchstabe a vergütungserhöhend zu berücksichtigen.

Hervorzuheben sind die neu in die Verordnung aufgenommenen Kriterien, die das Gericht bei der Vergütungsfestsetzung zu berücksichtigen hat. Für eine Überschreitung der Regelsätze sind dies in Absatz 1

- der bereits in der allgemeinen Begründung erläuterte Fall, daß der Insolvenzverwalter eine ohnehin große Insolvenzmasse durch erheblichen Arbeitseinsatz weiter vergrößert hat (Buchstabe c); hier soll der Zuschlag die für diesen Fall nicht angemessene Degression der Regelsätze ausgleichen;
- Erschwernisse bei der Berücksichtigung von Arbeitnehmerinteressen im Insolvenzverfahren (Buchstabe d); außer den in der Vorschrift genannten Beispielen des Insolvenzgelds, des Kündigungsschutzes und des Sozialplans lassen sich weiter besondere Pro-

bleme im Zusammenhang mit der Insolvenzsicherung der Betriebsrenten oder schwierige Verhandlungen über eine Herabsetzung des Arbeitslohns oder über eine Änderung oder vorzeitige Beendigung von Betriebsvereinbarungen (vgl. dazu § 120 InsO) anführen;
- die Vorlage eines Insolvenzplans durch den Verwalter nach § 218 InsO.

Als neues Kriterium für eine regelsatzunterschreitende Vergütung wird der Fall genannt, daß ein vorläufiger Insolvenzverwalter im Verfahren tätig war (Absatz 2 Buchstabe a). Durch die Tätigkeit eines vorläufigen Insolvenzverwalters können dem Insolvenzverwalter erhebliche Arbeiten erspart werden. Auch das Kriterium einer vorzeitigen Beendigung der Verwaltertätigkeit (Absatz 2 Buchstabe c) – etwa durch Amtsenthebung oder durch Tod des Verwalters – wird in der bisherigen Verordnung nicht ausdrücklich aufgeführt. Die Kriterien für eine Minderung der Regelsatzvergütung sind auch hier nicht abschließend geregelt. So kann beispielsweise im Einzelfall auch die Entlastung des Insolvenzverwalters durch zusätzliche Hilfskräfte (auf der Grundlage von Dienst- und Werkverträgen, vgl. § 4 Abs. 1 Satz 2) einen Abschlag rechtfertigen.

§ 4
Geschäftskosten. Haftpflichtversicherung

(1) [1]Mit der Vergütung sind die allgemeinen Geschäftskosten abgegolten. [2]Zu den allgemeinen Geschäftskosten gehört der Büroaufwand des Insolvenzverwalters einschließlich der Gehälter seiner Angestellten, auch soweit diese anläßlich des Insolvenzverfahrens eingestellt worden sind. [3]Unberührt bleibt das Recht des Verwalters, zur Erledigung besonderer Aufgaben im Rahmen der Verwaltung für die Masse Dienst- oder Werkverträge abzuschließen und die angemessene Vergütung aus der Masse zu zahlen.

(2) Besondere Kosten, die dem Verwalter im Einzelfall, zum Beispiel durch Reisen, tatsächlich entstehen, sind als Auslagen zu erstatten.

(3) [1]Mit der Vergütung sind auch die Kosten einer Haftpflichtversicherung abgegolten. [2]Ist die Verwaltung jedoch mit einem besonderen Haftungsrisiko verbunden, so sind die Kosten einer angemessenen zusätzlichen Versicherung als Auslagen zu erstatten.

Begründung: Die Vorschrift schließt an § 5 der geltenden Vergütungsverordnung an. Jedoch wird in einer wichtigen Frage bewußt von diesem Vorbild abgewichen:

Mit der Vergütung des Insolvenzverwalters sind die Gehälter aller seiner Angestellten abgegolten, auch soweit diese für besondere Aufgaben im Rahmen eines bestimmten Insolvenzverfahrens eingestellt worden sind (Absatz 1 Satz 2). Eine Erstattung solcher Gehälter als Auslagen, wie sie § 5 Abs. 2 der geltenden Vergütungsverordnung erlaubt, soll nicht mehr möglich sein. Allerdings soll nicht ausgeschlossen werden, daß der Verwalter, der für die Durchführung eines besonders umfangreichen Insolvenzverfahrens zusätzliche Hilfskräfte benötigt, für die Insolvenzmasse entsprechende Dienst- oder Werkverträge abschließt (Absatz 1 Satz 3 der neuen Vorschrift). Auf diese Weise ist die Vergütung von Hilfskräften klarer als bisher geregelt.

Die neue Regelung hat für den Insolvenzverwalter den Vorteil, daß er das Arbeitsentgelt für die Hilfskräfte laufend aus der Masse entnehmen kann. Das Gericht wird von der Aufgabe entlastet, bei der Festsetzung der Auslagenerstattung zu prüfen, ob das Einstellen zusätzlicher Angestellter beim Insolvenzverwalter den Umständen nach angemessen war; es wird auf die Aufgabe beschränkt, die Angemessenheit der gezahlten Vergütung festzustellen. Im übrigen hat das Gericht bei der Festsetzung der Zu- und Abschläge zur Regelvergütung zu prüfen, inwieweit die Tätigkeit des Verwalters durch den Abschluß von Dienst- oder

Werkverträgen für die Insolvenzmasse vereinfacht worden ist (vgl. die Erläuterung zu § 8 Abs. 2 der Verordnung). Die Prüfung der wirtschaftlichen Zweckmäßigkeit des Abschlusses zusätzlicher Dienst- oder Werkverträge wird auf die Gläubiger verlagert, in erster Linie auf den Gläubigerausschuß, der nach § 69 InsO den Insolvenzverwalter bei seiner Geschäftsführung zu unterstützen und zu überwachen hat und daher für diese Aufgabe am besten geeignet ist.

Wie bisher sind die besonderen Kosten, die für das einzelne Insolvenzverfahren über den Rahmen der allgemeinen Geschäftskosten hinaus entstehen (Reisekosten, weiter zum Beispiel Portokosten), als Auslagen zu erstatten (Absatz 2).

Für die Kosten von Haftpflichtversicherungen enthält Absatz 3 Satz 1 den Grundsatz, daß sie mit der Vergütung als abgegolten gelten (ebenso § 5 Abs. 1 Satz 4 der geltenden Vergütungsverordnung). Schon für das heutige Recht hat sich jedoch die Auffassung durchgesetzt, daß bei Insolvenzverfahren, deren Risiken die eines Durchschnittsverfahrens übersteigen, die Kosten einer entsprechenden zusätzlichen Haftpflichtversicherung als Auslagen erstattungsfähig sind. Dies wird in § 4 Abs. 3 Satz 2 der Verordnung ausdrücklich festgelegt. Dabei ist zu berücksichtigen, daß durch die verstärkte Gläubigerautonomie bei wichtigen Verwertungsentscheidungen im Insolvenzverfahren das Haftungsrisiko des Verwalters verringert wird.

§ 5
Einsatz besonderer Sachkunde

(1) Ist der Insolvenzverwalter als Rechtsanwalt zugelassen, so kann er für Tätigkeiten, die ein nicht als Rechtsanwalt zugelassener Verwalter angemessenerweise einem Rechtsanwalt übertragen hätte, nach Maßgabe der Bundesgebührenordnung für Rechtsanwälte Gebühren und Auslagen gesondert aus der Insolvenzmasse entnehmen.

(2) Ist der Verwalter Wirtschaftsprüfer oder Steuerberater oder besitzt er eine andere besondere Qualifikation, so gilt Absatz 1 entsprechend.

Begründung: Schon die geltende Vergütungsverordnung geht in § 2 Nr. 3 Satz 2 davon aus, daß der Verwalter, der für die Insolvenzmasse als Rechtsanwalt tätig wird, zusätzlich zu seiner Vergütung als Insolvenzverwalter Rechtsanwaltsgebühren aus der Insolvenzmasse erhält. § 5 Abs. 1 der Verordnung regelt dies ausdrücklich und legt als Kriterium für die Abgrenzung der gesondert zu vergütenden Tätigkeit fest, daß es bei einem nicht als Rechtsanwalt zugelassenen Verwalter sachgerecht gewesen wäre, mit dieser Tätigkeit einen Anwalt zu beauftragen. Es wird also nicht nur die Vertretung in einem Prozeß erfaßt, bei dem Anwaltszwang besteht, sondern auch andere Arten anwaltlicher Tätigkeit. Das entspricht der allgemeinen Auffassung zum geltenden Recht. Tätigkeiten, die in den Kernbereich der von der Insolvenzordnung festgelegten Aufgaben des Verwalters gehören, können nicht als Einsatz besonderer Sachkunde zusätzlich vergütet werden; zu diesen Tätigkeiten gehört beispielsweise die Ausarbeitung eines Insolvenzplans (vgl. auch § 3 Abs. 1 Buchstabe e der Verordnung).

Absatz 2 überträgt die für den Rechtsanwalt entwickelten Grundsätze auf andere Qualifikationen, insbesondere die des Wirtschaftsprüfers oder des Steuerberaters. Es wäre nicht gerechtfertigt, dem Rechtsanwalt den Einsatz seiner Sachkunde im Insolvenzverfahren besonders zu vergüten, dies dem Wirtschaftsprüfer aber zu versagen. Die vorgesehene entsprechende Anwendung bedeutet im einzelnen, daß ein Insolvenzverwalter, der Wirtschaftsprüfer ist, für den Einsatz dieser besonderen Sachkunde im Insolvenzverfahren unter der Voraussetzung, daß ein anderer Insolvenzverwalter sachgerechterweise einen Wirtschaftsprüfer eingeschaltet hätte, eine gesonderte Vergütung für die Wirtschaftsprüfertätigkeit aus der Insolvenzmasse entnehmen kann.

Wie im bisherigen Recht vermindern die Beträge, die der Insolvenzmasse für den Einsatz besonderer Sachkunde entnommen worden sind, die Berechnungsgrundlage für die Vergütung des Insolvenzverwalters (§ 1 Abs. 2 Nr. 4 Buchstabe a im Anschluß an die bereits genannte Vorschrift des § 2 Nr. 3 Satz 2 der geltenden Vergütungsverordnung).

§ 6
Nachtragsverteilung. Überwachung der Erfüllung eines Insolvenzplans

(1) [1]Für eine Nachtragsverteilung erhält der Insolvenzverwalter eine gesonderte Vergütung, die unter Berücksichtigung des Werts der nachträglich verteilten Insolvenzmasse nach billigem Ermessen festzusetzen ist. [2]Satz 1 gilt nicht, wenn die Nachtragsverteilung voraussehbar war und schon bei der Festsetzung der Vergütung für das Insolvenzverfahren berücksichtigt worden ist.

(2) [1]Die Überwachung der Erfüllung eines Insolvenzplans nach den §§ 260 bis 269 der Insolvenzordnung wird gesondert vergütet. [2]Die Vergütung ist unter Berücksichtigung des Umfangs der Tätigkeit nach billigem Ermessen festzusetzen.

Begründung: Absatz 1 betrifft den Fall, daß nach der Aufhebung oder Einstellung des Insolvenzverfahrens eine Nachtragsverteilung stattfindet (§§ 203, 211 Abs. 2 InsO). Im Anschluß an § 4 Abs. 4 der geltenden Vergütungsverordnung wird festgelegt, daß die Vergütung des Insolvenzverwalters in diesem Fall vom Gericht nach billigem Ermessen festgesetzt wird. Zur Konkretisierung wird zum einen hinzugefügt, daß bei der Vergütungsfestsetzung der Wert der nachträglich verteilten Insolvenzmasse zu berücksichtigen ist (Satz 1), und zum anderen, daß eine Vergütung entfällt, wenn die Nachtragsverteilung schon bei der Festsetzung der Vergütung für das Insolvenzverfahren berücksichtigt worden ist.

Absatz 2 betrifft eine andere Tätigkeit des Insolvenzverwalters nach der Aufhebung des Insolvenzverfahrens, nämlich die Überwachung der Erfüllung eines Insolvenzplans. Auch diese Tätigkeit soll nach billigem Ermessen vergütet werden, wobei der Umfang der Tätigkeit zu berücksichtigen ist. Vergütungserhöhend wird sich beispielsweise auswirken, wenn im Insolvenzplan bestimmte Geschäfte an die Zustimmung des Verwalters gebunden werden (§ 263 InsO) oder ein Kreditrahmen vorgesehen ist (§ 264 InsO).

§ 7
Umsatzsteuer

Zusätzlich zur Vergütung und zur Erstattung der Auslagen wird ein Betrag in Höhe der vom Insolvenzverwalter zu zahlenden Umsatzsteuer festgesetzt.

Begründung: In Zukunft soll dem Insolvenzverwalter die Umsatzsteuer voll erstattet werden, die er auf die Vergütung und die Auslagen zu zahlen hat. Die bisherige Regelung in § 4 Abs. 5 der Vergütungsverordnung, die einen Umsatzsteuerausgleich in Höhe der Hälfte des Betrages vorsieht, der sich aus der Anwendung des allgemeinen Steuersatzes ergibt, hat ihre Grundlage verloren, seit der Insolvenzverwalter allgemein dem Regelsteuersatz unterliegt. Mit der Erstattung des vollen Umsatzsteuersatzes wird der Insolvenzverwalter vergleichbaren Berufen, zum Beispiel dem Rechtsanwalt (§ 25 Abs. 2 BRAGO), gleichgestellt.

§ 8
Festsetzung von Vergütung und Auslagen

(1) [1]Die Vergütung und die Auslagen werden auf Antrag des Insolvenzverwalters vom Insolvenzgericht festgesetzt. [2]Die Festsetzung erfolgt für Vergütung und Auslagen

gesondert. [3]Der Antrag soll gestellt werden, wenn die Schlußrechnung an das Gericht gesandt wird.

(2) In dem Antrag ist näher darzulegen, wie die nach § 1 Abs. 2 maßgebliche Insolvenzmasse berechnet worden ist und welche Dienst- oder Werkverträge für besondere Aufgaben im Rahmen der Insolvenzverwaltung abgeschlossen worden sind (§ 4 Abs. 1 Satz 3).

(3) Der Verwalter kann nach seiner Wahl anstelle der tatsächlich entstandenen Auslagen einen Pauschsatz fordern, der im ersten Jahr 15 v. H., danach 10 v. H. der gesetzlichen Vergütung, höchstens jedoch 500 DM je angefangenen Monat der Dauer der Tätigkeit des Verwalters beträgt.

Begründung: Schon aus § 63 Abs. 1 InsO ergibt sich, daß die Vergütung und die zu erstattenden Auslagen vom Gericht festgesetzt werden. Ergänzend wird in § 8 Abs. 1 der Verordnung insbesondere festgelegt, daß die Festsetzung auf Antrag des Verwalters erfolgt und daß Vergütung und Auslagen gesondert festgesetzt werden. Die Regelung entspricht § 6 Abs. 1 und 2 der geltenden Vergütungsverordnung.

Auch § 8 Abs. 2 schließt in wesentlichen Teilen an das geltende Recht an (§ 6 Abs. 3 und 4 der geltenden Vergütungsverordnung): Zur Erleichterung der Prüfung des Antrags und der Festsetzung der Vergütung hat der Verwalter näher darzulegen, wie er die maßgebliche Masse berechnet hat – zum Beispiel, welche Beträge der Verwalter als Vergütung für den Einsatz besonderer Sachkunde entnommen hat (§ 1 Abs. 2 Nr. 4 Buchstabe a der Verordnung) – und weshalb der Abschluß von Dienst- oder Werkverträgen zur Erledigung von Aufgaben aus seinem Tätigkeitsbereich die Geschäftsführung nicht erleichtert hat (§ 3 Abs. 2 Buchstabe d).

Für die Auslagenerstattung sieht § 8 Abs. 3 der Verordnung die Möglichkeit einer Pauschalierung vor, um die aufwendige Vorlage und Prüfung von Einzelbelegen zu ersparen. Der Satz von 15 % der gesetzlichen Vergütung ist der entsprechenden Regelung in § 26 Satz 2 BRAGO entnommen; die zusätzliche Höchstgrenze von 500 DM je angefangenen Monat der Tätigkeit des Verwalters ist erforderlich, um bei größeren Insolvenzmassen zu vermeiden, daß sich die Höhe der Pauschale weit von den tatsächlich entstandenen Auslagen entfernt. Allerdings zeigen die Erfahrungen der Justizpraxis, daß die Auslagen nur im ersten Jahr der Verwaltung entsprechend hoch sind und später deutlich abnehmen. Aus diesem Grund wird eine Auslagenpauschale in Höhe von 15 % nur im ersten Jahr gewährt und anschließend eine Absenkung auf 10 % vorgesehen.

§ 9
Vorschuß

[1]Der Insolvenzverwalter kann aus der Insolvenzmasse einen Vorschuß auf die Vergütung und die Auslagen entnehmen, wenn das Insolvenzgericht zustimmt. [2]Die Zustimmung soll erteilt werden, wenn das Insolvenzverfahren länger als sechs Monate dauert oder wenn besonders hohe Auslagen erforderlich werden.

Begründung: Wie in § 7 der geltenden Vergütungsverordnung wird vorgesehen, daß der Insolvenzverwalter mit Zustimmung des Gerichts der Insolvenzmasse Vorschüsse entnehmen darf. Auch die Kriterien für die Erteilung der Zustimmung sind aus dem geltenden Recht übernommen. Sie werden allerdings dahin präzisiert, daß die Zustimmung erteilt werden soll, wenn das Verfahren länger als ein Jahr dauert oder besonders hohe Auslagen anfallen. Abweichend von der geltenden Vergütungspraxis, die regelmäßig eine „ungewöhnlich lange“ Verfahrensdauer im Sinne von § 7 der geltenden Vergütungsverordnung erst nach einem Jahr annahm, soll nach § 9 das Gericht einen Vorschuß bereits nach 6 Monaten genehmigen. Insbesondere Berufsanfängern ist es nicht zumutbar, länger als ein halbes Jahr auf ihre Vergütung zu warten und dabei noch die Auslagen aus eigenen Mitteln aufzubringen. Durch die Absenkung der Verfahrensdauer, ab der ein Vorschuß regelmäßig zu genehmigen ist, wird auch die Gefahr reduziert, daß der Insolvenzverwalter mit seinem Vergütungsanspruch in einem massearmen Verfahren ausfällt. Sollte sich jedoch bereits früher herausstellen, daß es zweifelhaft ist, ob der Verwalter seinen Vergütungsanspruch realisieren kann, so hat das Gericht in Übereinstimmung mit der Rechtsprechung des BGH die Zustimmung zur Entnahme eines Vorschusses zu erteilen (vgl. BGHZ 116, 233, 241 f).

Zweiter Abschnitt
Vergütung des vorläufigen Insolvenzverwalters, des Sachwalters und des Treuhänders im vereinfachten Insolvenzverfahren

§ 10
Grundsatz

Für die Vergütung des vorläufigen Insolvenzverwalters, des Sachwalters und des Treuhänders im vereinfachten Insolvenzverfahren gelten die Vorschriften des Ersten Abschnitts entsprechend, soweit in den §§ 11 bis 13 nichts anderes bestimmt ist.

Begründung: Da die Tätigkeiten des vorläufigen Insolvenzverwalters, des Sachwalters und des Treuhänders im vereinfachten Verfahren in vieler Hinsicht mit der Tätigkeit des Insolvenzverwalters vergleichbar sind, können für die Struktur, Berechnung und Festsetzung der Vergütung dieser Personen in weitem Umfang die entsprechenden Vorschriften zur Vergütung des Insolvenzverwalters gelten. Die erforderlichen Sonderregelungen sind Gegenstand der weiteren Vorschriften dieses Abschnitts. Allgemein gilt für alle von § 10 erfaßten Personen, daß ihr Tätigkeitsbereich im Vergleich zu dem des Insolvenzverwalters eingeschränkt ist. Dem geringeren Umfang ihrer Tätigkeit entsprechend ist auch ihre Vergütung niedriger zu bemessen.

§ 11
Vergütung des vorläufigen Insolvenzverwalters

(1) [1]Die Tätigkeit des vorläufigen Insolvenzverwalters wird besonders vergütet. [2]Die Vergütung soll in der Regel einen angemessenen Bruchteil der Vergütung des Insolvenzverwalters nicht überschreiten. [3]Art, Dauer und der Umfang der Tätigkeit des vorläufigen Insolvenzverwalters sind bei der Festsetzung der Vergütung zu berücksichtigen.

(2) Hat das Insolvenzgericht den vorläufigen Insolvenzverwalter als Sachverständigen beauftragt zu prüfen, ob ein Eröffnungsgrund vorliegt und welche Aussichten für eine Fortführung des Unternehmens des Schuldners bestehen, so wird er gesondert nach dem Gesetz über die Entschädigung von Zeugen und Sachverständigen entschädigt.

Begründung: Wie dies der bisherigen Praxis entspricht, soll die Vergütung des vorläufigen Insolvenzverwalters gesondert festgesetzt werden, auch wenn der vorläufige Insolvenzverwalter und der bei der Eröffnung des Insolvenzverfahrens bestellte Insolvenzverwalter personenidentisch sind (Absatz 1 Satz 1). Die in § 22 InsO vorgesehenen Aufgaben des vorläufigen Insolvenzverwalters, insbesondere die Sicherung und Erhaltung der Insolvenzmasse und die vorläufige Fortführung des insolventen Unternehmens, entsprechen dem ersten Teil der Tätigkeit des Insolvenzverwalters. Die dafür festzusetzende Vergütung soll demzufolge einen Bruchteil der Vergütung des Insolvenzverwalters ausmachen (Absatz 1 Satz 2). Die Sequester erhalten derzeit für die Inbesitznahme, Sicherung und zeitweilige Verwaltung des Vermögens des Schuldners häufig um die 25 % der Konkursverwaltervergütung.

Neben der Dauer und dem Umfang ist insbesondere die Art der Tätigkeit des vorläufigen Insolvenzverwalters von Bedeutung. In der Höhe der Vergütung sollte sich auch widerspiegeln, daß zwischen einem vorläufigen Insolvenzverwalter mit Verwaltungs- und Verfügungsbefugnis und einem solchen ohne diese Kompetenz unterschieden werden muß. Erster ist für die Fortführung des Geschäfts verantwortlich und trägt insgesamt ein deutlich höheres Haftungsrisiko. Dies muß sich auch vergütungserhöhend auswirken.

Bei der Berechnung der Vergütung sind die Zu- und Abschläge nach § 3 der Verordnung zu berücksichtigen. Welche von ihnen gerechtfertigt sind, ist nach der konkreten Tätigkeit des vorläufigen Insolvenzverwalters zu bestimmen, nicht nach der des späteren Insolvenzverwalters.

Der vorläufige Insolvenzverwalter wird zusätzlich zu seiner Vergütung als Sachverständiger entschädigt, wenn das Gericht ihn nach § 22 Abs. 1 Nr. 3 InsO mit der Prüfung des Eröffnungsgrunds und den Aussichten für eine Fortführung des Unternehmens des Schuldners beauftragt hat (§ 11 Abs. 2 der Verordnung). Damit wird in Anlehnung an eine bisherige Gerichtspraxis sichergestellt, daß zumindest dieser Teil der Tätigkeit des vorläufigen Insolvenzverwalters auch dann vergütet wird, wenn das Verfahren mangels Masse nicht eröffnet wird. Ein antragstellender Gläubiger soll für die Vergütung des vorläufigen Insolvenzverwalters nicht einstehen müssen, ebensowenig der Fiskus (vgl. die Begründung zu Artikel 27 Nr. 8 des Entwurfs des Einführungsgesetzes zur Insolvenzordnung, BT-Drucks. 12/3803, S. 72, und die Gegenäußerung der Bundesregierung zur Stellungnahme des Bundesrates zum Entwurf der Insolvenzordnung, BT-Drucks. 12/2443, S. 262, bei Nummer 3).

§ 12
Vergütung des Sachwalters

(1) Der Sachwalter erhält in der Regel 60 v. H. der für den Insolvenzverwalter bestimmten Vergütung.

(2) Eine den Regelsatz übersteigende Vergütung ist insbesondere festzusetzen, wenn das Insolvenzgericht gemäß § 277 Abs. 1 der Insolvenzordnung angeordnet hat, daß bestimmte Rechtsgeschäfte des Schuldners nur mit Zustimmung des Sachwalters wirksam sind.

(3) § 8 Abs. 3 gilt mit der Maßgabe, daß an die Stelle des Betrags von 500 DM der Betrag von 250 DM tritt.

Begründung: Die Rechtsstellung des Sachwalters, der den Schuldner bei der Eigenverwaltung überwacht (vgl. die §§ 270 bis 285 InsO), ist nach dem Modell des Vergleichsverwalters ausgestaltet. Daher kann in § 12 Abs. 1 der Verordnung für die Vergütung des Sachwalters an die bisher für den Vergleichsverwalter getroffene Regelung angeknüpft werden, nach der in der Regel die Hälfte der für den Konkursverwalter vorgesehenen Vergütung festzusetzen ist (§ 9 der geltenden Vergütungsverordnung). Jedoch soll dem im Verhältnis zum Vergleichsverwalter größeren Aufgabenbereich des Sachwalters dadurch Rechnung getragen werden, daß er 60 % der Insolvenzverwaltervergütung erhält. Wenn das Gericht gemäß § 277 Abs. 1 InsO besondere Mitwirkungspflichten des Sachwalters angeordnet hat, sind diese mit einem besonderen Zuschlag zum Regelsatz zu vergüten (§ 12 Abs. 2 der Verordnung). Die Auslagenpauschale nach § 8 Abs. 3 der Verordnung ist für den Sachwalter um die Hälfte gemindert worden (§ 12 Abs. 3).

§ 13
Vergütung des Treuhänders im vereinfachten Insolvenzverfahren

(1) [1]Der Treuhänder erhält in der Regel 15 v. H. der Insolvenzmasse. [2]Ein Zurückbleiben hinter dem Regelsatz ist insbesondere dann gerechtfertigt, wenn das vereinfachte

Insolvenzverfahren vorzeitig beendet wird. [3]Die Vergütung soll in der Regel mindestens 500 DM betragen; sie kann in Abhängigkeit von der Tätigkeit des Treuhänders bis auf 200 DM herabgesetzt werden.

(2) §§ 2 und 3 finden keine Anwendung.

Begründung: Im Verbraucherinsolvenzverfahren geht dem vereinfachten Insolvenzverfahren nach §§ 311–314 InsO der Versuch einer außergerichtlichen Schuldenbereinigung und das Verfahren über den Schuldenbereinigungsplan voraus. Dementsprechend ist das Insolvenzverfahren zum Zeitpunkt seiner Eröffnung weitestgehend aufbereitet, das Vermögensverzeichnis, das Gläubigerverzeichnis und das Forderungsverzeichnis liegen bereits vor. Anstelle des dadurch entbehrlich gewordenen Berichtstermins wird nur der Prüfungstermin durchgeführt. Daneben können Rechtshandlungen nur von den Insolvenzgläubigern angefochten werden. Von der Verwertung der Insolvenzmasse kann ganz oder teilweise abgesehen und das Verfahren oder einzelne seiner Teile schriftlich durchgeführt werden; ausgeschlossen sind die Anwendung der Bestimmungen über den Insolvenzplan und über die Eigenverwaltung durch den Schuldner. Die Verwertung von Gegenständen, an denen Pfandrechte oder andere Absonderungsrechte bestehen, obliegt den Gläubigern.

Der Aufgabenkreis des anstelle des Insolvenzverwalters in diesem Verfahren tätigen Treuhänders ist dadurch erheblich reduziert und rechtfertigt regelmäßig eine auf 15 v. H. des Wertes der Insolvenzmasse geminderte Vergütung.

Ziel der Bestimmung über die Mindestvergütung des Treuhänders in Absatz 1 Satz 2 ist, daß das Verbraucherinsolvenzverfahren, in dem im Regelfall verwertungsfähige Masse nicht im nennenswerten Umfang vorhanden sein wird, nicht durch zu hohe oder starre Vergütungssätze belastet bzw. undurchführbar wird.

Für die Vergütung des Treuhänders gelten nach § 10 die Vorschriften des ersten Abschnitts entsprechend. Jedoch sind aus den zuvor genannten Gründen der Verfahrensvereinfachung nach Absatz 2 die Regelungen der §§ 2 und 3 nicht anzuwenden. Allerdings muß auch im Rahmen des § 13 bei atypischen Sachverhalten die Möglichkeit bestehen, von der Regelsatzvergütung abzuweichen. Dies ist etwa bei einer vorzeitigen Verfahrensbeendigung der Fall.

Dritter Abschnitt
Vergütung des Treuhänders nach § 293 der Insolvenzordnung

§ 14
Grundsatz

(1) Die Vergütung des Treuhänders nach § 293 der Insolvenzordnung wird nach der Summe der Beträge berechnet, die auf Grund der Abtretungserklärung des Schuldners (§ 287 Abs. 2 der Insolvenzordnung) oder auf andere Weise zur Befriedigung der Gläubiger des Schuldners beim Treuhänder eingehen.

(2) Der Treuhänder erhält:

von den ersten	**50 000 DM**	**5 v. H.,**
von dem Mehrbetrag bis	**100 000 DM**	**3 v. H.,**
von dem darüber hinausgehenden Betrag		**1 v. H.**

(3) Die Vergütung beträgt mindestens 200 DM für jedes Jahr der Tätigkeit des Treuhänders.

Begründung: Die Vergütung des Treuhänders hat – wie dessen Amt im Verfahren, das zur Restschuldbefreiung führt – im geltenden Recht kein Gegenstück. Die Höhe der Vergütung kann sich daher auch nicht unmittelbar an die Vergütung vergleichbarer Personen- oder Berufsgruppen orientieren.

Die gesetzliche Vorgabe in § 293 Abs. 1 Satz 2 InsO, nach der die Höhe der Vergütung des Treuhänders dem Zeitaufwand und dem Umfang der Tätigkeit Rechnung tragen muß, wird in § 14 Abs. 1 der Verordnung dahin konkretisiert, daß für die Vergütung von der Summe der Beträge auszugehen ist, die beim Treuhänder eingehen. Von dieser Summe erhält der Treuhänder nach Absatz 2 einen bestimmten Bruchteil. Wie bei der Vergütung des Insolvenzverwalters ist eine degressive Staffelung vorgesehen. Vorbild für diese Staffelsatzregelung ist allerdings in erster Linie die Vergütung des Zwangsverwalters im Zwangsverwaltungsverfahren nach den §§ 146 ff. des Gesetzes über die Zwangsversteigerung und die Zwangsverwaltung. Die Tätigkeit des Zwangsverwalters ist insofern mit der des Treuhänders vergleichbar, als auch der Zwangsverwalter Gelder (regelmäßig: Mietzinsleistungen) einzuziehen und nach einem bestimmten Schlüssel (dem Teilungsplan) an die Gläubiger zu verteilen hat. Für seine Vergütung sind in § 24 der Verordnung über die Geschäftsführung und die Vergütung des Zwangsverwalters vom 16. Februar 1970 (BGBl I, 185) ebenfalls degressiv gestaffelte Vomhundertsätze vorgesehen. Aus der Höhe der in der Verordnung festgelegten Sätze und aus deren Anwendung in der Praxis ergeben sich Anhaltspunkte für die angemessene Höhe der Vergütung des Treuhänders: Nach dem Wortlaut der Verordnung erhält der Zwangsverwalter jährlich von den ersten 1 000 DM des eingezogenen Betrages 9 v. H. und von den darüber hinausgehenden Beträgen bis 2 000 DM 8 v. H., bis 3 000 DM 7 v. H. und über 3 000 DM 6 v. H. Berücksichtigt man einerseits, daß diese Sätze von der Praxis als unzureichend empfunden werden – häufig wird der dreifache Satz für ein Normalverfahren bewilligt –, andererseits, daß die Tätigkeit des Zwangsverwalters regelmäßig schwieriger, umfangreicher und verantwortungsvoller ist als die des Treuhänders, so erscheint ein Bruchteil von 5 v. H. der eingehenden Beträge als Ausgangssatz für die Vergütung des Treuhänders angemessen. Für die Fälle, in denen außergewöhnlich hohe Summen eingehen, werden niedrigere Vomhundertsätze vorgesehen. Zur Vereinfachung der Regelung wird die Staffelung der Vomhundertsätze auf die Beträge bezogen, die während der Gesamtdauer der Tätigkeit des Treuhänders eingehen, also auf sieben Jahre, wenn es nicht zu einem vorzeitigen Abbruch der „Wohlverhaltensperiode" kommt.

Der Treuhänder kann nicht dazu verpflichtet werden, seine Tätigkeit unentgeltlich auszuüben. Er hat daher, auch wenn keine Beträge bei ihm eingehen, Anspruch auf eine jährliche Mindestvergütung. Zahlt der Schuldner diese Mindestvergütung trotz mehrfacher Aufforderung nicht ein, so wird die Restschuldbefreiung auf Antrag des Treuhänders versagt (§ 298 InsO). Um möglichst zu vermeiden, daß die Restschuldbefreiung an diesem Punkt scheitert, wird die Mindestvergütung in § 14 Abs. 3 der Verordnung auf den geringen Betrag von 200 DM pro Jahr festgesetzt.

§ 15
Überwachung der Obliegenheiten des Schuldners

(1) [1]Hat der Treuhänder die Aufgabe, die Erfüllung der Obliegenheiten des Schuldners zu überwachen (§ 292 Abs. 2 der Insolvenzordnung), so erhält er eine zusätzliche Vergütung. [2]Diese beträgt regelmäßig 25 DM je Stunde.

(2) [1]Der Gesamtbetrag der zusätzlichen Vergütung darf den Gesamtbetrag der Vergütung nach § 14 nicht überschreiten. [2]Die Gläubigerversammlung kann eine abweichende Regelung treffen.

Begründung: Wenn dem Treuhänder auch die Überwachung des Schuldners übertragen worden ist, hat er dafür eine zusätzliche Vergütung zu erhalten (vgl. die Begründung zu den §§ 241 und 242 EInsO, BT-Drucks. 12/2443, S. 191). Maßstab ist nach § 15 Abs. 1 der Verordnung der erforderliche Zeitaufwand. Der vorgesehene Regelsatz von 25 DM je Stunde kann den Umständen des Einzelfalls angepaßt werden.

Um zu verhindern, daß die Vergütung für die Überwachung des Schuldners in eine Höhe steigt, die von den Gläubigern nicht vorausgesehen werden kann, wird in Absatz 2 eine Höchstgrenze normiert, die auf den Gesamtbetrag der nach § 14 geschuldeten Vergütung bezogen ist. Die Gläubigerversammlung, die dem Treuhänder die Überwachungsaufgabe überträgt (vgl. § 292 Abs. 2 InsO), kann die Höchstgrenze abweichend festlegen.

§ 16
Festsetzung der Vergütung. Vorschüsse

(1) [1]Die Höhe des Stundensatzes der Vergütung des Treuhänders, der die Erfüllung der Obliegenheiten des Schuldners überwacht, wird vom Insolvenzgericht bei der Ankündigung der Restschuldbefreiung festgesetzt. [2]Im übrigen werden die Vergütung und die zu erstattenden Auslagen auf Antrag des Treuhänders bei der Beendigung seines Amtes festgesetzt. Auslagen sind einzeln anzuführen und zu belegen. [3]Soweit Umsatzsteuer anfällt gilt § 7 entsprechend.

(2) [1]Der Treuhänder kann aus den eingehenden Beträgen Vorschüsse auf seine Vergütung entnehmen. [2]Diese dürfen den von ihm bereits verdienten Teil der Vergütung und die Mindestvergütung seiner Tätigkeit nicht überschreiten.

Begründung: Zusätzlich zu der in den §§ 14 und 15 geregelten Vergütung kann der Treuhänder den Ersatz angemessener Auslagen (vgl. § 293 Abs. 1 Satz 1 InsO) und gegebenenfalls die Erstattung der auf die Vergütung und die Auslagen entfallenden Umsatzsteuer (§ 16 Abs. 2 der Verordnung) verlangen. Das Gericht soll grundsätzlich nur einmal mit der Festsetzung dieser Beträge befaßt werden, nämlich bei der Beendigung der Tätigkeit des Treuhänders. Wenn der Treuhänder allerdings mit der Überwachung des Schuldners beauftragt ist, soll die Höhe des Stundensatzes bereits bei der Ankündigung der Restschuldbefreiung festgelegt werden, damit für alle Beteiligten Klarheit besteht, welche Aufwendungen durch die Überwachung verursacht werden (Absatz 1 Satz 1, 2). Beispielsweise sollte der Treuhänder schon während seiner Tätigkeit in der Lage sein festzustellen, ob die Höchstgrenze der Überwachungsvergütung nach § 14 Abs. 2 erreicht ist, um die Überwachungstätigkeit rechtzeitig entsprechend einschränken zu können.

Die für den Insolvenzverwalter vorgesehene Auslagenpauschale ist auf den Treuhänder nicht anwendbar (Absatz 1 Satz 3). Bei seinem begrenzten Aufgabenbereich ist es ihm zumutbar, die entstehenden Auslagen einzeln zu belegen.

Zur Verfahrensvereinfachung wird dem Treuhänder in Absatz 2 gestattet, Vorschüsse aus den bei ihm eingehenden Beträgen zu entnehmen, ohne daß eine Zustimmung des Gerichts erforderlich wäre. Gegen Mißbräuche schützen einerseits die in der Vorschrift vorgesehene Begrenzung des Entnahmerechts auf die Vergütung für die vergangene Zeit und die Mindestvergütung sowie die bereits entstandenen Auslagen, andererseits die Aufsicht des Gerichts über den Treuhänder (vgl. § 292 Abs. 3 Satz 2 i. V. m. den §§ 58, 59 InsO).

Vierter Abschnitt
Vergütung der Mitglieder des Gläubigerausschusses

§ 17
Berechnung der Vergütung

[1]Die Vergütung der Mitglieder des Gläubigerausschusses beträgt regelmäßig zwischen 50 und 100 DM je Stunde. [2]Bei der Festsetzung des Stundensatzes ist insbesondere der Umfang der Tätigkeit zu berücksichtigen.

Begründung: Die bisherige Regelung zur Vergütung der Mitglieder des Gläubigerausschusses im Konkursverfahren bestimmt den erforderlichen Zeitaufwand als „im allgemeinen“ maßgebend für die Vergütung (§ 13 Abs. 1 Satz 2 der geltenden Vergütungsverordnung).

Die neue Regelung übernimmt dieses Bemessungskriterium. Der bisherige Regelsatz wird in der Praxis regelmäßig weit überschritten. Die Erhöhung der Regelsätze, wie sie § 17 Satz 1 der Verordnung vorsieht, ist aber vor allem mit dem erweiterten Aufgabenkreis der Mitglieder des Gläubigerausschusses im Insolvenzverfahren und mit der allgemeinen Preisentwicklung zu begründen. Abweichungen von diesem Satz sind möglich, damit im Einzelfall eine Vergütung festgesetzt werden kann, die dem Zeitaufwand und dem Umfang der Tätigkeit Rechnung trägt (§ 17 Satz 2 der Verordnung, vgl. auch § 73 Abs. 1 Satz 2 InsO). Zu berücksichtigen sind insbesondere die Schwierigkeit des jeweiligen Verfahrens und die Intensität der Mitwirkung des einzelnen Mitglieds des Gläubigerausschusses. So kann etwa bei einer starken zeitlichen Beanspruchung ein erhöhter Stundensatz gerechtfertigt sein. In besonders gelagerten Einzelfällen kann auch eine Vergütung, die nicht auf den Zeitaufwand bezogen ist, angemessen sein. Um dem Gericht die hierfür erforderliche Flexibilität zu ermöglichen, wird ein Rahmen für die Bestimmung des Stundensatzes zwischen 50 und 100 DM eröffnet, der auch Raum für die Berücksichtigung der jeweiligen Qualifikation des Mitglieds des Gläubigerausschusses gibt. In jedem Fall sollte aber beachtet werden, daß die Tätigkeit im Gläubigerausschuß regelmäßig der Durchsetzung der Interessen der Gläubiger dient und daß es insofern zumutbar ist, wenn die Gläubiger für diese Tätigkeit nur eine bescheidene Vergütung erhalten.

§ 18
Auslagen. Umsatzsteuer

(1) Auslagen sind einzeln anzuführen und zu belegen.

(2) Soweit Umsatzsteuer anfällt, gilt § 7 entsprechend.

Begründung: Eine Auslagenpauschale, wie sie für den Insolvenzverwalter vorgesehen ist, eignet sich für die Mitglieder des Gläubigerausschusses wegen ihrer ganz unterschiedlichen Beanspruchung nicht (Absatz 1).

Durch die Vorschrift über die Erstattung der Umsatzsteuer in Absatz 2 wird eine Zweifelsfrage des geltenden Rechts entschieden.

Fünfter Abschnitt
Übergangs- und Schlußvorschriften

§ 19
Anwendung des bisherigen Rechts

Auf Verfahren nach der Konkursordnung, der Vergleichsordnung und der Gesamtvollstreckungsordnung sind weiter die bisherigen Vergütungsvorschriften anzuwenden.

Begründung: Die neue Verordnung soll nur auf Tätigkeiten in den Verfahren nach der neuen Insolvenzordnung Anwendung finden. Soweit nach der Übergangsvorschrift des Artikels 103 des Einführungsgesetzes zur Insolvenzordnung auch nach dem Inkrafttreten der Reform noch Konkursverfahren, Vergleichsverfahren und Gesamtvollstreckungsverfahren (einschließlich der diesen Verfahren vorgeschalteten Sequestration) durchgeführt werden, bleibt die bisher geltende Vergütungsverordnung maßgebend.

§ 20
Inkrafttreten

Diese Verordnung tritt am 1. Januar 1999 in Kraft.

Begründung: Die Vorschrift koordiniert das Inkrafttreten der Verordnung mit dem der Gesetze zur Insolvenzrechtsreform.

Anhang IV

Entwurf einer Verordnung zur Änderung der Insolvenzrechtlichen Vergütungsverordnung

Mit der (Ersten) Verordnung zur Änderung der Insolvenrechtlichen Vergütungsverordnung vom 4.10.2004 (BGBl. I 2004, 2569) reagierte der Verordnungsgeber auf die Rechtsprechung des BGH zur Mindestvergütung des Insolvenzverwalters (oben § 4 Rz. 88 ff.).

Im Folgenden ist der Entwurf des Bundesjustizministeriums vom 17.9.2004 in der überarbeiteten Fassung vom Oktober 2004 abgedruckt. Vor der Unterzeichnung durch die Bundesjustizministerin war der Entwurf an zahlreichen Stellen im Wortlaut der Verordnung und der Begründung geändert worden. Die Änderungen betrafen oft kleinere Details oder Klarstellungen.

A. Allgemeine Begründung

1. Wesentlicher Inhalt der BGH-Entscheidungen

In zwei Beschlüssen vom 15. Januar 2004 hat der Bundesgerichtshof entschieden, dass die Mindestvergütung in massearmen Regelinsolvenzverfahren (zur Zeit 500 Euro; im Folgenden IN-Verfahren) und in massearmen Verbraucherinsolvenzverfahren (zur Zeit 250 Euro; im Folgenden IK-Verfahren) nicht auskömmlich und als unverhältnismäßiger Eingriff in die Berufsfreiheit verfassungswidrig sei. Der Verordnungsgeber habe bis zum 1. Oktober 2004 eine verfassungsgemäße Neuregelung zu schaffen. Der BGH geht zunächst davon aus, durch die Vorschriften der InsVV werde in die Berufsfreiheit eingegriffen. Nach § 63 Abs. 1 InsO habe der Verwalter einen Anspruch auf eine seiner Qualifikation und Tätigkeit angemessene Vergütung. Durch die Mindestvergütung von 500 Euro im Regelinsolvenzverfahren und 250 Euro im vereinfachten Insolvenzverfahren werde jedoch sein Bearbeitungsaufwand nicht angemessen entgolten.

Nach Einschätzung des BGH ist es rechtlich nicht geboten, für jeden konkreten Einzelfall eine ausreichende Vergütung vorzusehen, vielmehr könne auch eine Querfinanzierung mit massehaltigen Verfahren berücksichtigt werden. In der Praxis komme diesem Gedanken jedoch kaum noch Bedeutung zu, da die massearmen Verfahren nunmehr die überwiegende Zahl der Gesamtverfahren darstellen. Bei einzelnen Insolvenzgerichten würden 70 % der Verfahren nur über eine Stundung der Verfahrenskosten finanziert werden können. Deshalb müsse ein wirtschaftlicher Ausgleich bereits innerhalb der massearmen Verfahren erfolgen. Vereinzelt wurde von Insolvenzgerichten versucht, durch Befragung der Insolvenzverwalter den tatsächlichen Kostenaufwand für die Abwicklung eines Verfahrens zu ermitteln. Dabei wurde eine Kostenbelastung in Regelinsolvenzverfahren von 1 400 Euro bis zu 2 400 Euro je Verfahren genannt. Das Amtsgericht Hamburg hat daraufhin eine Pauschalvergütung von 800 Euro in Verbraucherinsolvenz- und 1 200 Euro in Regelinsolvenzverfahren festgesetzt.

Der BGH räumt jedoch ein, dass diese Selbsteinschätzung der Verwalter nur bedingt geeignet ist, den tatsächlichen Aufwand zu ermitteln. Zumindest als Groborientierung könne diese Selbsteinschätzung herangezogen werden, so dass der BGH für ein durchschnittliches massearmes Verfahren von einem Aufwand von mindestens 20 Stunden ausgeht, von denen ⅔ durch einen Mitarbeiter und ⅓ vom Insolvenzverwalter selbst erbracht werden. Zur Bestimmung einer Stundenvergütung zieht der BGH dann die Zwangsverwalterverordnung heran, die einen Mindeststundensatz für einen qualifizierten Mitarbeiter in Höhe von 35 Euro und für den Zwangsverwalter einen Betrag von 95 Euro vorsieht. Legt man diese Annahme zugrunde, so kommt der BGH zu einer Vergütung von ca. 1 100 Euro für ein durchschnittliches massearmes Verfahren. Angesichts der Unsicherheit über die Ausgestaltung einer angemessenen Mindestvergütung in massearmen Verfahren sind nach Ansicht des BGH die Regelungen zur Mindestvergütung erst ab dem 1. Januar 2004 verfassungswidrig.

2. Konzept der Verordnung

Die tatsächliche Ausgangslage ist, was die Belastung der Insolvenzverwalter in masselosen Verfahren anbelangt, mit erheblichen Unsicherheiten behaftet. Insofern liegen im Wesentlichen Selbsteinschätzungen der Verwalter vor. An diesem Befund hat sich nichts Grundlegendes geändert, obwohl nun zwei rechtstatsächliche Untersuchungen zum zeitlichen Aufwand von Insolvenzverwaltern/Treuhändern in masselosen Verfahren (Prof. Dr. *Christoph Hommerich*) respektive zur Kostensituation in masselosen Regel- und Verbraucherinsolvenzverfahren (Institut für freie Berufe, IFB) vorliegen. Beide Untersuchungen wurden anlässlich der anstehenden Änderung der InsVV initiiert. Beiden Projekten liegen schriftliche Befragungen der Insolvenzverwalter zugrunde. Eine umfassende Zeitbudgetuntersuchung konnte nicht durchgeführt werden, da die Novellierung der Mindestvergütung nach den Vorgaben des BGH bis Ende September 2004 abgeschlossen sein muss. Insofern konnte lediglich eine Erhebung aufgrund von Selbsteinschätzungen der Insolvenzverwalter vorgenommen werden, die den zeitlichen Aufwand bei masselosen Insolvenzverfahren ermitteln soll. Die Untersuchung von Prof. *Hommerich* hat dabei lediglich den Tätigkeitsaufwand in dem letzten bearbeiteten masselosen Insolvenzverfahren ermittelt, da davon ausgegangen werden konnte, dass sich die befragten Insolvenzverwalter an dieses Verfahren besonders gut erinnern. Im Übrigen hat es die zuletzt genannte Studie vermieden, die Tätigkeit der Insolvenzverwalter in kleinste Schritte aufzuteilen und in der Befragung hierzu Angaben zu erheben, da ein solches Vorgehen leicht zu einer Scheingenauigkeit führt und häufig Angaben zu Tätigkeiten provoziert, über deren zeitlichen Aufwand keine genauen Vorstellungen bestehen.

Zur Festlegung der Mindestvergütung stehen zwei unterschiedliche Lösungsansätze zur Verfügung. So kann versucht werden, den regeltypischen Normalfall eines massearmen Verfahrens zu umreißen und Zuschläge nur in den in § 3 Abs. 1 InsVV aufgeführten Fällen vorzusehen. Eine solche Vergütung schwebt wohl dem BGH in den zitierten Entscheidungen vor. Problematisch ist dabei jedoch bereits die Bestimmung des Normalfalls. So liegen zur Zahl der Gläubiger erheblich divergierende Angaben vor. Während der BGH ausgehend von den Selbstauskünften der Insolvenzverwalter für das Regelinsolvenzverfahren 20 Gläubiger annimmt, weist die Untersuchung von *Hommerich* eine hohe Streubreite auf. In masselosen IN-Verfahren lag die Zahl der Gläubiger bei dieser Untersuchung zwischen 7 und 80. Während 24 % der Befragten eine Gläubigerzahl von bis zu 20 nannten, lag bei 42 % die durchschnittliche Zahl der Gläubiger zwischen 21 und 30. Entsprechende Ergebnisse waren auch bei den masselosen IK-Verfahren anzutreffen, wo die Gläubigerzahl zwischen 3 und 42 betrug. Während von 44 % der Büros nicht mehr als 10 Gläubiger je Verfahren genannt wurden, waren es bei 16 % durchschnittlich mehr als 15 Gläubiger. In IN-Verfahren liegt nach dieser Untersuchung sowohl das getrimmte Mittel (nur der Wertbereich zwischen 5 % und 95 %) als auch der Median bei 29 Gläubiger. In IK-Verfahren beträgt das getrimmte Mittel 13 und der Median 12 Gläubiger. Die Untersuchung des IFB nennt lediglich die durchschnittliche Zahl der Gläubiger, die in IN-Verfahren 34,6 und in IK-Verfahren 16,2 beträgt.

Angesichts dieser Unsicherheit hinsichtlich der Zahl der Gläubiger empfiehlt es sich, bei der Beschreibung des regeltypischen Normalfalls von einer geringeren Gläubigerzahl auszugehen, Erhöhungen jedoch entsprechend der Zahl der Gläubiger vorzusehen. In einem Insolvenzverfahren mit sehr geringer Masse ist der Verwalter durch die Sicherung, Verwaltung und Verwertung der insolvenzbefangenen Gegenstände allenfalls geringfügig belastet. Der BGH geht davon aus, die Tätigkeit des Verwalters bestehe in einem solchen Verfahren insbesondere in einem Gespräch mit dem Schuldner, Sichtung und Auswertung der übergebenen Unterlagen, Vorbereitung und Durchführung von Berichts- und Prüfungsterminen einschließlich der Erstellung der erforderlichen Verzeichnisse und Berichte sowie im Schriftverkehr mit den Gläubigern und der Überprüfung der Forderungsanmeldung. Die Aufzählung beleuchtet, dass nach Einschätzung des BGH die Belastung der Verwalter in den Verfahren deutlich von der Zahl der Gläubiger beeinflusst wird. Besonders eindrucksvoll wird diese Korrelation durch die Untersuchung des IFB belegt. In IN-Verfahren mit bis zu 20 Gläubigern beträgt der zeitliche Aufwand des Verwalters 648 und der des Sachbearbeiters 885 Minuten und steigt in Verfahren mit 41 und mehr Gläubigern auf 2 700 beim Verwalter und 2 385 beim Sachbearbeiter an. Dieser extreme Anstieg bei den zuletzt genannten Verfahren dürfte allerdings zumindest teilweise darauf zurückzuführen sein, dass hier Verfahren mit extrem hohen Gläubigerzahlen eingeflossen sind, die das Gesamtbild etwas verzerren. Es bleibt jedoch festzuhalten, dass die Gläubigerzahl generell geeignet ist, ein Differenzierungskriterium für die Höhe der Vergütung zu bieten, das in etwa den Aufwand der Verwalter in den Verfahren abbildet.

Die Festlegung einer Mindestvergütung ist allgemein und nicht etwa nur in den Stundungsfällen geboten. In den Verfahren mit geringer Masse legt die Mindestvergütung fest, wie werthaltig die Insolvenzmasse sein muss, damit die Kosten gedeckt sind und somit ein Insolvenzverfahren überhaupt eröffnet werden kann. Allerdings ist sicherzustellen, dass die Höhe der Mindestvergütung in masselosen Verfahren nicht zu Friktionen mit der Vergütung in Verfahren mit geringer Masse führt. So geht der BGH in seiner Entscheidung davon aus, im allgemeinen werde eine Masse von 3 000 Euro zur Kostendeckung als erforderlich angesehen. Dem Verwalter würde dann eine Vergütung von 1 200 Euro zustehen. Bei der in dem Verordnungsentwurf vorgesehenen, nach Gläubigersätzen gestaffelten Mindestvergütung würde damit noch die Vergütung in einem Verfahren mit 15 Gläubigern abgedeckt. Bei einem Verfahren mit 26–30 Gläubigern würde die Mindestvergütung nach dem vorgesehenen Staffelsatz 1 600 Euro betragen, so dass künftig ein solches Verfahren bei einer Masse von lediglich 3 000 Euro nur noch eröffnet werden könnte, wenn entweder ein Massekostenvorschuss geleistet wird oder die Kosten gestundet werden.

Die gegenwärtig stark differierende Mindestvergütung in Regel- und Verbraucherinsolvenzverfahren ist nach ganz überwiegender Auffassung in Rechtsprechung und Schrifttum so nicht mehr gerechtfertigt. Eine Vergütung in IN-Verfahren, die doppelt so hoch ist wie die in IK-Verfahren, gibt ein unzutreffendes Bild von der Arbeitsbelastung der Verwalter in diesen beiden Verfahrensarten. Da die Vergütung jedoch vom Ansatz her dem Aufwand entsprechen sollte, den der Verwalter in dem jeweiligen Verfahren zu betreiben hat, müssen die beiden Mindestvergütungen angenähert werden. Nach den vorliegenden Untersuchungen ist davon auszugehen, dass die Gläubigerzahl in einem Regelinsolvenzverfahren höher als in einem Verbraucherinsolvenzverfahren ist. In IN-Verfahren beträgt die durchschnittliche Gläubigerzahl 29 (*Hommerich*) rsp. 34 (IFB) und in IK-Verfahren 12 (*Hommerich*) rsp. 16 (IFB). Deshalb soll bei einem IN-Verfahren die Mindestvergütung bei bis zu 10 Gläubigern 1 000 Euro und im Verbraucherinsolvenzverfahren bei bis zu 5 Gläubigern 600 Euro betragen.

Stellt man eine Relation zwischen den Kosten für die Bearbeitung masseloser Verfahren her, ergibt sich bei der Untersuchung *Hommerich* ein Verhältnis von 1 800 Euro (IN-Verfahren berechnet nach dem Median) zu 1 100 Euro (IK-Verfahren ebenfalls nach Median berechnet). Die Untersuchung des IFB weist für das Jahr 2003 durchschnittliche Verfahrenskosten von 2 998,66 Euro (IN-Verfahren) zu 1 651,03 Euro (IK-Verfahren) auf. Beide

Relationen entsprechen in etwa dem in dem Verordnungsentwurf gewählten Verhältnis der Grundvergütung in IN-Verfahren von 1 000 Euro zu der Grundvergütung in IK-Verfahren von 600 Euro. Die maßvolle Differenzierung zwischen den beiden Verfahrensarten ist gerechtfertigt, da das Verbraucherinsolvenzverfahren häufig durch eine Schuldnerberatungsstelle vorbereitet wird (Ordnung der Belege, Ermittlung von Vermögen und Verbindlichkeiten, Ausfüllen der Vordrucke) und es zudem in geeigneten Fällen schriftlich abgewickelt werden kann, so dass eine Teilnahme an der Gläubigerversammlung entfällt. Bei über 30 (IN-Verfahren) rsp. 15 Gläubigern (IK-Verfahren) ist für beide Verfahrensarten eine Degression vorgesehen, da bei einer höheren Gläubigerzahl gewisse Rationalisierungseffekte einsetzen.

Die Untersuchung von Prof. *Hommerich* zeigt zudem, dass mit dem Spezialisierungsgrad des Büros zumindest der Sachbearbeitungsaufwand unterhalb des Aufwands in nicht spezialisierten Büros liegt. Es wäre deshalb wünschenswert, wenn bei der Bestellung der Verwalter durch die Gerichte eine Spezialisierung für Kleinverfahren gefördert werden könnte. Auch der BGH weist in seiner Entscheidung zur Mindestvergütung in Regelinsolvenzverfahren darauf hin, es sei eine möglichst kostengünstige Verfahrensweise unter Ausnutzung effizienter und rationaler Büroabläufe zugrunde zu legen. Werde zur Abwicklung der Kleininsolvenzen ein unangemessener Aufwand betrieben, so könne dieser bei der Festsetzung der Vergütung keine Berücksichtigung finden.

Der Verordnungsentwurf ist mit dem Recht der Europäischen Union vereinbar.

Eine Befristung der in dem Entwurf vorgeschlagenen Vorschriften scheidet aus, weil die Regelungen als Dauerregelungen angelegt sind und sie zudem die InsVV ändern, die ihrerseits eine Dauerregelung darstellt.

Der Entwurf hat keine erkennbaren gleichstellungspolitischen Auswirkungen. Grundsätzlich sind Frauen und Männer von den Vorschriften des Entwurfs in gleicher Weise betroffen.

Das Bundesministerium der Justiz wird die Handhabung der Vorschriften des Entwurfs in der Praxis beobachten, um auftretenden Missständen zügig abhelfen zu können. Außerdem werden die Länder gebeten, ihrerseits auf Unzulänglichkeiten der InsVV hinzuweisen.

3. Auswirkungen der Verordnung auf die Einnahmen und Ausgaben der öffentlichen Haushalte, Kosten für die Wirtschaftsunternehmen und Auswirkungen auf das Preisniveau

a) Auswirkungen auf die Justizhaushalte von Bund und Ländern

Werden in einem Regel- oder Verbraucherinsolvenzverfahren die Kosten gestundet, so hat die Staatskasse zunächst auch für die Vergütung des Insolvenzverwalters rsp. Treuhänders aufzukommen. Erzielt der Schuldner während des Insolvenzverfahrens Einkommen, das über der Pfändungsfreigrenze liegt, so wird dies zunächst zur Deckung der gestundeten Verfahrenskosten verwendet. Können durch den Neuerwerb während des Verfahrens die Verfahrenskosten nicht bedient werden, so erstreckt sich die Stundung gemäß § 4a Abs. 1 InsO bis zur Erteilung der Restschuldbefreiung. Ist der Schuldner auch dann nicht in der Lage, die gestundeten Beträge in einer Einmalzahlung zu begleichen, so können ihm nach § 4b Abs. 1 InsO Ratenzahlungen von bis zu 48 Monatsraten auferlegt werden. Erst danach steht fest, dass die Staatskasse endgültig für die gestundeten Beträge aufzukommen hat. Vor diesem Hintergrund ist nur schwer abschätzbar, wie hoch die tatsächliche Belastung der Justizhaushalte der Länder durch die Erhöhung der Mindestvergütung ausfallen wird. Eine weitere Schwierigkeit besteht darin, dass die Differenz zwischen der durch die Verordnung angepassten Vergütung und der bisherigen Mindestvergütung nicht einfach mit der Zahl der Stundungsfälle multipliziert werden kann, da eine solche Berechnung ausblendet, dass bereits in der Vergangenheit zahlreiche Gerichte eine deutlich höhere Mindestvergütung als die in der InsVV ausgewiesene festsetzen. Von einigen Gerichten wurden in masselosen Regelinsolvenzverfahren Vergütungen von bis zu 3 000 Euro gewährt. Insofern hätte die Änderung der InsVV in Einzelfällen sogar einen kostendämpfenden Effekt.

Zur Prognostizierung der Kosten wird im Verbraucherinsolvenzverfahren von 40 000 Verfahren ausgegangen, wobei nach Schätzungen in 90 % eine Stundung der Verfahrenskosten erfolgt. Zur weiteren Berechnung wird ein durchschnittliches Verbraucherinsolvenzverfahren von 14 Gläubigern zugrunde gelegt. Die Mindestvergütung beträgt heute in einem solchen Verfahren 250 Euro. Es ist jedoch davon auszugehen, dass in 20 % der Fälle bereits in der Vergangenheit eine höhere Vergütung gewährt wurde. Nach den bisherigen Erfahrungen zur PKH, wie sie auch dem Kostenrechtsmodernisierungsgesetz 2004 zugrunde gelegt wurden, können von der Staatskasse etwa 15 % der gestundeten Kosten wieder eingezogen werden. Mangels anderer Anhaltspunkte wird dieser Wert auch auf die Stundungsverfahren übertragen. Die Gesamtkosten für die Mindestvergütung würde unter Zugrundelegung dieser Annahmen somit heute ca. 9,2 Mio. Euro betragen. Nach der Anhebung durch die vorliegende Rechtsverordnung würde die Vergütung in einem durchschnittlichen massearmen Verfahren 900 Euro und insgesamt 32,4 Mio. Euro betragen. Davon wären die Rückflüsse in Höhe von 15 % abzuziehen, so dass sich das Erhöhungsvolumen auf ca. 18 Mio. Euro belaufen würde.

Bei den Regelinsolvenzverfahren wird von 30 000 Verfahren ausgegangen, wobei eine durchschnittliche Gläubigerzahl von 30 zugrunde gelegt wird. Während nach heutigem Recht die Mindestvergütung in einem solchen Verfahren 500 Euro beträgt, würde sie künftig auf 1 600 Euro ansteigen. Weiter wird davon ausgegangen, dass in 80 % der Verfahren, also bei 24 000 Verfahren, eine Stundung der Verfahrenskosten gewährt wird und dass die Rückflussquote ebenfalls 15 % beträgt. Wie beim Verbraucherinsolvenzverfahren wird auch hier die Prämisse zugrunde gelegt, dass in 20 % der Fälle bereits heute eine höhere Vergütung gewährt wird. Geht man von diesen Annahmen aus, so betragen die heutigen Gesamtkosten für die Mindestvergütung 13,1 Mio. Euro und steigen bei einem durchschnittlichen massearmen Verfahren mit 30 Gläubigern auf 32,6 Mio. Euro an. Das Erhöhungsvolumen für die Mindestvergütung in den IN-Verfahren mit Stundung würde sich somit auf ca. 19,5 Mio. Euro belaufen.

Möglicherweise wird sich nach Inkrafttreten des Gesetzes zur Änderung der Insolvenzordnung, des Kreditwesengesetzes und anderer Gesetze eine gewisse Entlastung für die öffentliche Hand einstellen, da nach diesem Gesetz deutlich mehr Verfahren als bisher dem Verbraucherinsolvenzverfahren zugewiesen werden sollen. Zudem sieht der entsprechende Gesetzentwurf vor, dass die oberste Landesbehörde oder eine von ihr bestellte Stelle in Stundungsfällen Vereinbarungen mit einzelnen Verwaltern abschließen kann, in denen eine von der InsVV abweichende Vergütung festgesetzt wird. Solche Vereinbarungen sind sinnvoll, da nach der Untersuchung von Prof. *Hommerich* 12 % der befragten Insolvenzverwalter ihre Bruttokosten je Arbeitsstunde einschließlich eines kalkulatorischen Gewinns in einer Spannbreite von 34 bis 49 Euro und weitere 26 % in einer von 50 bis 99 Euro angeben. Daraus kann geschlossen werden, dass einzelne Büros, die wohl insbesondere auf Kleinverfahren spezialisiert sind, die Verfahren teilweise deutlich unter den bei der Festsetzung der Mindestvergütung kalkulierten 95 Euro je Arbeitsstunde abwickeln können. Für die Sachbearbeiter ist ein vergleichbarer Befund feststellbar, da dort 21 % der Befragten die Kosten pro Arbeitsstunde mit bis zu 24 Euro veranschlagt haben, während bei dem vorliegenden Verordnungsentwurf 35 Euro zugrunde gelegt wurden.

Mit der Begrenzung der Höhe des Pauschsatzes dürfte eine gewisse Kostenentlastung verbunden sein, ohne dass diese sich quantifizieren ließe. Die Erhöhung der Vergütung für den

Treuhänder im Restschuldbefreiungsverfahren hat nur Bedeutung, sofern tatsächlich Gelder eingehen und diese zu verteilen sind. Die Vergütung ist aus diesen Geldern zu entnehmen und belastet nicht die Justizhaushalte. Die Änderungen zu §§ 15 und 17 InsVV betreffen die öffentlichen Haushalte lediglich wie jeden anderen Gläubiger. Da die Überwachungsaufgabe des Treuhänders nach § 292 Abs. 2 InsO von einem Beschluss der Gläubigerversammlung abhängig ist, haben es die Gläubiger ohnehin in der Hand, diese zusätzlichen Kosten zu vermeiden. Die höhere Vergütung für die Mitglieder des Gläubigerausschusses sind Kosten des Insolvenzverfahrens, die sich letztlich zulasten der ungesicherten Gläubiger auswirken. Ob und in welcher Höhe die öffentlichen Haushalte als Gläubiger in Insolvenzverfahren hiervon betroffen sein werden, lässt sich auch nicht ansatzweise quantifizieren.

b) Kosten für die Wirtschaftsunternehmen

Nach der bisherigen Praxis wird ein Insolvenzverfahren mit geringer Masse noch eröffnet, wenn in etwa Vermögenswerte in Höhe von 3 000 Euro vorliegen. Der Verwalter erhält dann eine Vergütung nach § 2 Abs. 1 InsVV in Höhe von 1 200 Euro. Wird künftig die Mindestvergütung angehoben, so kann ein Insolvenzverfahren mit mehr als 31 Gläubiger – von der Möglichkeit der Stundung einmal abgesehen – nur eröffnet werden, wenn eine Masse von 4 250 Euro vorliegt. Ab 36 Gläubiger könnte ein Verfahren nur bei einer Masse von 4 500 Euro eröffnet werden. Auswirkungen auf die Quoten der Insolvenzgläubiger sind jedoch nicht messbar, da bei diesen geringen Massen häufig Masseunzulänglichkeit eintreten wird, so dass die Insolvenzgläubiger ohnehin leer ausgehen. Für die Anhebung der Stundensatzvergütung für den Treuhänder, der mit einer Überwachung des Schuldners beauftragt wurde, gelten die Ausführungen unter a) entsprechend. Die Anhebung der Vergütung für die Mitglieder des Gläubigerausschusses wird ebenfalls keine messbaren Auswirkungen auf die Quoten haben, die Unternehmen als Gläubiger in Insolvenzverfahren erlangen können.

Die Anhebung der Mindestvergütung für den Treuhänder in der Wohlverhaltensperiode hat zur Folge, dass in einem durchschnittlichen Verfahren mit bis zu 15 Gläubigern die Vergütung im Jahr künftig 200 Euro betragen wird, sofern der Verwalter tatsächlich eine Verteilung an die Gläubiger vornimmt. Eine messbare Auswirkung auf die Beträge, die die Gläubiger im Laufe der Wohlverhaltensperiode erhalten, ist hierdurch nicht zu erwarten.

c) Preiswirkungen

Durch die Verordnung wird die Mindestvergütung in massearmen Insolvenzverfahren – einschließlich der Verbraucherinsolvenzverfahren – maßvoll angehoben. Die geringfügigen Einzelpreiserhöhungen (für die Dienstleistung des Insolvenzverwalters bzw. Treuhänders) dürften aufgrund ihrer geringen Gewichtung jedoch nicht ausreichen, um messbare Effekte auf das allgemeine Preis- bzw. Verbraucherpreisniveau zu induzieren. Die geringfügigen Belastungen der öffentlichen Haushalte erfordern keine Gegenfinanzierung, die mittelbare preisrelevante Effekte generiert.

B. Verordnungstext mit der Begründung zu den einzelnen Vorschriften

Artikel 1

Die Insolvenzrechtliche Vergütungsverordnung vom 19. August 1998 (BGBl. I S. 2205), zuletzt geändert durch Artikel 4 Abs. 21 des Gesetzes vom 5. Mai 2004 (BGBl. I S. 718), wird wie folgt geändert:

§ 2 **Abs.** 2 wird wie folgt gefasst:

„(2) Haben in dem Verfahren nicht mehr als 10 Gläubiger ihre Forderungen angemeldet, so soll die Vergütung in der Regel mindestens 1 000 Euro betragen. Von 11 bis zu 30 Gläubigern erhöht sich die Vergütung für je angefangene 5 Gläubiger um 150 Euro. Ab 31 Gläubiger erhöht sich die Vergütung je angefangene 5 Gläubiger um 100 Euro."

Begründung: Nach den Ausführungen des BGH zur Mindestvergütung in Regelinsolvenzverfahren ist bei einem regeltypischen Normalfall eine Mindestvergütung von ca. 1 100 Euro geboten. Dabei geht der BGH wohl von 20 Gläubigern aus. Hinsichtlich der Gläubigerzahl besteht auch nach Vorlage der beiden Untersuchungen noch eine gewisse Unsicherheit. Das IFB gibt lediglich an, die durchschnittliche Zahl der Gläubiger in masselosen Insolvenzverfahren habe im Jahre 2003 in IN-Verfahren 34,6 und in IK-Verfahren 16,2 betragen. Nach den Ermittlungen von Prof. *Hommerich* ist die Spreizung der Gläubigerzahl in IN-Verfahren sehr erheblich. Nach seiner Untersuchung waren in IN-Verfahren zwischen 7 und 80 Gläubiger anzutreffen. Sowohl nach dem 5 % getrimmten Mittel als auch nach dem Median ist von einer Gläubigerzahl von 29 auszugehen. Dabei ist unter dem „5 % getrimmten Mittel" ein Wert zu verstehen, bei dem die 5 % der niedrigsten sowie die 5 % der höchsten Gläubigerangaben unberücksichtigt bleiben. Über diese Mittelwertberechnung können Ausreißer herausgefiltert werden. Demgegenüber beschreibt der Median den Punkt auf der Skala, unterhalb oder oberhalb dessen jeweils die Hälfte aller angegebenen Gläubigerzahlen liegt. Vor diesem Hintergrund wurde bei den Berechnungen in dem Verordnungsentwurf von einer durchschnittlichen Gläubigerzahl in IN-Verfahren von 30 ausgegangen.

Von ganz entscheidender Bedeutung für die Höhe der Vergütung ist der Tätigkeitsaufwand, den der Verwalter bzw. seine Hilfspersonen in masselosen IN-Verfahren zu betreiben haben. Die beiden Untersuchungen weisen hier die gravierendsten Unterschiede auf. Während das IFB von einem Zeitaufwand von 18,42 Stunden für den Insolvenzverwalter und 18,32 Stunden für den Sachbearbeiter ausgeht, liegt nach Prof. *Hommerich* das 5 % getrimmte Mittel im letzten abgeschlossenen masselosen IN-Verfahren bei 680 Minuten und der Median bei 585 Minuten für den Verwalter. Das arithmetische Mittel beträgt demgegenüber 721 Minuten. Da somit der Median geringer als das arithmetische Mittel ausfällt, liegt eine so genannte „linksschiefe Verteilung" vor, bei der wenige Fälle den Durchschnitt insgesamt anheben. Insofern wäre es gerechtfertigt, bei der weiteren Berechnung den Median zugrunde zu legen. Da jedoch die Differenz zu der Untersuchung des IFB so gravierend ist, soll bei der weiteren Vergütungsberechnung das 5 % getrimmte Mittel herangezogen werden, so dass die 5 % der niedrigsten sowie die 5 % der höchsten Tätigkeitsangaben unberücksichtigt bleiben. Somit werden für die Berechnung des getrimmten Mittels insgesamt 90 % der Fälle herangezogen. Der eklatante Unterschied beider Untersuchungen in diesem Bereich lässt sich vielleicht darauf zurückführen, dass es methodisch bedenklich ist, im Rahmen einer solchen Befragung kleinschrittige Zuordnungen des Tätigkeitsaufwandes zu detaillierten Tätigkeitsbereichen erheben zu wollen, da eine solche Zuordnung, soweit sie lediglich aus der Erinnerung heraus vorgenommen wird, zu einer Scheingenauigkeit führt. Im Übrigen könnte sie den Befragten veranlassen, Angaben zu Tätigkeiten zu machen, zu denen er keine konkreten Erinnerungen mehr hat. Der durchschnittliche Aufwand von Sachbearbeiterinnen/Sachbearbeitern lag nach beiden Untersuchungen bei ca. 18 Stunden (nach *Hommerich* 5 % getrimmtes Mittel bei 1 089 min.), so dass dieser Wert zugrunde gelegt werden kann. Ergänzend bleibt noch festzuhalten, dass nach beiden Untersuchungen durch diesen Aufwand des Verwalters und seiner Hilfskräfte auch die für Zustellungen erforderliche Zeit abgedeckt wird.

In beiden Untersuchungen wurden die Insolvenzverwalter nach den Kosten pro Arbeitsstunde beim Verwalter selbst und bei den Sachbearbeitern befragt. Während die Untersuchung des IFB keine Informationen darüber enthält, welche Kosten hierbei herangezogen werden, ergibt sich aus der Untersuchung von Prof. *Hommerich*, dass die Bruttolohnkosten, die (anteiligen) Gemeinkosten und auch der kalkulatorische Gewinn der Verwalter mit berücksichtigt wurden. Nach beiden Untersuchungen liegen die Kosten je Arbeitsstunde für den Verwalter bei etwa 125 Euro (*Hommerich* 5 % getrimmtes Mittel: 125 Euro; Median: 118 Euro). Bemerkenswert ist zunächst, die erhebliche Spreizung, die die Angaben zu den Kosten je Arbeitsstunde aufweisen. Sie reichen von 34 bis zu 300 Euro. Nach der Untersuchung von Prof. *Hommerich* lag der Median unterhalb der mittleren Kosten, d. h. die Kosten lagen in der Mehrzahl des Büros unterhalb der durchschnittlichen Kosten. Insofern wäre es gerechtfertigt, den Median zugrunde zu legen. Ein Stundensatz zwischen 118 und 125 Euro mag in einem durchschnittlichen massehaltigen Regelinsolvenzverfahren, in dem der Insolvenzverwalter ggf. auch ein Unternehmen fortführen muss, durchaus angebracht sein. Anders verhält es sich jedoch bei der Erledigung masseloser Kleinverfahren, in denen die Anforderungen, die an den Verwalter gestellt werden, deutlich hinter denen in einer üblichen Unternehmensinsolvenz zurückbleiben. In diesen Fällen entspricht das Anforderungsprofil, das an den Verwalter anzulegen ist, eher dem eines Zwangsverwalters. Insofern ist es, wie dies auch schon der BGH in seiner Entscheidung vom 15. Januar 2004 angeregt hat, gerechtfertigt, die Zwangsverwalterverordnung vom 19. Dezember 2003 (BGBl. I S. 2804) heranzuziehen, und die Stundensätzen des § 19 Abs. 1 ZwVwV (35 bis 95 Euro) auf die masselose Regelinsolvenz zu übertragen.

Die durchschnittlichen Kosten je Arbeitsstunde für Sachbearbeiter lagen nach der Untersuchung des IFB bei 38,43 Euro, während nach Prof. *Hommerich* das 5 % getrimmte Mittel 43 Euro und der Median 40 Euro beträgt. Auch für die durchschnittlichen Kosten pro Arbeitsstunde des Sachbearbeiters gilt das für den Insolvenzverwalter ausgeführte entsprechend, so dass auch insofern der Stundensatz aus § 19 ZwVwV in Höhe von 35 Euro zugrunde zu legen ist. Geht man unter Zugrundelegung dieser Werte von einem Tätigkeitsaufwand des Verwalters von 11 Stunden und des Sachbearbeiters von 18 Stunden aus, so betragen die Kosten 1 675 Euro. Nach dem Vergütungskonzept, wie es nun § 2 Abs. 2 InsVV-E zugrunde liegt, ergibt sich demgegenüber eine Vergütung von 1 600 Euro. Dies zeigt, dass beide Berechnungsmethoden zu nahezu gleichen Ergebnissen führen.

Es bietet sich daher an, eine anhand der Zahl der Gläubiger gestaffelte Vergütung vorzusehen. Bei einem Regelinsolvenzverfahren mit einer unterdurchschnittlichen Gläubigerzahl wird deshalb eine Mindestvergütung von 1 000 Euro festgelegt. Da die Zahl der anmeldenden Gläubiger einen ungefähren Maßstab für die Belastung des Verwalters im Verfahren bildet, soll je 5 weitere Gläubiger sich die Vergütung um 150 Euro erhöhen. Bei 26 bis 30 Gläubigern wird eine Mindestvergütung von 1 600 Euro erreicht, und damit ein Wert erzielt, wie er nach der Untersuchung von Prof. *Hommerich* dem Tätigkeitsaufwand bei einem durchschnittlichen masselosen Verfahren entspricht. Mit diesem neuen Vergütungssystem wird dem Aufwand des Insolvenzverwalters im erfahren angemessen Rechnung getragen, so dass auch Verwalter, die sich auf die Abwicklung masseloser Kleininsolvenzen spezialisiert haben, eine angemessene Vergütung erwirtschaften können. An eine Abweichung von der Regelvergütung werden deshalb künftig im Vergleich zur geltenden Rechtslage deutlich höhere Anforderungen zu stellen sein.

Nach den Ausführungen des Bundesgerichtshofs muss nicht in jedem einzelnen Verfahren eine auskömmliche Vergütung gewährt werden, vielmehr genügt es, wenn ein wirtschaftlicher Ausgleich innerhalb der in massearmen Verfahren anfallenden Vergütungen erzielt werden kann. Über das Korrektiv der Anzahl der beteiligten Gläubiger wird gewährleistet, dass auch Insolvenzverwalter, die überwiegend mit Kleininsolvenzen befasst sind, eine auskömmliche Vergütung erzielen können. Im Interesse der Verfahrensökonomie verzichtet der Entwurf darauf, durch unbestimmte Rechtsbegriffe, wie etwa Umfang und Schwierigkeit der Tätigkeit, die Festsetzung der Mindestvergütung mit weiteren Imponderabilien zu belasten. Vor dem Hintergrund, dass eine auskömmliche Mindestvergütung bereits aus dem Durchschnitt der masselosen Verfahren zu erzielen sein muss, wird auch darauf verzichtet, ein Abweichen von der Mindestvergütung in besonders einfach gelagerten Sachverhalten zu ermöglichen. Da bei einer größeren Gläubigerzahl mit gewissen Rationalisierungseffekten gerechnet werden kann, sieht der Entwurf ab 31 Gläubiger eine Degression der Erhöhung auf 100 Euro je 5 Gläubiger vor.

Es dürfte auf die unterschiedlichen Stundensätze zurückzuführen sein, wenn die Mindestvergütung nach § 2 Abs. 2 InsVV-E etwas hinter den in den Gutachten als Modellrechnungen ausgewiesenen Vergütungen zurück bleibt. Ergänzend ist noch darauf hinzuweisen, dass mit dem Inkrafttreten des Gesetzes zur Änderung der Insolvenzordnung, des Kreditwesengesetzes und anderer Gesetze der Bearbeitungsaufwand für die Verfahren natürlicher Personen deutlich reduziert werden, auch um den Verwalter bzw. Treuhänder eine im Vergleich zu ihrem Aufwand ausreichende Vergütung zu gewährleisten. So soll künftig die Trennlinie zwischen Regel- und Verbraucherinsolvenzverfahren danach getroffen werden, ob zum schuldnerischen Vermögen noch ein werbendes Unternehmen gehört oder nicht. Nach geltendem Recht unterfällt der überwiegende Teil ehemaliger Kleinunternehmer dem Anwendungsbereich des Regelinsolvenzverfahrens selbst dann, wenn keine verwertbare Masse vorhanden ist. Die Verfahrenserleichterungen des Verbraucherinsolvenzverfahrens können in diesen Verfahren nicht in Anspruch genommen werden. Durch das genannte Gesetz soll dies künftig geändert werden, so dass in masselosen Verfahren aller ehemals Selbstständigen die Erleichterungen des vereinfachten Verfahrens genutzt werden können.

Bislang mussten Schuldner nur in IK-Verfahren eine vollständige Vermögensübersicht vorlegen. Ehemals Selbstständige, die nicht den Verbraucherinsolvenzverfahren zugerechnet wurden, konnten bislang ein Verfahren mit dem Ziel der Restschuldbefreiung beantragen, ohne geordnete Unterlagen vorlegen zu müssen. In diesen Fällen musste der Verwalter die Vermögensverhältnisse ermitteln. Wie die vorliegenden rechtstatsächlichen Untersuchungen zeigen, ist der zeitliche Aufwand von Insolvenzverwaltern in IN-Verfahren bei den Eingangstätigkeiten deutlich höher als der, den ein Treuhänder betreiben muss. Künftig erhält der Verwalter auch in IN-Verfahren mit der Eröffnung des Verfahrens geordnete und vollständige Unterlagen des Schuldners. Eine weitere Erleichterung für den Verwalter/Treuhänder wird der Ausschluss der nachträglichen Forderungsanmeldung im vereinfachten Insolvenzverfahren bringen. Mit dieser Regelung könnten künftig masselose Insolvenzverfahren zügig durchgeführt und abgeschlossen werden. Einen erheblichen zeitlichen Aufwand bei der Abwicklung des Insolvenzverfahrens nimmt die Wahrnehmung von Terminen in Anspruch. Nach der Untersuchung von Prof. *Hommerich* beträgt das 5 % getrimmte Mittel für Termine (einschließlich An- und Abfahrt) 149 min. In Einzelfällen war ein Zeitaufwand von bis zu 900 min. festzustellen. Insofern besteht hier erhebliches Rationalisierungspotenzial. Gerade in masselosen Verfahren bietet es sich deshalb an, an Stelle des Termins das Verfahren schriftlich durchzuführen. Der o. a. Gesetzentwurf sieht daher in § 5 Abs. 2 InsO-E vor, dass das Verfahren oder einzelne seiner Teile schriftlich durchgeführt werden können, wenn die Vermögenswerte des Schuldners überschaubar und die Zahl der Gläubiger oder die Höhe der Verbindlichkeit gering sind. Angesichts der erheblichen Belastung der Gerichte durch masselose Insolvenzverfahren werden die Gerichte von dieser Möglichkeit voraussichtlich erheblich Gebrauch machen.

§ 8 Abs. 3 wird wie folgt geändert:

a) Die Wörter „gesetzlichen Vergütung" werden durch das Wort **„Regelvergütung"** ersetzt.

b) Es wird folgender Satz angefügt:

„Der Pauschsatz darf 30 vom Hundert der Regelvergütung nicht übersteigen."

Begründung: Aus der Praxis wird kritisiert, der Begriff der „gesetzlichen Vergütung" sei nicht hinreichend klar umrissen. Es sei unklar, ob die Regelvergütung oder die im Einzelfall festgesetzte Vergütung angesprochen ist. Da zudem insbesondere von Seiten der Rechtspfleger moniert wird, die Auslagenpauschale sei unangemessen hoch, wird als Berechnungsgrundlage für die Pauschale die Regelvergütung zugrunde gelegt. Nach zwischenzeitlich gefestigter Rechtsprechung ist davon auszugehen, dass der Pauschsatz des § 8 Abs. 3 Halbsatz 1 InsVV im ersten Jahr 15 % und danach jährlich 10 % der gesetzlichen Vergütung beträgt. Um keine falschen Anreize zu setzen, ein Insolvenzverfahren nicht zügig abzuschließen, sieht der Entwurf vor, dass der Pauschbetrag auf 30 % der Regelvergütung limitiert wird. Sollten bei einem länger andauernden Verfahren einmal höhere Auslagen anfallen, so ist es dem Insolvenzverwalter unbenommen, diese durch einen Einzelnachweis geltend zu machen. Die Höchstgrenze von 250 Euro je angefangenen Monat ist insofern nicht ausreichend, da sie lediglich verhindern soll, dass sich in einem massereichen Verfahren die Pauschale zu weit von den tatsächlich entstandenen Auslagen entfernt. Ein ungemessener Aufwand wird dadurch dem Insolvenzverwalter nicht abverlangt, da ein vorsichtiger Verwalter ohnehin ständig überprüfen wird, ob der tatsächliche Auslagenaufwand die Pauschale übersteigt.

Dem § 9 wird folgender Satz angefügt:

„Sind die Kosten des Verfahrens nach § 4a der Insolvenzordnung gestundet, so bewilligt das Gericht einen Vorschuss, sofern die Voraussetzungen nach Satz 2 gegeben sind."

Begründung: Bisher war unklar, inwiefern dem Insolvenzverwalter in den Fällen ein Anspruch auf einen Vorschuss gegen die Staatskasse zusteht, in denen die Verfahrenskosten gestundet wurden. Da es auch in den Stundungsfällen dem Verwalter nicht zugemutet werden kann, über einen längeren Zeitraum ohne Entgelt tätig zu werden oder Auslagen aus der eigenen Tasche zu finanzieren, wird durch eine Änderung in § 63 Abs. 2 InsO in der Fassung des Gesetzentwurfs zur Änderung der Insolvenzordnung, des Kreditwesengesetzes und anderer Gesetze klargestellt, dass der Anspruch gegen die Staatskasse auch einen etwaigen Vorschuss abdeckt. Das Gericht hat nach § 9 Satz 3 InsVV-E einen Vorschuss zu bewilligen, wenn das Verfahren länger als ein halbes Jahr dauert oder hohe Auslagen anfallen. Für das von § 9 Satz 1 InsVV erfasste Risiko der Masseunzulänglichkeit war keine Regelung erforderlich, da mit der Staatskasse dem Insolvenzverwalter ein solventer Anspruchsverpflichteter zur Verfügung steht.

§ 11 Abs. 1 Satz 2 wird wie folgt gefasst:

„Er erhält in der Regel 25 vom Hundert der Vergütung nach § 2 Abs. 1 bezogen auf das Vermögen, auf das sich seine Tätigkeit während des Eröffnungsverfahrens erstreckt."

Begründung: Die Bestimmung über die Vergütung des vorläufigen Insolvenzverwalters in § 11 Abs. 1 Satz 2 InsVV ist teilweise auf heftige Kritik gestoßen. So wird etwa ausgeführt, die InsVV habe die Ausgestaltung der Berechnungsgrundlage der Rechtsprechung und Literatur überlassen. Es wäre deshalb wünschenswert, wenn eine präzisere Berechnungsgrundlage für die Vergütung des vorläufigen Insolvenzverwalters geschaffen werden könnte (vgl. etwa Frankfurter Kommentar/*Lorenz* Anhang IV § 11 InsVV Rz. 7).

In der Literatur werden im Wesentlichen drei Berechnungsmethoden vertreten. So sollen etwa die Schwierigkeiten bei der Tätigkeit des vorläufigen Insolvenzverwalters bereits bei der Festlegung der fiktiven Verwaltervergütung berücksichtigt werden, an der sich dann die Vergütung des vorläufigen Insolvenzverwalters zu orientieren habe. Andere Stimmen wollen die Besonderheiten nur bei der Höhe des für den vorläufigen Insolvenzverwalter maßgeblichen Prozentsatzes berücksichtigen. Eine vermittelnde Lösung will demgegenüber darauf abstellen, ob die vergütungsrelevanten Besonderheiten sowohl das Eröffnungsverfahren als auch das Insolvenzverfahren insgesamt prägen. Der BGH hat sich in seiner Entscheidung vom 18. Dezember 2003 (IX ZB 50/03) der zweiten Auffassung angeschlossen. Nach dieser Ansicht sind die Schwierigkeit und die Bedeutung der vorläufigen Insolvenzverwaltung aus sich heraus zu bewerten, so dass sich der für die Vergütung des vorläufigen Insolvenzverwalters maßgeblicher Prozentsatz der Staffelvergütung nach § 2 Abs. 1 InsO jeweils anhand der Verhältnisse des konkreten Einzelfalls bemisst. Die Änderung von § 11 Abs. 1 Satz 2 soll lediglich diese Rechtsprechung des BGH auch in der InsVV nachvollziehen. Dabei braucht nicht entschieden zu werden, inwiefern die Figur der fiktiven Insolvenzverwaltervergütung für die Bestimmung der Vergütung des vorläufigen Insolvenzverwalters überhaupt noch von Bedeutung ist.

Bei der Beendigung der Tätigkeit des vorläufigen Insolvenzverwalters gibt es noch keine Teilungsmasse, die als Berechnungsgrundlage herangezogen werden könnte. Deshalb wird zu Ermittlung der Staffelvergütung das Vermögen herangezogen, auf das sich seine Tätigkeit während des Eröffnungsverfahrens erstreckt. Mit dieser neutralen Tätigkeitsbeschreibung des vorläufigen Insolvenzverwalters wird vermieden, dass bereits zu Beginn der Vergütungsberechnung die Differenzierung zwischen Verwaltern mit und ohne Verfügungsbefugnis eine zentrale Bedeutung erhält. Mit dem BGH ist nämlich davon auszugehen, dass nicht die rein formale Rechtsposition „starker“ oder „schwacher“ Verwalter maßgebend ist, sondern die Höhe der Vergütung davon abhängt, inwiefern sich diese Rechtsmacht tatsächlich in der Tätigkeit des Verwalters widerspiegelt. Ob sich die Tätigkeit des vorläufigen Insolvenzverwalters auch auf Gegenstände bezieht, die mit Aus- und Absonderungsrechten belastet sind, kann im Einzelfall anhand der Kriterien ermittelt werden, die vom BGH in seinem Beschluss vom 14. Dezember 2000 (IX ZB 105/00) entwickelt wurden.

§ 13 Abs. 1 Satz 3 wird durch folgende Sätze ersetzt:

„Haben in dem Verfahren nicht mehr als 5 Gläubiger ihre Forderungen angemeldet, so soll die Vergütung in der Regel mindestens 600 Euro betragen. Von 6 bis zu 15 Gläubigern erhöht sich die Vergütung für je angefangene 5 Gläubiger um 150 Euro. Ab 16 Gläubiger erhöht sich die Vergütung je angefangene 5 Gläubiger um 100 Euro.“

Begründung: Auch die Mindestvergütung des Treuhänders im vereinfachten Verfahren wurde vom BGH als verfassungswidrig eingestuft. Nach der Einschätzung des BGH bestehen zwischen Regelinsolvenzverfahren und Verbraucherinsolvenzverfahren nur geringfügige Unterschiede, so dass das gegenwärtige Verhältnis der Vergütung für den Insolvenzverwalter einerseits und den Treuhänder andererseits nicht zu rechtfertigen sei. Diese Einschätzung des BGH wird durch die vorliegenden rechtstatsächlichen Untersuchungen allerdings nicht gestützt. Nach der Untersuchung des IFB betragen die Kosten eines IK-Verfahrens lediglich 55 % der Kosten eines IN-Verfahrens, und nach Prof. *Hommerich* betragen die Kosten eines IK-Verfahrens nur 61 % der Kosten eines IN-Verfahrens. Insofern ist die dem Verordnungsentwurf zugrunde liegende Differenzierung zwischen beiden Verfahrensarten durchaus gerechtfertigt. Zieht man den Tätigkeitsaufwand in masselosen IK-Verfahren heran, so liegt das Ergebnis beider Untersuchungen nicht so weit auseinander wie bei den IN-Verfahren. Nach der Untersuchung *Hommerich* betrug der Tätigkeitsaufwand bei IN-Verfahren lediglich 60 % des Wertes, der in der IFB-Untersuchung ermittelt wurde. Bei den IK-Verfahren beträgt diese Relation 73 %. In der IFB-Untersuchung wird der Zeitaufwand für den Verwalter mit 9,63 Stunden und für den Sachbearbeiter mit 12,56 Stunden angegeben, ohne dass genannt würde, welche Daten diesem arithmetischen Mittel zugrunde gelegt wurden. Nach der Untersuchung von Prof. *Hommerich* zeigt sich eine eklatante Spreizung bei dem Tätigkeitsaufwand der Verwalter, da hier die geringste Belastung mit 6 min. und die Höchste mit 1440 min. angegeben wurde. Um das Ergebnis nicht durch die genannten Extremwerte zu verfälschen, ist es deshalb gerechtfertigt, das 5 % getrimmte Mittel heranzuziehen, so dass sich für den Verwalter ein Tätigkeitsaufwand von 411 min. ergibt. Bei dem Tätigkeitsaufwand der Sachbearbeiter liegen die Minimum- und Maximumwerte noch weiter auseinander. Die kürzeste Belastung für den Sachbearbeiter betrug hier 5 min., während als anderes Extrem 2 400 min. genannt wurden. Insofern wird auch bei den Sachbearbeitern das 5 % getrimmte Mittel herangezogen, das von Prof. *Hommerich* mit 559 min. angegeben wird. Legt man somit den Tätigkeitsaufwand in masselosem Verfahren für den Verwalter mit 7 Stunden und für den Sachbearbeiter mit 9 Stunden fest, so ergibt sich bei Zugrundelegung der Stundensätze aus § 19 ZwVwV eine Vergütung von 980 Euro. Die aus beiden Untersuchungen ermittelte durchschnittliche Gläubigerzahl wurde mit 14 angenommen, so dass sich nach der gestaffelten Vergütung nach § 13 Abs. 1 Satz 2 InsVV-E eine Vergütung von 900 Euro ergibt. Beide Berechnungsmethoden führen somit auch in diesem Fall zu einem annähernd gleichen Ergebnis.

Die in § 13 Abs. 1 Satz 2 2. Halbsatz InsVV vorgesehene Möglichkeit, die Mindestvergütung im Einzelfall abzusenken, wird beseitigt. Sie hatte in der praktischen Handhabung ohnehin keine Bedeutung, und widerspricht zudem der Zielsetzung, aus dem Durchschnitt der massearmen Verbraucherinsolvenzverfahren eine auskömmliche Vergütung zu erwirtschaften. Da hinsichtlich der Tätigkeiten des Verwalters, die wesentlich durch die Zahl der Gläubiger beeinflusst werden, zwischen Regel- und Verbraucherinsolvenzverfahren keine gravierenden Unterschiede bestehen, sind die Erhöhungsfaktoren wie im Regelinsolvenzverfahren ausgestaltet. Dies gilt auch für die Degression des Erhöhungsfaktors bei mehr als 15 Gläubigern.

Dem § **14 Abs. 3** wird folgender Satz angefügt:

„Hat er die durch Abtretung eingehenden Beträge an mehr als 5 Gläubiger verteilt, so erhöht sich diese Vergütung je 5 Gläubiger um 50 Euro."

Begründung: Damit der Treuhänder in der Wohlverhaltensperiode die Mindestvergütung von 100 Euro erhält, müsste nach der Staffelvergütung von § 14 Abs. 2 InsVV durch die Abtretung der pfändbaren Bezüge ein Betrag von 2 000 Euro beim Treuhänder eingehen. In vielen Fällen wird jedoch nicht einmal dieser Betrag erreicht, so dass der Treuhänder unter Umständen gezwungen ist, für eine jährliche Mindestvergütung von 100 Euro die eingehenden Beträge an mehrere Gläubiger zu verteilen. Eine auskömmliche Vergütung für den Treuhänder ist in diesen Fällen nur zu erzielen, wenn die Mindestvergütung in Abhängigkeit von der Zahl der Gläubiger, an die er die eingegangenen Beträge verteilt hat, aufgestockt wird. Ist die Zahl der Gläubiger im Verhältnis zu den vereinnahmten Beträgen hoch, so dass die Kosten einer Verteilung in keinem vernünftigen Verhältnis zu den Auszahlungen stehen würden, so wird keine Auszahlung an die Gläubiger erfolgen, so dass auch keine erhöhte Mindestvergütung anfällt.

In § **15 Abs. 1 Satz 2** wird die Angabe „15 Euro" durch die Angabe „35 Euro" ersetzt.

Begründung zu § 15 Abs. 1 Satz 2

Mit der Zwangsverwalterverordnung vom 19. Dezember 2003 (BGBl. I S. 2804) – ebenso wie mit Artikel 2 des zeitgleich entstandenen Kostenrechtsmodernisierungsgesetzes vom 5. Mai 2004 (BGBl. I S. 718; 776) – wurden neue Anhaltspunkte gegeben, welche Stundensätze in Abhängigkeit von der Qualifikation des zu Vergütenden angemessen sind. Insofern wird ein Vergütungsrahmen von mindestens 35 und höchstens 95 Euro eröffnet. Aus diesem Vergütungsrahmen wird für einen Treuhänder, der mit der Überwachung des Schuldners beauftragt ist, eine Vergütung von 35 Euro vorgesehen. Im Vergleich zum geltenden Recht bedeutet dies mehr als eine Verdoppelung der Vergütung. Ein darüber hinausgehender Betrag wäre nicht angemessen, da die Überwachung des Schuldners nicht als hochqualifizierte Tätigkeit eingeordnet werden kann. Etwas anderes gilt jedoch für die Mitglieder des Gläubigerausschusses. Durch § 67 Abs. 3 InsO wird gewährleistet, dass auch hochqualifizierte und sachverständige Nichtgläubiger dem Ausschuss angehören können. In diesem Zusammenhang werden etwa Wirtschaftsprüfer, Rechtsanwälte, vereidigte Buchprüfer, Steuerberater oder Hochschullehrer genannt. Für diesen Personenkreis muss ein höherer Vergütungsrahmen eröffnet werden.

Dem **§ 16 Abs. 2** wird folgender Satz angefügt:

„Sind die Kosten des Verfahrens nach § 4a der Insolvenzordnung gestundet, so kann das Gericht Vorschüsse bewilligen, auf die Satz 2 entsprechend Anwendung findet."

Begründung: Ebenso wie bei dem Insolvenzverwalter (vgl. Nummer 3) ist es beim Treuhänder nach § 293 InsO umstritten, ob ihm ein Anspruch auf einen Vorschuss zusteht, wenn die Kosten während der Wohlverhaltensperiode gestundet wurden. Ein Teil der Gerichte gewährt dem Treuhänder bereits de lege lata einen Vorschuss. Die Länder, die sich zu diesem Problem geäußert haben, vertreten überwiegend die Auffassung, es könne dem Treuhänder nicht zugemutet werden, seine Vergütung erst nach Ablauf der Wohlverhaltensperiode zu erhalten. Sofern Zweifel bestehen sollten, inwiefern sich ein Anspruch auf einen Vorschuss bereits aus dem geltenden Recht ergibt, wird eine diesbezügliche Klarstellung angeregt. Wie auch in den Fällen der Vorschussentnahme wird die Höhe doppelt begrenzt. Einmal kann der Treuhänder nur einen Vorschuss in Höhe des bereits Verdienten verlangen, zum anderen – und dies versteht sich in den Stundungsfällen von selbst – kann ihm vom Gericht höchstens die Mindestvergütung zugebilligt werden.

In **§ 17** wird die Angabe „zwischen 25 und 50 Euro" durch die Angabe **„zwischen 35 und 95 Euro"** ersetzt.

Begründung: Vgl. oben Begründung zu § 15 Abs. 1 Satz 2

§ 19 wird wie folgt gefasst:

„§ 19
Übergangsregelung

Auf Insolvenzverfahren, die vor dem 1. Januar 2004 eröffnet wurden, sind die Vorschriften dieser Verordnung in ihrer bis zum Inkrafttreten der Verordnung vom ... (einsetzen: Datum und Fundstelle dieser Änderungsverordnung) am ... (einsetzen: Datum des Inkrafttretens der Änderungsverordnung) geltenden Fassung weiter anzuwenden."

Begründung: Nach den Entscheidungen des BGH zur Mindestvergütung des Insolvenzverwalters rsp. Treuhänders sind die entsprechenden Vorschriften der InsVV ab dem 1. Januar 2004 verfassungswidrig. Auf Verfahren, die nach dem 31. Dezember 2003 eröffnet wurden, sind somit die neuen Mindestvergütungen anzuwenden. Für den Treuhänder in der Wohlverhaltensperiode hat dies zur Konsequenz, dass für Tätigkeiten, die er nach Inkrafttreten dieser Verordnung entfaltet, die neuen Vergütungssätze maßgebend sind.

Artikel 2

Diese Verordnung tritt am Tag nach der Verkündung in Kraft.

Anhang V

Entwurf einer Zweiten Verordnung zur Änderung der Insolvenzrechtlichen Vergütungsverordnung

Mit der Änderung des § 11 InsVV durch die Zweite Verordnung zur Änderung der Insolvenzrechtlichen Vergütungsverordnung vom 21.12.2006 (BGBl. I 2006, 3389) reagiert der Verordnungsgeber auf die Rechtsprechung des BGH zur Vergütung des vorläufigen Insolvenzverwalters (oben § 7 Rz. 27 ff.).

Im Folgenden ist der Entwurf des Bundesjustizministeriums vom 19.10.2006 abgedruckt. Dieser Entwurf wurde nach Anhörung der beteiligten Kreise noch geändert; die Änderungen sind in anderen Veröffentlichungen nur teilweise mit übernommen; Kübler/Prütting/Bork, InsO, InsVV Anh. IV und Haarmeyer/Wutzke/Förster, InsVV, 4. Aufl., 2007, Vor § 11, stimmen nicht vollständig überein. Nachfolgend ist der vollständige Begründungstext abgedruckt; die Textteile des ersten Entwurfstextes sind in eckigen Klammern abgedruckt. Die im Verordnungsgebungsverfahren hinzugekommenen Textteile sind kursiv gedruckt.

A. Allgemeine Begründung

1. Regelungsbedürfnis

In jüngerer Zeit ist eine erhebliche Unsicherheit entstanden, wie die Vergütung des vorläufigen Insolvenzverwalters zu berechnen ist.

Mit der Verordnung zur Änderung der insolvenzrechtlichen Vergütungsverordnung vom Oktober 2004 (BGBl I, 2569) wurde unter anderem auch § 11 InsVV mit dem Ziel novelliert, die Berechnungsgrundlage nicht mehr allein Rechtsprechung und Literatur zu überlassen, sondern der Praxis deutlichere Anhaltspunkte für die Festsetzung der Vergütung des vorläufigen Insolvenzverfahrens zu geben.

Dies ist offenbar nicht hinreichend gelungen. Bei der Novellierung von § 11 InsVV wurde mit der überwiegenden Auffassung in Rechtsprechung und Literatur davon ausgegangen, der vorläufige Insolvenzverwalter habe im Verhältnis zum Insolvenzverwalter einen eigenständigen Vergütungsanspruch unabhängig davon, ob Personenidentität besteht. Dies hat zur Folge, dass dieser eigenständige Vergütungsanspruch nach § 11 InsVV aufgrund einer eigenen Berechnungsgrundlage zu ermitteln ist. Zur Bestimmung dieser Berechnungsgrundlage soll in Übereinstimmung mit der früheren Rechtsprechung des Bundesgerichtshofs das Vermögen herangezogen werden, auf das sich seine Tätigkeit während der Laufzeit des Eröffnungsverfahrens bezieht. Dies wird noch einmal durch eine ausdrückliche Klarstellung in § 11 InsVV verdeutlicht.

2. Auswirkungen der Verordnung auf die Einnahmen und Ausgaben der öffentlichen Haushalte, Kosten der Wirtschaftsunternehmen und Auswirkungen auf das Preisniveau

a) Auswirkungen auf die Justizhaushalte von Bund und Ländern

Die Klarstellung in § 11 InsVV wird zu einer Entlastung für die Gerichte führen, da unnötige gerichtliche Auseinandersetzungen vermieden werden. In jüngster Zeit zeigte sich, dass zwischen den einzelnen Insolvenzgerichten erhebliche Meinungsunterschiede darüber bestehen, wie Vermögensgegenstände, an denen Aus- oder Absonderungsrechte bestehen, bei der Vergütung des vorläufigen Insolvenzverwalters berücksichtigt werden. Hätte diese Rechtsunsicherheit weiter bestanden, so wäre einerseits ein völlig uneinheitliches Vergütungsgefüge entstanden, andererseits hätten zahlreiche Verwalter bei einer unzureichenden Vergütung Rechtsmittel eingelegt.

Im Übrigen wird die öffentliche Hand durch die Klarstellung wie jeder andere Gläubiger im Insolvenzverfahren betroffen. Führt die Änderung von § 11 InsVV zu einer maßvollen Vergütungserhöhung, so ist diese aus der Insolvenzmasse aufzubringen und schmälert damit die Quote für die Insolvenzgläubiger.

Werden andererseits von den vorläufigen Insolvenzverwaltern wie bisher Sanierungschancen wahrgenommen, so wirkt sich dies insgesamt positiv auf die Wirtschaft aus und minimiert die volkswirtschaftlichen Verluste durch Insolvenzen. Im Übrigen kann, wenn die sanierten Unternehmen wieder erfolgreich am Markt operieren, mit höheren Steuereinnahmen gerechnet werden.

b) Kosten für die Wirtschaftsunternehmen

Die Unternehmen sind durch die in einzelnen Fällen denkbare geringere Insolvenzmasse ebenso betroffen wie die öffentliche Hand. Andererseits können diese möglichen Einbußen durch den Erhalt gewachsener Geschäftsbeziehungen kompensiert werden. Eine Quantifizierung ist insofern nicht möglich.

c) Preiswirkungen

Da die Verordnung lediglich den Rechtszustand wieder herstellt, wie er bis etwa Ende 2005 bestanden hat, sind insofern keine Auswirkungen zu erwarten. Sollte es dennoch zu geringfügigen Einzelpreiserhöhungen (für die Dienstleistungen der vorläufigen Insolvenzverwalter) kommen, so dürfte dies aufgrund ihrer geringen Gewichtung jedoch nicht ausreichen, um messbare Effekte auf das allgemeine Preis- bzw. Verbraucherpreisniveau zu induzieren.

B. Verordnungstext mit Begründung

Artikel 1

§ 11 der Insolvenzrechtlichen Vergütungsverordnung vom 19. August 1998, die zuletzt durch die Verordnung vom 4. Oktober 2004 (BGBl. I S. 2569) geändert worden ist, wird wie folgt geändert:

Die **Absätze 1 und 2** werden durch folgende **Absätze 1 bis 3** ersetzt:

„(1) [1]Die Tätigkeit des vorläufigen Insolvenzverwalters wird besonders vergütet. [2]Er erhält in der Regel 25 vom Hundert der Vergütung nach § 2 Abs. 1 bezogen auf das Vermögen, auf das sich seine Tätigkeit während des Eröffnungsverfahrens erstreckt. [3]Vermögensgegenstände im Besitz des Schuldners, an denen bei Verfahrenseröffnung Aus- oder Absonderungsrechte bestehen, werden berücksichtigt, sofern sich der vorläufige Insolvenzverwalter in erheblichem Umfang mit ihnen befasst. [4]Eine Berücksichtigung erfolgt nicht, sofern der Schuldner die Gegenstände lediglich aufgrund eines Gebrauchsüberlassungsvertrags in Besitz hat.

(2) [1]Wird die Festsetzung der Vergütung beantragt, bevor die Gegenstände nach Absatz 1 Satz 3 veräußert wurden, ist das Insolvenzgericht auf eine Abweichung des tatsächlichen von dem der Vergütung zugrunde liegenden Werts hinzuweisen, sofern die Wertdifferenz 20 vom Hundert bezogen auf die Gesamtheit der Gegenstände übersteigt. [2]In diesem Fall kann das Gericht den Beschluss bis zur Rechtskraft der Entscheidung über die Vergütung des Insolvenzverwalters ändern.

(3) Art, Dauer und der Umfang der Tätigkeit des vorläufigen Insolvenzverwalters sind bei der Festsetzung der Vergütung zu berücksichtigen."

Der bisherige **Absatz 2** wird **Absatz 4.**

Begründung: Da im Zeitpunkt des Abschlusses der vorläufigen Insolvenzverwaltung eine Teilungsmasse nicht vorhanden ist, wird als Berechnungsgrundlage das Vermögen herangezogen, auf das sich die Tätigkeit des vorläufigen Insolvenzverwalters während des Eröffnungsverfahrens bezieht.

Damit wird dreierlei klargestellt. Zum einen, dass die Berechnungsgrundlage abweichend von § 1 Satz 1 InsVV unter Berücksichtigung der Eigenheiten der vorläufigen Insolvenzverwaltung zu ermitteln ist. Zum anderen, dass das Vermögen, das in § 11 Abs. 1 Satz 2 angesprochen wird, nicht zu einem bestimmten Stichtag ermittelt werden kann, sondern insofern das gesamte Vermögen heranzuziehen ist, auf das sich die Verwaltungstätigkeit während der Dauer der vorläufigen Insolvenzverwaltung bezieht. Betrifft die vorläufige Verwaltung ein Unternehmen, so ist leicht einsichtig, dass der Vermögensbestand Schwankungen unterworfen ist. Erfolgen etwa Notverkäufe oder muss der vorläufige Insolvenzverwalter Herausgabeansprüche erfüllen oder Lieferantenrechnungen begleichen, um eine Weiterbelieferung sicherzustellen, so muss sich dies auch bei der Ermittlung der Berechnungsgrundlage niederschlagen; insofern könnte von einem dynamischen Vermögen gesprochen werden. Drittens soll damit verdeutlicht werden, dass der Vermögensbegriff, der § 11 Abs. 1 Satz 2 InsVV zugrunde liegt, der „klassische" Vermögensbegriff ist, wie er in der Rechtswissenschaft seit vielen Jahren verwendet wird. Insofern wird unter Vermögen die Gesamtheit der einer Person zustehenden Güter und Rechte von wirtschaftlichem Wert verstanden. Hierzu zählen insbesondere das Eigentum an Grundstücken und beweglichen Sachen, Forderungen und sonstige Rechte, die einen Geldwert besitzen. Bei diesem Vermögensbegriff ist es weitgehend unstreitig, dass die Verbindlichkeiten nicht zum Vermögen zu rechnen sind, so dass sie auch nicht den Rechten gegenübergestellt und wertmäßig von ihnen abgezogen werden können. *Insofern ließe sich auch von der Maßgeblichkeit des Aktivvermögens sprechen.*

Gerade bei einem sich ändernden Bestand von Vermögensgegenständen ist es geboten, festzulegen, welcher Zeitpunkt für die Wertermittlung maßgebend ist. Nach § 11 Abs. 1 Satz 3 InsVV-E soll dies die Eröffnung des Insolvenzverfahrens oder eine sonstige Beendigung der vorläufigen Verwaltung sein oder der Zeitpunkt, zu dem der einzelne Gegenstand nicht mehr der vorläufigen Verwaltung unterliegt, etwa weil er vom Verwalter veräußert wurde.

Weder aus dem Wortlaut, noch aus Sinn und Zweck oder aus der Entstehungsgeschichte der InsVV lässt sich ein allgemeiner Grundsatz dergestalt ableiten, dass die Vergütung des vorläufigen Insolvenzverwalters nicht die des Insolvenzverwalters übersteigen dürfte. Eine solche einengende Interpretation würde zudem der Lebenswirklichkeit nicht gerecht. Erinnert sei in diesem Zusammenhang lediglich an den Fall, dass eine übertragende Sanierung sich abzeichnet, der vorläufige Insolvenzverwalter die Durchführung einer due diligence veranlasst, die ersten sondierenden Gespräche mit Übernahmeinteressenten führt und die einschlägigen Verträge bereits formuliert werden. Nach Verfahrenseröffnung wird somit lediglich die Übertragung vollzogen und der Kaufpreis an die Gläubiger verteilt. Wie dieses Beispiel zeigt, sind somit vielfältige Fallkonstellationen denkbar, in denen der vorläufige Insolenzverwalter durch einen erheblichen Einsatz die Weichenstellung für das Verfahren vornimmt und nach Verfahrenseröffnung lediglich noch die Ausführung des bereits im Eröffnungsverfahren Konzipierten zu erfolgen hat.

In der gegenwärtigen Diskussion besonders umstritten ist die Berücksichtigung von Gegenständen, die der Schuldner in Besitz hat, die jedoch bei Verfahrenseröffnung mit Aus-

oder Absonderungsrechten belastet sind. Nach dem oben zum Vermögensbegriff Ausgeführten erschließt sich unschwer, dass insofern keine Saldierung zu erfolgen hat, so dass quasi nur ein Überschuss, der sich bei einem möglichen Verkauf ergeben würde, berücksichtigt werden kann. Vielmehr ist der Vermögensgegenstand als solcher ohne die auf ihm ruhenden Belastungen zu taxieren. Dabei versteht es sich von selbst, dass die Bewertung nicht losgelöst von dem wirtschaftlichen Wert des Vermögensgegenstandes erfolgen kann. Insofern ist immer zu berücksichtigen, dass das vorläufige Insolvenzverfahren lediglich dazu dient, das Insolvenzverfahren vorzubereiten und deshalb eine Verfahrensgestaltung zu wählen ist, die möglichst zu einer optimalen Gläubigerbefriedigung führt. Vor diesem Hintergrund müssen somit bei der Bewertung der für die Berechnungsgrundlage maßgebenden Vermögensgegenstände allgemein anerkannte Bewertungsgrundsätze herangezogen werden, wie sie etwa in den §§ 252 ff. HGB ihren Niederschlag gefunden haben. Völlig unrealistische Bewertungsansätze, wie sie teilweise in der Praxis vorgekommen sein sollen, würden das gesamte Vergütungssystem der vorläufigen Insolvenzverwaltung desavouieren.

Um die Masse nicht durch die Vergütungsansprüche des vorläufigen Insolvenzverwalters unverhältnismäßig zu belasten, ist neben realistischen Bewertungsansätzen auch eine erhebliche Befassung des vorläufigen Insolvenzverwalters mit den Gegenständen erforderlich, an denen mit Verfahrenseröffnung Aus- oder Absonderungsrechte bestehen. Insofern wird an die in der Praxis gebräuchliche Differenzierung zwischen einer lediglich „nennenswerten“ und einer „erheblichen“ Befassung mit den mit Aus- oder Absonderungsrechten behafteten Vermögenswerten des Schuldners angeknüpft. Die genannten Gegenstände werden somit nur dann in die Berechnungsgrundlage einbezogen, wenn der vorläufige Insolvenzverwalter sich in erheblichem Umfang mit ihnen befasst hat. Berechtigte Vergütungsinteressen werden hierdurch nicht berührt, da *bei einer lediglich „nennenswerten“ Befassung häufig nur Routinetätigkeiten vorliegen werden, die keine besondere Vergütung erfordern* [– sofern eine „erhebliche“ Befassung nicht vorliegt – die betreffenden Gegenstände zwar nicht in die Berechnungsgrundlage einbezogen werden, die Tätigkeit des Verwalters jedoch über die Gewährung eines Zuschlags angemessen abgegolten werden kann].

Nur wenn die Schwelle zu einer „erheblichen“ Befassung überschritten ist, ist es gerechtfertigt, die jeweiligen Vermögensgegenstände ungeschmälert bei der Ermittlung der Berechnungsgrundlage einzustellen. Insofern wird den Gerichten eine Möglichkeit geboten, den Aufwand des vorläufigen Insolvenzverwalters in Relation zu der zu gewährenden Vergütung zu setzen. Zudem ist daran zu erinnern, dass die Vergütung nach § 11 InsVV lediglich *in der Regel* 25 % der Vergütung im eröffneten Verfahren betragen soll, und somit eine völlig unangemessene Vergütungshöhe durch eine Reduzierung dieses Prozentsatzes verhindert werden kann.

Wie bereits ausgeführt, besteht der Zweck der vorläufigen Insolvenzverwaltung darin, ein Insolvenzverfahren vorzubereiten. Angesichts dieses Verfahrenszwecks können bei der Berechnungsgrundlage für die Vergütung des vorläufigen Insolvenzverwalters keine Gegenstände berücksichtigt werden, bei denen aufgrund der Rechtsbeziehung des Schuldners zu diesen Gegenständen von vornherein klar ist, dass sie nicht zur Masse des späteren Insolvenzverfahrens gehören werden. Insofern werden nach § 11 Abs. 1 Satz 4 InsVV-E Gegenstände, die der Schuldner lediglich aufgrund eines Gebrauchsüberlassungsvertrages in Besitz hat, nicht zur Ermittlung der Berechnungsgrundlage herangezogen. *Zu den Besitzüberlassungsverträgen sind zunächst die Gebrauchsüberlassungsverträge (also insbesondere Miete, Pacht und Leihe) zu rechnen. Daneben werden aber auch noch die Verträge erfasst, die etwa wie die Verwahrung kein Recht zum Gebrauch gewähren. Zieht man als Unterscheidungskriterium heran, ob aufgrund der Rechtsbeziehung des Schuldners zu dem betreffenden Gegenstand offensichtlich ist, dass er nicht zur Insolvenzmasse gehören wird, so könnte bei den Leasingge-*

genständen je nach dem zugrundeliegenden Vertragsverhältnis eine differenzierende Betrachtungsweise geboten sein. So ließe sich etwa beim Finanzierungsleasing mit Kaufoption eine Einbeziehung in die Berechnungsgrundlage mit guten Gründen vertreten. [Zur Verdeutlichung dieser Regelung sei etwa der Fall angeführt, dass der Schuldner in sehr guter Lage Büroräume angemietet hat, deren Wert mehrere Mio. Euro betragen. Es wäre durch nichts zu rechtfertigen, diese Immobilie in die Berechnungsgrundlage für die Vergütung des vorläufigen Insolvenzverwalters einzubeziehen.]

Zur Verdeutlichung von Absatz 1 Satz 5 sei etwa der Fall angeführt, dass der Schuldner in sehr guter Lange Büroräume angemietet hat, deren Wert mehrere Millionen Euro betragen. Es wäre durch nichts zu rechtsfertigen, diese Immobilie in die Berechnungsgrundlage für die Vergütung des vorläufigen Insolvenzverwalters einzubeziehen.

Von erheblicher Bedeutung in der Praxis ist das Problem, dass die Festsetzung der Vergütung des vorläufigen Insolvenzverwalters, sofern sie unmittelbar nach Verfahrenseröffnung geltend gemacht wird, lediglich anhand von Schätzwerten der der vorläufigen Verwaltung unterliegenden Vermögensgegenstände erfolgen kann. Dies hat in der Vergangenheit – wie bereits erwähnt – zu teilweise völlig unrealistischen Berechnungsgrundlagen geführt. Insofern sollen Vermögensgegenstände bei der Berechnungsgrundlage mit einem Schätzwert eingestellt worden sein, der von dem nach Verfahrenseröffnung tatsächlich realisierten Wert erheblich abwich. Zahlreiche etablierte Insolvenzverwalter haben vor diesem Hintergrund ihre Abrechnungen deshalb so ausgestaltet, dass sie ihre Vergütung als vorläufige Insolvenzverwalter erst dann geltend machen, wenn tatsächlich belastbare Werte ermittelt wurden. Dieser Praxis wird in dem neuen Absatz 2 Rechnung getragen. Erfolgt die Abrechnung der vorläufigen Insolvenzverwaltung, bevor die Werte nach Verfahrenseröffnung verifiziert werden konnten, so ist der vormalige vorläufige Insolvenzverwalter verpflichtet, das Insolvenzgericht auf eine erhebliche Abweichung des tatsächlichen Werts der mit Aus- und Absonderungsrechten belasteten Gegenstände von dem der Vergütungsabrechnung zugrunde liegenden Schätzwert hinzuweisen. *Um die Vergütung für den vorläufigen Insolvenzverwalter im Rahmen der Berechnung der Vergütung für die Insolvenzverwalter anpassen zu können, ist der Verwalter gehalten, seiner Hinweispflicht bis zur Vorlage der Schlussrechnung nachzukommen. In den seltenen Fällen, in denen der vorläufige nicht mit dem endgültigen Verwalter übereinstimmt, läuft die Hinweispflicht leer. Allerdings kann das Insolvenzgericht künftig auch ohne einen Hinweis die Vergütung von Amts wegen nach Absatz 2 anpassen.*

Eine erhebliche Wertdifferenz soll nach dem Verordnungsentwurf bei einer Abweichung von 20 % vorliegen, bezogen auf die Gesamtheit der Gegenstände, die in die Berechnungsgrundlage eingeflossen sind. [Eine solche erhebliche Wertdifferenz soll nach dem Verordnungsentwurf bei einer Abweichung von 20 %, bezogen auf die Gesamtheit all dieser Gegenstände, vorliegen.] Da in einem solchen Fall die Vergütung unter Zugrundelegung völlig unrealistischer Werte erfolgt ist, wird dem Insolvenzgericht die Möglichkeit eröffnet, den Beschluss über die Vergütung des vorläufigen Insolvenzverwalters anzupassen. *Diese Anpassungsmöglichkeit ist auch in den Fällen gegeben, in denen der Verwalter die Werte zu seinen Ungunsten zu niedrig festgesetzt hat. Andernfalls würden gerade die Verwalter benachteiligt, die die Gegenstände nach einer sehr vorsichtigen Wertermittlung taxiert haben.* [Eine solche Anpassung soll allerdings lediglich bis zur Rechtskraft der Entscheidung über die Vergütung des Insolvenzverwalters möglich sein.]

Um die Vergütungsentscheidung nicht über eine zu lange Zeit in der Schwebe zu halten, kann die Anpassung lediglich bis zur Rechtskraft der Entscheidung über die Vergütung des endgültigen Insolvenzverwalters erfolgen.

Artikel 2

Diese Verordnung tritt am Tag nach der Verkündung in Kraft.

Begründung: Da für das Inkrafttreten der Änderungsverordnung keine Übergangsvorschrift vorgesehen ist, findet das neue Recht auf alle vorläufigen Insolvenzverwaltungen Anwendung, deren Abrechnung noch nicht rechtskräftig abgeschlossen ist.

Anhang VI

Entwurf eines Gesetzes zur Fortentwicklung des Sanierungs- und Insolvenzrechts (Sanierungs- und Insolvenzrechtsfortentwicklungsgesetz – SanInsFoG)

– Auszug –

Durch Art. 6 des Gesetzes zur Fortentwicklung des Sanierungs- und Insolvenzrechts (Sanierungs- und Insolvenzrechtsfortentwicklungsgesetz – SanInsFoG) vom 22.12.2020, BGBl. I 2020, 3256, wurden die Degressionsstufen des § 2 Abs. 1 InsVV und weitere Vergütungen angepasst.

Im Folgenden ist den einzelnen Paragraphen des Entwurfs jeweils zugeordnet – die besondere Begründung zu Art. 6 des Regierungsentwurfs vom 9.11.2020 (BT-Drucks. 19/24181, S. 210 ff.) abgedruckt.

Artikel 6
Änderung der Insolvenzrechtlichen Vergütungsverordnung

Die Insolvenzrechtliche Vergütungsverordnung vom 19. August 1998 (BGBl. I S. 2205), die zuletzt durch Artikel 3 des Gesetzes vom 13. April 2017 (BGBl. I S. 866) geändert worden ist, wird wie folgt geändert:

1. § 2 wird wie folgt geändert:

a) **Absatz 1 wird wie folgt geändert:**

aa) In Nummer 1 wird die Angabe „25 000“ durch die Angabe „35 000“ und werden die Wörter „vom Hundert“ durch das Wort „Prozent“ ersetzt.

bb) In Nummer 2 wird die Angabe „50 000“ durch die Angabe „70 000“ und die Angabe „25 vom Hundert“ durch die Angabe „26 Prozent“ ersetzt.

cc) In Nummer 3 wird die Angabe „250 000“ durch die Angabe „350 000“ und die Angabe „7 vom Hundert“ durch die Angabe „7,5 Prozent“ ersetzt.

dd) In Nummer 4 wird die Angabe „500 000“ durch die Angabe „700 000“ und die Angabe „3 vom Hundert“ durch die Angabe „3,3 Prozent“ ersetzt.

ee) In Nummer 5 wird die Angabe „25 000 000“ durch die Angabe „35 000 000“ und die Angabe „2 vom Hundert“ durch die Angabe „2,2 Prozent“ ersetzt.

ff) In Nummer 6 wird die Angabe „50 000 000“ durch die Angabe „70 000 000“ und die Angabe „1 vom Hundert“ durch die Angabe „1,1 Prozent“ ersetzt.

gg) Nummer 7 wird durch die folgenden Nummern 7 bis 9 ersetzt: „7. von dem Mehrbetrag bis zu 350 000 000 Euro 0,5 Prozent, 8. von dem Mehrbetrag bis zu 700 000 000 Euro 0,4 Prozent, 9. von dem darüber hinausgehenden Betrag 0,2 Prozent.“

b) **Absatz 2 wird wie folgt geändert:**

aa) In Satz 1 wird die Angabe „1 000“ durch die Angabe „1 400“ ersetzt.

bb) In Satz 2 wird die Angabe „150“ durch die Angabe „210“ ersetzt.

cc) In Satz 3 wird die Angabe „100“ durch die Angabe „140“ ersetzt.

Zu Nummer 1

Die Anhebung der Regelsätze in § 2 ist die zentrale Maßnahme zur Sicherstellung einer auch in Zukunft angemessenen und verfassungsgemäßen Vergütung der Insolvenzverwalter.

Den Anstoß für die Erhöhung der Regel- und Mindestvergütungssätze hat eine gemeinsame Initiative der Berufsverbände Neue Insolvenzverwaltervereinigung Deutschlands e. V. und Verband Insolvenzverwalter Deutschlands e. V. gegeben. Im Einklang mit den gemeinsamen Vorschlägen, welche diese Berufsverbände im Herbst 2019 dem Bundesministerium der Justiz und für Verbraucherschutz übergeben und am 19.11.2019 im Internet veröffentlicht haben (https://www.vid.de/initiativen/gemeinsame-reformvorschlaege-von-nivd-und--vid-zur-reform-der-insolvenzrechtlichen-verguetungsverordnung), haben sowohl der Bundesarbeitskreis Insolvenzgerichte e. V. als auch die Landesjustizverwaltungen mit großer Mehrheit die Auffassung geäußert, dass eine Erhöhung der Regelsätze der Insolvenzverwaltervergütung dem Grunde nach angemessen sei, wenn auch über die konkrete Höhe der angemessenen Vergütung und die Ausgestaltung ihrer Struktur keine Einigkeit besteht.

Die Forderung der Berufsverbände besteht in einer Erhöhung der Stufengrenzwerte des § 2 Absatz 1 um 40 % zum Ausgleich der allgemeinen Preis- und Einkommensentwicklung und der Prozentsätze in den einzelnen Stufen um durchschnittlich 20 % zum Ausgleich für gestiegene Anforderungen an die Insolvenzverwalter. Außerdem wird eine Anhebung der Mindestvergütungssätze um 65 % gefordert.

Die grundsätzliche Berechtigung einer Erhöhung der Regelvergütung für die Insolvenzverwalter wird überwiegend anerkannt, allerdings besteht Uneinigkeit darüber, in welchem Umfang eine Erhöhung angemessen ist. Die von den Verbänden vorgeschlagene Erhöhung der Stufengrenzwerte um jeweils 40% wird von den Landesjustizverwaltungen der meisten Länder, die sich zu dem Vorschlag geäußert haben, befürwortet. Lediglich Bremen verneint ein Bedürfnis für eine Vergütungserhöhung in Gänze, Schleswig-Holstein will die Stufengrenzwerte unverändert sehen und befürwortet lediglich eine maßvolle Anpassung der Prozentsätze, und Nordrhein-Westfalen fordert, wenigstens die unteren Staffelstufen unverändert zu lassen. Auch der Bundesarbeitskreis Insolvenzgerichte e. V. hält die vorgeschlagene Erhöhung der Stufengrenzwerte für angemessen. Die zusätzliche Erhöhung der Prozentsätze in den einzelnen Staffelstufen wird dagegen mehrheitlich entweder grundsätzlich (Hamburg, Baden-Württemberg, Bayern) oder jedenfalls in der geforderten Höhe (Thüringen, Niedersachsen, Sachsen, Rheinland-Pfalz, Bundesarbeitskreis Insolvenzgerichte e. V., Fachverband der Kommunalkassenverwalter e. V.) abgelehnt. Auch die Erhöhung der Mindestvergütung wird mehrheitlich dem Grunde nach (Berlin, Nordrhein-Westfalen, Bremen) oder wenigstens in der geforderten Höhe (Thüringen, Niedersachsen, Sachsen, Rheinland-Pfalz, Hessen, Bundesarbeitskreis Insolvenzgerichte e. V., Fachverband der Kommunalkassenverwalter e. V.) abgelehnt.

Wesentlich für eine nicht zu weitgehende Anhebung der Vergütung spricht, dass die Vergütungen der Insolvenzverwalter die übrigen Beteiligten des Insolvenzverfahrens belasten. Da sie zu den Verfahrenskosten gehören, die nach §§ 53, 54 Nummer 2 der Insolvenzordnung vorweg aus der Insolvenzmasse zu berichtigen sind, schmälern sie die an die Insolvenzgläubiger auszukehrende Quote. Soweit die Masse zu ihrer Berichtigung nicht ausreicht, belasten sie auch nach erteilter Restschuldbefreiung den Schuldner (Umkehrschluss zu § 301 Absatz 1 Satz 1 der Insolvenzordnung). Zudem belasten sie die Länderhaushalte, soweit die Verfahrenskosten nach § 4a der Insolvenzordnung gestundet werden, die Masse zu ihrer Deckung nicht ausreicht, der Insolvenzverwalter nach § 63 Absatz 2 der Insolvenzordnung einen Anspruch gegen die Staatskasse geltend machen kann und der Schuldner die Verfahrenskosten bis zum Ablauf einer eventuell verlängerten Stundungsfrist nach § 4b der Insolvenzordnung nicht berichtigen kann. Bei kleinen Massen führt eine Erhöhung der Vergütung der Insolvenzverwalter zudem zu einer Mehrung der Zahl der Fälle, in denen Insolvenzanträge mangels Masse abzulehnen sind (§ 26 der Insolvenzordnung), was die Ordnungsfunktion des Insolvenzverfahrens beeinträchtigt.

Die Stufengrenzwerte in § 2 Absatz 1 und die Mindestvergütungssätze in § 2 Absatz 2 werden um jeweils 40 % erhöht. Dieser Prozentsatz geht zwar über die Entwicklung des vom Statistischen Bundesamtes veröffentlichten Verbraucherpreisindex hinaus, der von 1999 bis 2018 um 31,7 % gestiegen ist, bleibt aber hinter dem Anstieg der durchschnittlichen Bruttolöhne der Arbeitnehmer zurück, der sich nach Angaben der Deutschen Bundesbank von 1999 bis 2018 auf 45,6 % belief.

Zwar führt die Vorschrift des § 2 Absatz 1, wonach die Regelvergütung vom Wert der Insolvenzmasse abhängt, in einem gewissen Umfang zu einer laufenden Erhöhung der Vergütung, wenn im Zuge der allgemeinen Preisentwicklung auch die durchschnittlichen Nominalwerte der Insolvenzmassen ansteigen. Wegen der degressiven Struktur der Regelvergütung kann dieser Effekt die Realeinkommensverluste, die sich bei unveränderten Vergütungsvorschriften inflationsbedingt ergeben, aber nicht vollständig ausgleichen. Soweit die Verordnung Festbeträge nennt, wie dies bei der Mindestvergütung in § 2 Absatz 2 der Fall ist, schlägt die Inflation in vollem Umfang auf die reale Vergütungshöhe durch.

Um insbesondere im Bereich der Kleinstverfahren nicht zu einer flächendeckenden Abweisung von Insolvenzanträgen mangels Masse zu kommen, werden die Prozentsätze in den einzelnen Stufen des § 2 Absatz 1 erst ab der zweiten Stufe maßvoll angehoben. So wird auch in diesem Bereich die Ordnungsfunktion des Insolvenzverfahrens gesichert. Dass die Anforderungen an die Insolvenzverwalter in den vergangenen zwei Jahrzehnten in einigen Bereichen gestiegen sind, wird verbreitet anerkannt. Es sind umfangreichere buchhalterische und steuerliche Verpflichtungen zu erfüllen und der Aus- und Fortbildungsbedarf der Insolvenzverwalter sowie ihrer Mitarbeiter ist gestiegen. Allerdings wird von Seiten der Länder eingewandt, dass Insolvenzverwalter auch in zunehmendem Maße Fremdleistungen in Anspruch nehmen, bei denen die Entgelte für die Dienstleister aus der Masse zu begleichen sind, und dass im Zuge der zunehmenden Digitalisierung auch Rationalisierungseffekte eintreten. Eine konkrete Bezifferung eines inflationsbereinigten Anstiegs der aus der Vergütung zu tragenden Kosten der Bearbeitung von Insolvenzverfahren seit Einführung der Insolvenzrechtlichen Vergütungsverordnung ist indes nicht möglich. Es fehlt an validen Daten zu den Kosten vergleichbarer Verfahren aus der Zeit des Inkrafttretens des derzeitigen Vergütungsrechts und aus der Gegenwart. Deshalb bleibt die Erhöhung der Prozentsätze in den einzelnen Staffelstufen deutlich hinter den Forderungen der Berufsverbände zurück. In der höchsten Stufe wird auf eine Anhebung des Prozentsatzes ebenfalls verzichtet, da empirisch gerade in Fällen mit sehr hohen Massen bereits nach dem geltenden Recht nicht festzustellen ist, dass die Vergütungen die Kosten der Insolvenzverwalterbüros nicht abdecken oder aus anderen Gründen unangemessen erscheinen.

Die Erhöhung der Stufengrenzwerte um 40 % führt nicht zu einem sprunghaften Anstieg der durchschnittlichen Vergütung in gleicher Höhe mit Inkrafttreten der Neuregelung. Auch im Zusammenwirken mit der Erhöhung der Prozentsätze wird der Anstieg der Vergütungen durchweg deutlich unter 40 % liegen. So wird sich beispielsweise bei einem Wert der Insolvenzmasse von 25.000 Euro im Bereich oberhalb der Mindestvergütungssätze gar keine Erhöhung der Regelvergütung ergeben. Bei einem Wert von 35.000 Euro ergibt sich statt einer Regelvergütung nach bisherigem Recht in Höhe von 12.500 Euro nach neuem Recht eine solche von 14.000 Euro, was einen Zuwachs von 12 % bedeutet. Bei einem Wert von 10.000.000 Euro liegt die Regelvergütung nach bisherigem Recht bei 227.750 Euro und nach neuem Recht bei 260.600 Euro, was einer Erhöhung um 12,6 % entspricht. Es wird durch die Erhöhung der Stufengrenzwerte nur der Teil des Realeinkommensverlustes ausgeglichen, der nicht bereits durch den inflationsbedingten Anstieg der durchschnittlichen Nominalwerte der Insolvenzmassen abgefedert worden ist. Die weitere Erhöhung wegen der erhöhten Anforderungen an die Insolvenzverwalter ergibt sich allein aus der Erhöhung der

Prozentsätze in den einzelnen Stufen. Ohne diese Erhöhung der Prozentsätze, also allein aus der Erhöhung der Stufengrenzwerte, ergäbe sich in dem Beispiel mit einer Masse von 10 000 000 Euro eine Vergütung von 238.850 Euro, was einer Erhöhung um lediglich 4,6 % entspräche.

Die Begrenzung des Vergütungssatzes in den neuen Endstufen auf 0,4 % für den über 350 000 000 Euro und auf 0,2 % für den über 700 000 000 Euro hinausgehenden Betrag der Bemessungsgrundlage trägt dem Gedanken Rechnung, dass der Mehraufwand, der dem Insolvenzverwalter durch eine vergrößerte Insolvenzmasse entsteht, degressiv verläuft. Angesichts einiger Beispiele von Insolvenzmassen in Milliardenhöhe in den letzten Jahren zeigt sich, dass die bisherige Grenze der höchsten Tarifstufe der wirtschaftlichen Realität auch dann nicht angemessen ist, wenn sie entsprechend den anderen Stufengrenzen um 40 % erhöht wird.

2. Dem § 4 Absatz 2 wird folgender Satz angefügt:

„Für die Übertragung der Zustellungen im Sinne des § 8 Absatz 3 der Insolvenzordnung gilt Nummer 9002 des Kostenverzeichnisses zum Gerichtskostengesetz entsprechend."

Zu Nummer 2

Eine ausdrückliche Regelung für die Höhe des Auslagenersatzes im Falle der Übertragung der Zustellungen nach § 8 Absatz 3 der Insolvenzordnung existiert bislang nicht. Dass es sich um erstattungsfähige Auslagen handelt, ist zwar anerkannt. Die Gerichte setzen aber sehr unterschiedliche Beträge je Zustellung an. Die Spanne reicht von 1 Euro bis 4,50 Euro (Budnik in BeckOK InsO, 15. Ed. Stand 25. Juli 2019, § 4 InsVV, Rz. 15). Durch die Neuregelung wird ein einheitlicher Satz von derzeit 3,50 Euro festgelegt. Eine weitere Folge der entsprechenden Anwendung von Nummer 9002 der Anlage 1 zu § 3 Absatz 2 des Gerichtskostengesetzes besteht darin, dass ein Anspruch auf Auslagenersatz erst ab der 11. Zustellung im Verfahren besteht. Die Regelung entspricht den gemeinsamen Vorschlägen der Berufsverbände und wird auch vom Bundesarbeitskreis Insolvenzgerichte e. V. sowie nahezu einhellig von den Ländern befürwortet.

3. § 4 Absatz 3 wird wie folgt gefasst:

„(3) Mit der Vergütung sind auch die Kosten einer Haftpflichtversicherung mit einer Versicherungssumme bis zu 2 000 000 Euro pro Versicherungsfall und mit einer Jahreshöchstleistung bis zu 4 000 000 Euro abgegolten. Ist die Verwaltung mit einem darüber hinausgehenden Haftungsrisiko verbunden, so sind die Kosten einer entsprechend höheren Versicherung als Auslagen zu erstatten."

Zu Nummer 3

Die Neuregelung konkretisiert die bisherige Regelung, indem sie die unbestimmten Rechtsbegriffe des besonderen Haftungsrisikos und der angemessenen zusätzlichen Versicherung durch konkrete betragliche Vorgaben ersetzt. Sie dient damit der Rechtssicherheit und der Vorhersehbarkeit des Auslagenersatzes. Sie entspricht weitgehend dem gemeinsamen Vorschlag der Berufsverbände, dem sich der Bundesarbeitskreis Insolvenzgerichte e. V. und nahezu einhellig auch die Länder angeschlossen haben. Allerdings wird von dem Vorschlag dahingehend abgewichen, dass der Auslagenersatz für die Mehrversicherungsbeiträge nicht neben die Pauschale nach § 8 Abs. 3 tritt, sondern nur bei einer Einzelabrechnung geltend gemacht werden kann. Dafür sprechen systematische Erwägungen. Die Pauschale soll den

Einzelnachweis von Auslagen in Fällen entbehrlich machen, in denen Auslagen nur im üblichen Umfang anfallen, aber keine verdeckte Erhöhung der Regelvergütung bewirken.

4. In § 8 Absatz 3 Satz 1 wird die Angabe „250" durch die Angabe „350" ersetzt.

Zu Nummer 4

Für die Änderung des § 8 Absatz 3 Satz 1 gelten die Ausführungen zu Nummer 1 entsprechend. Der monatliche Höchstbetrag wird um 40 % auf 350 Euro angehoben. Einer zusätzlichen Erhöhung der in § 8 Absatz 3 genannten Prozentsätze bedarf es nicht, weil diese auf die Regelvergütungssätze des § 2 bezogen sind und daher schon durch deren Anhebung eine angemessene Anpassung gewährleistet ist. Zudem besteht nach wie vor die Möglichkeit, anstelle der Pauschale eine konkrete Abrechnung der Auslagen vorzunehmen. Somit ist sichergestellt, dass die Insolvenzverwalter ihre sämtlichen erstattungsfähigen Auslagen tatsächlich ersetzt bekommen können. Damit wird den Bedenken, welche von den Ländern, dem Bundesarbeitskreis Insolvenzgerichte e. V. und Fachverband der Kommunalkassenverwalter e. V. gegen die von den Berufsverbänden vorgeschlagene Erhöhung auch der Prozentsätze geltend gemacht worden sind, Rechnung getragen, gleichzeitig aber die allgemeine Preis- und Einkommensentwicklung abgebildet.

5. In § 10 werden nach dem Wort „Sachwalters" ein Komma und die Wörter „des vorläufigen Sachwalters" eingefügt.

Zu Nummer 5

Bei der Ergänzung des § 10 handelt es sich um eine redaktionelle Anpassung an die Neuregelung der Vergütung des vorläufigen Sachwalters im neuen § 12a.

6. In § 12 Absatz 3 wird die Angabe „250" durch die Angabe „350" und die Angabe „125" durch die Angabe „175" ersetzt.

Zu Nummer 6

Für die Änderung des § 12 Absatz 3 gelten die Ausführungen zu Nummer 1 entsprechend. Die Erhöhung um 40 % auf 175 Euro dient dem Ausgleich der allgemeinen Preis- und Einkommensentwicklung. Die von den Berufsverbänden geforderte gänzliche Streichung von § 12 Absatz 3 wird nicht umgesetzt. Entsprechend den ablehnenden Stellungnahmen des Bundesarbeitskreises Insolvenzgerichte e. V., des Fachverbandes der Kommunalkassenverwalter e. V. und der meisten Länder ist davon auszugehen, dass Sachwalter typischerweise einen begrenzteren Aufgabenkreis abzudecken haben als Insolvenzverwalter. Zudem wird die Möglichkeit der Einzelabrechnung von Auslagen den Interessen der Sachwalter insoweit hinreichend gerecht.

7. Nach § 12 werden die folgenden §§ 12a und 12b eingefügt:

„§ 12a
Vergütung des vorläufigen Sachwalters

(1) Die Tätigkeit des vorläufigen Sachwalters wird gesondert vergütet. Er erhält in der Regel 25 Prozent der Vergütung des Sachwalters bezogen auf das Vermögen, auf das sich seine Tätigkeit während des Eröffnungsverfahrens erstreckt. Maßgebend für die Wertermittlung ist der Zeitpunkt der Beendigung der vorläufigen Eigenverwaltung oder der Zeitpunkt, ab dem der Gegenstand nicht mehr der Verfügungsbefugnis des eigenverwaltenden Schuldners unterliegt. Vermögensgegenstände, an denen bei Verfahrenseröffnung Aus- oder Absonderungsrechte bestehen, werden dem Vermögen

nach Satz 2 hinzugerechnet, sofern sich der vorläufige Sachwalter in erheblichem Umfang mit ihnen befasst. Sie bleiben unberücksichtigt, sofern der Schuldner die Gegenstände lediglich aufgrund eines Besitzüberlassungsvertrages in Besitz hat.

(2) Wird die Festsetzung der Vergütung beantragt, bevor die von Absatz 1 Satz 2 erfassten Gegenstände veräußert wurden, ist das Insolvenzgericht spätestens mit Vorlage der Schlussrechnung auf eine Abweichung des tatsächlichen Werts von dem der Vergütung zugrunde liegenden Wert hinzuweisen, sofern die Wertdifferenz 20 Prozent bezogen auf die Gesamtheit dieser Gegenstände übersteigt.

(3) Art, Dauer und Umfang der Tätigkeit des vorläufigen Sachwalters sind bei der Festsetzung der Vergütung zu berücksichtigen.

(4) Hat das Insolvenzgericht den vorläufigen Sachwalter als Sachverständigen gesondert beauftragt zu prüfen, ob ein Eröffnungsgrund vorliegt und welche Aussichten für eine Fortführung des Unternehmens des Schuldners bestehen, so erhält er gesondert eine Vergütung nach dem Justizvergütungs- und -entschädigungsgesetz.

§ 12b
Vergütung des Sondersachwalters

(1) Die Grundvergütung des Sondersachwalters beträgt regelmäßig zwischen 150 und 350 Euro je Stunde. Bei der Festsetzung des Stundensatzes sind insbesondere der Umfang der Tätigkeit und die berufliche Qualifikation des Sondersachwalters zu berücksichtigen.

(2) Zusätzlich zu der Grundvergütung nach Absatz 1 erhält der Sondersachwalter den Anteil der Sachwaltervergütung, der dem Anteil der in die Insolvenzmasse geflossenen Zahlungen vom Sondersachwalter im Rahmen seiner Zuständigkeit nach § 274 Absatz 1 der Insolvenzordnung geltend gemachten Forderungen zur gesamten Berechnungsgrundlage nach § 1 entspricht. Die Vergütung des Sachwalters vermindert sich um den nach Satz 1 dem Sondersachwalter zustehenden Betrag.

(3) Auslagen sind einzeln anzuführen und zu belegen.

(4) Soweit Umsatzsteuer anfällt, gilt § 7 entsprechend.“

Zu Nummer 7

Zu § 12a:

Die Insolvenzrechtlichen Vergütungsverordnung enthält bislang keine Regelung der Vergütung des vorläufigen Sachwalters, der im Eröffnungsverfahren mit Anordnung der vorläufigen Eigenverwaltung bestellt wird.

Der Bundesgerichtshof (Beschluss vom 22.6.2017 – IX ZB 91/15, ZInsO 2017, 1813, Rz. 10, 11 m. w. N.) geht davon aus, dass nach der Insolvenzordnung kein eigenständiger Vergütungsanspruch des vorläufigen Sachwalters besteht. Danach handelt es sich bei der Tätigkeit als vorläufiger Sachwalter um einen Umstand, der zu einem Zuschlag für die Vergütung des Sachwalters führt. Der Sachwalter erhält, wenn er als vorläufiger Sachwalter tätig war, einen Zuschlag von 25 Prozent auf seine Vergütung, insgesamt also eine Regelvergütung von 85 Prozent der Vergütung nach § 2 Absatz 1. Die Vergütung wird einheitlich festgesetzt. Zuvor kann der Sachwalter auf Antrag einen Vorschuss erhalten. Die Berechnungsgrundlage für die Vergütung der Tätigkeit des vorläufigen Sachwalters ist mit derjenigen des endgültigen Sachwalters identisch. Wird der vorläufige Sachwalter ausgetauscht oder nicht auch zum Sachwalter bestellt, ist seine Vergütung bei Abschluss des

Verfahrens anteilig festzusetzen (Bundesgerichtshof, Beschluss vom 21. Juli 2016 – IX ZB 70/14, NZI 2016, 796, Rz. 28 m. w. N.).

Damit werden im bisherigen Recht vorläufige Insolvenzverwalter, die einen eigenständigen Vergütungsanspruch haben, und vorläufige Sachwalter, die einen solchen Anspruch nicht haben, ungleich behandelt, ohne dass für diese Ungleichbehandlung ein tragfähiger Grund besteht. Außerdem knüpft die bestehende Vergütungsregelung für den vorläufigen Sachwalter an eine Vermögensmasse an, auf die sich ihre Tätigkeit nicht bezieht.

Durch die Neuregelung wird dem vorläufigen Sachwalter ein eigenständiger Vergütungsanspruch eingeräumt, welcher an die Vermögensmasse anknüpft, auf welche sich seine Tätigkeit bezieht und der in seiner Struktur parallel zur Vergütungsregelung dem vorläufigen Insolvenzverwalter ausgestaltet wird.

Das Meinungsbild bei den Verbänden und Ländern ist insoweit geteilt. Einige Länder lehnen eine Regelung eines eigenständigen Vergütungsanspruchs für die vorläufigen Sachwalter grundsätzlich ab oder befürworten die Festschreibung der Rechtsprechung des Bundesgerichtshofs (Schleswig-Holstein, Bremen). Die Regelung entspricht weitgehend den Vorschlägen der Berufsverbände, weicht davon inhaltlich aber insoweit ab, als sie sich noch enger an die Struktur der Regelung für den vorläufigen Insolvenzverwalter in § 11 anlehnt und insbesondere auch eine § 11 Absatz 2 entsprechende Regelung für den Fall der Abweichung der tatsächlich erzielten Verwertungserlöse von den geschätzten und der Vergütungsfestsetzung zugrunde gelegten Werten der Vermögensgegenstände enthält. Außerdem wird vom Vorschlag der Berufsverbände insoweit abgewichen, als entsprechend den Stellungnahmen des Bundesarbeitskreises Insolvenzgerichte e. V., des Fachverbandes der Kommunalkassenverwalter und einiger Länder (Bayern, Sachsen) die 25% nicht auf die Vergütung des Insolvenzverwalters (100 % der Regelsätze nach § 2), sondern auf die Vergütung des Sachwalters (60 %) bezogen wird, sich also auf 15 % der Regelsätze nach § 2 beläuft. Denn der Vorschlag der Berufsverbände, für den sich auch Nordrhein-Westfalen ausgesprochen hat, entspricht zwar insoweit der Rechtsprechung des Bundesgerichtshofs, verkennt aber, dass bei einem vorläufigen Sachwalter typisierend von einem begrenzteren Aufgabenkreis als bei einem vorläufigen Insolvenzverwalter ausgegangen werden kann.

Zu § 12b:

[Anm. d. Verf.: Die Einfügung des § 12b ist entsprechend der Beschlussempfehlung der Rechtsausschusses entfallen (siehe BT-Drucks. 19/25303 sowie Bericht, BT-Drucks. 19/25353, S. 14: „Zu Nummer 7 (Streichung von § 12b) Bei der Streichung des § 12b InsVV-RegE handelt es sich um eine Folgeänderung zur Streichung des § 274a Absatz 1 InsO-RegE.“]

Absatz 1 gestaltet nach dem Vorbild von § 17 Absatz 1 der Insolvenzrechtlichen Vergütungsverordnung die von § 274a Absatz 4 Satz 2 der Insolvenzordnung vorgesehene Grundvergütung des Sondersachwalters nach Stundensätzen näher aus. Dabei wird ein gegenüber § 17 Absatz 1 der Insolvenzrechtlichen Vergütungsverordnung erhöhter Rahmen vorgesehen, da für die Tätigkeit als Sondersachwalter eine weitergehende Qualifikation erforderlich ist als für die Tätigkeit als Gläubigerausschussmitglied. Absatz 2 legt den konkreten Bruch für die Aufteilung der Sachwaltervergütung nach § 274 Absatz 4 Satz 3 fest. Dabei entspricht der Zähler allen tatsächlich in die Masse geflossenen Zahlungen auf Ansprüche, welche der Sondersachwalter im Rahmen seiner Zuständigkeit realisiert hat. Im Nenner steht die gesamte Berechnungsgrundlage nach § 1 der Insolvenzrechtlichen Vergütungsverordnung einschließlich der im Zähler zu berücksichtigenden Beträge. Das Ergebnis ist mit der nach § 12 zu berechnenden Sachwaltervergütung zu multiplizieren, um die Zusatzvergütung der Sondersachwaltervergütung zu ermitteln.

Die Absätze 3 und 4 orientieren sich an § 18 der Insolvenzrechtlichen Vergütungsverordnung. Daraus ergibt sich zugleich, dass der Sondersachwalter für seine Auslagen weder einen eigenen Pauschsatz nach § 8 Absatz 3 noch einen Anteil am Pauschsatz des Sachwalters nach § 12 Absatz 3 beanspruchen kann, sondern seine Auslagen nur auf Grundlage eines Einzelnachweises erstattet bekommen kann.

8. In § 13 wird die Angabe „800" durch die Angabe „1 120" ersetzt.

Zu Nummer 8

Für die Änderung des § 13 gelten die Ausführungen zu Nummer 1 entsprechend. Die von den Berufsverbänden geforderte gänzliche Abschaffung von § 13 erscheint nicht geboten. Der Bundesarbeitskreis Insolvenzgerichte e. V. und die Länder haben in ihren ablehnenden Stellungnahmen überzeugend dargelegt, dass in den Fällen des § 13 typischerweise durchaus eine signifikante Arbeitserleichterung festzustellen ist.

9. § 14 wird wie folgt geändert:

a) Absatz 2 wird wie folgt geändert:

aa) In Nummer 1 wird die Angabe „25 000" durch die Angabe „35 000" ersetzt.

bb) In Nummer 2 wird die Angabe „50 000" durch die Angabe „70 000" ersetzt.

b) Absatz 3 wird wie folgt geändert:

aa) In Satz 1 wird die Angabe „100" durch die Angabe „140" ersetzt.

bb) In Satz 2 wird die Angabe „50" durch die Angabe „70" ersetzt.

Zu Nummer 9

Für die Änderung des § 14 gelten die Ausführungen zu Nummer 1 entsprechend. Allerdings erscheint hier über die Anhebung der Stufengrenzwerte hinaus eine Anhebung der Prozentsätze in den einzelnen Stufen nicht geboten, weil eine deutliche Erhöhung der Anforderungen an die Treuhänderinnen und Treuhänder seit Inkrafttreten der bisherigen Vergütungsregelungen nicht erkennbar ist und von den Berufsverbänden auch nicht konkret dargelegt worden ist. Die von den Berufsverbänden überdies geforderte massive weitergehende Anhebung der Mindestvergütung der Treuhänderin oder des Treuhänders wird nicht nachvollziehbar begründet und vom Bundesarbeitskreis Insolvenzgerichte e. V., vom Fachverband der Kommunalkassenvertreter e. V. sowie von den Ländern abgelehnt.

10. In § 15 Absatz 1 Satz 2 wird die Angabe „35" durch die Angabe „50" ersetzt.

Zu Nummer 10

Für die Änderung des § 15 gelten die Ausführungen zu Nummer 1 entsprechend. Abweichend vom Vorschlag der Berufsverbände und im Einklang mit der Stellungnahme des Landes Schleswig-Holstein wird die Erhöhung auch hier auf rund 40 % begrenzt.

11. § 17 wird wie folgt geändert:

a) Absatz 1 wird wie folgt geändert:

aa) In Satz 1 wird die Angabe „35 und 95" durch die Angabe „50 und 300" ersetzt.

bb) In Satz 2 wird das Wort „ist" durch das Wort „sind" ersetzt und werden nach dem Wort „Tätigkeit" die Wörter „und die berufliche Qualifikation des Ausschussmitglieds" eingefügt.

b) In Absatz 2 Satz 1 wird die Angabe „§ 270 Absatz 3“ durch die Angabe „§ 270b Absatz 3“ und die Angabe „300“ durch die Angabe „500“ ersetzt.

Zu Nummer 11

Die Anhebung des Rahmens für die Vergütung der Mitglieder des Gläubigerausschusses geht deutlich über die übrigen Erhöhungen der Vergütungen hinaus. Insolvenzverwalter, Insolvenzrichter sowie Rechtspfleger, Vertreter der Kreditwirtschaft, der Finanzverwaltung und der Gewerkschaften berichten nahezu einhellig, dass es zunehmend schwierig ist, geeignete Gläubigerausschussmitglieder zu finden, und dass eine wesentliche Ursache für diese Schwierigkeiten in der zu geringen Höhe der maximalen Vergütung liegt. Die bisherigen Vergütungssätze werden weder der in anspruchsvolleren Verfahren erforderlichen fachlichen Qualifikation der Gläubigerausschussmitglieder noch den Haftungsrisiken, denen sie ausgesetzt sind, gerecht. Aus diesem Grunde wird auch die berufliche Qualifikation des jeweiligen Gläubigerausschussmitglieds ausdrücklich als zu berücksichtigender Umstand normiert. In den Ländern ist das Stimmungsbild hinsichtlich der Höhe der Anhebung der Rahmensätze zwar nicht ganz einheitlich. Eine Erhöhung dem Grunde nach wird aber nahezu durchgängig auch von den Landesjustizverwaltungen befürwortet.

Außerdem wird eine redaktionelle Folgeanpassung an die Neuregelungen zur Eigenverwaltung in der Insolvenzordnung vorgenommen.

12. Dem § 19 wird folgender Absatz 5 angefügt:

„(5) Auf Insolvenzverfahren, die vor dem 1. Januar 2021 beantragt worden sind, sind die bis zum 31. Dezember 2020 geltenden Vorschriften anzuwenden.“

Zu Nummer 12

Die Übergangsregelung stellt sicher, dass im Zeitpunkt der Insolvenzantragstellung für alle Beteiligten die Vergütung des Insolvenzverwalters, des vorläufigen Insolvenzverwalters, des Sachwalters, des Treuhänders und der Mitglieder des Gläubigerausschusses und des vorläufigen Gläubigerausschusses hinreichend planbar ist. Eine Rückwirkung der für die Insolvenzgläubiger sowie Schuldner potentiell belastenden Neuregelungen wird vermieden.

Anhang VII

Verordnung über die Vergütung des Konkursverwalters, des Vergleichsverwalters, der Mitglieder des Gläubigerausschusses und der Mitglieder des Gläubigerbeirates – VergVO

vom 25.5.1960, BGBl. I 1960, 329,
zuletzt geändert durch Verordnung vom 11.6.1979, BGBl. I 1979, 637,
aufgehoben durch Art. 2 Nr. 5 EGInsO vom 5.10.1994, BGBl. I 1994, 2911

Auf Grund des § 85 Abs. 2 und des § 91 Abs. 2 der Konkursordnung, sowie des § 43 Abs. 5 und des § 45 Abs. 2 der Vergleichsordnung in Verbindung mit Artikel 129 Abs. 1 des Grundgesetzes wird verordnet:

ERSTER ABSCHNITT
Vergütung des Konkursverwalters

§ 1

(1) Die Vergütung des Konkursverwalters wird nach der Teilungsmasse berechnet, auf die sich die Schlußrechnung erstreckt.

(2) Ist der Gesamtbetrag der Konkursforderungen geringer, so ist dieser maßgebend.

§ 2

Die Teilungsmasse ist im einzelnen wie folgt zu bestimmen:

1. Massegegenstände, die mit Absonderungsrechten (z. B. Hypotheken, Vertrags- oder Pfändungspfandrechten, Rechten aus einer Sicherungsübereignung) belastet sind, werden nur insoweit berücksichtigt, als aus ihnen ein Überschuß zur Masse geflossen ist oder voraussichtlich noch fließen wird. Gegenstände, die dem Vermieterpfandrecht unterliegen, werden jedoch voll berücksichtigt, auch wenn auf Grund des Pfandrechts Zahlungen aus der Masse an den Vermieter geleistet sind.
2. Werden Aus- oder Absonderungsrechte abgefunden, so wird die aus der Masse hierfur gewährte Leistung vom Sachwert der Gegenstände, auf die sich diese Rechte erstreckten, abgezogen.
3. Massekosten und Masseschulden werden nicht abgesetzt. Beträge, die der Konkursverwalter als Rechtsanwaltsgebühren aus der Masse erhält, werden jedoch in Abzug gebracht.
   Gehen verauslagte Prozeß- oder Vollstreckungskosten wieder ein, so werden sie gegen die verauslagten Kosten verrechnet.
4. Steht einer Forderung eine Gegenforderung gegenüber, so wird lediglich der bei einer Verrechnung sich ergebende Überschuß berücksichtigt.
5. Wird das Geschäft des Gemeinschuldners weitergeführt, so ist aus den Einnahmen nur der Überschuß zu berücksichtigen, der sich nach Abzug der Ausgaben ergibt.
6. Ein zur Durchführung des Verfahrens von einem anderen als dem Gemeinschuldner geleisteter Vorschuß oder ein zur Erfüllung eines Zwangsvergleichs zur Masse geleisteter Zuschuß bleibt außer Betracht. Gleiches gilt für den Verzicht eines Gläubigers auf seine Forderung.

§ 3

(1) Der Konkursverwalter erhält in der Regel

von den ersten	10 000 DM der Teilungsmasse	15 v. H.,
von dem Mehrbetrag bis zu	50 000 DM der Teilungsmasse	12 v. H.,
von dem Mehrbetrag bis zu	100 000 DM der Teilungsmasse	6 v. H.,
von dem Mehrbetrag bis zu	500 000 DM der Teilungsmasse	2 v. H.,
von dem Mehrbetrag bis zu	1 000 000 DM der Teilungsmasse	1 v. H.,
von dem darüber hinausgehenden Betrag		½ v. H.

(2) Die Vergütung soll in der Regel mindestens 400 DM betragen.

(3) Sind mehrere Konkursverwalter nebeneinander bestellt, so sind die Vergütungen so zu berechnen, daß sie zusammen den Betrag nicht übersteigen, der in dieser Verordnung als Vergütung für einen Konkursverwalter vorgesehen ist.

§ 4

(1) Die Vergütung ist abweichend vom Regelsatz (§§ 1 bis 3) festzusetzen, wenn Besonderheiten der Geschäftsführung des Konkursverwalters es erfordern.

(2) Eine den Regelsatz übersteigende Vergütung ist insbesondere festzusetzen, wenn

a) die Bearbeitung von Aus- und Absonderungsrechten einen erheblichen Teil der Verwaltertätigkeit ausgemacht hat, ohne daß die Teilungsmasse entsprechend größer geworden ist oder

b) der Verwalter zur Vermeidung von Nachteilen für die Konkursmasse das Geschäft weitergeführt oder er Häuser verwaltet hat und die Teilungsmasse nicht entsprechend größer geworden ist.

(3) Ein Zurückbleiben hinter dem Regelsatz kann insbesondere gerechtfertigt sein, wenn

a) der Konkursverwalter in einem früheren Vergleichsverfahren als Vergleichsverwalter erhebliche Vorarbeiten für das Konkursverfahren geleistet und dafür eine entsprechende Vergütung erhalten hat oder

b) die Masse bereits zu einem wesentlichen Teil verwertet war, als der Konkursverwalter das Amt übernahm, oder

c) das Konkursverfahren vorzeitig beendet wird (etwa durch Aufhebung des Eröffnungsbeschlusses oder durch Einstellung des Verfahrens) oder

d) die Teilungsmasse groß war und die Geschäftsführung verhältnismäßig geringe Anforderungen an den Konkursverwalter stellte.

(4) Ob und in welcher Höhe Nachtragsverteilungen besonders vergütet werden, bestimmt das Gericht nach billigem Ermessen unter Berücksichtigung der Umstände des Einzelfalles.

(5) In der Vergütung ist die vom Konkursverwalter zu zahlende Umsatzsteuer enthalten. Wird für die Leistung des Konkursverwalters jedoch eine Umsatzsteuer nach § 12 Abs. 1 des Umsatzsteuergesetzes erhoben, so erhält er einen Ausgleich in Höhe der Hälfte des Betrages, der sich aus der Anwendung des allgemeinen Steuersatzes auf die sonstige Vergütung ergibt.

§ 5

(1) Durch die Vergütung sind die allgemeinen Geschäftsunkosten abgegolten. Zu den allgemeinen Geschäftsunkosten gehört der Büroaufwand des Konkursverwalters. Schreib-

gebühren und Gehälter von Angestellten, die im Rahmen ihrer laufenden Arbeiten auch bei der Konkursverwaltung beschäftigt werden, können der Masse daher nicht – auch nicht anteilig – in Rechnung gestellt werden. Gleiches gilt für die Kosten einer Haftpflichtversicherung.

(2) Zu den allgemeinen Geschäftsunkosten gehören nicht die besonderen Unkosten, die dem Verwalter im Einzelfall (z. B. durch die Einstellung von Hilfskräften für bestimmte Aufgaben im Rahmen der Konkursverwaltung oder durch Reisen) tatsächlich erwachsen. Durch Absatz 1 wird nicht ausgeschlossen, daß diese besonderen Unkosten als Auslagen erstattet werden, soweit sie angemessen sind.

§ 6

(1) Vergütung und Auslagen werden auf Antrag des Konkursverwalters vom Konkursgericht festgesetzt. Die Festsetzung erfolgt für Vergütung und Auslagen gesondert.

(2) Der Antrag soll tunlichst gestellt werden, wenn die Schlußrechnung an das Konkursgericht übersandt wird.

(3) In dem Antrag ist anzugeben und näher dar zule9en, inwieweit die in der Schlußrechnung ausgewiesenen Einnahmen als Teilungsmasse anzusehen sind.

(4) Auslagen hat der Konkursverwalter einzeln anzuführen und zu belegen. Ist zweifelhaft, ob eine Aufwendung als Masseschuld nach § 59 KO oder als eine nach § 85 KO zu erstattende Auslage anzusehen ist, so hat er den Posten zu erläutern. Dies kann erforderlich werden, wenn Entschädigungen an Hilfskräfte gezahlt worden sind, die zur Beaufsichtigung des Geschäfts, zur Ordnung des Lagers oder zur Bestandsaufnahme herangezogen wurden; hatte der Verwalter diese Aufgaben eigenen An gestellten übertragen, so ist dies anzugeben.

§ 7

Der Konkursverwalter kann aus der Masse einen Vorschuß auf die Vergütung und Auslagen entnehmen, wenn das Konkursgericht es genehmigt. Die Genehmigung soll erteilt werden, wenn das Konkursverfahren ungewöhnlich lange dauert oder besonders hohe Auslagen erforderlich werden.

ZWEITER ABSCHNITT
Vergütung des Vergleichsverwalters

§ 8

(1) Die Vergütung des Vergleichsverwalters wird nach dem Aktivvermögen des Schuldners berechnet. Das Aktivvermögen ergibt sich aus der mit dem Vergleichsantrag eingereichten Vermögensübersicht (§ 5 VerglO); Berichtigungen. die sich im laufe des Verfahrens (etwa auf Grund der Angaben des Schuldners oder auf Grund von Ermittlungen des Gerichts oder des Vergleichsverwalters) ergeben, werden berücksichtigt.

(2) Für die Bestimmung des Aktivvermögens gilt im einzelnen folgendes:

1. Der Wert von Gegenständen, die mit Absonderungsrechten belastet sind, wird nur insoweit in Ansatz gebracht, als er den Wert dieser Rechte übersteigt.
2. Werden Aus- oder Absonderungsrechte abgefunden, so sind von dem Wert der Gegenstände die Abfindungsbeträge abzusetzen.
3. Steht einer Forderung eine Gegenforderung gegenüber, so ist lediglich der bei einer Verrechnung sich ergebende Überschuß zu berücksichtigen.

4. Die zur Erfüllung des Vergleichs von einem Dritten geleisteten Zuschüsse bleiben außer Betracht.

(3) Ist der Gesamtbetrag der Vergleichsforderungen geringer als das Aktivvermögen des Schuldners, so ist für die Berechnung der Vergütung des Vergleichsverwalters der Gesamtbetrag der Vergleichsforderungen maßgebend.

§ 9

Der Vergleichsverwalter erhält als Vergütung in der Regel ½ der in § 3 Abs. 1 für den Konkursverwalter bestimmten Sätze, in der Regel jedoch mindestens 300 DM.

§ 10

(1) § 4 Abs. 1 gilt für den Vergleichsverwalter entsprechend.

(2) Eine den Regelsatz übersteigende Vergütung ist insbesondere festzusetzen, wenn

a) die Prüfung von Aus- und Absonderungsrechten einen erheblichen Teil der Verwaltertätigkeit ausgemacht hat oder

b) durch die Ausübung des Mitwirkungsrechts bei Rechtsgeschäften des Schuldners nach § 57 VerglO oder durch Maßnahmen mit Rücksicht auf Verfügungsbeschränkungen des Schuldners nach §§ 58 ff. VerglO oder infolge anderer, durch das Verfahren bedingter Umstände die Verwaltertätigkeit besonders umfangreich war.

(3) Ein Zurückbleiben hinter dem Regelsatz kann insbesondere gerechtfertigt sein, wenn

a) das Vergleichsverfahren durch Einstellung vorzeitig beendet wurde oder

b) das Aktivvermögen des Schuldners groß war und das Verfahren verhältnismäßig geringe Anforderungen an den Verwalter stellte oder

c) der Verwalter ausnahmsweise zum Vergleichsverwalter bestellt wurde, obwohl er vor der Stellung des Antrags auf Eröffnung des Vergleichsverfahrens zur Vorbereitung des Vergleichsantrags tätig war und für die vorbereitende Tätigkeit ein Entgelt erhalten hat.

(4) § 4 Abs. 5 gilt für den Vergleichsverwalter entsprechend.

§ 11

(1) Für den Umfang der durch die Vergütung des Vergleichsverwalters abgegoltenen Tätigkeit und den Ersatz der besonderen Auslagen gilt § 5 entsprechend. Die Vergütung deckt in der Regel auch die Auslagen des Verwalters für die Prüfung der Bücher oder die Abschätzung der Warenbestände des Schuldners (§ 43 Abs. 1 Satz 2 VerglO).

(2) Eine Tätigkeit, die der Vergleichsverwalter vor der Eröffnung des Vergleichsverfahrens als vorläufiger Verwalter ausgeübt hat, wird nicht besonders vergütet. Wird der vorläufige Verwalter nicht zum Vergleichsverwalter bestellt, so erhält er für seine Tätigkeit als vorläufiger Verwalter einen angemessenen Bruchteil der in § 9 für den Vergleichsverwalter vorgesehenen Regelvergütung. § 10 gilt entsprechend.

(3) Die Tätigkeit des Vergleichsverwalters in einem Nachverfahren nach § 96 VerglO wird besonders vergütet (§ 43 Abs. 2 Satz 3 VerglO). Die Vergütung wird nach der Art und dem Umfang der Tätigkeit des Verwalters im Nachverfahren bemessen; zu berücksichtigen ist, inwieweit der Vergleich erfüllt worden ist. Die Vergütung soll in der Regel einen angemessenen Bruchteil der Vergütung für das Vergleichsverfahren nicht überschreiten.

§ 12

(1) Vergütung und Auslagen werden von dem Vergleichsgericht getrennt festgesetzt.

(2) Die Festsetzung erfolgt alsbald nach der Beendigung des Amtes des Vergleichsverwalters oder – wenn das Verfahren nicht mit der Bestätigung des Vergleichs endet – alsbald nach der Bestätigung des Vergleichs. Für das Nachverfahren werden die Vergütung und Auslagen alsbald nach dessen Beendigung festgesetzt.

(3) Vorschußzahlungen auf die Vergütung und den Auslagenersatz soll das Gericht nur in Ausnahmefällen bewilligen.

DRITTER ABSCHNITT
Entschädigung der Mitglieder des Gläubigerausschusses und des Gläubigerbeirats

§ 13

(1) Die Vergütung der Mitglieder des Gläubigerausschusses im Konkursverfahren richtet sich nach der Art und dem Umfang ihrer Tätigkeit. Maßgebend ist im allgemeinen der erforderliche Zeitaufwand. Die Vergütung beträgt regelmäßig 15 DM je Stunde. Dies gilt auch für die Teilnahme an einer Gläubigerausschußsitzung und für die Vornahme einer Kassenprüfung.

(2) Der Anspruch der Mitglieder des Gläubigerbeirats auf Ersatz für Zeitversäumnis im Vergleichs verfahren bestimmt sich nach dem erforderlichen Zeitaufwand. Absatz 1 Satz 3 und 4 gilt entsprechend.

VIERTER ABSCHNITT
Schlußvorschriften

§ 14

(1) Mit dem Inkrafttreten dieser Verordnung treten die durch die Allgemeine Verfügung des früheren Reichsministers der Justiz vom 22. Februar 1936 erlassenen Richtlinien für die Vergütung des Konkurs- und Vergleichsverwalters und der Mitglieder des Gläubigerausschusses und Gläubigerbeirats (Deutsche Justiz S. 311) und alle übrigen auf Grund von § 85 Abs. 2, § 91 Abs. 2 der Konkursordnung und § 43 Abs. 5, § 45 Abs. 2 der Vergleichsordnung erlassenen Verordnungen und Verfügungen des früheren Reichsministers der Justiz und der Landesjustizverwaltungen außer Kraft.

(2) Für Konkurs- und Vergleichsverfahren, die im Zeitpunkt des Inkrafttretens dieser Verordnung bereits eröffnet sind, bleiben die früheren Bestimmungen anwendbar.

§ 15

Diese Verordnung gilt auch im Land Berlin, sofern sie im Land Berlin in Kraft gesetzt wird.

§ 16

Diese Verordnung tritt am 1. Juli 1979 in Kraft.

Bonn, den 11. Juni 1979

DER BUNDESMINISTER DER JUSTIZ

DR VOGEL

Anhang VIII

Begründung zum Entwurf einer Verordnung über die Vergütung des Konkursverwalters, des Vergleichsverwalters, der Mitglieder des Gläubigerausschusses und der Mitglieder des Gläubigerbeirats

Bundesanzeiger Nr. 127 vom 6. Juli 1960

I. Rechtsgrundlage für eine Regelung der Vergütung

Im *Konkursverfahren* haben der Konkursverwalter und die Mitglieder des Gläubigerausschusses Anspruch auf Erstattung angemessener barer Auslagen und auf Vergütung für ihre Geschäftsführung (§ 85 Abs. 1, § 91 Abs. 1 KO). Nach § 85 Abs. 2, § 91 Abs. 2 KO kann die Landesjustizverwaltung für die dem Verwalter und den Mitgliedern des Gläubigerausschusses zu gewährende Vergütung allgemeine Anordnungen treffen. Im *Vergleichsverfahren* kann der Vergleichsverwalter von dem Schuldner die Erstattung angemessener barer Auslagen und eine angemessene Vergütung für seine Geschäftsführung verlangen (§ 43 Abs. 1 VglO). Die Mitglieder des Gläubigerbeirats haben gegen den Schuldner einen Anspruch auf Erstattung angemessener barer Auslagen sowie auf angemessenen Ersatz für Zeitversäumnis (§ 45 Abs. 2 VglO). Nach § 43 Abs. 5, § 45 Abs. 2 Satz 2 VglO kann der Reichsminister der Justiz über die dem Verwalter zu gewährende Vergütung und die den Gläubigerbeiratsmitgliedern zu zahlende Entschädigung für Zeitversäumnis allgemeine Anordnungen treffen.

II. Bisherige Anordnungen über die Vergütung

1. Von der Befugnis zum Erlaß von Vergütungsrichtlinien ist zunächst nur vereinzelt Gebrauch gemacht worden. Lediglich der württembergische und der badische Justizminister haben in den Jahren 1900 und 1905 entsprechende Bestimmungen erlassen. Die Konkursrichter größerer Amtsgerichte trafen jedoch verschiedentlich jeweils für ihren Bezirk Vereinbarungen über die in Konkursverfahren (und später auch über die in Geschäftsaufsichts- und Vergleichsverfahren) zu gewährenden Vergütungen. Solche „Tarife" – ohne bindenden Charakter – gab es u. a. in Berlin, Hamburg, Leipzig und München (vgl. die Hinweise bei Vogels KuT 36, 49). Diese örtlichen Tarife waren die Grundlage der *„Richtlinien für die Vergütung des Konkurs- und Vergleichsverwalters und der Mitglieder des Gläubigerausschusses und Gläubigerbeirats"*, die als AV des RJM vom 22.2.1936 erlassen und in der Deutschen Justiz (S. 311) bekanntgemacht worden sind. Diese Richtlinien sollten sicherstellen, daß die Vergütung in allen Gerichtsbezirken angemessen und möglichst gleichmäßig festgesetzt werde.

2. Gegen die *Rechtswirksamkeit der Richtlinien* vom 22.2.1936 als Gesamtkomplex und *ihre Fortgeltung nach 1945* dürften keine Bedenken bestehen. Nach § 43 Abs. 5, § 45 Abs. 2 Satz 2 VglO war der Reichsminister der Justiz zum Erlaß von Anordnungen über die Vergütung des Vergleichsverwalters und die Entschädigung der Mitglieder des Gläubigerbeirats ermächtigt. Von dieser Ermächtigung hat er in der AV vom 22.2.1936 Gebrauch gemacht.

Die Ermächtigung in § 85 Abs. 2, § 91 Abs. 2 KO zum Erlaß von Anordnungen über die Vergütung des Konkursverwalters und der Mitglieder des Gläubigerausschusses lautete zwar auf die Landesjustizverwaltungen. Durch die Überleitung der Rechtspflege auf das Reich als Folge des Gesetzes über den Neuaufbau des Reichs vom 30.1.1934 (Bundesgesetzbl. I S. 75) war diese Ermächtigung aber auf den damaligen Reichsminister der Justiz übergegangen.

Im Schrifttum werden die Richtlinien vom 22.2.1936 fast ausnahmslos auch als rechtswirksam zustande gekommen und fortgeltendes Recht angesehen (vgl. Jaeger-Weber KO § 85 Anm. 2a; Mentzel-Kuhn KO § 85 Anm. 1; Bley VglO § 43 Anm. 8; Stein KTS 56, 1; Skrotzki KTS 57, 152, Tidow KTS 58, 57; von Stockum KTS 58, 87). Die Konkurs- und Vergleichsgerichte berücksichtigen die Richtlinien bei der Festsetzung der Vergütung (vgl. Schrader-Bauer, Konkurs- und Vergleichsverfahren, Band III des Handbuchs der amtsgerichtlichen Praxis, 2. Auflage S. 54; Stein NJW 57, 1308). Sie gewähren jedoch in Anlehnung an die Regelungen des Gesetzes über Maßnahmen auf dem Gebiete des Kostenrechts vom 7.8.1952 (BGBl. I S. 401) allgemein Zuschläge bis zu 25 vom Hundert zu den Richtliniensätzen, nachdem die Landesjustizverwaltungen in den Jahren 1953 und 1954 durch Verfügungen und Erlasse (vgl. die Hinweise bei Jaeger-Weber KO 85 Anm. 2a) zum Ausdruck gehabt haben, daß gegen eine solche allgemeine Anhebung der Richtliniensätze keine Bedenken beständen.

III. Übergang zum neuen Recht

1. Auf Grund einer Anregung des deutschen Industrie- und Handelstages haben das Bundesjustizministerium und die Landesjustizverwaltungen geprüft, ob die Richtlinien für die Vergütung des Konkurs- und Vergleichsverwalters und der Mitglieder des Gläubigerausschusses und Gläubigerbeirats (AV des RJM vom 22.2.1936; Deutsche Justiz S. 311) – auch unter Berücksichtigung der Zuschläge (vgl. oben II 2 Abs. 3) – den Verhältnissen noch gerecht werden. Sie sind zu dem Ergebnis gekommen, daß die Richtlinien insgesamt einer Änderung bedürfen. Im Auftrage der Landesjustizverwaltungen hat das Hessische Justizministerium, zusammen mit dem Bundesjustizministerium, einen Vorentwurf neuer Richtlinien ausgearbeitet. Unter Verwertung dieses Vorentwurfs und weiterer Anregungen der Landesjustizverwaltungen hat das Bundesjustizministerium die *Verordnung über die Vergütung des Konkursverwalters, des Vergleichsverwalters, der Mitglieder des Gläubigerausschusses und der Mitglieder des Gläubigerbeirats* fertiggestellt, die am 25. Mai 1960 erlassen und als Rechtsverordnung im Bundesgesetzblatt I S. 329 verkündet worden ist. Sie tritt am 1. Oktober 1960 in Kraft.

2. Für den Erlaß der Bestimmung als *Rechtsverordnung* waren folgende Erwägungen maßgebend:

Anordnungen auf Grund der Ermächtigungen in § 85 Abs. 2, § 91 Abs. 2 KO und in § 43 Abs. 5, § 45 Abs. 2 Satz 2 VglO haben den Zweck, eine möglichst gleichmäßige Festsetzung der Vergütung und der Entschädigung zu erreichen. Sie sollen die Grundlage für die Entscheidungen der Gerichte bilden und für die Beteiligten maßgebend sein. Das Gesetz gibt dem Verwalter, dem Schuldner und weiteren Beteiligten das Recht der Beschwerde gegen die Festsetzung der Vergütungen (§ 73 Abs. 3 KO; § 43 Abs. 3, § 45 Abs. 2 Satz 2, § 121 Abs. 2 VglO). Die Beteiligten müssen sich also auf die Anordnungen berufen können. Das ist jedoch nur gewährleistet, wenn die Anordnungen Rechtssatzcharakter haben, also als *Rechts*verordnung erlassen sind.

3. Die *Zuständigkeit des Bundesministers der Justiz* für den Erlaß der Vorschriften beruht auf folgendem:

a) Die Konkurs- und die Vergleichsordnung beziehen sich auf Gegenstände der konkurrierenden Gesetzgebung (Art. 74 Nr. 1 GG). Die Bestimmungen dieser Gesetze sind nach Art. 125 GG Bundesrecht geworden. Das gilt auch für die Vorschriften der Konkurs- und Vergleichsordnung, welche zum Erlaß von Rechtsverordnungen ermächtigen. Diese Vorschriften gelten auch fort, weil sie nicht zum Erlaß von Rechtsvorschriften *an Stelle* von Gesetzen ermächtigen (§ 129 Abs. 3 GG).

b) Die Ermächtigungen in § 43 Abs. 5 und § 45 Abs. 2 Satz 2 VglO lauten auf den Reichsminister der Justiz. Sie sind nach Art. 129 Abs. 1 GG auf die Stelle übergegangen, die nach dem Grundgesetz nunmehr für den Erlaß der Anordnungen sachlich zuständig wäre. Die Ermächtigungen betreffen das Verfahrensrecht auf dem in der Vergleichsordnung geregelten Gebiet. Dieser sachliche Inhalt der Ermächtigungen und das Erfordernis einer bundeseinheitlichen Regelung rechtfertigen es, die auf den Reichsminister der Justiz lautenden Ermächtigungen als auf den Bundesminister der Justiz übergegangen anzusehen.

c) Die in § 85 Abs. 2, § 91 Abs. 2 KO enthaltenen Ermächtigungen lauten auf die Landesjustizverwaltung. Durch die Überleitung der Rechtspflege auf das Reich (vgl. oben II 2 Abs. 2) sind diese Ermächtigungen seinerzeit auf den Reichsminister der Justiz übergegangen, ohne daß es einer ausdrücklichen Änderung des Wortlauts der Ermächtigungen bedurfte. Sie sind nunmehr in gleicher Weise wie die in der Vergleichsordnung enthaltenen Ermächtigungen (§ 43 Abs. 5, § 45 Abs. 2 Satz 2 VglO) nach Art. 129 Abs. 1 GG auf den Bundesminister der Justiz übergegangen.

IV. Übersicht über den Aufbau und den Inhalt der neuen Verordnung

1. Die Verordnung über die Vergütung des Konkursverwalters, des Vergleichsverwalters, der Mitglieder des Gläubigerausschusses und der Mitglieder des Gläubigerbeirats vom 25. Mai 1960 (Bundesgesetzbl. I S. 329) ist in *vier Abschnitte* aufgeteilt. Der erste Abschnitt regelt die Vergütung des Konkursverwalters, der zweite die Vergütung des Vergleichsverwalters, der dritte die Entschädigung der Mitglieder des Gläubigerausschusses und des Gläubigerbeirats; der vierte Abschnitt enthält die Schlußbestimmungen. Die Vorschriften sind insgesamt in durchlaufender Paragraphenfolge geordnet.

2. *Abschnitt I* ist wie folgt gegliedert: § 1 bestimmt den Ausgangspunkt (die Grundlage) für die Berechnung der Vergütung des Konkursverwalters; ergänzt wird § 1 Abs. 1 durch die Vorschriften des § 2. In § 3 sind die Regelsätze der Vergütung des Konkursverwalters genannt. § 4 sieht für besonders gelagerte Fälle ein Abweichen von den Regelsätzen vor. Aus § 5 folgt, welche Tätigkeiten und Aufwendungen mit der Vergütung abgegolten sind. § 6 enthält Vorschriften über den Antrag auf Festsetzung der Gebühren und Auslagen. § 7 betrifft Vorschußzahlungen.

3. *Abschnitt II* ist wie folgt gegliedert: § 8 bestimmt den Ausgangspunkt (die Grundlage) für die Berechnung der Vergütung des Vergleichsverwalters. Aus § 9 ergeben sich die Regelsätze der Vergütung des Vergleichsverwalters. In § 10 ist gesagt, wann ein Abweichen von den Regelsätzen gerechtfertigt ist. § 11 enthält im Absatz 1 Bestimmungen darüber, welche Tätigkeiten und Aufwendungen durch die Vergütung abgegolten sind; Absatz 2 regelt die Vergütung des vorläufigen Verwalters; Absatz 3 betrifft die Vergütung für die Tätigkeit des Vergleichsverwalters in einem Nachverfahren. § 12 enthält Vorschriften über die Festsetzung der Vergütung und Auslagen sowie über Vorschußzahlungen.

4. *Abschnitt III* trifft im § 13 Anordnungen über die Entschädigung der Mitglieder des Gläubigerausschusses und des Gläubigerbeirats.

5. *Abschnitt IV* enthält im § 14 Bestimmungen betreffend die Aufhebung von Vorschriften und eine Übergangsregelung, im § 15 die Berlin-Klausel und im § 16 die Bestimmungen über das Inkrafttreten der Verordnung.

V. Vergütung des Konkursverwalters

1. Grundlage der Berechnung

a) Die Vergütung des Konkursverwalters wird – wie bisher – grundsätzlich nach der *Teilungsmasse* berechnet (§ 1 Abs. 1). Zur Teilungsmasse im Sinne dieser Vorschrift gehört nur konkursgebundenes Vermögen des Gemeinschuldners (§§ 1, 117 KO). Gegenstände, die der *Aussonderung* unterliegen, scheiden aus, weil sie nicht Bestandteile der Konkursmasse sind. Für die Bestimmung der Teilungsmasse gelten im einzelnen die Vorschriften des § 2, die inhaltlich weitgehend den bisherigen Vorschriften entsprechen. Beibehalten ist auch die Bestimmung, daß Gegenstände, die mit *Absonderungsrechten* (z. B. Hypotheken, Vertrags- oder Pfändungspfandrechten, Rechten aus einer Sicherungsübereignung) belastet sind, grundsätzlich nur insoweit berücksichtigt werden, als aus ihnen ein Überschuß zur Masse geflossen ist oder voraussichtlich noch fließen wird (§ 2 Nr. 1).

b) Aus Wirtschaftskreisen und im Schrifttum (vgl. Skrotzki KTS 57, 152; Stein NJW 57, 1308 f; von Stockum KTS 58, 87, 89 f) ist angeregt worden, bereits im Rahmen des § 1 Abs. 1 die besondere Belastung eines Konkursverwalters durch die Bearbeitung von Aus- und Absonderungsrechten zu berücksichtigen und diese Rechts – ganz oder zu einem Bruchteil – in die Teilungsmasse einzubeziehen oder sie neben der Teilungsmasse zur Bemessungsgrundlage für die Vergütung des Konkursverwalters zu machen.

aa) Eine Berücksichtigung des Wertes von Aus- und Absonderungsrechten *bei der Bestimmung der Teilungsmasse* ist mit der Gestaltung unseres Konkursrechtes wohl nicht vereinbar. Das Konkursverfahren erfaßt nach § 1 KO nur Vermögen des Gemeinschuldners; also nicht die Gegenstände, welche ausgesondert werden können (§ 43 KO). Wer Aussonderung begehrt, macht geltend, daß der Gegenstand nicht zur Konkursmasse gehört. Die Aussonderung erfolgt demgemäß auch außerhalb des Konkurses und unabhängig von dem Verfahren.

Gegenstände, aus denen abgesonderte Befriedigung verlangt werden kann, gehören zwar zur Konkursmasse. Für eine Masseverteilung (also als Teilungsmasse) kommen sie aber nur in Frage, soweit sich nach Durchführung der abgesonderten Befriedigung ein Überschuß ergibt. Die abgesonderte Befriedigung erfolgt – wie die Aussonderung – unabhängig vom Konkursverfahren (§ 4 Abs. 2 KO).

bb) Es geht auch nicht an, den Wert von Aus- und Absonderungsrechten *neben der Teilungsmasse* allgemein (ganz oder zu einem bestimmten Bruchteil) als Bemessungsgrundlage für die Vergütung des Konkursverwalters zu bestimmen. Lediglich die Konkursmasse ist (als Teilungsmasse) Gegenstand des Konkursverfahrens. Aufgabe des Konkursverwalters ist es, *diese Masse* zu sammeln, zu verwalten, zu verwerten und zu verteilen. Nur die Konkursmasse (als Teilungsmasse) kann daher als fester Ausgangspunkt allgemein der Bemessung der Vergütung zugrunde gelegt werden. Die Schwierigkeiten, die sich bei der Bearbeitung von Aus- und Absonderungsrechten ergeben, sind bei der Vielgestaltigkeit der Sicherungsformen im übrigen auch so unterschiedlich, daß eine allgemeine Einbeziehung des Wertes dieser Rechte in die Bemessungsgrundlage des § 1 Abs. 1 den Verhältnissen im Einzelfalle wohl kaum gerecht werden könnte, und zwar auch dann nicht, wenn die entsprechende Bestimmung mit Vorbehalten versehen würde.

Die Einbeziehung des Wertes von Aus- und Absonderungsrechten in die Bemessungsgrundlage würde auch der Regelung widersprechen, die in § 51 Abs. 1 GKG für die Gerichtskosten und in § 77 Abs. 1 RAGebO für die Gebühren der Rechtsanwälte getroffen ist.

c) Im Rahmen der Bestimmungen über die Vergütung des Konkursverwalters ist jedoch nicht unberücksichtigt geblieben, daß ein Verwalter sich bei der Übernahme des Amtes oft einer großen Zahl von möglichen Fremdrechten gegenübergestellt sieht, mit denen er sich befassen muß, um die Konkursmasse begrenzen zu können. Fremdrechte haben nicht selten auch zur Folge, daß die Teilungsmasse gering ist, so daß die Tätigkeit des Verwalters, insgesamt gesehen, durch den nach der Teilungsmasse bestimmten Regelsatz der Vergütung nicht angemessen entgolten würde. In § 4 Abs. 2 Satz 1 ist nunmehr eine Bestimmung getroffen, die eine Anpassung an die Besonderheiten des Einzelfalles ermöglicht. Danach *er-*

hält der Konkursverwalter eine über den Regelsatz hinausgehende Vergütung insbesondere dann, wenn die Bearbeitung von Aus- und Absonderungsrechten einen erheblichen Teil der Verwaltertätigkeit ausgemacht hat, ohne daß die Teilungsmasse entsprechend größer geworden ist.

d) Berechnet wird die Vergütung des Konkursverwalters nach der Teilungsmasse, auf die sich die *Schlußrechnung* erstreckt (§ 1 Abs. 1). Die Wertangaben für die Bestimmung der Teilungsmasse (insbesondere nach § 2) müssen also durch die Schlußrechnung belegt sein. Das ist in jedem Falle möglich; denn die Schlußrechnung ist keine bloße Zusammenstellung der Einnahmen und Ausgaben, sondern eine Übersicht über die gesamte Geschäftsführung des Konkursverwalters (Jaeger-Weber KO § 86 Anm. 2). Sind Massegegenstände veräußert, so ergibt sich bei rechter Gestaltung der Schlußrechnung, um was für Gegenstände es sich gehandelt hat und wie der Erlös im einzelnen verwendet worden ist.

e) Nach § 1 Abs. 2 der neuen Vorschriften ist für die Berechnung der Vergütung des Konkursverwalters – ausnahmsweise – der *Gesamtbetrag der Konkursforderungen* maßgebend, wenn dieser geringer ist als die Teilungsmasse.

2. Regelsätze der Vergütung

a) Die Vergütung des Konkursverwalters richtet sich – wie bisher – nach einer *Vergütungsstaffel* (§ 3). Die früheren Wertstufen sind beibehalten worden; lediglich bei Teilungsmassen über 500 000 DM ist eine weitere Aufteilung erfolgt.

b) Die *Regelsätze* der Vergütung sind jedoch allgemein angehoben worden, weil die geänderten Rechts- und Wirtschaftsverhältnisse sich auch auf die Konkursverwaltung ausgewirkt haben und – gegenüber früher – regelmäßig einen erhöhten Arbeitsaufwand erfordern. Während der Konkursverwalter von den ersten 5 000 DM der Teilungsmasse nach der Vergütungsstaffel der Richtlinien vom 22.2.1936 10 v. H. erhielt, erhält er jetzt von den ersten 5 000 DM 15 v. H.; das ist eine Erhöhung um 50 %. Berücksichtigt man, daß jedenfalls seit dem Jahre 1955 zu den alten Sätzen bereits Zuschläge bis zu 25 % gewährt wurden (vgl. oben II 2 Abs. 3), so enthält die Neufestsetzung jetzt noch eine Anhebung um weitere 25 %. Die Regelsätze sind in den höheren Wertstufen bis zu 500 000 DM gegenüber 1936 ebenfalls um 50 %, unter Berücksichtigung der seit 1955 gewährten Zuschläge also auch um weitere 25 % angehoben worden. Bei Teilungsmassen über 500 000 DM erhielt der Konkursverwalter bislang von dem Mehrbetrage in der Regel $^5/_8$ ($^1/_2+^1/_8$) v. H. Er erhält jetzt regelmäßig von dem Mehrbetrage bis zu 1 000 000 DM 1 v. H., von dem darüber hinausgehenden Mehrbetrag allerdings nur $^1/_2$ v. H.

c) Es ist geprüft worden, ob die Vergütung in einem gewissen Umfange nicht auch von dem Ergebnis des Verfahrens abhängig gemacht werden sollte, und zwar in der Weise, daß beim Überschreiten einer bestimmten Konkursquote die Regelvergütung um einen gewissen Hundertsatz erhöht würde. Ein solches allgemeines „Erfolgshonorar" erschien aber schon deswegen bedenklich, weil die Erreichung einer bestimmten Quote nicht in jedem Falle das Verdienst des Verwalters ist. Zu berücksichtigen ist auch, daß es doch zu den Amtspflichten des Konkursverwalters gehört, dem Verfahren zu einem größtmöglichen Erfolge zu verhelfen, so daß ein solcher Erfolg wohl kaum allgemein gesondert honoriert werden kann. Hat ein Verwalter jedoch allein durch seine Initiative, seinen erhöhten Einsatz und sein Geschick eine verhältnismäßig hohe Quote erreicht, so kann es angezeigt sein, dies im Einzelfalle bei der Bemessung der Vergütung durch ein Überschreiten des Regelsatzes nach § 4 Abs. 1, 2 auszugleichen.

d) In § 3 Abs. 2 ist der *Regelmindestsatz* der Vergütung unter Berücksichtigung der geänderten Rechts- und Wirtschaftsverhältnisse auf 200 DM angehoben worden.

e) § 3 Abs. 3 betreffend die Vergütung in Fällen, in denen mehrere Konkursverwalter nebeneinander bestellt sind, entspricht dem bisherigen Recht.

f) § 4 regelt in den Absätzen 1 bis 3, wann ein *Abweichen vom Regelsatz* der Vergütung in Frage kommt. § 4 Abs. 1 ist die Grundregel dieser Vorschriften. Danach muß, wenn sich im Einzelfall ein Mißverhältnis zwischen der Tätigkeit der Konkursverwalters und dem Regelsatz der Vergütung ergibt, dies durch eine entsprechende Abweichung vom Regelsatz ausgeglichen werden. Diese Bestimmung gilt allgemein, also auch, wenn einer der in § 4 Abs. 2 und 3 besonders angesprochenen Gründe nicht vorliegt.

§ 4 Abs. 2 betrifft besondere Fälle, die ein *Überschreiten des Regelsatzes* erfordern oder erforderlich machen können. Im Rahmen dieser Vorschrift nimmt Satz 1 eine Sonderstellung ein. Danach erhält der Konkursverwalter eine über dem Regelsatz liegende Vergütung insbesondere dann, wenn die Bearbeitung von Aus- und Absonderungsrechten einen erheblichen Teil der Verwaltertätigkeit ausgemacht hat, ohne daß die Teilungsmasse entsprechend größer geworden ist. Für diese Fälle ist die Bewilligung einer über dem Regelsatz liegenden Vergütung also zwingend vorgeschrieben (ergänzend vgl. oben V 1 c).

Nach § 4 Abs. 2 Satz 2 *kann* der Regelsatz ferner überschritten werden, wenn der Verwalter zur Vermeidung von Nachteilen für die Konkursmasse das Geschäft weitergeführt oder wenn er Häuser verwaltet hat und die Teilungsmasse nicht entsprechend größer geworden ist. Sind diese Voraussetzungen gegeben, so muß im Einzelfall geprüft werden, ob § 4 Abs. 1 ein Überschreiten des Regelsatzes erfordert. Die Fälle des § 4 Abs. 2 Satz 2 sind nicht lediglich beispielhaft aufgezeigt. Ausdrücklich angesprochen sind hier vielmehr Fälle, die in der Regel wohl ein Überschreiten des Regelsatzes rechtfertigen werden. Die Aufzählung ist aber, wie auch § 4 Abs. 1 ergibt (vgl. oben V 2 f Abs. 1), keineswegs erschöpfend. So kann ein Überschreiten des Regelsatzes etwa auch dann gerechtfertigt sein, wenn der Konkursverwalter sich um das Zustandekommen eines Zwangsvergleichs besonders bemüht hat. Auf weitere Gründe, die ein Überschreiten des Regelsatzes rechtfertigen können, ist in V 2 c, V 4 d und VI 4 a (jeweils am Ende) hingewiesen.

In § 4 Abs. 3 ist gesagt, wann möglicherweise ein *Zurückbleiben hinter dem Regelsatz* gerechtfertigt ist. Die Ausdrucksweise der Verordnung ergibt bereits, daß selbst dann, wenn einer der Fälle des § 4 Abs. 3 vorliegt, das Unterschreiten des Regelsatzes nicht *geboten* ist. Die Vorschrift besagt vielmehr, daß in den genannten Fällen besonderer Anlaß zu einer Prüfung der Frage besteht, ob die Regelvergütung unter Berücksichtigung der Umstände sich nicht als zu hoch erweisen würde und nach § 4 Abs. 1 ein Ausgleichen erforderlich ist.

3. Nachtragsverteilungen

Für *Nachtragsverteilungen* gilt die Sonderregelung des § 4 Abs. 4. In Anwendung dieser Vorschrift bestimmt das Gericht nach billigem Ermessen unter Berücksichtigung der Umstände des Einzelfalles, ob und in welcher Höhe Nachtragsverteilungen besonders vergütet werden. Eine besondere Vergütung wird wohl nur dann nicht in Frage kommen, wenn der frühere Konkursverwalter die Verteilung durchgeführt hat, die Verteilung (auch unter Berücksichtigung der Vorarbeiten) keine besondere Mühewaltung erforderte, nur geringe Beträge ausgezahlt wurden und die Zahl der Gläubiger klein war.

Es ist davon abzusehen, für die Fälle, in denen eine Vergütung zu gewähren ist, feste Sätze zu bestimmen, weil Nachtragsverteilungen zu verschieden gelagert sein können. Ist eine Vergütung gerechtfertigt, so muß sie so bemessen sein, daß durch sie die erneute Arbeitsleistung des Konkursverwalters ausreichend und angemessen entlohnt wird (vgl. Schrader-Bauer, Konkurs- und Vergleichsverfahren, Handbuch der amtsgerichtlichen Praxis III, München 1960, S. 120; Bauer „Büro“ 1959 S. 50).

4. Abgeltung der allgemeinen Geschäftsunkosten durch die Vergütung

a) Nach § 5 Abs. 1 werden durch die Vergütung die *allgemeinen Geschäftsunkosten*, zu denen der Büroaufwand gehört, abgegolten. Diese allgemeinen Geschäftsunkosten sind keine Auslagen, die dem Konkursverwalter nach § 85 Abs. 1 KO besonders zu erstatten wären. Sie gehören zur Geschäftsführung, für welche der Verwalter die Vergütung erhält. § 5 Abs. 1 Satz 1 entspricht dem § 25 RAGebO, wonach die allgemeinen Geschäftsunkosten gleichfalls nicht als Auslagen besonders berechnet werden, sondern mit den Gebühren entgolten sind.

§ 5 Abs. 1 Satz 3 enthält eine Auslegungsregel dahin, daß Schreibgebühren und Gehälter von Angestellten, die im Rahmen ihrer laufenden Arbeiten auch bei der Konkursverwaltung beschäftigt werden, der Masse nicht in Rechnung gestellt werden können, weil diese Schreibgebühren und Gehälter zum Büroaufwand des Konkursverwalters gehören und demgemäß als allgemeine Geschäftsunkosten durch die Vergütung abgegolten sind (vgl. dazu Jaeger-Weber KO § 85 Anm. 2 b; und für den Vergleichsverwalter Bley VglO § 43 Anm. 6).

b) Zu den allgemeinen Geschäftsunkosten gehören *nicht* die *besonderen Unkosten*, die dem Verwalter im Einzelfalle (z. B. durch die Einstellung von Hilfskräften für bestimmte Aufgaben im Rahmen der Konkursverwaltung oder durch Reisen) tatsächlich erwachsen (§ 5 Abs. 2 Satz 1). Ob und in welcher Höhe diese besonderen Unkosten nach § 85 Abs. 1 KO als Auslagen zu erstatten sind, wird in der Verordnung nicht entschieden, weil sich die Ermächtigung des § 85 Abs. 2 KO nur auf die Vergütung und nicht auch auf die Auslagen erstreckt. Lediglich zur Klarstellung ist in § 5 Abs. 2 Satz 2 erwähnt, durch § 5 Abs. 1 sei nicht ausgeschlossen, daß die besonderen Unkosten des § 5 Abs. 2 Satz 1 als Auslagen erstattet werden, soweit sie angemessen sind.

c) Nach § 5 Abs. 1 Satz 4 gehört zu den allgemeinen Unkosten, welche durch die Vergütung abgegolten werden, auch die vom Konkursverwalter zu zahlende *Umsatzsteuer*. Eine Überwälzung der vom Konkursverwalter zu zahlenden Umsatzsteuer auf die Masse ist nach § 10 UStG ausgeschlossen, weil die Vergütungen des Konkursverwalters auch dann keine gesetzlich bemessenen Gebühren im Sinne des § 10 Abs. 1 Satz 2 UStG sind, wenn sie nach der vorliegenden Verordnung festgesetzt werden (vgl. mit Bezug auf die Vergütung nach Maßgabe der Richtlinien vom 22.2.1936 Pluckebaum-Malitzky, Umsatzsteuergesetz, Berlin-Köln 1959, Bem. 5484; Jaeger-Weber KO § 85 Anm. 2b).

d) Zu den allgemeinen Geschäftsunkosten, welche durch die Vergütung abgegolten werden, gehören auch die Kosten einer *Haftpflichtversicherung* (§ 5 Abs. 1 Satz 4). Mit dem Amt des Konkursverwalters ist die *persönliche* Haftung nach § 82 KO verbunden. Es muß seiner Entscheidung überlassen bleiben, ob er dieserhalb eine Haftpflichtversicherung abschließen will. Tut er das, so würde es eine Verlagerung des Risikos bedeuten, wenn er befugt wäre, die Kosten der Versicherung allgemein auf einen anderen, hier die Konkursmasse, abzuwälzen. In gleicher Weise wie die Haftung nach § 82 KO den Konkursverwalter persönlich trifft, gehen auch die Kosten einer Haftpflichtversicherung, welche er persönlich zur Deckung seiner Haftpflicht nimmt, grundsätzlich zu seinen Lasten (vgl. Jaeger-Weber KO § 82 Anm. 17; und für den Vergleichsverwalter Bley VglO § 42 Anm. 3 a). Vielfach wird auch das normale Haftungsrisiko der Tätigkeit als Konkursverwalter durch eine aus beruflichen Gründen allgemein abgeschlossene Haftpflichtversicherung gedeckt sein. Ist jedoch in einem Insolvenzfalle das Haftungsrisiko des Verwalters wegen der besonders schwierigen Sach- und Rechtslage außergewöhnlich groß und hat der Verwalter aus diesem Grund eine besondere Haftpflichtversicherung abgeschlossen, so kann aus diesem Grunde gar wohl nach § 4 Abs. 1 ein Überschreiten des Regelsatzes der Vergütung gerechtfertigt sein (so auch Jaeger-Weber KO § 85 Anm. 2b; Bley a. a. O.).

5. Gebühren des Konkursverwalters für eine anwaltliche oder steuerliche Tätigkeit

a) Aus Wirtschaftskreisen ist angeregt worden, im Rahmen der Verordnung über die Vergütung des Konkursverwalters etc. auch die Frage zu regeln, inwieweit ein Konkursverwalter, der gleichzeitig *Rechtsanwalt* ist und als solcher Masseprozesse führt oder sonstige Prozeßhandlungen vornimmt, die Gebühren für seine anwaltliche Tätigkeit – ohne Anrechnung auf die Vergütung als Konkursverwalter – aus der Masse erstattet verlangen kann. Für eine Regelung dieser Frage ist im Rahmen der Verordnung kein Raum, weil sie von der Ermächtigung des § 85 Abs. 2 KO wohl nicht gedeckt würde. Es darf jedoch auf folgendes hingewiesen werden: Gebühren, die von einem erstattungspflichtigen Gegner nicht verlangt werden können, können auch der Masse nicht in Rechnung gestellt werden, weil der Konkursverwalter insoweit nicht als Rechtsanwalt, sondern als Konkursverwalter tätig war (vgl. Jaeger-Weber KO § 85 Anm. 3 b ß, *a*). Im übrigen ist zu unterscheiden zwischen Prozeßhandlungen, die dem Anwaltszwang unterliegen, und solchen, bei denen eine Vertretung durch Rechtsanwälte nicht geboten ist. Bei Prozeßhandlungen, die dem Anwaltszwang unterliegen und nicht pflichtwidrig vorgenommen werden, ist die Anwaltstätigkeit aus der Konkursmasse besonders zu vergüten. Gebühren für Prozeßhandlungen, die nicht dem Anwaltszwang unterliegen, können der Konkursmasse nur dann besonders in Rechnung gestellt werden, wenn ein Konkursverwalter, der nicht Rechtsanwalt ist, aber doch die für einen Konkursverwalter allgemein vorauszusetzende Sachkunde und Geschäftsgewandtheit besitzt, die Vornahme der Prozeßhandlungen einem Rechtsanwalt übertragen hätte (vgl. Jaeger-Weber KO § 85 Anm. 3 zu 5 b ß).

b) Diese Grundsätze gelten in entsprechend in Fällen, in denen ein Konkursverwalter eine andere *spezielle fachliche Ausbildung* in den Dienst der Konkursabwicklung stellt, vornehmlich also für den Konkursverwalter, der *Steuerfachmann* (Steuerberater, Wirtschaftsprüfer) ist. Nach Jaeger-Weber KO § 85 Anm. 3 c kann dieser aus der Masse eine besondere Vergütung nach der für ihn maßgeblichen Gebührenregelung für eine spezielle steuerliche Tätigkeit dann verlangen, wenn ein Konkursverwalter, der keine solche Fachausbildung besitzt, pflichtgemäß für die betreffende Aufgabe einen Steuerfachmann hätte hinzuziehen müssen. Dabei ist jedoch zu berücksichtigen, daß ein durchschnittliches Maß von Fähigkeit, Steuerfragen zu erledigen, bei jedem Konkursverwalter vorausgesetzt werden muß. (Zum Fragenkomplex sei ergänzend auf die Ausführungen von Haegele KTS 57, 81; Röhm BB 57, 138; Oswald FR 56, 475; jedoch auch auf die abweichende Entscheidung des FG Rheinland-Pfalz BB 56, 1180 verwiesen).

c) Beträge, die der Konkursverwalter als Rechtsanwalt nach der Gebührenordnung für Rechtsanwälte aus der Masse erhält, werden nach § 2 Nr. 3 Satz 2 bei der Bestimmung der Teilungsmasse in Abzug gebracht. Diese Vorschrift wird auch gelten müssen für Beträge, die der Konkursverwalter als Steuerfachmann nach der insoweit für ihn maßgeblichen Gebührenregelung für eine besondere steuerliche Tätigkeit aus der Masse erhält.

6. Festsetzung der Vergütung

a) § 6 wiederholt in Absatz 1 Satz 1 die Bestimmung des § 85 Abs. 1 Satz 2 KO, wonach das Konkursgericht die Vergütung und die Auslagen des Konkursverwalters festsetzt. Voraussetzung ist ein begründeter (vgl. § 6 Abs. 3, 4) Antrag des Konkursverwalters. Die Festsetzung erfolgt mit Rücksicht auf § 60 KO, wonach bei Masseunzulänglichkeit die baren Auslagen den Vorrang vor der Vergütung haben, für Vergütung und Auslagen gesondert (§ 6 Abs. 1 Satz 2).

b) Nach § 6 Abs. 2 soll der Festsetzungsantrag tunlichst gestellt werden, wenn die Schlußrechnung an das Konkursgericht übersandt wird. Auf diese Weise soll es dem Konkursgericht ermöglicht werden, die Festsetzung der Gebühren und Auslagen zugleich mit der

Bekanntgabe der Anberaumung des Schlußtermins (§ 162 in Verbindung mit § 76 KO) öffentlich bekanntzumachen (vgl. dazu Jaeger-Weber KO § 85 Anm. 5).

7. Vorschußzahlungen

Einen *Vorschuß* auf die Vergütung und Auslagen kann der Konkursverwalter nach § 7 Satz 1 aus der Masse nur entnehmen, wenn das Gericht es genehmigt; Genehmigung im Sinne dieser Vorschrift bedeutet vorherige Zustimmung. Das Gericht soll die Genehmigung nur erteilen, wenn das Konkursverfahren ungewöhnlich lange (etwa mehrere Jahre) dauert oder besonders hohe Auslagen erforderlich werden (§ 7 Satz 2); die Rechtswirksamkeit der Genehmigung ist jedoch von dieser Voraussetzung nicht abhängig.

8. Private Vereinbarungen über die Vergütung

In A V 2 der Richtlinien vom 22.2.1936 war bestimmt, daß der Konkursverwalter weder mit dem Gemeinschuldner noch mit einem Dritten Vereinbarungen über eine Vergütung oder den Ersatz von Auslagen treffen dürfe, und zwar auch nicht im Zusammenhang mit einem Zwangsvergleich. Auch sei es unzulässig, daß der Konkursverwalter sich neben der Vergütung ein Entgelt (Gehalt oder dgl.) für die Weiterführung des Geschäfts des Gemeinschuldners zahlen lasse. Diese Bestimmungen sind in die neue Verordnung nicht übernommen, weil sie von der Ermächtigung in § 85 II KO wohl kaum gedeckt werden. Aus dem Fehlen der Bestimmungen kann aber nicht geschlossen werden, daß nunmehr Vereinbarungen über die Höhe der Vergütung oder die Zahlung eines besonderen Entgelts für die Weiterführung des Schuldnergeschäfts zulässig wären. Die Unzulässigkeit solcher Vereinbarungen folgt vielmehr unmittelbar aus § 85 KO, der durch die richterliche Festsetzung der Vergütung des Konkursverwalters die Unabhängigkeit des Verwalters von einzelnen Verfahrensbeteiligten sichern will (vgl. Jaeger-Weber KO § 85 Anm. 2). Für den Vergleichsverwalter ist die Frage in § 43 Abs. 4 VglO ausdrücklich geregelt.

VI. Vergütung des Vergleichsverwalters

1. Bemessungsgrundlage

a) Die Vergütung des Vergleichsverwalters wird – wie bisher – grundsätzlich nach dem *Aktivvermögen* des Schuldners berechnet (§ 8 Abs. 1 Satz 1). Für die Bestimmung des Aktivvermögens ist nicht § 58 GKG maßgebend; es gelten vielmehr die besonderen Vorschriften des § 8 Abs. 1 und 2, die inhaltlich im wesentlichen auch den bisherigen Vorschriften entsprechen. Auszugehen ist nach § 8 Abs. 1 Satz 2 von der Vermögensübersicht, die nach § 4 Abs. 1 Nr. 1, § 5 VglO als Anlage zum Vergleichsantrag mit diesem einzureichen ist. Zu berücksichtigen sind Berichtigungen dieses ursprünglichen Vermögensverzeichnisses, die sich im Laufe des Verfahrens (etwa auf Grund der Angabe des Schuldners oder auf Grund von Ermittlungen des Gerichts oder des Vergleichsverwalters) ergeben (§ 8 Abs. 1 Satz 2 Halbsatz 2). Gegenstände, die im Konkurs der *Aussonderung* unterliegen, scheiden aus, weil sie nicht dem Schuldner gehören. Der Wert von Gegenständen, die mit *Absonderungsrechten* (z. B. Hypotheken, Vertrags- oder Pfändungspfandrechten, Rechten aus einer Sicherungsübereignung) belastet sind, wird nur insoweit in Ansatz gebracht, als er den Wert dieser Rechte übersteigt (§ 8 Abs. 2 Nr. 1); Gegenstände, die lediglich dem Vermieterpfandrecht unterliegen, werden jedoch voll berücksichtigt.

b) Ist der *Gesamtbetrag der Vergleichsforderungen* (vgl. §§ 25 bis 28, 36 VglO) geringer als das Aktivvermögen des Schuldners, so ist für die Berechnung der Vergütung des Vergleichsverwalters der Gesamtbetrag der Vergleichsforderungen maßgebend (§ 8 Abs. 3).

2. Regelsätze der Vergütung

a) Die Vergütung des Vergleichsverwalters ist nach dem Betrag der Bemessungsgrundlage (Aktivvermögen oder – in Ausnahmefällen – Gesamtbetrag der Vergleichsforderungen) *gestaffelt*. Dabei ist von der für den Konkursverwalter geltenden Staffel des § 3 Abs. 1 auszugehen. Der Vergleichsverwalter erhält je nach dem Umfang und der Schwierigkeit seiner Geschäftsführung in der Regel ¼ bis ½ der für den Konkursverwalter geltenden Sätze (§ 9). Die Regelsätze der Vergütung des Vergleichsverwalters sind also in einer doppelten Weise angehoben. Zunächst kommt dem Vergleichsverwalter die Erhöhung der Sätze für den Konkursverwalter zugute (vgl. oben V 2 a, b). Außerdem sind die Regelsätze für den Vergleichsverwalter in ein günstigeres Verhältnis zu den für den Konkursverwalter geltenden Sätzen gebracht worden (¼ bis ½ statt – wie bisher – $^1/_5$ bis $^1/_3$). Diese Anhebung war erforderlich, dürfte andererseits aber auch den allgemein schwierigen und wirtschaftlich bedeutsamen Aufgaben des Vergleichsverwalters gerecht werden. Es ist nämlich zu berücksichtigen, daß die Berechnungsgrundlage für die Vergütung des Vergleichsverwalters (Aktivvermögen) in der Regel bereits wesentlich höhere Ausgangswerte ergibt als die für den Konkursverwalter maßgebliche Berechnungsgrundlage (Teilungsmasse).

b) Angehoben ist in § 9 auch der *Regelmindestbetrag* der Vergütung des Vergleichsverwalters (150 statt – wie bisher – 100 DM).

c) Ergibt sich im Einzelfall ein Mißverhältnis zwischen der Tätigkeit des Vergleichsverwalters und dem Regelsatz der Vergütung nach §§ 8, 9, so ist dies durch eine entsprechende *Abweichung vom Regelsatz* auszugleichen (§ 10 Abs. 1 in Verbindung mit § 4 Abs. 1).

Entsprechend der für den Konkursverwalter geltenden Vorschrift des § 4 Abs. 2 Satz 1 bestimmt § 10 Abs. 2 Satz 1, daß der Vergleichsverwalter eine über dem Regelsatz des § 9 liegende Vergütung insbesondere dann erhält, wenn die Prüfung von *Aus- und Absonderungsrechten* einen erheblichen Teil der Verwaltertätigkeit ausgemacht hat (§ 10 Abs. 2 Satz 1). Für die Fälle des § 10 Abs. 2 Satz 1 ist damit auch im Hinblick auf die Vergütung des Vergleichsverwalters (vgl. die Regelung in § 4 Abs. 2 Satz 1 für den Konkursverwalter) die Bewilligung einer über dem Regelsatz liegenden Vergütung zwingend vorgeschrieben.

Ein Überschreiten des Regelsatzes der Vergütung des Vergleichsverwalters kann nach § 10 Abs. 2 Satz 2 ferner in Betracht kommen, wenn infolge anderer durch das Verfahren bedingter Umstände die Verwaltertätigkeit besonders umfangreich war. In einem Klammervermerk der Bestimmung sind einzelne Vorgänge aufgezeigt, die eine besonders umfangreiche Verwaltertätigkeit auslösen können. Die Bestimmung des § 10 Abs. 2 Satz 2 ist (wie die Bestimmung des § 4 Abs. 2 Satz 2 für den Konkursverwalter; vgl. dazu oben V 2 f Abs. 3) nicht erschöpfend.

In § 10 Abs. 3 ist aufgezeigt, wann möglicherweise ein *Zurückbleiben hinter dem Regelsatz* der Vergütung nach § 9 gerechtfertigt ist. Die Ausdrucksweise der Bestimmung ergibt hier (wie bei § 4 Abs. 2 Satz 3; vgl. oben V 2 f Abs. 4), daß selbst dann, wenn einer der Fälle des § 10 Abs. 3 vorliegt, ein Unterschreiten des Regelsatzes nicht in jedem Falle geboten ist. § 10 Abs. 3 dient vornehmlich als Hinweis, wann besonderer Anlaß zu der Prüfung besteht, ob die Regelvergütung des § 9 unter Berücksichtigung der Umstände des Falles sich nicht als zu hoch erweisen würde und nach § 10 Abs. 1 – in Verbindung mit § 4 Abs. 1 – ein Ausgleichen erforderlich ist.

3. Umfang der durch die Vergütung abgegoltenen Tätigkeit

Für den Umfang der durch die Vergütung des Vergleichsverwalters entgoltenen Tätigkeit gilt § 5 entsprechend (§ 11 Abs. 1 Satz 1). Es werden also durch die Vergütung auch die *allgemeinen Geschäftsunkosten*, zu denen der Büroaufwand gehört, abgegolten, nicht dagegen die besonderen Unkosten, die dem Verwalter im Einzelfalle erwachsen. Zur Vermeidung von Wiederholungen darf auf die Ausführungen zu § 5 (vgl. oben V 4) verwiesen werden.

Unter Bezugnahme auf § 43 Abs. 1 Satz 2 VglO ist zur Klarstellung in § 11 Abs. 1 Satz 2 ergänzend bestimmt, daß die Vergütung des Vergleichsverwalters in der Regel auch die Auslagen des Verwalters für die Prüfung der Bücher oder die Abschätzung der Warenbestände des Schuldners deckt. Nach § 43 Abs. 1 Satz 2 VglO kann nämlich der Vergleichsverwalter Aufwendungen, die daraus entstehen, daß er durch Sachverständige die Bücher des Schuldners prüfen und seine Warenbestände schätzen läßt, als Auslagen nur dann erstattet verlangen, wenn das Vergleichsgericht vorher der Beiziehung zugestimmt hat; das Gericht soll nur zustimmen, wenn die Prüfung oder die Schätzung besondere Schwierigkeiten bietet.

4. Vergütung der Geschäftsführung im Vor- und Nachverfahren

a) Wird der nach § 11 VglO für das Vorverfahren bestellte *vorläufige Verwalter* nach § 20 VglO auch als Vergleichsverwalter für das Vergleichsverfahren bestellt, so wird seine Tätigkeit als vorläufiger Verwalter im Vorverfahren nicht besonders vergütet (§ 11 Abs. 2 Satz 1). Ergibt sich im Einzelfalle jedoch, daß der Regelsatz der Vergütung des Vergleichsverwalters (§ 9) zu seiner gesamten Tätigkeit unter Einbeziehung der erforderlichen Arbeiten im Vorverfahren nicht in dem rechten Verhältnis steht, so kann aber nach § 10 Abs. 1 in Verbindung mit § 4 Abs. 1 ein Überschreiten des Regelsatzes der Vergütung gerechtfertigt sein.

b) Wird der vorläufige Verwalter nicht zum Vergleichsverwalter bestellt, so erhält er für seine Tätigkeit als vorläufiger Verwalter einen angemessenen Bruchteil der in § 9 für den Vergleichsverwalter vorgesehenen Regelvergütung (§ 11 Abs. 2 Satz 2). Die Bestimmungen des § 10 sind entsprechend zu berücksichtigen.

c) Besonders vergütet wird – wie in § 11 Abs. 3 Satz 1 unter Hinweis auf § 43 Abs. 2 Satz 3 VglO bestimmt ist – die Tätigkeit des Vergleichsverwalters in einem *Nachverfahren nach § 96 VglO*. Maßgebend für die Höhe der Vergütung sind Art und Umfang der Tätigkeit des Verwalters im Nachverfahren. Besonders zu berücksichtigen ist, inwieweit der Vergleich erfüllt ist (§ 11 Abs. 3 Satz 2; auch § 43 Abs. 2 Satz 3 VglO). Nach § 11 Abs. 3 Satz 3 soll die Vergütung für die Geschäftsführung des Vergleichsverwalters im Nachverfahren in der Regel einen angemessenen Bruchteil der Vergütung für das Vergleichsverfahren nicht übersteigen. Durch diese Bestimmung wird nicht ausgeschlossen, daß die Vergütung für das Nachverfahren unter Berücksichtigung der besonderen Umstände des Einzelfalles ausnahmsweise gleich hoch oder sogar höher sein kann als die Vergütung für das Vergleichsverfahren.

5. Festsetzung der Vergütung

a) Die Höhe der Vergütung und der Auslagen des Vergleichsverwalters setzt das Vergleichsgericht fest. Die Festsetzung erfolgt nach § 12 Abs. 1 für Vergütung und Auslagen gesondert. Ihren Rechtsgrund hat diese Vorschrift in § 105 VglO in Verbindung mit § 60 KO; danach haben in einem Anschlußkonkurs bei Unzulänglichkeit der Masse die baren Auslagen den Vorrang vor der Vergütung.

b) Die Festsetzung der Vergütung und Auslagen erfolgt alsbald nach der Beendigung des Amtes des Vergleichsverwalters. Ist in dem Verfahren ein Vergleich geschlossen und bestätigt, so ist jedoch wie folgt zu unterscheiden: Wird das Verfahren mit der Bestätigung des Vergleichs aufgehoben (§§ 90, 91 VglO), so sind die Vergütung und Auslagen alsbald nach der Bestätigung des Vergleichs und Aufhebung des Verfahrens festzusetzen. Wird das Verfahren nicht mit der Bestätigung des Vergleichs aufgehoben, sondern nach § 96 fortgesetzt, so erfolgt die Festsetzung alsbald nach der Bestätigung des Vergleichs, jedoch zunächst nur für die Zeit bis zur Bestätigung des Vergleichs (§ 12 Abs. 2 Satz 1; dazu § 43 Abs. 2 Satz 2 VglO). Für das Nachverfahren (§ 96 VglO) werden die Vergütung und Auslagen dann alsbald nach der Beendigung des Nachverfahrens gesondert festgesetzt (§ 12 Abs. 2 Satz 2; auch § 43 Abs. 2 Satz 3 VglO). Ergänzend vgl. dazu oben VI 4 c.

6. Vorschußzahlungen

Vorschußzahlungen auf die Vergütung und Auslagen des Vergleichsverwalters bedürfen der Genehmigung des Gerichts; Genehmigung auch hier – wie in den Fällen des § 7 – im Sinne vorheriger Zustimmung. Das Gericht soll die Genehmigung nur in ganz besonders gelagerten Ausnahmefällen erteilen (§ 12 Abs. 3); diese Voraussetzung kann gegeben sein, wenn außergewöhnlich hohe Auslagen entstanden sind oder bevorstehen.

VII. Entschädigung der Mitglieder des Gläubigerausschusses und des Gläubigerbeirats

1. Die *Mitglieder des Gläubigerausschusses* im Konkursverfahren haben nach § 91 Abs. 1 Satz 1 KO Anspruch auf Erstattung angemessener barer Auslagen und auf Vergütung für ihre Geschäftsführung. Die Höhe der Vergütung richtet sich nach der Art und dem Umfang der Tätigkeit im Einzelfalle; maßgebend ist im allgemeinen der erforderliche Zeitaufwand (§ 13 Abs. 1 Satz 1, 2). Im Hinblick auf die Bedeutung des Gläubigerausschusses und seinen Aufgabenbereich sowie mit Rücksicht auf die Pflichten und die Verantwortlichkeit der einzelnen Mitglieder ist in § 11 Abs. 1 Satz 3 bestimmt, daß die Vergütung regelmäßig mindestens 5 DM je Stunde beträgt. Lediglich zur Klarstellung weist § 13 Abs. 1 Satz 4 darauf hin, daß dies auch für die Teilnahme an einer Gläubigerversammlung und für die Vornahme einer Kassenprüfung gilt.

Die Festsetzung der Auslagen und der Vergütung für die Mitglieder des Gläubigerausschusses erfolgt nach Anhörung der Gläubigerversammlung durch das Konkursgericht (§ 91 Abs. 1 Satz 2 KO).

2. Die *Mitglieder des Gläubigerbeirats* im Vergleichsverfahren können nach § 45 Abs. 2 Satz 1 VglO von dem Schuldner die Erstattung angemessener barer Auslagen sowie angemessenen Ersatz für Zeitversäumnis verlangen. Die Höhe der Auslagen und des Ersatzes für Zeitversäumnis setzt das Vergleichsgericht fest (§ 45 Abs. 2 Satz 2 in Verbindung mit § 43 Abs. 2 VglO; auch zur getrennten Festsetzung für das Vergleichsverfahren und das Nachverfahren). Da die Arbeit und die Verantwortlichkeit der Mitglieder eines Gläubigerbeirates im Vergleichsverfahren in ihrer wirtschaftlichen Bedeutung allgemein der Tätigkeit und der Verantwortlichkeit von Mitgliedern eines Gläubigerausschusses im Konkursverfahren gleichstehen dürfte, ist durch § 13 Abs. 2 Satz 2 in Verbindung mit Absatz 1 Satz 3 und 4 angeordnet, daß die Mitglieder des Gläubigerbeirats als Ersatz für Zeitversäumnisse ebenfalls regelmäßig mindestens 5 DM je Stunde erhalten sollen und daß dies auch für die Teilnahme an einer Gläubigerbeiratssitzung sowie für die Vornahme einer Kassenprüfung gilt.

VIII. Schlußvorschriften

1. Die Verordnung über die Vergütung des Konkursverwalters, des Vergleichsverwalters, der Mitglieder des Gläubigerausschusses und der Mitglieder des Gläubigerbeirats ist am 25. Mai 1960 erlassen und am 22. Juni 1960 im Bundesgesetzblatt I S. 329 verkündet worden. Sie tritt am 1.10.1960 in Kraft (§ 16). Gleichzeitig treten die durch die Allgemeine Verfügung des früheren Reichsministers der Justiz vom 22.2.1936 erlassenen Richtlinien für die Vergütung des Konkurs- und Vergleichsverwalters und der Mitglieder des Gläubigerausschusses und Gläubigerbeirats (Deutsche Justiz S. 311) sowie alle übrigen auf Grund

von § 85 Abs. 2, § 91 Abs. 2 KO und § 43 Abs. 5, § 45 Abs. 2 VglO erlassenen Anordnungen und Verfügungen des früheren Reichsministers der Justiz und der Landesjustizverwaltung außer Kraft (§ 14 Abs. 1).

Als *Übergangsregelung* ist in § 14 Abs. 2 bestimmt, daß für Konkurs- und Vergleichsverfahren, die im Zeitpunkt des Inkrafttretens dieser Verordnung (1.10.1960) bereits eröffnet sind, die früheren Bestimmungen anwendbar bleiben. Da auch die Richtlinien vom 22.2.1936 ein Überschreiten des Regelsatzes der Vergütungen des Konkurs- und Vergleichsverwalters zum Ausgleich von Unbilligkeiten zulassen, schließt § 14 Abs. 2 nicht aus, daß in Verfahren, die unter die Übergangsregelung fallen, unter Berücksichtigung der besonderen Umstände Vergütungen festgesetzt werden, wie sie bei Anwendung der neuen Verordnung in Frage kommen würden.

2. § 15 enthält die *Berlin-Klausel*. Danach gilt die Verordnung im Land Berlin, wenn sie dort in Kraft gesetzt wird.

Stichwortverzeichnis